Joachim Zentes / Bernhard Swoboda / Dirk Morschett (Hrsg.)

Kooperationen, Allianzen und Netzwerke

Joachim Zentes / Bernhard Swoboda /
Dirk Morschett (Hrsg.)

Kooperationen, Allianzen und Netzwerke

Grundlagen – Ansätze – Perspektiven

2., überarbeitete und erweiterte Auflage

Bibliografische Information Der Deutschen Bibliothek
Die Deutsche Bibliothek verzeichnet diese Publikation in der Deutschen Nationalbibliografie; detaillierte bibliografische Daten sind im Internet über <http://dnb.ddb.de> abrufbar.

Univ.-Prof. Dr. Joachim Zentes ist Direktor des Instituts für Handel & Internationales Marketing (H.I.MA.) an der Universität des Saarlandes, Saarbrücken.

Univ.-Prof. Dr. Bernhard Swoboda ist Inhaber der Professur für Betriebswirtschaftslehre, insbesondere Marketing und Handel der Universität Trier.

Dr. Dirk Morschett ist Wissenschaftlicher Assistent und Habilitand am Institut für Handel & Internationales Marketing (H.I.MA.) an der Universität des Saarlandes, Saarbrücken.

1. Auflage Mai 2003
2. Auflage Oktober 2005

Lektorat: Barbara Roscher / Renate Schilling

Der Gabler Verlag ist ein Unternehmen von Springer Science+Business Media.
www.gabler.de

Umschlaggestaltung: Ulrike Weigel, www.CorporateDesignGroup.de
Druck und buchbinderische Verarbeitung: Wilhelm & Adam, Heusenstamm
Gedruckt auf säurefreiem und chlorfrei gebleichtem Papier
Printed in Germany

ISBN 3-409-21985-4

Vorwort der Herausgeber zur zweiten Auflage

Die große Nachfrage nach der ersten Auflage des Sammelwerks – sowohl von Forschern und Studierenden als auch von in der Unternehmenspraxis Tätigen sowie von Experten in politischen und rechtlichen Institutionen – hat uns ermutigt, in vergleichsweise kurzer Zeit die zweite Auflage zu lancieren.

Zahlreiche konstruktive Anregungen von interessierten und engagierten Lesern sowie kritische Hinweise in Rezensionen haben wir aufgegriffen und umzusetzen versucht. Die – so glauben wir – bewährte Grundstruktur des Sammelwerks wurde beibehalten. Die einzelnen Kapitel wurden jedoch um uns wichtig erscheinende Beiträge ergänzt, zugleich um vielleicht weniger zentrale Themen bereinigt, um den bereits „stattlichen" Gesamtumfang des Werks nicht zu überschreiten. So wurde das grundlegende Erste Kapitel – einem multiparadigmatischen Ansatz folgend – um ausgewählte Theorien und Ansätze ergänzt. Gleichermaßen wurde das Spektrum der Formen und die Diskussion ihrer Entwicklungstendenzen im Dritten Kapitel ausgebaut. In eher vereinzelter Form wurden weitere Beiträge in das Vierte und Fünfte Kapitel aufgenommen. Die Mehrzahl der Beiträge aus der ersten Auflage wurde übernommen; alle Autoren haben jedoch die Beiträge aktualisiert, zum Teil auch inhaltlich überarbeitet und weiter entwickelt.

Dennoch ist es den Herausgebern bewusst, dass auch die zweite Auflage des Sammelwerks nicht in der Lage sein kann, alle Facetten der Kooperationsforschung und -praxis abzudecken. Vor dem Hintergrund der Erfahrung mit der ersten Auflage sind wir für weitere Anregungen, Verbesserungsvorschläge und sonstige Kommentare stets offen und bedanken uns an dieser Stelle hierfür bereits im Voraus.

Die Herausgeber sind allen Personen zu Dank verpflichtet, die bei der Entstehung der zweiten Auflage engagiert mitgewirkt haben. Unser Dank gilt vor allem den Autoren, die alle bereit waren, ihre Beiträge zu überarbeiten und zu aktualisieren, sowie den Autoren, die ergänzend für die zweite Auflage gewonnen werden konnten. Für die engagierte redaktionelle Fertigstellung des Sammelwerks danken wir Frau Dipl.-Kff. Judith Giersch, Wissenschaftliche Mitarbeiterin der Professur für Marketing und Handel der Universität Trier, die die Durchführung der Redaktions- und Layoutarbeiten übernahm. Nicht zuletzt danken wir den Mitarbeiterinnen des Verlags Dr. Th. Gabler, so Frau Barbara Roscher und Frau Renate Schilling, für die gewohnt sehr angenehme Zusammenarbeit und die überaus professionelle Betreuung dieses Sammelwerks.

Saarbrücken und Trier, im Sommer 2005

JOACHIM ZENTES

BERNHARD SWOBODA

DIRK MORSCHETT

Vorwort der Herausgeber zur ersten Auflage

Kooperationen, Allianzen und Netzwerke entwickeln sich seit einigen Jahren zur modernen Organisationsform von Wertschöpfungsprozessen im nationalen und insbesondere internationalen Kontext. Vor diesem Hintergrund waren zum einen die dynamische Bedeutungszunahme von kooperativen Strategien in der Unternehmenspraxis und zum anderen die gleichzeitig zu beobachtende Intensivierung der Analyse dieser Thematik in der betriebswirtschaftlichen Forschung Ausgangspunkte für die Initiierung dieses Sammelwerks. Es war hierbei die Absicht der Herausgeber, die vielfältigen Facetten des überaus komplexen und zugleich faszinierenden Gegenstandsbereiches in einer komprimierten Buchform aufzugreifen. Insofern wird mit diesem Buch angestrebt, mit über 50 Beiträgen dem überaus breiten Gegenstandsbereich der zwischenbetrieblichen Kooperation Rechnung zu tragen. Die Beiträge zu Kooperationen, Allianzen und Netzwerken stammen aus Forschungsergebnissen und Studien, die die Autoren fast ausnahmslos explizit für dieses Sammelwerk aufbereitet haben und zwar entsprechend der Konzeption der sechs Kapitel.

Im einleitenden, ersten Beitrag in diesem Buch werden dabei nicht nur die vielfältigen Gegenstandsbereiche bzw. Perspektiven der Kooperationsforschung grundlegend beschrieben, sondern zugleich in Form einer chronologischen „Metaanalyse" die Bedeutung von Kooperationen, Allianzen und Netzwerken in der Literatur (so den führenden Zeitschriften bzw. Journals) betrachtet sowie ein Kurzabriss über die Struktur des Sammelwerks gegeben. Dem interessierten Leser wird hier ein Überblick über die vielfachen Perspektiven, Forschungsschwerpunkte und die Konzeption des Sammelwerks zu Kooperationen, Allianzen und Netzwerken ermöglicht. Weiterhin ist in jedem der sechs Kapitel im Grundsatz der jeweils erste Beitrag einem Überblick über den kapitelspezifischen Problemkreis gewidmet. Hierdurch können möglicherweise – so die Hoffnung – die sich nicht ad hoc für die spezifischen Kooperationsfragen des jeweiligen Kapitels interessierenden Leser zu einem Studium des Sammelwerks – mindestens im Überblick – motiviert werden.

Die Beiträge in diesem Sammelwerk sind sicherlich in der Lage, viele Facetten der Kooperationsforschung und -praxis abzudecken. Als Herausgeber hoffen wir, dass diese Mischung unterschiedlicher Fragestellungen und nicht zuletzt von zahlreichen Autoren, die aus unterschiedlichen Fachrichtungen stammen, das Buch für die Anwendung in Forschung, Lehre und Praxis interessant machen wird. Zugleich richten sich die Beiträge nicht nur an Forscher und Studierende, sondern an alle, die an der kooperativen Unternehmenstätigkeit Interesse haben und diese auch in ihren Grundlagen verstehen möchten. Die Herausgeber sind sich trotz aller Bemühungen der Tatsache bewusst, dass auch ein umfassendes Werk, das in lediglich einem Jahr entstanden ist, stets unvollständig ist. Die sich eingeschlichenen formalen Fehler oder Unzulänglichkeiten gehen zu unseren Lasten. Zugleich sind die Herausgeber für Anregungen, Verbesserungsvorschläge oder sonstige Kommentare stets offen und bedanken sich hierfür bereits im Voraus. Richten

Sie diese bitte an das Institut für Handel und Internationales Marketing an der Universität des Saarlandes, Saarbrücken (Univ.-Professor Dr. Joachim Zentes, him@mx.uni-saarland.de, und Dr. Dirk Morschett, d.morschett@mx.uni-saarland.de), oder die Professur für Marketing und Handel der Universität Trier (Univ.-Professor Dr. Bernhard Swoboda, b.swoboda@uni-trier.de).

Bei der Entstehung dieses Sammelwerks sind die Herausgeber vielen Personen zu Dank verpflichtet. Unser Dank gilt vor allem den Autoren, die in großer Zahl bereit waren, Beiträge für das Sammelwerk zu erarbeiten. Ohne ihre breite Unterstützung wäre die Entstehung dieses Sammelbands nicht möglich gewesen. Für dessen redaktionelle Fertigstellung danken wir Frau Dipl.-Kff. Judith Giersch, Wissenschaftliche Mitarbeiterin der Professur für Marketing und Handel der Universität Trier, die unterstützt von weiteren Mitarbeiterinnen und Mitarbeitern der Professur die Durchführung der Redaktions- und Layoutarbeiten übernahm. Nicht zuletzt danken wir den Mitarbeiterinnen des Verlags Dr. Th. Gabler, so Frau Barbara Roscher und Frau Renate Schilling, für die gewohnt sehr angenehme Zusammenarbeit und die überaus professionelle Betreuung dieses Sammelwerks.

Saarbrücken und Trier, im Frühjahr 2003

JOACHIM ZENTES

BERNHARD SWOBODA

DIRK MORSCHETT

Inhaltsverzeichnis

Einführung

Erstes Kapitel: Allianzen und Netzwerke im Lichte ausgewählter Theorien und Ansätze

Zweites Kapitel: Rahmenbedingungen und Antriebskräfte der Kooperation

Drittes Kapitel: Formen und Entwicklung der Kooperation

Viertes Kapitel: Kooperation in ausgewählten Wertschöpfungsbereichen

Fünftes Kapitel: Gestaltung und Führung kooperativer Systeme

Sechstes Kapitel: Sektorale Besonderheiten

Einführung

Joachim Zentes/Bernhard Swoboda/Dirk Morschett*

Kooperationen, Allianzen und Netzwerke – Entwicklung der Forschung und Kurzabriss

---

* Univ.-Professor Dr. Joachim Zentes ist Inhaber des Lehrstuhls für Betriebswirtschaftslehre, insbesondere Außenhandel und Internationales Management der Universität des Saarlandes und Direktor des Instituts für Handel & Internationales Marketing (H.I.MA.) an der Universität des Saarlandes, Saarbrücken.
Univ.-Professor Dr. Bernhard Swoboda ist Inhaber der Professur für Betriebswirtschaftslehre, insbesondere Marketing und Handel der Universität Trier.
Dr. Dirk Morschett ist Wissenschaftlicher Assistent am Lehrstuhl für Betriebswirtschaftslehre, insbesondere Außenhandel und Internationales Management der Universität des Saarlandes, Saarbrücken.

1. Begriffe und Konzepte: Grundlegungen

Es ist unbestritten: Kooperationen haben eine hohe Bedeutung, in der Forschung und der Unternehmenspraxis. Wenngleich die „Euphorie“ der achtziger und neunziger Jahre abgeklungen ist, sorgen institutionelle Arrangements wie strategische Allianzen, Joint Ventures, fokale und regionale Netzwerke, großflächige Franchising-Systeme, virtuelle Unternehmen usw. dafür, dass auf Kooperation fußende Geschäftsstrategien weiter an Bedeutung gewinnen. Kooperative Beziehungen sind damit von einer singulären Erscheinung zur Regel geworden. Auch die Beobachtung dieser dynamischen Entwicklung führte zu der Idee ein Sammelwerk mit dem Ziel zu initiieren, vielfältige Facetten dieses überaus faszinierenden und komplexen Gegenstandsbereichs zu erfassen.

Bereits das uneinheitliche Begriffsverständnis des Untersuchungsgegenstandes kann möglicherweise als ein Indiz für die Dynamik gewertet werden. Da der Begriff der Kooperation in vielfältiger Weise belegt und letztlich jeweils im Hinblick auf den konkreten Untersuchungsgegenstand spezifiziert werden muss (Wurche 1994, S. 32 ff.), wurde im Kontext dieses Sammelwerkes insofern ein pragmatischer Weg beschritten, als dass den Autoren der einzelnen Beiträge die Definition überlassen wurde, zumal zu konstatieren ist, dass unterschiedliche theoretische Ansätze zu einem differenten Verständnis führen können, wie die eher auf ökonomischen Theorien basierende Definition bei Höfer (1997, S. 4) und die auf der Management- bzw. Organisationsforschung fußende bei Friese (1998, S. 64, S. 59 ff., im Anschluss an einen Review deutsch- und englischsprachiger Literatur) andeuten. Hier soll Kooperation in einem umfassenden Sinne verstanden werden. Dabei wird (betriebliche) **Kooperation** in Anlehnung bereits an Tietz/Mathieu (1979, S. 9) als (unternehmerische) Zusammenarbeit verstanden, mit dem Kennzeichen der Harmonisierung oder gemeinsamen Erfüllung von (betrieblichen) Aufgaben durch selbstständige (Unternehmen) Wirtschaftseinheiten (Zentes/Swoboda 1997, S. 175; 2001, S. 298; vgl. weiter gefasst bei Sell 2002, S. 3). Hier soll es zunächst keine Rolle spielen, ob diese Zusammenarbeit nur temporär oder auf Dauer angelegt ist, alle oder nur Teile der betroffenen Wirtschaftseinheiten einbezieht oder in welcher rechtlichen Form dies geschieht. In diesem Sinne lassen sich sowohl Allianzen als auch netzwerkartige Partnerschaften und andere Koordinationsformen ökonomischer Aktivitäten zwischen Markt und Hierarchie erfassen.

Der Begriff der **Allianzen** kann synonym zum Begriff der Kooperation verstanden werden. So charakterisieren Spekman u. a. (1998, S. 748) diese als enge, unter Umständen langfristige Vereinbarungen zwischen zwei oder mehr Partnern, in denen Ressourcen, Wissen und Fähigkeiten zwischen Partnern geteilt oder gemeinsam eingebracht werden mit der Zielsetzung, die Wettbewerbsposition jedes Partners zu verbessern. Obwohl in der Literatur sicherlich teilweise Unterscheidungen zwischen den Begriffen vorgenommen werden, werden diese von den meisten Autoren (mehrheitlich) ohne erkennbare Abgrenzung verwendet und – so auch von den Herausgebern – als synonym verstanden, insbesondere wenn man die angloamerikanische Literatur in die Betrachtung mit einbezieht (Friese 1998, S. 57 ff.). Strategische Allianzen kennzeichnen dabei spezifische Allianzen bzw. Kooperationen, in denen nämlich rechtlich selbstständige Unternehmen geschäftsfeldspezifische Aktivitäten miteinander verknüpfen, um die eigenen Stärken auszubauen und bestehende Schwächen auszugleichen (Meyer 1995, S. 158), und hier – allgemeiner – eine zwischenbetriebliche Zusammenarbeit, von mindestens zwei rechtlich und wirtschaftlich in den nicht von der Kooperation betroffenen Gebieten selbstständigen Unternehmen zur gemeinsamen Durchführung von Aufgaben, die in der Regel auf längere Frist angelegt ist und eine subjektiv hohe Bedeutung hat (Lubritz 1998; Sell 2002; Swoboda 1999; Zentes 1992). Die „Zeitachse" und die „Subjektivität" spezifizieren – an dieser Stelle pauschal – das „Strategische" an einer Allianz oder Kooperation.[1]

Demgegenüber sind **Netzwerke** nach Sydow (1992, S. 79) eine auf die Realisierung von Wettbewerbsvorteilen zielende Organisationsform ökonomischer Aktivitäten, die sich durch komplex-reziproke, eher kooperative denn kompetitive und relativ stabile Beziehungen zwischen rechtlich selbstständigen, wirtschaftlich jedoch zumeist abhängigen Unternehmen auszeichnen. Obwohl man hier zunächst ebenfalls von einer Synonymität mit den Begriffen „Kooperation" und „Netzwerk" ausgehen könnte, besteht die Besonderheit im Wesentlichen in der Anzahl der Akteure sowie ihrer Beziehung zueinander. So formuliert Sell (2002, S. 72): „so hat man beim [...] Netzwerk doch schon die Vorstellung, dass eine größere Gruppe von Unternehmen [...] nach bestimmten [...] Regeln zusammenarbeitet." Netzwerke gehen also über bilaterale Kooperationen hinaus und stellen mindestens trilaterale Bindungen dar. Nach Kutschker (1994, S. 130) zeichnet sich ein Netzwerk dadurch aus, dass die Summe aller direkten und indirekten Beziehungen mehr Handlungsmöglichkeiten eröffnet als die einzelnen direkten Beziehungen für sich betrachtet. Die Existenz indirekter Beziehungen zwischen den Akteuren konstituiert also ein Netzwerk. Dies steht der (zu) engen Sicht von Netzwerken als Kunden-Lieferanten-Beziehungen entgegen, die den Leistungsaustausch über den Markt vornehmen sowie im Endmarkt als Gruppe mit anderen Unternehmen außerhalb des Netzwerks konkurrieren (Jarillo 1988).

Zusammenfassend ist aus Sicht der Herausgeber – trotz der bewusst zugelassenen Variationen der Begriffe in den einzelnen Beiträgen – folgendes Begriffsverständnis zu skizzieren: Die Begriffe „Kooperation" und „Allianz" umfassen alle Formen der zwischenbetrieblichen Zusammenarbeit selbstständiger Unternehmen; „Netzwerke" stellen eine Unterform der Kooperation (bzw. Allianz) dar, bei der mindestens drei Akteure unter Einbeziehung direkter und indirekter Beziehungen zusammenarbeiten.[1]

Konzeptionell weist die Kooperationsforschung vielfache Facetten auf, auf Grund ihrer materiellen Bedeutungszunahme und inhaltlichen Durchdringung sowie Diversifikation. Lange stehen nicht mehr nur Überlegungen zu den Bestimmungsgründen für das Eingehen einer Kooperation im Vordergrund, zumal sie sich auf einige Grundmotive verdichten lassen, z. B. die Schaffung des Zugangs zu Märkten und Ressourcen, die Realisierung von Spezialisierungs- und Kostenvorteilen sowie die Ausschöpfung von Zeitvorteilen durch schnellere Produktentwicklung und bessere Leistungsverwertung (Backhaus/Plinke 1990).

---

1 In der Literatur liegen davon abweichende Begriffsauffassungen vor, insbesondere wenn von „strategischen Allianzen" oder „strategischen Netzwerken" gesprochen wird; vgl. hierzu den Beitrag von Morschett im Dritten Kapitel dieses Sammelwerks.

Häufiger liegt der Fokus auf den vielen spezifischen Kooperationsformen, die zwischen den Polen der reinen Markttransaktion und der hierarchischen Koordination betrieblicher Aktivitäten liegen (Höfer 1997, S. 7 f.), sowie auf der Führung der kooperativen Engagements und den Besonderheiten in einzelnen Branchen bzw. Sektoren. Vor diesem Hintergrund verfolgt dieser einleitende Beitrag zwei Ziele:

- Einerseits nimmt er eine komprimierte, metaorientierte Bestandsaufnahme der Kooperationsforschung in den letzten zwölf Jahren vor, anhand führender deutschsprachiger Zeitschriften, ausgewählter anglo-amerikanischer „General Management Journals" sowie der führenden „Journals of Internationalisation". Dies soll die jüngeren Schwerpunkte und die Chronologie der Forschung nachzeichnen.
- Andererseits wird ein Abriss über unterschiedliche Perspektiven bzw. Gegenstandsbereiche der Kooperationsforschung und zugleich die der Kapitelsystematik folgenden Beiträge in diesem Sammelwerk gegeben.

2. Kooperationen, Allianzen und Netzwerke im Lichte der Forschung: Bestandsaufnahme der jüngeren Entwicklung

2.1 Einführung in die chronologische Bestandsaufnahme

Der Bestandsaufnahme liegt eine Auswertung der drei deutschsprachigen betriebswirtschaftlichen Zeitschriften (Die Betriebswirtschaft, Zeitschrift für Betriebswirtschaft, Zeitschrift für betriebswirtschaftliche Forschung – nachfolgend geordnet entsprechend ihres Erscheinungsalters), der General Management Journals (Journal of Management Science, Strategic Management Journal, Journal of Business Research, ergänzend Management Science) und der „Journals of Internationalisation" (Management International Review, Journal of International Business Studies, International Business Review) zugrunde.

Wie angedeutet, sollen hier zunächst die Bedeutung und die Schwerpunkte der behandelten Forschungsfragen im Untersuchungsbereich verdeutlicht werden. Zugleich können Tendenzen bezüglich des Forschungswandels in den letzten zwölf Jahren und schließlich Quervergleiche zwischen den an unterschiedlichen Schwerpunkten ausgerichteten Zeitschriften bzw. Journals angedeutet werden. Hier wird ebenfalls den Begriffsauffassungen der jeweiligen Autoren gefolgt, da es unmöglich erscheint, die vielfachen, oft subjektiven Begriffsfassungen der Autoren einer doch wieder subjektiv gefärbten Objektivierung zuzuführen.

2.2 Betriebswirtschaftliche Zeitschriften

In den deutschen Beiträgen der betriebswirtschaftlichen Zeitschriften kann zwischen der Bedeutung und den inhaltlichen Schwerpunktsetzungen in der Kooperationsforschung unterschieden werden (siehe Übersichten 1 und 2).

Materiell kommt der Kooperationsforschung in den letzten Jahren der Zeitschriften eine noch kontinuierliche Rolle zu, mit einem leichten Schwerpunkt um die Jahrtausendwende in der Zeitschrift für Betriebswirtschaft (ZfB) und der Zeitschrift für betriebswirtschaftliche Forschung (zfbf). In Übersicht 2, in der an den Rändern die Gesamtzahl der Beiträge pro Zeitschrift und Jahr sowie ausgewählte Beiträge zur Kooperationsforschung zusammengetragen sind, wird deutlich, dass ca. fünf Prozent der Beiträge des jeweiligen Jahrgangs dem Themengebiet gewidmet sind. Interessant ist die inhaltliche Schwerpunktsetzung. Die Themen sind weit gestreut. Übersicht 1 ermöglicht aber einige Tendenzbeobachtungen.

- Durchgängig wurden in allen Zeitschriften vertikale Kooperationen behandelt, während die (in der deutschsprachigen Literatur oft horizontal begriffenen) Allianzen – mit einer Ausnahme – nur in der DBW und zfbf behandelt wurden. Netzwerke hingegen werden verstärkt seit 1999 aufgegriffen (mit einer Ausnahme nicht in der zfbf). Ferner ist der eher sporadische internationale Bezug oder auch der regionale (Netzwerk-)Bezug der Beiträge auffällig, weswegen dies hier unter den allgemeinen Merkmalen aufgeführt wird. Jüngst gewinnen unternehmensinterne Kooperationsbetrachtungen an Relevanz.
- Die theoretische Basis der Kooperationsforschung fußt durchgängig auf der **Institutionenökonomik** und abgestufter auf dem **Ressourcenansatz**. Besonders bei bilateralen Kooperationen wird die Palette der Theorien der Industrieökonomik herangezogen, allerdings oft in Verbindung mit sonstigen Theorien und Ansätzen. Seltener werden interaktions-, netzwerkorientierte und vor allem spieltheorische Fundierungen – letztere in jüngerer Vergangenheit – gewählt. Zugleich ist das Vorkommen einer Fülle weiterer Theorien und Ansätze zu konstatieren, sodass die theoretische Forschungsbasis bei Kooperationen eher als heterogen zu beurteilen ist bzw. den Theorienpluralismus in der Forschung dokumentiert.
- Bezüglich der institutionellen Form der Kooperation liegt der Schwerpunkt – vordergründig betrachtet überraschend – auf nicht vertraglich gestützten bzw. nicht näher spezifizierten Systemen. Nur wenige Arbeiten widmen sich expliziten klassischen Kooperationsformen wie Franchising und vor allem Joint Ventures, die, um es vorwegzunehmen, in den anglo-amerikanischen Journals einen starken Schwerpunkt des Forschungsinteresses bilden. Keine einzige Publikation widmet sich indessen den in der Unternehmenspraxis häufig vorkommenden und tendenziell wichtigen Lizenzen.
- Ein klarer Fokus auf einzelne Wertschöpfungsbereiche kann allenfalls mit Blick auf den Absatz festgehalten werden. Hierauf richten sich die meisten der wenigen Arbeiten, die überhaupt einen funktionalen Wertschöpfungsbezug aufweisen. Überraschend wird der in der Unternehmenspraxis mindestens ebenso wichtige F & E-Bereich seltener in kooperationsspezifischen Arbeiten der letzten Jahre berücksichtigt. Selten nehmen auch die Beiträge einen expliziten Fokus auf Beschaffung, Produktion und Logis-

tik. Hier scheint eher die praktische Umsetzung und weniger die „Erforschung neuer Wege“ im Vordergrund zu stehen.

Zu verweisen ist schließlich darauf, dass eine Reihe von Kooperationsbeiträgen sich nicht explizit mit zwischenbetrieblichen, sondern z. B. internen Kooperationen beschäftigt.

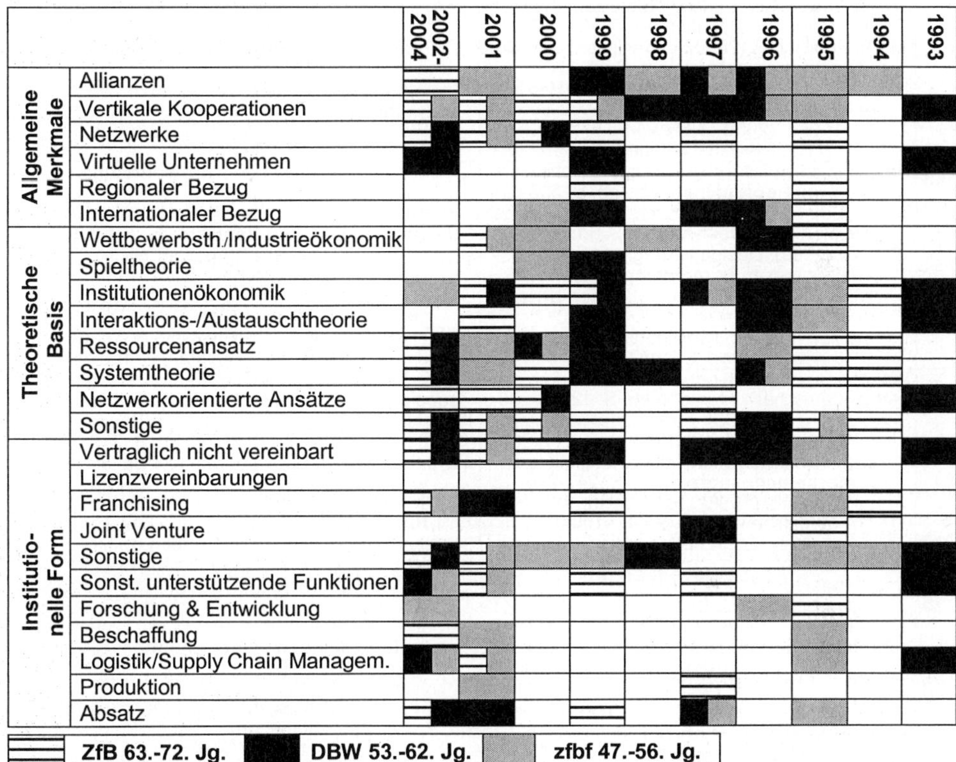

Übersicht 1: Schwerpunkte deutscher Zeitschriften im Überblick (1) – Mehrfachnennungen

	Zeitschrift für Betriebswirtschaft 63.-74. Jg.	Die Betriebswirtschaft 53.-64. Jg.	
47	Diedrich (2004): Periodenerfolgsmessung bei **Agency Beziehungen**, S. 695-718 Kasperzak (2004): **Netzwerkorganisation** und rechnungslegende Einheit, S. 223-249	Gerber (2004): Diversity und **Teaminnovativität**, S. 412-430 Middelmann (2004): **Corporate Governance** – Wertmanagement und Controlling, S. 101-116	34
47	Feinendegen (2003): Beziehungen von Investoren und **Venture Capital Fonds**, S. 1167-1196 Meyer u. a. (2003): **Personalmanagement** in Unternehmensnetzwerken, S. 875-899 Meyr (2003): Entkopplungspunkte in der Planung von **Supply Chains**, S. 941-962 Ockenfels (2003): Reputationsmechanismen auf **Internet-Marktplattform**, S. 295-315	Müller u. a. (2003): **Supply Chain Management**, S. 419-440 Küsten (2003): Merger, **Co-Insurance** und Shareholder Value, S. 239-256 Schmidt (2003): Rechnungslegung bei **hybriden Kooperationsformen**, S. 138-155 Schirmer (2003): **Koalitionen** für den Wandel von Organisationen, S. 23-42	34
54	Ehrmann (2002): **Franchise-Systeme**, S. 187-208	Sydow u. a. (2002): Markteintritt als kollektiver **Netzwerkeintritt**, S. 459-473	36

68	Dibbern u. a. (2001): **Outsourcing**, S. 675-700	Kubitschek (2001): **Franchising**, S. 671-687	45
	Weissenberger-Eibl (2001): Interaktionsorientierte **Agentensysteme**, S. 203-220	Sydow/Duschek (2000): Grenzmanagement in einem Dienstleistungsnetzwerk, S. 441-458	39
	Pibernik (2001): Flexibilitätsplanung in **Wertschöpfungsnetzwerken**, S. 893-915	Zentes/Swoboda (1999): Motive/Erfolgsgrößen **internat. Kooperationen von KMU**, S. 44-60	42
	Lethmathe (2001): **Operative Netzwerke** aus der Sicht der Unternehmung, S. 551-571	Herzig u. a. (1999): **Grenzüberschr. Koop.** & körperschaftsst. Anrechnungsverluste, S. 599-619	
62	Zäpfel/Wasner (2000): **Logistikketten** und Möglichkeiten der Optimierung, S. 267-288	Krotzfleisch (1999): **Virtuelle Unternehmen**, S. 664-685	
	Meckl/Kubitschek (2000): Organisation von **Unternehmensnetzwerken**, S. 289-307	Büschken (1999): **Virtuelle Unternehmen**, S. 778-791.	
	Stünzner (2000): Sind das **Gehirn und Betriebe miteinander vergleichbar**?, S. 983-995	Dowling/Lechner (1998): **Kooperative Wettbewerbsbeziehungen**, S. 86-102	39
	Lambertz u. a. (2000): **Netzwerke** in Neurophysiologie & Betriebswirtschaftslehre, S. 959-982	Pfaffmann (1998): **Vertikale Keiretsu**, S. 451-466	
63	Knyphausen-Aufseß (1999): Theoretische Perspektiven von **Regionalnetzwerken**, S. 593-616	Bühner/Tuschke (1997): **Outsourcing**, S. 20-30	43
	Burr (1999): Koordination durch Regeln in selbstorganisierenden **Netzwerken**, S. 1159-1179	Herzig u. a. (1997): Unternehmenskontrolle in internationalen **Joint Ventures**, S. 764-775	
	Posselt (1999): Design vertraglicher Vertriebsbeziehungen im **Franchising**, S. 347-375	Diller (1997): Preis-Management im Zeichen des **Beziehungsmarketing**, S. 749-764	
56	Wildemann (1997): Koordination von **Unternehmensnetzwerken**, S. 1057-1072	Gruner u. a. (1997): **Key-Account-Management** als Form der Organisation, S. 234-251	
	Kolisch (1997): Investitionsplanung in **Netzwerken**, S. 1057-1072	Wagenhofer (1996): Anreizsysteme in **Agency-Modellen** mit mehreren Agenten, S. 155-166	42
60	Staudt u. a. (1995): **Kooperation** als Erfolgsfaktor ostdeutscher Unternehmen, S. 1209-1230	Pfohl u. a.(1996): Int. **Geschäftsbeziehungen** & Transformationskrise in Osteuropa, S. 234-251	
	Schreyögg u. a. (1995): Aufsichtsrat und Aufbau von **Kooperationsbeziehungen**, S. 205-230	Kutschker/Mößlang (1996): **Kooperationen** und Internationalisierung i. Dienstleistu., S. 319-338	
	Hahn u. a. (1995): Innovationstätigkeit und **Unternehmensnetzwerke**, S. 247-266	Szyperski/Klein (1993): Informationslogistik und **virtuelle Organisationen**, S. 187-208	40
	Oesterle (1995): **Joint-Venture-**Erfolgsbewertung, S. 987-1004	Schade/Schott (1993): Instrumente des **Kontraktgütermarketing**, S. 491-511	
79	Sydow (1994): **Franchising-Netz**, S. 95-113	Schrader/Sattler (1993): **Kooperation**, S. 589-608	
	Zeitschrift für betriebswirtschaftliche Forschung 47.-58. Jg.		
32	Weinkauf (2004): **Multi-Team-Projekte**, S. 419-435; Weinkauf/Woywode (2004): **Virtuelle Teams**, S. 393-412; Gaitanides/Stock (2004): **Interorganisationale Teams**, S. 436-451; Kloyer (2004): **F&E-Lieferbeziehungen**, S. 333-364; Gierl/Gehrke (2004): **Zulieferer-Abnehmer-Beziehungen**, S. 203-236; Solf (2004): **Unternehmenskooperationen** als Folge von IuK-Technologie, S. 146-167		
32	Bürckle/Posselt (2003): Auswahl von Mitgliedern in **Franchising**, S. 87-111		
40	Silwa (2001): Team-Entlohnung und **Kooperation**, S. 777-797; Bronner/Mellewigt (2001): **Strategische Allianzen** in der Telekommunikationsbranche, S. 728-751; Mildenberger (2001): Kompetenz in **Produktionsnetzwerken**, S. 705-722; Otto/Kotzab (2001): **Supply Chain Management**, S. 157-176		
33	Hofacker (2000): **Unternehmensnetzwerke** zur Durchsetzung eines Standards, S. 643-660 Pausenberger/Nöcker (2000): **Kooperative Formen d. Auslandsmarktbearbeitung**, S. 393-412 Gierl (2000): Opportunismus in langfristigen **Geschäftsbeziehungen**, S. 107-140		
47	Satzger (1999): **Leasing**, Steuern und Intermediäre, S. 325-349		
50	Hungenberg (1998): **Strategische Allianzen** in der Telekommunikation, S.479-498		
50	Engels (1997): Verwässerung der Verfügungsrechte in **Genossenschaften**, S.674-684		
48	Mirow (1996): **Kooperations-, Akquisitionsstrategien** in Osteuropa + Elektroindustrie, S. 934-946 Kirchmann (1996): **Innovationskooperationen** zwischen Hersteller und Anwender, S. 442-465		
74	Schäfer (1995): Information und **Kooperation** im Absatz von Bankdienstleistungen, S. 531-544 Litzinger (1995): **Kooperation des Handels** bei Verkaufsförderungsmaßnahmen, SH 35, S. 269-286 Picot/Wolff (1995): **Franchising** als effiziente Vertriebsform, SH 35, S. 223-244 Arbeitskreis „Das Unternehmen im Markt" (1995): **Vertikale Kooperation**, SH 35, S. 179-204 Bogaschewsky (1995): **Vert. Kooperation** – Transaktionsk./Beziehungsmarketing, SH 35, S. 159-178 Bauer/Bayón (1995): Prinzipal-agenten-th. Aussagen für **Kontraktgütermarketing**, SH 35, S. 79-100		
47	Sigle (1994): **Strategische Allianzen** bei Mannesmann, S. 871-884		

Übersicht 2: Schwerpunkte deutschsprachiger Zeitschriften im Überblick (2) – Auswahl

2.3 General Management Journals

In den General Management Journals werden Fragen der Kooperation tendenziell stärker aufgegriffen als in den deutschen BWL-Zeitschriften. Freilich stellt Übersicht 3 insofern eine Auswahl dar, als in weiteren Journals das Diskussionsvolumen mit dem deutschen vergleichbar ist. Beispielsweise finden sich in „Management Science" in den letzten zwölf Jahren nur 21 Beiträge, immerhin in den letzten zwei Jahren sechs Beiträge zum Themenbereich. Hierbei dominieren mit zehn Beiträgen Fragen zur Netzwerkforschung, bezüglich der Formen (Hill/Connor/Willliam 1996), des Designs (Myung/Kim/Tcha 1999), der Struktur (Ruke/Galaskiewicz 2000), der Beeinflussung (Federgruen/Zheng 1993) und der Kontrolle (Talluri/Van Ryzin 1998). Lediglich zwei Beiträge erfassen Allianzen, insbesondere deren Bildung (Axelrod/Mitchell/Thomas 1995) und Koordination (Nault/Tyagi 2001). Relativ viele Beiträge widmen sich dagegen dem Franchising, so der Werbung und dem Preis (Deasai 1997; Desai/Srinivasan 1995), den Qualitätsstandards (Gal-Or 1995) und dem Wissensmanagement (Darr/Argote/Dennis 1995). Weitere Beiträge haben Joint Ventures (Park/Russo 1996) und kooperative Entscheidungen (Thompson/Horowitz 1993) zum Gegenstand.

	Journal of Management Science 22.-33. Jg.					Strategic Management Journal 14.-25. Jg.					Journal of Business Research 26.-55. Jg.[1)]				
	Papers total / Coop.-Papers.	Alliances	Joint Ventures	Networks	Others	Papers total / Coop.-Papers.	Alliances	Joint Ventures	Networks	Others	Papers total / Coop.-Papers.	Alliances	Joint Ventures	Networks	Others
2004	43/4	--	--	1	3	70/7	2	1	2	2	139/19	4	2	7	6
2003	46/5	1	1	1	2	70/9	2	--	2	5	99/17	1	3	3	10
2002	46/4	2	2	--	--	56/10	5	3	1	1	93/5	2	--	2	1
2001	48/3	--	2	1	--	53/9	1	2	4	2	90/4	--	4	--	--
2000	48/4	--	2	--	2	58/22	8	7	5	2	111/0	--	--	--	--
1999	42/2	1	1	--	--	49/6	1	2	2	1	62/2	1	--	--	1
1998	40/3	1	--	--	2	55/6	5	4	1	--	70/0	--	--	--	--
1997	36/1	--	--	--	1	43/5	--	--	--	1	69/11	--	1	--	10
1996	35/3	2	--	1	--	35/5	3	--	1	1	76/4	1	1	1	1
1995	36/3	--	1	2	--	32/4	2	--	1	1	77/0	--	--	--	--
1994	34/0	--	--	--	--	43/4	3	--	--	1	76/1	--	--	--	1
1993	38/3	1	2	--	--	33/3	3	--	--	--	40/2	--	1	--	1
Total	-/35	8	11	6	10	-/90	35	19	19	17	-/65	9	12	13	31

1) Rangfolge entsprechend dem Alter der Journals. Beim JBR umfasst ein Jahr (in der Regel) drei „volumes".

Übersicht 3: Schwerpunkte der „General Management Journals" im Überblick (1)

Im Quervergleich zeigt sich das Strategic Management Journal mit 90 themenrelevanten Beiträgen als die ergiebigste Quelle, gefolgt vom Journal of Business Research (mit einem

„special issue“ im Jahre 1997 zu den vertikalen Distributionsstrukturen) und dem Journal of Management Science.

Inhaltlich dominieren in den drei Journals Beiträge zu Allianzen (52), gefolgt von Joint Ventures (42), Netzwerken (38) und sonstigen (58), hier besonders vertikale Kooperationen. Ersichtlich ist ferner eine Zunahme der Anzahl der Beiträge in den letzten vier, fünf Jahren. Beispielsweise werden im SMJ Netzwerke ab 1999 mit rund zwei Beiträgen pro Jahr und einem „special issue“ im Jahre 2000 behandelt. Joint Ventures werden stärker ab 1998 aufgegriffen, während Allianzen bereits seit 1993 behandelt werden. Im JMS ist eine Zunahme in Bezug auf Joint Ventures (in den Jahren 2000 bis 2003) und eher eine gleichmäßige Behandlung der Allianzen festzustellen. Im JBR behandeln in jüngerer Zeit von den relativ wenigen Beiträgen immerhin einige Netzwerke und Allianzen (ab dem Jahre 2002) sowie Joint Ventures (ab 2001). Fokussiert man also auf die Inhalte der Journals, dann sind zumindest drei Felder der Kooperationsforschung herauszustreichen: strategische Allianzen, Joint Ventures sowie Netzwerke. Angesichts der Fülle der Beiträge ist ein Blick auf die Inhalte der Forschung zu den drei Feldern gehaltvoll. Übersicht 4 vermittelt diesen.

In der **Allianzforschung** widmen sich seit der zweiten Hälfte der neunziger Jahre viele Beiträge – ganz konform mit der Orientierung der Managementforschung – Fragen der Dynamik und des Wissensmanagements. Demgegenüber können Beiträge seit Jahren den eher traditionellen Phasen des Entscheidungs- bzw. Führungsprozesses von Kooperationen zugeordnet werden, so Entscheidung/Kooperationsbildung/Management sowie auch in jüngerer Zeit den Konsequenzen bzw. dem Erfolg. Da Lernen im engen Sinne auch der letzten Entscheidungsphase zuzurechnen ist, wird dieser phasenspezifische Forschungsschwerpunkt noch deutlicher. In der **Joint-Venture-Forschung** liegt zwar der Fokus ebenfalls auf dieser letzten Entscheidungsphase, wenngleich eher im traditionellen Sinne begriffen, massiv als Erfolgsfaktoren und seltener als Lernen und Dynamik. Vor allem Längsschnittsanalysen wurden hier in jüngerer Zeit publiziert. Demgegenüber erfolgte eher früher eine traditionelle Thematisierung von Entscheidungen in den beiden anderen Phasen.

	Alliances		Joint Ventures
Decision / Creation / Management	Chung (2000): Complement., status similarity & social capital as **drivers**, SMJ, S. 1-21 Baum u. a. (2000): **Alliance** network **compositi-on** and startups' performance, SMJ, S. 267-294 Rowley/Behrens (2000): Redundant **governance structures**: Steel industries, SMJ, S. 369-386 Ingham/Thompson (1994): **Wholly-owned vs. collaborative ventures**, SMJ, S. 325-335 Hagedoorn (2002): **External sources** of innovative capabilities, JMS, S. 167-188 Spekman u. a. (1998): Alliance **management**, JMS, S. 747-772 Glaister/Buckley (1996): Strategic **motives** for alliance formation, JMS, S. 301- 332 Das/Teng (1996): **Risk types** and inter-firm alliance Structures, JMS, S. 827-844 Thomas/Trevino (1993): **Information processing** in strategic alliance building, JMS, S. 779-815 Supphellen u. a. (2002): **Search** of alliances: Personal sources, JBR, 55. Jg., S. 785-795	Decision / Selection	Chen/Hennart (2004): Partial or full acquisitions: **hostage theory** of JV, JBR, S. 1126-1134 Dhanaraj/Beamish (2004): **Equity ownership** and survival of JV, SMJ, S. 295-305 Hennart/Reddy (2000): Digestibility and asymmetric information in the **choice between acquisitions and JV**, SMJ, S. 191-193 Reuer/Koza (2000): **Resource assembly** through JV, SMJ, S. 195-197 Chi (2000): **Option to acquire or divest a JV**, SMJ, S. 665-687 Hennart (1999): The **evolution** of U.S.-Japanese JV in the United States, SMJ, S. 15-29 Hennart/Reddy (1997): The **choice between mergers/acquisitions and JV**: The case of Japanese investors in the US, SMJ, S. 1-12 Dollinger/Golden (1997): The **effect of reputation** on the decision to JV, SMJ, S. 127-140 Chadee/Qui (2001): Foreign **ownership** of equity JV in China, JBR, 52. Jg., S. 123-133

Dynamic / Learning	Zuniga u.a. (2004): Strat. **groups**, JBR, S. 1378 ff.
Dynamic / Learning	Johnson/Sohi (2003): **Partnering competence**, IBR, S. 757-766
Dynamic / Learning	Garcia-Pont/Nohria (2002): **Dynamics** of alliance formation in automobile, SMJ, S. 307-321
Dynamic / Learning	Reuer u. a. (2002): **Post-formation dynamics** in strategic alliances, SMJ, S. 135-151
Dynamic / Learning	Kale u. a. (2000): **Learning and protection** of proprietary assets in alliances, SMJ, S. 217-237
Dynamic / Learning	Dussauge/Garrette (2000): **Learning from competing** partners, SMJ, S. 99-126
Dynamic / Learning	Anand/Khanna (2000): Do firms **learn to create value**? The case of alliances, SMJ, S. 295-315
Dynamic / Learning	Inkpen (2000): A note on the **dynamics of learning alliances**, SMJ, S. 775-779
Dynamic / Learning	Simonin (1999): Ambiguity and the process of **knowledge transfer**, SMJ, S. 595-623
Dynamic / Learning	Khanna u. a. (1998): The **dynamics of learning alliances**, SMJ, S. 193-210
Dynamic / Learning	Lane/Lubatkin (1998): Absorptive capacity and interorganizational **learning**, SMJ, S. 461-477
Dynamic / Learning	Doz (1996): **Evolution of cooperation** in strategic alliances, SMJ, Special Issue S. 55-79
Dynamic / Learning	Mowery u. a. (1996): Strategic alliances and interfirm **knowledge transfer**, SMJ, S. 77-91
Dynamic / Learning	Das/Teng (2002): **Dynamics of conditions** in alliance development process, JMS, S. 725-746
Dynamic / Learning	Hagedoorn/Sadowski (1999): **Transition** from tech. alliances to M&A, JMS, S. 87-107
Experience / Success / Performance	Oum u. a. (2004): **Productivity and Profitability**, JBR, S. 844-853
Experience / Success / Performance	Kale u.a. (2002): Alliance capability, stock market response, **long-term success**, SMJ, S. 747-767
Experience / Success / Performance	Li/Atuahene-Gima (2002): Adoption of agency business activity, innovation, and **performance** in Chinese techn. ventures, SMJ, S. 469-490
Experience / Success / Performance	Sarkar u. a. (2001): Alliance entrepreneurship and **firm market performance**, SMJ, S. 701-711
Experience / Success / Performance	Stuart (2000): Interorganizational alliances and the **performance of firms**, SMJ, S. 791-811
Experience / Success / Performance	McGee u. a. (1995): Cooperative strategy and **new venture performance**, SMJ, S. 565-581
Experience / Success / Performance	Hagedoorn/Schakenraad (1994): Effect of alliances on **company performance**, SMJ, S. 291-310
Experience / Success / Performance	Mohr/Spekman (1994): Characteristics of **partnership success**, SMJ, S. 135-153
Experience / Success / Performance	Luo (1999): **Structure-Performance** relationship in transitional economy, JBR, 46. Jg., S. 15-30
Others	Chatterjee (2004): Alliances in online retailing, IBR, S. 714-723
Others	Rothaermel/Deeds (2004): Product development in **biotechnological alliances**, SMJ, S. 201-221
Others	Singer u.a. (2003): Quality strategies, JMS, S. 499-509
Others	Koka/Prescott (2002): Strategic alliances **as social capital**, SMJ, S. 795-816
Others	Tyler/Steensma (1998): Effects of **executives** on their assessment of tech. A., SMJ, S. 939-965
Others	Gulati (1998): **Alliances and networks**, SMJ, S. 293-317
Others	Kotabe/Swan (1995): The **role** of alliances **in product development**, SMJ, S. 621-637

Creation / Management	Boersma u. a. (2003): Trust in **JV relationships**, JBR, S. 1031-1042
Creation / Management	Hambrick/Li (2001): **Compositional gaps and downward spirals** in international JV management groups, SMJ, S. 1033-1053
Creation / Management	Lampel/Shamsie (2000): Dominant logic and the **design** of JV, SMJ, S. 593-602
Creation / Management	Kumar/Seth (1998): The **design of coordination and control**, SMJ, S. 579-599
Creation / Management	Pan (1997): **Formation** of Japanese and U.S. equity JV in China, SMJ, S. 247-254
Creation / Management	Fryxell u. a. (2002): The **interaction of trust and control** in US-based JV, JMS, S. 865-886
Creation / Management	Yan/Gray (2001): Antecedents and effects of **parent control** in IJV, JMS, S. 393-416
Creation / Management	Lyles/Reger (1993): **Managing for autonomy** in JV, JMS, S. 383-405
Creation / Management	Büchel (2000): Framework of **JV development**: Theory building, JMS, S. 637-661
Creation / Management	Johnson u. a. (2001): Drivers and outcomes of **parent company intervention** in IJV management, JBR, 52. Jg., S. 35-49
Creation / Management	O´Connor u. a. (2001): **Self-selection, socialization and budget control**: a study of a U.S.-Sino JV, JBR, 52. Jg., S. 135-148
Creation / Management	Chow/Fung (1997): **Tech. leadership of JV** in Transforming economy, JBR, 39. Jg., S. 147-157
Creation / Management	Hu/Chen (1993): **Foreign ownership** in Chinese joint venture, JBR, 26. Jg., S. 149-160
Experience / Success / Performance / End	Si/Hitt (2004): **Organisational image** in JV, JBR, S. 1370-1377
Experience / Success / Performance / End	Yan/Child (2004): **Control** in JV, JBR, S. 361-371
Experience / Success / Performance / End	Lee u. a. (2003): **Governance structure** in JV, JBR, S. 815-828
Experience / Success / Performance / End	Luo (2002): **Performance** in IJV, SMJ, S. 903-919
Experience / Success / Performance / End	Tsang (2002) **Acquiring knowledge** by foreign partners for international JV, SMJ, S. 835-854
Experience / Success / Performance / End	Robins u. a. (2002): Exploration of **performance** of U.S. vent. in Mexico, SMJ, S. 881-901
Experience / Success / Performance / End	Lane u. a. (2001): Lyles absorptive capacity, learning, and **performance** in JV, SMJ, S. 1139-1161
Experience / Success / Performance / End	Merchant (2000): How do IJV **create shareholder value**?, SMJ, S. 723-737
Experience / Success / Performance / End	Reuer/Koza (2000): Asymmetric information and JV **performance**, SMJ, S. 81-88
Experience / Success / Performance / End	Pan/Chi(1999): **Financial performance and survival** in China, SMJ, S. 359-374
Experience / Success / Performance / End	Reuer/Miller (1997): Agency costs and **performance** implications of JV, SMJ, S. 425-43
Experience / Success / Performance / End	Pearce (2001): **JV Top** & understand the Interparent Cooperation & Performance, JMS, S. 557-582
Experience / Success / Performance / End	Inkpen (2000): **Learning** through JV, JMS, S. 1019-1043
Experience / Success / Performance / End	Newburry/Zeira (1999): **Autonomy and effectiveness** of EJV in Hun. & GB, JMS, S. 263-285
Experience / Success / Performance / End	Inkpen/Crossan (1995): Believing is seeing: JV & **organisation learnig**, JMS, S. 595-618
Experience / Success / Performance / End	Child/Marcoczy (1993): Host-country **managerial behaviour & learning**, JMS, S. 611-632
Experience / Success / Performance / End	Lee (2001): **Power, conflict, and satisfaction** in IJV, JBR, 52. Jg., S. 149-160

	Burgers u. a. (1993): **Theory** of global strategic alliances: Case of auto industry, SMJ, S. 419-433 Hurry (1993): **Restructuring in the global economy**, SMJ, Special Issue, S. 69-83 Chen/Chen (2002): **Asymmetric** alliances: A network_view, JBR, 55. Jg., S. 1007-1013 Young u. a. (1996): **Investigation of relationalism**, JBR, 35. Jg., S. 139-151	**Others**	Chadee (2003): **EJVs** in China, JBR, S. 835-845 Hu/Haiyang (1996): Factors explaining JV **performance** in China, JBR, 35. Jg., S. 165-173 Steensma/Marjorie (2000): Lyles **explaining** JV survival in a transit. economy, SMJ, S. 831-851 Li u. a. (2002): The case of **Sino-Japanese and Sino-West JV in China**, JMS, S. 841-863
Networks		**Other Questions of Cooperation-Research**	
Creation / Management	Dahlstrom/Ingram (2003): **Social networks** and selection problems, JBR, S. 767-775 Zaheer/Zaheer (2001): **Market microstructure** in a global B2B network, SMJ, S. 859-873 Ahuja (2000): Inducements & opportunities in **formation** of interfirm linkages, SMJ, S. 317-343 Dyer/Nobeoka (2000): **Creating and managing** a high-performance knowledge-sharing network, SMJ, S. 345-367 Hakansson/Ford (2002): How should companies **interact** in networks? JBR, 55. Jg., S. 133-139 Bejou u.a (1996): Determinants of **relationship quality**: An artificial neutral network analysis, JBR, 36. Jg., S. 137-143	**Seller-Buyer- / Supplier-Distributor-Relationships**	Miyamoto/Rexha (2004): **Japan**, JBR, S. 312-319 Williams/Attaway (2003): Nature of buyer-seller relationships, JBR, S. 243 ff. (Spec. Issue) Humphreys (2004): **Supplier-buyer performance**, JMS, S. 131-143 Qi u. a. (2004): SCM **coordination**, JMS, S. 301 ff. Kotabe u. a. (2003): Vertical partnerships in US and Japanese **automotive** ind., SMJ, S. 293-316 Leiblein/Miller (2003): **Vertical boundaries**, SMJ, S. 839-859 Takeishi (2001): **Bridging boundaries**: Management of supplier involvement in automobile product development, SMJ, S. 403-433
Dynamic / Learning / Knowledge	Ritter/Gemünden (2003): **Network competence**, IBR, S. 745-755 Rudberg/Olhager (2003): Manufacturing networks, JMS, S. 29-39 Gavious/Rabinowitz (2003): Knowledge outsourcing model, JMS, S. 451-457 Ho Park/Luo (2001): Guanxi and **organizational dynamics**: Organizational networking in Chinese firms, SMJ, S. 455-477 Afuah: (2000): How much do your co-opetitors' **capabilities** matter in the face of technological change?, SMJ, S. 387-404 Kogut; (2000): The **network as knowledge**: Generative rules and the emergence of structure, SMJ, S. 405-425 Gulati (1999): Network **location and learning**: Influence of network resources and firm capabilities on alliance formation, SMJ, S. 397-420 Madhavan u. a. (1998): Networks in **transition**: How industry events (re)shape interfirm relationships, SMJ, S. 439-459 Brusoni/Prencipe (2001): Managing **knowledge** in loosely coupled Networks, JMS, S. 1019-1036		Lassar/Kerr (1996): **Strategy and control** in supplier-distributor relationships, SMJ, S. 613-632 Boddy u. a. (2000): Implementing collaboration: **Supply chain partnering**, JMS, S. 1003-1017 Bello u. a. (1999): Collab. **Relationship for component development**, JBR, 45. Jg., S. 15-31 Langfield-Smith u. a. (1998): **Developing** buyer-supplier relationships, JMS, S. 331-353 Vlosky/Wilson (1997): **Partnering & relationship in Marketing**, JBR, 39. Jg., S. 1-4 Paun (1997): Study of **„Best“ vs. „average“** buyer-seller relationships, JBR, 39. Jg., S.13-21 Lewin/Johnston (1997): **Relationship Marketing**, JBR, 39. Jg., S. 23-31 Kozak/Cohen (1997): **Distributor-supplier** partnering relationships, JBR, 39. Jg., S. 33-38 Smith u. a. (1997): **Distributor-supplier** business relationship, JBR, 39. Jg., S. 39-44 Simpson/Wren (1997): **Buyer-seller** relationship in wood products industry, JBR, 39. Jg., S. 45-51 Lawson (1997): Field notes on a **partnering relationship**, JBR, 39. Jg., S. 53-58 Wilson/Vlosky (1997): **Partnering relationship activities**, JBR, 39. Jg., S. 59-70 Gilbert/Young (1994): Buyer-seller relationship in **just-in-time purchasing**, JBR, 29. Jg., S. 111-120
Experience / Success	Rodan/Galunic (2004): **Knowledge heterogeneity, performance, innovation**, SMJ, S. 541-562 Andersson u. a. (2002): **Strategic impact** of external networks, SMJ, S. 979-996 Lee u. a. (2001): Capabilities, networks, performance in **Tech.-based ventures**, SMJ, S. 615-640 Geletkanycz u. a. (2001): Strategic value of **CEO** external **directorate** networks, SMJ, S. 889-898 Blankenburg Holm (1999): **Creating value** through mutual commitment to business network relationships, SMJ, S. 467-486 Dyer (1996): Supplier networks as a source of **competitive advantage**: Evidence from auto industry, SMJ, S. 271-293	**R&D / Technology**	Oxley/Samson (2004): **R&D alliances**, SMJ, S. 723-749 Sakakibara (2002): Formation of **R&D consortia**: Industry/company effects, SMJ, S. 1033-1055 Doz u. a. (2000): Formation processes of **R&D consortia**: Which path to take? Where does it lead?, SMJ, S. 239-266 Olk/Young (1997): Why members stay in or leave an **R&D consortium**: Performance and conditions of membership, SMJ, S. 855-877 Tyler/Steensma (1995): Evaluating technological **co. opportunities**, SMJ, Spec. Issue, S. 43-71 Shan u. a. (1994): Cooperation & startup **innovation** in the biotech. industry, SMJ, S. 387-395

Others	Hamid/Iqbal (2004): **Neural networks**, JBR, S. 1116-1125 Andersen u. a. (2004): Networks in the construction industry, JBR, S. 351-360 Curry (2004): **Neural networks**, JMS, S. 97-100 Brews/Tucci (2004): **Structural effects**, SMJ, S. 429-451 Malhotra (2003): **Neural networks**, JMS, S. 83-96 Luo (2003): Networking in **emerging markets**: China, SMJ, S. 1315-1327 Wilkinson/Young (2002): On **cooperating**: firms, relations and networks, JBR, 55. Jg., S. 123-132 Gulati u. a. (2000): **Strategic networks**, SMJ, S. 203-215 Hagedoorn (1995): A note on international market leaders and **networks of strategic technology partnering**, SMJ, S. 241-251 Robertson u. a. (1996): The **Role** of Networks **in the diffusion of technological innovation**, JMS, S. 333-360 Borch/Arthur (1995): Strategic **networks among small firms**: Implications for research methodology, JMS, S. 419-442 Duysters/Hagedoorn (1995): **Strategic Groups** and Inter-firm Networks in International high-tech Industries, JMS, S. 359-382	Others	Windsperger (2004): **Franchi**., JBR, S. 1361 ff. Chryssochoidis/Theoharakis (2004): **Exporter-importer dyad**, JBR, S: 329-337 Kim u. a. (2004): **Keiretsu**, SMJ, S. 613-636 Yin/Zajac (2004): **Fit relationship** in **franchising**, SMJ, S. 365-383 Gulati/Higgins (2003): **Contingent effects** on interorganisational partnerships, SMJ, S. 127-144 Nair/Kotha (2001): Does group **membership** matter? Japanese steel industry, SMJ, S. 221-235 Shaw u. a. (2000): **Organiz.-level** examinations of agency and collab. predictions, SMJ, S. 611-623 Combs/Ketchen (1999): Explaining **interfirm cooperation** and performance, SMJ, S. 867-888 Birnberg (1998): Control in **interfirm co-operative Relationships**, JMS, 35. Jg., S. 421-428 Phillips u. a. (2000): Interorganizational **collaboration** and the dynamics of instit., JMS, S. 23-43 Cox u. a. (1997): **Benchmarking** as a mixed metaphor, JMS, S. 285-314 Corriveau/Tamilia (2002): Transactional forms in **grocery distribution**, JBR, 55. Jg., S. 771-773 Doucette (1997): Member commitment & group **purchasing organiz**., JBR, 40. Jg., S. 183-189 Gassenheimer u. a. (1996): Arrangements among entrepreneurs: **Franchise**, JBR, 36. Jg., S. 67-79

Übersicht 4: Schwerpunkte der „General Management Journals" im Überblick (2) – Auswahl

In Bezug auf die **Netzwerkforschung** liegt – ganz ähnlich wie bei Allianzen – ein leichter Fokus auf Fragen der dynamischen Entwicklung und des Lernens, wenngleich sich dem Aufbau, dem Management und der Erfolgsbetrachtung auch eine ganze Reihe von Beiträgen widmet. Zugleich werden (Unternehmens-)Netzwerke – auffälligerweise – häufig mit der Diffusion von neuen Technologien verbunden. In jüngeren Publikationen fällt der Fokus auf unternehmensinterne bzw. soziale Netzwerke und somit auch Fragen des Human-Resource-Managements oder in der kognitionspsychologischen Perspektive auf neuronale Netze.

Bei den **sonstigen Beiträgen** der Kooperationsforschung dominieren eindeutig die vertikalen Partnerschaften zwischen „buyer and seller" („supplier and distributor") vornehmlich in Bereichen der Relationship- und seltener der Kollaborationsforschung. Die Forschungsaktivitäten nahmen in den letzten beiden Jahren in diesem Feld – relativ gesehen – deutlich zu. Zu erwähnen ist ebenso eine zunehmende Auseinandersetzung mit F & E-Kooperationen oder mit vereinzelt mit Franchising-Systemen oder mit Sonderformen wie Keiretsu.

2.4 Journals of Internationalisation

Die drei führenden Journals, welche sich der internationalen Unternehmenstätigkeit widmen, behandeln Fragen der Kooperation – gemessen an der Gesamtzahl der Beiträge in den letzten zwölf Jahren – am häufigsten. Hierbei ist absolut und relativ der Anteil der

Beiträge zu Kooperationsfragen in dem jüngsten der Journals, dem International Business Review (57 Beiträge), am stärksten ausgeprägt, gefolgt vom Journal of International Business Studies (48 Beiträge) und dem Management International Review (40 Beiträge) (siehe Übersicht 5). Inhaltlich dominieren in den Journals eindeutig Beiträge zu Joint Ventures (80), gefolgt von Allianzen (30) und Netzwerken (24), während die Anzahl der Beiträge, welche sich anderen Fragen bzw. Formen der Kooperation (z. B. Franchising) widmen, mit elf relativ gering ist. Entsprechend bilden Joint Ventures den zentralen Gegenstandsbereich der internationalen Kooperationsforschung. Auffällig ist allerdings, dass hier – vor dem Hintergrund der Fülle der Beiträge – keine meta-analytischen Bemühungen zu Bestandsaufnahme und partiellen Integration der Befunde zu finden sind; anders als etwa bei den klassischen direktinvestiven Formen des internationalen Markteintritts, zu denen in den letzten beiden Jahren Publikationen vorgelegt wurden.

	Management International Review 33.-44. Jg.					Journal of International Business Studies 24.-35. Jg.					International Business Review 2.-13. Jg.				
	Papers total / Coop.-Papers.	Joint Ventures	Alliances	Networks	Others	Papers total / Coop.-Papers.	Joint Ventures	Alliances	Networks	Others	Papers total / Coop.-Papers.	Joint Ventures	Alliances	Networks	Others
2004	25/6	3	2	1	--	29/5	3	2	--	--	36/4	2	--	1	1
2003	25/5	4	--	--	1	35/3	1	1	1	--	37/10	4	1	3	2
2002	30/6	5	1	--	--	44/6	6	--	--	--	42/3	2	1	--	--
2001	16/2	1	--	--	1	41/2	2	--	--	--	39/3	2	--	1	--
2000	21/3	2	--	--	1	40/5	3	1	--	1	43/7	2	3	1	1
1999	43/3	1	2	--	--	37/3	1	1	1	--	29/3	2	--	1	--
1998	29/2	2	--	--	--	40/7	3	3	1	--	32/7	5	2	--	--
1997	33/2	2	--	--	--	31/4	2	1	1	--	30/3	1	--	2	--
1996	24/3	3	--	--	--	34/6	3	2	1	--	34/5	--	--	5	--
1995	38/2	2	--	--	--	37/5	3	2	--	--	28/4	--	3	1	--
1994	32/4	3	--	--	1	32/1	--	--	--	1	28/3	2	--	1	--
1993	27/2	2	--	--	--	32/1	--	1	--	--	19/5	1	1	2	1
Total	--/40	30	5	1	4	--/48	27	14	5	2	--/57	23	11	18	5

Übersicht 5: Schwerpunkte der „Journals of Internationalisation" im Überblick (1)

Inhaltlich behandeln die Beiträge zu den sonstigen Kooperationsfragen und -formen Aspekte wie Entscheidungen zwischen Akquisitionen und Kooperationen (Hoffmann/Schaper-Rinkel 2001), Franchising und Lizenzen (Burton/Cross/Rhodes 2000; Cross 2000; Michael 2003; Garg/Rasheed 2003), kooperative Venture- und Entrepreneur-Strategien (Tallman/Shenkar 1994a, 1994b; Steensma 2000), Wettbewerbsorientierungen in unternehmerischen Kooperationen und in volkswirtschaftliche Länderkooperationen (Dankó 1993).

Bezüglich der Allianzen und Netzwerke ist eine über die Beobachtungen bei den „General Management Journals" hinausgehende Tendenz ersichtlich (siehe Übersicht 6).

	Alliances
MIR	Delios u. a. (2004): **Escalation** in international strategic alliances, S. 457-480
MIR	McCutchen u. a. (2003): **R&D risk-taking** in strategic alliances, S. 53-68
MIR	Kim/Park (2002): Determinants of **value creation** for partner firms in global alliance context, S. 361-386
MIR	Glaister/Buckley (1999): **Performance** relationships in UK international alliances, S. 123-147
MIR	Tallman (1999): The **roles** of alliances **in multinational strategies**, Special Issue 2, S. 65-82
IBR	Robson u. a. (2003): Top management staffing in international strategic alliances, S. 173-191
IBR	Contractor/Lorange (2002): The **growth** of alliancees in knowledge-based economy, S. 485-502
IBR	Kumar/Andersen (2000): Inter firm **diversity and management of meaning** in alliances, S. 237-252
IBR	Contractor/Ra (2000): **Negotiating alliance contracts**, S. 271-299
IBR	Gassel/Pascha (2000): Alliances in **Japan's biotech industry**, S. 625-640
IBR	Narula/Dunning (1998): Explaining **R&D alliances** and roles of governments, S. 377-398
IBR	Ramaswamy/Choon (1998): Factors affecting a **partners' perceived effectiveness**, S. 443-458
IBR	Biong/Selnes (1995): A **Dynamic approach** to the Analysis of strategic alliances, S. 499-518
IBR	Harvey/Lusch (1995): Systematic **assessment of potential international partners**, S. 195-212
IBR	Veugelers (1995): Alliances and the pattern of **comparative advantages**, S. 213-232
IBR	Hakansson u. a. (1993): Strategic alliances in **global biotechnology**, S. 65-82
JIBS	Sinonin (2004): **Knowledge transfer**, S. 407-427
JIBS	Sirmon (2004): **Cult. diff./performance**, S. 306-319
JIBS	Arino (2003): **Performance**, S. 80-89
JIBS	Elg (2000): **Firms' home-market relationships**: Their role when selecting partners, S. 169-177
JIBS	Simonin (1999): **Transfer of marketing know-how** in international alliances, S. 463-490
JIBS	Kashlak u. a. (1998): **Reciprocity** in international Business: **Telecom. alliances**, S. 281-304
JIBS	Contractor/Kundu (1998): **Modal choice** in a world of alliances: **Hotel sector**, S. 325-358
JIBS	Rao/Schmidt (1998): A behavioural perspective on **negotiating** international alliances, S. 665-694
JIBS	Tse u. a. (1997): How MNCs **choose** entry modes & form alliances: **China** experience, S. 779-807
JIBS	Makino/Delios (1996): Local **knowledge transfer and performance**: Alliances in Asia, S. 905-928
JIBS	Nordberg u. a. (1996): Can **market-based contracts substitute** A. in HighT.-Markets, S. 963-980
JIBS	Dunning (1995): Reappraising the **electric paradigm** in an age of alliance capitalism, S. 461-492
JIBS	Dussauge/Garrette (1995): Determinants of **success: Global aerospace industry**, S. 505-520

	Networks
MIR	Cho/Lee (2004): Firm and MNC's intra-network **knowledge sharing**, S. 435-456
IBR	Scott-Kennel/Enderwick (2004): Inter-firm alliances + network **relationships**, S. 425-445
IBR	Sharma/Blomstermo (2003): Intern. process of **born global**: a network view, S. 739-753
IBR	Schmid/Schurig (2003): **Subsidiary´s business network**, S. 755-782
IBR	Alajoutsijärvi u. a. (2001): **Metaphors** in the IMP network discourse, S. 91-107
IBR	Chetty u. a. (2000): Internationalisation of **SMS firms**: a network approach, S. 77-93
IBR	. Zander (1999): **Evolution** of tech. **capabilities** in multinational networks, S. 261-292
IBR	Awuah (1997): **Promoting Infant Industries** in LDC´s: A network approach, S. 71-87
IBR	Coviello/Munro (1997): Network relationships of **small software firms**, S. 361-386
IBR	Davis (1996): The collapse and reemergence of networks in f. Soviet Union, S. 1-22
IBR	Ewer (1996): **Global versus domestic**-only Private Network Usage, S. 267-282
IBR	Marschan u. a. (1996): Control in MNC: The Role of **personal networks**, S. 137-150
IBR	Fletcher (1996): **Network theory and countertrade transactions**, S. 167-190
IBR	Welch u. a. (1996): **Network development** in internat. project marketing, S. 579-602
IBR	Björkman/Kock (1995): **Social relationships** and business networks, S. 519-536
IBR	D`Cruz/Rugman (1994): Network theory & **Canadian telecom. industry**, S. 275-288
IBR	Bower (1993): **Tech. supply networks** in global pharmaceutical industry, S. 83-96
IBR	Welch/Welch (1993): **Using personnel** to develop networks, S. 157-168
JIBS	Spencer (2003): Longitudinal analysis of regional and **global knowledge-diffusion networks**, S. 428-442
JIBS	Sarkar u. a. (1999): **Expansion of Telecom.**: Influence of market, Networks, S. 361-382
JIBS	Chen/Chen (1998): **Network linkage** and location choice **in FDI**, S. 445-468
JIBS	Zaheer/Zaheer (1997): **Country effects** on Inf. seeking in global networks, S. 77-100
JIBS	Holm u. a. (1996): **Business networks and cooperation**, S. 1033-1053

Übersicht 6: Schwerpunkte der „Journals of Internationalisation" im Überblick (2) – Auswahl

Zwar finden sich auch hier Beiträge zu den einzelnen Entscheidungsphasen, wenngleich die Lern- und Wissensperspektive erst in wenigen und jüngeren Aufsätzen aufgegriffen wird. Stattdessen werden Fragen in Bezug auf Kulturunterschiede, Verhandlungen zwischen den Partnern oder generell internationale Aspekte thematisiert.

Weiter gehende Beobachtungen lässt die größere Anzahl an Beiträgen zur Joint-Venture-Forschung zu.

Hinsichtlich der Inhalte der **Joint-Venture-Forschung** dominiert zunächst die regionalspezifische Betrachtung, hier mit einem gewissen Schwerpunkt auf Asien – vor allem in dem in Deutschland herausgegebenen MIR und dem amerikanischen JIBS –, während West- und Osteuropa in dem in England herausgegebenen IBR überwiegen. Im JIBS kommt Europa als Fokus kaum vor (siehe Übersicht 7). Insgesamt wird den Erfolgsfaktoren von Joint Ventures ein unverändertes Interesse in den hier betrachteten Jahren entgegen gebracht, wobei in den letzten Jahren Langzeitstudien – vornehmlich mit Bezug zu chinesischen Märkten – publiziert wurden. Abgestufter ist das Interesse bezüglich der Entscheidung für ein Joint Venture und die Partnerauswahl sowie zur Bildung und zum Management von Joint Ventures. In beiden Feldern zeichnen sich primär die Beiträge im JIBS und im MIR aus. In IBR wurden hingegen die meisten der Beiträge in den letzten zwölf Jahren publiziert. Insgesamt unterstreichen die 90 Beiträge allein in den drei Journals die offensichtlich enorme Vielfalt der Joint-Venture-Forschung.

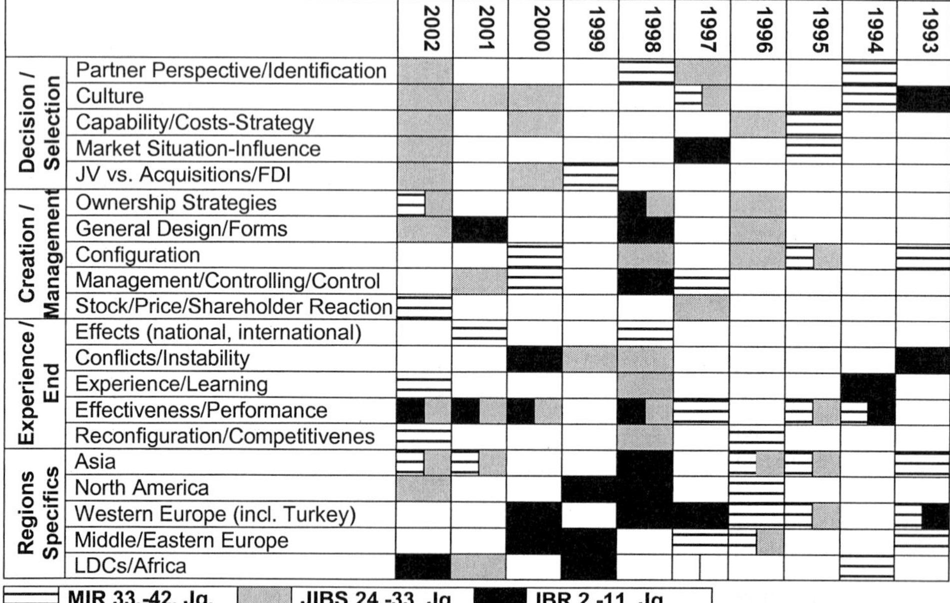

Übersicht 7: Schwerpunkte der „Journals of Internationalisation“ im Überblick (3) – Mehrfachnennungen (Joint-Venture-Fokus)

3. Kooperationen, Allianzen und Netzwerke im Lichte dieses Werkes: Kurzabriss

3.1 Einführung

Kooperationen können aus den unterschiedlichsten Perspektiven heraus einer Betrachtung unterzogen werden. Zu diesen Perspektiven zählen unter anderem verschiedene

- theoretische Zugänge und Erklärungsansätze,
- Rahmenbedingungen und Antriebskräfte,
- (institutionelle) Formen der Kooperation,
- Wertschöpfungsfelder in denen kooperiert wird,
- Führungsdimensionen und
- sektorale Besonderheiten kooperativer Systeme.

Diese Perspektiven der Kooperationsforschung werden nachfolgend skizziert, um die dieser Kapitelsystematik folgenden Beiträge dieses Sammelwerks kursorisch aufzugreifen.

3.2 Ausgewählte Theorien und Ansätze in der Allianz- und Netzwerkforschung

Eine Fülle theoretischer Ansätze wird zur Erklärung von Kooperationsvoraussetzungen, -gestaltungen und -wirkungen herangezogen, was für einen multiparadigmatischen Ansatz und auch dafür spricht, dass diese jeweils in der Lage sind, einen Problemausschnitt aus einem bestimmten Blickwinkel zu beleuchten. Welche Blickwinkel die **Theorien und Ansätze** bieten, thematisiert Swoboda im **Überblick**, während die wichtigsten in den weiteren Beiträgen im Ersten Kapitel dieses Sammelwerks vertieft werden.

Einen Ansatz bietet die **Wettbewerbstheorie**, die ein Konglomerat von Leitbildern bildet, das dazu dient, die konkurrenzbezogene Organisation von Märkten im Hinblick auf die Effizienz für die Marktteilnehmer zu durchdringen. Die Wirtschaftspraxis und neuere Ergebnisse – bei denen u. a. auf die Spieltheorie zurückgegriffen wird – legen es nahe, Kooperationsformen nicht als wettbewerbsschädlich zu sehen, wie noch im Lichte traditioneller Wettbewerbsmodelle. Gleichwohl bleibt als Aufgabe, Kollusion von reiner Kooperation zu unterscheiden. Im Beitrag von Schmidtchen wird vorgeschlagen, das Kriterium zu nutzen, das zum Wesen von Co-opetition gehört: Erhöhung der Wertschöpfung.

Wie Bühler/Jaeger ausführen, bilden (klassische) Kooperationsformen – wie Joint Ventures – und deren Marktergebniswirkungen ein wichtiges Element der modernen **Industrieökonomik**. Begriffen als Teilbereich der Wettbewerbstheorie, stellt die Industrieökonomik auf die Zusammenhänge zwischen Unternehmen (Marktstruktur), Preisstrategien (Marktverhalten) und Kapitalrendite (Marktergebnis) auf empirischer Basis ab. Neben Implikationen für die Wettbewerbspolitik stellt dieses Verständnis aus Sicht der Unternehmen eine Bedingung für ein adäquates strategisches Verhalten dar. Insbesondere die Verbindung der Industrieökonomik zur Strategieforschung eröffnet Potenziale.

Die **Spieltheorie** beschäftigt sich mit unterschiedlichen Typen von Spielen, denen durch Entscheidungsinterdependenz geprägte Situationen zugrunde liegen, weshalb sie für die Analyse solcher sozialen Beziehungen besonders geeignet ist, die zugleich durch Konflikt und Kooperation – etwa in horizontalen Kooperationen – gekennzeichnet sind; durch Konflikt, weil die Beteiligten ihr eigenes Interesse verfolgen, und durch Kooperation, weil sich die gleichen Personen in einer Situation befinden, in der die Ergebnisse ihres Handelns wechselseitig voneinander abhängig sind, sodass sich Rücksichtsnahme lohnt. Magin/Heil/Fürst beschäftigen sich mit dieser Erklärungsperspektive.

Die Gruppe der in der **Neuen Institutionenökonomik** relevanten Theoriezweige, die auf eine Analyse marktlicher Institutionen abstellen, konstituiert sich vornehmlich aus drei Bereichen: Property-Rights-Theorie (welche die Verteilung von Verfügungsrechten über knappe Ressourcen und die resultierenden Verhaltensanreize thematisiert), Principal-Agent-Theorie (die auch Anreizwirkungen untersucht, aber in Vertretungssituationen, in denen zwei Akteure ihren individuellen Nutzen maximieren) und Transaktionskostentheorie (die auf die Analyse der Kosten für die Markt- und Organisationsnutzung abstellt und auch andere Theoriezweige durchdringt). Ihren Erklärungsbeitrag thematisieren Woratschek/Roth.

Einen traditionellen Analyserahmen bietet die **strategische Managementforschung**, so in Form des System- und Potenzialansatzes und des Sozial- und Stakeholderansatzes. Kooperation bildet im strategischen Management eines unter vielen einsetzbaren Instrumenten, um die ressourcenorientierten Systemziele und die marktorientierten Wettbewerbsziele von Unternehmen zu erreichen. Ziel des Beitrages von Stein ist es daher, das Phänomen Kooperation aus Sicht der strategischen Managementforschung zu diskutieren: Wie lässt sich Kooperation als strategische Entscheidung begreifen und welche Entscheidungskalküle spielen hierbei eine Rolle, ist die Frage.

Unter dem **Ressourcenansatz** werden u. a. die Ansätze verstanden, die das Verhalten und den Erfolg von Unternehmen durch den Einsatz einzigartiger Ressourcen zu erklären versuchen. Pauschal bedeutet dies, dass vor dem Hintergrund der Prämisse der Ressourcenheterogenität ein Unternehmen auf der Basis spezifischer Ressourcen eine schwer angreifbare Marktposition erlangt, die sich in einem dauerhaften Wettbewerbsvorteil niederschlägt. Wie v. d. Oelsnitz verdeutlicht, ist dieser Ansatz in der Lage, durchaus weiter gehende Perspektiven auf die unternehmensinternen Erfolgs- oder Wachstumsbarrieren aufzuzeigen.

Die **Netzwerktheorie bzw. -forschung** fußt zumindest auf zwei distinkten Diskursen: dem der strukturellen Netzwerkanalyse und dem Governancediskurs, da in ihnen Netzwerke und deren Bedeutung recht unterschiedlich erklärt werden. Windeler widmet sich den Theoriegrundlagen der strukturellen Netzwerkanalyse und sodann zwei avancierten Theorieansätzen der Governanceforschung, dem Ansatz der Transaktionskostentheorie und dem strukturationstheoretischen Netzwerkansatz. Bei deren Evaluation spricht er jeweils die zwei aus relationaler Perspektive grundlegenden Fragen an, die kontextuelle Einbettung und die prozessuale (Re-)Produktion von Netzwerken. Er konstatiert einen Trend zu einer relationalen Netzwerkforschung und plädiert für eine strukturationstheoretische Fundierung.

Beschäftigt man sich mit einzelnen Subjekten oder den Beziehungen zwischen den Subjekten in einer Kooperation – dies gilt für den Aufbau wie den Fortbestand – dann bietet sich eine Überprüfung der interaktionstheoretischen Ansätze hinsichtlich ihrer Erklärungsbeiträge an. Dieser Perspektive widmet sich Schmid. Ziel des Beitrages ist es darzulegen, welchen Erkenntnisgewinn die interaktionstheoretischen Ansätze zum Thema Kooperation liefern können, wozu einzelne Ansätze kurz vorgestellt und hinsichtlich ihres Beitrags untersucht werden.

Wie in der „Bestandsaufnahme" angedeutet, bildet die Dynamik einen Schwerpunkt der jüngsten Forschungsbemühungen. Auch auf Grund dieser Tatsache widmet sich der Beitrag von Kutschker grundlegend den **sozialwissenschaftlichen Ansätzen der Prozessforschung**. Auf dieser Basis werden die prozessualen Aspekte einer Kooperationsforschung in einen Bezugsrahmen eingebettet, der verdeutlicht, dass vor allem die Berücksichtigung eines der wichtigsten Prozessparameter, der Zeit, vernachlässigt wird.

3.3 Rahmenbedingungen und Antriebskräfte der Kooperation

Die Ursachen der Bedeutungszunahme von Kooperation erklären sich in erster Linie aus den strukturellen Veränderungen des Wettbewerbs, die wiederum durch politische Integrationstendenzen, neue Kommunikationsmöglichkeiten und logistische Optimierungen flankiert sind. Daneben stellt die Komplexitätszunahme von Industrie- und Konsumgütern wachsende Anforderungen an die Fähigkeiten und die Finanzkraft der Unternehmen, was gerade in dynamischen Branchen die Kräfte eines einzelnen Unternehmens oft überfordert. Damit sind einige der **exogenen und endogenen Bestimmungsfaktoren** angesprochen, die Zentes/Schramm-Klein zu Beginn des Zweiten Kapitels aufgreifen.

Ein sicherlich zentraler Bestimmungsfaktor, zugleich aber auch Ausdruck des zunehmend kooperativen Verhaltens, ist die **Globalisierung**. In der Weltwirtschaft steigt sowohl für Regierungen als auch für Unternehmen der Wettbewerbsdruck. Entgegen der vergangenen Wellen so genannter Megafusionen, in denen auch sehr große Unternehmen nur durch das Zusammengehen die Chance zu haben glauben, an den Wachstumsmöglichkeiten der Globalisierung teilzuhaben, bilden Kooperation eine Alternative. Jirjahn/Kraft/Stank beschäftigen sich mit den Bedingungen, unter denen sich Unternehmen für oder gegen eine Kooperation mit einem Partnerunternehmen im Ausland entscheiden, auf empirischer Basis.

Anders kann die Globalisierung auf klein- und mittelständische Unternehmen wirken. Diese sehen die Globalisierung in einem zwiespältigen Verhältnis: zwischen Betroffenheit und Chance. Mit den Folgen der Eignung kooperativer Arrangements zur Erlangung von Wettbewerbsvorteilen vor dem Hintergrund einer **Globalisierungsbetroffenheit** beschäftigen sich Wrona/Schell. Sie zeigen nicht nur, dass Kooperation als unternehmensspezifische Anpassungsstrategie auf die individuellen Herausforderungen durch die Globalisierung interpretiert werden kann, sondern diskutieren auch die Perspektive von unternehmerischen Anpassungs- bzw. Verstärkerstrategien.

Scheer/Hofer/Adam führen v. a. die wechselseitigen Beziehungen zwischen den eingesetzten technologischen Systemen und der Organisationsstruktur aus, denn zum einen stellen neue Organisationskonzepte Anforderungen an die Entwicklung geeigneter **Informations- und Kommunikationstechnologie** (IKT), während zum anderen IKT als „enabler" für Organisationsänderungen fungieren. Zudem erlauben Bestrebungen zur Standardisierung von Datenaustauschformaten die flexible Bildung von Unternehmensnetzwerken gemäß den Kundenwünschen. Angesichts der Potenziale von IKT bilden sie entscheidende Erfolgs- und Antriebsfaktoren der Entstehung kooperativer Geschäftsbeziehungen.

3.4 Formen und Entwicklung der Kooperation

Das Auftreten der vielfachen Formen von Kooperationen in der Unternehmenspraxis wird in morphologischen Schemata berücksichtigt. Der Beitrag von Morschett im Dritten Kapitel dieses Sammelwerkes thematisiert diese **Kooperations-, Allianz- und Netzwerkformen im Überblick**. Im Wesentlichen werden die in Übersicht 8 hervorgehobenen Formen in den einzelnen Beiträgen des Dritten Kapitels vertieft aufgegriffen.

Ressourcenprofil der Partner	X-Allianzen		Y-Allianzen	
Institutioneller Aspekt (Transaktionsform)	Lizenz-vereinbarungen	Management-vertrag	Franchising	Joint Venture
Anzahl der Partner / Koordinationsstruktur	Bilaterale Bindung	Trilaterale Bindung	Einfache Netzwerke	Komplexe Netzwerke
Kooperationsrichtung (Wirtschaftsstufe)	horizontal	vertikal		lateral
Zeitaspekt	einmalig	sporadisch	regelmäßig	dauerhaft
Kooperationsbereiche (Funktion)	Forschung & Entwicklung	Beschaffung	Produktion	Absatz
Raumaspekt	lokal	regional	national	international
Grad der Intensität	Austausch von Informationen und Ergebnissen	koordiniert arbeitsteiliges Vorgehen	gemeinschaftliches Vorgehen	gemeinschaftlich getragene Organisation

Übersicht 8: Morphologischer Kasten zur Bestimmung von Kooperationsformen

Den **Genossenschaften** kommt eine erhebliche historische und auch aktuelle, wirtschaftliche Bedeutung zu, zumal jeder vierte Deutsche Mitglied einer Genossenschaft ist. Auf der anderen Seite fristet das Genossenschaftswesen in der Betriebswirtschaftslehre ein Schattendasein und findet nur in wenigen Beiträgen außerhalb der speziellen Publikationsorgane Berücksichtigung. Für entscheidende Impulse zur Stärkung der wirtschaftlichen und gesellschaftlichen Entwicklungschancen des Genossenschaftswesens plädiert Peemöller.

Kennzeichnend für **operative Allianzen**, die einen **virtuellen Charakter** haben, sind einerseits flexible Kombinationen entlang der Supply Chain sowie unter Umständen auch das gezielte Poolen von Ressourcen auf gleicher Stufe. Im Zentrum steht nicht die kooperative Adressierung eines klar umrissenen Ziels, sondern das bewusste Schaffen von Voraussetzungen, um bei Bedarf kooperieren zu können. Die operative Allianz fasst verschiedene neue Kooperationsformen zusammen, wie Friedli/Schuh mit Bezug zur Flexibilität in der produzierenden Industrie beschreiben. Sie begründen die Meinung, dass trotz hoher Komplexität die Umsetzung von operativen Allianzen enorme Potenziale hat.

Das strategische Management in **vertikalen Kooperationen** steht im Vordergrund des Beitrages von Gerybadze, der einen besonderen Fokus auf die dynamische Vielfalt von modernen, interaktiven Strategien und die vielfältigen Formen von Kooperationen und Netzwerken in einer vertikalen Prägung legt sowie zu einer feinen Ausdifferenzierung von Aktivitäten in vertikalen Kooperationen kommt.

Einen mittelbaren Blick auch auf horizontale Arrangements legt der Beitrag von Kirchgeorg, der die **Netzwerkbildung in der Kreislaufwirtschaft** behandelt. Hier hat seit Anfang der neunziger Jahre das Leitbild der Kreislaufwirtschaft nicht nur theoretische Auseinandersetzungen und Diskussionen in verschiedenen wissenschaftlichen Disziplinen angeregt, sondern ist zur Grundlage umweltgesetzlicher Regelungen geworden. Die Entwicklungen in der Unternehmenspraxis haben in den letzten Jahren gezeigt, dass Hersteller kooperative und netzwerkartige Arrangements etablieren.

Lateral interpretiert werden können die Formen und Entwicklung der **Netzwerke** bzw. **virtueller Unternehmen**. Seit Jahren werden in der Organisationsforschung Überlegungen diskutiert, die sich aus der Grenzziehung von Unternehmen ableiten, so auch in der (kybernetischen) Systemtheorie. Eingeordnet in das kybernetische Hierarchietheorem bedeutet dies, dass nicht primär die strukturbildenden Intrasystembeziehungen, sondern die ablaufbestimmenden Intersystembeziehungen in den Vordergrund rückten. Diese stehen im Focus des Beitrages von Scholz, in dem die Fragen behandelt werden: Wie hängen Netzwerkorganisation und virtuelle Organisation konzeptionell sowie im Zeitablauf zusammen?

Regionaler und durchaus auch lateraler Charakter kann den **Branchenclustern** zugesprochen werden, d. h. Agglomerationen von Konkurrenten und verbundenen Unternehmen in geografischer Nähe zueinander. In ihrem Beitrag führt Schramm-Klein aus, inwiefern in Clustern trotz hoher Wettbewerbsintensität ein hoher Grad an Kooperationen zwischen den Clusterunternehmen realisiert wird. Sie begreift regionale Branchencluster als Inkubatoren für eine ausgeprägte Wettbewerbsfähigkeit und eine hohe Innovationstätigkeit der Unternehmen in einem solchen Cluster.

Lizenzierung kann sich generell auf Patente, Gebrauchsmuster, Geschmacksmuster, Warenzeichen, Urheberrechte sowie technisches und kaufmännisches Know-how beziehen. Welche Motive und Voraussetzungen von **Lizenzkooperationen** zu unterscheiden sind, zeigt Burr in seinem Beitrag, in dem er sich auf die Überlassung von Technologie in Form von Patenten, Gebrauchsmustern und technischem Know-how mit Hilfe von Technologielizenzen konzentriert und diese institutionenökonomisch analysiert.

Insbesondere im Bereich internationaler Unternehmensaktivitäten haben Leistungen der Betriebsführung und der Beratung vor dem Hintergrund des organisationalen Lernens einen wichtigen Anteil am Markterfolg. Vor diesem Hintergrund thematisieren Foscht/Podmenik in ihrem Beitrag die Kooperationsform der **Management-Verträge**, wobei sie insbesondere deren historischen Wurzeln, die Motive und Bedingungen für ihren Abschluss sowie die Vertragsparteien und deren Haupt- und Nebenpflichten ausführen.

Die **Auftragsfertigung** bzw. das **Contract Manufacturing** begreift Morschett als zunehmend bedeutendere Form der (internationalen) Kooperation und behandelt die Facetten in seinem Beitrag. Es handelt sich hierbei um eine Form der Fremdproduktion, in deren Rahmen ein inländisches Unternehmen einzelne oder mehrere Stufen der Fertigung auf ein ausländisches Unternehmen überträgt. Contract Manufacturer profitieren in den letzten Jahren vom weltweiten Trend zum Outsourcing, wobei ein weiter sehr rapides Wachstum erwartet wird.

Franchising gewinnt bereits seit den sechziger Jahren zunehmend an Bedeutung und zählt auch in Deutschland mittlerweile zu den am stärksten wachsenden Kooperationsformen. Die Nutzung der im Franchise-Vertrag geregelten Übertragungen ist das zentrale Recht und gleichzeitig die wesentliche Verpflichtung des Franchise-Nehmers. Die nationalen und internationalen Entwicklungsperspektiven des Franchising behandeln Ahlert/Evanschitzky/Wunderlich. Neben Bedeutungsdaten nehmen sie Bezug auf eine Studie, die aufzeigt, dass das Image des Franchising positiv besetzt ist. Defizite zeigen sich aber bei der Beurteilung der Beziehung zwischen den Partnern sowie bei der Position des Franchise-Nehmers.

Wie eingangs verdeutlicht, bilden **Joint Ventures** die international bedeutendste Kooperationsform. Die Grundsatzentscheidung, die Formen und vor allem die Erfolgsfaktoren der Kooperationsbeziehungen greifen Voeth/Rabe zum Abschluss des Dritten Kapitels auf. Auf Grund ihrer den aktuellen Forschungsstand widerspiegelnden Analyse, welche die partnerspezifischen, strukturellen, prozessualen und länderspezifischen Erfolgsfaktoren berücksichtigt, kommen die Autoren zur Feststellung, dass die Erfolgsfaktorenforschung bei Joint Ventures trotz der großen Zahl an Publikationen vor allem auf Grund der wenig stringenten Ergebnisse nicht als abgeschlossen betrachtet werden kann.

3.5 Kooperation in ausgewählten Wertschöpfungsbereichen

Nach der Bestandsaufnahme kommt der Kooperationsforschung in einzelnen Wertschöpfungsbereichen keine zentrale Rolle zu, entgegen der Entwicklung in vielen Unternehmen. Am Beispiel der Konsumgüterindustrie zeigen Zentes/Swoboda/Morschett auf, dass die in den letzten Dekaden dominierende Orientierung – im Rahmen der Diskussion um das „Reengineering“ der Wertschöpfungskette – abgelöst wird durch eine Parallelität von Outsourcing und Insourcing. Zunehmend bedeutend sind vielfältige Formen des **Kontraktvertriebs**, die eine „**Controlled Distribution**“ ermöglichen und die bis in den „Grenzbereich“ der „Secured Distribution“ gehen können, so durch kapitalmäßige Kooperationen. Es sind asymmetrische Entwicklungen in der Gestaltung der Wertschöpfungsprozesse bedeutend.

Die **Beschaffung**, begriffen als Tätigkeiten, die darauf gerichtet sind, einem Unternehmen die benötigten, aber nicht selbst hergestellten Objekte verfügbar zu machen, ist als Grenzstelle eines Unternehmens zu seinen Versorgungsmärkten schon immer Vermittler zwischen hierarchischer Unternehmens- und wettbewerbsgeprägter Marktsteuerung gewesen. Wie Arnold/Eßig ausführen, ist eine Strukturierungseinheit für Beschaffungsallianzen die Warengruppe. Sie bündelt die Objekte, die kooperativ beschafft werden, und stellt eine Arbeitsgruppe dar, die sich aus den Kooperationspartnern zusammensetzt, die Bedarf an diesen Gütern haben. Je nach Allianzform variiert auch die Ausgestaltung der Warengruppen.

Eine zunehmend notwendige Flexibilität besteht nicht nur für den Bezug von Produkten, sondern ebenso für die Produktion. Um entsprechenden Anforderungen bei gleichzeitiger hoher logistischer Leistungsfähigkeit gerecht zu werden, werden Kooperationen zwischen Unternehmen in der Produktion umgesetzt. **Produktionsnetzwerke**, begriffen als sich dynamisch rekonfigurierende Unternehmenskooperationen, werden von Lutz/Wiendahl als gemeinsamer Gebrauch von Ressourcen und verknüpfte Planung der Wertschöpfungsprozesse begriffen. Im Beitrag behandeln sie die notwendigen Monitoring- und Controllingfunktionen sowie die Randbedingungen, die für einen erfolgreichen Betrieb zu erfüllen sind.

Der Behandlung von Kooperationen in der **Logistik** bzw. im **Supply Chain Management** (SCM), ist der Beitrag von Wallenburg/Weber gewidmet. Die Autoren fokussieren auf zwei Arten von vertikalen Kooperationen innerhalb des SCM: Kooperationen zwischen Unternehmen eines Supply Networks, die Eigentum an den entsprechenden Gütern erlangen, d. h. Produktions- und Handelsunternehmen, und Kooperationen zwischen dieser Gruppe von Unternehmen und Logistikdienstleistern. Anschließend wird Vertrauen als wesentliches Element effizienter Kooperationen – und damit auch als potenzielles Betätigungsfeld des Controllings – thematisiert.

Die Forschung & Entwicklung stellt auf Grund ihrer Eigenschaft, neues Wissen zu generieren, einen für die Wettbewerbsfähigkeit von Unternehmen sensiblen Bereich dar. Das Eingehen von **F & E-Kooperationen** ist demnach immer mit der von Unternehmen wahrgenommenen Gefahr verbunden, dadurch auch externe Einblicke in die zukünftigen Erfolgspotenziale zu gewähren und somit die Wettbewerbsfähigkeit zu gefährden. Zwar zählen F & E-Kooperationen mittlerweile zum Standardrepertoire der von Unternehmen in der Praxis genutzten Strategien. In der wirtschaftswissenschaftlichen Durchdringung werden sie eher selten betrachtet. Oesterle widmet sich im Vierten Kapitel der Erklärung von kooperativer F & E, der Beschreibung ihrer Typen und ihrer hochsensiblen Wahrnehmung.

Kooperationen im Marketing bieten in besonderer Weise Potenziale zur Schaffung von Wettbewerbsvorteilen, wenn Unternehmungen keine deutlichen Wettbewerbsvorteile aufweisen oder nicht über die notwendigen Ressourcen verfügen, derartige Wettbewerbsvorteile aufzubauen und langfristig abzusichern. **Marketingkooperationen** eröffnen auf allen Feldern des Instrumente-Mix Möglichkeiten zur Schaffung von Wettbewerbsvorteilen. Die im Beitrag von Benkenstein/Beyer vorgenommene Systematisierung nach der Kooperationsrichtung gruppiert die Vielzahl unterschiedlicher Formen der Zusammenarbeit nach der Stellung der Kooperationspartner im Wertschöpfungsprozess. Sie sind durch unterschiedliche Voraussetzungen und Zielstellungen der Partnerschaften gekennzeichnet.

Ebenfalls dem Marketing ist der Beitrag von Esch/Langner zuzurechnen, in dem deutlich gemacht wird, welche Rolle **Markenallianzen** haben. Die Autoren wählen die Perspektive eines Markenmanagements in Wertschöpfungsnetzwerken und behandeln im Einzelnen die Bedeutung der Marken als Ausgangspunkt zur Bildung von Wertschöpfungsnetzwerken sowie die Maßnahmen zur Durchsetzung des Markenimages bei Wertschöpfungsnetzwerken, wozu im Wesentlichen die interne und externe Kommunikation gezählt wird.

Der Beitrag von Belz/Reinhold beleuchtet Kooperationen im Vertrieb. Es werden strategische Aspekte von **Vertriebskooperationen** dargestellt, bevor die Vertriebskooperationen als solche betrachtet werden. Während sich Unternehmen intensiv mit allgemeinen Kooperationen und Allianzen befassen, bieten Vertriebskooperationen noch ein ergiebiges Forschungsfeld. Ohnehin würde, so die Autoren, die Marketingforschung den Vertrieb zu gering gewichten. Das Management von Vertriebskoalitionen und Vertriebskooperationen ist eine anspruchsvolle Managementaufgabe, deren Chancen aber auch Risiken der Beitrag aufzeigen und mit Praxisbeispielen illustrieren soll.

Neben der gestiegenen strategischen Bedeutung des industriellen Service verdeutlichen einige wissenschaftliche Beiträge die Herausforderungen, denen Industriegüterunternehmen bei der Gestaltung eines effektiven und effizienten Serviceangebots gegenüberstehen. Entsprechend widmet sich Schmitz den **Kooperationen im industriellen Service**. Sie erarbeitet eine Bewertungs- und Auswahlhilfe für servicebezogene Kooperationen und behandelt die Institution „Geschäftsbeziehung“ als Ansatz zur Steuerung servicebezogener Kooperationen.

Kooperationen in der **Unternehmensfinanzierung** können einerseits auf der Investitionsseite ansetzen, um über Zusammenschlüsse eine kritische Masse zu erreichen und Kapitalbeträge zu bündeln. Andererseits können sie auch originär zur Verbesserung der Kapitalausstattung eingegangen werden. Bieg/Krämer systematisieren die Kooperationsmöglichkeiten bei der Unternehmensfinanzierung und betrachten die Konsortialkredite, die Asset Backed Securities sowie das Venture Capital.

Der **Personalbereich** gehörte bisher nicht zu den Betrachtungsfeldern kooperativer Unternehmensbeziehungen, obwohl – wie Scherm ausführt – dessen (Re-)Organisation schon seit längerem ein Thema bildet. Bisher diskutierte Varianten, wie Verkleinern, Verselbstständigen oder Abschaffen, sind um die (Organisations-)Alternative Kooperieren zu erweitern. Insofern wird das Spektrum kooperativer Beziehungen aufgezeigt: Kooperation innerhalb des Personalbereichs und mit dem Betriebsrat sowie Kooperation zwischen Unternehmen. Da der Mensch als Objekt der Personalarbeit individuelle Unterschiede aufweist, ist die Kooperation hier anders zu gestalten; die Möglichkeiten sind hier nicht ausgeschöpft.

3.6 Gestaltung und Führung kooperativer Systeme

Es herrscht Konsens darüber, dass die Gestaltung und Führung kooperativer Systeme wesentlich komplexer ist als bei hierarchischen Organisationsformen, zumal die Koordination der in der Regel divergierenden Interessen unterschiedlicher Partner hierbei erfolgskritisch ist. Andererseits ist eine optimale Balance zwischen Kooperation und Wettbewerb zu finden, um das Basisziel der Kooperation, nämlich eine optimale Kombination der Stärken der Organisationsformen Markt und Hierarchie bei gleichzeitiger Kompensation der jeweiligen Schwächen, zu erreichen. Im Beitrag von Zentes/Swoboda/Morschett werden verschiedene **Perspektiven der Führung kooperativer Systeme** im Überblick behandelt.

Essenziell für die Führung von Kooperationen sind die **unternehmenskulturellen Voraussetzungen**. Insofern finden Unternehmenskulturkonzepte gegenwärtig eine zunehmende Beachtung. Mit dem funktionalistischen und dem interpretativen Unternehmenskulturansatz bestehen zwei Paradigmen, die zur Erklärung der Unternehmenskultur beitragen. Wie Kasper/Holzmüller/Wilke ausführen, lassen sich beide Ansätze auf drei Ebenen der Unternehmenskultur beziehen: (a) Symbole, (b) Werte, Normen und Standards sowie (c) Basisannahmen. Da die Kooperation von Unternehmen eine Koppelung von Systemen bildet, sollte die Koppelung möglichst ohne Reibungen auf den Ebenen stattfinden, da Reibungen immer den Verlust von Ressourcen bedeuten. Insgesamt ist die Kultur eine notwendige Bedingung für erfolgreiche Kooperationen.

Welge diskutiert **informale Mechanismen der Koordination** in Netzwerkstrukturen. Hier bilden die Mitarbeiter und ihre Bereitschaft, persönliche Beziehungen zur Bewältigung der organisatorischen Aufgaben aufzubauen, einen zentralen Erfolgsfaktor. Der Aufbau von Vertrauen und Kooperationsfähigkeit sowie der entsprechenden Unternehmenskultur sind kurzfristig nicht gestaltbar, sondern evolutorisch. Auf Grund des opportunistischen Mitarbeiterverhaltens ist die Anwendung formaler Koordinationsmechanismen zwingend. Transnationales Netzwerkmanagement zielt in die Richtung ab, das in der Unternehmung vorhandene Optimierungspotenzial und die Managementmentalität zu stärken. Dies kann als Grundanschauung zur Steuerung transnationaler Geschäfte verstanden werden.

Eine Führungsdimension betrifft das **Schnittstellen- bzw. Grenzmanagement in Netzwerken**. Wie Ortmann/Sydow ausführen, ist Grenzmanagement das Management von rekursiv gebauter organisationaler und interorganisationaler Praxis. Es muss mit Temporalität, Prozessualität und Pfadabhängigkeiten bei der Konstitution, Reproduktion und Modifikation von Organisationsgrenzen sowie mit rekursiven Konstitutionsbeziehungen zwischen den Partnerorganisationen im Netzwerk rechnen. Zugleich hat es Fragen nach der Differenzierung formaler und informaler Regeln, nach der Systemidentität zwischen beteiligten individuellen und kooperativen Akteuren, nach der Komplexität des Zusammenspiels der interpretativ-kommunikativen, legitimatorischen und herrschaftlichen Dimensionen zu reflektieren.

Die Entwicklung von Controlling-Instrumenten für Netzwerke befindet sich noch in den Anfängen. Ihre systematische Anpassung an die Netzwerkstruktur findet oft nicht statt, womit schließlich das Potenzial von komplexeren Controlling-Systemen nicht genutzt wird. Wie Balke/Küpper in ihrem Beitrag ausführen, sind dem **Controlling in Netzwerken** engere Grenzen gesetzt als in Einzelunternehmen. So bedürfen konträre Ziele, inkompatible Erfolgsrechnungs- sowie Informationssysteme spezifischer Instrumente. Die Autonomie der

Entscheidungsträger, wechselnde Konfigurationen des Netzwerks usw. erzeugen hohe Anforderungen an die Wirtschaftlichkeit und die Anpassungsfähigkeit der Instrumente.

Auf Grund ihrer zunehmenden Bedeutung erwachsen für das **Human Resource Management** (HRM) in strategischen Allianzen neue Herausforderungen. Es ist hier konfrontiert mit relativ autonomen Partnern, die unter anderem vielfältige Varianten der Dezentralisierung nutzen und segmentierte Belegschaften haben. Das HRM richtet sich damit nicht mehr nur auf die Funktionen – Personalplanung, -auswahl, -einsatz, -entgelt und -entwicklung –, sondern besteht auch aus dem Management von Wissen, Loyalität und Identität, um die zur Stabilisierung von Allianzen erforderliche Vertrauensbasis zu schaffen. Ferner ist die mit dem Einsatz von Instrumenten des HRM verbundene Mitbestimmung von Arbeitnehmervertretern nicht auf Allianzstrukturen ausgerichtet, sondern kennt abgrenzbare Betriebe und ist auf einen Arbeitgeber als zentralen Ansprechpartner angewiesen, so Oechsler.

Neuere Kooperationsformen werden mit Ausnahme der Gemeinschaftsunternehmen nicht in der **externen Rechnungslegung** erfasst. Die Erfassung scheitert an der fehlenden Unternehmenseigenschaft, am Nicht-Vorhandensein einer Kapitalbeteiligung, am Fehlen eines tatsächlich ausgeübten beherrschenden Einflusses usw. Hieraus resultiert eine Lücke zwischen den Ansprüchen externer Adressaten und den gesetzlich zu vermittelnden Unternehmensinformationen. Angesichts der zunehmenden Bedeutung der Kooperationen für den Erfolg von Unternehmen ist mit zukünftigen Neuregelungen zu rechnen, so Küting/Heiden/Gattung. Bis zur Regelung gilt es, im Interesse einer sachgerechten Außendarstellung, zusätzliche Informationen außerhalb der Bilanz und der Erfolgsrechnung zu vermitteln.

Ebenso interessant ist der Aspekt der **Besteuerung** von Kooperationen. Im Beitrag von Kußmaul/Richter wird auf gesellschaftsrechtliche und steuerrechtliche Aspekte nationaler und internationaler Kooperationen eingegangen. Den Gegenstand der Betrachtung bilden verschiedene – steuerrechtlich relevante – Formen der Kooperation. Hierzu gehören Formen wie die Interessengemeinschaft, die Gelegenheitsgesellschaften, die Kartelle, die Europäische Wirtschaftliche Interessenvereinigung und Mehrmütterorganschaft. Die Autoren diskutieren vielfache Aspekte der gesellschaftlichen und vor allem steuerlichen Regelung im Rahmen dieser steuerlich relevanten Formen der Kooperation.

Wie angedeutet, bildet die Dynamik einen Schwerpunkt der jüngsten Forschungsbemühungen. Bezug nehmend auf die **prozessualen Aspekte** der Kooperation des Ersten Kapitels wird von Kutschker die Zeit als oft vernachlässigter Aspekt aufgegriffen, denn es ist klar, dass ohne die Allokation von Zeit auf die Teilprozesse ein Kernprozess sich in der Struktur weder darstellen, noch gestalten oder gar führen lässt. Es verwundert daher nicht, dass die dynamische Effizienz von Prozessen selten thematisiert wird. Dies liegt auch an den empirischen Untersuchungsdesigns, die qualitative Methoden bevorzugen und damit dem Entdeckungszusammenhang einer Theorie zuzuordnen sind. Erfreulicherweise nehmen Längsschnittsstudien aber jüngst an Bedeutung in der Forschung zu.

Da jede Strategie nur so gut ist wie ihre Umsetzung, ist das Verstehen des **interorganisationalen Lernens** wichtig, steht aber im Kontext interkultureller Netzwerke noch am Anfang, wenngleich in der Bestandsaufnahme der Literatur deutlich wurde, dass dieses Thema zu den aktuellen Forschungszweigen zählt. Der Beitrag von Schneider nimmt eine Sichtung der empirischen Befunde vor. Als Forschungsaufgaben für die Zukunft sieht die Autorin drei Felder: Erstens, empirische Erhebungen zu Translations- und Transformationsprozessen, die sich stark auf lern- und wissensorientierte Literatur stützen. Zweitens, eine Verbindung der Erkenntnisse verschiedener Kulturtheorien mit den Theorien des interorganisationalen Lernens und wissensbasierter Zusammenarbeit. Drittens, einen Wechsel der Perspektive zu einem Modell hoher Selektivität und problemzentrierter Fokusbildung.

Internationale Allianzen erfordern eine höhere Aufmerksamkeit durch das Management als andere Internationalisierungsformen. Im Mittelpunkt des Beitrags von Holtbrügge stehen als Abschluss des Fünften Kapitels fünf **Managementinstrumente**, die ihre Effizienz sichern. Viele Managementprobleme lassen sich bereits durch eine sorgfältige Partnerwahl reduzieren, während das Management von der Idee einer fairen und flexiblen Handhabung von Konflikten geleitet sein sollte. Die Partner können nur dann voneinander lernen, wenn zwischen diesen Vertrauen und gegenseitige Verbundenheit entsteht. Nicht zuletzt sollte diesen bewusst sein, dass internationale strategische Allianzen unterschiedliche Lebenszyklusphasen durchlaufen, die ein differenziertes Management erfordern.

3.7 Sektorale Besonderheiten

Kooperationen, Allianzen und Netzwerke können umso detaillierter evaluiert werden, je stärker auf die Ebene einzelner Branchen, Sektoren oder auf die von Unternehmen abgestellt wird. In diesem Sammelwerk werden einzelne sektorale Besonderheiten aufgegriffen.

Gerpott betrachtet Kooperationen, bei denen mindestens eines der beteiligten Unternehmen zur **Telekommunikationswirtschaft** (TKW) i.e.S. zu rechnen ist, wobei Unternehmen, die auf vor- oder nachgelagerten Wertkettenstufen der TKW einzuordnen sind, keine gemeinsamen branchentypischen kooperationsrelevanten Besonderheiten aufweisen. Hingegen zeichnet sich jede der Wertkettenstufen der TKW i.e.S. durch im Beitrag skizzierte Spezifika aus, die eine große Bedeutung für das Auftreten und die Gestaltung von Unternehmenskooperationen haben.

Zu Knyphausen-Aufseß/Schweizer wollen mit ihrem Beitrag das Verständnis für die Entwicklung von Kooperationen in der Biotechnologie schärfen. Zur Sprache kommen die Rahmenbedingungen, d. h. die Besonderheiten und Charakteristika, der **Biotechnologieindustrie**, und die sich daraus ergebenden Herausforderungen sowie die drei wesentlichen Geschäftsmodelle. Herausgearbeitet werden die unterschiedlichen Kooperationsebenen, die dann als Referenzschema für die Darstellung von Kurzfallstudien und ersten Propositionen für die interne Kooperationsstruktur verwendet werden.

Tomczak/Schögel/Sauer fokussieren auf Kooperation in der **Konsumgüterindustrie** und stellen fest, dass die dynamischen Entwicklungen in den Hersteller-Handels-Beziehungen und die Intensivierung des Wettbewerbs Kooperationen als zukunftsträchtige Lösung für die Herausforderungen in der Konsumgüterbranche erscheinen lassen, wenngleich diese

Einsicht sich jedoch noch nicht in allen Branchen durchgesetzt hat. Deshalb bieten sich in zahlreichen Unternehmen noch ungenutzte Kooperationspotenziale, die in anfänglichen Kollaborationsprojekten eine „Kooperationskarriere“ begründen können.

Bruhn widmet sich Kooperationen im **Dienstleistungssektor**. Hierbei werden als Motive und Ziele von Kooperationen die Schaffung von Qualitäts-, Kosten- und Zeitvorteilen, der Zugang zu neuen Märkten, Ressourcen und Know-how oder die Risikoteilung behandelt. Des Weiteren werden die Dimensionen und Ausprägungen von Kooperationsformen sowie Kooperationsstrategien im Dienstleistungssektor angesprochen, so Kompetenzerweiterungs-, Abschöpfungs- und Multiplikationsstrategie. Die Erfolgsfaktoren für Kooperationen im Dienstleistungsbereich beschließen die Ausführungen.

Müller-Hagedorn thematisiert Kooperationen im **Handel**, die weiterhin einen traditionellen und wichtigen Bereich bilden, zugleich aber in einem immer stärker werdenden Wettbewerb mit filialisierten Systemen stehen. Vorgeschlagen wird eine Vorgehensweise, nach der zunächst der Wettbewerbsvorteil konkretisiert werden soll, mit dem die Mitglieder am Markt auftreten, bevor ein geeignetes Kooperationsdesign entwickelt wird, was zu der Frage führt, welches die Ansatzpunkte der Geschäftspolitik von Kooperationen im Handel sind und welche Veränderungen in ihrer Umwelt zu beachten sind.

Weiber/Meyer behandeln Kooperationen zwischen Verbrauchern und zwar in Form von privaten **Online-Nachfragerkooperationen**. Der Beitrag verfolgt das Ziel, mögliche Ursachen der Diskrepanz zwischen potenziellen Bündelungsvorteilen und der realen Bedeutung dieser Kooperationen im „marketspace“ aufzuzeigen. Zu diesem Zweck werden mögliche Vor- und Nachteile privater Nachfragerkooperationen und die Ursachen ihrer geringen Verbreitung im Online-Bereich analysiert sowie Ansatzpunkte zur Stimulierung dieses Erfolg versprechenden Instrumentes aufgezeigt. Die Überlegungen münden in einer Klassifikation von Nachfragerkooperationen.

Schmidt/Kiefer behandeln mit den Besonderheiten der Kooperation zwischen mittelständischen Unternehmen einen sehr praxisrelevanten Bereich. Gerade für **mittelständische Unternehmen** bildet Kooperation ein relevantes, aktuelles und auch zukunftsweisendes Thema. Zugleich sind Treiber, Gestaltungsformen und Verbreitung von Kooperationen in mittelständischen Unternehmen von Branche zu Branche unterschiedlich ausgeprägt. Dennoch spricht einiges dafür, dass die Häufigkeit von Kooperationen zwischen mittelständischen Unternehmen in Zukunft zunehmen wird.

Literatur

AXELROD, R.; MITCHELL, W.; THOMAS, R. E. (1995): Coalition Formation in Standardsetting Alliances, in: Management Science, 41. Jg., S. 1493-1509.

BACKHAUS, K.; PLINKE, W. (1990): Strategische Allianzen als Antwort auf veränderte Wettbewerbsstrukturen, in: Zeitschrift für betriebswirtschaftliche Forschung, 44. Jg., Sonderheft 27, S. 21-33.

BURTON, F.; CROSS, A. R.; RHODES, M. (2000): Foreign Market Servicing Strategies of UK Franchisors, in: Management International Review, 40. Jg., S. 373-400.

CROSS, A. (2000): Licensing and Franchising Across Borders: Theory, Management and Strategies for the 21st Century, in: International Business Review, 9. Jg., S. 403-406.

DANKÓ, L. (1993): International Economic Co-operations in the Carpathian Region, in: International Business Review, 2. Jg., S. 269-280.

DARR, E. D.; ARGOTE, L.; DENNIS, E. (1995): Acquisition, Transfer and Depreciation of Knowledge in Service Organisations: Productivity in Franchises, in: Management Science, 41. Jg., S. 1750-1753.

DEASAI, P. (1997): Advertising Fee in Business-Format Franchising, in: Management Science, 43. Jg., S. 1401-1419.

DESAI, P. S.; SRINIVASAN, K. (1995): Demand Signalling Under Unobservable Effort in Franchising, in: Management Science, 41. Jg., S. 1608-1624.

FEDERGRUEN, A.; ZHENG, Y.-S. (1993): Optimal Power-of-Two Replenishment Strategies in Capacitated General Production/Distribution Networks, in: Management Science, 39. Jg., S. 710-728.

FRIESE, M. (1998): Kooperation als Wettbewerbsstrategie für Dienstleistungsunternehmen, Wiesbaden.

GAL-OR, E. (1995): Maintaining Quality Standards in Franchise Chains, in: Management Science, 41. Jg., S. 1774-1793.

GARG, V. K.; RASHEED, A. A. (2003): International multi-unit franchising – An agency theoretic explanation, in: International Business Review, 12. Jg., S. 329-348.

HILL, T.; O´CONNOR, M.; WILLIAM, R. (1996): Neural Networks Models for Time Series Forecast, in: Management Science, 42. Jg., S. 1082-1093.

HÖFER, S. (1997): Strategische Allianzen und Spieltheorie, Lohmar.

HOFFMANN, W. H.; SCHAPER-RINKEL, W. (2001): Acquire or Ally?, in: Management International Review, 41. Jg., S. 131-159.

JARILLO, J. C. (1988): On Strategic Networks, in: Strategic Management Journal, 9. Jg., S. 31-41.

KUTSCHKER, M. (1994): Strategische Kooperationen als Mittel der Internationalisierung, in: Schuster, L. (Hrsg.): Die Unternehmung im internationalen Wettbewerb, Berlin, S. 121-157.

LUBRITZ, S. (1998): Internationale Strategische Allianzen, Frankfurt a.M.

MEYER, M. (1995): Ökonomische Organisation der Industrie, Wiesbaden.

MICHAEL, S. C. (2003): Determinants of the Rate of Franchising Among Nations, in: Management International Review, 43. Jg., S. 267-290.

MYUNG, Y.-S.; KIM, H.-J.; TCHA, D.-W. (1999): Design of Communication Networks with Survivability Constrains, in: Management Science, 45. Jg., S. 238-252.

NAULT, B. R.; TYAGI, R. K. (2001): Implementable Mechanismus to Coordinate Horizontal Alliances, in: Management Science, 47. Jg., S. 787-799.

PARK, S. H.; RUSSO, M. (1996): When Competition Eclipses Cooperation: An Event History Analysis of Joint Venture Failure, in: Management Science, 42. Jg., S. 875-891.

RUKE, D. L. GALASKIEWICZ, J. (2000): Distribution of Knowledge Group Network Structure, and Group Performance, in: Management Science, 46. Jg., S. 612-625.

SELL, A. (2002): Internationale Unternehmenskooperationen, 2. Aufl., München u. a.

SPEKMAN, R. u. a. (1998): Alliance Management: A view from the past and a look to the future, in: Journal of Management Studies, 35. Jg., S. 747-772.

STEENSMA, H. K. u. a. (2000): Attitudes Toward Cooperative Strategies: A Cross-Cultural Analysis, in: Journal of International Business Studies, 31. Jg., S. 591-609.

SWOBODA, B. (1999): Bedeutung internationaler strategischer Allianzen im Mittelstand – Eine dynamische Perspektive, in: Meyer, J.-A. (Hrsg.): Jahrbuch der KMU-Forschung, München, S. 107-129.

SYDOW, J. (1992): Strategische Netzwerke, Wiesbaden.

TALLMANN, S. B.; SHENKAR, O. (1994a): A Managerial Decision Model of International Cooperative Venture Formation, in: Journal of International Business Studies, 26. Jg., S. 91-114.

TALLMAN, S. B.; SHENKAR, O. (1994b): International Cooperative Venture Strategies: Outward Investment and Small Firms from NICs, in: Management International Review, 34. Jg., Special Issue, S. 75-92.

TALLURI, K.; VAN RYZIN, G. (1998): An Analysis of Bid-Price Controls for Network Revenue Management, in: Management Science, 44. Jg., S. 1577-1593.

THOMPSON, P.; HOROWITZ, I. (1993): Experimentation and Optimal Output Decision: The Cooperative versus the Entrepreneurial Firm, in: Management Science, 39. Jg., S. 46-54.

TIETZ, B.; MATHIEU, G. (1979): Das Kontraktmarketing als Kooperationsmodell, Köln u. a.

WURCHE, S. (1994): Strategische Kooperation, Wiesbaden.

ZENTES, J. (HRSG.) (1992): Strategische Partnerschaften im Handel, Stuttgart.

ZENTES, J.; SWOBODA, B. (1997): Grundbegriffe des Internationalen Managements, Stuttgart.

ZENTES, J.; SWOBODA, B. (2001): Grundbegriffe des Marketing – Marktorientiertes globales Management-Wissen, 5. Aufl., Stuttgart.

ZENTES, J.; SWOBODA, B.; MORSCHETT, D. (2004): Internationales Wertschöpfungsmanagement, München.

Erstes Kapitel

Allianzen und Netzwerke im Lichte ausgewählter Theorien und Ansätze

Bernhard Swoboda*

Kooperation: Erklärungsperspektiven grundlegender Theorien, Ansätze und Konzepte im Überblick

---

* Univ.-Professor Dr. Bernhard Swoboda ist Inhaber der Professur für Betriebswirtschaftslehre, insbesondere Marketing und Handel der Universität Trier.

1. Einführung und Literaturüberblick

In der Forschung wird eine Fülle theoretischer Ansätze zur Erklärung von Kooperationsvoraussetzungen, -gestaltungen und -wirkungen herangezogen. Auf solche soll in diesem Beitrag eingegangen werden, um im Überblick die Frage aufzuwerfen, welche Anhaltspunkte die Theorien oder (bescheidener) Erklärungsansätze für die Erklärung von Kooperationen liefern können. Freilich kann es sich dabei nur um einen Diskussionsausschnitt handeln, denn auch nachfolgend ausgeklammerte Ansätze – z. B. arbeitsökonomische, politische, politökonomische, institutionalistische, organisationsökologische oder interorganisationale (Entscheidungs-)Ansätze (Sydow 1992) oder die Property-Rights-Theorie – sind erklärungsrelevant oder haben Empirieprüfungen weit gehend standgehalten. Wie so oft, lässt sich meines Erachtens keine Arbeit finden, die eine der Theorien explizit falsifiziert.

Im Gegenteil! Die vorliegenden Arbeiten – insbesondere Habilitationen und Dissertationen – weisen ein breites theoretisches Fundament auf und dies bei unterschiedlichsten Problemstellungen der Kooperations-, Allianz- und Netzwerkforschung (siehe die allerdings selektive Synopse in Übersicht 1). In diesem Theorienpluralismus ist sicherlich eine gewisse Häufung der Transaktionskostentheorie, aber auch der Industrieökonomik und der Spieltheorie auffällig, zugleich aber auch der Ansätze der strategischen Managementforschung, unter der nachfolgend Interorganisationstheorien (vgl. im Sinne Sydows 1992, S. 191 ff.) zusammengefasst werden. Etwas pointierter fällt die Beobachtung bei Zeitschriftenbeiträgen aus, zumal sich die Beiträge auf Grund der Seitenbegrenzung oft auf ein oder zwei zentrale theoretische Ansätze stützen (müssen). In Übersicht 2 sind exemplarisch Beiträge der Jahre 1993 bis 2004 aus deutschsprachigen Zeitschriften zusammengetragen, die sich im Untersuchungsbereich relativ eindeutig zuordenbar dem Erkenntnisobjekt widmen. Auffällig ist hier, dass in jüngeren Beiträgen insofern alternative Wege beschritten werden, als sich Management- bzw. Netzwerktheoretische Ansätze einerseits sowie Agency-theoretische Ansätze andererseits häufen. Wie zu erwarten, kann aber ein klares Muster der theoretischen Grundlegung nicht erkannt werden. Dies spricht für die Fülle der eher noch offenen Fragen und Zugänge zur Kooperationsforschung.

Obwohl also das Forschungsstadium eher für einen (ausgewogenen) Theorienpluralismus im Rahmen einer angewandten Forschung spricht, ist es vor dem Hintergrund der Vielzahl der Ansätze unerlässlich, sich in diesem Beitrag synoptisch mit diesen zu beschäftigen. Die Synopse erfolgt im Hinblick auf die wesentlichen Ansätze, die zum großen Teil in diesem Kapitel des Sammelwerks „en detail" behandelt werden. Dem Überblick über jede Theorie bzw. jeden Ansatz liegt die folgende Systematik zugrunde: grundlegende Wurzeln und Aussagen sowie kurze Beurteilung. Die Beurteilungskriterien im Quervergleich folgen wiederum den Anwendungsbereichen – vertikale, horizontale Kooperationen und Netzwerke – sowie den Entscheidungen – Anbahnung und Organisation (bzw. weiter formuliert Management) der Kooperation. Im letzten Abschnitt werden die Kernaussagen („Thesen", „Hypothesen") der Theorien und Ansätze zusammengefasst.

Balling (1997): „Kooperation" ♦ Neoklassische Theorie ♦ Industrieökonomik ♦ Transaktionskostenansatz ♦ Principal Agency-Theorie ♦ Spieltheoretische Ansätze ♦ Theorie der flexiblen Spezialisierung ♦ Interorganisationstheorien	**Frank (1994): „Strategische Partnerschaften"** ♦ Theorie des Strategischen Managements ♦ Transaktionskostenansatz ♦ Anreiz-Beitrags-Theorie	**Friese (1998): „Kooperation als Wettbewerbsstrategie"** ♦ Transaktionskostentheoretische Aspekte ♦ Spieltheoretische Aspekte ♦ Managementorientierte Aspekte
Hammes (1994): „Strategische Allianzen" ♦ Industrieökonomischer Ansatz ♦ Transaktionskostenansatz ♦ Spieltheoretischer Ansatz ♦ Erklärungsbeitrag der „Shareholder Value"-Konzeption	**Kronen (1994): „Computergestützte Kooperation"** ♦ Ressourcenbasierter Ansatz ♦ Wertkettenkonzept ♦ Netzwerkansatz ♦ Entscheidungsorientierter Ansatz	**Lubritz (1998): „Internationale Strategische Alllianzen"** ♦ Transaktionskostentheorie ♦ Standorttheoretischer Ansatz ♦ Kontingenztheoretischer Fit-Ansatz
Meckl (1993): „Kooperation im EG-Binnenmarkt" ♦ Transaktionskostenansatz ♦ Produktionskostentheoretische, Austauschtheoretische und Koalitionstheoretische Überlegungen ♦ Spieltheorie	**Mengele (1994): „Horizontale Kooperation"** ♦ Entscheidungsansätze	**Oesterle (1993): „Joint Venture in Russland"** ♦ Transaktionskostentheorie ♦ Spieltheorie
Rössl (1994): „Austauschbeziehungen und Kooperation" ♦ Spieltheorie ♦ Systemtheorie ♦ Politisch-behavioristische Ansätze ♦ Ansätze der ökonomischen Organisationstheorie	**Rotering (1993): „Kooperation als Organisationsform"** ♦ Gleichgewichtstheorie ♦ Kontingenztheorie ♦ Transaktionskostentheorie	**Schwamborn (1994): „Internationale Strategische Allianzen"** ♦ Wettbewerbstheorie ♦ Spieltheorie ♦ Organisationstheorie ♦ Interaktionstheorie ♦ Transaktionskostentheorie ♦ Wertkette und Netzwerkansatz
Sydow (1992): „Strategische Netzwerke" ♦ Transaktionskostenansatz ♦ Ökonomische Ansätze, z. B. Spieltheoretischer Ansatz, Prinzipal Agency-Theorie, Industrieökonomik und Strategie-orientierte Ansätze ♦ Politische / Politökonom. A. ♦ Interorganisationstheorien, z. B. Austauschtheoretische Ansätze, Resource Dependence-Ansatz, Organisationsökologische Ansätze, Systemtheorie, Kontingenz-, Konsistenzansätze, Netzwerkansatz ♦ Eklektische Theorie	**Weder (1989): „Joint Venture"** ♦ Analyse von Karl Marx ♦ Eugen Schmalenbachs Optik ♦ Ansatz von R.H. Coase ♦ Weiterentwicklung von G.B. Richardson ♦ Williamsons Vertiefung ♦ Spezieller Markt für Wissen ♦ Robert Axelrods spieltheoretischer Ansatz ♦ Ergänzungen von Peter Buckley und Mark Casson	**Wurche (1994): „Strategische Kooperation"** ♦ Theorien interorganisationaler Beziehungen ♦ Kooperationsspezifische Ansätze

Übersicht 1: Synopse der zur Erklärung von Kooperationen herangezogenen Ansätze in Habilitationen und Dissertationen – Schreibweise der Autoren übernommen

Zeitschrift für Betriebswirtschaft 63. – 74. Jg.	Die Betriebswirtschaft 53. – 64. Jg.	Zeitschrift für betriebswirtschaftliche Forschung 47. – 58. Jg.
Diedrich (2004): Periodenerfolgsmessung bei **Agency Beziehungen** ♦ Principal-Agency-Ansatz	Schmidt (2003): Rechnungslegung bei **hybriden Kooperationen** ♦ Ökonomische Ansätze	Solf (2004): **Kooperationen** als Folge von IuK-Technologie ♦ Wissensmanagement ♦ Ressourcenansatz
Ehrmann (2002): Reale Franchisesysteme ♦ Vertragstheoretische Ansätze	**Sydow/Windeler/Wirth (2002): Markteintritt als Netzwerkeintritt** ♦ Ansätze des Int. Managements	**Otto/Kotzab (2001): Supply Chain Management** ♦ Wertkette/Strategieforschung
Lethmathe (2001): Operatives Netzwerk ♦ Theorien der Unternehmung ♦ Theorie von Schneider	**Kubitschek (2001): Erfolgsfaktoren des Franchising** ♦ Institutionenökonomische Ansätze	**Mildenberger (2001): Produktionsnetzwerke** ♦ Systemtheorie ♦ Lerntheoretische Ansätze
Pibernik (2001): Flexibilitätsplanung in Wertschöpfungsnetzen ♦ Wertkettenansatz ♦ System-, Netzwerkorientierung	**Sydow/Duschek (2000): Grenzmanagement in Netzen** ♦ Strukturationstheorie ♦ Implizit Organisationstheorien	**Bronner/Mellewigt (2001): Allianzen in der Telekommunikation** ♦ Multitheoretische Grundlage
Weissenberger-Eibl (2001): Interaktionsor. Agentensystem ♦ Principal-Agenten-Theorie ♦ Netzwerkansatz etc.	**Zentes/Swoboda (1999): Internationale Kooperationen in KMU** ♦ Ressourcenansatz ♦ Kontingenztheorie	**Silwa (2001): Team-Entlohnung und implizite Kooperation** ♦ Principal-Agenten Modell
Meckl/Kubitschek (2000): Organisation von Netzwerken ♦ Verfügungsrechtstheoretisch	**Büschken (1999): Virtuelle Unternehmen** ♦ Organisationstheorie ♦ Institutionenökonomie	**Hofacker (2000): Netzwerke und Standardsdurchsetzung** ♦ Spieltheorie
Lambertz/Grzenia/Langhorst (2000): Dynamische Organisation ♦ Netzwerktheoretische, neuronale u. a. Bezüge	**Dowling/Lechner (1998): Koop. Wettbewerbsbeziehungen** ♦ Ressourcenansatz, Spieltheorie, Transaktionskostentheorie	**Pausenberger/Nöcker (2000): Kooperationen im Ausland** ♦ Managementtheoretische Überlegungen
Stünzner (2000): Vergleich von Betrieben und Gehirnen ♦ Systemtheorie	**Herzig/Watrin/Ruppert (1997): Kontrolle in Joint Ventures** ♦ Agencytheoretische Analyse	**Hungenberg (1998): Allianzen in der Telekommunikation** ♦ Wettbewerbsstrategien
Posselt (1999): Vertragliche Beziehungen, Bsp. Franchising ♦ Neue Institutionenökonomie	**Bühner/Tuschke (1997): Outsourcing** ♦ Resource-based/Transaktionsk.	**Engels (1997): Verfügungsrechte und Genossenschaften** ♦ Verfügungsrechtlicher Ansatz
Knyphausen-Aufseß (1999): Regionale Netzwerke ♦ Breite Basis th. Ansätze	**Pfohl/Large/Ardelea (1996): Intern. Geschäftsbeziehungen** ♦ Systematisierend	**Mirow (1996): Kooperation und Akquisition in Osteuropa** ♦ Strategieforschung
Burr (1999): Selbstorganisierende Netzwerke ♦ Netzwerkansätze ♦ Evolutionstheorien	**Wagenhofer (1996): Agency-Modelle** ♦ Agency-Modellierung	**Kirchmann (1996): Innovationskooperation** ♦ Informations-, managementtheoretische Bezüge
Wildemann (1997) Koordination von Netzwerken ♦ Neoklassische und Netzwerktheoretische Wurzeln	**Kutschker/Mößlang (1996): Int. Kooperation in Dienstleistung.** ♦ Implizit. Transaktionskosten- und Organisationstheorien	**Litzinger (1995): Kooperation von Hersteller und Handel** ♦ z. B. „Industrieökonomie“ **Picot/Wolff (1995): Franchising**
Oesterle (1995): Joint Venture Erfolgsbewertung ♦ Methodische Erfolgsmessung	**Szyperski/Klein (1993): Informationslogistik / virt. Organisation** ♦ Netzwerktheoretische Ansätze	**Bauer/Bayón (1995): Kontraktgütermarketing** ♦ Principal-Agenten-Aussagen
Schreyögg/Papenheim-Tockhorn (1995): Bedeutung Aufsichtsrat beim Kooperationsaufbau ♦ Vertrauenstheoretische Bezüge	**Schrader/Sattler (1993): Zwischenbetriebliche Kooperation** ♦ (implizit) Austauschtheoretische Bezüge	**Schäfer (1995): Kooperation im Absatz v. Bankdienstleistungen** ♦ Informationsökonomischer A. ♦ Prinzipal-Agenten-Theorie
Sydow (1994): Franchisingnetzwerke ♦ Principal Agency-, Transaktionskosten-, Produktionstheorie ♦ Th. mittlerer Reichweite	**Schade/Schott (1993): Kontraktgütermarketing** ♦ Neue Institutionenlehre	**Arbeitskreis „Das Unternehmen im Markt“ (1995)/Bogaschewsky (1995): Vertikale Kooperation** ♦ Transaktionskostentheorie ♦ Beziehungsmarketing

Übersicht 2: Synopse der zur Erklärung von Kooperationen herangezogenen Ansätze in begutachteten Zeitschriftenbeiträgen – Auswahl

2. Die neoklassisch-produktionstheoretische Sicht

Produktionskostenüberlegungen und komparative Kostenrechnungen sind häufig verwendete Entscheidungshilfen, wenn z. B. Entscheidungen zur vertikalen Kooperation/Integration („make or buy") zur Diskussion stehen (Picot/Frank 1993, S. 185). Die Beantwortung der Frage, ob sich durch individuelles ökonomisches Agieren oder kooperatives Handeln optimale Ergebnisse erzielen lassen, wird in der **neoklassischen Theorie** unter Beachtung von Nachfrage-, Produktions- und Kostenfunktionen entschieden. Die gewinnoptimale Form der Arbeitsteilung wird bestimmt, indem „für jede Unternehmung mit Hilfe der Marginalanalyse aus den als bekannt angenommenen Nachfrage- und Kostenfunktionen [...] das individuelle Gewinnmaximum bestimmt wird" (Steffenhagen 1975, S. 16). Aus dieser Sichtweise lassen sich manche Kooperationsformen als eine Bündelung von Ressourcen und Marktbeziehungen kennzeichnen, die zu kostensparenden Größeneffekten (Economies of Scale) führen. Kostenvorteile sind auch durch eine Zusammenfügung von Leistungen zu einem Produktions- und Absatzverbund erzielbar (Economies of Scope) (Köhler 1998, S. 186). Die Produktionskostentheorie kann dabei nicht nur auf den Fertigungsbereich i.e.S. bezogen werden, sondern auf alle Arten von Input-Output-Beziehungen (Balling 1997, S. 51).

Die Vorstellungen der neoklassischen Theorie sind zur Erklärung von Kooperation insofern unzureichend, „weil sich das Problem der Unsicherheit und der Organisation ökonomischer Aktivitäten aus ihren Überlegungen ausschließen" (Backhaus/Meyer 1993, S. 332). Auch abstrahieren sie „von Kriterien wie Marktmacht, Abhängigkeit und unternehmerische Flexibilität, die für die Struktur und Entwicklung einer Leistungsbeziehung von entscheidender Bedeutung sind" (Picot/Frank 1993, S. 184). Ausgeklammert werden ferner mögliche Formen der Zusammenarbeit, die zwischen den Extremalternativen („make or buy") liegen.

3. Ansätze aus Wettbewerbstheorie und Industrieökonomik

3.1 Wettbewerbstheoretische und -politische Sicht

Ausgehend von einer Festlegung dessen, was unter Wettbewerb zu verstehen ist, besteht die Aufgabe der Wettbewerbstheorie im Aufdecken der Ursachen sowie in der Analyse der Wirkung wettbewerblicher Prozesse. Sie steht in Beziehung zur Wettbewerbspolitik, als „praxeologische" Wissenschaft vom Wettbewerb (Cox/Hübner 1981, S. 9). Die Wettbewerbstheorie ist ein Konglomerat von Leitbildern und Konzepten, das dazu dient, die konkurrenzbezogene Organisation von Märkten theoretisch zu durchdringen, wobei deren Effizienz für die Marktteilnehmer im Mittelpunkt steht. Übersicht 3 vermittelt einen Überblick über maßgebliche Entwicklungslinien der Wettbewerbstheorie, zumal angesichts der Ansatzvielfalt eine Bestimmung ihrer Aussagen für die Kooperationsforschung nicht trivial ist.

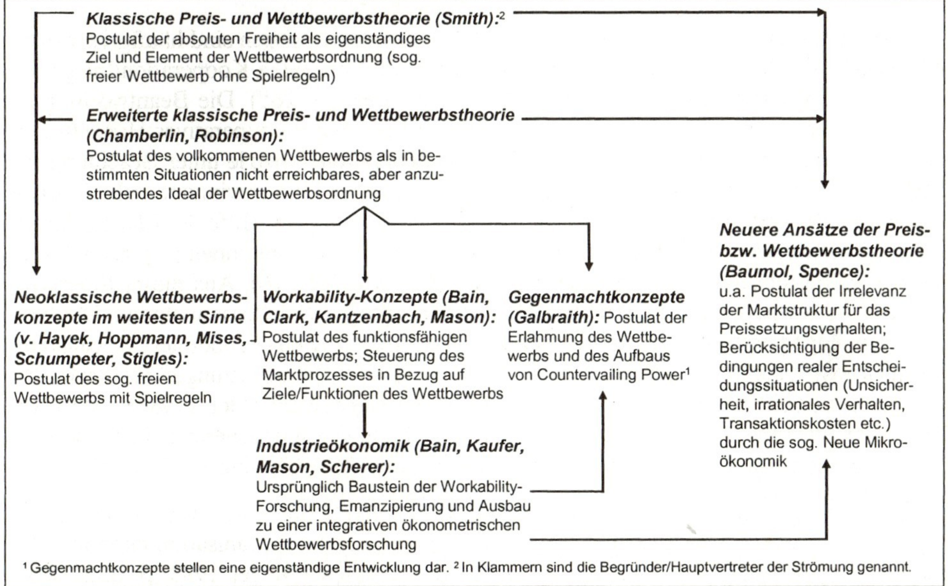

Quelle: In Anlehnung an: Lingenfelder 1996, S. 96.

Übersicht 3: Theoretische Strömungen in der Wettbewerbstheorie

Als Basis hervorzuheben ist erst der neoklassische Strang der Wettbewerbstheorie, der in der von den Merkantilisten geprägten Vorstellung vom **unbeschränkten (vollkommenen) Wettbewerb**, mit der Freiheit als Ziel und Element der Wirtschaftsordnung, verwurzelt ist, zugleich aber in den Konzepten der Wettbewerbsfreiheit, der **Chicago School of Antitrust Analysis** und der **New Austrian School** – bei der dynamische Unternehmer im Schumpeter'schen Sinn die Schlüsselrolle haben – Akzente setzt (vgl. im Überblick Aberle 1992; Fritz 1990; Möschel/Streit/Witt 1994). Im **Konzept der Wettbewerbsfreiheit** kann jeder Anbieter durch einen Vorstoß Wettbewerbsvorteile erschließen und die Konkurrenten zur Reaktion zwingen (Hoppmann 1967, S. 157 ff.). Das Wechselspiel von Vorstoß und Nachziehen bildet die Grundlage dafür, dass der „spirit of competition" die individuellen Vorteile sichert, wobei es keinen Konflikt zwischen Wettbewerbsfreiheit und „guten" ökonomischen Marktergebnissen geben kann, es sei denn, es existieren natürliche Wettbewerbsbeschränkungen, die als Ausnahmebereiche definiert sind. Dagegen liegt der Kerngedanke der Chicago School darin, dass die Marktstruktur aus einem Selektionsprozess resultiert, bei dem – ohne staatliche Reglementierung – nur die „besten" Unternehmen überleben. Ökonomische Effizienz ist in konzentrierten Märkten erzielbar. Erwünscht, weil Ausdruck ökonomischer Effizienz, sind Preisaggressivität, Economies of Scale usw.

Zu einem Meilenstein wettbewerbstheoretischer Forschung wurde die Formulierung des **funktionsfähigen Wettbewerbs**. Nach Kanzenbach (1967, S. 49) ist die Wettbewerbsintensität am besten in einem weiten Oligopol mit mäßiger Produktdifferenzierung (vollkommene Markttransparenz) möglich und Wettbewerbsbeschränkungen sind zulässig, wenn sie zur dynamischen Effizienz des Wettbewerbs in Gestalt der Anpassungsflexibilität und des technischen Fortschritts beitragen. Da Kanzenbach mit dem Struktur-Verhaltens-Ergebnis-Konzept auf Marktergebnisse abstellt, räumt er der Effizienz des Wettbewerbsprozesses einen besonderen Stellenwert ein (Hoppmann 1967, S. 157 ff.). Für die hier relevante Perspektive ist es essenziell, dass sich die Bewertung von Kooperationen im Zuge dieses Übergangs zum Leitbild des funktionsfähigen Wettbewerbs grundlegend gewandelt hat. Die prinzipiell neoliberale Ablehnung der Kooperation als künstliche Maßnahme änderte sich dahingehend, dass auch positive Wirkungen kooperativer Verbindungen anerkannt wurden. Die Akzeptanz, Förderung von Unternehmensverbindungen wird aus den Überlegungen im Hinblick auf die dynamischen Funktionen des Wettbewerbs abgeleitet. Eine unternehmerische Zusammenarbeit erscheint folglich – bei Einwänden (Alsmöller 1982, S. 203 ff.) – dann mit der Wettbewerbsordnung vereinbar, wenn sie die Funktionsfähigkeit des Wettbewerbs begünstigt oder zumindest nicht deutlich negativ beeinflusst. Vor diesem Hintergrund liegt wettbewerbstheoretisch eine Ursache für die Entstehung der Kooperation in der Tatsache, dass diese für die betroffenen Unternehmen oft Voraussetzung für die (weitere) Teilnahme am Wettbewerb ist. Die Notwendigkeit der Kooperation ergibt sich z. B. aus Kostenvorteilen durch Größeneffekte, der Nutzung komplementären Know-hows etc. (Benisch 1981). In der Konsequenz könnten ähnlich die Überlegungen von Galbraith (1952) und des Konzeptes der „**countervailing power**“ interpretiert werden. Durch horizontale Kooperation auf einer strukturell benachteiligten Marktstufe wird eine gegengewichtige Marktmacht ermöglicht. So wird Kooperation zu einer erwünschten Organisationsform.

Letzteres verweist aber auf eine reservierte Bewertung von Strömungen der Wettbewerbstheorie und -politik hin, z. B. eine Skepsis des Bundeskartellamtes gegenüber Allianzen. Die Bewertung von Kooperationen als nicht förderungswürdige Alternative erwächst aus einer Strömung, die die Kooperation als mögliche Strategie betrachtet, die den Wettbewerb einschränkt oder dessen Ausschaltung zum Ziel hat (etwa im Vorfeld einer Fusion). Für die Wettbewerbstheorie erweist es sich aber als problematisch, die Faktoren zu ermitteln, die auf die unternehmerische Entscheidung für oder gegen eine Wettbewerbsstrategie hinwirken, weshalb neuere Ansätze die Berücksichtigung interner Organisationsstrukturen für die Strategiewahl fordern (Schwamborn 1994, S. 27 f.; vertiefende Einblicke gibt auch der Beitrag von Schmidtchen in diesem Kapitel). Insgesamt ist zu konstatieren, dass auf Grund der Konzeptunterschiede widersprüchliche Bewertungen der Ursachen und Konsequenzen der Kooperation festzustellen sind. Mit Blick auf die genannten Beurteilungskriterien kann das Zustandekommen (horizontaler) Kooperation als Ausdruck des „spirit of competition“ gewertet werden, wenngleich mit einer Zunahme von kooperativen Strukturen der freie Zutritt zu Märkten eingeschränkt wird. Ferner dürfte die kooperative Expansion von Unternehmen einen Selektionsdruck auslösen, dem sich nur die anpassungsfähigen Unternehmen langfristig entziehen können werden. Diese Lern- sowie Anpassungsfähigkeit wird daher über den Erfolg entscheiden; entsprechende Managementprozesse bleiben aber unbeleuchtet.

3.2 Industrieökonomische Sicht

Die **Industrieökonomik**, von Mason (1959) und Bain (1968) begründet, kann als Teilbereich der Wettbewerbstheorie begriffen werden, da sie den zwischen der Anzahl der Unternehmen (Indikator der Marktstruktur), Preisstrategien der Anbieter (Indikator des Marktverhaltens) und Kapitalrendite (Indikator des Marktergebnisses) bestehenden Zusammenhang untersucht sowie aus den empirischen Befunden mit Blick z. B. auf das Leitbild der „workable competition" Konsequenzen ableitet (Kaufer 1980, S. 3 ff.; Ott 1985, S. 319 ff. und im Überblick Bühler/Jaeger 2002). Inhaltlich und methodisch reicht sie über die Wettbewerbstheorie hinaus. Ihre Verselbstständigung vollzog sich im Wesentlichen durch die Akzentuierung der

- anhand der „amtlichen" Statistik abgrenzbaren Industriezweige als Untersuchungsobjekte,
- ökonomischen Analyse und
- unternehmensexternen Faktoren als das Marktverhalten prägende Determinanten,

sodass im Vordergrund die Analyse industrieller Marktprozesse und nicht deren Kennzeichnung als „wettbewerblich oder nicht" steht. Kernstück des Ansatzes bildet das Marktstruktur-Marktverhalten-Marktergebnis-Paradigma, das auf der außendeterministischen Überlegung basiert, dass Marktstrukturen („structures") eine bestimmte Wirkung auf das Verhalten („conduct") ausüben, die das Markt- und Wettbewerbsergebnis („performance") erklären. Ziel des Ansatzes ist es, die Faktoren des Erfolges zu finden. Wie Bühler/Jaeger in diesem Kapitel des Sammelbandes ausführen, bilden (klassische) Kooperationsformen und deren Marktergebniswirkungen ein wichtiges Element der modernen Industrieökonomik.

Die über sechzig Jahre währende industrieökonomische Tradition weist eine unüberschaubare Anzahl empirisch getesteter Erkenntnisse vor. Seit Jahren steht auch die Kritik, bezogen auf eine Überbetonung der Empirie, eine Abhängigkeit vom Zugang zu Statistiken, ein hohes Aggregationsniveau oder eine auf die unternehmensexterne Umwelt beschränkte Perspektive, die unter anderem die Erfassung der Komplexität und Dynamik der modernen Industriewelt erschwert (Fritz 1990, S. 494). Die Einwände werden durch die Einbeziehung der Erkenntnisse anderer Forschungszweige (z. B. Spiel-, Entscheidungstheorie) berücksichtigt, indem es etwa darum geht, das Marktverhalten von Unternehmen (z. B. Strategie) und dessen innerbetriebliche Einflussfaktoren (z. B. Entscheidungsprozessstruktur) realitätsnäher als bislang (z. B. nicht nur außendeterministisch) zu ermitteln und hinsichtlich ihrer Wirkung auf das Marktergebnis zu untersuchen. Ganz ähnliche Erweiterungen um Erkenntnisse des strategischen Verhaltens strebt die Berücksichtigung differenzierter Unternehmensdaten an, wie sie im **PIMS-Programm** (Profit Impact of Market Strategy) erhoben werden.

In diesem Zusammenhang ist das auf Caves/Porter (1977) zurückgehende Konzept der **strategischen Gruppen** von Bedeutung, welches die Betrachtungsebene der Branchenstruktur mit der des strategischen Managements verknüpft und demzufolge Unternehmen mit der gleichen oder einer ähnlichen Strategie eine strategische Gruppe verkörpern. Diese haben ceteris paribus umso größere Gewinnpotenziale, je höher die Mobilitätsbarrieren zwischen den strategischen Gruppen sind (Porter 1999 und vgl. den Survey in Homburg/

Sütterlin 1992, S. 635 ff.). Ein möglicher Grund für das Entstehen von Kooperationen kann dann im Bestreben eines Unternehmens liegen, durch die Zusammenarbeit mit einem Mitglied einer anderen Gruppe die Mobilitätsbarrieren zu durchbrechen. Ergebnis wäre dann eine Partnerschaft zwischen Konkurrenten. Andererseits erhöht die Existenz verschiedener strategischer Gruppen in der Regel die Asymmetrie unter den Wettbewerbern. Eine Allianz wäre erfolgsträchtiger zwischen Unternehmen derselben strategischen Gruppe, da die Unterschiede zwischen den Gruppen eine Koordination erschweren bzw. tendenziell eine destabilisierende Wirkung haben. Es wird deutlich, dass eine solche – die Ebene des strategischen Managements einbeziehende – Betrachtung nicht nur Erkenntnisse hinsichtlich der Entstehung von Kooperationen liefert, sondern auch Tendenzaussagen im Hinblick auf Managementprobleme ermöglicht. Bekanntlich nutzt Porter (1999) auch anderweitig industrieökonomische Ansätze. Es werden Joint Ventures und strategische Allianzen, als marktstrukturbeeinflussend analysiert und als Instrumente zur Verbesserung der Wettbewerbsposition. Intensiv auseinandergesetzt hat er sich auch mit Fragen der vertikalen Integration und den Optionen „Langfristiger Verträge", „Partieller Integration" und „Quasi-Integration" als Übergangsformen einer vertikalen Zusammenarbeit mit zunehmender Bindungsintensität. Porter/Fuller (1986, S. 322 ff.) nennen ferner strategische Potenziale und Kosten einer Kooperationsstrategie (z. B. Skalenvorteile, Zugriff auf Technologie und Know-how, Verringerung des Risikos sowie die Absorbtion von Managementkapazitäten), ohne dieses aber mit der Industrieökonomik zu verbinden.

Insgesamt ist festzuhalten, dass die Industrieökonomik Kooperationen als im Wesentlichen durch die Industriestruktur bedingt ansieht. Die neueren Ansätze lassen bedingt Aussagen hinsichtlich des Managements (horizontaler und auch vertikaler) Kooperationen zu, wie exemplarisch am Konzept der strategischen Gruppen gezeigt. Aussagen über die konkrete Organisation von Kooperationen und das in ihr agierende Management werden jedoch kaum gemacht. Obwohl sie also einen wichtigen Beitrag zur Aufhellung der ökonomischen Dimensionen der Unternehmensumwelt leistet, übersieht sie „die soziale Einbettung ökonomischer Prozesse innerhalb von Branchen und die netzwerkartigen Strukturen, die sich zwischen den ihr angehörigen Unternehmungen in der Regel entwickeln". Sydow (1992, S. 175 ff., S. 226 f.) sieht deshalb das Potenzial der Industrieökonomik und auch der komplementären Ansätze im Hinblick auf die Erklärung organisationaler und interorganisationaler Strukturen „solange beschränkt, wie die Unternehmung als Black Box behandelt wird".

4. Erklärungsperspektive der Spieltheorie

In engem Zusammenhang mit wettbewerbstheoretischen Überlegungen stehen Ansätze der **Spieltheorie**. Sie beschäftigt sich mit unterschiedlichen Typen von Spielen, denen durch Entscheidungsinterdependenz geprägte Situationen zugrunde liegen, weshalb sie für die Analyse ebensolcher Beziehungen zwischen Wettbewerbern geeignet ist, des Weiteren unter anderem als möglicher Rahmen in neuen Abhandlungen über eine „Redefinition des Wettbewerbs" diskutiert und im Rahmen von Ansätzen zu Wettbewerbsstrategien herangezogen wird, um die vielen strategischen Kalküle in Spielzügen zu verdeutlichen. „Diese Theorie ist in besonderem Maße geeignet, soziale Beziehungen zu analysieren, die zugleich durch Konflikt und Kooperation gekennzeichnet sind; durch Konflikt, weil die beteiligten Personen ihr eigenes Interesse verfolgen, und durch Kooperation, weil sich die gleichen Personen in einer Situation befinden, in der [...] die Ergebnisse ihres Handelns wechselseitig voneinander abhängig sind, sodass sich gegenseitige Rücksichtsnahme lohnt" (Güth 1974, S. IX). Eine solche Situation erscheint im Fall horizontaler Kooperationen gegeben, weil in einem Geschäftsfeld kooperiert wird und im anderen Konkurrenzbedingungen vorherrschen (können) (Schwamborn 1994, S. 31; Magin/Heil/Fürst in diesem Kapitel des Sammelwerks).

Zwei Beispiele sollen die Grundprinzipien der Spieltheorie verdeutlichen, die die Verhandlungssituation in der Regel auf Zwei-Spieler/Zwei-Strategien-Spiele reduziert. Im Zusammenhang mit Kooperationen ist vor allem auf das so genannte **„Gefangenendilemma"** und die **„Hirschjagd"** hinzuweisen, denn hierdurch werden die Kooperationsbeziehungen häufig charakterisiert. Vier Spielergebnisse sind möglich: wechselseitige Kooperation (CC), allseitiges Ausscheren (DD), einseitiges Ausscheren (DC) und nicht erwiderte Kooperation (CD) (Balling 1997, S. 64 f.; Holler/Illing 2000). Beim **„prisoners dilemma"** werden Untersuchungshäftlinge verdächtigt, wobei nur Indizien vorliegen, die für die Verurteilung wegen eines kleinen Vergehens ausreichen. Gesteht keiner der Verdächtigen, werden beide wegen des kleinen Vergehens verurteilt (CC). Belastet einer den anderen und schweigt der eine, wird der Verräter freigelassen (DC), während der andere zu einer hohen Strafe verurteilt wird (CD). Sind beide geständig, wird das Strafmaß reduziert (DD). Für die Gefangenen lautet die Präferenzordnung: DC > CC > DD > CD. „Das Dilemma liegt darin, dass es für jeden Spieler, unabhängig vom Verhalten des anderen, vorteilhafter ist, zu defektieren, dass jedoch beidseitige Defektion [...] ungünstiger ist als wechselseitige Kooperation" (Axelrod 1997, S. 7). Als Konsequenz wird in der Situation von Unsicherheit und opportunistischem Verhalten die einseitige Defektion der Kooperation vorgezogen; der Wettbewerb wird zur dominanten Strategie. Beim **„stag hunt"** umzingelt eine Gruppe von Jägern einen Hirsch. Arbeiten alle zusammen, so wird der Hirsch erlegt (CC). Lässt sich einer von der Hirschjagd ablenken, um einen Hasen zu fangen, so entkommt der Hirsch und der Egoist kommt zu einer kleinen Mahlzeit (DC); die anderen gehen leer aus (CD). Gehen alle Jäger allein auf Hasenjagd, werden alle eine Chance haben, einen Hasen zu erlegen (DD). Weil aber ein Hase im Topf (DC, DD) besser als ein Hirsch im Gehölz ist, kommt die Kooperation nur zustande, wenn jeder Jäger überzeugt ist, dass sich alle ebenfalls an der Hirschjagd beteiligen (CC). Die Präferenzordnung jedes Jägers lautet in diesem Fall: CC > DC > DD > CD.

Während beim Gefangenendilemma das einseitige Ausscheren aus Sicht des Einzelnen die Präferenzordnung anführt, ist es bei der Hirschjagd die wechselseitige Kooperation. Verhandlungsprozess und langjährige Geschäftsbeziehungen ähneln eher der Situation des Gefangenendilemmas, während ein verbindlich vereinbartes Kooperationsabkommen tendenziell der Situation der Hirschjagd entspricht (Haury 1989, S. 83 f.). Die Beispiele verdeutlichen, dass die Spieltheorie Erkenntnisse über das Entstehen von Kooperationen liefert bzw. sich dies explizit zum Ziel setzt, wie Axelrods (1997, S. 5) Theorie der Kooperation. Darüber hinaus liefert speziell die durch das Gefangenendilemma charakterisierte Situation Einsichten in das kooperative oder eher nicht-kooperative Verhalten in einer bestehenden

Kooperation. Welche Art von Empfehlung für ein erfolgreiches Verhalten in einer solchen Situation gegeben wird, hängt von der gewählten Strategie ab.[1] Axelrod (1997, S. 18) kommt zur Erkenntnis, dass zwar kurzfristig ein Anreiz zu nicht-kooperativem Verhalten existiert, langfristig aber die Kooperation die bessere Alternative darstellt; Kooperationen kommen zustande, wenn „der Mitspieler Raum für die Entwicklung wechselseitiger Kooperationen gibt“ und der Spielertrag unter den Bedingungen des iterativen Gefangenendilemmas maximiert wird, bei Beachtung folgender Grundsätze: (1) Vermeidung unnötiger Konflikte durch eigene Kooperation solange der andere Spieler kooperiert, (2) Provozierbarkeit und Reaktion angesichts einer unnötigen Defektion durch den anderen, (3) Nachsichtigkeit nach der Antwort auf eine Provokation (kein „nachtragendes“ Verhalten), (4) Verständlichkeit des Verhaltens, damit der Spieler sich an das eigene Verhaltensmuster anpassen kann.

Die Spieltheorie fördert das Verstehen der Entstehung und Gestaltung von Kooperationen zwischen Wettbewerbern. Sie stellt auf die effiziente innere Handhabung der Kooperation ab und zeigt, dass ein Unternehmen für sich Nutzen herausschlagen kann, wenn es Kooperationsregeln verletzt, während das andere sich partnerschaftlich verhält. Dies ist ein kritischer Punkt von Kooperationsabkommen. Indes ist der Realitätsgehalt spieltheoretischer Ansätze durchaus umstritten (Schwamborn 1994, S. 36). Sydow (1992, S. 171) bemängelt – sieht man von der Reihenfolge der Spielzüge ab – das Vernachlässigen der Beziehungen zwischen den Spielern, so der Macht- und Einflussstrukturen zwischen den Akteuren, die vor allem in vertikalen Kooperationen bedeutend sind und in der Spieltheorie durch ergänzende austauschtheoretische Elemente berücksichtigt werden müssen. Des Weiteren ist das Unterstellen eines egoistischen, nutzenmaximierenden Handelns der Spieler problematisch und die Evolution wird nur in Bezug auf ihr Merkmal „Koordination durch Kooperation“ erklärt, während die konkrete Organisation im Dunkeln bleibt.

5. Erklärungsperspektive der Neuen Institutionenökonomik

5.1 Transaktionskostentheoretische Sicht

Die Transaktionskostentheorie bildet bekanntlich den Pfeiler der Neuen Institutionenökonomik, zumal sie die anderen Theoriezweige der Neuen Institutionenökonomik mit Bezug auf marktliche Institutionen wesentlich durchdringt, so die **Property-Rights-Theorie** (welche die Verteilung von Verfügungsrechten über knappe Ressourcen und die daraus resultierenden Verhaltensanreize für die betroffenen Individuen thematisiert) sowie die **Principal-Agent-Theorie** (welche sich ebenfalls ökonomischen Anreizwirkungen – aber in Vertretungssituationen – widmet) (Picot 1991; Gümbel/Woratschek 1995; Erlei/Leschke/Sauerland 1999). Zu allen Ansätzen der Neuen Institutionenökonomik ist auf den

[1] Eine mögliche Strategie ist z. B. TIT FOR TAT („Wie Du mir, so ich Dir“), d. h., im ersten Zug wird kooperiert und dann jeweils das getan, was der andere Spieler im vorangegangenen Zug gemacht hat.

Beitrag von Woratschek/Roth in diesem Kapitels des Sammelwerks zu verweisen, in dem auch die hier ausgeklammerte Property-Rights-Theorie behandelt wird.[1]

Die **Transaktionskostentheorie** stellt auf die Analyse der Kosten für die Markt- und die Organisationsnutzung ab. In ihren Grundzügen geht sie auf die Arbeiten des Nobelpreisträgers von 1991, Coase (1937), zurück und wurde durch Williamson (1990) unter Einbeziehung rechtlicher und organisationstheoretischer Konzepte aufgegriffen und weiterentwickelt. Sie kann einerseits als Theorie der Unternehmung angesehen werden (mit der Erklärung des Übergangs vom Leistungsaustausch über Märkte zum Leistungsaustausch über Hierarchien und damit der Erklärung für die ökonomische Rechtfertigung von Unternehmen) und als Erklärungsansatz ökonomischer Organisationsformen und Austauschprozesse (bis hin zur Integration einer Volkswirtschaft) (Oberender/Väth 1989). Analyseeinheit ist die Transaktion, definiert als Übertragung einer Leistung über eine technisch trennbare Schnittstelle hinweg (Williamson 1990, S. 1). Die zentrale Grundannahme ist, dass die an dem Austauschprozess beteiligten Individuen die Transaktionskosten alternativer Organisationsformen bewerten und die ökonomische Aktivität so organisieren, dass die Transaktionskosten minimiert werden. Transaktionskosten und nicht Technologie- bzw. Produktionskosten sind Basis der Entscheidung. Es sind Kosten, die für die Koordination von Austauschbeziehungen anfallen, so

- in der Anbahnungsphase (z. B. Kosten der Suche nach Transaktionspartnern),
- in der Vereinbarungsphase (z. B. Verhandlungskosten, Vertragsformulierung),
- in der Kontrollphase (z. B. Kosten der Überwachung des Vertragsinhalts) und
- in der Anpassungsphase (z. B. Kosten infolge von Änderungen während der Laufzeit).

Diese Kostenarten variieren in ihrer Höhe in Abhängigkeit von dem konkreten Gegenstand des Austausches und den an der Transaktion Beteiligten. Weiterhin ist zu beachten, dass die Kosten nur teilweise monetär zu erfassen sind. Die Bestimmung der Transaktionskosten der jeweiligen Organisationsform geht von folgenden Annahmen aus:

- Wie in der Mehrheit ökonomischer Theorien wird davon ausgegangen, dass Individuen grundsätzlich opportunistisch – also im Eigeninteresse – handeln (d. h. ihren individuellen Nutzen maximieren). Des Weiteren wird davon ausgegangen, dass Menschen auf Grund kognitiver Beschränkungen grundsätzlich eine begrenzte Rationalität aufweisen, was die Möglichkeit perfekter Kontrakte ausschließt.
- Transaktionen unterscheiden sich im Hinblick auf das Ausmaß, in dem eine Transaktion dauerhafte „transaktionsspezifische Investitionen" erfordert, im Hinblick auf die Unsicherheit, mit der der Austausch verbunden ist, sowie im Hinblick auf ihre Häufigkeit, was aber im jeweiligen Anwendungsfeld zu operationalisieren ist.

Auf dieser Basis hat Williamson zunächst Analysen bezüglich der Dichotomie Hierarchie oder Markt durchgeführt und Bedingungen für die transaktionskostenminimale Option for-

---

[1] Erwähnt sei, dass sie sich mit der Analyse der Wirkung und des Designs von handlungskanalisierenden Institutionen menschlichen Handelns beschäftigt und nicht nur marktliche Institutionen analysiert (z. B. Rechtssystem, Staat). Sie umfasst viele Entwicklungsstränge, die ihre Wurzeln in der neoklassischen Theorie haben und teilweise auf den gleichen Prämissen aufbauen, aber meist einen unvollständigen Informationsstand der Individuen unterstellen, was aus der Informationsökonomik als weitere Wurzel der Institutionenökonomik resultiert.

muliert. Verkürzt lauten die Befunde wie folgt: Je höher die Spezifität, die Transaktionsunsicherheit und die Transaktionshäufigkeit – sowie auch die strategische Relevanz – desto höher werden die Transaktionskosten einer Markttransaktion und desto stärker bewegt sich die Organisation der Transaktion weg vom Markt hin zur Hierarchie. Intermediären Koordinationsformen wird im ersten Analyseschritt nicht zugetraut, Unsicherheit und Opportunismus in Austauschbeziehungen reduzieren zu können. Selbst im zweiten Schritt, in dem Williamson hybride Formen wie Franchise- und Lizenzverträge, langfristige Lieferbeziehungen und Subunternehmerschaften untersuchte, sind unter Transaktionskostengesichtspunkten hierarchische Formen meist überlegen. Dies ist wesentlich auf die Annahmen der mit komplexen Transaktionen verbundenen Unsicherheit auf Grund der kognitiven Beschränkung und des grundsätzlich opportunistischen Verhaltens zurückzuführen (Williamson 1990). Überspringt man einige Forschungsschritte, lässt sich konzeptionell zeigen, dass bei weithin unbekannten Marktbedingungen und Unsicherheit über das Marktpartnerverhalten hohe Transaktionskosten des Güteraustauschs anfallen und hohe finanzielle Mittel notwendig sind, um eine Organisation aufzubauen und Markttransaktionen durch Tätigkeiten „in eigener Regie“ zu ersetzen. In diesem Fall erscheint eine Kooperation als günstiger Mittelweg. Allerdings ist zu beachten, dass sie zu einer gewissen Einbuße an Flexibilität führen kann.

Die Transaktionskostentheorie liefert Fundamente für die Erklärung des Zustandekommens von Kooperationen, wobei Picot/Frank (1993, S. 190) herausstellen, dass sie das ganze Spektrum möglicher Einbindungsformen von Kooperationen zu erfassen in der Lage ist. Sie ist aber unvollständig, weil sie sich nur auf die Kosten von Koordinationsvorgängen beschränkt, während die Entscheidung für eine Kooperation nicht allein auf Basis eines rein quantitativen kostenrechnerischen Modells getroffen werden kann. Ferner erfüllt sie den eigenen Anspruch einer Kostenvergleichsrechnung nicht; auf Grund der mangelnden Operationalisierbarkeit der Transaktionskosten und des Problems der Trennung zu Produktions- oder internen Kosten. Sie vernachlässigt letztlich eine Reihe von Faktoren, die sich auf die Evolution von Kooperationen auswirken können, z. B. Erträge, strategische Wahlfreiheit, Macht- und Konfliktprozesse. Sydow (1992, S. 147 ff.) hebt das Fehlen sozialer Komponenten hervor, die für das Zustandekommen und die Durchführung ökonomischer Transaktionen relevant sind, aber bei den meisten ökonomischen Theorien unbeachtet bleiben. Somit ist die Transaktionskostentheorie auf jeden Fall zu ergänzen, wenngleich sie grundsätzlich feste Determinanten als Bezugsgrößen liefert (Oesterle 1993, S. 127).

5.2 Folgerungen aus der Principal-Agent-Theorie (Agency-Theorie)

Die Principal-Agent-Theorie untersucht die Beziehungen zwischen zwei opportunistisch handelnden Parteien, weswegen sie einen Schritt vom Modell des anonymen Marktes hin zu Kooperationsbeziehungen zwischen einzelnen Parteien vollzieht.[1] Sie geht von der Grundüberlegung aus, dass Agenten (z. B. Manager oder Unternehmen) auf Grund ihres

[1] Principal ist ein Beteiligter, der Aufgaben delegiert, während Agenten die Aufgaben erfüllen, aber die Möglichkeit haben, Informations- und Beziehungsvorteile für sich zu nutzen.

diskretionären Handlungsspielraums dazu veranlasst werden müssen, gemäß des Auftrages des Principals (z. B. Kapitalgeber oder Unternehmen) zu handeln (vgl. im Überblick Gümbel/Woratschek 1995; Bauer/Bayón 1995; Jost 2001). Das Agency-Problem besteht darin, das Verhalten des Agenten durch vertragliche und organisatorische Regelungen, Informationsbereitstellung, Kontrolle der Regelerfüllung und entsprechende Anreiz- und Sanktionsmechanismen im Sinne derer, die über Eigentumsrechte verfügen, so zu steuern, dass er mit der Erfüllung seines eigenen Interesses auch die Interessen des Principals hinreichend berücksichtigt. Im Kern beschäftigt sich die Principal-Agent-Theorie also mit den Problemen, die sich aus der Ereignis- und Verhaltensunsicherheit nach dem Vertragsabschluss und im Verlauf des Vertrages ergeben. Da der Principal das Verhalten des Agenten nicht beobachten kann und das Ergebnis der Delegation zusätzlich von externen Umweltfaktoren abhängt, muss der Principal Anreiz- und Kontrollmechanismen als Kooperationsdesigns konstruieren, die den Agenten zum Handeln in seinem Sinne bewegen, denn bei nicht-vertragskonformem Agentenverhalten kann auch ein positives Ergebnis resultieren, wenn ein günstiger Umweltzustand eintritt, was opportunistische Spielräume für den Agenten eröffnet und „agency costs" verursacht (Elschen 1991, S. 1004).

Die Bedeutung von Vereinbarungen in Kooperationen ist einsichtig, wie auch eine genaue Partnerkenntnis oder eine Vertrauensbasis, die es ermöglicht, das Agency-Problem ohne viele bürokratische Regelungen zu bewältigen. Theoretische wie praktische Konsequenzen der Theorie liegen in der Gestaltung von Verträgen, monetären Anreizen und formalen Informationssystemen, mit deren Hilfe der Principal den Agenten überwacht (vgl. vertiefend den Beitrag von Woratschek/Roth in diesem Kapitel des Sammelwerks).

Die weiterhin noch relativ junge Agency-Erforschung von Vertragsbeziehungen zwischen Organisationen wird, wie eingangs dieses Beitrages angedeutet, vor allem bei der Gestaltung vertikaler Systeme auf der Absatzseite genutzt. Zugleich lassen sich auch Interorganisationsbeziehungen zwischen Netzwerken entsprechend rekonstruieren, in denen die Netzwerke dem Principal durch die Anreicherung einer hierarchischen Organisationsform mit marktlichen Elementen ein unmittelbares Anreiz- und Sanktionsinstrumentarium eröffnen. Ähnliche Überlegungen gelten für horizontale Kooperationen, in denen es schwierig ist, die Unternehmen als Principal bzw. Agenten zu identifizieren (Beck 1998, S. 40). Hier entfallen die Kontroll- und Sanktionsmöglichkeiten einer hierarchischen Lösung, sodass ohne explizite Selbstbindung und vertragliche Rechtezuweisung der einzige Sanktionsmechanismus in der Androhung des Austritts aus der Kooperation besteht. Die Sicherung horizontaler Kooperationen verlangt daher die Ergänzung der reziproken Delegationsbeziehungen durch hierarchische Derivate (z. B. Kreuzbeteiligungen), wodurch die Koordination auf ein gemeinsames Ziel durch Kombination von marktlichen und hierarchischen Steuerungselementen erfolgt (Fabel/Hilgers/Lehmann 2001, S. 204 f.). Die Theorie unterstellt wie alle ökonomischen Theorien den Akteuren ausschließlich eigennütziges Verhalten, sodass Perrow (1986, S. 231 ff.) der Agency-Theorie neben dem einseitigen und situationsinvarianten Menschenbild vorwirft, dass sie die soziale Strukturiertheit von Organisationen übersieht. Dies gilt – mit gewissen Einschränkungen – auch für die sich in strategischen Netzwerken evolvierenden (sozialen) Beziehungen (Sydow 1992, S. 172 f.).

6. Erklärungsperspektive der Managementforschung

6.1 Überblick

Über Kosten-, Erlös- oder Anreizbetrachtungen hinaus sind Kooperationen unter dem Gesichtspunkt zu beurteilen, welcher Einfluss damit auf die längerfristigen Rahmenbedingungen der Unternehmenstätigkeit genommen werden kann. Es geht dabei um strategische Vorteile, die oft nicht direkt quantifizierbar sind, d. h., nicht nur um Aspekte der Kostenreduzierung, sondern der nutzenmehrenden Organisationsform. Hierzu gehört beispielsweise der Zugang zu Informationen, sachlichen Ressourcen oder Märkten, wie er durch die Zusammenarbeit mit Kooperationspartnern eröffnet werden könnte. Es geht auch um die Begrenzung von Risiken und deren Verteilung auf mehrere Mitwirkende. Schließlich ist auch die kooperationsbedingte Chance zum Aufbau von Beziehungsnetzwerken und zur Stärkung der gemeinsamen Wettbewerbsposition zu nennen, die als solche den zentralen Wettbewerbsvorteil eines Unternehmens bilden können. Damit beschäftigt sich eine Vielzahl der Ansätze der strategischen Organisation oder allgemeiner der strategischen Managementforschung, die sich auf interorganisationale Beziehungen aus einer Nutzenperspektive konzentrieren und sich darin von den bisher dargestellten unterscheiden sowie eine zentrale theoretische Perspektive vieler Studien bilden (vgl. im Überblick z. B. Sydow 1992 und zu den Ansätzen z. B. Scholz 2000). Zu verweisen ist hier auf die Beiträge von v. d. Oelsnitz (Ressourcenansatz), Stein (strategische Managementforschung), Windeler (Netzwerktheorie) und Schmid (interaktionstheoretische Ansätze) in diesem Kapitel des Sammelwerks.

6.2 Interaktions-, insbesondere soziale Austauschtheorie

Arbeitsteilige Systeme erfordern Interaktionen der Systemelemente, wobei neben dem Austausch materieller Güter die in diesen Systemen ablaufenden psychologischen und soziologischen Prozesse von Bedeutung sind. Daher existiert eine Reihe psychologisch und soziologisch fundierter **Interaktionstheorien**, die im Rahmen der Betriebswirtschaftslehre in Führungskonzeptionen Berücksichtigung finden (da die Quellen seit Grochla nicht neumeriert werden können, vgl. Kern 1990; Scholz 2000; Schwamborn 1994; Staehle 1999). Es liegt auf der Hand, dass besonders in strategischen Kooperationen die (soziale) Interaktion zwischen den betroffenen Individuen – auf der Management- und auch der Mitarbeiterebene im Tagesgeschäft – zu wichtigen Einflussfaktoren des Erfolgs der Zusammenarbeit zählen. Hieraus leitet sich die Forderung nach einem Kooperationsmanagement ab, welches die interpersonellen Beziehungen im Rahmen der Zusammenarbeit nicht nur einer systematischen Analyse unterzieht, sondern diesbezüglich auch im Hinblick auf die jeweilige Zielsetzung Gestaltungs- und Steuerungsempfehlungen abgibt. Die im Rahmen solcher Analysen sinnvolle Trennung zwischen personeller (individueller) und organisationaler Betrachtungsebene kann nur analytisch erfolgen. Um aber im Folgenden die organisationale Ebene zu beleuchten, wird auf die Austauschtheorie als einer bedeutenden Richtung innerhalb der Interaktionstheorien Bezug genommen.

Die **soziale Austauschtheorie** führt die Evolution interorganisationaler Beziehungen auf das absichtsvolle Streben prinzipiell selbstständiger Organisationen zurück, einen die Kosten des Austauschs übersteigenden Nutzen zu erzielen. Sie basiert auf der Annahme, dass Menschen soziale Verbindungen eingehen bzw. bestehende Verbindungen aufrechterhalten oder ausweiten, sofern ihnen dieses „lohnend" erscheint. Sie führt, wie die Transaktionskostentheorie als individualistisches Konzept verstanden, die Entstehung kooperativer Beziehungen allein auf das Nutzenkalkül der Akteure zurück, d. h. empfundene Belohnungs-Bestrafungs- bzw. Nutzen-Kosten-Relationen oder allgemeine Vor- und Nachteile (Staehle 1999, S. 284 ff.). Der Austausch, definiert als freiwillige Aktivität zwischen zwei oder mehreren Organisationen zum Zwecke einer besseren Zielerreichung, wird von drei Dimensionen bestimmt:

- Zugang zu externen Ressourcen
- Ziele und Funktionen der beteiligten Unternehmen (funktionaler Spezialisierung) und
- der „domain consensus" zwischen den beteiligten Unternehmen.

Letzterer wird durch das Ausmaß definiert, in dem die Ziele der Kooperationspartner konfliktär, überlappend oder komplementär sind. Weitere relevante Faktoren sind auch Machtrelationen und frühere Austausche sowie der soziale Kontext (Cook/Emerson 1984, S. 3 ff.). Sind beide Partner von der Vorteilhaftigkeit der Zusammenarbeit überzeugt und entscheiden sich für eine Kooperation, geht es im Weiteren um deren Gestaltung. Hierzu werden vielfache organisationale Faktoren, wie unternehmerische Macht oder die individuelle Überzeugung des Managements und die Führung der Mitarbeiter gezählt. Letztlich werden also sozialpsychologische Erklärungen für die Entstehung sozialer bzw. personeller Netzwerke auf die Ebene der Interorganisationsbeziehungen übertragen. Die besondere Bedeutung sozialer Beziehungen in Kooperationen wird erkannt, sodass sich hier vornehmlich symmetrische Beziehungen erklären lassen. Asymmetrische Beziehungen (für vertikale Kooperationen typisch) bedürfen anderer Ansätze wie etwa der aus der sozialen Austauschtheorie entwickelten Ressourceenperspektive (Sydow 1992, S. 232). Interessant ist der Ansatz dennoch, da eine Austauschbeziehung als eine Episode in einer bestehenden sozialen Beziehung begriffen und deshalb abhängig vom bereits bestehenden Beziehungsnetzwerk gesehen wird (Sydow 1992, S. 194).

6.3 Ressourcenansatz

Unter dieser Perspektive werden hier die Ansätze verstanden, die das Verhalten und den Erfolg von Unternehmen durch die Existenz und den Einsatz einzigartiger Ressourcen zu erklären versuchen. Pauschal bedeutet dies, dass vor dem Hintergrund der Prämisse der Ressourcenheterogenität und der Inside-Out-Perspektive ein Unternehmen auf der Basis spezifischer Ressourcen eine schwer angreifbare Marktposition erlangt, die sich in einem dauerhaften Wettbewerbsvorteil niederschlägt. Diese Perspektive ist dabei in der Vergangenheit häufig zur Erklärung von Kooperationen herangezogen worden (vgl. im Detail den Beitrag von v. d. Oelsnitz in diesem Kapitel des Sammelwerks). Die Ressourcensicht ist insgesamt in der Lage, unternehmensinterne Erfolgs- oder Wachstumsbarrieren zu analysieren (vgl. im Überblick Pfeffer/Salanick 1978; Bamberger/Wrona 1996 und den Survey bei Wernerfelt 1995).

Er geht von der Annahme knapper Ressourcen aus und ferner davon, dass Organisationen sich diese im Wege des Austausches von anderen Organisationen beschaffen können, was jedoch ihre Autonomie reduziert, die sie jedoch wiederum versuchen zu bewahren, und zwar indem sie Interorganisationsbeziehungen entwickeln. Gelingt dies nicht, dann versuchen sie die Abhängigkeiten zu kontrollieren, etwa indem umgekehrte Abhängigkeiten geschaffen werden (van Gils 1984, S. 1081). Die Vermeidung, Ausnutzung und Entwicklung solcher Abhängigkeiten, weniger der „domain consensus", bilden die zentralen Bestimmungsgründe und Antriebsmomente interorganisationaler Beziehungen; der Machtaspekt rückt in den Mittelpunkt. Zu den ein- oder zweiseitigen Abhängigkeiten zählen unter anderem symbiotische, transaktionale (in vertikalen Beziehungen) oder kompetitive Abhängigkeiten (wenn die Unternehmen von gleichen Ressourcen abhängen). Sie sind umso größer, je wichtiger die benötigte Ressource ist oder je weniger Substitutionsmöglichkeiten – von Ressourcen oder Lieferanten – bestehen. In Netzwerken koexistieren diese Formen der Abhängigkeit oft nebeneinander (Sydow 1992, S. 197 f.).

Auf Grund der Ausrichtung des Ansatzes auf die Kontrolle externer Ressourcen, d. h. des Ausbaus des Einflusses von Unternehmen auf andere Organisationen bzw. ihre Umwelt, ist seine Verwendung zu Erklärung von Kooperationen nahe liegend. Dies, zumal als Strategien zur Kontrolle der kritischen Ressourcen eine „vertikalen Kooperation" oder eine „vertikale Integration bzw. Akquisition" unterschieden werden. Von den Erklärungszusammenhängen tendenziell auf das Verständnis vertikaler Beziehungen ausgerichtet, bietet der Ansatz auch Raum für die Erklärung horizontaler Beziehungen: sie werden eingegangen, um damit die Machtverhältnisse zu beeinflussen sowie eine zu starke einseitige Abhängigkeiten in Grenzen zu halten (vgl. dazu auch das vorne aufgegriffene Konzept der „countervailing power" von Galbraith mit einer ähnlichen Intention). Positiv zu werten an diesem Ansatz ist die explizite Berücksichtigung des in der Wirtschaftspraxis bedeutsamen Machtaspekts. Kritisiert wird häufig die Annahme eines letztlich rational handelnden Managements, sodass für die – die moderne Managementforschung prägenden subjektiven – Entscheidungen ebenso wenig Raum bleibt wie für ungeplante Handlungen als mögliche Erklärungen und Einflussgrößen für das Zustandekommen von Kooperationen. Zu Unrecht wird dem Ansatz vorgeworfen, dass er – etwa im Vergleich zur Transaktionskostentheorie – nur die Entstehung von Hierarchien aus marktlich vermittelten Beziehungen, nicht aber die Funktionsexternalisierung erklären kann. Dem ist entgegenzuhalten, dass mit einer Strategie der Desintegration Machtmotive (z. B. Reduzierung des Gewerkschaftseinflusses) verfolgt werden können und ferner eine Externalisierung von Unternehmensfunktionen durch eine anschließende Netzwerkintegration eines „kontrollierbaren" Unternehmens genutzt wird (Sydow 1992, S. 198 f.).

6.4 Systemtheorie, kontingenz- und konsistenztheoretische Ansätze

Die **Systemtheorie** bildet einen Rahmen zur Beschreibung unterschiedlichster Realphänomene, wobei ihr von ihren Vertretern auf Grund der Wissensintegration aus verschiedenen Disziplinen der Rang einer übergreifenden Wissenschaft zugesprochen wird. Demgegenüber wird sie wegen ihrer terminologischen Abstraktion, empirischen Unprüfbarkeit oder allgemeiner konzeptioneller Aspekte, politischer Unzulänglichkeiten, der Neigung zum Laissez-faire etc. kritisiert. Ihre Relevanz ist eine heuristische. Faktisch ist eine pauschale Kritik wie auch eine kurze Beschreibung der Systemtheorie auf Grund der Vielzahl von Ansätzen schwierig (vgl. im Überblick Scholz 2000; Staehle 1999; Swoboda 2002, S. 183). Sie kann dennoch mit fünf Aussagen grob charakterisiert werden:

- Systeme bestehen aus einer geordneten Menge von Elementen, deren Beziehungen bestimmte Regelmäßigkeiten – also eine Struktur – aufweisen.
- Höchstes Ziel eines Systems, das immer wieder durch externe oder interne Störungen bedroht ist, ist die Bestandserhaltung bzw. das Überleben.
- Zwischen einem (offenen) System und seiner Umwelt bestehen Beziehungen.
- Es besteht eine Hierarchisierung innerhalb eines Systems, d. h., es lässt sich in Subsysteme aufgliedern, die sich weiter in Sub-Sub-Systeme und in Elemente aufteilen.
- Systeme in einer komplexen Umwelt sind ebenfalls komplex; sie sind in der Lage, sich innerhalb ihrer Struktur anzupassen oder ihre Struktur aktiv zu ändern.

Aus dem Kanon systemtheoretischer Ansätze sollen hier zwei herausgegriffen werden. Der **Kontingenzansatz** erklärt die Evolution, d. h. das Zustandekommen und das Management, von Kooperationen aus dem Zusammenwirken unternehmensinterner und -externer Kontingenzfaktoren wie Leistungsprogramm, Unternehmensgröße, Eigentumsverhältnisse, technologische Komplexität der Produktionsprozesse, Lieferantenbeziehungen, Konkurrenzprozesse u. v. m. Besonders häufig werden abstrakte Kontingenzen wie Umweltkomplexität und -dynamik herangezogen (Sydow 1992, S. 210). Basis jeder kontingenztheoretischen Argumentation ist die Kongruenz-Effizienz-Hypothese, die die Effizienz von Unternehmen von einem Fit von Situationsfaktoren und internen Organisationsstrukturen, in neueren Ansätzen auch Prozessen oder der Kultur, abhängig sieht. Im einfachsten Fall legt diese Fit-Betrachtung ein unternehmenssubjektives und zugleich situatives Streben kooperierender Unternehmen nach einer Übereinstimmung in den unternehmenspolitischen Bereichen (Zielen, Strategien, Leistungsfähigkeit) und unternehmenskulturellen Bereichen (ethische und moralische Grundwerte, Wertvorstellungen) nahe (Zentes/Swoboda 1999; Scholz 2000), ganz ähnlich zu effizienzwirksamen Gleichgewichtsüberlegungen wettbewerbstheoretischer oder behavioristischer Organisationsansätze. Faktisch erfordert die Hypothese einen doppelten Fit, so zum einen der Strukturen, Prozesse und Kulturen der kooperierenden Unternehmen und der Kooperation (so einem Netzwerk) selbst, und zum anderen müssen Struktur, Prozesse und Kultur der Kooperation (bzw. des Netzwerks) den Erfordernissen der (Netzwerk-)Umwelt entsprechen. Nach diesem Grundprinzip werden in der Analyse sehr unterschiedliche Kontingenzen berücksichtigt und empirischen Prüfungen unterzogen (Sydow 1992, S. 211 ff.).

Konsistenz- bzw. Konfigurationsansätze sind der neueren Systemtheorie zuzuordnen, wenngleich die so genannte „configurational school" als Forschungsrichtung eine Reihe von Wurzeln hat (Mintzberg/Quinn 1996). Sie entwickeln eine im Vergleich mit den Kontingenzansätzen relativ ausgeprägte Innensicht auf Organisationen – bzw. auf die hier interessierenden kooperativen Systeme: Die innere Konsistenz von Strategie, Struktur und Kultur (usw.) wird als wichtiger für die Effizienz und Effektivität einer Organisation erachtet als ihre bloße Ausrichtung an äußeren Kontingenzen. Das Management bzw. Kooperationsmanagement zielt dann auf die Herstellung bzw. Bewahrung einer entsprechenden Harmonie und „Gestalt" der Parameter (Konsistenz-Effizienz-Hypothese), ohne die Bedeutung äußerer Kontingenzen allerdings völlig zu vernachlässigen. Nach der Vorstellung des Konsistenzansatzes vollzieht sich der Wandel in Unternehmen und Kooperationen eher radikal, umso lange wie möglich eine interne Konsistenz zu gewährleisten. Zum radikalen, so genannten „quantum change" kommt es erst, wenn die Spannungen zwischen äußeren Anforderungen und inneren Bedingungen zu groß werden (vgl. im Überblick Miller/Friesen 1978, S. 921 ff.; Miller 1982, S. 132 ff.; Staehle 1999, S. 60 ff.; Scholz 2000 und Swoboda 2002, S. 105 ff.).

Zusammenfassend ist festzuhalten, dass situative Ansätze in ihrer klassisch-deterministischen Ausprägung massiv kritisiert worden sind (vgl. z. B. Staehle 1999). Für die Kooperationsforschung erscheint es problematisch, dass der Kontingenzansatz die Umwelt mit ihren Interorganisationsbeziehungen sehr abstrakt modelliert. Tatsächlich ist aber die Rede von einer Kontingenztheorie irreführend, da es sich um einen Forschungsansatz handelt, der beliebig inhaltlich ausgefüllt werden kann, was seine Stärke und Schwäche zugleich ist. Zudem sieht Sydow (1992, S. 214, S. 233) im Einschluss von Schlüsselbegriffen wie Komplexität und Dynamik sowie in der Benennung vielfacher potenziell relevanter Kontingenzen eine Stärke des Ansatzes im Hinblick auf die Ableitung eines theoretischen Bezugsrahmens, zumal weitere, von anderen Ansätzen im Zusammenhang mit der Evolution von Kooperationen für wichtig erachtete Kontingenzen eventuell berücksichtigt werden können. Konsistenzansätze sind nach Sydow (1992, S. 223) mit Einschränkungen bisher nicht zur Erklärung kooperativer Organisationsformen herangezogen worden.

6.5 Netzwerkorientierte Ansätze

Der **Netzwerkansatz** findet seinen Ursprung in der Soziologie bzw. der Sozialpsychologie, wo er der Beschreibung und Analyse so genannter „social networks" diente und woraus sich die eher deskriptiv orientierte Netzwerkanalyse – mit Aktoren als Punkte/Knoten und die zwischen diesen Aktoren bestehenden Beziehungen als Pfeile/Kanten dargestellt – entwickelte. Übertragen auf Unternehmen führt eine in derartigen Netzwerken vorherrschende Arbeitsteilung zur Abhängigkeit der beteiligten Unternehmen, sodass das Phänomen der Interdependenz zentraler Bestandteil ist. Der Ansatz verfolgt demnach eine holistische, unternehmensübergreifende Sichtweise, wobei die Grenzen zwischen Unternehmen und Umwelt als nicht grundsätzlich klar betrachtet werden. Zwar erinnert dies an die systemtheoretische Beschreibung, sodass Netzwerk und System oft gleich gesetzt werden (vgl. den Beitrag von Windeler in diesem Kapitel des Sammelwerks). Auf Grund seiner ganzheitlichen Sichtweise mit den im Mittelpunkt stehenden Interaktionen innerhalb arbeitsteiliger Prozesse kann der Ansatz aber als Grundlage der Unternehmensführung und als Integrationsplattform vorstehender Ansätze angesehen werden (Schwamborn 1994, S. 69 f.; Lambertz/Grzenia/Langhorst 2000).

Der exemplarisch zu betrachtende **interaktionsorientierte Netzwerkansatz** wurde ursprünglich am Beispiel der Investitionsgüterindustrie entwickelt, die ein besonders hohes Maß an netzwerkartigen Verbindungen zwischen den Unternehmen aufweist (Kern 1990), und in jüngerer Zeit auf das strategische und auch das internationale Management ausgeweitet (verbunden ist er mit der Upsalla-Schule um Håkansson 1989; Håkansson/Johanson 1990; Swoboda 2002). Seine Wurzeln liegen in der Sozialen Austauschtheorie und dem Resource-Dependence-Ansatz. Nach dem Modell des Netzwerkansatzes verdichten sich marktgerichtete Aktivitäten von Unternehmen häufig zu stabilen, sich gleichwohl wandelnden Interorganisationsbeziehungen. Somit entstehen Kooperationen oft aus relativ unbedeutenden Transaktionen, die zunächst weder hohe Investitionen noch gegenseitiges Vertrauen erfordern; sie entwickeln sich quasi inkremental. Zudem können Kooperationen sowohl das Ergebnis geplanter Handlungen als auch spontaner Prozesse sein (Håkansson 1989, S. 126 f.). Die so entstehenden Beziehungen können aber zu einer essenziellen Ressource für das Unternehmen werden, die einerseits den Zugriff auf weitere Ressourcen und damit strategische Optionen eröffnet, andererseits jedoch auch Wahlmöglichkeiten einschränkt.

Ein wichtiges konzeptionelles Element des Ansatzes stellen Interaktionen zwischen den Beteiligten dar (Mattsson 1987, S. 236). In Interaktionen kommen technische, ökonomische, administrative und soziale Elemente zum Ausdruck bzw. sind darin verwoben. Sie entwickeln sich im Laufe der Zeit, verfestigen sich auf der Basis sozioökonomischer Beziehungen und werden so zur Grundlage von Stabilität und Wandel der Kooperation. Interdependenzen, als weiteres konzeptionelles Element, entstehen zwischen den austauschbeteiligten Unternehmen aus Interaktionen und Adaptionen. Interdependenzen zwischen Kooperationsbeteiligten müssen somit im Kontext bisheriger Aktivitäten und in ihrer Einbettung in das Gesamtgeflecht der Beziehungen von Unternehmen gesehen werden. Die strategischen Handlungsmöglichkeiten eines Unternehmens werden wesentlich durch ihre Position im Netzwerk der Kooperationsbeziehungen bestimmt, wobei die Position aus früheren strategischen Wahlentscheidungen, Investitionen in die Kooperationsbeziehungen und getätigten Interaktionen mit anderen Kooperationsbeteiligten resultiert (Mattsson 1987, S. 236 ff.).

Insgesamt bietet der interaktionsorientierte Netzwerkansatz eine relativ gute Erklärungsbasis für die Evolution und die Organisation von vorwiegend horizontalen (aber auch vertikalen) Kooperationen sowie nahe liegend von Netzwerken: Er entwickelt eine Netzwerkperspektive und gibt direkte Empfehlungen für das Management. Nicht ausgereift ist aber die methodische Anwendung des theoretischen Bezugsrahmens, bis hin zu seiner empirischen Prüfung. Kritisch ist auch die Unterschätzung der restriktiven Wirkung einer Einbindung in Kooperationsbeziehungen anzumerken (Sydow 1992, S. 222, S. 233).

7. Synopse der Kernaussagen der Theorien und Ansätze

Der Fokus dieses Beitrages auf die theoretisch-konzeptionellen Erklärungsansätze zur Auseinandersetzung mit Kooperationen sollte Hintergrundaspekte vermitteln, die für eine Beurteilung von Kooperationsformen herangezogen werden können. Er zeigt zugleich eine Reihe von Sichtweisen auf, unter denen Kooperationen, Allianzen und Netzwerke betrachtet werden können. Für die Auswahl eines Ansatzes ist die konkrete Problemstellung relevant, aus der heraus ein Ansatz – beim heutigen Stand der Forschung, mehrere Ansätze – aufzugreifen, in Hypothesen zu überführen und empirisch zu überprüfen ist. Folgende Übersicht fasst deshalb – in Anlehnung an Sydow (1992, S. 225 ff.) – die Kernaussagen der Theorien und Ansätze im Überblick zusammen. Deutlich wurde, dass vornehmlich die Managementansätze zur Erklärung der Anbahnung und der Führung der Beziehung geeignet erschienen, während die anderen Ansätze hier Akzente setzen.

Neoklassisch-produktionstheoretische Sicht
♦ Manche Kooperationsformen lassen sich als Bündelung von Ressourcen und Marktbeziehungen kennzeichnen, die zu kostensparenden Größendegressionseffekten führen. Für Kooperationsentscheidungen sind nachfrage-, produktions- und kostentheoretische Funktionsbetrachtungen ausschlaggebend.
Wettbewerbstheorie und Industrieökonomik
♦ Das Zustandekommen horizontaler Kooperation kann als Ausdruck des „spirit of competition" gewertet werden, wenngleich mit ihrer Zunahme der freie Zutritt zu einzelnen Märkten eingeschränkt wird. ♦ Eine Ursache für die Entstehung der Kooperation ist, dass diese für die Unternehmen oft Voraussetzung für die (weitere) Teilnahme am Wettbewerb ist. Die Notwendigkeit der Kooperation ergibt sich z. B. aus Kostenvorteilen durch Größeneffekte, der Nutzung komplementären Know-hows usw. ♦ Kooperationsstrategien sind im Wesentlichen durch die Industriestruktur bedingt, auch wenn diese durch Strategien modifiziert werden kann. Von Bedeutung sind dabei die Höhe von Markteintrittsbarrieren, der Konzentrationsgrad der Industrie und die Interdependenzen zwischen den Wertkettenstufen. ♦ (Horizontale wie vertikale) Kooperation bietet sich an, wenn externe Economies of Scale realisiert werden können, die mit einer vollständigen Externalisierung verbundenen Kosten aber zu hoch sind.
Spieltheorie
♦ Eine Kooperationsstrategie verspricht in Situationen, die dem Gefangenendilemma vergleichbar sind, größere Erträge als eine gemeinsame (gegenseitige) Wettbewerbsstrategie. ♦ Die Evolution der Kooperation verlangt im ersten Zug einen Vertrauensvorschuss; sodann sollte nach der „wie Du mir, so ich Dir"-Regel verfahren werden, wobei unnötige Konflikte zu vermeiden sind, so lange der andere Partner kooperiert. Nach der Beantwortung einer Provokation ist Nachsicht zu üben.
Transaktionskostentheorie
♦ Die Individuen organisieren im Austauschprozess ihre ökonomischen Aktivitäten auf der Basis von in der Anbahnungs-, Vereinbarungs-, Kontroll- und Anpassungsphase antizipierten Transaktionskosten und bewerten alternative Organisationsformen, so Kooperationen. Für die Kostenbestimmung sind die Spezifität, die Unsicherheit und die Häufigkeit der Transaktion relevant, nicht die Produktionskosten. ♦ Konzeptionell gilt, dass bei weithin unbekannten Marktbedingungen und unsicherem Marktpartnerverhalten hohe Transaktionskosten des Güteraustauschs anfallen und hohe finanzielle Mittel notwendig sind, um eine eigene Organisation aufzubauen und Markttransaktionen durch Tätigkeiten „in eigener Regie" zu ersetzen, sodass in diesem Fall eine Kooperation als günstiger Mittelweg erscheint. ♦ Eine transaktionskostenminimale Organisation ökonomischer Aktivitäten durch strategische Netzwerke setzt vor allem Vertrauen und leistungsfähige, interorganisationale Informationssysteme voraus.

– wird fortgesetzt –

– Fortsetzung –

Principal-Agent-Theorie
♦ Netzwerkartige Organisationsformen bieten die Möglichkeit, organisationsinterne Anreize und Koalitionsinstrumente durch organisationsexterne, marktliche zu ergänzen (et vice versa). ♦ Eine Principal-Agenten-Beziehung, die sich durch Misstrauen auszeichnet, verursacht hohe „agency costs". Eine Verlagerung des Risikos innerhalb eines Netzwerks sollte nur insoweit erfolgen, als die Vertrauensbasis der kooperierenden Organisation nicht zerstört wird.
Interaktions-, insbesondere Soziale Austauschtheorie
♦ Aus der Sicht des Unternehmens, das in einer Kooperation Ressourcen austauscht, muss der Nutzen des Austauschs größer sein als die durch ihn verursachten Kosten. Zudem muss ein „domain consensus" der in der Kooperation zusammenarbeitenden Unternehmen existieren. ♦ Austauschrelevante Bedingungen sind: Zugang zu Ressourcen, funktionale Spezialisierung und Machtrelationen sowie frühere Austausche. Von besonderer Bedeutung sind schließlich die sozialen Beziehungen („domain consensus"), in die der Austausch eingebettet ist.
Ressourcenansatz
♦ Kooperationen reduzieren und schaffen Abhängigkeiten. So streben Unternehmen nach Autonomie; mit Hilfe der Gestaltung von Kooperationsbeziehungen gelingt es ihnen allerdings kritische Ressourcen zu akquirieren, Umweltunsicherheiten zu reduzieren und externe Interdependenzen zu managen. ♦ Die reduzierte Autonomie in Kooperationen versuchen Unternehmen durch eine Kontrolle bzw. Schaffen von umgekehrten Abhängigkeiten zu kontrollieren. Die Vermeidung, Ausnutzung und Entwicklung solcher Abhängigkeiten, weniger der „domain consensus", bilden die zentralen Bestimmungsgründe und Antriebsmomente kooperativer Beziehungen; der Machtaspekt rückt in den Mittelpunkt. ♦ Das Management von Interdependenzen durch Vernetzung von Organisationen ist dann relevant, wenn eine vollständige Integration aus anderen Gründen nicht in Frage kommt.
Systemtheorie, insbesondere Kontingenz- und Konsistenzansätze
♦ Interne und externe Kontextfaktoren (vor allem Umweltkomplexität und -dynamik) bestimmen Organisationsformen, wobei der Fit von Organisation mit diesen Kontingenzen Voraussetzung für Effizienz ist. ♦ Die Kongruenz-Effizienz-Hypothese fordert einen doppelten Fit, so zum einen von Strukturen, Prozessen und Kulturen der kooperierenden Unternehmen und der Kooperation (z. B. eines Netzwerks) selbst und zum anderen der Struktur, der Prozesse und der Kultur des Netzwerks mit der (Netzwerk-)Umwelt. ♦ Kooperationen streben (wie Unternehmen) nach einer in sich konsistenten – die Strategie, Struktur und Kultur umfassenden – Konfiguration oder „Gestalt". Diese ist Voraussetzung für die Effizienz, obwohl eine Organisationsform neben dieser Konsistenz-Effizienz-Hypothese auch der (unternehmensexternen) Kontingenz (Situationsanforderungen) gerecht werden muss. ♦ Der Wandel vollzieht sich eher radikal, umso lange wie möglich eine interne Konsistenz zu gewährleisten. Zum „quantum change" kommt es erst, wenn infolge sich widersprechender Situationsanforderungen die interne Konsistenz mit der vorhandenen Organisationsform nicht mehr aufrechtzuerhalten ist.
Netzwerkorientierte Ansätze
♦ Kooperationen in Form eines strategischen Netzwerks entstehen oft aus relativ unbedeutenden Transaktionen, die zunächst weder hohe Investitionen noch gegenseitiges Vertrauen erfordern. Diese Kooperationsbeziehungen werden zur wichtigsten Ressource eines Unternehmens, für deren Aufrechterhaltung dann oft erhebliche Investitionen getätigt werden. ♦ Die strategischen Handlungsmöglichkeiten eines Unternehmens sind wesentlich durch die Position im Netzwerk bestimmt. Die Netzwerkposition selbst ist Ausdruck kumulierter strategischer Wahlentscheidungen, vorgängig getätigter Investitionen in die Entwicklung von Netzwerkbeziehungen, tatsächlicher Interaktionen mit anderen Netzwerkunternehmen und Adaptionen zum Ausgleich etwaiger Misfits. ♦ Beziehungen zwischen einzelnen Organisationen im Allgemeinen und in strategischen Netzwerken im Besonderen müssen aus ihrer Einbettung in das Gesamtgeflecht der von den Unternehmen unterhaltenen Beziehungen verstanden werden (Netzwerkperspektive).

Übersicht 4: Synopse der Kernaussagen der behandelten Theorien und Ansätze

Literatur

ABERLE, G. (1992): Wettbewerbstheorie und Wettbewerbspolitik, 2. Aufl., Stuttgart.

ALSMÖLLER, H. (1982): Wettbewerbspolitische Ziele und kooperationstheoretische Hypothesen im Wandel der Zeit, Tübingen.

ARBEITSKREIS „DAS UNTERNEHMEN IM MARKT“ (1995): Vertikale Kooperation zwischen Industrie und Handel, in: Zeitschrift für betriebswirtschaftliche Forschung, 47. Jg., Sonderheft 35, S. 179-204.

AXELROD, R. (1997): Die Evolution der Kooperation, 4. Aufl., München.

BACKHAUS, K.; MEYER, M. (1993): Strategische Allianzen und strategische Netzwerke, in: Wirtschaftswissenschaftliches Studium, 22. Jg., S. 330-334.

BAIN, J. S. (1968): Industrial Organization, 2. Aufl., New York.

BALLING, R. (1997): Kooperation, Frankfurt a.M.

BAMBERGER, I.; WRONA, T. (1996): Der Ressourcenansatz und seine Bedeutung für die Strategische Unternehmensführung, in: Zeitschrift für betriebswirtschaftliche Forschung, 48. Jg., S. 130-153.

BAUER, H. H.; BAYÓN, T. (1995): Zur Relevanz prinzipal-agenten-theoretischer Aussagen für das Kontraktgütermarketing, in: Zeitschrift für betriebswirtschaftliche Forschung, 47. Jg., Sonderheft 35, S. 79-100.

BECK, T. C. (1998): Kosteneffiziente Netzwerkkooperation, Wiesbaden.

BENISCH, W. (1981): Kooperationserleichterung und Wettbewerb, in: Cox, H.; Jens, U.; Markert, K. (Hrsg.): Handbuch des Wettbewerbs, München, S. 399-419.

BOGASCHEWSKY, R. (1995): Vertikale Kooperation – Erklärungsansätze der Transaktionskostentheorie und des Beziehungsmarketings, in: Zeitschrift für betriebswirtschaftliche Forschung, 47. Jg., Nr. 35, S. 159-178.

BRONNER, R.; MELLEWIGT, T. (2001): Entstehen und Scheitern strategischer Allianzen in der Telekommunikationsbranche, in: Zeitschrift für betriebswirtschaftliche Forschung, 53. Jg., S. 728-751.

BÜHLER, S.; JAEGER, F. (2002): Einführung in die Industrieökonomik, Berlin u. a.

BÜHNER, R.; TUSCHKE, A. (1997): Outsourcing, in: Die Betriebswirtschaft, 57. Jg., S. 20-30.

BURR, W. (1999): Koordination durch Regeln in selbstorganisierenden Netzwerken, in: Zeitschrift für Betriebswirtschaft, 69. Jg., S. 1159-1179.

BÜSCHKEN, J. (1999): Virtuelle Unternehmen – die Zukunft?, in: Die Betriebswirtschaft, 59. Jg., S. 778-791.

CAVES, R. E.; PORTER, M. E. (1977): From Entry Barriers to Mobility Barriers, in: Quarterly Journal of Economics, 91. Jg., S. 241-261.

COASE, R. H. (1937): The Nature of the Firm, in: Economica, 4. Jg., S. 386-405.

COOK, K. S.; EMERSON, R. M. (1984): Exchange Networks and the Analysis of Complex Organizations, in: Bacharach, S. B.; Lawler, E. J. (Hrsg.): Research in the Sociology of Organizations, Greenwich, Conn., S. 1-30.

COX, H.; HÜBNER, H. (1981): Wettbewerb, in: Cox, H.; Jens, U.; Markert, K. (Hrsg.): Handbuch des Wettbewerbs, München, S. 1-48.

DIEDRICH, R. (2004): Periodenerfolg bei langfristigen Agency Beziehungen: Pre-Decision Information versus Post Decision Information, in: Zeitschrift für Betriebswirtschaft, 74. Jg., S. 695-718.

DOWLING, M.; LECHNER, C. (1998): Kooperative Wettbewerbsbeziehungen: Theoretische Ansätze und Managementstrategien, in: Die Betriebswirtschaft, 58. Jg., S. 86-102.

EHRMANN, T. (2002): Reale Franchisesysteme, begrenzter Opportunismus und kooperative Elemente, in: Zeitschrift für Betriebswirtschaft, 72. Jg., S. 187-208.

ELSCHEN, R. (1991): Gegenstand und Anwendungsmöglichkeiten der Agency-Theorie, in: Zeitschrift für betriebswirtschaftliche Forschung, 43. Jg., S. 1002-1012.

ENGELS, M. (1997): Verwässerung der Verfügungsrechte in Genossenschaften, in: Zeitschrift für betriebswirtschaftliche Forschung, 49. Jg., S. 674-684.

ERLEI, M.; LESCHKE, M.; SAUERLAND, D. (1999): Neue Institutionenökonomik, Stuttgart.

FABEL, O.; HILGERS, B.; LEHMANN, E. (2001): Strategie und Organisationsstruktur, in: Jost, P.-J. (Hrsg.): Die Prinzipal-Agenten-Theorie in der Betriebswirtschaftslehre, Stuttgart, S. 183-216.

FRANK, C. (1994): Strategische Partnerschaften in mittelständischen Unternehmen, Wiesbaden.

FRIESE, M. (1998): Kooperation als Wettbewerbsstrategie für Dienstleistungsunternehmen, Wiesbaden.

FRITZ, W. (1990): Ansätze der Wettbewerbstheorie aus Sicht der Marktingwissenschaft, in: Die Betriebswirtschaft, 50. Jg., S. 491-512.

GALBRAITH, J. K. (1952): American Capitalism, Boston.

GÜMBEL, R.; WORATSCHEK, H. (1995): Institutionenökonomik, in: Tietz, B.; Köhler, R.; Zentes, J. (Hrsg.): Handwörterbuch des Marketing, 2. Aufl., Stuttgart, Sp. 1008-1019.

GÜTH, W. (1974): Kooperation in der Marktwirtschaft – Eine spieltheoretische Analyse der Kooperationsproblematik, Tübingen.

HÅKANSSON, H. (1989): Corporate Technological Behaviour: Co-operation and Networks, London u. a.

HÅKANSSON, H.; JOHANSON, J. (1990): Formal and Informal Cooperation Strategies in International Industrial Networks, in: Ford, D. (Hrsg.): Understanding Business Markets: Interaction, Relationships and Networks, London, S. 459-467.

HAMMES, W. (1994): Strategische Allianzen als Instrument der strategischen Unternehmensführung, Wiesbaden.

HAURY, S. (1989): Grundzüge einer ökonomischen Theorie der Kooperation, St. Gallen.

HERZIG, N.; DAUTZENBERG, N.; SANDER, B. (1999): Grenzüberschreitende Kooperation und körperschaftssteuerliche Anrechnungsverluste, in: Die Betriebswirtschaft, 59. Jg., S. 599-619.

HOFACKER, I. (2000): Unternehmensnetzwerke zur Durchsetzung eines Standards, in: Zeitschrift für betriebswirtschaftliche Forschung, 52. Jg., S. 643-660.

HOLLER, M.; ILLING, G. (2000): Einführung in die Spieltheorie, 4. Aufl., Berlin.

HOMBURG, C.; SÜTTERLIN, S. (1992): Strategische Gruppen. Ein Survey, in: Zeitschrift für Betriebswirtschaft, 62. Jg., S. 635-662.

HOPPMANN, E. (1967): Workable Competition als Wettbewerbspolitisches Konzept, in: Besters, H. (Hrsg.): Theoretische und institutionelle Grundlagen der Wirtschaftspolitik, Berlin, S. 145-197.

HUNGENBERG, H. (1998): Strategische Allianzen in der Telekommunikation, in: Zeitschrift für betriebswirtschaftliche Forschung, 50. Jg., S. 479-498.

JOST, P.-J. (Hrsg.) (2001): Die Prinzipal-Agenten-Theorie in der Betriebswirtschaftslehre, Stuttgart.

KANZENBACH, E. (1967): Die Funktionsfähigkeit des Wettbewerbs, 2. Aufl., Göttingen.

KAUFER, E. (1980): Industrieökonomik, München.

KERN, E. (1990): Der Interaktionsansatz im Investitionsgütermarketing, Berlin.

KIRCHMANN, E. (1996): Innovationskooperationen zwischen Hersteller und Anwender, in: Zeitschrift für betriebswirtschaftliche Forschung, 48. Jg., S. 442-465.

KNYPHAUSEN-AUFSEß, D. ZU (1999): Theoretische Perspektiven der Entwicklung von Regionalnetzwerken, in: Zeitschrift für Betriebswirtschaft, 69. Jg., S. 593-616.

KÖHLER, R. (1998): Internationale Kooperationsstrategien kleinerer Unternehmen, in: Bruhn, M.; Steffenhagen, H. (Hrsg.): Marktorientierte Unternehmensführung, Wiesbaden, S. 181-204.

KRONEN, J. (1994): Computergestützte Unternehmenskooperation, Wiesbaden.

KUBITSCHEK, C. (2001): Erfolgsfaktoren des Franchising, in: Die Betriebswirtschaft, 61. Jg., S. 671-687.

KUTSCHKER, M.; MÖßLANG, A. (1996): Kooperationen als Mittel der Internationalisierung von Dienstleistungsunternehmen, in: Die Betriebswirtschaft, 56. Jg., S. 319-338.

LAMBERTZ, M.; GRZENIA, K. H.; LANGHORST, P. (2000): Prinzipien dynamischer Organisation, Netzwerke in Neurophysiologie und Betriebswirtschaftslehre, in: Zeitschrift für Betriebswirtschaft, 70. Jg., S. 959-982.

LETHMATHE, P. (2001): Operative Netzwerke aus der Sicht der Unternehmung, in: Zeitschrift für Betriebswirtschaft, 71. Jg., S. 551-571.

LINGENFELDER, M. (1996): Die Internationalisierung im europäischen Handel, Berlin.

LITZINGER, D. (1995): Die Gewinnung der Kooperation des Handels bei Verkaufsförderungsmaßnahmen von Herstellern, in: Zeitschrift für betriebswirtschaftliche Forschung, 47. Jg., Sonderheft 35, S. 269-286.

LUBRITZ, S. (1998): Internationale Strategische Allianzen mittelständischer Unternehmen, Frankfurt a.M.

MASON, E. (1959): Economic Concentration and the Monopoly Problem, Cambridge.

MATTSSON, L.-G. (1987): Management of Strategic Change in a „Markets-as-Networks" Perspektive, in: Pettigrew, A. M. (Hrsg.): The Management of Strategic Change, Oxford, S. 234-256.

MECKL, R. (1993): Unternehmenskooperation im EG-Binnenmarkt, Wiesbaden.

MECKL, R.; KUBITSCHEK, C. (2000): Organisation von Unternehmensnetzwerken – Eine verfügungsrechtstheoretische Analyse, in: Zeitschrift für Betriebswirtschaft, 70. Jg., S. 289-307.

MENGELE, J. (1994): Horizontale Kooperation als Markteintrittsstrategie im internationalen Marketing, Wiesbaden.

MILDENBERGER, U. (2001): Systemische Kompetenzen und deren Einfluss auf das Kompetenzentwicklungspotenzial in Produktionsnetzwerken, in: Zeitschrift für betriebswirtschaftliche Forschung, 53. Jg., S. 705-722.

MILLER, D. (1982): Evolution and Revolution: A Quantum View of Structural Change in Organizations, in: Journal of Management Studies, 19. Jg., S. 131-151.

MILLER, D.; FRIESEN, P. H. (1978): Archetypes of Strategy Formulation, in: Management Science, 24. Jg., S. 921-933.

MINTZBERG, H.; QUINN, J. B. (1996): The Strategy Process, 3. Aufl., London.

MIROW, M. (1996): Kooperations- und Akquisitionsstrategien in Osteuropa am Beispiel der Elektroindustrie, in: Zeitschrift für betriebswirtschaftliche Forschung, 48. Jg., S. 934-946.

MÖSCHEL, W.; Streit, M.; Witt, U. (Hrsg.) (1994): Marktwirtschaft und Rechtsordnung, Baden-Baden.

OBERENDER, P.; VÄTH, A. (1989): Von der Industrieökonomie zur Marktökonomie, in: Oberender, P. (Hrsg.): Marktökonomie, München, S. 1-27.

OESTERLE, M.-J. (1993): Joint Venture in Russland, Wiesbaden.

OESTERLE, M.-J. (1995): Probleme und Methoden der Joint-Venture-Erfolgsbewertung, in: Zeitschrift für Betriebswirtschaft, 65. Jg., S. 987-1004.

OTT, A. E. (1985): Industrieökonomik, in: Bombach, G.; Gahlen, B.; Ott, A. E. (Hrsg.): Industrieökonomik: Theorie und Empirie, Tübingen, S. 319-331.

OTTO, A.; KOTZAB, H. (2001): Der Beitrag des Supply Chain Management zum Management von Supply Chains, in: Zeitschrift für betriebswirtschaftliche Forschung, 53. Jg., S. 157-176.

PAUSENBERGER, E.; NÖCKER, R. (2000): Kooperative Formen der Auslandsmarktbearbeitung, in: Zeitschrift für betriebswirtschaftliche Forschung, 52. Jg., S. 393-412.

PERROW, C. (1986): Complex Organizations, 3. Aufl., New York.

PFEFFER, J.; SALANICK, G. R. (1978): The External Control of Organizations, New York.

PFOHL, H. C.; LARGE, R.; ARDELEA, D. (1996): Internationale Geschäftsbeziehungen und Transformationskrise in Mittel- und Osteuropa, in: Die Betriebswirtschaft, 56. Jg., S. 234-251.

PIBERNIK, R. (2001): Flexibilitätsplanung in Wertschöpfungsnetzwerken, in: Zeitschrift für Betriebswirtschaft, 71. Jg., S. 893-915.

PICOT, A. (1991): Ökonomische Theorien der Organisation, in: Ordelheide, D.; Rudolph, B.; Büsselmann, E. (Hrsg.): Betriebswirtschaftslehre und ökonomische Theorie, Stuttgart, S. 143-170.

PICOT, A.; FRANK, E. (1993): Vertikale Integration, in: Hausschild, J.; Grün, O. (Hrsg.): Ergebnisse empirischer betriebswirtschaftlicher Forschung, Stuttgart, S. 179-219.

PICOT, A.; WOLFF, B. (1995): Franchising als effiziente Vertriebsform, in: Zeitschrift für betriebswirtschaftliche Forschung, 47. Jg., Sonderheft 35, S. 223-244.

PORTER, M. E. (1999): Wettbewerbsstrategie, 10. Aufl., Frankfurt a.M.

PORTER, M. E.; FULLER, M. B. (1986): Coalitions und Global Strategies, in: Porter, M. E. (Hrsg.): Competition in Global Industries, Boston, S. 315-343.

POSSELT, T. (1999): Das Design vertraglicher Vertriebsbeziehungen am Beispiel Franchising, in: Zeitschrift für Betriebswirtschaft, 69. Jg., S. 347-375.

RÖSSL, D. (1994): Gestaltung komplexer Austauschbeziehungen, Wiesbaden.

ROTERING, J. (1993): Zwischenbetriebliche Kooperation als alternative Organisationsform – Ein transaktionskostentheoretischer Ansatz, München u. a.

SCHADE, C.; SCHOTT, E. (1993): Instrumente des Kontraktgütermarketing, in: Die Betriebswirtschaft, 53. Jg., S. 491-511.

SCHÄFER, H. (1995): Information und Kooperation im Absatz von Bankdienstleistungen, in: Zeitschrift für betriebswirtschaftliche Forschung, 47. Jg., S. 531-544.

SCHMIDT, M. (2003): Ökonomische Überlegungen zur Rechnungslegung bei Vorliegen hybrider Kooperationsformen, in: Die Betriebswirtschaft, 63. Jg., S. 138-155.

SCHOLZ, C. (2000): Strategische Organisation, 2. Aufl., Landsberg a.L.

SCHRADER, S.; SATTLER, H. (1993): Zwischenbetriebliche Kooperation: Informaler Informationsaustausch in den USA und Deutschland, in: Die Betriebswirtschaft, 53. Jg., S. 589-608.

SCHREYÖGG, G.; PAPENHEIM-TOCKHORN, H. (1995): Dient der Aufsichtsrat dem Aufbau zwischenbetrieblicher Kooperationsbeziehungen?, in: Zeitschrift für Betriebswirtschaft, 65. Jg., S. 205-230.

SCHWAMBORN, S. (1994): Strategische Allianzen im internationalen Marketing, Wiesbaden.

SILWA, D. (2001): „Never change a winning team" – Team-Entlohnung und implizite Kooperation, in: Zeitschrift für betriebswirtschaftliche Forschung, 53. Jg., S. 777-797.

SOLF, M. (2004): Unternehmenskooperationen als Folge von Informations- und Kommunikationstechnologieveränderungen: Eine theoretische Analyse, in: Zeitschrift für betriebswirtschaftliche Forschung, 58. Jg., S. 146-167.

STAEHLE, W. H. (1999): Management, 8. Aufl., München.

STEFFENHAGEN, H. (1975): Konflikt und Kooperation in Absatzkanälen, Wiesbaden.

STÜNZNER, L. (2000): Sind das Gehirn und Betriebe miteinander vergleichbar, in: Zeitschrift für Betriebswirtschaft, 70. Jg., S. 983-995.

SWOBODA, B. (2002): Prozesse der Internationalisierung, Wiesbaden.

SYDOW, J. (1992): Strategische Netzwerke. Evolution und Organisation, Wiesbaden.

SYDOW, J. (1994): Franchisingnetzwerke, in: Zeitschrift für Betriebswirtschaft, 64. Jg., S. 95-113.

SYDOW, J.; DUSCHEK, S. (2000): Starke Beziehungen, durchlässige Grenzen – Grenzmanagement in einem Dienstleistungsnetzwerk, in: Die Betriebswirtschaft, 60. Jg., S. 441-458.

SYDOW, J.; WINDELER, A.; WIRTH, C. (2002): Markteintritt als kollektiver Netzwerkeintritt, in: Die Betriebswirtschaft, 62. Jg., S. 459-473.

SZYPERSKI, N.; KLEIN, S. (1993): Informationslogistik und virtuelle Organisationen, in: Die Betriebswirtschaft, 53. Jg., S. 187-208.

VAN GILS, M. R. (1984): Interorganizational Relations and Networks, in: Drenth, P. u. a. (Hrsg.): Hanbook of Work and Organizational Psychology, Chicester, S. 1073-1100.

WAGENHOFER, A. (1996): Anreizsysteme in Agency-Modellen mit mehreren Agenten, in: Die Betriebswirtschaft, 56. Jg., S. 155-166.

WEDER, R. (1989): Joint Venture, Grüsch.

WEISSENBERGER-EIBL, M. A. (2001): Interaktionsorientierte Agentensysteme, in: Zeitschrift für Betriebswirtschaft, 71. Jg., S. 203-220.

WERNERFELT, B. (1995): The Resource-based View of the Firm: Ten Years After, in: Strategic Management Journal, 16. Jg., S. 171-174.

WILDEMANN, H. (1997): Koordination von Unternehmensnetzwerken, in: Zeitschrift für Betriebswirtschaft, 67. Jg., S. 1057-1072.

WILLIAMSON, O. E. (1990): Die ökonomische Institution des Kapitalismus, Tübingen.

WURCHE, S. (1989): Strategische Kooperation, Wiesbaden.

ZENTES, J.; SWOBODA, B. (1999): Motive und Erfolgsgrößen internationaler Kooperationen mittelständischer Unternehmen, in: Die Betriebswirtschaft, 59. Jg., S. 44-60.

ZENTES, J.; SWOBODA, B.; MORSCHETT, D. (2004): Internationales Wertschöpfungsmanagement, München.

Dieter Schmidtchen*

Wettbewerb und Kooperation (Co-opetition): Neues Paradigma für Wettbewerbstheorie und Wettbewerbspolitik?

---

* Univ.-Professor Dr. Dieter Schmidtchen ist Inhaber des Lehrstuhls für Wirtschaftspolitik und Managerial Economics der Universität des Saarlandes. Der Autor dankt seinen Mitarbeitern Dr. Roland Kirstein, Ass. jur. André Knoerchen LL.M und Dipl.-Kff. Birgit Will für wertvolle Hinweise.

1. Einleitung

Auf den ersten Blick scheinen die Begriffe Wettbewerb (Konkurrenz) und Kooperation ein Gegensatzpaar zu sein. Zum Wesen (dynamischen) Wettbewerbs gehört Rivalität: Kampf um größere Marktanteile, Kampf um einen Auftrag, Kampf um den Zuschlag bei einer Ausschreibung. Die Interessen der Wettbewerber sind einander entgegengerichtet (konfliktär). Was der eine gewinnt, verliert der andere. In dieser Hinsicht entspricht Wettbewerb einem **Nullsummenspiel**, einer **Win-Lose-Beziehung**.[1]

Mit Kooperation dagegen verbindet man Zusammenarbeit zur Erreichung eines gemeinsamen Zieles. Die Interessen der Beteiligten sind nicht konfliktär, sondern gleichlaufend. Alle Partner gewinnen. Man hat es mit einer **Win-Win-Situation** zu tun, einem **Variabelsummenspiel**. Man denke an die Kooperation von Arbeit und Kapital, die man in institutionalisierter Form Unternehmen nennt. Das spieltheoretische Analogon dazu ist das Konzept der **Koalition** (Team). Spieler legen ihre Ressourcen zusammen, um einen Mehrwert im Vergleich zur Summe der Werte bei isoliertem Vorgehen zu schaffen (vgl. z. B. Colemans Konzept des korporativen Akteurs, Coleman 1979). Automobilproduzenten produzieren gemeinsam Autoteile, aber die Zusammenfügung und der Verkauf bleiben wettbewerblich. Die Schlagworte „allied in costs, rival on markets" oder „marry nobody, collaborate with everybody" kennzeichnen das in solchen strategischen Allianzen vorhandene Spannungsverhältnis.

Nun wird aus dem Beispiel der Koalition unmittelbar klar, dass es sich bei den Begriffen Konkurrenz und Kooperation keineswegs um ein Gegensatzpaar handeln muss. Kooperation führt zu einem gemeinsamen Mehrwert (alle sind an seiner Schaffung beteiligt), aber wie soll dieser aufgeteilt werden? Die Erhöhung des Anteils eines an der Erzeugung des Mehrwerts Beteiligten bedeutet notwendigerweise eine Verkleinerung der Summe der Anteile aller anderen: eine Win-Lose-Situation. Weil jede Kooperation zum Zwecke der Erzeugung eines Mehrwerts zwingend die Frage der Verteilung desselben aufwirft, impliziert jede Kooperation ein Konfliktpotenzial. Insoweit Wettbewerb mit Konflikt identifiziert wird, stellen Wettbewerb und Kooperation also kein Gegensatzpaar dar, sondern zwei Seiten ein und derselben Medaille.

Ist das der Stoff, aus dem man eine revolutionäre Managementtheorie schneidern kann? Haben kluge Unternehmensführer das nicht schon immer gewusst? In ihrem Buch mit dem Titel „**Co-opetition**"[2] versuchen Brandenburger/Nalebuff ein neues Paradigma zu entwickeln („new mindset"), das auf dem Grundsatz aufbaut, dass man gleichzeitig kon-

1 Unter bestimmten Voraussetzungen kann Wettbewerb für die Wettbewerber sogar zu einer Lose-Lose-Situation werden. Man denke an die auf das Zerbrechen eines Kartells folgende Errichtung eines Oligopols. Zieht man die Konsumenten in die Betrachtung ein, dann gewinnen diese durch den Übergang zum Oligopol, und zwar mehr als die Unternehmen verlieren.

2 Originalausgabe: Brandenburger, A.; Nalebuff, B. (1996): Co-opetition, New York.

kurrieren und kooperieren muss (Brandenburger/Nalebuff 1996, S. 16). Auf dem Cover des von Management-Guru Tom Peters als „terrific“ (phantastisch) vollmundig betitelten Buches wird zweierlei angekündigt: „1. A revolutionary mindset that combines competition and cooperation. 2. The Game Theory Strategy that´s changing the game of business“.[1] Obwohl die wachsende Bedeutung von Co-opetition als hybrider Managementstrategie in letzter Zeit von vielen Autoren herausgestellt wurde (Brandenburger/Nalebuff 1996; Lado/Boyd/Hanlon 1997; Gnyawali/Madhavan 2001; Dagnino/Padula 2002), ist die wissenschaftliche Behandlung kaum über die Verwendung des Namens, die Behauptung von Vorteilen und die Empfehlung für das Management hinausgekommen. Ist Co-opetition tatsächlich eine – wenn auch hybride – eigenständige Managementstrategie oder werden lediglich wettbewerbliche und kooperative Aspekte miteinander kreativ verkoppelt? Wenn Co-opetition ein „revolutionary mindset“ sein sollte, würde das nicht auch eine Revolution auf Seiten der Wettbewerbspolitik erfordern? Nachfolgend wird deutlich werden, dass der theoretische Grundgedanke von Co-opetition nicht so neu ist, wie es manchmal behauptet wird. Wenngleich zuzugeben ist, dass die Umformung dieses Gedankens in ein operationales Managementkonzept innovativ ist und zum Überdenken traditioneller Managementtheorien, wie etwa der von Porter, anregt.[2] Was die Wettbewerbspolitik anlangt, so gilt: Co-opetition relativiert die Bedeutung der Abgrenzung des relevanten Marktes nach dem Bedarfsmarktkonzept und erfordert eine Abwendung von **Per-Se-Regeln** und eine Hinwendung zur “**rule of reason**”. Kooperationen und Unternehmenszusammenschlüsse sollten als wettbewerbspolitisch bedenklich nur dann eingestuft werden, wenn sie zu einer Verringerung der Wertschöpfung führen.[3] Das ist regelmäßig bei einer Praktizierung von Co-opetition nicht zu erwarten. Vielmehr erfordert die wettbewerbspolitische Beurteilung von Co-opetion den Rückgriff auf ein Konzept, das als “**Williamson-trade-off**” in die Literatur eingegangen ist (Williamson 1968; vgl. auch Schmidtchen 2004). Danach sollten Wettbewerbsbehörden Wettbewerbsbeschränkungen akzeptieren, wenn sie von hinreichend großen Senkungen der Produktionskosten begleitet werden. Auch fügt sich Co-opetition nahtlos in die **Neue Institutionenökonomik** des Antitrust ein (vgl. auch Schmidtchen 2004).

Im Folgenden werden zunächst die Grundsätze co-opetitiven Denkens und Handelns dargestellt. Anschließend wird gefragt, welche Konsequenzen sich für die Wettbewerbstheorie und die Wettbewerbspolitik ableiten lassen. Abschließend erfolgt eine Zusammenfassung.

---

1 In deutscher Übersetzung: Coopetition – kooperativ konkurrieren. Mit der Spieltheorie zum Unternehmenserfolg, Frankfurt a.M. u. a. 1996.

2 Während bei Michael Porters Five-Forces Analyse die Bedrohung von Gewinnen durch die Konkurrenz im Mittelpunkt steht, spielen bei Co-opetition die Chancen zur Wertschöpfung die Hauptrolle. Beide Ansätze sind komplementär (vgl. auch Besanko u. a. 2004, S. 334).

3 Diese Bedingung ähnelt dem Kriterium der sozialen Erwünschtheit, das von Weizsäcker (1980) entwickelt hat (vgl. auch Schmidtchen 2004).

2. Grundsätze des co-opetitiven Denkens und Handelns

2.1 Spieltheorie

Co-opetitives Denken und Handeln basiert auf der **Spieltheorie** (vgl. hierzu auch den Beitrag von Magin/Heil/Fürst in diesem Sammelwerk). Die Spieltheorie befasst sich mit Entscheidungssituationen, in denen die Konsequenzen der Entscheidung (Strategie) eines Spielers von den Entscheidungen (Strategien) anderer Spieler abhängen und alle Spieler diese wechselseitige Abhängigkeit bei der Entscheidungsfindung berücksichtigen. Man spricht deshalb auch, zwecks Unterscheidung von der traditionellen Entscheidungstheorie, von **interaktiver Entscheidungstheorie**. Sie avancierte zum zentralen Analyseinstrument der „**Managerial Economics**" (Brickley/Smith/Zimmermann 2001).

Die Spieltheorie besitzt das Potenzial, die Art und Weise, wie über das Geschäftsleben nachgedacht wird, zu revolutionieren (Brandenburger/Nalebuff 1996, S. 17). Dafür sind zwei Gründe maßgebend: Die grundlegenden Konzepte besitzen große Erklärungskraft und das Wirtschaftsleben ist voll von interaktiven Entscheidungssituationen (Brandenburger/Nalebuff 1996, S. 17).[1] Dass die Spieltheorie mittlerweile ein wichtiges Mittel zum Verständnis und der Gestaltung der Geschäftswelt geworden ist, erkennt man unter anderem an ihrem Einsatz zum Entwurf von Versteigerungsregeln für Sendefrequenzen und dem Rückgriff der Bieter auf die Spieltheorie. Führende Consultingunternehmen bauen die Spieltheorie in ihre Strategieempfehlungen ein.

Der Erfolg der Spieltheorie auf dem Gebiet der Geschäftsstrategie hat nach Brandenburger/Nalebuff (1996, S. 18 f.) mehrere Gründe:

1. „Die Spieltheorie konzentriert sich direkt auf die dringendste aller Kernfragen: wie die richtigen Strategien zu finden und die richtigen Entscheidungen zu treffen sind".
2. „Die Spieltheorie ist besonders effektiv, wenn es viele voneinander abhängige Faktoren gibt und keine Entscheidung isoliert von einer Vielzahl anderer Entscheidungen getroffen werden kann".
3. „Die Spieltheorie ist ein besonders wertvolles Werkzeug zur gemeinsamen Nutzung mit anderen in [...] Organisation(en). Die klaren und ausdrücklichen Prinzipien der Spieltheorie erleichtern es, die Gründe für eine vorgeschlagene Strategie zu erläutern". Das Erzielen eines Konsenses wird erleichtert.
4. Spieltheorie ist eine universell anwendbare Vorgehensweise von dauerhaftem Wert: „Sie ist keine spezielle Strategie, die nur zu einem bestimmten Abschnitt in der Ge-

[1] Auf der rein wissenschaftlichen Seite zeigt sich die Anerkennung der Spieltheorie in der Vergabe von Nobelpreisen an drei Pioniere der Spieltheorie (1994: Nash, Harsanyi, Selten) sowie jüngstens (2002) an den experimentellen Spieltheoretiker V. Smith.

> schichte des Geschäftslebens passt. Sie ist keine Faustregel, die nicht mehr anwendbar ist, wenn sich die Bedingungen ändern. Sie ist eine Denkweise, die Wandlungen des wirtschaftlichen und betrieblichen Umfeldes überlebt. In vielen Fällen kann die Spieltheorie Optionen vorzeichnen, die ohne sie nie erwogen worden wären. [...] In diesen sonst vernachlässigten Aspekten liegen einige der besten Gelegenheiten für die Geschäftsstrategie".

Um die neue Managementphilosophie „Co-opetition" auf der Grundlage der Spieltheorie zu entwickeln, befreien sich Brandenburger/Nalebuff, zwei ausgewiesene Spieltheoretiker, von den engen Fesseln der mathematisch operierenden Spieltheorie: Sie beschreiben ein Spiel durch fünf Elemente: Players, Added values, Rules, Tactics, und Scope – **PARTS** (Brandenburger/Nalebuff 1996, S. 21). Zu den Spielern zählen: Kunden, Anbieter, Wettbewerber, Komplementoren und der Staat. Der „added value" erfasst den **Mehrwert** aus Kooperation. Die Regeln legen fest, wer was wann tun darf und was die Spieler als Spielergebnis erhalten. „Tactics" steht für die möglichen Handlungen zur Beeinflussung der Einstellungen der Spieler (etwa Drohungen, Versprechen; Dixit/Nalebuff (1997) würden von strategischen Zügen sprechen (siehe Abschnitt 5)). „Scope" bezieht sich auf Verbindungen zwischen Spielen: "Jedes Spiel ist mit anderen Spielen verknüpft: Ein Spiel an einem Ort beeinflusst Spiele woanders, und ein Spiel heute beeinflusst Spiele morgen. Selbst die bloße Vorausempfindung des morgigen Spiels beeinflusst das heutige" (Brandenburger/Nalebuff 1996, S. 252). Die Verbindungen können über alle Elemente eines Spiels hergestellt werden: Spieler, Mehrwerte, Regeln und Taktiken (Brandenburger/Nalebuff 1996, S. 253 ff.). Im Gegensatz zu Spielen wie Fußball, Schach oder Skat, bei denen letztentscheidende Instanzen die Elemente eines Spiels festlegen (und ändern), fehlen solche Instanzen im Wirtschaftsspiel. Die Elemente des Wirtschaftsspiels verändern sich endogen. Damit ist gemeint, dass die Spieler selbst die Elemente des Spiels definieren. Sie haben die Freiheit zu entscheiden, welches Spiel sie spielen. Selbst wenn die Unternehmen dies im dynamischen Wettbewerb tatsächlich schon immer getan haben – und insofern realiter nichts Neues offeriert wird, so erlaubt die Spieltheorie doch einen systematischen Zugang zur Dynamisierung von Spielen. Wie ändert man ein Spiel? Indem man eines oder mehrere Elemente von PARTS ändert: Worauf es ankommt, ist also nicht nur die Änderung der Spielweise, sondern des Spiels selbst, das gespielt wird (Brandenburger/Nalebuff 1996, S. 22).

2.2 Das Wertenetz

Das **Wertenetz** ist ein Diagramm, eine Landkarte, das der Visualisierung des Business-Spiels dient. Wie jedes Netz enthält es Knoten und Kanten, die jene miteinander verbinden. Die Knoten repräsentieren die Spieler und die Kanten die möglichen (direkten und indirekten) Beziehungen zwischen diesen. Dieses Netz erklärt selbst nichts, aber es ist äußerst hilfreich zur Beschreibung der Rolle der Spieler, der Beziehungen zwischen ihnen und wie die Beziehungen zwischen Spielern Wettbewerb und Kooperation in sich vereinigen. Bei Brandenburger/Nalebuff liefern PARTS und das Wertenetz zusammen den konzeptionellen Apparat, um die Spieltheorie auf das Geschäftsleben anzuwenden.

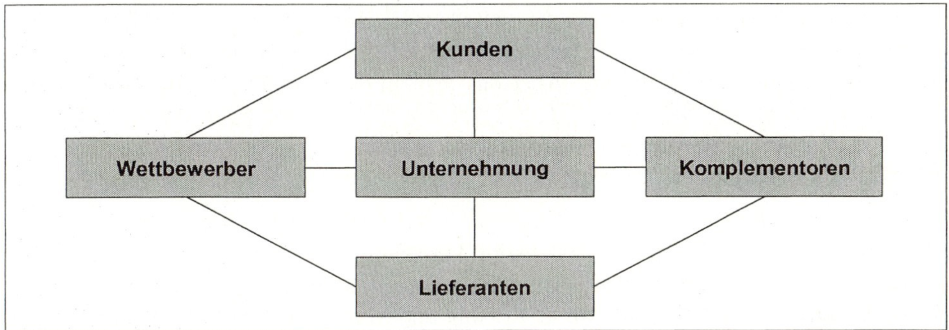

Übersicht 1: Das Wertenetz

Das Wertenetz kann in vertikaler und in horizontaler Richtung untersucht werden.

Vertikale Dimension

Jede Unternehmung befindet sich in der Mitte zwischen Lieferanten und Kunden. Ohne diese beiden Spieler könnte eine Unternehmung nicht existieren, wäre Wertschöpfung unmöglich. Die maximale Zahlungsbereitschaft der Kunden und die Kosten der Produktion determinieren die Wertschöpfung bei einer Transaktion. Die Kosten der Produktion bestehen aus dem Wert der eingesetzten Ressourcen (die von den Lieferanten stammen: Vorprodukte, Kapital, Arbeit): Opportunitätskosten der Produktion. Man beachte, dass der untere Teil der vertikalen Beziehung ebenfalls eine Kunden-Lieferanten-Beziehung repräsentiert: die Unternehmung ist der Kunde, der Lieferant der „Produzent". Die vertikale Dimension des Wertenetzes stellt in dieser Hinsicht eine reduzierte Fassung der gesamten **Wertschöpfungskette** dar (die in größerem Detail auch die Wertschöpfungskette innerhalb des Unternehmens selbst umfasst; vgl. Porters „value chain"). Die Wertschöpfungskette ist schon ein Beispiel für Kooperation zwischen Lieferanten, Unternehmen und Kunden, deren Wertschöpfung (oder sozialer Überschuss) treffend als **Kooperationsrente** bezeichnet wird. Diese spaltet sich in zwei Teile auf: die Produzentenrente und die Konsumentenrente. Weiter unten wird deutlich werden, dass der Anteil an der Kooperationsrente, den sich eine Partei aneignen kann, nach oben durch den inkrementellen Wert begrenzt ist, den eine Partei zur Transaktion beisteuert.

Horizontale Dimension

In der horizontalen Dimension steht das Unternehmen in der Mitte zwischen Wettbewerbern und Komplementoren. Die systematische Analyse der Rolle von Komplementoren, ein Begriff der durch Brandenburger/Nalebuff in die Literatur eingeführt wurde, stellt den Dreh- und Angelpunkt von Co-opetition dar. Ein Spieler ist ein **Komplementor**, sofern die Kunden das Produkt des Unternehmens höher bewerten, wenn sie über das Produkt des anderen Spielers verfügen, als wenn letzteres nicht der Fall wäre (also nur das Produkt des Unternehmens verfügbar wäre) (Brandenburger/Nalebuff 1996, S. 29). Der synchronisierte Wert (der Systemwert) ist höher als der autarke Wert (der Wert einer Komponente des Systems). Das klassische Beispiel für komplementäre Produkte sind Computer-Hardware und Software. Aber das Prinzip der Komplementarität gilt nahezu überall (Brandenburger/Nalebuff 1996, S. 23 ff.): Würstchen und Senf; Autos und Kredite; Autos und befestigte Straßen; Auto und Autoversicherung; TV und Videorecorder; TV und Programmzeitschrift; Faxgeräte und Telefonleitungen; Rotwein und Reinigungsmittel.

Eine **komplementäre Beziehung** ist reziproker Natur (Brandenburger/Nalebuff 1996, S. 25): Wenn A komplementär zu B ist, dann muss B komplementär zu A sein. Komplemente spielen eine zentrale Rolle für den Erfolg und Misserfolg von Produkten. Alfa Romeo und Fiat hatten Schwierigkeiten, ihre Autos in den USA zu verkaufen, weil die Leute befürchteten, keine Ersatzteile und qualifizierten Werkstätten zu finden. Geschäfte in Stadtzentren verlieren an Wettbewerbsfähigkeit, wenn sie über keine geeigneten Parkmöglichkeiten verfügen.[1]

In Komplementen (Ergänzungen) zu denken, stellt eine besondere Denkungsart über das Geschäftsleben dar: „Es geht dabei darum, Wege zur Vergrößerung des Kuchens zu finden, statt nur mit Konkurrenten um einen Kuchen hingenommener Größe zu streiten" (Brandenburger/Nalebuff 1996, S. 26). Um Komplemente zu entdecken, muss das Management sich in die Lage seiner Kunden versetzen und fragen: Was könnten meine Kunden brauchen (kaufen), das mein Produkt für sie wertvoller macht. Dabei geht es nicht nur um die Entwicklung neuer Komplemente, sondern auch darum, bereits vorhandene zu verbessern und erschwinglicher zu machen (Brandenburger/Nalebuff 1996, S. 26).

Wettbewerber sind das Spiegelbild von Komplementoren. Ein Spieler ist ein Wettbewerber, wenn die Kunden das Produkt eines Unternehmens geringer bewerten, sofern das andere Produkt verfügbar ist, als wenn sie das Produkt allein zur Verfügung hätten (Brandenburger/Nalebuff 1996, S. 30). Ein klassisches Beispiel bieten Coca Cola und Pepsi.

Wie identifiziert man seine Wettbewerber? Man nimmt den Standpunkt der Kunden ein und fragt: Was kaufen sie, was mein Produkt weniger wertvoll für sie macht? Traditionellerweise denkt man an die anderen Unternehmen in seiner Industrie, also Unternehmen, die ähnliche Produkte erzeugen. Aber das ist nur die halbe Wahrheit (Brandenburger/Nalebuff 1996, S. 30 f.). Wenn Videokonferenzen ein Substitut für Geschäftsreisen werden, dann konkurriert Intel mit Fluggesellschaften sowie Hotels (Brandenburger/

1 Das Fehlen von Komplementen stellt im Übrigen eines der größten Hindernisse für das Wachstum in unterentwickelten Ländern dar (Theorie des „balanced growth").

Nalebuff 1996, S. 31). Die Liste der Wettbewerber reicht weit über die eigene Industrie hinaus. Wettbewerber sind dann alle, die um das Budget des Verbrauchers konkurrieren.

Bisher betrachteten die Ausführungen die Bedeutung von Komplementoren und Wettbewerbern im oberen Teil des Wertenetzes, also von der Kundenseite her. In der unteren Hälfte des Wertenetzes lassen sich jedoch ebenfalls Komplementoren und Wettbewerber identifizieren (Brandenburger/Nalebuff 1996, S. 31 ff.). Ein Spieler ist ein Komplementor, wenn es für einen Lieferanten attraktiver ist, das Unternehmen zu beliefern, sofern es außer dem Unternehmen auch den anderen Spieler beliefert. Ein Spieler ist ein Wettbewerber, wenn es für einen Lieferanten weniger attraktiv ist, das Unternehmen zu beliefern, sofern er auch den anderen Spieler beliefert, als wenn er das Unternehmen allein beliefert.[1]

Das Wertenetz ist durch zwei Symmetrien gekennzeichnet (Brandenburger/Nalebuff 1996, S. 33 f.): In vertikaler Hinsicht spielen Ressourcenanbieter und Kunden identische Rollen. Beide sind notwendig, um eine **Kooperationsrente** zu erzeugen (symbiotische Beziehung). Keiner ist wichtiger als der andere. Fällt einer aus, geht die Wertschöpfung auf Null. In horizontaler Richtung gilt die Symmetrie im Sinne der Spiegelung: Während Komplementoren die unternehmerische Wertschöpfung erhöhen, reduzieren die Wettbewerber sie.

Aus dieser Darstellung und Kommentierung des Wertenetzes lässt sich als zentrale Botschaft für das strategische Management ableiten: Eine Strategie wird nur dann Erfolg haben, wenn sie nicht nur einen Teil der Spieler beachtet, sondern alle zusammen in ihren jeweiligen Rollen berücksichtigt. Außerdem müssen die gesamten Symmetrien gewürdigt werden. Der unternehmerische Erfolg hängt also davon ab, dass man das Spiel, in das man involviert ist, nicht in einem Teilausschnitt versteht, sondern als Gesamtkomplex. Dazu ist es aus Unternehmenssicht erforderlich, das gesamte Wertenetz durchzugehen (also die Umgebung zu studieren).[2] Dies ist eine Botschaft, die für jede Organisation gilt, ob sie gewinnorientiert ist oder nicht (vgl. die Anwendung auf Universitäten, Brandenburger/Nalebuff 1996, S. 35 ff.).

Obgleich die Komplexität exponentiell ansteigt, kann es sinnvoll sein, das Wertenetz zu erweitern. Wenn die Mitspieler selbst Unternehmen sind, dann lässt sich für diese eben-

---

[1] Unternehmen können beides sein, Wettbewerber und Komplementoren (Brandenburger/Nalebuff 1996, S. 32 f.). Bezüglich der Slots und Flugsteige sind Fluggesellschaften Wettbewerber; bei der Beschaffung des Fluggeräts aber Komplementoren. Komplementaritäten auf der Ressourcenanbieterseite gewinnen in dem Maße an Bedeutung, in dem fixe Entwicklungskosten (F & E) für Ressourcen an Bedeutung gewinnen. Das dürfte für die Informationsgesellschaft zutreffen. Die Kosten einer neuen Software z. B. sind überwiegend fixe F & E-Kosten. Die Kosten der Kopien auf Disketten belaufen sich auf Pfennigbeträge. Je größer der Markt, auf umso mehr Schultern können die F & E-Kosten verteilt werden; desto niedriger wird der Preis.

[2] Mit dieser Einsicht vermeidet man die Fehler, die mit vielen Management-Moden verbunden sind. Management-Moden zeichnen sich häufig dadurch aus, dass sie nur auf Teile des Wertenetzes starren und diese verabsolutieren: „reengineering“, unterer Teil; „customer relationship“, oberer Teil. Der Stakeholder-Ansatz bildet eine Ausnahme.

falls ein Wertenetz erstellen (Brandenburger/Nalebuff 1996, S. 39). So mag die Analyse des Wertenetzes eines Kunden Informationen darüber liefern, wie man dem Kunden helfen kann, die Nachfrage für sein Produkt zu steigern.

2.3 Jekyll und Hyde

Die Position im Wertenetz beschreibt die Rolle, die ein Spieler spielt. Das heißt nicht, dass ein Spieler lediglich eine einzige Rolle in einem Spiel spielen kann. Es ist eher die Regel als die Ausnahme, dass ein Spieler mehrere Rollen innehat. Das gilt insbesondere für einen Spieler, dem kein Spieler entgehen kann: dem Staat. Er spielt alle Rollen im Wertenetz (Brandenburger/Nalebuff 1996, S. 46 f.). Er ist Käufer von Gütern und Leistungen. Er bietet Ressourcen an, etwa in Form von Frequenznutzungsrechten. Er ist Wettbewerber um das Budget der Verbraucher, indem er Steuern erhebt. Er spielt die Rolle des Komplementors bei der Bereitstellung von harter und weicher Infrastruktur. Daneben hat er die Macht, Gesetze zu erlassen, die Transaktionen zu regulieren oder der Antitrustgesetzgebung zu unterwerfen. Er ist der mächtigste Spieler, was die Setzung der Regeln des Business Game anlangt.

Verallgemeinernd lässt sich festhalten: In der horizontalen wie in der vertikalen Richtung kann ein Spieler sowohl Wettbewerber als auch Komplementor sein. Als Komplementor ist er Dr. Jekyll; als Wettbewerber spielt er Mr. Hyde (vgl. zu diesen schönen Metaphern Brandenburger/Nalebuff 1996, S. 41 ff.). Die Kunst co-opetitiven Denkens besteht häufig genau darin, die Gespaltenheit von Spielern zu erkennen und für sich zu nutzen. Brandenburger/Nalebuff zeigen anhand einer Fülle von Beispielen (Brandenburger/Nalebuff 1996, S. 41 ff.), dass Firmen Komplementoren in der Schaffung von Märkten sind, aber Wettbewerber in deren Aufteilung.[1] Auch in der vertikalen Richtung vereinigen sich Partner- und Gegnerschaft in einer Person (Brandenburger/Nalebuff 1996, S. 47 ff.). Jeder Anbieter einer Ressource ist Partner und Gegner zugleich. Er ist Partner, wenn es um die Schaffung von Wert geht; er ist Gegner hinsichtlich der Verteilung. Gleiches gilt für Kunden. Die Schaffung des Wertes ist der Schaffung von Märkten vergleichbar: es ist ein Variabelsummenspiel. Die Verteilung entspricht der Aufteilung des Marktes: sie ist ein Nullsummenspiel.

---

1 Standardisierung bewirkt Interoperabilität und Kompatibilität von Komponenten verschiedener Systeme. Dies mag den Wettbewerb zwischen Systemkomponenten verschiedener Hersteller intensivieren. Auf der anderen Seite erlaubt Standardisierung „mixing and matching", wodurch die Systeme besser an heterogene Präferenzen angepasst werden. Dadurch vergrößert sich der Markt und die maximale Zahlungsbereitschaft für ein System steigt. Diamantenhändler, Kunstgalerien, Antiquariate, Kinos und selbst Gebrauchtwarenhändler konzentrieren ihre Geschäfte häufig an einem Platz. Das erhöht offensichtlich die Konkurrenz. Warum tun das nicht auch Coffeeshops, Reinigungen, Supermärkte? Die Antwort lautet, dass bei der ersten Gruppe die Agglomeration einen Markt schafft, den räumlich getrennte Anbieter in der Summe nicht schaffen würden.

Ihre zentrale Botschaft fassen Brandenburger/Nalebuff so zusammen: „Ob Kunde, Lieferant, Komplementor oder Konkurrent, keiner kann ausschließlich als Freund oder Feind abgestempelt werden. In jeder Geschäftsbeziehung gibt es eine Dualität – die gleichzeitigen Elemente von Kooperation und Konkurrenz. Frieden und Krieg. Coopetition“ (Brandenburger/Nalebuff 1996, S. 50).

2.4 Macht und Mehrwert

Wie viel ein Unternehmen in einem Spiel gewinnen kann, hängt einmal von der Größe des aufzuteilenden “Kuchens” (Wertschöpfung) ab und zum anderen von seiner **Macht** relativ zur Macht anderer Spieler, die ebenfalls Ansprüche auf Teile des “Kuchens” anmelden. Die Macht wiederum wird von dem bestimmt, was ein Spieler in das Spiel einbringt. Man bezeichnet dies als Mehrwert (Brandenburger/Nalebuff 1996, S. 56 f.). Der Mehrwert lässt sich nach folgender Formel berechnen: Größe der Wertschöpfung, wenn ein Unternehmen und alle anderen im Spiel sind, minus Größe der Wertschöpfung, wenn das Unternehmen nicht im Spiel ist (mit anderen Worten: Größe des „Kuchens”, den die anderen ohne das Unternehmen schaffen können). Mehr als seinen Mehrwert wird ein Unternehmen sich nicht aneignen können. Versucht es mehr zu erhalten, werden die anderen dem nicht zustimmen, weil sie ohne das Unternehmen einen größeren „Kuchen“ für sich übrig hätten.

Zur Untersuchung des Zusammenspiels von Konflikt (um Größe des Anteils) und Kooperation (zur Schaffung der Größe des „Kuchens“) empfiehlt es sich, das Spiel in **Koalitionsform** (charakteristische Funktion) zu modellieren.

Unter einer Koalition versteht man eine Vereinbarung zwischen zwei oder mehreren Spielern über die Koordination ihrer Handlungen derart, dass das Ergebnis (die Auszahlungen) vorteilhafter für die Spieler ist, als wenn sie unkoordiniert handelten.[1] Jede Koalition kann die Strategiekombination wählen, die ihr die größtmögliche gemeinsame Auszahlung liefert. Diese höchstmögliche gemeinsame Auszahlung heißt Wert der Koalition (Eichberger 1993, S. 34).[2] Angenommen wird, dass die Nutzen der Spieler addiert werden können und dass es möglich ist, über Seitenzahlungen diese Summe auf die Spieler zu verteilen. Außerdem wird eine **Superadditivität** eines Spiels unterstellt, d. h., jede Koalition kann eine gemeinsame Auszahlung erzielen, die mindestens so groß ist wie die Summe der Auszahlungen ihrer Mitglieder, wenn diese sich nicht an der Koalition beteiligen.

---

1 Sei N die Menge aller Spieler und sei die Menge $C = \{C_1, C_2, \ldots, C_n\}$ eine Partition von N, die N vollständig in disjunkte Teilmengen aufteilt. Dann werden alle Elemente von C Koalitionen genannt und C eine Koalitionsstruktur.

2 Da die gemeinsame Auszahlung einer Koalition auch vom Verhalten solcher Spieler abhängt, die nicht Mitglied sind, ist ihr Wert die höchstmögliche Auszahlung, die eine Koalition sich garantieren kann.

Um zu zeigen, dass die Macht eines Spielers von seinem Mehrwert bestimmt ist – wie Brandenburger/Nalebuff behaupten –, suchen wir die Lösung für ein Spiel in Koalitionsform. Als Lösungskonzept verwenden wir den **Kern** („**core**") eines Spiels. Unter dem Kern versteht man die Lösungen (Auszahlungen) eines Spiels, bei denen kein Spieler einen Anreiz hat, die Koalition zu verlassen (vgl. hierzu auch den Beitrag von Magin/Heil/Fürst in diesem Sammelwerk).

Ein Beispiel aus der Wirtschaftspraxis mag hilfreich sein. Eine Firma A habe ein Patent für ein neues Produkt entwickelt. Sie kann dieses Patent allein vermarkten oder aber eine Koalition mit der Firma B bilden. Bei zwei Firmen sind zwei Einerkoalitionen, {A} und {B}, und eine Zweierkoalition möglich, {A, B}. Die Wertschöpfung aller denkbaren Koalitionen und der Mehrwert eines Spielers können der folgenden Tabelle 1 entnommen werden.

Koalitionen	Wertschöpfung (in 1000)	Mehrwert (in 1000)	
		A	B
{A}	50		
{B}	0		
{A,B}	70	70	20

Tabelle 1: Das Patentspiel mit zwei Firmen A, B

Die Wertschöpfung der Zweierkoalition stellt eine gemeinsame Wertschöpfung dar. Wie wird diese auf beide Spieler aufgeteilt? Damit die Koalition zustande kommt, muss jeder Spieler mindestens das erhalten, was er in seiner Einerkoalition an Auszahlung erzielen könnte (Drohpunkte). Sei x_A (x_B) die Auszahlung von A (B) in der Zweierkoalition, dann müssen folgende Bedingungen erfüllt sein:

$$x_A \geq 50$$

$$x_B \geq 0$$

$$x_A + x_B = 70$$

Der Kern des Spiels ist:

$$\text{Kern} = \{(x_A, x_B) \mid x_A \geq 50, x_B \geq 0, x_A + x_B = 70\}$$

Ein Auszahlungspaar $x_A = 60$ und $x_B = 10$ liegt im Kern. Ein solches Auszahlungspaar ergibt sich, wenn man die Nash-Verhandlungslösung anwendet (vgl. zu dieser Verhandlungslösung Holler/Illing 2000). Danach wird die Kooperationsrente, hier in Höhe von 20, hälftig auf die Spieler verteilt, und diese Beträge zu den Drohpunkt-Auszahlungen addiert. Firma B ist – ausweislich der Mehrwerte – weniger mächtig als Firma A. Dieser Machtunterschied spiegelt sich im größeren Anteil von A an der Wertschöpfung der Zweierkoalition wider.[1] Das Beispiel zeigt, dass keiner mehr als seinen Mehrwert erhalten kann. Würde B mehr als 20 verlangen, dann würde A bei der Zweierkoalition nicht mitmachen. Würde A mehr als 70 verlangen, dann würde B nicht mitmachen.

Betrachten wir ein verändertes Spiel. Außer Firma B stehe nun auch Firma C als Koalitionspartner zur Verfügung. Nun sind drei Einerkoalitionen, drei Zweierkoalitionen und eine Dreierkoalition (große Koalition) möglich. Die Wertschöpfung aller denkbaren Koalitionen und der Mehrwert eines Spielers kann der folgenden Tabelle 2 entnommen werden.

Koalitionen	Wertschöpfung in (1000)	Mehrwert (in 1000)		
		A	B	C
{A}	50			
{B}	0			
{C}	0			
{A, B}	70	70	20	
{A, C}	100	100		50
{B, C}	0	0		0
{A, B, C}	100	100	0	30

Tabelle 2: Das Patentspiel bei drei Firmen A, B, C

Zu bestimmen ist nun zusätzlich der Kern für die Koalitionen {A, C} und {A, B, C}.

Der Kern für die Koalition {A, C} ist:

Kern = $\{(x_A, x_C) \mid x_A \geq 50, x_C \geq 0, x_A + x_C = 100\}$

Die Nash-Verhandlungslösung führt zu einem Auszahlungspaar:

---

[1] Wenn Firma A keine Produktionsmöglichkeit besäße, dann enthielte der Kern Auszahlungen für A, B von 0 bis 70. Ohne Produktionsmöglichkeiten würde der Mehrwert von Firma B auf 70 ansteigen. Das erhöht deren Machtposition und steigert ihren Anteil an der Wertschöpfung. Die eigenen Produktionsmöglichkeiten verbessern die Verhandlungsposition von Firma A.

$x_A = 75$, $x_C = 25$.

Der Kern für die große Koalition {A, B, C} ist:

Kern = $\{(x_A, x_B, x_C) \mid x_A \geq 60, x_B = 0, x_A + x_C = 100\}$

Die Nash-Verhandlungslösung führt zu einem Auszahlungstripel:

$x_A = 85$, $x_B = 0$, $x_C = 15$.

Mit dem Auftreten der Firma C reduziert sich die Macht der Firma B auf Null. Die Zweierkoalition {A, C} erzielt eine größere Wertschöpfung als die Zweierkoalition {A, B}. Die Zweierkoalition {A, B} wird nicht gebildet, weil A in der Zweierkoalition mit C sich eine Auszahlung von 75 sichern kann. Der Mehrwert von B in der Dreierkoalition ist Null. Deshalb sind die Macht von Firma B und ihre Auszahlung Null.

Dieses einfache Beispiel erlaubt zugleich, eine der zentralen Botschaften von Co-opetition auf ihre Stichhaltigkeit zu überprüfen, dass man durch Änderung des Spiels Vorteile erzielen kann.

Wenn A alleine spielt, dann erhält A eine Auszahlung von 50. Das ist ein gutes Spiel. Aber selbst ein gutes Spiel kann zu einem besseren gemacht werden (Brandenburger/ Nalebuff 1996, S. 22). Im Beispiel wird es zu einem besseren gemacht, indem Firma B als Koalitionspartner auf den Plan tritt. Dieses (bessere) Spiel kann von A mehr oder weniger gut gespielt werden. Spielt A schlecht, dann erhält A nur einen kleinen Teil der Kooperationsrente, was etwa bei einer Auszahlung von 51 (die im Kern liegt) der Fall wäre. Spielt A gut, dann nähert sich die Auszahlung der 70er Grenze. Die Nash-Verhandlungslösung führt zu einer Auszahlung von $x_A = 60$. Aber A kann ihre Auszahlung noch weiter erhöhen, wenn das bereits bessere Spiel noch einmal verändert wird, indem Firma C als Wettbewerber zu B auf den Plan tritt. Firma A kann nun ihre Auszahlung auf 85 steigern.

In der Konkurrenz zu Firma C hat Firma B das Nachsehen. Ursächlich dafür ist allerdings ein strategischer Fehler seitens des Managements der Firma B. Dieses hat eine Botschaft von Co-opetition nicht beherzigt, die von Brandenburger/Nalebuff mit Verweis auf praktische Fälle so formuliert wird: "Konkurrenz ist wertvoll. Verschenken Sie sie nicht. Lassen Sie sich das Mitspielen bezahlen" (Brandenburger/Nalebuff 1996, S. 97). Firma B sollte erkennen, dass sie die Rolle eines "nützlichen Idioten" gespielt hat. Ohne ihre Bereitschaft mitzuspielen, hätte A nur eine Auszahlung von 75 erhalten.[1] So kann A ihre Auszahlung auf 85 steigern. Die Steigerung um 10 ist der Wert, den A der Teilnahme von B am Spiel beimisst. A wäre also bereit, maximal 10 an B für deren Teilnahme zu zahlen. Allerdings wäre auch C bereit, maximal 10 für die Nichtteilnahme zu zahlen.

1 Das ergibt sich als Nash-Verhandlungslösung für die Zweierkoalition {A, C}.

B und C könnten allerdings gegenüber A einen höheren Anteil an der Wertschöpfung erzielen, wenn sie sich zu einer Firma D zusammenschließen würden. In der Koalition {A, D} wäre deren Mehrwert 50. Der von A bliebe bei 100. Die Nash-Verhandlungslösung impliziert ein Auszahlungspaar $x_A = 75$ und $x_D = 25$. Diese 25 könnten so aufgeteilt werden, dass sowohl C gewinnt, d. h.: $x_C > 15$, als auch B, d. h.: $x_B > 0$. Der Leidtragende wäre A.

Es zeigt sich hier die chancenreichste Anwendung der Spieltheorie: Änderung des Spiels, nicht nur der Spielweise eines gegebenen Spiels.

3. Wettbewerbstheorie

Dagnino/Padula (2002, S. 3 f.) bemühen sich um ein tieferes Verständnis für das Wesen von Co-opetition als Managementmethode, indem sie von folgender Definition ausgehen: „By suggesting that coopetition is a matter of 'incomplete interest (and goal) congruence' concerning firms interdependence, we stress that coopetition does not simply emerge from coupling competition and cooperation issues, but rather it implies that cooperation and competition merge together to form a new kind of strategic interdependence between firms, giving rise to a coopetitive system of value creation".

Coopetition stellt nach Ansicht dieser Autoren einen qualitativ neuen Ansatz zur Konzeptionalisierung der Dynamik in den Beziehungen zwischen Unternehmen dar. Das qualitativ Neue besteht darin, dass es sich um einen integrativen Ansatz handelt („integrative theoretical bridge"), der Elemente von Wettbewerb und Kooperation in sich aufnimmt, und in dessen Zentrum die Wertschöpfung steht.

Dagnino/Padula (2002, S. 7) definieren die wettbewerbliche Perspektive durch drei Elemente:

1. Die Wertschöpfung erfolgt innerhalb von Unternehmen, während die Verteilung (horizontal wie vertikal) dieses Wertes von der Interaktion zwischen Firmen abhängt.
2. Die Interaktion zwischen Firmen ist ein Nullsummenspiel.
3. In einer Welt der Nullsummenspiele stehen die Interessen der beteiligten Unternehmen in einem unaufhebbaren Widerspruch.

Demgegenüber kennzeichnen die Autoren die theoretischen Annahmen, die der kooperativen Perspektive zugrunde liegen, durch die drei folgenden Elemente (Dagnino/Padula 2002, S. 8 f.):

1. Die Quellen der Wertschöpfung und die Wurzeln überdurchschnittlicher Erfolge von Firmen liegen in deren Zusammenarbeit („located within the structure of firms' interdependence").

2. Die Zusammenarbeit der Unternehmen basiert auf einem Variabelsummenspiel. Je erfolgreicher ein Partner ist, desto größer sind die Vorteile für den anderen Partner und vice versa. Was die Anreize anlangt, so gilt: „the importance of joint value creation implies a mutual dependence game structure that is a strong antidote against the risk of opportunistic behavior and, by consequence, a powerful incentive to a collaborative orientation" (Dagnino/Padula 2002, S. 9).
3. Die Interessen der Partner sind deckungsgleich („a picture of business interdependence based on strongly convergent firm interest functions").

Die co-opetitive Perspektive trägt dem Umstand Rechnung, dass innerhalb der Zusammenarbeit zwischen Firmen sowohl Wertschöpfung als auch Wertverteilung stattfindet: "Within interfirm interdependence, both processes of value creation and value sharing take place, giving rise to a partially convergent interest (and goal) structure where both competitive and cooperative issues are simultaneously present and strictly interconnected. They give rise to a new kind of strategic interdependence among firms that we term coopetitive system of value creation" (Dagnino/Padula 2002, S. 9).

Der theoretische Analyserahmen, auf dem die co-opetitive Perspektive beruht, lässt sich durch die drei folgenden Merkmale kennzeichnen (Dagnino/Padula 2002, S. 13):

1. Die wechselseitige Abhängigkeit von Unternehmen, die auf einer langfristigen Beziehung beruht, ist sowohl Quelle der Wertschöpfung als auch der Platz für die Aufteilung des Wertes.
2. Die wechselseitige Abhängigkeit basiert auf einem Variabelsummenspiel („variable-positive-sum game"), dessen „Stabilität" wegen unterschiedlicher Interessen bezüglich der Verteilung unterminiert werden kann.
3. In einem Variabelsummenspiel sind die Interessen der Partner nur teilweise deckungsgleich.

Vor der Beantwortung der Frage, ob es sich bei Co-opetition tatsächlich um eine neue Form strategischer Interdependenz handelt, seien zunächst die Definitionen der wettbewerblichen und der kooperativen Perspektive kritisch hinterfragt.

Wettbewerb ist kein **Nullsummenspiel**. Es mag aus der verengten Perspektive der Unternehmen als Nullsummenspiel erscheinen. Aber auch die Konsumenten gehören zum Spiel. Sie sind Gewinner des Wettbewerbs und sie gewinnen mehr an Konsumentenrente als die Unternehmen im Wettbewerbsprozess an Produzentenrente verlieren. Insofern ist Wettbewerb ein **Variabelsummenspiel**. Die von Dagnino/Padula vorgestellte Perspektive „reinen" Wettbewerbs ist das richtige Modell für so genannte „contests", bei denen sich verschiedene Interessenten um einen „Preis" bemühen (Preis kann sein: Patent, Zuschlag bei einer Ausschreibung oder Auktion). Tatsächlich mag im Marktwettbewerb das Motiv der Wettbewerber darin bestehen, die anderen auszustechen. Als Beiprodukt, wie von einer „unsichtbaren Hand" gelenkt, werden aber Neuerungen erzeugt: Prozessinnovationen, Organisationsinnovationen und Produktinnovationen. Wettbewerb verliert dann den Charakter eines Nullsummenspiels. Dies gilt auch, wenn man Wettbewerb als einen Koordinationsmechanismus von Plänen auffasst.

Die von Dagnino/Padula (2002) gewählte Darstellung der kooperativen Perspektive ist einseitig. Sie trifft nur in den Fällen zu, wo Kooperation in symbiotischer Form stattfindet. Nur dann existiert kein Anreiz zu opportunistischem Verhalten. Oder anders formuliert: Der Aufteilungsschlüssel des gemeinsam geschaffenen Wertes ist exogen gegeben. Dann sind in der Tat alle Parteien nur motiviert, den „Kuchen" so groß wie möglich zu machen.

Liegt mit der co-opetitiven Perspektive etwas qualitativ Neues gegenüber dem „reinen" Wettbewerb und der „reinen" Kooperation vor?[1] Man wird die Frage bejahen müssen. Im „reinen" Wettbewerb geht es nur um die Verteilung von Wert, nicht um Wertschöpfung. Die „reine" kooperative Perspektive betont nur die Wertschöpfung, blendet aber die Frage der Verteilung aus der Betrachtung aus. Co-opetition bezieht sich auf Spiele, die durch beides gekennzeichnet sind – Interessenparallelität (bezüglich Wertschöpfung) und Interessendivergenz bezüglich der Verteilung. Aus diesem Spannungsverhältnis resultiert ein fundamentales Anreizproblem: Die Wertschöpfung ist gefährdet, wenn die Verteilungsfrage nicht „befriedigend" gelöst ist.[2] Hier tauchen Fragen der Fairness und der Durchsetzbarkeit von Verträgen auf. Vorvertragliche und nachvertragliche asymmetrische Information in Verbindung mit eingeschränkter Rationalität und Opportunismus der Parteien tragen dazu bei, dass die Wertschöpfung kleiner ist als sie sein könnte. Die „Wirtschaft" hat allerdings spontan Institutionen („governance structures") entwickelt, um die Gefahren für die Wertschöpfung zu bannen.

Die genannten Probleme haben nicht nur die Spieltheorie beschäftigt (Stichwort „mechanism design"; vgl. dazu Schweizer 1999), sondern die Entwicklung eines neuen Forschungszweigs inspiriert – die **Neue Institutionenökonomik**. Letztere behandelt „relational contracts", in denen dem Partner Vertrauen entgegengebracht wird, obwohl man weiß, dass dieser in Versuchung geraten kann, dieses zu mißbrauchen (Opportunismus). Konkret handelt es sich dabei um die Vornahme beziehungsspezifischer Investitionen, die außerhalb der vorgesehenen Beziehung nahezu wertlos sind. Man wird dadurch auf Gedeih und Verderb dem Partner ausgeliefert (**„Lock-in-Effekt"**); ein Umstand, den dieser zu seinem Vorteil ausnutzen kann (Opportunismus). Eine schlechte Gegenleistung eines Partners wird in einem „relational contract" nicht sofort durch Kündigung der Beziehung beantwortet, sondern mit dem Versuch, in Zukunft solche Fehler zu vermeiden („voice" anstelle von „exit" im Sinne von Hirschman 1969). Opportunismus und Vertrauen schließen sich nicht gegenseitig aus, sie koexistieren in ein und derselben Beziehung zwischen Unternehmen (vgl. auch Dagnino/Padula 2002, S. 10). Vertrauen gleicht einer riskanten Investition: Es ermöglicht Chancen, aber birgt Risiken, weil es missbraucht werden kann (vgl. das Beispiel eines Joint Venture in der Forschung, bei dem die Partner eine unterschiedliche Lerngeschwindigkeit aufweisen, was zu einem „lear-

1 Das Adjektiv „rein" soll zum Ausdruck bringen, dass unter Wettbewerb und Kooperation das von Dagnino/ Padula Gemeinte verstanden wird.

2 Vgl. dazu Kapitel 12 „Anreize" (Dixit/Nalebuff 1997), in dem diese Problematik anhand der Organisation eines Joint Venture behandelt wird.

ning race“ führen kann; Dagnino/Padula 2002, S. 11 f.). Insgesamt erweist sich der theoretische Kern der co-opetitiven Perspektive als gar nicht so neu. Neu und hoch innovativ ist allerdings das strategische Management-Konzept, das Brandenburger/Nalebuff aus diesem theoretischen Kern herausgehämmert haben.

Das Konzept von Co-opetition ist für die Debatte um das strategische Management von größter Bedeutung. Sowohl Porters Ansatz (Porter 1985) als auch der Ressourcen-basierte Ansatz erweisen sich als kurzsichtig. Porters Ansatz ist einseitig, wie es durch die Metapher von Richardson (1972) beschrieben wird: Die Firma ist ein „island in a sea of market relations". Es gibt nur Wettbewerber, die man durch Kostenführerschaft oder Qualitätsführerschaft ausstechen muss. In vertikaler Hinsicht sind Lieferanten wie Kunden Gegner.

Auch der Ressourcen-basierte Ansatz verabsolutiert die Bedeutung des Wettbewerbsvorteils. Der Wert von unternehmensspezifischen Ressourcen vermindert sich danach, wenn man diese Ressourcen, etwa Wissen, mit anderen teilt. Tatsächlich kann man aber Gewinne erzielen, wenn man unternehmensspezifische Ressourcen mit anderen in einem kooperativen Netzwerk teilt (Dagnino/Padula 2002, S. 24).[1] Die wechselseitigen, auf Dauer angelegten Beziehungen zu anderen Unternehmen sind ein „strategic asset“, dessen Bedeutung für das strategische Management weder von Porter noch den Ressourcen-basierten Ansätzen hinreichend gewürdigt wird.

4. Wettbewerbspolitik

Obwohl Co-opetition in einem großen Antitrust-Verfahren – nämlich gegen Microsoft – eine Rolle gespielt hat und der Begriff auch im Verfahren gegen Monsanto auftaucht, kann man nicht behaupten, dass die wettbewerbspolitischen Konsequenzen bereits systematisch erforscht wurden. Die folgenden Ausführungen haben deshalb eher explorativen Charakter:

1. So wie das Management, um das Wirtschaftspiel zu verstehen und eine erfolgreiche Strategie zu entwickeln, das Wertenetz durchgehen muss, so müssen dies auch die Kartellbehörden tun. Versäumen sie dies, dann legen sie ihren Eingriffen ein Weltbild zugrunde, das nicht den Tatsachen entspricht.

Bekanntlich wurde von den Vätern des GWB die Ansicht vertreten, dass die Definition des Wettbewerbs als des Schutzobjekts des GWB von einer der Rechtswissenschaft vorgelagerten Wissenschaft kommen müsse. Gedacht wurde dabei an die Wirtschaftswissenschaft (Schmidtchen 1988). Die von dieser entwickelten Modelle vollkommenen

[1] Zu diesen Ressourcen zählen unbegrenzte, zum Teil symbolische und idiosynkratische Ressourcen wie Altruismus, Vertrauen und Reziprozität (Dagnino/Padula 2002, S. 24).

Wettbewerbs, unvollkommenen Wettbewerbs und funktionsfähigen Wettbewerbs heben zwar gewisse Aspekte des Wettbewerbs heraus, liefern aber aus wettbewerbspolitischer Sicht Zerrbilder der Wirklichkeit. Seit langem ist bekannt – in Deutschland vielleicht sogar früher als in den USA –, dass diese Modelle Gleichgewichtsmodelle sind, in denen alles enthalten ist, nur nicht das, was dynamischen Wettbewerb ausmacht.[1] Sie zum Leitbild der Wettbewerbspolitik zu erheben, wäre der beste Weg, die Dynamik der Wirtschaft zu unterdrücken.

So wenig Manager ohne Kenntnisse der modernen Spieltheorie heutzutage erfolgreich Unternehmen führen können, so wenig werden spieltheoretisch nicht geschulte Kartellbehörden erfolgreich ihre Aufgaben bewältigen können. Die Spieltheorie schärft den Blick für strategisches Handeln, und man kann wohl behaupten, dass wettbewerbspolitische Probleme von Gewicht nur dort auftreten, wo strategische Interaktionen eine Rolle spielen (spontane Verhaltenskoordination, Abschreckung potenzieller Konkurrenz und Disziplinierung aktueller Konkurrenten).[2] Aber die Behörden würden einen schweren Fehler begehen, wenn sie die Modelle der traditionellen Spieltheorie „eins zu eins" umsetzen würden. Auch diese fokussieren Gleichgewichte. Sie behandeln ein gegebenes Spiel, mit anderen Worten: Es wird unterstellt, wer was wann tun kann, und es wird hergeleitet, wie das Ergebnis aussieht. Diese Einschätzung gilt auch für dynamische Spiele (sequenzielle Einmalspiele, iterierte Spiele).

Co-opetition aber fokussiert einen anderen Aspekt: Unternehmen überlegen nicht nur, wie sie ein gegebenes Spiel möglichst gut spielen können, sondern im Zentrum steht, wie sie das Spiel zu ihrem Vorteil verändern können. Das Marktspiel ist also nur unvollkommen erfasst, wenn es als Gleichgewicht oder als Annäherung an das Gleichgewicht modelliert wird. Es ist ein Spieländerungsspiel, das man als superspontane Ordnung (Schmidtchen 1990) interpretieren kann. In einem solchen Spiel kann eine Kooperation, die im Lichte traditioneller wettbewerbstheoretischer Gleichgewichtsmodelle als Wettbewerbsbeschränkung erscheint, der Motor für dynamischen Wettbewerb sein. Das GWB hat diesem Umstand mit einigen Ausnahmen vom Kartellverbot des § 1 zwar grundsätzlich Rechnung getragen. Aber es bleibt eine ständige Herausforderung sowohl für den Gesetzgeber als auch für die Kartellbehörden, ihre Entscheidungen an neuere Entwicklungen in der Wettbewerbstheorie anzupassen.

2. Im vorherigen Abschnitt wurde deutlich, dass Co-opetition die Gedanken der Neuen Institutionenökonomik in sich aufnimmt. Die Kartellbehörden und der Gesetzgeber sollten deshalb Einsichten der Neuen Institutionenökonomik des Antitrust zur Kenntnis nehmen (Schmidtchen 1991; Bickenbach/Kumkar/Soltwedel 1999; Schmidtchen 2004). Möschel hat bereits vor einigen Jahren in einem lesenswerten Artikel den Zusammenhang

---

1 Das diesen Modellen zugrundeliegende Weltbild wurde vom Verfasser einmal als Biedermeier-Weltbild bezeichnet (Schmidtchen 1988).

2 Wettbewerbsbeschränkungen, die auf expliziten Verträgen beruhen, lassen sich wettbewerbspolitisch relativ einfach identifizieren.

zwischen Wettbewerbspolitik und Transaktionskostenökonomik hergestellt: „The transaction-cost economics have shown that state regulation can generally be useful, where it contributes to a reduction of transaction costs and thereby leads to an increase in the number of transactions" (Möschel 1991, S. 16). Und er fügte hinzu: „Everything regarded under the heading of output restriction in antitrust can be analyzed in this way as well" (Möschel 1991, S. 16). Was dies bedeutet, lässt sich gut an zwei zentralen Gebieten des Antitrust verdeutlichen: Kartellverbot und Regulierung natürlicher Monopole.

Brauchen wir ein Kartellverbot und eine Regulierung natürlicher Monopole? Bei Transaktionskosten von Null sind beide Fragen zu verneinen. Im Falle eines Kartells können die Nachfrager die Produzenten bestechen, die effiziente Menge anzubieten (Schmidtchen 1983, S. 58 ff.). Was spräche für ein Kartellverbot auch dann, wenn die Transaktionskosten Null sind? Es kann nur eine Gerechtigkeitsüberlegung hinsichtlich der Verteilung von Wohlfahrt sein, denn Kartellverbot einerseits und Bestechung andererseits haben eine unterschiedliche Wohlfahrtsverteilung zur Folge. Bei Transaktionskosten von größer Null mag die Bestechungslösung scheitern und das Kartellverbot könnte eine transaktionskostenökonomische Rechtfertigung finden. Dabei ist allerdings zu bedenken, dass auch das Kartellverbot Kosten verursacht.

Beim natürlichen Monopol ist zunächst zu beachten, dass die Subadditivität der Kostenfunktion bei **Transaktionskosten** von Null keineswegs eine Alleinanbieterstellung erfordert. Die Subadditivität kann auch genutzt und damit Effizienz hergestellt werden, wenn sich eine Gruppe von Produzenten, etwa in Form einer Produktionsgenossenschaft, organisiert. Der Absatz der Produkte könnte im Wettbewerb erfolgen. Selbst wenn eine Alleinanbieterstellung effizient sein sollte, würde sich der Monopolist wettbewerblich verhalten, weil bei Transaktionskosten von Null der Markt „perfekt bestreitbar" („perfectly contestable") wäre (Schmidtchen 1985, S. 186 ff.). Regulierung eines natürlichen Monopols erfordert demgemäß als notwendige Bedingung positive Transaktionskosten. Drei Schlußfolgerungen sind es wert, genannt zu werden:

- Erstens: Wenn die Transaktionskosten Null sind, gibt es keine Ineffizienz und keine Marktmachtprobleme. Dies folgt aus dem Coase-Theorem (Schmidtchen 2004).
- Zweitens: Traditionelle Antitrust-Ökonomik leidet an einer grundsätzlichen Inkonsistenz: Man nimmt einerseits an, dass Transaktionen nichts kosten, und behandelt andererseits Probleme, die überhaupt nur in einer Welt positiver Transaktionskosten auftreten können.
- Drittens: Eine Rechtfertigung von Antitrust muss darauf hinauslaufen zu zeigen, dass Antitrust eine transaktionskosteneffiziente Veranstaltung ist. Im Stile der Theorie des „second best" sollte ein „comparative institution approach" verfolgt werden, bei dem „unvollkommene" Institutionen miteinander verglichen werden (Schmidtchen 2004).[1]

[1] Die Ableitung von „First-best-Allokationen" ist für diesen Zweck nicht nur überflüssig, sondern auch irreführend.

3. Die traditionellen Methoden zur Abgrenzung des relevanten Marktes müssen überdacht werden.[1] Einsichten, die im Gesamtmarktkonzept impliziert sind und in der Nonseparabilis-These verdichtet wurden (Schmidtchen 1988), finden Unterstützung. Danach ist der Markt „einheitlich und unzerlegbar". Die herkömmliche Wettbewerbspolitik dagegen ist einzelmarktzentriert. Wenn man z. B. den Missbrauch einer marktbeherrschenden Stellung überprüfen will oder vor der Frage steht, ob ein Unternehmenszusammenschluss zu einer **marktbeherrschenden Stellung** führt oder diese verstärkt, dann muss zunächst der **relevante Markt** räumlich und sachlich abgegrenzt werden. Diese Notwendigkeit ergibt sich aus den gesetzlichen Anforderungen.[2] Heute wird bei der Abgrenzung des relevanten Marktes meist das so genannte Bedarfsmarktkonzept verwendet.[3] In vielen Fällen aber, etwa bei den Geschäften, die sich auf das Internet stützen, wird eine solche Abgrenzung nach dem Bedarfsmarkt fragwürdig. Das Bedarfsmarktkonzept impliziert, dass das unternehmerische Verhalten maßgeblich durch die Struktur dieses Marktes beeinflusst wird. Das mag in den Fällen zutreffen, in denen sich das strategische Management nicht auf das Wertenetz stützt. Wo dies aber der Fall ist, werden die strategischen Herausforderungen auf Märkten erzeugt, die vom Bedarfsmarktkonzept trotz der Auslegungsfähigkeit des Begriffs nur schwer zu erfassen sein dürften.

Bereits vor vielen Jahren wurde von einem Altmeister des Antitrust, Edwards, die Ansicht vertreten, dass exakt definierte räumliche Märkte nicht mehr typisch seien und an Zahl und Bedeutung abnähmen (Edwards 1967, S. 241). Die Aktivitäten der einzelnen Unternehmen füllen nach Edwards ein Gebiet aus wie der Nebel die Landschaft: als Kontinuum unterschiedlicher Dichte, hier stärker, dort schwächer – ohne klare Grenzen. Im Zeitalter der Globalisierung gilt dies mehr denn je. Bei der sachlichen Abgrenzung eines Marktes kommt Edwards zu dem Ergebnis, dass in bedeutenden Teilen der Wirtschaft das Konzept des Produktmarktes überholt ist (das ist mittlerweile allgemein akzeptiert). Lediglich bei Gütern mit eindeutigen und besonderen Verwendungseigenschaften, die außerdem nicht in verbundener Produktion hergestellt werden, kann die Vorstellung eines Produktmarktes beibehalten werden. Edwards gesteht zwar zu, dass noch

---

[1] Zu einem Überblick über traditionelle Konzepte der Marktabgrenzung vgl. Herdzina (1999, S. 73 ff.). Zu dem vom amerikanischen Justizministerium entwickelten Ansatz, der auf die Preisbildung eines potenziellen verbundenen Monopolisten abhebt (SSNIP) vgl. Neven/Nutall/Seabright (1993).

[2] Zu einem Überblick über die amerikanische und europäische Praxis vgl. Canoy/Weigand (2001). Die Autoren begründen die Notwendigkeit einer Abgrenzung, nehmen aber unter Bezug auf das strategische Management von Unternehmen eine Akzentverschiebung vor, die im Einklang mit der hier vertretenen Position steht.

[3] Dies ist eine Erbschaft einer Zeit, in der gemäß dem alten Marktstruktur-Marktverhalten-Marktergebnis-Paradigma (Old Harvard School) die Marktstruktur das Verhalten und damit letztlich das Marktergebnis determiniert (vgl. dazu Schmidtchen 1994). Wir wissen heute, dass man wettbewerbliche Marktergebnisse auch im Duopol haben kann (Stichwort: Bertrand-Wettbewerb). Sogar ein Monopol verhält sich wettbewerblich, wenn der Markt perfekt bestreitbar ist. Auch ein Unternehmen, das einen Markt kreiert hat und deshalb einen Marktanteil von 100 % besitzt (Monopol), aber mit nachstoßendem Wettbewerb rechnen muss, sollte keinen wettbewerbspolitischen Alarm auslösen. Zu den Problemen von Marktabgrenzung und Wettbewerbsdiagnose vgl. auch Herdzina (1999, S. 76 ff.).

zahlreiche Produkte diese Eigenschaften aufweisen, er meint aber, dass ein großer und steigender Anteil auf Güter ohne diese Eigenschaften entfällt. Die Schwierigkeiten einer Marktabgrenzung bei diesen Gütern liegen sowohl in der "substitution in use" (mehrere heterogene Produkte können die gleiche Nachfrage befriedigen) als auch in der "substitution in the productive processes" (verschiedene Vorprodukte oder Produktionsmethoden können bei der Erstellung eines Endprodukts substitutiv Verwendung finden; umgekehrt können bei gegebenen Rohstoffen und gegebenen Produktionsmethoden unterschiedliche Produkte hergestellt werden). Das Bedarfsmarktkonzept trägt den Substitutionsbeziehungen zum Teil Rechnung. Nichtsdestotrotz bleibt die Abgrenzung eines heterogenen Marktes in weiten Bereichen willkürlich.

Potenzielle Konkurrenten beeinflussen die Marktprozesse allein dadurch, dass sie jederzeit aktuelle Konkurrenten werden können. Das impliziert ein Marktkonzept, das nicht nur auf aktuelle Konkurrenten abstellt, sondern auch diejenigen berücksichtigt, die vernünftigerweise in einen Markt eintreten könnten (Produktionsflexibilitätskonzept). Unter diesem Gesichtspunkt ist der Wettbewerbsprozess („competitive interaction") ebenfalls ein Kontinuum und kann deshalb nicht adäquat an Hand der Beziehungen innerhalb eines einzelnen Marktes erfasst werden. Im Übrigen verändern sich Märkte ständig, sodass eine sachgerechte Abgrenzung des relevanten Marktes nicht auf ein Bild der Vergangenheit oder Gegenwart gestützt werden darf, sondern auf eine Vorhersage der Zukunft.

Wer in Kategorien des relevanten Marktes denkt, für den ist Marktbeherrschung („Monopolmacht") Resultat eines hohen Marktanteils. Neben dieser Marktanteilsmacht gibt es aber auch die reine Größenmacht und die Diversifikationsmacht (Edwards 1967, S. 246 ff.). § 19 GWB trägt dem Rechnung. Diversifikationsmacht erfordert konglomerate Unternehmen, deren Geschäftspraktiken in den einzelnen Aktivitätsfeldern von der Konzernstrategie abhängen. Daraus aber folgt, dass das unternehmerische Verhalten – ob nun im wettbewerbspolitisch schlechten oder guten Sinne – nicht mehr von der Struktur des relevanten Marktes diktiert wird.

Die Liste der Konkurrenten um Wertschöpfung und Wertaneignung ist länger und aufschlussreicher, als das Bedarfsmarktkonzept suggeriert. Tatsächlich geht es gar nicht so sehr um die Konkurrenz um Kunden auf einem Bedarfsmarkt, sondern um die Konkurrenz um Wertschöpfung und dessen Aneignung (Schmidtchen 2004; Schmidtchen/Kirstein 2003). Dafür spielen neben Konkurrenten (aus der Branche) und den Kunden auch die Lieferanten und Komplementoren eine Rolle. Da diese selbst als Mittelpunkt eines Wertenetzes angesehen werden können, kommt es zu einer Vernetzung der Netze. Strategisches Management muss sich auf diese Interdependenz einrichten und tragfähige Lösungen suchen. Damit unterstützt die moderne Theorie des strategischen Managements eine wettbewerbspolitische Konzeption, bei der die Einzelmarktbetrachtung nicht völlig ausgeblendet, aber doch zugunsten einer die Einzelmarktgrenzen überschreitenden Betrachtung zurückgedrängt wird.[1]

Dagnino/Padula (2002) haben diesen Umstand dadurch zu erfassen gesucht, dass sie drei Ebenen unterscheiden, auf denen durch die co-opetitive Strategie Werte geschaffen werden: Auf der Makroebene operieren Firmencluster und Firmen co-opetitiv über Branchengrenzen hinweg; auf der Mesoebene erfolgt dies zwischen den Firmen, die in einem einzigen Wertenetz enthalten sind; auf der Mikroebene gibt es co-opetitive Beziehungen zwischen den Abteilungen (und Arbeitern) von Unternehmen (die Wertenetzidee kann also auf ein Unternehmen selbst angewendet werden).

4. Co-opetition ist eine hybride Form strategischen Verhaltens. Wettbewerb und Kooperation durchdringen sich wechselseitig: man kooperiert, um im Wettbewerb zu bestehen, man treibt allerdings nicht Wettbewerb um zu kooperieren. Gewiss, jede Kooperation, die Kooperationsrente erzeugt, wirft zwangsläufig die Frage auf, wie diese verteilt werden soll. Die Interessen sind deckungsgleich, was die Schaffung der Werte anlangt, sie sind konfliktär, was die Stücke am „Kuchen“ ausmacht. Co-opetition hat gleichwohl eine neue Qualität im Spannungsverhältnis zwischen Wettbewerb (um die Verteilung) und Kooperation geschaffen, geht es hier doch darum, dass Unternehmen (explizit oder implizit) eine Vereinbarung treffen, in bestimmten Aktivitätsfeldern (traditionell: Märkte) den Wettbewerb zu beschränken (auszuschließen), um dafür in anderen Aktivitätsfeldern umso härter untereinander zu konkurrieren. Es ist eine alte Erkenntnis, dass Wettbewerbsbeschränkungen nicht immer schlecht sein müssen. Wenn sie notwendig sind, einen größeren „Kuchen“ zu erzeugen (die Wertschöpfung insgesamt zu steigern), dann hat man sie bisher auch schon akzeptiert. Man denke nur an die Gewährung von temporären Monopolstellungen an Patentinhaber. Und doch: „Needless to say, coopetition makes antitrust authorities nervous. There is an old-fashioned word for competitors who agree not to compete – cartel, with its overtures of price fixing” (Encyclopedia of the New Economy). Damit stellt sich die Fundamentalfrage: Wie kann man verlässlich Kollusion von Co-opetition unterscheiden? Wo und wann geht Co-opetition in Kollusion über? Wenn man akzeptiert, dass strategisches Management sich darauf richtet, Werte zu schaffen und sich anzueignen, gibt es ein sauberes Kriterium zur Unterscheidung von Kollusion und Co-opetition: die Wertschöpfung. Eine Kooperation, die die Wertschöpfung reduziert, aber die Größe des Anteils an der reduzierten Wertschöpfung erhöht, heißt Kollusion. Steigt die Wertschöpfung, handelt es sich – unabhängig davon, wie die Anteile daran aussehen – um eine co-opetitive Strategie (oder reine Kooperation), die

---

[1] Das Konzept der Wettbewerbsfreiheit hat von Anfang an diesen Weg beschritten (Hoppmann 1988; Schmidtchen 1978). Wenn man sich die Definition des Begriffs Wettbewerbsfreiheit näher anschaut (Schmidtchen 1988), dann zeigt sich, dass „co-opetitive Freiheit“ in ihm eingeschlossen ist. Im Konzept der Wettbewerbsfreiheit spielte von Beginn an ein Test eine Rolle, den man SLC-Test nennt. Bei diesem Test, der in den USA, Kanada und Australien angewendet wird, werden Fusionen untersagt, wenn sie zu einem „substantial lessening of competition“, also zu einer wesentlichen Beeinträchtigung der Wettbewerbsbedingungen führen. Der Test lässt sich auch auf andere Verhaltensweisen als Fusionen anwenden. Zum Test der Wettbewerbsfreiheit vgl. Herdzina (1999, S. 82 ff.).

wettbewerbspolitisch unbedenklich ist. Dies lässt sich operationaler formulieren: Immer dann, wenn es sich um Absprachen mit reinen Komplementoren oder mit Konkurrenten, die auch Komplementoren sind (Co-opetition), handelt, braucht kein wettbewerbspolitischer Alarm ausgelöst zu werden.[1] Die Wertschöpfung steigt – häufig profitieren davon auch die Konsumenten. Anhand von zwei Beispielen soll die Idee verdeutlicht werden.

Man betrachte zwei Unternehmen. Das eine stelle Computer her, das andere Drucker. Computer und Drucker sind zwei strikt komplementäre Produkte.

Zwei Formen der Preisbildung seien miteinander verglichen:

- Beide Firmen setzen die Preise unabhängig voneinander fest.
- Die Firmen sprechen die Preise ab.

Es lässt sich zeigen (Brickley/Smith/Zimmerman 2001, S. 184 f.), dass die Preisabsprache zu einem niedrigeren Gesamtpreis (Computerpreis + Druckerpreis) führt, dass die umgesetzte Menge steigt und auch der Gewinn. Mit anderen Worten: die nackte Preisabsprache erhöht die Wertschöpfung und ist daher wettbewerbspolitisch unbedenklich. Die Absprache als Institution ist wertschöpfend. Warum? Bei nicht-koordinierter Preissetzung beachtet keine der beiden Firmen den negativen Effekt, den ein hoher Preis auf den Gewinn des anderen Unternehmens ausübt. Beide erzeugen also negative Externalitäten (technologisch, nicht pekuniär!). Mit der Preisabsprache eliminieren sie diese negativen Externalitäten zum Wohle aller: Nicht nur den beiden Monopolisten geht es besser, sondern auch den Konsumenten. Solche Ergebnisse sind immer zu erwarten, wenn Kooperation zum Zwecke der Wertschöpfung erfolgt (vgl. auch Markowski/Ostroy 2001; Schmidtchen 2004).

Ein zweites Beispiel: Man betrachte zwei Firmen, Firma 1 und Firma 2; jede produziert zwei komplementäre Produkte, X und Y. X und Y bilden ein System. Im Falle von nicht-kompatiblen Produkten können die Konsumenten zwischen zwei Systemen wählen: X_1Y_1 und X_2Y_2. Aber mit Kompatibilität der Produkte können sie aus vier Systemen auswählen („mix and match"): X_1Y_1, X_1Y_2, X_2Y_1, X_2Y_2. Die Produktvarietät erhöht sich, und wenn dies zu einer besseren Befriedigung von Konsumbedürfnissen beiträgt, steigt auch die Konsumentenrente. Nach Ansicht von Tirole werden auch die Produzenteninteressen gefördert: „firms have a common interest in achieving compatibility" (Tirole 1988, S. 335 ff.), weil 1. die Nachfrage wegen der erhöhten Varietät steigt und 2. Kompatibilität den Preiswettbewerb abschwächt.

---

[1] Dieses Kriterium kann auch von jenen benutzt werden, die dem Konzept des relevanten Marktes eine größere Bedeutung beimessen, als dies hier geschieht: Immer dann, wenn es sich um Absprachen mit reinen Komplementoren oder mit Konkurrenten, die im gleichen relevanten Markt auch Komplementoren sind (Co-opetition), handelt, braucht kein wettbewerbspolitischer Alarm ausgelöst zu werden. Vermutlich kann dieses Kriterium auch auf das Entstehen von marktbeherrschenden Stellungen, etwa durch Unternehmenszusammenschluss, angewendet werden.

Das zweite Argument beruht auf der Überlegung, dass eine Firma bei Inkompatibilität mit einer Preissenkung die Nachfrage nach ihren beiden Produkten stimuliert, während bei Kompatibilität eine positive Externalität erzeugt wird. Kann letztere nicht internalisiert werden – so Tirole – wird der Anreiz zu einer Preissenkung reduziert.[1] Man betrachte das folgende Zahlenbeispiel (Carlton/Perloff 2000, S. 372): Die Durchschnittskosten seien: Firma 1: X=1 und Y=2; Firma 2: X=2 und Y=1. Bei Bertrand-Wettbewerb für jede Komponente ergibt sich ein Preis von 2 für X und von 2 für Y. Der Systempreis bei Kompatibilität der Produkte ist 4. Der Gewinn pro System ist eins. Wenn jede Firma eine Version von Y herstellt, die nicht kompatibel ist mit X der anderen Firma, dann können die Kunden nur aus den beiden Systeme X_1Y_1 oder X_2Y_2 auswählen. Der Bertrand-Preis beträgt für jedes System 3. Die Gewinne sind Null. Das Beispiel soll erläutern, dass Kompatibilität den Gewinn steigert und Nicht-Kompatibilität ihn senkt. Weil Kompatibilität auf der anderen Seite die Systeme für die Nachfrager wertvoller macht, ist der Wertschöpfungseffekt einer Herstellung von Kompatibilität nicht eindeutig. Das Beispiel „hinkt" aber, weil bei Kompatibilität eine Komponente nur von der jeweils kostengünstigeren Firma zu niedrigeren Preisen als 2 hergestellt wird. Matutes/Regibeau (1988, 1992) zeigen, dass volle Kompatibilität die soziale Wohlfahrt maximiert.

5. Die sachgerechte wettbewerbspolitische Behandlung von Co-opetition dürfte mit Per-se-Regeln („wenn-dann"-Regeln) nicht zu schaffen sein. Angemessen ist ein „rule-of-reason"-Standard, bei dem die Vor- und die Nachteile in jedem Einzelfall gegeneinander abzuwägen sind. Dadurch wird es Unternehmen erschwert, legales Handeln von nicht legalem Handeln zu unterscheiden. Die Rechtssicherheit leidet, weil die Wettbewerbsbehörden gezwungen werden, Nutzen-Kosten-Vergleiche anzustellen. Bekannt ist das aus dem Bereich der Regulierung. Die Grenzen zwischen Regulierung und Wettbewerbspolitik werden unscharf.

Williamson hat mit seinem berühmten „trade-off" das Rezept für Nutzen-Kosten-Vergleiche vorgegeben (Williamson 1968; vgl. auch Schmidtchen 2004). Allerdings muss dieser „trade-off" umfassender definiert werden, als es Williamson getan hat (erweiterter Williamson „trade-off"). Er betrachtete nur die Vorteile, die eine Wettbewerbsbeschränkung auf der Produktionskostenseite erzeugt.[2] Hinzukommen müssen die Vorteile, die in Form einer höheren Bewertung von Produkten durch die Nachfrage anfallen. Auch muss die bei Williamson noch vorhandene Einzelmarktzentrierung aufgegeben werden.[3]

---

1 Das Argument ist nicht völlig überzeugend (Schmidtchen/Koboldt 1994, S. 416). Die Preise mögen steigen, aber das resultiert daraus, dass die Systeme besser den individuellen Bedürfnissen angepasst werden.

2 Eine hinreichend hohe Produktionskostensenkung kann danach die Nachteile einer Wettbewerbsbeschränkung überkompensieren. Der Nachweis der Effizienz soll die Wettbewerbsbehörden dazu veranlassen, die Wettbewerbsbeschränkung zuzulassen (zum Effizienzeinwand vgl. OECD/GD(96)95; Schmidtchen 2004).

3 Es ergibt sich eine Annäherung an den so genannten systemtheoretischen Ansatz der Wettbewerbspolitik (vgl. dazu Herdzina 1999, S. 108 ff.). Dieser Ansatz kennt keine Optimalkonstellationen in den drei Kategorien Marktstruktur – Marktverhalten – Marktergebnis (Herdzina 1999, S. 109).

5. Zusammenfassung

Co-opetition ist eine eigenständige Strategie von Unternehmen zur Schaffung und Aneignung von Werten. Man wird nicht behaupten können, dass die Basisidee neu ist. Sowohl die Neue Institutionenökonomik als auch die Theorie der Anreizmechanismen untersuchen seit längerem Konstellationen, in denen Interessen von Spielern deckungsgleich sind, was die Schaffung von Wert anbelangt, aber konfliktär, was die Aneignung von Werten betrifft. Wenngleich das grundlegende Paradigma nicht neu ist, ist seine Operationalisierung, wie sie etwa von Brandenburger/Nalebuff in den Grundzügen vorgenommen wurde, innovativ. Co-opetition stellt insofern ein wichtiges Paradigma für das strategische Management dar.

Die Akzeptanz dieses Paradigmas in der Wirtschaftspraxis zwingt auch die Wettbewerbspolitik zum Umdenken. Um den Untertitel der deutschen Ausgabe des Buches von Brandenburger/Nalebuff zu paraphrasieren: Mit der Spieltheorie zum wettbewerbspolitischen Erfolg. Neuere Ergebnisse der Spieltheorie sowie die Neue Institutionenökonomik des Antitrust legen es nahe, Kooperationsformen nicht als wettbewerbsschädlich anzusehen, die im Lichte der traditionellen Gleichgewichtsmodelle von Wettbewerb als schädlich erscheinen mögen. Gleichwohl bleibt als Aufgabe, Kollusion von reiner Kooperation oder Co-opetition zu unterscheiden. In diesem Beitrag wurde vorgeschlagen, das Kriterium zu benutzen, das zum Wesen von Co-opetition gehört: Erhöhung der Wertschöpfung.

Literatur

BESANKO, D.; DRANOVE, D.; SHANLEY, M.; SCHAEFER, S. (2004): Economics of Strategy, 3. Aufl., Wiley.

BICKENBACH, F.; KUMKAR, L.; SOLTWEDEL, R. (1999): The New Institutional Economics of Antitrust and Regulation, Working Paper, Nr. 961, Kiel.

BRANDENBURGER, A.; NALEBUFF, B. (1996): Coopetition – kooperativ konkurrieren. Mit der Spieltheorie zum Unternehmenserfolg, Frankfurt a.M. (Originalausgabe: Co-opetition, New York 1996).

BRICKLEY, J.; SMITH, C.; ZIMMERMANN, J. (2001): Managerial Economics and Organizational Architecture, 2. Aufl., Boston u. a.

CANOY, M.; WEIGAND, J. (2001): How relevant is the relevant market? Lessons from recent antitrust cases, in: http://www.wifo.ac.at/~luger/canoy_weigand.pdf (Abfragedatum: 19.12.2002).

CARLTON, D.; PERLOFF, J. (2000): Modern Industrial Organization, 3. Aufl., Reading u. a.

COLEMAN, J. (1979): Macht und Gesellschaftsstruktur, Tübingen.

DAGNINO, G.; PADULA, G. (2002): Coopetition Strategy. A New Kind of Interfirm Dynamics for Value Creation, Paper presented at EURAM – The European Academy of Management, Second Annual Conference – "Innovative Research in Management", 9 – 11 May 2002, Stockholm.

DIXIT, A.; NALEBUFF, B. (1997): Spieltheorie für Einsteiger, Stuttgart.

EDWARDS, C. D. (1967): The Changing Dimensions of Business Power, in: Biedenkopf, K.; Coing, H.; Mestmäcker, E.-J. (Hrsg.): Das Unternehmen in der Rechtsordnung. Festgabe für H. Kronstein zum 70. Geburtstag, Karlsruhe, S. 241-262.

EICHBERGER, J. (1993): Game Theory for Economists, San Diego u. a.

ENCYCLOPEDIA OF THE NEW ECONOMY, in: http://xchina.linux.net.cn/projects/post.php?inputentry=coopetition (Abfragedatum: 04.12.2002).

GNYAWALI, D.; MADHAVAN, R. (2001): Cooperative networks and competitive dynamics: A structural embeddedness perspective, in: Academy of Management Review, 26. Jg., Nr. 3, S. 431-445.

HERDZINA, K. (1999): Wettbewerbspolitik, 5. Aufl., Stuttgart.

HIRSCHMAN, A. (1969): Exit, Voice and Loyalty. Responses to Decline in Firms, Organizations and States, Cambridge/Massachusetts.

HOLLER, M.; ILLING, G. (2000): Einführung in die Spieltheorie, 4. Aufl., Berlin u. a.

HOPPMANN, E. (1988): Wirtschaftsordnung und Wettbewerb, Baden-Baden.

LADO, A.; BOYD, N.; HANLON, S. (1997): Competition, cooperation, and the search for economic rents: A syncretic model, in: Academy of Management Review, 22. Jg., Nr. 1, S. 110-141.

MARKOWSKI, L.; OSTROY, J. (2001): Perfect Competition and the Creativity of the Market, in: Journal of Economic Literature, 39. Jg., S. 479-535.

MATUTES, C.; REGIBEAU, P. (1988): Mix and Match: Product Compatibility Without Externalities, in: Rand Journal of Economics, 19. Jg., S. 121-134.

MATUTES, C.; REGIBEAU, P. (1992): Compatibility and Bundling of Complementary Goods in a Duopoly, in: Journal of Industrial Economics, 40. Jg., S. 37-54.

MÖSCHEL, W. (1991): The Goals of Antitrust Revisited, in: Journal of Institutional and Theoretical Economics (JITE), 147. Jg., Nr. 1, S. 7-23.

NEVEN, D.; NUTTAL, R.; SEABRIGHT, P. (1993): Merger in Daylight – The Economics and Politics of European Merger Control, Centre for Economic Policy Research (CEPR), London.

OECD/GD(96)95: in: http://www.oecd.org/pdf/M0000J000/M0000J744.pdf (Abfragedatum: 19.12.2002).

PORTER, M. E. (1985): Competitive Advantage, New York [Free Press].

RICHARDSON, G. B. (1972): The organization of industry, in: Economic Journal, 82. Jg., S. 883-896.

SCHMIDT, I. (1999): Wettbewerbspolitik und Kartellrecht, 6. Aufl., Stuttgart.

SCHMIDTCHEN, D. (1978): Wettbewerbspolitik als Aufgabe, Baden-Baden.

SCHMIDTCHEN, D. (1983): Property rights, Freiheit und Wettbewerbspolitik, Tübingen.

SCHMIDTCHEN, D. (1985): Monopol und Institutional Choice, in: Schenk, K.-E. (Hrsg.): Wirtschaftsordnung, Industrieorganisation und Koordination, Stuttgart, S. 180-211.

SCHMIDTCHEN, D. (1988): Fehlurteile über das Konzept der Wettbewerbsfreiheit, in: Jahrbuch für die Ordnung in Wirtschaft und Gesellschaft (ORDO), Bd. 39, S. 111-135.

SCHMIDTCHEN, D. (1990): Preise und spontane Ordnung – Prinzipien einer Theorie ökonomischer Evolution, in: Witt, U. (Hrsg.): Studien zur Evolutorischen Ökonomik, Berlin, S. 75-113.

SCHMIDTCHEN, D. (1991): The Goals of Antitrust Revisited. Comment, in: Journal of Institutional and Theoretical Economics (JITE), 147. Jg., Nr. 1, S. 31-37.

SCHMIDTCHEN, D. (1994): Antitrust zwischen Marktmachtphobie und Effizienzeuphorie: Alte Themen – neue Ansätze, in: Möschel, W. u. a. (Hrsg.): Marktwirtschaft und Rechtsordnung. Festschrift zum 70. Geburtstag von Erich Hoppmann, Baden-Baden, S. 143-166.

SCHMIDTCHEN, D. (2004): Effizienz als Leitbild der Wettbewerbspolitik: Für einen More Economic Approach, in: Oberender, P. (Hrsg.): Effizienz und Wettbewerb, Schriftenreihe des Vereins für Socialpolitik, Berlin, S. 9-40, 171-178.

SCHMIDTCHEN, D., KOBOLDT, CHR. (1994): A Pacemaker that Stops Halfway: The Decompilation Rule in the EEC Directive on the Legal Protection of Computer Programs, in: International Review of Law and Economics, 13. Jg., S. 413-429.

SCHMIDTCHEN, D.; KIRSTEIN, R. (2003): Wettwerb als Entdeckungsverfahren, in: ORDO, Band 54, S. 75-92.

SCHWEIZER, U. (1999): Vertragstheorie, Tübingen.

TIROLE, J. (1988): The Theory of Industrial Organization, Cambridge/Massachusetts.

WEIZSÄCKER, C. C. V. (1980): Barriers to Entry. A Theoretical Treatment, Berlin u. a.

WILLIAMSON, O. (1968): Economics as an Antitrust Defense: The Welfare Trade-Offs, in: American Economic Review, 58. Jg., S. 18-36.

Stefan Bühler/Franz Jaeger*

Industrieökonomische Aspekte der Kooperation

---

* Univ.-Professor Dr. Franz Jaeger ist Inhaber des Lehrstuhls für Wirtschaftspolitik der Universität St. Gallen und Direktor des Forschungsinstituts für Empirische Ökonomie und Wirtschaftspolitik (FEW-HSG).
Dr. Stefan Bühler ist Oberassistent am Sozialökonomischen Institut der Universität Zürich, Lehrbeauftragter an der Universität St. Gallen und Wissenschaftlicher Mitarbeiter am FEW-HSG.
Die Autoren danken Roman Bär und Dennis Gärtner für wertvolle Hinweise und Anregungen.

1. Einführung

Die Industrieökonomik, im englischen Sprachraum als „Industrial Organization" (IO) bezeichnet, ist ein zentrales Forschungsgebiet der modernen Volkswirtschaftslehre. Sie ist eine Teildisziplin der Mikroökonomik und befasst sich mit den Entscheidungen und Verhaltensweisen von Unternehmen, der Organisation und Struktur von Industrien sowie der Funktionsweise von spezifischen Märkten. Im Zentrum des Interesses stehen Verhaltensweisen und Märkte, die mit dem Modell der vollkommenen Konkurrenz nur unzureichend beschrieben werden können. Solche Märkte sind insbesondere gekennzeichnet durch eine geringe Anzahl von Anbietern, heterogene Produkte mit differenzierten Preisen, komplizierte vertikale Strukturen auf der Angebotsseite (mehrstufige Produktion und Distribution) sowie hohe Aufwendungen für Werbung und Forschung und Entwicklung (F & E). Um die Funktionsweise solcher Märkte zu verstehen, analysiert die **theoretische Industrieökonomik** das strategische Verhalten von Unternehmen mit Hilfe von verschiedenen Modellen der oligopolistischen Konkurrenz. Das dominierende Analyseinstrument ist dabei die Spieltheorie, zu deren Entwicklung die Industrieökonomik wichtige Beiträge geleistet hat.

Die **empirische Industrieökonomik** wiederum verwendet die theoretischen Modelle zur Bildung von Hypothesen und testet diese im Rahmen von ökonometrischen oder experimentellen Studien. Im Rahmen dieses Forschungsprogramms spielt die Analyse der Kooperation zwischen Unternehmen eine zentrale Rolle, weil sie wesentlichen Einfluss auf das Verhalten der Markteilnehmer und das Marktergebnis hat.

Der vorliegende Beitrag gibt einen Überblick über die Ziele und Wirkungen der Kooperation von Unternehmen aus der Perspektive der Industrieökonomik. Wir gehen dabei bewusst nicht vertieft auf die Bedeutung der Kooperation im Kontext der Spieltheorie ein (vgl. hierzu den Beitrag von Magin/Heil/Fürst in diesem Sammelwerk). Auch die wettbewerbspolitischen Implikationen der industrieökonomischen Analyse diskutieren wir nur am Rande (vgl. hierzu den Beitrag von Schmidtchen in diesem Sammelwerk). Stattdessen analysieren wir die aus Sicht der Industrieökonomik wichtigsten Formen der Kooperation und ihre Auswirkungen auf das Marktergebnis.

Die Analyse wird ergänzt durch einen knappen Überblick über die empirische Evidenz zur Kooperation von Unternehmen. Dabei verweisen wir verschiedentlich auf vertiefende wissenschaftliche Literatur oder geeignete Lehrbuchdarstellungen.[1]

---

1 Es existiert eine Vielzahl von Lehrbüchern zur Industrieökonomik. Tirole (1988), Cabral (2000) und Martin (2002) sind als englischsprachige Standardwerke zu empfehlen. Bühler/Jaeger (2002) bieten eine deutschsprachige Einführung in die Industrieökonomik und erläutern die wichtigsten Methoden und Ergebnisse der Neuen Empirischen Industrieökonomik (NEIO). Bester (2004) gibt einen konzisen, deutschsprachigen Überblick über die Theorie der Industrieökonomik.

2. Kooperationsformen

Ausgehend von den wettbewerbsrechtlichen Rahmenbedingungen ist es nahe liegend, zwischen legalen und illegalen Kooperationen von Unternehmen zu unterscheiden. Aus industrieökonomischer Perspektive ist diese Unterscheidung insofern relevant, als sie auf unterschiedliche ökonomische Wirkungsweisen verschiedener Kooperationsformen hinweist. In der Literatur werden auch nicht in erster Linie legale und illegale, sondern offene und verdeckte (bzw. stillschweigende) Absprachen unterschieden. **Offene Kooperationen** umfassen alle kooperativen Abreden und Institutionen, die auf der Basis einer expliziten Vereinbarung zwischen verschiedenen Unternehmen zustande kommen, z. B. Unternehmerverbände, Kartelle, Joint Ventures und Fusionen. Verdeckte Kooperationen umfassen geheime Kartelle und stillschweigende Absprachen aller Art. Ein möglicher Grund für das Eingehen **verdeckter Kooperationen** ist die erwähnte Illegalität bestimmter Absprachefomen. So sind beispielsweise Preis- und Mengenabsprachen zwischen Unternehmen – oft als „harte Kartelle" bezeichnet – in vielen Staaten verboten.

Ein weiteres mögliches Unterscheidungsmerkmal der verschiedenen Kooperationsformen ist die **Intensität** von Kooperation. Letztere lässt sich zwar kaum exakt messen, es ist aber dennoch möglich, die verschiedenen Kooperationsformen zwischen den beiden Extremen „Absenz von Kooperation" und „vollständige Kooperation" (durch Fusion) einzuordnen. Eine vergleichsweise wenig intensive Form der Kooperation stellt der Austausch von marktrelevanten Informationen dar, der häufig von Verbänden und Interessengruppen organisiert wird. Die Bildung von Joint Ventures und die Realisierung von Fusionen dagegen verschieben die „Grenzen" der beteiligten Unternehmen (Holmström/ Roberts 1998) und werden deshalb als intensive Formen von Kooperation betrachtet. Dabei muss die Intensität der Zusammenarbeit nicht gleichbedeutend sein mit der ökonomischen Bedeutung der Kooperation. So ist es beispielsweise möglich, dass das Marktergebnis durch den systematischen Austausch von Preisinformationen (siehe Abschnitt 3.4) stärker beeinflusst wird als durch die Zusammenarbeit im Rahmen eines Joint Ventures (siehe Abschnitt 4.4).

Im Folgenden wollen wir die Ziele und Charakteristika einiger wichtiger Kooperationsformen kurz diskutieren. Für ausführlichere Beschreibungen und konkrete Beispiele verschiedener Arten der Kooperation verweisen wir auf die anderen Beiträge in diesem Sammelwerk.

- **Wirtschaftsverbände**: Mit dem Zusammenschluss zu Verbänden (Arbeitgeber- und Industrieverbände, Handelskammern) verfolgen Unternehmen in der Regel das Ziel, die marktrelevanten Rahmenbedingungen zugunsten der Verbandsmitglieder zu beeinflussen. Nicht selten ist der Übergang zu Kartellen fließend, vor allem dann, wenn die Verbände Preisinformationen austauschen und/oder Preisempfehlungen erlassen.

- **Kartelle**: Kooperation im Rahmen von Kartellen kommt dann zustande, wenn Unternehmen ihre gegenseitige Konkurrenz abschwächen wollen.[1] In manchen Fällen veranlassen auch staatliche Qualitäts-, Preis- oder Mengenregulierungen die Unternehmen zur Bildung von Kartellen. Bei offenen Kartellen wird die Einhaltung der Kartellvereinbarungen durch eine Kartellobrigkeit überwacht. Bei verdeckten Kartellen kommen alternative Disziplinierungsmechanismen zur Anwendung, die wir weiter unten ausführlich diskutieren werden.
- **Fusionen**: Bei einer Fusion gibt mindestens eines der beteiligten Unternehmen seine rechtliche Selbstständigkeit auf, und die Ressourcen und Verbindlichkeiten werden in ein gemeinsames Unternehmen eingebracht. Vereinfachend lassen sich drei Arten von Fusionen unterscheiden:
  - **horizontale Fusionen**, bei denen sich Unternehmen aus demselben Markt zusammenschließen;
  - **vertikale Fusionen**, bei denen sich Unternehmen aus vertikal verknüpften Märkten (z. B. Zwischenhändler und Endverkäufer) zusammenschließen;
  - **konglomerate Fusionen**, bei denen sich Unternehmen aus unabhängigen Märkten zusammenschließen.

Die Industrieökonomik hat in den letzten Jahrzehnten viel dazu beigetragen, die Funktionsweise solcher Kooperationen und deren Auswirkungen auf das Marktergebnis besser zu verstehen. In den folgenden beiden Abschnitten gehen wir auf die wichtigsten einschlägigen Untersuchungsansätze und -ergebnisse der industrieökonomischen Forschung ein.

3. Kollusion

3.1 Kollusion als stillschweigende Kooperation

In vielen Staaten sind explizite Kartellvereinbarungen illegal. Wollen Unternehmen mittels Kooperation die gegenseitige Konkurrenz abschwächen, sind sie also weit gehend auf formlose bzw. stillschweigende Absprachen angewiesen. Letztere werden in der Literatur als **Kollusion** bzw. „tacit collusion" bezeichnet (Tirole 1988, Kapitel 6). Im Folgenden wollen wir zeigen, dass stillschweigende Absprachen zwar inhärent instabil sind (D'Aspremont u. a. 1983), die Konkurrenz aber dennoch wirksam begrenzen können.

---

[1] Beispielsweise einigen sich die Mitglieder eines Preiskartells auf überhöhte Preise, die sich bei oligopolistischer Konkurrenz nicht aufrechterhalten ließen.

3.2 Kollusion bei statischer Konkurrenz

Unter welchen Bedingungen kann es zu Kollusion (bzw. zu stillschweigender Kooperation) bei statischer Konkurrenz kommen? Zur Beantwortung dieser Frage betrachten wir das in Übersicht 1 dargestellte Gefangenendilemma, das eine typische statische Konkurrenzsituation für zwei Unternehmen in stilisierter Form darstellt.

		Unternehmen 2	
		NK	**K**
Unternehmen 1	**NK**	Π^{NK}, Π^{NK}	Π^{A}, Π^{NA}
	K	Π^{NA}, Π^{A}	Π^{K}, Π^{K}

Übersicht 1: Gefangenendilemma

Übersicht 1 definiert die Normalform des Gefangenendilemma-Spiels,[1] in dem beiden Unternehmen (Spielern) zwei Strategien zur Auswahl stehen: „Kooperieren" {K} bzw. „Nicht-Kooperieren" {NK}. Für jede Strategiekombination bezeichnet der linke Eintrag jeweils den Gewinn von Unternehmen 1 und der rechte Eintrag den Gewinn von Unternehmen 2. Π^K (bzw. Π^{NK}) bezeichnet den Gewinn eines Unternehmens, wenn beide Unternehmen die Strategie {K} (bzw. {NK}) wählen. Weicht ein Unternehmen von der kooperativen Lösung {K, K} ab, so erzielt es den Gewinn Π^A, und das andere, nicht-abweichende Unternehmen erhält Π^{NA}, wobei die Beziehung $\Pi^A > \Pi^K > \Pi^{NK} > \Pi^{NA}$ gilt.

Die Strategiekombination {NK, NK} stellt das Gleichgewicht in dominanten Strategien dar, d. h. beide Unternehmen wählen {NK}, unabhängig von der Strategiewahl des jeweils anderen Unternehmens. Das nicht-kooperative Gleichgewicht {NK, NK} kommt deshalb zustande, weil für beide Unternehmen stets ein Anreiz besteht, von der kollusiven Lösung {K, K} abzuweichen. Dieser Anreiz rührt daher, dass sich jedes Unternehmen durch die Wahl der Strategie {NK} einen höheren Gewinn sichern kann als bei Kooperation, solange das andere Unternehmen an der Strategie {K} festhält $(\Pi^A > \Pi^K)$. Weil die beiden Unternehmen bei statischer Konkurrenz nur einmal interagieren, kann die kollusive Lösung {K, K} nicht realisiert werden.

---

[1] Vgl. Osborne (2003) für eine Einführung in die Spieltheorie. Bei Fudenberg/Tirole (1991) findet sich eine umfassende Darstellung.

Interagieren die beteiligten Unternehmen mehrmals, kann die Wahl der nicht-kooperativen Strategie {NK} vom jeweils anderen Unternehmen durch wiederholtes Wählen der nicht-kooperativen Strategie {NK} beantwortet werden. Durch diese „Bestrafung" nicht-kooperativen Verhaltens kann die kollusive Lösung {K, K} stabilisiert werden. Diesen Mechanismus wollen wir im nächsten Abschnitt ausführlicher diskutieren.

3.3 Kollusion bei dynamischer Konkurrenz

3.3.1 Überblick

Betrachten wir nun mehrmalige Wiederholungen des in Übersicht 1 dargestellten Gefangenendilemma-Spiels.[1] Durch die Wiederholung erhält die Konkurrenzsituation eine zeitliche Dimension, welche die Bestrafung nicht-kooperativen Verhaltens ermöglicht. Wir wollen untersuchen, unter welchen Bedingungen die Bestrafung nicht-kooperativen Verhaltens hinreichend stabilisierend wirkt, sodass die kollusive Lösung {K, K} realisiert werden kann. Zu diesem Zweck betrachten wir zunächst ein Spiel mit endlich vielen Wiederholungen. Anschließend untersuchen wir dasselbe Spiel mit unendlichem Horizont.

3.3.2 Endlicher Zeithorizont

Angenommen, das Gefangenendilemma-Spiel in Übersicht 1 werde dreimal nacheinander gespielt: Können die Unternehmen dann die kollusive Lösung {K, K} realisieren? Die Antwort lautet: Nein. Dies lässt sich leicht einsehen, wenn man das Kalkül der beiden Unternehmen in jeder Periode $t = 1,2,3$ analysiert. Wir verwenden für diese Betrachtung das Konzept der Rückwärtsinduktion, d. h., wir betrachten zunächst die letzte Periode $T = 3$ und leiten dann ab, wie sich die Unternehmen in den vorangehenden Perioden verhalten.[2]

In der letzten Periode des Spiels $T = 3$ ist die beste Antwort eines Unternehmens auf das Verhalten des anderen Unternehmens unabhängig davon, welche Strategien in den früheren Perioden $t = 1,2$ gewählt wurden. Es stellt sich folglich das nicht-kooperative Gleichgewicht {NK, NK} ein.[3] Wenn die Unternehmen ihre Strategien in der letzten Pe-

---

[1] Ein solches, mehrfach wiederholtes statisches Spiel wird in der Literatur auch als Superspiel bezeichnet (Tirole 1988, 245 ff.).

[2] Auf diese Weise wird ausgeschlossen, dass im („teilspielperfekten") Gleichgewicht (Selten 1965) „unglaubwürdige Drohungen" auftreten.

[3] Beachte, dass nicht-kooperatives Verhalten in der letzten Periode nicht bestraft werden kann, weil das Spiel anschließend endet.

riode aber unabhängig vom Verhalten in den vorangehenden Perioden wählen, so ist auch in den Perioden $t = 1,2$ die nicht-kooperative Strategie $\{\mathsf{NK}\}$ des statischen Spiels die beste Wahl. Trotz der Bestrafungsmöglichkeit ergibt sich also in allen Perioden des endlich wiederholten Spiels das statische, nicht-kooperative Gleichgewicht $\{\mathsf{NK}, \mathsf{NK}\}$. In der Literatur wird gezeigt, dass es sich hierbei um ein allgemeines Ergebnis für endlich wiederholte statische Oligopolspiele $(T < \infty)$ handelt (Shapiro 1989).

3.3.3 Unendlicher Zeithorizont

Wird das Spiel unendlich oft wiederholt $(T = \infty)$, ist die Abfolge der statischen, nicht-kooperativen Gleichgewichte nicht mehr das einzige Gleichgewicht des wiederholten Spiels. Weil keine letzte Periode existiert (in der sich immer das nicht-kooperative Gleichgewicht $\{\mathsf{NK}, \mathsf{NK}\}$ einstellt), lässt sich das Spiel auch nicht mehr mit Hilfe der Rückwärtsinduktion lösen. Es lässt sich aber zeigen, dass die Unternehmen ihr Verhalten in jeder Periode t davon abhängig machen können, ob sich das andere Unternehmen in den vorangehenden Perioden kollusiv verhalten hat.

Die einfachste Strategie, die auf diese Weise Kollusion unter bestimmten Bedingungen zu stabilisieren vermag, ist die so genannte **Trigger-Strategie**. Sie sieht kollusives Verhalten vor, solange das andere Unternehmen nicht von der kollusiven Strategie abweicht. Verhält sich das andere Unternehmen jedoch in einer Periode nicht-kooperativ, so wird in allen Folgeperioden nicht-kooperatives Verhalten gewählt.[1] Der Bestrafungscharakter der Trigger-Strategie ist daran zu erkennen, dass ein Abweichen von der kollusiven Lösung mit nicht-kooperativem Verhalten in allen Folgeperioden beantwortet wird (obwohl es auch im Interesse des bestrafenden Unternehmens wäre, möglichst bald zu stabiler Kollusion zurückzukehren).

Betrachten wir nun die Funktionsweise von Trigger-Strategien im unendlich wiederholten Gefangenendilemma von Übersicht 1. Zu diesem Zweck definieren wir zunächst den Diskontfaktor $0 < \delta < 1$, der die Gegenwartspräferenz der Unternehmen bzw. das Gewicht misst, mit dem zukünftige Gewinne in das Kalkül der Unternehmen eingehen. Bei der Verwendung von Trigger-Strategien lässt sich Kollusion aufrechterhalten, wenn die Bedingung

$$\underbrace{\prod^{K}(1+\delta+\delta^{2}+\ldots)}_{\text{Gewinn bei Kollusion}} \geq \underbrace{\prod^{A}+\prod^{NK}(\delta+\delta^{2})}_{\text{Gewinn bei Abweichen}}$$

erfüllt ist. Löst man diese Relation nach dem Diskontfaktor auf,[2] so erhält man die Bedingung

---

[1] Vgl. Friedman (1971) für die erste Analyse der Auswirkungen solcher Strategien. Martin (2002) diskutiert die Funktionsweise komplizierterer Strategien.

[2] Dabei gilt $(1+\delta+\delta^{2}+\ldots) = 1/(1-\delta)$ und $(\delta+\delta^{2}+\ldots) = \delta/(1-\delta)$.

$$\delta \geq \frac{\Pi^A - \Pi^K}{\Pi^A - \Pi^{NK}},$$

d. h., der Diskontfaktor muss hinreichend groß bzw. nahe genug bei eins sein, damit das kollusive Gleichgewicht {K, K} realisiert werden kann.[1] Dies bedeutet, dass Kollusion aufrechterhalten werden kann, sofern die zukünftigen Gewinne, die durch die Bestrafung nicht-kooperativen Verhaltens entfallen, stark gewichtet werden. Dies wiederum impliziert, dass die Unternehmen eine tiefe Gegenwartspräferenz aufweisen bzw. „geduldig“ sind.[2]

Bei der obigen Bedingung handelt es sich um eine Variante eines zentralen Ergebnisses, das in der Literatur als **Folk-Theorem** bekannt ist.[3] Dieses besagt, dass sich in unendlich wiederholten, nicht-kooperativen Spielen beinahe jeder beliebige kollusive Spielausgang stützen lässt, sofern die Spieler genügend geduldig sind und nicht-kooperatives Verhalten bestraft werden kann. Tirole (1988, S. 247) hält denn auch pointiert fest, dass der Ansatz der wiederholten Spiele in der Erklärung von Kollusion eigentlich „zu erfolgreich“ ist. Shapiro (1989, S. 379) kritisiert den Ansatz unendlich wiederholter Spiele auch deshalb, weil im Allgemeinen offen bleibt, welches der (zahlreichen) möglichen kollusiven Gleichgewichte zustande kommt.

Trotz punktueller Kritik ist der Ansatz unendlich wiederholter Spiele fruchtbar für die Analyse von kooperativem Verhalten. Dies gilt vor allem dann, wenn man davon ausgeht, dass kooperatives Verhalten und Vertrauen in den Kooperationspartner in einem engen Verhältnis stehen. Definiert man Vertrauen im ökonomischen Kontext als die Erwartung eines Agenten, dass ein anderer Agent in einer bestimmten Weise handelt, kann man das Folk-Theorem auch als Modell für gegenseitiges Vertrauen interpretieren: Wenn die Spieler genügend geduldig sind, existieren Gleichgewichte des gegenseitigen Vertrauens. Der grundlegende Trade-off des Folk-Theorems wird auf diese Weise besonders deutlich herausgestrichen: Auf der einen Seite verspricht nicht-kooperatives Verhalten kurzfristig zusätzliche Gewinne, auf der anderen Seite wird das gegenseitige Vertrauen zerstört und kooperatives Verhalten (mindestens vorübergehend) verunmöglicht.

---

1 Beachte, dass wegen der Annahme $\Pi^A > \Pi^K > \Pi^{NK}$ die Relation $\frac{\Pi^A - \Pi^K}{\Pi^A - \Pi^{NK}} < 1$ gilt.

2 In einem wiederholten Gefangenendilemma mit zufälliger Anzahl Perioden gelangt man zu einem äquivalenten Ergebnis: Wenn das Spiel in jeder Periode mit Wahrscheinlichkeit $(1-\alpha)$ abbricht, muss lediglich der Diskontfaktor durch $\overline{\delta} = \alpha\delta$ ersetzt werden. Die Stabilität von Kollusion setzt dann auch voraus, dass das Spiel jeweils mit hoher Wahrscheinlichkeit α fortgesetzt wird.

3 Vgl. Tirole (1988, S. 246 f.) und Fudenberg/Tirole (1989) für einen Überblick zum Folk-Theorem. Standard-Referenzen sind Friedman (1971), Fudenberg/Maskin (1986) und Abreu (1988).

3.3.4 Spezielle Aspekte

Der Kernidee des Folk-Theorems kommt weitreichende Bedeutung zu. So argumentieren beispielsweise Klein/Leffler (1981), dass in der Praxis viele Vertragsbeziehungen auf gegenseitigem Vertrauen der oben beschriebenen Art basieren. Im Folgenden wollen wir auf einige spezielle Aspekte der Kollusion eingehen, die in der industrieökonomischen Literatur diskutiert werden.

Kollusion, Wettbewerbsintensität und Konzentration

Stabile Kollusion – oder gegenseitiges Vertrauen in kooperatives Verhalten – setzt voraus, dass nicht-kooperatives Verhalten wirksam bestraft werden kann. Dies wiederum legt nahe, dass sich in Märkten mit (potentiell) hoher Wettbewerbsintensität Kollusion eher aufrechterhalten lässt als in Märkten mit geringer Wettbewerbsintensität, weil eine Rückkehr zum nicht-kooperativen Gleichgewicht mit stärkeren Gewinneinbußen verbunden ist. In der Literatur ist in diesem Zusammenhang auch vom „topsy-turvy" Prinzip die Rede.[1]

Dieser Mechanismus lässt sich mit Hilfe der Anzahl der Unternehmen n als vereinfachtes Konzentrationsmaß illustrieren.[2] Betrachten wir ein unendlich wiederholtes Oligopolspiel, in dem sich die Anbieter stillschweigend darauf koordiniert haben, den Monopolpreis p^m zu setzen. Durch nicht-kooperatives Verhalten (marginales Unterbieten des Monopolpreises) erzielt ein Unternehmen einmalig den Monopolgewinn Π^m. In der folgenden Periode setzen alle den kompetitiven Preis und erzielen einen Gewinn von 0. Stabile Kollusion verlangt folglich $(\Pi^m / n)(1+\delta+\delta^2+...) \geq \Pi^m$. Durch Umformen erhält man die Relation

$$\underbrace{\Pi^m\left(1-\frac{1}{n}\right)}_{\text{Abweichungsgewinn}} \leq \underbrace{\frac{\Pi^m}{n}\frac{\delta}{1-\delta}}_{\text{Abweichungsverlust}},$$

welche die Vor- und Nachteile nicht-kooperativen Verhaltens – den Abweichungsgewinn und den Abweichungsverlust – direkt zeigt. Es ist leicht zu erkennen, dass der Abweichungsgewinn mit n steigt, während der Abweichungsverlust mit n sinkt. Kollusion ist also bei geringer Anzahl an Unternehmen bzw. bei hoher Konzentration leichter aufrecht zu erhalten.

1 „Topsy-turvy" lässt sich etwa mit „drunter und drüber" oder „auf den Kopf gestellt" übersetzen.

2 In den eingangs genannten Lehrbüchern findet man ausführlichere Diskussionen der verschiedenen Konzentrationsmaße. Sutton (1992, 1998) analysiert den Zusammenhang zwischen dem strategischen Verhalten der Marktteilnehmer und der Marktkonzentration.

Kollusion und schwankende Nachfrage

In einer einflussreichen Arbeit zeigen Green/Porter (1984), dass das gelegentliche Auftreten von nicht-kooperativem Verhalten, beispielsweise in der Form von „Preiskriegen", dazu beitragen kann, Kollusion zu stabilisieren.[1] Sie betrachten eine Situation, in der die Gesamtnachfrage nicht perfekt beobachtet werden kann. Falls sich Unternehmen i einer tiefen Nachfrage gegenüber sieht, kann dies entweder auf eine tiefe Gesamtnachfrage oder auf nicht-kooperatives Verhalten des Konkurrenzunternehmens j zurückzuführen sein. Die Unternehmen laufen deshalb Gefahr, ein Unternehmen (nicht) zu bestrafen, das sich (nicht-)kooperativ verhalten hat.

In einer solchen Situation kann es kein Gleichgewicht sein, eine tiefe wahrgenommene Nachfrage nicht zu bestrafen, weil diese möglicherweise von einer Reduktion der Gesamtnachfrage herrührt: Die Unternehmen haben dann immer einen Anreiz, sich nicht-kooperativ zu verhalten und eine Reduktion der Gesamtnachfrage für die tiefe wahrgenommene Nachfrage des Konkurrenten verantwortlich zu machen. Umgekehrt ist es nicht ratsam, jede Reduktion der wahrgenommenen Nachfrage mit einem unendlichen **Preiskrieg** (Trigger-Strategie) zu bestrafen. Auf diese Weise wird zwar nicht-kooperatives Verhalten mit hoher Wahrscheinlichkeit verhindert, aber früher oder später ergibt sich aufgrund der schwankenden Gesamtnachfrage auch dann ein unendlicher Preiskrieg, wenn sich kein Unternehmen nicht-kooperativ verhalten hat. Green/Porter (1984) zeigen, dass unter solchen Bedingungen ein kollusives Gleichgewicht existiert, in dem die Unternehmen i und j immer dann einen begrenzten Preiskrieg mit T Perioden beginnen, wenn sie sich einer tiefen Nachfrage gegenübersehen. Im kollusiven Gleichgewicht treten also gelegentlich Preiskriege auf, obwohl sich möglicherweise keines der Unternehmen nicht-kooperativ verhalten hat. Preiskriege sind gewissermaßen ein „notwendiges Übel" (Cabral 2000, S. 135) für die Stabilisierung von Kollusion, indem sie die Anreize der Unternehmen reduzieren, vom kollusiven Gleichgewicht abzuweichen.

In einer verwandten Arbeit untersuchen Rotemberg/Saloner (1986) die Stabilität von Kollusion im Konjunkturverlauf. Sie unterstellen, dass die Nachfrage beobachtbar ist und über die Zeit schwankt, wobei die hierfür ursächlichen Nachfrageschocks unabhängig sind. Im Unterschied zum aktuellen Gewinn sind die zukünftigen Gewinne also unabhängig von der aktuellen Nachfrage. Dies impliziert insbesondere, dass der (in der aktuellen Periode anfallende) Abweichungsgewinn bzw. der Abweichungsanreiz bei hoher Nachfrage größer ist. Um ein stabiles kollusives Gleichgewicht zu erreichen, müssen also bei hoher Nachfrage die Preise sinken (um den Abweichungsanreiz zu reduzieren), weshalb in Rotemberg/Saloner (1986) von „price wars during booms" die Rede ist. Dieses Modell demonstriert, dass sich die Preise in kollusiven Industrien unter Umständen antizyklisch verhalten können.

[1] Vgl. Abreu/Pearce/Stachetti (1990) und Fudenberg/Levine/Maskin (1994) für allgemeinere Ansätze.

Kollusion und Multimarkt-Kontakt

In einem weiteren wichtigen Beitrag zeigen Bernheim/Whinston (1990), dass der Kontakt von Unternehmen auf mehreren Märkten zur Stabilisierung von Kollusion führen kann. Dabei gilt es zu beachten, dass Multimarkt-Kontakt Kollusion vor allem dann begünstigt, wenn sich die Wettbewerbsbedingungen in den betrachteten Märkten unterscheiden. Dies lässt sich leicht einsehen, wenn man die Veränderung der Abweichungsanreize für Unternehmen betrachtet, die in einem zweiten Markt unter identischen Bedingungen aktiv werden: Sowohl der Abweichungsgewinn als auch der Abweichungsverlust werden verdoppelt, sodass der kritische Diskontfaktor unverändert bleibt. Ein Multimarkt-Kontakt stabilisiert Kollusion unter diesen Bedingungen also nicht.

Falls sich die Wettbewerbsbedingungen in den beiden Märkten unterscheiden – z. B. weil die Unternehmen unterschiedliche Kosten aufweisen –, kann Multimarkt-Kontakt zur Stabilisierung von Kollusion führen. Tritt nicht-kooperatives Verhalten in einem Markt auf, wird es in beiden Märkten sanktioniert. Dadurch steigen die Abweichungsverluste, und kollusive Gleichgewichte sind bereits für relativ tiefe Diskontfaktoren möglich.

3.4 Informationsaustausch im Oligopol[1]

Die ökonomische Intuition legt nahe, dass der Austausch von marktrelevanten Informationen – beispielsweise über Kosten- und Nachfrageparameter – als Hinweis auf kollusives Verhalten zu werten ist. Die industrieökonomische Forschung zeigt indessen, dass bei der wettbewerbsrechtlichen Beurteilung des Austausches von Informationen Vorsicht geboten ist. Mit Hilfe von Oligopolmodellen werden Märkte analysiert, in denen Unternehmen über private Informationen hinsichtlich verschiedener Parameter ihrer Gewinnfunktion verfügen. Dabei wird untersucht, ob die Unternehmen in einem nicht-kooperativen Gleichgewicht marktrelevante Informationen austauschen wollen. Falls ja, kann die Beobachtung von Informationsaustausch nicht als Hinweis darauf interpretiert werden, dass die Unternehmen tatsächlich versuchen, ein kollusives Gleichgewicht zu implementieren. Die Resultate dieser Untersuchungen hängen teilweise von subtilen Details der untersuchten Modelle ab. Im Folgenden geben wir einen kurzen Überblick über einige wichtige Ergebnisse.

Ein Teil der Literatur untersucht die Anreize, Informationen über die **Gesamtnachfrage** auf einem bestimmten Markt auszutauschen. In einer frühen Arbeit zeigen Novshek/Sonnenschein (1982), dass die Unternehmen bei Cournot-Konkurrenz und homogenen Gütern keine Informationen austauschen wollen. Clarke (1983a, 1983b) und Gal-Or (1985) gelangen zu vergleichbaren Ergebnissen. Vives (1984) untersucht die Anreize bei differenzierten Gütern: Bei Cournot-Konkurrenz und Nachfrage-Substituten wollen die Unter-

[1] Die Ausführungen in diesem Abschnitt orientieren sich an Phlips (1995, Kapitel 5).

nehmen im nicht-kooperativen Gleichgewicht ebenfalls keine Informationen austauschen. Bei Bertrand-Konkurrenz und Nachfrage-Substituten gilt jedoch das Gegenteil: Die Unternehmen wollen im nicht-kooperativen Gleichgewicht Informationen austauschen. Handelt es sich bei den Gütern um Komplemente, so drehen sich die Resultate um.

Ein anderer Teil der Literatur diskutiert die Anreize, Informationen über die **Produktionskosten** auszutauschen. Hier werden „private" und „allgemeine" Kosten unterschieden. Besteht Unsicherheit über die allgemeinen Kosten, die für alle Anbieter relevant sind (z. B. Faktorpreise), so wollen die Unternehmen keine Information austauschen (Clarke 1983b). Betrifft die Unsicherheit hingegen die privaten Kosten (z. B. individuelle Grenzkosten), so wollen die Unternehmen im nicht-kooperativen Gleichgewicht Informationen austauschen (Fried 1984, Gal-Or 1986).

Zusammenfassend kann man festhalten, dass der Informationsaustausch von Unternehmen Kollusion vor allem dann erleichtert, wenn es sich um Informationen betreffend der Gesamtnachfrage oder der allgemeinen Produktionskosten handelt. Der Austausch von Informationen betreffend der individuellen Produktionskosten trägt indessen kaum zur Erleichterung von Kollusion bei, solange keine expliziten Kartellabreden vorliegen.

4. Fusionen und Joint Ventures

4.1 Eingrenzung der Sichtweise von Fusionen und Joint Ventures

Joint Ventures und Fusionen stellen besonders intensive Formen der Kooperation dar, bei denen die beteiligten Unternehmen mindestens einen Teil ihrer Selbstständigkeit aufgeben. Unter dem Titel „Theorie der Firma" hat die angewandte Mikroökonomik vielfältige Ansätze zur Erklärung der Grenzen von Unternehmen entwickelt. Neben der „technischen Sicht der Firma", die weit gehend auf der neoklassischen Produktionstheorie basiert, findet man den Prinzipal-Agent-Ansatz, den Transaktionskosten-Ansatz und den eigentumsrechtlichen Ansatz.[1] Letztere Ansätze befassen sich in der einen oder anderen Form mit der Ausgestaltung von Verträgen zwischen wirtschaftlichen Akteuren und stellen wichtige Elemente der modernen Theorie der Firma dar. Im Rahmen des vorliegenden Beitrages ist es nicht möglich, die Theorie der Firma und ihre Bedeutung für die Erklärung von Kooperation zwischen Unternehmen adäquat darzustellen. Wir beschränken

1 Bühler/Jaeger (2002, Kapitel 2) diskutieren die verschiedenen Elemente der Theorie der Firma kritisch. Vgl. Foss (2000) für eine Übersicht zur relevanten Literatur.

uns deshalb darauf, einige wenige Aspekte von Fusionen und Joint Ventures zu diskutieren, die aus der Perspektive der Industrieökonomik besonders bedeutsam erscheinen.[1]

4.2 Horizontale Fusionen

Bei horizontalen Fusionen schließen sich Unternehmen zusammen, die im gleichen Markt tätig sind. In der Literatur wird eine Vielzahl von Gründen für horizontale Fusionen angegeben. Für die folgende Diskussion ist es ausreichend, die folgenden zentralen Motive zu betrachten:[2]

- **Synergieeffekt**: Der Zusammenschluss führt dazu, dass Skalenerträge oder Verbundvorteile ausgenutzt werden können.
- **Marktstruktureffekt**: Der Zusammenschluss führt zu einer Reduktion der Anzahl der Anbieter und damit zu einer Erhöhung der Marktmacht.

Aus der industrieökonomischen Perspektive ergibt sich bei einer horizontalen Fusion somit ein interessanter Trade-off: Sind die durch die Fusion realisierten Synergien so bedeutend, dass die Fusion trotz des Marktstruktureffekts zu einer Erhöhung der Wohlfahrt führt? Farrell/Shapiro (1990) zeigen, dass der Synergieeffekt bei Cournot-Konkurrenz groß sein muss, damit der Gleichgewichtspreis sinkt. Dies heißt indessen nicht, dass eine Fusion nur dann zu Wohlfahrtsverbesserungen führt, wenn starke Synergien realisiert werden können: Neben den Gewinnen Π^I der an der Fusion beteiligten Unternehmen („Insider") ändern sich auch die Gewinne Π^O der nicht-beteiligten Unternehmen („Outsider") sowie die Konsumentenrente K. Bezeichnet man die Wohlfahrt mit W, lässt sich der externe Effekt einer Fusion schreiben als $E \equiv \Delta W - \Delta\Pi^I = \Delta\Pi^O + \Delta K$. Eine profitable Fusion $(\Delta\Pi^I \geq 0)$ führt also zu Wohlfahrtsverbesserungen $(\Delta W \geq 0)$, wenn der externe Effekt positiv ist $(E \geq 0)$.

Salant/Switzer/Reynolds (1983) zeigen, dass bei Cournot-Konkurrenz eine Fusion (unter bestimmten Annahmen) nur dann profitabel ist, wenn sich mindestens 80 % der Anbieter zusammenschließen.[3] Dieses überraschende Ergebnis lässt sich damit erklären, dass die Outsider ebenfalls vom Marktstruktureffekt der Fusion profitieren. Dieses Trittbrettfahrer-Problem wird bei Cournot-Konkurrenz dadurch akzentuiert, dass die Outputreduktion der Insider die Outsider dazu veranlasst, ihrerseits den Output zu erhöhen. Bei Bertrand-Konkurrenz hat der Marktstruktureffekt dagegen zur Folge, dass das integrierte Unternehmen einen höheren Preis setzt. Die gleichgerichtete Reaktion der Outsider ver-

---

[1] Vgl. Röller/Stennek/Verboven (2000) und Peck/Temple (2002) für eine Übersicht der Literatur. Franz/Ramser/Stadler (2002) diskutieren einige Ergebnisse der neueren Forschung zu Fusionen.

[2] Vgl. Scherer/Ross (1990, 159 ff.) und Viscusi/Vernon/Harrington (2000, 195 ff.) für Lehrbuchdarstellungen der verschiedenen Fusionsmotive. Holmström/Kaplan (2001) diskutieren Fusionsmotive vor dem Hintergrund der „Corporate Governance".

[3] Vgl. auch Perry/Porter (1985).

stärkt diesen Effekt, sodass eine Fusion in der Regel selbst dann profitabel ist, wenn nur zwei Unternehmen involviert sind (Deneckere/Davidson 1985). Zusammenfassend kann man festhalten, dass (unabhängig von der Wettbewerbsform) horizontale Fusionen wegen des Marktstruktureffekts normalerweise zu Preiserhöhungen führen. Die Wohlfahrtseffekte von horizontalen Fusionen sind weniger eindeutig.

Der Effekt von horizontalen Fusionen auf die Outsider ist auch von zentraler Bedeutung, wenn es um die Erklärung von **Fusionswellen** geht, wie sie unter anderem in den USA beobachtet wurden (Scherer/Ross 1990). Nilssen/Sørgard (1998) untersuchen die strategischen Interaktionen zwischen Unternehmen, die sequenzielle horizontale Fusionen planen. Sie gelangen zum Ergebnis, dass sequenzielle Fusionen dann zustande kommen, wenn eine Fusion die Profitabilität potenzieller Outsider-Fusionen positiv beeinflusst (und die gegenseitige Konkurrenz abschwächt). Fauli-Oller (2000) gelangt in einem verwandten Papier zu einem inhaltlich äquivalenten Ergebnis. In der Literatur ist in diesem Zusammenhang auch von endogenen Fusionen die Rede.[1]

4.3 Vertikale Fusionen

Bei vertikalen Fusionen schließen sich Unternehmen aus vertikal verknüpften Märkten zusammen (z. B. Produzenten und Endverkäufer). Weil die Anzahl der Anbieter auf den jeweiligen Märkten durch die vertikale Fusion nicht verändert wird, fehlt der für die Analyse von horizontalen Fusionen zentrale Marktstruktureffekt. Dennoch gilt das Interesse der Industrieökonomik auch hier einem Trade-off, der sich nun aus den folgenden (potenziellen) Auswirkungen von vertikalen Fusionen ergibt.[2]

- **Synergieeffekt**: Durch vertikale Integration kann die „doppelte Marginalisierung" (Spengler 1950) eliminiert werden, die sich bei oligopolistischer Konkurrenz auf vertikal verknüpften Märkten einstellt.[3]
- **Diskriminierungseffekt**: Die vertikale Fusion führt zu Anreizen, unabhängige Unternehmen auf dem einen oder anderen Markt strategisch zu diskriminieren („vertical foreclosure").

Wichtige Vertreter der Chicago-Schule wie Bork (1978) und Posner/Easterbrook (1981) argumentierten, dass ein vertikal integriertes Unternehmen von der Diskriminierung unabhängiger Unternehmen nicht profitieren könne. Neuere Untersuchungen, die auf dem von Salop/Scheffman (1983, 1987) eingeführten Ansatz der Erhöhung der gegnerischen Kosten („**raising rivals' costs**") basieren, legen jedoch dar, dass die Diskriminierung unab-

---

1 Vgl. zu endogenen Fusionen insbesondere Horn/Persson (2001) und die dort angegebene Literatur.

2 Vgl. Perry (1989) für eine Übersicht zu den Auswirkungen von vertikaler Integration.

3 Zudem können (wie bei horizontalen Fusionen) möglicherweise Skalen- oder Verbundvorteile realisiert werden.

hängiger Unternehmen durchaus profitabel sein kann.[1] Welcher der beiden genannten Effekte dominiert, ist im Allgemeinen jedoch nicht eindeutig und die wettbewerbspolitischen Implikationen der neueren Literatur sind bisher noch wenig robust (Klass/Salinger 1995).

In der Literatur wird ferner gezeigt, dass vertikale Fusionen nicht nur die doppelte Marginalisierung eliminieren, sondern auch andere vertikale Externalitäten wie die ineffiziente Substitution von Inputfaktoren oder die mangelnde Bereitstellung von nachfragesteigernden Dienstleistungen internalisieren können. Allerdings ist darauf hinzuweisen, dass sich einige dieser vertikalen Externalitäten auch mit schwächeren vertikalen Abreden („vertical restraints"), wie z. B. vertikalen Preisbindungen oder nicht-linearen Tarifen, internalisieren lassen (Tirole 1988).

4.4 Joint Ventures

Joint Ventures weisen auf den ersten Blick starke Ähnlichkeiten mit Fusionen auf. Dennoch gibt es einen entscheidenden Unterschied bezüglich der ökonomischen Funktionsweise dieser beiden Kooperationsformen: Während die kooperierenden Unternehmen bei einer Fusion zu einem einzigen Unternehmen verschmelzen, bleiben die Unternehmen außerhalb des Joint Ventures unabhängig. Einzelne marktrelevante Entscheidungen werden also kooperativ, andere wiederum nicht-kooperativ getroffen. Wie bei Fusionen unterscheidet man auch hier zwischen horizontalen und vertikalen Joint Ventures.

Horizontale Joint Ventures

Horizontale Joint Ventures spielen vor allem bei der Analyse gegenseitiger Unternehmensbeteilungen eine wichtige Rolle.[2] So zeigen Reynolds/Snapp (1986) im Rahmen eines Cournot-Modells, dass gegenseitige Beteiligungen den Wettbewerb wirksam reduzieren können. Bei vollständiger Symmetrie der Unternehmen und ihrer gegenseitigen Beteiligungen ergibt sich sogar derselbe Marktpreis wie im Monopol! Dieses Ergebnis ist wie folgt zu erklären: Die gegenseitige Beteiligung der Unternehmen hat zur Folge, dass sich die Interessen der Konkurrenten angleichen. Bei Symmetrie ist die individuelle Gewinnmaximierung folglich äquivalent zur Maximierung der Industriegewinne.

Vertikale Joint Ventures

Vertikale Joint Ventures treten häufig in Industrien mit hohen Investitionen in der F & E auf. Dabei legen die beteiligten Unternehmen ihre F & E-Investitionen im Rahmen eines Joint Ventures zunächst kooperativ fest. Anschließend verwerten die Unternehmen die F & E-Ergebnisse nicht-kooperativ, d. h., die Unternehmen treten auf dem Produktmarkt

---

1 Standard-Referenzen sind Salinger (1988), Ordover/Saloner/Salop (1990), sowie Hart/Tirole (1990) und Bolton/Whinston (1993).

2 Vgl. Jacquemin/Slade (1989) für eine Übersicht.

als Konkurrenten auf. In einer wichtigen Arbeit zeigen D'Aspremont/Jacquemin (1986), dass vertikale Joint Ventures in F & E wohlfahrtssteigernde Wirkung haben, falls F & E-Investitionen bedeutende „Spillovers“ aufweisen. Die Ergebnisse von F & E-Investitionen sind dann schlecht geschützt gegen die entgeltlose Nutzung durch Konkurrenten, was die Investitionsanreize reduziert und bei oligopolistischer Konkurrenz zu suboptimalen Investitionen führt. Joint Ventures lösen dieses Problem, indem sie die externen Effekte von F & E-Investitionen internalisieren. Dieser Ansatz ist in der Literatur in verschiedener Hinsicht weiterentwickelt worden.[1]

5. Empirische Evidenz

5.1 Überblick

Die Industrieökonomik gehört zu denjenigen ökonomischen Disziplinen, die in den letzten Jahrzehnten vor allem durch theoretische Beiträge geprägt wurden. Dies ist in erster Linie auf die frühe und konsequente Verwendung von spieltheoretischen Methoden zur Erklärung des strategischen Verhaltens von Unternehmen zurückzuführen. In neuerer Zeit erlebt die empirische Industrieökonomik aber eine eigentliche Renaissance. Diese ist zum einen auf die verbesserte Verfügbarkeit von Daten auf der Mikroebene zurückzuführen, zum andern auf die Entwicklung neuer empirischer Methoden, die sich besser für das Testen von spieltheoretischen Modellen eignen. Hierzu gehören neben neuen ökonometrischen Ansätzen auch Methoden der experimentellen Wirtschaftsforschung. Im Folgenden diskutieren wir einige wichtige empirische Ergebnisse zur Analyse der verschiedenen Kooperationsformen.

5.2 Kollusion

5.2.1 Ökonometrische Studien

In einer der ersten Arbeiten der so genannten **Neuen Empirischen Industrieökonomik (NEIO)** weist Bresnahan (1982) nach, dass die „Wettbewerbsintensität“ in einer oligo-

1 Vgl. Phlips (1995, Kapitel 10) für einen Überblick und einen Einstieg in die weiterführende Literatur.

polistischen Industrie – gemessen durch den Parameter $\theta \in [0,1]$ – bei adäquater Spezifikation der Schätzgleichungen identifiziert und damit schätzbar ist. Für $\theta = 0$ ist die Wettbewerbsintensität maximal (vollkommene Konkurrenz), für $\theta = 1$ minimal (Monopol). Verfügt man über die notwendigen Mikrodaten, kann man mit geeigneten ökonometrischen Methoden auch Veränderungen der Wettbewerbsintensität über die Zeit feststellen, wie sie sich z. B. durch den Zusammenbruch eines Kartells oder die Implementierung eines kollusiven Gleichgewichts ergeben. In einer einflussreichen Arbeit verwendet Porter (1983) diesen Ansatz, um die Kartellstabilität in der amerikanischen Eisenbahnindustrie Ende des 19. Jahrhunderts zu untersuchen. Er findet kollusive Perioden abwechselnd mit Perioden, in denen Preiskriege ausgetragen werden.[1] Der NEIO-Ansatz wurde seither erfolgreich für eine Vielzahl von verschiedenen Industrien verwendet. Bresnahan (1989) und Slade (1995) geben einen Überblick über die Ergebnisse der verschiedenen Studien. Ihre wichtigsten Schlussfolgerungen lassen sich wie folgt zusammenfassen:

- Die Marktmacht der Anbieter ist vor allem in stark konzentrierten Industrien bedeutend.
- Kollusion ist ein wichtiger Grund für die Marktmacht der Anbieter.

Der NEIO-Ansatz ist indessen nicht frei von Problemen. So müssen häufig starke Annahmen hinsichtlich der funktionalen Form der Nachfrage und der Produktionstechnologie getroffen werden. Entsprechen diese Annahmen nicht der Realität, können Rückschlüsse auf die Wettbewerbsintensität fehlerhaft sein. Corts (1999) weist zudem darauf hin, dass die NEIO-typische Verwendung statischer Oligopolmodelle problematisch ist, wenn es um die Messung von Marktmacht und Wettbewerbsintensität auf dynamischen Märkten geht. Schließlich ist die Validität der Schätzergebnisse nur schwer zu überprüfen, weil alternative Möglichkeiten zur Messung des Verhaltens der Marktteilnehmer in der Regel fehlen. In einer neueren Studie zeigen Genesove/Mullin (1998) indessen, dass diese Kritik den Ansatz nicht grundsätzlich in Frage stellt. Sie analysieren die Zucker-Industrie in den USA über einen Zeitraum, in dem die zu schätzenden Parameter direkt beobachtet werden können, und gelangen zum Ergebnis, dass die NEIO-Schätzungen durchaus zufriedenstellend ausfallen.

5.2.2 Experimentelle Studien

Im Labor durchgeführte, wirtschaftswissenschaftliche Experimente stellen eine attraktive Alternative zu ökonometrischen Untersuchungen dar, insbesondere dann, wenn kaum geeignetes Datenmaterial auf der Mikroebene verfügbar ist. Zwischen der Industrieöko-

[1] Dieses Ergebnis ist konsistent mit den theoretischen Erklärungsansätzen (siehe Abschnitt 3.3.4).

nomik und der experimentellen Wirtschaftsforschung existiert auch traditionell eine enge Bindung.[1]

Die Wettbewerbsintensität wird in zahlreichen experimentellen Studien untersucht. So stellen beispielsweise Dufwenberg/Gneezy (2000) fest, dass die Analyse experimenteller Märkte kaum empirische Evidenz für das Auftreten des **Bertrand-Paradoxons** (Preis gleich Grenzkosten trotz weniger Anbieter) zutage fördert.[2] Sie führen dieses Ergebnis allerdings eher auf beschränkte Rationalität („bounded rationality") als auf Kooperation zurück. Huck/Normann/Oechssler (2001) fassen die umfangreiche Literatur zu Cournot-Experimenten zusammen und stellen fest, dass Kollusion verschiedentlich in Duopolen auftritt, aber in Märkten mit mehr als zwei Unternehmen sehr selten ist. Für ihr eigenes Experiment gelangen sie zum Ergebnis, dass Kollusion bei vier und mehr Unternehmen nie auftritt. Insgesamt legen die Ergebnisse der experimentellen Wirtschaftsforschung nahe, dass die Anzahl der Anbieter eine wichtige Rolle für das Auftreten kollusiven Verhaltens spielt.

5.3 Fusionen

5.3.1 Überblick

Die empirische Literatur hat sich in den letzten Jahren unter anderem darauf konzentriert, „stilisierte Fakten" zur Fusionstätigkeit von Unternehmen zusammenzutragen. In neueren Arbeiten gelangen Andrade/Mitchell/Stafford (2001) und Kleinert/Klodt (2002) für die USA und Europa zu folgenden Ergebnissen:

- Fusionen treten in Wellen auf.
- Innerhalb einer Fusionswelle ergeben sich sektorale Fusionscluster.

Die Autoren interpretieren die beobachtete Fusionstätigkeit im Wesentlichen als Anpassung der Unternehmensstrukturen an veränderte Rahmenbedingungen, die sich zum einen aus der Globalisierung und zum andern aus der verstärkten Deregulierung verschiedener Wirtschaftszweige ergibt.

Jensen/Ruback (1983) und Jarell/Brickley/Netter (1988) fassen die empirische Evidenz zu den Auswirkungen von Fusionen zusammen. Sie gelangen zum Ergebnis, dass Fusionen in der Regel zu Wertsteigerungen für die Aktionäre der beteiligten Unternehmen

1 Plott (1989) und Holt (1995) diskutieren die Entwicklung der experimentellen Wirtschaftsforschung im Kontext der Industrieökonomik.

2 Zu einem vergleichbaren Ergebnis waren bereits Fouraker/Siegel (1963, Kapitel 10) in einer früheren experimentellen Studie gelangt.

führen, die vor allem den Aktionären des übernommenen Unternehmens zugute kommen. In der empirischen Literatur wird indessen auch festgestellt, dass Fusionen häufig nicht profitabel sind (Ravenscraft/Scherer 1989, Mueller 1997).[1] Gemäss Kleinert/Klodt (2002, S. 48) entscheiden denn auch in erster Linie unternehmensspezifische Faktoren über den Erfolg von Fusionen, und die Erfolgswahrscheinlichkeit unterscheidet sich insgesamt „nicht von der eines Münzwurfs".

5.3.2 Horizontale Fusionen

In der aktuellen Forschung werden im Rahmen von ökonometrischen Studien vermehrt auch die Auswirkungen einzelner Fusionen analysiert. Dabei wird zunächst die Nachfrage nach den relevanten Produkten geschätzt, woraus sich die Preiselastizitäten der Nachfrage ableiten lassen. Anschließend werden diese Preiselastizitäten dazu verwendet, die Auswirkungen einer bestimmten Fusion zu simulieren. Diese Vorgehensweise lässt sich insbesondere auch dann anwenden, wenn die betrachtete Fusion Auswirkungen auf verschiedene differenzierte Produkte hat. Standard-Referenzen hierzu sind Baker/Bresnahan (1985), Hausman/Leonard/Zona (1994), Werden/Froeb (1994) und Nevo (2000). Insbesondere in den USA spielen empirische Untersuchungen dieser Art mittlerweile eine wichtige Rolle bei der Beurteilung von Fusionen durch die Wettbewerbsbehörden.[2]

5.3.3 Vertikale Fusionen

Wie oben erwähnt, gehört die Analyse von vertikalen Fusionen zu den aktuellen Forschungsgebieten der Industrieökonomik. Die Anzahl empirischer Studien zu den Auswirkungen vertikaler Fusionen ist bisher noch vergleichsweise klein. Zwar gibt es neben Fallstudien (Allen 1971, Pass/Hawkins 1972) und Event-Studien (Rosengreen/Meehan 1994; Snyder 1995) auch einige ökonometrische Untersuchungen,[3] aber lediglich Martin/Normann/Snyder (2001) (in einer experimentellen Studie) und Aydemir/Bühler (2002) unternehmen den Versuch, den oben beschriebenen Diskriminierungseffekt direkt zu schätzen. Die bisherigen Ergebnisse legen nahe, dass der Diskriminierungseffekt – relativ zum Synergieeffekt – bedeutend sein kann.

---

[1] Bei Scherer (2002, S. 1) ist in diesem Zusammenhang sogar von einem „Merger Puzzle" die Rede, das er wie folgt formuliert: „Why is it that business leaders engage so vigorously in an activity widely believed to be so often a losing proposition?"

[2] Die Rolle der experimentellen Wirtschaftsforschung bei der empirischen Analyse von horizontalen Fusionen diskutieren Davis/Wilson (nicht datiert).

[3] Vgl. hierzu McBride (1983), Grimm/Winston/Evans (1992), Waterman/Weiss (1992), Chipty (2001) und Gilbert/Hastings (2001).

6. Schlussbemerkungen

Die Analyse der Kooperation von Unternehmen ist ein wichtiges Element der modernen Industrieökonomik. Im Zentrum des Interesses stehen dabei die Auswirkungen, die traditionelle unternehmensübergreifende Kooperationen wie Kartelle, Joint Ventures, Fusionen usw. auf das Marktergebnis haben. Unternehmensübergreifende Kooperation trifft man indessen auch in dynamischen Industrien mit Netzwerkcharakter (Telekommunikation, Computersoftware etc.) an. In diesen Industrien gilt es unter anderem, folgende neuartige Fragen zu beantworten: Unter welchen Bedingungen sollen die Systemstandards für Netzwerke kooperativ festgelegt werden? Wann ist es besser, wenn Systemstandards durch den Wettbewerb ausgewählt werden? Welche Auswirkungen hat die Kooperation von Unternehmen bei der gegenseitigen Benutzung von privaten Infrastruktureinrichtungen? Welche (Zugangs-)Preise sollen dabei verrechnet werden? Solche Fragen können mit den oben diskutierten Erklärungsansätzen häufig (noch) nicht abschliessend beantwortet werden. Die Erklärung des Verhaltens von Unternehmen auf dynamischen Märkten stellt deshalb eine besondere Herausforderung für die moderne Industrieökonomik dar.

Im vorliegenden Beitrag haben wir versucht zu zeigen, dass die Industrieökonomik wichtige Grundlagen für ein vertieftes Verständnis der Wirkungsweise unternehmensübergreifender Kooperation liefern kann. Aus Sicht der Unternehmen stellt dieses Verständnis eine Bedingung für adäquates strategisches Verhalten dar. Aus Sicht der Wettbewerbsbehörden ist das Verständnis der ökonomischen Wirkungsweise verschiedener Kooperationsformen eine wichtige Grundlage für eine sachgerechte Wettbewerbspolitik. Es ist davon auszugehen, dass die Bedeutung der Industrieökonomik dank der verstärkten empirischen Fundierung in näherer Zukunft zunehmen wird.

Literatur

ABREU, D. (1988): Toward a Theory of Discounted Repeated Games, in: Econometrica, 56. Jg., S. 383-396.

ABREU, D.; PEARCE, D.; STACHETTI, E. (1990): Toward a Theory of Discounted Repeated Games with Imperfect Monitoring, in: Econometrica, 58. Jg., S. 1041-1063.

ALLEN, B. T. (1971): Vertical Integration and Market Foreclosure: The Case of Cement and Concrete, in: Journal of Law and Economics, 14. Jg., S. 251-274.

ANDRADE, G.; MITCHELL, M.; STAFFORD, E. (2001): New Evidence and Perspectives on Mergers, in: Journal of Economic Perspectives, 15. Jg., S. 103-120.

AYDEMIR, Z.; BÜHLER, S. (2002): Estimating Vertical Foreclosure in U.S. Gasoline Supply, Working Paper, Universität Zürich.

BAKER, J. B.; BRESNAHAN, T. F. (1985): The Gains From Merger or Collusion in Product-Differentiated Industries, in: Journal of Industrial Economics, 33. Jg., S. 427-444.

BERNHEIM, D. B.; WHINSTON, M. D. (1990): Multimarket Contact and Collusive Behavior, in: Rand Journal of Economics, 21. Jg., S. 1-26.

BESTER, H. (2004): Theorie der Industrieökonomik, 3. Auflage, Berlin u. a.

BOLTON, P.; WHINSTON, M. D. (1993): Incomplete Contracts, Vertical Integration, and Supply Assurance, in: Review of Economic Studies, 60. Jg., S. 121-148.

BORK, R. (1978): The Antitrust Paradox, New York.

BRESNAHAN, T. F. (1989): Empirical Studies of Industries with Market Power, in: Schmalensee, R.; Willig, R. D. (Hrsg.): Handbook of Industrial Organization, Band II, Amsterdam, S. 1011-1057.

BRESNAHAN, T. F. (1982): The Oligopoly Solution is Identified, in: Economics Letters, 10. Jg., S. 87-92.

BÜHLER, S.; JAEGER, F. (2002): Einführung in die Industrieökonomik, Berlin u. a.

CABRAL, L. M. B. (2000): Introduction to Industrial Organization, Cambridge, Massachusetts.

CHIPTY, T. (2001): Vertical Integration, Market Foreclosure, and Consumer Welfare in the Cable Television Industry, in: American Economic Review, 91. Jg., S. 428-453.

CLARKE, R. N. (1983a): Duopolists Don't Wish to Share Information, in: Economics Letters, 11. Jg., S. 33-36.

CLARKE, R. N. (1983b): Collusion and the Incentives for Information Sharing, in: Bell Journal of Economics, 14. Jg., S. 383-394.

CORTS, K. S. (1999): Conduct Parameters and the Measurement of Market Power, in: Journal of Econometrics, 88. Jg., S. 227-250.

D'ASPREMONT, C.; JACQUEMIN, A. (1988): Cooperative and Noncooperative R&D in Duopoly with Spillovers, in: American Economic Review, 78. Jg., S. 1133-1337.

D'ASPREMONT, C.; JACQUEMIN, A.; JASKOLD-GABSZEWICZ, J.; WEYMARK, J. A. (1983): On the Stability of Collusive Price Leadership, in: Canadian Journal of Economics, 16. Jg., S. 17-25.

DAVIS, D. D.; WILSON, B. J.: Horizontal Merger Analysis and Laboratory Experiments, http://www.antitrust.org/mergers/economics/mergersexperiments.htm (nicht datiert).

DENECKERE, R.; DAVIDSON, C. (1985): Incentives to Form Coalitions with Bertrand Competition, in: Rand Journal of Economics, 16. Jg., S. 473-486.

DUFWENBERG, M.; GNEEZY, U. (2000): Price Competition and Market Concentration: An Experimental Study, in: International Journal of Industrial Organization, 18. Jg., S. 7-22.

FAULI-OLLER, R. (2000): Takeover Waves, in: Journal of Economics & Management Strategy, 9. Jg., S. 189-210.

FARRELL, J.; SHAPIRO, C. (1990): Horizontal Mergers: An Equilibrium Analysis, in: American Economic Review, 80. Jg., S. 107-126.

FOSS, N. J. (Hrsg.) (2000): The Theory of the Firm. Critical Perspectives on Business and Management, London u. a.

FOURAKER, L. E.; SIEGEL, S. (1963): Bargaining Behavior, New York.

FRANZ, W.; RAMSER, H. J.; STADLER, M. (2002): Fusionen, Tübingen.

FRIED, D. (1984): Incentives for Information Production and Disclosure in a Duopolistic Environment, in: Quarterly Journal of Economics, 99. Jg., S. 367-381.

FRIEDMAN, J. (1971): A Noncooperative Equilibrium for Supergames, in: Review of Economic Studies, 28. Jg., S. 1-12.

FUDENBERG, D.; MASKIN, E. (1986): The Folk Theorem in Repeated Games with Discounting or with Incomplete Information, in: Econometrica, 54. Jg., S. 533-556.

FUDENBERG, D.; LEVINE, D. I.; MASKIN, E. (1994): The Folk Theorem with Imperfect Information, in: Econometrica, 62. Jg., S. 997-1039.

FUDENBERG, D.; TIROLE, J. (1991): Game Theory, Cambridge, Massachusetts.

FUDENBERG, D.; TIROLE, J. (1989): Noncooperative Game Theory, in: Schmalensee, R.; Willig, R. D. (Hrsg.): Handbook of Industrial Organization, Band I, Amsterdam, S. 259-327.

GAL-OR, E. (1985): Information Sharing in Oligopoly, in: Econometrica, 53. Jg., S. 329-343.

GAL-OR, E. (1986): Information Transmission – Cournot and Bertrand Equilibria, in: Review of Economic Studies, 53. Jg., S. 85-92.

GENESOVE, D.; MULLIN, W. P. (1998): Testing Static Oligopoly Models: Cost and Conduct in the Sugar Industry, in: Rand Journal of Economics, 29. Jg., S. 355-377.

GILBERT, R.; HASTINGS, J. (2001): Vertical Integration in Gasoline Supply: An Empirical Test of Raising Rivals' Costs, University of California, Berkeley.

GREEN, E.; PORTER, R. H. (1984): Noncooperative Collusion under Imperfect Information, in: Econometrica, 52. Jg., S. 87-100.

GRIMM, C. M.; WINSTON, C.; EVANS, C. A. (1992): Foreclosure of Railroad Markets, in: Journal of Law and Economics, 35. Jg., S. 295-310.

HART, O.; TIROLE, J. (1990): Vertical Integration and Market Foreclosure, in: Brooking Papers on Economic Activity, Special Issue, S. 205-276.

HAUSMAN, J.; LEONARD, G.; ZONA, J. D. (1994): Competitive Analysis with Differentiated Products, in: Annales D'Economie et de Statistique, 34. Jg., S. 159-180.

HOLMSTRÖM, B.; KAPLAN, S. N. (2001): Corporate Governance and Merger Activity in the United States: Making Sense of the 1980s and 1990s, in: Journal of Economic Perspectives, 15. Jg., S. 121-144.

HOLMSTRÖM, B.; ROBERTS, J. (1998): The Boundaries of the Firm Revisited, in: Journal of Economic Perspectives, 12. Jg., S. 73-94.

HOLT, C. A. (1995): Industrial Organization: A Survey of Laboratory Research, in: Kagel, J. H.; Roth, A. E. (Hrsg.): Handbook of Experimental Economics, Princeton.

HORN, H.; PERSSON, L. (2001): Endogenous Mergers in Concentrated Markets, in: International Journal of Industrial Organization, 19. Jg., S. 1213-1244.

HUCK, S.; NORMANN, H.; OECHSSLER, J. (2001): Two are Few and Four are Many: Number Effects in Experimental Oligopolies, Working Paper, Humboldt Universität Berlin.

JACQUEMIN, A.; SLADE, M. E. (1989): Cartels, Collusion, and Horizontal Merger, in: Schmalensee, R.; Willig, R. D. (Hrsg.): Handbook of Industrial Organization, Band I, Amsterdam, S. 415-473.

JARRELL, G. A.; BRICKLEY, J. A.; NETTER, J. M. (1988): The Market for Corporate Control: The Empirical Evidence Since 1980, in: Journal of Economic Perspectives, 2. Jg., S. 49-68.

JENSEN, M. C.; RUBACK, R. S. (1983): The Market for Corporate Control: The Scientific Evidence, in: Journal of Financial Economics, 11. Jg., S. 5-50.

KLASS, M. W.; SALINGER, M. A. (1995): Do New Theories of Vertical Foreclosure Provide Sound Guidance for Consent Agreements in Vertical Merger Cases?, in: Antitrust Bulletin, 40. Jg., Fall, S. 667-698.

KLEIN, B.; LEFFLER, K. B. (1981): The Role of Market Forces in Assuring Contractual Performance, in: Journal of Political Economy, 89. Jg., S. 615-641.

KLEINERT, J.; KLODT, H. (2002): Fusionswellen und ihre Ursachen, in: Franz, W.; Ramser, J. H.; Stadler, M. (Hrsg.): Fusionen, Tübingen, S. 27-49.

MARTIN, S. (2002): Advanced Industrial Economics, 2. Aufl., Oxford.

MARTIN, S.; NORMANN, H. T.; SNYDER, C. M. (2001): Vertical Foreclosure in Experimental Markets, in: Rand Journal of Economics, 32. Jg., S. 466-496.

MCBRIDE, M. E. (1983): Spatial Competition and Vertical Integration: Cement and Concrete Revisited, in: American Economic Review, 73. Jg., S. 1011-1022.

MUELLER, D. C. (1997): Merger Policy in the United States: A Reconsideration, in: Review of Industrial Organization, 12. Jg., S. 655-685.

NEVO, A. (2000): Mergers With Differentiated Products, in: Rand Journal of Economics, 31. Jg., S. 395-421.

NILSSEN, T.; SØRGARD, L. (1998): Sequential Horizontal Mergers, in: European Economic Review, 42. Jg., S. 1683-1702.

NOVSHEK, W.; SONNENSCHEIN, H. (1982): Fulfilled Expectation, Cournot Duopoly With Information Acquisition and Release, in: Bell Journal of Economics, 13. Jg., S. 214-218.

ORDOVER, J. A.; SALONER, G.; SALOP, S. C. (1990): Equilibrium Vertical Foreclosure, in: American Economic Review, 80. Jg., S. 127-142.

OSBORNE, M. J. (2003): An Introduction to Game Theory. Oxford.

PASS, C. L.; HAWKINS, K. H. (1972): Exclusive Dealing, Supplier Ownership of Outlets and the Public Interest: The Petrol Case, in: Antitrust Bulletin, 17. Jg., S. 567-595.

PECK, S.; TEMPLE, P. (Hrsg.) (2002): Mergers and Acquisitions, London.

PERRY, M. K. (1989): Vertical Integration: Causes and Effects, in: Schmalensee, R.; Willig, R. D. (Hrsg.): Handbook of Industrial Organization, Band I, Amsterdam, S. 183-255.

PERRY, M. K.; PORTER, R. H. (1985): Oligopoly and the Incentive for Horizontal Merger, in: American Economic Review, 75. Jg., S. 219-227.

PHLIPS, L. (1995): Competition Policy: A Game-Theoretic Perspective, Cambridge.

PLOTT, C. R. (1989): An Updated Review of Industrial Organization: Applications of Experimental Methods, in: Schmalensee, R.; Willig, R. D. (Hrsg.): Handbook of Industrial Organization, Band II, Amsterdam, S. 1109-1176.

PORTER, R. H. (1983): A Study of Cartel Stability: The Joint Executive Committee, 1880-1886, in: Bell Journal of Economics, 14. Jg., S. 301-314.

POSNER, R. A.; EASTERBROOK, F. H. (1981): Antitrust: Cases, Economic Notes and Other Materials, 2. Aufl., St. Paul.

RAVENSCRAFT, D. J.; SCHERER, F. M. (1989): The Profitability of Mergers, in: International Journal of Industrial Organization, 7. Jg., S. 101-116.

REYNOLDS, R.; SNAPP, B. R. (1986): The Economic Effects of Partial Equity Interests and Joint Ventures, in: International Journal of Industrial Organization, 4. Jg., S. 141-154.

RÖLLER, L. H.; STENNEK, J.; VERBOVEN, F. (2000): Efficiency Gains from Mergers, Diskussionspapier, Wissenschaftszentrum Berlin.

ROSENGREEN, E. S.; MEEHAN, J. W. (1994): Empirical Evidence on Vertical Foreclosure, in: Economic Enquiry, 32. Jg., S. 303-317.

ROTEMBERG, J. J.; SALONER, G. (1986): A Supergame-Theoretic Model of Business Cycle and Price Wars During Booms, in: American Economic Review, 76. Jg., S. 390-407.

SALOP, S. C.; SCHEFFMAN, D. T. (1983): Raising Rivals' Costs, in: American Economic Review Papers and Proceedings, 73. Jg., S. 267-271.

SALOP, S. C.; SCHEFFMAN, D. T. (1987): Cost-Raising Strategies, in: Journal of Industrial Economics, 36. Jg., S. 19-34.

SALANT, W.; SWITZER, S.; REYNOLDS, R. J. (1983): Losses from Horizontal Merger: The Effects of an Exogenous Change in Industry Structure on Cournot-Nash Equilibrium, in: Quarterly Journal of Economics, 98. Jg., S. 185-199.

SALINGER, M. A. (1988): Vertical Mergers and Market Foreclosure, in: Quarterly Journal of Economics, 103. Jg., S. 345-356.

SCHERER, F. M. (2002): The Merger Puzzle, in: Franz, W.; Ramser, J. H.; Stadler, M. (Hrsg.): Fusionen, Tübingen, S. 1-22.

SCHERER, F. M.; ROSS, D. (1990): Industrial Market Structure and Economic Performance, 3. Aufl., Boston u. a.

SELTEN, R. (1965): Spieltheoretische Behandlung eines Oligopolmodells mit Nachfrageträgheit, in: Zeitschrift für die gesamte Staatswissenschaft, 12. Jg., S. 301-324.

SHAPIRO, C. (1989): Theories of Oligopoly Behavior, in: Schmalensee, R.; Willig, R. D. (Hrsg.): Handbook of Industrial Organization, 1. Jg., Amsterdam, S. 329-414.

SLADE, M. E. (1995): Empirical Games: The Oligopoly Case, in: Canadian Journal of Economics, 28. Jg., S. 368-402.

SNYDER, C. M. (1995): Empirical Studies of Vertical Foreclosure, Industry Economics Conference Paper and Proceedings, University of Melbourne and Bureau of Industry Economics, 7. Jg., S. 47-70.

SPENGLER, J. (1950): Vertical Integration and Anti-Trust Policy, in: Journal of Political Economy, 58. Jg., S. 347-352.

SUTTON, J. (1992): Sunk Costs and Market Structure, Cambridge/Massachusetts.

SUTTON, J. (1998): Technology and Market Structure, Cambridge/Massachusetts.

TIROLE, J. (1988): The Theory of Industrial Organization, Cambridge/Massachusetts.

VISCUSI, W. K.; VERNON, J. M.; HARRINGTON, J. E. (2000): Economics of Regulation and Antitrust, 3. Aufl., Cambridge/Massachusetts.

VIVES, X. (1984): Duopoly Information Equilibrium, in: Journal of Economic Theory, 34. Jg., S. 71-94.

WATERMAN, D.; WEISS, A. A. (1992): The Effects of Vertical Integration between Cable Television Systems and Pay Cable Networks, in: Journal of Econometrics, 72. Jg., S. 357-395.

WERDEN, G. J.; FROEB, L. M. (1994): The Effects of Mergers in Differentiated Products Industries: Logit Demand and Merger Policy, in: Journal of Law, Economics & Organization, 194. Jg., S. 407-426.

Vera Magin/Oliver P. Heil/Ronny A. Fürst*

Kooperation und Co-opetition: Erklärungsperspektive der Spieltheorie

* Dipl.-Kff. Vera Magin ist Wissenschaftliche Mitarbeiterin der Professur für Allgemeine Betriebswirtschaftslehre, insbesondere Marketing der Johannes Gutenberg-Universität Mainz.
Univ.-Professor Dr. Oliver P. Heil (Ph.D.) ist Inhaber der Professur für Allgemeine Betriebswirtschaftslehre, insbesondere Marketing der Johannes Gutenberg-Universität Mainz.
Dr. Ronny A. Fürst ist Consultant bei der internationalen Unternehmer-Beratung Droege & Comp. in Düsseldorf.

1. Einführung

Die Ehrung mit dem Nobelpreis im Jahre 1994 für die spieltheoretischen Arbeiten von Reinhard Selten, John Nash und John Charles Harsanyi unterstreichen die Relevanz der Spieltheorie in den Wirtschaftswissenschaften. Die Spieltheorie stellt häufig eine mathematische Beschreibung und Analyse von Interaktionen konkurrierender Parteien bereit, in denen neben Spielregeln die einzelnen Strategien den Ausgang des Spiels determinieren (Marschak/Selten 1978; Luce/Raiffa 1957; Shubik 1983). Im Bereich der Wirtschaftswissenschaften erlangen Manager durch die Spieltheorie ein Verständnis, in welcher Situation sich Marktakteure befinden und welche Auswirkung eine bestimmte Aktion, Reaktion oder Wettbewerbsinteraktion haben kann. Über die Identifikation von Gleichgewichten und Gleichgewichtsstrategien können einem Unternehmen mittels der Spieltheorie die Folgen des Handelns aufgezeigt werden.

Der Wettbewerb liefert aus Sicht der Unternehmen nicht immer optimale Ergebnisse. Ein bekanntes spieltheoretisches Beispiel für eine solche Situation ist das Gefangenendilemma. Hier erreichen konkurrierende Unternehmen zwar ceteris paribus ihren individuell höchsten Nutzen, schöpfen aber nicht die mittels Kooperation möglichen Gewinne ab. Dieses spieltheoretisch antizipierte, suboptimale Resultat der Wettbewerbsinteraktion motiviert Überlegungen, wie durch Kooperation für alle Beteiligten Verbesserungen erzielt werden können und welche Möglichkeiten bestehen, dauerhaft Anreize zur Kooperation zu setzen.

Obwohl beispielsweise BMW und Mercedes in gleichen Segmenten und damit in einem direkten Wettbewerb um potenzielle Kunden stehen, scheint der Preis dabei keiner der entscheidenden Aktionsparameter zu sein. Aus dieser Feststellung lässt sich schließen, beiden Unternehmen ist bewusst, dass sie bei einem Konkurrenzkampf mittels relativ zum Wettbewerber günstigeren Preisen beträchtliche Profite einbüßen würden. Ein solches kooperatives Wettbewerbsverhalten, wie in dem dargelegten Beispiel zumindest entlang des Wettbewerbsparameters Preis illustriert, kann ein Ergebnis spieltheoretischer Betrachtungen und daraus abgeleiteter Wettbewerbsstrategien sein. Die Erklärungsperspektive der Spieltheorie versetzt Manager also unter anderem in die Lage, die Auswirkungen ihrer Wettbewerbsinteraktionen zu antizipieren und dadurch ein rationales Verständnis von Kooperationspotenzialen zu entwickeln.

2. Grundlagen der Spieltheorie

2.1 Voraussetzungen und Spielformen der Spieltheorie

Die Spieltheorie ist ein Konzept zur Modellierung von sich gegenseitig beeinflussenden Entscheidungen mehrerer Entscheidungsträger. Sie liefert für die Wirtschaftswissenschaften Ansätze und Lösungen zum Verständnis komplexer wettbewerblicher Interdependenzen in einem Markt und der daraus abgeleiteten wirtschaftlichen Resultate (Mesak/Calloway 1995). Anders als in der Entscheidungstheorie kommt es in der Spieltheorie weniger auf die Entscheidungsfindung eines Einzelnen – in der Regel unter Unsicherheit – an, sondern auf die strategische Interaktion mehrerer Entscheidungsträger (Rasmusen 2003, S. 12; Samuelson 1997, S. 1, 5). Wesentliche Voraussetzungen für den Einsatz der Spieltheorie sind demnach die wechselseitige Abhängigkeit von Entscheidungen, das Wissen der beteiligten Entscheidungsträger über diese Interdependenz sowie das Wissen jedes Einzelnen, dass sich die anderen Spieler ebenfalls dieser Interdependenz bewusst sind (Rasmusen 2003, S. 11; Holler/Illing 2003, S. 1).

Die Grundannahme der Spieltheorie ist das rationale und intelligente Verhalten der beteiligten Spieler. **Rationalität** bedeutet, dass ein Spieler sich in seinen Entscheidungen nutzenmaximierend verhält (Luce/Raiffa 1957, S. 50 ff.). **Intelligenz** impliziert, dass jeder Beteiligte sich der Rationalität der anderen Spieler bewusst ist (Moorthy 1985). Jedes Spiel verläuft nach Regeln. Diese definieren

- die Anzahl der beteiligten Spieler,
- die Handlungsalternativen der Spieler in jeder Spielsituation,
- die Konsequenzen bzw. Auszahlungen („pay offs"), die aus den jeweiligen Entscheidungskombinationen aller Spieler resultieren,
- die Reihenfolge der Handlungen,
- die Informationsstruktur des Spiels, d. h. den Umfang der Informationen, die jeder Spieler besitzt und den Zeitpunkt, wann er diese Informationen erhält (Moorthy 1985).

Die Annahmen über Rationalität, Intelligenz und die Kenntnis der Spielregeln sind die Voraussetzungen dafür, dass jeder Spieler die Konsequenzen seiner Entscheidungen evaluieren kann, die sich in Abhängigkeit der Wahl der eigenen Strategie ergeben.

Die „Spielform" definiert die Visualisierung des Spiels. Dabei wird zwischen dem Spiel in **Normalform bzw. strategischer Form** und dem Spiel in **extensiver Form** unterschieden. Das Spiel in der Normalform stellt die beteiligten Spieler, die Handlungsmöglichkeiten der Spieler und die Auszahlungen, die sich als Konsequenz aus den gewählten Strategien ergeben, dar. In einem Spiel in Normalform treffen die Spieler ihre Entscheidungen simultan, d. h., sie wissen während ihres eigenen Entscheidungsprozesses nicht, welche Entscheidung der jeweilige Gegenspieler trifft. Solche Spiele werden üblicherweise in einer Matrix dargestellt.

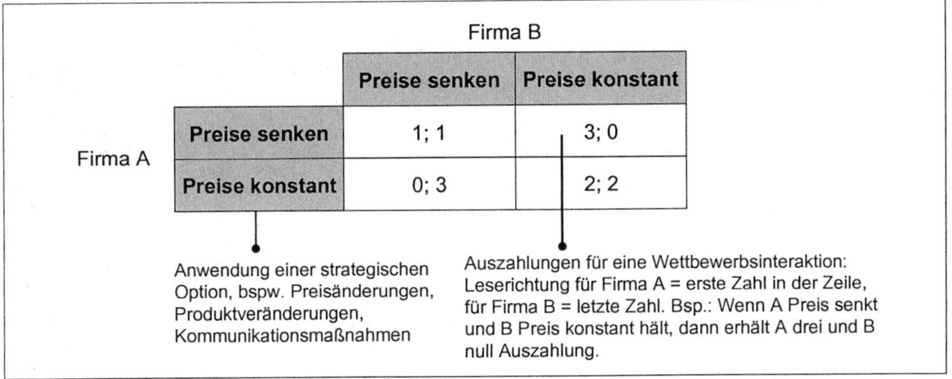

Quelle: In Anlehnung an: Ho/Weigelt 1997.

Übersicht 1: Das Spiel in der Normalform

In Übersicht 1 haben beide Spieler, Firma A und Firma B, jeweils die Möglichkeit, zwischen zwei Strategien zu wählen: die Preise für ihre Produkte zu senken oder die Preise konstant zu halten. Entscheidet sich in diesem Spiel Firma A, ihre Preise unverändert zu lassen, so entsteht für sie je nach Verhaltensweise von Firma B, eine Auszahlung von 0 (wenn Firma B die Preise senkt) oder von 2 (wenn Firma B die Preise konstant hält). Für Firma B ist die Entscheidungssituation ähnlich. Auch sie kann ihre Auszahlungen nur in Abhängigkeit der Strategie von Firma A bestimmen. In diesem Spiel treffen beide Unternehmen ihre Entscheidungen simultan.

Die extensive Form des Spiels (siehe Übersicht 2) besitzt neben den gleichen Eigenschaften des Spiels in Normalform zusätzlich den Faktor Zeit (Ho/Weigelt 1997). Dieses Spiel unterscheidet, ob die Spieler gleichzeitig (simultan) oder nacheinander (sequenziell) entscheiden. Spiele extensiver Form werden meist in Spielbäumen dargestellt, in denen die Astpunkte die Entscheidungsknoten darstellen. Aus Sicht von Firma B zeigen in Übersicht 2 die Entscheidungsknoten die möglichen Aktionen von A, auf die sie reagieren wird. Das Rechteck, welches die beiden Entscheidungsknoten von Firma B umrahmt, stellt für Firma A die Informationsmenge („**information set**") dar. Firma B weiß nicht, an welchem der beiden Knotenpunkte sie sich befindet, da beide Spieler gleichzeitig ziehen. Somit treffen sie ihre Entscheidungen in Unwissenheit, welche der bekannten Strategien der Konkurrent wählt.

Bei dem sequenziellen Ziehen kennt der Folger (im Bsp. Firma B) die Aktionen bzw. die Strategie des Konkurrenten (Firma A). Er hat dadurch Gelegenheit, seine Reaktion gezielt auf die Strategie des Gegners abzustimmen. In diesem Fall entscheidet das reagierende Unternehmen bei **perfekter Information**. Dies bedeutet nach spieltheoretischem Verständnis, dass die Informationsmenge einelementig ist (Shubik 1983, S. 43), d. h., dass jeder Spieler zum Zeitpunkt seiner Entscheidungsfindung über alle gegnerischen (und eigenen) Entscheidungen informiert ist, die bis einschließlich zu diesem Zeitpunkt im Laufe des Spiels getroffen wurden (Fudenberg/Tirole 1996, S. 72; Luce/Raiffa 1957, S. 43).

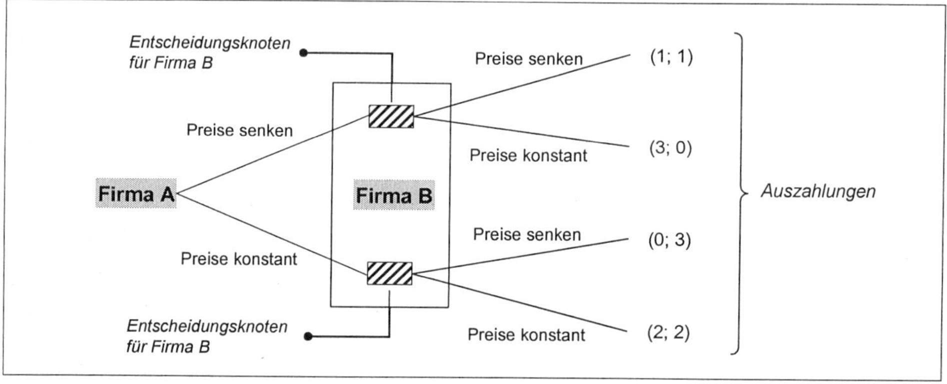

Quelle: In Anlehnung an: Moorthy 1985.

Übersicht 2: Die extensive Form des Spiels

2.2 Gleichgewichtsstrategien bei Einmalspielen

Die Spieltheorie beschreibt das Wettbewerbsergebnis meist durch Gleichgewichte. Die Anwendung der Gleichgewichtsstrategie führt zu einem so genannten maximalen Nutzen, sofern alle Mitspieler ebenfalls die Gleichgewichtsstrategie spielen (Holler/Illing 2003, S. 10). Ein Gleichgewicht besitzt drei Eigenschaften: Es ist stabil, optimal und rational. Stabil bedeutet in diesem Zusammenhang, dass im Gleichgewicht kein Spieler einen Anreiz hat, einseitig von der Gleichgewichtsstrategie abzuweichen. Optimal ist die Gleichgewichtsstrategie dadurch, dass alle gewählten Strategien optimale Antworten auf die Strategien der anderen Spieler sind. Rational bedeutet, dass alle Spieler sich nutzenmaximierend verhalten und davon ausgehen, dass die anderen Spieler dies auch tun (Ho/Weigelt 1997).

Die in der Spieltheorie getroffenen Annahmen der Rationalität und der Intelligenz der Spieler führen oft dazu, dass als Ergebnis eines Spiels ein **Nash-Gleichgewicht** erreicht wird (Mailath 1998). Das Nash-Gleichgewicht beschreibt die Situation, in dem jeder

Spieler seinen Nutzen bei gegebenen Entscheidungen der anderen Spieler maximiert. Dies bedeutet, dass ein Spieler, der eine andere Strategie als die Gleichgewichtsstrategie wählt (unter der Bedingung, dass gleichzeitig alle anderen Spieler die Gleichgewichtsstrategie anwenden), immer ein geringeres Nutzenniveau im Vergleich zur Gleichgewichtsstrategie erreichen wird. Im Nash-Gleichgewicht kann somit kein Spieler durch einseitige Veränderung der gewählten Strategie seinen Nutzen vergrößern (Fudenberg/Tirole 1996, S. 3, 11; Weitz 1985, S. 232).

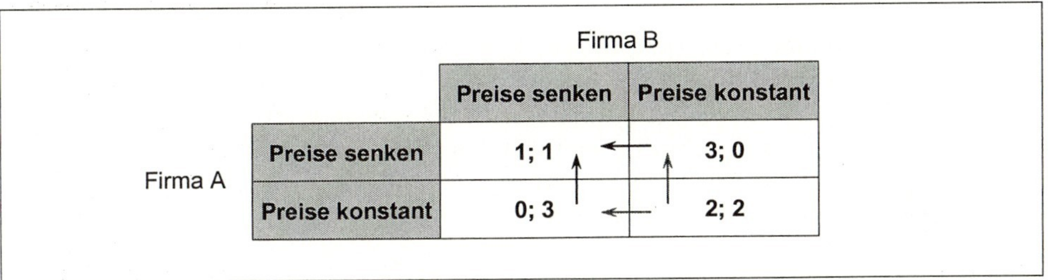

Übersicht 3: Darstellung des Nash-Gleichgewichts

In Übersicht 3 existiert genau ein Nash-Gleichgewicht: Es besteht, wenn beide Firmen ihre Preise senken. Dies ist die einzige Situation, in der keiner der Spieler einen Anreiz hat, seine Strategie zu ändern, solange der andere Spieler bei seiner Strategie bleibt. Im Fall konstanter Preise (2;2) ist Firma A bestrebt, durch Preissenkungen auf einen für sie höheren Pay-off von 3 zu gelangen (rechter Pfeil nach oben). Firma B dagegen versucht, ebenfalls, die Preise zu senken, um zum Punkt (0;3) zu gelangen, bei dem sie einen Pay-off von 3 bekommt (unterer Pfeil nach links). Vom Zustand (0;3) wird Firma A durch Preissenkungen abweichen, um ihren Nutzen von 0 auf 1 zu verbessern (linker Pfeil nach oben). Fall (3;0) verleitet Firma B, durch Preissenkungen von 0 auf 1 zu gelangen (oberer Pfeil nach links). Nur im Fall (1;1) ist für keinen Spieler durch einseitige Änderung der Strategie eine Verbesserung möglich.

Die soeben beschriebene Struktur ist in der Spieltheorie als **Gefangenendilemma** bekannt. Ein Problem besteht hier darin, dass die individuelle Optimierung der Entscheidung der Spieler nicht Pareto-optimal ist (Holler/Illing 2003). Im Nash-Gleichgewicht senkt jeder Spieler seine Preise in der Hoffnung, seine Produkte günstiger anzubieten und somit mehr Nachfrage auf sich zu ziehen. Ein solches Verhalten der Spieler wird als defektierendes Verhalten bezeichnet. Eine Pareto-Verbesserung der Situation für beide Spieler würde bei kooperativem Verhalten entstehen. In diesem Fall bedeutet kooperativ, dass beide Spieler ihre Preise konstant halten. Ausgehend vom Nash-Gleichgewicht mit den Auszahlungen (1;1) könnten sich beide Spieler auf die Auszahlungen von (2;2) verbessern und dadurch die Auszahlungen durch Kooperation steigern.

Das Dilemma besteht folglich darin, dass bei einem einmaligen Spiel ohne Absprachen beide Spieler ihre individuellen Auszahlungen im Nash-Gleichgewicht maximieren. Dies führt bei unabhängigem Verhalten zu der Strategie des Defektierens. Wie bereits dargelegt, führt beiderseitiges Defektieren jedoch zu ungünstigeren Auszahlungen als ein wechselseitiges Kooperieren (Axelrod 2000, S. 7).

2.3 Strategien bei endlicher Anzahl an Spielrunden

Das Gefangenendilemma illustriert, dass es Spielsituationen gibt, in denen das kurzfristig orientierte, rationale Handeln der einzelnen Spieler für die Gesamtheit aller Spieler schädlich ist. Bei einem einmaligen Spiel besteht für keinen der Spieler ein Anreiz, sich ohne Absprache kooperativ zu verhalten. Sobald ein Spieler kooperativ handelt, kann der Gegenspieler dies nutzen, um durch defektierendes Verhalten seine Situation auf dessen Kosten zu verbessern. Aber wie sieht die Situation bei einer Wiederholung der Spielsituation aus?

Die **Rückwärtsinduktion** („**backwards induction**") ist ein Konzept zur Analyse von sequenziellen Spielen mit endlicher Anzahl an Spielrunden und perfekter Information (Fudenberg/Tirole 1996, S 72). Endliche Spiele sind dadurch gekennzeichnet, dass deren Perioden endlich sind und die Anzahl der Entscheidungsknoten in jeder Periode ebenfalls endlich ist. Perfekte Information bedeutet, dass die Informationsmenge in jeder Periode einelementig ist (siehe Abschnitt 2.1). Bei der Rückwärtsinduktion wird ein Spiel in mehrere Teilspiele untergliedert. Ein **Teilspiel** besteht aus einem Entscheidungsknoten und jeweils allen nachfolgenden Knoten. Kennzeichnend für die Rückwärtsinduktion ist die Reihenfolge der Betrachtung: Der Blick wird zuerst auf das Ende des Spiels gerichtet und geht dann sukzessive Schritt für Schritt an den Anfang des Spiels (Selten 1978).

Das Gefangenendilemma lässt sich mittels der Rückwärtsinduktion auch bei einer mehrmaligen Wiederholung des Spiels bei endlicher Anzahl an Teilspielen nicht lösen. In jedem Teilspiel werden die Strategien eliminiert, die der Rationalität und Intelligenz des Spiels widersprechen. In der letzen Runde des Spiels des Gefangenendilemmas wird jeder Spieler seinen individuellen Nutzen maximieren. Da es in der letzten Runde keine Zukunft mehr gibt, die die Spieler beeinflussen könnten, ist Defektieren gemäß des Nash-Gleichgewichts für jeden Spieler in der letzten Periode individuell die nutzenmaximale Entscheidung (Holler/Illing 2003, S. 21; Rubinstein 1979). In der vorletzten Runde antizipiert jeder Spieler, was in der letzten Runde passieren wird. Dadurch besteht in der vorletzten Runde ebenfalls kein Anreiz zur Kooperation. Die Rückwärtsinduktion ermittelt dementsprechend bis zur ersten Periode, dass beide Spieler die Strategie der Defektion für alle Perioden wählen und dass die Spieler somit bei endlichen Spielen dem Gefangenendilemma nicht entkommen (Selten/Stöcker 1986).

2.4 Strategien bei unendlicher Anzahl an Spielrunden

Bei einer unendlichen Anzahl an Spielperioden (**supergames**, vgl. Marschak/Selten 1978; Rubinstein 1979) steigt die Zahl der strategischen Optionen, die dem Spieler zur Verfügung stehen. Da es keinen vordefinierten Endpunkt im Spiel gibt, kann die Rückwärtsinduktion nicht angewandt werden. Im Gefangenendilemma ist demnach auch das Defektieren nicht per se die so genannte dominante Strategie. Neben der Auswahl der Strategie entscheiden bei unendlichen Spielen auch der Aufbau von Reputation und das Senden von Signalen den Ablauf des Spiels.

Im unendlich wiederholten Gefangenendilemma gibt es per Definition keine Endperiode, in der es für die Spieler sinnvoll wäre, zu defektieren. Die Spieler haben die Möglichkeit, kooperativ zu spielen und den Pareto-optimalen Zustand zu erreichen. Sollte jedoch ein Spieler vom kooperativen Verhalten abweichen, wird wahrscheinlich auch der andere Spieler in der Folgeperiode defektieren und beide werden ab sofort auf dem Nash-Gleichgewicht beidseitiger Defektion verharren. Einseitiges Defektieren bringt einmalig eine höhere Auszahlung als Kooperieren. Insofern ist Defektion kurzfristig immer vorteilhaft. Bei einem längeren Spiel rückt jedoch die langfristige Sicht in den Vordergrund. Solange der diskontierte Wert zukünftiger Periodengewinne bei Kooperation den Wert der einmalig durch einseitige Abweichung vom kooperativen Zustand und anschließender beidseitiger Defektion erreichbaren zukünftigen Periodengewinne übersteigt, werden sich bei rationalem Verhalten alle Spieler an die Kooperation halten. Aus diesem Grund kann es für einen Spieler sinnvoll sein, auf einen möglichen kurzfristigen Gewinn zu verzichten, um dadurch langfristig höhere Gewinne zu erzielen, da der Wettbewerber wiederum auf Vergeltungsmaßnahmen verzichtet.

Bekannte Strategien bei unendlichen Spielen sind so genannte **Trigger-Strategien**. Trigger-Strategien sind durch folgende Eigenschaften gekennzeichnet (Dixit/Skeath 1999, S. 159):

- Sie beginnen mit kooperativem Verhalten.
- Ein Spieler kooperiert so lange, wie der Gegner dies ebenfalls tut.
- Sobald der Gegner nicht mehr kooperiert, erfolgt eine Periode mit festgelegter Dauer, in welcher der defektierende Gegner mit Defektion bestraft wird.

Die **Grim-Trigger**- und die **Tit-for-Tat-Strategie** sind unterschiedliche Abwandlungen der Trigger-Strategie. Bei der Grim-Trigger-Strategie kooperiert ein Spieler so lange, bis der Gegner nicht mehr kooperiert und defektiert dann bis zum Ende des Spiels. Diese Form der Bestrafung für unkooperatives Verhalten ist die schärfste Form der Sanktion von unkooperativem Verhalten, da nach einmaliger Defektion niemals mehr eine Kooperation zwischen den Spielern stattfinden wird (Besanko/Dranove/Shanley 2000, S. 298 f.). Eine abgeschwächte Form dieser Variante ist die Tit-for-Tat-Strategie (in etwa: wie du mir, so ich dir). Bei Tit-for-Tat wird die Strategie des Gegners aus der Vorperiode in der aktuellen Periode übernommen. In Übersicht 4 wird die Tit-for-Tat-Strategie von

Spieler B verfolgt. Die Handlungsalternativen bestehen in kooperativem Verhalten (C) und defektierendem Verhalten (D). Spieler B beginnt in Periode 1 mit kooperativem Verhalten und handelt in den nächsten Perioden immer so, wie Spieler A in der vorangegangenen Periode handelt (Axelrod 2000, S. 12; 28).

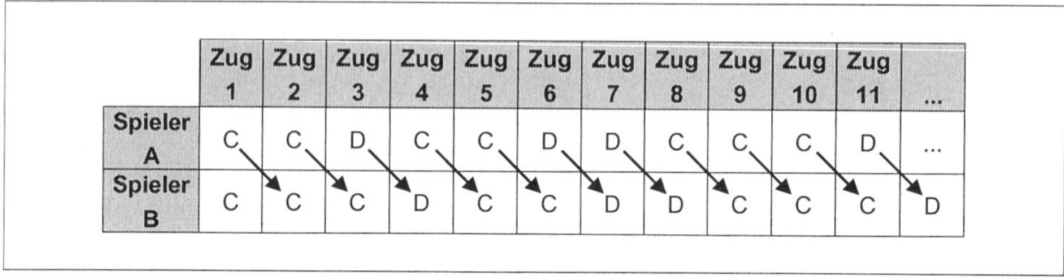

	Zug 1	Zug 2	Zug 3	Zug 4	Zug 5	Zug 6	Zug 7	Zug 8	Zug 9	Zug 10	Zug 11	...
Spieler A	C	C	D	C	C	D	D	C	C	C	D	...
Spieler B	C	C	C	D	C	C	D	D	C	C	C	D

Übersicht 4: Die Strategie des Tit-for-Tat

In einer Untersuchung von Axelrod (2000) wurde die Wirkung von verschiedenen Strategien analysiert. In einem Computer-Turnier wurden viele Strategiealternativen gegeneinander an dem wiederholten Gefangenendilemma getestet. Dabei kam Axelrod zu folgender Feststellung: Obwohl die Tit-for-Tat-Strategie anderen Strategien niemals im Einzelspielvergleich überlegen war, erzielte sie dennoch das beste Gesamtergebnis über alle Spiele hinweg. Tit-for-Tat gewann das Turnier, weil es mit einer großen Vielfalt innerhalb der unterschiedlichen Spielinteraktionen andere Strategien dominierte. Der Erfolg der Tit-for-Tat-Strategie resultiert aus der Kombination folgender Eigenschaften:

- Freundlichkeit: Tit-for-Tat beginnt stets mit kooperativem Verhalten und defektiert nicht, wenn der Gegner dies nicht tut.
- Provozierbarkeit bzw. die Neigung, zurückzuschlagen: Jede Defektion des Gegners wird in der Folgeperiode mit Defektion bestraft. Dadurch wird der Gegner davon abgehalten, eine defektive Haltung unbeirrt fortzusetzen.
- Nachsicht: Sobald sich der Gegner nach einer früheren Defektion wieder kooperativ zeigt, reagiert die Tit-for-Tat-Strategie ebenfalls mit Kooperation. Diese Nachsicht ist hilfreich bei der Wiederherstellung wechselseitiger Kooperation.
- Verständlichkeit: Tit-for-Tat ist keine komplizierte Strategie und wird vom Gegner, der auf einen Spieler mit dieser Strategie trifft, leicht erkannt. Die Verständlichkeit von Tit-for-Tat kann daher leicht langfristige Kooperationen auslösen und stabilisieren (Axelrod 2000, S. 48).

Ein Resultat der Studie von Axelrod ist die Feststellung, dass es sich einerseits auszahlt, freundlich zu sein, anderseits aber auch, bei Defektion zurückzuschlagen. Tit-for-Tat kombiniert diese wünschenswerten Eigenschaften integrativ und stringent in einer einzigen Strategie.

3. Kooperation und Co-opetition aus spieltheoretischer Perspektive

3.1 Motivation und Probleme kooperativen Verhaltens

Wenn Wettbewerb von Unternehmen im Wirtschaftleben als erbitterter Konkurrenzkampf interpretiert wird, erreichen alle Konkurrenten mitunter jeweils ein schlechteres Ergebnis als das, das sie bei kooperativem Verhalten erzielen könnten. Spiele wie das wiederholte Gefangenendilemma und die Erkenntnisse von Axelrod zeigen, dass der Erfolg des Gegenspielers Voraussetzung für den eigenen Erfolg sein kann. Axelrod beschreibt diese Situation folgendermaßen: Nicht freundlich zu sein, mag am Anfang vielversprechend erscheinen, kann aber auf lange Sicht gerade die Umgebung zerstören, die für den eigenen Erfolg benötigt wird (Axelrod 2000, S. 106). Somit scheint die Sichtweise, mit welcher der andere teilnehmende Spieler wahrgenommen wird, eine Determinante erfolgreichen unternehmerischen Handelns zu sein. Zudem bedeutet dies, dass aufgrund der Interdependenz der Spieler das Handeln des Gegenspielers eine notwendige Bedingung für den eigenen Erfolg darstellen kann. Somit scheint das Wettbewerbsklima unter den teilnehmenden Spielern auf lange Sicht den Grad der Zielerreichung (Gewinnmaximierung) aller nachhaltig zu beinflussen.

Die Relevanz kooperativen Verhaltens begründet sich somit darin, dass in manchen Fällen alle Spieler gemeinsam und individuell bessere Spielergebnisse erzielen können, wenn sie sich nicht gegenseitig durch Defektieren behindern. Dies bedeutet, dass eine gemeinsame Optimierung der kumulierten Auszahlungen aller Teilnehmer zugleich ein besseres Ergebnis für jeden einzelnen Spieler nach sich zieht, als das Resultat isolierter Bemühungen die individuell eigenen Pay-offs zu maximieren. Die Kooperation kann somit in interdependenten Spielen, wie bspw. im marktwirtschaftlichen Wettbewerb, durchaus eine wichtige Gewinndeterminante aller beteiligten Spieler darstellen.

Warum verhalten sich demnach nicht alle Wettbewerber kooperativ, wenn es für alle Beteiligten vorteilhaft wäre? Gegeben kooperatives Verhalten ermöglicht höhere Gewinne, so liegt die Problematik zum einen darin begründet, dass dies nicht jedem Spieler im Zeitpunkt seiner Entscheidung bewußt ist. Ein weitaus entscheidenderer Grund liegt zum anderen in der **Instabilität** von kooperativen Gleichgewichten, was bereits anhand des Gefangenendilemmas aufgezeigt wurde. Ein Manager müßte sich also darauf verlassen können, dass sein Konkurrent das kooperative Verhalten nicht durch einseitiges Defektieren ausnutzt. Die Stabiltiät von kooperativen Gleichgewichten hängt maßgeblich vom Zeithorizont, also der Länge des Spiels (siehe Abschnitte 2.2 bis 2.4), und der Strategie der Spieler (siehe Abschnitt 2.4) ab. Da viele Manager jedoch beispielsweise durch eingeforderte Shareholder Value-Interessen hauptsächlich an kurzfristigen Gewinnen interessiert sind, muss versucht werden, zur Förderung kooperativen Verhaltens die Bedeutung der langfristigen Konsequenzen von Handlungsalternativen aufzuzeigen (Axelrod 2000, S. 113 ff.). Andererseits ist es bedeutend, dass ein Spieler seinem Gegenspieler auch die Bestrafung einer Defektion glaubwürdig signalisiert, damit das Ausmaß des aus einer solchen Vergeltungsmaßnahme folgenden Nutzenverlustes in der Zukunft für den Gegenspieler sichtbar bzw. diesem bewusst wird.

3.2 Konzept und Erklärungsbeitrag des Value Net

Das Konzept des **Value Net** von Nalebuff und Brandenburger identifiziert die Marktakteure, die einen Beitrag zum Gesamtwert („value") des Spiels leisten. Dieser Wert kann gemessen werden, indem der Wert des Spiels, bei dem der entsprechende Spieler beteiligt ist, mit dem Wert des Spiels ohne diesen Spieler verglichen wird (Brandenburger/Nalebuff 1995). Eine der Besonderheiten hierbei ist die Unterscheidung von spielteilnehmenden Unternehmen (horizontale Ebene) in **Konkurrenten (Competitors)** und **Komplementäre (Complementors)**. Konkurrenten sind dabei so definiert, dass sie den wahrgenommenen Wert von Produkten des eigenen Unternehmens bei Konsumenten zu verringern vermögen. Komplementäre wiederum sind dadurch gekennzeichnet, dass Konsumenten einen Mehrwert in der Konsumption des Produktes der eigenen Unternehmung erfahren, wenn sie neben diesem auch das Produkt des Komplementärs besitzen (Nalebuff/Brandenburger 1997; Pascarella 1996).

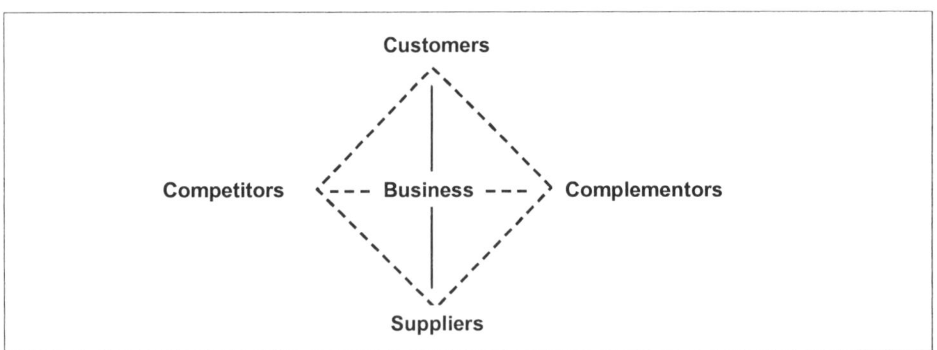

Quelle: Nalebuff/Brandenburger 1997.

Übersicht 5: Das Value Net

Während auf vertikaler Ebene das eigene Unternehmen durch Transaktionsbeziehungen mit den **Kunden (Customers)** und **Lieferanten (Suppliers)** in Übersicht 5 verbunden ist, repräsentieren die Verbindungen auf der horizontalen Ebene Interaktionsbeziehungen mit Konkurrenten und Komplementären.

Ein besonderer Erklärungsbeitrag des Value Net im spieltheoretischen Kontext ist die Sichtweise, dass neben bedrohlicher Konkurrenz auch Kooperationspotenziale mit Komplementären existieren können (Besanko/Dandrove/Shanley 2000, S. 365 f.). Hierbei sollte jedoch die temporäre Multifunktionalität stets berücksichtigt werden. So kann ein identisches Unternehmen in unterschiedlichen Märkten als Wettbewerber und Komplementär fungieren, zudem können sich diese Rollen im Zeitablauf ändern. Microsoft und Intel fungieren beispielsweise dergestalt als Komplementäre füreinander, dass eine bessere Rechnerleistung (durch leistungsstärkere Intelprozessoren) eine erweiterte Windows-Funktionalität (höherer Rechenaufwand bzw. längere Verarbeitungszeit) für den Anwender attraktiver werden lässt. Auf der anderen Seite schätzen Konsumenten neue bzw. schnellere Intelprozessoren höher ein, wenn diese eine umfangreichere und anwenderfreundlichere Windows-Version ermöglichen.

Als zusätzliches Analyseinstrument einer spieltheoretischen Erklärungsperspektive von Kooperationen erweitert das Value Net demnach vorrangig die eng gefasste Sichtweise des Konkurrierens mit Gegenspielern in eine weiter gefasste Sichtweise des Konkurrierens und der gegenseitigen Förderung bzw. der Realisierung von Kooperationspotenzialen, um dadurch die Auszahlungen eines Spiels zu maximieren und somit einen größeren Wert für das Unternehmen zu erzielen (Hartwig 1998).

3.3 Co-opetition und Stufen der Kooperationsintensität

Co-opetition ist eine Wortschöpfung aus den englischen Begriffen Competition (Wettbewerb) sowie Cooperation (Kooperation) und beschreibt ein kooperatives Konkurrieren (Nalebuff/Brandenburger 1997). Co-opetition baut auf der Annahme auf, dass Kooperation mit Konkurrenten zeitweise von Nutzen sein kann. Eine solche Zusammenarbeit folgt jedoch keinem Selbstzweck. Sie ist vielmehr ein Instrument, mit dessen Hilfe Unternehmen ihre individuellen Unternehmensziele besser erreichen können, als es ohne Kooperation der Fall wäre. Co-opetition beinhaltet die Möglichkeiten des kooperativen Verhaltens einer Win-Win-Situation zweier Spieler und der Win-Lose-Situation des Defektierens (Brandenburger/Nalebuff 1995).

Die grundlegende Chance der Anwendung der Spieltheorie zur Analyse von Kooperationen besteht für einen Spieler darin, die Kooperationspotenziale spezifischer Situationen zu antizipieren. Im Sinne der Strategie der Co-opetition können zudem **Konkurrenzdomänen** mit gewinnbringenden Kooperationspotenzialen zwischen konkurrierenden Unternehmen, die in anderen Bereichen durchaus in einem intensiven Konkurrenzkampf stehen können, identifiziert werden. Im zu Beginn erwähnten Beispiel BMW – Mercedes stellt der Produktpreis eine solche Domäne der Konkurrenz dar, in der beide PKW-Hersteller stillschweigend kooperieren. Ebenso kann die Wettbewerbsintensität bewusst auch auf weiteren Konkurrenzdomänen, wie beispielsweise im Bereich der Kommunikationspolitik (z. B. keine direkt vergleichende Werbung), gesenkt werden.

Kooperatives Verhalten lässt sich nach dieser Sichtweise in zwei Stufen der Zusammenarbeit klassifizieren: Die vereinbarte Kooperation, beispielsweise in Form einer strategischen Allianz auf gesamtunternehmerischer Ebene, sowie auf der zweiten Stufe dem kooperativen Konkurrieren gemäß Co-opetition, beispielsweise als stillschweigender „Waffenstillstand" innerhalb einer Konkurrenzdomäne, wobei in den anderen Konkurrenzdomainen durchaus ein intensiver spezifischer Konkurrenzkampf um Kaufabschlüsse der Konsumenten bestehen bleiben kann.

Beide Stufen der Kooperation können Ergebnis eines Signaling-Prozesses im Sinne des Competitive Market Signaling sein, mit dessen Hilfe Unternehmen Absichten oder Drohungen kommunizieren können und das vor allem bei der Suche nach Kooperationspartnern hilfreich eingesetzt werden kann (Heil/Robertson 1991; Heil/Day/Reibstein 1997; Heil/Helsen 2001). Bestimmte Marktbewegungen sind hier besser geeignet als andere, um Wettbewerbssignale zu erzeugen, die zur Erhöhung der Kooperationsbereitschaft der Wettbewerber führen (Bungert 2003, S. 204 f.). Zudem kann ein bewusstes Konkurrenzmanagement im Wettbewerberinteraktionsprofil eines defensiven Wettbewerbers kooperatives Wettbewerbsverhalten fördern (Fürst 2004, S. 81, 89).

Die Möglichkeiten eines kooperativen Verhaltens zwischen zwei Unternehmen können somit mit Hilfe der Spieltheorie in den folgenden zwei Stufen evaluiert werden:

1. Ein Unternehmen antizipiert, mit welchen Wettbewerbern eine vereinbarte bzw. bindende Kooperation rational und möglich ist.
2. Das Unternehmen identifiziert Konkurrenzdomänen, in denen eine Kooperation mit konkurrierenden Unternehmen vorteilhaft ist und versucht, das Wetteifern innerhalb dieser Konkurrenzdomäne durch kooperatives Verhalten zu reduzieren, während gleichzeitig in den restlichen Domänen konkurriert wird.

Die spieltheoretische Betrachtung beider Kooperationsstufen dient einer strukturierten Beurteilung der gewinnmaximalen Kooperationsmöglichkeiten.

3.4 Spieltheoretische Modellierung von Kooperationsspielen

Eine wichtige Basis der Kooperation ist das gegenseitige Vertrauen (Ho/Weigelt 1997). In der Kooperation stellt jeder Einzelne seine individuellen Ziele zurück und unterstellt sich dem Ziel der Gruppe. Jeder Teilnehmer der Kooperation muss jedoch darauf vertrauen, dass der Kooperationspartner tatsächlich den vereinbarten Einsatz leistet. Die zentrale Vertrauensfrage lautet demnach: Ich gebe mein Bestes für den gemeinsamen Erfolg, aber wie viel opfert eigentlich mein Partner?

Wenn nicht jeder dem anderen dahingehend vertraut, sich dem gemeinsamen Ziel in der gleichen Intensität verschrieben zu haben, ist das Vertrauen in das Engagement der Gruppe nicht vollkommen. Ho und Weigelt (1997) führen hierzu ein Beispiel an, in dem der Einsatz der Kooperationsmitglieder im Verhältnis zu den Auszahlungen steht. Jedes Gruppenmitglied steuert einen Beitrag zum Erreichen der Gruppenziele bei. Die einzelnen Zeilen und Spalten in Übersicht 6 zeigen, wie groß jeweils der eigene und der Gruppeneinsatz ist und welche Auszahlungen für den Spieler daraus resultieren. Die Auszahlungen sind somit abhängig von dem eigenen Einsatz und dem der Kooperationspartner. Ist der eigene Beitrag zum Gruppenziel deutlich niedriger, werden die Kooperationsmitglieder ausgenutzt. Andererseits tritt eine Übervorteilung der eigenen Person dann auf, wenn der eigene Beitrag deutlich höher ist als derjenige der Gruppenmitglieder.

Im **Kooperationsspiel** sollten die Spieler ihre maximalen Einsätze a priori festlegen. Im Beispiel der Übersicht 6 ergibt sich bei einem höchstmöglichen Einsatz von 7 aller Spieler eine Auszahlung von 5. Um sich in der Kooperation nutzenmaximal zu verhalten, sollten die Spieler bestrebt sein, die maximale Auszahlung von 5 mit einem Einsatz von 7 zu erzielen. Wenn die Mitspieler jedoch weniger als 7 investieren, der eigene Einsatz dagegen aber maximal ist, entstehen negative Auszahlungen. In diesem Fall wird der ausgenutzte Spieler seinen Einsatz wahrscheinlich ebenfalls senken (Ho/Weigelt 1997).

		Gruppeneinsatz						
		7	**6**	**5**	**4**	**3**	**2**	**1**
Eigener Einsatz	**7**	5	-2	-2,5	-3	-3,5	-4	-4,5
	6	4,75	4,5	-2	-2,5	-3	-3,5	-4
	5	4,5	4,25	4	-2	-2,5	-3	-3,5
	4	4,25	4	3,75	3,5	-2	-2,5	-3
	3	4	3,75	3,5	3,25	3	-2	-2,5
	2	3,75	3,5	3,25	3	2,75	2,5	-2
	1	3,5	3,25	3	2,75	2,5	2,25	2

Quelle: Ho/Weigelt 1997.

Übersicht 6: Ein Kooperationsspiel

Unter der Annahme, dass ein Spieler nicht weiß, wie groß der Einsatz seiner Kooperationspartner ist, kann mangelndes Vertrauen in dessen Leistungsbereitschaft zu einem suboptimalen Ergebnis führen. Ohne Vertrauen in die Leistung des Mitspielers wird ein Spieler zögern, selbst den maximalen Einsatz zu erbringen. Wenn Misstrauen demnach die vorherrschende Einstellung in der Kooperation ist, wählen alle Spieler ein geringeres

Anstrengungsmaß. Ho und Weigelt schließen daraus, dass mangelndes Vertrauen in der Gruppe zu mittelmäßigen Ergebnissen führt. Empirische Untersuchungen von van Huyck/Battalio/Beil haben gezeigt, dass die Kooperationspartner eine mittlere Anstrengung wählen. In unserem Beispiel würde daraus ein Gruppeneinsatz von 4 (gerundet) resultieren (van Huyck/Battalio/Beil 1991).

Eine weitere Form der Kooperationsspiele sind Mindesteinsatzspiele. Die Leistung der Gruppe in Mindesteinsatzspielen ist nur so groß, wie die Leistung des schwächsten Gruppenmitgliedes (Ho/Weigelt 1997). Der Gruppeneinsatz ist demnach gleich dem niedrigsten Einsatz eines Mitgliedes. In Mindesteinsatzspielen fällt eine mangelnde Leistung eines Mitgliedes auf die gesamte Gruppe zurück. Herrscht in einer Kooperation diese Situation vor, ist das Vertrauen unter den Mitspielern von noch größerer Bedeutung, denn wenn sich nur ein Gruppenmitglied für den geringsten Einsatz entscheidet, wird die gesamte Gemeinschaft mit korrespondierend niedrigen Auszahlungen bestraft.

Eine Grundannahme aus dem Kooperationsspiel ist, dass die kooperierenden Spieler einheitliche Denkansätze besitzen sollen. Spieler mit einheitlichem Denken verständigen sich besser über die gemeinsamen Ziele, die ihnen die Kooperation ermöglichen, und bauen somit ein gegenseitiges Vertrauen auf. Die spieltheoretische Darstellung einer Kooperation kann zudem den Kooperationsteilnehmern die Konsequenzen eines mangelnden Vertrauens aufzeigen.

3.5 Wettbewerberreputation in dynamischen Spielen

Im vorangegangenen Abschnitt wurde Vertrauen als wichtige Determinante für den Erfolg einer Allianz herausgestellt. Ob und inwieweit ein Unternehmen einem anderen vertraut, hängt unter anderem stark von der **Reputation** des potenziellen Partners ab. Hier eignet sich die Spieltheorie als ein formales Analyseinstrument zur Wettbewerberevaluierung für ein besseres Verständnis dieser **Wettbewerberreputation**. Die Wettbewerberreputation stellt eine zusätzliche Information für die beteiligten Spieler dar und fungiert somit wiederum als Determinante einer spieltheoretischen Erklärungsperspektive von Kooperation und Co-opetition.

Die Reputation eines Unternehmens ist nicht von Beginn an gegeben, sondern wird erst im Zeitablauf aufgebaut (Fombrun 1996; Logan 2001). Aufgrund beobachteten und interpretierten Wettbewerbsverhaltens einer Unternehmung in der Vergangenheit wird dieser von ihren Konkurrenten eine Wettbewerberreputation zugesprochen, welche die beobachteten und interpretierten Charaktereigenschaften reflektiert (Weigelt/Camerer 1988). Da sich Wettbewerberreputation erst durch wiederholtes Verhalten aufbaut, erhält das Konstrukt der Reputation im spieltheoretischen Kontext erst bei wiederholten Spielen Relevanz (Kaul 2001, S. 26).

Die Rivalität von Unternehmen um Kaufabschlüsse von Konsumenten lässt sich als wiederholtes Spiel unter Unsicherheit modellieren. Das Informationsniveau konkurrenzorientierter Entscheidungen kann mittels Reputation deutlich angehoben werden, da die Wahrscheinlichkeit, dass der Wettbewerber in naher Zukunft konsistent zu seinem früheren Verhalten (Basis der Reputation) agiert, deutlich höher ist, als die Wahrscheinlichkeit, insbesondere bei der nächsten Aktion, von früherem konsistenten Verhalten abzuweichen. Dieser Informationsgewinn über das Spielverhalten bzw. den Spielertyp der Konkurrenz kann künftige Reaktionsalternativen im Rahmen einer spieltheoretischen Evaluierung deutlich eingrenzen und somit eine bedeutende Einflussgröße bei der Generierung von Wettbewerbsstrategien bzgl. Co-opetition oder der Identifikation von adäquaten Kooperationspartnern darstellen.

4. Zusammenfassung und Implikationen

Die Spieltheorie liefert eine Analyse zur Identifikation von gewinnoptimalen Wettbewerbsbeziehungen. Ebenso können mit ihrer Hilfe Konkurrenzinteraktionen antizipiert und einem Unternehmen Handlungsempfehlungen bereitgestellt werden. Eine Auseinandersetzung mit den Annahmen, den Spielregeln und die Analyse der Gleichgewichtslösungen der Spieltheorie fördern das Verständnis der Manager über die Frage, in welcher strategischen Situation sie sich befinden und welche Restriktionen und Entscheidungoptionen mit den entsprechenden Konsequenzen für die Wettbewerbsinteraktion sich aus einer Situation ergeben.

Das Konzept der Co-opetition bringt mit der Idee des Value Net die Figur des Komplementärs ins Spiel und zeigt auf, dass die Rollen von Konkurrenten und Komplementären nicht statisch festgelegt sind, sondern sich im Laufe des Spiels, also innerhalb der dynamischen Wettbewerbsinteraktion ändern können. So kann also das (temporäre) Kooperieren mit Konkurrenten durchaus für Unternehmen nutzenmaximierend sein. Die Tiefe von Kooperationen kann unterschiedlich sein: So kann sich eine Kooperation lediglich auf gewisse Konkurrenzdomainen (z. B. stille Übereinkommen über die Preispolitik) beschränken oder sich bis auf die gesamtunternehmerische Ebene ausweiten. Die Initiierung von Kooperationen kann beispielsweise durch das Wettbewerberinteraktionsprofil eines defensiven Wettbewerbers mit Hilfe des Competitive Market Signaling geschehen.

Die Spieltheorie berücksichtigt alle Kooperationspartner und hilft insbesondere durch die Gleichgewichtsanalyse dabei, frühzeitig zu erkennen, ob eine Kooperation in der Durchsetzung Probleme bereiten kann. Stellt eine kooperative Lösung kein Nash-Gleichgewicht dar, so ist die Kooperation primär instabil. Diese Instabilität besteht genau darin, dass es für eine Unternehmung (kurzfristig) vorteilhaft ist, von der Kooperation einseitig abzuweichen. In diesem Fall sind mehrere Faktoren entscheidend: Zum einen kann der

Zeithorizont der Wettbewerbsinteraktion die Bereitschaft zur Einhaltung der Kooperation fördern. Die Ergebnisse von Einmalspielen entsprechen nicht unbedingt den Ergebnissen von wiederholten Spielen (Rubinstein 1979). In der Regel ist Wettbewerb zwischen Unternehmen vergleichbar mit Spielen ohne festgelegtes oder bekanntes Ende, also einem Spiel mit unendlicher Anzahl an Wiederholungen (Marschak/Selten 1978). Strategien wie Tit-for-Tat haben sich hier als nützlich erwiesen. Zum anderen ist das Vertrauen in die Kooperationspartner wichtig, denn nur wer sicher ist, dass die anderen ebenfalls kooperieren, wird seinerseits bereit zur Kooperation sein. Vertrauen wird vor allem durch Wettbewerberreputation beeinflusst und generiert. Der kontinuierliche und gezielte Aufbau von Reputation ist demnach ein weiterer wichtiger Faktor zum erfolgreichen Aufbau von Kooperation.

	Kontinuum des Wettbewerbsverhaltens		
	Competition	**Co-opetition**	**Cooperation**
Kooperationsintensität	sehr gering	gering/hoch	sehr hoch
Beitrag spieltheoretischer Erklärungsperspektiven	Antizipation der Rahmenbedingungen, Interdependenzen, Restriktionen und des rationalen Wettbewerberverhalten	Aufdeckung komplementärer Beziehungen sowie Analyse gewinnoptimaler Kooperationspotenziale (Konkurrenzdomänen), Stabilitätsanalyse der Kooperation in den ausgewählten Bereichen	Auswahl geeigneter Kooperationspartner und Quantifizierung der Gewinnpotenziale dieser Kooperation, Stabilitätsanalyse der Kooperation

Übersicht 7: Spieltheoretischer Erklärungsbeitrag für das Kontinuum des Wettbewerbsverhaltens

Literatur

AXELROD, R. (2000): Die Evolution der Kooperation, 5.Aufl., München.

BESANKO, D.; DRANOVE, D.; SHANLEY, M. (2000): Economics of Strategy, 2. Aufl., New York.

BRANDENBURGER, A.; NALEBUFF, B. (1995): The Right Game: Use Game Theory to Shape Strategy, in: Harvard Business Review, July-August, S. 57-71.

BUNGERT, M. (2003): Termination of Price Wars. A Signaling Approach, Wiesbaden.

DIXIT, A.; SKEATH, S. (1999): Games of Strategy, New York u. a.

FOMBRUN, C. J. (1996): Reputation: Realizing Value from the Corporate Image, Boston.

FUDENBERG, D.; TIROLE, J. (1996): Game Theory, 5th printing, Cambridge/Massachusetts.

FÜRST, R. A. (2004): Preiswettbewerb in Krisen – Auswirkungen der Terror-Attentate des 11. Septembers auf die Luftfahrtbranche, Wiesbaden.

HARTWIG, R. (1998): Cooperation and Competition: A Comparative Review, in: Journal of Business and Economic Studies, 4. Jg., Nr. 2, S. 71-75.

HEIL, O. P.; ROBERTSON, T. (1991): Toward a Theory of Competitive Market Signaling: A Research Agenda, in: Strategic Management Journal, 12. Jg., Nr. 6, S. 403-418.

HEIL, O. P.; DAY, G. S.; REIBSTEIN, D. J. (1997): Signaling to Competitors, in: Day, G.; Reibstein, D. (Hrsg.): Wharton on Dynamic Competitive Strategy, New York, S. 277-292.

HEIL, O. P.; HELSEN, K. (2001): Toward an Understanding of Price Wars: Their Nature and How They Erupt, in: International Journal of Research in Marketing, 18. Jg., Nr. 1/2, S. 83-89.

HO, T.; WEIGELT, K. (1997): Game Theory and Competitive Strategy, in: Day, G.; Reibstein, D. (Hrsg.): Wharton on Dynamic Competitive Strategy, New York, S. 127-151.

HOLLER, M.; ILLING, G. (2003): Einführung in die Spieltheorie, 5. Aufl., Berlin u. a.

KAUL, O. (2001): Wettbewerbsreputation für Aggressivität, Wiesbaden.

LOGAN, D. (2001): Polishing your Image: Why you can and can't control, in: Public Relations Tactics, 8. Jg., S. 27-30.

LUCE, D; RAIFFA, H. (1957): Games and Decisions: Introduction and Critical Survey, New York.

MAILATH, G. (1998): Do People play Nash-Equilibrium? Lessons from Evolutionary Game Theory, in: Journal of Economic Literature, 36. Jg., S. 1347-1374.

MARSCHAK, T.; SELTEN, R. (1978): Restabilizing Responses, Inertia Supergames and Oligopolistic Equilibria, in: The Quarterly Journal of Economics, 92. Jg., Band 1, S. 71-93.

MESAK, H.; CALLOWAY, J. (1995): A Pulsing Model of Advertising Competition: A Game Theoretic Approach, part A – Theoretical foundation, in: European Journal of Operational Research, Nr. 86, S. 231–248.

MOORTHY, S. (1985): Using Game Theory to Model Competition, in: Journal of Marketing Research, 12. Jg., S. 262-282.

NALEBUFF, B.; BRANDENBURGER, A. (1997): Coopetition: Competitive and Cooperative Business Strategies for the Digital Economy, in: Strategy and Leadership Forum, November-Dezember, S. 28-35.

PASCARELLA, P. (1996): Can't win? Change the Game, in: Across the Board, New York, S. 56-60.

RASMUSEN, E. (2003): Games and Information: An Introduction to Game Theory, 3. Aufl., Cambridge.

RUBINSTEIN, A. (1979): Equilibrium in Supergames with the Overtaking Criterion, in: Journal of Economic Theory, 21. Jg., S. 1-9.

SAMUELSON, L. (1997): Evolutionary Games and Equilibrium Selection, Cambridge/ Massachusetts.

SELTEN, R. (1978): The Chain Store Paradox, in: Theory and Decision, 9. Jg., S. 127-159.

SELTEN, R.; STÖCKER, R. (1986): End Behavior in Sequences of Finite Prisoner's Dilemma Supergames, in: Journal of Economic Behavior and Organisation, 7. Jg., S. 47-70.

SHUBIK, M. (1983): Game Theory in the Social Sciences: Concepts and Solutions, Cambridge/Massachusetts.

VAN HUYCK, J. B.; BATTALIO, R. B.; BEIL, R. (1991): Strategic Uncertainity, Equilibrium Selection, and Coordination Failure in Average Opinion Games, in: The Quartely Journal of Economics, 106. Jg., Nr. 3, S. 885-910.

WEIGELT, K.; CAMERER, C. (1988): Reputation and Corporate Strategy: A Review of Recent Theory and Applications, in: Strategic Management Journal, 9. Jg., S. 443-454.

WEITZ, B. (1985): Introduction to Special Issue on Competition in Marketing, in: Journal of Marketing Research, 22. Jg., August, S. 229-236.

Herbert Woratschek/Stefan Roth*

Kooperation: Erklärungsperspektive der Neuen Institutionenökonomik

* Univ.-Professor Dr. Herbert Woratschek ist Inhaber des Lehrstuhls für Betriebswirtschaftslehre VIII, insbesondere Dienstleistungsmanagement der Universität Bayreuth.
Dr. Stefan Roth ist Wissenschaftlicher Assistent am selben Lehrstuhl.

1. Einleitung

Strategische Allianzen und strategische Netzwerke gewinnen in der realen und virtuellen Ökonomie zusehends an Bedeutung. Die Planung, Koordination und Abwicklung ökonomischer Aktivitäten verläuft in diesen Koordinationsformen in hybriden Organisationsstrukturen, die zwischen den Polen des Marktes und der Hierarchie einzuordnen sind. Während auf Märkten der Preis als Koordinationsmechanismus dominiert, erfolgt in Hierarchien die Koordination durch Anweisungen. Kooperationen sind dagegen durch den komplementären Einsatz von Preis und Anweisungen als Koordinationsmechanismen ausgezeichnet, die in der Regel durch weitere Institutionen ergänzt werden, um das ökonomische Handeln der beteiligten Unternehmen zielgerichtet zu kanalisieren. Die in der Realität zu beobachtende Existenz kooperativer Organisationsformen wirft in diesem Zusammenhang die Frage auf, welche Erklärungsmuster die Existenz und Effizienz von Kooperationen begründen, die weder rein marktlich noch rein hierarchisch koordiniert werden. Insbesondere im Dienstleistungsbereich sind derartige Formen der Kooperation häufig zu finden. So sind beispielsweise kulturelle Veranstaltungen, die Austragung von Sportwettbewerben oder die Vermarktung touristischer Destinationen ohne die Existenz von Kooperationen kaum vorstellbar (Woratschek/Roth/Pastowski 2003).

Die Beantwortung der Frage nach den Erklärungsmustern für die Existenz und Effizienz von Kooperationen kann nur in einem multiparadigmatischen Ansatz erfolgen, in dem verschiedene Erklärungsperspektiven für Kooperationen zusammengetragen werden. Einen erheblichen Erklärungsbeitrag liefert in diesem Zusammenhang die **Neue Institutionenökonomik**. Die Neue Institutionenökonomik thematisiert die Gestaltung und die Konsequenzen von handlungssteuernden Institutionen menschlichen Wirkens. Eines der wichtigsten Anwendungsgebiete stellt in diesem Kontext die Koordination ökonomischer Aktivitäten dar, deren institutionenökonomische Analyse einen Pool von Erklärungsmustern für kooperative Organisationsformen bereitstellt. Dieser konstituiert sich aus Argumenten, die Teilgebieten der Neuen Institutionenökonomik zuzurechnen sind und in ihrer Gesamtheit einen grundlegenden Baustein für die Erklärung von Kooperationen darstellen.

2. Begriff und Formen der Kooperation

Der Begriff der **Kooperation** ist in vielfältiger Weise belegt und muss jeweils im Hinblick auf den konkreten Untersuchungsgegenstand spezifiziert werden (Wurche 1994, S. 32 ff.) Im hier zur Diskussion stehenden Zusammenhang kann unter Kooperation die Gesamtheit aller möglichen Formen von zwischenbetrieblichen Interaktionen subsumiert werden, die aus gemeinsamen Zwecken heraus entstehen, über Verhandlungen zu Abmachungen führen und deren Partner rechtlich und mit Einschränkungen auch wirtschaftlich selbstständig sind (Höfer 1997, S. 4). Kooperationen sind durch das Verfolgen eines gemeinsamen Ziels charakterisiert, das für die teilnehmenden Unternehmen im Aufbau von Wettbewerbsvorteilen zum Ausdruck kommt (Backhaus/Meyer 1993, S. 330). Die Bestimmungsgründe für das Eingehen einer Kooperation lassen sich auf einige wenige Grundmotive verdichten. Zu diesen zählen die Schaffung des Zugangs zu Märkten und Ressourcen (z. B. Auslandsvertretungen, Einkaufskooperationen), die Realisierung von Spezialisierungs- und Kostenvorteilen (z. B. Werbegemeinschaften eines Stadtzentrums oder einer Urlaubsregion) sowie die Ausschöpfung von Zeitvorteilen durch schnellere Produktentwicklung und bessere Leistungsverwertung (Backhaus/Plinke 1990). Kooperation umfasst alle Interaktionen von Unternehmen, die zwischen den Polen der reinen Markttransaktion und der hierarchischen Koordination betrieblicher Aktivitäten liegen. Dabei steigt mit zunehmender Bindungsintensität die Abhängigkeit der beteiligten Unternehmen, während das Ausmaß ihrer jeweiligen Entscheidungsautonomie sinkt (Höfer 1997, S. 7 f.). Beispielsweise geben Sportvereine gewisse Entscheidungsbefugnisse an die Liga ab. Dabei scheint die Kooperation der Sportvereine im Wettbewerb sogar konstitutiv zu sein, damit ein Sportwettbewerb als zu vermarktendes Angebot überhaupt zustande kommt (Woratschek 2002, 2004).

Die verschiedenen Arten von kooperativen Unternehmensverbindungen lassen sich nach unterschiedlichen Kriterien typologisieren (Lutz 1993, S. 44 ff.; Schickel 1999, S. 109). Ausgehend von der juristischen Selbstständigkeit als charakteristischem Merkmal von Kooperationen können diese weiter nach zeitlichen und inhaltlichen Kriterien unterschieden werden. Für die nachfolgende Analyse sind insbesondere die zeitlich begrenzten Kooperationsformen des Konsortiums, des virtuellen Unternehmens sowie die strategischen Allianzen und die strategischen Netzwerke von Bedeutung. Konsortien werden in aller Regel zur Abwicklung von Projekten gebildet, die auf Grund ihrer Komplexität, ihres Umfangs oder des mit ihnen verbundenen Risikos nicht von einer Unternehmung alleine abgewickelt werden können. Die zwischenbetriebliche Kooperation ist somit auf die gemeinschaftliche Abwicklung singulärer Großprojekte gerichtet und deshalb zeitlich und inhaltlich stark beschränkt. Strukturell gleichen Konsortien aber strategischen Netzwerken bzw. strategischen Allianzen. Gleiches gilt auch für virtuelle Unternehmen, die auf eine flexible Kombination von Wertschöpfungsaktivitäten verschiedener Unternehmen abzielen, um ganz spezifische Kundenbedürfnisse zu befriedigen. Den Kunden gegenüber treten sie als einheitliches Unternehmen auf, ohne jedoch eine eigenständige Rechtspersönlichkeit aufzuweisen (Mertens/Faisst 1996; Schickel 1999, S. 115 f.).

Aus den genannten Gründen konzentriert sich die nachfolgende Analyse auf **strategische Allianzen** und **strategische Netzwerke**, da die institutionenökonomischen Argumente für deren Existenz und Struktur auch Gültigkeit für Konsortien und virtuelle Unternehmen haben. Strategische Allianzen und strategische Netzwerke können als Unterformen von Netzwerkarrangements interpretiert werden. Als wesentliches Differenzierungskriterium dient dabei die Kooperationsrichtung. Während strategische Allianzen horizontale Kooperationsformen darstellen, sind strategische Netzwerke durch vertikale bzw. laterale Kooperationsbeziehungen charakterisiert (Backhaus/Meyer 1993, S. 332).

Strategische Allianzen kennzeichnen Kooperationen, in denen mehrere rechtlich selbstständige Unternehmen geschäftsfeldspezifische Aktivitäten miteinander verknüpfen, um die eigenen Stärken auszubauen und bestehende Schwächen auszugleichen (Meyer 1995, S. 158). Häufig liegen in strategischen Allianzen relativ homogene, gegenseitige Abhängigkeiten vor, die zu polyzentrischen Strukturen führen. Die für die Leistungserstellung notwendigen Koordinationskompetenzen werden in diesen Strukturen auf die einzelnen Unternehmen verteilt (Wildemann 1997, S. 425). Das Erzielen von Wettbewerbsvorteilen stellt in strategischen Allianzen auf die effiziente Kombination und Koordination der einzelnen Wertschöpfungsaktivitäten ab. Die damit einhergehenden Austauschbeziehungen werden weder über reine Markttransaktionen noch mittels vollständiger Integration abgewickelt. Die strategische Allianz stellt somit eine zum Alleingang oder zur Fusion alternative Form der Kooperation dar, die eine Bündelung von Aktivitäten der gleichen Wertschöpfungsstufe erlaubt und darüber hinaus die Gestaltung völlig neuer Wertschöpfungskonfigurationen ermöglicht (Woratschek/Roth/Pastowski 2002).

Als strategische Netzwerke werden dagegen Kooperationsformen bezeichnet, bei denen mehrere Unternehmen in Kunden-Lieferanten-Beziehungen stehen und der Leistungsaustausch über den Markt stattfindet. Die teilnehmenden Unternehmen erbringen eine gemeinsame Leistung und konkurrieren im Endmarkt als Gruppe mit anderen Unternehmen außerhalb des Netzwerks (Jarillo 1988). Dabei sind auch strategische Netzwerke eine Koordinationsform ökonomischer Aktivitäten, die zwischen Markt und Hierarchie eingeordnet werden kann. Netzwerke sind durch komplex-reziproke, stärker kooperative als kompetitive und relativ stabile Beziehungen zwischen rechtlich selbstständigen, aber wirtschaftlich abhängigen Unternehmungen ausgezeichnet (Sydow 1992, S. 82). Durch die kooperative Zusammenarbeit kann zusätzliches Erfolgspotenzial aufgebaut werden, da die Verteilung der Aufgaben so vorgenommen wird, dass sich einzelne Unternehmen auf die Beherrschung bestimmter Leistungsprozesse spezialisieren können (Wildemann 1997, S. 418 f.). Innerhalb der vertikalen Netzwerkstrukturen besteht dagegen weiterhin Wettbewerb, da noch mehrere Lieferanten um die Aufträge des Produzenten konkurrieren können, wenn dieser die strategische Führung im Netzwerk übernommen hat (Meyer 1995, S. 159). Die strategische Führung durch ein fokales Unternehmen ist dabei typisch für strategische Netzwerke und führt im Gegensatz zur strategischen Allianz tendenziell zu hierarchischen Netzwerkstrukturen (Sydow 1992, S. 81 f.). Die vorgestellten Kooperationsformen werden nachfolgend aus der Perspektive der Neuen Institutionenökonomik analysiert.

3. Ansätze der Neuen Institutionenökonomik

Die Neue Institutionenökonomik beschäftigt sich mit der systematischen Analyse der Wirkungen und des Designs von handlungskanalisierenden Institutionen menschlichen Handelns (Erlei/Leschke/Sauerland 1999, S. 42). Im Rahmen dieses Forschungsprogramms werden nicht nur marktliche Institutionen (z. B. Märkte, Unternehmen, Kooperationen) einer ökonomischen Analyse unterzogen, sondern auch Institutionen des politischen Sektors (z. B. Rechtssystem, Verfassung, Staat). Die Neue Institutionenökonomik umfasst somit ein ganzes Bündel von Entwicklungssträngen, die ihre Wurzeln in der neoklassischen Theorie haben und teilweise auf den gleichen Prämissen aufbauen. Im Mittelpunkt steht dabei der methodologische Individualismus, der die ökonomischen Entscheidungen von Individuen thematisiert und auch die Handlungen sozialer Gruppen auf Basis der Einstellungen und Verhaltensweisen der individuellen Mitglieder erklärt. Zudem wird in einem Teil der institutionenökonomischen Ansätze individuelle Rationalität in dem Sinne unterstellt, dass die Individuen in einer gegebenen Entscheidungssituation und unter den geltenden Restriktionen ihren individuellen Nutzen maximieren. Allerdings haben insbesondere die Ansätze beschränkter Rationalität die Neue Institutionenökonomik maßgeblich geprägt, auch wenn sich bisher keine einheitliche Operationalisierung dieses Verhaltenskonzepts etablieren konnte (Conlisk 1996; Vriend 1996). Ganz im Gegensatz zur neoklassischen Theorie unterstellt die Analyse der Neuen Institutionenökonomik aber in aller Regel einen unvollständigen Informationsstand der Individuen. Die **Informationsökonomik** hat deshalb die Entwicklung der Neuen Institutionenökonomik ebenfalls wesentlich begleitet und beeinflusst (Gümbel/Woratschek 1995, Sp. 1009).

Die Informationsökonomik kann in einem sehr weit gefassten Verständnis der neoklassischen Mikrotheorie zugerechnet werden (Kaas 1995, Sp. 972). Diese unterstellt grundsätzlich vollständige und vollkommene Informationen für alle Marktteilnehmer. Sind die Beteiligten aber unterschiedlich informiert, so liegt asymmetrische Informationsverteilung vor, die bei den Akteuren zu Unsicherheit über das Verhalten der jeweiligen Marktpartner führt. Erst die Berücksichtigung verschiedener Formen von Unsicherheit hat zu einer Erweiterung des Forschungsgegenstands der mikroökonomischen Theorien geführt (Bayón 1997, S. 15). Eine grundsätzliche Differenzierung ist in diesem Zusammenhang zwischen Ereignisunsicherheit (exogene Unsicherheit) und Marktunsicherheit (endogene Unsicherheit) vorzunehmen (Hirshleifer 1973; Hirshleifer/Riley 1979). Während die Ereignisunsicherheit aus exogenen Größen resultiert, deren zukünftige Entwicklung durch die Marktteilnehmer nicht beeinflusst werden kann, fokussiert die Marktunsicherheit auf endogene Größen marktlicher Transaktionen, die Unsicherheit über das Verhalten der Marktteilnehmer generieren. Die Informationsökonomik analysiert in diesem Zusammenhang die Ursachen für das Vorliegen asymmetrischer Informationsverteilung und die Möglichkeiten zu ihrer Überwindung. Zu diesem Zweck werden Ereignis- und Marktunsicherheit eingehend analysiert und ihre Auswirkungen auf Marktstruktur, Marktprozess und Marktergebnis herausgestellt (Kaas 1995, Sp. 973).

Die Neue Institutionenökonomik greift wesentliche Aspekte der Informationsökonomik auf, indem sie Situationen mit asymmetrischer Informationsverteilung thematisiert, in denen Kosten für die Informationsbeschaffung und Informationsverarbeitung, aber auch für den Abschluss, die Überwachung und die Durchsetzung von Verträgen anfallen. Die neoklassische Mikrotheorie vernachlässigt solche Transaktionskosten. Sie unterstellt vielmehr, dass vollständige Kontingenzverträge abgeschlossen werden können, die Regeln für jeden zukünftigen Umweltzustand enthalten, die bei dessen Eintreten nur noch auszuführen sind (Richter 1994). In einer Welt ohne Transaktionskosten lassen sich zwar First-Best-Lösungen von Allokationsproblemen herleiten (Arrow/Debreu 1954), diese können aber allenfalls als Referenzpunkte für eine Welt mit Transaktionskosten dienen (Richter 1991, S. 399). Werden die Transaktionskosten in der Analyse explizit berücksichtigt, so lassen sich in der Regel nur noch Second-Best-Lösungen verwirklichen. Damit stellt sich aber auch die Frage nach der Wirkungsweise und der Eignung institutioneller Arrangements, gerade solche Marktergebnisse zu generieren, die einer First-Best-Lösung möglichst nahe kommen (Richter/Bindseil 1995).

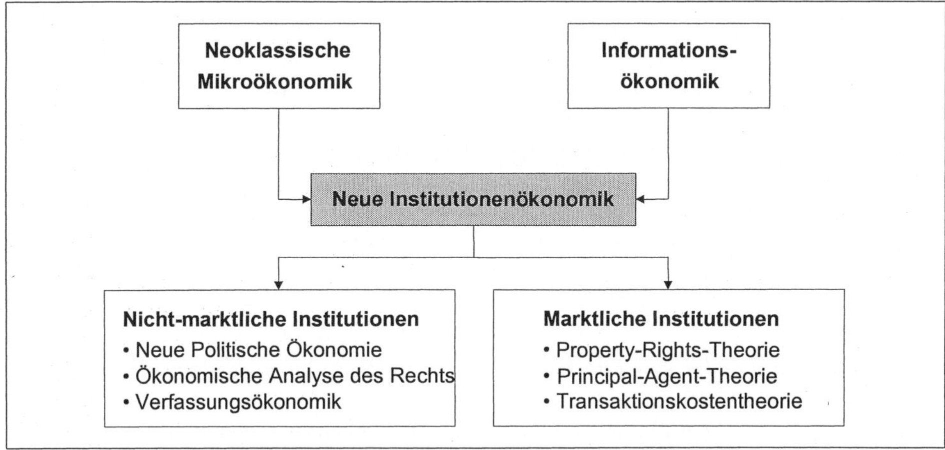

Übersicht 1: Neue Institutionenökonomik

Die unterschiedlichen Theoriezweige der Neuen Institutionenökonomik, die sich dieser Frage widmen, lassen sich nicht streng voneinander abgrenzen und überschneiden sich in vielen Bereichen. Eine Differenzierung kann nach der Art der Institution vorgenommen werden, die im Fokus der Analyse steht. Übersicht 1 illustriert diese Differenzierung. So lassen sich zu den institutionenökonomischen Ansätzen, die sich mit der Analyse nichtmarktlicher Institutionen beschäftigen, insbesondere die Neue Politische Ökonomie, die Ökonomische Analyse des Rechts und die Verfassungsökonomik zählen (Richter 1994; Erlei/Leschke/Sauerland 1999, S. 44). Als Erklärungsperspektive für Kooperationen in der Ökonomie sind jedoch die institutionenökonomischen Ansätze, die auf eine Analyse marktlicher Institutionen abstellen, von weitaus größerer Bedeutung. Die Gruppe dieser Ansätze konstituiert sich insbesondere aus drei Theoriebereichen, nämlich der Property-Rights-Theorie, der Principal-Agent-Theorie und der Transaktionskostentheorie.

Die **Property-Rights-Theorie** thematisiert die Verteilung von Verfügungsrechten über knappe Ressourcen und die daraus resultierenden Verhaltensanreize für die betroffenen Individuen. Neben diese Analyse der Konsequenzen für eine gegebene Struktur der Verfügungsrechte kann die Analyse einer zweckmäßigen Verteilung der Verfügungsrechte treten, mit der wünschenswerte Ziele erreicht werden können (Hesse 1993, S. 82). Die **Principal-Agent-Theorie** beschäftigt sich ebenfalls mit der Analyse ökonomischer Anreizwirkungen. Sie fokussiert jedoch auf Vertretungssituationen, in denen zwei Akteure ihren individuellen Nutzen unter bestimmten Nebenbedingungen maximieren. Dabei liegen in der Regel Zielkonflikte und Informationsasymmetrien zwischen den beteiligten Parteien vor (Picot 1991). Die **Transaktionskostentheorie** stellt explizit auf die Analyse der Kosten für die Markt- und die Organisationsnutzung ab und beeinflusst maßgeblich die beiden vorstehend genannten Theoriezweige (Gümbel/Woratschek 1995). Diese drei Theoriebausteine werden nachfolgend hinsichtlich ihres Erklärungsbeitrags für die Entstehung und Entwicklung von Kooperationen in der Ökonomie näher analysiert.

4. Kooperation aus Sicht der Neuen Institutionenökonomik

4.1 Erklärungsansatz der Property-Rights-Theorie

Die zentrale Aussage der Property-Rights-Theorie besteht darin, dass die Ausgestaltung und Verteilung von Verfügungsrechten die Allokation und Nutzung von Gütern in prognostizierbarer Weise beeinflusst. Dahinter steht die Sichtweise, dass auf Märkten nicht einfach physische Güter ausgetauscht werden, sondern mit dem Wechsel des Eigentums ganze Bündel von Rechten übertragen werden. Solche Rechtsbündel werden als Verfügungsrechte bzw. **Property Rights** bezeichnet (Furobotn/Pejovich 1972, S. 1137). Das ökonomische Kalkül der Individuen richtet sich weniger auf die Güter als solche als auf die damit verbundenen Verfügungsrechte. Da diese Verfügungsrechte die Wertschätzung und die Nutzungsintensität der eigentlichen Güter entscheidend beeinflussen, stellen sie Verhaltensnormen bezüglich der Ressourcennutzung dar und konstituieren Institutionen ökonomischen Handelns.

Die Menge der Verfügungsrechte wird üblicherweise in vier Aspekte zerlegt. Sie umfassen das Recht, ein Gut zu nutzen („usus“), sich die Erträge aus seiner Nutzung anzueignen („usus fructus“), das Gut formal und materiell zu verändern („abusus“) und das Gut vollständig oder teilweise zu veräußern (Alchian/Demsetz 1972, S. 783; Pejovich 1976, S. 3). Sofern sämtliche Verfügungsrechte wohldefiniert und durchsetzbar sind und keine Transaktionskosten berücksichtigt werden müssen, resultiert eine effiziente Ressourcenallokation, die nicht von der Verteilung der Verfügungsrechte abhängig ist (Coase 1960). Diese Bedingungen sind in der Realität aber gerade nicht erfüllt. Vielmehr fallen Transaktionskosten für die Spezifizierung, die Übertragung und die Durchsetzung von Verfügungsrechten an (Cezanne/Mayer 1998, S. 1347). Daraus können Situationen resultieren, in denen Individuen nicht alle vier Teilrechte auf sich vereinen oder es ihnen auf Grund gesetzlicher Regelungen unmöglich ist, alle vier Teilrechte wahrzunehmen (Bülow 1995, S. 49). Der zentrale Analysegegenstand der Property-Rights-Theorie ist deshalb in verdünnten, d. h. teilweise unspezifizierten und nicht perfekt zugeordneten Verfügungsrechten zu sehen (Furubotn/Pejovich 1972, S. 1140).

Die Verteilung der Verfügungsrechte beeinflusst die ökonomischen Anreize und somit das Verhalten von Individuen (Alchian/Demsetz 1973; Pejovich 1976, S. 3). Dieser Anreizeffekt der Verfügungsrechte kann auch als Erklärungsmuster für die Existenz von Unternehmen als einer zum Markt alternativen Organisationsform dienen. Aus dieser Perspektive ist es für wirtschaftliche Unternehmen konstituierend, dass durch die Kooperation der Beteiligten Vorteile erzielbar sind, die aber nur im Rahmen eines Teams ausgeschöpft werden können (Alchian/Demsetz 1972).

Solange ein messbarer Zusammenhang zwischen der Leistung eines Individuums und seinem Arbeitsergebnis existiert, besteht der Anreiz zu einem hohen Arbeitseinsatz, um das individuelle Einkommen zu maximieren. Sind aber mehrere Individuen an einer gemeinschaftlichen Produktion beteiligt, so resultiert die Problematik, dass sie nicht gemäß ihren individuellen Grenzproduktivitäten entlohnt werden können, da die nicht-separierbare Produktionsfunktion die Grenzproduktivitäten der Teammitglieder voneinander abhängig macht. Das ist beispielsweise bei Filmproduktionen der Fall, bei denen das Arbeitsergebnis deutlich mehr ist als die Summe seiner Teile. Das Arbeitsergebnis hängt von der Kooperation des gesamten Teams ab (Alchian 1984, S. 35). Dabei ist jedes Indiviuum der Verführung ausgesetzt, unbemerkt die eigene Leistung zu vermindern und die resultierende Nutzeneinbuße in Form geringerer Produktivität auf die anderen Teammitglieder abzuwälzen. Würden keine Kosten für die Überwachung der jeweils anderen Teammitglieder anfallen, so könnten sich diese gegenseitig kontrollieren und der Gefahr der „Drückebergerei" effizient begegnen. Das ist jedoch gerade nicht der Fall, da Kontrollen immer und zwangsläufig mit Kosten verbunden sind.

Damit stellt sich die Frage, wie die einzelnen Teammitglieder zu einem effizienten Leistungsbeitrag angehalten werden können. Die Lösung besteht darin, eine Person aus dem Team auszuwählen, die eine Überwachungsfunktion (Monitoring) übernimmt und die Inputleistungen aller Teammitglieder beobachtet. Diese Funktion übernimmt im Beispiel der Filmproduktion die Produktionsgesellschaft. Das gegenseitige Misstrauen zwischen den wechselseitig abhängigen Teammitgliedern wird somit durch die freiwillige Unterwerfung einer zentralen Instanz gelöst. Damit entsteht eine hierarchische Organisation, in der ein Unternehmer die Funktion des Monitors übernimmt. Alle Organisationsmitglieder schließen Verträge mit dem Unternehmer, wodurch die Verfügungsrechte umverteilt werden. Der Unternehmer spezialisiert sich auf die Überwachungsaufgabe und erhält das Recht, die Teammitglieder anzuweisen, sie zu kontrollieren und gegebenenfalls Kündigungen auszusprechen (Richter/Furubotn 1999, S. 359). Als Anreiz für die Übernahme der Überwachungsfunktion erhält der Unternehmer den Anspruch auf den Residualgewinn (Alchian/Demsetz 1972, S. 781).

Das von Alchian/Demsetz (1972) geführte Argument beschränkt sich aber nicht nur auf Transaktionen, die innerhalb gegebener Grenzen eines Unternehmens durchgeführt werden, sondern kann prinzipiell auch auf die gemeinsame Abwicklung von Transaktionen durch mehrere rechtlich selbstständige Unternehmen ausgedehnt werden (Alchian 1984). In diesem Fall stellt sich die Frage, in welchem Ausmaß komplementäre Aktivitäten in ein gemeinsames Unternehmen integriert bzw. in Form hybrider Organisationsstrukturen koordiniert und überwacht werden sollten. Die Existenz einer Teamproduktionsfunktion und die damit einhergehende Effizienzsteigerung durch gemeinsame Produktion reichen in diesem Fall als alleiniges Erklärungsmuster nicht aus. Vielmehr muss zusätzlich berücksichtigt werden, dass mit der gemeinsamen Leistungserstellung spezifische Ressourcen in die Kooperation eingebracht werden müssen, die nur dort ihren vollen Wert entfalten, der darüber hinaus auch vom Verhalten der anderen Kooperationspartner abhängt. Diese Situation liegt beispielsweise dann vor, wenn sich Einzelhändler eines Stadtzentrums zu einer Werbegemeinschaft zusammenschließen oder die Marketing-Aktivitäten der Anbieter in einer Urlaubsdestination in einem zentralen Tourist-Office gebündelt werden (Woratschek/Roth/Pastowski 2003). Mit zunehmender Spezifität und Vertragsdauer wird dabei die Notwendigkeit der Investition in Überwachungsmechanismen immer dringender. Die Beteiligten können unter diesen Umständen von einer hybriden Koordinationsform profitieren. Diese verbinden die Vorteile der marktlichen Anreiz- und Sanktionsmechanismen mit der Anpassungsgeschwindigkeit und Effizienz der Leistungserstellung in einer Unternehmung (Alchian/Woodward 1987). Die gegenseitige Abhängigkeit der Beteiligten führt dabei zu einer vertraglichen Absicherung, die eine Entpersonalisierung der Kontrollfunktion nach sich zieht. Die Rolle des Monitors muss nicht zwangsläufig von einer Person oder einem einzelnen Unternehmen im Netzwerk übernommen werden, sondern kann dezentralisiert ausgeführt werden. Gleiches gilt auch für die Aneignung bzw. die Verteilung des Residualgewinns. Für die Koordinationsform ist alleine von Bedeutung, dass die Kooperation Gewinne erzielt, die Gewinnverwendung ist dagegen nur eine allokative Frage, die im Rahmen einer konkreten Vertragsvereinbarung zu lösen ist (Meuthen 1997, S. 66 f.).

Das ursprüngliche Argument der Teamproduktion mit Monitor stellt einen Erklärungsansatz für hybride Koordinationsformen mit hierarchischer Struktur dar, es reicht jedoch alleine nicht aus, um die Existenz strategischer Netzwerke zu begründen. Es muss vielmehr durch transaktionskostentheoretische Argumente ergänzt werden, die explizit auf die Beherrschungsstrukturen der Aktivitäten im Netzwerk abheben. Diese werden unten eingehend erläutert. Aus Sicht der Property-Rights-Theorie ist darüber hinaus die Erweiterung der Analyse auf unvollständige Verträge von Bedeutung (Grossman/Hart 1986; Hart/Moore 1988, 1990). Grundsätzlich können die Parteien in langfristigen Verträgen nicht alle wichtigen Punkte vollständig berücksichtigen. Vielmehr sind sie gezwungen, einige Kontingenzen außer Acht zu lassen, um abzuwarten wie sich die Zukunft entwickelt, ohne für Umweltzustände mit relativ geringer Eintrittswahrscheinlichkeit konkrete Einzelmaßnahmen festzulegen. Die Theorie unvollständiger Verträge geht aber noch einen Schritt weiter, indem sie auch Situationen thematisiert, in denen die Kontingenzen von den beteiligten Parteien zwar vorhersehbar sein mögen, aber von Außenstehenden wie Gerichten nicht überprüfbar sind. Solche unvollständigen Verträge sind dann praktisch nicht durchsetzbar (Hart 1987, S. 753 f.). Die Spezifizierung und Zuweisung der residualen Verfügungsrechte entfaltet in diesen Situationen besondere Anreizwirkungen und begründet die Struktur von Unternehmen und die Natur ihrer Zusammenarbeit. Allgemein ist mit rechtlicher Selbstständigkeit der Unternehmen zu rechnen, wenn keines der Unternehmen einen dominierenden Einfluss auf den Kooperationsgewinn ausüben kann (Hart/Moore 1990, S. 1149 f.; Meckl/Kubitschek 2000).

Die **verfügensrechtliche Analyse** horizontaler Vertragsstrukturen, die der Realisierung, Sicherung und Verteilung von Kooperationsgewinnen dienen, bildet dagegen einen Erklärungsansatz für die Existenz strategischer Allianzen im Sinne horizontaler Kooperationen. Für diese sind polyzentrische Strukturen geradezu charakteristisch, in denen die Funktionsübernahme einzelner Aufgaben zielgerichtet zu koordinieren und der Kooperationsgewinn im Rahmen einer Verhandlungslösung auf die Beteiligten aufzuteilen ist. Dabei muss im Rahmen der Kooperationsvereinbarung darauf geachtet werden, dass die Zuweisung der Verfügungsrechte dergestalt vorgenommen wird, dass eine möglichst effiziente Anreizgestaltung resultiert. Die Anreize müssen einerseits so gesetzt werden, dass alle im Netzwerk organisierten Unternehmen in hinreichendem Maße an den Kooperationsgewinnen partizipieren. Andererseits sind effiziente Kontroll- und Sanktionsmechanismen zu installieren, mit denen die Unternehmen zum notwendigen Beitrag an der Leistungserstellung angehalten werden. Die Aufteilung des Kooperationsgewinns ist letztlich das Ergebnis eines Verhandlungsprozesses, in dessen Verlauf jedes Unternehmen mindestens die Entlohnung für seine Beiträge zur Leistungserstellung fordert. Über den verbleibenden Mehrwert können die Netzwerkteilnehmer beliebig verfügen und ihn im Spannungsfeld ihrer konkurrierenden Interessen verteilen. Allerdings setzt die Aufteilung des Werts dessen Schaffung in einem ersten Schritt voraus, wozu Netzwerkteilnehmer gefunden und zu einer kooperativen Verhaltensweise animiert werden müssen. Darin kommt zum Ausdruck, dass Netzwerkarrangements sowohl durch kooperative als auch kompetitive Interaktionen ausgezeichnet sind (Sydow 1992, S. 93 f.).

Die Schaffung und die Aufteilung von **Kooperationsgewinnen** erfolgen keineswegs unabhängig voneinander. Die Wirkungen der nachvertraglichen Phase werden von den potenziellen Netzwerkunternehmen bereits vorvertraglich antizipiert und bei der Entscheidung über die Teilnahme am Netzwerk berücksichtigt. Das Verhandlungsergebnis der zweiten Stufe (Verteilung des Mehrwerts) ist also bereits im Zusammenhang mit der Entscheidung über Form, Beitritt und Management des Netzwerks in der ersten Stufe (Schaffung des Mehrwerts) relevant. Die Verteilung der Verfügungsrechte beeinflusst deshalb nachhaltig die Entscheidung über den Beitritt zum und die Aufteilung des Gewinns im Netzwerk (Woratschek/Roth/Pastowski 2003). Vor diesem Hintergrund kann es kaum verwundern, dass strategische Allianzen häufig nur unter erheblichen Schwierigkeiten institutionalisiert werden können, obwohl alle Unternehmen die grundsätzliche Vorteilhaftigkeit anerkennen. Die erzielbaren Kooperationsgewinne müssen ausreichen, um aus ihnen alle Anreize alimentieren zu können, die zu einer freiwilligen Umverteilung der Verfügungsrechte notwendig sind. Die Umverteilung ist aber gerade eine Voraussetzung für das Erzielen des Kooperationsgewinns.

4.2 Erklärungsansatz der Principal-Agent-Theorie

Gegenstand der ökonomischen Principal-Agent-Theorie ist die Analyse der Institution des Vertrags im Rahmen von **Delegationsbeziehungen** (Harris/Raviv 1979; Holmström 1979; Hart/Holmström 1987). In Delegationsbeziehungen beeinflussen die Aktionen eines Individuums den Nutzen eines anderen (Pratt/Zeckhauser 1985, S. 2), beispielsweise wenn ein Auftraggeber (Prinzipal) einen Auftragnehmer (Agenten) mit der Aufgabe betraut, in seinem Sinne Entscheidungen zu treffen oder Aktivitäten durchzuführen. Die Gründe für eine **Delegation** können vielfältiger Natur sein. Neben spezifischen Fähigkeiten des Agenten auf Grund von Arbeitsteilung und Spezialisierung kann sein besserer Informationsstand die Vorteilhaftigkeit einer Delegation begründen, obwohl gerade daraus die schwerwiegendsten Probleme der Delegationsbeziehung resultieren (Laux 1979).

Kennzeichnend für die in der Principal-Agent-Theorie thematisierten Delegationsbeziehungen ist neben der Ereignisunsicherheit auch ein Informationsdefizit des Auftraggebers im Hinblick auf die Eigenschaften und das Verhalten des Auftragsnehmers (Bülow 1995, S. 59). Sofern sich die Unsicherheit des Prinzipals nur auf die Charakteristika der Leistungsfähigkeit und auf den Informationsstand des Agenten bezieht, liegt Qualitätsunsicherheit („hidden characteristics") vor. In diesem Fall kann es zu einer Fehlauswahl der Agenten kommen („adverse selection"), die ein Scheitern der Delegationsbeziehung bereits vor Vertragsabschluss nach sich ziehen kann (Akerlof 1970). Zur Reduktion solcher Informationsdefizite sind die informationsökonomischen Ansätze der Qualitätsunsicherheit relevant (Hempe 1997, S. 140 ff.), insbesondere das Screening, das Signaling und der Aufbau von Reputation (Kaas 1990,1991; Roth 2001a, b). Screening erfolgt durch Informationsbeschaffung, wohingegen Signaling das Aussenden von glaubhaften Informationen bedeutet. Reputation entsteht letztlich durch wiederholtes Signaling, das zum Aufbau von Vertrauen führt (Albach 1980). Von Seiten des Agenten kann ein Signaling der Risikoeinstellungen und der Fähigkeiten erfolgen, während sich für den Prinzipal die Möglichkeit bietet, ein Screening durchzuführen, das den in Frage kommenden Agenten die Selbsteinordnung und damit die Offenbarung ihrer Fähigkeiten ermöglicht (Bayón 1997, S. 41). Diese Kooperationsdesigns (Spremann 1988, 1990) beziehen sich auf Informationsaktivitäten vor dem Vertragsabschluss, dienen der Identifikation geeigneter Agenten und sind maßgeblich in der Informationsökonomik entwickelt worden (Kiener 1990). In der klassischen Principal-Agent-Theorie werden sie dagegen nur als ergänzende Instrumente behandelt (Schade/Schott 1993, S. 21).

Im Kern beschäftigt sich die Principal-Agent-Theorie mit den Problemen, die sich aus der Ereignis- und Verhaltensunsicherheit nach dem Vertragsabschluss und im Verlauf der Ausführung des Auftrags ergeben („hidden information" und „hidden action"). Prinzipal und Agent handeln eigennutzorientiert und weisen grundsätzlich unterschiedliche Zielvorstellungen und Risikopräferenzen auf. Da der Prinzipal das Verhalten des Agenten nicht beobachten kann und das Ergebnis der Delegation zusätzlich von externen Umweltfaktoren abhängt, muss der Prinzipal Anreiz- und Kontrollmechanismen einsetzen, die den Agenten zu einem Handeln in seinem Sinne bewegen (Elschen 1991, S. 1004).

Selbst bei einem nicht vertragskonformen Verhalten des Agenten kann ein positives Ergebnis resultieren, wenn ein günstiger Umweltzustand eintritt, während eine ungünstige Umweltentwicklung auch bei hohen Anstrengungen zu einem negativen Ergebnis führen kann. Glück gepaart mit unrechtmäßigem Verhalten kann zum gleichen Ergebnis führen wie Pech gepaart mit fleißigem Verhalten. Dadurch eröffnen sich opportunistische Spielräume, die der Agent in seinem Interesse ausnutzen kann (Spremann 1988, S. 615). Die Gefahr der Ausnutzung opportunistischer Spielräume („moral hazard") liegt darin, dass schlechte Ergebnisse auf ungünstige Umweltentwicklungen abgewälzt werden können, wodurch dem Auftraggeber die Möglichkeit entzogen wird, die Aktivitäten des Auftragnehmers objektiv zu beurteilen.

Die normative Principal-Agent-Theorie thematisiert die Analyse und die Gestaltung von Kontroll- und Anreizsystemen, die den Agenten motivieren, im Sinne des Prinzipals zu agieren (Laux 1990). Liegen Ereignis- und Verhaltensunsicherheit vor, so kann mit dem optimalen Anreizvertrag lediglich ein Situationsoptimum im Sinne einer Second-Best-Lösung erzielt werden. Seine konkrete Ausgestaltung hängt insbesondere von der Art der Belohnung, der Bemessungsgrundlage und der Belohnungsfunktion ab, die einen funktionalen Zusammenhang zwischen den Ausprägungen der Bemessungsgrundlage und der letztlich gewährten Belohnung herstellt. Darüber hinaus beeinflussen die Risikoeinstellungen der Beteiligten und die Art der vorliegenden Informationsasymmetrie den optimalen Anreizvertrag (Kiener 1990, S. 48 ff.; Elschen 1991; Kleine 1995, 48 ff.). Second-Best-Lösungen führen im Vergleich zur First-Best-Lösung bei beobachtbarem Verhalten grundsätzlich zu einem niedrigeren Aktivitätsniveau des Agenten (Spremann 1987). Da der Agent nicht die Aktionen wählt, die bei optimaler Steuerung den Nutzenerwartungswert des Prinzipals maximiert hätten, muss der Prinzipal bei Delegation der Aktivitäten einen residualen Verlust in Kauf nehmen. Dieser Verlust ist eine direkte Konsequenz der asymmetrischen Informationsverteilung. Darüber hinaus fallen mit der Delegation einer Aufgabe an einen Agenten weitere Kosten für die Installation der Anreiz- und Kontrollsysteme sowie für die Anbahnung, die Gestaltung und die Durchsetzung von Verträgen an, aus denen sich die gesamten Agency-Kosten der Delegationsbeziehung zusammensetzen (Jensen/Meckling 1976, S. 308).

Die Principal-Agent-Theorie identifiziert somit die Einflussfaktoren, die auf die Agency-Kosten einwirken und gibt Gestaltungshinweise für Anreiz- und Kontrollsysteme in Delegationsbeziehungen, die insgesamt zu einer Minimierung der Agency-Kosten führen. Analog zur Transaktionskostentheorie ist dabei auch in der Agency-Theorie das Problem des Vertrauens von besonderer Relevanz. Alle vom Agenten freiwillig akzeptierten Einschränkungen seines Handlungsspielraums und freiwilligen Bindungen beschneiden die Möglichkeiten opportunistischen Verhaltens, bilden Vertrauen und senken die Kosten der Delegation. Möglichkeiten der Selbstbindung spielen insbesondere im Verlauf längerer Geschäftsbeziehungen eine wesentliche Rolle, in denen regelmäßig reziproke Abhängigkeiten vorliegen. In Geschäftsbeziehungen wird der kurzfristige Opportunismusspielraum nicht durch hierarchische Strukturen, sondern die Opportunismusneigung durch Selbstbindung beschränkt, um in Aussicht stehende Austauschbeziehungen in der Zukunft nicht zu gefährden (Rößl 1996, S. 323 f.).

Die Aussagen der Principal-Agent-Theorie liefern einen wichtigen Erklärungsbeitrag für Kooperationen, in denen Auftragsbeziehungen eine wesentliche Rolle spielen. Bei vertikalen Kooperationen wie strategischen Netzwerken sind Agency-Beziehungen relativ einfach aufzudecken, insbesondere wenn das Netzwerk von einem fokalen Unternehmen dominiert wird. Interaktionen mit Lieferanten und Abnehmern können dann im Sinne einer Prinzipal-Agent-Beziehung interpretiert werden. Die hybride Organisationsform des strategischen Netzwerks entsteht, weil sie die gesamten Agency-Kosten minimiert. Die hierarchischen Anreiz- und Sanktionsmechanismen werden bei einer Externalisierung einzelner Funktionen auf andere Unternehmen durch marktliche Elemente angereichert. Mit dieser Funktionsausgliederung wird eine organisationsinterne in eine organisationsexterne Prinzipal-Agent-Beziehung umgewandelt. Die Organisation in Netzwerken bietet sich an, wenn die Agenten über spezifische Informationen oder Fähigkeiten verfügen, die in einer Delegationsbeziehung wertsteigernd wirken. Mit der Delegation innerhalb des Netzwerks wird eine Erhöhung des Kooperationsgewinns angestrebt, der jedoch nicht durch eine Steigerung der Agency-Kosten überkompensiert werden darf.

Interne Kontroll- und Anreizsysteme werden bei der Delegation einer Aufgabe an ein rechtlich selbstständiges Unternehmen durch wettbewerblichen Leistungsdruck wenigstens teilweise ersetzt, wodurch die Delegationskosten gesenkt werden können (Sydow 1992, S. 172). So kann die Drohung eines Unternehmens, den Vertrag mit einem Zulieferer nicht mehr zu verlängern und auf einen Konkurrenten auszuweichen, dessen opportunistischen Spielraum erheblich einschränken. Die Opportunismusneigung des Zulieferers wird beschränkt und er wird seinen Spielraum nicht ausnutzen, um die Fortsetzung der Geschäftsbeziehung nicht zu gefährden. Mit einer mehrfachen Delegation geht somit ein Vertrauensaufbau zwischen den Unternehmen des Netzwerks einher, der die Überwachungs- und Sanktionskosten erheblich verringert. Andererseits zieht die Delegation auch eine Abwälzung des Risikos nach sich, die zu einer Erhöhung der Agency-Kosten führen kann, falls sie die Vertrauensbasis der Kooperationspartner belastet (Jarillo/Ricart 1987, S. 89).

Die Principal-Agent-Theorie liefert auch einen Erklärungsbeitrag für horizontale Unternehmenskooperationen. In strategischen Allianzen ist es regelmäßig schwierig, eines der beteiligten Unternehmen als Prinzipal und eines oder mehrere andere Unternehmen als Agenten zu identifizieren (Beck 1998, S. 40). Vielmehr kommt es zu reziproken Beziehungen, in denen die Zuweisung der Rolle als Prinzipal und als Agent nicht eindeutig vorgenommen werden kann bzw. wechselseitig vorgenommen werden muss. Die zu koordinierenden Aktivitäten bewegen sich in aller Regel auf der gleichen Wertschöpfungsstufe und erlangen ihre strategische Interdependenz durch das gemeinsame Interesse an einer vorteilhaften Marktposition und dem Aufbau von Wettbewerbsvorteilen, beispielsweise bei Forschungs- und Entwicklungskooperationen. In der Kooperation entfallen die Kontroll- und Sanktionsmöglichkeiten einer hierarchischen Lösung, aber auch die damit einhergehenden Kosten. Ohne explizite Selbstbindung und vertragliche Zuweisung bestimmter Rechte innerhalb der Allianz besteht der einzige Sanktionsmechanismus in der Androhung des Austritts aus der Kooperation. Die Allianz zerbricht, wenn der Gewinnanteil an der Kooperation unter den individuellen Leistungsbeitrag sinkt und einzelne Unternehmen die Kooperation verlassen. Dabei ist der Anreiz zum Austritt aus der Kooperation umso größer, je mehr Unternehmen miteinander kooperieren, da damit der individuelle Anteil am Kooperationsgewinn sinkt und die Gefahr des „moral hazards" steigt. Um sinkenden Leistungsbeiträgen zu begegnen, wäre ein Informations- und Kontrollsystem nötig, das zu prohibitiv hohen Agency-Kosten führt. Die Sicherung strategischer Allianzen verlangt deshalb die Ergänzung der reziproken Delegationsbeziehungen durch hierarchische Derivate, beispielsweise durch Kreuzbeteiligungen. Die Koordination auf ein gemeinsames Ziel erfolgt damit durch Kombination von marktlichen und hierarchischen Steuerungselementen und unterstreicht den hybriden Charakter von strategischen Allianzen (Fabel/Hilgers/Lehmann 2001, S. 204 ff.).

4.3 Erklärungsansatz der Transaktionskostentheorie

Die Transaktionskostentheorie beschäftigt sich mit der Vielgestaltigkeit bilateraler und multilateraler Vertragssysteme und führt diese auf die Kosten der Markt- und Organisationsbenutzung zurück. Im Gegensatz zur Property-Rights-Theorie, die sich auf die Gestaltung und Verteilung von Verfügungsrechten konzentriert, rückt in der Transaktionskostentheorie die Übertragung von Verfügungsrechten in den Mittelpunkt des Interesses. Die beiden Theoriezweige weisen eine Reihe von Berührungspunkten auf und beleuchten ähnliche Aspekte aus unterschiedlichen Blickwinkeln, wie bei der Diskussion der Property-Rights-Theorie bereits herausgestellt wurde. In der Transaktionskostentheorie wird die Übertragung von Verfügungsrechten als Transaktion bezeichnet und zum elementaren Untersuchungsgegenstand erhoben (Picot/Dietl 1990, S. 178). Als **Transaktionskosten** werden alle Kosten charakterisiert, die mit der Bestimmung, Übertragung und Durchsetzung von Verfügungsrechten anfallen. Über die monetären Kosten hinaus werden dabei auch nicht-monetäre Kosten im Sinne ökonomischer Nachteile erfasst.

Das Konstrukt der Transaktionskosten wurde von Coase (1937) in die ökonomische Diskussion eingeführt, um die Existenz von Unternehmen in einer Marktwirtschaft zu begründen. Die entstehenden Transaktionskosten liefern Argumente, weshalb Transaktionen in einer Unternehmung abgewickelt und somit dem Marktmechanismus entzogen werden. Der Koordinationsmechanismus Preis wird dabei durch hierarchische Anweisungen ersetzt. Es entstehen aber nicht nur Kosten der Marktinanspruchnahme (externe Transaktionskosten), sondern auch Kosten der Organisationsnutzung (interne Transaktionskosten), die mit der Abwicklung einer Transaktion innerhalb einer Unternehmung anfallen und sich aus den Kosten für Information, Koordination, Kontrolle und Kommunikation zusammensetzen (Richter 1994). Übersteigen die internen Transaktionskosten die externen, so ist die Ausgliederung der Transaktion aus dem Unternehmen sinnvoll und die Abwicklung über den Markt stellt die effiziente Koordinationsform dar. Auf Basis dieses Argumentationsmusters kann beispielsweise auch die Effizienz der Einschaltung von Vertriebsgesellschaften oder die Existenz selbstständiger Handelsunternehmen erklärt werden (Gümbel 1985).

Die Ansätze der Transaktionskostentheorie spalten sich in die Measurement-Richtung (Alchian/Demsetz 1972) und die Governance-Richtung (Williamson 1975, 1985) auf. Die Measurement-Richtung beschäftigte sich zunächst mit den Mess- und Bewertungsproblemen der Faktorleistungen innerhalb einer gegebenen Unternehmung und wurde im weiteren Verlauf ihrer Entwicklung auch auf Koalitionen mehrerer Unternehmen ausgedehnt (Alchian 1984). Die Governance-Richtung untersucht die mit den Transaktionen zusammenhängenden Vertragsbeziehungen und Koordinationsstrukturen. Die Frage nach der organisatorischen Gestaltung der Koordinationsaufgabe steht dabei im Mittelpunkt. Die Transaktionskostentheorie versucht zu verdeutlichen, unter welchen Bedingungen die Abwicklung von Transaktionen innerhalb einer Unternehmung, über den Markt oder in hybriden Organisationsformen vorteilhaft ist. Für die Erklärung von Allianzen und Netzwerken kommt deshalb der Governance-Richtung besondere Bedeutung zu.

Der Grundgedanke der Transaktionskostentheorie besteht darin, dass die am Austauschprozess beteiligten Parteien diejenige Organisationsform ökonomischer Aktivitäten wählen, die bei gleichen Produktionskosten minimale Transaktionskosten verursacht. Die Governance-Richtung beschränkt sich dabei nicht nur auf die Analyse der Auswirkungen von messbaren Transaktionskosten, sondern bezieht weitere Beschränkungen menschlichen Verhaltens in die Betrachtung mit ein. In den Ansätzen der Transaktionskostentheorie wird unterstellt, dass die Auswahl einer vorteilhaften Koordinationsform durch lediglich begrenzt rational handelnde Akteure erfolgt. Begrenzte Rationalität führt in Verbindung mit der vorliegenden Verhaltens- und Ereignisunsicherheit zu Vertragswerken, die niemals vollständig formuliert sein können und deren Ausführung nicht vollständig kontrollierbar ist. Ökonomische Verträge sind notwendigerweise unvollständig, da nicht für alle denkbaren Umweltzustände geeignete Verhaltensweisen der Vertragspartner festgelegt werden können. Einige Vertragsbestandteile müssen deshalb zunächst unspezifiziert bleiben und werden erst im Rahmen von Nachverhandlungen an die tatsächlich eingetretene Situation angepasst. Der Eintritt unvorhergesehener oder im Vertrag vernachlässigter Ereignisse eröffnet den Transaktionspartnern diskretionäre Spielräume, die sie in opportunistischer Weise auszunutzen versuchen.

Da ihre wahren Absichten im Zeitpunkt des Vertragsabschlusses noch nicht beobachtbar sind, besteht Unsicherheit über das spätere Verhalten bei der Durchsetzung impliziter oder expliziter Ansprüche aus dem Vertrag („hidden intention"). Es besteht deshalb die Gefahr, dass sich einer der Vertragspartner auf Grund der notwendigen Investitionen in eine schwächere Verhandlungsposition begibt, die ihn der Gefahr der Ausbeutung („hold up") durch den Transaktionspartner ausliefert, dessen Absichten im Rahmen der Nachverhandlungen offen zutage treten. Die Antizipation dieses Verhaltens durch die Transaktionspartner determiniert die institutionelle Abwicklungsform einer Transaktion, weil unterschiedliche Koordinationsformen zu verschiedenen Graden der Ausbeutungsgefahr führen. Die Analyse der Ausbeutungsgefahr ist somit unmittelbar für die Wahl der geeigneten Koordinationsform relevant und stellt einen wichtigen Teilaspekt der Transaktionskostentheorie dar (Williamson 1975, 1985).

Als zentrale Determinanten der Transaktionskosten sind die Spezifität, die Unsicherheit und die Häufigkeit der Transaktion zu nennen (Picot/Reichwald/Wigand 2001, S. 51). Bei der Analyse der Ausbeutungsgefahr sind die Investitionen in spezifische Ressourcen von überragender Bedeutung. Die Spezifität einer Investition ist dabei umso höher, je größer der Wertverlust ist, der mit der Zuführung der Ressource in ihre nächstbeste, alternative Verwendungsweise einhergeht (Klein/Crawford/Alchian 1978, S. 298). Im Extremfall ist die Ressource überhaupt nicht alternativ einsetzbar und deshalb vollkommen wertlos (Schade/Schott 1993, S. 21). Das kann beispielsweise bei einer Autovermietung der Fall sein, die für einen Großkunden Spezialfahrzeuge beschafft, die für keine andere Geschäftsbeziehung einsetzbar sind.

Je spezifischer die Investitionen sind, die einer der Beteiligten leisten muss, umso größer ist die Abhängigkeit von seinem Transaktionspartner. Es besteht die Gefahr, dass dieser in Nachverhandlungen versucht, einen Teil der Kooperationsrente an sich zu bringen. Diese Entwicklung wird der Vertragspartner aber bereits im Zeitpunkt des Vertragsabschlusses antizipieren und deshalb versuchen, den Grad der Abhängigkeit zu reduzieren, indem weniger spezifische Investitionen getätigt werden. In der Regel geht mit dieser Unterinvestition eine Verringerung der Kooperationsrente einher, da die Transaktion nun nicht mehr mit Ressourcen optimaler Spezifität abgewickelt wird. Die Antizipation der Ausbeutungsgefahr vermindert somit den Nutzen aus einer Markttransaktion. Mit dem Grad der Faktorspezifität wird deshalb eine Abwicklung der Transaktion in einer Hierarchie immer vorteilhafter. Dagegen ist bei geringer Spezifität die Abwicklung über Märkte die überlegene Koordinationsform, weil das Potenzial für eine Ausbeutung niedrig ist und der Wettbewerb zwischen potenziellen Vertragspartnern opportunistisches Verhalten beschränkt. Hybride Koordinationsformen bieten sich schließlich bei Investitionen mittlerer Spezifität an. Kooperationen in Allianzen und Netzwerken sind demnach dann vorteilhaft, wenn die vollständige Integration der Transaktion durch den Einsatz hierarchischer Anreiz- und Kontrollsysteme zu hohe Transaktionskosten verursacht und andererseits die rein marktliche Koordination Unterinvestitionen der Marktpartner nach sich zieht (Beck 1998, S. 122 f.; Picot/Reichwald/Wigand 2001, S. 294 f.).

Diese Tendenz zur Unterinvestition in Markttransaktionen wird durch den Grad der Unsicherheit noch verstärkt. Ereignis- und Marktunsicherheit erhöhen die Transaktionskosten, weil zusätzliche Maßnahmen der Informationsbeschaffung und Informationsübertragung durchzuführen sind. Besonders auf Dienstleistungsmärkten bestehen erhebliche Verhaltensunsicherheiten, da in der Regel Leistungsversprechen gehandelt werden, die vor Vertragsabschluss noch nicht produziert sind und deren Qualität demzufolge nicht mit Sicherheit beurteilt werden kann (Alchian/Woodward 1988). Das legt die Formulierung zustandsabhängiger Verträge nahe, deren Gestaltung und Durchsetzung in der Realität jedoch an prohibitiv hohen Transaktionskosten scheitert. Bei hoher Unsicherheit sind andere Kooperationsdesigns zu entwickeln, um überhaupt Vertragsabschlüsse herbeiführen zu können, beispielsweise die bereits angesprochenen Screening- und Signaling-Aktivitäten sowie der Aufbau von Reputation und Vertrauen.

Auch die Häufigkeit von Transaktionen entfaltet nachhaltigen Einfluss auf die Transaktionskostenstruktur, da sich die Koordinationsaufgaben für gelegentliche Transaktionen von denen für ständig wiederkehrende, standardisierte Transaktionen unterscheiden. Der einmalige Vollzug einer Transaktion ist häufig nur zu höheren Kosten realisierbar als die wiederholte Durchführung im Rahmen einer längeren Geschäftsbeziehung. Mit zunehmender Häufigkeit gleicher oder ähnlicher Transaktionen sinken die Durchschnittskosten je Transaktion, insbesondere bei einer Spezialisierung auf bestimmte Aktivitäten, welche die Realisation von Skalen- und Verbundvorteilen ermöglicht. Darüber hinaus kann die Problematik opportunistischen Verhaltens durch die Erhöhung der Transaktionsfrequenz abgeschwächt werden, wodurch der Aufbau von Reputation und Vertrauen in wiederholten Marktinteraktionen ermöglicht und begünstigt wird.

In strategischen Netzwerken und strategischen Allianzen steht die Intensivierung der Zusammenarbeit zwischen Unternehmen und die begrenzte vertikale, horizontale und laterale Funktionsausgliederung aus hierarchisch koordinierten Austauschbeziehungen im Mittelpunkt. Die Ausgliederung ermöglicht eine funktionale und numerische Flexibilität, die mit geringeren Transaktionskosten verbunden ist als eine marktliche oder hierarchische Koordination. Mit der begrenzten Funktionsausgliederung auf andere Unternehmen des Netzwerks geht wenigstens eine Quasi-Externalisierung, höchstens aber eine Quasi-Internalisierung einher, da die Transaktionen nicht ausschließlich marktlich koordiniert werden, sondern teilweise auch weiterhin der Beherrschungsstruktur des ausgliedernden Unternehmens unterliegen. Der Externalisierung von Funktionen sind aber insbesondere dann Grenzen gesetzt, wenn Funktionen im Bereich der Kernkompetenzen des Unternehmens betroffen sind, deren Ausgliederung Erfolgspotenziale des Unternehmens und dessen Identität gefährden würde (Sydow 1992, S. 105 ff.).

Als Erklärungsmuster der Transaktionskostentheorie für eine begrenzte Funktionsein- bzw. Funktionsausgliederung im Sinne einer hybriden Organisationsform dient das simultane Markt- und Hierarchieversagen. Klassischerweise liegt diese Situation bei mittlerer Spezifität und Unsicherheit vor. Strategische Netzwerke weisen dann gegenüber dem Markt und der Hierarchie als Koordinationsmechanismen einige Vorteile auf, die Transaktionskosten reduzierend wirken (Beck 1998, S. 122 f.). Spezifische Investitionen führen tendenziell zu einer Internalisierung bestimmter Funktionen, um der Ausbeutungsgefahr bei einer Abwicklung über den Markt zu begegnen. Dieses Argument basiert aber wesentlich auf der Annahme, dass mit dem Vertragsabschluss zwischen selbstständigen Unternehmen der Wettbewerb praktisch ausgeschlossen wird und sich die Vertragspartner selbst in die Situation eines bilateralen Monopols manövrieren. Sind die notwendigen Investitionen aber nur von mittlerer Spezifität und das die Transaktion begleitende Risiko nur mäßig ausgeprägt, so wird die Opportunismusneigung im Netzwerk abgeschwächt, da das ausgliedernde Unternehmen auf einen anderen Kooperationspartner zurückgreifen kann und sich somit die Anreizwirkungen des Marktes zunutze macht. Diese Tendenz wird durch mittlere Unsicherheit noch begünstigt, da Nachverhandlungen lediglich in einem relativ engen Spielraum durchgeführt werden, in dem die Kosten der Konsensfindung relativ gering sind (Sydow 2001, S. 255 ff.).

Argumente für die Vorteilhaftigkeit strategischer Netzwerke finden sich jedoch auch bei hoher Spezifität und hoher Unsicherheit der Transaktionssituation. Zu diesem Zweck ist der Transaktionskostenansatz um die oben beschriebenen Konzepte des Vertrauens und der Selbstbindung zu erweitern (Rößl 1996; Vogt 1997; Ripperger 1998). Zudem wirkt der Einsatz innovativer Informations- und Kommunikationssysteme Transaktionskosten senkend und favorisiert die netzwerkartigen Koordinationsstrukturen (Weber 1999, S. 122 ff.; Picot/Reichwald/Wigand 2001, S. 296). Vertrauen, Verträge und wechselseitige Abhängigkeiten werden in realen Transaktionen komplementär eingesetzt, um die mit den Transaktionsrisiken einhergehenden Kosten zu reduzieren. Unklar bleibt dabei, ob Vertrauen und Selbstbindung die Voraussetzung transaktionsspezifischer Investitionen schaffen oder ihrerseits Konsequenz derselben sind. Vertrauen ist neben dem Preis und der Anweisung ein ergänzender Koordinationsmechanismus, der gerade für Kooperationen kennzeichnend ist.

Vertrauen wird häufig verstanden als freiwillige Erbringung einer riskanten Vorleistung unter Verzicht auf explizite vertragliche Sicherungs- und Kontrollmaßnahmen in der Erwartung, dass sich der Vertragspartner bei Eintreten unvorhergesehener Umweltzustände nicht opportunistisch verhalten wird (Ripperger 1998, S. 45). Das Abheben auf die Konsequenzen des Vertrauens, nämlich die Erbringung einer Leistung, greift aber zu kurz und muss durch Argumente auf der Ebene der Vertrauensbildung ergänzt werden. Die freiwillige Erbringung einer riskanten Leistung, ohne Transaktionskosten treibende Sicherungsmaßnahmen vorzunehmen, wird von einem Wahrscheinlichkeitsurteil über die potenzielle Ausnutzung opportunistischer Handlungsspielräume der Transaktionspartner getragen. In dieser Hinsicht kennzeichnet Vertrauen die Prognose der Vertragspartner über die Wahrscheinlichkeit einer opportunistischen Verhaltensweise, die zu Gunsten einer kurzfristigen Gewinnsteigerung ausgeführt wird und zukünftige Gewinnpotenziale einer Geschäftsbeziehung aufs Spiel setzt. Eigene und fremde Erfahrungen, die im Zeitablauf gesammelt werden, sowie die Beobachtung und die Bewertung personaler und organisationaler Charakteristika der Transaktionspartner bilden in diesem Verständnis die Basis für eine Veränderung des Wahrscheinlichkeitsurteils und damit für den Aufbau von Vertrauen.

Verhalten sich die beteiligten Unternehmen im Netzwerk wiederholt kulant, halten sie gemachte Zusagen ein und verpflichten sie sich durch die Ausschöpfung von Selbstbindungsmaßnahmen, ihre Opportunismusneigung zu beschränken, so kann mit zunehmender Transaktionshäufigkeit Vertrauen aufgebaut werden. Kann ein entsprechend hohes Niveau an Vertrauen aufgebaut und mittels Selbstbindung gesichert werden, so können hybride Koordinationsformen zwischenbetrieblicher Kooperation auch bei hohen transaktionsspezifischen Investitionen und hoher Unsicherheit effizient sein. Die vollständige Internalisierung von Funktionen unterbleibt, um die Flexibilität und Anreizwirkung von Markttransaktionen mit der Sicherung spezifischer Investitionen durch Vertrauen und Selbstbindung anzureichern. Diese Elemente reduzieren die Kontroll- und Sanktionskosten und führen insgesamt zu einem niedrigeren Transaktionskostenniveau (Sydow 2001, 260 f.).

5. Schlussbetrachtung

Die Neue Institutionenökonomik alleine kann zwar die Existenz von Kooperationen nicht abschließend erklären, sie liefert aber einen wichtigen Baustein in einem multiparadigmatischen Erklärungsmuster für strategische Netzwerke und strategische Allianzen. Wie in diesem Beitrag gezeigt wurde, können Argumente für die Existenz und die Effizienz kooperativer Organisationsstrukturen aus den drei Teilgebieten der Neuen Institutionenökonomik hergeleitet werden, die sich mit der Analyse ökonomischer Institutionen befassen. Nicht übersehen werden darf dabei, dass auch die institutionenökonomische Sichtweise an vielfältige Grenzen stößt, die eine kritische Würdigung der vorgestellten Ansätze verlangt.

Die Property-Rights-Theorie thematisiert die Ausgestaltung von Verfügungsrechten und die damit verbundenen Verhaltensanreize von Individuen hinsichtlich ihres ökonomischen Handelns. Diese Anreizeffekte dienen auch als Erklärungsmuster für die Existenz von hybriden Organisationsstrukturen, die durch vertikale und horizontale Kooperationen gekennzeichnet sind. Sowohl bei Einsatz eines Monitors als auch bei dezentraler Ausführung der Koordinationsfunktion müssen aber alle Beteiligten etwaige Leistungsabweichungen einzelner Unternehmen erkennen und unter Berücksichtigung des eingetretenen Umweltzustands bewerten können, um entsprechende Sanktionsmaßnahmen durchzuführen. Gerade die Transaktionskostentheorie stellt aber heraus, dass die vertragliche Fixierung der Überwachungsaufgabe sowie die damit zusammenhängenden Verhandlungen über die Aufteilung des Residualgewinns mit erheblichen Transaktionskosten verbunden sind.

Die Principal-Agent-Theorie beschäftigt sich mit der vertraglichen Gestaltung von Delegationsbeziehungen, die in vertikalen Transaktionsstrukturen von besonderer Bedeutung sind. Einen Erklärungsbeitrag für Kooperationen kann die Principal-Agent-Theorie deshalb insbesondere für strategische Netzwerke liefern. Kritisch ist zu konstatieren, dass die Verwendung der Agency-Kosten als Effizienzkriterium die Bestimmung des Residualverlusts verlangt. Die Ermittlung des Residualverlusts setzt aber voraus, dass den Beteiligten eine First-Best-Lösung als Vergleichsmaßstab vorliegt. Darüber hinaus fokussiert die Principal-Agent-Theorie überwiegend auf bilaterale Vertretungssituationen. Dagegen führt die Analyse komplexer Organisationsstrukturen mit mehreren Auftraggebern und Auftragnehmern, deren Aktionen multilaterale Interdependenzen aufweisen, zu Modellstrukturen, die formal kaum noch handhabbar sind. Die Modellanalyse kann deshalb nur unter stark abstrahierenden Annahmen durchgeführt werden, die den Realitätsgehalt des Aussagensystems erheblich einschränken. Gleiches gilt für die Analyse horizontaler Vertretungsstrukturen, für die reziproke Delegationsbeziehungen relevant sind. Diese spielen in der Principal-Agent-Theorie bisher aber nur eine untergeordnete Rolle, so dass sie nur einen partiellen Erklärungsbeitrag für horizontale Kooperationen zu leisten im Stande sind.

Die Transaktionskostentheorie analysiert bilaterale und multilaterale Vertragssysteme vor dem Hintergrund der Kosten, die bei der Nutzung von Märkten und Organisationen anfallen. Die am Austauschprozess beteiligten Parteien wählen in dieser Sichtweise diejenige Organisationsform ökonomischer Aktivitäten, die eine Abwicklung zu minimalen Transaktionskosten erlaubt. Die Analyse der verschiedenen Faktoren, von denen die Höhe der Transaktionskosten bedingt wird, liefert dabei eine Reihe von Argumenten, die einen Erklärungsbeitrag für die Existenz und Effizienz hybrider Koordinationsformen leisten. Dennoch weist die Transaktionskostentheorie einige Schwächen auf, die ihren Erklärungsbeitrag relativieren. So verlangt eine Anwendung der Transaktionskosten als Effizienzkriterium nach einer Operationalisierung dieses Konstrukts, die bisher nicht abschließend und überzeugend vorgenommen werden konnte. Zudem erfolgt eine relativ starke Betonung bilateraler Beziehungen, die dem multilateralen Charakter strategischer Allianzen und strategischer Netzwerke nicht in ausreichendem Maße gerecht wird. Die in Netzwerkarrangements relevanten Beziehungen lassen sich nicht ohne Verlust ausschließlich auf der Basis der zweiseitigen Interdependenzen analysieren.

Schließlich scheint die klassische Transaktionskostentheorie die Opportunismusneigung der beteiligten Akteure bei Markttransaktionen regelmäßig zu überschätzen. Dieser sei nur durch die Ausübung von Zwang mittels Anweisung in einer Hierarchie zu begegnen. Dem ist entgegenzuhalten, dass auch klassische Verträge nicht frei von einseitigen Weisungsrechten formuliert sein müssen und somit teilweise hierarchischen Charakter erlangen. Das Argument der aus der Opportunismusneigung resultierenden Tendenz zur Internalisierung vernachlässigt zudem, dass in hierarchischen Strukturen die Gefahr opportunistischen Verhaltens fortbesteht. Auch das Management eines Unternehmens handelt bei der Gestaltung und Implementierung einer bestimmten Koordinationsform nicht notwendigerweise selbstlos. Die relationalen Verträge der Hierarchie weisen naturgemäß Lücken auf. Aber auch diese müssen nicht zwangsläufig in opportunistischer Weise ausgenutzt werden, sondern können mittels vertrauensvoller Auslegung der Vertragsinhalte durch die Beteiligten geschlossen werden. Eine in dieser Hinsicht erweiterte Transaktionskostentheorie kann einen erheblichen Erklärungsbeitrag für Kooperationen liefern, die zwischen der rein marktlichen und der rein hierarchischen Koordination einzuordnen sind.

Literatur

AKERLOF, G. A. (1970): The Market for "Lemons": Qualitative Uncertainty and the Market Mechanism, in: Quarterly Journal of Economics, 84. Jg., Nr. 3, S. 488-500.

ALBACH, H. (1980): Vertrauen in der ökonomischen Theorie, in: Zeitschrift für die gesamte Staatswissenschaft, 136. Jg., Nr. 1, S. 2-11.

ALCHIAN, A. A. (1984): Specificity, Specialization, and Coalitions, in: Journal of Institutional and Theoretical Economics, 140. Jg., Nr. 1, S. 34-49.

ALCHIAN, A. A.; DEMSETZ, H. (1972): Production, Information Costs, and Economic Organization, in: American Economic Review, 62. Jg., Nr. 4, S. 777-795.

ALCHIAN, A. A.; DEMSETZ, H. (1973): The Property Rights Paradigm, in: Journal of Economic History, 33. Jg., Nr. 1, S. 16-27.

ALCHIAN, A. A.; WOODWARD, S. (1987): Reflections on the Theory of the Firm, in: Journal of Institutional and Theoretical Economics, 143. Jg., Nr. 1, S. 110-136.

ALCHIAN, A. A.; WOODWARD, S. (1988): The Firm is Dead, Long Live the Firm: A Review of Oliver Williamson's The Economic Institutions of Capitalism, in: Journal of Economic Literature, 26. Jg., Nr. 1, S. 65-79.

ARROW, K. J.; DEBREU, G. (1954): Existence of an Equilibrium for a Competitive Economy, in: Econometrica, 22. Jg., Nr. 3, S. 265-290.

BACKHAUS, K.; MEYER, M. (1993): Strategische Allianzen und strategische Netzwerke, in: Wirtschaftswissenschaftliches Studium, 22. Jg., Nr. 7, S. 330-334.

BACKHAUS, K.; PLINKE, W. (1990): Strategische Allianzen als Antwort auf veränderte Wettbewerbsstrukturen, in: Zeitschrift für betriebswirtschaftliche Forschung, Sonderheft Nr. 27, S. 21-33.

BAYÓN, T. (1997): Neuere Mikroökonomie und Marketing, Wiesbaden.

BECK, T. C. (1998): Kosteneffiziente Netzwerkkooperation, Wiesbaden.

BÜLOW, S. (1995): Netzwerkorganisation für Allfinanzanbieter: Ein organisationstheoretischer Vorschlag auf Grundlage der Neuen Institutionenökonomie, Wiesbaden.

CEZANNE, W.; MEYER, A. (1998): Neue Institutionenökonomik – Ein Überblick, in: Das Wirtschaftsstudium, 27. Jg., Nr. 11, S. 1345-1353.

COASE, R. H. (1937): The Nature of the Firm, in: Economica, 4. Jg., Nr. 16, S. 386-405.

COASE, R. H. (1960): The Problem of Social Cost, in: Journal of Law and Economics, 3. Jg., Nr. 1, S. 1-44.

CONLISK, J. (1996): Why Bounded Rationality?, in: Journal of Economic Literature, 34. Jg., Nr. 2, S. 669-700.

ELSCHEN, R. (1991): Gegenstand und Anwendungsmöglichkeiten der Agency-Theorie, in: Zeitschrift für betriebswirtschaftliche Forschung, 43. Jg., Nr. 11, S. 1002-1012.

ERLEI, M.; LESCHKE, M.; SAUERLAND, D. (1999): Neue Institutionenökonomik, Stuttgart.

FABEL, O.; HILGERS, B.; LEHMANN, E. (2001): Strategie und Organisationsstruktur, in: Jost, P.-J. (Hrsg.): Die Prinzipal-Agenten-Theorie in der Betriebswirtschaftslehre, Stuttgart, S. 183-216.

FURUBOTN, E. G.; PEJOVICH, S. (1972): Property Rights and Economic Theory: A Survey of Recent Literature, in: Journal of Economic Literature, 10. Jg., Nr. 4, S. 1137-1162.

GROSSMAN, S. J.; HART, O. D. (1986): The Costs and Benefits of Ownership: A Theory of Vertical and Lateral Integration, in: Journal of Political Economy, 94. Jg., Nr. 4, S. 691-719.

GÜMBEL, R. (1985): Handel, Markt und Ökonomik, Wiesbaden.

GÜMBEL, R.; WORATSCHEK, H. (1995): Institutionenökonomik, in: Tietz, B.; Köhler, R.; Zentes, J. (Hrsg.): Handwörterbuch des Marketing, 2. Aufl., Stuttgart, Sp. 1008-1019.

HARRIS, M.; RAVIV, A. (1979): Optimal Incentive Contracts with Imperfect Information, in: Journal of Economic Theory, 20. Jg., Nr. 2, S. 231-259.

HART, O. D. (1987): Incomplete Contracts, in: Eatwell, J.; Milgate, M.; Newman, P. (Hrsg.): The New Palgrave: A Dictionary in Economics, Band 2, London, S. 752-759.

HART, O. D.; HOLMSTRÖM, B. R. (1987): The Theory of Contracts, in: Bewley, T. F. (Hrsg.): Advances in Economic Theory, New York, S. 71-155.

HART, O. D.; MOORE, J. (1988): Incomplete Contracts and Renegotiation, in: Econometrica, 56. Jg., Nr. 4, S. 755-785.

HART, O. D.; MOORE, J. (1990): Property Rights and the Theory of the Firm, in: Journal of Political Economy, 98. Jg., Nr. 6, S. 1119-1158.

HEMPE, S. (1997): Grundlagen des Dienstleistungsmanagements und ihre strategischen Implikationen, Bayreuth.

HESSE, G. (1993): Zur Erklärung der Änderung von Handlungsrechten mit Hilfe ökonomischer Theorie, in: Schüller, A. (Hrsg.): Property Rights und ökonomische Theorie, München, S. 79-109.

HIRSHLEIFER, J. (1973): Where are we in the Theory of Information, in: American Economic Review, 63. Jg., Nr. 2, S. 31-39.

HIRSHLEIFER, J.; RILEY, J. G. (1979): The Analytics of Uncertainty and Information: An Expository Survey, in: Journal of Economic Literature, 17. Jg., Nr. 4, S. 1375-1421.

HÖFER, S. (1997): Strategische Allianzen und Spieltheorie, Lohmar.

HOLMSTRÖM, B. (1979): Moral Hazard and Observability, in: Bell Journal of Economics, 10. Jg., Nr. 1, S. 74-91.

JARILLO, J. C. (1988): On Strategic Networks, in: Strategic Management Journal, 9. Jg., Nr. 1, S. 31-41.

JARILLO, J. C.; RICART, J. E. (1987): Sustaining Networks, in: Interfaces, 17. Jg., Nr. 5, S. 82-91.

JENSEN, M. C.; MECKLING, W. H. (1976): Theory of the Firm: Managerial Behavior, Agency Costs and Ownership Structure, in: Journal of Financial Economics, 3. Jg., Nr. 4, S. 305-360.

KAAS, K.-P. (1990): Marketing als Bewältigung von Informations- und Unsicherheitsproblemen im Markt, in: Die Betriebswirtschaft, 50. Jg., Nr. 4, S. 539-548.

KAAS, K.-P. (1991): Marktinformationen: Screening und Signaling unter Partnern und Rivalen, in: Zeitschrift für Betriebswirtschaft, 61. Jg., Nr. 3, S. 357-370.

KAAS, K.-P. (1995): Informationsökonomik, in: Tietz, B.; Köhler, R.; Zentes, J. (Hrsg.): Handwörterbuch des Marketing, 2. Aufl., Stuttgart, Sp. 971-981.

KIENER, S. (1990): Die Principal-Agent-Theorie aus informationsökonomischer Sicht, Heidelberg.

KLEIN, B.; CRAWFORD, R. G.; ALCHIAN, A. A. (1978): Vertical Integration, Appropriable Rents, and the Competitive Contracting Process, in: Journal of Law and Economics, 21. Jg., Nr. 2, S. 297-326.

KLEINE, A. (1995): Entscheidungstheoretische Aspekte der Principal-Agent-Theorie, Heidelberg.

LAUX, H. (1979): Grundfragen der Organisation, Berlin.

LAUX, H. (1990): Risiko, Anreiz und Kontrolle, Berlin.

LUTZ, V. (1993): Horizontale strategische Allianzen, Hamburg.

MECKL, R.; KUBITSCHEK, C. (2000): Organisation von Unternehmensnetzwerken – Eine verfügungsrechtstheoretische Analyse, in: Zeitschrift für Betriebswirtschaft, 70. Jg., Nr. 3, S. 289-307.

MERTENS, P.; FAISST, W. (1996): Virtuelle Unternehmen – Eine Organisationsstruktur für die Zukunft?, in: Wirtschaftswissenschaftliches Studium, 25. Jg., Nr. 6, S. 280-285.

MEUTHEN, D. (1997): Neue Institutionenökonomik und strategische Unternehmensführung, Aachen.

MEYER, M. (1995): Ökonomische Organisation der Industrie, Wiesbaden.

PEJOVICH, S. (1976): The Capitalist Corporation and the Socialist Firm: A Study of Comparative Efficiency, in: Schweizerische Zeitschrift für Volkswirtschaft und Statistik, 112. Jg., Nr. 1, S. 1-25.

PICOT, A. (1991): Ökonomische Theorien der Organisation, in: Ordelheide, D.; Rudolph, B.; Büsselmann, E. (Hrsg.): Betriebswirtschaftslehre und ökonomische Theorie, Stuttgart, S. 143-170.

PICOT, A.; DIETL, H. (1990): Transaktionskostentheorie, in: Wirtschaftswissenschaftliches Studium, 19. Jg., Nr. 4, S. 178-184.

PICOT, A.; REICHWALD, R.; WIGAND, R. T. (2001): Die grenzenlose Unternehmung, 4. Aufl., Wiesbaden.

PRATT, J. W.; ZECKHAUSER, R. J. (1985): Principals and Agents: An Overview, in: Pratt, J. W.; Zeckhauser, R. J. (Hrsg.): Principals and Agents: The Structure of Business, Boston, S. 1-35.

RICHTER, R. (1991): Institutionenökonomische Aspekte der Theorie der Unternehmung, in: Ordelheide, D.; Rudolph, B.; Büsselmann, E. (Hrsg.): Betriebswirtschaftslehre und ökonomische Theorie, Stuttgart, S. 395-429.

RICHTER, R. (1994): Institutionen ökonomisch analysiert, Tübingen.

RICHTER, R.; BINDSEIL, U. (1995): Neue Institutionenökonomik, in: Wirtschaftswissenschaftliches Studium, 24. Jg., Nr. 3, S. 132-140.

RICHTER, R.; FURUBOTN, E. G. (1999): Neue Institutionenökonomik, 2. Aufl., Tübingen.

RIPPERGER, T. (1998): Ökonomik des Vertrauens, Tübingen.

RÖßL, D. (1996): Selbstverpflichtung als alternative Koordinationsform von komplexen Austauschbeziehungen, in: Zeitschrift für betriebswirtschaftliche Forschung, 48. Jg., Nr. 4, S. 311-334.

ROTH, S. (2001a): Interaktionen im Dienstleistungsmanagement – Eine informationsökonomische Analyse, in: Bruhn, M.; Stauss, B. (Hrsg.): Jahrbuch Dienstleistungsmanagement 2001, Wiesbaden, S. 35-66.

ROTH, S. (2001b): Screening- und Signaling-Modelle – Vergleich der Modellstrukturen, in: Wirtschaftswissenschaftliches Studium, 30. Jg., Nr. 7, S. 372-378.

SCHADE, C.; SCHOTT, E. (1993): Kontraktgüter im Marketing, in: Marketing – Zeitschrift für Forschung und Praxis, 15. Jg., Nr. 1, S. 15-25.

SCHICKEL, H. (1999): Controlling internationaler strategischer Allianzen, Wiesbaden.

SPREMANN, K. (1987): Agent and Principal, in: Bamberg, G.; Spremann, K. (Hrsg.): Agency Theory, Information, and Incentives, Berlin, S. 3-37.

SPREMANN, K. (1988): Reputation, Garantie, Information, in: Zeitschrift für Betriebswirtschaft, 58. Jg., Nr. 5/6, S. 613-629.

SPREMANN, K. (1990): Asymmetrische Information, in: Zeitschrift für Betriebswirtschaft, 60. Jg., Nr. 5/6, S. 561-586.

SYDOW, J. (1992): Strategische Netzwerke, Wiesbaden.

SYDOW, J. (2001): Zwischenbetriebliche Kooperation, in: Jost, P.-J. (Hrsg.): Der Transaktionskostenansatz in der Betriebswirtschaftslehre, Stuttgart, S. 241-271.

VOGT, J. (1997): Vertrauen und Kontrolle in Transaktionen, Wiesbaden.

VRIEND, N. J. (1996): Rational Behavior and Economic Theory, in: Journal of Economic Behavior and Organization, 29. Jg., Nr. 2, S. 263-285.

WEBER, S.-M. (1999): Netzwerkartige Wertschöpfungssysteme, Wiesbaden.

WILDEMANN, H. (1997): Koordination von Unternehmensnetzwerken, in: Zeitschrift für Betriebswirtschaft, 67. Jg., Nr. 4, S. 417-439.

WILLIAMSON, O. E. (1975): Markets and Hierarchies: Analysis and Antitrust Implications, New York.

WILLIAMSON, O. E. (1985): The Economic Institutions of Capitalism. Firms, Markets, Relational Contracting, New York.

WORATSCHEK, H. (2002): Theoretische Elemente einer ökonomischen Betrachtung von Sportdienstleistungen, in: Zeitschrift für Betriebswirtschaft, Ergänzungsheft Nr. 4: Sportökonomie, S. 1-21.

WORATSCHEK, H. (2004): Kooperenz im Sportmanagement – Eine Konsequenz der Wertschöpfungslogik von Sportwettbewerben und Ligen, in: Zieschang, K.; Woratschek, H.; Beier, K. (Hrsg.): Sportökonomie 6: Kooperenz im Sportmanagement, Schorndorf, S. 9-29.

WORATSCHEK, H.; ROTH, S.; PASTOWSKI, S. (2002): Geschäftsmodelle und Wertschöpfungskonfigurationen im Internet, in: Marketing – Zeitschrift für Forschung und Praxis, Spezialausgabe „E-Marketing“, S. 57-72.

WORATSCHEK, H.; ROTH, S.; PASTOWSKI, S. (2003): Kooperation und Konkurrenz in Dienstleistungsnetzwerken – Eine Analyse am Beispiel des Destinationsmanagements, in: Bruhn, M.; Stauss, B. (Hrsg.): Dienstleistungsnetzwerke, Jahrbuch Dienstleistungsmanagement 2003, Wiesbaden, S. 253-284.

WURCHE, S. (1994): Strategische Kooperation, Wiesbaden.

Volker Stein*

Kooperation: Erklärungsperspektive der strategischen Managementforschung

* Dr. Volker Stein ist Wissenschaftlicher Assistent am Lehrstuhl für Betriebswirtschaftslehre, insbesondere Organisation, Personal- und Informationsmanagement der Universität des Saarlandes und Geschäftsführer des Instituts für Managementkompetenz (*imk*) an der Universität des Saarlandes, Saarbrücken.

1. Grundlagen

1.1 Fokus der strategischen Managementforschung

Die **strategische Managementforschung** integriert eine Vielzahl theoretischer Ansätze, die sich zentral mit dem erfolgreichen Bestehen von Unternehmen im Wettbewerb befassen (vgl. zur Übersicht Aaker 1984; Ansoff 1984; Porter 1985; Scholz 1987; Staehle 1999; Ortmann/Sydow 2001). In ihrem Rahmen werden Fragen nach Zielsystemen, nach im Wettbewerb zur Verfügung stehenden Ressourcen und Kräften, nach erfolgsträchtigem strategischem Verhalten oder nach der Stimmigkeit von Strategien gestellt. Deren Beantwortung gibt Unternehmen insgesamt eine Richtung für ihr Handeln vor, bündelt die Aktivitäten und eröffnet die Möglichkeit der beständigen und nachhaltigen Zielerreichung.

Die in diesem Zusammenhang zu bewältigenden Aufgaben lassen sich – ausgehend von den funktionalen Prozessansätzen des strategischen Managements (Terry 1953; Staehle 1999, S. 81 f.) – in die Phasen Planung, Organisation, Implementation und Kontrolle einteilen. Hierbei wird heute die strategische Planung nicht mehr als die dominierende Funktion angesehen (Schreyögg 1991; Mintzberg 1994): Vor verhaltenswissenschaftlichem Hintergrund erfordern alle Phasen gleichermaßen Entscheidungen der Manager. Diese Entscheidungen basieren auf einer Problemanalyse im situativen Umfeld und bestimmen die nachfolgende Entscheidungsumsetzung mitsamt der Koordination von arbeitsteilig zu erbringenden Handlungen.

Untersucht man das Zustandekommen eines ökonomisch relevanten Phänomens aus strategischer Managementsicht, so ist das eigentlich Komplexe die jeweilige **Entscheidungsvorbereitung**: Gerade hier erfolgt die gedankliche Durchdringung des Phänomens vor dem Hintergrund einer konkreten Situation, also der antizipative Abgleich der eigenen Handlungsalternativen mit den möglichen Handlungsalternativen der Konkurrenten im Wettbewerb. Was hierbei als strategisch sinnvoll angesehen wird, ergibt sich erst durch Rückgriff auf die zwei dominierenden, in etwa gleichwertigen Denkansätze im strategischen Management (in Anlehnung an Scholz 2000, S. 68 ff.):

- Der System- und Potenzialansatz basiert auf dem innengerichteten „**resource-based view of the firm**“ (Barney 1991). Er stellt die Ressourcenausstattung des Unternehmenssystems in den Vordergrund und argumentiert aus Richtung der Kräfte und Potenziale, die dem Unternehmen von innen heraus zur Verfügung stehen. Die vorrangigen Ziele sind Selbsterhaltung und Überleben des Unternehmens im Wettbewerb.
- Der Sozial- und Stakeholderansatz dagegen nimmt die auf das äußere Marktumfeld gerichtete Perspektive ein. Basierend auf dem „**market-based view of the firm**“ (Porter 1980) geht es hier um die Durchsetzung eigener Unternehmensinteressen in

Konkurrenz zu den übrigen Marktteilnehmern. Vorrangige Ziele sind hier Gewinn, Nichtsubstituierbarkeit des Unternehmens im Wettbewerb sowie Erwerb beziehungsweise Erhalt von Legitimation, Macht oder Status.

„Kooperation" ist ein solches Phänomen, das gerade aus dieser spezifischen Sicht der strategischen Managementforschung heraus erklärt und verstanden werden kann: Kooperation bildet im strategischen Management eines unter vielen einsetzbaren Instrumenten, um die ressourcenorientierten Systemziele und die marktorientierten Wettbewerbsziele von Unternehmen zu erreichen. Ziel dieses Beitrages ist es daher, das Phänomen Kooperation aus Sicht der strategischen Managementforschung zu diskutieren: Wie lässt sich Kooperation als strategische Entscheidung begreifen und welche strategischen Entscheidungskalküle spielen hierbei eine Rolle?

1.2 Grundmodell der strategischen Kooperationsentscheidung

Kooperation umfasst als Sammelbegriff die überbetriebliche Zusammenarbeit zweier (dyadische Kooperation) oder mehrerer (multiple Kooperation) selbstständiger Partner. Das Ziel der Zusammenarbeit ist es, im Wettbewerb durch Verbindung der strategischen Zielsysteme und der individuellen Stärken in einzelnen, mehreren oder sämtlichen Geschäftsfeldern gemeinsam die individuellen Firmenziele jedes Partners zu erreichen (Parkhe 1991; Sydow 1992, S. 93; Das/Teng 1998, S. 491). Dabei nehmen die Unternehmen Einschränkungen des eigenen Handlungsspielraums in Kauf, wenn sie hierdurch strategische Vorteile in anderen Bereichen erlangen können (Hinterhuber 1990, S. 41). Der Begriff der Kooperation ist indifferent gegenüber dem Inhalt der Kooperation sowie der formalen und organisatorischen Gestaltung der jeweiligen Interaktionsbeziehung (Schrader 1993, S. 224). Gemäß des Kriteriums „abnehmender Integrationsgrad" erstreckt sich das Spektrum an **Kooperationsformen** von Kapitalbeteiligungsstrukturen über **Joint Ventures**, **Netzwerke** und **strategische Allianzen** bis hin zu **virtuellen Unternehmen** und **Collaborative Business** als lose gekoppelter Zusammenarbeit von Unternehmen auf abgegrenzten funktionalen Feldern wie Forschung und Entwicklung oder Logistik.

Eine Kooperationsentscheidung ist in das bestehende strategische Zielsystem des Unternehmens mitsamt dem definierten Geschäftszweck sowie den generischen Wettbewerbsstrategien (Porter 1980, S. 39) eingebettet. Als strategische Entscheidung erfolgt sie überwiegend bewusst intendiert und rational geplant, jedoch nicht ausschließlich so: Die aus strategischer Sicht teilweise auch ungeplant entstehende Kooperation wird über die **emergente Strategie** (Mintzberg 1978, S. 945) als den unbewusst entstehenden Strategieanteil erfasst. Auch eine solche emergente Kooperationsentscheidung kann effektiv sein, und gerade bei zunehmender regionaler Ausrichtung der Kooperation mit polyzentrischer, heterarchischer Netzwerkstruktur kommt der emergenten Strategie eine größere Bedeutung zu (Sydow 1999, S. 288).

Im Mittelpunkt intendierter Kooperationsentscheidungen stehen jedoch Entscheidungskalküle, die das Entscheidungsproblem „rationalisieren" (Barnard 1938, S. 303), also aus der Ebene des Unbewussten herausheben. **Rationalisierung** setzt sich aus drei kognitiven Aktivitäten zur antizipativen gedanklichen Durchdringung des Entscheidungsproblems zusammen (Stein 2000, S. 56 ff.), die sich unmittelbar in drei Leitkalküle der strategischen Kooperationsentscheidung umsetzen lassen:

- Die „Herstellung der Intentionalität" richtet die organisationale Lebenswelt auf ein inhaltliches Ziel aus und konkretisiert so die Finalität („dies will ich erreichen"). Das **strategische Effektivitätskalkül** geht daher der Frage nach, wozu Kooperation für das Unternehmen relevant sein kann.
- Die „Herbeiführung der Intendierung" durchdenkt Veränderungen von in Bezug auf die Finalität dysfunktionalen organisationalen Komponenten und konzipiert so die unmittelbar handlungsrelevanten Ursache-Wirkungs-Beziehungen des Entscheidungsobjekts („so will ich agieren"). Das **strategische Realisierbarkeitskalkül** beschäftigt sich daher mit der Frage, wodurch für das Unternehmen eine Kooperation durchführbar wird. Der Fokus liegt auf dem, was in dem Unternehmen geändert werden kann und muss, um die Kooperation überhaupt möglich zu machen.
- Die „Sicherstellung der Stabilisierung" erhöht die Nachhaltigkeit des beabsichtigten Verhaltens durch Antizipieren möglicher Barrieren und deren möglicher Überwindung („so will ich reagieren"). Das **strategische Beurteilungskalkül** schätzt daher die destabilisierenden und stabilisierenden Folgen ab, die durch die Kooperationsentscheidung auf das Unternehmen zukommen können. Es wird reflektiert, ob die Änderungen im Unternehmen zur Schaffung der Kooperation wünschenswert oder zumindest akzeptabel sind und in wie weit sie den angestrebten Erfolg im Wettbewerb unterstützen können.

Bereits in der Phase der gedanklichen Entscheidungsfindung sind die drei Leitkalküle aus Sicht der strategischen Managementforschung vor dem letztlichen Treffen der Kooperationsentscheidung und dem dann folgenden Start der Implementierung der Kooperation beantwortbar – und zwar sowohl im Hinblick auf den System- und Potenzialansatz als auch im Hinblick auf den Sozial- und Stakeholderansatz.

2. Erklärung der strategischen Kooperationskalküle

2.1 Strategisches Effektivitätskalkül

Was soll mit einer Kooperation für das Unternehmen erreicht werden? Diese auf die Intentionalität abzielende Fragestellung ist Gegenstand des strategischen Effektivitätskalküls und impliziert hinsichtlich einer effektiven Kooperation die Überlegung, ob das vorgegebene Unternehmensziel besser allein oder aber besser mit einem oder mehreren Partnern zu erreichen ist.

Im Hinblick auf den System- und Potenzialansatz überlegen rationale Unternehmen, ob sich ihre vorhandenen Potenziale in synergetische Zusammenhänge mit den Potenzialen anderer Partner bringen lassen. Dies setzt die Möglichkeit zur Modularisierung der Wertschöpfung (Schilling 2000) voraus, um sie in einer Kooperation arbeitsteilig zu realisieren. Ist diese Möglichkeit gegeben, so werden hierdurch neben den vorhandenen Ressourcen gerade auch die externen Kooperationsbeziehungen zu einer wichtigen und eigenständigen Unternehmensressource. In diesem Zusammenhang gibt es mehrere Zielrichtungen effektiver Kooperation (Gnyawali/Madhavan 2001, S. 432): Externe Kooperationsbeziehungen

- verschaffen dem Unternehmen einen potenziellen Zugang zu internen Ressourcen von Partnern,
- ergänzen die eigenen internen Ressourcen durch das Erzielen zusätzlicher externer **Skaleneffekte**,
- beeinflussen durch ihre Netzwerkstruktur den Wirkungsgrad der internen Ressourcen,
- bilden ein zusätzliches Akquisitionspotenzial für neue Kompetenzen im Wettbewerb sowie für weitere Kooperationsbeziehungen und
- beeinflussen über die Kontrolle des Ressourcenflusses zu den und zwischen den Wettbewerbern das Wettbewerbsverhalten.

Im Hinblick auf den Sozial- und Stakeholderansatz werden Ziele relevant, die mit dem Erreichen einer möglichst marktbeeinflussenden Unternehmensgröße oder einer bedarfsorientierten Leistungs(system)palette zusammenhängen, aber auch damit, für Kunden, verbundene Unternehmen oder die Allgemeinheit einen Beitrag leisten zu wollen, den man als einzelnes Unternehmen nicht erbringen kann.

Bei der Festlegung der Ziele ist jedoch eine kritische Grundposition hilfreich. So kommentiert Porter (in dem Interview von Argyres/McGahan 2002, S. 48) die Aufforderung einiger Forscher an Unternehmen, gerade in der New Economy Wissen zu teilen, zusammenzuarbeiten sowie Partnerschaften und Allianzen einzugehen, wie folgt:

„I'm pretty suspicious of that view. First of all, much current management thinking is not about distinctive positions; it's about being big. The allure of HP's merger with Compaq is in size. Compaq was successful when it had a unique position. And HP was reasonably successful when it had a unique position. The real question here has to do with how the merged company will be unique.

The attention to partnering and alliances has a lot to do with the desire to be big, cover a bigger territory, and offer a broader product range. Perhaps there's also a less noble dimension to it. Many partnerships and alliances are basically hedging. There's little evidence that I'm aware of showing that extensive partnering and alliances are associated with superior performance. And I can think of lots of case studies where partnering has been directly associated with poor performance.

Alliances and partnerships are not strategy. There's a prior set of choices that have to be made about what advantages a company is going to offer to what set of customers, and with what unique configuration of activities. Partnering and alliances are somewhere down the logical chain, contingent on the strategy. There is a tendency in management to not see the logical chain but to latch on to a fad in the guise of strategy."

Porter fokussiert damit auf das eigentliche Ziel einer Kooperation, ihren notwendigen Beitrag zu Mehrwert und **Gewinn**! Porters deutlicher Hinweis ist, nicht die Etablierung der Kooperation selbst als strategisches Ziel zu sehen, sondern durch sie zur Erreichung der originären Wettbewerbsziele beizutragen. Daher ist für jedes angestrebte Ziel einer möglichen Kooperation der erwartete **Wertschöpfungsbeitrag** möglichst konkret festzulegen.

2.2 Strategisches Realisierbarkeitskalkül

Wie kann eine Kooperation aus der Perspektive des entscheidenden Unternehmens heraus realisiert werden? Die Antwort auf diese Frage ist Gegenstand des strategischen Realisierbarkeitskalküls. Sie führt zu der Überlegung, wie ein Unternehmen seine Handlungen intendiert auf neue strategische Felder ausweiten kann, die die Wettbewerbsposition des dann in der Kooperation befindlichen Unternehmens optimieren.

Im Hinblick auf den System- und Potenzialansatz ist zur Überprüfung der Machbarkeit einer Kooperation relevant, ob für die Kooperation selbst ausreichend Ressourcen zur Verfügung stehen. Zur Einrichtung und Aufrechterhaltung der Kooperation, beispielsweise für die Abstimmung der Partner, sind finanzielle und personelle Ressourcen aufzuwenden und einzuplanen.

Zusätzlich hängt die Realisierbarkeit aus dieser Sicht davon ab, wie Unternehmen ihre **Komplexität bewältigen**. Beispielsweise erhöhen die notwendige Abstimmung und Koordination der Partner sowie die Kontrolle der Kooperationsziele die Varietät des Systems Unternehmen in der Kooperation. Sobald die Kooperation in ihrer Struktur so komplex wird, dass sie nicht mehr „einfach" zu regeln ist, ist ihre effiziente Umsetzung gefährdet. Gemäß des „**Prinzips der erforderlichen Varietät**" (Ashby 1956, S. 206 ff.) kann ein System nur dann überleben, wenn dessen Lenkungsvarietät so hoch ist wie die Varietät der Systemumwelt. Entscheider müssen die Flut der auf sie eindringenden Impulse beherrschen können und bestehende Aufgaben und Probleme unabhängig von ihrer Komplexität tatsächlich lösen. Zur entsprechenden varietätsbewältigenden Entscheidungsstrukturierung stehen im strategischen Management eine Reihe von Mechanismen zur Verfügung, die einerseits die Varietät des Problemlösers erhöhen, andererseits die

Varietät der Aufgabenstellung beziehungsweise des Problems verringern (Scholz 2000, 185 f.).

Im Hinblick auf den Sozial- und Stakeholderansatz betrifft eine wichtige Frage der strategischen Managementforschung die Partnerstruktur: Will das Unternehmen selbst dominanter Partner sein oder sich tendenziell eher unterordnen? Als dominanter Partner verbleibt dem Unternehmen eine stärkere Entscheidungsautonomie mit positiver Wirkung für die Wettbewerbsposition, wohingegen bei einer tendenziellen Unterordnung die Vorteile der Teilung des wirtschaftlichen Risikos immer wichtiger werden.

Aus dieser Überlegung leitet sich nachfolgend ab, was ein Unternehmen an marktfähigen Kernkompetenzen in eine Kooperation einbringen kann und will. Einbringbare komplementäre Kernkompetenzen tragen etwa zu gemeinsamen Leistungserstellungsprozessen, zur Leistungsfähigkeit der Mitarbeiter, zur Servicequalität sowie zur Wettbewerbspositionierung des Kerngeschäfts der Kooperation bei (Sankar u. a. 1995, S. 24 ff.). Je mehr originäre Kernkompetenzen ein Unternehmen in einer Kooperation mit Partnern teilt, desto stärker wird die Kooperation, desto schwächer aber tendenziell das Unternehmen selbst im Wettbewerb.

Auch die Komponente der Schnelligkeit des Handelns wird relevant: Ist es für das Unternehmen effizienter, eine Kooperation auf einem bestimmten Feld zu initiieren, oder soll es eher erfolgreiche Kooperationen in ihrer Art imitieren? Als „first mover" lassen sich gegebenenfalls mehr nützliche „Spielregeln" einer Kooperation für das Wettbewerbsumfeld vordefinieren denn als Nachrücker. Unternehmen machen sich sinnvollerweise die passende Geschwindigkeitsorientierung für sich sowie für die mögliche Kooperation bewusst.

2.3 Strategisches Beurteilungskalkül

Was werden die zu erwartenden Konsequenzen der Kooperation sein? Auf Grund dynamischer Flüsse von Ressourcen wie Finanzmittel, Technologie, Wissen, Information, aber auch von Macht, Legitimität und Anerkennung in einer Kooperation sowie differenzierten strukturellen Grundpositionen entstehen **Ressourcenasymmetrien**, die Rückwirkungen auf das Wettbewerbsverhalten gegenüber anderen Unternehmen in der Kooperation haben: sowohl auf die eigene Aktionswahrscheinlichkeit gegenüber den Partnern als auch auf die Reaktionswahrscheinlichkeit der Partner. Die Leitfrage des strategischen Beurteilungskalküls will bereits im Vorfeld der **Kooperationsentscheidung** prüfen, ob ihre **Nachhaltigkeit** sichergestellt ist und auch dann gewährleistet bleibt, wenn das Wettbewerbsumfeld auf die Einrichtung der Kooperation reagiert.

Im Hinblick auf den System- und Potenzialansatz geht es zunächst um die Folgen für die Entscheidungsautonomie, und zwar in zweierlei Hinsicht: Erstens, ob die **Entscheidungsautonomie** über das eigene Unternehmen im vollen Umfang erhalten bleiben wird, und zweitens, ob das Unternehmen zusätzlich Entscheidungsautonomie für die Kooperation erlangen wird. Gnyawali/Madhavan (2001, S. 435) erarbeiten zur Wahrscheinlichkeit, dass das Unternehmen eine Handlung initiiert, die sichtbar die eigene Wettbewerbsposition verbessert oder verteidigt („Aktionswahrscheinlichkeit"), und zur Wahrscheinlichkeit, dass ein Wettbewerber hierauf abwehrend reagiert („Reaktionswahrscheinlichkeit"), einige zentrale Zusammenhänge aus Sicht des kooperationsentscheidenden Unternehmens:

- Je dichter ein **Netzwerk** wird, je größer also das Ausmaß an gegenseitiger Verbundenheit von Netzwerkpartnern wird, desto geringer wird die eigene Aktionswahrscheinlichkeit und desto höher die Reaktionswahrscheinlichkeit der Partner.
- Eine starke **Zentralität** der Position des Unternehmens in der Kooperation ermöglicht einen schnelleren Ressourcenfluss um das eigene Unternehmen herum, steigert so die eigene Aktionswahrscheinlichkeit und senkt die Reaktionswahrscheinlichkeit der Partner. Eine zunehmende **Netzwerkdichte** vermindert diesen Effekt allerdings wieder.
- Bestehen strukturell autonome Partnerbeziehungen, bestehen also zwischen den verschiedenen Partnern, mit denen ein Unternehmen kooperiert, keine weiteren Beziehungen, so ist durch diese gegebene Isolation der Partner die eigene Aktionswahrscheinlichkeit des Unternehmens dank besserer Informations- und Ressourcenversorgung größer und die Reaktionswahrscheinlichkeit der Partner jeweils geringer. Eine zunehmende Netzwerkdichte verstärkt diesen Effekt noch.
- Sind unter den Kooperationspartnern viele, die bereits ähnliche Netzwerkmuster gebildet oder imitiert haben und damit eine ähnliche Sozialisation erfahren haben, so fehlen dem Unternehmen Informations- und Ressourcenvorsprünge, was zu einer geringeren eigenen Aktionswahrscheinlichkeit und einer höheren Reaktionswahrscheinlichkeit der Partner führt. Eine zunehmende Netzwerkdichte reduziert diesen Effekt.

Die **Netzwerkstruktur** selbst ist damit ein wichtiges Werkzeug im Kooperationsmanagement. Eine nachhaltige Kooperation erfordert ein ständiges Reengineering des Netzwerks.

Ein weiterer wichtiger Punkt ist die Veränderung, die starke Ressourcen eines Unternehmens in einer Kooperation erfahren können: Sie können die Wirkung anderer Kooperationsressourcen oder die Entwicklung neuer gemeinsamer Kernkompetenzen behindern (Teng/Cummings 2002, S. 83 f.). Das kooperationsentscheidende Unternehmen muss daher seine Betrachtung auf die Interdependenzen eigener Ressourcen mit den übrigen in der Kooperation vorhandenen Ressourcen ausweiten.

Schließlich ist die Stabilisierung der Kooperation durch Lernen zu beachten. Kooperation ist eine einzigartige Möglichkeit für Unternehmen, neues Wissen zu akquirieren (Inkpen 1998): Insbesondere die Fähigkeit, neues Wissen aus einer Kooperation für die Erreichung der eigenen Unternehmensziele zu nutzen, bildet aus Sicht der strategischen Managementforschung ein wichtiges Potenzial für neuen strategischen Erfolg. Hierzu müssen sowohl das **Kooperationswissen** erkennbar und zugänglich sein als auch sinnvolle Lernbeziehungen aufgebaut werden. Eine besondere Form bildet das in einer Kooperation mögliche soziale Lernen effektiver Anpassungsstrategien an Umweltveränderungen (Kraatz 1998). Allerdings ist es schwierig, wenn ein Unternehmen seinen Fokus gleichzeitig auf das Lernen in der alten Unternehmensstruktur und in der neuen Kooperationsstruktur richtet. Hier ist eine Entscheidung notwendig, welche Variante der strategischen Bedeutung der Kooperation am ehesten angemessen ist.

Im Hinblick auf den Sozial- und Stakeholderansatz stehen die Folgen für die Position des Unternehmens im Wettbewerb im Mittelpunkt. Zu den angestrebten Verbesserungen der Wettbewerbsposition durch Kooperation zählen beispielsweise die Marktpenetration fremder Märkte, Risikoreduktion, Zeitvorteile, Synergien, die Steigerung des Marktanteils, Informationszugang oder erhöhter Einfluss auf Regierungen (Hinterhuber/Hirsch 1998, S. 187 ff.; Hoffmann 2004, S. 17 f.).

Betrachtet man die unmittelbar wettbewerbsrelevanten Aspekte der strukturellen Einbettung der Partner, so zeigt sich, dass Kooperation und Konkurrenz in verschiedenen Kontexten – etwa unterschiedlichen Produktmärkten oder verschiedenen Abschnitten der Wertschöpfungskette – simultan auftreten können (Brandenburger/Nalebuff 1996; Robbins/Finley 1998). Durch diese Konstellation sind Unternehmen in Kooperationen selbst in den Entscheidungen beeinflusst, die sie in Konkurrenzabsicht weit gehend autonom treffen.

Zudem ist im Zusammenhang mit der Wettbewerbsposition über einen bewussten Abbau von schützenden Barrieren zu entscheiden. Bestimmte Ressourcen, Potenziale und Kernkompetenzen können nur in einem Netzwerk entwickelt werden. Mit der dadurch sinkenden Unabhängigkeit des Unternehmens geht zwar die Erhöhung der **Ressourcenmobilität** einher, was für nicht in einer Kooperation agierende Unternehmen in der Regel dysfunktional ist. Im Fall positiver Deckungsbeiträge der gemeinsamen **Wertschöpfung** ist dies aber nicht negativ zu bewerten (Teng/Cummings 2002, S. 86 f.). Darüber hinaus kann es gerade vorteilhaft für ein kooperierendes Unternehmen sein, seine originären Leistungen imitieren zu lassen, um insbesondere hinsichtlich der Etablierung von **Standards** oder Verhaltensregeln die eigene Position zu stärken. Schließlich muss ein Unternehmen auch nicht permanent den Wettbewerbsdruck, dem es ausgesetzt ist, reduzieren, wie dies beispielsweise Albach (1992, S. 667) als Funktion strategischer Allianzen sieht, sondern kann gerade durch Kooperation einen stärkeren Wettbewerb herbeiführen (Teng/Cummings 2002, S. 88 f.). Dieser hilft ihm dann, sich auf dem Stand der neuesten Technologien zu halten, innovativ bleiben zu müssen oder sich Beschaffungskanäle zu eröffnen, die sonst gar nicht erst entstünden.

Ebenfalls wird gerade die Perspektive des sozialen Austausches, die den ökonomischen Austausch in Kooperationen ergänzt (Eisenhardt/Schoonhoven 1986, S. 138), wichtig für das strategische Beurteilungskalkül. Je mehr Unternehmen kooperieren, desto komplexer wird die Struktur des gegenseitigen Austausches und der daraus resultierenden Abhängigkeiten. Ein Beispiel der möglichen Vielfalt ist die Entscheidung über den bewussten Aufbau von Kooperationen in Bezug zur eigenen Konkurrenz (Gimeno 2004, S. 824):

entweder mit direkten Kooperationspartnern eigener Konkurrenten oder mit Konkurrenten der direkten Kooperationspartner eigener Konkurrenten oder aber mit bisherigen Konkurrenten von sich selbst und der Konkurrenz.

In der dyadischen Kooperation ist der Austausch direkt gegeben, in der multiplen Kooperation nehmen dagegen Ausmaß und Bedeutung der direkten **Reziprozität** ab. Aus diesem Grund gibt es gerade hier mehr Anreize für Partner, opportunistisch zu agieren, was wiederum zu einer höheren Notwendigkeit von vertrauens- und solidaritätsbildender Integration in einer Kooperation führt. **Vertrauen** in einer Kooperation bedeutet letztlich die Sicherheit, dass sich die Kooperationsziele mit den Partnern zufriedenstellend erreichen lassen; hierzu müssen aber nicht die wahrgenommenen Kooperationsmotive der Partner geteilt werden (Das/Teng 1998, S. 497). Will man nun eine Kooperation nachhaltig etablieren, so lassen sich drei wichtige Entscheidungsfelder identifizieren (Scholz 2000, S. 338 ff.; Das/Teng 2002, S. 448 ff.):

- Hinsichtlich der Reziprozitäts-Normen erleichtert generalisierte Reziprozität, also wenn Unternehmen auch ohne direkte Gegenleistung Beiträge zur Kooperation leisten, die sich im Zeitablauf ausgleichen, das Bilden von Vertrauen und die symbiotische Kopplung der Partner im Sinne einer „Schicksalsgemeinschaft“.
- Hinsichtlich der effektiven Lösung von Konflikten in einer Kooperation kommen dem ethischen Fairness-Postulat und der Rolle **sozialer Sanktionen**, die die weitere Interaktion mit Kooperationspartnern beschränken oder verhindern, ein zunehmend großer Einfluss zu.
- Hinsichtlich der Koordination sind **Makrokulturen** effektiv, die bewusst auf den Kern gemeinsam geteilter Werte und Visionen ausgerichtet sind.

Unternehmen, die sich in eine Kooperation begeben, sollten sich zuvor überlegen, ob sie diese Integrationsmechanismen nutzen und sich ihnen dann auch unterwerfen wollen. Ergänzend oder alternativ, aber in der Regel mit höheren Transaktionskosten behaftet, lassen sich **Kontrollmechanismen** etablieren, die über Zielerreichungskontrolle, Leistungserstellungsprozesskontrolle sowie Vermischung der Unternehmenskulturen die Verlässlichkeit der Partner erhöhen (Das/Teng 1998). Mit der Zeit können Kooperationen hinsichtlich des sozialen Austausches eine Eigendynamik entwickeln, etwa durch Netzwerkeinflüsse auf die Berufung von Aufsichtsräten und Vorständen, deren strategischer Kontext wiederum die Kooperation beeinflusst (Carpenter/Westphal 2001).

3. Fazit

Im „Zeitalter des alliance capitalism“ (Dunning 1995) bildet Kooperation unbestritten ein wichtiges Instrumentarium der Wettbewerbsstrategie. Die antizipative gedankliche

Durchdringung einer Kooperationsentscheidung ist eine komplexe und facettenreiche strategische Aufgabe und zudem das Gegenteil der rein intuitiven Kooperationsanbahnung. Die Zusammenfassung der rationalisierenden Überlegungen, die einer Kooperationsentscheidung aus Sicht der strategischen Managementforschung vorausgehen, ergibt sich aus Übersicht 1.

	Strategisches Effektivitäts-kalkül	Strategisches Realisierbarkeits-kalkül	Strategisches Beurteilungskalkül
System- und Potenzialansatz (interne Systemsicht)	Erzielbare Synergien durch externe Kooperationsbeziehungen als eigenständige Unternehmensressourcen?	Vorhandene Ressourcenausstattung zur Einrichtung einer Kooperation? Vorhandene Komplexitätsbewältigungskompetenz?	Erwartbare Auswirkungen auf die Entscheidungsautonomie? Erwartbare Verschiebungen in Ressourceninterdependenzen? Erwartbare Lernsystemangemessenheit?
Sozial- und Stakeholder-ansatz (externe Anspruchssicht)	Erzielbare Wettbewerbsstärke? Erzielbare Befriedigung externer Erwartungen wettbewerbsrelevanter Akteure?	Vorhandene Partnerstruktur? Vorhandene Geschwindigkeits-orientierung?	Erwartbare Wettbewerbsposition? Erwartbare Position in der Kooperations-struktur? Erwartbare Wirksamkeit von Integrations-mechanismen?

Übersicht 1: Zusammenfassung der strategischen Kooperationskalküle

Unternehmen, die vor einer Kooperationsentscheidung stehen, haben mittels dieser drei strategischen **Kooperationskalküle** die Möglichkeit einer differenzierten und systematischen Entscheidungsvorbereitung. Ob die Kooperation überhaupt zu Stande kommt, ist hier noch offen und hängt davon ab, ob in allen drei Kooperationskalkülen die entsprechenden Fragen positiv beantwortet werden. Erfahrungen mit Forschungskooperationen (Scholz/Stein 2001) haben gezeigt, dass es, wenn das Ergebnis der strategischen Kooperationskalküle unbefriedigend für die eigene Zielvorstellung war, konsequenterweise auch zu einem Nichteingehen der Kooperation kam – was in vielen Fällen funktionaler ist, als wenn man sich um der reinen Tatsache des Kooperierens willen an den erstbesten Partner bindet. Der Vorteil der Rationalisierung besteht hierbei gerade darin, die Ablehnungsgründe der Kooperation relativ genau benennen zu können. Auf diese Weise ist es auch möglich, eventuelle, sich im Zeitablauf ergebende Änderungen der Kooperationsvoraussetzungen differenziert zu bewerten.

Zudem ist es wichtig, herauszufinden, mit welchem Denkansatz als Basis das Unternehmen die Kooperationsidee verbindet – eher mit dem systemorientierten System- und Potenzialansatz oder aber mit dem extern orientierten Sozial- und Stakeholderansatz. Es ist sinnvoll, auf Grund dieses Wissens erst den zutreffenden Ansatz konsistent zu durchdenken – und erst nachgelagert den jeweils anderen. Denn letztlich fließen die Ergebnisse der Rationalisierung auch in die sowohl unternehmensintern auf Mitarbeiter als auch unternehmensextern auf Partner, Wettbewerber und andere Stakeholder ausgerichtete Kommunikation ein. Wenn also ein Unternehmen die Entscheidung zur Kooperation auf einer unzutreffenden Basis rationalisiert oder aber auf einer unzutreffenden Basis kommuniziert, so sind Probleme in der Implementierung der Kooperation vorprogrammiert.

Solche vermeidbaren Probleme unzutreffender Rationalisierung hat man gerade auch in der Vergangenheit in der Praxis von Kooperationen und Mergers (als der „Steigerung von Kooperation") gut beobachten können: So hat Siemens-Nixdorf Ende der achtziger Jahre seine Fusion den Mitarbeitern vor allem mit den Synergieargumenten des System- und Potenzialansatzes „verkauft". Dies hat sowohl im Bereich relativ unvereinbarer Produktlinien als auch im Bereich divergenter Unternehmenskulturen zu massiven Umsetzungsproblemen geführt (Scholz 1991) – was sicherlich viel weniger der Fall gewesen wäre, wenn man die eigentlichen Kooperationsgründe in den externen politischen Anforderungen benannt hätte, das Unternehmen in deutscher Hand zu belassen. Ein solches Ziel auf Basis des Sozial- und Stakeholderansatzes hätte für die Kooperationsgestaltung mehr Freiraum zur Schaffung wirksamer Integrationsmechanismen gelassen.

Ein Gegenbeispiel ist die Fusion von Hewlett-Packard mit Compaq im Jahre 2002: Nach außen wurde sie primär in den im Sozial- und Stakeholderansatz anzusiedelnden Kategorien von Wettbewerbsposition und Verkaufszahlen kommuniziert. Allerdings kristallisierte sich immer stärker heraus, dass Hewlett-Packard schon lange die Chance zur Veränderung benötigte, sie jedoch nicht allein aus eigener Kraft fand (Scholz 2003, S. 94 ff.). Wäre die handlungsleitende Rationalisierung eher auf die Argumentation des System- und Potenzialansatzes ausgerichtet worden, nämlich dass das System Hewlett-Packard die Kooperation unabhängig von allen externen Gruppen zum Überleben benötigte, so hätte dies vor allem unternehmensintern zu einer besseren Verarbeitung des für die Beteiligten schmerzlichen Kooperationsprozesses geführt.

Das Ergebnis der dreistufigen Rationalisierung ist insgesamt die Entscheidung für oder gegen eine Kooperation. Die eigentliche Umsetzungsarbeit, nämlich für diese Kooperation die „richtigen" – also unter anderem kooperationswilligen, angemessen vertrauenswürdigen, mit ausreichender Bonität und bewährten Kernkompetenzen ausgestatteten – Partner auszusuchen (Robson 2002) und die Kooperation handlungs- und wertschöpfungsfähig zu machen (Dathe 1998; Harbison/Pekar 1998; Dyer/Kale/Singh 2001) sowie den vielfältigen Stimmigkeitserfordernissen einer Kooperation gerecht zu werden (Douma u. a. 2000), ist daran anschließend erst noch zu bewältigen.

Literatur

AAKER, D. A. (1984): Developing Business Strategies, New York u. a.

ALBACH, H. (1992): Strategische Allianzen, strategische Gruppen und strategische Familien, in: Zeitschrift für Betriebswirtschaft, 62. Jg., S. 663-670.

ANSOFF, H. I. (1984): Implanting Strategic Management, Englewood Cliffs/New Jersey u. a.

ARGYRES, N; MCGAHAN, A. M. (2002): An Interview with Michael Porter, in: Academy of Management Executive, 16. Jg., Nr. 2, S. 43-52.

ASHBY, W. R. (1956): An Introduction to Cybernetics, London.

BARNARD, C. I. (1938): The Functions of the Executive, Cambridge/Massachusetts.

BRANDENBURGER, A.; NALEBUFF, B. J. (1996): Co-opetition, New York.

CARPENTER, M. A.; WESTPHAL, J. D. (2001): The Strategic Context of External Network Ties: Examining the Impact of Director Appointments on Board Involvement in Strategic Decision Making, in: Academy of Management Journal, 44. Jg., S. 639-660.

DAS, T. K.; TENG, B.-S. (1998): Between Trust and Control: Developing Confidence in Partner Cooperation in Alliances, in: Academy of Management Review, 23. Jg., S. 491-512.

DAS, T. K.; TENG, B.-S. (2002): Alliance Constellations: A Social Exchange Perspective, in: Academy of Management Review, 27. Jg., S. 445-456.

DATHE, J. (1998): Kooperationen. Leitfaden für Unternehmen, Strategien, Erfahrungen und Grenzen in Europa, München.

DOUMA, M. U. u. a. (2000): Strategic Alliances. Managing the Dynamics of Fit, in: Long Range Planning, 33. Jg., S. 579-598.

DUNNING, J. H. (1995): Reappraising the Eclectic Paradigm in an Age of Alliance Capitalism, in: Journal of International Business Studies, 26. Jg., Nr. 3, S. 461-492.

DYER, J. H.; KALE, P.; SINGH, H. (2001): How to Make Strategic Alliances Work, in: Sloan Management Review, 42. Jg., Nr. 4, S. 37-43.

EISENHARDT, K. M.; SCHOONHOVEN, C. B. (1996): Resourced-based View of Strategic Alliance Formation: Strategic and Social Effects in Entrepreneurial Firms, in: Organization Science, 7. Jg., S. 136-150.

GIMENO, J. (2004): Competition Within and Between Networks: The Contingent Effect of Competitive Embeddedness on Alliance Formation, in: Academy of Management Journal, 47. Jg., S. 820-842.

GNYAWALI, D. R.; MADHAVAN, R. (2001): Cooperative Networks and Competitive Dynamics: A Structural Embeddedness Perspective, in: Academy of Management Review, 26. Jg., S. 431-445.

HARBISON, J. R.; PEKAR, P. (1998): Smart Alliances. A Practical Guide to Repeatable Success, San Francisco.

HINTERHUBER, H. H. (1990): Wettbewerbsstrategie, 2. Aufl., Berlin u. a.

HINTERHUBER, H. H.; HIRSCH, A. (1998): Starting Up a Strategic Network, in: Thunderbird International Business Review, 40. Jg., S. 185-207.

HOFFMANN, W. H. (2004): Allianz, strategische, in: SCHREYÖGG, G.; WERDER, A. v. (Hrsg.): Handwörterbuch Unternehmensführung und Organisation, 4. Aufl., Stuttgart, S. 11-20.

INKPEN, A. C. (1998): Learning and Knowledge Acquisition through International Strategic Alliances, in: Academy of Management Executive, 12. Jg., Nr. 4, S. 69-80.

KRAATZ, M. S. (1998): Learning by Association? Interorganizational Networks and Adaptation to Environmental Change, in: Academy of Management Journal, 41. Jg., S. 621-643.

MINTZBERG, H. (1978): Patterns in Strategy Formation, in: Management Science, 24. Jg., S. 934-948.

MINTZBERG, H. (1994): The Rise and Fall of Strategic Planning. Reconceiving Roles for Planning, Plans, Planners, New York u. a.

ORTMANN, G.; SYDOW, J. (2001): Strukturationstheorie als Metatheorie des strategischen Managements – Zur losen Integration der Paradigmenvielfalt, in: ORTMANN, G.; SYDOW, J. (Hrsg.): Strategie und Strukturation. Strategisches Management von Unternehmen, Netzwerken und Konzernen, Wiesbaden, S. 421-447.

PARKHE, A. (1991): Interfirm Diversity, Organisatzional Learning, and Longevity in Global Strategic Alliances, in: Journal of International Business Studies, 22. Jg., S. 579-601.

PORTER, M. E. (1980): Competitive Strategy. Techniques for Analyzing Industries and Competitors, New York.

PORTER, M. E. (1985): Competitive Advantage. Creating and Sustaining Superior Performance, New York.

ROBBINS, H.; FINLEY, M. (1998): Transcompetition. Moving Beyond Competition and Collaboration, New York u. a.

ROBSON, M. J. (2002): Partner Selection in Successful International Strategic Alliances: The Role of Co-operation, in: Journal of General Management, 28. Jg., Nr. 1, S. 1-15.

SANKAR, C. S. u. a. (1995): Building a World-class Alliance: The Universal Card – TSYS Case, in: Academy of Management Executive, 9. Jg., Nr. 2, S. 20-29.

SCHILLING, M. A. (2000): Toward a General Modular Systems Theory and its Application to Interfirm Product Modularity, in: Academy of Management Review, 25. Jg., S. 312-334.

SCHOLZ, C. (1987): Strategisches Management. Ein integrativer Ansatz, Berlin u. a.

SCHOLZ, C. (1991): Synergy at work? Der Fall Siemens-Nixdorf, in: Computerwoche, 31.05.1991, S. 8.

SCHOLZ, C. (2000): Strategische Organisation. Multiperspektivität und Virtualität, 2. Aufl., Landsberg a.L.

SCHOLZ, C. (2003): Spieler ohne Stammplatzgarantie. Darwiportunismus in der neuen Arbeitswelt, Weinheim.

SCHOLZ, C.; STEIN, V. (2001): Darwiportunismus im Arbeitsleben: aufmerksamer kooperieren, in: Roßmanith, B.; Meister, H. (Hrsg.): kooperativ forschen. Projekte zwischen Hochschule und Arbeitswelt. Festschrift für Hans Leo Krämer, St. Ingbert (Röhrig), S. 29-36.

SCHRADER, S. (1993): Kooperation, in: Hauschildt, J.; Grün, O. (Hrsg.): Ergebnisse empirischer betriebswirtschaftlicher Forschung. Zu einer Realtheorie der Unternehmung. Festschrift für Eberhard Witte, Stuttgart, S. 221-254.

SCHREYÖGG, G. (1991): Der Managementprozeß – neu gesehen, in: Staehle, W. H.; Sydow, J. (Hrsg.): Managementforschung 1, Berlin u. a., S. 255-289.

STAEHLE, W. H. (1999): Management. Eine verhaltenswissenschaftliche Perspektive, 8. Aufl., München.

STEIN, V. (2000): Emergentes Organisationswachstum. Eine systemtheoretische „Rationalisierung“, München u. a.

SYDOW, J. (1992): Strategische Netzwerke. Evolution und Organisation, Wiesbaden.

SYDOW, J. (1999): Management von Netzwerkorganisationen – Zum Stand der Forschung, in: Sydow, J. (Hrsg.): Management von Netzwerkorganisationen. Beiträge aus der „Managementforschung“, Wiesbaden, S. 279-314.

TENG, B.-S.; CUMMINGS, J. L. (2002): Trade-offs in Managing Resources and Capabilities, in: Academy of Management Executive, 16. Jg., Nr. 2, S. 81-91.

TERRY, G. R. (1953): Principles of Management, Homewood/Illinois.

Dietrich von der Oelsnitz*

Kooperation: Entwicklung und Verknüpfung von Kernkompetenzen

---

* Univ.-Professor Dr. Dietrich von der Oelsnitz ist Leiter des Fachgebiets Unternehmensführung, Fakultät für Wirtschaftswissenschaften der Technischen Universität Ilmenau.

1. Kooperation und Ressourcenmanagement

Überblickt man die wichtigsten Themen der Managementforschung in den zurückliegenden zwanzig Jahren, dann stechen zwei besonders hervor: das ressourcenorientierte Management sowie neue Organisations- bzw. Kooperationsformen. Im Rahmen des **Ressourcenmanagements (Resource-based View)** wendet sich der Fokus von der klassischen industrieökonomischen Marktbetrachtung ab; stattdessen stehen vor allem die internen Stärken und Schwächen, d. h. die Fähigkeiten, Potenziale und Kompetenzen des im Wettbewerb stehenden Unternehmens, im Vordergrund. Besondere Aufmerksamkeit genießt dabei die intangible Ressource **Wissen**, deren effektive Bewirtschaftung in einer sich rasant entwickelnden Informationsgesellschaft zum vorrangigen Erfolgsfaktor wird. Die Schlüsselparameter der unternehmerischen Betätigung finden sich hiernach primär im Faktormarkt. Demgemäß geht es im Rahmen einer entsprechend prononcierten Führungstheorie vor allem um die Frage, auf welche Weise die materielle und immaterielle Ressourcenbasis von Unternehmen langfristig verbessert werden kann.

An dieser Stelle trifft sich das Ressourcenmanagement mit dem zweiten Hauptthema: der **zwischenbetrieblichen Kooperation**. Wenngleich die „merger-mania" der achtziger und neunziger Jahre inzwischen abgeflaut ist, so sorgen doch neue institutionelle Arrangements wie strategische Allianzen, virtuelle Unternehmen, fokale und regionale Netzwerke, „hollow organizations" oder großflächige Franchisingsysteme dafür, dass auf die Verbreiterung der organisationalen Ressourcenbasis zielende Geschäftsstrategien weiter an Boden gewinnen. Kooperative Beziehungen sind damit von der singulären Erscheinung zur Regel geworden.

Die Ursachen dieser Entwicklung erklären sich in erster Linie aus den strukturellen Veränderungen des Wettbewerbs und den hieraus resultierenden neuen Herausforderungen. Nicht zuletzt durch die radikal verbesserten Kommunikationsmöglichkeiten, aber auch durch logistische Optimierungen und politische Integrationsprojekte ist die Welt kleiner und grenzenloser geworden (vgl. bereits Backhaus/Plinke 1990 sowie die Beiträge von Scheer/Hofer/Adam und Jirjahn/Kraft/Stank in diesem Sammelwerk). Daneben stellt die Komplexitätszunahme von Industrie- und Konsumgütern stetig wachsende Anforderungen sowohl an die intellektuellen Fähigkeiten als auch an die Finanzkraft der Anbieter, was gerade in dynamischen und/oder investitionsintensiven Branchen die Kräfte eines einzelnen Unternehmens häufig überfordert. Des Weiteren üben das Zusammenspiel zwischen gestiegenen Kundenansprüchen und Technologiekonvergenz – man denke nur an das Zusammenwachsen von Computer- und Kommunikationsindustrie – sowie die zunehmende Vernetzung von Gütern einen starken Druck auf die Entwicklung eines ganzheitlichen Systemangebots aus. Diesem Anspruch ist heute oft nur noch im Verbund mit anderen Unternehmen, d. h. auf kooperativem Wege, zu entsprechen.

Vor diesem Hintergrund stellt sich die Frage nach einem etwaigen dritten Weg zwischen den klassischen Koordinationskonzepten „Markt" und „Hierarchie" (Williamson 1975);

denn beide Modelle warten – obwohl lange als einzig sinnvolle Organisationsformen wirtschaftlicher Transaktion begriffen – unverkennbar mit je eigenen Problemen auf (vgl. dazu unter anderem Jarillo 1988, S. 33 f.; Smith-Ring/van de Ven 1992, S. 485 ff.; Semlinger 1999, S. 128 ff.).

Demzufolge stellt die Managementforschung „**Kooperation**“ als drittes eigenständiges Modell der Austauschkoordination heraus (Büchs 1991; Hinterhuber/Stahl 1996, S. 91; speziell für Netzwerke Thorelli 1986; Jarillo 1988, S. 33 f.; Sydow 1992, S. 102; Wildemann 1997, S. 420 f.). In diesem Rahmen wird die binäre „make-or-buy“-Problematik abgeschwächt; stattdessen lassen sich die speziellen Vorteile von „Markt“ und „Hierarchie“ schlüssig miteinander verbinden: Kooperative Arrangements gestatten dezentrale Optimierungsentscheidungen und sichern gleichzeitig deren Ausrichtung auf ein gemeinsames Oberziel. Im Ergebnis erreichen Kooperationen Autonomie und Kontrolle zugleich – und dies zumeist ohne direkte Interventionen.

Dabei wird unter Kooperation eine freiwillige, auf vertraglichen Vereinbarungen beruhende Zusammenarbeit zwischen rechtlich selbstständigen Wirtschaftseinheiten zu allseitigem Nutzen verstanden. Es spielt keine Rolle, ob diese Zusammenarbeit nur temporär oder auf Dauer angelegt ist, Ganzheiten oder nur Teile der betroffenen Wirtschaftseinheiten einbezieht, auf welcher Wertschöpfungsstufe die Beteiligten agieren und in welcher rechtlichen Form dies geschieht. In diesem Sinne können Kooperationen zwischen OEMs (= Original Equipment Manufacturer), zwischen OEMs und Kunden sowie zwischen OEMs und Zulieferern stattfinden. Ferner können Abnehmer untereinander zusammenarbeiten. Mit dieser Begriffsbildung lassen sich sowohl netzwerkartige Wertschöpfungspartnerschaften als auch strategische Allianzen zwischen Wettbewerbern erörtern – kooperative Arrangements, die für den gemeinsamen Aufbau und/oder die synergetische Verknüpfung organisationaler Kompetenzen besonders bedeutsam sind.

Bevor die wesentlichen Erscheinungsformen kompetenzgeleiteter Kooperationen erörtert werden, sind einige theoretische Vorüberlegungen vonnöten. Diese Überlegungen beziehen sich insbesondere auf wissensbasierte Ressourcen bzw. Kernkompetenzen. Das Thema kann sodann auf eine Metaebene verlagert werden: Es geht hierbei um die Herausbildung einer universalen Kooperationskompetenz, mit der die Beziehungsfähigkeit der Organisation verbessert, d. h. ihre Lern- und Managementeffizienz gesteigert, und somit der subjektive Nutzen interorganisationaler Bündnisse erhöht werden kann. Abschließend fassen vier Thesen die zentralen Erfolgsfaktoren von Kompetenz-Kooperationen zusammen.

2. Theoretische Grundzüge einer ressourcen- bzw. kompetenzbasierten Unternehmensführung

2.1 Die zentralen Begriffe

Obwohl der ressourcenorientierte Ansatz schon lange kein strategietheoretisches Neuland mehr darstellt, herrscht bisweilen immer noch eine gewisse begriffliche Vielstimmigkeit (z. B. Freiling 2002). Da der Erfolg kompetenzorientierter Kooperationen aber entscheidend von einem gemeinsamen Zielverständnis sowie einer realistischen Vorstellung vom Machbaren abhängt, sollte nicht nur in der Forschung, sondern auch in der Praxis Übereinstimmung hinsichtlich der wichtigsten Grundelemente bestehen. Ankerpunkt eines systematischen Ressourcenmanagements ist zunächst der Begriff des **strategischen Aktivpostens („Asset“)**. Unter diesen Oberbegriff fallen alle produktiven Kräfte greifbarer oder nicht-greifbarer Art, die den Unternehmen in unterschiedlicher Menge und Güte zur Verfügung stehen und von ihnen zur Wertschöpfung genutzt werden können. Zu denken wäre hier unter anderem an Maschinen, Mitarbeiter, Finanzmittel, gute Beziehungen zu anderen Unternehmen oder staatlichen Entscheidungsträgern, an loyale Kunden, kurze Vertriebswege, gut eingeführte Produktmarken oder eine effiziente Serviceorganisation. All diese Faktoren werden in einem engen Sinne zugleich als „Ressourcen“ bezeichnet (z. B. Grant 1991, S. 119; Hofer/Schendel 1978, S. 145).

Um die unternehmerischen Assets zweckmäßig einsetzen zu können, bedarf es bestimmter **Fähigkeiten („Capabilities“)**. Individuelle Fähigkeiten („Skills“) sind auf der Mitarbeiterebene angesiedelt und verkörpern sich unter anderem in dem durch Ausbildung erworbenen Können oder in handwerklichen Fertigkeiten. Kollektive Fähigkeiten („Routinen“) bestehen z. B. in dem Vermögen von Forschungsabteilungen, immer wieder neue Problemlösungen hervorbringen zu können, oder in der technologischen Expertise bestimmter Fertigungsgruppen. Als im Humankapital gründende, informationsbasierte Konstrukte sind Fähigkeiten typische „intangible assets“, die als „Managementkönnen“ gerade auch auf einer höheren Ebene operieren können: „Unlike resources, capabilities are based on developing, carrying, and exchanging information through the firm's human capital“ (Amit/Schoemaker 1993, S. 35).

Von Bedeutung im Wettbewerb sind i.e.S. nur einzigartige Fähigkeiten, denn nur diese sind die Quelle der marktlichen Profilierung (Grant 1991, S. 119). Nur besondere Fähigkeiten unterscheiden die Unternehmen voneinander, denn erst das Vermögen, Assets anders aufzubauen, anders zu bündeln und/oder anders im Wertschöpfungsprozess einzusetzen, vermag einen Vorsprung gegenüber der Konkurrenz zu verschaffen.[1] Bewähren

---

[1] Natürlich können Capabilities selbst wiederum als Ressourcen betrachtet werden.

sich betriebliche Fähigkeiten im praktischen Einsatz, wird von einer **Kompetenz** gesprochen. Kompetenzen können demnach als Übereinstimmung zwischen Fähigkeit und Aufgabe verstanden werden, d. h. sie sind stets handlungsorientiert (Krüger/Bach 1997, S. 25; von Krogh/Roos 1996, S. 425; zu alternativen Kompetenzbegriffen Rasche 1994, S. 112 ff.). Ihre Basis ist Wissen: „Competence evolves through an interplay between task execution and knowledge acquisition" (von Krogh/Roos 1995, S. 67).

Kompetenzen spiegeln sich nicht nur in intellektuellen Erkenntnissen, sondern auch in **implizitem**, d. h. nur schwer greif- und verbalisierbarem **Wissen** wider (Polanyi 1967; Nonaka/Takeuchi 1997, S. 8). Dazu zählen neben manueller Geschicklichkeit oder sozialen Fertigkeiten auch Wissenselemente, die an den subjektiven Erfahrungshintergrund einzelner Personen oder Gruppen gebunden sind. Dieses **Kontextwissen** ist kaum isolierbar und somit auch nur unvollkommen auf andere Einheiten übertragbar (Müller-Stewens/Osterloh 1996, S. 18). Nichtsdestotrotz ist es ein unentbehrlicher Speicher organisationalen Wissens, der gerade für Kooperationsbeziehungen relevant ist.

Analog zu den Capabilities sind für das Bestehen im Wettbewerb besondere Kompetenzen – **Kernkompetenzen** – erforderlich. Eine Kernkompetenz ist ein komplexes Set aus interdependenten Einzelleistungen, d. h., eine Kernkompetenz umfasst mehr als eine singuläre Fähigkeit oder eine einzelne Technologie; eher stellt sie „die Summe des über einzelne Fähigkeitsbereiche und einzelne Organisationseinheiten hinweg Erlernten dar" (Hamel/Prahalad 1997, S. 307). Demzufolge ist es unwahrscheinlich, dass eine Kernkompetenz auf wenige Personen oder ein kleines Team beschränkt ist. Canon z. B. benötigt für sein Druckergeschäft ausgefeilte Kenntnisse in den Bereichen Feinoptik, Präzisionsmechanik, Bildverarbeitung und Mikroelektronik. Erst das Gesamtpaket von Aufgabe, materiellen und immateriellen Assets sowie unternehmerischen Capabilities begründet somit eine Kernkompetenz.

2.2 Wettbewerbsvorteile durch Kernkompetenzen

Die Kernkompetenz-Perspektive kann als spezielle Ausformung oder „Derivat" des ressourcenorientierten Ansatzes begriffen werden. Gemäß der ansatzimmanenten Inside-out-Perspektive ist dasjenige Unternehmen erfolgreich, das rechtzeitig für den Aufbau wichtiger Fähigkeiten gesorgt hat bzw. über eine den Wettbewerbern insgesamt überlegene Ressourcenausstattung verfügt (vgl. dazu grundlegend Barney 1991; Mahoney/Pandian 1992; Peteraf 1993; Rasche 1994; Bamberger/Wrona 1996; Grant 1991, 1996).

Dabei ist – ähnlich dem Absatzmarkt – auch der Faktormarkt unvollkommen, d. h., bestimmte Ressourcen sind auf Grund von Unkenntnis oder Marktversagen nicht handelbar; sie müssen daher unter anderem in unternehmensspezifischen Innovationsprozessen selbst entwickelt werden (Dierickx/Cool 1990, S. 1506 f.). Ohnehin können auf Dauer nur nicht-handelbare Ressourcen die Grundlage von Wettbewerbsvorteilen sein: „If the asset or its services are traded or tradable in a market [...], the assets in question can be accessed by all; so the domains in which competitive advantage can be built narrows as markets expand“ (Teece 1998, S. 62). Auf dieser Basis bietet der Resource-based View eine stichhaltige Erklärung für den Zusammenhang zwischen Ressourcen, Kompetenzen und Wettbewerbsvorteilen eines Unternehmens. Er kann damit für eine Fülle betriebswirtschaftlicher Fragestellungen herangezogen werden; so z. B. für die Analyse innerbetrieblicher Koordination (vgl. stellvertretend Grant 1996, S. 113 ff.), die Erklärung unterschiedlicher Diversifikationspfade (Chatterjee/Wernerfelt 1991) oder – wie hier – für die Fundierung einzelbetrieblicher Grenzziehungs- bzw. Kooperationsentscheidungen.

Aus verschiedenen Gründen empfiehlt es sich, Kernkompetenzen auf der **Gesamtunternehmensebene** anzusiedeln. Das hängt nicht nur mit dem integrativen Charakter von Kernkompetenzen zusammen, sondern auch damit, dass ihr Aufbau extrem hohe Investitionen erfordert, die von einem einzelnen Geschäftsbereich oft gar nicht zu schultern wären. Dabei kommt den Unternehmen zugute, dass Kernkompetenzen als „Wurzeln“ des Wettbewerbsvorteils wesentlich mehr Raum abdecken als eine einzelne Produktlinie und somit im Erfolgsfalle auch wesentlich bessere Refinanzierungsmöglichkeiten bestehen: Wer bei Kernkompetenzen führt, besitzt die Option auf verschiedene Märkte. Beispielsweise lassen sich die Miniaturisierungsfähigkeiten von Sony auf so unterschiedliche Produkte wie den Walkman, Camcorder, MiniDisc-Player, Spielecomputer oder Handys übertragen. Und die Kenntnisse von 3M in den Bereichen Klebstoffe, neue Materialien und Oberflächenbeschichtung bilden mittlerweile den Nährboden für fast 30.000 verschiedene Einzelprodukte. Insofern geht dem sichtbaren Wettbewerb um Endproduktmärkte in der Regel ein unsichtbarer **Vormarktwettbewerb** um **Kompetenzführerschaft** voraus.

Firmenspezifische Kompetenzen haben gegenüber produktbezogenen Vorsprüngen einen weiteren Vorteil: Sie sind wesentlich tiefgründiger und damit dauerhafter. In einer Welt volatiler Kundenbedürfnisse, verkürzter Produktlebenszyklen und immer schneller aufeinander folgender Technologiesprünge scheint eine allein von externen Bedingungen inspirierte Strategieformulierung zumindest gefährlich, wenn nicht gar sinnlos zu sein. Die unternehmenseigenen Fähigkeiten und Stärken bilden hingegen eine stabile Basis sowohl für die konkrete Leistungsdefinition als auch für das langfristige betriebliche Selbstverständnis (Grant 1991, S. 116; Gaitanides 1997, S. 748). Diese Solidität hat indes ihren Preis – der Aufbau spezieller Kenntnisse und Erfahrungen bedarf zumeist außerordentlich großer Zeiträume: „Im Rennen um die Führerschaft bei Kernkompetenzen wird immer noch in Jahren und nicht in Monaten gemessen“ (Hamel/Prahalad 1997, S. 304). Sharp und Toshiba haben schließlich nicht nur Hunderte Millionen Dollar in ihre Fähigkeit zur Herstellung von Flachdisplays investiert, sondern mit entsprechenden Bemühungen lange vor einer konkret absehbaren Anwendung (oder gar lukrativen Einsatzmöglichkeit) begonnen. JVC benötigte fast zwanzig Jahre, um seine Kompetenz im Bereich des VHS-Videosystems zur überlegenen Reife zu bringen; Motorola und Siemens begannen mit ähnlichem Vorlauf bei der Erschließung verschiedenster Technologien im Bereich der drahtlosen Kommunikation. Hätten diese Unternehmen gewartet, bis sich der erste Geschäftsfall abzeichnet, dann wären sie von weitsichtigeren Konkurrenten überholt worden.

Die Frage, wie viele Kernkompetenzen ein Unternehmen durchschnittlich besitzt und in welchen Bereichen diese angesiedelt sein sollten, ist nur branchenbezogen zu beantworten. Die meisten Unternehmen verfügen wohl über bestenfalls eine Handvoll Kernkompetenzen. Krüger/Homp (1997, S. 26; ähnlich Pousttchi/Herrmann 2001, S. 311) meinen gar, dass nur wenige Unternehmen überhaupt Kernkompetenzen besitzen. Über die Kernkompetenz-begründenden Merkmale betrieblicher Fähigkeiten besteht hingegen Einigkeit (Barney 1991, S. 105 ff.; Grant 1991, S. 123 ff.; Rasche/Wolfrum 1994, S. 503 ff.; von der Oelsnitz/Hahmann 2003, S. 25 ff.). Demnach bewirken Kernkompetenzen konkreten Nutzen am Markt, wettbewerbliche Differenzierungsfähigkeit, multiple Transferierbarkeit sowie Nicht-Imitierbarkeit und Nicht-Substituierbarkeit.

Als Motiv für kompetenzorientierte Kooperationen ist vor allem die **Nicht-Imitierbarkeit** von Ressourcen wichtig. Der schlichte Kauf bzw. die reibungslose Internalisierung externer Kompetenzen sind folglich ausgeschlossen – insbesondere funktionsübergreifende Fähigkeiten werden erst durch eigene, zeitraubende Lernprozesse erworben („Historizität“). Die Wirkung des Faktors Zeit gilt auch für Kosteneffekte, wie sie exemplarisch im Erfahrungskurvenkonzept zum Ausdruck kommen. Hier wie dort zeigt sich, dass Rückstände kaum durch hastige Crash-Programme aufzuholen sind. Ineffizienzen der sprunghaften Ressourcenakkumulation legen stattdessen kontinuierliche Bemühungen nahe (zu diesen so genannten „Time compression diseconomies“ vgl. Dierickx/Cool 1990, S. 1507). Überdies basieren Kernkompetenzen ex definitione auf einem komplexen Bündel von Einzelfähigkeiten, was in der Praxis kausale Mehrdeutigkeiten erzeugt („Ambiguität“). Je mehr Ressourcen im Verbund zusammenwirken, umso schwieriger wird es, die daraus resultierende Kernkompetenz zu entschlüsseln und nachzuahmen (Reed/DeFillippi 1990). Der Prozess, der eine Kompetenz entstehen lässt, ist somit unternehmenseinmalig und kann von Dritten niemals exakt nachvollzogen werden. Kernkompetenzen wirken somit als qualitative Markteintrittsbarrieren, die als solche die Basis für verteidigungsfähige Wettbewerbsvorteile bilden.

2.3 Kompetenzpolitische Gestaltungsbereiche

Im hier gesteckten Rahmen kann es nicht darum gehen, den ressourcenbasierten Ansatz umfassend zu würdigen. Interessanterweise bezieht sich ein wesentlicher Kritikpunkt auf die konzeptionelle Verengung auf ausschließlich kompetitive Relationen, also auf die Nichtbeachtung des partnerschaftlichen Aufbaus gemeinsamer Ressourcen (Dyer/Singh 1998, S. 660 f.; Duschek 1998, S. 232; zur vgl. Kritik Porter 1991, S. 108 f.; Rasche/Wolfrum 1994, S. 510 ff.; Reiß/Beck 1995, S. 44 ff.; Raub 1998; Freiling 2000, S. 33 ff.).

Trotz dieses blinden Flecks bietet der Resource-based View einen direkten Zugang zur Kooperationsthematik, denn die Zusammenführung komplementärer (oder auch gleichartiger) Ressourcen gilt ihm als wesentliches Motiv für das Eingehen einer strategischen Partnerschaft. Und wenn man die Faktoren, mit denen im Rahmen der Industrieökonomik typischerweise Wettbewerbsvorteile begründet werden – z. B. kostenminimale Fertigungsprozesse, Zugang zu billigen Arbeitskräften, Reputation oder überlegene Marktkenntnis – als Ressourcen zu begreifen bereit ist, dann wird vollends deutlich, wie sehr sich beide Perspektiven letztlich ergänzen. Resource-based View und Industrieökonomik sind insofern weniger als heuristische Konkurrenten denn als sich sinnvoll ergänzende Beiträge zur unternehmerischen Strategieforschung zu sehen (zu Knyphausen-Aufseß 1993, S. 783 f.; Bamberger/Wrona 1996, S. 147 f.; Jenner 1999, S. 1496 f.). Eine planvoll vorgehende Ressourcenstrategie muss schließlich wissen, welche Fähigkeiten zukünftig marktrelevant sein werden (und damit langfristig aufzubauen sind); und eine Erfolg versprechende Marktstrategie ist nur dann umsetzbar, wenn die Wünsche der Kunden vom Unternehmens-Know-how her auch erfüllt werden können.

Vor diesem Hintergrund hat sich der Resource-based View mittlerweile zu einem stärker marktorientierten **Competence-based Strategic Management** weiterentwickelt (Pousttchi/Herrmann 2001, S. 311 ff.; Freiling 2000, S. 30 ff.; Sanchez/Heene/Thomas 1996). In dessen Logik wird ein gezielt vorgreifendes Kompetenzmanagement gefordert, dessen Hauptziel es ist, einen dauerhaften Fit zwischen den internen Möglichkeiten und den externen Chancen des Unternehmes herzustellen. Darüber hinaus ist die bestmögliche Ausschöpfung (Kapitalisierung) der verfügbaren Kompetenzbestände in bekannten oder neuen Märkten zu gewährleisten. Im Sinne eines klassisch rückgekoppelten Managementkreislaufs drängt sich zur Erfüllung dieser Aufgaben ein stufenweises Vorgehen auf, das in Übersicht 1 dargestellt ist. Die einzelnen Gestaltungsbereiche besitzen dabei jeweils unterschiedliche Implikationen: So gibt die Art der aufgedeckten Kompetenzlücken z. B. erste Fingerzeige für sinnvolle Kooperationspartner oder geeignete Kooperationsformen.

Da betriebliche Lernprozesse auf Grund ihrer Pfadabhängigkeit zeitlich kaum abgekürzt werden können, rächt sich ein inkonsequentes Kompetenzmanagement meist doppelt. Erweist sich die interne Entwicklung von Schlüsselfähigkeiten letztlich als zu zeitraubend oder zu unsicher, dann sind in dynamischen Märkten strategische Lernpartnerschaften oftmals die letzte Alternative. Zum Zweiten sind attraktive Kooperationspartner umso leichter zu finden bzw. für eine Zusammenarbeit zu gewinnen, je mehr das suchende Unternehmen selbst an Know-how einzubringen hat (siehe Abschnitt 3.2). Wettbewerbsvorteile resultieren in den heutigen Wissensökonomien dabei nicht mehr so sehr aus dem Besitz seltener Materialien oder einzigartiger Betriebsmittel, sondern primär aus dem möglichst unverstellten Zugang zu überlegenem Wissen (das notfalls eben ein Wettbewerber hat). Die Geschwindigkeit und Nachhaltigkeit, mit der sich ein Unternehmen auf diese knappe Ressource Zugriff verschaffen kann, wird in Zukunft immer häufiger über Erfolg und Misserfolg im Wettbewerb entscheiden.

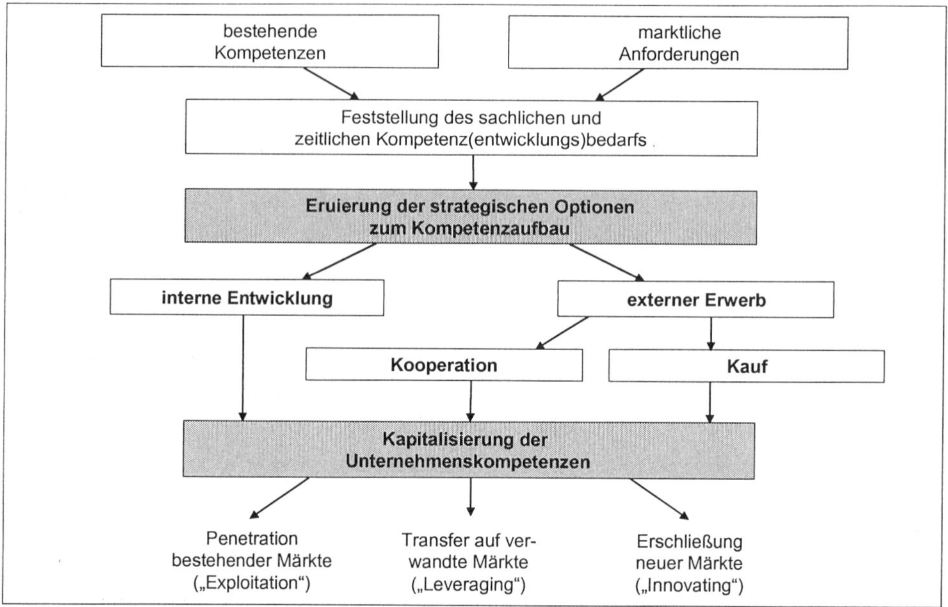

Übersicht 1: Gestaltungsbereiche des Kompetenzmanagements

3. Handlungsfelder kompetenzinduzierter Unternehmenskooperationen

3.1 Überblick

Aus ressourcentheoretischer Sicht zeichnen sich insgesamt **drei Hauptstoßrichtungen** kompetenzorientierter Unternehmenskooperationen ab:

- der Aufbau neuer Kompetenzen auf dem Wege des bilateralen Inter-Partner-Lernens mit Blick auf die zukünftige Wettbewerbsposition
- die netzwerkartige Verknüpfung bestehender Kompetenzen im Rahmen einer integrierten Wertschöpfungskette zur Stärkung der gegenwärtigen Wettbewerbsposition
- die schrittweise Ausdehnung des Marktanteils bei Produktkernkomponenten im Rahmen vertikaler OEM-Beziehungen.

Kooperationen vermögen in allen drei Bereichen zur Zielerreichung beizutragen. Naturgemäß sind dazu allerdings bestimmte Kooperationsformen besser geeignet als andere; in Anbetracht des gestellten Themas werden aus dem weitgespannten Kontinuum unterschiedlicher Kooperationsformen idealtypisch strategische Allianzen sowie Partnerschaften in der Wertschöpfungskette (Netzwerke) vertieft. Die sukzessive Ausdehnung des Kernproduktanteils im Rahmen vertikaler OEM-Beziehungen stellt ein gesondertes Strategiefeld dar, das hier weit gehend ausgeklammert werden muss. Die genannten Hauptstoßrichtungen können sich in der Praxis überdies mit weiteren, eher taktisch motivierten Erwägungen verbinden, die aber wohl nur selten die Hauptrolle spielen. So soll durch eine Kooperation mitunter die Rivalität zwischen den beteiligten Firmen reduziert oder auch verhindert werden, dass das Partnerunternehmen sein Wissen Wettbewerbern zur Verfügung stellt (Hamel/Prahalad 1997, S. 285 f.). Darüber hinaus können auch eher destruktive Ziele wie die systematische Aushöhlung oder „Aushorchung" der Partnerkompetenzen verfolgt werden.

Dem Aufbau neuer Kompetenzen dienen insbesondere **strategische Allianzen**; im Vordergrund stehen folglich Wissensziele (Mowery/Oxley/Silverman 1996, S. 79; Mody 1993; Henzler 1992, S. 434; Pucik 1988, S. 78). Alternative Bedürfnisse wie ein erleichterter Marktzugang, gemeinsame Funktionserfüllung oder allgemeine Kostenziele sind realiter ebenfalls anzutreffen, langfristig aber oft eher über die Integration oder die reine Marktlösung zu realisieren (Müller-Stewens/Osterloh 1996, S. 19). Als horizontale Zusammenarbeit zwischen Unternehmen, die in anderen Geschäftsfeldern durchaus Konkurrenten sein können, wird insbesondere bei dieser Kooperationsform die Dialektik zwischen Zusammenarbeit und Wettbewerb deutlich. Strategische Allianzen sind unter anderem deshalb zumeist auf bestimmte Funktionen beschränkt und werden in der Regel auch nur für eine bestimmte Zeit eingegangen (Fritz/von der Oelsnitz 2001, S. 114; Backhaus/Meyer 1993, S. 332; Müller-Stewens 1993, Sp. 4064).

Partnerschaften in der Wertschöpfungskette zielen hingegen primär auf die Verknüpfung von Kompetenzen, d. h., im Vordergrund stehen Kompensations- oder Spezialisierungseffekte (vgl. z. B. für die Automobil-Zulieferindustrie Gaitanides 1997). Hauptintention ist in diesem Fall, entweder eigene Kompetenzlücken zu füllen oder durch eine konsequent arbeitsteilige Vorgehensweise einzelbetriebliche Spezialisierungswirkungen zu nutzen. Dabei entstehen oftmals sehr komplexe Netzwerke, die dann „strategisch" genannt werden, wenn sie von einem fokalen Unternehmen zentral gesteuert werden (Sydow 1995, S. 630). Die Kapitalisierung der organisationalen Kompetenzbestände geht in der Praxis also unterschiedliche Wege.

3.2 Interorganisationale Kompetenzentwicklung

Die Kompetenzen eines Unternehmens stellen in konzeptioneller wie praktischer Hinsicht das Bindeglied zwischen der internen Ressourcen- und der externen Marktperspektive dar. Das strategische Kompetenzmanagement ist angehalten, den Aufbau der betrieblichen Kompetenzen an der zukünftigen Marktentwicklung auszurichten. Die immer rasanteren Veränderungen im Wettbewerbsumfeld sorgen letztlich dafür, dass das organisationale Ressourcenmanagement aus seinem (ihm einst vorgeworfenen) strategischen Konservatismus „erwacht“ und seine anfänglich eher statische Sicht durch eine dynamischere Perspektive ersetzt. Gefordert ist in diesem Sinne eine immer zügigere Weiterentwicklung der bestehenden bzw. die konsequente Entwicklung neuer Fähigkeiten.

Aus den genannten Gründen gehen immer mehr Unternehmen dazu über, diese Aufgabe mit Hilfe eines Partners anzugehen, der – weil in derselben Branche tätig – über eine kompatible Ressourcenausstattung sowie einen ähnlich gelagerten Wissensbedarf verfügt. Die Streitfrage ist allerdings, ob dieser Partner über komplementäre oder besser über identische Grundkenntnisse verfügen sollte. Die Vertreter der Komplementärforderung argumentieren, eine strategische Allianz mache unter Lernaspekten nur Sinn, wenn man von dem anderen auch tatsächlich etwas lernen könne, d. h. dieser Kenntnisse und Erfahrungen einzubringen habe, die dem eigenen Unternehmen fehlen. Die Vertreter des Identitätspostulats führen hingegen den aus der Physik bekannten Effekt der „kritischen Masse“ ins Feld: Wirkliche Wissenssprünge seien nur möglich, wenn die Kooperation auf einer ausreichend breiten Ausgangsbasis beruhe.

Die hierdurch aufgeworfene Frage ist nur durch eine weiterführende Differenzierung verschiedener Allianztypen zu beantworten. Komplementäre Fähigkeiten zu bündeln, ist das Ziel so genannter **Closing Gap-Alliances** (Freiling 1998, S. 28). Diese setzen unterschiedliche Stärken/Schwächen-Profile der Kooperateure voraus und dienen folglich dazu, zentrale Kompetenzdefizite wechselseitig auszugleichen. So hatte sich Siemens in den neunziger Jahren zur Entwicklung eines Handys („S4“) mit Sony zusammengetan. Die Münchner wollten ein leistungsfähiges und zugleich betont leichtes Gerät auf den Markt bringen und benötigten hierfür einen extra starken und kleinen Akku. Nur Sony verfügte seinerzeit über Lithium-Ionen-Akkus, die in den Camcordern bereits mit Erfolg eingesetzt wurden. Da die Japaner ihrerseits möglichst schnell ein attraktives Handy benötigten, um den Eintritt in den damals schnell wachsenden GSM-Mobilfunkmarkt in Asien zu schaffen, ergänzten sich die Stärken und Schwächen beider Unternehmen auf das Günstigste (Pierer 1999, S. 382).

Aber auch wenn in der Regel ein akutes Angebotsproblem im Vordergrund steht, so lernen die Partner doch gleichzeitig voneinander, d. h., sie versuchen, die Fähigkeiten des jeweils Anderen zu verstehen, in die eigene Ressourcenkonfiguration einzupassen, intern weiterzuentwickeln und schließlich in der postkollaborativen Phase zu nutzen. Für diesen Allianztyp wäre es vernünftig, im Rahmen einer klaren vertraglichen Aufgabenverteilung Bereiche zu separieren, für die jeweils nur einer der Partner zuständig ist. Closing Gap-Alliances kommen sowohl dem herkömmlichen Standardtypus strategischer Allianzen als auch den unten analysierten Wertschöpfungsnetzwerken recht nahe, zielen aber noch stärker als diese auf die Generierung neuen Wissens (von der Oelsnitz 2003, S. 17 f.).

Anders ist die Situation, wenn identische Kompetenzen gesucht werden: Erst durch eine kumulative Erhöhung des intellektuellen Ausgangsniveaus vermag man hier die Grenzen der bisherigen Leistungsfähigkeit zu erreichen bzw. in neue Leistungsdimensionen vorzudringen. Freiling (1998, S. 27) spricht in diesem Fall anschaulich von **Critical Mass-Alliances**. Für diesen in der Vergangenheit kaum beachteten Allianztyp ist es wesensbestimmend, gleichartige Kompetenzen zu verbinden, um letztendlich einen pfadabhängigen kollektiven Wettbewerbsvorteil mit weitestgehendem Imitationsschutz zu erreichen. Damit sind die kompetitiven Bezüge weit gehend zurückgedrängt; die Partner lernen miteinander. Bei diesem Allianztyp macht es Sinn, dass die Partner möglichst viele Teilfunktionen gemeinsam wahrnehmen. Forschungskooperationen zwischen zwei Halbleiterproduzenten zur kollektiven Entwicklung einer radikal neuartigen Chipgeneration mögen ein Beispiel für diesen Kooperationstyp sein. Übersicht 2 fasst die Merkmale beider Allianzformen zusammen.

	Closing Gap-Allianzen	Critical Mass-Allianzen
Kooperationsziel	Kompetenzlücken wechselseitig schließen	neue Kompetenzen aufbauen
Lernphilosophie	Lernen voneinander	Lernen miteinander
Arbeitsteilung	selektive Übernahme von Teilfunktionen	gemeinsame Erledigung aller Teilfunktionen
Kooperationsdauer	zeitlich begrenzt	eher langfristig
Kooperationsverhalten	eher offensiv	eher defensiv

Übersicht 2: Closing Gap- vs. Critical Mass-Allianzen

Hier wie dort zeigt sich der für die Wissensökonomie so typische **Agglomerationseffekt**: Leistung zieht Leistung an – „the best want to work with the best" (Quinn/Anderson/Finkelstein 1996, S. 8). Ein für seine besonderen Kompetenzen bekanntes Unternehmen wird es vor diesem Hintergrund wesentlich leichter haben, seinerseits einen attraktiven Partner zu finden, denn „Kompetenzführerschaft ist ein Magnet, der Partner anzieht und viel zur Macht eines Unternehmens in einer Koalition beiträgt" (Hamel/Prahalad 1997, S. 288). Wettbewerbsvorteile entstehen somit nicht nur auf der Grundlage von „firm-specific resources", sondern ebenso aus dem Vermögen, „firm-adressable resources" zu mobilisieren (Sanchez/Heene/Thomas 1996, S. 7). Das von Richard D'Aveni begründete Konzept des Hyperwettbewerbs, das auf dem letzten Wettbewerbsschauplatz nicht mehr einzelne Unternehmen, sondern globale Firmenbündnisse als Akteure sieht, unterstreicht diesen Gedanken (D'Aveni 1995, S. 199 ff.). Es zeigt, wie sehr in Zukunft der Kampf nicht nur um den Kunden, sondern auch um die besten Bündnispartner geführt wird. Schon deshalb darf das Unternehmen die stetige Weiterentwicklung der eigenen Kompetenzen nie vernachlässigen.

An diese grundsätzlichen Überlegungen schließt sich eine Reihe weiterer Fragen an, denen an dieser Stelle allerdings nicht detailliert nachgegangen werden kann. Insbesondere den Closing Gap-Alliances haftet ein Problem an, das leicht paradoxe Züge trägt: Um die eigenen Kompetenzlücken mit Hilfe eines Partners schließen zu können, muss Wissen gefunden werden, das an die eigene Wissensbasis anschlussfähig ist. Gesucht wird also ein Partner, der zwar einerseits über rezeptionsfähiges, andererseits aber auch über neuartiges Wissen verfügt. Trotz des notwendigen Strategie- und Kulturfits muss der Mitstreiter also im Endergebnis komplementäre Fähigkeiten entwickelt haben.

Ein ähnliches Paradoxon entspringt dem wohl unvermeidlichen **Learning Race** einer jeden wissensbasierten Kooperation: Derjenige, der schneller und mehr lernt als der Partner, wird am Ende als Sieger aus der Allianz hervorgehen. Dies zwingt die kooperierenden Unternehmen, bereits im Vorfeld grundlegende Entscheidungen sowohl über die exakten Ziele der Zusammenarbeit als auch über den zweckmäßigsten Kooperationsumfang zu treffen. Die Kunst besteht letztlich darin, eine optimale Balance zwischen Geben und Nehmen zu finden, d. h., dem Partner und der Partnerschaft genügend Input zu liefern, ohne selbst zuviel wettbewerbsrelevantes Wissen preiszugeben. Letzteres könnte sich durch den hierdurch bedingten Kompetenzabfluss nicht nur nach Beendigung der Allianz als fatal erweisen, sondern wirkt sich oft schon während der Zusammenarbeit schädlich aus. Auf der Basis diverser Fallstudien zeigen Hamel (1991) und Hamel/Doz/ Prahalad (1989) eindrucksvoll, wie sehr sich die Abhängigkeits- und damit auch Machtverhältnisse im Rahmen einer mehrjährigen Kooperationsbeziehung verschieben können (hiervon sind insbesondere auch OEM-Lieferanten-Beziehungen betroffen!). Letztlich finden sich hier die klassischen Implikationen des Resource-Dependence-Ansatzes bestätigt: Je einzigartiger und bedeutsamer die Kompetenzen eines Unternehmens (oder Funktionsträgers) im Vergleich zu denen seiner Partner sind, umso größer wird sein Einfluss in der Koalition sein.

Diese Erfahrung unterstreicht die Wichtigkeit eigener Lernprozesse. Das Lernvermögen eines Unternehmens ist dabei vor allem bestimmt durch seine „absorptive capacity", die wiederum ganz wesentlich von der gegenwärtigen Wissensbasis des Unternehmens abhängt (Cohen/Levinthal 1990; Lane/Lubatkin 1998). Für die Absorption neuen Wissens – und damit für die Kompetenz-Entwicklungsfähigkeit der Koalitionäre insgesamt – sind vor allem drei Faktoren ausschlaggebend (Hamel 1991, S. 90 ff.; Rasche 1994, S. 259 ff.):

- die eigene Lernentschlossenheit („intent")
- die Offenheit des Gegenübers („transparency")
- das eigene Aufnahmevermögen („receptivity").

Empirische Asymmetrien in der Lernkapazität zwischen japanischen und US-amerikanischen Unternehmen können vor diesem Hintergrund unter anderem auf unterschiedlich leicht transferierbare Wissensarten oder unterschiedliche Einstellungen zum Lernen zurückgeführt werden. Während die US-Firmen z. B. oft eher als Lehrer auftreten und vor allem Produkt- oder Marktwissen in eine Allianz einbringen, nehmen die fernöstlichen Partner eher die Haltung von wissbegierigen Schülern ein und vermitteln zudem in erster Linie Fertigungskompetenzen. Die Tatsache, dass letztere wesentlich komplexer und kontextverwurzelter sind, hat die japanischen Unternehmen in der Vergangenheit häufig stärker von einer Zusammenarbeit profitieren lassen. Diese Erkenntnis beinhaltet zugleich wichtige Implikationen für ein aktives Kooperationscontrolling (siehe Abschnitt 3.4).

3.3 Interorganisationale Kompetenzverknüpfung

Vor dem Hintergrund der eingangs skizzierten Tendenzen haben gerade vertikale und laterale Interorganisations-Beziehungen in den letzten Jahren stark an Bedeutung gewonnen. In einer weiten Fassung fallen auch Subunternehmer und diverse Varianten freier Beschäftigungsverhältnisse darunter. Beschränkt man sich auf High-Tech-Produkte, finden sich Unternehmensnetzwerke in einer Vielzahl von Industrien (vom klassischen Anwendungsfall im Automobil- und Anlagenbau über die Bauindustrie bis hin zur Biotechnologie und zum Handel; Sydow 1992, S. 19 ff.).

Eine besonders zeitgemäße, weil vor allem auf informationstechnologischer Verknüpfung basierende Netzwerkform ist das **virtuelle Unternehmen** (Picot/Reichwald/Wigand 2001, S. 319, 418 ff.; von der Oelsnitz 2000, S. 221 f.; Mertens/Faisst 1997; Davidow/Malone 1993). Ein solches stellt den geradezu idealtypischen Anwendungsfall kooperativer Kompetenzverknüpfung dar: Mit Hilfe moderner IuK-Technologien bringen die jeweils auftragsbezogen eingebundenen Poolmitglieder ihre jeweiligen Fähigkeiten ein, um auf diese Weise Effizienz mit Qualität und Flexibilität zu verbinden. Das „Unternehmen“ ist in diesem Sinne tatsächlich nur noch in der Vorstellung des Kunden vorhanden; realiter ist es eine temporäre – wenngleich keineswegs flüchtige – Erscheinung. Den Gegentypus stellen **permanente Wertschöpfungspartnerschaften** dar, wie sie sich typischerweise in Produktions- (Mildenberger 2000) oder Entwicklungs-Netzwerken zeigen (Wildemann 2000). Beide – temporäre wie permanente Netzwerke – sind durch die gleiche Grundbestrebung charakterisiert: wechselnde Kundenbedürfnisse mit einem Minimum an redundanten Ressourcen befriedigen zu können: „Durch Aneignung von partieller Kontrolle über ergänzende Ressourcen und Fähigkeiten in Entwicklung, Produktion, Logistik, Vertrieb und Marketing können zusätzliche Gewinne erwirtschaftet werden, ohne die Eigentümerschaft und den damit verbundenen Koordinationsaufwand übernehmen zu müssen“ (Wildemann 1997, S. 418).

Partnerschaften in der Wertschöpfungskette sind unter kompetenztheoretischen Gesichtspunkten deshalb vorteilhaft, weil sich selbstständige Unternehmen auf die Beherrschung weniger Leistungsprozesse konzentrieren können und keines vor dem Hintergrund einer vom Kunden verlangten Gesamtleistung zum externen Wachstum oder zur Integration weniger gut beherrschter Arbeitsschritte gezwungen wird. Da es sich bei Netzwerken zumeist um relativ lose gekoppelte und dennoch abgestimmt vorgehende Systeme handelt, spezialisieren sich die einzelnen Mitglieder stattdessen auf ausgewählte Teile oder Technologien. Auf diese Weise ist es möglich, Gewinne gezielter zu reinvestieren, umso mit aktuellen Entwicklungen Schritt zu halten und funktional „up to date“

zu bleiben. Während dadurch im Ideal eine „best of everything"-Organisation entsteht, die sowohl den Kunden- als auch den Systemnutzen maximiert, stellt sich die Situation für das einzelne Unternehmen oft nicht so vorteilhaft dar. So beeinträchtigt die Mitgliedschaft in einem Netzwerk nicht selten die strategische Flexibilität des einzelnen Mitglieds. Dies gilt insbesondere dann, wenn dessen Aktivität in der Vergangenheit erfolgreich war und von den Partnern daher Konstanz statt Veränderung von Fähigkeiten erwartet wird (vgl. zu einem Beispiel Suter 1995, S. 93).

Zur limitierten Kompetenzautonomie auf Mikroebene gesellt sich das gesamtsystemische **Koordinationsproblem**. Koordinationskosten entstehen innerhalb eines Netzwerkes zunächst nur zwischen den Netzwerk-Mitgliedern, die an der Leistungserstellung beteiligt sind. Es variieren sowohl die Koordinationsverantwortung als auch die Koordinationsmechanismen in Abhängigkeit von der konkreten Netzwerkkonfiguration. Während in polyzentrischen Netzwerken, die durch relativ homogene Teilnehmer (häufig derselben Wertschöpfungsstufe) gekennzeichnet sind, die Führerschaft fallweise wechselt und vor allem eine horizontale Selbstabstimmung und Selbstbindung dominieren, stellt sich die Situation in hierarchisch-pyramidalen Netzwerken anders dar. Hier trägt ein fokales Unternehmen die koordinative Hauptlast und begründet unter anderem über Allokationsentscheidungen – z. B. die Vergabe von Wertschöpfungs- und Lieferanteilen für bestimmte Projekte – einseitige Abhängigkeitsverhältnisse (Wildemann 1997, S. 423 ff.). Die anderen Netzwerkteilnehmer sind auf Grund der Anreizwirkung der zentralen Allokationsentscheidungen zu einer fortwährenden Verbesserung ihrer Leistungskraft (Kosten, Qualität, Geschwindigkeit) gezwungen, wollen sie nicht schrittweise Auftragsvolumen verlieren. Das fokale Unternehmen, das in der Regel auf Grund seiner Größe oder seines direkten Kundenzugangs in diese Position gelangt, errichtet dabei zumeist ein ziemlich strenges Benchmarking- und Auditing-Regime. Dennoch ist die Identifikation von Kompetenzen in komplexen Netzwerken keine leichte Aufgabe, denn neben die Kundensicht tritt jetzt auch die interne Beurteilungsperspektive (Reiß/Beck 1995, S. 53).

Aus dem Vorgenannten resultieren in praxi diverse Lernkonkurrenzen sowohl mit internen Netzwerkpartnern als auch mit externen Anbietern. Dies wird besonders im Fall des so genannten **Konzeptwettbewerbs** deutlich, der den Zulieferern einen Wettbewerb bereits auf der Ideen-Ebene abverlangt und sie damit zumeist zur Offenlegung von vorteilsgenerierenden „Geschäftsgeheimnissen" zwingt (Wildemann 2000, S. 60 f.). Wenn dann das Netzwerkunternehmen, das das beste Konzept vorlegt, bei der tatsächlichen Auftragsvergabe zu Gunsten eines Konkurrenten z. B. auf Grund von Standort- oder Kapazitätsnachteilen leer ausgeht, dann wird die Gefahr einer wettbewerbsinduzierten Konzentration auf Einzelkompetenzen offensichtlich. Letztlich kommen die Vorteile gegenseitiger Ressourcenverknüpfung nur dann voll zum Tragen, wenn es gelingt, die prinzipiell vorhandene strategische Komplementarität der Kompetenzen auch faktisch zu entwickeln. Dies wiederum setzt zugleich eine gewisse organisationale Komplementarität voraus (siehe Abschnitt 4). Doz (1996) unterscheidet vor diesem Hintergrund zu Recht zwischen „initial complementarity" und „revealed complementarity".

3.4 Kompetenzorientiertes Kooperationscontrolling

Ein kompetenzorientiertes Controlling muss sowohl kooperationsbegleitend als auch nach Beendigung einer Kooperation erfolgen (vgl. zum Kooperationscontrolling grundsätzlich Ahlert 1996; Kraege 1997; Drews 2001). Drei Hauptaufgaben sind zu erfüllen:

- Auf der Steuerungsebene ist in regelmäßigen Abständen die Zweckmäßigkeit der getroffenen Auswahlentscheidungen zu hinterfragen. Ist der gewählte Partner immer noch zielführend? Sind die „richtigen" Unternehmensangehörigen ausgewählt und diese ausreichend trainiert und angereizt? Sind die ursprünglich ins Auge gefassten Ziele noch gültig und die praktizierte Kooperationsform immer noch geeignet?
- Im operativen Bereich ist fortlaufend die Äquivalenz der wechselseitigen Leistungsströme zu prüfen: Erreicht das Unternehmen seine Lernziele? Fließt ihm ebenso viel Know-how zu, wie es selbst preisgibt? Profitiert es gemäß seines Kompetenz- und Wertschöpfungsanteils ausreichend in und von einem Netzwerk? Kurzum: Steht das Unternehmen per Saldo durch die Kooperation besser da?
- Schließlich ist auf einer grundsätzlicheren Ebene zu überprüfen, mit welcher Nachhaltigkeit die Führungskräfte und Mitarbeiter ihre kooperativen Erfahrungen systematisch auswerten und durch ein entsprechend verändertes Verhalten in den organisationalen Routinen verankern. Sind tatsächlich neue Kompetenzen entstanden und sind diese mit ausreichender Konsequenz implementiert?

Da Punkt drei Gegenstand des nächsten Abschnitts ist, konzentriert sich der Beitrag an dieser Stelle auf die zweite Frage. Die Prüfung der Leistungsäquivalenz in interorganisationalen Beziehungen hat hauptsächlich zwei Facetten: die Bewertung der (Wissens-) Leistung der Gegenseite und das Problem des eigenen Kompetenzschutzes.

Der zweite Aspekt betrifft das **Problem des Wissensverlustes**, das sowohl für Wertschöpfungspartnerschaften als auch – in noch stärkerem Maße – für strategische Allianzen relevant ist. Systematischer Wissensschutz ist letztlich nichts anderes als die (immer wichtiger werdende) Komplementärfunktion zur betrieblichen Wissensentwicklung/ Innovation. Ein gewisses Maß an Wissensabfluss ist normal und, zumindest im Rahmen von Lernpartnerschaften, ja auch gewollt. Im Sinne einer für beide Seiten fruchtbaren Partnerschaft ist es auf Dauer sowieso unmöglich, dem Partner bestimmte Einblicke zu verwehren („transparency by design"). Problematisch ist hingegen der ungewollte bzw. übergroße Know-how-Verlust („transparency by default"). Um diesen in Grenzen zu halten, bieten sich diverse Maßnahmen an, die im Wesentlichen auf die Variation des eigenen Transparenzgrades hinauslaufen. Mit dieser Steuerungsgröße hat es das Management in der Hand, die Durchlässigkeit seiner Systemgrenzen den eigenen Zielen sowie den Lernfähigkeiten des Partners anzupassen (vgl. zu den diesbezüglichen Optionen Blecker 1999, S. 264 ff.). Der Transparenzgrad eines Unternehmens ist sein fähigkeitsbezogenes Schaufenster: Je niedriger er ist, umso schwieriger fällt es den Mitstreitern, die besonderen Kompetenzen des Anderen zu dechiffrieren.

Viele Unternehmen unterschätzen jedoch den Lerneifer ihrer Partner oder sogar generell die Auswirkungen dauerhafter Lernasymmetrien. Dies wurde nahezu idealtypisch in einem viel zitierten Joint Venture aus den achtziger Jahren zwischen Toyota und General Motors deutlich. Dieses so genannte NUMMI-Projekt war in einer eigens reaktivierten GM-Fabrik in Freemont, Kalifornien, angesiedelt und sollte dem amerikanischen Autobauer Einblicke in Toyotas einmalige Fertigungs- und Montagemethoden verschaffen. Trotz gewisser Lerneffekte zog GM aus dieser Kooperation vermutlich den geringeren Nutzen, denn die auf diese Weise ermöglichte Akklimatisierung im nordamerikanischen Markt bildete letztlich die Basis für Toyotas spätere Direktinvestitionen in Kentucky und Ontario, wo in Eigenregie alsbald sehr erfolgreich alleinige Produktionsstätten betrieben wurden (Badaracco 1991, S. 76 ff., S. 156; Rasche 1994, S. 234 f.).

So wie zur Maximierung des Kooperationsnutzens Lernziele gesetzt werden, so sind zur Minimierung der Kooperationskosten letztlich auch dezidierte Wissensschutz-Ziele zu definieren. Zu den entsprechenden Maßnahmen zählt vor allem die kompetenzbezogene Fixierung der beteiligten Standorte und Unternehmensbereiche. Ferner hat sich die Beschränkung des Kreises auskunftsberechtigter Personen sowie deren kompetitive Sensibilisierung bewährt. Ein gewisser Teil der Unternehmensoffenheit entzieht sich allerdings der Gestaltung und ist – z. B. durch die Art des ausgetauschten Wissens – vorgegeben (Hamel 1991, S. 95 f.). Die Bestimmung des optimalen Transparenzgrades ist ein schwieriges Problem und erfordert in ihrer konkreten Durchsetzung vor Ort zudem besondere politische Fähigkeiten.

Im Hinblick auf die erste Komponente der Äquivalenzprüfung stellt sich allerdings die Frage, ob im Rahmen von Kooperationen überhaupt Kernkompetenzen ausgetauscht werden können. Wie erwähnt stellen Kernkompetenzen komplexe Fähigkeitsbündel dar, die sich auf Grund ihrer tiefen organisationalen Verwurzelung nicht kurzfristig transferieren lassen (siehe Abschnitt 2.2.). Als Folge einer einmaligen Mixtur aus Führungsstil, Kultur, Tradition, Strategie und Geschäftsverständnis entstehen kausale Mehrdeutigkeiten, die selbst von den Eingeweihten oft nicht mehr nachvollzogen werden können. Je höher aber die unternehmensspezifische Komplexität einer Kompetenz ist, umso schwieriger ist, ceteris paribus, deren Internalisierbarkeit durch Dritte. Von daher darf mit einiger Berechtigung erwartet werden, dass selbst in langfristigen und engen Kompetenzpartnerschaften immer nur Bruchstücke einer Kernkompetenz sichtbar werden und daher auch immer nur Einzelfähigkeiten und Kompetenzfragmente kopierbar sind (vgl. auch Rasche 1994, S. 282 f.). Dieser Umstand ist für das wissensabgebende Unternehmen jedoch nicht einmal von Nachteil: Wäre das Wissen um die eigenen Fähigkeiten nämlich nicht so diffus, dann wäre es wesentlich leichter imitierbar (und die Kernkompetenz damit bald keine mehr). Die eigene Überlegenheit würde entweder bereits durch die Kooperation selbst oder später durch die gezielte Abwerbung wichtiger Wissensträger schnell erodieren.

Die Erfassung der kooperativen Gegenleistungen ist schon deshalb schwierig, weil vor allem in Netzwerken, aber auch in Closing Gap-Alliances das vom Gegenüber eingebrachte Wissen in seinem Wert oft gar nicht ausreichend beurteilt werden kann. Beherrscht ein Unternehmen z. B. als einziges eine bestimmte Technologie, dann fällt es ihm häufig leicht, den oder die Mitstreiter über deren wahre Funktionsweise im Unklaren zu lassen. Hinzu kommt, dass der Nutzen des Partnerinputs immer relativ zum Ausgangswissen bzw. zum Know-how-Bedarf eines Unternehmens ist. Überdies kann sich die Bedeutung der Partnerkompetenzen im Zeitablauf beträchtlich verringern – z. B. dann, wenn in bisherigen Defizitfeldern interne Anstrengungen erste Früchte zeigen oder veränderte Kundenbedürfnisse bestimmte Fähigkeiten entwerten.

4. Zu Inhalt und Bedeutung einer übergreifenden Kooperationskompetenz

Vor dem Hintergrund der immer vielfältigeren Einbindung in Firmenbündnisse entwickelt sich die Fähigkeit zur gezielten Kooperationsanbahnung, -pflege und -steuerung zu einer unentbehrlichen Unternehmenskompetenz. Im günstigsten Fall kann das damit verbundene Wissen selbst zur Quelle eines Wettbewerbsvorteils werden (Simonin/Helleloid 1993; Kanter 1994, S. 96; Pfohl/Buse 1999, S. 271). Das Geschick bei der Herstellung und Erhaltung einer gedeihlichen Zusammenarbeit mit anderen Unternehmen stellt von daher eine erfolgskritische Schlüsselfähigkeit auf der Metaebene des Managements dar. Und ob diese Fähigkeit nun auf dyadische oder auf mehrdimensionale Partnerschaften bezogen wird: es handelt sich in jedem Fall um eine planvoll entwickelbare Ressource, deren Ziel letztlich die Maximierung der externen Kooperationsrente ist.

Der Terminus **Kooperationskompetenz** umfasst als Sammelbegriff eine Vielzahl von Einzelfähigkeiten, die – je nach Kooperationsform – unterschiedlich wichtig sind (zu einer Systematik der hierfür erforderlichen Einzelkompetenzen vgl. Hinterhuber/Stahl 1996, S. 103 ff.; Hillig 1997, S. 181 ff.). Wenn es um die Zusammenlegung von Kompetenzen innerhalb einer ganzheitlichen Wertschöpfungskette geht, dann beschreibt der Begriff z. B. die Fähigkeit, Ressourcenkomplementaritäten zwischen den Partnern erkennen und die einzelnen Leistungsbeiträge friktionslos zu einem nutzenstiftenden Endprodukt zusammenfügen zu können. In Allianzen geht es dagegen vor allem um Lernfähigkeit und Wissenszuwachs bei gleichzeitigem Wissensschutz.

Kompositionell umfasst Kooperationskompetenz – mit zum Teil anderen Akzentuierungen finden sich auch die Begriffe „relational capability“ (Lorenzoni/Lipparini 1999), „alliance capability“ (Harbinson/Pekar 1998), „collaborative know-how“ (Simonin/Helleloid 1993), Kooperationsfähigkeit (Eisele 1995), Komplementaritätskompetenz (Bellmann/Hippe 1996, S. 71) und Beziehungs- oder Netzwerkkompetenz (Stahl 1996 bzw. Ritter 1998) – zum einen die Verbesserung der allgemeinen organisationalen Beziehungsfähigkeit, zum anderen die bestmögliche Ausnutzung einer spezifischen Kooperation.

Die **allgemeine organisationale Beziehungsfähigkeit** – von Dyer/Singh (1998, S. 672) schlicht als „a firm's willingness and ability to partner" definiert – spielt sowohl bei horizontalen Allianzen als auch in mehrschichtigen Netzwerken eine Rolle. Die allgemeine Beziehungsfähigkeit betrifft zunächst grundsätzliche Unternehmensmerkmale, die quasi den unausgesprochenen Hintergrund einer Kooperation bilden. Zunächst ist für das Funktionieren einer Partnerschaft z. B. ein grundsätzlich positives Kooperationsklima erforderlich, wofür vor allem die Einstellung der operativen Basis wichtig ist. Nicht selten sind die Initiatoren in der Unternehmensspitze vom Wert eines Bündnisses überzeugt und meinen, ihre Haltung würde sich nahtlos auf die Mitarbeiter übertragen. Dies ist oft ein Trugschluss, denn auf der Vereinbarungsebene spielen andere Kalküle eine Rolle als auf der späteren Realisationsebene. Doch nur, wenn auch diejenigen, die die Kooperation vor Ort mit Leben erfüllen, „open minded" sind, d. h. sich tolerant und offen zeigen, kann ein Unternehmen wirklich tiefgründig von einer lerninduzierten Partnerschaft profitieren.

Daneben ist auf die Kompatibilität resp. Anschlussfähigkeit der eigenen Führungs- und IT-Systeme zu achten. Empirische Studien zeigen, dass ein Misfit gerade hier zum Scheitern führen kann (Dyer/Singh 1998, S. 668). Ferner kann es sein, dass das vorhandene Know-how oder auch die Unternehmensstruktur eines Bündnismitglieds schlichtweg nicht kooperationstauglich sind, also z. B. sachkundiges Personal fehlt, das einzubringende Know-how veraltet ist oder nicht in genügendem Maße grenzüberspannende Einheiten vorhanden sind (vgl. speziell zu personalpolitischen Stolpersteinen Pucik 1988, S. 81 ff.).

Unter die allgemeine Beziehungsfähigkeit ließen sich schließlich politisch-emotionale Managementfähigkeiten subsumieren. Wie erwähnt, kommt es gerade in kompetenzorientierten Allianzen darauf an, Beziehungskapital – sprich: Vertrauen – aufzubauen. Dies reduziert nicht nur Reibungsverluste, sondern verbessert auch den beiderseitigen Lernumfang (Kale/Singh/Perlmutter 2000, S. 227). Überdies ist es wichtig, Gespür für den richtigen Partner zu haben und dann neben explizitem Wissen möglichst viel Kontextwissen zu übertragen. Die Erfahrung zeigt, dass das Top-Management oft allzu sehr rechtliche oder finanzielle Aspekte betont, „weiche" Faktoren wie persönliche Nähe, Einfühlungsvermögen und Kompromissfähigkeit aber vernachlässigt. Dies trifft zum einen auf die Partnerwahl, zum anderen auf das operative Management der Kooperation, d. h. die alltäglichen Transfer- und Schlichtungsprozesse zu (vgl. dazu näher Gretzinger/Matiaske/Weber 2002). Statt Kooperationen zu reglementieren, sollten sie lieber schrittweise entwickelt, mit ausreichenden Selbstorganisationsspielräumen versehen und im Geiste konstruktiven Vertrauens geführt werden. Insbesondere US-amerikanische Unternehmen scheinen eher auf formale Methoden und Kontrolle als auf menschliche Verbindungen und „echte" Zusammenarbeit zu setzen – ganz anders als asiatische Unternehmen, die nicht zuletzt deshalb tendenziell stärker von einer Kooperation profitieren (Kanter 1994, S. 97).

Neben diesen eher universalen Eigenschaften eines Unternehmens sind im Einzelfall **kooperationsspezifische Belange** zu berücksichtigen, deren sensible Aufspürung und Gestaltung ein spezielles Führungs-Know-how erfordert. Unternehmensübergreifende Partnerschaften stellen zwar wesentlich mehr dar als nur eine Alternative zur alleinigen Bemühung, dennoch zeigt und beweist sich Kooperationskompetenz immer auch in der Fähigkeit zur bestmöglichen Ausschöpfung eines konkreten Bündnisses. Wie erwähnt, kommt es bei Closing Gap-Allianzen auch darauf an, schneller bzw. mehr zu lernen als der Mitstreiter, oder geht es in strategischen Netzwerken um den Erhalt möglichst lukrativer Endproduktanteile. Ein besonderes Augenmerk liegt daher zum einen auf projektspezifischen Führungsentscheidungen, die z. B. die Stringenz der Kooperationsziele, die Zweckmäßigkeit der gewählten Kooperationsform oder die Angemessenheit der personalpolitischen Flankierung betreffen. Einen zweiten Schwerpunkt bilden die intellektuellen Details, die sich auf den derzeitigen Wissensstand eines Unternehmens sowie die Gestaltung der konkreten Lernprozesse beziehen (Amelingmeyer/Specht 2000, S. 329 ff.; Hamel 1991, S. 90 f.). Eine besondere Relevanz besitzt dabei die Effektivität der Maßnahmen zum eigenen Wissensschutz. Die bessere Absorptionsfähigkeit gegenüber dem Partner und spätere Wissensvorteile sind von daher keine zufälligen Erscheinungen, sondern das kalkulierbare Ergebnis von Planung und Professionalität.

Ähnlich wie bei den technologischen oder marktlichen Detailfähigkeiten scheint daher auch die **Herausbildung von Kooperationskompetenz pfadabhängig** zu sein, d. h. eine gewisse Anzahl einschlägiger Erfahrungen vorauszusetzen. Um diese Erfahrungen dauerhaft in die organisationale Wissensbasis einzuspeisen, bedarf es ihrer konsequenten Auswertung und Dokumentation, was die Bedeutung eines systematischen Kooperationscontrolling nochmals unterstreicht. Darüber hinaus kann es sich empfehlen, die Verantwortung für den Aufbau von Kooperationskompetenz bestimmten Stellen oder Personen zuzuweisen. So haben Unternehmen wie Microsoft, Hewlett Packard oder Xerox mittlerweile einen „Director of Strategic Alliances", zu dessen Hauptaufgaben nicht nur das fallweise Partnerscreening, sondern auch die Sicherstellung effektiver Austauschprozesse zwischen den Koalitionären gehören. Es ist durchaus denkbar, dass ein Unternehmen zwar schwächere Bündnispartner hat, dies durch eine überlegene Kooperationskompetenz aber wettzumachen versteht. In dieser Hinsicht lässt sich ein positiver Zusammenhang zwischen Kooperationserfahrung und Kooperationsneigung erkennen: Je häufiger ein Unternehmen in der Vergangenheit Bekanntschaft mit interorganisationalen Beziehungen gemacht hat, umso wahrscheinlicher ist es, dass es auch in Zukunft neue (und erfolgreiche) Bündnisse eingeht (Dyer/Singh 1998, S. 667).

5. Erfolgsfaktoren kompetenzinduzierter Kooperationen – Vier zusammenfassende Thesen

Organisationen bestehen, weil bestimmte Leistungsprozesse nicht oder nur unzureichend über den Markt abgewickelt werden können. Dies betrifft in besonderer Weise auch das Transaktionsgut „Wissen“. Die Marktlösung versagt hier, weil zentrale Wissensformen unternehmensspezifisch und damit immobil sind, vertrauenssensible Ressourcen eines konkurrenzfreien Pools bedürfen und bei der Marktlösung immer die Gefahr der unerwünschten Aneignung und Weiterverwertung des erworbenen Fremdwissens durch den Käufer besteht. Kurz gesagt: „Firms exist as institutions for producing goods and services because they can create conditions under which multiple individuals can integrate (and protect, d. Verf.) their specialist knowledge“ (Grant 1996, S. 112).

Dieser Gedanke ist verallgemeinerbar. Wendet man ihn nicht mehr auf einzelne Unternehmen, sondern auch auf Verbindungen von Unternehmen an, dann öffnet sich der theoretische Zugang zu kompetenzinduzierten Unternehmenskooperationen, die für die Beteiligten aus Zeit-, Kosten-, Risiko- und Machbarkeitsgründen die Ressourcen Dritter erschließen sollen. Ausgehend vom Kooperationsaspekt bedeutet diese Möglichkeit ein elementares Motiv für das Eingehen einer strategischen Partnerschaft. Andere Motive lassen sich natürlich benennen, stellen das grundsätzliche Lern- und Spezialisierungsstreben der Kooperateure aber nicht in Frage. Aus der Sicht des einzelbetrieblichen Kompetenzmanagements erscheinen Kooperationen als Mittel zum Zweck: Die Partnerschaft verkörpert ein mittlerweile gängiges Instrument strategisch vorgreifender Kompetenzpolitik. Die traditionellen Motive zwischenbetrieblicher Zusammenarbeit lassen sich von daher schlüssig ressourcentheoretisch ergänzen.

Vier Thesen fassen die obigen Ausführungen schlaglichtartig zusammen:

1. Unternehmen können als **idiosynkratische Ressourcenbündel** aufgefasst werden. Im Gegensatz zur Industrieökonomik fokussiert der ressourcenorientierte Ansatz jedoch nicht Endergebnisse, sondern vorgelagerte Aktivitäten. Die an den marktlichen Bedürfnissen auszurichtenden Ressourcen eines Unternehmens bedürfen immer häufiger einer überbetrieblichen Ergänzung. Dies trifft insbesondere auf intellektuelle Ressourcen resp. Kompetenzen zu.

2. Für den Aufbau neuer Kompetenzen bieten sich vor allem strategische Allianzen an. Gerade diese Bündnisform hat jedoch ihre spezifischen Stolpersteine – letzten Endes gibt es einfachere Formen der **Ressourcenpartizipation**. Auf der anderen Seite versprechen gerade Allianzen einen echten Mehrwert: Trotz ihrer besonderen Problematik sind sie ein ideales Forum für den Austausch von Wissen. Dieser darf allerdings nicht auf explizite Elemente beschränkt bleiben. Die Kompetenzen Dritter kön-

nen nur dann vollumfänglich internalisiert gemacht werden, wenn über das deklarative Wissen hinaus der soziokulturelle Hintergrund des Partners aufgenommen wird.

3. Die synergetische **Zusammenführung von Kompetenzen** erfolgt vor allem im Rahmen horizontaler oder stufenübergreifender Netzwerke. Derartige Kompetenzpartnerschaften erreichen die effiziente und zugleich marktnahe Verknüpfung individueller Fähigkeiten entweder durch die polyzentrische Selbstabstimmung der Netzwerkteilnehmer oder durch die Koordination eines fokalen Unternehmens. Letzteres ist angehalten, eine leistungsfähige Netzwerkkultur zu schaffen und durch seine Allokationsentscheidungen individuelle Kompetenzvorsprünge zu honorieren.

4. Auf Grund ihrer besonderen Vertrauensbedürftigkeit sollten gerade kompetenzbasierte Kooperationen **betont langfristig** angelegt sein. Derartige Bündnisse haben jedoch nur dann Bestand, wenn sie für alle Beteiligten von Nutzen sind. Dies setzt in der Praxis ein sensibles Ausbalancieren privater und kollektiver Anreize voraus. Die entsprechende Managementfähigkeit ist Baustein einer umfassenden Kooperationskompetenz, zu der weiter eine kompatible Aufbau- und Ablaufstruktur, passende Führungssysteme sowie eine assimilationsfähige Unternehmenskultur gehören. Kooperationskompetenz tritt damit neben die rein fachlichen Kooperationsbeiträge. Das Konglomerat dieser Faktoren bestimmt letzten Endes die Kooperations- sowie Lernfähigkeit einer Organisation.

Im Licht der vorstehenden Einsichten erscheint es dringend nötig, den konzeptionellen Kern des Resource-based View, der vor allem vom Wettbewerbsgedanken getragen ist und daher auf möglichst unikate Ressourcen abstellt, um kooperative Gesichtspunkte zu erweitern. Erst wenn er auch den Nutzen einer gemeinschaftlichen Kompetenzpolitik erkennt, wird er interorganisationale Beziehungen mit der gebotenen Validität analysieren können.

Ein Umdenken ist aber auch ganz praktisch, nämlich von der staatlichen Wettbewerbspolitik zu fordern. Dass Kompetenzpartnerschaften das freie Spiel der Marktkräfte beeinträchtigen und den Wettbewerb einschränken, trifft bestenfalls noch im nationalen Maßstab zu. Die Tatsache, dass z. B. die Siemens AG mit 90 % ihrer Produktpalette im globalen Wettbewerb steht (Pierer 1999, S. 381), belegt die Korrekturbedürftigkeit bestehender Vorstellungen. Der „relevante Markt“ ist nicht länger nationalstaatlich zu definieren. Kompetenzorientierte Kooperationen wirken oft auf einen weltweiten Wissensausgleich hin und ermöglichen auf diese Weise erst einen Wettbewerb, den es ohne grenzüberschreitende Partnerschaften gar nicht gäbe.

Literatur

AHLERT, D. (1996): Kooperations-Controlling, in: Schulte, C. (Hrsg.): Lexikon des Controlling, München u. a., S. 439-445.

AMELINGMEYER, J.; SPECHT, G. (2000): Wissensorientierte Kooperationskompetenz, in: Hammann, P.; Freiling, J. (Hrsg.): Die Ressourcen- und Kompetenzperspektive des Strategischen Managements, Wiesbaden, S. 313-335.

AMIT, R.; SCHOEMAKER, P. J. H. (1993): Strategic Assets and Organizational Rent, in: Strategic Management Journal, 14. Jg., S. 33-46.

BACKHAUS, K.; MEYER, M. (1993): Strategische Allianzen und strategische Netzwerke, in: Wirtschaftswissenschaftliches Studium, 22. Jg., Nr. 7, S. 330-334.

BACKHAUS, K.; PLINKE, W. (1990): Strategische Allianzen als Antwort auf veränderte Wettbewerbsstrukturen, in: Backhaus, K.; Plinke, K. (Hrsg.): Zeitschrift für betriebswirtschaftliche Forschung, 42. Jg., Sonderheft Nr. 27, S. 21-33.

BADARACCO, J. L. (1991): Strategische Allianzen. Wie Unternehmen durch Know-how-Austausch Wettbewerbsvorteile erzielen, Wien.

BAMBERGER, I.; WRONA, T. (1996): Der Ressourcenansatz und seine Bedeutung für die Strategische Unternehmensführung, in: Zeitschrift für betriebswirtschaftliche Forschung, 48. Jg., Nr. 2, S. 130-153.

BARNEY, J. B. (1991): Firm Resources and Sustained Competitive Advantage, in: Journal of Management, 17. Jg., Nr. 1, S. 99-120.

BELLMANN, K.; HIPPE, A. (1996): Kernthesen zur Konfiguration von Produktionsnetzwerken, in: Bellmann, K.; Hippe, A. (Hrsg.): Management von Unternehmensnetzwerken, Wiesbaden, S. 55-86.

BLECKER, T. (1999): Unternehmung ohne Grenzen, Wiesbaden.

BÜCHS, M. J. (1991): Zwischen Markt und Hierarchie. Kooperationen als alternative Koordinationsform, in: Zeitschrift für Betriebswirtschaft, 61. Jg., Ergänzungsheft Nr. 1, S. 1-38.

CHATTERJEE, S.; WERNERFELT, B. (1991): The Link Between Resources and Type of Diversification: Theory and Evidence, in: Strategic Management Journal, 12. Jg., S. 33-48.

COHEN, W. M.; LEVINTHAL, D. A. (1990): Absorptive Capacity: A New Perspective on Learning and Innovation, in: Administrative Science Quarterly, 35. Jg., S. 128-152.

D'AVENI, R. A. (1995): Hyperwettbewerb, Frankfurt a.M.

DAVIDOW, W. H.; MALONE, M. S. (1993): Das virtuelle Unternehmen, Frankfurt a.M. u. a.

DIERICKX, P.; COOL, K. (1990): Asset Stock Accumulation and Sustainability of Competitive Advantage, in: Management Science, 35. Jg., S. 1504-1511.

DOZ, Y. (1996): The Evolution of Cooperation in Strategic Alliances: Initial Conditions of Learning Processes, in: Strategic Management Journal, 17. Jg., S. 55-83.

DREWS, H. (2001): Instrumente des Kooperationscontrollings, Wiesbaden.

DUSCHEK, S. (1998): Kooperative Kernkompetenzen – Zum Management einzigartiger Netzwerkressourcen, in: Zeitschrift Führung und Organisation, 68. Jg., Nr. 4, S. 230-236.

DYER, J. H.; SINGH, H. (1998): The Relational View: Cooperative Strategy and Sources of Interorganizational Competitive Advantage, in: Academy of Management Review, 23. Jg., Nr. 4, S. 660-679.

EISELE, J. (1995): Erfolgsfaktoren des Joint Venture-Management, Wiesbaden.

FREILING, J. (1998): Kompetenzorientierte Strategische Allianzen, in: io Management, 67. Jg., Nr. 6, S. 23-29.

FREILING, J. (2000): Entwicklungslinien und Perspektiven des Strategischen Kompetenz-Managements, in: Hammann, P.; Freiling, J. (Hrsg.): Die Ressourcen- und Kompetenzperspektive des Strategischen Managements, Wiesbaden, S. 12-45.

FREILING, J. (2002): Terminologische Grundlagen des Resourced-based View, in: Bellmann, K. u. a. (Hrsg.): Aktionsfelder des Kompetenzmanagements, Wiesbaden, S. 3-28.

FRITZ, W.; OELSNITZ, D. VON DER (2001): Marketing, 3. Aufl., Stuttgart.

GAITANIDES, M. (1997): Integrierte Belieferung – Eine ressourcentheoretische Erklärung der Entstehung von Systemlieferanten in der Automobilzulieferindustrie, in: Zeitschrift für Betriebswirtschaft, 67. Jg., S. 737-757.

GRANT, R. (1991): The Resource-Based Theory of Competitve Advantage: Implications for Strategy Formulation, in: California Management Review, 33. Jg., S. 114-135.

GRANT, R. (1996): Toward a Knowledge-based Theory of the Firm, in: Strategic Management Journal, 17. Jg., Special Issue Winter, S. 109-122.

GRETZINGER, S.; MATIASKE, W.; WEBER, W. (2002): Kooperation und Konflikt in strategischen Netzwerken, in: Zeitschrift Führung und Organisation, 71. Jg., Nr. 1, S. 22-25.

HAMEL, G. (1991): Competition for Competence and Inter-Partner Learning within International Strategic Alliances, in: Strategic Management Journal, 12. Jg., Special Issue, S. 83-103.

HAMEL, G.; DOZ Y.; PRAHALAD, C. (1989): Mit Marktrivalen zusammenarbeiten – und dabei gewinnen, in: Harvard Business Manager, 11. Jg., Nr. 3, S. 87-95.

HAMEL, G.; PRAHALAD, C. K. (1997): Wettlauf um die Zukunft, 2. Aufl., Wien.

HARBISON, J. R.; PEKAR, P. (1998): Institutionalising Alliance Skills: Secrets of Repeatable Success, in: Strategy & Business, 4. Jg., Nr. 2, S. 79-98.

HENZLER, H. (1992): Ein Lernspiel ohne Grenzen, in: Bronder, C.; Pritzl, R. (Hrsg.): Wegweiser für Strategische Allianzen, Frankfurt a.M., S. 431-441.

HILLIG, A. (1997): Die Kooperation als Lernarena in Prozessen fundamentalen Wandels. Ein Ansatz zum Management von Kooperationskompetenz, Bern u. a.

HINTERHUBER, H. H.; STAHL, H. (1996): Unternehmensnetzwerke und Kernkompetenzen, in: Bellmann, K.; Hippe, A. (Hrsg.): Management von Unternehmensnetzwerken, Wiesbaden, S. 87-117.

HOFER, C.; SCHENDEL, D. (1978): Strategy Formulation: Analytic Concepts, St. Paul.

JARILLO, J. C. (1988): On Strategic Networks, in: Strategic Management Journal, 9. Jg., Nr. 1, S. 31-41.

JENNER, T. (1999): Die Bedeutung des Marketing im Rahmen einer ressourcenorientierten Unternehmensführung, in: Das Wirtschaftsstudium, 28. Jg., S. 1494-1499.

KALE, P.; SINGH, H.; PERLMUTTER, H. (2000): Learning and Protection of Proprietary Assets in Strategic Alliances – Building Relational Capital, in: Strategic Management Journal, 21. Jg., S. 217-237.

KANTER, R. M. (1994): Collaborative Advantages: The Art of Alliances, in: Harvard Business Review, 72. Jg., Nr. 4, S. 96-108.

KNYPHAUSEN-AUFSEß, D. ZU (1993): „Why are Firms Different?" Der „Ressourcenorientierte Ansatz" im Mittelpunkt einer aktuellen Kontroverse im strategischen Management, in: Die Betriebswirtschaft, 53. Jg., Nr. 6, S. 771-792.

KRAEGE, R. (1997): Controlling strategischer Unternehmungskooperationen, München.

KRÜGER, W.; BACH, N. (1997): Lernen als Instrument des Unternehmungswandels, in: Wieselhuber & Partner (Hrsg.): Handbuch Lernende Organisation, Wiesbaden, S. 23-31.

KRÜGER, W.; HOMP, C. (1997): Kernkompetenz-Management, Wiesbaden.

KROGH, G. VON; ROOS, J. (1995): A Perspective on Knowledge, Competence and Strategy, in: Personnel Review, 24. Jg., Nr. 3, S. 56-76.

KROGH, G. VON; ROOS, J. (1996): Five Claims on Knowing, in: European Management Journal, 14. Jg., Nr. 4, S. 423-426.

LANE, P.; LUBATKIN, M. (1998): Relative Absorptive Capacity and Interorganizational Learning, in: Strategic Management Journal, 19. Jg., S. 461-477.

LORENZONI, G.; LIPPARINI, A. (1999): The Leveraging of Interfirm Relationships as a Distinctive Organizational Capability: A Longitudinal Study, in: Strategic Management Journal, 20. Jg., S. 317-338.

MAHONEY, J. T.; PANDIAN, J. R. (1992): The Resource-Based View within the Conversation of Strategic Management, in: Strategic Management Journal, 13. Jg., S. 363-380.

MERTENS, P.; FAISST, W. (1997): Virtuelle Unternehmen. Einführung und Überblick, in: Hahn, D.; Taylor, B. (Hrsg.): Strategische Unternehmensplanung – strategische Unternehmensführung, 7. Aufl., Heidelberg, S. 953-968.

MILDENBERGER, U. (2000): Kompetenzentwicklung in Produktionsnetzwerken, in: Hammann, P.; Freiling, J. (Hrsg.): Die Ressourcen- und Kompetenzperspektive des Strategischen Managements, Wiesbaden, S. 383-407.

MODY, A. (1993): Learning Through Alliances, in: Journal of Economic Behavior and Organization, 20. Jg., Nr. 2, S. 151-170.

MOWERY, D. C.; OXLEY, J. E.; SILVERMAN, B. S. (1996): Strategic Alliances and Interfirm Knowledge Transfer, in: Strategic Management Journal, 17. Jg., Winter Issue, S. 77-91.

MÜLLER-STEWENS, G. (1993): Strategische Partnerschaften, in: Wittmann, W. u. a. (Hrsg.): Handwörterbuch der Betriebswirtschaft, 5. Aufl., Stuttgart, Sp. 4063-4075.

MÜLLER-STEWENS, G.; OSTERLOH, M. (1996): Kooperationsinvestitionen besser nutzen: Interorganisationales Lernen als Know-how-Transfer oder Kontext-Transfer?, in: Zeitschrift Führung und Organisation, 66. Jg., Nr. 1, S. 18-24.

NONAKA, I.; TAKEUCHI, H. (1997): Die Organisation des Wissens, Frankfurt a.M. u. a.

OELSNITZ, D. VON DER (2000): Marktorientierte Organisationsgestaltung, Stuttgart.

OELSNITZ, D. VON DER (2003): Wissensallianzen: Lücken schließen oder Know how bündeln?, in: Wissensmanagement, 6. Jg., Nr. 8, S. 16-19.

OELSNITZ, D. VON DER; HAHMANN, M. (2003): Wissensmanagement. Strategie und Lernen in wissensbasierten Unternehmen, Stuttgart.

PETERAF, H. A. (1993): The Cornerstones of Competitive Advantage: A Resource-based View, in: Strategic Management Journal, 14. Jg., S. 179-191.

PICOT, A.; REICHWALD, R.; WIGAND, R. (2001): Die grenzenlose Unternehmung. Information, Organisation und Management, 4. Aufl., Wiesbaden.

PFOHL, H.-C.; BUSE, H. P. (1999): Organisationale Beziehungsfähigkeiten in komplexen kooperativen Beziehungen, in: Engelhard, J.; Sinz, E. (Hrsg.): Kooperation im Wettbewerb, Wiesbaden, S. 271-300.

PIERER, H. VON (1999): Zwischen Konkurrenz und Kooperation: Erfahrungen aus der Praxis eines globalen Unternehmens, in: Engelhard, J.; Sinz, E. (Hrsg.): Kooperation im Wettbewerb, Wiesbaden, S. 373-383.

POLANYI, M. (1967): The Tacit Dimension, Garden City.

PORTER, M. (1991): Towards a Dynamic Theory of Strategy, in: Strategic Management Journal, 12. Jg., Winter Special Issue, S. 95-117.

POUSTTCHI, P.; HERRMANN, A. (2001): Kompetenzorientiertes strategisches Management, in: Wirtschaftswissenschaftliches Studium, 30. Jg., Nr. 6, S. 309-314.

PUCIK, V. (1988): Strategic Alliances, Organizational Learning, and Competitive Advantage: The HRM Agenda, in: Human Ressource Management, 27. Jg., Nr. 1, S. 77-93.

QUINN, J. B.; ANDERSON, P.; FINKELSTEIN, S. (1996): Leveraging Intellect, in: The Academy of Management Executive, 10. Jg., Nr. 3, S. 7-27.

RASCHE, C. (1994): Wettbewerbsvorteile durch Kernkompetenzen, Wiesbaden.

RASCHE, C.; WOLFRUM, B. (1994): Ressourcenorientierte Unternehmensführung, in: Die Betriebswirtschaft, 54. Jg., S. 501-517.

RAUB, S. (1998): Vom Zauber des „ultimativen Wettbewerbsvorteils". Ein kritischer Blick auf den Kernkompetenzen-Ansatz, in: Zeitschrift Führung und Organisation, 67. Jg., Nr. 5, S. 290-293.

REED, R.; DEFILLIPPI, R. J. (1990): Causal Ambiguity Barriers to Imitation, and Sustainable Competitive Advantage, in: Academy of Management Review, 15. Jg., Nr. 1, S. 88-102.

REIß, M.; BECK, T. (1995): Kernkompetenzen in virtuellen Netzwerken, in: Corsten, H.; Will, T. (Hrsg.): Unternehmungsführung im Wandel, Stuttgart, S. 33-60.

RITTER, T. (1998): Innovationserfolg durch Netzwerk-Kompetenz, Wiesbaden.

SANCHEZ, R.; HEENE, A.; THOMAS, H. (1996): Introduction: Towards the Theory and Practice of Competence-based Competition, in: Sanchez, R.; Heene, A.; Thomas, H. (Hrsg.): Dynamics of Competence-based Competition, Oxford, S. 1-35.

SEMLINGER, K. (1999): Kooperation und Konkurrenz in japanischen Netzwerkbeziehungen, in: Sydow, J.; Windeler, A. (Hrsg.): Management von Netzwerkorganisationen, Opladen, S. 126-155.

SIMONIN, B. L.; HELLELOID, D. (1993): Do Organizations Learn? An Empirical Test of Organizational Learning in International Strategic Alliances, in: Academy of Management Proceedings, 40. Jg., Nr. 2, S. 222-226.

SMITH-RING, P.; VAN DE VEN, A. (1992): Structuring Cooperative Relationships Between Organizations, in: Strategic Management Journal, 13. Jg., S. 483-498.

STAHL, H. (1996): Beziehungskompetenz, in: Hinterhuber, H. u. a. (Hrsg.): Das Neue Strategische Management, Wiesbaden, S. 217-244.

SUTER, A. (1995): Kernfähigkeiten aktiv managen – strategisch und operativ, in: Management IO, 64. Jg., Nr. 4, S. 92-95.

SYDOW, J. (1992): Strategische Netzwerke, Wiesbaden.

SYDOW, J. (1995): Netzwerkorganisation. Interne und externe Restrukturierung von Unternehmen, in: Wirtschaftswissenschaftliches Studium, 24. Jg., Nr. 12, S. 629-634.

TEECE, D. J. (1998): Capturing Value from Knowledge Assets: The New Economy, Markets for Know-how, and Intangible Assets, in: California Management Review, 40. Jg., Nr. 3, S. 55-79.

THORELLI, H. (1986): Networks: Between Markets and Hierarchies, in: Strategic Management Journal, 7. Jg., S. 37-51.

WILDEMANN, H. (1997): Koordination von Unternehmensnetzwerken, in: Zeitschrift für Betriebswirtschaft, 67. Jg., Nr. 4, S. 417-439.

WILDEMANN, H. (2000): Wissensmanagement – dargestellt am Beispiel von Entwicklungsnetzwerken, in: Krallmann, H. (Hrsg.): Wettbewerbsvorteile durch Wissensmanagement, Stuttgart, S. 53-69.

WILLIAMSON, O. E. (1975): Markets and Hierarchies, New York u. a.

Arnold Windeler*

Netzwerktheorien: Vor einer relationalen Wende?

---

* Univ.-Professor Dr. Arnold Windeler ist Inhaber der Professur für Organisationssoziologie der Technischen Universität Berlin. Das Papier entstand während eines Forschungssemesters an der Stanford University. Dem Institut für Soziologie der Stanford University sei für den Zugang zu den exzellenten Forschungseinrichtungen und der Deutschen Forschungsgemeinschaft (DFG) für die Gewährung einer großzügigen Sachbeihilfe gedankt (WI 1678/1-1).

1. Netzwerkforschung und Netzwerktheorie

Netzwerke sind in aller Munde – in der Wirtschaft, der Wissenschaft, der Politik und auch in den Medien. Das Hauptaugenmerk liegt auf Netzwerken zwischen Organisationen, wie solchen zwischen Endherstellern und ihren Zulieferern, beispielsweise in der Automobilindustrie oder dem Maschinenbau, aber auch auf Franchisenetzwerken, wie jenen von McDonalds oder OBI, oder auf Netzwerken in Medienindustrien, in denen beispielsweise einzelne Organisationen übergreifend Content für das Fernsehen, das Kino und das Internet produzieren (vgl. zu letzteren Sydow/Windeler 2004).

Interorganisationale Netzwerke sind alles andere als neu. Tradition haben sie in der Bauindustrie, wo Architekten, General- und Subunternehmungen längerfristige Beziehungen miteinander unterhalten, im Großanlagenbau, der Softwareproduktion und den so genannten Kulturindustrien (Windeler 2001, S. 13 ff.). Obwohl gerade Unternehmungsnetzwerke heute so viel Aufmerksamkeit erhalten und die Studien unsere Kenntnisse über Vernetzung immens erweitert haben, ist unser Wissen darüber, warum Akteure Netzwerke nutzen, welche Effekte sie erzielen, und wie man Netzwerke herstellt, fortschreibt oder verändert immer noch erstaunlich begrenzt. Ein wesentlicher Grund dafür ist unser theoretisches Verständnis von Vernetzung, das dringend weiter auszuarbeiten ist, obgleich bereits viel versprechende Vorarbeiten vorliegen.

Netzwerktheorien sind für die Netzwerkforschung unverzichtbar, gleichwohl wird wiederkehrend ein Theoriedefizit der Netzwerkforschung beklagt (aktuell etwa von Emirbayer/Goodwin 1994; Salancik 1995; Windeler 2001) – und zwar obwohl in den letzten zwanzig Jahren unzählige wissenschaftliche Beiträge zur Netzwerkthematik publiziert wurden (Borgatti/Foster 2003; Sydow 2003; Brass u. a. 2004). Nur vereinzelt hört man Gegenstimmen. So behaupten Borgatti/Foster (2003, S. 1005), dass, da Vernetzungsstudien heute das klassische Spannungsverhältnis von Handlung und Struktur expliziter berücksichtigten, nicht mehr von einem Theorieproblem zu sprechen sei. Die Bemühungen um eine intelligente Vermittlung von Handlung und Struktur und die Forderungen nach einer erweiterten kontextuellen Einbettung und stärker prozessualen Thematisierung von Netzwerken schätze ich ebenso als bedeutsam ein, interpretiere sie aber eher als Indiz für eine relationale Wende der Netzwerkforschung – im Sinne des von Emirbayer (1997) geprägten Begriffs – denn als eine generelle Überwindung des Theoriedefizits. Vielmehr sind weitere Anstrengungen zur Ausarbeitung der Theoriegrundlagen der Netzwerkforschung erforderlich.

Dass die Theoriefrage im Zusammenhang der Netzwerkforschung überhaupt immer wieder aufgeworfen wird, mag überraschen, nutzen viele Netzwerkstudien doch explizit etablierte Organisationstheorien, wie den Ansatz der Ressourcenabhängigkeit von Jeffrey Pfeffer und Gerald Salancik oder den der Transaktionskostentheorie von Oliver Williamson (Oliver/Ebers 1998); oder, wenn auch seltener, Sozialtheorien wie die Strukturationstheorie von Anthony Giddens – einen Theorieansatz, den Scott (2004, S. 13) als die einflussreichste Formulierung der neuen relationalen Perspektive in der Organisationsforschung einstuft. Kann man in diesem Sinne sicher nicht von einer Theorielosigkeit der Netzwerkforschung sprechen, so ist doch nicht gleich klar, ob alle Organisationstheorien zugleich auch Netzwerktheorien sind und Vernetzung adäquat thematisieren.

Interessiert man sich für die Theoriegrundlagen der Netzwerkforschung, so ist es hilfreich, zwei distinkte Diskurse mit ihren je eigenen Sprachen und Theorieansätzen zu unterscheiden: den der strukturellen Netzwerkanalyse und den Governancediskurs, da in ihnen Netzwerke und deren Bedeutung recht unterschiedlich erklärt werden. Ich konzentriere mich bei der Aufnahme der Diskurse auf Grundzüge ausgewählter Theorieansätze, gebe also keinen detaillierten Überblick über die Vielzahl der in Netzwerkstudien verwendeten Perspektiven, etwas, was man anderenorts bereits aufbereitet findet, etwa von Emirbayer/Goodwin (1994) für die strukturelle Netzwerkanalyse und bis heute wegweisend von Sydow (1992) für die in der Governanceforschung verwendeten Theorieansätze. Ergänzende informative Überblicke liefern Grandori/Soda (1995), Oliver/Ebers (1998), Borgatti/Foster (2003), Sydow (2003) und Ménard (2004). Ich widme mich im Abschnitt 2 den Theoriegrundlagen der strukturellen Netzwerkanalyse und sodann zwei avancierten Theorieansätzen der Governanceforschung, dem Ansatz der Transaktionskostentheorie und dem strukturationstheoretischen Netzwerkansatz. Bei der Vorstellung und Kritik der Theorieansätze spreche ich jeweils die zwei aus relationaler Perspektive grundlegenden Fragen an, die kontextuelle Einbettung und die prozessuale (Re-)Produktion von Netzwerken. Im abschließenden Abschnitt konstatiere ich einen Trend zu einer relationalen Netzwerkforschung und plädiere für eine strukturationstheoretische Fundierung der Weiterentwicklung ihrer Theoriegrundlagen.

2. Der Strukturansatz: Eine strukturalistische Sicht von Vernetzung

2.1 Einordnung der Theorieperspektive

Theoretisch fußt der Strukturansatz auf Überlegungen von Georg Simmel, Kurt Lewin, Fritz Heider, Jacob Moreno, George Homans sowie später vor allem auf Arbeiten der Forschergruppe um Harrison White. Die theoretischen Ursprünge dieser Forschungsrichtung wurden in der ersten Hälfte des letzten Jahrhunderts gelegt. Dieser Ansatz ist aber nicht nur historisch für die Netzwerkforschung von Interesse, sondern er ist zweifelsfrei auch der bis heute weltweit führende (vgl. zu den Ursprüngen Scott 1990; Jansen 1999, S. 31 ff.; Kilduff/Tsai 2003, S. 35 ff.; Windeler im Druck). Der Strukturansatz offeriert einen sehr allgemeinen Netzwerkbegriff, indem er Beziehungsgeflechte jeglicher Art als Netzwerke versteht, und eine strukturalistische Perspektive auf Vernetzung, die die Strukturmuster der Geflechte in den Mittelpunkt der Erklärung von Netzwerken rückt.

2.2 Netzwerke in struktureller Perspektive: Beziehungsgeflechte zwischen Einheiten

Der Strukturansatz definiert eine Netzwerkperspektive, die Soziales als strukturelle Charakteristika von Sets sozialer Beziehungen analysiert (Emirbayer/Goodwin 1994, S. 1416). Soziales, wie das ökonomische Geschehen, wird in dieser Theorieperspektive weder primär über Ideen, Werte und kognitive Landkarten noch über Variablen, wie etwa über Geschlecht oder Alter, erklärt. So bestimmt Mitchell (1969, S. 1 f.) **Netzwerke** als „a specific set of linkages among a defined set of persons with the additional property that the characteristics of these linkages as a whole may be used to interpret the social behaviour of the persons involved." Übertragen auf Unternehmungen kennzeichnet ein Netzwerk das Set von Beziehungen zwischen einer definierten Gruppe von Händlern, Automobilherstellern, System- und Komponentenzulieferern, die ihre Geschäfte miteinander derart abstimmen, dass das Beziehungsgeflecht zwischen ihnen für ihre Aktivitäten Bedeutung erlangt (siehe Übersicht 1).

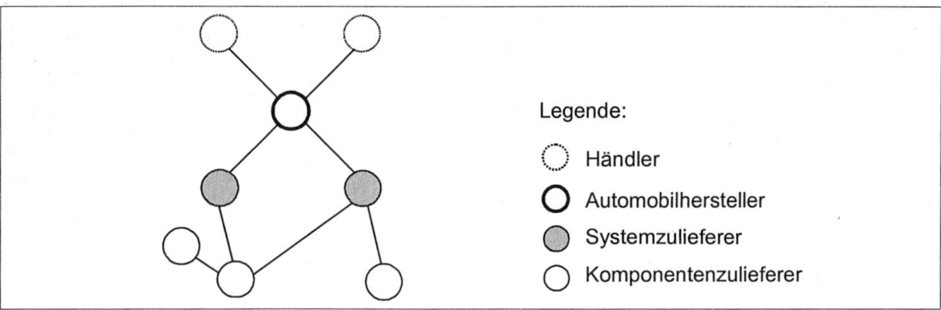

Übersicht 1: Modell eines Unternehmungsnetzwerks

Drei Besonderheiten der strukturalistischen Netzwerkperspektive sind hervorzuheben. In interorganisationalen Netzwerkanalysen geht es erstens immer um Beziehungen zwischen mehr als zwei Organisationen, etwa zwischen mehr als zwei Unternehmungen, und um mehr als dyadische Beziehungen, sonst haben wir es nicht mit Netzwerkanalysen zu tun. **Dyadische Beziehungen**, etwa Geschäftsbeziehungen zwischen einem Systemzulieferer und einem Komponentenzulieferer, lassen sich entsprechend nur unter Einbezug des Netzwerks der Beziehungen und seiner Charakteristika verstehen und erklären. Die Netzwerkperspektive ist zweitens per se nicht normativ. Ob Netzwerke effizient sind, Wohlfahrtsgewinne erbringen oder Demokratie befördern, ist nicht gleich gesagt – auch das Gegenteil ist möglich. Die Netzwerkperspektive kennzeichnet drittens nicht mehr als eine Basisidee von Vernetzung, aber keine Netzwerktheorie (Barnes 1972, S. 2). Die Perspektive ist zwar auf Grund ihres strukturalistischen Bias nicht vollständig theorielos (Emirbayer/Goodwin 1994, S. 1414), aber wie Akteure Netzwerke in gesellschaftlichen Kontexten produzieren und reproduzieren, ist damit nicht gesagt – dies bedarf einer ergänzenden theoretischen Bestimmung (Windeler 2001, S. 33 ff.).

2.3 Der strukturelle Theorieansatz der Netzwerkforschung: Merkmale und Kritik

Der Strukturansatz analysiert die Entstehung von Netzwerken aus den sozialen Interaktionen zwischen Akteuren und deren Bedeutung aus den Strukturmustern der Beziehungsgeflechte zwischen einer definierten Menge von Akteuren, da, so eine zentrale Grundannahme, ähnliche Positionen im Netzwerk ein ähnliches Verhalten der Positionsinhaber provozieren. Die Akteure (oder genereller: Elemente) betrachtet der Strukturansatz als „Knoten", die sie verbindenden Beziehungen als „Kanten". Die Netzwerkknoten können Personen, Gesellschaften (wenn beispielsweise Handelsblöcke wie die Europäische Union untersucht werden), aber eben auch Unternehmungen sein. Letztlich gilt: „[A]ny entity that is connected to a network of other such entities will do" (Emirbayer/Goodwin 1994, S. 1417). Ebenso allgemein ist das Verständnis von Beziehungen zwischen den Einheiten: es können persönliche, freundschaftliche und geschäftliche sein, aber auch kurzfristige und dauerhafte Beziehungen, selbst potenzielle Interaktionen sind eingeschlossen (vgl. z. B. Pappi 1987, S. 17 f.). Entsprechend vielfältig und komplex können sich die Beziehungsgeflechte ausgestalten, verschiedenste Beziehungsqualitäten sich überlagern und sich wechselseitig verstärken oder relativieren. Beziehungen zwischen ökonomischen Akteuren sind dabei in der Regel solche zwischen Repräsentanten von Organisationen und typischer Weise nicht symmetrisch. Strukturelle Netzwerkforscher betrachten also Beziehungsgeflechte als die Analyseeinheit ihrer Forschungen und verstehen sowohl Geflechte zwischen Akteuren in Unternehmungen, etwa zwischen Personen in einer Unternehmung oder Konzernunternehmen in einem Konzern, als Netzwerke als auch solche zwischen Unternehmungen, in denen der Austausch von Gütern, Dienstleistungen, Personal, Geld, Informationen, normativen Vorstellungen und vielem mehr erfolgt. Vielleicht überraschend sind für die strukturalistische Netzwerkperspektive selbst Märkte Netzwerke, nämlich Beziehungsgeflechte zwischen Marktteilnehmern.

Die Strukturperspektive kennzeichnet vor allem eine **Methode der Sozialstrukturanalyse**. Verharren viele Studien im Dickicht methodischer Erörterungen, so ist das keinesfalls immer so. Theorie kommt auf zwei Arten und Weisen ins Spiel. Einen Weg weist die Studie von Franz Urban Pappi, Peter Kappelhoff und Christian Mehlbeck über „Die Struktur der Unternehmensverflechtungen in der Bundesrepublik". Zunächst bestimmen sie die direkt um die Machtdomänen der Deutschen Bank und der Dresdner Bank organisierte Machtstruktur der Privatwirtschaft mit ihren Überlappungen von Einflusssphären und deutlich unterschiedenen „Hinterhöfen" (Pappi u. a. 1987, S. 713). Sodann prüfen sie, welche der Theorien über dauerhafte Lieferbeziehungen zwischen Unternehmungen dem bestimmten Strukturmuster entspricht und kommen zum Ergebnis, dass die Annahmen der Theorie der Bankenhegemonie am ehesten mit dem vorgefundenen Strukturmuster übereinstimmen. Ferner schließen sie: „Das Handlungs- und Steuerungspotential der Unternehmen hängt nicht nur von ihrer Wirtschaftskraft ab, sondern wird wesentlich bestimmt von ihrer Platzierung im Netz der Unternehmensverflechtungen. Ein atomistisches Marktmodell, das nur die Ressourcenpositionen der Unternehmen und die daraus abgeleiteten Unternehmensstrategien berücksichtigen würde, reicht zum Verständnis der Interorganisationsbeziehungen in ihrer systemischen Verflechtung nicht aus“ (Pappi u. a. 1987, S. 714).

Ronald Burts Schriften stehen exemplarisch für einen zweiten Weg. Burt (1992) nutzt Strukturmerkmale der Beziehungsgeflechte zur Formulierung seiner Wettbewerbstheorie. Ihn interessiert, welche Positionen im Beziehungsgeflecht Vorteile bei der Nutzung von Informationen als der zentralen Ressource im Wettbewerb verschaffen und diagnostiziert: es sind die durch nicht-redundante Beziehungen gekennzeichneten Positionen, die auf „strukturelle Löcher“ hinweisen und Möglichkeiten zum strategisch besonders erfolgreichen Handeln bieten (siehe Übersicht 2).

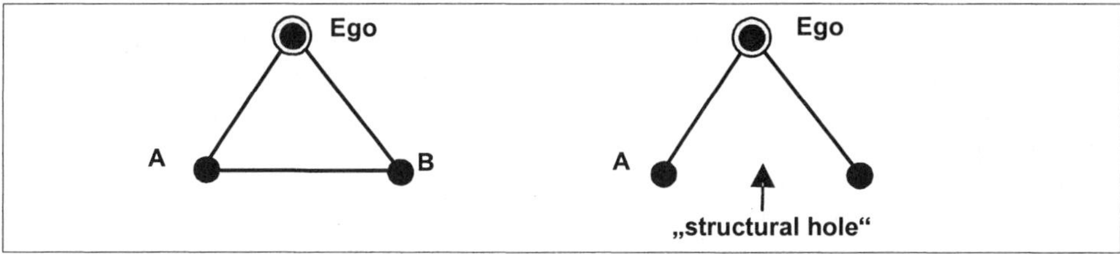

Übersicht 2: Redundante und durch ein „structural hole“ gekennzeichnete Beziehungen zwischen drei Akteuren

Denn: „Strukturelle Löcher bieten Akteuren Vorteile. [...] Akteure, die strukturelle Löcher überbrücken, verbinden unterschiedliche Welten. Sie können die Rolle des „lachenden Dritten“ einnehmen, weil ihre Position am Schnittpunkt ansonsten unverbundener Cluster reichlich Gelegenheiten bietet, die sich in Geschäftserfolg ummünzen lassen. Ein Endfertiger in der Position Ego kann in einer Triade mit zwei Zulieferern [A und B] eine Tertius-Strategie verfolgen und diese gegeneinander ausspielen, weil und solange die Zulieferer nicht miteinander verbunden sind. Gelingt dem Akteur das, so ist er der lachende Dritte“ (Windeler 2001, S. 114). Entsprechend sind für Burt diejenigen Akteure strukturell-autonom und erfolgreich, deren Beziehungsmuster so sind, dass sie die strukturellen Löcher relevanter Akteure kontrollieren, ohne selbst auf der abhängigen Seite struktureller Löcher zu stehen.

Zwei Theorieprobleme sind herauszustellen. Ein erstes Problem ist das der **Einbettung von Netzwerken**. Netzwerkstrukturen werden zwar auf unterschiedlichen Aggregationsniveaus aufgenommen, damit ist aber eben noch nicht ein „bridging the gap between macro- and micro-level explanations“ gewährleistet, wie Emirbayer/Goodwin (1994, S. 1418) fordern (vgl. auch zum Folgenden Windeler 2001, S. 117 ff.). Das grundlegende Problembündel der strukturellen Netzwerkforschung ist aber, zweitens, ihr Verständnis der Vermittlung von Handlung und Struktur oder das der Beleuchtung der **prozessualen Produktion und Reproduktion** von Netzwerken. Sind **Akteure** in und auch jenseits von Organisationen durch ein ewiges Fließen und Pulsieren von Aktivitäten und Beziehungen miteinander verkettet, so nimmt sich die strukturelle Analyse Netzwerke traditionell eher statisch oder allenfalls komparativ-statisch aus. Entsprechend einer Typologie von Emirbayer/Goodwin (1994) negieren „strukturalistische Deterministen“ schlicht die kausale Rolle von Akteuren in Vernetzungsprozessen, während „strukturalistische Instrumentalisten" deren Rolle zwar akzeptieren, Akteure aber sehr eng als Nutzenmaximierer konzeptualisieren, wohingegen „strukturalistische Konstruktivisten" Akteuren einen flexiblen Opportunismus zugestehen. Im ersten Fall werden als objektiv angesehene strukturelle Rahmenbedingungen überbewertet und die Netzstruktur verdinglicht, die Produktion und Reproduktion der Strukturen (und des Sozialen) schlicht ausgeblendet oder nicht-reflexiven Feedbackprozessen überantwortet. Der zweite Ansatz verkürzt Handeln auf instrumentelles Verhalten, reduziert die Motivationen der Handelnden auf Nützlichkeitsmaximierung und vernachlässigt historische Rahmenbedingungen des Handelns. Im Fall des strukturalistischen Konstruktivismus werden lediglich vielfältige Ziele und Zielsetzungen aufgenommen, ohne damit den Prozess ihrer Vermittlung zu erklären. Pentland (1995, S. 5, 6) ist zuzustimmen: „The representation of social structure as a matrix of ties between discrete individuals washes out the very stories the matrix is meant to represent." Man vermisst, wie Emirbayer/Goodwin (1994, S. 1413) es ausdrücken, „[...] a fully adequate explanatory model for the actual formation, reproduction, and transformation of social networks themselves. Network analysis all too often denies in practice the crucial notion that social structure, culture, and human agency presuppose one another, it either neglects or inadequately conceptualizes the crucial dimension of subjective meaning and motivation – including the normative commitments of actors – and thereby fails to show exactly how it is that intentional, creative human action serves in part to constitute those very social networks that so powerfully constrain actors in turn."

Bemühungen, diesen Problemen zu begegnen, finden sich mehrere. Burt etwa sieht im Rahmen seiner Wettbewerbstheorie in der Maximierung von „struktureller Autonomie" einen Mechanismus zur Erklärung des Wandels der Beziehungsgeflechte, während Gould/ Fernandez (1989) Brokern eine zentrale Rolle zuschreiben und White (1995) hervorhebt, Akteure würden sich im alltäglichen Handeln auf wechselnde Sets von Erzählungen beziehen. Diese Bemühungen können jedoch nicht darüber hinwegtäuschen, dass ein umfassender Theorieansatz zur Erklärung der reflexiven Aufnahme und Fortschreibung der Kontexte im Handeln bisher in dieser Forschungstradition nicht ausgearbeitet ist.

3. Der Transaktionskostentheorieansatz: Eine handlungstheoretische Sicht von Vernetzung

3.1 Einordnung der Theorieperspektive

Organisationssoziologen und Managementforscher unterscheiden Märkte, Organisationen und Netzwerke nach ihren **Governances**. Folgerichtig sind für sie nur ganz besondere Sozialsysteme Netzwerke; andere, etwa Märkte oder Unternehmungen (und damit auch Konzerne), sind für Vertreter dieser Richtung der Netzwerkforschung hingegen keine Netzwerke. Vertreter des **Governanceansatzes** streiten darüber, was die Netzwerkgovernance ausmacht. Als Theoriegrundlage werden im Governancediskurs vorrangig prominente Organisationstheorien genutzt (Oliver/Ebers 1998). Weit über die Wirtschaftswissenschaften hinaus nimmt der Ansatz der Transaktionskostentheorie mit seiner handlungstheoretischen Perspektive auf Vernetzung noch immer eine herausragende Rolle ein (Ménard 2004), während der im Abschnitt 4 zu skizzierende strukturationstheoretische Netzwerkansatz Einiges für die theoretische Weiterentwicklung der Netzwerkforschung verspricht.

Der von Oliver Williamson begründete Transaktionskostentheorieansatz entwirft auf handlungstheoretischer Grundlage eine **funktionalistische Perspektive** auf Governances: sie dienen einzig und allein dazu, Transaktionskosten einzusparen. Williamson betrachtet Governancestrukturen, wie Netzwerke, Märkte und Hierarchien (Organisationen), als institutionelle Arrangements, d. h. vor allem als vertragliche Konstruktionen, die direkten Austauschpartnern in einer gegebenen Austauschsituation die Auswahl einer transaktionskostenminimalen Koordinationsform ihrer Aktivitäten ermöglicht. Andere Kosten, wie Produktions- oder Technologiekosten, werden nicht als koordinationsrelevant betrachtet. Der Hauptzweck und Effekt ökonomischer Institutionen besteht darin, Transaktionskosten zu sparen. Diesem Zweck verdanken sie auch ihre Existenz, nicht etwa Klasseninteressen, Technologieentwicklungen und/oder der Macht von Akteuren (Williamson 1990 [1985]).

Transaktionen und die auf deren Vorbereitung und Abwicklung gerichteten Interaktionen sind Bezugspunkt der Auswahl und Ausgestaltung von Governances. Eine Transaktion bezeichnet dabei die Übertragung eines Gutes oder einer Leistung über eine technisch trennbare Schnittstelle (Williamson 1990, S. 1). Durch die Transaktion werden nicht nur Besitzrechte zwischen den Austauschenden übertragen, sondern es erfolgt gegebenenfalls eine fundamentale Transformation der **dyadischen Beziehung**, da Akteure sich in eine bilaterale Abhängigkeit begeben. Transaktionen unterscheiden sich nun danach, wie häufig sie durchgeführt werden, wie unsicher sie sind und welchen Typ und Grad von transaktionsspezifischen Investitionen („asset specificity“) sie erfordern, sei es in Form von investierter Zeit für die Suche nach Transaktionspartnern, die Verhandlung, Überwachung, Überprüfung und laufende Anpassung von Verträgen oder sei es in Form von auf den Transaktionspartner ausgerichteten Investitionen in Gebäude, Maschinen, Personen oder dergleichen mehr. Unvollständige Informationen, damit einhergehende Unsicherheiten und die begrenzten menschlichen Fähigkeiten zum rationalen Handeln („bounded rationality“) verunmöglichen nicht nur, Details über zukünftige Kontingenzen in Verträgen zu erfassen, sondern sind auch Ursache dafür, dass Verträge unvermeidbar unvollständig sind und die Beziehungen zwischen den Beteiligten von Bedeutung bleiben. Zudem laden Situationen bilateraler Abhängigkeit Akteure zu opportunistischem Verhalten ein, für deren Regulierung Gerichte zum Teil ineffizient sind oder, wie im Fall von Transaktionen in Organisationen, sich weit gehend als nicht zuständig erklären. Transaktionskosten sind, vorsichtig ausgedrückt, aber nicht einfach zu bestimmen, sind doch im Prinzip alle auf eine Transaktion gerichteten Interaktionen eindeutig zu identifizieren und kostenmäßig zu bewerten. Auf entsprechend unsicherer Basis fallen die (vielleicht nur vermeintlich) transaktionskostenminimierenden Entscheidungen über Governances. Damit stellt Williamson zwar eine empirisch prüfbare Hypothese auf, die allerdings keinesfalls immer einleuchtet, da etwa viele Produktionsverlagerungen in Billiglohnländer den Eindruck entstehen lassen, Produktionskosten spielten eine mindestens ebenso wichtige Rolle – aber das ist eine empirische Frage, die jedoch wegen der Probleme der exakten Bestimmung von Transaktionskosten gar nicht so einfach zu klären ist.

3.2 Netzwerke in transaktionskostentheoretischer Sicht: Hybride zwischen Markt und Hierarchie

Märkte, Hybride und Organisationen werden in der Transaktionskostentheorie vergleichend gegenübergestellt, also nicht als isolierte und gegebene Einheiten angesehen (Williamson 2002, S. 178). Dabei wird davon ausgegangen, dass die Intensität der Anreize in Organisationen im Vergleich zu Märkten gering ist, die administrativen Kontrollen dagegen zahlreich und diskretionär. Hybride, denen Williamson (1991) erst sehr spät eine Lösung ökonomischer Austauschprobleme zutraute und zu denen neben Subunternehmerschaften, Franchisesystemen, Wertschöpfungspartnerschaften, Kooperativen und Allianzen auch **Netzwerke** zählen, weisen, was die Anreizstruktur und die Kontrollmöglichkeiten betrifft, auf einem Kontinuum zwischen Märkten und Organisationen intermediäre Werte auf. Im Vergleich zu Märkten opfern hybride Strukturen Marktanreize, um eine bessere Koordination von Aktivitäten zu erlangen und im Vergleich zur Hierarchie Kooperationsvorteile, um mehr Anreize aufrechtzuerhalten (Williamson 1991, S. 283; Sydow 1992; Picot u. a. 2003; Ménard 2004). Transaktionen werden also in dieser Perspektive durch Governancestrukturen miteinander abgestimmt, die sich als für unterschiedliche Problemlagen unterschiedlich geeignet bzgl. der Einsparung von Transaktionskosten erweisen.

3.3 Der transaktionskostentheoretische Theorieansatz der Netzwerkforschung: Merkmale und Kritik

Die Transaktionskostentheorie formuliert eine handlungstheoretische Perspektive auf Vernetzung, bei der Vertragsarrangements im Mittelpunkt stehen. Verträge bilden nach Llewellyn (1931, S. 736 f.) jedoch lediglich einen Rahmen, in denen die realen Beziehungen variieren, und dienen ferner nur als Orientierungspunkte für Beschwerden in Zweifelsfällen. Transaktionen bilden nach Commons (1925, S. 4) die Analyseeinheit ökonomischer Aktivitäten und sind durch Konflikt, Wechselseitigkeit und Ordnung charakterisiert. Governances sind die Mittel, um bei begrenzter Rationalität, unvollständigen Verträgen, asymmetrischen Informationen und dem Vorliegen alternativer Governancemodes mittels Vorausschau Ordnung zu schaffen und dabei Konflikte zu mindern sowie wechselseitigen Gewinn durch freiwilligen Austausch zu erzielen (Williamson 2002, S. 180). Akteure wählen die Governancealternative aus, die unter dem Aspekt der Einsparungen von Transaktionskosten im Vergleich mit anderen die effizienteste ist (Williamson 2000, S. 601).

Die Transaktionskostentheorie entwirft zwar eine vergleichende Betrachtung von Governances, betrachtet diese also nicht als gegeben – aber entwickelt sie auch eine relationale Perspektive auf Soziales? Hierzu ist zu klären, wie der Ansatz theoretisch die kontextuelle Einbettung und die prozessuale (Re-)Produktion aufnimmt. Die Transaktionskostentheorie bietet ein auf vier Ebenen der Sozialanalyse ausgelegtes Verständnis **sozialer Einbettung** an, wobei die jeweils höhere Ebene der nachfolgenden Zwänge auferlegt, während die untere der oberen eine Rückmeldung gibt, welche die Transaktionskostentheorie jedoch nicht weiter betrachtet. Auf einer ersten, von Williamson (2000) – missverständlich – als soziale Einbettung bezeichneten Ebene siedelt er informelle Institutionen, Gebräuche, Traditionen und religiöse Normen an, die sich sehr, sehr langsam, im Maßstab von Jahrhunderten oder Jahrtausenden in evolutionären Prozessen wandeln und, so seine Vermutung, eher spontan denn berechnend produziert werden. Obgleich diese Institutionen Gesellschaften fortdauernd Zwänge auferlegen, betrachtet er sie schlicht als gegeben, da sie sich (nahezu) vollständig einer ökonomischen Gestaltung entziehen. Ganz anders ist das mit der institutionellen Umwelt, seiner zweiten Ebene, auf der die „Regeln des Spiels“ (North 1991) definiert werden. Die formalen Regeln, die Konstitution von Nationalstaaten oder Gesetze und Besitzrechte betreffend, entstehen zum Teil evolutionär, werden aber auch geplant geschaffen, wie die Definition und die Durchsetzung von Besitz- wie Vertragsrechten belegen. Gleichwohl sind Änderungen dieser Regeln nur sehr schwer zielgerichtet zu arrangieren und erfolgen in der Regel im Zeitraum von Jahrzehnten und Jahrhunderten. Jenseits der durch die Regelungen von Besitz und Aneignung charakterisierten Regeln des Spiels geht es auf einer dritten Ebene um das „Spielen des Spiels“ (Williamson 1998) und damit um die eigentliche Analyseebene der Transaktionskostentheorie, um die Ausgestaltung von Governances. Auf dieser Ebene gilt es, durch Governances entsprechende Anreizstrukturen und Kontrollmöglichkeiten zu schaffen – eine Aufgabe, die sich Akteuren, wie Williamson schreibt, jährlich oder zumindest einmal im Jahrzehnt stellt. Die in der neoklassischen Analyse in den Mittelpunkt gerückte Abstimmung von Angebot und Nachfrage über den Preis ist dagegen eine kontinuierliche; sie siedelt Williamson auf der vierten Ebene an.

Gegenüber der neoklassischen Theorietradition ist die theoriesystematische Verortung von sozialer Einbettung positiv hervorzuheben, sie bleibt allerdings recht rudimentär. Der zugewiesenen immensen Bedeutung der Regeln des Spiels und übergreifender Institutionen für die Ausgestaltung von Governances steht eine doppelte theoretische Leerstelle gegenüber. Denn erstens führt Williamson nicht aus, wie die Regeln und Institutionen im Prozess ihre Bedeutung gewinnen und zweitens blendet er – explizit – die Prozesse aus, über die Akteure, durch ihr Handeln die Faktoren und Mechanismen intendiert oder unintendiert beeinflussen, die ihnen als Zwänge bei der Ausgestaltung von Governances wieder entgegentreten. Im Ergebnis bleibt, ähnlich wie in der strukturellen Netzwerkanalyse, die Vermittlung der verschiedenen Ebenen ungeklärt, die kontextuelle Einbettung theoretisch nur unvollständig aufgenommen.

Das verweist auf die Aufnahme der **prozessualen (Re-)Produktion** durch handelnde Akteure, auf die der Transaktionskostenansatz theoretisch bisher trotz – oder besser: wegen – seiner speziellen handlungstheoretischen Theorieanlage kaum vorbereitet ist. Mit seinem Verständnis von Governance thematisiert der Ansatz zwar Fragen der Anpassung von Governancestrukturen in der Zeit, jedoch steht eine stärker dynamische Ausarbeitung des Ansatzes mit seiner komparativ-statischen Perspektive, wie Williamson (1999) selbst schreibt, noch aus. Sodann behindert das Akteurskonzept die Weiterentwicklung des Theorieansatzes. Williamson (2000) charakterisiert den **Akteur** – und damit den handlungstheoretischen Kern dieser Perspektive – durch drei Merkmale: (1) durch begrenzte kognitive Kompetenz bzw. Rationalität, die für ihn vor allem ein Moment der Erklärung der notwendigen Unvollständigkeit von Verträgen ist, (2) durch Opportunismus, der sich im Vorfeld der Vertragsschließung in der Auswahl etwa eines schlechten Anbieters auf der Basis asymmetrischer Informationen („adverse selection"), nach dem Vertragsabschluss in dem Verschweigen von Informationen oder Handlungen („moral hazard"), sowie als listige Täuschung, dem Verfolgen von Subzielen und anderen Formen strategischen Verhaltens äußert, und (3) durch die Fähigkeit zur bewussten Voraussicht, die ein strategisches Handhaben von Konflikt, Wechselseitigkeit und Ordnung bei der Ausgestaltung von Governances ermöglicht.

Das Konzept der **begrenzten Rationalität** nimmt Williamson jedoch all zu rationalistisch auf, da Akteure für ihn bevor sie handeln alle Probleme rational durchdenken (vgl. auch zum Folgenden Augier/March 2001). Den von Simon betonten Aspekt des Satisficing blendet Williamson ganz aus. Berücksichtigt man diesen jedoch, dann steht die Effizienz der abgeschlossenen Verträge in Frage, von der Williamson ausgeht, da Parteien, die sich mit zufrieden stellenden Resultaten begnügen, Verträge abschließen, die hinreichenden Spielraum für einseitige Anpassungen beinhalten, ohne dass das die Weiterführung der Kooperation gefährdet. Konflikte um die Erfüllung von Verträgen spielen dann wegen der in sie eingebauten Spielräume auch einen weit geringeren Stellenwert als es Williamson glaubt. Den Opportunismus der Akteure betont Williamson dagegen über, indem er den Umfang von Lug und Betrug sowie von Täuschungen in Organisationen aufbauscht, Fragen der Identifikation mit der Organisation, die durch kontinuierliche Zusammenarbeit zwischen individuellen Akteuren verstärkt werden, dagegen unterbelichtet. Die Grundfrage, dass jede Interpretation eines expliziten wie eines impliziten Vertrages Interpretations- und Auslegungsspielräume enthält, mit denen Vertragsschließende umzugehen haben, thematisiert er dagegen wiederum nicht (Hodgson 2004). Macht man das jedoch, dann sind theoriesystematisch sowohl die Entscheidungsprozesse als auch die von Akteuren in den Prozessen genutzten kognitiven Rahmungen und Interpretationen explizit aufzugreifen – nicht zuletzt um ein theoretisches Verständnis der von Williamson betonten bewussten Voraussicht der Akteure zu erlangen. Diese Probleme erledigen oder verringern sich auch nicht in der Zeit, da Akteure gegebenenfalls auch gegen jegliches Lernen resistent sind, sodass sich im Ergebnis multiple Gleichgewichte einstellen können. Institutionen dürfen daher auch aus diesem Grund nicht als sozial effizient angesehen werden, sondern als geschaffen, um, wie es North (1993, S. 2 f.) ausdrückt, den Interessen derjenigen zu dienen, die über die höchste Verhandlungsmacht verfügen, womit nach North auch die in der Transaktionskostentheorie vernachlässigte Machtfrage einen höheren Stellenwert bekommen müsste.

Eine Weiterentwicklung der Transaktionskostentheorie erfordert statt der von Williamson (2002) angestrebten Ersetzung der Wahlperspektive auf Organisationen durch die Vertragsperspektive eher eine komplementäre Berücksichtigung von Vertrag und Wahl in einem verfeinerten Theorierahmen, der sowohl Fragen der Kognition als auch der Herrschaft unter Aufnahme der durch Sozialsysteme und Institutionen geprägten Kontexte explizit aufzugreifen erlaubt. Zudem ist eine netzwerktheoretische Erweiterung der Transaktionskostentheorie erforderlich. Da sie sich auf dyadische Beziehungen konzentriert, ist sie nämlich, vermutlich überraschend, eigentlich per se gar kein Netzwerkansatz, da sie nicht in der Lage ist, die nicht zuletzt von der strukturellen Netzwerkforschung hervorgehobenen Netzwerkcharakteristika wie Zentralität, Prestige und soziale Positionierung, die sich damit verbindenden Techniken kollektiven Handelns und Formierens von Koalitionen zwischen mehr als zwei Akteuren adäquat aufzugreifen. Gleiches gilt für die Ausbildung von moralischen Verhaltensregeln für faires oder vertrauensvolles Verhalten, von Netzwerkressourcen sowie von dynamischen, gleichwohl keinesfalls immer strategisch kontrollierten Entwicklungen (Richter 2001, S. 26 ff.). Institutionentheoretiker wie Richter (2001, S. 32) propagieren einen umfassenden Umbau der Transaktionskostentheorie: „What seems indispensable, though, is to enrich economic institutional analysis with sociological or historical insights like the role of path dependency, of power (including the threat or use of force), of culture or fairness." Und Aoki (2004) und North (2005) unterbreiten spannende Vorschläge für eine solche Ausarbeitung der Theoriegrundlagen auf der Grundlage von Erkenntnissen anderer Disziplinen, die ein verfeinertes Akteurskonzept und ein Verständnis des Zusammenspiels von sozialer Einbettung, legaler und politischer Institutionen mit den Mechanismen von Governances betreffen.

4. Der Strukturationstheorieansatz: Eine praxistheoretische Sicht von Vernetzung

4.1 Einordnung der Theorieperspektive

Der strukturationstheoretische Netzwerkansatz formuliert – aufbauend auf den Schriften von Anthony Giddens (1984) – eine praxistheoretische Sicht auf Vernetzung. Entwickelt wird ein zu den in den Sozialwissenschaften vorherrschenden strukturalistischen und handlungstheoretischen Theorieperspektiven alternativer Theorieentwurf, der darauf zielt, die dualistische Logik von Handlung und Struktur zu überwinden und Netzwerke als einen besonderen Typus von Sozialsystem zu bestimmen, den kompetente Akteure unter Rekurs auf soziale Praktiken im Geflecht miteinander verwobener Sozialsysteme und Institutionen in und durch ihr Handeln hervorbringen (Windeler 2001). **Soziale Praktiken**, wie die des – für Organisationen wie interorganisationale Netzwerke typischen – Einkaufs von Vorprodukten oder der Produktion von Gütern und Dienstleistungen, bilden die Grundeinheit der Analyse. Sie werden als Aktivitätsströme verstanden, die kompetente Akteure in durch Institutionen (wie etwa Professionen) und/oder Sozialsysteme (wie etwa Organisationen) regulierten Kontexten rekursiv hervorbringen.

4.2 Netzwerke in strukturationstheoretischer Sicht: Dauerhafte Beziehungsgeflechte zwischen eigenständigen Organisationen

Interorganisationale Netzwerke – oder in Kurzform: Netzwerke sind – in strukturationstheoretischer Perspektive – vornehmlich aus sozialen Beziehungen und Interaktionen zwischen Organisationen zusammengesetzt, die mehr als zwei, selbstständig bleibende Organisationen überwiegend mit Blick auf den zwischen ihnen konstituierten dauerhaften Beziehungszusammenhang reflexiv koordinieren (Windeler 2001, S. 231 f.). Netzwerkakteure vergegenwärtigen sich in ihren Aktivitäten vor allem wie andere Netzwerkakteure handeln sowie welche Beziehungen sie wie nutzen und verwenden ihr Verständnis des Beziehungszusammenhangs, um mit anderen koordiniert zu interagieren.

Märkte, Organisationen und Netzwerke stehen sich in diesem strukturationstheoretischen Netzwerkansatz als eigenständige Governanceformen gegenüber (siehe Übersicht 3). Märkte zeichnen sich dadurch aus, dass die Geschäftsinteraktionen und Geschäftsbeziehungen vornehmlich über Geld und Marktpreise koordiniert werden, während Unternehmungen – als besondere Organisationen – sie so koordinieren, dass dies eine einheitliche Leitung in wirtschaftlichen Angelegenheiten begründet.

Wie die grafische Gegenüberstellung der Koordinationsmodi veranschaulicht, beziehen sich Akteure in der Praxis von Unternehmungsnetzwerken unterschiedlich intensiv auf den dauerhaften Beziehungszusammenhang. Gewinnt in Unternehmungsnetzwerken etwa der Grad einheitlicher Leitung in wirtschaftlichen Angelegenheiten oder die Koordination über Marktpreise bei der Koordination der Geschäftspraktiken in relevantem Umfang an Bedeutung, dann nähern wir uns den (in der Übersicht 3 grau eingezeichneten) Übergangszonen der Koordination. Begründen die Geschäftspraktiken im Netzwerk etwa das Dominantwerden einer einheitlichen Leitung in wirtschaftlichen Angelegenheiten, dann hört das Netzwerk auf, ein Netzwerk zu sein. Es wird zu einer Unternehmung – etwa einem faktischen Konzern mit allen seinen ökonomischen und rechtlichen Implikationen (vgl. z. B. Teubner 2001). Gewinnen Marktpreise und Momente des diskreten Tauschs an Gewicht und nimmt die Relevanz des dauerhaften Beziehungszusammenhangs für die Koordination ab, dann ändert sich die Koordination von einer netzwerkförmigen zu einer marktlichen.

Die Netzwerken oft zugeschriebenen Beziehungsqualitäten wie Vertrauen, Kooperation oder Macht (vgl. z. B. Powell 1990; Sydow 1992) sind im strukturationstheoretischen Netzwerkverständnis nur mögliche, ergänzende Charakteristika von Netzwerken. Der strukturationstheoretische Netzwerkbegriff ist insofern allgemeiner als etwa der von Powell, der Netzwerke durch vertrauensbasierte Beziehungen charakterisiert, damit aber etwa eine Großzahl von Netzwerken zwischen Endfertigern und Zulieferern in der Automobilindustrie eigentlich nicht als Netzwerke erfassen kann, da diese Beziehungen stärker macht- denn vertrauensbasiert sind (vgl. hierzu Windeler im Druck).

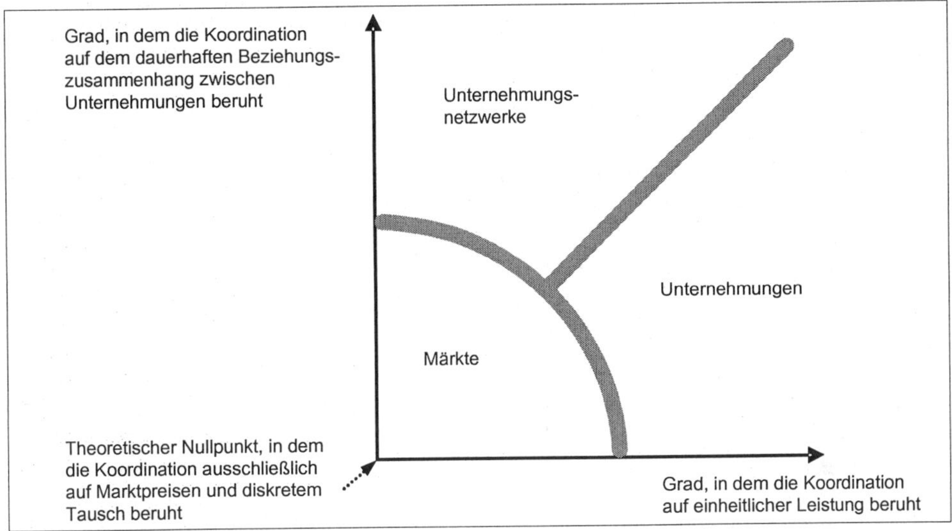

Quelle: Windeler 2001, S. 235.

Übersicht 3: Unternehmungsnetzwerke, Märkte und Unternehmungen: eine Gegenüberstellung ihrer Koordinationsmodi[1]

4.3 Der strukturationstheoretische Theorieansatz der Netzwerkforschung: Merkmale und Kritik

Der strukturationstheoretische Theorieansatz der Netzwerkforschung entwirft eine Mehrebenenperspektive auf Governances, die Aktivitäten als strukturell, systemisch und institutionell eingebettet und von „knowledgeable agents" reflexiv-rekursiv hervorgebracht ansieht. Sie unterbreitet damit gleichzeitig ein besonderes Verständnis von **prozessualer Produktion** und **Reproduktion** von Netzwerken.

Netzwerke sind zunächst Medium und Resultat der in ihnen in besonderer Art und Weise koordinierten Interaktionen und Beziehungen. Das Handeln der Akteure wird durch die in Netzwerken vorfindliche Form der Koordination beeinflusst, zugleich aber wird diese selbst wiederum durch die sozialen Praktiken der Akteure im Netzwerk geprägt. Da Akteure sich in ihrem Netzwerkhandeln gleichzeitig immer auch auf Institutionen (wie etwa Pro-

---

1 Die Pole der X-Achse lauten: Koordination ausschließlich über Marktpreise und über einheitliche Leitung. Die Pole der Y-Achse heißen: Koordination zwischen Unternehmungen ausschließlich als diskreter Tausch und über den dauerhaften Beziehungszusammenhang. Einheitliche Leitung bei annähernd diskretem Tausch kennzeichnet sehr flüchtige Unternehmungen und/oder Unternehmungen mit flüchtigen Beschäftigungsverhältnissen (Zeitarbeiter, Projektbeschäftigte usw.).

fessionen) und/oder andere Sozialsysteme (wie Organisationen oder organisationale Felder) beziehen, beeinflussen auch sie das Netzwerkgeschehen und die Netzwerkpraktiken, ebenso wie diese gleichzeitig durch das Geschehen im Netzwerk beeinflusst werden. Situative Interaktionen, Sozialsysteme (wie Organisationen, Netzwerke und organisationale Felder) und Institutionen (wie Professionen) werden also in den Netzwerkpraktiken wiederkehrend in Beziehung gesetzt und beeinflussen sich dadurch wechselseitig. Das bedeutet umgekehrt: Will man das Netzwerkgeschehen und seine Wirkungen verstehen und erklären, dann benötigt man eine Mehrebenenperspektive, die in der Lage ist, die angesprochenen Prozesse rekursiver Konstitution aufzunehmen.

Governances – von Märkten, Organisationen oder Netzwerken – sind in diesem Sinne rekursiv konstituierte Ordnungsrahmen des Systemgeschehens, die durch mehr oder weniger stark durch Manager als Systemkoordinatoren festgelegte allgemeine Bedingungen charakterisiert sind (Windeler 2001, S. 267 ff.). Informelle Regelungen wie wiederholte implizite Absprachen bei der Ausführung von Aufgaben stehen gleichwohl neben stärker formellen wie schriftlichen Anweisungen, bürokratischen Regelungen, professionellen Handlungscodices, vertraglichen Vereinbarungen oder gesetzlichen Regelungen. Governances regeln die Praktiken der Selektion von Akteuren und Handlungsdomänen, der Allokation von Ressourcen, d. h. der abgestimmten Produktion oder Nutzung von Ressourcen im Netzwerk, der Evaluation des Netzwerkgeschehens, der Integration der Aktivitäten und Beziehungen in den Netzwerkzusammenhang, der Konfiguration der Positionen der Netzwerkakteure und der Konstitution der Netzwerkgrenzen und werden über diese Praktiken und die durch sie erzielten Resultate geregelt (Windeler 2001, S. 249 ff.). Die Dominanz einer Governanceform wird dabei nicht einfach gesetzt, Akteure müssen sie von Moment zu Moment neu im Geflecht von Sozialsystemen, Institutionen und Aktivitäten als dominante realisieren.

Governances binden einerseits die Aktivitäten verschiedenster Akteure und stiften einen facettenreichen und keinesfalls per se widerspruchsfreien Rahmen für die Abfolge und die Variation von Aktivitäten – etwa wenn Professionsvorgaben und die von Organisationen miteinander kollidieren. Andererseits offerieren sie Akteuren ein selbst mit hervorgebrachtes Spektrum von üblichen Handlungsalternativen, das von ihnen fordert, es ihnen aber auch ermöglicht, in Handlungssituationen passende Handlungsalternativen zu generieren, sei es durch Rückgriff auf für Standardaufgaben bereits vorliegende Routinen und Prozeduren oder sei es durch stärker kreatives Handeln in anderen Handlungssituationen.

Die soziale Einbettung ist im strukturationstheoretischen Netzwerkansatz über drei, nur analytisch trennbare Sozialdimensionen, Signifikation, Domination und Legitimation, in Zeit und Raum vermittelt. Wissende Akteure aktualisieren im Netzwerkhandeln vor allem Techniken und Prozeduren wie man das Geschehen im Netzwerk bezeichnet und was es dort bedeutet (Signifikation), wie man Ressourcen zur Produktion etwa von Gütern und Dienstleistungen sowie von sozialen Beziehungen zwischen Akteuren im Netzwerk gebraucht (Domination) und was als legitime Form des Handelns im Netzwerk angesehen wird (Legitimation). Ergänzend berücksichtigen sie in anderen Sozialsystemen übliche Vorstellungen und Handlungsweisen, andere Sets von Regeln und Ressourcen, seien es die anderer Organisationen, anderer Netzwerke, organisationaler Felder oder Gesellschaften oder Professionen. Die Akteure betten ihr Handeln also immer gleichzeitig systemisch und institutionell sowie über die in Interaktionen verwendeten Sets von Regeln und Ressourcen strukturell ein, ebenso wie ihr Handeln gleichzeitig von anderen Akteuren immer zugleich kontextuell eingebettet wird, indem es etwa einem Netzwerk oder einer bestimmten Professionspraxis (gleichzeitig) zugerechnet wird. Dieses Verständnis von rekursiver Konstitution von sozialer Einbettung richtet den Blick zugleich auf die strukturellen, systemischen und institutionellen Mechanismen der (Re-)Produktion von Netzwerken sowie auf die organisationalen und gesellschaftlichen Wirkungen von Vernetzung.

Das **Akteurskonzept** des strukturationstheoretischen Netzwerkansatzes entwirft ein besonderes Verständnis von begrenzter Rationalität. Er betrachtet Handelnde als „knowledgeable agents" (Giddens 1984, S. 5), die ihr Verständnis von dem, was sie tun und von den sozialen Zusammenhängen, in denen sie handeln, über das Überwachen, Kontrollieren und Steuern sowie die Rationalisierung des Handelns nicht nur immer wieder aktualisieren, sondern auch in der Lage sind, dieses Wissen im Handeln anzuwenden. Sie überschauen gleichwohl weder alle Handlungsvoraussetzungen noch alle Handlungskonsequenzen. Ähnlich dem berühmten „tacit knowledge" (Polanyi 1966) ist das Wissen der Akteure nicht auf das diskursiv Artikulierbare begrenzt, sondern ein vor allem praktisches. Es ermöglicht ihnen, Flüsse von Aktivitäten und Geschehnissen fortzusetzen, aber auch abzubrechen oder kreativ als passend angesehene Handlungen zu generieren. Die Nutzung der Muttersprache steht exemplarisch für diese Form des Wissens und der Wissensanwendung. Selbst die von Akteuren intentional getroffenen, strategischen Entscheidungen sind durch eine Melange diskursiven und praktischen Wissens gekennzeichnet: Vieles ist (und bleibt) selbst den an der Entscheidung Beteiligten nicht diskursiv zugänglich; Einiges wird einem Akteur oft nur auf Befragung oder Infragestellung hin bewusst und von ihm – diskursiv – artikulierbar, aber eben keinesfalls alles; Manches speist sich aus unbewussten Motiven und sedimentierten Programmen und entzieht sich weit gehend einem diskursiven Zugriff.

Netzwerke werden mitsamt ihren Governances also durch wissende Akteure hervorgebracht, die ihre Aktivitäten rekursiv-reflexiv in die Kontexte ihres Handelns einbetten. Sozialsysteme sind in diesem Sinne für ihre (Re-)Produktion elementar auf Akteure verwiesen, ebenso wie Akteure nur unter Rekurs auf Sozialsysteme und Institutionen kompetent handlungsfähig sind, ohne jedoch in der Lage zu sein, die Prozesse und Resultate ihres Handelns – und schon gar nicht vollständig – zu steuern. Ein Verständnis und eine Erklärung von Netzwerken sind daher aus strukturationstheoretischer Sicht elementar an das Wissen der Akteure, was sie von ihren Kontexten haben, rückgebunden. Es kann weder aus Strukturen abgeleitet werden, wie es der Strukturansatz anvisiert, noch ohne Rückgriff auf Strukturen und Systemzusammenhänge adäquat erläutert werden, wie es der Transaktionskostenansatz vergeblich versucht.

Zwei Kritiken werden wiederkehrend gegen Giddens Strukturationstheorie allgemein vorgebracht. Ein Vorwurf lautet, Giddens vermenge mit seinem Konzept der Strukturation unterschiedliche Sozialebenen, statt den ihnen innewohnenden Logiken ihr Recht zu geben (Archer 1995). Dieses Argument ist jedoch in dem Sinne rückwärts gewandt, da es genau der dualistischen Logik verpflichtet ist, welche die Strukturationstheorie nicht nur zu überwinden trachtet, sondern für die sie meines Erachtens bedenkenswerte Konzepte bereitstellt. Ein weiterer Vorwurf betrifft die empirische Anwendbarkeit. Dieser Einwand ist heute einerseits angesichts einer beträchtlichen Anzahl empirischer Studien weit gehend widerlegt (vgl. die Übersichten von Ortmann u. a. 1997; Bryant/Jary 2001; Pozzebon 2004). Zutreffend ist jedoch andererseits, dass jede Anwendung der von Giddens als Sozialtheorie formulierten Strukturationstheorie auf bestimmte Gegenstandsbereiche, wie auf die Analyse von Netzwerken, die kreative und zum Teil recht weit gehende Fortschreibung des Theorieansatzes erfordert (Windeler 2001).

5. Die relationale Wende der Netzwerkforschung als Herausforderung für Netzwerktheorien

Schaut man auf die Netzwerkforschung in den letzten zwanzig Jahren, so zeichnet sich eine relationale Wende ab. Wurden noch Mitte der achtziger Jahre Netzwerke im Governancediskurs zuweilen als gegebene, wenn auch noch zu explorierende Arrangements angesehen (Miles/Snow 1986, S. 62), so werden Netzwerke heute stärker prozessual – genauer: als zu (re-)produzieren – analysiert (Sydow 2003) und es arbeiten, wie gezeigt, Netzwerktheoretiker unterschiedlichster Perspektiven an Theorieansätzen, die in der Lage sind, entsprechende Forschungen zu inspirieren und systematisch anzuleiten.

Die aktuell beobachtbare Entwicklung in der Netzwerkforschung ist Moment einer generelleren Tendenz, der relationalen Wende der Organisationsforschung (Scott 2004) bzw. allgemein der Sozialforschung (Emirbayer 1997). Diese Perspektiven auf Soziales betonen, dass Sozialsysteme wie Netzwerke untrennbar mit ihren Kontexten verwoben sind und sich fortlaufend in Beziehungsgeflechten mit anderen Sozialsystemen (re-)produzieren bzw. (re-)produziert werden müssen. Hervorgehoben wird das Prozessuale gegenüber dem Strukturellen, das Werden gegenüber dem Sein (vgl. zusammenfassend Scott 2001, S. 10913). Diese Entwicklung der Organisations- und Netzwerkforschung reflektiert Entwicklungen im Bereich allgemeiner Sozialtheorie, die durch Vokabeln wie „prozessual turn“ und „practical turn“ charakterisiert sind. Insbesondere, wenn man Sozialtheorien mit in die Betrachtung einbezieht, ist die relationale Perspektive auf Soziales selbstredend alles andere als neu, wie Emirbayer (1997) belegt.

Gerade die traditionell in der Netzwerkforschung viel verwendeten strukturalistischen und transaktionskostentheoretischen Netzwerkperspektiven stellt dieser Trend jedoch vor große Herausforderungen, sind sie von der Theorieanlage her kaum geeignet, die kontextuelle Einbettung oder die prozessuale (Re-)Produktion von Netzwerken adäquat theoretisch aufzugreifen. Ganz anders ist die Situation dagegen für den theoretisch anspruchsvolleren Strukturationsansatz: er bietet sich mit seinem prozessualen Verständnis rekursiver Konstitution von Netzwerken aus Geflechten von Beziehungen zwischen Akteuren, Sozialsystemen und Institutionen für Untersuchungen dieser Art mehr als an.

Eine kurze Gegenüberstellung der Theorieansätze mag diesen Punkt pointiert aufzeigen (siehe Übersicht 4). Unterschiede zeigen sich bereits beim **Netzwerkbegriff**. Netzwerke als Beziehungsgeflechte zu thematisieren, vermag lediglich die strukturationstheoretische Sicht, die sie als Sozialsysteme mit einer eigenständigen Form von Governance – „beyond market and hierarchy" (Powell 1990) – betrachtet, und der Strukturansatz, der generell Sets von Beziehungen als Netzwerke versteht. Die Transaktionskostentheorie, die Netzwerke als hybride Ausgestaltungen dyadischer Beziehungen ansieht, hat bereits an diesem Punkt Schwierigkeiten.

Strukturelle Netzwerkperspektive	**Transaktionskosten-theoretische Netzwerkperspektive**	**Strukturationstheoretische Netzwerkperspektvie**
	Netzwerkbegriff	
spezielles Set sozialer Beziehungen zwischen Akteuren oder Einheiten	Hybride zwischen Markt und Hierarchie	Sozialsysteme, die Interaktionen und Beziehungen in Zeit und Raum dominant unter Rekurs auf dauerhafte Beziehungszusammenhänge zwischen autonomen Akteuren koordinieren
keine Governanceform	hybride Governanceform	eigenständige Governanceform
	kontextuelle Einbettung, (Re-)Produktion, Akteurskonzept	
Einbettung in Sets von Beziehungen auf einzelnen Sozialebenen	Einbettung als Einflussnahmen übergeordneter auf untergeordnete Ebenen	rekursiv-reflexive Produktion und Reproduktion von kontextueller Einbettung
Akteure entweder unwichtig, rationale Nutzenmaximierer oder flexible Opportunisten	begrenzt rationale, opportunistische und zur Vorausschau fähige Akteure	„knowledgeable agents" handeln reflexiv unter Rekurs auf durch Sozialsysteme und Institutionen regulierte soziale Praktiken
	Theoretische Perspektive	
strukturtheoretisch	handlungstheoretisch und funktionalistisch	praxistheoretisch
(komparativ-)statische Sicht	komparativ-statische Sicht	prozessuale Sicht
keine relationale Perspektive	keine relationale Perspektive	relationale Perspektive

Übersicht 4: Netzwerkperspektiven – eine Gegenüberstellung

Die im Zentrum der relationalen Perspektive stehende **kontextuelle Einbettung** und **(Re-) Produktion** mag nur der strukturationstheoretische Ansatz adäquat aufzunehmen, ebenso verfügt nur er über ein ausgearbeitetes Verständnis vom Akteur. Strukturationstheoretisch prägen übergreifende Kontexte Netzwerke ebenso wie diese ihre Kontexte prägen und wird die Einbettung in sozialen Prozessen rekursiv-reflexiv von „knowledgeable agents" hervorgebracht, die reflexiv unter Rekurs auf durch Sozialsysteme und Institutionen regulierte soziale Praktiken handeln, ohne jedoch in der Lage zu sein, diese Prozesse – und schon gar nicht vollständig – zu steuern. Die Transaktionskostentheorie thematisiert dagegen lediglich – und das nur in verkürzter Form und auf der Grundlage eines reduktionistischen Akteursverständnisses – eine Seite dieses Rekursionsverhältnisses, die Einflussnahme übergeordneter Sozialebenen auf die Ausgestaltung der Governances und die strukturelle Netzwerkanalyse stellt nur Strukturen von Beziehungsgeflechten auf unterschiedlichen Aggregationsebenen nebeneinander, ohne den Akteuren größere Beachtung zu schenken.

Ferner bilden die strukturalistische respektive handlungstheoretisch-funktionalistische Perspektive auf Netzwerke und die lediglich statische oder komparativ-statische Analyse von Netzwerken in der strukturellen Netzwerkanalyse bzw. in der Transaktionskostentheorie Barrieren für eine relationale Weiterentwicklung dieser Theorieansätze. Die praxistheoretische und prozessuale Sicht des Strukturationsansatzes erlaubt dagegen nicht nur ein genaueres Verständnis über Vernetzung zu entwickeln, sondern gestattet auch, Transaktionskosten wie Strukturen adäquat zu thematisieren, indem es etwa die Höhe von anfallenden Transaktions- bzw. Koordinationskosten an das Zusammenspiel von Sicht-, Legitimations- und Handlungsweisen in sozialen Praktiken bindet. Im Endeffekt ist das Ergebnis eindeutig: nur der strukturationstheoretische Netzwerkansatz entwirft eine relationale Perspektive auf Vernetzung; die anderen Theorieansätze müssten dagegen, um eine solche Perspektive entwickeln zu können, Grundpfeiler ihrer Theorien verändern.

Die Ausarbeitung relationaler Netzwerkperspektiven ist heute alles andere als beliebig, da sich die Handlungssituationen und Verhaltensweisen von Organisationen grundlegend verändern. Die weltweite Nutzung interorganisationaler Netzwerke erweitert nicht nur das Spektrum möglicher und üblicher Governancealternativen, sondern Akteure in Organisationen und Netzwerken handeln auch gleichzeitig mehr und mehr reflexiv, entscheiden von Moment zu Moment neu über Governances auf der Grundlage ihrer jeweils aktuellen Wissensbestände. Ein genaueres Verständnis dieser dynamischen Prozesse „reflexiver Vernetzung“ (Windeler 2001, S. 344 ff.) stellt an alle Netzwerkansätze große theoretische Herausforderungen. Die strukturelle Netzwerkanalyse und die Transaktionskostentheorie erweisen sich mit ihren statischen oder komparativ-statischen Analyseansätzen und reduktionistischen Annahmen über den Akteur von der Theorieanlage her nicht nur den Herausforderungen kaum gewachsen, sondern auch für ein Verständnis und eine Erklärung der angesprochenen Prozesse als nur wenig hilfreich. Der strukturationstheoretische Netzwerkansatz bietet dagegen eine geeignete Theoriegrundlage zur weiteren Ausarbeitung einer relationalen Netzwerktheorie.

Literatur

AOKI, M. (2004): An organizational architecture of T-form: Silicon Valley clustering and its institutional coherence, in: Industrial and Corporate Change, 13. Jg., Nr. 6, S. 967-981.

ARCHER, M. S. (1995): Realist social theory: the morphogenetic approach, Cambridge.

AUGIER, M.; MARCH, J. G. (2001): Conflict of Interest in Theories of Organization: Herbert A. Simon and Oliver E. Williamson, in: Journal of Management & Governance, 5. Jg., S. 223-230.

BARNES, J. A. (1972): Social networks, in: Module, in: Anthropology, 26. Jg., S. 1-29.

BORGATTI, S. P.; FOSTER, P. C. (2003): The network paradigm in organizational research: A review of typology, in: Journal of Management, 29. Jg., S. 991-1013.

BRYANT, C.G.A.; JARY, D. (Hrsg.) (2001): The contemporary Giddens: Social theory in a globalizing age, London.

BURT, R. S. (1992): The social structure of competition, in: NOHRIA, N.; ECCLES, R. G. (Hrsg.): Networks and organizations: Structure, form and action, Boston, S. 57-91.

COMMONS, J. R. (1925): Law economics, in: Yale Law Journal, 34. Jg., S. 371-82.

EMIRBAYER, M. (1997): Manifesto for a relational sociology, in: American Journal of Sociology, 103. Jg., S. 962-1023.

EMIRBAYER, M.; GOODWIN, J. (1994): Network analysis, culture and the problems of agency, in: American Journal of Sociology, 99. Jg., S. 1411-1454.

GIDDENS, A. (1984): The constitution of society. Outline of the theory of structuration, Cambridge.

GOULD, R. V.; FERNANDEZ, R. M. (1989): Structures of mediation: A formal approach to brokerage in transaction networks, in: Sociological Methodology, 19. Jg., S. 89-126.

GRANDORI, A.; SODA, G. (1995): Inter-firm networks: Antecedents, mechanisms and forms, in: Organization Studies, 16. Jg., S. 183-214.

HODGSON, G. M. (2004): Opportunism is not the only reason why firms exist: why an explanatory emphasis on opportunism may mislead management strategy, in: Industrial and Corporate Change, 13. Jg., S. 401-418.

JANSEN, D. (1999): Einführung in die Netzwerkanalyse, Opladen.

KILDUFF, M.; TSAI, W. (2003): Social networks and organizations, London.

LLEWELLYN, K. N. (1931): What price contract? An essay in perspective, in: Yale Law Journal, 40. Jg., S. 704-751.

MÉNARD, C. (2004): The economics of hybrid organizations, in: Journal of Institutional and Theoretical Economics, 160. Jg., S. 345-376.

MILES, R. E.; SNOW, C. C. (1986): Organizations: New concepts for new forms, in: California Management Review, 28. Jg., S. 62-73.

NORTH, D. C. (1991): Institutions, in: Journal of Economic Perspectives, 5. Jg., S. 97-112.

NORTH, D. C. (1993): The new institutional economics and development. Economics Working Paper Archive at Washington University, St. Louis, Economic History series. Number 9309002, St Louis.

NORTH, D. C. (2005): Understanding the process of economic change, Princeton.

OLIVER, A.; EBERS, M. (1998): Networking network studies. An analysis of conceptual configurations in the study of inter-organizational relationships, in: Oranizations Studies, 19. Jg., S. 549-583.

ORTMANN, G.; SYDOW, J.; WINDELER, A. (1997): Organisation als reflexive Strukturation, in: ORTMANN, G.; SYDOW, J.; TÜRK, K. (Hrsg.): Theorien der Organisation, Opladen, S. 315-354.

PAPPI, F. U. (1987): Die Netzwerkanalyse aus soziologischer Perspektive, in: PAPPI, F. U. (Hrsg.): Methoden der Netzwerkanalyse, München, S. 11-37.

PAPPI, F. U.; KAPPELHOFF, P.; MELBECK, C. (1987): Die Struktur der Unternehmensverflechtungen in der Bundesrepublik. Eine Blockmodellanalyse der Personal- und Kapitalverpflechtungen zwischen den größten Unternehmen, in: Kölner Zeitschrift für Soziologie und Sozialpsychologie, 39. Jg., S. 669-692.

PENTLAND, B. T. (1995): Networks and narratives: Bringing action into the analysis of organizational structures. Paper prepared for the ESSEC workshop on ‚Action, structure and organizations'. Paris.

PICOT, A.; REICHWALD, R.; WIGAND, R. (2003): Die grenzenlose Unternehmung. 5. Aufl., Wiesbaden.

POWELL, W. W. (1990): Neither market nor hierarchy: Network forms of organization, in: Research in Organizational Behavior, 12. Jg., S. 295-336.

POZZEBON, M. (2004): The influence of a structurationist view on strategic management research, in: Journal of Management Studies, 41. Jg., S. 247-272.

RICHTER, R. (2001): New economic sociology and new institutinal economics. Paper to be presented at the Annual Conference of the International Society for New Institutional Economics (ISNIE), Berkeley, CA, September 13-15, 2001, Saarbrücken.

RICHTER, R. (2004): The new institutional economics. Its start, its meaning, its prospects. Paper Uni Saarbrücken, Saarbrücken.

SALANCIK, G. R. (1995): Wanted: A good network theory of organization, in: Administrative Science Quarterly, 40. Jg., S. 345-349.

SCOTT, J. (1990): Social network analysis. A handbook, London.

SCOTT, W. R. (2001): Organizations, overview, in: SMELSER, N. J.; BALTES, P. B. (Hrsg.): International encyclopedia of the social and behavioral sciences, Amsterdam, S. 10910-10917.

SCOTT, W. R. (2004): Reflections on a half-century of organizational sociology, in: Annual Review of Sociology, 30. Jg., S. 1-21.

SYDOW, J. (1992): Strategische Netzwerke. Evolution und Organisation, Wiesbaden.

SYDOW, J. (2003): Management von Netzwerkorganisationen - Zum Stand der Forschung, in: SYDOW, J. (Hrsg.): Management von Netzwerkorganisationen. 3. Auflage, Wiesbaden, S. 293-354.

SYDOW, J.; WINDELER, A. (Hrsg.) (2004): Organisation der Content-Produktion, Wiesbaden.

TEUBNER, G. (2001): Das Recht hybrider Netzwerke, in: Zeitschrift für das gesamte Handels- und Wirtschaftsrecht, 165. Jg., S. 550-575.

WHITE, H. C. (1995): Network switchings and Bayesian forks: Reconstructing the social and behavioral sciences, in: Social Research, 62. Jg., S. 1035-1063.

WILLIAMSON, O. E. (1990 [1985]): Die ökonomischen Institutionen des Kapitalismus, Tübingen.

WILLIAMSON, O. E. (1991): Comparative economic organization: The analysis of discrete structural alternatives, in: Administrative Science Quarterly, 36. Jg., S. 269-296.

WILLIAMSON, O. E. (1998): The institutions of governance, in: The American Economic Review, 88. Jg., S. 75-79.

WILLIAMSON, O. E. (1999): Strategy research: governance and competence perspectives, in: Strategic Management Journal, 20. Jg., S. 1087-1108.

WILLIAMSON, O. E. (2000): The new institutional economics: Tacking stock, looking ahead, in: Journal of Economic Literature, 38. Jg., S. 595-613.

WILLIAMSON, O. E. (2002): The theory of the firm as governance structure: From choice to contract, in: Journal of Economic Perspectives, 16. Jg., S. 171-195.

WINDELER, A. (2001): Unternehmungsnetzwerke. Konstitution und Strukturation, Wiesbaden.

WINDELER, A. (im Druck): Interorganisationale Netzwerke, in: ALTMEPPEN, K.-D.; HANITZSCH, T.; SCHLÜTER, C. (Hrsg.): Journalismustheorie: Next Generation, Wiesbaden.

Stefan Schmid*

Kooperation: Erklärungsperspektiven interaktionstheoretischer Ansätze

* Univ.-Professor Dr. Stefan Schmid ist Inhaber des Lehrstuhls für Internationales Management und Strategisches Management der ESCP-EAP Europäische Wirtschaftshochschule Berlin.

1. Einführende Überlegungen

Unternehmungen sind in vielfältige Kooperationsbeziehungen eingebunden. Betrachtet man dabei – und dies sollte für die Betriebswirtschaftslehre prinzipiell der Fall sein (Albach 1981) – Unternehmungen nicht nur in ihrem nationalen, sondern in ihrem internationalen Kontext, so gilt dies umso mehr. Grenzüberschreitend tätige Unternehmungen (und deren Einheiten) konkurrieren über Grenzen hinweg nicht nur gegeneinander, sie kooperieren auch. Bevor in diesem Beitrag näher auf **Interaktionen** im Rahmen von Kooperationen sowie auf deren theoretische Fundierung eingegangen wird, gilt es zu klären, welche Kooperationsebenen auf internationaler Ebene existieren. Es sollen dabei ausgehend von der grenzüberschreitend tätigen Unternehmung drei Kooperationsebenen unterschieden werden: (1) die **intraorganisationale Kooperationsebene**, (2) die **interorganisationale Kooperationsebene** und (3) die **lokale Kooperationsebene.**[1] Diese drei Kooperationsebenen, die auch in Übersicht 1 differenziert werden, sollen kurz erläutert werden.

(1) Zunächst einmal kommt es innerhalb einer Unternehmung zu vielfältigen Kooperationen, wodurch ein **intraorganisationales Netzwerk** konstituiert wird. Im internationalen Kontext werden intraorganisationale Kooperationen vor allem in Konzepten thematisiert, die eine Abkehr von streng hierarchischen Unternehmungsmodellen beinhalten (Schmid/Schurig/Kutschker 2002). Prominente Beispiele stellen Perlmutters (1965, 1969) geozentrische Unternehmung, Bartlett/Ghoshals (1989) transnationale Organisation, Hedlunds (1986, 1993) Heterarchie, White/Poynters (1989a, b) horizontale Organisation oder Forsgrens (1990) Multi-Centre Firm dar. In derartigen Konzepten wird davon ausgegangen, dass Muttergesellschaften mit ihren Tochtergesellschaften kooperieren, anstatt diesen nur einseitig Weisungen zu erteilen oder anstatt diese strategisch, organisatorisch und kulturell zu „kolonialisieren". Ebenso wird in derartigen Konzepten angenommen, dass die einzelnen Tochtergesellschaften auf Grund der integrierten Vernetzung miteinander kooperieren.

(2) Neben unternehmungsinternen Kooperationen existieren Kooperationen der fokalen Unternehmung mit anderen Unternehmungen, womit **interorganisationale Netzwerke** entstehen. Unternehmungen gründen beispielsweise Joint Ventures und bauen strategische Allianzen auf, sie arbeiten über Lizenzierung und Franchising mit anderen Partnern zusammen, sie entscheiden sich für Kooperationen im Rahmen der Vertragsfertigung oder sind in Exportgemeinschaften eingebunden. Darüber hinaus kommt es zur Mitgliedschaft in Normungsgremien oder zur Beteiligung an Arbeitsgemeinschaften und Konsortien. Derartige interorganisationale Beziehungen werden in der Managementliteratur seit Jahren intensiv diskutiert, sodass die Beiträge von Bresser (1989), Contractor/Lorange (1988), Kutschker (1994), Child/Faulkner (1998), Doz/Hamel

1 Geht man nicht von der (grenzüberschreitend tätigen) Unternehmung aus, so lassen sich andere Differenzierungen von Kooperationsbeziehungen finden, denen auch andere Netzwerkkontexte zugrunde liegen. Vgl. als Übersicht etwa Sydow/Duschek/Möllering/Rometsch (2003, vor allem S. 54 ff.).

(1998), Root (1998), Schwerk (2000) oder Sjurts (2000) nur stellvertretend für eine nicht mehr überschaubare Flut an Veröffentlichungen stehen (können). Auch die umfangreiche Literatur zu Virtualisierung (vgl. etwa Krystek/Redel/Reppegather 1997) sowie zu Outsourcing und Offshoring (vgl. etwa Doh 2005) zeugt von der Existenz interorganisationaler Kooperationsbeziehungen.

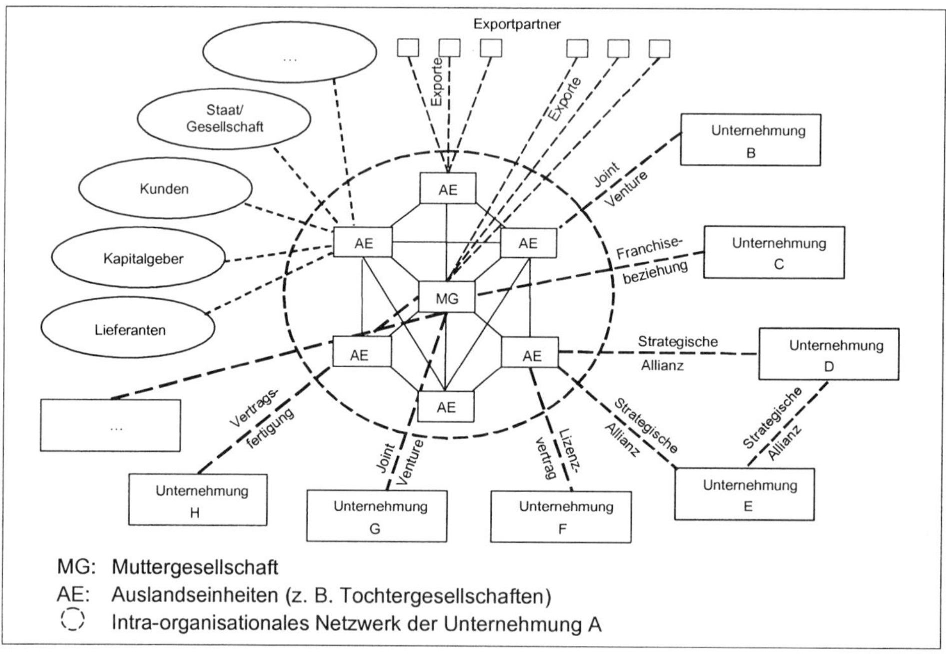

Übersicht 1: Die drei Kooperationsebenen als Kontext für die Interaktion – intraorganisationales, interorganisationales und lokales Netzwerk

(3) Die einzelnen Einheiten einer fokalen Unternehmung sind darüber hinaus in **lokale Netzwerke** eingebettet. Ob Muttergesellschaft oder Tochtergesellschaften – alle Einheiten unterhalten Kooperationsbeziehungen mit lokalen Stakeholdern, wie etwa Kunden, Lieferanten, Investoren, Gläubigern, dem Staat und der Gesellschaft (Andersson/Forsgren/Holm 2002; Berg 2003; Schmid/Schurig 2003). Die einzelnen lokalen Einheiten gelten oftmals auch als Teil eines bestimmten Branchennetzwerks oder eines bestimmten Milieus (Porter 1998; Staber 2004). So hat beispielsweise die französische Tochtergesellschaft eines deutschen Konzerns ein lokales Netzwerk, welches – im Hinblick auf Aktoren und Beziehungen – erheblich von demjenigen der US-amerikanischen Tochtergesellschaft differiert.

Es wird seit vielen Jahren versucht, Kooperationen – und dabei meist interorganisationale Kooperationen – durch **verschiedene Theorien** zu fundieren.[1] Prominente Ansätze stellen etwa die Transaktionskostentheorie, die Prinzipal-Agenten-Theorie, die Spieltheorie, die Industrieökonomik oder die Ressourcenbasierten Ansätze dar (Dowling/Lechner 1998; Pausenberger/Nöcker 2000; Chen/Chen 2003). Es gilt aber als unbestritten, dass das Spektrum der Erklärungsperspektiven noch breiter ist (Sydow 1992; Oliver/Ebers 1998; Renz 1998). Eine Perspektive, die vergleichsweise geringe Aufmerksamkeit erfährt, soll hier in den Mittelpunkt gerückt werden – die **interaktionstheoretische Perspektive** (Schwamborn 1994, S. 43 ff.; Renz 1998, S. 211 ff.; Sjurts 2000, S. 205 ff.).

In diesem Beitrag soll dargelegt werden, welchen Erkenntnisgewinn die interaktionstheoretischen Ansätze zum Thema Kooperation liefern können. Dazu wird zunächst geklärt, was unter Interaktionen verstanden wird und wie diese im Kontext der Kooperation zu fassen sind (Abschnitt 2), bevor dann einzelne Ansätze kurz vorgestellt und hinsichtlich ihres Beitrags zur Erklärung von Interaktion in Kooperationen untersucht werden (Abschnitt 3). Zusammenfassende Überlegungen werden den vorliegenden Aufsatz abrunden (Abschnitt 4).

2. Interaktion in Kooperationen

Mit Interaktionen haben sich innerhalb der Sozialwissenschaften vor allem die Soziologie und die Psychologie beschäftigt. Unter Interaktion wird ursprünglich meist die **Wechselbeziehung zwischen Individuen** verstanden (Piontkowski 1976). Allerdings wird diese Auffassung häufig in der Weise erweitert, dass auch Wechselbeziehungen zwischen **Gruppen** und **Organisationen** als Interaktionen aufgefasst werden (vgl. z. B. Levine/White 1961; Macharzina 1970). Die Betriebswirtschaftslehre hat – unter anderem im Zuge ihrer Öffnung gegenüber verhaltenswissenschaftlichen Ansätzen (vgl. etwa etliche der Beiträge in Wunderer 1994 oder Staehle 1998) – Interaktionen ebenso thematisiert. Beispiele kommen vor allem aus der Führungs- und Organisationslehre (Macharzina 1970; Wunderer/Grunwald 1980, S. 145 ff.), aus dem Marketing und dabei insbesondere aus dem Investitionsgütermarketing (Kirsch/Kutschker/Lutschewitz 1980; Gemünden 1981; Kern 1990) sowie aus dem Internationalen Management (Johanson/Mattsson 1986, 1988; Renz 1998, S. 211 ff.; Dülfer 2001).

Auch wenn es – wie noch zu sehen sein wird – keinen geschlossenen interaktionstheoretischen Ansatz gibt, so existiert doch weit gehend Einigkeit darüber, welche beiden Hauptkriterien erfüllt sein müssen, um von einer Interaktion zu sprechen (Irle 1975, S. 398; Kern 1990, S. 9; Backhaus 2003, S. 140). Erstens: Bei Interaktionen treten mindestens zwei In-

[1] Bereits White (1974) kommt zu dem Schluss, dass sich intra- und interorganisationale Beziehungen in vielfältiger Weise ähneln und daher übergreifende Untersuchungen und Analysen angebracht sind. Dies bedeutet freilich nicht, dass intra- und interorganisationale Beziehungen „über einen Kamm geschoren" werden sollten.

dividuen, Gruppen und/oder Organisationen zielgerichtet in **Kontakt**. Zweitens: Bei Interaktionen kommt es zu **Aktionen** und **Reaktionen**, wobei die Handlungen der Aktoren **interdependent** und nicht nur sequenziell sind.

Dass die inhaltlichen Aussagen der einzelnen interaktionstheoretischen Ansätze heterogen sind und kein monolithisches Aussagegerüst existiert, hängt nicht zuletzt damit zusammen, dass in unterschiedlichen Ansätzen ganz unterschiedliche Aktoren, Beziehungen und Strukturen angesprochen werden (können). Was kann im Rahmen von Kooperationen durch die einzelnen Interaktionsansätze untersucht werden? Ich möchte analytisch vier verschiedene Themenfelder differenzieren: (1) Wer interagiert in Kooperationen miteinander (**Art und Anzahl der Interaktionspartner**)? (2) Um welche Inhalte geht es bei den Interaktionen in Kooperationen (**Inhalt der Beziehungen zwischen Interaktionspartnern**)? (3) Welche Eigenschaften haben die Interaktionsbeziehungen zwischen Kooperationspartnern (**Eigenschaften der Beziehungen zwischen Interaktionspartnern**)? (4) Welche Eigenschaften haben die Netzwerke, die den Rahmen für Interaktionen zwischen Kooperationspartnern bilden (**Systemische Eigenschaften des Beziehungsnetzwerks von Interaktionspartnern**)?[1] Diese vier Themenfelder, die auch in Übersicht 2 grafisch visualisiert sind, sollen nachfolgend weiter detailliert werden.

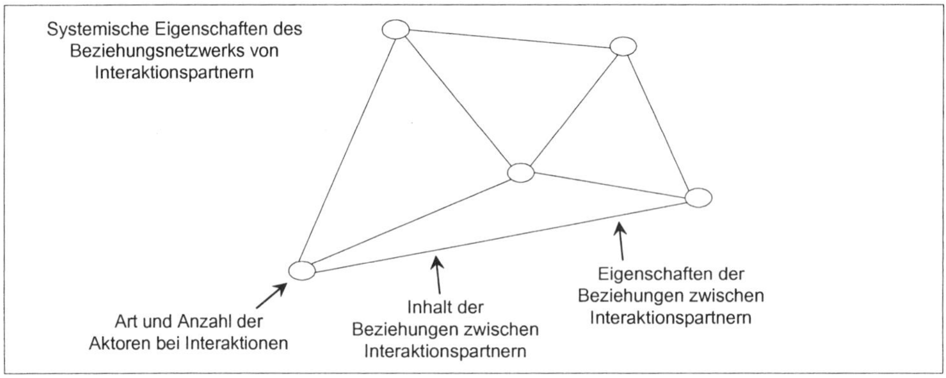

Übersicht 2: Interaktion in Kooperationen – Die Vielfalt der Fragestellungen

(1) **Art und Anzahl der Interaktionspartner:** Aktoren können Teil des oben aufgezeigten intraorganisationalen, des interorganisationalen oder des lokalen Netzwerks sein.[2]

[1] Es gilt zu beachten, dass diese Fragen auch um die Frage ergänzt werden müssten, warum es überhaupt zu einer Kooperation (und somit auch zu Interaktion in Kooperation) kommt. Fragen nach Motiven sollen allerdings an dieser Stelle ausgeklammert werden, da sie so umfangreich sind, dass dafür ein eigener Beitrag notwendig wäre. Vgl. dazu exemplarisch Zentes/Swoboda (1999); Kutschker/Schmid (2005, S. 857 ff.).

[2] Darüber hinaus sei nochmals daran erinnert, dass Unternehmungen durchaus auch mit anderen Aktoren, wie etwa Individuen oder Gruppen, interagieren (können). Ferner interagieren Individuen einer Unternehmung mit Individuen einer anderen Unternehmung, etwa in Käufer-Verkäufer-Beziehungen.

Bereits auf Grund ihres Charakters sind die einzelnen Aktoren in der Regel äußerst variantenreich (Renz 1998, S. 118). So kooperieren beispielsweise innerhalb des intraorganisationalen Netzwerks grenzüberschreitend tätiger Unternehmungen große mit kleinen Einheiten, Produktionsgesellschaften mit Vertriebseinheiten, erfolgreiche mit weniger erfolgreichen Einheiten oder Tochtergesellschaften in der Rolle eines Strategic Leaders mit Tochtergesellschaften in der Rolle eines Implementers (vgl. etwa Schmid/Kutschker 2003, vor allem S. 166 ff.). Auch innerhalb eines interorganisationalen Netzwerks gibt es – wie oben schon angedeutet – eine Vielzahl verschiedener Aktoren. Betrachtet man beispielsweise lediglich das Netzwerk von Joint-Venture-Partnern eines Konzerns wie Siemens, so wird offenkundig, dass eine große Varietät an Aktoren existiert: Siemens kooperiert in Hunderten von Joint Ventures – in groß angelegten Joint Ventures mit Bosch oder Fujitsu, in mittelgroßen Joint Ventures mit Partnern wie Schenker Logistik und in kleinen Joint Ventures, wie etwa mit MeVis Technology, einem Bremer Softwarehersteller. Werden Interaktionen innerhalb von Kooperationen untersucht, so geht es also um Interaktionen zwischen unterschiedlichen Aktoren. Auch die Anzahl der interagierenden Partner kann erheblich differieren. So kommt es – um lediglich eine Illustration zu geben – in Konsortien oder Arbeitsgemeinschaften oftmals zur Zusammenarbeit zwischen erheblich mehr Partnern als bei den meisten Joint Ventures.

(2) **Inhalt der Beziehungen zwischen Interaktionspartnern:** Im Hinblick auf den Inhalt der Beziehungen zwischen kooperierenden Aktoren lassen sich erstens **Information/Kommunikation**, zweitens **Transaktion/Austausch**, drittens **Macht/Einfluss** sowie viertens **Vertrauen/Konsens** unterscheiden (Kirsch/Kutschker/Lutschewitz 1980, S. 17; Kutschker/Schmid 1995, S. 4 f.; Renz 1998, S. 264 ff.).[1] Innerhalb der einzelnen Inhaltsebenen können nochmals eine Vielzahl weiterer Differenzierungen vorgenommen werden. So lässt sich – um ein Beispiel zu nennen – bei der Transaktion eine einfache Untergliederung in Transaktionen mit materiellen und mit immateriellen Ressourcen treffen, die dann, etwa unter Rückgriff auf Hofer/Schendel (1978, vor allem S. 145 f.) oder Barney (1991, S. 101), weiter spezifiziert werden kann. Bei Macht kann etwa zwischen verschiedenen Grundlagen der Macht differenziert werden; denkbar ist eine Unterscheidung nach Expertenmacht, Belohnungsmacht, Identifikationsmacht und Legitimationsmacht (vgl. die Zusammenfassung bei Renz 1998, S. 287). Diese Beispiele illustrieren auf einfache Weise, dass innerhalb von Kooperationsbeziehungen zahlreiche unterschiedliche inhaltliche Dimensionen zu berücksichtigen sind.

(3) **Eigenschaften der Beziehungen zwischen Interaktionspartnern:** Beziehungen zwischen Kooperationspartnern – welchen Inhalts sie auch sind – lassen sich ferner hinsichtlich ihrer Eigenschaften untersuchen. In der Literatur zu Kooperationen und Netzwerken wird vorgeschlagen, Beziehungen beispielsweise nach ihrer **Intensität**, ihrer **Symmetrie**, ihrer **Reziprozität**, ihrer **Multiplexität**, ihrer **Standardisierung**, ihrer **Kontakthäufigkeit**, ihrer **Zielkongruenz**, ihres **Formalisierungsgrads** und ihres

[1] Damit wird bereits an dieser Stelle deutlich, dass Interaktion deutlich über Kommunikation hinausgeht (Staehle 1999, S. 308 f.; Fischer/Wiswede 2002, S. 407).

Konfliktgrads zu differenzieren (vgl. exemplarisch Marrett 1971; Oliver 1990; Renz 1998, S. 119; Schmid/Schurig/Kutschker 2002, vor allem S. 52 ff.).

(4) **Systemische Eigenschaften des Beziehungsnetzwerks von Interaktionspartnern:** Wirft man den Blick nicht auf einzelne Beziehungen, sondern auf das gesamte Kooperationsnetzwerk, so kann dieses im Hinblick auf die Systemeigenschaften analysiert werden. Hier geht es darum, das Netzwerk beispielsweise hinsichtlich seiner Größe, seiner **Dichte**, seiner **Stabilität**, seiner **Transitivität**, seiner **Integration**, der **Erreichbarkeit** seiner Aktoren, der netzwerkinternen **Cluster**- oder **Cliquenbildung** oder der **Zentralität** (des fokalen Netzwerks innerhalb größer angelegter Netzwerke) zu untersuchen (vgl. etwa Marrett 1971; Tichy/Tushman/Fombrun 1979, S. 508; Sydow 1991, S. 83 ff.; Kutschker/Schmid 1995, S. 5 f.; Oliver/Ebers 1998; Renz 1998, S. 119).

Führt man sich vor Augen, wie unterschiedlich die Fragen sein können, die bei Forschungsarbeiten über Kooperationen gestellt werden, so dürfte es nicht verwundern, dass auch die Ansätze, die sich Interaktionen – und spezifisch Interaktionen innerhalb von Kooperationen – widmen, bisher kein geschlossenes Theoriegebäude abgeben.[1]

3. Interaktionstheoretische Ansätze

3.1 Ansätze der Soziologie und Psychologie

Es existieren zahlreiche Ansätze aus der **Soziologie** und **Psychologie**, die sich mit Interaktionen beschäftigen. Diese sollen kurz skizziert werden, bevor im nächsten Abschnitt ein Überblick über Ansätze der **Betriebswirtschafts**- und **Managementlehre** gegeben wird.

Es lassen sich innerhalb der Interaktionstheorien der Soziologie und Psychologie mehrere Strömungen identifizieren: (1) **Theorien des sozialen Austauschs**, (2) **Theorien sozialer Fertigkeit**, (3) **symbolische Interaktionsansätze** und (4) **weitere Interaktionsansätze** (Fischer/Wiswede 2002, S. 407 ff.; Wiswede 2004, S. 271 ff.). Da die Theorien sozialen Austauschs in der Literatur die meiste Aufmerksamkeit erfahren haben, sollen sie etwas umfangreicher dargestellt werden als die anderen Theoriezweige.

(1) **Theorien des sozialen Austauschs**: Die Theorien des sozialen Austauschs konzipieren Interaktionen primär als Austausch von Belohnungen und Bestrafungen. Jede Interaktion wird danach beurteilt, ob sie als ausgewogen oder gerecht gilt. Interaktionen werden eingegangen und so lange aufrechterhalten, wie sie für alle Beteiligten nutzbringend

---

[1] Dazu kommt, dass vielen der Stellgrößen sowohl Ursache als auch Wirkung zugeschrieben werden kann. So zeigen Oliver/Ebers (1998) beispielsweise, dass die Stabilität von Beziehungen und Netzwerken in vielen Studien als Antezedenz-Bedingung, in vielen (anderen) Studien aber auch als Ergebnis herangezogen wird.

sind, d. h. wenn und so lange die Vorteile die Nachteile überwiegen. Die Ansätze sozialen Austauschs stammen zwar aus der Soziologie oder der Psychologie, sie sind jedoch ökonomisch inspiriert; schließlich übernehmen sie das in den Wirtschaftswissenschaften übliche Kosten-/Nutzen-Kalkül und verwenden dazu weit gehend synonym das Begriffspaar vom Bestrafungs-/Belohnungsgleichgewicht (vgl. auch Wunderer/Grunwald 1980, S. 146 f.; Picot 1987, Sp. 1586 f.). Theorien sozialen Austauschs haben deswegen Bedeutung, weil sie die vergleichsweise einfache Aussage des Vorteils-/Nachteils-Gleichgewichts durch differenziertere Aussagen ergänzen. Die Ansätze legen ihren Schwerpunkt auf Fragen, warum Interaktionen eingegangen und beibehalten werden (z. B. Knappheit der Ressourcen, Komplementarität von Ressourcen, Risikoreduktion oder Prestige; vgl. bereits Levine/White 1961; Blau 1964, vor allem S. 97 ff.; White 1974; Schmidt/Kochan 1977), welche Inhalte Beziehungen haben (z. B. Status, Information, Geld, Güter, Dienste, Liebe; Foa/Foa 1972, 1975, 1980), wie sich bestimmte Inhalte von Beziehungen bei Interaktionen gestalten (z. B. Macht; vgl. dazu Yamagishi/Gillmore/Cook 1988; Empter 1988), welche Eigenschaften die Interaktionen haben (z. B. Häufigkeit und Symmetrie der Interaktion; vgl. Schmidt/Kochan 1977), unter welchen Bedingungen und Voraussetzungen Interaktionen ablaufen (z. B. unter der Bedingung des Vertrauens, der Existenz von Gruppennormen, der Kontrolle; vgl. dazu auch Emerson 1962; Blau 1964, S. 98; Jacobs 1974; White 1974 und Ring/van de Ven 1994, vor allem S. 119 ff.) und wie Interaktionen strukturell bzw. systemisch unterstützt werden können (z. B. durch Koordinationsgremien; vgl. bereits White 1974, vor allem S. 133 ff.). Innerhalb der Theorien des sozialen Austauschs stammen primär soziologische Konzepte beispielsweise von Homans (1957/58, 1961, 1972), von Emerson (1962, 1972a, b, 1981), von Blau (1964) und von Cook (1977) bzw. Cook/Emerson (1984),[1] während eher psychologische Konzepte von Thibaut/Kelley (1959) bzw. Kelley/Thibaut (1978) und Scanzoni (1979) vorgelegt wurden.

(2) **Theorien sozialer Fertigkeit:** Die Theorien sozialer Fertigkeit begreifen Interaktion als soziale Fertigkeit oder soziale Kompetenz. In diesen Ansätzen liegt der Schwerpunkt auf Fragen, wie Interaktionen eingegangen und aufrechterhalten werden können, etwa über Verhandlungen, Motivation, Impression Management oder Konfliktbewältigung (vgl. z. B. Argyle 1972; Piontkowski 1976, S. 96 ff.; Crott/Kutschker/Lamm 1977a, b; Tedeschi 1981; McFall 1982; Cialdini 1997). Forschungsarbeiten, die dieser Strömung zuzurechnen sind, geht es darum, die Gestaltung von Interaktionen in den Mittelpunkt des Interesses zu rücken. So wird etwa im Rahmen des Impression Managements folgendes Alternativenraster für den fokalen Aktor innerhalb von Interaktionssituationen angeboten (Fischer/Wiswede 2002, S. 410 f.): (a) assertive, kurzfristige Taktik (z. B. beeindrucken, einschmeicheln, einschüchtern), (b) defensive, kurzfristige Taktik (z. B. herauswinden, rechtfertigen, herausreden), (c) assertive, langfristige Strategie (z. B. Kompetenznachweis, Statussignale, Selbstenthüllung, Vertrauensbasis), (d) defensive, langfristige Strategie (z. B. Verweise auf Hilflosigkeit, Abhängigkeit, Krankheit).

---

1 Ein kurzer Vergleich der Ansätze von Homans, Emerson und Blau findet sich bei Cook/Whitmeyer (1992, S. 114). Bewusst von diesen Autoren abgrenzen möchte sich Willer (1999) mit seiner Network Exchange Theory, die stärker auf die „elementary theory" zurückgreift.

(3) **Theorien symbolischer Interaktion:** Da Wahrnehmungsprozesse innerhalb der Interaktion große Bedeutung besitzen und Wahrnehmung häufig subjektiv ist, spielen symbolische Interaktionsansätze bei der theoretischen Fundierung von Interaktionen ebenso eine Rolle. Derartige Ansätze widmen sich Fragen, wie überhaupt die Entstehung von Interaktionen nachzuvollziehen ist und wie sich Interaktionen dann einspielen, aushandeln und gestalten lassen. Als ein prominenter Vertreter dieser Forschungsrichtung, die zuweilen auch als ein Vorläufer des Neuen Institutionalismus bezeichnet wird (Fischer/ Wiswede 2002, S. 423), gilt Blumer (1962, 1980, 1981). Dem symbolischen Interaktionismus zufolge handeln Individuen nur entsprechend einer Bedeutung, die ein Kontext für sie hat. Diese Bedeutung ergibt sich dabei vor allem aus den sozialen Interaktionen. Die Bedeutung ist nicht objektiv gegeben, sondern bildet sich erst in einem interpretativen Prozess heraus. Mit anderen Worten: Handlungen sind abhängig vom Kontext – und dabei gerade bei grenzüberschreitenden Handlungen vom sozio-kulturellen Kontext und von der Frage, wie Interaktionspartner ihre Beziehungen wechselseitig ausdeuten und ihren Kontext interpretieren. Derartige symbolische Ansätze bilden eine der Grundlagen für interpretative Ansätze in der (Inter-)Organisationsforschung (vgl. auch Schmid 1994, vor allem S. 20 ff.; Kutschker/Schmid 1995, vor allem S. 26 f.).

(4) **Weitere Interaktionsansätze:** Wie bei allen Klassifikationsversuchen, so gibt es auch im vorliegenden Zusammenhang Ansätze, die sich den bisher vorgestellten drei Kategorien nicht zuordnen lassen. Ein Beispiel stellt der **dialektische Ansatz** von Zeitz (1980) dar, in dem Interaktionen vor allem als permanente Weiterentwicklung der Organisation – ausgelöst durch Krisen – gesehen werden. Auch **kommunikationstheoretische Ansätze** (Watzlawick/Beavin/Jackson 2000; Watzlawick 2005) werden häufig unter die Gruppe interaktionstheoretischer Ansätze subsumiert; dahinter steht teils die (fälschliche) Auffassung, dass Interaktion mit Kommunikation gleichgesetzt werden könnte, teils die Überzeugung, dass Kommunikation innerhalb von Interaktionen zentral ist. Wenn Ansätze der **Entscheidungsforschung** auf Organisationen bezogen werden, so lässt sich ebenfalls eine interaktionstheoretische Perspektive feststellen (Tuite 1972); Entscheidungen müssen schließlich innerhalb von Interaktionsbeziehungen immer wieder getroffen werden (z. B. Aufnahme der Interaktion, Veränderung der Interaktion, Beendigung der Interaktion); sie zeichnen sich ferner in der Regel durch Interdependenzen zwischen den Interaktionspartnern aus.

3.2 Ansätze der Betriebswirtschafts- und Managementlehre

Auch in der Betriebswirtschafts- und Managementlehre sind – wie oben erwähnt – interaktionstheoretische Arbeiten entstanden (vgl. z. B. Kern 1990; Renz 1998, vor allem S. 211 ff.).[1]

---

[1] Dabei gilt freilich zu beachten, dass die Managementlehre bewusst interdisziplinär angelegt ist und somit unter anderem auch Erkenntnisse der Soziologie und der Psychologie integriert. Insofern ist die vorgenommene Trennung (Soziologie und Psychologie einerseits und Betriebswirtschafts- und Managementlehre anderseits) nicht überschneidungsfrei.

Exemplarisch vorgestellt werden sollen nachfolgend (1) der Interaktionsansatz der IMP-Group, (2) das Interaktionsmodell von Kirsch/Kutschker, (3) das Beziehungsphasenmodell von Dwyer/Schurr/Oh, (4) das Entwicklungsmodell von Interaktionen nach Ring/van de Ven, (5) der Schwedische Netzwerkansatz, (6) das erweiterte Uppsala-Modell nach Johanson/Mattsson und (7) der verwurzelte Netzwerkansatz.[1]

(1) Der **Interaktionsansatz der IMP-Group**: Die IMP-Group (Industrial Marketing and Purchasing Group) gilt als eine informelle Gruppe von Wissenschaftlern, die sich primär mit Industriegütermärkten beschäftigt. Industriegütermärkte zeichnen sich dadurch aus, dass die agierenden Marktteilnehmer in der Regel eher langfristige und stabile Beziehungen suchen als einzelne diskrete Transaktionen durchzuführen. Auf Grund dessen begreifen Vertreter der IMP-Group (Håkansson 1982; Turnbull/Valla 1986; Ford 1990) Märkte auch als Netzwerke von interagierenden Unternehmungen. Besondere Bedeutung wird den Interaktionen zwischen Käufer und Verkäufer geschenkt. Der Kontext, in den diese eingebettet sind, wird als Umwelt (z. B. Marktstruktur, Marktgröße, Internationalisierungsgrad) und Atmosphäre (z. B. Kooperation, Konflikt, Erwartungen) konzeptionalisiert. Von der IMP-Group werden neben dyadischen auch multiorganisationale Interaktionen berücksichtigt. Zentrale Fragen der Forschungsarbeiten stellen beispielsweise die Zahl der kooperierenden Aktoren, die Dauer von Beziehungen zwischen Aktoren oder der Einfluss des Kontexts im Sinne der Umwelt und der Atmosphäre dar.

(2) Das **Interaktionsmodell von Kirsch/Kutschker**: Der Ansatz von Kirsch/Kutschker stellt einzelne Transaktionen, die als Transaktionsepisoden bezeichnet werden, ebenso wie der Interaktionsansatz der IMP-Group in einen größeren Zusammenhang; noch stärker wird aber der multi-organisationale Charakter des Marketing von Investitionsgütern betont. Eine wesentliche Rolle spielen dabei die „Potenziale" und das „sozioökonomische Feld" (Kirsch/Kutschker 1978 und ebenso Kirsch/Kutschker/Lutschewitz 1980). Episoden, die kollektive, von mehreren Individuen gestaltete Entscheidungsprozesse darstellen, sind Ereignisse, die sich aus dem laufenden Prozess (ongoing process) deutlich abheben. Zu ihnen kommt es dann, wenn besondere Ereignisse auch ein erhöhtes Maß an Interaktionen zwischen Aktoren erfordern. Geht es bei derartigen Episoden um den Austausch von Gütern (und nicht etwa um den Austausch anderer Kategorien, wie z. B. Information), so sprechen Kirsch/Kutschker von einer Transaktionsepisode. Gemäß Kirsch/Kutschker (1978, S. 41) manifestieren sich „Potentiale eines Aktors (Individuums, sozialen Systems) für eine oder mehrere interessierende Episoden (z. B. Transaktionsepisoden) [...] in spezifischen Konstellationen struktureller Merkmale des für die Analyse dieser Episoden relevanten sozio-ökonomischen (Um-)Feldes, deren Existenz im Falle einer Aktivierung Wirkung auf die interessierenden Episoden zeitigen". Potenziale müssen somit erst aktiviert werden, sie werden nicht automatisch wirk-

[1] Dies stellt eine Auswahl interaktionstheoretisch-orientierter Arbeiten dar, die noch ergänzt werden könnte. Bestimmte Ansätze, wie z. B. die eingangs genannten intraorganisationalen Netzwerkmodelle, werden aber an dieser Stelle bewusst nicht angesprochen. Sie stellen zwar Netzwerkansätze dar; in ihnen wird aber der Interaktionsaspekt nicht ausreichend thematisiert.

sam. Der Rahmen für die Interaktionen zwischen Aktoren wird durch das sozio-ökonomische Feld konstituiert. Zu diesem Feld zählen nicht nur die Umgebung, sondern auch die fokalen Aktoren selbst. In einem späteren Beitrag wird von Kutschker (1985) besonders herausgearbeitet, dass nur eine relative Betrachtung von organisationalen Attributen der Komplexität von Interaktionen im sozio-ökonomischen Feld gerecht wird.

(3) Das **Beziehungsphasenmodell von Dwyer/Schurr/Oh**: Der Ansatz von Dwyer/Schurr/Oh (1987) richtet sein Augenmerk besonders auf dynamische Aspekte der Interaktion. Unter Rückgriff auf die eher sozialpsychologischen Grundlagen von Thibaut/Kelley (1959) und Scanzoni (1979) steht die Frage im Mittelpunkt, wie sich Beziehungen entwickeln, die sich auf Grund der Interaktionen zwischen Unternehmungen ergeben. In der Tradition eines lebenszyklus-orientierten Prozessverständnisses sprechen die Autoren von fünf Phasen,[1] die sie als Bewusstseins- und Problemwahrnehmungsphase, Erforschungs- und Lösungsphase, Ausbauphase, Bindungsphase und Auflösungsphase bezeichnen. Die einzelnen Phasen werden dann nochmals weiter in Subprozesse zerlegt. So kommt es beispielsweise in der Erforschungs- und Lösungsphase zu Attraktivitätsprozessen, zu Verhandlungs- und Kommunikationsprozessen, zu Machtprozessen und zu Gerechtigkeitsüberlegungen. Auch wenn es noch weitere Beziehungsphasenmodelle gibt (z. B. Backhaus/Günter 1976; Ford 1980), so haben Dwyer/Schurr/Oh international doch die größte Aufmerksamkeit erlangt.

(4) Das **Entwicklungsmodell von Interaktionen nach Ring/van de Ven**: Ring/van de Ven (1994) sind ähnlich wie Dwyer/Schurr/Oh an Fragen der Entwicklung kooperativer Beziehungen interessiert. Allerdings kommt bei ihnen ein stärker evolutionäres Prozessverständnis zum Ausdruck. Die Teilprozesse Verhandlung („negotiation"), Verpflichtung („commitments") und Ausführung („executions") wiederholen sich in Beziehungen ständig. Ring/van de Ven weisen besonders darauf hin, dass es den an Interaktionen Beteiligten gelingen muss, im Laufe des Prozessverlaufs ein Gleichgewicht zwischen formalem und informalem Kooperationsverhalten zu erzielen. Nur auf diese Weise ist es möglich, die Kontinuität der Beziehung zu sichern und eine Auflösung der Beziehung zu vermeiden. Zu formalem Kooperationsverhalten wird etwa die Alternativenabwägung und die Kommunikation über Verhandlungsgesichtspunkte gezählt, während informales Kooperationsverhalten beispielsweise psychologische Verträge oder „sense making" umfasst.

(5) Der **Schwedische Netzwerkansatz**: Der Schwedische Netzwerkansatz kann als Weiterentwicklung der Arbeiten der IMP-Group betrachtet werden (Håkansson 1987; Håkansson/Snehota 1995). Das Grundmodell des Ansatzes besteht aus den Komponenten Aktoren, Aktivitäten und Ressourcen. Aktoren – ob Individuen, Gruppen, Organisationen oder Netzwerke – führen (teils alleine, teils in Kooperation) bestimmte Aktivitäten aus (z. B. Transaktionen und Ketten von Transaktionen). Durch diese Aktivitäten wiederum werden Ressourcen miteinander verbunden oder auch verändert. Die Ressour-

[1] Das lebenszyklus-orientierte Prozessverständnis ist neben dem dialektischen, dem evolutionären und dem teleologischen Prozessverständnis eines von mehreren unterschiedlichen Prozessverständnissen. Vgl. dazu etwa van de Ven/Poole (1995), aber auch van de Ven (1992) oder zusammenfassend Kutschker/Schmid (2005, S. 1061 ff.).

cen, deren Heterogenität angenommen wird, liegen dabei selbst in den Händen der Aktoren, die bestimmtes Wissen über die Ressourcen haben. Unterschieden werden analog Aktorennetzwerke, Aktivitätennetzwerke und Ressourcennetzwerke. Die Autoren des Schwedischen Netzwerkansatzes geben nun – in Abhängigkeit der Netzwerke – auch Hinweise, welche Konsequenzen dies für das Management hat. Greift man etwa das Aktorennetzwerk heraus, so kann es Ziel des einzelnen Aktors sein, sich im Netzwerk in eine gute Position zu manövrieren, was etwa durch das Schaffen fester Beziehungen, das Herausstellen der eigenen Identität und die möglichst systematische Mobilisierung anderer Aktoren erreicht werden kann. Der Schwedische Netzwerkansatz hat damit – anders als die ursprünglichen Arbeiten der IMP-Group – nicht nur einen Marketing- und nicht nur einen Investitionsgüterfokus; es geht ihm um Unternehmungen an sich, wobei besonders die strategische Dimension betont wird.

(6) Das **erweiterte Uppsala-Modell nach Johanson/Mattsson**: Einen dezidiert internationalen Fokus weisen die dem Schwedischen Netzwerkansatz verbundenen Arbeiten von Johanson/Mattsson (1986, 1988) auf. Sie erweitern die bekannte Internationalisierungstheorie der Uppsala Schule, welche Internationalisierung als inkrementalen, graduellen Prozess (im Hinblick auf die Psychic Distance Chain und die Establishment Chain) auffasst und welche im Internationalisierungsmodell das Zusammenspiel der statischen Kräfte („market knowledge", „market commitment") und dynamischen Kräfte („commitment decisions", „current activities") betont (Johanson/Vahlne 1977). Johanson/Mattsson interpretieren Internationalisierung als Auf- und Ausbau von Positionen in ausländischen Netzwerken. Auf Grund der Bedeutung, die den Netzwerkpartnern beigemessen wird, kommt es auch zu einer Modifikation des ursprünglichen Internationalisierungsmodells. In ihrem Beitrag aus dem Jahr 1990 ergänzen Johanson/Vahlne die statischen Kräfte um das Marktwissen („market knowledge") und das Marktengagement („market commitment") kooperierender Netzwerkaktoren (Johanson/Vahlne 1990). Damit wird berücksichtigt, dass fokale Aktoren in ihren Internationalisierungsprozessen auch von den Interaktionen und Interdependenzen mit weiteren Aktoren beeinflusst werden.

(7) Das **verwurzelte Netzwerkmodell:** Ebenfalls aus dem schwedischen Netzwerkansatz hervorgegangen ist die Forschungsrichtung zum verwurzelten Netzwerk. Dabei wird in stärkerem Maße eine Verbindung zu intraorganisationalen und lokalen Kooperationsebenen hergestellt als in den bisherigen Ansätzen, in denen doch ein klarer Schwerpunkt auf interorganisationale Beziehungen feststellbar ist. Im verwurzelten Netzwerkansatz werden die einzelnen Einheiten der grenzüberschreitend tätigen Unternehmung, ob Muttergesellschaft oder Tochtergesellschaften, als „in interne und externe Netzwerke eingebettete Einheiten" betrachtet (Andersson/Forsgren 1996, 2000; Andersson/Forsgren/Holm 2002). Eine zentrale Untersuchungsfrage besteht beispielsweise darin, inwieweit Interaktionen mit Netzwerkpartnern eine wichtige Voraussetzung für die Entwicklung von Fähigkeiten darstellen (Schmid/Schurig 2003). Dabei wird davon ausgegangen, dass enge, intensive und auch häufige Interaktionen eine wesentliche Grundlage für die Schaffung von Wettbewerbsvorteilen sein können (Håkansson/Snehota 1989, S. 196; Cohen/Levinthal 1990, S. 129; Bartmess/Cerny 1993, S. 81 ff.). Mit Hilfe empirischer Ergebnisse wird gezeigt, dass Einheiten grenzüberschreitend tätiger

Unternehmungen nicht nur von internen Netzwerkpartnern, sondern auch von externen Netzwerkpartnern profitieren. Vor allem die Interaktion mit Kunden wird als zentral angesehen – und dies nicht nur für die Entwicklung von Marketingfähigkeiten, sondern auch für die Entwicklung von Fähigkeiten in anderen Funktionalbereichen (Schmid/ Schurig 2003, vor allem S. 768 ff.).

4. Zusammenfassende Überlegungen

Lässt man die vorgestellten Ansätze Revue passieren, so stellt man fest, dass sie sich durch große Heterogenität auszeichnen. Doch trotz aller Heterogenität kann man einen Kern herausarbeiten, der den interaktionstheoretischen Ansätzen in ihrer Gesamtheit gemein ist (Piontkowski 1976, vor allem S. 9 ff.; Wolf 2005, S. 177 f.). Die interaktionstheoretischen Ansätze zeigen, dass sich die in einem Interaktionskontext stehenden Aktoren gegenseitig beeinflussen. Aktoren, die miteinander interagieren, richten ihr Verhalten und Handeln aneinander aus und beziehen somit beispielsweise wechselseitig Eigenschaften, Absichten, Pläne, Motive, Reaktionen und Gegenreaktionen ein. Es kommt ferner zu der Erkenntnis, dass eine wechselseitige Beziehung nicht nur zwischen den Aktoren selbst, sondern auch deren Beziehungen und dem Kontext der Aktoren und der Beziehungen existiert. Mit anderen Worten: Aktoren können nicht losgelöst von ihren Beziehungen und dem Kontext betrachtet werden, während umgekehrt Beziehungen nicht ohne die interagierenden Partner zu verstehen sind. Insofern ist es nur logisch, dass in den Augen der interaktionstheoretischen Ansätze Strukturen nicht unabhängig von Interaktionen „einfach da sind", sondern angenommen wird, dass sich diese erst in Interaktionsprozessen herausbilden.

Welche **Probleme** und **Grenzen** weisen die interaktionstheoretischen Ansätze auf? Zunächst einmal könnte man einwenden, dass bereits das Fehlen eines geschlossenen Ansatzes als Schwäche zu interpretieren sei. Dieser Einwand ließe sich allerdings auch gegenüber einer Vielzahl anderer organisationstheoretischer Strömungen vorbringen. Außerdem erscheint es gerade vor dem Hintergrund der Vielzahl möglicher Untersuchungsebenen und Fragestellungen angebracht, auf eine Vielzahl theoretischer Ansätze zurückzugreifen. Daher soll kurz auf andere Probleme und Grenzen eingegangen werden.

Erstens gilt es festzustellen, dass der starke Fokus auf Interaktionen zwischen Individuen oder Gruppen, der den Ansätzen der Psychologie und der Soziologie inhärent ist, im Rahmen von betriebswirtschaftlichen und managementorientierten Ansätzen nur teilweise überwunden wurde. Auch wenn oftmals die Interaktion innerhalb und zwischen Organisationen thematisiert wurde, so wurde dabei nicht ausreichend darauf eingegangen, inwiefern sich die Interaktionen innerhalb und zwischen Organisationen von der Interaktion zwischen Individuen oder (kleinen) Gruppen unterscheidet. Die Komplexität der kooperierenden Organisationen wurde in vielen Arbeiten schlichtweg nicht (ausreichend) berücksichtigt (z. B. die Irrationalität in komplexen Organisationen; z. B. Brunsson 1985).

Zweitens kann man zu dem Schluss kommen, dass bei den betriebswirtschaftlichen und managementorientierten Ansätzen der Fokus noch nicht genügend auf intraorganisationale und lokale Netzwerkebenen gelegt wurde. Insbesondere auf Grund der Tatsache, dass viele interaktionstheoretische Ansätze eher aus dem Investitionsgüterbereich stammen bzw. davon inspiriert wurden, stehen interorganisationale Interaktionen im Mittelpunkt. Arbeiten, die sich mit den komplexen Interaktionen in nicht-hierarchischen intraorganisationalen Netzwerken beschäftigen, oder Arbeiten, die die Interaktion multipler Einheiten mit ihren lokalen Stakeholdern (möglichst interdependent) untersuchen, sind bisher in der Minderheit.

Drittens zeigt ein Blick auf die Vielzahl der Fragestellungen, die interaktionstheoretische Arbeiten beantworten könnten, dass nicht alle Themen in gleicher Intensität abgedeckt sind. So gibt es hinsichtlich der Dimension „Art und Anzahl der Interaktionspartner" kaum Arbeiten, welche die Interaktionen aller Aktoren von Netzwerken untersuchen; viele Arbeiten beschränken sich auf kleine Ausschnitte von Netzwerken. Ebenso bleiben Fragen offen, die das Zusammenspiel der Aktoren, auch zwischen verschiedenen Netzwerkebenen, betreffen. Im Hinblick auf die Dimension „Inhalt der Beziehungen zwischen Interaktionspartnern" kann zwar durchaus konstatiert werden, dass verschiedene Schwerpunkte thematisiert werden. Insbesondere bei der Frage, inwieweit auch eine kulturelle Angleichung zwischen interagierenden Partnern notwendig und auch wünschenswert ist, scheint es aber noch Forschungsbedarf zu geben. Während einzelne „Eigenschaften der Beziehungen zwischen Interaktionspartnern" in vielen Ansätzen und Studien untersucht wurden (vor allem Häufigkeit, Intensität, Dauer von Beziehungen), gibt es bislang weniger Wissen über „systemische Eigenschaften der Beziehungsnetzwerke von Interaktionspartnern" (vgl. jedoch Rank 2003; Wald 2003).

Viertens lässt sich festhalten, dass ein Teil der interaktionstheoretischen Ansätze eher deskriptiven Charakter hat. Diese Kritik, die Backhaus (2003, S. 157) vor allem an die Interaktionsansätze im Investitionsgütermarketing richtet, betrifft auch andere Ansätze. Zu fordern ist daher für die Zukunft eine stärker erklärende und auch gestalterische Komponente zur Interaktion in Kooperationen. Dabei sollte gleichzeitig nicht der Fehler begangen werden, allzu voluntaristisch ausgerichtete Konzepte vorzulegen. Auch wenn Aktoren ihre Beziehungen und Kontexte aktiv gestalten können, so gilt es doch, sich der Grenzen der Gestaltbarkeit – etwa auf Grund des Einflusses nicht-intendierter Gegenreaktionen von Netzwerkpartnern – bewusst zu sein.

Interaktionstheoretische Ansätze haben das Potenzial, im Zusammenspiel mit anderen Ansätzen – und dabei vor allem mit sozio-institutionalistischen, kulturellen und mikropolitischen Ansätzen sowie Ansätzen des organisationalen Lernens (vgl. z. B. Håkansson/Johanson 2001) – zu einem besseren Verständnis beizutragen, was in Kooperationen geschieht oder geschehen sollte. Aber selbst im Bereich der Begründung, warum es überhaupt zu Kooperationen (und damit zu Interaktionen in Kooperationen) kommt (einer Frage, die für viele durch andere Ansätze, wie etwa die Transaktionskostentheorie oder die Industrieökonomik, beantwortet ist), können interaktionstheoretische Arbeiten in der Betriebswirtschaftslehre weiterhin hilfreich sein. Sie können insbesondere den Charakter von Aktoren, den Wert von Beziehungen und die Bedeutung des Kontexts für Kooperationen verstärkt in den Mittelpunkt des Interesses rücken.

Literatur

ALBACH, H. (1981): Die internationale Unternehmung als Gegenstand betriebswirtschaftlicher Forschung, in: Zeitschrift für Betriebswirtschaft, 51. Jg., Ergänzungsheft Nr. 1, S. 13-24.

ANDERSSON, U.; FORSGREN, M. (1996): Subsidiary Embeddedness and Control in the Multinational Corporation, in: International Business Review, 5. Jg., Nr. 5, S. 487-508.

ANDERSSON, U.; FORSGREN, M. (2000): In Search of Centre of Excellence: Network Embeddedness and Subsidiary Roles in Multinational Corporations, in: Management International Review, 40. Jg., Nr. 4, S. 329-350.

ANDERSSON, U.; FORSGREN, M.; HOLM, U. (2002): The Strategic Impact of External Networks. Subsidiary Performance and Competence Development in the Multinational Corporation, in: Strategic Management Journal, 23. Jg., Nr. 11, S. 979-996.

ARGYLE, M. (1972): Soziale Interaktion, Köln.

BACKHAUS, K. (2003): Industriegütermarketing, 7. Aufl., München.

BACKHAUS, K.; GÜNTER, B. (1976): A Phase-Differential Interaction Approach to Industrial Marketing Decisions, in: Industrial Marketing Management, 5. Jg., Nr. 4, S. 255-270.

BARNEY, J. B. (1991): Firm Resources and Sustained Competitive Advantage, in: Journal of Management, 17. Jg., Nr. 1, S. 99-120.

BARTLETT, C. A.; GHOSHAL, S. (1989): Managing Across Borders. The Transnational Solution, Boston.

BARTMESS, A.; CERNY, K. (1993): Building Competitive Advantage through a Global Network of Capabilities, in: California Management Review, 35. Jg., Nr. 2, S. 78-103.

BERG, N. (2003): Public Affairs Management, Wiesbaden.

BLAU, P. M. (1964): Exchange and Power in Social Life, New York u. a.

BLUMER, H. (1962): Society as Symbolic Interaction, in: Rose, A. R. (Hrsg.): Human Behavior and Social Processes. An Interactionist Approach, Boston, S. 179-192.

BLUMER, H. (1980): Mead and Blumer: The Convergent Methodological Perspectives of Social Behaviorism and Symbolic Interactionism, in: American Sociological Review, 45. Jg., Nr. 3, S. 409-419.

BLUMER, H. (1981): Der methodologische Standort des Symbolischen Interaktionismus, in: Arbeitsgruppe Bielefelder Soziologen (Hrsg.): Alltagswissen, Interaktion und gesellschaftliche Wirklichkeit, 5. Aufl., Opladen, S. 80-146.

BRESSER, R. K. F. (1989): Kollektive Unternehmensstrategien, in: Zeitschrift für Betriebswirtschaft, 59. Jg., Nr. 5, S. 545-564.

BRUNSSON, N. (1985): The Irrational Organization. Irrationality as a Basis for Organizational Action and Change, Chichester u. a.

CHEN, H.; CHEN, T.-J. (2003): Governance Structures in Strategic Alliances: Transaction Cost versus Resource-based Perspective, in: Journal of World Business, 38. Jg., Nr. 1, S. 1-14.

CHILD, J.; FAULKNER, D. (1998): Strategies of Cooperation. Managing Alliances, Networks, and Joint Ventures, Oxford u. a.

CIALDINI, R. B. (1997): Die Psychologie des Überzeugens, Bern.

COHEN, W.; LEVINTHAL, D. (1990): Absorptive Capacity: A New Perspective on Learning and Innovation, in: Administrative Science Quarterly, 35. Jg., Nr. 1, S. 128-152.

CONTRACTOR, F. J.; LORANGE, P. (Hrsg.) (1988): Cooperative Strategies in International Business, Lexington u. a.

COOK, K. S. (1977): Exchange and Power in Networks of Interorganizational Relations, in: The Sociological Quarterly, 18. Jg., Nr. 1, S. 62-82.

COOK, K. S.; EMERSON, R. M. (1984): Exchange Networks and the Analysis of Complex Organizations, in: Bacharach, S. B.; Lawler, E. J. (Hrsg.): Research in the Sociology of Organizations, Band 3, Greenwich/Connecticut u. a., S. 1-30.

COOK, K. S.; WHITMEYER, J. M. (1992): Two Approaches to Social Structure: Exchange Theory and Network Analysis, in: Annual Review of Sociology, 18. Jg., Nr. 1, S. 109-127.

CROTT, H.; KUTSCHKER, M.; LAMM, H. (1977a): Verhandlungen. Individuen und Gruppen als Konfliktparteien. Ergebnisse aus sozialpsychologischer Verhandlungsforschung, Stuttgart.

CROTT, H.; KUTSCHKER, M.; LAMM, H. (1977b): Verhandlungen. Organisationen und Nationen als Konfliktparteien. Ergebnisse aus wirtschafts- und politikwissenschaftlicher Verhandlungsforschung, Stuttgart.

DOH, J. P. (2005): Offshore Outsourcing: Implications for International Business and Strategic Management Theory and Practice, in: Journal of Management Studies, 42. Jg., Nr. 3, S. 695-704.

DOWLING, M.; LECHNER, C. (1998): Kooperative Wettbewerbsbeziehungen: Theoretische Ansätze und Managementstrategien, in: Die Betriebswirtschaft, 58. Jg., Nr. 1, S. 86-102.

DOZ, Y. L.; HAMEL, G. (1998): Alliance Advantage. The Art of Creating Value through Partnering, Boston.

DÜLFER, E. (2001): Internationales Management in unterschiedlichen Kulturbereichen, 6. Aufl., München u. a.

DWYER, R. F.; SCHURR, P. H.; OH, S. (1987): Developing Buyer-Seller-Relationships, in: Journal of Marketing, 51. Jg., Nr. 2, S. 11-27.

EMERSON, R. M. (1962): Power-Dependence Relations, in: American Sociological Review, 27. Jg., Nr. 1, S. 31-41.

EMERSON, R. M. (1972a): Exchange Theory, Part I: A Psychological Basis for Social Exchange, in: Berger, J.; Zelditch, M.; Anderson, B. (Hrsg.): Sociological Theories in Progress, Boston, S. 38-57.

EMERSON, R. M. (1972b): Exchange Theory, Part II: Exchange Relations and Network Structures, in: Berger, J.; Zelditch, M.; Anderson, B. (Hrsg.): Sociological Theories in Progress, Boston, S. 58-87.

EMERSON, R. M. (1981): Social Exchange Theory, in: Rosenberg, M.; Turner, R. H. (Hrsg.): Social Psychology. Sociological Perspectives, New York, S. 30-65.

EMPTER, S. (1988): Handeln, Macht und Organisation. Zur interaktionistischen Grundlegung sozialer Systeme, Augsburg.

FISCHER, L.; WISWEDE, G. (2002): Grundlagen der Sozialpsychologie, 2. Aufl., München u. a.

FOA, E. B.; FOA, U. G. (1975): Resource Theory of Social Exchange, Morristown/New York.

FOA, E. B.; FOA, U. G. (1980): Resource Theory: Interpersonal Behavior as Exchange, in: Gergen, K. J.; Greenberg, M. S.; Willis, R. H. (Hrsg.): Social Exchange: Advances in Theory and Research, New York, S. 77-94.

FOA, U. G.; FOA, E. B. (1972): Resource Exchange: Toward a Structural Theory of Interpersonal Communication, in: Siegman, A. W.; Pope, B. (Hrsg.): Studies in Dyadic Communication, New York, S. 291-325.

FORD, D. (1980): The Development of Buyer-Seller-Relationships in Industrial Markets, in: European Journal of Marketing, 14. Jg., Nr. 5/6, S. 339-353.

FORD, D. (Hrsg.) (1990): Understanding Business Markets. Interaction, Relationships, Networks, London u. a.

FORSGREN, M. (1990): Managing the International Multi-Centre Firm: Case Studies from Sweden, in: European Management Journal, 8. Jg., Nr. 1, S. 261-267.

GEMÜNDEN, H. G. (1981): Innovationsmarketing – Interaktionsbeziehungen zwischen Hersteller und Verwender innovativer Investitionsgüter, Tübingen.

HÅKANSSON, H. (1982): International Marketing and Purchasing of Industrial Goods. An Interaction Approach, Chichester u. a.

HÅKANSSON, H. (Hrsg.) (1987): Industrial Technological Development. A Network Approach, London u. a.

HÅKANSSON, H.; JOHANSON, J. (Hrsg.) (2001): Business Network Learning, Amsterdam u. a.

HÅKANSSON, H.; SNEHOTA, I. (1989): No Business Is an Island: The Network Concept of Business Strategy, in: Scandinavian Journal of Management, 5. Jg., Nr. 3, S. 187-200.

HÅKANSSON, H.; SNEHOTA, I. (1995): Developing Relationships in Business Networks, London u. a.

HEDLUND, G. (1986): The Hypermodern MNC – A Heterarchy, in: Human Resource Management, 25. Jg., Nr. 1, S. 9-35.

HEDLUND, G. (1993): Assumptions of Hierarchy and Heterarchy, with Applications to the Management of the Multinational Corporation, in: Ghoshal, S.; Westney, E. (Hrsg.): Organization and the Multinational Corporation, New York, S. 211-236.

HOFER, C.; SCHENDEL, D. (1978): Strategy Formulation: Analytical Concepts, St. Paul u. a.

HOMANS, G. C. (1957/58): Social Behavior as Exchange, in: The American Journal of Sociology, 63. Jg., S. 597-606.

HOMANS, G. C. (1961): Social Behaviour. Its Elementary Forms, New York.

HOMANS, G. C. (1972): Elementarformen sozialen Verhaltens, 2. Aufl., Opladen.

IRLE, M. (1975): Lehrbuch der Sozialpsychologie, Göttingen.

JACOBS, D. (1974): Dependency and Vulnerability: An Exchange Approach to the Control of Organizations, in: Administrative Science Quarterly, 19. Jg., Nr. 1, S. 45-59.

JOHANSON, J.; MATTSSON, L.-G. (1986): International Marketing and Internationalization Processes, in: Turnbull, P. W.; Paliwoda, S. J. (Hrsg.): Research in International Marketing, London u. a., S. 234-265.

JOHANSON, J.; MATTSSON, L.-G. (1988): Internationalization in Industrial Systems – A Network Approach, in: Hood, N.; Vahlne, J.-E. (Hrsg.): Strategies in Global Competition. Selected Papers form the Prince Bertil Symposium at the Institute of International Business, Stockholm School of Economics, London u. a., S. 287-314.

JOHANSON, J.; VAHLNE, J.-E. (1977): The Internationalization Process of the Firm – A Model of Knowledge Development and Increasing Foreign Market Commitments, in: Journal of International Business Studies, 8. Jg., Nr. 1, S. 23-32.

JOHANSON, J.; VAHLNE, J.-E. (1990): The Mechanism of Internationalisation, in: International Marketing Review, 7. Jg., Nr. 4, S. 11-24.

KELLEY, H. H.; THIBAUT, J. W. (1978): Interpersonal Relations. A Theory of Interdependence, New York.

KERN, E. (1990): Der Interaktionsansatz im Investitionsgütermarketing: Eine konfirmatorische Analyse, Berlin.

KIRSCH, W.; KUTSCHKER, M. (1978): Das Marketing von Investitionsgütern – Theoretische und empirische Perspektiven eines Interaktionsansatzes, Wiesbaden.

KIRSCH, W.; KUTSCHKER, M.; LUTSCHEWITZ, H. (1980): Ansätze und Entwicklungstendenzen im Investitionsgütermarketing, 2. Aufl., Stuttgart.

KRYSTEK, U.; REDEL, W.; REPPEGATHER, S. (1997): Grundzüge virtueller Organisationen. Elemente und Erfolgsfaktoren, Chancen und Risiken, Wiesbaden.

KUTSCHKER, M. (1985): The Multi-organizational Interaction Approach to Industrial Marketing, in: Journal of Business Research, 13. Jg., Nr. 5, S. 383-403.

KUTSCHKER, M. (1994): Strategische Kooperationen als Mittel der Internationalisierung, in: Schuster, L. (Hrsg.): Die Unternehmung im internationalen Wettbewerb, Berlin, S. 121-157.

KUTSCHKER, M.; SCHMID, S. (1995): Netzwerke internationaler Unternehmungen. Diskussionsbeitrag Nr. 64 der Wirtschaftswissenschaftlichen Fakultät Ingolstadt, Kath. Universität Eichstätt, August 1995.

KUTSCHKER, M.; SCHMID, S. (2005): Internationales Management. 4. Aufl., München u. a.

LEVINE, S.; WHITE, P. E. (1961): Exchange as a Conceptual Framework for the Study of Interorganizational Relationships, in: Administrative Science Quarterly, 5. Jg., Nr. 4, S. 583-601.

MACHARZINA, K. (1970): Interaktion und Organisation. Versuch einer Modellanalyse, München.

MARRETT, C. B. (1971): On the Specification of Interorganizational Dimensions, in: Sociology and Social Research, 56. Jg., Nr. 1, S. 83-99.

MCFALL, R. (1982): A Review and Reformulation of the Concept of Social Skills, in: Behavioral Assessment, 4. Jg., Nr. 1, S. 1-33.

OLIVER, A.; EBERS, M. (1998): Networking Network Studies: An Analysis of Conceptual Configurations in the Study of Inter-organizational Relationships, in: Organization Studies, 19. Jg., Nr. 4, S. 549-583.

OLIVER, C. (1990): Determinants of Interorganizational Relationships: Integration and Future Directions, in: Academy of Management Review, 15. Jg., Nr. 2, S. 241-265.

PAUSENBERGER, E.; NÖCKER, R. (2000): Kooperative Formen der Auslandsmarktbearbeitung, in: Zeitschrift für betriebswirtschaftliche Forschung, 52. Jg., Nr. 6, S. 393-412.

PERLMUTTER, H. V. (1965): L'Entreprise Internationale, in: Revue Economique et Sociale, 23. Jg., Nr. 2, S. 151-165.

PERLMUTTER, H. V. (1969): The Tortuous Evolution of the Multinational Corporation, in: Columbia Journal of World Business, 4. Jg., Nr. 1, S. 9-18.

PICOT, A. (1987): Ökonomische Theorien der Führung, in: Kieser, A.; Reber, G.; Wunderer, R. (Hrsg.): Handwörterbuch der Führung, Stuttgart, Sp. 1583-1595.

PIONTKOWSKI, U. (1976): Psychologie der Interaktion, München.

PORTER, M. E. (1998): Clusters and the New Economics of Competition, in: Harvard Business Review, 76. Jg., November-Dezember 1998, S. 77-90.

RANK, O. (2003): Formale und informelle Organisationsstrukturen. Eine Netzwerkanalyse des strategischen Planungs- und Entscheidungsprozesses multinationaler Unternehmen, Wiesbaden.

RENZ, T. (1998): Management in internationalen Unternehmensnetzwerken, Wiesbaden.

RING, P.; VAN DE VEN, A. H. (1994): Development Processes of Cooperative Interorganizational Relationships, in: Academy of Management Review, 19. Jg., Nr. 1, S. 90-118.

ROOT, F. R. (1998): Entry Strategies for International Markets, 2. Aufl., Lexington u. a.

SCANZONI, J. (1979): Social Exchange and Behavioral Interdependence, in: Burgess, L.; Huston, T. (Hrsg.): Social Exchange in Developing Relationships, New York, S. 61-98.

SCHMID, S. (1994): Orthodoxer Positivismus und Symbolismus im Internationalen Management – Eine kritische Reflexion situativer und interpretativer Ansätze. Diskussionsbeitrag Nr. 49 der Wirtschaftswissenschaftlichen Fakultät Ingolstadt, Kath. Universität Eichstätt, April 1994.

SCHMID, S.; KUTSCHKER, M. (2003): Rollentypologien für ausländische Tochtergesellschaften in Multinationalen Unternehmungen, in: Holtbrügge, D. (Hrsg.): Management Multinationaler Unternehmungen, Heidelberg, S. 161-182.

SCHMID, S.; SCHURIG, A. (2003): The Development of Critical Capabilities in Foreign Subsidiaries: Disentangling the Role of the Subsidiary's Business Network, in: International Business Review, 12. Jg., Nr. 6, S. 755-782.

SCHMID, S.; SCHURIG, A.; KUTSCHKER, M. (2002): The MNC as a Network – A Closer Look at Intra-Organizational Flows, in: Lundan, S. M. (Hrsg.): Network Knowledge in International Business, Cheltenham u. a., S. 45-72.

SCHMIDT, S. M.; KOCHAN, T. A. (1977): Interorganizational Relationships: Patterns and Motivations, in: Administrative Science Quarterly, 22. Jg., Nr. 2, S. 220-234.

SCHWAMBORN, S. (1994): Strategische Allianzen im internationalen Marketing: Planung und portfolioanalytische Beurteilung, Wiesbaden.

SCHWERK, A. (2000): Dynamik von Unternehmenskooperationen, Berlin.

SJURTS, I. (2000): Kollektive Unternehmensstrategie. Grundfragen einer Theorie kollektiven strategischen Handelns, Wiesbaden.

STABER, U. (2004): Netzwerke, in: Schreyögg, G.; Werder, A. v. (Hrsg.): Handwörterbuch Unternehmensführung und Organisation, 4. Aufl., Stuttgart, Sp. 932-940.

STAEHLE, W. H. (1999): Management. Eine verhaltenswissenschaftliche Perspektive, 8. Aufl., München.

SYDOW, J. (1992): Strategische Netzwerke, Evolution und Organisation, Wiesbaden.

SYDOW, J.; DUSCHEK, S.; MÖLLERING, G.; ROMETSCH, M. (2003): Kompetenzentwicklung in Netzwerken. Eine typologische Studie, Wiesbaden.

TEDESCHI, J. T. (Hrsg.) (1981): Impression Management Theory and Social Psychological Research, New York.

THIBAUT, J. W.; KELLEY, H. H. (1959): The Social Psychology of Groups, New York.

TICHY, N. M.; TUSHMAN, M. L.; FOMBRUN, C. (1979): Social Network Analysis for Organizations, in: Academy of Management Review, 4. Jg., Nr. 4, S. 507-519.

TUITE, M. F. (1972): Toward a Theory of Joint Decision Making, in: Tuite, M. F.; Chisholm, R.; Radnor, M. (Hrsg.): Interorganizational Decision Making, Chicago, S. 9-19.

TURNBULL, P. W.; VALLA, J.-P. (Hrsg.) (1986): Strategies for International Industrial Marketing, London u. a.

VAN DE VEN, A. H. (1992): Suggestions for Studying Strategy Process: A Research Note, in: Strategic Management Journal, 13. Jg., Special Issue, Sommer 1992, S. 169-188.

VAN DE VEN, A. H.; POOLE, M. S. (1995): Explaining Development and Change in Organizations, in: Academy of Management Review, 20. Jg., Nr. 3, S. 510-540.

WALD, A. (2003): Netzwerkstrukturen und -effekte in Organisationen. Eine Netzwerkanalyse in internationalen Unternehmen, Wiesbaden.

WATZLAWICK, P. (2005): Wie wirklich ist die Wirklichkeit? München.

WATZLAWICK, P.; BEAVIN, J. H.; JACKSON, D. D. (2000): Menschliche Kommunikation, 10. Aufl., Bern.

WHITE, P. E. (1974): Intra- and Inter-organizational Studies. Do They Require Separate Conceptualizations? In: Administration & Society, 6. Jg., Nr. 1, S. 108-152.

WHITE, R. E.; POYNTER, T. A. (1989a): Organizing for Worldwide Advantage, in: Business Quarterly, 54. Jg., Nr. 1, S. 84-89.

WHITE, R. E.; POYNTER, T. A. (1989b): Achieving Worldwide Advantage with the Horizontal Organization, in: Business Quarterly, 54. Jg., Nr. 2, S. 55-60.

WILLER, D. (Hrsg.) (1999): Network Exchange Theory, Westport/Connecticut u. a.

WISWEDE, G. (2004): Sozialpsychologie-Lexikon, München u. a.

WOLF, J. (2005): Organisation, Management, Unternehmensführung. Theorien und Kritik, 2. Aufl., Wiesbaden.

WUNDERER, R. (Hrsg.) (1994): BWL als Management- und Führungslehre, 3. Aufl., Stuttgart.

WUNDERER, R.; GRUNWALD, W. (1980): Führungslehre, Band 1: Grundlagen der Führung, Berlin u. a.

YAMAGISHI, T.; GILLMORE, M. R.; COOK, K. S. (1988): Network Connections and the Distribution of Power in Exchange Networks, in: American Journal of Sociology, 93. Jg., Nr. 4, S. 833-851.

ZEITZ, G. (1980): Interorganizational Dialectics, in: Administrative Science Quarterly, 25. Jg., Nr. 1, S. 72-88.

ZENTES, J.; SWOBODA, B. (1999): Motive und Erfolgsgrößen internationaler Kooperation mittelständischer Unternehmen, in: Die Betriebswirtschaft, 59. Jg., Nr. 1, S. 44-60.

Michael Kutschker*

Kooperation: Grundlagen der sozialwissenschaftlichen Prozessforschung

---

* Univ.-Professor Dr. Michael Kutschker ist Inhaber des Lehrstuhls für Allgemeine Betriebswirtschaftslehre und Internationales Management der Katholischen Universität Eichstätt.

1. Pluralistische Kooperationsforschung

Das erste Kapitel dieses Sammelwerks dokumentiert die Vielfalt theoretischer Ansätze, mit denen Kooperationen erklärt werden können. In deren Mittelpunkt steht die grundsätzliche Frage, warum Unternehmen zur Leistungserstellung mit anderen kooperieren anstatt diese Leistung selbst zu erbringen oder von Marktpartnern zu kaufen. Transaktionskostentheoretiker leiten die Existenz von Joint Ventures aus Kosten-, Internalisierungs- und Externalisierungsvorteilen dieser hybriden Institutionen gegenüber Markt und Unternehmen ab, unabhängig davon, ob diese national oder international sind oder ob sie auf Verträgen oder Kapitaleinsatz basieren (Buckley/Casson 1976, 1985; Williamson 1975, 1985, 1990; Hennart 1991). Wettbewerbstheoretiker begründen Kooperationen mit deren Fähigkeit, strategisch vorteilhafte Positionen zu besetzen und monopolistische Freiräume durch Wissensbündelung zu erarbeiten (Hamel 1991; Powell/Koput/Smith-Doerr 1996). Vertreter des Resource-Based View werden hingegen den Erfolg von Kooperationen auf deren Fähigkeiten zurückführen, unter Verwendung eigentlich intangibler aber komplementärer Ressourcen, neue Fähigkeiten zu schöpfen (Wernerfelt 1984; Barney 1991; Kogut 1991; Kogut/Zander 1992; Peteraf 1993; Eisenhardt/Schoonhoven 1996). Kritische Ressourcen können von dem betroffenen Unternehmen über strategische Allianzen, wenn nicht integriert, so doch kontrolliert werden (Pfeffer/Salancik 1978; Burt 1992), wobei Fähigkeiten zur Aneignung von Kompetenzen und Wissen darüber entscheiden, ob Unternehmen mehr Wissen abgeben als sie von ihren strategischen Allianzpartnern aufnehmen und ob die Integration gelingt (Teece 1987; Teece/Pisano 1994; Grant 1996).

Gemeinsam ist den genannten Ansätzen eine wissenschaftstheoretische Rationale, die, im naturwissenschaftlichen Positivismus verhaftet, weit gehend statischer Natur ist und in der Regel mit Querschnittsanalysen arbeitet. Nur selten setzen sich Untersuchungen mit der **Dynamik von Kooperationen** auseinander. Noch seltener sind Längsschnittuntersuchungen, denen dann wiederum häufig eine eigene Prozesstheorie fehlt (vgl. z. B. Lorenzoni/ Lipparini 1999). Ein eigenständiger Prozessansatz der Kooperationsforschung ist daher noch nicht auszumachen, was nicht ausschließt, dass nicht wenige Forscher dynamische Aspekte von Kooperationen untersuchen. Ihnen fehlt aber eine gemeinsame theoretische Basis. Eine solche könnte in den Nachbardisziplinen gegeben sein. Daher will ich in diesem Artikel zunächst nur einen Streifzug durch die der Kooperationsforschung nahestehende sozialwissenschaftliche Forschung unternehmen, um zum einen zu demonstrieren, dass Prozessforschung keineswegs ein unbestelltes Feld ist und um zum anderen die Möglichkeiten auszuloten, Anleihen für einen Bezugsrahmen aufnehmen zu können. Die sozialwissenschaftliche Prozessforschung bietet vielfältige Ansätze aber auch Gemeinsamkeiten, die in den folgenden Abschnitten herausgearbeitet werden. Sie bilden die Basis für einen weiteren Artikel im Fünften Kapitel dieses Sammelwerks, in welchem dann ein begrifflich-theoretischer Bezugsrahmen zur Führung von Prozessen in Kooperationen entwickelt und konkret auf prozessuale Aspekte von Kooperationen eingegangen wird.

Prozesse werden als eine Folge zusammenhängender Aktivitäten oder Ereignisse definiert, mittels derer eine Transformation von Inputs in Outputs erfolgt (Kutschker/Schmid 2002, S. 1061). Aktivitäten verbrauchen **Zeit** und sind für die Dynamik von Prozessen verantwortlich. Zeit, Dynamik und Prozess sind dabei untrennbar miteinander verbundene Aspekte einer Prozessforschung, die in den einzelnen sozialwissenschaftlichen Disziplinen und Forschungsarbeiten unterschiedliche Schwerpunkte setzt und die statischen Ansätze dieser Disziplinen zumindest ergänzen kann. Ausgehend von dem Zeit- und Prozessverständnis der Ökonomie werde ich einen Streifzug durch die soziologische und organisationstheoretische Prozessforschung unternehmen, bevor ich Prozessansätze in der strategischen und internationalen Managementforschung darstelle, die um Erkenntnisse der sozialpsychologischen Zeitforschung ergänzt werden.

2. Prozessforschung in der Mikroökonomie

In der Ökonomie wird Zeit als Ressource gesehen, die wie andere Produktionsfaktoren mit Kosten und Preisen versehen werden kann (Stigler 1961; Becker 1965; Kuhn/Maurer 1995). Der Schumpetersche Akt der schöpferischen Zerstörung beinhaltet hingegen – anders als die neoklassische Wachstumstheorie – den dynamischen Aspekt evolutionärer Prozesse. Wirtschaftliche Entwicklung wird als dynamische Abfolge von Ungleichgewichten verstanden, die aus Innovationen der progressiven Unternehmer resultieren (Schumpeter 1950, Nelson/Winter 1982; Tushman/Anderson 1986). Industrieökonomische Arbeiten untersuchen in Industrien mit starken Netzeffekten, wie beispielsweise in Telekommunikations- und Versorgungsindustrien, den Technologiewettlauf, den sich Wettbewerber um Innovationsvorsprünge und Technologiestandards liefern (Katz/Shapiro 1985; Reinganum 1989; David/Greenstein 1990; Scherer 1991; Gottinger 1998, 2003) und setzen dabei wie die Arbeiten der Evolutionsökonomie an Schumpeters Dynamikverständnis an (Nelson/Winter 1982; Saviotti/Metcalf 1991; Dosi/Nelson 1994; Metcalf 1995). Bezieht man noch mehrperiodige Spiele und deren „Dynamik" von aufeinander folgenden Spielzügen ein, dann lässt sich auch die strategische Konfliktforschung zur ökonomisch beeinflussten Prozessforschung rechnen (Dixit 1980; Schmalensee 1983; Shapiro 1989; Ghemawat 1991; Brandenburger/Nalebuff 1995, 1996). Gemeinsam ist der ökonomischen Prozessforschung das Interesse an Umbruchsituationen.

3. Prozessforschung in der Soziologie

Solche sprunghaften Veränderungen können der Entwicklung ganzer Industrien Vorschub leisten. So wird die Entwicklung dominanter technologischer Designs und ihrer industriellen Träger auch in der Populationsökologie untersucht (Tushman/Rosenkopf 1992; Wade 1995), einer Forschungsrichtung, die von Soziologen und Organisationstheoretikern gemeinsam vereinnahmt wird und die üblicherweise den Aufstieg und Verfall ganzer Industrien als einen Lebenszyklus modelliert (Hannan/Freeman 1977, 1984; Aldrich 1979; McKelvey 1982; McKelvey/Aldrich 1983; Tushman/O'Reilly III 1996). Auch außerhalb des Population-Ecology-Ansatzes bekommen Prozesse unter dem Einfluss von Giddens` Strukturationstheorie in der Soziologie einen höheren Stellenwert, da mit der wechselnden Abfolge von Struktur und Handlung der Prozessaspekt von Handlungen in den Vordergrund rückt (Giddens 1979, 1988; Cohen 1987). Die Untersuchung von Ereignissequenzen und die Identifizierung von Prozessmustern sei dabei ebenso wichtig wie die Verzahnung von systeminternen und -externen Prozessen (Abott 1991).

4. Prozessforschung in der Organisationstheorie

Neben dem bereits erwähnten Ansatz der Populationsökologie sind in der Organisationstheorie vier weitere Schwerpunkte der organisationstheoretischen Prozessforschung zu unterscheiden:

(1) Zum ersten sind hier Ansätze zu nennen, die sich wie im strategischen Management der langfristigen **Transformation von Organisationen** widmen (Mintzberg/Westley 1992; Dawson 1997; Hinings 1997). Krisenmodelle (Greiner 1972, 1998), die „punctuated equilibrium"-Theorie (Miller/Friesen 1982; Miller 1993, 1996), Vertreter der „organizational ecology" (Amburgey/Hayagreeva 1996; Tushman/O'Reilly III 1996) oder das Metamorphose-Modell (Tushman/Romanelli 1985) unterstellen dabei einen dialektischen Prozess, in welchem Organisationen zwischen kontinuierlichem Wachstum und krisenhaften Umbruchsituationen wechseln. Bei trialektischen Prozessen springen Unternehmen nicht aufgrund dialektischer Spannungen in einen neuen Zustand, sondern fühlen sich von diesem aufgrund ihres gegenwärtigen Zustands angezogen oder sind wie bei Lebenszyklus- und Stufenmodellen vorbestimmt (D'Andrade/Johnson 1983; Ford/ Backoff 1988; Ford/Ford 1994). Dem stehen Annahmen einer inkrementalen Entwicklung (Lindblom 1965; Sitkin/Sutcliffe/Weick 1998) und eines logischen Inkrementalismus (Quinn 1980) gegenüber, die eine ungeordnete oder geordnete kontinuierliche Entwicklung unterstellen. Eine andere Begründung leitet die organisationale Evolution aus einem inkrementalen, konstanten, selbstverstärkenden Wettbewerbsprozess, auch als „Red Queen"-Syndrom bekannt, ab (Barnett/Hansen 1996). Solchen Vorstellungen stehen Überlegungen nahe, welche Organisationsentwicklung als autopoietischen, selbstorganisierenden Prozess verstehen, den Manager nur partiell führen können (Malik/Probst 1981, Ulrich 1984; Kasper 1991; Kirsch/zu Knyphausen 1991). Schon in ein postmodernes Verständnis von Organisationsentwicklung münden Kirschs Überlegungen zu einem evolutionären Rationalitätsverständnis, das als Ansatz „für die Höherentwicklung von

Organisationen hin zum kontrafaktischen Ideal des Fortschrittsmodells“ (Kirsch 1997c, S. 530) gelten kann (Weick 1985; zur Rolle von Zeit in der Postmoderne vgl. Holtbrügge 2000). Diesen Modellen organisationalen Wandels liegt ein Prozessverständnis zugrunde, das Prozess generell als Bewegung, Transformation, Veränderung und Entwicklung versteht.

(2) Ein zweites Prozessverständnis von organisationalem Wandel eröffnet sich, wenn man einen Prozess als Folge von Aktivitäten begreift, die von einem **Systemzustand** zum nächsten führen. Hier steht die Episode des Umbruchs, des Wechsels von einer Struktur zur anderen bzw. des Gestaltwechsels im Mittelpunkt des Forschungsprozesses, für Giddens (1988) der zentrale Moment des Wandels. Hier bildet die optimale Gestaltung des Veränderungsprozesses den Forschungsfokus (zu unterschiedlichen Modellen Huy 2001). Man konzentriert sich auf die Beseitigung und Veränderung der mentalen Barrieren bei den Betroffenen des Wandels, die zu Widerstand und Konflikten führen können. Im Rahmen der Ansätze zur Organisationsentwicklung stehen Individuen und Arbeitsgruppen unter beinahe „psychotherapeutischer“ Anleitung von „change agents“ und „change catalysts“, um Widerstrebende in Befürworter des Neuen zu wandeln (Überblick und Kritik bei Schreyögg 1999).

Klassisch sind die vielfältigen Phasenkonzepte, die von Lewins (1958) Dreiteilung der Wandelepisode in die Phasen des „Unfreezing“, „Moving“ und „Refreezing“ ausgehen. Einstellungen müssen erst aufgebrochen werden, bevor an die eigentliche Veränderung herangetreten werden kann. Diese muss anschließend verfestigt werden, damit das System nicht wieder in den alten Zustand kippt. Bis in jüngste Veröffentlichungen dienen Phasenkonzepte als Heuristik, um die Instrumente des Wandels unterschiedlichen Zeitabschnitten der Wandelepisode zuzuordnen (Krüger 2000; Müller-Stewens/Lechner 2001). Weick verneint hingegen den Episodencharakter des Wandels und sieht Organisationen als „chronically unfrozen“, als im ständigen Wandel begriffen (Weick 1977). Wandel ist der Normalzustand und würde in der ersten Kategorie des Verständnisses von organisationalem Wandel als kontinuierlicher, autopoietischer Evolution aufgehen. Freilich sind empirisch Brüche von Entwicklungsverläufen zu beobachten, die dann als Wandel der zweiten Kategorie zu führen sind. Möglicherweise bilden die Ansätze des Organisationalen Lernens insofern einen Brückenschlag zwischen beiden Ansätzen, als eine lernende Organisation Brüche in ihrer langfristigen Entwicklung vermeiden lernen kann.

(3) Wandelepisoden können sich auf unterschiedliche Gegenstandsbereiche beziehen. Konzentriert sich der Wandel auf die **Reorganisation** von Prozessen und Prozesssystemen, eröffnet sich ein drittes organisationstheoretisches Verständnis von Prozessen. Bereits in den klassischen Ansätzen des Organisierens ist die Dualität von Struktur und Prozess angelegt, wenn Kosiol (1962, S.186 f.) zwischen Aufbau- und Ablauforganisation unterscheidet. Unter dem starken Einfluss der Kontingenztheorie, die sich ausschließlich auf die Erklärung der Strukturmerkmale von Organisationen konzentriert, tritt der Aspekt der effizienzsteigernden Gestaltung von Arbeitsabläufen in den Hintergrund. Mit der eher den „fashion and fads“ der Managementforschung zuzuordnenden Publikati-

onswelle über Geschäftsprozess(re-)organisation schlägt das Pendel in die entgegengesetzte Richtung aus. Unternehmen werden als Ansammlung von Geschäftsprozessen verstanden, die es zu optimieren gilt (Übersicht und Sammelrezension bei Gaitanides 1998). Typisch für die Vorgehensweise ist die Zerlegung der Geschäftsprozesse in Teilprozesse bis hin zu einzelnen Arbeitsschritten und ihre Synthese zu neuen, effizienteren Abläufen mittels einer verbesserten Strukturlogik der Einzelschritte und deren zeitlichen Optimierung. Mit solchen Prozessoptimierungen leistet die Organisationstheorie einen Beitrag, der so in den anderen Disziplinen nicht zu erkennen ist, aber für die Führung der dort beschriebenen Prozesse nutzbar erscheint (Kutschker/Schmid 2002, S. 1069).

(4) Der Prozessstrukturierung von Geschäftsprozessen ähnlich werden Ablaufstrukturen von Entscheidungs-, Kommunikations- und organisationalen Lernprozessen untersucht (vgl. Überblicke bei Nutt 1984; Levitt/March 1988; Garvin 1998). Verläufe von Investitions-, Budgetierungs- und Desinvestitionsentscheidungen werden ebenso analysiert wie der Ablauf von und die Einflussfaktoren auf strategische Entscheidungsprozesse (Ackerman 1970; Bower/Doz 1979; Burgelman 1988). Relativ übereinstimmend erweisen sich einfache Phasenmodelle als unzureichend für die Beschreibung komplexer Entscheidungsprozesse, deren Teilprozesse simultan, auf mehreren Ebenen und immer wieder iterativ verlaufen.

5. Prozessforschung im strategischen Management

Die Prozesse des organisationalen Wandels sind nicht nur Forschungsobjekt der Organisationstheorie, sondern auch des strategischen Managements. Gefördert wird das gemeinsame Interesse zudem durch nicht wenige Forscher, die wie z. B. Kirsch, Mintzberg, Pettigrew, van de Ven und Weick in beiden „Lagern“ zuhause sind und ihre Bezugsrahmen in den Zeitschriften beider Disziplinen ausbreiten. Seit Pettigrews erster Forderung nach einer strategischen Prozessforschung (1985, Porter 1991) zeigt sich diese mittlerweile als vielfältig ausdifferenziert (Überblicke bei Chakravarthy/Doz 1992; van de Ven 1992; Rajagopalan/Rasheed/Datta 1993; Rajagopalan/Spreitzer 1996; Rühli/Schmidt 1999; Bamberger/Capallo 2003; Müller-Stewens/Lechner 2003). Zwei Schwerpunkte sind auszumachen:

(1) Zum einen wird der evolutionäre Entwicklungsprozess von Organisationen als ein dynamischer Prozess strategischen Wandels verstanden. Mit Bezug auf die **Evolutionstheorie** werden die Prozesse der intendierten und emergenten Variation von Entwicklungsmustern in, von und zwischen Organisationen und der pfadbedingten internen und externen Selektion von Strategien untersucht (Servatius 1994; Barnett/Burgelman 1996 sowie die Beiträge in SMJ 1996, Heft 1). Im Mittelpunkt steht die Entwicklung des gesamten Unternehmens, seine Koevolution mit dem Umfeld (Koza/Lewin 1998; Kirsch 1997a, 1997b, 2001) und die Folge von Aktionen, mit denen es sich gegenüber Akteuren

des Umfeldes behauptet (Chen/Smith/Grimm 1992; Barnett/Hansen 1996; Grimm/Smith 1997; Ferrier 2001; Noda/Collis 2001) oder untergeht (Burgelman 1994, 1996).

(2) Die internen Entscheidungs- und Selektionsprozesse von Strategien bilden den zweiten prozessualen Schwerpunkt, der den Phasenverlauf einzelner strategischer Episoden als sequenzielle Folge klar definierter Phasen der Agendabildung, Entscheidung, Implementierung und Kontrolle betrachtet (Burgelman 1983; Ghoshal/Bartlett 1995; Spector 1995; Schreyögg 1991; Müller-Stewens/Lechner 2003). Eine umfangreiche Forschung setzt sich einerseits mit den Merkmalen und Eigenschaften des kollektiven Prozesses der Strategieentwicklung und andererseits mit den Einflussgrößen auseinander, die den Prozessverlauf bestimmen (vgl. Überblick bei Huft/Reger 1987; Papadakis/Lioukas/Chambers 1998). Neben der Frage, wie Unternehmen zu einer Strategie gelangen, rückt deren Implementierung und der damit verbundene organisatorische Wandel immer mehr in den Fokus der strategischen Prozessforschung und schließt damit an die organisationstheoretische Forschung an.

6. Prozessforschung im internationalen Management

In der Literatur zum internationalen Management wird vergleichsweise früh der langfristige Internationalisierungsprozess als ein wichtiger Teilaspekt der Unternehmensentwicklung thematisiert.

(1) Johanson und Vahlnes bis heute das Fach prägende Modell der Internationalisierung ist von Lindbloms „disjointed incrementalism" beeinflusst (Lindblom 1965). Internationale Erfahrung kumuliert nur langsam und folglich wird sich ein Unternehmen zunächst in kulturell nahen Ländern engagieren und Aktivitäten dort nur schrittweise erhöhen, weil die noch ähnliche Kultur mit der bisherigen Erfahrung vereinbar ist (1977, 1990). Der Annahme einer **inkrementalen Internationalisierung** ist theoretisch und empirisch widersprochen worden, ohne den Inkrementalismus völlig leugnen zu können. Heute sind folgende Dynamiken der Internationalisierung zu erkennen, denen jeweils unterschiedliche Erklärungsmuster zugeordnet werden können (zu Überblicken vgl. auch Melin 1992; Bäurle 1996; Eriksson u. a. 1997; Swoboda 2002):

- Unternehmen verändern ihre Internationalität inkremental und evolutionär, wie es von Johanson und Vahlne nebst Schülern beschrieben, begründet und empirisch nachgewiesen wird (Anderson/Johanson/Vahlne 1997; vgl. auch Malnight 1995, 1996). Dieser Prozess kann offensichtlich unterschiedlich schnell ablaufen. Die Schnelligkeit der inkrementalen Internationalisierung stellt differenzierte Anforderungen an die Führung des Prozesses (Petersen/Pedersen 1997) und begründet eine unterschiedliche Profitabilität (Vermeulen/Barkema 2002). Besonders schnell internationalisieren so genannte „Born Globals" mit Anbeginn ihrer Gründung. Begründet wird dies mit Netzeffekten, die nur im regionalen oder globalen Markt erreichbar sind (Bell 1995; Madsen/Servais 1997; Oviatt/McDougall 1997; Schmidt-Buchholz 2001).

- Nach der „Big Step"-These (Pedersen/Shaver 2000) können Unternehmen ihren Internationalisierungsgrad beispielsweise durch Akquisitionen sprunghaft verändern. Hier ist die Empirie schlüssiger Beweis. Einen solchen abrupten Gestaltwechsel nehmen auch Macharzina und Engelhard (1991) in ihrem „Gestalt Approach of International Business Strategies" (GAINS) an, der auf den Modellannahmen des Gestaltwechsels von Miller/Friesen (1982) aufbaut und damit eine andere Logik wie die „Big Step"-These zur Begründung benutzt (vgl. auch Swoboda 2002). Letztere steht den oligopolistischen Reaktionstheorien nahe, die begründen, warum Wettbewerber zwingend ihren Konkurrenten innerhalb kurzer Zeit in die Internationalität nachfolgen müssen und so die Internationalität ganzer Branchen in relativ kurzen Zeiträumen, in fünf bis sieben Jahren, drastisch verändern (Knickerbocker 1973; Graham 1975).

(2) Diese beiden Prozessmuster charakterisieren wie im strategischen Management oder der Organisationstheorie die Internationalisierung als einen langfristigen Prozess. Wie dort beinhaltet auch hier ein Prozessmuster sprunghafte Veränderungen der Internationalität und es liegt daher nahe, solche Perioden erhöhter Internationalisierungsaktivität als Internationalisierungsepisoden genauer hinsichtlich ihrer Führungsanforderungen zu untersuchen (Kutschker 1993, 1996). Wie bei Prozessen des organisationalen Wandels und der Strategiefindung und -implementierung dominieren bei Internationalisierungsepisoden ebenfalls Phasenkonzepte, die Akquisitionsepisoden (Jemison/Sitkin 1986a, 1986b; Haspeslagh/Jemison 1991; Steinöcker 1993; Meckl/Lucks 2002), Episoden der Bildung internationaler Allianzen (Jansen 2000), Episoden synchronisierter internationaler Produkteinführungen (Niederländer 2000) oder Episoden der strategischen Reorientierung (Prahalad/Doz 1987) in einzelne Phasen zerlegen und diesen Teilprozesse und Arbeitsschritte zuweisen. Mit einer bewussten Strukturierung und zeitlichen Budgetierung der einzelnen Teilprozesse soll die Effizienz der Episode gesteigert werden.

Obwohl Prozesse ohne Zeitaussagen kaum denkbar sind, spielt in der bisher aufgeführten prozessualen Managementforschung der Faktor Zeit eine eher untergeordnete, implizite Rolle. Die eigentliche, wissenschaftliche Auseinandersetzung mit dem Phänomen Zeit findet parallel zur Prozessforschung (Bluedorn/Denhardt 1988; vgl. die Beiträge in McGrath 1988; Bluedorn/Kaufman/Lane 1992; Perich 1993; George/Jones 2000; vgl. auch das von Ancona u. a. editierte Spezial Issue der AMR 2001 Nr. 4) in der Sozialpsychologie und Anthropologie statt.

7. Prozessforschung in der Sozialpsychologie

In der Sozialpsychologie, Psychologie und Anthropologie fällt die Konzentration der Prozessforschung auf den Zeitaspekt auf. McGrath und Kelly leiten ihre Übersicht über sozialpsychologische Arbeiten zum Einfluss von Zeit mit der Bemerkung ein, dass „... social psychology has given virtually no attention to time in its theory or research". (1986, S. 2) und entwickeln einen Bezugsrahmen zur Erforschung von sozialen Prozessen zusammen mit einer entsprechenden Methodologie (Kelly/McGrath 1988). Ihr „Entrainment-Modell" der Synchronisation individueller und sozialer Prozesse befasst sich mit dem kulturell verankerten Verständnis von Zeit (Hall 1983; Hall/Hall 1990; Bluedorn/Kaufman/Lane 1992; Ancona/Okhuysen/Perlow 2001), mit dem Rhythmus interaktiver Synchronisation, mit der Allokation des knappen Gutes Zeit auf alternative Verwendungen, mit Entwicklungszyklen wie sie für Sozialisationsprozesse und Lebenszyklen typisch sind und mit Prozessen des Wandels und der Kontinuität (McGrath 1988, S.13). Ähnliche, wenn auch nicht gleiche Prozess- und Zeitprobleme werden immer wieder als zentral in der sozialwissenschaftlichen Prozessforschung angesehen (vgl. den Sonderband der AMR 2001, Nr. 4).

8. Gemeinsamkeiten der sozialwissenschaftlichen Prozessforschung

Trotz aller Unterschiedlichkeiten der skizzierten Ansätze lassen sich doch einige Gemeinsamkeiten herausarbeiten:

1. Soziale Realität ist nicht ein Gleichgewichtszustand, sondern ein dynamischer Prozess, der durch individuelles und kollektives Handeln entsteht (Sztompka 1991; Pettigrew 1992)
2. Prozess und Struktur stehen dabei in einem janusköpfigen Spannungsverhältnis. Handlungen verändern Strukturen und Strukturen bestimmen die Handlungen (Giddens 1988).
3. Prozess und Inhalt bedingen und beeinflussen sich wechselseitig. Der Prozessinhalt legt dabei fest, auf welcher Prozessebene, mit welcher zeitlichen Reichweite und Intensität welche Handlungsalternativen zur Verfügung stehen. Umgekehrt können prozessuale Aspekte, wie z. B. Zeitrestriktionen oder verfügbare Prozessroutinen die Wahl der Inhalte bestimmen.
4. Prozesse verzehren und entwickeln Ressourcen und Fähigkeiten.
5. Prozesse stehen mit Prozessen im Prozessumfeld in wechselseitiger Beziehung, die ihrerseits in Strukturen eingebettet und von (gemeinsamen) Ressourcen abhängig sind.
6. Prozesse verknüpfen die Vergangenheit mit der Gegenwart und der Zukunft. Gegenwärtiges und zukünftiges Handeln ist abhängig von dem bisherigen Entwicklungspfad. Pfadabhängigkeit betrifft dabei Strukturen, Ressourcen und Prozesse.

7. Die sozialwissenschaftliche Prozessforschung konzentriert sich bislang offensichtlich auf die Untersuchung zweier Arten von Prozessen: auf die langfristige Evolution von sozialen Systemen und auf Episoden des Umbruchs und des organisationalen Wandels.
8. Für die Erklärung der langfristigen Evolution werden vornehmlich vier unterschiedliche Modelle verwendet (van de Ven 1992; van de Ven/Poole 1995):
   - Lebenszyklusmodelle unterstellen einen vorherbestimmten systemimmanenten Entwicklungsprozess.
   - Evolutionäre Modelle verstehen die kontinuierliche Veränderung von Systemen als Folge von Variation, Selektion und Retention.
   - Dialektische Prozessmodelle sind durch Spannungen gekennzeichnet, die nach ruhigen Phasen zum Ausbruch von Systemkrisen führen.
   - Teleologische Prozessmodelle gehen davon aus, dass soziale Systeme zielsuchend und zielverfolgend operieren.
9. Unter Führungsaspekten scheint es fruchtbar zu sein, drei Arten von Prozessen zu unterscheiden, ohne damit andere Prozesse auszuschließen (Kutschker 1996; Kutschker/Bäurle/Schmid 1997; Kutschker/Schmid 2002):
   - die Führung der kontinuierlichen, inkrementalen Evolution von Systemen, wie sie sich aufgrund der normalen Erfüllung der Systemaufgaben ergibt,
   - das Management von Episoden, also Umbruchsituationen, die für das betrachtete System von hoher Bedeutung sind und
   - das Management von Epochen, für das normative Lösungen zu entwickeln sind, um für die langfristige Organisationsentwicklung eine sinnvolle sequenzielle Logik von Strategien und Episoden zu finden.
10. Prozesse sind durch die bewusste Allokation von Zeit, durch Gestaltung der Prozesslogik und -struktur und durch Synchronisation mit dem Prozessumfeld gestaltbar. Die Dynamik und Effizienz von Prozessen ist ein in Grenzen durch Führung beeinflussbares Managementproblem.

Während die ersten sieben Annahmen eine gewisse interdisziplinäre Gültigkeit für alle Arten von Prozessen zu beinhalten scheinen, enthalten die letzten drei Punkte Differenzierungen und Eigenschaften von Prozessen, deren empirische und normative Relevanz für den jeweiligen Fall, also auch für die hier interessierenden Kooperationen noch zu prüfen sein wird. Die beiden letzten Punkte beinhalten dabei Annahmen darüber, ob und wie Prozesse zu führen sind. Diese Gedanken will ich in einem weiteren Beitrag vertiefen, der sich konkreter mit prozessualen Aspekten von Kooperationen auseinandersetzt (vgl. den Beitrag von Kutschker im Fünften Kapitel dieses Sammelwerks). Dabei lassen sich gerade die ersten sieben Annahmen zu einem allgemeinen Bezugsrahmen der Prozessforschung verdichten, der auch auf die Untersuchung kooperativer Prozesse angewendet werden kann.

Literatur

ABBOT, A. (1991): A Primer on Sequence Methods, in: Organization Science, 1. Jg., S. 375-392.

ACKERMAN, R. W. (1970): Influence of Integration and Diversity on the Investment Process, in: Administrative Science Quaterly, 1970, Nr. 9, S. 341-351.

ALDRICH, H. E. (1979): Organizations and Environments, Englewood Cliffs, NJ.

AMBURGEY, T. L.; HAYAGREEVA, R. (1996): Organizational Ecology: Past, Present, and Future Directions, in: Academy of Management Journal, 39. Jg., S. 1265-1286.

ANCONA, D. G.; OKHUYSEN, G. A.; PERLOW, L. A. (2001): Taking Time to Integrate Temporal Research, in: Academy of Management Review, 26. Jg., S. 512-529.

ANDERSSON, U.; JOHANSON, J.; VAHLNE, J-E. (1997): Organic Acquisitions in the Internationalization Process of the Business Firm, in: Management International Review, 37. Jg., Special Issue, S. 67-84.

BAMBERGER, I.; CAPPALLO, S. (2003): Problembereiche und Ansätze der Strategischen Prozessforschung, in: Ringlstetter, M. J.; Henzler, H. A.; Mirow, M. (Hrsg.): Perspektiven der Strategischen Unternehmensführung, Wiesbaden, 2003, S. 93-120.

BARNETT, W. P.; BURGELMAN, R. A. (1996): Evolutionary Perspectives on Strategy, in: Strategic Management Journal, 17. Jg., Sommer, S. 5-19.

BARNETT, W. P.; HANSEN, M. T. (1996): The Red Queen in Organizational Evolution, in: Strategic Management Journal, 17. Jg., Sommer, S. 139-157.

BARNEY, J. B. (1991): Firm Resources and Sustained Competitive Advantage, in: Journal of Management, 17. Jg., S. 99-120.

BÄURLE, I. (1996): Internationalisierung als Prozeßphänomen. Konzepte – Besonderheiten – Handhabung, Wiesbaden.

BECKER, G. S. (1965): A Theory of the Allocation of Time, in: Economic Journal, 75. Jg., S. 493-517.

BELL, J. (1995): The Internationalization of Small Computer Software Firms. A Further Challenge to "Stage" Theories, in: European Journal of Marketing, 19. Jg., Nr. 8, S. 60-75.

BLUEDORN, A. C.; DENHARDT, R. B. (1988): Time and Organizations, in: Journal of Management, 14. Jg., S. 299-320.

BLUEDORN, A. C.; KAUFMAN, C. F.; LANE, P. M. (1992): How Many Things Do you Like to Do at Once? An Introduction to Monochromic and Polychronic Time, in: Academy of Management Executive, 6. Jg., Nr. 4, S. 17-26.

BOWER, K. L.; DOZ, Y. L. (1979): Strategy formulation, in: Schendel, D. H.; Hofer, C. H. (Hrsg.): Strategic Management, Boston – Little, S. 152-166.

BRANDENBURGER A. M.; NALEBUFF B. J. (1995): The Right Game: Use Game Theory to Shape Strategy, in: Harvard Business Review; 73. Jg., Nr. 4, S.57-71.

BRANDENBURGER A. M.; NALEBUFF B. J. (1996): Mehr Geschaeftserfolg dank der Spieltheorie, in: Harvard Manager; 18. Jg., Nr. 2, S. 82-93.

BUCKLEY, P. J.; CASSON, M. C. (1976): The Future of Multinational Enterprise, 2. Aufl., London.

BUCKLEY, P. J.; CASSON, M. C. (1985): The Economic Theory of the Multinational Enterprise. Selected Papers, London.

BURGELMAN, R. A. (1983): A Process Model of Internal Corporate Venturing in the Diversified Major Firm, in: Administrative Science Quarterly, 28. Jg., S. 223-244.

BURGELMAN, R. A. (1988): Strategy Making as a Social Learning Process: The Case of Internal Corporate Venturing, in: Interfaces, 18. Jg., S. 74-85.

BURGELMAN, R. A. (1994): Fading Memories: A Process Theory of Strategic Business Exit in Dynamic Environments, in: Administrative Science Quarterly, 39. Jg., S. 24-56.

BURGELMAN, R. A. (1996): A Process Model of Strategic Business Exit: Implications for an Evolutionary Perspective on Strategy, in: Strategic Management Journal, 17. Jg., S. 193-214.

BURT, R. (1992): The Social Structure of Competition, in Nohria, N.; Eccles, R. (Hrsg.): Networks and Organizations, Boston, S. 57-91.

CHAKRAVARTHY, B. S.; DOZ, Y. (1992): Strategy Process Research: Focusing on Corporate Selfrenewal, in: Strategic Management Journal, 13. Jg., Sommer, S. 5-14.

CHEN, M.; SMITH, K. G.; GRIMM, C. (1992): Action Characteristics as Predictors of Competitive Responses, in: Management Science, 38. Jg., S. 439-455.

COHEN, I. J. (1987): Structuration Theory and Social Praxis, in: Giddens, A.; Turner, J. H. (Hrsg.): Social Theory Today, Cambridge, S. 273-308.

D`ANDRADE, P.; JOHNSON, D. (1983): Dialectics and trialectics: A comparison of two analyses of change, in: Horn, R. (Hrsg.): Trialectics: Toward a practical logic of unity, Lexington, S. 79-119.

DAVID, P.; GREENSTEIN, S. (1990): The Economics of Compatibility Standards: An Introduction to Recent Research, in: Economics of Innovation and New Technology, 1. Jg., S. 3-42.

DAWSON, P. (1997): In at the Deep End: Conducting Processual Research on Organisational Change, in: Scandinavian Journal of Management, 13. Jg., S. 389-405.

DIXIT, A. (1980): The Role of Investment in Entry Deterrence, in: Economic Journal, 90. Jg., Nr. 357, S. 95-106.

DOSI, G.; NELSON, R. R. (1994): An Introduction to Evolutionary Theories in Economics, in: Journal of Evolutionary Economics, 4. Jg., Nr. 3, S. 153-172.

EISENHARDT, K.; SCHOONHOVEN, C. (1996): Resource-based View of Strategic Alliance Formation: Strategic and Social Effects in Entrepreneurial Firms, in: Organization Science, 7. Jg., Nr. 2, S. 136-161.

ERIKSSON, K. u. a. (1997): Experiential Knowledge and Cost in the Internationalisation Process, in: Journal of International Business Studies, 28. Jg., S. 337-360.

FERRIER, W. J. (2001): Navigating the Competitive Landscape: The Drivers and Consequences of Competitive Aggressiveness, in: Academy of Management Journal, 44. Jg., S. 858-877.

FORD, J. D.; FORD, L. W. (1994): Logics of Identity, Contradiction, and Attraction in Change, in: Academy of Management Review, 19. Jg., S. 756-785.

FORD, J.; BACKOFF, R. (1988): Organizational Change in and out of Dualities and Paradox, in: Quinn, R.; Cameron, K. (Hrsg.): Paradox and Transformation: Toward a Theory of Change in Organization and Management, Cambridge, S. 81-121.

GAITANIDES, M. (1998): Business Reengineering: Prozessmanagement – von der Managementthechnik zur Theorie der Unternehmung?, in: Die Betriebswirtschaft, 58. Jg, S. 369-381.

GARVIN, D. A. (1998): The Processes of Organization and Management, in: Sloan Management Review, 39. Jg., Sommer, S. 33-50.

GEORGE, J. M.; JONES, G. R. (2000): The Role of Time in Theory and Theory Building, in: Journal of Management, 26. Jg., S. 657-684.

GHEMAWAT, P. (1991): Commitment: The dynamic of strategy, New York.

GHOSHAL, S.; BARTLETT, C. A. (1995): Changing the Role of Top Management: Beyond Structure to Processes, in: Harvard Business Review, 72. Jg., Nr. 1/2, S. 86-96.

GIDDENS, A. (1979): Central Problems in Social Theory, London.

GIDDENS, A. (1988): Die Konstitution der Gesellschaft. Grundzüge einer Theorie der Strukturierung, Frankfurt a.M. u. a.

GOTTINGER, H.W. (1998): Technological Races, in: Annual Review of Economics, 38. Jg., S. 1-9.

GOTTINGER, H.W. (2003): Economies of Network Industries, London – New York.

GRAHAM, E. M. (1975): Oligopolistic Imitation and European Direct Investment in the United States. Doctoral Dissertation, Harvard University.

GRANT, R. B. (1996): Towards a Knowledge-Based Theory of the Firm, in: Strategic Management Journal, 17. Jg., Special Issue, Winter, S. 109-122.

GREINER, L. E. (1972): Evolution and Revolution as Organizations Grow, in: Harvard Business Review, 50. Jg., Nr. 4, 1972, S. 35-46.

GREINER, L. E. (1998): Evolution and Revolution as Organizations Grow, in: Harvard Business Review, 76. Jg., Nr. 3, 1998, S. 55-68.

GRIMM, C.; SMITH, K. G. (1997): Strategy as Action: Industry Rivalry and Coordination. South/Western Cincinnati.

HALL, E. T. (1983): The Dance of Life. The Other Dimension of Time. Doubleday – New York u. a.

HALL, E. T.; HALL, M. R. (1990): Understanding Cultural Differences, Yarmouth.

HAMEL, G. (1991): Competition for Competence and Inter-Partner Learning within International Strategic Alliances, in: Strategic Management Journal, 12. Jg., Summer, S. 83-104.

HANNAN, M. T.; FREEMAN, J. (1977): The Population Ecology of Organizations, in: American Journal of Sociology, 82. Jg., S. 929-964.

HANNAN, M. T.; FREEMAN, J. (1984): Structural Inertia and Organizational Change, in: American Sociological Review, 49. Jg., S. 149-164.

HASPESLAGH, P. C.; JEMISON, D. B. (1991): Managing Acquisitions. Creating Value Through Corporate Renewal, New York u. a.

HENNART, J.-F. (1991): The Transaction Costs Theory of Joint Ventures: An Empirical Study of Japanese Subsidiaries in the United States, in: Management Science, 37. Jg., S. 483–497.

HININGS, C. R. (1997): Reflections on Processual Research, in: Scandinavian Journal of Management, 13. Jg., S. 493-503.

HOLTBRÜGGE, D. (2000): Entwicklung, Evolution oder Archäologie? Ansätze zu einer postmodernen Theorie des organisatorischen Wandels, in: Schreyögg, G.; Conrad, P. (Hrsg.): Managementforschung 10. Organisatorischer Wandel und Transformation, Wiesbaden, S. 99-142.

HUFT, A. S.; REGER, R. K. (1987) A Review of Strategic Process Research, in: Journal of Management, 13. Jg., S. 211-236

HUY, Q. N. (2001): Time, Temporal Capability, and Planned Change, in: Academy of Management Review, 26. Jg., Nr. 4, 2001, S. 601-623.

JANSEN, S. A. (2000): Mergers & Acquisitions – Unternehmensakquisitionen und Kooperationen. 3. Aufl., Wiesbaden.

JEMISON, D. B.; SITKIN, S. B. (1986a): Corporate Acquisitions: A Process Perspective, in: Academy of Management Review, 11. Jg., S. 145-163.

JEMISON, D. B.; SITKIN, S. B. (1986b): Acquisitions: The Process Can Be A Problem, in: Harvard Business Review, 64. Jg., S. 107-116.

JOHANSON, J.; VAHLNE, J.-E. (1977): The Internationalization Process of the Firm – A Model of Knowledge Development and Increasing Foreign Market Commitments, in: Journal of International Business Studies, 8. Jg., S. 23-32.

JOHANSON, J.; VAHLNE, J.-E. (1990): The Mechanism of Internationalisation, in: International Market Review, 7. Jg., Nr. 4, S. 11-24.

KASPER, H. (1991): Neuerungen durch selbstorganisierende Prozesse, in: Staehle, W. H.; Sydow, J. (Hrsg.): Managementforschung 1, Wiesbaden, S. 1-74.

KATZ, M.; SHAPIRO, C. (1985): Network Externalities, Competition and Compatibility, in: American Economic Review, 75. Jg., S. 424-440.

KELLY, J. R.; MCGRATH J. E. (1988): On Time and Method. Applied social research methods, California, 1998.

KIRSCH, W. (1997a): Wegweiser zur Konstruktion einer evolutionären Theorie der strategischen Führung. Kapitel eines Theorieprojekts, München.

KIRSCH, W. (1997b): Strategisches Management: Die geplante Evolution von Unternehmen, München.

KIRSCH, W. (1997c): Kommunikatives Handeln, Autopoiese, Rationalität. Kritische Aneignungen auf eine evolutionäre Organisationstheorie. 2. Aufl., München.

KIRSCH, W. (2001): Die Führung von Unternehmen, München.

KIRSCH, W.; KNYPHAUSEN, D. ZU (1991): Unternehmungen als „autopoietische" Systeme, in: Staehle, W. H.; Sydow, J. (Hrsg.): Managementforschung 1, Wiesbaden, S. 75-101.

KNICKERBOCKER, F. T. (1973): Oligopolistic Reaction and Multinational Enterprise. Graduate School of Business Administration, Harvard University, Boston.

KOGUT, B. (1991): Joint Ventures and the Option of Expand and Acquire, in: Management Science, 37. Jg, S. 19-33.

KOGUT, B.; ZANDER, U. (1992): Knowledge of the Firm, Combinative Capabilities, and the Replication of Technology, in: Organization Science 3. Jg., S. 383-397.

KOSIOL, E. (1962): Organisation der Unternehmung, Wiesbaden.

KOZA, M.; LEWIN, A. Y. (1998): The Co-evolution of Strategic Alliances, in: Organization Science, 9. Jg., S. 255-264.

KRÜGER, W. (2000): Strategische Erneuerung: Probleme, Programme und Prozesse, in: Krüger, W. (Hrsg.): Excellence in Change, Wiesbaden, S.31-98.

KUHN, T.; MAURER, A. (1995): Ökonomische Theorie der Zeit, in: Wirtschaftwissenschaftliches Studium, 24. Jg., S. 16-20.

KUTSCHKER, M. (1993): Dynamische Internationalisierungsstrategie, Diskussionsbeitrag Nr. 41 der Wirtschaftswissenschaftlichen Fakultät Ingolstadt, Universität Eichstätt.

KUTSCHKER, M. (1996): Evolution, Episoden und Epochen: Die Führung von Internationalisierungsprozessen, in: Engelhard, J. (Hrsg.): Strategische Führung internationaler Unternehmen. Paradoxien, Strategien, Erfahrungen, Wiesbaden, S. 1-37.

KUTSCHKER, M.; BÄURLE, I.; SCHMID, S. (1997): International Evolution, International Episodes, and International Epochs – Implications for Managing Internationalization, in: Management International Review, 37. Jg., Special Issue Nr. 2, S. 101-124.

KUTSCHKER, M.; SCHMID, S. (2002): Internationales Management, 2. Aufl., München.

LEVITT, B., MARCH, J. G. (1988) Organizational Learning, in: Annual Review of Sociology, 14. Jg., Nr. 1, S. 319-340.

LEWIN, K. (1958): Group Decision and Social Change, in: Maccoby, E. E.; Newcomb, T. M.; Hartley, E. L. (Hrsg.): Readings in Social Psychology, Holt, New York, S. 197-211.

LINDBLOM, C. E. (1965): The Intelligence of Democracy, New York.

LORENZONI, G.; LIPPARINI, A. (1999): The Leverage of Interfirm Relationships as a Distinctive Organizational Capability: A Longitudinal Study, in: Strategic Management Journal, 20. Jg., S. 317-338.

MACHARZINA, K.; ENGELHARD, J. (1991): Paradigm Shift in International Business Research: From Partist and Eclectic Approaches to the GAINS Paradigm, in: Management International Review, 31. Jg., Special Issue, S. 23-43.

MADSEN, T. K.; SERVAIS, P. (1997): The Internationalization of Born Globals: An Evolutionary Process?, in: International Business Review, 6. Jg., S. 561-583.

MALIK, F.; PROBST, G. J. B. (1981): Evolutionäres Management, in: Die Unternehmung, 1981, S. 121- 140.

MALNIGHT, T. W. (1995): Globalization of an Ethnocentric Firm: An Evolutionary Perspective, in: Strategic Management Journal, 16. Jg., S. 119-141.

MALNIGHT, T. W. (1996): The Transition from Decentralized to Network-Based MNC Structures: An Evolutionary Perspective, in: Journal of International Business Studies, 27. Jg., First Quarter, S. 43-65.

MCGRATH, J. E. (1988): The Social Psychology of Time: New Perspectives, Sage, Newbury Park u. a.

MCGRATH, J. E.; KELLY, J. R. (1986): Time and Human Interaction- Toward a Social Psychology of Time, New York – London.

MCKELVEY, B. (1982): Organizational Systematics: Taxonomy, Evolution and Classification, Berkeley.

MCKELVEY, B.; ALDRICH, H. (1983): Populations, Natural Selection, and Applied Organizational Science, in: Administrative Science Quarterly, 28. Jg., S. 101-118.

MECKL, R.; LUCKS, K. (2002): Internationale Merger & Acquisitions - der prozessorientierte Ansatz, Berlin u. a.

MELIN, L. (1992): Internationalization as a Strategy Process, in: Strategic Management Journal, 13. Jg., Special Issue Winter, S. 99-118.

METCALF, R. (1995): Metcalfe's Law: Network Becomes more Valuable as it Reaches More Users, in: InfoWorld, 17. Jg., Nr. 40, S.53.

MILLER, D. (1993): The Architecture of Simplicity, in: Academy of Management Review, 18. Jg., S. 116-138.

MILLER, D. (1996): Configurations Revisited, in: Strategic Management Journal, 17. Jg., S. 505-512.

MILLER, D.; FRIESEN, P. H. (1982): Structural Change and Performance: Quantum versus Piecemeal-Incremental Approaches, in: Academy of Management Journal, 25. Jg., S. 867-892.

MINTZBERG, H.; WESTLEY, F. (1992): Cycles of Organizational Change, in: Strategic Management Journal, 13. Jg., Special Issue Winter, S. 39-60.

MÜLLER-STEWENS, G.; LECHNER, C. (2001): Strategisches Management. Wie strategische Initiativen zum Wandel führen, Stuttgart.

MÜLLER-STEWENS, G.; LECHNER, C. (2003): Strategische Prozessforschung – Grundlagen und Perspektiven, in: Ringlstetter, M. J.; Henzler, H. A.; Mirow, M. (Hrsg.): Perspektiven der Strategischen Unternehmensführung, Wiesbaden, S. 43-71.

NELSON, R. R.; WINTER, S. G. (1982): An Evolutionary Theory of Economic Change, Cambridge.

NIEDERLÄNDER, F. (2000): Dynamik in der internationalen Produktpolitik von Automobilherstellern, Wiesbaden.

NODA, T.; COLLIS, D. J. (2001): The Evolution of Intraindustry Firm Heterogeneity: Insights from a Process Study, in: Academy of Management Journal, 44. Jg., S. 897-925.

NUTT, F. C. (1984): Types of Organizational Decision Processes. Administrative Science Quarterly, 1984, 29. Jg., S. 414-450.

OVIATT, B. M.; MCDOUGALL, P. P. (1997): Challenges for Internationalization Process Theory: The Case of International New Ventures, in: Management International Review, 37. Jg., Special Issue Nr. 2, S. 85-99.

PAPADAKIS, V. M.; LIOUKAS, S.; CHAMBERS, D. (1998): Strategic Decision-Making Processes: The Role of Management and Context, in: Strategic Management Journal, 19. Jg., S. 115-147.

PEDERSEN, T.; SHAVER, M. (2000): Internationalization Revisited: The Big Step Hypothesis. Paper presented at the Wallenberg-Symposium, Uppsala, 10-11.1.2000.

PERICH, R. (1993): Unternehmungsdynamik. Zur Entwicklungsfähigkeit von Organisationen aus zeitlich-dynamischer Sicht. 2., Aufl., Bern – Stuttgart – Wien.

PETERAF, M. (1993): The Cornerstones of Competitive Advantage: A Resource-based View, in: Strategic Management Journal, 14. Jg., S. 179-191.

PETERSEN, B.; PEDERSEN, T. (1997): Twenty Years After – Support and Critique of the Uppsala Internationalisation Model, in: Björkman, I.; Forsgren, M. (Hrsg.): The Nature of the International Firm. Nordic Contributions to International Business Research, Copenhagen, S. 117-134.

PETTIGREW, A. M. (1985): The Awakening Giant. Continuity and Change in Imperial Chemical Industries, New York.

PETTIGREW, A. M. (1992): The Character and Significance of Strategy Process Research, in: Strategic Management Journal, 13. Jg., S. 5-16.

PFEFFER, J.; SALANCIK, G. R. (1978): The External Control of Organizations. A Resource Dependence Perspective, New York u. a.

PORTER, M. E. (1991): Towards a Dynamic Theory of Strategy, in: Strategic Management Journal, 12. Jg., Winter, S. 95-117.

POWELL, W. W.; KOPUT, K.; SMITH-DOERR, L. (1996): Interorganizational Collaboration and the Locus of Innovation: Networks of Learning in Biotechnology, in: Administrative Science Quarterly, 41. Jg., Nr. 1, S. 116-145.

PRAHALAD, C. K.; DOZ, Y. (1987): A Process Model of Strategic Redirection in Large Complex Firms: The Case of Multinational Corporations, in: Pettigrew, A. M. (Hrsg): The Management of Strategic Change, Oxford, S. 63-83.

QUINN, J. B. (1980): Strategies for Change. Logical Incrementalism, Homewood.

RAJAGOPALAN, N.; RASHEED, A. M. A.; DATTA, D. K. (1993): Strategic Decision Processes: Critical Review and Future Directions, in: Journal of Management, 19. Jg., S. 349-384.

RAJAGOPALAN, N.; SPREITZER, G.M. (1996): Toward a Theory of Strategic Change: A Multi-Lens Perspective and Integrative Framework, in: Academy of Management Review, 22. Jg., S. 48-79.

REINGANUM, J. F. (1989): The Timing of Innovation: Research, Development, and Diffusion, in: Handbook of Industrial Organization, 1. Jg., S. 849-908.

RÜHLI, E.; SCHMIDT, S. L. (1999): Die angloamerikanische „Strategy Process Research", in: Die Unternehmung, 53. Jg., S. 267-286.

SAVIOTTI, P. P.; METCALF, J. S. (1991): Present Developments and Trends in Evolutionary Economics, in: Sviotti, P. P. ; Metcalf, J. S. (Hrsg.): Evolutionary Theories of Economic and Technological Change, Reading, S. 1-30.

SCHERER, F. (1991): International R & D Races: Theory and Evidence, in: Mattsson, L.-G.; Stymme B. (Hrsg.): Corporate and Industry Strategies for Europe: Adaptions to the European Single Market in a Global Industrial Environment, Amsterdam.

SCHMALENSEE, R. (1983): Advertising and Entry Deterrence: An Exploratory Model, in: Journal of Political Economy, 91. Jg., S. 636-653.

SCHMIDT-BUCHHOLZ, A. (2001): Born globals - die schnelle Internationalisierung von High-tech Start-ups, Diss. Universität Eichtstätt-Ingolstadt, Lohmar.

SCHREYÖGG, G. (1991): Der Managementprozeß: neu gesehen, in: Staehle, W.H.; Sydow, J. (Hrsg.): Managementforschung 1, Wiesbaden, S. 255-289.

SCHREYÖGG, G. (1999): Organisation. Grundlagen moderner Organisationsgestaltung. 3. Aufl., Wiesbaden.

SCHUMPETER, J.A. (1950): Capitalism, Socialism, Democracy, New York.

SERVATIUS, H.-G. (1994): Evolutionäre Führung in chaotischen Umfeldern, in: zfo Zeitschrift Führung + Organisation, 63. Jg., Nr. 3, S. 157-164.

SHAPIRO, C. (1989): The Theory of Business Strategy, in: Journal of Economics, 20. Jg., Nr. 1, S. 125-137.

SITKIN, S. B.; SUTCLIFFE, K. M.; WEICK, K. E. (1998): Organizational Learning, in: Dorf, R. (Hrsg.): The Technology Management Handbook, Boca Raton, S. 70-76.

SPECTOR, B. (1995): The Sequential Path to Transformation Management, in: European Management Journal, 13. Jg., S. 382-389.

STEINÖCKER, R. (1993): Akquisitionscontrolling – Strategische Planung von Firmenübernahmen. Walhalla, Berlin u. a.

STIGLER, G. J. (1961): The Economics of Information, in: Journal of Political Economy, 59. Jg., S. 213-225.

SWOBODA, B. (2002): Dynamische Prozesse der Internationalisierung: Managementtheoretische und empirische Perspektiven des unternehmerischen Wandels, Wiesbaden.

SZTOMPKA, P. (1991): Society in Action: The Theory of Social Becoming, Chicago, IL.

TEECE, D. J. (1987): Profiting from Technological Innovation: Implications for Integration, Collaboration, Licensing, and Public Policy, in: Teece, D. E. (Hrsg.): The Competitive Challenge, Cambridge, S. 185-220.

TEECE, D. J.; PISANO, G. (1994): The Dynamic Capabilities of Firms: An Introduction, in: Industrial and Corporate Change, 3. Jg., S. 537-556.

TUSHMAN, M. L.; ANDERSON, P. (1986): Technological Discontinuities and Organizational Environments, in: Administrative Science Quarterly, 31. Jg., S. 439-465.

TUSHMAN, M. L.; O'REILLY III, C. A. (1996): Ambidextrous Organizations: Managing Evolutionary and Revolutionary Change, in: California Management Review, 38. Jg., Nr. 4, S. 8-30.

TUSHMAN, M. L.; ROMANELLI, E. (1985): Organizational Evolution: A Metamorphosis Model of Convergence and Reorientation, in: Research in Organizational Behaviour, 7. Jg., S. 171-222.

TUSHMAN, M. L.; ROSENKOPF, L. (1992): Organizational Determinants of Technological Change – Toward a Sociology of Technological Evolution, in: Research in Organizational Behaviour, 14. Jg., S. 311-347.

ULRICH, P. (1984): Systemsteuerung und Kulturentwicklung. Auf der Suche nach einem ganzheitlichen Paradigma der Managementlehre, in: Die Unternehmung, 38. Jg., S. 303-325.

VAN DE VEN, A. H. (1992): Suggestions for Studying Strategy Process: A Research Note, in: Strategic Management Journal, 13. Jg., Special Issue Summer, S. 169-188.

VAN DE VEN, A. H.; POOLE, M. S. (1995): Explaining Development and Change in Organizations, in: Academy of Management Review, 20. Jg., S. 510-540.

VERMEULEN, F.; BARKEMA, H. (2002): Pace, Rhythm, and Scope: Process Dependence in Building a Profitable Multinational Corporation, in: Strategic Management Journal, 23. Jg., S. 637-653.

WADE, J. (1995): Dynamics of Organizational Communities and Technological Bandwaggons: An Empirical Investigation of Community Evolution in the Microprocessor Market, in: Strategic Management Journal, 16. Jg., S. 111-133.

WEICK, K. E. (1985): Der Prozeß des Organisierens. Suhrkamp, Frankfurt a.M.

WEICK, K. E. (1977): Organization Design: Organizations as Self-designing Systems, in: Organizational Dynamics, 6. Jg., Nr. 2, S. 31-46.

WERNERFELT, B. (1984): A Resource-Based View of the Firm, in: Strategic Management Journal, 5. Jg., S. 171-180.

WILLIAMSON, O. E. (1975): Markets and Hierarchies – Analysis and Antitrust Implications, New York.

WILLIAMSON, O. E. (1985): The Economic Institutions of Capitalism. Firms, Markets, Relational Contracting, New York u. a.

WILLIAMSON, O. E. (1990): Organization Theory, New York u. a.

Zweites Kapitel

Rahmenbedingungen und Antriebskräfte der Kooperation

Joachim Zentes/Hanna Schramm-Klein*

Determinanten der Kooperation – Exogene und endogene Einflussfaktoren

---

* Univ.-Professor Dr. Joachim Zentes ist Inhaber des Lehrstuhls für Betriebswirtschaftslehre, insbesondere Außenhandel und Internationales Management der Universität des Saarlandes und Direktor des Instituts für Handel & Internationales Marketing (H.I.MA.) an der Universität des Saarlandes, Saarbrücken.
Dr. Hanna Schramm-Klein ist Wissenschaftliche Assistentin am Lehrstuhl für Betriebswirtschaftslehre, insbesondere Außenhandel und Internationales Management der Universität des Saarlandes, Saarbrücken.

1. Gegenstand

Die zunehmende Bedeutung kooperativer Arrangements, die in diesem Sammelwerk in mehreren Beiträgen herausgestellt wird (vgl. hierzu im Überblick den einführenden Beitrag von Zentes/Swoboda/Morschett in diesem Sammelwerk), ist auf eine Vielzahl von zum Teil interdependenten exogenen und endogenen Entwicklungen bzw. Determinanten zurückzuführen. Die theoretische Erklärung des Phänomens „Kooperation" und damit auch der exogenen und endogenen Determinanten basiert auf unterschiedlichen Ansätzen, die im Wesentlichen im Ersten Kapitel dieses Readers erörtert werden. Damit beruht auch die Erklärung der exogenen und endogenen Determinanten auf einem multiparadigmatischen Ansatz. Diese Perspektive liegt wiederum zum Teil den einzelnen Theorieansätzen selbst zu Grunde. Dies gilt beispielsweise für eine institutionenökonomische Betrachtung der Kooperationen (vgl. hierzu den Beitrag von Woratschek/Roth im Ersten Kapitel dieses Sammelwerks).

Die wichtigsten Determinanten können dabei aufgespalten werden in generelle **Umfelddeterminanten**, also exogene Faktoren, die von allgemeiner Bedeutung für die Entwicklung kooperativer Engagements sind, sowie in spezielle Umfelddeterminanten, die von spezifischer Relevanz für die betreffenden Unternehmen sind. Das generelle Umfeld umfasst insbesondere die politisch-rechtlichen Rahmenbedingungen, das sozio-ökonomische Umfeld sowie die technologischen Rahmenbedingungen.

Dem politisch-rechtlichen Umfeld sind die Rahmenbedingungen zuzurechnen, die von öffentlichen bzw. staatlichen oder supranationalen Organisationen gestaltet werden. Diese Determinanten bestimmen die Strategien und Maßnahmen der Unternehmen bezüglich der Wahl und Ausgestaltung ihrer kooperativen Arrangements. Die politisch-rechtlichen Faktoren können dabei in ihrer Wirkung auf Kooperationen sowohl fördernden als auch einschränkenden Charakter haben. Von besonderer Relevanz sind in diesem Zusammenhang gesetzliche Bestimmungen, so wettbewerbsrechtliche Regeln (insbesondere Kartellregelungen), die sowohl horizontale als auch vertikale Beziehungen betreffen. Beispielhaft kann in diesem Kontext die Freistellungsverordnung 2790/1999 über die Anwendung von Artikel 81 Absatz 3 des Vertrages auf Gruppen von vertikalen Vereinbarungen erwähnt werden. Auf eine Darstellung dieser komplexen Zusammenhänge wird in diesem Sammelwerk verzichtet, da dies nur durch eine Vielzahl von Beiträgen möglich wäre, was aber das Volumen und auch die primär ökonomische Ausrichtung übersteigen würde.

Der politisch-rechtliche Rahmen wird weiterhin wesentlich durch fortschreitende Liberalisierungs- und Deregulierungstendenzen geprägt. So hat sich die **Liberalisierung** des Welthandels – auf Waren und Dienstleistungen bezogen – und der direktinvestiven Engagements auf multilateraler Ebene im Zuge der GATT /WTO-Verhandlungen weiterentwickelt (Zentes/Schramm-Klein/Morschett 2004). Beispielhaft kann China herausgestellt werden, ein Land, das heute ausländischen Unternehmen ein breites Spektrum kooperativer, aber auch – im institutionenökonomischen Sinne – hierarchischer Arrangements ermöglicht. Zugleich weiten sich regionale Integrationsabkommen bzw. regionale „Integrationsblöcke" aus und intensivieren ihre internen Beziehungen. Zu erwähnen ist die fortschreitende Integration der ehemaligen Ostblockstaaten, den späteren Transformationsstaaten in die Europäische Union, so die am 1. Mai 2004 vollzogene EU-Osterweiterung (Zentes/Swoboda 2000, S. 46 ff.).

Neben der Öffnung von Ländermärkten findet im Rahmen sektoraler **Deregulierung** eine weitere Öffnung bisher abgeschirmter, oftmals monopolistischer oder staatlich reglementierter Branchen statt, so in den Bereichen Energie, Transport und Logistik, Telekommunikation oder Gesundheitswesen (Morschett 2002, S. 121 ff.).

In den Bereichen des sozio-ökonomischen Umfelds sind insbesondere die allgemeine wirtschaftliche Lage, die wirtschaftliche Entwicklung und die Entwicklung des allgemeinen Geschäftsklimas von Bedeutung. Diese Determinanten betreffen vor allem das Entwicklungspotenzial der Kooperationen (IBB/Institut für Handel & Internationales Marketing 2003, S. 16 f.). Vereinfacht betrifft dies das „Zusammenrücken" in schwierigen Zeiten.

Von wesentlicher Bedeutung für die Entwicklung kooperativer Engagements sind weiterhin technologische Rahmenbedingungen. Hierbei sind insbesondere die Neu- und Fortentwicklungen im Rahmen der Informations- und Kommunikationstechnologien von Bedeutung. Sie fördern dabei die Möglichkeiten und Optionen der Kommunikation, Vernetzung und „Virtualisierung" im Rahmen von Kooperationen sowie der operativen Abwicklung von Geschäftsprozessen, so z. B. anhand des Einsatzes von Internet-, Intranet- oder Extranet-Lösungen oder allgemeiner mithilfe des Elektronischen Datenaustauschs (EDI).

Diese generellen Umfeldbedingungen ergänzend, sind die Determinanten des speziellen Umfeldes, also die spezifischen Rahmenbedingungen der betreffenden Unternehmen, von Bedeutung. In diesem Zusammenhang stellen insbesondere das spezifische Wettbewerbsumfeld der Branche mit den Beschaffungsbedingungen, der aktuellen und potenziellen Konkurrenzstruktur sowie den Kundenbeziehungen der jeweiligen Unternehmen wichtige exogene Einflussfaktoren dar.

Neben den allgemeinen und spezifischen Umfeldfaktoren sind die unternehmensspezifischen endogenen Determinanten, also die materiellen und immateriellen **Ressourcen** der Unternehmen, für die Kooperationspolitik der Unternehmen bezüglich des Ausmaßes und der Formen kooperativer Engagements von besonderer Bedeutung.

Im Folgenden wird versucht, auf der Basis eines sicherlich vereinfachten und damit auch vergröberten Bezugsrahmens, die wesentlichen Entwicklungen bzw. Bestimmungsfaktoren zu charakterisieren. Dabei erfolgt eine Begrenzung der Betrachtungen auf einen Teilbereich aus dem Gesamtfeld der Einflussfaktoren, indem die Analyse anhand der Fokussierung auf die unternehmens- bzw. branchenspezifischen exogenen und endogenen Determinanten eingeschränkt wird. Als Bezugsrahmen wird eine Verknüpfung des „market-based view“ und des „resource-based view“ angestrebt, d. h. eine Verbindung der **Outside-Inside-Pespektive** mit der **Inside-Outside-Perspektive**.

2. Outside-Inside- und Inside-Outside-Perspektive

2.1 Outside-Inside-Perspektive

In dem **marktorientierten Ansatz** („**market-based view**“) des strategischen Managements, der hier als eine Perspektive zur Erklärung kooperativer Arrangements betrachtet wird, wird von der Grundannahme ausgegangen, dass die Einzigartigkeit und damit der Erfolg von Unternehmen durch ihre Stellung auf den Produktmärkten (bzw. verallgemeinert Leistungsprogrammmärkten) bestimmt wird (Zentes/Swoboda/Morschett 2004, S. 27 ff.). „Um erfolgreich zu sein, muss ein Unternehmen daher versuchen, auf diesen Märkten Wettbewerbsvorteile gegenüber seinen Konkurrenten aufzubauen und zu verteidigen. Damit wird das Verständnis der Märkte zum Ausgangspunkt für die Formulierung einer erfolgreichen Wettbewerbsstrategie“ (Hungenberg 1999, S. 15). Zentrales Denkmodell dieser Sichtweise ist das **Structure-Conduct-Performance-Paradigma** der Industrieökonomik (Industrial-Organization-Forschung), das einen Zusammenhang zwischen den Markt- und Wettbewerbsbedingungen („structure“), dem Verhalten der Wettbewerber („conduct“) und den Ergebnissen des Wettbewerbs beschreibt („performance“) (vgl. hierzu den Beitrag von Bühler/Jaeger im Ersten Kapitel dieses Sammelwerks). „Grundannahme dieses Paradigmas ist, dass die Marktstruktur direkt das Verhalten der Wettbewerber determiniert und das Wettbewerberverhalten die Marktergebnisse bestimmt, wodurch auch diese, zumindest indirekt, maßgeblich von der Marktstruktur geprägt werden. Obwohl es auch Rückkoppelungen zwischen diesen Größen gibt, ist es demnach in erster Linie das Verständnis der Marktstruktur, das herausragende Bedeutung für Wettbewerb und Unternehmenserfolg besitzt“ (Hungenberg 1999, S. 15). Die industrieökonomischen Zusammenhänge und damit den marktorientierten Ansatz verankerte insbesondere Porter innerhalb des strategischen Managements, unter anderem indem er ein ausgefeiltes Instrumentarium zur Analyse der Branchen- und Wettbewerbsstruktur entwickelte. Das Porter'sche Grundmodell zur Strukturanalyse von Branchen ist in Übersicht 1 dargestellt. Porter (1980) stellt fünf grundlegende Kräfte („Triebkräfte des Branchenwettbewerbs“) heraus, die den Stand des Wettbewerbs in einer Branche bestimmen: „Die zusammengefasste Stärke dieser Kräfte bestimmt das Gewinnpotenzial in der Branche, ausgedrückt im langfristigen Ertrag des eingesetzten Kapitals. Nicht alle Branchen haben das gleiche Gewinnpotenzial; es unterscheidet sich vielmehr erheblich gemäß der jeweiligen zusammengefassten Stärke der Wettbewerbskräfte“ (Porter 1999, S. 33).

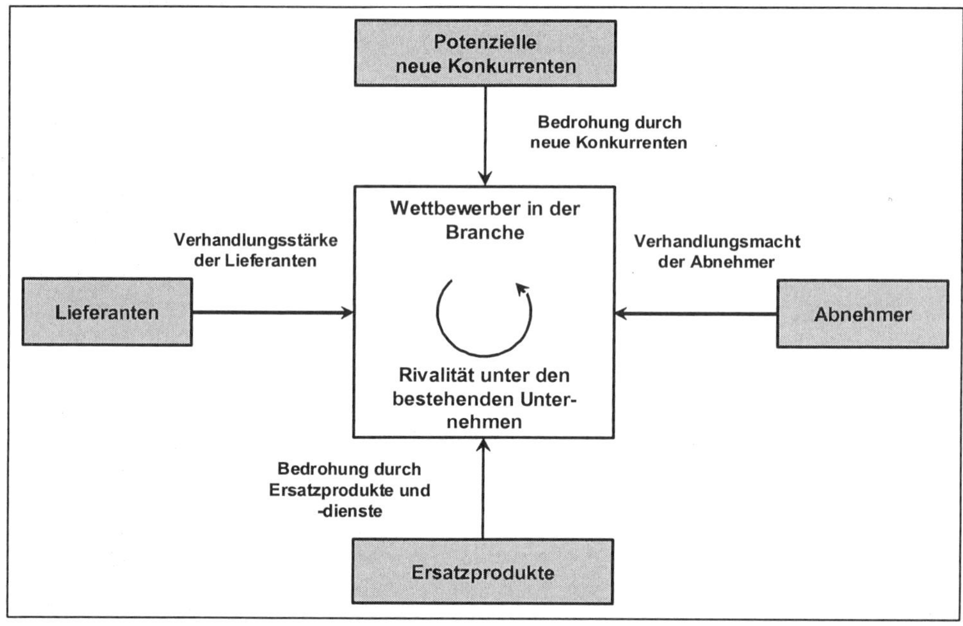

Quelle: Porter 1999, S. 34.

Übersicht 1: Die Triebkräfte des Branchenwettbewerbs

Das Porter'sche Grundmodell der **Triebkräfte des Branchenwettbewerbs** dient im Folgenden als Bezugsrahmen zur Erörterung der exogenen Determinanten der Kooperation.

2.2 Inside-Outside-Perspektive

Im Rahmen der Inside-Outside-Perspektive („**resource-based view**") steht die **Ressourcen- und Kompetenzbetrachtung** im Mittelpunkt der Analyse. Die internen Ressourcen eines Unternehmens bilden bei dieser Sichtweise den Ansatzpunkt zur Erklärung von Wettbewerbsvorteilen eines Unternehmens, nicht seine Stellung am Markt.

Damit liegt der ressourcenorientierten Sichtweise eine grundsätzlich entgegengesetzte Perspektive der Entwicklung bzw. Erzielung von Wettbewerbsvorteilen zu Grunde als der Industrieökonomik. Während in der traditionellen industrieökonomischen Sicht davon ausgegangen wird, dass die Unternehmen sich über geeignete Wettbewerbsstrategien an die Umwelt anpassen, liegt beim Ressourcenansatz der Fokus im Unternehmen. Wettbewerbsstrategien ergeben sich nicht primär auf Grund von Anforderungen der Umwelt, sondern vor allem auf Grund interner Ressourcen, die eine bestimmte (Wettbewerbs-)Strategie begünstigen oder hemmen können. Für die Beantwortung der Frage, wie nachhaltige Wettbewerbsvorteile zu erzielen sind, ist die Analyse der Determinanten ressourcenorientierter Wettbewerbsvorteile vorzunehmen. Insgesamt werden im Kontrast zur Industrieökonomik unternehmerische Erfolgspotenziale determiniert durch den Einfluss der Ressourcen auf den Markteintritt, auf die Branchenstruktur und auf die strategische Mobilität sowie durch die Rolle interner Ressourcen als Einflussgröße überdurchschnittlicher Rentabilität und als Schutzmechanismen von Wettbewerbsvorteilen (Zentes/Swoboda/Morschett 2004, S. 30 ff.; vgl. auch die dort angegebene Literatur).

Die theoretischen Wurzeln des ressourcenorientierten Ansatzes finden sich bereits in den fünfziger Jahren (so bei Penrose 1959). Dieser Ansatz löste die Wirkungskette der industrieökonomisch geprägten Structure-Conduct-Performance-Hypothese durch die „**Resources-Conduct-Performance-Hypothese**“ ab (Welge/Al-Laham 2001, S. 258). In den Mittelpunkt des ressourcenorientierten Ansatzes rückte in den letzten Jahren das auf Prahalad/Hamel (1991) und Hamel/Prahalad (1994) zurückgehende Konzept der **Kernkompetenzen** (vgl. hierzu den Beitrag von v. d. Oelsnitz im Ersten Kapitel dieses Sammelwerks). Da es im globalen Wettbewerb für Unternehmen zunehmend schwieriger wird, in vielen Bereichen oder Branchen bzw. Sektoren gleichzeitig eine Spitzenposition zu behalten, gilt es, „sich auf bestimmte Kernfähigkeiten zu konzentrieren und die Erstellung solcher Leistungen, die das Unternehmen nur ebenso gut oder schlechter als der Wettbewerb beherrscht, anderen zu überlassen“ (Macharzina 2003, S. 243).

Die Ressourcen der Unternehmens können grundsätzlich in materielle (tangible, visible) und immaterielle (intangible, invisible) Aktiva unterschieden werden. In Anlehnung an die Systematik von Knaese (1996) werden diese Aktiva in Übersicht 2 weiter differenziert. „Aus Sicht des Resource-Based-View stehen insbesondere die schwer imitierbaren immateriellen Aktiva im Vordergrund der Betrachtung. Diese können unterschieden werden in personenunabhängige und personengebundene Ressourcen. Personenunabhängige Ressourcen konkretisieren sich einerseits in Patenten, Copyrights, Verträgen, Reputation der Unternehmung u. ä., andererseits in organisatorisch verankerten Fähigkeiten in Form von **Routinen**. Personenabhängige Ressourcen stellen i.w.S. Fähigkeiten der Mitarbeiter und des Managements dar“ (Welge/Al-Laham 2001, S. 258 f.).

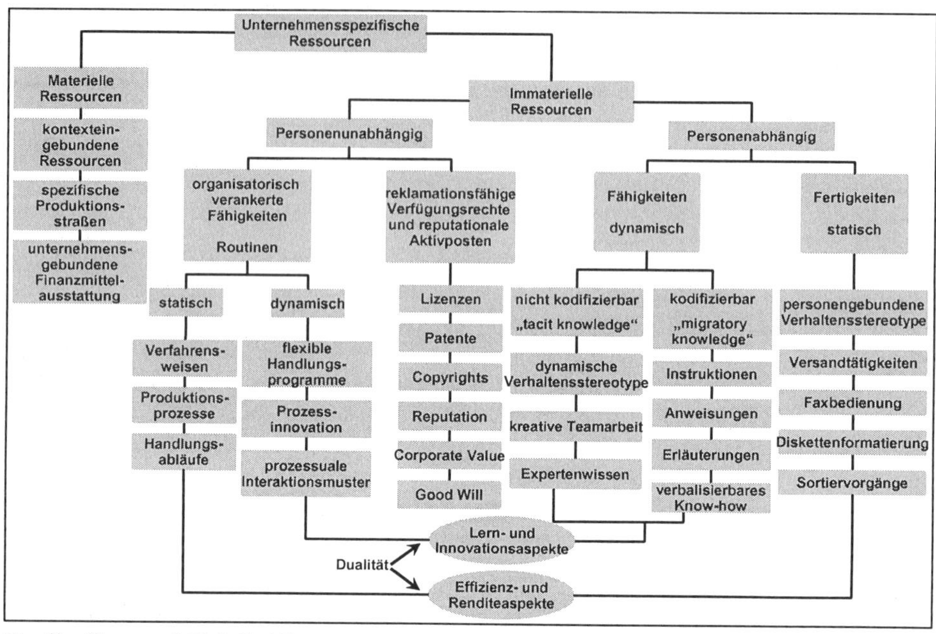

Quelle: Knaese 1996, S. 17.

Übersicht 2: Systematik unternehmensspezifischer Ressourcen

2.3 Kombination der Perspektiven

Die Diskussion der Sichtweisen des marktorientierten Ansatzes und des ressourcenorientierten Ansatzes verdeutlicht die Unzulänglichkeiten einer jeweils einseitigen Ausrichtung. In den betrachteten Konzepten wird diese auch nicht derart „puristisch“ gesehen. So wird in dem Porter'schen Ansatz, in dem auf industrieökonomische Konzepte zurückgegriffen wird, das Konzept der **Wettbewerbsvorteile**, die auch in internen Ressourcen begründet sind, integriert (Porter 2000).

Den Überlegungen dieses Beitrages liegt eine „kombinierte“ Betrachtungsweise zu Grunde und damit eine Synthetisierung der Outside-Inside- und der Inside-Outside-Perspektive. Vernachlässigt man Wechselbeziehungen zwischen den Hauptkategorien (Struktur, Ressourcen, Verhalten, Ergebnis), so kann die Kombination der beiden Perspektiven, wie in Übersicht 3 schematisiert dargestellt, verdeutlicht werden (Zentes/Swoboda/Morschett 2004, S. 32 ff.).

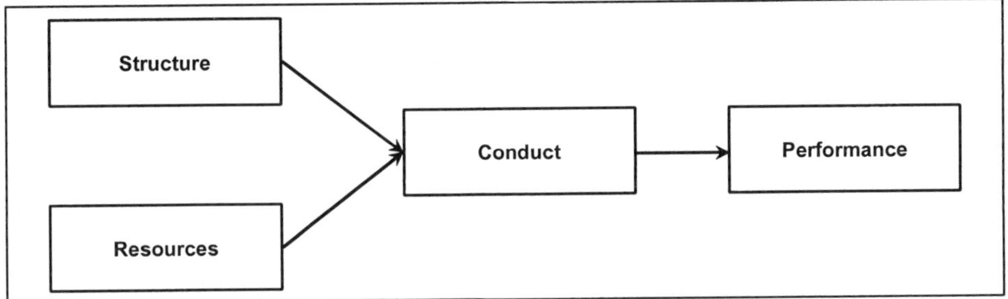

Quelle: Zentes/Swoboda/Morschett 2004, S. 33.

Übersicht 3: Kombination der Outside-Inside- und Inside-Outside-Betrachtung

3. Determinanten der Kooperation

3.1 Exogene Determinanten – Die Outside-Inside-Betrachtung

3.1.1 Vorbemerkungen und Überblick

Wenngleich im vorangegangenen Abschnitt die Zweckmäßigkeit einer synthetisierten Betrachtungsweise herausgestellt wurde, so werden im Folgenden aus analytischen Gründen die wesentlichen Determinanten zunächst isoliert erörtert, so die exogenen Determinanten als Ausdruck einer Outside-Inside-Perspektive und die endogenen Determinanten als Ausdruck einer Inside-Outside-Perspektive. Eine Zusammenfügung dieser Betrachtungsweisen erfolgt in Abschnitt 3.3.

In Anlehnung an das in Übersicht 1 dargestellte Porter'sche Modell der Triebkräfte des Branchenwettbewerbs werden im Folgenden erörtert:

- der zunehmende Wettbewerb innerhalb der Branchen
- die Bedrohung durch neue Konkurrenten
- die Verhandlungsmacht der Abnehmer
- die Verhandlungsstärke der Lieferanten.

Diese Faktoren beeinflussen das Eingehen horizontaler und/oder vertikaler, gegebenenfalls auch lateraler Kooperationen. Sie führen gleichermaßen zur Bildung von X-Allianzen oder Y-Allianzen (Zentes/Swoboda 2001, S. 14 f.; vgl. auch die dort angegebene Literatur). Aus der Vielfalt und Vielzahl der Determinanten werden im Folgenden exemplarisch nur einige herausgegriffen. Die Auswahl orientiert sich dabei an dem Kriterium der theoretisch begründbaren und möglichst auch empirisch bestätigten oder „nur" an der vermuteten bzw. evidenten Relevanz.

3.1.2. Zunehmender Branchenwettbewerb

Die Zunahme des Branchenwettbewerbs bzw. die zunehmende „Rivalität unter den bestehenden Unternehmen" ist zweifellos einer der wesentlichen vom Markt getriebenen Einflussfaktoren der Allianzbildung. Er führt sowohl zur Bildung von horizontalen Allianzen, so in Y-Form, als auch zur Bildung von vertikalen Allianzen, so in X-Form, letztlich auch zur Bildung lateraler Allianzen.

Die zunehmende **Rivalität** als Triebkraft kooperativer Arrangements gilt sowohl im Hinblick auf kleine und mittlere bzw. mittelständische Unternehmen (KMU) als auch im Hinblick auf „Großunternehmen", selbst für so genannte Global Player.

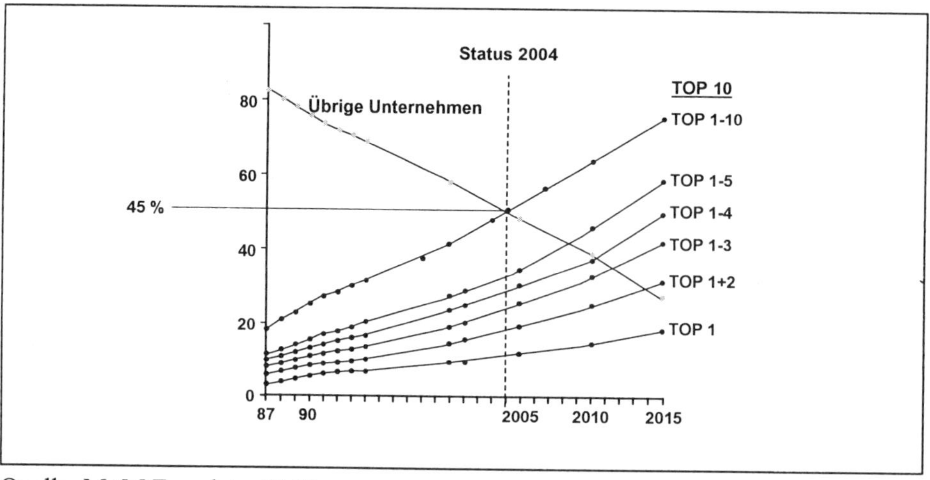

Quelle: M+M Eurodata; EMD.

Übersicht 4: Entwicklungsszenario der TOP 10 Lebensmittel-Handelsunternehmen in Europa

Beispielhaft können die strukturellen Gegebenheiten im europäischen Handel, so im Lebensmittelhandel, herausgestellt werden, die eine Intensivierung horizontaler Kooperationen, so in Form von Einkaufsgemeinschaften, mit sich gebracht haben. Diese werden insbesondere durch den fortschreitenden Konzentrationsprozess forciert. Die Marktentwicklung ist dadurch gekennzeichnet, dass für das Jahr 2015 ein Anstieg des Marktanteils der zehn führenden Handelsunternehmen auf knapp 80 % am Gesamtumsatz im europäischen Lebensmitteleinzelhandel prognostiziert wird (siehe Übersicht 4).

Market Members	Member Shareholders
A	ZEV Markant
B / LUX	Delhaize Le Lion
CZ / SK	Delhaize / Delvita
GR	Delhaize / Alfa Beta
CZ	EMD Markant
D / LUX	Markant
DK	SuperGros
E	Euromadi
FIN	Tuko Logistics
GB	Nisa Today's
I	ESD Italia
IRL	Musgrave
S	Axfood

Quelle: EMD 2004.

Übersicht 5: Mitglieder der EMD

Dies ist mit einer Verschärfung der Wettbewerbssituation verbunden, die als Antriebskraft für kooperative Aktivitäten im Sinne des Aufbaus von Gegenpolen bzw. Gegenmacht auf horizontaler Ebene dient. Ein Beispiel für eine solche horizontale Kooperation im Lebensmitteleinzelhandel auf europäischer Ebene stellt die EMD dar (siehe zur regionalen Struktur und zur Mitgliedsstruktur der EMD Übersicht 5). Die Zielsetzungen im Rahmen dieses Kooperationssystems gehen dabei über die Bündelung der Einkaufsvolumina hinaus und beinhalten auch die koordinierte Kooperation mit Markenartikelherstellern sowie die kooperative Realisierung von Eigenmarkensortimenten für die Mitglieder.

Als Beispiel für Allianzen im Dienstleistungssektor kann der Luftverkehr (Passage und Cargo) herausgestellt werden. Übersicht 6 zeigt die Marktanteile der drei dominierenden globalen Allianzen im sich verschärfenden Kampf um „die besten Plätze in der Luft".

Als geradezu klassisch einzustufendes Beispiel der Bildung vertikaler Allianzen kann die Automobilindustrie herausgestellt werden. So hat die globale Intensivierung des Wettbewerbs zu einer fundamentalen Neuausrichtung der Wertschöpfungskette der Automobilhersteller mit der Folge der Bildung unternehmensübergreifender Wertschöpfungsnetze geführt, in denen die Automobilhersteller meist als fokale Unternehmen den Wertschöpfungsprozess steuern. An die Wertschöpfungspartner, so die Zulieferindustrie, wurden zugleich weit reichende Aktivitäten in Forschung & Entwicklung, Produktion und Logistik ausgelagert. Konsequenz ist hier eine starke – wohl auch weiterhin anhaltende – Reduzierung der Wertschöpfungstiefe der Automobilhersteller, bei jedoch gleichzeitig starkem Einfluss auf die vernetzten Wertschöpfungsprozesse (vgl. hierzu den Beitrag von Zentes/Swoboda/Morschett im Vierten Kapitel dieses Sammelwerks). In die gleiche Richtung zielen die vielfältigen Formen des kollaborativen **Supply Chain Managements** in der Konsumgüterwirtschaft, die letztlich auf den Grundmodellen der Automobilindustrie basieren (Hertel/Zentes/Schramm-Klein 2005, S. 184 ff.; Zentes u. a. 2002).

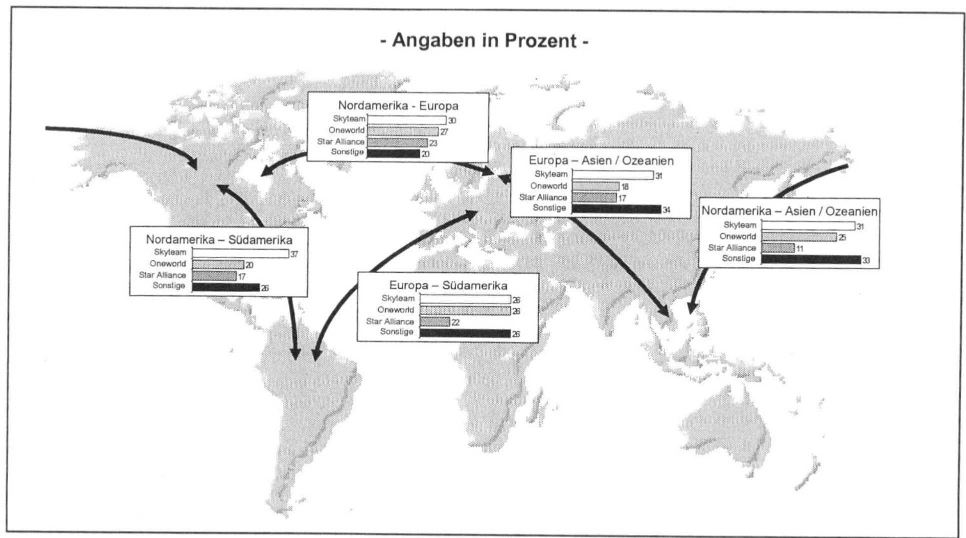

Quelle: Handelsblatt, 05. Mai 2004, S. 2.

Übersicht 6: Marktanteile auf den Flugrouten

3.1.3 Bedrohung durch neue Konkurrenten

Die Bedrohung durch neue Konkurrenten als Initialfaktor, mindestens jedoch als wesentlicher Einflussfaktor, kooperativer Arrangements kann am Beispiel der vielfältigen Formen des **E-Commerce** verdeutlicht werden, so an elektronischen Marktplätzen (Zentes/Morschett 2003b). Elektronische Marktplätze sind virtuelle, primär Internet-gestützte Plattformen zur Unterstützung von Transaktionen, wobei hier Transaktionen zwischen Unternehmen („**B2B-Marktplätze**") und Transaktionen zwischen Unternehmen und Verbrauchern („**B2C-Marktplätze**") im Vordergrund stehen (Zentes/Bartsch 2002).

Grundsätzlich kann man bei Marktplätzen verschiedene Arten unterscheiden, so neutrale Marktplätze, nachfragerbezogene Marktplätze und anbieterbezogene Marktplätze:

- **Neutrale Marktplätze** begünstigen durch ihr Geschäftsmodell weder Angebot noch Nachfrage, sondern bieten eine unabhängige Plattform für Transaktionen. In der Regel werden diese auch von neutralen Betreibern, in den letzten Jahren oft Start-Ups, geführt. Als Beispiel kann Trimondo angeführt werden, ein Joint Venture der Lufthansa AirPlus und der Deutschen Post World Net Business Consulting GmbH.
- **Nachfragerbezogene Marktplätze** orientieren sich primär an den Interessen der potenziellen Käufer. Die zentrale Grundlage dieser Marktplätze bildet die virtuelle Bündelung der Nachfrage und die hierdurch erhöhte Nachfragemacht, in Kombination mit käuferfreundlichen Handelsmechanismen. Marktplätze wie Covisint und SupplyOn in der Automobilwirtschaft oder CPGmarket und Transora in der Konsumgüterwirtschaft sind von Unternehmen initiiert worden, die auf diesen Marktplätzen als Nachfrager auftreten.
- **Anbieterbezogene Marktplätze** richten sich an den Interessen der Angebotsseite aus. Das komplementäre oder auch konkurrierende Angebot mehrerer Unternehmen wird durch die Organisation eines Marktplatzes aggregiert und den Nachfragern über eine gemeinsame Vertriebsplattform angeboten. Dabei kontrollieren oft Anbieterkonsortien als Betreiber die Regeln des Marktes. Ein Beispiel ist Elemica, eine elektronische Plattform auf Initiative der Chemieindustrie, die zur Unterstützung des Verkaufs von Chemikalien als Standard etabliert werden soll.

Sowohl die anbieterbezogenen als auch die nachfragerbezogenen Marktplätze treten meist in Form (horizontal) kooperativer Marktplätze auf. Sie sind oftmals als Reaktionen oder in einem proaktiven Sinne zur Abwehr oder zur Erschwerung eines potenziellen Markteintritts neutraler Marktplätze entstanden, die letztlich als Wertschöpfungskonkurrenten auftreten.

Gleichermaßen ausgelöst durch neue Konkurrenten sind elektronische Shopping-Malls, als Beispiel einer (horizontalen, virtuellen) Kooperation zwischen Handelsunternehmen. Elektronische Shopping-Malls übertragen das klassische Konzept der „realen“ Shopping-Center auf den Online-Kanal, so im Bereich des B2C-E-Commerce (Zentes/Morschett 2003b).

Beispielhaft kann die elektronische Mall „Shopping 24“ (siehe Übersicht 7) herausgestellt werden, in der unter der Koordination des Otto-Konzerns als „Center-Betreiber“ eine Vielzahl von Handelsunternehmen integriert sind.

Übersicht 7: Elektronische Shopping-Malls als Beispiel einer horizontalen, virtuellen Kooperation zwischen Handelsunternehmen

Durch diese Malls versuchen Handelsunternehmen in kooperativer Form ein Multi-Channel-Retailing zu realisieren, um so einer Multi-Channel-Distribution der Hersteller, so durch Internetvertrieb, zu begegnen (Schramm-Klein 2003, S. 36). Gerade die vergleichsweise einfache und transaktionskostenreduzierende Form des virtuellen Vertriebs ermöglicht Herstellern zunehmend direktdistributive Alternativen: Sie treten damit als Wettbewerber ihrer bisherigen (Handels-)Kunden auf (Zentes/Schramm-Klein 2002, S. 451).

3.1.4 Zunehmende Verhandlungsmacht der Abnehmer

Am Beispiel des vorne bereits erwähnten Lebensmittelhandels können auch kooperative Reaktionen der Hersteller auf die zunehmende Verhandlungsmacht ihrer Abnehmer, d. h. des Handels, illustriert werden. So strebt der Lebensmitteleinzelhandel zunehmend nach der Übernahme der Logistik- und Marketingführerschaft in der Konsumgüterwirtschaft (vgl. hierzu den bereits erwähnten Beitrag von Zentes/Swoboda/Morschett im Vierten Kapitel dieses Sammelwerks und die dort angegebene Literatur). Diese wettbewerbsstrategische Ausrichtung erreicht der Handel durch eine Ausdehnung seiner Wertschöpfungstiefe (**Insourcing**), die von einem operativen **Outsourcing** begleitet wird.

Dieser zunehmenden Verhandlungsmacht des Handels versuchen Hersteller durch horizontal-kooperative Logistiksysteme zu begegnen, bei denen diese Wertschöpfungsaktivität weiterhin industriegesteuert erfolgt. Auch hier erfolgt weit gehend ein operatives Outsourcing an Logistikdienstleister. Beispielhaft können die Systeme SynLOG und PharmLog erwähnt werden.

Im Rahmen des SynLOG-Systems, einem industrieinitiierten kooperativen Logistiksystem im Bereich der Garten- und Baumarktsortimente, erfolgt die Realisierung einer unternehmensübergreifenden Warenlogistik. Dieses System basiert auf einer Warenbündelung für Hersteller- und Handelsunternehmen unter Integration von drei Logistikdienstleistern. Die Vorteile liegen dabei in der herstellerübergreifenden Warenbündelung bezogen auf schwer lagerbare Güter (Sperrigkeit u. Ä.), wobei Handling und Replenishment durch die Hersteller erfolgen (Zentes/Bartsch 2002, S. 85.). Das System PharmLog, ein Kooperationssystem der Pharmaindustrie, geht über dieses auf Anlieferbündelung und Replenishment ausgerichtete System hinaus, indem Bevorratung, Kommissionierung, Verpackung und Versendung zentral im Rahmen eines durch die Kooperationspartner gemeinsam genutzten Logistikzentrums realisiert werden, wobei auch hier Transport und Anlieferung durch externe Logistikdienstleister übernommen werden. Die gemeinsame und koordinierte Nutzung des Logistikzentrums sowie die Koordination und Bündelung der Transporte erfolgen dabei mit der Zielsetzung der Effektivitäts- und Effizienzsteigerung im Rahmen der Realisierung der kooperativen Logistiksysteme (Pohlmann 2000, S. 186 ff.).

3.1.5 Zunehmende Verhandlungsstärke der Lieferanten

Die zunehmende Verhandlungsstärke der Lieferanten als Antriebskraft kooperativer Engagements (ihrer Abnehmer) kann an mehreren Beispielen illustriert werden. So wird die Bildung von Einkaufsgemeinschaften bzw. Einkaufskontoren, an die auch Großunternehmen des Handels angeschlossen sind, neben der bereits erwähnten Wettbewerbsintensivierung auch durch die Zunahme der **Lieferantenkonzentration** beeinflusst. Dies zeigt sich insbesondere in der Konsumgüterindustrie, wobei auf Grund des hohen Fragmentierungsgrades dieser Branche die Betrachtung einzelner Warengruppen erforderlich ist, um den Konzentrationsgrad festzustellen. So ist die Konzentration der Hersteller auf der Ebene einzelner Warengruppen durchaus mit der Konzentration des Handels vergleichbar, was sich auf ihre Verhandlungsmacht auswirkt. Betrachtet man beispielsweise den deutschen Markt, so zeigt sich, dass der Marktanteil der zehn führenden Hersteller in einzelnen Warengruppen zum Teil über 90 % erreicht. Beispiele hierfür liegen im Bereich Margarine, Kartoffelerzeugnisse oder Wasch-, Putz-, Reinigungsmittel (siehe Übersicht 8). Aber auch in einer Vielzahl weiterer Warengruppen zeigen sich ähnliche Tendenzen.

Die Konzentration ist dabei nicht auf einzelne Ländermärkte beschränkt. In vielen Bereichen sind auch die internationalen Konsumgütermärkte von multinationalen oder globalen Unternehmen geprägt. Unternehmen wie P&G, Philip Morris, Nestlé, Unilever Bestfoods, Levi‘s, 3M, Bosch u. v. m. zeichnen sich durch die Bearbeitung zahlreicher Ländermärkte – meist weltweit – mit oftmals führenden Positionen auf verschiedenen Märkten aus.

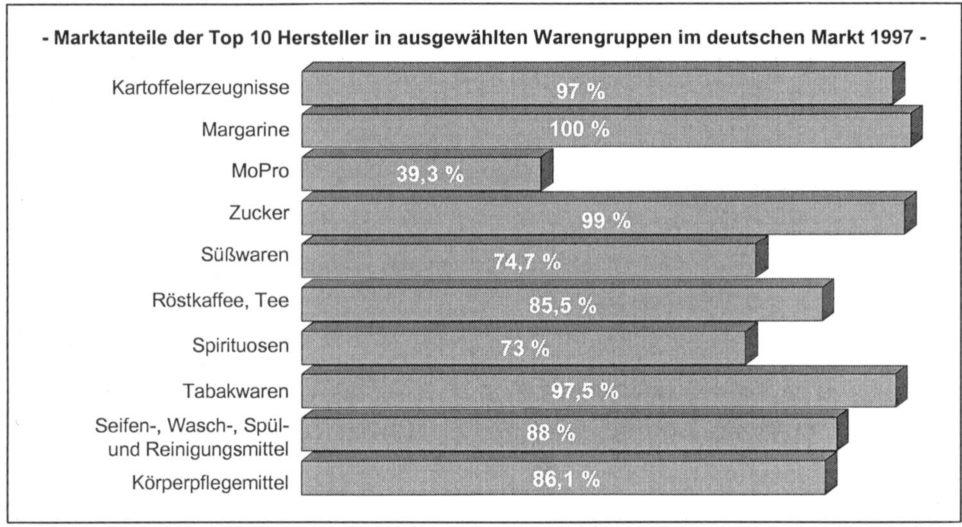

Quelle: GWH 1998.

Übersicht 8: Konzentration in der Konsumgüterindustrie

Eine ähnliche Konstellation ist auch in der Luftfahrtindustrie gegeben. So bestehen im Bereich der „großvolumigen" Passagierflugzeuge weltweit nur zwei Anbieter. Die sich ebenfalls aus einer Intensivierung des Branchenwettbewerbs herausbildenden Allianzen der Carrier, so Star Alliance, Oneworld, Skyteam (siehe Übersicht 6), streben durch Einkaufsbündelung auch eine Verbesserung ihrer Verhandlungsposition gegenüber diesen Anbietern, die oftmals selbst als strategische Allianz agieren, so Airbus Industry, an.

3.2 Endogene Determinanten – Die Inside-Outside-Betrachtung

3.2.1 Vorbemerkungen und Überblick

Die ressourcenbasierte Betrachtungsweise kann – wie bereits erwähnt – gleichermaßen als Begründung kooperativer Arrangements herangezogen werden. So ist es einerseits das Ziel, komplementäre Fähigkeiten durch Kooperation zu bündeln. Derartige Allianzen sind Ausdruck vorhandener Kompetenzen bzw. Stärken, zugleich Ausdruck vorhandener Schwächen bzw. Defizite auf anderen Feldern der beteiligten Unternehmen. Dieser Allianztyp wird in Anlehnung an Porter/Fuller (1989) meist als X-Allianz bezeichnet. Der Charakter dieses Allianztyps wird in der Bezeichnung **„Closing-Gap-Allianzen"** noch verdeutlicht (vgl. hierzu den Beitrag von v. d. Oelsnitz im Ersten Kapitel dieses Sammelwerks und die dort angegebene Literatur).

Ein zweiter kategorialer Allianztyp, der seine Begründung gleichermaßen in der ressourcenorientierten Betrachtungsweise findet, ist durch die Zusammenlegung gleicher Aktivitäten bzw. Fähigkeiten begründet. Durch Kumulation soll die erforderliche kritische Masse erreicht werden, d. h., die Partner kompensieren durch die Kooperation individuelle Schwächen, die in nicht ausreichend vorhandenen Ressourcen begründet sind. Dieser Allianztyp wird nach Porter/Fuller (1989) als Y-Allianz bezeichnet. In anschaulicher Weise wird er auch als **„Critical-Mass-Allianz“** eingestuft (vgl. hierzu den oben erwähnten Beitrag von v. d. Oelsnitz).

3.2.2. Bündelung komplementärer Ressourcen – Franchising

Komplementäre Ressourcen als Ausgangspunkt für das Eingehen kooperativer Arrangements führen zu einem breiten Spektrum von Allianzen, die alle Wertschöpfungsbereiche betreffen. Beispiele aus ausgewählten Wertschöpfungsbereichen werden im Vierten Kapitel dieses Sammelwerks dargestellt.

Exemplarisch soll hier das Franchising in Form des **Vertriebs-Franchising** als eine kontraktuelle Allianz zur internationalen Expansion herausgestellt werden (Zentes/Morschett/Neidhart 2003b). Aus Sicht des ressourcenbasierten Ansatzes ist Franchising Ausdruck einer Kombination von Kernkompetenzen des Franchise-Gebers („franchisor“) und der Franchise-Nehmer („franchisee“), zugleich auch Ausdruck gegebener Defizite oder Schwächen der Allianzpartner. So verfügt der Franchise-Geber über ein spezifisches Produkt- oder Produktions-Know-how, eine reputative Marke o. ä. Zugleich ist er in der Lage, einen umfassenden Support („Franchise-Paket“), so in Fragen der Marktforschung, des Controlling, der Personalentwicklung usw. zu leisten (Tietz/Mathieu 1979; Skaupy 1995). Die genuinen Kompetenzen der Franchise-Nehmer sind in ihrem unternehmerischen Engagement („entrepreneurship“) begründet, sich „vor Ort“ zu engagieren, und in ihren Kenntnissen der lokalen (Beschaffungs- und Absatzmarkt-)Gegebenheiten usw. (siehe Übersicht 2). Zu ihren Ressourcen zählen neben diesen immateriellen Ressourcen materielle Ressourcen, so vorhandene Standorte bzw. Immobilien oder die vorhandene bzw. beschaffbare Finanzmittelausstattung.

Die unter der Koordination des Franchise-Gebers – er agiert im Sinne der Netzwerktheorie als fokales Unternehmen – stattfindende Wertschöpfung basiert somit auf einem kooperativen Wettbewerbsvorteil („joint competitive advantage“), der im „closing gap“ begründet ist. So kompensiert der Franchise-Nehmer – im Sinne der Übersicht 2 – ein Kompetenzdefizit, das in nicht vorhandenen Verfügungsrechten und/oder reputationalen Aktivposten oder Verfahrensweisen/Produktionsprozessen begründet ist. Der Franchise-Geber dagegen kompensiert nicht vorhandene materielle Ressourcen, so Finanzmittel, oder kontexteingebundene Ressourcen (z. B. Standorte im ausländischen Markt) bzw. die Nicht-Verfügbarkeit von Fähigkeiten und Fertigkeiten in ausländischen Märkten.

3.2.3 Bündelung gleicher Ressourcen – Einkaufsgemeinschaften

Allianzen in Form von **Einkaufsgemeinschaften** stellen eine der ältesten Kooperationsformen dar. Ihre Entstehung ist in der Bündelung materieller Ressourcen, so der individuellen Beschaffungsvolumina, zur Erzielung einer kritischen Masse und damit eines kollektiven Wettbewerbsvorteils begründet (Zentes 1992, 1995). Derartige Allianzen finden sich traditionellerweise im Handel (Groß- und Einzelhandel) (Zentes/Swoboda 1998, 2000, 2002). Sie sind zunehmend auch in der industriellen Beschaffung anzutreffen (vgl. hierzu den Beitrag von Arnold/Eßig im Vierten Kapitel dieses Sammelwerks; vgl. auch Zentes/Morschett/Neidhart 2003a). Gleichermaßen zeichnen sich verstärkt Tendenzen zur Bildung von Einkaufsgemeinschaften im Dienstleistungsbereich und im Bereich öffentlicher und semi-öffentlicher Betriebe bzw. Institutionen, so Krankenhäuser, städtische Verwaltungen, ab.

3.3 Synthetisierung der Perspektiven

Die in diesem Beitrag angestrebte Synthetisierung der Betrachtungsweisen kann an den im vorangegangenen Abschnitt aufgezeigten Allianzen (Franchising als X-Allianz oder Closing-Gap-Allianz und Einkaufsgemeinschaften als Y-Allianz oder Critical-Mass-Allianz) in Verbindung mit der Porter'schen Darstellung der Triebkräfte des Branchenwettbewerbs verdeutlicht werden.

Triebkräfte des Branchenwettbewerbs als Katalysator der Bündelung gleicher Ressourcen

Die zunehmende Rivalität unter den bestehenden Unternehmen, so die vorne herausgestellte Konzentration im Handel, und die zunehmende Verhandlungsstärke der Lieferanten, deren Konzentrationsgrad auf globaler Ebene gleichermaßen steigt, um zwei wesentliche Triebkräfte herauszustellen, machen es unabdingbar, die kritische Masse zu erhöhen: Exogene Entwicklungen verdeutlichen das eigene Ressourcendefizit und erzwingen letztlich Bündelungen des Volumens, um die kritische Masse zu erreichen. Dies betrifft selbst Unternehmen, die in kompetitiven Beziehungen auf den Absatzmärkten zueinander stehen: Kooperation („cooperation") und Wettbewerb („competition") innerhalb einer Branche („**co-opetition**") sind die Folge (vgl. hierzu die Beiträge von Schmidtchen und Magin/Heil/Fürst im Ersten Kapitel dieses Sammelwerks).

Dieses Muster zur Bildung von Y-Allianzen, als Zusammenspiel exogener und endogener Determinanten, gilt gleichermaßen für kooperative Arrangements in anderen Wertschöpfungsbereichen.

Triebkräfte des Branchenwettbewerbs als Katalysator der Bündelung komplementärer Ressourcen

Am aufgezeigten Beispiel des Franchising kann die Verknüpfung der exogenen und endogenen Determinanten und damit die Zweckmäßigkeit einer synthetisierten Betrachtungsweise verdeutlicht werden. Sie zeigt auch auf, dass Allianzen zugleich X- und Y-Charakter aufweisen können, d. h. sowohl Critical-Mass-Allianzen als auch Closing-Gap-Allianzen sind.

So kann ein Hersteller, der seine Produkte über eigene Distributionskanäle, z. B. Verkaufsniederlassungen, vertreibt, zur Erreichung einer kritischen Masse gegenüber seinen Lieferanten zur Expansion gezwungen sein. Dieser Zwang kann gleichermaßen (gegebenenfalls zusätzlich) in einem zunehmend kompetitiven Umfeld begründet sein, dessen Rivalitätsgrad durch den Eintritt neuer (gegebenenfalls ausländischer) Anbieter verstärkt wird. Beschränkte finanzielle und personelle Ressourcen sprechen in diesem Fall für eine kooperative Marktexpansion, so in Form des Franchising. Mit dieser kooperativen Expansionsform wird zugleich einer zunehmenden Verhandlungsmacht der Abnehmer entgegengewirkt (Küster 2000). Im Rahmen des Franchising hat der Kontraktgeber weit reichenden Einfluss auf die Kontraktnehmer, d. h., er kann die Wertschöpfungskette auf kontraktueller Basis weit gehend steuern und so beispielsweise auf die Beschaffungsaktivitäten – und damit auf die Verhandlungsmacht – Einfluss ausüben (z. B. im Wege der **Bezugsbindung**). Die Grenzen seines Einflusses sind rechtlich fixiert, so über die bereits erwähnte EU-Gruppenfreistellungsverordnung für vertikale Vereinbarungen (Verordnung (EG) Nr. 2790/1999 der Kommission) (Tietz 1992; Schulte 1998).

4. Fazit und Ausblick

Die Ausführungen verdeutlichen, dass „market-based view“ und „resource-based view“ zwei sich stets ergänzende Betrachtungsweisen kooperativer Arrangements darstellen, die eine Verknüpfung bzw. Synthetisierung sinnvoll erscheinen lassen: Sie bilden damit selbst eine „Erklärungsallianz“ kooperativer Arrangements.

Verdeutlicht wurde auch, dass die aus analytischen Gründen zweckmäßige Trennung in X-Allianzen und Y-Allianzen bzw. in Closing-Gap-Allianzen und Critical-Mass-Allianzen in realen Kooperationen keine Trennschärfe besitzt: Beide Allianztypen treten oftmals kombiniert auf.

Die skizzierten Triebkräfte des Branchenwettbewerbs – in Anlehnung an das Porter'sche Grundmodell – und die gleichermaßen sich abzeichnende Fokussierung auf Kernkompetenzen mit der Folge des Outsourcing dürften weiterhin zu kooperativen Arrangements führen, in denen komplementäre Ressourcen oder gleiche Ressourcen gebündelt werden, um sich auf sich kompetitiv verschärfenden Märkten kooperative Wettbewerbsvorteile zu verschaffen.

Literatur

HERTEL, J.; ZENTES, J.; SCHRAMM-KLEIN, H. (2005): Supply-Chain-Management und Warenwirtschaftssysteme im Handel, Berlin u.a.

HUNGENBERG, H. (1999): Bildung und Entwicklung von strategischen Allianzen – Theoretische Erklärungen, illustriert am Beispiel der Telekommunikationsbranche, in: Engelhard, J.; Sinz, E. I. (Hrsg.): Kooperationen im Wettbewerb, Wiesbaden, S. 3-20.

IBB; Institut für Handel & Internationales Marketing (Hrsg.) (2003): Die Zukunft der Kooperationen, Frankfurt a.M.

KNAESE, B (1996): Kernkompetenzen im strategischen Management von Banken: Der „Resourced-based view“ in Kreditinstituten, Wiesbaden.

KÜSTER, M. (2000): Opportunismus und Motivation in Franchise- und Vertragshändler-Systemen, Stuttgart.

MACHARZINA, K. (2003): Unternehmensführung. Das internationale Managementwissen, 4. Aufl., Wiesbaden.

PENROSE, E.-I. (1959): The Theory of the Growth of the Firm, Oxford.

POHLMANN, M. (2000): Etablierung horizontaler Kooperationen für die Distributionslogistik, Dortmund.

PORTER, M. E. (1980): Competitive Strategy: Techniques for analysing Industries and Competitors, New York

PORTER, M. E. (1999): Wettbewerbsstrategie: Methoden zur Analyse von Branchen und Konkurrenten, 10. Aufl., Frankfurt a.M. u. a.

PORTER, M. E. (2000): Wettbewerbsvorteile: Spitzenleistungen erreichen und behaupten, 6. Aufl., Frankfurt a.M. u. a.

PORTER, M. E.; FULLER, M. B. (1989): Koalitionen und globale Strategien, in: Porter, M. E. (Hrsg.): Globaler Wettbewerb, Wiesbaden, S. 363-399.

PRAHALAD, C.; HAMEL, G. (1991): Neue Kernkompetenzen sichern das Überleben, in: Harvard Business Manager, 13. Jg., Nr. 2, S. 66-78.

PRAHALAD, C.; HAMEL, G. (1994): Competing for the Future, Boston.

SCHRAMM-KLEIN, H. (2003): Multi-Channel-Retailing, Wiesbaden.

SCHULTE, G. (1998): Das nationale Kartellrecht und seine Bedeutung für die strategische Entwicklung der Verbundgruppen, in: Olesch, G. (Hrsg.): Kooperationen im Wandel, Frankfurt a.M., S. 183-206.

SKAUPY, W. (1995): Franchising-Handbuch für die Betriebs- und Rechtspraxis, 2. Aufl., München.

TIETZ, B. (1992): Wettbewerbstheoretische und wettbewerbspolitische Aspekte strategischer Allianzen, in: Zentes J. (Hrsg.): Strategische Partnerschaften im Handel, Stuttgart, S. 33-59.

TIETZ, B.; MATHIEU, G. (1979): Das Franchising als Kooperationsmodell für den mittelständischen Groß- und Einzelhandel, Köln u. a.

WELGE, M. K.; AL-LAHAM, A. (2003): Strategisches Management, 4. Aufl., Wiesbaden.

ZENTES, J. (1992a): Ost-West Joint Ventures als strategische Allianzen, in: Zentes, J. (Hrsg.): Ost-West Joint Ventures, Stuttgart, S. 3-23.

ZENTES, J. (1992b): Kooperative Wettbewerbsstrategien im internationalen Konsumgütermarketing, in: Zentes, J. (Hrsg.): Strategische Partnerschaften im Handel, Stuttgart, S. 3-31.

ZENTES, J. (1995): Wettbewerbsstrategien auf europäischen Märkten, in: Scholz, C.; Zentes, J. (Hrsg.): Strategisches Euro-Management, Stuttgart, S. 3-30.

ZENTES, J.; BARTSCH, A. (2002): B2B-Marktplätze; Realitäten – Erfolgsfaktoren – Potenziale, in: Töpfer, A. (Hrsg.): B2B Marktplätze – Wo liegt der strategische und operative Nutzen?, Wiesbaden, S. 17-33.

ZENTES, J.; JANZ, M.; KABUTH, P.; SWOBODA, B. (2002): Best Practice-Prozesse im Handel: Customer Relationship Management und Supply Chain Management, Frankfurt a.M.

ZENTES, J.; MORSCHETT, D. (2003a): Kooperative Internationalisierungsstrategien, in Holtbrügge, D. (Hrsg.): Management Multinationaler Unternehmen, Heidelberg, S. 51-66.

ZENTES, J.; MORSCHETT, D. (2003b): Horizontale und vertikale Online-Kooperationen im Vertrieb, in: Büttgen, M.; Lücke, F. (Hrsg.): Online-Kooperationen, Wiesbaden, S. 223-248.

ZENTES, J.; MORSCHETT, D.; NEIDHART, M. (2003a): Horizontale Kooperationssysteme in der Industrie und im Dienstleistungssektor – Perspektiven und Strategien, in: IBB/Institut für Handel und Internationales Marketing (Hrsg.): Die Zukunft der Kooperationen, Frankfurt a.M., S. 5-70.

ZENTES, J.; MORSCHETT, D.; NEIDHART, M. (2003b): Vertikale Vertriebskooperationssysteme – Perspektiven, Strategien, in: IBB/Institut für Handel und Internationales Marketing (Hrsg.): Die Zukunft der Kooperationen, Frankfurt a.M., S. 189-267.

ZENTES, J.; SCHRAMM-KLEIN, H. (2002): Multi-Channel-Retailing: Perspektiven, Optionen, Befunde, in: Wirtschaftswissenschaftliches Studium, 31. Jg., Nr. 8, S. 450-460.

ZENTES, J.; SCHRAMM-KLEIN, H.; MORSCHETT, D. (2004): Außenhandel und internationales Marketing, in: Zentes, J.; Morschett, D; Schramm-Klein, H. (Hrsg.): Außenhandel, Wiesbaden, S. 3-25.

ZENTES, J.; SWOBODA, B. (1998): Die Verbundgruppen auf dem Wege zum Informationsverbund, in: Olesch, G. (Hrsg.): Kooperation im Wandel. Zur Bedeutung und Entwicklung der Verbundgruppen, Frankfurt a.M., S. 221-243.

ZENTES, J.; SWOBODA, B. (2000): Allied groups on the road to complex networks, in: Technology In Society, 22. Jg., Nr. 1, S. 133-150.

ZENTES, J.; SWOBODA, B. (2001): Grundbegriffe des Marketing – Marktorientiertes globales Management-Wissen, 5. Aufl., Stuttgart.

ZENTES, J.; SWOBODA, B. (2002): Virtuelle Netzwerke – Entwicklungsrichtung für Verbundgruppen des Handels?, in: Möhlenbruch, D.; Hartmann, M. (Hrsg.): Der Handel im Informationszeitalter, Wiesbaden, S. 129-149.

ZENTES, J.; SWOBODA, B.; MORSCHETT, D. (2004): Internationales Wertschöpfungsmanagement, München.

Uwe Jirjahn/Kornelius Kraft/Jörg Stank*

Globalisierung der Wirtschaft und internationale Kooperationen

---

* PD Dr. Uwe Jirjahn ist Wissenschaftlicher Angestellter am Institut für Quantitative Wirtschaftsforschung an der Universität Hannover.
Univ.-Professor Dr. Kornelius Kraft ist Inhaber des Lehrstuhls für Volkswirtschaftslehre, insbesondere Wirtschaftspolitik der Universität Dortmund.
Dipl.-Vw. Jörg Stank ist volkswirtschaftlicher Referent in der Abteilung Unternehmensentwicklung der HOCHTIEF AG.

1. Einleitung

Globalisierung bezeichnet die Intensivierung ökonomischer Beziehungen zwischen verschiedenen Volkswirtschaften. Es handelt sich dabei um mehr als ein modisches Schlagwort. Statistisch lässt sich eindrücklich belegen, dass Globalisierung ein Phänomen mit vielfältigen Facetten und weit reichenden Konsequenzen ist. So hat sich sowohl der monetäre als auch der reale Austausch zwischen Volkswirtschaften enorm verstärkt. In den letzten Jahren fiel in den entwickelten Volkswirtschaften das Wachstum des internationalen Handelsvolumens doppelt so stark aus wie das des BIP. Diese Intensivierung des Austausches von Waren und Dienstleistungen ist einerseits eine Folge von gesunkenen Kommunikations- und Transportkosten. Andererseits dürfte sich aber auch ganz wesentlich der politische Wille, Handelshemmnisse abzubauen (Beispiel GATT) und Wirtschaftsräume zu integrieren, auf die Globalisierung ausgewirkt haben. Die EU ist vielleicht das beste Beispiel für diese Tendenz.

In der öffentlichen Diskussion wird Globalisierung oftmals mit einem verstärkten Wettbewerb zwischen Unternehmen gleichgesetzt. Niedrige Herstellungskosten und eine hohe Innovationsfähigkeit werden dabei als zentrale Faktoren angesehen, um im internationalen Wettbewerb bestehen zu können. Während Globalisierung auf der einen Seite sicherlich mit einer verstärkten Konkurrenz einhergeht, so beinhaltet sie auf der anderen Seite jedoch auch eine verstärkte internationale Zusammenarbeit von Unternehmen. Internationale Kooperationen von Unternehmen können sich dabei auf die unterschiedlichsten Bereiche wie die Beschaffung, den Vertrieb oder die gemeinsame Nutzung von Know-how und Technologien erstrecken. Derartige Kooperationen als wesentliches Element und Folge von Globalisierung haben in der öffentlichen Diskussion bislang wenig Beachtung gefunden.

Der vorliegende Beitrag rückt diesen häufig vernachlässigten Aspekt der Globalisierung in den Mittelpunkt. Es geht um die Bedingungen, unter denen sich Unternehmen für oder gegen eine Kooperation mit einem Partnerunternehmen im Ausland entscheiden. Der Beitrag liefert dabei sowohl eine theoretische Diskussion als auch eine empirische Analyse der Bestimmungsgründe internationaler Unternehmenskooperationen. Zunächst werden grundsätzliche Überlegungen zu den Vor- und Nachteilen angestellt, die eine internationale Zusammenarbeit aus der Sicht von Unternehmen hat. Im Anschluss werden konkrete Hypothesen zu den Unternehmensmerkmalen entwickelt, die einen Einfluss auf die Entscheidung ausüben, mit ausländischen Partnern zu kooperieren. Diese Hypothesen werden empirisch für Betriebe des Verarbeitenden Gewerbes in Niedersachsen überprüft. Es zeigt sich, dass neben der Firmengröße, Innovationsneigung und Exportorientierung eines Betriebs auch interne Anreizstrukturen, eine teamorientierte Arbeitsorganisation, das Humankapital der Mitarbeiter und die industriellen Beziehungen eine wichtige Rolle dafür spielen, ob ein Betrieb mit ausländischen Partnern zusammenarbeitet oder nicht.

2. Theoretische Überlegungen zu internationalen Unternehmenskooperationen

Nahe liegend ist, dass **internationale Kooperationen** von Unternehmen dazu dienen könnten, sich teilweise dem mit der Globalisierung einhergehenden Wettbewerbsdruck zu entziehen. In den neunziger Jahren ist eine enorme Zunahme grenzüberschreitender Unternehmensfusionen zu verzeichnen gewesen (Pryor 2001). Internationale Kooperationen könnten vor diesem Hintergrund als eine abgeschwächte Form der Wettbewerbsbeschränkung aufgefasst werden, die von Unternehmen gewählt wird, wenn eine Fusion nicht attraktiv oder z. B. aufgrund von wettbewerbsrechtlichen Beschränkungen nicht möglich ist. Dies kann ein Motiv für eine verstärkte internationale Zusammenarbeit von Unternehmen sein. Daneben dürften aber auch **Effizienzerwägungen** gerade bei Unternehmenskooperationen eine wichtige Rolle spielen. So zeigt Feenstra (1998), dass sich mit der Globalisierung auch Möglichkeiten einer verstärkten internationalen Arbeitsteilung zwischen Unternehmen eröffnet haben. Im Zuge der weltweiten Integration von Märkten hatten Unternehmen einen verstärkten Anreiz, Unternehmensbereiche auszulagern und verstärkt Güter und Dienstleistungen von anderen Unternehmen zu beziehen. Dies hat zu einer intensiveren Zusammenarbeit von spezialisierten Unternehmen auf internationaler Ebene geführt.

Betrachtet man Effizienzgesichtspunkte, so ist ein wesentliches Argument für internationale Kooperationen der Zugang zu externen Ressourcen, der anders nicht oder nur mit erheblichen Risiken bzw. zu wesentlich höheren Kosten möglich ist. Dies betrifft nicht nur die Beschaffung von Vorprodukten, die von spezialisierten Unternehmen im Ausland mit niedrigeren Kosten hergestellt werden können als im Inland. Auch beim Vertrieb der eigenen Produkte auf ausländischen Märkten kann ein internationaler Kooperationspartner den Zugang zu externen Ressourcen eröffnen. Eine zentrale Ressource ist dabei im Zugang zu Informationen über die jeweiligen Absatzmarktbedingungen in einem Land zu sehen. Kooperationen werden vermutlich insbesondere dann von Nutzen sein, wenn mit Partnern zusammengearbeitet wird, die auf einem Markt schon länger aktiv sind. Eine derartige Kooperation könnte z. B. einem Unternehmen nützen, welches über ein überlegenes Produkt verfügt und dieses in einem ausländischen Markt einführen möchte. Auch eine häufig zu beobachtende, faktische Marktbeschränkung für ausländische Anbieter kann über die Suche nach jeweils inländischen Partnern überwunden werden.

Über eine Zusammenarbeit bei Beschaffung und Vertrieb hinausgehend können sich Kooperationen im Bereich von Produkt-/Prozessinnovationen als vorteilhaft erweisen, wenn ein Unternehmen auf das technologische Know-how ausländischer Partner zurückgreift, um auf seinem Absatzmarkt Innovationsvorteile gegenüber Konkurrenten erzielen zu können. Eine Möglichkeit, die gemeinsame Nutzung von technologischem Know-how zu regeln, besteht in der Vergabe bzw. Inanspruchnahme von Lizenzen. Eine Kooperation im technologischen Bereich kann insbesondere dann sinnvoll sein, wenn es darum geht, Koordinationsprobleme bei Anbietern zu überwinden, welche die Markteinführung von Produkten gefährden könnten (Röller/Wey 2001). Beispielsweise sind Hardware-Produzenten darauf angewiesen, dass Software-Anbieter Produkte auf den Markt bringen, die mit ihrer

Hardware kompatibel ist. Die Software-Anbieter sind ihrerseits darauf angewiesen, dass Hardware-Produzenten eine Hardware herstellen, die zu ihrer Software passt.

Den Vorteilen von Kooperationen stehen allerdings auch Nachteile gegenüber, die die Unternehmen bei ihrer Entscheidung über eine mögliche Zusammenarbeit ebenfalls zu berücksichtigen haben. Hier ist zunächst an Kosten bei der Suche nach geeigneten Kooperationspartnern sowie an **Transaktionskosten** bei der Vertragsschließung und Vertragsdurchsetzung zu denken (Grossman/Helpman 2002). Darüber hinaus können verstärkte Investitionen der Kooperationspartner erforderlich sein, die die Zusammenarbeit der Unternehmen erleichtern. Es kann sich hierbei um Investitionen in Forschung & Entwicklung, Investitionen in eine flexible Arbeitsorganisation sowie Investitionen in das Humankapital und die Kooperationsfähigkeit der eigenen Mitarbeiter handeln. Solche Investitionen dürften insbesondere bei internationalen Kooperationen wichtig sein, um den spezifischen Rahmenbedingungen des Kooperationspartners Rechnung zu tragen.

Des Weiteren können gerade bei internationaler Zusammenarbeit von Partnern mit sehr unterschiedlichen Rahmenbedingungen Informationsasymmetrien vorliegen, welche die Kooperation erschweren. Die aus Informationsasymmetrien resultierenden Probleme werden in zahlreichen **Prinicpal-Agent-Modellen** analysiert (vgl. für einen Überblick Laffont/ Martimort 2002 und den Beitrag von Woratschek/Roth im Ersten Kapitel dieses Sammelwerks). Ein **Moral-Hazard-Problem** ergibt sich dann, wenn ein Unternehmen nicht hinreichend kontrollieren kann, ob sich das Management des ausländischen Partnerunternehmens anstrengt und die erforderlichen Investitionen tätigt, die eine Leistungserbringung in der gewünschten Menge und Qualität gewährleisten. Ein **Adverse-Selection-Problem** liegt dann vor, wenn grundsätzliche Unsicherheiten bestehen, ob ein Partner überhaupt über die nötigen Kapazitäten und das nötige Know-how verfügt, um den Zugang zu den gewünschten Ressourcen zu ermöglichen. Diese Informationsasymmetrien verringern die Kooperationsbereitschaft und den Anreiz, eigene Investitionen zu tätigen, um sich auf die Besonderheiten des ausländischen Partners einzustellen. Insbesondere beim Vorliegen wechselseitiger Informationsasymmetrien kann dies zu einem Gefangenendilemma führen, bei dem Investitionen der Kooperationspartner nur in suboptimalem Umfang getätigt werden oder Kooperationen möglicherweise gänzlich unterbleiben.

Ein weiteres potenzielles Hindernis für Kooperationen besteht im so genannten **Hold-up-Problem**. Dieses in der **Transaktionskostentheorie** (Williamson 1990) intensiv behandelte Problem tritt bei beziehungsspezifischen Investitionen auf, die auf die besonderen Belange des jeweiligen Partners abgestimmt sind und außerhalb der Beziehung zu dem konkreten Partner an Wert verlieren. Ein Hold-up-Problem resultiert aus der Unvollständigkeit von Verträgen. Die genaue Spezifikation der Ressourcen und Leistungen, die ein Unternehmen benötigt, hängt von einer Vielzahl von Rahmenbedingungen ab, die einem schwer prognostizierbaren Wandel unterliegen. So können über Faktorpreise, technischen Fortschritt, Konkurrenzverhalten, staatliche Eingriffe, Präferenzen der Konsumenten und allgemeine Konjunktursituation nur sehr begrenzt Vorhersagen gemacht werden. Aufgrund **begrenzter Rationalität** und prohibitiv hoher Kosten ist eine genaue Spezifizierung aller möglichen Eventualitäten in einem Vertrag zwischen den beiden Kooperationspartnern nicht möglich. Verträge enthalten in der Regel mehr oder weniger große Flexibilitätsspielräume, um die ausgetauschten Leistungen an die jeweilige Situation der Kooperationspartner anpassen zu können. Vor dem Hintergrund dieser Überlegungen ist nahe liegend, dass gerade bei einer internationalen Zusammenarbeit Verträge unvollständig sind (Antras/Helpman 2004). Diese vertraglichen Unschärfen können jedoch von einem opportunistischen Partner zu erneuten Verhandlungen über die Auslegung des Vertrags im Hinblick auf Leistungen und Preise genutzt werden. Hat die andere Partei beziehungsspezifische Investitionen getätigt, die bei einem Bruch der geschäftlichen Beziehungen an Wert verlieren würden, dann gibt sie den opportunistischen Forderungen des Vertragspartners eher nach. Wird die Gefahr opportunistischen Verhaltens antizipiert, dann verringert dies die Bereitschaft, beziehungsspezifische Investitionen zu tätigen, die gerade bei internationalen Kooperationen von besonderer Bedeutung sein dürften. Auch dies kann bei der Gefahr wechselseitig opportunistischen Verhaltens zu einem Gefangenendilemma führen. Die Partner könnten höhere Kooperationsgewinne erzielen, wenn sie beide auf opportunistisches Verhalten verzichten und höhere Investitionen tätigen würden. Individuell rational ist jedoch, sich dem Partner gegenüber opportunistisch zu verhalten.

Wie kann das Problem opportunistischen Verhaltens verringert werden? Die **Spieltheorie** verweist hier zunächst auf die Möglichkeit wiederholter Spiele, die insbesondere bei längerfristigen Geschäftsbeziehungen der Kooperationspartner gegeben sein dürfte (vgl. den Beitrag von Magin/Heil/Fürst im Ersten Kapitel dieses Sammelwerks). Die Drohung eines langfristigen Kooperationsverlustes verringert den Anreiz, kurzfristige Vorteile durch opportunistisches Verhalten zu erzielen. Wiederholte Spiele sind jedoch an eine Reihe zum Teil recht restriktiver Bedingungen gebunden. Zudem stellt sich die Frage, ob opportunistisches Verhalten auch bei weniger langfristigen Beziehungen vermieden werden kann.

Eine Möglichkeit, opportunistisches Verhalten auch bei einer einmaligen Transaktion mit einem bestimmten Unternehmen zu verringern, ergibt sich, wenn Reputationserwägungen eine Rolle spielen. Droht einem Kooperationspartner bei opportunistischem Verhalten ein Verlust der eigenen Reputation, dann verringert dies zukünftig die Chance, andere Unternehmen zu finden, mit denen er zusammenarbeiten kann. Eine zentrale Voraussetzung dafür, dass Reputationserwägungen eine Rolle spielen, ist jedoch, dass opportunistisches Verhalten eines Partners nach außen hin sichtbar ist und auch von nicht unmittelbar beteiligten Unternehmen beobachtet werden kann. Inwiefern diese Bedingung auf einem globalen Markt erfüllt ist, bleibt eine offene Frage. Schließlich ist denkbar, dass Akteure unter bestimmten Bedingungen die Bereitschaft entwickeln, sich ehrlich zu verhalten und freiwillig auf opportunistisches Verhalten zu verzichten. Dieser Aspekt wird im **Sozialkapitalansatz** eingehender analysiert (Paldam 2000). Ursprünglich findet dieses Konzept in den Sozialwissenschaften seinen Ursprung. In den letzten Jahren hat Sozialkapital aber auch Eingang in die ökonomische Literatur gefunden. Das Konzept des Sozialkapitals umfasst die Aspekte Vertrauen, Kooperationsfähigkeit und Netzwerke. Vertrauen und Kooperationsfähigkeit sind eng miteinander verbunden. Coleman (1988) definiert Sozialkapital als die Fähigkeit von Personen, freiwillig zusammenzuarbeiten. Fukuyama (1995a, b) und Dasgupta (1999) interpretieren Sozialkapital in ähnlicher Weise als Kooperationsfähigkeit. Diese Kooperationsfähigkeit wird vermutlich stark von dem Vertrauen in andere Personen beeinflusst. Vertrauen wiederum ist wahrscheinlich dahingehend reziprok, dass in einer Gemeinschaft, die auf Vertrauen basiert, jedes neue Mitglied dieses Vertrauen in die Umwelt ebenfalls schnell entwickeln wird. Der nächste Schritt ist die Netzwerkdimension. Liegen Vertrauen und Kooperationsfähigkeit vor, so ist es vergleichsweise einfach, ein Netzwerk aufzubauen. Damit schließt sich der Kreis, welcher von Vertrauen zu einem Netzwerk führt, in dem opportunistisches Verhalten eine relativ geringe Rolle spielt.

In der Sprache der Spieltheorie bezeichnet Sozialkapital die (starke) Neigung, sich in Situationen mit dem Charakter eines Gefangenendilemmas nicht opportunistisch zu verhalten. In diesem Fall sind Individuen bereit, Vorleistungen zu erbringen, ohne sicher gehen zu können, dass dies durch konkrete Gegenleistungen honoriert wird. Es liegt auf der Hand, dass das Erbringen von ungesicherten Vorleistungen durch die anderen Spieler ausgenutzt wird, wenn ein Spieler mit Sozialkapital auf opportunistische Spieler ohne Sozialkapital trifft. Der kooperationsbereite Spieler erzielt dann die „Auszahlung an den Deppen". Sozialkapital ist also keine Garantie auf überlegene Auszahlungen. Treffen andererseits zwei Spieler mit genügend hohem Sozialkapital aufeinander, dann führt dies zu einem pareto-überlegenen Ergebnis, bei dem beide Parteien Kooperationsgewinne einstreichen können. Spieler mit Sozialkapital haben dann eine „Überlebenschance", wenn ihr Verzicht auf opportunistisches Verhalten reziprok von der Umwelt honoriert wird. Dies ist durchaus möglich, wenn die Chance auf einen Mitspieler mit Sozialkapital zu treffen, hinreichend hoch ist. Das Vorhandensein eines hohen Anteils an derart orientierten Spielern in einer Gemeinschaft führt so zu hohen Auszahlungen. Wirkt Sozialkapital dabei reziprok, so führt die Vorleistung eines Spielers zu höherem Sozialkapital der anderen Spieler. Dies bedeutet, dass sich vertrauensvolle Beziehungen selbst stabilisieren, indem Spieler, die vertrauensvolle Vorleistungen und Kooperationsbereitschaft seitens ihrer Mitspieler erfahren, selbst diese Eigenschaften entwickeln. Einige Arbeiten haben sich mit den Bedingungen beschäftigt, unter denen eine für die Gemeinschaft optimale Lösung realisiert wird. Kandori (1992) zeigt, dass die kooperative Lösung realisierbar ist, selbst wenn die Spieler in jeder Periode ihren Partner wechseln. Kranton (1996) weist darauf hin, dass die Entwicklung pfadabhängig sein kann. Kranton/Minehart (2001) untersuchen Käufer-Verkäufer-Netzwerke als Alternative zu Märkten. Der Sozialkapitalansatz verdeutlicht, dass es Gleichgewichtssituationen mit kooperativem Verhalten geben kann, die sich über Reziprozität verstärken. Eine Übertragung dieses Gedankens auf Netzwerke von Unternehmen ist nahe liegend. Es erscheint plausibel, dass es internationale Kooperationsbeziehungen geben kann, die durch Reziprozität, vertrauensvolle Beziehungen und den freiwilligen wechselseitigen Verzicht auf opportunistisches Verhalten gekennzeichnet sind.

3. Mögliche Einflussfaktoren bei der Kooperationsentscheidung

Im vorangegangenen Abschnitt haben wir dargelegt, welche Vor- und Nachteile einem Unternehmen grundsätzlich aus einer internationalen Kooperation erwachsen können. Im Folgenden diskutieren wir, inwiefern die Vor- und Nachteile einer internationalen Zusammenarbeit von den jeweiligen Unternehmensmerkmalen abhängen. Hieraus lassen sich konkrete Hypothesen gewinnen. Bei der Hypothesenformulierung werden die Variablen zu fünf Gruppen zusammengefasst: (1) Unternehmensgröße und Produktionstechnologie, (2) Innovationsneigung des Unternehmens, (3) Marktstrategie und Wettbewerb, (4) Arbeitsorganisation, Humankapital und Entlohnung, (5) industrielle Beziehungen.

Unternehmensgröße und Produktionstechnologie

Die **Unternehmensgröße** kann aus theoretischer Sicht sowohl einen negativen als auch einen positiven Einfluss auf die Entscheidung ausüben, mit internationalen Partnern zusammenzuarbeiten. Auf der einen Seite könnten Kooperationen mögliche Nachteile von kleinen und mittleren Unternehmen ausgleichen. Insbesondere die Theorie des funktionsfähigen Wettbewerbs hat darauf hingewiesen, dass es eine optimale Unternehmensgröße geben kann, bei welcher die Produktionskosten minimiert werden. Eine Kooperation kann demnach die Aufgabe übernehmen, vorhandene Größennachteile und eine mangelnde Kapitalausstattung auszugleichen. Diese Überlegung spricht für einen negativen Zusammenhang zwischen Unternehmensgröße und internationaler Kooperation.

Auf der anderen Seite kann sich ein positiver Zusammenhang zwischen Unternehmensgröße und der Zusammenarbeit mit internationalen Unternehmen ergeben, wenn internationale Kooperationen mit erheblichen Fixkosten, etwa bei der Suche nach geeigneten Partnern, verbunden sind und größere Unternehmen aufgrund eines höheren Produktionsvolumens niedrigere Fixkosten pro Stück haben. Größere Unternehmen verfügen eher über spezialisierte Abteilungen, die die Anbahnung und Ausgestaltung von internationalen Kooperationsbeziehungen erleichtern. Zu denken ist hier etwa an eine eigene Rechtsabteilung, die die Ausgestaltung von Verträgen mit Kooperationspartnern übernimmt. Darüber hinaus dürften Großunternehmen eher von anderen Unternehmen als attraktive Kooperationspartner eingestuft werden. Zum einen verfügen Großunternehmen über höhere Kapazitäten und bessere finanzielle Möglichkeiten. Zum anderen dürfte es großen Unternehmen leichter fallen, auch auf internationalen Märkten allein aufgrund ihrer Größe eine weit sichtbare Reputation als vertrauenswürdiger Kooperationspartner aufzubauen.

Auch bei den **technologischen Möglichkeiten** eines Unternehmens lässt sich aus theoretischer Sicht sowohl ein negativer als auch ein positiver Einfluss begründen. Für einen negativen Zusammenhang zwischen dem Einsatz einer modernen Produktionstechnologie und der Kooperation mit einem internationalen Partner spricht, dass Unternehmen mit einer modernen Produktionstechnologie in geringerem Maße auf eine Kooperation mit anderen Unternehmen angewiesen sind. Unternehmen mit einer veralteten Technologie würden hiernach eher Kooperationen mit anderen Unternehmen suchen, um ihre technologischen Nachteile auszugleichen. Demgegenüber lässt sich ein positiver Einfluss der Produktionstechnologie begründen, wenn man berücksichtigt, dass moderne Produktionsverfahren ein größeres Potenzial für Kooperationen schaffen und Unternehmen mit modernen Technologien auch eher als attraktive Partner angesehen werden dürften.

Innovationsneigung des Unternehmens

Wir erwarten, dass die **Innovationsneigung** eines Unternehmens sich aus mehreren Gründen positiv auf die Entscheidung auswirkt, mit internationalen Kooperationspartnern zusammenzuarbeiten. Zunächst einmal könnten innovative Unternehmen auf Kooperationspartner angewiesen sein, um Absatzmärkte für ihre neuen Produkte zu erschließen. Darüber hinaus kann ein Unternehmen auf der Basis internationaler Kooperationen das Know-how der ausländischen Kooperationspartner als Input für die eigene Produktentwicklung nutzen. Dies kann Produkte für den heimischen wie auch für den ausländischen Markt betreffen. Dabei muss das Know-how des Partners nicht zwangsläufig ein Substitut für eigene Investitionen in Forschung & Entwicklung sein. Eigenes Engagement bei Forschung & Entwicklung kann Voraussetzung dafür sein, dass sich ein Unternehmen das Know-how der Kooperationspartner aneignen kann (Cohen/Levinthal 1989).

Marktstrategie und Wettbewerb

Insbesondere Unternehmen mit einer **exportorientierten Marktstrategie** sollten ein Interesse an einer internationalen Zusammenarbeit haben. Internationale Kooperationspartner können den Zugang zu ausländischen Märkten erleichtern und liefern zudem wichtige Informationen, die erforderlich sind, um die eigenen Produkte und Leistungen auf die jeweiligen Marktbedingungen zuzuschneiden. Neben einer Kooperation mit ausländischen Partnern kann eine weitere Möglichkeit, diese Vorteile zu realisieren, in einer Beteiligung an ausländischen Unternehmen bestehen. So zeigt sich in empirischen Untersuchungen von Wagner (1998a) und Peters (2000) mit dem Hannoveraner Firmenpanel ein positiver Zusammenhang zwischen Exportorientierung und Auslandsdirektinvestitionen.

Außerdem dürfte die Kooperationsentscheidung davon abhängen, ob ein Unternehmen sich auf eine bestimmte Produktgruppe spezialisiert oder aber eine größere Vielfalt an Produkten und Leistungen anbietet. Mehrere Gründe sprechen dafür, dass Unternehmen mit einer Strategie der **Produktdiversifizierung** eher zu einer internationalen Zusammenarbeit neigen als Unternehmen, die sich spezialisieren. Unternehmen, die eine Vielzahl unterschiedlicher Produkte und Leistungen anbieten, sind auf den unterschiedlichsten Märkten vertreten und benötigen für Absatz und Produktentwicklung die vielfältigsten Informationen und sehr differenziertes Know-how. Dieses vielfältige Wissen wird unternehmensintern häufig nicht in dem benötigten Maße vorhanden sein, sodass die Unternehmen verstärkt auf das spezialisierte Wissen von Kooperationspartnern zurückgreifen müssen. Darüber hinaus begibt sich ein Unternehmen mit einem hohen Diversifikationsgrad in geringerem Maße in ein Abhängigkeitsverhältnis, wenn es bei Entwicklung, Herstellung oder Vertrieb eines Produkts mit einem Partner zusammenarbeitet. Der Anteil, den die Erlöse des Produkts am Gesamtumsatz ausmachen, ist bei hohem Diversifikationsgrad vergleichsweise gering.

Neben der Marktstrategie kann auch die **Wettbewerbsintensität**, dem ein Unternehmen auf den nationalen wie auch auf den internationalen Absatzmärkten ausgesetzt ist, einen Einfluss auf die Kooperationsentscheidung ausüben. Leibenstein (1966) zufolge schafft Wettbewerb Anreize für Unternehmen, kostensenkende Maßnahmen umzusetzen. Sofern internationale Kooperationen auf eine Effizienzsteigerung ausgerichtet sind, könnten sie Bestandteil kostensenkender Unternehmensstrategien sein, die auf die Steigerung der eigenen Wettbewerbsfähigkeit abzielen. Neuere theoretische Arbeiten zeigen jedoch, dass der Zusammenhang zwischen Wettbewerb und den Anreizen, in kostensenkende Maßnahmen zu investieren, weit weniger eindeutig ist als von Leibenstein vermutet wurde (vgl. ausführlich Jirjahn 2004). Auf der einen Seite ergibt sich durch die Gefahr, bei erhöhtem Wettbewerbsdruck aus dem Markt gedrängt zu werden, ein stärkerer Anreiz zur Kostensenkung (Schmidt 1997). Auf der anderen Seite stellen sich Entmutigungseffekte ein, wenn Unternehmen bei einem intensiven Wettbewerb wenig Chancen sehen, einen größeren Marktanteil erlangen zu können (Boone 2000). Vor dem Hintergrund dieser Überlegungen kann sich sowohl ein positiver als auch ein negativer Zusammenhang zwischen Produktmarktwettbewerb und der Entscheidung für eine effizienzsteigernde Kooperation einstellen.

Ein negativer Zusammenhang zwischen **Produktmarktwettbewerb** und Unternehmenskooperationen ergibt sich auch dann, wenn internationale Zusammenarbeit nicht nur der Effizienzsteigerung, sondern auch der Beschränkung von Wettbewerb dient. In Branchen, die national oder international ohnehin durch verstärkte Fusionierung und Konzentration gekennzeichnet sind, würden sich dann unter Umständen zusätzlich auch in höherem Maße internationale Kooperationen von Unternehmen herausbilden.

Arbeitsorganisation, Humankapital und Entlohnung

Es ist zu erwarten, dass nicht nur externe Wettbewerbsbedingungen, sondern auch unternehmensinterne Strukturen einen Einfluss auf die Kooperation mit Partnern im Ausland ausüben. Organisatorische Flexibilität, Kompetenz der Mitarbeiter sowie interne Leistungsanreize dürften dabei eine wichtige Rolle für die Fähigkeit eines Unternehmens spielen, sich auf die Besonderheiten ausländischer Kooperationspartner einzustellen.

In der Literatur hat sich die idealtypische Unterscheidung zwischen **Massenproduktion** und **Lean Manufacturing** herausgebildet (Milgrom/Roberts 1990). Während Massenproduktion durch standardisierte Produkte, einen hohen Grad der Arbeitsteilung und hierarchische Entscheidungsstrukturen gekennzeichnet ist, lässt sich Lean Manufacturing durch flexible Anpassungen der Produktion, breitere Aufgaben der Arbeitskräfte und eine verstärkte Delegation von Entscheidungen charakterisieren. **Teilautonome Arbeitsgruppen** werden häufig als ein zentrales Element von Lean Manufacturing angesehen. Ein Vorteil dieser Gruppen besteht darin, dass die Teammitglieder Informationen, die nur vor Ort verfügbar sind, auf der Basis erweiterter Entscheidungskompetenzen flexibel nutzen können, um Anpassungsprozesse unterstützen und Lösungen für unvorhergesehene Probleme finden zu können (Aoki 1990). Erfordern internationale Kooperationen verstärkte unternehmensinterne Anpassungen, so dürften Unternehmen mit einem flexiblen Produktionskonzept eher in der Lage sein, diese Anpassungen umzusetzen. Somit ist ein positiver Zusammenhang zwischen einer teamorientierten Produktionsweise und einer internationalen Kooperation zu erwarten. Dies passt mit der Auffassung von Lindbeck/Snower (2000) zusammen, wonach die Reorganisation der Arbeitswelt eine verringerte Arbeitsteilung in Unternehmen und eine zunehmende Arbeitsteilung zwischen Unternehmen beinhaltet.

Darüber hinaus gibt es einen weiteren Grund, der für einen positiven Einfluss teamorientierter Organisationsformen auf internationale Unternehmenskooperationen spricht. **Teams** reflektieren eine Produktionsweise, die durch verstärkte Interdependenzen zwischen den Arbeitskräften gekennzeichnet ist (Heywood/Jirjahn 2004). Setzt ein Unternehmen in der Produktion teilautonome Arbeitsgruppen ein, dann ist es in verstärktem Maße darauf angewiesen, dass die Zusammenarbeit der Mitarbeiter in und zwischen den Teams mehr oder weniger reibungslos funktioniert. Das Fehlverhalten oder die mangelnde Kooperationsfähigkeit einzelner Mitarbeiter hat weit reichende Konsequenzen, da hierdurch die Produktivität der Kollegen substanziell beeinträchtigt werden kann. Delegiert das Management Entscheidungen an Teams, dann lässt sich dies vor dem Hintergrund des Sozialkapitalansatzes als Vertrauensvorschuss in die Kooperationsfähigkeit der Belegschaft interpretieren. So können Teams die grundlegende Einstellung des Managements gegenüber der Bedeutung kooperativer Beziehungen widerspiegeln. Das Management wird es aber nicht nur bei dem Vertrauensvorschuss belassen, sondern zusätzliche Maßnahmen ergreifen, damit dieser Vorschuss von den Mitarbeitern auch honoriert wird. Unternehmen mit Teams werden verstärkt in die verschiedensten personalpolitischen Maßnahmen investieren, um Fehlverhalten zu verringern bzw. die Kooperationsfähigkeit der Mitarbeiter zu erhöhen (vgl. auch Heywood/Jirjahn 2004, die Maßnahmen zur Verringerung von Fehlzeiten diskutieren). Eine Möglichkeit besteht in verstärkten Investitionen in die Personalauswahl, um Teammitglieder mit hoher **Sozialkompetenz** zu selektieren, die zu einem höheren Stock an Sozialkapital beitragen. Insgesamt lässt sich die Nutzung von Teams somit auch als Hinweis auf das in einem Unternehmen vorhandene Sozialkapital interpretieren, welches eine wichtige Voraussetzung für die Kooperation mit anderen Unternehmen sein dürfte.

Neben der sozialen Kompetenz der Mitarbeiter ist auch ihr **kognitives Vermögen** gefragt, wenn es etwa darum geht, die technologischen Bedingungen im Partnerunternehmen zu verstehen. Vor diesem Hintergrund ist zu erwarten, dass die Qualifikation der Mitarbeiter im eigenen Unternehmen eine wichtige Voraussetzung für eine internationale Zusammenarbeit darstellt. Angesichts eines rapiden Wandels technologischer wie auch politischer und gesellschaftlicher Rahmenbedingungen ist aber davon auszugehen, dass internationale Kooperationen nicht allein durch eine hohe Ausgangsqualifikation der Mitarbeiter begünstigt werden, sondern erst dann, wenn qualifizierte Mitarbeiter Weiterbildungsmaßnahmen erhalten, die der beschleunigten Veralterung von Wissen Rechnung tragen.

Damit Mitarbeiter ihre vorhandenen Kompetenzen und die organisatorischen Flexibilitätsspielräume auch nutzen, sind **Leistungsanreize** erforderlich, die die Ziele der Mitarbeiter stärker mit denen des Unternehmens verknüpfen. In der Literatur werden unterschiedliche Formen der Leistungsentlohnung diskutiert. Zu den wichtigsten Typen zählen eine Gewinnbeteiligung der Belegschaft (FitzRoy/Kraft 1987, 1995), Akkordlöhne (Lazear 2000) sowie Beförderungsturniere (Lazear/Rosen 1981). Wir werden untersuchen, welche Rolle diese Leistungsanreize für eine internationale Zusammenarbeit spielen.

Industrielle Beziehungen

Die industriellen Beziehungen in der Bundesrepublik Deutschland sind durch ein duales System von **betrieblicher Mitbestimmung** und von in der Regel auf Branchenebene ausgehandelten **Tarifverträgen** gekennzeichnet. Es ist durchaus denkbar, dass sich diese beiden Säulen des Systems unterschiedlich auf die Neigung von Unternehmen auswirken, mit ausländischen Partnern zusammenzuarbeiten.

In der Diskussion um **Flächentarifverträge** wird vielfach eine Gefahr darin gesehen, dass die auf Branchenebene ausgehandelten Verträge nicht flexibel genug sind, um den individuellen Bedürfnissen der einzelnen Unternehmen gerecht zu werden (vgl. für eine theoretische Analyse Lindbeck/Snower 2001). So können etwa Restriktionen bei den Arbeitszeiten die Flexibilitätsspielräume von Unternehmen einengen. Trifft dies zu, so wären Unternehmen mit Bindung an einen Tarifvertrag weniger in der Lage, die nötige Flexibilität aufzubringen, die für eine internationale Kooperation erforderlich ist. Demgegenüber könnten **Betriebsräte** dazu beitragen, flexible Lösungen auf der Unternehmensebene umzusetzen, indem sie die Kooperationsbereitschaft und das Vertrauen der Belegschaft fördern (Freeman/Lazear 1995). Insofern internationale Zusammenarbeit aus Sicht der Belegschaft mit erhöhten Risiken und verstärkten Abhängigkeiten von ausländischen Partnern einhergeht, kann das Vorhandensein eines Betriebsrats Mitarbeiter davon überzeugen, dass ihre Interessen hinreichend geschützt sind. Dies lässt einen positiven Zusammenhang zwischen der Existenz eines Betriebsrates und der internationalen Zusammenarbeit erwarten.

Eine bislang weder theoretisch noch empirisch hinreichend geklärte Frage ist, wie der Betriebsrat als Form repräsentativer Arbeitnehmerpartizipation mit einer direkten Entscheidungsbeteiligung von Arbeitnehmern, z. B. in Form von Teams, zusammenwirkt (vgl. ausführlich Hübler/Jirjahn 2002). Eine Möglichkeit könnte darin bestehen, dass beide Formen substitutiv sind. Hiernach würden Betriebsräte weniger für den Aufbau vertrauensvoller Beziehungen zwischen Management und Belegschaft erforderlich sein, wenn es den Beteiligten von sich aus gelingt, vertrauensvolle industrielle Beziehungen auf der Basis direkter Arbeitnehmerpartizipation zu entwickeln. So gelangen Jirjahn/Smith (2005) zum Ergebnis, dass das Management in Unternehmen mit Teams häufig zwar eine positive Einstellung gegenüber einer Entscheidungsbeteiligung von Mitarbeitern hat, ohne dass es dabei aber in dem Betrieb einen Betriebsrat gibt. Wir werden im Folgenden prüfen, inwiefern Betriebsräte und Teams im Hinblick auf internationale Unternehmenskooperationen interagieren.

4. Datensatz und Variablen

Die empirische Untersuchung zu den Bestimmungsgründen internationaler Kooperationen nutzt als Datengrundlage das Hannoveraner Firmenpanel (Brand u. a. 1998). Die Erhebung der Daten war als Längsschnittbefragung von Betrieben des Verarbeitenden Gewerbes in Niedersachsen konzipiert, wobei die Befragung im Abstand von jeweils einem Jahr wiederholt wurde. An den Interviews zur ersten Welle, die im Herbst 1994 von Infratest Sozialforschung im Auftrag des Instituts für Quantitative Wirtschaftsforschung der Universität Hannover durchgeführt wurde, nahmen 1025 Betriebe teil. Die Betriebe hatten dabei eine Mindestgröße von fünf Beschäftigten. An den nachfolgenden Befragungen beteiligten sich 849 (1995), 721 (1996) und 709 (1997) Betriebe. In jeder Welle wurde ein bestimmter Kernbestand an Fragen gestellt. Daneben wurden Informationen zu bestimmten Schwerpunkten erfragt, wobei die Schwerpunkte von Welle zu Welle wechselten.

Informationen zur Zusammenarbeit mit ausländischen Firmen finden sich in der zweiten (1995) und in der vierten Welle (1997). Die Daten dieser beiden Wellen werden für die folgende empirische Untersuchung gepoolt, wobei zusätzliche Angaben zu einzelnen erklärenden Variablen aus den anderen Wellen herangezogen werden. Im Detail wurden die Angaben zu internationalen Kooperationen in jeder der beiden Wellen mit der folgenden Frage in Erfahrung gebracht: „Arbeiten Sie mit ausländischen Firmen zusammen?" Dabei wurde auf die Bereiche Vertrieb, Beschaffung, Lizenznahme, Lizenzvergabe sowie sonstige Zusammenarbeit abgestellt (vgl. für eine deskriptive Analyse zur Bedeutung der einzelnen Kooperationsformen Wagner 1998b). In der empirischen Analyse verwenden wir als abhängige Variable eine Dummy-Variable mit dem Wert 1, wenn der befragte Betrieb in einem oder mehreren der Bereiche mit ausländischen Firmen zusammenarbeitet, und dem Wert 0, wenn es keine Zusammenarbeit mit ausländischen Firmen gibt. Die Determinanten der internationalen Kooperationen werden mittels der Probit-ML-Methode geschätzt.

Bei den erklärenden Variablen wird die Betriebsgröße durch die logarithmierte Zahl der Beschäftigten erfasst. Zusätzlich wird eine Dummy-Variable für Einzelbetriebe aufgenommen, die weder zu einem anderen Stammwerk gehören oder selbst eine Zweigniederlassung/Filiale haben. Hierdurch sollen Größenvorteile von Mehrbetriebsfirmen erfasst werden. Der Modernitätsgrad der Produktionstechnologie wird durch eine Dummy-Variable berücksichtigt, die den Wert 1 erhält, wenn das Management der Auffassung ist, dass die Anlagen auf dem neuesten technischen Stand sind.

Zwei Dummy-Variablen erfassen die Innovationsneigung des Betriebs. Es handelt sich um eine Variable mit dem Wert 1, wenn der Betrieb **Forschung & Entwicklung** betreibt. Zum anderen wird eine Variable in die Schätzungen aufgenommen, die den Wert 1 erhält, wenn Ideen des Managements eine wichtige Rolle für die Entwicklung neuer Produkte spielen.

Zu den Variablen, die die Marktstrategie und die Produktmarktbedingungen erfassen, zählt zunächst der Anteil des Umsatzes, den ein Betrieb durch Exporte erwirtschaftet. Darüber hinaus wird eine klassierte Variable gebildet, welche den Umsatz der wichtigsten Produktgruppe am Gesamtumsatz des Betriebs widerspiegelt. Diese Variable erhält den Wert 1, wenn der Anteil der Hauptproduktgruppe am Gesamtumsatz unter 20 % liegt, den Wert 2 bei einem Anteil von 20-40 %, den Wert 3 bei einem Anteil von 40-60 %, den Wert 4 bei einem Anteil von 60-80 % und den Wert 5 bei einem Anteil von mehr als 80 %. Diese Variable kann als inverses Maß für die Produktdiversifikation des Betriebs interpretiert werden. Der Wettbewerbsdruck, dem ein Betrieb auf dem nationalen Markt ausgesetzt ist, wird durch zwei Variablen erfasst. Es handelt sich zum einen um den Anteil, den Importe am Gesamtumsatz der Branche im Inland ausmachen. Zum anderen handelt es sich um den Umsatzanteil der sechs umsatzgrößten Unternehmen am Gesamtumsatz in der Branche. Um weitere branchenspezifische Einflüsse zu kontrollieren, werden 14 breiter definierte Variablen für die Sektorzugehörigkeit aufgenommen.

Die **Arbeitsorganisation** wird durch eine Dummy-Variable erfasst, die den Wert 1 erhält, wenn die gewerblichen Arbeitnehmer in Teams mit erweiterten Entscheidungsbefugnissen und erhöhter Verantwortung arbeiten. Monetäre Anreize für Arbeitnehmer werden durch Variablen für eine Gewinnbeteiligung der Belegschaft, eine Akkordentlohnung gewerblicher Arbeitnehmer sowie für Beförderungen als Anreizinstrument berücksichtigt. Drei Variablen erfassen die Qualifikationsstruktur der Belegschaft. Es handelt sich dabei um die Beschäftigtenanteile der gewerblichen Arbeitnehmer, der Facharbeiter sowie der Mitarbeiter mit Fach- oder -hochschulabschluss. Zusätzlich wird eine Dummy-Variable für betrieblich finanzierte Weiterbildung aufgenommen. Die theoretischen Überlegungen lassen einen positiven Interaktionseffekt zwischen betrieblich finanzierter Weiterbildung und dem Akademikeranteil im Betrieb erwarten.

Industrielle Beziehungen werden durch Dummy-Variablen für die Bindung an einen Tarifvertrag und das Vorhandensein eines Betriebsrats berücksichtigt. Betriebe sind typischerweise dann an einen Branchentarifvertrag gebunden, wenn sie Mitglied eines Arbeitgeberverbands sind. Darüber hinaus gibt es einen kleineren Anteil an Betrieben mit einem Haustarifvertrag. Bezüglich der betrieblichen Mitbestimmung sieht das Betriebsverfassungsgesetz die Wahl eines Betriebsrates in Betrieben mit mindestens fünf wahlberechtigten Arbeitnehmern vor. Ob ein Betriebsrat aber tatsächlich gewählt wird, hängt von der Entscheidung der Belegschaft ab. Somit sind Betriebsräte in vielen betriebsratsfähigen Betrieben nicht vorhanden. Die Statistiken sind Tabelle 1 zu entnehmen.

Variable	Betriebe ohne Partner im Ausland Mittelwert (Std.abw.)	Betriebe mit Partner im Ausland Mittelwert (Std.abw.)	|t|
Logarithmierte Zahl der Beschäftigten	3,78 (1,20)	4,51 (1,21)	10,10**
Einzelbetrieb	0,68 (0,47)	0,54 (0,50)	4,64**
Modernste Technologie	0,38 (0,49)	0,33 (0,47)	1,94*
Forschung & Entwicklung	0,31 (0,46)	0,63 (0,48)	11,50**
Innovative Ideen von Managern	0,41 (0,49)	0,52 (0,50)	3,86**
Vorhandensein eines Betriebsrat	0,48 (0,50)	0,67 (0,47)	6,49**
Bindung an einen Tarifvertrag	0,68 (0,47)	0,64 (0,48)	1,14
Betrieblich finanzierte Weiterbildung	0,48 (0,50)	0,66 (0,47)	6,36**
Teilautonome Teams	0,46 (0,50)	0,53 (0,50)	2,60**
Gewinnbeteiligung Belegschaft	0,11 (0,31)	0,22 (0,41)	5,17**
Akkordentlohnung	0,12 (0,33)	0,25 (0,43)	5,36**
Beförderungen als Anreizinstrument	0,58 (0,49)	0,73 (0,45)	5,32**
Beschäftigtenanteil gewer. Arbeitskräfte	0,62 (0,20)	0,62 (0,17)	0,36
Beschäftigtenanteil Facharbeiter	0,42 (0,26)	0,37 (0,23)	2,90**
Beschäftigtenanteil Akademiker	0,03 (0,05)	0,04 (0,05)	5,08**
Anteil des Umsatzes der wichtigsten Produktgruppe am Gesamtumsatz	3,96 (1,12)	3,63 (1,21)	4,63**
Branchen-Umsatzkonzentration (%)	15,41 (12,12)	19,57 (16,82)	4,78**
Exportanteil (%)	6,83 (14,19)	20,37 (23,48)	11,76**
Importquote in der Branche (%)	23,61 (18,69)	27,24 (19,06)	3,22**
Dummy Vierte Welle	0,44 (0,50)	0,48 (0,50)	1,33
Betriebsrat*Team	0,23 (0,42)	0,34 (0,47)	4,23**
Weiterbildung*Akademikeranteil	0,01 (0,04)	0,03 (0,05)	6,99**
Beobachtungen	**551**	**574**	

Legende: **, * Mittelwerte signifikant unterschiedlich auf dem Niveau von 1 % bzw. 10 %.

Tabelle 1: Deskriptive Statistiken

Insgesamt gab etwas mehr als die Hälfte der betrachteten Betriebe an, Kooperationen mit ausländischen Firmen eingegangen zu sein. Betrachtet man Betriebe mit und ohne Kooperationspartner, so ist zu erkennen, dass sie sich hinsichtlich ihrer Charakteristika in vielen Punkten unterscheiden. Beispielsweise sind Unternehmen, welche mit ausländischen Partnern kooperieren, im Durchschnitt wesentlich größer als nicht-kooperierende Unternehmen und seltener Einzelunternehmen. Darüber hinaus scheinen sie deutlich stärker mit internationalen Märkten verbunden zu sein, was sich an den signifikant höheren Exportmittelwerten ablesen lässt. Des Weiteren scheinen Weiterbildung, eine flexible Produktion und eine leistungsorientierte Entlohnung mit einer höheren Bereitschaft zur internationalen Zusammenarbeit einherzugehen. Auch bemühen sich Unternehmen mit Forschung & Entwicklung eher um internationale Kooperationspartner. Die Beispiele geben einen ersten Hinweis auf das (Nicht-)Zutreffen der genannten Hypothesen. Letztlich handelt es sich jedoch um jeweils bivariate Betrachtungen, welche eine ökonometrische Untersuchung nicht ersetzen können. Diese werden wir im folgenden Abschnitt präsentieren.

5. Ergebnisse

Die Ergebnisse der **Probit-ML-Schätzungen** finden sich in Tabelle 2. Präsentiert werden zwei Spezifikationen. In Spezifikation (1) werden keine Interaktionseffekte berücksichtigt. In Spezifikation (2) wird zum einen die Wechselwirkung zwischen Betriebsräten und Teams sowie zum anderen die Wechselwirkung zwischen dem Akademikeranteil und betrieblich finanzierter Weiterbildung berücksichtigt. Da die unbeobachteten Zufallseinflüsse bei Betrieben aus einer Branche miteinander korreliert sein können, weisen wir robuste Standardfehler nach dem White-Huber-Sandwich-Verfahren aus. Wird die Korrelation der Störterme nicht berücksichtigt, dann kann es bei der Schätzung der Standardirrtümer für die Umsatzkonzentration und die Importquote in der Branche zu einer Verzerrung kommen, da es sich um aggregierte Variablen handelt. In der Regel sind die Standardfehler dann nach unten verzerrt (Moulton 1990).

Die Schätzungen weisen interessante Zusammenhänge auf. Zunächst scheint die Erklärung von internationalen Kooperationen insgesamt relativ gut zu gelingen, wenn man hierfür als Beurteilungskriterien das Pseudo-R^2 und die Signifikanz der Koeffizienten heranzieht.

Für unser Thema ist das wichtigste Ergebnis der positive und signifikante Koeffizient der Variable Exportanteil. Offensichtlich besteht eine starke Korrelation zwischen Exporten und internationalen Kooperationen. Die Einbindung in den internationalen Wettbewerb lässt sich offensichtlich mit Kooperationspartnern einfacher realisieren. Nur ergänzend sei angemerkt, dass bei der hier zugrunde gelegten Definition von internationalen Kooperationen durchaus auch Firmen diese eingehen können, wenn sie nicht exportieren.

Betriebe in Branchen mit einer hohen Umsatzkonzentration weisen eine höhere Wahrscheinlichkeit für internationale Kooperationen auf. Dies könnte ein Hinweis dafür sein, dass neben Effizienzgesichtspunkten möglicherweise auch wettbewerbsbeschränkende Motive für Kooperationen eine Rolle spielen.

Erklärende Variablen	**(1)**	**(2)**
Logarithmierte Zahl der Beschäftigten	0,14*** (0,05)	0,12*** (0,05)
Einzelbetrieb	-0,10 (0,08)	-0,11 (0,08)
Modernste Technologie	-0,23*** (0,09)	-0,23*** (0,08)
Forschung & Entwicklung	0,26** (0,10)	0,27*** (0,10)
Innovative Ideen von Managern	0,22* (0,12)	0,21* (0,12)
Vorhandensein eines Betriebsrats	0,05 (0,10)	0,30** (0,14)
Bindung an einen Tarifvertrag	-0,37*** (0,12)	-0,39*** (0,13)
Betrieblich finanzierte Weiterbildung	0,12 (0,11)	0,02 (0,08)
Teilautonome Teams	0,09 (0,09)	0,36** (0,16)
Gewinnbeteiligung Belegschaft	0,35** (0,14)	0,35** (0,14)
Akkordentlohnung	0,43*** (0,09)	0,42*** (0,09)
Beförderungen als Anreizinstrument	0,10 (0,09)	0,13 (0,09)
Beschäftigtenanteil gewerblicher Arbeitskräfte	0,16 (0,26)	0,22 (0,26)
Beschäftigtenanteil Facharbeiter	-0,25 (0,21)	-0,26 (0,20)
Beschäftigtenanteil Akademiker	0,77 (1,17)	-1,28 (1,99)
Anteil des Umsatzes der wichtigsten Produktgruppe am Gesamtumsatz (klassiert)	-0,15*** (0,04)	-0,14*** (0,04)
Branchenumsatz-Konzentration (%)	0,01** (0,004)	0,01** (0,004)
Exportanteil (%)	0,01*** (0,003)	0,02*** (0,003)
Importquote in der Branche (%)	-0,001 (0,004)	-0,001 (0,004)
Dummy Vierte Welle	0,12 (0,08)	0,11 (0,08)
Betriebsrat*Team	---	-0,46** (0,19)
Weiterbildung*Akademikeranteil	---	3,49* (1,79)
Sektordummies	**Ja**	**Ja**
Beobachtungen	**1125**	**1125**
Pseudo-R^2	**0,21**	**0,22**

Legende: *, ** bzw. *** zeigt Signifikanz auf einem Niveau von 10 %, 5 % bzw. 1 %. Robuste Standardirrtümer nach dem White-Huber-Sandwich-Verfahren in Klammern.

Tabelle 2: Determinanten der Kooperation mit Unternehmen im Ausland; Methode: Probit-ML

Spezialisierte Firmen, gemessen über den Anteil der wichtigsten Produktgruppe am Umsatz, neigen weniger stark zu Kooperationen. Offensichtlich benötigen spezialisierte Firmen kein Know-how von außen, da sie sich bei einer Konzentration auf ein Geschäftsfeld die zentralen Informationen selbst erarbeiten können und Partner nicht nötig sind.

Bei unserem Sample sind es die größeren Unternehmen, die auf Kooperationen bauen, was gegen die Hypothese spricht, dass Kooperationen Größennachteile ausgleichen sollen. Somit scheint es eher so, dass mit der Anbahnung von Kooperationen Fixkosten verbunden sind und dass größere Firmen für ausländische Partner attraktiver sind. Demgegenüber weisen Betriebe mit modernen Produktionsanlagen eine geringere Neigung zu internationaler Zusammenarbeit auf. Offensichtlich sind Betriebe, die nicht über die neuesten Produktionstechnologien verfügen, eher auf die Hilfe anderer Unternehmen angewiesen. Diese wird offensichtlich nicht nur im Inland, sondern auch im Ausland gesucht, wodurch sich der genannte Zusammenhang erklären lässt.

Forschung & Entwicklung treibende Unternehmen weisen demgegenüber eine größere Neigung zu Kooperationen auf. Gleiches gilt für Unternehmen, in denen das Management häufig Anstöße für innovative Produktentwicklungen liefert. Diese Ergebnisse sprechen dafür, dass eigene innovative Bemühungen die Lernfähigkeit und damit die Fähigkeit erhöhen, sich an die Besonderheiten von ausländischen Kooperationspartnern anzupassen.

Weiterhin finden sich starke positive Effekte der Anreizvariablen Gewinnbeteiligung, Akkordlohn und, bei Spezifikation (2), der Organisationsvariable Teamarbeit. Letzteres Ergebnis spricht zum einen für die Bedeutung von organisatorischer Flexibilität bei internationalen Kooperationen und könnte zum anderen als das simultane Vorhandensein von **interner und externer Kooperationsfähigkeit** gesehen werden, was sich wiederum aus der Existenz von Sozialkapital begründen lässt. Spezifikation (2) zeigt darüber hinaus einen positiven Interaktionseffekt zwischen betrieblich finanzierter Weiterbildung und dem Akademikeranteil. Dieses Ergebnis spricht dafür, dass eine hohe formale Qualifikation der Belegschaft in Verbindung mit dem Bemühen, Wissen an veränderte Bedingungen anzupassen, die Kooperationsfähigkeit eines Betriebs stärkt.

Eine **Tarifbindung** scheint die Flexibilität von Unternehmen einzuschränken und dies wirkt sich negativ auf den Aufbau von Kooperationen aus. Was die **betriebliche Mitbestimmung** anbelangt, so zeigt Spezifikation (2) einen positiven Zusammenhang zwischen dem Vorhandensein eines Betriebsrats und internationalen Kooperationen. Dies könnte durch die Hypothese erklärt werden, dass Mitbestimmung das Vertrauen der Belegschaft und somit die Bereitschaft der Mitarbeiter fördert, internationale Kooperationen zu unterstützen. Dabei ergibt sich ein negativer Interaktionseffekt zwischen betrieblicher Mitbestimmung und Teams. D. h., betriebliche Mitbestimmung geht in Betrieben ohne Teams mit verstärkten internationalen Kooperationen einher, während Teams in Betrieben ohne Betriebsrat zu einer höheren Wahrscheinlichkeit einer internationalen Zusammenarbeit führen.

6. Schlussbemerkungen

Die Konsequenzen des sich verstärkenden internationalen Austauschs zwischen Nationen wurden in den letzten Jahren intensiv diskutiert. Unser Beitrag zu dieser Diskussion ist der Zusammenhang zwischen der Globalisierung und der Neigung von Unternehmen, Kooperationen auf internationaler Ebene einzugehen. Die Globalisierung stellt einen intensiveren internationalen Austausch dar, durch den sich einerseits der Wettbewerbdruck erhöht, sich aber andererseits auch der Anreiz bietet, am internationalen Geschäft zu partizipieren. Die

Intensivierung der wirtschaftlichen Beziehungen hat konkrete Auswirkungen auf das Verhalten von Firmen. Unsere empirische Analyse zeigt auf, dass der auf Firmenebene gemessene **Exportanteil des Umsatzes** einen signifikanten Einfluss auf die Existenz von Kooperationen ausübt. Weiterhin zeigt sich, dass **Betriebe mit Gewinnbeteiligung und Teamarbeit** zu Kooperationen neigen. Man könnte diese Evidenz als Indikator für die Hypothese interpretieren, dass flexible Betriebe mit partnerschaftlichen Beziehungen zwischen Management und Belegschaft attraktive Partner für ausländische Firmen darstellen.

Umgekehrt könnte aber auch vermutet werden, dass die Kooperationen ihrerseits für die Effizienz der beteiligten Institutionen förderlich sind. In diesem Sinne kann die öffentlich häufig eher kritisch betrachtete Tendenz zum intensiveren internationalen Austausch durchaus positive Effekte haben. Sofern bei internationalen Kooperationen nicht das Motiv der Wettbewerbsbeschränkung dominiert, sondern eher Effizienzsteigerungen im Vordergrund stehen, ist eine Verbesserung von Einkaufs-, Produktions- und Absatzprozessen zu erwarten. Selbstverständlich kann die gesteigerte Kosteneffizienz eine dämpfende Wirkung auf die Preise ausüben, sodass die Konsumenten durch die direkte und die indirekte Wirkung der Globalisierung auf das Preisniveau eine höhere Konsumentenrente erzielen können, was in der öffentlichen Diskussion vergleichsweise wenig Beachtung findet.

Es wäre ein für zukünftige Forschung reizvolles Thema, die Auswirkungen von Kooperationen auf die Produktivität und Rentabilität von Firmen zu untersuchen. Der Ökonom erwartet, dass diese Zusammenarbeit erfolgt, weil sich alle Beteiligten davon Vorteile versprechen. Es bleibt zu klären, ob dies auch tatsächlich so ist.

Literatur

ANTRAS, P.; HELPMAN, E. (2004): Global Sourcing, in: Journal of Political Economy, 112. Jg., S. 552-580.

AOKI, M. (1990): The Participatory Generation of Information Rents and the Theory of the Firm, in: Aoki, M.; Gustafsson, B.; Williamson, O. E. (Hrsg.): The Firm as a Nexus of Treatises, London, S. 26-52.

BOONE, J. (2000): Competitive Pressure: the Effects on Investments in Product and Process Innovations, in: RAND Journal of Economics, 31. Jg., S. 549-569.

BRAND, R.; CARSTENSEN, C.; GERLACH, K.; KLODT, T. (1998): Das Hannoveraner Firmenpanel – Eine Betriebsbefragung im Verarbeitenden Gewerbe Niedersachsens, in: Gerlach, K.; Hübler, O.; Meyer, W. (Hrsg.): Ökonomische Analysen betrieblicher Strukturen und Entwicklungen – Das Hannoveraner Firmenpanel, Franfurt a.M., S. 16-29.

COHEN, W. M.; LEVINTHAL, A. (1989): Innovation and Learning: The Two Faces of R&D, in: Economic Journal, 99. Jg., S. 569-596.

COLEMAN, J. S. (1988): Social Capital in the Creation of Human Capital, in: American Journal of Sociology, 94. Jg., S. 95-120.

DASGUPTA, P. (1999): Economic Progress and the Idea of Social Capital, in: Dasgupta, P.; Serageldin, I. (Hrsg.): Social Capital: A Multifacetted Approach, Washington/D.C.

DURLAUF, S. N. (2002): On the Empirics of Social Capital, in: Economic Journal, 112. Jg., F459-F479.

FEENSTRA, R. C. (1998): Integration of Trade and Disintegration of Production in the Global Economy, in: Journal of Economic Perspectives, 12. Jg., S. 31-50.

FREEMAN, R. B.; LAZEAR, E. P. (1995): An Economic Analysis of Works Councils, in: ROGERS, J.; STREECK, W. (Hrsg.): Works Councils, Consultation, Representation, and Cooperation in Industrial Relations, Chicago, S. 27-52.

FITZROY, F. R.; KRAFT, K. (1987): Cooperation, Productivity and Profit Sharing, in: Quarterly Journal of Economics, 102. Jg., S. 493-504.

FITZROY, F. R.; KRAFT, K. (1995): On the Choice of Incentives in Firms, in: Journal of Economic Behavior and Organization, 26. Jg., S. 145-160.

FUKUYAMA, F. (1995a): Trust. The Social Virtues and the Creation of Poverty, London.

FUKUYAMA, F. (1995b): Social Capital and the Global Economy, in: Foreign Affairs, 74. Jg., S. 89-103.

GROSSMAN, G. M.; HELPMAN, E. (2002): Integration versus Outsourcing in Industry Equilibrium, in: Quarterly Journal of Economics, 117. Jg., S. 85-120.

HEYWOOD, J. S.; JIRJAHN, U. (2004): Teams, Teamwork and Absence, in: Scandinavian Journal of Economics, 106. Jg., S. 765-782.

HÜBLER, O.; JIRJAHN, U. (2002): Arbeitsproduktivität, Reorganisationsmaßnahmen und Betriebsräte, in: Bellmann, L.; Kölling, A. (Hrsg.): Betrieblicher Wandel und Fachkräftebedarf, Nürnberg, S. 83-108.

JIRJAHN, U. (2004): X-Ineffizienz, Managementanreize und Produktmarktwettbewerb, Bern u. a.

JIRJAHN, U.; SMITH, S. C. (2005): What Factors Lead Management to Support or Oppose Employee Participation – with and without Works Councils? (in Druck, erscheint in der Zeitschrift „Industrial Relations").

KANDORI, M. (1992): Social Norms and Community Enforcement, in: Review of Economic Studies, 59. Jg., S. 63-80.

KRANTON, R. E. (1996): Reciprocal Exchange: A Self-Sustaining System, in: American Economic Review, 86. Jg., S. 830-851.

KRANTON, R. E.; MINEHART, D. F. (2001): A Theory of Buyer-Seller Networks, in: American Economic Review, 91. Jg., S. 485-508.

LAFFONT, J.-J.; MARTIMORT, D. (2002): The Theory of Incentives: The Principal-Agent Model, Princeton.

LAZEAR, E. P. (2000): Performance Pay and Productivity, in: American Economic Review, 90. Jg., S. 1346-1361.

LAZEAR E. P.; ROSEN, S. (1981): Rank-Order Tournaments as Optimum Labor Contracts, in: Journal of Political Economy, 89. Jg., S. 841-864.

LEIBENSTEIN, H. (1966): Allocative Efficiency vs. X-Efficiency, in: American Economic Review, 56. Jg., S. 392-415.

LINDBECK, A.; SNOWER, D. (2000): Multi-Task Learning and the Reorganization of Work, in: Journal of Labor Economics, 18. Jg., S. 353-376.

LINDBECK, A.; SNOWER, D. (2001): Centralized Bargaining and Reorganized Work: Are They Compatible?, in: European Economic Review, 45. Jg., S. 1851-1875.

MILGROM, P.; ROBERTS, J. (1990): The Economics of Modern Manufacturing: Technology, Strategy, and Organization, in: American Economic Review, 80. Jg., S. 511-528.

MOULTON, B. R. (1990): An Illustration of a Pitfall in Estimating the Effects of Aggregate Variables on Micro Units, in: Review of Economics and Statistics, 72. Jg., S. 334-338.

PALDAM, M. (2000): Social Capital: One or Many? Definition and Measurement, in: Journal of Economic Surveys, 14. Jg., S. 629-653.

PETERS, R. H. (2000): Kollektive Lohnverhandlungen und Auslandsdirektinvestitionen: Eine empirische Studie mit Firmendaten, in: ifo Studien, 46. Jg., S. 335-354.

PRYOR, F. L. (2001): The Worldwide Merger Wave, the New Economy, and Competition, in: RÖLLER, L.-H.; WEY, C. (Hrsg.): Die Soziale Marktwirtschaft in der neuen Weltwirtschaft, Berlin, S. 195-129.

RÖLLER, L.-H.; WEY, C. (2001): Internationale Wettbewerbspolitik in der neuen Weltwirtschaft, in: Röller, L.-H.; Wey, C. (Hrsg.): Die Soziale Marktwirtschaft in der neuen Weltwirtschaft, Berlin, S. 169-194.

SCHMIDT, K. M. (1997): Managerial Incentives and Product Market Competition, in: Review of Economic Studies, 64. Jg., S. 191-213.

WAGNER, J. (1998a): Bestimmungsgründe internationaler Firmentätigkeit, in: Jahrbücher für Nationalökonomie und Statistik, 217. Jg., S. 614-627.

WAGNER, J. (1998b): Neue Befunde zur Entwicklung von Aktivitäten niedersächsischer Industriebetriebe auf Auslandsmärkten, in: Niedersächsisches Institut für Wirtschaftsforschung (Hrsg.): Neue Produkte – Neue Märkte – Neue Strategien, Hannover, S. 71-92.

WILLIAMSON, O. E. (1990): Die ökonomischen Institutionen des Kapitalismus, Tübingen.

Thomas Wrona/Heiko Schell*

Globalisierungsbetroffenheit von Unternehmen und die Potenziale der Kooperation

---

* Dr. Thomas Wrona vertritt den Lehrstuhl für Organisation & Empirische Managementforschung an der ESCP-EAP Europäische Wirtschaftshochschule Berlin und ist Habilitand am Lehrstuhl für Organisation & Planung (Prof. Dr. Ingolf Bamberger) an der Universität Duisburg-Essen.
Dipl. Wirt.-Inform. Heiko Schell ist ehemaliger Wissenschaftlicher Mitarbeiter am Lehrstuhl für Organisation & Planung an der Universität Duisburg-Essen.

1. Ausgangspunkt und Problemstellung

Der Begriff und die Merkmale der „Globalisierung“ bildeten in den vergangenen Jahren Gegenstand intensiver Diskussionen. Mitunter wurde die **Globalisierung** als eine der zentralen Herausforderungen für das strategische Management der neunziger Jahre betrachtet (Lyles 1990). Ein Kernproblem kann dabei in der Erlangung und Aufrechterhaltung von Wettbewerbsvorteilen gesehen werden. Eine Möglichkeit einer solchen strategischen Anpassung an die Globalisierung bilden Kooperationsstrategien. Die Analyse der Relevanz und Eignung dieser Strategien wird in der Literatur typischerweise auf der Ebene gesamter – als global unterstellter – Branchen vorgenommen. So untersuchen z. B. Burgers u. a. (1993) die Bedeutung von Kooperationen in der Automobilindustrie.

Demgegenüber soll im Folgenden die Eignung kooperativer Arrangements zur Erlangung von Wettbewerbsvorteilen vor dem Hintergrund einer unternehmensspezifischen Globalisierungsbetroffenheit betrachtet werden. Wie später noch gezeigt wird, können Kooperationen demnach als unternehmensspezifische Anpassungsstrategie auf die individuellen Herausforderungen durch die Globalisierung interpretiert werden.

2. Perspektiven der Globalisierung

2.1 Überblick

Ein Blick in die einschlägige Literatur zeigt, dass verschiedene, zum Teil implizit verwendete Vorstellungen bzw. „Konzeptionen“ darüber existieren, was unter Globalisierung zu verstehen ist. Im Folgenden sollen daher zunächst vor dem Hintergrund zweier begrifflicher Kategorien häufig zu findende Perspektiven der Globalisierung voneinander abgegrenzt und expliziert werden.

Allgemein kann man unter der Globalisierung einen Prozess einer weltweiten Ausrichtung bzw. eines weltweiten Zusammenwachsens verstehen (vgl. z. B. Chng/Pangarkar 2000; Schmid 2000; Wrona 1999). Dabei bleibt zunächst offen, auf welches Betrachtungsobjekt man Globalisierung bezieht. Wenngleich die begriffliche Abgrenzung der Globalisierung insoweit unproblematisch ist, unterscheidet sich die Begriffsverwendung insbesondere in Bezug auf zwei Dimensionen:

1. Zunächst variiert die Begriffsverwendung in Bezug auf die **Objektbereiche** der Globalisierung. So spricht man etwa von der Globalisierung von Branchen bzw. Märkten

oder der Globalisierung von Unternehmen bzw. Unternehmensbereichen.[1] Es stellt sich mit Bezug auf diese erste Dimension somit die Frage, ob sich der Prozess der Globalisierung branchenweit vollzieht, oder ob das Ausmaß der Globalisierung auch innerhalb einer Branche variiert.

2. Zum anderen lassen sich die verwendeten Globalisierungskonzeptionen danach unterscheiden, ob Globalisierung als **objektives** Branchen- und Marktmerkmal gemessen wird, oder ob auf die **Wahrnehmung** der Globalisierung abgestellt wird.

Mit Bezug auf diese zwei Kategorien können nun vier idealtypische Globalisierungskonzeptionen unterschieden werden (siehe Übersicht 1), die an anderer Stelle bereits diskutiert wurden (Wrona 2000). Im Folgenden soll nur kurz auf die Konzeptionen (1) und (4) eingegangen werden.

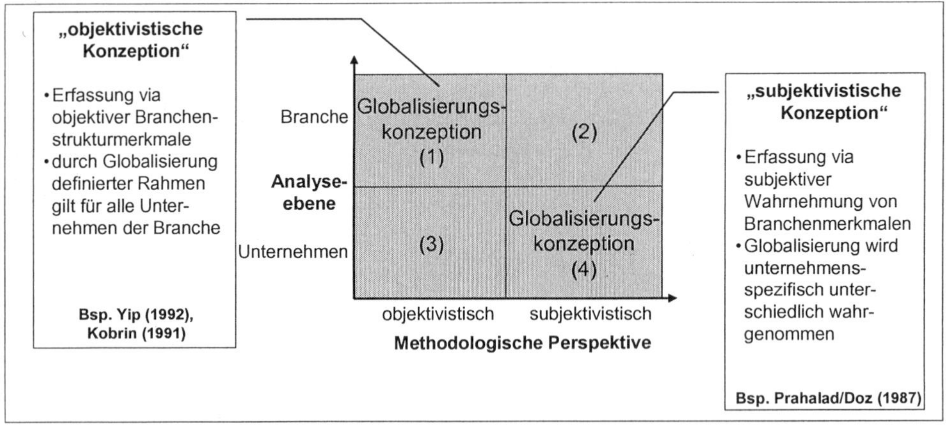

Übersicht 1: Konzeptionen der Globalisierung

2.2 Die Globalisierung von Branchen und Märkten

Auch wenn alle vier Felder Gegenstand von Konzeptionen der Globalisierung bilden, so dominiert in der betriebswirtschaftlichen Forschung eindeutig die Konzeption (1). Sie zeichnet sich dadurch aus, dass gesamte Branchen oder Märkte Betrachtungsobjekte bilden und eine objektivistische methodologische Perspektive vorliegt, d. h., die Globalisierung wird anhand von **„objektiven“ Merkmalen** erfasst.

[1] Die Betrachtung weiterer Objektbereiche wie etwa die Globalisierung der Politik oder der Ökologie findet sich in Schmid (2000, S. 7 ff.).

Von einer solchen Globalisierung von Märkten oder Branchen spricht man, wenn unterschiedliche, zunächst als unabhängig betrachtete Märkte/Branchen in verschiedenen Ländern gleichförmiger bzw. verbunden(er) werden und zu länderübergreifenden (evtl. weltweiten) Märkten zusammenwachsen.

Wesentliche **Ursachen** für die Globalisierung können in der (partiellen) Homogenisierung der weltweiten Nachfragemerkmale von Konsumenten gesehen werden, die unter anderem aus dem grenzenlosen Informationsfluss, sinkenden Handelsbarrieren und technologischen Entwicklungen resultiert.[1] Die einzelnen Ländermärkte können folglich nicht länger isoliert von einander betrachtet werden – sie sind interdependent. Globale Märkte zeichnen sich durch einen hohen grenzüberschreitenden Handel und internationalen Wettbewerb aus (vgl. z. B. Bamberger/Wrona 1997, S. 714). Man kann einen Markt in dieser Perspektive dann als global kennzeichnen, wenn die Wettbewerbsposition auf einem Ländermarkt signifikant von der Position auf einem oder mehreren anderen Ländermärkten abhängt (Porter 1989, S. 20). Diese Ländermarktinterdependenz wird durch die Kombination physischer, intangibler und finanzieller Ressourcenströme ausgelöst (Kobrin 1991, S. 17 f.; Morrison/Roth 1992, S. 400).

Im Rahmen dieser „Globalisierungskonzeption" wird die Globalisierung über mehr oder weniger objektive Kriterien wie z. B. Branchenstrukturmerkmale erfasst. Beispielsweise können Außenhandelsströme bzw. -quotienten eine Grundlage zur Abgrenzung globaler Branchen bilden (Kobrin 1991, S. 20). Eine andere Möglichkeit stellt die Bezugnahme auf globalisierungstypische Strukturmerkmale von Branchen dar, wie etwa der Standardisierungsgrad der Nachfrage, weltweite Beschaffungs- oder Absatzkanäle, Präsenz internationaler Konkurrenten etc. (Yip 1992).

Die These ist nun, dass Branchen in ihrem Globalisierungspotenzial auf Grund der zugrunde liegenden Branchenstrukturen variieren (siehe Übersicht 2) (Porter 1996; Morrison 1990; Yip 1992). Auf Grund dieser Annahme ergibt sich die Forderung, dass Unternehmen in globalen Branchen auf das Globalisierungspotenzial durch spezifische/integrierte Strategien reagieren sollten (vgl. z. B. Levitt 1983; Kogut 1985a, b; Hamel/Prahalad 1985). Dabei werden sich zwar möglicherweise unterschiedliche Anpassungsmaßnahmen der Unternehmen in dieser Branche ergeben (siehe hierzu Abschnitt 3), allerdings besitzt aus dieser Perspektive der durch die Globalisierung definierte Rahmen für alle Unternehmen der Branche Geltung. Diese Konzeption ist relativ verbreitet, insbesondere im Zusammenhang mit der Analyse von globalen Anpassungsstrategien.

---

[1] Vgl. hierzu (jedoch in extremerer Position) Levitt (1983, S. 92 ff.) oder Ohmae (1989, S. 152 ff.). Die Konvergenz nationaler Bedürfnisse hat jedoch nur in viel geringerem Maße stattgefunden, als dies ursprünglich erwartet worden war (vgl. z. B. Morrison/Ricks/Roth 1991, S. 17 ff.).

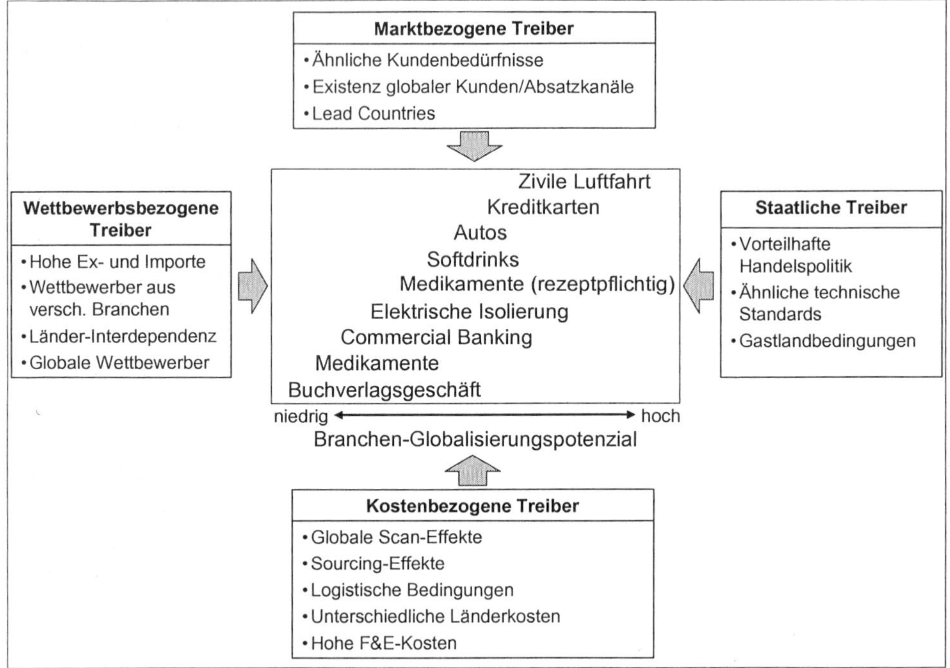

Quelle: In Anlehnung an: Yip 1992, S. 31 ff.

Übersicht 2: Beispielhaftes Globalisierungspotenzial für ausgewählte Branchen

2.3 Globalisierungsbetroffenheit

Gerade jedoch in Bezug auf die Analyse von Anpassungsstrategien erscheint eine hierzu konträr stehende Globalisierungsperspektive (Konzeption (4)) interessant, die die Globalisierung nicht relativ allgemein auf der Ebene von Branchen, sondern differenzierter auf der Ebene von Unternehmen bzw. Unternehmensbereichen erfasst. Darüber hinaus lässt sich die Perspektive stärker mit einer subjektivistischen methodologischen Grundposition in Verbindung bringen.

Grundlegende These dieser Konzeption ist, dass die verschiedenen „Treiber" der Globalisierung für die einzelnen Unternehmen einer fokalen Branche eine unterschiedliche Relevanz besitzen; dies gelte selbst bei einander sehr ähnlichen Unternehmen (Prahalad/ Doz 1987). Darüber hinaus wird argumentiert, dass es auch in vermeintlich „globalen" Branchen erfolgreiche regionale Wettbewerber gibt. Daher wird gefordert, das Globalisierungspotenzial auf der Grundlage von strategischen Gruppen, Unternehmen oder Unternehmensbereichen festzustellen. Dies wird im Rahmen der hier besprochenen Konzeption auf der Grundlage subjektiver Wahrnehmungen der Bedeutung bestimmter Globalisierungswirkungen durch einen maßgeblichen Entscheider im Unternehmen bewertet (Bamberger/Wrona 1997; Wrona 1999; Wrona 2000). Damit tragen solche Globalisierungskonzeptionen subjektivistische Züge, in dem über die Berücksichtigung von Wahrnehmungen auf die kognitiven Strukturen und Aktivitäten von Aktoren verwiesen wird.

Das Ausmaß, in dem diese Globalisierungswirkungen einen Einfluss auf die Entwicklung und den Erfolg von Unternehmen besitzen bzw. Entwicklungen von Märkten in diesem Sinne wahrgenommen werden, soll als **Globalisierungsbetroffenheit** bezeichnet werden (Bamberger/Wrona 1997).

Wie können Unternehmen nun durch die Globalisierung der Märkte betroffen sein? Zunächst kann von einer direkten Betroffenheit gesprochen werden, wenn die eigenen Beschaffungs- oder Absatzmärkte des Unternehmens globaler werden. Die Betroffenheit hängt dabei nicht davon ab, ob das Unternehmen auch tatsächlich auf verschiedenen Ländermärkten tätig ist. Globalisierung kann sich darin äußern, dass sich die Wettbewerbsbedingungen im bisher bedienten, möglicherweise rein regionalen Markt verändern.

Unternehmen können ferner indirekt in der Weise betroffen sein, dass sich die Märkte ihrer Kunden globalisieren und zu einer Veränderung der Beziehungen beispielsweise zwischen Zulieferern und Abnehmern führen. Speziell Klein- und Mittelunternehmen sind häufig in einer solchen indirekten Weise durch die Globalisierung betroffen (Bamberger/Wrona 1996a, 1997).

Unternehmen können somit zusammenfassend als globalisierungsbetroffen charakterisiert werden, sofern die Globalisierung der Märkte (als Branchenmerkmal) einen direkten oder indirekten Einfluss auf ihren Erfolg bzw. ihre Entwicklung besitzt.

Die Konzeption (4) der Globalisierung erlaubt darüber hinaus eine sehr differenzierte Analyse der Globalisierungsbetroffenheit hinsichtlich ihres Grades und ihrer Art.

(a) Unternehmen (auch innerhalb einer Branche) werden sich häufig in unterschiedlicher Intensität durch die Globalisierung betroffen fühlen. Der Grad der Betroffenheit bildet somit einen ersten Indikator zur Beschreibung der Globalisierung.

(b) Es besteht empirische Evidenz dafür, dass sich Unternehmen auch auf unterschiedliche Art durch die Globalisierung betroffen fühlen (Wrona 1999, S. 190 ff.). Solche Arten der Betroffenheit können z. B. über die Bedeutung verschiedener Dimensionen von Globalisierungstreibern abgegrenzt werden. Zu denken ist hierbei z. B. an:

- Wirkungen von **Standardisierungseffekten** auf globalen Märkten, wie z. B. in Bezug auf Vorleistungen (Investitionen) bzw. Roh- und Hilfsstoffe, die eine direkte Auswirkung auf den Produktionsprozess von Unternehmen auf globalen Märkten aufweisen, in Bezug auf den Absatz (Homogenisierung der Nachfrage), institutionelle Standardisierungen in Form von vereinheitlichten Vertragsformen, Rechtsnormen,

Handelsklauseln oder technologische Standardisierungen (Levitt 1983, S. 92 ff.; Porter 1989, S. 61 f.).

- **Kostendruckeffekte** bzw. an die Notwendigkeit der Erzielung von Größendegressionseffekten. Sie entstehen konkurrenz- bzw. nachfragebedingt (vgl. z. B. Bartlett/ Ghoshal 1987, S. 7).
- einen Anstieg des **Differenzierungswettbewerbs**, da sich der relevante Markt vergrößert und Handelhemmnisse abgebaut werden. Der Wettbewerb bezieht sich zunehmend auch auf Kriterien wie z. B. Qualität, Innovationen oder Technologie (Bartlett/Ghoshal 1990, S. 216; Meffert 1991, S. 401 f., S. 410 ff.; Morrison/Roth 1992, S. 412).
- verkürzte **Innovationszyklen** bei steigenden F & E-Aufwendungen. Innovationen entstehen häufig in immer kürzeren Zeitabständen (steigende Obsoleszenz) und sind in ihrer Entwicklung vergleichsweise aufwändig. Hierdurch verkürzt sich die potenzielle Amortisationszeit von notwendig werdenden Investitionen (Bartlett/Ghoshal 1990, S. 121 ff.; Krubasik/Schrader 1990, S. 19) oder
- die Notwendigkeit, sich auf verschiedenen **Ländermärkten** betätigen zu müssen, um wettbewerbsfähig zu bleiben. Diese Notwendigkeit ergibt sich z. B. aus der Bedeutung eines hohen Absatzvolumens und damit potenzieller Skalenvorteile bzw. aus Vorteilen einer Marktsegmentierung anhand von länderübergreifenden Subkulturen. Ein weiterer Aspekt betrifft die Notwendigkeit, sich durch eine Betätigung auf verschiedenen Ländermärkten eine zu den Wettbewerbern vergleichbare Ausgangsbasis zu schaffen (Porter 1989, S. 20; Witteloostuijn/Wegberg 1992, S. 273 ff.).

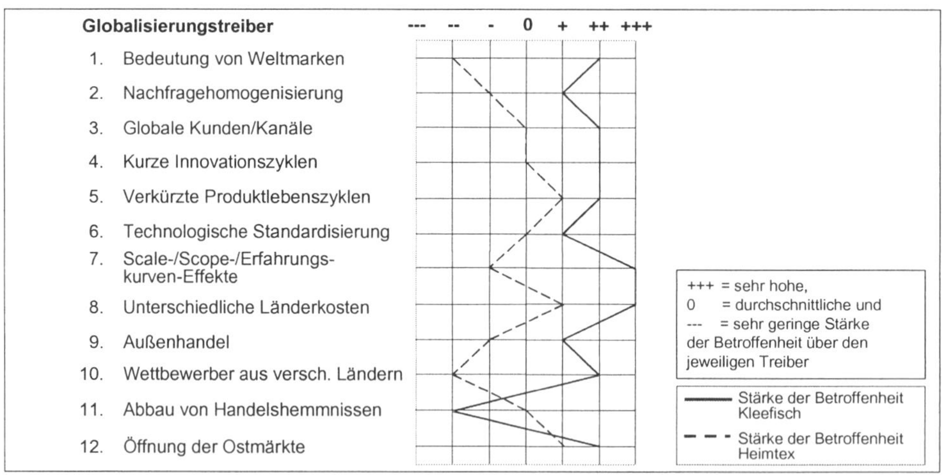

Quelle: Bamberger/Wrona 2000, S. 16.

Übersicht 3: Globalisierungsbetroffenheitsprofil zweier Unternehmen der Bekleidungsindustrie

Es ist dabei offensichtlich, dass die Globalisierungsbetroffenheit von Unternehmen als Kombination von Art und Grad beschrieben werden kann.

Ansätze, die eine solche Perspektive der Globalisierung verfolgen, sind im Vergleich zur ersten beschriebenen Konzeption eher selten. Übersicht 3 zeigt ein Beispiel einer solchen Konzeption, in der die unterschiedliche Wahrnehmung von Globalisierungstreibern durch zwei reale Unternehmen der deutschen Bekleidungsindustrie visualisiert ist.

3. Optionen der strategischen Anpassung von Unternehmen an die Globalisierung

Vorangehend wurde bereits vereinzelt von unternehmerischen Anpassungsstrategien gesprochen. Nun soll kurz skizziert werden, welche Optionen einer strategischen Anpassung Unternehmen besitzen, die in globalen Märkten operieren bzw. durch die Globalisierung betroffen sind. In allgemeiner Weise lässt sich das Problem einer strategischen Anpassung an die Globalisierung im Sinne der Entwicklung von Maßnahmen zur Aufrechterhaltung oder Steigerung der **Wettbewerbsfähigkeit** der betroffenen Unternehmen interpretieren (Bamberger/Wrona 1997, S. 717).

Dieses Problem betrifft dabei alle Bereiche und Ebenen unternehmerischen Handelns und seiner operativen Umsetzung (vgl. hierzu auch Bamberger 1995). In diesem Zusammenhang können zunächst grundsätzlich alle typischerweise unterschiedenen Strategiearten und ihr Beitrag zur Erhöhung der Wettbewerbsfähigkeit in globalen Kontexten betrachtet werden. Beispielsweise kann hier Bezug auf die Gestaltung verschiedener Unternehmensgesamtstrategien, Geschäftsstrategien und funktionalen Strategien, aber auch auf spezielle „Globalisierungsstrategien" genommen werden:

- So können Unternehmen beispielsweise auf die Erweiterung ihres geografischen Marktes durch eine Verminderung in der Breite ihres abgedeckten Marktes reagieren (**Spezialisierungsstrategien**).
- Darüber hinaus können z. B. Veränderungen in der Wertschöpfungstiefe die Folge sein (**vertikale Integrationsstrategien**). Eine zunehmende räumliche Marktausdehnung hat mitunter eine Verminderung des vertikalen Integrationsgrades zur Folge (Fieten 1995; vgl. auch Wrona 1999).
- Eine in der Literatur umfänglich diskutierte Problemstellung ist eine Anpassung des **wettbewerbsstrategischen** Verhaltens. In Frage kommen hierbei Maßnahmen zur Nutzung von Größenvorteilen, von Breitendegressionseffekten, von komparativen, standortbedingten Vorteilen oder der Entwicklung von Differenzierungsmerkmalen wie etwa Design (vgl. etwa Bolz 1991; Meffert 1989; Meffert 1991; Voß 1989). Mit

zunehmender Globalisierungsbetroffenheit über wachsende Wettbewerbsintensität wird häufig auch das Ausmaß wettbewerbsstrategischen Verhaltens zunehmen.

- Auch **Funktionalstrategien** bilden einen wichtigen Anpassungsbereich. Von verschiedenen Autoren werden als bedeutsame Anpassungsstrategien globale Beschaffungsstrategien (vgl. etwa Yip 1992; Arnold 1989), die Ausrichtung der Forschungs- und Entwicklungstätigkeit (Hakanson 1990; Gerybadze/Reger 1997) oder die Veränderung von Marketingstrategien (Kreutzer 1989; Kux/Rall 1990; Takeuchi/Porter 1989) hervorgehoben.
- Schließlich bilden Anpassungen im Bereich von **Kooperationsstrategien** eine häufig erwähnte strategische Option. Insbesondere für Klein- und Mittelunternehmen wird das Eingehen von Kooperationsbeziehungen als eine typische Anpassungsmaßnahme angesehen, da hierüber mögliche größenbedingte Nachteile ausgeglichen werden können (vgl. z. B. Backhaus/Plinke 1990; Cichon/Hinterhuber 1989). Auf die Potenziale der Kooperation wird unten wieder zurückgekommen.

Eine „strategische Anpassung" von Unternehmen an die Globalisierung muss sich jedoch nicht allein in der Veränderung der verfolgten Unternehmensstrategien ergeben. Vielmehr bildet auch die Entwicklung bzw. Veränderung des **institutionellen Rahmens** für die Unternehmensführung (z. B. die Managementsysteme) einen wichtigen Bereich einer strategischen Anpassung.

Dabei ist in diesem Zusammenhang weniger an dessen Implementierungsfunktion von Strategien zu denken. Vielmehr kann auch die Anpassung des institutionellen Rahmens selbst als „strategisches Verhalten" interpretiert werden, da hierdurch weit reichend in den Prozess der Herausbildung von Unternehmensstrategien eingegriffen wird.[1] Strategien der Aufrechterhaltung der Wettbewerbsfähigkeit haben somit möglicherweise auch die Anpassung von Organisationsstrukturen, Planungs- und Kontrollsystemen, die Neuausrichtung der (strategischen) Informationssysteme oder die Erweiterung bisheriger Kommunikationssysteme zum Gegenstand.[2] Darüber hinaus kommt speziell im Zusammenhang mit einer Globalisierungsbetroffenheit der Anpassung von Werten bzw. der Unternehmenskultur eine herausragende Bedeutung zu (vgl. z. B. Schmid 1996; Holzmüller 1995).

---

1 So wird etwa die Interpretation bzw. Infragestellung der wahrgenommenen Realität oder die Fähigkeit der Gewinnung und Verarbeitung von Informationen auch durch die Organisationsstruktur beeinflusst. Darüber hinaus wird über die Gestaltung von Planungs- und Kontrollsystemen z. B. festgelegt, welche Aktoren an (Strategie-)Planungsprozessen beteiligt sind etc. (vgl. umfassend Bamberger/Wrona 2004).

2 So stellt z. B. eine Reihe von Autoren das Management des über die globale Organisation verteilten Wissens als einen Kern globaler Strategien heraus (vgl. z. B. Nonaka 1990; Kogut 1990).

4. Kooperationen

4.1 Grundlagen und Merkmale von Kooperationen

Kooperationen erfahren sowohl in der wissenschaftlichen Forschung als auch in der betrieblichen Unternehmenspraxis seit längerer Zeit eine hohe Bedeutung. In der Literatur finden sich entsprechend viele Ansätze, die zur Erklärung und Beschreibung von Kooperationen nutzbar gemacht werden. Zudem existiert inzwischen eine Vielzahl empirischer Untersuchungen zu Motiven und Gestaltungsformen kooperativer Zusammenarbeit.[1]

Akteure von Kooperationen können grundsätzlich sowohl Individuen als auch Organisationen sein. Für die weitere Betrachtung soll der Fokus auf Interaktionen zwischen rechtlich selbstständigen Unternehmen gelegt werden. In der Literatur wird in diesem Zusammenhang auch häufig von interorganisationalen Kooperationen gesprochen.[2] Demnach kann eine Kooperation als freiwillige, vertraglich abgesicherte Zusammenarbeit zwischen mindestens zwei rechtlich selbstständigen Unternehmen verstanden werden (vgl. dazu auch Perlitz 1997; Haussmann 1997; Bamberger/Wrona 2004).

Die Definition weist bereits auf ein wesentliches Merkmal von Kooperationen hin: Auf Grund der wechselseitigen Ziel-Mittel-Verflechtung sind die kooperierenden Unternehmen bestrebt, ein gemeinsam verfolgtes Ziel zu erreichen. Dabei ist es evident, dass die über die Kooperation hinaus verfolgten Ziele der beteiligten Unternehmen nicht immer kongruent sein müssen. Vielmehr ist es denkbar, dass einzelne Unternehmen zum Teil sehr unterschiedliche, zum Teil sogar konfliktäre Ziele verfolgen.

Die gemeinsame Verfolgung eines Ziels ist typischerweise mit von den jeweiligen Kooperationspartnern zu erbringenden Teilleistungen verbunden, die in mehr oder weniger abgestimmter Weise zusammengeführt werden. Somit bilden eine wechselseitige Inanspruchnahme von Leistungen und damit verbunden die gegenseitige Abhängigkeit der Kooperationspartner weitere Merkmale einer Kooperation.

Während in der Vergangenheit eher Kooperationen zwischen Unternehmen vor- bzw. nachgelagerter Wertschöpfungsstufen betrachtet wurden (**vertikale Kooperation**), rücken in jüngerer Zeit immer mehr Kooperationsformen in den Vordergrund der Betrachtungen, die zwischen Unternehmen der gleichen Wertschöpfungsstufe (**horizontale Kooperation**) oder unterschiedlicher Branchen (**laterale Kooperation**) vollzogen werden.

---

1 Hierzu wird auf das Erste Kapitel dieses Sammelwerks verwiesen.

2 Hierneben existieren auch intraorganisationale Kooperationen, die Interaktion zwischen (typischerweise in der Hierarchie gleichgestellten) Mitarbeitern und Abteilungen einer Organisation bezeichnen (vgl. z. B. Bamberger/Wrona 2004).

Unter dem Dach so genannter **strategischer Allianzen** kooperieren potenzielle Wettbewerber oder Unternehmen unterschiedlicher Branchen mit dem gemeinsamen Ziel der Erzielung von Wettbewerbsvorteilen (vgl. z. B. Hamel/Doz/Prahalad 1989, S. 133 ff.; Hilbert/Widmaier/Bandemer 1991, S. 9 ff., Zentes/Swoboda 1999, S. 44 ff.). Prominente Beispiele für Kooperationen mit unterschiedlichsten Facetten finden sich in fast allen Branchen. So bildet DaimlerChrysler zusammen mit Mitsubishi und Hyundai eine strategische Partnerschaft.[1] Unter dem Synonym „Wintel“ verbirgt sich eine Kooperation zwischen Microsoft und Intel, die ihre Ressourcen bündeln, um gemeinsam Technologien und Standards zu entwickeln.[2]

4.2 Kooperationsstrategien

Wie zuvor angedeutet, existiert eine Vielzahl unterschiedlichster Motive für das Eingehen einer Kooperationsbeziehung. Fast allen Motiven ist dabei gemeinsam, dass ihnen der Aufbau von Wettbewerbsvorteilen bzw. Erfolgspotenzialen als übergeordnetes Ziel zugesprochen werden kann. Vor diesem Hintergrund lassen sich verschiedene Aussagen über die Dimensionen der durch die Kooperation betroffenen strategischen Aktivität der Unternehmung ableiten (vgl. dazu auch Bamberger/Wrona 2004, S. 194 ff.).

Kooperationen können demnach unterschiedliche Aktivitäten der Wertkette betreffen. Im Sinne eines **Outsourcing** ist es z. B. möglich, ganze Wertkettenaktivitäten auszulagern. Die so freiwerdenden Ressourcen können dann für eine Konzentration auf die verbleibenden Kernkompetenzen genutzt werden. Auch eine Zusammenlegung von Aktivitäten (z. B. Beschaffungs- oder Produktionsaktivitäten) kann vor dem Hintergrund der Ausnutzung von Economies of Scale and Scope sinnvoll und wünschenswert sein. Weiterhin können eine Risikominimierung oder der Zugang zu wettbewerbsrelevanten Ressourcen Motive einer Kooperation sein.

Die **Diversifikation** des Leistungsprogramms wurde bereits als Motiv für eine Kooperation genannt. Gerade für kleinere (spezialisierte) Unternehmen bietet sich so die Möglichkeit, das Leistungsprogramm mit begrenztem Ressourcenaufwand zu erweitern, um den wachsenden Kundenbedürfnissen gerecht zu werden.

Kooperationen finden häufig zwischen Unternehmen vor- oder nachgelagerter Wertschöpfungsstufen statt. Unternehmen sind so in der Lage, ohne hohen Grad an **vertikaler Integration** Einfluss auf die Qualität der Produkte der Zuliefererunternehmen zu

[1] Die strategischen Partner werden auf der Internetseite von DaimlerChrysler aufgezählt (vgl. hierzu auch http://www.daimlerchrysler.de).

[2] Zu den Merkmalen und der Bedeutung horizontaler, vertikaler und lateraler Kooperation vgl. den Beitrag von Zentes/Swoboda/Morschett in diesem Sammelwerk.

nehmen. Häufig ist die Entwicklung konkurrenzfähiger Produkte auch nur über spezifische Kenntnisse aus vorgelagerten Wertschöpfungsstufen möglich.

Von hoher Bedeutung sind Kooperationen auch für die Realisierung von **Internationalisierungsstrategien**. Die zunehmende Globalisierung zwingt Unternehmen verstärkt zum Eintritt in neue und unbekannte Märkte. Kooperationen mit internationalen Partnern können dabei eine wesentliche strategische Option für ein „betroffenes" Unternehmen darstellen (vgl. z. B. Kutschker/Schmid 2002, S. 849 ff.; Doz/Hamel 1998). Neben der Nutzung von Ressourcen (Vertriebskanäle, Produktionsstätten, Lagerräume) der Kooperationspartner stellt der Zugang zu markspezifischem Wissen ein wesentliches Motiv für eine Kooperation mit einem ausländischen Partner dar. Für kleinere Unternehmen bietet sich häufig die Gelegenheit, größeren Geschäftspartnern des Stammlandes im Zuge einer Internationalisierung zu folgen (Contractor/Lorange 1988; Perlitz 1997; Bamberger/Wrona 2004).

4.3 Kooperationen und Wettbewerbsvorteile

Die zuvor bereits angesprochene Globalisierung, dynamischere Märkte sowie der damit verbundene Zwang zur erhöhten Innovationsfähigkeit lassen viele Unternehmen an die Grenzen der eigenen Leistungsfähigkeit stoßen. Die einzelne Unternehmung sieht sich häufig kaum in der Lage, unternehmerische Ziele alleine und in der geforderten Geschwindigkeit zu erreichen und Wettbewerbsvorteile zu erzielen. Insofern können Kooperationen eine Möglichkeit darstellen, die eigene Wettbewerbsposition zu verbessern (Doz/Hamel 1998; Bronder/Pritzl 1992, S. 17).

Vor dem Hintergrund des Auf- bzw. Ausbaus von Wettbewerbsvorteilen lassen sich eine Reihe unterschiedlicher **Motive** für Kooperationen klassifizieren (Börsig/Baumgarten 1997; Perlitz 1997; Bamberger/Wrona 2004; Evers 1998). Deren Erklärung kann zunächst über entsprechende theoretische Ansätze erfolgen. So liefert der Transaktionskostenansatz z. B. eine Erklärung für (Transaktions-)Kostenmotive. Demnach weisen Kooperationen in Situationen mittlerer Unsicherheit, Ressourcenspezifität und Transaktionshäufigkeit die niedrigsten Transaktionskosten (Kosten der Anbahnung, Vereinbarung, Abwicklung, Kontrolle und nachträglichen Anpassung von Verträgen) auf. Entsprechende Argumentationsschemata lassen sich auch für andere Ansätze erzeugen. An dieser Stelle mögen diese Hinweise allerdings genügen. Im Folgenden soll eine Klassifikation unterschiedlicher Kooperationsmotive die Grundlage für die später noch zu entwickelnden Potenziale im Zusammenhang mit der Globalisierung legen:

1. Zeitvorteile

Wettbewerbsvorteile ergeben sich häufig aus Zeitvorteilen. Ein schnelles „move to the market" bildet die Grundlage für den Unternehmenserfolg (Haussmann 1997; Bamberger/Wrona 2004 S. 131 ff.; Zentes/Swoboda 1999, S. 51 ff.). Demzufolge kommt einer schnellen Produktentwicklung und einer schnellen Versorgung der relevanten Märkte eine entscheidende Rolle zu. Besondere Bedeutung erfährt der Zeitfaktor in Märkten, die durch eine hohe Globalisierung gekennzeichnet sind. **First-Mover-Vorteile** können in stark konvergierenden Märkten einen entscheidenden Vorteil gegenüber Mitbewerbern darstellen. So erweisen sich z. B. in der Internetökonomie das Setzen von Standards und das Erreichen einer kritischen Schwelle als wesentliche Wettbewerbsvorteile, die in erster Linie durch einen schnellen Markteintritt erreicht werden können (Amitt/Zott 2001; Zerdick u. a. 1999).

2. Zugang zu bzw. Schutz strategisch relevanter Ressourcen

Eng verbunden mit dem Zeitfaktor ist das Problem des Zugangs zu bzw. des Schutzes strategisch relevanter Ressourcen. Hierin sind sicherlich die Hauptmotive für Kooperationen zu sehen. Die Bündelung von Fähigkeiten ist häufig mit kürzeren Innovationszyklen verbunden und bildet so die Basis für Wettbewerbsvorteile. Für kleinere und mittlere Unternehmen stellt eine Kooperation sogar häufig die einzige Möglichkeit dar, sich gegen große und etablierte Unternehmen zu behaupten bzw. durchzusetzen. Dabei kann sowohl eine Bündelung gleicher wie auch komplementärer Ressourcen sinnvoll sein. Die gemeinsame Zielverfolgung bietet zugleich auch die Grundlage für den Schutz der entwickelten Ressourcen.[1]

3. Erzielung von Kostenvorteilen

Die Bündelung gemeinsamer Ressourcen ermöglicht in vielen Fällen das Ausnutzen von Economies of Scope and Scale. So können gemeinsam getragene Entwicklungsaufwendungen auf eine größere Absatzmenge verteilt werden. Durch ein gemeinsames Auftreten sind kostengünstigere Bestellgrößen denkbar. Eine Kooperation auf der Basis komplementärer Fähigkeiten ermöglicht den beteiligten Unternehmen eine Konzentration auf die jeweiligen Kernkompetenzen und das Ausnutzen von Spezialisierungsvorteilen.

4. Zugang bzw. Schutz strategisch relevanter Märkte

Der Zugang zu strategisch relevanten Märkten spielt insbesondere bei der Internationalisierung von Unternehmen eine große Rolle. Kooperative Arrangements können vor diesem Hintergrund von großem Nutzen für die betroffene Unternehmung sein. So ermöglichen Kooperationen einen beschleunigten Eintritt in bisher unbekannte Märkte. Dabei kann die Marktkenntnis des Kooperationspartners genutzt werden. Verbunden damit ergibt sich auch eine Risikoreduktion durch die Nutzung der Vertriebskanäle des Kooperationspartners. Die Kooperation mit einem bereits etablierten Konkurrenten sorgt zudem für eine sinkende Rivalität in diesem Markt. Zudem sorgen häufig kartellrechtliche Be-

---

[1] Der Schutz strategisch relevanter Ressourcen stellt eines der Hauptprobleme des strategischen Managements dar. Demnach ergibt sich die Nachhaltigkeit eines Wettbewerbsvorteils durch geringe Abnutz- und Transferierbarkeit sowie eine schlechte Imitier- und Substituierbarkeit der strategisch relevanten Ressourcen. Die Bündelung von Fähigkeiten und die damit verbundene erhöhte Innovationsfähigkeit können zum Aufbau dieser Eigenschaften beitragen (Bamberger/Wrona 1996b).

schränkungen dafür, dass ausländische Unternehmen nur eingeschränkt in einen Markt eintreten können.

5. Wissensakquisition und Ausweitung der Möglichkeiten eines organisationalen Lernens

In jüngerer Zeit wird die Bedeutung des (organisationalen) Wissens als Grundlage für die Erlangung strategischer Wettbewerbsvorteile zunehmend betont. So ist der Erwerb wettbewerbsrelevanten Wissens häufig Anstoß einer Kooperationsbeziehung. Ausdruck findet dieser Gedanke z. B. in der Herausbildung so genannter Cluster. Dahinter verbergen sich geografische Konzentrationen von verbundenen Unternehmen und Institutionen in einem speziellen (Wissens-) Feld. Der Zugang zu diesem Wissen ist in der Regel nur über eine Präsenz in diesen Zentren möglich. Prominente Beispiele für solche Cluster sind z. B. Silicon Valley, USA, im Bereich der Halbleiterindustrie, Bangalore, Indien, im Bereich der Softwareentwicklung oder München, Deutschland, im Bereich (Elektrotechnik, Medien, IT). Kooperationen ermöglichen zudem die Initiierung von organisationalen Lernprozessen, z. B. im Sinne eines Benchmarking. Hierbei spielt der Einsatz moderner Informations- und Kommunikationsinstrumente eine wesentliche Rolle. Der Austausch von Wissen über entsprechende Medien, wie z. B. eine gemeinsame Groupware, kann zur Anregung interorganisationaler Lernprozesse beitragen (Hamel/Doz/Prahalad 1989, S. 134; Prange 1996; Bamberger/Wrona 2004).

6. Risikominimierung

Ein weiteres zentrales Kooperationsmotiv bildet die Risikominimierung. Speziell kleinere, finanzschwache Unternehmen sehen in Kooperationen die Möglichkeit, finanzielle Aufwendungen gemeinsam zu tragen, um das mit einer Investition verbundene Risiko zu minimieren (Hamel/Doz/Prahalad 1989, S. 134; Perlitz 1997; Haussmann 1997; Zentes/Swoboda 1999). Häufig sind diese Unternehmen alleine nicht in der Lage, die notwendigen Mittel zur Finanzierung der stetig geforderten Innovationsfähigkeit zu tragen. Eine Bündelung von Ressourcen mit Wettbewerbern stellt hier einen geeigneten Ausweg dar. Neben finanziellen Ressourcen spielt auch die Risikominimierung im Hinblick auf das zu entwickelnde Wissen eine wesentliche Rolle. Der zunehmende Zeitdruck sorgt dafür, dass Unternehmen kaum mehr in der Lage sind, in mehreren Richtungen F & E-Tätigkeiten zu betreiben. Bei einem Fehlschlag bieten sich einem betroffenen Unternehmen somit keine Ausweichmöglichkeiten zur Erzielung alternativer Wettbewerbsvorteile. Die Bündelung von F & E-Ressourcen kann hier Abhilfe schaffen und dazu beitragen, das Risiko für die einzelne Unternehmung zu reduzieren.

7. Machtgewinn

Auch die Ausübung bzw. Verbesserung von Machtverhältnissen kann ein Motiv für das Abschließen einer Kooperationsvereinbarung darstellen. In erster Linie lässt sich darunter eine größere Möglichkeit zur Einflussnahme auf das Marktgeschehen fassen (Bamberger/Wrona 2004). Im speziellen Fall vertikaler Kooperationsbeziehungen lässt sich auch die Möglichkeit einer erhöhten Kontroll- und Einflussmöglichkeit auf Unternehmen vor- bzw. nachgelagerter Wertschöpfungsstufen vermuten. Typische Beispiele finden sich in der Automobilindustrie, wo Zulieferer über kooperative Arrangements verstärkt in den Wertschöpfungsprozess eingebunden werden. Dies ermöglicht den Herstellern eine bessere Kontrolle des Zulieferers und führt auf dessen Seite wiederum zu einer erhöhten Abhängigkeit.

Obwohl – wie oben gezeigt – in Theorie und Praxis teils sehr unterschiedliche Motive existieren, die eine Kooperation als sinnvoll erscheinen lassen, sollen einige wesentliche Argumente gegen eine Kooperation nicht vernachlässigt und hier wenigstens kurz genannt werden (vgl. hierzu auch Kale/Singh/Perlmutter 2000; Staudt u. a. 1996, S. 1210):

- hoher Koordinationsaufwand im Vergleich zu anderen Organisationsformen
- schwer durchführbare Kontrolle der Leistungsprozesse
- hohe Gefahr opportunistischen Verhaltens
- hohe Gefahr ungewollter Wissensdiffusion.

In Verbindung mit den zuvor aufgezeigten Motiven einer Kooperation lässt sich auch der Gedanke einer **fortschrittsfähigen Organisation** bringen (Kirsch 1997, S. 615 ff.). Kooperationsbeziehungen können die Lernfähigkeit, die Handlungsfähigkeit sowie die Responsiveness positiv beeinflussen und damit zu einer Erhöhung der Fähigkeiten des Führungssystems von Unternehmen beitragen.

5. Kooperationspotenziale und Globalisierungsbetroffenheit

Für eine Vielzahl von Unternehmen in globalen Branchen bildet das Eingehen von Kooperationen eine wichtige strategische Option. So wird etwa von Unternehmen der Unterhaltungselektronik, der Automobilindustrie oder der Energiebranche fast täglich über neue Kooperationen berichtet. Die resultierenden Kooperationsnetzwerke sind dabei fast nicht mehr zu überblicken, zumal die Beziehungen nicht immer langfristiger Natur sind und auch Partner gewechselt werden. Die Übersicht 4 zeigt beispielhaft einige der Kooperationsbeziehungen multinationaler Unternehmen der Elektronikindustrie.

Im Folgenden wird der Frage nachgegangen, inwieweit unter den Bedingungen der Globalisierung durch Kooperationen Wettbewerbsvorteile aufgebaut werden können. Häufig wird dabei die Relevanz von Kooperationen in einer als global betrachteten Branche untersucht (vgl. z. B. Männel 1996; Bleeke/Ernst 1993; Burgers u. a. 1993). Die folgende Analyse greift auf die oben beschriebene Globalisierungsbetroffenheit von Unternehmen zurück und beschreibt mögliche, aus Kooperationen resultierende Wettbewerbsvorteile vor dem Hintergrund verschiedener Arten einer Globalisierungsbetroffenheit. Die These ist, dass sich in Abhängigkeit von der Globalisierungsbetroffenheit verschiedene Kooperationspotenziale ergeben können.

So werden beispielsweise Unternehmen, in deren Märkten **standardisierte** Vorleistungen (wie genormte Bauteile oder Komponenten) eine hohe Bedeutung haben, diese „commodities" in der Regel nicht selber fertigen, sondern auf Zulieferer zurückgreifen, die sich auf die Fertigung solcher „commodities" spezialisiert haben und die in weltweitem Volumen kostengünstig fertigen und hohe Lerneffekte realisieren. Insbesondere in der Automobilindustrie oder der Unterhaltungselektronik zeigt sich daher ein hohes Kostensenkungspotenzial durch den Rückgriff auf Zulieferer. Häufig weisen über diese Art durch die Globalisierung betroffene Unternehmen enge Kooperationsbeziehungen zu ihren Zulieferern auf, um so die Spezialisierungsvorteile ihrer Zulieferer nutzen zu können, gleichzeitig jedoch die Entwicklung der Vorleistungen in gewissem Maße noch mit zu steuern. Die besondere Relevanz von Kooperationsbeziehungen ergibt sich auch dadurch, dass solche spezialisierten Zulieferer zum Teil durchaus auch „wertbildende" Produktteile fertigen, wie z. B. im Fall der externalisierten Fertigung der Sitze im Opel Zafira durch den Zulieferer Johnson Controls, deren besondere Funktionalität ein Kernmerkmal der Werbung für das Fahrzeug bildete.

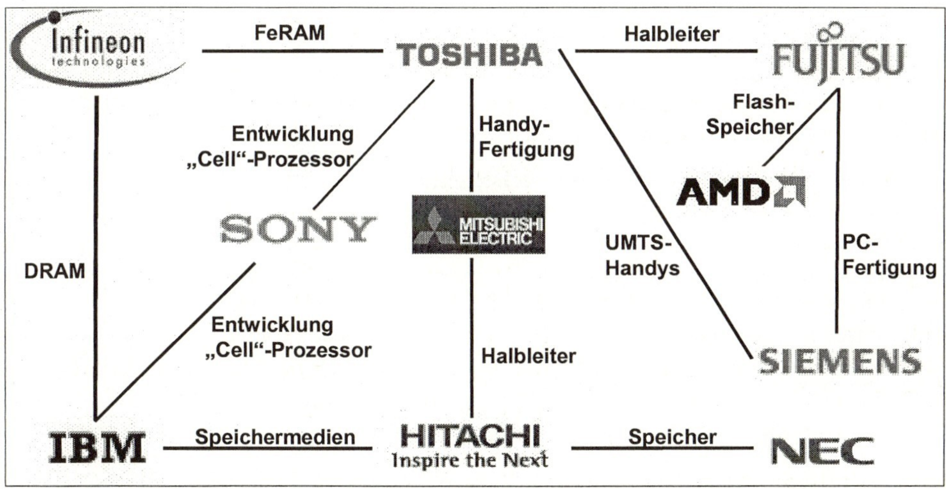

Übersicht 4: Beispielhafte Kooperationsbeziehungen wichtiger Unternehmen der Elektronikindustrie

Aber auch die technologischen **Standardisierungen** besitzen einen bedeutsamen Einfluss auf die Möglichkeiten von Unternehmen, Kooperationen einzugehen und zu führen. Ein Beispiel für Kooperationspotenziale, die im Kern aus technologischen Standardisierungen resultieren, bilden virtuelle Unternehmen. Unter virtuellen Unternehmen werden spezifische temporäre Kooperationsformen rechtlich selbstständiger Unternehmen verstanden, die auf einer gemeinsamen Informations- und Kommunikationstechnologie beruhen und bezüglich der Wertschöpfung eine Arbeitsteilung aufweisen, die der Kunde jedoch nicht als solche wahrnimmt (vgl. etwa Schertler 1998; Motz 1998, S. 172 ff.; bzw. grundlegend Davidow/Malone 1993).

In dem Maße, in dem Standards für Branchen an Bedeutung gewinnen, entsteht typischerweise auch ein Wettbewerb um die Standardbildung. So existiert beispielsweise in vielen Bereichen von Informationsprodukten heute ein extremer Wettbewerb um die Erreichung von **Netzeffekten** bzw. die Etablierung von Standards (Cusumano/Yoffie 1998; Wrona 2004). Mit der Etablierung eines Standards („dominant design") sind für die gesamte Branche weit reichende Folgen verbunden, da unter Umständen Unternehmen aus dem Markt ausscheiden, deren Produktion sich auf andere, unterlegene Standards bezieht (vgl. etwa Utterback/Abernathy 1975; Anderson/Tushman 1990). Die Branche defragmentiert und stabilisiert sich. Mit der Herausbildung eines „dominant design" sind industrieweite Lern- und Skaleneffekte möglich, die gleichzeitig zu einer Erhöhung der durchschnittlichen Unternehmensgröße als auch zu Eintrittsbarrieren führen (Utterback 1994; Nelson 1996).

Da die Entwicklung eines branchenweiten Standards mit hohen Risiken und gegebenenfalls irreversiblen Investitionen verbunden ist, werden solche Entwicklungen in der Regel zusammen mit Kooperationspartnern durchgeführt. Der Wettbewerb vollzieht sich insofern zum Teil auf der Grundlage von **Kooperationsnetzwerken**, die häufig verschiedene Entwicklungspfade beschreiten (vgl. z. B. Prahalad 1998).

Unternehmen, die sich über **Kostendruckeffekte** von der Globalisierung betroffen fühlen, werden Kooperationen speziell zur Erlangung von Kostenvorteilen nutzen. Potenziale ergeben sich hierbei z. B. aus der Erzielung von Größendegressions-, Synergie- oder Erfahrungskurveneffekten im Rahmen einer gemeinsamen Ausführung bestimmter Wertaktivitäten wie z. B. F & E oder Produktion. Mögliche Nachteile, die sich aus dem Unterschreiten der mindestoptimalen Betriebsgröße ergeben, können somit ausgeglichen werden. Darüber hinaus lassen sich unter bestimmten Bedingungen Transaktionskostenvorteile realisieren. Dies gilt insbesondere im Zusammenhang mit vertikalen Kooperationen, z. B. mit Zulieferern.

Eine Betroffenheit über einen hohen **Differenzierungswettbewerb** kann mit Kooperationspotenzialen durch die Realisierung von Differenzierungsvorteilen aus kooperativen Beziehungen in Verbindung gebracht werden. Solche Vorteile sind z. B. in der Ausnutzung von Spezialisierungsvorteilen von Zulieferern (wie etwa besseres Design, höhere Qualität, höherer Innovationsgrad etc.) zu sehen. Aber auch laterale Kooperationen werden häufig eingegangen, um wechselseitig von solchen Spezialisierungsvorteilen zu profitieren. So kooperieren z. B. der niederländische Elektronikkonzern Philips und der US-amerikanische Computerhersteller Dell miteinander: Philips liefert dabei unter anderem CRTs, LC-Displays oder Speichergeräte für den Bau von Computersystemen an Dell, die wiederum einer der wichtigsten Zulieferer von Hardware für Philips werden. Schließlich können Kooperationen mit Gastlandunternehmen Differenzierungsvorteile für einen ausländischen Markteintritt schaffen, sofern etwa eingeführte Markennamen, Vertriebswege, das Image oder auch die lokalen Erfahrungen und Marktinformationen des Auslandspartners genutzt werden können.

Eine Art der Globalisierungsbetroffenheit ist auch darin zu sehen, dass Unternehmen auf Märkten tätig sind, in denen in immer kürzeren zeitlichen Abständen **Innovationen** hervorgebracht werden, die gleichzeitig in zunehmendem Maße hohe F & E-Aufwendungen voraussetzen. In solchen Situationen erscheint es evident, nach Möglichkeiten eines Teilens dieser Aufwendungen und Risiken zu suchen. Kooperationen bieten in diesem Zusammenhang verschiedene Möglichkeiten. So können z. B. vertikale F & E-Kooperationen Synergievorteile erzeugen und den Technologieanschluss zu vor- oder nachgelagerten Wertschöpfungsstufen aufrechterhalten. Darüber hinaus können sich aus horizontalen Kooperationen – z. B. in Bezug auf eine gemeinsame Entwicklung, Produktion oder Vermarktung – Potenziale ergeben. Die Bedeutung solcher Kooperationen zeigt sich insbesondere auch auf elektronischen Märkten (Wrona 2004). Hier sind speziell Kooperationen zwischen den Anbietern auf elektronischen Märkten (Produkt- bzw. Leistungsvermarktern) von Interesse (Zerdick u. a. 1999, S. 179 ff.), die dabei teilweise auf die Entwicklung komplementärer Technologien bzw. Standards („technology webs“, z. B. die Wintel-Kooperation zwischen Microsoft und Intel) oder auf die Erbringung einer Systemleistung für Kundengruppen („customer webs“ wie etwa Portale oder Marktplätze) gerichtet sind (Zerdick u. a. 1999, S. 181 f.). Teilweise werden Kooperationen darüber hinaus auch als eine zusätzliche Möglichkeit der Erlösgenerierung genutzt (so genannte „affiliates“) (Amit/Zott 2001, S. 495).

Kooperationspotenziale können sich schließlich auch im Zusammenhang mit der Notwendigkeit ergeben, sich auf verschiedenen **Ländermärkten** betätigen zu müssen. Ein Kernargument kann dabei darin gesehen werden, dass Kooperationen eine Möglichkeit bilden, mit vergleichsweise geringem finanziellen und personellen Aufwand und Risiko in ausländische Märkte ein- bzw. wieder auszutreten. Bei gegebenen Ressourcen können somit grundsätzlich mehr Ländermärkte bearbeitet werden. Mitunter setzen auch „local-content“-Vorschriften Kooperationen mit Gastlandunternehmen für einen Markteintritt voraus.

Freilich bilden die oben genannten Thesen offensichtlich eine didaktische Vereinfachung, da z. B. nur ausgewählte Betroffenheitsarten oder Kooperationsmotive berücksichtigt werden. Darüber hinaus impliziert die isolierte Behandlung der Dimensionen grundsätzlich eine Vereinfachung in Form der Annahme ihrer (statistischen) Unabhängigkeit. Auf didaktischer Seite ist etwa die Trennung zwischen Standardisierungs- und Kostenwirkungen der Globalisierung durchaus sinnvoll, um einzelne Beziehungen besser ableiten zu können. Die Auswirkungen der Globalisierung der Märkte werden jedoch nicht in solchen Einzeleffekten auftreten. Vielmehr ist davon auszugehen, dass ein bestimmtes Unternehmen mehr oder minder über alle Wirkungsbündel gleichzeitig betroffen sein wird und somit verschiedene Effekte gemeinsam auftreten.[1]

6. Zusammenfassung und Erweiterung

Der vorliegende Beitrag hat die Analyse von Kooperationspotenzialen in globalisierenden Märkten zum Gegenstand. Entgegen der häufig zu findenden Vorgehensweise einer branchenweiten Betrachtung der Eignung von Kooperationen zur Erlangung von Wettbewerbsvorteilen, wird hier auf der Grundlage einer unternehmensspezifischen Globalisierungsbetroffenheit argumentiert. Die These ist dabei, dass sich Unternehmen innerhalb einer Branche in unterschiedlicher Weise durch die Globalisierung betroffen fühlen und in Abhängigkeit dieser Betroffenheitsarten Kooperationen eingehen. Im Beitrag wurden verschiedene Möglichkeiten analysiert, wie unterschiedlich betroffene Unternehmen durch Kooperationen Wettbewerbsvorteile erlangen können.

Die Betrachtung des Problemfeldes „Globalisierung und die Potenziale der Kooperation" wurde dabei in den vorangehenden Ausführungen aus der Perspektive von unternehmerischen **Anpassungsstrategien** betrachtet. In diesem Sinne erzeugt die Globalisierung der Märkte einen **Umweltdruck**, an den sich betroffene Unternehmen strategisch – hier in Form von Kooperationen – anpassen. Allerdings ist das oben skizzierte Problemfeld wechselseitig bzw. dynamisch zu verstehen. Das Eingehen von Kooperationen bildet nicht nur eine Form der Reaktion auf die Globalisierung, sondern kann gleichsam auch **Globalisierungsschübe** für andere Unternehmen auslösen. Kooperationen sind damit sowohl Auslöser als auch Ergebnis der Globalisierungsbetroffenheit. Speziell das Argument der Globalisierungsbetroffenheit auslösenden Wirkungen von Kooperationen wurde im Rahmen dieses Beitrags jedoch nicht behandelt.

1 Zur empirischen Analyse gemeinsamer Effekte von Betroffenheitsarten auf Strategien vgl. Wrona 1999.

Literatur

AMIT, R.; ZOTT, C. (2001): Value Creation in E-Business, in: Strategic Management Journal, 22. Jg., Nr. 6-7, S. 493-520.

ANDERSON, P.; TUSHMAN, M. L. (1990): Technological Discontinuities and Dominant Designs: A Cyclical Model of Technological Change, in: Administrative Science Quarterly, 35. Jg., Nr. 1, S. 604-633.

ARNOLD, U. (1989): Global Sourcing - An Indispensable Element in Worldwide Competition, in: Management International Review, 29. Jg., Nr. 4, S. 14-28.

BACKHAUS, K.; PLINCKE, W. (1990): Strategische Allianzen als Antwort auf veränderte Wettbewerbsstrukturen, in: Backhaus, K.; Piltz, K. (Hrsg.): Strategische Allianzen – eine neue Form kooperativen Wettbewerbs, Zeitschrift für betriebswirtschaftliche Forschung, Sonderheft 27, S. 21-33.

BAMBERGER, I. (Hrsg.) (1995): Anpassungsstrategien kleiner und mittlerer Unternehmen an die Globalisierung der Märkte, Arbeitspapier Nr. 7 des Fachgebiets Organisation & Planung der Universität Essen.

BAMBERGER, I.; WRONA, T. (1996a): Globalisierungsbetroffenheit von Klein- und Mittelunternehmen – Ergebnisse einer empirischen Untersuchung, in: Tichy, G. E.; Matis, H.; Scheuch, F. (Hrsg.): Wege zur Ganzheit, Berlin, S. 949-960.

BAMBERGER, I.; WRONA, T. (1996b): Der Ressourcenansatz und seine Bedeutung für die Strategische Unternehmensführung, in: Zeitschrift für betriebswirtschaftliche Forschung, 17. Jg., Nr. 2, S. 130-153.

BAMBERGER, I.; WRONA, T. (1997): Globalisierungsbetroffenheit und Anpassungsstrategien von Klein- und Mittelunternehmen – Ergebnisse einer empirischen Untersuchung, in: Zeitschrift für Betriebswirtschaft, 67. Jg., Nr. 7, S. 713-735.

BAMBERGER, I.; WRONA, T. (2000): Dynamik des globalen Wettbewerbs – Betroffenheit der Unternehmen (Case Study), in: Zentes, J.; Swoboda, B. (Hrsg.): Fallstudien zum Internationalen Management, Wiesbaden, S. 23-33.

BAMBERGER, I.; WRONA, T. (2004): Strategische Unternehmensführung: Strategien, Systeme, Prozesse, München.

BARTLETT, C. A.; GHOSHAL, S. (1987): Managing across Borders: New Strategic Requirements, in: Sloan Management Review, 28. Jg., Nr. 4 (Summer), S. 7-17.

BARTLETT, C. A.; GHOSHAL, S. (1990): Internationale Unternehmensführung, Innovation, globale Effizienz, differenziertes Marketing, Frankfurt a.M. u. a.

BLEEKE, J.; ERNST, D. (Hrsg.) (1993): Collaborating to Compete: Using Strategic Alliances and Acquisitions in the Global Marketplace, Frankfurt a.M. u. a.

BOLZ, J. (1991): Wettbewerbsorientierte Standardisierungsentscheidungen, Münster.

BÖRSIG, C.; BAUMGARTEN, C. (1997): Grundlagen des internationalen Kooperationsmanagements, in: Macharzina, K.; Oesterle, M.-J. (Hrsg.): Handbuch internationales Management, Grundlagen – Instrumente – Perspektiven, Wiesbaden.

BRONDER, C.; PRITZL, R. (Hrsg.) (1992): Wegweiser für strategische Allianzen, Frankfurt a.M. u. a.

BURGERS, W. P.; HILL, C. W. L.; KIM, W. C. (1993): A Theory of Global Strategic Alliances: The Case of the Global Auto Industry, in: Strategic Management Journal, 14. Jg., Nr. 6, S. 419-432.

CAMERER, C. F. (1991): Does Strategy Research Need Game Theory?, in: Strategic Management Journal, 12. Jg., Winter, S. 137-152.

CHNG, P.-L.; PANGARKAR, N. (2000): Research on Global Strategy, in: International Journal of Management Reviews, 2. Jg., Nr. 1, S. 91-110.

CICHON, W.; HINTERHUBER, H. H. (1989): Globalisierung und Kooperation im Wettbewerb, in: Journal für Betriebswirtschaft, 39 Jg., Nr. 3, S. 139-154.

CONTRACTOR, F. J.; LORANGE, P. (1988): Cooperative Strategies in International Business, Toronto.

CUSUMANO, M. A.; YOFFIE, D. B. (1998): Competing on Internet Time: Lessons from Netscape and Its Battle with Microsoft, New York.

DAVIDOW, W. H.; MALONE, M. S. (1993): Das virtuelle Unternehmen. Der Kunde als Co-Produzent, Frankfurt a.M. u. a.

DOZ, Y. L.; HAMEL, G. (1998): Alliance Advantage. The Art of Creating Value through Partnering, Boston.

EVERS, M. (1998): Strategische Führung von mittelständischen Unternehmensnetzwerken, Mehring.

FIETEN, R. (1995): Globalisierung der Märkte: Neue Herausforderungen für kleine und mittlere Zulieferer der Automobilindustrie, in: Bamberger, I. (Hrsg.): Anpassungsstrategien kleiner und mittlerer Unternehmen an die Globalisierung der Märkte, Arbeitspapier Nr. 7 des Fachgebiets Organisation & Planung der Universität Essen, S. 48-59.

GERYBADZE, A.; REGER, G. (1997): Globalization of R&D: Recent Changes in the Management of Innovation in Transnational Corporations, Discussion Paper on International Management and Innovation, Stuttgart.

GIDDENS, A. (1988): Die Konstitution der Gesellschaft: Grundzüge einer Theorie der Strukturierung, Frankfurt a.M. u. a.

HAKANSON, L. (1990): International Decentralization of R&D – The Organizational Challanges, in: Bartlett, C. A.; Doz, Y. L.; Hedlund, G. (Hrsg.): Managing the Global Firm, London u. a., S. 256-278.

HAMEL, G.; DOZ, Y. L.; PRAHALAD, C. K. (1989): Collaborate with your Competitors – and win, in: Harvard Business Review, 67. Jg., January/February, S. 133-139.

HAMEL, G.; PRAHALAD, C. K. (1985): Do you really have a Global Strategy?, in: Harvard Business Review, 63. Jg., July-August, S.139-148.

HAUSMANN, H. (1997): Vor- und Nachteile der Kooperation gegenüber anderen Internationalisierungsformen, in: Macharzina, K.; Oesterle, M.-J. (Hrsg.): Handbuch internationales Management, Grundlagen – Instrumente – Perspektiven, Wiesbaden.

HILBERT, J.; WIDMAIER, B.; BANDEMER, S. (1991): Können Konkurrenten Partner werden? Eine Einführung in die Chancen und Schwierigkeiten partnerschaftlicher Formenzwischenbetrieblicher Kooperation, in: Hilbert, J.; Kleinaltenkamp, M.; Nordhause-Janz, J.; Widmaier, B. (Hrsg.): Neue Kooperationsformen in der Wirtschaft, Opladen.

HOLZMÜLLER, H. (1995): Konzeptionelle und methodische Probleme in der interkulturellen Management- und Marketingforschung, Stuttgart.

KALE, P.; SINGH, H.; PERLMUTTER, H. (2000): Learning and protection of proprietary assets in strategic alliances: Building relational capital, in: Strategic Management Journal, 21. Jg., Nr. 3, S. 217-237.

KIRSCH, W. (1997): Wegweiser zur Konstruktion einer evolutionären Theorie der strategischen Führung: Kapitel eines Theorieprojektes, 2. Aufl., München.

KOBRIN, S. (1991): An empirical analysis of the determinants of global integration, in: Strategic Management Journal, 12. Jg., Special Issue (Summer), S. 17-31.

KOGUT, B. (1985a): Designing Global Strategies: Comparative and Competitive Value Added Chains, in: Sloan Management Review, 26. Jg., Nr. 4 (Summer), S. 15-28.

KOGUT, B. (1985b): Designing Global Strategies: Profiting from Operational Flexibility, in: Sloan Management Review, 26. Jg., Nr. 4 (Summer), S. 27-38.

KOGUT, B. (1990): International Sequential Advantages and Network Flexibility, in: Bartlett, C. A.; Doz, Y.; Hedlund, G. (Hrsg.): Managing the Global Firm, London, S. 47-69.

KREUTZER, R. (1989): Global Marketing – Konzeption eines länderübergreifenden Marketing, Wiesbaden.

KRUBASIK, E. G.; SCHRADER, J. (1990): Globale Forschungs- und Entwicklungsstrategien, in: Welge, M. K. (Hrsg.): Globales Management – Erfolgreiche Strategien für den Weltmarkt, Stuttgart, S. 17-27.

KUTSCHKER, M.; SCHMID, S. (2002): Internationales Management, München u. a.

KUX, B.; RALL, W. (1990): Marketing im globalen Wettbewerb, in: Welge, M. K. (Hrsg.): Globales Management – Erfolgreiche Strategien für den Weltmarkt, Stuttgart, S. 73-84.

LEVITT, T. (1983): The Globalization of Markets, in: Harvard Business Review, 61. Jg., May/June, S. 92-102.

LYLES, M. (1990): A research agenda for strategic management in the 1990s, in: Journal of Management Studies, 27. Jg., Nr. 4, S. 363-375.

MÄNNEL, B. (1996): Netzwerke in der Zulieferindustrie, Konzepte – Gestaltungsmerkmale – Betriebswirtschaftliche Wirkungen, Wiesbaden.

MEFFERT, H. (1989): Globalisierungsstrategien und ihre Umsetzung im internationalen Wettbewerb, in: Die Betriebswirtschaft, 49. Jg., Nr. 4, S. 445-463.

MEFFERT, H. (1991): Wettbewerbsstrategien auf globalen Märkten, in: Betriebswirtschaftliche Forschung und Praxis, 43. Jg., Nr. 5, S. 399-415.

MORRISON, A. J. (1990): Strategies in Global Industries, New York u. a.

MORRISON, A. J.; RICKS, D.; ROTH, K. (1991): Globalization vs. regionalization: Which way for the multinational?, in: Organizational Dynamics, 19. Jg., Nr. 3, S. 17-29.

MORRISON, A. J.; ROTH, K. (1992): A Taxonomy of Business-Level Strategies in Global Industries, in: Strategic Management Journal, 13. Jg., Nr. 6, S. 399-418.

MOTZ, O. (1998): Strategisches Management, Kooperation und der Einfluss von Informations- und Kommunikationstechnologien, Frankfurt a.M.

NELSON, R. R. (1996): The Evolution of Comparative or Competitive Advantage: A Preliminary Report on a Study, in: Industrial and Corporate Change, 5. Jg., Nr. 2, S. 597-617.

NONAKA, I. (1990): Managing Globalization as a Self-Renewing Process: Experience of Japanese MNCs, in: Bartlett, C. A.; Doz, Y.; Hedlund, G. (Hrsg): Managing the Global Firm, London, S. 69-94.

OHMAE, K. (1989): Managing in a borderless world, in: Harvard Business Review, 67. Jg., May/June, S. 152-161.

PERLITZ, M. (1997): Spektrum kooperativer Internationalisierungsformen, in: Macharzina, K.; Oesterle, M.-J. (Hrsg.): Handbuch Internationales Management: Grundlagen – Instrumente – Perspektiven, Wiesbaden, S. 441-457.

PORTER, M. E. (1989): Der Wettbewerb auf globalen Märkten: Ein Rahmenkonzept, in: Porter, M. E. (Hrsg.): Globaler Wettbewerb, Wiesbaden, S. 17-68.

PORTER, M. E. (1996): Wettbewerbsvorteile – Spitzenleistungen erreichen und behaupten, 4. Aufl., Frankfurt a.M.

PRAHALAD, C. K. (1998): Managing Discontinuities: The Emerging Challenges, in: Research – Technology Management, May/June, S. 14-22.

PRAHALAD, C. K.; DOZ, Y. L. (1987): The Multinational Mission: Balancing Local Demands and Global Vision, New York.

PRANGE, C. (1996): Interorganisationales Lernen: Lernen in, von und zwischen Organisationen, in: Schreyögg, G.; Conrad, P. (Hrsg.): Managementforschung Band 6 – Wissensmanagement, Berlin.

SCHERTLER, W. (1998): Kooperationsstrategien und deren Umsetzung im Konzept der Virtuellen Unternehmung, in: Handlbauer, G.; Metzler, K.; Sauerwein, E. (Hrsg.) Perspektiven im strategischen Management, Berlin u. a., S. 289-306.

SCHMID, S. (1996): Multikulturalität in der internationalen Unternehmung, Konzepte – Reflexionen – Implikationen, Wiesbaden.

SCHMID, S. (2000): Was versteht man eigentlich unter Globalisierung …? Ein kritischer Überblick über die Globalisierungsdiskussion, Diskussionsbeiträge der Wirtschaftswissenschaftlichen Fakultät Ingolstadt, Nr. 144, Ingolstadt.

STAUDT, E.; KRIEGESMANN, B.; BEHRENDT, S. (1996): Kooperationen, zwischenbetriebliche, in: Kern, W.; Schröder, H.-H.; Weber, J. (Hrsg.): Handwörterbuch Produktionswirtschaft, 2. Aufl., Stuttgart, Sp. 922-935.

TAKEUCHI, H.; PORTER, M. E. (1989): Die drei Aufgaben des internationalen Marketing im Rahmen einer globalen Unternehmungsstrategie, in: Porter, M. E. (Hrsg.): Globaler Wettbewerb: Strategien der neuen Internationalisierung, Wiesbaden, S. 127-164.

UTTERBACK, J. M. (1994): Mastering the Dynamics of Innovation, Boston.

UTTERBACK, J. M.; ABERNATHY, W. (1975): A Dynamic Model of Process and Product Innovation, in: Omega, The International Journal of Management Science, 3. Jg., Nr. 6, S. 639-656.

VOß, H. (1989): Internationale Wettbewerbsstrategien, Bayreuth.

WITTELOOSTUIJN, A. VAN; WEGBERG, M. VAN (1992): Multimarket Competition – Theory and Evidence, in: Journal of Economic Behaviour and Organization, 18. Jg., Nr. 2, S. 273-282.

WRONA, T. (1999): Globalisierung und Strategien der vertikalen Integration – Analyse, empirische Befunde, Gestaltungsoptionen, Wiesbaden.

WRONA, T. (2000): Die Gestaltung von vertikalen Integrationsstrategien in globalisierenden Märkten, Ergebnisse einer empirischen Untersuchung, in: Knyphausen-Aufsess, D. zu (Hrsg.): Globalisierung als Herausforderung der Betriebswirtschaftslehre, Wiesbaden, S. 67-93.

WRONA, T. (2004): Strategiebildungsprozesse in deutschen Internetunternehmen, unveröffentl. Habilitationsschrift, Essen.

YIP, G. S. (1992): Total Global Strategy, Englewood Cliffs.

ZENTES, J.; SWOBODA, B. (1999): Motive und Erfolgsgrößen internationaler Kooperationen mittelständischer Unternehmen, in: Die Betriebswirtschaft, 59. Jg., Nr. 1, S. 44-60.

ZERDICK, A.; PICOT, A. u. a. (1999): Die Internet-Ökonomie: Strategien für die digitale Wirtschaft, Berlin.

August-Wilhelm Scheer/Anja Hofer/Otmar Adam*

Moderne Informations- und Kommunikations-technologien – Treiber neuer Kooperations- und Kollaborationsformen

---

* Univ.-Professor Dr. Dr. h.c. mult. August-Wilhelm Scheer ist Direktor des Instituts für Wirtschaftsinformatik an der Universität des Saarlandes, Saarbrücken.
Dipl.-Kff. Anja Hofer und Dipl.-Kfm. Otmar Adam sind Wissenschaftliche Mitarbeiter am selben Institut.

1. Einführung

Die Leistungserstellung in Wirtschaft und Unternehmen ist aus ökonomischen Gründen arbeitsteilig organisiert, da sich auf diese Weise Kosten- und Effizienzvorteile realisieren lassen. Nach den Managementkonzepten der neunziger Jahre, wie Lean Management und Business Process Reengineering, sind viele Rationalisierungspotenziale innerhalb von Unternehmen bereits ausgeschöpft. Steigende Kundenanforderungen und zunehmender Kostendruck führen dazu, dass Unternehmen verstärkt dazu übergehen, externe Partner in die Leistungserstellung einzubeziehen, um Prozesse effizienter abwickeln zu können. Neben bilateralen Kooperationsbeziehungen gewinnen daher Netzwerkorganisationen aktuell an Bedeutung. Als ökonomische Ursachen der Entstehung von Unternehmensnetzwerken lassen sich neben dem Wandel von Verkäufer- zu Käufermärkten die Globalisierung sowie die Dynamisierung des Marktgeschehens nennen (Scheer/Angeli 2002, S. 366).

Der Trend zum Eingehen kooperativer Geschäftsbeziehungen wird durch neuere Entwicklungen in der Informations- und Kommunikations-(I & K-)Technologie verstärkt. Zwischen den eingesetzten Systemen bzw. Technologien und der Organisationsstruktur bestehen dabei wechselseitige Beziehungen (Scheer 2002, S. VII). Zum einen stellen neue Organisationskonzepte Anforderungen an die Entwicklung geeigneter I & K-Technologien hinsichtlich ihrer Unterstützung. Umgekehrt wirkt I & K-Technologie als „enabler“ für Organisationsänderungen und dient somit der Herausbildung neuer Geschäftsmodelle und Anwendungen. Das Internet schafft die Grundlage für den weltweiten vernetzten Informationsaustausch und fördert so die gemeinsame Abwicklung von Wertschöpfungsaktivitäten zwischen Unternehmen. Bestrebungen zur Standardisierung von Datenaustauschformaten zielen auf die Überwindung von Schnittstellenproblemen ab und erlauben die flexible Bildung und Auflösung von Unternehmensnetzwerken in Abhängigkeit von den Kundenwünschen. Angesichts der Potenziale moderner I & K-Technologie zur Realisierung von Wettbewerbsvorteilen wird diese somit zu einem entscheidenden Erfolgsfaktor.

Ziel dieses Beitrags ist es, die Einflüsse der I & K-Technologie auf die Entstehung kooperativer Geschäftsbeziehungen darzustellen und dadurch ausgelöste Trends in der Herausbildung neuer Kooperationsformen aufzuzeigen. Dazu werden in einem ersten Schritt die in diesem Zusammenhang wichtigsten I & K-Technologien anhand einer Informationssystem-Architektur für Kooperationen eingeordnet. Im Anschluss werden die Auswirkungen der Informationstechnologie auf neue Kooperationsformen näher betrachtet. Der Beitrag schließt mit der Darstellung der Anwendungsfelder Supply Chain Management, Collaborative Service Engineering und Collaborative Government sowie einer Betrachtung des Erfolgsfaktors Netzwerkfähigkeit.

2. Unternehmensübergreifende Informations- und Kommunikations-Architekturen

Unter dem Begriff I & K-Technologie werden Ressourcen in Form von Hard- und Software sowie assoziierte Methoden und Techniken subsumiert, die dazu dienen, Informationen zu sammeln, zu speichern, zu verarbeiten und auszutauschen (vgl. dazu z. B. Krcmar 1997, S. 27; Scheer 1990, S. 1; Leavitt/Whisler 1958, S. 43). I & K-Technologie fungiert als Basis bzw. Bestandteil von I & K-Systemen, auf denen wiederum konkrete Anwendungen, beispielsweise betriebswirtschaftlicher Natur, aufsetzen. Die Verbindung von I & K-Technologie, Organisation und betriebswirtschaftlichen Problemstellungen bzw. Prozessen manifestiert sich in Form von Informationssystemen und Anwendungen (Picot/Reichwald/Wigand 2001, S. 204).

Die Verbindung der I & K-Technologien zu kooperativen Organisationsformen wird in jüngster Zeit verstärkt mit Begriffen wie **Collaborative Business** (**C-Business**) oder **E-Collaboration** in der Literatur gefasst (Röhricht/Schlögel 2001). Kollaborative Szenarien werden in erster Linie als eine Erweiterung des Electronic Business angesehen. So genannte C-Business-Plattformen dienen nicht nur der traditionellen Abwicklung von Kunden-Lieferanten-Beziehungen, sondern beziehen auch andere Bereiche der Wertschöpfungskette mit ein, wie beispielsweise Produktkonzeptionierung und -entwicklung. Die Fortführung des E-Business-Gedankens zeigt sich in der angestrebten Integration der Back-Office-Systeme der miteinander kollaborierenden Partner, welche die medienbruchfreie Bearbeitung von Geschäftsvorfällen und somit das Ausschöpfen weiterer Effizienzpotenziale erlauben sollen. Um zugleich eine hohe Dynamik und Flexibilität der verbundenen Partner gegenüber den Kunden zu gewährleisten, muss die einfache Integrierbarkeit informationstechnischer Anwendungen über standardisierte Schnittstellen gegeben sein.

Aus einer anforderungsgetriebenen Perspektive schließt sich daher unmittelbar die Fragestellung nach der Unterstützung der Organisation solcher Netzwerke durch integrierte I & K-Systeme an. Wie bereits im Zuge des Übergangs von der funktionalen zur prozessorientierten Organisation erkannt, ist nun in diesem neuen Wirkzusammenhang eine ganzheitliche und durchgängige Integration vom Fachkonzept bis zur I & K-Technik unabdingbar. Hierzu können bestehende Methoden bzw. Modelle genutzt werden, müssen jedoch um Spezifika kollaborativer Szenarien erweitert werden.

Im Folgenden werden, angelehnt an das Konzept der Business Process Excellence (Scheer/Borowsky 1999), relevante Aspekte des **Collaborative Business Managements** in einer durch Regelkreise verbundenen Drei-Schichtenarchitektur abgebildet. Die oberste Ebene „**C-Business Strategie**" fokussiert dabei die Kollaborationsstrategie. Im Mittelpunkt der zweiten Ebene, des „**C-Business Process Engineering**", stehen Entwurf, Optimierung und Controlling sowohl der unternehmensübergreifenden als auch der zugehörigen internen Prozesse. Die dritte Ebene „**C-Business Execution**“ betrachtet die (operative) Ausführung der Geschäftsprozesse im Wertschöpfungsnetzwerk sowie deren Unterstützung durch I & K-Technologie.

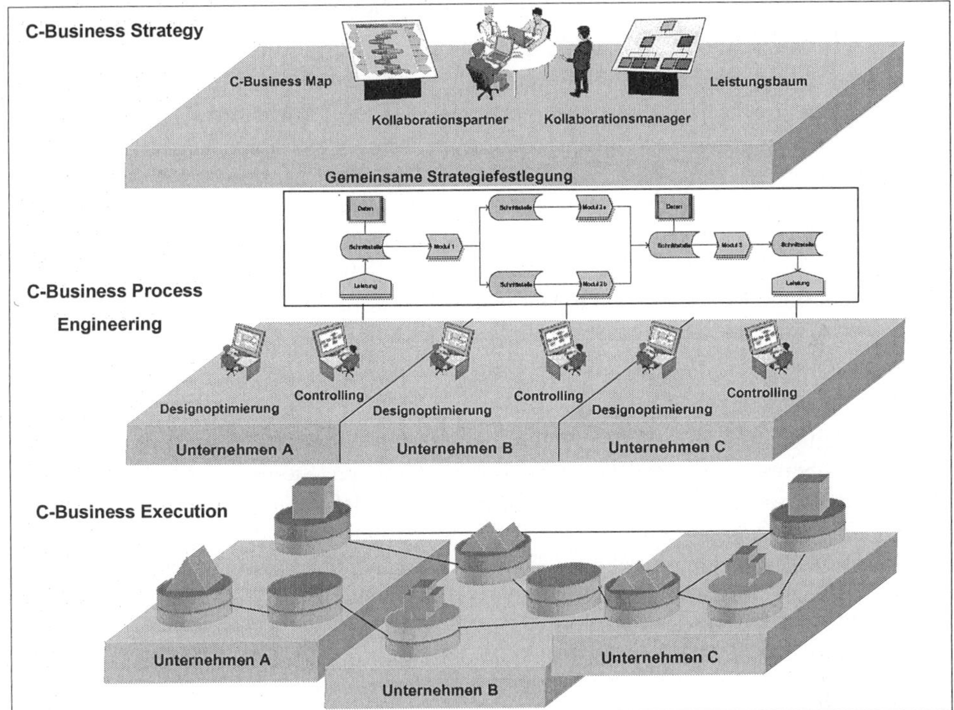

Übersicht 1: Architektur zum Collaborative Business Process Management

2.1 C-Business Strategie

In den Entstehungsphasen, zumeist als Anbahnung und Vereinbarung des Unternehmensnetzwerkes bezeichnet, werden durch strategische Überlegungen die Kollaborationspartner auf Grund der Ziele der Kollaboration bestimmt. Die Entscheidung, ob und mit welchen Partnerunternehmen ein C-Business Szenario implementiert werden soll, hängt in hohem Maß von dem erwarteten betriebswirtschaftlichen Nutzen ab, den sich jeder einzelne Partner davon verspricht. Anhand dessen entscheidet jedes Unternehmen individuell-rational über die tatsächliche Zusammenarbeit. Die Motivation zur Teilnahme entsteht aus der angestrebten Win-Win-Situation für alle Partner und nicht auf Grund eines Top-down-Diktats. Zur Unterstützung der einzelnen Phasen des Lebenszyklus einer Kollaboration mit ihren speziellen Anforderungen sind neue organisatorische Rollen notwendig. Hierbei kann es zur Schaffung neuer Organisationseinheiten wie derjenigen eines **Kollaborationsmanagers** innerhalb der Verbundteilnehmer oder zur Inanspruchnahme externer Dienstleister kommen.

Als nächster Schritt sind die gemeinsamen Ziele der Kollaboration als Synthese der individuellen Ziele zu definieren. Dazu werden die Rollen der Partner festgelegt, ihr Zusammenwirken analysiert und restrukturiert. Dabei steht im Gegensatz zur Prozessgestaltung nicht das „Wie?“ sondern das „Was?“ im Vordergrund. Geschäftsprozessmodelle für kollaborative Szenarien gehen nicht mehr allein von einer zeitlogischen Prozessbetrachtung aus, sondern von einem rollenbasierten Prozessmodell zur Auffindung neuer Wertschöpfungspotenziale, wie sie durch Ausnutzung von Synergien, Eliminierung von Doppeltätigkeiten oder Beseitigung von Medienbrüchen an den Unternehmensgrenzen entstehen. So werden unternehmensübergreifende Geschäftsprozesse nicht detailliert geplant, sondern als verdichtete Prozessmodule konzipiert.

Ist die Zielsetzung der Zusammenarbeit eine kollaborative Leistungserstellung, können grafische Methoden, wie Produktmodelle, bei der Festlegung eines gemeinsamen Leistungsbündels bereits in dieser Phase zum Einsatz kommen. Sie dienen der Handhabbarmachung und Konkretisierung der zumeist impliziten Zielsetzungen. In einem Produktmodell sind neben den charakteristischen Eigenschaften einer Leistung oder eines Produktes über dessen gesamten Lebenszyklus auch die an der Leistungserstellung beteiligten Organisationseinheiten enthalten. Die Unternehmen können anhand von Produktbäumen detaillierte Leistungsbeschreibungen in einer internen Sicht vor den Partnern verbergen. In einer externen Sicht geben sie lediglich die Informationen, die zur Gestaltung des gemeinsamen Leistungsbündels erforderlich sind, in Form von **Produktbündelmodellen** preis. Die unternehmensinterne Perspektive fokussiert dabei speziell die organisatorischen Aspekte des Produktangebots, während die unternehmensexterne Perspektive das gemeinsame Angebot mit besonderem Blick auf das Kundeninteresse betrachtet.

Da gerade im C-Business strategische und technische Fragestellungen nicht unabhängig voneinander betrachtet werden können, wird die IT-Architektur bereits auf der Strategieebene initialisiert. So ist die Frage nach den Kernkompetenzen im Unternehmen direkt mit der Frage, welche Prozesse im Unternehmen verbleiben und welche an Partnerunternehmen vergeben oder kollaborativ betrieben werden sollen, verknüpft (Jost/Scheer 2002, S. 38). Diese Entscheidung hat wiederum direkte Auswirkungen auf die verwendeten IT-Systeme, z. B. auf die Frage, ob ein Portal eingerichtet werden soll oder die Teilnahme an einem elektronischen Marktplatz angestrebt wird.

2.2 C-Business Process Engineering

Nach Abschluss der Strategiefindung werden in einem nächsten Schritt die die Kollaboration betreffenden Prozesse erstellt bzw. angepasst, die sich an den zuvor erstellten Produktmodellen ausrichten. Der Ausgestaltung der Schnittstellen und der Zuständigkeit für einzelne Prozessschritte kommt bei der Festlegung der Abläufe eine zentrale Bedeutung zu. Grafische Methoden, wie Wertschöpfungsketten, C-Business Szenario-Diagramme oder Prozessmodulketten, unterstützen die Kollaborations-Konfiguration und das Auffinden damit verbundener Wertschöpfungspotenziale.

So ermöglicht die **Prozessmodulkette** komplexere Leistungen vergleichsweise übersichtlich und nachvollziehbar abzubilden (Scheer/Grieble/Klein 2002). Diese auf einem oberen Abstraktionsniveau angesiedelten Modelle bestehen aus einzelnen Prozessmodulen bzw. -bausteinen, denen wiederum detailliertere Prozesse – z. B. in Form **Ereignisgesteuerter Prozessketten** (EPK) – hinterlegt sind. Auf Grund ihrer Eigenschaft, dass die einzelnen Prozessmodule eine logisch abgeschlossene Einheit bilden und die zwischen den einzelnen Modulen befindlichen Schnittstellen sowohl Output- als auch Input-bezogene Daten angrenzender Module enthalten, eignen sich Prozessmodulketten besonders zur Abbildung kollaborativer Prozessabläufe.

Die in den einzelnen Modulen abgebildeten Ereignisgesteuerten Prozessketten können mit dem Prozessablauf in einem Unternehmen gleichgesetzt werden. Für die kollaborierenden Partner sind nur die Daten an den Schnittstellen, d. h. die Input- bzw. Outputdaten der einzelnen Prozessmodule (bzw. EPK), zur Durchführung der Kollaboration relevant. Somit wird sichergestellt, dass die unternehmenseigene EPK nur intern sichtbar ist und Firmengeheimnisse auch in enger Zusammenarbeit gewahrt bleiben. Gleichzeitig erhöht sich die Flexibilität der beteiligten Unternehmen durch die Wiederverwendbarkeit der Prozessmodule in verschiedenen Wertschöpfungsnetzen teilzunehmen.

Der Einsatz von analytischen Werkzeugen, verbunden mit deren Integration in operative Systeme, schließt den Business Process Lifecycle von Entwicklung, Ausführung bis hin zum Controlling und damit der kontinuierlichen Verbesserung von kollaborativen Geschäftsprozessen. Gerade bei dem hohen Unsicherheitsfaktor, wie im C-Business, ist diese Controlling-Funktion ein Muss. Das Management kann so die Umsetzung der strategischen Kollaborationskonfiguration permanent kontrollieren und anhand der eingesetzten Indikatoren zeitnah bewerten, ob sich die erhofften Wertschöpfungspotenziale erschließen.

Die Integration der Partnerunternehmen ist die Basis für die Gestaltung der interorganisatorischen Informationssysteme. Damit ein solches Netzwerk funktionieren kann, wird eine IT-Infrastruktur benötigt, die die teils über Kontinente verstreuten Einheiten von Collaborative Business Netzwerken nahtlos zu einer Einheit zusammenfügen kann.

2.3 C-Business Execution

Die Kommunikation zwischen Informationssystemen erfolgt durch das Senden von Nachrichten bzw. entfernte Funktionsaufrufe an definierten Schnittstellen, basierend auf den jeweiligen Kommunikationsstandards und -protokollen. Um Kommunikation zu ermöglichen, müssen Syntax und Semantik der auszutauschenden transaktionsbezogenen Nachrichten definiert sein. Aus diesem Grund ist eine **Standardisierung** zur Schaffung offener Systeme Inhalt weit reichender Anstrengungen verschiedener Organisationen. Das Internet bietet hierbei eine plattformunabhängige Basis zur Integration heterogener Systeme.

Die grundlegende Infrastruktur zum Austausch von Informationen wird durch **Kommunikationsnetze** gebildet. Zu so genannten Festnetzen zählen Kabelfernsehnetze, Telefonnetze oder ISDN (Integrated Services Digital Network) sowie große Teile des Internets. Daneben gibt es drahtlose Netze, zu denen zellulare Funknetze, basierend auf den Standards GSM (Global System for Mobile Communication) bzw. UMTS (Universal Mobile Telecommunication System), sowie Satellitennetze gehören. Insbesondere im Bereich des mobilen und nicht-mobilen Internets wurden innerhalb der letzten Jahre erhebliche Leistungssteigerungen und damit verbundene Kostensenkungen realisiert, die das Entstehen neuer unternehmensinterner und -übergreifender Organisationsformen begünstigen bzw. erst ermöglichen. Arbeitnehmer können dadurch zum einen leistungsfähigere Internet-Zugänge mittels ISDN oder DSL (Digital Subscriber Line) nutzen, die ein Arbeiten von zu Hause aus (**Telearbeit**) ermöglichen. Kommende breitbandige Mobilfunknetze heben auch diese Beschränkung auf. Mitarbeiter können mit entsprechenden Endgeräten, wie Notebooks oder PDAs, prinzipiell überall auf der Welt auch kooperativ arbeiten. Die Möglichkeit, größere Mengen an Bild-, Sprach- und Textdaten auszutauschen, ermöglicht neben dem Zugriff auf benötigte Informationen auch die synchrone Kommunikation in Form multimedialer Konferenzen und gemeinsamer Planungen.

Für die unternehmensübergreifende Abwicklung gut strukturierter Geschäftsprozesse wird mit Electronic Data Interchange (**EDI**) und darauf basierenden Standards (z. B. ANSI.X12, UN/EDIFACT, Odette) bereits eine Technologie eingesetzt, die eine standardisierte Übertragung von Geschäftsdokumenten, wie Rechnungen und Lieferscheinen, und deren teilautomatisierte Verarbeitung ermöglicht. EDI zeichnet sich allerdings durch eine geringe Flexibilität und hohe Implementierungskosten aus. Aus diesem Grund suchte man nach neuen Möglichkeiten, einen universellen Standard zu schaffen. Diesbezüglich wird viel Hoffnung in die Extensible Markup Language (XML) gesetzt. Initiativen von RosettaNet, OASIS und UN/CEFACT (ebXML), Ariba (cXML) oder Microsoft (BizTalk) versuchen, die erforderlichen Semantiken zu schaffen, um mittels XML Geschäftsnachrichten und andere Daten austauschen, speichern und verarbeiten zu können. Auf Grund der Vielzahl von Initiativen ist es allerdings zumindest mittelfristig fragwürdig, ob sich ein einheitlicher Standard etablieren wird.

Sind Prozesse schlecht strukturiert, koordinationsintensiv, kollaborativ, komplex, stark interdependent oder sehr veränderlich, reicht der Austausch standardisierter Nachrichten nicht aus. Bei diesen Prozessen bedarf es der Unterstützung durch Integrationsplattformen oder verteilte Applikationen. Die damit verbundene Schaffung offener Systeme mit dokumentierten Schnittstellen und offenen Standards für den Datenaustausch begünstigt zudem die Formung heterarchischer Organisationsstrukturen, während oben beschriebene EDI-Lösungen im Allgemeinen aus hierarchischen Produzenten-Lieferanten-Beziehungen entstehen bzw. diese fortführen. Da nicht davon ausgegangen werden kann, dass alle Partner eines Wertschöpfungsnetzwerks die gleichen Informationssysteme verwenden, erlaubt die Einigung auf öffentlich dokumentierte Schnittstellen und Kommunikationsstandards eine einfache Integration potenzieller und bestehender Teilnehmer (Krcmar 2003, S. 385).

Mit **Web Services** soll eine standardisierte bzw. automatisierte System-zu-System-Kommunikation und damit der Aufbau verteilter Applikationen bzw. offener Systeme möglich werden. Unter Web Services versteht man lose gekoppelte Softwarekomponenten, die Informationsdienste über das Internet mit Hilfe standardisierter Protokolle zur Verfügung stellen. Sie sind über einen Uniform Resource Identifier (URI) identifizierbar und besitzen Schnittstellen, die mittels XML definiert und beschrieben sind. Der Dienst selbst sowie dessen Beschreibung müssen von anderen Softwaresystemen auffindbar sein. Die Kommunikation mit dem Dienst erfolgt jeweils XML-basiert. Die Umsetzung von Web Services wird mit unterschiedlichen Technologien bewerkstelligt. Die Beschreibung von Eingabeparametern wird beispielsweise mittels der Web Services Description Language (WSDL) realisiert. Zur Nachrichtenkapselung wird das Simple Object Access Protocol (SOAP) verwendet und die Auffindbarkeit von Web Services wird mit zentralen Verzeichnissen erreicht, die auf der Technologie Universal Description, Discovery and Integration (UDDI) basieren.

Das Konzept der Web Services ermöglicht die durchgängige informationstechnische Unterstützung unternehmensübergreifender Geschäftsprozesse, auch in einem dynamischen Umfeld wechselnder Netzwerkpartner bzw. bei dem Ad-hoc-Aufbau von Wertschöpfungsnetzwerken. Grund hierfür ist unter anderem das Prinzip der losen Koppelung. Durch die Verwendung standardisierter Protokolle und die Definition der Schnittstellen ist es unerheblich, wie ein Web Service implementiert ist. Selbst wenn sich dessen Interna ändern, müssen die aufrufenden Softwarekomponenten nicht angepasst werden. Web Services kapseln somit auch die Komplexität der Verarbeitungslogik und unternehmensinterner Informationssysteme, auf die sie zur Beantwortung der Anfrage zugreifen. Den positiven Erwartungen stehen allerdings auch Probleme gegenüber, die einer breiten Akzeptanz von Web Services noch im Wege stehen. Hierzu zählen unter anderem Fragen der Gewährleistung und Sicherheitsprobleme, die mit Authentifizierung, Autorisierung und Verschlüsselung zusammenhängen.

Verwenden Partnerunternehmen unterschiedliche Methoden zur Beschreibung ihrer Geschäftsprozesse, erhöht sich die Komplexität noch weiter. Ansätze wie die **Business**

Process Modeling Language (BPML) versprechen die Standardisierung des Managements von interorganisatorischen Geschäftsprozessen, die unterschiedlichste Anwendungen, Abteilungen und Geschäftspartner umfassen.

Wird dem Architekturkonzept des C-Business Management gefolgt, haben Unternehmen eine nie gekannte Flexibilität in der Wahl ihrer Partner. Die so gebildeten Netzwerke können sich zur Laufzeit dynamisch umkonfigurieren, was eine Grundvoraussetzung für die zeitnahe Umsetzung neuartiger Ideen darstellt. Hierbei ist der Innovationsspielraum weit gehend auf die Neukomposition von Leistungen und folglich das Neuarrangement von Prozessmodulen beschränkt, was jedoch der oben erwähnten Struktur gesättigter Märkte entspricht. Insbesondere hybride Produkte, die aus einem physischen Produkt und einer immateriellen Dienstleistung bestehen, können auf diese Art neu erschaffen werden.

3. Auswirkungen der Informations- und Kommunikationstechnologie

Die aufgezeigten Potenziale der I & K-Technologie erlauben Unternehmen die Realisierung von Effizienz- und Kostenvorteilen bei gleichzeitiger Spezialisierung angesichts steigender Kundenanforderungen. Die durch das Internet gegebene Informationstransparenz bzgl. Produkteigenschaften, Qualitätsmerkmalen, Preisvergleichen und Serviceleistungen führt zu einer Emanzipation des Kunden, der seine Bedürfnisse nachhaltiger durchzusetzen sucht (Scheer/Angeli 2002, S. 366). Diese Entwicklung verlangt von den Unternehmen eine Reaktion in Form veränderter Wettbewerbsstrategien. In der Praxis führt die durch die I & K-Technologie geschaffene Flexibilität zunehmend zur Herausbildung netzwerkartiger Zusammenschlüsse von Unternehmen, die sich auf ihre jeweiligen Kernkompetenzen konzentrieren (Brown/Durchslag/Hagel 2002; Faisst 1998, S. 19 ff.). Im idealtypischen Fall konfiguriert sich ein solches Netzwerk für einen bestimmten Kundenauftrag und löst sich anschließend wieder auf. Diese Art der Netzwerkbildung bezeichnet man als dynamisches Netzwerk bzw. virtuelles Unternehmen (Fleisch 2001, S. 78 f.; Faisst 1998, S. 3 ff.).

Zur Ausrichtung der Aktivitäten des Netzwerks auf die Kundenanforderungen bedarf es einer Koordination, die sicherstellt, dass das Gesamtoptimum des Netzwerks erreicht und die Kundenerwartungen erfüllt werden. Durch die Entwicklungen in der I & K-Technologie können Unternehmen selbstständig Kommunikations- und Koordinationsvorgänge abwickeln, ohne eine übergeordnete Koordinationsinstanz in Anspruch zu nehmen. Somit kommt es durch Disintermediation zur Herausbildung heterarchischer Koordinationsformen. Andererseits hat sich in der Praxis das Entstehen von Intermediären, so genannten **Brokern**, gezeigt, die neben der Koordination von Netzwerkpartnern umfangreiche Dienstleistungen, wie Produktkategorisierungen oder Qualitätsinformationen, über das Internet anbieten (Buxmann 2001, S. 161 ff.).

Für die Gestaltung kooperativer Geschäftsprozesse werden im Folgenden drei Formen unterschieden, die je nach dem Grad der Integration der Netzwerkpartner eine unterschiedliche Ausgestaltung erfahren, wie Übersicht 2 zeigt (Kalenborn 2000, S. 240 f.). Die traditionelle Form der Kooperation, das gemeinsame **Prozessmodell**, sieht eine langfristige Zusammenarbeit zwischen den Kooperationspartnern vor. Die Geschäftspartner legen ihre Prozesse gegenseitig offen und streben eine übergeordnete Zielerfüllung an, arbeiten aber mit getrennten Informationsbasen und voneinander unabhängigen Back-Office-Systemen.

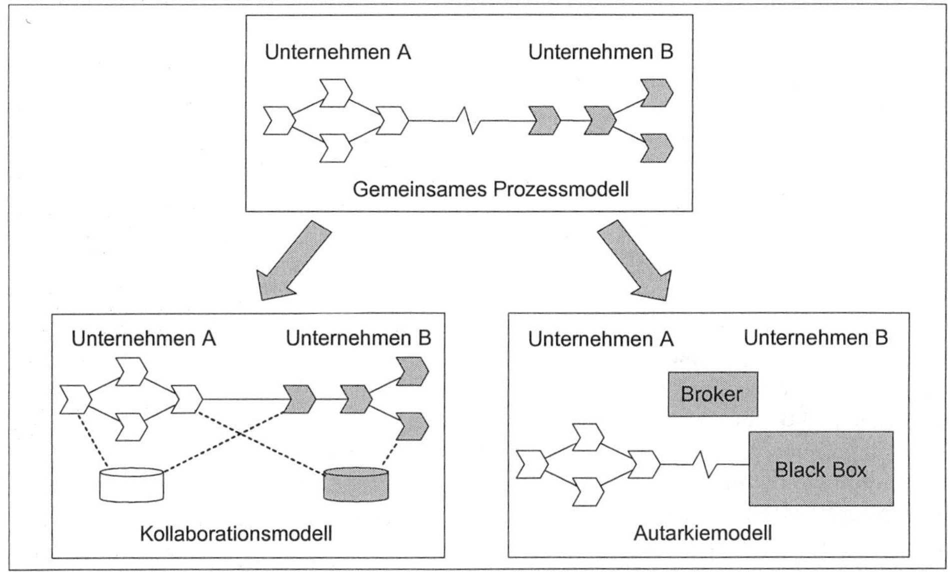

Quelle: Kalenborn 2000, S. 240.

Übersicht 2: Entwicklung der Formen zwischenbetrieblicher Kooperation

Gegenüber dem gemeinsamen Prozessmodell zeichnen sich moderne Kooperationsformen durch eine höhere Integration bzw. Flexibilität aus und vollziehen somit den Schritt in Richtung Kollaboration. Im **Kollaborationsmodell** gewähren sich die Partner gegenseitig Einblicke in ihre Geschäftsprozesse und realisieren zugleich die Integration der Back-Office-Systeme. Dies erfordert die Bereitschaft der beteiligten Unternehmen und ihrer Mitarbeiter zur Offenlegung von Informationen über die internen Abläufe und erlaubt zugleich die Vermeidung von Medienbrüchen bei der Bearbeitung. Ein alternatives

Kooperationsmodell bildet das **Autarkiemodell**, in dem die Netzwerkpartner jeweils nur die eigenen Systeme kennen und auch keinen Zugriff auf die Informationsbestände der Partner besitzen. Die gemeinsame Steuerung des Netzwerks erfolgt durch ein übergeordnetes Broker-Unternehmen, das die Koordination der Leistungserbringungsprozesse gegenüber dem Kunden auf Grund der Outputspezifikationen der einzelnen Partner-Leistungen gestaltet.

Das koordinierende Unternehmen kann entweder selbst produzierendes Unternehmen sein, das verschiedene Zulieferer für unterschiedliche Bedarfssituationen um sich schart, oder es kann lediglich als Broker fungieren, der das Netzwerk auf die Erfüllung der Kundenanforderungen hin ausrichtet. Um das Endprodukt und den entsprechenden Produktionsprozess zu konfigurieren, braucht der **Netzwerkbroker** die genauen Prozesse der Partner nicht zu kennen. Er koordiniert lediglich die Teilleistungen über die Schnittstellen zwischen den Teilprozessen. Beispiele für die Form des Autarkiemodells lassen sich in verschiedenen Branchen finden (Brown/Durchslag/Hagel 2002).

Zur erfolgreichen Umsetzung eines solchen Modells ist die Nutzung eines konsistenten Phasenmodells und **standardisierter Modellierungsmethoden** notwendig. Dies erhöht die Transparenz und Strukturierung der Zusammenarbeit und schafft eine Kommunikationsgrundlage für die beteiligten Gruppen (Management, Prozessverantwortliche der Fachbereiche, IT-Abteilung). Das hier vorgestellte **Life-Cycle-Modell** (siehe Übersicht 3) stellt eine Verschmelzung klassischer Phasenmodelle zur Überführung von Geschäftsprozessen in IT und Lebenszyklusmodellen virtueller Unternehmen dar. Das so gewonnene dynamische Modell ist konsistent mit der eher strukturorientierten Architektur zum Collaborative Business Process Management und folgt der Einteilung in **globales** und **lokales Wissen**. Ziel ist die Unterstützung der Kollaboration durch den adäquaten Einsatz moderner IT, gleichzeitig aber auch die Verbesserung der übergreifenden Prozesse. Dies beinhaltet vor allem die Konfiguration von Schnittstellen und die Implementierung von unternehmensübergreifenden Workflows; gleichzeitig sind aber auch die kontinuierliche Überprüfung und Anpassung der Kollaboration, basierend auf Kennzahlen, die während der Konzeptionsphase definiert wurden, sicherzustellen.

Vor Beginn des im Fokus stehenden Kern-Phasenmodells muss das Bewusstsein in den Unternehmen entstehen, dass eine Kollaboration mit komplementären Kernkompetenzträgern Zusatznutzen stiftet. Dieses Bewusstsein kann durch eine Nachfrage ausgelöst werden, z. B. wenn ein Unternehmen mit einem Kundenauftrag konfrontiert wird, der nicht allein ausgeführt werden kann.

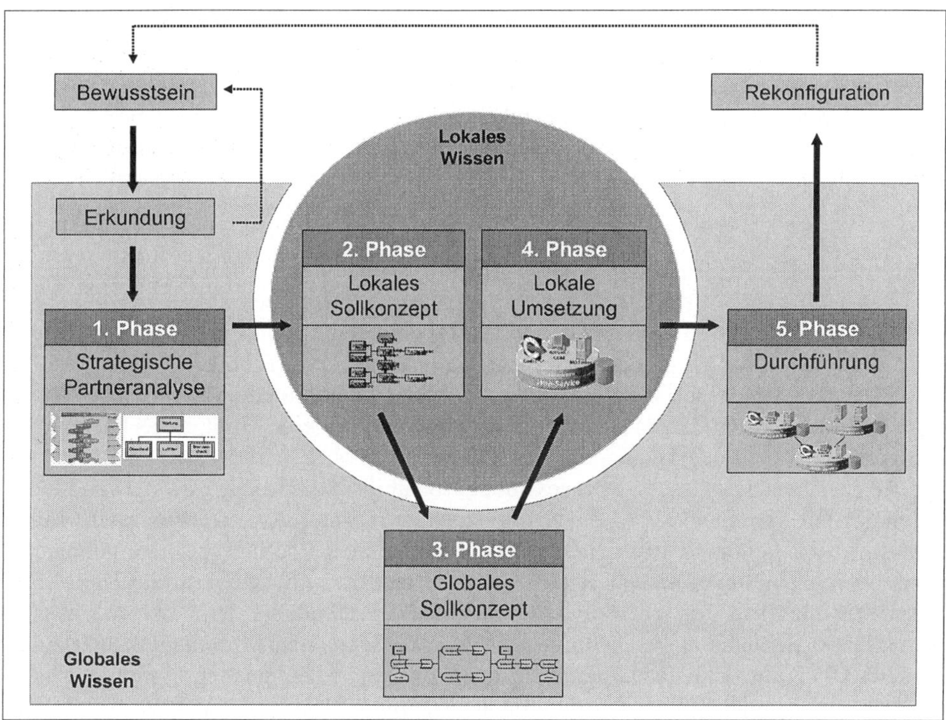

Übersicht 3: Collaborative Business Process Management Life-Cycle

Nachdem adäquate Partner ausgewählt wurden, beginnt die erste Phase der Kollaboration, die „Strategische Partneranalyse". Die Kollaboration wird unter Berücksichtigung der gemeinsamen Ziele und der angestrebten Win-Win-Situation für alle Partner initiiert. Hierzu werden die individuellen Ziele zu einer gemeinsamen Strategie zusammengefasst – z. B. durch Erstellung eines gemeinsamen Leistungsbaumes. Eine Ist-Analyse hinsichtlich der Kollaborationspartner und möglicher Wertschöpfungsmodule schließt sich an. Auf dieser strategischen Stufe wird die Frage „Wer liefert was?", aber nicht „Wie?" beantwortet. Die Analyse der Partner liefert Modelle der Organisationssicht. Die Struktur von neuen kollaborativen Produkten wird z. B. beim Erstellen von C-Business Szenariodiagrammen verwendet. In der zweiten Phase „Lokales Soll-Konzept" werden dem vorhandenen oder an dieser Stelle zu erhebenden Ist-Modell (lokal) die Soll-Konzepte (global) gegenübergestellt. Gemäß den vorher festgelegten Eckwerten der gemeinsamen Leistungserstellung können die notwendigen internen Geschäftsprozesse abgeleitet werden. Angefangen bei der Prozessmodellierung und -optimierung über das Prozesscontrolling bis zur Ausführung, werden die betroffenen Prozesse an den auf der Strategieebene festgesetzten Erfordernissen des kollaborativen Szenarios ausgerichtet. Jeder Beteiligte modelliert seine eigenen internen Prozesse mit Hilfe von standardgemäßen Methoden zum Geschäftsprozessmanagement, z. B. den Ereignisgesteuerten Prozessketten. Jeder Partner deklariert die Geschäftsprozessteile als öffentlich oder privat durch das Zuweisen jeweiliger Merkmale zu den Modelleinheiten. Ein Prozessmanagement-Softwaretool muss mit den jeweiligen Merkmalen und der Möglichkeit, interne und externe Sichten darzustellen, ausgebaut werden. In der dritten Phase „Globales Soll-Konzept" werden die aufeinander abgestimmten öffentlichen Teile über das Netzwerk verteilt, sodass ein gemeinsames Soll-Konzept vorhanden ist. Jeder Partner kann sein eigenes privates Modell mit allen anderen öffentlichen Geschäftsprozessmodellen verbinden. Eine virtuelle Prozesskette der ganzen Kollaboration wird konstruiert. Für diesen Zweck wird eine gemeinsame Repräsentation von Prozessmodellen benötigt. Die **Business Process Modeling Notation** (BPMN) kann als eine geeignete Austauschsprache angesehen werden, um diesen Datenaustausch zu ermöglichen. Darüber hinaus ist die semantische Kopplung von Modellen notwendig. Solange sich Ontologie-basierte Ansätze hierfür nicht in einem produktiven Zustand befinden, bleibt dieser Prozess ein manueller Ablauf. Das integrierte kollaborative Geschäftsprozessmodell befähigt die Partner, ihre Anwendungssysteme in der vierten Phase „Lokale Implementierung" lokal zu konfigurieren. Referenzsysteme für Schnittstellen werden von den Schnittstellendefinitionen des gemeinsamen Soll-Konzeptes mitgeliefert. Jetzt ist jeder Partner bereit für die Ausführung von Interaktionen innerhalb des kollaborativen Rahmenwerks. Dies ist der Übergang zu der fünften Phase „Kollaborationsausführung". Auf einer bilateralen Grundlage kann die interagierende IT über die standardisierten Protokolle und Schnittstellen kommunizieren. Die konkrete Transaktion wird vermittelt und ausgeführt. Nachdem alle Transaktionen in einem Kooperationsprojekt durchgeführt sind, kann das Konsortium nach Bedarf umgestaltet werden, sodass der Lebenszyklus zum Ausgangspunkt „Bewusstsein" zurückkommt, diesmal für den Wandel in der Kollaboration statt einer neuen Initiative.

4. Anwendungen

4.1 Collaborative Supply Chain Management

Um einen reibungslosen Fluss von Gütern und Informationen durch Leistungserstellungs- und -erbringungsnetzwerke zu gewährleisten, gilt es, adäquate Planungs- und Steuerungsmechanismen zu etablieren und diese durch geeignete Organisationsstrukturen und Informationssysteme zu unterstützen. Der Aspekt der Kooperation und Kollaboration von Lieferanten, Produzenten und Abnehmern bei der Leistungserstellung ist insbesondere Inhalt des **Collaborative Supply Chain Management** (CSCM).

Supply Chain Management (SCM) im Allgemeinen bezeichnet die integrierte Planung, Steuerung und Kontrolle aller unternehmensweiten und -übergreifenden Material-, Informations- und Finanzmittelflüsse entlang der gesamten Wertschöpfungskette vom Endverbraucher bis zum Rohstofflieferanten (Zaepfel 2001, S. 4; Gattorna/Walters 1996, S. XV). Das Netzwerk produzierender Unternehmen und logistischer Dienstleister soll bezüglich der gesetzten Ziele effektiv gestaltet und die Flüsse möglichst effizient gesteuert bzw. ausgeführt werden, um den Kunden termingerecht mit einem möglichst geringen Kostenaufwand zu beliefern (Scheer/Angeli/Herrmann 2001, S. 47). Es soll damit ein Gesamtoptimum über alle Unternehmen hinweg hinsichtlich Zeit, Kosten und Qualität erreicht werden. Die Optimierung bewegt sich, wie in der Produktionsplanung und -steuerung (PPS) auch, im Spannungsfeld zwischen der Senkung von Beständen, einer möglichst hohen Kapazitätsauslastung, einer hohen Termintreue sowie kurzen Durchlaufzeiten.

SCM-Konzepte dienen der Analyse und Optimierung unternehmensübergreifender Prozesse. Deren Umsetzung erfolgte bis Ende der neunziger Jahre jedoch vornehmlich innerhalb von Unternehmen und Konzernen (Wiendahl u. a. 1998). Gründe hierfür sind beispielsweise die hohe Komplexität der Umsetzung, aber auch die fehlende Bereitschaft seitens der beteiligten Unternehmen. Zudem ist das klassische SCM auf Grund seiner zentralistischen Planungs- und Koordinationsansätze eher für hierarchische Strukturen geeignet.

Da sich neuere unternehmensübergreifende Beziehungsgeflechte demgegenüber vermehrt partnerschaftlich und heterarchisch darstellen, stellt CSCM die Betrachtung kollaborativer Koordinationsprozesse und Planungsansätze in den Vordergrund. Die Koordination erfolgt unter anderem über Preismechanismen und bi- bzw. multilaterale Verhandlungen, die durch die Schaffung von Informationstransparenz bzgl. des Zustands und der Entwicklung bestimmter Netzwerkzustände, wie Kapazitäten oder Lagerbestände, unterstützt werden.

CSCM bezeichnet demnach die aktive Zusammenarbeit der Partner eines Wertschöpfungsnetzwerks zur Planung und Koordination der Leistungserstellung durch geeignete Abstimmungsprozesse und den damit verbundenen Austausch erforderlicher Daten (vgl. auch Busch/Dangelmaier/Langemann 2002, S. 17). CSCM ergänzt bzw. ersetzt klassische SCM-Inhalte durch neue Methoden und Mechanismen. Die ursprünglichen Konzepte sind zwar auch für die unternehmensübergreifende Planung und Steuerung gedacht, konnten sich aber auf Grund der Komplexität und mangels hierarchischer Strukturen nicht über den Bereich von Konzernen und abgegrenzten Unternehmensverbünden hinaus durchsetzen. Sie dienen deshalb eher zur unternehmensinternen Verbesserung veralteter Produktionsplanungs- und -steuerungsansätze, während CSCM die Methoden für die übergreifende Anwendung bereitstellt.

Auf der Ebene der Planung wird das so genannte Supply Chain Planning (SCP) durch das Konzept des **Collaborative Planning** komplementiert. SCP umfasst auf strategisch-taktischer Ebene die Gestaltung und Optimierung von Liefernetzwerken, wobei beispielsweise Entscheidungen darüber getroffen werden, ob und wie viele Transportleistungen extern über Logistikdienstleister bezogen werden oder welche Anzahl und Lage für Produktions- und Lagerstandorte gewählt werden sollen. Daneben werden mittelfristige Absatzprognosen angestellt sowie Produktions- und Liefermengen daraus abgeleitet, die durch Verfügbarkeitsvorhersagen ergänzt werden (Stadtler 2000, S. 16 ff.).

Die informationstechnische Unterstützung der unternehmensbezogenen Planung besteht meist in PPS- bzw. ERP-Systemen für kurz- bis mittelfristige Aufgaben, die durch moderne, aus dem SCM-Bereich kommende Advanced-Planning-and-Scheduling-Systeme ergänzt werden. PPS-Systeme, als Teil von ERP-Systemen, adressieren die kurz- bis mittelfristige, innerbetriebliche Planung, Steuerung, Durchführung und Überwachung der Produktion. Weitere operative, logistikbezogene Aufgaben werden von Transport- und Lagermanagementsystemen unterstützt. Advanced-Planning-and-Scheduling-Systeme werden, wie PPS-Systeme auch, zur Erstellung von Produktionsprogrammen eingesetzt. Im Gegensatz zu klassischen PPS-Methoden werden beim **Advanced Planning and Scheduling** (APS) allerdings Simultanplanungsverfahren und nicht Sukzessivplanungsmodelle verwendet, wodurch eine bessere Berücksichtigung der bestehenden Restriktionen und eine höhere Planungsqualität erreicht wird (Stadtler 2000, S. 16).

Neben der Planung wird im CSCM auch die operative Ausführung und Steuerung logistischer Flüsse berücksichtigt. Das aus dem SCM kommende Supply Chain Execution (SCE) wird hierbei durch das so genannte **Supply Chain Event Management** (SCEM) ergänzt. Inhalt der SCE ist die Steuerung von Beschaffung, Produktion, Transport, Lagerung und Distribution sowie der dazugehörigen Informationen. Im Rahmen der operativen Tätigkeiten treten oftmals ungeplante Störungen auf, wie z. B. Staus oder Maschinenausfälle. Zur Sicherstellung eines kontinuierlichen Güterflusses gilt es, diese Ereignisse schnellstmöglich zu erkennen und adäquate Maßnahmen zur Störungsbehebung einzuleiten. Dies ist unter anderem Intention von SCEM. Hierfür wird der Netzwerkzustand kontinuierlich überwacht, um relevante Ereignisse erkennen zu können. Tritt ein vorher definiertes Ereignis ein, erfolgt die Benachrichtigung der zuständigen Systeme und Personen, die eine Simulation zur Entscheidungsfindung und anschließende Steuerungsmaßnahmen zum Ausgleich der Störungen durchführen können (Nissen 2002, S. 477 f.). Bei der Benachrichtigung soll es insbesondere möglich sein, verschiedene Adressaten zu informieren und entsprechende Workflows anzustoßen, um die Störungsbehebung bei Bedarf gemeinschaftlich durchzuführen. Dies wird erforderlich, sobald Störungen bei einem einzelnen Partner Auswirkungen auf andere haben oder falls eine gemeinschaftliche Störungsbehebung auf Ebene des Netzwerks kostengünstiger ist.

Der operative Bereich der SCE wird informationstechnisch meist durch ERP-Systeme in Verbindung mit SCM-Systemen unterstützt. Hierfür werden SCM-System und ERP-System so verzahnt, dass ein Austausch relevanter Daten erfolgen und das SCM-System Planabweichungen erkennen kann. Es wird somit möglich, über so genannte Alert-Monitore die Anwender über Probleme zu informieren. Ziel ist die Unterstützung der Funktionalitäten zur Realisierung eines SCEM.

Die holistische informationstechnische Unterstützung von Planung und Steuerung heterarchisch organisierter Wertschöpfungsnetzwerke bedarf der Bereitstellung von Möglichkeiten der gemeinsamen Planung über webbasierte Oberflächen und synchrone Kommunikationsmittel. Voraussetzung hierfür ist die Integration von Daten der lokalen Transaktionssysteme oder ein entsprechender Zugriff auf die Systeme. Auf operativer Ebene gilt es, die Geschäftsprozessabwicklung und die begleitende Übermittlung von Geschäftsdokumenten zu vereinfachen und zu standardisieren. Hierbei ist die Bereitstellung eines flexiblen Workflow-Managements zu realisieren, das sowohl bei der Geschäftsprozessabwicklung als auch bei der Störungsbehebung Einsatz findet.

Die stärker marktbasierten Koordinationsmechanismen sowie die vereinfachte Abwicklung von Transaktionen können durch Funktionalitäten elektronischer Marktplätze in Verbindung mit standardisierten Verfahren zur Datenbeschreibung und -konvertierung, wie beispielsweise XML und Web Services, unterstützt werden.

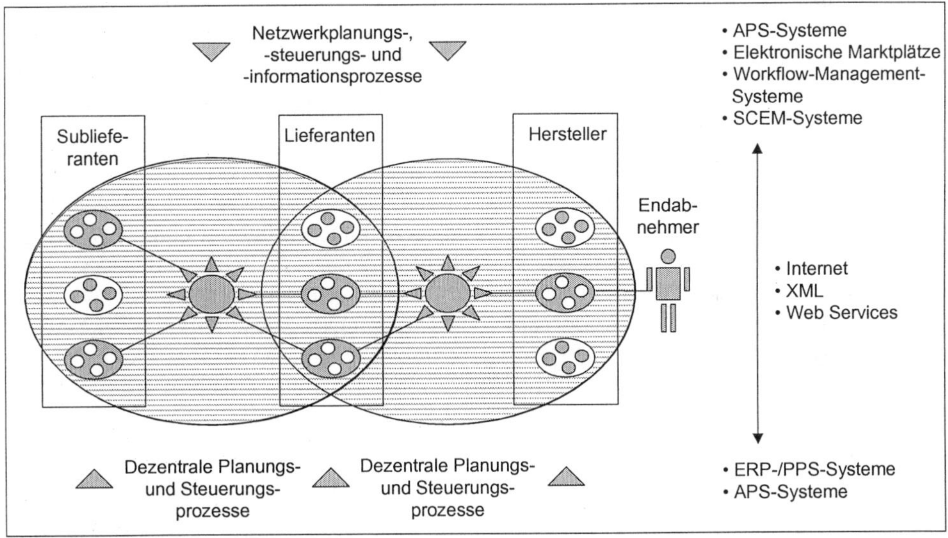

Übersicht 4: Informationssystemintegration bei CSCM

Die Zusammenführung der beschriebenen CSCM-Funktionen in Integrationsplattformen und das Zusammenspiel mit den lokalen Systemen zeigt Übersicht 4. Einzelunternehmen planen und steuern lokal mit ERP-/PPS- und APS-Systemen und geben relevante Daten an die Integrationsplattformen zur Geschäftsprozessabwicklung bzw. übergreifenden Planung und Steuerung weiter. Die Kommunikation der mit XML kodierten Daten erfolgt hierbei über das Internet. Falls erforderlich, werden Web Services für Konvertierungen oder den Zugriff auf betroffene Systeme verwendet. Die Integration erfolgt in einem ersten Schritt zwischen benachbarten Wertschöpfungsstufen und schafft Informationstransparenz in gruppenähnlichen, vermaschten Regelkreisen. Besitzen die Unternehmen zumindest Informationen über die jeweils vor- und nachgelagerte Wertschöpfungsstufe, so kann eine Steuerung innerhalb dieser Bereiche durchgeführt werden. Durch die Verzahnung dieser Gruppen und Informationssysteme können Informationen schnell über das Netzwerk hinweg propagiert werden. Die Kollaboration und Geschäftsprozessabwicklung innerhalb der Gruppen wird mit den Integrationsplattformen durch Funktionen oben genannter Systeme unterstützt. Sollten bei der Leistungserstellung gravierende Probleme auftreten, die innerhalb der Gruppen nicht mehr gelöst werden können, erfolgt eine Anpassung über das gesamte Netzwerk hinweg. Durch dieses zweistufige Vorgehen ergibt sich eine Komplexitätsreduktion, da auf Ebene des gesamten Netzwerks nur noch Gruppen koordiniert werden müssen (vgl. hierzu auch Scheer/Angeli 2002, S. 378 f.)

4.2 Collaborative Service Engineering

Im Gegensatz zu der in Praxis und Theorie etablierten kooperativen und kollaborativen Planung logistischer Güter- und Informationsströme zwischen Unternehmen stellt das Thema des **Collaborative Service Engineering** einen in der Wissenschaft bislang noch wenig beachteten Betrachtungsgegenstand dar. Der Gedanke des Collaborative Service Engineering beruht auf dem Ansatz des Service Engineering, der die systematische Planung und Entwicklung von Dienstleistungsprozessen und -produkten zum Gegenstand hat. In konsequenter Fortführung dieses Gedankens zielt das Collaborative Service Engineering zum einen auf die gemeinsame Konzeption des Dienstleistungsprozesses bzw. -produkts, zum anderen auf die kooperative, internetgestützte Gestaltung des Dienstleistungsentwicklungsprozesses ab (Kersten/Kern/Zink 2002, S. 353). Das Collaborative Service Engineering ist damit von dem elektronischen Vertrieb gemeinsam angebotener Dienstleistungen über entsprechende Plattformen, wie z. B. elektronische Marktplätze, abzugrenzen.

In der Finanzdienstleistungsbranche ist das Anbieten von Produktbündeln, beispielsweise in Form der Integration von Versicherungsleistungen in den Leistungsumfang von Kreditkarten, bereits seit geraumer Zeit eine übliche Vertriebsstrategie. Auch im industriellen Bereich hat sich die Erkenntnis durchgesetzt, dass die Ausgestaltung des Dienstleistungsportfolios auf Grund der Angleichung des technischen und qualitativen Niveaus der Produkte verschiedener Anbieter immer stärker über den Grad der Kundenbindung entscheidet. Neben dem in der unternehmensübergreifenden Kombination von Leistungen liegenden Innovationspotenzial stellt die Einbeziehung externer Partner, die Kernkompetenzen in speziellen Dienstleistungsbereichen mitbringen, aus Sicht von Industrieunternehmen häufig eine wirtschaftliche Notwendigkeit dar. Die neuen Informationstechnologien, allen voran das Internet, bieten Unternehmen hier eine kostengünstige Möglichkeit zur Abwicklung gemeinsamer Gestaltungsprozesse.

Die Voraussetzung für die Realisierung eines IT-gestützten Collaborative Engineering liegt in der Bereitstellung der zu bearbeitenden Entwicklungsobjekte in Form von Produkt- und Prozessmodellen für alle beteiligten Entwicklungspartner. Dies impliziert die Annahme der grundsätzlichen systematischen Abbildbarkeit und Entwickelbarkeit von Dienstleistungen. Aus Sicht der Transaktionskostentheorie fallen die Abstimmungskosten in der kooperativen Leistungserstellung in der Regel umso höher aus, je komplexer und immaterieller die zu entwickelnden Leistungen sind (Buxmann 2001, S. 150). Dies erfordert die anschauliche und aussagekräftige Abbildung der zu erstellenden Dienstleistungen in Form von Modellen, um die Attraktivität einer gemeinsamen Dienstleistungsentwicklung bzw. -erbringung zu gewährleisten.

Während die technischen Voraussetzungen für eine gemeinsame, webbasierte Dienstleistungsentwicklung gegeben sind, besteht die Herausforderung somit in erster Linie in der allgemeinverständlichen Visualisierung des Konstrukts Dienstleistung. Hierzu lassen sich bewährte und neue Methoden der Prozess- und Produktmodellierung von Dienstleistungen heranziehen (Scheer/Grieble/Klein 2002). Neben der Modellierung der unternehmensinternen Dienstleistungsprozesse ist hierbei eine Gesamtsicht auf die Leistung zu richten. Diese beinhaltet die Betrachtung der Interdependenzen zwischen den Teilleistungen der Partner sowohl auf Prozess- als auch auf Produktebene. Insbesondere die Schnittstellen zwischen den Leistungserbringungsprozessen der Partner sind entsprechend abzubilden und zu planen (Herrmann/Klein 2002), um eventuell später entstehende Kosten bei der Implementierung und Optimierung der Abläufe zu vermeiden. Wesentliches Merkmal von Dienstleistungen ist zudem die Integration des externen Faktors, in der Regel des Kunden, in die Leistungserbringung. Neben der Integration der Partnerunternehmen spielt somit die Gestaltung der Kundenschnittstelle im Collaborative Service Engineering eine zentrale Rolle. Aus der Komplexität dieser Zusammenhänge ergeben sich hohe Anforderungen an die Modellierung (Kersten/Kern/Zink 2002, S. 362).

4.3 Collaborative Government

Im Bereich staatlicher Organe sind vielfältige Interaktionen zwischen und innerhalb von Behörden wie auch zwischen Behörden und Unternehmen oder Bürgern durchzuführen um die Um- und Durchsetzung rechtlicher Regelungen zu ermöglichen. Diese Interaktionen sind von komplexen Abhängigkeiten gekennzeichnet und oftmals lassen sich die Wege eines Prozesses erst im Laufe seiner Ausführung ermitteln. Diese Problematik erfordert insbesondere bei der EU-weiten Zusammenarbeit von Behörden ähnliche Lösungsmechanismen wie sie im oben vorgestellten Life-Cycle thematisiert werden.

4.3.1 E-Government: Die dritte Stufe

Parallel zum E-Business hat sich der Begriff **E-Government** etabliert. Er bezeichnet die auf modernen Informationstechnologien basierte Gestaltung von Verarbeitungsprozessen öffentlicher Dienstleistungen (Schmidt/Spoun 2001, S. 1 ff.). Mit E-Government bietet sich öffentlichen Verwaltungen eine Vielfalt neuer Möglichkeiten, sich mit anderen auf elektronischem Weg auszutauschen. Über Internet, Intranet und Extranet können unterschiedliche Formen der Entscheidungsfindung, der Geschäftsabwicklung oder einfach der Kommunikation stattfinden, die das Leben in und mit der Verwaltung entscheidend verändern (Schedler 2001, S. 13 ff.).

Der Grad der Umsetzung von E-Government in öffentlichen Verwaltungen ist sehr unterschiedlich. Um diesen Umsetzungsgrad strukturiert beschreiben zu können, bedient man sich meistens des **Stufen-Realisierungsmodells** (Gisler/Spahni 2000, S. 53 ff.; Herwig 2001). Dieses beschreibt die Umsetzung mittels drei (bzw. vier) Stufen, die aufeinander aufbauen und sequenziell zu durchlaufen sind:

1. Information: Diese erste und einfachste Realisierungsstufe bezeichnet die elektronische Bereitstellung und Verfügbarmachung von thematisch geordneten und klassifizierten Informationen. Es entsteht eine unidirektionale Kommunikationsbeziehung zwischen Verwaltung und Kunden.

2. Kommunikation: Die unidirektionale Kommunikationsbeziehung der Informationsstufe wird hier um die Rückrichtung erweitert. Es wird eine bidirektionale Kommunikation zwischen öffentlicher Verwaltung und Kunde möglich. Mögliche Medien sind hierbei beispielsweise E-Mail oder Foren.

3. Transaktion: In dieser Realisierungsstufe wird das Beziehen von öffentlichen Dienstleistungen online ermöglicht. Damit wird es dem Bürger möglich, rechtsverbindlich Verwaltungsprozesse anzustoßen und zu begleiten.

4. Partizipation: Diese Stufe, oft auch als Integration bezeichnet, wird nur partiell verwendet (vgl. beispielsweise in Gisler/Spahni 2000, S. 13 ff.; KPMG 2000, S. 13 ff.; Seel/Güngöz 2002, S. 7 f.). Sie beschreibt die höchste Stufe der E-Government-Umsetzung, in der der Bürger vollständig an dem Gemeinwesen „Öffentliche Verwaltung" beteiligt ist und aktiv an den Verwaltungsprozessen und deren Ausgestaltung mitwirkt. Dies bedingt eine umfassende Integration des Bürgers in die Prozesse, was nur durch eine ganzheitliche, elektronische Unterstützung über alle Verwaltungsdienstleistungen und deren Erbringerprozesse möglich ist.

Das Stufenmodell beschreibt dabei nicht nur den Interaktionsgrad, der sukzessive ansteigt, sondern beschreibt auch die zunehmenden Anforderungen im Bereich Sicherheit, die für die Realisierung einer Stufe notwendig sind. So erfordert beispielsweise die Umsetzung der Transaktionsstufe insbesondere sowohl eine elektronische Authentifizierung, um sicherzustellen, dass sich kein Bürger für einen anderen ausgeben kann, als auch die elektronische Signatur, um die Willenserklärung des Bürgers bei einer Transaktion auch zweifelsfrei dokumentieren zu können (Bundesrat 2002, S. 12 ff., S. 30 ff.).

Für den Bürger steigt die Attraktivität und der Nutzen von E-Government mit der Transaktionsunterstützung eminent (Taylor 2002, S. 2 ff.; Cook 2000). Von Seiten der Verwaltung überwiegen die Effizienzsteigerung und Kostenreduktion durch die Transaktionsunterstützung. Bei den Stufen Information und Kommunikation können allenfalls die Ressourcen für die Bürgerinformation reduziert und eine leichte Erhöhung der Bürgerzufriedenheit erreicht werden.

4.3.2 Integrierte Verwaltungs-Dienstleistungen

Es lässt sich feststellen, dass die Bindung an gesetzliche oder verwaltungstechnische Vorschriften die Möglichkeiten einer Parallelisierung und Redundanz-Eliminierung in öffentlichen Verwaltungen stark einschränkt. Hingegen scheint die Integration verschiedener Prozesse mit geringeren verwaltungstechnischen Umsetzungsschwierigkeiten behaftet zu sein und lässt kurzfristig auf das größte Optimierungspotenzial schließen. Insbesondere wenn man die Betrachtung von singulären Verwaltungseinheiten, wie einzelnen Abteilungen oder Behörden, auf mehrere, in Beziehung stehende Einheiten erweitert, lässt sich feststellen, dass die Einzelprozesse fast gar nicht und wenn, dann nur sehr rudimentär miteinander integriert sind. Ein singulärer Einzelprozess (z. B. Eheschließung) löst jedoch unmittelbar eine Reihe von anderen Einzelprozessen in anderen Verwaltungen aus (Ausstellen von Heiratsurkunden, Anlegen eines Familienbuchs, Änderung des Familienstandes, ...). Die Interaktion zwischen den Verwaltungen erfolgt heutzutage fast ausschließlich papierbasiert und nutzt teilweise das Transportmedium Post, teilweise aber auch den Bürger selbst zum Transport und zur Übermittlung von Prozessinformationen.

Der Ansatz von integrierten, transparenten Verwaltungsdienstleistungen ist es nun, die Initiative zur Prozessauslösung so zu verschieben, dass der direkte Kunde einer Verwaltungsdienstleistung eben nur diese anstoßen muss und alle indirekt damit verbundenen integriert angesprochen werden. Die nachfolgenden Verwaltungsschritte, die den Kunden nicht direkt betreffen, werden also für den Kunden transparent abgewickelt. Anzumerken sei hier, dass der Kunde einer Verwaltungsdienstleistung ein Bürger, ein Unternehmen oder eine andere öffentliche Verwaltung (bzw. dessen Prozesse) sein kann.

- „Integriert“ meint hier, dass ein Verwaltungsprozess in der Lage ist, verbundene, andere Verwaltungsprozesse, die mit der Dienstleistungserbringung in Verbindung stehen, zu erkennen und anzustoßen.
- „Transparent“ meint die Eigenschaft, dass für den (direkten) Kunden unwesentliche Prozessschritte von ihm entkoppelt ablaufen.

Mit einer Verwaltungsdienstleistung verbundene, also vor- oder nachgelagerte Dienstleistungen lassen sich gemäß dem klassischen Anbieter-Nachfrager-Schema charakterisieren. Ein Prozess benötigt Informationen (Nachfrager) und ein anderer kann die benötigten Informationen liefern (Anbieter). Entsprechend kann eine initiale Dienstleistung als Nachfrager oder Anbieter fungieren:

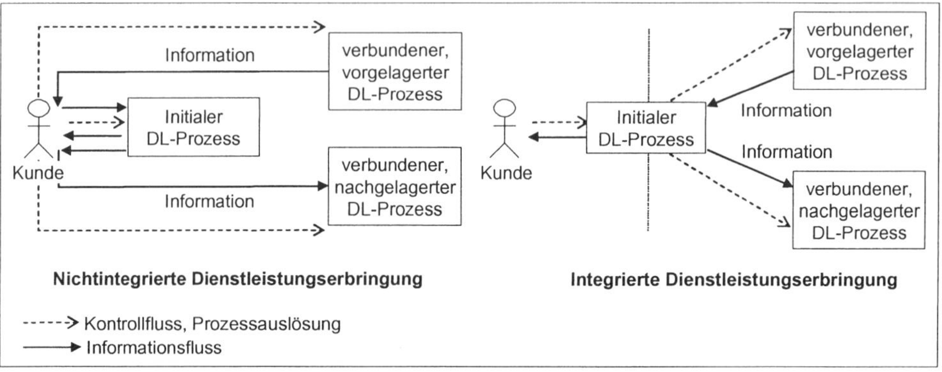

Übersicht 5: Nichtintegrierte und integrierte Dienstleistungserbingung

1. Agiert in diesem Sinne eine initiale Dienstleistung als Nachfrager, so benötigt sie Informationen von anderen Dienstleistungen. Da das Wissen um diesen Bedarf bei dem nachfragenden Prozess entsteht, muss diese sich auch die entsprechenden Informationen beschaffen. Sie wendet demnach eine Pull-Strategie an (Lienemann 2001, S. 9). Normalerweise ist dieser Informationsbedarf nur in den Prozessphasen gegeben, die der eigentlichen Erbringung der Verwaltungsdienstleistung vorangehen. Der Anbieter kann daher als verbundener, vorgelagerter Verwaltungsdienstleistungsprozess angesehen werden.

2. In der Rolle des Anbieters besitzt die initiale Dienstleistung das Potenzial, Informationen weiterzugeben. Diese Informationen sind im Laufe der Prozessdurchführung entstanden und können an verbundene, nachgelagerte Verwaltungsdienstleistungsprozesse weitergeleitet werden. Da diese jedoch von sich aus keine Kenntnis dieser Prozessdurchführung haben können, entsteht bei ihnen selbstständig kein Informationsbedarf. Die initiale Dienstleistung muss also die nachgelagerte Informationsnachfrage bei den entsprechenden Dienstleistungsprozessen anstoßen. Dies wird als Push-Strategie bezeichnet (Lienemann 2001).

Die Sicherheitsanforderungen und die Komplexität der Prozesssteuerung für integrierte Verwaltungsdienstleistungen sind erheblich höher als für einfache Transaktionen. Insbesondere folgende Voraussetzungen müssen für integrierte Dienstleistungen erfüllt sein:

- Dreifaches Prozess-Frontend: Es muss zusätzlich eine Schnittstelle für die elektronische Interaktion mit anderen Verwaltungen geschaffen werden, die diese Dienstleistungen integriert in Anspruch nehmen wollen.
- Identifikation und Authentifikation: Neben dem Bürger muss eine Verwaltung auch andere Verwaltungen identifizieren können und feststellen können, ob eine Verwaltung für einen Bürger eine bestimmte eigene Dienstleistung integriert anstoßen kann und ob der Bürger in der anderen Verwaltung und auch der Verwaltungsmitarbeiter derjenige ist, für den er sich ausgibt.
- Digitale Signatur: Verwaltungen müssen nicht nur die Interaktionen mit den Bürgern, sondern auch mit anderen Verwaltungen dokumentieren. Dies beinhaltet auch die Dokumentation und Nachprüfbarkeit der Beteiligungen von Verwaltungsmitarbeitern.

Um die eingangs genannten Vorteile Prozessbeschleunigung, Prozesskostenreduktion und Prozessqualitätssteigerung nutzen zu können, ist eine Elektronifizierung notwendig. Die Erbringung der jeweiligen Verwaltungsdienstleistungen unterstützenden Einzel-Anwendungssysteme müssen also elektronisch vernetzt werden. Hierzu können Konzepte und Technologien des Collaborative Business genutzt werden. Insbesondere sind die Interoperabilitätsansätze als Gegenpol oder Ergänzung der aufwändigen Harmonisierung gut geeignet.

5. Erfolgsfaktor Netzwerkfähigkeit

Die Wettbewerbsfähigkeit von Unternehmen wird in Zukunft entscheidend davon abhängen, inwieweit es ihnen gelingt, ihre **Netzwerkfähigkeit** auf- bzw. auszubauen. Hiermit wird ihre Fähigkeit beschrieben, sich flexibel an die sich stetig ändernde Umwelt anzupassen und sich entsprechend kurzfristig in neue Netzwerke zu integrieren bzw. unprofitable zu verlassen. Um dies zu erreichen, reicht es nicht, moderne Informationssysteme und offene Standards zur Schaffung von Konnektivität und Informationstransparenz zu verwenden. Neben der Technik müssen Leistungen, Organisation, Mitarbeiter und Prozesse mit diesem Ziel gestaltet werden. Leistungen sollten standardisiert, konfigurierbar und modular sein. Die Organisationsstruktur muss flexibel genug sein, um Mitarbeiter in kleineren Teams für neue Geschäftspotenziale einsetzen zu können. Daher sollten Mitarbeiter offen für Veränderung und neue Herausforderungen sein. Geschäftsprozesse sind so zu gestalten, dass Veränderungen Teil der Prozesse sind. Die Geschäftsabwicklung darf also nicht durch starre Konventionen einzementiert werden.

Die Konsequenz der Vernetzung – das Arbeiten in änderbaren, unternehmensübergreifenden, globalen Teams – wird in Zukunft zur Alltäglichkeit. Vorreiter dieses Trends sind einige wenige innovative Unternehmen und beispielsweise die unzähligen Entwickler von **Open-Source-Software**. Insbesondere Software ist auf Grund ihrer Immaterialität und Übermittlungsfähigkeit eine ideale Leistung, um gemeinsam an ihr zu arbeiten. Entsprechendes ist bei einer geeigneten Abbildung anderer Sach- und Dienstleistungen in Form von Modellen mit der entsprechenden Technik auch möglich. Bei der Entwicklung eines Autos können beispielsweise bereits Produktmodelle über weite Strecken ausgetauscht bzw. gemeinsam bearbeitet und der Einfluss auf Fahr- oder Unfallverhalten simuliert werden.

Dennoch wird bei zukünftigen Arbeitsmodellen der persönliche Kontakt nicht aussterben. Auch wenn ein Großteil der erforderlichen Kommunikation im Rahmen der Zusammenarbeit mit Hilfe der Technik abgewickelt werden kann, können sich soziale Bindungen, die viel zur Innovations- und Problemlösungsfähigkeit einer Arbeitsgemeinschaft beitragen, erst mittels direkten Kontakts vollends entfalten.

Literatur

BROWN, J. S.; DURCHSLAG, S.; HAGEL III, J. (2002): Loosening up: How process networks unlock the power of specialization, in: The McKinsey Quarterly: Risk and Resilience, Special Edition, S. 58-69.

BUNDESRAT (2002): Bericht über den Vote électronique: Chancen, Risiken und Machbarkeiten elektronischer Ausübung politischer Rechte.

BUSCH, A.; DANGELMAIER, W.; LANGEMANN, T. (2002): Collaborative Supply Chain Management, in: Supply Chain Management, 2. Jg., Nr. II, S. 15-22.

BUXMANN, P. (2001): Informationsmanagement in vernetzten Unternehmen, Wiesbaden.

COOK, M. E. (2000): 'What Citizens Want From E-Government', Technical report, Center for Technology in Government, University at Albany.

FAISST, W. (1998): Die Unterstützung virtueller Unternehmen durch Informations- und Kommunikationssysteme, Diss., Erlangen-Nürnberg.

FLEISCH, E. (2001): Das Netzwerkunternehmen, Berlin u. a.

GATTORNA J. L.; WALTERS, D. W. (1996): Managing the Supply Chain, London.

GISLER, M.; SPAHNI, D. (2001): E-Government – eine Standortbestimmung, Bern.

HERRMANN, K.; KLEIN, R. (2002): Effizientes Schnittstellenmanagement – Erfolgsfaktor für die E-Collaboration, in: Information Management & Consulting, 17. Jg., Nr. 4, S. 39-45.

HERWIG, V. (2001): E-Government – Distribution von Leistungen öffentlicher Institutionen über das Internet, Köln.

JOST, W.; SCHEER, A.-W. (2002): Geschäftsprozessmanagement: Kernaufgabe einer jeden Unternehmensorganisation, in: Jost, W; Scheer, A.-W. (Hrsg.): ARIS in der Praxis: Gestaltung, Implementierung und Optimierung von Geschäftsprozessen, Berlin, S. 33-44.

KALENBORN, A. (2000): Prozeßorganisation [!] und Workflow-Management, Organisationstheoretisches Konzept und informationstechnische Umsetzung, Aachen.

KERSTEN, W.; KERN, E.-M.; ZINK, T. (2002): Collaborative Service Engineering, in: Bullinger, H.-J.; Scheer, A.-W. (Hrsg.): Service Engineering, Berlin u. a., S. 351-369.

KPMG (Hrsg.) (2000): Leading the transformation to e-government, KPMG.

KRCMAR, H. (1997): Informationsmanagement, Berlin u. a.

KRCMAR, H. (2003): Informationsmanagement, 3. Aufl., Berlin u. a.

LEAVITT, H. J.; WHISLER, T. L. (1958): Management in the 1980's, in: Harvard Business Review, 36. Jg., Nr. 6, S. 41-48.

LIENEMANN, C. (2001): Informationslogistik, Düsseldorf.

NISSEN, V. (2002): Supply Chain Event Management, in: Wirtschaftsinformatik, 44. Jg., Nr. 5, S. 477-480.

PICOT, A.; REICHWALD, R.; WIGAND, R. (2001): Die grenzenlose Unternehmung: Information, Organisation und Management, 4. Aufl., Wiesbaden.

RÖHRICHT, J.; SCHLÖGEL, C. (2001): cBusiness. Erfolgreiche Internetstrategien durch Collaborative Business, Boston.

SCHEDLER, K. (2001): eGovernment und neue Servicequalität der Verwaltung, in: Gisler, M.; Spahni, D. (Hrsg.): eGovernment: eine Standortbestimmung, 2. Aufl., Bern u. a., S. 13-30.

SCHEER, A.-W. (1990): EDV-orientierte Betriebswirtschaftslehre, 4. Aufl., Berlin u. a.

SCHEER, A.-W. (2002): ARIS – Vom Geschäftsprozess zum Anwendungssystem, 4. Aufl., Berlin u. a.

SCHEER, A.-W.; ANGELI, R. (2002): Management dynamischer Unternehmensnetzwerke, in: Busch, A.; Dangelmaier, W. (Hrsg.): Integriertes Supply Chain Management, Wiesbaden, S. 363-384.

SCHEER, A.-W.; ANGELI, R.; HERRMANN, K. (2001): Informations- und Kommunikationstechnologie als Treiber der Logistik, in: Pfohl, H.-C. (Hrsg.): Jahrhundert der Logistik – Wertsteigerung des Unternehmens, Berlin, S. 29-58.

SCHEER, A.-W.; BOROWSKY, R. (1999): Supply Chain Management – die Antwort auf neue Logistikanforderungen, in: Kopfer, H.; Bierwirth, C. (Hrsg.): Logistik Management – Intelligente I+K Technologien, Berlin, S. 3-14.

SCHEER, A.-W.; GRIEBLE, O.; KLEIN, R. (2002): Modellbasiertes Dienstleistungsmanagement, in: Scheer, A.-W. (Hrsg.): Veröffentlichungen des Instituts für Wirtschaftsinformatik, Heft 171, Saarbrücken.

SCHMIDT, B.; SPOUN, S. (2001): Wege zum Electronic Government, IDT Working Paper No. 1, St. Gallen.

SEEL, C.; GÜNGÖZ, Ö. (2002): E-Government : Strategien, Prozesse, Technologien, Studie und Marktübersicht (Oktober 2002), in: IDS Scheer AG (Hrsg.): IDS Scheer Studien, Saarbrücken.

STADTLER, H. (2000): Supply Chain Management – An Overview, in: Stadtler, H.; Kilger, C. (Hrsg.): Supply Chain Management and Advanced Planning, Berlin u. a., S. 7-28.

TAYLOR, N. (2002): Government Online – an international perspective, Annual global report, London.

WIENDAHL, H.-P. u. a. (1998): Kennzahlengestützte Prozesse im Supply Chain Management, in: Industrie Management, 14. Jg., Nr. 6, S. 18-24.

ZÄPFEL, G. (2001): Supply Chain Management, in: Baumgarten, H.; Wiendahl, H.-P.; Zentes, J. (Hrsg.): Logistik-Management, Berlin u. a., Abschnitt 7.02.03.01, S. 1-32.

Drittes Kapitel

Formen und Entwicklung der Kooperation

Dirk Morschett*

Formen von Kooperationen, Allianzen und Netzwerken

---

* Dr. Dirk Morschett ist Wissenschaftlicher Assistent am Lehrstuhl für Betriebswirtschaftslehre, insbesondere Außenhandel und Internationales Management der Universität des Saarlandes, Saarbrücken.

1. Gegenstand

Die Bedeutung von Unternehmensallianzen, also kooperativen Arrangements, als Organisationsform der Wertschöpfungsprozesse nimmt seit Jahren zu. Der Begriff „Allianz" (bzw. „Kooperation") hat jedoch bis heute keine einheitliche Definition und Interpretation erfahren (Friese 1998, S. 58.). Zudem existiert eine Vielzahl von Termini wie „Strategische Allianz", „Joint Venture", „Netzwerk", „Strategic Partnership", „Koalition", „Collaborative Agreement", „Bündnis", „Wertschöpfungspartnerschaft", die meist synonym zur Beschreibung des gleichen Phänomens verwendet, teilweise jedoch voneinander abgegrenzt werden (Meyer 1995, S. 156; Picot/Reichwald/Wigand 2003, S. 303). Einen umfassenden Überblick über Kooperationsdefinitionen und verwendete Begriffe in der deutschsprachigen und der angloamerikanischen Literatur gibt Friese (1998, S. 58 ff.).

Allianzen sind im Allgemeinen enge, unter Umständen langfristige, Vereinbarungen zwischen zwei oder mehr Partnern, in denen Ressourcen, Wissen und Fähigkeiten zwischen Partnern geteilt oder gemeinsam eingebracht werden mit der Zielsetzung, die Wettbewerbsposition jedes Partners zu verbessern (Spekman u. a. 1998, S. 748). Analog, aber etwas detaillierter definiert Sydow (1992, S. 79) **Netzwerke** als auf die Realisierung von Wettbewerbsvorteilen zielende Organisationsform ökonomischer Aktivitäten, die sich durch komplex-reziproke, eher kooperative denn kompetitive und relativ stabile Beziehungen zwischen rechtlich selbstständigen, wirtschaftlich jedoch zumeist abhängigen Unternehmungen auszeichnet.[1]

Die Langfristigkeit der Zusammenarbeit wird im Terminus „**strategische Allianz**" besonders betont, die dabei nach Sydow (1992, S. 63) als eine formalisierte, längerfristige Beziehung zu anderen Unternehmungen charakterisiert werden kann, die mit dem Ziel aufgenommen wird, eigene Schwächen durch Stärkenpotenziale anderer Organisationen zu kompensieren, um auf diese Art und Weise die Wettbewerbsposition eines Unternehmens oder einer Gruppe von Unternehmen zu sichern und langfristig zu verbessern (vgl. hierzu auch Bronder/Pritzl 1992).

Es lässt sich also feststellen, dass Kooperationen (bzw. Allianzen) durch folgende Merkmale gekennzeichnet sind (Friese 1998, S. 62):

- rechtliche und (partiell) wirtschaftliche Unabhängigkeit der beteiligten Partner
- Koordination des Verhaltens
- Motivation einer besseren Zielerreichung als bei individuellem Vorgehen.

[1] Hierbei kann man die beiden Begriffe als inhaltlich weitestgehend synonym sehen; Netzwerke sind jedoch komplexere Formen der Allianzen. Nach Kutschker (1994, S. 128) können bereits bilaterale Beziehungen als sehr einfache Formen von Netzwerken verstanden werden. Andererseits formuliert Sell (2002, S. 72): „so hat man beim [...] Netzwerk doch schon die Vorstellung, dass eine größere Gruppe von Unternehmen [...] nach bestimmten (geschriebenen oder ungeschriebenen) Regeln zusammenarbeitet". Vgl. hierzu auch den einleitenden Beitrag von Zentes/Swoboda/Morschett in diesem Sammelwerk.

Ein konstitutives Element der Kooperation ist die Freiwilligkeit aller beteiligten Partner. Dies führt dazu, dass eine Kooperation in der Regel dann zustande kommt, wenn alle beteiligten Partner erwarten, sich durch die Kooperation besser zu stellen und dafür bereit sind, auf gewisse Freiheitsgrade zu verzichten bzw. ihre Autonomie einschränken zu lassen (Lubritz 1998, S. 36).

2. Allianzen und Netzwerke zwischen Markt und Hierarchie

Nach der Institutionenökonomie kann man Kooperationen als eine zwischen Markt und Hierarchie angesiedelte Koordinationsform wirtschaftlicher Aktivitäten ansehen (Friese 1998, S. 66):[1]

- Der **Markt** stellt eine Organisationsform ökonomischer Aktivitäten dar, in der Marktteilnehmer eine genau spezifizierte Leistung austauschen, wobei als zentraler Koordinationsmechanismus der Preis fungiert. Dabei besitzen die auf dem Markt aktiven Wirtschaftssubjekte zu diesem freien Zugang und unbeschränkten Austritt. Ihr Verhalten ist dadurch geprägt, dass sie begrenzt rational und opportunistisch agieren und ihre Handlungen weit gehend autonom gestalten (Sydow 1992, S. 98).
- **Hierarchie** hingegen meint die Koordination wirtschaftlicher Aktivitäten mittels Verhaltensanweisung, also durch eine übergeordnete Institution bzw. einheitliche Leitung (Weder 1989, S. 61; Sydow 1992, S. 98; Friese 1998, S. 66).

Kooperationen vereinen sowohl hierarchische als auch marktliche Elemente. Sie zeichnen sich dadurch aus, dass – ausgehend von einer sehr losen Kooperationsform, die nahe der reinen Markttransaktion ist – das kooperative Element zunächst zunehmend an Bedeutung gewinnt und dann wieder sinkt, je stärker man sich rein hierarchischen Organisationsformen annähert (Friese 1998, S. 67 f.). Kooperationen werden daher auch als „hybride" Organisationsform betrachtet (Williamson 1985).

Die Zunahme kooperativer Arrangements kann man aus unterschiedlichen Perspektiven erklären. So zeigen Picot/Reichwald/Wigand (2003, S. 204 ff., S. 272 f.), dass sich hierarchische Koordinationsformen bei hochspezifischen, stabilen Aufgaben mit niedriger Veränderlichkeit eignen, der Markt dagegen für den Austausch unspezifischer, stabiler Leistungen, also Standardprodukten. Die dynamische Veränderung der Marktnachfrage

[1] Hennart (1993) weist darauf hin, dass korrekter bzgl. der Institutionalisierung das Begriffspaar „Markt vs. Organisation" und bzgl. der Koordination das Begriffspaar „Preis vs. Hierarchie" zu unterscheiden sei. Beides ist nicht gleichzusetzen, unter anderem da auch Organisationen preisliche Koordinationsmechanismen einsetzen können. Diese Unterscheidung wird im Folgenden – vereinfachend – nicht weiter aufgegriffen.

hin zu unspezifischen, stark veränderlichen Leistungen – mit zugleich erhöhter Produktkomplexität und erhöhter Marktunsicherheit – führt dazu, dass kooperative Formen, oft Netzwerke mit arbeitsteiligen Austauschbeziehungen, geeigneter zur Erledigung der Aufgabe werden. Je nach Ausgangssituation entstehen also Kooperationen, indem Unternehmen ihre Zusammenarbeit intensivieren (**Quasi-Internalisierung**) oder einzelne Funktionsbereiche und -prozesse ausgliedern (**Quasi-Externalisierung**) (siehe Übersicht 1). Der Übergang zwischen den Formen ist fließend. So können zwischen allen dargestellten Typen auch Mischformen auftreten.

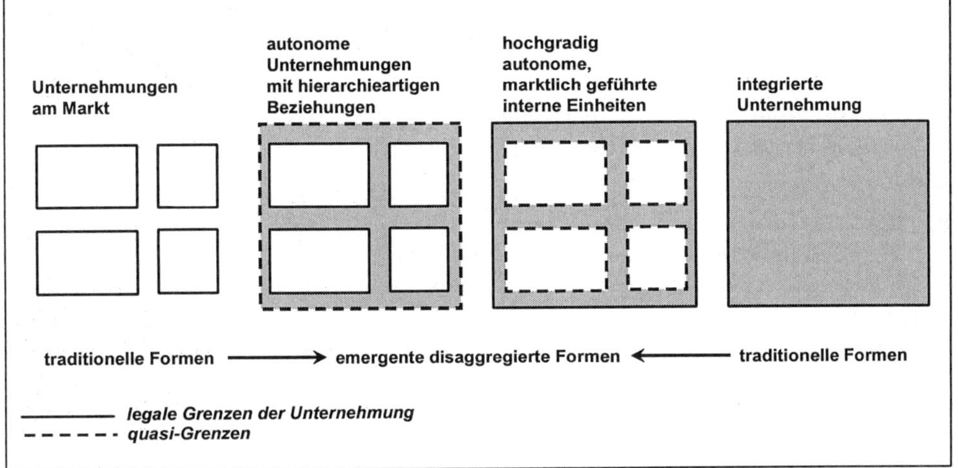

Quelle: In Anlehnung an: Sydow 1999, S. 282.

Übersicht 1: Entstehung kooperativer Formen aus unterschiedlichen Richtungen

Snow/Miles/Coleman (1992, S. 6 f.) zeigen auf, dass vertikal integrierte Unternehmen, die hierarchisch gestaltet sind und autonom agieren, unter den stabilen Umfeldbedingungen der Vergangenheit eine hohe **Effizienz** erreicht haben. Die erhöhte Dynamik der externen und internen Rahmenbedingungen und der erhöhte Wettbewerbsdruck erforderten aber zunehmend neben einer hohen Effizienz auch eine hohe **Effektivität.** Die Vernetzung mit anderen Unternehmen, eine geringere eigene Wertschöpfungstiefe und erhöhte Spezialisierung sowie die Ergänzung der jeweiligen Ressourcen wird hierbei als effektiver, weil flexibler, angesehen.

3. Motivation zur Bildung von Allianzen und Netzwerken

Das grundsätzliche Motiv von Allianzen ist nach den wettbewerbsorientierten Ansätzen die Erzielung eines „joint competitive advantage“, also eines gemeinsamen Wettbewerbsvorteils (Zentes 1992a). Nach dem ressourcenbasierten Ansatz ist die Zielsetzung, Zugang zu den Ressourcen der Partner zu gewinnen (Das/Teng 2000, S. 50).

Detaillierter betrachtet, sind die Ursachen, die zur Allianzbildung führen, vielschichtig (vgl. z. B. Spekman u. a. 1998, S. 747). Sie reichen von der Reduktion der eigenen vertikalen Wertschöpfungstiefe über die Verkürzung von Produktlebenszyklen und steigende Anforderungen an die Höhe der Finanzinvestitionen bis zum Wunsch, die eigene Wettbewerbsfähigkeit durch Know-how-Transfer von einem Partner zu erhöhen. In Anlehnung an Porter/Fuller (1989, S. 375) kann man die Ziele strategischer Allianzen in die folgenden Bereiche kategorisieren:

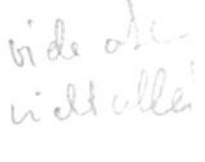

- Erzielung von Skalenvorteilen (Economies of Scale) und Lernkurveneffekten
- Zugang zu notwendigen Fähigkeiten und Fachkenntnissen
- Verringerung der Risiken (so durch Teilung der Kosten)
- Einflussnahme auf den Wettbewerb (so durch gemeinsame Durchsetzung von Standards)
- Umgehung von Handelshemmnissen (so durch einen Partner im Gastland)
- Komplementärer Technologieaustausch
- Gewinnung von Zeitvorteilen (so beim internationalen Markteintritt oder durch gemeinsame F & E).

In der Regel werden die oben dargestellten Zielsetzungen dabei nicht isoliert verfolgt, sondern Allianzen streben komplexe Bündel von Zielen an.

4. Systematisierung von Allianzen und Netzwerken

4.1 Systematisierungsansätze in der Literatur

Eine einheitliche Systematisierung von Allianzen ist bislang nicht gelungen (Picot/Reichwald/Wigand 2003, S. 302). Zwischenbetriebliche Kooperationen können dabei generell nach zahlreichen Kriterien voneinander abgegrenzt werden, so z. B. der Kooperationsrichtung, der Bindung, der Zeitperspektive, der Herkunft der Partner, dem Kooperationsgegenstand, der Führungsstruktur, der Transaktionsform oder der Anzahl der Partner (vgl. zu Systematisierungsansätzen z. B. Friese 1998, S. 151; Arnold 1998, S. 58; Picot/Reichwald/Wigand 2003, S. 305 ff.; Sydow 1992, S. 63; Meyer 1995, S. 156 ff.).

Systematisierende Ansätze werden oftmals, auf Grund der Vielzahl der Merkmale, als morphologischer Kasten dargestellt (vgl. z. B. den einleitenden Beitrag von Zentes/Swoboda/Morschett in diesem Sammelwerk). Im Folgenden sollen die wichtigsten Erscheinungsformen in einem jeweils kurzen Überblick dargestellt werden.

4.2 Grundsätzliche Allianztypen nach den Ressourcenprofilen der Partner

Zur Erzielung des bereits erwähnten „joint competitive advantage" geht es für Allianzen darum, Stärken zu kombinieren und/oder Schwächen zu kompensieren. Auf der Basis der unterschiedlichen Stärken/Schwächenprofile der Unternehmen lassen sich dabei zwei Grundtypen von Allianzen differenzieren (Fuller/Porter 1989, S. 389 ff.):

- Werden einzelne Aktivitäten der Wertkette zwischen den Partnern aufgeteilt, so handelt es sich um eine **X-Allianz**. In diesem Fall ist die Zusammenarbeit aktivitätenübergreifend, die Partner konzentrieren sich jeweils auf die Ausübung der Aktivitäten, in denen ihre Stärken bestehen. Hier spricht man auch von komplementären Allianzen (Zentes 1992a, S. 19) oder „closing gap alliances". Sie setzen unterschiedliche Stärken/Schwächen-Profile voraus und dienen dazu, zentrale Kompetenzdefizite wechselseitig auszugleichen (vgl. hierzu den Beitrag von von der Oelsnitz im Ersten Kapitel dieses Sammelwerks).
- Werden eine oder mehrere Aktivitäten gemeinsam durchgeführt, handelt es sich um eine **Y-Allianz**. In diesem Fall wird der Wettbewerbsvorteil durch die Bündelung von Stärken erzielt, so z. B. zur Erhöhung der Produktionsvolumina. Bei diesen „critical mass alliances" geht es darum, gleichartige Kompetenzen zu verbinden, um damit einen kollektiven Wettbewerbsvorteil durch kumulative Erhöhung zu erhalten (Lubritz 1998, S. 40 f.).

Oftmals werden X-Allianzen als stabiler angesehen als Y-Allianzen, weil die Heterogenität der Ressourcenprofile die gegenseitige Abhängigkeit erhöht (Das/Teng 2002, S. 733). Andererseits stellt sich, je nach Art der eingebrachten Ressourcen, die Frage der dynamischen Anpassung. Nur bei Beibehaltung der Potenzialinkongruenz bleibt die Allianz stabil. Gerade bei Know-how-basierten Ressourcen kann dabei im Zeitablauf eine Potenzialharmonisierung auftreten, welche dann die Vorteilhaftigkeit der Allianz in Frage stellt (Zentes 1993, S. 87 ff.; vgl. hierzu auch den Beitrag von Zentes/Swoboda/Morschett im Fünften Kapitel dieses Sammelwerks).

4.3 Transaktionsformen für Allianzen und Netzwerke

Empirisch ist eine Vielfalt von Formen kooperativer Engagements festzustellen. Hierbei wird in der Literatur üblicherweise eine erste Unterscheidung nach der Grundlage der Kooperation in formale und informale kooperative Arrangements (Håkansson/Johanson 1988, S. 369; Spekman u. a. 1998, S. 748; Das/Teng 2002, S. 726), detaillierter in

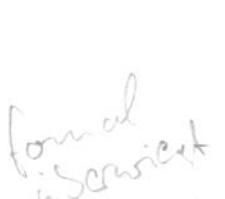

- nicht-vertragliche Bindungen,
- vertragliche Bindungen („contractual joint venture") und
- kapitalmäßige Bindungen („equity joint venture" und Beteiligung)

vorgenommen. Tendenziell nimmt die Bindungsintensität zwischen den Kooperationspartnern von den nicht-vertraglichen Bindungen zu den Kapitalbeteiligungen hin zu (Kutschker 1994, S. 125).

Zur Verbreitung dieser Formen in der Praxis liegen unterschiedliche empirische Ergebnisse vor. Krystek/Zur (2002, S. 206) zeigen, dass – bei strategischen Allianzen – vertragliche Vereinbarungen überwiegen und die Form des Joint Ventures ebenfalls oft gewählt wird. Andere Formen, so vertragsfreie, würden eher selten eingesetzt. In einer Untersuchung internationaler strategischer Allianzen im Mittelstand zeigt Lubritz (1998, S. 216 ff.) ebenfalls, dass vertragliche Bindungen deutlich überwiegen. Friese (1998) kommt dagegen in einer empirischen Untersuchung bei Unternehmen der Dienstleistungsbranche zu dem Ergebnis, dass alle drei Kooperationsintensitäten in etwa gleich häufig eingesetzt werden, sich aber deutliche Unterschiede zwischen Branchen ergeben.

Bei einer detaillierteren Betrachtung können vielfältige Formen der Institutionalisierung („**Transaktionsformen**") einer Allianz unterschieden werden. Sydow (1992, S. 62) zählt beispielsweise (nicht abschließend) zwölf Vertragsarten auf, darunter Franchising, Lizenzen, langfristige Lieferverträge und Joint-Venture-Verträge. Für die Darstellung der Transaktionsformen wird häufig ein Transaktionsformentypenband gewählt, ein Kontinuum zwischen Markt und Hierarchie, auf dem die unterschiedlichen Transaktionsformen nebeneinander zugeordnet werden (so z. B. Contractor/Lorange 1988, S. 5 ff.; Weder 1989, S. 74; Friese 1998, S. 67). Eine einheitliche Systematisierung von Kooperationstypen und ihre Platzierung im Kontinuum zwischen Markt und Hierarchie ist allerdings bislang nicht gelungen. Gemeinsam ist den verschiedenen Systematisierungsansätzen, dass sie den vertikalen Integrationsgrad einer Koordinationsform beschreiben und auf dieser Basis versuchen, markt- bzw. hierarchienähere Formen der Koordination zu unterscheiden (Picot/Reichwald/Wigand 2003, S. 302). Die Vielzahl der in der Literatur vorzufindenden, sich jeweils unterscheidenden Zuordnungen zeigt aber nach Ansicht des Verfassers weniger, dass eine endgültige Fundierung dieser Reihenfolge noch fehlt, als dass diese nicht eindeutig möglich ist.

Mit dem klassischen Kaufvertrag werden einzelne Transaktionen abgewickelt. Diese Transaktionsform lässt sich eindeutig dem Markt zuordnen. Zu den eindeutig zuordenbaren Transaktionsformen zählen auf der anderen Seite die integrativen Formen Akquisition, 100 %-Tochtergesellschaften sowie Fusion, also vollständige Internalisierung (Lubritz 1998, S. 36). Bei vielen anderen Transaktionsformen sind jedoch intern relativ große (jedoch unterschiedliche) „Spannweiten“ anzutreffen:

- Equity Joint Ventures können je nach Beteiligungshöhe als eher kooperative oder eher hierarchische Formen angesehen werden; das gleiche gilt für einseitige oder wechselseitige Beteiligungen.
- Lizenzverträge, die oftmals auf den Typenbändern als homogen angesehen werden, kann man unterteilen, so in Patentlizenzverträge und Know-how-Lizenzverträge, wobei letztere, wegen des Transfers auch nicht schützbaren Wissens und in der Regel einer höheren kontinuierlichen Unterstützung, einen höheren Kooperationsgrad aufweisen (Contractor/Lorange 1988, S. 6).[1]
- Verbundgruppen, eine Kooperationsform, die sich im deutschen Einzelhandel häufig findet (vgl. hierzu den Beitrag von Müller-Hagedorn im Sechsten Kapitel dieses Sammelwerks), sind empirisch von sehr losen Kooperationsformen bis hin zu relativ straff geführten Systemen vorzufinden, wobei eine allgemeine Tendenz zur Straffung festzustellen ist (Zentes/Morschett 2003b).
- Franchise-Systeme sind dagegen von ihrem Ursprung eher hierarchisch orientiert. Oft wird explizit von „autokratischen Systemen“ und „Quasi-Filialsystemen“ gesprochen. Derzeit ist jedoch empirisch eine Entwicklung zu partizipativen, koordinierenden Systemen festzustellen, die einen hohen Kooperationsgrad aufweisen. Die Spannweite der Erscheinungsformen erhöht sich dabei (Zentes/Morschett/Neidhart 2003).

Damit überlappen sich die Formen eher als dass sie eindeutig auf einem Typenband nebeneinander eingeordnet werden können. In Übersicht 2 ist der Versuch einer genaueren Zuordnung der Transaktionsformen zum Kontinuum zwischen Markt und Hierarchie unternommen.

Über die Frage des Kooperationsgrades hinaus finden sich auch in der Ausgestaltung der jeweiligen Transaktionsformen deutliche Unterschiede. Im Folgenden werden exemplarisch einige Formen dargestellt.[2]

---

[1] Nach dem Organizational-Capabilities-Ansatz ist hierbei die Art des zu transferierenden Wissens determinierend für den Internalisierungsgrad (vgl. z. B. Kogut/Zander 1993). Schlecht kodifizierbares, komplexes und eher über Erfahrung erlernbares Wissen („tacit knowledge“) impliziert einen höheren Internalisierungsgrad für den Wissenstransfer bzw. engere, langfristigere Formen der Kooperation.

[2] Mit Bezug auf die unterschiedlichen Wertschöpfungsfunktionen finden sich Erläuterungen zu den einzelnen Institutionalisierungsformen in Zentes/Swoboda/Morschett (2004).

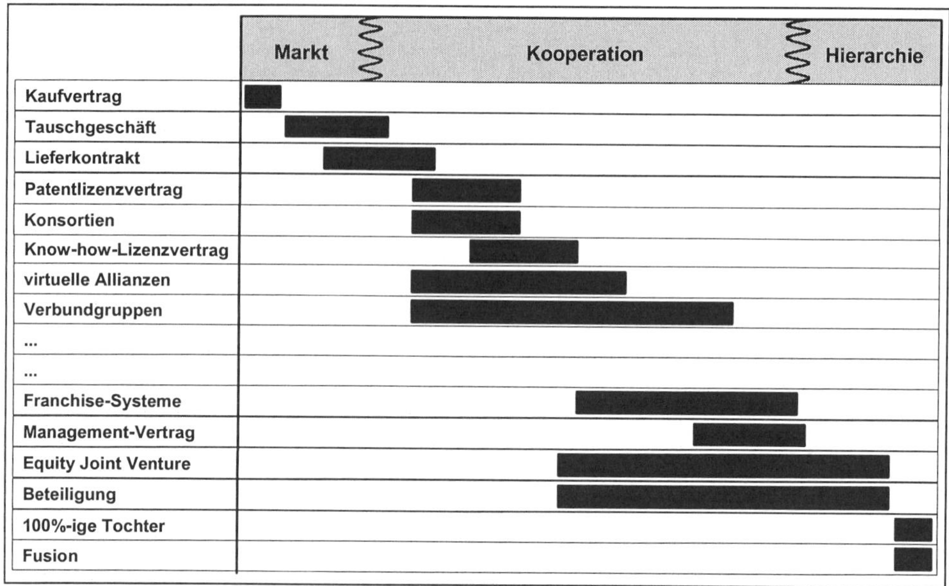

Übersicht 2: Transaktionsformen und ihre Einordnung zwischen Markt und Hierarchie

Konsortien

Bei einer als Konsortium bezeichneten Projektgemeinschaft verpflichten sich die beteiligten Unternehmen, ein oder mehrere genau abgegrenzte Projekte gemeinschaftlich durchzuführen, ohne dass dazu ein Unternehmen mit eigener Rechtsform gegründet würde. Sie werden in der Regel für eine begrenzte Dauer – in Deutschland meist als Gesellschaft bürgerlichen Rechts – gebildet. Ziel ist die Verwirklichung ressourcenbedingter Synergievorteile und auch eine Verringerung der mit Großprojekten verbundenen Risiken für die einzelnen Kooperationspartner, deren wirtschaftliche und rechtliche Selbstständigkeit erhalten bleibt. Typische Beispiele sind Arbeitsgemeinschaften für große Bauprojekte, Gemeinschaften von Banken, um Wertpapieremissionen abzuwickeln, oder Standardisierungsbemühungen, so im Bereich der Informations- und Kommunikationstechnologie (Picot/Reichwald/Wigand 2003, S. 308 f.).

Lizenzierung

Eine Lizenz ist das Nutzungsrecht an einer rechtlich geschützten oder ungeschützten Erfindung bzw. Technologie, das einem Unternehmen vertraglich gegen Entgelt oder andere Kompensationsleistungen gewährt wird. Lizenzverhältnisse stellen dabei oft enge, längerfristige Kooperationen dar und unterscheiden sich gerade dadurch vom reinen Technologieverkauf (vgl. zu Lizenzverträgen ausführlich den Beitrag von Burr in diesem Kapitel des Sammelwerks).

Grundsätzlich wird mittels einer Lizenz einem Vertragspartner die Möglichkeit eingeräumt, an einer Erfindung bzw. einem Wissensvorsprung zu partizipieren. Dabei kann man Lizenzen unter anderem differenzieren nach (Berndt/Sander 2002, S. 607 ff.; Contractor/Lorange 1988, S. 6 f.)

- dem Lizenzgegenstand, so Kennzeichnungen, ästhetische Schöpfungen und technische Erfindungen,
- dem Ausmaß der Lizenzbeschränkung, so räumliche, sachliche und zeitliche Restriktionen,
- der Art der lizenzierten Rechte, so Patentlizenzen, Know-how-Lizenzen und Markenlizenzen,
- der Gegenleistung, so Pauschalgebühren („lump sum"), laufende Gebühren („royalties"), Lizenzaustausch („cross licensing"), Rücklieferungen.

Dabei zeigen empirische Studien, dass in der Mehrzahl der Lizenzierungsfälle Knowhow ausgetauscht wird, das nicht patentiert, aber geschützt ist. Die Interaktion erfolgt oft laufend; die Zahlung erfolgt normalerweise in einem Mix zwischen Pauschal- und laufenden Gebühren. Zugleich lässt sich feststellen, dass für die Bundesrepublik Deutschland in der Gesamtbilanz des Patent- und Lizenzverkehrs mit dem Ausland sowohl Lizenzeinnahmen als auch -ausgaben permanent ansteigen (Berndt/Sander 2002, S. 605).

Franchising

„Franchising ist ein vertikal-kooperativ organisiertes Absatzsystem rechtlich selbständiger Unternehmen auf der Basis eines vertraglichen Dauerschuldverhältnisses. Dieses System tritt am Markt einheitlich auf und wird geprägt durch das arbeitsteilige Leistungsprogramm der Systempartner sowie durch ein Weisungs- und Kontrollsystem eines systemkonformen Verhaltens" (Skaupy 1995, S. 6). Franchising zeichnet sich dabei durch folgende Merkmale aus (Tietz 1991, S. 12):

- Es wird eine vertraglich geregelte, auf Dauer angelegte Zusammenarbeit zwischen selbstständig bleibenden Unternehmen vereinbart.
- Der Franchise-Nehmer erhält das Recht, gegen Zahlung einmaliger oder laufender Beträge, unter genau festgelegten Bedingungen über bestimmte Rechte des anderen Unternehmens, des Franchise-Gebers, zu verfügen.
- Die Rechte, die Gegenstand des Vertrags sind, umfassen in der Regel unter anderem die Benutzung einer Marke oder des Firmennamens, die Erzeugung und/oder den Vertrieb einer Leistung sowie die Nutzung eines bestimmten Absatzprogramms.
- Der Franchise-Geber unterstützt den Franchise-Nehmer beim Aufbau und der Errichtung sowie der laufenden Führung des Betriebs.

Franchising-Verträge umfassen dabei in der Regel auch Lizenzvereinbarungen, so im Hinblick auf die Nutzung einer eingeführten und im Markt etablierten Marke; darüber hinaus sehen Franchising-Konzepte jedoch unter anderem die Übernahme einheitlicher Organisations-, Werbe- und Marketingkonzeptionen des Franchise-Nehmers vom Franchise-Geber vor, sodass Franchising im Gegensatz zur Lizenzierung als eigenständiges Absatzsystem zu sehen ist (Berndt/Sander 2002, S. 603).

Die Kooperation in Form des Franchising setzte sich in den USA bereits seit den frühen fünfziger Jahren durch. In Europa lief diese Entwicklung mit zeitlicher Verzögerung ab. Seit etwa Mitte der achtziger Jahre kann jedoch auch in Europa eine „boomartige" Entwicklung beobachtet werden (vgl. zum Franchising den Beitrag von Ahlert/Evanschitzky/Wunderlich in diesem Kapitel des Sammelwerks sowie Zentes/Morschett/Neidhart 2003).

Joint Ventures

Joint Ventures können zu den Allianzformen mit den höchsten Bindungsintensitäten gerechnet werden (Lubritz 1998, S. 49). Ein (Equity) Joint Venture ist eine auf Kapitalbeteiligungen und der Teilung von Geschäftsführung und Risiko beruhende, vertraglich festgelegte und dauerhaft angelegte zwischenbetriebliche Zusammenarbeit. Durch die Kombination der finanziellen, personellen, materiellen und immateriellen Ressourcen von zwei oder mehr Partnern entsteht eine juristisch selbstständige Gemeinschaftsunternehmung, die je nach Beteiligungsverhältnis der Partner als Majoritäts-, Paritäts- oder Minoritäts-Joint-Venture geführt werden kann (Welge/Holtbrügge 2003, S. 109 f.; Picot/Reichwald/Wigand 2003, S. 308).[1]

In der Managementliteratur zu Unternehmenskooperationen sind dabei Joint Ventures die wohl am häufigsten analysierte Form (vgl. für den deutschsprachigen Raum z. B. Weder 1989; Albach 1991; Zentes 1992b; vgl. auch den Beitrag von Voeth/Rabe in diesem Kapitel des Sammelwerks).

Beziehungen zwischen den unterschiedlichen Transaktionsformen

Oben wurden unterschiedliche Transaktionsformen isoliert dargestellt. Tatsächlich bestehen Beziehungen zwischen diesen Formen dergestalt, dass sie kombiniert und/oder sequenziell auftreten.

In der Praxis sind die dargestellten Kooperationsformen meist nicht in „Reinform" vorzufinden, sondern es ist eine Kombination von Transaktionsformen üblich. So erwähnt Contractor (1985, S. 23; vgl. hierzu auch Friese 1998, S. 164), dass an die Gründung eines Equity Joint Ventures häufig zusätzliche Kooperationsverträge, so Lizenzverträge mit einem der Parentalpartner, gebunden sind. Aber auch die Verbindung mit Management-Verträgen, Marketing- und Vertriebsvereinbarungen u. v. m. stellen keine Seltenheit dar. Berndt/Sander (2002, S. 605) weisen darauf hin, dass z. B. im internationalen Lizenzverkehr der größte Teil zwischen bereits in anderer Form verbundenen Unternehmen abgewickelt wird.

---

1 Der Begriff des „contractual joint venture" ist hierbei missverständlich und vertragliche Formen der Zusammenarbeit, die nicht in einem Gemeinschaftsunternehmen münden, sollen hier nicht als Joint Venture verstanden werden (wie dies in der Literatur auch meist üblich ist) (vgl. hierzu Lubritz 1998, S. 50).

Franchise-Verträge sind bereits in sich Kombinationen. Es handelt sich um Mischverträge, die nach deutschem Recht Lizenzvereinbarungen, Know-how-Vereinbarungen, Geschäftsbesorgungsverträge und gegebenenfalls auch langfristige Lieferkontrakte enthalten oder mit ihnen verbunden werden (Skaupy 1995, S. 11). Zudem zeigen Zentes/Morschett/Neidhart (2003, S. 189 ff.), dass in vertikalen Vertriebskooperationen die Organisation der Franchise-Nehmer als Kommissionäre, Handelsvertreter oder Agenturen häufig der Fall ist.

In temporaler bzw. prozessualer Hinsicht ist oftmals zu beobachten, dass Formen mit schwächerer Bindungsintensität als Vorstufe von Formen mit höherer Bindungsintensität gewählt werden. So geht häufig Joint Ventures ein Lizenz- und/oder Managementvertrag voraus; das Commitment wird während des Allianzlebenszyklus oft graduell erhöht (Lorange/Roos 1991, S. 61; Zentes 1993, S. 70 f.; Friese 1998, S. 165).

Für die Internationalisierung vertreten Meissner/Gerber (1980, S. 220 ff.) eine prozessuale Sicht und die Auffassung, dass sich diese als ein in mehreren Stufen verlaufender Prozess darstellen lässt, der sich nach der Intensität der Kapital- und Managementleistung im Stamm- und Gastland von Exporten, über Lizenzvergaben, Franchising, Joint Venture, Auslandsniederlassungen bis zu Tochtergesellschaften vollzieht (Perlitz 2000, S. 74 ff.; vgl. für einen detaillierten Überblick über Erklärungsansätze für eine prozessuale Internationalisierung Swoboda 2002, S. 33 ff.).

Während die Ursache für den sequenziellen Internationalisierungsprozess insbesondere in dem unbekannten Umfeld im Gastland bei Markteintritt zu sehen ist, kann für kooperative Engagements – und hier auch im nationalen Bereich – ein inkrementales Vorgehen auch dazu dienen, zunächst den Partner besser kennenzulernen und Vertrauen aufzubauen (Friese 1998, S. 165). Weniger bindende Formen können auf Grund des geringeren Kapitaleinsatzes und des geringeren Risikos die Chance bieten, die Verlässlichkeit und die Leistungsfähigkeit des Partners zu erproben (Sell 2002, S. 12 f.).

4.4 Allianzen und Netzwerke nach der Anzahl der Partner und den Koordinationsstrukturen

Eine weitere Dimension zur Klassifizierung von Kooperationen ergibt sich aus der Anzahl der Kooperationspartner und der daraus resultierenden Beziehungen. Dabei lassen sich zunächst

- bilaterale Bindungen und
- trilaterale Bindungen sowie
- einfache Netzwerke und
- komplexe Netzwerke

unterscheiden (siehe Übersicht 3).

Kennzeichen **bilateraler Bindungen** ist dabei, dass sich beide Partner direkt koordinieren und unmittelbar auf das Verhalten des anderen reagieren. Beispiele für bilaterale Kooperationen sind formlose Absprachen zwischen zwei Partnern, Technologieabkommen und Patentaustauschverträge.

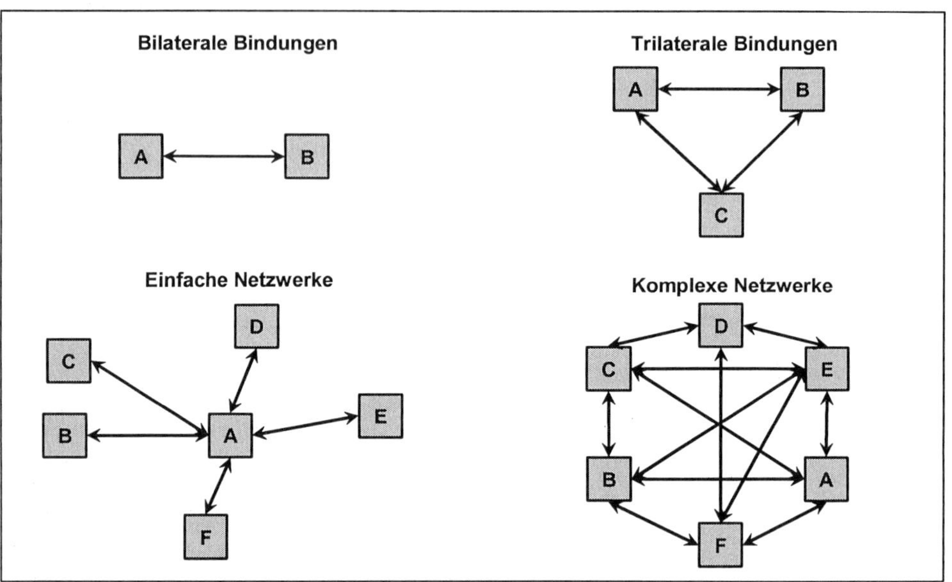

Quelle: In Anlehnung an: Friese 1998, S. 147; Kutschker 1994, S. 126.

Übersicht 3: Klassifikation unterschiedlicher Kooperationen nach der Anzahl der Bindungen

Die Komplexität der Betrachtung von Allianzen erhöht sich, wenn man weiter beachtet, dass die zu betrachtenden Kooperationen nicht nur bilateral, sondern multilateral aufgebaut sein können (Meckl 1995, S. 26). Nach Kutschker (1994, S. 130) zeichnet sich ein Netzwerk dadurch aus, dass die Summe aller direkten und indirekten Beziehungen mehr Handlungsmöglichkeiten eröffnet als die einzelnen direkten Beziehungen für sich betrachtet. Die Existenz der indirekten Beziehungen konstituiert ein Netzwerk. Bereits mit Hinzunahme eines dritten Akteurs verändert sich also die Beziehungsqualität deutlich. Aus einer einzelnen Verbindung zwischen zwei Akteuren werden drei Verbindungen zwischen drei Akteuren (**trilaterale Bindung**), die Koalitionen und indirekte Beziehungen ebenso ermöglichen wie asymmetrische Informations- und Machtbeziehungen. Kutschker (1994, S. 127) fasst diesen Begriff weit und nennt als Beispiel Kooperationen, bei denen zwei Partner eine selbstständige Einheit schaffen, so ein Joint Venture. Tatsächlich ist bereits in diesem Fall die Frage von unterschiedlichen Bindungen an die einzelnen Partner usw. von Relevanz.

Netzwerke bestehen aus Knoten (Akteuren, z. B. Unternehmen) und Kanten (Beziehungen). Die Beziehungen können dabei latent oder manifest sein und zur Beschreibung der Dichte, Extension, Flexibilität, Varietät und Variabilität von Netzwerken herangezogen werden (Kutschker 1994, S. 128). Anhand der Beziehungen kann auch zwischen einfachen und komplexen Netzwerken unterschieden werden:

- **Einfache Netzwerke** realisieren nur einen kleinen Teil der zwischen den Akteuren möglichen Beziehungen und sind oft sternförmig aufgebaut. Sie ergeben sich häufig dadurch, dass ein zentraler Akteur mehrere gleichartige Beziehungen entwickelt und das Verhalten der Kooperationspartner zentral koordiniert. Der Aufbau eines Franchise-Systems (siehe Abschnitt 4.3) kann als typisches Beispiel eines einfachen, vertraglich begründeten Netzwerks genannt werden. Eine zentrale Führung ist jedoch nicht notwendigerweise Merkmal einfacher Netzwerke; die Kooperationspartner können sich auch durch wechselseitige Abstimmung koordinieren (Kutschker 1994, S. 128).
- **Komplexe Netzwerke** zeichnen sich dadurch aus, dass zahlreiche Beziehungen bestehen, ein großer Teil der potenziellen Beziehungen auch verwirklicht ist, gegebenenfalls „Unternetzwerke", so aus bi- und trilateralen Strukturen, bestehen, und/oder die Varietät der Akteure groß ist (Kutschker 1994, S. 128 f.).

Zahlreiche Managementforscher weisen darauf hin, dass Allianzen zunehmend Multi-Partner-Beziehungen darstellen und sich somit zu Netzwerken ausweiten mit gleichzeitig deutlicher Erhöhung der Komplexität der Interaktionen (Spekman u. a. 1998, S. 767).

Diese Überlegungen sind heute jedoch noch zu relativieren, wenn man die praktische Relevanz betrachtet. Die Frage der Netzwerke mit zahlreichen Partnern, hoher Komplexität und Variabilität usw. ist bislang eine eher theoretische Diskussion. Tatsächlich zeigen empirische Untersuchungen, dass Unternehmen oftmals einfache Formen der Kooperation mit einer relativ kleinen Anzahl an Partnern bevorzugen (Pfohl/Buse 1999, S. 271). Lubritz (1998, S. 210 f.) untersucht internationale strategische Allianzen mittelständischer Unternehmen und kommt empirisch zu dem Ergebnis, dass bilaterale Allianzbeziehungen mit Abstand dominieren gegenüber komplexeren Allianzformen. Zwar fand er in einigen Fällen simultan mehrere bilaterale Beziehungen vor, jedoch konnten kaum komplexere Systeme im Sinne von Netzwerken identifiziert werden.

Håkansson/Johanson (1988, S. 370) argumentieren dagegen, dass man Netzwerke in allen Feldern der unternehmerischen Tätigkeit als Normalität beobachten kann und dass die Einbindung in interaktive Prozesse mit anderen Unternehmen, in einem „industrial network", normal ist. Sie zeigen, dass solche Netzwerke eigentlich **keine Grenzen** haben. Man könne zwar Grenzen ziehen, so für analytische Gründe, z. B. nach gemeinsamen Regeln, unterschiedliche Beobachter würden jedoch unterschiedliche Grenzen ziehen, je nach Perspektive, Intention und Interpretation. Welche Unternehmen mit welchen Ressourcen als Teil des Netzwerkes anzusehen sind, bereitet Probleme (Sydow 1992, S. 97). Die Unternehmensgrenzen selbst verwischen dabei, da – aus ressourcenbasierter Sicht – in die Entwicklung und den Ausbau von Kernkompetenzen immer häufiger externe Partner einbezogen werden und – aus transaktionskostentheoretischer Sicht – externe Partner in die Erfüllung hoch spezifischer oder unsicherer Unternehmensaufgaben einbezogen werden, die eigentlich originäre Unternehmensaufgaben sind (Picot/Reichwald/Wigand 2003, S. 300; Scholz 2000, S. 36 ff.).

Zugleich kann man vor allem bei Unternehmen mit institutionalisierten Netzwerken, so Franchise-Systemen, oftmals hinsichtlich der Netzwerk-Strategien einen „schichtenförmigen" Aufbau feststellen, mit mehr oder weniger engen Bindungen, die in Form „konzentrischer Kreise" um das Unternehmen gruppiert werden können (Zentes/Morschett/Neidhart 2003, S. 245 ff.). Exemplarisch kann hier die Struktur der „controlled distribution" (vgl. hierzu den Beitrag von Zentes/Swoboda/Morschett im Vierten Kapitel dieses Sammelwerks) der Goodyear Handelssysteme genannt werden, die vier unterschiedliche Franchise- bzw. Kontraktvertriebssysteme unterhalten, mit jeweils unterschiedlichen Leistungen und Bindungsgraden.

Auch die Tatsache, dass die Bindungsgrade „nach außen" sukzessive lockerer werden und „externe" Unternehmen bzw. locker mit einem Netzwerk assoziierte Unternehmen oft mehr als reine Markttransaktionen mit Netzwerkunternehmen ausführen, führt zu „verschwimmenden" Außengrenzen eines Netzwerks.

4.5 Allianzen und Netzwerke nach der Stellung der Partner in der Wertschöpfungskette

Unternehmen können in einem arbeitsteiligen Wirtschafts- und Wertschöpfungsprozess einzelnen Stufen zugeordnet werden, auf denen die Waren bis zur Form, in der sie dem Verbraucher oder Verwender angeboten wird, mit Wertschöpfung versehen werden. Bei der Betrachtung von Allianzen und Netzwerken ist dabei eine Unterscheidung nach horizontaler, vertikaler und lateraler Kooperationsrichtung entsprechend der Wirtschaftsstufen möglich und das wohl meistverwendete Unterscheidungskriterium in der Literatur (Balling 1997, S. 41; Pausenberger 1989, S. 623; Zentes/Morschett 2003a).

- Eine **horizontale Kooperation** stellt dabei eine Verbindung von Unternehmen dar, die zu der gleichen Branche und Wirtschaftsstufe zählen (Pausenberger 1989, S. 622; Friese 1998, S. 149). Hierbei können auch Unternehmen, die selbst miteinander im Wettbewerb stehen, zusammenarbeiten. Horizontale Allianzen verknüpfen Wertschöpfungsaktivitäten auf der gleichen Wertschöpfungsstufe miteinander, um die eigenen spezifischen Fähigkeiten zu stärken und bestehende Schwächen auszugleichen. Es handelt sich um eine geschäftsfeldspezifische Kooperation zur Abstimmung ähnlicher, aber nicht komplementärer Aktivitäten (Meyer 1995, S. 158). Es handelt sich also eher um Y-Allianzen. Die horizontale Kooperation wird dabei oftmals von kleineren und mittleren Unternehmen eingesetzt, um ein Gegengewicht zu mächtigeren Wettbewerbern zu bilden (Friese 1998, S. 149; Bircher 1990, S. 17).

- Eine **vertikale Kooperation** liegt vor, wenn sich Unternehmen zusammenfinden, die aufeinanderfolgenden Wertschöpfungsstufen angehören. Vertikale Allianzen zielen dabei darauf ab, sich entlang der Wertschöpfungskette auf die Wertschöpfungsaktivitäten konzentrieren zu können, für die man über spezifische Fähigkeiten (Kernkompetenzen) verfügt. Die anderen Aktivitäten werden an ebenfalls spezialisierte Unternehmen ausgelagert und dabei die unähnlichen, aber komplementären Aktivitäten über Kooperationsbeziehungen sichergestellt (Meyer 1995, S. 158). Tendenziell sind diese also in Form von X-Allianzen zu finden.

Vom Betrachtungspunkt einer Unternehmung können vorwärts- oder rückwärtsgelagerte vertikale Allianzen unterschieden werden.

- Rückwärtsgelagerte Allianzen werden dabei z. B. im Zuge der gemeinsamen Entwicklung von Vorprodukten (z. B. in der Zulieferindustrie) eingegangen. Insbesondere bei der vertikalen Zusammenarbeit stellt sich die Frage, welche Leistung ein Unternehmen selbst erbringen soll und welche Leistungen am Markt beschafft werden („make or buy“) (Lubritz 1998, S. 55 f.).
- Vorwärtsgelagerte Allianzen betreffen nachfolgende Wirtschaftsstufen, so durch eine Partnerschaft mit Vertriebsgesellschaften oder durch die Errichtung eines Franchise-Systems (Zentes 1992a, S. 21 ff.; vgl. hierzu auch den Beitrag von Zentes/Swoboda/Morschett im Vierten Kapitel dieses Sammelwerks).

Bei vertikalen Kooperationen kann zudem danach unterschieden werden, ob es sich um einstufige Kooperationen handelt, oder ob sich die Vertikalität der Kooperation über mehr als zwei Stufen hinzieht, so bei neueren Ansätzen des Supply Chain Managements, bei dem eine Optimierung der gesamten Versorgungskette angestrebt wird, also mehrstufige Kooperationen gebildet werden (Zentes/Morschett 2003a).

Von der horizontalen und vertikalen Kooperation sind laterale Kooperationen abzugrenzen, bei denen die kooperierenden Unternehmen weder der gleichen Wirtschaftsstufe angehören, noch in Stufen des gleichen Wertschöpfungsprozesses integriert sind (Friese 1998, S. 150; Abel 1992, S. 99).

„Strategische“ Allianzen und „strategische“ Netzwerke

Strittig ist in der Literatur, wann von einem „strategischen Netzwerk“ und einer „strategischen Allianz“ zu sprechen ist. Eine einheitliche Definition dieser Begriffe liegt bislang in der betriebswirtschaftlichen Literatur nicht vor (Corsten/Reiß 1994, S. 133). Einige Autoren grenzen „strategische Allianz“ und „strategisches Netzwerk“ nach der Richtung der Kooperation ab.

Aus dem Merkmal, dass strategische Allianzen nach den meisten Charakterisierungen auf ein strategisches Geschäftsfeld ausgerichtet sein sollen (Friese 1998, S. 163), schließen Backhaus/Pilz (1990, S. 2 ff.), dass die Kooperationsrichtung eine horizontale Ebene sein müsse, es sich also bei einer strategischen Allianz um die Zusammenarbeit zwischen aktuellen bzw. potenziellen Wettbewerbern handelt (vgl. auch Backhaus/Meyer

1993). Auch andere Autoren im deutschsprachigen Raum schließen sich dieser Begriffsauffassung an (so z. B. Arnold 1998, S. 58; Hungenberg 1999, S. 6 f.; Sell 2002, S. 78, und die dort angegebenen Quellen).

Von diesen Autoren wird meist der Begriff der strategischen Netzwerke für vertikale Kooperationen verwendet (so Backhaus/Piltz 1990; Meyer 1995, S. 156). Für Sydow (1992, S. 80 f.) sind dagegen strategische Netzwerke Unternehmungsnetzwerke, die von einer oder mehreren **fokalen Unternehmen** strategisch geführt werden. Auch Jarillo (1988, S. 32) erläutert, dass in strategischen Netzwerken die Zusammenarbeit von einem fokalen Unternehmen („**hub firm**") koordiniert wird. Damit wird hier der Begriff der Strategie lediglich auf die Führung bezogen gesehen.

Die genannten begrifflichen Einengungen werden von vielen Autoren nicht in dieser Form verwendet. So verwendet Kutschker (1994, S. 130) den Begriff „strategisch" für Kooperationen, die gegen andere Akteure, also wettbewerbsstrategisch, ausgerichtet sind. Wie vorne erwähnt, werden „strategische" Kooperationen als langfristig und zielgerichtet gesehen und mit dem Aufbau oder dem Erhalt langfristiger Wettbewerbsvorteile verbunden (Jarillo 1988, S. 32; vgl. auch den Beitrag von Holtbrügge im Fünften Kapitel dieses Sammelwerks).

Die Begriffsdefinitionen der Allianz und der Netzwerke wurden bereits aufgezeigt, die meisten Autoren verwenden hierbei die Charakterisierung „strategisch" im Sinne des in der Betriebswirtschaftlehre üblichen **Strategiebegriffs**; eine Begriffsauffassung, der sich der Verfasser anschließt. Dieser Begriff ist mit Inhalten wie Langfristigkeit, Rationalität, Wichtigkeit, Komplexität und Intention verbunden (Sydow 1992, S. 80 f.). Die Dimension „strategisch" kann sich für Allianzen auch ergeben, wenn sie betriebliche Funktionen zum Gegenstand haben, die für Unternehmensbestand und -entwicklung von hoher Bedeutung sind und zentrale Wertschöpfungsaktivitäten darstellen. Sie sind zugleich Gegenstand zentraler Entscheidungen der Führungs- bzw. Inhaberebene, welche die zukünftige Ausrichtung der Unternehmenspolitik maßgeblich gestalten. Damit verbunden ist eine langfristige zeitliche Orientierung (Ihrig 1991, S. 29; Lubritz 1998, S. 28 f.). Strategische Allianzen zeichnen sich auch dadurch aus, dass sie zu einem größeren Ausmaß als andere das Ergebnis intentionalen Handels sind, über explizit formulierte Ziele verfügen und eine formale Struktur mit formalen Rollenzuweisungen sowie eine eigene Identität (Sydow 1992, S. 82).

Krystek/Zur (2002, S. 204 ff.) differenzieren explizit strategische Allianzen nach der Richtung (horizontal, vertikal, diagonal) und verwenden damit den Begriff umfassend. Sydow (1992, S. 63) spricht selbst bei einer strategischen Allianz von einer längerfristigen Beziehung zu anderen Unternehmungen zur Verbesserung der Wettbewerbsposition und setzt dies mit den Begriffen „Strategisches Bündnis", „Strategische Koalition" und „Strategische Partnerschaft" gleich (vgl. auch Welge 1995, Sp. 2398; Balling 1997, S. 25; Holtbrügge in seinem Beitrag in diesem Sammelwerk). Diese Begriffsauffassung findet sich im Wesentlichen auch in der englischsprachigen Literatur (vgl. z. B. Håkansson/Kjellberg/Lundgren 1993, S. 66; Spekman u. a. 1998, S. 748 f.; Das/Teng 2000, S. 33 f.; Parise/Sasson 2002, S. 43).

Analoges gilt für den Begriff der **strategischen Netzwerke**, die als Netzwerke mit strategischer Ausrichtung gesehen werden. So charakterisiert zunächst auch Jarillo (1988, S. 32) strategische Netzwerke als „long-term, purposeful arrangements among distinct but related for-profit organizations that allow those firms in them to gain or sustain competitive advantage vis-à-vis their competitors outside the network." Dabei ist davon auszugehen, dass in komplexen, langfristig ausgerichteten Netzwerken Teilnetzwerke existieren, in denen gegebenenfalls jeweils einzelne Akteure die strategische Führung übernehmen. Nicht zuletzt können aber auch gerade in komplexeren Netzwerken polyzentrische Führungsstrukturen entstehen (Kutschker 1994, S. 130), die sich im Extremfall im Prinzip der Heterarchie zeigen. Die Kooperationen im strategischen Netzwerk können dabei in vertikaler, horizontaler und diagonaler Richtung verlaufen (Balling 1997, S. 26).

4.6 Langfristige und temporäre Allianzen und Netzwerke

Kooperationen können auch anhand der Zeitdimension beschrieben und klassifiziert werden. Die Dauer einer kooperativen Beziehung kann dabei in Abhängigkeit der angestrebten Ziele gesehen werden, so als Zeit, die für den Aufbau des geplanten Wettbewerbsvorteils benötigt wird. Darüber hinaus ist die gewünschte Nutzungsdauer der Kooperation zu sehen, die von der Frage der zeitlichen Beschränkung der Vorteilsausschöpfung einerseits und der Frage der zeitlichen Limitierung der eigenen Verpflichtungen (und Risiken) beeinflusst wird (Friese 1998, S. 145).

Hinsichtlich der Zeitdauer lassen sich zunächst befristete und unbefristete, auf Dauer angelegte, Kooperationen unterscheiden (Abel 1992, S. 91). Befristete Kooperationen haben dabei meist Projektcharakter, d. h., die zusammenarbeitenden Unternehmen verfolgen ein Ziel, nach dessen Erreichung die Kooperation endet. Je nach Länge der Zusammenarbeit kann man zudem kurz-, mittel- und langfristige Kooperationen unterscheiden (Friese 1994, S. 145).

Kooperationen, Allianzen und Netzwerke wurden, wie bereits ausgeführt, in der Literatur meist explizit mit einer langfristigen Ausrichtung in Verbindung gebracht. Die meisten Definitionen der Kooperation – oder mindestens der strategischen Kooperation – beinhalten Überlegungen zu einer gewissen Stabilität, mittel- bis langfristigen Ausrichtung u. Ä. Andererseits wurde für Allianzen das Motiv der Flexibilität im Vergleich zu hierarchischen Organisationsformen hervorgehoben, eine zu hohe Starrheit behindert diese, sodass auch kurzfristige Elemente als hilfreich gesehen werden (vgl. hierzu den Beitrag von Zentes/Swoboda/Morschett im Fünften Kapitel dieses Sammelwerks).

Um eine Anpassung an das dynamischere Umfeld zu gewährleisten, empfehlen Snow/Miles/Coleman (1992, S. 13 ff.) „**dynamische Netzwerke**". Wenn das Wettbewerbsumfeld dynamisch und diskontinuierlich sei, würden diese mit einem hohen Outsourcinggrad arbeiten, wobei die Kernfirmen nur noch einen geringen Wertschöpfungsanteil selbst übernehmen. Das Wertschöpfungsnetzwerk wird dabei aber für die jeweilige Situation flexibel angepasst und neu konfiguriert. Andere Autoren sprachen von der **„virtuellen Allianz"**. Diese Organisationsform ist ein temporäres Netzwerk unabhängiger Firmen (Lieferanten, Kunden oder Wettbewerber), die durch Informations- und Kommunikationstechnologie verbunden einen Teil ihrer Ressourcen für bestimmte Zwecke poolen. Auf eine gemeinsame Institution, formalisierte Organisation oder Hierarchien wird (idealtypisch) verzichtet (Byrne 1993; Davidow/Malone 1993; Balling 1997, S. 27; Büschken 1999; Scholz 2000, S. 320 ff.; Reiss 2002). Dabei wird bei der Betrachtung virtueller Organisationen der kurzfristige Netzwerkcharakter deutlich betont (vgl. hierzu Büschken 1999, S. 778).

Im Laufe der Zeit und bei ausführlicherer Betrachtung wurden auch erhebliche Schwächen des Idealtyps der „virtuellen Allianz" eruiert. So impliziert eine zeitliche Befristung für das Management, dass es die koordinationserleichternden Effekte langfristig-stabiler Beziehungen nicht nutzen kann (Sydow 1992, S. 286). Unter anderem auf Grund der hohen Bedeutung des Vertrauens für das Management von Netzwerken wird daher die Zweckmäßigkeit der explizit kurzfristigen Kooperation in Frage gestellt (Scholz 2000, S. 368 ff.). Büschken (1999, S. 786) folgert, dass „eine gewisse Stabilität eine wesentliche Erfolgsvoraussetzung auch für virtuelle Unternehmen ist."

Daher treten in der Literatur immer häufiger auch Betrachtungen von „stabilen virtuellen Organisationen" auf, bei denen ein festes Netzwerk auf längere Sicht angelegt ist und für die jeweiligen Leistungsbeiträge zur Wertschöpfung unterschiedliche Mitglieder in Frage kommen (Reiss 2002, S. 140).

Im Konzept der „Virtuellen Fabrik" (vgl. hierzu den Beitrag von Friedli/Schuh in diesem Kapitel des Sammelwerks) wird dieses Spannungsfeld aus Flexibilitätsanforderungen, die am besten durch kurzfristige Kooperationen gelöst werden können, und Stabilitätsanforderungen (so zu einer besseren Koordination und dem Aufbau von Vertrauen) dadurch gelöst, dass eine stabile Plattform existiert, also ein Unternehmensverbund, der mittel- bzw. langfristig orientiert die erforderlichen Voraussetzungen (permanent) aufbaut, um Marktchancen schnell und effizient identifizieren und kooperativ erschließen zu können. Beim konkreten Auftrag wird jedoch das ausführende operative Netzwerk temporär konfiguriert.

Auf der anderen Seite könnten Kooperationen mit sehr kurzfristigem Charakter durch Internet-basierte, marktähnliche Geschäftsmodelle zu einer höheren Bedeutung gelangen. So ist oftmals in B2B-Marktplätzen ein zumindest horizontal-kooperatives Element enthalten, da Transaktionsstandards harmonisiert werden, datentechnische Anpassungen vorgenommen werden und unter Umständen eine gemeinschaftliche Abwicklung von Warenlieferungen, Zahlungsvorgängen usw. vorgenommen wird. Wenn diese Marktplätze für eine gemeinsame Beschaffung genutzt werden, können oftmals kurzfristig Allianzen von Nachfragern gebildet werden, die eine Mengenbündelung für einen einzelnen

Einkauf vornehmen und deren Zusammenarbeit nach diesem kooperativen Einkauf wieder endet (Jueptner/Kahmann 2002; Zentes/Morschett 2003a). Andererseits könnte man hier wiederum Parallelen zur Struktur der „stabilen Basis“ sehen, da auch hier die Marktplatz-Teilnehmer oft feste und langfristige Mitglieder sind, die sich für ein einzelnes Projekt aus diesem Kreis konsultieren.

4.7 Allianzen und Netzwerke nach ihrer geografischen Ausdehnung

Betrachtet man Kooperationen bezüglich ihres geografischen Geltungsbereichs, so finden sich regionale, nationale und internationale Formen der Zusammenarbeit (Friese 1998, S. 148 f.; Abel 1992, S. 104 ff.).

In den letzten Jahren hat die internationale Zusammenarbeit vor dem Hintergrund sich verändernder Rahmenbedingungen (vgl. hierzu den Beitrag von Zentes/Schramm-Klein im Zweiten Kapitel dieses Sammelwerks) eine deutliche Bedeutungszunahme erfahren, vor allem vor dem Hintergrund der Globalisierungstendenzen (vgl. hierzu den Beitrag von Jirjahn/Kraft/Stank im Zweiten Kapitel dieses Sammelwerks), aber auch auf der Basis der neueren Informations- und Kommunikationstechnologien (vgl. hierzu den Beitrag von Scheer/Hofer/Adam im Zweiten Kapitel dieses Sammelwerks).

Unter **internationalen strategischen Allianzen** versteht man dabei Formen der grenzüberschreitenden, langfristigen und meist formalisierten Zusammenarbeit zwischen Unternehmungen, wobei die Partnergesellschaften und/oder die Kooperationseinheit, so ein Joint Venture, ihren Sitz in unterschiedlichen Ländern haben (Hammes 1994, S. 31 ff.; Lubritz 1998, S. 30 f.).

Betrachtet man Kooperationen als internationale Markteintrittsstrategie, lassen sie sich nach den Kriterien Höhe der Mittelbindung, Autonomiegrad der Organisationseinheit im Ausland sowie Art und Form des Ressourcentransfers in Ausland differenzieren (Lubritz 1998, S. 32 ff.). Meissner (1995, S. 52) differenziert die Markteintrittsstrategien nach dem Ausmaß der Kapital- und Managementleistung, die im Ausland bzw. im Stammland erbracht werden (siehe auch Abschnitt 4.3). Diese können unter anderem dazu eingesetzt werden, den internationalen Markteintritt zu vereinfachen. So können Kooperationen z. B. dabei helfen, Markteintrittsbarrieren zu überwinden oder auch Marktpräsenz durch die Kooperation selbst zu erreichen (Kutschker 1994, S. 143 ff.).

Die Einflussfaktoren Marktattraktivität und Marktbarrieren werden hierbei wichtig für die Entscheidung für eine Markteintrittsstrategie. So werden Kooperationen ohne Kapitaltransfer (z. B. Lizenzen) insbesondere bei niedriger Marktattraktivität und hohen Marktbarrieren empfohlen, bei einer hohen Marktattraktivität mit gleichzeitig hohen Marktbarrieren können kooperative Markteintrittsstrategien mit Kapitaltransfer (z. B. Beteiligungen) durchgeführt werden (Zentes 1993, S. 70).

Für den Spezialfall internationaler Kooperationen mittelständischer Unternehmen nennen Zentes/Swoboda (1999, S. 57)

- die Erschließung neuer Absatzmärkte,
- die Sicherung/Ausweitung bestehender Absatzmärkte,
- die Nutzung von Kostenvorteilen und
- die Erzielung länderspezifischen Know-hows

als wichtigste Kooperationsmotive. Besonderheiten gegenüber rein nationalen Allianzen, die hier jedoch nicht ausführlich diskutiert werden können, liegen u.a. in der höheren kulturellen Distanz zwischen den Kooperationspartnern, und – teilweise damit verbunden – in der stärkeren Notwendigkeit eines Unternehmens, beim Eintritt in fremde Märkte auf komplementäre Ressourcen lokaler Partner zurückzugreifen, so auf deren Marktwissen und auf deren lokale Netzwerke. Lubritz (1998, S. 34 f.) betont, dass kooperative Formen der Erschließung ausländischer Märkte insbesondere für KMU geeignet sind, da oft eine autonome Erschließung auf Grund der hohen Ressourcenanforderungen (insbesondere bei integrativen Transaktionsformen) nicht realisierbar ist.

Für eine dynamische Betrachtung werden Stufenmodelle und Prozessmodelle in der Literatur dargestellt, die sich jedoch nicht explizit mit Kooperationen beschäftigen. Swoboda (2000) interpretiert diese dynamischen Ansätze in Bezug auf kooperative Engagements im Ausland.

Quasi als Gegentrend zur zunehmenden Internationalisierung der Wertschöpfung und ihrer Betrachtung in der wirtschaftswissenschaftlichen Literatur werden in den letzten Jahren auch verstärkt Untersuchungen zur Entwicklung regionaler Kooperationen und ihrer Bedeutung vorgenommen. **Regionale Cluster** als Unternehmensnetzwerke mit einer hohen räumlichen Nähe stehen hierbei im Mittelpunkt der Betrachtung (vgl. hierzu den Beitrag von Schramm-Klein in diesem Kapitel des Sammelwerks).

Porter (1998) versteht unter einem Cluster eine geografische Konzentration von miteinander vernetzten Unternehmen und Institutionen eines bestimmten Wirtschaftszweigs mit meist hohem Wettbewerb in einer bestimmten Region. Hierzu gehören eine Reihe vernetzter Branchen und weitere für den Wettbewerb relevante Organisationseinheiten, so Lieferanten spezieller Inputfaktoren, Anbieter spezifischer Infrastruktur, aber auch zusätzliche Dienstleister.

Das bekannteste Beispiel für die Entwicklung von **Regionalnetzwerken**, also geografisch eng zusammenliegenden Unternehmen und Institutionen, die in einem Handlungskontext integriert werden, ist „Silicon Valley“ bei San Francisco (vgl. die ökonomische Analyse dieser Region bei Richter 2002). Sydow (1992, S. 47 ff.) beschreibt ausführlich das Beispiel der „Emilia Romagna“, einer Wirtschaftsregion Norditaliens.

Dabei wird postuliert, dass wirkliche Wettbewerbsvorteile aus der Kooperation vor allem auf regionaler Ebene zu erzielen sind (Porter 1998), unter anderem da zwei wichtige Probleme für die Stabilität von Allianzen, nämlich die problematische Partnerwahl und die Schwierigkeit beim Aufbau von Vertrauen, durch die Kooperation im regionalen Cluster vermindert werden können. Wichtige Wettbewerbsfaktoren wie Fähigkeiten, Wissen und Innovation können innerhalb räumlich begrenzter Gebiete konzentrierter aufgebaut und ausgetauscht werden und damit auch die internationale Vorteilspositionen von Unternehmen verbessern (Porter 1990; Picot/Reichwald/Wigand 2003, S. 307 f.; Knyphausen-Aufseß 1999).

5. Fazit

Allianzen und Netzwerke werden sowohl für die unternehmerische Praxis als auch für die betriebswirtschaftliche Forschung immer bedeutender. Gleichwohl existieren in der Literatur weder einheitlich anerkannte Definitionen noch einheitliche Abgrenzungen und Systematisierungsansätze.

Im vorliegenden Beitrag wurde das Phänomen der Kooperation, d. h. Allianzen und Netzwerke, charakterisiert und eine Reihe von Kategorisierungen von Allianzen aufgezeigt. Für diese wurden die wichtigsten Erscheinungsformen charakterisiert, das Begriffsverständnis und vorhandene Definitionsansätze in der Literatur aufgezeigt und Entwicklungsrichtungen skizziert.

Die Vielfalt der Erscheinungsformen von Allianzen und Netzwerken macht jedoch eine abschließende Darstellung unmöglich. So konnten lediglich exemplarisch einige Charakteristika bestehender Allianz- und Netzwerktypen aufgezeigt werden. Zugleich wird eine hohe Dynamik in diesem Bereich deutlich. Insbesondere die Informations- und Kommunikationstechnologie und die Globalisierung der Wirtschaft werden als Antriebskräfte der Kooperation angesehen. Damit ist zu erwarten, dass in Zukunft auch weiterhin neue Formen der Allianzen und Netzwerke auftreten werden, die teilweise in die dargestellten Systematisierungsansätze eingeordnet werden können, teilweise aber auch neue Systematisierungsansätze erforderlich machen werden.

Literatur

ABEL, J. (1992): Kooperationen als Wettbewerbsstrategien für Software-Unternehmen, Frankfurt a.M. u. a.

ALBACH, H. (1991): Joint Ventures, Wiesbaden.

ARNOLD, U. (1998): Strategische Allianzen in der Industrie, in: Olesch, G. (Hrsg.): Kooperation im Wandel, Frankfurt a.M., S. 55-79.

BACKHAUS, K.; MEYER, M. (1993): Strategische Allianzen und strategische Netzwerke, in: Wirtschaftswissenschaftliches Studium, 22. Jg., Nr. 7, S. 330-334.

BACKHAUS, K.; PILTZ, K. (1990): Strategische Allianzen – eine neue Form kooperativen Wettbewerbs?, in: Zeitschrift für betriebswirtschaftliche Forschung, Nr. 27 (Sonderheft: „Strategische Alianzen"), S. 21-33.

BALLING, R. (1997): Kooperation: strategische Allianzen, Netzwerke, Joint-Ventures und andere Organisationsformen zwischenbetrieblicher Zusammenarbeit in Theorie und Praxis, Frankfurt a.M. u. a.

BERNDT, R.; SANDER, M. (2002): Betriebswirtschaftliche, rechtliche und politische Probleme der Internationalisierung durch Lizenzerteilung, in: Macharzina, K.; Oesterle, M.-J. (Hrsg.): Handbuch Internationales Management, 2. Aufl., Wiesbaden, S. 601-624.

BIRCHER, B. (1990): Wettbewerbsposition nachhaltig stärken, in: Gablers Magazin, 4. Jg., Nr. 9, S. 15-19.

BRONDER, C.; PRITZEL, R. (Hrsg.) (1992): Wegweiser für Strategische Allianzen, Frankfurt a.M. u. a.

BURR, W. (1999): Koordination durch Regeln in selbstorganisierenden Unternehmensnetzwerken, in: Zeitschrift für Betriebswirtschaft, 69. Jg., Nr. 10, S. 1159-1179.

BÜSCHKEN, J. (1999): Virtuelle Unternehmen – die Zukunft?, in: DBW, 59. Jg., Nr. 6, S. 778-791.

BYRNE, J. (1993): The Virtual Corporation, in: Business Week, 8.2.1993, S. 36-41.

COASE, R. (1937): The Nature of the Firm, in: Economica, 4. Jg., Nr. 4, S. 386-405.

CONTRACTOR, F. (1985): A generalized theorem for joint venture and licensing negotiations, in: Journal of International Business Studies, 16. Jg., Nr. 2, S. 23-50.

CONTRACTOR, F.; LORANGE, P. (1988): Why should firms cooperate? The strategy and economics basis for cooperative ventures, in: Contractor, F.; Lorange, P. (Hrsg.): Cooperative Strategies in International Business, New York, S. 3-30.

CORSTEN, H.; REIß, M. (1994): Betriebswirtschaftslehre, München u. a.

DAS, T. K.; TENG, B.-S. (2000): A resource-based theory of strategic alliances, in: Journal of Management, 26. Jg., Nr. 1, S. 31-61.

DAS, T. K.; TENG, B.-S. (2002): The dynamics of alliance conditions in the alliance development process, in: Journal of Management Studies, 39. Jg., Nr. 5, S. 725-746.

DAVIDOW, W.; MALONE, M. (1993): Das virtuelle Unternehmen, Frankfurt a.M. u. a.

DIETL, H. (1995): Institutionelle Koordination spezialisierungsbedingter wirtschaftlicher Abhängigkeit, in: Zeitschrift für Betriebswirtschaft, 65. Jg., Nr. 6, S. 569-585.

FRIESE, M. (1998): Kooperation als Wettbewerbsstrategie für Dienstleistungsunternehmen, Wiesbaden.

FULLER, M.; PORTER, M. E. (1989): Koalitionen und globale Strategien, in: Porter, M. E. (Hrsg.): Globaler Wettbewerb, Wiesbaden, S. 363-399.

HÅKANSSON, H.; JOHANSON, J. (1988): Formal and informal cooperation strategies in international industrial networks, in: Contractor, F.; Lorange, P. (Hrsg.): Cooperative Strategies in International Business, New York, S. 369-379.

HÅKANSSON, P.; KJELLBERG, H.; LUNDGREN, A. (1993): Strategic alliances in global biotechnology – A network approach, in: International Business Review, 2. Jg., Nr. 1, S. 65-82.

HAMMES, W. (1994): Strategische Allianzen als Instrument der strategischen Unternehmensführung, Wiesbaden.

HENNART, J.-F. (1993): Explaining the swollen middle: Why most transactions are a mix of "Market" and "Hierarchy", in: Organization Science, 4. Jg., Nr. 4, S. 529-547.

HUNGENBERG, H. (1999): Bildung und Entwicklung von strategischen Allianzen, in: Engelhard, J.; Sinz, E. (Hrsg.): Kooperation im Wettbewerb, Wiesbaden, S. 3-29.

IHRIG, F. (1991): Strategische Allianzen, in: Wirtschaftswissenschaftliches Studium, 20. Jg., Nr. 1, S. 29-31.

JARILLO, J. (1988): On strategic networks, in: Strategic Management Journal, 9. Jg., Nr. 1, S. 31-41.

JUEPTNER, P.; KAHMANN, J. (2002): Internet-Portale als virtuelle Marktplätze: Die World Wide Retail Exchange WWRE, in: Zentes, J.; Swoboda, B.; Morschett, D. (Hrsg.): B2B-Handel: Perspektiven des Groß- und Außenhandels, Frankfurt a.M., S. 371-388.

KNYPHAUSEN-AUFSEß, D. Z. (1999): Theoretische Perspektiven der Entwicklung von Regionalnetzwerken, in: Zeitschrift für Betriebswirtschaft, 69. Jg., Nr. 5/6, S. 593-616.

KOGUT, B.; ZANDER, U. (1993): Knowledge of the firm and the evolutionary theory of the multinational corporation, in: Journal of International Business Studies, 24. Jg., Nr. 4, S. 625-646.

KRYSTEK, U.; ZUR, E. (2002): Strategische Allianzen als Alternative zu Akquisitionen?, in: Krystek, U.; Zur, E. (Hrsg.): Handbuch Internationalisierung, 2. Aufl., Berlin u. a., S. 203-222.

KUTSCHKER, M. (1994): Strategische Kooperationen als Mittel der Internationalisierung, in: Schuster, Leo (Hrsg.): Die Unternehmung im internationalen Wettbewerb, Berlin, S. 121-157.

LORANGE, P.; ROOS, J. (1991): Analytical Steps in the formation of strategic alliances, in: Journal of Organizational Change Management, 4. Jg., Nr. 1, S. 60-72.

LUBRITZ, S. (1998): Internationale strategische Allianzen mittelständischer Unternehmen, Frankfurt a.M.

MEISSNER, H. G. (1995): Strategisches internationales Marketing, 2. Aufl., München.

MEISSNER, H. G.; GERBER, S. (1980): Die Auslandsinvestition als Entscheidungsproblem, in: Betriebswirtschaftliche Forschung und Praxis, 32. Jg., Nr. 3, S. 217-228.

MEYER, M. (1995): Ökonomische Organisation der Industrie, Wiesbaden.

PARISE, S.; SASSON, L. (2002): Leveraging knowledge management across strategic alliances, in: Ivey Business Journal, o. Jg., Nr. 2, S. 41-47.

PAUSENBERGER, E. (1989): Zur Systematik von Unternehmenszusammenschlüssen, in: Das Wirtschaftsstudium, 18. Jg., Nr. 11, S. 621-626.

PERLITZ, M. (2000): Internationales Management, 4. Aufl., Stuttgart u. a.

PICOT, A.; REICHWALD, R.; WIGAND, R. (2003): Die grenzenlose Unternehmung, 5. Aufl., Wiesbaden.

PORTER, M. (1990): The competitive advantage of nations, New York.

PORTER, M. E. (1998): Clusters and the new economics of competition, in: Harvard Business Review, 76. Jg., Nr. 6, S. 77-90.

REISS, O. (2002): Kooperation in virtuellen Organisationsstrukturen, Frankfurt a.M.

RICHARDSON, G. (1972): The organisation of industry, in: The Economic Journal, 82. Jg., S. 883-896.

RICHTER, R. (2002): The Silicon Valley Story, Arbeitspapier, Universität des Saarlandes, Saarbrücken.

SCHOLZ, C. (2000): Strategische Organisation, 2. Aufl., Landsberg a.L.

SELL, A. (2002): Internationale Unternehmenskooperationen, 2. Aufl. München u. a.

SKAUPY, W. (1995): Franchising, 2. Aufl., München.

SNOW, C.; MILES, R.; COLEMAN, H. (1992): Managing the 21st century network organizations, in: Organizational Dynamics, 21. Jg., Nr. 4, S. 5-20.

SPEKMAN, R.; FORBES, T.; ISABELLA, L.; MACAVOY, T. (1998): Alliance Management: A view from the past and a look to the future, in: Journal of Management Studies, 35. Jg., Nr. 6, S. 747-772.

SWOBODA, B. (2000): Bedeutung internationaler strategischer Allianzen im Mittelstand – Eine dynamische Perspektive, in: Meyer, J.-A. (Hrsg.): Jahrbuch der KMU-Forschung, München, S. 107-129.

SWOBODA, B. (2002): Dynamische Prozesse der Internationalisierung, Wiesbaden.

SYDOW, J. (1992): Strategische Netzwerke, Wiesbaden.

SYDOW, J. (1999): Management von Netzwerkorganisationen – Zum Stand der Forschung, in: Sydow, J. (Hrsg.): Management von Netzwerkorganisationen, Wiesbaden, S. 249-314.

TIETZ, B. (1991): Handbuch Franchising, 2. Aufl., Landsberg a.L.

TIETZ, B.; MATHIEU, G. (1979): Das Kontraktmarketing als Kooperationsmodell, Köln u. a.

WEDER, R. (1989): Joint Venture, Grüsch.

WELGE, M. K. (1995): Strategische Allianzen, in: Tietz, B.; Köhler, R.; Zentes, J. (Hrsg.): Handwörterbuch des Marketing, 2. Aufl., Stuttgart, Sp. 2397-2410.

WELGE, M. K.; HOLTBRÜGGE, D. (2003): Internationales Management, 3. Aufl., Landsberg a.L.

WILLIAMSON, O. (1985): The Economic Institutions of Capitalism, New York.

ZENTES, J. (1992a): Kooperative Wettbewerbsstrategien im internationalen Konsumgütermarketing, in: Zentes, J. (Hrsg.): Strategische Partnerschaften im Handel, Stuttgart, S. 3-32.

ZENTES, J. (1992b) (Hrsg.): Ost-West Joint Ventures, Stuttgart.

ZENTES, J. (1993): Eintritts- und Bearbeitungsstrategien für osteuropäische Konsumgütermärkte, in: Tietz, B.; Zentes, J. (Hrsg.): Ostmarketing, Düsseldorf u. a., S. 63-101.

ZENTES, J.; MORSCHETT, D. (2003a): Horizontale und vertikale Online-Kooperationen im Vertrieb, in: Büttgen, M.; Lücke, F. (Hrsg.): Online-Kooperationen, Wiesbaden 2003, S. 223-248.

ZENTES, J.; MORSCHETT, D. (2003b): Perspektiven und Strategien der Verbundgruppen in Handel und Handwerk, in: Zeitschrift für das gesamte Genossenschaftswesen, 53. Jg., Heft 2, S. 145-156.

ZENTES, J.; MORSCHETT, D.; NEIDHART, M. (2003): Vertikale Vertriebskooperationssysteme – Strategien und Perspektiven, in: Institut für Handel und Internationales Marketing an der Universität des Saarlandes; IBB (Hrsg.): Die Zukunft der Kooperationen, Frankfurt a.M.

ZENTES, J.; SWOBODA, B. (1999): Motive und Erfolgsgrößen internationaler Kooperation mittelständischer Unternehmen, in: DBW, 59. Jg., Nr. 1, S. 44-60.

ZENTES, J.; SWOBODA, B.; MORSCHETT, D. (2004): Internationales Wertschöpfungsmanagement, München.

Volker H. Peemöller*

Genossenschaften als „historische" und moderne Form der Kooperation

---

* Univ.-Professor Dr. Volker H. Peemöller ist Inhaber des Lehrstuhls für Betriebswirtschaftslehre, insbesondere Prüfungswesen der Universität Erlangen-Nürnberg und Herausgeber und Redakteur der ZfgG „Zeitschrift für das gesamte Genossenschaftswesen" sowie Vorstand des Forschungsinstituts für Genossenschaftswesen an der Universität Erlangen-Nürnberg.

1. Einleitung

Den Genossenschaften kommt eine erhebliche wirtschaftliche Bedeutung zu. Jeder vierte Deutsche ist Mitglied einer Genossenschaft, sodass die Durchdringung in der Wirtschaft sehr hoch ist. Auf der anderen Seite fristet das Genossenschaftswesen in der Betriebswirtschaftslehre ein Schattendasein. Nur selten finden sich Beiträge zum Genossenschaftswesen außerhalb der speziellen Publikationsorgane. Entscheidende Impulse zur Stärkung der wirtschaftlichen und gesellschaftlichen Entwicklungschancen des Genossenschaftswesens würden gesetzt, wenn sich alle an der genossenschaftlichen Förderwirtschaft beteiligten Personen nachhaltiger und öffentlicher mit dem Gedanken der förderwirtschaftlichen Mitgliederselbsthilfe identifizieren würden (Beuthien 2004, S. XLVII).

2. Kennzeichnung von Genossenschaften

2.1 Übersicht

Der Begriff „Genossenschaft“ wird auf zahlreiche Organisationsformen bezogen. Durch Morphologie und Typologie ist es möglich, die Vielzahl der Erscheinungsformen kooperativer Tätigkeit zu klassifizieren. Nach den Aspekten der **Kooperationsformen** (Engelhardt 1987, S. 29 ff.) lassen sich unterscheiden:

- Der formelle **Genossenschaftsbegriff** umfasst alle Genossenschaften, welche die gesetzlichen Regelungsmerkmale des § 1 GenG erfüllen und im Genossenschaftsregister eingetragen sind bzw. deren Eintragung beabsichtigt ist. Daher können sie auch als Genossenschaften im Rechtssinne bezeichnet werden.
- Genossenschaften im materiellen Sinne können hingegen Unternehmensträger sonstiger Rechtsform sein, die genossenschaftliche Zielsetzungen verfolgen. Sie sind Genossenschaften im wirtschaftlichen Sinne (Grosskopf 1990, S. 102 f.).
- Weiterhin können genossenschaftsähnliche Formen der Kooperation zu den Genossenschaften gerechnet werden, zu denen Rationalisierungskartelle oder auch die ehemaligen Sparvereine zählen.
- Zu den genossenschaftsunähnlichen Formen der Kooperation zählen z. B. Kooperation bei der Trägerschaft in erwerbswirtschaftlichen Aktiengesellschaften oder die Teambildung und andere Formen der innerbetrieblichen Kooperation.

Im Folgenden werden nur die Genossenschaften im Rechtssinne und die wirtschaftlichen Genossenschaften betrachtet.

2.2 Genossenschaften im Rechtssinne

Genossenschaften im juristischen Sinne sind gemäß § 1 GenG Gesellschaften von nichtgeschlossener Mitgliederzahl, welche die Förderung des Erwerbs oder der Wirtschaft ihrer Mitglieder mittels gemeinschaftlichen Geschäftsbetriebs bezwecken (§ 1 Abs. 1 GenG). Aus dieser für Erwerbs- und Wirtschaftsgenossenschaften gültigen Legaldefinition werden die zentralen Merkmale einer Genossenschaft in juristischer Hinsicht deutlich: Die Gesellschaft im Sinne eines Zusammenschlusses von Rechtsträgern, die nicht geschlossene Mitgliederzahl, der Förderauftrag sowie der gemeinschaftliche Geschäftsbetrieb.

Der **Förderzweck** als konstitutives Wesensmerkmal prägt die Genossenschaft, da die Förderung der Mitglieder der einzige aus juristischer Sicht zulässige Zweck ist, den eine Genossenschaft im Rahmen ihrer ökonomischen Aktivitäten als Hauptzielsetzung zu verfolgen hat. Allerdings besteht weit gehend Uneinigkeit über seine inhaltliche Interpretation. Es sind deshalb verschiedene Vorschläge für eine Operationalisierung entwickelt worden. Sie setzen an dem zu fördernden Personenkreis, der Art der Förderung sowie den Mittteln zur Erfüllung des Förderauftrags an.

Die Literatur ist hinsichtlich der Definition des zu fördernden Personenkreises uneinig. Allerdings fordert die Mehrheit der Autoren eine ausschließlich auf die Mitglieder beschränkte Förderung (z. B. Wagner 1980, S. 297; Ringle 1992b, S. 207). Die Genossenschaft soll ein Förderplus gewähren, das den Mitgliedern sowohl gegenüber Nur-Kunden ihrer Genossenschaft als auch gegenüber den Kunden der Konkurrenz einen Vorteil bietet. Die Praxis hingegen stellt die **Förderleistung** – in Abhängigkeit von Art und Branche – zum Teil aber auch regelmäßig ihren Nur-Kunden zur Verfügung.

Die Unterstützung der Mitglieder kann auf ökonomische oder metaökonomische Art erfolgen (vgl. zur nachfolgenden Systematik Ringle 1992a, S. 203 f.). Die **ökonomische Förderung** beinhaltet finanzielle bzw. leistungsmäßige Förderung. Die Mitttel der Förderung bestehen in einer finanziellen Vorteilsgewährung durch Sonderkonditionen oder der Ausschüttung von Kapitalbeteiligungs- und Betriebsbeteiligungsdividenden. Sie tragen zur Erhöhung der Einnahmen oder zur Senkung der Ausgaben des Mitglieds bei.

Leistungsmäßige Förderung erfolgt dagegen mittels des Angebots mitgliedergerechter Leistungen, bei denen es sich um Exklusivleistungen handelt, die nur den Mitgliedern angeboten und gewährt werden. Die metaökonomische Förderung gelingt über die Gewährung individueller Vorteile sozialen, geselligen, erzieherischen, kulturellen oder ethischen Charakters. Sie stärkt damit den Zusammenhalt der Solidargemeinschaft.

Ein weiteres konstitutives Merkmal einer Genossenschaft ist deren nicht geschlossene Mitgliederzahl. Ein Wechsel im Mitgliederbestand ist durch den Ein- bzw. Austritt eines Mitglieds grundsätzlich jederzeit möglich. Der Bestand der Genossenschaft ist davon unabhängig. Anders als die Personen- und Kapitalgesellschaften besitzt die Genossenschaft keinen von vornherein zahlenmäßig festgelegten, an die Person der Mitglieder bzw. an feste Mitgliederstellen gebundenen Mitgliederkreis. Nur die Mindestmitgliederzahl von sieben ist gemäß § 4 GenG als untere Grenze vorgegeben. Unterschreitet die Mitgliederzahl diese

Schwelle, ist die betreffende Genossenschaft nach § 80 Abs. 1 GenG auf Antrag des Vorstands ersatzweise von Amts wegen aufzulösen. Ein weiteres Merkmal der Genossenschaft ist der durch ihre Mitglieder gemeinsam getragene Geschäftsbetrieb. Damit kommt der Genossenschaft als selbstständigem Unternehmen eine Hilfs- und Ergänzungsfunktion für ihre Mitglieder zu. Die Begrenzung auf den wirtschaftlichen Betrieb schließt die Verfolgung ausschließlich ideeller Zwecke aus (Metz 1997, § 1 Rn. 22, Rn. 29).

2.3 Genossenschaften im wirtschaftlichen Sinne

Mit der Genossenschaft wird der Begriff der „**Doppelnatur**“ verbunden, nach der sie ein Personenverband und ein Wirtschaftsunternehmen zugleich ist (Draheim 1955, S. 16 f.). Demnach bilden einerseits die Mitglieder eine Personenvereinigung im Sinne einer sozialen Gruppe, andererseits stellt der gemeinschaftliche Geschäftsbetrieb eine wirtschaftliche Zweckeinrichtung der Mitgliederwirtschaften dar. Diese Aufteilung ist hilfreich, um die partizipativen Verhaltensweisen der Mitgliedergruppen, insbesondere die persönliche Beteiligung in den Verwaltungsorganen zu begründen. Neben der „Doppelnatur“ wird die Genossenschaft durch den gesetzlich fixierten „genossenschaftlichen Grundauftrag“ definiert (Henzler 1957, S. 19). Dieser genossenschaftliche Grundauftrag beinhaltet die individuelle Förderung der Mitgliederwirtschaften als ein weiteres wesentliches Merkmal.

Mit dem Förderzweck in direkter Verbindung steht das **Identitätsprinzip**. Damit wird ausgedrückt, dass in der Genossenschaft eine Identität von Kapitalgeber, Entscheidungsträger und Leistungsabnehmer besteht. Das Mitglied ist als Kapitalgeber und Träger über sein Stimmrecht in die Ziel- und Willensbildung der Genossenschaft eingebunden und bedient sich gleichzeitig des gemeinschaftlichen Geschäftsbetriebs, um mit Hilfe der darüber bezogenen Leistungen gefördert zu werden und seine wirtschaftliche Existenz zu verbessern (Vogel 1992, S. 449).

2.4 Genossenschaftsprinzipien

Neben den begrifflichen Merkmalen können Genossenschaften mit Hilfe einiger spezifischer Prinzipien charakterisiert werden. Je nach Grundausrichtung und zugrunde liegendem Denkmodell der Gründerpersönlichkeiten, zu denen bevorzugt Raiffeisen (Friedrich Wilhelm Raiffeisen [1818-1888] gilt als Pionier des ländlich-landwirtschaftlichen Genossenschaftswesens) und Schulze-Delitzsch (Hermann Schulze-Delitzsch [1808-1883] gilt als Pionier und herausragender Organisator von Selbsthilfeorganisationen im gewerblichen Bereich) gerechnet werden, haben sich im Laufe der Genossenschaftsgeschichte unterschiedliche Prinzipienkataloge herausgebildet, die bis heute nichts von ihrer Aktualität verloren haben. Zu den Genossenschaftsprinzipien gehört das **Förderprinzip** als genossenschaftliche Leitmaxime. Zu den weiteren Strukturprinzipien werden die so genannten Personen bezogenen „S-Prinzipien“ (Selbsthilfe, Selbstverantwortung und Selbstverwaltung) gerechnet.

Unter dem Prinzip der **Selbsthilfe** wird verstanden, dass die Genossenschaften ohne staatliche oder sonstige Unterstützung eine Selbsthilfeeinrichtung bilden, deren Mitglieder durch einen freiwilligen Zusammenschluss selbstständig die erforderlichen Mittel aufbringen und mittels gemeinsam getragenem Geschäftsbetrieb ökonomische Schwächen aus eigener Kraft überwinden und Nachteile aus dem Wettbewerb vermeiden wollen (Ringle 1994, S. 7). Der Beitritt eines Mitglieds sowie dessen Verbleib in der Genossenschaft ist Vordergründig durch die Befriedigung seiner individuellen Bedürfnisse motiviert, was langfristig nur durch eine für die Mitglieder spürbare materielle und/oder immaterielle Nutzenstiftung erreicht werden kann. Das Selbsthilfeprinzip geht weiterhin von der generellen Bereitschaft des einzelnen Mitglieds aus, in Angelegenheiten der Genossenschaften gemeinsam mit anderen Genossen aktiv zu werden.

Ein für die Mitgliederpartizipation wesentliches Prinzip besteht in der genossenschaftlichen **Selbstverwaltung**. Nach den ursprünglichen Vorstellungen impliziert das für Genossenschaften charakteristische Prinzip der möglichen Mittätigkeit der Mitglieder in den Genossenschaftsangelegenheiten eine möglichst weit gehende Beteiligung der Mitglieder an der genossenschaftlichen Verwaltung. Das Selbstverwaltungsprinzip verdeutlicht damit, dass die Genossenschaftsmitglieder ihre wirtschaftlichen Angelegenheiten selber wahrnehmen und mittels der gesetzlich verankerten Kontroll- und Mitverwaltungsrechte auch persönlich regeln sollen (Henzler 1953, S. 2). Die genossenschaftliche Entscheidungsfindung und Kontrolle beruht dabei auf dem demokratischen Prinzip nach dem Grundsatz „ein Mitglied – eine Stimme“ ohne Rücksicht auf die jeweilige Höhe der Kapitalbeteiligung. Das Prinzip der genossenschaftlichen **Selbstverantwortung** bedeutet, dass die Mitglieder für die Verbindlichkeiten ihrer Genossenschaft haften (Beuthien 1989, S. 18). Während früher die unbeschränkte Solidarhaftung der Mitglieder galt, ist nun eine Beschränkung bzw. Ausschluss der Nachschusspflicht gesetzlich zulässig (§ 6 Nr. 3 GenG), sodass die Genossenschaft mit beschränkter Haftung den Normalfall darstellt. Neben der Haftung mit seinen Geschäftsanteilen steht dabei jedes Mitglied mit der im Statut geregelten Haftungsverpflichtung für die Geschäftstätigkeit der Genossenschaft persönlich in der Pflicht. Die strukturellen Grundprinzipien machen die Personen bezogenen Funktionen der Mitglieder deutlich und heben die personalistische Struktur der genossenschaftlichen Unternehmensform hervor.

3. Arten von Genossenschaften

3.1 Überblick

In der Literatur werden zahlreiche Gliederungen von Genossenschaften vorgeschlagen, die an unterschiedlichen Kriterien ansetzen. Eine mögliche Untergliederung besteht nach der Leistungsart, durch die eine Förderung der Mitglieder erfolgt, sodass die Unterscheidung in Förderungs- und Produktivgenossenschaften erfolgen kann (Boettcher 1980, S. 8 ff.).

3.2 Förderungsgenossenschaften

Förderungsgenossenschaften unterstützen ihre Mitglieder durch die betriebliche Leistungsbeziehung zwischen dem gemeinschaftlichen Geschäftsbetrieb und den einzelnen Mitgliederwirtschaften (Dülfer 1995, S. 99). Die Mitglieder als Träger des gemeinschaftlichen Geschäftsbetriebs sind in der Regel identisch mit den Nutzern bzw. Kunden der Genossenschaft. Die Förderung der angeschlossenen Mitglieder erfolgt durch Preis, Kosten, Mengen und Qualitäten. Wie diese Parameter im Einzelnen ausgeprägt sein können, ergibt sich aus den dem genossenschaftlichen Organbetrieb übertragenen Funktionen in Beschaffungs-, Produktions- und Absatzgenossenschaften.

Beschaffungsgenossenschaften

Beschaffungsgenossenschaften bündeln die Nachfragemengen ihrer Mitglieder und können so Größenvorteile im Einkauf erzielen. Diese Vorteile werden als Förderleistung an die Mitglieder weitergegeben, indem diese in den Genuss von Preisen kommen, die sie als Einzelne nicht realisieren könnten. Die Beschaffungsgenossenschaft erspart dem Mitglied damit Kosten. Zu dem Bereich der Beschaffungsgenossenschaften gehören die Konsumgenossenschaften, Einkaufsgenossenschaften im Handel und Handwerk und in der Landwirtschaft, die Kredit- sowie die Wohnungsgenossenschaften. Neben der vergünstigten Beschaffung versorgen diese Genossenschaften ihre Mitglieder mit zusätzlichen Dienstleistungen, die von den Mitgliedern auf die Genossenschaft ausgelagert werden können, wie Lagerhaltung, Finanzierung, Buchführung oder auch Bildungsangebote.

Produktionsgenossenschaften

Produktionsgenossenschaften übernehmen die Produktion oder Teile der Produktion für ihre Mitglieder, in deren Auftrag Waren be- bzw. verarbeitet werden (Mändle 1992, S. 511 f.). Produktionsgenossenschaften werden beispielsweise von Landwirten, Handwerkern oder Winzern gegründet. Vor allem in der Landwirtschaft findet man mit den Molkereigenossenschaften, den Schlachthausgenossenschaften oder den Obst- und Gemüsegenossenschaften zahlreiche Beispiele für Produktionsgenossenschaften. Der Vorteil besteht darin, dass das einzelne Mitglied nicht in der Lage ist, eine den Markterfordernissen entsprechende Produktion zu gewährleisten. In der Praxis übernehmen Produktionsgenossenschaften neben der Produktion häufig auch die Vermarktung und den Vertrieb der kooperativ erstellten Waren für die Mitglieder.

Absatzgenossenschaften

Absatzgenossenschaften übernehmen zentral die Vermarktung und den Vertrieb der von den Mitgliedern produzierten Güter, um so die Mengenvorteile im Verkauf zu realisieren. Zu den Aufgaben der Vermarktung und des Vertriebs gehört zum Teil auch die Veredlung, um ein bestimmtes Qualitätsniveau zu erreichen, welches den Marktanforderungen gerecht wird. Absatzgenossenschaften findet man vordringlich in der Landwirtschaft. Doch auch im gewerblichen Bereich, wie z. B. Taxigenossenschaften bzw. im Handwerk gibt es Genossenschaften, die für ihre Mitglieder Aufträge akquirieren und deren Abwicklung organisieren.

3.3 Produktivgenossenschaften

Produktivgenossenschaften fördern ihre Mitglieder, indem sie deren Arbeitskraft im gemeinschaftlichen Geschäftsbetrieb verwerten und den Mitgliedern Arbeitseinkommen verschaffen. Die Mitglieder sind hier gleichzeitig Träger und Beschäftigte der Genossenschaften (Kramer 2003, S. 43 f.) Da die Arbeitnehmer unterschiedlich qualifiziert sein können, aber als Genossen gleichberechtigt sind, entstehen Interessenkonflikte, auf die in der Literatur immer wieder hingewiesen wird (Dülfer 1995, S. 110 f.). Der Unterschied der Produktivgenossenschaft zur Fördergenossenschaft besteht in der Art der Förderung, die bei der Produktivgenossenschaft in der Beschäftigung der Mitglieder besteht und zum anderen in der Identitätsbeziehung, da bei Produktivgenossenschaften keine eigenen Mitgliederbetriebe erkennbar sind.

4. Organisationsstruktur von Genossenschaften

4.1 Vorstand

Die eingetragene Genossenschaft weist eine körperschaftliche Struktur auf und handelt durch ihre Organe Vorstand, Aufsichtsrat und Mitgliederversammlung. Dabei gilt der Grundsatz der Selbstorganschaft. Danach müssen die Mitglieder des Vorstands und Aufsichtsrats Genossen sein (§ 9 Abs. 2 Satz 1 GenG).

Der Vorstand muss aus mindestens zwei Mitgliedern bestehen. Er stellt das Leitungsorgan der Genossenschaft dar. Nach dem Genossenschaftsgesetz werden die Mitglieder des Vorstands durch die General- bzw. Vertreterversammlung gewählt. Das Statut kann als alternative Regelung vorsehen, dass die Vorstandsmitglieder durch den Aufsichtsrat bestellt werden. Der Vorstand hat die Genossenschaften eigenverantwortlich zu leiten und unterliegt keinen Einschränkungen der Weisungsfreiheit. Er ist nur an die rechtlichen und im Statut festgelegten Beschränkungen gebunden. Grundsätzlich kann das Amt des Vorstands haupt-, neben- oder ehrenamtlich besetzt werden (Beuthien 1989, S. 48 ff.). In den großen Genossenschaften dominiert die hauptamtliche Besetzung der Vorstandsgremien.

4.2 Aufsichtsrat

Der **Aufsichtsrat** hat als Kontrollorgan der Genossenschaft die Aufgabe, den Vorstand bei seiner Geschäftsführung zu überwachen (Frankenberger 1997, S. 26 ff.). Der Aufsichtsrat besteht aus mindestens drei Mitgliedern, die gemäß dem Prinzip der Selbstorganschaft zugleich Mitglieder der Genossenschaft sein müssen und durch die General- bzw. Vertreterversammlung gewählt werden. Die Aufgabe besteht in einer umfassenden und fortlaufenden Kontrolle des Vorstands. Um die Unabhängigkeit vom Vorstand zu erreichen, dürfen Aufsichtsräte nicht gleichzeitig Mitglied des Vorstands sein, d. h., es wird eine strikte Trennung zwischen Geschäftsführung und Kontrollinstanz vorgegeben. Eine weitere Aufgabe des Aufsichtsrats besteht in der Informationspflicht gegenüber der General- bzw. Vertreterversammlung. Zusätzliche Aufgaben können dem Aufsichtsrat durch die Satzung übertragen werden. Die Tätigkeit der Aufsichtsratsmitglieder ist überwiegend ehrenamtlich und damit ein prägendes Element in der Praxis genossenschaftlicher Selbstverwaltung.

4.3 General-/Vertreterversammlung

Die **Generalversammlung** der Mitglieder ist das oberste Genossenschaftsorgan. Als Träger der Genossenschaft müssen die Mitglieder freien Zugang zum gemeinschaftlichen Willensbildungs- und Entscheidungsprozess haben, um in wichtigen Angelegenheiten der Genossenschaft mit entscheiden und dabei eigene Probleme und Bedürfnisse einbringen zu können. Die Partizipation der Mitglieder an der Willensbildung zeigt sich durch die persönliche Teilnahme an der Generalversammlung und der Ausübung einzelner Mitgliederrechte. Nach dem Genossenschaftsgesetz (§ 43 Abs. 1 GenG) werden den Mitgliedern umfassende **Mitwirkungsrechte** eingeräumt. Dazu zählen alle Satzungsänderungen, die Wahl der Mitglieder des Aufsichtsrats, die Feststellung des Jahresabschlusses, die Entlastung der Mitglieder des Vorstands und des Aufsichtsrats sowie die Auflösung der Genossenschaft. Die Generalversammlung verfügt damit rechtlich über die Personal- und Finanzhoheit (Beuthien 1990, S. 416 f.). Unabhängig von der Anzahl der gezeichneten Geschäftsanteile hat jedes Mitglied bei Abstimmungen nur eine Stimme, wobei das Stimmrecht in der Regel nur persönlich ausgeübt werden darf.

Das Prinzip der **Stimmrechtsgleichheit** aller Genossen kann durch das Statut eingeschränkt werden. Nach § 43 Abs. 3 Satz 3-5 GenG können bei Primärgenossenschaften einem Mitglied, das den Geschäftsbetrieb der Genossenschaft besonders fördert, ein Mehrstimmenrecht von höchstens drei Stimmen eingeräumt werden. Bei Beschlüssen, zu denen nach § 43 Abs. 3 Satz 6 GenG die ¾-Mehrheit erforderlich ist, gelten die Mehrstimmrechte nicht. Die Beschränkungen gelten nicht für so genannte Sekundärgenossenschaften, deren Mitglieder ausschließlich oder überwiegend eingetragene Genossenschaften sind. Hier werden den einzelnen Primärgenossenschaften unbeschränkte Mehrstimmrechte eingeräumt (§ 43 Abs. 3 Satz 7 GenG).

Das Prinzip der unmittelbaren Demokratie wurde durch die Einführung der **Vertreterversammlung** bei Großgenossenschaften abgeschwächt. Die ursprünglich für alle Mitglieder zugängliche Generalversammlung konnte ab 1.500 und musste bei mehr als 3.000 Mitgliedern bis zur Gesetzesänderung im Jahre 1993 zwingend in eine Vertreterversammlung umgewandelt werden. Den nicht zu Vertretern gewählten Mitgliedern verbleibt damit lediglich das aktive und passive Wahlrecht. Die Vertreter hingegen üben das zuvor für jedes Mitglied geltende Rede-, Auskunft-, Antrags- und Stimmrecht in der Vertreterversammlung alleine aus. Im Rahmen der Vertreterwahl müssen abhängig von der jeweiligen Mitgliederzahl mindestens 50 Vertreter (§ 43a Abs. 3 GenG) in allgemeiner, unmittelbarer, gleicher und geheimer Wahl gewählt werden.

Aus der genossenschaftlichen Selbstorganschaft bei gleichzeitiger Stimmrechtsgleichheit aller Genossen folgen zwei Strukturschwächen der eG (Beuthien 1990, S. 418 f.). Die erste Strukturschwäche ergibt sich daraus, dass ein überaus tüchtiges Management aus dem Kreis der nicht immer genügend ausgebildeten, geschäftserfahrenen Genossen gewählt werden muss und auf Grund der Abhängigkeit von der Generalversammlung und seiner leichten Abberufbarkeit weniger unabhängig ist als bei einer Aktiengesellschaft. Die Praxis versucht sich hier zu helfen, indem sie im Statut so genannte fördernde Mitglieder vorsieht und diese zu Vorstandsmitgliedern macht.

Die zweite Strukturschwäche der genossenschaftlichen Selbstorganschaft besteht in der schwierigen Eigenkapitalbindung und -findung der Genossenschaft, weil für die Genossen kein Anreiz besteht, mehrere Geschäftsanteile zu erwerben, da damit keine weiteren Stimmrechte verbunden sind. Der ausscheidende Genosse hat auch grundsätzlich keine Ansprüche auf die gesetzlichen Rücklagen und das sonstige Genossenschaftsvermögen.

4.4 Fakultativorgane

Neben den gesetzlich vorgeschriebenen Organen können im Rahmen der Satzungsautonomie noch weitere Organe gebildet werden (§ 27 Abs. 2 Satz 2 GenG). Dadurch werden den Mitgliedern zusätzliche Beteiligungsmöglichkeiten geboten. Zu diesen zusätzlichen Genossenschaftsorganen zählen Beiräte oder Ausschüsse, deren Betätigung in der Beratung, Überwachung oder Mitwirkung bei Grundlagen und Strukturentscheidungen liegt. Beiräte bzw. Ausschüsse bilden eine Brückenfunktion zwischen Genossenschaftsleitung und Mitgliederbasis. Hier sind viele Beispiele möglich wie Jugendbeiräte, Seniorenbeiräte, Geschäftsstellenbeiräte, die sich jeweils mit spezifischen Aufgaben beschäftigen, um die Interessen unterschiedlicher Mitgliedergruppen aufzugreifen und zu vertreten.

4.5 Verbandsorganisation

Typisch für die Organisationsverfassung einer Genossenschaft ist auch die verpflichtende Anbindung an einen **Prüfungsverband**, die vor allem dem Mitgliederschutz dienen soll (Grossfeld 1984, S. 113 ff.). Bei keiner anderen haftungsbeschränkenden Rechtsform gibt es vergleichbare Schutzmechanismen für die Eigentümer. Die **Genossenschaftsverbände** lassen sich als Kooperationen typisieren, die zur Verwirklichung gemeinsamer Interessen der Mitglieder gegründet werden. Die Genossenschaften entscheiden somit über Art und Umfang der Leistungserstellung ihres Verbandes. Für die deutschen Genossenschaften wurde bereits 1934 die Pflichtmitgliedschaft in einem Prüfungsverband vorgeschrieben. Nach § 54 GenG müssen alle Unternehmen, die die Rechtsform der Genossenschaft wählen, Mitglieder in einem Prüfungsverband sein. Damit ist der Anschlusszwang ein konstitutives Element des deutschen Genossenschaftswesens.

Die verschiedenen Verbände haben sich auf unterschiedlichen Ebenen zusammengeschlossen, um die Wirksamkeit der Interessenvertretung und die Mitgliederrepräsentation zu erhöhen. Die genossenschaftliche Gesamtorganisation wird durch den freien **Ausschuss der Genossenschaftsverbände** repräsentiert. Er vertritt die Interessen aller Genossenschaftssparten gegenüber der Öffentlichkeit und dem Gesetzgeber. Mitglieder des freien Ausschusses sind der deutsche **Genossenschafts- und Raiffeisenverband** (DGRV), der **Gesamtverband der Wohnungswirtschaft e. V.** (GDW) und der **Zentralverband deutscher Konsumgenossenschaften e. V.** (ZdK).

Die Funktionen genossenschaftlicher Verbände bestehen in obligatorischen und fakultativen Aufgaben. Der Gesetzgeber hat den Verbänden Prüfungsfunktionen übertragen. Zum anderen haben die Mitglieder ihre Interessenvertretung und Gemeinschaftsaufgaben ausgegliedert. Durch die Verleihung des Prüfungsrechts wird der Genossenschaftsverband zum **Prüfungsverband**. Voraussetzung dafür sind nach § 63a GenG einerseits das Bedürfnis nach Prüfungstätigkeit und andererseits die Gewähr für die Erfüllung der Prüfungsaufgaben. Der Verband untersteht der Aufsicht des Wirtschaftsministeriums des jeweiligen Bundeslandes. Die Wirtschaftsprüfer des Verbands unterliegen den Grundsätzen des IDW und der WPK. Aus dem Gesamtkatalog von Prüfungen, die von den Genossenschaftsverbänden durchzuführen sind, sind die **Gründungsprüfung** und die **Pflichtprüfung** gem. § 53 Abs. 1 GenG besonders hervorzuheben.

Aufgabe der Genossenschaftsverbände ist die Unterstützung von Unternehmen in der Gründungsphase, die die Rechtsform der Genossenschaften anstreben. Die Verbände wirken an der **Gründungsprüfung** nach § 11 Abs. 2 Nr. 3 GenG mit, indem sie für das Registergericht ein Gründungsgutachten verfassen und bei positiver Beurteilung eine Bescheinigung über den Beitritt zum Prüfungsverband ausstellen. Prüfungsgegenstände sind die persönlichen und wirtschaftlichen Verhältnisse der zu gründenden Genossenschaft wie auch ihrer Mitglieder, wenn sich aus ihnen negative Auswirkungen für die Genossenschaft ergeben könnten. Hinter diesen umfassenden Regelungen zur Gründungsprüfung steht die Absicht des Gesetzgebers, einen Ausgleich dafür zu schaffen, dass kein Mindestkapital für Genossenschaften vorgeschrieben ist. Da bei der Genossenschaft die Haftung für deren Verbindlichkeiten auf das Gesellschaftsvermögen beschränkt ist, ohne dass gleichzeitig ein Mindestkapital gefordert wird, bedarf es einer alternativen Schutzvorschrift für die Interessen der Gläubiger. Der Gesetzgeber geht davon aus, dass das Mehr an Gründungsprüfung die durch das fehlende Mindestkapital bedingte Einschränkung im Gläubigerschutz ersetzt (Metz 1997, § 11 Rn. 22). Die Tatsache, dass die Genossenschaft traditionell die Rechtsform mit den geringsten Insolvenzzahlen ist, stützt diese Annahme (Turner 1992, S. 29).

Die **genossenschaftliche Pflichtprüfung** dient gem. § 53 Abs. 1 GenG der Feststellung der wirtschaftlichen Verhältnisse und der Ordnungsmäßigkeit der Geschäftsführung. Sie unterscheidet sich bezüglich ihrer Zielsetzung und ihres Prüfungsumfangs von der Jahresabschlussprüfung der Kapitalgesellschaft nach § 316 f. HGB. Insbesondere die Prüfung der Ordnungsmäßigkeit der Geschäftsführung erfordert eine Rückkopplung auf den Unternehmenszweck der Genossenschaft. Durch die Verbandsprüfung soll die wirtschaftliche Förderung der Mitglieder der angeschlossenen Genossenschaften sichergestellt werden. Der Prüfungsumfang erstreckt sich nicht nur auf den Jahresabschluss und den Lagebericht, sondern auch auf die Einrichtung, die Vermögenslage und die Geschäftsführung. Die genossenschaftliche Pflichtprüfung wird somit auch als Betreuungsprüfung bezeichnet.

5. Bedeutung der Genossenschaften in Deutschland

Deutschland verfügt über ein traditionsreiches und hochentwickeltes **Genossenschaftswesen**, das auf eine lange Geschichte zurückblicken kann. Die ersten **Kreditgenossenschaften** wurden in Deutschland im 19. Jahrhundert gegründet. Kreditgenossenschaften mit angeschlossenem landwirtschaftlichem Warengeschäft als auch die gewerblichen Einkaufsgenossenschaften entstanden in Deutschland früher als in vielen anderen Ländern. Charakteristisch ist hinsichtlich der Genossenschaften die mittelständische **Organisationsform**. Zur Stärkung der Wettbewerbsfähigkeit agieren die **Primärgenossenschaften** auf regionaler Ebene. Sie werden auf nationaler Ebene unterstützt durch **Zentralgenossenschaften**. Der Grundaufbau vollzieht sich von unten nach oben. Dies sind ein wesentliches Kennzeichen und eine Basis für die weiteren Strategieansätze. Die Genossenschaften sind selbstständige Einheiten vor Ort, weisen also ein dezentrales Unternehmertum auf, wobei in den Zentralen übergreifende Themengebiete von Spezialisten bearbeitet werden können.

Der genossenschaftliche Durchdringungsgrad, der sich am Anteil der Genossenschaftsmitglieder an der Gesamtbevölkerung misst, ist mit annähernd 23 % im internationalen Vergleich sehr hoch (Aschhoff/Henningsen 1995, S. 36.) Mittlerweile ist jeder vierte Einwohner der Bundesrepublik Deutschland Mitglied in mindestens einer Genossenschaft. Diese Entwicklung ist durch ständig steigende Zahlen gekennzeichnet. Eine weitere, bedeutende Rolle spielen die Genossenschaften als Arbeitgeber. Alleine in der genossenschaftlichen Bankengruppe sind fast 200.000 Menschen beschäftigt (siehe Tabelle 1). Die Eigenmittel der Genossenschaften – hier bezogen auf die Kreditgenossenschaften – belaufen sich auf ca. 28 Milliarden Euro (DG Verlag 2003, S. 41), wovon etwa 30 % als eingezahlte Geschäftsguthaben aufgebracht wurden (Aschhoff/Henningsen 1995, S. 47). Diese Zahlen belegen die Bedeutung der Genossenschaften als Investoren. Die Tabellen 2 bis 4 machen deutlich, welchen Stellenwert die Genossenschaften in Deutschland einnehmen und wie ihre Verteilung in den einzelnen Bereichen ist.

Seit Ende des zweiten Weltkrieges gab es 1998 in Deutschland erstmals weniger als 10.000 Genossenschaften. Vor allem durch Fusionen unter den Kreditgenossenschgaften und unter den ländlichen Genossenschaften hat sich 2002 die Gesamtzahl genossenschaftlicher Unternehmen auf 8.332 verringert.

Mit einem Mitgliederbestand von über 20 Millionen bleiben die Genossenschaften jedoch weiterhin die mitgliederstärkste Wirtschaftsorganisation in Deutschland.

Allerdings zeigt die Entwicklung in den einzelnen Bereichen unterschiedliche Tendenzen:

- Der Anteil der genossenschaftlich organisierten Landwirte nimmt zwar zu; die Mitgliederzahlen sind aber dramatisch gesunken von 1.205 Millionen 1990 auf 863 Tausend 2002.
- Der Konsum war lange im Genossenschaftswesen fest verankert. Er bildet heute keinen Engpass mehr und verliert an Bedeutung. Durch die deutsche Wiedervereinigung hat allerdings die Anzahl der Primärgenossenschaften deutlich zugenommen.
- Auch bei den Wohnungsgenossenschaften zeigt sich ein leichter Rückgang bei den Mitgliederzahlen, während die Anzahl der Wohnungsgenossenschaften konstant geblieben ist.
- Die gewerblichen Genossenschaften hatten durch die Wiedervereinigung einen deutlichen Auftrieb erlebt. Die Mitgliederzahlen sind hier relativ konstant, während die Anzahl der Primärgenossenschaften wieder sinken.
- Einen permanenten Aufschwung nimmt der genossenschaftliche Bankensektor. Von 1950 bis heute ist ein stetiger Anstieg der Mitgliederzahlen festzustellen. Allerdings ist die Anzahl der Primärgenossenschaften von 1970 bis 2002 auf 20 % gesunken. Die Fusionen auf dem genossenschaftlichen Bankensektor waren und sind geprägt durch den starken Wettbewerb, die demografischen Veränderungen, neue Produkte und die moderne Informationstechnologie.

	Anzahl	Mitglieder [in Tausend]	Mitarbeiter
Genossenschaftsbanken	**1.507**	**15.185**	**196.081**
Kreditgenossenschaften	1.489	15.185	168.950
DG BANK und Zentralbanken	3	-	7.461
Spezial-Verbundunternehmen	15	-	19.670
Ländliche Genossenschaften	**3.501**	**863**	**99.500**
Raiffeisen-Genossenschaften	2.324	806	39.000
Zentralen	29	-	27.700
Agrargenossenschaften	1.148	57	32.800
Gewerbliche Genossenschaften	**1.278**	**256**	**101.400**
Primärgenossenschaften	1.268	256	88.700
Zentralen	10	-	12.700
Konsumgenossenschaften	**55**	**822**	**15.355**
Primärgenossenschaften	54	822	-
Zentralen	1	-	-
Wohnungsgenossenschaften	**1.991**	**2.991**	**21.662**
Alle Genossenschaften	**8.332**	**20.117**	**443.800***

Legende: * einschließlich Mitarbeiter bei genossenschaftlichen Rechenzentralen, Verbänden, Verlagen

Quelle: DG Verlag 2003, S. 8.

Tabelle 1: Genossenschaftliche Unternehmen per 31.12.2002

	1970	1980	1990	2000	2002
I. Zahl der Unternehmen[1)]	**18.620**	**11.681**	**8.769**	**9.094**	**8.332**
Genossenschaftsbanken	**7.114**	**4.267**	**3.055**	**1.813**	**1.507**
Kreditgenossenschaften	7.092	4.246	3.037	1.794	1.489
DG BANK und Zentralbanken	14	10	4	4	3
Spezial-Verbundunternehmen	8	11	14	15	15
Ländliche Genossenschaften	**8.844**	**5.228**	**3.725**	**3.815**	**3.501**
Primärgenossenschaften	8.754	5.168	3.672	3.780	3.472
Zentralen	90	60	53	35	29
Gewerbliche Genossenschaften	**1.128**	**875**	**787**	**1.422**	**1.278**
Primärgenossenschaften	1.107	856	772	1.410	1.268
Zentralen	21	19	15	12	10
Konsumgenossenschaften	**139**	**94**	**30**	**53**	**55**
Primärgenossenschaften	138	55	28	51	54
Zentralen	1	39	2	2	1
Wohnungsgenossenschaften	**1.395**	**1.217**	**1.172**	**1.991**	**1.991**
Primärgenossenschaften	1.394	1.217	1.172	1.991	1.991
Zentralen	1	-	-	-	-
II. Mitglieder in Tausend[2)]	**11.936**	**13.275**	**15.207**	**20.074**	**20.117**
Kreditgenossenschaften	6.216	9.105	11.421	15.039	15.185
Ländliche Genossenschaften[2)]	1.879	1.555	1.205	922	863
Gewerbliche Genossenschaften	275	337	257	255	256
Konsumgenossenschaften	2.105	665	600	825	822
Wohnungsgenossenschaften	1.461	1.613	1.724	3.033	2.991

Legende: [1)] Bis 1990 nur alte Bundesländer.

[2)] Ohne Kreditgenossenschaften mit Warengeschäft. Einschließlich Agrargenossenschaften.

Quelle: DG Verlag 2003, S. 38.

Tabelle 2: Zahlen zur Entwicklung der Genossenschaften

Primärgenossenschaften	Anzahl	Umsatz [Mio. €]
Kreditgenossenschaften mit Warengeschäft	274	1.100
Bezugs- und Absatzgenossenschaften	430	5.2009
Molkereigenossenschaften*	347	8.800
Vieh- und Fleischgenossenschaften	106	2.100
Agrargenossenschaften	751	1.400
Obst-, Gemüse- und Gartenbaugenossenschaft	117	1.900
Winzergenossenschaften**	236	800
Sonstige	998	800

- wird fortgesetzt -

- Fortsetzung -

Zentralen	Anzahl	Umsatz [Mio. €]
Hauptgenossenschaften	7	9.700
Molkereigenossenschaften	5	800
Vieh- und Fleischzentralen	4	4.300
Zentralkellereien	3	***
Sonstige	5	k. A.

Legende: * davon 83 Verarbeitungsunternehmen

** einschließlich Umsätze der Zentralkellereien

*** in Winzergenossenschaften enthalten

Quelle: DGRV 2004, S. 14.

Tabelle 3: Überblick über die Raiffeisen-Organisation 2003

Primärgenossenschaften	Anzahl	Umsatz [Mrd. €]
Genossenschaften des Lebens- und Genussmittelhandels (EDEKA, REWE, Tabakwaren)	43	25,4
Genossenschaften des Nichtnahrungsmitteleinzelhandels (u. a. Hausrat, Schuhe, Textil)	45	7,1
Genossenschaften des Lebensmittelhandwerks (Bäcker, Fleischer)	144	3,1
Genossenschaften des Nichtnahrungsmittelhandwerks (u. a. Bau- und Ausbaugewerbe)	147	1,7
Genossenschaften sonstiger Berufsgruppen	163	6,3
Produktions- und sonstige Wirtschaftsgenossenschaften (Schlachthäuser)	166	0,6
Verkehrsgenossenschaften	134	0,4
Produktivgenossenschaften	162	0,2
Zusammen	**1.004**	**44,7**

Quelle: DGRV 2004, S. 17.

Tabelle 4: Gewerbliche Waren- und Dienstleistungsgenossenchaften 2003

6. Zukunft der Genossenschaften

6.1 Grundlagen der zukünftigen Entwicklung

Genossenschaften haben sich über 150 Jahre im Wandel der Zeiten behauptet. Es wurden immer wieder neue Lösungen für die Herausforderungen gefunden, ohne die Identität der Genossenschaften aufzugeben. Es gibt für die unterschiedlichen Bereiche des Genossenschaftswesens sicherlich keine Patentrezepte für die Bewältigung der Zukunft. Primärgenossenschaften und Verbände bilden eine historische Grundlage der wirtschaftlichen Zusammenarbeit und der ökonomischen Netzwerke. Wird diese Grundlage mit dem Schlüsselgedanken der Genossenschaftsorganisation verbunden, der Idee der Stärkung der materiellen Unabhängigkeit des Einzelnen durch freiwillige Zusammenarbeit, wird die Genossenschaft auch in Zukunft erfolgreich bestehen (Pleister 2001, S. 17). Die Basis dieser Entwicklung bilden die Mitglieder. Leben sie die Prinzipien der Selbstverantwortung, Selbsthilfe und Selbstverwaltung, werden Probleme transparent, Chancen erkannt und Lösungen gefunden.

6.2 Aktuelle Herausforderungen bewältigen

Die Unternehmen stehen heute in einem massiven Wettbewerb, was die Leistungen, die Konditionen aber auch die Rechtsformen betrifft. Die Ursachen für diese Entwicklung sind vielfältig. Zu nennen sind insbesondere:

- die Schnelllebigkeit der Markt- und Kundenanforderungen,
- die Innovationsdynamik bei den Produkten, die zu einer Verkürzung der Produktlebenszyklen führt,
- der Wegfall von Marktschranken durch die Beseitigung von Handelshemmnissen,
- der Verlust faktisch geschützter Märkte durch bessere bzw. billigere Kommunikations- und Verkehrsverbindungen sowie
- der Markteintritt neuer Industrieländer, die die Zahl der Konkurrenten erhöhen.

Diese Ursachen wirken nach wie vor. Eine Abschwächung der Wettbewerbsintensität ist nicht wahrscheinlich. Eher ist bei diesem Umweltfaktor mit einer Steigerung zu rechnen. Für die Genossenschaftsunternehmen wird damit der Druck auf Kosten, Qualität und Zeit zunehmen. An die Flexibilität der Organisation und die Unternehmensführung werden neue Anforderungen gestellt. Das Management von Genossenschaften muss mehr Verantwortung für die Märkte übernehmen, die Kompetenz für marktverbundene **Kernaufgaben** erhöhen und die Vermarktung ergänzender Leistungen vorantreiben (Ringle 2003, S. 44). Das setzt voraus, dass die Marktleistungen vergleichbar denen der Wettbewerber sind und die Kosten der Organisationsform Genossenschaft den anderen Rechtsformen entsprechen. Das betrifft insbesondere die Prüfungs- und Verwaltungskosten durch die Verbände. Eine obligatorische Gründungsprüfung und eine Jahresabschlussprüfung – unabhängig von der Größe der Unternehmen – gibt es sonst vergleichbar nicht. Darin könnte auch ein Grund liegen, warum bei Neugründungen nicht bevorzugt die Form der Genossenschaft gewählt wird (Göler von Ravensburg/Schmidt 2003, S. 40).

Eine weitere Herausforderung besteht im **Wertewandel**. Er ist gekennzeichnet durch abnehmende Pflicht- und Akzeptanzwerte einerseits und einen zunehmenden Individualismus und auch Egoismus andererseits (Pleister 2001, S. 17). Die zunehmenden Erwartungen von Bezugsgruppen der Unternehmen wie Mitglieder, Gläubiger und gesellschaftliche Gruppierungen sind ebenfalls eng mit dem Wertewandel verbunden. Erwartungen von Bezugsgruppen sind ein schwieriges Konstrukt, da sie nicht nur explizite, sondern auch implizite Erwartungen umfassen. Diese Feststellung betrifft sowohl ihre empirische Ermittlung als auch ihre normative Berücksichtigung im Zielsystem der Genossenschaft. Hier ist zu fragen, welche Bezugsgruppen Ansprüche an die Genossenschaft stellen und wie diese Bezugsgruppen abzugrenzen sind. Sind ihre Erwartungen für das Unternehmen handlungsrelevant oder können sie negiert werden. Die Aufgabe der Unternehmensleitung besteht bei heterogenen und konfliktären Erwartungen, wie sie in großen Genossenschaften auftreten, darin, eine vertrauensschaffende Kommunikation zu betreiben und Methoden der Konflikthandhabung zu entwickeln. In dieser Auseinandersetzung unterschiedlicher Interessen muss die Genossenschaft ihre als wesentlich erachteten Prinzipien bewahren und eine **Member-Value**-intendierte Geschäftspolitik entwickeln (Ringle 2003, S. 44). Diese Wertvorstellungen und Prinzipien sind auch zu kommunizieren, und zwar zum Management wie zu den Mitgliedern, da von beiden Seiten Tendenzen zu anderen Rechtsformen in Einzelsituationen entstehen. Die Identität von Kapitalgeber, Entscheidungsträger und Leistungsabnehmer als ein Grundstein der Genossenschaft kann zur Sicherung und Verbesserung der wirtschaftlichen Existenz beitragen.

Eine weitere Einflussgröße besteht in der **Internationalisierung** und **Globalisierung**. Auch Klein- und Mittelunternehmen werden ihre Geschäftstätigkeit zunehmend international orientieren. In jedem Fall werden sie, zumindest indirekt, von der Internationalisierung der Wirtschaft betroffen, weil diese eine wichtige Ursache für die steigende Wettbewerbsintensität ist. Die Internationalisierung der Geschäftstätigkeit erhöht in erheblichem Umfang die Risiken für die Unternehmen. Die Genossenschaften müssen sich damit im Spannungsfeld zwischen regionaler Mitgliederorientierung und globaler Marktorientierung neu bewähren (Brixner 1998, S. 51). Damit verbunden sind steigende Betriebsgrößen, um die Existenz- und Erfolgssicherung zu gewährleisten. Diese Erweiterung kann über die Landesgrenzen hinaus durch grenzüberschreitende Kooperationen mit anderen Genossenschaften in den EU-Ländern erfolgen und durch die neue Rechtsform der europäischen Genossenschaft unterstützt werden. Daran geknüpft sind aber auch neue Anforderungen an die Kontrolle der Aufsichtsräte und die Prüfung durch den genossenschaftlichen Verbund.

Die mit der Globalisierung verbundene zunehmende Dominanz von Global Playern und die zunehmende Orientierung an der Logik globaler Märkte führt auch zu einer Verminderung der Angebotsvielfalt und zu einer Verringerung des Systemvertrauens (Pleister 2001, S. 17 f.). Hier können die Genossenschaften ein Gegengewicht zu diesen einseitigen Entwicklungen bilden und die Vorteile regionalen Wirtschaftens und die Bewahrung traditioneller Werte zeigen.

6.3 Zukunftschancen nutzen

Die Genossenschaften werden auch in Zukunft dort beste Chancen haben, wo der Markt versagt und den Wirtschaftsteilnehmern keine vergleichbaren Angebote zur Verfügung stehen. Diese entstehenden Marktlücken können durch alternative Angebote auf Genossenschaftsbasis besetzt werden. Beispiele sind die Unterversorgung im ländlichen Raum, die Monopolstellung von Großanbietern, aber auch die Neugründung von Schulgenossenschaften, Dienstleistungsgenossenschaften, Werbegenossenschaften von Städten und Gemeinden sowie die so genannten Assistenzgenossenschaften für Behinderte (Bak 1998, S. 67 f.). In diesen Bereichen werden – gerade in der heutigen Zeit, wo sich der Staat als Geldgeber aus vielen sozialen Bereichen zurückzieht – weitere und neue Felder für Genossenschaften entstehen. Hier ist das urgenossenschaftliche Prinzip der Selbsthilfe mehr denn je gefragt. Dies zeigt sich auch durch die Neugründungen von Genossenschaften im ländlichen Sektor, zum Gesundheitswesen und zur Altersversorgung (Brixner 1998, S. 51). In der Zukunft werden weitergehende Bedürfnisse entstehen, die von Genossenschaften zu erfüllen sind. Insofern können Genossenschaften neben der wirtschaftlichen auch eine soziale Mitgliederförderung übernehmen, wie es im Statut zur europäischen Genossenschaft vorgesehen ist. Damit werden Genossenschaften im eigentlichen Sinne **Selbsthilfeorganisationen**, die anstehende Probleme der Betroffenen lösen.

Der Staat zieht sich aus vielen Bereichen der Daseinsvorsorge zurück und übernimmt in zunehmendem Maße nicht mehr öffentliche Aufgaben, sondern privatisiert sie. Hier steht die Genossenschaft in Konkurrenz mit anderen Unternehmensformen, da der Staat zum Teil nicht auf Einflussmöglichkeiten verzichten möchte, die er im Rahmen einer Genossenschaft nicht ausüben kann. Es gibt aber auch auf diesem Gebiet genügend Beispiele, in denen die Rechtsform Genossenschaft gewählt wurde (Henningsen 2001, S. 122). So gibt es erfolgreiche **Neugründungen** von Abwassergenossenschaften, die an die Stelle staatlicher Versorgung getreten sind. Zu nennen sind weiterhin Verkehrsinfrastrukturgenossenschaften, die auf den Gebieten des Gesundheits- und Bildungswesens und der Altersversorgung und Seniorenbetreuung tätig sind. In allen diesen Fällen werden die Vorteile für die Mitglieder deutlich. Mögliche Gewinne kommen allen Mitgliedern zugute. Durch die Entscheidungsbefugnisse der Mitglieder entsteht Motivation zur Selbstverantwortung. Die Entscheidungen sind bedarfsgerecht, weil die Mitglieder den Bedarf kennen und die Möglichkeiten zur Kosteneinsparung nutzen.

Wissen entwickelt sich zum entscheidenden Produktionsfaktor der Zukunft. Der Erfolg eines Unternehmens wird zunehmend davon abhängen, ob es gelingt, das im Unternehmen und extern vorhandene Wissen schneller als die Konkurrenz in Produkte und Leistung umzusetzen. **Wissensmanagement** als Konzept widmet sich allen Variablen und Instrumenten, die zur Gestaltung des Produktionsfaktors Wissen zur Verfügung stehen. Sowohl die Erfassung als auch die Steuerung des intellektuellen Kapitals dienen der Wertsteigerung des Unternehmens. Nach einer verkürzten Definition wird unter intellektuellem Kapital jenes Wissen verstanden, das in monetäre Einnahmeströme umgewandelt werden kann. Es bezeichnet ein komprimiertes, auf Beziehungen basierendes, strukturiertes Wissen und Fertigkeiten, die über ein Entwicklungs- und Wertschöpfungspotenzial verfügen. Gerade Genossenschaften besitzen die Möglichkeit einer effizienten Koordination von Wissen und Fähigkeiten sowie der freien und unverzerrten Kommunikation. Durch das Identitätsprinzip kann es den Genossenschaften gelingen, die Wissensbestände der Mitglieder zu aktivieren bzw. danach die Mitglieder zu bestimmen. Eine genossenschaftliche Organisation kann damit Anreize schaffen, das bei den Mitgliedern vorhandene Wissen zur Erbringung von marktfähigen Leistungen zu aktivieren und gleichzeitig die notwendigen Infrastrukturen und Voraussetzungen zu schaffen (Theurl/ Rahmen-Zurek 2001, S. 49). Damit können für die Mitglieder Ressourcen und Leistungen zur gemeinsamen Nutzung bereitgestellt werden und effizient genutzt werden. Diese Vorteile der Genossenschaften werden insbesondere im Bereich der Informationstechnologie zu nutzen sein (Henningsen/Stappel/Ullrich 2001, S. 237 ff.).

Die Entwicklung der letzten Jahre lässt deutlich erkennen, dass die Menschen von einer Fremdbestimmung, d. h. von externen Zwängen in ihrer Wirtschaftstätigkeit, wegkommen wollen und ein größeres Maß an **Selbstbestimmung** oder Mitbestimmung beanspruchen. Die genossenschaftliche Selbstverwaltung entspricht dieser zukünftigen Entwicklungsperspektive in unserer Gesellschaft. Durch Selbstbetroffenheit und Problemnähe sind die Interessen der Beteiligten geschärft und ermöglichen in vielen Bereichen betriebswirtschaftlich wirksame Leistungsverbesserungen. Die Selbstbestimmtheit findet sich in der Genossenschaft über das Prinzip der Selbstverwaltung wieder und soll zum Ausdruck bringen, dass die Mitglieder genossenschaftliche Belange in ihrer Eigenschaft als Eigentümer bzw. Träger im Rahmen gemeinsamer Willensbildung und Kontrolle eigenständig wahrnehmen. Mit anderen Worten sind es die Genossen selbst, die ihre Genossenschaft verwalten. Dies setzt persönliches Engagement durch eine aktive Teilnehme an der Generalversammlung, durch Übernahme eines Vorstands- oder Aufsichtsratsmandats voraus. Die **Partizipation** des einzelnen Mitglieds ist für eine funktionierende Selbstverwaltung und Selbstorganschaft die grundlegende Voraussetzung für die Selbstbestimmung des Einzelnen in der Gemeinschaft. Beispiele für eine erfolgreiche Umsetzung sind Wohnstifte, die in der Rechtsform der Genossenschaft betrieben werden, die Assistenzgenossenschaften für Behinderte aber auch Kreditgenossenschaften. Alle diese Beispiele sind Ausdruck dafür, dass der Einzelne einen für ihn wesentlichen wirtschaftlichen Bereich persönlich mit Genossenschaften gestalten will.

7. Schlussbetrachtung

Wie die Zahlen zum Genossenschaftswesen belegen, besteht keine Gefahr des Aussterbens dieser Rechtsform (Kramer/Neumann-Szyszka 2004, S. 26). Es zeigt sich im Gegenteil, dass es den Genossenschaften gelingt, sich rasch auf Marktveränderungen einzustellen, moderne Strategien zu entwickeln und organisatorische Anpassungen zu vollziehen. Den betriebswirtschaftlichen Anforderungen genügen damit die Genossenschaften. Für die Zukunft wird es aber auch wichtig sein, das Spannungsfeld zwischen der **Genossenschaftsphilosophie** und der **Genossenschaftspraxis** im Fokus zu behalten (Blome-Drees/Schmale 2003, S. 247 f.). Eine Vernachlässigung des Förderauftrags bedeutet auch immer Aufgabe der genossenschaftlichen Grundidee.

Literatur

ASCHHOFF, G.; HENNINGSEN, E. (1995): Das deutsche Genossenschaftswesen. Entwicklung, Struktur, wirtschaftliches Potential, Frankfurt a.M.

BAK, S. (1998): Standortbestimmung des Vorstandsmitglieds des ZdK – Zentralverband deutscher Konsumgenossenschaften e. V., Hamburg, in: Bonus, H.; Rinn, H. S. (Hrsg.): Aufbruch in die Zukunft – 50 Jahre Genossenschaftswissenschaft, Münster, S. 63-70.

BEUTHIEN, V. (1989): Genossenschaftsrecht: woher – wohin? Hundert Jahre Genossenschaftsgesetz 1889-1989, Marburger Schriften zum Genossenschaftswesen, Band 69, Göttingen.

BEUTHIEN, V. (1990): Die Organstruktur der Genossenschaft, in: Laurinkari, J. (Hrsg.): Genossenschaftswesen. Hand- und Lehrbuch, München u. a., S. 413-421.

BEUTHIEN, V. (2004): Genossenschaftsgesetz mit Umwandlungsgesetz, 14. Aufl., München.

BLOME-DREES, J.; SCHMALE, I. (2003): Zum Verhältnis von Genossenschaftslehre und Genossenschaftspraxis, in: Zeitschrift für das gesamte Genossenschaftswesen, Band 53, S. 239-248.

BOETTCHER, E. (1980): Die Genossenschaften. Begriff und Arten, Funktionen und Recht sowie wirtschaftspolitische Bedeutung, Münster.

BRIXNER, J. (1998): Standortbestimmung des Präsidenten des DGRV – Deutscher Genossenschafts- und Raiffeisenverband e. V., Bonn, und Vizepräsidenten der IRU – Internationale Raiffeisen-Union, in: Bonus, H.; Rinn, H. S. (Hrsg.): Aufbruch in die Zukunft – 50 Jahre Genossenschaftswissenschaft, Münster, S. 50-55.

DG VERLAG (HRSG.) (2003): Die deutschen Genossenschaften 2003, Entwicklungen – Meinungen – Zahlen, Wiesbaden.

DGRV (HRSG.) (2004): Zahlen und Fakten der genossenschaftlichen Banken, Waren- und Dienstleistungsgenossenschaften 2004, Wiesbaden.

DRAHEIM, G. (1955): Die Genossenschaft als Unternehmungstyp, 2. Aufl., Göttingen.

DÜLFER, E. (1995): Betriebswirtschaftslehre der Genossenschaften und vergleichbarer Kooperative, 2. Aufl., Göttingen.

ENGELHARDT, W. W. (1987): Typologie der Genossenschaften und andere Kooperationen, in: Das Wirtschaftsstudium, 16. Jg., Nr. 1, S. 29-34.

FRANKENBERGER, W. (1997): Der Aufsichtsrat der Genossenschaft. Leitfaden für die Praxis, 4. Aufl., München.

GÖLER VON RAVENSBURG, N.; SCHMIDT, R. (2003): Neugründung genossenschaftlicher Kooperationen im Mittelstand – Ergebnisse eines Forschungsprojekts, in: Zeitschrift für das gesamte Genossenschaftswesen, Band 53, S. 30-40.

GROßFELD, B. (1984): Ablehnungsrecht und Prüfungsumfang: Zur Rechtsstellung des genossenschaftlichen Prüfungsverbandes, in: Zeitschrift für das gesamte Genossenschaftswesen, Band 34, S. 111-127.

GROSSKOPF, W. (1990): Genossenschaftliche Identität bei sich ändernden Rahmenbedingungen, in: Laurinkari, J. (Hrsg.): Genossenschaftswesen. Hand- und Lehrbuch, München u. a., S. 102-111.

HENNINGSEN, E. (2001): Attraktivität der Genossenschaften erhöhen. Ökonomische Überlegungen zur Reform des Genossenschaftsrechts, in: Zeitschrift für das gesamte Genossenschaftswesen, Band 51, S. 120-130.

HENNINGSEN, E.; STAPPEL, M.; ULLRICH, E.-B. (2001): Genossenschaften auf neuen Wegen, in: Pleister, C. (Hrsg.): Genossenschaften zwischen Idee und Markt. Ein Unternehmenskonzept für die Zukunft?, Frankfurt a.M., S. 211-270.

HENZLER, R. (1957): Die Genossenschaft – eine fördernde Betriebswirtschaft, Essen.

HENZLER, R. (1953): Mitbestimmung in Genossenschaften, in: Zeitschrift für das gesamte Genossenschaftswesen, Band 3, S. 2-17.

KRAMER, J. W. (2003): Zum Wirken des „Oppenheimerschen Transformationsgesetzes" bei Produktivgenossenschaften, in: Zeitschrift für das gesamte Genossenschaftswesen, Band 53, S. 41-56.

KRAMER, J. W.; NEUMANN-SZYSZKA, J. (2004): Gedanken zur Zukunft der Genossenschaften im Rahmen der deutschen Wirtschaftsverfassung, in: Steding, R.; Blisse, H.; Hanisch, M. (Hrsg.): Grundfragen der Theorie und Praxis der Genossenschaften. Beiträge im Rahmen der Ringvorlesung im Wintersemester 2003/2004, Berliner Beiträge zum Genossenschaftswesen, Berlin, S. 7-34.

MÄNDLE, E. (1992): Produktionsgenossenschaften, in: Mändle, E.; Swoboda, W. (Hrsg.): Genossenschaftslexikon, Wiesbaden, S. 511-512.

METZ, E. (1997): in: Lang, J.; Weidmüller, L.; Metz, E.; Schaffland, H.-J. (Hrsg.): Genossenschaftsgesetz, Kommentar, 33. Aufl., Berlin u. a.

PLEISTER, C. (2001): Einführung: Genossenschaft – Erprobtes Kooperationsmodell von heute für morgen, in: Pleister, C. (Hrsg.): Genossenschaften zwischen Idee und Markt. Ein Unternehmenskonzept für die Zukunft?, Frankfurt a.M., S. 11-25.

RINGLE, G. (1992a): Förderungsarten, in: Mändle, E.; Swoboda, W. (Hrsg.): Genossenschaftslexikon, Wiesbaden, S. 203-204.

RINGLE, G. (1992b): Förderungsplus, in: Mändle, E.; Swoboda, W. (Hrsg.): Genossenschaftslexikon, Wiesbaden, S. 207.

RINGLE, G. (1994): Genossenschaftskultur – Konzeption und strategische Bedeutung, in: Verbands-Management, 19. Jg., Nr. 2, S. 6-15.

RINGLE, G. (2003): Neuere Konzepte der Unternehmenskooperation und Genossenschaft. Reihe: Hamburger Beiträge zum Genossenschaftswesen, Heft 30, Hamburg.

THEURL, T.; RAHMEN-ZUREK, K. (2001): Technisierung: Neue Chancen für die effiziente Gestaltung kooperativen Wirtschaftens erschließen, in: Pleister, C. (Hrsg.): Genossenschaften zwischen Idee und Markt. Ein Unternehmenskonzept für die Zukunft?, Frankfurt a.M., S. 39-51.

TURNER, G. (1992): Die eingetragene Genossenschaft im System des Gesellschaftsrechts – zugleich ein Beitrag zur Wahl der Unternehmensform, insbesondere in den neuen Bundesländern. Berliner Schrift zum Genossenschaftswesen, Band 3, Göttingen.

VOGEL, W. (1992): Mitgliederfunktionen, in: Mändle, E.; Swoboda, W. (Hrsg.): Genossenschaftslexikon, Wiesbaden, S. 449-450.

WAGNER, H. (1980): Genossenschaftliche Förderung: Lebendiges Prinzip oder Relikt?, in: Zeitschrift für das gesamte Genossenschaftswesen, Band 30, S. 295-306.

Thomas Friedli/Günther Schuh*

Die operative Allianz

* Univ.-Professor Dr. Günther Schuh ist Inhaber des Lehrstuhls für Produktionssystematik und Mitglied des Direktoriums von WZL, Fraunhofer IPT und Forschungsinstitut für Rationalisierung (FIR) der RWTH Aachen.
Prof. Dr. Thomas Friedli ist Vizedirektor des Instituts für Technologiemanagement der Universität St. Gallen.

1. Einführung

Kooperationen in den verschiedensten Formen werden immer mehr zu einem der Standardinstrumente strategischer Unternehmensführung. In diesem Beitrag wird auf eine neue Form der Unternehmenskooperation hingewiesen. Während die Vergangenheit stark dadurch gekennzeichnet war, reaktiv Kooperationen in jenen Bereichen zu suchen, in denen man sich durch Kooperation einen starken Ausbau der Marktposition versprach, steht heute die proaktive Sicherung Erfolg versprechender Positionierungen im Vordergrund. In der Wahrnehmung der Autoren sind diese Kooperationen durch eine Suche nach strategischer Flexibilität für die jeweiligen Einzelunternehmen gekennzeichnet und weisen einen starken Potenzialcharakter auf. Da sich diese Kooperationen vielfach auf die Leistungserstellung der Unternehmen beziehen, wird der Begriff der „operativen Allianz" eingeführt und damit auf zwei Merkmale hingewiesen. Erstens soll mit der Kooperation die Produktionsleistung gezielt horizontal oder vertikal ergänzt respektive erst ermöglicht werden (Operations als Betrachtungsobjekt) und zweitens wird bewusst eine Unterscheidung vom Begriff der „strategischen Allianz" angestrebt.

Im ersten Teil des Beitrags wird der Begriff der strategischen Flexibilität für die produzierende Industrie geklärt und in den Zusammenhang zu Kooperationen gestellt. Im zweiten Teil wird der Begriff der operativen Allianz eingeführt, um dann im dritten Teil die Bedeutung dieser Kooperationsform für die produzierende Industrie Westeuropas aufzeigen zu können. Der Beitrag schließt mit einem Ausblick sowie einer Aufzählung der Voraussetzungen, die noch zu schaffen sind, um die operative Allianz für eine größere Zahl produzierender Unternehmen nutzbar zu machen.

2. Strategische Flexibilität in der produzierenden Industrie

2.1 Überblick

Seit längerem zeichnet sich ab, dass früher erfolgreiche Modelle des Wirtschaftens heute an Grenzen stoßen. Piore/Sabel (1984) z. B. weisen bereits früh auf die Grenzen des dazumal noch dominierenden Modells der **Massenproduktion** hin: „Our claim is that the present deterioation in economic performance results from the limits of the model of industrial development that is founded on mass production: ...". Dies hing insbesondere auch damit zusammen, dass frühere traditionelle Management-Denker, wie Fayol, Follet, Taylor oder Weber, Ungewissheit in ihren Ansätzen durch einen geschlossenen Systemansatz praktisch ausgeblendet haben. Dies spiegelte sich direkt in einer wenig ausgeprägten Flexibilität der Massen-Produktions-Unternehmen wider, was solange kein Problem war, wie man sich in einem stabilen Umfeld befand, respektive es gelang, Absatz und Produktion zu stabilisieren. Auf den Zusammenhang weisen auch Abernathy/Wayne (1974) in ihrem Beitrag „Limits of the learning curve" hin. Eine Vielzahl weiterer Autoren hat in der Folge auf die Grenzen des Massen-Produktions-Modells in einem dynamischeren Umfeld aufmerksam gemacht (z. B. Cohen/Zysman 1988; Skinner 1988; Hayes/Pisano 1994; Hayes/Abernathy 1980). Die produzierende Industrie hat als Konsequenz verschiedene Anstrengungen unternommen, die Flexibilität zu erhöhen. Existierende Ansätze bleiben aber weit gehend auf die Betrachtung einzelner Bereiche beschränkt oder konzentrieren sich auf innerbetriebliche Flexibilisierungsansätze bis hin zu mobilen Fabriken (z. B. Suarez/Cusumano/Fine 1995; Gerwin 1993; Aaker/Mascarenhas 1984; Upton 1997; Wiendahl/Worbs 2000). Jüngere Publikationen, die sich mit überbetrieblicher Vernetzung bis hin zur virtuellen Organisation auseinandersetzen (z. B. Byrne u. a. 1993; Scholz 1997; Schuh u. a. 1998; Picot u. a. 1998; Eisen 2001), sind vorwiegend mit den Eigenschaften der entstehenden Netzwerke und weniger mit dem Beitrag, den diese Netzwerke zur Erhöhung der strategischen Flexibilität eines jeden Unternehmens leisten, beschäftigt. Eine ganzheitliche Betrachtung der strategischen Flexibilität unter dem Einbezug überbetrieblicher Flexibilisierungspotenziale steht aus. Unbestritten ist, dass in einem dynamischer werdenden Umfeld strategische Flexibilität zu den Herausforderungen für produzierende Unternehmen gehört und Flexibilität gerade für Unternehmen in Westeuropa und den USA zur Überlebensfrage wird (vgl. dazu Wiendahl/Hernández 2000, die von Wandelbarkeit sprechen, Upton 1997 und Dekkers 2004).

2.2 Der Begriff

Hitt/Keats/DeMarie (1998) definieren **strategische Flexibilität** als „the capability of the firm to proact or respond quickly to changing competitive conditions and thereby develop and/or maintain competitive advantage". Diese Fähigkeit setzt Verschiedenes voraus:

1. Das Unternehmen muss in der Lage sein, Wettbewerbsvorteile permanent in seinem Umfeld identifizieren, die Konsequenzen daraus für die Organisation ableiten und gezielt aufbauen zu können.
2. Wettbewerbsvorteile setzen klare Strategien und Positionierungen voraus. Das Unternehmen muss sich über etwas differenzieren und einzigartig sein.
3. Dazu muss das Unternehmen über Ansätze verfügen, um Veränderungen rasch umsetzen zu können. Dies heißt, dass in die Organisation Flexibilität eingebaut sein muss.
4. Der Punkt Wettbewerbsfähigkeit heißt, dass diese Flexibilität nicht beliebig viel kosten darf, d. h., Flexibilität darf nicht mit Redundanzen respektive Überkapazitäten „erkauft" werden.
5. An die Stelle einer einmaligen Momentbetrachtung muss die Institutionalisierung einer dynamischen Betrachtungsweise treten.

Der Begriff Flexibilität indiziert eine Reaktionsfähigkeit. Damit eine Veränderung eintreten kann, ist es unabdingbar, dass ein beschriebener Zustand besteht. Dieser Zustand soll als Positionierung bezeichnet werden. Diese Positionierung adressiert bestimmte Absatzziele und erfordert eine Leistungsbereitschaft zur Erfüllung dieser Ziele. Die kombinierte absatzseitige und erstellungsseitige Flexibilität wird im Modell unter dem Begriff strategische Flexibilität zusammengefasst. Diese ermöglicht die repetitive Besetzung von Wettbewerbsvorteilen. Übersicht 1 fasst diese Begriffe in einem Bezugsrahmen zur strategischen Flexibilität zusammen.

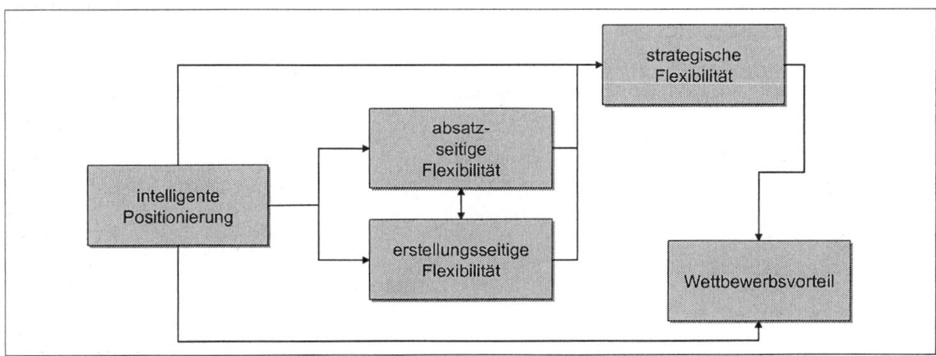

Übersicht 1: Bezugsrahmen „strategische Flexibilität"

Traditionell konzentrierte sich das **Management von produzierenden Unternehmen** auf zwei grundsätzliche Aufgabenstellungen. Einerseits muss ein Absatz erzielt respektive gesichert werden (Marktseite), andererseits muss dieser Absatz mit einem möglichst geringen Ressourceneinsatz erzielbar sein (Leistungserstellungsseite). Chandler stellt in der Beschreibung des Entstehens des modernen Großunternehmens ab 1850 denn auch Investitionen in Distribution und Produktion als zentral für den Erfolg des Massenproduktionsmodells heraus (Chandler 1977, 1990).[1] Auf stabilen, von Verkäufern geprägten Märkten ließ sich eine einzuhaltende Flexibilität ohne Schwierigkeiten planen. Das dynamischer werdende Umfeld sorgte aber dafür, dass die Volatilität der Märkte mit dieser Flexibilität nicht mehr bewältigbar war. Mehr und mehr resultierten Marktbedürfnisse und Nachfragesituationen, die mit der vorgehaltenen Kapazität (respektive Kompetenz) nicht wettbewerbsfähig adressiert werden konnten (siehe Übersicht 2).

Die Betrachtung der Markt- (respektive Absatz-) und der Erstellungsseite ist für ein produzierendes Unternehmen nach wie vor zweckmäßig und entspricht der Unterscheidung anderer Autoren. Ansoff z. B. spricht von externer und interner Flexibilität (Ansoff

[1] Als drittes Element führt er die Professionalisierung des Managements ins Feld. Die „invisible hand" des Markts wird durch die „visible hand" des Managers in der Koordination ökonomischer Aktivitäten abgelöst.

1975), Aaker (1984) erwähnt als Ansätze, um mit Unsicherheit umzugehen, Diversifikation (marktseitig) sowie Investitionen in unterausgelastete Assets und Reduktion von Spezialisierung, währenddem die von Gerwin identifizierten Flexibilitätsdimensionen,[1] sich als allgemeine Ansätze auf Umfeldsicherheiten antworten zu können, verstehen lassen und sich je nach Perspektive der Markt- oder der internen Perspektive zuordnen lassen. Die bewusste Berücksichtigung der Flexibilität auf der Absatzseite entspricht einem proaktiven Ansatz; Flexibilitätspotenziale, die intern bereit gestellt werden, helfen, auf unerwartete Entwicklungen wettbewerbsfähig reagieren zu können. Natürlich schafft eine hohe erstellungsseitige Flexibilität aber auch Chancen, schnell am Markt zu sein.

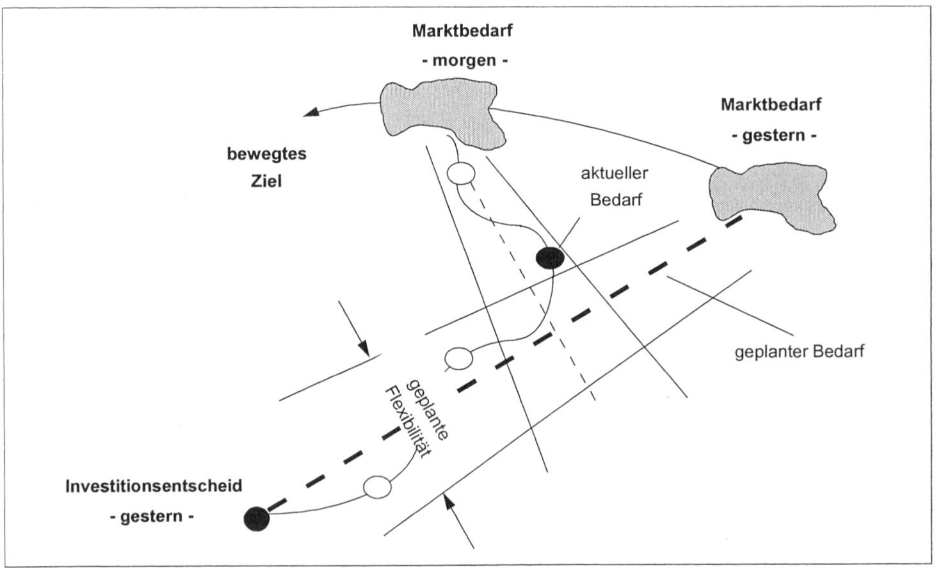

Übersicht 2: Dynamisierung des Umfelds

Es erscheint als logisch, dass „**strategische Flexibilität**" heute mehr denn je entscheidend ist. Strategische Flexibilität ist eine Antwort auf **Umweltunsicherheiten** (Gerwin 1993). Diese sind heute vielfältiger und unberechenbarer in ihrer Natur (Bleicher 1992; Hitt/Keats/DeMaire 1998; D'Aveny 1994; Bettis/Hitt 1995; Kunz 2002). Trotz allem ist die explizite Auseinandersetzung mit dem Flexibilitätsthema bis jetzt nicht auf breiter Front vertreten. Dies hängt auch mit dem Potenzialcharakter von Flexibilität sowie Problemen bei der Messbarkeit der Resultate zusammen. Dazu kommt, dass zwischen den

---

1 Vgl. hierzu Gerwin (1993), der folgende Kategorien identifiziert: mix flexibility, changeover flexibility, modification flexibility, volume flexibility, rerouting flexibility und specification flexibility.

verschiedenen Kategorien von Flexibilität sowie Flexibilität und anderen strategischen Zielen des Unternehmens Trade-offs bestehen können. Diesen Schwierigkeiten soll in der Folge bei der Identifikation von Flexibilisierungsansätzen auf Ebene des Marktabsatzes und der Leistungserstellung Rechnung getragen werden. Als erstes soll das Umfeld, wie es sich produzierenden Unternehmen heute darstellt, in den wichtigsten Punkten dargestellt werden, um daraus und aus den Charakteristika der Unternehmen die Herausforderungen ableiten zu können. In Abschnitt 2.4 wird dann diskutiert, was für Ansätze zur Erreichung strategischer Flexibilität zur Verfügung stehen. Hier wird das Instrument der operativen Allianz als eines der am meisten Erfolg versprechenden weiter detailliert.

2.3 Das heutige Umfeld produzierender Unternehmen

Positionierungsdefizit, Differenzierungskrise

Die volatilen Märkte haben dazu geführt, dass das Denken in der produzierenden Industrie oft ein reaktives und auslastungsorientiertes ist. Eine aktuelle Befragung (Friedli/ Knecht 2002) zum Zustand der produzierenden Zulieferindustrie in der Schweiz bestätigt diese Einschätzung. Ca. 80 % der antwortenden Unternehmen sehen keine Beeinflussungsmöglichkeiten von Industrieentwicklungen. Die Projekte haben des Weiteren gezeigt, dass auch Unternehmen, die eine Strategie entwickeln, diese „im Tagesgeschäft" oft nicht umsetzen. Außerdem besteht in vielen Branchen die Gefahr, dass man versucht, sich durch Preissenkungen mehr Aufträge zu sichern. In der Summe führt dies oft zu für ganze Branchen schädlichen Preiskämpfen, insbesondere bei wenig preiselastischen Märkten. In der gleichen Befragung schätzen über 85 % der Zulieferer den Preis als Wettbewerbsmittel von eher hoher bis sehr hoher Bedeutung ein. Oft werden denn auch den Entscheidungen Kostenführerschaftsüberlegungen zugrunde gelegt. Gerade für produzierende Unternehmen mit Standort Westeuropa ist eine solche Strategie bei den international gesehen hohen Personalkosten kaum erfolgreich verfolgbar. Eine Auswertung der Befragung nach Merkmalen erfolgreicher Unternehmen (definiert über eine überdurchschnittliche Umsatzrendite) zeigt denn auch, dass insbesondere „ausgeprägtere Wettbewerbsvorteile", bessere Kernprozessbeherrschung sowie eine geringere Ersetzbarkeit beim Kunden erfolgreiche Unternehmen kennzeichnen. Differenzierungsstrategien sind Kostenführerschaftsstrategien überlegen. Die Tatsache, dass in vielen reifen Branchen diese Differenzierung keine rein technologische mehr sein kann,[1] erschwert aber die Suche nach Erfolgspositionen nicht unerheblich.

Fixkostenproblematik, das Dilemma der produzierenden Industrie

Produzierende Unternehmen weisen typischerweise einen hohen Fixkostenanteil auf. Die hohe Kapitalbindung im Anlagevermögen führt oft zu Amortisationszeiten von 10, 15

[1] In reifen Branchen trifft man oft auf „disruptive technologies", d. h., dass eine Differenzierung durch Technologie nur mit einem extrem hohen Aufwand erzielbar ist und diese Differenzierung vom Kunden kaum wahrgenommen wird (Christensen/Raynor/Verlinden 2001).

Jahren und mehr. Um diese Investitionen zu amortisieren, sind konstant hohe Auslastungen der Betriebsmittel notwendig. Die Nutzung hoch effizienter Transferstraßen z. B. stellt dann ein Problem dar, wenn sich der Markt in eine andere Richtung entwickelt. Die Transferstrassen können nur mit Schwierigkeiten für andere Zwecke genutzt werden. Aber auch Investitionen in flexible Fertigungssysteme (FMS) zeigen in vielen Fällen abnehmende und nicht zunehmende Flexibilität.[1] Die im Vergleich zu „Einzweck-Maschinen" dazu kommende Erhöhung der Fixkosten schränkt die Flexibilität zusätzlich ein, da eine gewisse Auslastung gefahren werden muss, um ausreichend Deckungsbeiträge zu erarbeiten. Wenn nun in einem dynamischen Markt die Absatzentwicklung außerhalb der Prognosen liegt, gerät das Unternehmen zwangsläufig in erhebliche Schwierigkeiten.

Bewertungsproblem

Viele produzierende Unternehmen sind heute von Banken und Aktienmärkten abhängig. Die Beurteilungskriterien, die angelegt werden, um zu entscheiden, ob ein produzierendes Unternehmen noch kreditwürdig ist, sind dabei oft zu einfach. Gerade Kennzahlen wie der Return on Capital Employed (ROCE) führen dazu, dass suboptimale Entscheidungen getroffen werden. Die Kennzahl lässt sich nur über die Erhöhung des Returns oder die Reduktion des Kapitals steigern. Da je nach der wirtschaftlichen Situation die Reduktion des Kapitals oft einfacher zu erzielen ist als eine Erhöhung des Returns, werden Unternehmen zu Entscheidungen gezwängt, systematisch ihre Fertigungstiefen zu reduzieren. Diese Reduktion geht oft einher mit dem Verlust von zum Teil wettbewerbskritischen Ressourcen.[2]

Globalisierungsproblem

Die zunehmend globaler werdende Konkurrenz macht vielen Unternehmen zu schaffen. Der starke Druck auf die Kosten führt unter anderem zu eindimensionalen Verlagerungs-Entscheidungen oft mit schwerwiegenden Einschränkungen der betrieblichen Flexibilität und nicht beabsichtigten Effekten, wie dem damit verbundenen Abbröckeln der regionalen Lieferantenbasis, was solche Entscheide nur schwer reversibel macht.

Volatile Märkte

Seit Jahren spricht man von der zunehmenden Dynamisierung der Unternehmensumfelder. Marktentwicklungen werden immer schwieriger prognostizierbar. Der Wandel hin zum Käufermarkt und die immer einfacher verfügbaren Informationen über alternative Bezugsquellen haben zu zunehmender Unsicherheit geführt. Es sind nicht nur mengenmäßige Schwankungen, die den Unternehmen zu schaffen machen, sondern auch die

---

1 Jaikumar (1986) drückt das folgendermaßen aus: „With few exceptions, the flexible manufacturing systems installed in the United States show an astonishing lack of flexibility".

2 Christensen/Raynor/Verlinden (2001) führen dies insbesondere für reife Märkte aus, in denen technologische Differenzierungen kaum mehr möglich sind und sich die Wettbewerbsvorteile in der Wertschöpfungskette nach hinten verlagert haben. D. h., andere Komponenten werden wettbewerbskritisch nicht mehr das Endprodukt als solches. Beispiel dafür ist z. B. der PC Markt, indem die hohen Margen bei Prozessor- und Betriebssystemherstellern liegen.

verstärkt auftretenden Änderungen in den geforderten Leistungsinhalten von Kundenseite her. Der Sättigung in traditionellen Absatzmärkten wird zusätzlich mit einem qualitativen Wachstum in den Unternehmen begegnet, d. h., die Produktvarianten nehmen tendenziell zu (Schuh/Schwenk 2001).

Einsatz und Auswirkung IT – Move to the middle

Die moderne Informationstechnologie nimmt heute die Rolle ein, die der Telegraf und die Eisenbahn beim Entstehen der modernen Großunternehmen gespielt hatten (Chandler 1977). Die Informationstechnologie revolutioniert die Wirtschaft. Koordinationskosten werden niedriger, ohne dass dabei die Transaktionskosten merklich steigen würden (Clemons/Reddi/Row 1993). Dies bedeutet, dass vertikale Integrations- respektive reine Marktlösungen zu Gunsten von Kooperationslösungen an Bedeutung verlieren. Die Informationstechnologie ist heute für die produzierende Industrie Ermöglicher und Herausforderung zu gleich. Die z. B. in der Automobilindustrie vermehrt eingesetzten elektronischen Marktplätze lösen nicht nur Freude, sondern auch Ängste bei produzierenden Lieferanten aus.

Trade-offs in der produzierenden Industrie

Die produzierende Industrie ist klassisch durch eine Vielzahl von Trade-offs in den Zielsetzungen gekennzeichnet, die die Komplexität der Entscheidungsfindung regelmäßig erhöhen. Skinner führt das Beispiel an, dass ein Produktionssystem ähnlich wie ein Haus oder ein Auto so entworfen werden kann, dass es einige Aufgaben gut erfüllt, aber nur auf Kosten anderer Aufgaben (Skinner 1969). Zu diesen Trade-offs gehören: Flexibilität vs. Produktivität, Standardisierung vs. kundenorientierte Produktion, hohe Auslastung vs. Durchlaufzeit-Minimierung, etc.[1]

Zusammenfassung

Unten stehende Übersicht 3 zeigt die wesentlichen Charakteristika produzierender Unternehmen im Überblick.

Während ein großer Veränderungsdruck auf produzierenden Unternehmen lastet, wirken sich verschiedene Restriktionen hemmend auf den Wandel aus. Dazu gehören Aspekte wie Abhängigkeit von Banken- und Kapitalmarktbewertungen, etablierte Routinen, Positionierungsdefizite und die hohe Komplexität des produzierenden Unternehmens, die sich in verschiedenen Trade-offs und hohen Fixkosten äußert.

---

1 Vgl. hierzu insbesondere auch Skinner (1974). Diese grundsätzlichen Trade-offs konnten auch durch Ansätze wie „Mass Cusotmization“ (Pine 1994) nur reduziert, aber nicht eliminiert werden.

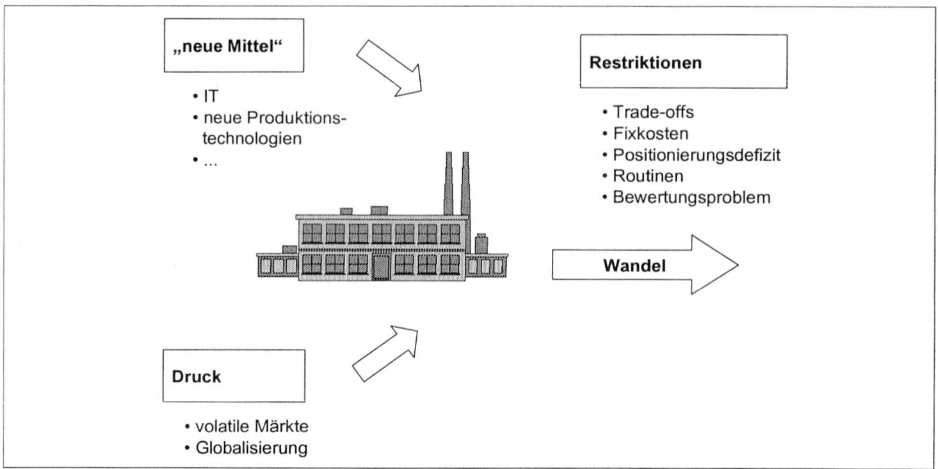

Übersicht 3: Charakteristika produzierender Unternehmen

2.4 Strategische Flexibilität heute

Zunehmend hat sich gezeigt, dass sich im heutigen Umfeld eine Betrachtung über die Unternehmensgrenzen hinweg aufdrängt, will man zur Erreichung von Flexibilität nicht seinen Lösungsraum von vornherein entscheidend eingrenzen. Die Diskussionen, die seit 1993 über virtuelle Unternehmen und virtuelle Fabriken geführt werden, stellen den Flexiblitätsgedanken teilweise in den Vordergrund, diskutieren ihn aber schwergewichtig mit Blick auf das Gesamtnetzwerk und weniger bezogen auf das beteiligte Einzelunternehmen (z. B. Schuh/Millarg/Göransson 1998). Gerade weil das Risiko von Investitionen bei produzierenden Unternehmen durch die volatilen Märkte in jüngerer Vergangenheit stark gestiegen ist, scheint die Zusammenarbeit mit anderen Unternehmen unter Risikooptimierungsgesichtspunkten höchst vielversprechend zu sein. Für einen bewussten **Einbezug der Kompetenzen und Kapazitäten** anderer Unternehmen spricht Folgendes:

- reduziertes Risiko,
- höheres Potenzial,
- Erweiterung der Perspektive,
- höhere Reaktionsgeschwindigkeit und
- komplettere Lösungen.

Insgesamt resultiert eine klare Multiplikation der verfügbaren Möglichkeiten, ohne dies durch ein entsprechendes Investment in eigene Kapazitäten und Kompetenzen erkaufen zu müssen.[1] Auf der Marktseite hat sich in jüngerer Zeit die Betrachtung von einer klassischen Diversifikationsstrategie auch unter dem Einfluss der „Konzentration auf Kernkompetenzen"-Debatte weg verlagert zu einem bewussteren Management industrieller Dienstleistungen (IDL) (z. B. Simon 1993; Oliva/Kallenberg 2002; Lay/Jung 2002). Auch wenn dieser Schritt vordergründig nicht aus Flexibilitätsüberlegungen gemacht wird, leistet er in Summe genau diesen Effekt. Die Erbringung von industriellen Dienstleistungen ist weniger zyklisch als das Kerngeschäft und auch andere der typischerweise angeführten Potenziale von industriellen Dienstleistungen, wie z. B. das Diffusionspotenzial, d. h., dass über industrielle Dienstleistungen der Zugang zu neuen Märkten gewonnen werden kann und damit die Umsatzbasis ausgeweitet wird, das Ertragspotenzial, d. h., neben dem Gewinn aus dem Stammgeschäft wird ein neuer Umsatz- und Gewinnträger in Form der IDL positioniert, das Kundenbindungspotenzial, d. h., die Abhängigkeit des Unternehmens kann damit in gewissen Bereichen eingeschränkt werden, etc., adressieren einen Flexibilitätszugewinn (siehe Übersicht 4).

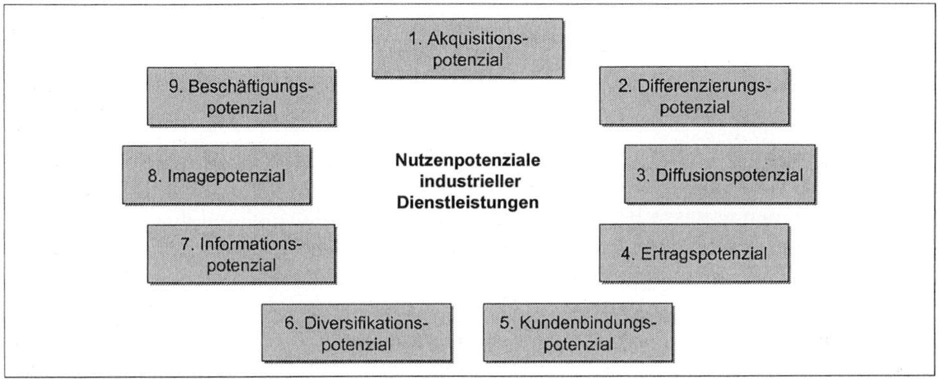

Übersicht 4: Potenziale industrieller Dienstleistungen

Die Professionalisierung des Managements industrieller Dienstleistungen erfreut sich im Moment in Wissenschaft und Praxis wachsender Beliebtheit. Nach wie vor bleiben die strategischen Absichtserklärungen regelmäßig hinter den zum Aufbau dieses Themas zur Verfügung gestellten Ressourcen zurück.

Beide Ansätze, das Eingehen von Kooperationen und die Ausweitung des Angebots an industriellen Dienstleistungen, wenn ausreichend professionell gemacht, erhöhen die strategische Flexibilität des produzierenden Unternehmens.

---

1 Natürlich bringt die Schaffung der Kooperationsvoraussetzungen auch Investitionserfordernisse mit sich, aber in weit geringerem Ausmaße.

2.5 Kooperationen zur Erhöhung der strategischen Flexibilität

Wie unter Abschnitt 2.4 gezeigt wurde, kann ein Management über die Unternehmensgrenzen hinweg die strategische Flexibilität eines Unternehmens erhöhen. Durch den Zugriff auf Kompetenzen und Kapazitäten, die nicht selbst aufgebaut werden müssen, sind situationsspezifische Kombinationen zur vollständigen und schnellen Erfüllung von Kundenanforderungen denkbar. Kooperationen, die direkt zu diesem Zweck aufgebaut wurden, möchten die Autoren in der Folge als operative Allianzen bezeichnen. Der Begriff wird in Abschnitt 3 erläutert.

3. Die operative Allianz

3.1 Das Management von Kooperationen

Der zunehmenden Bedeutung von Kooperationen[1] steht eine hohe Misserfolgsquote gegenüber (z. B. Spekman/Isabella/MacAvoy 2000). Kooperationen weisen gegenüber Einzelunternehmen gewisse Besonderheiten auf, die das Management erschweren (siehe Übersicht 5) (vgl. hierzu auch Friedli 2000).

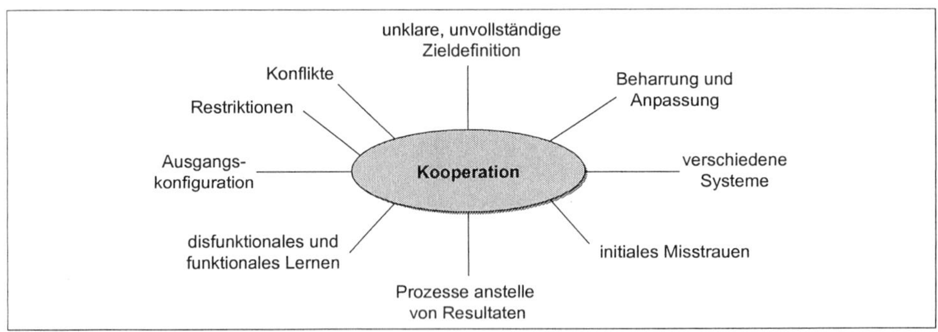

Übersicht 5: Besonderheiten von Kooperationen

[1] Diese Bedeutungszunahme ist nicht nur theoretisch ableitbar. Dyer/Kale/Singh (2001) sprechen davon, dass die Top 500 der amerikanischen Unternehmen durchschnittlich jeweils 60 bedeutende strategische Allianzen managen.

Zu Beginn einer Kooperation stellt man oft unvollständige und unklare Zieldefinitionen der einzelnen Partner fest. Der Klärung der Strategie und der Positionen wird deshalb in der Literatur und in der Praxis große Bedeutung zugemessen. Die angewandten Verfahren greifen in der Regel aber zu kurz und täuschen nur Klarheit vor. Vor allem bei Partnern, die das erste Mal in der geplanten Zusammensetzung zusammenarbeiten, werden Bedenken vorherrschen, die „wirklichen" Ziele offen zu legen, respektive den von anderen geäußerten Zielen Glauben zu schenken.

In Kooperationen trifft man sowohl auf beharrende wie auf anpassende Kräfte (Doz 1996; Hannan/Freeman 1984). Einzelunternehmen bringen ihre Routinen, ihre in den alten Strukturen verankerten Prinzipien und Funktionsweisen mit in die Kooperation ein. Es liegt in der Natur des Menschen, lieber in Bekanntem und Vertrautem zu arbeiten als sich mit Neuem auseinanderzusetzen, dadurch entsteht ein Spannungsfeld, dem besondere Beachtung zu schenken ist. Man stellt außerdem fest, dass – trotz theoretischer Synergiepotenziale – nur ein Bruchteil dieser Potenziale auch wirklich in Effizienzvorteile umgesetzt werden kann. Insbesondere, wenn von Anfang an an Projekten gearbeitet wird, die hoch interdependent sind, ohne eine ausreichende Vertrauensbasis geschaffen zu haben (systemische Innovationen etc.), wird es nicht gelingen, die verschiedenen Systeme innerhalb der Kooperation zu einem neuen, für die entsprechende Aufgabe optimalen System zu vereinen. Die einzelnen Partner werden in der Regel ihre eigene Arbeitsweise auf die Partnerorganisation projizieren und in ihren Erwartungen enttäuscht werden.

Immer, wenn mit neuen Partnern zusammengearbeitet wird, muss eine Vertrauensbasis aufgebaut werden. In dieser Situation werden auf Basis kleiner Ereignisse sofort Rückschlüsse gezogen, die für die Kooperation höchst disfunktional sein können.

Obwohl es immer wieder versucht wird, kann eine Kooperation nicht durch zu erwartende Resultate charakterisiert werden, da diese kaum im Voraus bestimmbar sind. Die Kooperation basiert auf den Prozessen, die darin ablaufen.[1] Dies sind einerseits wertschöpfende Prozesse wie die Leistungserstellung an sich, aber auch soziale Prozesse, die die Art der Zusammenarbeit determinieren.[2]

Eine Kooperation wird durch Lernprozesse geprägt. Annahmen werden im Laufe der Prozesse geprüft, als richtig befunden oder eventuell angepasst. Disfunktional ist das Lernen dann, wenn die Beurteilung der Leistung des Kooperationspartners durchgehend negativ ausfällt. In so einem Fall lernt der enttäuschte Kooperationspartner nicht zu kooperieren, sondern wird alle Schnittstellen auf ein Minimum zu reduzieren versuchen.

Die Bedeutung der Ausgangskonfiguration einer Kooperation wird im Allgemeinen in der Literatur überschätzt. Einzelne Autoren scheinen der Meinung zu sein, dass die rich-

---

1 Vgl. hierzu Kanter (1994), die als eine von drei fundamentalen Eigenschaften von Allianzen die Veränderung über die Zeit ansieht.

2 Dieser Punkt sollte aber keinesfalls in die Richtung interpretiert werden, dass für Kooperationen keine Ziele gesetzt werden sollten. Ziele sind für die Aufrechterhaltung der Motivation unerlässlich. Man sollte sich aber bewusst sein, dass sich im Laufe der Zusammenarbeit die Ziele verändern können.

tige Wahl der Partner, der richtige Fit sowie eine klare gemeinsame Strategie die Kooperation bereits zum Erfolg macht (vgl. dazu z. B. Bronder/Pritzl 1992; Marxt 2000). Damit wird der Prozesscharakter der Kooperation ausgeblendet. Eine Kooperation kann in kurzer Zeit ihren Charakter völlig verändern. Es ist auch möglich, dass durch die Zusammenarbeit an konkreten Aufträgen Bedürfnisse aufkommen, die in der Grundkonfiguration nie vorgesehen waren. Falls es gelingt, funktionales Lernen zu fördern, wird sich die Form der Kooperation im weiteren Verlauf immer mehr von der Ausgangskonfiguration weg bewegen.

Eine der am meisten bestimmenden Faktoren in Kooperationen sind Restriktionen. Restriktionen stammen dabei aus verschiedensten Quellen. In Kooperationen sind die auftretenden Restriktionen vieldimensionaler als im Einzelunternehmen. Neben innerbetriebliche Faktoren treten die in die Zusammenarbeit eingebrachten, zum Teil sich grundsätzlich widersprechenden Vorstellungen, strategischen Ausrichtungen, versteckten („hidden agendas") und offenen Absichten der Einzelunternehmen. Diese Restriktionen verhindern in der Regel das Entstehen der rationalsten und ökonomisch sinnvollsten Organisation der Kooperation. Der Aufbau einer Kooperation ist weit gehend ein Management der diversen Restriktionen aus den einzelnen Unternehmen und Unternehmensumfeldern.

Die kurze Aufzählung der Besonderheiten von Kooperationen lässt unmittelbar einsichtig werden, dass sich die Herausforderungen des Managements von Kooperationen kaum auf einer rein technischen Ebene bewältigen lassen. Das Management von Kooperationen erfordert das schrittweise Schaffen von Voraussetzungen, um überhaupt kooperieren zu können.

In Summe handelt es sich um eine hochkomplexe Managementaufgabe, die sich vor allem mit der in Kooperationen inhärenten Dynamik auseinandersetzen muss.

3.2 Definition und Wesen

Eine operative Allianz ist ihrem Wesen nach darauf ausgerichtet, die Wettbewerbsfähigkeit eines Unternehmens durch Zugriff auf einen Ressourcenpool (im Sinne von Kapazitäten und Kompetenzen) anderer Unternehmen sicherzustellen. Kennzeichnend für operative Allianzen sind einerseits **flexible Kombinationen entlang der Supply Chain** sowie unter Umständen auch das gezielte **Poolen von Ressourcen** auf gleicher Fertigungsstufe. Die operative Allianz ist darauf ausgerichtet, unter Aufrechterhaltung der eigenen Identität optimal auf den Kunden zugeschnittene Leistungen zu bieten, ohne diese über eigene Ressourcenvorhaltung sicherstellen zu müssen. Im Zentrum steht nicht die kooperative Adressierung eines klar umrissenen Ziels, sondern das bewusste Schaffen von Voraussetzungen, um bei Bedarf kooperieren zu können. Nicht ein diffus definiertes gemeinsames Kooperationsziel ist der Maßstab für den Erfolg des Vorhabens, sondern die Unterstützung der jeweils unternehmensspezifischen Ziele. Die operative Allianz hat einen strategischen Charakter, aber nicht bezogen auf die Gesamtkooperation, sondern bezogen auf die individuellen Unternehmensziele. Übersicht 6 zeigt eine Gegenüberstellung der operativen Allianz und klassischen Kooperationsformen. Die Gegenüberstellung erfolgt angelehnt an Eisenhardt (2000), die sich aber auf die Zusammenarbeit von Teilen eines multi-divisionalen Unternehmens bezieht.

	herkömmliche Kooperation	operative Allianz
Entstehung	reaktiv auf erkannte Opportunität	proaktiv, als Voraussetzung Opportunitäten zu adressieren
Form der Kooperation	feste Verbindung, definiertes Ziel	aktivierbare, sich über den Zeitablauf verändernde Verbindungen
Ziele	Marktmacht, Marktanteilssteigerung, neuer Markt	Agilität, „Economies of Scope", Risikoreduktion
interne Dynamik	Zusammenarbeit	Zusammenarbeit und Wettbewerb
Fokus	Kooperationsziel	Kooperationspotenzial
Rolle des Einzelunternehmens	Kooperation pushen	Umfeld für die Kooperation schaffen
Anreize	unterschiedliche	Individuelle Unternehmensziele
Kennziffern	Vergleich zum Budget	Vergleich zur Konkurrenz

Übersicht 6: Die operative Allianz

Die operative Allianz fasst verschiedene neue Kooperationsformen zusammen, wie sie z. B. auch von Schuh (2002) beschrieben werden. Er identifiziert drei Referenzstrategien für das heutige Umfeld, die den Kooperations- respektive, wie er es nennt, den Kollaborationsgedanken direkt adressieren. Die Strategien bezeichnet er als **Technology-Leverage-Strategie**, **Innovation-Leverage-Strategie** und **laterale Strategie**. Immer geht es dabei um die gezielte Verstärkung eigener Einzigartigkeiten durch das Schaffen von Voraussetzungen in Wertschöpfungsnetzwerken. Weiteres Indiz für die zunehmende Bedeutung von solchen Zusammenarbeitsformen ist, dass auch Unternehmen, die traditionell eher im Alleingang gearbeitet haben, zunehmend auf externe Ressourcen zugreifen. So beschreibt z. B. der frühere BMW-Vorstandsvorsitzende Milberg (2002), wie BMW gezielt auf Fremdressourcen zugreift, um die notwendige Agilität zu erreichen.[1] Kennzeichnend für diese Kooperationen ist, dass sich die Kooperationen immer auf zu lösende Aufgaben beziehen und nicht mit finanziellen Verflechtungen verbunden sind. Damit fallen auch diese Kooperationen unter den Begriffsinhalt der operativen Allianz.

Zwei aktuelle Beispiele aus Projekten der Autoren sollen an dieser Stelle den Charakter von operativen Allianzen nochmals verdeutlichen.

Ein Automobilzulieferer sieht seine Marge unter Druck geraten. Seine strategischen Überlegungen führen ihn zu der Überzeugung, dass diese Entwicklung nur aufgehalten

[1] Ein anderes Beispiel aus der Automobilindustrie ist die kürzlich vereinbarte Zusammenarbeit zwischen PSA und Toyota, die zusammen eine Automobilfabrik errichten, um dort gemeinsam ein Kleinauto zu produzieren.

werden kann, wenn er zukünftig in der Lage sein wird, dem Kunden bei Bedarf kompletere und besser auf seinen Verwendungszweck abgestimmte Lösungen zu bieten. Im Bereich von Scheibenwisch- und Scheinwerferreinigungsanlagen will er sich vom angebotenen Leistungsumfang her von den Einzelbau- und Zusammenbauteilen (Stufe 4) weg, hin zu Systemen (Stufe 3) bewegen (siehe Übersicht 7).

Aus diesem Grund strebt der Automobilzulieferer eine Kooperation mit einem Konkurrenten um die Systemführerschaft in diesem Bereich an. Übersicht 8 zeigt die erste Analyse der verschiedenen Interessen in diesem Bereich.

Diese Art der Kooperation weist die oben in Übersicht 6 dargestellten Eigenheiten auf. Die Kooperation erfolgt ohne einen direkten Anlass, um proaktiv in die Lage versetzt zu werden, die Position beim Kunden zu verbessern. In der Summe ergibt sich durch die Kooperation eine deutlich höhere Flexibilität. Der Kooperationspartner ist nicht rein ergänzend, sondern konkurriert mit dem Automobilhersteller auch direkt. Die Kooperation hat einen instrumentellen Charakter, um den Automobilhersteller auch langfristig im Geschäft zu halten.

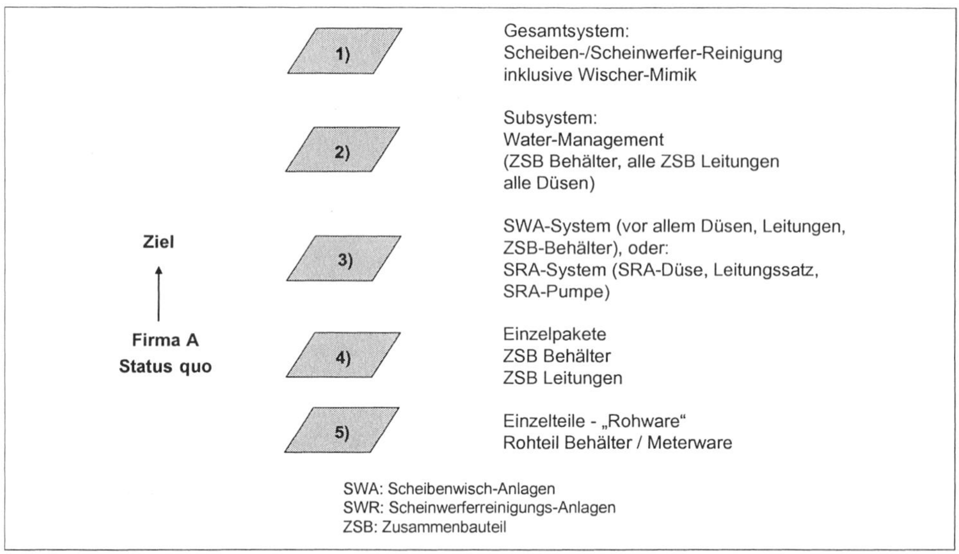

Übersicht 7: Angestrebte Veränderung im Leistungsumfang

Name und Kurzbeschreibung der Kooperation: Kooperation mit Pumpen- und Elektronikspezialist Kurzbeschreibung: Entwicklung und Vermarktung von SWA/SRA-Systemen	
Ziele der Kooperation (durch Partner geteilt)	- Rendite erwirtschaften - Sicherung der Wettbewerbsfähigkeit gegenüber Dritten - Reduzierung der Wettbewerbsintensität - Risikooptimierung - Innovationsschub
Ziele der Firma A	- frühzeitige Positionierung beim OEM - Systemlieferant (Kernkomponenten Behälter, beheizte Schläuche) - Kundenzugang VW/Seat/Skoda/BMW - Reduzierung Abhängigkeiten Bereich X - Vermeidung des Know-how-Aufbaus im Bereich Elektronik - Erhöhung Komfort und Sicherheit im Fahrzeug
Ziele der Firma B (vermutet)	- Systemlieferant (Kernkomponenten Pumpe/Elektronik) - Vermeidung Know-how-Aufbau im Bereich Beheizung/KST-Kompetenz - Kundenzugang im Bereich USA/Frankreich - Ausweitung regionaler Produktionskapazitäten

Übersicht 8: Kooperation Automobilzulieferer - Pumpenlieferant

Ein zweites, etwas anders gelagertes Beispiel ist die **virtuelle Fabrik**. Die virtuelle Fabrik ist ein Unternehmensverbund von regional konzentrierten Unternehmen. Das Ziel des Unternehmensverbunds besteht darin, „gemeinsam die erforderlichen Voraussetzungen aufzubauen, um Marktchancen mit einem kleinen Zeitfenster schnell und effizient identifizieren und kooperativ erschließen zu können" (Schuh/Millarg/Göransson 1998). Im Bedarfsfall schließen sich aus dem Netzwerk die geeignetsten Unternehmen zur Abwicklung der anstehenden Aufgabe zusammen. Nach Erledigung dieses Auftrags löst sich diese Kooperation wieder auf. Das Grundkonzept ist in Übersicht 9 dargestellt.

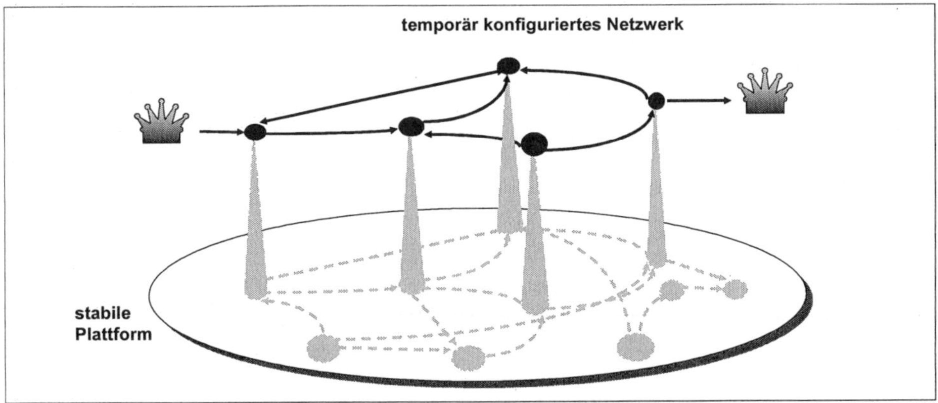

Übersicht 9: Die virtuelle Fabrik – Grundkonzept

Mit diesem Modell wird die traditionelle Vorgehensweise beim Kooperationsaufbau auf den Kopf gedreht. Anstatt auf Basis einer identifizierten Opportunität nach den besten Partnern zu suchen, um in der Folge zuerst einmal die Voraussetzungen für eine erfolgreiche Kooperation klären und in der Folge implementieren zu müssen, wird der zeitkritische Teil des „Voraussetzungsaufbaus" vorweggenommen. Auch die virtuelle Fabrik weist alle Charakteristika einer operativen Allianz nach unserem Verständnis auf.

Die operative Allianz in der dargestellten Form bringt verschiedene Vorteile bezogen auf die eingangs geschilderten Besonderheiten produzierender Unternehmen mit sich. Im Einzelnen sind dies:

- Eine rein reaktive Rolle, wie sie im heutigen Umfeld gerade viele Zulieferunternehmen kennzeichnet, wird zu Gunsten eines proaktiveren Ansatzes aufgegeben. Durch die Erhöhung der strategischen Flexibilität ohne eine übermäßige Investition wird das zur Verfügung stehende Spielfeld für die Unternehmen größer. Strategische Überlegungen werden nicht von vorneherein durch die intern zur Verfügung stehenden Ressourcen eingeschränkt. Sich wandelnde Kundenbedürfnisse können optimal erfüllt werden.
- Die Fixkostenproblematik wird entschärft. Nicht mehr jede Investition, die strategisch wünschbar ist, muss auch getätigt werden, da durch die zur Verfügung stehenden Kompetenzen und Kapazitäten von Partnern derselbe Effekt erzielt werden kann. Es wird möglich, sich auf die Investitionen zu konzentrieren, die für den weiteren Ausbau der eigenen Einzigartigkeiten zentral sind. Damit wird eine Konzentration der Kräfte möglich.
- Der Bewertungsproblematik wird insofern entgegen getreten, als dass die durchschnittlichen Investitionen tendenziell sinken und die Margen über die höherwertigen Geschäfte eher steigen, d. h., Kennzahlen wie der ROCE etc. werden positiv beeinflusst.
- Den Folgen der Globalisierung wird durch mehrdimensionale Überlegungen mit starkem Fokus auf höherwertige Leistungen vom Standort Westeuropa oder USA aus entgegen getreten. Die meist regionale Kooperationsbildung erhöht die Überlebensfähigkeit der einzelnen Unternehmen.
- Die Volatilität der Märkte wird durch ein erhöhtes Verhaltensrepertoire kompensiert. Es wird möglich, auf vielfältigste Entwicklungen erfolgsversprechender reagieren zu können.
- Die Informationstechnologie wird in operativen Allianzen zur Unterstützung und Erleichterung der Zusammenarbeit systematisch eingesetzt, wobei gilt, dass die IT-Lösung so einfach wie möglich sein sollte.
- Durch die Möglichkeit, Kompetenzen und Kapazitäten verschiedener Unternehmen zu kombinieren, wird es möglich, im Unternehmen selbst fokussierter zu arbeiten, d. h., eine Vielzahl von Trade-offs wird damit reduziert.

Als Zusammenfassung sollen an unten stehender Übersicht 10 die Vorteile, die sich durch operative Allianzen für das Einzelunternehmen ergeben, nochmals aufgezeigt werden.

Die operative Allianz als Instrument erlaubt es den Unternehmen, systematisch in Richtung intelligenter Geschäftsmodelle zu steuern, indem die Bereiche „Verzetteln", d. h., das Unternehmen weist ein Verhaltensrepertoire auf, das für die Volatilität des Umfelds zu groß ist, und „Gambling", d. h., das Verhaltensrepertoire ist zu klein, um mit den Umfeldentwicklungen mitzuhalten, bewusst gemieden werden. Unternehmen, die bis anhin zu hohe Flexibilitäten aufwiesen, wird durch das systematische Aufbauen von Kooperationspotenzialen die Chance gegeben, sich auf ihre Einzigartigkeiten zu konzentrieren; Unternehmen, die zu wenig Flexibilität aufwiesen, gewinnen diese durch den Zugriff auf Fremdkapazitäten und -kompetenzen.

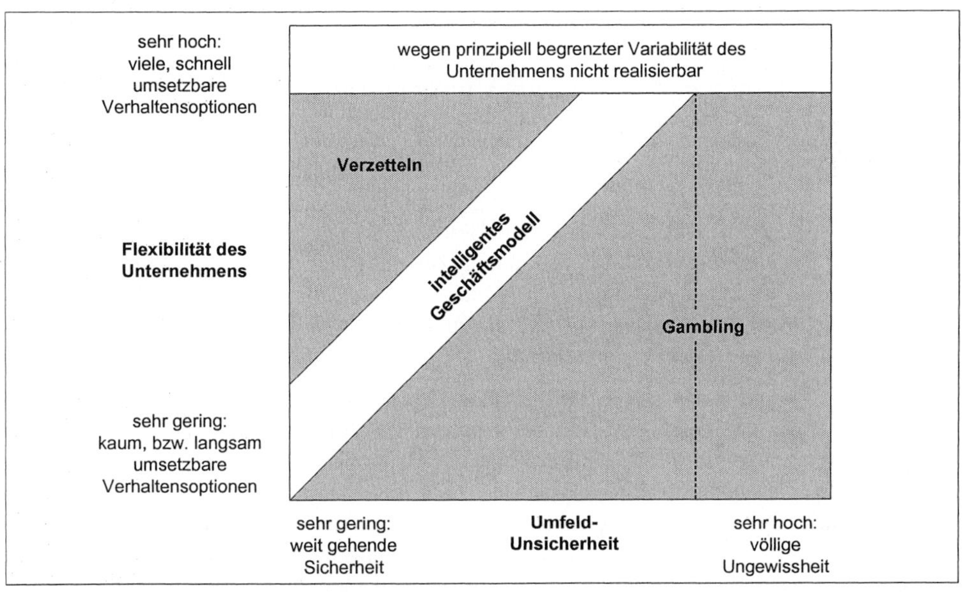

Quelle: In Anlehnung an: Knecht/Friedli 2002.

Übersicht 10: Intelligente Positionierungen

3.3 Gestaltungshinweise

Die bisherigen Ausführungen zeigen zwar, dass zur Erreichung einer adäquaten strategischen Flexibilität der Aufbau von operativen Allianzen höchst erfolgsversprechend ist. Diese steigende Bedeutung zeigt sich jedoch noch nicht im zu erwartenden Ausmaß in der Unternehmenspraxis. Viele Kooperationen scheitern vollständig oder generieren bei weitem nicht die erwarteten Resultate. In der Wahrnehmung der Autoren hängt dies insbesondere mit falschen Ansätzen zum Aufbau solcher Kooperationen zusammen.

Schwierigkeiten werden regelmäßig durch die inhärente Dynamik von Kooperationen und die allgemein hohe Komplexität geschaffen.[1]

Erfolgsversprechende Gestaltungsansätze müssen die unter Abschnitt 3.1 geschilderten Besonderheiten berücksichtigen. So sollte der Fokus verstärkt auf das eigentliche Management der Kooperation und nicht alleine auf die Auswahl der „idealen Partner" gelegt werden (vgl. auch Child/Faulkner 1998). Doz weist darauf hin, dass der strategische Rahmen zu überdeterminiert sein kann.[2] Natürlich müssen die Partner mit der entsprechenden Sorgfalt ausgewählt werden. Probleme entstehen dann, wenn davon ausgegangen wird, dass mit der Unterschrift unter die Kooperationsvereinbarung die Arbeit bereits gemacht ist. Damit werden die Dynamik und der Prozesscharakter der Kooperation ausgeblendet. Übersicht 11 zeigt exemplarisch die Zyklen des Lernens, die in Kooperationen durchlaufen werden (Doz 1996). Die einmal vereinbarten Ausgangsbedingungen verändern sich im Zeitablauf, basierend auf den Erfahrungen, die in der eigentlichen Zusammenarbeit gemacht werden. Regelmäßig wird von allen Partnern überprüft, wie effizient die Zusammenarbeit abläuft, wie anpassungsfähig der Partner ist, aber auch wie ausgeglichen sich das Ganze gestaltet. Ausgeglichenheit in diesem Zusammenhang heißt nicht, dass jeder den gleichen Nutzen aus der Zusammenarbeit ziehen muss, sondern bedeutet, dass alle Partner idealerweise den Eindruck haben, dass sie in Bezug auf ihre Leistung für die Kooperation einen adäquaten Nutzen haben. Die Evaluation führt in der Folge zu Anpassungen in den Verhaltensweisen. Diese Lernprozesse können zu ständigen Optimierungen der Zusammenarbeit führen, können aber auch darin resultieren, dass die Zusammenarbeit frühzeitig beendet oder auf eine Minimalversion eingefroren wird.

Eine weitere Gefahr der starken Betonung der Ausgangskonfiguration ist im typischen Motivationsverlauf von Kooperationen zu sehen. Der Prozesscharakter kann aber die ideale Ausgangskonfiguration in der Folge rasch einholen. Die oben beschriebenen Lernprozesse können bei ungenügender Definition der Schnittstellen zwischen den Partnern, respektive bei einem wenig ausgeprägten Verständnis für die Abläufe bei den Kooperationspartnern, zu Aversionen und Missverständnissen führen, was in eine Blockade der gesamten Kooperation münden kann. Im Vorfeld einer Kooperation ist als Konsequenz mehr auf die Vermittlung der möglichen Dynamik zu achten und sind Möglichkeiten zu suchen, das Verständnis für den Partner zu vertiefen. Eine realistischere Einschätzung der Kooperation zu Beginn kann helfen, die Motivation für die Zusammenarbeit längerfristig auf stabilem Niveau zu halten. Übersicht 12 zeigt typische Motivationsverläufe, einmal für den Fall mit idealtypischer Ausgangskonfiguration und ohne entsprechenden Managementsupport in der eigentlichen Betriebsphase und einmal für den Fall mit realistischer Ausgangskonfiguration.

---

[1] Eine Studie des Fraunhoferinstituts für Systemtechnik und Innovationsforschung zur Verbreitung und Nutzen von Produktionsnetzwerken im Verarbeitenden Gewerbe zeigt, dass nur wenige Betriebe auf Netzwerke mit mehreren Partnern setzen (knapp 8 %), aber doch fast die Hälfte an Produktionskooperationen beteiligt sind.

[2] „The strategic context can be overly deterministic both in substance, e.g., trying to specify prematurely exactly how the alliance ought to succeed and where it fits, precisely, in the strategy of the partner, and in frame, ..." (Doz 1996).

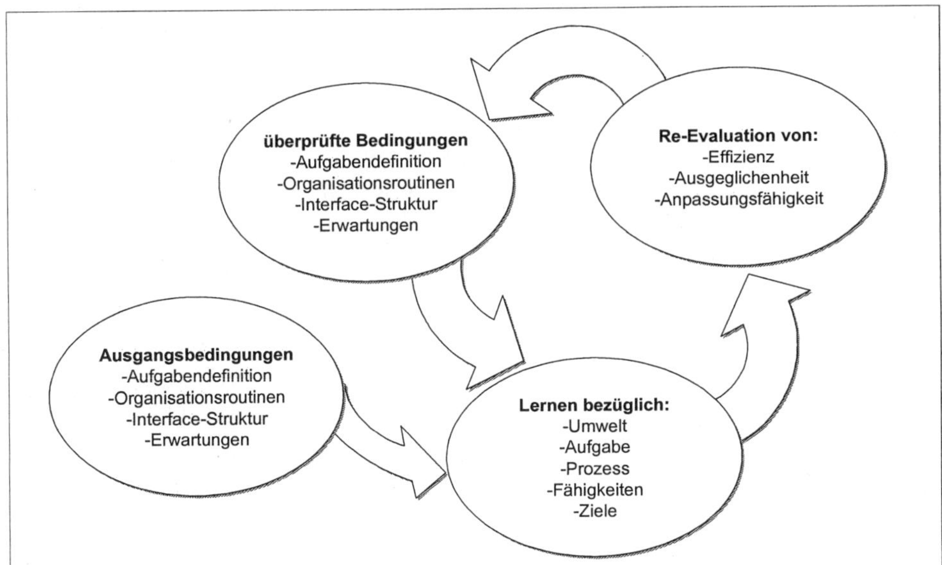

Quelle: Doz 1996.

Übersicht 11: Die Kooperation als Prozess

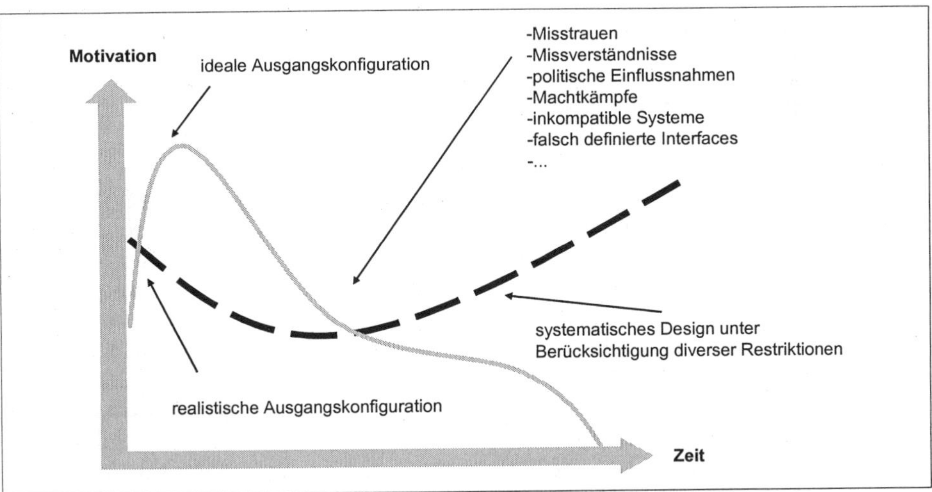

Übersicht 12: Motivationsverläufe in Kooperationen

Zur Vermittlung der Komplexität und Dynamik von Kooperationen haben die Autoren ein Modell entwickelt, das die Besonderheiten von Kooperationen mit berücksichtigt (Übersicht 13) (Friedli 2000).

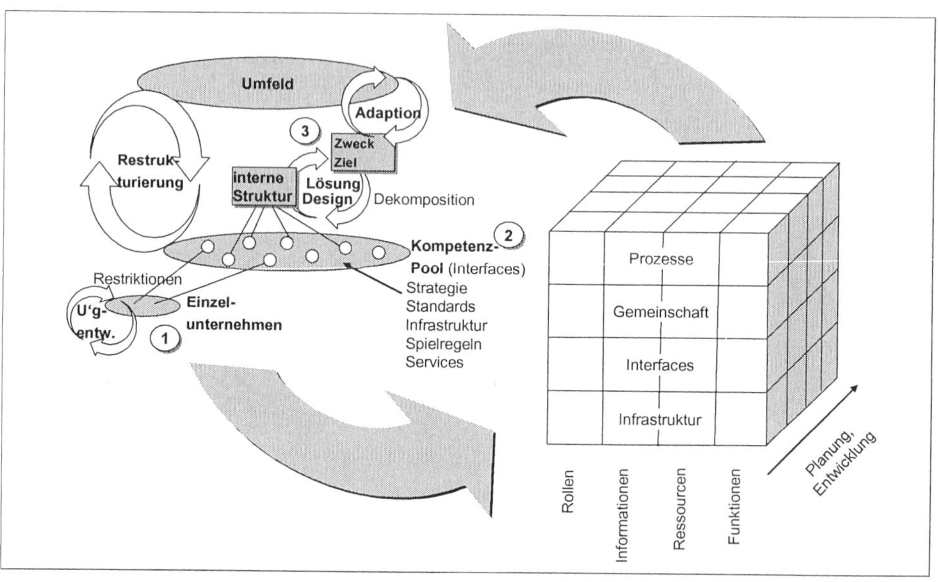

Übersicht 13: Referenzarchitektur für Kooperationen

Um die **Dynamik** und **Statik** abzubilden, wurde ein generisches Modell zur Beschreibung von Kooperationen entwickelt, das insbesondere die Dynamik zeigt und mit einem statischen Modell kombiniert, dass dazu dient, eine für den Start geeignete Ausgangskonfiguration ableiten zu können. Beide Teilmodelle weisen einige Besonderheiten auf, die sie von bestehenden Modellen unterscheiden. Das generische Kooperationsmodell ist weit gehend deskriptiv. Es besteht aus drei Hauptbausteinen, die sich weiter aufgliedern lassen: dem Einzelunternehmen, dem Kompetenzpool und der Kooperation i.e.S. Das Einzelunternehmen mit seiner Strategie, seinen Fähigkeiten etc. muss in Kooperationen auch dann berücksichtigt werden, wenn nur ein Unternehmensteil Bestandteil der geplanten Kooperation ist. Die Routinen und Ziele des Einzelunternehmens werden in die Kooperation hineingetragen und beeinflussen deren Entwicklung. Außerdem gibt es Wechselwirkungen zwischen Kooperation und Einzelunternehmensentwicklung, da durch die Konfrontation mit anderen Weltbildern neue Ideen ins Unternehmen hinein getragen werden können.

Der **Kompetenzpool** ist die zur Erfüllung einer Aufgabe potenziell zur Verfügung stehende Ansammlung von Fähigkeiten. Je nach Art der Kooperation können dies ganz verschiedene Pools sein. In der virtuellen Fabrik Euregio Bodensee beispielsweise handelt es sich dabei um eine stabile Plattform, die aus 20 bis 30 Unternehmen besteht. Im Fall des Automobilzulieferers, der mit dem Pumpenhersteller kooperiert, sind es zwei Unternehmen. Es kann auch eine ganze Region als Kompetenzpool aufgefasst werden.[1] Der Kompetenzpool gehört zur Betrachtung, weil darin Spielregeln, Infrastrukturen, Rahmenvorgaben etc. festgelegt werden, die die entstehende Kooperation maßgeblich beeinflussen. Die Gestaltungsmöglichkeiten von solchen Plattformen sind zum Teil nur ansatzweise vorhanden, nichtsdestotrotz muss aber deren Entwicklung berücksichtigt werden.

Die Kooperation i.e.S. ist die Kooperation, die sich schließlich zur Erfüllung der anstehenden Aufgabe formiert.

Die drei Hauptbestandteile operieren in einem Unternehmensumfeld, das sich ebenfalls weiterentwickelt. Die verschiedenen Pfeile in Übersicht 13 weisen auf die hohe Dynamik, die Kooperationen inhärent ist, hin.

Das statische Modell stellt Prozesse an die erste Stelle der Architektur. Damit wird bewusst Abstand genommen von einem mechanistisch-technokratischen Gestaltbarkeitsdenken. Im Vordergrund steht die Gestaltung von Rahmenbedingungen, in denen sich eine Evolution vollziehen kann. In Kooperationen beeinflussen Prozesse (Meta-Prozesse) die initiale Ausgestaltung einer Gemeinschaft. Die Gemeinschaft ihrerseits ist bestimmend für andere Prozesse (Ablauf- und Strukturprozesse), die wieder auf die Meta-Prozesse zurückwirken. Damit wird Kooperationsmanagement zu einem hoch komplexen Ablauf, der sich mit diversen Iterationen auseinandersetzen muss. Am augenfälligsten wird dies bei der Strategieentwicklung. Die Strategie, im Laufe eines partizipativen Prozesses entwickelt, wird in der Folge dauerndem Druck ausgesetzt sein, je nachdem wie sich der Markt und die Kooperation selbst entwickeln.[2] Eine weitere Besonderheit der Architektur ist die Entwicklungsachse. Sie basiert auf einer modifizierten Form des „General Management Navigators" von Müller-Stewens (Müller-Stewens/Lechner 2003) und soll sicherstellen, dass die Momentaufnahme als Momentaufnahme gesehen wird. Der Gedanke einer sequenziellen Machbarkeit im Sinne der Verfolgung eines Phasenmodells wird fallengelassen. Die Entwicklung der Kooperation wird, orientiert an der vorgestellten Gesamtarchitektur, als fortlaufender Diskussions-Prozess innerhalb einer Gruppe gestaltet. Es ist somit nicht mehr das Modell eines Modellierers, das für eine ganze Kooperation bestimmend werden soll, sondern das Ergebnis eines partizipativen Diskussionsprozesses. Die Zielgerichtetheit des Prozesses wird durch die Vollständigkeit des Modells sichergestellt.[3]

---

1 Prahalad (1998) stellt einen zunehmenden geografischen Fokus von Fähigkeiten fest. Er nennt unter anderem Taiwan für die Herstellung von Computer Monitoren und das Sillicon Valley für die Softwareindustrie. Solche Beispiele gibt es viele und die in solchen Regionen tätigen Unternehmen können durchaus als Kompetenzpools aufgefasst werden.

2 Zu einer detaillierteren Diskussion der verschiedenen Komponenten vgl. Friedli (2000).

3 Vgl. hierzu detaillierter Friedli (2000).

Übersicht 14 zeigt die wichtigsten Erfolgsfaktoren für einen erfolgreichen Kooperationsaufbau. An erster Stelle steht das systematische Schaffen von Begegnungsräumen. D. h., dass sämtliche anstehenden Arbeiten im Rahmen auch der Kooperationsdefinition dazu genutzt werden sollten, in überbetrieblichen Teams die Ausgestaltung zu definieren. Über diesen Weg lernen sich die Kooperationsbeteiligten von Angesicht zu Angesicht kennen und können mit der Zeit abschätzen, wie der Partner auf verschiedene Aktionen reagieren wird. Dieses Verständnis für die Handlungsweise des Partners ist oft ausreichend, um mit ihm zusammenarbeiten zu können.

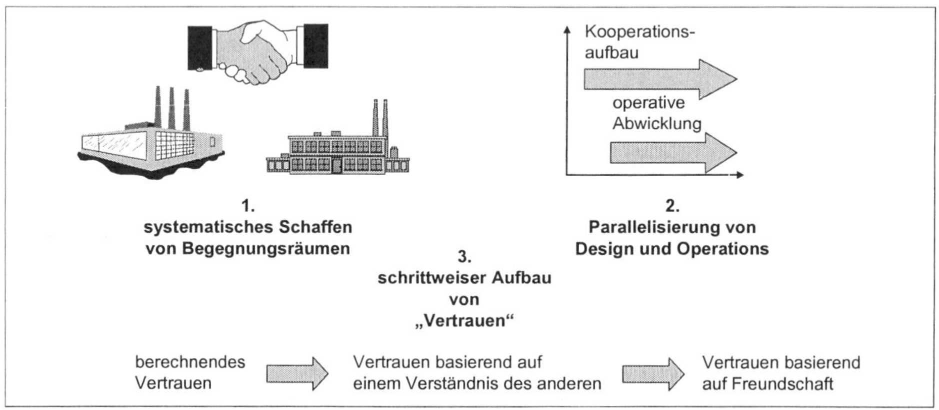

Übersicht 14: Gestaltungsempfehlungen

Ein weiterer wichtiger Punkt ist die Aufgabe einer künstlichen Trennung von Design der Kooperation und späterem Betrieb. Durch die Dynamik sind die Rückwirkungen aus dem Betrieb auf das Design so groß, dass dieses sich rasch verändern wird. Die schnelle Parallelisierung schafft außerdem rasch zusätzliche Begegnungsräume, die wieder dazu dienen, einander kennen zu lernen. Außerdem wird es schneller möglich, gemeinsam Resultate zu erzielen. Kooperationen, die zu lange mit dem Schaffen von konzeptuellen Voraussetzungen beschäftigt sind, scheitern oft daran, dass durch nicht sichtbare Erfolge im Geschäftsverlauf die Ungeduld aller Beteiligten steigt. Die zwei Punkte tragen dazu bei, das Vertrauen zwischen den Kooperationspartnern schrittweise zu steigern und zu einer tragfähigen Basis auszubauen.

4. Ausblick und Voraussetzungen

Im vorliegenden Beitrag wurde die operative Allianz als Mittel zur Unterstützung strategischer Ziele der Einzelunternehmen beschrieben. Verschiedene Beispiele wie auch die theoretischen Überlegungen stützen diesen Ansatz. Nichtsdestotrotz verhindert die hohe Komplexität eine umfassende Verbreitung dieser Konzepte. Die Autoren sind der Meinung, dass die nach wie vor steigenden Anforderungen an die Unternehmen, wie aber auch die weiteren Anstrengungen, Unternehmen im Kooperationsmanagement zu unterstützen und ihnen auch adäquate informationstechnische Mittel zur Verfügung zu stellen, dazu führen werden, dass sich Kooperationen, insbesondere in der Form der operativen Allianz, weiter verbreiten werden. Diejenigen Unternehmen, die dies frühzeitig erkennen, werden in der Lage sein, ihre Allianzfähigkeit rechtzeitig auszubauen, um auch in Zukunft in der Lage zu sein, in einem dynamischen Umfeld proaktiv handeln zu können und damit ihre Wettbewerbsfähigkeit längerfristig zu erhalten.

Die Voraussetzungen, die aus Sicht des Einzelunternehmens für eine erfolgreiche Teilnahme an operativen Allianzen zu schaffen sind, sind insbesondere in der mentalen Vorbereitung auf Kooperationen zu sehen. Es ist wichtiger, die Kooperationsbereitschaft einer Organisation auf allen Stufen zu fördern, als sich durch das Ableiten aller notwendigen Fähigkeiten, künstlich hohe Hürden zu schaffen. Untersuchungen zeigen, dass die Allianzfähigkeit vor allem durch die wiederholte Teilnahme an Kooperationen gesteigert wird und nicht durch lange Analyse- und Fähigkeitenaufbau-Phasen.

Literatur

ABERNATHY, W. J.; WAYNE, K. (1974): Limits of the Learning Curve, in: Harvard Business Review, 52. Jg., Nr. 5, September/Oktober, S. 109-119.

AAKER, D. A.; MASCARENHAS, B. (1984): The need for strategic flexibility, in: Journal of Business Strategy, 5. Jg., Nr. 2, Fall, S. 74-82.

ANSOFF, I. (1975): Managing strategic surprise by responding to weak signals, in: California Management Review, 18. Jg., Nr. 2, Winter, S. 21-33.

BETTIS, R. A.; HITT, M. A. (1995): The new competitive landscape, in: Strategic Management Journal, 16. Jg., S. 7-19.

BLEICHER, K. (1992): Das Konzept integriertes Management, 2. Aufl., Frankfurt a.M. u. a.

BRONDER, C.; PRITZL, R. (1991): Leitfaden für strategische Allianzen, in: Harvard Business Manager, 13. Jg., Nr. 1, S. 44-53.

BRONDER, C.; PRITZL, R. (1992): Ein konzeptioneller Ansatz zur Gestaltung und Entwicklung Strategischer Allianzen, in: Bronder, C.; Pritzl, R. (Hrsg.): Wegweiser für strategische Allianzen, Wiesbaden, S. 15-44.

BYRNE, J.; BRANDT, R.; PORT, O. (1993): The Virtual Corporation, in: Business Week, 08.02.1993, S. 36-41.

CHANDLER, A. D. (1977): The Visible Hand: The managerial revolution in American Business, Cambridge.

CHANDLER, A. D. (1990): Scale and Scope: the dynamics of industrial capitalism, Cambridge, London.

CHILD, J.; FAULKNER, D. (1998): Strategies of Co-operation: Managing Alliances, Networks, and Joint Ventures, Oxford.

CHRISTENSEN, C. M.; RAYNOR, M.; VERLINDEN, M. (2001): Skate to where the money will be, in: Harvard Business Review, 79. Jg., Nr. 10, November, S. 72-80.

CLEMONS, E. K.; REDDI, S. P.; ROW, M. C. V. (1993): The impact of Information Technology on the Organization of Economic Activity: The „Move to the Middle" Hypothesis, in: Journal of Management Information Systems, 10. Jg., Nr. 2, Herbst, S. 9-35.

COHEN, S.; ZYSMAN, J. (1988): Puncture the myth that keeps American Manager from competing, in: Harvard Business Review, 66. Jg., Nr. 6, November/Dezember, S. 98-102.

D'AVENY, R. (1994): Hypercompetition: Managing the Dynamics of Strategic Maneuvering, New York.

DEKKERS, R. (2004): Adapting industrial organizations to the dynamics of the environment, Diss. TH Delft, Rotterdam.

DOZ, Y. L. (1996): The Evolution of Cooperation in Strategic Alliances: Initial Conditions or Learning Processes?, in: Strategic Management Journal, 17. Jg., S. 55-83.

DYER, J. H.; KALE, P.; SINGH, H. (2001): How to Make Strategic Alliances Work, in: Sloan Management Review, 42. Jg., Nr. 4, Sommer, S. 37-43.

EISEN, S. (2001): Der Neupreneur, Diss. Univ. St.Gallen, St. Gallen-Bamberg.

EISENHARDT, K. M. (2000): Coevolving: At Last, a Way to Make Synergies Work, in: Harvard Business Review, 78. Jg., Nr. 1, Januar/Februar, S. 91-101.

FRAUNHOFER INSTITUT FÜR SYSTEMTECHNIK UND INNOVATIONSFORSCHUNG (2002): Die „virtuelle Fabrik“ in weiter Ferne, Mitteilungen aus der Produktionsinnovationserhebung, Nr. 25, April 2002.

FRIEDLI, T. (2000): Die Architektur von Kooperationen, Diss. Universität St. Gallen, St. Gallen-Bamberg.

FRIEDLI, T.; KNECHT, F. (2002): Befragung zur Wertschöpfung in der schweizerischen Zulieferindustrie, Institut für Technologiemanagement der Universität St. Gallen (ITEM-HSG), Befragungsbericht, St. Gallen.

GERWIN, D. (1993): Manufacturing Flexibility: A Strategic Perspective, in: Management Science, 39. Jg., Nr. 4, April, S. 395-410.

HANNAN, M. T.; FREEMAN, J. (1984): Structural Inertia and Organizational Change, in: American Sociological Review, 49. Jg., April, S. 149-164.

HAYES, R. H.; ABERNATHY, W. J. (1980): Managing our way to economic decline, in: Harvard Business Review, 58. Jg., Nr. 4, Juli/August, S. 67-77.

HAYES, R. H.; PISANO, G. P. (1994): Beyond world class: the new manufacturing strategy, in: Harvard Business Review, 72. Jg., Nr. 1, Januar/Februar, S. 77-86.

HITT, M. A.; KEATS, B. W.; DEMARIE, S. M. (1998): Navigating in the new competitive landscape: Building strategic flexibility and competitive advantage in the 21st century, in: Academy of Management Executive, 12. Jg., Nr. 4, S. 22-42.

JAIKUMAR, R. (1986): Postindustrial Manufacturing, in: Harvard Business Review, 64. Jg., Nr. 6, November/Dezember, S. 69-76.

KANTER, R. M. (1994): Collaborative Adavantage: The Art of Alliances, in: Harvard Business Review, 72. Jg., Nr. 4, Juli/August, S. 96-108.

KNECHT, F.; FRIEDLI, T. (2002): Wege zu intelligenten Geschäftsmodellen – Über die Vorteile der vernetzten Positionierung von Industrielieferanten, in: NewManagement, 71. Jg., Nr. 5, S. 24-31.

KUNZ, P. (2002): Strategieentwicklung bei Diskontinuitäten, Diss. Universität St. Gallen, St. Gallen-Bamberg.

LAY, G.; JUNG E.(2002), “Produktbegleitende Dienstleistungen: Konzepte und Beispiele erfolgreicher Strategieentwicklung“, Berlin u. a.

MARXT, C. (2000), „Management von Innovationskooperationen unter besonderer Berücksichtigung unternehmenskultureller Faktoren“, Diss. ETH Zürich.

MILBERG, J. (2002): Erfolg in Netzwerken, in: Schuh, G.; Milberg, J. (Hrsg.): Erfolg in Netzwerken, Berlin.

MÜLLER-STEWENS, G.; LECHNER, C. (2003): Strategisches Management – Wie strategische Initiativen zum Wandel führen, 2. Aufl., Stuttgart.

OLIVA, R.; KALLENBERG R. (2002): Managing the transition from products to services, in: Steve, T. u. a. (Hrsg.): Quality in services: Crossing boundaries, University of Victoria, Victoria, B. C..

PICOT, A.; REICHWALD, R.; WIGAND, R. T. (1998): Die grenzenlose Unternehmung: Information, Organisation und Management, Lehrbuch zur Unternehmensführung im Informationszeitalter, 3. Aufl., Wiesbaden.

PINE, B. J. (1994): Massgeschneiderte Massenfertigung. Neue Dimension im Wettbewerb, Wien.

PIORE, M. J.; SABEL C. F. (1984): The Second Industrial Divide – Possibilities for Prosperity, New York.

PRAHALAD, C. K. (1998): Managing Discontinuities: The Emerging Challenges, in: Research – Technology Management, 41. Jg., Nr. 3, May/June, S. 14-22.

SCHOLZ, C. (1997): Strategische Organisation: Prinzipien zur Vitalisierung und Virtualisierung, Landsberg a.L.

SCHUH, G.; MILLARG, K.; GÖRANSSON, Å. (1998): Virtuelle Fabrik – neue Marktchancen durch dynamische Netzwerke, München u. a.

SCHUH, G.; SCHWENK, U. (2001): Produktkomplexität managen, München u. a.

SCHUH, G. (2002): Referenzstrategien in einer vernetzten Welt, in: Schuh, G.; Milberg, J. (Hrsg.): Erfolg in Netzwerken, Berlin.

SIMON, H. (1993): Industrielle Dienstleistungen, Stuttgart.

SPEKMAN, R. E.; ISABELLA, L. A.; MACAVOY, T. C. (2000): Alliance competence: maximizing the value of your partnerships, New York u. a.

SKINNER, W. (1969): Manufacturing – Missing Link in Corporate Strategy, in: Harvard Business Review, 47. Jg., Nr. 3, Mai/Juni, S. 136-145.

SKINNER, W. (1974): The focused factory, in: Harvard Business Review, 52. Jg., Nr. 3, Mai/Juni, S. 1113-1121.

SKINNER, W. (1988): What matters to manufacturing, in: Harvard Business Review, 66.Jg., Nr. 1, Januar/Februar, S. 10-13.

SUAREZ, F. F.; CUSUMANO, M. A.; FINE, C. H. (1995): An Empirical Study of Flexibility in Manufacturing, in: Sloan Management Review, 37. Jg., Nr. 1, Herbst, S. 25-32.

TRÖNDLE, D. (1987): Kooperationsmanagement, Bergisch Gladbach u. a.

UPTON, D. M. (1997): Process Range in Manufacturing: An Empirical Study of Flexibility, in: Management Science, 43. Jg., Nr. 8, August, S. 1079-1092.

WIENDAHL, H.-P.; HERNÁNDEZ, R. (2000): Wandlungsfähigkeit – neues Zielfeld in der Fabrikplanung, in: Industrie Management, o. Jg., Nr. 5, S. 37-41.

WIENDAHL, H.-P.; WORBS, J. (2000) Mobilität von morgen – die Fabrik am Haken?, in: Zeitschrift für wirtschaftlichen Fabrikbetrieb, o. Jg., Nr. 12, S. 584-587.

Alexander Gerybadze*

Strategisches Management in vertikalen Kooperationen und Leistungsverbünden

---

* Univ.-Professor Dr. Alexander Gerybadze ist Inhaber des Lehrstuhls für Betriebswirtschaftslehre, insbesondere Internationales Management, Fachgebietsleiter des Instituts für Betriebswirtschaftslehre sowie Leiter der Forschungsstelle Internationales Management und Innovation (FIMI) an der Universität Hohenheim.

1. Grundtypen des strategischen Managements in vertikalen Kooperationen

Unternehmen verfolgen zwei unterschiedlich ausgerichtete Schwerpunktsetzungen des strategischen Managements und für die Sicherung von Wachstum. Sie können zum einen eine kompetitive Strategie fahren und hierbei Wettbewerbsstrategien betonen, die auf Beherrschung, Verdrängung oder Bekämpfung anderer Firmen ausgerichtet sind. Andere Firmen werden als Rivalen angesehen, Märkte werden erobert, es gilt, Marktanteile zu erhöhen und das Management setzt auf beherrschende Strukturen der Kontrolle, auf vollständige vertikale Integration und auf entsprechend geprägte hierarchische Organisationsformen. Strategisches Management wurde lange Zeit gleichgesetzt mit diesem Typus von Wettbewerbsstrategie, die über mehr als drei Jahrzehnte in fast allen Strategie-Lehrbüchern ebenso wie auch in der Praxis der großen Strategieberatungsfirmen dominierte (zur Darstellung der Entwicklungsetappen des strategischen Managements vgl. Gerybadze 2000; Müller-Stewens/Lechner 2001; Al-Laham 1997; Welge/Al-Laham 1999; Hungenberg 2000; Rumelt/Schendel/Teece 1994).

Strategie muss aber nicht notwendig auf Konfrontation setzen und die neuere Strategieliteratur setzt entsprechend auch immer mehr auf interaktive Strategien und unterschiedliche Formen von Kooperationen und Netzwerkarrangements. Die dynamische Vielfalt solch interaktiver Strategien und die vielfältigen Formen von Kooperationen und Netzwerken zu beleuchten, steht auch im Vordergrund dieses Sammelwerks. Unternehmen haben, so zeigen die anderen Beiträge, in den letzten zehn Jahren immer stärker auf Kooperationen und interaktive Strategien gesetzt (vgl. hierzu auch die Darstellungen im einführenden Beitrag dieses Sammelwerks von Zentes/Swoboda/Morschett und im Beitrag von Morschett im Dritten Kapitel dieses Sammelwerks). Durch die zu beobachtende veränderte Ausrichtung in vielen Unternehmen, die nicht mehr primär auf Rivalität und Konfrontation setzen, wurde gerade in den letzten Jahren ein nachhaltiger Wandel der strategischen Unternehmensführung eingeleitet. Wachstum und Unternehmensentwicklung vieler Unternehmen gehen heute immer stärker einher mit Beziehungsmanagement und interaktiven Strategieprozessen. Andere Firmen werden immer stärker als Unterstützer, als „Komplementoren" gesehen, es wird stärker auf gemeinschaftliche Formen der Leistungserbringung ebenso wie auf die dynamische Rekonfigurierung der Wertkette gesetzt. Im Folgenden sollen die Bezeichnungen „kooperativ", „interaktiv" und „dynamisch rekonfigurierend" auch einen Grundtypus von Strategie bezeichnen, der stärker die partnerschaftliche Teilung und gegenseitige Leistungsanreicherung betont als die „Gegnerschaft" im Rahmen von kompetitiven Strategien (siehe dazu Übersicht 1).

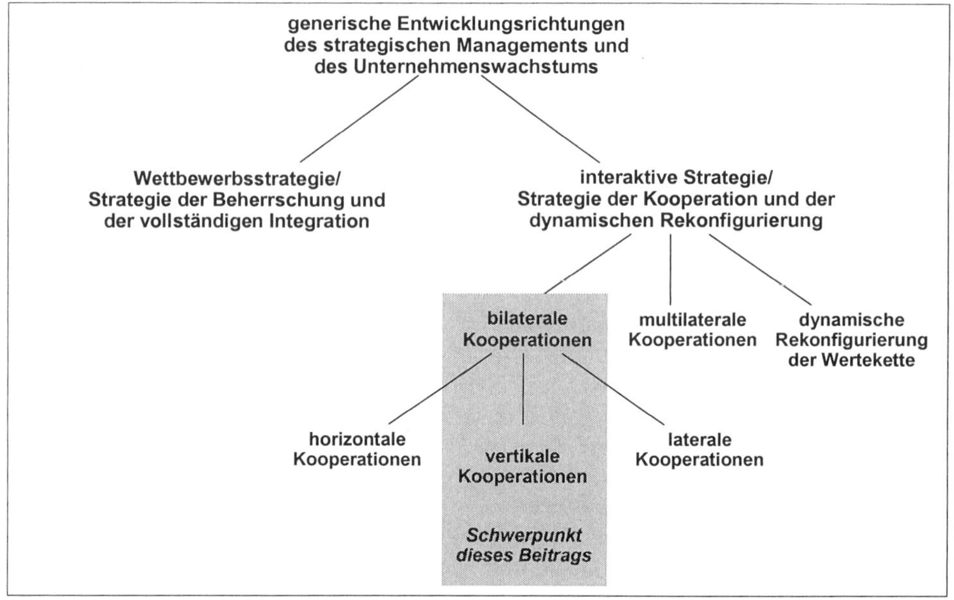

Übersicht 1: Strategisches Management: Interaktive Strategien vs. Wettbewerbsstrategien

Diese neuen Formen von interaktiven Strategien, die vielfältige Formen von Kooperationen und auch die dynamische Rekonfigurierung innerhalb und zwischen Märkten umfasen, lassen sich nicht so leicht in „Normstrategien" und Klassifikationssysteme einordnen, wie das bei den Wettbewerbsstrategien Porter'scher Prägung der Fall war. Dennoch gibt es auch für Kooperationen und interaktive Strategien geeignete Klassifizierungsansätze und Übersicht 1 zielt darauf ab, den Gegenstandsbereich des vorliegenden Beitrags noch klarer abzustecken.[1] Zu unterscheiden ist auf einer ersten Gliederungsebene zwischen:

- **bilateralen Kooperationen** mit klar abgegrenzten Partnerstrukturen und eng definierten Aufgabenstellungen (z. B. bezogen auf ganz bestimmte Wertschöpfungsstufen)
- von diesen abzugrenzen sind **multilaterale Kooperationen**, bei denen die Zahl der Partner weiter gefasst wird und auch die Aufgabenstellungen mitunter weniger scharf umrissen sind. Solche multilateralen Arrangements umfassen Netzwerke, Communities, multilaterale Wertschöpfungspartnerschaften etc.

[1] Zur Systematisierung von Kooperationen und interaktiven Strategien vgl. den Beitrag von Morschett im Dritten Kapitel dieses Sammelwerks; Friese (1998); Gerybadze (1995); Sydow (1992, 2001); Weder (1990).

- Gegenstand interaktiver Strategien sind ferner auch alle Formen der **dynamischen Rekonfigurierung der Wertkette**, bei denen eine neuartige Ausdifferenzierung von wertschöpfenden Aktivitäten innerhalb und zwischen Branchen angestrebt wird.[1]

Auf einer Klassifizierungsebene darunter ist die in der Kooperationsliteratur übliche Unterscheidung in vertikale, horizontale und laterale Beziehungen bzw. Leistungsverflechtungen einzuordnen. Diese drei Grundtypen lassen sich aber oft nur für bilaterale Kooperationen mit klar definierten Partnerstrukturen präzise genug abgrenzen. Während bei bilateralen Kooperationen eindeutig zwischen horizontal und vertikal unterschieden werden kann, sind die anderen Formen, multilaterale Kooperationen und dynamische Rekonfigurierungen der Wertkette, oft so eng durchwoben von gleichzeitigen vertikalen, horizontalen ebenso wie lateralen Arrangements, dass eine klare Abgrenzung oft sehr schwierig ist. Die folgenden Teile dieses Beitrags setzen daher einen Schwerpunkt auf **vertikale Kooperationen** in vorwiegend **bilateralen Strukturen**. Im Vordergrund stehen bilaterale Kooperationen zwischen zwei Partnerfirmen, die jeweils separate, aufeinander folgende Stufen der Wertschöpfungskette abdecken. Nicht weiter thematisiert werden horizontale Kooperationen, bei denen Partner derselben Wertschöpfungsstufe zusammen arbeiten. Ebenso wenig wird auf laterale Kooperationen eingegangen, also auf Beziehungen zwischen Partnern aus ganz unterschiedlichen Tätigkeitsfeldern.

2. Vertikale Kooperationen, Sozialkapital und Symmetrie der Ressourcenbindung

Vertikale Kooperationen beschreiben die Zusammenarbeit zwischen zwei (oder auch mehreren) Firmen, die unmittelbar aufeinander folgende Stufen der Wertschöpfungskette abdecken, auf bestimmten Gebieten gemeinsame Leistungen erbringen und Teilaufgaben eng untereinander koordinieren, aber dennoch rechtlich unabhängig bleiben. Dabei können folgende Aufgabenstellungen im Vordergrund stehen:

- Zunächst einmal kann es sich um eine Kooperationsbeziehung zwischen zwei herstellenden Unternehmen handeln, von denen das eine Zulieferer, das andere ein Weiterverarbeiter ist. Beispielsweise liefert ein Kunststofflieferant das Ausgangsmaterial an Halbzeuglieferanten.
- Häufig stehen komplexe Sachgüter bzw. Systemgüter im Vordergrund. Der Systemanbieter geht in solchen Fällen Kooperationsbeziehungen mit Zulieferern einzelner Komponenten bzw. Subsysteme ein. Typische Fälle sind vertikale Beziehungen zwischen Automobilzulieferern und Systemfirmen.

---

[1] Zum Thema „dynamische Rekonfigurierung" bzw. „Dekonstruktion der Wertschöpfungskette" vgl. Heuskel (1999); Normann/Ramirez (1993, 1998); Teece/Pisano/Shuen (1997); Gerybadze (2000).

- Vertikale Kooperationsvereinbarungen werden daneben oft auch zwischen Unternehmen geschlossen, von denen eines im produzierenden Bereich, das andere im Servicebereich tätig ist. Ein Beispiel hierfür ist die Zusammenarbeit zwischen einem Computerhersteller und einer unabhängigen IT-Servicefirma.
- Ferner zählen zu den vertikalen Kooperationen auch längerfristig getroffene Leistungsvereinbarungen zwischen Serviceunternehmen und Kundenorganisationen. Es bilden sich vielfältige neue Formen der Zusammenarbeit zwischen Serviceanbietern und Kundenorganisationen heraus, die oftmals kooperativ und mitunter sehr langfristig angelegt sind.[1]

In allen genannten Fällen der Zusammenarbeit investieren Firmen in den Aufbau und die Pflege der Beziehungen sehr viel Zeit, Arbeitsaufwand, Vertrauen und persönliche Bindungen, summarisch zusammengefasst unter Begriffen wie „Sozialkapital" oder „relationales Kapital". Sie investieren zudem hohe Summen in spezifische Ressourcen (Sach- und Humankapital), die stark an die jeweilige Partnerbeziehung gebunden sind. Bricht die betreffende Beziehung auseinander, so wird Sozialkapital schlagartig entwertet und die an die Beziehung gebundenen Sach- und Humankapitalinvestitionen sind in den möglichen alternativen Verwendungen deutlich weniger wert.

Für funktionsfähige und dauerhafte Kooperationen sprechen Konstellationen, in denen Abnehmer einer Leistung in vergleichbarem Umfang in die Beziehung zu einem bestimmten Lieferanten investiert haben, wie umgekehrt der Lieferant abnehmerspezifische Investitionen getätigt hat. In vielen, zumindest scheinbar kooperativen Arrangements ist eine solche **Symmetrie der Ressourcenbindung** allerdings nicht immer gegeben:

- Gerade für den oben genannten Fall der Beziehungen zwischen einem Komponentenhersteller als Lieferant und einem Systemhersteller als Abnehmer hat häufig der Systemhersteller wesentlich mehr Einfluss auf die Architektur des Systems und die Spezifizierung der Komponente und er kann den Zulieferer dadurch in eine stark einseitige Abhängigkeit bringen. Beispiele hierfür finden sich in der Automobil- und Zulieferindustrie ebenso wie in anderen Branchen, die durch dominante, große Systemfirmen geprägt sind.
- In der Zusammenarbeit zwischen herstellenden und dienstleistenden Bereichen wird durch die Marktmacht von Distributions- und Handelsfirmen, durch Branding-Strategien und durch die Kontrolle der Schnittstelle zum Endkunden eine Abhängigkeit der herstellenden Unternehmen in die Wege geleitet, die trotz scheinbar kooperativer Arrangements eine Quasi-Hierarchisierung in Kauf nehmen müssen.

Vor diesem Hintergrund müssen gerade vertikale Kooperationen sehr kritisch auf unausgesprochene und versteckte Elemente von „Nicht-Kooperation" überprüft werden. Nicht selten versteckt sich unter einer auf kooperative Beziehungen und Systempartnerschaft ausgerichteten Strategie die Absicht, früher oder später das Netzwerk zu dominieren. Ei-

---

1 Vgl. hierzu die Darstellungen zur Kundenintegration in Kleinaltenkamp/Fliess/Jacob (1996) und zur Vertragsgestaltung für längerfristige Servicekooperationen in Klinkers (2001).

ne wirklich partnerschaftliche vertikale Kooperation setzt voraus, dass die Relation zwischen Lieferant und Abnehmer ausgewogen und durch eine annähernde Symmetrie der spezifischen Investments in Sozial-, Sach- und Humankapital gekennzeichnet ist. In Fällen, in denen eine solche Symmetrie der Ressourcenbindung zwischen Anbieter und Abnehmer nicht gewährleistet ist, wird man über kurz oder lang andere Regelungsformen (marktliche oder hierarchische Transaktionen) auswählen. Falls dennoch partnerschaftliche Beziehungen vorgezogen werden, müssen geeignete organisatorische oder vertragliche Beziehungen gewählt werden, die sicherstellen, dass Kooperationen trotz der Unausgewogenheit der Ressourcenbindung zu zufriedenstellenden Ergebnissen für die Beteiligten führen.[1]

3. Modularisierung und Bedingungen der Appropriierbarkeit von Wissen

In den meisten Industriezweigen und Dienstleistungssektoren bestehen gewachsene Strukturen der Leistungsverflechtung, der Spezialisierung zwischen Lieferanten und Abnehmern und bewährte Formen der Zusammenarbeit. In immer mehr Bereichen wird jedoch auch die gewachsene Form der Arbeitsteilung in Frage gestellt und es bilden sich vielfältige Formen einer veränderten Leistungskonfiguration und neuartiger interorganisationaler Arrangements heraus. Strategien der Dekonstruktion und der dynamischen Rekonfigurierung setzen darauf, Prozesse zu zerlegen und auf diese Weise neue, verbesserte Formen der Zusammenarbeit zu finden. Prozesse werden in Kernbereiche, Komplementärprozesse und Peripherieprozesse zerlegt.[2] Gerade die Komplementärprozesse innerhalb von vertikalen Leistungsketten sind besonders gut für Kooperationen geeignet. Die Frage ist aber, durch welche Kriterien man Kern-, Komplementär- und Peripherieprozesse voneinander abgrenzt. Hierfür ist zum einen die gerade beschriebene Frage der Symmetrie der Ressourcenbindung zwischen Anbietern und Abnehmern entscheidend. Nur bei hoher Symmetrie ist sichergestellt, dass Komplementärprozesse, die man Kooperationspartnern überlässt, von diesen nicht einseitig strategisch ausgespielt werden. Ergänzend zu der geforderten Symmetrie der Ressourcenbindung zwischen Anbietern und Abnehmern sind folgende beiden Kriterien bedeutsam für die Auswahl von Komplementärprozessen und für die Wahl der geeigneten Kooperationsform:

---

1 Auf die Ursachen für asymmetrisch verteilte Ressourcenbindung in Kooperationen und die daraus sich ergebenden Koopeartionsformen geht insbesondere Dietl (1995) ein.

2 Rasche (1994, 92 ff.) unterscheidet auf der Kompetenzebene zwischen Kernkompetenzen, Komplementärkompetenzen und Peripheriekompetenzen. Ganz analog dazu die Übertragung dieser Dreiteilung auf die Prozessebene. Eine ähnliche Systematisierung von Fähigkeiten bzw. „Dynamic Capabilities“ findet sich in Teece/Pisano/Shuen (1997).

1. Welche Möglichkeiten der schnittstellenminimierenden Trennung der Leistungsbereiche von Anbietern und Abnehmern bestehen und wie hoch ist das Ausmaß der Modularisierbarkeit?
2. Wie sind die Bedingungen des Know-how-Schutzes zwischen Anbieter und Abnehmer geregelt und wie günstig bzw. ungünstig sind die Bedingungen der Appropriierbarkeit von Wissen?

Geschäftsbeziehungen und **Lieferverflechtungen** zwischen Anbietern und Abnehmern können ausgesprochen schnittstellenarm und leicht separabel sein wie im Fall von hochstandardisierten und genormten Teilen. Sie können aber auch durch hohe Interaktivität und wechselseitige Vermaschung geprägt sein. Zur Analyse der Schnittstellenintensität und der Kopplung bzw. Entkopplung der Leistungen einzelner Kooperationspartner verwenden wir das Kriterium „Ausmaß der Modularisierbarkeit". Entscheidend für die Zergliederung und dynamische Konfigurierung von Tätigkeitsfeldern ist, dass sich die einzelnen Aktivitäten in modulare Einheiten zerlegen lassen, die jeweils für sich von einzelnen Firmen oder Organisationseinheiten übernommen werden können. Hierfür wird in einem ersten Analyseschritt überprüft, welche Aktivitäten modular von anderen abgegrenzt werden können. Wir sprechen dann von einer sehr hohen Ausprägung der Modularisierbarkeit, wenn sich (1) für jede Aktivität (bzw. jedes Bauteil) eine genau definierte Funktion des Gesamtsystems definieren lässt, wenn (2) die Qualität des Ergebnisses dieser Aktivität genau bestimmt werden kann, wenn (3) für den jeweiligen Output Preise bzw. Verrechnungspreise bestimmt werden können und wenn (4) die Schnittstellen bzw. Übergabeprotokolle zwischen Anbieter und Abnehmer sehr genau definiert werden können.[1] In Übersicht 2 wird eine Metrik dargestellt, bei der für jede einzelne Aktivität auf einer Skala von 1 bis 10 das Ausmaß der Modularisierbarkeit bestimmt wird. Aktivitäten mit hinreichend hohem Ausmaß der Modularisierbarkeit (Werte von 6 bis 10) lassen sich vergleichsweise leicht auf Kooperationspartner aufteilen. Eine geringe Modularisierbarkeit (Werte von 1 bis 4) hat demgegenüber zur Konsequenz, dass eine Prozesszergliederung in arbeitsteiligen und kooperativen Strukturen nur schwer möglich ist.

In Kooperationen spielt neben der Frage der Teilbarkeit die Absicherung von Know-how eine besonders kritische Rolle. Der Lieferant eines Produktes oder einer Teilleistung verfügt über einzigartiges Produkt- und Prozesswissen und muss dem Kooperationspartner auf der nachgelagerten Wertschöpfungsstufe mitunter zentrale Elemente dieses Wissens offen legen.[2] Umgekehrt muss der Anbieter mitunter sehr viel über die Funktionalität und den Prozess der Anwendung in Erfahrung bringen und es ist dann erforderlich, dass

---

[1] Diese Operationalisierung des Kriteriums „Ausmaß der Modularisierbarkeit" folgt den Methoden der modularen Produktgestaltung, die ursprünglich von Ulrich (1995), Ulrich/Eppinger (1995), Baldwin/Clark (1997) und Sanchez/Mahoney (1996) formuliert wurden.

[2] Dietl (1995) und Pfaffmann (2001) verwenden in diesem Zusammenhang den Begriff der „Wissensreife". In Fällen hoher Wissensreife wird an der Schnittstelle zwischen Anbieter und Anwender vergleichsweise wenig Wissen der anderen Seite übertragen. Dies korrespondiert mit günstigen Bedingungen der Appropriierbarkeit.

kritische Wissenselemente über die nachgelagerte Wertschöpfungsstufe an den Anbieter übertragen werden. Gerade in vertikalen Kooperationen bietet sich infolge unzureichenden Know-how-Schutzes immer auch die Möglichkeit, dass ein Abnehmer kritisches Wissen des Lieferanten dazu nutzt, einen „Zweitlieferanten aufzubauen“ oder aber selbst versucht, rückwärts zu integrieren. Umgekehrt kann auch der Anbieter von Vorleistungen das an ihn übertragene Anwenderwissen des Abnehmers strategisch für sich nutzen.

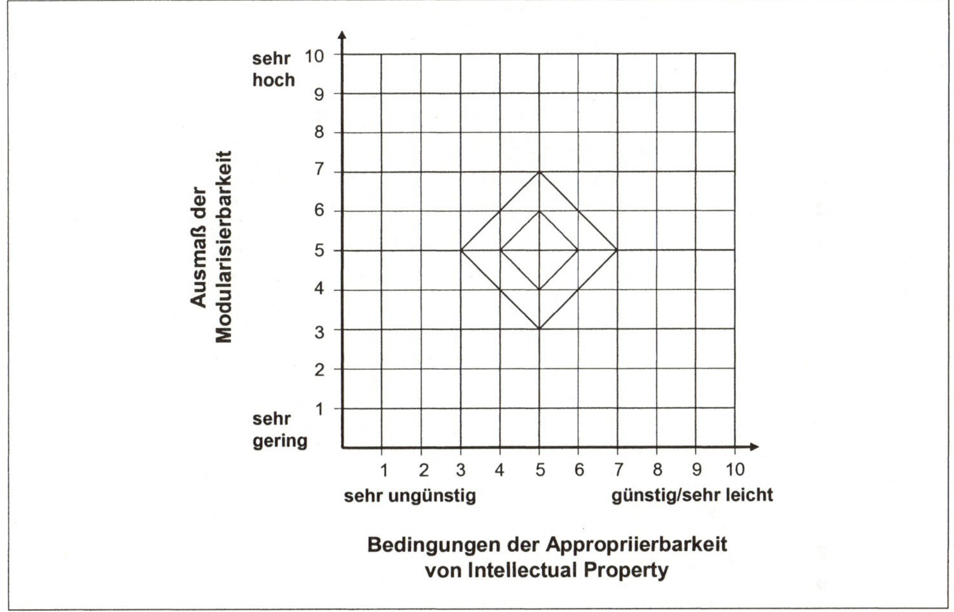

Übersicht 2: Ausmaß der Modularisierbarkeit/Möglichkeit der Absicherung von Intellectual Property

In Übersicht 2 sind entlang der horizontalen Achse die Bedingungen der **Absicherung von Intellectual Property** abgetragen. Für einzelne Komponenten und Teilleistungen ist eine solche Absicherung von Know-how für die Partner in einer Kooperationsbeziehung sehr leicht möglich (gute bis sehr gute Möglichkeit der Absicherung entsprechend einer Bewertung zwischen 6 und 10). Für andere Komponenten und Teilleistungen sind die Bedingungen der Absicherung von Intellectual Property hingegen ausgesprochen ungünstig (Werte von 1 bis 4 auf einer Skala von 1 bis 10). Für die Vorteilhaftigkeit und das Funktionieren einer Kooperationslösung sind hinreichend günstige Bedingungen der Appropriierbarkeit von Wissen erforderlich. Die Bedingungen der Appropriierung müssen zudem in Kombination mit der Ausprägung des Kriteriums „**Ausmaß der Modularisierbarkeit**“ bewertet werden. Wie Übersicht 3 zeigt, hat die Positionierung der einzelnen Leistungen in diesem Portfolio nachhaltige Konsequenzen für die Art der Zusammenarbeit, ob eine Kooperation grundsätzlich in Frage kommt und welche Art von Kooperationsvereinbarung im speziellen Fall getroffen werden sollte.

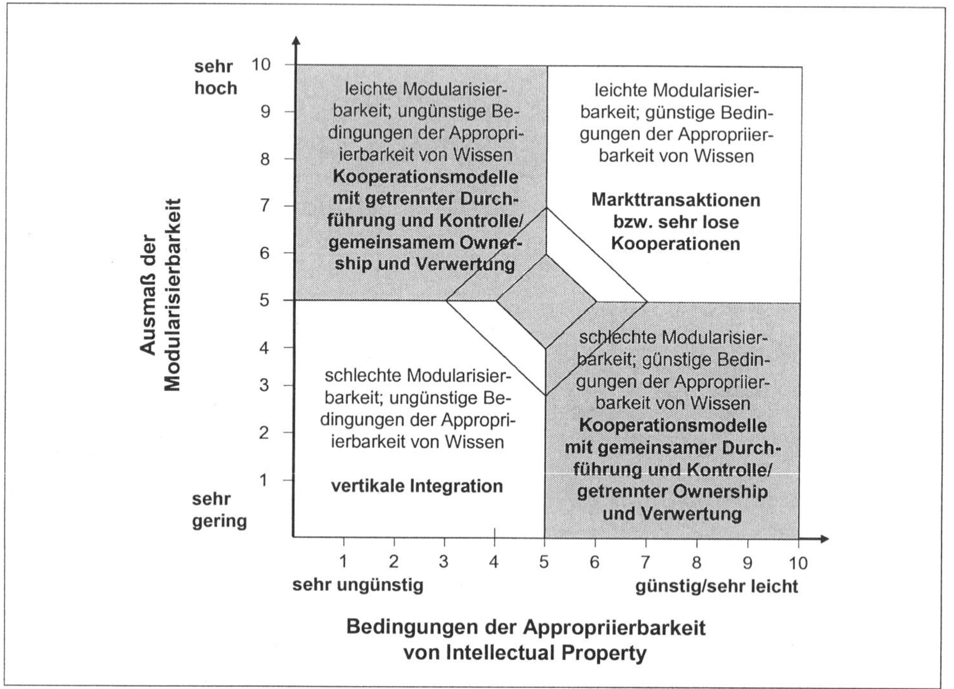

Übersicht 3: Kombinatorik von Modularisierung und Know-how-Schutz als Voraussetzung für Kooperationen

Tragfähige vertikale Kooperationen wird man vorzugsweise dort finden, wo ein hoher Grad von Modularisierung zwischen einzelnen Teilleistungen möglich ist. Wünschenswert sind in solchen Fällen zudem hinreichend günstige Bedingungen der Appropriierung von Wissen zwischen Anbieter und Abnehmer. Allerdings wird bei sehr leichter Modularisierbarkeit und sehr günstigen Bedingungen der Appropriierung von Wissen eine Kooperation relativ lose sein und leicht durch marktähnliche Austauschbeziehungen und Outsourcing-Lösungen ersetzt werden können (rechtes oberes Feld in Übersicht 3). Die Bereitschaft zu dauerhaft angelegten vertikalen Kooperationsvereinbarungen ist besonders stark ausgeprägt im linken oberen Feld in Übersicht 3. Die beteiligten Kooperationspartner teilen sich die insgesamt gut modularisierbaren Aufgaben auf unterschiedlichen Stufen der Wertschöpfungskette. Sie sichern sich parallel dazu durch längerfristig angelegte Kooperations- und Lizenzvereinbarungen gegen latent ungünstige Bedingungen der Appropriierung von Wissen ab. Da man sich nicht „gegenseitig in die Karten schauen" möchte, werden Teilleistungen oft getrennt durchgeführt. Man verständigt sich aber auf eine gemeinsame Koordinierung und mitunter auch auf eine gemeinschaftliche Verwertung der Ergebnisse der Kooperation.

Ganz anders angelegte Kooperationsvereinbarungen sind im rechten unteren Quadranten (schlechte Modularisierbarkeit bei günstigen Bedingungen der Appropriierbarkeit) zu erwarten. Solche Konstellationen sind häufig bei horizontalen Kooperationen gegeben, können aber auch bei vertikalen Kooperationen auftreten, insbesondere dann, wenn Leistungen auf nachfolgenden Wertschöpfungsstufen sehr eng aufeinander abgestimmt werden müssen. Für solche Fälle werden Kooperationsmodelle mit gemeinsamer Durchführung von Leistungen, aber geteilter Eigentümerschaft und Verwertung der Ergebnisse gewählt, vorzugsweise in Form von Equity Joint Ventures und gemeinsam betriebenen Tochtergesellschaften.

4. Strategische Aufgabenanalyse, Kompetenzbewertung und Organisationsgestaltung in verteilten Strukturen

Für die Wahl des geeigneten vertikalen Kooperationsmodells und die Dauerhaftigkeit der Vereinbarung ist neben den genannten Kriterien auch die Frage ausschlaggebend, welche strategische Bedeutung die beteiligten Partner dem betreffenden Projekt zumessen und durch welche Kompetenzen und Beiträge sie sich gegenseitig unter Beweis stellen, dass dieses Arrangement „beiden etwas bringt". Vertikal ausgerichtete Kooperationen mit sinnvoll abgegrenzter Arbeitsteilung und hoher Ressourcenkomplementarität bieten hierfür grundsätzlich gute Voraussetzungen.[1] Dennoch muss im Verlauf eines Kooperationsprojektes immer wieder aufs Neue kritisch überprüft werden:

1. Welche strategische Relevanz weisen die einzelnen Teilleistungen und Aktivitäten für die beteiligten Projektpartner auf? Sind diese für beide Kooperationspartner wirklich strategisch sehr bedeutsam oder aber nicht besonders relevant?
2. Welche Ressourcen, Technologien und Fähigkeiten bringen beide Partner in die Kooperation ein und wie ausgewogen sind die jeweiligen Beiträge und Leistungen?
3. Wie hoch ist das relative Kompetenzniveau des jeweiligen Unternehmens für die von ihm übernommene Teilleistungen und wie ergänzen sich die relativen Stärken der Kooperationspartner untereinander?

[1] Ähnliche Argumente finden sich auch bei Zentes/Swoboda/Morschett im einleitenden Beitrag dieses Sammelwerks; Zentes (1992); Gerybadze (1995).

Die geeignete Form der vertikalen Kooperation und die Regelung der Zusammenarbeit entlang der Wertschöpfungskette hängen ganz entscheidend von der Bewertung der Kriterien **„strategische Relevanz"** und **„relatives Kompetenzniveau"** durch die beteiligten Kooperationspartner ab. Das in Übersicht 4 dargestellte Portfolio ist ein bewährtes Hilfsmittel, um mögliche Strategien der dynamischen Konfigurierung, der Kooperation, aber auch der gegenseitigen Abgrenzung und des möglichen Konflikts zwischen Firmen bereits in einer sehr frühen Phase abschätzen zu können.[1]

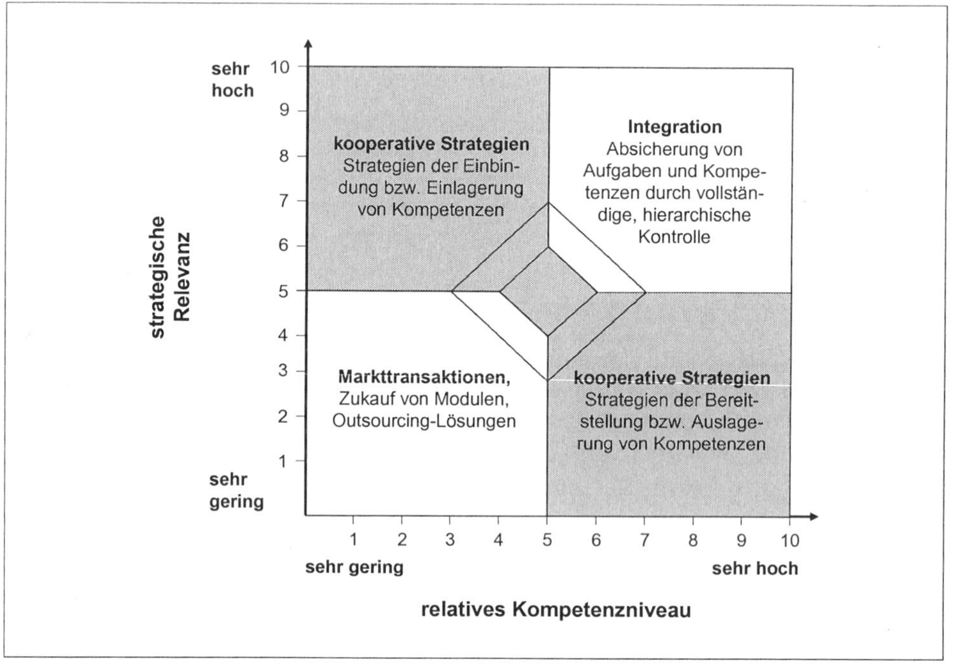

Übersicht 4: Organisatorische Regelungen in Abhängigkeit von den Kriterien strategische Relevanz und relatives Kompetenzniveau

Grundsätzlich eignen sich die beiden Felder links oben und rechts unten in Übersicht 4 für die Verfolgung von Kooperationsstrategien. Vertikale Kooperationen bieten tendenziell günstige Voraussetzungen für die gegenseitige Kompetenzergänzung und -anreicherung zwischen Anbietern und Abnehmern, deren jeweilige Stärken diametral auf diese beiden Felder verteilt sind.[2] Weniger gut für Kooperationen geeignet sind hingegen die

1 Vgl. zu dieser Darstellung der Kriterien strategische Relevanz und relatives Kompetenzniveau Picot (1991) und Picot/Reichwald/Wigand (2001), sowie die Ausführungen in Gerybadze (2004, Kapitel 5).

2 Zentes (1992) spricht in diesem Zusammenhang auch von X-Allianzen, komplementären Allianzen bzw. so genannten „closing gap alliances".

Felder links unten bzw. rechts oben in Übersicht 4. Unternehmen sind selten bereit, „einen Partner mitmischen zu lassen", wenn sie Aktivitäten mit hoher strategischer Relevanz besetzen und dafür selbst ein entsprechend hohes relatives Kompetenzniveau aufweisen. Solche Aktivitäten werden sie vorzugsweise durch vollständige Integration und durch hierarchische Kontrolle absichern wollen (rechtes oberes Feld). Umgekehrt werden sie alle Leistungsbereiche und Aktivitäten, die für sie nur eine geringe strategische Bedeutung haben und für die sie zudem nur ein geringes relatives Kompetenzniveau aufweisen, auf andere Marktteilnehmer auslagern. Hierfür werden in der Regel Austauschbeziehungen über Märkte, Vereinbarungen über den Zukauf von Modulen und Outsourcing-Vereinbarungen geschlossen (linkes unteres Feld).

Besonders günstig und dauerhaft sind vertikale Kooperationen dann, wenn sich Ressourcen und Leistungen der Partner wechselseitig auf die Felder links oben und rechts unten in Übersicht 4 verteilen. Ein Unternehmen B, z. B. der Kooperationspartner auf der nachgelagerten Wertschöpfungsstufe, verfügt über hohe Kompetenzen und Ressourcenstärken auf einem Gebiet, dem es allerdings keine besonders hohe strategische Relevanz zumisst. Dieses Unternehmen B ist infolgedessen bereit, seine Stärken in ein Kooperationsprojekt mit einer Firma A einzubringen bzw. Kompetenzen „im Barter-Verfahren" einzusetzen. Diese Kooperationsbereitschaft wird verstärkt, wenn es für B Aktivitätsfelder mit hoher strategischer Relevanz gibt, für die der einzubeziehende Kooperationspartner A über vergleichsweise höher entwickelte Kompetenzen verfügt. Ideal ist die Verteilung von Kompetenzen und Leistungen dann, wenn Partner B die Defizitfelder von A „auffüllen" lässt, während er diesem umgekehrt Leistungen anbietet, die A strategisch hoch bewertet, aber selbst nur unzureichend beherrscht.

Aufbauend auf der strategischen Aufgabenanalyse und einer systematischen Analyse der wichtigsten Ressourcen und ihrer Verteilung auf Partnerfirmen können zudem die speziellen Formen einer Kooperationslösung festgelegt werden.[1] Welche vertragliche Form der Kooperationslösung im Einzelnen gewählt wird, hängt insbesondere von der Ressourcencharakteristik sowie von den relativen Stärken und Schwächen der einzelnen Partner ab. Auf die Eigenschaften der Ressourcen und ihre Verteilung zwischen Partnerfirmen und die daraus sich ergebenden Folgerungen für vertragliche Regelungen geht insbesondere Dietl (1995, S. 70) ein. Teece (1987, S. 70) und Gerybadze (1995, S. 132 ff.) beschreiben Ressourcenkomplementaritäten und Partnerasymmetrien und ihre jeweilige Wirkung auf die Wahl der Kooperationsform. Im Anschluss an die Auswahl der Organisationsstruktur und Organisationsgestaltung sollte in regelmäßigen Intervallen eine Performance-Evaluierung des laufenden Kooperationsprojekts vorgenommen und geprüft werden, ob die ursprünglich verfolgten Ziele eines Kooperationsvorhabens auch tatsächlich erreicht wurden.

---

1 Diese Methodik des strategischen Kooperationsmanagements wurde ursprünglich in Gerybadze (1995, Kapitel 2, 5) formuliert und seither in mehreren Projekten und Forschungsarbeiten an der Universität Hohenheim weiterentwickelt.

5. Ausdifferenzierung von Aktivitäten – Dynamische Rekonfigurierung in vertikalen Leistungsverbünden

In fast allen Industrie- und Dienstleistungsbereichen findet mittlerweile eine systematische Infragestellung der gewachsenen arbeitsteiligen Strukturen statt. Firmen sind auf der ständigen Suche nach intelligenten neuen Formen, vertikale Leistungsverflechtungen neu zu konfigurieren und eine Ausdifferenzierung in Kernbereiche, Kooperationsbereiche und Peripheriebereiche vorzunehmen. Jeder der an diesem Rekonfigurierungsprozess beteiligten Markt- und Kooperationspartner versucht seinerseits, eine Konzentration auf Kernbereiche und Kernprozesse vorzunehmen, die in Übersicht 5 im mittleren, grau schraffierten Bereich liegen. Automobilfirmen konzentrieren sich auf wertschöpfungsrelevante Schlüsselbereiche der Systemintegration und auf wenige Komponenten und Subsysteme und Baugruppen, die für sie differenzierungsrelevant sind und hohe Wertschöpfung generieren. Ganz analog dazu verhalten sich Unternehmen in der Computerindustrie, in der Telekommunikation und in vielen Bereichen des Dienstleistungssektors. Sie „deklinieren" die für ihr Tätigkeitsfeld relevanten Vorleistungen, Module und Prozesse in Einlagerungs- und Auslagerungsbereiche. Einlagerungsbereiche (linke Seite in Übersicht 5) spielen eine hinreichend wichtige Rolle für den Kernbereich. Je nachdem, wie bedeutsam das Unternehmen sie einstuft und über welche Kompetenzen es verfügt, wird es entscheiden, ob es diese Vorleistungen über Kooperationen einbindet oder eher zukauft. Für vertikale Kooperationen wird sich das Unternehmen entscheiden, wenn das betreffende Vorprodukt bzw. Subsystem strategisch zwar wichtig ist, die erforderlichen Kompetenzen inhouse nur unzureichend entwickelt sind und wenn zugleich Bedingungen der Modularisierbarkeit und der Appropriierbarkeit vorliegen, die eine vertrauensvolle, partnerschaftliche Form der Zusammenarbeit erlauben.

Für alle anderen Vorprodukte und Subsysteme, die für den Abnehmer strategisch nicht besonders bedeutsam sind, für die die Kompetenzen primär bei Zulieferern liegen und für die sehr leichte Bedingungen der Modularisierbarkeit und der Appropriierung von Wissen vorliegen,[1] wird demgegenüber eine reine Marktlösung vorgezogen.

Auf der anderen Seite haben Firmen in der Vergangenheit viele Kompetenzen ausgebildet und Vorprodukte und Subsysteme inhouse entwickelt und gefertigt, die bei systematischer Überprüfung nicht mehr zu den Kernbereichen zählen. Hierfür werden unterschiedliche Strategien der Auslagerung von Kompetenzen und Leistungsbereichen verfolgt. Dort, wo Firmen über ein hohes Kompetenzniveau verfügen, die betreffenden Aktivitäten aber für sie strategisch nur bedingt von Interesse sind, werden Strategien der

[1] Dietl (1995) und Pfaffmann (2001) sprechen in diesem Zusammenhang von hoher Wissensreife, bei der bei der Übergabe des Vorprodukts wenig Wissen des Zulieferers und des Anwenders ausgetauscht werden muss.

Auslagerung auf andere Partner angedacht. Sind zudem die in Abschnitt 4 beschriebenen Voraussetzungen im Hinblick auf Modularisierbarkeit und Wissensteilung erfüllt, werden dauerhaft stabile Formen der vertikalen Kooperationen gewählt. Eine Auslagerung noch vorhandener Kompetenzen und Tätigkeitsfelder kann darüber hinaus durch konsequentes „Abstoßen" und die Übergabe an unabhängige Marktpartner erfolgen, insbesondere dann, wenn diese Aktivitäten als wenig bedeutsam für den Kernbereich eingestuft werden und wenn Bedingungen für die Teilbarkeit und Wissensabgrenzung ausgesprochen günstig sind.

Einlagerung über Markttransaktionen	Einlagerung über vertikale Kooperationen	Kernbereich	Auslagerung über vertikale Kooperationen	Auslagerung über Markttransaktionen
• strategisch unbedeutend für Abnehmer • Kompetenzen liegen beim Lieferanten • Modularisierbarkeit/Appropriierbarkeit unproblematisch	• strategisch wichtig • Kompetenzen unzureichend entwickelt • Modularisierbarkeit/Appropriierbarkeit ermöglicht Kooperation	• strategisch bedeutsam • Hohes Kompetenzniveau • Schwierige Modularisierbarkeit • Know-how-Absicherung problematisch	• strategisch von bedingtem Interesse • hohes Kompetenzniveau • Modularisierbarkeit/Appropriierbarkeit ermöglicht Kooperation	• strategisch unbedeutend für Abnehmer • Kompetenzen vorhanden, aber unwichtig • Modularisierbarkeit/Appropriierbarkeit unproblematisch

Übersicht 5: Ausdifferenzierung von Aktivitäten in vertikalen Kooperationen

Im Zuge der konsequenten Ausdifferenzierung von Leistungen konzentrieren sich Firmen auf der Abnehmerseite konsequent auf diejenigen Stufen der Wertschöpfungskette, die für sie strategisch bedeutsam und hoch differenzierungsrelevant sind, für die sie über ein hohes Kompetenzniveau verfügen, die nicht weiter zergliedert bzw. modularisiert werden können und für die es überzeugende Argumente für eine konsequente Absicherung von Intellectual Property gibt. Das dargestellte Analyseinstrumentarium erlaubt es, ausgeklügelte neue Formen der Kompetenzabgrenzung und geeignete Formen der Kooperation zu entwickeln, die den Bestrebungen aller beteiligten Firmen (Komponentenzulieferern, Subsystemfirmen, Systemherstellern, Dienstleistungsanbietern) entlang einer Wertkette gleichermaßen gerecht werden. Ergebnis ist eine „Win-Win-Konstellation“, eine für alle Beteiligten wertsteigernde Form der Zusammenarbeit in einem neuartigen vertikalen Leistungsverbund.

Literatur

AL-LAHAM, A. (1997): Strategieprozesse in deutschen Unternehmen. Verlauf, Struktur und Effizienz, Wiesbaden.

BALDWIN, C. Y.; CLARK, K. B. (1997): Managing Modularity, in: Harvard Business Review, 75. Jg., S. 84-93.

DIETL, H. (1995): Institutionelle Koordination spezialisierungsbedingter wirtschaftlicher Abhängigkeit, in: Zeitschrift für Betriebswirtschaft, 65. Jg., S. 569-585.

FRIESE, M. (1998): Kooperation als Wettbewerbsstrategie für Dienstleistungsunternehmen, Wiesbaden.

GERYBADZE, A. (1995): Strategic Alliances and Process Redesign. Effective Management and Restructuring of Cooperative Projects and Networks, Berlin u. a.

GERYBADZE, A. (2000): Evolution, Dekonstruktion und dynamische Rekonfigurierung im Strategischen Management, in: Foschiani, S. u. a. (Hrsg.): Strategisches Management im Zeichen von Umbruch und Wandel, Stuttgart.

GERYBADZE, A. (2004): Technologie- und Innovationsmanagement, München.

HEUSKEL, D. (1999): Wettbewerb jenseits von Industriegrenzen. Aufbruch zu neuen Wachstumsstrategien, Frankfurt a.M. u. a.

HUNGENBERG, H. (2000): Strategisches Management in Unternehmen, Wiesbaden.

KLEINALTENKAMP, M.; FLIESS, S.; JACOB, F. (Hrsg.) (1996): Customer Integration. Von der Kundenorientierung zur Kundenintegration, Wiesbaden.

KLINKERS, M. (2001): Quality Level Agreements. Reduzierung von Qualitätsunsicherheit bei Kundenintegrationsprozessen, Wiesbaden.

MÜLLER-STEWENS, G.; LECHNER, C. (2001): Strategisches Management, Stuttgart.

NORMANN, R.; RAMIREZ, R. (1993): From Value Chain to Value Constellations: Designing Interactive Strategy, in: Harvard Business Review, 71. Jg., Juli-August, S. 65-77.

NORMANN, R.; RAMIREZ, R. (1998): Designing Interactive Strategy. From Value Chain to Value Constellation, Chichester u. a.

PFAFFMANN, E. (2001): Kompetenzbasiertes Management in der Produktentwicklung, Wiesbaden.

PICOT, A.; REICHWALD, R.; WIGAND, R. T. (2001): Die grenzenlose Unternehmung. Information Organisation und Management, 4. Aufl., Wiesbaden.

PICOT, N. (1991): Ein neuer Ansatz zur Strukturierung der Leistungstiefe, in: Zeitschrift für betriebswirtschaftliche Forschung, 43. Jg., S. 143-170.

RASCHE, C. (1994): Wettbewerbsvorteile durch Kernkompetenzen, Wiesbaden.

RUMELT, R. P.; SCHENDEL, D. E.; TEECE, D. J. (1994): Fundamental Issues in Strategy. A Research Agenda, Boston/Massachusetts.

SANCHEZ, R.; MAHONEY, J. T. (1996): Modularity, Flexibility, and Knowledge Management in Product and Organization Design, in: Strategic Management Journal, 17. Jg., S. 63-76.

SYDOW, J. (1992): Strategische Netzwerke, Wiesbaden.

SYDOW, J. (Hrsg.) (2001): Management von Netzwerkorganisationen, Wiesbaden.

TEECE, D. J. (1987): Capturing Value from Technological Innovation: Implications for Integration, Collaboration, and Licensing Decisions, in: Guile, B. R.; Brooks, H. (Hrsg.): Technology and Global Industry, Washington/D.C.

TEECE, D. J.; PISANO, G.; SHUEN, A. (1997): Dynamic Capabilities and Strategic Management, in: Strategic Management Journal, 18. Jg., S. 509-533.

ULRICH, K. (1995): The Role of Product Architectures in the Manufacturing Firm, in: Research Policy, 24. Jg., S. 419-440.

ULRICH, K.; EPPINGER, S. D. (1995): Product Design and Development, New York.

WEDER, R. (1990): Internationale Unternehmenskooperation. Stabilitätsbedingung von Joint Ventures, in: Außenwirtschaft, 45. Jg., Nr. 2, S. 267-291.

WELGE, M.; AL-LAHAM, A. (1999): Strategisches Management, 2. Aufl., Wiesbaden.

ZENTES, J. (1992): Kooperative Wettbewerbsstrategien im internationalen Konsumgütermarketing, in: Zentes, J. (Hrsg.): Strategische Partnerschaften im Handel, Stuttgart 1992, S. 3-32.

Manfred Kirchgeorg*

Kreislaufstrategische Netzwerke

---

* Univ.-Professor Dr. Manfred Kirchgeorg ist Inhaber des Lehrstuhls Marketingmanagement der HHL – Leipzig Graduate School of Management.

1. Organisations- und Koordinationsprobleme in der Kreislaufwirtschaft

Seit Anfang der neunziger Jahre hat das Leitbild der **Kreislaufwirtschaft** nicht nur theoretische Auseinandersetzungen und kontroverse Diskussionen in verschiedenen wissenschaftlichen Disziplinen angeregt, sondern es ist in Deutschland – wie auch in anderen europäischen Staaten – bereits zur Grundlage umweltgesetzlicher Regelungen geworden. Besondere Erwähnung verdient in diesem Zusammenhang das im Jahre 1996 in Kraft getretene „Gesetz zur Förderung der Kreislaufwirtschaft und Sicherung der umweltverträglichen Beseitigung von Abfällen".[1] Das generelle Ziel dieses so genannten Kreislaufwirtschaftsgesetzes besteht nach § 1 KrW-/AbfG in der „Förderung einer Kreislaufwirtschaft zur Schonung der natürlichen Ressourcen und der Sicherung der umweltverträglichen Beseitigung von Abfällen". Die spezifischen Ziele einer Kreislaufwirtschaft werden darin gesehen, die im Wirtschafts- und Konsumprozess entstehenden Abfälle mit erster Priorität zu vermeiden und in zweiter Linie im Wirtschaftsprozess erneut zu verwerten.

Ein wesentliches Element zur Erreichung dieser Ziele wird in der so genannten erweiterten **Produktverantwortung** gesehen, die in § 22 KrW-/AbfG als programmatische Grundverpflichtung kodifiziert ist.[2] Die Produktverantwortung muss von jenen Akteuren getragen werden, die Erzeugnisse „entwickeln, herstellen, be- und verarbeiten oder vertreiben". Damit sind prinzipiell alle am Wertschöpfungsprozess beteiligten Akteure eingeschlossen, angefangen von Zulieferern über Hersteller bis zum Handel. Ein Hersteller von Endprodukten[3] kann sowohl die Produktgestaltung als auch die Produktherstellung in besonderem Maße beeinflussen. Hierin liegt der Grund, dass er bei der erweiterten Produktverantwortung in besonderer Weise gefordert wird. Durch branchenbezogene Rücknahmeverordnungen hat der Gesetzgeber in Deutschland (für Automobile, Batterien, Altöl, Produktverpackungen) wie auch das Europäische Parlament (EU-Altautoverordnung, Entwurf einer EU-Elektronikschrottverordnung) verpflichtende Regelungen zur Etablierung von Rücknahme- und Recyclingsystemen erlassen bzw. geplant.[4]

Zur Wahrnehmung der Produktverantwortung im Sinne der Rücknahme und Verwertung von Endprodukten besteht aus der Herstellerperspektive heraus die Möglichkeit, nach § 16 KrW-/AbfG so genannte Dritte mit den Teilaufgaben zu betrauen, die zur Schließung von

---

1 Im Folgenden wird dieses Gesetz als Kreislaufwirtschaftsgesetz bezeichnet.

2 Wagner/Matten (1995, S. 49) führen zum Konzept der Produktverantwortung in diesem Zusammenhang aus: "Der wohl radikalste Ausdruck konsequenter Umsetzung des Verursacherprinzips findet sich in der Verankerung der Produktverantwortung des Herstellers gemäß §§ 22 bis 26 KrW-/AbfG"; Beckmann (1995, S. 91); Hendler u. a. (2002) wertet die Produktverantwortung nach § 22 KrW-/AbfG für das gesamte Kreislaufwirtschaftsgesetz als zentralen „Programmsatz".

3 Als Endprodukte sollen im Folgenden all jene Produkte bezeichnet werden, die als Fertigprodukte direkt beim Endverwender im privaten oder investiven Bereich eingesetzt werden.

4 Vgl. den Überblick zu den Rücknahmeverordnungen bei Kirchgeorg (2002).

Stoffkreisläufen notwendig sind. Zwar lässt sich die Produktverantwortung nicht auf Dritte delegieren, aber bei einer arbeitsteiligen Gestaltung von Stoffkreisläufen besteht die Möglichkeit, in kooperativer Weise den gesetzlichen Anforderungen unter der Herstellerverantwortung zu genügen. Hierdurch eröffnet der Gesetzgeber den Herstellern einen Handlungsspielraum, durch eine Make-or-Buy-Entscheidung die komplexen Gestaltungsaufgaben von Stoffkreisläufen für Endprodukte allein oder in Kooperation mit Dritten zu lösen.

In Abhängigkeit der von den Herstellern verfolgten Strategien bei der Einrichtung von Rücknahme- und Recyclingsystemen ergeben sich mehr oder weniger komplexe Kooperationsstrukturen, die auch als **netzwerkartige Arrangements** interpretiert werden können. Netzwerke zur Rückführung von Altprodukten können auf vertikalen, horizontalen wie auch lateralen Kooperationsformen beruhen. Sollte sich ein Hersteller entschließen, alle kreislaufspezifischen Aufgaben zu internalisieren und selbst auszuführen, so ist es durchaus möglich, dass keinerlei Kooperationspartner in das Rücknahme- und Recyclingsystem eingebunden werden und alle Aufgaben innerhalb der eigenen Unternehmensgrenzen über die so genannte Hierarchie koordiniert werden.

Die Entwicklungen in der Unternehmenspraxis haben in den letzten Jahren jedoch gezeigt, dass Hersteller proaktiv oder reaktiv auf Grund der ihnen durch das Kreislaufwirtschaftsgesetz übertragenen Produktverantwortung kooperative und netzwerkartige Arrangements etablieren, die im Folgenden im Mittelpunkt der Betrachtungen stehen. Dabei wird eine Analyse aus der Perspektive von Herstellern langlebiger Gebrauchsgüter vorgenommen. Aus der Sicht eines Herstellers erfordert die Auseinandersetzung mit der erweiterten Produktverantwortung insbesondere die Analyse der folgenden Schlüsselfragen:

1. Welche neuen Funktionen und Aufgaben sind mit der erweiterten Produktverantwortung zur Einrichtung eines Rücknahme- und Recyclingsystems verbunden und welche bestehenden Unternehmensfunktionen sind zu modifizieren?
2. Welche dieser Aufgaben werden vom Hersteller selbst übernommen (Internalisierung bzw. Make-Entscheidung) und welche werden auf Dritte (Externalisierung bzw. Buy-Entscheidung) übertragen?
3. Welchen externen Systempartnern werden die zu externalisierenden Aufgaben übertragen?
4. Welche Kooperationsform und Kooperationsinstrumente sollen zur Gestaltung der Austauschbeziehungen zwischen Hersteller und Systempartner gewählt werden?

Die Auseinandersetzung mit diesen Fragestellungen erfolgt im Folgenden sowohl auf konzeptionell-theoretischer wie auch empirischer Basis. In Deutschland wurden bei 101 Herstellern von langlebigen Gebrauchsgütern netzwerkartige Arrangements untersucht, die zur Gestaltung von Rücknahme- und Recyclingsystemen in der zweiten Hälfte der neunziger Jahre eingerichtet wurden.

2. Kennzeichnung kreislaufspezifischer Funktionen, Institutionen und Austauschbeziehungen

2.1 Überblick

Bevor netzwerkartige Arrangements als kreislauforientierte Kooperationsformen untersucht werden, erscheint es zunächst angebracht, die Funktionen, Akteure bzw. Institutionen sowie Austauschbeziehungen zu beschreiben, die bei der Gestaltung eines Rücknahme- und Recyclingsystems zu berücksichtigen sind. Als Referenzmodelle zur Beschreibung der Funktionen, die zur Gestaltung eines Stoffkreislaufes notwendig sind, werden in der Literatur vielfach natürliche Stoffkreislaufsysteme herangezogen. Von Unternehmen gestaltete **Stoffkreisläufe für Produkte** (im Folgenden als SKP bezeichnet) können zunächst definiert werden als „anthropogen (künstlich) gestaltete, zielgerichtete Systeme mit mindestens zwei Akteuren (Hersteller, Verwender), in denen durch physische Rückkopplungsprozesse nicht mehr zweckgerichtet einsetzbare Endprodukte (produktbezogener Abfall) wieder als Inputfaktoren (Produkt-, Komponenten-, Stoffebene) den Produktions- und Verwendungsprozessen zugeführt werden."(Kirchgeorg 1999, S. 78).

Ein solcher SKP kann anhand eines vereinfachten Systemmodells verdeutlicht werden, das in Übersicht 1 mit drei zentralen Analyseebenen dargestellt ist. Auf der ersten Ebene werden anhand eines idealtypischen Stoffflusses die grundsätzlichen Funktionen und Aufgaben gekennzeichnet, die zur Gestaltung eines Stoffkreislaufes notwendig sind (vgl. zur Strukturierung von Kreislaufmodellen Kirchgeorg 1999, S. 79 ff.; Souren 2002, S. 18 ff.; Dyckhoff 1994, S. 9 ff.). Die zweite Ebene kennzeichnet die Akteure, die aus Herstellersicht als Systempartner bei der Gestaltung eines Stoffkreislaufes mitwirken können. Die dritte Ebene bildet die Arten und Formen der Austauschbeziehungen ab, die zwischen den Institutionen innerhalb eines Stoffkreislaufes bestehen können.

2.2 Funktionale und aufgabenbezogene Kennzeichnung eines Stoffkreislaufes

Betrachtet man zunächst die Ebene der kreislaufspezifischen Funktionen und Aufgaben, so erfordert der Übergang von der so genannten Durchflusswirtschaft zu einer Kreislaufwirtschaft aus der Sicht der Hersteller die Anpassung bestehender Unternehmensfunktionen und die Übernahme **neuer kreislaufspezifischer Funktionen**. Im Modell der Durchflusswirtschaft werden natürliche Ressourcen zur Güterproduktion eingesetzt und die fertigen Produkte über Absatzmärkte der Verwendungsphase zugeführt. Die Phase zwischen der Produktions- und Verwendungsphase wird auch als Distribution bezeichnet, in der die Güter über den so genannten Point of Sale (POS) an die jeweiligen Verwender verteilt werden. Nach der Verwendungsphase wird die Trägerfunktion der ökologischen Umwelt durch die Abfalldeponierung in Anspruch genommen. Diese nach dem „Einbahnstraßenprinzip“ vorgenommene Wirtschaftsweise wird in der Kreislaufwirtschaft grundlegend verändert.

Austausch-ebene	stofflich	Produktverkauf, Produktrückgabe, Teileaustausch, Austausch von Primär- und Sekundärstoffen
	informationell	Produktinformationen, Kooperationsvereinbarungen etc.
	nominal	Entgeltzahlungen für Produktpreise, Rückgabeprämien, Logistik- und Recyclingdienstleistungen etc.
Akteurs-ebene	vertikale Beziehung	Zulieferer, Hersteller, Logistikdienstleister, Handel, Produktnutzer
	horizontale Beziehung	Konkurrenten, Branchenverbände
	laterale Beziehung	Behörden, Verwertungsunternehmen
funktionale Analyseebene	**primäre Funktionen** •Kollektion (POR) •Retrodistribution •Demontage •Aufbereitung •Wiederverwendung •Weiterverwendung •Wiederverwertung •Weiterverwertung •thermische Verwertung •Abfalldeponierung **sekundäre Funktionen** •Systemplanung •Systemkoordination •Systemverwaltung •Systemkontrolle •kreislaufspez. F & E •Öffentlichkeitsarbeit	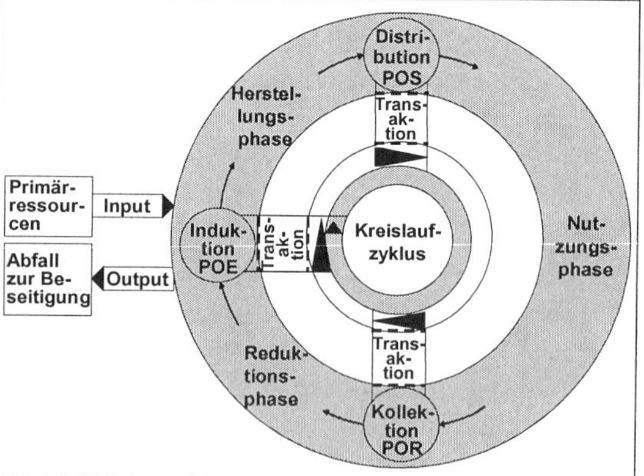 Distri-bution POS Herstel-lungs-phase Trans-ak-tion Primär-ressour-cen Input Abfall zur Be-seitigung Output Induk-tion POE Trans-ak-tion Kreislauf-zyklus Nut-zungs-phase Trans-ak-tion Reduk-tions-phase Kollek-tion POR © Prof. Dr. M. Kirchgeorg, Lehrstuhl Marketingmanagement, Handelshochschule Leipzig

Übersicht 1: Drei-Ebenenmodell zur funktions-, akteurs- und austauschbezogenen Kennzeichnung eines Stoffkreislaufes für Produkte

Durch die erneute Verwendung der in den Abfällen enthaltenen Ressourcen soll der Verbrauch von Primärrohstoffen und die Menge an zu deponierenden Abfällen eingeschränkt werden. Hierzu ist es notwendig, dass die Altprodukte von den Verwendern wieder in einen Stoffkreislauf zurückgeführt werden. Vergleichbar zum Verkaufsort, an dem ein Verwender ein Produkt erwirbt, lässt sich eine neue Schnittstelle als **Point of Return (POR)** definieren, an der die Altprodukte von den Verwendern über ein Kollektionssystem der so genannten **Recycling- oder Reduktionsphase** zugeführt werden. Der konkreten Ausgestaltung dieser Schnittstelle kommt bei der Schließung eines Stoffkreislaufes insbesondere bei langlebigen Gebrauchsgütern eine besonders große Relevanz zu, weil vielfach der Zeitpunkt und Ort des Altproduktanfalls nicht exakt zu bestimmen sind. In der Recyclingphase erfolgen durch stoffliche Transformationsprozesse die eigentlichen Recyclingaktivitäten, um in möglichst großem Umfang die aus den Altprodukten gewonnenen Komponenten oder Stoffe einer erneuten Verwendung oder Verwertung zuzuführen. Ein effizientes Recycling setzt die Berücksichtigung kreislaufwirtschaftlicher Anforderungen bereits bei der Produktentwicklung voraus. Nach dem Verständnis des integrierten Umweltschutzes beginnt eine Kreislaufwirtschaft bereits bei der **kreislaufgerechten Produktgestaltung**. Schließlich besteht die Notwendigkeit, die aus den Altprodukten „reproduzierten" Sekundärkomponenten und -stoffe einer neuen Verwendung bzw. Herstellungsphase zuzuführen. Diese Transaktionsphase kann als **Induktion bzw. Point of Entry (POE)** gekennzeichnet werden. Aus der Sicht eines Herstellers können in bestehenden oder neuen Märkten Verwendungsmöglichkeiten für Sekundärrohstoffe erschlossen werden. Mitunter ist zwischen der Recycling- und Erstellungsphase auch ein weiterer Distributionsprozess zwischengeschaltet.

Ausgehend von dieser grundsätzlichen Strukturierung eines Stoffkreislaufes lassen sich bei einer differenzierteren Aufgabenanalyse die in Übersicht 1 aufgeführten, kreislaufspezifischen Teilaufgaben kennzeichnen (vgl. zu kreislaufspezifischen Funktionen z. B. Souren 2002, S. 227 ff.; Kaluza 1998; Thomé-Kozmiensky 1995a, b; Halfmann 1996, S. 69 ff.). Die primären **kreislaufspezifischen Funktionen** umfassen jene Aufgaben, die direkt die physische Rückführung und das Recycling der Altprodukte betreffen. Hierzu gehört zunächst die Rücknahme der Altprodukte vom Kunden, woran sich die Rückführungslogistik anschließt. Durch sie werden Altprodukte entsprechenden Standorten zugeführt, an denen die Recyclingprozesse insgesamt oder teilweise durchgeführt werden. Im Rahmen der Recyclingprozesse können verschiedene Teilfunktionen unterschieden werden, die möglicherweise auch auf unterschiedliche Systempartner übertragen werden können. Hierzu gehören insbesondere folgende Aufgaben: Demontage der Altgeräte, Aufarbeitung, Wiederverwendung, Weiterverwendung, Wiederverwertung, Weiterverwertung, thermische Verwertung und gegebenenfalls Deponierung. Darüber hinaus sind eine Reihe von unterstützenden bzw. **sekundären Funktionen** notwendig, um einen entsprechenden Stoffkreislauf für Produkte aufbauen zu können. Hierzu gehören die Planungs-, Koordinations-, Verwaltungs- und Kontrollaufgaben. Ebenso trägt eine kreislauforientierte Ausrichtung der produktbezogenen Forschung und Entwicklung zur langfristigen Verbesserung der Effizienz eines Rücknahme- und Recyclingsystems bei. Darüber hinaus sind auch Aufgaben der Öffentlichkeitsarbeit zur Profilierung zu berücksichtigen.

Gemäß dem Kreislaufwirtschaftsgesetz ist es den Produktherstellern erlaubt, sekundäre sowie primäre kreislaufspezifische Funktionen auf Dritte zu übertragen, hier setzt die akteursbezogene Kennzeichnung eines Stoffkreislaufes an.

2.3 Akteursbezogene Kennzeichnung eines Stoffkreislaufes

Mit Hilfe einer akteurs- bzw. institutionenbezogenen Abgrenzung von Systemelementen, die als aktive Elemente die oben aufgeführten kreislaufspezifischen Funktionen übernehmen und ausführen können, lassen sich neben den Herstellern noch weitere wirtschaftliche Akteure (siehe Übersicht 1) hervorheben (vgl. zu den Akteuren, die innerhalb eines Stoffkreislaufes spezifische Funktionen ausüben, auch Vaterrodt 1995, S. 44 ff.; Schwarz 1994, S. 98 ff.; Dombrowsky 1991, S. 46; Kirchgeorg 1999, S. 80 ff.). Vielfach werden die Altprodukte über bestehende Händlersysteme wieder zurückgenommen und bestimmte Altproduktkomponenten auch an Zulieferer zurückgeleitet. Damit werden **vertikale Kooperationsbeziehungen** zur Gestaltung eines Stoffkreislaufes thematisiert. Weiterhin ist zu beobachten, dass Hersteller zum Teil auch auf der Branchenebene mit Konkurrenten gemeinsam ein Rücknahme- und Recyclingsystem einrichten. In diesem Zusammenhang übernehmen auch Branchenverbände wichtige sekundäre kreislaufspezifische Funktionen (z. B. Systemplanung, -koordination, -kontrolle). Damit ergeben sich mit den Akteuren innerhalb der eigenen Branchen **horizontale Kooperationsbeziehungen**. Schließlich werden bei der Gestaltung von Rücknahme- und Recyclingsystemen auch branchenfremde Dienstleister, wie z. B. Entsorgungsdienstleister oder Behörden eingebunden, die eine **laterale Kooperation** begründen. Corsten (2001, S. 7 ff.) verwendet bei seiner Diskussion von Merkmalen zur Netzwerktypologisierung anstelle des Begriffes der lateralen Kooperationsbeziehung auch den Begriff „diagonale Kooperationsrichtung".

Im Hinblick auf die Übernahme kreislaufspezifischer Funktionen können **Zulieferer** bei der Verwertung von produktbezogenen Abfällen, der Entwicklung von Recyclingtechnologien und kreislaufgerechten Produktkomponenten bis hin zur Planung eines SKP einbezogen werden. Gemäß § 22 Abs. 1 KrW-/AbfG gehören sie zum Adressatenkreis der Produktverantwortlichen für diejenigen Stoffe bzw. Komponenten, die von ihnen für die Weiterverarbeitung geliefert wurden. Ausgehend vom Endproduzenten tragen somit alle in die vertikale Wertschöpfungskette eingebundenen Zulieferer eine Verantwortung zur Rücknahme und Verwertung ihrer (Vor-)Produkte und können somit zur Übernahme kreislaufspezifischer Funktionen herangezogen werden. Während beim einstufigen Absatzkanal die Distributionsfunktion von den Herstellern selbst ausgeführt wird, sind mehrstufige Distributionssysteme durch die Einbeziehung von **Handelsunternehmen** gekennzeichnet, die über ihre Sortimentsgestaltung den Käufern am Point of Sale eine mehr oder weniger breite und tiefe Produktauswahl bieten. Auch Handelsunternehmen sind als produktverantwortlich einzustufen, weil sie zu jenen der in § 22 KrW-/AbfG angesprochenen Unternehmen zählen, die den Vertrieb der Produkte übernehmen. Da Handelsunternehmen bei der Distribution die Schnittstelle zwischen Hersteller und Produktverwender bilden, können sie insbesondere in der Kollektionsphase eine Rücknahmefunktion für die Altprodukte übernehmen. Auch die **Produktverwender** stellen wichtige Akteure in einem Stoffkreislauf dar, da von ihrem Nutzungs- und Rückgabeverhalten der Erfolg der Schließung eines Kreislaufes für Produkte entscheidend beeinflusst wird. Darüber hinaus können auch kreislaufspezifische Funktionen (z. B. Rückgabelogistik für Altprodukte) vom Produktverwender übernommen werden, sodass er auch bei der Frage der Auslagerung von kreislaufspezifischen Funktionen mit berücksichtigt werden kann.

Logistikdienstleister werden vielfach zur Abwicklung des physischen Warenflusses zwischen Hersteller, Handel und Produktverwender eingesetzt, sodass ihnen auch logistische Aufgaben für die Kollektion und Rückführung der Altprodukte übertragen werden können (vgl. zu den typischen und umweltorientierten Aufgaben von Logistikdienstleistern z. B. Göpfert/Wehberg 1995, S. 24 ff.; Stölzle 1993, S. 154 ff.).

Als wirtschaftliche Akteure bei der Übernahme kreislaufspezifischer Funktionen können so genannte **Entsorgungs- bzw. Verwertungsunternehmen** einen besonderen Stellenwert einnehmen. Während in den siebziger und achtziger Jahren nur die ordnungsgemäße Abfallbeseitigung durch private und öffentliche Entsorgungsunternehmen sichergestellt wurde, hat sich das Dienstleistungsspektrum dieser Unternehmen auf alle kreislaufspezifischen Funktionen wie die Kollektion, Reduktion und den Wiedereinsatz von Sekundärmaterialien ausgeweitet. Die Mitwirkung von Entsorgungsunternehmen innerhalb eines SKP kann auf einzelne kreislaufspezifische Funktionen beschränkt sein (wie z. B. bei Demontage- oder Kompostierungsunternehmen) oder sich über alle Funktionen als so genanntes Komplettangebot erstrecken. Neben den Entsorgungsunternehmen können auch Kommunen als öffentlich-rechtliche Akteure kreislaufspezifische Aufgaben übernehmen.

Den Kommunen obliegen als Träger öffentlicher Aufgaben auch abfallwirtschaftliche Aufgaben. So wird in Deutschland überwiegend die Haus- und Sperrmüllentsorgung durch **kommunale Abfallwirtschaftsbetriebe** ausgeführt, die wiederum zu ihrer Aufgabenerfüllung privatwirtschaftliche Entsorgungsdienstleister beauftragen können. Laterale Beziehungen bestehen in der Regel auch zu **behördlichen Institutionen**, die für die Überwachung der in den Verordnungen und gesetzlichen Regelungen festgelegten Pflichten zuständig sind. Die Zusammenarbeit mit **Konkurrenten** bei der Einrichtung eines Rücknahme- und Recyclingsystems kann einen Beitrag dazu leisten, bestimmte kreislaufspezifische Funktionen über alle Anbieter in einer Branche zu bündeln und durch Nutzung von Economies of Scale eine kosteneffizientere Umsetzung zu erreichen. Diese Entwicklungen sind innerhalb der Automobil-, Verpackungs-, Chemie- und Elektronikindustrie zu beobachten. In diesem Zusammenhang übernehmen die **Branchenverbände** wichtige Planungs- und Koordinationsfunktionen. Im Mittelpunkt steht hierbei vielfach die Möglichkeit, so genannte freiwillige Selbstverpflichtungen auf der Branchenebene zu organisieren. Um dem Erlass von Rücknahmeverordnungen vorzubeugen, können die Mitglieder eines Branchenverbandes eine freiwillige Selbstverpflichtung vereinbaren (wie z. B. die Selbstverpflichtung der deutschen Automobilindustrie zur Altautorücknahme (vgl. dazu auch Lucas 2002, S. 8 f.)), die der Verband gegenüber den Ministerien erklärt. Der Verband kann durch verbandspolitische Sanktionsmechanismen versuchen sicherzustellen, dass sich alle Mitglieder der Selbstverpflichtung anschließen (vgl. dazu auch Walz 1994).

2.4 Austauschbezogene Kennzeichnung eines Stoffkreislaufes

Sofern Hersteller zur Wahrnehmung der erweiterten Produktverantwortung kreislaufspezifische Funktionen auf die oben dargestellten Systempartner übertragen, ergeben sich verschiedene interorganisationale Austauschbeziehungen. Grundsätzlich können die Beziehungen zwischen den Akteuren nach unterschiedlichen Merkmalen beschrieben werden. Eine grundlegende Unterscheidung von Austauschbeziehungen kann nach dem jeweiligen **Austauschgegenstand** in stoffliche, informationsbezogene und nominale Transfers getroffen werden. Die **stofflichen Austauschbeziehungen** erlangen in einem Stoffkreislauf einen konstitutiven Charakter, weil die Rückführung von Stoffen in den

Wirtschaftsprozess den primären Zweck eines solchen Systems darstellt. Differenziert nach unterschiedlichen stofflichen Aggregationsniveaus können Produkte, Produktkomponenten oder die jeweiligen stofflichen Einzelfraktionen, aus denen die Produkte und deren Komponenten hergestellt sind, den Gegenstand einer Austauschbeziehung bilden. Die stofflichen Transfers werden von **informationsbezogenen Austauschbeziehungen** überlagert. Allerdings können informationsbezogene Transfers auch ohne einen stofflichen Austausch durchgeführt werden.[1] Dies ist dann der Fall, wenn z. B. zwischen Hersteller- und Entsorgungsunternehmen Informationen über Erfassungs- und Verwertungsquoten oder über die Probleme bei der Demontage oder der stofflichen Verwertung ausgetauscht werden. Angesichts des Stellenwertes der informationsbezogenen Beziehungen innerhalb eines Stoffkreislaufes wird in der Literatur zum Teil auch von einem äquivalenten Informationskreislauf gesprochen (vgl. dazu auch Schlögl 1995, S. 43).

Neben den stofflichen und informationsbezogenen Beziehungen wird der Austausch von **Nominalgütern** vielfach als eigenständige Beziehungsart zwischen den Akteuren gekennzeichnet (z. B. Brockhoff 1994, S. 5). Im Rahmen der Gestaltung von Stoffkreisläufen gehören hierzu z. B. die Entrichtung von Verwertungskosten durch Produktverwender an Hersteller oder Entsorgungsdienstleister. Weitere nominale Austauschbeziehungen bestehen dann, wenn Pfandsysteme den Produktverwendern Anreize bieten sollen, Verpackungen und Altprodukte wieder zu einem definierten Rückgabeort zurückzubringen (vgl. zu den Anreizinstrumenten zur Rückgabe von Altprodukten Kirchgeorg 1999, S. 256 ff.).

Wenn man sämtliche Akteure innerhalb eines Stoffkreislaufes, die von ihnen ausgeübten Funktionen sowie die interorganisationalen Austauschbeziehungen betrachtet, so kann die formale Gesamtstruktur bzw. Netzwerkstruktur[2] umfassend gekennzeichnet werden. Zur Beschreibung von netzwerkartigen Arrangements können verschiedene strukturale und strukturierende Merkmale herangezogen werden.[3]

Unter den strukturalen Merkmalen werden die physischen Eigenschaften einer Struktur zusammengefasst, wie z. B. Anzahl der Systemelemente oder Anzahl sowie Intensität der Beziehungen. In der Übersicht 2 sind die in der Literatur am häufigsten diskutierten strukturalen Merkmale aufgeführt, die auch im Rahmen der vom Autor durchgeführten empirischen Analyse (siehe Abschnitt 4.2) von Netzwerkstrukturen in der Kreislaufwirtschaft einbezogen wurden. Hingegen werden den strukturierenden Merkmalen die verhaltensregulierenden Maßnahmen zugeordnet. Die Summe der eingesetzten verhaltensregulierenden Maßnahmen macht die Koordinationsstruktur innerhalb eines Stoffkreislaufes aus.

---

1 Nüttgens/Scheer (1993, S. 959 ff.) verweisen auf den besonderen Stellenwert der informationsbezogenen Austauschbeziehungen zur Schaffung integrierter Lösungen im Entsorgungsbereich.

2 Der Begriff Struktur umfasst Zeitmomente überdauernde, gemusterte Regelhaftigkeiten einer Ordnung von Phänomen-Eigenschaften (Elementen) und Relationen. Gegenüber diesem Strukturbegriff umfassen so genannte „formale Strukturen" bewusst geschaffene Strukturen zur Erreichung eines bestimmten Systemzweckes (vgl. bereits die ausgeführten Betrachtungen bei Kieser/Kubicek 1977, S. 12 f.).

3 Vgl. die Zusammenstellung von System- bzw. Netzwerkmerkmalen z. B. bei Sydow (1992, S. 83 f.) und auch die Diskussion bei Reiß (2001, S. 130 ff.).

Strukturale Merkmale zur Beschreibung von netzwerkartigen Arrangements
■ Gegenstand der Austauschbeziehungen
■ Umfang (Anzahl der beteiligten Akteure bzw. Organisationen)
■ Diversität (Anzahl artverschiedener Organisationen)
■ Funktionsverteilung (Externalisierung kreislaufspezifischer Funktionen)
■ Redundanz (Anzahl der Partner mit funktionsgleichen Aufgaben)
■ Dichte (Anzahl der Interaktionen)
■ räumliche Distanz (Entfernung zwischen den Systempartnern)
■ Zentralität (Summe der Beziehungen einer Organisation)
■ Multiplexität (Mitglied in mehreren Netzwerken)
■ Konnektivität (direkte/indirekte Beziehungen)
■ Abhängigkeit (Interdependenz)
■ Zeitdimension (Häufigkeit der Interaktionen im Zeitablauf)
■ Stabilität (Wechsel von Systempartnern)
■ Offenheit (Zutritt für Systempartner)
■ Komplexität

Übersicht 2: Strukturale Merkmale zur Beschreibung eines SKP

3. Koordination von kreislaufspezifischen Funktionen durch netzwerkartige Arrangements

3.1 Grundlegende Koordinationsformen zur Gestaltung von Stoffkreisläufen

Die Entscheidung über die Koordinationsform der kreislaufspezifischen Funktionen kann als eine strategische Grundsatzentscheidung eines Herstellers gekennzeichnet werden.[1] Einerseits können die produktverantwortlichen Hersteller alle kreislaufspezifischen Funktionen selbst übernehmen und innerhalb der **eigenen Unternehmensgrenzen** koordinieren. Andererseits können sie die kreislaufspezifischen Funktionen auch auf Dritte

[1] Die Entscheidung über die Externalisierung von kreislaufspezifischen Funktionen und die Einbeziehung von Systempartnern zur Gestaltung von SKP tangiert die Allokation von Ressourcen und erlangt damit einen strategischen Charakter, der hingegen bei den instrumentellen Koordinationsentscheidungen eher nicht gegeben ist. Bei der Analyse von strategischen Netzwerken ordnet Sydow (1992, S. 243) ebenso wie andere Autoren der Funktionsexternalisierung bzw. -internalisierung ebenfalls einen strategischen Charakter zu, „... weil mit Quasi-Internalisierung bzw. -Externalisierung im Zusammenhang mit der Evolution und Organisation strategischer Netzwerke bedeutsame Strategieinhalte ausreichend bestimmt sind". Vgl. auch Bronder/Pritzl (1992, S. 17 ff.); Klanke (1995, S. 6); Picot/Reichwald/Wigand (1996, S. 20 ff.).

übertragen und die entstehenden interorganisationalen Austauschbeziehungen über **reine Marktprozesse** koordinieren oder so genannte intermediäre Organisationsformen wie **Unternehmensnetzwerke** etablieren. Grundsätzlich kann festgestellt werden, dass im Falle der Externalisierung kreislaufspezifischer Funktionen auf Grund der im Kreislaufwirtschaftsgesetz ausgeführten Regelungen zum Nachweis von Abfallströmen nur ein sehr begrenzter Spielraum für reine Markttransaktionen bzw. ein so genanntes „Spot Contracting" gegeben ist. Nach § 16 KrW-/AbfG muss sich ein Hersteller, der Dritte beauftragt, über deren zuverlässige Aufgabenerfüllung versichern. In diesem Zusammenhang muss ein Abfallwirtschaftskonzept von Dritten bzw. Systempartnern, wie z. B. Verwertungsunternehmen, vorgelegt werden, in dem Rechenschaft über Art, Menge und Verbleib der zu verwertenden produktbezogenen Abfälle gelegt wird. Hierdurch erscheint es kaum möglich, über reine Marktkoordination die primären kreislaufspezifischen Funktionen ausführen zu lassen. Hinzu kommt weiterhin, dass Hersteller, bei denen so genannte überwachungsbedürftige Abfälle[1] entstehen, nach § 19 und § 20 KrW-/AbfG verpflichtet sind, regelmäßig Abfallwirtschaftskonzepte und Abfallbilanzen zu erstellen, in denen sie ebenfalls über die Art, Menge und den Verbleib herstellerbezogener Abfälle Rechenschaft zu legen haben. Sofern Dritte die primären kreislaufspezifischen Funktionen übernehmen, müssen deren Informationen aus dem Abfallwirtschaftskonzept in die Abfallbilanzen der Hersteller einbezogen werden, was eine reine marktbezogene Koordination ausschließt. Darüber hinaus erfordert die Wahrnehmung der Produktverantwortung von Herstellern die dauerhafte Organisation eines über den gesamten Rücklaufzyklus von Altprodukten existenten SKP.[2] Dementsprechend erlangen längerfristige Bindungen gegenüber Dritten einen höheren Stellenwert als ein „Spot Contracting". Insofern ist ein relevanter Suchraum für kreislaufspezifische Koordinationsformen von der Hierarchie bis zu netzwerkartigen Arrangements abzustecken.

Unternehmensnetzwerke können als eine **intermediäre Organisationsform** zwischen Markt und Hierarchie eingestuft werden, die sowohl Elemente der marktlichen als auch hierarchischen Koordination miteinander vereint. Sie stellen nach Sydow (1992, S. 102) eine auf „Wettbewerbsvorteile zielende Organisationsform ökonomischer Aktivitäten dar, die sich durch komplex-reziproke, eher kooperative denn kompetitive und relativ stabile Beziehungen zwischen rechtlich selbstständigen, wirtschaftlich jedoch zumeist abhängigen Unternehmungen" auszeichnet. Der Begriff der Unternehmensnetzwerke ist somit als Oberbegriff für eine Vielzahl von institutionellen Arrangements anzusehen. Je nach dem, ob die kooperative oder beherrschende Form der unternehmensübergreifenden

---

1 Bei den Abfällen wird zwischen den „überwachungsbedürftigen" und „besonders überwachungsbedürftigen" Abfällen unterschieden. Alle die dem Abfallbegriff des Kreislaufwirtschaftsgesetzes unterzuordnenden Abfälle sind als überwachungsbedürftig einzustufen (§ 40 KrW-/AbfG), während besonders überwachungsbedürftige Abfälle auf Grund „ihrer Art, Beschaffenheit oder Menge in besonderem Maße gesundheits-, luft- oder wassergefährdend, explosibel oder brennbar sind oder Erreger übertragbarer Krankheiten enthalten oder hervorbringen können" (§ 41 KrW-/AbfG) und einer intensiveren Überwachung unterliegen.

2 Im Rahmen eines Abfallwirtschaftskonzeptes ist nach § 19 Abs. 4 KrW-/AbfG auch darzulegen, welche Entsorgungswege für die nächsten fünf Jahre vom Hersteller vorgesehen werden. Hierdurch wird die gesetzliche Notwendigkeit betont, bei der Gestaltung von SKP eine langfristige Orientierung zu entwickeln.

Zusammenarbeit im Vordergrund steht, kann zwischen **kooperativen Netzwerken** oder **strategisch geführten Netzwerken** unterschieden werden. Bei letzteren übernehmen so genannte fokale Unternehmungen eine Führungsfunktion innerhalb des Netzwerkes (Sydow 1992, S. 82). In den letzten Jahren werden in der Literatur bei der Deskription und Kennzeichnung der Koordinationsformen von Stoffkreisläufen verstärkt Bezüge zum Ansatz der Unternehmungsnetzwerke hergestellt (Schwarz 1994, S. 89; Schwarz/Bruns/Lopathka 1996, S. 2 ff.; Hansen/Raabe/Dombrowsky 1995, S. 62 ff.). Zunehmend zeigen praktische Beispiele in unterschiedlichen Branchen (z. B. Kirchgeorg 1999, S. 346 ff.; Meffert/Kirchgeorg 1998, S.379 ff., S. 693 ff.; Schwarz 1994, S. 118 ff.; Mahr/Tobias 2001, S. 14 ff.), dass Hersteller zur Umsetzung ihrer erweiterten Produktverantwortung die Kollektion, Reduktion und Induktion von produktbezogenen Abfällen vielfach auf Systempartner in mehr oder weniger großem Umfang übertragen.

Generell ist in der Literatur der Erkenntnisstand über die Systematisierung unterschiedlicher Netzwerke und Netzwerktypologien und Aussagen über deren Effektivität noch gering ausgeprägt (Sydow 2001, S. 298 ff.). Unter Berücksichtigung der Art der einbezogenen Systempartner (horizontale und vertikale Kooperationsbeziehungen) und ihres Netzwerkeinflusses können die netzwerkartigen Arrangements zur Gestaltung von Stoffkreisläufen gemäß der Übersicht 3 grundlegend typisiert werden. Die Stärke des Einflusses von Systempartnern lässt erkennen, ob es sich um ein strategisch geführtes Netzwerk handelt. Die strategische Führung eines Netzwerkes äußert sich nach Sydow (1992, S. 82) darin, dass der Markt, auf dem das strategische Netzwerk tätig ist, im Wesentlichen von einer fokalen Unternehmung definiert wird. Übertragen auf die Gestaltung von SKP erscheint es zunächst nicht direkt offensichtlich, inwieweit ein kreislaufspezifisches Netzwerk auf nur einem Markt agiert. Allerdings lassen sich unter einer kreislaufspezifischen Erweiterung der marktbezogenen Perspektive (Markt für Neuprodukte und Markt für die Induktion von Sekundärmaterialien) zwei zentrale Typen von kreislaufstrategischen Netzwerken identifizieren, wenn man den systempartnerspezifischen Einfluss auf die Induktion von Sekundärmaterialien als marktbezogenen Ausgangspunkt zur Typenbildung wählt (siehe Übersicht 3).

Sofern Hersteller eine Wiedervermarktung von Sekundärmaterialien vornehmen, ist zu erwarten, dass sie in einem wesentlichen Umfang z. B. beteiligte Verwertungsunternehmen auf dieses Ziel hin beeinflussen und damit das kreislaufspezifische Netzwerk eher herstellerdominant führen. Dementsprechend ist anzunehmen, dass die Hersteller bei einer Systemführung auch in höherem Maße ihre kreislaufspezifischen Ziele der Gestaltung von SKP zu erreichen versuchen. Haben nur Verwertungsunternehmen einen Zugang zu Induktionsmöglichkeiten, können auch verwerterdominante Netzwerke entstehen. Die im Auftrag eines produktverantwortlichen Herstellers durchzuführenden Kollektions-, Reduktions- und Induktionsaufgaben können dann in besonderer Weise auf die von den Verwertern vorgesehenen Induktionsoptionen ausgerichtet werden. Darüber hinaus sind innerhalb einer Branche auch horizontale Kooperationen mit Wettbewerbern zur brancheneinheitlichen Gestaltung eines SKP möglich. In diesem Zusammenhang können einzelne Wettbewerber mit hohen Mengen an Altproduktrückläufen bzw. die auf Grund eines hohen Marktanteils zu identifizierenden Marktführer auch eine gewisse Führungsfunktion innerhalb eines branchenbezogenen Netzwerkes einnehmen. Möglicherweise werden Branchenverbände zur Übernahme von Koordinations- oder Kontrollfunktionen in ein Netzwerk eingebunden, sodass hierüber die Einbeziehung von Interessen aller beteiligten Anbieter einer Branche bei der Ausgestaltung eines SKP eher erfolgen kann.

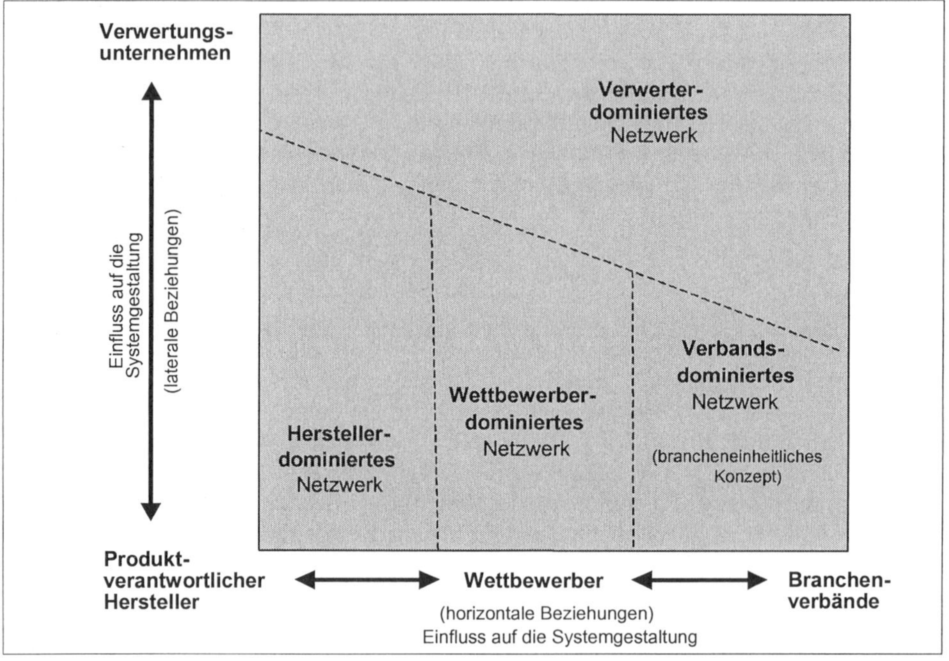

Übersicht 3: Kreislaufspezifische Netzwerktypen, differenziert nach dem Systemeinfluss einzelner Akteure

3.2 Erklärungsansätze für netzwerkartige Arrangements zur Gestaltung von Stoffkreisläufen

Inwieweit netzwerkartige Arrangements eine effiziente Koordinationsform für die Gestaltung eines Stoffkreislaufes darstellen, lässt sich nur schwer generalisierend beantworten, weil für die Vielzahl der Funktionen und Aufgaben eine differenzierte Betrachtung vor dem Hintergrund der jeweiligen branchenbezogenen Kontextfaktoren erfolgen muss. Erste Hinweise für die Eignung netzwerkartiger Arrangements zur Gestaltung von Stoffkreisläufen sollen jedoch auf der Grundlage des Transaktionskosten- und Kernkompetenzansatzes gewonnen werden. Picot/Reichwald/Wigand (1996, S. 268 ff.) sehen die Externalisierung bestimmter Unternehmensfunktionen in Form von netzwerkartigen Arrangements gegenüber der Hierarchie beim Vorliegen der folgenden transaktionsbezogenen Merkmale als ökonomisch effiziente Koordinationsform an:

- mittlere Spezifität
- hohe Unsicherheit
- Änderungen der Transaktionsatmosphäre (z. B. technologische Fortschritte, zunehmendes Vertrauen der Transaktionspartner)
- fehlende Kapital- oder Know-how-Ressourcen zur Erschließung von Märkten.

Überträgt man die Überlegung auf das Problem der Internalisierung und Externalisierung kreislaufspezifischer Funktionen, stellt sich zunächst die Frage, was in diesem Fall als **Transaktion** zu verstehen ist und welche Ausprägungen die transaktionsspezifischen Merkmale bei der Gestaltung von SKP einnehmen. Den Gegenstand einer kreislaufspezifischen Transaktion bilden im weitesten Sinne die Rücknahme, das Recycling und die Induktion eines Altproduktes bzw. der darin enthaltenen stofflichen Substanzen. Ein Hersteller kann einerseits einen umfassenden Teil dieser Funktionen oder auch nur einzelne Funktionen auslagern, wie z. B. die Sammlung der Altprodukte durch einen Logistikdienstleister. Insofern kann eine Transaktion die Fremdvergabe aller kreislaufspezifischen Funktionen zur Kollektion, Reduktion und Induktion eines Altproduktes auf einen Systempartner umfassen oder sich auch nur auf die Externalisierung einer Teilfunktion beziehen. Allerdings können auch verschiedene Funktionen auf unterschiedliche Systempartner verteilt werden, sodass letztlich eine Vielzahl bilateraler informationsbezogener, stofflicher und/oder nominaler Austauschbeziehungen stattfinden kann.

In Übersicht 4 sind die potenziellen primären Teilfunktionen eines SKP dargestellt, die jeweils den Gegenstand einer Externalisierungsentscheidung bilden können. Betrachtet man zunächst das Merkmal der **Häufigkeit einer Transaktion**, so wird innerhalb eines SKP die Häufigkeit über den Rücklauf der Altprodukte definiert. Insbesondere bei Anbietern von Massengütern ist auf Grund des hohen Umfangs des Altproduktrücklaufes eine hohe Häufigkeit von zu übernehmenden Kollektions-, Reduktions- und Induktionsaufgaben gegeben. Das Merkmal der Häufigkeit wäre hingegen gering ausgeprägt, wenn Spezialmaschinen in Auftragsfertigung in geringer Stückzahl hergestellt werden, deren Rückführung und Reduktion vorzunehmen ist. Möglicherweise ist die Situation bei kleineren Herstellern durch eine geringe Häufigkeit geprägt, weil auf Grund geringerer Absatzmengen auch der Rücklauf an Altprodukten gering ausfällt. Die **Unsicherheit** bei der Ausführung der kreislaufspezifischen Funktionen ist auf Grund der vielfach bestehenden Ungewissheit über den Zeitpunkt, den Ort und die Qualität des Altproduktanfalls als hoch einzustufen. Insbesondere auf Grund der Entwicklungsdynamik im Bereich der Recyclingtechnologien stehen Hersteller vor dem Problem, dass spezifische Investitionen in Aufbereitungs- und Aufarbeitungstechnologien einer Entwertung ausgesetzt sein können und damit eine Risikoteilung dadurch erfolgen kann, dass entsprechende Funktionen gemeinsam mit Systempartnern ausgeführt oder ganz auf Systempartner ausgelagert werden. Es ist anzunehmen, dass durch den Ausbau von Informationssystemen und die zunehmende Kennzeichnung von Produktteilen sowie deren recyclinggerechte Konstruktion auch die Transaktionskosten zwischen den Herstellern und Systempartnern gesenkt werden können. Gleichermaßen fördert auch der Aufbau von langjährigen vertrauensvollen Beziehungen die Externalisierung von kreislaufspezifischen Funktionen in Form von netzwerkartigen Arrangements. Als einer der wichtigsten Determinanten der Transaktionskosten kann die **Spezifität** der zu externalisierenden kreislaufspezifischen Funktionen angesehen werden. Übersicht 4 zeigt, welche tendenziellen Unterschiede in der Spezifität einzelner kreislaufspezifischer Teilfunktionen bestehen können. Die Rücknahme von Altprodukten erfordert in der Regel keine spezifischen Investitionen, sofern keine Diagnosetechnologien für die Bestimmung der Altproduktqualität eingesetzt werden sollen. Auch die Kollektionslogistik ist nicht nur auf eine Produktart ausgerichtet, sondern kann im Falle von Gebrauchsgütern für eine Vielzahl der in Haushalten oder gewerblichen Betrieben anfallenden Altprodukte eingesetzt werden. Aus der Sicht der Hersteller können Demontage- und Aufarbeitungsfunktionen eine hohe Spezifität aufweisen, weil produktbezogene Demontageanlagen und -tätigkeiten sowie Aufarbeitungstechnologien eingesetzt werden müssen, deren Ausgestaltung oft ein spezifisches Hersteller-Know-how bedingt und auch Investitionen in spezielle Aufarbeitungsanlagen erfordert. Für die Ausrichtung der Demontage und Aufarbeitungsfunktionen können herstellerspezifische Erfahrungen aus der Produktkonstruktion und -montage wichtige Voraussetzungen zur Erlangung von Kostenvorteilen darstellen.

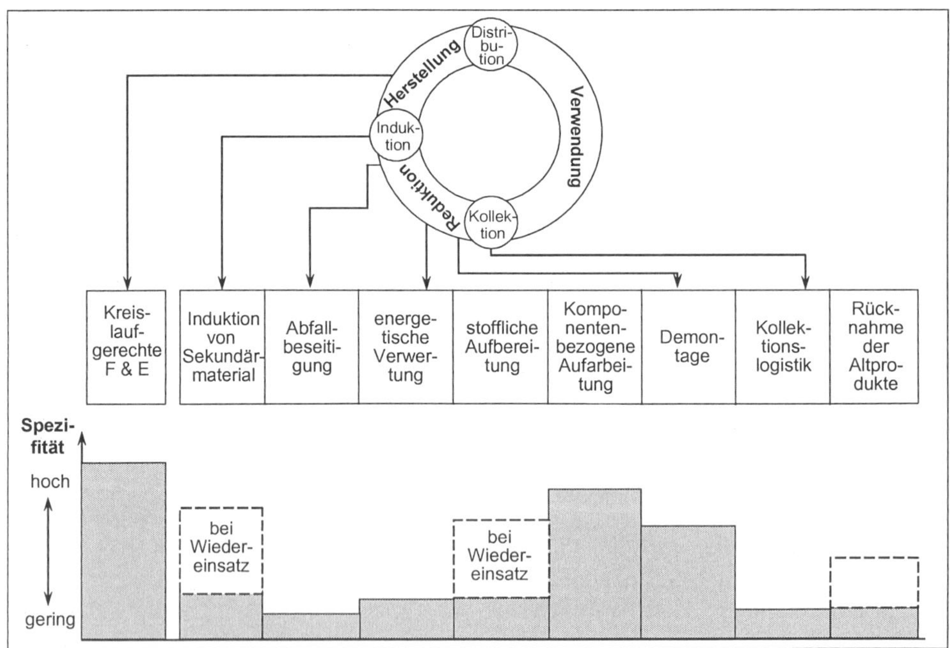

Quelle: Kirchgeorg 1999, S. 338.

Übersicht 4: Einstufung der Spezifität kreislaufspezifischer Funktionen

Tendenziell ist anzunehmen, dass stoffliche und insbesondere energetische Aufbereitungsverfahren gegenüber den Aufarbeitungsverfahren eher eine geringe Spezifität aufweisen, weil sie für ein breites Stoffspektrum eingesetzt werden können. Auch der Abfallbeseitigung in Form von Deponien kann eine geringe Spezifität zugewiesen werden, weil Deponien in der Regel nicht auf eine herstellerbezogene Produktart ausgerichtet sind, sondern für die Entsorgung vielfältiger Produkte und Stoffe eine Eignung aufweisen. Ein höherer Spezifitätsgrad ist der Induktionsfunktion zuzuweisen, sofern Hersteller eine Wiedervermarktung vornehmen, und damit über spezifisches Marktwissen verfügen müssen, das gegebenenfalls nur für die wiederzuverwendenden Komponenten einzusetzen ist. Den höchsten Spezifitätsgrad weisen Aufgaben der kreislaufgerechten Forschung und Entwicklung auf, weil im Rahmen der Forschung und Entwicklungen spezifisches Wissen eines Herstellers bereitgestellt werden muss, um die für die Erzielung von Wettbewerbsvorteilen notwendigen Leistungsmerkmale eines Produktes mit den Anforderungen einer kreislaufgerechten Konstruktion zu kombinieren. Insgesamt wird deutlich, dass insbesondere bei von Herstellern angestrebten Wiedervermarktungsstrategien die Spezifität bestimmter Funktionen zur Gestaltung eines SKP höher einzustufen ist, als wenn Hersteller keinerlei Sekundärmaterialien aus den eigenen Altprodukten in den eigenen Produktionsprozessen einsetzen bzw. auf den eigenen Märkten absetzen. Über das Merkmal der Spezifität können diese vom Hersteller aus strategischen Überlegungen heraus zu begründenden Verhaltensweisen bei der Gestaltung eines SKP allerdings nicht hinreichend erfasst werden. In der **Vernachlässigung der strategischen Bedeutung einer Transaktion** wird deshalb in der Literatur auch ein erhebliches Defizit des Transaktionskostenansatzes gesehen. So führt Rotering aus, dass Konstellationen denkbar sind, bei denen Erfolgspotenziale bewusst im Unternehmen oder in lerninduzierten Kooperationen aufgebaut werden, obwohl ihr Bezug über den „Markt“ bei Zugrundelegung einer statischen Transaktionskostenbetrachtung ökonomisch sinnvoller wäre. „Allerdings zwingt die strategische Effizienz – in ihrer vorsteuernden Funktion als diskontierter Erwartungswert zukünftiger Szenarien – oftmals zur Integration in gegenwärtig noch unwirtschaftliche, aber langfristig überlebenswichtige Wertschöpfungsbereiche, um sich Lern- und Innovationsoptionen zur Bewältigung der Zukunft und damit strategische Unabhängigkeit zu sichern“ (Rotering 1993, S. 121 f.; vgl. auch Rasche 1994, S. 342).

Neben dem Problem der Vernachlässigung der strategischen Relevanz von Transaktionen werden in der Literatur weitere Kritikpunkte genannt, welche die Eignung des transaktionskostentheoretischen Bezugsrahmens zur Erklärung von Koordinationsformen einschränken (vgl. hierzu die Diskussion bei Kirchgeorg 1999, S. 340 ff.). Deshalb wird eine konzeptionelle Erweiterung des Transkationskostenansatzes über das Konstrukt der „Spezifität“ empfohlen. Eine Konkretisierung des Spezifitätskonstruktes wird durch die Einbeziehung von Erkenntnissen der Ansätze zu **Kernkompetenzen** vorgenommen.[1] In

[1] Vgl. hierzu Hamel/Prahalad (1995, S. 307 ff.) und Rasche (1994, S. 148 ff.). Reiß (2001, S. 149 ff.) schlägt zur Analyse der Netzwerkkompetenz die Merkmale Segmentierungs-, Vernetzungs-, Infrastruktur- und Veränderungskompetenz vor. Allerdings wird hier die Kompetenz eines Herstellers betrachtet, der darüber entscheidet, ob er kreislaufspezifische Funktionen auslagern soll oder nicht. Erst nach der Beantwortung dieser Frage ist das Problem der angestrebten Kompetenz bzw. des Kompetenzaufbaus in einem Netzwerke zu klären.

entsprechenden Ansätzen wird die Auslagerung von Unternehmensfunktionen dadurch begründet, dass nur für jene Aufgaben unternehmensbezogene Ressourcen eingesetzt werden sollten, die für die Erfolgsposition einer Unternehmung essenziell sind.[1] Kernkompetenzen stellen unternehmensspezifische Fähigkeiten dar, die im Transaktionskostenansatz als Faktoren mit einer hohen Faktorspezifität einzuordnen sind und eine wesentliche Quelle zur Erzielung von Wettbewerbsvorteilen darstellen.[2] Zur **Identifikation von Kernkompetenzen** schlagen Prahalad/Hamel (1990, S. 84) die Überprüfung von drei Voraussetzungen vor: Kernkompetenzen müssen einem Unternehmen den Zugang zu verschiedenen Märkten gewähren und sie müssen einen signifikant wahrgenommenen Kundennutzen generieren sowie schwierig für den Wettbewerb zu imitieren sein.

Neben Kernkompetenzen können Komplementär- und Peripheriekompetenzen unterschieden werden (vgl. hierzu die Darstellungen bei Rasche 1994, S. 92 ff.). Komplementärkompetenzen sind dadurch gekennzeichnet, dass sie Spezialisierungs-, Größen- oder Integrationsvorteile zu den Kernkompetenzen aufweisen, die nicht unbedingt von einem Hersteller selbst beherrscht werden müssen. Komplementärkompetenzen besitzen z. B. Zulieferer bei der Erstellung von Komponenten, die dann bei Herstellern für die Neuproduktherstellung Verwendung finden. Peripheriekompetenzen sind für die Wettbewerbsposition eines Unternehmens von nachrangiger Bedeutung. Dementsprechend können diese Peripheriekompetenzen durch Fremdbezug über den Markt erworben werden. Vertreter des Kernkompetenzansatzes empfehlen, nur jene Verrichtungen innerhalb der Unternehmensgrenzen zu belassen, die zum Ausbau der Kernkompetenzen notwendig sind, während Komplementärkompetenzen in Form von kooperativen Arrangements von Systempartnern bereitgestellt werden können. Ebenfalls wird auch der Erwerb von Kernkompetenzen über kooperative Arrangements in der Literatur diskutiert, wenn Systempartner voneinander lernen und damit bestimmte Fremdkompetenzen internalisiert werden können.[3] Im Zusammenhang mit der Gestaltung von SKP stellt sich die Frage,

---

1 Enge Bezüge lassen sich zwischen Ansätzen der Kernkompetenzen und den ressourcen-orientierten Ansätzen herstellen. Letztere zielen darauf ab, die Externalisierungs- oder Internalisierungsentscheidungen in Abhängigkeit der Verfügbarkeit erfolgskritischer Ressourcen zu erklären. Im Gegensatz zu den transaktionskostenökonomischen Überlegungen geht der Resource-Dependence-Ansatz nicht von definierten Koordinationsformen aus, sondern Unternehmungen werden als offene Systeme definiert, die Austauschbeziehungen zu ihrer Umwelt unterhalten. Als so genannte kritische Unternehmensressourcen werden jene Ressourcen angesehen, die zur Erreichung der Unternehmensziele einen wichtigen Beitrag leisten und einen hohen Knappheitsgrad aufweisen. Durch die Auslagerung von Unternehmenfunktionen auf einen Systempartner werden Abhängigkeitsverhältnisse begründet, die für die Systempartner solange vorteilhaft sind, wie die ausgetauschten Ressourcen nicht erfolgskritisch sind. Generell wird angemerkt, dass der Resource-Dependence-Ansatz keine Aussagen über die Art der Abhängigkeiten und Koordinationsformen zwischen den Systempartnern ableitet und sich ausschließlich auf das Zustandekommen horizontaler strategischer Allianzen beschränkt. Die Resource-based Theory beschäftigt sich mit den für die Erzielung von dauerhaften Wettbewerbsvorteilen notwendigen Ressourcenpotenzialen (Knyphausen-Aufsess 1995, S. 82 ff.).

2 Nach Grant (1991, S. 119) werden die so genannten „Capabilities“ als Quellen zur Erzielung von Wettbewerbsvorteilen definiert.

3 Zur Internalisierung von Kompetenzen sieht Rasche (1994) unterschiedliche Koordinationsformen als geeignet an. Hierzu zählt er Mergers & Acquisitions, Zuliefererabkommen, Technologie-Transfer-Abkommen sowie lerninduzierte Partnerschaften. Vgl. hierzu die ausführliche Diskussion bei Rasche (1994, S. 228 ff.).

inwieweit die Ausführung von kreislaufspezifischen Funktionen für produktverantwortliche Hersteller als Kern-, Komplementär- oder Peripheriekompetenz einzustufen ist.[1] Diese Frage kann letztlich nicht generalisierend beantwortet werden.

Tendenziell lassen sich jedoch die folgenden Aussagen treffen: Auf Grund der Annahme, dass Hersteller in der Durchflusswirtschaft keine Erfahrung mit der Kollektion, Reduktion und Induktion von produktbezogenen Abfällen gemacht haben, ist anzunehmen, dass diese Funktionen bisher nicht zu den herstellerspezifischen Kernkompetenzen zählen und damit in hohem Maße Externalisierungsbestrebungen unterliegen. Insbesondere in wettbewerbsintensiven Märkten führt die Konzentration auf Kernkompetenzen weiterhin zu einer Externalisierung der kreislaufspezifischen Aufgaben. Ebenso wie bei der Diskussion der Spezifität kreislaufbezogener Funktionen ist festzustellen, dass **kreislaufspezifische Kernkompetenzen** im Rahmen der Reduktions- und Induktionsfunktionen insbesondere dann von Herstellern aufgebaut werden, wenn sie Sekundärmaterialien wieder in ihre bestehenden Märkte einführen und damit eine stoffliche Rückkopplung zu bestehenden Geschäftsfeldern herstellen. Auf Grund der relativ **hohen Unsicherheit** beim Rücklauf langlebiger Altprodukte und der mittleren strategischen Bedeutung der Gestaltung von SKP ist zu erwarten, dass sie eher als netzwerkartige Arrangements mit zum Teil marktnahen Koordinationsformen organisiert werden. Je höher die strategische Bedeutung der kreislaufspezifischen Funktionen von den Herstellern bewertet wird, umso eher sind hierarchienahe netzwerkartige Arrangements (z. B. Gemeinschaftsunternehmen) zu erwarten.

Diese statische Betrachtung ist jedoch auf Grund des stofflichen Rückkopplungsphänomens in Stoffkreisläufen durch eine **dynamische Analyse** zu erweitern. Generell kann die von Herstellern vorgenommene kreislaufgerechte Produktgestaltung als spezifische Vorleistung zur Erlangung zukünftiger Kostenvorteile bei der Reduktion interpretiert werden. Insbesondere wenn im Rahmen der Konstruktion die Wiederverwendung von Produktkomponenten eine besondere Bedeutung erlangt, nehmen die Reduktionsprozesse zur Aufarbeitung entsprechender Komponenten eine relativ hohe Spezifität ein, d. h., sie müssen auf die spezifischen Altprodukt- und Aufarbeitungsanforderungen eines Herstellers ausgerichtet werden. Vor diesem Hintergrund ist zu erwarten, dass sich Hersteller, deren Altgerätebestand nicht kreislaufgerecht gestaltet wurde, bei der Einrichtung von SKP Verwertungsunternehmen bedienen, während sie in späteren Phasen mit dem Rücklauf der neuen Gerätegenerationen bestimmte Teilprozesse der Reduktion wieder internalisieren.

---

[1] Der Ansatz der Kernkompetenzen wird hinsichtlich seiner geringen Trennschärfe bei der Abgrenzung von Kernkompetenzen gegenüber anderen Kompetenzarten kritisiert. Eine Abgrenzung erscheint aber notwendig, um die aus dem Kompetenzansatz abzuleitenden Aussagen über die Koordination von bestimmten Verrichtungen innerhalb oder außerhalb der Unternehmung vornehmen zu können. Dementsprechend wird wiederum eine Erweiterung des Kernkompetenzansatzes um transaktionsökonomisches Gedankengut vorgeschlagen. Hierbei wird die Spezifität als zentraler Einflussfaktor der Transaktionskosten mit dem Kernkompetenzbegriff in Verbindung gebracht. Allerdings erscheint auch für die Abstufung unterschiedlicher Spezifitätsgrade bisher kein geeigneter Operationalisierungsansatz zur Verfügung zu stehen, sodass der Erkenntnisfortschritt als begrenzt einzustufen ist. Vgl. hierzu die Ausführungen von Picot/Reichwald/Wigand (1996, S. 266 ff.).

4. Empirische Erfassung von netzwerkartigen Arrangements in der Kreislaufwirtschaft

4.1 Einführung

Hinsichtlich der empirischen Erfassung von interorganisationalen Koordinationsformen und netzwerkartigen Arrangements können unterschiedliche Vorgehensweisen gewählt werden. Nach Tichy kann eine unter gesetzten Systemgrenzen „objektive“ Erfassung der Systemelemente und -strukturen einerseits durch eine Außenperspektive (z. B. durch einen beobachtenden Forscher) erfolgen, andererseits können über eine so genannte „egozentrierte“ Erhebungsmethode einzelne Akteure innerhalb eines Netzwerkes über die Wahrnehmung ihrer Beziehungen zu anderen Institutionen bzw. Akteuren befragt werden,[1] um die System- bzw. Netzwerkstrukturen zu erfassen (Sydow 1992, S. 96 f.). Im Folgenden erfolgt zunächst eine Darstellung einer komplexen kreislaufspezifischen Netzwerkstruktur anhand einer Außenperspektive, wobei Bezüge zu in der Praxis umgesetzten Kreislaufkonzepten hergestellt werden. Daran anschließend werden ausgewählte Ergebnisse einer branchenübergreifenden Messung von kreislaufstrategischen Netzwerkstrukturen vorgestellt. Hierbei wurden die von Herstellern eingerichteten Rücknahme- und Recyclingsysteme auf Grund der Befragung von dominanten Entscheidungsträgern erhoben (egozentrierte Methode). Der Reproduktion von kreislaufspezifischen Netzwerkstrukturen aus Herstellersicht lag die Annahme zugrunde, dass die Hersteller angesichts ihrer erweiterten Produktverantwortung über die umfassendsten Kenntnisse des eingerichteten Systems verfügen. Sie müssen darüber entscheiden, ob und mit welchen Akteuren die kreislaufspezifischen Funktionen ausgeführt werden sollen. Auch aus einer forschungspragmatischen Sicht heraus wurde auf diese Erhebungsform zurückgegriffen, weil bei einer zunehmenden Anzahl von Akteuren innerhalb eines Netzwerkes der Erhebungsaufwand für die Erfassung der Perspektiven aller Akteure erheblich ansteigt.

4.2 Kennzeichnung ausgewählter branchenspezifischer Netzwerktypen zur Gestaltung von Stoffkreisläufen für Produkte

In der Übersicht 5 ist die komplexe Netzwerkstruktur eines Kreislaufsystems für die Rückführung und Verwertung von Produkten als Systemmodell dargestellt. Auf der Grundlage des Kreislaufwirtschaftsgesetzes sind in der Realität überwiegend komplexe

[1] Zur Analyse von Netzwerkstrukturen führen Tichy/Tushman/Fombrun (1979, S. 510 ff.) zwei weitere Verfahren an, die auf die Erhebung der Entscheidungsprozesse innerhalb von Netzwerken und die direkte Erfassung von Interaktionen zwischen den Systempartnern abstellen. Sydow (1992, S. 123 f.) plädiert für eine vollständige Abbildung von Netzwerkstrukturen durch den Einsatz mehrerer Erhebungsmethoden.

netzwerkartige Arrangements entstanden, die in ihrer grundsätzlichen Struktur vielfach dem Aufbau des in Übersicht 5 dargestellten Systemmodells entsprechen. Zur Erfüllung kreislaufspezifischer Funktionen sind neben dem Hersteller A eine Vielzahl von Akteuren in diesem Netzwerk vorgesehen. Der Hersteller bezieht stoffliche Komponenten von Lieferanten (1), die auch die Aufarbeitung ihrer Komponenten übernehmen können. Die Distribution der hergestellten Neuprodukte (2) an die entsprechenden Verwender (3) erfolgt vielfach durch die Einbeziehung von Handelsunternehmen.

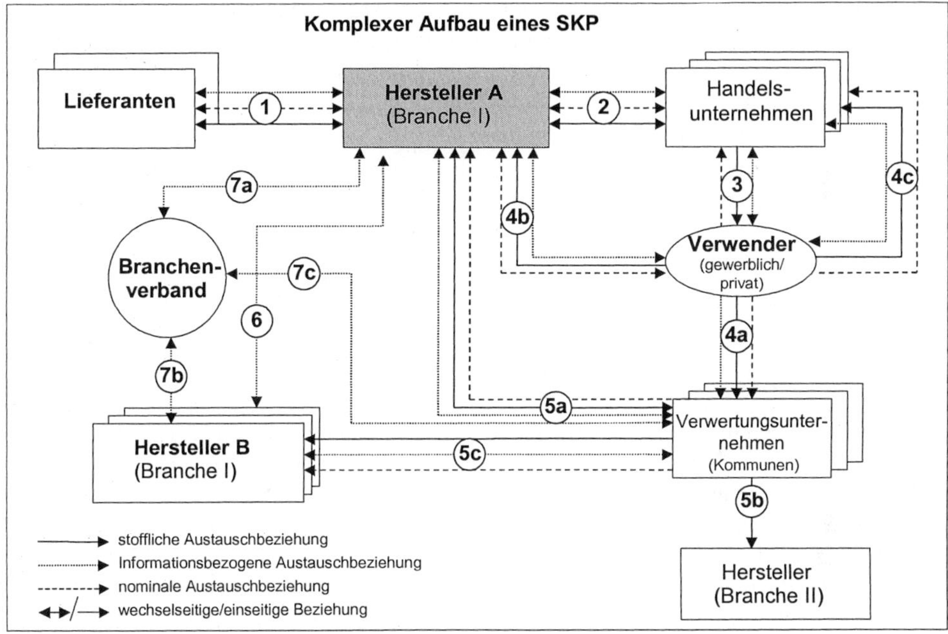

Übersicht 5: Komplexe Netzwerkstrukturen zur Gestaltung von Stoffkreisläufen für Altprodukte

Die Erstkäufer können die Letztbesitzer sein oder ihr Produkt an eine weitere Person übergeben haben. In dem dargestellten Kreislaufsystem hat der Hersteller A zur Sicherstellung einer hohen Rücklaufquote drei Rückführungsalternativen für Altprodukte vorgesehen. Dem Handel wurde die Funktion der Altproduktrücknahme (Kollektion) übertragen, sodass die Verwender die Altprodukte beim Handel z. B. gegen eine Verwertungsgebühr oder Pfanderstattung abgeben können (4c). Der Distributionskanal wird zu einem Redistributionskanal erweitert und zwischen Hersteller und Handel entsteht eine wechselseitige stoffliche Austauschbeziehung. Auch eine Altproduktrückgabe der Verwender direkt an den Hersteller (4b) ist über einen herstellereigenen Kundendienst vorgesehen. Hierbei kann es sich um ein Holsystem handeln, bei dem der Herstellerkundendienst die Altprodukte direkt beim Kunden aufnimmt und über die Kundendienstlogistik dem Hersteller zuführt. Diese Rückführung ist insbesondere dann interessant, wenn es sich um gewerbliche Verwender handelt (z. B. Kopiergeräte), die dann in höherer Stückzahl und in höheren Werten Altprodukte abgeben. Möglich wären auch Bring-in- oder Mail-in-Systeme, bei denen der Kunde das Altprodukt an den Hersteller liefert. Eine Möglichkeit besteht darin, dass der Verwender Altprodukte von Verwertungsunternehmen oder kommunalen Betrieben gegen eine Gebühr abholen lässt. Branchenverbände übernehmen in diesem Zusammenhang vielfach eine Koordinationsfunktion (Informationsaustausch (7a-7c)), um ein brancheneinheitliches Rücknahmesystem unter Einbeziehung möglichst aller Hersteller und geeigneter Verwertungsunternehmen zu etablieren.

Sofern der Hersteller A die Reduktion der Altprodukte selber durchführen will, übernehmen die Verwertungsunternehmen lediglich die Kollektionsfunktion und geben die gesammelten Altprodukte an die Hersteller (5a) weiter. Wenn die Verwertungsunternehmen hingegen auch Reduktions- und Induktionsfunktionen übernehmen sollen, müssen die über den Hersteller zurückgeführten Altprodukte an die Verwertungsunternehmen weitergeleitet werden. Die Verwertungsunternehmen üben Kollektions- und Reduktionsfunktionen auch für andere Unternehmen der Branche (5c) aus, sodass zwischen ihnen und anderen Herstellern (z. B. Hersteller B) ebenfalls stoffliche, informationsbezogene und nominale Austauschbeziehungen hergestellt werden. Sofern den Verwertungsunternehmen die Induktion von Sekundärmaterialien übertragen wird, bestehen über Sekundärstoffmärkte weitere Austauschbeziehungen zu Herstellern anderer Branchen (5b).

Das dargestellte System entspricht in Grundzügen z. B. dem für die Rückführung von Elektro-Altgeräten vorgesehenen branchenorientierten „Cycle-System“.[1] Das Cycle-System wurde 1995 in Deutschland von der „Arbeitsgemeinschaft CYCLE Recycling elektrischer und elektronischer Produkte“ unter dem Dachverband Deutscher Maschinen- und Anlagenbau e. V. (VDMA) als freiwillige Selbstverpflichtung zur Rücknahme und Verwertung von Altprodukten aus der Informationstechnik, Bürokommunikation und anderer artverwandter Investitionsgüter gegründet. Die an der AG CYCLE mitwirkenden Hersteller verpflichten sich zu folgenden freiwilligen Maßnahmen (VDMA 1995):

- Recyclinggerechte Produktgestaltung in Zusammenarbeit mit Zulieferern.
- Die Hersteller und Importeure werden als „Erst-Inverkehrbringer“ von Elektrogeräten verstanden. Die bei gewerblichen Verwendern anfallenden Altgeräte werden über die Beziehungen 4b und 4c direkt oder indirekt über den Handel an die Hersteller zurückgeführt. Im Cycle-Modell werden dem privaten Verwender Rückgabemöglichkeiten im Handel (4c) und durch die kommunalen Sammlungen bzw. Sammelstellen gegeben.
- Die einzelnen Hersteller der AG CYCLE organisieren in eigener Regie oder in Kooperation mit Fachbetrieben der Verwertungswirtschaft eine dem Stand der Technik entsprechende Demontage und Verwertung der zurückgenommenen Altprodukte.

---

1 Vgl. z. B. zum Cycle-System die Ausführungen von Mahr/Tobias (2001, S. 14) oder zur Spezifikation des Systems von Xerox Meffert/Kirchgeorg (1998, S. 693 ff.).

- Die Überwachung des Systems erfolgt durch eine Kommission zur „Qualifizierung von Verwertungstechniken", die durch Behördenvertreter des Bundes und der Länder beraten wird. Unternehmen, die nach den Qualitätsstandards der AG CYCLE eine Verwertung von Altgeräten sicherstellen, erhalten ein CYCLE-Gütezeichen. Ein Mengenstromnachweis über die zugeflossenen Stoffströme und ihre Verwendung wird von der AG CYCLE der Bundesregierung regelmäßig vorgelegt.

Die Rückgabe von Altgeräten bei einer Rücknahmestelle soll für den Letztbesitzer über das CYCLE-System kostenlos erfolgen, sofern die Produkte nach dem Inkrafttreten der freiwilligen Rücknahmeverpflichtung verkauft werden. Mögliche Transportkosten für die Anlieferung der Altprodukte an die vom Hersteller benannten Rücknahmestellen sind allerdings vom Letztbesitzer zu entrichten. Für Geräte, die vor dem Inkrafttreten der Vereinbarung verkauft wurden, kann der Hersteller angemessene Verwertungskosten erheben. Die Hersteller sehen die Kalkulation von Verwertungskosten in den Neupreis der Produkte vor und es werden Rückstellungen für Verwertungskosten gebildet.

4.3 Branchenübergreifende Typisierung kreislaufspezifischer Netzwerke

In einer Untersuchung bei 101 Herstellern von langlebigen Gebrauchsgütern wurden in der zweiten Hälfte der neunziger Jahre vom Autor die in der Praxis umgesetzten Strategie- und Strukturkonzepte zur Gestaltung einer Kreislaufwirtschaft untersucht. Unternehmen aus den Branchen Automobil, Möbelindustrie, Elektro-/Elektronikgeräte, Chemie-/Bauzubehör und Maschinenbau sind in die Analyse einbezogen worden, sofern sie gemäß des §§ 22 KrWAbfG ihre erweiterte Produktverantwortung durch die Einrichtung eines Rücknahme- und Recyclingsystems für ihre Produkte eingerichtet haben. Für die Erfassung der von den Unternehmen gewählten Arrangements zur Koordination der dargestellten primären und sekundären kreislaufspezifischen Funktionen wurde ein mehrdimensionaler Operationalisierungsansatz entwickelt, mit dem folgende Variablen gemessen werden konnten (Kirchgeorg 1999, S. 419 ff.):

- Externalisierungs- bzw. Internalisierungsgrad kreislaufspezifischer Funktionen
- Art und Anzahl der für die jeweilige Funktionsausübung einbezogenen Systempartner
- Koordinationsform für die Ausübung der kreislaufspezifischen Funktionen (Markt, Netzwerk, Hierachie)
- Ausprägung strukturaler Merkmale des Netzwerkes (Umfang, Dichte, Offenheit, Redundanz, Zentralisierung u. a.)
- eingesetzte Instrumente zur Koordination der interorganisationalen Austauschbeziehungen (vertragliche, personale und technokratische Koordinationsinstrumente).

Einen differenzierten Einblick darüber, welche Akteure bei der Gestaltung von Rücknahme- und Recyclingsystemen einbezogen wurden und welche kreislaufspezifischen Funktionen auf die Systempartner ausgelagert bzw. innerhalb der eigenen Unternehmensgrenzen von den Herstellern ausgeführt werden, liefert die Analyse der Externalisierungsschwerpunkte von kreislaufspezifischen Funktionen. Hierzu wurden im Rahmen der Untersuchung kreislaufspezifische Internalisierungs- bzw. Externalisierungsgrade bestimmt. Der Externalisierungsgrad gibt an, wie viel Prozent der kreislaufspezifischen Funktionen[1] außerhalb des Unternehmens ausgeführt werden. Die Durchschnittsbetrachtung verdeutlicht, dass bei den 101 befragten Herstellern 40 % der kreislaufspezifischen Funktionen auf Verwertungsunternehmen übertragen werden, während auf den Handel und Verbände durchschnittlich nur 7 % der kreislaufspezifischen Funktionen entfallen. Dem Handel wird dabei überwiegend die Rücknahmefunktion übertragen.

Die Untersuchung zeigte jedoch deutlich, dass der Externalisierungsgrad und die Art der externalisierten bzw. internalisierten Funktionen von der von den Herstellern verfolgten Kreislaufstrategie abhängen. Wählen die Hersteller eine integrierte Strategie und versuchen möglichst viele Sekundärteile und -stoffe wieder in den eigenen Produktionsprozess zurückzuführen, so ist anzunehmen, dass mehr kreislaufspezifische Funktionen innerhalb der Unternehmensgrenzen koordiniert werden und auch die traditionelle Wertschöpfungskette an die veränderten Anforderungen der Kreislaufwirtschaft angepasst wird (z. B. kreislauforientierte Produktentwicklung). Eher end-of-pipe-orientierte Unternehmen vermeiden die Anpassung der bestehenden Produkte und Unternehmensfunktionen und versuchen verstärkt die Kernkompetenzen zu erhalten und verlagern kreislaufspezifische Aufgaben eher auf Systempartner. Diese gegensätzlichen strategischen Ausrichtungen konnten auch in der empirischen Untersuchung ermittelt werden. Von insgesamt fünf Strategieclustern konnte eine Gruppe mit einer ausgeprägten integrierten Strategie identifiziert werden. Diese Gruppe wurde als „produktintegrierte Kreislaufprofilierer" eingestuft. Dieser Gruppe gehörten 15,5 % der befragten Unternehmen an. Immerhin 22,5 % der Unternehmen konnten mit einer „end-of-pipe"-orientierten Kreislaufstrategie ermittelt werden. Sie wurden als „abfallfokussierte Kreislaufanpasser" eingestuft. Die Übersicht 6 gibt zu erkennen, dass jene Unternehmen, die eine integrierte Strategie anstreben, verstärkt die Recyclingfunktionen innerhalb der eigenen Unternehmensgrenzen durchführen und ihre Produktentwicklung strategisch auf kreislaufgerechte Produktkonzepte ausrichten. Die abfallfokussierten Kreislaufanpasser externalisieren hingegen überdurchschnittlich häufig Aufgaben an Verwertungsunternehmen.

Zur Erfassung der Netzwerkstrukturen wurde neben einer direkten Erfassung der Kooperationsform auch ein **multidimensionaler Operationalisierungsansatz** (vgl. dazu auch Kirchgeorg 1999, S. 420 ff.) gewählt, mit dem die strukturalen Merkmale netzwerkartiger Arrangements aus der Sicht der Hersteller explizit erfasst wurden. Wie die Ausprägungen der Externalisierungsgrade der ermittelten kreislaufspezifischen Basisstrategien verdeutlichten, haben alle Hersteller gewisse kreislaufspezifische Funktionen auf Dritte ausgelagert und damit interorganisationale Netzwerkstrukturen konstituiert. Durch die Erfassung der strukturalen Merkmale war es möglich, kreislaufspezifische Netzwerktypen zu identifi-

[1] Insgesamt wurden 17 kreislaufspezifische Funktionen abgefragt. Jede Funktion konnte als internalisiert, externalisiert oder als nicht vorhanden angekreuzt werden. Der Externalisierungsgrad gibt somit an, wie viel Prozent der auszuführenden Funktionen (max. 17) auf externe Dienstleister übertragen wurden.

zieren. Auf der Grundlage einer Clusteranalyse wurden branchenübergreifend die 101 Hersteller auf Grund der erfassten Netzwerkmerkmale vier Netzwerkclustern zugeordnet. Die Übersicht 7 zeigt die zentralen Merkmale, die zur Clusterbildung herangezogen wurden.

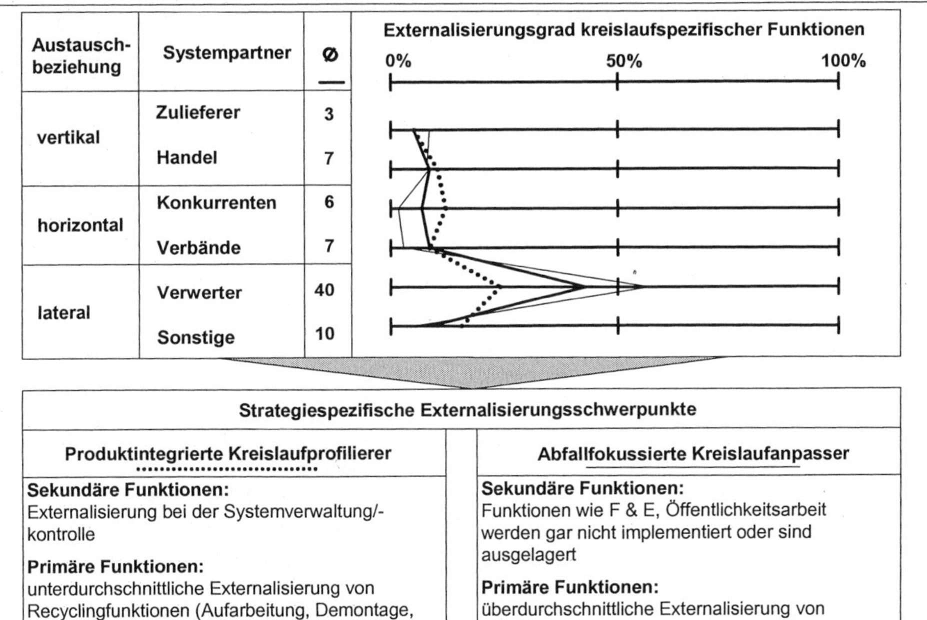

Übersicht 6: Externalisierungsgrad kreislaufspezifischer Funktionen auf Systempartner

Betrachtet man den hinsichtlich des Systempartnerumfangs und der Interaktionsdichte als relativ komplex zu bezeichnenden **Netzwerktyp I** (Clustergröße 11,3 %) in seinen Merkmalsausprägungen, so wird dieses Netzwerk durch eine überdurchschnittliche Anzahl von einbezogenen Handelsunternehmen gekennzeichnet, die – wie bereits herausgearbeitet wurde – als Rückgabestellen die Funktion der Altproduktannahme übernehmen. Weiterhin sind überdurchschnittlich häufig Verwertungsunternehmen sowie auch Zulieferer bei der Übernahme von kreislaufspezifischen Funktionen beteiligt. Auch die auf der Grundlage der durchschnittlichen Interaktionshäufigkeit gemessene Netzwerkdichte ist beim Netzwerktyp I gegenüber den Verwertungs- und Handelsunternehmen überdurchschnittlich ausgeprägt.

Die informationsbezogenen Austauschbeziehungen werden aus Sicht der Hersteller in hohem Maße mit der Intention des Erfahrungsaustausches geführt. Die Bewertung der Konfliktfreiheit der Interaktionsbeziehungen nimmt auf der Skala einen mittleren Beurteilungswert ein und weist gegenüber den anderen Netzwerktypen keinen signifikanten Unterschied auf. Dementsprechend ist festzustellen, dass bei dem ermittelten Netzwerktyp tendenziell ein latentes Konfliktpotenzial besteht, was nicht zuletzt durch die zum

Teil hohen Konkurrenzbeziehungen zwischen den Systempartnern zu begründen ist. Das dargestellte Problem des Substitutionswettbewerbs (Konkurrenz im Bereich der aufgearbeiteten Altteile bzw. Ersatzteile) zwischen Herstellern und Verwertungsunternehmen wird von Herstellern, die dem Netzwerktyp I zuzurechnen sind, nicht befürchtet. Das Netzwerk weist eine hohe Offenheit für Konkurrenten und andere Systempartner auf. Die Stabilität des Netzwerkes I ist, gemessen am Systempartnerwechsel, mittelmäßig einzustufen. Auf der Grundlage der beschriebenen Netzwerkmerkmale kann **Netzwerktyp I** als **offenes handels- und verwerterorientiertes Netzwerk** bezeichnet werden.

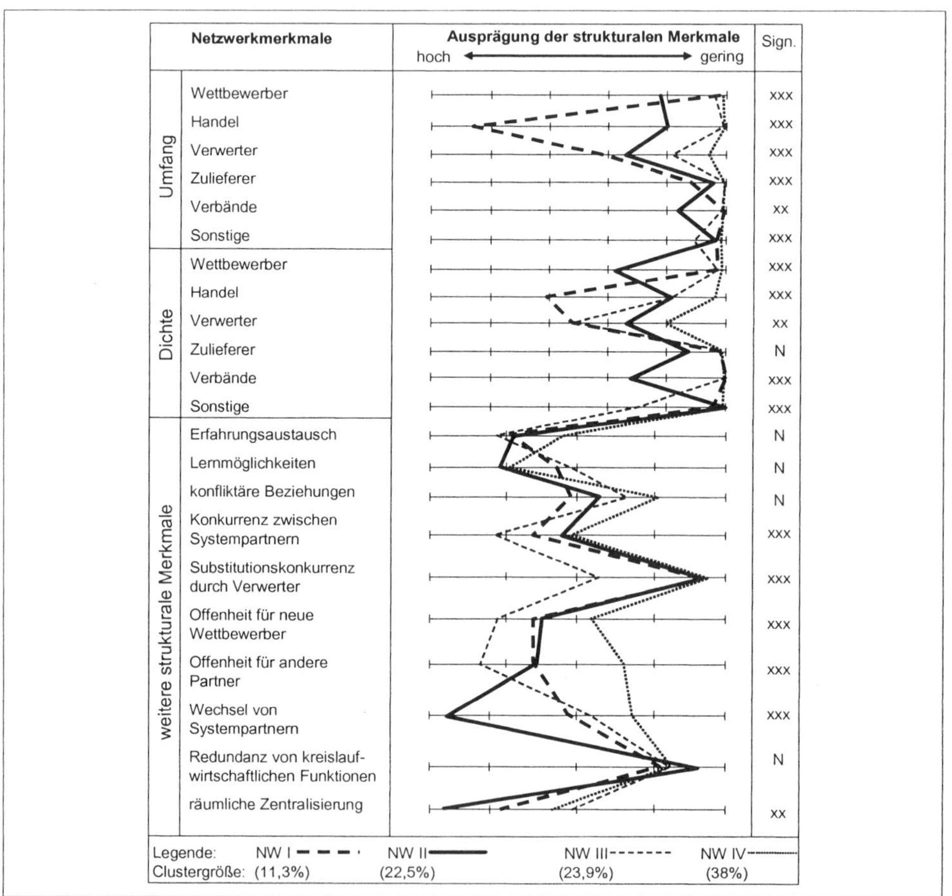

Übersicht 7: Ausprägungen strukturaler Merkmale kreislaufspezifischer Netzwerktypen[1]

[1] Signifikanzniveaus für Gruppenunterschiede: xxx < 0,001 / xx < 0,05 und N entspricht nicht signifikant.

Das zweite Cluster repräsentiert einen **Netzwerktyp II**, der eher einen mittleren bis geringeren Umfang, gemessen an den einbezogenen Systempartnern, aufweist, wobei gegenüber den zuvor beschriebenen Netzwerken sowohl Branchenverbände als auch Wettbewerber ausschließlich bei diesem Netzwerktyp als Systempartner eine Relevanz besitzen. Die Interaktionsdichte zwischen den befragten Herstellern und Wettbewerbern, Verwertungsunternehmen sowie Verbänden weist eine mittlere Intensität auf. Hinsichtlich der Netzwerkmerkmale ist hervorzuheben, dass die Offenheit gegenüber dem Zutritt weiterer Wettbewerber wie auch anderer Systempartner relativ hoch eingestuft wird und die Stabilität gegenüber anderen Netzwerktypen als sehr gering gewertet wird. Insgesamt kann der Netzwerktyp II auf Grund der dargestellten Ausprägungen der clusterbildenden Variablen als ein **offenes branchenorientiertes Netzwerk** charakterisiert werden, das in hohem Maße das Konzept einer Branchenlösung zu repräsentieren vermag.

Das identifizierte **Netzwerk III** weist einen geringen Umfang an Systempartnern auf, wobei Verwertungsunternehmen und sonstige Systempartner, wie z. B. Logistikdienstleister, in die Netzwerkstruktur einbezogen sind und die Interaktionsdichte überdurchschnittlich ausgeprägt ist. Die Interaktionen sind in hohem Maße auf einen Erfahrungsaustausch ausgerichtet. Die Konkurrenz zwischen den einbezogenen Systempartnern wird relativ hoch eingeschätzt. Auf Grund des geringen räumlichen Zentralisierungsgrades der Reduktionsprozesse ist anzunehmen, dass in das Netzwerk Verwertungsunternehmen einbezogen sind, die kreislaufspezifische Funktionen wie die Kollektion und Reduktion für bestimmte Regionen, in denen die Altgeräte anfallen, übernehmen. Da Verwertungsunternehmen zunehmend ihre Kollektionssysteme bundesweit ausbauen, erscheint die hohe kompetitive Beziehung zwischen den Verwertungsunternehmen im Netzwerk erklärbar. Gegenüber allen anderen Netzwerktypen, übernehmen die Hersteller zentrale kreislaufspezifischen Funktionen selbst und sie sehen die Gefahr der Substitutionskonkurrenz durch die Verwertungsunternehmen, sodass auch die Beziehung zwischen Herstellern und Verwertungsunternehmen potenzielle Konflikte beinhalten kann. Das Netzwerk weist einen hohen Offenheitsgrad für Wettbewerber und andere Systempartner auf. Angesichts dieser Merkmale kann dieses Netzwerk als **offenes kompetitives und herstellergeführtes Netzwerk** gekennzeichnet werden. Diesem Netzwerktyp können 23,9 % der befragten Hersteller zugeordnet werden.

Der **Netzwerktyp IV** kann hingegen als **„verwerterfokussiertes Netzwerk"** gekennzeichnet werden. Diesem Netzwerktyp gehören 38 % aller befragten Hersteller an. Dieser Netzwerktyp unterscheidet sich gegenüber den anderen Netzwerktypen durch die geringe Diversität an Netzwerkpartnern, weil nahezu alle ausgelagerten kreislaufspezifischen Funktionen auf eine relativ geringe Anzahl an Verwertungsunternehmen übertragen wurden, wobei die Entscheidungsträger, die diesem Netzwerktyp zuzurechnen sind, die durchschnittliche Interaktionshäufigkeit auf einmal im Jahr beziffern. Eine Vielzahl von kreislaufspezifischen Funktionen wird von den Herstellern selbst übernommen. Weiterhin zeichnet sich dieser Netzwerktyp gegenüber den anderen Netzwerken durch eine geringe Offenheit für neue Systempartner sowie eine relativ hohe Stabilität und tendenziell die geringsten Konkurrenzbeziehungen zwischen den Systempartnern aus. Dementsprechend kann dieses kreislaufspezifische Netzwerk am ehesten als **geschlossenes**

und stabiles verwerterfokussiertes Netzwerk bezeichnet werden, in dem zwischen Herstellern und Verwertungsunternehmen geringe Interaktionsbeziehungen stattfinden.

Die Ableitung dieser kreislaufspezifischen Netzwerktypen bildete eine Grundlage für weiterführende Untersuchungen der eingesetzten Koordinationsinstrumente und die Identifikation von Effizienzunterschieden hinsichtlich der von Herstellern angestrebten ökonomischen und ökologischen Zielsetzungen (vgl. dazu Kirchgeorg 1999, S. 429 ff.).

5. Zusammenfassung

Die Ausführungen haben verdeutlicht, dass Hersteller für die Wahrnehmung der im Kreislaufwirtschaftsgesetz definierten Produktverantwortung in hohem Maße netzwerkartige Arrangements als hybride Organisationsformen wählen. Zusammenfassend sind folgende Punkte hervorzuheben:

- Stoffkreisläufe lassen sich anhand von kreislaufspezifischen Funktionen, Akteuren und den Austauschbeziehungen strukturieren und typisieren.
- Auf Grund des langfristig wirksamen Rückkopplungseffektes in Stoffkreisläufen (stofflich, nominal, informationsbezogen) ist ein auf dem Transaktionskostenansatz beruhender Erklärungsansatz netzwerkartiger Arrangements durch Erkenntnisse des Kernkompetenz- und Ressourcenansatzes zu erweitern.
- Je mehr die Hersteller bei ihrer kreislaufspezifischen Strategie eine Rückkopplung von Altprodukten und Sekundärmaterialien als Inputs für die eigene Wertschöpfungskette vorsehen, umso geringer ist der Externalisierungsgrad kreislaufspezifischer Funktionen und umso höher ist der Interaktionsgrad mit den Systempartnern, auf die einzelne Funktionen ausgelagert werden.
- Die Identifikation von kreislaufspezifischen Netzwerktypen auf der Grundlage von strukturalen Merkmalen bildet eine wichtige Grundlage, um branchenübergreifende Netzwerkspezifika (Netzwerkbenchmarking) zu identifizieren, die einen besonderen Erfolgsbeitrag zur Gestaltung von Stoffkreisläufen für Altprodukte leisten.

Mit Blick auf den letzten Punkt ergeben sich im Rahmen weiterführender Forschungen besondere Herausforderungen für die Analyse der Effizienzunterschiede verschiedener netzwerkartiger Arrangements zur Gestaltung von Stoffkreisläufen.

Literatur

BECKMANN, M. (1995): Rechtsprobleme der Rücknahme- und Rückgabepflichten, in: Thomé-Kozmiensky, K. J. (Hrsg.): Management der Kreislaufwirtschaft, Berlin, S. 87-104.

BROCKHOFF, K. (1994): Management organisatorischer Schnittstellen – unter besonderer Berücksichtigung der Koordination von Marketingbereichen mit Forschung und Entwicklung, Hamburg.

BRONDER, C., PRITZL, R. (1992) (Hrsg.): Wegweiser für strategische Allianzen, Wiesbaden.

CORSTEN, H. (2001): Grundlagen der Koordination in Unternehmensnetzwerken, in: Corsten, H. (Hrsg.): Unternehmensnetzwerke, München u. a., S. 1-57.

DOMBROWSKY, B. (1991): Netzwerke als Kooperationsformen in der betrieblichen Recyclingpolitik, Hannover.

DYCKHOFF, H. (1994): Betriebliche Produktion, 2. Aufl., Berlin u. a.

GÖPFERT, I.; WEHBERG, G. (1995): Ökologieorientiertes Logistik-Marketing, Stuttgart u. a.

GRANT, R. M. (1991): The Resource-based Theory of Competitive Advantage: Implications for Strategy Formulation, in: California Management Review, 33. Jg., Nr. 3, S. 114-145.

HALFMANN, M. (1996): Industrielles Reduktionsmanagement, Wiesbaden.

HAMEL, G.; PRAHALAD, C. K. (1995): Wettlauf um die Zukunft, Wien.

HANSEN, U.; RAABE, T.; DOMBROWSKY, B. (1995): Die Gestaltung des Konsumgüter-Recycling als strategische Netzwerke, in: UmweltWirtschaftsForum, 3. Jg., Nr. 1, S. 62-69.

HENDLER, R. u. a. (2002) (Hrsg.): Produktverantwortung: Chancen – Verwirklichungsformen – Fehlentwicklungen, Berlin.

KALUZA, B. (1998) (Hrsg.): Kreislaufwirtschaft und Umweltmanagement, Hamburg.

KIESER, A.; KUBICEK, H. (1977): Organisation, 3. Aufl., Berlin u. a.

KIRCHGEORG, M. (1999): Marktstrategisches Kreislaufmanagement – Ziele, Strategien und Strukturkonzepte, Wiesbaden.

KIRCHGEORG, M. (2002): Kreislaufwirtschaft aus betriebswirtschaftlicher Perspektive, Hagen.

KLANKE, B. (1995): Kooperationen als Instrument der strategischen Unternehmensführung, Diss., Münster.

KNYPHAUSEN-AUFSESS, D. ZU (1995): Theorie der strategischen Unternehmensführung, Wiesbaden.

LUCAS, R. (2002): Altautoverwertung zwischen Staat und Markt, Arbeitspapier Nr. 1 im Projekt „Autoteile per Mausklick“ des Wuppertal Instituts für Klima, Umwelt, Energie GmbH, Wuppertal.

MAHR, H.; TOBIAS, M. (2001): Zur Realisierung der Elektro-Altgeräte-Richtlinie, in: UmweltWirtschaftsForum, 9. Jg., Nr. 2., S. 14-18.

MEFFERT, H.; KIRCHGEORG, M. (1998): Marktorientiertes Umweltmanagement, 3. Aufl., Stuttgart.

NÜTTGENS, M.; SCHEER, S.-W. (1993): Integrierte Entsorgungssicherung als Bestandteil des Informationsmanagements in Industriebetrieben, in: Zeitschrift für betriebswirtschaftliche Forschung, 45. Jg., S. 959-972.

PICOT, A.; REICHWALD, R.; WIGAND, R. T. (1996): Die grenzenlose Unternehmung, Wiesbaden.

PRAHALAD, C. K.; HAMEL, G. (1990): The Core Competence of the Corporation, in: Harvard Business Review, 68. Jg., May-June, S. 79-91.

RASCHE, C. (1994): Wettbewerbsvorteile durch Kernkompetenzen, Wiesbaden.

REIß, M. (2001): Netzwerkkompetenz, in: Corsten, H. (Hrsg.): Unternehmensnetzwerke, München u. a., S. 121-187.

ROTERING, J. (1993): Zwischenbetriebliche Kooperation als alternative Organisationsform, Stuttgart.

SCHLÖGL, M. (1995): Recycling von Elektro- und Elektronikschrott, Würzburg.

SCHWARZ, E. J., BRUNS, K., LOPATHKA, M. (1996): Verwertungssysteme im Ruhrgebiet: Darstellung, Analyse und Beurteilung, Arbeitsberichte Nr. 6 des Lehrstuhls für Produktion und Logistik der Universität Gesamthochschule Essen, Essen.

SCHWARZ, E. J. (1994): Unternehmensnetzwerke im Recycling-Bereich, Wiesbaden.

SOUREN, R. (2002): Konsumgüterverpackungen in der Kreislaufwirtschaft, Wiesbaden.

STÖLZLE, W. (1993): Umweltschutz und Entsorgungslogistik, Berlin.

SYDOW, J. (1992): Strategische Netzwerke. Evolution und Organisation, Wiesbaden.

SYDOW, J. (2001) (Hrsg): Management von Netzwerkorganiationen, 2. Aufl., Wiesbaden.

THOMÉ-KOZMIENSKY, K. J. (1995a) (Hrsg.): Management der Kreislaufwirtschaft, Berlin.

THOMÉ-KOZMIENSKY, K. J. (1995b) (Hrsg.): Verfahren und Stoffe in der Kreislaufwirtschaft, Berlin.

TICHY, N.; TUSHMAN, M.; FOMBRUN, C. (1979): Social network analysis for organizations, in: Academy of Management Review, Nr. 4, S. 507-519.

VATERRODT, J. C. (1995): Recycling zwischen Betrieben, Berlin.

VDMA (AG CYCLE) (1995): Entwurf für freiwillige Maßnahmen zur Rücknahme und Verwertung elektrischer und elektronischer Produkte der Informationstechnik, Bürokommunikations-Systeme und anderer artverwandter Investitionsgüter, Stand: 2. Oktober 1995.

WAGNER, G. R.; MATTEN, D. (1995): Betriebswirtschaftliche Konsequenzen des Kreislaufwirtschaftsgesetzes, in: Zeitschrift für Umweltpolitik, 8. Jg., Nr. 1, S. 45-57.

WALZ, R. (1994): Wirtschaftsverbände und kollektive Unternehmensstrategien, München.

Christian Scholz*

Von der Netzwerkorganisation zur virtuellen Organisation – und zurück?

---

* Univ.-Professor Dr. Christian Scholz ist Inhaber des Lehrstuhls für Betriebswirtschaftslehre, insbesondere Organisation, Personal- und Informationsmanagement an der Universität des Saarlandes, Direktor des Europa-Instituts und des Instituts für Managementkompetenz (imk) der Universität des Saarlandes, Saarbrücken, sowie Honorarprofessor für Personalmanagement an der Universität Wien.

1. Zwei Fragen

Dass sich die Umwelt ändert und die unternehmerischen Prozesse dynamischer und herausfordernder werden, ist hinlänglich bekannt und braucht nicht weiter betont zu werden. Gleiches gilt für die Notwendigkeit für Unternehmen, hierauf mit organisatorischen Maßnahmen zu reagieren und aktiv weiterführende Veränderungen anzustoßen.

Ebenfalls lange schon diskutiert – aber noch nicht abschließend behandelt – sind in der Organisationsforschung Überlegungen, die sich aus der Grenzziehung von Unternehmen ableiten (vgl. z. B. de Vries 1998). Ob generell die „organization of the future“ (Hesselbein u. a. 1996) oder speziell die „boundaryless organization“ (Ashkenas u. a. 1995) beziehungsweise die „grenzenlose Organisation“ (Picot/Reichwald/Wigand 2001): In allen diesen Fällen wird das sukzessive Auflösen der früher einmal trennscharfen **Organisationsgrenzen** beschrieben, was letztlich nichts anderes bedeutet, als dass immer mehr Interaktionen zwischen vormals relativ unabhängigen Organisationen ablaufen: Wo früher explizit Organisationseinheiten mit klar definierter „gatekeeper“-Funktion für Außenkontakte eines Unternehmens zuständig waren, finden mittlerweile auf allen Ebenen umfangreiche und zumeist ungesteuerte Interaktionen zwischen „Innen“ und „Außen“ statt, wodurch Grenzen verschwimmen. Wichtiger wird statt der Frage nach dem genauen Verlauf dieser Grenze die Frage, auf welche Weise diese partiell unabhängigen Einheiten über die früheren Grenzen hinweg zusammen arbeiten, wie sie Koalitionen und Allianzen eingehen, wie sie letztlich zu einer gemeinsamen **Wertschöpfung** gelangen.

Diese Bewegung wird seit rund zehn Jahren auch in der (kybernetischen) **Systemtheorie** diskutiert (vgl. z. B. Weber 1995): Dort wurde Interaktion früher primär auf Aktivitäten innerhalb von Systemgrenzen, auf hierarchische Steuerungs- und Regelungsprozesse, auf Abgrenzung und schließlich auf das partielle Gewähren von Autonomie bezogen. Sukzessive verschob sich dann allerdings das Interesse auf Interaktionen zwischen Systemen, auf föderalistische Abstimmung, auf Zusammenarbeit und vor allem auf das Nutzen von Autonomie. Eingeordnet in das kybernetische **Hierarchietheorem** (Scholz 1982) bedeutet dies, dass nicht primär die strukturbildenden **Intrasystembeziehungen**, sondern die ablaufbestimmenden **Intersystembeziehungen** in den Vordergrund rückten.

Genau diese Intersystembeziehungen stehen im Mittelpunkt der nachfolgenden Überlegungen, allerdings ausschließlich fokussiert auf die **Netzwerkorganisation** (vgl. z. B. Jarillo 1988; Nohria/Eccles 1992; Sydow 1992, 2001a) und die **virtuelle Organisation** (vgl. z. B. Davidow/Malone 1992; Scholz 1994, 2002). An dieser Stelle ergibt sich die erste Frage, die mit diesem Beitrag beantwortet werden soll.

Frage 1:
Wie hängen Netzwerkorganisation und
virtuelle Organisation konzeptionell zusammen?

Die Netzwerkorganisation ist inzwischen breit akzeptiert (Harrison 1994; Windeler 1999; Wirth 1999; Sydow 2001b) und wird deshalb nur kurz dargestellt; die virtuelle Organisation hat dagegen eine Phase äußerst kontroverser Diskussion hinter sich (vgl. z. B. Drumm 1996; Kieser 1996; Scholz 1996), wird immer in verschiedensten Kontexten noch unterschiedlich beurteilt (z. B. Freimuth/Meyer 1998) und verlangt deshalb nach einer etwas umfangreicheren Auseinandersetzung. Über die bloße Feststellung hinaus, dass es Zusammenhänge zwischen der Netzwerkorganisation und der virtuellen Organisation gibt (vgl. z. B. Scholz/Sydow 1996; Winand/Nathusius 1998), ist zu prüfen, wo die letztlich entscheidungsrelevanten Gemeinsamkeiten und Unterschiede beider Organisationsformen liegen.

Die zweite Frage setzt an der Beobachtung an, dass auf der einen Seite manche der früheren Paradebeispiele der virtuellen Organisation nicht mehr existieren – zumindest nicht mehr als virtuelle Organisationen. Anders formuliert: Es gibt immer neue und teilweise extrem erfolgreiche Beispiele, diese verschwinden aber auch sukzessiv wieder. Im Gegensatz dazu fallen viele Netzwerkorganisationen zwar nicht wegen ihrer exzellenten Performance auf, wirken dafür aber langlebiger. Unterstellt man, dass Organisationsentscheidungen teilweise rational getroffen werden, so dürfte es gute Gründe für die Wahl dieser beiden Organisationsformen geben, ebenfalls aber auch dafür, diese Organisationsformen unter bestimmten Bedingungen wieder aufzugeben oder zu wechseln. Dies führt zu der zweiten Frage, der es nachzugehen gilt.

Frage 2:
Wie hängen Netzwerkorganisation und
virtuelle Organisation im Zeitablauf zusammen?

Für beide Fragen werden **Allianzen** hierbei als das Ziel von Unternehmen in einer Situation erodierender Organisationsgrenzen gesehen, Netzwerkorganisation und virtuelle Organisation als die Mittel im Sinne möglicher Organisationsformen für Allianzen.

2. Organisationsformen

2.1 Bewährter Klassiker: Netzwerkorganisation

Zunächst werden die Organisationsformen Netzwerkorganisation und virtuelle Organisation daraufhin diskutiert, wie unterschiedlich sie wirklich sind.

Unter einer **Netzwerkorganisation** versteht man eine Primärorganisation, „die im Kern hierarchische Merkmale der Koordination mit marktlichen Elementen intelligent verknüpft, auf diese Weise die Verfügung über komplementäre Ressourcen ohne Eigentumsrecht gewährleistet und konsequent dem unternehmensübergreifenden Charakter von Geschäftsprozessen Rechnung trägt" (Sydow 2001b, S. 295). Hierbei ist die Netzwerkorganisation sowohl innerhalb von Organisationen als auch zwischen ihnen zu finden.

Besonders relevant für die nachfolgend zu führende Diskussion wird die institutionenökonomische (vgl. z. B. Williamson 1985, 2003) Einordnung der Netzwerkorganisation als ein eigenständiges Koordinationskonzept zwischen **Markt** und **Hierarchie** (Krebs/Rock 1994; Gaitanides 1998). Unterstellt man (vgl. z. B. Siebert 1991, S. 295), dass

- Markt gekennzeichnet ist durch die vier Charakteristika Funktionsspezialisierung, marktlichen Effizienzdruck, **Opportunismus** und die Existenz von Informationsinseln, während
- Hierarchie die Gegenteile dieser vier Charakteristika, nämlich Funktionsintegration, Schutz vor Marktdruck, Vertrauen und Informationsintegration impliziert,

so kann die Netzwerkorganisation als die spezifische Kombination aus Funktionsspezialisierung und marktlichem Effizienzdruck mit Vertrauen und Informationsintegration angesehen werden.

Netzwerkorganisation ist ein bewährtes Konzept in der Unternehmenspraxis (z. B. Bartlett/Ghoshal 1990; Birchall/Lyons 1995, S. 66 ff.; Snow/Miles/Coleman 1992), insbesondere wenn es um die langfristige Bindung von Partnern mit ähnlichen Interessen geht, die zudem ihre Ressourcen möglichst synergetisch bündeln wollen. Dabei erwerben sich die Partnerunternehmen durch das Einrichten eines Netzwerks eine neue wichtige strategische Ressource im Wettbewerb (Gnyawali/Madhavan 2001). Die Bildung einer Netzwerkorganisation ist somit keine reine „Alibiveranstaltung", sondern dient den strategischen Zielen des Unternehmens.

2.2 Sich bewährende Innovation: Virtuelle Organisation

2.2.1 Basisüberlegung zur Virtualisierung

Im vergangenen Jahrzehnt hat der Wettbewerb hinsichtlich Geschwindigkeit und Härte allerdings eine neue Qualität erlangt. Sie schlägt sich nieder im **Darwiportunismus** (Scholz 2003), der Kombination der darwinistischen Marktradikalität vieler Branchen mit dem opportunistischen Verhalten der Akteure, das auf Optimierung ihrer Erwerbsbiographien ausgerichtet ist. Daher ist es für Unternehmen im Wettbewerb heutzutage eine erfolgskritische Notwendigkeit, sich **Kernkompetenzen** (Prahalad/Hamel 1990) aufzubauen: Aktionspotenziale eines Unternehmens, die eine originäre Nähe zum Geschäftszweck aufweisen und für die ein Markt vorhanden ist, auf dem sich mit ihnen ein nachhaltiger komparativer Vorteil gegenüber den Wettbewerbern erzielen lässt. Sind die Kernkompetenzen wirtschaftlich ergiebig genug, so kann das Unternehmen sie alleine nutzen. Reichen sie hierzu allerdings nicht aus, so sind Kooperationen mit Partnern häufig die einzigen Auswege.

Eine besondere Form der Kooperation ist die virtuelle Organisation (Hedberg u. a. 1997; Venkatraman/Henderson 1998): Sie koppelt lose die Kernkompetenzen zu einem temporären Partnerverbund. „Virtuell“ ist, wenn ein Objekt in der Wahrnehmung von außen als solches existiert, obwohl dies in der Realität nicht sichtbar gegeben ist. Eine virtuelle Organisation realisiert dementsprechend eine Wertschöpfungskette, aber nicht, wie die Kunden es wahrnehmen, durch ein einziges Unternehmen, sondern in der Realität durch mehrere selbstständige Unternehmen. Virtualisierung folgt dabei generell dem „**Vier-Merkmal-Schema**“ (Scholz 2000a):

1. Sie beginnt immer mit einer Spezifizierung des zu virtualisierenden Objektes über seine konstituierenden Charakteristika, die sowohl das ursprüngliche (reale) Objekt als auch seine virtuelle Realisierung aufweisen.
2. Anschließend lässt sich festlegen, welche Attribute virtualisiert werden: Entscheidend bei der Virtualisierung ist das Fehlen von bestimmten physikalischen Attributen des ursprünglichen Objektes, die üblicherweise mit dem zu virtualisierenden Objekt assoziiert werden, aber beim virtualisierten Objekt nicht mehr vorhanden sind und trotzdem in ihrer erlebbaren Funktionalität realisiert werden.
3. Dies lässt sich allerdings nur durch entsprechende spezielle Zusatzspezifika verwirklichen, wobei es sich oft (aber nicht immer!) um technische Hilfsmittel handelt.
4. Ergebnis ist ein Nutzenvorteil, der sich durch den Wegfall der physikalischen Attribute ergibt.

Eine Wertschöpfungskette bleibt also eine Wertschöpfungskette mit ihren primären und sekundären Aktivitäten, allerdings nicht in der Verantwortung eines einzigen Unternehmens, sondern als flexibler arbeitsteiliger Zusammenschluss von Kernkompetenzträgern. Zusatzspezifika, die dies zu erreichen helfen, sind nicht nur die notwendige informations- und medientechnologische Unterstützung, sondern auch die gemeinsame Strategie, den Kunden gegenüber als „Einheitliches, Ganzes“ aufzutreten (Scholz 2000a, S. 338).

2.2.2 Erklärung im virt.cube

Im Zuge der unternehmerischen Virtualisierungsforschung wird seit einiger Zeit das für die virtuelle Organisation verfeinerte Denk- und Analysemodell des **virt.cube** (Scholz 2000a, 2000b) verwendet und auf diverse Fragestellungen angewendet (Tomenendal 2002; Langusch 2004). Obwohl die Vielfalt beobachtbarer virtueller Organisationen groß ist, haben sich zur Einordnung der möglichen Formen drei Beschreibungsdimensionen bewährt:

- **Kernkompetenzdifferenzierung**: Virtuelle Organisationen basieren immer auf dem Zusammenschluss von Kernkompetenzträgern. Dies setzt die Differenzierung der Leistungserstellungsprozesse in Kernaufgaben, entsprechende Kernkompetenzträger sowie Mechanismen zu ihrer Lokalisation voraus. Ohne die Idee, dass die besten erreichbaren Experten mitwirken müssen, ist virtuelle Organisation nicht sinnvoll. Die Abdeckung dieser Dimension lässt sich unter anderem anhand des Ausmaßes der Dezentralisierung, der mentalen Bejahung der Kernkompetenz-Idee („Kernkompetenz-Kultur"), der Umsetzung von interner Konkurrenz sowie des Vorhandenseins einer tatsächlich auf Kernkompetenzen ausgerichteten strategischen Grundorientierung der Organisation beurteilen.
- **Weiche Integration**: Um die Kernkompetenzträger zu einem lockeren, flexiblen Verbund zusammenzuschließen, braucht es Integrationsmechanismen, die relativ frei sind von kostenintensiver Vertrags- und Kontrollbürokratie, also „weiche" Mechanismen wie die gemeinsame Vision oder gegenseitige Fairness. Virtuelle Organisation stellt die wertschöpfende Arbeit in den Vordergrund, nicht aber die aufwendige Verwaltung von Zusammenarbeit. Zur Realisation dieser Dimension werden zentrale Grundbefugnisse der organisationalen Einheiten als übergreifender Entscheider im Unternehmen („Basis-Zusammenführung"), ihre mentale Ausrichtung auf bürokratiearme Integration („Integrations-Kultur"), die Integration über persönliches Vorleben durch charismatische Führungskräfte sowie das Vorhandensein einer tatsächlich auf weiche Integration ausgerichteten strategischen Grundorientierung der Organisation vorausgesetzt.
- **Multimedialisierung**: Um die Kernkompetenzträger zu lokalisieren und zu verbinden, braucht es im Regelfall entsprechende Computer-, IT- und Medienunterstützung. Diese reicht von der Implementierung elektronischer Marktplätze bis hin zu der Schaffung künstlicher Realitäten. Erst die Nutzung der heute verfügbaren Medienvielfalt ermöglicht eine produktive Zusammenarbeit auch über räumliche und zeitliche Entfernungen hinweg. Hinsichtlich dieser Dimension sind für eine Abdeckung im Sinne einer Virtualisierung eine grundlegende IT- und Medieninfrastruktur („Basis-IT"), die Nutzung multimedialer Anwendungen, eine vorhandene Interaktivität im Kontakt zwischen den organisationalen Abteilungen und ihren Mitarbeitern („Interaktivität") sowie das Vorhandensein von Virtual Reality-Umsetzungen von organisationalen Aufgaben notwendig.

So könnte sich beispielsweise ein „Virtuelles Reisebüro" aus vielen kleinen Spezialreisebüros (zum Beispiel Mexiko, China, Russland) zusammensetzen (Kernkompetenzfokussierung). Wichtig ist für die Charakterisierung dieser Kooperation als virtuelle Organisation, dass diese Komponenten dem Kunden gegenüber so „verbunden" auftreten, dass dieser nur eine Kundenschnittstelle hat, so etwa in diesem Beispiel das Gefühl bekommt, es mit einem einzigen (großen und kompetenten) Reisebüro zu tun zu haben (weiche Integration). Unterstützt werden diese Zusammenführung der Partner sowie die Optimierung der Kundenschnittstellen durch den Einsatz von Informationstechnologie und Neuen Medien (Multimedialisierung).

In dem sich ergebenden virt.cube lässt sich die Erfüllung dieser drei Dimensionen insgesamt abbilden, also inwieweit bereits realisierte Virtualisierungsbewegungen in ihrem Zusammenhang zu einer bestimmten Form einer virtuellen Organisation geführt haben (Übersicht 1).

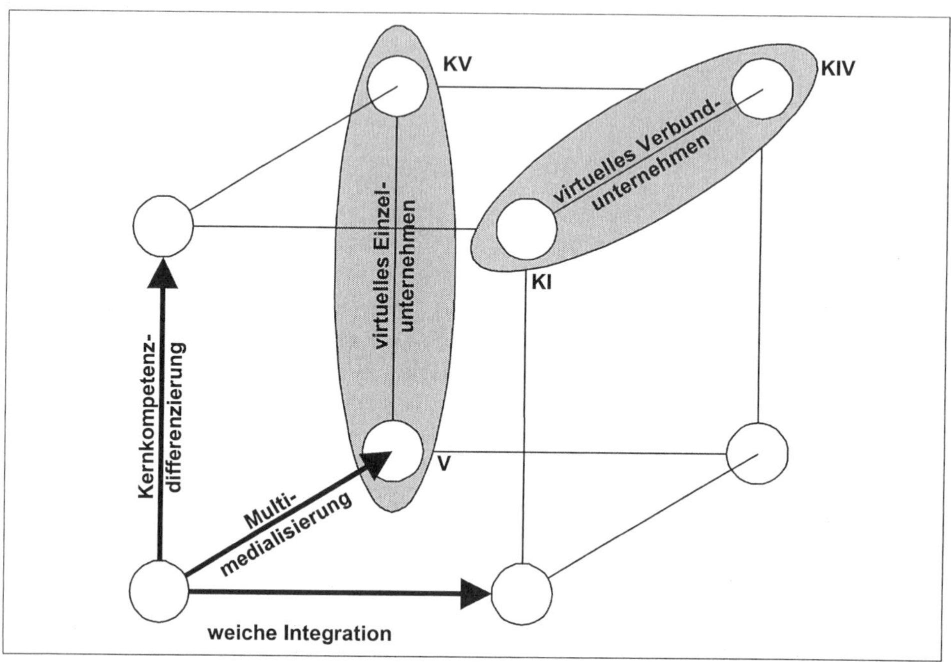

Quelle: Scholz 2000a, S. 341.

Übersicht 1: Der virt.cube als Analyseraster

Im virt.cube lassen sich in der Tendenz zwei Gruppen stabiler virtueller Organisation beobachten:

- Bewegt sich ein Unternehmen ausschließlich auf der Multimedialisierungsachse, so führt dies zunächst zum Virtuellen Einzelunternehmen Typ V, unter zusätzlichem Herausarbeiten der Kernkompetenzen zum Typ KV. In diesen Fällen bezieht sich die Virtualisierung primär auf die Organisationsnachbildung des Unternehmens „im Computer".
- Kombinieren und integrieren sich unterschiedliche Kernkompetenzträger, so führt dies zu einem Virtuellen Verbundunternehmen, je nach Multimedialisierungsbezug entweder vom Typ KI (niedriger Multimedialisierungsbezug) oder KIV (hoher Multimedialisierungsbezug).

Das abstrakte Analysemodell impliziert damit unterschiedliche Formen von virtueller Organisation. Die Ecken des virt.cube dienen jeweils als stabile Attraktionspunkte, die in unterschiedlichen Situationen sinnvoll sind.

Die Darstellung als Würfel besagt hier nicht, dass sich die anzustrebende Gesamtvirtualität additiv aus drei unabhängigen Virtualisierungsrichtungen zusammensetzt: Die Abhängigkeit der Dimensionen weiche Integration und Kernkompetenzdifferenzierung folgt aus der organisationstheoretischen Analogie der simultanen Entwicklung von **Differenzierung** und **Integration** (Lawrence/Lorsch 1967), wonach jede Differenzierung zumindest im Idealfall von Integrationstendenzen begleitet wird.

Im Vergleich virtueller Organisation mit der Netzwerkorganisation ist nur die Gruppe der virtuellen Verbundunternehmen das relevante Vergleichsobjekt, da es in diesem Beitrag um Verbünde mehrerer Unternehmenspartner geht und nicht um innerorganisatorische Netzwerkbildung.

2.2.3 Überprüfung in der Empirie

Sind virtuelle Organisationen erfolgreich? Um dies herauszufinden, wurden in einer empirischen Studie (Scholz 2000b) in den Jahren 1998 und 1999 über Fragebogen und teilweise Interviews in 102 deutschen und österreichischen Unternehmen Daten unterschiedlicher Branchen und Größen zu differenzierten Aspekten der Virtualisierung erhoben. Mittels dieser Datenbank ließen sich zunächst die Dimensionen des virt.cube-Modells charakterisieren: Danach existiert die erwartete hohe, signifikante Korrelation zwischen den beiden Dimensionen Kernkompetenzdifferenzierung und weiche Integration. Gleichzeitig zeigt sich aber auch eine in dieser Höhe nicht erwartete Korrelation zwischen Kernkompetenzdifferenzierung und Multimedialisierung. Sie belegt einmal mehr, dass die Virtualisierung eine mehrdimensionale, allerdings komplexe – weil interdependente – Bewegung darstellt.

Unter Zugrundelegung von Erfolgskriterien wie die Einschätzung der Betroffenen hinsichtlich Gewinn, Innovation, Kunden- und Mitarbeiterzufriedenheit ergaben sich für die einzelnen Dimensionen des virt.cube signifikante positive Erfolgsbezüge (Tabelle 1). Auffällig sind die besonders hohen signifikanten Korrelationswerte für kleine und mittlere Unternehmen, was durch die Ergebnisse der Regression gestützt wird: Danach sind (bezogen auf das schärfere Kriterium des adjustierten R Quadrats) für kleine Unternehmen 37 % des Erfolges, für mittlere Unternehmen 31 % auf hohem Signifikanzniveau durch die Aktivitäten auf den **Virtualisierungsdimensionen** bestimmt.

Dieses spannende Ergebnis sagt im Kern aus, dass – wobei die einzelnen Virtualisierungsdimensionen insgesamt positiv mit dem Erfolg korrelieren – insbesondere kleine und mittelgroße Unternehmen von Virtualisierungsbemühungen profitieren: Sie virtualisieren zwar nur in geringem Maßstab – wenn sie es jedoch tun, können sie mit vergleichsweise kleinem Aufwand große Erfolgswirkungen erzielen. Hierbei sind vor allem die Kernkompetenzdifferenzierung und die weiche Integration erfolgsrelevant. Insgesamt knapp 40 % erklärter Erfolgsvarianz deuten darauf hin, dass hier ein immenses strategisches Erfolgspotenzial vorliegt. Bei großen Unternehmen ist dieser Erfolgseffekt etwas geringer ausgeprägt.

		Unternehmensgröße			gesamt
		klein	mittel	groß	
Korrelation Erfolg zur	Dimension Multimedialisierung	0,3	0,4*	0,0	0,3**
	Dimension Kernkompetenzdiff.	0,5**	0,6**	0,4*	0,5***
	Dimension weiche Integration	0,6**	0,5*	0,3	0,5***
Regression zu Erfolg von allen drei Dimensionen					
	Multiples R	0,66	0,62	0,44	0,58
	R-Quadrat	0,43	0,39	0,20	0,34
	Adjustiertes R-Quadrat	0,37	0,31	0,11	0,32
	F-Wert	6,9**	5,3**	2,4*	16,2***
				s = 0,000	***
				0,000 < s ≤ 0,01	**
				0,01 < s ≤ 0,1	*

Quelle: Scholz 2000b, S. 219.

Tabelle 1: Größenspezifische Erfolgsperspektiven der Virtualisierung

2.3 Beantwortung der Frage 1: Konzeptionelle Unterschiede

Nachdem in den vorangehenden Abschnitten die Formen Netzwerkorganisation und virtuelle Organisation vorgestellt wurden, sollen sie jetzt auf ihre Differenzierbarkeit hin abgeprüft werden. Vergleicht man dazu die Netzwerkorganisation mit der virtuellen Organisation, so spricht vieles dafür, die virtuelle Organisation als eine ähnliche, weil etwas speziellere und etwas modernere Form der Netzwerkorganisation zu interpretieren. Dies alleine bringt aber Theorie und Praxis wenig weiter. Wichtiger – weil handlungsleitend verwertbar – ist vielmehr die Operationalisierung der Unterschiede, die dann in eine unterschiedliche situative Einsetzbarkeit beider Organisationsformen mündet. Danach gibt es zwei konkretere Abgrenzungen:

- Variante 1 sieht die virtuelle Organisation als eine Unterform der Netzwerkorganisation. Dies gilt immer dann, wenn man mit einer relativ breiten Definition von Netzwerkorganisation operiert und die virtuelle Organisation auf die unterstützende Virtualisierungstechnologie reduziert.
- Variante 2 sieht die virtuelle Organisation als funktionale Alternative zur Netzwerkorganisation. Hier wird die virtuelle Organisation in einigen zentralen Kategorien

grundlegend anders beschrieben und von der Netzwerkorganisation als eigenständige Organisationsform abgegrenzt.

Die Differenzierung beider Organisationsformen in den Abschnitten 2.1 und 2.2 spricht für Variante 2. Dabei ist es jedoch nicht die Absicht, der virtuellen Organisation per se eine Eigenständigkeit zuzusprechen; man könnte genauso von „Netzwerk Typ A" und „Netzwerk Typ B" sprechen. Interessant sind vielmehr die konzeptionellen Unterschiede zwischen beiden Formen, die eine getrennte und bewusst spezialisierte Behandlung erforderlich machen.

Dazu zeigt der unmittelbare Vergleich der beiden Organisationsformen (siehe Übersicht 2), wo auf der einen Seite die Gemeinsamkeiten liegen: Beide Formen verbinden mehrere Partner nach dem Prinzip der Funktionsspezialisierung. Sie sind auf marktlichen Effizienzdruck hin ausgerichtet und schotten sich nicht dagegen ab. Beide Formen erfordern auch nicht zwingend eine Multimedialisierung zur Unterstützung der Kooperation.

		Netzwerk-organisation	**virtuelle Organisation**
Markt	Funktionsspezialisierung	Ja!	Ja!
	marktlicher Effizienzdruck	Ja!	Ja!
	Opportunismus	Nein!	zum Teil
	Informationsinseln	Nein!	zum Teil
Hierarchie	Funktionsintegration	Nein!	Nein!
	Schutz vor Marktdruck	Nein!	Nein!
	Vertrauen	Ja!	begrenzt
	Informationsintegration	Ja!	nur teilweise angestrebt
allg. Merkmale	Interaktionsdichte	gering	hoch
	Aktionsniveau	gering	hoch
	Zeitbezug	zunächst unbegrenzt	„on short notice"
	„one face to the customer"	nein	ja
virt.cube	Kernkompetenzdifferenzierung	nicht zwingend	zwingend
	weiche Integration	nicht zwingend	zwingend
	Multimedialisierung	nicht zwingend	nicht zwingend

Quelle: vgl. z. B. Siebert 1991; Scholz 2000a.

Übersicht 2: Vergleich zwischen der Netzwerkorganisation und der virtuellen Organisation

Auf der anderen Seite sind jedoch deutliche Unterschiede zu erkennen:

- Die Netzwerkorganisation als Mischform aus Markt und Hierarchie basiert auf stabilitätserhaltenden Merkmalen wie Vertrauen und Informationsintegration. Die Partner sind in ihrer Selbstständigkeit aber weiterhin zu erkennen und müssen nicht die in der jeweiligen Kompetenz Führenden im Wettbewerb sein. Gleichzeitig kommen Netzwerkorganisationen bereits mit einer relativ geringen Interaktionsdichte aus, müssen keine bürokratiearmen („weichen“) Integrationsmechanismen forcieren, benötigen zu ihrer Existenz lediglich ein geringes Aktionsniveau der Partner und sind eher langfristig angelegt.
- Die virtuelle Organisation dagegen akzeptiert viel eher opportunistisches Verhalten und einen begrenzten Informationsfluss zwischen den Partnern, weil sie berücksichtigt, dass sich hier Kernkompetenzträger kurzfristig einen hohen Nutzen erarbeiten wollen, ohne aber viele Transaktionskosten für bürokratische Koordination aufzuwenden. Die einzelnen Partner nehmen bei der virtuellen Organisation in Kauf, für den Kunden nicht mehr eigenständig sichtbar zu sein, wenn sie dafür nur als virtueller Verbund die definierten Ziele erreichen. Die Befriedigung sozialer Bedürfnisse der Netzwerkpartner steht hier weitaus weniger im Vordergrund als die ökonomische Rationalität.

Insgesamt wirken Netzwerkorganisationen gerade in den aufgabenbezogenen Merkmalen unverbindlicher als die auf kurzfristige Wertschöpfung ausgelegte virtuelle Organisation. Bei der virtuellen Organisation ist der Grad der Selbstverpflichtung zur gemeinsamen Leistungserstellung (Commitment) sowie der Grad des tatsächlichen Arbeitens an der Zielverwirklichung (Involvement) höher als bei der Netzwerkorganisation.

Aus Übersicht 2 würde sich die folgende Entscheidungsregel ableiten: Wenn sich Unternehmen im Wettbewerb für eine Allianz entscheiden, dann wählen sie die Form Netzwerkorganisation eher dann, wenn sie langfristig stabilisierende Beziehungen aufbauen wollen; die Form der virtuellen Organisation ist eher für kürzerfristige und konkret aufgabenbezogene Leistungsziele angemessen. Im Hinblick auf Frage 1 kann somit festgehalten werden:

Antwort auf Frage 1:

Netzwerkorganisation und virtuelle Organisation sind konzeptionell
als funktionale Alternativen zur Bildung von Allianzen
klar voneinander abgrenzbar, insbesondere hinsichtlich des aufgabenbezogenen
Commitments und Involvements.

3. Entwicklungspfade

3.1 Ausgangspunkt: Eine interessante Beobachtung

Netzwerkorganisation und virtuelle Organisation sind funktionale Alternativen zur Realisierung derselben Grundidee, der Kooperation in einer Allianz. Obwohl sie in der Forschung bislang zumeist nur statischen Zeitpunktbetrachtungen unterliegen, erscheinen die dynamischen Beziehungen mindestens ebenso interessant. Wendet man sich also der zweiten eingangs gestellten Frage zu, so führt dies zur Untersuchung der beiden Organisationsformen auf der Zeitachse.

In einer Zeitraumbetrachtung drängt sich insbesondere eine interessante Beobachtung auf: Es gibt zwar immer wieder neue und überwiegend gute Beispiele für virtuelle Organisationen. Trotz ihrer unbestreitbaren Qualitäten ist diese Organisationsform jedoch sicherlich nicht die dominante Organisationsform. Im Gegenteil: Schaut man sich virtuelle Unternehmen an, etwa die Beispiele virtueller Unternehmen im Buch von Wüthrich/Philipp/Frentz (1997), und verfolgt ihre Entwicklung (Übersicht 3), so sind einige der dort als virtuelle Organisationen benannten Fälle viel eher (noch oder wieder?) Netzwerkorganisationen – oder aber als virtuelle Organisationen in kurzer Zeit verschwunden.

Sicherlich könnte und müsste man dies noch intensiver erforschen, doch reicht bereits diese Beobachtung aus, um von einer Eigendynamik virtueller Organisation zu sprechen: Sie entwickeln sich weiter, erleben Rückschläge und unterliegen auch einer gewissen Sterblichkeit.

3.2 Denkanstoß: Drei Wachstumsmodelle

Diese Beobachtung leitet unmittelbar über zu **Wachstumsmodellen** zur Beschreibung von organisationalen Entwicklungsmustern im Zeitablauf (vgl. z. B. Scholz 2000a, S. 204 ff.; Stein 2000, S. 34 ff.). Sie werden in der Organisationsforschung in drei Varianten diskutiert (Übersicht 4):

- Lineare Modelle (vgl. z. B. Greiner 1972) unterstellen dauerhafte Existenz und kontinuierliches Wachstum einer Organisation, allerdings nur dann, wenn die für die jeweiligen Entwicklungsphasen typischen Krisen entsprechend gemeistert werden.
- Verlaufsmodelle vom Typ „Glockenkurve" (vgl. z. B. Adizes 1988) sehen für Organisationen Wachstum, Stagnation und Absterben als einen Reifeprozess, der allerdings durch ein erfolgreiches Management gegebenenfalls recht lange aufgehalten werden kann.

- Zyklische Modelle (vgl. z. B. Hurst 1995) unterstellen kein kontinuierliches Größenwachstum. Vielmehr durchläuft die quasi pulsierende Organisation eine zyklische Entwicklung, die zu sich wiederholenden Mustern aus Krisen und organisationalen Erneuerungen führt.

	Kategorie	Beispiele von 1997	Status Anfang 2003
virtuelle Organisationen	modulares Massenproduktionswerk	VW Resende/ Brasilien (9 Partner)	VW hat das beabsichtigte Komplett-Outsourcing im Rahmen der LKW-Fabrik gestoppt und sich die Produktion zentraler Teile sowie den LKW-Zusammenbau vorbehalten.
	zentral gesteuertes Sourcing-Netzwerk	Nintendo (über 200 Partner)	Erfolgreiche Expansion des Netzes von Partnerfirmen.
	langfristig auftragsorientierter Netzwerkpool	virtuelle Fabrik Bodensee (33 Partner)	Das Netzwerk besteht weiter und hat momentan 29 Partner.
	interdisziplinäres Wissensnetzwerk	Startek (Kunden als Entwicklungspartner)	Die High-Tech-Firma ist nach wie vor erfolgreich und wird 2002 in die Liste der 200 besten Kleinunternehmen des Forbes Magazine aufgenommen.
	Entwicklungsnetzwerk für Großprojekte	CargoLifter (95 Gründungspartner)	Erklärung der Zahlungsunfähigkeit im Januar 2003.
	Ad-hoc-Dienstleistungsnetzwerk	Rauser Advertainment (7 feste und über 100 Freelance-Partner)	Der hochspezialisierte Nischenanbieter für Werbespiele besteht unter dem Namen K1010 weiter.

Quelle: (aufbauend auf den Beispielen virtueller Organisation von Wüthrich/Philipp/ Frentz 1997: neuer Stand durch Corrêa 2001; www.nintendo.com; www.eb. virtuelle-fabrik.com; www.startek.com; www.welt.de/daten/2002/05/29/0529un 334855.htx; www.k1010.com; Abrufdatum: 13.01.2003).

Übersicht 3: Lebensstationen virtueller Organisationen

Es gibt bereits Anwendungen dieser Denkansätze auf intraorganisationale Virtualisierung: So implizieren **virtuelle Teams** (Scholz 2002, S. 31 f.) ein mehr oder weniger stabiles Netz an Kernkompetenzträgern, die sich phasenweise in Wartestellung befinden oder aber in enger Kopplung wertschöpfend tätig werden. In einer Entsprechung zu zyklischen Modellen werden virtuelle Teams nach Erreichen eines Projektziels nicht „feierlich beerdigt", sondern explizit in eine Ruhephase entlassen. Durch diesen symbolischen Akt der (zeitweisen) Verabschiedung und der (erneuten) Zusammenführung kann verhindert werden, dass Teammitglieder in der inaktiven Phase das Gefühl bekommen, das Team würde zerfasern oder sukzessive absterben.

Die Frage ist nun, ob und wie diese Denkansätze auf interorganisationale Virtualisierung übertragen werden können.

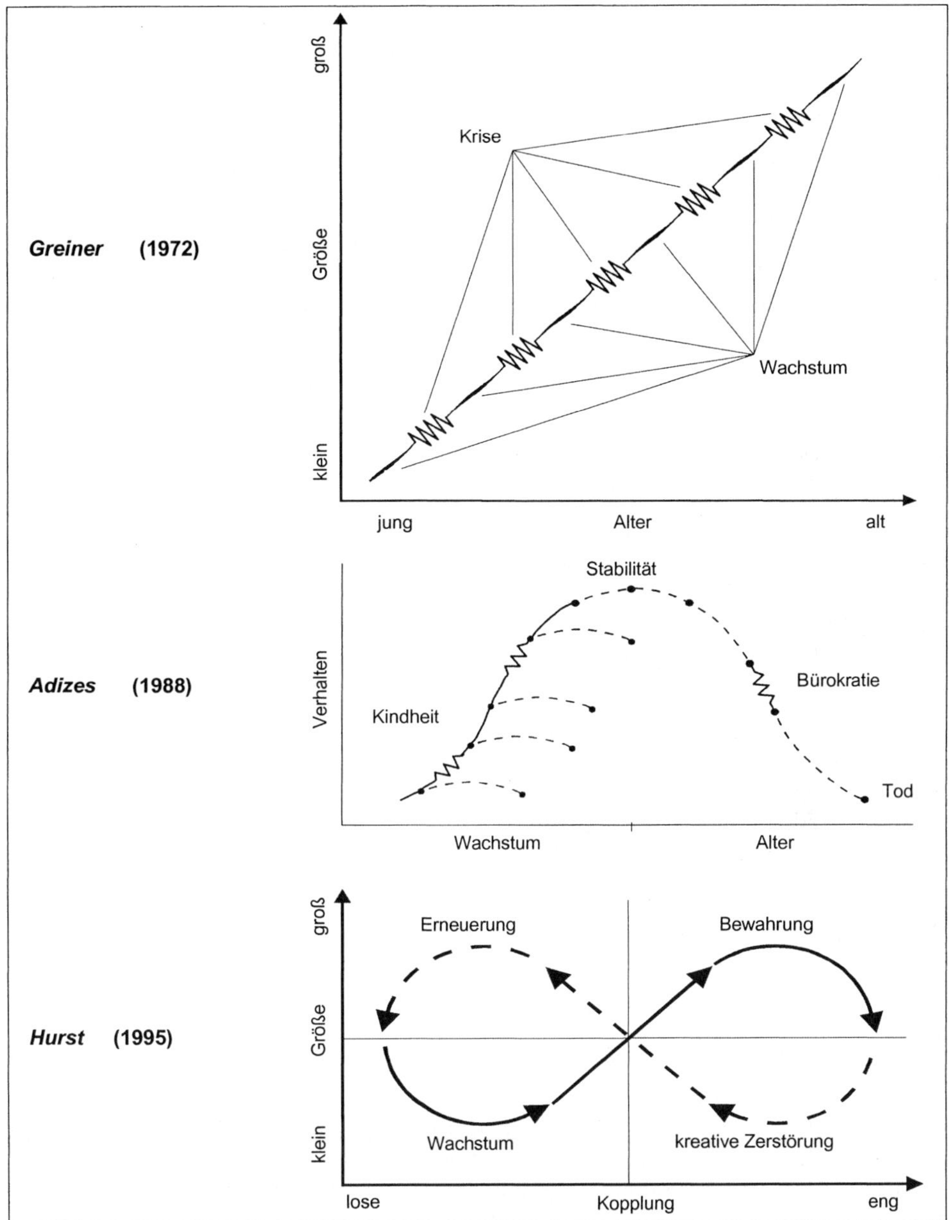

Übersicht 4: Wachstumsmodelle im schematischen Vergleich

3.3 Umsetzung: Drei Überlebensszenarien – oder Tod

3.3.1 Übergang in eine traditionelle Organisationsform

Überträgt man die drei zuvor beschriebenen Wachstumsmodelle auf interorganisatorische Virtualisierung, so leiten sich daraus für die virtuelle Organisation drei potenzielle Szenarien zum Überleben ab – allerdings möglicherweise in einer anderen Organisationsform. Das erfolglose Alternativszenario ist der Tod der virtuellen Organisation.

Aus dem linearen Modell gemäß Greiner (1972) folgt permanentes Wachstum. Hier stößt die virtuelle Organisation aber rasch an ihre Grenzen. Vor allem ihre **heterarchischen** Steuerungsstrukturen, die virtuelle Organisationen durch die Subsidiarität ihrer föderalistisch agierenden Partner in die Lage versetzen, flexibel Probleme dort zu lösen, wo sie auftauchen, dient nicht nur der Problembewältigung, mit zunehmender Größe ist sie auch ein Problemerzeuger (vgl. z. B. Reihlen 1999, S. 286 ff.). Denn dann nimmt die Anzahl der in einer virtuellen Organisation gefundenen Teillösungen auf allen Ebenen zu, sodass sie sich nicht mehr einfach zu einer optimalen Lösung für die gesamte virtuelle Organisation aggregieren lassen. Dies belegen auch die in Abschnitt 2.2.3 referierten empirischen Befunde, gemäß derer die Vorteile der Virtualisierung mit steigender Unternehmensgröße weniger stark zunehmen.

Dies bedeutet aber nicht, dass eine größer werdende virtuelle Organisation zwangsläufig abstirbt. Viel wahrscheinlicher ist die sukzessive Transformation in eine traditionelle Funktional- oder Divisionalstruktur. Ein solcher Übergang ist durchaus begründbar: Haben sich tatsächlich Kernkompetenzträger gefunden und sind diese zudem bereit, länger und enger zusammenzuarbeiten, so wird man sich in einen festen Verbund integrieren. Diese feste Struktur hat Vorteile im Hinblick auf Stabilität und Prozesseffizienz, auf der anderen Seite natürlich Nachteile bei der Flexibilität.

Überlebensszenario 1:
Transformation in eine traditionelle Organisationsform!

Aus der virtuellen Organisation als temporär-kurzfristige Partnerschaft wird also eine auf Dauer ausgelegte Kooperationsbeziehung.

Ein Beispiel für eine derartige Transformation dürfte das Unternehmen ebay sein. Dieses wurde lange Zeit als ein Musterfall einer virtuellen Organisation gefeiert, weil – bei einer durch die Kunden einheitlich wahrgenommenen einzigen Kundenschnittstelle – im Hintergrund mehrere Partner zusammenarbeiteten, die jeder für sich in ihren Feldern Kernkompetenzen aufgebaut hatten. Inzwischen aber etabliert sich ebay immer stärker als ein langfristig ausgerichtetes Unternehmen (www.ebay.com). Dass es hierbei zunehmend Organisationsgrenzen definiert, zeigen die erreichten Verbote gegen vollautomatische Auktionsmanager („Sniper") wie bhv, gegen die ebay – entgegen früherer Gepflogenheiten – gerichtlich vorging, der Vertrieb eigener Software rund um Auktionen oder die Übernahme des Internet-Zahlungsdienstleisters PayPal. Dem Unternehmen kommt es inzwischen nicht mehr nur darauf an, möglichst gute Partner mit ihren Kernkompetenzen in die rein marktlich funktionierende Leistungserstellung zu integrieren, sondern das bestehende Netzwerk nachhaltig abzusichern und sukzessive gegen Veränderungen zu immunisieren. Hier erfolgt nicht nur faktisch-strukturell eine Transformation, sondern auch mental.

3.3.2 Stabilisierung als virtuelle Organisation

Eine ganz andere Entwicklung folgt aus dem glockenförmigen Verlaufsmodell gemäß Adizes (1988). Danach durchläuft auch eine virtuelle Organisation diverse Phasen: Von der Werbephase, in der die initiale Wertschöpfungsidee lose institutionalisiert wird, über die Kindphase mit eher spielhaftem Ausprobieren von Gestaltungsoptionen, über die Startphase mit der ersten regelmäßigen Wertschöpfung und über die Erwachsenenphase einer erfolgreichen Etablierung gelangt sie in die Reifephase, wo sie ihre maximal lebensfähige Größe erreicht.

Ab dieser Stufe besteht generell die Gefahr, dass die virtuelle Organisation in den Abstieg übergeht, in dem **Bürokratisierung** und Machtkämpfe die Organisation lähmen. Dieser Gefahr kann nur dadurch entgangen werden, dass man alle Anstrengungen unternimmt, die virtuelle Organisation an dieser Position zu halten, und das Rad der Bürokratisierung, sobald es sichtbar wird, wieder zurückdreht.

Überlebensszenario 2:
Die virtuelle Organisation wird auf dem
Höhepunkt stabilisiert.

Ein Beispiel, bei dem dies weit gehend gelungen ist, ist die deutsche Handwerkskooperation Koncraft aus Baden-Württemberg (www.koncraft.de). Vier (inzwischen fünf) Handwerksbetriebe der unter anderem mit dem Internetpreis des deutschen Handwerks 2001 ausgezeichneten virtuellen Kooperation hatten sich 1999 zusammengeschlossen, um arbeitsteilig Projekte im Möbelbau zu realisieren, die die Arbeitsleistung der einzelnen Betriebe überfordert hätte. Dabei erfolgen Kommunikation und Informationsaustausch konsequent über das Internet. Auf Grund der geografischen Distanz der Handwerksbetriebe besteht keine direkte Konkurrenz der Anbieter, was letztlich die Kooperation ermöglicht. Die Anfangsinvestitionen der virtuellen Kooperation haben sich in einem Jahr amortisiert, und es ergeben sich mittlerweile Produktionszeiteinsparungen von bis zu 30 %.

Diese Stabilisierung einer virtuellen Organisation setzt aber erheblichen Integrationsaufwand voraus: Er ist darauf gerichtet, die weiche Integration mit ihren Instrumentarien wie Fairness, Vertrauenskultur, tragfähiger Vision und gegenseitiger Abhängigkeit so auszutarieren, dass sie die Partner einerseits in dem föderativ-losen Verbund zusammenhält, andererseits aber gerade nicht zentralistisch oder bürokratisch einengt. Man ahnt, dass die hierzu notwendige Balance extrem schwer zu halten ist und mit zunehmender Zahl von Partnern immer schwieriger wird.

3.3.3 Auflösung in eine Netzwerkorganisation

Unterstellt man ein zyklisches Modell wie das von Hurst (1995), so entwickelt sich die virtuelle Organisation hier in der Phase ihres Wachstums durch strategisches Management und wird dabei größer und fester gekoppelt. Die virtuelle Organisation erreicht ebenfalls eine Idealposition, auf der sie aber nicht etwa in eine traditionelle Organisationsform übergeht (wie beim linearen Modell) oder in einer traditionellen Organisation möglichst stabilisiert wird (wie beim glockenförmigen Modell). Das zyklische Modell antizipiert eine Krise – und befördert die virtuelle Organisation teilweise sogar durch einen Prozess der „kreativen Zerstörung" –, die zunächst dazu führt, dass sich die Kopplung der beteiligten Ressourcen sowie die Größe der virtuellen Organisation insgesamt vermindern. Die virtuelle Organisation zerfällt wieder in einzelne Teile, die aber weiterhin gekoppelt bleiben, wenngleich nur sehr schwach. Letzteres ist gerade eines der Charakteristika einer Netzwerkorganisation.

Überlebensszenario 3:
Die virtuelle Organisation wird zur
Netzwerkorganisation.

Ein Beispiel hierfür ist Puma: Während Strategieplanung, Konzeption und Marketing am Firmensitz abgewickelt werden, sind die circa 80 miteinander verbundenen Lieferanten, Kunden und Hersteller in wechselnder Konstellation über den Erdball verteilt. Am 30. September 2001 hatte Puma knapp 1.900 eigene Mitarbeiter. „Puma hat sich zum Ziel gesetzt nicht nur eine der begehrtesten Sportmarken der Welt, sondern auch das erste echte, virtuelle Sportartikelunternehmen zu werden" (http://about.puma.de/, Abrufdatum: 13.01.2003) – so lautet der selbst formulierte Anspruch des Unternehmens. Allerdings zeigt ein Blick in die neuere Firmengeschichte, dass Puma nicht nur auf selbstständige Partner setzt, wenn es zum Beispiel unter vielem anderen 1996 eine italienische Tochtergesellschaft gründet, 1997 in Chile ein erstes Joint Venture startet, 1998 eine 25 %-Beteiligung bei einem führenden Lizenznehmer der amerikanischen Profisportligen erwirbt oder 1999 die eigene Internetseite puma.com profitabel etabliert. Auf diese Weise entsteht eine Netzwerkorganisation, die zwar virtuelle Bestandteile behält, jedoch insgesamt auf ein breites Ressourcennetzwerk, das unterschiedlich stark in die Wertschöpfung eingebunden ist, zurückgreifen kann.

Insgesamt wandelt sich nach dem zyklischen Modell die virtuelle Organisation zu einer Netzwerkorganisation, die dann nicht mehr den unbedingten kurzfristigen Leistungsbezug in den Vordergrund stellt, sondern die Partnerstruktur trotz größerer Unverbindlichkeit bewahrt wird. Gerade durch den Einfluss charismatischer Führungspersönlichkeiten gelingt es jedoch in der Regel, zu einem geeigneten Zeitpunkt durch Neukombination von Partnern und Ressourcen die virtuelle Organisation wieder zu erneuern und in eine neue Wachstumsphase zu überführen.

3.3.4 Tod: Scheitern und Absterben

In keinem der drei vorgestellten Wachstumsmuster besteht allerdings eine Überlebensgarantie: Wenn virtuelle Organisationen grobe Fehler machen und scheitern, können sie – wie jedes Unternehmen auch – ganz vom Markt verschwinden. Die Option, gegebenenfalls in eine andere Organisationsform zu mutieren, ist dann gar nicht mehr möglich.

Scheitern als Schreckensszenario:
Virtuelle Organisationen sind nicht vor Fehlern gefeit und
können durchaus auch absterben.

Ein markantes Beispiel für ein solches Absterben ist die ursprünglich erfolgsversprechende virtuelle Bank enba (Scholz/Stein 2004). Unter dem Leitsatz „Tomorrow's Banking Today" wurde enba im Frühjahr 1999 als die erste **virtuelle Bank** Europas angekündigt. Ihre Geschäftsidee bestand darin, das komplette Dienstleistungsangebot einer Bank mit konkurrenzlos günstigen Konditionen anzubieten. Dabei sollte der Kundenkontakt ausschließlich über das Internet stattfinden. enba erstellte die Dienstleistung allerdings nicht selbst, sondern fungierte als einzig sichtbare Schnittstelle und Koordinationsinstanz in einem Verbund selbstständiger Partner, die ihre sich ergänzenden Überkapazitäten synergetisch einbringen wollten, um Kundenbedürfnisse optimal zu befriedigen.

enba begriff sich als virtuelle Organisation, nahm aber trotz intensiver Kommunikation seiner Idee nie in nennenswertem Umfang seine Geschäftstätigkeit auf. Der entscheidende Fehler war, dass enba von vornherein versuchte, zu stark in Felder zu diversifizieren, in denen in der virtuellen Organisation (noch) keine Kernkompetenz vorhanden war. Dadurch entstand ein zu großes Diversifizierungsversprechen, das nicht durch den entsprechenden Kernkomptenzträgerverbund eingelöst werden konnte. Welches Wachstumsmodell auch immer enba für sich am ehesten adaptiert hätte – in allen dreien ist es gescheitert:

- Im Modell von Greiner würde man enba als bereits in der ersten Krisenkategorie, der Führungsstilkrise, als gescheitert ansehen, da sie die kreative Grundidee, die Wachstum ermöglicht hätte, nicht in solches umgesetzt hat.
- Im Modell von Adizes sind bei enba die typischerweise in bestimmten Phasen auftretenden und damit vorhersehbaren Probleme aufgetaucht und nicht gelöst worden, so der Liquiditätsengpass in der Kindphase, der nicht durch eine ausreichend intensive rechtliche und finanzielle Beratung abgefangen wurde.

- Im Modell von Hurst ist enba nicht einmal über die initiale Phase des „unternehmerischen Handelns“ zu Beginn des Wachstumszyklus hinausgekommen, weil sie die engere Kopplung der durchaus vorhandenen Ressourcen nicht bewältigte.

Die bestehende Sterbenswahrscheinlichkeit traf und trifft eine Vielzahl weiterer Netzwerke, die sich als „virtuell“ bezeichneten. So hat es Mitte der neunziger Jahre eine wahre Flut von selbsterklärten virtuellen Verbundstrukturen gerade bei kleineren und mittleren Unternehmen gegeben. Sie haben nie eine reale Wertschöpfung produziert, lediglich öffentliche und private Fördermittel verbraucht und im Extremfall geglaubt, nur durch das Schaffen einer gemeinsamen Webseite sowie durch einige markige Sprüche eine zukunftsfähige Organisationsform implementiert zu haben. In allen drei Wachstumsmodellen haben sie allerdings nicht einmal den Beginn des Wachstums überlebt.

3.4 Beantwortung der Frage 2: Alternative Entwicklungspfade

Insgesamt haben sich aus der Theorie des Organisationswachstums drei Überlebensszenarien und ein Szenario des Scheiterns ableiten lassen. Somit bestehen vier Varianten der Entwicklung einer virtuellen Organisation (Übersicht 5).

Im ersten Fall entwickelt sich die virtuelle Organisation zu einer traditionellen Organisation weiter, im zweiten Fall wird sie als virtuelle Organisation stabilisiert. Im dritten Fall allerdings hängen virtuelle Organisation und Netzwerkorganisation im Zeitablauf zusammen: Dort ist die Netzwerkorganisation die Fortentwicklung der virtuellen Organisation. Sie kann ihrerseits wieder zyklisch in die virtuelle Organisation übergehen. Damit ergibt sich hier ein faszinierendes Wechselspiel zwischen virtueller Organisation und Netzwerkorganisation, wobei keine der beiden Organisationsformen einen natürlichen Gleichgewichtszustand bildet.

Antwort auf Frage 2:

Netzwerkorganisation und virtuelle Organisation stehen dynamisch in einem oszillierenden Zusammenhang – wenn die virtuelle Organisation weder in eine traditionelle Organisation übergeht noch sich als virtuelle Organisation stabilisieren lässt und auch nicht abstirbt.

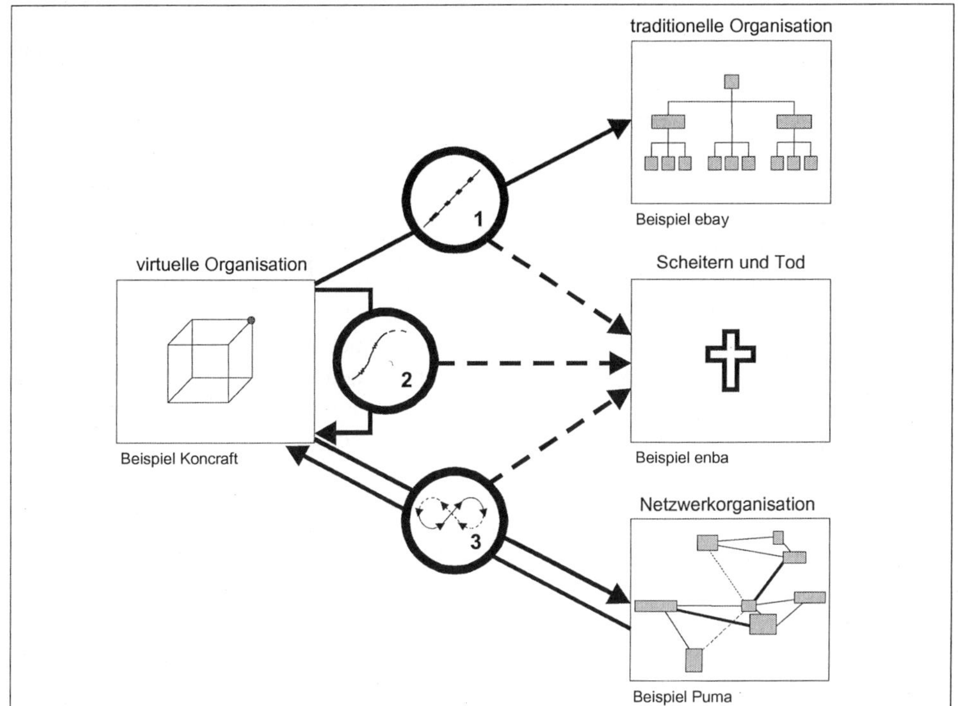

Übersicht 5: Übersicht der Entwicklungspfade virtueller Organisationen

4. Ergebnis

Auch wenn es empirisch noch nicht klar belegt ist, könnten virtuelle Organisationen möglicherweise grundsätzlich „flüchtige" Organisationen sein, die – ähnlich wie manche chemische Verbindungen – nur für einen gewissen Zeitraum existieren und sich dann wieder in andere Organisationsformen wandeln. In der Zeit ihres Bestehens sind sie aber dennoch in der Lage, Wertschöpfung zu erzielen. Es kommt somit nicht nur darauf an, eine gefundene Organisationsstruktur in sich stimmig zu gestalten, sondern auch, die möglichen Entwicklungspfade unter Beteiligung externer Partner im Auge zu behalten und, wo notwendig, dynamische Entwicklungen der Organisationsstruktur zuzulassen.

Es ist daher für Unternehmen gefährlich, primär auf Intrasystembeziehungen zu achten. In einem Umfeld, in dem auf Grund der erodierenden Organisationsgrenzen gar nicht mehr eindeutig identifizierbar ist, welche Interaktionsbeziehungen noch innerhalb des Unternehmens liegen und welche bereits außerhalb, werden grundsätzlich alle Beziehungen zu Partnern wichtiger. Die Betonung von Intersystembeziehungen wird so für Organisationen eine sinnvolle Ergänzung der bewussten Gestaltung von Organisationsstrukturen.

Dass es hierbei die Formen virtuelle Organisation und Netzwerkorganisation gibt, die sich als alternative Mittel zur Allianzenbildung beschreiben lassen, ist hilfreich zu wissen: Gerade die Unterschiedlichkeit beider Organisationsformen ermöglicht es Unternehmen, je nach Umwelterfordernissen unterschiedliche Handlungsoptionen zu nutzen. Wenn aber je nach Interaktionsintensität zudem die virtuelle Organisation und die Netzwerkorganisation dynamisch ineinander übergehen können, erfordert dies im Zeitablauf zu unterschiedlichen Zeitpunkten jeweils auch unterschiedliche Steuerungsimpulse. Von der Netzwerkorganisation zur virtuellen Organisation und zurück – dies ist kein chaotisches Horrorszenario organisationsstruktureller Beliebigkeit, sondern im Gegenteil Grundlage für ein effektives Kooperationsmanagement!

Literatur

ADIZES, I. (1988): Corporate Lifecycles: How and Why Corporations Grow and Die and What to Do About it, Englewood Cliffs, N. J.

ASHKENAS, R. U. A (1995): The Boundaryless Organization – Breaking the Chains of Organizational Structure, San Francisco.

BARTLETT, C. A.; GHOSHAL, S. (1990): Internationale Unternehmensführung. Innovation, globale Effizienz, differenziertes Marketing, Frankfurt a.M. u. a.

BIRCHALL, D.; LYONS, L. (1995): Creating Tomorrow's Organization. Unlocking the Benefits of Future Work, London.

CORRÊA, H. L. (2001): The VW Resende (Brazil) Plant Modular Consortium SCM Model after 5 Years of Cooperation, in: Proceedings of the International Conference of the Operations Management Society, Orlando.

DAVIDOW, W. H.; MALONE, M. S. (1992): The Virtual Corporation, New York.

DE VRIES, M. (1998): Das virtuelle Unternehmen – Formentheoretische Überlegungen zu Grenzen eines grenzenlosen Konzeptes, in: Brill, A.; de Vries, M. (Hrsg.): Virtuelle Wirtschaft. Virtuelle Unternehmen, virtuelle Produkte, virtuelles Geld und virtuelle Kommunikation, Opladen, S. 54-86.

DRUMM, H. J. (1996): Das Paradigma der Neuen Dezentralisation, in: Die Betriebswirtschaft, 56. Jg., S. 7-20.

FREIMUTH, J.; MEYER, A. (Hrsg.) (1998): Fraktal, fuzzy, oder darf es ein wenig virtueller sein? Personalarbeit an der Schwelle zum neuen Jahrtausend, München.

GAITANIDES, M. (1998): Schöne heile Netzwerkwelt? Zur transaktionskostentheoretischen Rekonstruktion der Integration von Zuliefersystemen, in: Glaser, H.; Schröder, E. F.; von Werder, A. (Hrsg.): Organisation im Wandel der Märkte, Wiesbaden, S. 91-113.

GNYAWALI, D. R.; MADHAVAN, R. (2001): Cooperative Networks and Competitive Dynamics: A Structural Embeddedness Perspective, in: Academy of Management Review, 26. Jg., S. 431-445.

GREINER, L. E. (1972): Evolution and Revolution as Organizations Grow, in: Harvard Business Review, 50. Jg., Nr. 4, S. 37-46.

HARRISON, B. (1994): Lean and Mean. The Changing Landscape of Corporate Power in the Age of Flexibility, New York.

HEDBERG, B. U. A. (1997): Virtual Organizations and Beyond. Discover Imaginary Systems, Chichester u. a.

HESSELBEIN, F.; GOLDSMITH, M.; BECKHARD, R. (Hrsg.) (1996): The Drucker Foundation: The Organization of the Future, San Francisco.

HURST, D. K. (1995): Crisis & Renewal. Meeting the Challenge of Organizational Change, Boston, Massachusetts.

JARILLO, J. C. (1988): On Strategic Networks, in: Strategic Management Journal, 9. Jg., S. 31-41.

KIESER, A. (1996): Moden & Mythen des Organisierens, in: Die Betriebswirtschaft, 56. Jg., S. 21-39.

KREBS, M.; ROCK, R. (1994): Unternehmungsnetzwerke – eine intermediäre oder eigenständige Organisationsform?, in: Sydow, J.; Windeler, A. (Hrsg.): Management interorganisationaler Beziehungen. Vertrauen, Kontrolle und Informationstechnik, Opladen, S. 322-345.

LANGUSCH, L. (2004): Vertrauen – Aufbau, Verstärkung und Diffusion vor dem Hintergrund der Virtualisierung von Unternehmen, Diss., Universität des Saarlandes, Saarbrücken.

LAWRENCE, P. R.; LORSCH, J. W. (1967): Organization and Environment. Managing Differentiation and Integration, Boston, Massachusetts.

NOHRIA, N.; ECCLES, R. G. (Hrsg.) (1992): Networks and Organizations. Structure, Forms, and Action, Boston, Massachusetts.

PICOT, A.; REICHWALD, R.; WIGAND, R. T. (2001): Die grenzenlose Unternehmung. Information, Organisation und Management, 4. Aufl., Wiesbaden.

PRAHALAD, C. K.; HAMEL, G. (1990): The Core Competence of the Corporation, in: Harvard Business Review, 68. Jg., Nr. 3, S. 79-91.

REIHLEN, M. (1999): Moderne, Postmoderne und hierarchische Organisation, in: Schreyögg, G. (Hrsg.): Organisation und Postmoderne. Grundfragen – Analysen – Perspektiven, Wiesbaden, S. 265-303.

SCHOLZ, C. (1982): The Architecture of Hierarchy, in: Kybernetes, 11. Jg., S. 175-181.

SCHOLZ, C. (1994): Die virtuelle Organisation als Strukturkonzept der Zukunft? Diskussionsbeitrag Nr. 30 des Lehrstuhls für Betriebswirtschaftslehre, insb. Organisation, Personal- und Informationsmanagement, Universität des Saarlandes, Saarbrücken.

SCHOLZ, C. (1996): Zur Rhetorik des Kritisierens – Reflexionen im IC 558 „Saarland", in: Die Betriebswirtschaft, 56. Jg., S. 278-285.

SCHOLZ, C. (2000a): Strategische Organisation. Multiperspektivität und Virtualität, 2. Aufl., Landsberg a.L.

SCHOLZ, C. (2000b): Virtualisierung als Wettbewerbsstrategie für den Mittelstand? Erste Erfahrungen und ergänzende Überlegungen, in: Zeitschrift für Betriebswirtschaft, 70. Jg., Nr. 2, S. 201-222.

SCHOLZ, C. (2002): Virtuelle Teams – Neuer Wein in neue Schläuche, in: Zeitschrift Führung + Organisation, 71. Jg., S. 26-33.

SCHOLZ, C. (2003): Spieler ohne Stammplatzgarantie. Darwiportunismus in der neuen Arbeitswelt, Weinheim.

SCHOLZ, C.; STEIN, V. (2004): Gescheiterte Virtualisierungsstrategie im internationalen Bankenmarkt: enba ltd., in: Zentes, J.; Swoboda, B. (Hrsg.): Fallstudien zum Internationalen Management, 2. Aufl., Wiesbaden, S. 537-546.

SCHOLZ, C.; SYDOW, J. (1996): Banken und Sparkassen: Von der Netzwerkkooperation zur Virtualisierung. Zwischenbericht anlässlich des Deutschen Betriebswirtschaftlertages, 7.-8. Oktober 1996, Berlin.

SIEBERT, H. (1991): Ökonomische Analyse von Unternehmensnetzwerken, in: Staehle, W. H.; Sydow, J. (Hrsg.): Managementforschung I, Berlin u. a., S. 291-311.

SNOW, C. C.; MILES, R. E.; COLEMAN, H. J. JR. (1992): Managing 21st Century Network Organizations, in: Organizational Dynamics, 20. Jg., Winter, S. 5-20.

STEIN, V. (2000): Emergentes Organisationswachstum: Eine systemtheoretische „Rationalisierung“, München.

SYDOW, J. (1992): Strategische Netzwerke. Evolution und Organisation, Wiesbaden.

SYDOW, J. (Hrsg.) (2001a): Management von Netzwerkorganisationen. Beiträge aus der „Managementforschung“, 2. Aufl., Wiesbaden..

SYDOW, J. (2001b): Management von Netzwerkorganisationen – Zum Stand der Forschung, in: Sydow, J. (Hrsg.): Management von Netzwerkorganisationen. Beiträge aus der „Managementforschung“, 2. Aufl., Wiesbaden, S. 293-339.

TOMENENDAL, M. (2002): Chaostheorie und Virtualisierung, München u. a.

VENKATRAMAN, N.; HENDERSON, J. C.(1998): Real Strategies for Virtual Organizing, in: Sloan Management Review, 40. Jg., Nr. 1, S. 33-48.

WEBER, J. (1995): Modulare Organisationsstrukturen internationaler Unternehmensnetzwerke, Wiesbaden.

WINAND, U.; NATHUSIUS, K. (Hrsg.) (1998): Unternehmungsnetzwerke und virtuelle Organisationen, Stuttgart.

WINDELER, A. (1999): Unternehmungsnetzwerke. Konstitution und Strukturation, Wiesbaden.

WIRTH, C. (1999): Unternehmungsvernetzung. Externalisierung von Arbeit und industrielle Beziehungen. Die negotiation of order von ausgewählten Netzwerkbeziehungen einer Warenhausunternehmung, München u. a.

WILLIAMSON, O. E. (1985): The Economic Institutions of Capitalism. Firms, Markets, Relational Contracting, New York.

WILLIAMSON, O. E. (2003): Markt oder Organisation – Strukturelle Alternativen und ihre Entwicklungen, in: Scholz, C.; Gutmann, J. (Hrsg.): Webbasierte Personalwertschöpfung. Theorie – Konzeption – Praxis, Wiesbaden, S. 55-67.

WÜTHRICH, H. A.; PHILIPP, A. F.; FRENTZ, M. H. (1997): Vorsprung durch Virtualisierung. Lernen von virtuellen Pionierunternehmen, Wiesbaden.

Hanna Schramm-Klein*

Wettbewerb und Kooperation in regionalen Branchenclustern

---

* Dr. Hanna Schramm-Klein ist Wissenschaftliche Assistentin am Lehrstuhl für Betriebswirtschaftslehre, insbesondere Außenhandel und Internationales Management der Universität des Saarlandes, Saarbrücken.

1. Cluster als Inkubatoren für Innovation und Wettbewerbsfähigkeit

Regionale Branchencluster sind dadurch gekennzeichnet, dass sich Konkurrenten und verbundene Unternehmen in geografischer Nähe zueinander ansiedeln, was zu einer besonders hohen Konkurrenzintensität führt (Porter 1998, 1999a). Gleichzeitig ist es in Clustern zumeist zu beobachten, dass trotz dieser hohen **Wettbewerbsintensität** ein hoher Grad an **Kooperationen** zwischen den Clusterunternehmen realisiert wird (Rosenfeld 2001). Regionale Branchencluster werden deshalb als Inkubatoren für eine ausgeprägte **Wettbewerbsfähigkeit** und eine hohe **Innovationstätigkeit** der Unternehmen angesehen, die zu einem solchen Cluster gehören (Porter 1999b).

Den Ausgangspunkt für die Diskussion um die Bildung regionaler Agglomerationen in Form von Branchenclustern bilden unterschiedliche empirische Beobachtungen (Sölvell/Lindqvist/Ketels 2003, S. 18):

- Regionale Konzentration: Ein großer Teil der Weltproduktion stammt aus wenigen Regionen, in denen eine hohe Konzentration besteht.
- Geografische Konzentration: Unternehmen aus verwandten Branchen tendieren dazu, sich in geografischer Nähe zueinander anzusiedeln.
- Zeitliche Beständigkeit und gegenseitige Verstärkung: Beide Phänomene zeichnen sich durch eine hohe zeitliche Beständigkeit aus. Wenn solche geografischen Agglomerationen etabliert und institutionalisiert sind, tendieren sie zudem dazu, sich weiter zu verstärken.
- Innovationsgrad: Bestimmte regionale Agglomerationen zeichnen sich dadurch aus, dass sie einen besonders hohen Output an Innovationen hervorbringen und dass diese Innovationen besonders erfolgreich sind.

Diese empirischen Beobachtungen weisen auf die Bedeutung hin, die regionale Branchencluster für die Entwicklung und die Wettbewerbsposition von Regionen oder Ländern haben.

In der aktuellen Diskussion werden im Rahmen von **Standortfragen** von Unternehmen aus hochinnovativen Branchen sowie im Rahmen der **regionalen Wirtschaftsförderung** deshalb häufig regionale Cluster zur Steigerung der Wettbewerbsfähigkeit diskutiert. Typische Beispiele solcher Cluster sind (Heidenreich 1997):

- design-, wissens- und kulturbasierte Regionen mit hochflexiblen institutionellen Strukturen, z. B. Kalifornien (z. B. Silicon Valley, Weinanbau, Hollywood), Dänemark (z. B. Textil-, Möbelproduktion)
- Industrieregionen mit gewachsenen Industriestrukturen und stabilen Institutionen, z. B. Baden-Württemberg (z. B. Maschinen- und Fahrzeugbau), Emilia-Romagna (z. B. Maschinenbau, Metallverarbeitung), Rhône-Alpes (z. B. Maschinen- und Fahrzeugbau)

- Regionen mit einer niedergehenden industriellen Basis und dem Aufbau neuer Kompetenzfelder, z. B. Saarland (z. B. Automobil- und Automobilzulieferung, EDV/Informatik)
- auf montage- und arbeitskostenintensive Tätigkeit spezialisierte Regionen ohne gewachsene industrielle und institutionelle Basis, z. B. Wales (z. B. Automobil-, Maschinenbau, elektrotechnische Industrie), Ontario (z. B. Automobilzulieferung).

Diese Ausrichtung auf regionale Aspekte erscheint zunächst verwunderlich, da sie auf den ersten Blick im Widerspruch zu einer fortschreitenden Globalisierung zu stehen scheint. Jedoch sind beide Aspekte miteinander vereinbar, denn in dem durch die Globalisierung geprägten Umfeld stellen Fragen nach der **Wettbewerbsfähigkeit** von Unternehmen, Regionen oder Volkswirtschaften wesentliche Bestandteile der öffentlichen Diskussion dar (Rapkin/Strand 1995) und regionale Branchencluster werden als Instrumente angesehen, die dazu eingesetzt werden können, die Wettbewerbsfähigkeit von Unternehmen, Regionen oder Ländern zu fördern (Clark/Feldman/Gertler 2000).

Die Diskussion der Thematik der Branchencluster erfolgt häufig vor dem Hintergrund der regionalen Wirtschafts- oder Entwicklungspolitik. Die Vorteilhaftigkeit von Clustern kann jedoch nicht lediglich auf regionenorientierte oder volkswirtschaftliche Ebenen begrenzt betrachtet werden, sondern auch die Perspektive der Einzelunternehmen ist relevant. Dass Cluster als grundsätzlich positiv für die Wettbewerbsfähigkeit von Regionen angesehen werden, weist darauf hin, dass es auf der Mikroebene der einzelnen Unternehmen von Vorteil sein kann, den Standort des Unternehmens oder einzelner Unternehmensbereiche in solchen regionalen Branchenclustern zu wählen oder die Ansiedlung von Unternehmen der gleichen Branche zu fördern. Diese Zusammenhänge weisen auf die enge Verknüpfung hin, die zwischen der regionalpolitischen Ebene und der Unternehmensebene besteht. Auf Grund dieser engen Verzahnung der beiden Perspektiven erfolgt im Rahmen der folgenden Überlegungen keine Trennung der unterschiedlichen Perspektiven, sondern diese unterschiedlichen Ebenen werden im Folgenden bewusst in ihrer Verknüpfung diskutiert.

2. Kennzeichen und Charakteristika von regionalen Branchenclustern

2.1 Konkretisierung des Begriffsverständnisses

Versucht man eine Definition des Begriffs der „**regionalen (Branchen-)Cluster**" vorzunehmen, so zeigt sich, dass dieses Konzept unter einer begrifflichen Vieldeutigkeit leidet. Ansätze, in denen Aspekte regionaler Agglomerationen diskutiert werden, die durch eine hohe Wettbewerbsfähigkeit und Innovationstätigkeit gekennzeichnet sind, werden auch als „**Territoriale Innovationsmodelle**" bezeichnet (Moulaert/Sekia 2003). In diesem Zusammenhang sind Konzepte wie z. B. die „industrial districts" (Marshall 1920; Becattini 1990), „innovative clusters" (Schumpeter 1934) oder „innovative milieux" (Maillat 1991) u. Ä. von Bedeutung. Einen beispielhaften Überblick über die begriffliche Vielfalt der Konzepte, die sich mit regionalen Innovationsmodellen beschäftigen, sowie die jeweilige theoretische Herkunft bzw. das theoretische Fundament und die Vertreter gibt Übersicht 1.

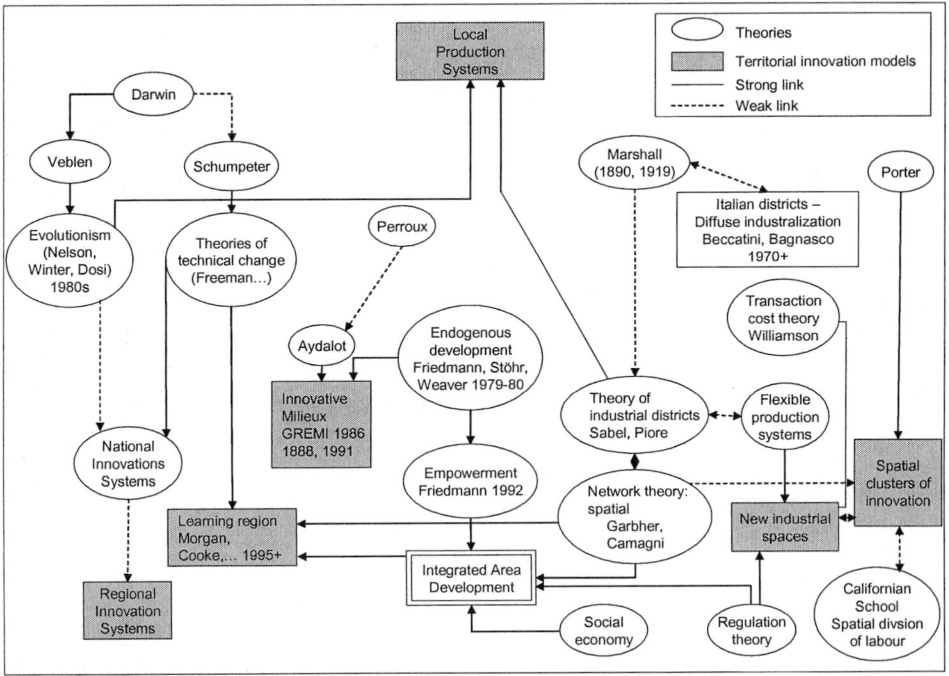

Quelle: Moulaert/Sekia 2003. S. 295.

Übersicht 1: Territoriale Innovationsmodelle: Theoretische Herkunft und Zusammenhänge

Wenngleich die Ansätze durch eine gewisse semantische Einheitlichkeit gekennzeichnet sind und trotz ihrer unterschiedlichen Erklärungsmodelle zum großen Teil auch auf ähnliche oder die gleichen theoretischen Ansätze zurückgreifen, besteht die Problematik, dass durch diese Vielfältigkeit der Vorgehensweisen und Erklärungsansätze bisher keine einheitliche Konzeptualisierung „regionaler Branchencluster" existiert. Dies führt dazu, dass das Konzept regionaler Branchencluster durch eine „konzeptuelle Elastizität" gekennzeichnet ist, die bisher die Entwicklung einer einheitlichen „Clustertheorie" verhindert hat (Moulaert/Sekia 2003, S. 289).[1] In Übersicht 2 ist ein Überblick über unterschiedliche Ansätze, die zur Erklärung der Evolution und Wirkung regionaler Branchencluster herangezogen werden können, dargestellt. Zumeist wird ein eklektischer Ansatz der Erklärung des Phänomens und der Funktions- bzw. Wirkungsweise von Clustern verfolgt (Kiese 2004).[2]

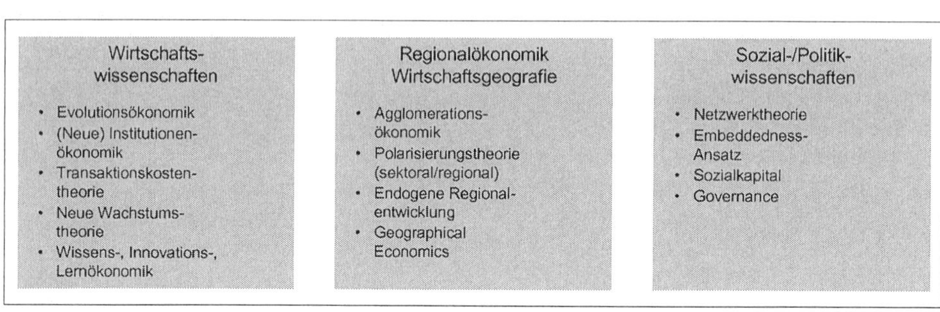

Quelle: In Anlehnung an: Kiese 2004.

Übersicht 2: Bausteine einer „Clustertheorie"

In Anlehnung an Porter (1999a, S. 209 f.) wird im Folgenden unter **regionalen Branchenclustern** die geografische Konzentration von Unternehmen und verbundenen Einrichtungen (z. B. Universitäten, Forschungseinrichtungen, Wirtschaftsverbände u. Ä.) einer Branche, deren Aktivitäten in einem bestimmten Feld miteinander verknüpft sind, verstanden. Die Unternehmen sind dadurch gekennzeichnet, dass sie gleichzeitig miteinander kooperieren, dennoch aber auch im Wettbewerb als Konkurrenten einander gegenüber stehen (Andersson u. a. 2004; Malmberg/Maskell 2002). Die geografische Ausdehnung der Cluster kann dabei auf fast alle räumlichen Ebenen von der lokalen bis zur internationalen Ebene bezogen sein.

Die Verbindungen, die zwischen den Unternehmen oder den Institutionen bestehen, können zum einen auf Gemeinsamkeiten beruhen (z. B. Nutzung gleicher Technologien). Auf der anderen Seite können sie auch aus Komplementaritäten, also sich ergänzenden Fähigkeiten, resultieren oder institutioneller Art (z. B. Mitgliedschaften in Branchenverbänden) sein (Porter 1999a). Als Unternehmen bzw. Institutionen können Cluster als **Clusterakteure** z. B. umfassen (Porter 199a, S. 209 f.; Sölvell/Lindqvist/Ketels 2003, S. 17 f.):

1 Zu einem Überblick über unterschiedliche Konzepte regionaler Cluster bzw. „Territorialer Innovationsmodelle" vgl. z. B. Andersson u. a. (2003); Bergman/Feser (1999); Brown/McNaughton (2002); Moulaert/Sekia 2003, Porter (1999a); Tallman u. a. (2004).

2 Moulart/Sekia (2003, S. 296) kritisieren diese Vorgehensweise als „theorizing ‚à la carte'".

- Hersteller von Endprodukten oder Dienstleistungen
- Lieferanten spezialisierter Einsatzgüter, Komponenten, Maschinen oder Dienstleistungen
- Finanzinstitutionen
- Unternehmen verwandter Branchen
- Unternehmen nachgelagerter Branchen (z. B. Vertriebskanäle, Abnehmer)
- Hersteller komplementärer Produkte
- Anbieter spezialisierter Infrastruktur
- staatliche oder private Anbieter von Ausbildung, Information, Forschung und technischer Unterstützung (z. B. Universitäten, Forschungseinrichtungen)
- Normungsinstitute
- staatliche Behörden u. Ä.

In Übersicht 3 sind die wichtigsten Akteure von Clustern im Kontext des Umfelds der Cluster dargestellt.

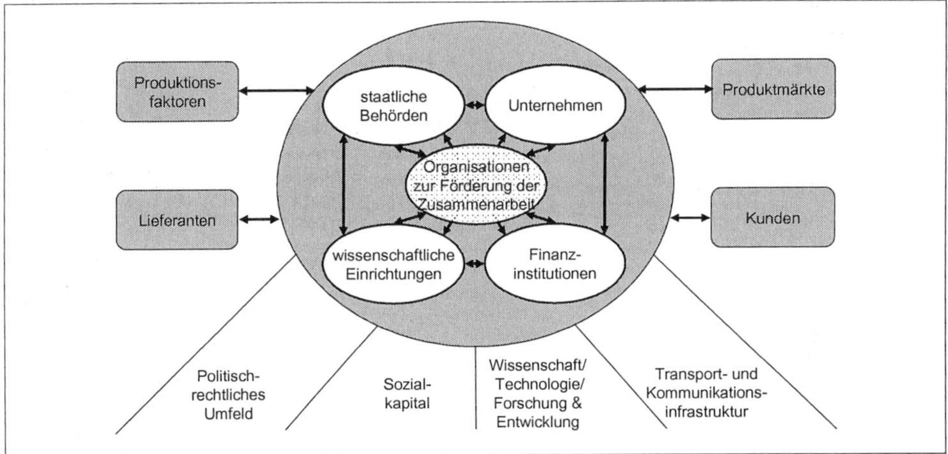

Quelle: In Anlehnung an: Sölvell/Lindqvist/Ketels 2003, S. 18; Andersson u. a. 2004, S. 31.

Übersicht 3: Cluster, Clusterakteure und Clusterumfeld

Eine besondere Form regionaler Branchencluster stellen die **Clusterinitiativen** dar. Im Gegensatz zu Clustern, die sich im Rahmen evolutorischer Prozesse herausgebildet haben, erfolgt bei Clusterinitiativen die bewusste Förderung der Clusterbildung anhand organisatorischer Anstrengungen. Das Ziel solcher Clusterinitiativen liegt vorrangig darin, das Wachstum und die Wettbewerbsfähigkeit der Cluster in einer Region zu verbessern. Die Förderung bzw. Initiierung der Clusterbildung kann zum einen von öffentlicher bzw. staatlicher oder regionaler Seite her erfolgen, sie kann aber auch seitens der Unternehmen bewusst verfolgt werden (Sölvell/Lindqvist/Ketels 2003, S. 9, S. 31).

Die Initiierung, Etablierung und Förderung regionaler Branchencluster wird in der politischen Praxis bereits vielfach als Instrument der **regionalen Entwicklungsförderung** praktiziert. In einer groß angelegten Untersuchung zur empirischen Bedeutung von Clusterinitiativen wurden weltweit mehr als 500 Clusterinitiativen, also die intendierte Bildung und Förderung von regionalen Branchenclustern, identifiziert. Zu jeweils etwa einem Drittel wurden sie auf Grund politischer Initiative, von der Industrie bzw. in Public-Private-Partnerships etabliert (Sölvell/Lindqvist/Ketels 2003).

Zusammenfassend können Cluster anhand der folgenden **Merkmale** charakterisiert werden (Porter 1999a, 1999b; Andersson u. a. 2004; Ketels 2004):[1]

- geografische Nähe bzw. geografische Konzentration spezialisierter Akteure einer Branche bzw. verwandter Branchen
- Verbindungen und Verknüpfungen zwischen den beteiligten Akteuren, auf der Basis gemeinsamer Interessen (z. B. Ressourcen, Technologien u. Ä.) in Form von informellen und formellen Kontakten
- aktive Interaktion zwischen den beteiligten Akteuren (z. B. regelmäßiger Austausch, aktive Zusammenarbeit)
- kritische Masse, also eine ausreichende Anzahl an spezialisierten Clusterakteuren, zwischen denen Interaktionen auftreten können
- gleichzeitiges Auftreten kooperativer und kompetitiver Beziehungen zwischen den Clusterunternehmen
- Anpassungen der Clusterakteure im Zeitablauf
- besondere Innovationsfähigkeit und -tätigkeit durch positive Externalitäten, die in Clustern wirken.

2.2 Identifikation regionaler Cluster

Wie dargestellt, neigen viele Branchen zu räumlicher Konzentration. Für Unternehmen sowie Institutionen oder politische Akteure stellt sich deshalb die Frage, wie solche regionalen Branchencluster identifiziert werden können. Insbesondere auf der politischen Ebene, bei der die **Clusterpolitik** zur Förderung von Regionen im Vordergrund steht, ist dies von Bedeutung, denn eine Förderung ungeeigneter Branchen kann regionalwirtschaftlich ineffizient oder sogar kontraproduktiv sein, wenn dadurch ein notwendiger

[1] Am Clusteransatz von Porter knüpft eine Vielzahl von Kritikpunkten an. Insbesondere wird die Unschärfe und Ungenauigkeit des Konzepts kritisiert, die seine Anwendung als analytisches Konzept stark beeinträchtigt. Martin/Sunley (2003) bezeichnen den Ansatz von Porter deshalb als „chaotisches Konzept“. Insbesondere wird die Ungenauigkeit der räumlichen Abgrenzung der Cluster bzw. der geografischen Nähe, die zwischen den Clusterteilnehmern besteht, kritisiert. Zudem nimmt Porter keine genaue Bestimmung der Art oder Stärke der Beziehungen vor, die zwischen den Clusterakteuren auftreten. Auch die Art der von Porter charakterisierten Cluster selbst wird als zu unspezifisch angesehen. Vgl. zu einem Überblick über die Kritikpunkte am Ansatz von Porter insbesondere Martin/Sunley 2003 oder Brown/McNaughton 2002.

Strukturwechsel verhindert oder verzögert wird. Instrumente zur Identifikation von Clustern müssen deshalb die räumliche und sektorale Abgrenzung der Cluster ermöglichen. Zudem ist es erforderlich, Aussagen über die Transaktions- und Kommunikationsverflechtungen der Clusterakteure treffen zu können (Sautter 2004).

Analyseebenen	Ziele	Methoden
Makroebene	Identifikation von Clustern	Analyse von Sekundärdaten
	▪ räumliche und sektorale Konzentrationen ▪ sektorale Verflechtungen ▪ Dynamik der Regionalwirtschaft	▪ Kartierung von Unternehmensstandorten ▪ Input-Output-Analysen ▪ Verfahren zur Abschätzung der Entwicklungsdynamik ▪ Portfolio-Diagramme ▪ Shift-Analysen
Mesoebene	Expertisen zur Identifikation und Analyse von Clustern	Befragung von Clusterexperten
	▪ Sammlung von Hinweisen auf Clustervermutungen ▪ Identifikation von Elementen und Akteuren regionaler Wertschöpfungsketten	▪ Experteninterviews ▪ Gutachten
Mikroebene	Analyse von Clustern	Befragung von Clusterakteuren
	▪ einzelne Elemente regionaler Wertschöpfungsketten ▪ Transaktions- und Kommunikationsverflechtungen	▪ Netzwerkanalysen ▪ Funktionsanalysen ▪ Befragungen/Interviews

Quelle: In Anlehnung an: Sautter 2004, S. 68.

Übersicht 4: Instrumente zur Identifikation und Analyse von Clustern

Als Analyseebenen werden die Makro-, Meso- und Mikroebene unterschieden. Beispielhaft sind unterschiedliche Instrumente zur Identifikation und Analyse von Clustern auf diesen drei Untersuchungsebenen in Übersicht 4 dargestellt.

Auf der **Makroebene** können zwei unterschiedliche Herangehensweisen unterschieden werden. Zum einen kann die Analyse an der Untersuchung der räumlichen Verteilung der Elemente bzw. Akteure einer vordefinierten Wertschöpfungskette anknüpfen. Dabei erfolgt die Suche nach räumlichen Agglomerationen von Unternehmensstandorten einer Branche (z. B. Standorte von Unternehmen der Medizintechnik). Umgekehrt kann die Analyse auch auf der Ebene bestimmter Regionen erfolgen. Dabei wird die Wirtschaftsstruktur innerhalb einer gegebenen Region auf sektorale Schwerpunkte hin untersucht. Die Untersuchung der **Mesoebene** dient der Konkretisierung der auf der Basis der Analyse der Makroebene identifizierten Suchräume für Branchencluster. Auf der Mikroebene schließlich erfolgt die Untersuchung der **Mikrostruktur** der Netzwerke, insbesondere der Verflechtungen zwischen den Netzwerkakteuren (Krätke/Scheuplein 2001).

3. Der Cluster-Life-Cycle: Entstehung und Wachstum von Clustern

Analysiert man die Entstehung und das Wachstum von Clustern, so kann ein idealtypisches **Lebenszyklusmodell der Clusterentwicklung** (siehe Übersicht 5) abgeleitet werden. Der idealtypische Lebenszyklus lässt sich in sechs Phasen unterteilen (Europäische Kommission 2002, S. 15 f.; Andersson u. a. 2004, S. 29 f.):

Phase 1: Gründung von Pionierunternehmen

Die Entstehung von Clustern lässt sich auf eine Vielzahl von Bedingungen zurückführen. Solche auslösenden Bedingungen können z. B. natürliche Ressourcen, spezifisches Wissen in Forschungseinrichtungen, spezifische Bedürfnisse lokaler Kunden oder Standorte von Unternehmen, die wichtige technologische Innovationen hervorbringen, sein.

Das Wachstum von Clustern wird in der Regel durch explizite Standortfaktoren ausgelöst wie z. B. die Entwicklung spezifischen Wissens, das in neue Verwendungen umgesetzt werden kann (Pinch/Henry 1999). In der ersten Phase des Clusterlebenszyklus entstehen dann zumeist Spin-offs der „Primärunternehmen". Daraus resultiert eine geografische Agglomeration von Unternehmen einer ähnlichen Produktionsstufe. Dies führt zur Verstärkung der lokalen Konkurrenz, die als Antriebskraft für Unternehmertum und Innovation wirkt (Porter 1998).

Phase 2: Bildung spezialisierter Lieferanten und Dienstleistungsunternehmen sowie eines spezialisierten Arbeitsmarktes

Wenn sich Unternehmensagglomerationen herausgebildet haben, beginnen in der zweiten Phase externe Effekte zu wirken, die einen kumulativen Entwicklungsprozess auslösen. Die wichtigsten Externalitäten resultieren zunächst aus der Ansiedlung spezialisierter Zulieferer und Dienstleistungsunternehmen. Diese Unternehmen entstehen teilweise durch Outsourcing-Prozesse. Die Basis weiterer positiver Externalitäten bildet die Herausbildung eines spezialisierten Arbeitsmarktes (Storper/Walker 1989). Durch die Weitergabe von Kostenvorteilen bei gemeinsamen Vorleistungen seitens der spezialisierten Lieferanten an die Kunden, Qualitätseffekte der Spezialisierung der Lieferanten sowie die Vorteile, die aus dem spezialisierten Arbeitsmarkt resultieren, können die Clusterunternehmen Kosten- und Qualitätsvorteile realisieren (Harrsion/Kelley/Gant 1996). Beide Formen von externen Effekten wirken sich vorteilhaft auf die Unternehmen in der Agglomeration aus, denn sie verfügen dadurch über Vorteile, die für Konkurrenzunternehmen, die ihren Standort in weniger aggregierten Räumen haben, nicht verfügbar sind.

Phase 3: Bildung neuer Organisationen, welche die Clusterunternehmen unterstützen

Die dritte Phase des Lebenszyklus ist dadurch gekennzeichnet, dass sich spezifische Organisationen herausbilden wie z. B. Forschungs- und Wissensorganisationen, Unternehmensverbände oder Ausbildungseinrichtungen. Diese Organisationen fördern die lokale Zusammenarbeit, Lernprozesse und die Übertragung von technologischem Wissen sowie die Herausbildung lokalisierten Wissens durch Schlüsselpersonen in der lokalen Wirtschaft.

Phase 4: Anziehung externer Betriebe und Facharbeiter

Durch die Herausbildung der externen Vorteile in den regionalen Clustern werden die Bekanntheit, die Attraktivität und das Image des Clusters erhöht. Dies führt dazu, dass Unternehmen und spezialisierte Arbeitskräfte angezogen werden und sich in dem Cluster ansiedeln. Dies bewirkt wiederum weitere Attraktivitätssteigerungen und verstärkt die positiven externen Effekte.

Phase 5: Bildung von Beziehungsqualitäten außerhalb des Marktes

Die fünfte Phase ist dadurch gekennzeichnet, dass sich spezifische Beziehungen herausbilden, die nicht auf der Unternehmens- bzw. Geschäftsebene ablaufen, sondern auf der informalen, außergeschäftlichen Ebene bestehen. Dadurch wird die informelle Zusammenarbeit zwischen den Unternehmen gefördert. Diese Beziehungsqualitäten fördern nicht nur allgemein die Kooperation zwischen den Unternehmen und Organisationen des Clusters, sondern die persönlichen Beziehungen, die durch die räumliche Nähe der Menschen, Unternehmen und Organisationen gefördert werden, unterstützen auch die Übertragung von nicht kodifiziertem Wissen bzw. „tacit knowledge“ (Storper 1997).

Phase 6: Rückläufige Entwicklung oder Transformation des Clusters

Viele regionale Cluster erreichen nach einer positiven Entwicklung die Phase rückläufiger Entwicklung. Sie ist häufig die Folge einer „Hemmung“ des Clusters durch genau die technologischen, institutionellen oder soziokulturellen Faktoren, die zu Beginn die Clusterentwicklung positiv beeinflusst haben, denn sie können langfristig zu einer hohen Unflexibilität des Clusters führen (Grabher 1993). Die Cluster sind dann in ihrer Spezialisierung „gefangen“, da die Clusterentwicklung dazu führen kann, dass überholte Verhaltensweisen durch die regionale Agglomeration verstärkt werden können und neue Ideen unterdrückt werden. Dadurch sind die Cluster dann nicht mehr flexibel genug, um auf technologische oder weltwirtschaftliche Veränderungen zu reagieren (Porter 1999a).

Kann dieser Niedergang abgewehrt werden, so ist die sechste Phase dadurch gekennzeichnet, dass eine Transformation des Clusters erfolgt. Auf Grund von Markt-, Technologie- oder Prozessveränderungen sind Anpassungen und Innovationen im Rahmen des Clusters erforderlich. Dies kann dazu führen, dass das Cluster in eine neue Form oder in eine Mehrzahl neuer Cluster transformiert wird, indem eine Fokussierung auf neue Aktivitäten erfolgt (Andersson u. a. 2004).

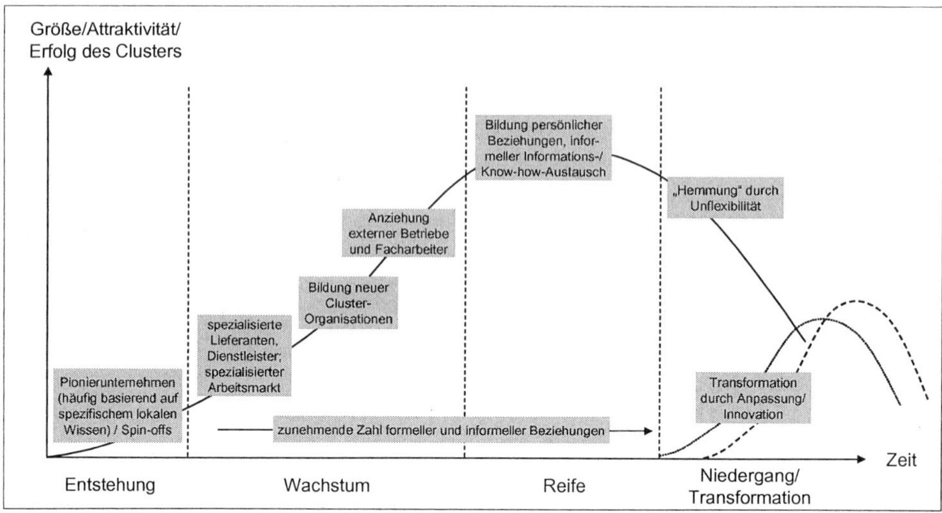

Quelle: In Anlehnung an: Europäische Kommission 2002, S. 16; Andersson u. a. 2004, S. 29.

Übersicht 5: Cluster-Life-Cycle

Die Entstehung und Entwicklung von Clustern stellt in diesem Modell einen sich selbst verstärkenden Prozess dar, indem die **positiven Externalitäten**, die in dem Cluster wirken, zum einen zu einer Verstärkung der Clustervorteile führen und weiterhin zur Attraktivätssteigerung der Clusterregion als Standort für neue Unternehmen und spezialisierte Arbeitskräfte beitragen (Rehfeld 1999). Die höchste Wettbewerbsfähigkeit des Clusters besteht dann, wenn zwischen den Clusterakteuren ein hohes Ausmaß an Informations- und Know-how-Transfer auftritt. Aus diesem Grund wird persönlichen Beziehungen und sozialen Kontakten in Clustern ein besonders hoher Stellenwert zugesprochen (Wolfe 2002).

Der dargestellte Entwicklungspfad (siehe Übersicht 5) ist lediglich als idealtypisches Modell des Wachstums, der Reife und des Niedergangs regionaler Cluster zu verstehen, von dem die spezifische Entwicklung der jeweiligen Cluster abweichen kann, denn jedes Cluster ist individuell. So kann z. B. eine Transformation bereits in früheren Phasen erfolgen oder es können Entwicklungen, die in dem Modell als einzelne Phasen dargestellt sind, simultan ablaufen oder Phasen übersprungen werden.

4. Wettbewerb und Kooperation: Die Wirkung von regionalen Clustern

4.1 Überblick

Analysiert man die Wirkungsweise von regionalen Clustern, so lassen sich unterschiedliche Vorteile, aber auch Risiken für die jeweilige Region bzw. die Unternehmen, die in dem Cluster ihren Standort gewählt haben, ableiten. Sowohl die Vorteile als auch die Risiken knüpfen an zwei Hauptmerkmalen der Cluster an, nämlich der gleichzeitig hohen Wettbewerbsintensität in Clustern sowie den verhältnismäßig stark ausgeprägten kooperativen Beziehungen zwischen den Clusterakteuren (Andersson u. a. 2004).

4.2 Wettbewerb als Clusterdimension

4.2.1 Wettbewerbsvorteile von und durch regionale Branchencluster

Analysen zur Wirkungsweise von Clustern knüpfen zumeist an der Untersuchung der Wettbewerbsvorteile an, die auf Unternehmens- und Regionenebene realisiert werden können. Diese **clusterspezifischen Wettbewerbsvorteile** ergeben sich vor allem aus positiven externen Effekten bzw. aus Synergieeffekten, die in den Clustern zur Wirkung kommen.

Zur Untersuchung der Wettbewerbsvorteile von Clustern wird oftmals das **Diamantmodell** von Porter (1990a, 1999a) herangezogen. Anhand des Diamantmodells werden zunächst nationale Wettbewerbsvorteile auf der Ebene einer Branche erklärt. Der Diamant besteht aus vier Kategorien von Faktoren, die in ihrem Zusammenspiel einen wesentlichen Einfluss auf die Wettbewerbsvorteile der Nation haben. Als Faktoren betrachtet Porter die Faktorbedingungen, die Nachfragebedingungen, verwandte und unterstützende Branchen sowie die Unternehmensstrategie, Struktur und Wettbewerb. Zudem sind als externe Faktoren, die ebenfalls Einfluss auf die Wettbewerbsvorteile haben, der Staat sowie der Zufall zu beachten (Porter 1990a). Cluster können einerseits als eine spezifische Facette des Porter'schen Diamanten („verwandte und unterstützende Branchen") eingestuft werden (Porter 1999a, S. 225 f.). Sie sind durch die Verflechtung einzelner Branchen gekennzeichnet, z. B. durch die Präsenz von Zulieferern und verwandten Branchen. Dadurch können Kostenvorteile auf der Einkaufsseite, kurze Kommunikationswege und permanenter Informations- und Wissensaustausch realisiert werden (Porter

1990b). Auf der anderen Seite können Cluster aber auch als Manifestation der Interaktionen zwischen den Facetten des Diamanten angesehen werden (Porter 1999a; siehe Übersicht 6).

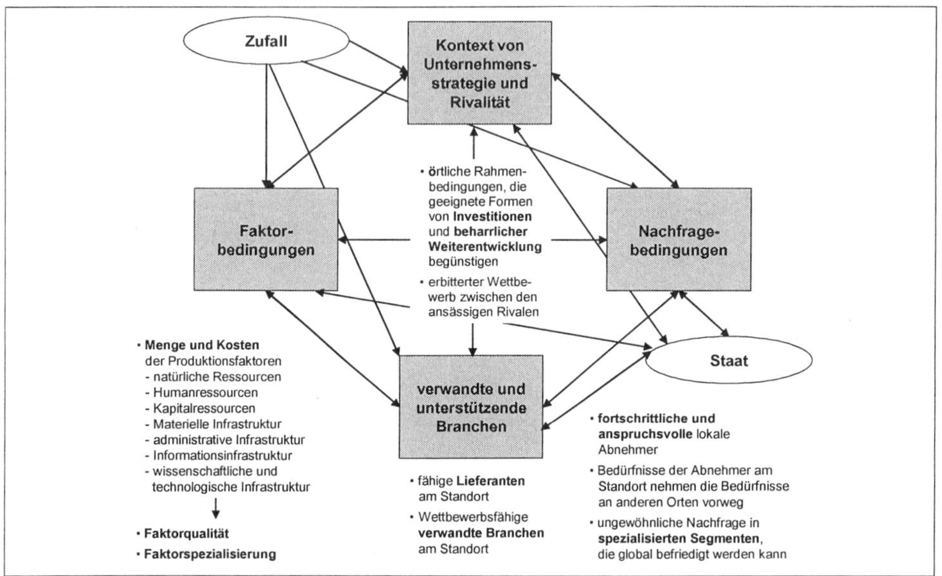

Quelle: In Anlehnung an: Porter 1999a, S. 223.

Übersicht 6: Quellen für standortbezogene Wettbewerbsvorteile

Cluster weisen gegenüber räumlich weit aufgefächerten Strukturen im Wesentlichen drei Formen von positiven Wirkungen auf die Wettbewerbsfähigkeit auf (Porter 1999a, S. 226 f.; Porter 1999b; Andersson u. a. 2004, S. 41 ff.):

- Erhöhung der Produktivität und Effizienz
- Förderung der Innovationskraft
- Förderung von Unternehmensneugründungen.

1. Erhöhung der Produktivität und Effizienz

Die positiven Effekte von Clustern auf die Produktivität und die Effizienz resultieren v.a. aus standortspezifischen Vorteilen, die in der Clusterregion gegeben sind. Hierzu zählen z. B. die Verfügbarkeit spezialisierter Produktionsfaktoren, eines spezialisierten Arbeitsmarktes, einer speziellen Infrastruktur, ein intensiver Informationsaustausch zwischen den Clusterakteuren u. Ä. Dadurch kommen **positive externe Effekte** und **Synergieeffekte** zum Tragen (Porter 1999a).

Effizienzsteigernd wirken sich zudem die Wettbewerbsbeziehungen aus, die zwischen den Unternehmen des Clusters bestehen. Durch die **Wettbewerbskräfte** wird die effiziente Spezialisierung in und zwischen unterschiedlichen Clustern gefördert. Zudem wird die Produktivität durch das Auftreten von qualitätsbewussten und anspruchsvollen Kunden gefördert (Andersson u. a. 2004).

2. Förderung der Innovationskraft

In Clustern können Innovationschancen häufig besser bzw. früher erkannt und schneller umgesetzt werden. Ermöglicht wird dies durch die oftmals größere Nähe zu den (potenziellen) Kunden sowie durch den auf Grund der regionalen Konzentration vieler Unternehmen erleichterten Zugang zu spezialisierten Ressourcen (Porter 1999b). Auch in diesem Zusammenhang kommt dem Informationsaustausch bzw. der Kommunikation zwischen den Clusterakteuren eine besondere Bedeutung zu. Anhand der engen Beziehungen, die zwischen den Clusterunternehmen bestehen, wird der Zugang zu neuen Technologien bzw. der Know-how-Austausch gefördert. Zudem können die Innovationskosten und -risiken anhand von Kooperationen zwischen den Clusterakteuren gesenkt werden (Porter 1999a, 1999b; Andersson u. a. 2004; Moulaert/Sirka 2003). Wie in Abschnitt 2.1 dargestellt, existiert eine Vielzahl weiterer Modelle zur Erklärung von Innovation in regionalen Agglomerationssystemen. In Übersicht 7 ist ein Überblick über diese unterschiedlichen Modelle **territorialer Innovationssysteme** und die jeweils zu Grunde gelegten Erklärungsansätze der Entstehung, Wirkung und Bedeutung von Innovationen dargestellt.

Features of innovation	Model		
	Milieu innovative (innovative milieu) (MI)	Industrial district (ID)	Regional innovation systems (RIS)
Core of innovation dynamics	Capacity of firms to innovate through the relationships with other agents of the same milieu	Capacity of actors to implement innovation in a system of common values	Innovation as an interactive, cumulative and specific process of research and development (path dependency)
Role of institutions	Very important role of institutions in the research process (university, firms, public agencies, etc.)	Institutions are 'agents' and enabling social regulation, fostering innovation and development	As in the NIS, the definitions vary according to authors, but they all agree that the institutions lead to a regulation of behaviour, both inside and outside organizations
Regional development	Territorial view based on milieux innovateurs and on agent's capacity of innovating in a cooperative atmosphere	Territorial view based on spatial solidarity and flexibility of districts; this flexibility is an element of this innovation	View of the region as a system of 'learning by interacting/and by steering regulation'
Culture	Culture of trust and reciprocity links	Sharing values among ID agents; trust and reciprocity	The source of learning by interacting
Types of relations among agents	The role of the support space: strategic relations between the firm, its partners, suppliers and clients	The network is a social regulation mode and a source of discipline. It enables a coexistence of both cooperation and competition	The network is an organizational mode of 'interactive learning'
Type of relations with environment	Capacity of agents in modifying their behaviour according to the changes in their environment. Very 'rich' relations: third dimension of support space	The relationships with the environment impose some constraints and new ideas; must be able to react to changes in the environment; 'rich' relations; limited spatial view of environment	Balance between inside specific relations and environment constraints; 'rich' relations

– wird fortgesetzt –

– Fortsetzung –

Features of innovation	New industrial spaces (NIS)	Local production systems	Learning region
Core of innovation dynamics	A result of R&D and its implementation; application of new production methods (JIT, etc.)	Same as for ID	As for RIS but stressing co-evolution of technology and institutions
Role of institutions	Social regulation for the coordination of inter-firm transactions and the dynamics of entrepreneurial activity	Same as for ID, but with focus on role of government	As for RIS but with a stronger focus on role of institutions
Regional development	Interaction between social regulation and agglomerated production systems	Diffuse industrialization, i.e. socio-economic development based on an evolutionary process without rupture	Double dynamics: technological and techno-organizations dynamics; socio-economic and institutional dynamics
Culture	Culture of networking and social interaction	Role of local social-culture context in development	As in NIS but with a strong focus on interaction between economic and social cultural life
Types of relations among agents	Inter-firm transactions	Inter-firm and inter-institutions networks	Network of agents (embeddedness)
Type of relations with environment	The dynamics of community formation and social reproduction	Close to MI	As in RIS

Quelle: In Anlehnung an: Moulaert/Sirka 2003, S. 294.

Übersicht 7: Innovation im Kontext unterschiedlicher territorialer Innovationsmodelle

3. Förderung von Unternehmensneugründungen

In Clustern werden Neugründungen von Unternehmen einerseits durch die positiven Standortbedingungen gefördert, wie z. B. die Verfügbarkeit spezialisierter Zulieferer, den verbesserten Zugang zu Informationen, den erleichterten Zugang zu den Kunden oder die verfügbare Infrastruktur. Neugründungen werden dabei auch dadurch gefördert, dass die Clusterakteure auf Grund der Informationsvorsprünge, über die sie verfügen, schneller neue Geschäftschancen erkennen, sodass Neugründungen (z. B. in Form von **Spin-offs)** realisiert werden. Durch Attraktivitäts- und Imageeffekte können zudem auch Unternehmen der gleichen Branche oder komplementärer Bereiche angezogen werden, die ihren Standort zunächst außerhalb des Clusters hatten. Unternehmensgründungen werden dabei auch durch Outsourcing-Prozesse bzw. Prozesse einer zunehmenden Spezialisierung im Cluster gefördert (Andersson u. a. 2004).

Der Ansatz von Porter zur Erklärung der Wettbewerbsvorteile regionaler Cluster stellt den am häufigsten herangezogenen Ansatz dar. Wie angedeutet, existiert eine Vielzahl weiterer Ansätze zur Erklärung der Wirkung **regionaler Agglomerationsräume**. Ein Überblick über diese Ansätze sowie die jeweils im Vordergrund stehenden Faktoren des Wachstums und der Wirkung von Clustern, die untereinander und zum Ansatz von Porter nicht überschneidungsfrei sind, ist in Übersicht 8 dargestellt.

Gedankenschule	Faktoren des Wachstums und der Wirkung von Clustern
„Industrial Districts"/"Innovative Milieu"/"Local Production Systems" (z. B. Asheim 1992, Becattini 1990)	Externe Vorteile, gegenseitiges Vertrauen und die „industriell-gewerbliche Atmosphäre" führen zu inkrementellen Innovationen.
„New Industrial Spaces" (z. B. Scott 1988, Lagendijk 2000, Storper 1997; Storper/Scott 1989)	Vertikale Desintegration, Reduzierung von Transaktionskosten, ein spezialisierter lokaler Arbeitsmarkt und Konventionen, informelle Regeln und Gewohnheiten fördern das Wachstum der Cluster.
„Learning Region" (z. B. Lundvall/Johnson 1994, Cooke/Boekholt/Tödtling 2000)	Innovation als Basis der Wettbewerbskraft; Innovation als „Lernen" („Lernende Wirtschaft"), Lernen als lokalisierter Prozess auf Grund der Bedeutung von Trägern unkodifizierten Wissens.
„Collective Efficiency" (z. B. Schmitz 1995, 2000)	Externe Effekte in Form von Economies of Scale, Economies of Scope und Economies of Transaction sowie Technologie- und Know-how-Spillovers stellen die wettbewerbsfördernden Elemente dar.
„Spatial Cluster of Innovation " (z. B. Porter 1998, 1999a,b; Enright 2000; Saxenian 1994)	Externe Vorteile fördern die Wettbewerbskraft; sie werden durch die räumliche Nähe verstärkt (besserer Zugang zu Inputfaktoren, lokaler Wettbewerb und lokale Kunden).

Quelle: In Anlehnung an: Europäische Kommission 2002.

Übersicht 8: Ansätze zur Erklärung der Wirkungsweise von Clustern

Zusammenfassend lassen sich als **spezifische Wettbewerbsfaktoren** von Clustern somit erhöhte Gründungsaktivitäten, die besondere Wettbewerbsintensität, die Verfügbarkeit spezifischer Inputfaktoren (Vorleistungen, Arbeitskräfte etc.) sowie technologische und Know-how-Spillovers identifizieren. Als weitere Faktoren, die unterstützend zur Wettbewerbsfähigkeit der Cluster beitragen, gelten zudem **Imageeffekte**, die zur Steigerung der Attraktivität der Cluster als Standort für Unternehmen, Arbeitskräfte oder Institutionen führen (Kotler/Haider/Rhein 1994), sowie das **soziale Kapital**, das insbesondere in Form informeller, persönlicher Beziehungen unterstützend auf die Clustereffekte einwirkt (Khan/Ghani 2004; Jansen 2000).

4.2.2 Wettbewerbsintensität in regionalen Branchenclustern

Eines der wesentlichen Merkmale von Clustern besteht darin, dass sie durch eine hohe Wettbewerbsintensität gekennzeichnet sind. Diese Wettbewerbsintensität wird insbesondere durch die erhöhten Gründungsaktivitäten sowie die Stimulierung von Innovationen gefördert. Wettbewerb im neoklassischen Sinne wird durch den Druck zu Technologieverbesserungen, Effizienzsteigerungen und Kostenminimierung sowie die Erforderlichkeit einer hohen eigenen Innovationstätigkeit der Unternehmen forciert (Porter 1999a).

In regionalen Branchenclustern besteht der **Wettbewerb** zwischen den Akteuren nicht nur hinsichtlich des Absatzmarktes (z. B. in den Bereichen Marketing, Produktion, Sales, Produktentwicklung, Prozessverbesserung etc.). Insbesondere auf Grund der regional zumeist begrenzten Verfügbarkeit konkurrieren die Unternehmen darüber hinaus auch in anderen Bereichen, z. B. um Inputs, Mitarbeiter, Kapital, politischen Support oder Publicity (Enright 1996).

Der **Wettbewerbsdruck** innerhalb eines regionalen Clusters ist stärker ausgeprägt als zwischen Unternehmen, die an isolierten Standorten agieren. Zunächst wird der Wettbewerbsdruck in regionalen Clustern auf Grund der lokalen Präsenz der Akteure häufig deutlich stärker wahrgenommen. Zusätzlich kann sich eine „Emotionalisierung" des Wettbewerbs ergeben, indem sich die Unternehmen eines regionalen Clusters auf Grund der geografischen Nähe vor Ort gegenseitig zu Höchstleistungen „anstacheln" (Porter 1999c, S. 141 f.). Diese Emotionalisierung kann sich auch auf lokale Prestigeeffekte beziehen, indem sich die Unternehmen in der Region durch ihre Wettbewerbsstärke zu profilieren versuchen (Porter 1999b).

4.3 Kooperation als Clusterdimension

4.3.1 Formen der Kooperation

Wenngleich die Unternehmensbeziehungen in regionalen Branchenclustern durch eine hohe Wettbewerbsintensität gekennzeichnet sind, gilt die **Kooperation** als einer der Schlüsselfaktoren in regionalen Branchenclustern. Auch die wettbewerbsstärksten Unternehmen verfolgen kooperative Strategien, selbst wenn es sich dabei um Neuproduktentwicklungen handelt oder die Konkurrenz um Marktanteile den Hintergrund bildet.

Die **Formen der Kooperation**, die in Clustern auftreten können, lassen sich nach unterschiedlichen Kriterien systematisieren, z. B. nach (Schmitz 2000; Kujath 2000; Friese 1998):[1]

- Richtung: horizontale, vertikale, laterale Kooperation
- Anzahl der Kooperationsparter: bilateral, multilateral
- Bindungsintensität: „strong ties", „weak ties".
- Formalisierungsgrad: formelle, informelle Kooperation.

Hinsichtlich der Kooperationsrichtung sind unter **vertikalen Kooperationen** in regionalen Clustern zunächst die Wertschöpfungsbeziehungen zwischen den Zulieferern, Vor-

[1] Vgl. hierzu auch die Beiträge von Zentes/Swoboda/Morschett im einführenden Kapitel und Morschett im Dritten Kapitel dieses Sammelwerks.

produkt- und Endproduktherstellern zu verstehen. Je nach Stärke der Beziehungen kann es sich dabei um einen straffen Produktionsverbund oder um ein lose gekoppeltes Kontaktsystem handeln, das auf eher informellen Beziehungen zwischen den Unternehmen basiert (Kujath 2000).

Horizontale Beziehungen in Clustern können sich auf eine Vielzahl von Bereichen beziehen, in denen die im Wettbewerb stehenden Unternehmen einer Wertschöpfungsstufe kooperieren. Solche Bereiche können z. B. im Einkauf, Vertrieb oder in der Marktforschung liegen, es können gemeinsam spezifische Infrastrukturinvestitionen vorgenommen werden oder gemeinsame Messen veranstaltet werden. Auch im Bereich der Öffentlichkeitsarbeit oder des Lobbying kann eine Kooperation der Clusterunternehmen erfolgen (Enright 1996, S. 199).

Von besonderer Bedeutung ist in Clustern zudem die **laterale** (bzw. diagonale) Dimension der Kooperation. Hierbei spielen z. B. multilaterale Kooperationen mit unternehmensorientierten Dienstleistern, Bildungs- und Forschungseinrichtungen, Finanzdienstleistern oder Kammern und Verbänden eine besondere Rolle (Kiese 2004). Auch die **Clusterinitiativen** in ihrer Gesamtheit können als Form der lateralen Kooperation auf multilateraler Ebene verstanden werden (Sölvell/Lindqvist/Ketels 2003).

4.3.2 Informelle Beziehungen und soziales Kapital

Neben formalen Beziehungen spielt in Clustern v.a. auch der informelle Austausch zwischen den Akteuren eine besondere Rolle. Der Aufbau solcher lockeren, oftmals **persönlichen Beziehungen** zwischen den Akteuren kann z. B. aus der gemeinsamen Zusammenarbeit in Institutionen, Verbänden oder Ausbildungsstätten resultieren. Er ist oft auch das Ergebnis einer gemeinsamen Herkunft oder gemeinsamer Werte und Normen (Porter 1999c, S. 176). Die Bedeutung dieser Beziehungen ist in regionalen Branchenclustern besonders hoch, denn sie fördern den Austausch zwischen den Unternehmen und damit den intraregionalen Informationsfluss. Die räumliche Nähe, die in Clustern zwischen den Clusterakteuren besteht, führt dabei dazu, dass der Informationsfluss beschleunigt wird und dass die Informationsgeschwindigkeit im Vergleich zu weit gestreuten Systemen wesentlich erhöht wird (Porter 1999c).

Die **informellen Beziehungen** in Clustern wirken zudem konfliktreduzierend. Sie können dazu beitragen, dass Konflikte auf der geschäftlichen Ebene im regionalen Kontext häufig verhindert oder abgeschwächt werden können, indem sie auf der persönlichen Ebene geregelt werden können (Meyer/Arnold/Emes 2003). Mit diesen informellen und persönlichen Beziehungen im Zusammenhang steht der Begriff des „sozialen Kapitals“. Diesem wird eine besondere Bedeutung in der Clustertheorie zugesprochen (Inkpen/Tsang 2005). **Sozialkapital** ist als die Gesamtheit der Ressourcen definiert, die sich aus einem dauerhaften Netz mehr oder weniger institutionalisierter Beziehungen gegenseitigen Kennens oder Anerkennens ergeben. Es handelt sich somit um eine Ressource, die auf der Zugehörigkeit zu einer Gruppe beruht (Bourdieu 1983). In Clustern ist das Sozialkapital von Bedeutung, weil es die Clustereffekte verstärkt, indem es die Kooperation und Koordination zwischen den Clusterakteuren fördert und zur Reduktion von Transaktionskosten beiträgt. Insbesondere wird auf Grund des sozialen Kapitals **Vertrauen** zwischen den Clusterakteuren aufgebaut. Dies führt einerseits dazu, dass der „Zusammenhalt" im Cluster gestärkt wird, und weiterhin trägt es zur Erhöhung der Sicherheit bzw. zur Risikoreduktion bei (Malmberg/Maskell 2002). Zudem erleichtert das soziale Kapital den Zugang zu Ressourcen (z. B. zu Finanzressourcen, Arbeitskräften o. Ä.) im lokalen Kontext (Lin 1999).

5. Risiken und Probleme regionaler Cluster

Wie dargestellt, können Cluster dazu beitragen, die Wettbewerbsfähigkeit von Regionen und den dort angesiedelten Unternehmen zu stärken, so z. B. indem sie effizienzsteigernde Wirkung haben und zur Erhöhung der Innovationsfähigkeit und -tätigkeit in den Regionen beitragen können. Auf der anderen Seite können sich jedoch auch Prozesse ergeben, die zu einer **Schwächung** der Position der Cluster in Form von reduzierter Wettbewerbsfähigkeit, Stagnation oder Niedergang der Cluster führen können.

Cluster sind durch eine **hohe Spezialisierung** gekennzeichnet. Diese stellt einerseits einen der wesentlichen Faktoren dar, der zu einer herausragenden Wettbewerbsposition der Cluster beitragen kann. Auf der anderen Seite ist aber diese Spezialisierung auch mit einer hohen Verletzbarkeit verbunden. Sie kann also auch eine „Schwachstelle" der Cluster darstellen. Insbesondere können technologische Diskontinuitäten und schnelle technologische Veränderungen dazu führen, dass die spezifischen Clustervorteile untergraben werden. Ebenso können auch wirtschaftliche Veränderungen oder Änderungen der Kundenbedürfnisse dazu führen, dass die spezifischen Vorteile, die zuvor in den Clustern positiv gewirkt haben, überholt werden, weil dadurch neue Formen der Spezialisierung erforderlich werden (Andersson u. a. 2004, S. 43). Mit solchen Entwicklungen hängt die Gefahr zusammen, dass sich in den Clustern mit der Zeit eine Starrheit und **Unflexibilität** herausbildet, die dazu führen kann, dass zum einen nicht nur die Fähigkeit zur Reaktion auf Umfeldentwicklungen verloren gehen kann, sondern auch Fehlinterpretationen von Entwicklungen auftreten können, die als Folge einer zu starken Fokussierung auf die Region und die Clusterakteure auftreten können. Ebenso kann sich in Clustern auch eine Stimmung der „Selbstzufriedenheit" herausbilden, die darauf basiert, dass die Clusterakteure sich an hohe Erfolge „gewöhnt" haben. Dies kann dazu führen, dass Anpassungserfordernisse übersehen werden oder durch eine zu hohe Selbstzufriedenheit der Akteure übergangen und dadurch verpasst werden (Andersson u. a. 2004). Eine weitere wesentliche Gefahr, die mit diesen Effekten zusammenhängt, besteht deshalb in

Lock-in-Effekten. Diese können drohen, wenn eine zu starke Fokussierung auf lokale Beziehungen unter Vernachlässigung externer Verbindungen seitens der Clusterakteure erfolgt (Martin/Sunley 2003). Auch die Tatsache, dass Cluster durch die Koexistenz von Kooperation und Wettbewerb gekennzeichnet sind, birgt eine wesentliche Gefahr. Auf Grund der kooperativen Beziehungen kann sich der Wettbewerbsdruck zwischen den Clusterunternehmen reduzieren. Damit würde ein wesentlicher Motor der Innovationstätigkeit und -dynamik verloren gehen. Zudem können sich daraus weitere Ineffizienzen ergeben, wenn die kooperativ verknüpften Unternehmen **Eintrittsbarrieren** für Neugründungen bzw. -ansiedlungen aufbauen (Andersson u. a. 2004).

6. Ausblick

Betrachtet man die Wirkungsweisen von Clustern, so zeigt sich die besondere Bedeutung, die das gleichzeitige Auftreten von kooperativen und kompetitiven Beziehungen zwischen den Clusterakteuren hat. Diese Konstellation, in der Konkurrenz und Kooperation co-existieren, wird auch als „**cooperative competition**" (Bergman/Fezer 1999) oder als „**Co-opetition**" bezeichnet (vgl. hierzu den Beitrag von Schmidtchen im Ersten Kapitel dieses Sammelwerks). Durch die Existenz einer Vielzahl von Konkurrenten wird die Intensität des Wettbewerbs auf der Absatzseite erhöht. Auf der anderen Seite führt die Kooperation sowohl auf der Absatzseite als auch in anderen Bereichen (z. B. Beschaffung, Forschung & Entwicklung oder gemeinsame Vermarktung o. Ä.) dazu, dass die Unternehmen **Wettbewerbsvorteile** realisieren können (Porter 1999a, S. 235).

Die Vorteile, die den Unternehmen in Clustern entstehen und die insgesamt zu einer höheren Wettbewerbsfähigkeit der Regionen beitragen können, werden in der „Clustertheorie" vor allem auf positive externe Effekte bzw. Synergien zurückgeführt, die innerhalb des Clusters auftreten. In den Ansätzen zu regionalen Branchenclustern werden dabei die Bedeutung der räumlichen Nähe zwischen den Clusterakteuren sowie die daraus resultierenden **Agglomerationsvorteile** als wesentliche Faktoren zur Förderung der Wettbewerbsfähigkeit und -position herausgestellt. Im Vordergrund steht dabei insbesondere, dass auf Grund der lokalen Nähe die Kosten des Informations- und Gütertransfers reduziert und die Austauschprozesse beschleunigt werden. Beachtet man jedoch die aktuellen Entwicklungen des Umfelds von Unternehmen, so stellt sich die Frage, ob die alleinige Betonung der **räumlichen Nähe** ausreichend sein kann, um die Vorteilhaftigkeit von Clustern zu erklären. Vor diesem Hintergrund sind neue technologische Entwicklungen zu berücksichtigen, die dazu führen können, dass Aspekte wie die technologische, organisatorische, relationale oder temporale Nähe ebenso von besonderer Relevanz sein können (Kiese 2004).

Vor diesem Hintergrund sind auch die Ergebnisse des Großteils der **empirischen Clusterforschung** zu betrachten, die nicht eindeutig eine Vorteilhaftigkeit regionaler Branchencluster bestätigen können. Dabei wird grundsätzlich an der empirischen Herangehensweise kritisiert, dass die Betrachtungen von regionalen Branchenclustern häufig auf die Analyse von „Best-Practice-Fällen“ begrenzt sind (z. B. „holy trinity“ Silicon Valley, Drittes Italien und Baden-Württemberg) (Head/Ries/Swenson 1995), wobei bei diesen fallstudienartigen Herangehensweisen zudem statische Analysen überwiegen und dynamische Entwicklungsaspekte oftmals vernachlässigt werden (Malmberg/Maskell 2002). Zum Teil weisen die Ergebnisse breiterer empirischer Analysen gerade auf das Gegenteil der unterstellten Effekte hin, indem entweder keine Lokalisierungs-, Innovations- bzw. Wettbewerbsvorteile von Clusterregionen bzw. -akteuren identifiziert werden konnten (z. B. Harrison/Kelley/Gant 1996; Hudson 1999; Malmberg/Malmberg/Lundequist 2000) oder gerade eine Branchenvielfalt zu höherem Wachstum beigetragen hat (Glaeser/Kallal/Scheinkman 1992). Häufig sind diese gegenläufigen Ergebnisse darauf zurückzuführen, dass die unterstellten lokalen Kooperationen bzw. Verflechtungen nicht in dem Maße aufgetreten sind, wie es anhand der Clustertheorie unterstellt wird (McCann 1995; Angel/Engstrom 1995; Malmberg/Maskell 2002).

Diese gegensätzlichen und damit nicht eindeutigen Ergebnisse der empirischen Clusterforschung deuten darauf hin, dass Ansätze der **Clusterpolitik** im Sinne staatlicher Bemühungen zur Entwicklung und Förderung von Clustern mit dem Ziel der Initiierung oder Weiterentwicklung von Branchenkonzentrationen oder Netzwerkbausteinen zu Clustern bzw. der Fortentwicklung von bestehenden Clustern (Hospers/Beugelsdijk 2002; Bruch-Krumbein/Hochmut 2000) ambivalent zu beurteilen sind. Solche Clusterinitiativen stehen aktuell vielfach im Vordergrund der regionalen Wirtschaftsförderung (Sölvell/Lindqvist/Ketels 2003). Betrachtet man zusätzlich den in Abschnitt 2.3 dargestellten Entwicklungsprozess von Clustern, so zeigt sich, dass die **Clusterentstehung** ein marktinduzierter Prozess ist. Eine (Erst-) Initiierung der Clusterbildung durch geplante Aktivitäten seitens Regierungen oder Organisationen erscheint deshalb schwerlich möglich. Es zeigen sich zwar unterschiedliche Ansatzpunkte zur Förderung der Clusterentwicklung anhand unterstützender Maßnahmen, so z. B. anhand des Angebots bzw. der Förderung einer spezifischen Infrastruktur, der Etablierung spezifischer Institutionen (z. B. Bildungs- oder Forschungseinrichtungen) u. Ä., die Ansatzpunkte zur Steigerung der Wettbewerbsfähigkeit von Regionen anhand der Verbesserung der Standortbedingungen und -attraktivität für die Unternehmen bieten (OECD 1999), jedoch ist zu beachten, dass solche Fördermaßnahmen nicht einem gegebenenfalls notwendigen **Strukturwandel** entgegenwirken dürfen (Sautter 2004).

Auch für Unternehmen ist es erforderlich zu analysieren, ob und in welcher Form eine Ansiedlung in Clustern vorteilhaft ist. Grundsätzlich bieten Cluster in theoretischer Hinsicht eine Vielzahl von Vorteilen. Die empirischen Befunde der Clusterforschung weisen dabei darauf hin, dass die Voraussetzung für deren Realisierung in der aktiven und intensiven Nutzung und Förderung der formellen und informellen Beziehungen und Netzwerke in der Region liegen.

Literatur

ANDERSSON, T.; SCHWAAG SERGER, S.; SÖRVIK, J.; WISE HANSSON, E. (2004): The Cluster Policies Whitebook, Malmö.

ANGEL, D. P.; ENGSTROM, J. (1995): Manufacturing systems and technological change: The U.S. personal computer industry, in: Economic Geography, 71. Jg., S. 79-102.

ASHEIM, B. T. (1992): Flexible specialisation, industrial districts and small firms: a critical appraisal, in: Ernste, H.; Meier, V. (Hrsg.): Regional Development and Contemporary Industrial Response: Extending Flexible Specialisation, London, S. 45-63.

BECATTINI, G. (1990): The Marshallian Industrial District as a Socio-Economic Notion, in: Pyke, F.; Becattini, G.; Sengenberger, W. (Hrsg.): Industrial Districts and Inter-Firm Cooperation in Italy, Genf, S. 37-51.

BERGMAN, E.; FESER E. (1999): Industry Clusters, in: OECD (Hrsg.): Boosting Innovation: The Cluster Approach, Paris, S. 243-68.

BOURDIEAU, P. (1983): The Form of Capital, in: Richardson, J. G. (Hrsg.): Handbook of theory and research for the sociology of education, New York, S. 241-258.

BROWN, P.; MCNAUGHTON, R. B. (2002): Global Competitiveness and local Networks, in: McNaughton, R. B.; Green, M. B. (Hrsg.): Global Competition and local Networks, Aldershot, S. 3-37.

BRUCH-KRUMBEIN, W.; HOCHMUTH, E. (2000): Cluster und Clusterpolitik. Begriffliche Grundlagen und empirische Fallbeispiele aus Ostdeutschland, Marburg.

CLARK, G.; FELDMAN, M.; GERTLER, M. (2000): Economic Geography: Transition and Growth, in: Clark, G.; Feldman, M.; Gertler, M. (Hrsg.): The Oxford Handbook of Economic Geography, Oxford u. a., S. 3-17.

COOKE, P., BOEKHOLT, P.; TÖDTLING, F. (2000): The Governance of Innovation in Europe. Regional Perspectives on Global Competitiveness, London u. a.

ENRIGHT, M. J. (1996): Regional Clusters and Economic Development: A Research Agenda, in: Staber, U. H.; Schäfer, N. V.; Sharma, B. (Hrsg.): Business Networks – Prospects for Regional Development, Berlin u. a., S. 190-214.

ENRIGHT, M. J. (2000): The Globalization of Competition and the Localization of Competition: Policies Toward Regional Clustering, in: Hood, N.; Young, S. (Hrsg.): The Globalization of Multinational Enterprise Activity and Economic Development, London, S. 303-331.

EUROPÄISCHE KOMMISSION (2002): Regionale Cluster in Europa, Beobachtungsnetz der europäischen KMU 2002, Nr. 3, Brüssel.

FRIESE, M. (1998): Kooperation als Wettbewerbsstrategie für Dienstleistungsunternehmen, Wiesbaden.

GLAESER, E. L.; KALLAL, H. D.; SCHEINKMAN, J. A. (1992): Growth in Cities, in: Journal of Political Economy, 100. Jg., Nr. 6, S. 1126-1152.

GRABHER, G. (1993): The weakness of strong ties: The lock-in of regional development in the Ruhr area, in: Grabher, G. (Hrsg.): The embedded firm, London u. a., S. 255-277.

HARRISON, B.; KELLEY, M. R.; GANT, J. (1996): Innovative Firm Behaviour and Local Milieu: Exploring the Intersection of Agglomeration, Firm Effects, and Technological Change, in: Economic Geography, 72. Jg., Nr. 3, S. 233-258.

HEAD, K.; RIES, J.; SWENSON, D. (1995): Agglomeration benefits and location choice: Evidence from Japanese manufacturing investments in the United States, in: Journal of International Economics, 38. Jg., Nr. 3, S. 223-247.

HEIDENREICH, M. (1997): Wirtschaftsregionen im weltweiten Innovationswettbewerb, in: Kölner Zeitschrift für Soziologie und Sozialpsychologie, 49. Jg., Nr. 3, S. 500-527.

HOSPERS, G.-J.; BEUGELSDIJK, S. (2002): Regional Cluster Policies: Learning by Comparing?, in: Kyklos, 55. Jg., Nr. 3, S. 381-402.

HUDSON, R. (1999): The learning economy, the learning firm and the learning region: A sympathetic Critique of the limits to learning, in: European Urban and Regional Studies, 6. Jg., S. 59-72.

INKPEN, A. C.; TSANG, E. W. K. (2005): Social Capital, Networks, and Knowledge Transfer, in: Academy of Management Review, 30. Jg., Nr. 1, S. 146-165.

JANSEN, D. (2000): Netzwerke und soziales Kapital: Methoden zur Analyse struktureller Einbettung, in: Weyer, J. (Hrsg.): Soziale Netzwerke: Konzepte und Methoden der sozialwissenschaftlichen Netzwerkforschung, München, S. 35-62.

KETELS, C. (2004): European Clusters, in: Hagbart, L. (Hrsg.): Structural Change in Europe 3 – Innovative City and Business Regions, Bollschweil, S. 1-5.

KHAN, J. H.; GHANI, J. A. (2004): Clusters and Entrepreneurship: Implications for Innovation in a Developing Economy, in: Journal of Developmental Entrepreneurship, 9. Jg., Nr. 3, S. 221-238.

KIESE, M. (2004): Regionale Innovationspotentiale und Innovative Netzwerke in Südostasien: Innovations- und Kooperationsverhalten von Industrieunternehmen in Singapur, Münster u. a.

KOTLER, P.; HAIDER, D.; RHEIN, I. (1994): Wie Städte, Regionen und Länder gezielt Investitionen, Industrien und Tourismus anziehen, Düsseldorf u. a.

KRÄTKE, S.; SCHEUPLEIN, C. (2001): Produktionscluster in Ostdeutschland, Hamburg.

KUJATH, H. J. (2000): Institutionelle und interorganisatorische Bedingungen der Bildung von Unternehmensclustern – Das Beispiel der west- und ostdeutschen Schienenfahrzeugindustrie, Working Paper des ILS – Leibniz-Institut für Regionalentwicklung und Strukturplanung, Erkner.

LAGENDIJK, A. (2000): Learning in Non-core Regions: Towards 'Intellegent Clusters'; Adressing Business and Regional Needs, in: Boekema, F.; Morgan, K.; Bakkers, S.; Rutten, R. (Hrsg.): Knowledge, Innovation and Economic Growth – The Theory and Practice of Learning Regions, Cheltenham, S. 165-191.

LIN, N. (1999): Building a network theory of social capital, in: Connections, 22. Jg., Nr. 1, S. 28-51.

LUNDVALL, B-Å; JOHNSON, B. (1994): The Learning Economy, in: Journal of Industry Studies, Nr. 1, S. 23-42.

MAILLAT, D. (1991): The innovation process and the role of the milieu, in: Bergman, E. M.; Maier, G.; Todtling, F. (Hrsg.): Regions Reconsidered: Economic Networks, Innovation, and Local Development, London, S. 103-117.

MALMBERG, A.; MALMBERG, B.; LUNDEQUIST, P. (2000): Agglomeration and Firm Performance: Economies of Scale, Localisation, and Urbanisation among Swedish Export Firms, in: Environment & Planning A, 32. Jg., Nr. 2, S. 305-321.

MALMBERG, A.; MASKELL, P. (2002): The elusive concept of localization economies – towards a knowledge-based theory of spatial clustering, in: Environment & Planning A, 34. Jg., Nr. 3, S. 429-449.

MARSHALL, A. (1920): Principles of Economics, 3. Aufl., London.

MARTIN, R.; SUNLEY, P. (2003): Deconstructing Clusters: Chaotic Concept or Policy Panacea?, in: Journal of Economic Geography, 3. Jg., Nr. 1, S. 5-35.

MCCANN, P. (1995): Rethinking the economics of location and agglomeration, in: Urban Studies, 32. Jg., S. 563-577.

MEYER, M.; ARNOLD, E.; EMES, J. (2003): Wettbewerb und Kooperation in Branchenclustern: Analyse der medizintechnischen Industrie im Medical Valley, in: Zentes, J.; Swoboda, B.; Morschett, D. (Hrsg.): Kooperationen, Allianzen und Netzwerke, Wiesbaden, S. 1133-1158.

MOULAERT, F.; SEKIA, F. (2003): Territorial Innovation Models: A Critical Survey, in: Regional Studies, 37. Jg., Nr. 3, S. 289-302.

OECD (1999): Managing national innovation systems, Paris.

PINCH, S.; HENRY, N. (1999): Paul Krugman's Geographical Economics, Industrial Clustering and the British Motor Sport Industry, in: Regional Studies, Vol. 33, Nr. 9, S. 815-827.

PORTER, M. E. (1990a): The Competitive Advantage of Nations, London u. a.

PORTER, M. E. (1990b): Nationale Wettbewerbskraft – Woher kommt die?, in: Harvard Business Manager, 12. Jg., Nr. 4, S. 103-118.

PORTER, M. E. (1998): Clusters and Competition: New Agenda for Companies, Governments and Institutions, in: Porter, M. E. (Hrsg.): On Competition, Boston, S. 197-288.

PORTER, M. E. (1999a): Cluster und Wettbewerb: Neue Aufgaben für Unternehmen, Politik und Institutionen, in: Porter, M. E. (Hrsg.): Wettbewerb und Strategie, München, S. 207-301.

PORTER, M. E. (1999b): Unternehmen können von regionaler Vernetzung profitieren, in: Harvard Businessmanager, 21. Jg., Nr. 3, S. 51-63.

PORTER, M. E. (1999c): Nationale Wettbewerbsvorteile: Erfolgreich konkurrieren auf dem Weltmarkt, Wien u. a.

RAPKIN, D.; STRAND, J. (1995): Competitiveness: Useful Concept, Political Slogan, or Dangerous Obsession?, in: Rapkin, D.; Avery, W. (Hrsg.): National Competitiveness in a Global Economy, London, S. 1-20.

REHFELD, D. (1999): Produktionscluster: Konzeption, Analysen und Strategien für eine Neuorientierung der regionalen Strukturpolitik, München.

ROSENFELD, S. (2001): Networks and Clusters: The Yin and Yang of Rural Development, Report to the Federal Reserve Bank of Kansas City, Kansas City.

SAUTTER, B. (2004): Regionale Cluster: Konzept, Analyse und Strategie zur Wirtschaftsförderung, in: Standort – Zeitschrift für Angewandte Geographie, 28. Jg., Nr. 2, S. 66-72.

SAXENIAN, A. (1994): Regional Advantage: Culture and Competition in Silicon Valley and Route 128, Cambridge/Massachusetts.

SCHMITZ, H. (1995): Collective Efficiency: Growth Path for Small-Scale Industry, in: The Journal of Development Studies, 31. Jg., Nr. 4, S. 529-566.

SCHMITZ, H. (2000): Does Local Co-operation Matter? Evidence from Industrial Clusters in South Asia and Latin America, in: Oxford Development Studies, 28. Jg., No. 3, S. 323-336.

SCHUMPETER, J. A. (1934): The Theory of Economic Development, Cambridge/Massachusetts.

SCOTT, A. J. (1988): New Industrial Spaces, London.

SÖLVELL, Ö.; LINDQVIST, G.; KETELS, C. (2003): The Cluster Initiative Greenbook, Srockholm.

STORPER, M. (1997): The Regional World: Territorial Development in a Global Economy, New York.

STORPER, M.; SCOTT, A. J. (1989): The geographical foundations and social regulation of flexible production complexes, in: Wolch, J.; Dear, M. (Hrsg.): The Power of Geography, Boston, S. 21-40.

STORPER, M.; WALKER, R. (1989): The Capitalist Imperative: Territory, Technology, and Industrial Growth, New York.

TALLMAN, S.; JENKINS, M.; HENRY, N.; PINCH, S. (2004): Knowledge, Clusters, and Competitive Advantage, in: Academy of Management Review, 29. Jg., Nr. 2, S. 258-271.

WOLFE, D. A. (2002): Social Capital and Cluster Development in Learning Regions, in: Holbrook, J. A.; Wolfe, D. A. (Hrsg.): Knowledge, Clusters and Learning Regions, Kingston, S. 11-38.

Wolfgang Burr*

Motive und Voraussetzungen bei Lizenzkooperationen

* Univ.-Professor Dr. Wolfgang Burr ist Inhaber des Lehrstuhls für Innovationsökonomie, Fakultät für Staatswissenschaften der Universität Erfurt.

1. Definition und Ziele von Lizenzverhältnissen

Eine **Lizenz** ist „das einer Unternehmung vertraglich gegen Entgelt oder andere Kompensationsleistung beschränkt übertragene Recht (Nutzungsrecht) an einer rechtlich geschützten oder rechtlich ungeschützten Erfindung“ (Mordhorst 1994, S. 14). Der Lizenzgeber überträgt eine Technologie an den Lizenznehmer.

Der Lizenznehmer übernimmt anstelle des Lizenzgebers die Produktion und verpflichtet sich im Gegenzug zur Zahlung von Lizenzgebühren (oder einer anderen Gegenleistung) für die Überlassung der Technologie. Die Überlassung des Nutzungsrechts an der Technologie wird durch einen Lizenzvertrag geregelt. Lizenzierung kann sich generell beziehen auf Patente, Gebrauchsmuster, Geschmacksmuster, Warenzeichen, Urheberrechte sowie technisches und kaufmännisches Know-how. In der Literatur werden Schutzrechtslizenzen für Patente, Gebrauchsmuster, Geschmacksmuster, Warenzeichen, Urheberrechte von Know-how-Lizenzen für rechtlich ungeschütztes technisches und kaufmännisches Know-how abgegrenzt (Kutschker/Schmid 2002, S. 831 f.).

Die nachfolgenden Ausführungen konzentrieren sich auf die Überlassung von Technologie in Form von Patenten, Gebrauchsmustern und technischem Know-how mit Hilfe von Technologielizenzen. Im Folgenden wird auch von Lizenzkooperationen gesprochen, um zu betonen, dass Lizenzverhältnisse oft durch enge, längerfristige Kooperation und gegenseitiges Lernen zwischen Lizenzgeber und Lizenznehmer gekennzeichnet sind und sich gerade dadurch von dem reinen Technologieverkauf als einmaliger marktlicher Transaktion unterscheiden.

Wesentliche **Ziele des Lizenzgebers** sind in folgenden Punkten zu sehen (Specht/Beckmann 1996, S. 455, S. 457):

- Der Lizenzgeber kann sein bereits vorhandenes technologisches Wissen vermarkten und dadurch Lizenzeinnahmen erzielen.
- Ein zweites Motiv für Lizenzvergabe kann darin gesehen werden, dass der Lizenzgeber auf diese Weise mit Hilfe des Lizenznehmers neue Märkte erschließen kann, trotz bestehender eigener Produktionsengpässe und trotz knapper eigener finanzieller oder personeller Ressourcen (der Lizenznehmer übernimmt die Investitionen in Maschinen und Gebäude).
- Mit einer Lizenzierung kann der Lizenzgeber ferner das Risiko, vor allem das Länderrisiko, von Direktinvestitionen im Ausland (Übernahme bestehender Unternehmen im Ausland, Aufbau von Vertriebsniederlassungen, Produktionsstützpunkte oder Tochtergesellschaften als „greenfield investment“ im Ausland) vermeiden.

Wesentliche **Ziele des Lizenznehmers** sind hingegen in folgenden Punkten zu sehen (Gerpott 1999, S. 257; Specht/Beckmann 1996, S. 457; Hauschildt 1997, S. 51):

- Durch Übernahme von Technologien vom Lizenzgeber kann der Lizenznehmer einen vorhandenen technologischen Rückstand gegenüber technologisch führenden Unternehmen verkleinern.
- Der Lizenznehmer kann einen Zeitgewinn und einen früheren Eintritt in Märkte durch teilweise oder vollständige Übernahme von zur Reife entwickelten Technologien vom Lizenzgeber erreichen.
- Der Lizenznehmer kann ferner durch Übernahme einer bereits fertig entwickelten Technologie Forschungs- & Entwicklungs-Kosten und -Risiken (vor allem das Risiko des Scheiterns von Forschungsprojekten) verringern.
- Lizenzierung ermöglicht dem Lizenznehmer ferner die Abrundung seines angebotenen Produktportfolios, indem er neue Produkte in sein Angebot aufnehmen kann.

Lizenzierung ist ein wichtiges Instrument des **Technologie- und Innovationsmanagements** nationaler und multinationaler Unternehmen. Lizenzierung ist eine der drei generischen Strategien neben Export und Direktinvestitionen für den Eintritt in Auslandsmärkte. Ein Lizenzierungsvertrag kann aber auch als institutionelles Arrangement zwischen Lizenzgeber und Lizenznehmer interpretiert werden.

Problemstellung des vorliegenden Beitrages ist die Untersuchung von Motiven und Voraussetzungen für Lizenzkooperationen.

Dabei wird von der Annahme ausgegangen, dass eine effektive und effiziente Organisation von Lizenzbeziehungen („wie lizenzieren") und eine strategieadäquate Auswahl der zu lizenzierenden Technologie („was lizenzieren") entscheidende Voraussetzungen für erfolgreiche Lizenzvereinbarungen sind.[1] Entsprechend der so gewählten Problemstellung wird Lizenzierung aus Sicht der Organisationslehre und der Managementlehre analysiert und beurteilt. Nachfolgend erfolgt eine theoretische Analyse von Lizenzverhältnissen mit Hilfe der **Property-Rights-Theorie**, der **Transaktionskostentheorie**, der **Agency-Theorie**[2] und dem **Resource-based view of the firm**[3] (Ansatz der ressourcenorientierten Unternehmensführung), um die Motive und Voraussetzungen für erfolgreiche Lizenzkooperationen herauszuarbeiten. Dabei wird die Perspektive des Lizenzgebers eingenommen.

---

1 Andere wichtige Voraussetzungen für erfolgreiche Lizenzkooperationen sind z. B. Vertrauen zwischen Lizenzgeber und Lizenznehmer oder gewisse Vorerfahrungen des Lizenznehmers in dem entsprechenden Technologiefeld („absorptive capacity" im Sinne von Cohen/Levinthal (1990)). Diese Voraussetzungen werden nachfolgend aus der Analyse ausgeblendet.

2 Vgl. zur Neuen Institutionenökonomik auch den Beitrag von Woratschek/Roth im Ersten Kapitel dieses Sammelwerks sowie im Überblick den Beitrag von Swoboda im Ersten Kapitel dieses Sammelwerks.

3 Vgl. zum Resource-Based view of the firm auch den Beitrag von von der Oelsnitz im Ersten Kapitel dieses Sammelwerks.

2. Theoretische Grundlagen zur Lizenzierung: Neue Institutionenökonomik

2.1 Lizenzierung aus Sicht der Property-Rights-Theorie

Property Rights lassen sich begrifflich abgrenzen als „... die mit einem Gut verbundenen und Wirtschaftssubjekten auf Grund von Rechtsordnungen und Verträgen zustehenden Handlungs- und Verfügungsrechte“ (Picot/Reichwald/Wigand 1996, S. 39). Jedes Gut ist durch das mit ihm verbundene Verfügungsrechtebündel charakterisiert. Property Rights an einem Gut lassen sich detaillierter analysieren. Hierfür ist es zweckmäßig, sie in weitere Teilrechte zu untergliedern. Es lassen sich im Einzelnen die nachfolgend genannten Teilrechte unterscheiden (Dietl 1993, S. 57 f.):

1. Recht, ein Gut zu gebrauchen und gemäß den Zielsetzungen des Verwenders einzusetzen (usus)
2. Recht, an einem Gut wesentliche Veränderungen, z. B. in stofflicher oder qualitativer Hinsicht, vorzunehmen (abusus)
3. Recht, sich die Erträge aus der Nutzung des Gutes anzueignen bzw. die Verpflichtung, Verluste aus dem Einsatz des Gutes zu tragen (usus fructus)
4. Recht, das Gut als Ganzes oder einzelne Teilrechte auf Dritte zu übertragen (Veräußerungsrecht).

Diese Teilrechte können entweder einem einzigen Wirtschaftssubjekt zugeordnet oder auf mehrere Wirtschaftssubjekte verteilt sein. Je stärker alle Verfügungsrechte bei einem einzelnen Individuum gebündelt sind (konzentrierte Verfügungsrechte), desto größere Anreize hat dieses Individuum zu einem sparsamen Ressourceneinsatz, weil es die Folgen seiner Ressourcennutzung unmittelbar selbst trägt. Verfügungsrechte können aber auch auf mehrere Individuen verteilt sein (kollektive Verfügungsrechte) oder einzelne Teilrechte können aus ökonomischen, politischen oder gesellschaftlichen Gründen in ihrer Ausübung beschränkt werden (eingeschränkte Verfügungsrechte), wie z. B. bei der staatlichen Regulierung privater und öffentlicher Unternehmenstätigkeit zur Verhinderung des Missbrauchs von Marktmacht. Sowohl kollektive als auch eingeschränkte Verfügungsrechte stellen eine Verdünnung von Verfügungsrechten dar. Dadurch hat der einzelne Akteur nur noch verminderte oder verzerrte Anreize, die entsprechenden Güter sparsam einzusetzen, schonend zu behandeln und in ihre Erhaltung zu investieren.

Aus der Property-Rights-Theorie lassen sich Aussagen zur Lizenzierung ableiten. Zu diesem Zweck müssen **Teilrechte** von Property Rights auf eine Technologie bezogen werden. In diesem Sinne sind Teilrechte wie folgt spezifiziert:

- Usus: Das Recht, eine Technologie zu nutzen.

- Abusus: Das Recht, eine Technologie weiter zu entwickeln.
- Usus fructus: Das Recht, sich die Gewinne aus dem Einsatz der Technologie anzueignen bzw. die Verpflichtung, die Verluste zu tragen.
- Veräußerungsrecht: Das Recht zur Unterlizenzierung.

Lizenzierungsabkommen können in diesem Sinne als detaillierte Property-Rights-Verteilungen zwischen Lizenzgeber und Lizenznehmer interpretiert werden. Die Verteilung der Property Rights zwischen Lizenzgeber und Lizenznehmer bestimmt die **Anreize für den Lizenznehmer**, die Technologie einzusetzen und fortzuentwickeln. Dies verdeutlicht Übersicht 1.

Eine **zentral gesteuerte Lizenzkooperation** liegt vor, wenn die Lizenznehmer nur das Recht auf usus erhalten und sich nur einen Teil der Gewinne aus der Technologie aneignen können, aber alle anderen Rechte (Weiterentwicklung der Technologie, Vergabe weiterer Lizenzen) beim Lizenzgeber verbleiben.

Property Rights in Lizenzkooperationen

Lizenzgeber •abusus •usus fructus (90 %) •Veräußerungsrecht	**Lizenznehmer** •usus •usus fructus (10 %)		⇨	**zentral gesteuerte Lizenzkooperation**
Lizenzgeber •usus fructus (80 %) •Veräußerungsrecht	**Lizenznehmer** •usus •abusus •usus fructus (20 %) (durch Zahlungen des Lizenzgebers für Fortentwicklung der Technologie)		⇨	**technologie-generierende Lizenzkooperation**
Lizenzgeber •usus fructus (70 %)	**Lizenznehmer 1** •usus •abusus •usus fructus (30 %) (durch Zahlungen des Lizenzgebers und der Sublizenznehmer) •Veräußerungsrecht	**Lizenznehmer 2** •usus •abusus •usus fructus	⇨	**technologie-diffundierende Lizenzkooperation**

Übersicht 1: Lizenzierung als spezifizierte Verteilung von Property Rights zwischen Lizenzgeber und Lizenznehmer

Eine **technologiegenerierende Lizenzkooperation** liegt hingegen vor, wenn die Lizenznehmer die Technologie nicht nur einsetzen (usus), sondern auch weiterentwickeln (abusus) dürfen und aus der Lizenzierung der technologischen Fortentwicklung an den ursprünglichen Lizenzgeber eine zusätzliche Gewinnquelle erschließen können (verdeutlicht durch den größeren Anteil der Lizenznehmer in Höhe von 20 % am Gesamtgewinn, den alle Beteiligten vereinnahmen können). Eine **technologiediffundierende Lizenzkooperation** liegt vor, wenn die Lizenznehmer die Technologie einsetzen, weiterentwickeln und an weitere Sublizenznehmer unterlizenzieren (Veräußerungsrecht) dürfen. Optional ist dabei denkbar, den Sublizenznehmern auch das Recht auf Weiterentwicklung der Technologie (abusus) zu geben. Gewinnquellen für Lizenznehmer 1 sind nunmehr die Gewinne aus der eigenen Verwertung der Technologie, aus den Lizenzzahlungen des ursprünglichen Lizenzgebers an Lizenznehmer 1 für Weiterentwicklungen der Technologie und aus den Lizenzzahlungen der Sublizenznehmer 2 (das größere Gewinnpotenzial ist in der Übersicht 1 durch einen größeren Anteil von Lizenznehmer 1 am Gesamtgewinn gekennzeichnet, wobei nicht beachtet wird, dass sich durch die Aktivitäten von Lizenznehmer 1 und 2 der Gesamtgewinn auch vergrößern kann). Dies zeigt auf, dass die Ausgestaltung der Property Rights zwischen Lizenzgeber und Lizenznehmer maßgeblich den Charakter (zentrale Steuerung vs. dezentrale Verfassung der Lizenzkooperation) und die Zielsetzungen einer Lizenzkooperation (Technologieanwendung vs. Technologieverbreitung) bestimmt.

2.2 Lizenzierung aus Sicht der Transaktionskostentheorie

Teece hat eine Modifikation des grundlegenden **Transaktionskostenansatzes** vorgenommen (vgl. hierzu und zum Folgenden Teece 1986). Er greift zentrale transaktionskostentheoretische Gedanken innerhalb des von ihm entwickelten Appropriierungsansatzes auf. Sein Ansatz eignet sich besonders für die Anwendung auf die Innovationsphase und auf Innovationsprobleme. Teece untersucht die Frage, unter welchen institutionellen und organisatorischen Bedingungen sich ein Innovator die Erträge aus seiner Innovation gut aneignen kann. Sein theoretischer Ansatz schließt auch Fragen der Leistungstiefengestaltung und der Lizenzierung ein.

Der Ansatz von Teece beruht auf drei Grundkonzepten (vgl. zu den folgenden Ausführungen insbesondere Teece 1986, 1992; Langlois/Robertson 1989, S. 365; Langlois 1995, S. 21; Langlois 1989, S. 89):[1]

- dem Konzept des Appropriierungsregimes,
- dem Konzept komplementärer Ressourcen und
- der Unterscheidung von drei grundlegenden Koordinationsmechanismen.

---

[1] Der eigentliche Ansatz von Teece zielt auf die Frage ab, ob sich der Innovator oder vielmehr seine Imitatoren oder seine Zulieferer die Erträge aus einer Innovation aneignen können. Teece verwendet zur Beantwortung dieser Frage drei elementare Konzepte: das Appropriierungsregime, komplementäre Ressourcen und das Konzept des dominanten Designs. Die nachfolgende Darstellung isoliert aus dem Konzept von Teece diejenigen Faktoren, die besondere Relevanz für die Frage der Leistungstiefenoptimierung des innovierenden Unternehmens haben und vernachlässigt damit den Faktor des dominanten Designs.

Unter dem **Appropriierungsregime** versteht Teece „... Umweltfaktoren, die die Fähigkeit eines Innovators zur Vereinnahmung der Profite, die seine Innovation generieren, bestimmen“ (Teece 1986, S. 287).[1] Das Ausmaß, in dem sich ein Innovator die Erträge aus einer Innovation aneignen kann, wird wesentlich durch zwei Elemente des Appropriierungsregimes bestimmt. Zum einen durch die Art und die Merkmale der zugrundeliegenden Technologie. Zu nennen ist hier z. B. der Anteil an implizitem Wissen, der die Imitierbarkeit der Technologie durch Wettbewerber bestimmt. Zum anderen wird die Appropriierbarkeit auch durch die Verfügbarkeit von gesetzlichen Möglichkeiten zum Schutz der Innovation gegen Nachahmer bestimmt. Solche Schutzmöglichkeiten bieten beispielsweise Patente, Copyright-Rechte und registrierte industrielle Designs. Teece unterscheidet starke Appropriierungsregimes, in denen der Innovator seine Technologien effektiv schützen und sich die Erträge aus einer Innovation aneignen kann, von schwachen Appropriierungsregimes, in denen dies nicht möglich ist (Teece 1986, S. 287).

Komplementäre Ressourcen sind nach Teece zur Markteinführung und Kommerzialisierung einer Innovation erforderlich.[2] Er unterscheidet drei Kategorien von komplementären Ressourcen, nämlich solche mit generischem Charakter, solche mit spezialisiertem Charakter und solche mit kospezialisiertem Charakter. Generische Ressourcen stehen zu der Innovation in keinem besonderen Abhängigkeitsverhältnis. Spezialisierte Ressourcen stehen zu der Innovation in einem einseitigen Abhängigkeitsverhältnis. Kospezialisierte Ressourcen stehen zu der Innovation in einem zweiseitigen Abhängigkeitsverhältnis.[3]

Als **Koordinationsmechanismen** unterscheidet Teece die drei Grundformen Markt, Hierarchie und Kooperation. Aus der Kombination dieser drei Bausteine (Appropriierungsregime, komplementäre Ressourcen, Koordinationsmechanismen) leitet Teece Empfehlungen ab, unter welchen Bedingungen eine Technologie lizenziert werden sollte und unter welchen Bedingungen sie selbst genutzt werden sollte.

Lizenzierung ist nach Teece nur bei gut schützbaren Inventionen mit einem starken Appropriierungsregime empfehlenswert. Lizenzierung ist nicht empfehlenswert bei Inventionen, die einem schwachen Appropriierungsregime unterliegen. Im letzteren Fall empfiehlt Teece die Eigenverwertung der Invention und die vertikale Integration komplementärer Ressourcen. Auf diese Weise kann der Innovator am besten die Aneignung von Innovationserträgen sicherstellen und die Nachahmung durch Imitatoren erschweren.

---

1 Langlois (1989, S. 89) definiert ein Appropriierungsregime als „... the ability – both practical and legal – to create and enforce property rights in the innovation“.

2 Teece (1992, S. 8 f.) nennt als Beispiele für komplementäre Ressourcen die Fähigkeit eines Unternehmens zur qualitativ hochwertigen Herstellung von Gütern, After Sales-Dienstleistungen und Marketingdiensten oder die Beherrschung komplementärer Technologien.

3 Vgl. hierzu auch die bei Teece (1986, S. 288 f.; 1992, S. 8 f.) genannten Beispiele. Eine Präzisierung des Begriffs der komplementären Ressourcen durch den Hinweis, dass sie typischerweise auf nachgelagerten Stufen der Wertschöpfungskette lokalisiert sind, findet sich bei Dosi/Teece (1993, S. 13).

2.3 Lizenzierung aus Sicht der Agency-Theorie

Die **Agency-Theorie** untersucht Beziehungen zwischen einem Auftraggeber, Principal genannt, und einem Auftragnehmer, Agent genannt. Diese Beziehungen sind durch asymmetrische Informationsverteilung gekennzeichnet. Üblicherweise wird dabei von einem Informationsvorsprung des Agenten ausgegangen. Im Rahmen der Agency-Theorie werden Fallkategorien asymmetrischer Informationsverteilung gebildet und Maßnahmen zu ihrer Beherrschung entwickelt (vgl. zur Agency-Theorie Dietl 1993; Picot/ Reichwald/Wigand 2001). In der Agency-Theorie werden drei Arten von Informationsasymmetrien unterschieden:

- Man spricht von **Hidden Characteristics**, wenn der Principal wesentliche Eigenschaften des Agenten oder der von ihm angebotenen Leistung vor Vertragsschluss nicht in Erfahrung bringen kann. Daraus resultiert die Gefahr, einen falschen Vertragspartner auszuwählen (adverse selection).
- **Hidden Action** bezeichnet demgegenüber den Fall, dass nach Abschluss des Vertrages der Principal die Leistungen des Agenten entweder nicht direkt beobachten kann (z. B. auf Grund von großer geografischer Entfernung) oder ihm die Sachkenntnis fehlt, die beobachteten Leistungen des Agenten zu beurteilen. Dies birgt die Gefahr, dass der Agent seine Leistungsanstrengungen vermindert und seinen Vorteil auf Kosten des Principals sucht („moral hazard“ des Agenten).
- **Hidden Intention** bezeichnet den Fall, dass der Principal nach Vertragsabschluss die Leistungen des Agenten zwar beobachten und beurteilen kann, aber auf Grund einseitig erbrachter spezifischer Vorleistungen vom Agenten abhängig geworden ist. Diese Situation kann der Agent dazu nutzen, eine Nachverhandlung des Vertrages zu seinen Gunsten zu erzwingen (Hold-up-Gefahr).

Für alle drei Kategorien von Informationsasymmetrien gibt die Agency-Theorie konkrete Gestaltungsempfehlungen. Hidden Characteristics kann begegnet werden durch Screening-Aktivitäten des Principals (Einstellungstests, Einholung von Referenzen), durch Signaling-Aktivitäten des Agenten (Vorlage von Arbeits- und Ausbildungszeugnissen) oder durch Self Selection des Agenten (der Principal gestaltet eine spezifische Entscheidungssituation, mit der er den Agenten konfrontiert, derart, dass er aus der Entscheidung des Agenten Rückschlüsse auf dessen wesentliche Eigenschaften ziehen kann). Demgegenüber wird für den Fall der Hidden Action das Design von adäquaten Anreiz- und Kontrollsystemen (z. B. ergebnisabhängige Entlohnungsformen und unternehmensinterne Budgetierungs- und Controllingsysteme) durch den Principal als korrigierende Maßnahmen empfohlen. Bei Hidden Intention bieten sich die Begründung gegenseitiger Abhängigkeiten (so genannter Geiseltausch) zwischen Principal und Agent, die vertikale Integration von Agent und Principal oder der Abschluss langfristiger Liefer- und Abnahmeverträge als Lösungsoptionen an.

In der Realität treten die genannten Situationen asymmetrischer Informationsverteilung selten isoliert, sondern oftmals in Kombination auf, sodass eine Kombination verschiedener Einbindungsformen und damit differenzierte institutionelle Arrangements implementiert werden müssen, um die aus asymmetrischer Information resultierenden Probleme beherrschen zu können.

Die Agency-Theorie ist anwendbar auf ein Lizenzverhältnis, d. h. auf ein Verhältnis zwischen einem Lizenzgeber und einem Lizenznehmer. In Lizenzverhältnissen treten Informationsasymmetrien sehr häufig auf.

Der Lizenzgeber ist dabei der Principal und der Lizenznehmer der Agent. Der Lizenzgeber überträgt als Principal die Herstellung eines Produktes, für das er das Konstruktionswissen besitzt, an den Lizenznehmer als Agenten. Daraus können Probleme und Risiken für den Lizenzgeber resultieren, wenn zwischen den Lizenzpartnern eine asymmetrische Informationsverteilung vorliegt und der Lizenznehmer einen Informationsvorsprung besitzt.

Hidden Characteristics in Lizenzbeziehungen

Vor Vertragsschluss (bzw. bei anstehender Vertragsverlängerung) hat der Lizenzgeber das Problem, die wirtschaftliche und technologische Leistungsfähigkeit seiner aktuellen und potenziellen Lizenznehmer einzuschätzen. Diese Probleme werden verschärft, wenn die Lizenznehmer über die ganze Welt verteilt sind und große geografische Distanzen die Einholung von Informationen über den Lizenznehmer und die Kontaktpflege zum jeweiligen Lizenznehmer für den Lizenzgeber erschweren.

Für das Hidden-Characteristics-Problem sind drei Ansatzpunkte zur Abhilfe denkbar (Signaling, Self Selection und Screening): Aufbau eines Screening-Instrumentes, mit dessen Hilfe die Leistungsfähigkeit und Qualität von Lizenznehmern gemessen und bewertet werden kann. Zu denken wäre in diesem Zusammenhang beispielsweise an vom Lizenzgeber beim Lizenznehmer vor Ort durchgeführte, umfangreiche Untersuchungen und Bewertungen (z. B. der wirtschaftlichen und technologischen Leistungsfähigkeit, der Bilanzstruktur usw.) nach vordefinierten Kriterien, Checklisten und Lizenznehmerportfolios.

Das Auswahlverfahren begünstigt auch Self Selection der Lizenznehmer: Nur leistungsfähige Lizenznehmer lassen sich auf ein aufwändiges Auswahlverfahren ein, in dessen Verlauf sie wesentliche Betriebsinterna preisgeben und den Mitarbeitern des Lizenzgebers eine Besichtigung ihres Unternehmens ermöglichen müssen. Verweigert ein Lizenznehmer die Teilnahme an dem Bewertungs- und Auswahlverfahren, so offenbart er damit seine mangelnde Kooperationsbereitschaft und scheidet damit als Lizenznehmer aus.

Neben Screening und Self Selection kann auch Signaling des Lizenznehmers die asymmetrische Informationsverteilung vermindern: Der potenzielle Lizenznehmer legt von sich aus Daten über Unternehmensinterna offen, um einen Lizenzvertrag bzw. eine Verlängerung seines Lizenzvertrages zu erhalten. Dazu wird er insbesondere einen Anreiz haben, wenn die vom Lizenzgeber offerierte Technologie ein großes Potenzial (in technologischer und ökonomischer Hinsicht) besitzt und diese Technologie nicht von anderen Lizenzgebern erhältlich bzw. vom Lizenznehmer auch nicht selbst entwickelt werden kann.

Hidden Action in Lizenzbeziehungen

Nach Abschluss des Lizenzvertrages hat ein Lizenzgeber oft das Problem, dass Lizenznehmer von Konstruktionsvorgaben abweichen, die Technologie anders als ursprünglich vorgesehen einsetzen und nachlässig in der Produktion sind (Hidden Action). Die auftretenden Defekte bei den hergestellten Gütern schreiben die Endkunden aber oft dem Lizenzgeber zu (vor allem wenn sein Markenname auf dem in Lizenz hergestellten Produkt angebracht ist), was dessen Reputation beschädigen kann.

Die Agency-Theorie schlägt hier zwei mögliche Abhilfen vor: Der eine Ansatzpunkt ist der Aufbau von Kontrollsystemen. Der Lizenzgeber steht hierbei aber oft vor dem Problem, dass vor allem bei großen geografischen Distanzen eine fortlaufende Kontrolle des Lizenznehmerverhaltens kaum möglich ist. Daher können sich Kontrollsysteme primär auf die vom Lizenznehmer verwendeten Inputfaktoren oder auf den Output, d. h. die vom Lizenznehmer hergestellten Güter, beschränken. So kann der Lizenzgeber technische Diagnose-Systeme entwickeln oder Stichproben in Form von Testkäufen vornehmen, um festzustellen, ob der Lizenznehmer bei der Herstellung des Produktes von Konstruktionsvorgaben und Qualitätsnormen abgewichen ist, z. B. indem er Bauteile oder Schmierstoffe minderer Qualität verwendet hat. Das bereits vorhin erwähnte Auswahlverfahren kann auch als Kontrollsystem eingesetzt werden, wenn es in regelmäßigen zeitlichen Abständen zur Beurteilung des Lizenznehmers angewandt wird.

Parallel oder alternativ zu Kontrollsystemen kann der Lizenzgeber auch Anreizsysteme aufbauen. Ein Anreiz für den Lizenznehmer kann vor allem durch eine entsprechende Gestaltung der Lizenzgebühren geschaffen werden. Zu denken ist hier beispielsweise an die Reduktion von Lizenzgebühren bei Lizenznehmern, die herausragende Qualität produzieren oder an die Erhöhung der Lizenzgebühren für Lizenznehmer mit Qualitätsmängeln in der Produktion. Anreize für den Lizenznehmer können aber auch geschaffen werden, wenn er eigene Weiterentwicklungen der lizenzierten Technologie, die sich beim Einsatz in der täglichen Produktion ergeben, für sich vereinnahmen und gegen Lizenzentgelt an den ursprünglichen Lizenzgeber lizenzieren kann.

Hidden Intention in Lizenzbeziehungen

Ein Fall von hold up liegt vor, wenn ein Lizenznehmer eine zweite Lizenz von einem Konkurrenten des Lizenzgebers erwirbt und die Lizenz des ersten Lizenzgebers nicht mehr ausübt, nachdem dieser sein spezifisches technologisches Know-how transferiert hat. Diese Situation kann der Lizenznehmer benutzen, um den ersten Lizenzgeber nachträglich zur Gewährung niedrigerer Lizenzgebühren zu zwingen (hold up).

Abhilfen gegen das Hidden-Intention-Problem sind in folgenden Punkten zu sehen: Der Lizenzgeber kann sich für vertikale Integration und damit für die Aufgabe der Lizenzierung entscheiden. Alternativ kann der Lizenzgeber versuchen, die Lizenzgebühren so zu gestalten, dass der Lizenznehmer einen Anreiz zum Einsatz seiner Lizenz hat. So setzen Lizenzverträge mit ausschließlich variablen Lizenzgebühren andere (nämlich nur sehr schwache) Anreize, die Lizenz zu nutzen als ein Lizenzvertrag, der einen Fixpreis für den Technologietransfer in Verbindung mit variablen Lizenzgebühren vorsieht. In letztgenanntem Fall bestehen für den Lizenznehmer starke Anreize, die Lizenz einzusetzen, um die Ausgaben für den Technologietransfer zu Beginn der Lizenzbeziehung zu amortisieren. Drittens können Lizenzverträge sehr langfristig ausgestaltet werden. Dies bewirkt eine gewisse Interessensangleichung der Lizenzpartner. So finden sich in der Praxis oft Lizenzverträge mit Laufzeiten von bis zu 15 Jahren. Viertens kann der Lizenzgeber versuchen, das einseitige Abhängigkeitsverhältnis vom Lizenznehmer in ein gegenseitiges Abhängigkeitsverhältnis zwischen Lizenzgeber und Lizenznehmer zu überführen. Zu denken wäre hier beispielsweise an die bereitwillige Übernahme von Serviceleistungen (wie Schulung, Wartung, Reparatur) oder der Beschaffung von Ersatzteilen für den Lizenznehmer, die den Lizenznehmer auch vom Lizenzgeber abhängig machen.

3. Theoretische Grundlagen zur Lizenzierung: Resource-based view of the firm

Die traditionelle Strategieforschung richtet das Augenmerk auf das Produktportfolio und die Positionierung des Unternehmens in seiner Branche. Ein Unternehmen ist nach Porter dann erfolgreich im Wettbewerb, wenn es sich gegen die fünf Wettbewerbskräfte seiner Branche erfolgreich abschotten und dadurch Marktmacht aufbauen kann.

Vertreter der ressourcenorientierten Unternehmensführung plädieren dafür, nicht das marktliche Umfeld des Unternehmens, sondern die einem Unternehmen zur Verfügung stehenden internen Ressourcen und Fähigkeiten inklusive der über Kooperationen eingebundenen externen Ressourcen[1] zum Ausgangspunkt der Strategieformulierung zu machen (Prahalad/Hamel 1990; Grant 1991, S. 116). Für diese Vorgehensweise spricht, dass die internen Ressourcen im Vergleich zur marktlichen Umwelt oftmals stabiler bzw. durch das Unternehmen besser kontrollierbar sind und damit eine dauerhaftere Grundlage für die Strategieformulierung und die Rentabilität von Unternehmen darstellen (Grant

[1] Sanchez/Heene/Thomas (1996, S. 7) sprechen hier von Ressourcen, die durch Unternehmen ansprechbar („firm-addressable“) sind. Wernerfelt, einer der Begründer des ressourcenorientierten Ansatzes, weist darauf hin, dass man von Ressourcen auch profitieren kann, wenn man sie nicht besitzt (Wernerfelt 1989, S. 5; Spieß 2003, S. 8).

1991, S.116).[1] Die Kernaussage des ressourcenorientierten Ansatzes kann wie folgt umschrieben werden:

Ein Unternehmen ist dann im Wettbewerb erfolgreich, wenn es überlegene Ressourcen besitzt und/oder seine Ressourcen besser nutzt als seine Wettbewerber und dadurch eine überlegene Effektivität und Effizienz erzielt.[2]

Die elementare Untersuchungseinheit in den Ansätzen zur ressourcenorientierten Unternehmensführung sind die dem einzelnen Unternehmen zur Verfügung stehenden Ressourcen (Foss/Knudsen/Montgomery 1995, S. 10; Grant 1991, S. 118).[3] Essenziell ist in allen ressourcenorientierten Ansätzen der Unternehmensführung die Annahme, dass jedes Unternehmen einen spezifischen Ressourcenpool aufweist und sich dadurch von den anderen Unternehmen seiner Branche unterscheidet. Mit dieser Annahme der heterogenen Ressourcenausstattung werden Effizienzunterschiede zwischen Firmen und das Potenzial einzelner Firmen zur Erzielung von Renten und Wettbewerbsvorteilen erklärt (vgl. hierzu auch Foss 1997, S. 10).

Neben dem Besitz einzelner Ressourcen i.e.S., wie z. B. Finanzkapital, Sachanlagevermögen und Humankapital, ist für das Bestehen eines Wettbewerbsvorteils vor allem die Fähigkeit eines Unternehmens, Ressourcen effektiv und effizient einzusetzen, entscheidend. Das lenkt die Betrachtung auf die organisatorischen Routinen, technischen Kompetenzen und Kernkompetenzen eines Unternehmens. Organisatorische Routinen und (Kern-) Kompetenzen stellen als Routinen i.w.S. der zweiten Ebene den koordinierten Einsatz der Ressourcen i.e.S. der ersten Ebene sicher (siehe hierzu auch Übersicht 2).

Der Begriff der Kompetenz wird nachfolgend für die technologischen Fähigkeiten eines Unternehmens, die oftmals durch die Verschmelzung von Technologien und Produktionsfähigkeiten eines Unternehmens hervorgehen,[4] und der Begriff der organisatorischen

---

1 Diese Frage stand auch im Mittelpunkt der Kontroverse zwischen Rumelt und Schmalensee darüber, ob Branchenfaktoren oder unternehmensindividuellen Faktoren (wie z. B. der Ressourcenausstattung des Unternehmens) größeres Gewicht bei der Erklärung und Bestimmung der Rentabilität von Unternehmen zukommt (vgl. hierzu die empirischen Untersuchungen von Schmalensee (1985) und Rumelt (1991)).

2 Dies ist einer der entscheidenden Unterschiede zur traditionellen Strategielehre nach Bain und Porter. Cool/Dierickx (1994, S. 35 f.) kommen zu dem Ergebnis: „Persistent differences in firm performance are primarily driven by firms ‚strategic resources' rather than by their product market strategies or by the structural characteristics of the industries in which they operate." Im traditionellen Strategieansatz nach Bain und Porter streben die Firmen nach Monopolrenten, während im ressourcenorientierten Ansatz Profitabilität aus überlegener Effizienz resultiert (Winter 1995, S. 173; Foss/Knudsen/Montgomery 1995, S. 8).

3 Hierin unterscheidet sich der Resource-based view of the firm beispielsweise von der Neuen Institutionenökonomik, die von der Perspektive des einzelnen Individuums ausgeht (methodologischer Individualismus) und die einzelne Transaktion, definiert als Übertragung von Handlungs- und Verfügungsrechten an knappen Gütern, als elementare Untersuchungseinheit propagiert.

4 Zu einer umfassenden, sehr präzisen Definition des Begriffs und der Elaborierung von wesentlichen Wissensbestandteilen der technologischen Kompetenz vgl. Gerybadze (1998, S. 5).

Routine[1] für die organisatorischen Fähigkeiten eines Unternehmens verwendet. Kernkompetenzen besitzen eine herausgehobene wettbewerbsstrategische Bedeutung gegenüber den technischen Kompetenzen und organisatorischen Routinen des Unternehmens.[2]

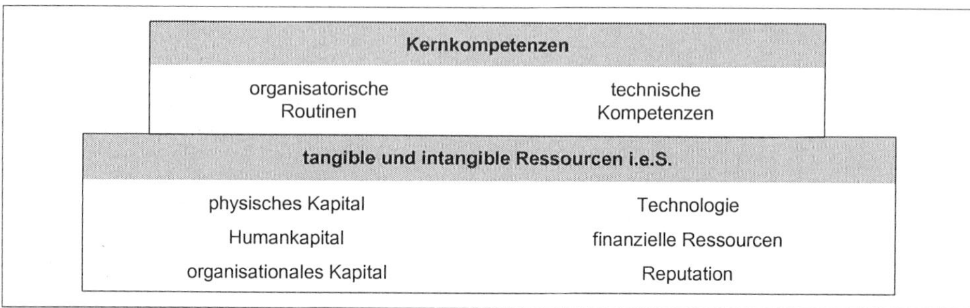

Übersicht 2: Ressourcen i.e.S. und Routinen i.w.S. innerhalb des Ansatzes der ressourcenorientierten Unternehmensführung

Dosi/Teece/Winter (1990) verstehen unter Kernkompetenzen eines Unternehmens „a set of differentiated technological skills, complementary assets, and organizational routines and capacities“ (Dosi/Teece/Winter 1990, zitiert nach Collis 1991, S. 51, vgl. hierzu auch Dosi/Teece/Winter 1992).[3] Sie schreiben damit dem Begriff der Kernkompetenz sowohl eine technologische („technical skills“) als auch eine organisatorische Komponente („routines“) zu, die zu einer Kernkompetenz verschmelzen. Nach Strautmann sind Kernkompetenzen die wesentlichen technologischen, vertrieblichen und organisatorischen Fähigkeiten eines Unternehmens (Strautmann 1993, S. 31 ff.; Walch 1997, S. 29). Das Vorliegen von Kernkompetenzen kann unter Zuhilfenahme bestimmter Kriterien ermittelt werden (vgl. hierzu auch Marino 1996, unter Berufung auf Prahalad/Hamel 1990). Eine Kernkompetenz liegt vor, wenn:

---

1 Der Begriff der Routine wurde maßgeblich durch die Arbeit von Nelson und Winter (1982) geprägt. Sie verstehen unter Routinen „... all regular and predictable behavioral patterns of firms“ (Nelson/Winter 1982, S. 14). Zu einer kritischen Würdigung der Arbeiten von Nelson und Winter zum technischen Wandel vgl. auch Gerybadze (1982, S. 146 ff.).

2 Sanchez/Heene/Thomas (1996, S. 5) lehnen die Unterscheidung zwischen Kompetenzen und Kernkompetenzen ab, weil sie es für vordringlich halten, dass zuerst der zugrundeliegende Begriff der Kompetenz präzisiert wird, bevor weitergehende Differenzierungen zwischen verschiedenen Kompetenzarten getroffen werden können.

3 Weite Verbreitung hat auch die Definition von Prahalad/Hamel (1990, S. 82) gefunden, die Kernkompetenzen definieren als „the collective learning in the organization, especially how to coordinate diverse production skills and integrate multiple streams of technology“. Prahalad/Hamel (1990) betonen damit den Koordinationsaspekt und den Technologieaspekt von Kernkompetenzen sehr stark (vgl. hierzu auch Eriksen/Mikkelsen 1996, S. 58).

- eine Kompetenz zu außerordentlichen Nutzeffekten bei potenziellen Kunden führt
- das Unternehmen bei dieser Kompetenz eine außerordentliche Leistungsfähigkeit im Vergleich zu allen Wettbewerbern aufweist
- diese Kompetenz in nachhaltiger Weise (erschwerte Imitier- und Substituierbarkeit durch Wettbewerber) auf die Erfüllung strategischer Ziele einwirkt
- diese Kompetenz für eine große Zahl an Produkten und Geschäftsbereichen genutzt werden kann (d. h. Zugang zu einer Vielzahl von Märkten ermöglicht).[1]

Zusammengefasst lässt sich sagen, dass Kernkompetenzen nur vorliegen, wenn das Unternehmen im entsprechenden Kompetenzfeld eine nachgewiesene Überlegenheit gegenüber den Wettbewerbern besitzt (hohe Eigenkompetenz) und sich mit der Kernkompetenz im Wettbewerb von Konkurrenten differenzieren kann (hohe strategische Relevanz).

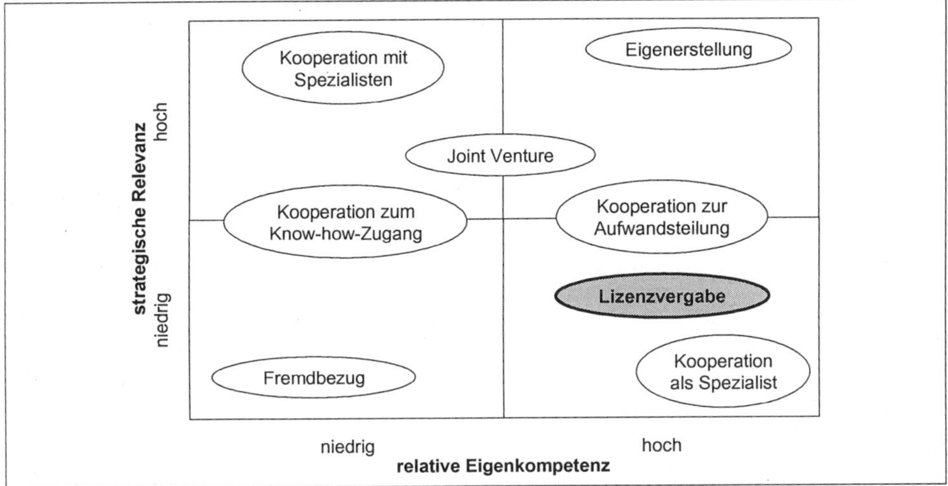

Quelle: Strautmann 1993, S. 83.

Übersicht 3: Lizenzierung als Form der Verwertung von strategisch wenig relevanten Kompetenzen

Der **Resource-based view of the firm** kann herangezogen werden, um Fragen der Lizenzierung zu beantworten. Lizenzierung kann nach Strautmann vor allem dann gewählt werden, wenn das Unternehmen vorhandene Kernkompetenzen ohne Verlust an Wettbewerbsfähigkeit verwerten will (vgl. zum Folgenden Strautmann 1993, S. 79 ff.; Walch

1 Vgl. hierzu auch Gerybadze (1997, 2002, S. 79), der Kernkompetenzen als primär technologiebasiert interpretiert. Vgl. hierzu auch Prahalad/Hamel (1990, S. 83 f.).

1997, S. 35 ff.). Lizenzvergabe ist daher vor allem bei Kernkompetenzen mit mittlerer bis hoher Eigenkompetenz des Lizenzgebers und nur noch niedriger bis mittlerer strategischer Relevanz der Kernkompetenz (z. B. wenn es sich um eine ausgereifte Technologie handelt, die in absehbarer Zeit durch technischen Fortschritt obsolet oder teilweise entwertet wird) vorzuziehen (siehe Übersicht 3).

Bei der beschriebenen Fallkonstellation kann der Lizenzgeber durch Verwertung ausgereifter oder veralteter Technologien Lizenzeinnahmen erzielen, die er in den Aufbau neuer Kernkompetenzen investieren kann. Lizenzierung erscheint somit als eine Möglichkeit, die vor allem am Ende des **Lebenszyklus** (Ende der Reifephase, Übergang zur Altersphase) einer **Kernkompetenz** gewählt werden kann, ohne die Wettbewerbsposition des Unternehmens zu beeinträchtigen (siehe hierzu Übersicht 4).

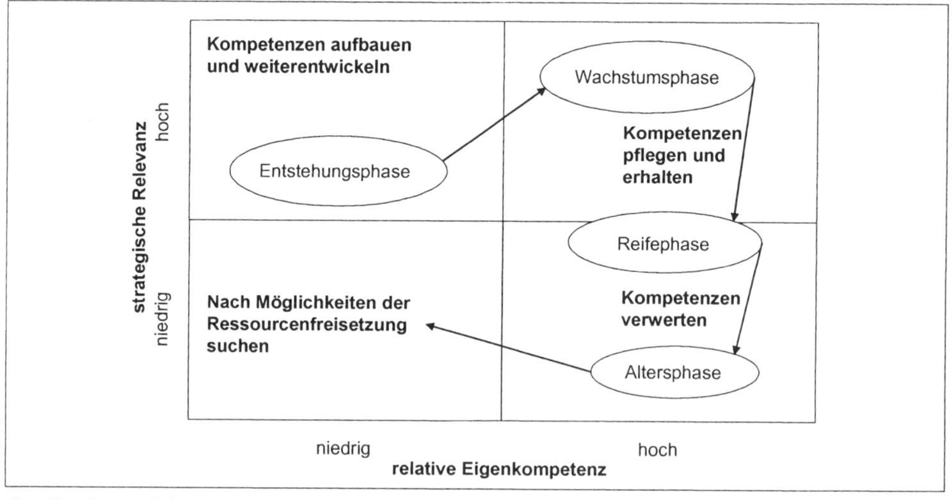

Quelle: In Anlehnung an: Strautmann 1993, S. 97 f.

Übersicht 4: Lebenszyklus von Kompetenzen

4. Zusammenfassung

Die Neue Institutionenökonomik gibt gute Hinweise auf Problemfelder bei der Lizenzierung von technischem Wissen, deren Beherrschung eine entscheidende Voraussetzung für eine erfolgreiche Lizenzkooperation ist. Mit Hilfe der Institutionenökonomik können konkrete, handhabbare Vorschläge zur Problembehebung und zur organisatorischen Strukturierung von Lizenzierungsbeziehungen abgeleitet werden. Zentrale Punkte hierbei sind die anreizeffiziente Verteilung von Property Rights an der lizenzierten Technologie, die Beherrschung der aus asymmetrischer Information rührenden Koordinations- und Anreizprobleme und die Kontrolle über komplementäre Ressourcen. Die Beherrschung dieser Probleme ist eine entscheidende Voraussetzung für den Erfolg von Lizenzbeziehungen. Es zeigt sich somit die Notwendigkeit, um eine Lizenzbeziehung herum einen organisatorischen Rahmen, bestehend aus Anreiz- und Kontrollmechanismen, zu „bauen".

Dennoch können die institutionenökonomischen Ansätze solche Lizenzbeziehungen nicht umfassend erklären. Wichtige Aspekte, wie z. B. kognitive und kommunikative **Probleme des Wissenstransfers** (vor allem bei implizitem technologischem Wissen) sowie Prozesse des gegenseitigen Lernens zwischen den Lizenzpartnern können innerhalb eines komparativ-statischen Theoriegebäudes, wie es die Neue Institutionenökonomik darstellt, nur eingeschränkt erklärt werden. Für die Erklärung dieser Problemfelder und vor allem für die Ermittlung der Wettbewerbsvorteile, die ein Unternehmen nicht lizenzieren sollte (d. h. die Auswahl der zu lizenzierenden Technologie), kann hingegen der Ansatz des Resource-based view of the firm wertvolle Hinweise geben.

Von den in der Einleitung genannten Motiven für Lizenzierung können auch aus theoretischer Sicht die wesentlichen bestätigt werden: Lizenzierung dient der effizienten Organisation von Technologietransaktionen (durch Verzicht auf Eigennutzung und Eigenverwertung der Technologie bzw. auf Technologieverkauf am Markt, wo sie nicht effizient erscheinen) sowie der Wahrung und dem Ausbau von **Wettbewerbsvorteilen** (durch strategiekonforme Auswahl der zu lizenzierenden Technologie und die Erzielung von Lizenzeinnahmen, mit denen der Aufbau neuer Kernkompetenzen finanziert werden kann).

Literatur

COHEN, W. M.; LEVINTHAL, D. A. (1990): Absorptive Capacity: A New Perspective on Learning and Innovation, in: Administrative Science Quarterly, 35. Jg., Nr. 1, S. 128-152.

COLLIS, D. J. (1991): A Resource-based Analysis of Global Competition: The Case of the Bearings Industry, in: Strategic Management Journal, 12. Jg., Nr. 1, S. 49-68.

COOL, K.; DIERICKX, I. (1994): Commentary: Schoemaker, P. J. H.; Amit, R.: Investments in Strategic Assets, in: Shrivastava, P.; Huff, A. S.; Dutton, J. E. (Hrsg.): Advances in Strategic Management, Greenwich u. a., Bd. 10, Part A, JAI, S. 35-44.

DIETL, H. (1993): Institutionen und Zeit, Tübingen.

DOSI, G.; TEECE, D. J., WINTER, S. (1990): Towards a theory of corporate coherence, Working Paper of California, Berkely.

DOSI, G.; TEECE, D. J.; WINTER, S. (1992): Towards a theory of corporate coherence: Preliminary Remarks, in Dosi, G.; Giannetti, R.; Toninelli, P. A. (Hrsg.): Technology and the Enterprise in a Historical Perspective, Oxford, Claredon Press of Oxford University Press, S.186-211.

DOSI, G.; TEECE, D. J. (1993): Organizational Competencies and the Boundaries of the Firm, CCC Working Paper, Nr. 93-11, University of Berkeley California, Graduate Business School.

ERIKSEN, B.; MIKKELSEN, J. (1996): Competitive advantage and the concept of core competence, in: Foss, N.; Knudsen, C. (Hrsg.): Towards a competence theory of the firm, London, S. 54-74.

FOSS, N. J.; KNUDSEN, C.; MONTGOMERY, C. A. (1995): An Exploration of Common Ground: Integrating Evolutionary and Strategic Theories of the Firm, in: Montgomery, C. A. (Hrsg.): Resource-based and Evolutionary Theories of the Firm: towards a Synthesis, Boston u. a., S. 1-17.

FOSS, N. J. (1997): Resources and Strategy: A brief overview of themes and contributions, in: Foss, N. J. (Hrsg.): Resources, firms, and strategies, Oxford, S. 3-18.

GERPOTT, T. (1999): Technologie- und Innovationsmanagement, Tübingen.

GERYBADZE, A. (1982): Innovation, Wettbewerb und Evolution, Tübingen.

GERYBADZE, A. (1997): Unternehmungspolitik, unveröffentlichtes Vortragsmanuskript, Universität Hohenheim.

GERYBAZDE, A. (1998): Technological Competence Assessment within the Firm: Applications of Competence Theory to Managerial Practice, Discussion Paper on International Management and Innovation, Nr. 98-03, Universität Hohenheim, Stuttgart.

GERYBAZDE, A. (2002): Technologie- und Innovationsmanagement, Stuttgart.

GRANT, R. M. (1991): The Resource-Based Theory of Competitive Advantage: Implications for Strategy Formulation, in: California Management Review, 33. Jg., Nr. 3, S. 114-135.

HAUSCHILDT, J. (1997): Innovationsmanagement, 2. Aufl., München.

KUTSCHKER, M.; SCHMID, S. (2002): Internationales Management, 2. Aufl., München.

LANGLOIS, R. N. (1989): Economic Change and the Boundaries of the Firm, in: Carlson, B. (Hrsg.): Industrial dynamics: technological, organizational, and structural changes in industries and firms, Boston, S. 85-107.

LANGLOIS, R. N. (1997): Transaction Costs, Production Costs, and the Passage of Time, in: Medema, S. G. (Hrsg.): Coasean Economics: Law and Economics and the New Institutional Economics. Dordrecht: Kluwer Academic Publishers, S. 1-21. (Originally presented as an invited keynote address to the annual meeting of the European Association for Research in Industrial Economics, September 5, 1995, Juan-les-Pins, France.).

LANGLOIS, R. N.; ROBERTSON, P. L. (1989): Explaining Vertical Integration: Lessons from the American Automobile Industry, in: The Journal of Economic History, 49. Jg., Nr. 2, S. 361-375.

MARINO, K. E. (1996): Developing Consensus On Firm Competencies and Capabilities, in: The Academy of Management Executive, 10. Jg., Nr. 3., S. 40-51.

MORDHORST, C. F. (1994): Ziele und Erfolg unternehmerischer Lizenzstrategien, Wiesbaden.

NELSON, R. R.; WINTER, S. G. (1982): An Evolutionary Theory of Economic Change, Cambridge.

PICOT, A.; REICHWALD, R.; WIGAND, R. (1996): Die grenzenlose Unternehmung: Information, Organisation und Management: Lehrbuch zur Unternehmensführung im Informationszeitalter, Wiesbaden.

PICOT, A.; REICHWALD, R.; WIGAND, R. (2001): Die grenzenlose Unternehmung: Information, Organisation und Management: Lehrbuch zur Unternehmensführung im Informationszeitalter, 4. Aufl., Wiesbaden.

PRAHALAD, C. K.; HAMEL, G. (1990): The Core Competence of the Corporation, in: Harvard Business Review, 68. Jg., Nr. 3, S. 79-90.

RUMELT, R. P. (1991): How Much Does Industry Matter, in: Strategic Management Journal, 12. Jg., Nr. 3, S. 167-185.

SANCHEZ, R.; HEENE, A.; THOMAS, H. (Hrsg.) (1996): Dynamics of Competence-Based Competition: Theory and Practice in the New Strategic Management, Oxford.

SCHMALENSEE, R. (1985): Do Markets Differ Much?, in: American Economic Review, 75. Jg., Nr. 3, S. 341-351.

SPECHT, G.; BECKMANN, C. (1996): F&E-Management, Stuttgart.

SPIEß, J. (2003): Interorganisationales Wissensmanagement in Systemlieferantenbeziehungen, Diss. der Universität der Bundeswehr München.

STRAUTMANN, K. P. (1993): Ein Ansatz zur strategischen Kooperationsplanung, München.

TEECE, D. J. (1986): Profiting from technological innovation, in: Research Policy, 15. Jg., Nr. 6, S. 285-305.

TEECE, D. J. (1992): Competition, cooperation, and innovation; organizational arrangements for regimes of rapid technological progress, in: Journal of Economic Behavior and Organization, 18. Jg., Nr.1, S. 1-25.

WALCH, S. (1997): Erarbeitung einer internationalen Strategie der Lizenzierung und des Lizenz-Controlling am Beispiel eines global operierenden Investitionsgüterherstellers, Diplomarbeit, Universität Hohenheim.

WERNERFELT, B. (1989): From Critical Resources To Corporate Strategy, in: Journal of General Management, 14. Jg., Nr. 5, S. 171-180.

WINTER, S. G. (1995): Four R's of Profitability, in: Montgomery, C. A. (Hrsg.): Resource-based and Evolutionary Theories of the Firm: towards a Synthesis, Boston, S. 147-178.

Thomas Foscht/Heike Podmenik*

Management-Verträge als Kooperationsform im Dienstleistungsbereich

---

* Univ.-Professor Dr. Thomas Foscht ist stellvertretender Vorstand des Instituts für Handel, Absatz und Marketing an der Universität Graz.
Mag. Heike Podmenik ist Dissertantin bei Univ.-Professor Dr. Thomas Foscht, Institut für Handel, Absatz und Marketing, Universität Graz.

1. Einführung

Der Geschäftserfolg kooperativer Unternehmensnetzwerke resultiert unter anderem aus der optimalen Nutzung des Synergiepotenzials, das aus der spezifischen Organisationsstruktur solcher Unternehmensnetzwerke herrührt. Entsprechend qualifizierte Netzwerke zeichnen sich insbesondere durch hohe Transparenz der Beziehung zwischen Systemgebern und den Systempartnern aus. Im Wesentlichen verkörpern kooperative Unternehmensnetzwerke ein spezifisches Organisationsmodell für die Koordination verteilter Aktivitäten bei der Erstellung und Vermarktung eines Leistungsangebots für die Nachfrager (Siebert 2001, S. 7 ff.).

Insbesondere im Bereich internationaler Unternehmensaktivitäten haben Leistungen der Betriebsführung und der Beratung vor dem Hintergrund des organisationalen Lernens einen wichtigen Anteil am Markterfolg. Vor allem bei neu zu gründenden, aber auch bei bestehenden Unternehmen fehlen oft die erforderlichen Fähigkeiten und Kenntnisse, um die Betriebsführung zu bewältigen. Dieses Phänomen tritt vor allem dann auf, wenn in völlig neue Märkte eingetreten werden soll und für diese oder vergleichbare Märkte kaum Erfahrungen und entsprechendes Know-how vorliegen (Schlüter 1987, S. 1). Vor dem Hintergrund der höchst komplexen Rahmenbedingungen in der internationalen Wirtschaft, die sich zudem mit immer höherer Geschwindigkeit und in immer kürzeren Zyklen zu verändern scheinen, kann es für international agierende Unternehmen schwierig sein, entsprechendes Know-how innerhalb relativ kurzer Zeiträume selbst aufzubauen. Darüber hinaus kann es insbesondere im Bereich von Schwellenländern vorkommen, dass die gesetzlichen Rahmenbedingungen andere Formen der Internationalisierung, wie z. B. Direktinvestitionen, überhaupt nicht zulassen (Zentes/Swoboda/Morschett 2004, S. 261). Die Begrenztheit der eigenen Möglichkeiten und der gleichzeitige Entwicklungs- und Anpassungsdruck legen einen internationalen Know-how-Transfer nahe, wobei ein solcher Transfer in Form von Management-Verträgen („management contracts") erfolgen kann.

Hervorzuheben ist, dass Management-Verträge im Kontext von **Internationalisierungsstrategien** international tätiger Unternehmen meist eine ergänzende Rolle spielen und parallel zu anderen Formen der Internationalisierung, je nach vorliegenden Rahmenbedingungen, eingesetzt werden (Chathoth/Olsen 2003, S. 424). Während andere Formen der Internationalisierung mehr oder weniger unabhängig von Branchen zu sein scheinen, ist bei Management-Verträgen eine Konzentration im Dienstleistungsbereich – und hier vor allem in der Hotel-Branche, im Gesundheitsbereich, bei Fluglinien und Flughäfen – sowie im Handel vorzufinden (Renard/Motley 2003, S. 58 ff.; Welch/Pacifico 1990, S. 64).

Wenngleich der Eindruck entstehen mag, dass Management-Verträge ausschließlich ein Instrument zur Internationalisierung sind, sei hervorgehoben, dass diese grundsätzlich eine Kooperation begründen (vgl. auch Zentes/Swoboda/Morschett in der Einführung und den Beitrag von Morschett im Dritten Kapitel dieses Sammelwerks). Diese kann regional, national oder auch international ausgeprägt sein. Dennoch kann festgehalten werden, dass Management-Verträge häufig von international tätigen Unternehmen als eine mögliche Option im Bereich der Internationalisierung gesehen werden.

2. Grundlagen zu Management-Verträgen

2.1 Historische Wurzeln

Die Ursprünge der Management-Verträge lassen sich bis zum Beginn des Industriezeitalters zurückverfolgen. Bereits gegen Ende des 18. Jahrhunderts galt der Management-Vertrag als eine Möglichkeit zur Übertragung **unternehmerischen Know-hows** und als Basis internationaler Zusammenarbeit, wobei aber die Notwendigkeit des Einsatzes von **Risikokapital** nicht erforderlich war. Die Anwendung dieser Vertragsform erfolgte meist im Zusammenhang mit der Neugründung von Unternehmen oder im Rahmen von Unternehmensbeteiligungen (Schlüter 1987, S. 18). In Deutschland tauchten die ersten Formen dieser Verträge zwischen 1850 und 1880 auf. Konkret wurden sie zwischen den Privateisenbahngesellschaften und dem preußischen Staat geschlossen. Die privat gegründeten Eisenbahngesellschaften beauftragten staatliche Stellen sowohl mit der Leitung als auch mit der Verwaltung der Unternehmen (Schlüter 1987, S. 20; Martinek 1992, S. 278).

In Amerika erlangten Management-Verträge zu Beginn des 20. Jahrhunderts vor allem im Bereich der Energiewirtschaft große Bedeutung. Die kleinen und regional tätigen Versorgungsgesellschaften übertrugen den unabhängig tätigen „engineering management companies" die wesentlichen Führungsaufgaben (Schlüter 1987, S. 20; Martinek 1992, S. 277). Weitere Bedeutung erlangten Management-Verträge in den sechziger Jahren des 20. Jahrhunderts im Bereich der Airline-Industry, wobei vor allem Fluglinien aus entwickelten Ländern ihr Know-how und ihre Leistungen in weniger entwickelten Ländern anboten, so beispielsweise Fluglinien wie die Air France, Britisch Airways oder Qantas. Besonders in der Hotelbranche haben sich seit den frühen siebziger Jahren Management-Verträge etabliert und im Laufe der neunziger Jahre rapide entwickelt (Eyster 1997, S. 14). Grund für die Entstehung neuer Kooperations- und Betriebsformen in der Hotellerie waren unter anderem die hohe Kapitalintensität und die Notwendigkeit von internationalen Vertriebssystemen (Chen/Dimou 2004). Eine deutliche Bedeutungszunahme erfuhren Management-Verträge generell in den siebziger und achtziger Jahren, wenngleich es grundsätzlich kaum möglich ist, wirklich repräsentative Aussagen zu tätigen (Welch/Pacifico 1990, S. 64).

Aus makroökonomischer Perspektive kann festgehalten werden, dass Managementverträge etwa in den achtziger Jahren des vorigen Jahrhunderts vorwiegend in Entwicklungsländern und in weniger entwickelten Ländern eingesetzt wurden. Mittlerweile sind diese aber auch genauso in entwickelten und hoch entwickelten Ländern anzutreffen.

2.2 Definition

Eine einheitliche Definition von Management-Verträgen („**management contracts**") ist in der internationalen Literatur nicht zu finden. Dies dürfte vor allem daran liegen, dass eine Vielzahl unterschiedlicher Anwendungsmöglichkeiten dieses Vertragstyps in unterschiedlichen Sektoren und Branchen existiert. Darüber hinaus sind die Möglichkeiten hinsichtlich der konkreten Ausgestaltung vielfältig. Vor diesem Hintergrund finden sich in der Literatur Definitionen mit jeweils unterschiedlichen Schwerpunkten. Aus einer eher funktionalen Perspektive beschreibt Ellison (1976, S. 21) den Management-Vertrag folgendermaßen: „Under a Management contract scheme, the managing (multinational) company undertakes the usual management functions, makes available a range of skills and resources, and trains local personnel". Gabriel (1967, S. 22) definiert den Management-Vertrag „as an arrangement under which operation control of an enterprise (or one phase of enterprise) which would otherwise be exercised by the board of directors or managers elected or appointed by its owners is vested by contract in a separate enterprise which performs the necessary managerial functions in return for a fee".

Während also Ellison den Management-Vertrag dahingehend beschreibt, dass ein Unternehmen die üblichen Funktionen des Managements für eine bestimmte Dauer übernimmt, Kenntnisse und Ressourcen zur Verfügung stellt und ansässiges Personal ausbildet und ein anderes Unternehmen dafür ein Entgelt gewährt, stellt Gabriel sehr einschränkend auf die Kompetenz der Geschäftsführung ab. Wenn auch diese Definitionsansätze nicht übereinstimmen, lassen sich gleichwohl drei konstitutive Merkmale dieser Vertragsform herausbilden:

- eine Partei verpflichtet sich die Geschäftsführung eines anderen Unternehmens für eine begrenzte Dauer zu übernehmen
- Ziel ist es, den Partner des anderen Unternehmens in die Lage zu versetzen, das Unternehmen nach Vertragsablauf selbst weiter zu führen
- für die Management-Leistungen wird ein Entgelt bezahlt

Demnach ist die entgeltliche Übernahme von Geschäftsführungs- und Ausbildungsaufgaben ein Charakteristikum des Management-Vertrags. Gegenstand dieses Typus ist zudem die Übertragung der Geschäftsführungsbefugnisse auf einen außenstehenden Dritten, wobei diese Übertragung von zeitlich begrenzter Dauer ist. Der übliche Zeitrahmen für die Dauer der Verträge liegt zwischen 3 und 10 Jahren (Rushmore 1996, S. 14). Diese Form von Management-Verträgen wird auch als **reiner Management-Vertrag** bezeichnet („pure management contract"). Häufig sind Management-Verträge nämlich auch Gegenstand größerer Verträge wie z. B. von Verträgen, die die Erstellung von schlüsselfertigen Anlagen („**turnkey projects**") bzw. deren Betrieb zum Gegenstand haben (Welch/Pacifico 1990, S. 65). Darüber hinaus treten Management-Verträge auch in Kombination mit anderen Formen des Markteintritts auf, insbesondere in Kombination mit so genannten Betreibermodellen. Im Rahmen dieser Modelle wird in der Grundform („**BOT-Modell**") von einem Unternehmen eine Anlage im Ausland für ein anderes Unternehmen errichtet („build"), diese wird vom errichtenden Unternehmen betrieben („operate“) und nach einer bestimmten Laufzeit an den Kunden übertragen („transfer“) (Kutschker/Schmid 2004, S. 892 ff.).

Wie in Übersicht 1 dargestellt, verpflichtet sich also im Zuge eines Management-Vertrags ein Vertragspartner (der Management-Geber) das Unternehmen des anderen Vertragspartners (Management-Nehmer) gegen Entgelt zu führen. Risiko und Rechnung liegen im Bereich des Management-Nehmers. Geführt wird das Unternehmen im Namen des Management-Nehmers oder auch unter fremdem Namen. Durch den zwischen den beiden Partnern abgeschlossenen Vertrag wird die Betriebsführung auf den Management-Geber übertragen. Ein Unternehmen stellt demnach als „contracting firm“ Management-Know-how und falls erforderlich auch Personal zur Verfügung, während die Partnerseite („**managed firm**“) oder ein anderer Kapitalgeber die Direktinvestition tätigt. Bei der „**contracting firm**“ kann es sich – je nach Aufgabenstellung und Zielsetzung der Kooperation – um ein eigenständiges Unternehmen handeln, das in der über den Management-Vertrag abzudeckenden Branche bereits tätig ist (z. B. im Hotelsektor), oder um ein Dienstleistungsunternehmen mit entsprechend fachlicher Ausrichtung, das sich auf entsprechende Projekte spezialisiert hat (Schlüter 1987, S. 17 f.).

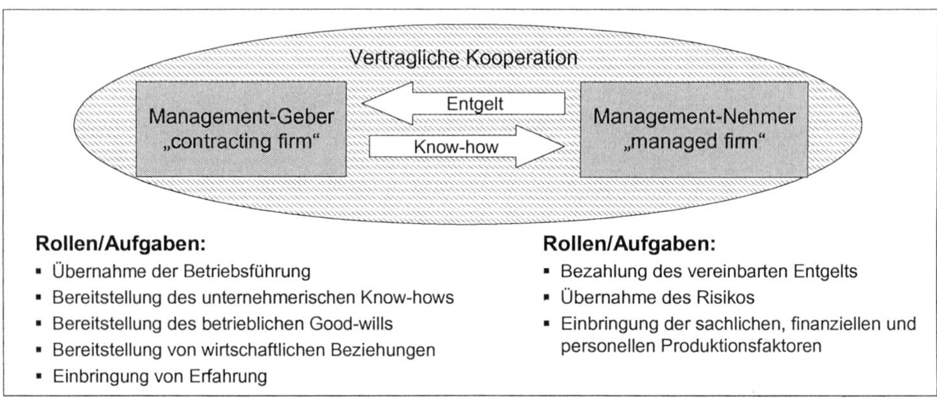

Übersicht 1: Das Grundprinzip des Management-Vertrags

2.3 Motive für den Abschluss

Hinsichtlich der Motive, die zum Abschluss eines Management-Vertrags führen, sind jene des Management-Nehmers einerseits und jene des Management-Gebers andererseits zu unterscheiden, wobei als übergeordnetes Motiv die Nutzung von Synergiepotenzialen im Rahmen des Netzwerkes unterstellt werden kann (vgl. auch den Beitrag von Swoboda im Ersten Kapitel dieses Sammelwerks).

Der **Management-Nehmer** ist daran interessiert, einen Kooperationspartner zu finden, der in der Lage ist, sein Unternehmen zu führen und sein Personal durch Vermittlung der notwendigen Fachkenntnisse und des notwendigen Spezialwissens so auszubilden, dass er im Idealfall im Anschluss daran die Leitung des Unternehmens durch eigenes Personal übernehmen kann. Das Motiv des Management-Gebers ist grundsätzlich die Erzielung des vereinbarten Entgeltes. Darüber hinaus treten im Einzelfall eine Reihe weiterer Motive auf, wobei zwischen offensiven und defensiven Motiven unterschieden werden kann. Zu den offensiven Motiven zählen (Schlüter 1987, S. 32):

- die Absicht, ein laufendes Entgelt zu erzielen
- der Versuch, neue Märkte für eigene Leistungen zu erschließen
- die Nutzung eigener, nicht voll ausgelasteter Ressourcen
- Testmarkt zur Vorbereitung eigener Investitionen
- Diversifikationsstrategie zur Ausdehnung des Geschäftes auf neue Tätigkeitsfelder (etwa der Übergang vom Produktionsbereich auf den Dienstleistungssektor)

Unternehmen, die diese offensiven Zielsetzungen verfolgen, beabsichtigen in der Regel ihre Marktposition auf ausländischen Märkten zu sichern bzw. auszuweiten. Sie stehen im Wettbewerb mit anderen Unternehmen, die ebenfalls versuchen, ihre unternehmerischen Dienstleistungen im Ausland abzusetzen. Zu den defensiven Motiven zählen (Schlüter 1987, S. 33):

- die Verteidigung bestehender Marktpositionen gegen eine Enteignungs- und Ausbürgerungspolitik der jeweiligen Regierung
- Kontrolle über einen größeren Marktanteil bei bestimmten Produkten und Leistungen
- engere Kontroll- und Einflussmöglichkeiten im Rahmen eines Gemeinschaftsunternehmens
- die Möglichkeit in neue Märkte einzudringen – insbesondere in „investitionsfeindlichen" Ländern
- die Vermeidung von unternehmerischer Verantwortlichkeit oder wettbewerbsrechtlichen Konsequenzen, die sich aus einer Direktinvestition ergeben können

2.4 Abgrenzung zu anderen Kooperations- bzw. Markteintrittsformen

Management-Verträge weisen gewisse Ähnlichkeiten und Parallelen zu anderen Kooperations- und Markteintrittsformen auf. In diesem Zusammenhang muss das Franchising besonders hervorgehoben werden. Beim Franchising handelt es sich um eine Unternehmenskooperation mit „Systemkopf" (Tietz 1991, S. 9). Diesem Netzwerk liegt somit das Prinzip der Kooperation zwischen rechtlich selbstständigen Netzakteuren mit der systematischen Steuerung der Aktivitäten durch eine Managementzentrale zugrunde, wobei das marktspezifische Know-how vom Franchise-Nehmer angewendet wird (Zentes 1998, S. 170 f.). Beim Management-Vertrag setzt hingegen ein Manager seine Fähigkeiten in einem anderen (ausländischen) Unternehmen um. Darüber hinaus sind im Rahmen von Management-

Verträgen Management und Eigentum strikt getrennt (Meffert 1994, S. 158 f.). Franchise- oder Management-Verträge sind die am häufigsten vorzufindenden Formen, wenn es um den Eintritt von Hotelunternehmen in den internationalen Markt geht. Ob Unternehmen international nun eher mittels Management- oder Franchiseverträgen expandieren sollten, hängt im Wesentlichen von den Kernkompetenzen des betreffenden Unternehmens und von den vorhandenen Ressourcen am Markt ab (Dev/Erramilli/Agarwal 2002, S. 91), wobei aus der Perspektive von Kostenüberlegungen „upper"- und „deluxe"-Hotels eher Management-Verträge einsetzen, während „budget"-Hotels Franchise als Kooperationsform bevorzugen (Chen/Dimou 2004). Tabelle 1 zeigt die Entwicklungstendenzen neu eröffneter Hotels in den Jahren 1998 bis 2000.

	Total	Company Ownership		Management Contracts		Franchising	
Luxury							
Ritz-Carlton	10	0	0,0 %	10	100,0 %	0	0,0 %
Four Seasons	11	0	0,0 %	11	100,0 %	0	0,0 %
Upscale							
Hyatt	19	5	26,3 %	14	73,7 %	0	0,0 %
Marriott	25	7	28,0 %	14	56,0 %	4	16,0 %
Inter-Continental	20	5	25,0 %	10	50,0 %	5	25,0 %
Hilton	19	6	31,6 %	13	68,4 %	0	0,0 %
Radisson	7	3	42,9 %	4	57,1 %	0	0,0 %
Sofitel	16	9	56,3 %	7	43,8 %	0	0,0 %
Sheraton	6	1	16,7 %	5	83,3 %	0	0,0 %
Westin	18	1	5,6 %	14	77,8 %	3	16,7 %
Sol Melia	10	2	20,0 %	6	60,0 %	2	20,0 %
Midmarket							
Holiday Inn	78	1	1,3 %	14	17,9 %	63	80,8 %
Courtyard	6	0	0,0 %	3	50,0 %	3	50,0 %
Novotel	12	2	16,7 %	10	83,3 %	0	0,0 %
Mercure	11	4	36,4 %	6	54,5 %	1	9,1 %
Iberostar	12	4	33,3 %	8	66,7 %	0	0,0 %
Budget							
Express by Holiday Inn	79	1	1,3 %	9	11,4 %	69	87,3 %
Ibis	16	12	75,0 %	2	12,5 %	2	12,5 %
Howard Johnson	112	0	0,0 %	0	0,0 %	112	100,0 %
Total	**487**	**63**	**12,9 %**	**160**	**32,9 %**	**264**	**54,2 %**

Quelle: Chen/Dimou 2005, S. 7.

Tabelle 1: Entwicklungstendenzen bei neu eröffneten Hotels in den Jahren 1998-2000

Des Weiteren kommt eine entsprechende Studie, die sowohl die Betriebsmittel und Fähigkeiten eines Unternehmens, als auch marktspezifische Gegebenheiten, die für Entscheidung maßgeblich sind berücksichtigt, zu den in Übersicht 2 dargestellten Ergebnissen.

Unternehmen- und Markt-Eigenschaften	Franchising bevorzugt, wenn ...	Management-Verträge bevorzugt, wenn ...
Möglichkeit des Gastland-Partners, die eigenen Wettbewerbsvorteile zu übertragen	einfach	schwierig
Ausmaß an Qualitäts-Kompetenz	niedrig	hoch
Ausmaß an Kunden-Kompetenz	niedrig	hoch
Verfügbarkeit von Management-Kompetenz im Gastland	reichlich vorhanden	knapp
Wirtschaftliche Entwicklung im Gastland	hoch entwickelt	in der Entwicklung
Verfügbarkeit qualifizierter und vertrauenswürdiger Investment-Partner im Gasland	knapp	reichlich vorhanden

Quelle: Dev/Erramilli/Agarwal 2002, S. 100.

Übersicht 2: Franchising versus Management-Verträge (signifikante Differenzen)

Im Wesentlichen lässt sich aus den Ergebnissen dieser Untersuchung ableiten, dass je höher die Sicherheit im Gastland ist, desto eher kommen Management-Verträge zum Zug und umgekehrt, je höher die Unsicherheit ist, desto eher kommen Franchise-Verträge zum Einsatz. So werden beispielsweise im Falle niedriger Qualitäts- oder Kunden-Kompetenz im Gastland eher Franchise-Verträge bevorzugt, während im Falle eines entsprechend höheren Niveaus eher Management-Verträge favorisiert werden. Aus einer anderen Perspektive dürften die Rahmenbedingungen des Marktes bei der Entscheidung eine wichtige Rolle spielen. Existieren beispielsweise im Gastland qualifizierte lokale Investitionspartner, sieht man in Management-Verträgen einen Vorteil, während bei einem hoch entwickelten und damit kompetitiven Unternehmensumfeld eher Franchise-Verträge abgeschlossen werden.

Hinsichtlich der Kosten für die beiden Kooperationsformen sind tendenziell nur geringe Unterschiede festzustellen. In Tabelle 2 sind die durchschnittlichen Management-Gebühren für sechs Hotel-Kategorien dargestellt, in denen jeweils sowohl Management-Verträge als auch Franchising-Verträge vorliegen.

Tendenziell zeigt sich, dass je höher die Qualität der Hotelkategorie ist, sowohl die Franchise- als auch die Management-Gebühren sinken. Ebenso ist bereits in dieser Übersicht erkennbar, dass im Luxus-Bereich Franchising-Verträge keine Rolle spielen. Eine erweiterte Gegenüberstellung, in der auch die unternehmenseigene Expansion in Form von 100 %-Eigentum berücksichtigt ist, findet sich in Übersicht 3.

property type	mean franchise fee	mean management fee
limited-service budget	4,4%	4,3%
limited-service economy	4,8%	3,2%
limited-service upper economy	4,0%	4,8%
full-service midrange	3,2%	3,7%
full-service upscale	2,8%	3,3%
full-service luxury	0,0%	2,8%

Quelle: Sangree/Hathaway 1996, S. 32.

Tabelle 2: Management- und Franchise-Gebühren in unterschiedlichen Hotel-Kategorien

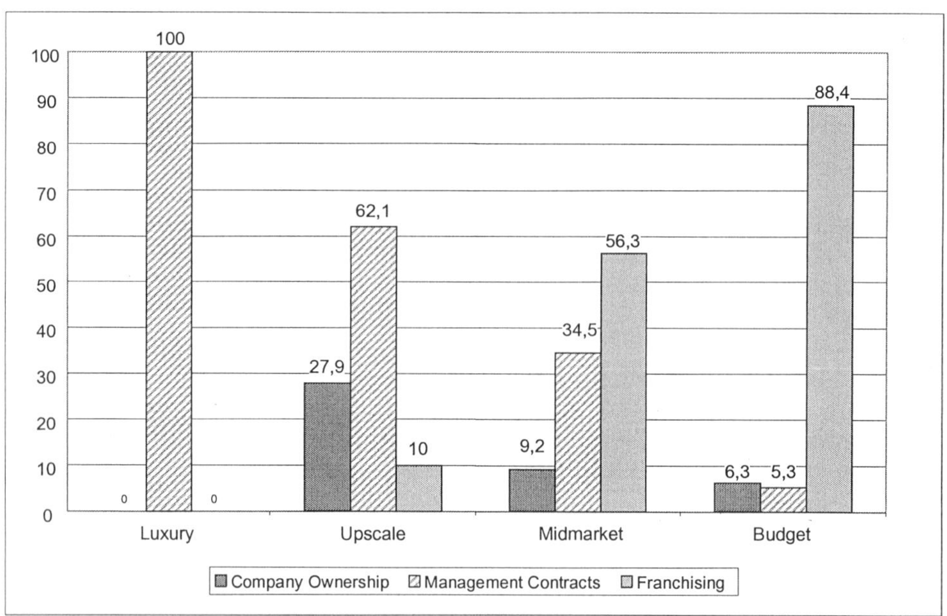

Quelle: In Anlehnung an: Chen/Dimou 2005, S. 7.

Übersicht 3: Bedeutung von Company-Ownership, Management-Verträgen und Franchise-Verträgen in unterschiedlichen Hotel-Kategorien

In der Darstellung, die auf einer umfangreichen Untersuchung in der Hotel-Branche basiert und somit den Status quo wiedergibt, ist deutlich erkennbar, dass je höher die Hotel-Kategorie in Bezug auf die Qualität ist, desto eher Management-Verträge zum Einsatz kommen, dass tendenziell mit höherem Qualitätsniveau auch das 100%-ige Eigentum an Bedeutung gewinnt und dass mit zunehmenden Qualitätsniveau Franchise-Verträge eindeutig an Bedeutung verlieren.

3. Vertragsparteien und deren Pflichten

3.1 Management-Geber

3.1.1 Übersicht

Als **Management-Geber** treten im Regelfall Unternehmen auf, die bereits in der Branche tätig sind, in der sie die Führung eines Unternehmens übernehmen sollen (Schlüter 1987, S. 34). Häufig sind diese Unternehmen transnationaler Art und verfügen über ausgereifte Technologien, Know-how und gut ausgebildetes Personal, das sie in das ausländische Unternehmen entsenden können (Zeiger 1983, S 35). Erfolgreiche Unternehmen, die im Bereich der Management-Verträge tätig sind, weisen des Weiteren eine Organisationsstruktur auf hohem Niveau auf, die sie weit gehend an die internationalen Rahmenbedingungen angepasst haben und die es ihnen ermöglicht, die Anforderungen im Rahmen einer Übertragung unternehmerischen Know-hows erfüllen zu können (Schlüter 1987, S. 34).

3.1.2 Hauptpflichten des Management-Gebers

Im Bereich des Vertragsgegenstandes von Management-Verträgen liegt eine weit gehende Flexibilität vor. Es existieren kaum Beschränkungen auf bestimmte Branchen, die über den spezifischen Pflichtenkreis bzw. feste Rahmenregelungen des Management-Gebers hinausgehen (Zeiger 1983, S. 37). Der konkrete Pflichtenkreis resultiert vielmehr aus den Bedürfnissen des Management-Nehmers. Unterschieden werden können in diesem Zusammenhang Aufgaben, die sich in der Konstruktions- oder Planungsphase eines Unternehmens ergeben von jenen nach der Inbetriebnahme des Unternehmens. Die Hauptpflicht des Management-Gebers lässt sich jedoch im Bereich der Leitung des Unternehmens des Management-Nehmers und zwar für dessen Rechnung und in dessen Namen identifizieren (Zeiger 1984, S. 43). Die laufenden Entscheidungskompetenzen setzen sich aus folgenden Teilbereichen zusammen (Schlüter 1987, S. 63 f.):

- Allgemeine Unternehmensleitung
- Finanzwesen

- Personalführung
- Produktmanagement
- Marketing
- Rechnungswesen

Bei den angeführten Aufgaben handelt es sich primär um grundlegende Funktionen. Neben der Geschäftsführungsfunktion, im Rahmen derer sich der Management-Geber verpflichtet Führungs- und Leitungsaufgaben zu übernehmen, rückt besonders im internationalen Bereich die Ausbildungsfunktion, im Zuge derer der Management-Geber die Verantwortung für die Ausbildung des Personals übernimmt, ins Zentrum seiner Hauptaufgabenbereiche (Schlüter 1987, S. 58; Martinek 1992, S. 291). Geht es um die Personalauswahl, ist grundsätzlich der Management-Nehmer, vertreten durch das Geschäftsführungsorgan befugt, Personal einzustellen. Diese Entscheidung sollte jedoch im Hinblick auf das Ziel der Zusammenarbeit getroffen werden. Steht eine möglichst rasche, effiziente und erfolgreiche Führung im Zentrum, wird in der Regel der Management-Nehmer über die Personalauswahl entscheiden, während beim Ziel der Ausbildung heimischen Personals die Einstellungsbefugnis dem Management-Geber vorbehalten bleibt (Schlüter 1987, S. 69 f.).

Ein weiteres Hauptziel der Vereinbarung eines Management-Vertrags ist die Erlangung unternehmerischer Kenntnisse, die als „soft-technology" bezeichnet werden können. In diesem Zusammenhang zeigt sich jedoch im Zuge einer Untersuchung des UN-Centre on Transnational Corporations die Schwierigkeit der Erfüllung dieser Pflicht. Denn nur in zwei von fünfunddreißig untersuchten Management-Verträgen sind Klauseln enthalten, die den Management-Geber dazu verpflichten, die von ihm während der Vertragsdauer entwickelten Techniken auch automatisch im Unternehmen des Management-Nehmers zur Anwendung kommen zu lassen. In einem solchen Fall ist ein Konflikt praktisch vorprogrammiert. Entwickelt das Unternehmen des Management-Gebers eine neue soft technology und will diese im Unternehmen des Vertragspartners einsetzen, stellt sich die Frage des Anspruchs auf ein zusätzliches Entgelt. Wird diese Frage in der Vertragsvereinbarung ausgeklammert, ist der Management-Nehmer gezwungen, neue Pflichten einzugehen, wenn er das Know-how für sein Projekt als wesentlich betrachtet (Zeiger 1983, S. 39 f.).

3.1.3 Nebenpflichten des Management-Gebers

Neben den Hauptaufgaben der Ausbildungs- und Geschäftsführungspflicht, die in allen Management-Verträgen anzutreffen sind, treten im Einzelfall eine Reihe weiterer Pflichten. Diese Nebenpflichten stehen in Abhängigkeit der Anforderungen der beiden Parteien sowie der gegebenen wirtschaftlichen und gesellschaftlichen Rahmenbedingungen (Schlüter 1987, S. 74). So zählen zu den Nebenpflichten, die in den Aufgabenbereich des Management-Gebers fallen, beispielsweise die Berichtspflicht sowie die Pflicht zur Verwendung lokaler Ressourcen (Martinek 1992, S. 292). Fast alle Management-Verträge sehen Berichts- und Informationspflichten des Management-Gebers vor. Dieser hat die Aufgabe, den Management-Nehmer in festgelegten Intervallen von der geschäftlichen Situation des geführten Unternehmens zu unterrichten. Zeitlich erstrecken sich diese Berichte nicht nur auf das Geschäftsjahr – in Form einer Jahresbilanz –, sondern können auch kürzere Zeiträume umfassen, wobei sie sich inhaltlich auf die laufenden Geschäfte beziehen (Zeiger 1983, S. 41). Auch die Pflicht zur Verwendung lokaler Ressourcen ist in Management-Verträgen besonders häufig anzutreffen. Im Zuge dieser Vereinbarung ist der Management-Geber verpflichtet, bei der Vergabe von Aufträgen und dem Einkauf von Roh-, Betriebs- und Hilfsstoffen auf inländische Anbieter zurückzugreifen (Schlüter 1987, S. 74). Fungiert eine Regierung oder ein Staatsunternehmen als Management-Nehmer, hat eine solche Vereinbarung besonderes Gewicht. Zielsetzung eines solchen Projektes ist meist eine entwicklungspolitische Absicht und weniger das Streben nach einem profitablen Unternehmen (Zeiger 1983, S. 40).

Sowohl im Bereich der Haupt- als auch im Zusammenhang mit den Nebenpflichten empfiehlt es sich, diese im Zuge der Vertragsfertigung klar zu vereinbaren. Die Klärung dieser Aufgaben reduziert spätere Interpretationsdispute und ermöglicht es dem Eigentümer, den Kompetenzbereich des Management-Gebers zu kontrollieren (Eyster 1997, S. 27).

3.2 Management-Nehmer

3.2.1 Übersicht

Management-Nehmer, die als Nachfrager unternehmerischer Dienstleistungen den Gegenpart zu den Management-Gebern darstellen, können unterschiedliche Institutionen sein. Grundsätzlich reicht in diesem Zusammenhang die Bandbreite von privaten über öffentlich-rechtliche bis hin zu staatlichen Institutionen (Schlüter 1987, S. 35).

3.2.2 Hauptpflichten des Management-Nehmers

Verallgemeinernd lassen sich die Pflichten des Management-Nehmers dahingehend umschreiben, dass der Management-Nehmer jene unternehmerischen Aufgaben zu erfüllen hat, die für die Tätigkeit des Management-Gebers erforderlich sind. In diesen Bereich fallen die Bereitstellung der notwendigen Betriebsanlagen und Kapitalressourcen sowie, je nach Vertragsausfertigung, die Personalbereitstellung (Zeiger 1983, S. 43 f.).

Darüber hinaus zählt zu den Hauptpflichten des Management-Nehmers die Pflicht zur Zahlung des vereinbarten Entgelts. Zentral ist hierbei, in welcher Form die Vergütung erfolgt, auf welcher Grundlage das Entgelt berechnet, und welche Leistungen damit abgegolten werden. Hierbei kommen verschiedene Formen in Betracht (Schlüter 1987, S. 77):

- ein Grundentgelt, entweder zahlbar als feste Summe oder nach Prozentsätzen der Bilanzsumme oder des Gesamtumsatzes
- eine Vergütung für besondere Leistungen des Management-Gebers wie spezielle Ausbildungsaufgaben
- ein Aufwendungsersatz für Auslagen des Managers
- ein Entgelt für Nebenleistungen wie beispielsweise die Lieferung oder Beschaffung von Gütern und Materialien

Das konkrete Vergütungsmodell muss sich aber nicht ausschließlich auf eine dieser Formen beziehen, sondern kann auch aus einer Kombination mehrerer Vergütungsformen bestehen.

3.2.3 Nebenpflichten des Management-Nehmers

Die Nebenpflichten des Management-Nehmers werden als allgemeine Aufgaben charakterisiert, die das Tätigwerden des Management-Gebers unterstützen. Diese Pflichten lassen sich in folgende Bereiche gliedern (Zeiger 1983, S. 45):

- Unterbringung, Transport und Aufenthaltserlaubnis des Management-Personals
- allgemeine Verwaltungs- und Sicherungsaufgaben
- Finanzierung und Beschaffung der notwendigen Betriebsmittel, wie Grundstücke, Anlagen etc.
- Informationsbeschaffung in Form von Daten, Berichten und Dokumenten.

4. Management-Gebühren

Unter dem Begriff Management-Gebühren werden jene Entgelte subsumiert, die der Management-Nehmer dem Management-Geber zu zahlen hat. In diesem Zusammenhang existiert in der Vertragspraxis eine Reihe von Gestaltungsmöglichkeiten (Zeiger 1983, S. 53). Im Wesentlichen lassen sich aber zwei grundsätzliche Fälle unterscheiden, nämlich der Fall, dass eine reine Festgebühr vereinbart wird und der Fall, dass eine variable Gebühr vorgesehen wird. Darüber hinaus ist häufig auch eine Kombination der beiden Varianten zu beobachten.

Im Falle einer Festgebühr ergibt sich für den Management-Nehmer der Vorteil der Kalkulier- und Planbarkeit. Gleichzeitig entfällt bei dieser Art der Vergütung allerdings der

Anreiz eines erfolgsabhängigen Entgelts. Die Entlohnung ist hierbei von der betrieblichen Erfolgs- oder Misserfolgsentwicklung abgekoppelt, obwohl der Management-Geber letztlich für diese Bereiche die Verantwortung trägt. Trotz der Gefahr, dass der Management-Geber sein betriebliches Engagement auf ein Minimum beschränkt, wird die Vergütung in Form einer Festgebühr beispielsweise gewählt, wenn der Management-Nehmer vom Know-how-Transfer abhängig ist, der Management-Geber sich dadurch eine gewisse Stärke in der Vertragsbeziehung zu Nutze machen kann und gleichzeitig ein mögliches Misserfolgsrisiko ausschalten will, wie es im Zuge von Sanierungen häufig vorkommt. Umgekehrt verfügen rein variable Vergütungen über den Vorteil der Motivation, allerdings mit dem Nachteil der geringeren Kalkulierbarkeit (Martinek 1992, S. 293). Eine Übersicht über die Management-Gebühren-Sätze internationaler Hotel-Ketten findet sich in Tabelle 3.

Hotel-Kette	Management-Gebühr
Comfort Inns and Suites	5,1 %
Knights Lodging	4,5 %
Holiday Inn	3,8 %
Days Inn	3,5 %
Hilton Hotels	3,5 %
Marriott	3,5 %
Ramada	3,5 %
Radisson	3,4 %
Howard Johnson	3,3 %
Sheraton	3,2 %

Quelle: Sangree/Hathaway 1996, S. 32.

Tabelle 3: Management-Gebühren internationaler Hotel-Ketten

Gewissermaßen eine Kompromisslösung stellt die Kombination der beiden Varianten dar. Um einerseits das Engagement des Management-Gebers für das Unternehmen zu fördern und andererseits die Kalkulierbarkeit der Kosten zu erhalten, wird meist zusätzlich zur fixen Grundgebühr eine **„incentive fee“** vereinbart (Hennessey 1988, S. 483). Die Gestaltung der Management-Gebühr in der Hotel-Branche in Abhängigkeit verschiedener Kategorien ist in Tabelle 4 dargestellt, wobei jeweils der Mittelwert für die Grundgebühr, die „incentive fee“ und die Gesamtgebühr sowie die Bandbreite, in der sich die Gebühr in Summe in der jeweiligen Hotel-Kategorie bewegen kann, angeführt sind.

property type	affiliation examples	management fee range	base fee mean	incentive fee mean	overall fee mean
limited service budget	Econo Lodge, Knights Inn, Super 8	2,4 %-7,2 %	4,1 %	0,2 %	4,3 %
limited service economy	Best Western, Days Inn, Howard Johnson	0,5 %-10,5 %	2,8 %	0,4 %	3,2 %
limited service upper economy	Clubhouse Inn, Comfort Inn, Hampton Inn, Holiday Inn Express, Signature Inn	0,8 %-12,4 %	4,4 %	0,4 %	4,8 %
overall limited service		**0,5 %-12,4 %**	**3,8 %**	**0,4 %**	**4,2 %**
full service midrange	Clarion, Holiday Inn, Quality Inn, Ramada Inn	0,1 %-6,0 %	3,4 %	0,3 %	3,7 %
full service upscale	Crowne Plaza, Hilton, Marriott, Radisson, Sheraton	1,4 %-8,7 %	3,0 %	0,3 %	3,3 %
full service luxury	Hyatt, Omni, Westin	0,7 %-6,1 %	2,2 %	0,6 %	2,8 %
overall full service		**0,1 %-8,7 %**	**3,2 %**	**0,4 %**	**3,6 %**

Quelle: Sangree/Hathaway 1996, S. 31.

Tabelle 4: Gestaltung der Management-Gebühr in der Hotel-Branche

Insbesondere hinsichtlich der Vereinbarung von Leistungsprovisionen ist festzuhalten, dass im Vertrag zumindest die folgenden Kriterien berücksichtigt werden sollten (Eyster 1997, S. 28; Berger 1997, S. 27 ff.):

- **Performance-criteria base**: Zur Berechnung der Leistungsbasis sollten Eigentümer, Betreiber und Kreditgeber Vorhersagen für einen Zeitrahmen von acht bis zehn Jahren als Grundlage für die Vertragsverhandlungen
- **Start-up exclusion period**: In der Gründungsphase sollten die Daten von der Berechnung ausgeschlossen werden. Dies kann damit begründet werden, dass die Abschätzung der Ergebnisse in den ersten beiden Jahren besonders für neue Manager sehr schwierig ist. Bei einer Übernahme von Objekten mit Aufzeichnungen der Betriebsergebnisse sollte diese Frist nicht mehr als sechs bis zwölf Monate betragen.

- **Shortfall-deviation allowance**: Da die Anforderungen für Leistungskriterien in Bezug auf langfristige Projekte gelten, sind Ausnahmen für kurzfristige, marktbedingte Abweichungen zuzulassen. Diese sollten sich zwischen 8 und 10 % bewegen, je nach dem, welchen Prozentsatz der Eigentümer und Betreiber für das Projekt als sinnvoll und vertretbar erachten.
- **Shortfall time period**: Bezüglich der Definition kurzfristiger Abweichungen sei anzumerken, dass Abweichungen akzeptiert werden sollen, die in bis zu zwei von drei Folgejahren auftreten können. Damit wird den Betreibern ermöglicht, Leistungsdefizite aufzuholen. Konkret können also zwei Jahre als vertretbar angesehen werden, in denen die Ziele nicht exakt realisiert werden.
- **Operator cure**: Erfüllt der Betreiber den Vertrag nicht ordnungsgemäß, d. h., hält er die Leistungskriterien innerhalb der vertraglich festgelegten Frist nicht ein, wird eine Ersatzleistung für das entsprechende Jahr fällig. Diese Ersatzleistung wird oftmals als Barzahlung ausgehandelt, kann aber auch in Form reduzierter zukünftiger Management-Gebühren erfolgen. Es kommt immer häufiger vor, dass Eigentümer sich die Option zum Ausstieg aus dem Vertrag offen halten, und zwar dann, wenn der Betreiber zu mehrmaligen Ersatzleistungen gezwungen ist.
- **Test for unfavourable economic conditions**: Um dem Betreiber eine gewisse Flexibilität im Zuge schlechter Wirtschaftsbedingungen zu ermöglichen, sollte der Vertrag solch „ungünstige Wirtschaftsbedingungen" definieren und die geforderten Leistungsniveaus an herrschende Marktbedingungen anpassen. Diese Kriterien sollten sich an unabhängigen, von beiden Parteien akzeptierten Maßen und Kennzahlen des Unternehmens ausrichten und gleichzeitig die Vergleichbarkeit mit Unternehmen im regionalen Markt sicherstellen.
- **Contract-renewal hurdle**: Um eine Option auf Vertragsverlängerung auszuüben, muss der Betreiber Leistungen erbringen, die mindestens den vereinbarten Leistungszielen entsprechen. Kurzfristige Abweichungen sind von dieser Hürde nicht betroffen.

5. Fazit und Ausblick

Zusammenfassend kann festgehalten werden, dass Management-Verträge einen festen Platz im Rahmen der Kooperationsoptionen für Unternehmen einnehmen. Wenngleich diese Kooperationen grundsätzlich nicht zwingend international sein müssen, zeigt sich, dass ein sehr großer Teil von Management-Verträgen Verträge sind, die die Internationalisierung der Management-Geber vorantreiben soll und zugleich auch die wirtschaftliche Betätigung in investitionsfeindlichen Volkswirtschaften ermöglicht. Dabei ist auch zu beobachten, dass mit zunehmenden Qualitätsansprüchen tendenziell eher Management-Verträge zum Einsatz kommen, während in den Bereichen mit geringeren Qualitätsansprüchen andere Kooperationsformen bevorzugt werden. Dies mag auch damit zusammenhängen, dass davon ausgegangen werden kann, dass der Einsatz von Management-Verträgen grundsätzlich die **Marktorientierung der Unternehmen** erhöht (Advani/Borins 2001, S. 98).

Hinsichtlich der zentralen Frage der Kosten bzw. der Management-Gebühren lässt sich festhalten, dass sich eine optimale Entlohnungsmethode nicht einheitlich, sondern nur nach der Interessenslage und in Folge dessen in Bezug auf die Umstände und die Besonderheiten des Einzelfalls festlegen lässt (Martinek 1992, S. 294). Grundsätzlich haben sich jedoch im Zuge der Diskussion rund um die Struktur von Management-Gebühren in den letzten Jahren folgende drei Tendenzen herauskristallisiert (Eyster 1997, S. 24):

- Die Basisgebühren gehen tendenziell zurück.
- Bezogen auf die Gesamtgebühr nimmt die Bedeutung incentive-basierter Gebühren zu.
- Bei einer Mehrzahl der Management-Verträge stellt sich zunehmend eine Kombination zwischen fester Grundgebühr und leistungsbezogenen Elementen als angemessen heraus.

Bezüglich der künftigen Bedeutung von Management-Verträgen im Rahmen von Kooperations- und auch im Rahmen von Internationalisierungsüberlegungen ist grundsätzlich davon auszugehen, dass sich die beobachteten Entwicklungen entsprechend der identifizierten Kriterien und relevanten Rahmenbedingungen in jenen Branchen, in denen auch schon bisher die Bedeutung relativ hoch war, weiter fortsetzen werden. Offen ist die Frage, in wie weit Management-Verträge auch in anderen Branchen und vor dem Hintergrund anderer Rahmenbedingungen erfolgreich eingesetzt werden können.

Literatur

ADVANI, A.; BORINS, S. (2001): Managing Airports: a test of the New Public Management, in: International Public Management Journal, 4. Jg., Nr. 1, S. 91-107.

BERGER, J. (1997): Applying Performance Tests in Hotel Management Agreements, in: Cornell Hotel and Restaurant Administration Quarterly, 38. Jg., Nr. 2, S. 25-31.

CHATHOTH, P. K.; OLSEN, M. D. (2003): Strategic alliances: a hospitality industry perspective, in: International Journal of Hospitality Management, 22. Jg., Nr. 4, S. 419-434.

CHEN, J. J.; DIMOU, I. (2005): Expansion strategy of international hotel firms, in: Journal of Business Research (in Druck, S. 1-11).

DEV, C. S.; ERRAMILLI, M. K.; AGRAWAL, S. (2002): Brands across Borders: Determining Factors in Choosing Franchising or Management Contracts for Entering International Markets, in: Cornell Hotel and Restaurant Administration Quarterly, 43. Jg., Nr. 6, S. 91-104.

ELLISON, R. (1976): Management Contracts, Earning Profits from Fee Income in Place of Earnings on Equity, in: Multinational Business, I. Jg., Nr. 1, S. 19-28.

EYSTER, J. J. (1997a): Hotel Management Contracts in the U.S. – The Revolution Continues, in: Cornell Hotel and Restaurant Administration Quarterly, 38. Jg., Nr. 3, S. 14-20.

EYSTER, J. J. (1997b): Hotel Management Contracts in the U.S. – Twelve Areas of Concern, in: Cornell Hotel and Restaurant Administration Quarterly, 38. Jg., Nr. 3, S. 21-33.

GABRIEL, P. P. (1967): The International Transfer of Corporate Skills, Cambridge/Massachusetts.

HENNESSEY, S. F. (1988): The Effect of Management Contract Terms on the Value of Hotels, in: The Appraisal Journal, 56. Jg., Nr. 10, S. 482-492.

MARTINEK, M. (1992): Moderne Vertragstypen, Band II: Franchising, Know-how-Verträge, Management- und Consultingverträge, München.

MEFFERT, H. (1994): Marketing-Management, Wiesbaden.

RENARD, J. S.; MOTLEY, K. (2003): The Agency Challenge: How Wooley, Woodley, and Other Cases Rearranged the Hotel-management Landscape, in: Cornell Hotel and Restaurant Administration Quarterly, 44. Jg., Nr. 3, S. 58-76.

RUSHMORE, S. (1996): Management Contracts Evolve, in: Lodging Hospitality, 52. Jg., Nr. 8, S. 14.

SANGREE, D. J.; HATHAWAY, P. P. (1996): Trends in Hotel Management Contracts, in: Cornell Hotel and Restaurant Administration Quarterly, 36. Jg., Nr. 10, S. 26-37.

SCHLÜTER, A. (1997): Management- und Consulting-Verträge. Die Vertragstechnik des internationalen Transfers von Betriebsführungs- und Beratungsleistungen, Berlin u. a.

SIEBERT, H. (2001): Ökonomische Analyse von Unternehmensnetzwerken, in: Sydow, J. (Hrsg.): Management von Netzwerkorganisationen. Beiträge aus der „Managementforschung", 2. Aufl., Wiesbaden, S. 7-27.

TIETZ, B. (1991): Handbuch Franchising: Zukunftsstrategien für die Marktbearbeitung, 2. Aufl., Landsberg a.L.

WELCH, L. S.; PACIFICO, A. (1990): Management Contracts: A Role in Internationalisation?, in: International Marketing Review, 7. Jg., Nr. 4, S. 64-74.

ZEIGER, S. (1984): Der Management-Vertrag als internationales Kooperationsinstrument, Band 5, Konstanz.

ZENTES, J. (1998): Internationalisierung europäischer Handelsunternehmen. Wettbewerbs- und Implementierungsstrategien, in: Bruhn, M.; Steffenhagen, H. (Hrsg.): Marktorientierte Unternehmensführung. Reflexionen – Denkanstöße – Perspektiven, 2. Aufl., Wiesbaden, S. 159-180.

ZENTES, J.; SWOBODA, B.; MORSCHETT, D. (2004): Internationales Wertschöpfungsmanagement, München.

Dirk Morschett*

Contract Manufacturing

---

* Dr. Dirk Morschett ist Wissenschaftlicher Assistent am Lehrstuhl für Betriebswirtschaftslehre, insbesondere Außenhandel und Internationales Management der Universität des Saarlandes, Saarbrücken.

1. Gegenstand

Der Wettbewerbsdruck der letzten Jahre hat für viele Unternehmen dazu geführt, dass Effizienzpotenziale in noch stärkerem Maße als bisher ausgeschöpft werden müssen. Hinzu kommt, dass sich verkürzende Produktlebenszyklen, die z. B. im Elektronikbereich oft nur noch einige Monate andauern, es notwendig machen, kontinuierlich und schnell neue Produkte in den Markt einzuführen. Dies führt zu einer stärkeren Ungewissheit bzgl. der Umsatzentwicklung, während zugleich hohe Investitionen in F & E- und Produktionskapazitäten notwendig sind (Marwaha 2003, S. 42; Barnes u. a. 2000, S. 5).

Vor diesem Hintergrund wird die **Make-or-Buy-Frage** in vielen Branchen immer intensiver diskutiert. Insbesondere in Technologiebranchen wurde dabei in den letzten Jahren der Auftragsfertigung erhebliche Aufmerksamkeit zuteil. Beim Contract Manufacturing, als Form der **Fremdproduktion**, überträgt ein Unternehmen einzelne oder mehrere Stufen der Fertigung auf ein anderes Unternehmen (Kutschker/Schmid 2004, S. 853 ff.; Zentes/Swoboda/Morschett 2004, S. 424 ff.).

Vor allem Kostenvorteile stehen dabei aus Sicht der Auftraggeber im Vordergrund. Ein wesentlicher Vorteil für die Kostenstruktur der Contract Manufacturer im Vergleich zu ihren Auftraggebern (so genannte OEM, „**Original Equipment Manufacturer**“) ist die Tatsache, dass die aufgebaute Infrastruktur nicht lediglich für eine einzelne Produktlinie oder ein einzelnes Produkt genutzt werden kann, sondern für zahlreiche Hersteller, weil sie – spezialisiert – bestimmte Wertschöpfungsaktivitäten für eine Vielzahl von Kunden vornehmen. Für den Auftraggeber werden zudem die Kosten (zumindest teilweise) variabilisiert (Matiaske/Mellewigt, 2002).

2. Bedeutung des Contract Manufacturing

2.1 Überblick über die Entwicklung der Contract Manufacturer

Der Beginn des Contract Manufacturing wird allgemein im Eintritt von IBM in den PC-Markt 1981 gesehen. IBM hat nicht nur Schlüssel-Komponenten des PCs, nämlich den Prozessor und das Betriebssystem, von zwei bis dahin eher unbekannten Unternehmen, Intel und Microsoft, bezogen, sondern auch das Motherboard (Hauptplatine) von einem Komponentenhersteller der Luftfahrtindustrie, SCI, fertigen lassen (Sturgeon 1999). Das rapide Wachstum der Branche setzte jedoch erst Mitte der neunziger Jahre ein (Lüthje 2001, S. 6). Sie profitierte vom weltweiten Trend zum Outsourcing, der vor allem in der

Elektronikbranche von einer langjährigen Rezession zu Beginn der neunziger Jahre ausgelöst wurde. OEM konnten die notwendigen Investitionen in neue Anlagen und Fabriken nicht mehr aufbringen und waren deshalb auf Outsourcing angewiesen (Cole u. a. 2001; Barnes u. a. 2000, S. 7). Auch für die nächsten Jahre wird für die Branche ein deutliches Wachstum erwartet (Kita 2001, S. 3 f.). So werden bisher ca. 15-20 Prozent aller Elektrogeräte weltweit von Auftragsfertigern produziert. Bis zum Jahre 2008 soll dies schon etwa die Hälfte sein.

Unternehmen	Sitz des Unternehmens	Umsatz 2003 in Mio. US-$	Mitarbeiter	Prod.-stätten in Nordamerika	sonstige Prod.-stätten
Flextronics	Singapur	13.821,8	95.000	k.A.	k.A.
Solectron	USA	11.143,8	57.000	27	24
Sanmina-SCI	Usa	10.794,8	40.000	34	66
Celestica	Kanda	6.735,3	38.000	5	30
Jabil Circuit	USA	5.170,2	38.000	10	25
Elcoteq	Finnland	2.807,3	13.000	3	21
Venture	Singapur	1.861,2	11.000	2	15
Benchmark Electronics	USA	1.839,8	6.274	10	6
Universal Scientific Ind.	Taiwan	1.200,8	6.600	2	8
Plexus Corp.	USA	841,0	5.157	12	7
Manufacturers' Services	USA	825,9	k.A.	6	5
Finmek	Italien	753,1	2.700	0	13
Viasystems Group	USA	751,5	22.400	7	11
Pemstar	USA	650,2	4.000	7	9
Vogt Electronic	Deutschland	620,1	3.774	1	8

Quelle: o. V. 2004, S. 38.

Tabelle 1: Die 15 größten Contract Manufacturer

Trotz des enormen Wachstums der Branche sind auch erhebliche Umbrüche festzustellen. Die Krise in der Elektronikbranche und im Absatz von Telekommunikationsinfrastruktur im Jahre 2002 brachte für die Contract Manufacturer enorme Überkapazitäten mit sich. In der Konsequenz sind in den letzten Jahren acht größere Contract Manufacturer aufgekauft worden, weitere sieben sind in Konkurs (Schaff 2004). Die wichtigsten Contract Manufacturer sind in Tabelle 1 dargestellt.

Eine sehr weite Verbreitung hat Contract Manufacturing vor allem in der Elektro- und Elektronikindustrie gefunden, sodass diese Outsourcing-Form oft auch als **EMS (Electronics Manufacturing Services**) bezeichnet wird. Ein Grund hierfür ist, dass die meisten elektronischen Produkte ähnlich konstruiert sind und eher unkompliziert strukturiert.

Ob PC oder medizinisches Instrument, alle werden aus einer begrenzten Zahl von Standardkomponenten hergestellt, die lediglich in unterschiedlichen Konfigurationen verwendet werden. Produkte werden im Wesentlichen durch die Kombination dieser Komponenten und die verwendete Software differenziert (Barnes u. a. 2000, S. 6; Lüthje 2001, S. 5). Gerade die zunehmende Einheitlichkeit der Struktur der Elektronikprodukte durch die Digitalisierung hilft dabei, Auftraggeber in sehr unterschiedlichen Branchen bedienen zu können und trotzdem Economies of Scale zu erzielen. Eine bessere Umlegung von Fixkosten und eine deutlich geringere Abhängigkeit von Konjunkturschwankungen einer einzelnen Branche sind die Konsequenz. Wenn der Absatz eines Produktes zurückgeht, kann man oft auf den gleichen Fertigungsanlagen andere Produkte fertigen. Contract Manufacturer bedienen jedoch mittlerweile „Hersteller" zahlreicher Produktbereiche, wie z. B. Unterhaltungselektronik, Telekommunikation, Pharma, Automobil, Textil und Bekleidung u. v. m. (vgl. z. B. Marhawa 2003, S. 42 ff.; Kutschker/Schmid 2004, S. 853 ff.; McKinsey 2001, S. 6).

2.2 Contract Manufacturer als Outsourcing-Partner

Die Zusammenarbeit zwischen OEM und Contract Manufacturer kann vielfältige Formen annehmen. So kann das Outsourcing einerseits Vorprodukte bzw. Komponenten betreffen. In diesem Fall wird meist die hochvolumige Fertigung von Schlüsselkomponenten[1] vom Contract Manufacturer übernommen, die anschließend in den Produktionsprozess des Auftraggebers einfließen, welcher die Endmontage selbst vornimmt (Lüthje 2001, S. 7, S. 20).[2]

Das Outsourcing der Produktion kann aber auch die Endproduktion betreffen. In diesem Fall erfolgt bei einem Contract Manufacturer die Endproduktion, speziell die Montage (so in der Automobilindustrie in Form des Zusammenbaus von Teilen und Komponenten), die Konfektionierung (vor allem in der Textilindustrie in Form der Fertigung von Kleidungsstücken) oder die Formulierung (vor allem in der chemischen und pharmazeutischen Industrie in Form der Abmischung und Abpackung von Chemikalien und Arzneien) (Kutschker/Schmid 2004, S. 853 ff.; McKone/Tumolo 2002, S. 64ff.). Im Folgenden wird vor allem auf Branchen mit Montage-Aktivitäten rekurriert. Die Zusammenarbeit kann hier wie in Übersicht 1 vereinfacht angedeutet ablaufen.

Immer stärker entwickeln sich Contract Manufacturer von der „verlängerten Werkbank", auf der nur einfache Massenvorgänge aus Kostengründen abgewickelt wurden, zu einem gleichwertigen Partner vieler namhafter Hersteller. Sie übernehmen dabei immer größere

---

1 Eine Komponente, die beispielsweise im Elektronikbereich für viele Contract Manufacturer einen zentralen Umsatzanteil ausmacht, sind Platinen.

2 Dieser relativ konservative Ansatz wird von OEM wie Dell und Compaq verfolgt, welche die Endmontage als wichtige Schnittstelle zum Kunden ansehen (Lüthje 2001, S. 20).

Anteile der Wertschöpfung, sodass sich die traditionellen Marken-„Hersteller“ immer häufiger darauf zurückziehen, sich mit dem Marketing und der Forschung & Entwicklung zu beschäftigen (Lüthje 2001, S. 3): „Product innovation is increasingly de-coupled from manufacturing“ (S. 5).

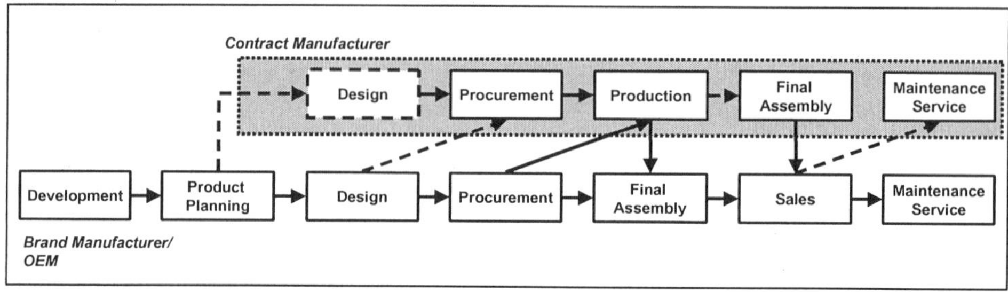

Quelle: In Anlehnung an: Kita 2001, S. 2.

Übersicht 1: Vereinfachtes Modell der Zusammenarbeit zwischen OEM und Contract Manufacturer

Dieses Phänomen geht über einfaches Outsourcing deutlich hinaus. Anstatt der traditionellen vertraglichen Beziehungen zwischen Kunde und Lieferant, repräsentieren die Beziehungen zum Contract Manufacturer eher eine Art „extended enterprise“; die resultierende Organisation des Wertschöpfungsnetzwerkes kann im Idealfall so eng sein, dass sich das Netzwerk wie ein einziges, virtuell integriertes Unternehmen verhält (Barnes u. a. 2000, S. 5 f.). Betrachtet man eine generische Wertkette, die für fast alle Branchen Gültigkeit beanspruchen kann, sind als Kernprozesse generell

- die **Marktbearbeitungs-Prozesse**, die auf die Generierung von Nachfrage, d. h. auf die Erschließung und Schaffung von Märkten, ausgerichtet sind, und
- die **Supply-Chain-Prozesse**, die auf die Erstellung des Leistungsprogramms ausgerichtet sind und die Beschaffung der erforderlichen Inputfaktoren, die Produktion sowie die sie begleitende Logistik umfassen, also das „Fulfillment“ der Nachfrage erledigen,

zu unterscheiden (Zentes/Swoboda/Morschett 2004, S. 220 ff.). Im Sinne einer Modularisierung der Wertschöpfung und einer zunehmenden Bildung von Wertschöpfungsnetzwerken, in denen einzelne Partner spezialisierte Aufgaben übernehmen, entsteht durch die Zusammenarbeit von OEM und Contract Manufacturer eine fast idealtypische Trennung zwischen den Marktbearbeitungsprozessen F & E und Marketing einerseits, die für viele Anbieter zu den eigentlichen Wettbewerbsvorteilen werden, und den Supply-Chain-Prozessen Beschaffung, Produktion und Logistik, die dabei an Contract Manufacturer ausgelagert werden (Cole u. a. 2001, S. 6 f.).

Letztlich handelt es sich dabei um eine Form der **Funktionsspezialisierung**. „By focusing on the competence areas that are essential to, or have the potential for, the formation of competitive advantage, especially product innovation, marketing, and other activities related to brand development, lead firms have increasingly come to rely upon specialized suppliers for providing best-in-class production services to quickly reap value from innovations while spreading risk in volatile markets“ (Sturgeon/Lee 2001, S. 4). Unter anderem, weil mit dem Outsourcing der Supply-Chain-Prozesse auch erhebliche finanzielle Ressourcen freiwerden, propagiert McKinsey (2001, S. 10) diese Form des „asset light brand owner” für OEM als eines der Erfolgs-Geschäftsmodelle der Zukunft.[1]

Zugleich führt die sehr weit gehende Make-or-Buy-Entscheidung des OEM für ihn zu einem hohen Risiko. Durch die Übergabe der Produktionsprozesse an ein anderes Unternehmen riskiert der OEM sein Markenimage, die Qualität der Produkte, die Zuverlässigkeit und nicht zuletzt die Kundenzufriedenheit (Coker 2004, S. 36). Teilweise wird die Gefahr gesehen, dass die Trennung von Innovation und Produktion eine „Rückkehr zu vergangenen Fehlern“, die in den sechziger und siebziger Jahren durch hohe unternehmensinterne Barrieren zwischen Entwicklungsabteilungen und Produktionsabteilung schon mal begangen wurden, nach sich zieht (Schweber 2003, S. 67).

3. Die Perspektive der Contract Manufacturer

3.1 Entwicklung der Wertschöpfung

Bezüglich der Wertschöpfungstiefe der Auftraggeber und der Contract Manufacturer zeigen sich klare und gegensätzliche Trends. In vielen Fällen wird heute noch die Produktion komplexerer Güter final vom Anbieter selbst vorgenommen, nur die Komponentenproduktion übernehmen Auftragfertiger. Einhergehend mit einer immer geringeren **Wertschöpfungstiefe** der OEM ist aber derzeit für die Contract Manufacturer ein umgekehrter Trend hin zu einer wesentlichen Ausweitung der Wertschöpfungstiefe zu beobachten.

Heute sind viele Contract Manufacturer in der Lage, alle Aktivitäten der Supply-Chain-Prozesse zu übernehmen (Cole u. a. 2001, S. 6). Zusätzlich zu reinen Fertigungsaufga-

1 Alternativ erläutert McKinsey den so genannten „organisationally separate integrator“, ein Geschäftsmodell, bei dem das Unternehmen zwar alle Kernwertschöpfungsaktivitäten selbst durchführt, dies aber in organisational streng getrennten Einheiten, die es erlauben, einen klaren Management- und strategischen Fokus auf die jeweilige Wertschöpfungsaktivität zu legen. Diese Form kann man als „Quasi-Externalisierung“ ansehen (vgl. hierzu den Beitrag von Morschett in diesem Kapitel des Sammelwerks).

ben bieten Contract Manufacturer ein breites Spektrum an Dienstleistungen an, so Produktdesign, Lieferantenmanagement, Distributionslogistik an die Kunden des OEM und Customer-Service-Aufgaben. Vor allem die Übernahme von Entwicklungsaufgaben wurde in den letzten Jahren von vielen Auftragsfertigern zusätzlich angeboten. Traditionell waren die Auftragsfertiger hinsichtlich ihrer Wertschöpfungsaktivitäten klar in zwei Gruppen einzuteilen: Contract Manufacturer, die sich auf die Fertigungsphase konzentrierten, und die so genannten **Original Design Manufacturer (ODM)**, die sich auf die Entwicklungs- und Design-Phase von Produkten spezialisiert haben und Produkte für OEM entwickelt haben. Diese werden vom OEM unter ihrem Markennamen verkauft; das geistige Eigentum blieb aber im Besitz des ODM. Typisch ist dies beispielsweise für Computerbildschirme (Lüthje 2001, S. 4). ODM offerieren damit Produkte, die vom OEM für ein Gesamtpaket-Angebot benötigt werden, jedoch nicht seine Kernkompetenz bzgl. der Produktentwicklung darstellen (Sturgeon/Lee 2001, S. 10ff.). ODM (wie beispielsweise BenQ, Foxconn u. a.) streben an – ähnlich wie die Contract Manufacturer, die versuchen, Produktionsprozesse für mehrere Unternehmen standardisiert zu erbringen –, gleiche oder ähnliche Produkte an mehrere OEM zu verkaufen. Das Geschäftsmodell ist weitestgehend auf Commodization ausgerichtet, kundenspezifische Design-Wünsche würden zum Verlust der mit dem Geschäftsmodell verbundenen Vorteile führen (Coker 2004, S. 34f.).

Die früher klare Abgrenzung zwischen Contract Manufacturer und ODM verschwimmt jedoch zusehends. So erhöhen ODM ihre Wertschöpfung dadurch, dass sie zunehmend für den OEM auch die Produktion übernehmen (oft aber nicht selbst durchführen, sondern durch einen Second-Tier-Auftragsfertiger produzieren lassen), während die Contract Manufacturer, wie erwähnt, auch in die Entwicklungs- und Design-Funktion drängen (Schweber 2003). Beispielsweise offeriert Flextronics, als größter Contract Manufacturer, seit 2002 ODM-Leistungen, indem bestimmte Produkte (im Niedrigpreis-Segment) selbst entwickelt und den Auftraggebern als Lizenzprodukte angeboten werden. Für diese Produkte übernimmt der Contract Manufacturer dann auch die Produktion und die Logistik bis hin zur Distribution und realisiert damit ein sehr hohes Maß an eigener Wertschöpfungstiefe, während der Kunde sein Produktprogramm nach unten ergänzen kann ohne eigene Kapazitäten zu binden (Morschett/Schramm-Klein 2004, S. 288; Coker 2005, S. 36).

Damit bieten Contract Manufacturer heute vollständige, integrierte Supply-Chain-Lösungen für OEM an (Barnes u. a. 2000, S. 13). Übersicht 2 zeigt exemplarisch das so genannte „End-to-End-Geschäftsmodell“ von Flextronics, Solectron bietet in ähnlicher Form „integrated supply chain solutions“ an (Barnes u. a. 2001, S. 16).

Eine weitere Komponente dieser Strategie ist die Übernahme der **Beschaffungsprozesse** für die Kunden. Einige OEM nutzen auch heute noch das früher übliche Vorgehen, dass sie selbst die Beschaffung organisieren, Preise aushandeln und die Komponenten von den Lieferanten dann nur noch zur Weiterverarbeitung an den Contract Manufacturer geliefert werden.[1] Jedoch werden die Beschaffung und das Lieferantenmanagement zunehmend von den Contract Manufacturern übernommen. Durch die Volumenbündelung entstehende Einsparpotenziale stellen für die Contract Manufacturer häufig eine wichtigere Gewinnquelle dar als die eigentlichen Produktionsprozesse (Kita 2001, S. 7 f.). Das Beschaffungsmanagement ermöglicht es, durch Standardisierung von Komponenten und Materialien und Rückgriff auf weniger Lieferanten Einstandspreisreduktionen zu erreichen (Barnes u. a. 2000, S. 17). Nicht zuletzt ermöglicht es auch, Sicherheitsbestände in den Lagern deutlich zu reduzieren, wenn gleiche Komponenten als Sicherheitsbestände für verschiedene Hersteller dienen können (Barnes u. a. 2000, S. 23).[2]

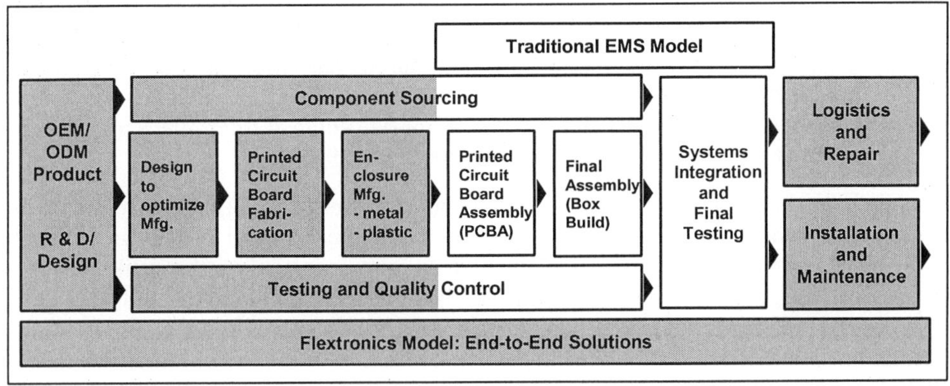

Quelle: Flextronics 2005.

Übersicht 2: Integriertes End-to-End-Geschäftsmodell am Beispiel von Flextronics

Immer wichtiger wird es, dass die Contract Manufacturer direkt die Kunden der OEM bedienen können, also beispielsweise eine Bestellung eines HP-Druckers durch ein Handelsunternehmen vollständig vom Contract Manufacturer abgewickelt wird. Contract Manufacturer bieten ihren Kunden weltweit dazu Speditionsleistungen, Lagerhaltung, Bestandsmanagement und Distributionslogistik inklusive E-Commerce, wobei auch fortgeschrittene Logistiklösungen wie Vendor Managed Inventory und komplexe „Built-to-order"-Programme möglich sind, bei denen die Produktion bestimmter Produkte erst

1 Noch weiter gehend war es früher üblich, dass die gelieferten Materialien und Komponenten auch vom OEM bezahlt wurden und in dessen Besitz verblieben (so genannte Konsignation) (Kita 2001, S. 1). Gerade die großen Contract Manufacturer haben sich jedoch von der Konsignation als Beschaffungsmodell gelöst. So machen die Top 5 nur noch etwa 2-5 % ihres Beschaffungsvolumens über dieses Modell, gerade bei kleineren stellt es aber häufig noch bis zu 20 % des Volumens dar (o. V. 2004, S. 39).

2 Gefahren des Outsourcings der Beschaffung werden in Abschnitt 4.2 diskutiert.

nach einer spezifischen Kundenbestellung ausgelöst wird (Morschett/Schramm-Klein 2004).

Gerade die in den Supply-Chain-Prozessen eng miteinander verknüpften Wertschöpfungsaktivitäten Produktion, Logistik und Beschaffung (vgl. hierzu Zentes/Swoboda/ Morschett 2004, S. 303 ff.) sind interdependent und eine simultane Optimierung – innerhalb des Koordinationsbereiches des Contract Manufacturers – kann eine Reihe von Vorteilen mit sich bringen. Für die Contract Manufacturer wird es daher – ganz im Gegensatz zu ihren Kunden – immer wichtiger, eine relativ hohe vertikale Integration zu erreichen (Morschett/Schramm-Klein 2004, S. 286 ff.). Dies bietet die Chance, die Margenvorteile, die man auf Grund der Economies of Scale erzielt, noch in anderen Wertschöpfungsaktivitäten zu realisieren. Hinzu kommt – wie auch in der Literatur zu Service-Providern häufig erwähnt wird –, dass beim Angebot von Basisdienstleistungen in der Regel der Wettbewerbsdruck sehr hoch ist, während das Angebot von Value-Added-Services in der Regel mit besseren Margen verbunden ist. Das Unternehmen wird weniger austauschbar und durch die höhere Wertschöpfungstiefe werden die Kundenbeziehungen erheblich gefestigt (Zentes/Morschett 2003, S. 428 ff.).

Bezüglich der Logistikprozesse ist es jedoch bei den Contract Manufacturern üblich, die Lager- und Transportprozesse nicht selbst durchzuführen, sondern hierfür so genannte 3PL („third party logistics provider") einzusetzen, also spezialisierte Logistikdienstleister (Serant 2003, S. 1). Ein Grund hierfür ist, dass diese bzgl. der Lager- und Transportprozesse die gleichen grundsätzlichen Vorteile erzielen können wie der Contract Manufacturer hinsichtlich der Produktionsprozesse (Barnes u. a. 2000, S. 19; Zentes/Morschett 2003, S. 423). So können Kapazitätsschwankungen besser ausgeglichen werden, Economies of Scale hinsichtlich der Transporte erzielt werden, indem mehrere Kunden gleichzeitig bedient werden und das Kapazitätsrisiko auf mehrere Kunden umgelegt wird. Gleichzeitig bleibt aus Sicht des OEM der Contract Manufacturer zentraler Ansprechpartner für alle Prozesse.

Insgesamt ist jedoch zu konstatieren, dass die Kernaktivitäten bei den Contract Manufacturern internalisiert durchgeführt werden (Barnes u. a. 2000, S. 39), sie also im Gegensatz zu ihren Kunden einen eher hohen Vertikalisierungsgrad aufweisen (Lüthje 2001, S. 13). Interessant ist diese Entwicklung auch aus einer Kernkompetenzperspektive. Während es sich aus der Sicht der OEM um ein Outsourcing der Aktivitäten, die nicht Kernaktivitäten darstellen, handelt, um sich auf die eigenen Kernkompetenzen zu fokussieren, mussten sich die Contract Manufacturer, um der wachsenden Nachfrage nach einem Full-Service-Angebot nachzukommen, in den letzten Jahren vollständig neue Kompetenzgebiete aneignen, während sie gleichzeitig Qualität, Lieferservice und Kosteneffizienz steigern mussten (Sturgeon/Lee 2001, S. 4).

Kundenstruktur der Contract Manufacturer

Die „Wahl" der richtigen Kunden ist für den Erfolg und die Strategie der Contract Manufacturer von zentraler Bedeutung. Da es nicht Inhalt des Geschäftsmodells der Contract Manufacturer ist, selbst Konsumentennachfrage nach den von ihnen produzierten Produkten zu erzeugen, ist es wichtig zu evaluieren, welche Produkte ein großes Marktpotenzial aufweisen und welche Produkte künftig durch Standardisierung auch Synergieeffekte für den Produzenten mit sich bringen können (Barnes u. a. 2000, S. 15).

Dabei stehen Contract Manufacturer in einem Spannungsfeld. Einerseits wird eine diversifizierte Kundenbasis in dem risikoreichen, in den einzelnen Branchen der Kunden oft zyklischen und zugleich kapitalintensiven Geschäft wegen der damit verbundenen Risikoreduktion als sinnvoll angesehen (Barnes u. a. 2000, S. 16; Schaff 2004). Eine zu breite Diversifikation kann jedoch einen Nachteil darstellen. So kann argumentiert werden, dass eine Fokussierung auf wenige Branchen vorteilhafter zum Erhalt und der Weiterentwicklung spezifischen Know-hows des Contract Manufacturers sein kann. Auch ist es in diesem Fall einfacher, gegenüber den Kunden eine klare Positionierung als Experte in einer Branche zu signalisieren. Eine kleinere Kundenanzahl kann auch stabilere Kundenbeziehungen fördern, da tendenziell die notwendige enge Einbindung in einzelne Wertschöpfungsketten die Fokussierung auf wenige Kunden erfordert.

Die Strategien der einzelnen Contract Manufacturer sind hier unterschiedlich. So betonen einige Anbieter, dass sie sehr hohe Umsatzanteile mit wenigen, großen und namhaften Kunden generieren, während andere auf ihre stark diversifizierte Kundenbasis als Stärke verweisen, da damit die Unabhängigkeit weitestgehend gewahrt bleibe (Schaff 2004; Barnes u. a. 2001, S. 17; Morschett/Schramm-Klein 2004, S. 284 f.). In der Praxis versuchen Contract Manufacturer einerseits, ihre Kundenbeziehung mit den einzelnen Kunden eng und langfristig zu gestalten. Viele Contract Manufacturer haben mit ihren Auftraggebern sehr langfristige Partnerschaften aufgebaut. Beispielsweise arbeitet Solectron für die Kunden IBM, Hewlett-Packard, Apple und andere schon seit mehr als zehn Jahren (Kita 2001, S. 15). Andererseits versuchen die Contract Manufacturer die Abhängigkeit von einzelnen Kunden zu reduzieren und ihre Kundenbasis zu diversifizieren. Durch das Know-how, wie die Produktionsprozesse einer Vielzahl von Kunden stärker standardisiert werden können, nutzen sie ihre generisch einsetzbaren Ressourcen als Hebel, um für eine Vielzahl von Kunden Wettbewerbsvorteile durch die Arbeitsteilung mit ihnen zu erzeugen (Sturgeon/Lee 2001, S. 7).

Transaktionskostentheoretisch kann damit die Frage der spezifischen Investitionen der Contract Manufacturer diskutiert werden. Ein Kernvorteil der Contract Manufacturer liegt darin, da sie relativ stabile Nachfragekurven, eine hohe Kapazitätsauslastung und niedrige Kosten dadurch erreichen, dass sie die Nachfrage mehrerer Kunden bündeln. Hohe spezifische Investitionen für einen einzelnen Kunden können dabei zwar in der dyadischen Beziehung zu ihm Vorteile bringen (z. B. Signalisierung von Commitment, bessere Koordination mit diesem Kunden, sehr enge Integration in seine Wertschöpfungskette usw.); die Kernvorteile des Contract Manufacturing, auch als Risikopuffer, entstehen aber, wenn die Prozesstechnologie nicht von spezifischen Vermögensgegenständen, sondern von generischen Anlagen und Know-how abhängig ist, die für den gesamten Kundenstamm nutzbar sind (Sturgeon/Lee 2001, S. 5). Bei Kunden mit sehr spezifischen Anforderungen kann man transaktionskostentheoretisch begründen, dass Outsourcing keine effiziente Lösung darstellen kann, da es aus Sicht des Contract Manufacturers in diesem Fall notwendig ist, sehr lange Vertragslaufzeiten, Mindestabnahmemengen etc. zu vereinbaren, die es wiederum für den OEM unvorteilhaft erscheinen lassen können, überhaupt outzusourcen (Anderson/Gatignon 1986, S. 14).

3.2 Geografische Konfiguration

Bezüglich der Standortentscheidungen der Contract Manufacturer sind drei grundsätzliche Einflussfaktoren bzw. Zielsetzungen zu beachten (Zentes/Swoboda/Morschett 2004, S. 391 ff.; Barnes u. a. 2000, S. 20 f.; Cole u. a. 2001, S. 8):

- Einerseits war es in der Vergangenheit von hoher Bedeutung, in der Nähe der Kunden, d. h. der OEM, angesiedelt zu sein. Die Koordination der Prozesse, insbesondere der F & E-Prozesse beim OEM und der Fertigungsprozesse beim Contract Manufacturer, ist so wesentlich einfacher zu realisieren; hinzu kommt, dass geografische Nähe oftmals das notwendige Vertrauen der Kooperationspartner erhöht.
- Immer bedeutender wird es zugleich, die Produktion in der Nähe der Endkundenmärkte anzusiedeln, vor allem um schneller auf Veränderungen in der Kundennachfrage reagieren zu können und die Vorlaufzeiten zu reduzieren. Geografische Kundennähe erhöht so die Flexibilität der Produktion.
- Aus Gründen der Kostenminimierung erscheinen Standorte optimal, welche die Fertigungskosten (unter Beachtung der Logistikkosten) minimieren.

Contract Manufacturer werden im Kern von ihren Auftraggebern eingesetzt, weil sie billiger produzieren können, sodass die internationale Produktionskonfiguration an diesem Ziel ausgerichtet ist. Beispielsweise ist der Produktionsanteil asiatischer Standorte bei Flextronics von 27 % Anfang 2002 auf 48 % Ende 2004 angestiegen (Flextronics 2003, 2005). Für die meisten Contract Manufacturer ist derzeit einer der wichtigsten Standorte China. Hier wird insbesondere High-Volume-Produktion erledigt, wenn Arbeitskosten einen hohen Anteil der Kosten darstellen. Es ist jedoch davon auszugehen, dass China auch für sonstige Produktionsaktivitäten immer bedeutender wird, weil der eigene Markt schnell wächst und zudem Produkte von dort für die Märkte von Japan, Korea und Südostasien gefertigt werden können. Ähnliche Funktionen übernimmt Osteuropa (insbesondere Ungarn und Rumänien) für den europäischen und Mexiko für den nordamerikanischen Markt (Barnes u. a. 2000, S. 13). Alleine in Guadalajara in Mexiko, in der Nähe zu den USA, gibt es Produktionsstätten von sieben der Top-10-Contract-Manufacturer (Barnes u. a. 2000, S. 20).

Generell nutzen Contract Manufacturer eine differenzierte Standortstrategie, bei der spezialisierte Produkte mit hohen Anforderungen an die Produktion, hoher Variantenzahl und eher geringer Ausbringungsmenge („low volume/high mix") eher in entwickelten Ländern hergestellt werden, während standardisierte Massenprodukte („high volume/low mix") an Standorten mit niedrigsten Kosten, meist in Entwicklungsländern, produziert werden (Lüthje 2001, S. 12). Für Europa zeigt sich diese Differenzierung in so genannten Führungsbetrieben für die Produktion in der Phase der Produkteinführung in Westeuropa und die Massenfertigung in Osteuropa (Lüthje/Schumm/Sproll 2002). Teilweise arbeiten die osteuropäischen Fabriken wiederum mit Standorten in China zusammen zur Ausnutzung der dort noch niedrigeren Lohnkosten. So gibt es beispielsweise bei der Handy-Produktion die Situation, dass ein Contract Manufacturer Handys in China fertigt, diese dann per Flugzeug nach Ungarn bringt, wo sie abnehmer- und landesspezifisch mit Software bespielt werden und von wo aus sie von einem Logistikunternehmen im Auftrag des Contract Manufacturers direkt an die Abnehmer, d. h. in der Regel Handelsunternehmen, geliefert werden (Lüthje 2001, S. 12 f.).

3.3 Koordination der Wertschöpfung

Eine weit gehende Standardisierung der Produktionsprozesse für unterschiedliche Produkte, Branchen und an unterschiedlichen Standorten wird von Contract Manufacturern in der Regel angestrebt, um einheitliche Abläufe auf weltweiter Basis sicherzustellen. Beispielsweise setzt Solectron weltweit einheitliche Zertifizierungskriterien ein, um die Arbeitsabläufe in allen Fabriken zu standardisieren. Flextronics versucht, weltweit einheitliche Stellen- und Ablaufbeschreibungen für jeden einzelnen Produktionsarbeitsplatz sicherzustellen (Lüthje 2001, S. 9).

Flextronics entschied sich vor einigen Jahren für die Konzentration seiner Produktionsaktivitäten an acht (riesigen) Produktionsknoten in Form von **Industrieparks**, in denen auch Zulieferer angesiedelt sind (Roberts 2003). Diese so genannten „Supersites", die über vier Kontinente verteilt sind (vgl. hierzu ausführlich Morschett/Schramm-Klein 2004, S. 290 f.), setzen eine sehr standardisierte Strategie ein, um damit die weltweite Koordination zu erleichtern. Die Industrieparks in den verschiedenen Ländern „ähneln sich aufs Haar". Damit kann die Fertigung einzelner Produkte schnell und flexibel von einem Standort an den anderen verlagert werden, Benchmarking ist sehr einfach, Prozessverbesserungen können schnell von einem Standort auf einen anderen übertragen werden. Die Fabriken nutzen in der Regel das gleiche ERP-System mit der gleichen Konfiguration, was – weil darin auch die Produktionsprozesse hinterlegt sind – als wichtiges Mittel zur Sicherung der Konsistenz angesehen wird (Zentes/Swoboda/Morschett 2004, S. 453 ff.).

Die global einheitlichen Prozesse der Contract Manufacturer dienen auch dazu, eine konsistente Schnittstelle für OEM zu bieten, die oft weltweit an verschiedenen Standorten mit den gleichen Contract Manufacturern zusammenarbeiten (Lüthje 2001, S. 9). Das Internet stellt dabei heute eine sehr wichtige Basis der Kommunikationsbeziehungen der Contract Manufacturer zu ihren Kunden und zu ihren Lieferanten dar (Barnes u. a. 2001, S. 18). Viele Contract Manufacturer bieten ihren Kunden – zur Erhöhung der Transparenz und damit auch des Vertrauens der Kunden – an, online direkt auf die Informationen in den Fertigungs- und Qualitätskontrollsystemen der Fabriken des Contract Manufacturers zugreifen zu können, um so den Fortschritt der Produktion und Qualitätsinformationen direkt verfolgen zu können (Cole u. a. 2001, S. 11; Kita 2001, S. 1). E-Commerce bietet auch die Möglichkeit, unternehmensübergreifend die Supply-Chain-Prozesse durch Vendor Managed Inventory, schnellere Logistikprozesse und höhere Stabilität der Prozesse so zu beeinflussen, dass insgesamt die Bestandskosten für Lagerhaltung durch erhöhte Umschlagshäufigkeit reduziert werden können (Barnes u. a. 2001, S. 19).

4. Die Perspektive der Original Equipment Manufacturer

4.1 Vor- und Nachteile der Zusammenarbeit mit einem Contract Manufacturer

4.1.1 Vorteile des Einsatzes eines Contract Manufacturers

Aus der Perspektive der OEM kann die Entscheidung für den Einsatz eines Contract Manufacturers auf die Kernfrage der Make-or-Buy-Entscheidung bzw. der vertikalen Integration zurückgeführt werden, für die in der Literatur zahlreiche Theorien, so z. B. die Transaktionskostentheorie und der ressourcenbasierte Ansatz, herangezogen werden (vgl. hierzu die Beiträge im Ersten Kapitel dieses Sammelwerks). Die Vorteile des Einsatzes eines Contract Manufacturers gehen dabei über den Kernvorteil der Economies of Scale weit hinaus (Zentes/Swoboda/Morschett 2004, S. 425 f.; Barnes u. a. 2000, S. 14 f.; Cole u. a. 2001, S. 7; Marwaha 2003, S. 42; Kutschker/Schmid 2004, S. 854 ff.):

- Bei zunehmendem Wettbewerbsdruck ist es notwendig, schnell neue Konsumentenbedürfnisse zu erfassen, ein dazu passendes Produkt zu entwickeln und dieses so schnell wie möglich auf den Markt zu bringen. Gerade in der Elektronikindustrie ist die Geschwindigkeit einer Produktneueinführung oft entscheidend für ihren Erfolg (Kita 2001, S. 4). Die **Konzentration auf einzelne Kernkompetenzen** (so F & E und Marketing durch den OEM und Produktionsfähigkeiten durch den Contract Manufacturer) soll hier dazu dienen, durch Spezialisierung die jeweiligen Kernkompetenzen weiter zu entwickeln und beim OEM eine hohe Markt- und Innovationsorientierung zu erreichen.
- Bei der Neuaufnahme der Produktion wird auch dadurch eine wesentlich kürzere **Time-to-Market** erzielt, dass der Contract Manufacturer in der Regel Produktions-

kapazitäten unmittelbar verfügbar hat, die ein Anbieter selbst meist erst aufbauen müsste.

- Durch die geografische Streuung der Produktionskapazitäten der Contract Manufacturer sind auch kleinere Unternehmen in der Lage, die **komparativen Kostenvorteile** von Niedriglohnländern für sich zu nutzen.
- Die Aufnahme eines neuen Produkts in das eigene Angebot ist oft mit hohen Investitionen verbunden, welche die entsprechende Angebotsausweitung zu einem Risiko werden lassen. Die Inanspruchnahme eines Contract Manufacturers führt damit zu einer **Risikoreduktion**.
- Das mögliche Absatzvolumen eines OEM ist bei Rückgriff auf einen Contract Manufacturer nicht mehr durch seine eigenen Produktionskapazitäten begrenzt. Auch kleinere Hersteller können so globale Märkte bedienen.
- Durch die Volumenbündelung der Contract Manufacturer in der Beschaffung können Material- und Komponentenkosten verringert werden. Wie bereits erwähnt, werden von unterschiedlichen Herstellern, sogar unterschiedlicher Branchen, oftmals gleiche Komponenten verwendet, sodass eine Standardisierung dieser Komponenten und eine gebündelte Beschaffung sowohl **Einstandspreise reduziert** als auch Handlingvorteile mit sich bringt.
- Häufig wird im Kooperationsvertrag ein langfristiger Produktionsauftrag an einen Auftragsfertiger verbunden mit der Übernahme der vormals damit beschäftigten Fabriken. Mit dem Contract Manufacturing-Vertrag geht also ein unmittelbarer **finanzieller Mittelzufluss** einher, der gerade in konjunkturell schwierigen Zeiten einen kurzfristigen Anreiz für die Auftraggeber mit sich bringt. Für den OEM bedeutet dies in der Regel schnell einen verbesserten Return on Investment sowie bessere Bilanzrelationen.
- Häufig haben Contract Manufacturer – unter anderem wegen des Drucks der Kunden – die **neueste Produktionstechnologie** für bestimmte Produkte verfügbar; Technologie, über die sonst nur noch die größten der OEM-Unternehmen verfügen (Cole u. a. 2001, S. 6).

4.1.2 Nachteile und Risiken beim Einsatz eines Contract Manufacturers

Die Zusammenarbeit mit einem Contract Manufacturer verlangt jedoch vom OEM ein hohes Commitment. Die Entscheidung ist schwer zu revidieren und beeinflusst das zukünftige Geschäftsmodell des Unternehmens (Cole u. a. 2001, S. 6). Das Outsourcing der Herstellung ist zumindest potenziell mit einem Verlust an Kontrolle über den Prozess verbunden. Hinzu kommt, dass Informationen mit einem anderen Unternehmen geteilt werden, die in der Vergangenheit als äußerst vertraulich eingestuft wurden (Cole u. a. 2001, S. 7). Neben den Vorteilen der Zusammenarbeit mit einem Contract Manufacturer können für den OEM auch potenzielle Nachteile bzw. Risiken erwähnt werden. Die Probleme dieser Outsourcing-Entscheidung können in drei Felder kategorisiert werden (Alicke/Eitelwein 2004, S. 18):

- Strategie: Die Fokussierung auf die eigenen Kernkompetenzen kann unter Umständen nicht erfolgreich sein, die falschen Kernkompetenzen können identifiziert oder die Vorteile durch Verlust anderer Kernkompetenzen überkompensiert werden (McKinsey 2001, S. 7). Es kann sich auf strategischer Ebene als kritisch erweisen, wenn die Stärke der internen Verbindung zwischen verschiedenen Aktivitäten unterschätzt wird. Zugleich kann diese Entwicklung mit einem Verlust an strategischer Flexibilität einhergehen. Verschobene Machtverhältnisse in der Supply Chain können die Potenziale kompensieren, wenn z. B. die höhere Abhängigkeit vom Contract Manufacturer von ihm zur Aushandlung höherer Preise genutzt wird. Andererseits ist es heute bei den meisten OEM üblich, parallel mit mehreren Contract Manufacturern zusammenzuarbeiten, um durch eine Dual- oder Multiple-Sourcing-Strategie diese Risiken zu reduzieren (Zentes/Swoboda/Morschett 2004, S. 449).
- Prozesse: Ziele der Leistungssteigerung werden gegebenenfalls auf Grund mangelnder Qualität, Produktionskapazität oder Kompetenz des Contract Manufacturers nicht erreicht (Hirn/Neukirchen 2001, S. 295; Zentes/Swoboda/Morschett 2004, S. 427; Kutscher/Schmid 2004, S. 856). Gerade bei kleineren Contract Manufacturern ist diese Gefahr gegeben, wobei dies die Bedeutung einer sorgfältigen Selektion des Kooperationspartners durch den OEM verdeutlicht.
  Die zahlreichen Auszeichnungen, die Contract Manufacturer als „best supplier" etc. von ihren Kunden erhalten haben, und – exemplarisch – die mehrmalige Vergabe des Malcom-Baldrige-Awards an Solectron zeigen, dass Qualitätsprobleme bei der Zusammenarbeit mit großen Contract Manufacturern in der Regel kein wesentliches Problem darstellen (Lüthje 2001, S. 9).
- Kosten: Die Kostenvorteile des Contract Manufacturing werden gegebenenfalls nicht realistisch eingeschätzt. Problematisch kann hier unter anderem sein, wenn der OEM die Kosten für das Management der Outsourcing-Beziehung nicht berücksichtigt hat. So sind etwaigen Kosteneinsparungen der Fremdvergabe von Produktionsleistungen die im Zusammenhang mit dem Outsourcing entstehenden Transaktionskosten der Informationssuche und -beschaffung, der Vertragsformulierung und Einigung, der Sicherstellung der Einhaltung von Preis-, Mengen-, Termin- und Qualitätsvereinbarungen (Kontrollkosten) sowie die Kosten der Durchsetzung notwendiger Änderungen gegenüberzustellen (Perlitz 2000, S. 489f.).
  Es besteht die Gefahr, dass der gesamte Wertschöpfungsprozess komplexer wird, da mit dem Contract Manufacturer ein weiteres Unternehmen in die Kette integriert werden muss (Cole u. a. 2001, S. 7), das noch dazu in der Regel zugleich die Zusammenarbeit mit weiteren seiner Kunden in die Betrachtung integriert, um Synergieeffekte realisieren zu können.
  Ein kostenseitiges Problem besteht auch, wenn der OEM die eigenen Kosten nicht bis auf Prozessebene kalkuliert hat. Vor allem, da das Outsourcing an Contract Manufacturer in den meisten Fällen nicht sämtliche Produkte und Prozesse eines OEM erfasst, ist es notwendig, eine genaue Prozesskostenrechnung mit Umlage der verbleibenden Fixkosten auf die dann geringere eigene Ausbringungsmenge des OEM

(auch hinsichtlich administrativer und logistischer Prozesse) vorzunehmen, um die Vorteilhaftigkeit zu evaluieren.

Die Grundsatzentscheidung, ob das Auslagern einer Aktivität sinnvoll ist, hängt auch von der Bedeutung dieser Aktivität und vom darin begründeten Potenzial für den Unternehmenserfolg – im Sinne eines bedeutenden Wettbewerbsvorteils – ab. Eine Fremdvergabe ist tendenziell dann vorteilhaft, wenn

- hohe Synergien bei den externen Unternehmen zu erwarten sind, die eine effizientere Realisation der Aktivität ermöglichen,
- geringe Verbindungen der outgesourcten Aktivität zu den verbleibenden Aktivitäten des Unternehmens bestehen, auch hinsichtlich der Kompetenzentwicklung und Innovationstätigkeit, und
- das Differenzierungs- bzw. Profilierungspotenzial der jeweiligen Aktivitäten eher niedrig ist.

Bzgl. des letztgenannten, marktorientierten Aspektes ist festzustellen, dass das Geschäftsmodell der Contract Manufacturer vor allem solche Produkte beinhaltet, bei denen der Produktionsprozess für den OEM nur wenig zu seiner Differenzierung von der Konkurrenz beitragen kann (Kita 2001, S. 1).

4.2 Fokussierung auf Kernkompetenzen und Gefahr der Kompetenz-Erosion

Eine der Kernaufgaben eines Unternehmens ist es, festzulegen, welches seine **Kernkompetenzen** sind und wie diese optimal eingesetzt und weiterentwickelt werden können, um Wettbewerbsvorteile gegenüber der Konkurrenz langfristig zu erhalten. In der Zusammenarbeit mit Contract Manufacturern ist es möglich, dass sich OEM zu reinen F & E- und Marketingspezialisten entwickeln, welche die anderen Aktivitäten vom Contract Manufacturer durchführen lassen (Barnes u. a. 2000, S. 5, S. 12): „This allows OEMs to concentrate on their core competencies, R&D, sales and marketing, while choosing a partner to provide specialized manufacturing skills“ (S. 16). Damit sollte die Thematik der Kooperation mit einem Contract Manufacturer auch aus der Kernkompetenz-Perspektive intensiver betrachtet werden.[1]

Kernkompetenzen sind Fähigkeiten, die von fundamentaler Bedeutung für ein Unternehmen sind, wobei nur einzigartige Fähigkeiten für den langfristigen Erfolg nützlich sind. Um die Vorteilhaftigkeit des Outsourcings an einen Contract Manufacturer zu beurteilen, sind die einzelnen Kompetenzen zu beurteilen hinsichtlich ihrer Seltenheit, Nicht-Substituierbarkeit und Nicht-Imitierbarkeit. Solche einzigartigen Fähigkeiten müssen in

1 Vgl. zur Kernkompetenz-Perspektive der Kooperation ausführlich den Beitrag von von der Oelsnitz im Ersten Kapitel dieses Sammelwerks.

der Regel in einem langfristigen, internen Prozess entwickelt werden (Dierickx/Cool 1990). Darüber hinaus ist jedoch zu beachten, inwiefern einzelne Aktivitäten oder Kompetenzen – gegebenenfalls auch indirekt – das Potenzial zur Erzeugung von langfristigen Wettbewerbsvorteilen und überdurchschnittlichen Renditen haben (Alicke/Eitelwein 2004, S. 22). In Bezug auf solche Aktivitäten erscheint Outsourcing an einen Contract Manufacturer keine sinnvolle Option darzustellen (Matiaske/Mellewigt 2002).

Produktionsaktivitäten und ihre Relevanz für Kernkompetenzen

Die Annahme, dass der Produktionsprozess selbst nicht (mehr) zur Kernkompetenz markenführender Unternehmen gehört, ist in einer Reihe von Branchen verbreitet (Kita 2001, S. 2; Zentes/Swoboda/Morschett 2004, S. 417 ff.; McKinsey 2001). Er stellt dagegen die Kernkompetenz der Contract Manufacturer dar. Diese setzen daher die neuesten Technologien ein, entwickeln Best-Practice-Prozesse und verbreiten diese schnell in ihrer gesamten Organisation (Barnes u. a. 2000, S. 15). Da die Contract Manufacturer ihre gesamte Arbeitszeit und Aufmerksamkeit auf Operations fokussieren, wird argumentiert, dass sie in diesem Bereich ein Kompetenzniveau und eine Dynamik der Verbesserung erreichen, das von anderen Unternehmen kaum erreicht werden kann (McKinsey 2001, S. 5).

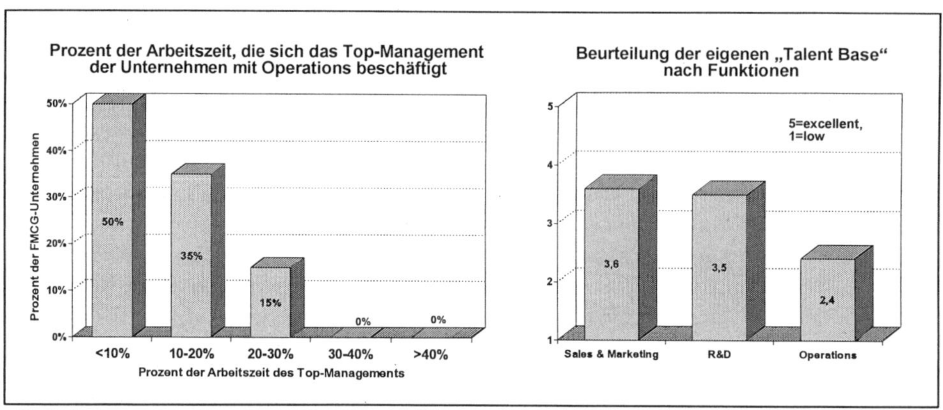

Quelle: McKinsey 2001, S. 3.

Übersicht 3: Aspekte der Operations-Kompetenz der FMCG-Unternehmen

Eine Untersuchung von McKinsey (siehe Übersicht 3) zeigte beispielsweise für Unternehmen der so genannten Fast-Moving-Consumer-Goods-Industrie (welche Produkte wie Lebensmittel, Kosmetika und ähnliches anbieten), dass das Top-Management in der Hälfte dieser Unternehmen weniger als 10 % seiner Arbeitszeit Fragen der Produktion widmet; in keinem Fall sind es mehr als 30 %. Auch haben etwa 90 % des Top-Managements der FMCG-Unternehmen keine persönliche Erfahrung im Management von Produktionsprozessen. Bei der Beurteilung der Unternehmensfähigkeiten wird deutlich, dass Forschung & Entwicklung und Marketing & Vertrieb in deutlich höherem Maße als Kernkompetenz angesehen werden.

Auch für die Elektronikindustrie wird darauf hingewiesen, dass die Produktionsprozesse für die Hardware nicht mehr als Differenzierungsfaktor dienen, da die Endprodukte meist aus mehr oder weniger standardisierten Komponenten bestehen und die billigste und schnellste Fertigung eine notwendige Bedingung sei, die eigentliche Differenzierung der Endprodukte jedoch auf der Software basiert (Kita 2001, S. 9).

Allerdings wird in der Literatur und in der Praxis diskutiert, inwiefern eine Fremdvergabe von Produktionsaktivitäten langfristig auch auf die Kernkompetenz „Innovation" einwirkt, da sich aus der Produktion häufig Anstöße für Produktveränderungen ergeben können und eigene Produktionsprozesse zur Sicherung der Produktentwicklungskompetenz wichtig erscheinen (Bengtsson 2001; Bengtsson u. a. 2002). In diesem Zusammenhang wird auf den systemischen Charakter der Kernkompetenzen hingewiesen, d. h., verschiedene Kompetenzen stehen in einem engen Zusammenhang zueinander (Fine/ Whitney 1999, S. 40). Die Bedeutung des Produktionswissens für eine effiziente und schnelle Produktentwicklung wird in verschiedenen Studien belegt (z. B. McDermott/ Handfield 2000). Teilweise wird daraus geschlossen, das eine eigene Produktion notwendig ist, um die Fähigkeit zur Entwicklung neuer Produkte aufrecht zu erhalten, die gleichzeitig auch effizient herzustellen sind (Bengtsson u. a. 2002, S. 48).

In diesem Zusammenhang ist die Tendenz interessant, dass in vielen Industriebranchen lediglich die Massenfertigung von Produkten outgesourct wird. Dabei werden in der Regel entlang des **Produktlebenszyklus** die Schritte Entwicklung des Prototypen sowie Entwicklung zur Serienreife inklusive erster Produktionsprozesse in einer Pilotfabrikationsanlage („**New Product Introduction**", NPI, bzw. „Industrialisation") sowie der Schritt der Massenproduktion selbst getrennt (Barnes u. a. S. 12 f.; McKinsey 2001, S. 6) (siehe Übersicht 4). Nachdem der OEM die Produktion in der Produktneueinführungsphase selbst durchführt, übergibt er in einem Transferprozess diese Aktivität an den Contract Manufacturer, der sie bis zum Ende des Produktlebenszyklus ausführt. Ähnlich fertigt der OEM auch bestimmte, zentrale Produktkomponenten in der Entwicklungsphase selbst (gegebenenfalls bereits in Kooperation mit einem Lieferanten) und übergibt später die Fertigung dieser Komponenten an Lieferanten.

Dadurch, dass die Entwicklung bis zur Serienreife intern beim OEM durchgeführt wird, kann dieser die notwendigen Feedback-Mechanismen zwischen Herstellung und Produktentwicklung beibehalten, eine Erosion seiner Kompetenzbasis verhindern und zugleich die operativen Produktionsprozesse – die, so wird argumentiert, weniger Kernkompetenz-relevant sind – kostengünstig vom Contract Manufacturer durchführen lassen (Brown u. a. 2000). Eine internalisierte Entwicklung auch der Produktionsprozesse bis hin zur Endmontage („production engineering") zielt darauf, auch die Kompetenz zur Entwicklung ganzer Systeme beizubehalten, die notwendig ist für die Entwicklung zukünftiger Produktgenerationen, und auf die Vermeidung des Verlustes dieser Kompetenzen an den Contract Manufacturer (Fine/Whitney 1999, S. 40; Bengtsson u. a. 2002, S. 54).

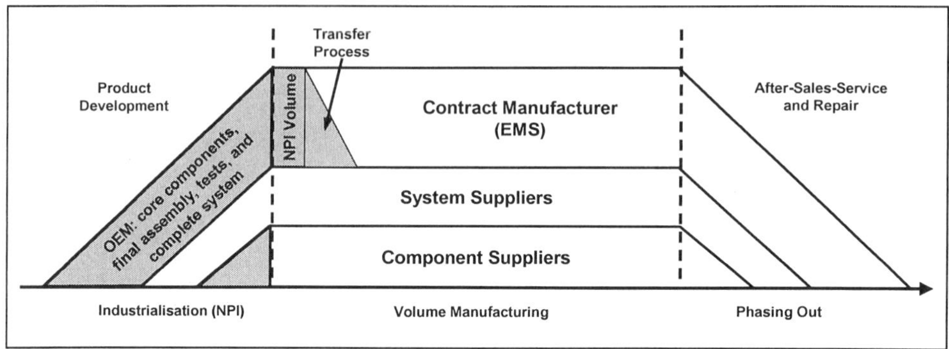

Quelle: Bengtsson u. a. 2002, S. 51.

Übersicht 4: Arbeitsteilung im Produktlebenszyklus

Problematisch erscheint auch diese Form der Trennung der Prozesse, weil der Contract Manufacturer über viele Produkte, Branchen und Hersteller hinweg eine hohe Kompetenz in der Weiterentwicklung von Produktionsprozessen hat und zumindest kooperative Lernprozesse sinnvoll erscheinen. Zugleich kann man auf die hohe Informationsdichte in der Zusammenarbeit zwischen OEM und Contract Manufacturer verweisen, die dem OEM Einblicke in die Produktionsplanungs- und Steuerungssysteme, in Qualitätsdaten u. v. m. gewähren, sodass auch in dieser Hinsicht eine völlige Separierung der Prozesse beim Outsourcing nicht stattfinden würde. Da die Wachstumsphase des Contract Manufacturing erst Mitte der neunziger Jahre eingesetzt hat, können die langfristigen Auswirkungen der unterschiedlichen Strategien bislang nicht abschließend beurteilt werden.

Beschaffungsprozesse und ihre Relevanz für Kernkompetenzen

Wie dargestellt, übernehmen Contract Manufacturer immer häufiger auch die Beschaffung für ihre Kunden (Barnes u. a. 2000, S. 17). Sie können durch Bündelungsvorteile Einkaufspreisvorteile für ihre Kunden und größere Margen für sich selbst erzielen. Wird dem Contract Manufacturer die Beschaffung vollständig übertragen, optimiert er seine Lieferantenauswahl simultan bzgl. aller seiner Kunden, d. h. ganz wesentlich unter der Beachtung seiner Synergieeffekte. Damit wird allerdings die Verbindung zwischen OEM und Teile-, Komponenten- und Systemlieferant häufig getrennt (o. V. 2003, S. 56).

Bezüglich der Innovationsfähigkeit von Unternehmen wird jedoch in neuerer Zeit die strategische Beschaffung, d. h. die Selektion und Beurteilung von Lieferanten sowie die strategische Zusammenarbeit mit ihnen (als Komponenten eines **Supplier-Relationship-Managements**; vgl. hierzu Schramm-Klein 2004), in einem engen Zusammenhang mit eigenen Innovationsprozessen gesehen (Bengtsson u. a. 2002, S. 48). Es wird – nach Ansicht des Verfassers zu recht – argumentiert, dass der OEM die Beziehung zu den Kernlieferanten von Komponenten selbst aufrecht erhalten muss, um sicherzustellen, dass er frühzeitig über neue Entwicklungen und – darüber hinausgehend – über die Entwicklungs-Pipeline seiner Lieferanten informiert ist (o. V. 2003, S. 56). Viele innovative Unternehmen treffen sich regelmäßig mit Komponenten- und Systemlieferanten, um ihre jeweiligen „road maps" der Produkttechnologie der nächsten Jahre zu diskutieren, und vereinbaren in ausgewählten Bereichen **Entwicklungspartnerschaften** (o. V. 2003, S. 56). In Branchen, in denen auch die Lieferanten wissensintensive High-Tech-Unternehmen sind, erscheint daher ein Outsourcing der strategischen Beschaffung problematisch, da strategische Allianzen mit führenden Technologie-Lieferanten die Innovationsstärke deutlich beeinflussen (Carbone 2003, S. 35).

Davon zu trennen ist jedoch die operative Beschaffung, d. h. Preisverhandlungen mit Lieferanten, die Koordination der Belieferung von Produktionsstätten, die Vereinbarung von VMI-Prozessen, Sicherstellung der Versorgung u. v. m. Um die Verhandlungsstärke des Contract Manufacturers zumindest partiell zu erhalten, können ihm vom OEM Listen mit zertifizierten und akzeptierten Lieferanten zur Verfügung gestellt werden, aus denen er auswählen kann (Carbone 2003, S. 35).

5. OEM und Contract Manufacturer als Wertschöpfungsnetzwerk

Theoretisch kann man den Einsatz eines Contract Manufacturers durch einen OEM unterschiedlich interpretieren:

- Die Zusammenarbeit mit einem Contract Manufacturer kann man auf den ersten Blick als eindeutige **X-Allianz** interpretieren (vgl. hierzu den Beitrag von von der Oelsnitz im Ersten Kapitel sowie Morschett in diesem Kapitel des Sammelwerks), also als so genannte „closing-gap-alliance", da der OEM dem Contract Manufacturer die Durchführung bestimmter Schlüsselaktivitäten überträgt und ihm die Kernkompetenz effizienter Massenfertigungsprozesse (und die Weiterentwicklung dieser Kernkompetenz) und sogar die Steuerung des Zuliefernetzwerkes oft weit gehend überlässt.
- Indirekt könnte man die Zusammenarbeit eines OEM mit einem Contract Manufacturer auch als **Y-Allianz** interpretieren, wenn der Contract Manufacturer lediglich als Instrument bzw. Institutionalisierungsform der Kooperation mehrerer OEM verstanden wird. Fokussiert man auf einen Kernwettbewerbsvorteil der Contract Manufactu-

rer, der im „Pooling“ der Produktionsvolumina verschiedener OEM besteht, um somit Größenvorteile in der Produktion und in der Beschaffung zu realisieren (oder z. B. die notwendige kritische Masse zu erreichen, um in eine neue Fabrik in einem Niedriglohnland investieren zu können), erscheint auch die Perspektive einer „critical-mass-alliance“ einen Erklärungsbeitrag leisten zu können für die zunehmende Nutzung der Contract Manufacturer.

In beiden Perspektiven wird deutlich, dass eine dyadische Interpretation der Kunden-Lieferanten-Beziehung unzureichend ist.

Letztlich mündet diese Zusammenarbeit in ein umfassendes **Wertschöpfungsnetzwerk**. Es stellt sich die Frage, wer das fokale Unternehmen im Wertschöpfungsnetzwerk ist. Hier kommen langfristig entweder der Markenführer oder der Contract Manufacturer in Frage. Das fokale Unternehmen führt das Netzwerk – direkt oder indirekt. Die Strategie des fokalen Unternehmens beeinflusst das Wachstum, die strategische Ausrichtung und die Netzwerkposition vieler anderer Netzwerkakteure. Es bezieht seine Macht von der Kontrolle über kritische Ressourcen und Fähigkeiten, welche die Entwicklung des Netzwerkes insgesamt vorantreiben (Ernst/Kim 2001, S. 10). Während es heute evident erscheint, dass das fokale Unternehmen stets der Markenführer ist (weil die Marke eine zentrale kritische Ressource am Markt darstellt) (Barnes u. a. 2000, S. 12), könnte – beachtet man die vorne beschriebene Gefahr einer Kernkompetenzerosion – langfristig auch der Contract Manufacturer in die Rolle des fokalen Akteurs gelangen. Beachtet man, dass der Contract Manufacturer eine zentrale Rolle im Wertschöpfungsnetzwerk mehrerer Hersteller unterschiedlicher Branchen einnimmt und sieht man zugleich die enorme Größe der Unternehmen (siehe Tabelle 1), deutet dies bereits seine hohe Macht im Netzwerk an.

Für die zukünftige Entwicklung der Rollenverteilung sind zwei Beobachtungen interessant. So ist Flextronics seit einigen Jahren dazu übergegangen, kleinere Hersteller bei ihrer Expansion zu unterstützen, indem Venture Capital zur Verfügung gestellt wird (Barnes u. a. 2000, S. 33). Es wurde bereits erwähnt, dass es der Einsatz von Contract Manufacturern auch kleineren Unternehmen, sogar Start Ups, ermöglicht, ihre Produkte weltweit zu vermarkten, ohne eigene Produktionskapazitäten aufbauen zu müssen. Durch die zusätzliche finanzielle Unterstützung ist dies noch besser möglich, was der Contract Manufacturer nutzt, um seine eigene Kundenbasis zu erweitern. Diese Strategie könnte man interpretieren als den Versuch eines Contract Manufacturers, zum fokalen Unternehmen in einem Netzwerk zu werden, indem er seine finanziellen Ressourcen einsetzt, um F & E- und Marketing-Know-how von kleineren Unternehmen „einzukaufen“ bzw. durch Equity-Partnerschaften mit ihnen Know-how an sich zu binden.[1]

---

1 Ohne diese Diskussion hier vertiefen zu können, könnten solche Überlegungen z. B. auf der Basis der Resource-Dependence-Ansätze, der Netzwerkansätze oder auch industrieökonomischer Ansätze angestellt werden.

Einen anderen Weg gehen Auftragsfertiger, die ihre eigene Marke aufbauen, sei es in Form einer Ingredient Brand (vgl. hierzu Havenstein 2004) oder sogar auf der Ebene des Endproduktes. Beispielsweise will der taiwanesische Elektronikhersteller BenQ, der bisher noch rund 60 % seiner Einnahmen durch die Geräteproduktion von Laptops, Flachbildschirm-Fernsehern und Handys für bekannte Markenartikel-Unternehmen erzielt, diesen Prozentsatz in den nächsten drei Jahren auf 50 % senken – indem der Umsatz mit der Marke BenQ schneller steigt als jener der Auftragsfertigungssparte (Ohler 2005).

6. Fazit

Wie in vielen Wirtschaftssektoren, verschwimmen auch bei der Kooperation von OEM mit Auftragsfertigern in Wertschöpfungsnetzwerken zunehmend die Grenzen. Dies geschieht einerseits im Feld der Auftragsfertiger selbst. Immer stärker betreiben Contract Manufacturer Rückwärtsintegration, d. h., sie übernehmen auch Entwicklungsaktivitäten für ihre Kunden, während die so genannte ODM in der Wertschöpfungskette – von vorgelagerten Aktivitäten wie Entwicklung aus – schrittweise "Vorwärtsintegration" betreiben, also auch Produktionsaktivitäten in ihre Angebotspalette aufnehmen (Schweber 2003, S. 70).

Verschwimmende Grenzen deuten sich aber auch an zwischen den Marken-„Herstellern“, also den OEM, die ihre Produktion bzw. immer größere Teile davon an Auftragsfertiger vergeben, und den Contract Manufacturern, die auf der Suche nach margenintensiveren Tätigkeitsfeldern auch die Bedeutung der Endverbrauchermärkte für sich entdecken und Einfluss auf das Marketing und die Marke erlangen wollen. Auch die Vergabe von Entwicklungsprozessen an die Contract Manufacturer, die kurzfristig und operativ betrachtet sinnvoll erscheinen kann, lässt langfristig die Grenze zwischen „Innovationsführer“ und „Produzent“ immer stärker verschwimmen.

Letztlich handelt es sich damit für die OEM beim Einsatz von Contract Manufacturern um eine Gratwanderung, bei der der optimale Outsourcing-Grad von Aktivitäten nicht nur unter Kostenaspekten, sondern sehr wesentlich auch unter der strategischen Perspektive des langfristigen Erhalts der eigenen Kernkompetenzen ermittelt werden muss, wobei zugleich eine genaue Beobachtung der Märkte und Branchen notwendig ist, um die Entstehung zukünftiger Wettbewerber nicht zu fördern.

Literatur

ALICKE, K.; EITELWEIN, O. (2004): Outsourcing im Supply Chain Management, in: Supply Chain Management, 4. Jg., Nr. 3, S. 17-27.

ANDERSON, E.; GATIGNON, H. (1986): Modes of Entry: A Transactions Cost Analysis and Propositions, in: Journal of International Business Studies, 17. Jg., Fall, S. 1-26.

BARNES, E. U. A. (2001): On the strategy of supply hubs for cost reduction and responsiveness, White Paper, School of Industrial and Systems Engineering, Georgia Institute of Technology, and The Logistics Institute, National University of Singapore, Atlanta-Singapur.

BARNES, E.; DAI, J.; DENG, S.; DOWN, D. (2000): Electronics Manufacturing Service Industry, White Paper, The Logistics Institute, National University of Singapore, Singapur.

BENGTSSON, L. (2001): Outsourcing manufacturing – An analysis of a learning dilemma, in: Proceedings of the 4th International QMOD Conference 2001, September 12-14, Linköping, Sweden, S. 424-433.

BENGTSSON, L.; NISS, C.; STJERNSTRÖM, S.; WESTIN, S. (2002): The challenge of maintaining new product manufacturability capability when outsourcing volume manufacturing, in: Proceedings CINet 2002 Conference, September 15-18, Espoo, Finland, S. 47-58.

BROWN, S.; LAMMING, R.; BESSANT, J.; JONES, P. (2000): Strategic Operations Management, Oxford.

CARBONE, J. (2003): Strategic Sourcing, in: Purchasing, o. Jg., 17. April 2003, S. 32-36.

COKER, B. (2004): The ODM threat to EMS, in: Circuits Assembly, February, S. 34-37.

COLE, M.; MASON, S.; HAU, T.-C. ; YAN, L. (2001) : The Manufacture/Outsource Decision in Electronics Manufacturing, Final Report, The Logistics Institute, University of Arkansas, Fayetteville/Arkansas.

DIERICKX, P.; COOL, K. (1990): Asset Stock Accumulation and Sustainability of Competitive Advantage, in: Management Science, Vol. 35, S. 1504-1511.

FINE, C.; WHITNEY, D. (1999): Is the make-by decision process a core competence?, in: Logistics in the information age, 4th ISL, Florence, Italy.

FLEXTRONICS (2003): Flextronics Investment Profile – März 2003, Singapur.

FLEXTRONICS (2005): Flextronics Investment Profile – Februar 2005, Singapur.

HAVENSTEIN, M. (2004): Ingredient Branding – Die Wirkung der Markierung von Produktbestandteilen bei konsumtiven Gebrauchsgütern, Wiesbaden.

HIRN, W.; NEUKIRCHEN, H. (2001): Fabrik-Verkauf, in: Manager Magazin, 31. Jg., Nr. 11, S. 294-304.

KITA, M. (2001): How the EMS (Electronics Manufacturing Service) business model can help Japanese corporations revolutionize their factories?, in: Japan Bank for International Cooperation Review, o. Jg., Nr. 4, S. 1-24.

KUTSCHKER, M.; SCHMID, S. (2004): Internationales Management, 3. Aufl., München u. a.

LÜTHJE, B. (2001): Electronics Contract-Manufacturing: Global Production and the International Division of Labor in the Age of the Internet, Institut für Sozialforschung an der Johann Wolfgang Goethe-Universität, Frankfurt.

LÜTHJE, B.; SCHUMM, W.; SPROLL, M. (2002): Contract-Manufacturing: Transnationale Produktion und Industriearbeit in der IT-Branche, Frankfurt u. a.

MARWAHA, G. (2003): Success in Five Years: Contract-Manufacturing in Scotland, in: Pharmaceutical Technology Europe, 15. Jg., Nr. 3, S. 42-44.

MATIASKE, W.; MELLEWIGT, T. (2002): Motive, Erfolge und Risiken des Outsourcings: Befunde und Defizite der empirischen Outsourcing-Forschung, in: Zeitschrift für Betriebswirtschaft, 72. Jg., S. 641-659.

MCDERMOTT, C.; HANDFIELD, R. (2000): Concurrent development and strategic outsourcing: Do the rules change in breakthrough innovation?, in: The Journal of High Technology Management Research, 1. Jg., Nr. 1, S. 35-37.

MCKINSEY&COMPANY (2001): De-verticalisation – a new route to excellence in FMCG Operations, Düsseldorf.

MCKONE, K.; TUMOLO, P. (2002): Redefining Contract-Manufacturing, in: Supply Chain Management Review, o. Jg., Nr. 1, S. 64-71.

MORSCHETT, D.; SCHRAMM-KLEIN, H. (2004): Contract-Manufacturer als Outsourcing-Partner international tätiger Industrieunternehmen – Flextronics International Ltd., in: Zentes, J.; Swoboda, B. (Hrsg.): Fallstudien zum Internationalen Management, 2. Aufl., Wiesbaden, S. 279-294.

o. V. (2003): OEMs should outsource, but maintain control of sourcing, in: Purchasing, o. Jg., 11. Dezember 2003, S. 56.

o. V. (2004): Top 50 Contract-Manufacturers, in: Purchasing, o. Jg., 21. Oktober 2004, S. 38-39.

OHLER, A. (2005): BenQ setzt zu Umsatzsprung in Europa an, in: Financial Times Deutschland, 14.03.2005, S. 5.

PERLITZ, M. (2000): Internationales Management, 4. Aufl., Stuttgart.

ROBERTS, B. (2003): The ups and downs of Contract-Manufacturing, in: Electronic Business, 1. September 2003.

SCHAFF, W. (2004): Flextronics' stock still reasonably priced, in: Information Week, 12. Januar 2004.

SCHRAMM-KLEIN, H. (2004): Internationales Supplier-Relationship-Management – Perspektiven in der internationalen Beschaffung, in: Zentes, J.; Morschett, D.; Schramm-Klein, H. (Hrsg.): Außenhandel, Wiesbaden, S. 765-791.

SCHWEBER, B. (2003): Making it under contract, in: EDN, o. Jg., April 17, 2003, S. 67-73 (www.edn.com).

SERANT, C. (2003): Logistics firms grabbing more EMS business, in: ebn – Procurement, Technology, Business, Supply Networks, February 10, 2003, S. 1, 34-35.

STURGEON, T. (1999): Turn-Key Production Networks: Industry Organization, Economic Development, and the Globalization of Electronics Contract-Manufacturing, Ph.D. dissertation, University of California at Berkeley.

STURGEON, T.; LEE, J.-R. (2001): Industry Co-Evolution and the Rise of a Shared Supply-base for Electronics Manufacturing, MIT Industrial Performance Center, Special Working Paper Series, Boston.

ZENTES, J.; MORSCHETT, D. (2003): Die Servicebausteine in der Logistik, in: Merkel, H.; Bjelicic, B. (Hrsg.): Logistik und Verkehrswirtschaft im Wandel, München, S. 419-436.

ZENTES, J.; SWOBODA, B.; MORSCHETT, D. (2004): Internationales Wertschöpfungsmanagement, München.

Dieter Ahlert/Heiner Evanschitzky/Maren Wunderlich*

Kooperative Unternehmensnetzwerke: Nationale und internationale Entwicklungs- und Wachstumsperspektiven des Franchising

---

* Univ.-Professor Dr. Dieter Ahlert ist Inhaber des Lehrstuhls für Betriebswirtschaftslehre, insbesondere Distribution und Handel der Westfälischen Wilhelms-Universität Münster.
Dr. Heiner Evanschitzky ist Wissenschaftlicher Assistent, Dr. Maren Wunderlich Wissenschaftliche Mitarbeiterin am selben Lehrstuhl.

1. Einführung

Kooperative Unternehmensnetzwerke verkörpern die weltweit am stärksten wachsende Organisationsform für unternehmerische Aktivitäten. Eine Vielzahl von internationalen Publikationen, Symposien und Seminaren zum Phänomen „Netzwerke" belegen die hohe Bedeutung, die dieser Organisationsform sowohl von der Praxis als auch der Forschung beigemessen wird. Kooperative Unternehmensnetzwerke gelten als Antwort auf die marktlichen Herausforderungen, denen sich insbesondere global agierende Unternehmen gegenüber gestellt sehen: ein effizientes Kostenmanagement und eine effektive Marktbearbeitung durch Konzentration auf die jeweiligen Kernkompetenzen.

Die Ausgestaltungsformen dieser hybriden Systeme in der Wirtschaftspraxis sind vielfältig. Unter den differenten Kooperationstypen zeichnet sich jedoch eine Überlegenheit derjenigen ab, die über einen Systemkopf verfügen (Ahlert/Wunderlich 2002, S. 45). Ihr Erfolgspotenzial besteht darin, dass sie marktliche und hierarchische Steuerungselemente sinnvoll miteinander kombinieren: Unternehmensnetzwerke mit Systemkopf verbinden das Prinzip der Kooperation zwischen eigenständig handelnden Akteuren mit den Vorteilen einer systematischen Steuerung durch eine Managementzentrale (Ahlert/Evanschitzky 2003, S. 407f.; Evanschitzky 2003, S. 45). Als bekanntestes Beispiel systemkopfgesteuerter Unternehmensnetzwerke sind Franchise-Systeme zu nennen.

In Politik und Wirtschaft ist die Organisationsform **Franchising** derzeit ein zentrales Thema. Dabei wird aus politischer Perspektive dem Franchising vor allem eine hohe Bedeutung im Rahmen der Mittelstandsförderung beigemessen. So bietet das Franchising nicht nur potenziellen Existenzgründern einen leichteren Einstieg in die Selbstständigkeit, sondern es hilft auch kleinen und mittelständischen Unternehmen, Größennachteile gegenüber filialisierenden Unternehmen beispielsweise im Einkauf und in der Werbung zu überwinden und damit ihre Wettbewerbsfähigkeit zu sichern. In der Wirtschaftspraxis wird Franchising unter anderem als Mittel zur Expansion gewählt. Dies resultiert aus der wesentlich geringeren finanziellen Belastung, die mit der Franchisierung im Vergleich zur Filialisierung einhergeht. Eine besondere Aktualität erfährt das Franchising vor dem Hintergrund der Erneuerung der Gruppenfreistellungsverordnung seit dem 1. Oktober 2002, die im Automobilbereich neue Entscheidungen der Hersteller für die Händlernetzentwicklung erfordert. Franchising wird dabei ein, wenn nicht sogar der zukunftsweisende Weg sein.

Im vorliegenden Beitrag sollen die internationalen sowie nationalen Entwicklungs- und Wachstumsperspektiven des Franchising genauer betrachtet werden. Ziel ist es, durch einen internationalen Vergleich die Potenziale des Franchising in Deutschland aufzuzeigen sowie mögliche Wachstumshemmnisse offen zulegen. Hierzu erfolgt zunächst eine Darstellung der Grundlagen zur Organisationsform Franchising.

2. Franchising als Prototyp systemkopfgesteuerter Unternehmensnetzwerke

Franchising ist eine spezielle Form **systemkopfgesteuerter Unternehmensnetzwerke**, die bereits seit den sechziger Jahren zunehmend an Bedeutung gewinnt und auch in Deutschland mittlerweile zu den am stärksten wachsenden Organisationsformen zählt (Javanovski 1994, S. 24 f.; Tietz 1991, S. 9).

Nach der Definition von Kaub, die auch vom Deutschen Franchise-Verband übernommen wurde, handelt es sich beim Franchising um ein vertikal-kooperativ organisiertes Absatzsystem rechtlich selbstständiger Unternehmungen auf der Basis eines vertraglichen Dauerschuldverhältnisses (Kaub 1980, S. 29). Dabei weisen Franchisingnetzwerke zehn konstitutive Merkmale auf, die sich zu fünf Merkmalsklassen verdichten lassen (vgl. hierzu und im Folgenden Meurer 1997, S. 8 ff.).

- In den systembezogenen Merkmalen spiegelt sich der Netzwerkcharakter von Franchise-Systemen wider. Ein besonderes Kennzeichen von Franchise-Systemen ist deren vertikale Organisationsstruktur. Der Franchise-Geber gehört grundsätzlich einer Marktstufe an, die konsumferner ist als diejenige, auf welcher der Franchise-Nehmer agiert (Ahlert 1981, S. 86; Kaub 1980, S. 23 f.). Weiterhin liegt zwischen den beiden Systempartnern eine kooperative Beziehung mit intensiver und nicht nur fallweiser Zusammenarbeit vor (Meurer 1997, S. 10).
- Die vertragsbezogenen Merkmale legen die rechtlichen Grundlagen des Franchise-Systems fest. Charakteristisch für Franchise-Systeme ist der dauerhaft bindende, schriftliche, individualrechtliche Vertrag zwischen Franchise-Geber und -Nehmer, der ein Dauerschuldverhältnis begründet (Gust 2001, S. 25).
- Statusbezogene Merkmale beziehen sich auf die Stellung der Systempartner zueinander. Kennzeichnend für Franchise-Systeme ist die Systemführerschaft des Franchise-Gebers (Ahlert 1996, S. 216). Als solcher trifft er die für das System wesentlichen Entscheidungen und koordiniert die Aktivitäten der Kooperationspartner. Zur formalen Absicherung der **Systemführerschaft** und der Systemeinheitlichkeit lässt sich der Franchise-Geber vertraglich verschiedene Weisungs- und Kontrollrechte einräumen (Meurer 1997, S.10; Orthmann 1990, S. 9). Ein weiteres statusbezogenes Merkmal von Franchisingnetzwerken ist die rechtliche und finanzielle Selbstständigkeit beider Parteien. Der Franchise-Nehmer trägt das unternehmerische Risiko und ist auf eigenen Namen sowie auf eigene Rechnung geschäftlich tätig (Gust 2001, S. 27).
- Die marketingbezogenen Merkmale kennzeichnen das Franchising als absatzmarktgerichtete Kooperationsform mit einem einheitlichen Marktauftritt. Dabei wird der einheitliche Marktauftritt durch eine systemweite und sehr umfassende Standardisierung des Marketing-Mix erreicht, die sich vor allem in der intensiven Nutzung von Firmen-, Dienstleistungs- und Produktmarken, in der Durchsetzung einer Corporate

Identity in Bezug auf die Geschäftsstätten und die sonstigen Bedienungs- und Kontaktmodalitäten sowie in der Gestaltung des Sortiments- bzw. Dienstleistungsprogramms manifestiert (Martinek 1987, S.130 ff).

- Bezüglich der funktionalen Merkmale ist das arbeitsteilige Leistungsprogramm charakteristisch für Franchise-Systeme (Ahlert 1996, S. 66; Meurer 1997, S. 11). Insbesondere die Vertriebsaufgaben werden vom Franchise-Geber in der Regel vollständig an die Franchise-Nehmer übertragen. Eng damit verknüpft sind die dauerhaften, bilateralen Rechte und Verpflichtungen zur Erfüllung des Systemzwecks. So ist der Franchise-Geber verpflichtet, den Franchise-Nehmern das Franchise-Paket zur Verfügung zu stellen, das im Kern aus dem Franchise-Konzept besteht. Dieses kann als das gesamte System-Know-how und -Do-how verstanden werden. Weiterhin umfasst das Franchise-Paket Leistungen des Franchise-Gebers für die Franchise-Nehmer, um diese bei der Ausübung der Geschäftstätigkeit zu unterstützen und zu entlasten (Schlüter 2001, S. 21 f.). Das Franchise-Paket ist vom Franchise-Geber permanent weiterzuentwickeln und den Franchise-Nehmern durch Schulungen und Systemhandbücher zu vermitteln.

Die Nutzung der Franchise ist das zentrale Recht und gleichzeitig die wesentliche Verpflichtung des Franchise-Nehmers (Bauder 1988, S. 29). Er muss die Systemleistungen (Waren und/oder Dienstleistungen) entsprechend den Vorgaben des Franchise-Nehmers vertreiben, damit ein einheitlicher Marktauftritt aller Franchise-Betriebe gewährleistet ist. Die monetären Pflichten des Franchise-Nehmers erstrecken sich zum einen auf den Einsatz eigenen Kapitals und zum anderen auf die Entrichtung von Gebühren. In den meisten Systemen müssen die Franchise-Nehmer eine einmalige, fixe Einstandsgebühr und laufende Gebühren zahlen.

Zusammenfassend veranschaulicht Übersicht 1 das Grundprinzip des Franchising.

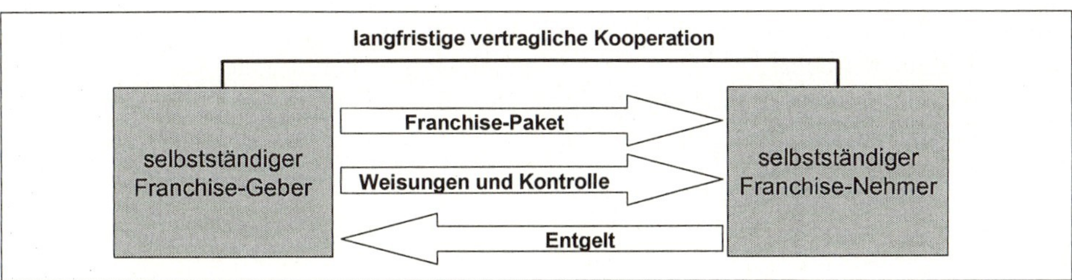

Quelle: In Anlehnung an: Sydow 1994, S. 96.

Übersicht 1: Das Grundprinzip des Franchising

3. Franchising im internationalen Vergleich

3.1 Überblick

Im internationalen Vergleich wird offenbar, dass das Phänomen Franchising in den verschiedenen Ländern unterschiedlich ausgeprägt ist (International Franchise Association 2004). Die Ausführungen zur Verbreitung des Franchising in der Welt beruhen dabei auf sekundären Quellen, bei deren Interpretation Vorsicht geboten ist: Es gibt keine für alle genannten Länder gleichermaßen zuverlässigen Vergleichszahlen, die aufgrund gleicher oder gleichwertiger Methoden ermittelt worden sind.

Es muss vielmehr davon ausgegangen werden, dass die veröffentlichten Zahlen zu einem großen Teil auf Schätzungen beruhen. Die nationalen Franchise-Verbände in den verschiedenen Ländern, die naturgemäß eine wesentliche Quelle darstellen, erfassen über ihren Mitgliederbestand immer nur einen – häufig nur kleinen – Teil, der im jeweiligen Land aktiven Franchise-Systeme. Auch diese beteiligen sich nur zu einem Teil an Verbandsstatistiken, sodass ermittelte echte Teilwerte zu vermuteten Gesamtwerten hochgerechnet werden. Es ist nicht anzunehmen, dass derartige Hochrechnungen zum Nachteil des Franchising ausfallen. Die Vergleichbarkeit der Zahlen krankt auch daran, dass der Begriff „Franchising" in den verschiedenen Ländern bzw. Erdteilen unterschiedlich besetzt wird. Ein Land, das – wie die USA – den Begriff großzügig auslegt, kann naturgemäß eine größere Anzahl von Franchise-Systemen benennen als ein Land, in dem der Begriff eher puristisch verstanden wird. Dennoch sei das Nebeneinanderstellen bzw. das Wiedergeben von veröffentlichten Zahlen gewagt, weil sich daraus Größenordnungen ergeben und Entwicklungstendenzen sowie gewisse Schlussfolgerungen ableiten lassen.

Nachfolgend sollen neben einer detaillierten Analyse der europäischen Länder auch diejenigen Länder betrachtet werden, die im Franchising eine führende Rolle einnehmen. Hierbei handelt es sich um die USA, Kanada, Brasilien, Japan die im Kapitel „Weltweite Beobachtungen" zusammengefasst werden.

3.2 Europa

Europa als eigenständige geografische Region[1] kann bezüglich der Organisationsform „Franchising" auf eine lange Tradition zurückblicken. Trotzdem herrschen heute erhebliche Differenzen in der Durchsetzung des Franchising in den einzelnen Ländern. Dies ist zum einen durch deren unterschiedlichen Entwicklungsgrad (hier als Grad der wirt-

1 Hier soll Europa nicht als „EU" verstanden werden, sondern als ganzer Kontinent.

schaftlichen Entwicklung) zu erklären. So liegt beispielsweise das Bruttoinlandsprodukt pro Kopf in der Schweiz mit etwa 48.905 US-$ fast 50-mal höher als in der Ukraine (siehe Tabelle 1).

Land	Einwohner [in Mio.]	Bruttoinlandsprodukt pro Kopf [US-$]
Belgien	10,3	31.260
Bulgarien	7,8	1.820
Dänemark	5,4	39.160
Deutschland	82,5	32.870
Finnland	5,2	33.000
Frankreich	60,4	30.700
Griechenland	11,0	14.280
Großbritannien	59,1	24.300
Irland	4,0	30.610
Italien	57,3	21.520
Niederlande	16,2	30.910
Norwegen	4,6	40.369
Österreich	8,1	34.240
Portugal	10,1	12.500
Rumänien	22,3	1.730
Russland	142,4	3.257
Schweden	8,9	34.040
Schweiz	7,2	48.905
Spanien	41,1	18.570
Tschechische Republik	10,2	5.860
Ukraine	48,2	1.024
Ungarn	9,8	5.940

Quelle: International Franchise Association IFA 2004.

Tabelle 1: Europa im Überblick

Auf der anderen Seite lässt sich feststellen, dass in den verschiedenen europäischen Ländern Franchise-Systeme in unterschiedlichen Teilbranchen des tertiären Sektors anzutreffen sind. Während in Deutschland Systeme aus dem Bereich Fotohandel, Tourismus und Schnellimbiss dominieren, sind in Frankreich die bedeutenden Hotelkonzerne und darüber hinaus auch viele Handelskonzerne als Franchise-Systeme organisiert.

Ein ähnlich heterogenes Bild ergibt sich bei der Betrachtung der Anzahl von Franchise-Systemen, der Anzahl der Franchise-Nehmer und -Geber sowie der Umsätze der gesamten Franchise-Wirtschaft pro Land (siehe Tabelle 2). Hier fällt auf, dass Frankreich bezüglich des Gesamtumsatzes aller Franchise-Systeme mit 30 Milliarden US-$ eine Spitzenposition in Europa einnimmt. Auf Rang zwei folgt Deutschland mit 20 Milliarden US-$ vor Großbritannien mit 13 Milliarden US-$. Folgende Tabelle gibt einen Überblick über alle relevanten Daten zu den Franchise-Systemen in Europa.

Land	Anzahl Franchise-Geber	Anzahl Franchise-Nehmer	Jahresumsatz aller Franchise-Systeme [Mrd. US-$]	Arbeitsplätze
Belgien	170	3.500	2,4	30.000
Bulgarien	18	k. A.	k. A.	k. A.
Dänemark	112	3.056	4,25	18.000
Deutschland	810	37.100	20	346.500
Finnland	140	3.000	2,7	35.000
Frankreich	151	31.781	30	k. A.
Griechenland	k. A.	k. A.	k. A.	k. A.
Großbritannien	642	35.200	13	316.900
Irland	113	864	0,363	7.453
Italien	536	22.000	12	50.000
Niederlande	395	14.250	10	150.500
Norwegen	60	400	k. A.	k. A.
Österreich	305	4.200	2,4	54.500
Portugal	357	2.000	1,1	35.000
Rumänien	k. A.	k. A.	k. A.	k. A.
Russland	50	300	k. A.	2.000
Schweden	250	20.000	k. A.	k. A.
Schweiz	150	k. A.	k. A.	k. A.
Spanien	485	40.484	7,5	100.000
Tschechische Republik	k. A.	k. A.	k. A.	k. A.
Ukraine	k. A.	k. A.	k. A.	k. A.
Ungarn	250	5.000	k. A.	100.000

Quelle: International Franchise Association IFA, 2004.

Tabelle 2: Franchise-Nehmer und -Geber

Die Durchsetzung des Franchising als eigenständige Form der Organisation dezentraler Aufgaben lässt sich anhand der Größen

- Angebotssituation (Anzahl Outlets bzw. Franchise-Systeme pro 1 Millionen Einwohner) und
- Nachfragesituation (Einwohner pro Franchise-System bzw. Outlet)

festmachen.

Tabelle 3 zeigt die entsprechenden Werte für die europäischen Länder.

	Konsumentensicht		Unternehmenssicht	
Land	Outlets pro 1 Mio. Einwohner	Franchise-Systeme pro 1 Mio. Einwohner	Einwohner pro Franchise-System	Einwohner pro Outlet
Schweden	2.247	28	35.600	445
Spanien	985	12	84.742	1.015
Niederlande	880	24	41.013	1.137
Großbritannien	596	11	92.056	1.679
Finnland	577	27	37.143	1.733
Dänemark	566	21	48.214	1.767
Frankreich	526	3	400.000	1.901
Österreich	519	38	26.557	1.929
Ungarn	510	26	39.200	1.960
Deutschland	450	10	101.852	2.224
Italien	384	9	106.903	2.605
Belgien	340	17	60.588	2.943
Irland	216	28	35.398	4.630
Portugal	198	35	28.291	5.050
Norwegen	87	13	76.667	11.500
Russland	2	<1	2.848.000	474.667
Bulgarien	k. A.	2	433.333	k. A.
Griechenland	k. A.	k. A.	k. A.	k. A.
Rumänien	k. A.	k. A.	k. A.	k. A.
Schweiz	k. A.	21	48.000	k. A.
Tschech. Rep.	k. A.	k. A.	k. A.	k. A.

Tabelle 3: Durchsetzungsdichte an Franchise-Systemen

Die meisten Outlets relativ zur Einwohnerzahl besitzt Schweden mit 2.247 Betrieben. Hier hat Franchising aus Sicht der Kunden bereits eine sehr hohe Bedeutung. Mit einigem Abstand folgen Spanien und die Niederlande mit etwa 1.000 Outlets pro eine Million Einwohner.

Auffällig ist, dass es insbesondere in Frankreich, trotz einer recht hohen Anzahl von Outlets pro Einwohner, weniger als drei Franchise-Systeme pro eine Million Einwohner gibt. Dies kann als Indikator dafür gelten, dass in Frankreich relativ große Franchise-Systeme existieren. Diese Annahme wird durch die bereits erwähnte Dominanz des Franchising bei Hotel- und Handelskonzernen bestätigt.

Tabelle 4 bietet einen Überblick über die gesamtwirtschaftliche Bedeutung des Konzepts „Franchising" in Europa. Dies sei anhand der folgenden Kriterien dargestellt:

- Umsatz pro Franchise-System
- Umsatz, den jeder einzelne Arbeitsplatz in einem Franchise-System erwirtschaftet
- Umsätze der gesamten Franchise-Wirtschaft als Anteil des Bruttoinlandsproduktes.

Land	Umsatz pro Franchise-System [in Mio. US-$ p. a.]	Umsatz pro Arbeitsplatz in einem Outlet [in US-$ p. a.]	Umsätze aller Franchise-Systeme als Anteil des BIP [in %]
Frankreich	198,68	k. A.	1,62
Dänemark	37,95	236,111	2,01
Niederlande	25,32	66,445	2,00
Deutschland	24,69	57,720	0,74
Italien	22,39	240,000	0,97
Großbritannien	20,25	41,022	0,91
Finnland	19,29	77,143	1,57
Spanien	15,46	75,000	0,98
Belgien	14,12	80,000	0,75
Österreich	7,87	44,037	0,87
Irland	3,21	48,705	0,30
Portugal	3,08	31,429	0,87
Bulgarien	k. A.	k. A.	k. A.
Griechenland	k. A.	k. A.	k. A.
Norwegen	k. A.	k. A.	k. A.
Rumänien	k. A.	k. A.	k. A.
Russland	k. A.	k. A.	k. A.
Schweden	k. A.	k. A.	k. A.
Schweiz	k. A.	k. A.	k. A.
Tschech. Rep.	k. A.	k. A.	k. A.
Ukraine	k. A.	k. A.	k. A.
Ungarn	k. A.	k. A.	k. A.

Tabelle 4: Bedeutung des Franchising aus gesamtwirtschaftlicher Sicht

Mit deutlichem Abstand weist Frankreich mit fast 200 Millionen US-$ pro Jahr den höchsten Umsatz je System in Europa auf. Es folgt Dänemark, das allerdings gemeinsam mit Italien den höchsten Umsatz pro Arbeitsplatz (und Jahr) erwirtschaftet. Auffällig ist, dass gerade in Deutschland die Produktivität eines durchschnittlichen Arbeitsplatzes in einem Franchise-System bei nur knapp über 50.000 US-$ liegt. Dies könnte ein Anzeichen dafür sein, dass gerade Franchise-Systeme hierzulande in (relativ) unproduktiven Branchen angesiedelt sind.

Der relative Anteil der Umsätze aller Franchise-Systeme am Bruttoinlandsprodukt kann als ein weiterer Indikator dafür verwendet werden, welche gesamtwirtschaftliche Bedeutung dem Franchising beigemessen wird. Hier wird deutlich, dass gerade in Dänemark und den Niederlanden die Franchise-Wirtschaft für etwa zwei Prozent des BIP verantwortlich ist. Mit gewissem Abstand folgen Frankreich und Finnland. Deutschland nimmt in dieser Kategorie eine eher untergeordnete Rolle ein. Nur etwa ein ¾ Prozent des BIP wird von Franchise-Systemen erwirtschaftet.

3.3 Weltweite Beobachtungen

Die weltweite Betrachtung zeigt, dass die USA für das Franchising das bei weitem bedeutendste Land darstellt (siehe Tabelle 5). Mit 350.000 Franchise-Nehmern werden 1.000 Milliarden US-$ Umsatz generiert (siehe Tabelle 6). In einer US-amerikanischen Aufstellung von 1998 wird von ca. 2.500 aktiven Franchise-Systemen gesprochen (Bond's Franchise Guide 1998, S. 9) und eine Veröffentlichung des amerikanischen Franchise-Verbandes IFA spricht von geschätzten 1.500 in den USA aktiven Franchise-Systemen (Franchise Bytes, International Franchise Association, Revised 12/99). Trotz dieser Zweifel nimmt die US-amerikanische Franchise-Wirtschaft erwartungsgemäß auf allen Gebieten die führende Position ein.

Land	Einwohner [in Mio.]	Bruttoinlandsprodukt pro Kopf [US-$]
Australia	19,9	24.956
Brazil	180,7	3.500
Canada	31,0	21.768
Japan	127,8	30.100
United States	297,0	31.910

Quelle: International Franchise Association IFA, 2004.

Tabelle 5: Einwohner und Bruttoinlandsprodukt

Land	Anzahl Franchise-Geber	Anzahl Franchise-Nehmer	Jahresumsatz aller Franchise-Systeme [Mrd. US-$]	Arbeitsplätze
Australia	747	49400	76,5	651900
Brazil	894	46.534	12	226.334
Canada	1.327	63.642	90	k. A.
Japan	1.000	198.328	142	k. A.
United States	1.500	350.000	1.000	k. A.

Quelle: International Franchise Association IFA, 2004.

Tabelle 6: Franchise-Nehmer und -Geber

Die Zahl der Fast-Food-Ketten, Pizzerien und Restaurants ist dabei besonders hoch. Allein im „Fast-Food/Take-away"-Bereich gibt es auf dem amerikanischen Markt mehr Franchise-Nehmer als in der gesamten europäischen Franchise-Wirtschaft zusammen: 1997 waren es 96.200 Einheiten (Bond's Franchise Guide 1998, S. 15) und in dieser Kategorie waren Coffee-, Donuts- und „Pretzel"-Shops nicht einmal enthalten. Das besondere Gewicht der Schnellrestaurant- und Imbissketten wird durch die folgende Aufstellung (siehe Tabelle 7) der nach Franchise-Nehmerzahl zehn größten US-amerikanischen Systeme illustriert (wobei die Zahlen zum Teil weltweit sind).[1]

	Franchise-System	Branche	Betriebe ca. Angaben
1	McDonald's Corp.	Schnellimbiss	30189
2	7-Eleven Inc.	Einzelhandel	25796
3	Subway Sandwiches & Salads	Schnellimbiss	20942
4	H&R Block, Inc.	Finanzdienstleistungen	21051
5	Burger King Corp.	Schnellimbiss	11645
6	Jani-King International Inc.	Dienstleistungen	10374
7	Taco Bell Corp.	Schnellimbiss	6733
8	RadioShack	Einzelhandel	6955
9	Pizza Hut Inc.	Schnellimbiss	9831
10	Domino's Pizza LLC	Schnellimbiss	7291

Quelle: The Franchise Times, 2004.

Tabelle 7: Die zehn größten Franchise-Systeme in den USA

In fast allen europäischen Ländern spielen amerikanische Systeme eine bedeutende Rolle, so auch in Deutschland. Mit rund sechs Prozent aller Franchise-Nehmer haben amerikanische Systeme nach den einheimischen den zweiten Platz inne (U.S. Department of Commerce 1999, S. 27). Relativ zur Größe der Volkswirtschaft kommt Australien und Kanada eine herausragende Rolle beim Franchising zu. Mit über 2.000 Outlets pro eine Million Einwohner ist in diesen Ländern eine sehr hohe „Versorgungsdichte" festzustellen (siehe Tabelle 8).

Land	Outlets pro 1 Mio. Einwohner	Franchise-Systeme pro 1 Mio. Einwohner	Einwohner pro Outlet	Einwohner pro Franchise-System
Australia	2.482	38	403	26.640
Brazil	258	5	3.883	202.125
Canada	2.053	43	487	23.361
Japan	1.552	8	644	127.800
United States	1.178	5	849	198.000

Tabelle 8: Durchsetzungsdichte an Franchise-Systemen

In den USA erwirtschaftet ein durchschnittliches Franchise-System mit fast 670 Millionen US-$ pro Jahr die im weltweiten Vergleich höchste Summe (siehe Tabelle 9). Offenbar existieren in den USA sehr große und ertragreiche Systeme.

---

[1] Rangfolge nach Aufstellung „TOP 200" in The Franchise Times, 11/2004.

Land	Umsatz pro Franchise-System [in Mio. US-$ p. a.]	Umsätze aller Franchise-Systeme als Anteil des BIP [in %]
Australia	102,41	15,40
Brazil	13,42	1,43
Canada	67,82	13,34
Japan	142	3,69
United States	666,67	10,55

Tabelle 9: Bedeutung des Franchising aus gesamtwirtschaftlicher Sicht

Die überragende Bedeutung des Franchising wird ebenso an dem Anteil der Umsätze aller Franchise-Systeme am BIP deutlich. Hier bilden Australien mit über 15 %, Kanada mit über 13 % und die USA mit fast 11 % im internationalen Vergleich die für das Franchising wichtigsten Volkswirtschaften.

4. Franchising in Deutschland

4.1 Entwicklungsperspektiven

Der internationale Vergleich der Verbreitung des Franchising als Organisationsform verteilter Aktivitäten im tertiären Sektor hat gezeigt, dass insbesondere in den Vereinigten Staaten von Amerika und in Frankreich Franchising von hoher Bedeutung für Wachstum und Beschäftigung ist. Auch in Deutschland spielt Franchising eine immer stärkere Rolle.

Seit Jahren verbreiten sich die Franchise-Systeme in Deutschland mit steigenden Zuwachsraten. Dies gilt sowohl für die Zahl der Franchise-Geber und Franchise-Nehmer als auch für die Umsatzentwicklung der Franchise-Systeme im Ganzen. Auch der Anteil des Umsatzes von Franchise-Systemen am Bruttoinlandsprodukt steigt kontinuierlich an.

Eine Expertenbefragung des **Internationalen Centrums für Franchising und Cooperation** (F & C) kam zu dem Ergebnis, dass die Zahl der Franchise-Geber bis zum Jahre 2005 auf mindestens 1.200 ansteigen wird (siehe Übersicht 2) und auch in den Jahren danach ähnliche Wachstumsraten erwartet werden.

Ähnlich wie die Zahl der Franchise-Geber wird sich auch die Zahl der Franchise-Nehmer entwickeln: von 2001 etwa 49.000 auf über 55.000 bis zum Jahre 2005.

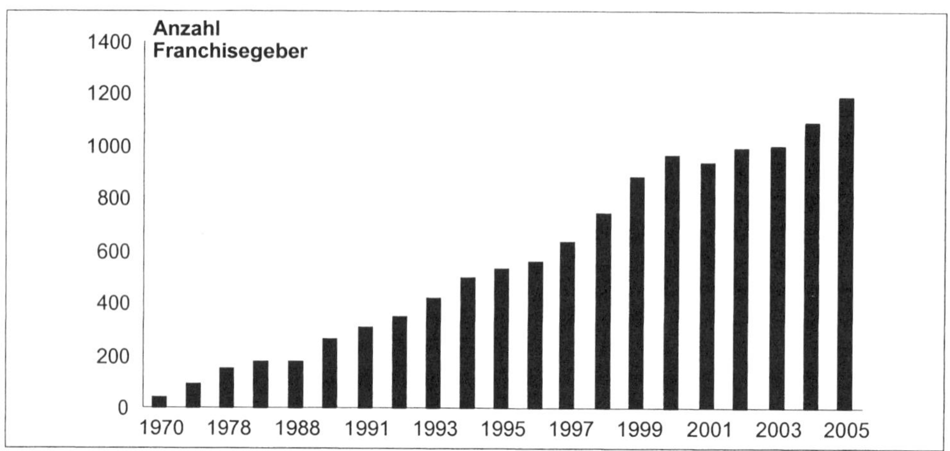

Quelle: Konservative Schätzung des F & C-Centrums.

Übersicht 2: Zahl der Franchise-Geber in Deutschland 1970-2005

Multipliziert man die Zahl der Franchise-Nehmer mit der Anzahl der im Durchschnitt durch eine neue Franchise geschaffenen Arbeitsplätze,[1] so lässt sich errechnen, dass in 2005 weit über 0,5 Million Beschäftigungsverhältnisse von Franchise-Systemen gestellt werden. Anders ausgedrückt: Ausgehend von den konservativen Schätzungen der Franchise-Experten werden bis 2005 etwa 60.000 neue Arbeitsplätze durch Neugründungen von Franchise-Outlets geschaffen.[2]

Neben der positiven Auswirkung auf die Beschäftigung werden Franchise-Systeme auch gemäß ihres Umsatzes deutlich dazu gewinnen. Bis 2005 wird der Gesamtumsatz aller Franchise-Systeme in Deutschland etwa 35 Milliarden Euro übersteigen. Dies entspricht einer Steigerung vom Jahre 2000 bis 2005 um etwa 5 Milliarden Euro.[3]

Für das Jahr 2001[4] hat der DFV eine Zahl von 950 im Markt tätigen Franchise-Gebern beziffert, was gegenüber dem Vorjahr einem Rückgang von fünf Prozent entspricht. Mit ca. 49.000 Franchise-Nehmern (2000: ca. 44.100) erwirtschaftete die Franchise-Wirtschaft einen Umsatz von ca. 31,7 Milliarden Euro (Vorjahr: ca. 30 Milliarden Euro).

---

1 Nimmt man das Jahr 2000 als Basis und beruft sich auf die Daten der International Franchise Association (IFA), so schafft jede neue Franchise in Deutschland im Durchschnitt (364.500/37.100 = 9,82) etwa zehn neue Arbeitsplätze.

2 Basisjahr: 2000, Daten der International Franchise Association (IFA). Bei einer Steigerung um 17.900 Franchise-Outlets ergibt sich eine Beschäftigungswirkung von (17.900 x 9,82) etwa 180.000 neuen Stellen.

3 Basisjahr 2000, Daten des F & C. Zum Teil lassen sich unterschiedliche Schätzungen konstatieren, so z. B. die nur 20 Mrd. US-Dollar der IFA (siehe Tabelle 2).

4 Angaben: Franchise-Telex 2002 des DFV.

Franchise-Geber und Franchise-Nehmer zusammen boten Arbeitsplätze für ca. 330.000 Beschäftigte.

Die unterschiedlichen Sektoren waren wie folgt repräsentiert:

- Handel 39,1 % (+ 37,2 %),
- Dienstleistungen 31,8 % (+ 38,0 %),
- Gastronomie/Touristik/Freizeit 18,3 % (+ 15,1 %).

Zur Abrundung des Bildes sei eine Auflistung[1] der zehn – nach Zahl der Franchise-Nehmer – größten Franchise-Systeme in Deutschland angefügt (siehe Tabelle 10).

	Franchise-System	Branche	Betriebe
1	TUI/First	Reisebüro	1350
2	McDonald's	Fast Food	1248
3	Foto Quelle	Fotohandel	1139
4	Kamps Bakeries	Bäckereien	1055
5	Studienkreis	Nachhilfe	1000
6	Schülerhilfe	Nachhilfe	932
7	Ad-Auto Dienst	Autoreparatur	600
8	Essanelle	Friseursalons	577
9	Musikschule Fröhlich	Musikpädagogik	538
10	SUNPOINT	Sonnenstudios	535

Quelle: Deutscher Franchise Verband DFV, 2004.

Tabelle 10: Die zehn größten Franchise-Systeme Deutschlands

Trotz des generellen Aufwärtstrends bleibt die Entwicklung des Franchising in Deutschland hinter den Erwartungen zurück. Wie der internationale Vergleich zeigen konnte, gibt es sowohl in als auch außerhalb Europas eine Reihe von Ländern, die einen weitaus höheren Franchisierungsgrad aufweisen können. Über die Gründe und in diesem Zusammenhang auch über das Image des Franchising wird diesbezüglich viel diskutiert und spekuliert. Neben dem geringen Bekanntheitsgrad des Franchising als eine Form der Selbstständigkeit wird vielfach davon gesprochen, dass der Begriff des Franchising in den vergangenen Jahren möglicherweise Imageeinbußen erlitten hat.

Die Ursachen für diese Entwicklung mögen das Verhalten einiger „schwarzer Schafe“ in der Szene und die damit einhergehende negative Berichterstattung in den Medien sein. Auch eine überschießende Reaktion der Rechtssprechung und Gesetzgebung, etwa im Zusammenhang mit der so genannten Scheinselbstständigkeit, sind hier zu nennen. Nachteilig sind Imageverluste vor allem im Markt für Existenzgründer, in dem das Ansehen dieser unternehmerischen Tätigkeit eine wichtige Entscheidungsgrundlage bildet (Ahlert 2001, S.22 ff.). Dies gilt umso mehr, als dass auf Seiten der Franchise-Geber das

[1] Angaben des Deutschen Franchise Verbands (DFV), 2004.

knappe Humankapital, d. h. der Mangel an potenziellen Franchise-Nehmern, als Grund für das schwache Wachstum angeführt wird.

Doch wie ist es um das **Image des Franchising** wirklich bestellt? Wie stehen unterschiedliche Personengruppen der Öffentlichkeit und insbesondere potenzielle Existenzgründer dem Franchising gegenüber? Diese Fragen bildeten die Grundlage für eine Imageanalyse (Ahlert/Hesse/Wunderlich 2001), die das Internationale Centrum für Franchising und Cooperation im Jahre 2001 durchgeführt hat. Erstmalig wurde dazu das Internet als Befragungsmedium eingesetzt. Im nachfolgenden Abschnitt werden die Ergebnisse dieser Befragung (n = 1.479) vorgestellt, die es erstmalig ermöglichen, die Ist-Situation bzw. das Ist-Image des Franchising in Deutschland offen zu legen und den Fit zwischen Selbst- und Fremdimage zu überprüfen. Besondere Aufmerksamkeit erfuhr während der gesamten Auswertung die Zielgruppe potenzieller Franchise-Nehmer und -Geber.

4.2 Wachstumshemmnis Image

4.2.1 Grundlagen

Franchising ist ein sehr komplexer Begriff, der eine differenzierte Imageerhebung erfordert. Bereits im Vorfeld der Untersuchung wurde deutlich, dass die Befragten bei der Beurteilung des Franchising drei Perspektiven unterscheiden. Hierbei handelt es sich um **Franchising als Konzept,** um Franchising aus Sicht des **Franchise-Nehmers** sowie um Franchising aus Sicht des **Franchise-Gebers**.

Zur Erhebung des Fremdimages wurde das Semantische Differential als Messinstrument eingesetzt. Beim Semantischen Differential wird das Imageobjekt in einzelne Attribute zerlegt, die dann durch den Befragten einzeln bewertet werden. Durch die Vorgabe gegensätzlicher Adjektivpaare, die durch Ratingskalen verbunden sind, ist es möglich, das Objekt differenziert zu bewerten. Das Ergebnis ist das über die arithmetischen Mittel errechnete Imageprofil eines Objektes. Das Imageprofil der drei Beurteilungsobjekte wird in den nachfolgenden Abschnitten dargestellt. Die Grundlage bei der Interpretation der Ergebnisse des Fremdbildes bildet die in Abschnitt 2 gegebene Definition des Franchising (Selbstbild).

4.2.2 Das Image des Franchising-Konzeptes

Das **Imageprofil des Konzeptes Franchising** weist in der Gesamtbetrachtung einen positiven Verlauf auf (siehe Übersicht 3). Hervorzuheben sind die Ausprägungen derjenigen Adjektive, die sich auf konstitutive Merkmale des Franchising beziehen und damit die kognitive Komponente des Images abgreifen. Hier zeigt sich, dass die Probanden ein relativ gutes Wissen um das Konzept Franchising haben. So werden dem Franchising die Eigenschaften „standardisiert", „kooperativ" und „einheitlich", prägnante Merkmale und besondere Erfolgsfaktoren zugesprochen. Demgegenüber fallen die auf die gefühlsmäßige Bewertung abzielenden Attribute weit weniger positiv aus. Das Konzept wird von den Befragten nur „eher sicher", „eher vertrauensvoll" und „eher partnerschaftlich" charakterisiert. In der Folge fällt die Bewertung hinsichtlich der Sympathie ziemlich indifferent aus. Auffallend sind bei der Gesamtbetrachtung des Imageprofils die schwachen Ausprägungen bei Attributen, die sich auf die Beziehung zwischen Franchise-Geber und Franchise-Nehmer beziehen. Positiv zu vermerken sind die Beurteilungen hinsichtlich der Innovationskraft des Franchising-Konzeptes. Das Franchising-Konzept wird als „fortschrittlich", „international" und „eher neu" beurteilt. Zusammenfassend zeigt sich, dass das Fremdbild des Franchising-Konzeptes bei den systemimmanenten Merkmalen mit dem Selbstbild übereinstimmt. In diesem Bereich kann somit von einem „fit" gesprochen werden. Handlungsbedarf zeigt sich allerdings bei den Merkmalen, die die Beziehung zwischen Franchise-Geber und Franchise-Nehmer beschreiben.

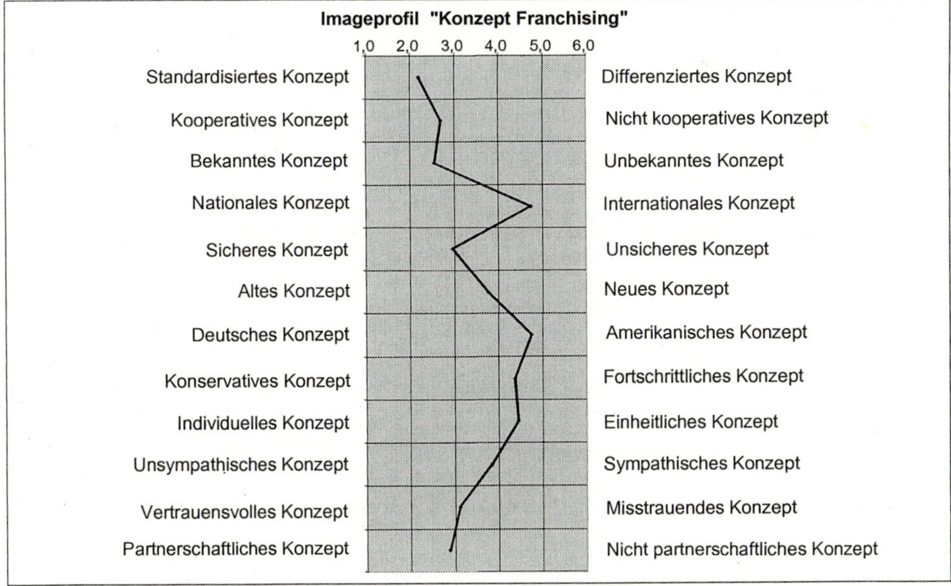

Übersicht 3: Imageprofil des Franchising-Konzeptes

4.2.3 Das Image des Franchise-Nehmers und -Gebers

Das Imageprofil des Franchise-Nehmers weist in der Gesamtbetrachtung einen sehr gemischten Verlauf auf (siehe Übersicht 4). Auf der einen Seite wird die Situation des Franchise-Nehmers als „eingeengt“, „abhängig“, „verantwortungsarm“ und „gebunden“ beschrieben. Auch wird ihm nur eine geringe Selbstständigkeit und Kreativität zugesprochen. Anhand dieser Beurteilungen wird deutlich, dass die Situation des Franchise-Nehmers insgesamt als eher unvorteilhaft angesehen wird. Auf der anderen Seite wird das Konzept aus Sicht des Franchise-Nehmers jedoch als „profitabel“ und „eher unternehmerisch“ eingestuft. Es scheint, dass die Befragten Franchising durchaus als eine lukrative Form der Selbstständigkeit für den Franchise-Nehmer ansehen. Dabei wird das Konzept aus Sicht des Franchise-Nehmers als „eher langlebig“, „eher einfach“ und „eher risikoarm“ beurteilt. Jedoch empfinden die Befragten den Franchise-Nehmer mehr als Angestellten denn als selbstständigen Partner des Franchise-Gebers. Hier bieten sich bereits erste Ansatzpunkte zur Imageverbesserung an.

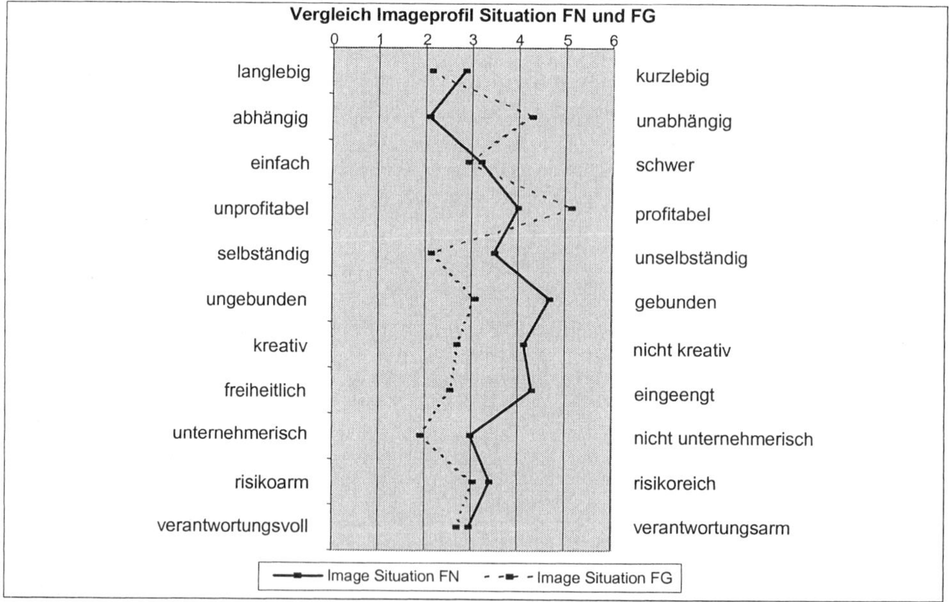

Übersicht 4: Imageprofil „Situation Franchise-Geber und -Nehmer“

Die Situation des Franchise-Gebers wird von den Befragten insgesamt sehr positiv beurteilt, wie der Verlauf des Imageprofils zeigt (siehe Übersicht 4). So wird die Position des

Franchise-Gebers im Vergleich zum Franchise-Nehmer als eher unabhängig, ungebunden und freiheitlich eingeordnet. Selbstständigkeit, Kreativität und Unternehmertum sind weitere Merkmale, die die Befragten zur Beurteilung der Situation des Franchise-Gebers heranziehen. Auffallend ist besonders die deutlich höher eingestufte Profitabilität des Konzeptes für den Franchise-Geber.

4.2.4 Das Image des Franchising bei potenziellen Existenzgründern

Weiterhin wurde untersucht, ob sich das Image des Franchising bei potenziellen **Existenzgründern** in Abhängigkeit von Ablehnung bzw. Zustimmung zum Franchising unterscheidet (siehe Übersicht 5). Betrachtet man diesbezüglich die Imageprofile dieser beiden Beurteilungsgruppen zum Konzept Franchising, fällt die signifikant schlechtere Beurteilung der Franchising-Ablehner bei den Attributen kooperativ, sympathisch, vertrauensvoll und partnerschaftlich auf. Damit erfahren besonders die Bereiche, die die Zusammenarbeit zwischen Franchise-Nehmer und Franchise-Geber abfragen, eine schlechtere Bewertung.

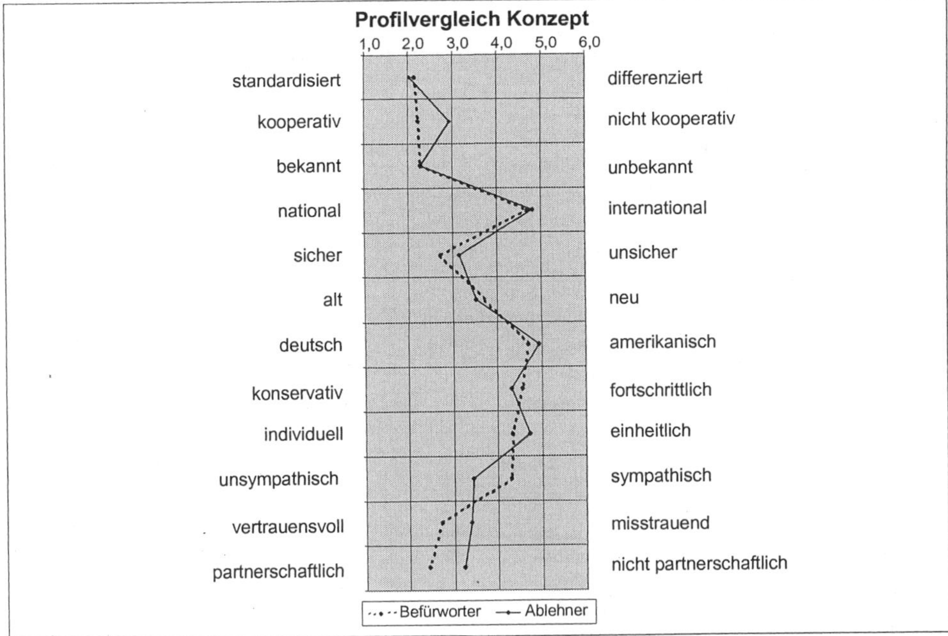

Übersicht 5: Vergleich Imageprofil „Konzept" von Ablehnern und Befürwortern des Franchising

Noch deutlicher wird die unterschiedliche Beurteilung bei dem Image des Franchise-Nehmers (siehe Übersicht 6).

So weisen sämtliche Attribute eine schlechtere Ausprägung auf. Es zeigt sich hier, dass die Situation des Franchise-Nehmers von den Ablehnern des Franchising als besonders unvorteilhaft bezeichnet wird.

Zusammenfassend kann festgehalten werden, dass diejenigen, die Franchising nicht als Alternative in Erwägung ziehen, grundsätzlich ein schlechteres Image vom Franchising haben. Dies bezieht sich vorwiegend auf die Situation des Franchise-Nehmers. Bei den in diesem Zusammenhang schlechter beurteilten Attributen sind Ansatzpunkte für eine Imageverbesserung zu sehen. Hierdurch kann die Attraktivität des Franchising, insbesondere die Position des Franchise-Nehmers, wesentlich gesteigert werden.

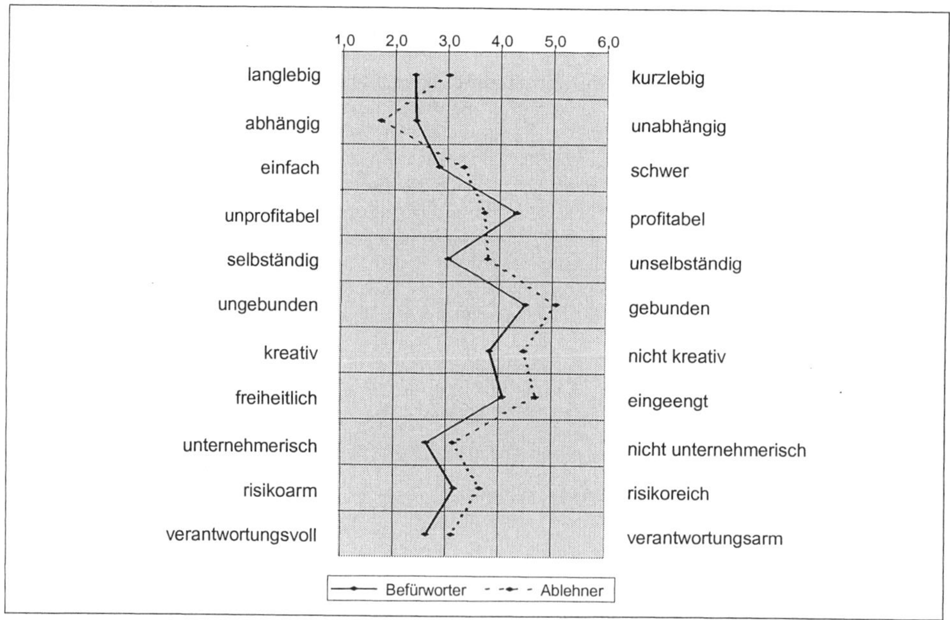

Übersicht 6: Vergleich Imageprofil „Situation Franchise-Nehmer“

5. Fazit

Die Ergebnisse der Befragung zeigen, dass das Image des Franchising weit gehend positiv besetzt ist. Defizite zeigen sich allerdings bei der Beurteilung der Beziehung zwischen Franchise-Geber und Franchise-Nehmer sowie der Position des Franchise-Nehmers. Folglich gilt es, die kooperative Beziehung selbstständiger Partner stärker herauszustellen und dadurch die Position des Franchise-Nehmers in der Wahrnehmung der breiten Öffentlichkeit und im besonderen der potenzieller Franchise-Nehmer besser zu positionieren. Die Stoßrichtung der Imagebeeinflussung veranschaulicht das anhand der Beurteilungskriterien kooperativ/nicht kooperativ und selbstständig/unselbstständig aufgespannte Positionierungsmodell in Übersicht 7.

Für die Veränderung des Images ergeben sich zwei Wege. Zum einen kann durch kommunikationspolitische Maßnahmen eine Verbesserung des Informationsstandes bewirkt werden. Hier liegt es – neben den Franchise-Unternehmen selbst – vor allem an Institutionen wie dem DFV und dem Internationalen Centrum für Franchising und Cooperation, das Image im positiven Sinne zu beeinflussen. Gezielte Publikationen, Umfragen und Vorlesungen können dazu dienen, das Image und somit auch den Erfolg des Konzeptes langfristig zu sichern. Zum anderen können Veränderungen in den Franchise-Unternehmen selbst, wie beispielsweise die Einführung eines partizipativen Führungsstils, zu einer Verbesserung des Images führen. Hier sind vor allem diejenigen Franchise-Unternehmen zum Handeln aufgefordert, die vom Selbstbild des Franchising derzeit noch abweichen.

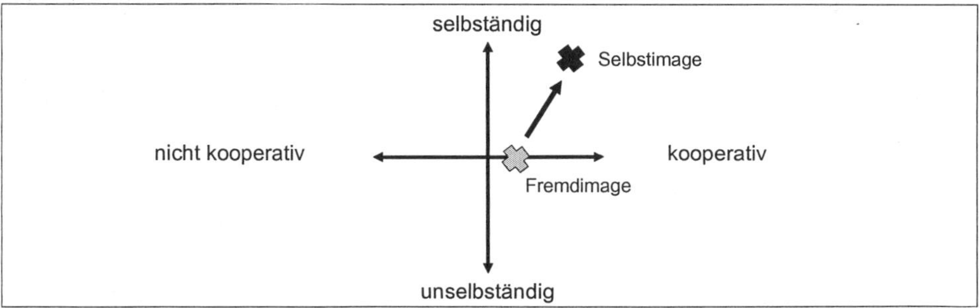

Übersicht 7: Positionierungsmodell

Die derzeit mangelnde Attraktivität einer unternehmerischen Tätigkeit als Franchise-Nehmer kann daher als ein Grund für das verhaltene Wachstum der Franchise-Branche angesehen werden. Als alleiniges Wachstumshemmnis kann es jedoch sicherlich nicht gelten. Weitere Gründe sind beispielsweise in der aktuellen Rechtsordnung zu finden. Besonders auffällig ist z. B., dass bestimmte Rechtsrestriktionen wie das Preisbindungsverbot, das so genannte Diskriminierungsverbot, das Verbot der Vereinbarung von Bezugsquoten oder des Gebietsschutzes für Unternehmenskooperationen gelten, nicht aber für integrierte Systeme. Kurios erscheint diese Diskriminierung von Netzwerken durch die Rechtsordnung, wenn man bedenkt, dass kooperative Gruppen mittelständischer Unternehmer den Wettbewerb aufgrund ihrer inneren Strukturen weniger beschränken als die hoch konzentrierten, vertikalisierenden Konzerne. Vor diesem Hintergrund wird es für die weitere Entwicklung von Franchising in Deutschland entscheidend sein, dass die Politik die beschäftigungswirksame Kraft des Franchising für den Mittelstand erkennt und die Rahmenbedingungen für mehr Wachstum schafft.

Literatur

AHLERT, D. (1981): Absatzkanalstrategien des Konsumgüterherstellers auf der Grundlage vertraglicher Vertriebssysteme mit dem Handel, in: Ahlert, D. (Hrsg.): Vertragliche Vertriebssysteme zwischen Industrie und Handel: Grundzüge einer betriebswirtschaftlichen, rechtlichen und volkswirtschaftlichen Beurteilung, Wiesbaden, S. 43-98.

AHLERT, D. (1996): Distributionspolitik: Das Management des Absatzkanals, 3. Aufl., Stuttgart u. a.

AHLERT, D. (2000): Die aktuellen Problemstellungen des Franchising aus Perspektive der Wissenschaft, in: Diskussionsforum für Handel, Distribution und Netzwerkmanagement (DfHDN), Münster, S. 5-27.

AHLERT, D. (2001): Wertorientiertes Management von F&C-Netzwerken – Ein neues Paradigma für die Theorie des Netzwerkmanagements?, in: Ahlert, D. (Hrsg.): Handbuch Franchising&Cooperation – Das Management kooperativer Unternehmensnetzwerke, Neuwied, S. 13-64.

AHLERT, D.; EVANSCHITZKY, H. (2003): Dienstleistungsnetzwerke, Berlin.

AHLERT, D.; HESSE, J; WUNDERLICH, M. (2001): Was glauben Sie ist Franchising? Empirisch gestützte Analyse zum Image des Franchising, Münster.

AHLERT, D.; WUNDERLICH, M. (2002): CRM in kooperativen Unternehmensnetzwerken, in: Ahlert, D.; Becker, J.; Knackstedt, R.; Wunderlich, M. (Hrsg.): Customer Relationship Management im Handel, Berlin u. a., S.45-70.

BAUDER, W. (1988): Der Franchise-Vertrag: Eine systematische Darstellung von Rechtstatsachen, Diss., Tübingen.

DEUTSCHER FRANCHISEVERBAND (2002): Franchise-Telex des DFV, München.

EVANSCHITZKY, H. (2003): Erfolg von Dienstleistungsnetzwerken – Ein Netzwerkmarketingansatz, Wiesbaden.

GUST, E.-M. (2001): Customer Value Management in Franchisesystemen – Konzeptionelle Grundlagen der Franchisenehmer-Bewertung, Diss., Wiesbaden.

INTERNATIONAL FRANCHISE ASSOCIATION (1999): Franchise Bytes, Washington.

INTERNATIONAL FRANCHISE ASSOCIATION (2004): Country profiles – http://www.franchise.org, Abfragedatum: November 2004.

JAVANOVSKI, M. (1994): Ergebnisse einer empirischen Erfolgsfaktorenstudie über das vertikal-kooperative Absatzsystem Franchising, in: Deutscher Franchise-Verband (Hrsg.): Jahrbuch Franchising 1994, Frankfurt a.M., S. 24-51.

KAUB, E. (1980): Franchise-Systeme in der Gastronomie, Diss., Saarbrücken.

MARTINEK, M. (1987): Franchising: Grundlagen der zivil- und wettbewerbsrechtlichen Behandlung der vertikalen Gruppenkooperation beim Absatz von Waren und Dienstleistungen, Heidelberg.

MEURER, J. (1997): Führung von Franchisesystemen – Führungstypen, Einflußfaktoren, Verhaltens- und Erfolgswirkungen. Schriftenreihe Unternehmensführung und Marketing, Bd. 30., Wiesbaden.

MINJIA, Q.; BOND, J. (Hrsg.) (1998): Bond's Franchise Guide 1998, 11th Annual Edition, Oakland.

ORTHMANN, C. (1990): Umfang, Struktur und Ausprägung des Franchising in der Bundesrepublik Deutschland: Studie des Deutschen Franchise Instituts, München.

O. V. (2004): The Franchise Times, 11/2004: http://www.franchisetimes.com/ed_top200.

SCHLÜTER, H. (2001): Franchisenehmer-Zufriedenheit: Theoretische Fundierung und empirische Analyse, Diss., Wiesbaden.

SYDOW, J. (1994): Franchisingnetzwerke: Ökonomische Analyse einer Organisationsform der Dienstleistungsproduktion und -distribution; in: Zeitschrift für Betriebswirtschaft, 64. Jg., Nr 1, S. 95-113.

TIETZ, B. (1991): Handbuch Franchising: Zukunftsstrategien für die Marktbearbeitung, 2. Aufl., Landsberg a.L.

U.S. DEPARTMENT OF COMMERCE (1999): Consolidated Profile of Selected European Markets, Washington.

Markus Voeth/Christina Rabe*

Internationale Joint Ventures – Grundsatzentscheidung, Ausgestaltung und Erfolgsfaktoren

---

* Univ.-Professor Dr. Markus Voeth ist Inhaber des Lehrstuhls für Betriebswirtschaftslehre, insbesondere Marketing der Universität Hohenheim.
Dr. Christina Rabe war Wissenschaftliche Mitarbeiterin an diesem Lehrstuhl.

1. Einleitung

Joint Ventures bilden eine wichtige Kooperationsform, die zur Erschließung ausländischer Zielmärkte von Unternehmen häufig gewählt wird. Obwohl nur wenig zuverlässige statistische Daten über das tatsächliche Ausmaß von Joint-Venture-Aktivitäten verfügbar sind, ist deren Bedeutung für den Internationalisierungsprozess von Unternehmen unumstritten (z. B. Luo/Park 2004, S. 142). So zeigt eine Befragung von Pausenberger/Nöcker (2000, S. 398), dass Joint Ventures zumindest bei großen deutschen Unternehmen die am häufigsten gewählte Kooperationsform mit Partnern im Ausland bilden. Auch bei kleinen und mittleren Unternehmen engagiert sich jedes dritte kooperierende Unternehmen bereits in einem Joint Venture oder plant ein Engagement für die Zukunft (Maaß/Wallau 2003, S. 49, auf der Grundlage einer Studie von Wallau/Kayser/Backes-Gellner 2001).

Auf Grund der zunehmenden praktischen Bedeutung von Joint Ventures ist seit Anfang der neunziger Jahre ein wachsendes Interesse der Managementliteratur an dieser Kooperationsform zu beobachten. So zählen Reus/Ill (2004) alleine 194 Beiträge zu Joint Ventures, die im Zeitraum zwischen 1988 und 2003 in zehn führenden Managementzeitschriften veröffentlicht wurden. Darüber hinaus zeigt auch die Literaturauswertung von Zentes/Swoboda/Morschett am Anfang dieses Sammelwerks, dass die Joint-Venture-Forschung einen der wichtigsten Forschungsbereiche in Bezug auf unternehmensübergreifende Kooperationen darstellt. Neben der zunehmenden praktischen Bedeutung ist dieses Interesse damit zu begründen, dass Joint Ventures die weitreichendste Form von Kooperation zwischen Unternehmen darstellen und infolgedessen mit einem größeren Risiko als andere Kooperationsformen behaftet sind. Bei einem Joint Venture gründen zwei oder mehr rechtlich und wirtschaftlich selbstständige Kooperationspartner ein Gemeinschaftsunternehmen. Wenn der Hauptsitz der Muttergesellschaft von mindestens einem der beteiligten Kooperationspartner in einem anderen Land als der Sitz des Gemeinschaftsunternehmens ist, so spricht man von einem internationalen Joint Venture (z. B. Scherm/Süß 2001; Kutschker/Schmid 2004; Zentes/Swoboda/Morschett 2004).

Durch die mit der Unternehmensgründung verbundene Kapitalbeteiligung und vertraglich festgelegte dauerhafte Zusammenarbeit zwischen den kooperierenden Unternehmen weist ein Joint Venture eine vergleichsweise hohe Bindungsintensität der Kooperationspartner auf (Keegan/Schlegelmilch/Stöttinger 2002, S. 322). Dabei kann es zu Ziel-, Ressourcen- und Verhaltenskonflikten kommen, die den Erfolg von Joint-Venture-Unternehmen behindern. Zudem sind die Steuerungs- und Kontrollmöglichkeiten der beteiligten Partner sehr begrenzt, sodass unternehmensstrategische Entscheidungen und Handlungen nicht mehr selbstständig getroffen werden können (Foscht/Angerer/Pieber 2004, S. 341). Dennoch versprechen Joint Ventures auf lange Sicht häufig einen größeren wirtschaftlichen Erfolg als alternative Markteintrittsformen wie der Export, die Lizenzierung oder auch das Contract-Manufacturing (Robson/Leonidou/Katsikeas 2002, S. 386; vgl. auch die Beiträge von Burr und Foscht/Podmenik im Dritten Kapitel dieses Sammelwerks). Zudem bilden sie auf Grund von protektionistischen Maßnahmen zahlreicher Länder häufig die einzige Möglichkeit, einen Ländermarkt zu erschließen (Backhaus/Büschken/Voeth 2003, S. 181). In diesem Beitrag werden die in Übersicht 1 zusammengefassten wichtigsten Entscheidungsparameter bei der Gründung und dem Management eines Joint Ventures analysiert und Optionen zur Ausgestaltung aufgezeigt. Das Ziel besteht darin, die wichtigsten der in der vielschichtigen und facettenreichen Literatur diskutierten Determinanten und Problemfelder zu beleuchten. Dabei wird eine prozessuale Sichtweise zugrunde gelegt, bei der Entscheidungsparameter vor, während und nach der Gründung von Joint Ventures betrachtet werden.

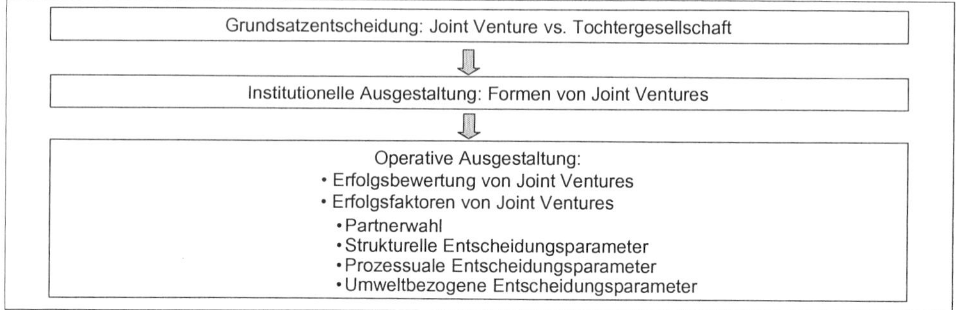

Übersicht 1: Entscheidungsparameter bei Joint Ventures

2. Joint Ventures als Markterschließungsstrategie

Die weit reichenden Konsequenzen eines Joint Ventures und die zahlreichen damit verbundenen Vor- und Nachteile zwingen Unternehmen dazu, sich zunächst mit der Frage auseinanderzusetzen, ob diese Kooperationsform für sie im Rahmen der Markteintrittsentscheidung überhaupt ökonomisch geeignet ist. Als Alternative bietet sich zumeist die Marktbearbeitung durch eine eigenständige Tochtergesellschaft an, die neu aufgebaut oder durch die Akquisition eines im Zielland bereits bestehenden Unternehmens integriert wird (z. B. Contractor/Lorange 1988; Hoffmann/Schaper-Rinkel 2001). Zur Untersuchung der Frage, ob ein Joint Venture gegründet werden sollte, werden verschiedene Theorieansätze in der Literatur herangezogen (vgl. für eine Erläuterung dieser Ansätze das Erste Kapitel dieses Sammelwerks). Besondere Beachtung erfahren dabei der Transaktionskostenansatz, der Ressource-Dependence-Ansatz sowie der Kontingenzansatz (vgl. ebenfalls die Beiträge im Ersten Kapitel dieses Sammelwerks).

Da die Entscheidung zwischen einer Tochtergesellschaft und einem Joint Venture analog zu einem **Make-or-Buy-Entscheidungsproblem** modelliert werden kann, bildet die Transaktionskostentheorie die am häufigsten herangezogene Theorie zur Erklärung der Existenz von Joint Ventures (vgl. die Auflistung von Kabst 2000, S. 31 ff.). Im Wesentlichen ist die Gründung eines Joint Ventures aus Sicht der **Transaktionskostentheorie** dann sinnvoll, wenn die Summe der Produktions- und Transaktionskosten der Kooperation geringer ist als die Kosten für den Aufbau und den Bestand einer eigenen Tochtergesellschaft. Kosteneinsparungen und damit Kostenvorteile können bei Joint Ventures durch Economies of Scale, Arbeitsteilung oder durch die Nutzung ansonsten freier Kapazitäten realisiert werden. Auch wenn erst durch das Joint Venture der Zugang zu Ressourcen ermöglicht wird, deren Beschaffung für das einzelne Unternehmen ansonsten hohe Transaktionskosten verursachen würde, erscheint aus Sicht der Transaktionskostentheorie die Gründung von Joint Ventures attraktiv (Hennart 1991, S. 495). Da sich die beteiligten Unternehmen die Investition einer Neugründung teilen, können darüber hinaus Kapitalbindungskosten eingespart werden. Schließlich benötigt ein Joint Venture nur ein Management, das von allen Kooperationspartnern gemeinsam getragen wird. Dadurch können z. B. Personalkosten eingespart werden (Contractor/Lorange 1988, S. 11 f.). Allerdings stehen diesen Kostenvorteilen an anderer Stelle höhere Transaktionskosten gegenüber, die aus der Anbahnung (z. B. Kosten der Suche nach einem Joint-Venture-Partner), der Vereinbarung (z. B. Verhandlungskosten), der Kontrolle (z. B. Kosten der Überwachung, dass die Vertragsinhalte eingehalten werden oder dass sich der Kooperationspartner nicht opportunistisch verhält) und der Anpassung (z. B. Kosten, die auf Grund von Veränderungen des Joint Ventures im Zeitablauf oder auf Grund von Konflikten) resultieren können.

Auch der **Resource-Dependence-Ansatz** findet in Überlegungen zur Grundsatzentscheidung über die Internationalisierung mit Hilfe von Tochtergesellschaften oder Joint Ventures häufig Beachtung (z. B. Zentes/Swoboda 1999, S. 46 f.). Die Begründung für die Wahl von Joint Ventures im internationalen Bereich liegt dabei darin, dass die Kooperationspartner jeweils über spezifische strategische Ressourcen verfügen, die dem anderen Kooperationspartner ansonsten nicht zugänglich sind. In einem Joint Venture werden diese Ressourcen gebündelt und verhelfen den Kooperationspartnern zu Wettbewerbsvorteilen, sodass ein Vorteil für die Unternehmen entsteht. Welche Ressourcen dabei besonders wertvoll sind, wird oft nicht spezifiziert. Zu denken wäre an das besondere Marktwissen oder den Marktzugang eines Partners. So bildet das lokale Marktwissen über Nachfrager und Wettbewerber sowie die Verbindung zu einer Regierung oder wichtigen Kunden einen wichtigen Grund für ausländische Investoren ein Joint Venture mit einem lokalen Partner aufzubauen. Auch der Zugang zu anderen intangiblen Ressourcen wie Technologien, Patenten oder Warenzeichen des Kooperationspartners kann ein Motiv für ein Joint Venture bilden (Zentes 1992, S. 12). Darüber hinaus können der Wissenstransfer bzw. das (implizite) Erlernen bestimmter Vorgehensweisen in der Produktion, im Marketing etc. wichtige Gründe für ein Joint Venture darstellen, wenn ein Unternehmen sich dadurch verspricht, seine Wettbewerbsposition stärken zu können. Allerdings muss ein Unternehmen zugleich auch dazu bereit sein, eigene spezifische Ressourcen in die Kooperation einzubringen und mit einem Partner zu teilen. Möglicherweise verliert es dadurch eigene Alleinstellungsmerkmale oder stärkt auf diese Weise einen zukünftigen Wettbewerber (vgl. auch Contractor/Lorange 1988, S. 13 f.). Die Verteilung der Ressourcen bzw. Macht in einem Joint Venture kann darüber hinaus zu erheblichen Konflikten führen, die Reibungsverluste nach sich ziehen. Schließlich erhöhen gemeinschaftlich eingebrachte Ressourcen die Komplexität der Führung in einem Joint Venture, was nicht selten einen Grund für die Instabilität eines Joint Ventures bildet (Oesterle 1995, S. 988).

Schließlich kann die Existenz von Joint Ventures auch mit Hilfe des **Kontingenzansatzes** erklärt werden (z. B. Zentes/Swoboda 1999, S. 48 f.). Internationale Joint Ventures bauen deutlich auf strategischen Überlegungen auf (Kogut 1988). Aus dieser Sicht machen bestimmte unternehmensinterne und -externe Rahmenbedingungen eine gemeinschaftliche Unternehmensgründung sinnvoll. Dies ist dann der Fall, wenn ein Joint Venture die einzige Alternative darstellt, einen Ländermarkt zu erschließen, da er auf Grund protektionistischer Maßnahmen ausländischen Unternehmen ansonsten nicht zugänglich ist (Backhaus/Büschken/Voeth 2003, S. 181). Möglicherweise erreicht man durch ein Joint Venture aber auch eine bessere Marktposition, da hierdurch stärkere Wettbewerbsvorteile erzielt werden können oder durch die Kooperation mit einem direkten Wettbewerber die relevante Konkurrenz eingegrenzt werden kann. Darüber hinaus wird das Risiko von Fehlinvestitionen reduziert, da es auf mehrere Unternehmen verteilt wird. Durch die Bündelung von Ressourcen ermöglich ein Joint Venture darüber hinaus mitunter einen wesentlich schnelleren Markteintritt und/oder eine schnellere Amortisation der Investitionskosten. Auch dem Portfolio-Gedanken kann mit einem Joint Venture Rechnung getragen werden, denn es eröffnet die Möglichkeit zu einer stärkeren Diversifikation (Contractor/Lorange 1988, S. 15 f.). Diesen Vorteilen steht jedoch gegenüber, dass strategische Entscheidungen immer im Einklang mit dem Kooperationspartner getroffen werden müssen, sodass ein Unternehmen in einem Joint Venture die eigenen Ziele und Strategien nicht mehr völlig autark verfolgen kann.

Motive für die Gründung eines Joint Ventures	**Motive gegen die Gründung eines Joint Ventures**
♦ Kosteneinsparung durch Economies of Scale, Arbeitsteilung oder durch die Nutzung ansonsten freier Kapazitäten ♦ Zugang zu nicht zugänglichen Ressourcen ♦ Einsparung von Kapitalbindungskosten ♦ Einsparung von Personalkosten im Managementbereich ♦ (lokales) Marktwissen des Kooperationspartners ♦ Verbindung zu einer Regierung oder wichtigen Kunden ♦ Wissenstransfer/Organisationales Lernen ♦ Zugang zu ansonsten versperrten Ländermärkten ♦ Verringerung der Konkurrenz ♦ Diversifikation des Investitionsrisikos ♦ Schnellerer Markteintritt und schnellere Amortisation von Investitionskosten ♦ Diversifikation des Produkt-Portfolios	♦ Transaktionskosten: Kosten zur Anbahnung, Vereinbarung, Kontrolle und Anpassung des Joint Ventures ♦ Eigene spezifische Ressourcen müssen mit dem Partner geteilt werden, was möglicherweise die Wettbewerbsposition schwächt ♦ Reibungsverluste durch Konflikte, die durch die Verteilung der Ressourcen entstehen ♦ Komplexität der Führung durch gemeinschaftliche Disposition über Ressourcen ♦ Eigene Ziele und Strategien können nicht unabhängig vom Kooperationspartner verfolgt werden

Übersicht 2: Motive bei der Entscheidung für oder gegen ein Joint Venture

Zusammenfassend ist festzustellen, dass die vorliegenden Erklärungsansätze wichtige Hinweise für die Vorteilhaftigkeit und das Zustandekommen von Joint Ventures liefern. Allerdings vermag keiner dieser Ansätze die Existenz von Joint Ventures vollkommen zu erklären. Da sie relativ abstrakt und theoretisch erscheinen, können sie keine konkrete Entscheidungshilfe für Unternehmen darstellen. Sie geben zusammengenommen allenfalls einen Überblick über mögliche Gründe für ein Joint-Venture-Engagement. In der Realität sind die Ziele, die Unternehmen mit einem Joint Venture verfolgen, sehr vielschichtig. Dabei kommt es nicht selten vor, dass die beteiligten Unternehmen ganz unterschiedliche Ziele mit der Kooperation verfolgen. Übersicht 2 fasst die aus den Theorien abgeleiteten Motive für die Gründung eines Joint Ventures noch einmal zusammen.

3. Formen internationaler Joint Ventures

Wenn Joint Ventures gegenüber anderen Arrangements bevorzugt werden, stellt sich die Frage nach der institutionellen Ausgestaltung der Kooperation. In der Praxis sind dabei unterschiedliche Formen von Joint Ventures zu beobachten. Ein Unternehmen sollte diese Optionen gegeneinander abwägen, um darauf aufbauend eine Entscheidung zu treffen, wie das Joint Venture konkret ausgestaltet werden soll. Dabei muss beachtet werden, dass bereits die Wahl der institutionellen Form eines Joint Ventures einen großen Einfluss auf dessen operatives Handling und damit letztlich den Erfolg ausübt (Probst/Rüling 1999, S. 10).

Eine vollständige Systematisierung von Joint Ventures ist auf Grund der Vielzahl der in der Praxis zu beobachtenden Erscheinungsformen kaum möglich. Die Charakterisierung von Joint Ventures erfolgt daher zumeist in Form eines morphologischen Kastens (vgl. die Beiträge von Zentes/Swoboda/Morschett im einführenden Kapitel dieses Sammelwerks sowie Morschett im Dritten Kapitel), indem verschiedene Merkmale und deren Ausprägungen aufgelistet werden. Übersicht 3 zeigt die in der Literatur am häufigsten aufgezählten Dimensionen und Ausprägungsformen von Joint Ventures (vgl. ähnlich bei Probst/Rüling 1999, S. 8 ff; Welge/Holtbrügge 2003, S. 109; Kutschker/Schmid 2004, S. 861).

Anzahl Partner	ein Kooperationspartner	mehrere Kooperationspartner	
sachlicher Kooperationsbereich	eine Wertschöpfungsaktivität	mehrere Wertschöpfungsaktivitäten	funktionsübergreifend
Kooperationsrichtung	horizontal	vertikal	lateral
Kooperationsbeteiligung	paritätisch	Mehrheitsbeteiligung	Minderheitsbeteiligung

Übersicht 3: Merkmale von Joint Ventures

Ein erster Gestaltungsbereich betrifft die **Anzahl der Kooperationspartner,** die an dem Joint Venture beteiligt sein sollen. Aus theoretischer Sicht wird häufig die Beschränkung auf einen oder nur wenige Kooperationspartner als vorteilhaft betrachtet. Zur Begründung dieser Empfehlung werden der anwachsende Koordinationsaufwand, die höheren Transaktionskosten sowie zunehmende Agency-Probleme hervorgehoben, die mit einer zunehmenden Zahl von beteiligten Unternehmen steigen (Pausenberger/Nöcker 2000, S. 397). Allerdings bestätigen empirische Analysen diesen Zusammenhang nicht eindeutig. Während einige Studien einen negativen oder keinen signifikanten Zusammenhang zwischen der Anzahl der Kooperationspartner und dem Erfolg eines Joint Ventures feststellen (z. B. Beamish/Kachra 2004), weisen andere Studien einen positiven Zusammenhang nach (z. B. Griffith/Hu/White 1998).

Auch Beispiele aus der Unternehmenspraxis zeigen, dass eine größere Anzahl von Kooperationspartnern den Erfolg eines Joint Ventures nicht unbedingt schmälert. So agiert das von der schottischen Edrington Gruppe, der amerikanischen Jim Beam Brand und dem französischen Unternehmen Rémy Cointreau zur Distribution hochwertiger Alkoholika im Jahr 1999 gegründete Joint Venture MaxXium Worldwide B. V. äußerst erfolgreich. Das mittlerweile vier Unternehmen umfassende Joint Venture – im März 2001 schloss sich noch das schwedische Unternehmen V&S Vin & Spirit an – vertreibt weltweit Marken wie Jim Beam Bourbon

Whiskey, Absolut Vodka, Malteserkreuz Aquavit, Rémy Martin Cognac, Charles Heidsieck Champagner, Cointreau Liqueur, The Macallan Malt Whisky, José Cuervo Tequila und andere Premium-Produkte. Die weltweite Vermarktung dieser Produkte wäre für die einzelnen beteiligten Unternehmen mit einer isolierten Vermarktungsstrategie kaum möglich. Mit dem Joint Venture können sie jedoch Ressourcen im Bereich Marketing, Vertrieb und der Distribution bündeln, wodurch Effizienz- und Effektivitätsvorteile realisiert werden können. Die Entscheidung, wie viele Partner an einem Joint Venture beteiligt sein sollen, ist zudem häufig von äußeren Rahmenbedingungen abhängig. So kommen Griffith/Hu/White (1998) in einer Studie über Joint Ventures in China zu dem Ergebnis, dass die Investitionssumme und die Kapitalintensität eines Joint Ventures einen positiven Effekt auf die Anzahl der Kooperationspartner ausüben. Darüber hinaus stellen sie einen Zusammenhang zwischen der geographischen Ansiedlung des Joint Ventures und der Anzahl der beteiligten Unternehmen fest, der vermutlich durch die ortsspezifischen Ressourcen verursacht wird. Hingegen spielt der Industriezweig, in dem ein Joint Venture angesiedelt ist, im Hinblick auf die Anzahl der Kooperationspartner keine Rolle (Griffith/Hu/White 1998).

Neben der Frage, wie viele Partner an dem Joint Venture beteiligt werden, stellt sich das Problem, in welchen **Bereichen** die Kooperation erfolgen soll. Dabei kann das Joint Venture lediglich zur Ausführung einer Wertschöpfungsaktivität, z. B. nur der Produktion oder des Vertriebs eines Produktes, gegründet werden. Es kann aber auch mehrere oder sogar alle Wertschöpfungsaktivitäten umfassen, die ein Unternehmen leistet. Die in der Praxis am häufigsten zu beobachtenden Kooperationsbereiche beziehen sich dabei auf die Forschung & Entwicklung, die Produktion und das Marketing bzw. Vertrieb (Seibert 1981, S. 52 ff.). Ein Joint Venture im Bereich Forschung & Entwicklung dient primär dem Technologietransfer. So bündelten die Unternehmen Novartis und BioTransplant im Jahr 2001 ihre Forschungsbemühungen zur Verpflanzung tierischer Organe im Joint Venture Immerge Bio-Therapeutics. Durch die Zusammenfassung der bisherigen Forschungserkenntnisse und -erfahrungen beider Unternehmen erhoffen sie sich Effektivitäts- und Effizienzvorteile und schnellere Entwicklungsfortschritte. Die FAW-Volkswagen Automotive Company – eine Kooperation zwischen First Automotive Works und Volkswagen im chinesischen Changchun – wurde zur Produktion von Autos gegründet. Dadurch konnte unter anderem auch sichergestellt werden, dass die Fahrzeuge dem chinesischen Markt optimal angepasst werden. Das Joint Venture Audi Senna wurde von der Audi AG mit der Familie Senna hingegen in erster Linie deshalb gegründet, um den brasilianischen Markt zu erschließen. Wie in der Unternehmenspraxis häufig zu beobachten, stellte diese Zusammenarbeit im Marketing und dem Vertrieb die einzige Möglichkeit dar, die Produkte in Brasilien erfolgreich vermarkten zu können. Die Familie Senna verfügt über Kontakte zur brasilianischen Regierung und ermöglichte es auf diese Weise, die hohen bürokratischen Hürden für ausländische Unternehmen in Brasilien leichter zu überwinden. Darüber hinaus konnten durch die Einbeziehung der in der Bevölkerung angesehenen Familie die Nachfrageakzeptanz sowie das Image der Marke Audi positiv beeinflusst und sofort ein relativ hoher Marktanteil erreicht werden.

Der Kooperationsbereich eines Joint Ventures hängt unter anderem auch von der **Kooperationsrichtung** eines Joint Ventures ab (vgl. auch den Beitrag von Morschett in diesem Sammelwerk sowie den detaillierten Überblick bei Zentes/Swoboda/Morschett 2004). Für ein

Unternehmen besteht dabei die Möglichkeit, mit einem Unternehmen zusammenzuarbeiten, das auf der gleichen Wertschöpfungsebene agiert. Diese horizontalen Joint Ventures zeichnen sich dadurch aus, dass die Unternehmen gleiche Aktivitäten ausüben. Sie führen dadurch häufig zu strukturell angelegten Interessenskonflikten, da die Kooperationspartner – zumindest potenzielle – Konkurrenten darstellen. Bei Joint Ventures, bei denen sich die Geschäftsinteressen stark überlagern, müssen von Unternehmensseite aus daher verstärkt Maßnahmen ergriffen werden, um die individuellen komparativen Konkurrenzvorteile zu schützen (Merchant 2000, S. 110). Bei vertikalen Joint Ventures steht der Partner unmittelbar auf vor- bzw. nachgelagerten Stufen in der Wertschöpfungskette. Beispielsweise bilden häufig Joint Ventures, die primär zum Vertrieb von Produkten gegründet werden, vertikale Joint Ventures. So spekulierte beispielsweise AOL vor einiger Zeit darauf, durch ein Joint Venture mit dem chinesischen Computerhersteller Legend, den attraktiven chinesischen Internetmarkt zu erschließen, der ausländischen Anbietern derzeit noch weit gehend verschlossen ist.

Wenn die Kooperationspartner in anderen Wirtschaftsbereichen tätig sind und die Wertschöpfungsstufen nicht miteinander verknüpft sind, handelt es sich um ein laterales Joint Venture. Ein solches Gemeinschaftsunternehmen ist beispielsweise sinnvoll, wenn der Wissenstransfer der Partner im Vordergrund steht und die beteiligten Unternehmen hoffen, von der Zusammenarbeit Wettbewerbsvorteile zu erlangen, die durch Impulse und Lerneffekte aus anderen Wirtschaftsbereichen ausgelöst werden. Ein Beispiel bildet das von der Siemens AG (als führender Hersteller in der Elektronikindustrie) und der Leonhard Kurz GmbH & Co KG (als führender Hersteller in der High-Tech Druckindustrie) gegründete Gemeinschaftsunternehmen PolyIC, das neuartige Polymer-Chips entwickeln und produzieren soll, die in Funketiketten (RFID-Tags) für die Produktlogistik oder die Warenauszeichnung im Einzelhandel eingesetzt werden sollen. Die Siemens AG liefert dabei ihre Kompetenz im Bereich der Elektrotechnik, während das Unternehmen Leonhard Kurz seine Spezialkenntnisse beim Bedrucken von Folien und eine speziell entwickelte Lacktechnologie für Polymerschichten einbringt. Auch wenn die Aussicht, wie in diesem Fall durch die Bündelung von Fachkompetenzen neue Technologien zu entwickeln und Innovationen hervorzubringen, sehr verlockend erscheint, zeigen Studien, dass horizontale oder vertikale Joint Ventures Erfolg versprechender sind, als die Kooperation mit einem Partner, der in einer anderen Branche tätig ist (z. B. Park/Kim 1997).

Schließlich stellt sich noch die Frage nach der **Kapitalbeteiligung** bei einem Joint Venture. Dabei besteht die Möglichkeit, dass ein Unternehmen gleiche Anteile wie die anderen Partner einbringt (paritätische Beteiligung). Es kann sich aber auch für eine Minderheits- oder Mehrheitsbeteiligung entscheiden, d. h. weniger bzw. mehr Anteile halten als die anderen Beteiligten. In der Literatur werden verschiedene Faktoren angeführt, die einen Einfluss auf die Eigentümerstruktur eines Joint Ventures ausüben. So zeigt Blodgett (1991) in einer Studie, dass die Ressourcen, die ein Kooperationspartner in das Gemeinschaftsunternehmen einbringt, einen positiven Zusammenhang zu dessen Kapitalbeteiligung aufweisen. Darüber hinaus ist die Eigentümerstruktur auch von der strategischen Ausrichtung der Mutterunternehmen sowie der Erfahrungen der Kooperationspartner abhängig. Schließlich kann sie auch von rechtlichen oder politischen Rahmenbedingungen des Landes, in dem das Joint Venture seinen Sitz hat, beeinflusst werden. In einigen Ländern ist es beispielsweise zwingend notwendig, dass ein lokaler Partner über die größte Beteiligung an einem Joint Venture verfügt (Delios/Beamish 1999, S. 930). Bei der Entscheidung über die Kapitalbeteiligung an einem Joint Venture ist darüber hinaus zu beachten, dass die Höhe des Anteils nicht unbedingt das Ausmaß an Steuerung und Kontrolle widerspiegelt, das ein Mutterunternehmen über das Gemeinschaftsunternehmen ausübt (Kabst 2000, S. 9). Diese Hypothese bestätigt eine Studie von Mjoen/Tallman (1997), die nachweist, dass vielmehr die Ressourcen, die in ein Joint Venture eingebracht werden, darüber entscheiden, welche Verhandlungsmacht und damit letztlich welche Kontroll- und Steuerungsmöglichkeiten ein Mutterunternehmen über ein Joint Venture hat.

Ob die Kapitalbeteiligung Einfluss auf den Erfolg eines Joint Ventures hat oder nicht, ist in der Literatur umstritten. Eine Metastudie von Robson/Leonidou/Katsikeas (2002) zeigt, dass die Mehrheit von Studien, die diesen Erfolgsfaktor untersucht hat, keinen signifikanten Einfluss der Beteiligungsstruktur nachweisen konnte. Somit bildet das Beteiligungsverhältnis zwar eine wichtige Entscheidungsvariable bei der Gestaltung eines Joint Ventures. Seine Bedeutung für den Erfolg des Joint Ventures darf jedoch nicht überschätzt werden.

4. Erfolgsfaktoren von Joint Ventures

4.1 Einführung

Die **Erfolgsfaktorenforschung** bildet einen wichtigen, wenn nicht sogar den größten Zweig der Joint Venture-Forschung. Dieses große Forschungsinteresse ist zunächst mit dem hohen Anteil instabiler Joint Ventures zu begründen, der in verschiedenen Studien auf bis zu 70 % geschätzt wird (Geringer/Hebert 1991; Kabst 2000 und die dort zitierten Quellen). Ausgehend von dieser hohen Instabilitätsrate wird oftmals eine hohe Misserfolgswahrscheinlichkeit bei Joint Ventures abgeleitet. Vor dem Hintergrund der hohen Risiken, die mit einem Joint Venture verbunden sind, können Erkenntnisse über Erfolgsfaktoren bei der Ausgestaltung und Führung des Gemeinschaftsunternehmens gezielt berücksichtigt werden. Auf diese Weise soll die Misserfolgswahrscheinlichkeit verringert und zugleich sicher gestellt werden, dass die mit einem Joint Venture verfolgten Ziele auch tatsächlich erreicht werden.

Wenn Erfolgsfaktoren von Joint Ventures abgeleitet werden sollen, stellt sich zuerst die Frage, was ein Joint Venture überhaupt erfolgreich macht. Die Erfolgsmessung ist ein in der Literatur viel diskutiertes und nicht abschließend gelöstes Problem. Bevor man sich mit konkreten Einflussfaktoren beschäftigt, gilt es daher zunächst zu klären, wie der Erfolg in der Erfolgsfaktorenforschung diskutiert und operationalisiert wird. Auf Grund der kaum überschaubaren Anzahl von Publikationen und Untersuchungen – Robson/Leonidou/Katsikeas (2002) identifizieren in einer Meta-Studie allein 74 in der Literatur diskutierte und analysierte Erfolgsdeterminanten – präsentiert sich die Erfolgsfaktorenforschung wenig stringent und unübersichtlich, sodass es aus praktischer Sicht schwierig erscheint, die (wirklich) relevanten Erfolgsfaktoren herauszufiltern. Um konkrete Handlungsempfehlungen abzuleiten, ist daher eine Systematisierung im Hinblick auf die folgenden operativen Entscheidungsfelder für die Gestaltung und das Management von internationalen Joint Ventures notwendig. Zur Systematisierung können verschiedene Kriterien herangezogen werden:

- Zunächst stellt sich Unternehmen die Frage nach der Wahl des geeigneten Partners. Dabei stehen Eigenschaften eines oder mehrerer Partnerunternehmen im Mittelpunkt, die den Erfolg des Joint Ventures garantieren sollen.
- Strukturelle Einflussfaktoren beziehen sich auf vertragliche Festlegungen, das Ausmaß an finanzieller und managementbezogener Unterstützung durch das Mutterunternehmen oder vertragliche Aspekte von Joint Ventures.
- Unter prozessualen Einflussfaktoren werden die Auswirkungen von Konflikten, die Rolle von Vertrauen, aber auch die Rolle des Wissenstransfers in Joint Ventures subsumiert.
- Schließlich ist der Erfolg internationaler Joint Ventures nicht unabhängig von länderspezifischen Charakteristika. Diese umweltbezogenen Einflussfaktoren resultieren in erster Linie aus der ökonomischen und politisch-rechtlichen Situation am Sitz des internationalen Joint Ventures.

4.2 Erfolgsmessung

Um Erfolgsfaktoren untersuchen zu können, muss definiert werden, was unter dem Erfolg von Joint Ventures zu verstehen ist. Die Erfolgsbewertung orientiert sich im Allgemeinen an den Zielen eines Unternehmens. Ein charakteristisches Merkmal von Joint Ventures ist die Zielpluralität der Partner, sodass bei der Erfolgsmessung neben den gemeinsamen Zielen des Gemeinschaftsunternehmens auch die monistischen Ziele betrachtet werden müssen, die von den Kooperationspartnern verfolgt werden (Arino 2003, S. 68). Auf diese Weise ist die Erfolgsbewertung von Joint Ventures komplexer als bei Einzelunternehmen (Oesterle 1995, S. 990). Mag die Interessenpluralität im Einzelfall schon zu Schwierigkeiten bei der Erfolgsbewertung führen, stellt sie sich für die Erfolgsfaktorenforschung als kaum lösbar dar. Zumeist basieren entsprechende Studien auf aggregierten Daten. Dabei können schon allein aus praktischen Gründen die konkreten Zielsetzungen einzelner Joint Ventures nicht berücksichtigt werden, sondern es muss angenommen werden, dass die untersuchten Unternehmungen zumindest ähnliche Zielsetzungen aufweisen. Die erklärte bzw. nicht erklärte Varianz im Zusammenhang zwischen einer untersuchten Einflussvariable und dem Erfolg eines Joint Ventures ist daher möglicherweise auf die Zielhomo- bzw. -heterogenität der analysierten Stichprobe zurückzuführen. Eine eindeutige Kausalität ist auf diese Weise allerdings nicht unbedingt möglich. Das Kernproblem bei der Erfolgsfaktorenforschung besteht darüber hinaus darin, dass die einzelnen Studien ihren Untersuchungen unterschiedliche Erfolgsbegriffe und damit -operationalisierungen zugrunde legen. Es lassen sich dabei grob folgende drei Ansätze der Erfolgsmessung unterscheiden (vgl. detailliert Geringer/Hebert 1991, S. 250 f.; Oesterle 1995, S. 991 f.):

- quantitative Erfolgsgrößen,
- Stabilität des Joint Ventures und
- multidimensionale Messung.

Bei der Messung des Erfolgs auf der Basis **quantitativer Erfolgsgrößen** erfolgt eine finanzielle Bewertung des Joint Ventures auf der Grundlage objektiver Indikatoren wie des Gewinns, des Umsatzzuwachses, des ROI oder aber auch der Reaktion des Aktienkurses auf die Ankündigung des Joint Ventures (Robson/Leonidou/Katsikeas 2002, S. 396). Die quantitative Erfolgsmessung deckt allerdings nur einen Teil der von Joint Ventures verfolgten Ziele ab. So kann die Beteiligung an einem Joint Venture auch ohne direkte finanzielle Auswirkungen attraktiv erscheinen, wenn der Wissenstransfer im Vordergrund steht, der sich – allerdings nicht direkt dem Joint Venture zurechenbar – durch eine verbesserte Produktivität oder Technologie durch Spillover-Effekte in anderen Unternehmensbereichen positiv auswirkt. Zudem sind finanzielle Größen situationsabhängig. Beispielsweise erwirtschaftet ein Joint Venture durch die hohen Einstiegsinvestitionen in einer frühen Lebensphase möglicherweise geringere Gewinne als in einer späteren Lebensphase. Darüber hinaus schwanken Kennzahlen wie der ROI und der Umsatzzuwachs stark in Abhängigkeit vom betrachteten Industriezweig, sodass der Erfolg immer auch in Relation zum Branchendurchschnitt betrachtet werden muss.

Auch die **Stabilität** bzw. Instabilität eines Joint Ventures wird häufig als Erfolgsindikator herangezogen (z. B. Macharzina 1975; für einen Überblick vgl. Yan/Zeng 1999). In der Literatur existieren hierzu verschiedene Operationalisierungsansätze. Oesterle (1995) nennt als mögliche Alternativen so die Zeitdauer bis zur Liquidation eines Joint Ventures, die Übernahme des Joint Ventures durch eines der Partnerunternehmen oder ein anderes Unternehmen, Neuverhandlung von Joint-Venture-Verträgen und die Veränderung der Eigentümerstruktur. Auch wenn die Instabilität daher nicht unmittelbar mit dem Scheitern eines Joint Ventures gleichzusetzen ist (Kabst 2000, S. 4), wird sie häufig als Misserfolgskriterium in der Erfolgsfaktorenforschung behandelt. Die Verwendung der Instabilität als Erfolgsgröße hat so häufig ein verzerrtes Bild zur Folge. Denn sie vernachlässigt die Möglichkeit individueller Vereinbarungen, wonach ein Joint Venture zeitlich befristet wird. Weiterhin werden mit der Instabilität nur die Unternehmen erfasst, die aus dem Misserfolg Konsequenzen ziehen. Der Erfolg bestehender Joint Ventures wird nicht berücksichtigt (Oesterle 1995, S. 992). Es ist jedoch durchaus denkbar, dass Unternehmen auf Grund spezifischer Investitionen in ein Joint Venture Wechselkosten aufweisen und auch deshalb ein Joint Venture nicht auflösen.

Eine weitere Möglichkeit zur Messung des Joint-Venture-Erfolgs ist in **multidimensionalen Ansätzen** zu sehen, die verschiedene Erfolgsindikatoren berücksichtigen. Hierbei werden quantitative und qualitative Output- und Inputfaktoren miteinander verknüpft. Darüber hinaus werden auch prozessuale Merkmale des Joint Ventures betrachtet (Robson/Leonidou/Katsikeas 2002, S. 396). Neben den bereits vorgestellten Indikatoren werden unter anderem der Wissenstransfer (Kogut 1988), die Verbesserung der allgemeinen Wettbewerbssituation (Harrigan 1985), die Zufriedenheit mit dem Joint Venture (Al-Khalifa/Peterson 2004) oder die Spillover-Effekte auf andere Unternehmensbereiche der beteiligten Unternehmen (Parkhe

1993) diskutiert. Diese Ansätze sind insofern zu präferieren, als dass sie dem Phänomen der Zielpluralität am ehesten gerecht werden. Allerdings weisen auch multidimensionale Messansätze Nachteile auf. Die Kritik besteht beispielsweise darin, dass die Berücksichtigung qualitativer Erfolgsfaktoren auf individuellen Einschätzungen der Betroffenen beruht. Dieser Kritikpunkt gewinnt zusätzlich an Bedeutung, wenn man bedenkt, dass in solchen Erhebungen – wie in allen Unternehmensbefragungen – nicht nur das Problem besteht, den richtigen Ansprechpartner zu befragen; darüber hinaus kommt es auch darauf an, ob nur einer oder alle Kooperationspartner befragt werden. Je nach ursprünglicher Zielsetzung kann die Einschätzung der Beteiligten zum Teil erheblich voneinander abweichen. Denkbar ist dabei, dass ein Joint Venture aus Sicht eines Kooperationspartners als Erfolg gewertet wird, während ein anderes beteiligtes Unternehmen einen Misserfolg darin sieht. Darüber hinaus sind multidimensionale Ansätze, die auch qualitative Erfolgsfaktoren wie die Zufriedenheit mit dem Joint Venture erheben, aufwändig, da eine Primärerhebung zwingend ist. Schließlich sind multidimensionale Messverfahren häufig kompensatorisch angelegt, sodass durch eine Aggregation Erfolgskriterien mit schlechter Bewertung durch Erfolgskriterien mit guter Bewertung ausgeglichen werden können. In der Regel fehlt jedoch eine Gewichtung der einzelnen Erfolgskriterien, sodass auch mit diesen Ansätzen eher Tendenzaussaugen gemacht werden können, als dass eine präzise Messung des Joint-Venture-Erfolgs möglich wäre (Oesterle 1995, S. 992 f.). In Abhängigkeit vom zu Grunde gelegten Erfolgsverständnis sowie vom Operationalisierungsansatz kann der Einfluss eines Erfolgsfaktors erheblich variieren. Die Vergleichbarkeit und auch die Reliabilität von empirischen Analysen muss daher zumindest teilweise in Frage gestellt werden. Auch erscheint eine systematische Aufbereitung verschiedener Studien zu Erfolgsfaktoren bei Joint Ventures nicht sinnvoll, da die vorgestellte Systematisierung von Erfolgsindikatoren und -messansätzen idealtypisch zu verstehen ist und die tatsächlich vorgenommene Erfolgsmessung häufig nicht so eindeutig abgegrenzt werden kann bzw. unterschiedliche Operationalisierungsansätze zugleich verwendet werden. Die Ableitung eindeutiger Handlungsempfehlungen ist daher in den wenigsten Fällen tatsächlich möglich. Dennoch liefern die identifizierten Erfolgsfaktoren wichtige Hinweise darauf, wie ein optimales Joint Venture ausgestaltet sein sollte.

4.3 Zentrale Erfolgsfaktoren

4.3.1 Partnerspezifische Einflussfaktoren

Die **Partnerwahl** bildet einen der am häufigsten untersuchten Erfolgsfaktoren bei Joint Ventures (Robson/Leonidou/Katsikeas 2002, S. 407). Entsprechende Studien basieren auf der Hypothese, dass der Erfolg von Joint Ventures durch Charakteristika des oder der Partnerunternehmen beeinflusst wird. Tatsächlich zeigt eine Studie von Glaister/Buckley (1999), dass eine sorgfältige Analyse und Auswahl (potenzieller) Kooperationspartner entscheidend zum Erfolg eines Joint Ventures beitragen kann. Die in der Literatur in diesem Zusammenhang analysierten Eigenschaften der Kooperationspartner beziehen sich auf

- die (sozio-)kulturelle Distanz,
- den Fit sowie
- die vorhergehende Bindung

zum Partnerunternehmen.

Die **kulturelle Distanz** zwischen den Kooperationspartnern betrifft das Ausmaß, in welchem kulturelle Unterschiede zwischen dem Gastland und dem Mutterland des Joint Ventures bestehen (Kutschker/Schmid 2004, S. 320 f.). Studien offenbaren dabei, dass die Lebensdauer eines Joint Ventures mit zunehmender Distanz des kulturellen Umfelds von Partnerunternehmen sinkt (z. B. Li/Lam/Qian 2001). So zeigen Barkema/Vermeulen (1997), dass die kulturelle Distanz – gemessen anhand der Kulturdimensionen von Hofstede (1980, 1983) – einen negativen Einfluss auf die Stabilität von Joint Ventures hat und Unternehmen davon abhält, einen Ländermarkt durch ein Joint Venture zu erschließen. In besonderem Maße betrifft dies Divergenzen im Hinblick auf die Unsicherheitsvermeidung (Grad, zu dem sich die Bewohner eines Landes durch unbekannte Situationen bedroht fühlen). Dies ist möglicherweise darauf zurückzuführen, dass eine unterschiedliche Wahrnehmung und Einschätzung von Chancen und Risiken grundsätzlich andere Verhaltensweisen zur Folge haben, die zu Konflikten zwischen den Kooperationspartnern führen können. Darüber hinaus hat auch die von Hofstede als Distanzdimension identifizierte Lang-/Kurzfristorientierung (im Sinne von zukunftsorientiert bzw. gegenwartsorientiert) einen starken Einfluss auf die (In-)Stabilität eines Joint Ventures. So zeichnen sich Unternehmen in Ländern mit einer langfristigen Orientierung – Hofstede (1997) charakterisiert so Länder wie China, Taiwan und Japan – durch eine höhere Investitionstätigkeit und eine große Ausdauer im Hinblick auf die Zielerreichung aus. Dagegen sind Unternehmen aus Ländern mit einer eher kurzfristigen Orientierung wie aus den USA, Großbritannien oder auch Deutschland eher status- und am kurzfristigen Erfolg orientiert. Ein solcher Gegensatz birgt enormes Potenzial für Spannungen zwischen zwei gegensätzlich orientierten Partnerunternehmen, was sich letztlich negativ auf die Stabilität der Kooperationsbeziehung auswirken kann. Obwohl die kulturelle Distanz offensichtlich einen negativen Einfluss auf die Stabilität von Joint Ventures ausübt, konnte in bisherigen Studien bislang kein signifikanter Zusammenhang zum finanziellen Erfolg eines Joint Ventures nachgewiesen werden (Robson/Leonidou/Katsikeas 2002, S. 401). So kommt es konkret auf die Gewichtung der Ziele an, die ein Unternehmen mit einem Joint Venture verfolgt.

Einen weiteren Erfolgsfaktor bildet der Fit zwischen den beiden Kooperationspartnern. Dabei kann sich der Fit auf

- die Ähnlichkeit der Unternehmenskultur,
- die Zielkongruenz sowie
- die Ähnlichkeit der vermarkteten Produkte

beziehen. Es zeigt sich hierbei, dass der Fit zwischen zwei Unternehmen nicht gänzlich unabhängig von deren **kultureller Heimat** zu sehen ist. So weist eine Studie von Meschi/Roger (1994) darauf hin, dass die nationale Kultur eines Unternehmens Auswirkungen auf dessen Unternehmenskultur hat. Unterschiede in der organisationalen Kultur reduzieren wiederum die soziale Effektivität eines Joint Ventures. Darüber hinaus können unternehmenskulturelle Differenzen zu Missverständnissen in Verhandlungsprozessen und zu einer Fehlinterpretation von Zielen des Kooperationspartners führen, obwohl dies in empirischen Studien nicht eindeutig nachgewiesen werden konnte (z. B. Simonin 1999).

Auch die **Zielkongruenz** zwischen den beiden Kooperationspartnern spielt keine unerhebliche Rolle für den Joint-Venture-Erfolg. So sollten die Partner zumindest ein gewisses Maß an Übereinstimmung im Hinblick auf ihre Ziele aufweisen, um durch Zielkonflikte hervorgerufene Spannungen zu vermeiden. Zeira/Newburry/Yeheskel (1997) demonstrieren, dass vor dem Partner verborgene Ziele und darauf aufbauend opportunistische Handlungen einen negativen Einfluss auf die Effektivität von Joint Ventures haben. Im Umkehrschluss erhöht sich also die Erfolgswahrscheinlichkeit eines Joint Ventures, wenn beide Partner bereits in der Verhandlungsphase des Joint Ventures ihre Ziele offen legen. Auf Grund von zu starken Zieldivergenzen bei Kooperationen mit direkten Wettbewerbern raten Park/Russo (1996) bzw. Park/Ungson (2001) von solchen Arrangements gänzlich ab. Allerdings ist sich die Literatur im Hinblick auf diese Empfehlung nicht einig, denn beispielsweise kommt die Studie von Park/Kim (1997) zu einem gegenteiligen Ergebnis. So ist es denkbar, dass gerade ergänzende Kompetenzen von direkten Wettbewerbern zu überproportionalen Synergieffekten bei Joint Ventures führen.

Auch Studien, die sich auf die **inhaltliche Bindung** zwischen den Partnerunternehmen beziehen, lassen eher vermuten, dass eine gewisse Ähnlichkeit der vermarkteten Produkte einen positiven Einfluss auf den Joint-Venture-Erfolg ausübt. Dabei hat die Produktähnlichkeit nicht nur einen positiven Einfluss auf die Effektivität eines Joint Ventures (z. B. Luo 2002), sondern auch auf den Shareholder Value (Merchant/Schendel 2000). Aus diesen Ergebnissen folgt, dass das Leistungsangebot des Kooperationspartners zumindest eine gewisse Ähnlichkeit zur eigenen Produktpalette aufweisen sollte, um die Erfolgswahrscheinlichkeit eines Joint Ventures zu erhöhen.

Dass Joint Ventures besonders erfolgreich sind, wenn zum Zeitpunkt der Joint-Venture-Gründung bereits **langjährige Geschäftsbeziehungen** zum Kooperationspartner bestehen, demonstrieren die bereits genannten Studien von Glaister/Buckley (1999) und Park/Kim (1997). Zumindest wirkt sich eine lange gemeinsame Historie positiv auf die Lebensdauer des Gemeinschaftsunternehmens aus (Kogut 1989). Dieser Zusammenhang ist mitunter darauf zurückzuführen, dass sich langjährig verbundene Geschäftspartner besser kennen, als Unternehmen, die zum ersten Mal miteinander in Kontakt stehen. Die auf Grund von Agency-Problemen hervorgerufene Unsicherheit wird durch die Erfahrungen mit dem Geschäftspartner reduziert. Die Wahl des Partners kann dabei auf einer besseren Entscheidungsgrundlage getroffen werden. Darüber hinaus wird die Wahrscheinlichkeit opportunistischen Verhaltens des kooperierenden Unternehmens vermindert, da kurzfristige Gewinnmitnahmen im Joint Venture weniger attraktiv erscheinen, wenn die darüber hinausgehende Geschäftsbeziehung mit dem Partner weiter Bestand haben soll.

4.3.2 Strukturelle Einflussfaktoren

Strukturelle Einflussfaktoren beziehen sich auf die innere Struktur eines Joint Ventures. Auch in diesem Forschungsbereich existieren zahlreiche Studien, die sich mit Erfolgsfaktoren im Hinblick auf die innere Organisation eines Joint Ventures auseinandersetzen. In erster Linie wird dabei der Zusammenhang zwischen

- der Verteilung der Managementkontrolle,
- der Autonomie vom Mutterunternehmen sowie
- der Transparenz bei der Zusammenarbeit

und dem Erfolg eines Joint Ventures analysiert. Die größte Aufmerksamkeit kommt dabei der Verteilung der **Managementkontrolle** bzw. der Kontrolle der Ressourcen zwischen den Partner und deren Einfluss auf den Erfolg eines Joint Ventures zu. Obwohl sich zahlreiche theoretische und empirische Arbeiten mit dieser Fragestellung auseinandersetzen, konnten bislang allerdings keine konkreten Handlungsempfehlungen für Unternehmen abgeleitet werden. Die Befunde sind so teilweise widersprüchlich und lassen keine eindeutigen Erkenntnisse zu (vgl. für einen Überblick Kabst 2000, S. 37 ff.). Das Grundproblem bei der Aufteilung der Managementkontrolle in einem Joint Venture besteht darin, dass die Kooperationspartner unternehmensspezifische Ressourcen einbringen. Es gilt nun einen Modus zu finden, wie die Kontrolle über die eingebrachten Ressourcen verteilt werden kann. Grundsätzlich können vier verschiedene Möglichkeiten unterschieden werden, die Kontrolle über die spezifischen Ressourcen eines internationalen Joint Venture zwischen den Partnerunternehmen aufzuteilen (Choi/Beamish 2004, S. 204):

- Die Kontrolle an den gesamten Ressourcen wird zwischen den Partner gleich aufgeteilt (Pari-Aufteilung).
- Der ausländische Partner verfügt insgesamt über mehr Kontrolle an den gesamten Ressourcen (Dominanz des ausländischen Partners).
- Der lokale Partner verfügt über insgesamt mehr Kontrolle an den gesamten Ressourcen (Dominanz des lokalen Partners).
- Die Partner erhalten Kontrolle über die Bereiche, die sie in das Joint Venture transferiert haben oder bei denen sie über eine größere Fachkompetenz verfügen (Split-Aufteilung).

Für die Pari-Aufteilung spricht, dass sich die Kooperationspartner insgesamt stärker mit einem Joint Venture identifizieren und daher einen größeren Kooperationsbeitrag leisten (Kabst 2000, S. 42). Darüber hinaus kann eine paritätische Aufteilung auch von Vorteil sein, weil durch die fortlaufende Suche nach Kompromissen die tatsächliche Entscheidung optimiert wird. Steensma/Lyles (2000) stellen darüber hinaus fest, dass eine nicht-paritätische Aufteilung der Kontrolle ein höheres Konfliktpotenzial und eine höhere Instabilitätsrate zur Folge hat. Die Reduktion von Komplexität bildet eines der Hauptargumente, die Kontrolle in Joint Ventures nicht paritätisch zu verteilen (Killing 1983, S. 15). Die Empfehlung, dass einer der Partner das Joint Venture dominieren sollte, beruht dabei auf der Annahme, dass die gemeinschaftliche Führung die Steuerung und Kontrolle sehr viel komplexer macht und die Effektivität eines Joint Ventures beeinträchtigt. Auf die Frage, ob besser der ausländische oder inländische Partner das internationale Joint Venture dominieren sollte, gibt die Literatur keine abschließende Antwort. In Bezug auf die Dominanz des ausländischen Partners deuten einige Studien auf einen positiven Zusammenhang mit dem Joint-Venture-Erfolg hin (Ding 1997; Yan/Gray 2001), andere wiederum auf einen negativen Zusammenhang (Lyles/Baird 1994). Einige Studien können sogar überhaupt keinen signifikanten Einfluss der Aufteilung der Kontrolle auf den Joint-Venture-Erfolg feststellen (Yan/Gray 1994; Calantone/Zhao 2000). Abschließend kann daher kein Urteil darüber gefällt werden, ob und wie sich eine ungleichgewichtige Verteilung der Kontrolle in Joint Ventures auf den Erfolg eines Joint Ventures auswirkt. Eine mögliche Erklärung für dieses Dilemma sehen Pangarkar/Klein (2004, S. 102) darin, dass die Vorteilhaftigkeit bestimmter Verteilungskonstellationen situationsabhängig ist. Sie stellen fest, dass eine dominierende Rolle in einem Joint Venture für ein Unternehmen nur dann erstrebenswert ist, wenn die Transaktionskosten sehr hoch sind – beispielsweise wenn vorher keine Geschäftsbeziehung zum Kooperationspartner bestand.

Die **Split-Aufteilung** der Managementkontrolle sieht schließlich vor, dass sich die Kooperationspartner auf die Ressourcen konzentrieren sollten, die sie in das Joint Venture eingebracht haben und bei denen sie über ein spezielles Know-how verfügen. Ausgehend von der Annahme, dass ein Joint Venture hauptsächlich auf Grund der Ressourcenkomplementarität zwischen den Kooperationspartnern gegründet wird, führen sie den Misserfolg zahlreicher Joint Ventures in erster Linie auf die Erosion dieser Ressourcenkomplementarität zurück. Daher schlagen sie vor, dass sich jeder der Kooperationspartner auf das konzentrieren sollte, was er am besten kann. So kommt eine Studie von Choi/Beamish (2004) tatsächlich zu dem Ergebnis, dass eine solche Aufteilung der Ressourcenkontrolle einen positiven Einfluss auf den Joint-Venture-Erfolg ausübt. Die Split-Aufteilung wurde in der Literatur bislang jedoch nur vereinzelt diskutiert. Daher sollten noch weitere Studien in diesem Bereich durchgeführt werden, um zu klären, ob die Split-Aufteilung tatsächlich die beste Alternative zur Aufteilung der Ressourcenkontrolle darstellt.

Unmittelbar mit der Aufteilung der Kontrolle in einem Joint Venture verbunden ist die Frage nach der **Rolle des Mutterunternehmens** bzw. der Autonomie des Joint Ventures von Entscheidungen des Mutterunternehmens. Dabei ist es für den Erfolg eines Joint Ventures entscheidend, den richtigen Ausgleich zwischen Abhängigkeit und Unabhängigkeit von Entscheidungen des Mutterunternehmens zu finden (Robins/Tallman/Flad-moe-Lindquist 2002, S. 897). Eine zu starke Einmischung der Mutterunternehmen ist zumeist kontraproduktiv, weil hierdurch möglicherweise Konflikte zwischen den Partnerunternehmen hervorgerufen werden. Durch eine völlige Autonomie des Joint Ventures wird jedoch auf der anderen Seite dessen strategische Zielsetzung aus den Augen verloren, sodass die strategische Interdependenz zwischen Mutterunternehmen und Joint Venture zumindest teilweise, z. B. durch einen Sitz im Kontrollgremium des Joint Ventures, aufrecht erhalten werden sollte.

Schließlich bildet auch die **Transparenz** in der Zusammenarbeit einen wichtigen Erfolgsfaktor für Joint Ventures. Je transparenter die Kooperation gestaltet ist, umso erfolgreicher ist sie zumeist. Vor dem Hintergrund der **Agency-Problematik** sollten bereits in der Vertragsphase Konflikte durch möglichst umfassende (vollständige) Verträge vermieden werden. Auch sollten bereits in dieser Phase Ziele möglichst offen gelegt und Pflichten der

Kooperationspartner festgelegt werden (Lyles/Baird 1994). Auf diese Weise kann das Konfliktpotenzial in Joint Ventures erheblich gesenkt werden, weil die Erwartungen an die Zusammenarbeit der Kooperationspartner bekannt sind und so Enttäuschungen weit gehend vermieden werden können.

4.3.3 Prozessuale Einflussfaktoren

Studien, die prozessuale Entscheidungsparameter in den Mittelpunkt rücken, gehen davon aus, dass vor allem Merkmale der Zusammenarbeit den Erfolg eines Joint Ventures beeinflussen. Grundsätzlich lassen sich dabei zwei verschiedene Ansätze unterscheiden (in Anlehnung an Robson/Leonidou/Katsikeas 2002, S. 395):

- Ansätze, die Merkmale der Beziehung zwischen den Partner untersuchen und
- Ansätze, die den Wissenstransfer bzw. das organisationale Lernen als Erfolgsfaktor analysieren

Ansätze, die projektinhärente Beziehungsaspekte fokussieren, untersuchen Merkmale der Zusammenarbeit zwischen den Kooperationspartnern, die einen Einfluss auf den Erfolg eines Joint Ventures haben können. Als wichtige Einflussfaktoren werden dabei

- Vertrauen,
- Commitment und
- Konflikte

angesehen. **Vertrauen** in Joint Ventures drückt sich darin aus, dass die beteiligten Unternehmen dazu bereit sind, sich auf den Kooperationspartner zu verlassen, obwohl das Eintreten negativer Konsequenzen, d. h. opportunistisches Verhalten des Kooperationspartners, grundsätzlich möglich ist (Inkpen/Curall 2004, S. 588). Dabei sind verschiedene Arten von Vertrauen zu differenzieren. Das vertragsbasierte Vertrauen bezieht sich auf schriftlich oder mündlich festgelegte Vertragselemente des Joint Ventures. Es kann als Ausdruck für die Erwartung interpretiert werden, dass sich der Kooperationspartner an die offiziell festgehaltenen Versprechungen tatsächlich hält. Eine zweite Art von Vertrauen basiert auf der Kompetenz des Kooperationspartners. Es resultiert aus der Annahme eines Unternehmens, dass der Kooperationspartner seine ihm zugewiesene Rolle in kompetenter Weise ausfüllen wird. Schließlich bildet das so genannte „goodwill“-Vertrauen eine dritte relevante Kategorie von Vertrauen in Joint Ventures. Darunter versteht man die Erwartung, dass der Kooperationspartner auf die Interessen der anderen beteiligten Unternehmen Rücksicht nehmen wird und sich darüber hinaus in der Kooperation über das formal definierte Maß hinaus engagieren wird (Boersma/Ghauri/Rossum 1998, S. 197 f.). Die besondere Rolle von Vertrauen für den Erfolg von Joint Ventures ist darin zu sehen, dass Joint-Venture-Verträge in der Regel unvollständig sind. Zu Beginn einer möglicherweise sehr lange andauernden Partnerschaft ist es unwahrscheinlich, dass alle Eventualitäten vollständig antizipiert und vertraglich festgehalten werden können. Viele Ereignisse müssen daher informell zwischen den Partnern geregelt werden (Cullen/Johnson/Tomoaki 2000, S. 226). Dies eröffnet den beteiligten Unternehmen Spielräume für opportunistisches Verhalten und führt zu Unsicherheit bei den Kooperationspartnern. Fehlendes Vertrauen wirkt dabei ineffektiv, denn es erhöht das Konfliktpotenzial zwischen den beteiligten Unternehmen und führt dazu, dass sie sich nicht mit vollem Einsatz innerhalb des Joint Ventures engagieren. So ist es etwa denkbar, dass in einem Joint Venture, das explizit zum Wissenstransfer gegründet wurde, Informationen zurückgehalten werden, weil ein Kooperationspartner davon ausgeht, dass sich der andere opportunistisch verhalten wird. Da bei Vertrauen auf die explizite Kontrolle des Vertragspartners verzichtet wird, reduziert es darüber hinaus die Transaktionskosten (Beamish/Banks 1987, S. 4; Nooteboom 1996, S. 989).

Auch das **Commitment** wird häufig als Erfolgsfaktor von Joint Ventures angesehen (Killing 1983; Kauser/Shaw 2004). Es bezieht sich auf die Absicht der Kooperationspartner, sich längerfristig in einem Joint Venture zu engagieren. Darüber hinaus umfasst es die Akzeptanz der gemeinsam definierten Werte und Ziele eines Joint Ventures sowie die Bereitschaft, den größtmöglichen Beitrag zu leisten, um diese Ziele zu erreichen (Johnson 1999, S. 56). Kooperationspartner mit einem starken Commitment verzichten auf opportunistisches Verhalten, weil es den Bestand des Joint Ventures gefährden könnte (Buckley/Casson 1988, S. 26; Tsang/Nguyen/Erramilli 2004, S. 87). Je stärker das Commitment der Kooperationsparter ist, umso besser ist daher die Stabilität des Joint Ventures (Hu/Chen 1996, S. 169 f.). Das Commitment hat nicht nur direkte positive Wirkungen auf den Erfolg eines Joint Ventures, sondern auch indirekte, indem es das Konfliktpotenzial zwischen den Kooperationspartnern reduziert (Cullen/Johnson/Tomoaki 2000, S. 226). Je seltener und je bedeutungsloser die Konflikte wiederum sind, umso größer ist der Joint-Venture-Erfolg (Ding 1997, S. 43). Dabei ist zu berücksichtigen, dass das Konfliktpotenzial bei Joint Ventures insgesamt sehr groß ist. Als wichtigste Ursachen für Konflikte nennt Ding (1997, S. 34) unter anderem konfliktäre Ziele, die gegenseitige Abhängigkeit, vor allem auch im Hinblick auf die eigene Aufgabenerfüllung, eine wahrgenommene Ungerechtigkeit im Hinblick auf die Verteilung von Kosten und Nutzen sowie inkompatible Managementstile und -ansätze. Das Konfliktmanagement stellt daher eine der wichtigsten Aufgaben zur Sicherung des Joint-Venture-Erfolgs dar (vgl. hierzu den Beitrag von Zentes/Swoboda/Morschett im Fünften Kapitel dieses Sammelwerks).

Wie oben bereits erwähnt, bildet der **Wissenstransfer** eines der wichtigsten Motive für die Gründung eines Joint Ventures (Scherm/Süß 2001, S. 139). Ausländische Kooperationspartner versprechen sich beispielsweise durch ein Joint Venture Wettbewerbsvorteile durch die spezifische Marktkenntnis eines oder mehrerer lokaler Partner. Diese hoffen wiederum, von dem international tätigen Partner Fähigkeiten und Kenntnisse zu erlangen, die sie für eigene Internationalisierungsprozesse benötigen (Dhanaraj u. a. 2004, S. 428). Daher steht auch der Zusammenhang zwischen dem Wissenstransfer bzw. den Lernprozessen und dem Erfolg von Joint Ventures häufig im Mittelpunkt der Erfolgsfaktorenforschung. Dabei wird angenommen, dass ein Joint Venture umso erfolgreicher ist, desto stärker der Wissenstransfer zwischen den Unternehmen ausgeprägt ist. Die empirischen Erkenntnisse geben bislang jedoch kaum konkrete Hinweise auf die Erfolgsrelevanz von organisationalen Lernprozessen. So sind die vorliegenden Befunde insgesamt sehr widersprüchlich (z. B. Beamish/Inkpen 1995; Lyles/Salk 1996; Beamish/Berdrow 2003). Zum anderen erweisen sich entsprechende

Forschungsbemühungen als sehr diffus. So wird beispielsweise an der bereits erwähnten Meta-Studie von Robson/Leonidou/Katsikeas (2002) deutlich, dass noch keine einheitliche Definition und Operationalisierung des organisationalen Lernens existiert, die aber notwendig ist, um den Erfolg dieser Variable abschließend zu untersuchen.

4.3.4 Länderspezifische Einflussfaktoren

Ein wichtiges Motiv, ein internationales Joint Venture zu gründen, besteht darin, Zugang zu Ländermärkten zu erhalten, die ansonsten nicht erschlossen werden können. Daher sind internationale Joint Ventures aber auch länderspezifischen Gegebenheiten ausgesetzt, die den Erfolg eines Joint Ventures beeinflussen können. Die relevantesten Einflussfaktoren sind dabei zumeist ökonomischer und politisch-rechtlicher Art. Ökonomische Erfolgsfaktoren wurden in erster Linie im Hinblick auf die Stabilität von Joint Ventures in Entwicklungsländern (z. B. Beamish 1985) sowie in Schwellenländern bzw. wachsenden Volkswirtschaften (z. B. Beamish/Wang 1989; Lyles/Baird 1994) untersucht. Der Erfolg von Joint Ventures in Entwicklungsländern wird von der politischen Stabilität und der Infrastruktur eines Landes moderiert: Je instabiler die politische Lage und je schlechter die Infrastruktur in einem Land, desto instabiler ist ein Joint Ventures und desto unzufriedener sind die beteiligten Manager mit einem Joint Venture (Beamish 1985, S. 17 f.). Darüber hinaus beschäftigt die Öffnung der osteuropäischen Märkte und des chinesischen Marktes die Joint-Venture-Forschung seit Mitte der neunziger Jahre in zunehmendem Maße. Dabei stehen beispielsweise das Risiko und die Unsicherheit, der Wissenstransfer zwischen den Kooperationspartnern sowie der Einfluss von lokalen politischen Gegebenheiten im Mittelpunkt der Untersuchungen (Reus/Ill 2004, S. 383). Auch die politisch-rechtliche Situation im Land des internationalen Joint Ventures scheint einen Einfluss auf dessen Erfolg zu haben. So zeigen Untersuchungen, dass neben der bereits erwähnten politischen Stabilität steuerliche und ökonomische Anreize positive Wirkungen auf den Joint-Venture-Erfolg zeigen (Osland/Cavusgil 1996, S. 124). Dagegen findet sich erstaunlicherweise lediglich ein geringer Zusammengang zwischen protektionistischen Regulierungen und dem Erfolg eines Joint Ventures (Barkema/Vermeulen 1997, S. 858).

5. Zusammenfassung

Der vorliegende Beitrag gab einen Überblick über die Entscheidungsparameter, die bei der Gründung und dem Management eines internationalen Joint Ventures relevant sind. Dabei wurden auf der Grundlage einer entscheidungsorientierten Sichtweise zunächst Motive für die Gründung eines Joint Ventures aufgezeigt. Dabei zeigte sich, dass die Gründe sehr vielschichtig sein können. Im Anschluss daran wurden verschiedene Optionen zur institutionellen Ausgestaltung von Joint Ventures aufgezeigt und mit Beispielen belegt. Schließlich stand die Erfolgsfaktorenforschung im Mittelpunkt der Betrachtung. Zum einen konnte dabei gezeigt werden, dass die Erfolgsmessung bei Joint Ventures in erster Linie auf Grund der Zielpluralität und Vielschichtigkeit der Gründungsmotivation ein Problem darstellt. Zum anderen existieren zahlreiche Einflussfaktoren auf den Erfolg von Joint Ventures, die von Unternehmen berücksichtigt werden müssen. Allerdings konnte festgestellt werden, dass die Erfolgsfaktorenforschung bei Joint Ventures trotz der großen Zahl an Publikationen noch nicht als abgeschlossen betrachtet werden kann. Im Gegenteil erscheint die weitere Beschäftigung mit dem Thema Joint Ventures vor allem auf Grund der wenig stringenten Ergebnisse der Erfolgsfaktorenforschung dringend notwendig. Es bleibt allerdings abzuwarten, ob die Kooperationsform des Joint Ventures auch in Zukunft die Bedeutung einnehmen wird, die sie derzeit in der Unternehmenspraxis hat. So offenbart eine Studie von Deng (2001), dass sich das Verhältnis der Neugründungen durch Joint Ventures und durch Tochtergesellschaften in den letzten Jahren zu Ungunsten der Joint Ventures entwickelt hat. Bildete das Joint Venture im Jahr 1992 mit 50 % der Neugründungen noch die verbreiteste Form der Direktinvestition, entschieden sich im Jahr 1999 nur noch rund 32 % der direkt investierenden Unternehmen für diese Markteintrittsform.

Diese Zahlen deuten daraufhin, dass die Bedeutung von Joint Ventures möglicherweise abnehmen wird. Gründe hierfür könnten in der zunehmenden Liberalisierung zahlreicher Märkte liegen. Waren beispielsweise die Markteintrittsbarrieren in China vor Jahren noch sehr hoch, so haben sich die Möglichkeiten, direkt in diesem Land zu investieren seit dem Beitritt Chinas in die WTO 2001 erheblich verbessert. Es ist daher nicht mehr unbedingt notwendig, einen ausländischen Partner „mit ins Boot“ zu nehmen. Weiterhin ist es denkbar, dass erst in den letzten Jahren die Nachteile, die mit Joint Ventures verbunden sind, offensichtlich wurden. Durch den Boom, den Joint Venture vor allem in den neunziger Jahren erlebt haben, sind langfristige Ergebnisse der Joint Ventures erst jetzt möglich. Eventuell sind Unternehmen auf der Grundlage dieser Erfahrungen eher abgeneigt, diese Kooperationsform auch in Zukunft anzustreben. Letztendlich war die Gründung von Joint Ventures in den neunziger Jahren auch ein Managementtrend, von dem die Unternehmen nun möglicherweise langsam wieder abrücken. Schließlich kann an dieser Stelle auch die Kontingenzhypothese von Levitt (1983) als Begründung für eine mögliche Abkehr von dieser Kooperationsform herangezogen werden. Eines der Hauptmotive zur Kooperation mit einem lokalen Partner bestand in der Vergangenheit darin, lokale Marktkenntnisse zu erlangen. Mit zunehmender Standardisierung der Konsumentenbedürfnisse sind lokale Kenntnisse jedoch nicht mehr so stark gefordert. Denkbar ist auch, dass die zunehmenden Standardisierungstendenzen von Unternehmen eine Kenntnis lokaler Gegebenheiten aus strategischer Sicht nicht mehr in gleicher Weise notwendig erscheinen lassen.

Zusammenfassend bleibt also abzuwarten, ob Joint Ventures zukünftig ein ähnlich großes Gewicht wie in der Vergangenheit zufällt. Sollte dies der Fall sein, so wird sicherlich auch die Joint-Venture-Forschung von der andauernden Bedeutung in der Praxis profitieren. Hierdurch ließen sich dann die noch bestehenden Forschungslücken in der Joint-Venture-Forschung reduzieren.

Literatur

AL-KHALIFA, A. K.; PETERSON, S. E. (2004): On the Relationship between Initial Motivation, and Satisfaction and the Performance in Joint Ventures, in: European Journal of Management, 38. Jg., S. 150-174.

ARINO, A. (2003): Measure of Strategic Alliance Performance: An Analysis of Construct Validity, in: Journal of International Business Studies, 34. Jg., S. 66-79.

BACKHAUS, K.; BÜSCHKEN, J.; VOETH, M. (2003): Internationales Marketing, 5. Aufl., Stuttgart.

BARKEMA, H. G.; VERMEULEN, F. (1997): What Differences in the Cultural Backgrounds of Partners are Detrimental for International Joint Ventures?, in: Journal of International Business Studies, 28. Jg., S. 845-864.

BEAMISH, P. W. (1985): The Characteristics of Joint Ventures in Developed and Developing Countries, in: Columbia Journal of World Business, 20. Jg., S. 13-19.

BEAMISH, P. W.; BANKS, J. C. (1987): Equity Joint Ventures and the Theory of the Multinational Enterprise, in: Journal of International Business Studies, 18. Jg., S. 1-15.

BEAMISH, P. W.; BERDROW, I. (2003): Learning From IJVs: The Unintended Outcome, in: Long Range Planning, 36. Jg., S. 285-303.

BEAMISH, P. W.; INKPEN, A. C. (1995): Keeping International Joint Ventures Stable and Profitable, in: Long Range Planning, 28. Jg., S. 26-36.

BEAMISH, P. W.; KACHRA, A. (2004): Number of Partners and JV Performance, in: Journal of World Business, 39. Jg., S. 107-120.

BEAMISH, P. W.; WANG, H. Y. (1989): Investing in China via Joint Ventures, in: Management International Review, 29. Jg., S. 57-74.

BLODGETT, L. L. (1991): Partner Contributions as Predictors of Equity Share in International Joint Ventures, in: Journal of International Business Studies, 22. Jg., S. 63-78.

BOERSMA, M. F.; GHAURI, P. N.; ROSSUM, W. V. (1998): Developing Trust in International Joint Venture Relationships, in: Gray, B.; Deans, K. R.: ANZMAC98 Conference Proceedings, Dunedin.

BUCKLEY, P. J.; CASSON, M. (1988): A Theory of Co-Operation in International Business, in: Management International Review, 28. Jg., S. 19-38.

CALANTONE, R. J.; ZHAO, Y. S. (2000): Joint Ventures in China: A Comparative Study of Japanese, Korean, and U.S. Partners, in: Journal of International Marketing, 10. Jg., S. 53-77.

CHOI, C.-B.; BEAMISH, P. W. (2004): Split Management Control and International Joint Venture Performance, in: Journal of International Business Studies, 35. Jg., S. 201-215.

CONTRACTOR, F. J.; LORANGE, P. (1988): Competition vs. Cooperation: A Benfit/Cost Framework for Choosing Between Fully-Owned Investments and Cooperative Relationships, in: Management International Review, 28. Jg., S. 5-18.

CULLEN, J. B.; JOHNSON, J. L.; TOMOAKI, S. (2000): Success Through Commitment and

Trust, in: Journal of World Business, 35. Jg., S. 223-240.

DELIOS, A.; BEAMISH, P. W. (1999): Ownership Strategy of Japanese Firms: Transactional, Institutional, and Experience Influences, in: Strategic Management Journal, 20. Jg., S. 915-933.

DENG, P. (2001): WFOEs: The Most Popular Entry Mode into China, in: Business Horizons, 44. Jg., S. 63-72.

DHANARAJ, C.; LYLES, M. A.; STEENSMA, H. K.; TIHANYI, L. (2004): Managing Tacit and Explicit Knowledge Transfer in International Joint Ventures: The Role of Relational Embeddedness and the Impact on Performance, in: Journal of International Business Studies, 35. Jg., S. 428-442.

DING, D. Z. (1997): Control, Conflict, and Performance: A Study of U.S.-Chinese Joint Ventures, in: Journal of International Marketing, 5. Jg., S. 31-45.

FOSCHT, T.; ANGERER, T.; PIEBER, C. (2004): Produkt- und Programmpolitik im Export – Die Perspektive der Industriegüterhersteller, in: Zentes, J.; Morschett, D.; Schramm-Klein, H. (Hrsg.): Handbuch Außenhandel: Marketingstrategien und Managementkonzepte, Wiesbaden, S. 331-351.

GERINGER, J. M.; HEBERT, L. (1991): Measuring Performance of International Joint Ventures, in: Journal of International Business Studies, 22. Jg., S. 249-263.

GLAISTER, K. W.; BUCKLEY, P. J. (1999): Performance Relationships in UK International Alliances, in: Management International Review, 39. Jg., S. 123-147.

GRIFFITH, D. A.; HU, M. Y.; WHITE, S. (1998): Formation and Performance of Multi-Partner Joint Ventures: A Sino-foreign Illustration, in: International Marketing Review, 15. Jg., S. 171-186.

HARRIGAN, K. R. (1985): Strategies for Joint Venture Success, Lexington/MA.

HENNART, J.-F. (1991): The Transaction Costs Theory of Joint Ventures: An Empirical Study of Japanes Subsidiaries in the United States, in: Management Science, 37. Jg., S. 483-497.

HOFFMANN, W. H.; SCHAPER-RINKEL, W. (2001): Acquire or Ally? – A Strategy Framwork for Deciding Between Acquisition and Cooperation, in: Management International Review, 41. Jg., S. 131-159.

HOFSTEDE, G. (1980): Motivation, Leadership, and Organization: Do American Theories Apply Abroad?, in: Organizational Dynamics, 10. Jg., S. 63-68.

HOFSTEDE, G. (1983): The Cultural Relativity of Organizational Practices and Theories, in: Journal of International Business Studies, 14. Jg., S. 75-89.

HOFSTEDE, G. (1997): Lokales Denken, globales Handel. Kulturen, Zusammenarbeit und Management, München.

HU, M. Y.; CHEN, H. C. (1996): An Empirical Analysis of Factors Explaining Foreign Joint Venture Performance in China, in: Journal of Business Research, 35. Jg., S. 165-173.

INKPEN, A. C.; CURALL, S. C. (2004): The Coevolution of Trust, Control and Learning in

Joint Ventures, in: Organization Science, 15. Jg., S. 586-599.

JOHNSON, J. P. (1999): Multiple Commitments and Conflicting Loyalties in International Joint Venture Management Teams, in: International Journal of Organization Analysis, 7. Jg., S. 54-71.

KABST, R. (2000): Steuerung und Kontrolle Internationaler Joint Venture: Eine transaktionskostentheoretisch fundierte empirische Analyse, München u. a.

KAUSER, S.; SHAW, V. (2004): The Influence of Behavioral and Organisational Characteristics on the Success of International Strategic Alliances, in: International Marketing Review, 21. Jg., S. 17-52.

KEEGAN, W. J.; SCHLEGELMILCH, B.; STÖTTINGER, B. (2002): Globales Marketing-Management: eine europäische Perspektive, München.

KILLING, J. P. (1983): Strategies for Joint Venture Success, New York.

KOGUT, B. (1988): Joint Ventures: Theoretical and Empirical Perspectives, in: Strategic Management Journal, 9. Jg., S. 319-332.

KOGUT, B. (1989): The Stability of Joint Ventures: Reciprocity and Competitive Rivalry, in: Journal of Industrial Economics, 38. Jg., S. 183-198.

KUTSCHKER, M.; SCHMID, S. (2004): Internationales Management, 3. Aufl., München.

LEVITT, T. (1983): The Globalization of Markets, in: Harvard Business Review, Nr. 5, S. 86-91.

LI, J.; LAM, K.; QIAN, G. (2001): Does Culture Affect Behavior and Performance of Firms? The Case of Joint Ventures in China, in: Journal of International Business Studies, 32. Jg., S. 115-131.

LUO, Y. (2002): Product Diversification in International Joint Ventures: Performance Implications in an Emerging Market, in: Strategic Management Journal, 23. Jg., S. 1-19.

LUO, Y.; PARK, S. H. (2004): Multiparty Cooperation and Performance in International Equity Joint Ventures, in: Journal of International Business Studies, 35. Jg., S. 142-160.

LYLES, M. A.; BAIRD, I. S. (1994): Performance of International Joint Ventures in Two Eastern European Countries: The Case of Hungary and Poland, in: Management International Review, 34. Jg., S. 313-329.

LYLES, M.; SALK, J. E. (1996): Knowledge Acquisition from Foreign Parents in International Joint Ventures: An Empirical Examination in the Hungarian Context, in: Journal of International Business Studies, 27. Jg., S. 877-903.

MAAß, F.; WALLAU, F. (2003): Internationale Kooperationen kleiner und mittlerer Unternehmen – Unter besonderer Berücksichtigung der neuen Bundesländer, IfM-Materialien Nr. 158, Bonn.

MACHARZINA, K. (1975): Zum Stabilitätsproblem internationaler Joint Venture-Direktinvestitionen, in: Zeitschrift für betriebswirtschaftliche Forschung, 4. Jg., S. 153-164.

MERCHANT, H. (2000): Configurations of International Joint Ventures, in: Management International Review, 40. Jg., S. 107-159.

MERCHANT, H.; SCHENDEL, D. (2000): How Do International Joint Ventures Create Shareholder Value?, in: Strategic Management Journal, 21. Jg, S. 723-737.

MESCHI, P. X.; ROGER, A. (1994): Cultural Context and Social Effectiveness in International Joint Ventures, in: Management International Review, 34. Jg, S. 197-215.

MJOEN, H.; TALLMAN, S. (1997): Control and Performance in International Joint Ventures, in: Organization Science, 8. Jg., S. 257-274.

NOOTEBOOM, B. (1996): Trust, Opportunism and Governance: A Process and Control model, in: Organization Studies, 17. Jg, S. 985-1010.

OESTERLE, M.-J. (1995): Probleme und Methoden der Joint-Venture-Erfolgsbewertung, in: Zeitschrift für Betriebswirtschaft, 65. Jg., S. 987-1004.

OSLAND, G. E.; CAVUSGIL, S. T. (1996): Performance Issues in U.S.-China Joint Ventures, in: California Management Review, 38. Jg, S. 106-130.

PANGARKAR, N.; KLEIN, S. (2004): The Impact of Control on International Joint Venture Performance: A Contingency Approach, in: Journal of International Marketing, 12. Jg., S. 86-107.

PARK, S. H.; KIM, D. (1997): Market Valuation of Joint Ventures: Joint Characteristics and Wealth Gain, in: Journal of Business Venturing, 12. Jg., S. 83-108.

PARK, S. H.; RUSSO, M. V. (1996): When Competition Eclipses Cooperation: An Event History Analysis of Joint Venture Failure, in: Management Science, 42. Jg., S. 875-890.

PARK, S. H.; UNGSON, G. R. (2001): Interfirm Rivalry and Managerial Complexity: A Conceptual Framework of Alliance Failure, in: Organization Science, 12. Jg., S. 37-53.

PARKHE, A. (1993): The Structuring of Strategic Alliances: A Game-theoretic and Transaction-cost Examination of Interfirm Cooperation, in: Academy of Management Journal, 36. Jg., S. 794-829.

PAUSENBERGER, E.; NÖCKER, R. (2000): Kooperative Formen der Auslandsmarktbearbeitung, in: Zeitschrift für betriebswirtschaftliche Forschung, 52. Jg., S. 393-412.

PROBST, G., J. B.; RÜLING, C.-C. (1999): Joint Ventures und Joint Venture-Management, in: Schaumburg, H. (Hrsg.): Internationale Joint Ventures: Management, Besteuerung, Vertragsgestaltung, Stuttgart, S. 1-33.

REUS, T. H.; ILL, W. J. R. (2004): Interpartner, Parent, and Environmental Factors Influencing the Operation of International Joint Ventures: 15 Years of Research, in: Management International Review, 44. Jg., S. 369-395.

ROBINS, J. A.; TALLMAN, S.; FLADMOE-LINDQUIST, K. (2002): Autonomy and Dependence of International Cooperative Joint Ventures: An Exploration of the Strategic Performance of U. S. Ventures in Mexico, in: Strategic Management Journal, 23. Jg., S. 881-901.

ROBSON, M. J.; LEONIDOU, L. C.; Katsikeas, C. S. (2002): Factors Influencing International Joint Venture Performance: Theoretical Perspectives, Assessment and Future Directions, in: Management International Review, 42. Jg., S. 385-418.

SCHERM, E.; SÜß, S. (2001): Internationales Management, München.

SEIBERT, K. (1981): Joint Ventures als strategisches Instrument im internationalen Marketing, Berlin.

SIMONIN, B. L. (1999): Transfer of Marketing Know-How in International Strategic Alliances: An Empirical Investigation of the Role and Antecedents of Knowledge Ambiguity, in: Journal of International Business Studies, 30. Jg., S. 364-491.

STEENSMA, H. K.; LYLES, M. (2000): Explaining IJV Survival in a Transitional Economy through Social Exchange and Knowledge-based Perspectives, in: Strategic Management Journal, 21. Jg., S. 831-851.

TSANG, E. W. K.; NGUYEN, D. T.; ERRAMILLI, M. K. (2004): Knowledge Acquisition and Performance of International Joint Ventures in the Transition Economy of Vietnam, in: Journal of International Marketing, 12. Jg., S. 82-103.

WALLAU, F.; KAYSER, G.; BACKES-GELLNER, U. (2001): Das industrielle Familienunternehmen – Kontinuität und Wandel, BDI-Drucksache Nr. 331, Köln.

WELGE, M. K.; HOLTBRÜGGE, D. (2003): Internationales Management – Theorie, Funktionen, Fallstudien, 4. Aufl., Stuttgart.

YAN, A.; GRAY, B. (1994): Bargaining Power, Management Control and Performance in United States-China Joint Ventures: A Comparative Case Study, in: Academy of Management Journal, 37. Jg., S. 1478-1517.

YAN, A.; GRAY, B. (2001): Antecedents and Effects of Parent Control in International Joint Ventures, in: Journal of Management Studies, 38. Jg., S. 393-416.

YAN, A.; ZENG, M. (1999): International Joint Venture Instability; A Critique of Previous Research, A Reconceptualization, and Directions for Future Research, in: Journal of International Business Studies, 30. Jg., S. 397-414.

ZEIRA, Y.; NEWBURRY, W.; YEHESKEL, O. (1997): Factors Affecting the Effectiveness of Equity International Joint Ventures (EIJVs) in Hungary, in: Management International Review, 37. Jg., S. 259-279.

ZENTES, J. (1992): Ost-West Joint Ventures als strategische Allianzen, in: Zentes, J. (Hrsg.): Ost-West Joint Ventures, Stuttgart, S. 3-23.

ZENTES, J.; SCHRAMM-KLEIN, H.; MORSCHETT, D. (2004): Außenhandel und Internationales Marketing, in: Zentes, J.; Morschett, D.; Schramm-Klein, H. (Hrsg.): Außenhandel: Marketingstrategien und Managementkonzepte, Wiesbaden, S. 5-25.

ZENTES, J.; SWOBODA, B. (1999): Motive und Erfolgsgrößen internationaler Kooperation mittelständischer Unternehmen, in: Die Betriebswirtschaft, 59. Jg., S. 44-60.

ZENTES, J.; SWOBODA, B.; MORSCHETT, D. (2004): Internationales Werschöpfungsmanagement, München.

Viertes Kapitel

Kooperation in ausgewählten Wertschöpfungsbereichen

Joachim Zentes/Bernhard Swoboda/Dirk Morschett*

Markt, Kooperation, Integration: Asymmetrische Entwicklungen in der Gestaltung der Wertschöpfungsprozesse am Beispiel der Konsumgüterindustrie

---

* Univ.-Professor Dr. Joachim Zentes ist Inhaber des Lehrstuhls für Betriebswirtschaftslehre, insbesondere Außenhandel und Internationales Management der Universität des Saarlandes und Direktor des Instituts für Handel & Internationales Marketing (H.I.MA.) an der Universität des Saarlandes, Saarbrücken.
Univ.-Professor Dr. Bernhard Swoboda ist Inhaber der Professur für Betriebswirtschaftslehre, insbesondere Marketing und Handel der Universität Trier.
Dr. Dirk Morschett ist Wissenschaftlicher Assistent am Lehrstuhl für Betriebswirtschaftslehre, insbesondere Außenhandel und Internationales Management der Universität des Saarlandes, Saarbrücken.

1. Insourcing und Outsourcing – Entscheidungsoptionen und sektorale Entwicklungstendenzen

Betrachtet man wissenschaftliche Beiträge in Fachzeitschriften und Sammelwerken, Lehrbüchern und Monografien sowie insbesondere „praxisorientierte“ Publikationen, durchforstet man Programme von Tagungen, Kongressen u. Ä., so dominierten in den neunziger Jahren auf den ersten Blick Fragen des Outsourcing, d. h. „Buy-Entscheidungen“ bzw. Formen der Externalisierung (Zentes 1995, S. 21 ff., und die dort angegebene Literatur). Die Diskussion um die prozessorientierte Neugestaltung („Reengineering“) der Wertschöpfungskette wurde im Wesentlichen beherrscht von der Option der Reduzierung der Wertschöpfungstiefe. Beispielhaft wurde meist die Automobilwirtschaft herangezogen. Dort zeigt sich bis heute – und wohl auch weiterhin – eine Tendenz zur abnehmenden Wertschöpfungstiefe der Automobilhersteller und – damit einhergehend – eine stärkere Einbeziehung der Automobilzulieferer in die Wertschöpfungskette, so in Bezug auf Forschung & Entwicklung, Logistik, aber auch Produktion (z. B. Endmontage) (Gottschalk 2001; vgl. auch die Beiträge von Lutz/Wiendahl und Friedli/Schuh in diesem Sammelwerk). Diese Auslagerung war und ist zugleich verbunden mit dem Aufbau netzwerkartiger Beziehungen, bei denen die Automobilhersteller die fokale Rolle einnehmen, d. h., sie steuern den Wertschöpfungsverbund.

Diese **Outsourcing-Tendenz** – vorrangig oder gar ausschließlich – auf die vorgelagerten Stufen der Wertschöpfungskette („up stream“) bezogen, ist aber keineswegs ein in allen Wirtschaftssektoren anzutreffendes Phänomen. Betrachtet man z. B. den Sektor Handel – hier vorrangig den Einzelhandel in all seinen vielfältigen Erscheinungsformen –, so zeigt sich – zeitgleich zur Tendenz des Outsourcing in den meisten Industriebranchen – eine Tendenz zum **strategischen Insourcing**. Der Handel strebte und strebt danach, seinen Anteil an der Wertschöpfungskette zu erweitern (Zentes/Swoboda 1999, S. 83 ff.; Liebmann/Zentes 2001). Mit dieser Ausrichtung ging bzw. geht eine Tendenz zur Veränderung der Arbeitsteilung in der Wertschöpfungskette der Konsumgüterwirtschaft einher. Diese Ausdehnung der Wertschöpfungstiefe ist sowohl „up stream“- als auch „down stream“-orientiert. Die Übernahme vorgelagerter Wertschöpfungsaktivitäten betrifft dabei logistische Felder wie (Zentral-)Lagerhaltung, Beschaffungs- und Distributionslogistik sowie Produktentwicklung und Produktion (z. B. im Bereich der Handelsmarken). In den nachgelagerten (absatzmarktorientierten) Feldern der Wertschöpfungskette, in denen der Handel auch bereits in der Vergangenheit meist dominierte, mindestens aber eine wichtige Rolle einnahm, verstärkt der Handel seinen Einfluss oder übernimmt bestimmte Aufgaben vollständig, z. B. die Aufgaben der Sortimentspolitik im Rahmen der neueren Ansätze des Category Managements, des Point-of-Sale-Marketing oder im Customer Relationship Management.

Zugleich zeigt sich eine Trennung zwischen strategischem Insourcing und operativem Outsourcing: Die Übernahme beispielsweise der Transportaktivitäten im Rahmen der Beschaffungs- und Distributionslogistik durch den Handel bedeutet nicht die operative Abwicklung durch den Handel, z. B. auf der Basis einer eigenen Infrastruktur (z. B. eines LKW-Fuhrparks) (Swoboda/Morschett 2001, S. 15 f.). Die operative Durchführung dieser Aktivitäten verlagert der Handel (oft) an Transporteure im Rahmen von marktlichen oder kooperativen Transaktionsformen (vgl. z. B. der **Kontraktlogistik**). Dies gilt in ähnlicher Form hinsichtlich der Produktion von Handelsmarken, die (überwiegend) in Form von Kontraktproduktion („**contract manufacturing**") durch Hersteller erfolgt. Die Entwicklung eigenständiger, zunehmend auch innovativer Produkte übernimmt der Handel selbst, oft in Zusammenarbeit mit spezialisierten Instituten, z. B. bei Öko- oder Bio-Produkten.

All diesen Fällen ist gemeinsam, dass der Handel zunehmend die strategische Steuerung über die Wertschöpfungskette anstrebt bzw. ausübt („Marketing- und Logistikführerschaft"), in der operativen Umsetzung – unter seiner Steuerung – im Rahmen marktlicher, zunehmend jedoch kooperativer Arrangements mit Partnern zusammenarbeitet.

Während in der letzten Dekade des letzten Jahrhunderts somit Outsourcing in der Industrie und Insourcing im Handel gleichzeitig stattfanden, zeichnet sich in der neueren Zeit auch ein verstärktes Insourcing innerhalb der Industrieunternehmen ab. Diese Insourcing-Tendenz ist strategisch orientiert und „down stream" gerichtet. So versucht die Industrie – hier vorrangig die Konsumgüterindustrie, auf die sich die Ausführungen in diesem Beitrag schwerpunktmäßig beziehen, aber auch andere Industrien (Swoboda/ Schwarz 2003) – durch eine absatzmarktorientierte Ausdehnung ihrer Wertschöpfungstiefe – meist als (vorwärtsorientierte) **Vertikalisierung** bezeichnet – direkten Einfluss auf die (privaten) Endabnehmer zu gewinnen und damit zugleich einem drohenden Machtverlust im Distributionskanal entgegenzuwirken (vgl. hierzu bereits Zentes 1992, S. 28 f.). Aus Sicht der Industrieunternehmen zeichnet sich somit eine asymmetrische Entwicklung innerhalb der Wertschöpfungskette ab: Neben eine (auch weiterhin) anhaltende Tendenz eines **up-stream-orientierten Outsourcing** tritt eine **down-stream-orientierte Insourcing-Tendenz**. Diese asymmetrische Neuausrichtung der Wertschöpfungskette der Industrie steht im Mittelpunkt der folgenden Überlegungen.

2. Absatzmarktorientierte Vertikalisierung der Hersteller – Ausprägungsformen und Beweggründe

2.1 Überblick

Folgt man der klassischen distributionspolitischen Differenzierung, so lassen sich **direkte und indirekte Absatzwege** (Absatzkanäle) bzw. direkte und indirekte Vertriebsformen (Vertriebssysteme) unterscheiden. Dies gilt sowohl bei Betrachtung nationaler Absatzmärkte als auch hinsichtlich ausländischer Absatzmärkte, so im Rahmen des internationalen Marketing (Zentes/Schramm-Klein/Morschett 2004). Direkte Formen der Distribution sind dadurch charakterisiert, dass der Hersteller in unmittelbaren Transaktionsbeziehungen mit den (privaten oder gewerblichen) Endabnehmern steht. Dabei lassen sich unterschiedliche Ausprägungsformen identifizieren, auf die nachfolgend näher eingegangen wird (Tietz/Mathieu 1979; Liebmann/Zentes 2001, S. 291 ff.).

Indirekte Formen der Distribution sind durch Einschaltung von Absatzmittlern (z. B. Groß- und/oder Einzelhandel) charakterisiert, die wiederum in unmittelbaren Transaktionsbeziehungen mit den Endabnehmern stehen. Diese Formen der Distribution schließen nicht aus, dass Hersteller direkte kommunikative Beziehungen zu Endabnehmern aufbauen und unterhalten können, so durch Media-Werbung, aber auch durch personalisierte Formen des Direct Marketing; die distributive Beziehung – in der Regel auch die (kauf-) vertragliche Beziehung – besteht jedoch zwischen dem Absatzmittler und dem Endabnehmer.

Ordnet man diese distributionspolitischen Basisoptionen dem bekannten institutionenökonomischen Typenband „Markt, Kooperation, Integration (Hierarchie)“ (Zentes 1992, S. 19, und die dort angegebene Literatur) zu, dann lassen sich die direkten Formen des Vertriebs als integrative Transaktionsformen charakterisieren. Die traditionellen Formen des indirekten Vertriebs über Absatzmittler, die aus rechtlicher Sicht als „Eigenhändler“ agieren (d. h. im eigenen Namen und auf eigene Rechnung tätig werden) und über den Kaufvertrag (mit dem Hersteller) hinausgehende Kontraktbeziehungen mit den Herstellern nicht unterhalten, sind als marktliche Transaktionsformen einzustufen („Markt der Absatzmittler“). Diese Formen werden im Folgenden nicht näher betrachtet. Zwischen diesen (extremen) Ausprägungsformen des institutionenökonomischen Strukturierungsmusters liegt ein breites Spektrum kooperativer Distributionsformen, das die einengende Dichotomisierung in direkte und indirekte Formen der Distribution unzweckmäßig erscheinen lässt.

2.2 Integrative Distribution

Die integrativen Distributionsformen stellen die weitestgehende Vertikalisierung dar: Der Hersteller ist nicht nur in kommunikativer Hinsicht, sondern auch in distributiver Hinsicht – dies schließt die kaufvertragliche Dimension ein – mit den Endabnehmern (hier: vorrangig den privaten Endabnehmern) in unmittelbarem Kontakt. Diese Art der Distribution kann über stationäre Verkaufseinrichtungen (z. B. Niederlassungen, Verkaufsstellen), über „mobile Einheiten" (z. B. Außendienstmitarbeiter) oder über Formen des Versandhandels (klassische „mail order", Internetvertrieb [virtueller Vertrieb] oder über [interaktiven] TV-Vertrieb) realisiert werden (Zentes/Morschett 2001).

Den Möglichkeiten des Vertriebs über Internet wurden dabei in der Vergangenheit auf Grund der vergleichsweise geringen Markteintrittskosten – dies gilt in besonderer Weise bei grenzüberschreitender Betrachtung – enorme Wachstumspotenziale zugeschrieben. Vernachlässigt wurden bei diesen, oftmals euphorischen Prognosen die infrastrukturellen Voraussetzungen einer effizienten administrativen und logistischen Abwicklung („fulfillment") der über Internet vergleichsweise einfach eingehenden Bestellungen.

Diesen integrativen Formen, die auch kombiniert auftreten können („**Multi-Channel-Distribution**"), ist gemeinsam, dass der Hersteller seine Marketingkonzeption durchgängig bis zum Endabnehmer durchsetzen kann. In die kommunikativen und distributiven Prozesse sind keine Institutionen wie Absatzmittler eingeschaltet, die ihre eigenen Verkaufs- bzw. Marketingziele realisieren wollen und damit in konfliktäre Beziehung zu dem Hersteller treten können. Diese Durchgängigkeit des Marketing und die Durchsetzbarkeit betrifft alle operativen Instrumente, so die Produktpolitik (Sortimentspolitik), die Warenpräsentation und – oftmals sehr maßgeblich – die Preispolitik.

Neben der Durchgängigkeit der Marketing-Konzeption tritt zunehmend ein zweiter Beweggrund für diese Distributionsformen hinzu: Die Hersteller versuchen, einer zunehmenden Macht des Handels zu begegnen. Insofern handelt es sich um einen (Re-) Emanzipationsversuch, die „Macht im Absatzkanal" nicht dem Handel zu überlassen, sondern – mindestens partiell – ein Gegengewicht zu bilden.

Integrative Distribution kann – unabhängig von der obigen Differenzierung in stationäre, mobile und „remote"-Formen – über die Errichtung eigener Verkaufseinrichtungen (z. B. den Aufbau einer eigenen „Handels"-Kette), die Akquisition, d. h. die vollständige Übernahme eines Filialnetzes, das dann in eigener Regie weiterbetrieben wird, oder über Beteiligung an bestehenden Einrichtungen realisiert werden. Diese Mehrheits-, Minderheits- oder paritätischen Beteiligungen stellen dabei einen Grenzbereich zu kooperativen Arrangements dar. Integrative Formen lassen sich zugleich in mehrstufigen Absatzkanalsystemen realisieren. Zu erwähnen ist beispielsweise die Akquisition eines (oder mehrerer) Großhändler durch einen Hersteller, um über diese Stufe den direkten Kontakt zur Einzelhandelsstufe (so im Konsumgütergroßhandel) oder zu Handwerkern bzw. Industrieunternehmen (so im Produktionsverbindungshandel) zu erzielen.

Die Übernahme distributiver Aufgaben durch die Industrie – im Sinne eines Insourcing – bedeutet – wie im vorangegangenen Abschnitt am Beispiel des Handels dargestellt – nicht zwangsläufig die operative Abwicklung der damit zusammenhängenden Aktivitäten oder Prozesse, so der administrativen und der logistischen. Entscheidet sich ein Hersteller beispielsweise für den Internet-Vertrieb zum Endabnehmer, so kann die logistische Abwicklung einem Logistik-Dienstleister übertragen werden, die finanzielle Abwicklung (z. B. Inkasso) einem darauf spezialisierten Factoring-Institut.

Empirische Befunde und ausgewählte Beispiele

Eine ausgeprägte Tendenz zu absatzmarktorientierten, integrativen Formen der Vertikalisierung, die auch als „**Secured Distribution**" bezeichnet werden, belegen neuere empirische Untersuchungen (so die Studie „Die Zukunft der Kooperationen", die vom Institut für Handel & Internationales Marketing (H.I.MA.) in Zusammenarbeit mit der Unternehmensberatung IBB erstellt wurde, sowie Eggert 2002, S. 201 ff.). Drei Beispiele, so aus der Reifenindustrie, der Automobilindustrie und der Getränkeindustrie, sollen diese Vorgehensweise illustrieren. Übersicht 1 zeigt die Distributionssysteme der wichtigsten Reifenhersteller in Europa. Dabei werden neben den integrativen Formen („Co-owned/ Equity Stores") auch die im nachfolgenden Abschnitt behandelten kooperativen Formen (Hard Franchising, Dealer Partnership) dargestellt; sie werden zur Abgrenzung von „Secured Distribution" auch als Formen der „**Controlled Distribution**" bezeichnet.

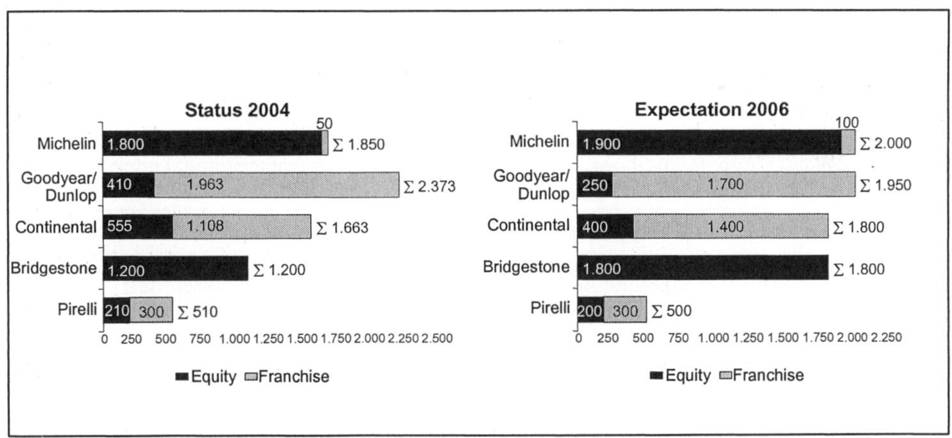

Quelle: Goodyear Dunlop 2004.

Übersicht 1: Integrative und kooperative Distributionsformen der Reifenhersteller in Europa

Marken	Handlungsoptionen
Deutsche Volumenmarken: ***Volkswagen*** ***Ford*** ***Opel***	♦ Forcierung des konzerninternen Mehrmarkenvertriebs in der eigenen Handelsorganisation zur Abwehr von Fremdmarken (Systemhändler) ♦ Multi-Channel-Management durch Anpassung der Vertriebswege an Kundengruppen (z. B. Zentralisierung des Großkundengeschäftes) ♦ Einführung des Hersteller-gestützten Services zur Bindung im After-Sales-Business ♦ Konsequente Pull- statt Push-Strategie zur Vermeidung von Re-Importen ♦ Erhöhung der Händlerzufriedenheit
Deutsche Premiummarken: ***Mercedes-Benz*** ***BMW*** ***Audi***	♦ Vorwärtsintegration durch Direktvertrieb, stärkere Bindung der Händler (Agentursystem) und aktives Internet-gestütztes Kundenbeziehungs-Management ♦ Einrichtung von Flagship-Stores zur Markenpräsentation ♦ Ausbau der leistungsorientierten Margensysteme zur Sicherstellung hoher Standards in Vertrieb und Service ♦ Technische Unterstützung im Service (Hersteller-gestützte Reparatur) ♦ Multi-Channel-Management durch Satellitenkonzepte (Entbündelung von Verkauf und Service)
Große Importmarken: ***Toyota*** ***Renault*** ***Peugeot*** ***Fiat***	♦ Konsolidierung der Händlernetze und Sicherstellung einer ausreichenden Profitabilität zur Vermeidung eines ungewollten Mehrmarkenvertriebs durch Händler ♦ Stärkung der Vertriebskultur durch Professionalisierung der Handelsorganisation (Dealer Assessment) ♦ Multi-Channel-Management durch Festlegung standardisierter Betriebstypen für Ballungszentren und ländliche Räume ♦ Durchsetzung einheitlicher Vertriebs- und Servicestandards
Sonderfall: ***Porsche***	♦ Porsche hat eine Regelung mit der EU erzielt, nach welcher der Verkauf von 911, Boxster und Cayenne bei den autorisierten Porsche-Zentren in der EU in separaten Showrooms und durch spezielles Verkaufspersonal erfolgt (Presseinformation Nr. 53/04 der Porsche AG).

Quelle: In Anlehnung an: Institut für Automobilwirtschaft (zit. nach Diez 2002, S. 54).

Übersicht 2: Vertriebskonzepte zur Markenpflege in der Automobilwirtschaft

Eine verstärkte Vorwärtsintegration zur Sicherung der Systemführerschaft zeichnet sich auch bei den Automobilherstellern ab, ausgelöst durch die Novellierung der Gruppenfreistellungsverordnung (GVO), die den Automobilhändlern mehr Freiheiten gegenüber den Herstellern eröffnet: „Bereits heute verfügt eine Reihe von Herstellern über zahlreiche werkseigene Verkaufsniederlassungen, wie etwa die Marken Mercedes-Benz und BMW. Eine weitere Form der Vorwärtsintegration stellt das Agentursystem dar, wie es Mercedes-Benz in Deutschland und mittlerweile auch Volkswagen für den Vertrieb der Marke Phaeton praktizieren. Dabei vermittelt der Händler Fahrzeuge, in fremdem Namen und für fremde Rechnung, nämlich die des Herstellers. Der Hersteller hat so eine weit gehende Kontrolle über den Markenauftritt und die Preispolitik seiner Vertragspartner. An Bedeutung könnte im Rahmen einer Strategie der Vorwärtsintegration auch die Internet-gestützte Kundenakquisition und Kundenbetreuung gewinnen. BMW verfolgt diesen Ansatz mit seinem CRM-Tool Top Drive, über das der Hersteller die Interessenten- und Kundenströme steuern kann" (Diez 2002, S. 54 f.). Übersicht 2 zeigt am Beispiel der Automobilhersteller Vertriebskonzepte zur Markenpflege bzw. Sicherstellung der Systemführerschaft.

Übersicht 3 zeigt die Absatzwege der Getränkewirtschaft, in der dem Getränkefachgroßhandel eine große Bedeutung zukommt. So sind die rund 2.500 Großhändler beispielsweise für 80 % der insgesamt rund 1.260 Brauereien in die Distribution eingeschaltet. Die Brauereien streben gegenwärtig durch Übernahme von und Beteiligungen an Großhändlern nach Sicherung ihrer Absatzwege. Beispielsweise haben die Brauereien Bitburger, Warsteiner und Krombacher im Jahre 2001 die Premium Getränke Distribution GmbH gegründet. Zudem sind Krombacher und Warsteiner zusammen mit Radeberger seit Ende 2003 mehrheitlich am größten Grossisten, Trinks, beteiligt. Andere Brauereien regeln die Distribution schon längere Zeit selbst. So gehört zur Veltins-Brauerei mit der Bier-Schneider-Gruppe der zweitgrößte Getränkefachgroßhändler Deutschlands.

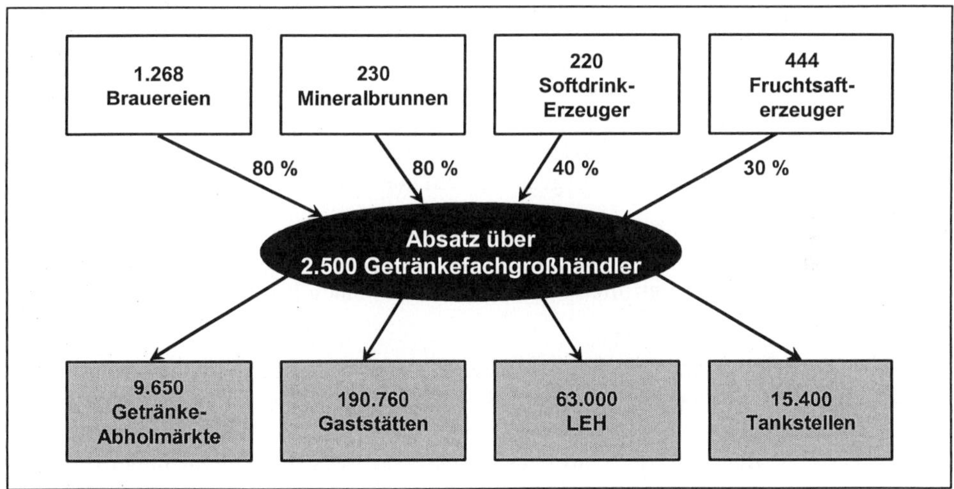

Quelle: Verband des Deutschen Getränkefachgroßhandels.

Übersicht 3: Absatzwege der Getränkewirtschaft

Diese Entwicklung ist in anderen europäischen Ländern, so in Frankreich und Benelux, weit fortgeschritten. Dort haben die Brauereien den (selbstständigen) Fachgroßhandel durch Übernahme und Beteiligungen systematisch ausgeschaltet. „Prominentes Beispiel ist die Übernahme der Brauerei Pêcheur/Fischer durch Heineken. Nicht der Straßburger Hersteller war das Ziel der Holländer, sondern 250 Grossisten, die vertraglich an Pêcheur/Fischer gebunden waren. Durch die Übernahme der Brauerei ebnete Heineken sich den Weg, sie alle innerhalb von nur drei Monaten aufzukaufen“ (Lebensmittel Zeitung, 26. Juli 2002, S. 33).

2.3 Kooperative Distribution

Möglichkeiten, verstärkten Einfluss auf die Endabnehmer zu gewinnen, bieten auch die vielfältigen Formen kooperativer Distribution. Durch kontraktuelle Arrangements (**Kontraktvertrieb**) – auch mit Eigenhändlern – lassen sich Distributionsformen realisieren, die in klassischer Abgrenzung als „indirekte Distribution“ einzustufen sind, die sich aber hinsichtlich des Einflusses, den Hersteller sich sichern können, nur unwesentlich von integrativen Formen unterscheiden. In der Wirtschaftspraxis findet sich hierfür – wie bereits erwähnt – oftmals die „schwächere“ Unterscheidung in „controlled distribution“ und „secured distribution“, wobei mit Letzterer die integrativen Formen bezeichnet werden, mit Ersterer die kooperativen Formen.

Das Spektrum des Kontraktvertriebs ist breit, hinsichtlich der Ausgestaltungsformen zugleich sehr komplex, da kontraktuelle Arrangements beispielsweise

- mit Eigenhändlern, Handelsvermittlern („in fremdem Namen und auf fremde Rechnung“) und mit Kommissionären („in eigenem Namen und auf fremde Rechnung“) abgeschlossen werden können,
- durch Kapitalbeteiligungen abgesichert bzw. stabilisiert werden können,
- kurz-, mittel- oder langfristig ausgestaltet sein können,

um nur einige Unterscheidungsmerkmale herauszustellen. Bezüglich der Intensität der kooperativen Beziehungen und damit auch der Durchgriffsmöglichkeiten des Herstellers, d. h. des Ausmaßes der „controlled distribution“, lassen sich lose und straffe Formen unterscheiden.

Als „lose“ Formen werden die üblicherweise im Rahmen des **Trade Marketing** – einer Ausprägung des Customer Relationship Managements – praktizierten Rahmenverträge (Jahresvereinbarungen) o. Ä. eingestuft (Zentes 1986; Zentes 1989; Zentes/Swoboda/Morschett 2003). Eine „straffe“ Form des Kontraktvertriebs (mit Eigenhändlern) ist beispielsweise **Franchising**. Franchising ermöglicht dem Franchisegeber einen weit gehenden Einfluss auf die Marketing- bzw. Vertriebsaktivitäten der Abnehmer (Franchisenehmer). Bezüglich der Preispolitik liegt die Entscheidungshoheit jedoch bei den Franchisenehmern.

Kontraktuelle Arrangements, bei denen die Preishoheit bei dem Hersteller („Kontraktgeber“) verbleibt, sind beispielsweise im Rahmen von Agentursystemen, die im vorangegangenen Abschnitt im Zusammenhang mit der Automobilindustrie bereits erwähnt wurden, möglich. Rechtlich selbstständige Unternehmen übernehmen dabei den Vertrieb, jedoch auf Rechnung und im Namen des Herstellers. Neben der Preishoheit hat in diesen kontraktvertrieblichen Formen der Hersteller auch wesentlichen Einfluss auf die übrigen Marketinginstrumente.

Kennzeichnend für straffe Kontraktformen, so Franchising oder Agentursysteme, ist neben dem weit gehenden Einfluss des Kontraktgebers der umfangreiche Support, so in betriebswirtschaftlich-kaufmännischen Bereichen (z. B. Buchhaltung/Bilanzierung, Controlling, Steuer), in Fragen des Marketing (z. B. Werbung, Verkaufsförderung), der Warenwirtschaft/Logistik (z. B. IT-Systeme), des Human Resource Managements (z. B. Personalentwicklung). Dieser Support bringt letztlich einen Ausbau der Wertschöpfung des Kontraktgebers mit sich. Die Leistungen werden von den Kontraktnehmern direkt durch „Gebühren" oder indirekt über die bezogene Ware bezahlt. Eine Ausweitung der Wertschöpfung – ausgedrückt durch den ausgewiesenen Umsatz – ist bei Agentursystemen im Vergleich zu einem Vertrieb über Eigenhändler gegeben.

Eine Zwischenstellung nehmen – wie im vorangegangenen Abschnitt bereits erwähnt – **Beteiligungsformen** und **Equity Joint Ventures** ein. Als (Mit-)Gesellschafter kann der Hersteller direkten Einfluss auf das gesamte Marketinginstrumentarium ausüben.

Empirische Befunde und ausgewählte Beispiele

Die kontraktuelle Vertriebsform des Franchising wird auf Grund ihrer besonderen Bedeutung kurz aufgegriffen und anhand einiger Entwicklungstendenzen beleuchtet. Darüber hinaus werden Formen der Controlled Distribution an einem Beispiel illustriert.

Land	Anzahl Franchise-Geber	Anzahl Franchise-Nehmer	Jahresumsatz aller Franchise-Systeme (Mrd. US-$)	Franchise-Nehmer pro Mio. Einwohner	Franchise-Nehmer pro Franchise-Geber
Belgien	170	3.500	2,4	343,7	20,6
Dänemark	112	3.056	4,3	576,6	27,3
Deutschland	810	37.100	20,0	452,4	45,8
Finnland	140	3.000	2,7	584,8	21,4
Frankreich	765	34.745	34,8	599,0	45,4
Großbritannien	642	35.200	13,0	595,6	54,8
Irland	113	864	0,4	233,5	7,6
Italien	536	22.000	12,0	386,6	41,0
Niederlande	395	14.250	10,0	907,6	36,1
Norwegen	60	400	n.a.	90,9	6,7
Österreich	305	4.200	2,4	519,9	13,8
Portugal	357	2.000	1,1	202,0	5,6
Schweden	250	20.000	n.a.	2.272,7	80,0
Spanien	485	40.484	7,5	1,012,1	83,5
USA	1.500	350.000	1.000,0	1.227,6	233,3

Quelle: International Franchise Association 2004.

Tabelle 1: Franchising im internationalen Vergleich

Einen Überblick über die Bedeutung des Franchising im internationalen Vergleich vermittelt Tabelle 1. Beispielhaft verdeutlicht Übersicht 4 die Entwicklung des Franchising in Frankreich, gemessen am Jahresumsatz aller Franchisesysteme das größte „Franchising-Land" in Europa. Alle vorliegenden Studien zur künftigen Entwicklung des Franchising deuten auf ein weiteres stetiges Wachstum hin (Zentes/Morschett/Neidhart 2003; Ehrmann 2002; vgl. auch den Beitrag von Ahlert/Evanschitzky/Wunderlich im Dritten Kapitel dieses Sammelwerks).

Als Beispiel für den kombinierten Einsatz („hybride Systeme") von Systemen der Controlled Distribution in Form des Franchising und der Secured Distribution kann die Nahrungsmittelindustrie (hier: Kaffeeproduzenten) herangezogen werden. Ausgelöst durch die zunehmende Verlagerung der Lebensmittelumsätze zum Food-Service und das Streben nach einer Stärkung der Marke durch direkten Kundenkontakt zeigt sich hier eine starke Tendenz zu vertikalisierten Systemen (siehe Übersicht 5).

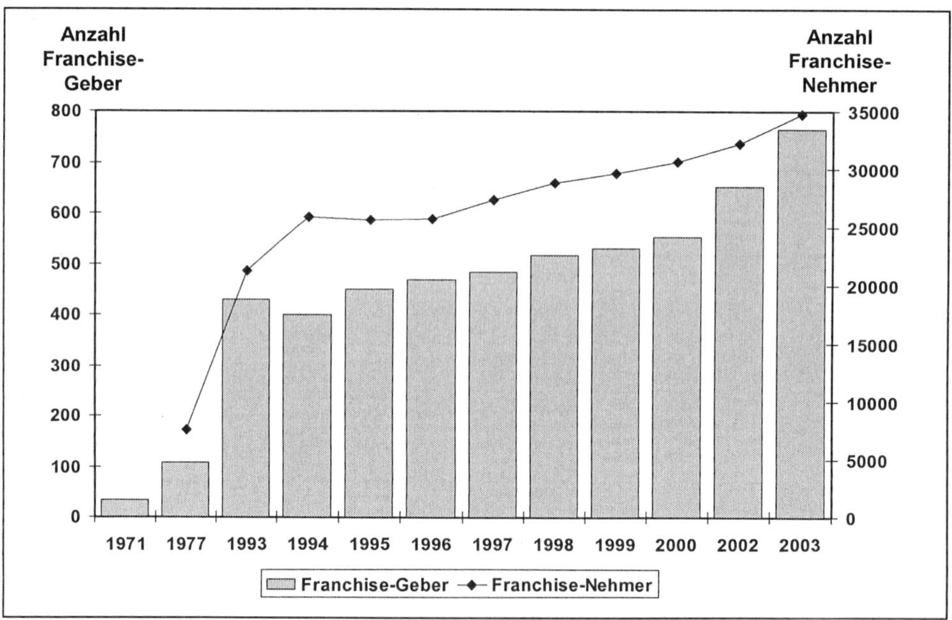

Quelle: Fédération française de la franchise 2002.

Übersicht 4: Wachstum des Franchising in Frankreich

- Segafredo
  - Segafredo Zanetti europaweit Espressolieferant Nr. 1 der Gastronomie
  - 84 Outlets in Deutschland, weltweit über 300
  - zusätzlich Vergabe von Masterfranchising an die Verantwortlichen der jeweiligen Länder
- Café Nescafé
  - im Jahre 2004: 15 Betriebe in Deutschland
  - ursprünglich Franchisesystem
  - 2004 Umstellung auf Lizenz- / Betreibersystem

Übersicht 5: Controlled Distribution – Beispiel Coffee Bars

3. Controlled Distribution – Eine explorative Studie

3.1 Zielsetzung und Aufbau der Studie

Da – wie die aufgezeigten Beispiele aus der Automobilindustrie, der Reifenindustrie, der Nahrungsmittelindustrie verdeutlichen – sich eine Tendenz zu hybriden Systemen abzeichnet, d. h. einer Kombination von integrativen und kooperativen Formen, und (straffe) kooperative Formen, so Franchising oder Agentursysteme, den Herstellern (Kontraktgebern) ähnlich starken Einfluss sichern wie Equity-Formen, die jedoch mit hohen finanziellen Investitionen (zum Aufbau oder zum Erwerb von Verkaufsnetzen) verbunden sind, werden die Vielfältigkeit der Formen kooperativer Distribution, die Ausgestaltungsformen kontraktueller Arrangements, die kollaborativen Formen der operativen Zusammenarbeit im Folgenden auf der Basis einer exploratorischen Erhebung in Form einer schriftlichen (standardisierten) Befragung (Durchführungszeitraum: November/Dezember 2004) dargestellt. Einbezogen werden in die Auswertung 59 Herstellerunternehmen, die sich nach Branchen wie folgt zusammensetzen:

- Elektrotechnik/Unterhaltungselektronik und IT/Kommunikation: 13
- Textilien und Bekleidung: 10
- Automobil/Automotive: 8
- Nahrungs-, Genussmittel und Getränke: 7
- Sonstiges: 21

Wenngleich der vergleichsweise geringe Stichprobenumfang keine generalisierbaren Ergebnisse ermöglicht, auch keine branchenbezogenen Aussagen, so lassen sich dennoch wesentliche Einsichten in die Strukturen und Prozesse kooperativer Vertriebssysteme daraus ableiten.

Übersicht 6 verdeutlicht die Struktur der teilnehmenden Unternehmen nach Anzahl der Beschäftigten und Bruttojahresumsatz.

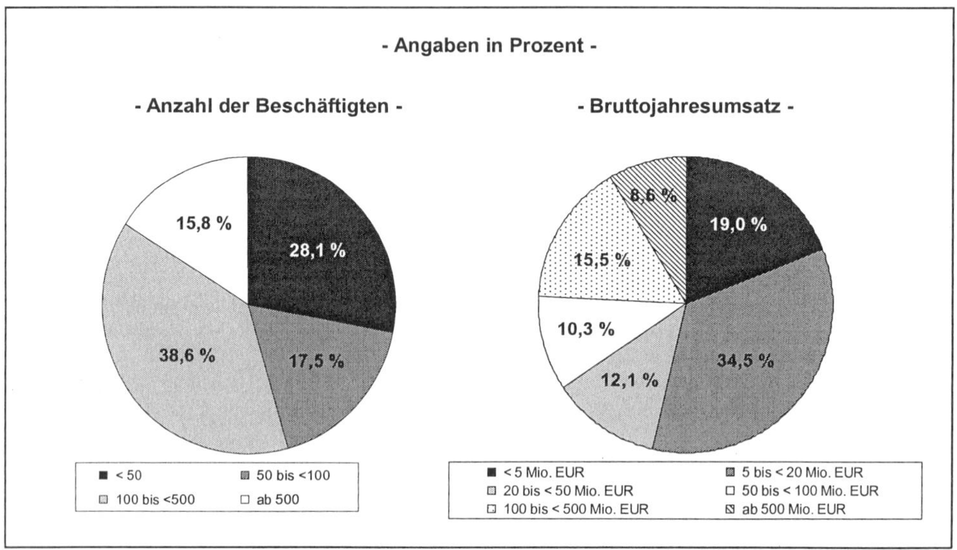

Übersicht 6: Anzahl der Beschäftigten und Bruttojahresumsatz der befragten Unternehmen

3.2 Struktur der Distribution und Art der Kontrakte

Die Struktur der Distribution – gemessen an der Bedeutung des Großhandels, des Einzelhandels und der Verbundgruppen (des Handels) – verdeutlicht Übersicht 7. Dabei zeigt sich, dass dem (institutionellen) Großhandel und dem Einzelhandel einschließlich der Verbundgruppen in etwa die gleiche Bedeutung zukommt. Weiterhin hat die Industrie, d. h. andere Hersteller, mit über 20 % einen wichtigen Stellenwert als Absatzkanal. Die übrigen Kanäle spielen hier nur eine untergeordnete Rolle.

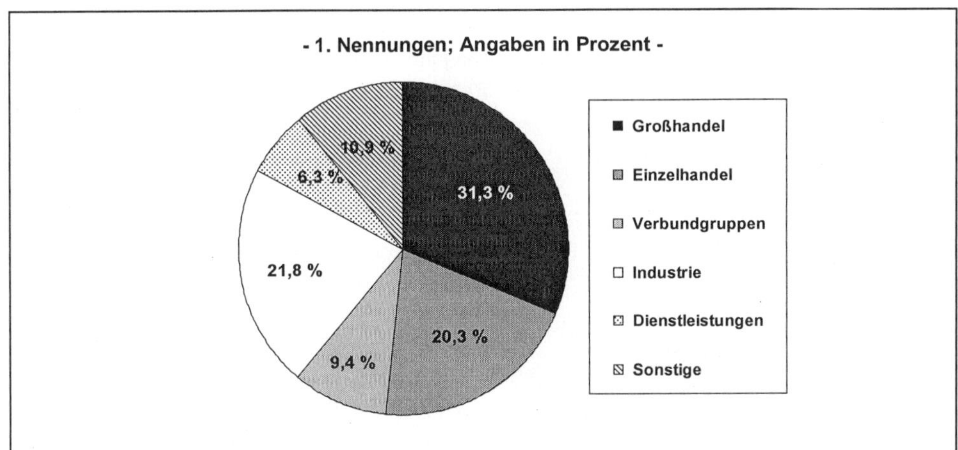

Übersicht 7: Bedeutung der Absatzkanäle (nach Umsatz) der befragten Unternehmen

Die Art der praktizierten Kontrakte verdeutlicht Übersicht 8. Bezogen auf die wichtigste vertragliche Bindungsform („Erste Nennung") dominieren Rahmenverträge. Die zweitwichtigste Kontraktform stellen Vertragshändlersysteme dar. Gruppiert man die vertraglichen Bindungsformen in lose Vertragsformen und straffe Vertragsformen, so ergibt sich die in Übersicht 9 dargestellte Situation: Knapp zwei Drittel der praktizierten Kontrakte sind als „lose" einzustufen und ein Drittel als „straff".

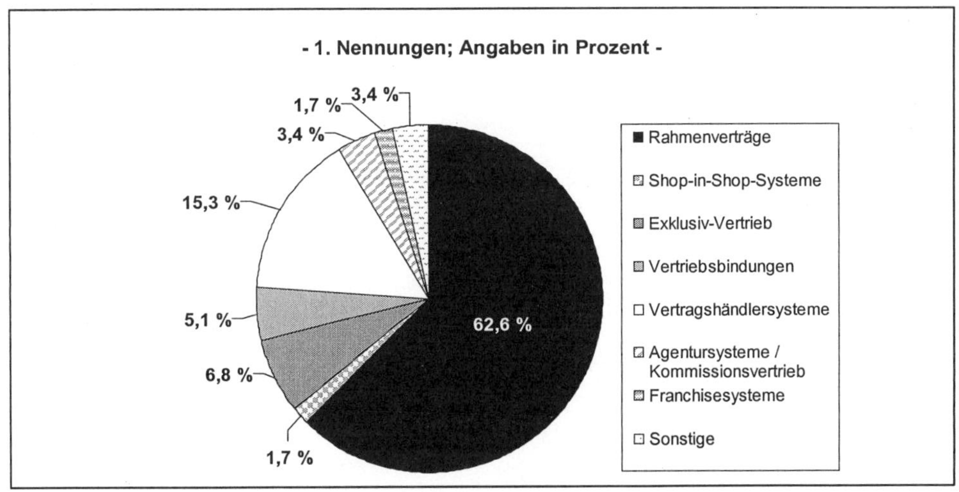

Übersicht 8: Praktizierte Kontraktformen

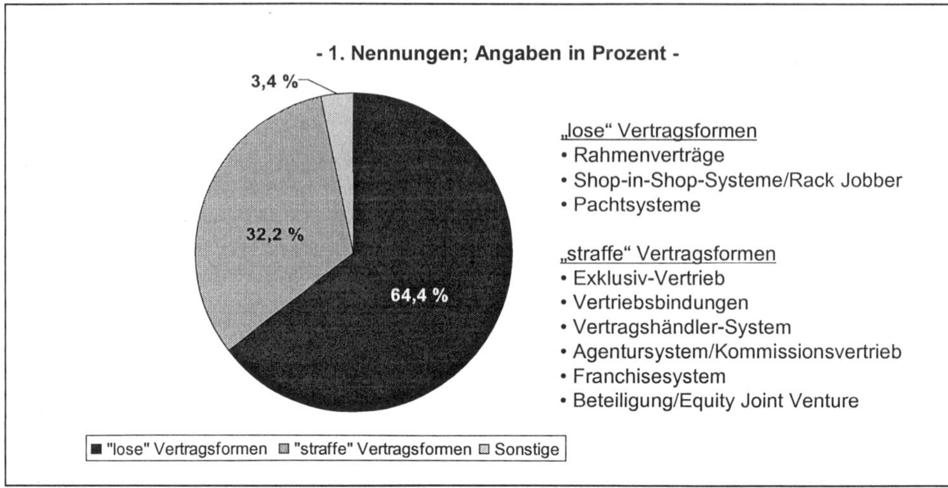

Übersicht 9: Kategorisierung der Kontraktformen

Betrachtet man die Dauer der Kontrakte, so zeigt sich eine Dominanz der Einjahresverträge, was auf den hohen Anteil der Rahmenverträge zurückzuführen sein dürfte (siehe Übersicht 10). Zugleich ist eine vergleichsweise hohe Anzahl von zeitlich unbegrenzten Verträgen festzustellen. Engt man die Betrachtung auf die zeitlich begrenzten Verträge ein, so ergibt sich eine durchschnittliche Vertragsdauer von 2,5 Jahren. Die durchschnittliche Dauer der straffen Kontrakte ist dabei mit 3,6 Jahren deutlich länger als bei losen Kontrakten mit 2,3 Jahren.

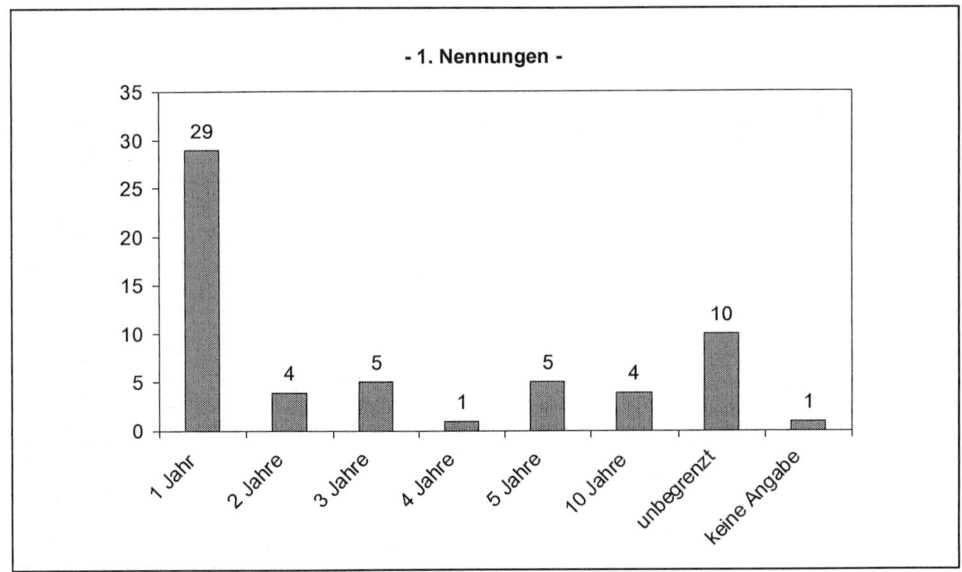

Übersicht 10: Dauer der Kontrakte

3.3 Strategien, Ziele und Konfliktpotenziale im Absatzkanal

Die mit Kontraktvertriebsformen verfolgten Strategien und Ziele verdeutlicht Übersicht 11. Dabei ragen

- die langfristige Sicherung des Absatzkanals und
- die Umsatzsteigerung heraus.

Die Dominanz dieser Ziele gilt sowohl in losen wie in straffen Kontraktvertriebsformen. Wenngleich nicht signifikant, so zeigt sich, dass diese Ziele bei den straffen Kontraktvertriebsformen stärker ausgeprägt sind.

Größere Unterschiede sind erwartungsgemäß in anderen Zielkategorien festzustellen. So wird mit straffen Kontraktvertriebsformen

- die Durchsetzung der Marketing- und Distributionsstrategie (Mittelwert: 4,12 gegenüber 2,97),
- eine gesteigerte Markenbekanntheit (Mittelwert: 3,94 gegenüber 3,08),
- der Aufbau von Handels-Know-how (Mittelwert: 3,22 gegenüber 2,42)

angestrebt. Dagegen sind lose Kontraktformen stärker auf die (kollaborative bzw. operative) Ebene des Supply Chain Managements ausgerichtet:

- schnellere Nachproduktion (Mittelwert: 3,79 gegenüber 2,82),
- bessere Supply-Chain-Steuerung (Mittelwert: 3,5 gegenüber 2,82).

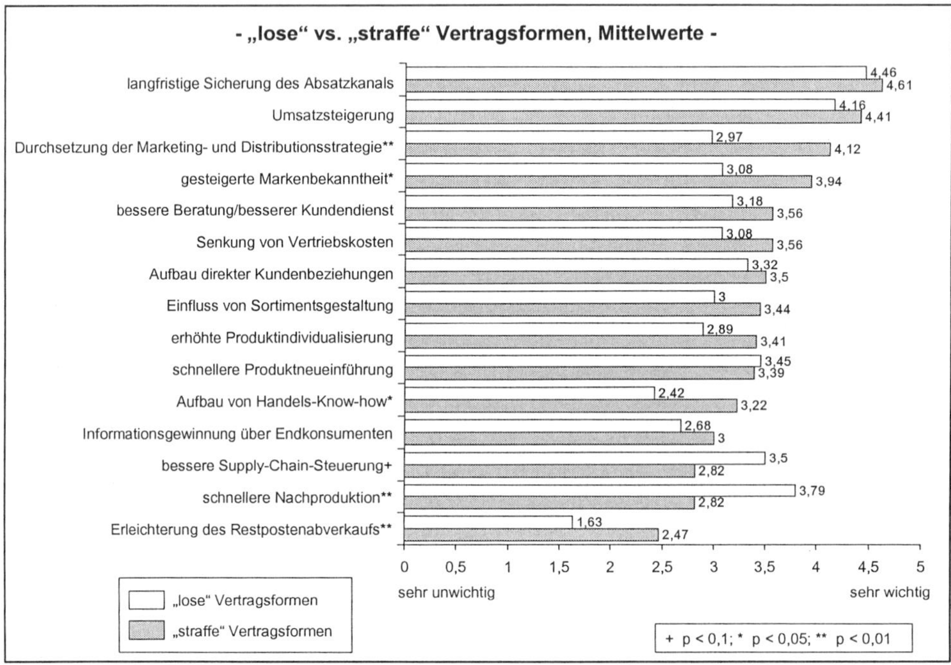

Übersicht 11: Ziele der vertraglichen Bindungen

Analysiert man die Einflussnahme der Hersteller auf die Vertragspartner, so zeigt sich erwartungsgemäß (bzw. auch definitionsgemäß), dass der Einfluss der Hersteller (Kontraktgeber) bei straffen Vertragsformen in allen betrachteten Aspekten stärker ist (siehe Übersicht 12). Am stärksten ist die Einflussnahme bezüglich der Markierung. Stark ausgeprägt und zugleich statistisch signifikant stärker als bei losen Systemen ist auch das marketingorientierte Steuerungspotenzial der Kontraktgeber, so hinsichtlich klassischer Werbung, Sponsoring/Event-Marketing und Verkaufsförderung/Promotions (geringere Signifikanz). Gesamthaft zeigt sich ein starker Einfluss der Hersteller auf die Steuerung der Distribution.

Wie im Zusammenhang mit den Zielen der vertraglichen Bindungen bereits sichtbar wurde, unterscheiden sich die losen Kontraktformen im Bereich des Supply Chain Managements kaum bezüglich des Einflusses der Hersteller, da derartige Aspekte dort einen hohen Stellenwert haben.

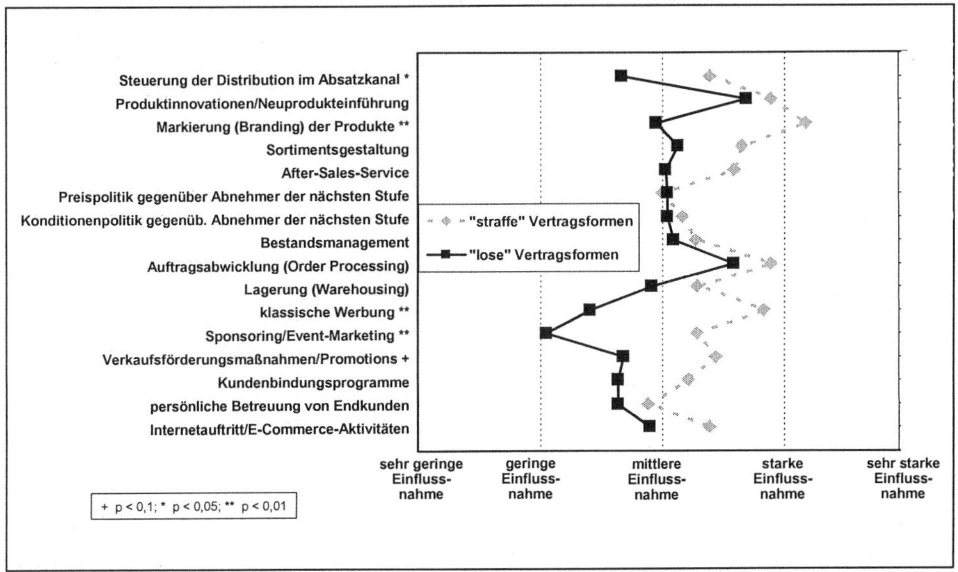

Übersicht 12: Einflussnahme der Hersteller auf die Aktivitäten der Vertragspartner

Hinsichtlich des Konfliktpotenzials zeigen sich zwischen straffen und losen Kontraktformen nur geringfügige (und meist nicht signifikante) Unterschiede. So zeigt Übersicht 13, dass dies nur bezüglich

- des After-Sales-Service,
- des Sponsoring/Event-Marketing und
- der persönlichen Betreuung von Endkunden

der Fall ist. Dies korrespondiert mit den Ergebnissen der Übersicht 12, da eine starke Einflussnahme der Hersteller auf das Marketing ihrer Vertragspartner in straffen Systemen gegeben ist. Ohne wesentliche Unterschiede zwischen straffen und losen Kontraktformen ist das (relativ) größte Konfliktpotenzial im Bereich der Preis- und Konditionenpolitik gegeben. Einen ähnlichen Befund liefert mit vergleichsweise hoher Stabilität die Managerbefragung des HandelsMonitor. So zeigt der (aktuelle) HandelsMonitor 2005/06, dass dem Bereich der Preispolitik (gegenüber Endverbrauchern) das größte Konfliktpotenzial zwischen den Herstellern und dem Handel zugeschriebenen wird (Zentes/Schramm-Klein/Neidhart 2005, S. 128 f.).

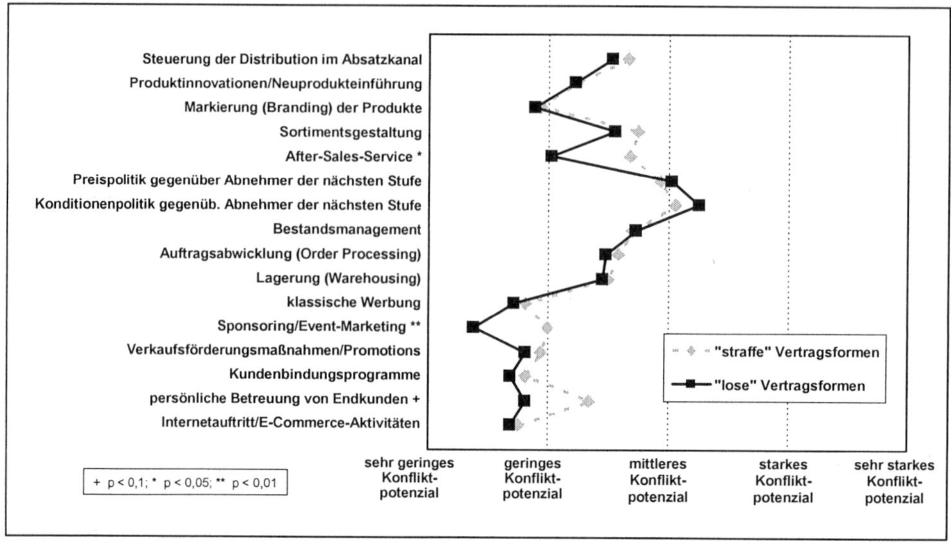

Übersicht 13: Konfliktpotenziale in Kontraktsystemen (Hersteller vs. Vertragspartner)

3.4 Organisatorische Ausgestaltung der Kontraktsysteme

Analysiert man die Kooperationsfelder nach Funktionen bzw. Unternehmensbereichen, so zeigt sich ein deutlicher Unterschied zwischen den straffen und den losen Vertragsformen. Die Kooperation ist in straffen Systemen am stärksten im Bereich Marketing/Category Management ausgeprägt, gefolgt von Informationswirtschaft/Marktforschung (siehe Übersicht 14). Diesen Feldern wird zugleich die größte Bedeutung eingeräumt (siehe Übersicht 15). Zugleich unterscheiden sich die genannten Bereiche signifikant von den losen Vertragsformen. Bei diesen dominieren dagegen die Kooperationsfelder Warenwirtschaft/Supply Chain Management.

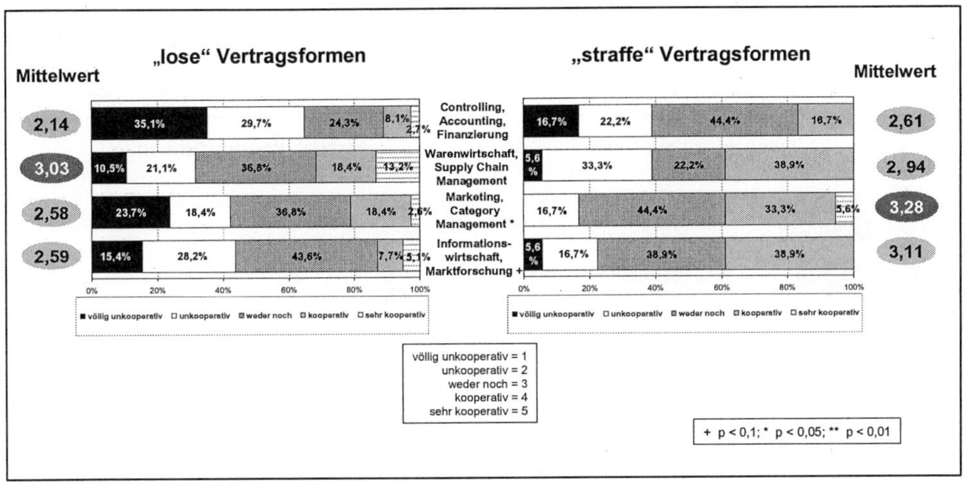

Übersicht 14: Kooperationsfelder in Kontraktsystemen

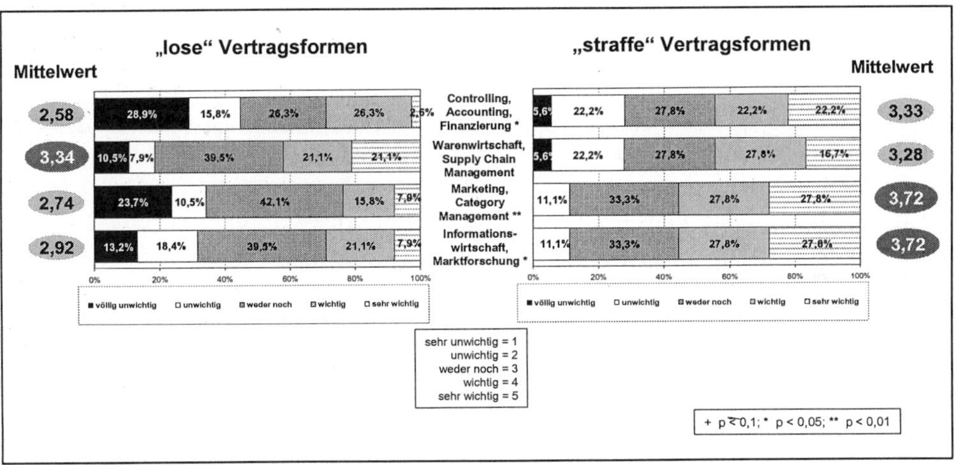

Übersicht 15: Bedeutung der Kooperationsfelder in Kontraktsystemen

Die organisatorische Ausgestaltung der kontraktuellen Zusammenarbeit zeigt im Vergleich zu den straffen und losen Systemen Übersicht 16. Beide Systeme sind dadurch charakterisiert, dass die Rechte und Pflichten der Vertragspartner schriftlich fixiert sind. An zweiter Stelle rangiert bei straffen Systemen die Kontrolle durch ein gemeinsames Berichtswesen. Diese Form der organisatorischen Ausgestaltung unterscheidet sich signifikant von den losen Systemen. In straffen Systemen sind die Arbeitsabläufe auch in einem stärkeren Maße standardisiert als in losen Systemen, jedoch nicht signifikant.

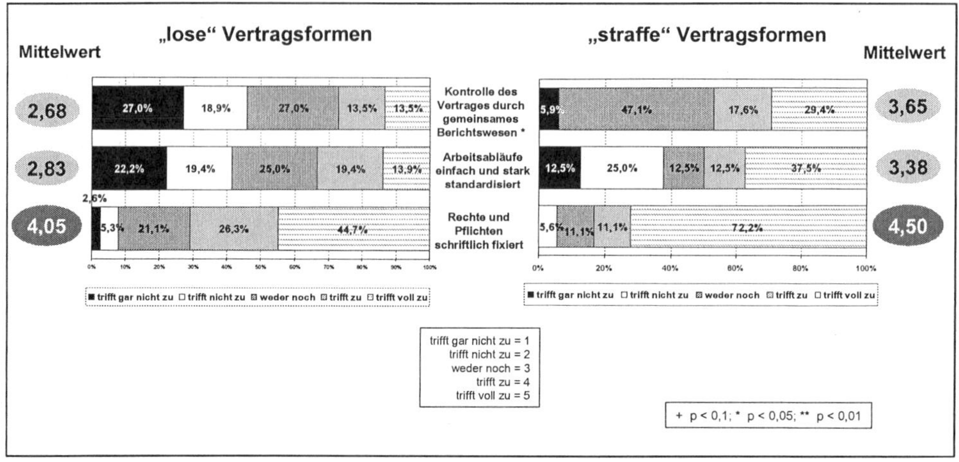

Übersicht 16: Organisatorische Ausgestaltung der Kontraktformen

Die Unterschiede in den Prozessen und Abläufen der Zusammenarbeit zwischen den beiden Kontraktgruppen verdeutlicht Übersicht 17. Signifikante Unterschiede zeigen sich dabei nur hinsichtlich

- des intensiven Austauschs von strategischen Informationen und
- der betriebswirtschaftlichen Schulungen für Vertragspartner.

In straffen Kontraktsystemen ist diese Abstimmungsform erwartungsgemäß stärker ausgeprägt. Die vorne bereits mehrfach angesprochene Zusammenarbeit in losen Systemen auf dem Gebiet des Supply Chain Managements spiegelt sich in der großen Bedeutung

- des Austauschs operativer Daten,
- des Austauschs von Prognosedaten,
- der gemeinsamen Planung

wider. Sie zeigt sich auch darin, dass bezüglich der IT-Systeme keine Unterschiede zu straffen Kontraktformen bestehen.

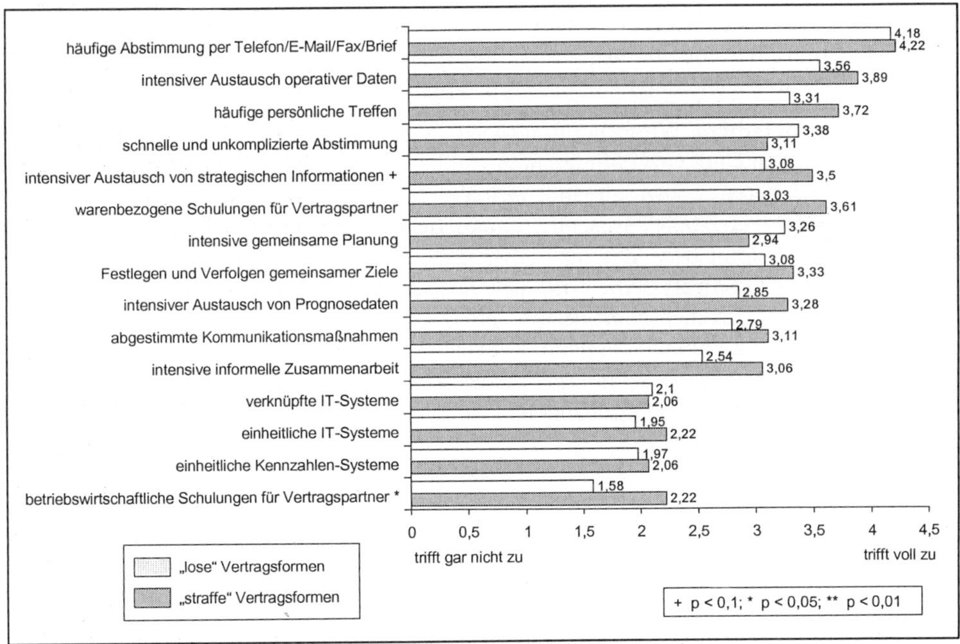

Übersicht 17: Abstimmungsformen zwischen den Kontraktpartnern

4. Fazit und Ausblick

Die theoretischen Erörterungen, die ausgewählten Beispiele und die empirischen Befunde haben aufgezeigt, dass die in den achtziger Jahren dominierende einseitige strategische Orientierung eines Outsourcing der Hersteller und einer damit einhergehenden Reduzierung der Wertschöpfungstiefe „abgelöst" wurde durch eine Parallelität von Outsourcing und Insourcing.

Während „up stream"-orientiert auch weiterhin verstärkt externalisiert werden dürfte, zeichnet sich absatzmarktorientiert („down stream") eine Tendenz zur Einflussnahme auf die Handelspartner über (straffe) kontraktuelle Arrangements und kooperative Formen mit kapitalmäßiger Beteiligung sowie die (integrative) Übernahme distributiver Aufgaben ab.

Bedeutend sind – wie aufgezeigt wurde – die vielfältigen Formen des Kontraktvertriebs, die eine „Controlled Distribution" ermöglichen, die bis in den „Grenzbereich" der „Secured Distribution" gehen können, so durch kapitalmäßige Kooperationen.

Die Führung derartiger Wertschöpfungsnetze wird damit wesentlich komplexer. „Up stream" gilt es, ein Netz von Zulieferanten, an die weitestgehend Aktivitäten outgesourct sind, zu koordinieren, „down stream" weitet sich die Wertschöpfungstiefe, mindestens jedoch die „Steuerungstiefe" wesentlich aus: Die Einflussnahme auf die Handels- oder Vertriebspartner steigt bzw. das integrative Engagement erhöht sich. Die Komplexität der Führung der Gesamtsysteme wird vollends deutlich, bei Berücksichtigung der hier ausgeklammerten, auf der Handelsstufe aber sehr bedeutenden Verbundgruppen des Handels, die selbst komplexe kooperative Systeme bilden (Zentes/Swoboda 2000, S. 134 ff.; IBB/Institut für Handel & Internationales Marketing 2003) oder auch des mitunter auch kooperativ agierenden Großhandels.

Literatur

DIEZ, W. (2002): Automobilvertrieb – Wie die Hersteller auf die neue GVO reagieren müssen, in: Absatzwirtschaft, 45. Jg., Nr. 9, S. 52-55.

EGGERT, U. (2002): Verbundgruppen 2010/2015, Studie der BBE-Unternehmensberatung, Köln.

EHRMANN, T. (2002): Reale Franchisesysteme, begrenzter Opportunismus und kooperative Elemente, in: Zeitschrift für Betriebswirtschaft, 72. Jg., Nr. 11, S. 1133-1153.

GOTTSCHALK, B. (2001): Erfolgreiche Umstrukturierung der deutschen Automobilindustrie, in: Marketing- und Management-Transfer, Saarbrücken, April, S. 30-36.

IBB, INSTITUT FÜR HANDEL & INTERNATIONALES MARKETING (Hrsg.) (2003): Die Zukunft der Kooperationen, Frankfurt a.M.

KAHLEN, CH. (2002): Grossisten unter Druck, in: Lebensmittel Zeitung, 26. Juli 2002, S. 33-34.

LIEBMANN, H.-P.; ZENTES, J. (2001): Handelsmanagement, München.

TIETZ, B.; MATHIEU, G. (1979): Das Kontraktmarketing als Kooperationsmodell, Köln u. a.

SWOBODA, B.; MORSCHETT, D. (2001): Prozessorientierung im Handel, in: Baumgarten, H.; Wiendahl, H.-P.; Zentes, J. (Hrsg.): Logistik-Management, Berlin u. a., Kapitel 4.02.02, S. 1-25.

SWOBODA, B.; SCHWARZ, S. (2003): Distribution von integrierten Medienunternehmen, in: Wirtz, B. W. (Hrsg.): Handbuch Medien- und Multimediamanagement, Wiesbaden, S. 761-792.

ZENTES, J. (1986): Verkaufsmanagement in der Konsumgüterindustrie, in: Die Betriebswirtschaft, 46. Jg., S. 21-28.

ZENTES, J. (1989): Trade-Marketing – Eine neue Dimension in den Hersteller-Handels-Beziehungen, in: Marketing – ZFP, 11. Jg., S. 224-229.

ZENTES, J. (1992): Kooperative Wettbewerbsstrategien im internationalen Konsumgütermarketing, in: Zentes, J. (Hrsg.): Strategische Partnerschaften im Handel, Stuttgart, S. 3-31.

ZENTES, J. (1995): Wettbewerbsstrategien auf europäischen Märkten, in: Scholz, C.; Zentes, J. (Hrsg.): Strategisches Euro-Management, Stuttgart, S. 3-30.

ZENTES, J.; MORSCHETT, D. (2001): Direktvertrieb von Konsumgüterherstellern im Spannungsfeld von Wettbewerb und Kooperation entlang der Wertschöpfungskette, in: Trommsdorff, V. (Hrsg.): Handelsforschung 2000/01, Köln, S. 27-49.

ZENTES, J.; MORSCHETT, D.; NEIDHART, M. (2003): Vertikale Vertriebskooperationssysteme – Perspektiven und Strategien, in: IBB/Institut für Handel & Internationales Marketing (Hrsg.): Die Zukunft der Kooperationen, Frankfurt a.M.

ZENTES, J.; SCHRAMM-KLEIN, H.; NEIDHART, M. (2005): HandelsMonitor 2005/06: Expansion – Konsolidierung – Rückzug – Trends, Perspektiven und Optionen im Handel, Frankfurt a.M.

ZENTES, J.; SCHRAMM-KLEIN, H.; MORSCHETT, D. (2004): Außenhandel und internationales Marketing, in: Zentes, J.; Morschett, D.; Schramm-Klein, H. (Hrsg.): Außenhandel – Marketingstrategien und Managementkonzepte, Wiesbaden, S. 3-25.

ZENTES, J.; SWOBODA, B. (1999): Neuere Entwicklungen im Handelsmanagement – Umfeldbedingungen und Strategische Konzepte, in: Marketing – ZFP, 21. Jg., Nr. 1, S. 75-90.

ZENTES, J.; SWOBODA, B. (2000): Allied groups on the road to complex networks, in: Technology In Society, 22. Jg., Nr. 1, S. 133-150.

ZENTES, J.; SWOBODA, B.; MORSCHETT, D. (2003): Kundenbindung im vertikalen Marketing, in: Bruhn, M.; Homburg, C. (Hrsg.): Handbuch Kundenbindungsmanagement, 4. Aufl., Wiesbaden, S. 163-192.

Ulli Arnold/Michael Eßig*

Kooperationen in der industriellen Beschaffung

---

* Univ.-Professor Dr. Ulli Arnold ist Inhaber des Lehrstuhls für Investitionsgütermarketing und Beschaffungsmanagement der Universität Stuttgart.
Univ.-Professor Dr. Michael Eßig ist Inhaber des Lehrstuhls für Allgemeine Betriebswirtschaftslehre, insbesondere Materialwirtschaft und Distribution der Universität der Bundeswehr München.

1. Das Kooperationsphänomen in der industriellen Beschaffung

1.1 Zum Kooperations- und Beschaffungsbegriff

Beschaffung wird allgemein definiert als „sämtliche unternehmens- und/oder marktbezogene Tätigkeiten, die darauf gerichtet sind, einem Unternehmen die benötigten, aber nicht selbst hergestellten Objekte verfügbar zu machen" (Arnold 1997, S. 3). Beschaffung ist somit Teil der „Unternehmensversorgung" (Koppelmann 2004, S. 4). Die Bedeutung der Beschaffung für den Erfolg von Industrieunternehmen ist bei Fremdbezugsanteilen von über 50 % der Wertschöpfung unbestritten (Arnold 1997, S. 12 ff.). Trotzdem wird auch im neueren Schrifttum konstatiert, dass „die stiefmütterliche Behandlung der Beschaffung in der Betriebswirtschaftslehre [...] die praktische Relevanz dieses Tätigkeitsfeldes völlig unzureichend" (Steffenhagen 2000, S. 176) widerspiegelt. Die Autoren werden deshalb in diesem Kapitel die Notwendigkeit eines strategischen Beschaffungsmanagements begründen und dazu einige Überlegungen zur historischen Entwicklung der **Beschaffungsforschung** voranstellen.

Daraus lässt sich – angelehnt an die generelle Diskussion um strategische Allianzen und strategische Netzwerke – die Unterscheidung zwischen industriellen Beschaffungsallianzen und Beschaffungsnetzwerken ableiten (Abschnitt 1.2). Dies ist von entscheidender Bedeutung, da die meisten Überlegungen für eine zukunftsorientierte Gestaltung der Beschaffung auf Kooperationen im Sinne von Allianzen und Netzwerken basieren (Abschnitte 2 und 3).

Kooperation ist der Oberbegriff für strategische Allianzen und Netzwerke. Er entstammt der lateinischen Sprache und kann im weitesten Sinne mit „Zusammenarbeit" übersetzt werden (Eßig 1999, S. 44; Kaufmann 1993, S. 24). Mit dem Suffix „-arbeit" wird deutlich, dass Kooperation immer ein bewusstes und willentliches Handeln voraussetzt – Kooperation in diesem Sinne ist also nicht Ergebnis zufälligen Handelns. Die Präfix „Zusammen-" hebt auf die Kooperationen inhärente **Ex-ante-Planabstimmung** zwischen den kooperierenden Unternehmen ab. Funktionsfähige Marktwirtschaftssysteme setzen demgegenüber im Kern auf unternehmerische Autonomie und Wettbewerb. Thurow (1988, S. 863 f.) sprach schon früh vom „Kooperationsphänomen", demzufolge verschärfter Wettbewerb nicht zu zunehmender Abschottung und Isolierung des eigenen Unternehmens führt, sondern eine wettbewerbsinduzierte Erhöhung der Kooperationsbereitschaft und -fähigkeit nach sich zieht. Bereits Anfang der siebziger Jahre hat die betriebswirtschaftliche Kooperationsforschung darauf hingewiesen, dass Kooperation nicht sozialer Selbstzweck ist, sondern die wirtschaftliche Situation der beteiligten Unternehmen verbessern muss (Gerth 1971, S. 17; Knoblich 1969). Diese Grundannahme ökonomischer Strategieentscheidungen wird häufig übersehen und führt zu einem unrealistischen Bild kooperativer Verhaltensweisen („Kooperationsromantik").

Die Beschaffung als Grenzstelle eines Unternehmens zu seinen Versorgungsmärkten ist schon immer Vermittler zwischen hierarchischer Unternehmens- und wettbewerbsgeprägter Marktsteuerung gewesen. Die Hinwendung zu kooperationsgetriebenen Beschaffungskonzepten lässt sich anhand einer historischen Analyse nachvollziehen.

1.2 Historische Entwicklung des kooperativen Beschaffungsmanagements

Erste umfangreichere Arbeiten zum Einkauf sind – wenn überhaupt – orthodox neoklassisch fundiert (Theisen 1970, S. 140 ff.). Aus der Neoklassik resultiert die einseitige Transaktionsorientierung einer rein abwicklungsorientierten Versorgungsfunktion, die in erster Linie administrative Aufgaben mit lediglich abgeleiteten Tätigkeiten innehat. Im Vordergrund steht die Prämisse vollkommener Markttransparenz mit rein wettbewerbsorientierter Lieferantensteuerung und kurzfristigen Austauschbeziehungen. Das Wettbewerbsmodell dominiert, sodass Kooperationen im Bereich der Beschaffung praktisch keine Rolle spielen können – im Gegenteil: Ziel des Einkaufs ist die Intensivierung des Wettbewerbs unter Lieferanten durch häufige Ausschreibungen und Spot-Kontrakte (vgl. beispielsweise Westermann 1972, S. 72).

Die strategische Qualität der Beschaffung wird erstmals von Arnold (1982) im deutschsprachigen Schrifttum systematisch und theoriebezogen aufbereitet. Er entwickelt ein Strategiekonzept für die Beschaffung, das sich aus strukturbezogenen (Planungssystem, Organisationsstruktur der Beschaffung) und marktbezogenen Elementen (individuelle und kollektive Anstrengungen zur Gewinnung leistungsfähiger Beschaffungsquellen) zusammensetzt. Damit werden erstmals Lieferantenbeziehungen und ihre systematisch-langfristige Gestaltung als zentrale Aufgabe des Beschaffungsmanagements thematisiert. **Vertikale** und **horizontale Verbundeffekte** können in diesem Modell nur durch intensive Zusammenarbeit, d. h. Kooperation mit Lieferanten und/oder anderen Beschaffern, realisiert werden.

In den späten achtziger und frühen neunziger Jahren wurde die Beschaffungskooperation ein unverzichtbarer Ansatz für das Beschaffungsmanagement. Eine vergleichende Studie der europäischen, nordamerikanischen und japanischen Automobilindustrie des Massachusetts Institute of Technology (MIT) aus dem Jahr 1990 trug wesentlich dazu bei. Sehr plakativ kamen die Autoren zu dem Schluss, dass japanische Hersteller „von allem weniger einsetzen [...] – die Hälfte des Personals in der Fabrik, die Hälfte der Produktionsfläche, die Hälfte der Investition in Werkzeuge, die Hälfte der Zeit für die Entwicklung eines neuen Produktes." (Womack/Jones/Roos 1991, S. 19) Der dabei geprägte Begriff der „schlanken Produktion" (**Lean Production**) macht deutlich, dass dies nur über eine Neustrukturierung der Wertschöpfungskette möglich ist. „Verschlankung" im industriellen Produktionsprozess bedeutet dabei in erster Linie zunehmendes Outsourcing bei gleichzeitig intensiver Einbindung wichtiger Zulieferpartner. Als beispielhafter empirischer Beleg aus der Studie sei der F & E-Anteil von Zulieferern an den gesamten Konstruktionsstunden genannt: Er lag zum Erhebungszeitpunkt in Japan mit 51 % deutlich höher als in Europa (35 %). Tatsächlich wurden in den letzten Jahren viele industrielle Wertschöpfungsprozesse nach diesem Modell neu strukturiert, zunehmend befördert durch die Diskussion um eine Konzentration auf Kernkompetenzen und -fähigkeiten (Prahalad/ Hamel 1990). Daher wird die Restrukturierung industrieller Wertschöpfungsketten in Abschnitt 2.2 vertiefend diskutiert.

1.3 Beschaffungsallianzen und -netzwerke

Bereits in Abschnitt 1.1 wurden Allianzen und Netzwerke als Formen der Kooperation definiert. In Anlehnung an Backhaus/Meyer (1993, S. 332) werden dabei strategische Allianzen als horizontale Kooperationsformen von vertikal ausgerichteten strategischen Netzwerken abgegrenzt und unter dem Oberbegriff „Netzwerkarrangement" zusammengefasst (vgl. alternativ den Beitrag von Zentes/Swoboda/Morschett im einführenden Kapitel sowie den Beitrag von Morschett im Dritten Kapitel dieses Sammelwerks). Die ökonomische Begründung dafür liefert vor allem die „**collective strategy**"-Forschung mit der Unterscheidung zwischen kommensalischer und symbiotischer Interdependenz (Lechner 2001, S. 194). Dollinger geht davon aus, dass symbiotische Interdependenz nur zwischen Abnehmer und Lieferant möglich ist, während „commensal interdependence refers to firms of the same type and level in the production chain, usually competitors" (Dollinger 1990, S. 269). Auch Astley/Fombrun sehen „mutually interdependence" ausschließlich zwischen Parteien, bei denen der Output des einen (direkt oder indirekt) zum Input des anderen wird (Astley/Fombrun 1983, S. 578). Darüber hinaus ist ihrer Meinung nach **Kommensalismus** keineswegs zwingend mit Konkurrenz um Ressourceninput verbunden, sondern kann beispielsweise in Form gemeinsamen Einkaufs durchaus kooperativ angelegt sein.

Allianzen und Netzwerke werden im Folgenden für die Beschaffung konkretisiert:

- **Supply Chain Management** und **Abnehmer-Zulieferer-Kooperationen** sind primär vertikal ausgerichtete Kooperationskonzepte und damit als Beschaffungsnetzwerke gekennzeichnet (Abschnitt 2).
- **Einkaufskooperationen** setzen dagegen auf eine horizontale Zusammenarbeit durch gemeinsame Beschaffung und stellen somit Beschaffungsallianzen dar (Abschnitt 3).

Die Ausgestaltung dieser Kooperationsformen hängt mit den Spezifika der hier schwerpunktmäßig betrachteten Industrieunternehmen zusammen. **Industrie** bezeichnet „die gewerbliche Sachgüterproduktion im Fabriksystem" (Schweitzer 1990, S. 19). Im Mittelpunkt der Definition stehen vier Aspekte (Arnold 1998, S. 9 f.):

- Sachgüter sind von Dienstleistungen bzw. immateriellen Gütern abzugrenzen. In unserem Sinne sind sie mobil oder immobil und das Ergebnis von Produktionsprozessen.
- Produktion bezeichnet dabei die stoffliche Transformation von Gütern (Input) in andere Güter (Output), die dann dem Konsum oder der Weiterverarbeitung zugeführt werden (Corsten 2000). Der industrielle Transformationsprozess umfasst dabei immer eine Be- und/oder Verarbeitung des Inputs, d. h., es existiert eine Produktionsfunktion, die mit der Distributionsaufgabe verbunden ist.
- In der Industrie erfolgt dic Sachgüterproduktion immer erwerbswirtschaftlich („gewerblich"), d. h. mit der Absicht, eine Kapitalrendite zu erzielen. Industrieunternehmen sind ihrer Zielsetzung nach Profit-Unternehmen.
- Mit Fabriksystem wird eine zentralisierte Einrichtung bezeichnet, die eine stark arbeitsteilige und mechanisierte Produktion von Sachgütern zulässt.

Industrielle Beschaffung ist somit klar gekennzeichnet; unabhängig davon lassen sich die nachfolgenden Kooperationskonzepte auf andere institutionelle Bereiche übertragen. Supply Chain Management kann und muss beispielsweise Handelsunternehmen explizit mit einschließen.

2. Konzepte industrieller Beschaffungsnetzwerke

2.1 Überblick: Zur Systematisierung der Betrachtungsebenen

In der Diskussion um Netzwerke und Allianzen werden die Erkenntnisebenen Unternehmen, Dyade und Netzwerkarrangement häufig vermischt. Ausgangspunkt ist (immer) das einzelne Unternehmen mit seiner Beschaffungsfunktion (siehe Übersicht 1).

Das Unternehmen ist kooperierendes Subjekt. Die Kooperation kann nun bilateral ausgerichtet sein, d. h. ihren Schwerpunkt auf die direkte Zusammenarbeit zweier Unternehmen legen („Dyade"). Weitere Optimierungsmöglichkeiten ergeben sich durch eine Zusammenarbeit mehrerer bzw. aller Unternehmen entlang der gesamten Wertschöpfungskette (im Sinne des Netzwerkarrangements nach Backhaus/Meyer (1993); siehe auch Abschnitt 1.3).

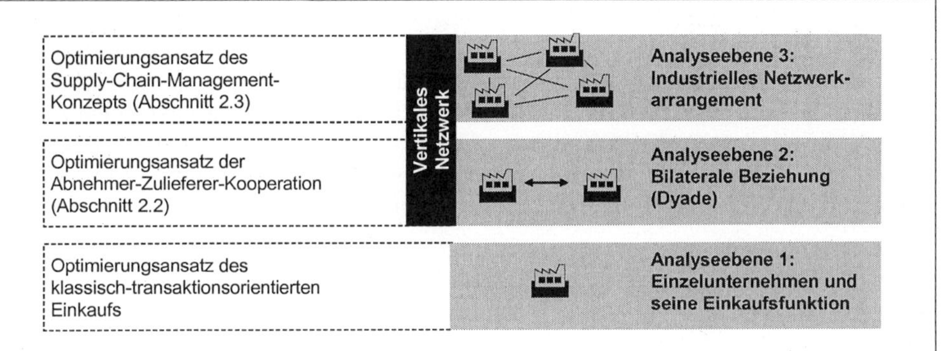

Übersicht 1: Betrachtungsebenen industrieller Beschaffungsnetze

2.2 Abnehmer-Zulieferer-Kooperationen

Abnehmer-Zulieferer-Kooperationen sind im Kern „echte" Wertschöpfungspartnerschaften (Pampel 1993, S. 18; Wildemann 1999, S. 444). Zwar ist grundsätzlich mit jedem Beschaffungsvorgang ein Lieferantenkontakt und damit eine Form der Lieferantenbeziehung zwingend verbunden. Zu Recht wird jedoch darauf hingewiesen, dass die Popularität von Abnehmer-Zulieferer-Kooperationen auf die zunehmende Bedeutung dauerhafter, intensiver Beziehungen zwischen Lieferant und Abnehmer zurückzuführen ist (Stölzle 2000, S. 7).

Hauptursache für die Entstehung dieser Kooperationsform ist die bereits oben angesprochene, empirisch zu beobachtende Reduzierung der Fertigungstiefe. Sie erzwingt eine Neustrukturierung der Wertschöpfungskette, um die mit der Fertigungstiefenreduzierung verbundenen Koordinationsprobleme externer Zulieferer zu puffern (siehe Übersicht 2).

Auf den Zulieferer wird im Rahmen von System Sourcing Wertschöpfung in mehrfacher Weise verlagert: Er erbringt eine logistische Integrationsleistung durch Steuerung der Sublieferanten und übernimmt häufig auch einen Teil der Entwicklungsverantwortung. Die Kooperationsrente setzt sich also aus steigenden Spezialisierungsvorteilen, sinkenden Komplexitätskosten und damit erhöhter Flexibilität zusammen. Dies erfordert eine enge Abstimmung zwischen Lieferant und Abnehmer mit Hilfe hierarchischer Koordinationsmechanismen. Vor Serienanlauf geschieht dies in der Regel in Form von „early supplier involvement" durch unternehmensübergreifende Entwicklungsteams. Während der **Serienproduktion** erfolgt eine genaue wechselseitige Abstimmung der Produktionsplanungen zur Gewährleistung von Just-in-Time- (bzw. Just-in-Sequence-)Anlieferungen. Zur Vermeidung opportunistischen Verhaltens und zur Sicherung der Versorgung werden regelmäßig längerfristige Verträge abgeschlossen, die die klassischen marktlichen Abstimmungsprozesse weit gehend substituieren. Die Absatzfunktion des Endproduktherstellers („final assembler“) ist schließlich für die Vermarktung des gemeinschaftlich erstellten Guts verantwortlich. Der Anbieter ist also keine Einzelwirtschaft mehr, sondern – wegen der vertikalen Kooperationsrichtung – ein **strategisches Netzwerk** im oben definierten Sinne. Für alle Kooperationspartner kann nur der gemeinsame Erfolg der Kooperation zu einer individuellen Besserstellung führen.

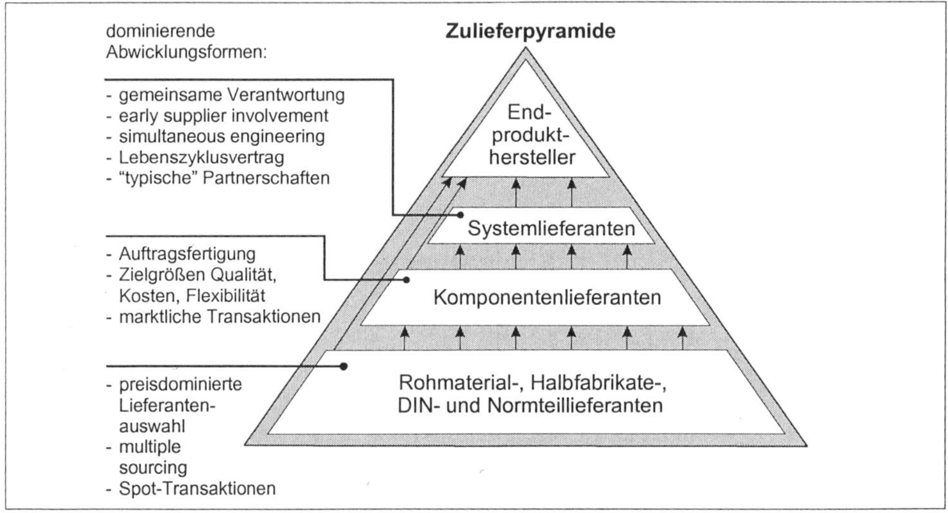

Quelle: In Anlehnung an: Bogaschewsky 1994, S. 107.

Übersicht 2: Neustrukturierung der industriellen Wertschöpfungskette

Eine Abnehmer-Zulieferer-Kooperation legt ihren Schwerpunkt auf die Gestaltung der direkten Austauschbeziehung zwischen Endprodukthersteller und Systemlieferant innerhalb der Zulieferpyramide. Diese Kooperation wird im Sinne eines „**Key Supplier Managements**“ mit besonderer Aufmerksamkeit gesteuert, da der Beitrag des Systemzulieferers zum Erfolg seines Abnehmers enorm groß ist – bei gleichzeitig gestiegenem Versorgungsrisiko innerhalb einer Single Sourcing-Situation.

Von besonderer Bedeutung für die Gestaltung von Abnehmer-Zulieferer-Kooperationen sind die mit der unternehmensübergreifenden Koordination verbundenen Transaktionskosten. Tatsächlich ermöglicht die Erklärungskraft der Institutionenökonomik erstmals eine Analyse netzwerkartiger Verbindungen über langfristige Verträge und hybride Strukturdesigns (vgl. beispielsweise Patterson/Forker/Hanna 1999, S. 86 f.; Pieper 2000, S. 130 ff.; Werner 1997, S. 25 ff.). Diese Bezugstheorie wird heute im Rahmen der Diskussion intensiv genutzt (Welge/Al-Laham 2002, S. 633 ff.).

2.3 Supply Chain Management

Die Diskussion der Zulieferpyramide hat bereits verdeutlicht, dass Abnehmer-Zulieferer-Partnerschaften ein „beschränktes“ Kooperationskonzept bleiben, da sie die dyadische Beziehung zwischen Endprodukthersteller und Systemlieferant optimieren. Die Notwendigkeit eines mehrere Stufen umfassenden Kooperationskonzeptes ergibt sich aus der skizzierten Überlegung, die gesamte Wertschöpfungskette besser zu koordinieren. Corsten weist zurecht darauf hin, dass diese Koordination „mit Eingriffen in die Produktions- und Beschaffungsautonomie der Beteiligten einhergeht“ (Corsten 2002, S. 947). Gerade diese Autonomiebeschränkung durch Planabstimmung haben wir in Abschnitt 1.1 als charakteristisches Merkmal von Kooperationen definiert.

Die inhärent unternehmensübergreifende Orientierung des **Supply Chain Managements** (SCM) zeigt deutliche Parallelen zur Logistik auf, deren Hauptziel die Optimierung von Schnittstellen primär unter dem Aspekt eines reibungslosen Güter- und Informationsflusses ist (Göpfert 1999, S. 24 f.). Die Wechselwirkungen, die dabei in Wertschöpfungssystemen zu beachten sind, machen eine Aufhebung funktionaler und institutioneller Grenzen erforderlich – es wird stattdessen eine ganzheitliche Logistik-Systemorientierung gefordert (vgl. beispielsweise Ihde 1987, S. 704 f.). Weber/Dehler/Wertz (2000, S. 265) bezeichnen deshalb „Supply Chain Management als höchste Entwicklungsstufe der Logistik“.

Damit ist ein „Absolutheitsanspruch“ der Logistik verknüpft, welcher weit über die üblichen Elemente des Logistiksystems hinausgeht. Das Logistiksystem beinhaltet zwar tatsächlich alle Elemente, die für einen reibungslosen Materialfluss in und zwischen Unternehmen erforderlich sind. Mit Hilfe von Lagerung, Transport und Verpackung sowie einer steuernden Auftragsabwicklung schafft die Logistik Nutzen in Form eines erhöhten Lieferservicegrades. Die oben skizzierte zunehmende Arbeitsteilung und Fertigungstiefenreduzierung führt dazu, dass das Logistiksystem zunehmend mehr Wertschöpfungsstufen umfassen muss, wenn der Lieferservicegrad für den Endkunden verbessert werden soll.

Nichtsdestotrotz sind damit keineswegs alle Aspekte abgedeckt, die für eine ganzheitliche Wertschöpfungskettenoptimierung im Sinne des Supply Chain Managements erforderlich sind. Bevor ein Logistiksystem errichtet werden kann, müssen geeignete Wertschöpfungspartner identifiziert werden. Dies ist Aufgabe der Beschaffung. In einer vergleichenden Analyse der SCM-Literatur kommt Tan (2001, S. 41 ff.) zu dem Schluss, dass „two alternative perspectives on supply chain management“ existieren:

- Die „transportation and logistics perspective“ beschränkt sich auf den o. g. Aspekt der Gestaltung des Logistiksystems.
- Die „purchasing and supply perspective“ nimmt sich darüber hinaus der Informationsprobleme an, die bereits vor der Optimierung des laufenden Material- und Informationsflusses in der Supply Chain anfallen. Die Beschaffung muss sowohl der Ex-

ante-Lieferantenbeurteilung als auch der Ex-post-Lieferantenkontrolle erhöhte Aufmerksamkeit widmen. Supplier Relationship Management wird somit zum Bestandteil des Supply Chain Managements (Lamming 2005, S. 84 ff.).

Die Verbindung einzelner Unternehmen zu umfassenden Supply Chains ist eine Gestaltungsaufgabe, die aus funktionaler Sicht jedoch keineswegs auf Logistik und Beschaffung beschränkt bleibt. Wettbewerbsanstrengungen verschieben sich im Sinne eines „supply chains compete, not companies" (Christopher/Jüttner 1998, S. 89) und stellen neue Herausforderungen an das Absatzmarketing. Die konsequente Ausrichtung aller Wertschöpfungsaktivitäten an der Nutzenstiftung für den Endkunden führt dazu, dass vereinzelt eine Neuorientierung des SCM als „**demand chain management**" (Jansen/ Reising 2001, S. 197) gefordert wird.

Supply Chain Management ist ein multifunktionales Kooperationskonzept mit starkem Beschaffungsbezug. Die (Über-)Betonung einer Funktionsausrichtung ist jedoch kontraproduktiv. Stattdessen erfordert die oben skizzierte Konfiguration der Zulieferpyramide eine intensive Auseinandersetzung mit funktionsübergreifenden Koordinationsmechanismen, um die friktionslose Weitergabe von Kundenwünschen in die gesamte Supply Chain zu ermöglichen.

Im Mittelpunkt der funktions- und unternehmensübergreifenden Koordinationsleistung des Supply Chain Managements steht die „Durchsetzung der Flussorientierung" (Weber 1996, Sp. 1105). Mit dem Wort „Chain" ist per definitionem das Flussprinzip verbunden, zumal der „Material Flow" historisch die SCM-Literatur dominiert (Bechtel/Mulumudi 1996, S. 2). Demzufolge ist die Steuerung des Materialflusses durch das Supply Chain Management unbestritten und in der Literatur dominierend (Croom/Romano/Giannakis 2000, S. 68 ff.). Damit wird die inhaltliche Nähe zum Logistikkonzept wiederum bestätigt. Ebenso einheitlich wird auf die damit verbundene Integration von Informationsflüssen abgehoben (Milling/Größler 2001, S. 56 ff.), die dem Materialfluss vorausgehen bzw. ihn auslösen (beispielsweise Bestellung), ihn begleiten (beispielsweise Lieferschein) oder ihm nachfolgen (beispielsweise Reklamations- und Rechungsinformationen).

Eine Analyse einschlägiger SCM-Literatur ergab, dass lediglich in einem Viertel aller ausgewerteten Quellen explizit auf den Finanzmittelfluss rekurriert wurde (Eßig 2004, S. 44 ff.). Dieser Aspekt ist jedoch von größter ökonomischer Bedeutung, da damit sowohl die Erfolgsverteilung als auch die Risikosteuerung verbunden sind. Material und Kapital stehen in direktem Zusammenhang; verbesserte Koordination soll letztendlich dazu beitragen, Finanzmittel besser zu verwenden und so den ökonomischen Erfolg aller an der SCM-Kooperation beteiligten Unternehmen zu erhöhen.

3. Industrielle Beschaffungs- und Logistikallianzen

Während Beschaffungsnetzwerke ökonomische Vorteile durch verbesserte vertikale Zusammenarbeit erwirtschaften, ist der zentrale Wirkungsmechanismus industrieller Beschaffungsallianzen eine Effizienzsteigerung durch Größenvorteile auf Grund horizontaler Zusammenarbeit. Die Kooperationspartner bilden eine Einkaufskooperation und können so folgende Vorteile nutzen (Eßig 1999, S. 86 f., Sydow/Möllering 2004, S. 244 f.):

(1) Eine hohe Homogenität der Beschaffungsobjekte ermöglicht es, die vorhandenen personellen und technischen Ressourcen besser auszulasten („**short-run supply economies of scale**").
(2) Bei voller Auslastung kann die horizontale Beschaffungskooperation ihre Kapazitäten durch kosteneffizientere Verfahren erweitern (beispielsweise E-Procurement, Eßig/Arnold 2001). Dies ermöglicht den Übergang auf ein kostengünstigeres Produktionsverfahren bzw. eine niedrigere Produktionsfunktion – die Faktorproduktivität steigt („**long-run supply economies of scale**").
(3) Die vorhandene Infrastruktur der als Kooperation manifestierten Beschaffungsabteilung wird auch bei nur eingeschränkter Objektkompatibilität der Kooperierenden besser genutzt („**supply economies of scope**").
(4) Zusätzliche Effekte wie vermehrtes Wissen der Einkaufsfachleute („supply economies of information") schaffen die Voraussetzung für einen Kostenverlauf der Beschaffung entsprechend der Erfahrungskurve (**Beschaffungs-Erfahrungskurve**).

Der Ansatz des Kooperationsmanagements ist ein generalisierbares Modell zur Abwicklung und Durchführung von strategischen Beschaffungsallianzen. Es entstand aus einer Analyse verschiedener Kooperationsansätze in der Unternehmenspraxis, aus der Auswertung aktueller Überlegungen zum Problembereich strategischer Allianzen und schließlich aus dem praktischen Einsatz und der Erprobung in einem Aktionsforschungsprojekt „Einkaufskooperationen mittelständischer Unternehmen in Baden-Württemberg" in Zusammenarbeit mit den dreizehn kooperierenden Industrieunternehmen.

Prinzipiell umfasst das Kooperationsmanagement zwei Hauptphasen (siehe Übersicht 3).

- In Phase A ist die Arbeitsfähigkeit der Kooperation durch geeignete Strukturen herzustellen. Damit wird die Grundlage für die Durchführung des kooperativen Beschaffungsprozesses geschaffen.
- Diese Phase B ist ihrerseits in sieben Einzelschritte zerlegt.

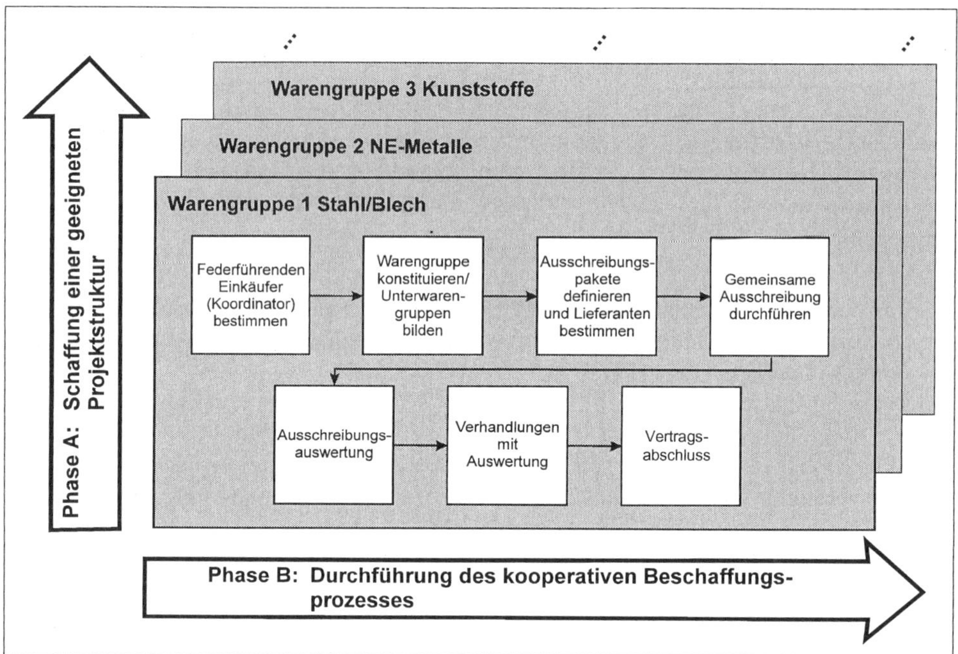

Quelle: In Anlehnung an: Arnold/Eßig 1997, S. 79.

Übersicht 3: Ansatz des Kooperationsmanagements

Die Wahl geeigneter Partner ist einer der wichtigsten Erfolgsfaktoren von Kooperationen (vgl. beispielsweise Kaufmann/Kokalj/May-Strobl 1990, S. 135 f.). Zentrales Kriterium zur Ermittlung der Kompatibilität von Unternehmen für eine Kooperation ist der so genannte „Fit" (siehe Übersicht 4).

Beschaffungsallianzen sind insbesondere auf Grund der Volumenbündelung bzw. der dadurch möglichen Skaleneffekte vorteilhaft. Um diese erzielen zu können, ist eine Mindestkompatibilität der in die Kooperation eingebrachten Beschaffungsobjekte erforderlich. Überlegungen zu einem **Beschaffungs-Fit** beziehen sich also auf die Homogenität der kooperativ zu beschaffenden Objekte. Grundsätzlich wird zur Charakterisierung der Beschaffungsobjekte zwischen bedarfs- und marktinduzierten Objektmerkmalen unterschieden (Scherer 1991, S. 204 ff.). Bedarfsinduzierte Objektmerkmale sind Ausfluss der unternehmensinternen Objektanforderungen. Einzelmerkmale sind Leistungsbedeutung, Preisbedeutung, Beschaffungsmenge, Bedarfsstetigkeit, Bedarfsdringlichkeit, Bedarfsüblichkeit und die Nachfragestruktur. So gibt die Leistungsbedeutung beispielsweise an, welchen qualitativen Einfluss die Beschaffungs- auf die Absatzobjekte haben, während die Preisbedeutung den monetären Anteil widerspiegelt. Die Gruppe der marktinduzierten Objektmerkmale „umfasst Einflussfaktoren des beschaffungsobjektabhängigen

Marktes“ (Scherer 1991, S. 225). Darunter fallen Angebotsstruktur, Angebotsdistanz, Angebotsleistungswandel, Leistungs- und Mengenverfügbarkeit, Preisstabilität sowie Marktreife. Als dritte Merkmalsgruppe existiert eine Mischform aus bedarfs- und marktinduzierten Objektmerkmalen. Einzelmerkmale sind Objektersetzbarkeit, Objektgefährdung, Objektindividualität, Objektkomplexität, Objektleistungsniveau und Objektpreisniveau. Soll ein hoher Beschaffungs-Fit erreicht werden, ist auf eine möglichst große Übereinstimmung der Beschaffungsobjektmerkmale aller Kooperationspartner zu achten.

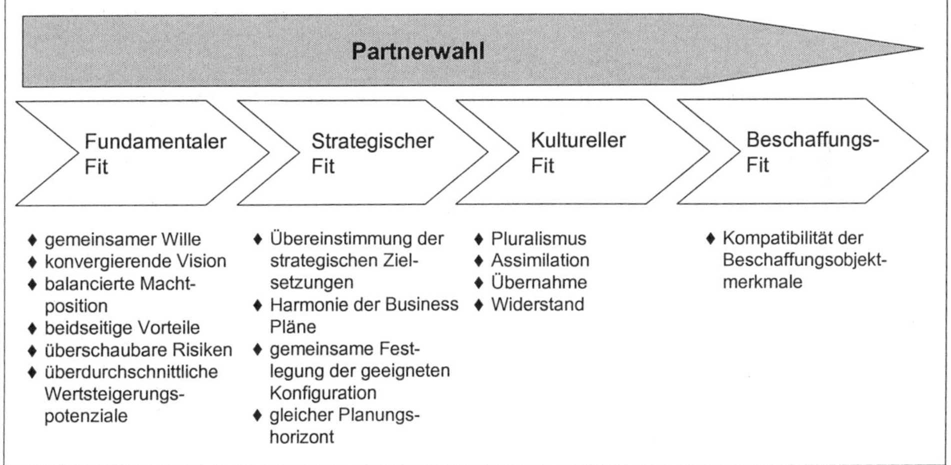

Übersicht 4: Dimensionen der Partnerwahl

Als zentrale Strukturierungseinheit für Beschaffungsallianzen kann die Warengruppe gelten. Die Warengruppe bündelt zum einen ähnliche bzw. kompatible Objekte, die kooperativ beschafft werden sollen, und stellt zum anderen jeweils eine Arbeitsgruppe dar, die sich aus all denjenigen Kooperationspartnern zusammensetzt, die Bedarf an diesen Gütern haben. Je nach gewählter Form der Allianz variiert auch die konkrete Ausgestaltung der Warengruppen, die in Phase A des Kooperationsmanagements erfolgt.

Übersicht 5 zeigt beispielhaft die Warengruppenstrukturierung im o. g. Aktionsforschungsprojekt „Einkaufskooperationen mittelständischer Unternehmen in Baden-Württemberg“.

1	Stahl/Blech	A	16	DIN- und Normteile (inklusive Lager)	A
2	NE-Metalle	A	17	Chemikalien/ Oberflächenbehandlung	A
3	Kunststoffe	A	18	Werkzeuge	A
4	Gußteile	A	19	Betriebsstoffe	A
5	Zerspanungsteile	A	20	Schweißmaterial	C
6	Stanz-, Zieh- und Biegeteile	A	21	Verpackung	B
7	Schmiedeteile	B	22	Transport	A
8	Fließpressteile	B	23	Arbeitsschutz	C
9	Sinterteile (Metall)	C	24	Entsorgung	C
10	Elektro- und Elektronikbauteile	A	25	Bürobedarf	C
11	Elektromaterialien/-bedarf	C	26	Druckerzeugnisse	C
12	Pumpen/Motoren/ Elektromotoren	C	27	Datenverarbeitung	C
13	Dichtungen	C	28	Lohnbearbeitung	A
14	Gummiformteile	C	29	Dienstleistungen	B
15	Schläuche	B			

Übersicht 5: Warengruppen mit Prioritäten

In Phase B des Kooperationsmanagements werden sieben Prozessschritte definiert, die den Ablauf des kooperativen Materialeinkaufs beschreiben (siehe Übersicht 3). Prozessschritt 1 sieht vor, für jede Warengruppe einen so genannten Koordinator zu bestimmen. Dieser stammt aus dem Kreis der beteiligten Einkaufsleiter. In der Regel besitzt er die größte Markttransparenz für den in dieser Warengruppe bearbeiteten Objektbedarf und vereinigt dann meist auch das größte Volumen auf sich. Seine Aufgabe ist die Steuerung der Warengruppenmitglieder und insbesondere die Durchführung der zentralen Ausschreibung in Prozessschritt 4. Dies soll Doppelarbeiten vermeiden und so die Effizienz der Kooperation erhöhen. Zudem entsteht damit ein objektspezifisches Kompetenzzentrum, das als Ansprechpartner für alle Fragen der Kooperationsmitglieder zu diesem spezifischen Objektbereich fungiert.

Die Konstituierung der Warengruppe erfolgt durch Konsolidierung der Einzelbedarfe. Da die Warengruppen selbst meistens auf einem zu hohen Abstraktionsniveau aggregieren, wird die Bildung so genannter Unterwarengruppen erforderlich.

Diese Vorstrukturierung macht es dann leicht, in Prozessschritt 3 die Ausschreibungspakete zu definieren. Als Lieferanten werden bei der Ausschreibung die bisherigen Lieferanten sämtlicher Kooperationspartner sowie neue, auf Grund von Lieferantenanalysen als positiv bewertete Zulieferer berücksichtigt. Dadurch erhöht sich die Lieferantentransparenz und -auswahl für die Kooperationspartner signifikant. Zwar steigt der Aufwand pro Ausschreibung, allerdings ist dieser Zusatzaufwand deutlich geringer als die Einsparungen, die durch die Konzentration auf eine Ausschreibung (statt 13 bei 13 Kooperationspartnern) realisiert werden können.

Nachdem der Koordinator die gemeinsame Ausschreibung durchgeführt (Prozessschritt 4) und die Ergebnisse ausgewertet hat (Prozessschritt 5), müssen vor dem Vertragsabschluß (Prozessschritt 7) noch Verhandlungen mit den Lieferanten geführt werden (Prozessschritt 6). Ein Kooperationscontrolling begleitet die Aktivitäten und versorgt das Kooperationsmanagement in jeder Phase mit den erforderlichen Informationen.

Bereits bei der Diskussion des Supply Chain Managements als Kooperationskonzept haben wir die Notwendigkeit einer engen Abstimmung zwischen Beschaffungs- und Logistikmanagement aufgezeigt. In jüngster Zeit wird diese Abstimmung auch bei horizontalen Kooperationsarrangements vermehrt diskutiert (Arnold/Eßig 2004; Bahrami 2003). Horizontale Logistikallianzen können zur Realisierung von Größenvorteilen in zweifacher Hinsicht beitragen:

1. Größenvorteile lassen sich durch die **gemeinschaftliche Durchführung von Aktivitäten der Beschaffungslogistik** erzielen. Dazu gehört beispielsweise eine Kooperation in Form eines gemeinsamen Zulieferungslagers oder gemeinsamen Transports (Bahrami 2003, S. 67). Dies ist regelmäßig dann der Fall, wenn sich die individuelle Erstellung der Logistikleistung nicht lohnen würde. Durch Zusammenarbeit können die Kooperationspartner vorhandene Kapazitäten besser nutzen bzw. vorhandene Kapazitäten günstiger ausbauen. Die Kooperationspartner machen sich den Effekt der **„logistics economies of scale“** zunutze. Die gemeinsame Nutzung von Transporteinrichtungen, Informations- und Kommunikationseinrichtungen sind weitere Beispiele.
2. Größenvorteile sind aber auch durch den **gemeinsamen Einkauf von Logistikdienstleistungen** möglich. Der wichtigste ökonomische Effekt dieser horizontalen Kooperationsform bezieht sich auf die Realisierung von „Mengenrabatten“ durch den Bezug größerer Volumina in einem oder in allen drei genannten Bereichen. Wir bezeichnen dies als **„supply economies of scale“**. Beispielhaft sei auf die Warengruppenstrukturierung in Übersicht 5 verwiesen, die eine Warengruppe „Transport“ enthält.

Die beiden unterschiedlichen Wirkungsmechanismen bilden die wesentliche Unterscheidungsdimension für zwei zentrale Konzepte horizontaler Kooperationen in der Beschaffungslogistik:

- **„Consortium logistics“** bezeichnet die freiwillige Zusammenarbeit zweier Unternehmen auf derselben Stufe der Logistik- bzw. Wertschöpfungskette (Bahrami 2003, S. 67). Die beteiligten Unternehmen wickeln im Rahmen dieser Zusammenarbeit ihre Beschaffungslogistik – oder zumindest Teile davon – gemeinsam ab. Der Hauptvorteil dieser Kooperationsform ist die Nutzung von Größeneffekten in Form von „logistics economies of scale“.
- **„Consortium logistic purchasing“** bedeutet eine Form der horizontalen Zusammenarbeit zum Zweck des gemeinsamen Einkaufs von Logistikdienstleistungen. Die Partner sind in der Lage, ihren Bedarf zu bündeln und dadurch Größenrabatte bei Logistikdienstleistern zu erzielen („supply economies of scale“).

4. IT als Enabler von Beschaffungskooperationen

4.1. Ansätze für E-Procurement

Unter **virtuellen Einkaufskooperationen** versteht man einen Zusammenschluss verschiedener Unternehmen unter Zuhilfenahme des Mediums Internet zur Realisierung von Bündelungsvorteilen. Der Einsatz von I & K-Technologien – insbesondere von internetbasierten elektronischen Marktplätzen – als moderne Enabler für Beschaffungskooperationen – erschließt einige wesentliche Vorteile:

Der einfache zeit- und ortsunabhängige Zugriff auf transaktionsspezifische Informationen macht elektronische Marktplätze zu zentralen Informationssammelstellen. Bedarfe von kleineren Unternehmen aus unterschiedlichen Regionen können leicht zusammengeführt werden. Für die gebündelte Nachfrage werden dann, ebenfalls elektronisch (z. B. mittels „online-reverse-auctions“, Verhandlung von Rahmenverträgen mit entsprechenden Lieferabrufen der Partner) die geeigneten Lieferanten gesucht. Neben käufergetriebenen Lösungen (so genannte „buy side“, z. B. Click2Procure), existieren neutral betriebene Modelle mit unparteiischer Moderation (Transaktionsneutralität, z. B. CaContent).

4.2. Einsatzmöglichkeit internetbasierter, elektronischer Marktplätze

Die Einsatzmöglichkeit von elektronischen Marktplätzen zur Bildung und Unterstützung von Beschaffungskooperationen kann am Beispiel der Pharmaplace AG (www.pharmaplace.de), einer Einkaufsplattform für mittelständische Unternehmen der pharmazeutischen Industrie in Deutschland bzw. Europa, illustriert werden. Derzeit beschaffen 30

Unternehmen über diesen Marktplatz. Das Geschäftsmodell von Pharmaplace besteht aus der Kombination eines Marktplatzbereiches mit Katalogbestellsystem (Desktop-Purchasing-System), einem Ausschreibungsinstrumentarium (so genanntes „power shopping“) und aus angebotenen Beschaffungsdienstleistungen. Eine solche Dienstleistung ist etwa die Moderation von Lieferanten-Abnehmer-Beziehungen durch Bereitstellung von Rahmenvereinbarungen und Nomenklaturen (beispielsweise Warengruppenverzeichnis, strukturierte Artikelliste, Katalog). Diese Leistungen lassen sich kombinieren.

Oben angesprochene Nomenklaturen sind notwendig, damit aus den Einzelbedarfen einheitliche, bündelungsfähige Bedarfe für die Beschaffungskooperation ermittelt werden können. Beispiele für bestehende Rahmenverträge des Marktplatzes kommen aus den Bereichen Einwegschutzkleidung, KFZ-Leasing, Pharmamarken, Telekommunikation, Verpackungsentsorgung oder Versicherungen (Zarnekow 2002, S. 135 ff.). Grundsätzlich bieten sich zwei Vorgehensweisen an:

- Zunächst unternehmensweite Bündelung von einheitlichen Bedarfen (Abschließen von Rahmenverträgen, Verhinderung von Maverick Buying, Verhinderung von opportunistischen Lieferantenangeboten zur Verunsicherung der Kooperationspartner)
- Anschließend unternehmensübergreifende Bündelung von Bedarfen (Einkaufskooperation).

Der elektronische Marktplatz nimmt hier die Stellung eines neutralen Moderators ein, der zwischen Anbieter und Nachfrager vermittelt, d. h., der einerseits bündelbare Bedarfe zusammenführt und andererseits die Verhandlung mit den Lieferanten unterstützt, ohne in diese einzugreifen. Andere Modelle für elektronische Einkaufskooperationen sind Buy Side-Lösungen (d. h. einkäufergetriebene Marktplätze in der Form von Einzel- oder Konsortialmarktplätzen). Grenzen hierfür bildet die Kartellgesetzgebung. So ist beispielsweise eine Bedarfsbündelung der großen Unternehmen der Automobilindustrie auf dem von ihnen eingerichteten Marktplatz Covisint aus kartellrechtlichen Gründen nicht erlaubt.

Das Medium Internet (z. B. elektronische Marktplätze) liefert hierbei ein Forum zur zentralen Bedarfsbündelung ohne zeitliche oder räumliche Beschränkungen (Ubiquität). Bündelung erfordert einen gewissen Grad an Vereinheitlichung der Bedarfe. Bei der Bündelung von indirekten Materialbedarfen stellen Nomenklaturdatenbanken oder Katalogstandards sicher, dass von den Teilnehmern einheitliche Artikelbezeichnungen verwendet werden, um Missverständnissen vorzubeugen und um die Bündelung durch eine „gemeinsame Sprache“ überhaupt zu ermöglichen. Bei „direkten“ Bedarfen (Produktionsmaterialien) erscheint eine Bedarfsbündelung über Unternehmensgrenzen hinweg schwieriger (insbesondere Zeichnungsteile) und kommt nur bei Standard- oder Normteilen in Betracht. Hinter den Geschäftsmodellen bestehender horizontaler Marktplätze steht häufig letztendlich eben dieser Gedanke von Einkaufskooperationen: einfache, nicht strategische und unkritische Bedarfe, die bei vielen Unternehmen in gleicher Form auftreten (z. B. MRO-Bedarfe) und bei denen gerade mittelständische Unternehmen eher geringe Beschaffungsvolumina haben, werden zentral und gemeinsam über den Marktplatz beschafft. Der Marktplatzbetreiber greift in die Transaktion nicht ein, sondern moderiert nur. Die verbesserten Konditionen resultieren aus dem Pooling-Effekt der gemeinsamen Beschaffung vieler kleiner Unternehmen über diese Plattform. Neben diesem Bündelungseffekt werden die Beschaffungsprozesse dieser unkritischen Materialien automatisiert und vereinfacht, was weitere Einsparpotenziale an Kosten und Zeit ermöglicht.

4.3 Änderungstendenzen für die Beschaffungsorganisation bei Implementierung von E-Solutions

Die Ausgestaltung der betrieblichen Beschaffungsorganisation ist vor allem unter den beiden Entscheidungsdimensionen strategische Relevanz und Zentralisierungsgrad zu betrachten.

a) Strategische Relevanz

Strategische Beschaffungsaufgaben liegen eher im Bereich der **Beschaffungsmarktforschung**, des **Lieferantenmanagements**, des **Lieferantenbeziehungsmanagements** (Supplier Relationship Management (SRM)) und des Vertragsmanagements (z. B. Rahmenverträge). Letzter Punkt ist vor allem bei **Einkaufskooperationen** relevant. Die operativen Beschaffungsaufgaben hingegen befassen sich vornehmlich mit der Abwicklung und Administration der einzelnen Beschaffungsvorgänge. Hierunter sind auch die Einzelabrufe der im Rahmenvertrag gebündelten Beschaffungsvolumen zu zählen, wie auch die Koordination der Bedürfnisse der internen Bedarfsträger und der unternehmensexternen Lieferanten.

Durch elektronische Beschaffungskooperationen werden strategische Aufgaben auf Dritte verlagert: nämlich auf den Betreiber des elektronischen Marktplatzes, über den die Beschaffungskooperation initiiert und gesteuert wird. Dies impliziert aber auch eine erschwerte Kontrolle und Steuerung dieser Vorgänge durch die einzelnen Unternehmen. Die offenkundig bestehende Informationsasymmetrie kann zu spezifischen Opportunismusproblemen führen. Das Beschaffungs(markt)-Know-how konzentriert sich immer mehr beim Moderator der Beschaffungskooperation und ist die Ursache spezifischer Abhängigkeiten und von Kontrollverlusten.

b) Zentralisierungsgrad

Die Vorteile der zentralen Beschaffungsorganisation im Vergleich zu einer dezentralen liegen vor allem in der unternehmensweiten Bündelung der Bedarfe, was zu einer erhöhten Marktmacht und Transparenz führt. Die Einhaltung von Rahmenverträgen kann kontrolliert und durchgesetzt werden. So genanntes „maverick buying“ wird verhindert. In diesem Zusammenhang unterstützt eine zentrale Beschaffungsorganisation ebenso die Durchsetzung und Kontrolle der Beschaffungsstrategie sowie eine einheitliche Vorgehensweise im Gesamtunternehmen. Unter Zuhilfenahme elektronischer Plattformen können Bedarfe sogar über Unternehmensgrenzen hinweg einfach gebündelt werden. Die Suche und das Matching geeigneter Partner übernimmt hierbei der elektronische Marktplatz (d. h. der Moderator).

Im Gegensatz dazu ist eine dezentrale Beschaffungsorganisation flexibler und ist mit einem geringeren Koordinationsaufwand verbunden. Auch besteht hier tendenziell eine bessere Marktkenntnis und -nähe. Allerdings entstehen infolge der Parallelität ähnlicher Beschaffungsprozesse mehrfache Prozesskosten bzw. indirekte Beschaffungskosten.

Auf Grund dieser Charakteristika sind strategische Beschaffungsaufgaben eher in zentralen Beschaffungsorganisationen beheimatet, während operative Beschaffungsaufgaben möglichst dezentral durchgeführt werden. Besonders in KMU ist zu beobachten, dass die Erledigung operativer Beschaffungsaufgaben dominiert und strategisch-konzeptionelle Aufgaben vernachlässigt werden. Hier kann der Einsatz von E-Procurement-Instrumenten entlastend wirken. Operative Tätigkeiten werden verringert, teilweise sogar automatisiert. Beschaffungsprozesse werden schlanker.

E-Procurement verbindet die Möglichkeit der zentralen Koordination, Steuerung und Kontrolle mit einer dezentralen Durchführung von Beschaffungsaufgaben durch die jeweiligen Bedarfsträger selbst. Um dies zu gewährleisten sind organisatorische Regelungen (z. B. Beschaffungsbudgets, Freigabeverfahren, Bewilligungs-Workflows) festzulegen, die dann vom verwendeten **E-Procurement-Instrument** abgebildet werden. Z. B. kann dann ein Bedarfsträger direkt von seinem Arbeitsplatz auf der Internetoberfläche eines Marktplatzes aus den für ihn freigegebenen Artikel wählen (kundenindividueller Katalog aus einem gemeinsam verhandelten Rahmenvertrag der Beschaffungskooperation) und diesen bis zu dem vorgegebenen Budgetlimit direkt bestellen. Der administrative Prozess wird automatisch vom System abgewickelt. Liegt der Bedarf außerhalb seines Budgets oder der für ihn freigegebenen Güter, so wird vom System automatisch der entsprechende Freigabeprozess (Workflow-Integration) in Gang gesetzt. D. h., die Bestellung wird zum Beispiel zum entsprechenden Vorgesetzten zur Prüfung und Freigabe weiter geleitet. Innerhalb der zentral für die gesamte Gruppe der Teilnehmer an der Beschaffungskooperation vereinbarten Rahmenverträge erfolgen also die Abrufe dezentral durch die Bedarfsträger. Die Kosten für die Bestellabwicklung werden erheblich reduziert.

Die Nutzung des Mediums Internet in der Beschaffung entwickelt sich stetig von der reinen Transaktionsdurchführung in Richtung einer verstärkten Unterstützung von Kooperationen durch die zentrale Bereitstellung von Informationen (Stammdaten, Bewegungsdaten, Prozessdaten, allgemeine Informationen, Koordinationsdaten, Kommunikation etc.) aller relevanten Glieder in der Wertschöpfungskette unter definierten Freigaben und Zugriffsbeschränkungen.

Online-Einkaufskooperationen lassen sich durch drei Hauptphasen charakterisieren (siehe Übersicht 6):

Phase	Aufgabe	Durchführung
1	Matching gleichartiger Bedarfe der Kooperations-Teilnehmer	**zentral** (Dienstleistung des Marktplatzes bzw. des Moderators)
2	gemeinsame Verhandlung, Ausschreibung oder Online-Auktion	**zentral** (Dienstleistung des Marktplatzes bzw. des Moderators)
3	Abrufe der Einzelbedarfe der Teilnehmer	**dezentral** (Bedarfsträger bzw. teilnehmende Unternehmen)

Übersicht 6: Grobphasen von Online-Beschaffungskooperationen

Nach Corsten/Reiß (1999, S. 250) strukturiert die Ablauforganisation Unternehmensprozesse durch Festlegung zeitlicher und räumlicher Parameter (d. h. Abfolge von Prozessschritten und Aktivitäten). Die Aufbauorganisation hingegen bestimmt die sachbezogenen Parameter (d. h. Zuständigkeiten für bestimmte Aufgaben).

Bezogen auf E-Procurement, ist aus ablauforganisatorischer Sichtweise die Ausgestaltung und Eignung der Beschaffungsprozesse hinsichtlich einer EDV-gestützten Durchführung zu prüfen und sicher zu stellen. Insbesondere die Frage nach Automatisierungsmöglichkeiten (Maschine-Maschine-Dialog) von gleichartigen und wiederholten Beschaffungsprozessen ist hier relevant. Ebenso können durch E-Procurement verschiedene Prozessschritte entfallen oder im Vergleich zum klassischen Prozessablauf verschoben werden. In dieser Hinsicht ist ein entscheidendes Merkmal von sinnvollen elektronischen Beschaffungslösungen, dass sie die betrieblichen Beschaffungsprozesse vollständig abbilden (d. h. Workflow-Integration). „Software follows process“ sollte hierbei die Maxime sein und nicht: „Process follows software“. Die E-Procurement-Lösungen müssen sich an betriebliche Gegebenheiten (nach einem eventuell nötigen Business-Re-Engineering) anpassen und nicht umgekehrt.

Aufbauorganisatorisch ist es notwendig, dass einerseits kompetente Zuständigkeiten für die Umsetzung und Durchführung der E-Procurement-Strategie im Unternehmen geschaffen werden. Werden derartige Aktivitäten nur „nebenbei“ vom Vertriebs- oder vom Marketingbereich wahrgenommen, droht eine Überlastung der entsprechenden Mitarbeiter. Außerdem haben spezialisierte Abteilungen bessere Kenntnisse über den optimalen Einsatz der richtigen Instrumente. Sie können wegen ihrer Expertise E-Procurement-Strategien besser durchsetzen und deren Erfolg kontrollieren.

Ein weiterer Punkt sind mögliche organisatorische Änderungen durch den Wegfall bestimmter Tätigkeitsbereiche oder durch den Wegfall bestimmter Kontroll- und Freigabezuständigkeiten nach dem Einsatz von z. B. automatisierten Katalogbestellsystemen.

Das Outsourcing der Verhandlung von Rahmenverträgen im Rahmen von elektronischen Einkaufskooperationen wirkt sich organisatorisch erheblich aus und berührt einen zentralen kritischen Punkt einer Beschaffungskooperation.

Das besondere Einkaufswissen (z. B. Einkaufstechniken, Marktwissen über Lieferanten und Konditionen etc.) im Sinne einer „Kernkompetenz-Beschaffung" bei bestimmten Beschaffungsobjekten prädestiniert einzelne Kooperationspartner zu einer führenden Rolle bei der Durchführung und Kontrolle der Beschaffungskooperation (Moderator, Lead-Buyer-Konzept). Andere Punkte, die darüber entscheiden könnten, wer eine führende Rolle übernehmen sollte, sind z. B. die Größe des jeweiligen Beschaffungsvolumens oder auch die Reputation des einzelnen Unternehmens. Insbesondere bei elektronischen Beschaffungskooperationen kann auch die Erfahrung mit dem Umgang neuer elektronischer Medien entscheidend sein (E-Readiness).

Literatur

ARNOLD, U. (1997): Beschaffungsmanagement, 2. Aufl., Stuttgart.

ARNOLD, U. (1998): Grundlagen von Einkaufskooperationen, in: Arnold, U. (Hrsg.): Erfolg durch Einkaufskooperationen: Chancen, Risiken, Lösungsansätze, Wiesbaden, S. 1-12.

ARNOLD, U. (1982): Strategische Beschaffungspolitik: Steuerung und Kontrolle strategischer Beschaffungssubsysteme von Unternehmen, Frankfurt a.M. u. a.

ARNOLD, U.; EßIG, M. (1997): Einkaufskooperationen in der Industrie, Stuttgart.

ARNOLD, U.; EßIG, M. (2004): Horizontale Kooperationen in der Beschaffungslogistik, in: Arnold, D.; Isermann, H.; Kuhn, A.; Tempelmeier, H. (Hrsg.): Handbuch Logistik, 2. Aufl., Berlin u. a., S. D3-26 - D3-31.

ASTLEY, W. G.; FOMBRUN, C. J. (1983): Collective Strategy: Social Ecology of Organizational Environments, in: Academy of Management Review, 8. Jg., Nr. 4, S. 576-587.

BACKHAUS, K.; MEYER, M. (1993): Strategische Allianzen und strategische Netzwerke, in: Wirtschaftswissenschaftliches Studium, 22. Jg., Nr. 7, S. 330-334.

BAHRAMI, K. (2004): Horizontale Transportlogistik-Kooperationen: Synergiepotenzial für Hersteller kurzlebiger Konsumgüter, Wiesbaden.

BECHTEL, C.; MULUMUDI, J. (1996): Supply Chain Management: A Literature Review, in: National Association of Purchasing Management (Hrsg.): Proceedings of the 1996 NAPM Annual Academic Conference, Portland, S. 1-10.

BOGASCHEWSKY, R. (1994): Rationalisierungsgemeinschaften mit Lieferanten, in: Bloech, J.; Bogaschewsky, R.; Frank, W. (Hrsg.): Konzernlogistik und Rationalisierungsgemeinschaften mit Lieferanten, Stuttgart, S. 95-115.

CHRISTOPHER, M.; JÜTTNER, U. (1998): Developing Strategic Partnerships in the Supply Chain, in: Lamming, R. C. (Hrsg.): The Second Worldwide Research Symposium on Purchasing and Supply Chain Management, Proceedings, London, S. 88-107.

CORSTEN, H. (2000): Produktionswirtschaft: Einführung in das industrielle Produktionsmanagement, 9. Aufl., München u. a.

CORSTEN, H. (2002): Herausforderungen an das Supply Chain Management im internationalen Unternehmensverbund, in: Macharzina, K.; Oesterle, M.-J. (Hrsg.): Handbuch Internationales Management, 2. Aufl., Wiesbaden, S. 943-968.

CORSTEN, H.; REIß, M. (Hrsg.) (1999): Betriebswirtschaftslehre, 3. Aufl., München u. a.

CROOM, S.; ROMANO, P.; GIANNAKIS, M. (2000): Supply Chain Management: An Analytical Framework for Critical Literature Review, in: European Journal of Purchasing and Supply Management, 6. Jg., Nr. 1, S. 67-83.

DOLLINGER, M. J. (1990): The Evolution of Collective Strategies in Fragmented Industries, in: Academy of Management Review, 15. Jg., Nr. 2, S. 266-285.

EßIG, M. (1999): Cooperative Sourcing: Erklärung und Gestaltung horizontaler Beschaffungskooperationen in der Industrie, Frankfurt a.M. u. a.

EßIG, M. (2004): Preispolitik in Netzwerken: Ein institutionenökonomisch und spieltheoretisch fundierter Integrationsansatz für das Supply Chain Management, Wiesbaden.

EßIG, M.; ARNOLD, U. (2001): Electronic Procurement in Supply Chain Management: An Information Economics-Based Analysis of Electronic Markets, in: Journal of Supply Chain Management, 37. Jg., Nr. 4, S. 43-49.

GERTH, E. (1971): Zwischenbetriebliche Kooperation, Stuttgart.

GÖPFERT, I. (1999): Stand und Entwicklung der Logistik: Herausbildung einer betriebswirtschaftlichen Teildisziplin, in: Logistik Management, 1. Jg., Nr. 1, S. 19-33.

IHDE, G. B. (1987): Stand und Entwicklung der Logistik, in: Die Betriebswirtschaft, 47. Jg., Nr. 6, S. 703-716.

JANSEN, R.; REISING, A. (2001): E-Demand Chain Management als kundenorientierte „real time" Prozeßsteuerung, in: Controlling, 13. Jg., Nr. 4/5, S. 197-202.

KAUFMANN, L. (1993): Planung von Abnehmer-Zulieferer-Kooperationen: Dargestellt als strategische Führungsaufgabe aus Sicht der abnehmenden Unternehmung, Gießen.

KAUFMANN, F.; KOKALJ, L.; MAY-STROBL, E. (1990): EG-Binnenmarkt: Die grenzüberschreitende Kooperation mittelständischer Unternehmen: Empirische Analyse von Möglichkeiten, Voraussetzungen und Erfahrungen, Stuttgart.

KNOBLICH, H. (1969): Zwischenbetriebliche Kooperation: Wesen, Formen und Ziele, in: Zeitschrift für Betriebswirtschaft, 39. Jg., Nr. 8, S. 497-514.

KOPPELMANN, U. (2004): Beschaffungsmarketing, 4. Aufl., Berlin u. a.

LAMMING, R. (2005): Supplier Relationship Management, in: Eßig, M. (Hrsg.): Perspektiven des Supply Management: Konzepte und Anwendungen, Berlin u.a., S. 81-94.

LECHNER, C. (2001): The Competitiveness of Firm Networks, Frankfurt a.M. u. a.

MILLING, P.; GRÖßLER, A. (2001): Simulationsbasierte Analysen von Wertschöpfungsnetzwerken: Erfahrungen aus der virtuellen Realität, in: Bellmann, K. (Hrsg.): Kooperations- und Netzwerkmanagement, Berlin, S. 55-81.

PAMPEL, J. R. (1993): Kooperation mit Zulieferern: Theorie und Management, Wiesbaden.

PATTERSON, J. L.; FORKER, L. B.; HANNA, J. B. (1999): Supply Chain Consortia: The Rise of Transcendental Buyer-Supplier Relationships, in: European Journal of Purchasing and Supply Management, 5. Jg., Nr. 2, S. 85-93.

PIEPER, J. (2000): Vertrauen in Wertschöpfungspartnerschaften: Eine Analyse aus Sicht der Neuen Institutionenökonomie, Wiesbaden.

PRAHALAD, C. K.; HAMEL, G. (1990): The Core Competence of the Corporation, in: Harvard Business Review, 68. Jg., Nr. 3, S. 79-91.

SCHERER, J. (1991): Zur Entwicklung und zum Einsatz von Objektmerkmalen als Entscheidungskriterien in der Beschaffung, Köln.

SCHWEITZER, M. (1990): Gegenstand der Industriebetriebslehre, in: Schweitzer, M. (Hrsg.): Industriebetriebslehre: Das Wirtschaften in Industrieunternehmungen, München, S. 1-60.

STEFFENHAGEN, H. (2000): Diskussion zur instrumentalen Orientierung im Marketing, in: Backhaus, K. (Hrsg.): Deutschsprachige Marketingforschung: Bestandsaufnahmc und Perspektiven, Stuttgart, S. 176.

STÖLZLE, W. (2000): Beziehungsmanagement: Konzeptverständnis und Implikationen für die Beschaffung, in: Hildebrandt, H.; Koppelmann, U. (Hrsg.): Beziehungsmanagement mit Lieferanten: Konzepte, Instrumente, Erfolgsnachweise, Stuttgart, S. 1-23.

SYDOW, J.; MÖLLERING, G. (2004): Produktion in Netzwerken: Make, Buy & Cooperate, München.

TAN, K. C. (2001): A Framework of Supply Chain Management Literature, in: European Journal of Purchasing and Supply Management, 7. Jg., Nr. 1, S. 39-48.

THEISEN, P. (1970): Grundzüge einer Theorie der Beschaffungspolitik, Berlin.

THUROW, L. C. (1988): Mehr Wettbewerb verlangt mehr Kooperation, in: Henzler, H. A. (Hrsg.): Handbuch Strategische Führung, Wiesbaden, S. 863-864.

WEBER, J. (1996): Logistik, in: Kern, W.; Schröder, H. H.; Weber, J. (Hrsg.): Handwörterbuch der Produktionswirtschaft, 2. Aufl., Stuttgart, Sp. 1096-1109.

WEBER, J.; DEHLER, M.; WERTZ, B. (2000): Supply Chain Management und Logistik, in: Wirtschaftswissenschaftliches Studium, 20. Jg., Nr. 5, S. 264-269.

WERNER, H. (1997): Relationales Beschaffungsverhalten: Ausprägungen und Determinanten, Wiesbaden.

WELGE, M. K.; AL-LAHAM, A. (2002): Erscheinungsformen und betriebswirtschaftliche Relevanz von Strategischen Allianzen, in: Macharzina, K.; Oesterle, M.-J. (Hrsg.): Handbuch Internationales Management, 2. Aufl., Wiesbaden, S. 625-650.

WESTERMANN, H. (1972): Gewinnorientierter Einkauf: Grundlagen und Techniken des modernen Einkaufs, 2. Aufl., Berlin.

WILDEMANN, H. (1999): Das Konzept der Einkaufspotentialanalyse: Bausteine und Umsetzungsstrategien, in: Hahn, D.; Kaufmann, L. (Hrsg.): Handbuch Industrielles Beschaffungsmanagement: Internationale Konzepte, innovative Instrumente, aktuelle Praxisbeispiele, Wiesbaden, S. 435-452.

WOMACK, J. P.; JONES, D. T.; ROOS, D. (1991): Die zweite Revolution in der Autoindustrie: Konsequenzen aus der weltweiten Studie des Massachusetts Institute of Technology, 3. Aufl., Frankfurt a.M. u. a.

ZARNENKOW, R. (2002): Fallstudie Pharmaplace AG, in: Schubert, P.; Wölfke, R. (Hrsg.): Procurement im E-Business, München, S. 135-148.

Stefan Lutz/Hans-Peter Wiendahl*

Kooperationen in der Produktion

---

* Dr. Stefan Lutz war Wissenschaftlicher Mitarbeiter am Institut für Fabrikanlagen und Logistik der Universität Hannover und ist seit Oktober 2002 Berater bei der Porsche Consulting GmbH, Stuttgart, im Bereich Schlanke Produktion/Logistik.

Univ.-Professor Dr. Hans-Peter Wiendahl ist Direktor des Instituts für Fabrikanlagen und Logistik (IFA) an der Universität Hannover und Geschäftsführender Gesellschafter des Instituts für Integrierte Produktion Hannover (IPH).

1. Produktionsnetzwerke

Der Wettbewerb findet nicht mehr ausschließlich innerhalb nationaler oder gar regionaler Märkte statt. Waren und Dienstleistungen können ungehindert zirkulieren und der Kunde kann sich den Anbieter auswählen, der das für ihn günstigste Angebot offeriert. Diese Flexibilität besteht nicht nur für den Bezug von Produkten, sondern ebenso für die Produktion. Um den neuen Anforderungen nach einer hohen Flexibilität bei gleichzeitiger hoher logistischer Leistungsfähigkeit gerecht zu werden, werden zunehmend engere Kooperationen zwischen Unternehmen umgesetzt, in die jeder Beteiligte seine Kernkompetenzen einbringt. Das einzelne Unternehmen tritt in den Hintergrund, stattdessen wird eine übergreifende Betrachtung der Prozesse angestrebt. Die übergreifende Steuerung und Planung von Waren-, Material- und Informationsflüssen entlang der Wertschöpfungskette ist unter dem Begriff „**Supply Chain Management**" (SCM) bekannt geworden. Auf Grund der geänderten Marktbedingungen werden zukünftig nicht mehr einzelne Unternehmen mit einander in Wettbewerb treten, sondern ganze Wertschöpfungsketten (Carrie 2000).

In einer Weiterentwicklung des SCM-Gedankens einer engen Kooperation und Integration externer Partner kommt es über Kunden-Lieferanten-Beziehungen (Logistikketten) hinaus zur Bildung von Produktionsnetzen. Auch wenn der Begriff **Produktionsnetz** ursprünglich für die Verknüpfung einzelner Arbeitssysteme verwendet wurde (Suri/Sanders/Kamath 1993), bezieht er sich im heutigen Sprachgebrauch ausschließlich auf unternehmensübergreifende Kooperationen.

Produktionsnetzwerke gehen weiter als die in der Regel linear aufgebauten Logistikketten. Produktionsnetzwerke sind sich dynamisch rekonfigurierende Unternehmenskooperationen, die in ihrer Dauer zeitlich begrenzt sind. Die Grundidee der Produktionsnetzwerke ist der gemeinsame Gebrauch von Ressourcen und die verknüpfte Planung der Wertschöpfungsprozesse. Jedes beteiligte Unternehmen bleibt im Produktionsnetz rechtlich selbstständig und hat auch Beziehungen zu Firmen außerhalb des Netzes bzw. ist auch in andere Netze eingebunden. Da eine der Hauptaufgaben von Produktionsnetzen die übergreifende Nutzung der Ressourcen und deren Planung ist (Wiendahl/Lutz/Windt 2001), zeichnen sich Produktionsnetzwerke durch eine intensive Kommunikation zwischen allen beteiligten Partnern aus. Im Gegensatz zum herkömmlichen SCM-Konzept kommunizieren in einem Produktionsnetz nicht nur Hersteller und Zulieferer miteinander, sondern auch die Zulieferer untereinander befinden sich in einem Dialog (siehe Übersicht 1), wodurch die Grenzen zwischen Abnehmer und Erzeuger verfließen. Im Idealfall entwickelt sich eine gleichberechtigte Partnerschaft mit einem hohen Autonomiegrad.

Ein wichtiges konstituierendes Merkmal von Produktionsnetzen ist die Existenz von redundanten Ressourcen, d. h., bestimmte Prozessschritte, die von einem Unternehmen ausgeführt werden, können auch bei einem anderen Netzpartner erfolgen. Auf diese externen Ressourcen im Netz können die Partner z. B. durch die kurzfristige **Fremdvergabe** von Prozessschritten einzelner Aufträge zugreifen. In einer produkt- oder ressourcenbezogenen Vernetzung sehen viele Unternehmen daher die Chance, die Flexibilität zu erhöhen und den Anforderungen der Globalisierung gerecht zu werden (Schuh/Millarg/Göransson 1998).

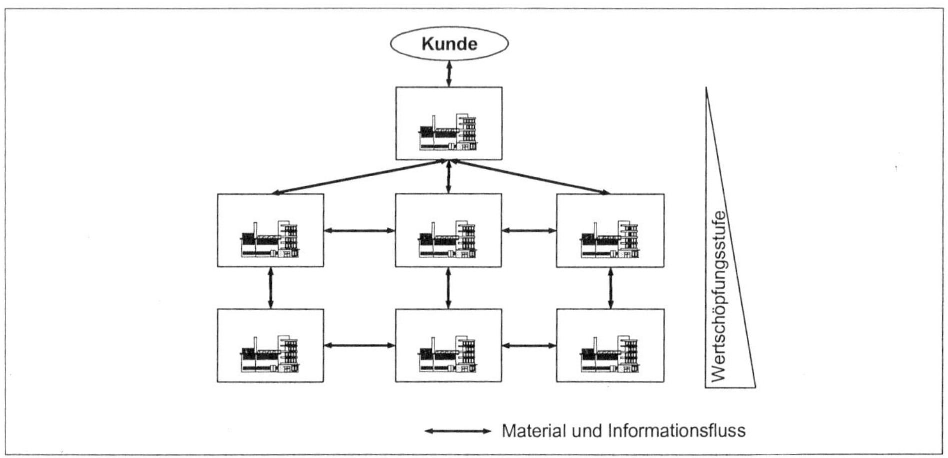

Übersicht 1: Struktur eines Produktionsnetzes

Die Lebensdauer von Produktionsnetzen ist zwar limitiert, jedoch im Vergleich zum „**Virtual Enterprise**“ signifikant länger. „Virtual Enterprises“ zeichnen sich dadurch aus, dass jeder Partner eine spezielle Kompetenz in den Verbund einbringt und die Dauer der Kooperation in der Regel auf die Durchführung eines Projekts begrenzt ist (Cser u. a. 2000; Jagdev/Browne 1998; Martinez u. a. 2001). In einem Produktionsnetzwerk ist die Kooperation hingegen langfristig, da sie z. B. auch die gemeinsame Produktentwicklung umfassen kann. Ausschlaggebend ist aber die notwendige enge Verknüpfung der Partner, wenn diese in einem Produktionsnetz gemeinsame Ressourcen übergreifend nutzen. Auf Grund dieser engen Integration, die auch eine technologische Integration bedeuten kann, ist die Schaffung der notwendigen Strukturen aufwändiger und damit nur wirtschaftlich, wenn diese über einen längeren Zeitraum genutzt werden.

In Anlehnung an Hieber (2002) und Schönsleben (2002) kann somit die in Übersicht 2 dargestellte Einteilung unterschiedlicher Kooperationskonzepte im Hinblick auf die Dauer ihres Bestehens und der bestehenden Machtverhältnisse innerhalb der Kooperation vorgenommen werden.

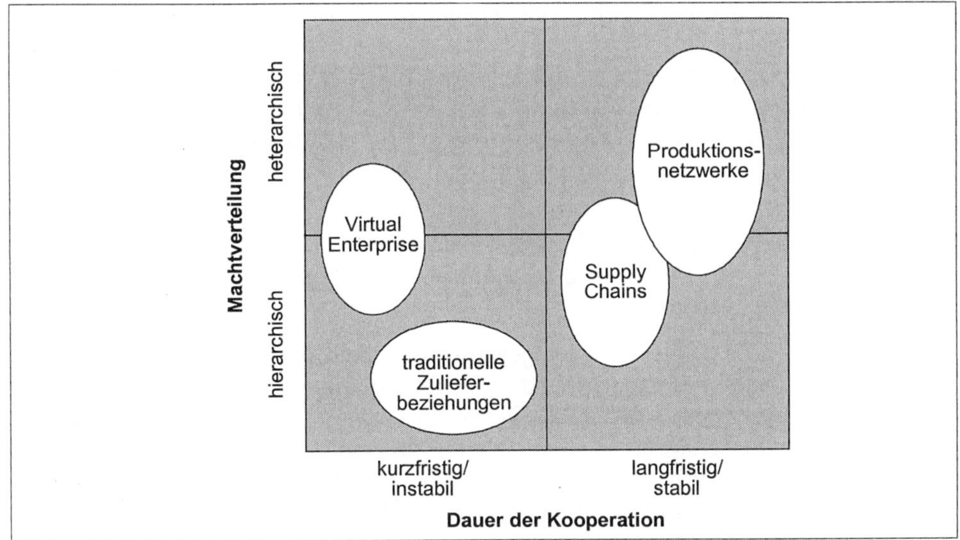

Übersicht 2: Einteilung von Kooperationskonzepten in der Produktion

2. Monitoring und Controlling in Produktionsnetzen

2.1 Informationsaustausch im Netz

Um die Chancen eines Netzwerks nutzen zu können, müssen sich die beteiligten Unternehmen gegenseitig umfangreiche Informationen zur Verfügung stellen. Der dazu notwendige Datenaustausch bedingt die Verwendung eines übergeordneten Netzwerksteuerungssystems, das mit den einzelnen **PPS-Systemen** der Netzwerkpartner über standardisierte Schnittstellen kommuniziert und eine partnerübergreifende Planung ermöglicht.

Produktionsnetzwerke bezwecken die Steigerung der Flexibilität der Beteiligten. Das wird durch die unternehmensübergreifende Planung und Steuerung der Aufträge innerhalb des Netzwerks erreicht. Um eine Harmonisierung der Produktionsabläufe im Netzwerk zu erreichen, müssen die beteiligten Unternehmen im Netzwerk daher Transparenz schaffen, indem sie sich frühzeitig detaillierte Informationen zur Verfügung stellen (Frayret u. a. 2001). Hierbei müssen die Belastungen und Verfügbarkeiten der Ressourcen bei den einzelnen Netzpartnern berücksichtigt werden. Daher müssen die Partner detaillierte Informationen bezüglich Produkt und Produktion austauschen. Der Informationsfluss darf dabei nicht einseitig, sondern muss in beide Richtungen erfolgen, d. h. vom Zulieferer zum Hersteller und zurück. Beispielsweise könnte der Hersteller einzelne Kapazitäten seines Zulieferers beobachten, um den Auftragsfortschritt fremdvergebener Aufträge zu verfolgen, oder um zu entscheiden, ob die verfügbaren Kapazitäten des Zulieferers für weitere Fremdvergaben ausreichen. Dies würde es dem Hersteller erlauben, seine eigene Produktion an diese externen Randbedingungen anzupassen.

Erhält der Zulieferer seinerseits frühzeitige Informationen über geplante Fremdvergaben, wird er in die Lage versetzt, seine eigene Planung darauf auszurichten und gegebenenfalls Kapazitäten zu reservieren.

Hierfür ist eine neue Dimension der gegenseitigen Transparenz unabdingbar. Bisher wurden derartig detaillierte Produkt- und Produktionsinformationen gar nicht oder nur in einem äußerst begrenztem Umfang geteilt. Wenn Unternehmen in einem Produktionsnetzwerk kooperieren, müssen sie ihre Haltung hinsichtlich des Austausches von zum Teil vertraulichen Informationen ändern. Externen Unternehmen muss Zugang zu Daten gewährt werden, die bislang nur intern weitergegeben wurden. Diese Offenheit wird jedoch dadurch kompensiert, dass die Unternehmen auch Informationen ihrer Netzpartner erhalten, die für die eigene Planung benutzt werden können. Der durch den Datenaustausch gewonnene Vorteil liegt in einer verlässlicheren Planung und Steuerung der Prozesse. Das sollte Untenehmen dazu bewegen, anderen Unternehmen, sogar Konkurrenten, einen begrenzten Einblick in interne Informationen zu gewähren. Übersicht 3 gibt Beispiele für Informationen, die ausgetauscht werden können. Hierzu zählen in erster Linie Lagerbestände und Auftragsstati, aber auch zukunftsbezogene Daten. Wichtig sind eine einheitliche Darstellungsform, wie sie in der Bildmitte in Form grafischer Darstellungen, angedeutet sind.

Die Kommunikation setzt einen zuverlässigen Informationsaustausch zwischen den Netzpartnern voraus. Das bedeutet, dass die Software der Beteiligten über entsprechende Datenschnittstellen miteinander verknüpft ist. Die technische Durchführung des Datenaustauschs kann sowohl online als auch offline erfolgen.

Online-Monitoring bedeutet, dass Daten zwischen den Partnern kontinuierlich in eine Datenbank gegeben werden, zu der andere Partner ständig Zugang haben. Beispielsweise könnte der Hersteller eine SAP-Datenbank betreiben, die die notwendigen PPS-Informationen enthält. Durch entsprechende „user exits" können relevante Informationen extrahiert und in einem separaten Datenpuffer gespeichert werden. Der Zulieferer würde ebenfalls entsprechende Informationen in den Datenpuffer geben. Beide Partner haben Zugang zu diesen Informationen und können diese entsprechend ihrem Bedarf entnehmen. Dadurch, dass der Zugang zu den Daten nicht direkt in die PPS-Systeme der Beteiligten besteht, sondern über den Datenpuffer erfolgt, wird sichergestellt, dass nur vereinbarte Informationen ausgetauscht werden und jeder Partner die Kontrolle über seine Daten behält.

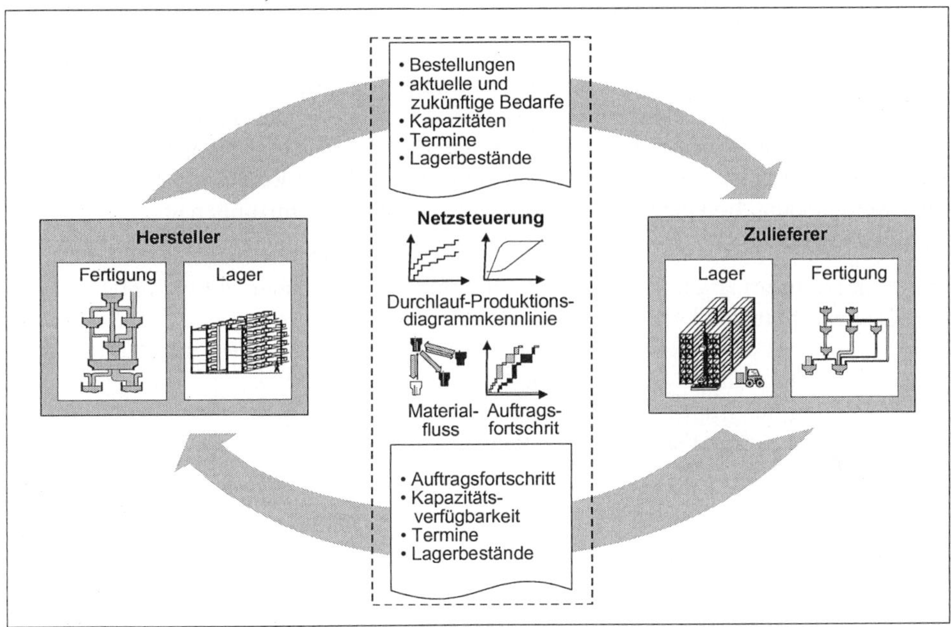

Übersicht 3: Datenaustausch zwischen Netzpartnern

Wenn ein Datenaustausch online nicht möglich oder notwendig ist, können Unternehmen ihre Daten auch offline, z. B. in Form von E-Mails, austauschen, die direkt zwischen den Beteiligten im Produktionsnetz versendet werden. Dieses Vorgehen bietet die größtmögliche Datensicherheit hinsichtlich eines begrenzten Zugriffs anderer Netzpartner auf interne Daten.

2.2 Kapazitäts- und Lagermonitoring

Die auszutauschenden Informationen unterstützen ein übergreifendes **Auftragsmanagement** und eine umfassende Auskunftsfähigkeit in Bezug auf die Ressourcenverfügbarkeit im Netz. Klassischerweise wird dies bedeuten, dass der Hersteller die Verfügbarkeit benötigter Produkte im Lager des Zulieferers erkennen kann. Im weiteren Sinne kann dies aber auch bedeuten, dass der Hersteller in die Lage versetzt wird, zu beurteilen, ob die Arbeitssystemkapazitäten des Zulieferers ausreichen, um bestimmte Aufträge zu bearbeiten. Hierzu werden dem Hersteller Informationen über die kapazitive Auslastung der Fertigung des Zulieferers z. B. in Form von Durchlaufdiagrammen und **Produktionskennlinien** (Nyhuis/Wiendahl 1999) zugänglich gemacht. Dies ist wichtig, wenn der Hersteller nicht ausschließlich Standardprodukte bezieht, sondern Einzelteile geliefert bekommt, die auftragsspezifisch gefertigt werden. Wird der Hersteller also in die Lage versetzt, die Auslastungssituation des Zulieferers qualifiziert zu beurteilen, kann er seinerseits realistische Liefertermine ermitteln und so die eigene Fertigung hierauf abstimmen. Weiterhin kann er beurteilen, ob der Zulieferer überhaupt innerhalb des gewünschten Zeitraums liefern kann, sodass gegebenenfalls ein weiterer Zulieferer ausgewählt werden kann. Im Gegenzug benötigt der Zulieferer Informationen über die zukünftigen Bedarfe des Herstellers, damit Kapazitäten rechtzeitig geplant werden können.

Eine wichtige Information im Netz ist die terminliche Einordnung der bei unterschiedlichen Netzpartnern bearbeiteten Einzelaufträge bzw. -arbeitsschritte in den gesamten Kundenauftrag. Hierzu müssen sämtliche terminlichen Informationen des Auftrags verfügbar sein und zu einem grafischen Gesamtablauf aggregiert werden. Dies ermöglicht eine Bewertung der Auswirkung terminlicher Verschiebungen auf die anderen Partner, sodass diese ihre eigene Fertigung rechtzeitig auf die neue Situation abstimmen können.

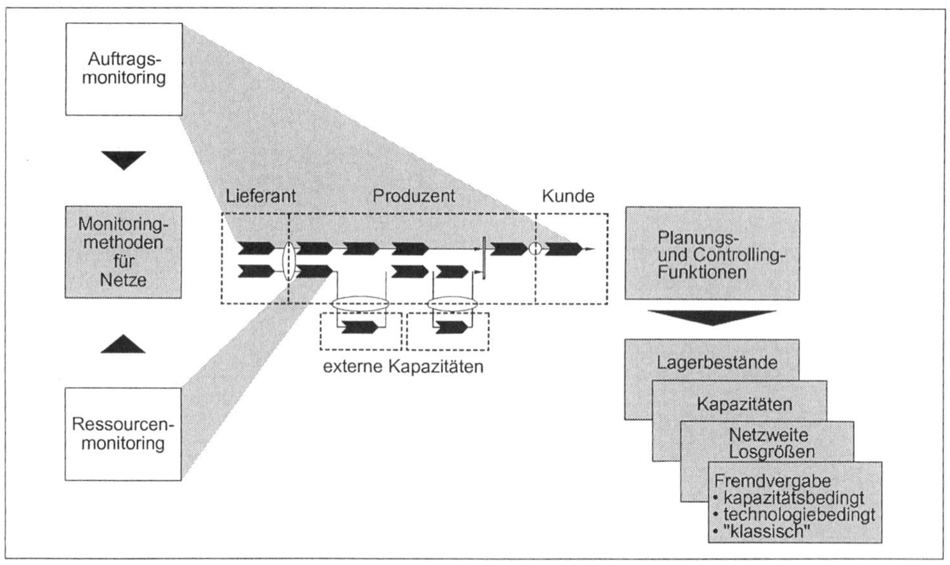

Übersicht 4: Elemente eines Netzwerk-Controllings

Ein **netzweites Monitoring**, wie es Übersicht 4 mit den Bestandteilen Auftrags- und Ressourcenmonitoring skizziert, muss den Netzpartnern daher sowohl auftragsbezogene als auch ressourcen- bzw. arbeitssystembezogene Betrachtungen erlauben (Wiendahl/Lutz/Windt 2001). Im Rahmen der auftragsbezogenen Betrachtung müssen Informationen über den gegenwärtigen Status und zukünftigen Fortschritt eines Auftrags im Netz verfügbar sein. Ressourcenseitig sind Informationen über die momentane und zukünftige Auslastung der Kapazitäten bereitzustellen. Die Netzpartner müssen darüber hinaus im Rahmen eines Netzwerkcontrollings die Möglichkeit haben, die Auswirkungen einer Fremdvergabe von Aufträgen an andere Partner im Produktionsnetz abzuschätzen, um den Nutzen der Fremdvergabe situationsabhängig beurteilen zu können.

Neben der Betrachtung der Produktion sind die gemeinsamen Lagerbestände ein weiteres wichtiges Einsatzfeld für eine Netzsteuerung. Durch die gemeinsame Planung der Lagerbestände können diese bei gleichbleibender Liefertreue signifikant reduziert werden, weil auf Grund der verfügbaren Informationen mit einer größeren Sicherheit geplant werden kann (Wiendahl u. a. 1999).

2.3 Veränderung der PPS-Funktionen in Produktionsnetzen

Auf Grund der Komplexität von Produktionsnetzwerken mit ihren Schnittstellen zwischen Unternehmen werden sich für die Steuerung der Aufträge in Produktionsnetzwerken neue Anforderungen ergeben. Die Ziele der Produktionsplanung und -steuerung (PPS) werden sich wandeln.

Die Ziele der **Produktionsplanung und -steuerung** in Produktionsnetzwerken können in produktionswirtschaftliche Ziele und in systembezogene Ziele unterteilt werden. Das erste Zielsystem (Wiendahl 1997) beschreibt die Wirtschaftlichkeit als Oberziel der Produktion, das durch den Einsatz von PPS-Systemen maximiert werden soll (Übersicht 5). Das zweite Zielsystem repräsentiert die Zielgrößen des anzuwendenden PPS-Konzepts bzw. PPS-Systems in einem Produktionsnetz.

Eine wichtige Eigenschaft von PPS-Systemen in Produktionsnetzen ist die Gewährleistung einer hohen Planungssicherheit. Diese wird durch eine umfassende Berücksichtigung und Integration der Netzpartner in die interne Planung erreicht. Im Netzwerk ist insbesondere eine hohe Auskunftsbereitschaft anzustreben, da gerade der Erfolg von Netzwerken in der Produktion von einer schnellen, bedarfsgerechten Verfügbarkeit der Informationen abhängt. Es müssen die notwendigen Informationen an verschiedenen Stellen in dem jeweils erforderlichen Umfang und Format bereitgestellt werden, da die verteilten Partner von unterschiedlichen Stellen zugreifen.

Weitere Systemziele sind eine hohe Adaptions- und Vernetzungsfähigkeit. PPS-Systeme müssen in Produktionsnetzen die notwendige Flexibilität aufweisen, neue Partner zu integrieren und sich dem Wechsel von Netzpartnern anzupassen. Da nicht alle Partner im Produktionsnetz identische Systeme verwenden, muss die PPS eine hohe Kompatibilität zu anderen Systemen aufweisen, um die Flexibilität des Netzes aufrecht zu erhalten.

Durch die fortschreitende Vernetzung der Industrieunternehmen verschiebt sich auch die Gewichtung der PPS-Aufgaben untereinander (siehe Übersicht 6). Die Kernaufgaben Produktionsprogrammplanung, Produktionsbedarfsplanung und -steuerung sowie Fremdbezugsplanung und -steuerung werden für Produktionsnetze in ihrer Bedeutung zunehmen, da zukünftig eine unternehmensübergreifende Planung angestrebt wird. Da im Netz vermehrt auf externe Ressourcen zurückgegriffen wird, kommt der Eigenfertigungsplanung zukünftig eine geringere Rolle zu.

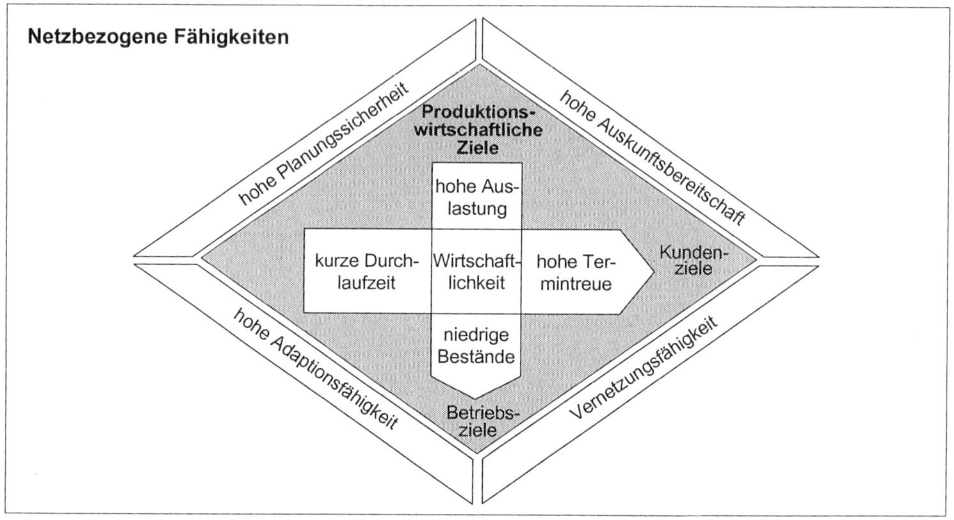

Übersicht 5: Fähigkeiten und Ziele der PPS in Produktionsnetzen

Die Querschnittsaufgaben Auftragskoordination und PPS-Controlling werden zunehmen. Das Lagerwesen wird um die Verknüpfung mit Logistikdienstleistern ergänzt. Als erweiterte PPS-Funktion wird das Transportwesen integriert. Besondere Bedeutung erlangt weiterhin das übergreifende Monitoring der Aufträge und Ressourcen im Produktionsnetz.

Insgesamt wird der Planungsaufwand in Produktionsnetzwerken auf Grund der gesteigerten Komplexität zwar zunehmen, dem stehen jedoch die Vorteile einer besser abgestimmten und flexibleren Produktion im Netz und eine verbesserte Prognosegenauigkeit gegenüber.

Neue Herausforderungen und Entwicklungstrends, denen zukünftige PPS-Systeme Rechnung tragen müssen, lassen sich, wie dargestellt, in innerbetriebliche und überbetriebliche sowie in funktionale und systemtechnische Trends gliedern. Der Schwerpunkt bei der innerbetrieblich/funktionalen Entwicklung betrifft die Forderung nach einer zunehmenden Dezentralisierung der PPS-Aufgaben. In einer vernetzten Umgebung müssen die PPS-Systeme in der Lage sein, mit flexiblen Ressourcen zu planen.

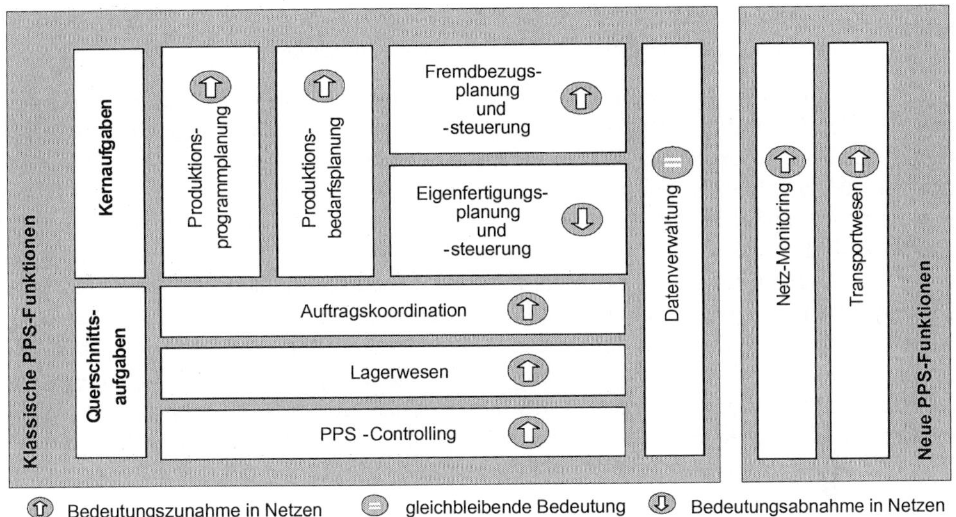

Übersicht 6: Veränderung der PPS-Funktionen in Produktionsnetzen

Zusammen mit der Umsetzung des systemtechnischen Gesichtspunktes zur Standardisierung von Modulschnittstellen werden PPS-Systeme in der Zukunft zunehmend modularer, wodurch die Dezentralisierung von Aufgaben unterstützt wird. Ferner werden im Rahmen der Förderung der universellen und flexiblen Einsetzbarkeit der Software an unterschiedlichen Standorten eine hohe Adaptionsfähigkeit der PPS-Systeme zusammen mit der Möglichkeit zur Verknüpfung mit „fremden" PPS-Systemen und einer Anbindung an das Internet zum schnellen und unkomplizierten Datenaustausch verlangt. Für die Netzpartner muss die Möglichkeit des gegenseitigen Zugriffs auf Auftrags- und Ressourceninformationen bestehen. Da jedoch der Grad der Kooperation in einem Produktionsnetz unterschiedlich ausgeprägt sein kann, werden zwischen den Netzpartnern gegebenenfalls Daten unterschiedlichen Detaillierungsgrades ausgetauscht. Insofern besteht die Notwendigkeit einer bedarfsweisen Kapselung der Informationen.

Überbetrieblich werden die Unternehmensgrenzen verschwimmen und Kunden und Zulieferer werden im Sinne der Supply Chain in Planungen eingebunden. Folglich muss weiterhin eine direkte Kommunikation zwischen den PPS-Systemen möglich sein.

2.4 Anwendungsmöglichkeit der Agententechnologie im Produktionsnetz

Zur Steuerung der komplexen Material- und Informationsflüsse wird vielfach die Anwendung von **Agenten in Lieferketten** oder Produktionsnetzwerken diskutiert (Petersen/Divitini/Matskin 2001; Scholz-Reiter/Höhns 2001; Vollmer 2000). Einsatzmöglichkeiten bieten sich in unterschiedlichen Stadien des Netzwerkbetriebs.

Agenten können für die **Partnersuche und -auswahl** und die **Netzwerkgestaltung** benutzt werden (Huang/Nof 2000). Der Hauptanwendungsbereich wird jedoch in dem Betrieb eines Produktionsnetzes liegen. Jeder Agent führt dabei unterschiedliche Funktionen aus und interagiert dabei mit anderen Agenten. Beispielsweise können Agenten, die jeweils unterschiedliche Netzwerkpartner repräsentieren, auf elektronischen Marktplätzen für Aufträge oder Ressourcen bieten. Dies kann in Form von Auktionen erfolgen, an denen die Agenten teilnehmen (Kaihara 2001). Hierdurch könnten bestehende zentrale Planungs- und Steuerungssysteme durch ein Netzwerk von Agenten, die mit lokalen Informationsträgern verknüpft sind, ersetzt werden. Ein weiteres Anwendungsgebiet der Agententechnologie ist die Modellierung von Produktionsnetzwerken (Dangelmeier/Pape/Rüther 2001). Netzwerke können aus individuellen, autonomen, kooperativen Agenten bestehend betrachtet werden, wobei den Agenten ein definiertes Zielsystem gemein ist. Das Verhalten des gesamten Produktionsnetzes ergibt sich dann aus der Summe des Verhaltens der einzelnen Agenten (Petersen/Divitini/Matskin 2001).

Agenten können weiterhin über das Internet die Verfügbarkeit von Kapazitäten im Produktionsnetz ermitteln und darauf basierend eine optimierte Lösung für die Ausführung von Aufträgen im Netz generieren (Warnecke/Braun 1999). Häufig werden Agenten für die Terminierung von Aufträgen eingesetzt. Die Arbeitssystemkapazität wird dabei von einem Ressourcenagenten und der Auftrag von einem Auftragsagenten repräsentiert. Der Auftragsagent enthält sämtliche Informationen über einen Auftrag, wie z. B. Termin, Arbeitsplan und Kapazitätsbedarf. Der Auftragsagent kommuniziert mit den einzelnen Ressourcenagenten der Arbeitssysteme, von denen der Auftrag bearbeitet wird. Die Arbeitssystemagenten enthalten ihrerseits Informationen über die Arbeitssystemverfügbarkeit und die Kosten für eine Auftragsbearbeitung. Übersicht 7 verdeutlicht den Informationsaustausch zwischen den Agenten dieses von Vollmer entwickelten Konzepts (Vollmer 2000).

Der Auftragsagent wendet sich mit den Spezifikationen des Auftrags an einen oder mehrere Ressourcenagenten und fragt, zu welchen Konditionen diese bereit sind, den Auftrag an deren Arbeitssystemen auszuführen. Die Ressourcenagenten beantworten diese Anfrage mit einem Angebot, das in seiner Kalkulation die anderen an dem jeweiligen Arbeitssystem durchzuführenden Aufträge berücksichtigt. Das Angebot wird von den Ressourcenagenten in Form einer so genannten **Preis-Liefertermin-Relation** abgegeben, die für unterschiedliche Fertigstellungstermine unterschiedliche Preise nennt. Normalerweise ist der Preis umso höher, je früher der Fertigstellungstermin liegt. Der Auftragsagent vergleicht die unterschiedlichen Angebote aller angefragten Ressourcenagenten und wählt das für die Auftragsdurchführung momentan günstigste aus. Die Entscheidung, ob ein Angebot angenommen wurde oder nicht, wird anschließend an die Ressourcenagenten weitergegeben.

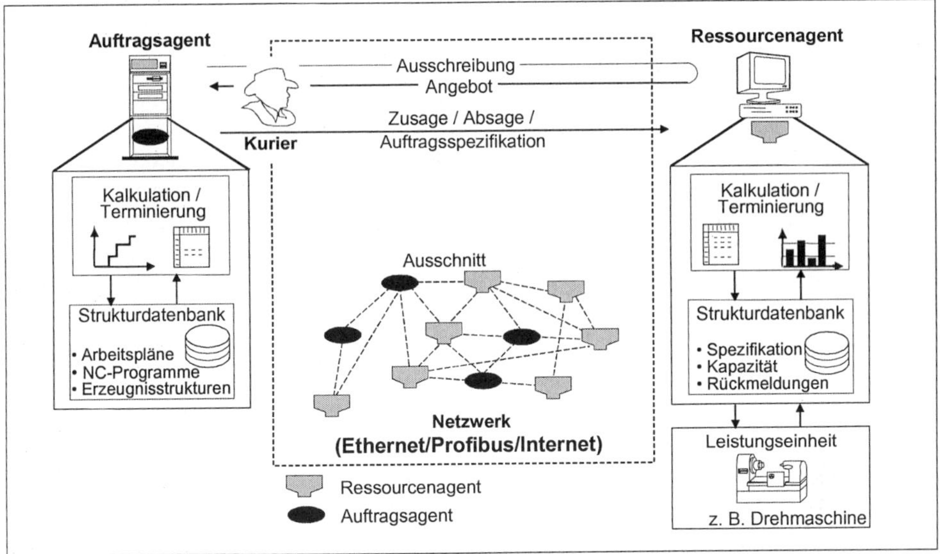

Quelle: Vollmer 2000.

Übersicht 7: Kommunikationskonzept eines agentenbasierten Auftragsmanagements

Die diesem Konzept zugrunde liegende Kommunikation erfolgt via Internet und erlaubt die Einbeziehung von verteilten Produktionsstrukturen, wie sie in Produktionsnetzen anzutreffen sind.

3. Praxisanwendung einer Netzsteuerung

Am Institut für Fabrikanlagen und Logistik der Universität Hannover wurde gemeinsam mit der Softwarefirma GTT eine dezentrale **Netzwerksteuerung** (FAST/net) entwickelt, die den Datenaustausch und eine übergreifende Planung und Terminierung der Aufträge unterstützt (Lutz/Wiendahl 2000). Sie stellt damit einen wichtigen Baustein eines Produktionsnetzwerks dar.

Die Software ist jeweils bei den Netzwerkpartnern installiert und kommuniziert lokal mit den jeweiligen innerbetrieblichen PPS-Systemen unterschiedlicher Hersteller. Gleichzeitig werden über definierte Schnittstellen Produktionsdaten der anderen Netzpartner übernommen und mit den eigenen Daten verknüpft, sodass eine übergreifende Auswertung möglich wird. Ein solches Konzept wird dem Gedanken der dynamischen Rekonfiguration gerecht, da durch die standardisierte Software ein Wechsel der Partner im Netz ermöglicht wird. Die Netzwerksteuerung operiert lokal verteilt. Die Daten werden von den einzelnen Partnern aus deren betrieblichen EDV-Systemen ausgelesen und an die Netzsteuerung z. B. per E-Mail geschickt.

Bei den kooperierenden Unternehmen handelt es sich um einen Hersteller von Rohrhalterungen für Kraftwerke und dessen Zulieferer, der zugeschnittene Bleche liefert. Diesen Prozess des Zuschneidens kann der Hersteller auch selber durchführen. Im Falle von kapazitiven Engpässen wird jedoch kurzfristig auf den Zulieferer ausgewichen, um die Fertigung des Herstellers zu entlasten. Daher besteht zwischen den Unternehmen eine Vereinbarung, dass bei Bedarf ohne Rücksprache Arbeit an den Kooperationspartner vergeben werden kann. Bevor jedoch Aufträge an den Zulieferer vergeben werden, wird systemgestützt ermittelt, ob der Zulieferer freie Kapazitäten für das Auftragsvolumen hat und innerhalb welcher Zeitspanne geliefert werden kann.

Aus Sicht des Kooperationspartners ist eine möglichst frühe Informationsverfügbarkeit über zu erwartende Aufträge für die Abwicklung der Planungs- und Steuerungsprozesse wünschenswert. Daher werden täglich sämtliche Arbeitsgangdaten der Systeme, von denen gegebenenfalls Aufträge an den Zulieferer gegeben werden, an diesen überspielt, um dem Zulieferer eine genauere Planungsmöglichkeit zu schaffen. Diese Daten, die beim Zulieferer durch FAST/net visualisiert werden, enthalten auch Informationen über solche Aufträge, die prinzipiell nicht vom Zulieferer bearbeitet werden. Über die damit mögliche Beurteilung der Auslastungssituation beim Hersteller kann der Zulieferer einschätzen, ob und in welchem Umfang die Vergabe von Arbeit an ihn zu erwarten ist.

Ebenfalls täglich überspielt der Zulieferer die Belegungsdaten seiner Arbeitssysteme an den Hersteller. Dabei werden alle Systeme berücksichtigt, auf denen Aufträge des Herstellers grundsätzlich bearbeitet werden könnten. Diese Informationen ermöglichen dem Hersteller die Beurteilung der allgemeinen Belastungssituation beim Kooperationspartner, des Bearbeitungsfortschritts begonnener Aufträge und des Einplanungszustands offener Aufträge des Herstellers.

In die Netzsteuerungssoftware ist eine Terminierungslogik für eine Auftragsfeinplanung integriert. Diese erlaubt es dem jeweiligen Netzpartner, Aufträge simulativ in die Fertigung des anderen Netzpartners einzulasten. So werden die Auswirkungen einer möglichen Auftragserteilung z. B. hinsichtlich der zu erwartenden Endtermine sichtbar, bevor die endgültige Entscheidung zur Auftragsvergabe erfolgt.

Durch die Kooperation ist eine Glättung der internen Kapazitätsbedarfe bei Sicherung einer hohen Termintreue und kurzer Auftragsdurchlaufzeiten zu verzeichnen. Darüber hinaus konnte der personelle Aufwand und die Vorlaufzeit für eine Verlagerung deutlich reduziert werden.

4. Arbeitsorganisation in Produktionsnetzwerken

Ebenso, wie sich die Technologien und Prozesse beim Betrieb von Produktionsnetzwerken ändern werden, wird sich auch die Aufgabenverteilung auf die einzelnen Mitarbeiter verändern. Neue Anforderungen werden von den Mitarbeitern erfüllt werden müssen. Hierzu zählen insbesondere Interdisziplinarität und ein vertieftes Verständnis für Prozesse. Das bedeutet, dass die in einem Produktionsnetz eingebundenen Beschäftigten kompetent in den Prozessen sein müssen und darüber hinaus den problemlosen Umgang mit Informations- und Kommunikationstechnologie sowie Arbeitsorganisation pflegen können.

Gleichzeitig bedeutet der Aufbau und Betrieb von flexiblen, unternehmensübergreifenden Kooperationen einen steigenden Bedarf an direkter Partizipation der Mitarbeiter. Hierunter wird die direkte Einbeziehung der beteiligten Mitarbeiter in die Planung und die zu treffenden Entscheidungen verstanden (Hegenscheidt u. a. 2002). Dies führt zu einer erhöhten Autonomie und Flexibilität in der Arbeitsausführung. Die erhöhte Beteiligung von Mitarbeitern wird zu einer Veränderung der Schnittstelle zwischen Management und Arbeitsprozess im Hinblick auf Technik, Arbeitsorganisation und Leistungsanforderungen führen. Gleichzeitig wird die gesteigerte Mitarbeiterpartizipation in einer erhöhten Motivation der Mitarbeiter und der besseren Nutzung von deren informellem Wissen resultieren. Dies erlaubt die Überbrückung von Wissenslücken, die durch die Komplexität und Verteiltheit von Netzwerken entstehen könnten (Carrie 2000; Greifenstein/Janssen/Kißler 1989).

Die Intensität der **Mitarbeiterpartizipation** wird von der Entwicklungsstufe des Netzwerks abhängen. In der Planungsphase von Produktionsnetzwerken wird die Mitarbeiterpartizipation die Berücksichtigung von praktischen Problemen erleichtern. Gleiches betrifft die Planung von Prozessen oder die Auswahl von potenziellen Netzwerkpartnern. Auch bei der Definition und Ausgestaltung der Schnittstellen innerhalb von Netzwerken ist eine frühe Mitarbeiterbeteiligung erstrebenswert, da dies den Betroffenen erlaubt, frühzeitig Einfluss auf die Netzwerkprozesse auszuüben, mit denen sie operieren müssen. Den größten Einfluss hat die Mitarbeiterpartizipation jedoch bei der direkten Prozessplanung. Je dezentralisierter eine Organisation ist, desto größer sind mögliche Einflussmöglichkeiten der Mitarbeiter. Deren Rollenbild wird sich im Produktionsnetzwerk von einer rein funktionalen Fokussierung hin zur aktiven Gestaltung der Netzwerkumgebung wandeln.

Wie in Übersicht 8 dargestellt, werden auch Produktionsmitarbeiter neue Aufgaben und Funktionen in Produktionsnetzwerken wahrnehmen, die nicht nur fachliche Kompetenz sondern auch so genannte „soft skills" erfordern.

Ein Beispiel für die Ausweitung der Mitarbeiterverantwortung in Produktionsnetzen ist die Fremdvergabe von Aufträgen. Um die notwendige Flexibilität zu erreichen, sollte die

Fremdvergabeentscheidung auf Auftragsebene so nah am Produktionsprozess, wie möglich erfolgen. Diese Mitarbeiter tragen nun die Verantwortung für weit reichende Planungsentscheidungen über die Eigen- oder Fremdbearbeitung von Produktionsaufträgen, z. B. bei kapazitiven Engpasssituationen. Das setzt natürlich voraus, dass entsprechende Qualifizierungsmaßnahmen erfolgten, die eine Beurteilung der relevanten Sachverhalte erlauben.

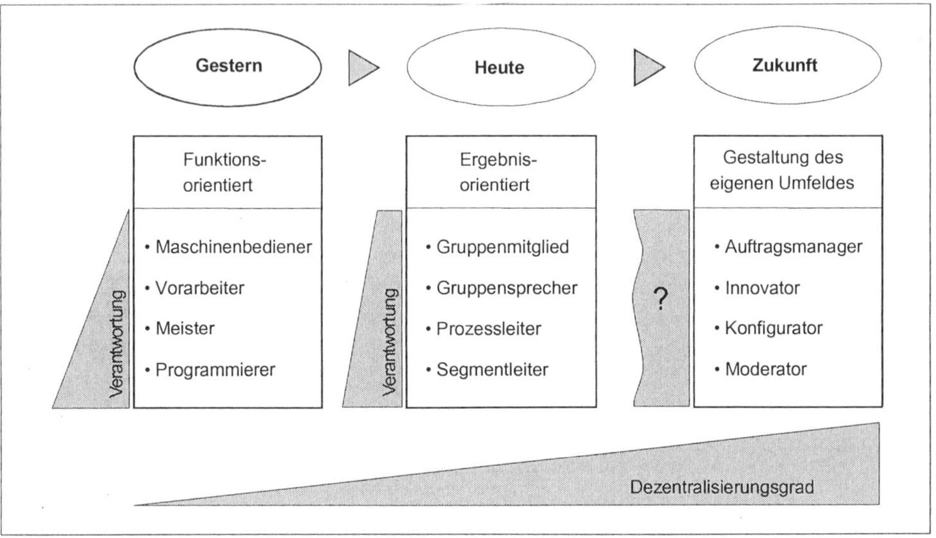

Übersicht 8: Änderung der Rollenverteilung von Mitarbeitern in Produktionsnetzen

5. Randbedingungen einer vernetzten Produktion

Wesentliche Voraussetzung für eine Zusammenarbeit im Netz ist die Schaffung gegenseitiger Transparenz. Ebenso wichtig sind jedoch **Vertrauen** und detaillierte Absprachen über die Rahmenbedingungen einer vernetzen Produktion zwischen den Beteiligten. Vertrauen ist eine der bedeutendsten Voraussetzungen für eine erfolgreiche Zusammenarbeit im Produktionsnetz, da durch den umfassenden Datenaustausch zwischen den Partnern auch sensible interne Informationen weitergegeben werden. Im Gegensatz zur klassischen Lieferbeziehung ist der Informationsfluss im Produktionsnetz wesentlich umfangreicher und offener.

Viele dieser Faktoren berühren das Verhalten innerhalb der Kooperation und die Fähigkeit, auf die Bedürfnisse und Erfordernisse der Partner eingehen zu können (Ilie-Zudor/Monostori 2002). Obwohl technische Lösungen für die Zusammenarbeit in Netzwerken existieren, sind Kooperationen durch viele weiche, nur schwer quantifizierbare Probleme charakterisiert, die sich deutlich von denen des internen Managements unterscheiden. Vorrangiges Ziel muss es deshalb sein, eine konsistente Strategie zu entwickeln, die von allen Netzpartnern getragen wird. Ein Problem das dabei entstehen kann, ist dass die Partner einander nicht ihre wahren Interessen und Ziele offen legen (Schuh/Friedli/Kurr 2001).

Da sich Beziehungen in Netzwerken mehr durch Komplexität, Langfristigkeit und Kooperation als durch Wettbewerb auszeichnen, ist Vertrauen zwischen den involvierten Partnern eine der wichtigsten Voraussetzungen für erfolgreiche Operationen in Produktionsnetzwerken (Bal/Foster 2000; Dangelmeier/Pape/Rüther 2001; Sydow 1996). Dieses Vertrauen muss sich langfristig entwickeln können (Childe 1998; Sydow 1996). Besonders aber in der Phase des Netzwerkaufbaus, in der mögliche Partner sich gegenseitig bewerten und sensible Daten austauschen, werden Regeln für den Umgang mit Informationen benötigt, um ein Vertrauensverhältnis aufzubauen (Helm/Janzer 2000). Die von den Teilnehmern gemeinsam genutzten Informationen, wie die aktuelle Kapazitätsauslastung bestimmter Arbeitssysteme, wurden bisher nur intern verwendet. In Netzwerken sind derartige Daten nun auch (externen) Netzpartnern zugänglich. Dies erfordert eine neue Dimension des Vertrauens. Dafür ist es erforderlich, dass die Netzpartner im Vorfeld der Kooperation festlegen, welche Daten in welcher Form ausgetauscht werden sollen. Hierzu müssen Vereinbarungen getroffen werden, die garantieren, dass keine vertraulichen Informationen an Wettbewerber weitergeleitet werden. Denkbar sind z. B. Vertraulichkeitsklauseln mit angemessenen Sanktionsandrohungen (Lange 1998). Alternativ besteht auch die Möglichkeit, die auszutauschenden Daten hinsichtlich des jeweiligen genauen Bedarfs und des Grades der Integration eines Partners im Netzwerk zu filtern. In diesem Fall werden nur vorher vereinbarte Informationen ausgetauscht und die Unternehmen haben die vollständige Kontrolle über ihre eigenen Daten.

Eine Lösung für die Vertrauensproblematik besteht darin, durch entsprechendes Management ein Klima zu schaffen, in dem Kreativität Innovation und Verantwortung aktiv gefördert werden. Für die Kommunikation zwischen den Unternehmen kann dafür ein mit Mitgliedern aus allen Partnerunternehmen besetztes Gremium einberufen werden (Helm/Janzer 2000).

Ein wichtiger Faktor für den Erfolg von Produktionsnetzwerken ist die Integration verschiedener **Unternehmenskulturen** (Bal/Foster 2000; Greifenstein/Janssen/Kißler 1989) und die Zusammenarbeit von Menschen mit verschiedenen Erfahrungswelten. Unterschiedliche Organisationskulturen bedingen oft unterschiedliche Werte, die in Unternehmen gültig sind. Ein Netzwerk, das eine Vielzahl von Partnern und Fabriken mit unterschiedlicher Selbstständigkeit umfasst, muss es bewerkstelligen diese gelegentlich im Widerstreit stehenden Kulturen zu vereinen. Darüber hinaus ist eine Balance zwischen

Partnern ungleicher Größe und daraus resultierender unterschiedlicher Macht innerhalb des Netzwerkes zu finden.

Auch rechtliche Aspekte müssen Berücksichtigung finden. Dies betrifft hauptsächlich die Zuverlässigkeit von Informationen und die Definition der Verantwortlichkeiten für die aktuelle Bereitstellung und die Exaktheit der ausgetauschten Daten. Weiterhin müssen Absprachen hinsichtlich der Verbindlichkeit der ausgetauschten Daten bestehen. Fraglich ist z. B., inwieweit eine Abnahmeverpflichtung hinsichtlich gefertigter Teile auf Grund übermittelter Planbedarfe besteht, bzw. wie das Risiko zwischen den Parteien verteilt wird. Aber auch kartellrechtliche Fragen müssen bedacht werden, da die Aufnahme sehr enger Kooperationsbeziehungen den Zugang zu bestimmten Märkten beschränken kann.

Die Kooperation in Netzwerken erfordert zudem eine kontinuierliche Standardisierung der Maschinen- und Produktionstechnik (Lee 1997). Dies gilt ebenfalls für die konsistente Integration von Daten. Unterschiedliche Unternehmen aus unterschiedlichen Branchen setzen unterschiedliche Informations- und Kommunikationssysteme ein. Da zwischen diesen Systemen jedoch Daten ausgetauscht werden müssen, ist es wichtig, standardisierte Formate zu schaffen. Besonderes Augenmerk muss dabei darauf gelegt werden, dass Daten derselben Art auch tatsächlich dieselbe Bedeutung haben, um Verwirrungen bei der gemeinsamen Benutzung zu vermeiden.

Sind diese Voraussetzungen geschaffen, können die beteiligten Unternehmen ihre Flexibilität durch ein Produktionsnetz erhöhen und unterschiedliche Zulieferer oder Standorte übergreifend planen und auf einander abstimmen, um so die Erreichung logistischer Ziele zu verbessern.

Netzwerkstrukturen werden alle Ebenen eines Unternehmens, das Gesamtunternehmen ebenso wie die Aktivitäten, tangieren. Die Hauptanforderung, die sich aus der zunehmenden Vernetzung von Unternehmen ergibt, ist die Notwendigkeit der Flexibilität und **Wandlungsfähigkeit** der Strukturen und Prozesse eines Unternehmens innerhalb des Netzwerks. Dies betrifft alle Ebenen der Fertigungsstrukturen, die Übersicht 9 zeigt.

Auf Arbeitssystemebene muss die Möglichkeit bestehen, einzelne Ressourcen schnell in unternehmensübergreifende Prozesse zu integrieren. Dies erfordert kurze Rüstzeiten, die die wirtschaftliche Fertigung kleiner Losgrößen, entsprechend der einzelnen Nachfragen von Netzwerkpartnern, erlauben. Schnittstellen müssen standardisiert sein, damit externe auftragsbezogene Daten verarbeitet werden können.

Fertigungs- und Montagesysteme müssen mit externen Informationsquellen kommunizieren können. Insbesondere die Produktentwicklung wird zukünftig immer mehr an lokal verteilten Standorten stattfinden. Weiterhin muss die Wahrscheinlichkeit einer unternehmensübergreifenden Auftragsbearbeitung bei der Auswahl und Entwicklung von Planungs- und Steuerungssystemen berücksichtigt werden. Damit die notwendige Flexibilität erreicht wird, müssen diese innerhalb kürzester Zeit in ein Netzwerk integrierbar sein und dürfen keine langen Installationszeiten benötigen.

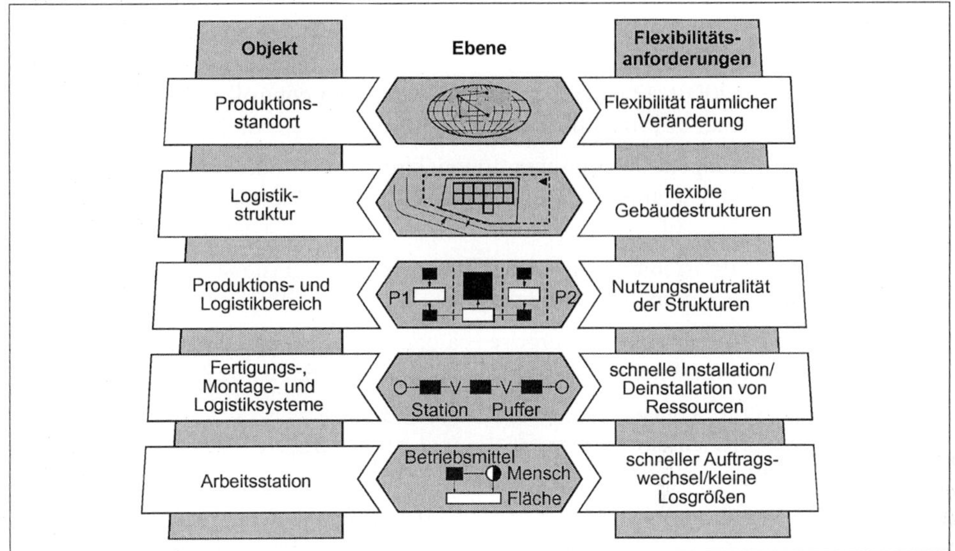

Übersicht 9: Flexibilitätsanforderungen für eine vernetzte Produktion

Die gemeinsame Produktion in Netzwerken wird **Produktlebenszyklen** weiter verkürzen, da Produktenwicklungs- und Fertigungsprozesse durch die Kooperation ebenfalls beschleunigt werden. Hieraus erwächst die Forderung nach einer Wandlungs- und Anpassungsfähigkeit der Gebäude und des Produktionslayouts. Dies kann durch modulare Fabrikelemente erreicht werden, die sich bedarfsgerecht kombinieren lassen. Dies erfordert nutzungsneutrale Gebäudestrukturen und die Möglichkeit, bestehende Strukturen zu erweitern oder zu reduzieren (Wiendahl/Hernández 2001; Wirth/Enderlein/Hildebrand 2001). Die Fertigungsstrukturen wie z. B. Produktionslinien müssen ebenfalls anpassungsfähig und flexibel sein, um den sich ständig ändernden Anforderungen gerecht zu werden. Nur dann ist es möglich, die erforderliche Flexibilität der Prozesse zu erreichen, die für eine Produktion in Netzwerken verlangt wird. Die dazu notwendigen Elemente der Wandlungsfähigkeit zu identifizieren und sie einer praxisgerechten und wirtschaftlichen Gestaltung zugänglich zu machen, ist eine Herausforderung an die zukünftige Forschung.

Literatur

BAL, J., FOSTER, P. (2000): Managing the virtual team and controlling effectiveness, in: International Journal of Production Research, 38. Jg., Nr. 17, S. 4019-4032.

BOLTE, A. (2000): Kooperation zwischen Entwicklung und Produktion – Beschäftigung im Spannungsfeld von formellen und informellen Kooperationsbeziehungen, München.

CARRIE, A. (2000): From integrated enterprises to regional clusters: the changing basis of competition, in: Computers in Industry, 42. Jg., S. 289-298.

CHILDE, S. (1998): The extended enterprise – a concept of cooperation, in: International Journal of Production Planning & Control, 9. Jg., Nr. 4, S. 320-327.

CSER, L.; CSELÉNYI, J.; GEIGER, M.; MÄNTYLÄ, M.; KORHONEN, A. S. (2000): Logistics from IMS towards virtual factory, in: Journal of Materials Processing Technology, 103. Jg., S. 6-13.

DANGELMEIER, W.; PAPE, U.; RÜTHER, M. (2001): Multiagentensysteme für Produktionsnetzwerke in der Serienfertigung, in: Industrie Management, 17. Jg., Nr. 6, S. 21-24.

FRAYRET, J.-M.; D'AMOURS, S.; MONTREUIL, B.; CLOUTIER, L. (2001): A network approach to operate agile manufacturing systems, in: International Journal of Production Economics, 74. Jg., S. 239-259.

GREIFENSTEIN, R.; JANSSEN, P.; KIẞLER, L. (1989): Sachzwang Partizipation? – Mitbestimmung am Arbeitsplatz und neue Technologien, in: Aichholzer, G. (Hrsg.): Arbeitsbeziehungen im Wandel, Berlin.

HEGENSCHEIDT, M.; WORBS, J.; LOPITZSCH, J.; WIENDAHL, H.-P. (2002): Worker Participation in Production Networks – scenarios for the year 2015, 3rd International Congress on the Work and Labour Network, 22.-25. Mai 2002, Osnabrück.

HELM, R.; JANZER, T. (2000): Vertrauen aufbauen und erfolgreich kooperieren, in: io Management, Nr. 12, S. 24-31.

HIEBER, R. (2002): Supply Chain Management – A Collaborative Performance Measurement Approach, Zürich.

HUANG, C.; NOF, S. (2000): Formation of autonomous agent networks for manufacturing systems, in: International Journal of Production Research, 38. Jg., Nr. 3, S. 607-624.

ILIE-ZUDOR, E.; MONOSTORI, L. (2002): Modelling and Management of Production Networks, in: Digital Enterprise Challenges, Life-cycle approach to management and production, 11th PROLAMAT Conference, 07.-10. November 2001, Budapest, Boston u. a., S. 60-71.

JAGDEV, H. S.; BROWNE, J. (1998): The extended enterprise – a context for manufacturing, in: International Journal of Production Planning & Control, 9. Jg., Nr. 3, S. 216-229.

KAIHARA, T. (2001): Supply chain management with market economies, in: International Journal of Production Economics, 73. Jg., S. 5-14.

LANGE, K. (1998): Das Recht der Netzwerke, Heidelberg.

LEE, J. (1997): Overview and perspectives on Japanese manufacturing strategies and production practices in machinery industry, in: International Journal of Machine Tools Manufacturing, 37. Jg., Nr. 10, S. 1449-1463.

LUTZ, S.; WIENDAHL, H.-P. (2000): Concept for Production-Management in Networks, in: Renchu Gan (Hrsg.): Proceedings of 16th IFIP World Computer Congress, Beijing (China), S. 424-431.

MARTINEZ, M.; FOULETIER, P.; PARK, K.; FAVREL, J. (2001): Virtual enterprise – organisation, evolution and control, in: International Journal of Production Economics, 4. Jg., S. 225-238.

NYHUIS, P.; WIENDAHL, H.-P. (1999): Logistische Kennlinien, Berlin u. a.

PETERSEN, S.; DIVITINI, M.; MATSKIN, M. (2001): An agent-based approach to modelling virtual enterprises, in: International Journal of Production Planning & Control, 13. Jg., Nr. 2, S. 224-233.

SCHOLZ-REITER, B.; HÖHNS, H. (2001): Reaktive Planung und Steuerung von logistischen Prozessen mit Multiagentensystemen, in: Industrie Management 17. Jg., Nr. 6, S. 33-36.

SCHÖNSLEBEN, P (2002): Integrales Logistikmanagement, Berlin u. a.

SCHUH, G.; MILLARG, K.; GÖRANSSON, Å. (1998): Virtuelle Fabrik – Neue Marktchancen durch dynamische Netzwerke, München u. a.

SCHUH, G.; FRIEDLI, TH.; KURR, M. (2001): C-Commerce – Die Zukunft von Unternehmensnetzwerken, in: Industrie Management, 17. Jg., Nr. 5, S. 19-23.

SURI, R.; SANDERS, J.; KAMATH, M. (1993): Performance Evaluation of Production Networks, in: Graves, S; Rinnoy Kann, A.; Zipkin, P. (Hrsg.): Logistics of Production and Inventory, London, S. 199-286.

SYDOW, J. (1996): Erfolg als Vertrauensorganisation?, in: Office Management, 44. Jg., Nr. 7/8, S. 10-13.

VOLLMER, L. (2000): Agentenbasiertes Auftragsmanagement mit Hilfe von Preis-Liefertermin-Relationen, Düsseldorf.

WARNECKE, H.-J.; BRAUN, J. (1999): Vom Fraktal zum Produktionsnetzwerk – Unternehmenskooperationen erfolgreich gestalten, Berlin u. a.

WIENDAHL, H.-P. (1997): Betriebsorganisation für Ingenieure, München.

WIENDAHL, H.-P.; HELMS, K.; LUTZ, S.; LEISTNER, H. (1999): Supply Net – Die systemgestützte klassische und werksübergreifende Fremdvergabe, in: PPS-Management, 4. Jg., Nr. 1, S. 39-43.

WIENDAHL, H.-P.; HERNÁNDEZ, R. (2001): The Transformable Factory – Strategies, Methods and Examples, in: Proceedings CIRP 1st International Conference on Agile, Reconfigurable Manufacturing, 20.-21. Mai 2001, University of Michigan, Ann Arbor.

WIENDAHL, H.-P.; LUTZ, S.; WINDT, K. (2001): Supply Net – New Methods for Improving Flexibility of Capacities in Production Networks, in: Production Engineering, 8. Jg., Nr. 1, S. 93-98.

WIRTH, S.; ENDERLEIN, H.; HILDEBRAND, T. (2001): Plug + Produce – Ein Modularkonzept zur effizienten Gestaltung wandelbarer Produktions- und Organisationsstrukturen durch Vernetzung, in: Industrie Management 17. Jg., Nr. 5, S. 67-70.

Carl Marcus Wallenburg/Jürgen Weber*

Kooperationen in Logistik und Supply Chain Management

---

* Dr. Carl Marcus Wallenburg ist Wissenschaftlicher Assistent am Lehrstuhl für Controlling und Telekommunikation – Stiftungslehrstuhl der Deutschen Telekom AG – der Wissenschaftlichen Hochschule für Unternehmensführung (WHU), Vallendar – Otto-Beisheim-Hochschule – und Geschäftsführer des Kühne-Zentrums für Logistikmanagement an der WHU.
Univ.-Professor Dr. Jürgen Weber ist Inhaber des Lehrstuhls für Controlling und Telekommunikation – Stiftungslehrstuhl der Deutschen Telekom AG – der Wissenschaftlichen Hochschule für Unternehmensführung (WHU), Vallendar – Otto-Beisheim-Hochschule – und Leiter des Kühne-Zentrums für Logistikmanagement an der WHU.

1. Kooperation als omnipräsentes Phänomen in Logistik und Supply Chain Management

Interorganisationale Zusammenarbeit zwischen Unternehmen, die Fortentwicklung rein marktlicher Koordination, lässt sich als eine der wichtigsten ökonomischen Entwicklungen der letzten Zeit erkennen. Dies gilt nicht nur für die Praxis, sondern auch für die Wissenschaft. Relationale Beziehungen wurden und werden ebenso entwickelt und näher analysiert wie Netzwerke. Neben der Frage der optimalen Allokation der Leistungserstellung in der Wertschöpfungskette besitzt dabei die Ausgestaltung der (engen) Beziehungen zwischen Unternehmen eine wesentliche Bedeutung. Entsprechende Forschung ist insbesondere in den Bereichen des Marketing („Relationship-Marketing") und der Organisationstheorie geleistet worden.

Interorganisationale Zusammenarbeit spielt aber auch in der **Logistik** eine wesentliche Rolle. Dies gilt sowohl für die Verladerseite (Produktions- und Handelsunternehmen) als auch für **Logistikdienstleister**. Auf der Verladerseite hat die Entwicklung der logistischen Fähigkeiten zur Forderung nach einer Integration von Lieferanten und Kunden in die Versorgungskette geführt. Entsprechende Schlagworte sind hier **Supply Chain Management** (SCM) und Collaboration. Hierzu wurden sowohl konzeptionelle Grundlagen (wie z. B. die Standardisierung von Prozessbeschreibungen im Rahmen der SCOR-Initiative) gelegt, als auch informationstechnische Instrumente erarbeitet (z. B. Collaborative-Supply-Chain-Planning-Systeme). Auf der Seite der Logistikdienstleister hat sich das Leistungsprogramm erheblich erweitert. Zu den klassischen Transport- und Lagerprozessen sind zunehmend „intelligente" Steuerungsprozesse hinzugekommen, die zu Geschäftsmodellen des „Lead Logistics Providers (LLP)" oder des „Third" bzw. des „Fourth Party Logistics Providers" geführt haben. Der Anteil der Aufgabenträgerschaft durch Dritte ist zugleich gestiegen; Verlader haben zunehmend Outsourcing betrieben.

Während diese Entwicklung weiterhin generell als unverzichtbar, quasi zwangsläufig eingeschätzt wird, zeigen sich zunehmend praktische Probleme. Die Erfolgsversprechungen der IT-Anbieter im Supply Chain Management werden häufig nicht eingelöst; im Umfeld der ECR-Bewegung stößt man auf Meinungen, die von einem Scheitern sprechen, und auch die Erfahrungen von Verladern, die wesentliche Teile ihrer Logistik an Logistikdienstleister outgesourced haben, sind nicht uneingeschränkt positiv. Gründe hierfür finden sich in der zu stark technisch geprägten Sicht der Kooperationsdiskussion im Bereich der Logistik. Fragen möglicher Kompetenzunterschiede zwischen den Partnern der Wertschöpfungskette („Können") und potenziell opportunistischen Verhaltens („Wollen") wurden vernachlässigt. Kooperationen wurden häufig als generell reinen Marktbeziehungen überlegen dargestellt. Hier ist eine stärker ökonomisch geprägte Analyse von Nöten. Sie muss die Ausgangsbedingungen einer Kooperation ebenso analysie ren wie die Ausgestaltung der Beziehungen. Dies führt zu gänzlich „untechnischen" Themenfeldern wie dem Vertrauen, das zwischen Kooperationspartnern bestehen muss, dem in relationalen Beziehungen eine zentrale Bedeutung für deren Erfolg zukommt.

Damit sind die wesentlichen Themenbereiche genannt, die in diesem Beitrag angesprochen werden. Vor den sich anschließenden Ausführungen zur Rolle und Ausgestaltung von Kooperationen innerhalb von Logistik und SCM sollen jedoch zunächst die begrifflichen Grundlagen geklärt werden.

Nicht nur die umfassende Literatur, sondern bereits die verschiedenen Beiträge in diesem Sammelwerk belegen ein zum Teil sehr heterogenes Verständnis des Begriffs „Kooperation". In diesem Beitrag wird **Kooperation** in Anlehnung an Friese (1998, S. 64) verstanden als die freiwillige Zusammenarbeit von rechtlich selbstständigen Unternehmen, die ihre wirtschaftliche Unabhängigkeit zumindest partiell zugunsten eines koordinierten Handels aufgeben, um so die jeweils eigenen Ziele besser zu erreichen als bei individuellem, nicht koordiniertem Handeln. Dabei spielt zunächst weder die Form der vertraglichen Grundlage noch die Dauer als mögliche Abgrenzungskriterien eine Rolle.

Bezüglich der Begriffe **Logistik** und **Supply Chain Management** gehen die Auffassungen über Inhalt und Ausprägung in Praxis und Wissenschaft weit auseinander. Allgemein anerkannt ist als Grundfunktion der Logistik die Gewährleistung der angestrebten Versorgungssicherheit bzw. der Verfügbarkeit der benötigten physischen Ressourcen (Weber 2002, S. 4). Hierzu bilden Material- und Warenflüsse die Grundlage, die auf eine Überbrückung von Zeit-Raum-Disparitäten ausgerichtet sind. Damit ist Logistik eine eigenständige Funktion mit allen Möglichkeiten der Spezialisierung. Während im angloamerikanischen Raum zumeist eine Beschränkung auf diese funktionale Sicht vorgenommen wird (vgl. hierzu unter anderem die Definition des Council of Supply Chain Management Professionals 2005), hat sich im deutschsprachigen Raum schon seit längerem daneben eine Sicht von der Logistik als ein im gesamten Unternehmen zu verankerndes Führungskonzept mit Auswirkungen auf alle betrieblichen Funktionsbereiche durchgesetzt (vgl. hierzu Göpfert 1999; Klaus 1993; Weber/Kummer 1994). Dies findet sich auch wieder, wenn die Logistik anhand eines Vier-Stufen-Modells strukturiert wird, welches sich auf die empirisch feststellbare Entwicklung der Logistik im Unternehmenskontext bezieht. Dieses beschreibt einen Lernprozess, bei dem sich das Niveau des logistischen Wissens erhöht, beinhaltet aber auch das Konzept der Pfadabhängigkeit.

Die in Übersicht 1 dargestellten vier Entwicklungsstufen verlieren so ihre begriffliche Beliebigkeit und sind von Unternehmen nicht unabhängig voneinander frei wählbar. Sie reichen von (1) der Logistik als funktionale Spezialisierung von Transport, Lagerung und Umschlag über (2) die Logistik als material- und warenflussbezogene Koordinationsfunktion bis hin zur Logistik als (3) unternehmensinterne bzw. (4) unternehmensübergreifende Durchsetzung der Flussorientierung, welche allgemein als SCM bezeichnet wird. Die Flussorientierung beschränkt sich dabei nicht allein auf den eigentlichen Waren- und Materialfluss sowie den entgegenlaufenden Informationsfluss, sondern umfasst potenziell alle Bereiche der Wertschöpfung reichend von F & E bis zum Demandmanagement einschließlich aller dabei betroffenen Führungs- und Ausführungssysteme (Weber/Dehler/Wertz 2000).

Aufbauend auf einem solchen Logistikverständnis lassen sich in der Praxis vielfältige Netzwerke erkennen, die auf die Bereitstellung physischer Ressourcen ausgerichtet sind. Als wesentliche Ebenen von so genannten Supply Networks lassen sich dabei das institutionelle Netz, das soziale Netz sowie das Güter-, das Finanz- und das Daten- bzw. Informationsnetz identifizieren (vgl. hierzu Gomm/Trumpfheller (2004), die in ihrer Argumentation auf Otto (2002) aufbauen). Gemäß dem eingangs skizzierten und hier zugrunde gelegten Verständnis konstituieren sich Kooperationen auf der institutionellen Ebene innerhalb dyadischer Beziehungen – mit potenziellen Auswirkungen auf alle anderen Netzwerkebenen. Dabei wird dem klassischen Verständnis folgend, wie es z. B. auch von Bruhn im Sechsten Kapitel dieses Sammelwerks vertreten wird, zwischen vertikalen, horizontalen und lateralen Kooperationen unterschieden.

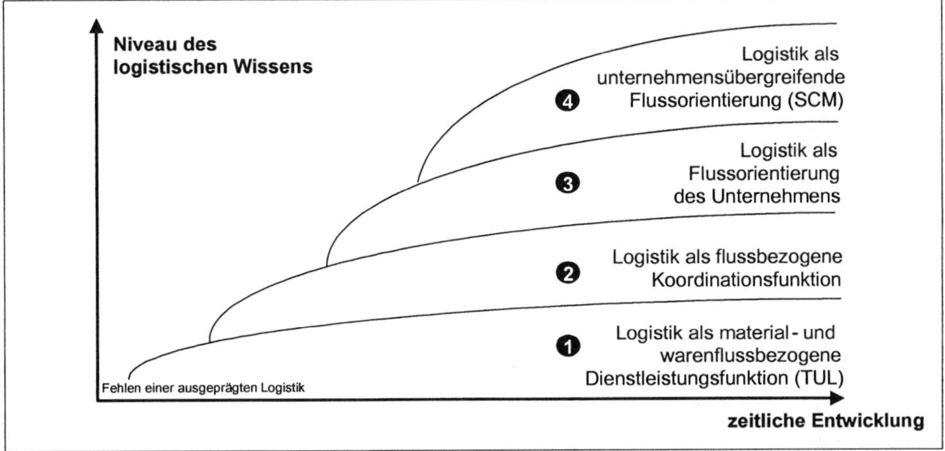

Quelle: In Anlehnung an: Weber 2002, S. 5 (1-4 neu).

Übersicht 1: Idealtypischer Verlauf der Logistikentwicklung

Innerhalb der Logistik- und SCM-Forschung ist dabei eine klare Fokussierung auf vertikale Kooperationen erkennbar (Otto 2002). Dies lässt sich zum einen damit erklären, dass die flussorientierte Perspektive der Logistik eine Betrachtung vertikaler Beziehungen nahe legt. Zum anderen offenbart eine solche Betrachtung in der Praxis große Potenziale gepaart mit erheblichen Herausforderungen und Problemen. Erst in jüngerer Zeit werden daneben verstärkt auch horizontale und laterale Kooperationen in ihren Implikationen für Supply Networks betrachtet. Im Ergebnis zeigen sich auch hier Potenziale zur Erhöhung von Effizienz und Effektivität der unternehmerischen Aktivitäten z. B. durch Wissensmanagement oder Bildung von Kooperationen bei Beschaffung oder Absatz (Dyer/Nobeoka 2000; Gierl/Barmbauer 2002; Voss 2005).

Damit wird deutlich, dass eine allumfassende Behandlung von Kooperationen in Logistik und SCM zu erheblichen Überschneidungen mit anderen Beiträgen dieses Sammelwerks führen würde, da SCM sich potenziell auf alle Bereiche eines Unternehmens erstreckt. Aus diesem Grunde wird im Folgenden eine Fokussierung vorgenommen, indem zunächst zwei Arten von vertikalen Kooperationen innerhalb des SCM vertieft werden. Dies sind (1) Kooperationen zwischen Unternehmen eines Supply Networks, die Eigentum an den entsprechenden Gütern erlangen, d. h. Produktions- und Handelsunternehmen, und (2) Kooperationen zwischen dieser Gruppe von Unternehmen und Logistikdienstleistern (LDL), die für sie innerhalb des Wertschöpfungsprozesses logistische Dienstleistungen erbringen. Anschließend wird Vertrauen als wesentliches Element effizienter Kooperationen – und damit auch als potenzielles Betätigungsfeld des Controllings – thematisiert. Nicht detailliert aufgegriffen werden also insbesondere horizontale und laterale Kooperation zwischen Produktionsunternehmen, die z. B. auf F & E oder Beschaffung (vgl. auch die Beiträge von Oesterle bzw. Arnold/Eßig im Vierten Kapitel dieses Sammelwerks) ausgerichtet sind, und entsprechende Kooperationen zwischen LDL, die z. B. der Koordination von Produktion oder Absatz dienen (vgl. zu allgemeinen Implikationen von Dienstleistungskooperationen den Beitrag von Bruhn im Sechsten Kapitel dieses Sammelwerks).

2. Kooperationen entlang der Wertschöpfungskette

2.1 Kooperation von Produktions- und Handelsunternehmen untereinander

Kooperationen von Produktions- und Handelsunternehmen untereinander bilden den Schwerpunkt der betriebswirtschaftlich-orientierten SCM-Literatur. Wesentliches Element war hierbei die umfangreiche Diskussion zu Wertschöpfungstiefe einzelner Unternehmen, die unter dem Stichwort „Make or Buy" geführt wurde und z. B. in der Automobilbranche zu einer erheblichen Reduktion der Wertschöpfungstiefen führte. Die jüngere Literatur wurde insbesondere durch eine Diskussion geprägt, die sich unter den Stichwörtern „Collaboration" und „Integration" mit der Verknüpfung der Kooperationspartner und damit der Ausgestaltung der Kooperationsbeziehung auseinander setzt. Daneben werden bei Kooperationen von Produktions- und Handelsunternehmen auch Aspekte wie die Auswahl der Kooperationspartner und die Effizienz der unternehmensübergreifenden Prozesse betrachtet. In seiner Gesamtheit offenbart sich damit ein Feld, welches Wirtschaftswissenschaftlern unterschiedlicher Ausrichtung ein reichhaltiges Betätigungsfeld bietet. Zur Fokussierung wollen wir die folgenden Ausführungen auf zwei eng verwandte Bereiche beziehen, die nicht nur theoretisch, sondern auch in empirischen Untersuchungen als Erfolgstreiber gesehen werden: **Integration** und **Flussorientierung**.

Dem Konzept der **Integration** widmet sich eine Vielzahl von SCM-bezogenen Publikationen – nicht zuletzt, weil Integration oftmals als zentraler Bestandteil des SCM angenommen wird. So beschreiben z. B. Lambert/Cooper/Pagh (1998) SCM als „the integration key business processes from end user through original suppliers." Integration wird dabei üblicherweise verstanden als Koordination verschiedener (Unternehmens-)Funktionen und Abbau entsprechender funktionaler und organisatorischer Grenzen. Integration kann dabei sowohl intern, d. h. zwischen verschiedenen Funktionen eines Unternehmens, als auch extern, d. h. zwischen verschiedenen Unternehmen, erfolgen. Für beide Arten weisen empirische Untersuchungen eine positive Erfolgswirkung aus. So zeigen unter anderem Stank/Keller/Daugherty (2001), Droge/Jayram/Vickery (2004) und Gimenez/Ventura (2005), dass externe Integration den Unternehmenserfolg steigert. Ähnliche Ergebnisse finden sich auch für die interne Integration z. B. zwischen den Funktionsbereichen Logistik und Marketing bzw. Produktion (Stank/Daugherty/Ellinger 1999; Droge/Jayram/Vickery 2004; Gimenez/Ventura 2005). Dass der festgestellte Zusammenhang zwischen Integration und Erfolg allerdings aus einer direkten Kausalität resultiert, lässt sich vor dem Hintergrund verschiedener theoretischer Ansätze wie der Neuen Institutionenökonomie und dem Situativen Ansatz in Frage stellen.

Integration und stärkere Kooperation haben nicht nur Vorteile, sondern auch einen Preis. Dieser ergibt sich insbesondere aus dem Verzicht auf den Marktmechanismus (Bask/Juga 2001). Zudem legt die Transaktionskostentheorie nahe, dass die Transaktionscharakteristika für die Effizienz der gewählten Koordinationsform (mit-)entscheidend sind. Dies legt den Schluss nahe, dass Integration nicht allgemein erfolgswirksam sein kann. Es ist durchaus denkbar, dass in den in den empirischen Studien betrachteten Umfeldern (Automobilbranche und Lebensmittelhandel) auf Grund der Ausprägungen der Transaktionsspezifität, -unsicherheit und -häufigkeit eine enge Kooperation effizienter ist als eine marktnahe. Wenn sich das gleiche Bild auch bei anderen Geschäftsbeziehungen und anderen Umfeldern zeigen sollte, so drängt sich die Hypothese auf, dass Integration stark korreliert ist mit einem Faktor, der seinerseits für den Erfolg ursächlich ist.

Ein solcher könnte die **Flussorientierung** der Unternehmen sein, wie sie insbesondere von Dehler (2001) untersucht wurde. Flussorientierung bezeichnet dabei eine umfassende Unternehmensgestaltung, die darauf gerichtet ist, einen schnellen, durchgängigen und turbulenzarmen Fluss von Materialien, Waren und Informationen über die gesamte Wertschöpfungskette hinweg zu ermöglichen. Dieses Konzept bezieht sich auf die Führungsbereiche Planung, Organisation, Anreizsystem, Informationssystem und Kontrolle und korrespondiert mit den in Abschnitt 1 dargestellten Entwicklungsstufen der Logistik. Flussorientierung lässt sich dabei nicht ohne eine externe und interne Abstimmung der Leistungserstellung erzielen. Entsprechend lässt sich eine sehr enge Verknüpfung zur Integration erkennen.

Für die Flussorientierung lässt sich eine positive kausale Wirkung auf den Logistikerfolg und in der Folge auch auf den Gesamterfolg eines Unternehmens konzeptionell herleiten und empirisch nachweisen. Dies gilt sowohl auf übergeordneter Ebene (Engelbrecht 2004, S. 266 f.) als auch – wie von Dehler (2001) gezeigt – für die einzelnen Führungsteilbereiche. Von besonderer Bedeutung sind dabei die flussorientierte Planung und die flussorientierte Kontrolle durch die Unternehmen, die direkt auf die Performance der Logistik (Dehler 2001, S. 220 ff.) und damit mittelbar auch auf den übergeordneten Unternehmenserfolg wirken. Beide Bereiche sind in deutschen Unternehmen mittel bis hoch ausgeprägt (Weber 2002, S. 27). Doch selbst bei Unternehmen, die sich auf der vierten und höchsten Stufe der Logistikentwicklung befinden, besteht hier noch deutliches Verbesserungspotenzial. Innerhalb der drei weiteren Bereichen Organisation, Informationssysteme und Anreizsysteme bilden insbesondere die Prozessorientierung der Organisation und die externe Vernetzung der Informationssysteme Erfolgstreiber; die flussorientierte Ausgestaltung der Anreizsysteme, der in der Praxis nur untergeordnete Bedeutung beigemessen wird, hat hingegen derzeit keinerlei Einfluss auf die Performance der Logistik (Dehler 2001, S. 220 ff.).

Als Fazit lässt sich für die Gestaltung von Wertschöpfungsketten ableiten, dass nicht zwangsläufig eine enge Kooperation zwischen Produktions- und/oder Handelsunternehmen am effizientesten ist. Vielmehr verspricht eine flussorientierte Gestaltung der Logistik sowohl unternehmensintern als auch über die Unternehmensgrenzen hinweg erhebliche Effizienzpotenziale. Diese können grundsätzlich über das gesamte Kontinuum von Markt bis hin zur Hierarchie realisiert werden.

Für die **Informationstechnologie** (IT) als einer wesentlichen Basis des SCM bedeutet dies, dass ein unreflektierter Einsatz nach dem Motto „viel hilft viel“ nicht gerechtfertig ist. In der Praxis hat sich in der Vergangenheit oft ein gegenteiliger Eindruck aufgedrängt. Grund hierfür ist, dass SCM in der Praxis häufig mit IT gleichgesetzt oder auf IT reduziert wird, was aber erhebliche Erfolgspotenziale ausblendet. In der Vergangenheit hat der Fortschritt in der IT erheblich dazu beigetragen, die Effizienz der Logistik zu steigern, und verschiedenen Konzepten erst zu einer praktikablen Anwendung verholfen. Inzwischen befindet sich eine nahezu unüberschaubare Zahl von IT-Systemen für das SCM auf dem Markt (Busch/Dangelmaier/Rüther 2003). Wesentliche Anwendungsfelder sind dabei Supply Chain Planning und Supply Chain Execution. Als neuere Systeme für das Supply Chain Planning stehen insbesondere Advanced-Planning-Systeme (APS) und Collaborative-Supply-Chain-Planning-Systeme zur Verfügung. Erstere beruhen auf einem ganzheitlichen Modellierungs- und Planungsansatz im Rahmen einer simultanen Planung. Dabei lassen sich echtzeitnahe, unternehmensübergreifende Pläne erreichen, die an den Engpässen der einzelnen Supply-Chain-Partner orientiert sind. Durch den zentralistischen Planungsprozess, der von den einzelnen Unternehmen eine Offenlegung vieler interner Daten verlangt, eignen sich die APS-Systeme vorwiegend für hierarchische Supply Chains, in denen fokale Unternehmen ihren Zulieferern wenig Freiheiten bezüglich der Planung lassen. Für kooperative Supply Chains, in denen Unternehmen „gleichberechtigt“ zusammenarbeiten, eignen sich hingegen besser CSCM-Systeme. Diese fokussieren auf die Optimierung der Schnittstelle zwischen zwei Unternehmen und haben zum Inhalt, ein konsistentes Bild über den angebots- und nachfrageseitigen Zustand der Lieferkette aufzubauen. Obwohl die Planungshoheit bei den einzelnen Unternehmen verbleibt, erlaubt das System so eine frühzeitige Abstimmung der Prozesse in den Bereichen Bedarfs-, Bestell-, Kapazitäts-, Bestands- und Transportplanung (Langemann 2002). Im Bereich Supply Chain Execution sind insbesondere die Produktionsplanungs- und -steuerungssysteme (PPS), die Warehouse-Management-Systeme (WMS), die Transportation-Management-Systeme (TMS) und daneben noch die Supply-Chain-Event Management-Systeme zu nennen. Letztere schaffen ein Instrumentarium, um Soll-Ist-Abweichungen in der Supply Chain frühzeitig zu erkennen und schnell und zielgerichtet reagieren zu können. Sie dienen als Frühwarnsystem, indem sie aus allen überwachten Vorgängen die wenigen kritischen herausfiltern, die einer gesonderten Behandlung bedürfen. Damit erlauben sie einen fokussierten Einsatz der Managementkapazitäten und versprechen – richtig eingesetzt – eine erhebliche Effizienzsteigerung bei gleichzeitig hoher Effektivität des Managements, welches sich gezielt mit (potenziellen) Problemfällen auseinander setzen kann.

Für den Einsatz aller IT-Systeme gilt dabei sicherzustellen, dass er die Effizienz und Effektivität nachhaltig steigert. Dabei sind im Rahmen des SCM insbesondere solche Systeme zu bevorzugen, die auf Grund einer gewissen Standardisierung potenzielle Lieferanten- und Kundenwechsel erleichtern.

2.2 Kooperation von Produktions- und Handelsunternehmen mit Logistikdienstleistern

In die umfangreiche Diskussion der Logistik- und SCM-Forschung zur Wertschöpfungstiefe einzelner Unternehmen wurden unter dem Stichwort „**Logistikoutsourcing**" auch die LDL einbezogen. Bereits vor der Marktderegulierung wurden LDL von Produktions- und Handelsunternehmen insbesondere für Transport und Lagerhaltung im Rahmen von Beschaffung und Distribution eingesetzt. In den letzten Jahren hat sich dieser Trend weiter fortgesetzt. Inzwischen werden z. B. in Deutschland etwa 45 % der Logistik durch externe LDL erbracht (Klaus 2003) – mit steigender Tendenz. Das gleiche Bild zeigt sich weltweit (Langley/Allen/Dale 2004).

Aus der Nutzung der Dienstleister versprechen sich outsourcende Unternehmen eine positive Wirkung für den Unternehmenserfolg – aktuell vor allem durch Kostenvorteile. So offenbart die von Engelbrecht (2004, S. 241 f.) in Deutschland durchgeführte Studie, dass die Senkung und Variabilisierung der Kosten die dominierenden Motive einer Outsourcingentscheidung sind. Erst mit klarem Abstand folgen leistungsbezogene Größen wie Geschwindigkeitsgewinn, Verbesserung der Lieferfähigkeit und Reduktion der Fehlerquoten. Vertiefende Analysen auf Basis des erhobenen Datensatzes zeigen dabei, dass aktuell im Wesentlichen drei verschiedene Outsourcingtypen zu beobachten sind: Eine erste Gruppe der Unternehmen, für die Kostensenkungsmotive dominieren, eine zweite, bei der die Kostensenkungsmotive um den Bereich Flexibilisierung erweitert werden, und eine dritte, bei der diese beiden Bereiche um Leistungssteigerungsmotive ergänzt werden. Dabei umfasst jede der drei Gruppen etwa ein Drittel der Unternehmen. Daneben existieren nur vereinzelt Unternehmen, bei denen die Kostenmotive nicht zumindest gleichwertig neben den anderen beiden Bereichen stehen.

Als Gründe für ein Outsourcing allgemein und speziell der Logistik werden in der Literatur vielfältige Aspekte genannt. Sie umfasst Kostensenkungen durch Spezialisierungseffekte, die Nutzung von Kernkompetenzen der LDL (Bretzke 1993, S. 38), Beseitigung von Ineffizienzen durch Wettbewerb, Skaleneffekte und höhere Kapazitätsauslastung durch Pooling (Bretzke 1993; Engelbrecht 2004, S. 20 f.). Daneben sind auch potenzielle Leistungssteigerungen relevant, unter anderem durch die Nutzung von spezifischem Know-how, Technologien und der Infrastruktur eines LDL (Browne/Allen 2001, S. 259 f.). Zudem fördern LDL die Flexibilität und damit eine schnellere Marktanpassung und tragen oftmals ein geringeres Investitionsrisiko (Wallenburg 2004, S. 47). Zudem ermöglicht das Outsourcing den Produktions- und Handelsunternehmen eine stärkere Konzentration auf die eigenen Kernkompetenzen. Den genannten Potenzialen stehen aber auch Nachteile und Gefahren entgegen: Zwar wird die Komplexität der Leistungserstellung auf einen LDL übertragen, gleichzeitig ergibt sich aber aus der Abstimmung mit diesem Komplexität. Zudem erwächst potenziell eine Abhängigkeit, die zusammen mit fehlenden Kontrollmöglichkeiten opportunistisches Verhalten des LDL nach sich ziehen kann. Verstärkt wird dies, wenn durch das Outsourcing bei den Produktions- und Handelsunternehmen ein Know-how-Verlust eintritt.

Nicht überraschend ist es daher, dass in der Wissenschaft vielfältige Erklärungsansätze für das Outsourcing-Phänomen genutzt werden (vgl. zu einer Synopse Dibbern/Güttler/Heinzl 2001). Von besonderem Erklärungswert erweisen sich dabei – zumindest konzeptionell – die Transaktionskostentheorie und der ressourcenbasierte Ansatz, die unter anderem von Antlitz (1999) und Dibbern/Güttler/Heinzl (2001) zu einem Erklärungsansatz integriert wurden. Handelt es sich bei der Logistik um eine klare Kernkompetenz, so steht ein Outsourcing aus strategischen Überlegungen außer Frage. Ansonsten ist eine langfristige Nutzenüberlegung anzustellen. Folgt man dem Modell von Antlitz (1999) und unterstellt ohne Beschränkung der Allgemeinheit des Vorgehens einen konstanten Output, so ist Outsourcing dann sinnvoll, wenn die internen Kosten größer sind als die externen Kosten (Preis der bezogenen Leistungen plus die resultierenden Transaktionskosten). Dabei setzen sich die internen Kosten zusammen aus den Kosten der Zielintegration, den Kosten der Nutzung von physischen Ressourcen und dem Wissen der Mitarbeiter sowie den Kosten der Wissensintegration zwischen der Führungs- und der Ausführungsebene.

Abstrahiert vom konkreten Outsourcinggegenstand lassen sich auf Grund dieses Kalküls keine allgemeingültigen Aussagen für oder wider Outsourcing fällen, da die einzelnen Kostenkomponenten situativ unterschiedlich ausfallen. So werden in der Literatur teilweise diametrale Sichtweisen zu diesem Thema offenbart. Alexander/Young (1996) unterstellt einen positiven Zusammenhang, während unter anderem D'Aveni/Ravenscraft (1994) einen negativen Zusammenhang von Outsourcing und Unternehmenserfolg unterstreichen. Zu einer differenzierteren Aussage kommt dagegen Brück (1995), der abhängig vom Kontext einen negativen oder U-förmigen Zusammenhang beobachtet. Für einen U-förmigen Verlauf argumentiert auch Bretzke (1993).

Bezogen auf die Logistik sollte die Ableitung von Hypothesen zur Erfolgswirkung des Outsourcings leichter fallen. Die Anwendung des ressourcenbasierten Ansatzes legt in den meisten Unternehmen eine Fremdvergabe zumindest der operativen Logistiktätigkeiten nahe, da diese häufig nicht zu den Kernkompetenzen gezählt werden (Engelbrecht 2004). Bei gleichzeitig vergleichsweise hohem Standardisierungsgrad der logistischen Tätigkeit kann im Sinne der Transaktionskostentheorie ebenfalls das Outsourcing der Unternehmenslogistik empfohlen werden. Entsprechend leitet Engelbrecht (2004, S. 245 f.) eine positive Erfolgswirkung des Outsourcing her. Seine empirischen Ergebnisse zeigen allerdings, dass das Logistikoutsourcing in der Form, wie es derzeit in Deutschland betrieben wird, nicht leistungssteigernd und nur schwach kostensenkend wirkt.

Daraus lässt sich zweierlei ableiten: Zum einen ist die Wirkung des Logistikoutsourcing auf den übergeordneten **Unternehmenserfolg** nur gering. Dies liegt daran, dass der Einfluss der Logistikkosten auf den Unternehmenserfolg zwar vorhanden, aber – im Vergleich zur Wirkung der Logistikleistung – nicht besonders stark ist (Weber 2003). Durch die alleinige Kostenfokussierung und -wirkung bleiben also die Nutzenpotenziale einer Leistungssteigerung ungenutzt. Zum anderen offenbart sich die Logistik als nicht so homogen wie angenommen. Statt eine generelle Erfolgswirkung aufzuweisen, ist die Hypothese aufzustellen, dass der Erfolg des Outsourcing davon abhängt, unter welchen Umständen welche Leistungen wie fremdvergeben werden. So ist z. B. anzunehmen, dass in einem komplexen und dynamischen, also von Unsicherheit geprägten Umfeld, eine engere Kooperation und intensivere Kommunikation mit dem LDL notwendig sein wird, um das Outsourcing genauso erfolgreich zu gestalten, als unter anderen Voraussetzungen. Eine entsprechende Validierung dieser Hypothesen steht allerdings noch aus.

Neben der direkten Beurteilung des Outsourcingerfolges durch Produktions- und Handelsunternehmen kann auch deren **Kundenbindung** innerhalb der jeweiligen Geschäftsbeziehung als indirekter Indikator genutzt werden. Unterstellt man rationales Handeln, so wird ein Produktions- oder Handelsunternehmen nur dann seinen LDL wiederbeauftragen oder gar das Auftragsvolumen ausweiten, wenn der Fremdbezug der Logistikleistungen vorteilhafter ist als die Eigenerstellung. Die Determinanten der Kundenbindung, wie sie von Wallenburg (2004) empirisch nachgewiesen wurden, können also zumindest zum Teil Aufschluss über die Erfolgsfaktoren einer Outsourcingbeziehung geben. In besonderer Weise sind dabei neben der Verbundenheit, die insbesondere durch das Vertrauen positiv beeinflusst wird, die Leistungsqualität und das Verbesserungsstreben durch die LDL hervorzuheben. Die Leistungsqualität weist den stärksten Einfluss auf die Wiederbeautragung eines LDL bei Auslaufen der bestehenden Verträge auf. Eine hohe Qualität der erbrachten Leistungen ist demnach Grundlage für eine erfolgreiche Kooperation. Als zentrale Einflussgröße der Leistungsqualität erweist sich dabei die Problemvermeidung und -lösung bei gleichzeitig geringer Bedeutung der Flexibilität. Die niedrige Bedeutung der Flexibilität lässt sich so erklären, dass die Produktions- und Handelsunternehmen nur die Erfüllung der Vorgaben als Maßstab zur Bewertung der Qualität nutzen. Flexibilität wäre dann nicht mit einem hohen Qualitätsurteil verbunden, sondern würde als zusätzliche Serviceleistung gesehen, die einen von der eigentlichen Leistung losgelösten Mehrwert generiert. Gestützt wird diese Erklärung dadurch, dass die Erfüllung der Vorgaben mithin als Normalfall empfunden wird und die Möglichkeiten, sich durch „Übererfüllung" zu profilieren, für den LDL begrenzt sind.

Daneben zeigt sich in der Praxis auch, dass nur dann dauerhaft eine hohe Leistungsqualität und ein hoher Fit der Logistiksysteme mit dem Kontext gewährleistet ist, wenn der LDL ein ausgeprägtes **Verbesserungsstreben** an den Tag legt und Aktivitäten durchführt, um die Logistiksysteme des jeweiligen Kunden zu verbessern (Wallenburg 2004, S. 241 f.). Entsprechend erweist sich das Verbesserungsstreben als Schlüsselgröße hinsichtlich der Zusatzbeauftragung eines LDL (Weber/Wallenburg 2004, S. 43). Gleichzeitig zeigen sich in diesem Punkt erhebliche Defizite der LDL. Von Seiten der Produktions- und Handelsunternehmen wird zumeist bemängelt, dass die LDL zu wenig über den „Tellerrand" schauen und selten Anstöße zu Verbesserungen außerhalb ihres direkten Zuständigkeitsbereiches geben. Zudem wird oftmals deren geringe Eigeninitiative bemängelt. Dies überrascht insofern, als sich durch ein erhöhtes Verbesserungsstreben die Bindung der Produktions- und Handelsunternehmen als Kunden wesentlich steigern ließe (Weber/Wallenburg 2004, S. 43). Die empirischen Ergebnisse geben in diesem Zusammenhang allerdings keinen Aufschluss darüber, ob dies auf begrenzte Fähigkeiten (Können-Komponente) und damit eingeschränkte Handlungsoptionen oder auf eine mangelnde Handlungsbereitschaft (Wollen-Komponente) als Resultat einer zumindest impliziten Nutzen-Abwägung zurückzuführen ist.

Bei bestehenden Könnensdefiziten kann der LDL Abhilfe durch verbessertes Wissensmanagement oder eine bessere Allokation der personellen Ressourcen erzielen. Spezielle Kenntnisse und Erfahrungen aus anderen Geschäftsbeziehungen lassen sich als Grundlage von Verbesserungen nutzen, wenn sie adäquat dokumentiert sind und den Mitarbeitern zugänglich gemacht werden. Eine bessere Vernetzung und Bereitstellung des Wissens könnte auch dadurch gefördert werden, dass Kompetenzträger bei Bedarf oder in regelmäßigem Turnus die operativen Einheiten bei der Identifikation und Umsetzung von Verbesserungspotenzialen unterstützen.

Neben den Wissensdefiziten kann das Verbesserungsstreben durch geringe Handlungsspielräume der Beteiligten eingeschränkt werden. Auf individueller Ebene liegt dies insbesondere dann vor, wenn die Kapazitäten der Mitarbeiter so stark mit operativen Tätigkeiten ausgelastet werden, dass keine zeitlichen Freiräume für eine Auseinandersetzung mit Verbesserungsmöglichkeiten der Logistiksysteme verbleiben. Die Einrichtung entsprechender Freiräume kann hier zur Entwicklung des Verbesserungsstrebens auf individueller Basis beitragen. Schwieriger ist der Umgang mit eingeschränkten Handlungsspielräumen ganzer Organisationseinheiten. Die meisten LDL sind in eine große Zahl von Organisationseinheiten untergliedert. Zumeist operieren zahlreiche Landesgesellschaften und Niederlassungen als Profit Center nebeneinander. Die sich daraus ergebenden Einschränkungen der Handlungsspielräume können zu Problemen führen, wenn verschiedene Profit-Center in ein Logistiksystem integriert sind und bei der Erstellung von Logistikleistungen zusammenwirken. Verbesserungsansätze werden dann durch die Vielzahl der LDL-internen Schnittstellen und die mangelnden Durchgriffsmöglichkeiten der einzelnen Organisationseinheiten erschwert. Die Reduzierung der skizzierten Hemmnisse kann eine organisatorische Neugestaltung der LDL in einigen Bereichen nahe legen. Dies betrifft insbesondere die Angebots- und Leistungserstellung im Bereich umfassender Logistiksysteme wie die Kontraktlogistik.

Ein erhöhtes Verbesserungsstreben und die Entwicklung der dafür erforderlichen Fähigkeiten sind letztlich aber von der Bereitschaft der LDL – also dem Wollen – abhängig, welches auf Nutzenüberlegungen basiert. Das Verbesserungsstreben wirkt in der Regel nicht unmittelbar, sondern erst mit Verzögerung langfristig auf den Markterfolg des LDL. Zudem besteht Unsicherheit dahingehend, wie stark und in welchen konkreten Geschäftsbeziehungen sich das Verbesserungsstreben erlössteigernd auswirkt und wie es im Einzelfall zu gestalten ist. Saldiert man alle Erlöse und Kosten des Verbesserungsstrebens, so zeigen sich positive langfristige Effekte mit strategischem Charakter, denen negative kurzfristige Effekte mit operativem Charakter gegenüberstehen. Ist ein LDL auf kurzfristige Gewinnmaximierung ausgerichtet, so ergibt sich zwangsläufig ein niedriges Verbesserungsstreben. Das gleiche gilt auch bei einer langfristigen Ausrichtung, sofern die in einer spezifischen Geschäftsbeziehung erforderlichen Kosten auch im Zeitverlauf nicht über zusätzliche Erlöse kompensiert werden können. Ein erhöhtes Verbesserungsstreben kann dann nur durch externe Quellen erreicht werden, wenn z. B. durch entsprechende Vertragsgestaltung mit dem Kunden das unmittelbare Interesse des LDL am Verbesserungsstreben gestärkt wird. Dies liegt zumeist auch im Interesse der Kunden, da ein erhöhtes Verbesserungsstreben den Erfolg des Outsourcings und damit den Logistikerfolg des Kunden erhöht. Eine vertragliche Incentivierung des LDL ließe diesen z. B. an den durch Verbesserungen erzielten Einsparungen teilhaben. Damit könnten andere entfallende Erlöse und die entstehenden zusätzlichen Kosten der LDL für Verbesserungsstreben überkompensiert werden, womit sich die Interessenkonflikte des LDL auch zum Vorteil des Kunden lösen ließen.

3. Vertrauen als zentrales Element einer Kooperation

3.1 Rolle von Vertrauen in Kooperationen

Während sich Kapitel 2 mit speziellen Arten von Kooperationen im Rahmen von Logistik und SCM auseinander setzt, erweist sich **Vertrauen** und in der Folge ein **Vertrauenscontrolling** zumindest potenziell für alle Kooperationsbeziehungen als relevant. Vertrauen stellt unzweifelhaft eines der in jüngerer Vergangenheit am meisten diskutierten Phänomene in der betriebswirtschaftlichen Disziplin dar und bildet eine wichtige Grundlage vieler Beziehungen, die ohne es überhaupt nicht zustande kämen. Dabei ist Vertrauen ein Konzept, um mit Risiko und Unsicherheit in Austauschbeziehungen umzugehen; es dient der Komplexitätsreduktion von Entscheidungen (Luhmann 1973).

Im Rahmen von Logistik und SCM erweisen sich spezifische Investitionen als relevant, da sie auf Grund der Anpassung an spezifische Anforderungen eine Effizienzsteigerung von Prozessen erreichen können. Gleichzeitig werfen sie aber die Frage auf, wie mit ihnen vor dem Hintergrund von potenziellem Opportunismus in Transaktionssituationen umgegangen werden soll. Eine Absicherungsmöglichkeit stellen Verträge dar. Diese beinhalten aber das Problem, dass sie wegen der Unsicherheit über die Zukunft nicht vollständig sein können. Es ist aber nicht nur unmöglich, alles vertraglich zu regeln, sondern auch ökonomisch nicht sinnvoll. Denn mit dem Versuch, den Grad der Vollständigkeit zu steigern, nehmen auch die Transaktionskosten für Anbahnung, Vereinbarung, Kontrolle und Anpassung zu. Dies gilt insbesondere dann, wenn der Vertrag die Möglichkeit erhalten soll, flexibel auf verschiedenste Entwicklungen in der Zukunft zu reagieren.

An dieser Stelle kommt Vertrauen ins Spiel. Es kann Informationen und Vereinbarungen ersetzen in der Erwartung, dass sich der Transaktionspartner entsprechend den eigenen Vorstellungen verhalten wird. Dabei hat Vertrauen nur dann eine Bedeutung, wenn sich ein Risiko als Folge des Handelns des Vertrauensnehmers ergibt (Coleman 1990, S. 91), Unsicherheit über dessen Verhalten besteht und sich dieser durch opportunistisches Verhalten Vorteile verschaffen kann. Daneben setzt Vertrauen Informationsdefizite voraus. Wer in einer spezifischen Entscheidungssituation über alle relevanten Informationen verfügt und keinem Risiko ausgesetzt ist, muss nicht mehr vertrauen (vgl. hierzu bereits Simmel 1923), da für den Gegenüber kein Handlungsspielraum besteht, der in Umfang und Komplexität durch das Vertrauen begrenzt werden müsste.

In der Literatur besteht Konsens dahingehend, dass sowohl personales als auch organisationales Vertrauen Grundlage vieler Beziehungen ist. So betont Arrow (1975, S. 24): „Virtually every commercial transaction has within itself an element of trust, certainly any transaction conducted over a period of time.“ Den großen Einfluss auf die Qualität und den Erfolg der Zusammenarbeit in einer Kooperation zeigt theoretisch unter anderem Wurche (1994). Auch im Zusammenhang mit der Langlebigkeit von Geschäftsbeziehungen ist die Rolle des Vertrauens umfassend belegt (vgl. exemplarisch Anderson/Narus 1990; Moorman/Zaltman/Deshpandé 1992; Noordewier/John/Nevin 1990). Zusammen mit Commitment bildet Vertrauen den zentralen Faktor, der effiziente und effektive Austauschbeziehungen von anderen unterscheidet. Morgan/Hunt (1994) zeigen empirisch, dass Vertrauen und Commitment Kooperation fördern, und unterstreichen, dass beide Größen dazu führen, dass Transaktionspartner auf Grund langfristig zu erwartender Vorteile kurzfristig vorteilhaften Alternativen widerstehen und riskante Vorleistungen erbringen in der Überzeugung, ihr Partner werde sich nicht opportunistisch verhalten. Diese kooperationsfördernde Wirkung findet sich auch in anderen Studien. So identifiziert z. B. Wertz (2000, S. 158) Vertrauen als wichtigsten Erfolgsfaktor einer Lieferanten-Produzenten-Beziehung. Gleichzeitig wirkt Vertrauen transaktionskostensenkend, indem es Informationen und Vereinbarungen ersetzt. Dies bestätigt die empirische Studie von Matthes (2005) sowohl für unternehmensübergreifende als auch unternehmensinterne Beziehungen. Daneben belegt Matthes, dass Vertrauen nicht nur theoretisch sondern auch empirisch beobachtbar eine effiziente Institution zur Reduktion von Transaktionskosten darstellt.

Diese Ausführungen sollen allerdings keinesfalls dazu verleiten, mit dem Ziel, die Integration und Flussorientierung innerhalb von Supply Chains zu erhöhen, immer Verträge durch Vertrauen zu substituieren – also „blind“ zu vertrauen. Ein solches Verhalten würde der Opportunismusgefahr nicht mit ausreichender Vorsicht begegnen. Vielmehr handelt es sich auch bei Vertrauen um ein Phänomen, welches sich durch ein ökonomisches Kalkül abbilden lässt. Zur Verdeutlichung nutzen wir die Definition von Ripperger (1998, S. 45), die Vertrauen auffasst, als „die freiwillige Erbringung einer riskanten Vorleistung unter Verzicht auf explizite vertragliche Sicherungs- und Kontrollmaßnahmen gegen opportunistisches Verhalten in der Erwartung, dass sich der andere, trotz Fehlen solcher [...], nicht opportunistisch verhalten wird“. Die Vertrauenshandlung ist also von der Erwartungshaltung gegenüber dem Verhalten des (potenziellen) Vertrauensnehmers abhängig. Aus ökonomischer Sicht ist es immer dann sinnvoll zu vertrauen und eine Vertrauenshandlung durchzuführen, wenn der erwartete Nutzen daraus positiv ist im Vergleich zum Nicht-Vertrauen. Dies ist der Fall, wenn der Erwartungswert der Kooperationsgewinne den Erwartungswert der potenziellen Verluste durch opportunistisches Handeln des Kooperationspartners übersteigt. Damit wird das Entscheidungsproblem allerdings nicht gelöst, sondern nur dahingehend verschoben, dass der erwartete Nutzen als Saldo von Gewinnen und Verlusten zu bestimmen ist. Dies kann natürlich rein intuitiv erfolgen, was allerdings in den meisten Fällen nicht als rational zu bezeichnen ist, da es alle reflexiven Aspekte vernachlässigt. Eine entsprechende rationale Basis für eine (potenzielle) Vertrauenshandlung zu schaffen, ist Aufgabe eines kooperationsbezogenen Vertrauenscontrollings, auf welches im Folgenden detaillierter eingegangen wird.

3.2 Vertrauenscontrolling

Zwar verspricht Vertrauen erhebliche Kooperationsgewinne, besonders auch in kultur- und länderübergreifenden Kooperationen auf Grund des lückenhaften gesetzlichen Rahmens. Gleichzeitig kann sich hier unbegründetes Vertrauen in besonders fataler Weise auswirken, da die Sicherungsmechanismen der einzelnen nationalen Ordnungen oft nur schwer greifen und ein Kooperationspartner die in der Zusammenarbeit gewonnenen Erkenntnisse auch extern zu Lasten des Partners nutzen kann. In diesem Spannungsfeld ist ein wesentlicher Beitrag des kooperationsbezogenen Vertrauenscontrollings zu verorten, dessen Zentrum als Teil eines Kooperations- oder Beziehungscontrollings (vgl. hierzu insbesondere Bacher 2004; Weber/Hirsch/Matthes/Meyer 2004) in der Generierung von Informationen über die **Vertrauenswürdigkeit** von (potenziellen) Kooperationspartnern liegt. Durch das Bereitstellen solcher Informationen erhält ein Management, das über eine Kooperation zu entscheiden hat, Einschätzungen über den Status quo der Vertrauenswürdigkeit und kann ggf. Schutzmaßnahmen bzw. die Beendigung der Zusammenarbeit einleiten. Damit wird der Vertrauensmechanismus in Kooperationsbeziehungen auf eine rationale Basis gestellt. Grundlage hierfür kann ein investitionstheoretisches Kalkül bilden, wie es von Hirsch/Meyer (2005) vorgeschlagen wird.

Maßgeblich für die **Vertrauensentscheidung** sind demnach zunächst die Gewinne C^A, die aus einem kooperierenden Verhalten des Vertrauensnehmers folgen, die Verluste L^A, die sich bei opportunistischem Verhalten des Vertrauensnehmers ergeben, und die Wahrscheinlichkeit c^c für das opportunistische Verhalten. Ist dann diese Wahrscheinlichkeit kleiner als der Quotient aus L^A und $L^A - C^A$, so ist es nach Hirsch/Meyer (2005) rational, die Vertrauenshandlung vorzunehmen (siehe Formel I).

$$\text{(I)} \qquad \forall \; c^c < \frac{L^A}{L^A - C^A} \quad \rightarrow \text{Vertrauenshandlung rational}$$

Zur Abschätzung der Wahrscheinlichkeit des opportunistischen Verhaltens des Vertrauensnehmers ist es sinnvoll, den Quotienten r_o aus dessen Nutzen bei kooperativem Verhalten und dessen Nutzen bei opportunistischem Verhalten zu betrachten. Dabei sind neben den direkten Effekten für den Vertrauensnehmer insbesondere seine Werte und die Wirkung auf seine Reputation maßgeblich. Zur Abbildung der aus den Werten resultierenden Effekten lässt sich dabei auf das Konstrukt soziales Kapital zurückgreifen, welches bei opportunistischem Handeln ganz oder teilweise zerstört wird. Liegt der Quotient r_o unter 1, so ist es für den Vertrauensnehmer ökonomisch sinnvoll, opportunistisch zu handeln, während er bei einem Wert über 1 kooperieren sollte. Führt man beide Argumentationen zusammen, so ist eine Vertrauenshandlung dann rational, wenn der Erwartungswert E, dass r_o kleiner als 1 ist, geringer ist als der Quotient aus L^A und $L^A - C^A$. (siehe Formel II).

$$\text{(II)} \qquad \forall \; E(r_o < 1) < \frac{L^A}{L^A - C^A} \quad \rightarrow \text{Vertrauenshandlung rational}$$

In der Praxis erweist sich eine solche Abschätzung allerdings als schwierig. Oftmals können nicht alle relevanten Größen monetär bewertet werden. Alternativ bietet es sich daher an, statt des Versuchs einer exakten quantitativen Messung lediglich eine Abschätzung der Vertrauenswürdigkeit vorzunehmen. Zumeist ist dies ausreichend, um mögliche Risiken, aber auch Potenziale in der Entwicklung einer Kooperation zu identifizieren (Weber u. a. 2004, S. 15). Natürlich gilt dabei auch für das Vertrauenscontrolling die Anforderung, dass sein Nutzen die Kosten rechtfertigen muss. Dies ist in der Regel zumindest für die wichtigen Kooperationspartner der Fall.

Als Grundlage des Vertrauenscontrollings bietet sich ein Instrumentarium an, welches in ähnlicher Form zusamen mit der dm-drogerie markt GmbH + Co.KG entwickelt wurde und dort zum Einsatz kommt (Hirsch/Weber/Bacher 2004). Als Indikatoren der Vertrauenswürdigkeit dienen hierbei die bereits angesprochenen Faktoren (1) direkter Opportunismusnutzen, (2) Wertvorstellungen des Lieferanten und (3) potenzieller Reputationsverlust des Lieferanten.

Der direkte **Opportunismusnutzen** des Vertrauensnehmers als Saldo aus direktem Nutzen und direktem Dysnutzen lässt sich anhand von drei Komponenten abschätzen:

- Attraktivität des Opportunismus:
  Als Indikatoren eignen sich hierbei die Höhe des möglichen Opportunismusgewinns, die Wahrscheinlichkeit der Aufdeckung von opportunistischem Handeln sowie die dann direkt vom Vertrauensgeber eingesetzten Sanktionen.
- Stärke der auf dem Markt wirkenden Sanktionsmechanismen, die den Opportunismusspielraum einschränken:
  Diese lässt sich anhand der Indikatoren gesetzliche Regelungen, Einfluss von Verbänden und anderen (Dach-)Organisationen sowie Regelungsdichte des Marktes erfassen.
- Abhängigkeit des Kooperationspartners, die bei aufgedecktem Opportunismus zu einem negativen Nutzen führt:
  Diese kann durch die Höhe der kooperationsspezifischen Investitionen und die Wichtigkeit hinsichtlich der Gewinnerzielung des Kooperationspartners abgeschätzt werden.

Während die Abschätzung der Opportunismusgefahr ohne Einbeziehung des Kooperationspartners erfolgen sollte, bietet es sich an, ihn bei der Beurteilung der Faktoren (2) und (3) zu integrieren. Hierzu können – so vorhanden – die turnusmäßigen Lieferanten- oder Kundenbefragungen genutzt werden.

Der Faktor **Wertvorstellungen** setzt sich aus den Komponenten kooperationsfördernde Werte und Kongruenz zentraler Werte zusammen. Diese sind dafür maßgeblich, dass bei aufgedecktem opportunistischem Verhalten soziales Kapital auf Seiten des Vertrauensnehmers vernichtet wird, welches den direkten Opportunismusnutzen weiter verringert. Als Indikatoren der kooperationsfördernden Werte dienen unter anderem Offenheit der Kommunikation, Ehrlichkeit, Verständnis für spezifische Bedingungen, Loyalität und Commitment sowie Fairness und Integrität. Bei diesen Indikatoren ist ein Abgleich von Selbst- und Fremdeinschätzung bei beiden Kooperationspartnern vorzunehmen. Die Beurteilung der Kongruenz zentraler Werte kann erfolgen über einen Vergleich der Selbsteinschätzung von Kundenorientierung, Mitarbeiterorientierung, Pioniergeist sowie gesellschaftliche Toleranz und Verantwortung.

Auch der **Reputationsverlust** schmälert den Opportunismusnutzen, wobei sich dieser Effekt insbesondere langfristig bemerkbar macht. Dieser Faktor lässt sich zum einen durch die Komponente allgemeiner Reputationsverlust abbilden. Als Indikatoren eignen sich hierfür die Bedeutung der Reputation für das Geschäft des Kooperationspartners und der Einfluss des Vertrauensgebers auf die Meinungsbildung in den relevanten Märkten. Zum anderen dienen die Komponenten Kooperationsintensität und Kooperationsqualität zur Abschätzung des Reputationsverlustes, der sich für die spezifische Kooperation ergibt. Indikatoren hierfür sind unter anderem Zahl der bisherigen Projekte, Vielschichtigkeit der Beziehung und Kontinuität der Ansprechpartner sowie Entgegenkommen, Vertrautheit, Kompetenz, Erreichbarkeit, Konflikte und Konfliktlösung. Hierbei erscheint es sinnvoll, jeweils durch beide Kooperationspartner eine gegenseitige Einschätzung der jeweiligen Merkmalsausprägungen vorzunehmen und diese miteinander zu vergleichen.

Kern des beschriebenen Instrumentariums ist es, für die Relevanz rationalen und damit hinterfragten Vertrauens zu sensibilisieren und gleichzeitig Unternehmen einen praktikablen und einfachen Ansatz zu liefern, der Transaktions- und Kooperationsentscheidungen um rationale Aspekte erweitert und dabei verbessert.

4. Fazit und Ausblick

Kooperationen sind „in", auch in der Logistik und im Supply Chain Management. In beiden Bereichen wird diese Einstellung wesentlich durch IT-Entwicklungen angetrieben. Aus dem potenziellen zusätzlichen Koordinationsnutzen einer Überwindung rein marktlicher Koordination werden Informationsbedarfe abgeleitet, um diesen Nutzen zu ermöglichen, und DV-Instrumente entwickelt, um diese Informationen bereitzustellen. Transparenz kann allerdings auch schaden, bietet die Chance zu opportunistischer Ausbeutung. Nicht umsonst hat sich marktliche Kooperation in der Vergangenheit als sehr erfolgreich erwiesen. Theoretische, betriebswirtschaftlich ausgerichtete Überlegungen sind den IT-Architekten jedoch fremd. Menschen bzw. allgemein Akteure werden in den IT-Systemen nicht mit modelliert. Sie einzubeziehen, hat eine deutlich differenziertere Einschätzung zur Folge. Begrenzte kognitive Fähigkeiten und potenzieller Opportunismus führen dazu, dass sich Kooperationen deutlich seltener gegenüber reinen Marktbeziehungen als überlegen zeigen. Dies erklärt auch den zunehmend aufkommenden Zweifel, ob die hohen Vorschusslorbeeren einer engen Kooperation und „Collaboration" wirklich gerechtfertigt sind.

Beide Aspekte einzubeziehen, führt darüber hinaus zu einer differenzierten Betrachtung von Outsourcing im Bereich Logistik und Supply Chain Management. Outsourcing-Projekte berücksichtigen derzeit zu stark Kostenaspekte, sind zu wenig auf die damit erreichbare Steigerung der logistischen Leistungsfähigkeit ausgerichtet. Mangelndes Know-how und schlechte Vorbereitung der Vergabeprozesse führen zu mangelnder Performance. Dies und eine mangelnde Zusammenarbeit zwischen Verlader und Logistikdienstleister verhindert die Erschließung des wirtschaftlichen Potenzials einer Fremdvergabe der Leistungen.

Der Aspekt der mangelnden Zusammenarbeit lenkt schließlich den Blick auf einen Aspekt im Beziehungsmanagement, der in Zukunft deutlich stärker in den Fokus genommen werden muss. Zwar zeigen viele empirische Studien die Bedeutung von Vertrauen für den Erfolg von Beziehungen auf; dennoch wird der aktiven Gestaltung dieses nur vermeintlich „weichen" Faktors kaum Aufmerksamkeit geschenkt. Wie der Beitrag gezeigt hat, lässt sich auch Vertrauen „controllen". Auf diesem Feld weiter voranzukommen, wird bestehende Kooperationen ausbauen und festigen helfen – oder aber zeigen, auf welch schwankendem Grund sie stehen; eine solche Beziehung zu beenden oder auf das Maß normaler marktlicher Kooperation zurückzuführen, wäre aber ein genauso wichtiges Ergebnis.

Literatur

ALEXANDER, M.; YOUNG, D. (1996): Outsourcing: Where's the Value?, in: Long Range Planning, 29. Jg, Nr. 5, S. 728-730.

ANDERSON, J.; NARUS, J. A. (1990): A Model of the Distributor-Manufacturer Working Relationships, in: Journal of Marketing, 54. Jg., Nr. 1, S. 42-58.

ANTLITZ, A. (1999): Unternehmensgrenzen und Kooperation: Make-cooperate-or-buy im Zusammenspiel von Kompetenz- und Strategieentwicklung, Wiesbaden.

ARROW, K. J. (1975): Gifts and Exchanges, in: Phelps, E. (Hrsg.): Altruism, Morality and Economic Theory, New York, S. 13-28.

BACHER, A. (2004): Instrumente des Supply Chain Controlling: Theoretische Herleitung und Überprüfung in der Unternehmenspraxis, Wiesbaden.

BASK, A. H.; JUGA, J. (2001): Semi-integrated Supply Chains: Towards the New Era of Supply Chain Management, in: International Journal of Logistics, 4. Jg., S. 137-152.

BRETZKE, W. R. (1993): Pro und contra Outsourcing von Logistikdienstleistungen, in: Beschaffung aktuell, 40. Jg., Nr. 6, S. 37-39.

BROWNE, M.; ALLEN, J. (2001): Logistics Out-Sourcing, in: Brewer, A. M.; Kenneth, J. B.; Hensher, D. A. (Hrsg.): Handbook of Logistics and Supply Chain Management, Oxford, S. 253-268.

BRÜCK, F. (1995): Make versus Buy: The wrong decisions cost, in: The McKinsey Quarterly, Nr. 1, S. 29-47.

BUSCH, A.; DANGELMAIER, W.; PAPE, U.; RÜTHER, M. (2003): Marktspiegel Supply Chain Management Systeme, Wiesbaden.

COLEMAN, J. S. (1990): Foundations of Social Theory, Cambridge.

COUNCIL OF SUPPLY CHAIN MANAGEMENT PROFESSIONALS (2005): Definition of Logistics Management, www.cscmp.org, Aufruf: 25.02.2005.

D'AVENI, R. A., RAVENSCRAFT, D. J. (1994): Economies of Integration versus Bureaucracy Costs: Does Vertical Integration Improve Performance?, in: Academy of Management Journal, 37. Jg., S. 1167-1206.

DEHLER, M. (2001): Entwicklungsstand der Logistik, Wiesbaden.

DIBBERN, J.; GÜTTLER, W.; HEINZL, A. (2001): Die Theorie der Unternehmung als Erklärungsansatz für das selektive Outsourcing der Informationsverarbeitung, in: Zeitschrift für Betriebswirtschaft, 71. Jg., S. 675-700.

DROGE, C.; JAYARAM, J.; VICKERY, S. K. (2004) The Effects of Integrative New Product Development Practices on Time-based Performance: A Holistic Model, in: Journal of Operations Management, 22. Jg., S. 557-573.

DYER, J. H.; NOBEOKA, K. (2000): Creating and managing a high-performance knowledge-sharing network: The Toyota case, in: Strategic Management Journal, 21. Jg, S. 345-367.

ENGELBRECHT, C. (2004): Logistikoptimierung durch Outsourcing: Erfolgswirkung und Erfolgsfaktoren – Eine empirische Untersuchung, Wiesbaden.

FRIESE, M. (1998): Kooperation als Wettbewerbsstrategie für Dienstleistungsunternehmen, Wiesbaden.

GIERL, H.; BARMBAUER, S. (2002): Information Networks as a Safeguard from Opportunism in Industrial Supplier-Buyer Relationships, in: Schmalenbach Business Review, 54. Jg., S. 335-350.

GIMENEZ, C.; VENTRURA, E. (2005): Logistics-production, logistics-marketing and external integration: Their impact on performance, in: International Journal of Operations & Production Management, 25. Jg., S. 20-38.

GÖPFERT, I. (1999): Stand und Entwicklungen der Logistik, in: Logistik Management, 1. Jg., Nr. 1, S. 19-34.

GOMM, M; TRUMPFHELLER, M. (2004): Netzwerke in der Logistik, in: Pfohl, H.-C. (Hrsg.): Netzkompetenz in Supply Chains, Wiesbaden, S. 43-65.

HIRSCH, B.; MEYER, M. (2005): An investment theoretic framework for the trust decision in inter-firm transactional relationships, Paper präsentiert auf dem 28. Annual Congress of the European Accounting Association in Göteborg.

HIRSCH, B.; WEBER, J.; BACHER, A. (2004): Zur Messung der Vertrauenswürdigkeit – das Beispiel dm-drogerie markt, in: Zeitschrift Führung und Organisation, 73. Jg., S. 196-201.

KLAUS, P. (1993): Die dritte Bedeutung der Logistik, Logistik-Arbeitspapier Nr. 3, Lehrstuhl für Logistik, Universität Erlangen-Nürnberg.

KLAUS, P. (2003): Die Top 100 der Logistik – Marktgrößen, Marktsegmente und Marktführer in der Logistikdienstleistungswirtschaft, Deutschland und Europa, Hamburg.

LAMBERT, D. M.; COOPER; M. C.; PAGH; J. D. (1998): Supply Chain Management: Implementation issues and research opportunities, in: The International Journal of Logistics Management, 9. Jg., Nr. 2, S. 1-19.

LANGEMANN, T. (2002): Collaborative Supply Chain Management; in: Busch, A.; Dangelmaier, W. (Hrsg.): Integriertes Supply Chain Management – Theorie und Praxis effektiver unternehmensübergreifender Geschäftsprozesse, Wiesbaden, S.421-438.

LANGLEY, C. J.; ALLEN, G. A.; DALE, T. A. (2004): Third-Party Logistics Study – Results and Findings of the Ninth Annual Study.

LUHMANN, N. (1973): Vertrauen: Ein Mechanismus zur Reduktion von Komplexität, 2. Aufl., Stuttgart.

MATTHES, A. (2005): Die Wirkung von Vertrauen auf die ex post Transaktionskosten, Diss in Vorbereitung, Vallendar.

MOORMAN, C.; ZALTMAN, G.; DESHPANDÉ, R. (1992): Relationships between Providers and Users of Marketing Research: The Dynamics of Trust within and between Organizations, in: Journal of Marketing Research, 29. Jg., S. 314-329.

MORGAN, M. R.; HUNT, S. D. (1994): The Commitment-Trust Theory of Relationship Marketing, in: Journal of Marketing, 58. Jg., Nr.7, S. 20-38.

NOORDEWIER, G. T.; JOHN, G.; NEVIN, J. R. (1990): Performance Outcomes of Purchasing Arrangements in Industrial Buyer-Vendor Relationships, in: Journal of Marketing, 54. Jg., Nr.10, S. 80-93.

OTTO, A. (2002): Managment und Controlling von Supply Chains – Ein Modell auf Basis der Netzwerktheorie, Wiesbaden.

RIPPERGER, T. (1998) Ökonomik des Vertrauens: Analyse eines Organisationsprinzips, München.

SIMMEL, G. (1923): Soziologie: Untersuchungen über die Formen der Vergesellschaftung, Leipzig.

STANK, T. P.; KELLER, S.; DAUGHERTY, P. (2001): Supply Chain Collaboration & Logistical Service Performance, in: Journal of Business Logistics, 22. Jg., Nr. 1, S. 29-48.

VOSS, P. H. (2005): Horizontale Supply Chain Beziehungen – Potentiale in der Zusammenarbeit durch einen gemeinsamen Kunden, Diss in Vorbereitung, Vallendar.

WALLENBURG, C. M. (2004): Kundenbindung in der Logistik – Eine empirische Untersuchung zu ihren Einflussfaktoren, Bern u. a.

WEBER, J. (2002): Logistikkostenrechnung, 2. Aufl., Berlin u. a.

WEBER, J. (2003): Macht Logistik erfolgreich? – Konzeptionelle Überlegungen und empirische Ergebnisse, in: Logistik Management, 5. Jg., Nr. 3, S. 11-22.

WEBER, J.; DEHLER, M.; WERTZ, B. (2000): Supply Chain Management und Logistik, in: WiSt, 29. Jg., S. 264-269.

WEBER, J.; HIRSCH, B.; MATTHES, A.; MEYER, M. (2004): Kooperationscontrolling: Beziehungsqualität als Erfolgsfaktor unternehmensübergreifender Zusammenarbeit, Schriftenreihe Advanced Controlling, Band 39, Vallendar.

WEBER, J.; KUMMER, S. (1994): Logistikmanagement: Führungsaufgaben zur Umsetzung des Flußprinzips im Unternehmen, Stuttgart.

WEBER, J.; WALLENBURG C. M. (2004): Zusatzbeauftragung von Logistikdienstleistern – Empirische Ergebnisse und konzeptionelle Überlegungen zu entsprechenden Defiziten, in: Logistik Management, 6. Jg., Nr. 3, S. 34-46.

WERTZ, B. (2000): Management von Lieferanten-Produzenten-Beziehungen. Eine Analyse von Unternehmensnetzwerken in der deutschen Automobilindustrie, Wiesbaden.

WURCHE, S. (1994): Vertrauen und ökonomische Rationalität in kooperativen Interorganisationsbeziehungen, in: Sydow, J.; Windeler, A. (Hrsg.): Management interorganisationaler Beziehungen, Opladen, S. 142-159.

Michael-Jörg Oesterle*

Kooperationen in Forschung & Entwicklung

---

* Univ.-Professor Dr. Michael-Jörg Oesterle ist Inhaber des Lehrstuhls für Allgemeine Betriebswirtschaftslehre, insbesondere Internationales Management der Universität Bremen.

5. Zukünftige Herausforderungen durch F & E-Kooperationen für Theorie und Praxis

Literatur

1. Kooperation als Teilaspekt veränderter F & E-Bedingungen

Die betriebliche Teilfunktion Forschung & Entwicklung (F & E) stellt auf Grund der ihr zugeschriebenen Eigenschaft, neues Wissen zu generieren, einen für die zukünftige Wettbewerbsfähigkeit von Unternehmen höchst sensiblen Bereich dar. Das Eingehen von F & E-Kooperationen ist demnach immer mit der von Unternehmen zumindest wahrgenommenen Gefahr verbunden, dadurch auch externe Einblicke in zukünftige Erfolgspotenziale zu gewähren und somit die Wettbewerbsfähigkeit zu gefährden (Krubasik/Schrader 1989, Sp. 692 f.). Geht es gar um internationale Kooperationen, so tritt mit den erhöhten Anforderungen einer grenzüberschreitenden Zusammenarbeit weitere Unsicherheit hinzu.

F & E-Kooperationen zählen mittlerweile sowohl im nationalen wie auch im internationalen Kontext zum Standardrepertoire der von Unternehmen genutzten Strategien, Vorteile im härter werdenden Wissens-, Kosten- und/oder Qualitätswettbewerb zu erringen sowie eine verbreiterte Basis der Nachfrage sicherzustellen. Eine verstärkte Orientierung hin zur internationalen Zusammenarbeit (Beamish 2003, S. 120 ff.) lässt sich allerdings erst seit den achtziger Jahren, d. h. im Zuge der aufkommenden Globalisierung beobachten. Grenzüberschreitende F & E-Kooperationen müssen hierbei als Teil einer grundlegend veränderten Auffassung von Internationalisierung begriffen werden, deren Triebkräfte nicht mehr allein in vermarktungs-, produktions- und serviceorientierten Überlegungen bestehen. Vielmehr geht es seither zunehmend auch um das erfolgreiche Abschneiden in der weltweiten Suche nach und Erschließung von Wissen. Hierbei ist mit Blick auf internationale F & E-Kooperationen gar festzustellen, dass vermehrt auch kleinere und mittelständische Unternehmen Vorteile aus der internationalisierten Wissensgenerierung ziehen möchten. So kann ein Ziel etwa darin bestehen, sich wie Großunternehmen Zugang zu lokalen Wissensclustern (Boutellier/Gassmann/von Zedtwitz 2000, S. 143) zu verschaffen. Über die Durchführung von F & E-Aktivitäten direkt am Wissensursprung hoffen die betreffenden Unternehmen, zuverlässiger Anschluss an die jeweiligen Neuerungen des Wissensbestandes halten zu können oder diesen gar selbst voranzutreiben (Gassmann 1997, S. 35 ff.). Die Markteintrittsform „Kooperation" ist dabei in der Lage, über an sich bestehende Barrieren eines autonomen direktinvestiven Marktzugangs hinwegzuhelfen (Perlitz 2004, S. 449 f.).

Insgesamt ist die anhaltende Tendenz zur Zusammenarbeit auch im F & E-Bereich als Ausdruck veränderter Kosten-Nutzen-Beurteilungen zu interpretieren. Mitunter erheblich verkürzte Produktlebenszyklen sowie steigender F & E-Ressourcenbedarf auf Grund beschleunigten technologischen Wandels und erhöhter Systemkomplexität (Krubasik/Schrader 1989, Sp. 696; Rotering 1990, S. 70) lassen die Nutzenkomponenten von Kooperationen gegenüber deren negativen Risiken (und Kosten) dominieren.

2. Gegenstand, Rahmenbedingungen und Begründungen von F & E-Kooperationen

2.1 Kooperationskritische Eigenschaften von Forschung & Entwicklung

Bei F & E-Kooperationen geht es zunächst um die Zusammenarbeit von an sich selbstständigen Institutionen in einem Prozess, der zwar ein gewünschtes Ergebnis hervorbringen soll, dieses aber nicht mit Sicherheit auch realisieren muss. Zwar sind alle betriebswirtschaftlichen Aktivitäten mit dem genuinen Unternehmerrisiko behaftet. Unstrittig dürfte jedoch sein, dass die Kombination von Produktionsfaktoren zur Nutzung bereits vorliegender Erkenntnisse – beispielsweise im Sinne der unmittelbar physischen Produktion – mit wesentlich geringerer Unsicherheit bezüglich der Prozessergebnisse verbunden ist als eben die beabsichtigte Generierung neuen Wissens durch Forschung & Entwicklung (Brockhoff 1999, S. 48).

Auf Grund dieser Unsicherheit in Bezug auf die Erzielung von F & E-Resultaten haben entsprechende Kooperationen mit spezifischen Herausforderungen umzugehen. So ist gegenüber der Zusammenarbeit in anderen Bereichen der Wertschöpfungskette zum einen mit erhöhter Wahrscheinlichkeit das Problem einer Verantwortungszuweisung sowie einer Klärung der Verlustteilung im Falle verfehlter F & E-Kooperationsziele zu berücksichtigen. Zum anderen kann das Bewusstsein für die erhöhte Unsicherheit von F & E-Prozessergebnissen auch erst zur Bevorzugung von Kooperationen führen; es besteht dann die Erwartung, durch gemeinsame Forschung & Entwicklung zur Risikoteilung beizutragen (Hladik 1988, S. 188 f.). Dabei ist aber das Eingehen einer F & E-Kooperation immer mit der Gefahr verbunden, Unternehmensfremden Einblicke in den Produktionsprozess potenzieller zukünftiger Wettbewerbsvorteile zu verschaffen bzw. derartige Einblicke nicht völlig ausschließen zu können (Specht/Beckmann/Amelingmeyer 2002, S. 394). Im Falle internationaler Kooperationen verschärfen sich die skizzierten Probleme nochmals, da das höhere Maß an Fremdheit des Kooperationspartners den Prozess der Wissensgenerierung sowie die Gefahr des nicht gewollten Wissenstransfers zum Partner weniger kalkulierbar werden lässt.

Nach dem Rationalkalkül der ökonomischen Theorie, welche von generellen Kosten-Nutzen-Überlegungen der Akteure ausgeht, besteht die grundlegende Bedingung für Kooperationen in der (prognostizierten) Erwirtschaftung eines kooperativen Mehreffekts (Eschenburg 1971, S. 15). Den Barrieren für die Zusammenarbeit im F & E-Bereich müssen insofern neben dem bereits skizzierten Risikoaspekt weitere Vorteile oder Möglichkeiten zur Vermeidung noch größerer Nachteile im Falle der Nichtkooperation entgegenstehen. Unter Berücksichtigung der für F & E-Kooperationen möglichen Konsequenzen sowie des Umstands, dass F & E-Kooperationen grundsätzlich zunächst mit den Alternativen „gänzliche Eigenerstellung von Wissen" und „völliger Fremdbezug von Wissen" konkurrieren, sollte daher die Bevorzugung der kooperativen Wissensgenerierung auch in der Realität nicht Ergebnis einer Ad-hoc- bzw. einer intuitiven, sondern einer bewussten Entscheidung sein. Es gilt für an Wissen interessierte Unternehmen und andere Institutionen, die Option „F & E-Kooperation" sorgfältig gegenüber der ausschließlich intern durchgeführten Forschung & Entwicklung und der externen F & E-Beschaffung mittels Lizenznahme oder vollständiger Akquisition von F & E-attraktiven Einrichtungen abzuwägen. Von Seiten der Betriebswirtschaftslehre wurden diesbezüglich verschiedene Beschreibungs- und Erklärungsansätze erarbeitet, die durchaus auch als Entscheidungshilfen genutzt werden können. Selbst bei eindeutiger ansatzgestützter Bevorzugung einer kooperativ angelegten Forschung & Entwicklung sollte jedoch eine eher praktische Grunderkenntnis nicht vernachlässigt werden: Zur Wahrung von Wettbewerbsfähigkeit im Sinne des Aufbaus originärer Erfolgspotenziale dürfte es generell empfehlenswert sein, reale F & E-Kooperationen lediglich auf einzelne Projekte zu beziehen und sie damit als mögliche weitere Ergänzung, nicht aber als vollständigen Ersatz ausschließlich eigener Aktivitäten zu betrachten (Rotering 1990, S. 9 f.).

2.2 Erklärungsansätze und Gründe für das Eingehen von F & E-Kooperationen

2.2.1 Streng theoretische Begründungen

Die Vorteilhaftigkeit von F & E-Kooperationen wird im Rahmen der einschlägigen Literatur theoriegeleitet, empirisch und/oder plausibilitätsgestützt zu begründen versucht. Insbesondere in größeren empirischen Untersuchungen dominieren hierbei Verknüpfungen (Teichert 1994) aller skizzierten methodischen Zugänge.

Sofern der Anspruch besteht, das Zustandekommen von F & E-Kooperationen mit Hilfe grundlegender Theorien zu erklären, erfolgt typischerweise der Rückgriff auf solche Theorien, die bereits zur Begründung bzw. zur Gestaltung von Kooperationen allgemein erschlossen wurden. Es handelt sich hierbei im Wesentlichen um den transaktionskostentheoretischen sowie den Prinzipal-Agenten-theoretischen Zweig der Neuen Institutionentheorie sowie die Spieltheorie (Rüdiger 1998, S. 25 ff.). Darüber hinaus eignen sich prinzipiell auch alle anderen zur Erklärung von Kooperationen nutzbaren Theorien wie der Resource-Dependence-Ansatz (Pfeffer/Salancik, 1978), die ressourcenbasierte Perspektive (Wernerfelt 1984, S. 171 ff.; Das/Teng 2000, S. 31 ff.), der wettbewerbsstrategische Ansatz (Porter 1985; Kogut 1988, S. 319 ff.; Meffert 1988, S. 6 ff.) oder die Theorie des organisationalen Lernens (Hamel 1991, S. 83 ff.; Nonaka 1994, S. 14 ff.) zur Analyse des Spezialfalls „F & E-Kooperation".

Bisherige Bemühungen, die skizzierten Theorien für die Erklärung des Zustandekommens von F & E-Kooperationen fruchtbar zu machen, vermögen es allerdings nur ansatzweise, das Spezifische der Zusammenarbeit im F & E-Bereich zu berücksichtigen. Dies ist vor allem dem Umstand zuzuschreiben, dass hohes Abstraktionsniveau sowie weit gesteckter Verallgemeinerungsanspruch der jeweiligen Basistheorien auf höchst unterschiedliche Konstellationen von F & E-Kooperationen treffen können. Zur Ableitung von Aussagen muss insofern auf vermeintlich generelle Charakteristika von Forschung & Entwicklung zurückgegriffen bzw. ein konkreter F & E-Kooperationstypus als gegeben unterstellt werden. Ein derartiges Vorgehen ist jedoch bereits dadurch als kritisch einzustufen, dass Grundlagenforschung, angewandte Forschung sowie Entwicklung stark abweichende Prozesscharakteristika und Rahmenbedingungen aufweisen. Ungeachtet dessen wird aber beispielsweise im Falle einer transaktionskostentheoretischen Begründung von F & E-Kooperationen pauschalierend von einer hohen Faktorspezifität (Pisano 1990, S. 153 ff.), nicht wettbewerblichen Beziehungen der Transaktionspartner (Teichert 1994, S. 65 f.), hoher Unsicherheit der Transaktionsbedingungen (Pisano 1990, S. 153 ff.; Brockhoff 1999, S. 171 f.) oder von „tacit knowledge" als Transaktionsgut (Teichert 1994, S. 55) ausgegangen.[1] Unter spieltheoretischen Gesichtspunkten wird demgegenüber eine F & E-Kooperation überwiegend als wiederholtes, bezogen auf das Ende offenes Spiel interpretiert (Teichert 1994, S. 73 ff.). Beide Ansätze sind daher auf Grund ihrer rigiden Annahmen nur in der Lage, einen kleinen Teil der in der Realität vorkommenden Kooperationstypen zu erklären. Dabei wird gegenüber den allgemeinen Theorien kein Mehrwert erarbeitet. Zudem unterlassen es die bisherigen Versuche zur Nutzung der grundlegenden Theorien auch, eine mögliche internationale Dimension von F & E-Kooperationen explizit zu berücksichtigen. Während dies im Falle der transaktionskostentheoretischen Orientierung und in ähnlicher Form bei Prinzipal-Agenten-theoretischem Vorgehen über die Größe „Unsicherheit" erfolgen könnte,[2] scheint dem spieltheoretischen Zweig überhaupt keine Möglichkeit gegeben zu sein, den internationalen Aspekt zu integrieren. Insgesamt soll daher im Folgenden nicht näher auf derartige Ansätze eingegangen werden.

2.2.2 Matrixgestützte Entscheidungsmodelle

Als zweite Kategorie an grundlegenden Begründungen für das Entstehen von F & E-Kooperationen ist auf Versuche zu verweisen, das an sich mehrdimensionale Entscheidungsproblem „Kooperation" auf zweidimensionale Matrixmodelle zu verdichten.[3] Es soll dadurch zu einer handhabbaren Entscheidungsmethodik gelangt werden, womit allerdings die Notwendigkeit einhergeht, wichtige Problemaspekte vernachlässigen zu müssen (Brockhoff 1999, S. 166 f.).

---

1 Vgl. hierzu im Sinne einer kritischen Haltung Rüdiger (1998, insbesondere S. 33 ff.).

2 Für die transaktionskostentheoretische Variante vgl. Oesterle (1993, S. 171 ff.).

3 Zum Überblick vgl. Brockhoff (1999, S. 167 ff.).

Als nahezu gemeinsames Merkmal entscheidungsmethodischer Matrixmodelle[1] kann die Betonung von an sich transaktionskostentheoretisch begründeten Unsicherheitsaspekten bezeichnet werden. Trotz ihrer in Abhängigkeit vom jeweils konkreten Modell unterschiedlichen Operationalisierung sind die betreffenden Unsicherheitsgrößen grundsätzlich auf „technologische Risiken" im Sinne der prozessinternen Unsicherheit sowie auf „Marktrisiken" im Sinne der externen Verwertungsunsicherheit (Kern/Schröder 1977, S. 16 ff.) zurückführbar.

So werden beispielsweise in der „familiarity matrix" (Roberts/Berry 1985, S. 3 ff.) der „Grad der Vertrautheit mit den in ein Produkt eingehenden Technologien" sowie der „Grad der Vertrautheit mit dem Markt" als Einflussgrößen auf die Entscheidung für „make or buy" von Wissen herangezogen, während in der „Unsicherheits-Matrix" (Pearson 1990, S. 185 ff.) die grundlegenden Matrix-Dimensionen und damit Einflussgrößen in Form der „Unsicherheit über die technische Lösung" und der „Unsicherheit über die Marktorientierung" bestehen. Im Kern empfehlen die anhand von Beispielen skizzierten Matrixmodelle kooperative Forschung & Entwicklung vor allem dann, wenn zumindest eine der einbezogenen Rahmenbedingungen, demnach „technologische Risiken" oder „Marktrisiken", die Ausprägung „hohe Unsicherheit" aufweist (Teichert 1994, S. 39 f.). Werden beide Größen beherrscht, ist die interne Forschung & Entwicklung gegenüber den Alternativen vorzuziehen. Es werden dadurch einerseits die bereits dargestellten negativen Begleiterscheinungen des kooperativen Vorgehens sowie der durch Akquisitionen verursachte Aufwand (vor allem Kaufpreis und Integrationskosten) vermieden; andererseits lässt sich durch eigene Forschung & Entwicklung originäres Wissen generieren und somit auch die Situation umgehen, mittels Lizenznahmen lediglich in den Besitz bereits bekannter, d. h. wettbewerblich weniger interessanter, Erkenntnisse zu kommen. Vorteile von Akquisitionen sowie Lizenznahmen als Formen der echten externen Wissensbeschaffung sind aber mittels der reinen unsicherheitsorientierten Matrixmodelle nicht trennscharf gegenüber Kooperationen nachweisbar.

Daher greifen verschiedene Ansätze auf die Hilfslösung zurück, weitere Einflussgrößen, insbesondere den Zeitdruck, unter dem die wissensuchende Institution steht, einzubeziehen.[2] Erst dann können nämlich die Vorteile einer gänzlich externen Beschaffung von bereits vorliegendem oder „in Arbeit befindlichem" Wissen herausgearbeitet werden. Zur Eingrenzung einer Vorteilhaftigkeit spezifisch internationaler F & E-Kooperationen können allerdings auch derartige erweiterte Matrixmodelle nicht beitragen. Dies dürfte weniger im „Wollen" als vielmehr in dem Umstand begründet sein, dass die zugrunde liegenden informationsökonomischen Theorien „Internationalität" allenfalls als Treiber

---

1 Als Beispiel für einzelne, zum Teil bereits frühe Ansätze vgl. Roberts/Berry (1985, S. 3 ff.), Krubasik (1988, S. 4 ff.) und Pearson (1990, S. 185 ff.). Zum Überblick über entsprechende Ansätze vgl. Brockhoff (1999, S. 164 ff.).

2 Als Beispiel für einen Ansatz, der von vornherein die Auswahl von Wissensbeschaffungsalternativen vom Zeitdruck abhängig macht, sei auf die Arbeit von Wyss (1982, S. 51 ff.) verwiesen. Wyss verwendet als Dimensionen seiner Matrix die „Wachstumsrate des Marktes" sowie die „Häufigkeit technologischer Änderungen", wobei im Falle einer gleichzeitigen hohen Ausprägung Akquisitionen, im Falle einer geringen technologischen Änderungsrate und eines hohen Marktwachstums Lizenznahmen empfohlen werden.

einer erhöhten Unsicherheit abzubilden vermögen; die in die Matrixmodelle unmittelbar einfließenden Versuche, insbesondere den transaktionskostentheoretischen Ansatz zur Begründung von F & E-Kooperationen heranzuziehen, widmen einem in diesem Sinne erweiterten Unsicherheitsaspekt aber keine Beachtung.

Wird lediglich auf die Bedingungen kooperativer Forschung & Entwicklung rekurriert, so dürfte deutlich werden, dass auch die Aussagen der Matrixmodelle nicht über die Kernaussagen der allgemeinen Kooperationsforschung hinausgehen. Kooperationen empfehlen sich vor allem dann, wenn es gilt, komplementäre Ressourcen oder Fähigkeiten zu erlangen. Insofern ist es auch nicht verwunderlich, dass im Rahmen der theoretischen (plausibilitätsbezogenen) und empirisch gestützten Erarbeitung von Kriterien- und Motivkatalogen für F & E-Kooperationen das Komplementaritätsargument dominiert (Rotering 1990, S. 79 f.; Kropeit 1999, S. 87 ff.; Specht/Beckmann/Amelingmeyer 2002, S. 394).

2.2.3 Kriterien- und Motivkataloge

Diese dritte Kategorie von Ansätzen zeichnet sich gegenüber den Matrixansätzen durch den Verzicht auf den Anspruch aus, eine explizite, deterministische und unmittelbar transparente Entscheidungsmethodik erarbeiten zu wollen. Derartige Arbeiten streben vielmehr an, für F & E-Kooperationen lediglich jeweils ausschlaggebende Bedingungen und damit auch wichtige Motive sowie Vor- und Nachteile zu ermitteln, wodurch teilweise auch ein Abwägen zwischen den für Forschung & Entwicklung bestehenden Alternativen insgesamt ermöglicht wird (Corsten 1982, S. 462 ff.; Krubasik/Schrader 1989, Sp. 690 ff.; Specht/Beckmann/Amelingmeyer 2002, S. 394).

Als wichtiger Vertreter der empirischen Ermittlung eines Kriterien- und Motivkatalogs ist zunächst Rotering (1990) zu nennen. Er konnte im Rahmen einer empirischen, bereits 1987 durchgeführten und damit pioniermäßigen empirischen Untersuchung von 253 der 500 umsatzgrößten deutschen Industrieunternehmen feststellen, dass die

- Realisierung von Synergieeffekten durch Nutzung komplementären technischen Wissens

wichtigster F & E-Kooperationsgrund ist. Weitere wichtige Kooperationsmotive sind – mit abnehmender Bedeutung – die Möglichkeit (Rotering 1990, S. 68 ff.),

- Kosten zu reduzieren,
- die eigene Wettbewerbsfähigkeit zu erhöhen, worunter auch die Verringerung der branchenbezogenen Wettbewerbsintensität fällt, sowie
- Zeitersparnisse bei Neuproduktentwicklungen zu realisieren.

Das in anderen Arbeiten häufig genannte Motiv, mittels Kooperationen Risiko zu reduzieren, steht bei Rotering dagegen erst an fünfter Stelle der Rangliste. Eine nochmals geringere Bedeutung kommt den Kooperationsvorteilen zu, mehrere F & E-Projekte parallel durchführen, Fehlerhäufigkeiten verringern sowie komplette Systeme erarbeiten zu können (Rotering 1990, S. 82).

Inhaltlich, d. h. in Bezug auf die Art der genannten Kooperationsgründe, deckt sich dieser empirische Befund weit gehend mit anderen Kriterien- und Motivkatalogen (Halin 1995, S. 115 f.; Inkpen 1996, S. 133 ff.; Büchel u. a. 1997, S. 26 ff.). So betonen etwa Krubasik/Schrader (1989, Sp. 690 ff., vor allem aber Sp. 696) oder Stief (2000, S. 258 ff.) ebenfalls die positiven Aspekte von F & E-Kooperationen in Form niedrigerer Entwicklungskosten, einer Erweiterung des Marktpotenzials (Hladik 1988, S. 190 f.) sowie einer kreativitäts- und innovationsförderlichen Wirkung.

Als wenig literaturkonform scheint sich allerdings zunächst die von Rotering festgestellte relative Nachrangigkeit des Risikoreduzierungsmotivs zu erweisen. Andere Autoren schätzen dieses Motiv nämlich als sehr bedeutsam ein, wobei aber der Risikobegriff wesentlich detaillierter erfasst wird. Beispielsweise teilt Hladik das Risikoargument in drei Unterargumente auf (Hladik 1988, S. 188 f.):

- Das Risiko, dass das F & E-Vorhaben nicht den gewünschten Erfolg zeigt, ihn nicht in der erforderlichen Zeit realisiert oder sich gegenüber der ursprünglichen Planung als ressourcen- und damit kostenintensiver erweist.
- Das Risiko, dass die Prämissen des F & E-Projekts von der Entwicklung der Realität überholt werden.
- Das Risiko, welches von den (eventuell) effektiveren F & E-Aktionen der Wettbewerber hervorgerufen wird.

Mit der erhöhten Differenzierung dürfte deutlich werden, dass der Begriff „Risikoreduzierungsmotiv“ im Sinne einer unmittelbaren Konsequenz der eigentlichen Risiken – wozu beispielsweise das Verfehlen von Forschungszielen zählt – die Kostenproblematik durchaus umfasst. Diese nimmt aber auch bei Rotering eine hohe Bedeutung ein.

Während insofern große Einigkeit über die Gründe für F & E-Kooperationen allgemein zu bestehen scheint, finden sich Aussagen über die Beweggründe für das aktive und bewusst herbeigeführte Eingehen von internationalen F & E-Kooperationen eher selten. Wenn hierbei explizit auf internationale F & E-Kooperationen abgestellt wird, beschränkt sich die Auseinandersetzung in der Regel auf wenige, überwiegend marktorientierte Motive. So wird betont, dass internationale F & E-Kooperationen eine deutliche Erweiterung des Marktpotenzials (Hladik 1988, S. 190 f.) erlauben. Auch werden sie im Zusammenhang vor allem mit Direktinvestitionen gesehen; bei Aufnahme von Produktions- und Vermarktungsaktivitäten im Ausland erlauben sie es, jeweils lokale Anwenderbedürfnisse (Gerstenfeld 1977, S. 35 ff.) besser zu berücksichtigen. Schließlich wird auf die Möglichkeit hingewiesen, mit internationalen F & E-Kooperationen risikoloser und reibungsärmer als mit direktinvestiven Alleingängen entweder kostengünstig F & E-Leistungen (Perlitz 2002, S. 543) in „Billiglohnländern“ erstellen zu lassen – beispielsweise Softwareentwicklung in Indien – oder aber Zugang zu Know-how für zukunftsträchtige Schlüsseltechnologien zu erhalten. Häufig werden nämlich derartige Technologien weltweit konzentriert auf unterschiedliche Orte, so genannte „pockets of innovation", erarbeitet (Gerpott 1991, S. 54 f.; Perlitz 2004, S. 449 f.), zu denen ein rascher Zugang allenfalls kooperativ gelingt.

Darüber hinaus in der Literatur vorfindbare, meist implizit genannte Beweggründe für internationale F & E-Kooperationen können demgegenüber kaum dem Grundmotiv einer bewussten und aktiven Internationalisierung zugeordnet werden. So sind internationale F & E-Kooperationen nicht selten das Ergebnis gezielter staatlicher Initiativen bzw. das Ergebnis entsprechender Initiativen von Wirtschaftsgemeinschaften (Täger 1988, S. 121 ff.; Kleinknecht/Reijnen 1992, S. 347 ff.; Teichert 1994, S. 10 f.; Wimmers 1999, S. 5 ff.). Insbesondere im Bereich der Grundlagenforschung soll dadurch den Konsequenzen von Marktunvollkommenheiten, die bis hin zu Marktversagen auf Grund des Vorliegens externer Effekte oder der Nichtrivalität von Wissen reichen können, entgegengewirkt werden. Als europaspezifische Programme ist auf ESPRIT und EUREKA zu verweisen, die als Kooperationspartner Unternehmen, Universitäten und Forschungsinstitute (Teichert 1994, S. 10 f.) umfassen bzw. umfassten.

Fremdinduzierte internationale F & E-Kooperationen können sich darüber hinaus im Falle bereits bestehender vertikaler F & E-Kooperationen im Binnenmarkt, wie sie beispielsweise für die Zusammenarbeit zwischen Zulieferern und Kfz-Herstellern mittlerweile typisch sind, auch aus einer direktinvestiven Internationalisierung des Abnehmers ergeben. In bestimmten Konstellationen – so etwa bei großer lokaler Anpassungsnotwendigkeit der Auslandsproduktion – wird der Zulieferer zur grenzüberschreitenden F & E-Kooperation gezwungen, wenn er nicht Gefahr laufen möchte, die entsprechende ausländische Einheit des ursprünglichen Kunden an Konkurrenten zu verlieren. Schließlich kann sich eine internationale F & E-Kooperation auch schlicht aus dem Umstand ergeben, dass ein potenzieller Kooperationspartner, der über die gesuchten komplementären Fähigkeiten und Ressourcen verfügt, seinen Sitz im Ausland hat. Auch diese Internationalität der Kooperation würde dann im Falle ihres Zustandekommens eher in Kauf genommen als aktiv um ihrer selbst willen angestrebt werden. Die Motive für internationale F & E-Kooperationen lassen sich demnach in Anlehnung an Ansätze der Internationalisierungsforschung zumindest näherungsweise in (pro)aktive Push- und reaktive Pull-Faktoren (Albaum/Strandskov/Duerr 2001, S. 56 f.) unterteilen.

Zusammenfassend kann in Bezug auf theoretische Erklärungsansätze, Kriterien sowie Motive für und von F & E-Kooperationen zunächst eine weit gehende Konformität zu den von der allgemeinen Kooperationsforschung erarbeiteten Bedingungsfaktoren bzw. Beweggründen festgestellt werden. Als Ausnahme ist jedoch auf die explizite politische Förderung von F & E-Kooperationen zu verweisen; während Kooperationen im wirtschaftspolitischen Kontext ansonsten eher eine wettbewerbsbeschränkende und damit negative Aura anhaftet, treffen sie vor allem im Bereich der Grundlagenforschung auf eine insbesondere in Europa und Japan erhebliche Förderung. Politische Entscheidungsträger versprechen sich durch entsprechende Unterstützungsprogramme positive Auswirkungen auf das gesamtwirtschaftliche Wachstum.

3. Erscheinungsformen der Zusammenarbeit in Forschung & Entwicklung

3.1 Eingrenzung echter F & E-Kooperationen

Die Bandbreite realer Ausprägungen gemeinschaftlich bzw. arbeitsteilig wahrgenommener F & E-Aufgaben geht über das hinaus, was unter Berücksichtigung der bereits vorgestellten Definition als echte F & E-Kooperation verstanden werden kann. In expliziter Umsetzung definitorischer Basiselemente hat sich die Erörterung von Kerntypen der F & E-Kooperation auf solche zu beschränken, die der kooperativen, von nachweisbaren Eigenleistungen getragenen Gewinnung neuen Wissens gewidmet sind. Ausgeschlossen werden damit die Kooperation in Form der Lizenznahme sowie die **Gemeinschafts-F & E**.

Während es im Fall der Lizenznahme um den kooperativen Erwerb bereits vorhandenen Wissens geht, somit kein neues Wissen erarbeitet wird (Brockhoff 1999, S. 59), zielt die Gemeinschafts-F & E zwar auf die Erarbeitung neuen Wissens ab. Es handelt sich aber zum einen um eine Form der Zusammenarbeit, bei der die beteiligten Kooperationspartner lediglich als Auftraggeber der Wissensgewinnung durch Dritte – das sind weit gehend von ihnen getragene Einrichtungen – agieren (Herbert 1985, S. 16 ff.; Rotering 1990, S. 43). Zum anderen bezieht Gemeinschafts-F & E eine Vielzahl von Partnern, hier üblicherweise Unternehmen, mit ein. Das für F & E-Kooperationen notwendige Kriterium der unmittelbaren Zusammenarbeit im Wissensgenerierungsprozess wird somit nicht erfüllt. In letzter Konsequenz kann wegen der großen Zahl beteiligter Partner zudem nicht bestimmt werden, welche der Teilnehmer die erarbeiteten Ergebnisse auch tatsächlich nutzen (Rotering 1990, S. 43). Gemeinschafts-F & E zählen daher zu den **offenen Formen der Kooperation** (Kern/Schröder 1977, S. 56.). Demgegenüber finden „echte" F & E-Kooperationen üblicherweise zwischen einer genau angebbaren Teilnehmer- und Nutznießeranzahl statt, wodurch sie den **geschlossenen Kooperationsformen** zugerechnet werden (Rotering 1990, S. 43.).

Der nun anstehende Überblick über konkrete F & E-Kooperationstypen ist auf besonders bedeutsame und umfassende Grundformen konzentriert. Auf eine explizite und jeweils singuläre Berücksichtigung der für Kooperationen allgemein oftmals herangezogenen Typisierungen wie Einteilung nach Funktionen bzw. Gegenstand und der damit im vorliegenden Fall auch bedingten Unterscheidung nach Marktnähe der F & E-Kooperation, nach geografischer und branchenmäßiger Herkunft der Partner oder nach Zeitdauer der Zusammenarbeit,[1] wird verzichtet. F & E-Kooperationen, welche die genannten Kriterien mit unterschiedlichen Merkmalsausprägungen erfüllen, kommen in der Realität

---

[1] Zu einem derartigen Vorgehen vgl. beispielsweise Gerpott (1999, S. 242 ff.) und Kropeit (1999, S. 32 ff.).

zwar durchaus vor. Weder ihr jeweiliges Konstruktionsprinzip noch ihre erfolgsbezogene Vor- und Nachteiligkeit sind jedoch in besonderem Maße erläuterungsbedürftig bzw. in allgemeiner Form eindeutig erläuterungsfähig.

3.2 Kriterienorientierte Typisierung von F & E-Kooperationen

3.2.1 Rechtlicher Bindungsgrad

Die Entscheidung für einen bestimmten, rechtlich bzw. formal definierten Grad der Zusammenarbeit steht in engem Zusammenhang zu anderen kritischen Größen der Kooperation. So ist die rechtliche Bindungsintensität mit der Flexibilität negativ und mit der organisatorisch-funktionalen Intensität der Zusammenarbeit positiv korreliert (Gerpott 1999, S. 243).

Die bereits im juristischen Zusammenhang intensivste Form einer von Unternehmen gemeinsam betriebenen Forschung & Entwicklung dürfte mittels des Equity Joint Ventures zu realisieren sein (Rotering 1990, S. 115). Die Investitionen in ein gemeinsames, rechtlich unabhängiges Unternehmen verdeutlichen dabei zum einen ex ante großes Interesse an der Kooperation, zum anderen legen sie zur Minderung des Verlustrisikos hohe Anstrengungen der Erfolgssicherung im Rahmen des laufenden Betriebs nahe. Die getätigten Investitionen implizieren schließlich auch eine Längerfristigkeit der Zusammenarbeit (Boehme 1986, S. 30 ff.), um zu der erforderlichen Amortisation des Engagements beitragen zu können.

Die an einem **F & E-Joint Venture** beteiligten, zahlenmäßig weit gehend stark begrenzten Partner können einerseits die für die Kooperation bedeutsamen Aktivitäten und Einheiten aus ihrer jeweiligen internen Forschung & Entwicklung ausgliedern und sie auf das gemeinsam betriebene, hierzu neu gegründete Unternehmen übertragen. Andererseits ist aber auch die Möglichkeit gegeben, dass derartige F & E-Joint Ventures durch den gemeinsamen Erwerb einer bereits vorhandenen, rechtlich unabhängigen F & E-Einrichtung entstehen oder aber dass ein Partner eine maßgebliche Beteiligung an einer F & E-Tochtergesellschaft eines anderen Unternehmens erwirbt.

Die intensive Zusammenarbeit innerhalb von F & E-Joint Ventures ist neben der geringen Flexibilität unter zumindest zwei weiteren Gesichtspunkten nicht unproblematisch. Zum einen besteht mit der Nähe und Intensität der Kooperation die Gefahr, unerwünscht Einblicke in weitere, an sich nicht zur Kooperation zugehörige F & E-Aktivitäten zu gewähren (Hladik 1988, S. 192, S. 194 f.); zum anderen werden derartige Gemeinschaftsunternehmen wettbewerbsrechtlich und -politisch aufmerksam beobachtet (Hladik 1988, S. 194 f.; Rotering 1990, S. 115 f.).

Ein geringerer formaler und organisatorischer Intensitätsgrad kooperativer Forschung & Entwicklung liegt in Form der **planmäßig koordinierten Einzel-F & E** mit regelmäßigem Erfahrungs- und Ergebnisaustausch vor (Rotering 1990, S. 116). Als wichtige Subtypen dieser weit gehend rein vertraglich abgesicherten Kooperationsform können die

- Parallelforschung und -entwicklung ohne Aufteilung der F & E-Gebiete,
- das arbeitsteilige Vorgehen der Kooperationspartner sowie
- der auf Gegenseitigkeit beruhende Austausch von Informationen mittels einer F & E-Zentrale

unterschieden werden. Die skizzierten Unterformen werden primär bei konkreten projektbezogenen F & E-Aufgaben eingesetzt (Rotering 1990, S. 116), wodurch deren Zeitdauer ganz überwiegend auch projektgebunden begrenzt ist. Charakteristisch ist für alle Spielarten der koordinierten Einzelforschung, dass zumindest eine Zielabstimmung zwischen den beteiligten Partnern vorgenommen werden muss. Im Falle eines arbeitsteiligen Vorgehens kommt hierzu noch die Notwendigkeit einer genauen Definition der jeweiligen F & E-Aufgaben (Brockhoff 1999, S. 59). Da die Zusammenarbeit ohne größere Investitionen in Koordinationsformen erfolgt, hat sie gegenüber dem Gemeinschaftsunternehmen schon als erheblich flexibler zu gelten.

Die geringste formale und funktionale Intensität der Zusammenarbeit im F & E-Bereich liegt schließlich dann vor, wenn lediglich ein unverbindlicher **Erfahrungs-** und **Ergebnisaustausch** vereinbart wird, die Interpretation und Umsetzung der Informationen aber unternehmensintern und vollkommen eigenständig verlaufen. Die organisatorische Regelung eines solchen Erfahrungsaustauschs wird von den beteiligten Unternehmen entweder informell gehandhabt oder aber es kommt zum Abschluss eines Know-how-Austausch-Vertrags (Rotering 1990, S. 116). Dieser dürfte dann aber nur die Verpflichtung enthalten, an den betreffenden Gesprächskreisen teilzunehmen, nicht aber auch bestimmen, in welchem Maße Forschungsergebnisse tatsächlich offengelegt werden müssen.

Der als **nicht koordinierte Einzelforschung** bezeichnete und sehr flexible Kooperationstypus markiert zwar bereits einen Grenzfall in Bezug auf sein kooperatives Wesen; die Tatsache, dass die Partner direkt miteinander kommunizieren und sich dabei gegenseitige Hilfestellungen sowie Anstöße für weitere F & E-Arbeiten geben, sollte es aber rechtfertigen, die nicht koordinierte Einzelforschung noch als echte F & E-Kooperation zu bezeichnen. Zudem entwickeln sich aus dem anfänglichen, noch keinen festen Regeln unterworfenem Informationsaustausch häufig weitergehende Vereinbarungen (Rotering 1990, S. 116).

3.2.2 Strategische Bedeutung

F & E-Kooperationen können für die beteiligten Partner unterschiedliche Stellenwerte aufweisen. Im vorliegenden Zusammenhang empfiehlt sich zur klareren theoretischen Akzentuierung der jeweiligen Charakteristika eine Dichotomisierung in „gering“ und

„hoch". Die diesbezügliche Einschätzung muss dabei nicht unbedingt von allen an der Kooperation beteiligten Partnern geteilt werden.

Zunächst ist davon auszugehen, dass Unternehmen durchaus auch in Randbereichen ihres Geschäfts F & E-Kooperationen eingehen können. Zum einen wird dies dann der Fall sein, wenn es sich unter wirtschaftlichen Gesichtspunkten empfiehlt, übergangsweise noch bestimmte Leistungen anzubieten, die Ressourcen aber zur völligen Eigenerstellung der hierzu notwendigen Wissensaktualisierung nicht ausreichen, effizienter und/ oder effektiver verwendet werden können und sich ein Zukauf des neuen Wissens nicht realisieren lässt. Zum anderen sind Situationen vorstellbar, in denen die zukünftige Bedeutung eines Geschäftsfelds zum gegenwärtigen Zeitpunkt unklar ist und sich insofern die völlige Abkehr von der dem Geschäftsfeld zugrunde liegenden Forschung & Entwicklung nicht empfiehlt. Kooperationen erweisen sich dann ebenfalls als vorzugswürdig, da sie die aktive Teilhabe an Fortschritten innerhalb der jeweiligen Forschung & Entwicklung (Weule 2002, S. 76) zulassen und dadurch die eventuelle zukünftige Alleinerstellung der Wissensgenerierung leichter ermöglicht wird. Sie dienen demnach der kostengünstigen „Pflege" derzeit nicht voll benötigter Potenziale.

Schließlich ist auf eine Spielart jener F & E-Kooperationen zu verweisen, die zwischen Abnehmern und Zulieferern vor allem unter dem Gesichtspunkt einer Verkürzung der Entwicklungs- sowie der Marktbelieferungszeit bei gleichzeitiger Qualitätssteigerung neuer Produkte (Wildemann 1995, S. 749; Ohlhausen/Warschat 1997, S. 39 f.; Stanke/ Berndes 1997, S. 15 ff.) eingegangen wird. Die als **Simultaneous Engineering** bezeichnete, überwiegend als koordinierte Einzelforschung ausgestaltete Kooperationsart (Brockhoff 1999, S. 59 f.) setzt zur Realisierung ihrer Zielsetzungen auf Parallelisierung, Standardisierung und Integration der F & E-Prozesse. Der integrative Gesichtspunkt betrifft hierbei aber nicht nur die enge Abstimmung zwischen der Forschung & Entwicklung der beteiligten Partner, sondern vor allem die Handhabung der Schnittstellenproblematik zwischen den F & E-Bereichen und weiteren, an der Produktentstehung beteiligten Wertschöpfungsprozessen der Partner (Wildemann 1995, S. 749; Stanke/Berndes 1997, S. 15 ff.).

Simultaneous Engineering kann zwar auch aus Sicht des Abnehmers eine herausragende Bedeutung besitzen (Wildemann 1995, S. 749); dies dürfte immer dann der Fall sein, wenn die betroffenen Teilprodukte und -leistungen das Endprodukt kosten- und nutzenmäßig ganz wesentlich beeinflussen. Wenn es jedoch mehr um die Forschung oder die Entwicklung in Bezug auf solche Zulieferleistungen geht, die das Endprodukt nicht entscheidend prägen, dürfte es zumindest auf Seiten des Abnehmers zu einer Qualifizierung der Kooperation als „weniger bedeutsam" kommen.

Von erfolgskritischer Bedeutung für weit gehend alle beteiligten Partner sind demgegenüber **strategische F & E-Allianzen** (Bosshart/Gassmann 1996, S. 187 ff.). Abzugrenzen hiervon ist im Sinne der oben getroffenen Unterscheidung die Möglichkeit, dass nur einer der Beteiligten die F & E-Kooperation als strategisch bedeutsam interpretiert, während der oder die anderen Partner der Zusammenarbeit eine eher geringere Bedeutung beimessen. Diese kann dabei sogar lediglich das Niveau einer Randbereichskooperation erreichen. Eine derartige, von großer einseitiger Abhängigkeit geprägte Konstellation ist beispielsweise im Falle der F & E-Kooperation zwischen einem mächtigen Abnehmer und einem kleinen, auf die Zusammenarbeit mit dem Abnehmer angewiesenen Zulieferer vorstellbar. Aus Sicht des Zulieferers kann die Kooperation aber dennoch nicht als strategische Allianz bezeichnet werden, da die Zusammenarbeit nicht mehr dem eigentlichen Allianzcharakter, d. h. der Realisierung einer gemeinsamen, jeweils erfolgskritischen Zielsetzung, entspricht.

Eine solche Zielsetzung strategischer Allianzen kann nun darin bestehen, strategische Wettbewerbsvorteile im Sinne eines zu realisierenden Technologiesprungs aufzubauen (offensive Zielsetzung), bestehende Positionen zu stärken oder potenzielle, durch Wettbewerbsvorteile anderer Marktteilnehmer drohende Schäden zu begrenzen (defensive Zielsetzung) (Bühlmann/Moning/von Waldkirch 1993, S. 30). Strategische F & E-Allianzen können in der Form horizontaler, vertikaler, aber auch diagonaler bzw. konglomerater Bündnisse (Gerpott 1999, S. 242; Specht/Beckmann/Amelingmeyer 2002, S. 395 ff.) auftreten. Trotz ihrer großen erfolgskritischen Bedeutung sind strategische F & E-Allianzen nicht auf die Kooperationsform mit der rechtlich höchsten Bindungsintensität, das Equity Joint Venture, begrenzt; es lassen sich vielmehr auch die unter juristischen Gesichtspunkten weniger bindungsintensiven Formen der Zusammenarbeit nachweisen (Ohlhausen/Warschat 1997, S. 33 f.).[1] Das geringere Ausmaß an rechtlich begründeter Bindungsintensität wird demnach durch eine höhere motivationale Bindung bzw. durch die geteilte Einsicht in die Notwendigkeit der Erfolgssicherung kompensiert.

3.2.3 Institutioneller Charakter der Kooperationspartner

F & E-Kooperationen allein auf die Zusammenarbeit zwischen privatwirtschaftlichen Unternehmen zu beschränken, hieße, einen bedeutsamen und nahezu traditionellen Aspekt der Zusammenarbeitsrealität zu vernachlässigen. Bereits zu Beginn der neunziger Jahre wurde nämlich auf das seit geraumer Zeit zunehmende Interesse der Wirtschaft an Kooperationen mit Einrichtungen der öffentlich finanzierten Wissenschaft (Rotering 1990, S. 44) aufmerksam gemacht. Unter derartigen Einrichtungen sind neben Universitäten und Hochschulen auch staatliche Großforschungseinrichtungen zu verstehen (Bühlmann/Moning/von Waldkirch 1993, S. 30). Die genannten wissenschaftlichen Institutionen sind zum einen an drittmittelträchtiger Auftragsforschung interessiert, zum anderen aber auch an echten F & E-Kooperationen, deren Zielsetzungen umfassender und vielfältiger sind als die der Auftragsforschung. So ist bei der Auftragsforschung beispielsweise ein Universitätsinstitut von Seiten eines Unternehmens mit der Lösung einer genau definierten Projektaufgabe beauftragt, wobei die Kosten hierfür vom Unternehmen übernommen werden. Im Gegenzug stellt das Institut bei Projektabschluss die Ergebnisse exklusiv dem Auftraggeber zur Verfügung.

1 Bezogen auf horizontale Allianzen vgl. Lutz (1993).

Im Unterschied hierzu gehen F & E-Kooperationen zwischen Unternehmen und Einrichtungen der öffentlich finanzierten Wissenschaft nicht nur über einzelne Forschungsprojekte hinaus; sie beruhen vielmehr auch auf einer längerfristigen institutionalisierten Form des direkten Zusammenwirkens bei der Wissensgenerierung (Vogel 2001, S. 13). Diese als Public Private Partnership bezeichnete Form einer diagonalen F & E-Kooperation (Bronder/Pritzl 1991, S. 48) vermag dadurch eben kooperationstypische Zielsetzungen wie Risiko- und Ertragsteilung, Nutzung komplementärer Ressourcen bzw. Potenziale und Kreativitäts-, Image- und Prestigeförderung zu realisieren, die über das reine Leistung-Gegenleistung-Prinzip der Auftragsforschung im Sinne eines „Geld gegen Ware“ hinausgehen.

Gemäß einer neueren empirischen Untersuchung über den aktuellen Stand und die organisatorischen Gestaltungsformen von Public Private Partnerships in der Forschung (Vogel/Stratmann 2000) muss zum einen von einer regen Nutzung dieser Kooperationsform in Deutschland ausgegangen werden. Zum anderen weist die Studie auf ein breites Spektrum an realisierten organisatorischen Lösungen hin, wobei sich sechs Grundtypen abzeichnen (Vogel 2001, S. 14 ff.). Diese Grundtypen stellen jeweils unterschiedliche Kombinationen der gängigen, im Kern bereits skizzierten Konzepte rechtlicher Bindungsintensität mit Stufen der Kooperationstiefe dar. Die Stufen der Kooperationstiefe reichen dabei vom reinen Informationsaustausch über die projektbezogene Handlungsorientierung bis hin zur langfristigen Ressourcenpoolung.

Insgesamt dürfte deutlich geworden sein, dass in Abhängigkeit von konkreten Rahmenbedingungen unterschiedliche Kooperationstypen – und hierbei sind nicht nur solche der Klasse Public Private Partnership gemeint – empfehlenswert sein können. Deren Implementierung und laufender Betrieb geht mit ebenfalls unterschiedlichen Anforderungen einher. Gleichwohl lassen sich grundlegende, demnach eher typunabhängige Probleme eines solchen Managements von F & E-Kooperationen identifizieren.

4. Management von F & E-Kooperationen

4.1 Phasenorientierte Identifikation genereller Handhabungsprobleme von F & E-Kooperationen

Zu den wesentlichen betriebswirtschaftlich relevanten Charakteristika von Kooperationen sind die gegenseitige Abhängigkeit der Partner, Abwesenheit von Autorität sowie individuell eingebrachte Ressourcen zu zählen (Oesterle 1993, S. 13 ff.). Eine derartige Bedingungskonstellation lässt die Handhabung von Kooperationen wesentlich komplexer werden als diejenige von hierarchisch geprägten Unternehmen. Sie betont nämlich in erheblichem Maße die Notwendigkeit zur Koordination auf dem Wege der wechselseitigen Abstimmung. Insofern ist es verständlich, dass die im Rahmen des Kooperationsmanagements grundsätzlich genannten Phasen und Elemente vom Aspekt der Koordination (Tröndle 1987; Oesterle 1993) dominiert werden. Konsequenterweise greifen auch Arbeiten zum Management von F & E-Kooperationen diese Koordinationsproblematik – zumindest implizit – auf. So werden üblicherweise die typischen Phasen (Gerpott 1999, S. 245 ff.; Kropeit 1999, S. 108 ff.; Specht/Beckmann/Amelingmeyer 2002, S. 391 ff.; Weule 2002, S. 82 ff.)

(1) Entscheidung für eine Kooperation und Klärung der Kooperationsziele,
(2) Auswahl und Gewinnung von Kooperationspartnern,
(3) Konfiguration der Kooperation,
(4) Führung der laufenden Kooperation inklusive Erfolgsbeurteilung und
(5) Beendigung der Kooperation

genannt, wobei jedoch zur inhaltlichen Auffüllung des stark betonten Fit-Gedankens zumeist nicht F & E-spezifische Gesichtspunkte im Vordergrund stehen. Die intensive Wiedergabe der betreffenden Phaseninhalte käme damit im vorliegenden Zusammenhang dem Aufbau von Redundanzen gleich. Die Diskussion eines Managements von F & E-Kooperationen beschränkt sich insofern ganz überwiegend auf zusätzliche, F & E-relevante Aspekte.

Nach den bereits aufgezeigten (1) Ansätzen für eine bewusste **Kooperationsentscheidung** mit entsprechenden Zielen könnte als erster weiterer Aspekt zunächst die Empfehlung gelten, im Rahmen der (2) **Partnerwahl** solche Kandidaten zu bevorzugen, mit denen das suchende Unternehmen nicht im unmittelbaren Wettbewerb steht (Gerpott 1999, S. 246); neu generiertes Wissen soll nicht den Konkurrenten zur Verfügung stehen, sondern ausschließlich zur Stärkung der eigenen Wettbewerbsfähigkeit verwendet werden. Die wirtschaftliche Realität deutet jedoch darauf hin, dass einer solchen allgemeinen Empfehlung von Unternehmen nicht unbedingt gefolgt wird. In Branchen wie der Luft- und Raumfahrttechnik, der Computerindustrie oder der Automobilindustrie (Specht/Beckmann/Amelingmeyer 2002, S. 396) finden nämlich horizontale Kooperationen zwischen direkten Wettbewerbern zunehmende Verbreitung. Als eher und dabei auch empirisch begründet erweisen sich demgegenüber Vorschläge für die Partnerwahl, die den bevorzugten Rückgriff auf bereits vertraute Institutionen (Håkansson 1993, S. 283; Specht/Beckmann/Amelingmeyer 2002, S. 397) sowie eine Gleichrangigkeit in Bezug auf die technologische Kompetenz nahelegen (Weule 2002, S. 85).

So kann sich gerade bei F & E-Kooperationen die gefährliche Tendenz einstellen, eigenes Wissen möglichst lange nicht der gemeinsamen Nutzung zuzuführen, sondern zurückzuhalten. Ein Einbringen des Wissens in die Kooperation erfolgt häufig erst dann, wenn sich als Ergebnis der gemeinschaftlich betriebenen Forschung & Entwicklung ein Wettbewerbsvorteil abzeichnet, der auch bei Ergebnisteilung mit dem Partner – treffender: dem Konkurrenten – nicht mehr abhanden kommen kann. Die Gefahr eines derartigen Verhaltens ist nun besser einzuschätzen bzw. zu verringern, wenn zu den potenziellen Kooperationspartnern bereits Kontakte bestehen und dadurch deren Vertrauenswürdigkeit beurteilt werden kann (Strebel 1983, S. 59 ff.; Specht/Beckmann/Amelingmeyer 2002, S. 397). Eine leistungsmäßige, nicht aber inhaltliche Ähnlichkeit in der technologischen Kompetenz (Weule 2002, S. 85) beugt schließlich der nicht kooperationsförderlichen Einschätzung vor, in die Zusammenarbeit mehr zu investieren als an Ergebnissen zu realisieren.

In Bezug auf die (3) **Konfiguration der F & E-Kooperation** ist in Ergänzung der Typendiskussion und ihrer Konsequenz einer situativ angelegten Bevorzugung bestimmter Kooperationsformen vor allem auf organisatorische und rechtliche Besonderheiten der internen Zusammenarbeitsgestaltung zu verweisen. So sollten unter organisatorischen Gesichtspunkten auch bei F & E-Kooperationen die besonderen Eigenschaften sowie Bedürfnisse der F & E-betreibenden Akteure berücksichtigt werden. Die erforderliche Kreativität sowie die ausgeprägte Qualifikation der Akteure setzen zunächst ein eher höheres Maß an organisatorischen Freiräumen (Rotering 1990, S. 157 ff.; Weule 2002, S. 87, Macharzina 2003, S. 677.) voraus. Darüber hinaus muss gerade bei F & E-Kooperationen auch auf antizipative Regelungen der Konfliktlösung (Kropeit 1999, S. 154 ff.) geachtet werden. Für die Handhabung technologischen Wissens ist nämlich der Auf- und Ausbau „privater“ Bestände an Wissen typisch, worunter Wissensmonopole einzelner Mitarbeiter, Bereiche oder auch tendenziell ganzer Unternehmen bzw. Institutionen zu verstehen sind. Neben der grundsätzlichen Problematik, unter diesen Bedingungen eine Kooperationsbereitschaft herzustellen, ist demnach zusätzlich mit Barrieren der Wissensweitergabe innerhalb von laufenden F & E-Kooperationen (Reiß 1995, S. 545) und entsprechenden Konflikten zu rechnen.

Die Gestaltung grundlegender Rechte und Pflichten der Kooperationspartner sowie die entsprechende formale Regelung des Kooperationsablaufs zählen zu den Kernaufgaben, die sich im Rahmen der weiteren rechtlichen Umsetzung eines bevorzugten Kooperationstypus ergeben. Entsprechende Kooperationsverträge enthalten insofern Aussagen über einzubringende Leistungen, Kostenverteilung, Ergebnisaufteilung, Zulassung von Ausgleichszahlungen bei unterschiedlichem Ergebnisnutzen der gemeinschaftlichen Forschung & Entwicklung, Geheimhaltungsvorschriften, Beschränkungen bei der Zusammenarbeit mit Dritten oder auch Nebenabreden über weitere gemeinschaftliche Aktivitäten in den Bereichen Produktion, Marketing und Vertrieb (Rotering 1990, S. 144). Gemäß den Untersuchungsergebnissen Roterings sind hierbei für große Unternehmen die gegenseitige Transparenz in Bezug auf F & E-Aktivitäten sowie Regelungen über die gemeinsame wirtschaftliche Nutzung und Verwertung von Patenten am wichtigsten, während kleinere Unternehmen solchen Absprachen, die über die reine Forschung & Entwicklung hinausgehen, mehr Bedeutung beimessen (Rotering 1990, S. 144). Derartige Nebenabreden können in diesem Fall häufig als Grundvoraussetzung für das Zustandekommen der eigentlichen F & E-Kooperation betrachtet werden. Zu den bedeutendsten Inhalten zählen die gemeinsame Produktion sowie gemeinsame Marketing- und Vertriebsaktivitäten (Rotering 1990, S. 147 f.).

Für die (4) **Führung und Erfolgsbeurteilung** einer F & E-Kooperation dürfte auf Grund der wettbewerblichen Sensibilität des Kooperationsbereichs insbesondere der

Vertrauensaspekt im Vordergrund stehen. Hierbei ist zum einen das permanente Bemühen um ein vertrauensförderndes Verhalten bedeutsam. Zum anderen geht es innerhalb der laufenden Erfolgsbeurteilung zusätzlich zu der kooperationsspezifischen Methodik einer je nach Kooperationsreife dominierenden In- und/oder Outputorientierung (Oesterle 1995, S. 998) um die Überprüfung, inwieweit der Partner das in ihn gesetzte Vertrauen noch rechtfertigt (Specht/Beckmann/Amelingmeyer 2002, S. 406).

Beide Gesichtspunkte der laufenden Erfolgsbeurteilung sind schließlich auch für die (5) **Beendigung des kooperativen Engagements** von erheblicher Bedeutung. Wie für Kooperationen allgemein üblich, werden in entsprechenden Arbeiten vor allem Beendigungsformen wie Übernahme, Verselbstständigung oder Stilllegung (Gerpott 1999, S. 248 ff.; Specht/Beckmann/Amelingmeyer 2002, S. 407 f.) sowie projektgemäßes oder vorzeitiges Ende (Kropeit 1999, S. 159) diskutiert. Darüber hinaus findet sich auch der Versuch, eine situativ adäquate Auswahl der inhaltlichen Beendigungsformen innerhalb einer Entscheidungsmatrix (Bierich 1990, S. 83) zu ermöglichen (Gerpott 1999, S. 249 f.; Specht/Beckmann/Amelingmeyer 2002, S. 407 f.). Hierbei tritt der von den Partnern wahrgenommene, als Rand- oder als Kernkompetenz definierte Stellenwert der Kooperation als wesentliche Einflussgröße für die Wahl einer geeigneten Beendigungsform auf. F & E-spezifische Aussagen können allerdings sowohl bei der reinen Diskussion von Beendigungsformen als auch bei der Entscheidungsmatrix nicht getroffen werden.

4.2 Spezifika und erfolgskritische Größen der Zusammenarbeit im Rahmen internationaler F & E-Kooperationen

Grenzüberschreitende F & E-Kooperationen müssen sich gegenüber einer rein nationalen Zusammenarbeit mit einer stärkeren Heterogenität der Interaktionspartner und ihrer Umwelten auseinandersetzen, woraus für das Kooperationsmanagement über alle Phasen hinweg eine nochmals erhöhte Komplexität resultiert. In der Regel nimmt die Komplexität umso stärker zu, je größer der Fremdheitsgrad der partnermäßig involvierten Kulturen ist (Dülfer 2001, S. 221 f.). In Anlehnung an Dülfers Schichtenmodell (Dülfer 2001, S. 254 ff.) hat Kultur hierbei als Summe und Zusammenwirken menschlicher Artefakte zu gelten. Komponenten der Kultur sind damit neben den kulturell bedingten Wertvorstellungen der Stand der Realitätserkenntnis und der Technologie, soziale Beziehungen und Bindungen sowie rechtlich-politische Normen.

Zum Teil unabhängig hiervon dürfte aber allein eine große geografische bzw. zeitliche Distanz zwischen den Kooperationspartnern bereits für Schwierigkeiten bei der Zusammenarbeit sorgen. Kommunikation setzt dann nämlich die Lösung technischer Herausforderungen voraus. Zudem müssen organisatorische Probleme gehandhabt werden. Größere Entfernungen führen zunächst bei allen Kooperationen, die keine projektbezogene, permanente und räumlich zentralisierte Zusammenarbeit beinhalten, zu einer eher unregelmäßigen Besuchsfrequenz und wenigen direkten persönlichen Kontakten. Die Kommunikation erfolgt insofern hauptsächlich über elektronische Medien, wofür aber als Basisvoraussetzung ein technisch gleiches Ausstattungsniveau und kompatible Systeme erforderlich sind (Dowling/Welch/Schuler 1999, S. 121 f.). Darüber hinaus tritt das Problem der Verfügbarkeit, d. h. die auf die Arbeitszeit beschränkte Anwesenheit von Akteuren in anderen Ländern, auf. Es gilt, organisatorische Regelungen der Kommunikation über Zeitfenster zu definieren, womit ein höheres Maß an Inflexibilität einhergeht. Wie die seit Jahren etablierten unternehmensinternen Kommunikationsmöglichkeiten über Kontinente hinweg zeigen (Gassmann 1997, S. 87), sollte es sich hierbei aber auch im Falle internationaler F & E-Kooperationen nicht um ein Kernproblem handeln.

Als solches ist allerdings das häufige Auftreten kommunikativer Missverständnisse innerhalb gegebener technischer Voraussetzungen zu bezeichnen. Anders als bei Symbolsystemen werden interkulturelle Unterschiede im Bereich der direkten verbalen und nonverbalen Kommunikation seltener als Resultat kulturspezifischer Konventionen wahrgenommen, wodurch Fehlinterpretationen gefördert werden (Apfelthaler 2002, S. 137 f.). Im Rahmen internationaler F & E-Kooperationen kommuniziert in aller Regel mindestens einer der Partner in einer fremden Sprache. Dies bedingt eine weitaus höhere Komplexitätsstufe gegenüber nationalen Kooperationen. Auch wenn sich beide Partner auf eine gemeinsame (Fremd-)Sprache einigen, besteht immer noch das Problem der Übersetzungsäquivalenz, die selten vollständig gegeben ist (Knapp 2003, S. 122 f..; Kopper 2003, S. 365 ff.). Bei der non-verbalen Kommunikation werden kulturelle Unterschiede noch weniger wahrgenommen. Für die Interaktionspartner ergeben sich Probleme der Dekodierung, da vermeintlich gleiche non-verbale Signale in den verschiedenen Kulturen häufig eine unterschiedliche Bedeutung haben. Die Divergenz von intendierter und rezipierter Bedeutung wird von den internationalen Partnern nur selten erfasst (Apeltauer 1997, S. 21; Gibson 2000, S. 37), wobei die gegenüber internationalen Mutter-Tochter-Beziehungen oftmals geringere Interaktionshäufigkeit zusätzlich eine mögliche Harmonisierung verzögern kann.

In ihren Auswirkungen insbesondere auf die laufende Zusammenarbeit in internationalen F & E-Kooperationen dürften allerdings unterschiedliche kulturbedingte Wertvorstellungen der Akteure auf Grund ihres grundlegenden Charakters, ihrer Vielschichtigkeit sowie ihrer Mehrdimensionalität umfassender als reine „Sprachprobleme“ sein. Für Kooperationen allgemein wurde die Funktionalität oder Dysfunktionalität von Kulturunterschieden bislang anhand einer Reihe von Dimensionen zu verdeutlichen versucht, wobei häufig ein Rückgriff auf die empirisch von Hofstede (Hofstede 2001, S. 17 ff.) ermittelte Einteilung in (1) Individualismus/Kollektivismus, (2) Machtdistanz, (3) Maskulinität/Feminität, (4) Unsicherheitsvermeidung sowie (5) Zeitorientierung erfolgt. Im Sinne eines Versuches können unter Berücksichtigung der für F & E-Kooperationen und ihre Akteure besonders bedeutsamen Potenziale Wissen, Lernen und Kreativität sowie entsprechend förderlicher Strukturen plausibilitätsgestützt aber nur aus zwei der von Hofstede erarbeiteten Dimensionen in vertretbarer, d. h. direkt begründbarer Weise Schlussfolgerungen abgeleitet werden. Es handelt sich hierbei um Machtdistanz sowie Unsicherheitsvermeidung.

Mit **Machtdistanz** oder **Machtabstandstoleranz** ist der Grad gemeint, bis zu dem in einem Kulturkreis eine ungleiche Verteilung von Macht erwartet und akzeptiert wird. Diese Dimension übt dementsprechend einen erheblichen Einfluss auf die Ausgestaltung hierarchischer bzw. hierarchiefreier Beziehungen aus (Hofstede 2001, S. 25 ff.).[1] In interkulturell besetzten F & E-Einheiten können unterschiedliche Machtabstandserwartungen dysfunktionale Wirkungen in Bezug auf Motivation, Kreativität und die für Lernprozesse bedeutsame Kommunikationsoffenheit entstehen lassen, da von den einzelnen Teammitgliedern der Führungsstil von Vorgesetzten unterschiedlich wahrgenommen und akzeptiert wird. Bei Mitarbeitern mit großer Machtabstandstoleranz kann zudem damit gerechnet werden, dass sie aus Angst keine Kritik an faktisch oder vermeintlich Höhergestellten äußern werden. Diesem potenziellen Informationsverlust muss dann über andere, etwa Kollegen einbeziehende Kommunikationswege oder andere Kommunikationsformen – beispielsweise jener der eher impliziten Kommunikation (Browa 1987, S. 116 ff.) – begegnet werden.

Mit der Dimension „**Unsicherheitsvermeidung**" bezeichnet Hofstede den Grad der Toleranz gegenüber unstrukturierten Situationen. Kulturen bzw. Länder mit einer hohen Unsicherheitsvermeidung weisen weit gehend eine ausgeprägte Regelungstiefe auf. Prozesse und Strukturen sind formalisiert und in hohem Maße standardisiert. Mitglieder dieser Kulturen scheuen eher das Risiko, Entscheidungen müssen eindeutig und präzise sein. Konflikte, aber auch bereits Meinungsverschiedenheiten gilt es zu vermeiden oder schnellstmöglich auszuräumen (Hofstede 2001, S. 153 ff.).[2] In Bezug auf die Mitwirkung von Angehörigen derartiger Kulturen in F & E-Kooperationen könnte sich die Gefahr ergeben, dass neue Ideen und Innovationen sowie Kreativität nicht gefördert werden, da Diskussionen schon im Keim erstickt werden.

Trotz der skizzierten Potenziale für kulturell bedingte Dysfunktionalitäten internationaler F & E-Kooperationen muss aber betont werden, dass kulturelle Diversität auch wesentliche Triebkraft für synergetische Wissenspoolung, verbesserte Lerneffizienz und -effektivität sowie erhöhte Kreativität sein kann. Zur Nutzung dieser funktionalen Wirkung benötigen die Akteure innerhalb von F & E-Kooperationen wie alle anderen international agierenden Mitarbeiter neben ausgezeichneten Fachkenntnissen ein hohes Maß an interkultureller Kompetenz. Sowohl zur Verminderung dysfunktionaler Wirkungen als auch zur Förderung der positiven Potenziale kultureller Diversität sollen daher die in eine internationale F & E-Kooperation eingebundenen Akteure frühzeitig für eigene Wertvorstellungen und Verhaltensweisen sowie für die der jeweiligen Partner sensibilisiert wer-

[1] Eine sehr hohe Machtdistanz weisen beispielsweise die Gesellschaften zahlreicher südamerikanischer, asiatischer und arabischer Länder auf. Dagegen sind beispielsweise die Gesellschaften nord- und mitteleuropäischer Länder eher von einer geringen Machtdistanz geprägt.

[2] Länder mit einer Tendenz zu starker Unsicherheitsvermeidung sind beispielsweise in Europa Belgien, Griechenland und Portugal, in Mittel- und Südamerika El Salvador, Guatemala sowie Uruguay. Eine geringe Unsicherheitsvermeidung hat Hofstede beispielsweise in Asien für Hong Kong und Singapur, in Europa für Dänemark und Schweden festgestellt.

den. Die Intensität entsprechender Trainingsverfahren (Thomas/Hagemann/Stumpf 2003, S. 257 ff.) ist dabei der Intensität der F & E-Kooperation anzupassen.

5. Zukünftige Herausforderungen durch F & E-Kooperationen für Theorie und Praxis

Mit jeder Kooperation geht für die beteiligten Partner nicht nur ein gewisses Maß an Selbstständigkeit verloren. Vielmehr werden im Kooperationsprozess auch wechselseitig Zonen der Transparenz geschaffen, wobei die Partner ihr entsprechendes Verhalten nur im Idealfall an der umfassenden Norm der Reziprozität (Gouldner 1984) ausrichten dürften. Gängige theoretische Arbeiten zur Beschreibung, Erklärung und Gestaltung der F & E-Kooperationsentscheidung[1] sowie entsprechende Muster des praktischen Handelns verdeutlichen denn auch, dass opportunistische Abweichungen vom Imperativ des reziproken Austauschs durchaus innerhalb von Kosten-Nutzen-Analysen alternativer Koordinationsformen berücksichtigt werden. Insbesondere im Falle von Kooperationen im Bereich der angewandten Forschung & Entwicklung dürften sich aber angesichts der kurzfristig erfolgskritischen Bedeutung der Zusammenarbeit derartige Interpretationen negativer Risiken als zu eng erweisen. Im Zuge einer zunehmenden Häufigkeit von F & E-Kooperationen sollten nämlich die skizzierten Risiken nicht nur auf die jeweiligen direkt beteiligten Partner bezogen werden.[2] So ist im Falle vertikaler F & E-Kooperationen bei zunehmender kooperativer Verflechtung davon auszugehen, dass Zulieferer nicht nur mit einem Hersteller der Branche, sondern mit mehreren zusammenarbeiten. Die für die Kooperation notwendigerweise erteilten Einblicke in F & E-Prozesse des Herstellers könnten dadurch in schädlicher Weise über die Schnittstelle „Zulieferer" und dort auftretende diffusionsfreundliche Einheiten auch anderen, mit diesem Zulieferer ebenfalls kooperierenden Herstellern und damit Konkurrenten zur Verfügung stehen. Derartige Gefahren sollten im übrigen auch bei Public Private Partnerships und anderen diagonalen bzw. konglomeraten Kooperationen nicht völlig ausgeschlossen werden.

Bei horizontalen F & E-Kooperationen dürfen deren negative Risiken ebenfalls nicht nur unter Beschränkung auf die jeweils beteiligten Partner antizipiert werden. Aus Sicht des für betriebswirtschaftliche Entscheidungen maßgeblichen Engpassfaktors „Nachfrage" führen horizontale Kooperationen neben kurzfristig eventuell wirksamen Preissenkungsmöglichkeiten auch zu einer Verringerung der faktischen Angebotsvielfalt. Mit einer derartigen Angebotsvielfalt ist eine Mehrzahl von Produkten, aber auch Dienstleistungen

---

[1] Zum Überblick vgl. außer Abschnitt 2 des vorliegenden Beitrags beispielsweise Specht/Beckmann/Amelingmeyer (2002, S. 392 ff.).

[2] Als tendenzielles Beispiel vgl. den tabellarischen Überblick bei Specht/Beckmann/Amelingmeyer (2002, S. 394).

gemeint, die sich nicht nur äußerlich, sondern materiell in Bezug auf Funktionen, deren Qualitäten sowie als Konsequenz ihren Kernnutzen signifikant unterscheiden. Unterschreitet das entsprechende Angebot der kooperierenden Hersteller ein für den Nachfrager tolerierbares Maß, ist mit negativen Reaktionen, d. h. Ablehnung sowie Bevorzugung stärker differenzierter Produkte und Leistungen zu rechnen.

Insofern sollten gerade auf angewandte Forschung sowie Entwicklung ausgerichtete Kooperationen zwischen an sich konkurrierenden Unternehmen angesichts ihrer Bedeutung für die originären Erfolgspotenziale nicht nur ausgehend von unmittelbaren wirtschaftlichen Wirkungen, sondern unter stärkerer Einbeziehung mittelbarer Wirkungen beurteilt werden. Dabei ergibt sich dann der strategische Imperativ, solche F & E-Kooperationen eher dann einzugehen, wenn davon Rand- und nicht Kernkompetenzen bzw. -bereiche betroffen sind. Ansonsten entstünde zumindest längerfristig die Gefahr, nachfrageseitig nicht mehr als Anbieter originärer Problemlösungen wahrgenommen zu werden, wodurch es zu Bedrohungen der Existenz kommen kann. Insbesondere in Branchen, die wie die Automobilindustrie stark im Interesse der Öffentlichkeit stehen und entsprechend intensiv von den Medien durchleuchtet werden (o. V. 2004)[1], kann mit erhöhter Wahrscheinlichkeit das Auftreten derartiger kritischer, da aufgeklärter Nachfrager prognostiziert werden.

Die derzeitig anhaltende Euphorie für marktnahe F & E-Kooperationen deutet allerdings darauf hin, dass die skizzierten Überlegungen innerhalb der Praxis (noch) nicht ausreichend vorgenommen werden, wodurch wahrgenommene Nutzenaspekte der F & E-Kooperation gegenüber den auf eher kurzfristige Negativrisiken beschränkten Kosten zu dominieren vermögen. Insofern zählt es auch zu den zukünftigen Aufgaben einer anwendungsorientierten Betriebswirtschaftslehre, F & E-Kooperationen stärker in ihren wirtschaftlichen längerfristigen Auswirkungen zu durchdringen. Mitvoraussetzung hierfür ist es jedoch, konzentrierter als bislang die Spezifika von F & E-Kooperationen herauszuarbeien; diese weiterhin durch weit gehend bloße Übernahme von Einsichten bezüglich allgemeiner Kooperationen erfassen zu wollen, wäre das falsche Vorgehen. Als eine der Schlüsselgrößen zur spezifischen Analyse von F & E-Kooperationen dürfte sich hierbei der Faktor Mensch und dessen für die Wissensgenerierung ausschlaggebenden Kennen-, Können-, Lern- und Kreativitätspotenziale (Zahn 1995, S. 4 f.) erweisen. Mit dem Anspruch, diesbezügliche für und in F & E-Kooperationen förderliche Rahmenbedingungen schaffen zu wollen, leitet sich dann unmittelbar auch ein Plädoyer für die stärkere Berücksichtigung der Faktoren Organisations- und Landeskultur ab.

---

1 In dieser Meldung wird über die von DaimlerChrysler sowie von General Motors beschlossene Zusammenarbeit zur Entwicklung eines Hybrid-Motors berichtet. Die Kooperation soll dazu beitragen, an das bereits sehr erfolgreiche Hybrid-Konzept von Toyota Anschluss zu finden.

Literatur

ALBAUM, G., STRANDSKOV, J., DUERR, E. (2001): Internationales Marketing und Export Management, 3. Aufl., München.

APELTAUER, E. (1997): Zur Bedeutung der Körpersprache für die interkulturelle Kommunikation, in: Knapp-Potthoff, A.; Liedke, M. (Hrsg.): Aspekte interkultureller Kommunikationsfähigkeit, München, S. 17-39.

APFELTHALER, G. (2002): Interkulturelles Management, Wien.

BEAMISH, P. W. U. A. (2003): International Management. Text and Cases, 5. Aufl., Boston u. a.

BIERICH, M. (1990): Strategische Allianzen in der Elektroindustrie, in: Zeitschrift für betriebswirtschaftliche Forschung, 42. Jg., Sonderheft, Nr. 27, S. 77-90.

BOEHME, J. (1986): Innovationsförderung durch Kooperation, Berlin.

BOSSHART, O.; GASSMANN, O. (1996): Management Strategischer Technologieallianzen, in: Gassmann, O.; von Zedtwitz, M. (Hrsg.): Internationales Innovationsmanagement. Gestaltung von Innovationsprozessen im globalen Wettbewerb, München, S. 187-211.

BOUTELLIER, R.; GASSMANN, O.; VON ZEDTWITZ, M. (2000): Managing Global Innovation. Uncovering the Secrets of Future Competitiveness, 2. Aufl., Berlin u. a.

BROCKHOFF, K. (1999): Forschung und Entwicklung. Planung und Kontrolle, 5. Aufl., München u. a.

BRONDER, C.; PRITZL, R. (1991): Leitfaden für strategische Allianzen, in: Harvardmanager, 13. Jg., Nr. 1, S. 44-53.

BROWA, H. (1987): Wie leistungsfähig ist das deutsche Forschungsmanagement?, in: Harvardmanager, 9. Jg., Nr. 1, S. 116-119.

BÜCHEL, B.; PRANGE, C.; PROBST, G.; RÜLING, C.-C. (1997): Joint Venture Management. Aus Kooperationen lernen, Bern u. a.

BÜHLMANN, C.; MONING, H. R.; VON WALDKIRCH, T. (1993): Technologietransfer in F+E-Kooperationen, in: io Management Zeitschrift, 62. Jg., Nr. 5, S. 29-33.

CORSTEN, H. (1982): Der nationale Technologietransfer. Formen, Elemente, Gestaltungsmöglichkeiten, Probleme, Berlin.

DAS, T. K.; TENG, B.-S. (2000): A Resource-based Theory of Strategic Alliances, in: Journal of Management, 26. Jg., Nr. 1, S. 31-61.

DOWLING, P. J.; WELCH, D. E.; SCHULER, R. S. (1999): International Human Resource Management. Managing People in a Multinational Context, 3. Aufl., Cincinnati/Ohio.

DÜLFER, E. (2001): Internationales Management in unterschiedlichen Kulturbereichen, 6. Aufl., München u. a.

ESCHENBURG, R. (1971): Ökonomische Theorie der genossenschaftlichen Zusammenarbeit, Tübingen.

GASSMANN, O. (1997): Internationales F&E-Management. Potentiale und Gestaltungskonzepte transnationaler F&E-Projekte, München u. a.

GERPOTT, T. J. (1991): Globales F&E-Management. Bausteine eines Gesamtkonzeptes zur Gestaltung eines weltweiten F&E-Standortsystems, in: Booz, Allen & Hamilton GmbH (Hrsg.): Integriertes Technologie- und Innovationsmanagement, Berlin, S. 49-74.

GERPOTT, T. J. (1999): Strategisches Technologie- und Innovationsmanagement. Eine konzentrierte Einführung, Stuttgart.

GERSTENFELD, A. (1977): Interdependence and Innovation, in: Omega, 5. Jg., Nr. 1, S. 35-42.

GIBSON, R. (2000): Intercultural Business Communication, Berlin.

GOULDNER, A. W. (1984): Reziprozität und Autonomie. Ausgewählte Aufsätze, Frankfurt a.M.

HÅKANSON, L. (1993): Managing Cooperative Research and Development: Partner Selection and Contract Design, in: R&D Management, 23. Jg., Nr. 4, S. 273-285.

HALIN, A. (1995): Vertikale Innovationskooperation. Eine transaktionskostentheoretische Analyse, Frankfurt a.M.

HAMEL, G. (1991): Competition for Competence and Inter-Partner Learning within International Strategic Alliances, in: Strategic Management Journal, 12. Jg., Summer Special Issue, S. 83-103.

HERBERT, E. (1985): How the Electric Utilities Manage Cooperative R&D, in: Research Management, 28. Jg., September/Oktober, S. 16-21.

HLADIK, K. J. (1988): R&D and International Joint Ventures, in: Contractor, F. J.; Lorange, P. (Hrsg.): Cooperative Strategies in International Business, New York, S. 187-203.

HOFSTEDE, G. H. (2001): Lokales Denken, globales Handeln. Interkulturelle Zusammenarbeit und globales Management, München.

INKPEN, A. C. (1996): Creating Knowledge through Cooperation, in: California Management Review, 39. Jg., Nr. 1, S. 123-140.

KERN, W.; SCHRÖDER, H.-H. (1977): Forschung und Entwicklung in der Unternehmung, Reinbeck.

KLEINKNECHT, A.; REIJNEN, J. O. (1992): Why Do Firms Cooperate in R&D?, in: Research Policy, 21. Jg., Nr. 4, S. 347-360.

KNAPP, K. (2003): Interpersonale und interkulturelle Kommunikation, in: Bergemann, N.; Sourisseaux, A. L. (Hrsg.): Interkulturelles Management, 3. Aufl., Berlin u. a., S. 109-136.

KOGUT, B. (1988): Joint Ventures: Theoretical and Empirical Perspectives, in: Strategic Management Journal, 9. Jg., Nr. 4, S. 319-332.

KOPPER, E. (2003): Multicultural Teams, in: Bergemann, N.; Sourisseaux, A. L. (Hrsg.): Interkulturelles Management, 3. Aufl., Berlin u. a., S. 363-384.

KROPEIT, G. (1999): Erfolgsfaktoren für die Gestaltung von FuE-Kooperationen, Diss. der Technischen Universität Dresden.

KRUBASIK, E. (1988): Customize Your Product Development, in: Harvard Business Review, 66. Jg., November/Dezember, S. 4-8.

KRUBASIK, E.; SCHRADER, J. (1989): Forschungs- und Entwicklungsstrategien, in: Macharzina, K.; Welge, M. K. (Hrsg.): Handwörterbuch Export und Internationale Unternehmung, Stuttgart, Sp. 687-698.

LUTZ, V. (1993): Horizontale strategische Allianzen. Ansatzpunkte zu ihrer Institutionalisierung, Hamburg.

MACHARZINA, K. (2003): Unternehmensführung: Das internationale Managementwissen. Konzepte – Methoden – Praxis, 4. Aufl., Wiesbaden.

MEFFERT, H. (1988): Warum Joint Ventures?, in: IFM-News (Institut für Marketing – Westfälische Wilhelms-Universität Münster), Nr. 4, S. 6-8.

NONAKA, I. (1994): A Dynamic Theory of Organizational Knowledge Creation, in: Organization Science, 5. Jg., Nr. 1, S. 14-37.

O. V. (2004): DaimlerChrysler und GM arbeiten an Hybrid-Motor, http://www.ftd.de/ub/in/1102756017432.html, Abfragedatum: 03.01.2005.

OESTERLE, M.-J. (1993): Joint Ventures in Rußland. Bedingungen, Probleme, Erfolgsfaktoren, Wiesbaden.

OESTERLE, M.-J. (1995): Probleme und Methoden der Joint Venture-Erfolgsbewertung, in: Zeitschrift für Betriebswirtschaft, 65. Jg., Nr. 9, S. 987-1004.

OHLHAUSEN, P.; WARSCHAT, J. (1997): Kooperation - Zusammenarbeit zwischen Unternehmen, in: Bullinger, H.-J.; Warschat, J. (Hrsg.): Forschungs- und Entwicklungsmanagement. Simultaneous Engineering, Projektmanagement, Produktplanung, Rapid Product Development, Stuttgart, S. 29-46.

PEARSON, A. W. (1990): Innovation Strategy, in: Technovation, 10. Jg., Nr. 3, S. 185-192.

PERLITZ, M. (2002): Spektrum kooperativer Internationalisierungsformen, in: Macharzina, K.; Oesterle, M.-J. (Hrsg.): Handbuch Internationales Management, 2. Aufl., Wiesbaden, S. 533-549.

PERLITZ, M. (2004): Internationales Management, 5. Aufl., Stuttgart.

PFEFFER, J.; SALANCIK, G. R. (1978): The External Control of Organizations. A Resource Dependence Perspective, New York u. a.

PISANO, G. P. (1990): The R&D Boundaries of the Firm: An Empirical Analysis, in: Administrative Quarterly, 35. Jg., Nr. 1, S. 153-176.

PORTER, M. E. (1985): Competitive Advantage, New York u. a.

REIß, M. (1995): Temporäre Organisationsformen des Technologiemanagements, in: Zahn, E. (Hrsg.): Handbuch Technologiemanagement, Stuttgart, S. 521-552.

ROBERTS, E. B.; BERRY, C. A. (1985): Entering New Business: Selecting Strategies for Success, in: Sloan Management Review, 26. Jg., Nr. 3, S. 3-17.

ROTERING, C. (1990): Forschungs- und Entwicklungskooperationen zwischen Unternehmen. Eine empirische Analyse, Stuttgart.

RÜDIGER, M. (1998): Theoretische Grundmodelle zur Erklärung von F&E-Kooperationen, in: Zeitschrift für Betriebswirtschaft, 68. Jg., Nr. 1, S. 25-48.

SPECHT, G.; BECKMANN, C.; AMELINGMEYER, J. (2002): F&E-Management. Kompetenz im Innovationsmanagement, 2. Aufl., Stuttgart.

STANKE, A.; BERNDES, S. (1997): Simultaneous Engineering als Strategie zur Überwindung von Effizienzsenken, in: Bullinger, H.-J.; Warschat, J. (Hrsg.): Forschungs- und Entwicklungsmanagement. Simultaneous Engineering, Projektmanagement, Produktplanung, Rapid Product Development, Stuttgart, S. 15-27.

STIEF, J. (2000): Intelligentes Management internationaler Forschungs- und Entwicklungskooperationen. Entwurf eines Managementkonzepts auf Basis von Organizational Intelligence, Aachen.

STREBEL, H. (1983): Unternehmenskooperation bei Innovationen, in: Wirtschaftswissenschaftliches Studium, 12. Jg., Nr. 2, S. 59-65.

TÄGER, U. C. (1988): Technologie- und wettbewerbspolitische Wirkungen von FuE-Kooperationen, München.

TEICHERT, T. A. (1994): Erfolgspotential internationaler F&E-Kooperationen, Wiesbaden.

THOMAS, A.; HAGEMANN, K., STUMPF, S. (2003): Training interkultureller Kompetenz, in: Bergemann, N.; Sourisseaux, A. L. (Hrsg.): Interkulturelles Management, Berlin u. a., S. 237-272.

TRÖNDLE, D. (1987): Kooperationsmanagement. Steuerung interaktioneller Prozesse bei Unternehmungskooperationen, Bergisch Gladbach u. a.

VOGEL, B.; STRATMANN, B. (2000): Public Private Partnership in der Forschung. Neue Formen der Kooperation zwischen Wissenschaft und Wirtschaft, Hannover.

VOGEL, B. (2001): Public Private Partnership. Neue Perspektiven für FuE-Kooperationen, in: FuE Info, o. Jg., Nr. 1, S. 13-19.

WERNERFELT, B. (1984): A Resource Based View of The Firm, in: Strategic Management Journal, 5. Jg., Nr. 2, S. 171-180.

WEULE, H. (2002): Integriertes Forschungs- und Entwicklungsmanagement. Grundlagen, Strategien, Umsetzung, München u. a.

WILDEMANN, H. (1995): Kooperationen über die Wertschöpfungskette, in: Corsten, H.; Reiß, M. (Hrsg.): Handbuch Unternehmungsführung, Wiesbaden, S. 743-751.

WIMMERS, S. (1999): Die Förderung von Forschungs- und Entwicklungskooperationen. Eine Untersuchung der Förderung von grenzüberschreitenden Forschungs- und Entwicklungskooperationen als Bestandteil der Forschungs- und Technologiepolitik der Europäischen Union, Frankfurt a.M. u. a.

WYSS, H. F. (1982): Innovation durch F&E oder Lizenzen, in: Harvardmanager, 4. Jg., Nr. 4, S. 51-59.

ZAHN, E. (1995): Gegenstand und Zweck des Technologiemanagements, in: Zahn, E. (Hrsg.): Handbuch Technologiemanagement, Stuttgart, S. 3-32.

Martin Benkenstein/Thomas Beyer*

Kooperationen im Marketing

---

* Univ.-Professor Dr. Martin Benkenstein ist Direktor des Instituts für Marketing und Dienstleistungsforschung an der Universität Rostock.
Dr. Thomas Beyer ist Wissenschaftlicher Mitarbeiter am selben Institut.

1. Marketingkooperationen – Herausforderung und Chance im Wettbewerb

1.1 Zur Bedeutung von Kooperationen im Marketing

Die Globalisierung der Märkte und die damit verbundene Steigerung des Konkurrenzdrucks verlangen von Unternehmen immer mehr Flexibilität.

Der Wettbewerb ist durch zunehmend kürzere Produktentwicklungszeiten, Produktlebens- und -marktzyklen geprägt. Die Hersteller versuchen daher, durch schnelle Reaktion auf veränderte Kundenwünsche die sich bietenden Marktchancen zu nutzen und Wettbewerbsvorteile zu erzielen. Dabei sind Unternehmen nahezu aller Branchen nur selten in der Lage, die steigenden Aufwendungen für Entwicklung und – nicht zuletzt – die steigenden Kosten für das Marketing zu finanzieren. Eine Ressourcenbündelung ist demnach zwingend erforderlich, um Märkte wettbewerbsfähig bearbeiten zu können. Formen der zwischenbetrieblichen Zusammenarbeit können hier die Strategien und Strukturen ergänzen, um am Markt erfolgreich zu sein.

1.2 Kooperation – Koordinationsform zwischen Markt und Hierarchie

Weder in der Literatur noch in der Wirtschaftspraxis hat sich bisher eine konsequent einheitliche Auffassung des Kooperationsbegriffs durchsetzen können. In Abhängigkeit vom Untersuchungszweck werden unterschiedlichste Eingrenzungen des Begriffs diskutiert (Benkenstein 1993, S. 444; Rupprecht-Däullary 1994, S. 5 ff.; Rotering 1990, S. 38 ff.). Dabei ergeben sich Überschneidungen zu den häufig synonym verwendeten Begriffen „Allianzen", „Partnerschaften" und „Koalitionen". Allen Begriffsprägungen immanent ist das Verständnis der zwischenbetrieblichen Kooperation als Organisationsform in einem Kontinuum zwischen den Extremausprägungen der marktlichen und der hierarchischen Koordination (Benkenstein/Henke 1993, S. 78 ff.).

Unter Kooperation soll im Folgenden eine Form der freiwilligen zwischenbetrieblichen Zusammenarbeit von mindestens zwei Unternehmen unter Wahrung wirtschaftlicher und rechtlicher Selbstständigkeit verstanden werden. Auf Basis einer Kooperationsvereinbarung findet eine zweckorientierte Zusammenarbeit statt, die eine gemeinsame Erreichung der übergeordneten und nur gemeinsam erreichbaren Ziele anstrebt (Picot u. a. 2001, S. 304; Bruhn/Homburg 2004, S. 332; Balling 1997, S. 12 ff.).

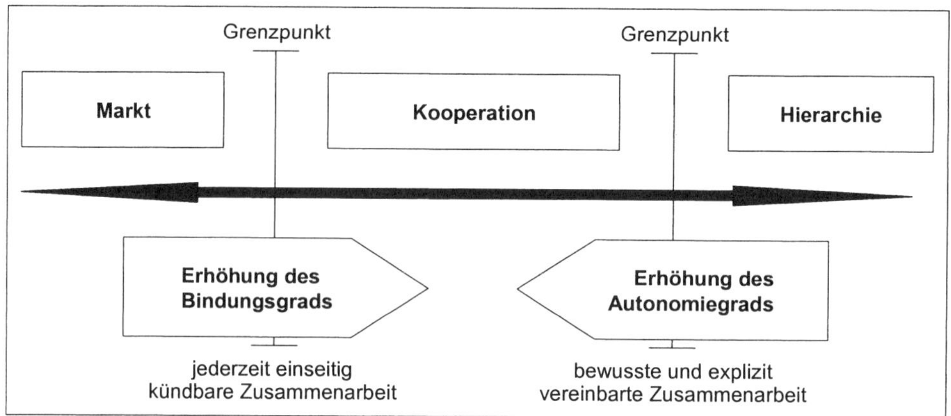

Quelle: In Anlehnung an: Rupprecht-Däullary 1994, S. 8.

Übersicht 1: Abgrenzung der Organisationsformen Markt, Hierarchie und Kooperation

Zwischenbetriebliche Kooperationen können in sehr unterschiedlichen Formen auftreten. Entsprechend der Vielzahl möglicher Gestaltungsoptionen lassen sich Kooperationen beispielsweise nach den von der zwischenbetrieblichen Zusammenarbeit betroffenen Funktionsbereichen einer Unternehmung klassifizieren. Danach können Kooperationen in der Forschung und Entwicklung, der Beschaffung, der Produktion sowie im Marketing unterschieden werden (Rupprecht-Däullary 1994, S. 18 f.). Die folgenden Ausführungen beziehen sich im Schwerpunkt auf Marketingkooperationen.

2. Abgrenzung von Marketingkooperationen

Das Marketing der Unternehmen sieht sich im Kontext dynamischer Veränderungen in den Markt- und Umweltbedingungen mit einer Reihe von wettbewerbsstrategischen Herausforderungen konfrontiert. Auf hochkompetitiven Märkten wird durch zunehmende Rivalität – insbesondere in der Konditionenpolitik – manche Chance zur Schaffung von Wettbewerbsvorteilen leichtfertig vertan. Kooperative, auf Zusammenarbeit gründende Konzepte der Unternehmenstätigkeit eröffnen Chancen, den Herausforderungen im Wettbewerb zu begegnen und zur Profilierung gegenüber der Konkurrenz beizutragen.

Marketingkooperationen haben in den letzten Jahren deutlich an Gewicht gewonnen. So zeigt eine im Jahre 1996 durchgeführte Untersuchung zu den „Suchfeldern im Marketing“, dass immerhin neun Prozent der Befragten in **Marketingkoalitionen** einen Schwerpunkt der Unternehmensausrichtung sehen (Belz 1998, S. 641). Gerade auf Märkten mit hoher Wettbewerbsintensität bieten sie Möglichkeiten, durch koordiniert kooperatives Vorgehen der sich verstärkenden Homogenisierung entgegenzuwirken und Wettbewerbsvorteile durch die Schaffung von zusätzlichem Kundennutzen zu generieren.

Nicht zuletzt werden Marketingkooperationen in zunehmendem Maße auch vom Kunden selbst gefordert. Er fragt verstärkt Systemlösungen nach, die nur in Zusammenarbeit zwischen Unternehmen erbracht werden können. Eine ausschließliche Betrachtung des Mitwettbewerbers als Konkurrenten greift daher zu kurz. So ist es durchaus denkbar, dass ein Unternehmen in einem Markt als führender Systemanbieter von Unternehmen profitiert, die kompatible, begleitende Leistungen anbieten. In einem anderen Markt wiederum bringt sich das Unternehmen selbst in Lösungen der Konkurrenz ein. In beiden Fällen profitieren die Partner von der Kooperation (Backhaus/Piltz 1990, S. 4 f.).

Eine genaue Abgrenzung der verschiedenen Formen zwischenbetrieblicher Zusammenarbeit im Marketing fällt schwer. Mögliche Ausprägungen reichen von einer losen Zusammenarbeit im Rahmen von Absprachen bzw. einer Zusammenarbeit mit Ergänzungsanbietern bis zur Aufgabe der rechtlichen und wirtschaftlichen Selbstständigkeit der Kooperationspartner in Form einer Fusion. An dieser Stelle muss deshalb festgelegt werden, was unter einer **Kooperation im Marketing** zu verstehen ist. Marketingkooperationen sind durch eine – von zwei oder mehreren unabhängigen Organisationen initiierte – gemeinsame Nutzung und Entwicklung der Ressourcen des Marketing und/oder die Zusammenlegung und Koordination von Marketingprogrammen der Partner gekennzeichnet (Bruhn/Homburg 2004, S. 12; Belz 1998, S. 642; Baur 1975, S. 15 f.). Die Diskussion um Kooperationen im Marketing ist dabei grundsätzlich mit einem kundenorientierten Ansatz verknüpft. Zur Verdeutlichung dieses Anspruchs werden Marketingkooperationen weiterführend als eine Form der zwischenbetrieblichen Zusammenarbeit definiert, die aus dem Motiv der konkreten Steigerung des Kundennutzens zur Wettbewerbsprofilierung erwächst (Bolten 2000, S. 9; Günter 1992, S. 800; Gatignon 1998, S. 8).

Kooperationen im Marketing umfassen nahezu alle Bereiche des Marketing-Managements. Auf jedem Feld des Marketing-Mix kann die Zusammenarbeit mit Partnern zu Quantensprüngen führen. Sie kann dementsprechend differenzierte Erscheinungsformen annehmen (Picot u. a. 2001, S. 306; Bolten 2000, S. 154 ff.; Mengele 1993, S. 27 ff.). Jede konkret durchgeführte Kooperation stellt eine für sich einzigartige und von anderen verschiedene Form der Zusammenarbeit dar. Eine Systematisierung der verschiedenen Formen von Marketingkooperationen erscheint damit notwendig. So ist es denkbar, strategische sowie operative Marketingkooperationen abzugrenzen. Ebenso bietet eine Differenzierung nach der Dominanz bzw. Abhängigkeit der Partner eine Grundlage zur Einteilung der Kooperationsformen (Bolten 2000, S. 140 ff.). Die den folgenden Betrachtungen zugrunde liegende Systematisierung orientiert sich an den Richtungen der Kooperationsbestrebungen (Hungenberg 1999, S. 6; Klanke 1995, S. 19 ff.). Danach kann zwischen horizontalen, vertikalen und diagonalen Kooperationen differenziert werden:

- Sind beide Unternehmen in der gleichen Branche und auf der gleichen Marktstufe (Wirtschaftsstufe, Wertschöpfungsstufe) tätig und arbeiten in diesem Bereich zusammen, handelt es sich um eine **horizontale Kooperation**. Negativ abgegrenzt handelt es sich um Kooperationen, die nicht auf Lieferbeziehungen beruhen.

- Eine **vertikale Kooperation** liegt dann vor, wenn die beteiligten Unternehmen auf unterschiedlichen Stufen des Wertschöpfungsprozesses operieren, d. h., dass sie in einem Vor- bzw. Nachlagerungsverhältnis zueinander stehen.
- Die **diagonale Kooperation** entsteht durch eine branchenübergreifende Zusammenarbeit mit dem Ziel, einer bestehenden oder potenziellen Nachfrage ein entsprechendes Angebot gegenüberzustellen. Sie stellt damit in besonderem Maße die Kundenorientierung der Marketingkooperation in den Mittelpunkt.

Neben dieser Systematisierung soll immer auch der Frage nachgegangen werden, auf welche Marketing-Mix-Felder sich Kooperationen beziehen können.

3. Formen von Kooperationen im Marketing

3.1 Einführung

Die Breite an unterschiedlichen Kooperationsformen lässt eine erschöpfende Betrachtung aller in der Praxis relevanten bzw. der theoretisch denkbaren Marketingkooperationen nicht zu. Im Folgenden beschränken sich die Ausführungen daher auf einige in der Unternehmenspraxis dominierende Ausprägungen von Marketingkooperationen, die in besonderem Maße geeignet sind, einen durch Kooperation geschaffenen Mehrwert für den Konsumenten zu erzeugen.

3.2 Horizontale Marketingkooperation – Kooperation zwischen Herstellern substitutiver Leistungen

(1) Kooperation in der Leistungspolitik

Servicekooperationen

Vor allem auf Investitionsgütermärkten werden vom Hersteller zunehmend Leistungen erwartet, die auf den speziellen Kundenbedarf zugeschnitten sind. Solche individuellen Problemlösungen stellen dabei immer ein Bündel aus technischem Erzeugnis und umfassenden Serviceleistungen dar. Dabei ist festzustellen, dass die Bereitstellung von Kundendienstnetzwerken auf Grund der Notwendigkeit der Vorhaltung von Servicekapazitäten (infolge der Nichtlagerfähigkeit der Servicedienstleistung) zum Teil mit einem erheblichen Ressourcenaufwand verbunden ist, der von einem Unternehmen allein kaum aufzubringen ist. Servicekooperationen sind in der Lage, durch Ressourcenbündelung und die Ausnutzung von Synergiepotenzialen Kosten- sowie Qualitätsvorteile für alle Kooperationspartner zu schaffen (Klanke 1995, S. 49; Mengele 1993, S. 169 f.). Die vielfältigen Formen der Ausgestaltung kooperativer Servicekonzepte sollen hier jedoch nicht vertiefend betrachtet werden (vgl. hierzu den Beitrag von Bruhn im Sechsten Kapitel dieses Sammelwerks).

Konsortien/Bietergemeinschaften

In der Investitionsgüterindustrie, insbesondere bei der Erstellung von Produktionsanlagen arbeitet häufig eine Vielzahl von Spezialisten zusammen. Dabei implementiert und koordiniert häufig ein Generalunternehmer (Konsortialführer) das entstandene Netzwerk. Dazu ist es notwendig, sich zunächst in Form einer Bietergemeinschaft als qualifizierter und in allen Bereichen kompetenter Auftragnehmer gemeinsam zu präsentieren. In dieser Phase ist demnach kooperativ ein Konzept zur Integration der Einzelleistungen sowie ein gemeinsames Konsortialmarketing zu entwickeln (Brokmeier u. a. 1989, S. 32; Günter 1992, S. 798 f.).

Produkt- und programmpolitische Kooperationen

Die Gestaltung von Leistungsprogrammen zielt darauf ab, auf dem Absatzmarkt eine möglichst hohe akquisitorische Wirkung zu erreichen. Mit Hilfe von produkt- und programmpolitischen Kooperationen, die auf der gemeinschaftlichen Erstellung der Produktpalette basieren, versuchen insbesondere Investitionsgüterhersteller Synergiepotenziale zu nutzen. Derartige Spezialisierungsabreden bergen neben den offensichtlichen Kostensenkungspotenzialen in Produktion, Einkauf, Marketing und Vertrieb (Senkung der Stückkosten durch Erhöhung der Ausbringungsmenge, Erfahrungskurveneffekte, optimale Kapazitätsausnutzung, verbilligter Einkauf usw.) auch erhebliche Gefahren. Im Rahmen von Programmkooperationen riskieren Unternehmen insbesondere die Verschiebung der Nachfrage hin zu jenen Programmteilen, deren Herstellung an den Kooperationspartner abgegeben wurde. Ist das Unternehmen nicht in der Lage, den Nachfrageausfall durch die Umstellung des Produktprogramms bzw. durch eine Regelung zur Leistung eines Gewinnspannenausgleichs durch den Kooperationspartner zu kompensieren, wird auch eine Auflösung des Vertrages – zumindest kurzfristig – nicht zur Verbesserung der wirtschaftlichen Lage des Unternehmens beitragen.

Als ein Beispiel derartiger Kooperationen kann, neben Programmstandardisierungen bei Zulieferunternehmen im Investitionsgüterbereich (vgl. dazu Baur 1975, S. 76 ff.; Stuke 1974, S. 100 ff.), auch die Baugleichheit vieler Produkte im Konsumgütersektor herangezogen werden. So nutzen viele Unternehmen die Vorteile von Produkt- und Programmkooperation durch Zukauf oder Produktionsvereinbarungen von/mit anderen Herstellern (Smoczok 1999, S. 4 f.).

(2) Kooperation in der Konditionenpolitik

Preiskooperationen/Preisabsprachen

Im Rahmen von Preiskooperationen streben die beteiligten Unternehmen eine Neutralisierung des Aktionsparameters Preis an. Ziel ist die Beschränkung des Wettbewerbs gegenüber den Konsumenten. Insbesondere oligopolistische Marktstrukturen begünstigen auf Grund hoher Markttransparenz und der vorhandenen Marktmacht der Kooperationspartner zur Unterbindung opportunistischen Verhaltens deren Entstehung. Preiskooperationen treten selten in Form vertraglicher Regelungen sondern vielmehr als stillschweigende Übereinkommen auf. Durch ihre wettbewerbsbeschränkende Wirkung und ihrer Tendenz zur Ausschaltung jeglichen Innovationswettbewerbs sind sie wettbewerbspolitisch bedenklich und in Deutschland nach § 1 GWB generell verboten. Preisabsprachen werden nur unter bestimmten Umständen als legalisierbar angesehen (Balling 1997, S. 182; Benkenstein 2002, S. 163).

Bonusprogramme

Diese Form horizontaler Marketingkooperationen stellt eine Kundenbindungsmaßnahme dar, die durch die Zusammenarbeit vieler Partner beim Kunden einen echten Nutzenzuwachs schafft und dadurch eine hohe Akzeptanz erfährt. Beispiele für kooperative Bonusprogramme sind auf Herstellerseite die Vielfliegerprogramme der Luftverkehrsallianzen. Das zurzeit wohl bekannteste Bonusprogramm des Handels ist das Kooperationssystem Payback. Im Rahmen dieser Programme erhalten Konsumenten einen geldwerten Bonus in Abhängigkeit vom Umsatz. Die Bonuspunkte, -meilen usw. können gesammelt und in Produkte und Leistungen der am Bonussystem beteiligten Partner umgesetzt werden (Kracklauer u. a. 2002, S. 30; Bernecker/Hüttl 2002, S. 158 f.).

(3) Kooperation in der Kommunikation

Kollektivwerbung (Werbegemeinschaften)

Bei der Kollektivwerbung erfolgt eine Zusammenarbeit zwischen Unternehmen auf dem Gebiet der klassischen Werbung. Eine tatsächliche Leistungskombination sowie ein gemeinsames Angebot der kooperativ beworbenen Güter erfolgt jedoch nicht. Das Motiv zur partnerschaftlichen Kommunikation besteht in der effektiveren und effizienteren Nutzung vorhandener Ressourcen gegenüber der individuellen Vorgehensweise. Es lassen sich folgende Arten horizontaler Kollektivwerbung abgrenzen.

Im Rahmen der Gemeinschaftskommunikation schließen sich zumeist mehrere Hersteller eines Produktmarktes zusammen, ohne direkt auf den eigenen Firmen- bzw. Markennamen zu verweisen. Im Gegensatz zu herstellerbezogenen Werbekonzepten, deren primäres Ziel es ist, durch Marktanteilsverschiebungen zwischen den Wettbewerbern den Absatz des eigenen Produktes zu forcieren, verfolgen Hersteller im Rahmen gemeinschaftlicher Kommunikation die Zielstellung, das gesamte Marktvolumen zu vergrößern. Die Anonymität der beteiligten Unternehmen ist daher bewusst gewählt, jegliche Übermittlung von herstellerspezifischen Merkmalen wird vermieden. Die Ziele der Gemeinschaftskommunikation sind – neben der Vergrößerung des Marktvolumens – insbesondere die Realisierung eines effizienteren Ressourceneinsatzes durch Kostensplitting, die Erhöhung des Bekanntheitsgrads durch Verbesserungen des Images sowie Steigerung der Verwendungshäufigkeit der beworbenen Produkte und Leistungen.

Die Gruppenkommunikation kann als eine weitere Form der Kollektivwerbung abgegrenzt werden. Wesentliches Unterscheidungsmerkmal zur Gemeinschaftskommunikation ist die vorhandene Sichtbarkeit der einzelnen Kommunikationspartner für den Konsumenten. Im Allgemeinen handelt es sich um einen Zusammenschluss einer kleinen Anzahl von Koalitionspartnern eines Teilmarkts. Ziel der Gruppenkommunikation ist nicht die Erhöhung des gesamten Marktvolumens einer Branche, sondern ausschließlich die Besserstellung des eigenen Marktsegments. Dabei wird gezielt der Versuch unternommen, das eigene Marktsegment vom Gesamtmarkt und somit der restlichen Konkurrenz abzugrenzen. Diese Strategie wird häufig von Anbietern einer Branche verfolgt, die eine einheitliche Kernpositionierung besitzen (Kunze 2002, S. 4; Lindemann 1992, S. 43).

Gütezeichen-Kooperationen

Im Gegensatz zur Marke, die der Identifikation eines Produkts sowie der Abgrenzung zu Konkurrenzprodukten dient, stellen Gütezeichen definierte Qualitätsversprechen für die mit ihnen ausgestatteten Waren dar. Dabei enthalten Gütezeichen keine herstellerspezifischen Angaben. Sie erfüllen neben der Informationsfunktion – der Symbolisierung einer Mindestqualität – auch eine Garantiefunktion, die die Gewährleistung der versprochenen Mindestqualität sicherstellt. Gütezeichen erhöhen damit bei zunehmender – durch Produkthomogenisierung und -vielfalt verursachter – Verbraucherirritation die Markttransparenz und Orientierungssicherheit der Konsumenten. Gütezeichenkooperationen werden zumeist von konkurrierenden Herstellern gleichartiger Produktleistungen eingegangen. Die am Gütesiegelkonzept beteiligten Anbieter verpflichten sich zur Einhaltung der mit dem Siegel verbundenen Qualitätsstandards und tragen partnerschaftlich zur Bekanntheitssteigerung des Gütesiegels bei. Ziel des Konzepts ist es, über Zufriedenheit und Akzeptanz des Verbrauchers mit den markierten Leistungen positive Absatzwirkungen zu erzielen. Gütesiegel tragen zur Positionierung im Wettbewerb bei. Bei der Umsetzung des Konzepts gilt es, sowohl die Notwendigkeit der Integration einer Vielzahl von Gütezeichen-Partnern zu beachten, um die Bekanntheit und Akzeptanz beim Kunden zu sichern, als auch die Erfordernis einer Begrenzung der Kooperationspartner zu bedenken, damit eine effektive Differenzierung von der Konkurrenz gewährleistet bleibt (Stuke 1974, S. 124 ff.; Baur 1975, S. 70 ff.).

(4) Kooperation in der Distribution

Horizontale Vertriebskooperationen

Die Mehrheit der bisher veröffentlichten Forschungsarbeiten zu **Distributionskooperationen** bezieht sich auf Strategieoptionen und Erfolgsfaktoren vertikaler Vertriebssysteme. Horizontale Vertriebsallianzen gewinnen in der unternehmerischen Praxis jedoch ebenfalls zunehmend an Gewicht (vgl. auch den Beitrag von Belz/Reinhold im Vierten

Kapitel dieses Sammelwerks). Die Ziele der Koalitionspartner reichen von der Marktausweitung, der Verbesserung der Marktpenetration, der Realisierung von Kosteneinsparungen bis zum gemeinsamen Aufbau neuer Kompetenzen. Diese Form der Marketingkooperation ist insbesondere bei kleinen und mittleren Unternehmen eine häufig genutzte Strategie zur Einführung innovativer Produkte. Die Finanzkraft eines Unternehmens reicht in den meisten Fällen nicht aus, um die notwendigen Investitionen in die Vertriebsorganisation abzusichern. Die gebietsübergreifende Konzentration des Handels verschlechtert zudem die Ausgangslage einzelner Unternehmen. Im Rahmen horizontaler Vertriebskooperationen bündeln potenzielle Wettbewerber ihre Distributionsressourcen zur Überwindung von Markteintrittsbarrieren und zur Erhöhung des Angebotsdrucks (Gatignon u. a. 1998, S. 16; Bolten 2000, S. 158 ff.; o. V. 1985, S. 43 ff.).

Logistikkooperationen

Das Hauptmotiv für Kooperationen in der Distribution liegt in der Nutzung von Kostensenkungspotenzialen durch Bündelung von Güterströmen. Vor allem im Bereich des Transports und der Lagerhaltung lassen sich dabei erhebliche Größenvorteile erzielen. Traditionelle vertikale Kooperationsformen zwischen Herstellern und Logistikdienstleistern, bei denen Güterströme mehrerer Hersteller gebündelt werden, bilden die Mehrzahl der praxisrelevanten Kooperationen. Immer mehr in den Mittelpunkt der Betrachtungen rücken aber auch Logistikpartnerschaften zwischen Herstellern. Sie sind in besonderem Maße attraktiv, da sich bei hoher Übereinstimmung des Kundenstamms der Partner auch die Bündelwirkung und somit die Synergiepotenziale kooperativer Logistiksysteme erhöhen. Wesentlicher Nachteil der Zusammenarbeit ist der Verzicht auf Differenzierung gegenüber dem Kooperationspartner im Bereich des Logistikservice. Die Formenvielfalt horizontaler Logistikkooperationen erstreckt sich dabei von der gemeinsamen Direktbelieferung über die Kombination von Kleinsendungen ab Transportumschlagspunkten bis zum gemeinsamen Betrieb von Zentrallagern (Fleischmann 1999, S. 170 ff.).

3.3 Vertikale Marketingkooperation – Kooperation zur Optimierung des Distributionsprozesses

(1) Kooperation in der Leistungspolitik

Kooperative Hersteller-Zulieferer-Beziehungen

Neben dem Handel steht in den letzten Jahren vor allem auch die Zulieferindustrie verstärkt im Blickpunkt unternehmensstrategischer Überlegungen. Im Zuge der stärkeren Ausrichtung auf eine wettbewerbsfähige Ausgestaltung der Wertschöpfungsprozesse gilt es daher nicht nur, innerhalb der Herstellerunternehmung Wettbewerbsvorteile zu generieren, sondern ebenso auch die vorgelagerten Stufen mit in die marktgerichteten Wettbewerbsstrategien einzubeziehen. Die Entscheidung über die Form der Hersteller-Zulieferer-Beziehung ist dabei an die klassische Problemstellung des „make or buy“ geknüpft.

Eine kooperative Ausgestaltung von Zulieferbeziehungen – als Gestaltungsalternative der „make or buy"-Entscheidung – eröffnet Handlungsalternativen, die durch die Realisierung von Kosten-, Differenzierungs- und Innovationsvorteilen beim Kunden den Nutzen des Endprodukts steigern. Kooperative Strategien sind in diesem Zusammenhang insbesondere dann von Vorteil, wenn Kosten- und Differenzierungsgefälle in unterschiedliche Richtungen verlaufen. Im Rahmen einer vertikalen Kooperation ist dann der Versuch zu unternehmen, die Kostenvorteile des Zulieferers mit den Differenzierungsvorteilen des Herstellers zu kombinieren und vice versa. Übersicht 2 fasst die strategischen Grundausrichtungen für die Hersteller-Zulieferer-Beziehung anhand der Unterschiede in der jeweiligen Kosten- und Differenzierungsposition zusammen (Benkenstein 2002, S. 173 ff., 1995, S. 180 ff.; Pampel 1993, S. 39 ff.).

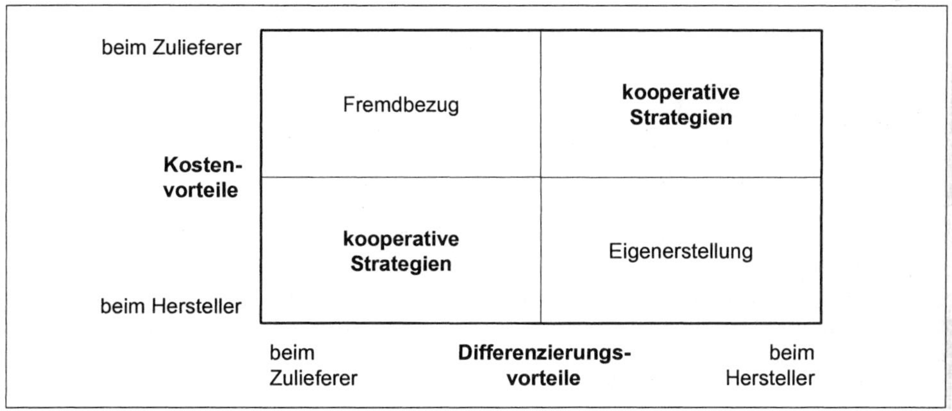

Quelle: Benkenstein 2002, S. 175.

Übersicht 2: Zuliefergerichtete Strategieoptionen

Kooperation in der Konditionenpolitik

Bezüglich der Gefahren eines ausgedehnten preispolitischen Aktionismus durch den Handel ist bereits viel publiziert worden. Durch Angebots- und Aktionspreise für Markenartikel, bei denen der Handel nicht nur auf Gewinne, sondern sogar auf Kostendeckung und Teile des Warenwerts verzichtet, werden die Maßnahmen des Herstellers zur Preispositionierung konterkariert (Oehme 1992, S. 261 f.). Das letztlich verbleibende Instrument, den Handel zur Einhaltung des vom Hersteller empfohlenen Verkaufspreises zu mahnen, ist die „Unverbindliche Preisempfehlung" (UVP). Sie stellt – durch die Sichtbarkeit für den Verbraucher – aber lediglich eine Preisobergrenze, jedoch keine Niedrigstpreisbeschränkung dar (Bruhn/Homburg 2004, S. 12, S. 556). Im Gegensatz zum Kernziel des Produzenten, der durch den Preis eine klare Positionierung im Wettbewerbsumfeld anstrebt und damit an einem konstanten Warenpreis interessiert ist, verfolgt der Handel mit seiner Preispolitik unter anderem das Ziel, durch Abverkauf eines

Produkts deutlich unter der UVP des Herstellers – quasi als Lockvogelangebot – Kunden in die Filialen des Handelsunternehmens zu ziehen. Die preispolitischen Zielsetzungen zwischen Handel und Herstellerunternehmen sind weitestgehend konfliktär. Im Rahmen vertikaler Kooperationsstrategien – deren Ziel es ist, den gesamten Distributionsprozess zu optimieren – ist es möglich, die unterschiedlichen Interessenlagen und Zielvorstellungen aufeinander abzustimmen, ohne dass die grundlegenden Interessenkonflikte dadurch überwunden werden.

(2) Kooperation in der Kommunikation

Co-Marketing

Die grundlegende Überzeugung des vertikalen Marketing spiegelt sich im Bereich der Kommunikationspolitik, insbesondere im Konzept des Co-Marketing wider. Co-Marketing bezeichnet eine Form kooperativen Handelns zwischen Hersteller- und Handelsunternehmen mit dem Ziel, eine gemeinsame Planung und Umsetzung der endverbraucherorientierten Kommunikationskonzepte durchzuführen. Dabei soll die Win-Win-Situation für beide Kooperationspartner nicht durch Addition oder Parallelisierung, sondern durch konzeptionelle sowie materielle Integration der Maßnahmen und Ressourcen erreicht werden. Co-Marketing zielt damit primär auf die Koordinierung der Kommunikationsaktivitäten und versucht, durch kooperatives Vorgehen die aus unterschiedlichen Zielsetzungen resultierenden Strategiedivergenzen der Marktpartner abzubauen. Dabei kann nach der Initiativrichtung der Co-Marketing-Zusammenarbeit zwischen vorwärtsgerichteter und rückwärtsgerichteter Kommunikation unterschieden werden. Im Idealfall des Co-Marketing werden beide Perspektiven integriert betrachtet und in einem einheitlichen Kommunikationskonzept umgesetzt (Clark 2000, S. 68 ff.; Laurent 1996, S. 134 ff.; Bucklin/Sengupta 1993, S. 32 ff.).

(3) Kooperation in der Distribution

Vertragliche Vertriebssysteme

Angesichts des komplexen Beziehungsgeflechts zwischen Hersteller und Handel mit unterschiedlichen Abhängigkeitsverhältnissen sind Kooperationen am ehesten geeignet, Wettbewerbsvorteile für Hersteller und Handel aufzubauen und abzusichern. Die Vielfalt der unterschiedlichen Formen von Kooperationen reicht von losen Verhaltensabsprachen mit schwachem Verbindlichkeitsgrad bis zu vertraglich begründeter „**Quasi-Filialisierung**". Zu den wichtigsten Kooperationsstrategien im Absatzkanal zählen dabei vertragliche Vertriebssysteme. Übersicht 3 systematisiert die verschiedenen absatzbezogenen Kooperationsformen anhand der Intensität der Verhaltensabstimmung. Als wesentliche Formen vertraglicher Vertriebssysteme werden der Kommissionsvertrieb, der Agentur- und Maklerhandel, Vertriebsbindungs- und Alleinvertriebssysteme sowie Franchising- und Vertragshändlersysteme gekennzeichnet.

Grundlage dieser Systeme sind enge vertragliche Vereinbarungen zwischen Hersteller und Absatzmittler, die die jeweiligen Rechte und Pflichten sowie die jeweiligen Kontrolloptionen umfassend regeln (Benkenstein 2002, S. 168 f.; Ahlert 2001, S. 16 f.). Eine aktuell – in Hinblick auf Marketingkooperationen zwischen Hersteller und Handel – intensiv diskutierte Form vertraglicher Vertriebssysteme ist das Franchisingkonzept (vgl. hierzu ausführlich den Beitrag von Ahlert/Evanschitzky/Wunderlich im Dritten Kapitel dieses Sammelwerks). Franchisingsysteme sind danach durch eine außerordentliche Kooperationsintensität zwischen den Systemmitgliedern gekennzeichnet. Nahezu die gesamte Geschäftstätigkeit des Franchisenehmers wird von der Zusammenarbeit erfasst. Kooperativ koordiniertes Vorgehen im Bereich des Marketing – basierend auf einer gemeinsamen „Marketing-Leitidee" – wird dabei als eine Kernaufgabe des Vertriebssystems begriffen (Martinek 2001, S. 332; Belz 1998, S. 360).

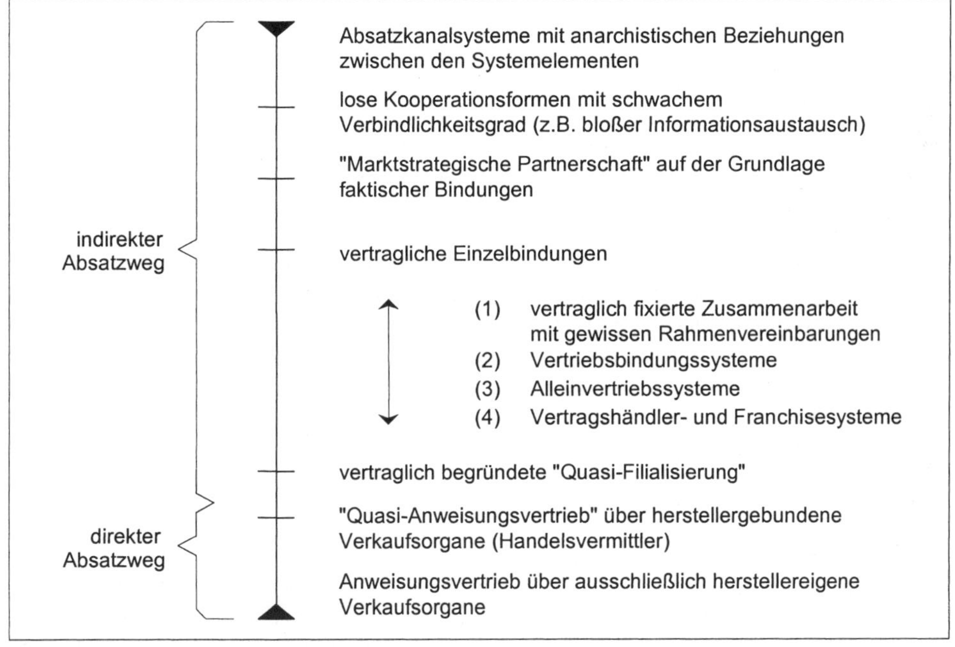

Quelle: In Anlehnung an: Ahlert 1991, S. 165.

Übersicht 3: Kooperationsstrategien im Absatzkanal

Kooperatives Supply Chain und Customer Relationship Management

Unter Customer Relationship Management (CRM) wird auf der obersten Ebene das Management von Kundenbeziehungen verstanden. Das ökonomische Ziel der Gewinnerzielung und Marktanteilssicherung versucht das CRM durch eine hohe Kundenzufriedenheit zu erreichen. CRM fokussiert demnach in erster Linie den Kunden und liefert Informationen über den Nachfrager des Unternehmens. Für den langfristigen Erfolg ist eine Integration mit Informationen der Angebotsseite – beschafft durch ein effektives Supply

Chain Management (SCM) – notwendig (z. B. Integration von Bedarfsinformationen und Produktkapazitäten, exakte Lieferauskünfte durch Integration von Informationen über den Produktionsdurchlauf). In gleichem Maße benötigt das SCM Bedarfsinformationen der Kunden zur Planung der notwendigen Material-, Dienstleistungs-, Informations- und Geldflüsse entlang der Wertschöpfungskette. Diese Integrationsleistung kann effektiv über kooperative vertikale Strukturen zwischen Hersteller und Handel abgesichert werden. Eine partnerschaftliche Zusammenarbeit entlang der Wertschöpfungskette sichert ein effektives SCM. Die in gleichem Maße wesentlichen – im Rahmen des CRM erfassten – bedarfsseitigen Informationen von Zulieferern, Herstellern und Händlern können im Rahmen kooperativer Konzepte gemeinsam ausgewertet und genutzt werden (Busch/ Langemann 2001, S. 403 ff.).

Category Management

Das Category Management ist ein Konzept zur wirtschaftsstufenübergreifenden Prozess- und Sortimentsoptimierung im Einzelhandel. Dem mächtigeren Handel wird dabei von der Herstellerseite ein produktgruppenübergreifender Ansprechpartner gegenübergestellt. Category Management wird von Handels- und Herstellerseite betrieben. Dabei sind die vielfältigen Zielstellungen häufig komplementär, sodass eine Zusammenarbeit zwischen Hersteller und Handel zur besseren Bedürfnisbefriedigung des Konsumenten begünstigt wird. Im Rahmen kooperativer Konzepte des Category Managements werden – nach kaufverhaltensrelevanten Kriterien abgegrenzte – überschneidungsfreie Teilsortimente (Categories) gebildet und als strategische Geschäftseinheiten auf Seiten des Handels geführt sowie durch offene Zusammenarbeit der Wertschöpfungspartner eine Optimierung der prozessorientierten Gestaltung des Warenflusses vorangetrieben (Seifert 2001, S. 145 ff.; Speer 1999, S. 222 f.).

Efficient Consumer Response (ECR)/Collaborative Planning, Forecasting and Replenishment (CPFR)

Efficient Consumer Response (ECR) bezeichnet eine kooperative Wertschöpfungspartnerschaft zwischen Industrie und Handel. Kern des Konzepts ist eine ganzheitliche Betrachtung und kooperative Optimierung der Wertschöpfungskette, orientiert an den Bedürfnissen der Konsumenten. Basis des ECR ist auf der Angebotsseite zur Optimierung der Warenversorgung das Supply Chain Management sowie auf der Nachfrageseite, als Konzept eines ganzheitlichen Marketing, das Category Management. Das ECR kann demnach als eine Weiterentwicklung dieser Konzepte in Richtung einer verstärkten Instrumentalisierung kooperativen Handelns von Herstellern und Händlern zur Bedürfnisbefriedigung des Konsumenten definiert werden. Ziel des ECR ist es, insbesondere Ineffizienzen entlang der vertikalen Wertschöpfungsstufen zu beseitigen, um durch die Steigerung der Kundenzufriedenheit die ökonomischen Unternehmensziele zu erreichen. Das ECR umfasst im Wesentlichen vier Basisstrategien, die den Unternehmensbereichen Logistik und Marketing zugeordnet werden können. Die aus der Perspektive der Marketingkooperationen zwischen Hersteller und Handel relevanten Basisstrategien sind Efficient Assortment (effiziente Sortimentsgestaltung), Efficient Promotion (effiziente Verkaufsförderung) sowie Efficient Product Introduction (effiziente Produktentwicklung und Neuprodukteinführung) (Bauer/Görtz 2003, S. 355 f.; Seifert 2001, S. 49 ff.; Heydt 1999, S. 4 ff.). Eine Weiterentwicklung des ECR-Konzepts stellt das Collaborative Planning, Forecasting and Replenishment (CPFR) dar. Das Erweiterungskonzept zielt vor allem auf eine verstärkte Systematisierung und Strukturierung der ECR-Beziehungen von Hersteller- und Handelsunternehmen. Konkretisiert wird dies durch die Umsetzung einer gemeinsamen Auftrags- und Absatzplanung unter Zuhilfenahme aller auf Industrie- und Handelsseite verfügbaren Daten und Informationen. Basierend auf diesem einheitlichen Planungsgerüst werden Produktion, Lieferung, Lagerhaltung und Promotions am Point of Sale aufeinander abgestimmt. Das CPFR integriert damit die vorhandenen ECR-Lösungsansätze der Supply- und Demand-Side in einem systematischen Gesamtansatz (Thunig 2003, S. 28 ff.; Seifert 2003, S. 263, S. 267 f.).

3.4 Diagonale Marketingkooperation – Die Kombination komplementärer Leistungen

(1) Kooperation in der Leistungspolitik

Bundling

Eine in diesem Zusammenhang häufig diskutierte Form kooperativer Zusammenarbeit im Bereich des Marketing ist das Bundling. Unter Bundling versteht man das kombinierte Angebot von zwei oder mehreren komplementären Produkten und/oder Dienstleistungen im Paket zu einem Gesamtpreis. Durch eine solche Bündelung entsteht für den Kunden ein eigenständiges Gut, das im Vergleich zu den Einzelbestandteilen zusätzliche Nutzendimensionen erfüllt. Es kann damit – wie ein eigenständiges Produkt – zur Marktbearbeitung durch den Anbieter eingesetzt werden. Die Möglichkeiten der Erstellung von Leistungsbündeln sind vielfältig. Die kooperative Form des Bundling, bei der in Zusammenarbeit mehrerer Hersteller die Erstellung des Bündelgutes erfolgt, wird in diesem Zusammenhang häufig als Inter-Firm-Bundling bezeichnet. Diese, als diagonale Marketingkooperation zu bezeichnende Form des Bundling, ist nur bei Kooperation von Herstellern komplementärer Leistungen – bei der ein durch den Leistungsverbund geschaffener Nutzenzuwachs für den Konsumenten generiert werden kann – von Vorteil (Priemer 2000, S. 56 ff.).

Kooperation in der Produktgestaltung

Die zunehmende Produktvielfalt bei starker Homogenität der Produktleistungen macht es notwendig, neue Wege in der Gestaltung neuer Produkte zu gehen. So nutzen Hersteller komplementärer Produkte die Möglichkeit, mit Hilfe eines gemeinsamen Produktdesigns zusätzlich auf den bestehenden Nutzungsverbund hinzuweisen. Gegenstand der kooperativen Produktgestaltung ist die Erhöhung der Integrationsqualität der einbezogenen Produkte, sodass wechselseitig absatzfördernde Wirkungen entstehen. Kooperationen zur Produktgestaltung sind dabei nicht sinnvoll für Unternehmungen, die in unmittelbarer Konkurrenz zueinander stehen. Vielmehr ist es gerade das Ziel der partnerschaftlichen Produktgestaltung, die Integrativität gegenüber Konkurrenzgütern möglichst gering zu halten, während innerhalb der diagonalen Kooperation eine weitestgehende Gestaltungsintegration der komplementären Produktleistungen angestrebt wird, um schließlich den Kunden zur gemeinsamen Verwendung der Kooperationsprodukte anzuhalten (Buro 1995, S. 404 f.; Stuke 1974, S. 115 ff.).

Kooperation in der Konditionenpolitik

Spezifische **Konditionenkoalitionen** lassen sich im Bereich diagonaler Marketingkooperationen nur schwer identifizieren. Trotzdem kann eine Zusammenarbeit in der Preispolitik, insbesondere bei der Preissetzung für ein gemeinsam geschaffenes Bündelgut im Rahmen von Leistungskooperationen, ein wesentliches Element der Kooperation sein (Backhaus 2003, S. 447 ff.; Priemer 2000, S. 64 f.). In diesem Fall ist, neben der generellen Festsetzung des Bündelpreises – orientiert an der preisstrategischen Positionierung der Einzelleistungen – die Verteilung der Gewinnmargen auf die Partner festzulegen.

(2) Kooperation in der Kommunikation

Verbundkommunikation

Wesen der Verbundkommunikation ist die Zusammenarbeit zweier oder mehrerer Hersteller komplementärer Leistungen im Rahmen der Kommunikationspolitik. Die bedarfsverbundenen Leistungen der Kooperationspartner werden dabei im Rahmen eines gemeinsamen Kommunikationskonzepts beworben. Die Beurteilung, ob und inwieweit ein Bedarfsverbund zwischen den Leistungen der Partner besteht, muss dabei zwangsläufig aus Konsumentenperspektive erfolgen. Ziel der Kooperationspartner ist es, neue Möglichkeiten des gemeinsamen Gebrauchs der im Verbund kommunizierten Leistungen anzubieten, um somit bei Kunden des einen Kooperationspartners den Absatz von Produkten des anderen und vice versa zu fördern (Lindemann 1992, S. 60 f.; Kunze 2002, S. 5).

Medienkooperationen

Eine Sonderform kommunikationspolitisch motivierter Zusammenarbeit im Marketing stellt die Medienkooperation dar. Auf Grund ihrer zunehmenden Bedeutung in der Praxis soll sie hier kurz dargestellt werden. Die Medienkooperation basiert auf der Zusammenarbeit zwischen Markenartikler und Medienunternehmen. Beide Partner wollen durch Kooperation die Bekanntheit und das Image des eigenen Produkt- bzw. Programmangebots ausbauen bzw. stärken. Auf Grund der zunehmenden Reizüberflutung der Konsumenten durch Werbung und der damit einhergehenden geringen Akzeptanz der Anzeigen und Spots bieten derartige Kooperationen Herstellerunternehmen die Chance, im Programmumfeld des Medienunternehmens und nicht ausschließlich im Anzeigenbereich beworben zu werden. Zudem eröffnet sich die Möglichkeit zur Ansprache der Hauptzielgruppe des Markenartiklers im redaktionellen Programmteil des Medienunternehmens. In diesem Zusammenhang werden häufig Konzepte des Product-Placement und der Endorsement-Werbung zur Zielgruppenansprache genutzt. Im Gegenzug dazu ermöglicht die positive Erwähnung des Medienunternehmens im Rahmen der Kommunikationsmaßnahmen des Markenartiklers die Erhöhung von Bekanntheit und Image des Medienunternehmens (Himmel 2002, S. 25 f.).

Co-Branding

Beim Co-Branding wird das zu kennzeichnende Leistungsbündel – neben der unternehmenseigenen Marke – mit einem zusätzlichen Markenzeichen versehen, dessen Rechte sich im Besitz eines Kooperationspartners befinden. Kernelement der Co-Branding-Strategie ist das Bestreben, durch die zusätzliche Markierung der Leistung einen Goodwill- bzw. Imagetransfer zu initiieren. Gelingt dies, kann durch die Übertragung des Images der Kooperationsmarke ein psychologischer Mehrwert für den Konsumenten geschaffen werden, der das wahrgenommene Preis-Leistungsverhältnis verbessert und damit zur Differenzierung im Wettbewerb beiträgt. Zudem stellt das Co-Branding eine erfolgsversprechende Grundlage für die systematische Erschließung des Kundenstamms des jeweiligen Kooperationspartners dar. Voraussetzung für den Erfolg der Co-Branding-Kooperation ist die Kompatibilität der Leistungsversprechen der Marken. Dabei ist es nicht zwingend notwendig, dass die Partnerunternehmen komplementäre Leistungen anbieten, vielmehr ist auf eine imagemäßige Markenkompatibilität zu achten (Baumgarth 2004, S. 10 f.; Ohlwein/Schiele 1994, S. 577 f.; Himmel 2002, S. 26 f.).

(3) Kooperation in der Distribution

Cross-Selling-Kooperationen

Das Prinzip des Cross-Selling liegt in der Ausweitung der Verkäufe eines Unternehmens an einen Kunden von einem angebotenen Produkt auf weitere Leistungen. Die Cross-Selling-Kooperation ist eine diagonale Marketingkooperation, bei der die Distribution der Leistungen über die Absatzkanäle des jeweils anderen Partners erfolgt. Maßgebliches Ziel der Zusammenarbeit ist die Ausweitung des Zielmarkts. Durch die Erweiterung des Angebots der eigenen Produkt- und Problemlösungen um die Leistungen des Kooperationspartners wird – im Vergleich zum Alleingang – ein Mehrwert für den Kunden geschaffen, der die Grundlage und den Ausgangspunkt der Marketingkooperation darstellt. Wichtigste konstituierende Voraussetzung für Cross-Selling-Kooperationen ist die Kompatibilität der überkreuz angebotenen Leistungen. Dabei ist es unerheblich, ob diese Kompatibilität durch die technisch-funktionale Komplementarität bzw. eine emotional-imagemäßige Leistungsähnlichkeit bestimmt wird. Wesentlich für eine erfolgreiche Cross-Selling-Zusammenarbeit ist, dass die Partnerleistungen zur Befriedigung des gleichen übergeordneten Bedürfnisses dienen (Bolten 2000, S. 157 f.).

4. Stellenwert der Kooperation als Strategie im Marketing

Vor dem Hintergrund zunehmender Wettbewerbsintensität auf weitestgehend stagnierenden Märkten und der damit verbundenen Notwendigkeit zur Positionierung und Profilierung der eigenen Leistung bieten **Kooperationen im Marketing** in besonderer Weise Potenziale zur Schaffung von Wettbewerbsvorteilen in Form von Kosten-, Differenzierungs- und Zeitvorteilen (Benkenstein 2002, S. 163 ff.; Becker 2002, S. 853 f.; Rupprecht-Däullary 1994, S. 89 ff.).

Kooperationsstrategien sind insbesondere dann zu beobachten, wenn Unternehmungen keine deutlichen Wettbewerbsvorteile aufweisen oder nicht über die notwendigen Ressourcen verfügen, derartige Wettbewerbsvorteile aufzubauen und langfristig abzusichern. Wesentlich für den Erfolg der Kooperationsstrategie ist die Frage, ob durch die Zusammenarbeit Wettbewerbsvorteile für die Kooperation als Ganzes sowie die einzelnen Teilnehmer erreicht werden. Für die Koalition als Ganzes werden Wettbewerbsvorteile insbesondere dann erreicht, wenn – aus Sicht der Unternehmen – die Kooperationspartner über komplementäre Ressourcenprofile verfügen bzw. – aus Sicht des Konsumenten – durch eine Zusammenarbeit von Unternehmen der gleichen bzw. unterschiedlicher Wertschöpfungsstufen ein Nutzenzuwachs im Vergleich zum unternehmensindividuellen Vorgehen generiert werden kann (Bolten 2000, S. 144 ff.). Die sich daraus ergebenden Synergie- und Nutzenpotenziale sind durch kooperative Strategien zu erschließen. Wettbewerbsvorteile für die Koalition als Ganzes entstehen jedoch nur, wenn diese Synergie- und/oder Kundennutzenpotenziale im Rahmen der Zusammenarbeit tatsächlich umgesetzt werden (Balling 1997, S. 106). Inwieweit jeder einzelne Kooperationspartner Wettbewerbsvorteile erzielen kann, hängt maßgeblich von der vertraglichen Ausgestaltung der Kooperationsvereinbarungen ab. Die Schaffung individueller Kosten-, Differenzierungs- und Zeitvorteile ist jedoch wesentlich für die Stabilität der Zusammenarbeit. Kooperationen wirken kontraproduktiv, wenn sie auf einem unausgewogenen Verhältnis zwischen den Beitrag-Nutzen-Relationen der einzelnen Partner basieren. Voraussetzung für den Kooperationserfolg ist zudem insbesondere eine offene, auf Vertrauen basierende und zielgerichtete Zusammenarbeit der Partner (Belz 1998, S. 646 f.; Balling 1997, S. 97 ff.).

Marketingkooperationen eröffnen auf allen Feldern des Instrumente-Mix Möglichkeiten zur Schaffung von Wettbewerbsvorteilen. Die in diesem Artikel vorgenommene zusätzliche Systematisierung nach der Kooperationsrichtung gruppiert die Vielzahl unterschiedlicher Formen der Zusammenarbeit nach der Stellung der Kooperationspartner im Wertschöpfungsprozess in horizontale, vertikale und diagonale Marketingkooperationen. Sie sind durch unterschiedliche Voraussetzungen und Zielstellungen der Partnerschaften gekennzeichnet.

Für Hersteller substitutiver Leistungen gilt es vor allem, der Frage nachzugehen, inwieweit Marktforschung, Entwicklung, begleitende Produkt- und Serviceleistungen usw., die nicht den Kern der Geschäftstätigkeit betreffen, in Form **horizontaler Marketingkooperationen** gemeinsam umgesetzt, erstellt bzw. vorgehalten werden können. Auf Grund weitestgehend gleicher Produkt- und Programmstrukturen sowie kollektiv vorhandener Prozess- und Produktkompetenz der Wettbewerber besteht hier ein hohes Synergiepotenzial. Ob und in welcher Weise Synergien genutzt werden, hängt dabei nicht zuletzt von der Bereitschaft des Managements ab, Wettbewerber nicht ausschließlich als Konkurrenten zu betrachten (Klanke 1995, S. 36 ff.; Gatignon u. a. 1998, S. 8 ff.).

Stellt man vertikale Wertschöpfungsbeziehungen und dabei insbesondere den Distributionsprozess in den Mittelpunkt der Betrachtungen, so zeigt sich, dass Hersteller und Handel in allen Mix-Bereichen gemeinsam als Träger des Marketing agieren. Die von ihnen getroffenen Entscheidungen sind interdependent. Die gemeinsam erbrachte Marketingleistung – und damit der gesamte Marketingerfolg – ist daher unmittelbar von den einzeln erbrachten Teilleistungen abhängig. Die Initiierung **vertikaler Marketingkooperationen** zur Optimierung des Absatzkanalmarketing ist somit eine logische Schlussfolgerung aus den faktisch vorhandenen Interdependenzbeziehungen zwischen Handel und Hersteller (Kettern/Heim 1999, S. 164). Vertikale Marketingkooperationen umfassen aber auch partnerschaftliche Beziehungen zwischen Herstellern und Lieferanten. Die vertikale Partnerschaft zwischen Hersteller und Vorlieferant ist im Vergleich zu der von Hersteller und Handel aber weniger verbreitet und in der Regel nur vorteilhaft, wenn durch die hohe qualitative Bedeutung des Vorprodukts ein Nutzenzuwachs durch Erhöhung der Wertigkeit des Endprodukts für den Kunden generiert werden kann (Benkenstein 1995, S. 180 f., 2001, S. 45 ff.).

Das größte Potenzial zur Schaffung von Wettbewerbsvorteilen bieten **diagonale Marketingkooperationen**. Auf Grund der fehlenden direkten Konkurrenzbeziehung zwischen den Partnern gibt es insgesamt kaum Potenziale für Kannibalisierungseffekte. Diagonale Marketingkooperationen ermöglichen durch Kombination von Wissen und/oder Leistungen die Schaffung neuer Produkte und Dienstleistungen. Sie ermöglichen den Vorstoß in neue Technik- und Marktfelder. Wesentlich für den Erfolg der Zusammenarbeit ist ein vorhandenes komplementäres Potenzial, bei dessen Nutzung die Kooperationspartner in der Lage sind, einen Mehrwert für die Zielgruppe zu schaffen (Belz 1998, S. 643).

Zusammenfassend verdeutlicht Übersicht 4 die vorgenommene Systematisierung von Kooperationen im Marketing. Die in der Matrix enthaltenen konkreten Kooperationsformen dürfen nur als ein kleiner Überblick über eine Vielzahl praktisch relevanter Partnerschaftskonzepte betrachtet werden.

Kooperationsrichtung / Bereich des Marketing	horizontal	vertikal	diagonal
Leistungspolitik	• Service-kooperationen • Bieterge-meinschaften	• kooperative Hersteller-Zuliefer-Beziehungen	• Inter-Firm-Bundling • Produktgestaltungs-kooperationen
Konditionenpolitik	• Preisabsprachen • Bonusprogramme		• Preissetzung im Rahmen von Leistungs-kooperationen
Kommunikations-politik	• Kollektivwerbung • Gütezeichen-kooperationen	• Co-Marketing	• Verbund-kommunikation • Medienkooperationen • Co-Branding
Distributionspolitik	• horizontale Ver-triebskooperationen • Logistik-kooperationen	• SCM-CRM • ECR/CPFR und CM • vertragliche Vertriebssysteme	• Cross-Selling-Kooperationen

Übersicht 4: Systematisierung der Kooperationsformen

Literatur

AHLERT, D. (1991): Distributionspolitik, 2. Aufl., Stuttgart, Jena.

AHLERT, D. (2001): Handbuch Franchising & Cooperation – das Management kooperativer Unternehmensnetzwerke, Wiesbaden.

BACKHAUS, K.: PILTZ, K. (1990): Strategische Allianzen – eine neue Form kooperativen Wettbewerbs?, in: Zeitschrift für betriebswirtschaftliche Forschung, 42. Jg., Sonderheft Nr. 27, S. 1-10.

BACKHAUS, K. (2003): Industriegütermarketing, 7. Aufl., München.

BALLING, R. (1997): Kooperation – Strategische Allianzen, Netzwerke, Joint-Ventures und andere Organisationsformen zwischenbetrieblicher Zusammenarbeit in Theorie und Praxis, Frankfurt a.M.

BAUER, H. H.; GÖRTZ, G. (2003): Die Integration von Marketing- und Logistik-Kooperationen durch Collaborative Planning, Forecasting and Replenishment (CPFR), in: Ahlert, D. (Hrsg.): Marktstrategische Veränderungen in der Hersteller-Handels-Dyade, Frankfurt a.M., S. 353-366.

BAUMGARTH, C. (2004): Erfolgsfaktoren des Co-Branding, in: Meffert, H.; Backhaus, K.; Becker, J. (Hrsg.): Co-Branding. Welche Potenziale bietet das Co-Branding für das Markenmanagement?, Dokumentation des Workshops vom 27.05.2004, Münster, S. 7-20.

BAUR, H. (1975): Internationale Marketingkooperation, Düsseldorf.

BECKER, J. (2002): Marketingkonzeption – Grundlagen des Zielstrategischen und operativen Marketing-Managements, 7. Aufl., München.

BENKENSTEIN, M. (1993): Beteiligungen und Unternehmensverbund als Indikatoren vertikaler Integration, in: Das Wirtschaftsstudium, 22. Jg., S. 443-449.

BENKENSTEIN, M. (1995): Die Verkürzung der Fertigungstiefe als absatzwirtschaftliches Entscheidungsproblem, in: Wirtschaftswissenschaftliches Studium, 24. Jg., Nr. 4, S. 180-185.

BENKENSTEIN, M. (2001): Ingredient Branding und Fertigungstiefengestaltung – Ansatzpunkte zur Validierung des Kompetenzgefälles zwischen Hersteller und Zulieferer, in: Richter, H.-J.; Gunji, T.; Shirai, Y.: (Hrsg.): Business, Information and Communication, Osaka, S. 45-65.

BENKENSTEIN, M. (2002): Strategisches Marketing – Ein wettbewerbsorientierter Ansatz, 2. Aufl., Stuttgart.

BENKENSTEIN, M.; HENKE, N. (1993): Der Grad vertikaler Integration als strategisches Entscheidungsproblem, in: Die Betriebswirtschaft, 53. Jg., Nr. 1, S. 77-91.

BELZ, C. (1998): Akzente im innovativen Marketing, Wien.

BERNECKER, M.; HÜTTL, F. (2002): Kundenclubs, in: Helmke, S.; Uebel, M.; Dangelmaier, W. (Hrsg.): Effektives Customer Relationship Management – Instrumente – Einführungskonzepte – Organisation, 2. Aufl., Wiesbaden, S. 155-177.

BOLTEN, R. (2000): Zwischenbetriebliche Kooperation im Marketing – Methodik zur Identifikation von Kooperationschancen und -potenzialen, Herdecke.

BROKMEIER, K.-H. U. A. (1989): Industrielle Partnerschaften – Geschäftskonzepte mit Partnern realisieren – Partnerschaften marktorientiert bewerten, Wiesbaden.

BRUHN, M.; HOMBURG, C. (2004): Marketing Lexikon, 2. Aufl., Wiesbaden.

BUCKLIN, L.; SENGUPTA, S. (1993): Organizing Successful Co-Marketing Alliances, in: Journal of Marketing, 57. Jg., April, 1993, S. 32-46.

BURO, H. (1995): Möglichkeiten und Grenzen der Kooperation von Markenartikelherstellern, in: Markenartikel, 57. Jg., Nr. 9, S. 402-406.

BUSCH, A.; LANGEMANN, T. (2001): Unternehmensübergreifende Planung als Schnittstelle zwischen CRM und SCM, in: Helmke, S.; Uebel, M.; Dangelmaier, W. (Hrsg.): Effektives Costumer Relationship Management – Instrumente – Einführungskonzepte – Organisation, 2. Aufl., Wiesbaden, S. 403-417.

CLARK, S. (2000): The Co-Marketing Solution, Chicago.

FLEISCHMANN, B. (1999): Kooperation von Herstellern in der Konsumgüterdistribution, in: Engelhard, J.; Sinz, E. (Hrsg.): Kooperation im Wettbewerb, Wiesbaden, S. 169-186.

GATIGNON, H. U. A. (1998): Marketing Cooperation Among Rivals, in: R&D working papers, 6. Jg., Nr. 5, S. 1-24.

GÜNTER, B. (1992): Unternehmenskooperation im Investitionsgüter-Marketing, in: Zeitschrift für betriebswirtschaftliche Forschung, 44. Jg., Nr. 9, S. 792-809.

HEYDT, A. (1999): Efficient Consumer Response – So einfach und doch so schwer, in: Heydt, A. (Hrsg.): Handbuch Efficient Consumer Response – Konzepte, Erfah-rungen, Herausforderungen, München, S. 3-23.

HIMMEL, W. (2002): Co-Branding – eine neue Strategie in der Markenführung?, in: Erfurter Hefte zum angewandten Marketing, 5. Jg., Nr. 12, S. 23-36.

HUNGENBERG, H. (1999): Bildung und Entwicklung von strategischen Allianzen – theoretische Erklärungen, illustriert am Beispiel der Telekommunikationsbranche, in: Engelhard, J.; Sinz, E. (Hrsg.): Kooperation im Wettbewerb, Wiesbaden, S. 3-29.

KETTERN, A.; HEIM, E. (1999): Category Management als zentrales Element zur Implementierung von Efficient Consumer Response im LEH, in: Heydt, A. (Hrsg.): Handbuch Efficient Consumer Response – Konzepte, Erfahrungen, Herausforderungen, München, S. 159-169.

KLANKE, B. (1995): Kooperation als Instrument der strategischen Unternehmensführung, Osnabrück.

KRACKLAUER, A. U. A. (2002): Erneut über die Konzepte nachdenken!, in: Markenartikel, 64. Jg., Nr. 5, S. 24-32.

KUNZE, F. (2002): Horizontale Markenkooperation in der Marketingkommunikation – Grundlagen, in: Erfurter Hefte zum angewandten Marketing, 5. Jg., Nr. 12, S. 3-22.

LAURENT, M. (1996): Vertikale Kooperationen zwischen Industrie und Handel, Frankfurt a.M.

LINDEMANN, M. (1992): Kooperative Marketingkommunikation, München.

MARTINEK, M. (2001): Franchising 2000 – Standortbestimmung und Zukunftsperspek-tiven des Franchisevertriebs, in: Ahlert, D. (Hrsg.): Handbuch Franchising & Cooperation – das Management kooperativer Unternehmensnetzwerke, Wiesbaden, S. 325-338.

MENGELE, J. (1993): Horizontale Kooperation als Markteintrittsstrategie im internationalen Marketing, Wiesbaden.

Oehme, W. (1992): Handelsmarketing, 2. Aufl., München.

OHLWEIN, M.; SCHIELE, P. (1994): Co-Branding, in: Wirtschaftswissenschaftliches Studium, 23. Jg., Nr. 11, S. 577-578.

O. V. (1985): Die kleinen Alliierten. Durch Marketing-Kooperation wachsen?, in: Absatzwirtschaft, 27. Jg., Nr. 8, S. 42-48.

PAMPEL, J. (1993): Kooperation mit Zulieferern – Theorie und Management, Wiesbaden.

PICOT, A. U. A. (2001): Die grenzenlose Unternehmung – Information, Organisation und Management, Wiesbaden.

PRIEMER, V. (2000): Bundling im Marketing – Potentiale – Strategien – Käuferverhalten, Frankfurt a.M.

ROTERING, C. (1990): Forschungs- und Entwicklungskooperationen zwischen Unternehmen – eine empirische Analyse, Stuttgart.

RUPPRECHT-DÄULLARY, M. (1994): Zwischenbetriebliche Kooperation, Wiesbaden.

SEIFERT, D. (2001): Efficient Consumer Response, 2. Aufl., München.

SEIFERT, D. (2003): Collaborative Planning, Forecasting and Replenishment (CPFR) – Efficient Consumer Response der zweiten Generation, in: Trommsdorff, V. (Hrsg.): Handelsforschung 2003: Neue Erkenntnisse für Praxis und Wissenschaft des Handels, Köln, S. 263-276.

SMOCZOK, M. (1999): Baugleiche Produkte aus Konsumentensicht – Auswirkungen auf die Dachmarken, Wiesbaden.

SPEER, F. (1999): Category Management: Organisatorische Ansätze eines integrierten Marketing- und Vertriebskonzeptes, in: Heydt, A. (Hrsg.): Handbuch Efficient Consumer Response – Konzepte, Erfahrungen, Herausforderungen, München, S. 222-234.

STUKE, G. (1974): Zwischenbetriebliche Kooperation im Absatzbereich von Industriebetrieben, Frankfurt a.M.

THUNIG, C. (2003): Bündnis für Effizienz: CPFR – Gut geplant ist halb gewonnen, in: Absatzwirtschaft, 51. Jg., Nr. 2, S. 26-35.

Franz-Rudolf Esch/Tobias Langner*

Markenmanagement in Wertschöpfungsnetzwerken

---

* Univ.-Professor Dr. Franz-Rudolf Esch ist Inhaber des Lehrstuhls für Betriebswirtschaftslehre, insbesondere Marketing der Justus-Liebig-Universität Gießen sowie Direktor des Instituts für Marken- und Kommunikationsforschung an der Justus-Liebig-Universität Gießen.
Dr. Tobias Langner ist Wissenschaftlicher Assistent am selben Lehrstuhl sowie Projektleiter am selben Institut.

1. Ziele von Wertschöpfungsnetzwerken

„Das produktzentrierte Unternehmensmodell verliert seine Grundlage. Die Wertschöpfungsarchitektur wird zum strategischen Erfolgsfaktor" (Heuskel 1999, S. 34). Der auf Grund der Globalisierung der Märkte und dem rasant voranschreitenden technologischen Fortschritt drastisch zunehmende Wettbewerbsdruck hat in der Vergangenheit dazu geführt, dass Unternehmen nach immer neuen Organisationsformen suchen, um den erschwerten Rahmenbedingungen zu trotzen. Als ein wirkungsvoller Weg hat sich hierbei die Bildung von Wertschöpfungsnetzwerken erwiesen. Unternehmensnetzwerke gelten mittlerweile als die weltweit am stärksten wachsende Organisationsform (Ahlert/Evanschitzky/Wunderlich 2003, S. 565). Diese Entwicklung ist in verschiedenen Branchen allerdings unterschiedlich weit vorangeschritten. In der Automobilindustrie, in der Wertschöpfungsnetzwerke bereits sehr verbreitet sind, haben die deutschen Hersteller ihre Fertigungstiefe in den letzen Jahren auf unter 25 % reduziert (VDA 2003). Zulieferunternehmen übernehmen mehr als 30 % der F & E-Leistungen und erwirtschaften einen Wertschöpfungsanteil von rund 70 % an der gesamten automobilen Wertschöpfungskette. Anders sieht die Situation im Bankensektor aus: „Überträgt man die Produktionstiefe der Bankenbranche auf die Automobilindustrie, würde DaimlerChrysler eine Rinderzucht betreiben, um die Lederbezüge für seine Autositze zu fertigen" (Petry/Rohn 2004). Anzeichen sprechen auch hier dafür, dass sich die traditionellen Wertschöpfungsketten der Banken auflösen und mit einer Zunahme von Wertschöpfungsnetzwerken zu rechnen ist.

Unter einem Wertschöpfungs- bzw. Unternehmensnetzwerk versteht man eine auf die Realisation von Wertschöpfungsvorteilen zielende Organisationsform, bei der rechtlich selbstständige Unternehmen in ein Netz relativ stabiler kooperativer Beziehungen und Aktivitäten eingebunden sind (Jarillo/Ricart 1987; Siebert 1999; Krüger 2002; Picot/Reichwald/Wigand 2001; Sydow 1999; Zentes/Swoboda/Morschett 2003). Durch die Konzentration auf die jeweiligen Kernkompetenzen sollen ein straffes Kostenmanagement sowie eine effektive Marktbearbeitung realisiert werden (Ahlert/Evanschitzky/Wunderlich 2003). Wertschöpfungsnetzwerke bilden das Gegenmodell zum vertikal tief und/oder horizontal breit integrierten Unternehmen. Netzwerkorganisationen folgen demnach einer Strategie der „Ent-Diversifizierung", ohne dass das im Mittelpunkt des Netzwerks stehende Unternehmen die Kontrolle über seine Angebote aufgeben muss (Sydow 1999; Picot/Reichwald/Wigand 2001). Ein zentrales Charakteristikum ist hierbei, dass sich das Management des Wertschöpfungsnetzwerks nicht auf das eigene Unternehmen beschränkt, sondern unternehmensübergreifend alle Netzwerkpartner (z. B. Zulieferer, Absatzmittler) einbezieht (Bea/Haas 2001).

Grob gesprochen, ist zwischen den Extremen eines eher langfristig angelegten Netzwerks, das auf umfassenden vertraglichen Bindungen basiert (z. B. Franchising, Markenlizenzierung) und eher losen Kooperationen (z. B. Markenallianzen) sowie zentral hierarchisch (z. B. klassisches Outsourcing) und dezentral partnerschaftlich (z. B. F & E-Kooperationen) organisierten Netzwerken zu unterscheiden (Siebert 1999, S. 9; Sydow 1993, S. 103 f.; Picot/Reichwald/Wigand 2001, S. 316 ff.; Bach/Buchholz/Eichler 2003, S. 5 ff.). Je nach Steuerungsform (hierarchisch versus heterarchisch) und nach zeitlicher Stabilität (statisch versus dynamisch) ergeben sich unterschiedliche Netzwerktypen (Sydow 1999).

Die jeweilige Anlage des Wertschöpfungsnetzwerks hat einen entscheidenden Einfluss auf das Netzwerkmanagement. Hierarchisch organisierte Netzwerke zeichnen sich etwa dadurch aus, dass ein oder mehrere Unternehmen eine Führungsrolle übernehmen. Diese fokalen Unternehmen steuern den Prozess der unternehmensübergreifenden Leistungserstellung zentral (Wriebe 2001, S. 16). Bei vertikalen Verflechtungen handelt es sich meist um strategische Netzwerke. Bei horizontalen Verflechtungen sind in der Praxis sowohl strategische Netzwerke als auch Projektnetzwerke beobachtbar. Bilden Marken den Ausgangspunkt für die Schaffung der Wertschöpfungsnetzwerke, bezeichnet man diese als **Netzwerkmarken**. Die Netzwerkpartner treten dabei gegenüber Dritten unter der einheitlichen Netzwerkmarke auf, als würde es sich um ein einziges Unternehmen handeln. In ihrer extremen Ausprägung besteht eine Netzwerkmarke aus einer Systemzentrale, welche sich auf die strategische Führung des Netzwerks beschränkt und einer Vielzahl von rechtlich selbstständigen Netzwerkpartnern, die die verbleibenden Leistungen des Wertschöpfungsnetzwerks erbringen (vgl. auch Ahlert/Kenning/Schneider 2000, S. 193). Aus der Abgrenzung wird deutlich, dass der Übergang zwischen klassischen Marken und Netzwerkmarken fließend ist.

Ein klassisches Beispiel für eine Netzwerkmarke ist Red Bull. Die Wertschöpfung der Marke wird durch ein komplexes Netzwerk zahlreicher Partner realisiert. Das fokale Unternehmen, das auch die Markenrechte an Red Bull hält, konzentriert sich nur auf das Marketing und die Finanzen. Dietrich Mateschitz, der Gründer und Inhaber von Red Bull, bringt es auf den Punkt: „Wir sind die Marketingzentrale und die kreativen Köpfe hinter der Marke“ (Mei-Pochtler 2000). Alle anderen Aufgaben von der eigentlichen Produktion bis zur Logistik werden über Partner abgewickelt, die in der Regel über Kernkompetenzen in dem jeweiligen Bereich verfügen. Das Image der Marke Red Bull bildet dabei den Leitfaden aller Aktivitäten und verbindet dadurch die Mitarbeiter der beteiligten Netzwerkpartner. Im Jahr 2002 erwirtschaftete das Headquarter von Red Bull so in dem stagnierenden deutschen Soft-Drink-Markt mit etwa 60 Mitarbeitern einen Umsatz von etwa 140 Millionen Euro (o. V. 2003, S. 5). Aus Marketingsicht lassen sich zwei zentrale Ziele von Netzwerkmarken unterscheiden:

1. Nutzung von Kostensenkungspotenzialen und
2. Erschließung neuer Absatzmärkte.

Netzwerkmarken basieren auf einer ausgeprägten Arbeitsteilung zwischen den beteiligten Unternehmen. Die einzelnen Netzwerkpartner sollen dabei derart kombiniert werden, dass sich jeder Partner auf diejenige Wertschöpfung konzentriert, für die er über die größte Kompetenz verfügt. Hierdurch sollen möglichst umfassende Synergiewirkungen realisiert werden. Das Konzept des Netzwerks ist damit eng mit der Idee der **Kernkompetenz** und den daraus abgeleiteten Kerngeschäften verknüpft (Siebert 1999, S. 10; Johnston/Lawrence 1988, S. 99; Prahalad/Hamel 1990; Krüger/Homp 1997). Die Realisation von Kostensenkungspotenzialen ist oftmals das primäre Ziel von Outsourcing-Maßnahmen (Accenture 2002). Durch die Etablierung eines Netzwerks werden hier vor- oder nachgelagerte Wertschöpfungsprozesse an Netzwerkpartner abgegeben und so die Fertigungstiefe verringert. Durch den Aufbau eines Wertschöpfungsnetzwerks, bei dem die Netzwerkpartner vorgefertigte Großmodule wie komplette Achssysteme (Krupp), funktionsfähige Türen (Magna Doors) und fertige Cockpits (Mannesmann-VDO) zur Produktion des Smart just in time an das Montageband liefern, konnte die Micro Compact Car AG beispielsweise eine kosteneffiziente Fertigungstiefe von unter 8 % realisieren. Die meisten deutschen Automobilhersteller verfügen dagegen über Fertigungstiefen von knapp 25 % (VDA 2003).

Die Erschließung neuer Absatzmärkte ermöglicht es Unternehmen, der Verschärfung des Wettbewerbs und einer stetig zunehmenden Differenzierung der Kundenbedürfnisse zu begegnen. Anders als die meist primär kostenorientierten Outsourcing-Maßnahmen zielt die Erschließung neuer Absatzmärkte durch Netzwerkorganisationen auf eine nachhaltige Steigerung des Unternehmenswerts ab (Accenture 2002; Dudenhöffer 2001). Laut einer Accenture-Studie wird der strategischen Netzwerkbildung eine enorme zukünftige Bedeutung zugesprochen (Accenture 2002). Der Zugang zu neuen Absatzmärkten durch Wertschöpfungsnetzwerke kann dabei unter anderem auf der Basis von Markenlizenzierungen, Franchise-Systemen, Markenallianzen oder dem dauerhaften Fremdbezug absatzfähiger Produkte bzw. Dienstleistungen erfolgen. Bei der Erschließung neuer Absatzmärkte im Zuge der Vermarktung langlebiger Gebrauchsgüter spielen Wertschöpfungsnetzwerke zunehmend eine zentrale Rolle. Durch die Bildung markenbezogener Produkt-Service-Verknüpfungen können Cross-Selling-Potenziale freigesetzt werden. Die Angebote einer Marke werden dabei durch produktbezogene Dienstleistungen ergänzt, um für den Kunden ein wertgesteigertes Gesamtpaket zu schnüren (Dudenhöffer 2001, S. 428). Dadurch wird eine bessere Ausschöpfung des Customer-Life-Cycles und somit des Kundenwerts möglich. Im Lebenszyklus eines Automobils entfallen nur etwa 20 % aller Ausgaben auf den Erwerb des Neuwagens. Die restlichen Kosten verteilen sich vor allem auf die Instandhaltung, die Neuwagenfinanzierung, die Fahrzeugversicherung, den Kraftstoff und die Zubehörnachrüstungen. Die Neuwagenmärkte sind gesättigt, der Bereich produktbezogener Dienstleistungen eröffnet hingegen viel versprechende Wachstumspotenziale (Dudenhöffer 2001, S. 418). Folgerichtig vertreiben mittlerweile alle großen Hersteller die entsprechenden Dienstleistungen unter der eigenen Marke, meist realisiert durch Wertschöpfungsnetzwerke.

2. Marken als Ausgangspunkt zur Bildung von Wertschöpfungsnetzwerken

2.1 Marken als zentrale immaterielle Wertschöpfer

Zentrales Ziel des Managements von Netzwerkmarken ist der Aufbau starker Marken. **Marken** sind Vorstellungsbilder in den Köpfen der Anspruchsgruppen, die eine Identifikations- und Differenzierungsfunktion erfüllen (Esch 2005, S. 23; Meffert/Burmann/Koers 2002,

S. 6). Dadurch sollen Präferenzen für eine Marke aufgebaut werden, die zu einem Erstkauf führen und – bei Zufriedenheit mit der Nutzung der Marke – letztendlich auch eine Markenbindung bewirken, um die notwendigen Investitionen in eine Marke bestmöglich zu kapitalisieren. Je klarer und relevanter die in den Köpfen der Kunden verankerten Vorstellungsbilder zur Marke sind, umso besser lässt sich die Marke über die abgesetzte Menge und/oder über den zu realisierenden Preis kapitalisieren. Eine Reihe von Indikatoren belegen, dass Marken zentrale immaterielle Wertschöpfer darstellen (Esch 2005). Der „Total Return to Shareholder" liegt einer Analyse von McKinsey zufolge bei starken Marken um 1,9 % über dem Durchschnitt aller 130 analysierten Unternehmen, bei schwachen Marken hingegen um 3,1 % darunter (Court/Leiter/Loch 1999, S. 101). Die große Bedeutung von starken Marken spiegelt sich auch eindrucksvoll in dem Vertrauen wider, das Kunden solchen Marken gegenüber aufbringen. Einer Studie des Henley Centre zufolge, vertrauen englische Konsumenten Kellogg's (84 %), Heinz (81 %) oder Coca-Cola (65 %) beispielsweise stärker als der Kirche (64 %), der Polizei (62 %) oder dem Parlament (16 %) (Pringle/Gordon 2002, S. 147). Starke Marken basieren auf den zentralen Säulen Markenbekanntheit und Markenimage. Die Markenbekanntheit gilt als notwendige Voraussetzung für den Aufbau einer starken Marke. Das Markenimage ist die hinreichende Bedingung, da durch ein bestimmtes Markenimage konkrete Vorstellungsbilder in den Köpfen der Anspruchsgruppen verankert werden. Um bei den Anspruchsgruppen ein solches Markenimage aufzubauen, sind vom Management die Markenidentität und die Markenpositionierung festzulegen.

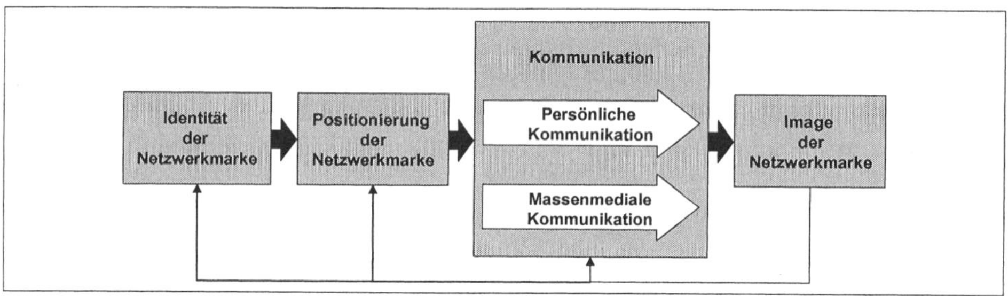

Quelle: Esch 2005.

Übersicht 1: Zusammenhang zwischen Markenidentität, Markenpositionierung und Markenimage

Die **Markenidentität** bringt zum Ausdruck, wofür eine Marke stehen soll. Sie umfasst die essenziellen, wesensprägenden und charakteristischen Merkmale einer Marke (Esch 2005, S. 84; Meffert/Burmann 2002). Die Markenidentität dient demnach dazu, ein einzigartiges Bündel von Markenassoziationen zu bilden, die bei den Konsumenten als Wissensstrukturen zur Marke aufgebaut bzw. bewahrt werden sollen (Esch 2005; ähnlich Aaker 1996, S. 68). Sie dient als Ausgangspunkt für die **Markenpositionierung**. Diese soll die Identität unter Berücksichtigung relevanter Markt- und Kommunikationsbedingungen durch eine klare Fokussierung auf für Kunden und Anspruchsgruppen wichtige und von der Konkurrenz differenzierende Eigenschaften wirksam umsetzen (Esch 2005). Die Markenpositionierung dient zur Abgrenzung der eigenen von Konkurrenzmarken. Die gewählten Positionierungseigenschaften müssen dabei den Wünschen und Bedürfnissen der Konsumenten entsprechen und für diese relevant sein. Die Befriedigung von Wünschen und Bedürfnissen der Konsumenten gilt dabei als notwendige Bedingung, die Vermittlung eines aus Sicht der Anspruchsgruppen eigenständigen und unverwechselbaren Profils als hinreichende Bedingung (Esch 2005; Kroeber-Riel/Esch 2004). Das **Markenimage** ist schließlich das durch die Markenmaßnahmen realisierte Bild bei den Zielgruppen. Es ist die Maßgröße für den mehr oder weniger erfolgreichen Transfer der Markenidentität durch die Positionierung der Marke im Markt (siehe Übersicht 1). So bewegen sich BMW und Mercedes-Benz im Automobilmarkt auf gleichem Niveau, bedienen jedoch auf Grund ihrer Markenpositionierung unterschiedliche Kundenbedürfnisse und Wünsche: BMW steht für Sportlichkeit, Dynamik und Freude am Fahren, welche die „Points of Difference" zu Mercedes-Benz darstellen. Mercedes-Benz steht hingegen stärker für Prestige, Luxus und Sicherheit, welche die Differenzierung zu BMW ausmachen. Starke Marken stellen eine **Kernkompetenz** für viele Unternehmen dar, die Ausgangspunkt für die Bildung markenspezifischer Wertschöpfungsnetzwerke sein können. Auf unterschiedliche Zugänge zur Schaffung von Netzwerkmarken wird im Folgenden eingegangen.

2.2 Zugänge zur Schaffung von Netzwerkmarken

Generell lassen sich vier Zugänge zur Schaffung von Netzwerkmarken identifizieren:

- Netzwerkmarken durch Outsourcing
- Netzwerkmarken durch Markenlizenzierung
- Netzwerkmarken durch Marken-Franchising
- Netzwerkmarken durch Markenallianzen

Im Mittelpunkt von Markenlizenzierung, Franchising und Markenallianzen steht in der Regel die Ausdehnung bestehender bzw. die Erschließung neuer Absatzmärkte. Beim **Outsourcing** geht es hingegen meist um die Realisation von Kostensenkungspotenzialen (Accenture 2002). Besonders auf Seiten der Hersteller spielt das Outsourcing in den letzten Jahren eine bedeutende Rolle. Vertikal integrierte Unternehmen geben hier durch die Etablierung eines Netzwerkes vor- oder nachgelagerte Wertschöpfungsprozesse an Netzwerkpartner ab und reduzieren dadurch ihre Fertigungstiefe. Im Ergebnis mündet das Outsourcing in ein zentral hierarchisches Wertschöpfungsnetzwerk, bei dem das fokale Unternehmen alle Fäden zur Steuerung des Netzwerks fest in der Hand hält. Einer Studie von Accenture (2002) zufolge sind am häufigsten die Bereiche Logistik, Fuhrpark, Facility-Management, IT, Mitarbeiterschulung, Beschaffung und Materialwirtschaft sowie Personalverwaltung Gegenstand von Outsourcing-Maßnahmen. Wesentlich seltener bezieht sich das Outsourcing auf die Bereiche Controlling und Marketing. Adidas reagierte beispielsweise auf die Bedrohung durch Nike mit der Fremdvergabe der Produktion (98 % der Fertigung wurden ausgelagert) und der Erhöhung des Werbe- und F & E-Budgets (Mei-Pochtler 2000, S. 403). Zudem wurde eine gezielte Lizenzpolitik im Vertrieb etabliert. Kern des Unternehmens Adidas bilden nunmehr Entwicklung, Design und Marketing.

Bei einer **Markenlizenzierung** räumt der Inhaber einer Marke einem anderen Unternehmen das Recht ein, diese Marke für seine eigenen Produkte zu benutzen (Böll 1999). Das Nutzungsrecht bezieht sich dabei entweder auf neue Produkte, die der Markeninhaber selbst nicht vermarktet (Markenerweiterung; z. B. Joop! Parfüm) oder auf Regionen, in denen der Markeninhaber nicht mit eigenen Produkten präsent ist (Markterweiterung; z. B. Löwenbräu in den USA) (Binder 2001, S. 387; Esch 2005). Als Gegenleistung für das Nutzungsrecht verpflichtet sich der Lizenznehmer zur Einhaltung vertraglicher Vorgaben und zur Zahlung einer Lizenzgebühr. Marken werden in den unterschiedlichsten Branchen von Mode, Brillen, Uhren, Kosmetik und Accessoires über Lebensmittel bis hin zu Haushaltswaren, Reisen und Geschenkartikeln in Lizenz genutzt. Mit Importprodukten – insbesondere von französischen und italienischen Designermarken – bewegt sich das Umsatzvolumen von Lizenzmarken in Deutschland auf etwa 7,5 Milliarden Euro zu Herstellerabgabepreisen. Davon entfallen knapp 60 % auf Bekleidung und Outfit-Produkte (Kleider, Schuhe, Brillen, Taschen, Uhren, Kosmetik, Parfum usw.), 15 % auf Lebensmittel und 10 % auf Sportartikel (Binder 2001, S. 388; nicht eingeschlossen sind hier Markenlizenzen zur Gebietserweiterung, wie sie z. B. in der Getränke-, Milch- und Bekleidungsindustrie häufig vorkommen).

„Unter **Franchising** versteht man eine durch Vertrag geregelte Zusammenarbeit zwischen rechtlich selbstständigen Unternehmen, die als Franchise-Geber (Kontraktgeber) und Franchise-Nehmer (Kontraktnehmer) bezeichnet werden" (Zentes/Swoboda 2001, S. 169; Ahlert/Evanschitzky/Wunderlich 2003, S. 566 f.). Der Deutsche Franchise-Verband betont zudem, dass es sich um ein vertikal organisiertes Absatzsystem handelt, bei dem die rechtlich selbstständigen Unternehmen in einem Dauerschuldverhältnis stehen (Deutscher Franchise-Verband e. V. 1999, S. 218). Dabei tritt das System „am Markt einheitlich auf und wird geprägt durch das arbeitsteilige Leistungsprogramm der Systempartner sowie durch ein Weisungs- und Kontrollsystem zur Sicherung eines systemkonformen Verhaltens" (Liebmann/Zentes 2001, S. 233). Beispiele wie McDonald's, Body Shop, OBI, Portas und Joey's Pizza stehen für erfolgreiche Franchise-Konzepte. Anders als bei der Markenlizenzierung erhalten die Partner ein komplettes Vermarktungskonzept für einen dem Franchise-Geber bekannten Markt. Ähnlich wie bei der Markenlizenzierung lassen sich durch die Franchise-Verträge wesentliche Eckpunkte der Markenführung vertraglich festlegen. So sind bei McDonald's selbst kleinste Details, z. B. die Erstellung eines Big Mäc, in Handbüchern minutiös geregelt. Franchise-Nehmer erhalten ein Franchise-Paket, das aus einem Beschaffungs-, Marketing- und Organisationskonzept besteht.

Bei **Markenallianzen** handelt es sich um eine horizontale Netzwerkbeziehung. Markenallianzen gewinnen in jüngerer Zeit zunehmend an Bedeutung. Durch eine Markenallianz wird die Kraft von mindestens zwei Marken gebündelt. Daraus sollen sich entsprechend Vorteile gegenüber der Nutzung einer einzigen Marke ergeben (Esch 2005). Im weitesten Sinne kann man eine Markenallianz oder ein Co-Branding als gemeinsamen Auftritt wenigstens zweier selbstständiger Marken bezeichnen. In einem solchen Fall wären neben strategischen Markennetzwerken auch Projektnetzwerke denkbar. Typisches Beispiel hierfür ist die Kooperation zwischen Smarties und Haribo, um in einem begrenzten Zeitraum Smarties gefüllt mit Haribo-Goldbären unter einem gemeinsamen Branding zu vermarkten. Eine Markenallianz im engeren Sinne stellt eine Markierung eines Produkts durch mehrere Marken dar, die auf der gleichen Wirtschaftsstufe (= horizontal) erfolgt und langfristig angelegt ist (Redler 2002). So ist beispielsweise die Star Alliance eine Mega-Markenallianz zwischen unterschiedlichen Fluglinien. Die Markenallianz von Philips und Alessi ist ein weiteres Beispiel für eine langfristig angelegte Zusammenarbeit durch Doppelmarkierung von Gütern. Markenallianzen sind vor allem in zwei Richtungen nutzbar (Esch 2005): In bestehenden Märkten als strategischer Endorser, um die Bekanntheit und das Image einer portfoliofremden Marke für die eigene Marke zu nutzen (z. B. Visa-Karte vom ADAC) und in neuen Märkten als strategischer Enabler, um über eine portfoliofremde Marke Zugang zu neuen Kundenpotenzialen zu erhalten (z. B. bei der Erschließung einer neuen Marktregion) (Esch/Redler 2004). Der Erfolg von Markenallianzen beruht vor allem auf dem Fit zwischen den beteiligten Marken und der neuen Kategorie sowie auf der gegenseitigen Ergänzung der Marken (Esch 2005, S. 360). Die Partnerwahl ist folglich von entscheidender Bedeutung für den Erfolg von Markenallianzen.

3. Markenbezogene Erfolgsfaktoren von Wertschöpfungsnetzwerken

Ziel des Markenmanagements ist der Aufbau und die Stärkung des Markenwerts durch die Schaffung eines einzigartigen, prägnanten und bedürfnisrelevanten Images für eine Marke (Esch 2005; Keller 2003). Die Etablierung eines Wertschöpfungsnetzwerks muss diesem Ziel Rechnung tragen. Damit das **Markenimage** durch das Wertschöpfungsnetzwerk keine Verwässerung erleidet, sondern sich positive Synergieeffekte zwischen Markenimage und Netzwerkorganisation einstellen, ist die Stringenz der Markenführung zu wahren. Hierzu sind folgende Handlungsempfehlungen zu berücksichtigen:

Sichtbarkeit des Wertschöpfungsnetzwerks für die Zielgruppen analysieren

Die Messlatte für den Erfolg der Markenführung bilden die Assoziationen und inneren Bilder, also das Image, das die Anspruchsgruppen mit einer Marke verbinden (Esch 2005). In der Praxis klafft zwischen den konzeptionellen Überlegungen zur Markenpositionierung und deren Umsetzung in sichtbare Maßnahmen oft eine Implementierungslücke. In vielen Fällen können die Kunden nicht erkennen, für welche Versprechen eine Marke steht (Esch 2005, S. 148 ff.). Solange ein Unternehmen alle markenbezogenen Maßnahmen zentral steuert, scheinen die Möglichkeiten zur Sicherstellung der Sichtbarkeit der Markenpositionierung besser gewährleistet zu sein als in einem Netzwerk, in dem verschiedene Unternehmen als Partner integriert sind. Deshalb ist in einem ersten Schritt zu prüfen, ob und wenn ja, wo ein solches markenbezogenes Netzwerk überhaupt von den relevanten Zielgruppen wahrgenommen wird. Denn: Die Etablierung eines Wertschöpfungsnetzwerks hat nur dann einen Einfluss auf das Markenimage, wenn das Netzwerk von den Zielgruppen auch bewusst wahrgenommen wird. Beispielsweise ist die um die Marke Red Bull geknüpfte Netzwerkorganisation für die Konsumenten nicht sichtbar. In der Wahrnehmung der Zielgruppen spielt lediglich der Markenauftritt, d. h. das Produkt in der länglichen, blau-silbernen Dose und die Kommunikation „Red Bull verleiht Flüüügel", eine Rolle. Wie die Wertschöpfungskette der Marke gestaltet ist, hat deshalb für das Markenimage nur eine untergeordnete Bedeutung. Im Kern ist hier sicherzustellen, dass die Qualitätsanforderungen von Red Bull in der Produktion, bei der Verpackung und in der Logistik gewahrt werden. Anders ist das bei IKEA. Das von IKEA gesponnene Wertschöpfungsnetzwerk wird für den Kunden teilweise sichtbar. Mit Hilfe des Netzwerkpartners Iwanter werden beispielsweise Dienstleistungen rund um den Möbelkauf (Möbelspedition, Autovermietung, Montageservice) unter dem Namen Iwanter erbracht. Das Auftreten des Netzwerkpartners (z. B. Kundenfreundlichkeit, Preis) wird mit IKEA in Verbindung gebracht und kann demnach das Markenimage von IKEA beeinflussen.

Wertschöpfungsnetzwerke werden nicht nur durch den sichtbaren Auftritt der Netzwerkpartner für Kunden transparent. Auch die nicht kommunizierten Wirkungen eines Wertschöpfungsnetzwerks können dieses für den Kunden bewusst machen. Die Nutzung der gleichen Plattform beim VW Passat und Audi A6 oder die gemeinsame Entwicklung und Produktion eines Van bei VW (Sharan), Ford (Galaxy) und Seat (Alhambra) führen zu einer nicht zu übersehenden Produktkonvergenz, die eine eigenständige Positionierung der beteiligten Marken erschwert. Außerdem können etwa eingefleischte VW-Kunden irritiert werden, weil sie bei ihrer Marke plötzlich die markentypischen Schalter und Bedienelemente eines VW vermissen. Wertschöpfungsnetzwerke, die vom Kunden wahrgenommen werden, üben einen Einfluss auf das Markenimage aus und sind deshalb markenkonform zu gestalten.

Für ein Wertschöpfungsnetzwerk sind kommunikative Kontaktpunktanalysen durchzuführen, um zu ermitteln, wo und an welcher Stelle ein Netzwerkteil unmittelbar mit den Kunden in Kontakt kommt. Bezogen auf das Beispiel der gemeinsamen Produktion eines Van müssten demnach alle sichtbaren Materialteile wie die Armaturen oder Schalter, mit denen der Kunde in Kontakt kommt, markenkonform gestaltet werden. In anderen Bereichen wären Synergien hingegen durchaus sinnvoll nutzbar. Durch kommunikative **Kontaktpunktanalysen** erhält man Einblick, wo und wie Kunden mit Teilen eines Netzwerks in Kontakt kommen und wie diese Kontakte empfunden werden. Daraus lassen sich Konsequenzen für die Gestaltung eines Netzwerks ableiten. So würde sich im Fall von IKEA die Frage stellen, wie stark die Netzwerkpartner unter der Marke IKEA zu integrieren sind. Hier kann man in Analogie zu Markenarchitekturüberlegungen unterschiedliche Abstufungen bilden (Esch/Bräutigam 2001; Esch 2005), bei denen man entweder dominant auf die Marke IKEA setzen kann oder IKEA mit den Markennamen der Partner kombiniert, indem entweder IKEA oder die Partner die dominante Rolle übernehmen, bzw. beide Partner gleichberechtigt in der Markierung erscheinen. Dies könnte bei dem Beispiel der Möbelspedition demnach lauten: IKEA-Möbelspedition, IKEA-Iwanter, IKEA-Möbel geliefert von Iwanter, Iwanter fährt für IKEA oder Iwanter. Es liegt auf der Hand, dass mit mangelnder Möglichkeit zur Durchsetzung markenrelevanter Maßnahmen zunehmend der eigene Markenname bei der Markierung der Leistung der Netzwerkpartner in den Hintergrund treten sollte.

Markenkonformität aller sichtbaren Netzwerkangebote gewährleisten

Hinsichtlich des Grads der Markenkonformität der für die Zielgruppen sichtbaren Leistungen eines Netzwerks ist zwischen den zentralen Angeboten, d. h. der Kernleistung eines Wertschöpfungsnetzwerks (z. B. TUI: Reisedienstleistung), und den peripheren, d. h. ergänzend um das Kernangebot gruppierten Leistungen (z. B. Reisegepäckversicherung durch den Netzwerkpartner Die Europäische, Finanzierung der Reise durch den Netzwerkpartner Commerzbank), zu unterscheiden. Die **Kernangebote** werden von den Kunden als originäre Wertschöpfung einer Marke betrachtet. Sie stehen im Mittelpunkt der Marken- und Produktwahl und verkörpern deshalb einen zentralen Bestandteil der Marke. Die Kernangebote sind folglich wichtige Treiber des Markenimages. Umgekehrt hat das existente Image einer Marke einen bedeutenden Einfluss auf den Erfolg der Kernangebote: Je größer die von den Zielgruppen wahrgenommene Kongruenz zwischen den Kernangeboten und den zentralen Imagekomponenten der Marke ist, desto größer sind die Aussichten auf Zufriedenheit und Akzeptanz des Angebots (Esch 2005, S. 305 ff.; McInnis/Nakamoto 1991, S. 6 f.). Die Notwendigkeit des Erwerbs der Ergänzungsangebote entsteht erst durch den Kauf der Kernangebote einer Marke. Aus Kundensicht stellen sie nicht die typischen Angebote einer Marke dar, sondern werden bewusst als produktkategoriefremde Zusatzleistungen eines Unternehmens wahrgenommen. Die Ergänzungsangebote müssen bzw. können folglich gar nicht zu zentralen Trägern des Markenimages werden. Bei ihrer Gestaltung ist jedoch darauf zu achten, dass alle Angebote der Netzwerkpartner die allgemeinen Erwartungen (z. B. Qualität, Preis) der Zielgruppe an die Marke treffen. Dem Qualitätsmanagement innerhalb des Wertschöpfungsnetzwerks kommt deshalb eine wichtige Bedeutung zu (Dudenhöffer 2001, S. 430). Die Kernangebote eines Wertschöpfungsnetzwerks müssen einen großen Fit zum Markenimage aufweisen. Bei den Ergänzungsangeboten genügt es hingegen, wenn sie die allgemeinen Erwartungen an die Marke erfüllen. Beispielsweise vermarktet Hugo Boss den Markennamen durch eine Vielzahl von Markenlizenzierungen in unterschiedlichen Produktbereichen, von Uhren bis Parfum. Um sicherzustellen, dass diese Markendehnungen auch mit dem Stammangebot übereinstimmen, werden den Lizenzgebern genaue Vorgaben zur Positionierung der jeweiligen Produkte gemacht: BOSS Bottled und HUGO müssen sich beispielsweise an dem Markenauftritt der jeweiligen Pendants im Modebereich orientieren. Dies geht sogar so weit, dass die gleichen Models in der Werbung eingesetzt werden (Esch 2005).

Relevanz des Wertschöpfungsnetzwerks für das Markenimage erkennen

Es gilt zu prüfen, ob durch die Schaffung des Wertschöpfungsnetzwerks zentrale Elemente des Markenimages berührt werden. Gefahren für das **Markenimage** lauern immer dann, wenn sich die Vergabe der Leistungserbringung an einen Netzwerkpartner auf Angebotseigenschaften bezieht, die für das Markenimage von konstituierender Bedeutung sind. Beispielsweise hat das Outsourcing der Herstellung und/oder Entwicklung von Armaturentafeln, Sitzen oder Lichtanlagen bei BMW keinen Einfluss auf das Markenimage, da die Fremdvergabe dieser Leistungserbringung aus Kundensicht keine positionierungsrelevanten Eigenschaften eines BMW-Automobils verändert. Voraussetzung ist natürlich, dass der gewohnte BMW-Qualitätsanspruch und die BMW-Qualitätsanmutung dadurch nicht verletzt werden. Ganz anders wäre hingegen die Vergabe der Herstellung und/oder Entwicklung des Motors oder zentraler Antriebseinheiten für die Marke BMW zu beurteilen. Hierdurch wäre der zentrale Imagebestandteil der Motorenkompetenz von BMW betroffen. Eine solche Maßnahme würde die Glaubwürdigkeit der Markenpositionierung „Freude am Fahren" in Frage stellen. Anders ist dies für eine Marke wie Smart zu beurteilen. Der Fremdbezug des Motors bei Mercedes-Benz führt bei den Zielgruppen von Smart zu keiner Irritation, da Smart eine andere Positionierung als BMW verfolgt. Wertschöpfungsnetzwerke, die einen Fremdbezug einer Leistungserbringung vorsehen, die zentrale Komponenten des Markenimages betrifft, sind zu vermeiden, da sie der Marke Schaden zufügen können.

Zentralisation der Markenmacht sicherstellen

Beim Aufbau eines Markenimages handelt es sich um einen andauernden Lernprozess der Zielgruppen, der eine langfristige Konstanz in der Markenführung erfordert (Esch 2005; Keller 1993, 2003). Ein konsistentes **Markenimage** stellt sich nur dann ein, wenn alle Kontaktpunkte eines Wertschöpfungsnetzwerks das gleiche Bild einer Marke vermitteln. Heterogene Eindrücke führen zu einem verwässerten Markenimage. Die Unternehmen des Netzwerks haben sich den markenbezogenen Weisungen des markenführenden Unternehmens unterzuordnen. Die Markenführung darf kein demokratischer Prozess zwischen den beteiligten Netzwerkpartnern sein, sondern muss klar einem Netzwerkpartner zugeordnet werden. Sowohl bei der Markenlizenzierung als auch beim Franchising ist diese Anforderung eher problemlos realisierbar. Schwieriger wird es hingegen bei einer Markenallianz. Hier sind das Unternehmen, das die Führungsrolle übernimmt, und der Partner mit ergänzenden Funktionen klar zu bestimmen (Esch 2005, S. 360). Dies ist auch entsprechend wahrnehmbar umzusetzen. Zudem sollte das Unternehmen mit der Führungsrolle auch eine zentrale Koordinationsfunktion innehaben. Da bei einer Markenallianz jedoch immer mindestens zwei unabhängige Marken für ein neues Produkt- oder Dienstleistungsangebot miteinander kombiniert werden, wirken sich auch Um- oder Neupositionierungen einer oder mehrerer Marken der Markenallianz auf diese aus. Solche Einflüsse sind nur schwer kontrollierbar. Allerdings sind gerade auch Um- bzw. Neupositionierungen bei starken Marken eher seltener der Fall, sodass schon durch eine entsprechende Partnerwahl ein solches Risiko eingeschränkt werden kann.

4. Maßnahmen zur Durchsetzung des Markenimages bei Wertschöpfungsnetzwerken

4.1 Grundlagen der integrierten Markenkommunikation

Der Aufbau und die Steuerung von Marken werden unter den heutigen Rahmenbedingungen immer schwieriger. Eine Flut von Angeboten kämpft um die Gunst meist wenig involvierter Anspruchsgruppen (Kroeber-Riel/Esch 2004). Jeder Kontakt mit den Zielgruppen muss deshalb gezielt dazu genutzt werden, positionierungskonforme Gedächtnisinhalte für die Netzwerkmarke zu schaffen. Der Aufbau eines prägnanten Markenimages für Netzwerkmarken stellt dabei eine besondere Herausforderung für das Management dar. Auf Grund der oftmals komplexen Organisationsstruktur von Netzwerkmarken ist die Integration der Markenführung schwieriger zu realisieren als bei klassischen Marken (Ahlert/Kenning/Schneider 2000, S. 168 ff.). Der Umsetzung einer straffen Integration der Markenkommunikation sollte deshalb besonderes Augenmerk geschenkt werden.

Die **integrierte Markenkommunikation** kennzeichnet die inhaltliche und formale Abstimmung aller Kommunikationsmaßnahmen, um die durch die Kommunikation erzeugten Eindrücke zu vereinheitlichen und zu verstärken (Kroeber-Riel/Esch 2004). Bei der integrierten Kommunikation ist zwischen Mitteln und Dimensionen integrierter Kommunikation zu unterscheiden (Esch 2001). Die Dimensionen betreffen die Integration im Zeitablauf (Kontinuität) und zwischen den eingesetzten Kommunikationsmitteln. Die Integrationsmittel können in formale und inhaltliche Klammern differenziert werden. Während formale Klammern, wie klassische Corporate-Design-Maßnahmen (z. B. die Farben Orange und Schwarz bei Sixt), primär einen Beitrag zur Erhöhung der Markenbekanntheit leisten, tragen inhaltliche Maßnahmen wie Slogans oder Schlüsselbilder zum Aufbau und zur Stärkung des Markenimages bei.

Übersicht 2: Integrierte Kommunikation bei den Volks- und Raiffeisenbanken

Durch die integrierte Kommunikation werden die notwendigen Wiederholungen zum Lernen von Markenbotschaften sichergestellt. Alle Kontakte zu einer Marke leisten dann einen Beitrag zum Aufbau eines konsistenten Markenimages. Netzwerkmarken, zu denen die Zielgruppen ein klares Image aufgebaut haben, werden im Zuge von Kaufentscheidungen meist bevorzugt. Diese positiven Wirkungen der integrierten Kommunikation zeigen sich immer wieder eindrucksvoll bei Marken, die in der Kommunikation mit Schlüsselbildern arbeiten. Die Netzwerkmarke Red Bull vermittelt mit ihrem Schlüsselbild „Red Bull verleiht Flüüügel" bei jedem Kundenkontakt ihr konsistentes Markenimage, sei es in der Fernsehwerbung oder auf ihren Events. Die Volks- und Raiffeisenbanken präsentierten sich in der Werbung konsequent unter dem Schlüsselbild des freien Weges (siehe Übersicht 2). Diese stringente Markenführung schlug sich in einer hervorragenden Werbeeffizienz nieder. Mit nur 12,8 % des gesamten Kommunikationsetats der Bankenbranche erzielte man 1996 mit 22,6 % die Branchenbestmarke der Werbeerinnerung (siehe Übersicht 3). Konkurrenten, die fraktal auftraten, realisierten mit wesentlich größeren Etats geringere Werbeerinnerungen. Die integrierte Kommunikation ermöglicht so, Marken trotz ungünstiger Rahmenbedingungen effizient in den Köpfen der Zielgruppen zu verankern.

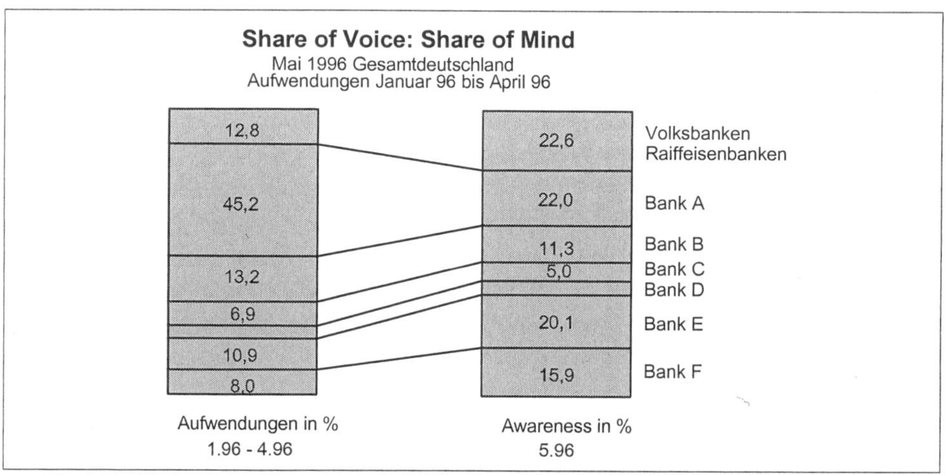

Quelle: Bundesverband der deutschen Volksbanken und Raiffeisenbanken 1996.

Übersicht 3: Wirkung integrierter Kommunikation

Die Aufgabe des Markenmanagements besteht bei etablierten Marken vor allem darin, die geschaffenen Gedächtnisinhalte im Zeitverlauf zu stützen und gegebenenfalls weiter auszubauen. Hierzu ist eine konsequente Abstimmung der Kommunikation im Zeitablauf notwendig. Marketingmaßnahmen, die nicht zum Markenimage passen, führen zu einer Verwässerung der Marke, von der das gesamte Wertschöpfungsnetzwerk betroffen sein kann. Die Marke Camel ist ein Beispiel für die negativen Konsequenzen einer nicht integrierten Markenführung. Das Schlüsselbild des Camel-Dschungelmanns hat über Jahre hinweg zum Aufbau eines starken Markenimages und einem stetigen Wachstum des Marktanteils beigetragen (siehe Übersicht 4). Der 1990 von Camel vollzogene Bruch in der Markenführung und die im Folgenden wechselnden Kampagnen haben zu einer drastischen Verwässerung des Markenimages geführt, die sich in stetig fallenden Marktanteilen widerspiegelt. Von dieser Markenerosion ist das gesamte Wertschöpfungsnetzwerk betroffen: Zigaretten, Bekleidung, Schuhe und Outdoor-Accessoires wurde plötzlich die gemeinsame Markenbasis entzogen. Die integrierte Kommunikation kann sich auf die **externe und die interne Kom-**

munikation beziehen. Es geht um den Aufbau eines einheitlichen Markenimages nach außen (gegenüber Kunden und anderen Anspruchsgruppen) und nach innen (gegenüber Mitarbeitern und Netzwerkpartnern). Zur Durchsetzung einer integrierten Kommunikation ist eine entsprechende organisatorische Verankerung im Netzwerk durch das steuernde Unternehmen notwendig. Im Folgenden werden einige wichtige Aspekte zur integrierten Kommunikation in Netzwerken nach innen und außen dargestellt.

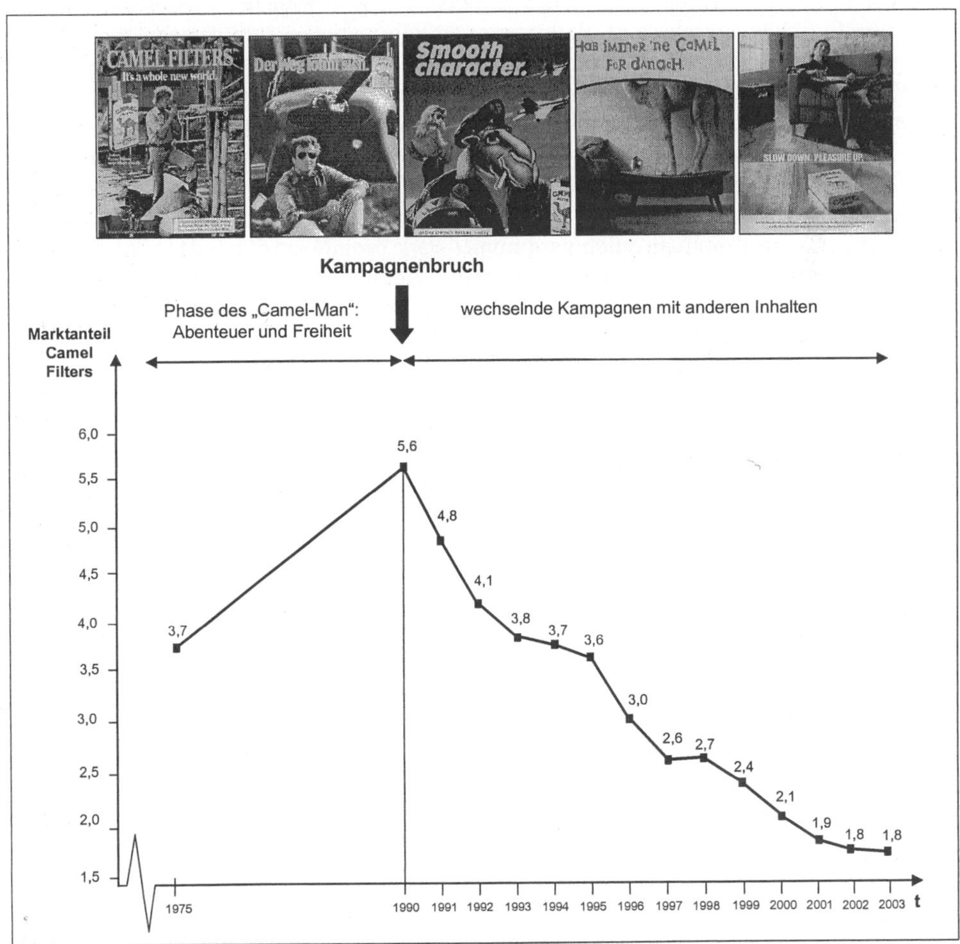

Quelle: Datenarchiv der Tabak Zeitung.

Übersicht 4: Wirkungen der nicht integrierten Markenführung

4.2 Integrierte Markenkommunikation nach außen

Wesentlich für die Ausgestaltung der Kommunikation nach außen ist das Involvement der Zielgruppen. Unter dem **Involvement** versteht man das Engagement oder die Ich-Beteiligung, mit der sich Konsumenten einer Sache widmen (Kroeber-Riel/Esch 2004). Lachmann (1993) betont zu Recht, dass das Informationsverhalten außerhalb und innerhalb einer Entscheidungsphase dramatisch voneinander abweicht (siehe Übersicht 5). Außerhalb der eigentlichen Entscheidungsphase ist das Interesse an Informationen zum Angebot in der Regel gering, es werden keine Informationen gesucht. Wegen der Informationsüberlastung erfolgt die Wahrnehmung eher selektiv und mit geringem Interesse. Der Grund ist einfach: Das Involvement ist ein komplexes Konstrukt, das sich aus verschiedenen Dimensionen zusammensetzt. Meist geht man vereinfachend von einem so genannten Produktinvolvement aus. Man schließt dann von der Höhe des Produktinteresses auf die Höhe des Interesses an der Kommunikation für ein Produkt. Dies ist jedoch in den meisten Fällen falsch (Esch 2001). Das Gesamtinteresse an Kommunikation wird immer stark beeinflusst durch das situative Involvement, also unter anderem auch von der Zeit, die man hat, um sich der Kommunikation zu widmen. In den meisten Fällen ist diese Zeit gering. Das situative Involvement dominiert in einem solchen Fall das Produktinteresse. Innerhalb einer Kaufentscheidungsphase ist man hingegen an Informationen zum Angebot interessiert, man sucht Informationen und hat oft zur Reduktion von Dissonanzen eine selektive und vorgeprägte Informationsaufnahme. Hier ist mehr Zeit für die Aufnahme von Informationen zur Marke vorhanden. Dies spricht für eine gut abgestimmte Kopplung der Kommunikationsinstrumente und eine Aufgabenteilung zwischen Massenkommunikation und persönlicher Kommunikation.

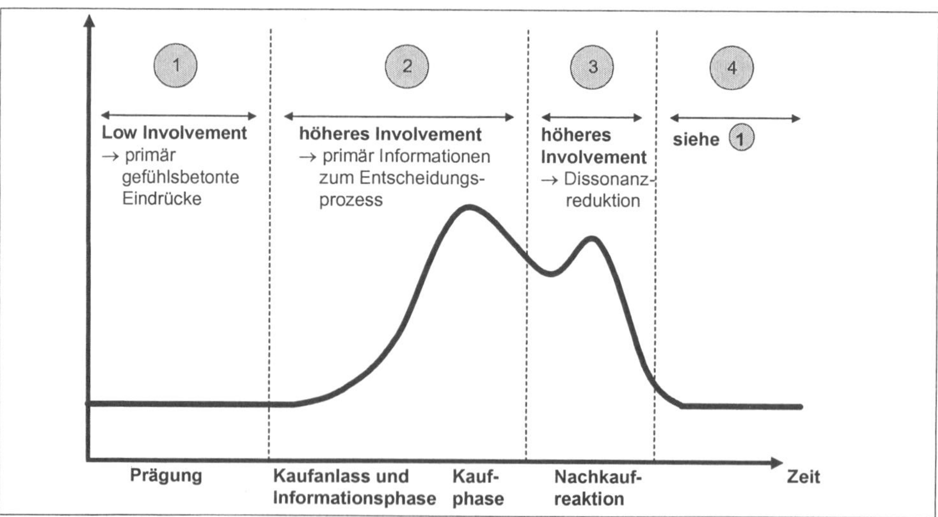

Quelle: Esch 2005.

Übersicht 5: Zusammenhang zwischen Involvement und Informationsverhalten

Die Massenkommunikation, insbesondere die Werbung, ist in der Phase außerhalb des Entscheidungsprozesses entscheidend für die Vorprägung der Zielgruppen. Diese Phase dient demnach der Aktualisierung der Marke und dem Aufbau eines Markenimages. Im Rahmen von Markennetzwerken ist gerade die Massenkommunikation gut steuerbar, da sie dem Markenkopf obliegt. Demzufolge sind hier die Integrationsklammern formaler und/oder inhaltlicher Art so zu wählen, dass sie auch bei flüchtigem Betrachten wahrnehmbar sind. Hingegen spielt während der Entscheidungsphase – gerade bei Gebrauchsgütern, Dienstleistungen und Industriegütern – die persönliche Kommunikation eine wichtige Rolle. Hier werden über das Markenimage hinaus noch tiefere Informationen zu Marken und deren Angebot gefordert. Sofern Netzwerkpartner in solche Entscheidungsphasen involviert sind, ist darauf zu achten, dass die tieferen Kommunikationskontakte dem vorgeprägten Bild zur Marke entsprechen. Ferner müssen darüber hinaus auch weitergehende markenkonforme Informationen vermittelt werden. Dies kann nur durch entsprechende Schulungen sichergestellt werden.

4.3 Integrierte Markenkommunikation nach innen

„Brands [...] start their lives through the work of employees" (De Chernatony 2001, S. 71). Erst durch die Mitarbeiter werden Marken zum Leben erweckt. Sie übernehmen eine Schlüsselfunktion, die mit ihren vielfältigen Wirkungseffekten maßgeblich für den Markenerfolg ist. Die Markenführung ist allerdings traditionell nach außen, d. h. auf den Kunden gerichtet (Kernstock/Brexendorf 2004, S. 252). Einer Studie von PriceWaterhouseCoopers (2002, S. 3) zufolge sehen 60 % der befragten Mitarbeiter eine stärkere Fokussierung auf Kunden als auf die eigenen Mitarbeiter. Eine ausschließliche Betonung der Kundensicht ist insofern bedenklich, als dass „leere Worthülsen" in der Werbung nicht ausreichen, um am Markt langfristig erfolgreich zu sein. Markenkonformes Denken der Mitarbeiter beeinflusst auf vielfältige Weise den Unternehmenserfolg (Kernstock/Brexendorf 2004, S. 260 ff.). Die Verankerung der Markenidentität in den Köpfen der Mitarbeiter erhöht in der Innenwirkung die Identifikation sowie das **Commitment** mit der Netzwerkmarke und dadurch die Mitarbeitermotivation. In der Außenwirkung bildet sie für den Mitarbeiter den Leitfaden für sein Verhalten gegenüber den Kunden. Dies führt zu einem konsequenten und einheitlichen Aufbau des Markenimages bei den Kunden und einer Erhöhung der Kundenzufriedenheit, wovon letztlich die Erreichung ökonomischer Ziele profitiert (Towers Perrin 2003, S. 20).

Der **innengerichteten Markenführung** kommt gerade in Wertschöpfungsnetzwerken eine große Bedeutung zu, bei denen Mitarbeiter unterschiedlicher Unternehmen an der Markenführung der gemeinsamen Netzwerkmarke beteiligt sind. Hier ist die Umsetzung der Marke nach innen doppelt wichtig, weil Mitarbeiter in Wertschöpfungsnetzwerken einerseits in die Kultur ihres eigenen Unternehmens eingebunden sind, andererseits jedoch auch ein einheitliches Verständnis für die dem Netzwerk zugrunde liegende Marke entwickeln müssen. Die Markenidentität und die Markenpositionierung müssen deshalb glaubhaft an alle Netzwerkpartner und deren Mitarbeiter vermittelt werden. Ansonsten entkoppelt sich die Kommunikation nach außen von den Mitarbeitern des Wertschöpfungsnetzwerks und bleibt dadurch lediglich eine schöne Hülle, allerdings ohne Kern (Esch 2004). Eine starke Verankerung der Markenidentität bei den Mitarbeitern trägt außerdem auch zu einer Effizienzsteigerung der Markenführung bei. Mit ihrem Markenverständnis erhalten die Mitarbeiter einen Leitfaden für die tägliche Arbeit. Sie haben dann die Do's und Dont's der Marke verinnerlicht, wodurch grundlegende konzeptionelle Fragen nicht bei jeder Markenführungsaufgabe innerhalb des Netzwerks erneut diskutiert werden müssen. Der internen Markenführung sollte deshalb eine ähnliche Bedeutung wie der externen zugemessen werden (Mellor 1999, S. 26; Tosti/Stotz 2001, S. 29; Brexendorf/Tomczak 2004).

Im Folgenden werden zunächst Charakteristika der Kommunikation nach innen beschrieben, bevor näher auf formale und inhaltliche Abstimmungsmaßnahmen eingegangen wird.

Merkmale der Kommunikation nach innen

Mitarbeiter sind sowohl Empfänger als auch Sender der Markenkommunikation (De Chernatony 2001, S. 2; Tomczak/Brockdorff 2000, S. 496; Schultz/De Chernatony 2002, S. 106). Dadurch, dass Mitarbeiter die Netzwerkmarke verstehen und leben, treten sie nach außen als Markenbotschafter auf. Im Zuge ihrer Kundenkontakte vermitteln sie so Markeninhalte, die häufig auf Grund des bei der persönlichen Kommunikation erhöhten Involvements eine besondere Lernwirkung bei den Adressaten bewirken. Insbesondere im Dienstleistungs- und im B2B-Bereich prägen diese direkten Kontakte maßgeblich das Image der Unternehmensmarke (Kernstock/Brexendorf 2004, S. 252; Post/Griffin 1997, S. 165; Lemmink/Mattson 1998, S. 505). Für die Glaubwürdigkeit einer Netzwerkmarke ist es essenziell, dass die Mitarbeiter die durch die Werbung aufgebaute Erwartungshaltung erfüllen. Ein Negativbeispiel für ein herkömmliches Unternehmen stellt hier die Deutsche Bank dar. Der Slogan der Corporate Brand Deutsche Bank „Leistung aus Leidenschaft" konterkariert für viele Kunden die erlebte Markenrealität: Gesprächswünsche werden von einem Call Center notiert, versprochene Rückrufe bleiben jedoch aus oder ältere Menschen, die eine Einzahlung tätigen möchten, werden von den Schaltermitarbeitern ohne Hilfestellung an das elektronische Terminal im Bankfoyer verwiesen (Esch 2005, S. 31). Von Leistung, geschweige denn Leidenschaft, ist bei diesen Mitarbeitern wenig zu spüren. Diese Kundenerfahrungen bleiben nachhaltig im Gedächtnis haften und können deshalb eine markenbedrohende Wirkung haben, die durch massenmediale Kommunikation nicht zu korrigieren ist.

Aufgabe des innen gerichteten Managements der Netzwerkmarke ist es, sicherzustellen, dass das Mitarbeiterbeiterverhalten konform mit der Markenpositionierung ist. Bei Body Shop ist man sich über die Bedeutung des Mitarbeiterverhaltens bewusst. Anita Roddick, die Gründerin von Body Shop, überwachte selbst die Werte und Visionen der Marke. Betritt man einen Body Shop, wird man von einer Angestellten begrüßt, deren Body Shop T-Shirt nicht nur eine Markenbotschaft vermittelt, sondern die selbst die Werte wie soziale Verantwortung von Body Shop lebt und glaubhaft Informationen zu den natürlichen Pflegeprodukten vermitteln kann (Joachimsthaler/Aaker 2001, S. 513). Bei der Verankerung der Netzwerkmarke geht es darum, ein tiefes Verständnis der Markenbotschaft sowie **Commitment** bei den Mitarbeitern aufzubauen. Dies bewirkt ein markenkonformes Verhalten der Mitarbeiter. Dazu müssen die

Mitarbeiter einen tiefen Einblick in die Identität der Marke und deren Markenimage erhalten und diese bei ihrer täglichen Arbeit berücksichtigen und umsetzen. Die Instrumente der internen Kommunikation sollten hierzu zielgerichtet genutzt werden (siehe Übersicht 6). Die Durchsetzung der Marke nach innen ist dabei durch persönliche und massenmediale Kontakte möglich, wobei gerade die Durchschlagskraft der persönlichen Kommunikation, auf Grund des höheren Empfängerinvolvements, eine wichtige Rolle spielt. Die Netzwerkpartner verfügen meist über eine eigene Unternehmensidentität und eine mehr oder weniger bewusst gelebte Unternehmenskultur, die es bei der Durchsetzung der Marke in einem Netzwerk zu berücksichtigen gilt. Eine zu stark standardisierte Kommunikationsstrategie könnte hier zu Konflikten und zu Reaktanz führen. Die Unternehmenskultur der Netzwerkpartner sollte deshalb bereits ein wichtiges Kriterium bei der Partnerwahl bilden. Ziel ist die Etablierung aller relevanten Netzwerkpartner als Wir-Gruppe, die über die gleichen Vorstellungen zur Marke verfügt. Dazu können formale Maßnahmen beitragen, die das Zugehörigkeitsgefühl zu einer Marke fördern sowie inhaltliche Maßnahmen, die darüber hinaus das Markenimage in den Köpfen der Mitarbeiter verankern.

		persönliche Kommunikation	massenmediale Kommunikation
verbal	kontinuierlich, regelmäßig	• Mitarbeiter-Jahresgespräche • Durchführung regelmäßiger Rituale	• Mitarbeiterzeitschrift • Intranet • Mitarbeiter-Jahresberichte • Handbücher • Schwarzes Brett
	unregelmäßig, anlassbezogen	• Anlassbezogene Gespräche • Workshops • Mitarbeiterschulungen • E-Mails • Geschichten zur Marke streuen	• Sonderausgaben der Mitarbeiterzeitschrift • Informationsmärkte • Events • Videos • Mitarbeiter-TV • Poster • E-Mails • Firmen-CD-Roms • Geschichten zur Marke streuen
non-verbal		• Verhalten, Entscheidungen und Prioritäten der Unternehmensleitung gegenüber einzelnen Mitarbeitern • Aufstellen und Vorleben von Verhaltensregeln	• Verhalten, Entscheidungen und Prioritäten der Unternehmensleitung • Symbole bzw. Hinweisreize (z.B. Farbcodes, Logos, Corporate Fashion) • Aufstellen und Vorleben von Verhaltensregeln

Quelle: In Anlehnung an: Wittke-Kothe 2001, S. 12.

Übersicht 6: Maßnahmen der internen Markenkommunikation

Formale Maßnahmen als Beitrag zur Stärkung des Zugehörigkeitsgefühls zur Marke

Als formale Klammern können hier Kleider oder Arbeitsmaterial markenkonform gestaltet oder regelmäßige Rituale institutionalisiert werden. Innerhalb des Wertschöpfungsnetzwerks des Deutschen Paket Dienstes (DPD) sind die Fahrer selbstständige Unternehmer. Die Markenzugehörigkeit der Netzwerkpartner wird über eine einheitliche Mitarbeiteruniform gefördert. Jeder Mitarbeiter steht durch die **Corporate Fashion** nach außen für die Marke. Zudem wird dadurch die Identifikation mit der Marke gestützt, wie Beispiele aus klassischen Unternehmen zeigen. So verfügt die Deutsche Telekom über einen großen Katalog mit markenspezifischer Corporate Fashion. Jeder Mitarbeiter kann sich daraus die Kleidung aussuchen, die am besten zu ihm passt. Im Ergebnis sieht man heute zunehmend Mitarbeiter der Telekom auch im privaten Bereich mit Telekom-Kleidung, etwa im Stadion ihres Fußballvereins. Auch die Institutionalisierung regelmäßiger **Rituale** leistet einen Beitrag zur Stützung der Marke: Der Wal-Mart Gründer Sam Walton initiierte die Durchführung eines Rituals, um das Zugehörigkeitsgefühl seiner Mitarbeiter zum Unternehmen gezielt zu fördern. Hierzu kommen die Wal-Mart Mitarbeiter regelmäßig zusammen, um den Wal-Mart Cheer gemeinsam zu absolvieren. Im Chor rufen die Mitarbeiter: „Give me a W! Give me an A! Give me an L! Give me a Squiggly! Give me an M! Give me an A! Give me an R! Give me a T! What's that spell? Wal-Mart! Who's number one? The Customer! Always!" (Wal-Mart 2003).

Inhaltliche Maßnahmen zur Verankerung des Markenimages

Bei der inhaltlichen Verankerung geht es darum, ein tiefes Verständnis der Netzwerkmarke sowie Commitment bei den Mitarbeitern aufzubauen. Dazu müssen die Mitarbeiter einen tiefen Einblick in die Identität der Marke erhalten und diese bei ihrer täglichen Arbeit berücksichtigen und umsetzen. Dies ist entsprechend an relevanten Kommunikationskontaktpunkten des Markennetzwerks mit Kunden zu prüfen. Einige Möglichkeiten zur inhaltlichen Verankerung der Marke bei den Netzwerkpartnern können exemplarisch dargestellt werden.

Geschichten über die Marke streuen: Durch die gezielte Weitergabe von erinnerungsträchtigen „Geschichten über die Marke" an die Mitarbeiter, können wichtige Teile des Markenimages bei den Mitarbeitern verankert werden. Bei 3M werden solche Geschichten zur Vermittlung der Markenpositionierung („ultimativer Innovationsdrang") regelmäßig weitergegeben: „Zu dem Geschäft mit Besandungsmaterial für Bitumenbedachungen sind wir gekommen, weil ein Mitarbeiter unablässig versuchte, eine Verwendung für Sandpapierabfälle zu finden. Er wurde schließlich entlassen [...], weil er zu viel Zeit und Mühe auf diese eine Sache verwandt hatte. Dennoch kam er einfach immer weiter zur Arbeit. Heute erzielt unser Bereich Bedachungsmaterialien ansehnliche Erträge. Der Vater des Gedankens trat vor zehn Jahren als Vice President des Bereichs in den Ruhestand" (Peters/Waterman 1998, S. 266).

Regeln im Umgang mit den Kunden formulieren und im Alltag leben: Regeln im Umgang mit den Kunden sollten passend zur Markenidentität und -positionierung entwickelt werden. Ein Beispiel für solche Regeln bildet die Wal-Mart's Ten Foot Rule: „One of Wal-Mart's secrets to customer service is our 'ten-foot attitude', handed down to us by Wal-Mart Founder, Sam Walton. During his many store visits, he encouraged associates to take a pledge with him: '... I want you to promise that whenever you come within 10 feet of a customer, you will look him in the eye, greet him and ask him if you can help him' " (Wal-Mart 2003).

Markenbezogene Mitarbeiter-Events und Mitarbeiterschulungen durchführen: Gerade beim Start eines Wertschöpfungsnetzwerks sind markenbezogene Mitarbeiter-Events wichtig, um den Mitarbeitern ein Gefühl von der Marke zu geben und zentrale Markenwerte zu vermitteln. Bei solchen Events können Mitarbeiter in die Markenwelt einbezogen werden, sie persönlich erleben und somit einen tiefergehenden Zugang zur Marke erhalten als durch andere Kommunikationsmedien. Neben den klassischen persönlichen Mitarbeiterschulungen bieten sich auch computergestützte Schulungsprogramme mittels Intranet an (Joachimsthaler 2002, S. 32). Das Zusammenwirken der Corporate Brand Lufthansa im Rahmen des damals neu gegründeten Wertschöpfungsnetzwerks Star Alliance wurde beispielsweise über 6000 Mitarbeitern durch 500 interne Workshops mit den Titeln „Unsere Kunden", „Unsere Welt", „Monopoly des Luftverkehrs" oder „Ein-Blick" näher gebracht (Kernstock 1998).

Mitarbeiterzeitungen für die Vermittlung der Markenbotschaft nutzen: Bei Netzwerkmarken spielen Markenzeitungen, die an unterschiedliche Partner verteilt werden, eine wichtige Rolle. Durch sie können die zentralen Werte einer Marke, aber auch Erfolgsgeschichten zur Marke, an Mitarbeiter der Netzwerkpartner vermittelt werden. Dadurch wird der Kenntnisstand zur Marke aktualisiert und vertieft sowie das Commitment zur Marke gestärkt. Wichtig ist bei allen genannten Maßnahmen, dass eine dauerhafte Einbindung der Mitarbeiter angestrebt werden sollte. Dies spricht für eine kontinuierliche Anwendung verschiedener Maßnahmen zur markenspezifischen Ansprache der Mitarbeiter.

5. Zukünftige Herausforderungen der Markenführung in Wertschöpfungsnetzwerken

Alles deutet darauf hin, dass Wertschöpfungsnetzwerke in Form von Netzwerkmarken künftig weiter an Bedeutung gewinnen werden. Der Grund dafür liegt auf der Hand: Marken sind zentrale immaterielle Wertschöpfer. Sie tragen in erheblichem Umfang zum Unternehmenswert bei. Es ist nahe liegend, dass man solche Kernkompetenzen kapitalisiert. Dies ist allerdings in vorhandenen Märkten oft nicht mehr oder nur noch mit erheblichem Aufwand möglich. Als Konsequenz bleiben Unternehmen demnach häufig nur noch die Möglichkeiten zur Markendehnung und zur Bildung von Markenallianzen, weil man in angestammten Märkten bereits vielfach Produktlinienerweiterungen durchgeführt hat. In den letzten Jahren wurden bei den Markendehnungen vor allem Bereiche angepeilt, bei denen Unternehmen noch über hinreichende Kompetenzen – nicht nur bezogen auf die Marke – verfügten. Es waren oft nahe liegende Produktbereiche, die man auf Grund der Produkt- und Distributionskompetenz selbst bearbeiten konnte. Landliebe expandierte beispielsweise über Yoghurt und Puddingdesserts. Erst später kam Eis hinzu, für dessen Produktion man einen externen Partner (Schöller) benötigte. Zunehmend bieten sich Wachstumsmöglichkeiten nur noch in weiter entfernten Märkten, auf denen die Unternehmenskompetenz abnimmt und somit Partner zur Erstellung relevanter Leistungen vonnöten sind. Netzwerkmarken bilden hier eine Erfolg versprechende Alternative, da man die Kompetenzen von Unternehmen bündeln und markenbezogen führen kann. Die sich daraus ergebenden Synergien und Kostensenkungspotenziale, aber auch die durch das Wertschöpfungsnetzwerk entstehende Flexibilität rechtfertigen in vielen Branchen den entsprechenden Koordinationsaufwand eines solchen Netzwerks.

Literatur

AAKER, D. A. (1996): Building Strong Brands, New York.

ACCENTURE (2002): Outsourcing 2007 – Von der IT-Auslagerung zur Innovationspartnerschaft, Kronberg.

AHLERT, D.; KENNING, P.; SCHNEIDER, D. (2000): Markenmanagement im Handel, Wiesbaden.

AHLERT, D.; EVANTSCHITZKY, H.; WUNDERLICH, M. (2003): Kooperative Unternehmensnetzwerke, in: Zentes, J.; Swoboda, B.; Morschett, D. (Hrsg.): Kooperationen, Allianzen und Netzwerke, Wiesbaden, S. 563-586.

BACH, N.; BUCHHOLZ, W.; EICHLER, B. (2003), Geschäftsmodelle für Wertschöpfungsnetzwerke, in: Bach, N.; Buchholz, W.; Eichler, B. (Hrsg.) (2003): Geschäftsmodelle für Wertschöpfungsketten, Wiesbaden, S. 1-20.

BEA, F. X.; HAAS, J. (2001): Strategisches Management, 3. Aufl., Stuttgart.

BINDER, C. U. (2001): Lizenzierung von Marken, in: Esch, F.-R. (Hrsg.): Moderne Markenführung, 3. Aufl., Wiesbaden, S. 385-412.

BÖLL, K. (1999): Merchandising and Licensing, München.

BREXENDORF, T. O.; TOMCZAK, T. (2004): Internal Branding, in: Albers, S.; Hassmann, V.; Tomczak, T. (Hrsg.): Verkauf: Kundenmanagement, Vertriebssteuerung, E-Commerce, Loseblattsammlung, Düsseldorf: Symposion, Sektion 03.15, Personal und Führung.

CHERNATONY, L. DE (2001): From brand vision to brand evaluation: Strategically building and sustaining brands, Oxford u. a.

COURT, D. C.; LEITER, M. G.; LOCH, M. A. (1999): Brand Leverage, in: The McKinsey Quarterly, o. Jg., Nr. 2, S. 100-110.

DEUTSCHER FRANCHISE-VERBAND E. V. (Hrsg.) (1999): Jahrbuch Franchising 1999/2000, Frankfurt a.M.

DUDENHÖFFER, F. (2001): Systemmarken – Vernetzung produktnaher Angebote um Marken, in: Esch, F.-R. (Hrsg.): Moderne Markenführung, 3. Aufl., Wiesbaden, S. 413-433.

ESCH, F.-R. (2001): Wirkung integrierter Kommunikation, 3. Aufl., Wiesbaden.

ESCH, F.-R. (2005): Strategie und Technik der Markenführung, 3. Aufl., München.

ESCH, F.-R.; BRÄUTIGAM, S. (2001): Analyse und Gestaltung komplexer Markenarchitekturen, in: Esch, F.-R. (Hrsg.): Moderne Markenführung, 3. Aufl., Wiesbaden, S. 711-732.

ESCH, F.-R.; REDLER, J. (2004): Markenallianzen gestalten, in: Esch, F.-R.; Tomczak, T.; Kernstock, J.; Langner, T. (Hrsg.): Corporate Branding, Wiesbaden.

HEUSKEL, D. (1999), Wettbewerb jenseits von Industriegrenzen, Frankfurt u. a.

JARILLO, J. C.; RICART, J. E. (1987): Sustaining Networks, in: Interfaces, o. Jg., S. 82-91.

JOACHIMSTHALER, E. (2002): Mitarbeiter: Die vergessene Zielgruppe für Markenerfolge, in: Absatzwirtschaft, 24. Jg., Nr. 11, S. 28-34.

JOACHIMSTHALER, E.; AAKER, D. A. (2001): Aufbau von Marken im Zeitalter der Post-Massenmedien, in: Esch, F.-R. (Hrsg.): Moderne Markenführung, 3. Aufl., Wiesbaden, S. 539-564.

JOHNSTON, L.; LAWRENCE, P. R. (1988): Beyond Vertical Integration – the Rise of the Value-Adding Partnership, in: Harvard Business Review, 66. Jg., July-August, S. 94-101.

KELLER, K. L. (1993): Conceptualizing, Measuring, and Managing Customer-Based Brand Equity, in: Journal of Marketing, 57. Jg., S. 1-22.

KELLER, K. L. (2003): Strategic Brand Management: Building, Measuring, and Managing Brand Equity, 2. Aufl., Upper Saddle River/New Jersey.

KERNSTOCK, J. (1998): Meta-Marke STAR ALLIANCE – eine neue Herausforderung für das Markenmanagement, in: Tomczak, T.; Schögel, M.; Ludwig, E. (Hrsg.): Markenmanagement für Dienstleistungen, St.Gallen: Thexis, S. 222-230.

KERNSTOCK, J.; BREXENDORF, O. (2004): Corporate Brand Management gegenüber Mitarbeitern gestalten, in: Esch, F.-R.; Tomczak, T.; Kernstock, J.; Langner, T. (Hrsg.): Corporate Brand Management, Wiesbaden, S. 251-271.

KROEBER-RIEL, W.; ESCH, F.-R. (2004): Strategie und Technik der Werbung, 6. Aufl., Stuttgart.

KRÜGER, W. (2002): Auswirkungen des Internet auf Wertketten und Geschäftsmodelle, in: Frese, E.; Stöber, H. (Hrsg.): E-Organisation: Strategische und organisatorische Herausforderungen des Internet, Wiesbaden, S. 63-89.

KRÜGER, W.; HOMP, C. (1997): Kernkompetenz-Management: Steigerung von Flexibilität und Schlagkraft im Wettbewerb, Wiesbaden.

LACHMANN, U. (1993): Kommunikationspolitik bei langlebigen Konsumgütern, in: Berndt, R.; Hermanns, A. (Hrsg.): Handbuch Marketing-Kommunikation, Wiesbaden, S. 831-856.

LEMMINK, J.; MATTSON, J. (1998): Warmth during non-productive retail encounters, in: International Journal of Research in Marketing, 15. Jg., S. 505-518.

LIEBMANN, H.-P.; ZENTES, J. (2001): Handelsmanagement, München.

MCINNIS, D.; NAKAMOTO, K. (1991): Factors that Influence Consumers´ Evaluations of Brand Extensions, Working Paper, Tucson/AZ, Graduate School of Management.

MEFFERT, H.; BURMANN, C. (2002): Theoretisches Grundkonzept der identitätsorientierten Markenführung, in: Meffert, H.; Burmann, C.; Koers, M. (Hrsg.): Markenmanagement, Wiesbaden, S. 35-72.

MEFFERT, H.; BURMANN, C.; KOERS, M. (2002): Stellenwert und Gegenstand des Markenmanagement, in: Meffert, H.; Burmann, C.; Koers, M. (Hrsg.): Markenmanagement, Wiesbaden, S. 3-15.

MEI-POCHTLER, A. (2000): Brand Net Company, in: Esch, F.-R. (Hrsg.): Moderne Markenführung, 2. Aufl., Wiesbaden, S. 397-404.

MELLOR, V. (1999): Delivering brand values through people, in: Strategic Communication Management, 3. Jg., Nr. 2, S. 26-29.

O. V. (2003): 25 Cent Pfand pro Getränkedose, in: Salzburger Nachrichten, 03.1.2003, S. 5.

PETERS, T.; WATERMAN, R. (1998): In Search of Excellence, Landsberg a.L.

PETRY, T.; ROHN, H. (2004): Deconstruction und Ausgestaltungsmöglichkeiten der Wertschöpfungsarchitektur in der Bankenbranche, Arbeitspapier Nr. 1/2004 der Professur für Betriebswirtschaftslehre II, Prof. Dr. Wilfried Krüger, Justus-Liebig-Universität Giessen.

PICOT, A.; REICHWALD, R.; WIGAND, R. T. (2001): Die grenzenlose Unternehmung, 4. Aufl., Wiesbaden.

POST, J. E.; GRIFFIN, J. J. (1997): Corporate reputation and external affairs management, in: Corporate Reputation Review, 1. Jg., Nr. 1/2, S. 165-171.

PRAHALAD, C. K.; HAMEL, G. (1990): The Core Compentence of the Corporation, in: Harvard Business Review, o. Jg., Mai/Juni, S. 79-91.

PRICEWATERHOUSECOOPERS (2002): Is the brand important to HR managers?, Frankfurt.

PRINGLE, H; GORDON, W. (2002): Markenetikette, Weinheim.

REDLER, J. (2002): Markenallianzen als Form der Markenkombination, Arbeitspapier Nr. 1 des Instituts für Marken- und Kommunikationsforschung an der Universität Giessen.

SCHULTZ, M.; CHERNATONY, L. DE (2002): The challenges of corporate branding, in: Corporate Reputation Review, 5. Jg., Nr. 2/3, S. 105-112.

SIEBERT, H. (1999): Ökonomische Analyse von Unternehmensnetzwerken, in: Sydow (Hrsg.): Management von Netzwerkorganisationen, Wiesbaden, S. 7-27.

SYDOW, J. (1993): Strategische Netzwerke: Evolution und Organisation, Wiesbaden.

SYDOW, J. (1999): Management von Netzwerkorganisationen – Zum Stand der Forschung, in: Sydow, J. (Hrsg.): Management von Netzwerkorganisationen, Wiesbaden, S. 279-314.

TOSTI, D. T.; STOTZ, R. D. (2001): Building your brand from the inside out, in: Marketing Management, 10. Jg., Nr. 2, S. 28-33.

TOMCZAK, T.; BROCKDORFF, B. (2000): Bedeutung und Besonderheiten des Markenmanagements für Dienstleistungen, in: Belz, C.; Bieger, T. (Hrsg.): Dienstleistungskompetenz und innovative Geschäftsmodelle, St. Gallen, S. 486-502.

TOWERS PERRIN (2003): Understanding What Drives Employee Engagement, The 2003 Towers Perrin Talent Report.

VDA (2003): Auto Jahresbericht 2003, Frankfurt a.M.

WAL-MART (2003): The Wal-Mart Culture, http://www.walmartstores.com, Stand: 10.03.2003.

WITTKE-KOTHE, C. (2001): Interne Markenführung. Verankerung der Markenidentität im Mitarbeiterverhalten, Wiesbaden.

WRIEBE, C. M. (2001): Netzwerkstrategien als symbiotische Kooperationen, Frankfurt a.M.

ZENTES, J.; SWOBODA, B. (2001): Grundbegriffe des Marketing, 5. Aufl., Stuttgart.

ZENTES, J.; SWOBODA, B.; MORSCHETT, D. (2003): Kooperationen, Allianzen und Netzwerke – Grundlagen, „Metaanalyse“ und Kurzabriss, in: Zentes, J.; Swoboda, B.; Morschett, D. (Hrsg.): Kooperationen, Allianzen und Netzwerke, Wiesbaden, S. 3-32.

Christian Belz/Michael Reinhold*

Kooperationen im Vertrieb

---

* Univ.-Professor Dr. Christian Belz ist Professor für Marketing an der Universität St. Gallen und Geschäftsführender Direktor des Instituts für Marketing und Handel an der Universität St. Gallen.
Dr. Michael Reinhold ist Leiter des Kompetenzzentrums Hightech Marketing am Institut für Marketing und Handel und Lehrbeauftragter der Universität St. Gallen sowie der Eidgenössischen Technischen Hochschule (ETH) Zürich.

1. Einführung

Dieser Beitrag zeigt die Möglichkeiten für Marketingkoalitionen und interne sowie externe Vertriebskooperationen auf. Die Zusammenarbeit zwischen Sparten von Konzernen oder zwischen überbetrieblichen Partnern im Vertrieb wird zunehmen. Kooperationen sind wichtig, um neue Märkte zu erschliessen oder bestehende Vertriebsstrukturen besser auszulasten. Der Fortschritt auf diesem Gebiet wird durch die Praxis und die Marketingforschung im Gleichschritt bestimmt, deshalb spielen Praxisbeispiele eine wichtige Rolle.

Einleitend beleuchtet der folgende Beitrag die wichtigsten strategischen Aspekte von Vertriebskooperationen. Im anschliessenden Kapitel erfolgt eine mit Praxisdaten hinterlegte Darstellung von Marketingkoalitionen. Schliesslich werden die eigentlichen Vertriebskooperationen betrachtet.

2. Strategische Aspekte von Vertriebskooperationen

Unter **Kooperationen im Vertrieb** ist die arbeitsteilige Zusammenarbeit weit gehend unabhängiger interner oder externer Partner oder Funktionsbereiche im gleichen oder in verschiedenen Unternehmen zu verstehen, welche die Zielsetzung des Vertriebs dauerhaft erfüllen wollen. Nachfolgend wird zwischen der realen und virtuellen Ökonomie nicht unterschieden: Letztere wird als wirksame Hilfe bewertet, um neue Formen der Zusammenarbeit zu ermöglichen. Grundsätzlich sind sie aber nicht neu. Vertriebskooperationen sind a priori keine betriebliche Notwendigkeit. Vielmehr sind sie das Ergebnis eingehender strategischer Analysen, in denen das mittel- und langfristige Erfolgspotenzial verschiedener Vertriebsformen und Vertriebskanäle gegeneinander abgewogen wurde.

Die Qualität des Vertriebs entscheidet mit über den Markterfolg und damit über das Wohl des Unternehmens. Der Vertrieb ist eine **Kernkompetenz**, denn

- er trägt wesentlich zum Kundennutzen bei, beispielsweise in Form von Beratung und Problemlösung,
- eine schlagkräftige Vertriebsorganisation lässt sich nur langfristig entwickeln und deren Aufbau stellt eine potenzielle Eintrittsbarriere für Konkurrenten dar,
- erst über den Vertrieb ist der Eintritt in neue Märkte möglich,
- im Vertrieb steckt viel Know-how über Märkte, Kunden und den praktischen Einsatz der gelieferten Produkte und erbrachten Dienstleistungen (Belz/Reinhold 1999, S. 18 ff.).

Andererseits ist der Vertrieb auch Nadelöhr. Der gesamte Informations-, Güter- und Geldfluss vom und zum Kunden geht über den Vertrieb. Die Leistungsfähigkeit der Vertriebsorganisation bestimmt die Schnelligkeit des Markteintritts oder die Geschwindigkeit mit der neue Produkte und Dienstleistungen im Markt platziert werden können. Grundsätzlich stellt sich für einen Hersteller die Frage, wie viel man von dieser Kernkompetenz abgeben darf. Die Selektion und Förderung von Kooperationspartnern im Vertrieb ist daher eine anspruchsvolle Führungsaufgabe.

Die strategischen Entscheide über das Eingehen von Vertriebskooperationen werden üblicherweise auf hoher Hierarchiestufe im Unternehmen gefällt, denn

- sie legen wichtige Handlungsbereiche fest,
- sie stehen in deutlicher Interdependenz mit anderen Funktionsbereichen wie Marketing, Beschaffung und Produktion sowie bestehenden Kooperationen,
- sie sind von mittel- bis langfristiger Wirkungsdauer,
- sie sind nachhaltig erfolgswirksam und kurzfristig nur schwer korrigierbar (Kuhlmann 2001, S. 71 ff.).

Eine hohe Kongruenz mit den strategischen Zielen der Herstellerfirma und den nachgelagerten Marketingstrategien ist Grundvorrausetzung für das Gelingen von Vertriebskooperationen, seien sie horizontal mit anderen Herstellern oder vertikal mit spezialisierten Partnern. Grundsätzlich ist abzuklären, welchen Beitrag eine Vertriebskooperation zu den Oberzielen des Unternehmens, wie Gewinn/Rentabilität, Weltmarktanteil/Marktposition, Wachstum, Innovation, Qualität, Risiko, Flexibilität und Geschwindigkeit sowie Unabhängigkeit und soziale Verantwortung leisten kann. Es ist zu hinterfragen, ob der Partnerschaft keine falsche strategische Ausrichtung zugrunde liegt: In einem starr am Shareholder Value orientierten Unternehmen besteht die Gefahr, dass der Abschluss eines „Deals“ wichtiger ist als die Strategie. „Strategy first, deal-making second“ lautet die Regel (ADL 2001, S. 13).

Vertriebskooperationen bergen spezifische **Risiken** in sich: So nennen Bleeke/Ernst (1995) die Vergrösserung der geografischen Reichweite der eigenen Produkte als wichtigstes Motiv des Managements für das Eingehen strategischer Allianzen. Die Zahl dieser Allianzen mit Partnern innerhalb und ausserhalb der USA wächst jährlich mit über 25 %. Der Median der Lebensdauer der Allianzen beträgt ungefähr sieben Jahre und 80 % aller Joint-Ventures – eine der häufigsten Kooperationsformen – endet typisch mit der Übernahme durch einen der Partner. Es wird geraten, vor dem Eingehen der Kooperation darauf zu schauen, ob diese nicht letztlich auf eine verdeckte Übernahme hinausläuft. Sie weisen darauf hin, dass dieses Vorgehen für den übernehmenden Partner nur Vorteile hat: Er kennt die Stärken und Schwächen des Übernahmekandidaten und bezahlt einen kleineren Preis als bei sofortiger Übernahme.

Die Suche, Beurteilung und Auswahl geeigneter Kooperationspartner ist Aufgabe der Marketing- und Vertriebsleitung. Gleiches gilt für die Implementierung und Entwicklung der Vertriebskooperationen. Der VDMA (Verband deutscher Maschinen- und Anlagenbau e.V.) hat einen prozessorientierten Leitfaden „Vertriebskooperation“ herausgegeben (VDMA 2000). Er richtet sich besonders an kleine und mittelgrosse Unternehmen. Für diese sind Kooperationen auf horizontaler Ebene kein alltägliches Geschäft. Er enthält umfangreiche Checklisten, welche auf einem Organisationsmodell mit fünf Phasen beruhen:

- Strategische Entscheidung vorbereiten und fällen
- Kooperationskonzept entwerfen
- Kooperationspartner finden und auswählen
- Kooperation durchführen
- geordneten Ausstieg planen.

Zweifelsfrei nimmt die Bedeutung von strategischen Partnerschaften zu und das nicht nur im Vertrieb. Eine von ADL im Jahre 2001 bei 1200 Firmen international durchgeführte Studie über Partnerschaften liefert zum Thema Marketing/Vertrieb die folgenden Aussagen (ADL 2001):

- Dank Partnerschaften erzielen 17 % der befragten Firmen mehr als 25 % ihres Umsatzes.
- Die wichtigsten Gründe für das Eingehen von Partnerschaften sind erstens die Ausdehnung des eigenen Geschäfts und zweitens der Zugang zu neuen Märkten.
- Die Abhängigkeit und das Abspringen von Partnern werden als hohes oder sehr hohes Risiko eingeschätzt.
- Die vertikalen Partnerschaften sind heute noch in der Mehrzahl. Horizontale Partnerschaften mit Firmen aus anderen Sektoren oder Konkurrenten werden immer wichtiger.
- Markt- und Kundenkontakte sind der wichtigste Erfolgsbeitrag von Partnerschaften.
- Als wichtigste Erfolgsfaktoren für eine Partnerschaft werden genannt:
  1. klare Zielsetzungen
  2. regelmässige Kommunikation der Partner
  3. klare vertragliche Regelungen
  4. Unterstützung durch die oberste Leitung
  5. saubere Analyse und Machbarkeitsstudie vor dem Eingehen der Partnerschaft und
  6. andauernder gemeinsamer Erfolg.

Das nächste Kapitel wendet sich zuerst den Marketing- und Vertriebskoalitionen zu. Gemäss dem üblichen Sprachgebrauch ist unter einer **Koalition** eine lose Form der Zusammenarbeit zu verstehen. Kooperationen hingegen sind normalerweise vertraglich vereinbart. Die Erstattung eines „finder fees“ an branchenfremde Vermittler kann man als Vertriebskoalition bezeichnen; die Zusammenarbeit mit einer Import-/Exportfirma fällt unter den Begriff Vertriebskooperation.

3. Marketingkoalitionen

3.1 Bedeutung

In einer arbeitsteiligen Wirtschaft sind vielfältige Formen der Zusammenarbeit von Marktpartnern selbstverständlich. Geschickte **Koalitionen im Marketing und Vertrieb** können durchaus wichtige Vorteile im Wettbewerb schaffen (vgl. auch den Beitrag von Benkenstein/Beyer zu Kooperationen im Marketing im Vierten Kapitel dieses Sammelwerks).

Stossen Unternehmen an ihre Grenzen, so kann es ergiebig sein, diese Grenzen zu sprengen, um damit wieder ein neues Feld zu erschließen. Ausrichtung auf Größe ist aber nicht die einzige Handlungsmaxime, ebenso führt Spezialisierung und Verkleinerung zu innovativen Bedingungen oder die Ansätze der Erweiterung und Spezialisierung werden geschickt kombiniert.

In einer empirischen Untersuchung im Jahre 2001 erfasste das Institut für Marketing und Handel an der Universität St. Gallen, was Unternehmen im Marketing bewegen und welche Akzente sie für die nächsten vier Jahre für **marktorientierte Innovationen** setzen. Aus dieser Untersuchung zeigt Übersicht 1, wie Führungskräfte die Akzente im Feld Marketingkoalitionen bewerten. Diese Forschungsarbeit ist als Längsschnittstudie angelegt: In der Übersicht wird deshalb verschiedentlich auch auf die Resultate der Studien von 1992 und 1996 verwiesen.

Auf den drei ersten Rängen sind nach Ansicht der Führungskräfte folgende Akzente positioniert:

- Zusammenarbeit mit Anbietern von attraktiven Ergänzungsleistungen (6)
- kooperative Leistungssysteme (8)
- Partnerschaften mit Kunden und Vertriebspartnern (7).

Im Mittelfeld liegen:

- innerbetriebliche Kooperation und Cross Selling (2)
- Marketingkooperation (3)
- Fusion und Akquisition (1)
- E-Plattformen und virtuelle Kooperation (4).

Als wenig wichtig bis unbedeutend werden die folgenden Felder beurteilt:

- Integration von Vertrieb und Logistik (9)
- Zusammenarbeit mit Marketingdienstleistern (11)
- Kommunikationsintegration (10)
- Standortmarketing (12) sowie Abstimmung und Absprachen (5).

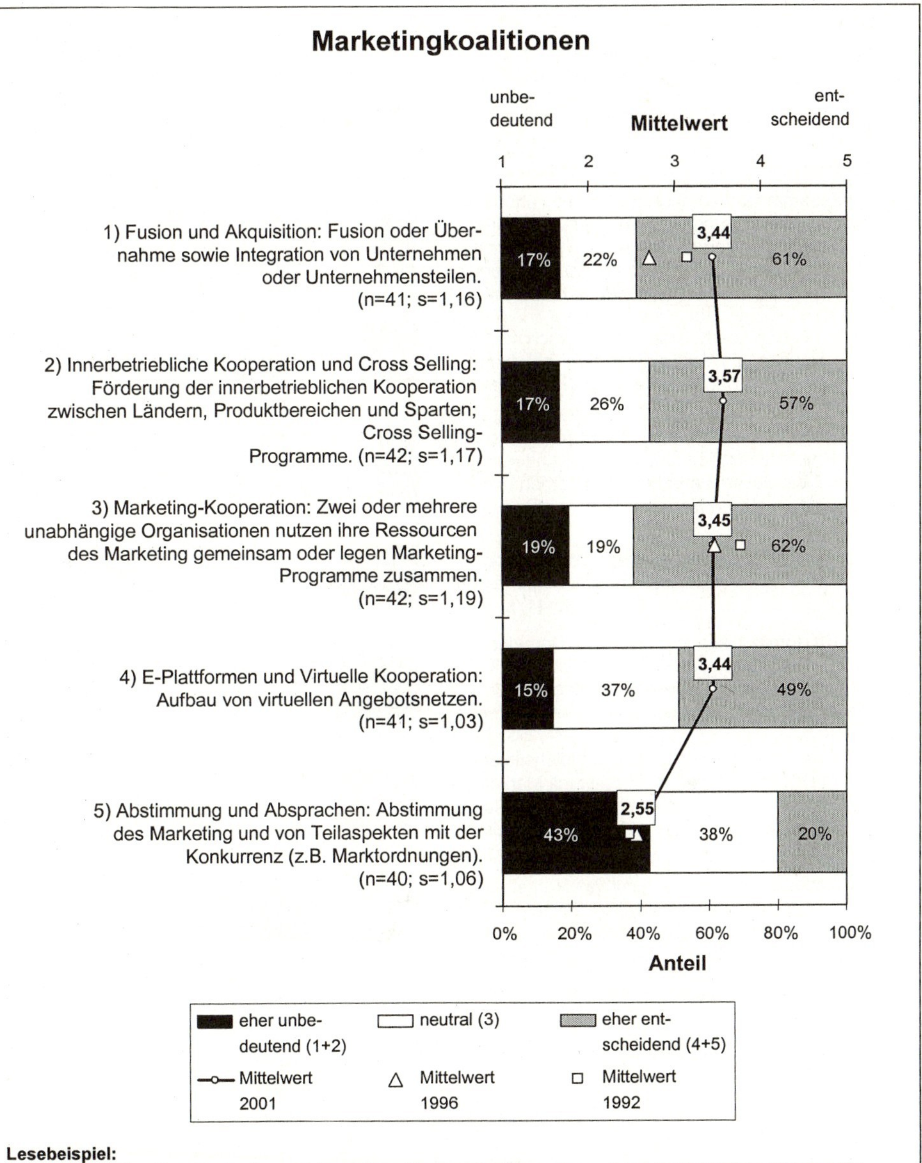

Lesebeispiel:
Der Mittelwert des Akzents „Fusion und Akquisition: Fusion oder Übernahme ..." beträgt 3,44 [siehe Liniengrafik]. 17% von 41 Befragten gewichten diesen Akzent als eher unbedeutend (Wert 1+2), 22% als neutral (Wert 3) und 61% als eher entscheidend (Wert 4+5) [siehe gestapeltes Balkendiagramm]. Die Standardabweichung beträgt s=1,16.

– wird fortgesetzt –

– Fortsetzung –

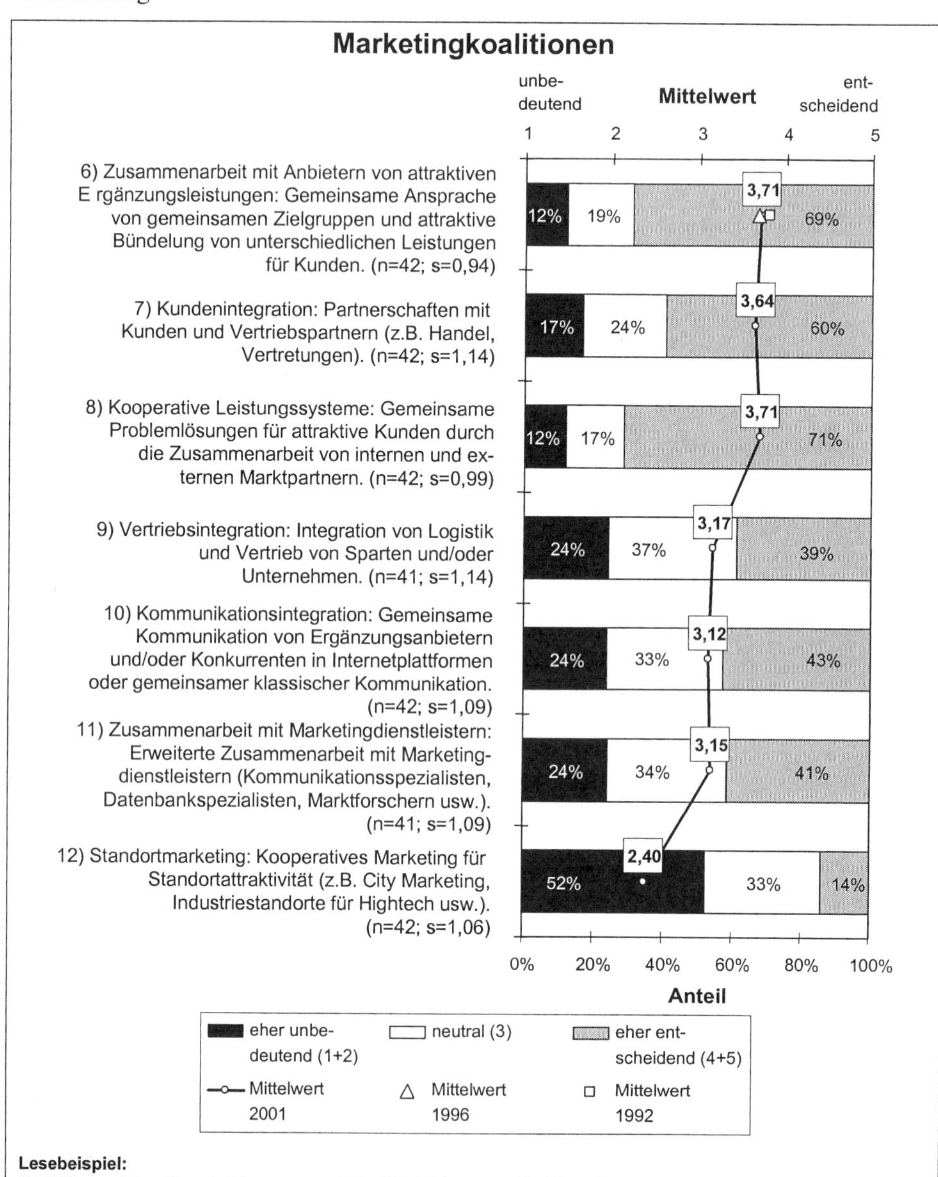

Lesebeispiel:
Der Mittelwert des Akzents "Zusammenarbeit mit Anbietern von attraktiven Ergänzungsleistungen" beträgt 3,71 [siehe Liniengrafik]. 12% von 42 Befragten gewichten diesen Akzent als eher unbedeutend (Wert 1+2), 19% als neutral (Wert 3) und 69% als eher entscheidend (Wert 4+5) [siehe gestapeltes Balkendiagramm]. Die Standardabweichung beträgt s=0,94.

Übersicht 1: Akzente im Suchfeld Marketingkoalitionen

Im Kooperationsverhalten von Unternehmen sind zwei grundsätzliche Ansätze festzustellen. Manche Anbieter gehen ausgesprochen offen vor und installieren zahlreiche Partnerschaften, die sich häufig aus zufälligen Kontakten ergeben. Sie überprüfen nach einer Weile, welche Partnerschaften sich entwickelten und beenden „schlafende" Kooperationen. Damit stützen sie sich weit gehend auf die Initiative der Partner und eine Eigendynamik im Markt. Andere Unternehmen gehen sehr selektiv vor. Sie wählen die Partner sorgfältig und investieren in die Zusammenarbeit. Zu bevorzugen ist die zweite Variante, weil sich damit eine Zersplitterung vermeiden lässt.

Die Ansätze für Marketingkoalitionen hängen mit der Beurteilung der Wertekette, der Kernkompetenzen und des Out- und Insourcing zusammen. Im Folgenden werden nur die sieben wichtigsten Akzente beschreiben (Belz 2002, S. 245 ff.). Die Nummer am Ende der Überschriften weist auf die Nummerierung in Übersicht 1 hin.

3.2 Zusammenarbeit mit Anbietern von attraktiven Ergänzungsleistungen (6)

Gemeinsam mit **Ergänzungsanbietern** lassen sich Angebote für den Kunden attraktiver gestalten. Als lose Form sind **Fachmessen** typisch; sie schließen meist auch direkte Konkurrenten ein.

- **Kundenkarten** können beispielsweise ein breites Angebot integrieren: Die in der Schweiz verbreitete „Jelmoli Card" erfasst nicht nur sämtliche Handelspartner der eigenen Gruppe (Fust, Portable Shop, Jelmoli, Molino), sondern auch Tamoil, Merkur, Globus, Christ, Imholz und weitere Unternehmen.
- Martel Spitzenweine (CH-St. Gallen) veranstaltet gemeinsame **Kundenevents** zusammen mit hochstehenden Schmuck- oder Möbelhändlern. Der verbundene Auftritt spricht Interessen von Frauen und Männern parallel an und macht den Besuch attraktiver.
- Kelloggs Cornflakes stellt große Flächen seiner Verpackungen für **Werbung** zur Verfügung (z. B. für die Telecom).

3.3 Kooperative Leistungssysteme (8)

Verschiedene Partner können gemeinsam ein Leistungssystem für Kunden anbieten. Dabei ergänzen sich Kompetenz und Kapazitäten der Partner, um Problemlösungen für Kunden zu schaffen (Belz/Weinhold/Tomczak 1999).

Die Zürich Financial Services treten beispielsweise mit zwei **kooperativen Leistungssystemen** gleichzeitig am Markt auf:

- Business Starter begleitet die Phasen der Entwicklung von Jungunternehmen und schließt die Partner Zürich, UBS Startkapital, Zürich Service AG, OBT Treuhand, Orion und Institut für Jungunternehmer ein.
- Total Care erfasst unter anderem die Bereiche Home Assistance, Eigenheim oder Total Car. Die Help Points für Total Car kümmern sich bei einem Unfall umfassend um Assistance, Schätzungen, Schadenbehebungen, Mietwagen usw. aus einer Hand (aber in Kooperation mit Spezialisten).

3.4 Partnerschaften mit Kunden und Vertriebspartnern (7)

Ansätze der Integration von Kunden oder Vertriebspartnern fördern den Informationsaustausch, die Intensität der Zusammenarbeit, die persönlichen Beziehungen und die gegenseitige Verflechtung von Anbietern und Kunden. Typische Ansätze finden sich in Lösungen zur Kundenbindung, Key Account Management oder bei Lead-User-Konzepten und Partnerschaftssystemen mit Vertriebspartnern und dem Handel. Ebenso können Kundenschulungen oder Events eine Rolle spielen. Recht weit kann ein personeller Austausch gehen, wenn beispielsweise der Key Account Manager des Anbieters direkt beim Kunden oder Vertriebspartner arbeitet, aber vom Lieferanten bezahlt bleibt.

Kooperatives Marketing mit Kunden betreiben alle Anbieter, die gemeinsam mit vertikal nachgelagerten Stufen auftreten:

- Typisch ist das Ingredient Branding von INTEL oder Shimano.
- Vielfach engagieren sich Hersteller in der Werbung des Handels (also beispielsweise Informatikhersteller in der Werbung der Computerhändler).

3.5 Innerbetriebliche Kooperation und Cross Selling (2)

Manche Unternehmen sind in unterschiedliche Sparten, Produktbereiche oder Ländereinheiten aufgeteilt, die weit gehend getrennt am Markt vorgehen. Für spezifische Kundengruppen kann es sinnvoll sein, die interne Kooperation zu fördern. Die Einprodukt- oder Einsparten-Beziehung mit dem Kunden lässt sich erfolgreich auf Mehrprodukt- und Mehrsparten-Beziehungen ausbauen.

Ziel der internen Kooperation ist ein **Cross Selling**. Eine bestehende Kundenbeziehung soll tragfähig für mehrere Geschäfte des gleichen Unternehmens, einer Unternehmensgruppe oder eines Konzerns werden. Cross Selling ist nur dort ein Problem, wo die potenziellen Kundenbedürfnisse mit der internen Verantwortlichkeit und Organisation nicht übereinstimmen. Deshalb werden die Leistungen des Unternehmens für den Kunden nicht integriert. Chancen des Cross Selling lassen sich ausloten, indem eine Leistungs-/Kundenmatrix mit Umsatz und Potenzialen erstellt wird und die Einkaufsstrukturen und -entscheide für verschiedene Leistungsbereiche bei Kunden geprüft werden. Die Spezialisierung im Einkauf von Kunden kann aber eine Integration des Angebots verhindern. Cross Selling bleibt zudem wirkungslos, wenn die beteiligten Sparten und Verkäufer keinen Vorteil daraus ziehen. Appelle zur vermehrten Zusammenarbeit genügen nicht.

- Programme des Cross Selling gibt es beispielsweise im Konzern Credit Suisse (Banken und Versicherung) und der Winterthur Versicherung.
- Für Unternehmen mit sehr breiter Angebotspalette, wie die Elektrounternehmen ABB, Emerson, Siemens, Invensys, Endress und Hauser, ist das interne Cross Selling eine strategische Aufgabe.

3.6 Marketingkooperation (3)

Marketingkooperationen entstehen dadurch, dass zwei oder mehrere unabhängige Organisationen ihre Ressourcen des Marketing gemeinsam nutzen und entwickeln und/ oder Marketingprogramme zusammenlegen und absprechen. Partner können herkömmliche Marktpartner der Unternehmung (etwa in Kundenclubs, Partnerschaftssystemen für vertikale Partner), Konkurrenten (gemeinsame Kapazitäten, Vermittlung, Absprachen), Anbieter von Ergänzungsleistungen (gemeinsame Aktionen, Werbung, Vertrieb usw.), Konsumentenorganisationen und politische oder gesellschaftliche Institutionen sein. Nur starke und professionelle Partner können sich rasch in ihren spezifischen Fähigkeiten ergänzen.

Kooperationen sind sinnvoll, wenn sich Infrastrukturen gemeinsam nutzen lassen oder sich die Angebote für Kunden sinnvoll ergänzen. Es erstaunt nicht, dass sich liberalisierte Märkte (Post, Telekommunikation, Banken, Versicherungen usw.) besonders intensiv in Koalitionen engagieren: Mögliche Marketingdefizite (beispielsweise für Zielgruppen) gelingt es viel rascher zu decken.

Typische Beispiele sind SAP und Compaq, die beide Leistungs- und Vertriebsnetze pflegen:

- SAP (CH-Biel): „Der Beratungsmarkt im SAP-Umfeld beträgt ungefähr CHF 500 Millionen Insgesamt gibt es etwa 2000 Berater, 120 davon von SAP selbst. 93 % des Marktvolumens wird von Partnern, nur 7 % von SAP abgedeckt. Es ist nicht das Ziel, den Anteil von SAP zu Lasten der Partner zu steigern“ (Kläy, zitiert nach Belz u. a. 2000, S. 70).
- Compaq (CH-Dübendorf; Compaq ist seit 2002 Teil von HP): „Compaq hat beispielsweise auch ein so genanntes ‚Compaq Solutions Alliance Program‘, bei dem Compaq danach strebt, intensiver mit unabhängigen Software-Anbietern, Integratoren, Beratern und Value-Adding Resellers zum gemeinsamen Nutzen und im Sinne des Kunden zusammenzuarbeiten. Diese Kooperationen werden pro Geschäftsbe-

reich definiert. Ziel ist es, für jeden Lösungsbereich ein Kernportfolio von Partnern zu verbinden. Planung, Implementierung und Betrieb der gemeinsamen Lösungen werden durch Knowledge-Datenbanken (active answers) unterstützt" (Maier/Widmer, zitiert nach Belz u. a. 2000, S. 71).

Die Partner setzen sich in solchen Netzen gemeinsam ein, sie nutzen ergänzende Fähigkeiten, sie mobilisieren dezentrale Kräfte bei Schwierigkeiten. Die gegenseitige Motivation und Sicherung führen zu einer nachhaltigen Wirkung in den Märkten.

3.7 Fusion und Akquisition (3)

Fusionen und Akquisitionen betreffen das Marketing, auch wenn die Synergien im Marketing in der Regel nicht den Ausschlag geben, Unternehmenseinheiten zu vereinen oder zu übernehmen.

Chancen oder Anpassungen sind dort essenziell, wo die bisher getrennten Einheiten ihre wichtigen Ressourcen einsetzen und sich Aktivitäten überschneiden. Zudem beeinflussen die Chancen und Risiken im Markt, ob Aktivitäten im Marketing getrennt bleiben oder verbunden werden. Schlecht abwägbare Risiken führen vielfach dazu, dass Markteinheiten separat geführt bleiben, während interne Bereiche von F & E, Beschaffung, Produktion und Logistik zusammengefügt werden. Beispielsweise ist es schwierig abzuschätzen, wie Kunden darauf reagieren, dass Marken, Sortimente oder der Verkauf zusammengelegt werden.

Die **Vertriebsintegration** von Bosch und Siemens bzw. SAS und Deutsche Lufthansa (für Deutschland) wurde von Reineke (2001) untersucht. Folgende Ergebnisse sind typisch:

- Durch Vertriebsintegration wird die Fusion vollzogen. Die Ansätze sind in diesem Bereich jedoch meistens unsystematisch und nutzen letztlich die Chancen ungenügend.
- Unterschiede werden schrittweise reduziert; der Übernehmer dominiert.
- Kostenziele dominieren vor Marktzielen.
- Im Vordergrund der Eingriffe steht die Anpassung der Strukturen.
- Selektives und schrittweises Vorgehen ist angezeigt.
- Marktfernere Vertriebsfunktionen, wie der Innendienst, lassen sich leichter integrieren als der Außendienst.

Obschon Fusionen und Akquisitionen bestehende Einheiten zu einem neuen Ganzen zusammenfügen, sind die inhaltlichen Probleme der Marketingkooperation ähnlich wie bei losen Koalitionen mit externen Partnern: Die Vorteile aus dem Blickwinkel der Partner und die Motivation beteiligter Menschen lassen sich nicht befehlen, sondern nur entwickeln. Nichts motiviert mehr als der gemeinsame Erfolg.

3.8 E-Plattformen und virtuelle Kooperation (4)

E-Plattformen bilden **virtuelle Märkte** und sind damit eine Möglichkeit für Unternehmen, mit weiteren Anbietern und Kunden zu kooperieren. Diese Form der Zusammenarbeit wird in Informationsnetzen wie dem Internet angebahnt, effizient verwirklicht und koordiniert. Solche Ansätze nutzen also die Koordinationsleistung der modernen Informatik. Denkbar ist es, ein umfassendes Kooperationsnetz von Anbietern aufzubauen, aus dem dann fall- und kundenspezifisch eine Zusammenarbeit weniger Partner konstituiert wird. Abzuwarten bleibt, wie virtuelle Abstimmung und reale Arbeit zusammenspielen.

Vielfach werden virtuelle Unternehmen für komplexe Leistungen und dynamische Märkte vorgeschlagen. Erstens ist es aber aufwändig, geeignete Partner zu suchen, zu gewinnen und zu vernetzen. Zweitens ist es anspruchsvoll, die Arbeitsprozesse gegenseitig abzustimmen, die Leistung für Kunden arbeitsteilig und optimal zu erbringen. Flexibilität ist das Ergebnis eingespielter Koalitionen, sonst ist es zu teuer, die Partner zu koordinieren und manche Ressourcen und Aufwendungen werden vergeudet. Auch diese kooperativen Arrangements brauchen Stabilität (Büschken 1999, S. 787).

Diese knappe Darstellung der Möglichkeiten und Chancen von Marketingkoalitionen bietet einen Orientierungsrahmen für die Darstellung der Vertriebskooperationen: Die Resultate aus obiger Untersuchung sind mehrheitlich auf den Vertrieb übertragbar.

4. Vertriebskooperationen

4.1 Analysen und Entscheide für Vertriebskooperationen

Nachdem im vorigen Kapitel die breitere und losere Form der Kooperation, die der Marketingkoalition, betrachtet wurde, wenden sich die folgenden Ausführungen den eigentlichen **Vertriebskooperationen** zu. Hauptaufgabe ist es, Transaktionen mit Kunden herbeizuführen und zu diesem Zweck Geschäftsbeziehungen aufzunehmen und zu erhalten. Die Abwicklung von Kundentransaktionen mit all ihren rechtlichen Konsequenzen (Kaufverträge, Gewährleistung, Produkthaftung usw.) bedingt eine klare vertragliche Vereinbarung der Zusammenarbeit.

Um Vertriebskooperationen zu realisieren, sind manche Teilentscheide zu treffen und zwar im Hinblick auf Partnerwahl, Ziele, Inhalte der Zusammenarbeit, Form und Intensität der Zusammenarbeit, Fristigkeit, Finanzierung und Investitionsstufen. Dazu sind intensive Länderanalysen sowie Verhandlungen und Analysen der Partner nötig. Lasserre/ Schütte (1999, S. 191) empfehlen, den strategischen Fit, den Ressourcen-Fit, den Kultur-

Fit und den organisatorischen Fit der Partner abzuklären. Das Kernproblem einer Kooperation besteht nicht darin sie einzugehen, sondern sie erfolgreich zu gestalten und zu erweitern. Übersicht 2 bezeichnet die wichtigen Entscheide für Vertriebskooperationen. Damit findet eine Ergänzung der erwähnten Phasen des Leitfadens des VDMA (2000) von strategischer Entscheidungsvorbereitung bis zum geordneten Ausstieg durch einen entscheidungsorientierten Ansatz statt. Es erlaubt, eine Vertriebskooperation ganzheitlich zu konzipieren.

Entscheidungsbereich	Teilentscheide
Partnerunternehmen	♦ Selektion geeigneter Partner ♦ Partnerstruktur (Leading Partner, Haupt- und Nebenpartner) ♦ Auftritt und Stellenwert der einzelnen Partner ♦ Vorgehen und Bedingungen für neue Partner
Zielvereinbarung	♦ Gegenseitige Schutzbestimmungen (z. B. für Kunden, Leistungen, Gebiete) ♦ Businesspläne ♦ Kritische Untergrenzen für eine Fortsetzung der Zusammenarbeit ♦ Spielregeln der Vertragsauflösung
Inhalte der Zusammenarbeit	♦ Förderung des Cross Selling ♦ Arbeitsteilung (Systeme, Dokumentationen, Messen, Auftragsabwicklung, Produkteinführungen usw.) ♦ Vertriebsleistungen für Partner ♦ Management (z. B. Führungsrhythmus Informationssysteme, Controlling, Personalselektion und -einsatz usw.) ♦ Integration mit Serviceleistungen und weiteren Marketingfunktionen ♦ Verantwortlichkeit für Angebotsentscheide ♦ Spielregeln der Haftung
Form und Intensität der Zusammenarbeit	♦ Kooperationsformen von fallbezogener Kooperation bis zu Joint Ventures ♦ Partielle bis totale Vertriebsintegration ♦ Vertragsgestaltung
Fristigkeit	♦ Temporäre oder kontinuierliche Zusammenarbeit ♦ Trennungsfristen (z. B. bauen einzelne Partner nach einer Markterschliessungsphase eigene Vertriebsgesellschaften auf)
Finanzierung	♦ Projektkosten und Investitionen ♦ Fixes Basisengagement ♦ Umsatz- und Ertragsprovisionen ♦ Ausstiegsfinanzierung ♦ Beteiligung neuer Partner

Übersicht 2: Entscheide für Vertriebskooperationen

Die Schwerpunkte unterscheiden sich für interne Kooperationen, unabhängige Vertriebspartner oder die Zusammenarbeit von Ergänzungsanbietern. Die Ergebnisse der Verhandlungen mit den Partnern schlagen sich in mehr oder weniger ausführlichen Verträgen nieder. Einerseits wollen die Partner mögliche Risiken ausschließen, andererseits ein neues Geschäft erproben, es offen und gemeinsam entwickeln.

4.2 Arten der Vertriebskooperation

4.2.1 Überblick

Warum machen interne oder externe Vertriebskooperationen Sinn (Belz 1999, S. 113 f.)?

- An erster Stelle steht die **Wirtschaftlichkeit**. Unter Kosten- und Ertragsdruck kann es sinnvoll sein, einen Vertriebsweg für weitere Leistungen wie Handels- und Ergänzungsprodukte von Drittherstellern zu nutzen. Zur Betreuung von Kleinkunden werden oftmals Kooperationen gesucht: Auf Branchen wie Maschinen- und Apparatebau spezialisierte Händler bedienen mit einem breiten Angebot einen weiten Kreis kleiner Kunden. Zentraler Erfolgsfaktor im technischen Kleinkundenhandelsgeschäft ist die Breite des Angebots und das ist für Konzerne wie ABB und Siemens zu aufwändig. Kooperationspartner können sich ergänzen und das Verhältnis der Verkaufskosten zum erzielbaren Umsatz und Ertrag wird verbessert.
- Zweitens spielt der **Zugang zu den Kunden** eine Rolle. Auf einen Schlag lassen sich in einer Kooperation gegenseitig neue Kundengruppen und Märkte erschließen. Beispielsweise setzen Banken stärker auf Filialen und die Versicherungen mehr auf den Außendienst. Das kann zwar interessante Synergien ergeben. Die vielen Flops in diesem Bereich zeigen, dass das eine sehr anspruchsvolle Aufgabe ist. Eine Rolle spielt dabei das Aufeinandertreffen unterschiedlicher Unternehmenskulturen und verschiedener Entlohnungsmodelle.
- Drittens macht ein **Kundenproblem** vielfach nicht an den klassischen Branchengrenzen halt. Beispielsweise wachsen die Kommunikationsmärkte (Informatik, Unterhaltungselektronik, Medien, Übertragung) zusammen und im Facility Management, d. h. der integrierten Bewirtschaftung von Gebäuden und deren Infrastruktur, liegen interessante Synergien und Rationalisierungspotenziale.

Gestützt auf die geschilderten Varianten der Marketingkoalitionen, kann man folgende wichtige Formen der Vertriebskooperation unterscheiden:

1. Innerbetriebliche Vertriebskooperation von Sparten und Vertriebskanälen
2. Zusammenarbeit mit Tochtergesellschaften und unabhängigen Vertriebspartnern
3. Kooperativer Vertrieb: Die Zusammenarbeit von Sparten und Vertriebspartnern unterschiedlicher Unternehmen in Marketing und Vertrieb.

Die eigenen Vertriebsressourcen, aktueller und angestrebter Umfang sowie die Attraktivität des eigenen und fremden Geschäfts entscheiden über die Wahl einer Variante. Zudem sind Form und Inhalt von Vertriebskooperationen frei verhandelbar. Es ist anspruchsvoll, geeignete Partner zu finden und zu beurteilen, die Zusammenarbeit festzulegen und laufend zu verbessern. Wichtigste Zielgrößen sind: Wachstum, Marktpräsenz und kritische Größe im Vergleich zum erreichbaren Umsatz und Ertrag.

4.2.2 Innerbetriebliche Zusammenarbeit für Cross Selling

Die Sparten größerer Unternehmen operieren in der Mehrzahl recht unabhängig am Markt. Dies wird von der Erkenntnis getragen, dass die Spezialisierung und Fokussierung des (technischen) Verkaufs auf einzelne Produktgruppen oder Dienstleistungen langfristig zu besseren Geschäftsabschlüssen führt. Es kann durchaus vorkommen, dass ein Einkäufer gleichentags von mehreren Verkäufern derselben Firma aufgesucht wird. Programme der internen Vertriebskooperation sollen deshalb Synergien nutzen, die Effizienz der Marktbearbeitung lässt sich mit einer vernünftigen Arbeitsteilung steigern. Zudem gilt es, Potenziale des Cross Selling auszuschöpfen und damit die Umsätze zu steigern.

- Gallus Ferdinand Rüesch (St. Gallen) ist Hersteller für Etikettendruckmaschinen und seit 1999 Teil des Druckkonzerns Heidelberg. Die Integration im Konzern bringt diesem Spezialisten eine starke internationale Präsenz durch die weltweite Vertriebsorganisation der Heidelberg. Die Herausforderung besteht darin, den Vertrieb der Etikettendruckmaschinen im Gesamtportfolio von Heidelberg von Druckmaschinen zu stärken. Für viele Vertriebspartner ist dieser Bereich bisher von untergeordneter Wichtigkeit. Durch organisatorische Maßnahmen, wie Schulungen und Know-how-Austausch, Unterstützungspakete und Incentives sowie Motivationsprogramme, wird das Engagement der Vertriebsorganisation Heidelberg für die Gallus-Maschinen gesteigert.
- ABB kündigte weltweit ab 2001 eine kundenorientierte Organisation an. Die neue Strategie begründete der ehemalige Konzernleiter Jörgen Centerman wie folgt: „Mit 200 Kunden realisieren wir 30 % unseres Umsatzes von US-$ 23 Milliarden 180 dieser Kunden kooperieren nur mit einer unserer 28 Einheiten in der ABB Gruppe. Mit diesen Kunden erreicht ABB eine 'share of wallet' von 8 %. Wenn unser Unternehmen fähig ist, diesen Anteil mit globalen Kunden von 8 auf 12 % zu steigern, gewinnt es US-$ 4 Milliarden"

Für die internen Vertriebskooperationen spielt auch das Management multipler Distributionskanäle und besonders ihre Integration eine wichtige Rolle (Schögel 1999). Verschiedene Anbieter fördern zudem die interne Koordination besonders für ihre Schlüsselkunden. Sie integrieren ein **Key Account Management** (Belz/Müllner/Zupancic 2004). Kritisch bleibt dabei, welcher Anteil der Wertschöpfung für diese Kunden geleistet wird. Reine interne Koordinatoren, die lediglich die Kontakte mit den Kunden gestalten, bleiben weit gehend wirkungslos, weil sie weder über Fachkompetenz, Kompetenzen noch Ressourcen verfügen, um bessere Leistungen für Kunden zu entwickeln und durchzusetzen. Manche Anbieter spezialisieren deshalb einen größeren Teil ihrer Wertschöpfung für Kundensegmente oder einzelne Kunden und schwächen die weiteren Organisationsspezialisierungen nach Ländern, Produkten und Kanälen. Kundenorganisation heißt das Stichwort. Key Account Management koordiniert zudem häufig auch die Zusammenarbeit von eigenem Unternehmen und Ergänzungsanbietern, um ganzheitliche Module oder Leistungssysteme für Kunden leisten zu können.

Diese internen Kooperationen sind anspruchsvoller als die Zusammenarbeit mit externen Anbietern, wenn sie durch Machtkonstellationen und Abhängigkeiten, internen Wettbewerb oder eingespieltes Prozedere der Zielsetzung und Budgetierung sowie gewachsene Strukturen behindert werden. Ziel ist der Interessensausgleich zwischen den Sparten im Gesamtinteresse des Unternehmens und des Kunden. Geeignete Ziel- und Führungssysteme sind der Schlüssel für Erfolge.

4.2.3 Zusammenarbeit mit Vertriebspartnern

Traditionell arbeiten viele Unternehmen mit unabhängigen Vertriebspartnern zusammen. Der indirekte Vertrieb dürfte weiter verbreitet sein als der direkte, denn es gibt prozentual sehr viel mehr **Klein- und Mittelunternehmen** als Grossunternehmen. In ersteren hat meistens der Inhaber oder Geschäftsführer die Vertriebsfunktion inne. Eine regionale Ausdehnung der Vertriebstätigkeit geschieht über Handelsvertreter oder Kommissionäre. Eigene Vertriebsleute oder eine Vertriebstochter machen sich erst ab einem gewissen Pro-Kopf-Umsatz der Außendienstmitarbeiter bezahlt. Je nach Branche dürfte dieser bei einer bis mehreren Millionen Euro liegen (Belz/Reinhold 1999). Konsumgüterhersteller sind auf den Vertrieb über den Einzelhandel seit jeher angewiesen.

Im Geschäft für Industriegüter und Dienstleistungen reichen die Vertriebskooperationen von sporadischen Geschäften bis hin zur Integration einer Vertretung in eine Vertriebsgesellschaft, die gleichzeitig Konkurrenzprodukte führt. Attraktive Vertretungen haben größtenteils Ergänzungsprodukte im Angebot und sind zur Exklusivvertretung für die eigenen Leistungen geeignet.

In attraktiven und ertragreichen Märkten etablieren Anbieter (vielfach nach einer Markterschließungsphase) eigene Tochtergesellschaften. Der Ablösungsprozess vom bisherigen Kooperationspartner muss sorgfältig geplant und gesteuert werden: Reaktionen von Kunden und Vertriebspartnern, besonders wenn es sich um Agenten oder Vertretungen handelt, sind nur schwer im Voraus einzuschätzen. Vertretungsstrukturen wachsen über Jahre und ein Wechsel ist gegenüber den bestehenden Geschäftspartnern unloyal oder gegenüber bestehenden Kunden problematisch. Bestehende Kunden fühlen sich in der Regel durch ihre langjährige Beziehung an die Vertretung gebunden und richten ihre Geschäfte mehr an der Vertretung als am Lieferanten aus. Daher bedienen alte Vertretungen mit neuen Lieferanten ihren Kundenstamm und stören den Markt nachhaltig. Als frühere Partner kennen sie die Schwächen und Stärken im Angebot genau und als neuer Konkurrent nutzen sie dieses Wissen. Arbeiten die Vertriebspartner mit mehreren Lieferanten zusammen, kämpft jeder Lieferant um einen möglichst hohen Stellenwert seines Angebots im Gesamtportfolio (Belz/Reinhold 1999, S. 96 ff.).

Vielfach wird in Bezug auf die Zusammenarbeit grundsätzlich zwischen Tochtergesellschaften und unabhängigen Vertriebsgesellschaften unterschieden. Die Herausforderungen sind jedoch für die Anbieter nur graduell anders. Die Probleme der Professionalität und Führung sind ähnlich. Der Durchgriff zum Markt kann mit einem ausgezeichneten indirekten Vertrieb besser sein als mit einer schwachen eigenen Vertriebsgesellschaft. Zudem sind auch Tochtergesellschaften eigenständig und verfolgen manche Ziele, die zwar ihrer Einheit, nicht aber dem Gesamtunternehmen entsprechen.

Unternehmen kümmern sich um ihre eigenen Vertriebsgesellschaften mehr als um Vertretungen: Bei den eigenen Firmen ist man in der Pflicht; die Unabhängigen hingegen werden sich selbst überlassen und integrieren sich weniger. Rasch keimt die Vermutung auf, eine Vertretung leiste zu wenig. Unser Hinweis zeigt aber: Unterschiede liegen oft im Engagement der Zentrale und nicht bei indirekten oder direkten Vertriebslösungen.

Die wichtigste Herausforderung besteht darin, die Kompetenz und Präsenz der Partner vor Ort zu stärken und die Produkte und Dienstleistungen über die Zwischenstufe des Vertriebs optimal bis zum Kunden zu transferieren. Die üblichen Erfolgskontrollen mit Umsätzen nach Leistungsbereichen und Kunden, Pro-Kopf-Umsatz, Marktanteilen usw. sind vergangenheitsorientiert und verpasste Chancen oder aufgeflammte Krisen werden damit zu spät erfasst. Das Krisenmanagement beschränkt sich auf Feuerwehreinsätze bei Einbrüchen im Absatz. Erst eine umfassende Analyse nach Beziehungskompetenz im Markt, interner und externer Kommunikationskompetenz, Leistungskompetenz für Kunden, Management- und Mitarbeiterkompetenz, operativer und kommerzieller Kompetenz sowie strategischer Kompetenz erlaubt, die Entwicklungsreserven von Vertriebspartnern gezielt zu erfassen und den Prozess der Zusammenarbeit auf eine zukünftige Entwicklung auszurichten (Belz/Reinhold 1999, S. 181 ff.).

Weil dieser Bereich der Vertriebskooperation klassisch und weit verbreitet ist, werden sie an dieser Stelle weder mit Grundlagen noch mit Fallbeispielen vertieft.

4.2.4 Kooperativer Vertrieb

Nutzung der Vertriebsorganisation für Ergänzungsprodukte von Partnern

Unter dem Begriff kooperativer Vertrieb ist die Zusammenarbeit von Sparten und Vertriebspartnern unterschiedlicher Unternehmen in Marketing und Vertrieb zu verstehen.

In Zeiten der Hochkonjunktur etablierten verschiedene Hersteller eine aufwändige nationale und internationale Vertriebsorganisation mit hohen Fixkosten. Bei schlechteren Geschäften ist es möglich, die Kosten der Vertriebsstruktur zu senken (und damit die Marktpräsenz zu schmälern) oder aber den bestehenden Vertrieb für weitere Leistungen und Produkte von **Ergänzungsanbietern** oder auch Mitbewerbern zu nutzen und besser auszulasten.

- Beispiel ist die Walter Reist Holding (CH-Ermatingen) mit der FERAG Gruppe. Das Unternehmen ist hauptsächlich im Anlagengeschäft tätig und erstellt in der Druck- und Medienindustrie intelligente Fördersysteme, um Zeitungen und Zeitschriften nach dem Druck zu transportieren, zu lagern, zu bündeln und in versandfertige Einheiten zusammenzufügen. Das zyklische Anlagengeschäft galt es, durch eine kontinuierliche Zusammenarbeit mit den Kunden zu ergänzen und die aufwändige Vertriebsstruktur besser auszulasten. Dazu wurde der Vertrieb in der WRH Marketing AG verselbstständigt und diese Organisation integriert zunehmend Handelsprodukte von Ergänzungsanbietern mit Druckplatten, Systemen für den Zuschnitt von Druckerzeugnissen usw.
- Die Schulthess Group (Wasch- und Wärmetechnik, CH-Wolfhausen) verkauft ihre Waschmaschinen nicht nur unter der eigenen Marke. Für Siemens, Elektrolux und weitere Anbieter werden spezifische Maschinen hergestellt und über deren weltweites Netz vertrieben (Belz/Tschirky/Reinhold 2000, S. 40 ff.).

Kritisch für dieses Vorgehen ist es, eine erweiterte Kompetenz im Vertrieb für Ergänzungsprodukte aufzubauen. So unterscheidet sich beispielsweise der Anlagen- grundsätzlich vom Produktverkauf (Zoller 2001). Innerhalb der Vertriebsorganisation werden deshalb Spezialeinheiten gebildet, welche die besonderen Spielregeln der Teilgeschäfte beherrschen.

Gemeinsame Vertriebsorganisation

In der Regel sind entstehende Märkte für einzelne Anbieter zu klein, um eine neue und eigene Vertriebsorganisation zu rechtfertigen und die Risiken des Marktaufbaus sind groß. Ein Ausweg besteht im Betrieb gemeinsamer Vertriebsorganisationen. Teilweise lassen sich mit Vertriebspartnern auch kooperative Leistungssysteme verwirklichen, welche die Probleme der Kunden umfassend lösen (Belz u. a. 1999).

- Die schweizerische OSEC-Business Network Switzerland installierte bereits sieben internationale Stützpunkte („Swiss Business Hubs"). Sie dienen als Marketingstützpunkte in Schlüsselmärkten. Die Handelsförderung entwickelt sich damit zum „business enabler" für kleinere und mittlere Unternehmen. Die Zahl der Stützpunkte wird in den nächsten Jahren erweitert und bis Ende 2002 auf vierzehn ausgebaut (www.osec.ch). Diese Initiativen konzentrieren sich auf Analysen, die Marktvorbereitung oder Messebeteiligungen und schließen auch Vertriebsfragen ein.
- Mehrere Schweizer Werkzeugmaschinenhersteller errichteten in Indien eine gemeinsame Vertriebszentrale. Die Initiative und Führung ging dabei von der Firma Feintool in CH-Lyss aus. Das gemeinsame Vorgehen erleichtert Marktabklärungen und die Wahl von Vertretungen und die Initialkosten werden verteilt. Die Infrastrukturen

für Servicecenter und Niederlassungen werden gemeinsam genutzt und die Partner setzen vor Ort eigene Spezialisten aus der Zentrale ein. Ein analoges Vorgehen wählte Feintool für China mit Niederlassungen in Bejing, Shanghai und Chonquin. Das Unternehmen betreibt die Basisinfrastruktur mit Kosten von 700.000 Euro pro Jahr und erhält von den Partnern einen Basisbeitrag und Umsatzprovisionen (Belz/Reinhold 1999, S. 104 f.; Walti 2000).

Dieses Vorgehen ist nur dann erfolgreich, wenn sich alle beteiligten Partner finanziell engagieren und sich mit den notwendigen Aktivitäten vor Ort engagieren. Es hat sich dabei bewährt, dass ein Partner den Lead übernimmt.

Beteiligung an Plattformen im Internet

Portale und Marktplätze im Internet werden für die Zusammenarbeit mit Kunden laufend wichtiger. Sie reichen von eigenen Portalen einzelner Unternehmen für die Zusammenarbeit mit Kunden bis hin zu unabhängigen Mittlern, die in definierten Märkten die interessierten Lieferanten und ihre Kunden über Internet oder Intranet verbinden und spezifische Angebote oder Auktionen fördern. Schrittweise planen große und kleine Abnehmer an, einen wachsenden Anteil der Beschaffung durch E-Procurement abzudecken. Typisch ist etwa die Unilever AG, welche in drei Jahren mindestens 20 % des Einkaufs in dieser Form abwickeln will.

Die Kooperation über Intranet und Internet vermindert die Transaktionskosten für Anbieter und Nachfrager. Sie schafft Markttransparenz, sie erweitert die einbezogenen lokalen und globalen Lieferanten für Kunden und intensiviert damit die Konkurrenz. Sie vermindert die Chancen für Anbieter, sich individuell und spezifisch zu differenzieren, weil die Rahmenbedingungen (vergleichbar mit eng definierten Ausschreibungsverfahren) vorgegeben sind. Im Marketing stellen sich verschiedene Fragen des eigenen Engagements, der Erfüllung von Kundenanforderungen, der Kooperation mit weiteren Anbietern und der Wahl der Portale und Systeme (zumeist setzen Kunden auf Portale, Zahlungssysteme, Informatiklösungen). Zudem ist wichtig, wie Unternehmen eine duale Marktbearbeitung in den Geschäftsmodellen der neuen und alten Ökonomie gestalten.

- Beispiele für Marktportale im Business-to-Business-Marketing reichen von Unternehmenskatalogen (z. B. www.tecoshop.ch, www.distrelec.ch) zu kooperativen Katalogen (z. B. www.c-pool.ch), zu Internetauktionen (z. B. www.ebaypro.de oder www.ricardoBiz.com) und elektronischen Marktplätzen (z. B. www.e-steel.com für den internationalen Stahlhandel, www.clickplastic.com für Kunststoffe, www.echemicals.com für Industriechemikalien oder www.sourcingparts.com für industrielle Fremdfertigung).

Entscheidend für den Erfolg der Anbieter ist, wie sie sich in diesen kooperativen Portalen integrieren und differenzieren, ob sie ihnen ausweichen oder selbst die Initiative für Lösungen mit Kooperationspartnern ergreifen.

5. Fazit

Die Forschung befasste sich intensiv mit allgemeinen Kooperationen und Allianzen. Vertriebskooperationen bleiben aber ein ergiebiges Feld. Ohnehin gewichtet die Marketingforschung den Vertrieb zu wenig.

Das Management strategischer Allianzen, speziell von Vertriebskoalitionen und Vertriebskooperationen, ist eine anspruchsvolle Managementaufgabe. Viele Chancen aber auch einige Risiken sollte der Beitrag aufzeigen und mit Praxisbeispielen illustrieren.

Trotz aller Risiken und Flops braucht fast jedes Unternehmen wenigstens zeitweise Marketingkoalitionen oder Vertriebskooperationen zur Ausweitung des Geschäfts. Bronder (1993) gibt zahlreiche Hinweise darauf, wie die Klippen und Untiefen von Allianzen vermieden werden können. Daher beschränken sich folgende Handlungsempfehlungen für den Praktiker auf den Bereich der Vertriebskooperationen:

Grundsätzlich ist die Frage zu beantworten: Baut die Koalitions- oder Kooperationsstrategie auf der richtigen strategischen Grundhaltung auf oder herrscht reiner Opportunismus vor?

Folgende Ausrichtungen enden deshalb mit großer Wahrscheinlichkeit im Chaos:

- Die (horizontale) Allianz wird nur deshalb eingegangen, um einen Konkurrenten auszuschalten.
- Durch die Allianz wird lediglich versucht, ein schwaches Geschäft über die Runden zu retten.
- Die Allianz dient hauptsächlich dazu, die Konkurrenten in der eigenen Branche auszuhorchen.
- Der Allianzpartner wird missbraucht, um kostengünstig an Know-how über Kunden und Märkte heranzukommen.

Ziel ist es, Mehrwert für die beteiligten Partner und die Kunden zu schaffen und die Effizienz zu steigern.

Für interne und externe Vertriebskooperationen braucht es geeignete Führungssysteme. Einerseits gilt es, die erforderlichen Prozesse, Kompetenzen und Leistungen für Kunden zu definieren und die nötigen Beiträge von Zentralen und Vertriebspartnern abzuleiten (Klumpp 2000; Belz/Reinhold 1999, S. 181 ff.). Andererseits braucht es geeignete Steuerungssysteme (Mende/Stier 2002, S. 96 ff.).

Marketingkoalitionen und Vertriebskooperationen sind nötig und sinnvoll. Sie müssen nur sorgfältig „aufgegleist“ und entwickelt werden, damit sich der Erfolg einstellt. Es gilt die alte Weisheit: „You cannot delegate your business“.

Literatur

ADL (2001): Partnering: Challengesfor the Old and New Economy, Arthur D. Little Inc.

BELZ, CH. (1999): Verkaufskompetenz, 2. Aufl., St. Gallen u. a.

BELZ, CH. (2002): Marketing Update 2005, St. Gallen: Thexis.

BELZ, CH. U. A. (2000): Marketing Change, St. Gallen.

BELZ, CH.; MÜLLNER, M.; ZUPANCIC, D. (2004): Spitzenleistungen im Key Account Management, St. Gallen/Frankfurt a.M..

BELZ, CH.; REINHOLD, M. (1999): Internationales Vertriebsmanagement für Industriegüter, St. Gallen u. a.

BELZ, CH.; TSCHIRKY, H.; REINHOLD, M. (2000): Technologiemarketing II – Formen, Strategien und Fallstricke der Vermarktung von Technologien, in: Management Zeitschrift io, 69. Jg., Nr. 6, S. 40-47.

BELZ, CH.; WEINHOLD, H.; TOMCZAK, T. (Hrsg.) (1999): Kooperative Leistungssysteme, Thexis, 16. Jg., Nr. 3, St. Gallen.

BLEEKE, J.; ERNST, D. (1995): Is Your Strategic Alliance Really a Sale?, in: Harvard Business Review, 73. Jg., Nr. 1, S. 97-105.

BRONDER, CH. (1993): Kooperationsmanagement, Frankfurt a.M.

BÜSCHKEN, J. (1999): Virtuelle Unternehmen – die Zukunft?, in: Die Betriebswirtschaft, 59. Jg., Nr. 6, S. 778-791.

KLUMPP, T. (2000): Zusammenarbeit von Marketing und Verkauf – Implementierung eines integrierten Marketing in Industrieunternehmen, Diss. Universität St. Gallen.

KUHLMANN, E. (2001): Industrielles Vertriebsmanagement, München.

LASSERRE, P.; SCHÜTTE, H. (1999): Strategies for Asia Pacific, Houndmills.

MENDE, M.; STIER, S. (2002): Den Vertrieb steuern mit der Balanced Scorecard, in: Harvard Business Manager, 24. Jg., Nr. 2, S. 96-107.

REINEKE, B. (2001): Vertriebsintegration im Rahmen von Unternehmenszusammenschlüssen, Diss. Universität St. Gallen.

SCHÖGEL, M. (1999): Das Management mehrerer Vertriebswege, in: Albers, S. u. a. (Hrsg.): Verkauf: Kundenmanagement, Vertriebssteuerung, E-Commerce, Wiesbaden, (Kap. 5.1) S. 1-22.

VDMA (2000): Leitfaden zum Management von Vertriebskooperationen, Frankfurt a.M.

WALTI, CH. (2000): Vertriebsmanagement für Industriegüter, Diss. Universität St. Gallen.

ZOLLER, M. (2001): Marktbearbeitung im internationalen Anlagengeschäft – aufgezeigt am Beispiel von Infrastrukturanlagen für Ver- und Entsorgung, Diss. Universität St. Gallen.

Gertrud Schmitz*

Kooperationen im industriellen Service

---

* Univ.-Professorin Dr. Gertrud Schmitz ist Inhaberin des Lehrstuhls für Allgemeine Betriebswirtschaftslehre, insbesondere Dienstleistungsmanagement und Handel im Fachbereich Betriebswirtschaft der Universität Duisburg-Essen.

1. Ausgangspunkt und Problemstellung

Die wissenschaftlichen und praxisorientierten Publikationen zum **industriellen Service** (vgl. zum Stand der Literatur Lorenz-Meyer 2004, S. 3 ff.) betonen den sich abzeichnenden Strukturwandel des industriellen Sektors, der mit einem steigenden Stellenwert des Servicegeschäfts als Wettbewerbsfaktor für Industriegüterunternehmen einhergeht. Unternehmensbefragungen belegen durchgängig das Wachstum des industriellen Service (Günther 2001, S. 2 f.; Hartel 2004, S. 28 ff.; Hertweck 2002, S. 20; Luczak/Hoeck 2004, S. 76; Stille 2003, S. 336 ff.), wohingegen die amtliche Unternehmensstatistik diese Serviceleistungen bisher nicht explizit erfasst und infolge dieser „statistischen Lücke" nur ein unvollständiges Bild der Veränderung vermittelt (Haupt 1999, S. 325 f.; Opfermann 2004, S. 271 f.; Statistisches Bundesamt 2004, S. 12 f.). Neben Liberalisierung, Deregulierung und technologischem Fortschritt, die zum einen die Anlagenkomplexität und damit den Servicebedarf erhöhen, zum anderen Ansatzpunkte für innovative Servicekonzepte bieten, liegen die Ursachen des Bedeutungswandels industrieller Serviceleistungen vor allem in kunden- und anbieterseitigen Veränderungen (Engelhardt/Reckenfelderbäumer 1999, S. 190 ff.; Olivia/Kallenberg 2003, S. 160). Kundenseitig gelten die veränderten Wertschöpfungsstrukturen, die eine Konzentration auf Kernkompetenzen und kostensparende Auslagerungen von Teilaktivitäten auf den Anbieter bedingen (Kleinaltenkamp/Plötner/Zedler 2004, S. 627) als wesentliche Ursache zunehmender Servicenachfrage. Anbieterseitig wird die wettbewerbsstrategische Bedeutung des Service als zentrale Ursache des Bedeutungswandels hervorgehoben. Das Angebot industrieller Serviceleistungen bietet erfolgversprechende Ansatzpunkte zur Differenzierung und zum Aufbau dauerhafter Wettbewerbsvorteile, weil die zunehmende qualitative Angleichung industrieller Produkte bereits einen intensiven Preiswettbewerb auslöste. So erscheinen weitere Investitionen in die vergleichsweise leicht imitierbare Produktqualität als weniger erfolgversprechend, während weitere Preissenkungen einen ruinösen Wettbewerb bewirken könnten (Homburg/Faßnacht/Günther 2002, S. 487).

Neben der gestiegenen strategischen Bedeutung des industriellen Service verdeutlichen einige wissenschaftliche Beiträge die Herausforderungen, denen Industriegüterunternehmen bei der Gestaltung eines effektiven und effizienten Serviceangebots gegenüberstehen (Reckenfelderbäumer 2004, S. 654 ff.). Die Herausforderungen resultieren insbesondere aus den grundlegenden Unterschieden zwischen sachorientiertem Industrie- und serviceorientiertem Dienstleistungsgeschäft (Olivia/Kallenberg 2003). Auf Grund charakteristischer Dienstleistungsmerkmale erfordern Serviceleistungen besondere Fähigkeiten und Ressourcen (Homburg/Faßnacht/Günther 2002, S. 488 ff.; Töpfer 1996, S. 30 ff.). Zudem ist das Servicemanagement infolge der zu berücksichtigenden Interdependenzen mit dem industriellen Kerngeschäft von höherer Komplexität als das reine Industriegüter- oder Dienstleistungsmanagement (Lorenz-Meyer 2004, S. 1 f.). So belegen empirische Studien immer wieder Defizite und Risiken des industriellen Serviceangebots in der Unternehmenspraxis, die nicht nur angestrebte Erfolge ausbleiben lassen, sondern sogar Misserfolge wie intensivierten Wettbewerb oder höhere Kosten verursachen (Dietrich 2004, S. 22 ff.; Engelhardt/

Reckenfelderbäumer 1999, S. 203 ff.; Garbe 1998, S. 208 f.; Graßy 1998, S. 1347 ff.; Kleinaltenkamp/Plötner/Zedler 2004, S. 643; Reiff 2004, S. 27 ff.).

Aus einzelunternehmerischer Perspektive liegt nach Gegenüberstellung der Chancen und Risiken industrieller Serviceangebote die Vermutung nahe, dass der Fremdbezug industrieller Services oder die Leistungserstellung in Kooperation mit einem geeigneten Partner eine sinnvolle Alternative zur Eigenerstellung darstellen könnte (Engelhardt/Paul 1998, S. 1334 f.). Andererseits wird in der Literatur empfohlen, dass industrielle Serviceleistungen auf Grund ihrer wettbewerbsstrategischen Bedeutung möglichst selbst erbracht werden sollten (Haupt 1999, S. 330; Töpfer 1996, S. 29). Die Nachvollziehbarkeit dieser beiden intuitiv plausiblen, jedoch konträren Positionen zeigt, dass pauschal keine generell gültigen Handlungsempfehlungen abgeleitet werden können.

Deshalb wird ausgehend von ausgewählten theoretischen Erklärungsansätzen eine Bewertungs- und Auswahlhilfe erarbeitet, die differenzierte Aussagen zur Vorteilhaftigkeit von Kooperationen im industriellen Service und zur Wahl einer geeigneten Kooperationsform erlaubt. Dazu werden zunächst die bei der Bewertung und Auswahl zu berücksichtigenden kooperationsrelevanten Kriterien industrieller Services offengelegt und mögliche Erscheinungsformen servicebezogener Kooperationen im Überblick dargestellt. Neben der grundlegenden Entscheidung für eine Servicekooperation erweist sich auch die Umsetzung in der Praxis als schwierig (Hartel 2004, S. 62). So besteht ein weiteres Ziel dieser Untersuchung darin, zu zeigen, wie servicebezogene Kooperationen mittels der ihnen zugrundeliegenden Geschäftsbeziehung so gestaltet werden können, dass die potenziellen Kooperationserfolge tatsächlich realisiert werden.

2. Erarbeitung einer Bewertungs- und Auswahlhilfe für servicebezogene Kooperationen

2.1 Kooperationsrelevante Kriterien industrieller Serviceleistungen

2.1.1 Kooperationsrelevante Merkmale industrieller Serviceleistungen

Zur Ableitung kooperationsrelevanter Merkmale industrieller Serviceleistungen erfolgt zunächst die Begriffsbildung. Die intensive und gut dokumentierte Begriffsdiskussion (Barth 2003, S. 46 ff.; Engelhardt/Reckenfelderbäumer 1999, S. 192 ff.; Garbe 2001, S. 10 ff.; Hartel 2004, S. 13 ff.; Kleinaltenkamp/Plötner/Zedler 2004, S. 629 ff.; Lorenz-Meyer

2004, S. 32 ff.; Reiff 2004, S. 10 ff.; Voeth/Rabe/Gawantka 2004, S. 773 ff.) wird in diesem Beitrag nicht wiedergegeben. Industrielle Services werden hier als Dienstleistungen verstanden, die ein Industrieunternehmen am Absatzmarkt in Kombination mit seinen Sachleistungen oder als eigenständige Leistungen mit erkennbarem Sachleistungsbezug anbietet (Schmitz 2000, S. 197 f.). Für die vorliegende Problemstellung ist von erheblichem Interesse, dass industrielle Services inzwischen ein breites Spektrum unterschiedlichster Leistungen umfassen. Dazu gehören Beratungs-, Schulungs-, Wartungs-, Instandhaltungs-, Planungs- und Projektierungsleistungen, Montage/Demontage von Anlagen sowie die Anfertigung technischer Dokumentationen, die zunehmend auch um Leasing-, Vermietungs- und Finanzierungsangebote, Betreiberleistungen und um die Erstellung von Software, Tele- und E-Services erweitert werden (Luczak/Hoeck 2004, S. 78 f.; Kleinaltenkamp/Plötner/Zedler 2004, S. 628; Steven/Große-Jäger 2003, S. 27 f.; Statistisches Bundesamt 2004, S. 18 ff.).

Industrielle Services können – wie alle Dienstleistungen – nicht ohne die Mitwirkung des Kunden am Leistungserstellungsprozess produziert werden (Steven/Schade 2004, S. 547 f.). Diese **Kundenintegration** bedeutet für den Leistungserstellungsprozess industrieller Services unabdingbar die Integration externer Faktoren wie Personen, Objekte, Rechte und/oder Informationen (Engelhardt 1996, S. 76 ff.; Fließ 2004, S. 523 ff.; Kleinaltenkamp 1997, S. 350 ff.). Externe Faktoren entziehen sich der autonomen Disponierbarkeit des Anbieters und werden vom Kunden in der Regel zeitlich begrenzt zur Verfügung gestellt. Die Relevanz der Kundenintegration zur Bearbeitung kooperationsbezogener Fragestellungen wurde in der Literatur bereits betont (Sydow 2000, S. 25 ff.; Sydow/Möllering 2004, S. 17 f; Sydow/Windeler 2003, S. 349). Geht die Kundenintegration über die reine Bereitstellung notwendiger Informationen hinaus, erfordert die Leistungserstellung die Zusammenarbeit des Anbieters mit dem Kunden als so genanntem Co-Producer (Lovelock/Wright 2002, S. 69). Versteht man Kooperation als zwischenbetriebliche Zusammenarbeit zwischen rechtlich selbstständigen Unternehmen zur Erfüllung einer gemeinsamen Aufgabe bzw. zur Erreichung eines gemeinsamen Ziels, so kann diese durch die Integration des externen Faktors bedingte Zusammenarbeit als Kundenkooperation bezeichnet werden (Sydow 2000, S. 27).

Kundenkooperationen stellen vertikale Kooperationen dar, die nach der Transaktionskostentheorie (vgl. dazu den Beitrag von Woratschek/Roth im Ersten Kapitel dieses Sammelwerks; Fließ 2001; Mehlhorn 2002, S. 41 ff.) in Abhängigkeit von der Höhe und insbesondere der Symmetrie spezifischer Investitionen auf der Anbieter- und Nachfragerseite unterschiedliche Regelungs- und Gestaltungsformen annehmen (vgl. dazu den Beitrag von Gerybadze im Dritten Kapitel dieses Sammelwerks). Höhe und Symmetrie der zur Erstellung industrieller Dienstleistungen erforderlichen spezifischen Investitionen hängen ihrerseits vom Typ des Kundenintegrationsprozesses ab, der durch Art und Intensität der Kundenintegration beschrieben wird (Fließ 2004, S. 525 ff.). Da der Typ des jeweiligen Kundenintegrationsprozesses industrieller Services die Gestaltung vertikaler Kooperationen mit Kunden beeinflusst, bildet er nach der Transaktionskostentheorie ein kooperationsrelevantes Merkmal.

Der Typ des jeweiligen Kundenintegrationsprozesses ist nicht nur hinsichtlich Kooperationen mit Kunden, sondern auch hinsichtlich der möglicherweise sinnvollen unternehmensübergreifenden Zusammenarbeit mit spezialisierten Partnern beachtenswert. Je nach Art und Intensität der Kundenintegration erfordert die Leistungserstellung auf Seiten des Anbieters unterschiedliche Ressourcen und Fähigkeiten. Dies gilt insbesondere dann, wenn das Servicegeschäft international ausgerichtet werden soll und zusätzlich sprachliche, interkulturelle und räumliche Herausforderungen der Kundenintegration zu bewältigen sind. Aus Sicht des Resource-based View (vgl. den Beitrag von von der Oelsnitz im Ersten Kapitel dieses Sammelwerks; Barth 2003, S. 113 ff.; Mehlhorn 2002, S. 58 ff.) sind Kooperationen im industriellen Service umso weniger notwendig, je besser der Fit zwischen den zur Leistungserstellung erforderlichen und den vorhandenen Ressourcen und Fähigkeiten (Lorenz-Meyer 2004, S. 154 f.) ist. Dieser Fit wird als **Eigenkompetenz** bezeichnet.

In der Terminologie des Dienstleistungsmanagements entsprechen die erforderlichen Ressourcen und Fähigkeiten dem **Leistungspotenzial** des Anbieters (Corsten 2001, S. 21 f.). Das Leistungspotenzial beinhaltet allgemein die zur Ausübung einer dienstleistenden Tätigkeit erforderliche **Leistungsfähigkeit** und **-bereitschaft** und dient der Charakterisierung von Dienstleistungen. Die zur Leistungserstellung erforderliche Leistungsfähigkeit und – bereitschaft unterscheidet sich bei verschiedenen industriellen Serviceleistungen erheblich (Kleinaltenkamp/Plötner/Zedler 2004, S. 631) und stellt daher ein kooperationsrelevantes Merkmal von Serviceleistungen dar. So erfordern die industriellen Services Finanzierung, Wartung/Instandsetzung oder Tele-Services unterschiedliche Fähigkeiten und Ressourcen. Insbesondere Tele-Services erfordern die virtuelle Zusammenführung von Anbieter- und Kundenressourcen und damit den Einsatz moderner Informations- und Kommunikationstechnologien (Hartel 2004, S. 25 ff.). Der Argumentation des Resource-based View folgend wird empfohlen, industrielle Services, die hinsichtlich der erforderlichen Leistungsfähigkeit und -bereitschaft nicht den eigenen Ressourcen und Fähigkeiten entsprechen (geringe Eigenkompetenz), auszulagern und von spezialisierten Anbietern zuzukaufen (Engelhardt/Reckenfelderbäumer 1993, S. 271 f.).

Mit dem jeweiligen Typ des Kundenintegrationsprozesses und der servicespezifischen Leistungsfähigkeit/-bereitschaft des Anbieters weisen industrielle Services in ihrer Prozess- und in ihrer Potenzialdimension kooperationsrelevante Merkmale auf. Diese gehen jedoch nicht unmittelbar in die Entscheidungs- und Bewertungshilfe ein, sondern werden zur Ermittlung der Eigenkompetenz genutzt und mittelbar berücksichtigt. Die Betrachtung der Funktionen industrieller Services klärt anschließend, inwieweit auch die Ergebnisdimension industrieller Services kooperationsrelevante Merkmale aufweist.

2.1.2 Kooperationsrelevante Funktionen industrieller Serviceleistungen

Die Betrachtung der Funktionen industrieller Serviceleistungen dient zur Ermittlung ihrer Transaktionskosten verursachenden Leistungseigenschaften (Transaktionsmerkmale). Insbesondere die Transaktionsmerkmale „**wettbewerbsstrategische Bedeutung**“ und „**Spezi-**

fität“ beeinflussen die Höhe der Transaktionskosten. Der Einfluss dieser Leistungseigenschaften auf die Transaktionskosten wird durch die Transaktionsmerkmale „Unsicherheit“ und „Häufigkeit“ noch verstärkt (Picot 1991, S. 345 ff.). Da wettbewerbsstrategisch bedeutsame Leistungen in der Regel auch spezifisch sind (Picot 1991, S. 347), konzentriert sich die weitere Untersuchung auf die Leistungseigenschaft „wettbewerbsstrategische Bedeutung“. Eine ausschließlich Transaktionskosten geprägte Argumentation würde die Selbsterstellung industrieller Services als Ansatzpunkte zur Wettbewerbsprofilierung und zum Aufbau dauerhafter Wettbewerbsvorteile nahe legen. Fraglich ist, ob die in der Literatur unterstellte hohe wettbewerbsstrategische Bedeutung für alle industriellen Serviceleistungen gilt oder ob anknüpfend an die unterschiedlichen Funktionen, die Serviceleistungen zur Erzielung von Wettbewerbsvorteilen erfüllen, differenzierte Aussagen möglich sind. Die Erzielung von **Wettbewerbsvorteilen** erfordert ein Leistungsangebot, das die Kunden im Vergleich zum Konkurrenzangebot dauerhaft überlegen wahrnehmen (Backhaus/Voeth 2004, S. 8). Daraus lässt sich eine mögliche Risikoreduktions-, Marktforschungs- und Imitationsschutzfunktion industrieller Serviceleistungen ableiten (ähnlich auch Lorenz-Meyer 2004, S. 61 ff.).

Ihrer **Risikoreduktionsfunktion** entsprechend dienen industrielle Serviceleistungen dazu, den Kunden über die jeweiligen Vorteile des Leistungsangebots überzeugend zu informieren. Dies wird durch unterschiedliche Informations- und Beratungsleistungen sowie Finanzierungs-/Leasingangebote in der Pre-Sales-Phase erreicht. Darüber hinaus wirkt auch die frühzeitige Zusicherung industrieller Services wie Garantie-, Reparatur- oder auch Rücknahmeleistungen als Qualitätssignal im informationsökonomischen Sinne (Kleinaltenkamp/Plötner/Zedler 2004, S. 632 f.). Sieht man die Risikoreduktion als notwendige, aber nicht hinreichende Voraussetzung zur Erzielung von Wettbewerbsvorteilen, werden ausschließlich auf die Risikoreduktion ausgerichtete Serviceleistungen auch als „Muss-Leistungen“ betrachtet (Friege 1995, S. 41 f.), die zwingend angeboten werden müssen, jedoch letztlich keine Differenzierung im Wettbewerb ermöglichen.

Neben der Risikoreduktionsfunktion können industrielle Serviceleistungen auch eine außerordentlich wichtige **Marktforschungsfunktion** erfüllen (vgl. dazu Schmitz 2000, S. 195 ff.). Je nach Typ des Kundenintegrationsprozesses besteht im direkten Kundenkontakt Gelegenheit, vielfältige sachleistungs-, kunden- und konkurrenzbezogene Informationen zu ermitteln, die bei systematischer Auswertung die Entwicklung und Umsetzung solcher (innovativer) Leistungsangebote (Freiling/Weißenfels 2003, S. 469 ff.) unterstützen, die zur Erzielung von Wettbewerbsvorteilen führen. Sofern die Serviceleistung nicht vom Industriegüteranbieter selbst erstellt wird, verursachen Schutz und Geheimhaltung des aus der Erfüllung der Marktforschungsfunktion resultierenden strategisch relevanten Wissens Überwachungs- und Kontrollkosten (Picot 1991, S. 346). Dennoch stellt dieses wettbewerbsrelevante Wissen zunächst „nur“ ein Potenzial dar, das zur Erzielung von Wettbewerbsvorteilen erst noch genutzt werden muss. Je nachdem inwieweit die Nutzung dieses Potenzials im Unternehmen als möglich eingeschätzt wird, gewichten Unternehmen die Bedeutung der Marktforschungsfunktion unterschiedlich.

In der Literatur steht die **Imitationsschutzfunktion** industrieller Services im Vordergrund. Sie zielt in der Pre-Sales-Phase auf die **Kundenakquisition** durch Schaffung von Alleinstellungsmerkmalen gegenüber relevanten Konkurrenten ab. Alleinstellungsmerkmale werden durch industrielle Serviceleistungen erreicht, die weder auf Grund von Kundenerwartungen oder rechtlichen Regelungen als „Muss-Leistungen" obligatorisch, noch als „Soll-Leistungen" im Konkurrenzumfeld üblich sind. Die tatsächliche Profilierung im Wettbewerb wird vielmehr durch industrielle Serviceleistungen erreicht, die als „Kann-Leistungen" vom Kunden nicht erwartet und von den Konkurrenten nicht angeboten werden (können) und darüber hinaus die wahrgenommene Attraktivität der Gesamtleistung aus Kundensicht erhöhen (Friege 1995, S. 41 ff.).

Serviceleistung:			
Kriterien	*Wichtigkeit*	*Einschätzung*	*Wert*
Risikoreduktionsfunktion		wird voll erfüllt 5 4 3 2 1 wird gar nicht erfüllt	
Marktforschungsfunktion		wird voll erfüllt 5 4 3 2 1 wird gar nicht erfüllt	
Imitationsschutzfunktion			
- Kundenakquisition		wird voll erfüllt 5 4 3 2 1 wird gar nicht erfüllt	
- Kundenbindung		wird voll erfüllt 5 4 3 2 1 wird gar nicht erfüllt	
	Σ 100		

Übersicht 1: Scoring-Modell zur Ermittlung der wettbewerbsstrategischen Bedeutung industrieller Serviceleistungen

Die Imitationsschutzfunktion industrieller Serviceleistungen ergibt sich auch aus ihrem jeweiligen **Kundenbindungspotenzial** (Mann 1998, S. 76 ff.). Durch den Einsatz industrieller Serviceleistungen können ökonomische Wechselbarrieren aufgebaut werden, die eine „Gebundenheit" des Kunden bewirken. So ist ein Wechsel bei langfristigen Wartungsverträgen auf Grund des Lock-in-Effekts nur unter Inkaufnahme finanzieller Einbußen möglich und damit wenig attraktiv. Während der „gebundene" Kunde nicht wechseln kann, will der „verbundene" Kunde nicht wechseln. Die „Verbundenheit" als Dimension der Kundenbindung ist auf die Existenz psychologischer **Wechselbarrieren** in Form gegenseitigen Vertrauens, gewachsener psychischer Werte oder eines Gefühls der inneren Verpflichtung zurückzuführen. Serviceleistungen, die auf Grund ihres Typs der Kundenintegration den Aufbau von „Verbundenheit" ermöglichen, besitzen eine sehr hohe wettbewerbsstrategische Bedeutung.

Die Betrachtung der Funktionen industrieller Services ermöglicht differenzierte Aussagen hinsichtlich ihrer wettbewerbsstrategischen Bedeutung. Dazu ist zunächst einzuschätzen, ob und in welchem Maße die jeweils betrachtete Serviceleistung die Funktionen Risikoreduktion, Marktforschung und Imitationsschutz erfüllt. Weiterhin ist im Einzelfall zu klären, wie wichtig die Erfüllung dieser Funktionen für die Erzielung von Wettbewerbsvorteilen ist. Zur strukturierten und systematischen Bewertung der wettbewerbsstrategischen Bedeutung industrieller Services bieten sich Scoring-Modelle an. Übersicht 1 zeigt ein Beispiel. Der ermittelte Gesamtscore dient der Einordnung der Serviceleistungen in eine zweidimensionale Entscheidungsmatrix. Bevor diese Entscheidungsmatrix erarbeitet wird, werden zunächst ausgewählte Erscheinungsformen servicebezogener Kooperationen vorgestellt.

2.2 Ausgewählte Erscheinungsformen von Kooperationen im industriellen Service

Kooperationen im industriellen Service sind alternative Formen der Service-Trägerschaft zwischen den Polen „Make“ und „Buy“ (Engelhardt/Reckenfelderbäumer 1993, S. 268 ff.; 1999, S. 225 ff.). Die Vielfalt der Erscheinungsformen von Kooperationen (vgl. auch den Beitrag von Morschett im Dritten Kapitel dieses Sammelwerks) gilt auch für die unternehmensübergreifende Zusammenarbeit im industriellen Service (Liestmann u. a. 1999; S. 24 ff.). Zur Erfassung und Systematisierung der Kooperationsformen existieren in der Literatur zahlreiche Morphologien und Merkmalslisten (vgl. auch den einführenden Beitrag von Zentes/Swoboda/Morschett in diesem Sammelwerk), die auch zur Klassifizierung von Kooperationsformen im Service genutzt werden (Liestmann u. a. 1999, S. 18 ff.; Hartel 2004, S. 75 ff.). Anhand der Morphologien lassen sich unterschiedliche Erscheinungsformen von Kooperationen durch Kombination der Merkmalsausprägungen ableiten (Hartel 2004, S. 91 ff.). Im Folgenden werden in der Literatur häufig dargestellte Erscheinungsformen servicebezogener Kooperationen erläutert.

Eine Erscheinungsform servicebezogener Kooperationen sind rechtlich selbstständige **Gemeinschaftsunternehmen**, die von kooperierenden Industriegüterunternehmen einer Branche gegründet werden. Sie dienen der Planung und Durchführung der für die beteiligten Kooperationspartner erforderlichen Serviceleistungen in eigener Verantwortung und unter einer einheitlichen Marke.

Wird auf Kapitalbeteiligungen verzichtet, entstehen **strategische Partnerschaften** als mittel- bis langfristig angelegte, meist vertraglich fixierte, horizontale Kooperationen zwischen Industriegüteranbietern einer Branche. Strategische Partnerschaften sind auf Kompetenzaustausch und Ausgleich von Kompetenzdefiziten ausgerichtet. Jeder Kooperationspartner ist auf bestimmte Serviceleistungen spezialisiert, die er im Bedarfsfall im Auftrag des jeweils anderen Kooperationspartners für dessen Kunden in eigener Verantwortung erbringt.

Strategische Partnerschaften entwickeln sich durch die Ausdehnung der Zusammenarbeit auf mehrere rechtlich selbstständige, wirtschaftlich jedoch abhängige Industriegüter- und/

oder Dienstleistungsanbieter häufig zu Unternehmensnetzwerken (Engelhardt/Reckenfelderbäumer 1993, S. 227). Kennzeichnend für Unternehmensnetzwerke als auf die Erzielung von Wettbewerbsvorteilen ausgerichtete intermediäre Organisationsform ökonomischer Aktivitäten zwischen Markt und Hierarchie sind die zwischen den Partnern bestehenden relativ stabilen komplex-reziproken Beziehungen, die überwiegend kooperativ und weniger kompetitiv sind (Sydow 1992, S. 82). Durch die kooperativen Verhaltensweisen unterscheiden sich Netzwerke von der ausschließlich marktlichen Koordination; die im Vergleich zur idealtypischen Hierarchie weniger straffen Beziehungen zwischen den Beteiligten und die daraus resultierende marktähnliche Flexibilität unterscheiden Netzwerke von der Hierarchie (Michalski 2003, S. 69). Werden Unternehmensnetzwerke von einem oder mehreren dominierenden Unternehmen strategisch geführt, werden sie als **strategische Netzwerke** bezeichnet (Sydow 1992, S. 80 f.).

Aus Netzwerken können **virtuelle Serviceunternehmen** entstehen (Hartel 2004, S. 102 ff.). Virtuelle Serviceunternehmen zeichnen sich anknüpfend an die Merkmale virtueller Unternehmen (Picot/Neuburger 2001, S. 810 ff.; Schlein 2004, S. 40 ff.) durch die projekt- bzw. auftragsbezogene und damit intendiert zeitlich begrenzte Zusammenarbeit verschiedener Spezialisten aus, die unterschiedliche meist komplementäre Kernkompetenzen einbringen und Kapazitäten für die gemeinsame Erstellung der Serviceleistung zur Verfügung stellen. Ansprechpartner des Kunden bleibt ein einzelnes Unternehmen, da virtuelle Serviceunternehmen nach außen nicht in Erscheinung treten. Nach gemeinsamer Erstellung einer Serviceleistung löst sich das virtuelle Serviceunternehmen auf oder formiert sich entsprechend den Anforderungen einer anderen zu erstellenden Serviceleistung neu. Die gemeinsame Erstellung industrieller Serviceleistungen durch Bildung virtueller Serviceunternehmen erfordert einen flexiblen und schnellen Datenaustausch zwischen den jeweils beteiligten Unternehmen, sodass geeignete informations- und kommunikationstechnologische Infrastrukturen als zentrale Voraussetzung für Funktionsfähigkeit und Wettbewerbserfolg gelten.

Die dargestellten Erscheinungsformen servicebezogener Kooperationen lassen sich empirisch nachweisen (Hartel 2004, S. 93 f., S. 96 f., S. 105 ff.). Dennoch offenbaren Unternehmens- und Expertenbefragungen, dass industrielle Serviceleistungen abgesehen von der notwendigen Kundenkooperation überwiegend und zunehmend selbst erstellt werden (Hartel 2004, S. 70 ff.; Hoeck/Kutlina 2004, S. 20 ff.; Statistisches Bundesamt 2004, S. 8, S. 16 f., S. 31 f.; Stille 2003, S. 340 ff.). Aus der Erklärungsperspektive des Resource-based View zu Kooperationen sprechen die empirischen Befunde dafür, dass Industriegüterunternehmen einen Fit zwischen den zur Leistungserstellung erforderlichen und den vorhandenen Ressourcen und Fähigkeiten und damit eine hohe Eigenkompetenz annehmen. Interpretiert man die empirischen Befunde aus der Perspektive der Transaktionskostentheorie, so zeichnet sich eine hohe wahrgenommene strategische Bedeutung industrieller Serviceleistungen ab. Werden beide Erklärungsperspektiven in einer zweidimensionalen Matrix zusammengeführt, so lässt sich mit Picot (1991, S. 349 ff.) und Lorenz-Meyer (2004, S. 258 ff.) eine Heuristik zur Bewertung alternativer Formen der Service-Trägerschaft und damit alternativer Formen der unternehmensübergreifenden Zusammenarbeit im industriellen Service entwickeln (siehe Übersicht 2).

2.3 Ableitung der Entscheidungsmatrix und Handlungsempfehlungen

Auf der Abszisse wird die Erklärungsperspektive des Resource-based View durch die Eigenkompetenz als Grad der Übereinstimmung zwischen den zur Leistungserstellung erforderlichen und den vorhandenen Fähigkeiten und Ressourcen berücksichtigt. Dazu werden einerseits die vorhandenen unternehmensspezifischen Ressourcen und Fähigkeiten und andererseits die zur Erstellung der betrachteten Serviceleistung erforderliche Leistungsfähigkeit und -bereitschaft differenziert analysiert. Die Eigenkompetenz wird in den Ausprägungen nicht vorhanden, teilweise vorhanden und vollständig vorhanden erfasst. Auf diese Weise berücksichtigt die Entscheidungsmatrix auch dynamische Aspekte der Service-Trägerschaft (Engelhardt/Reckenfelderbäumer 1993, S. 233 ff.). Auch wird so der Tatsache Rechnung getragen, dass das Angebot von Serviceleistungen einen Anreiz zur Weiterentwicklung eigener Kernkompetenzen liefert (Barth 2003, S. 116 f.; Downar 2003) und damit der Gefahr eines „hollowing out" (Rasche/Wolfrum 1994, S. 508) entgegenwirkt.

wettbewerbsstrategische Bedeutung			
hoch	Gemeinschaftsunternehmen	strategische Partnerschaften	Selbsterstellung
mittel	strategische Netzwerke	virtuelle Serviceunternehmen	Lizenzkooperation/ Gemeinschaftsunternehmen
gering	Fremdbezug	Fremdbezug evtl. strategische Partnerschaften	Netzwerke/ strategische Partnerschaften
	nicht vorhanden	teilweise vorhanden	vollständig vorhanden
			Eigenkompetenz

Quelle: In Anlehnung an: Picot 1991, S. 350; Lorenz-Mayer 2004, S. 258.

Übersicht 2: Entscheidungsmatrix zu servicebezogenen Kooperationen

Auf der Ordinate wird die Perspektive der Transaktionskostentheorie durch die hinsichtlich der Transaktionskostenhöhe zentrale Leistungseigenschaft „wettbewerbsstrategische Bedeutung“ berücksichtigt. Das dargestellte Scoringverfahren ermöglicht die differenzierte Bewertung der wettbewerbsstrategischen Bedeutung der jeweiligen Serviceleistungen. Um diese differenzierte Bewertung zu berücksichtigen, wird die wettbewerbsstrategische Bedeutung in den Ausprägungen „hoch“, „mittel“ und „gering“ erfasst, sodass durch Kombination der beiden Betrachtungsperspektiven die Neun-Felder-Matrix (Übersicht 2) entsteht.

Sofern den jeweiligen Serviceleistungen nur eine geringe wettbewerbsstrategische Bedeutung zukommt, wird aus Sicht der Transaktionskostentheorie generell der Zukauf von Leistungen unabhängiger Dritter empfohlen, sodass jeweils der günstigste Leistungsanbieter beauftragt werden kann (Picot 1991, S. 351). Bei teilweise vorhandener Eigenkompetenz sollte jedoch auch eine gemeinsame Leistungserstellung mit strategischen Partnern erwogen werden. Die gemeinsame Leistungserstellung wäre sinnvoll, wenn sie zum Ausbau der vorhandenen Eigenkompetenz und zur Entwicklung einer in sich verändernden Märkten nutzbaren Kernkompetenz führt (vgl. auch den Beitrag von v. d. Oelsnitz im Ersten Kapitel dieses Sammelwerks). Sofern die Eigenkompetenz zur Erstellung der Serviceleistung vollständig vorhanden ist, jedoch ein nur geringes Ausmaß an wettbewerbsstrategischer Bedeutung aufweist, bietet es sich an, die Eigenkompetenz als Spezialist in Netzwerke und strategische Partnerschaften einzubringen und somit in servicebezogenen Anwendungsbereichen zu verwerten (vgl. auch den Beitrag von Burr im Dritten Kapitel dieses Sammelwerks).

Bei hoher wettbewerbsstrategischer Bedeutung der Serviceleistungen und vollständig vorhandener Eigenkompetenz ist eindeutig die Selbsterstellung zu empfehlen. Ebenso eindeutig lässt sich ein potenzieller Wettbewerbsnachteil diagnostizieren, wenn die wettbewerbsstrategische Bedeutung der Serviceleistung hoch, jedoch keine Eigenkompetenz vorhanden ist. In diesem Fall empfiehlt sich die enge und vertraglich abgesicherte Zusammenarbeit mit Spezialisten durch Gründung eines Gemeinschaftsunternehmens. Ist Eigenkompetenz zur Erstellung einer wettbewerbsstrategisch bedeutsamen Serviceleistung nur teilweise vorhanden, birgt die Selbsterstellung auf Grund zu erwartender Fehler und Leistungsdefizite und Unzufriedenheit des Kunden erhebliche Gefahren für die gesamte Geschäftsbeziehung. Hier sollte die Leistungserstellung zunächst gemeinsam mit Spezialisten im Rahmen strategischer Partnerschaften erfolgen, um die notwendige Ge- und Verbundenheit des Kunden an das Unternehmen zu gewährleisten und um die Eigenkompetenz durch Know-How-Zugang und Möglichkeiten interorganisationalen Lernens langfristig so auszubauen, dass die Selbsterstellung möglich wird (vgl. auch den Beitrag von Schneider im Fünften Kapitel dieses Sammelwerks).

Bei mittlerer wettbewerbsstrategischer Bedeutung der Serviceleistung und nicht vorhandener Eigenkompetenz empfiehlt sich der Aufbau strategischer Netzwerke mit spezialisierten, rechtlich und wirtschaftlich selbstständigen Dienstleistungsanbietern, die im Bedarfsfall damit beauftragt werden, die jeweiligen Serviceleistungen zu erbringen (Engelhardt/Reckenfelderbäumer 1993, S. 227). Sofern Eigenkompetenz zur Erstellung der Serviceleistung teilweise vorhanden ist, sind bei mittlerer wettbewerbsstrategischer Bedeutung virtuelle Serviceunternehmen sinnvoll, sodass das eigene Unternehmen jeweils der alleinige Vertragspartner des Kunden bleibt. Auf diese Weise können aktuelle Kompetenzdefizite vom Kunden weit gehend unbemerkt ausgeglichen und langfristig durch kollektive Lernprozesse Eigenkompetenzen erweitert werden, die dann Wettbewerbsvorteile schaffen (Schlein 2004, S. 49). Bei vollständig vorhandener Eigenkompetenz und mittlerer wettbewerbsstrategischer Bedeutung ist neben der Selbsterstellung der Serviceleistung die gewinnbringende Verwertung der Eigenkompetenz sinnvoll. Der dabei gebotene Schutz der Eigenkompetenz kann durch Lizenzvertrag und Begründung einer Lizenzkooperation (vgl. hierzu den Beitrag von Burr im Dritten Kapitel dieses Sammelwerks) oder durch Gründung von Gemeinschaftsunternehmen gewährleistet werden.

Die verschiedenen Erscheinungsformen servicebezogener Kooperationen bieten Industriegüteranbietern geeignete Möglichkeiten, je nach Ausprägung von Eigenkompetenz und wettbewerbsstrategischer Bedeutung der Serviceleistung durch die Zusammenarbeit mit Kooperationspartnern Serviceleistungen anzubieten und zu erstellen, die zur Verbesserung ihrer Wettbewerbsposition beitragen. Zu berücksichtigen ist jedoch, dass auch der jeweilige Kooperationspartner bestrebt ist, seinen Nutzen zu maximieren und dass neben gemeinsamen Interessen auch Interessenkonflikte bestehen. Interessenkonflikte können Interaktionsprobleme verursachen und die Realisierung potenzieller Kooperationserfolge gefährden. Durch enge Geschäftsbeziehungen können Interaktionsprobleme überwunden werden, sodass Geschäftsbeziehungen als Institutionen einen geeigneten Ansatz zur Steuerung servicebezogener Kooperationen darstellen.

3. Die Institution „Geschäftsbeziehung“ als Ansatz zur Steuerung servicebezogener Kooperationen

3.1 Vertrauen und Commitment als Schlüsselkonstrukte

Interaktionsprobleme werden aus ökonomischer Sicht in Informations- und Anreizprobleme unterschieden (Söllner 2004, S. 440 f.). **Informationsprobleme** resultieren aus der asymmetrischen Informationsverteilung zwischen den Transaktionsparteien, die Spielräume für opportunistisches Verhalten eröffnet. **Anreizprobleme**, die auch in Kombination mit Informationsproblemen auftreten können, zeigen sich in gegensätzlichen Interessen, Motiven und Zielen der Transaktionsparteien. Jede Transaktionspartei will ihren eigenen Vorteil maximieren und wählt daher die Handlungsalternative, die ihr diesbezüglich den höchsten Anreiz bietet, auch wenn damit negative Konsequenzen für die andere Transaktionspartei einhergehen.

Die Überwindung der Informations- und Anreizprobleme bedarf geeigneter **Institutionen**, die das Verhalten der beteiligten Unternehmen und Individuen in den verschiedenen Erscheinungsformen servicebezogener Kooperationen steuern. Institutionen stellen ein auf ein Zielbündel abgestelltes System von Normen und Garantieinstrumenten zur Steuerung des sozialen Handelns der Individuen dar (Richter 1990, S. 572). In diesem Sinne werden dauerhafte **Geschäftsbeziehungen** als auf **relationalen Verträgen** (MacNeil 1980) beruhende Institutionen begriffen, die zwar bestehende Opportunismusspielräume in Servicekooperationen nicht beseitigen können, jedoch die Opportunismusneigung der beteiligten Kooperationspartner reduzieren. Sie leisten einen Beitrag zur Überwindung der Interaktionsprobleme, ohne Transaktionskosten durch Kontroll- und Sicherungsinstrumente zu verursachen (Rößl 1996, S. 324 ff.).

Der institutionelle Charakter von Geschäftsbeziehungen lässt sich anhand der Schlüsselkonstrukte Vertrauen und Commitment sparsam modellieren (Schmitz 2001, S. 10), sodass diese beiden Konstrukte zentrale Anknüpfungspunkte zur Steuerung von Servicekooperationen bieten.

Vertrauen wird als eine auf das Verhalten des Kooperationspartners bezogene Einstellung verstanden, die sich in der Erwartung äußert, dass der Kooperationspartner trotz bestehender Möglichkeiten zukünftig nicht opportunistisch handeln wird (Schmitz 1997, S. 159). So hat Vertrauen zur Konsequenz, dass die Kooperationspartner freiwillig riskante Vorleistungen erbringen, ohne explizite vertragliche Sicherungs- und Kontrollmaßnahmen zu fordern. Ist das Partnerunternehmen als abstraktes soziales System Bezugsebene des Vertrauens, liegt Systemvertrauen vor. Bezieht sich das Vertrauen auf bestimmte Personen im Partnerunternehmen, wird es als persönliches Vertrauen bezeichnet (Luhmann 1989, S. 40 ff.). Systemvertrauen und persönliches Vertrauen können gleichermaßen Resultat einzelfallbezogener Kalkulations- oder rational kaum nachvollziehbarer Extrapolationsprozesse sein (Schmitz 2002, S. 70 ff.). In rationalen Kalkulationsprozessen werden die in Entscheidungssituationen verfügbaren Informationen genutzt, um die Wahrscheinlichkeit opportunistischen Verhaltens unter Berücksichtigung der damit verbundenen Nutzen und Kosten zu prognostizieren (Rippberger 1998, S. 111 ff.). In Extrapolationsprozessen werden eigene oder fremde Erfahrungen mit dem Kooperationspartner und als vertrauensrelevant wahrgenommene organisationale und persönliche Eigenschaften generalisierend auf die aktuelle Situation übertragen. Die im Zeitablauf gewonnenen Erfahrungen der Kooperationspartner begründen den typischen zirkulären Charakter des Vertrauens, das sich gleichermaßen selbst voraussetzt und bestätigt (Rößl 1994, S. 200 f.). So erfordert die Erbringung riskanter Vorleistungen zunächst Vertrauen und führt – sofern das Vertrauen nicht enttäuscht wird – zu positiven Erfahrungen, die wiederum eine Vertrauensintensivierung auslösen. Idealtypisch entsteht im Zeitablauf eine sich selbst verstärkende Vertrauen-Vertrauensspirale, in der sich die Servicekooperationspartner in ihrem vertrauensbasierten Verhalten und damit in ihrem Vertrauen gegenseitig bestärken (Rößl 1994, S. 200).

Das Schlüsselkonstrukt **Commitment** wird umfassend als Einstellung gegenüber einer Servicekooperation verstanden, die sich in der Überzeugung äußert, dass die Fortsetzung der Servicekooperation maximale Anstrengungen rechtfertigt (Morgan/Hunt 1994, S. 23). Zu dieser Überzeugung werden Kooperationspartner nur gelangen, wenn sie die Servicekooperation als sehr bedeutend wahrnehmen. Die wahrgenommene Bedeutung der Servicekooperation kann auf einem persönlichen Gefühl der inneren Verpflichtung gegenüber dem Kooperationspartner beruhen, das sich vor allem infolge gewachsener psychischer Werte wie gemeinsamer Erfolgserlebnisse oder eingespielter Kommunikations- und Verhaltensmuster einstellt und als soziales Commitment bezeichnet wird (vgl. dazu und zum Folgenden Schmitz 2001, S. 14 ff., sowie die dort angegebene Literatur). Resultiert die wahrgenommene Bedeutung der Servicekooperation aus ihrem instrumentellen Wert, so spricht man von strukturellem Commitment auf der organisationalen Ebene. Der instrumentelle Wert einer Servicekooperation hängt von im Zeitablauf in der Kooperation geleisteten spezifischen Investitionen und von ihrer wahrgenommenen Bedeutung zur Erzielung von Wettbewerbsvorteilen ab.

Vertrauen und Commitment sind bei den Kooperationspartnern in verschiedenen Phasen der Geschäftsbeziehung jeweils unterschiedlich ausgeprägt. Dies liefert Anknüpfungspunkte zur Erklärung der Dynamik und verdeutlicht die Notwendigkeit eines phasenspezifischen Managements. Abschließend wird ein knapper Überblick über zentrale Managementaufgaben erarbeitet.

3.2 Überblick über phasenspezifische Managementaufgaben

In der Anbahnungsphase der Servicekooperation sind Vertrauen und Commitment bei beiden Kooperationspartnern unterschiedlich stark ausgebildet. Initiiert ein Industriegüteranbieter die Servicekooperation, sollte er sich intensiv bemühen, den potenziellen Kooperationspartner kennen zu lernen, seine Fähigkeiten und Ressourcen realistisch einzuschätzen und deren Entwicklung zu prognostizieren. Zur Anbahnung der Geschäftsbeziehung muss der Industriegüteranbieter riskante Vorleistungen erbringen. Zur Minimierung des Risikos sollte er klären, wie attraktiv die servicebezogene Kooperation für den potenziellen Kooperationspartner ist, da mit steigender Attraktivität die Wahrscheinlichkeit sinkt, dass sich der Kooperationspartner opportunistisch verhält. Der Industriegüteranbieter sollte prüfen, ob der potenzielle Kooperationspartner über die notwendigen Fähigkeiten und Ressourcen verfügt, angemessen auf die riskanten Vorleistungen und die damit verbundenen spezifischen Investitionen zu reagieren, um das ihm entgegengebrachte Vertrauen seinerseits durch spezifische Investitionen zu rechtfertigen und die Situation asymmetrischen Commitments auszugleichen. Riskante Vorleistungen ermöglichen den Aufbau von Vertrauen nur, wenn der Kooperationspartner sie in Art und Höhe wahrnimmt und anerkennt, wofür der Industriegüteranbieter durch geeignete Informations- und Kommunikationspolitik sorgen sollte. Auch ist kritisch zu prüfen, inwieweit die eigenen Ressourcen und Fähigkeiten die Ankündigung riskanter Vorleistungen zulassen, da nicht eingehaltene Zusagen das in der Anbahnungsphase noch fragile Vertrauen sofort zerstören. Da Vertrauen und Commitment gleichermaßen auf der organisationalen wie persönlichen Ebene entwickelt werden, sollte der Industriegüteranbieter die an den verschiedenen Kooperationsprozessen beteiligten Personen bewusst auswählen und dabei vorliegende Erkenntnisse berücksichtigen, denen zufolge die wahrgenommene Ähnlichkeit hinsichtlich der hierarchischen Position und Persönlichkeit die Zusammenarbeit begünstigt.

In der Stabilisierungsphase sollte der Ausbau von Vertrauen und Commitment zur symmetrischen Ausprägung bei den Kooperationspartnern führen. Eine zentrale Managementaufgabe in der Stabilisierungsphase besteht daher darin, die sich selbstverstärkende Vertrauen-Vertrauensspirale konsequent zum Aufbau wechselseitigen Systemvertrauens zu nutzen. Da die Kooperationspartner eigenes Vertrauen durch das Verhalten des anderen Kooperationspartners rechtfertigen, sind notwendige Verhaltensänderungen oder aufgetretene Fehler aktiv zu kommunizieren, um den Prozess der Vertrauensintensivierung nicht zu gefährden. Das Spannungsfeld zwischen Vertauensintensivierung durch spezifische Investitionen einerseits und Vermeidung asymmetrischen strukturellen Commitments andererseits bedeutet eine weitere Herausforderung für das Management in der Stabilisierungsphase. Darüber hinaus hat das Management die Dokumentation der auf Grund individuellen Vertrauens und sozialen Commitments erlangten Informationen und Vereinbarungen durch Standardisierung der Dokumentationsprozesse unabhängig von Einzelpersonen für das Unternehmen sicherzustellen. Dies ist erforderlich, da der notwendige sukzessive Personalwechsel verhindert, dass nicht länger gerechtfertigtes individuelles Vertrauen oder hohes soziales Commitment zu Fehlentscheidungen und letztlich zur Auflösung der Kooperation führen.

In der Auflösungsphase ist es eine wesentliche Aufgabe des Managements, die notwendige Auflösung der Servicekooperation rechtzeitig zu erkennen, um Schaden zu vermeiden oder zu begrenzen. Dies erfordert ein geeignetes Früherkennungssystem, das auch schwache Signale innerhalb und außerhalb der Servicekooperation erfasst und interpretiert. Das Management sollte die Beteiligten dafür sensibilisieren, dass hohes soziales Commitment und individuelles Vertrauen auf der persönlichen Ebene möglicherweise zu verzerrten Bewertungen führt, die die notwendige Auflösung der Servicekooperation schädlich hinauszögern. Das Management sollte auch das Bewusstsein stärken, dass wechselseitiges Systemvertrauen in zerstörerisches blindes Vertrauen übergehen kann und geeignete Kontroll- und Sicherungsmechanismen implementieren. Dies erfordert große Umsicht, da der Kooperationspartner solche Kontroll- und Sicherungsmechanismen als Ausdruck ungerechtfertigten Misstrauens interpretieren könnte, sodass ungewollt die Misstrauen-Misstrauensspirale ausgelöst und die Servicekooperation vorzeitig aufgelöst wird.

Literatur

BACKHAUS, K.; VOETH, M. (2004): Besonderheiten des Industriegütermarketing, in: Backhaus, K.; Voeth, M. (Hrsg.): Handbuch Industriegütermarketing – Strategien – Instrumente – Anwendungen, Wiesbaden, S. 3-21.

BARTH, T. (2003): Outsourcing unternehmensnaher Dienstleistungen – Ein konfigurierbares Modell für die optimierte Gestaltung der Wertschöpfungstiefe, Frankfurt a.M.

CORSTEN, H. (2001): Dienstleistungsmanagement, 4. Aufl., München.

DIETRICH, J. (2004): Entwicklung kundenunterstützender industrieller Dienstleistungen, zugl. Diss. der Universität St. Gallen, Bamberg.

DOWNAR, P. (2003): Vermarktung industrieller Dienstleistungen: Strategien, Prozesse, Strukturen, Wiesbaden.

ENGELHARDT, W. H. (1996): Effiziente Customer Integration im industriellen Servicemanagement, in: Kleinaltenkamp, M.; Fließ, S.; Jacob, F. (Hrsg.): Customer Integration, Wiesbaden, S. 73-89.

ENGELHARDT, W. H.; PAUL, M. (1998): Dienstleistungen als Teil der Leistungsbündel von Investitionsgüterherstellern, in: Meyer, A. (Hrsg.): Handbuch Dienstleistungsmarketing, Band 2, Stuttgart, Sp. 1323-1341.

ENGELHARDT, W. H.; RECKENFELDERBÄUMER, M. (1993): Trägerschaft und organisatorische Gestaltung industrieller Dienstleistungen, in: Simon, H. (Hrsg.): Industrielle Dienstleistungen, Stuttgart, S. 263-293.

ENGELHARDT, W. H.; RECKENFELDERBÄUMER, M. (1999): Industrielles Service-Management, in: Kleinaltenkamp. M.; Plinke, W. (Hrsg.): Markt- und Produktmanagement – Die Instrumente des Technischen Vertriebs, Berlin, S. 181-280.

FLIEß, S. (2001): Die Steuerung von Kundenintegrationsprozessen – Effizienz in Dienstleistungsunternehmen, Wiesbaden.

FLIEß, S. (2004): Kundenintegration, in: Backhaus, K.; Voeth, M. (Hrsg.): Handbuch Industriegütermarketing – Strategien – Instrumente – Anwendungen, Wiesbaden, S. 521-551.

FREILING, J.; WEIßENFELS, S. (2003): Innovationsorientierte industrielle Dienstleistungsnetzwerke: Aufbau, Steuerung und Wettbewerbspotenziale, in: Bruhn, M.; Stauss, B. (Hrsg.): Dienstleistungsnetzwerke, Wiesbaden, S. 468-489.

FRIEGE, C. (1995): Preispolitik für Leistungsverbunde im Business-to-Business-Marketing, Wiesbaden.

GARBE, B. (1998): Industrielle Dienstleistungen – Einfluss- und Erfolgsfaktoren, Wiesbaden.

GRAßY, O. (1998): Ansätze zur Vermarktung industrieller Dienstleistungen: Diversifikation und Reduktion, in: Meyer, A. (Hrsg.): Handbuch Dienstleistungsmarketing, Band 2, Stuttgart, Sp. 1342-1355.

GÜNTHER, C. A. (2001): Das Management industrieller Dienstleistungen – Determinanten, Gestaltung und Erfolgsauswirkungen, Wiesbaden.

HARTEL, I. (2004): Virtuelle Servicekooperationen – Management von Dienstleistungen in der Investitionsgüterindustrie, Zürich.

HAUPT, R. (1999): Industrielle Dienstleistungen: Zwischen Fokussierung und Diversifizierung, in: Wagner, G. R. (Hrsg.): Unternehmensführung, Ethik und Umwelt, Wiesbaden, S. 321-339.

HERTWECK, A. (2002): Strategische Erneuerung durch integriertes Management industrieller Dienstleistungen, Frankfurt a.M.

HOECK, H.; KUTLINA, Z. (2004): Ergebnisse der Expertenbefragung Servicemanagement, Forschungsinstitut für Rationalisierung e. V. (FIR) an der RWTH Aachen, Aachen.

HOMBURG, C.; FASSNACHT, M.; GÜNTHER, C. (2002): Erfolgreiche Umsetzung dienstleistungsorientierter Strategien, in: Zeitschrift für betriebswirtschaftliche Forschung, 54. Jg., S. 487-508.

KLEINALTENKAMP, M. (1997): Kundenintegration, in: Wirtschaftswissenschaftliches Studium, 27. Jg., S. 350-354.

KLEINALTENKAMP, M.; PLÖTNER, O.; ZEDLER, C. (2004): Industrielles Servicemanagement, in: Backhaus, K.; Voeth, M. (Hrsg.): Handbuch Industriegütermarketing – Strategien – Instrumente – Anwendungen, Wiesbaden, S. 625-648.

LIESTMANN, V.; GILL, C., REDDEMANN, A., SONTOW, K. (1999): Kooperationen industrieller Dienstleistungen, in: Luczak, H.; Schenk, M. (Hrsg.): Kooperationen in Theorie und Praxis – Personale, organisatorische und juristische Aspekte bei Kooperationen industrieller Dienstleistungen im Mittelstand, Düsseldorf, S. 1-43.

LORENZ-MEYER, D. (2004): Management industrieller Dienstleistungen – Ein Leitfaden zur effizienten Gestaltung von industriellen Dienstleistungsangeboten, Wiesbaden.

LOVELOCK, C. H.; WRIGHT, L. (2002): Services Marketing and Management, 2. Aufl., New Jersey.

LUCZAK, H.; HOECK, H. (2004): Planung von Dienstleistungsprogrammen anhand des Produktlebenszyklus, in: Bruhn, M.; Stauss, B. (Hrsg.): Forum Dienstleistungsmanagement: Dienstleistungsinnovationen, Wiesbaden, S. 73-96.

LUHMANN, N. (1989): Vertrauen – Ein Mechanismus zur Reduktion sozialer Komplexität, Stuttgart.

MACNEIL, I. R. (1980): The New Social Contract – An Inquiry into Modern Contractual Relations, New Haven u. a.

MANN, A. (1998): Erfolgsfaktor Service – Strategisches Servicemanagement im nationalen und internationalen Marketing, Wiesbaden.

MEHLHORN, A. (2002): Effizientes Wertschöpfungsmanagement – Eine empirische Studie der Wahl und Erfolgswirksamkeit von Organisations- und Steuerungsformen, Wiesbaden.

MICHALSKI, T. (2003): Strategische Entwicklungsperspektiven von innovativen wissensintensiven Dienstleistungsangeboten in Wertschöpfungsnetzwerken, in: Bruhn, M.; Stauss, B. (Hrsg.): Dienstleistungsnetzwerke, Wiesbaden, S. 63-85.

MORGAN, R. M.; HUNT, S. D. (1994): The Commitment-Trust Theory of Relationship Marketing, in: Journal of Marketing, 58. Jg., S. 20-38.

OLIVIA, R.; KALLENBERG, R. (2003): Managing the Transition from Products to Services, in: International Journal of Service Industry Management, 14. Jg., Nr. 2, S. 160-172.

OPFERMANN, R. (2004): Produktbegleitende Dienstleistungen und ihre statistische Erfassung, in: Statistisches Bundesamt: Wirtschaft und Statistik 3/2004, S. 269-279.

PICOT, A. (1991): Ein neuer Ansatz zur Gestaltung der Leistungstiefe, in: Zeitschrift für betriebswirtschaftliche Forschung, 43. Jg., S. 336-357.

PICOT, A.; NEUBURGER, R. (2001): Virtuelle Organisationsformen im Dienstleistungssektor, in: Bruhn, M.; Meffert, H. (Hrsg.): Handbuch Dienstleistungsmanagement – Von der strategischen Konzeption zur praktischen Umsetzung. 2. Aufl., Wiesbaden, S. 803-823.

RASCHE, C.; WOLFRUM, B. (1994): Ressourcenorientierte Unternehmensführung, in: Die Betriebswirtschaft, 54. Jg., S. 501-518.

RECKENFELDERBÄUMER, M. (2004): Prozessmanagement bei industriellen Dienstleistungen, in: Backhaus, K.; Voeth, M. (Hrsg.): Handbuch Industriegütermarketing – Strategien – Instrumente – Anwendungen, Wiesbaden, S. 649-676.

REIFF, G. W. (2004): Innovative Vertriebs- und Marketingkonzepte für industrielle Dienstleistungen – Am Beispiel des weltweiten Instandhaltungsgeschäftes für Industriegasturbinen, Hamburg.

RICHTER, R. (1990): Sichtweise und Fragestellungen der Neuen Institutionenökonomik, in: Zeitschrift für Wirtschafts- und Sozialwissenschaften, 110. Jg., S. 571-591.

RIPPBERGER, T. (1998): Ökonomik des Vertrauens: Analyse eines Organisationsprinzips, Tübingen.

RÖßL, D. (1994): Gestaltung komplexer Austauschbeziehungen: Analyse zwischenbetrieblicher Kooperation, Wiesbaden.

RÖßL, D. (1996): Selbstverpflichtung als alternative Koordinationsform von komplexen Austauschbeziehungen, in: Zeitschrift für betriebswirtschaftliche Forschung, 48. Jg., S. 311-334.

SCHLEIN, F. (2004): Die marktorientierte Organisation einer virtuellen Unternehmung, Lohmar-Köln.

SCHMITZ, G. (1997): Marketing für professionelle Dienstleistungen – Bedeutung und Dynamik der Geschäftsbeziehungen, dargestellt am Beispiel Wirtschaftsprüfung, Wiesbaden.

SCHMITZ, G. (2000): Die Ermittlung der Kundenanforderungen an industrielle Dienstleistungen, in: Zeitschrift für Planung, Band 11, S. 195-215.

SCHMITZ, G. (2001): Die Dynamik dauerhafter Geschäftsbeziehungen in Dienstleistungsmärkten: Ein prozessorientierter Erklärungs- und Gestaltungsansatz, in: Bruhn, M.; Stauss, B. (Hrsg.): Dienstleistungsmanagement Jahrbuch 2001 – Interaktionen im Dienstleistungsbereich, Wiesbaden, S. 3-34.

SCHMITZ, G. (2002): Die Zufriedenheit von Versicherungsvertretern als unternehmerische Zielgröße – Stellenwert, Erfassungskonzept und empirische Befunde, Wiesbaden.

SÖLLNER, A. (2004): Interaktionsanalyse und Relationship Marketing, in: Backhaus, K.; Voeth, M. (Hrsg.): Handbuch Industriegütermarketing – Strategien – Instrumente – Anwendungen, Wiesbaden, S. 437-454.

STATISTISCHES BUNDESAMT (Hrsg.) (2004): Projektbericht Produktbegleitende Dienstleistungen 2002 bei Unternehmen des Verarbeitenden Gewerbes und des Dienstleistungssektors – Erhebungen nach § 7 BStatG, Wiesbaden.

STEVEN, M.; GROßE-JÄGER, S. (2003): Industrielle Dienstleistungen in Theorie und Praxis, in: Wirtschaftswissenschaftliches Studium, 32. Jg., S. 27-33.

STEVEN, M.; SCHADE, S. (2004): Produktionswirtschaftliche Analyse industrieller Dienstleistungen, in: Zeitschrift für Betriebswirtschaft, 74. Jg., S. 543-562.

STILLE, F. (2003): Produktbegleitende Dienstleistungen gewinnen weiter an Bedeutung, in: Wochenbericht des DIW Berlin Nr. 21/2003, S. 336-342.

SYDOW, J. (1992): Strategische Netzwerke. Evolution und Organisation, Wiesbaden.

SYDOW, J. (2000): Management von Dienstleistungsbeziehungen – Kundenintegration aus organisations- und netzwerktheoretischer Perspektive, in: Witt, F. (Hrsg.): Unternehmung und Informationsgesellschaft, Wiesbaden, S. 21-33.

SYDOW, J.; MÖLLERING, G. (2004): Produktion in Netzwerken – Make, Buy and Cooperate, München.

SYDOW, J.; WINDELER, A. (2003): Dienstleistungsproduktion in Projektnetzwerken – Implikationen für Dienstleistungsmanagement und -forschung, in: Bruhn, M.; Stauss, B. (Hrsg.): Dienstleistungsnetzwerke, Wiesbaden, S. 344-359.

TÖPFER, A. (1996): Grundsätze industrieller Dienstleistungen, in: Töpfer, A.; Mehdorn, H. (Hrsg.): Servicestrategie oder Outsourcing?, Berlin u. a., S. 23-46.

VOETH, M.; RABE, C.; GAWANTKA, A. (2004): Produktbegleitende Dienstleistungen, in: Die Betriebswirtschaft, 64. Jg., S. 773-776.

Hartmut Bieg/Gregor Krämer*

Kooperationen in der Unternehmensfinanzierung

---

* Univ.-Professor Dr. Hartmut Bieg ist Inhaber des Lehrstuhls für Allgemeine Betriebswirtschaftslehre, insbesondere Bankbetriebslehre der Universität des Saarlandes, Saarbrücken.
Dr. Gregor Krämer ist Wissenschaftlicher Assistent am Lehrstuhl für Allgemeine Betriebswirtschaftslehre, insbesondere Bankbetriebslehre der Universität des Saarlandes, Saarbrücken.

1. Begriffsbestimmungen

1.1 Der Kooperationsbegriff

Im hier betrachteten Bereich der Kooperationen in der **Unternehmensfinanzierung** wird der Kooperationsbegriff üblicherweise auf die zwischenbetriebliche Zusammenarbeit bezogen. Eine Kooperation liegt demnach dann vor, wenn sich zwei oder mehr Unternehmen freiwillig und ohne Aufgabe ihrer rechtlichen und wirtschaftlichen Selbstständigkeit zu größeren Wirtschaftseinheiten zusammenschließen und eine **Funktionskoordinierung** oder eine **Funktionsausgliederung** auf gemeinschaftliche Einrichtungen vorgenommen wird (Wöhe 2002, S. 303). Die Kooperation ist damit von der **Konzentration** abzugrenzen, bei der sich die Koordinierung nicht nur auf einzelne Funktionen beschränkt, sondern sämtliche Unternehmensfunktionen umfasst. Während also die Konzentration Unternehmensverbindungen in der Form von Beteiligungen, Konzernen und Fusionen umfasst, zählen zu den Kooperationen insbesondere Interessengemeinschaften, Kartelle, Gemeinschaftsunternehmen sowie Gelegenheitsgesellschaften, die beispielsweise als Konsortien geführt werden können.

Der Kooperationsbegriff kann allerdings auch umfassender definiert werden. Dabei wird unter einer Kooperation eine Form der freiwilligen zwischenbetrieblichen Zusammenarbeit von mindestens zwei Unternehmen unter Wahrung wirtschaftlicher und rechtlicher Selbstständigkeit verstanden. Auf Basis einer Kooperationsvereinbarung findet eine zweckorientierte Zusammenarbeit statt, die eine gemeinsame Erreichung der übergeordneten und nur gemeinsam erreichbaren Ziele anstrebt (vgl. hierzu die Beiträge von Zentes/Swoboda/Morschett im einleitenden Kapitel und von Benkenstein/Beyer im Vierten Kapitel dieses Sammelwerks). In diesem Fall ist – anders als bei der vorhergehenden Definition – ein Zusammenschluss der kooperierenden Unternehmen zu größeren Wirtschaftseinheiten nicht erforderlich.

1.2 Systematisierung der Kooperationsmöglichkeiten bei der Unternehmensfinanzierung

1.2.1 Grundsätzliches

Die Finanzierung von Unternehmen kann nach verschiedenen Kriterien gegliedert werden (vgl. zu den verschiedenen Systematisierungsansätzen Bieg/Kußmaul 2000, S. 34 ff.). So ist eine Gliederung nach der Herkunft des Kapitals, der Rechtsstellung der Kapitalgeber, dem Einfluss auf den Vermögens- und Kapitalbereich oder nach der Dauer der Kapitalbereitstellung möglich. Welcher Systematisierungsansatz am zweckmäßigsten ist, hängt vom Objekt der Untersuchung ab. Da die oben genannten Systematisierungsansätze nicht die Kooperation zum Gegenstand haben, sondern auf andere Kriterien abstellen, sind sie zur Gliederung der Kooperationen in der Unternehmensfinanzierung wenig geeignet. Daher soll im Folgenden ein eigenständiger Systematisierungsansatz entwickelt werden. Dabei ist zu beachten, dass es Finanzierungsinstrumente gibt, die sowohl ohne Kooperation als auch mit Kooperation eingesetzt werden können. So kann beispielsweise ein bestimmter Kredit von einem Kreditinstitut alleine, also ohne Kooperation mit anderen Kreditgebern, vergeben werden; andererseits kann aber auch genau dieser Kredit von einem Konsortium, bei dem mehrere Kreditinstitute miteinander kooperieren, gewährt werden.

1.2.2 Unternehmensfinanzierung ohne Kooperation

Zunächst kann festgestellt werden, dass es **Finanzierungsvorgänge** gibt, bei denen keine Kooperation zwischen Unternehmen vorliegt. Der Grund für das Fehlen einer Unternehmenskooperation ist bei diesen Finanzierungsvorgängen vor allem darin zu sehen, dass die Finanzierung nicht durch Kapitalzufuhr von außen, sondern in Form der **Innenfinanzierung** als Kapitalbeschaffung aus dem betrieblichen Umsatzprozess des zu finanzierenden Unternehmens selbst erfolgt und eine Kooperation mit anderen Unternehmen daher nicht erforderlich ist. Zu solchen kooperationslosen Unternehmensfinanzierungen zählt – wie in Übersicht 1 dargestellt – zum einen die Innenfinanzierung aus Vermögenszuwachs und dadurch bedingte Kapitalneubildung sowie zum anderen die Innenfinanzierung aus Vermögensumschichtung durch Rückfluss früher beschaffter Kapitalbeträge, die nicht zu einer Erhöhung des dem Unternehmen insgesamt zur Verfügung stehenden Kapitals führen (Aktivtausch). Die Innenfinanzierung aus Vermögenszuwachs kann in die Finanzierung durch Zurückbehaltung von Gewinnen (offene und stille Selbstfinanzierung) und die Finanzierung durch Bildung von Rückstellungen eingeteilt werden. Zur Innenfinanzierung aus Vermögensumschichtung zählen die Kapitalfreisetzung durch Verkauf von Vermögensgegenständen, die Kapitalfreisetzung durch den Rückfluss von Abschreibungsgegenwerten sowie die Kapitalfreisetzung durch Verkürzung der Kapitalbindungsdauer (Rationalisierungsmaßnahmen).

Die Kapitalfreisetzung durch die Veräußerung von Forderungen, die unter anderem in der Form des Factoring oder der Asset Backed Securities vorkommen kann, ist zwar auch als Innenfinanzierung durch Vermögensumschichtung zu charakterisieren; da hier jedoch eine Kooperation zwischen dem Unternehmen als Verkäufer der Forderungen, dem Forderungskäufer sowie einer Reihe weiterer Beteiligter möglich ist, wird dieses Finanzierungsinstrument nicht den kooperationslosen Unternehmensfinanzierungen zugeordnet, sondern ist in die Kategorie der Unternehmensfinanzierung mit Kooperation ohne Unternehmenszusammenschluss einzuordnen.

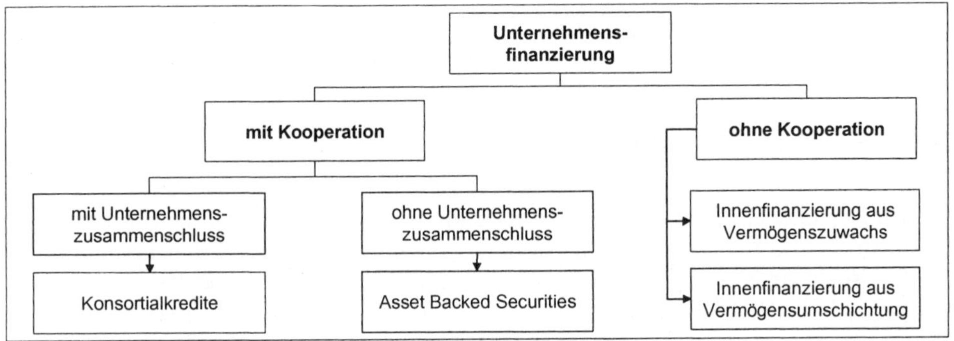

Übersicht 1: Systematisierung der Kooperationsmöglichkeiten bei der Unternehmensfinanzierung

1.2.3 Unternehmensfinanzierung mit Kooperation

Es wurde bereits bei der Diskussion des Kooperationsbegriffs ausgeführt, dass Kooperationen als unternehmerische Zusammenarbeit entweder auf der Basis eines Zusammenschlusses mehrerer Unternehmen oder aber ohne einen Unternehmenszusammenschluss aufgefasst werden können. Insofern kann auch im Rahmen der Unternehmensfinanzierung mit Kooperation dieses Kriterium zur weiteren Untergliederung verwendet werden.

Bei der Unternehmensfinanzierung mit Kooperation durch Unternehmenszusammenschluss stellt sich die Frage, wer sich mit wem zum Zwecke der Kooperation zusammenschließt. Wird auf die beiden an der Unternehmensfinanzierung hauptsächlich beteiligten Personengruppen (**Kapitalnehmer** und **Kapitalgeber**) abgestellt, so sind die folgenden drei Kombinationen denkbar: Kooperationen der Kapitalnehmer untereinander, Kooperationen der Kapitalgeber untereinander sowie Kooperationen zwischen Kapitalgebern und Kapitalnehmern. Während eine Kooperation im Sinne eines Unternehmenszusammenschlusses zu Zwecken der Unternehmensfinanzierung ausschließlich zwischen den Kapitalnehmern genauso wenig üblich ist wie zwischen Kapitalnehmern und Kapitalgebern, sind Kooperationen zwischen den Kapitalgebern untereinander in der Praxis sehr häufig anzutreffen. In diesem letzteren Fall schließen sich die Kapitalgeber üblicherweise zu Konsortien zusammen. Die dabei besonders relevanten Konsortialkredite werden in Abschnitt 2 behandelt.

Bei den Kooperationen ohne Unternehmenszusammenschluss kommt den Asset Backed Securities, die in Abschnitt 3 behandelt werden, eine große Rolle zu. Bei diesem relativ neuen Finanzierungsinstrument beschränkt sich die Kooperation nicht ausschließlich auf die Kapitalgeber; vielmehr ist zum Einsatz dieses Finanzierungsinstruments eine koordinierte Zusammenarbeit einer Vielzahl von Beteiligten erforderlich. Schließlich wird in Abschnitt 4 auf die Unternehmensfinanzierung mit Venture Capital eingegangen.

2. Konsortialkredite

2.1 Begriff und Charakteristika

Als **Konsortialkredit** wird ein Kredit bezeichnet, der sich dadurch auszeichnet, dass die Kreditgewährung an einen Schuldner nicht – wie beim Einzelkredit – durch ein einzelnes Kreditinstitut, sondern durch mehrere Banken erfolgt. Als Synonyme für Konsortialkredite werden auch die Bezeichnungen „Gemeinschaftskredite“, „syndizierte Kredite“ oder „syndicated loans“ verwendet. Konsortialkredite stellen keine eigenständige Kreditart wie beispielsweise Kontokorrentkredite, Avalkredite, Diskontkredite, Hypothekarkredite etc. dar. Vielmehr sind sie „die äußere Form für die gemeinschaftliche Kreditgewährung mehrerer Banken“ (Scholze 1973, S. 102), wobei es nicht auf die Fristigkeit des Kredits (kurz-, mittel- oder langfristig) ankommt. Insofern können sämtliche Kreditarten entweder als Einzelkredit oder als Konsortialkredit gewährt werden.

Charakteristisch ist für ein **Kreditkonsortium** neben der gemeinsamen Kreditgewährung insbesondere die zeitliche Befristung des Konsortiums. So besteht ein Kreditkonsortium üblicherweise lediglich bis zur vertragsgemäßen Rückzahlung des Kredits durch den Kreditnehmer; danach löst es sich auf. Eine Ausnahme stellt allerdings die AKA Ausfuhrkredit-Gesellschaft mbH mit Sitz in Frankfurt am Main dar, in der sich 25 deutsche Kreditinstitute zum Zwecke der gemeinsamen Finanzierung von Exportgeschäften zusammengeschlossen haben. Dieses rechtlich verselbstständigte Dauerkonsortium wurde bereits im Jahre 1952 gegründet und finanziert bis heute die Exportgeschäfte deutscher Unternehmen.

Kreditkonsortien werden – wie andere Konsortien auch – üblicherweise als Gesellschaft bürgerlichen Rechts (GbR, §§ 705-740 BGB) geführt. In dem zwischen den Konsorten geschlossenen Gesellschaftsvertrag, dem so genannten Konsortialvertrag, finden sich regelmäßig über die Bestimmungen des BGB hinausgehende spezifische Regelungen hinsichtlich der Haftung der Konsorten, der Geschäftsführung sowie der Auflösung der Gesellschaft. Als eine der wichtigsten Bestandteile des Konsortialvertrags ist sicherlich die Festlegung der Konsortialquote, also desjenigen Teils der Kreditsumme, der von dem jeweiligen Konsorten übernommen werden muss, anzusehen.

2.2 Bedeutung des Konsortialkreditgeschäfts

Die Anfänge des Konsortialkreditgeschäfts reichen bis in die Antike zurück und können spätestens seit dem 12. Jahrhundert nach Christus quellenmäßig belegt werden (Pohl 1989, S. 12). In den letzten 35 Jahren hat sich das Konsortialkreditvolumen recht unterschiedlich entwickelt. In den siebziger Jahren des 20. Jahrhunderts war der Markt für Konsortialkredite durch Kredite an staatliche Schuldner geprägt und erreichte mit einem Volumen von 46 Milliarden US-$ im Jahre 1982 einen zwischenzeitlichen Höhepunkt (vgl. hierzu sowie zum Folgenden Gadanecz 2004, S. 86 ff.). Die Zahlungsunfähigkeit Mexikos im Jahre 1982 führte zu einem drastischen Einbruch des Konsortialkreditgeschäfts, und das Volumen schrumpfte auf nur noch 9 Milliarden US-$ im Jahre 1985. Der Markt für Konsortialkredite belebte sich jedoch zu Beginn der neunziger Jahre wieder und wuchs seitdem sehr dynamisch. So war das Zeichnungsvolumen neuer Konsortialkredite – einschließlich inländischer Fazilitäten – im Jahre 2003 mit 1.600 Milliarden US-$ mehr als drei Mal so hoch wie im Jahre 1993. Inzwischen ist der Konsortialkreditmarkt zum größten Unternehmensfinanzierungsmarkt in den USA geworden, was – neben der Entstehung eines Sekundärmarktes und dem Einsatz neuer Risikomanagementtechniken – darauf zurückgeführt werden kann, „dass neben den Schuldnern aus den aufstrebenden Volkswirtschaften auch Unternehmen aus den Industrieländern eine Nachfrage nach Konsortialkrediten entwickelten" (Gadanecz 2004, S. 87). Die hohe Bedeutung des Konsortialkreditgeschäfts kommt auch dadurch zum Ausdruck, dass ca. ein Drittel aller internationalen Finanzierungen – inklusive der Emissionen von Anleihen, Commercial Paper und Aktien – über den internationalen Konsortialkreditmarkt durchgeführt werden.

2.3 Motive der Kooperation in Kreditkonsortien

Für die Kooperation der Kreditinstitute in Kreditkonsortien gibt es verschiedene Gründe, die entweder allein oder in Kombination zum Tragen kommen können. Einer der wichtigsten Gründe ist die **Risikostreuung**. So wird bei großvolumigen Krediten ein einzelnes Kreditinstitut oftmals nicht willens sein, das **Adressenrisiko**, das mit dieser Kreditvergabe verbunden ist, alleine zu tragen (zum Adressenrisiko und seinen verschiedenen Ausgestaltungsmöglichkeiten vgl. Bieg/Krämer/Waschbusch 2004, S. 108 ff.). Durch die Aufteilung des gesamten Kreditbetrags auf mehrere Kreditinstitute reduziert sich auch für das einzelne Kreditinstitut das von ihm übernommene Risiko. Die Haftung eines am Konsortium beteiligten Kreditinstituts beschränkt sich dabei üblicherweise auf seine Konsortialquote.

Ein anderer Grund für die Konsortialbildung kann darin liegen, dass ein Kreditinstitut nicht dazu in der Lage ist, die gesamte Kreditsumme alleine aufzubringen, weil es nicht über ausreichend liquide Mittel verfügt. Die erforderliche Finanzierungskraft kann durch den Zusammenschluss mehrerer Kreditinstitute sichergestellt werden. Eine Erweiterung des Konsortiums durch Aufnahme neuer Konsorten führt zu einer Vergrößerung der Finanzierungskraft. Es ist allerdings auch denkbar, dass ein Kreditinstitut sowohl willens ist, das Adressenrisiko zu tragen, als auch über die erforderlichen finanziellen Mittel verfügt, um den Kredit alleine zu gewähren, und es trotzdem auf ein Kreditkonsortium angewiesen ist. Dieser Fall wird immer dann eintreten, wenn die Kreditvergabe durch das Kreditinstitut zu einem Verstoß gegen bankenaufsichtsrechtliche Vorschriften führen würde. In diesem Zusammenhang sind zwei Vorschriften von besonderer Bedeutung. So bestimmt § 2 Abs. 1 Grundsatz I, dass ein Kreditinstitut die Adressenrisiken aus von ihm gewährten Krediten mit acht Prozent haftendem Eigenkapital zu unterlegen hat. Steht dem Kreditinstitut nicht ausreichend haftendes Eigenkapital zur Unterlegung des geplanten Kredits zur Verfügung bzw. ist das vorhandene haftende Eigenkapital bereits zur Unterlegung der Adressenrisiken aus anderen Krediten verbraucht, so kann es den Kredit alleine nicht ausreichen, ohne gegen diese bankenaufsichtsrechtliche Vorschrift zu verstoßen. Somit ist es auf die Zusammenarbeit mit anderen Kreditinstituten angewiesen, die derart ausgestaltet sein muss, dass die gemeinsame Kreditgewährung durch das Kreditkonsortium zu einer Belastung des haftenden Eigenkapitals des Kreditinstituts im Grundsatz I führt, die nicht höher ist als das dem Kreditinstitut noch zur Verfügung stehende unbelastete haftende Eigenkapital.

Eine andere bankenaufsichtsrechtliche Bestimmung (§§ 13-13b KWG) besagt, dass ein Kreditinstitut einen einzelnen Großkredit lediglich dann vergeben darf, wenn dieser die Obergrenze von 25 % seines haftenden Eigenkapitals bzw. seiner Eigenmittel nicht überschreitet. Ein **Großkredit** liegt dabei dann vor, wenn die Kredite eines Kreditinstituts an einen Kreditnehmer insgesamt zehn Prozent seines haftenden Eigenkapitals bzw. seiner Eigenmittel erreichen oder überschreiten. Auch in diesem Fall kann ein Kreditinstitut durch Zusammenschluss mit anderen Kreditinstituten zu einem Kreditkonsortium die bankenaufsichtsrechtlichen Anforderungen einhalten, wenn im Konsortialvertrag seine Haftung auf den maximal zulässigen Betrag beschränkt wird.

Schließlich kann der Grund für eine gemeinsame Kreditvergabe durch ein Bankenkonsortium auch darin liegen, dass der Kreditnehmer Wert darauf legt, dass bei einer Kreditaufnahme alle seine Bankverbindungen berücksichtigt werden (Rösler/Mackenthun/Pohl 2002, S. 186). Durch die Verschuldung bei mehreren Kreditinstituten kann er vermeiden, dass er von einem einzelnen Kreditgeber abhängig wird, und so seine Verhandlungsposition gegenüber den Kapitalgebern verbessern.

2.4 Arten von Kreditkonsortien

Je nachdem, welche Aspekte betrachtet werden, können verschiedene Kreditkonsortien unterschieden werden. Wird die Dauerhaftigkeit des Kreditkonsortiums in den Vordergrund der Betrachtung gerückt, so lassen sich zeitlich befristete Konsortien von den bereits in Abschnitt 2.1 erwähnten Dauerkonsortien unterscheiden.

Eine andere Einteilung unterscheidet zwischen Innenkonsortien und Außenkonsortien. Bei einem **Außenkonsortium** treten die am Konsortium beteiligten Kreditinstitute nach außen hin in Erscheinung. Der Kreditnehmer kann somit erkennen, welche Kreditinstitute in dem Konsortium vertreten sind. Dies bedeutet jedoch nicht, dass der Kreditnehmer mit jedem der im Kreditkonsortium vertretenen Kreditgeber zu verhandeln hat. In dem Konsortialvertrag ist vielmehr ein Kreditinstitut als federführende Bank festgelegt worden, das für die übrigen Konsortialmitglieder in offener Stellvertretung handelt und die Kreditverhandlungen mit dem Kreditnehmer führt. Dies bedeutet, dass die von dem Konsortialführer abgegebenen Willenserklärungen für die übrigen, von ihm vertretenen Konsorten unmittelbar bindende Wirkung besitzen (Delorme/Hoessrich 1971, S. 22). Somit tritt jedes Konsortialmitglied in eine unmittelbare vertragliche Beziehung zu dem Kreditnehmer.

Beim **Innenkonsortium**, das auch stilles Konsortium genannt wird, ist für den Kreditnehmer hingegen weder ersichtlich, wer an dem Konsortium beteiligt ist, noch dass ein Konsortium überhaupt vorliegt. In diesem Fall schließt das federführende Kreditinstitut den Kreditvertrag mit dem Kreditnehmer im eigenen Namen ab, ohne dass der Kreditnehmer erfährt, dass es für Rechnung der übrigen am Kreditkonsortium beteiligten Konsorten gehandelt hat. Durch den Abschluss eines Konsortialvertrags stehen die Konsorten in unmittelbarer gesellschaftsrechtlicher Beziehung zueinander und haben die gleichen Rechte und Pflichten.

Von dem Innenkonsortium ist die häufig bei Konsortialkrediten Anwendung findende **Unterbeteiligung** zu unterscheiden. Durch den Einzelgesellschaftsvertrag, der zwischen dem die Unterbeteiligung abgebenden Konsortialmitglied und einem weiteren, nicht dem Konsortium angehörenden Kreditinstitut geschlossen wird, entsteht ein Vertragsverhältnis, das allgemein als eine Gesellschaft bürgerlichen Rechts charakterisiert werden kann (Kümpel 2000, S. 1297). In dem Einzelgesellschaftsvertrag werden die Rechte und Pflichten des die Unterbeteiligung abgebenden Kreditinstituts und des die Unterbeteiligung abnehmenden Kreditinstituts geregelt. Der Abschluss einer Unterbeteiligung begründet gesellschaftsrechtliche Beziehungen ausschließlich zwischen dem abgebenden Kreditinstitut und dem abnehmenden Kreditinstitut, nicht hingegen zwischen abnehmendem Kreditinstitut und dem Kreditnehmer und auch nicht zwischen dem abnehmenden Kreditinstitut und den übrigen Konsortialmitgliedern. Es entstehen somit genauso viele Gesellschaften, wie Unterbeteiligungen abgegeben wurden (Scholze 1973, S. 25).

Eine andere Differenzierung stellt darauf ab, ob der Konsortialkredit grenzüberschreitend ist oder nicht. Haben sämtliche im Kreditkonsortium vertretenen Kreditinstitute dieselbe Nationalität wie der Kreditnehmer, so wird von einem Inlands-Konsortialkredit gesprochen, andernfalls handelt es sich um einen Auslands-Konsortialkredit, auch internationaler Konsortialkredit genannt. Dies bedeutet, dass ein Auslands-Konsortialkredit immer dann vorliegt, wenn mindestens einer der Konsorten eine andere Nationalität hat als der Kreditnehmer (Delorme/Hoessrich 1971, S. 45). Es ist allerdings festzustellen, dass insbesondere größere Kreditfinanzierungen üblicherweise nicht mehr ausschließlich von inländischen Kreditinstituten durchgeführt werden, sondern dass die Kreditkonsortien international besetzt sind. Insofern hat die Einteilung in Inlands-Konsortialkredite und Auslands-Konsortialkredite in der Praxis stark an Bedeutung verloren.

3. Asset Backed Securities

3.1 Begriff und Ursprung der Asset Backed Securities

Unter dem Begriff „**Asset Backed Securities**“ (ABS) sind **Wertpapiere** oder **Schuldscheine** zu verstehen, die Zahlungsansprüche gegen eine ausschließlich für die Durchführung der ABS-Transaktion gegründete **Zweckgesellschaft** zum Gegenstand haben (Bundesaufsichtsamt für das Kreditwesen 1997, S. 1). Die Zahlungsansprüche werden durch einen Bestand zumeist unverbriefter Forderungen („assets") gedeckt („backed"), die von einem Unternehmen, dem Forderungsverkäufer, auf die Zweckgesellschaft übertragen werden und im Wesentlichen den Inhabern der Asset Backed Securities, also den Investoren, als Haftungsmasse zur Verfügung stehen. Bei Asset Backed Securities handelt es sich demnach um durch Vermögenswerte (insbesondere unverbriefte Forderungen) gedeckte (gesicherte) Wertpapiere oder Schuldscheine. Eine Sonderform der Asset Backed Securities – und zugleich ihr Ursprung – sind die Mortgage Backed Securities (MBS), denen grundpfandrechtlich gesicherte Forderungen (Hypothekendarlehen) zu Grunde liegen (Deutsche Bundesbank 1997, S. 57).

Die Bedienung der Asset Backed Securities erfolgt aus den Zahlungsströmen, die sich aus den Zins- und Tilgungszahlungen der Forderungsschuldner „für die an die Zweckgesellschaft veräußerten Forderungen ergeben" (Deutsche Bundesbank 1997, S. 57 f.). Die im Rahmen einer ABS-Transaktion neu geschaffenen Finanztitel werden – gegebenenfalls unter Einschaltung eines Bankenkonsortiums – entweder an organisierten Finanzmärkten (öffentliche Platzierung) oder an nicht organisierten Finanzmärkten (private Platzierung) untergebracht; ihre Laufzeit bewegt sich in der Regel zwischen einem Jahr und fünf Jahren (Benner 1988, S. 403 f.). Die Laufzeit der Mortgage Backed Securities ist dagegen eher im langfristigen Bereich zwischen 10 und 30 Jahren anzusiedeln (Arbeitskreis „Finanzierung" der Schmalenbach-Gesellschaft – Deutsche Gesellschaft für Betriebswirtschaft e. V. 1992, S. 508). Typische Erwerber von Asset Backed Securities sind Kreditinstitute, Versicherungen sowie Pensions- und Investmentfonds.

3.2 Konstruktionsmerkmale von Asset Backed Securities

Bei der Begebung von Asset Backed Securities handelt es sich um eine Form der Mittelbeschaffung, die ebenso wie das Factoring sowie die Forfaitierung dem Bereich der objektgestützten Finanzierung zugeordnet werden kann (Benner 1988, S. 409). Bei einer objektgestützten Finanzierung werden Kreditmittel nicht im Hinblick auf die Kreditwürdigkeit des Kreditnehmers, sondern allein gestützt auf die Werthaltigkeit und Ertragskraft einzelner Vermögenswerte überlassen (Meiswinkel 1989, S. 1). Dabei ist die Idee, die hinter einer Asset-Backed-Finanzierung steht, alles andere als neu. Denn das Prinzip der Besicherung der in einer Schuldverschreibung verbrieften Gläubigeransprüche durch einen reservierten Zugriff der Gläubiger auf bestimmte Vermögensgegenstände des Schuldners hat gerade in Deutschland eine lange Tradition und spiegelt sich im Pfandbrief als einem durch Hypothekendarlehen gedeckten Wertpapier wider.

Die Neuartigkeit der Asset Backed Securities liegt indessen in der Abwicklungstechnik begründet, die bei Inanspruchnahme dieses Finanzierungsinstruments angewandt wird (vgl. zu den Überlegungen Everling 1993, S. 82; Früh 1995, S. 105). Eine ABS-Transaktion ermöglicht den Anschluss an die nationalen und internationalen Geld- bzw. Kapitalmärkte, indem sie ursprünglich nicht handelbare Vermögenspositionen in fungible Wertpapiere oder andere leicht handelbare Schuldtitel wie Schuldscheindarlehen umformt (Paul 1991, S. 23). Damit verbunden ist die vorzeitige Freisetzung des insbesondere in Forderungsbeständen gebundenen Kapitals (Benner 1988, S. 404; Paul 1993, S. 848). Süchting (1995, S. 410) prägt diesbezüglich das Bild des Auftauens von Forderungen vor allem aus dem Massengeschäft.

Die in der Realität vorzufindenden **ABS-Emissionen** zeichnen sich durch eine vergleichsweise große Heterogenität aus. Die Ursache hierfür liegt in der individuellen Ausgestaltungsmöglichkeit dieses Finanzierungsinstruments; es kann flexibel auf die Bedürfnisse des Forderungsverkäufers sowie der Investoren zugeschnitten werden. Dennoch lassen sich die zum Teil sehr komplexen ABS-Transaktionen auf eine gemeinsame Grundstruktur zurückführen (zur Beschreibung der Grundkonzeption einer Asset-Backed-Finanzierung vgl. insbesondere Arbeitskreis „Finanzierung" der Schmalenbach-Gesellschaft – Deutsche Gesellschaft für Betriebswirtschaft e. V. 1992, S. 500 ff.). Die Konstruktionselemente und die Beteiligten sowie den Ablauf einer Finanzierung über die Platzierung von Asset Backed Securities zeigt Übersicht 2, wobei die dort dargestellte Konzeption einer ABS-Transaktion für den Verkauf unterschiedlicher Forderungsarten – etwa von Hypothekendarlehen oder von Leasingforderungen – exemplarischen Charakter hat. Sie verdeutlicht zudem die Vielschichtigkeit einer Finanzierung durch Asset Backed Securities.

Im Mittelpunkt steht das bereits angesprochene Beziehungsgeflecht zwischen Forderungsverkäufer, Zweckgesellschaft und Investoren. Darüber hinaus wirkt bei einer üblichen ABS-Transaktion allerdings noch eine Vielzahl weiterer Beteiligter unter Wahrnehmung ganz unterschiedlicher Aufgaben mit. Es sind dies insbesondere ein Arrangeur, ein Sponsor, ein Serviceagent, eine Zahlstelle (Paying Agent), ein Treuhänder, verschiedene Sicherungsgeber sowie mindestens eine Ratingagentur. Mitunter übernehmen einzelne der genannten Akteure auch mehrere Tätigkeiten zugleich.

3.3 Vor- und Nachteile der Unternehmensfinanzierung mittels Asset Backed Securities

Die Bereitschaft von Unternehmen, die Refinanzierung von Forderungen durch die Emission von Asset Backed Securities vorzunehmen, erklärt sich aus mehreren Vorteilen.

Ein wesentlicher Vorteil aus Sicht des Forderungsverkäufers liegt in der Erschließung zusätzlicher, bisher unausgeschöpfter **Finanzierungsquellen**. ABS-Transaktionen ermöglichen durch die Monetisierung von Forderungsbeständen im Wege der wertpapiermäßigen Verbriefung den direkten Zugang zu den Geld- und Kapitalmärkten und damit zu neuen Investorenkreisen. Für dieses Vorgehen ist insbesondere das vom Forderungsverkäufer ansonsten nicht erreichbare, im Vergleich zu herkömmlichen Finanzierungsinstrumenten niedrigere Niveau der unmittelbaren Geldbeschaffungskosten maßgebend (Benner 1988,

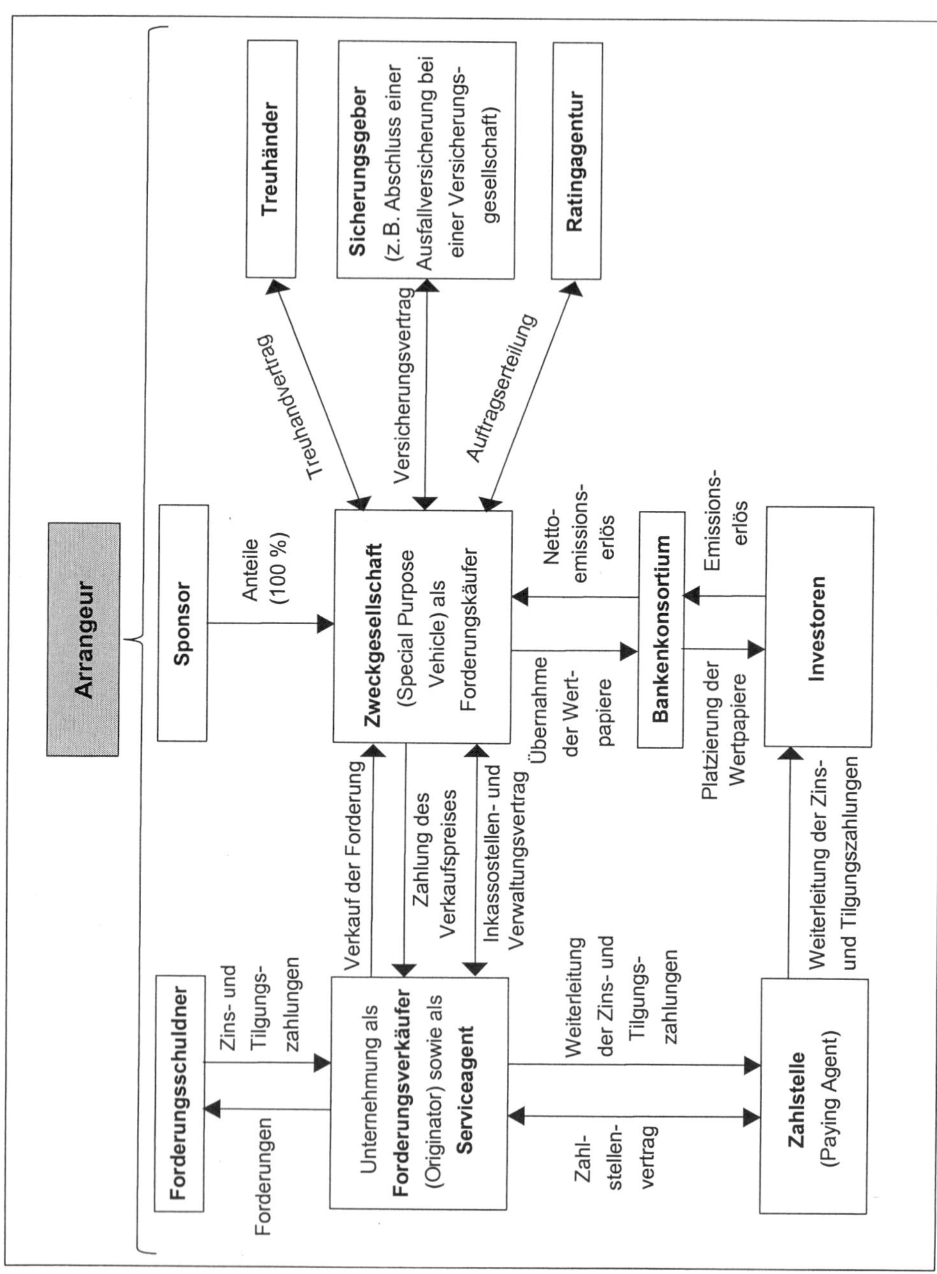

Quelle: In Anlehnung an Waschbusch 1998, S. 410.

Übersicht 2: Die Grundstruktur einer ABS-Transaktion

S. 410). Da bei Asset Backed Securities das Rating der Emission weniger an der Bonität des Forderungsverkäufers, sondern vielmehr an der Qualität der übertragenen Forderungen sowie der wirtschaftlichen und juristischen Stimmigkeit der Gesamtkonstruktion ausgerichtet ist, können auch Unternehmen, die nicht über ein erstklassiges Emissionsstanding verfügen, Marktkonditionen in der Nähe von Triple A-Anleihen realisieren (Benner 1988, S. 410).

Weitere Vorteile von Asset Backed Securities hängen davon ab, wie die vorzeitig gewonnene **Liquidität** eingesetzt wird (vgl. hierzu sowie zum Folgenden Arbeitskreis „Finanzierung" der Schmalenbach-Gesellschaft – Deutsche Gesellschaft für Betriebswirtschaft e. V. 1992, S. 519). Dem Forderungsverkäufer eröffnen sich hier grundsätzlich zwei Alternativen. Zum einen kann er die Liquidität dazu nutzen, Verbindlichkeiten abzubauen. Hierdurch sinkt die Bilanzsumme, und es kommt zu einer Erhöhung der **Eigenkapitalquote** sowie zu einer Verbesserung weiterer finanzwirtschaftlicher Kennzahlen wie z. B. des Kapitalumschlags sowie des Verschuldungsgrades. Damit verbunden ist die Hoffnung auf eine Erhöhung der Verschuldungskapazität sowie eine Senkung der unmittelbaren Kapitalaufbringungskosten des Unternehmens für zukünftige Kredite. Die zusätzlich erlangte Liquidität kann zum anderen aber auch in ertragreichere Aktiva als bisher reinvestiert werden. Insofern steigt die Investitionsfähigkeit des die Forderungen veräußernden Unternehmens, ohne dass es der Aufnahme weiteren Fremd- oder Eigenkapitals bedarf.

Neben den angeführten Vorteilen sind Asset-Backed-Finanzierungen jedoch auch mit gewissen Nachteilen verbunden. An erster Stelle ist dabei auf die nicht unerheblichen Kosten einer ABS-Transaktion, insbesondere die einmaligen und laufenden **Emissionskosten**, zu verweisen. Zur erstgenannten Kategorie sind bei der Begebung von Asset Backed Securities unter anderem die Kosten der Vorbereitung und Strukturierung der Transaktion sowie – im Falle einer öffentlichen Platzierung – der Auflegung und **Börseneinführung** der Wertpapiere zu rechnen. Neben diesen einmaligen Emissionskosten fallen während der gesamten ABS-Transaktionsdauer laufende Drittleistungskosten an. Konkret handelt es sich hierbei um laufende Kosten beispielsweise für den Treuhänder, den Serviceagenten, die Sicherungsgeber, die Ratingagenturen und das Bankenkonsortium (Benner 1988, S. 414).

Als nachteilig wird zudem von potenziellen Interessenten an einer Asset-Backed-Finanzierung die zumeist langwierige Vorbereitungsphase einer solchen Transaktion empfunden (Wulfken/Weller 1992, S. 646). Vorlaufzeiten von mehreren Monaten bis zu einigen Jahren sind nicht unüblich.

Schließlich bestehen Befürchtungen, die Verbriefung von Forderungen könne von Außenstehenden als letzter finanzieller Rettungsanker aufgefasst werden (vgl. zu diesem Gesichtspunkt Arbeitskreis „Finanzierung" der Schmalenbach-Gesellschaft – Deutsche Gesellschaft für Betriebswirtschaft e. V. 1992, S. 519, S. 524). Dieser möglichen Gefahr für den Forderungsverkäufer kann jedoch entgegengewirkt werden, indem der Forderungsverkauf als stille Zession vereinbart wird und der Forderungsverkäufer selbst Serviceagent bleibt. Aber auch im Falle einer offenen Abtretung dürfte ein Imageschaden nur dann auftreten, wenn es nicht gelingt, im Rahmen einer offensiven Informationspolitik derartige Einschätzungen zu korrigieren.

4. Venture Capital

4.1 Der Begriff des Venture Capital

In der Literatur haben sich als deutschsprachige Synonyme für **Venture Capital** die Begriffe „**Wagniskapital**", „**Risikokapital**", „**Chancenkapital**", „**Innovationskapital**", „**Beteiligungskapital**", „**Hoffnungskapital**" und „**Spekulationskapital**" herausgebildet. Teilweise wird auch der Terminus „**Private Equity**" verwandt (Bell 1999, S. 53; Büschgen 1986, S. 278; Leopold 1999, S. 470; May 1985, S. 4; Neuss 1999, R 109; Wolff-Simon 1999, S. 16; Zemke 1998, S. 212). Unter dem Begriff „Venture Capital" (VC) versteht man allgemein eine spezielle Form der langfristigen, aber zeitlich begrenzten Unternehmens- und Innovationsfinanzierung mit risikotragendem, in einer Unternehmenskrise haftenden Eigenkapital oder mit eigenkapitalähnlichem Kapital, verbunden mit der aktiven unternehmerischen Beratung und Betreuung des zu finanzierenden Unternehmens ohne Beeinflussung des laufenden Tagesgeschäfts (Grisebach 1989, S. 3 ff.; Leinberger 1998, S. 217; Merkle 1984, S. 1060; Otto 1997, S. 1139; Zemke 1998, S. 215). In der Regel wird von der VC-Gesellschaft zwecks Wahrung der Autonomie des **Existenzgründers** bzw. des „wachsenden Unternehmers" nur eine **Minderheitsbeteiligung** gehalten (Breuer 1997, S. 325; Büschgen 1986, S. 280; Damisch 1990, S. 602, S. 604; Frommann 1995, S. 373; Klandt 1999, S. 193). Adressaten stellen kleine bzw. mittlere innovative und tendenziell technologieorientierte, (junge) nicht emissionsfähige und nicht börsennotierte Unternehmen mit geringer **Eigenkapitalausstattung** und hohen Wachstumspotenzialen dar (Hertz-Eichenrode 1998, S. 206; Leinberger 1998, S. 216; Pfeifer 1999, S. 1665 f.), die allerdings komplexen unternehmerischen Aufgaben gegenüberstehen und zur Entscheidungsfindung auf externe Hilfe angewiesen sind (Kühr 1990, S. 607 f.). Letzterer Aspekt lässt sich auf die überwiegend technische Ausbildung und Erfahrung der Unternehmensgründer zurückführen, wobei die VC-Gesellschaft die zusätzlich benötigten betriebswirtschaftlichen und branchenbezogenen Kenntnisse zur Eindämmung der Risiken einbringt (Breuer 1997, S. 327; Koban 1994, S. 15; Rüttgers 1997, S. 206; Stedler 1996, S. 76). Aus diesem Grund soll im Folgenden unter dem Terminus „Know-how" das betriebswirtschaftliche und branchenbezogene Know-how verstanden werden.

4.2 Die Abgrenzung zum Bankkredit

Im Bereich der Zins- und Tilgungsleistungen ist zu konstatieren, dass dieser Kapitaldienst im Rahmen einer VC-Finanzierung während der Laufzeit in der Regel nicht anfällt und daraus resultierend die Liquidität des Unternehmens nicht belastet wird (Breuer 1997, S. 325). Ferner ist festzustellen, dass ein Mangel an beleihungsfähigen **Sicherheiten** die

VC-Finanzierung nicht beeinflusst, da die Kapitalgewährung ausschließlich auf Grund einer Projektidee und der damit verbundenen Ertragsaussichten erfolgt (Büschgen 1986, S. 278; Jahrmann 1999, S. 261). Ein Investitionsvorhaben, das vor allem in der Entwicklungs- oder Gründungsphase extern finanziert werden soll, ist für eine notwendige **Kreditwürdigkeitsprüfung** weniger geeignet, da eine (bilanzorientierte) Beurteilung des Unternehmens anhand von Vergangenheitsdaten nicht möglich ist; hierbei muss auf eine zukünftige (dynamische) Betrachtungsweise abgestellt werden (Büschgen 1999, S. 16).

Es darf jedoch nicht gemutmaßt werden, dass die VC-Finanzierung eine Ablösung der **Fremdfinanzierung** bezwecken soll. Die VC-Finanzierung kann und möchte auch nicht das alleinige Finanzierungsinstrument darstellen. Somit ist der Existenzgründer ebenfalls auf die Inanspruchnahme von öffentlichen Finanzierungshilfen und **Bankkrediten** angewiesen, sodass ein Unternehmen aus privatem Gründungskapital, öffentlichen Finanzierungshilfen, Venture Capital und Bankkrediten finanziert wird (Wolff-Simon 1999, S. 20). Die Einführung der VC-Finanzierung dient dazu, eine neue und alternative Finanzierungsform zu entwickeln, die allerdings in der Regel ein komplexeres Finanzierungsinstrument als die reine (externe) Fremdfinanzierung darstellt (vgl. dazu näher Leinberger 1998, S. 216 f.).

Die beiden eben genannten Finanzierungsmöglichkeiten – Venture Capital und Bankkredit – stehen somit in stetigem Wettbewerb miteinander (Otto 1997, S. 1132). Allerdings darf nicht übersehen werden, dass auch Verknüpfungen gegeben sind: So erhöht eine Finanzierung mit Venture Capital ceteris paribus die Eigenkapitalquote des Unternehmens und trägt somit bei etwaigen späteren Kreditverhandlungen zu einer verbesserten Darstellung des Unternehmensbildes bei (Büschgen 1999, S. 242; Frommann 1991, S. 732; Seibert 1998, S. 231). Ferner wird durch die gefestigtere Eigenkapitalposition sowie durch die fachmännische Betreuung und Beratung des Existenzgründers durch die VC-Gesellschaft das Ansehen bei Geschäftspartnern erhöht (Kellndorfer 1990, S. 600; Schmidt 1988, S. 184).

4.3 Die Abgrenzung zu anderen Kapitalbeteiligungsgesellschaften

Bezüglich der Einordnung von VC-Gesellschaften in die Systematik der **Kapitalbeteiligungsgesellschaften** sind mehrere Gliederungsvarianten denkbar. Im Folgenden wird auf die vom Bundesverband Deutscher Kapitalbeteiligungsgesellschaften (BVK) vorgenommene Einteilung Bezug genommen. In diesem Zusammenhang sind die VC-Gesellschaften den Kapitalbeteiligungsgesellschaften untergeordnet (Beyel 1987, S. 657, für den VC-Gesellschaften eine Sonderform der Kapitalbeteiligungsgesellschaften darstellen), wie Übersicht 3 verdeutlicht.

Im Rahmen von Übersicht 3 wird auf eine eher klassische Sichtweise abgestellt, die klare und eindeutige Grenzen zwischen VC-Gesellschaften und anderen Kapitalbeteiligungsgesellschaften zieht, wie sie bis zum Ende der siebziger Jahre noch erkennbar waren (Fanselow/Stedler 1988, S. 555; bezüglich der historischen Unterschiede zwischen Kapitalbeteiligungsgesellschaften und VC-Gesellschaften vgl. Grisebach 1989, S. 13). Festzustellen ist hingegen, dass seit Mitte der achtziger Jahre eine Auslegung des Begriffs „Venture Capital“ in Deutschland gemäß der im angelsächsischen Sprachgebrauch üblichen Definition, nach der die VC-Finanzierung in den unterschiedlichsten **Unternehmensphasen** stattfindet (Fanselow/Stedler 1988, S. 554), erfolgt und somit die Aufgabenbereiche von VC-Gesellschaften und den in Übersicht 3 als **Universalbeteiligungsgesellschaften** bezeichneten Unternehmen ineinander übergehen bzw. sich zum Teil auch umkehren (Wöhe 2002, S. 685).

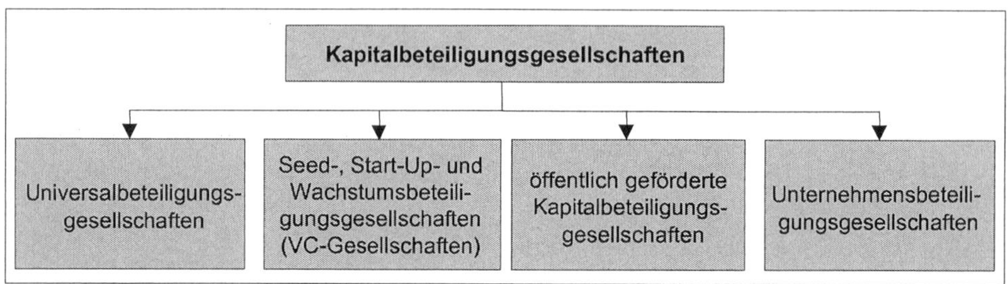

Quelle: In Anlehnung an: Bundesverband Deutscher Kapitalbeteiligungsgesellschaften – German Venture Capital Association e. V. 1999, S. 87.

Übersicht 3: Einteilung der Kapitalbeteiligungsgesellschaften nach dem BVK

Im Gegensatz zu den keine bestimmte Branche und Region präferierenden Universalbeteiligungsgesellschaften (Beyel 1987, S. 658; Frommann 1991, S. 732; Wöhe/Bilstein 1998, S. 140), die sich innerhalb des **Lebenszyklus** eines Unternehmens vorwiegend auf zeitlich fortgeschrittenere Phasen spezialisieren, berührt die VC-Finanzierung eher die Gründung und somit die schwierigste Phase eines Unternehmens (vgl. auch Beyel 1988, S. 776; Breuel 1988, S. 583; Büschgen1986, S. 278; Damisch 1990, S. 601; Fischer 1987, S. 18; Jahrmann 1999, S. 256; Leopold/Frommann 1998, S. 64 f.). Aus diesem Grund wird im Folgenden der Begriff des Venture Capital untergliedert in eine engere Begriffsdefinition, die sich auf die „traditionellen“ Bereiche der VC-Finanzierung erstreckt, und in eine weitere Begriffsdefinition, die die „neuartigen“ Aufgabengebiete der VC-Finanzierung bezeichnen soll (Leopold 1999, S. 470). In Übersicht 4 ist das Venture Capital in Abhängigkeit von der Lebensphase eines Unternehmens näher untergliedert.

In den folgenden Ausführungen sind sowohl die öffentlich geförderten Kapitalbeteiligungsgesellschaften – dies sind jene Gesellschaften, die öffentliche Fördermittel im Finanzierungsprozess einsetzen (vgl. hierzu Bieg/Kußmaul 2000, S. 88 ff.; Wöhe/Bilstein 1998, S. 141) – als auch diejenigen (privatwirtschaftlichen) Kapitalbeteiligungsgesellschaften Gegenstand der Betrachtungen, die in Anlehnung an Übersicht 4 Foundation-Venture Capital (Venture Capital i.e.S.) zur Verfügung stellen (unter Umständen Universalbeteiligungsgesellschaften sowie Seed-, Start-Up- und Wachstumsbeteiligungsgesellschaften; VC-Gesellschaften gemäß Übersicht 3) (Wolff-Simon 1999, S. 16).

Venture Capital	
Foundation-Venture Capital (Venture Capital i.e.S.)	**Merchant-Venture Capital (Venture Capital i.w.S.)**
• Seed-Phase } Early Stage • Start-Up-Phase } Early Stage • First Stage • Expansion Stage	• Later Stage (z. B. Akquisitionen, Sanierungen, Management Buy-Out/ Management Buy-In)

Quelle: In Anlehnung an: Bell 1999, S. 53; Fanselow 1998, S. 208.

Übersicht 4: Gliederung des Venture Capital in Abhängigkeit von der Lebensphase eines Unternehmens

Ausgehend von Übersicht 4 lässt sich generell konstatieren, dass die Finanzierung mit Foundation-Venture Capital auf Grund der erst eintretenden bzw. erst eingetretenen Lebensphase des Unternehmens risikoreicher ist als die Finanzierung mit Merchant-Venture Capital (vgl. auch Schmidt 1988, S. 185). In Verbindung mit der VC-Finanzierung lässt sich feststellen, dass – ausgehend von einem Unternehmensgründer – mit zunehmendem Alter des Unternehmens auch dessen **Investitionsrisiko** und somit auch die Attraktivität der VC-Finanzierung an Bedeutung verlieren (Keuschnigg/Strobel/Tykvová 1999, S. 15).

Unternehmensbeteiligungsgesellschaften, die im Folgenden nicht näher betrachtet werden, stellen ebenfalls Kapitalbeteiligungsgesellschaften dar; allerdings unterliegen sie den restriktiven Vorschriften des Gesetzes über Unternehmensbeteiligungsgesellschaften (UBGG) (vgl. hierzu z. B. Kußmaul 1999, S. 314 ff.).

4.4 Die Finanzierung mit Venture Capital

4.4.1 Die generelle Funktionsweise

Den Ausgangspunkt der Überlegungen bildet ein junges mittelständisches Unternehmen, das Eigenkapital benötigt und sich mittels der VC-Gesellschaft finanzieren möchte. Mit der Gewährung des Eigenkapitals geht die VC-Gesellschaft eine Beteiligung an diesem Unternehmen ein. Da die VC-Gesellschaft als solche in der Regel wenig eigenes Kapital, sondern Finanzmittel von externen Dritten in das junge Unternehmen investiert, muss sie sich refinanzieren. Hierbei kommt die **Refinanzierung** aus privaten und öffentlichen Mitteln in Betracht (Beyel 1988, S. 777). Im Rahmen der privaten Refinanzierung bietet die VC-Gesellschaft (externen) Kapitalgebern – so genannten VC-Financiers – im Rahmen eines **Fonds** eine bestimmte Beteiligung zur Zeichnung an ihrem eigenen Unternehmen an. Man spricht hierbei auch von einer so genannten indirekten Beteiligung, da die VC-Financiers nur mittelbar über die VC-Gesellschaft an dem Unternehmen des VC-Nehmers beteiligt sind (siehe Übersicht 5). Man unterscheidet zwischen offenen und geschlossenen Fonds. Unter einem offenen Beteiligungsfonds versteht man ein bestimmtes Konzept der Mittelaufbringung, wobei dieser für einen offenen Zeitraum konzipiert wird und für weitere Investoren offen steht. Im Rahmen eines geschlossenen Fonds wird dieser nach Zeichnung des gesamten Kapitals für weitere Investoren geschlossen (Frommann 1995, S. 381 f.). Die Investoren profitieren hierbei von der Entwicklung sämtlicher im Fonds befindlichen Vermögenswerte. Für diesen Kapitalgeberstamm bietet die Anlageform einerseits einen Anreiz, weil dadurch im Vergleich zu Aktien oder festverzinslichen Wertpapieren eine überdurchschnittlich hohe Rendite erzielt werden kann. Andererseits ist anzuführen, dass die VC-Financiers sowohl auf die Erfahrung der VC-Gesellschaft bezüglich der Auswahl des VC-Nehmers als auch auf die Beratungskompetenz der VC-Gesellschaft während der Laufzeit des Venture Capital vertrauen müssen. Um das Ausfallrisiko der Beteiligungen zu vermindern, werden im Rahmen des Fonds Beteiligungen an mehreren jungen Unternehmen in verschiedenen Lebensphasen, unterschiedlichen Branchen sowie verschiedenen technologischen Richtungen gehalten (Breuel 1988, S. 582; Fischer 1987, S. 11). Somit wird das Risiko einer Beteiligung durch die Chance einer anderen gehaltenen Beteiligung ausgeglichen (vgl. hierzu Büschgen 1985, S. 226); man spricht in diesem Rahmen auch von einer Risikodiversifizierung oder Risikostreuung. Bei der Refinanzierung aus öffentlichen Mitteln werden der VC-Gesellschaft günstige Darlehen im Rahmen öffentlicher Förderprogramme gewährt. Aus Sicht des VC-Nehmers hat die VC-Gesellschaft somit eine **Finanzierungsfunktion**, aus Sicht der VC-Financiers eine **Investmentfunktion** inne (Kußmaul 1999, S. 304).

Am Ende der Laufzeit erhält die VC-Gesellschaft ihre getätigte Einlage zuzüglich eines – aus der Wertsteigerung der an dem Unternehmen des Existenzgründers gehaltenen Anteile resultierenden – Gewinns durch die Veräußerung zurück erstattet. Die VC-Gesellschaft ihrerseits erstattet die ihr zur Verfügung gestellten Geldleistungen an die VC-Financiers zuzüglich einer adäquaten Verzinsung (so genannte „Hurdle-Rate“) als Entgelt für die befristete Kapitalüberlassung und die Risikoübernahme im Rahmen der Liquidation des Fonds zurück (Fischer 1987, S. 14; Grisebach 1989, S. 61 f.). Dabei behält die VC-Gesellschaft einen Teil des Gewinns als Entgelt für ihre eigenen Leistungen zurück, während sie den Restbetrag an die VC-Financiers auszahlt (Neuss 1999, R 110). Hierbei wird deutlich, dass die VC-Gesellschaft als solche nur eine Vermittlerfunktion innehat. Allerdings besitzt sie neben der Finanzierungsfunktion auch eine Beraterfunktion, die sie aktiv ausübt. Zusammenfassend lässt sich eine VC-Gesellschaft als Mischung aus einem Beteiligungsfonds für Risikokapital und einer Unternehmensberatungsgesellschaft charakterisieren (Breuel 1988, S. 581, S. 587; Büschgen 1986, S. 280; Fanselow 1988, S. 554; Frommann 1995, S. 372, S. 376; Münch/Weber 1984, S. 570; Wöhe/Bilstein 1998, S. 142; Zapp 1986, S. 23). Eine Sonderform der VC-Gesellschaften stellen öffentliche Kapitalbeteiligungsgesellschaften dar, bei denen als VC-Financiers der Staat bzw. Institutionen des Staates fungieren. Während in Übersicht 5 obige Ausführungen nochmals grafisch zusammengefasst werden, stellt Übersicht 6 die Teilnehmer und deren Zusammenwirken in einem formellen VC-Markt dar.

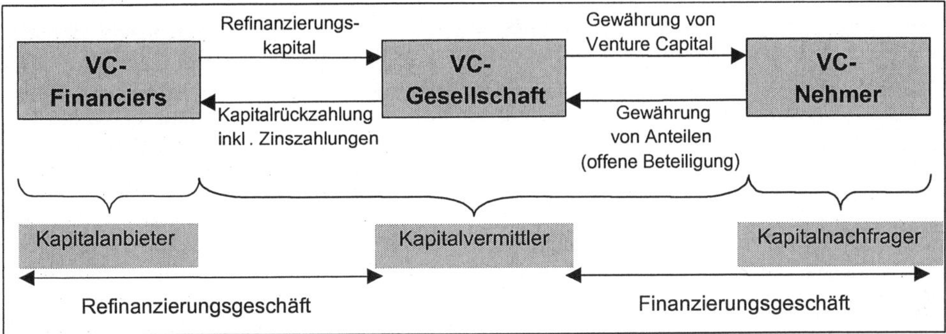

Quelle: Kußmaul/Richter 2000, S. 1159.

Übersicht 5: Schematische Funktionsweise einer Finanzierung mit Venture Capital

Ein informeller VC-Markt, von dem im Folgenden abstrahiert wird, liegt genau dann vor, wenn keine die Vermittlungsfunktion wahrnehmende VC-Gesellschaft existent ist. Somit wären in Übersicht 5 die VC-Financiers mit den VC-Gebern identisch. Die auf diesem Markt auftretenden Privatpersonen bezeichnet man unter Zugrundelegung der im VC-Gebrauch häufig verwendeten Anglizismen auch als so genannte „**Business Angels**" (Bell 1999, S. 53 f.; Zemke 1998, S. 213). Diese direkte Form der VC-Finanzierung ist in Deutschland noch wenig präsent (Fanselow 1998, S. 210). Ein möglicher Grund hierfür mag die im Gegensatz zu einem Fonds mangelnde Risikostreuung und das fehlende betriebswirtschaftliche Know-how einzelner Personen sein (Breuel 1988, S. 589; Fischer 1987, S. 11; Grisebach 1989, S. 8, S. 79).

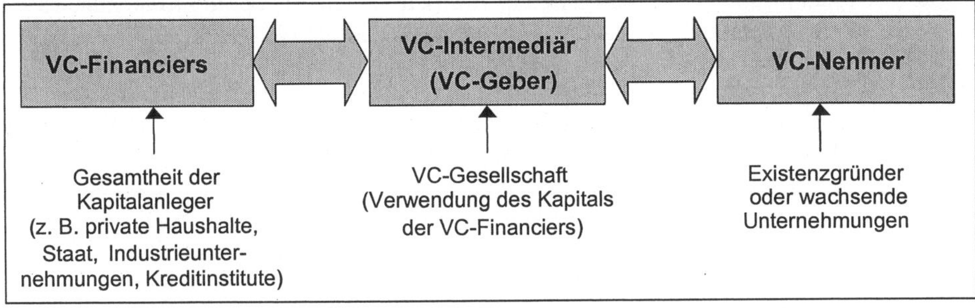

Quelle: Kußmaul/Richter 2000, S. 1159.

Übersicht 6: Struktureller Aufbau eines formellen VC-Marktes

4.4.2 Ausgewählte Beteiligungsformen

Die Gewährung von Eigenkapital einer VC-Gesellschaft vollzieht sich dadurch, dass die VC-Gesellschaft an dem Unternehmen des Existenzgründers oder dem wachsenden Unternehmen eine **Beteiligung** eingeht. Hierbei sind verschiedene Gestaltungsvarianten denkbar, wobei zwischen der offenen und der stillen Beteiligung unterschieden wird (Collrepp 1999, S. 242; Frommann 1995, S. 372; Wöhe 2002, S. 684). Bei der offenen Beteiligung wird das Venture Capital in Form von Einlagen bzw. Grund- oder Stammkapital in das Unternehmen des VC-Nehmers eingebracht, wobei mit dem Eintritt Stimm- und Mitspracherechte einhergehen (Frommann 1991, S. 734) sowie eine Beteiligung an den stillen Reserven erfolgt (Otto 1997, S. 1140). Als **Beteiligungsform** kommen die Übernahme von Kommanditanteilen, GmbH-Stammanteilen sowie Aktien in Betracht. Die Beteiligung als Gesellschafter einer OHG oder als Komplementär einer KG wird aus haftungsrechtlichen Gründen in der Regel ausgeschlossen (Leopold/Frommann 1998, S. 145).

Im Gegensatz dazu stellen stille Beteiligungen Fremdkapital dar, wobei die Gewährung materiell wie eine Erhöhung des Eigenkapitals wirkt (Kußmaul 1999, S. 318). Es handelt sich hierbei um ein kreditähnliches Geschäft. Auf Grund der Tatsache, dass die Einlage „in das Vermögen des Inhabers des Handelsgeschäfts übergeht" (§ 230 Abs. 1 HGB), entsteht keine Beteiligung und somit auch generell kein Mitspracherecht. Weiterhin erfolgt keine Partizipation an den stillen Reserven, wobei als Ausgleich eine Wertzuwachspauschale vereinbart werden kann (Otto 1997, S. 1140). Allerdings ist der stille Gesellschafter (VC-Gesellschaft) berechtigt, den Jahresabschluss des VC-Nehmers zu verlangen und zu überprüfen (§ 233 HGB). Die VC-Gesellschaft haftet im Verlustfall nur bis zur Höhe ihrer getätigten Einlage (§ 232 Abs. 2 S. 1 HGB); die Verlustbeteiligung kann durch den Gesellschaftsvertrag ausgeschlossen werden (§ 231 Abs. 2 HGB), wobei dies im Rahmen öffentlicher Förderprogramme allerdings nicht üblich ist.

Generell bieten sich stille Beteiligungen an, wenn die VC-Gesellschaft nicht nach außen in Erscheinung treten möchte (Kußmaul 1999, S. 303) bzw. die Beteiligungs- und Stimmrechtsquoten (bei bereits gegründeten Unternehmen) unverändert bleiben und flexible vertragliche Gestaltungsmöglichkeiten erreicht werden sollen (Leopold/Frommann 1998, S. 147 f.); somit besteht zwischen der VC-Gesellschaft und dem VC-Nehmer ein reines Innenverhältnis, wobei nur der VC-Nehmer nach außen in Erscheinung tritt (Wöhe 2002).

Literatur

ARBEITSKREIS „FINANZIERUNG" DER SCHMALENBACH-GESELLSCHAFT – DEUTSCHE GESELLSCHAFT FÜR BETRIEBSWIRTSCHAFT E. V. (1992): Asset Backed Securities – ein neues Finanzierungsinstrument für deutsche Unternehmen?, in: Zeitschrift für betriebswirtschaftliche Forschung, 44. Jg., S. 495-530.

BELL, M. G. (1999): Venture Capital, in: Das Wirtschaftsstudium, 28. Jg., S. 53-56.

BENNER, W. (1988): Asset Backed Securities – eine Finanzinnovation mit Wachstumschancen?, in: Betriebswirtschaftliche Forschung und Praxis, 40. Jg., S. 403-417.

BEYEL, J. (1987): Kapitalbeteiligungsgesellschaften in der Bundesrepublik Deutschland, in: Der Langfristige Kredit, 38. Jg., S. 657-660.

BEYEL, J. (1988): Zur Geschäftspolitik von Kapitalbeteiligungsgesellschaften, in: Der Langfristige Kredit, 39. Jg., S. 775-777.

BIEG, H.; KRÄMER, G.; WASCHBUSCH, G. (2004): Bankenaufsicht in Theorie und Praxis, 2. Aufl., Frankfurt a.M.

BIEG, H.; KUßMAUL, H. (2000): Investitions- und Finanzierungsmanagement, Band 2, München.

BREUEL, B. (1988): Venture Capital, in: Christians, F.W. (Hrsg.): Finanzierungs-Handbuch, 2. Aufl., Wiesbaden, S. 577-598.

BREUER, R.-E. (1997): Venture Capital – besseres Umfeld ist notwendig, in: Die Bank, 37. Jg., S. 324-329.

BUNDESAUFSICHTSAMT FÜR DAS KREDITWESEN (1997): Veräußerung von Kundenforderungen im Rahmen von Asset-Backed Securities-Transaktionen durch deutsche Kreditinstitute – Rundschreiben Nr. 4/97 vom 19. März 1997, Geschäftsnummer I 3–21 – 3/95, Berlin.

BUNDESVERBAND DEUTSCHER KAPITALBETEILIGUNGSGESELLSCHAFTEN – GERMAN VENTURE CAPITAL ASSOCIATION E. V. (1999): Jahrbuch 1999, Berlin.

BÜSCHGEN, H. E. (1985): Venture Capital – der deutsche Ansatz, in: Die Bank, 25. Jg., S. 220-226.

BÜSCHGEN, H. E. (1986): Neue Tendenzen der Gründungs- und Wachstumsfinanzierung deutscher Unternehmen, in: Hofmann, P; Meyer-Cording, U.; Wiedemann, H. (Hrsg.): Festschrift für Klemens Pleyer zum 65. Geburtstag, Köln u. a., S. 271-285.

COLLREPP, F. VON (1999): Handbuch Existenzgründung, Stuttgart.

DAMISCH, H. E. (1990): Eigenkapitalverstärkung, in: Zeitschrift für das gesamte Kreditwesen, 43. Jg., S. 600-604.

DELORME, H.; HOESSRICH, H.-J. (1971): Konsortial- und Emissionsgeschäft, 2. Aufl., Frankfurt a.M.

DEUTSCHE BUNDESBANK (1997): Asset-Backed Securities in Deutschland: Die Veräußerung und Verbriefung von Kreditforderungen durch deutsche Kreditinstitute, in: Monatsbericht der Deutschen Bundesbank Juli 1997, S. 57-67.

EVERLING, O. (1993): Asset Securitisation in Europa, in: Die Bank, 33. Jg., S. 82-86.

FANSELOW, K.-H. (1998): Unternehmensbeteiligungen in Deutschland: Was ist erreicht? Was bleibt zu tun?, in: Zeitschrift für das gesamte Kreditwesen, 51. Jg., S. 208-211.

FANSELOW, K.-H.; STEDLER, H. R. (1988): Venture Capital in Deutschland, in: Die Bank, 28. Jg., S. 554-560.

FISCHER, L. (1987): Problemfelder und Perspektiven der Finanzierung durch Venture Capital in der Bundesrepublik Deutschland, in: Die Betriebswirtschaft, 47. Jg., S. 8-32.

FROMMANN, H. (1991): Die Rolle der Kapitalbeteiligungsgesellschaften in der Unternehmensfinanzierung, in: Der Langfristige Kredit, 42. Jg., S. 732-734.

FROMMANN, H. (1995): Venture Capital, in: Dieterle, W. K. M.; Winckler, E. M. (Hrsg.): Gründungsplanung und Gründungsfinanzierung, 2. Aufl., München, S. 370-388.

FRÜH, A. (1995): Asset Backed Securities/Securitization am Finanzplatz Deutschland, in: Betriebs-Berater, 50. Jg., S. 105-109.

GADANECZ, B. (2004): Struktur, Entwicklung und Bedeutung des Marktes für Konsortialkredite, in: Bank für Internationalen Zahlungsausgleich (Hrsg.): BIZ-Quartalsbericht Dezember 2004 – Internationales Bankgeschäft und internationale Finanzmärkte, Basel, S. 85-101.

GRISEBACH, R. (1989): Innovationsfinanzierung durch Venture Capital: eine juristische und ökonomische Analyse, München.

HERTZ-EICHENRODE, A. (1998): Venture Capital in Deutschland: Stimmen die Rahmenbedingungen?, in: Zeitschrift für das gesamte Kreditwesen, 51. Jg., S. 203-206.

JAHRMANN, F.-U. (1999): Finanzierung. 4. Aufl., Herne u. a.

KELLNDORFER, H. (1990): Mittelstandsförderung, in: Zeitschrift für das gesamte Kreditwesen, 43. Jg., S. 598-600.

KEUSCHNIGG, C.; STROBEL, P.; TYKVOVÁ, T. (1999): „Wagniskapital für das Saarland". Zur Finanzierung von Unternehmensgründungen und deren arbeitsmarktpolitische Wirkung, Projekt der Kooperationsstelle Hochschule und Arbeitswelt, Saarbrücken.

KLANDT, H. (1999): Der integrierte Unternehmensplan: Gründungsmanagement, München u. a.

KOBAN, H. (1994): Innovative Gründer finanzieren, in: Kreditpraxis, 20. Jg., S. 15-18.

KÜHR, T. W. (1990): Venture Capital, in: Zeitschrift für das gesamte Kreditwesen, 43. Jg., S. 607-608.

KÜMPEL, S. (2000): Bank- und Kapitalmarktrecht, 2. Aufl., Köln.

KUßMAUL, H. (1999): Kapitalbeteiligungsgesellschaften, in: Bünz, V.; Heinsius, E. W. (Hrsg.): Praxishandbuch Familiengesellschaften, begr. Freiburg i. Br. 1980 ff. (Loseblatt), Stand: 1999, Gruppe 4, Rdn. 1-71.

KUßMAUL, H.; RICHTER, L. (2000): Betriebswirtschaftliche Aspekte von Venture Capital-Gesellschaften und ihre Bedeutung im Hinblick auf Existenzgründungen: Einordnung, Funktionsweise, Beteiligungsformen, Finanzierungsphasen, in: Deutsches Steuerrecht, 4. Jg., S. 1155-1160.

LEINBERGER, D. (1998): Risikokapital für kleine und mittlere Unternehmen: Erfahrungen der Kreditanstalt für Wiederaufbau, in: Zeitschrift für das gesamte Kreditwesen, 51. Jg., S. 216-218.

LEOPOLD, G. (1999): Venture Capital – Das Eigenkapitalgeschäft mit kleinen und mittleren Unternehmen, in: Deutsches Steuerrecht, 3. Jg., S. 470-476.

LEOPOLD, G.; FROMMANN, H. (1998): Eigenkapital für den Mittelstand, München.

MAY, F. W. (1985): Venture Capital ist mehr als ein Wagnis, in: Der Bankkaufmann, 34. Jg., S. 4-5.

MEISWINKEL, C. (1989): Asset-Backed Securities, in: Mitteilungen aus dem Bankseminar der Rheinischen Friedrich-Wilhelms-Universität, Nr. 75, Bonn.

MERKLE, E. (1984): Venture Capital als Instrument des Technologiemanagements, in: Betriebs-Berater, 39. Jg., S. 1060-1064.

MÜNCH, D.; WEBER, H. (1984): Wagnisfinanzierung – eine Aufgabe der Kreditwirtschaft?, in: Zeitschrift für das gesamte Kreditwesen, 37. Jg., S. 568-571.

NEUSS, J.-J. (1999): Unternehmensfinanzierung durch Venture Capital-Fonds: Morgenröte einer neuen Gründerzeit?, in: GmbH-Rundschau, 90. Jg., Nr. 7, R 109-110.

OTTO, J. (1997): Venture Capital-Gesellschaften, Kapitalbeteiligungsgesellschaften und Unternehmensbeteiligungsgesellschaften nach dem UBGG, in: Assmann, H.-D.; Schütze, R. A. (Hrsg.): Handbuch des Kapitalanlagerechts, 2. Aufl., München, § 27, Rdn. 1-91.

PAUL, S. (1991): Zur Finanzierung über Asset Backed Securities, in: Süchting, J. (Hrsg.): Semesterbericht Nr. 34 des Instituts für Kredit- und Finanzwirtschaft an der Ruhr-Universität Bochum, Bochum, S. 21-32.

PAUL, S. (1993): Asset Backed Securities (ABS), in: Die Betriebswirtschaft, 53. Jg., S. 848-850.

PFEIFER, A. (1999): Venture Capital als Finanzierungs- und Beteiligungsinstrument, in: Betriebs-Berater, 54. Jg., S. 1665-1666.

POHL, H. (1989): Einführung, in: Der Wissenschaftliche Beirat des Instituts für bankhistorische Forschung e.V. (Hrsg.): Die Zusammenarbeit der Geldinstitute in Konsortien, Frankfurt a.M., S. 9-17.

RÖSLER, P.; MACKENTHUN, T.; POHL, R. (2002): Handbuch Kreditgeschäft, 6. Aufl., Wiesbaden.

RÜTTGERS, J. (1997): Technologieförderung als Instrument zur Stärkung des Mittelstandes, in: Sparkasse, 114. Jg., S. 206-208.

SCHMIDT, R. H. (1988): Venture Capital in Deutschland – ein Problem der Qualität?, in: Die Bank, 28. Jg., S. 184-187.

SCHOLZE, H. (1973): Das Konsortialgeschäft der deutschen Banken, Berlin.

SEIBERT, H.-D. (1998): Vier-Stufen-Modell der Venture Capital-Finanzierung, in: Zeitschrift für das gesamte Kreditwesen, 51. Jg., S. 231-233.

STEDLER, H. R. (1996): Eigenkapital als Baustein der Innovationsfinanzierung, in: Die Bank, 36. Jg., S. 73-77.

SÜCHTING, J. (1995): Finanzmanagement – Theorie und Politik der Unternehmensfinanzierung. 6. Aufl., Wiesbaden.

WASCHBUSCH, G. (1998): Asset Backed Securities – eine moderne Form der Unternehmungsfinanzierung, in: Zeitschrift für Bankrecht und Bankwirtschaft, 10. Jg., S. 408-419.

WÖHE, G. (2002): Einführung in die Allgemeine Betriebswirtschaftslehre, 21. Aufl., München.

WÖHE, G.; BILSTEIN, J. (1998): Grundzüge der Unternehmensfinanzierung, 8. Aufl., München.

WOLFF-SIMON, D. (1999): Erfahrungen mit Venture-Capital-Finanzierungen für Existenzgründer aus Sicht einer finanzierenden Bank, in: Akademie, o. Jg., S. 16-21.

WULFKEN, J.; WELLER, M. (1992): Securitisation als neue Finanzierungsform, in: Die Bank, 32. Jg., S. 644-647.

ZAPP, H. (1986): Wagniskapital – warum, woher, wohin?, in: Der Langfristige Kredit, 37. Jg., S. 22-23.

ZEMKE, I. (1998): Strategische Erfolgsfaktoren von Venture Capital- beziehungsweise Private-Equity-Gesellschaften, in: Zeitschrift für das gesamte Kreditwesen, 51. Jg., S. 212-215.

Ewald Scherm*

Kooperationen in der Personalarbeit

---

* Univ.-Professor Dr. Ewald Scherm ist Inhaber des Lehrstuhls für Betriebswirtschaftslehre, insbesondere Organisation und Planung der FernUniversität Gesamthochschule Hagen.

1. Ausgangssituation

Die Verschärfung des Wettbewerbs führt schon seit einiger Zeit zu hohen Anforderungen an Unternehmen hinsichtlich Innovation, Flexibilität, Qualität und Kosten. Hierarchisch organisierte Unternehmen stoßen auf erhebliche Probleme, wenn diesen Anforderungen entsprochen werden soll. Dagegen haben kooperative Beziehungen zwischen Unternehmen als Antwort darauf erhebliche Bedeutung erlangt. Es ist von Kooperationen, Netzwerken, Allianzen oder virtuellen Unternehmen die Rede, wobei die Begriffe nicht immer trennscharf sind. Die Ziele, die damit verfolgt werden, sind weniger kooperationsspezifisch, vielmehr geht es darum, bekannte Unternehmensziele durch eine Kooperation besser erreichen zu können; Beispiele sind Erzielung von Skalen- und Zeitvorteilen, Zugang zu Know-how, Märkten und Ressourcen, Risikoreduzierung, Beeinflussung des Wettbewerbs, Qualitätsverbesserung oder Nutzung von Synergieeffekten.

Bei der Betrachtung kooperativer Unternehmensbeziehungen steht eine Reihe von Funktionsbereichen im Vordergrund, zu denen der Personalbereich bisher nicht gehört, obwohl dessen (Re-)Organisation schon seit längerem ein Thema in den Unternehmen und der Literatur darstellt (vgl. z. B. Ackermann 1994; auch Scherm 1992; 1995a). Verkleinern, Verselbstständigen oder ganz Abschaffen sind die Varianten, die vor allem in der Diskussion stehen. Kooperieren stellt jedoch eine weitere (Organisations-) Alternative dar, die auch in der Personalarbeit dazu beitragen kann, Ziele – analog den anderen Bereichen – besser zu erreichen. Es geht dabei nicht um die schon häufiger behandelte Personalarbeit in Kooperationen (vgl. auch den Beitrag von Oechsler im Fünften Kapitel dieses Sammelwerks), sondern die Kooperation in der Personalarbeit. Im Folgenden soll daher das Spektrum möglicher kooperativer Beziehungen in diesem Bereich aufgezeigt und durch Beispiele illustriert werden.

2. Kooperation – Begriff, Dimensionen, Voraussetzungen

Versteht man unter Kooperation ganz allgemein die Zusammenarbeit mit dem Ziel der gemeinschaftlichen Aufgabenerfüllung (Marr 1992, Sp. 1154), kann diese intraorganisational, d. h. innerhalb eines Unternehmens, aber auch interorganisational, d. h. mit anderen Unternehmen bzw. Organisationen, stattfinden. **Innerhalb des Unternehmens** handelt es sich um die ziel- und konsensorientierte Zusammenarbeit bei der Erfüllung von stellen-, abteilungs- oder bereichsübergreifenden Aufgaben; man spricht auch von lateraler Kooperation. Die Kooperationspartner sind hierarchisch tendenziell gleichgestellt, sodass die Selbstabstimmung im Vordergrund steht (Wunderer 2000, S. 318 ff.; auch Bierhoff/Müller 1993, S. 47 f.). **Kooperation auf interorganisationaler Ebene** findet zwischen zwei oder mehr Unternehmen (gegebenenfalls auch anderen Organisationen) statt, um gemeinsam Aufgaben zu erfüllen, und weist unterschiedliche Formen auf. Sie basiert auf einer freiwilligen vertraglichen Vereinbarung, wobei die Partner rechtlich und wirtschaftlich selbstständig bleiben, ihre individuellen und teilweise konkurrierenden Ziele aber der Verfolgung des kollektiven Ziels (zumindest teilweise) unterordnen. Dies erfolgt mit der Aussicht, dass die Kooperation gegenüber dem getrennten Vorgehen der einzelnen Unternehmen eine höhere Zielerreichung ermöglicht (Balling 1998, S. 12 ff.).

Um Kooperationen zu beschreiben bzw. zu systematisieren, wird auf verschiedene **Dimensionen** zurückgegriffen; Beispiele sind der Kooperationsbereich (z. B. Beschaffung, Produktion, Absatz/Vertrieb, F & E), die Kooperationsrichtung (horizontal, vertikal, diagonal), die Kooperationsintensität (z. B. Informationsaustausch, wechselseitige Spezialisierung oder Kapitalverflechtung), die Art der Bindung (formell oder informell), der Raumaspekt (regional, national, international), der Zeitaspekt (fallweise, temporär, unbegrenzt) oder die Zahl der Partner (wenige, viele) bzw. die Eintrittsmöglichkeit in die Kooperation (offen, beschränkt zugänglich, geschlossen) (vgl. z. B. Balling 1998, S. 39 ff.; Kocian 1999, S. 33 ff.).

Eine Kooperation kommt nur dann zustande, wenn zentrale **Voraussetzungen** gegeben sind. Dazu gehören die (partielle) Übereinstimmung in den Zielen sowie ein Mindestmaß an gegenseitigem Vertrauen. Außerdem muss in hinreichendem Umfang Informationsaustausch und Kommunikation zwischen den Kooperationspartnern möglich sein (Endres/Wehner 1995, S. 8 f.). Da in Kooperationen unweigerlich Konflikte entstehen, sind bei den Partnern eine hinreichende Fähigkeit und Bereitschaft zur Lösung dieser unumgänglich.

3. Kooperative Personalarbeit

3.1 Möglichkeiten und Ebenen der Kooperation

Betrachtet man Unternehmensführung bzw. Management in funktionaler Hinsicht, d. h. die Aufgaben, die für die Steuerung des Unternehmens als Ganzes erforderlich sind, hat sich ein inzwischen schon als klassisch zu bezeichnender Katalog von fünf Managementfunktionen herausgebildet, zu denen neben Planung, Organisation und Kontrolle (bzw. Controlling) auch der personalbezogene Aufgabenkomplex – differenziert in Personalbereitstellung und Personalführung – gehört (Koontz/O´Donnell/Weihrich 1984).

Es steht somit außer Frage, dass Personalarbeit, d. h. die „Arbeit am Personal“ (Neuberger 1997, S. 155), zunächst in das Aufgabenspektrum der (Linien-)Führungskräfte fällt. Da jedoch nicht jeder Manager ein (guter) Personalmanager ist und für Personalarbeit genügend Zeit aufbringt, lassen sich Vorteile erzielen, wenn Personalaufgaben darauf spezialisierten Stellen übertragen werden. Aus dieser – wie auch immer gearteten – Aufgabenteilung resultiert die Notwendigkeit der Zusammenarbeit im Unternehmen über Abteilungs- oder Bereichsgrenzen hinweg. Darüber hinaus ergeben sich Möglichkeiten, Aufgaben, die nicht zu den Führungsaufgaben gerechnet werden, in einem Unternehmensverbund gemeinsam mit anderen Unternehmen bzw. Unternehmenseinheiten zu erfüllen oder sogar Kooperationsbeziehungen mit unternehmensexternen Partnern einzugehen (siehe Übersicht 1).

Ebene der Kooperation	Kooperationsbeziehungen ...
Unternehmen	♦ zwischen Linie und Personalbereich ♦ innerhalb des Personalbereichs ♦ mit dem Betriebsrat
Unternehmensverbund	♦ zwischen gleichgestellten Unternehmen (lateral) ♦ zwischen Ober- und Konzerngesellschaft (hierarchisch)
Unternehmensübergreifend	♦ mit anderen Unternehmen ♦ mit Personaldienstleistern ♦ mit öffentlichen Institutionen

Übersicht 1: Ebenen der Personalkooperation

Im Unternehmen zieht die Arbeitsteilung eine Zusammenarbeit zwischen Führungskräften und Personalbereich bei der Erfüllung der gemeinsamen Personalaufgaben nach sich. Als weitere Träger und damit als Kooperationspartner kommen in jüngerer Zeit die Mitarbeiter (ohne Führungsverantwortung) hinzu. Sie übernehmen im Rahmen des so genannten Employee Self Service Aufgaben, die von der Pflege der Personaldaten über die Reisekostenabrechnung oder das Führen des Arbeitszeitkontos bis hin zur persönlichen (Personal-)Entwicklung reichen. Für die Aufgabenerfüllung im spezialisierten (Personal-)Bereich, die ebenfalls eine Arbeitsteilung erfordert, wird seit einiger Zeit als besondere Kooperationsform die **virtuelle Personalabteilung** diskutiert. Die Mitglieder eines Unternehmens sind aber nicht nur Träger, sondern auch Objekte der Personalarbeit, deren (Arbeitnehmer-)Interessen von institutionalisierten Organen vertreten werden. Diese Vertretungsorgane, von denen der Betriebsrat die größte Bedeutung hat, haben – gesetzlich festgelegt – unterschiedliche Partizipationsrechte, die bis hin zur Mitentscheidung reichen können. Es ist deshalb vielfach nicht nur sinnvoll, sondern auch notwendig, bei der Erfüllung personalbezogener Aufgaben mit ihnen zu kooperieren.

Über die kooperativen Beziehungen innerhalb eines Unternehmens hinaus sind **in einem Unternehmensverbund** weitere Möglichkeiten und Notwendigkeiten der Zusammenarbeit gegeben. Dabei ergeben sich keine grundsätzlichen Unterschiede daraus, ob Weisungsbeziehungen in einem Konzern oder stabile kooperative Beziehungen innerhalb eines Netzwerks vorliegen. Neben der kooperativen Zusammenarbeit zwischen hierarchisch gleichgeordneten Unternehmen (laterale Kooperation) gibt es in einem stark dezentralen Konzern, z. B. einer Managementholding, auch den Fall, dass zwischen Obergesellschaft und Konzerngesellschaften kooperiert wird bzw. werden muss (hierarchische Kooperation).

Professionelle und effiziente Personalarbeit muss jedoch nicht ausschließlich in einem Unternehmen bzw. Unternehmensverbund geleistet werden (und kann es auch nicht immer). Vielmehr gibt es **außerhalb des Unternehmens(verbundes)** eine Reihe potenzieller (Kooperations-)Partner, mit denen in unterschiedlicher Form zusammengearbeitet werden kann. Die Bandbreite reicht hier von anderen Unternehmen mit ähnlich gelagerten Interessen in (Teilbereichen) der Personalarbeit über Anbieter spezifischer Personal(dienst)leistungen bis hin zu öffentlichen Institutionen.

3.2 Kooperation im Unternehmen

3.2.1 Zusammenarbeit zwischen Linie und Personalbereich

Sind Personalaufgaben und damit verbundene Entscheidungskompetenzen zwischen Aufgabenträgern in der Linie und dem Personalbereich aufgeteilt, muss die Personalarbeit von Führungskräften (und Mitarbeitern) der Linie und einem – wie auch immer gestalteten – Personalbereich geleistet werden. Die konkrete Form dieser Zusammenarbeit hängt dabei von den Rahmenbedingungen des Einzelfalls ab (Scherm 2002a). Dazu gehören vor allem die personellen Voraussetzungen in der Linie, die Größe und Organisation des Unternehmens sowie der Entwicklungsstand des Personalinformationssystems. Außerdem ergeben sich in den einzelnen Personalaufgaben unterschiedliche Möglichkeiten hinsichtlich Form und Umfang der Zusammenarbeit, da die Anforderungen an die Träger variieren.

Die weit gehende Verlagerung personalwirtschaftlicher Aufgaben auf Führungskräfte setzt voraus, dass zum einen die Vorgesetzten in der Linie die qualifikatorischen und motivatorischen Voraussetzungen dafür mitbringen; gegebenenfalls muss im Zuge einer solchen Lösung bei fehlender Kapazität eine weitergehende Reorganisation in der Linie erfolgen, um bei den Vorgesetzten Raum für Personalaufgaben zu schaffen. Zum anderen lässt sich Personalarbeit nur dann dezentralisieren, wenn das Personalinformationssystem den Zugriff der Aufgabenträger in der Linie auf notwendige Informationen gewährleistet.

Sind diese Voraussetzungen erfüllt, kann vor allem in kleinen und mittleren Unternehmen, aber auch stark dezentralisierten Großunternehmen ein **Unterstützungsmodell** gewählt werden. Dabei tragen Führungskräfte und gegebenenfalls Mitarbeiter die gesamte Verantwortung für die Personalarbeit und erhalten von dem Personalbereich nur die dafür notwendige Unterstützung in Form von Personalverwaltung, Informationsbereitstellung, personalwirtschaftlicher Qualifizierung und gewünschten Dienstleistungen; z. B. bei der Beschaffung, Entwicklung oder Freisetzung von Mitarbeitern.

Je weniger die personellen und informationstechnischen Voraussetzungen erfüllt sind bzw. je zentraler und hierarchischer die Entscheidungsfindung in einem Unternehmen ist, umso stärker muss die Personalarbeit zentralisiert und ein **Kooperationsmodell** gewählt werden. Der Personalbereich übernimmt dabei über die reine Unterstützung hinaus auch Aufgaben, für die er selbst Verantwortung trägt. Diese sind im Wesentlichen dadurch gekennzeichnet, dass sie Bedeutung für mehrere Unternehmensbereiche oder das gesamte Unternehmen haben und deshalb einheitliche Lösungen gefunden werden müssen; dazu gehören z. B. die Beurteilungs-, Arbeitszeit- und Vergütungssysteme, die Führungskräfteentwicklung oder die Zusammenarbeit mit dem Betriebsrat. Führungskräfte nehmen bei diesen Aufgaben nur eine beratende Rolle ein und setzen die zentral getroffenen Entscheidungen um.

Der wesentliche Unterschied zwischen dem Unterstützungs- und dem Kooperationsmodell liegt in der Standardisierung personalwirtschaftlicher Entscheidungen. Durch die Zentralisierung der Aufgabenerfüllung und Verantwortung nimmt die Möglichkeit der bereichsspezifischen und individuellen Differenzierung ab, sodass Unternehmensinteressen stärker berücksichtigt sind. Letztlich werden durch die Entscheidung für eines dieser Modelle die Weichen für die Betreuungsintensität gestellt und entweder das Personal als Ganzes oder das Individuum in den Mittelpunkt der Personalarbeit gerückt.

In jedem Modell steht und fällt die Qualität der Personalarbeit mit der Kooperation der Aufgabenträger. Diese lateralen, selbststeuernden Kooperationen befinden sich häufig in einem empfindlichen Gleichgewicht, sodass nur im Ausnahmefall hierarchische Steuerungseingriffe erfolgen sollten. Jedoch erfordern diese Beziehungen, sollen sie effizient gestaltet und nicht dem Zufall überlassen sein, ein Engagement zur Kooperation bei allen Beteiligten, das nur begrenzt durch strukturelle Rahmenbedingungen bzw. Führung sichergestellt werden kann. Es müssen zudem durch gezielte Personalauswahl und -entwicklung, vertrauensbildende Maßnahmen und eine entsprechende Unternehmenskultur die Voraussetzungen verbessert werden (Wunderer 2000, S. 318 ff.).

3.2.2 Kooperation im Personalbereich

Laterale Kooperation in einem Unternehmen findet nicht nur bereichsübergreifend, sondern auch innerhalb des Personalbereichs statt. Eine besondere Form der Kooperation stellt hierbei die **virtuelle Personalabteilung** dar. Mit der Übertragung der Grundidee des virtuellen Unternehmens auf die intraorganisationale Ebene wurde sie von Scholz (1995; 2002) in die Diskussion gebracht. Es sollen Strukturen etabliert werden, die nur der Möglichkeit nach („virtuell") vorhanden sind; folglich ist die virtuelle Personalabteilung nicht ohne weiteres mehr in einem Organigramm zu erkennen. Ihre Aufgabe wird auf Stellen in anderen Fachabteilungen aufgeteilt, deren Stelleninhaber dann eine Doppelaufgabe wahrnehmen. Die speziellen Qualifikationsmerkmale einzelner Mitarbeiter werden somit in einer virtuellen Abteilung zusammengeführt, unabhängig davon, welche Aufgaben diese schwerpunktmäßig auf ihrer Stelle erfüllen. Die Zusammenarbeit basiert auf einer hoch entwickelten, multimedialen Informations- und Kommunikationstechnologie, die eine effiziente Aufgabenerfüllung bei räumlicher Trennung erst ermöglicht. Die virtuelle Personalabteilung bildet dabei durchaus eine eigenständige organisatorische Einheit mit eigener Identität, eigenen Ressourcen und einer längerfristig konstanten Zusammensetzung oder einer temporären, problembezogenen Besetzung aus einem festen Pool von Mitarbeitern, dessen Ergänzung mit externen Spezialisten möglich ist.

Bei gleichberechtigten Instanzen der realen und der virtuellen Abteilung ergeben sich die typischen Konflikte einer Matrixstruktur. Hinzu kommt, dass Aufgaben im Rahmen der virtuellen Abteilung eher temporären Charakter haben und es deshalb für den Mitarbeiter schwierig sein kann, die Prioritäten immer richtig zu setzen. Neben der klaren Kompetenzabgrenzung der Vorgesetzten bedarf es hier eines ausreichenden Entscheidungsspielraums des Mitarbeiters und einer tragfähigen Vertrauensbasis zwischen allen Beteiligten. Chancen ergeben sich durch die bessere Nutzung individueller Kompetenzen, die gleichzeitig positive motivationale Effekte haben kann. Die Anforderungen an die Mitarbeiter der virtuellen Personalabteilung sind im Hinblick auf die intrinsische Motivation sowie die soziale und fachliche Qualifikation aber ausgesprochen hoch.

Auch wenn die wesentlichen Voraussetzungen für die Virtualisierung der Personalabteilung erfüllt sind, stellt sie keine generell überlegene Organisationsform dar (Scherm 1995b; Scherm/Süß 2000, 2003, S. 239 ff.). Es ergeben sich jedoch insbesondere in stark dezentralisierten (internationalen) Unternehmen, aber auch in Netzwerken interessante Einsatzmöglichkeiten. Dies gilt vor allem dann, wenn der Personalarbeit in einem Unternehmen ein hoher Stellenwert beigemessen wird und Aufgaben in erheblichem Umfang in die Linie, d. h. auf Führungskräfte und Mitarbeiter, (rück-)verlagert sind. Ein Beispiel stellt das internationale Personalcontrolling dar, das wegen der Problemnähe nur räumlich getrennt erfolgen kann und den Einbezug wechselnder Spezialisten erfordert (Scherm/Pietsch/Süß 2000, S. 475 f.).

3.2.3 Betriebsrat als Kooperationspartner

Die Rahmenbedingungen der **Mitbestimmung** haben sich in den letzten Jahren verändert, sodass die in das Betriebsverfassungsgesetz von 1972 eingeflossenen impliziten Annahmen in vielen Unternehmen nicht mehr gültig sind. Das gilt sowohl für den Begriff des Betriebs in zunehmend entgrenzten, virtuellen Strukturen als auch für das so genannte Normalarbeitsverhältnis (Martin/Nienhüser 2002). Die Interessen der Belegschaft sind nicht mehr weit gehend homogen, sondern vielfältig und bergen (erhebliches) Konfliktpotenzial. Außerdem führen die Veränderungen der Unternehmensstrukturen dazu, dass (strategische) Entscheidungen vielfach nicht mehr in den „Betrieben", sondern auf anderen Ebenen (auch im Ausland) getroffen werden und statt einer starken zentralen Personalabteilung beispielsweise ein interner Dienstleister (z. B. Profit Center Personal) zusammen mit den in Personalaufgaben erstarkten Führungskräften die Personalarbeit leistet.

Vor diesem Hintergrund fällt es Betriebsräten schwer, divergente individuelle Interessen zu vertreten. Es muss nicht nur die Interessenvielfalt auf Mitarbeiterseite überbrückt, sondern in wichtigen, die Arbeitnehmer betreffenden Entscheidungen auch frühzeitig der richtige Ansprechpartner gefunden werden (Wächter 1998, S. 14). Das erfordert einen Wandel in den Mitbestimmungsbeziehungen und dem Rollenverständnis der Akteure. Hinzu kommt, dass die ehemals unterstellte Dualität der Interessen nicht mehr generell besteht. Auf Unternehmensseite werden nicht allein ökonomische Ziele zu Lasten sozialer Zielsetzungen verfolgt, sondern auch Mitarbeiterinteressen berücksichtigt. Andererseits interessieren sich Arbeitnehmervertretungen für Fragen der Standort- und Unternehmensentwicklung und halten sich teilweise sogar für die besseren Manager, da sie anders als das lokale Management z. B. nicht auf übergeordnete Konzernstrategien Rücksicht nehmen müssen (Freimuth/Haritz 1998, S. 73 f.). Damit lösen sich klassische duale Konfliktstrukturen auf und der Konflikt zwischen ökonomischen und sozialen Zielen wird in die beiden Parteien hinein verlagert (Bosch 1997, S. 151); eine einheitliche Interessenvertretung ist nicht mehr möglich.

Es muss daher zu veränderten Beziehungen zwischen Betriebsrat, Führungskräften und Mitarbeiter(gruppierungen) kommen, um die vom Betriebsverfassungsgesetz geforderte vertrauensvolle Zusammenarbeit zwischen den Beteiligten zu erreichen. Diese hat auch aus Unternehmenssicht Bedeutung, da sie eine Bündelung und Verhandelbarkeit von partikularen betrieblichen Interessen ermöglicht, die stabilisierend wirkt. Dafür ist es aber notwendig, sich als Interessenvertretung fallweise auf die Zusammenarbeit mit dem Management bzw. Führungskräften, dem Personalbereich und relevanten Mitarbeitergruppen einzulassen.

Die Kooperationsbeziehung zwischen Arbeitnehmervertretung und Unternehmensseite wird seit einiger Zeit unter dem Stichwort **Co-Management** diskutiert (Eckardstein 1997; Girndt 1997). Um längerfristig Beschäftigungs- und Standortsicherung bzw. -entwicklung zu erreichen, müssen – berechtigte – Interessen der jeweils anderen Seite in den eigenen Kalkül aufgenommen werden. Nur so kommt man zu einer gemeinsamen, für beide Seiten vertretbaren Entscheidung. Gegenstand solcher kooperativer Zusammenarbeit kann das gesamte Spektrum operativer und strategischer Entscheidungen sein, die die Arbeitsbeziehungen berühren. Ein bekanntes Beispiel einer Kooperationsbeziehung stellt das Konzept des so genannten „atmenden Unternehmens“ dar, mit dem durch Reduktion und Flexibilisierung der Arbeitszeit (und Entlohnung) die Beschäftigung bei Volkswagen gesichert wurde (o. V. 2002a). Häufig geht jedoch die Sicherung der Beschäftigung mit einem (teilweisen) Abbau der Belegschaft einher, sodass die Glaubwürdigkeit des Betriebsrats auf Arbeitnehmerseite und damit auch die konstruktive Zusammenarbeit immer wieder gefährdet sind.

Zentrale Voraussetzungen für den Erfolg sind ausreichende Kompetenz und Informationen auf Seiten des Betriebsrats, um an diesen Entscheidungen adäquat mitwirken zu können (Kunz 2002). Außerdem darf nicht übersehen werden, dass ein Betriebsrat die Balance zwischen der Mitwirkung an unternehmerischen Aufgaben im Rahmen des Co-Management und der Interessenvertretung einer emanzipierten Belegschaft halten muss, wenn er seiner Aufgabe gerecht werden will. Auch dabei kann (und muss) man ihn von Unternehmensseite im Interesse des Unternehmens unterstützen, denn vertrauensvolle Zusammenarbeit resultiert nicht zuletzt aus einem informellen Gefüge des Geben und Nehmens (Bitzer/Mader 1998, S. 87 ff.; Initiativgruppe „Wege zur Selbst-GmbH“ 2001).

3.3 Kooperation im Unternehmensverbund

3.3.1 Laterale Kooperation verbundener Unternehmen

Befinden sich rechtlich selbstständige Unternehmen – wie im Konzern – unter einheitlicher Leitung oder arbeiten sie freiwillig in relativ stabilen Beziehungen längerfristig in einem oder mehreren Bereichen zusammen, liegt es nahe zu prüfen, inwieweit sich zusätzliche Kooperationsvorteile bei einer Zusammenarbeit in der Personalarbeit ergeben. Dabei geht es vor allem um die Spezialisierung eines Unternehmens, das dann diese Personalaufgaben auch für die anderen Unternehmen übernimmt. Die Spezialisierung kann wechselseitig erfolgen und eine reziproke Austauschbeziehung zwischen den Unternehmen nach sich ziehen. Es ist aber auch möglich, Personalaufgaben im Sinne einer **Quasi-Externalisierung** von einem Unternehmen auf ein anderes zu übertragen, ohne im Gegenzug für dieses Personalaufgaben zu übernehmen. Durch die Kooperation erlangen Unternehmen nicht nur Zugang zu spezifischem Know-how in der Personalarbeit, auch Synergieeffekte lassen sich erzielen und/oder Kosten reduzieren.

Zwar können nicht alle Personalaufgaben Gegenstand einer Kooperation innerhalb eines Unternehmensverbunds sein, jedoch bieten sich Möglichkeiten z. B. in den Bereichen

Ausbildung und Personalentwicklung, Personalbeschaffung oder Personalabrechnung. Bei der Personalverwaltung müssen die Restriktionen des Datenschutzes beachtet werden, da personenbezogene Daten auch innerhalb eines Konzerns nicht generell über die Grenzen eines Unternehmens hinaus verarbeitet werden dürfen. Gerade im internationalen Konzern bietet es sich auch an, die mit dem Auslandseinsatz verbundenen Aufgaben zusammen zu fassen und so das umfangreiche spezialisierte Wissen und Erfahrungen für eine größere Zahl von Entsendungen zu nutzen (Scherm/Süß 2001, S. 237 ff.).

Als eine Variante dieser lateralen Kooperation ist die Bildung eines Profit Centers zu sehen, das zwar am Markt agieren soll, aber auch die notwendigen personalwirtschaftlichen Dienstleistungen für die verbundenen Unternehmen erbringt. Dem liegt eine Outsourcing-Entscheidung zugrunde, wie sie auch für Kooperationen mit externen Dienstleistern erforderlich ist (siehe Abschnitt 3.4.2), wobei die Kooperation im Unternehmensverbund tendenziell geringere Probleme aufweisen sollte. Unabhängig davon, welche konkrete Aufgabe in welcher Form spezialisierten Stellen übertragen wird, bietet sich die Chance, Professionalität sicherzustellen und gleichzeitig die Kosten zu reduzieren. Es entstehen zwar Transaktionskosten, die Distanz zu den Problemen nimmt zu und die Kommunikation wird erschwert, jedoch dürften diese Aspekte gerade bei verbundenen Unternehmen die Vorteile nicht aufheben.

Daneben darf hier auch die Möglichkeit der Kooperation zum Zwecke eines Benchmarking nicht übersehen werden. Da sich jedoch keine grundsätzlichen Unterschiede zum Benchmarking mit unverbundenen Unternehmen ergeben, wird darauf an anderer Stelle eingegangen (siehe Abschnitt 3.4.1).

3.3.2 „Hierarchische“ Kooperation in der Managementholding

Die **Managementholding** weist als dezentrale Form der Geschäftsbereichsorganisation eine flache(re) Hierarchie sowie autonomere und kleinere Geschäftsbereiche auf als diese. Sie besteht aus der Holdingleitung (Obergesellschaft), den Geschäftsbereichen bzw. Konzerngesellschaften und – wenigen – in der Obergesellschaft angesiedelten Zentralbereichen (Stäbe) (Bühner 1992, S. 33 ff.; Lutter 1998, S. 13 ff.). Die Geschäftsbereiche sind in der Regel rechtlich und wirtschaftlich selbstständig und für das gesamte bereichsspezifische Geschäft zuständig. Dazu gehören neben den operativen Aufgaben auch die (Mit-)Formulierung und Umsetzung der Geschäftsbereichsstrategien. Zentralbereiche werden nur für Aufgaben gebildet, die in Zusammenhang mit der Führung des Unternehmens (Konzern) als Ganzes von Bedeutung sind.

In der **Holdingleitung** werden gesamtunternehmensbezogene strategische Aufgaben wahrgenommen. Sie bewegt sich dabei in einem Spannungsfeld zwischen Autonomie und Integration, da die Vorteile dieser Konzernorganisation zwar auf dem Verzicht zentraler Eingriffe in die Geschäftsbereiche beruhen, die Umsetzung der Unternehmensstrategien aber die Zusammenarbeit mit den Geschäftsbereichen und zwischen diesen –

rechtlich selbstständigen – Unternehmenseinheiten erfordert. Nur so kann der Unternehmensverbund gegenüber den unverbundenen Konzerngesellschaften einen „Mehrwert" erzielen, der über die Kosten der Obergesellschaft hinausgeht. Deshalb muss man auch in der Personalarbeit eine geeignete Aufgabenteilung zwischen der Obergesellschaft und den Geschäftsbereichen finden. Dabei ist jede Zentralisierung von Aufgaben (auch) im Personalmanagement zu begründen, da die einer Managementholding zugeschriebenen Vorteile zu einem wesentlichen Teil aus der weit gehenden Dezentralisierung resultieren sollen.

Es lassen sich vor allem zwei **Gründe für die Zentralisierung** von Personalaufgaben anführen: (1) die unternehmensstrategische Relevanz von Personalaufgaben und (2) die Möglichkeit, dadurch Mehrfacharbeiten zu reduzieren und Effizienzvorteile zu realisieren (Scherm 2002b, S. 134 ff.).

Auf Gesamtunternehmensebene werden im Wesentlichen strategische Entscheidungen über die Allokation der (finanziellen und anderen) Ressourcen, den Grad der Diversifikation und der vertikalen Integration sowie die Ausschöpfung von Synergiepotenzialen getroffen. Besonderes Augenmerk ist in diesem Zusammenhang der Entwicklung und Sicherung von Kernkompetenzen zu widmen, die produkt- und damit häufig auch geschäftsbereichsübergreifende Konstrukte darstellen und deshalb Gegenstand gesamtunternehmensbezogener Strategien sein müssen. Diese Aufgaben erfordern ein zentrales (strategisches) Personalmanagement. Erstens sind Führungskräfte notwendig, die diese Strategien formulieren und implementieren können. Zweitens kommen im Rahmen der Steuerung der Holding personenbezogene Koordinationsinstrumente zum Einsatz, die adäquat gestaltet werden müssen. Dabei darf nicht übersehen werden, dass auch die Koordination der Personalarbeit der Holdinggesellschaften einen Beitrag zur Koordination der Holding leistet. Drittens kann der Aufbau von Kernkompetenzen, welche die strategische Flexibilität des Unternehmens unterstützen, nur Gegenstand gesamtunternehmensbezogener (Personal-)Strategien sein.

Darüber hinaus gibt es in einem Konzernverbund personalwirtschaftliche Aufgaben, die in mehreren bzw. allen Geschäftsbereichen in vergleichbarer Form auftreten und nicht bereichsspezifisch differenziert erfüllt werden müssen. Eine Zentralisierung reduziert daher nicht nur Mehrfacharbeiten, sondern ermöglicht auch vielfach eine Standardisierung der Lösungen, die Vorteile für das Gesamtunternehmen hat, ohne dass Nachteile für die einzelnen Geschäftsbereiche entstehen. Hierzu kann man vor allem Aufgaben rechnen, deren Erfüllung spezielles technisches, methodisches oder rechtliches Know-how erfordert.

Die Zusammenarbeit zwischen einem zentralen Personalbereich (in der Obergesellschaft) und den dezentralen Personalbereichen kann dabei zwar grundsätzlich in hierarchischer Form dergestalt erfolgen, dass die Konzerngesellschaften angewiesen werden, die von zentralen Stäben erarbeiteten Konzepte umzusetzen. Das erscheint jedoch mit der Grundidee der Managementholding, die eine kooperative Zusammenarbeit zwischen Ober- und Konzerngesellschaft(en) in der Entwicklung und Umsetzung personalbezogener Problemlösungen mit Bedeutung für das Gesamtunternehmen vorsieht, nicht kompatibel. Kooperation ermöglicht, das vorhandene, umfangreiche personalbezogene Know-how zu nutzen, erhöht die Akzeptanz und beschleunigt die Umsetzung von Entscheidungen. Nicht zuletzt wird dadurch den spezifischen Besonderheiten der – in der Regel nationale Grenzen überschreitenden – Konzerngesellschaften besser Rechnung getragen (Wirths/Gerbracht/Kramer 2001). Für die Art der Zusammenarbeit sind hier verschiedene Formen der – realen – Sekundärorganisation (z. B. Projektgruppen, Ausschüsse o. ä.), aber auch virtuelle Lösungen auf der Basis multimedialer Informations- und Kommunikationstechnik möglich. Welche Variante im Einzelfall gewählt wird, hängt von der jeweiligen Aufgabe und nicht zuletzt von dem Grad der Zentralisation der übrigen Entscheidungen in der Managementholding ab.

3.4 Kooperation mit externen Partnern

3.4.1 „Unternehmenskooperation"

Im Vergleich zu den Kooperationen in anderen Unternehmensbereichen sind solche Beziehungen im Rahmen der Personalarbeit noch nicht weit verbreitet. Es gibt jedoch eine Reihe von Kooperationsmöglichkeiten mit verschiedenen externen Partnern. Beispiele für Kooperationen zwischen Unternehmen im Bereich der Personalarbeit finden sich vor allem zum Zwecke des flexiblen Personaleinsatzes und der Beschäftigungssicherung, der Personalbeschaffung und -freisetzung sowie des Benchmarking. Daneben kooperieren Unternehmen auch in der Aus- und Weiterbildung bzw. Führungskräfteentwicklung, wobei in diesen Fällen öffentliche Institutionen beteiligt sein können (siehe dazu Abschnitt 3.4.3).

Zunehmende Bedeutung erlangen unternehmensübergreifende Lösungen für den flexiblen Personaleinsatz der Mitarbeiter. Es entstehen in Zusammenarbeit mehrerer Unternehmen so genannte **Job-Pools**, mit denen sich die Flexibilitätsvorteile der befristeten Beschäftigung oder der Zeitarbeit nutzen lassen, ohne in jedem Fall eine vergleichsweise teuere Einarbeitung zu benötigen und den generellen Verlust des unternehmensspezifischen Wissens bei Beendigung des Einsatzes hinnehmen zu müssen. Unternehmen können dabei auf einen Pool von flexibel abrufbaren, qualifizierten und mit dem Unternehmen vertrauten Mitarbeitern zugreifen. Diese rotieren entsprechend der Auftragslage zwischen den beteiligten Unternehmen. Aktuelle Kooperationsprojekte finden sich z. B. in der Chemiebranche (**Jobactive**), branchenübergreifend (**Job-Allianz**) bzw. für den Assistenz- und Sekretariatsbereich (**Secretary and Assistent Management**) (Stalitza/Tscheulin 2002). Der Erfolg dieser Lösungen hängt vor allem davon ab, inwieweit es gelingt, das negative Image der Leiharbeit zu überwinden.

Während die unternehmensübergreifende **Jobrotation** in Skandinavien ein erprobtes Instrument der Bildungs- und Beschäftigungspolitik darstellt, steckt diese Form in Deutschland noch in den Kinderschuhen. Die Grundidee besteht darin, dass ein freigestellter Mitarbeiter sich „off the job" weiterbildet und sein Stellvertreter „on the job" neue Kenntnisse erwirbt. Stellvertreter können aus kooperierenden Unternehmen kommen, aber auch Arbeitslose sein. Bei Arbeitslosen trägt die Bundesanstalt für Arbeit die Stellvertreterkosten, während die Kosten der Weiterbildung zum Teil über europäische Fördermittel oder die Arbeitsförderung bezahlt werden können (Flottorp/Sterner/Uhrig 1999; o. V. 2001). Mit den speziellen Anforderungen einer Stelle nehmen jedoch die Schwierigkeiten zu, einen Stellvertreter zu finden. Daneben gibt es auch Beispiele (regionaler) Kooperationen mit dem Zweck unternehmensübergreifender Austauschprogramme. Mitarbeiter wechseln dann für begrenzte Zeit zum Arbeiten und Lernen in ein anderes Unternehmen (Danker u. a. 1999).

Talentnetzwerke sind in den letzten Jahren für die Zielgruppe Hochschulstudenten oder Fach- und Führungskräfte entstanden und stellen ein Instrument des Personalmarketing dar. Sie sollen es ermöglichen, frühzeitig mit interessanten Kandidaten in Kontakt zu treten und zu bleiben, um im Falle einer konkreten Stellenbesetzung gezielt auf Kandidaten zugreifen zu können. Gegründet wurden sie vor allem von Personalberatern oder Dienstleistern für Hochschulmarketing. Daneben finden sich aber auch Unternehmenskooperationen. Der Talentpool „e-fellows.net" ist dafür ein Beispiel; er wurde im März 2000 von der Deutschen Telekom, McKinsey & Comp. und der Holtzbrinck-Verlagsgruppe gegründet. Inzwischen gehören 14 Unternehmen zu diesem Netzwerk (Steinle/Hies 2002). Diese Netzwerke können nur längerfristig aufgebaut werden und brauchen permanente Pflege. Auf Grund der hohen Kosten, vor allem für Marketing und Dienstleistungen im Zusammenhang mit der Bindung der Teilnehmer, sind sie nur für eine Kooperation mehrerer Unternehmen interessant. Die Abschwächung der Konjunktur macht jedoch auch vor der Rekrutierungsbranche nicht Halt, wie z. B. die Insolvenz von Talent Networks zeigt.

Daneben tauschen sich Unternehmen aus, um Sollvorgaben für das Personalcontrolling zu erhalten. Dies hat als Kennzahlenvergleich – modern als Benchmarking bezeichnet – bereits eine längere Tradition, wobei die Aussagefähigkeit der Kennzahlen mit der Kenntnis und der Vergleichbarkeit des Zustandekommens der jeweiligen Vergleichsdaten steht und fällt. Versteht man dagegen **Benchmarking** als einen kontinuierlichen Vorgang, bei dem Prozesse eines Unternehmens und seine Produkte oder Dienstleistungen gemessen und mit dem stärksten Mitbewerber, dem Branchenführer oder dem führenden branchenfremden Unternehmen verglichen werden (Camp 1994, S. 13), erfordert das eine kooperative Zusammenarbeit mit anderen Unternehmen. Nur so können Verbesserungspotenziale in Personalprozessen identifiziert und – orientiert an der so genannten „best practice" – realisiert werden.

Besondere Schwierigkeiten ergeben sich im Personalbereich auf Grund der Komplexität und Heterogenität des Faktors Personal. Personalbezogene Prozesse sind dadurch komplexer, weniger strukturiert und nur eingeschränkt standardisierbar. Deshalb fällt die Beschreibung dieser Prozesse als Grundlage für den Vergleich mit anderen schwerer. Für ein Benchmarking müssen die Prozesse deshalb in einer von individuellen Einflüssen abstrahierten Form abgebildet werden, da sie nur so zwischen Unternehmen vergleichbar sind (Scherm/Süß 1999, S. 10). Außerdem dürfen nur Prozesse mit ähnlichen situativen Rahmenbedingungen betrachtet werden. Das erfordert einen tiefgehenden Einblick in die Unternehmen und eine zumindest auf das Benchmarkingprojekt beschränkte Kooperation zwischen den Unternehmen.

Die verschiedenen Beispiele machen deutlich, dass es eine Reihe von Möglichkeiten der kooperativen Zusammenarbeit zwischen Unternehmen gibt. Dabei geht es nicht nur darum, Kosten zu reduzieren, sondern auch um eine Verbesserung der Qualifikation der Mitarbeiter, der Flexibilität des Personaleinsatzes und der Optimierung der Personalprozesse. In der Praxis sind weitere Kooperationsvarianten oder Mischformen zu finden.

3.4.2 „Dienstleistungskooperation“

Neben der Zusammenarbeit mit anderen Unternehmen besteht auch die Möglichkeit, nicht mehr alle Personalaufgaben im Unternehmen wahrzunehmen, sondern mit Anbietern spezieller Personal(dienst)leistungen zu kooperieren. Für ein solches **Outsourcing** kommen grundsätzlich nur Aufgaben in Betracht, die nicht von den Führungskräften wahrgenommen werden müssen. Außerdem dürfen keine Personalleistungen ausgelagert werden, die strategische Bedeutung, d. h. Einfluss auf die Entwicklung bzw. den Erhalt von Kernkompetenzen des Unternehmens, haben.

Dem **Outsourcing** muss eine systematische Entscheidung vorausgehen, bei der zwar die kostenrechnerische Betrachtung eine wichtige Rolle spielt, jedoch auch Transaktionskosten als weitere Kostenkomponente und nicht-monetäre Kriterien zu beachten sind (Scherm 1995a, S. 646; 1996). Da die Alternativen jeweils Vor- und Nachteile aufweisen, kann nicht generell, sondern nur für den jeweiligen Einzelfall entschieden werden. So birgt ein externer Anbieter tendenziell Vorteile hinsichtlich der Leistungsqualität und der Serviceorientierung, hat gleichzeitig aber auch einen Informationsnachteil und längere Kommunikationswege. Daneben ist zu bedenken, dass einer Auslagerung in der Regel der Abbau des entsprechenden internen Know-how folgt. Das schafft vor allem bei spezifischen Leistungen (einseitige) Abhängigkeit von dem Partner und kann die Wiedereingliederung erheblich erschweren, wenn Schwierigkeiten in der Zusammenarbeit auftreten.

Auf **kooperative Formen** der Zusammenarbeit mit einem externen Partner statt der „make or buy“-Alternative muss immer dann zurückgegriffen werden, wenn es sich um unternehmensspezifische Leistungen handelt, auf Seiten des Dienstleisters transaktionsspezifische Investitionen notwendig sind oder bei der Leistungserbringung zusammengearbeitet werden muss. Die Beispiele dafür sind zahlreich, es werden nur einige davon aufgegriffen:

Das Zeitarbeitsunternehmen Manpower übernimmt bei der Verlagsgruppe Weltbild im Rahmen eines „**On Site Management**" den umfangreichen saisonal schwankenden Einsatz von Zeitarbeitskräften. Manpower hat dazu ein Büro im Unternehmen und arbeitet als Hauptanbieter innerhalb des Rahmenvertrages mit verschiedenen Co-Anbietern zusammen. Zu den Aufgaben gehören die Disposition, Einweisung, Betreuung und Verwaltung des Zeitpersonals. Die Personalabteilung bei Weltbild bestimmt nur den Bedarf und steht in enger Kommunikation mit dem Manpower-Büro; selbst der Betriebsrat steht als Ansprechpartner für die Zeitarbeitskräfte zur Verfügung (Feldmann/Vomvell 2002).

Die deutschen Großbanken gehen **Joint Ventures mit Zeitarbeitsunternehmen** ein, um ihren Personalabbau sozial verträglicher zu gestalten, aber auch um Flexibilität im Personaleinsatz zu gewinnen, so z. B. die Deutsche Bank mit Manpower (Bankpower) und die Commerzbank mit Adecco (Adcom) (Straub 1998; Witte 1999).

Auch in Zeiten des Online-Recruiting wird vor allem wegen der Anonymität der Kandidatensuche, aber auch zur eigenen Entlastung das größere Netzwerk der Personalberater insbesondere bei der **Suche nach Fach- und Führungskräften** gern genutzt (Thom/Kraft 2000; Burger 1999). Ähnlich ist die Zusammenarbeit mit Relocation-Dienstleistern zu sehen, die vor allem die private **Wiedereingliederung von Auslandsentsandten** unterstützen, die parallel zur beruflichen Eingliederung erfolgen muss und dafür einen Erfolgsfaktor darstellt (Berg 1997). In der Regel erfordert das eine enge Zusammenarbeit entlang des gesamten Prozesses. Externe Spezialisten erhöhen dabei die Professionalität und entlasten den Personalbereich in Unternehmen.

Eine gewisse Tradition hat die Auslagerung der Personalentwicklungsabteilung; diese muss dann am Markt bestehen und bildet einen Kooperationspartner in den Fragen der Personalentwicklung für das Unternehmen (Werner 1998). Verbreitet ist auch das Outsourcing der Personalabrechnung, die mehr als die EDV-technische Abwicklung darstellt (Lanternier 1997). Seit einiger Zeit gibt es bereits **Personaldienstleister**, die das gesamte Spektrum der Personalarbeit anbieten und sogar zeitweise in den Unternehmen arbeiten, um Betreuungsleistungen zu erbringen und mit dem Betriebsrat zusammenzuarbeiten (Langecker 1999). Insbesondere für kleinere Unternehmen und Neugründungen bietet das die Möglichkeit professioneller Personalarbeit (Strunck 1998). Gerade in jüngerer Zeit ist das Outsourcing der gesamten betrieblichen Altersversorgung in der Diskussion (Kolvenbach/Langohr-Plato 1999).

Die Kooperation mit externen Personalspezialisten trägt den hohen Anforderungen in der Personalarbeit Rechnung. Jedoch muss man sich bei einer Auslagerung von Aufgaben bewusst sein, dass auch scheinbare Standardleistungen, wie z. B. die Beschaffung und Auswahl, häufig eine starke unternehmensspezifische Komponente aufweisen und deshalb keine einfache „buy"-Alternative darstellen, sondern die eine enge Zusammenarbeit mit dem externen Partner erfordern.

3.4.3 „Public-Private-Partnership“

Neben der Zusammenarbeit in der Beschäftigungs- bzw. Arbeitsförderung (siehe auch Abschnitt 3.4.1) kooperieren öffentliche Institutionen vor allem im Rahmen der Aus- und Weiterbildung bzw. der Führungskräfteentwicklung mit Unternehmen. Dabei lassen sich Corporate Universities, öffentlich geförderte Aus- und Weiterbildungsprojekte und kooperative Studiengänge unterscheiden.

Corporate Universities weisen insbesondere in den USA ein rasantes Wachstum auf, finden sich inzwischen aber auch in Deutschland. Es gibt ein erhebliches Spektrum unterschiedlicher Modelle dieser internen oder auch ausgelagerten Trainingsabteilungen, die nur den Namen, nicht jedoch den Anspruch mit einer Universität gemeinsam haben (Töpfer 1999, 2000; Kraemer/Müller 2001). In der Regel wird mit staatlichen Universitäten und Business Schools kooperiert, die aus Unternehmenssicht einen guten Ruf haben (z. B. Harvard Business School, Wharton School, Insead, IMD, London Business School, Universität St. Gallen) (o. V. 2002b). Für beide Seiten können daraus Vorteile entstehen; während sich für die Hochschulen die finanzielle Situation verbessert, haben Unternehmen direkten Zugang zu aktuellen wissenschaftlichen Erkenntnissen. Dass es sich bei den Corporate Universities nicht um unternehmensspezifische Lösungen handeln muss, sondern auch Unternehmenskooperationen möglich sind, belegen Beispiele (Preißing 2000).

Daneben gibt es Kooperationen, bei denen die öffentliche Hand und die Unternehmen Finanzierung und Lehrinhalte gemeinsam übernehmen. Die öffentliche Seite engagiert sich zu Zwecken der Arbeits- oder Wirtschaftsförderung bzw. im Rahmen europäischer Förderprojekte. Ein Beispiel dafür ist die Augsburger IT-Akademie, die in der Industrie anerkannte zweijährige **Zertifikatslehrgänge** anbietet, wobei ein Jahr Training „on the job“ bei einem beteiligten Unternehmen erfolgt (Fuchs 2001).

Eine gewisse Tradition haben dagegen **Berufsakademien**, die in Baden-Württemberg bereits 1974 gegründet wurden und sich inzwischen auch in Berlin, Sachsen und Thüringen etabliert haben; Wegbereiter waren die Unternehmen Bosch, Daimler-Benz und SEL. Berufsakademien – bzw. modern Universities of Cooperative Education – stellen eine Fortführung des bewährten dualen Berufsausbildungssystems dar, wobei ihr Abschluss dem Fachhochschuldiplom gleichgestellt ist. Sie sind durch partnerschaftliche Zusammenarbeit zwischen staatlichen Studienakademien und den Ausbildungsstätten (Unternehmen) gekennzeichnet (Sauder 2001). Daneben gibt es duale Studiengänge als Kooperation zwischen Universitäten und insbesondere Fachhochschulen einerseits sowie Unternehmen andererseits, die vor allem bei Banken eine weite Verbreitung gefunden haben (Scheidl/Heger/Schmeisser 1999).

Auch wenn man hier erst zaghaft aufeinander zugeht, sind nicht nur in der Aus- und Weiterbildung weitere Formen denkbar. Gerade im Rahmen der Standort- bzw. Beschäftigungssicherung sind kooperative Lösungen zwischen (mehreren) Unternehmen, Gewerkschaften und der öffentlichen Seite in Zukunft möglich.

4. Fazit

Kooperation in der Personalarbeit muss aus zwei verschiedenen Perspektiven betrachtet werden. Zum einen stellt die intraorganisationale Kooperation zwischen der Linie und dem Personalbereich, innerhalb des Personalbereichs, aber auch mit dem Betriebsrat, eine notwendige Voraussetzung für erfolgreiche Personalarbeit dar. Zum anderen gibt es die Kooperation zwischen Unternehmen (und öffentlichen Institutionen) in unterschiedlichen Bereichen, die zur Erhöhung der Professionalität, Flexibilität und Senkung der Kosten der Personalarbeit beitragen. Beide Perspektiven weisen vielfältige Formen auf, von denen hier nur Beispiele zusammengetragen wurden.

Auch wenn sich bei der interorganisationalen Kooperation in der Personalarbeit Kooperationsvorteile analog den anderen Bereichen erzielen lassen und durchaus noch eine Ausweitung möglich ist, eignen sich nicht alle personalwirtschaftlichen Aufgaben dafür. Das hängt vor allem damit zusammen, dass der Mensch als Objekt der Personalarbeit große individuelle Unterschiede aufweist. Prozesse sind daher weniger standardisierbar und planbar, Veränderungen nur sehr begrenzt vorhersehbar. Stärker als in anderen Bereichen ist die Nähe zu dem einzelnen Mitarbeiter erforderlich. Trotzdem sind die Kooperationsmöglichkeiten nicht ausgeschöpft und es ist zu erwarten, dass mit weiterhin zunehmenden Kosten-, Qualitäts- und Flexibilitätsanforderungen die Verbreitung von Kooperationen in allen Unternehmensbereichen (einschließlich des Personalbereichs) steigen wird.

Literatur

ACKERMANN, K.-F. (Hrsg.) (1994): Reorganisation der Personalabteilung, Stuttgart.

BALLING, R. (1998): Kooperation, 2. Aufl., Frankfurt a.M.

BERG, H. (1997): Mehr als ein Umzug, in: Personalwirtschaft, 24. Jg., Sonderheft, S. 43-45.

BIERHOFF, H. W.; MÜLLER, G. F. (1993): Kooperation in Organisationen, in: Zeitschrift für Arbeits- und Organisationspsychologie, 37. Jg., (N. F. 11), Nr. 2, S. 42-51.

BITZER, B.; MADER, N. (1998): Der Betriebsrat auf dem Wege zu einer lernenden Organisation? Erfahrungen aus einer Mitarbeiterbefragung zur Betriebsratsarbeit in einem großen Produktionsbetrieb, in: Freimuth, J.; Meyer, A. (Hrsg.): Fraktal, fuzzy oder darf es ein wenig virtueller sein?, München, S. 87-102.

BOSCH, A. (1997): Vom Interessenkonflikt zur Kultur der Rationalität. Neue Verhandlungsbeziehungen zwischen Management und Betriebsrat, München.

BÜHNER, R. (1992): Management-Holding, Landsberg a.L.

BURGER, L. (1999): Rekrutierung durch einen Dienstleister, in: Personalwirtschaft, 26. Jg., Nr. 5, S. 50-52.

CAMP, R. C. (1994): Benchmarking, München u. a.

DANKER, H. u. a. (1999): Lernen im neuen Job auf Zeit: Firmenübergreifender Austausch, in: Personalführung, 32. Jg., Nr. 6, S. 42-46.

ECKARDSTEIN, D. VON (1997): Entwickelt sich Co-Management zu einem tragfähigen Kooperationsmuster in den betrieblichen Arbeitsbeziehungen?, in: Klimecki, R. G.; Remer, A. (Hrsg.): Personal als Strategie, Neuwied, S. 244-256.

ENDRES, E.; WEHNER, T. (1995): Störungen zwischenbetrieblicher Kooperation – Eine Fallstudie zum Grenzstellenmanagement in der Automobilindustrie, in: Schreyögg, G.; Sydow, J. (Hrsg.): Managementforschung 5, Berlin u. a., S. 1-45.

FELDMANN, L.; VOMVELL, T. (2002): Mit Manpower zum flexiblen Weltbild, in: Personalwirtschaft, 29. Jg., Nr. 5, S. 54-57.

FLOTTORP, K.; STERNER, B.; UHRIG, B. (1999): Jobrotation und Weiterbildung in Norwegen und Deutschland, in: Personalführung, 32. Jg., Nr. 11, S. 68-77.

FREIMUTH, J.; HARITZ, J. (1998): Die Veränderung der Arbeitsbeziehungen und die neue Rolle betrieblicher Interessenvertretung in postindustriellen Organisationsformen. Co-Evolution, Co-Management und Coaching als neue Rollendimensionen?, in: Freimuth, J.; Meyer, A. (Hrsg.): Fraktal, fuzzy oder darf es ein wenig virtueller sein? München, S. 51-86.

FUCHS, F. X. (2001): Paten mit Weitsicht, in: Personalwirtschaft, 28. Jg., Nr. 12, S. 33-35.

GIRNDT, C. (1997): Anwälte, Problemlöser, Modernisierer. Betriebsreportagen, Gütersloh.

INITIATIVGRUPPE „WEGE ZUR SELBST-GMBH“ (2001): Der Betriebsrat als Co-Manager, in: Personalwirtschaft, 28. Jg., Nr. 9, S. 62-64.

KOCIAN, C. (1999): Virtuelle Kooperationen im Mittelstand, Wiesbaden.

KOLVENBACH, P.; LANGOHR-PLATO, U. (1999): Outsourcing betrieblicher Versorgungsleistungen, in: Personalwirtschaft, 26. Jg., Nr. 9, S. 32-37.

KOONTZ, H.; O'DONNELL, C.; WEIHRICH, H. (1984): Management, 8. Aufl., New York.

KRAEMER, W.; MÜLLER, M. (Hrsg.) (2001): Corporate Universities und E-Learning, Wiesbaden.

KUNZ, G. (2002): Den Betriebsrat in Veränderungsprojekte einbinden, in: Personalwirtschaft, 29. Jg., Nr. 7, S. 49-51.

LANGECKER, F. (1999): Personaldienstleister starten durch, in: HR SERVICES. 1. Jg., Nr. 1, S. 12-14.

LANTERNIER, P. (1997): Die Abrechnung auslagern, in: Personalwirtschaft, 24. Jg., Sonderheft, S. 29-31.

LUTTER, M. (1998): Die Holding – Erscheinungsformen und der für dieses Buch maßgebende Rechtsbegriff der Holding, in: Lutter, M. (Hrsg.): Holding-Handbuch, Köln, S. 1-32.

MARR, R. (1992): Kooperationsmanagement, in: Gaugler, E.; Weber, W. (Hrsg.): Handwörterbuch des Personalwesens, 2. Aufl., Stuttgart, Sp. 1154-1164.

MARTIN, A.; NIENHÜSER, W. (Hrsg.) (2002): Neue Formen der Beschäftigung – Neue Personalpolitik?, München.

NEUBERGER, O. (1997): Personalwesen 1, Stuttgart.

O. V. (2001): Modellprojekt zur Jobrotation, in: Personalführung, 34. Jg., Nr. 11, S. 10.

O. V. (2002a): Intelligente Personalinstrumente als Alternative zur Kündigung, in: Personalführung, 35. Jg., Nr. 6, S. 107-109.

O. V. (2002b): Volkswagen gründet „AutoUni“, in: Personalführung, 35. Jg., Nr. 8, S. 8.

PREIßING, D. (2000): Corporate University der Genossenschaftsbanken, in: Personalwirtschaft, 27. Jg., Nr. 4, S. 36-44.

SAUDER, G. (2001): Berufsakademie: Studium an den Lernorten Akademie und Betrieb, in: Personalführung, 34. Jg., Nr. 3, S. 62-70.

SCHEIDL, K.; HEGER, G.; SCHMEISSER, W. (1999): Duale Studiengänge als Instrument der Personalentwicklung, in: Personal, 51. Jg., Nr. 4, S. 187-191.

SCHERM, E. (1992): Personalabteilung als Profit Center: Ein realistisches Leitbild?, in: Personalführung, 25. Jg., Nr. 12, S. 1034-1037.

SCHERM, E. (1995a): Hat die Personalabteilung noch Zukunft?, in: Personal 47. Jg., Nr. 12, S. 643-647.

SCHERM, E. (1995b): Die virtuelle Personalabteilung – Modell der Zukunft oder Utopie?, in: Personalführung, 28. Jg., Nr. 9, S. 726-727.

SCHERM, E. (1996): Outsourcing – Ein komplexes, mehrstufiges Entscheidungsproblem, in: Zeitschrift für Planung, 7. Jg., Nr. 1, S. 45-60.

SCHERM, E. (2002a): Organisation der Personalarbeit, in: Schwuchow, K.; Gutmann, J. (Hrsg.): Jahrbuch Personalentwicklung und Weiterbildung 2003, Neuwied, Kriftel, S.197-204.

SCHERM, E. (2002b): Personalaufgaben in der Managementholding, in: Klinkhammer, H. (Hrsg.): Personalstrategie. Personalmanagement als Business Partner, Neuwied, S. 134-153.

SCHERM, E.; PIETSCH, G.; SÜß, S. (2000): Internationales Personalcontrolling zwischen Standardisierung und Differenzierung, in: Personal, 52. Jg., Nr. 9, S. 470-476.

SCHERM, E.; SÜß, S. (1999): Vom reinen Kostenvergleich zur Prozeßoptimierung – Benchmarking im Personalbereich, in: eco, 1. Jg., Nr. 6, S. 8-11.

SCHERM, E.; SÜß, S. (2000): Personalführung in virtuellen Unternehmen: Eine Analyse diskutierter Instrumente und Substitute der Führung, in: Zeitschrift für Personalforschung, 14. Jg., Nr. 1, S. 79-103.

SCHERM, E.; SÜß, S. (2001): Internationales Management, München.

SCHERM, E.; SÜß, S. (2003): Personalmanagement, München.

SCHOLZ, C. (1995): Ein Denkmodell für das Jahr 2000? Die virtuelle Personalabteilung, in: Personalführung, 28. Jg., Nr. 5, S. 398-403.

SCHOLZ, C. (2002): Die virtuelle Personalabteilung: Stand der Dinge und Perspektiven, in: Personalführung, 35. Jg., Nr. 2, S. 22-31.

STALITZA, U.; TSCHEULIN, J. (2002): Employability und Flexibilität gemeinsam erreichen, in: Personalwirtschaft, 29. Jg., Nr. 2, S. 26-31.

STEINLE, M.; HIES, M. (2002): Aufbau und Pflege eines Talentpools im Internet, in: Personalführung, 35. Jg., Nr. 7, S. 64-69.

STRAUB, R. (1998): Mosaiksteine zum sanften Personalabbau, in: Personalwirtschaft, 25. Jg., Nr. 7, S. 32-34.

STRUNCK, B. C. (1998): Externe Personalleitung für Mittelständler, in: Personalwirtschaft, 25. Jg., Sonderheft Nr. 6, S. 18-21.

THOM, N.; KRAFT, T. (2000): Erfolgreiche Kooperation mit Personalberatern, in: Personalwirtschaft, 27. Jg., Nr. 11, S. 44-51.

TÖPFER, A. (1999): Corporate Universities als Intellectual Capital, in: Personalwirtschaft, 26. Jg., Nr. 7, S. 32-37.

TÖPFER, A. (2000): Corporate University: Brücke zwischen Theorie und Praxis, in: PersonalführungPlus, 33. Jg., Nr. 1, S. 26-31.

WÄCHTER, H. (1998): Krise der Verhandlungskultur, in: Mitbestimmung, 44. Jg., Nr. 9, S. 11-15.

WERNER, A. (1998): Leistungen einer Trainings-GmbH, in: Personalwirtschaft, 25. Jg., Sonderheft Nr. 6, S. 26-30.

WIRTHS, D.; GERBRACHT, P.; KRAMER, U. (2001): Interdisziplinäre Personalarbeit in dezentralen Organisationen, in: Personalführung, 34. Jg., Nr. 10, S. 72-78.

WITTE, J. (1999): Zeitarbeit nur als Zwischenstopp, in: Personalwirtschaft, 26. Jg., Nr. 4, S. 44-47.

WUNDERER, R. (2000): Führung und Zusammenarbeit, 3. Aufl., Neuwied.

Fünftes Kapitel

Gestaltung und Führung kooperativer Systeme

Joachim Zentes/Bernhard Swoboda/Dirk Morschett*

Perspektiven der Führung kooperativer Systeme

* Univ.-Professor Dr. Joachim Zentes ist Inhaber des Lehrstuhls für Betriebswirtschaftslehre, insbesondere Außenhandel und Internationales Management der Universität des Saarlandes und Direktor des Instituts für Handel & Internationales Marketing (H.I.MA.) an der Universität des Saarlandes, Saarbrücken.
Univ.-Professor Dr. Bernhard Swoboda ist Inhaber der Professur für Betriebswirtschaftslehre, insbesondere Marketing und Handel der Universität Trier.
Dr. Dirk Morschett ist Wissenschaftlicher Assistent am Lehrstuhl für Betriebswirtschaftslehre, insbesondere Außenhandel und Internationales Management der Universität des Saarlandes, Saarbrücken.

1. Einführung

Kooperative Systeme erfahren sowohl in der betriebswirtschaftlichen Praxis als auch in der wirtschaftswissenschaftlichen Forschung eine seit Jahren permanent steigende Bedeutung.

Die Anzahl der Allianzen nimmt jährlich um etwa 25 Prozent zu. Rund ein Drittel der Einnahmen der US-Unternehmen wird heute in Allianzen erbracht, wobei dieser Anteil permanent steigt. Diese Entwicklung war in den letzten Jahren so stark, dass sogar von einem Wandel vom Marktkapitalismus zum „**Allianzkapitalismus**" (Dunning 1997) gesprochen wird. Hierbei scheinen unter anderem die zunehmende Globalisierung und der zunehmende Wettbewerbsdruck die Allianzbildung zu fördern (Parise/Sasson 2002, S. 41; Das/Teng 1999, S. 50; Das/Teng 2000, S. 77). Als generelle Ursache dieser Entwicklung wird postuliert, dass Kooperationen als **hybride Arrangements** zwischen Markt und Hierarchie die Vorteile beider Formen verbinden und die Schwächen beider Vorteile kompensieren und damit ein „joint competitive advantage" erreicht werden soll (Zentes 1992, S. 20).

Zugleich zeigen sich empirisch erhebliche Probleme in der Performance von Allianzen. Die Erfolgsrate liegt in empirischen Untersuchungen oft unter 50 Prozent (Parise/Sasson 2002, S. 42; Spekman u. a. 1998, S. 747). Im Vergleich zu anderen Organisationsformen des Unternehmenswachstums, so Akquisitionen, ist die Erfolgsrate von Allianzen deutlich geringer (Bleeke/Ernst 1991); zudem weisen sie eine hohe interne Instabilität auf (Das/Teng 2000, S. 77). Das/Teng (1999, S. 51 f.) kategorisieren wegen des hohen Scheiterrisikos in Allianzen diese als „high-risk strategy". Viele der auftretenden Risiken sind dabei charakteristisch für Allianzen und nicht in Hierarchien präsent.

Die Besonderheiten resultieren im Wesentlichen aus der Tatsache, dass hier (mindestens) zwei voneinander unabhängige, mehr oder weniger gleichberechtigte – und bei internationaler Ausrichtung aus unterschiedlichen Ländern stammende – Unternehmen aufeinander abgestimmt werden müssen (Swoboda 2000, S. 109 ff.). Hinzu kommt, dass auf Grund vielfältiger Wirkungszusammenhänge und Interdependenzen in einem kooperativen System ein wesentlich komplexeres Entscheidungsproblem bei der Konzeption und Führung besteht (Meckl 1995, S. 25). Der simultan konkurrierende und kooperative Charakter von Allianzbeziehungen bringt ein einzigartiges Spannungsgefüge mit sich, sodass die Führungsprozesse besonders aufwändig werden (Spekman u. a. 1998, S. 760; Welge/Holtbrügge 2003, S. 115; vgl. hierzu auch den Beitrag von Holtbrügge in diesem Kapitel des Sammelwerks).

2. Aufgaben und Instrumente der Führung

Zur Betrachtung der Führung kooperativer Systeme kann zunächst auf die allgemeinen Überlegungen zur Unternehmensführung zurückgegriffen werden. Unter Führung kann man dabei die Gesamtheit derjenigen Handlungen der verantwortlichen Akteure zusammenfassen, welche die Gestaltung und Koordination der Unternehmens-Umwelt-Interaktion im Rahmen des Wertschöpfungsprozesses zum Gegenstand haben und diesen grundlegend beeinflussen. Bei den Prozessen der Unternehmensführung handelt es sich um Querschnittsfunktionen, die in alle Stufen der Wertschöpfungskette hineinwirken (vgl. hierzu Zentes/Swoboda/Morschett 2004). Funktional gesehen, umfassen die Tätigkeitsinhalte der Unternehmensführung unter anderem Planung, Organisation und Kontrolle (Macharzina 1999, S. 8, S. 35 ff.). Die Formen der in allen Tätigkeitsbereichen eingesetzten **Koordinationsinstrumente** können in drei Kategorien eingeteilt werden (Khandwalla 1975, S. 140 ff.; vgl. auch Anderer 1997, S. 129 ff.):

- Strukturelle Koordinationsmechanismen charakterisieren die formale Einbindung der Teileinheiten in eine organisatorische Grundstruktur, prägen also die primäre und sekundäre Organisation. Zudem lässt sich auch der Grad der Entscheidungszentralisation und -formalisierung hier zuordnen.
- Technokratische Koordinationsmechanismen sind durch den Einsatz von Instrumenten gekennzeichnet, die den Standardisierungsgrad von Prozessen, die Festlegung von Planungs- und Kontrollinstrumenten und den Einsatz von Informations- und Kommunikationssystemen festlegen.
- Bei den personenorientierten Koordinationsmechanismen handelt es sich um Instrumente, bei denen die persönliche Kommunikation und Interaktion im Vordergrund stehen.

Eng daran angelehnt, kann man die Dimensionen Struktur-, System- und Kultur- bzw. Personalsteuerung unterscheiden (Hamel/Prahalad 1983, S. 349).

3. Besonderheiten und Erfolgsfaktoren der Führung von Kooperationssystemen

Allianzen sind im Allgemeinen enge, unter Umständen langfristige, gegenseitig nutzbringende Vereinbarungen zwischen zwei oder mehr Partnern, in denen Ressourcen, Wissen und Fähigkeiten zwischen Partnern geteilt oder gemeinsam eingebracht werden mit der Zielsetzung, die Wettbewerbsposition jedes Partners zu verbessern (Spekman u. a. 1998, S. 748).

Ihre Führung hat zunächst die gleichen Aufgaben wie die vorne dargestellte Führung von Unternehmen allgemein. So kann man auch als Aufgabenfelder des Managements von strategischen Allianzen im Wesentlichen Strategie und Planung, Organisation und Kontrolle sowie Personal betrachten (Welge/Al-Laham 2002, S. 638 ff.). Im Rahmen dieser Aufgaben erhöht sich jedoch für das Allianzmanagement die Komplexität gegenüber der Führung anderer Organisationsformen. Dies liegt vor allem im hybriden Charakter von Allianzen begründet, die Elemente von Markttransaktionen mit Elementen der Internalisierung verbinden (Powell 1987; Thorelli 1986; Das/Teng 2002, S. 725). Das bringt eine Situation mit sich, die durch Autonomie und Interdependenz geprägt ist, zwei Aspekte, die für Allianzen als konstitutive Merkmale angesehen werden, und die zugleich wesentliche Besonderheiten für das Allianzmanagement darstellen (Tröndle 1987, S. 29).

Die Besonderheit von Kooperationen oder Netzwerken als „grenzenlose Unternehmung", bei denen die Frage der internen Grenzen (so zwischen Organisations-Subeinheiten, einzelnen Allianzpartnern und Mitarbeitern) und der externen Grenzen (so zu Kunden) sich permanent stellt und dynamisch zu betrachten ist, führt dazu, dass das „**Grenzmanagement**" als weitere Führungsaufgabe zu betrachten ist (Picot/Reichwald/Wigand 2003; vgl. auch den Beitrag von Ortmann/Sydow in diesem Kapitel des Sammelwerks). Es entstehen dabei im Vergleich zur Führung von hierarchischen Systemen eine Reihe besonderer **Allianzbedingungen**, die spezifischer die Bedeutung eines effizienten Schnittstellenmanagements zeigen. Als Dimensionen sind zu beachten (Das/Teng 2002, S. 730 ff.):

- **Gemeinsame Stärken** („collective strengths"): Gemeinsame Stärken einer Allianz stellen die aggregierten Ressourcen-Zuordnungen der Partner in Bezug auf die gemeinsam verfolgte Zielsetzung dar. Im ressourcenbasierten Ansatz wird hierbei der Zugang zu den Ressourcen der Partner als das wichtigste Motiv zur Allianzbildung gesehen.
- **Partnerkonflikte** („interpartner conflicts"): Als negative Einflussgröße im Allianzmanagement sind potenzielle Konflikte zwischen den Allianzpartnern zu sehen, die auf Grund der Divergenz in Präferenzen, Interessen und Geschäftspraktiken der Partner in einer Allianz auftreten können (Kogut 1989). Nach Das/Teng (2002, S. 729) kann man drei wesentliche Konfliktursachen sehen: unterschiedliche organisationale Prozesse, Entscheidungsstile und Präferenzen, unterschiedliche Interessen und opportunistisches Verhalten und Konfliktursachen im externen Umfeld, so ein zunehmender Wettbewerb der beiden Kooperationspartner in Drittmärkten.
- Die **gegenseitige Abhängigkeit** („interdependencies") bezieht sich auf die Tatsache, dass beide Parteien von der Kooperation profitieren, wobei es eine grundsätzliche ökonomische Bestrebung ist, die Abhängigkeit von einem anderen Unternehmen relativ gering zu halten. Nach dem Resource-Dependence-Ansatz kann dies z. B. dadurch geschehen, dass man unterschiedliche Partnerschaften mit verschiedenen Unternehmen eingeht. Obwohl Interdependenz eine grundsätzliche Voraussetzung für eine Kooperation ist, ist eine einseitige oder stark asymmetrische Abhängigkeit in der Regel schädlich für die Stabilität der Allianz.

Zugleich können sich diese Aspekte im Zeitablauf verändern, d. h., sie sind als dynamische Einfluss- und Ergebnisfaktoren zu sehen (vgl. hierzu eine Perspektive bei Swoboda

2000, S. 111 ff.). Die Notwendigkeit, diese drei Dimensionen gleichzeitig zu beachten, führt dazu, dass sich die Allianz permanent in Spannungsfeldern bewegt.

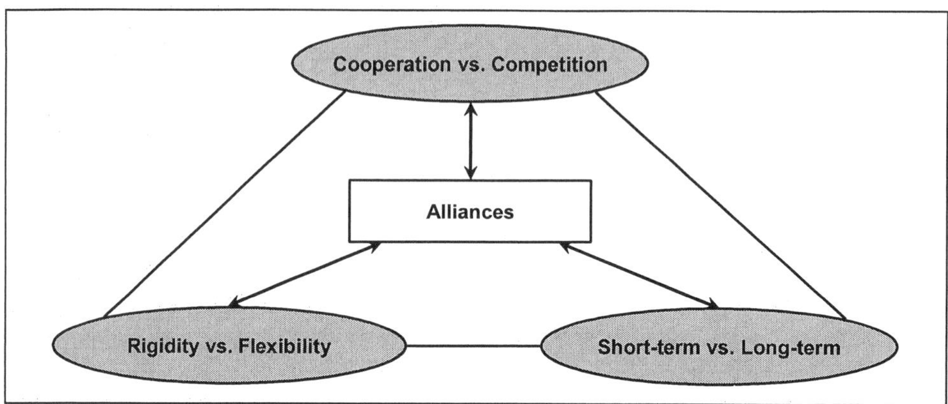

Quelle: In Anlehnung an: Das/Teng 2000, S. 85 ff.

Übersicht 1: Spannungsfelder des Allianzmanagements

Im Wesentlichen muss das Management von Allianzen eine optimale Balance in Bezug auf unterschiedliche Spannungsfelder erreichen, die eine Erklärungsgrundlage für die bereits erwähnte Instabilität von Allianzen bilden (Teece 1992, S. 1) (siehe Übersicht 1):

- **Kooperation vs. Wettbewerb**: Die hybride Stellung von Allianzen zwischen den beiden Extrempunkten Markt und Hierarchie drückt sich unter anderem darin aus, dass der interne Wettbewerb zwischen den Allianzpartnern reduziert ist. Ein ausreichender Level an Kooperation ist die Basis für den Erfolg der Allianz, unter anderem weil er die Allianzpartner zum gegenseitigen Nutzen auf gemeinsame Ziele verpflichtet. Andererseits bedeutet dies nicht, dass kein Wettbewerb zwischen den Partnern existiert. So können Allianzpartner auf dem Markt zugleich Konkurrenten sein; im Sinne des ressourcenbasierten Ansatzes konkurrieren sie auch darum, möglichst schnell vom jeweiligen Partner zu lernen. Eine Überbetonung der Kooperation bzw. eine Vernachlässigung des Wettbewerbs in der Allianz (und gegenüber potenziellen anderen Transaktionspartnern) führt damit zu Dysfunktionalitäten (Das/Teng 1999, S. 58 f.). Welge/Holtbrügge (2003, S. 107) sprechen von einer inhärenten „Ambiguität von kooperativen und konkurrierenden Beziehungen".
- **Starrheit vs. Flexibilität**: Die Starrheit einer Allianz, die sich durch den Grad der Verbundenheit kennzeichnen lässt, bringt für die Allianz und ihre Mitglieder die Möglichkeit, Vertrauen und Beziehungen aufzubauen, und im laufenden Betrieb effizient miteinander zusammenzuarbeiten. So ist eine gewisse Starrheit bzw. Straffheit notwendig, um die gemeinsamen Ziele in einer Allianz auch in koordinierter Art und Weise durch die einzelnen Systemmitglieder zu realisieren. Die Vorteile der Kooperationssysteme werden aber gerade in der Flexibilität gesehen. Diese birgt dabei für

Allianzen zahlreiche Vorteile, so eine bessere Anpassung an sich verändernde Umfeld-Bedingungen (vgl. hierzu den Beitrag von Friedli/Schuh im Dritten Kapitel dieses Sammelwerks). Starrheit erhöht tendenziell die Effizienz, Flexibilität die Effektivität von Systemen. Daher wird darauf hingewiesen, dass ein optimaler Ausgleich zwischen Flexibilität und Starrheit bzw. Straffheit anzustreben ist (Zentes/Morschett/Neidhart 2003; Das/Teng 1999, S. 58).[1]

- Eine Allianz ist zudem permanent im Konflikt zwischen **Kurzfrist- und Langfristorientierung**. Schnelle, kurzfristige Erfolge sind oft Basisziele der Allianzbildung, da durch die Kooperation z. B. ein schnellerer Markteintritt, kürzere Entwicklungszyklen o. Ä. angestrebt werden. Der temporäre Charakter von Kooperationen wird oftmals hervorgehoben. Zugleich werden Vertrauen als wesentlich für das Allianzmanagement und Commitment als Grundlage einer guten Zusammenarbeit angesehen. Durch eine Langfristorientierung kann eine engere Vernetzung zwischen den Partnern entstehen und die opportunistische Ausnutzung von Abhängigkeiten vermieden werden. Wenn die Allianz langfristig orientiert ist und nicht leicht beendet werden kann, erhöht sich tendenziell die Motivation für alle Allianzpartner, die Allianz zum Erfolg zu führen (Picot/Reichwald/Wigand 2003, S. 298 f.).

4. Führung kooperativer Systeme in den Phasen des Kooperationsprozesses

4.1 Phasenmodelle in der Literatur

In den letzten Jahren wurden in der Betrachtung von Allianzen zunehmend unterschiedliche Phasen in ihrem „**Lebenszyklus**" in die Überlegungen aufgenommen (Spekman u. a. 1998, S. 760; Ring/Van de Ven 1994; Swoboda 2000, S. 112 f.; vgl. zur prozessualen Sicht auch den Beitrag von Kutschker in diesem Kapitel des Sammelwerks). Dabei können Phasenmodelle für die Entwicklung anderer Organisationsformen nicht unmittelbar auf Allianzen übertragen werden. So sind z. B. bei Allianzen eine Phase der Partnersuche und eine Verhandlungsphase zu Beginn der Kooperation notwendig, die in der Regel bei anderen Organisationstypen, wie Hierarchien, nicht vorzufinden sind (Das/Teng 2002, S. 726). Hite/Hesterley (2001, S. 276) weisen darauf hin, dass „Phasen" nicht lediglich temporale Aspekte repräsentieren, sondern dass jede Phase zugleich als ein distinktes Bündel von Strategien, Anforderungen usw. gesehen werden kann.

[1] Die Paradoxie, die dadurch für das Allianzmanagement entsteht, illustrieren Das/Teng (2000, S. 84) durch einen Hinweis auf das in sich widersprüchliche Wortpaar „lose Verbindungen" („loose coupling").

Autor(en)	Phasen
Bronder/Pritzl 1992	strategic decision, configuration, partner selection, management
Meckl 1995	Entscheidung, Konfiguration, Konstituierung, Management, Beendigung
Das/Teng 1997	choosing an alliance strategy, selecting partners, negotiation, setting up the alliance, operation, evaluation, modification
Spekman u. a. 1998	anticipation, engagement, valuation, co-ordination, investment, stabilization, decision
Parise/Sasson 2002	find, design, manage

Übersicht 2: Ausgewählte Phasenmodelle der Kooperation

In Übersicht 2 sind eine Reihe unterschiedlicher Phasenmodelle (des Allianzmanagements) aufgeführt. Der weiteren Betrachtung werden folgende Phasen zu Grunde gelegt:

- **Entscheidung**: Hier sind die Zielsetzungen bzw. Motive (Zentes/Swoboda 1999) zu betrachten, die mit der Kooperation verbunden werden und welche die Entscheidung für die Organisationsform der Kooperation beeinflussen.
- **Partnerselektion**: In dieser Phase wird der bzw. werden die optimale(n) Kooperationspartner ausgewählt.
- **Gestaltung** (Konfiguration und Verhandlung): In dieser Phase wird die aus der jeweils individuellen Sicht wünschenswerte Gestaltung der Kooperation geplant und dann – und dies ist eine weitere Besonderheit von Allianzen – unter Beachtung der Durchsetzbarkeit der Forderungen in Verhandlungen die Gestaltung vorgenommen.
- **Betrieb („Operation“)**: Eine Phase, der in der Literatur wenig Beachtung geschenkt wird, ist das „laufende“ Management von Allianzen. Obwohl es maßgeblich beeinflusst wird von den vorangegangenen Phasen, werden Konflikte, Zielabweichungen u. Ä. oft erst hier ersichtlich. Die Frage der laufenden Koordination der Geschäftsprozesse zwischen den Kooperationspartnern stellt sich im Wesentlichen in dieser Phase. Die Frage der Evaluation kann hiervon nicht getrennt werden. So wird das Controlling bzw. die Evaluation zwar oft als eigene Phase gesehen; in der Praxis laufen aber beide simultan und eng verzahnt ab.
- **Beendigung**: Auch Phasenmodelle, die einen Lebenszyklus von Kooperationen erkennen, beschäftigen sich selten mit der Frage derer Beendigung. Zugleich wird Kooperationen oft ein temporärer Charakter zugewiesen (entweder implizit oder explizit in der Definition eines Kooperationstyps, so bei virtuellen Allianzen), sodass diese Phase auch in einem Managementmodell für Allianzen Berücksichtigung finden muss.

4.2 Entscheidung

Nachdem im Rahmen der strategischen Planung zunächst eine Analyse der Ausgangssituation und die Festlegung der strategischen Ziele vorgenommen wird, wobei die (nicht kooperationsspezifischen) Instrumente der Potenzial- und Lückenanalyse, der Stärken/

Schwächenanalyse, der Konkurrenz- und Marktanalyse usw. angewendet werden können (Meckl 1995, S. 29; Zentes/Swoboda 2001), ergibt sich unter Umständen die Transaktionsform der Kooperation als eine mögliche Alternative zur Erreichung der strategischen Ziele. In der ersten Phase des Kooperationsmanagements ist hierbei zunächst eine Evaluation der Eignung der Kooperation zur Erreichung der strategischen Ziele der Unternehmung im Vergleich zu alternativen Transaktionsformen vor dem Hintergrund der spezifischen Unternehmenssituation vorzunehmen. Im Ersten Kapitel dieses Sammelwerks werden verschiedene Theorien und Ansätze dargestellt, die Erklärungsansätze für diese Entscheidung liefern. Zudem muss analysiert werden, in welchen Wertschöpfungsaktivitäten eine Kooperation sinnvoll ist (vgl. mit einer wertschöpfungsfunktionsspezifischen Betrachtung Zentes/Swoboda/Morschett 2004), daran anschließend wird eine Evaluation der möglichen Kosten/Nutzen durchgeführt (Bronder/Pritzl 1992; Spekman u. a. 1998, S. 758; Meckl 1995, S. 29). In der Literatur wird erwähnt, dass Allianzen oft eher das Ergebnis von Wettbewerbsdruck, hoher Unsicherheit bzgl. der Resultate u. Ä. sind und auf Grund ihrer Komplexität meist nicht die zuerst präferierte Option für das Management unter „normalen" Umständen (Spekman u. a. 1998, S. 759 f.).[1] Auch die konkreten Kooperationsziele sind vor Beginn der Partnersuche abzuleiten.[2] Zunächst müssen hierbei die individuellen Ziele festgelegt werden; erst in einer späteren Phase erfolgt in Verhandlungen die Ableitung gemeinsamer Ziele der Allianz.

4.3 Partnerselektion

In der nächsten Stufe müssen potenzielle Partner identifiziert und evaluiert werden. Dabei können zahlreiche Kriterien für die Wahl geeigneter Partner genannt werden; die empirische Forschung hat eine Reihe besonders wichtiger Aspekte hervorgehoben. Hierbei wird der „Fit" zwischen den Allianzpartnern in den Vordergrund gestellt, der auf unterschiedliche Ebenen vorliegen muss (Bronder/Pritzl 1991, S. 49 f.; Meckl 1995, S. 31 ff.; Scholz/Hofbauer 1990, S. 134 ff.; Zentes/Swoboda 1999, S. 118 ff.):

- Der **fundamentale Fit** bedeutet, dass der Partner aus seiner Unternehmungssituation heraus (so bzgl. seiner Ressourcen) einen Beitrag zum Erfolg der Kooperation leisten kann.
- Der **strategische Fit** bezieht sich auf die Kompatibilität der strategischen Zielsetzungen der Kooperationspartner, die durch die Kooperation (jeweils) erfüllt werden sollen.
- Der **unternehmenskulturelle Fit** bezieht sich darauf, dass sich die Werte und Verhaltensweisen in den kooperierenden Unternehmungen zumindest nicht widersprechen dürfen, um eine erfolgreiche Zusammenarbeit zu gewährleisten. Diese Dimen-

[1] Auf Grund der Komplexität von Allianzen würden viele Unternehmen autonome Aktivitäten bevorzugen (Das/Teng 2002, S. 735; Welge/Holtbrügge 2003, S. 107).

[2] Diese können sehr unterschiedlicher Natur sein (vgl. dazu den Beitrag von Morschett im Dritten Kapitel dieses Sammelwerks).

sion gewinnt bei internationalen Kooperationen besondere Brisanz, da hier zusätzlich eine mehr oder weniger große sozio-kulturelle Distanz zwischen den Stammländern der Kooperationspartner besteht und zu beachten ist (Kogut/Singh 1988).

Hierbei ist der kulturelle Fit von besonders hoher Bedeutung. Unter anderem wird argumentiert, dass eine unternehmenskulturelle Ähnlichkeit die Unsicherheit bzgl. des Verhaltens des Partners reduziert, und es eher erlaubt, sein Verhalten einzuschätzen, was wiederum das gegenseitige Vertrauen fördert (Merchant 2000, S. 115 f.). In der Literatur wird die hohe Misserfolgsrate von Allianzen, insbesondere im internationalen Kontext, oft auf die Inkompatibilität der Unternehmenskulturen zurückgeführt (Denison 1990; Werther 1998, S. 341). Über die Fit-Überlegungen hinaus zeigen Bleeke/Ernst (1995) auf, dass bestimmte Partnerkonstellationen in strategischen Allianzen häufig erfolglos sind. Dies sind Allianzen zwischen Partnern, die in starkem Wettbewerb zueinander stehen, Allianzen zwischen schwachen und starken Firmen und Allianzen zwischen schwachen Firmen. Sie deuten an, dass Allianzen zwischen starken Partnern, die nicht in intensivem Wettbewerb zueinander stehen, die erfolgversprechendsten sind.

Darüber hinaus ist für eine detailliertere Betrachtung die Form der Allianz zu beachten. So wird allgemein argumentiert, dass heterogene Ressourcenprofile, d. h. komplementäre Ressourcen, positiv für die Bildung einer Allianz sind (Das/Teng 2002, S. 734). Dieses Argument gilt jedoch nur für bestimmte Allianztypen (vgl. hierzu die Beiträge von Holtbrügge und von der Oelsnitz in diesem Sammelwerk). So ist es für X-Allianzen („closing gap alliances") empfehlenswert, Allianzpartner mit komplementären Ressourcen auszuwählen. Für Y-Allianzen („critical mass alliances") können jedoch auch Partner mit homogenen Ressourcenprofilen geeignet sein, da es um den Ausbau der gemeinsamen Stärken geht. Über die dargestellten Aspekte hinaus ist das **Vertrauen** in den Partner essenziell. Da sich Allianzen auf mehrere Partner mit individuellen Zielen stützen, ist Vertrauen für das Management von Allianzen von entscheidender Bedeutung: „Trust is probably the single most important ingredient" (Houghton 1994, S. 31). Zugleich wirken die Fits positiv auf die Bildung von Vertrauen (Zeira/Newburry 1999, S. 328).

Insgesamt gesehen, ist die Partnerwahl nach der grundsätzlichen Zielsetzung und dem Allianztyp auszurichten; zugleich sind eindeutige Aussagen oft schwierig, da die dargestellten „Spannungsfelder" dazu führen, dass ein bestimmtes Maß einer Determinante positiv wirkt, ab einer bestimmten Ausprägung aber ein negativer Effekt auftritt.

4.4 Gestaltung (Konfiguration und Verhandlung)

Nach der Partnerwahl ist – vor Beginn der operativen Tätigkeit – die Allianz bewusst zu gestalten, also eine Konfiguration festzulegen bzw. zwischen den (späteren) Allianzpartnern auszuhandeln. Quasi im Voraus werden hier im Wesentlichen die strukturellen **Koordinationsmechanismen** für die Kooperation festgelegt, aber auch bereits Festlegungen hinsichtlich der Arbeitsprozesse usw. getroffen. Nach Welge/Al-Laham (2002, S. 639 ff.) sind die wichtigsten strategischen Gestaltungsparamenter der Allianz, die vorab festgelegt werden sollten, die Dauer, die interne und externe Reichweite (so die betroffenen Wertschöpfungsaktivitäten und die Anzahl der involvierten Partner), die Intensität (so die verbleibenden Handlungsspielräume) sowie die Symmetrie der Allianz (vgl. auch Spekman u. a. 1998, S. 758). In der Konfigurationsphase erfolgt auch die Festlegung einer Kooperationsform. Eine Gestaltungsmöglichkeit besteht in der Zusammenfassung der kooperativen Aktivitäten in einer selbstständigen Gesellschaft. Ein solches (Equity) Joint Venture führt zu einer Poolung der Ressourcen und ist dann von Vorteil, wenn das Kooperationsprojekt klar von den übrigen Unternehmensaktivitäten getrennt werden kann. Eine Alternative besteht darin, die kooperativen Aktivitäten dezentral bei den Kooperationspartnern anzusiedeln (Meckl 1995, S. 35).

Wie später noch erläutert wird, können asymmetrische Lerngeschwindigkeiten die Macht innerhalb von Allianzen verschieben.[1] Bereits in der Gestaltungsphase können strukturelle Entscheidungen einen einseitigen Wissensabfluss verhindern. So kann die Exposition von Wissen und Know-how gegenüber Allianzpartnern durch Kooperationsformen, in denen die Kooperation weniger eng ist, gering gehalten werden (Das/Teng 1999, S. 55).[2] In der Gestaltungsphase sind auch stabilisierende Instrumente zu diskutieren. Beteiligungen, gegebenenfalls in gegenseitiger Form, können ein solches darstellen.[3]

Die zukünftige Konfiguration der Kooperation muss in Verhandlungen mit dem Partner festgelegt werden, wobei die eigenen Verhandlungsziele die Grundlage sind, in der Regel aber nicht vollständig durchgesetzt werden können. Daher muss entschieden werden, inwiefern Kompromisse akzeptiert werden sollen und können (Meckl 1995, S. 33).[4] Für Unternehmen, die über eine ausreichende Marktmacht verfügen, kann die Phase der Gestaltung auch quasi automatisiert ablaufen. So hat IBM in seinem PartnerWorld-Programm für Software-Partner den Allianzbildungsprozess ausführlich dokumentiert und 40 Schritte bzw. Kriterien aufgezeigt, die einer Kooperationsvereinbarung vorangehen (Parise/Sasson 2002, S. 47). Handelsunternehmen wie Wal-Mart, der weltgrößte Einzelhändler, definieren ebenfalls genaue Anforderungen an ihre potenziellen Kooperationspartner – meist Lieferanten in vertikalen Kooperationen – und standardisieren damit den

---

1 Als ein wesentlicher Einflussfaktor muss hier die „Absorptionskapazität“ (Cohen/Levinthal 1990) der einzelnen Partner für Wissen beachtet werden, die sich deutlich zwischen Unternehmen unterscheiden kann.

2 An Stelle eines F & E-Joint Ventures könnte hier z. B. die Auftragsforschung eingesetzt werden.

3 Ein Erfolgsbeispiel sind die japanischen Keiretsu, die bereits seit Jahrzehnten relativ stabil zusammenarbeiten. Diese Unternehmensnetzwerke sichern den Gruppenzusammenhalt durch Überkreuzbeteiligungen der jeweiligen Partnerfirmen ab. Jede einzelne Partnerfirma hält an jedem Unternehmen der Gruppe nur relativ geringe Anteile, kann damit also keine dominante Kontrolle ausüben. Die Gruppe hält aber oft zwischen 20 und 30 Prozent des Kapitals eines Gruppen-Unternehmens (Flath 1993, S. 251; Dodwell 1994, S. 9).

4 Auf Grund der hohen Bedeutung der Verhandlungen wird von einigen Autoren bzgl. der Evaluation der Partner auch die Einschätzung seiner Verhandlungsmacht als explizite Aktivität innerhalb der Partnerselektion genannt (Weber 2002, S. 590 f.).

Gestaltungsprozess für Kooperationen. Auf Grund der hohen Verhandlungsmacht können diese Unternehmen dabei die als optimal angesehenen Optionen vorgeben; dem Partner bleibt lediglich die Wahl, zu diesen Bedingungen einzuwilligen oder nicht zu kooperieren. Entgegen der herkömmlichen Meinung, dass so deutliche Machtunterschiede für den Allianzerfolg abträglich sind (vgl. z. B. Bleeke/Ernst 1995), wird das Kooperationsverhalten der dominanten Partner in den genannten Fällen allgemein als positiv angesehen. Diese Form der Konfigurations- und Verhandlungsprozesse stellt einen nicht seltenen Fall für Unternehmen mit einer Dominanz in ihrer Branche dar.[1]

In der Gestaltungs- und Verhandlungsphase ist es einerseits wichtig, die Erwartungen und Zielvorstellungen der Partner bereits vor dem Beginn der praktischen Zusammenarbeit zu diskutieren und zu harmonisieren sowie das Kooperationsziel in Verhandlungen gemeinsam zu formulieren (Balling 1997, S. 105). Andererseits ist in der Literatur strittig, wie präzise dieses festgelegt werden sollte. So wird eine detaillierte Zielformulierung verlangt (Schaude 1991, S. 27; Balling 1997, S. 105), jedoch zugleich darauf hingewiesen, dass zahlreiche dynamische Entwicklungen nicht vorauszusehen sind und eine gewisse Flexibilität in den Zielvereinbarungen enthalten sein muss. Die Anpassungsfähigkeit kann durch eine geeignete Strukturierung sichergestellt werden, so z. B. durch kurzfristige, erneuerbare Verträge. Damit können ein inkrementaler Prozess der Allianzbildung spezifiziert und zusätzliche Investitionen mit der Erreichung bestimmter Ziele verknüpft werden (Das/Teng 1999, S. 54 f). Welge/Al-Laham (2002, S. 641) weisen darauf hin, dass in einer frühen Phase der Allianzbildung die Kommunikationsprobleme zwischen Managern unterschiedlicher Unternehmen besonders hoch sind, Informationen bewusst zurückgehalten werden können und die Partner zu einem opportunistischen Verhalten neigen. Wichtig sei daher in dieser Phase, eine „**Kooperationskultur**" zu entwickeln und das Involvement von Schlüsselpersonen in den Parentalgesellschaften sicherzustellen, um die Adaption der Kooperationsziele im Zeitablauf (und damit in späteren Phasen) partizipativ gestalten zu können.

Ein weiteres wichtiges Thema der Konfigurationsphase ist die Personalausstattung, insbesondere auf der Ebene der Führungskräfte (vgl. hierzu auch den Beitrag von Oechsler in diesem Kapitel des Sammelwerks). Diese kann als Instrument der **Kultursteuerung** gesehen werden. Sowohl die vorhandene Kompetenz als auch die Frage, von welchem Allianzpartner das Management gestellt wird, ob in die Allianz die kompetentesten Mitarbeiter entsandt werden, und die Frage, wie eng die Verbindung dieser Manager zu ihrer Stammgesellschaft bleibt, signalisieren wichtige zukünftige Verhaltensweisen der Kooperation und ihre grundsätzliche Orientierung, so hinsichtlich der Frage der Unabhängigkeit von den Parentalgesellschaften. Werther (1998) argumentiert in diesem Zusammenhang, dass eine externe Besetzung des Managements Vorteile mit sich bringen kann, so bei relativ hoher Unabhängigkeit der Allianzaktivitäten von den Aktivitäten der Partner. Der extern berufene Allianzmanager ist stärker als ein entsandter Mitarbeiter

---

1 Beispielhaft für solche Partnerprogramme können hier noch Tesco, Sainsbury's und Carrefour im Einzelhandel oder SAP, Oracle und Microsoft im Software-Bereich genannt werden.

dem Erfolg der Allianz verpflichtet und weniger dem Beitrag der Allianz zum isolierten Erfolg eines der Partner. Die Unabhängigkeit der Allianz bzw. ihre Neutralität bzgl. ihrer Muttergesellschaften wird so nach außen (und in Richtung ihrer Mitarbeiter) signalisiert. Andererseits kann die Berufung eines Managers von einem der Partner auch erwünscht sein, z. B. um eine einseitige Dominanz zu signalisieren oder um eine stärkere Einbindung in die entsprechenden Unternehmensprozesse zu ermöglichen. So wird der Zugang zu den Ressourcen des Partners durch die informalen Beziehungen des Managers in der Regel einfacher.

Einen Sonderfall bzgl. der Gestaltungsphase stellen die „virtuellen Allianzen" dar, die in der Literatur seit einigen Jahren intensiv diskutiert werden (Büschken 1999). Hier finden sich hochspezialisierte Unternehmen für einzelne Aufträge zusammen; das gebildete Netzwerk löst sich in der Regel nach der Auftragsabwicklung wieder auf, um somit eine maximale Flexibilität und eine maximale Anpassung an die jeweiligen Anforderungen sicherzustellen. Die Partnerwahl und die Konfiguration des Netzwerks sind – vor allem durch die Kurzfristigkeit der späteren Zusammenarbeit – die wichtigsten Phasen und in der Literatur wird die Rolle eines „Brokers" vorgeschlagen, dessen Rolle auf diese Phase fokussiert ist und der die Partnerwahl und die Zuordnung von einzelnen Wertschöpfungsaktivitäten auf die jeweiligen Partner verantwortet. Dieser **Netzwerkmanager** führt über Organisationsgrenzen hinweg. Er identifiziert und führt Ressourcen zusammen, die anderen Organisationen gehören (Miles/Snow/Coleman 1992, S. 9, S. 14 f.).[1]

Die bisherigen Ausführungen zur Gestaltung (und Entstehung) der Allianzen beruhen auf der Perspektive einer bewussten Gestaltung. Die Formation von Allianzen findet aber in der Realität häufig auch eher unbewusst statt. Allianzen und Netzwerke werden dabei nicht von einzelnen Akteuren entsprechend einem „Masterplan" oder einer strategischen Entscheidung geplant. Sie entstehen und entwickeln sich als Konsequenz der Interaktion zwischen semi-autonomen, interdependent agierenden Unternehmen. Insbesondere bei größeren Netzwerken finden sich die einzelnen Partner oft sukzessiv, einzelne Akteure bauen zunächst bilaterale Bindungen auf usw. (Håkansson/Johanson 1988, S. 370). Im Sinne der Interaktionsansätze (vgl. hierzu den Beitrag von Schmid im Ersten Kapitel dieses Sammelwerks) entsteht im Zeitablauf aus einzelnen Transaktionen ein Beziehungsgeflecht zwischen den Unternehmen. In diesem Fall beginnt die Allianz unmittelbar in der Betriebsphase bzw. ein klarer Anfang kann nicht ausgemacht werden, weil der Übergang von diskreten Austauschbeziehungen zur Kooperation fließend ist (Bartsch 2004, S. 162).

1 Interessant ist die Feststellung, dass eine solche Broker-Rolle oftmals von Unternehmen „down stream" in der Wertschöpfungskette wahrgenommen wird (Miles/Snow/Coleman 1992, S. 16). Dies entspricht der in der Literatur zur Konsumgüterwirtschaft seit längerem postulierten These der Marketing- und Logistikführerschaft des Handels, die z. B. in der Modebranche von Handelsunternehmen wie H&M oder in der Drogeriemarktbranche von Unternehmen wie dm-Drogeriemarkt realisiert werden. Aber auch Konsumgüterhersteller wie Nike oder Puma werden in diesem Zusammenhang genannt (Zentes/Swoboda/Morschett 2004).

4.5 Betrieb („Operation“)

Wie bereits vorne dargestellt, zeichnen sich Allianzen und kooperative Systeme durch eine hohe Instabilität aus. Probleme werden dabei zwar teilweise bereits in den initiierenden Phasen verursacht, sie treten aber meist erst in der „post-incorporation phase“ zu Tage. Die umfassende Literaturbeschäftigung mit der Partnerwahl und der Allianzbildung verstellt dabei den Blick dafür, dass letztlich erst die operative Arbeit der Allianz über Erfolg und Misserfolg entscheidet (Zeira/Newburry 1999, S. 335; Das/Teng 2002, S. 727). In der Betriebsphase arbeiten die Partnerfirmen zusammen und implementieren die Vereinbarungen der Allianz. Der Fokus liegt auf der Integration/Koordination von komplementären Geschäftsaktivitäten, mit der Aufgabe, die angestrebten Zielsetzungen der Allianz (und der Allianzpartner) zu erreichen. Es geht darum, den Partner besser kennenzulernen, Commitment und Vertrauen aufzubauen, Konflikte zu überwinden und in einer nicht-eindeutigen Autoritätsstruktur zu führen (Spekman u. a. 1998, S. 762 f.).

Die Herausforderungen liegen vor allem darin, die vorne dargestellten **Spannungsfelder** in der täglichen Arbeit der Allianz in eine Balance zu bringen (siehe Abschnitt 3). Für das laufende Management von Kooperationssystemen ist der Ausgleich von zentripetalen und zentrifugalen Kräften eine andauernde Herausforderung. So entstehen zentripetale Kräfte, die den internen Zusammenhalt eines Kooperationssystems stärken, durch die Entscheidungssituation (so Gruppenentscheidungen) und die tägliche operative Arbeit sowie die Kommunikation innerhalb des Systems. Zugleich ist durch den verbleibenden Wettbewerb zwischen den Kooperationspartnern eine zentrifugale Kraft gegeben, die durch die Verfolgung unterschiedlicher individueller Interessen der Kooperationspartner konfligierend wirkt (Mintzberg 1991, S. 66; Anderer 1997, S. 189 ff.).

Sicherstellung der Flexibilität

Kooperationssysteme sind keine statischen Gebilde, sondern müssen in der Lage sein, sich ständigen Veränderungen in der Umwelt anzupassen. Wie erwähnt, ist gerade diese Flexibilität eine wichtige Motivation für das Eingehen von Allianzen. Die Stabilität der Allianz hängt damit– paradoxerweise – in hohem Maße davon ab, wie stark die Flexibilität ausgebildet ist. Allerdings ist die Unterschreitung eines Mindestorganisationsgrades gefährdend für die Stabilität (Das/Elango 1995, S. 60). Die Flexibilität wird damit zugleich als größte Herausforderung für das Allianzmanagement angesehen (Håkansson/Snehota 1997, S. 282). Der Grad der optimalen Flexibilität ist unter anderem von der Dynamik der Umfeldveränderungen abhängig, sodass Kooperationen in einer dynamischen Umwelt tendenziell loser gekoppelt werden als in einer statischen Umwelt (Balling 1997, S. 109). Bedenkt man die Komplexität der Allianzbildung, insbesondere wenn man internationale Fragestellungen hinzuzieht, ist die Notwendigkeit, in der Operation-Phase flexibel zu reagieren, besonders wichtig, da zahlreiche Ereignisse, Umfeldbedingungen und Veränderungen bei den Allianzpartnern, so in der Zielsetzung, in den Vorphasen des Allianzbetriebs kaum überblickt und damit auch nicht detailliert (bzw. korrekt) geplant werden können. Dies bedeutet, dass die Allianzpartner akzeptieren müssen, dass eine zu enge Bindung an die vorab schriftlich fixierten Regelungen der Allianzvereinbarung nachteilhaft sein kann und die Implementierung notwendiger Veränderungen möglich bleiben muss (Zeira/Newburry 1999, S. 338).

Entscheidungsprozesse und Autonomie

Obwohl die Festlegung der (formalen) Leitungsstruktur, inklusive der symmetrischen oder asymmetrischen Führung, bereits in der Gestaltungsphase erfolgt (Welge/Holtbrügge 2003, S. 114 f.), können sich in der Betriebsphase Verschiebungen der tatsächlichen Praxis gegenüber den vorab festgelegten Arrangements ergeben. Dies betrifft einerseits die Autonomie der Allianz,[1] andererseits die mögliche Dominanz eines der Partner.

Über die Frage, ob eine symmetrische oder asymmetrische Machtverteilung zwischen den Partnern einer Allianz vorteilhaft ist, existieren unterschiedliche empirische Ergebnisse. Obwohl eine symmetrische Machtverteilung für einen besseren Interessenausgleich zwischen den Partnern spricht, kommen viele Studien zu dem Ergebnis, dass eine asymmetrische Verteilung zu einem höheren Erfolg führt, unter anderem, weil es die Koordination (durch dann eher hierarchische Mechanismen) vereinfacht (Merchant 2000, S. 112 f.). Macht kann auch auf **Zentralität** im Netzwerk beruhen. Diese drückt aus, in wie viele Beziehungen innerhalb eines Netzwerkes eine Einheit einbezogen ist. Diese Zentralität hängt, selbst wenn dies formal nicht so festgelegt ist, mit dem Kräfteverhältnis zusammen, da eine hohe Zentralität in der Regel mit einem relativ hohen Einfluss in dem Netzwerk verbunden ist. Ein solches Unternehmen wird oft als „treibende Kraft“ der Kooperation bzw. als **Leitunternehmen** angesehen (Balling 1997, S. 158 f.).

Ein kooperatives Entscheidungsfindungsverfahren als Steuerungsgrundlage spielt eine zentrale Rolle innerhalb des Netzwerkes, da im Netzwerk eine Vielzahl von Partnern mit teilweise divergenten Interessen zusammenarbeiten und deshalb auch partizipativ in die Entscheidungsfindung mit einbezogen werden müssen (Killing 1988, S. 61; Zentes/Morschett/Neidhart 2003). Nicht zuletzt führt die partizipative Entscheidungsfindung zu einer höheren Identifikation aller Partner mit der Entscheidung und in der Regel zu einem höheren Commitment für die Implementierung der Maßnahmen. Oftmals wird diese Partizipation, insbesondere bei netzwerkartigen Strukturen, durch Teams bzw. Gremien realisiert, die sich aus den unterschiedlichen Allianzpartnern konfigurieren.[2] Solche „Koordinationsgremien“ können als wichtige informale Koordinationsmechanismen angesehen werden (vgl. hierzu den Beitrag von Welge in diesem Kapitel des Sammelwerks).

---

1 Zeira/Newburry (1999, S. 338) zeigen auf, dass hohe Autonomierechte für eine Allianz hilfreich sein können, die inhärenten Probleme, die durch die Interessen, Ressourcen u. Ä. mehrerer Partner ausgelöst werden, zu vermeiden. Zugleich ist jedoch zu beachten, dass zu hohe Autonomie die Realisierung der Vorteile, die mit einer Allianz in der Regel angestrebt werden, erschwert.

2 So wird für die japanischen Keiretsu, als lang bestehende und relativ formalisierte Form des Unternehmensnetzwerks, oftmals die Steuerung durch regelmäßige Treffen hochrangiger Manager der Partnerfirmen vorgenommen. In der Mitsubishi-Gruppe treffen sich die Präsidenten und Direktoren der 30 wichtigsten Unternehmen jede zweite Woche in der so genannten Freitagskonferenz; die Präsidenten und Direktoren der einflussreichsten Unternehmen der Mitsui-Gruppe treffen sich am ersten Donnerstag eines jeden Monats (Dodwell 1994, S. 45, S. 58).

Immer stärker treten „selbstorganisierende Unternehmensnetzwerke“ auf, bei denen gleichberechtigte Partner zusammenarbeiten, die in wesentlich höherem Maße auf Selbstabstimmung aller beteiligten Unternehmen angewiesen sind (Burr 1999, S. 1160). Bei dem so genannten Konzept der „Heterarchie“ sind Über- und Unterordnungsprinzipien nicht dauerhaft festgelegt, sondern entwickeln sich in Abhängigkeit der jeweiligen Aufgabenstellung selbstständig (Welge/Holtbrügge 2003, S. 178 f.).

Formale und informale Führung in der Betriebsphase

Die Steuerung einer Allianz kann grundsätzlich durch zwei unterschiedliche Arten von **Koordinationsmechanismen** erfolgen, formale und informale. Formale Steuerungsmaßnahmen sind z. B. durch Strukturen und Controllingmechanismen vorgegeben und gestaltet. Sie bilden den Referenzrahmen, innerhalb dessen das Allianzmanagement operiert (Spekman u. a. 1998, S. 759). Die Vorteile einer Formalisierung bestehen dabei in der Integrationsfunktion, wobei insbesondere Planungs- und Kontrollprozesse eine weit reichende Klammerfunktion erfüllen können (Anderer 1997, S. 163 f.). Formale Regelungen stellen die Grundlage der Kooperation dar und versuchen, Konflikte weitestgehend auszuschließen und deren effiziente, reibungsarme Lösung sicherzustellen. Durch Ex-ante-Regelungen wird unter anderem versucht, gegebene Machtungleichgewichte, die im laufenden Betrieb die Führung beeinflussen, besser zu handhaben und eventuelle dysfunktionale Auswirkungen auf die schwächeren Beteiligten zu verringern (Balling 1997, S. 109 ff.).

Ein zu hoher Formalisierungsgrad bringt jedoch Probleme mit sich. Formalisierte Regeln können inflexibel sein und notwendige Anpassungsmaßnahmen an sich verändernde Marktbedingungen verhindern; in der Regel können auch nicht alle Aspekte der geplanten und sich häufig noch verändernden Zusammenarbeit einer eindeutigen und rechtlich durchsetzbaren Regelung zugeführt werden (Balling 1997, S. 110 f.; Anderer 1997, S. 163 f.). Weniger Formalisierung kann motivierend wirken und die Eigeninitiative der Mitarbeiter erhöhen (Burr 1999, S. 1164). Gerade für Netzwerke kommen empirische Studien zu dem Ergebnis, dass formale Vereinbarungen, z. B. Verträge, eine weitaus geringere Bedeutung für die Allianzrealität aufweisen als Vertrauen und reziproke Verhaltensnormen sowie soziale Beziehungen (Larson 1992).

Erst informale Regelungen „halten die Allianz zusammen“ (Spekman u. a. 1998, S. 759). Der Aufbau informaler Strukturen, die das persönliche Commitment und Vertrauen verstärken, Zugang zu persönlichen Informationen schaffen und die Entwicklung persönlicher, informaler Netzwerke, wird allgemein als positiv angesehen, da die Allianzmanager dadurch unterschiedliche Aufgaben mit Zugang zu unterschiedlichen Ebenen der Partnerfirmen erfüllen können (Spekman u. a. 1998, S. 759; Larson 1992). So wird die Relevanz ungeschriebener Verhaltensregeln an Stelle von formalen Verhaltensanweisungen für Allianzen betont, die eine weit gehende Selbststeuerung, Selbstkoordination und Selbstentwicklung des Netzwerkes ermöglichen. Solche Regeln stehen zwischen formalen und informalen Steuerungsmechanismen. Burr (1999, S. 1172) fordert „anreizeffizient formulierte Regeln“, die einen Koordinationsmechanismus bilden können, der eine Entkopplung von Netzwerkunternehmen ermöglicht und flexible Verknüpfungen zwischen den Ressourcen, Akteuren und Aktivitäten innerhalb des Netzwerks kooperationskonform sicherstellt.

Diese können auch durch spontane Interaktionsprozesse zwischen den Allianzpartnern und der Kooperation per se entstehen (Burr 1999, S. 1169).

Ein informaler Steuerungsmechanismus kann auch durch entsprechendes Verhalten der Allianzpartner realisiert werden. Dabei kann die Sicherstellung eines kooperationskonformen Verhaltens durch ein entsprechendes eigenes Verhalten forciert werden. So wird spieltheoretisch (für wiederholte Spiele, als welche man eine längerfristig orientierte Kooperation interpretieren kann) ein so genanntes „**tit for tat**"-Verhalten vorgeschlagen, bei denen man zunächst mit kooperativem Verhalten beginnt, nicht-kooperatives Verhalten unmittelbar erwidert und damit für den Kooperationspartner berechenbar wird. Spieltheoretisch erhöht dies den Anreiz für den Partner, sich ebenfalls kooperationskonform zu verhalten (Balling 1997, S. 120; Büschken 1999, S. 785 f.; vgl. hierzu auch den Beitrag von Magin/Heil/Fürst im Ersten Kapitel dieses Sammelwerks). Als informaler Steuerungsmechanismus ist aber vor allem gegenseitiges **Vertrauen** aufzubauen. Dieses kann in einem Netzwerk als Basis der Zusammenarbeit die Notwendigkeit ersetzen, sämtliche Einzelheiten im Rahmen der Zusammenarbeit formal festzulegen und aufwändige Kontrollinstrumente einzuführen (Jarillo 1993, S. 135; Büschken 1999, S. 781). Das Management der Beziehungen und die Aufrechterhaltung des Vertrauens sind Besonderheiten im Vergleich zu anderen Organisationsformen (Parise/Sasson 2002, S. 43). So wird Vertrauen bereits innerhalb der weniger komplexen Situation eines einzelnen Unternehmens als das „effizienteste Führungssystem" angesehen (Albach 1997, S. 1276). Vertrauen entsteht durch positive Erfahrung mit dem Kooperationspartner, so dem Auslassen opportunistischen Verhaltens, und ist daher oft positiv korreliert mit der Dauer der Zusammenarbeit. Dabei stellen auftretende Schwierigkeiten zugleich einen Test der Vertrauenswürdigkeit der Partner bzw. ihres Opportunismus-Verhaltens dar (Büschken 1999, S. 785; Das/Teng 2002, S. 739).

Die Vertrauenswürdigkeit schlägt sich in der **Reputation** des Unternehmens nieder (Barney/Hansen 1994). Diese ist bereits in der Partnerselektions-Phase von Bedeutung, entfaltet jedoch in der Betriebsphase einen besonderen Einfluss. Da die Gefahr des Opportunismus ein Problemfeld bei der Führung von Allianzen ist, unterstützt die Reputation eines Unternehmens das Vertrauen des Partners (oder potenzieller Partner) in die Kooperation. Die Reputation kann dabei das Ergebnis von direkten Interaktionen in der Vergangenheit, gemeinsamen Partnern in anderen Kooperationen oder aber dem generellen Image im Markt sein. Von Bedeutung ist auch, dass sich der Allianzpartner adäquat in die Beziehung „einbringt". **Commitment,** also eine „innere" Verpflichtung gegenüber dem gemeinsamen Projekt und den Partnern, ist die Basis, auf der die Beiträge der jeweiligen Partner angepasst und die auftretenden Probleme gelöst werden können. Ein Gefühl der Verpflichtung für einen langfristigen gemeinsamen Erfolg reduziert dabei die Wahrscheinlichkeit für opportunistisches Verhalten. Zwischen der Höhe des Commitments der Allianzpartner und dem Erfolg von Joint Ventures konnte empirisch ein enger positiver Zusammenhang festgestellt werden (Beamish 1988, S. 43). Commitment ist dabei durch Langfristigkeit der Zusammenarbeit zu erreichen, durch eine hohe Interaktionsfrequenz sowie durch eine entsprechende Verteilung der Gewinne der Allianz an die Partner. Nicht nur fehlende Gewinne, sondern auch eine als „ungerecht" empfundene Verteilung der Gewinne stellen dagegen oftmals Hemmnisse für eine Allianz dar (Parkhe 1993, S. 801; Balling 1997, S. 106):

„One happy and one unhappy partner is a formula for failure“ (Ohmae 1989, S. 149). Detaillierter müssen die Beiträge für die einzelnen Partner nicht nur positiv sein, sondern im Sinne eines ausgeglichenen **Anreiz-Beitrags-Verhältnisses** auch den unterschiedlichen Input beachten (Perlmutter/Heenan 1986, S. 152) sowie die unterschiedlichen Erwartungen, Bedeutungen und Einflusspositionen (Balling 1997, S. 107, 150).

Kulturelle/personelle Führungsmechanismen

Die Steuerung einer Allianz zeichnet sich, wie in den bisherigen Ausführungen deutlich wurde, unter anderem dadurch aus, dass eine Situation der strategischen und organisatorischen Mehrdeutigkeit gegeben ist. Hamel/Prahalad postulieren bereits 1983 (S. 349), dass in diesem Falle personelle und kulturelle Koordinationsinstrumente von besonderer Effektivität sind. Durch geteilte Werte, Verhaltensweisen und Normen, also eine Harmonie in der Unternehmenskultur, kann die „Steuerungslücke“, die in den formalen Regelungen verbleibt, leichter und günstiger geschlossen werden (Merchant 2000, S. 116; vgl. hierzu auch den Beitrag von Kasper/Holzmüller/Wilke in diesem Kapitel des Sammelwerks).

Unter dem Begriff der **Kultursteuerung** kann man sämtliche Instrumente subsumieren, bei denen die Unternehmenskultur als (informales) Steuerungsinstrument eingesetzt wird. Instrumente sind dabei z. B. der Transfer von Führungskräften und der Besuchsverkehr (Anderer 1997, S. 185 ff.). Eine wichtige Basis für die Kultursteuerung in Kooperationssystemen ist bereits in der Phase der Partnerwahl gegeben; die Kultur der Kooperationspartner selbst ist eine der wichtigsten Rahmenbedingungen für die Optionen der Kultursteuerung der Kooperation.[1] Gleiches gilt für die Frage der Führungskräfteauswahl, die bereits bei der Gestaltung diskutiert wurde. In der Operation-Phase geht es – innerhalb dieses vorgegebenen Rahmens – darum, die Kultur als Steuerungsinstrument einzusetzen. Zunächst sind spezifische Kompetenzen eines Allianzmanagers gefordert. Spekman u. a. (1998, S. 764) zeigen auf, dass die Rolle des Allianzmanagers sich in der Phase der laufenden Führung wandelt und zwar zur Rolle eines „Anwalts“ der Allianz gegenüber den Parentalgesellschaften sowie zu einer „Networker“-Funktion – sowohl innerhalb der Allianz als auch unternehmensübergreifend. Die Aufgabe, Konflikte zu schlichten, die während der Arbeit der Allianz zwischen den Partnern bzw. der Kooperationseinheit und einem der Parentalgesellschaften auftreten, ist dabei allianzspezifisch.

Zur Steuerung durch Kultur ist ferner die Grundfrage zu beantworten, inwiefern eine einheitliche Kultur überhaupt erwünscht ist. Im Zusammenhang mit **Kulturtransferstrategien** lässt sich im Prinzip die Frage nach Monokultur- (unveränderte Übertragung der Unternehmenskultur einer der Muttergesellschaften), Polykultur- (individuelle Kulturen der jeweiligen Einheiten) oder Mischkulturstrategien (Kultursynthese) stellen (Scholz 2000, S. 98 ff.). Ein Weg, die Schwierigkeiten inkompatibler oder zumindest heterogener Kulturen in Allianzen zu umgehen, ist ein relativ hoher Grad der Autonomie für die Allianzeinheit. In diesem Fall kann die Allianzeinheit die Unternehmenskultur entwickeln, die für die eigene Wettbewerbsstrategie die vorteilhafteste ist und sich auf die für sie relevanten Kom-

[1] Zugleich wird darauf hingewiesen, dass kulturelle Divergenzen zwar im Vorfeld der Kooperation evaluiert werden, häufig jedoch erst im Laufe der Zusammenarbeit evident werden (Balling 1997, S. 138).

petenzen konzentrieren. Dies kann z. B. durch die Einsetzung eines externen Managers für die Steuerung der Allianz forciert werden (Werther 1998, S. 341 f.). Zugleich ist diese Strategie lediglich für den Fall zu realisieren, dass durch die Allianz eine eigenständige Einheit geschaffen wird. In anderen Fällen ist die Steuerung auf der Basis beider Unternehmenskulturen vorzunehmen. Auch wenn die Notwendigkeit besteht, auf die Ressourcen der jeweiligen Allianzpartner laufend zurückzugreifen und nicht nur in der Initiierungsphase, führt die Interdependenz zu anderen Lösungen. Die Kultursteuerung bezieht sich in diesem Fall nicht nur auf die Kooperation i.e.S, sondern auch auf die Parentalgesellschaften. Allianzen bzw. Netzwerke arbeiten effektiv und effizient, wenn alle Mitglieder freiwillig so agieren, dass ihr Handeln auf die gemeinsamen Ziele ausgerichtet ist, auch und gerade da, wo dieses Handeln nicht formal befohlen werden kann (Miles/Snow/Coleman 1992, S. 18). Besuchsverkehr zwischen den Kooperationspartnern und der Kooperationseinheit ist hierbei, ebenso wie die Entsendung von Führungskräften, eine Methode, die Kultur der Mitglieder der Organisations durch direkte Sozialisierung zu übertragen und damit Werte und Einstellungen ebenso wie Gebräuche und Traditionen zu übertragen und zu lernen (Anderer 1997, S. 187 f.).

Trotz der in der Managementforschung als hoch postulierten Effektivität kultureller Steuerungsmaßnahmen weisen empirische Untersuchungen darauf hin, dass der kulturellen Steuerung von Kooperationen in der Praxis eine weitaus geringere Aufmerksamkeit zugemessen wird als der strategischen und der strukturellen Integration, mit dem Resultat, dass Verhaltenskonflikte den Allianzerfolg oft massiv beeinträchtigen (Welge/Holtbrügge 2003, S. 118).

Kommunikations- und Informationsmanagement

Ein besonders sensibler Managementbereich in Allianzen ist die Bereitstellung von Informationen und der oft damit verbundene Informationstransfer. So wird auf die Bedeutung der **Transparenz** hingewiesen und empfohlen, ein hohes Maß an Informationen auszutauschen. Eine offene Informations- und Kommunikationspolitik wird als Basis einer effektiven und effizienten Zusammenarbeit gefordert, da sie einen wesentlichen Beitrag zum gegenseitigen Verständnis leisten kann, insbesondere, wenn heterogene Hintergründe, Perspektiven und Verantwortlichkeiten vorliegen (Hulbert/Brandt 1980, S. 89; Parkhe 1993, S. 801). Zugleich ist – wie bereits erwähnt – zu beachten, dass ein zu deutlicher Know-how-Abfluss vermieden werden soll im Interesse der einzelnen Partner und letztlich im Interesse der Stabilität der Kooperation per se. Die Frage, welche Informationen zu welchem Zeitpunkt an den Kooperationspartner gegeben werden, ist vor dem Hintergrund der hohen Abhängigkeit vieler Unternehmen von ihrem technologischen Know-how als strategische Ressourcen komplex (Meckl 1995, S. 36; Balling 1997, S. 122).

Grenzmanagement

In der Betriebsphase einer Allianz wird eine kooperative Interaktion zwischen zwei unterschiedlichen und separaten Organisationen notwendig. Diese Interaktionen treten an den Grenzen der jeweiligen Unternehmen auf. Die Definition der Allianzgrenzen etabliert dabei zugleich die Durchlässigkeit („permeability“) zwischen den beiden Unternehmen, d. h.

das Ausmaß, zu dem die Allianzpartner Fähigkeiten, Know-how, Informationen und Technologie erlauben, von einer Firma zur anderen zu fließen (Spekman u. a. 1998, S. 759). Zudem wird hervorgehoben, dass die Bestimmung der Grenzen eines Unternehmensnetzwerkes oft uneindeutig ist (Håkansson/Johanson 1988, S. 370). Welche Unternehmen mit welchen Ressourcen als Teil des Netzwerkes anzusehen sind, bereitet Probleme (Sydow 1992, S. 97): „In principle, such [...] networks are unbounded, but the observer (or a specific actor) may, for analytical purposes, set suitable boundaries" (Håkansson/Johanson 1988, S. 370). Die Grenzdefinition kann auf der Basis der Koordinationsmechanismen erfolgen. Diese können integrierend – und zugleich grenzziehend – wirken, weil sie ein Bewusstsein von Zugehörigkeit schaffen (Burr 1999, S. 1166).

Die bewusste Gestaltung der Grenzen der Kooperation ist hierbei ein wichtiger Erfolgsfaktor (vgl. hierzu auch den Beitrag von Ortmann/Sydow in diesem Kapitel des Sammelwerks). Selbst bei einer guten Zusammenarbeit muss im Hinblick auf den temporären und begrenzten Charakter einer Allianz die Erkenntnis erhalten bleiben, dass sich Kooperationen von hierarchischen Transaktionsformen unterscheiden. Auch innerhalb einer Kooperation müssen sich die Allianzpartner bewusst sein, dass ihre eigene Wettbewerbsposition erhalten bleiben muss. Wie stark dabei kooperierende Unternehmen zugleich in Konkurrenz zueinander stehen, determiniert auch, wie stark sie Sicherheitsmechanismen in die Allianzkoordination einbauen müssen, damit ihre Wettbewerbsposition gegenüber dem Allianzpartner nicht erodiert. Da zu hohe Barrieren jedoch den Allianzerfolg behindern, erklärt sich das bereits erwähnte empirische Ergebnis, dass Allianzen zwischen intensiven Wettbewerbern mit einer höheren Wahrscheinlichkeit scheitern (Merchant 2000, S. 109).

Dynamische Entwicklung der Partner

Diese Problematik wird dadurch komplexer, dass sich diese Einflussfaktoren im Laufe der Zeit verändern. Hierbei ist die **Dynamik** der Veränderungen im Zusammenhang mit dem Management der Interessen unterschiedlicher Partner im Netzwerk eine der schwierigsten Herausforderungen (Burr 1999, S. 1173; vgl. zu dieser evolutionären Perspektive auch den Beitrag von Schneider in diesem Kapitel des Sammelwerks).

Inwiefern die Evolution der Allianzpartner in dieser Phase destabilisierend wirkt, hängt unter anderem von den grundsätzlichen Entwicklungen der Partner ab. Diese können einerseits in ihren eigenen Aktivitäten konvergieren (so durch den Lerneffekt aus der Allianz, durch den sie das Know-how des Partners teilweise übernehmen) oder aber divergieren, so um sich im Rahmen der Allianz weiter zu spezialisieren. Dabei wird die Stabilität der Allianz in der Regel durch die Spezialisierung erhöht, da die gegenseitige Abhängigkeit weiter zunimmt. Umgekehrt ist das Management der Lernprozesse aus der Allianz bei konvergenten Entwicklungen wichtiger als bei divergenten Entwicklungen (Das/Teng 2002, S. 740). Hier ist aus Sicht des Know-how akquirierenden Unternehmens ein effizientes **Wissensmanagement** zur schnellen Erlangung von Wissen notwendig; zugleich ist aus Sicht des Partners eine Vermeidung zu hoher Wissensabflüsse zweckreich, um Wettbewerbsnachteile zu vermeiden und zugleich die wissensbasierte Abhängigkeit des Partners aufrecht zu erhalten (vgl. hierzu auch den Beitrag von Schneider in diesem Kapitel des Sammelwerks). Inkpen/Beamish (1997) diskutieren, wie Lernen die Verhandlungsmacht der Allianzpartner verändert und damit auf die folgenden Entwicklungsphasen des Allianzmanagements einwirkt. Betrachtet man die machttheoretischen Ergebnisse einer solchen dynamischen Betrachtung der Lerneffekte, so zeigt der Resource-Dependence-Ansatz (vgl. hierzu auch den Beitrag von v. d. Oelsnitz im Ersten Kapitel dieses Sammelwerks), dass sich Allianzen zu „**learning races**" (Hamel 1991) entwickeln können, in denen der Partner, der schneller das Wissen des anderen aufnehmen kann, seine Verhandlungsmacht schnell erhöht und damit die Dominanz in der Allianz erreicht (Das/Teng 1999, S. 55).

Controlling/Evaluation

In der Betriebsphase liefert die Allianz auch erstmals tangible Ergebnisse, die evaluiert werden können (Das/Teng 2002, S. 737). Die Kontrolle soll ermöglichen, dass ein kooperierendes Unternehmen mit Hilfe eines geeigneten Systems dazu in der Lage ist, die Entwicklung des Kooperationsprojektes im Hinblick auf die Erreichung der gesetzten Kooperationsziele zu überprüfen. Periodische Überprüfungen können dabei zugleich als formale Mechanismen dienen, die Stabilität der Allianz zu erhöhen (Meckl 1995, S. 36 f.; Spekman u. a. 1998, S. 767). In welchem Umfang (bzw. ab welchen Soll-Ist-Abweichungen) ein Eingriff in die operative Führung der Kooperation möglich ist, ist im Voraus festzulegen. Das Controlling betrifft nicht nur die Performance der Allianz selbst, sondern auch ihren Beitrag zum Erfolg der jeweiligen Allianzpartner und verknüpft damit das Controlling der Allianzpartner mit dem Controlling der Allianz. Hier muss eine Evaluation erfolgen, inwiefern eine strategische Übereinstimmung besteht zwischen den Intentionen der Allianzpartner, der Zielsetzung der Allianz und der tatsächlichen Entwicklung der Allianz (Spekman u. a. 1998, S. 767). Diese kann entweder in einem Kosten-Nutzen-Vergleich der Allianz vorgenommen werden oder in Form eines Soll-Ist-Vergleichs, bei dem die realisierte Leistung mit der geplanten gespiegelt wird (Das/Teng 2002, S. 740).

Die Besonderheiten des **Allianz-Controllings** können hier nur erwähnt werden. Detailliert zeigen Balke/Küpper in ihrem Beitrag in diesem Kapitel des Sammelwerks die entsprechenden Instrumente und damit verbundenen organisatorischen Lösungen auf. Insgesamt kann das Controlling zu unterschiedlichen Ergebnissen führen. Eine Allianz kann in der Betriebsphase stabiler werden und einen permanenten, dynamischen Fit mit den externen Umfeldbedingungen erreichen. In diesem Fall führen die Controlling-Ergebnisse dazu, dass die vorne dargestellten Allianzbedingungen ein Gleichgewicht erreichen (Das/Teng 2002, S. 737) und die Allianz langfristig in der Operation-Phase verbleibt (oder nach erfolgreicher Zielerreichung aufgelöst wird). Darüber hinaus können das Controlling der Allianz-Performance und das dabei oft entstehende Vertrauensverhältnis sogar dazu führen, dass weitere potenzielle Allianzfelder aufgedeckt werden und die Allianz eine funktionale Ausweitung erfährt. Empirisch ist in länger bestehenden Allianzen eine solche funktionale Erweiterung oft festzustellen. Die Evaluation kann andererseits für die Allianz zu „crossroads" führen, die dann erreicht werden, wenn die definierten Allianzziele nicht erreicht werden, Konflikte auftreten oder sich sonstige, unvorhergesehene Defizite zeigen. Der weitere Verlauf der Allianz nach diesem Punkt kann unterschiedlich sein (Balling 1997, S. 111; Das/Teng 2002, S. 736):

- Die Allianz unterzieht sich einer Restrukturierung und Reform, die sie noch mal für beide Partner vorteilhaft macht. In Bezug auf die Phasen der Allianz können hierbei Änderungen bis hin zur zweiten Phase vorgenommen werden, so neue Partner aufge-

nommen werden, die grundsätzliche Gestaltung neu vorgenommen und verhandelt werden usw.
- Die Allianz wird beendet.

4.6 Beendigung

Die Beendigung einer Kooperation muss nicht notwendigerweise ein Zeichen für Allianzversagen sein. Die Beendigung der Kooperation kann auch das Ergebnis einer positiven Zielerfüllung der Allianz sein, so wenn vordefinierte Allianzziele erreicht wurden (Das/Teng 2002, S. 737) oder ein vordefinierter Kooperationszeitraum beendet ist (Zeira/Newburry 1999, S. 334; Meckl 1995, S. 26). Die Beendigung kann auch auf unterschiedliche Arten geschehen. Oftmals ist dabei die Allianz eine Vorstufe zu einem Merger oder einer Akquisition. Dabei können sich die Partner besser kennen lernen, sich schrittweise annähern und damit einen Teil eines Kaufrisikos ausschließen (Spekman u. a. 1998, S. 749). In vielen Fällen ist die Beendigung der Allianz – so durch ein einfaches Ende der operativen Zusammenarbeit bei formlosen Allianzen oder durch eine Auflösung oder einen Verkauf des Joint Ventures – aber auch Ausdruck von Misserfolg.

Aus unterschiedlichen Gründen wird für die Allianzpartner angeraten, auch bei der Beendigung auf opportunistisches Verhalten zu verzichten und diese Phase für beide Allianzpartner akzeptabel zu gestalten. Wichtig im Zusammenhang mit der Beendigung einer Allianz erscheint hierbei, dass opportunistische Verhaltensweisen langfristig für das Unternehmen selbst Nachteile nach sich ziehen können:

- In einem begrenzten Markt ist es möglich, dass der gleiche Partner für das Unternehmen zukünftig wieder ein geeigneter Partner sein kann, gegebenenfalls in anderen Kooperationen und Allianzen. Das Verhalten bei der Beendigung der Allianz kann hierbei ausschlaggebend für den Willen zu einer weiteren Kooperation sein: „Maintaining a positive bond with the partner even after the project is completed is useful, since new opportunities will ultimately arise" (Parise/Sasson 2002, S. 45).
- Ähnliche Überlegungen gelten für die Mitarbeiter der Allianzpartner. Die Frage der Reintegration der Mitarbeiter, die für die Allianzeinheit gearbeitet haben, kann problematisch sein (Werther 1998, S. 341). Gleichzeitig führt eine unbefriedigende Lösung für die entsprechenden Mitarbeiter dazu, dass die zukünftige Bereitschaft, sich für Allianzen zu engagieren, in dem Unternehmen negativ beeinflusst wird.
- Häufig sind die Allianzpartner simultan miteinander in „Multi-Projekten" engagiert, gerade bei strategischen Allianzen (Parise/Sasson 2002, S. 43). Damit können im Rahmen solcher Allianzen einzelne Projekte oder Aktivitäten erfolglos abgeschlossen werden. Zugleich ist die grundsätzliche Kooperationsbereitschaft und -kultur für die anderen Projekte aufrecht zu erhalten.
- Auch die **Reputation** eines Unternehmens am Markt (Barney/Hansen 1994) kann durch sein Verhalten bei der Beendigung von Kooperationen beeinflusst werden, sodass die Beendigungsphase in dieser Hinsicht von Relevanz für die zukünftigen strate-

gischen Optionen ist. Diese Reputation – Hinterhuber/Stahl (1996, S. 107 ff.) sprechen vom „Vermögenswert des Reputationskapitals", – muss dabei langfristig aufgebaut werden und ist durch einzelne Aktionen schnell wieder zu vernichten. Eine kritische Situation stellt hier die Beendigungsphase dar. Während also Vertrauenswürdigkeit in der Partnerselektionsphase als die vielleicht wichtigste Eigenschaft eines möglichen Allianzpartners dargestellt wurde, ist es in der Phase der Beendigung möglich, weiteres Vertrauenskapital aufzubauen.

Spieltheoretisch kann man diese Überlegungen durch die Differenzierungen von einmaligen Spielen und wiederholten Spielen fundieren (Das/Teng 2000, S. 78 ff.). Ein wichtiger Unterschied ist der Anreiz, auf Kosten des Partners seinen eigenen Gewinn zu erhöhen, der in einmaligen Spielen im Sinne des bekannten „**Gefangenendilemmas**" zu einem beidseitigen unkooperativen Verhalten führt (vgl. hierzu den Beitrag von Magin/Heil/Fürst im Ersten Kapitel dieses Sammelwerks). Bei wiederholten Spielen erhöhen sich die Sanktionsmöglichkeiten für den Partner, sodass ein kooperatives Verhalten leichter zu erlangen ist. In Erweiterung dieser Überlegungen sind auch Auswirkungen des Verhaltens gegenüber einem Partner in einem ersten Spiel auf die Aktionen eines (anderen) Partners in einem zweiten Spiel zu erwarten, sodass der Erhalt der Reputation bei der Beendigung einer Kooperation auch spieltheoretisch erklärt werden kann. Zugleich geht es in der Phase darum, im Sinne eines Projektcontrolling, die Gründe für die Beendigung, den Ablauf und die Erfolgs-/Misserfolgsgründe zu analysieren. So zeigt sich empirisch, dass Unternehmen mit einer höheren Allianzerfahrung bessere Erfolge in einzelnen Allianzen erzielen. Ein systematisches Aufarbeiten der Erfahrungen in der Allianz kann diesen Effekt noch deutlich verstärken, insbesondere wenn das Wissen anschließend innerhalb der eigenen Organisation distribuiert wird. Die Bereitschaft des Unternehmens, die „lessons learned" aus der Allianz systematisch zu analysieren und zu diskutieren und damit in der Unternehmung die spezifische Allianzkompetenz zu erweitern, kann damit zum entscheidenden Erfolgsfaktor in späteren Allianzen werden (Parise/Sasson 2002, S. 42 ff.).

So diskutieren Pfohl/Buse (1999, S. 275) die Beziehungsfähigkeit von Unternehmen („relational capabilities") als wichtige Grundlage für den erfolgreichen Aufbau von Allianzen und verweisen in diesem Zusammenhang darauf, dass eine systematische Institutionalisierung der im Laufe einer Allianz gewonnenen Erkenntnisse die Erfolgswahrscheinlichkeit zukünftiger Allianzen deutlich erhöht.

5. Fazit

Die Gestaltung und Führung kooperativer Systeme ist wesentlich komplexer als dies bei hierarchischen Organisationsformen der Fall ist. Die Koordination der in der Regel divergierenden Interessen unterschiedlicher Partner ist hierbei erfolgskritisch. Die optimale Balance zwischen Kooperation und Wettbewerb zu finden ist notwendig, um das Basisziel der Kooperation als hybride Organisationsform, nämlich eine optimale Kombination der Stärken der Organisationsformen Markt und Hierarchie bei gleichzeitiger Kompensation der jeweiligen Schwächen, zu erreichen. Im vorliegenden Beitrag wurden hierbei erfolgsrelevante Allianzbedingungen aufgezeigt und kritische Spannungsfelder, in denen sich ein Management kooperativer Systeme stets bewegt.

Zugleich wurde deutlich, dass die Anforderungen an die Führung und die Instrumente der Führung von Allianzen situationsspezifisch zu sehen sind und dass „Phasen" – im Sinne eines Allianzlebenszyklus – eine geeignete Charakterisierung von Bündeln von Einflussfaktoren und Anforderungen darstellen, sodass die Perspektiven der Führung kooperativer Systeme phasenadäquat betrachtet werden sollten.

Literatur

ALBACH, H. (1997): Gutenberg und die Zukunft der Betriebswirtschaftslehre, in: Zeitschrift für Betriebswirtschaft, 67. Jg., S. 1257-1283.

ANDERER, M. (1997): Internationalisierung im Einzelhandel, Frankfurt a.M.

BALLING, R. (1997): Kooperation: strategische Allianzen, Netzwerke, Joint-Ventures und andere Organisationsformen zwischenbetrieblicher Zusammenarbeit in Theorie und Praxis, Frankfurt a.M. u. a.

BARNEY, J; HANSEN, M. H. (1994): Trustworthiness as a source of competitive advantage, in: Strategic Management Journal, 15. Jg., Winter Special Issue, S. 175-216.

BARTSCH, A. (2004): Transaktionales vs. relationales Lieferantenmanagement, in: Zentes, J.; Biesiada, H.; Schramm-Klein, H. (Hrsg.): Performance-Leadership im Handel, Frankfurt a.M., S. 159-190.

BEAMISH, P. (1988): Multinational joint ventures in developing countries, London.

BLEEKE, J.; ERNST, D. (1991): The way to win in cross-border alliances, in: Harvard Business Review, 69. Jg., Nr. 6, S. 127-135.

BLEEKE, J.; ERNST, D. (1995): Is your strategic alliance really a sale?, in: Harvard Business Review, 73. Jg. Nr. 1, S. 97-105.

BÖRSIG, C.; BAUMGARTEN, CH. (2002): Grundlagen des internationalen Kooperationsmanagements, in: Macharzina, K.; Oesterle, M.-J. (Hrsg.): Handbuch Internationales Management, 2. Aufl., Wiesbaden, S. 551-572.

BRONDER, CH.; PRITZL, R. (1991): Leitfaden für strategische Allianzen, in: Harvard Manager, 13. Jg., Nr. 1, S. 44-53.

BURR, W (1999): Koordination durch Regeln in selbstorganisierenden Unternehmensnetzwerken, in: Zeitschrift für Betriebswirtschaft, 69. Jg., S. 1159-1179.

BÜSCHKEN, J. (1999): Virtuelle Unternehmen – die Zukunft?, in: Die Betriebswirtschaft, 59. Jg., S. 778-791.

COHEN, W.; LEVINTHAL, D. (1990): Absorptive capacity: A new perspective on learning and innovation, in: Administrative Science Quarterly, 35. Jg., S. 128-152.

DAS, T. K.; ELANGO, B. (1995): Managing strategic flexibility: Key to effective performance, in: Journal of General Management, 20. Jg., Nr. 3, S. 60-75.

DAS, T. K.; TENG, B. S. (1999): Managing risks in strategic alliances, in: Academy of Management Executive, 13. Jg., Nr. 4, S. 50-62.

DAS, T. K.; TENG, B. S. (2000): Instabilities of strategic alliances: An internal tensions perspective, in: Organization Science, 11. Jg., S. 77-101.

DAS, T.K.; TENG, B. S. (2002): The dynamics of alliance conditions in the alliance development process, in: Journal of Management Studies, 39. Jg., S. 725-746.

DENISON, D. (1990): Corporate Culture and Organizational Effectiveness, New York.

DODWELL MARKETING CONSULTANTS (1994): Industrial Groupings in Japan 1994/1995, 11. Aufl., Tokio.

DUNNING, J. (1997): Alliance Capitalism and Global Business, London u. a.

FLATH, D. (1993): Shareholding in the Keiretsu, Japan's Financial Groups, in: The Review of Economics and Statistics, 75. Jg., Nr. 2, S. 249-257.

HÅKANSSON, H.; JOHANSON, J. (1988): Formal and informal cooperation strategies in international industrial networks, in: Contractor, F.; Lorange, P. (Hrsg.): Cooperative Strategies in International Business, New York, S. 369-379.

HÅKANSSON, H.; SNEHOTA, I. (1997): Developing relationships in business networks, London.

HAMEL, G. (1991): Competition for competence and interpartner learning within international strategic alliances, in: Strategic Management Journal, 12. Jg., Summer Special Issue, S. 83-103.

HAMEL, G.; PRAHALAD, C. K. (1983): Managing strategic responsibility in the MNC, in: Strategic Management Journal, 4. Jg., S. 341-351.

HITE, J.; HESTERLY, W. (2001): The evolution of firm networks: From emergence to early growth of the firm, in: Strategic Management Journal, 22. Jg., S. 275-286.

HOUGHTON, J. (1994): Corning's alliances: 70 years of joint ventures, in: Hart, M.; Garone, S. (Hrsg.): Making International Strategic Alliances Work, Report No. 1086-94-CH, New York, S. 29-33.

HULBERT, J.; BRANDT, W. (1980): Managing the Multinational Subsidiary, New York u. a.

INKPEN, A. C.; BEAMISH, P. W. (1997): Knowledge, bargaining power, and the instability of international joint ventures, in: Academy of Management Review, 22. Jg., S. 177-202.

JARILLO, C. (1993): Strategic Networks, Oxford.

KANTER, R. (1994): Collaborative advantage: The art of alliances, in: Harvard Business Review, 72. Jg., Nr. 4, S. 96-108.

KHANDWALLA, P. (1975): Unsicherheit und die ‚optimale' Gestaltung von Organisationen, in: Grochla, E. (Hrsg.): Organisationstheorie, Bd. 1, Stuttgart, S. 140-156.

KILLING, P. (1988): Understanding Alliances, in: Contractor, F.; Lorange, P. (Hrsg.): Cooperative Strategies in International Business, New York, S. 55-67.

KOGUT, B. (1989): The stability of joint ventures: Reciprocity and competitive rivalry, in: Journal of Industrial Economics, 38. Jg., Nr. 2, S. 183-198.

KOGUT, B., SINGH; H. (1988): The Effect of National Culture on the Choice of Entry Mode, in: Journal of International Business Studies, 19. Jg., Fall, S. 411-432.

KONO, T. (1989): Planungssysteme(n), internationaler Vergleich von, in: Macharzina, K.; Welge, M. K. (Hrsg.): Handwörterbuch Export und Internationale Unternehmung, Stuttgart, Sp. 1659-1671.

LARSON, A. (1992): Network dyads in entrepreneurial settings, in: Administrative Science Quarterly, 37. Jg., S. 76-104.

MACHARZINA, K. (2003): Unternehmensführung: Das internationale Managementwissen, 4. Aufl., Wiesbaden.

MECKL, R. (1995): Zur Planung internationaler Unternehmungskooperationen, in: Zeitschrift für Planung, o. Jg., Nr. 1, S. 25-39.

MERCHANT, H. (2000): Configurations of International Joint Ventures, in: Management International Review, 40. Jg., S. 107-140.

MILES, R.; SNOW, C.; COLEMAN, H. (1992): Managing the 21st century network organizations, in: Organizational Dynamics, 21. Jg., Nr. 4, S. 5-20.

MINTZBERG, H. (1991): The Effective Organization: Forces and Forms, in: Sloan Management Review, 32. Jg., Winter, S. 54-67.

MOHR, J.; SPEKMAN, R. (1994): Characteristics of Partnership Success, in: Strategic Management Journal, 15. Jg., S. 135-152.

OHMAE, K. (1989): The logic of strategic alliances, in: Harvard Business Review, 67. Jg., Nr. 2, S. 143-154.

PARISE, S.; SASSON, L. (2002): Leveraging knowledge management across strategic alliances, in: Ivey Business Journal, o. Jg., Nr. 2, S. 41-47.

PARKHE, A. (1993): Strategic alliance structuring, in: Academy of Management Journal, 36. Jg., S. 794-829.

PERLMUTTER, H.; HEENAN, D. A. (1986): Cooperate to compete globally, in: Harvard Business Review, 64. Jg., Nr. 2, S. 136-152.

PFOHL, H.-CH.; BUSE, H. (1999): Organisationale Beziehungsfähigkeiten in komplexen kooperativen Beziehungen, in: Engelhard; J.; Sinz, E. (Hrsg.): Kooperation im Wettbewerb, Wiesbaden, S. 269-300.

PICOT, A.; REICHWALD, R.; WIGAND, R. (2003): Die grenzenlose Unternehmung, 5. Aufl., Wiesbaden.

POWELL, W. (1987): Hybrid organizational arrangements: new form or transitional development?, in: California Management Review, 30. Jg., S. 67-87.

RING, P. S.; VAN DE VEN, A. H. (1994): Developmental processes of cooperative interorganizational relationships, in: Academy of Management Review, 19. Jg., S. 90-118.

SCHAUDE, G. (1991): Kooperation. Joint Venture. Strategische Allianzen, Eschborn.

SCHOLZ, CH. (1987): Strategisches Management, Berlin.

SCHOLZ, CH. (2000): Personalmanagement, 5. Aufl., München.

SPEKMAN, R.; FORBES, T.; ISABELLA, L.; MACAVOY, T. (1998): Alliance management, in: Journal of Management Studies, 35. Jg., S. 747-772.

SPEKMAN, R.; ISABELLA, L.; MACAVOY, T.; FORBES, T (1997): Creating strategic alliances which endure, in: Long Range Planning, 30. Jg., S. 346-357.

SWOBODA, B. (2000): Bedeutung internationaler strategischer Allianzen im Mittelstand – Eine dynamische Perspektive, in: Meyer, J.-A. (Hrsg.): Jahrbuch der KMU-Forschung, München, S. 107-129.

SYDOW, J. (1992): Strategische Netzwerke, Wiesbaden.

TEECE, D. (1992): Competition, cooperation, and innovation, in: Journal of Economic Behaviour and Organization, 18. Jg., S. 1-25.

THORELLI, H. (1986): Networks: between markets and hierarchies, in: Strategic Management Journal, 7. Jg., S. 37-51.

TRÖNDLE, D. (1987): Kooperationsmanagement: Steuerung interaktioneller Prozesse bei Unternehmenskooperationen, Bergisch Gladbach u. a.

WEBER, J. (2002): Bedeutung und Methoden einer bewussten Partnerwahl im Rahmen der Erfolgssicherung von Kooperationen, in: Macharzina, K.; Oesterle, M.-J. (Hrsg.): Handbuch Internationales Management, 2. Aufl., Wiesbaden, S. 573-599.

WELGE, M. K.; AL-LAHAM, A. (2002): Erscheinungsformen und betriebswirtschaftliche Relevanz von Strategischen Allianzen, in: Macharzina, K.; Oesterle, M.-J. (Hrsg.): Handbuch Internationales Management, 2. Aufl., Wiesbaden, S. 625-650.

WELGE, M. K.; HOLTBRÜGGE, D. (2003): Internationales Management, 3. Aufl., Stuttgart.

WERTHER, W. (1998): Interim management of international strategic alliances, in: Management Decision, 36. Jg., S. 339-345.

ZEIRA, Y.; NEWBURRY, W. (1999): Equity international joint ventures and international acquisitions, in: Management International Review, 39. Jg., S. 323-352.

ZENTES, J. (1992): Ost-West Joint Ventures als strategische Allianzen, in: Zentes, J. (Hrsg.): Ost-West Joint Ventures, Stuttgart, S. 3-23.

ZENTES, J.; MORSCHETT, D.; NEIDHART, M. (2003): Vertikale Vertriebskooperationssysteme – Strategien und Perspektiven, in: IBB/Institut für Handel und Internationales Marketing an der Universität des Saarlandes (Hrsg.): Die Zukunft der Kooperationen, Frankfurt a.M., S. 189-267.

ZENTES, J.; SWOBODA, B. (1999): Motive und Erfolgsgrößen internationaler Kooperationen mittelständischer Unternehmen – Überprüfung kontingenztheoretischer Hypothesen, in: Die Betriebswirtschaft, 59. Jg., 1999, S. 44-60.

ZENTES, J.; SWOBODA, B. (2001): Grundbegriffe des Marketing – Marktorientiertes globales Management-Wissen, 5. Aufl., Stuttgart.

ZENTES, J.; SWOBODA, B.; MORSCHETT, D. (2004): Internationales Wertschöpfungsmanagement, München.

Helmut Kasper/Hartmut H. Holzmüller/Claus Wilke*

Unternehmenskulturelle Voraussetzungen der Kooperation

* Univ.-Professor Dr. Helmut Kasper ist Leiter der Abteilung für Change Management und Management Development der Wirtschaftsuniversität Wien.
Univ.-Professor Dr. Hartmut H. Holzmüller ist Inhaber des Lehrstuhls für Marketing der Universität Dortmund.
Dipl.-Kfm. Claus Wilke ist Wissenschaftlicher Mitarbeiter am Lehrstuhl für Marketing der Universität Dortmund.

1. Ausgangspunkt und Problemstellung

Anfang der achtziger Jahre des vorigen Jahrhunderts – als die kritischen Einwände gegen situative Ansätze der Organisationslehre ausdiskutiert schienen – wurden alternative Konzepte zur Gestalt- und Steuerbarkeit von Organisationen entwickelt. Als besonders wirklichkeitsmächtig wurden die **Organisationskulturkonzepte** angesehen. Organisationskultur und synonym Unternehmenskultur wurde als Schlagwort und wird auch heute – mehr denn je – zur Beschreibung und Erklärung des organisatorischen Geschehens herangezogen. Eine neue Blüte erleben Unternehmenskulturkonzepte gegenwärtig durch die rasante Zunahme von Unternehmenskooperationen, Mergers & Acquisitions sowie Joint Ventures internationaler bzw. globaler Art. Als ein wesentlicher und dominanter Erfolgsfaktor für das Gelingen von Unternehmenskooperationen wird vor allem die Organisationskultur angesehen.

Im vorliegenden Beitrag werden die Bedingungen für langfristig funktionierende Unternehmenskooperationen und -zusammenschlüsse in der Perspektive des „soft fact" Unternehmenskultur zur Diskussion gestellt. Es gilt zwar als empirisch bewiesen (z. B. Raffée/Eisele 1993), dass bei der Suche nach dem passenden Partner organisationskulturelle Muster, gleichartige oder sich ergänzende Unternehmensphilosophien, ähnliche Unternehmensstrategien, Führungsstile und -instrumente sowie ähnliche Markterfahrung kaum eine Rolle spielen, diesen Faktoren aber für den langfristigen Erfolg von Kooperationen ganz entscheidende Bedeutung zukommt. Die „Stimmigkeit" von Unternehmenskulturen erweist sie wiederholt als zentralen Erfolgsfaktor für dauerhafte Partnerschaften. Kompatible Kulturen führen beispielsweise zu einer schnellen Anpassung der Wertsysteme. Diese ist insofern höchst effizient, als dass der Unternehmenskultur eine wichtige Koordinations- und Integrationsfunktion zukommt, die den institutionell zu regelnden Koordinationsbedarf vermindert. Darüber hinaus stellt eine Kompatibilität der jeweiligen Kulturen sicher, dass von der Unternehmenskooperation keinerlei negative Effekte auf die Motivation der Mitarbeiter ausgehen.

Zentrale Aspekte der nachstehenden Überlegungen bilden folgerichtig theoretische Fragen und die dazugehörigen praktischen Implikationen von Unternehmenskultur im Zusammenhang mit Unternehmenskooperationen.

2. Zwei unterschiedliche Paradigmen der Unternehmenskultur

2.1 Einführung

Bei der Auseinandersetzung mit Kulturkonzepten zeigt sich sehr deutlich: Es existieren zwei unterschiedliche, ja konträre, Paradigmen: Das „social fact“ (= funktionalistische) Paradigma und das „social constructionist“ (= interpretative) Paradigma. Das interpretative Paradigma konnte dabei das historisch früher anzusiedelnde funktionalistische Paradigma nicht ablösen. Und so bleiben beide Stränge nebeneinander bestehen. Daraus ergibt sich für diesen Beitrag auch die Notwendigkeit, an unterschiedlichen Textstellen immer wieder auf die zwei kontroversen Auffassungen zurückzukommen (vgl. dazu auch Kasper/Mühlbacher 2002, S. 100 ff.).

2.2 Funktionalistischer Unternehmenskulturansatz

Organisationen werden in der Regel als offene, kulturproduzierende Systeme begriffen. Organisationen haben eine Kultur. Die produzierte Kultur ist dabei als ein Konglomerat von spezifischen, unverwechselbaren Verhaltensdispositionen und -mustern der Organisationsmitglieder zu verstehen. Diese finden ihren sichtbaren Ausdruck in einem „**cultural network**“, das als Inbegriff der unternehmensspezifischen Symbole gilt. Solche Symbole sind z. B. die spezifische Sprache, der Jargon der Unternehmung, typische Verhaltensweisen im Umgang der Mitarbeiter untereinander, der konkrete Vollzug hierarchischer Formalstrukturen, das Verhalten gegenüber den Kunden und Lieferanten. Führungskräften kommt bei dieser Sichtweise die Aufgabe zu, neben formalen und informalen Steuerungs- und Kontrollfunktionen auch unternehmenskulturelle Symbole, wie z. B. organisationale Geschichten, Legenden, Riten, Rituale, Anekdoten und Zeremonien zur zielorientierten Verhaltenssteuerung der Mitarbeiter einzusetzen. Kultur wird in dieser Sichtweise als ein objektivistisches, deskriptives Konstrukt neben anderen, wie etwa Struktur oder Technologie, begriffen.

2.3 Interpretativer Unternehmenskulturansatz

Hier geht es um ein Verständnis der Prozesse, die zu einer gemeinsamen Interpretation von Situationen und zur Schaffung einer gemeinsamen sozialen Realität in der Unternehmung führen. Der Weg führt weg vom Objektivismus hin zum Subjektivismus. Unternehmungen werden als symbolisch-ideelle Phänomene gesehen, als eine „Realität“ verstanden, die in den Kognitionen der Organisationsmitglieder anzusiedeln ist. Der Symbolbegriff ändert sich: Objekte der materiellen Welt werden nicht von selbst zum Symbol, sondern durch die subjektive Interpretation des Sinns dieser Objekte. Organisationen werden als ein Beziehungsgeflecht von symbolischen Kommunikations- und Interaktionsprozessen gesehen, die in ihren Bedeutungsinhalten und konkreten Erscheinungsformen nicht von vornherein und zweifelsfrei etwa aus Organisationszielen, Organisationsstrukturen oder gar Stellenbeschreibungen abgelesen werden können. Dabei hat die Forschung – im Gegensatz zur funktionalen Sichtweise – auf eine Entschlüsselung von Symbolstrukturen abzuzielen. Die konkreten Ausformungen und Erscheinungsweisen sozialer Systeme werden nicht als notwendige Ergebnisse bestimmter Faktorenkonstellationen in der objektiven Realität erklärt, vielmehr als Folgen subjektiv geprägter Wahrnehmungen und Interpretationen dieser objektiven Realität.

Individuen als soziale Wesen schaffen die soziale Realität durch spezifische, im Wege von Sozialisationsprozessen oder auch durch Einsicht in soziale Notwendigkeiten geformte Wahrnehmungsmuster und darauf aufbauende, intentionale Handlungen. Organisation ist Kultur. Unternehmenskultur gilt als Deutungsschema für die Funktionsweise eines Sozialsystems. Unternehmenskultur wird als Ideensystem betrachtet, das in den Köpfen der Organisationsmitglieder existiert und als Ergebnis gemeinsam konstruierter Wirklichkeit erscheint. Die Organisationsmitglieder bilden sich innere Modelle, so genannte kognitive Schemata der organisatorischen Realität. Diese entstehen in Interaktionen der Mitglieder untereinander. Kultur ist dann jener Teil der selektiven Ansichten der Wirklichkeit, der von einer Mehrheit geteilt und als grundlegend für die Zusammenarbeit erachtet wird. Was für Unternehmungen Wirklichkeit ist, kann daher nicht vom Management einseitig vorgegeben werden, sondern stellt das Ergebnis von Deutungs-, Interpretations-, Gestaltungs- und Aushandlungsprozessen dar. Diese laufen jedoch nicht in einem Machtvakuum ab, sondern die Deutungen von mächtigen bzw. in der Hierarchie hoch stehenden Mitarbeitern haben eher eine Chance, Realität zu werden, als die von Rangniederen. Organisationen sind somit aus dieser Sicht kein objektives Faktum, sondern eine soziale Konstruktion der Wirklichkeit.

Inhaltlich bestimmt „Organisationskultur", was in einem Unternehmen welchen Stellenwert hat, was als positiv oder negativ zu gelten hat, wie über die eigene Vergangenheit und die Umwelt gedacht und was voneinander gehalten wird. Die Kultur eines Unternehmens kann somit als jener Teil der selektiven Ansichten von Wirklichkeit gesehen werden, der von der überwiegenden Mehrheit geteilt und als grundlegend für die Zusammenarbeit und für die erfolgreiche Weiterexistenz des Ganzen erachtet wird.

3. Ebenen der Unternehmenskultur und ihre Erscheinungsformen

3.1 Überblick

Nachstehend wird Schein (1985) gefolgt, der verschiedene „Ebenen" einer Kultur ordnet und ihre Beziehung zueinander klärt. „Um eine Kultur verstehen zu können, muss man sich nach dieser der Kulturanthropologie entliehenen Vorstellung, ausgehend von den Oberflächenphänomenen, sukzessive die kulturelle Kernsubstanz in einem Interpretationsprozess erschließen" (Schreyögg 1999, S. 439). Die analytische Auffächerung in Ebenen hat insbesondere beim Verstehen und Erfassen (besser: Entschlüsseln) von Unternehmenskulturen große Bedeutung.

Schein (1985) unterscheidet drei Ebenen der Analyse (siehe Übersicht 1):

1. Artefakte und Äußerungsformen
2. Werte, Normen und Standards
3. Grundlegende Annahmen.

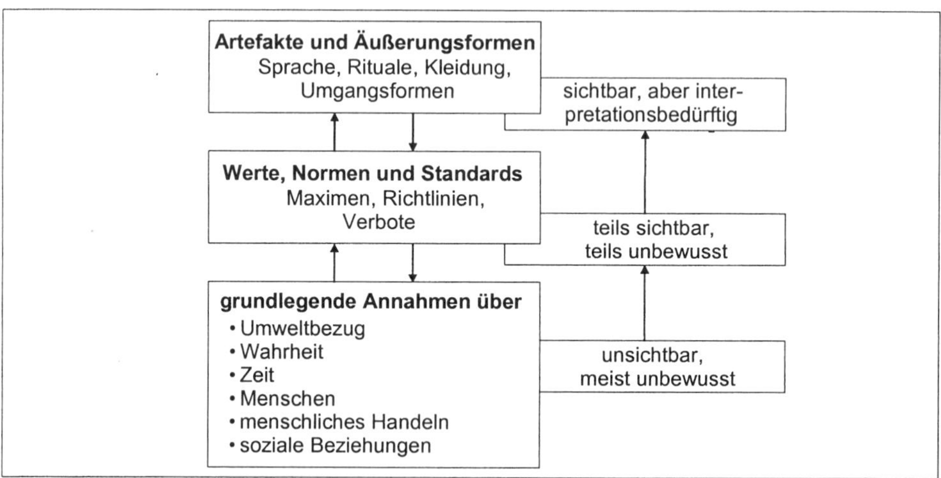

Quelle: Schein 1985, S. 14; Schreyögg 1999, S. 440.

Übersicht 1: Kulturebenen und Zusammenhang

Auf die „selbstverständlichen" und damit nicht bewusst reflektierten Basisannahmen bauen die bewusstseinsfähigen Werte, Normen und Standards auf. Darauf wiederum basiert die Ebene der sichtbaren, aber oft schwer zu deutenden Artefakte und Äußerungsformen, das Symbolsystem. Zur Erklärung des Aufbaus erweist es sich daher als zweckmäßig, bei den grundlegenden Annahmen mit der Darstellung zu beginnen (vgl. hierzu Schreyögg 1999 im Gegensatz zur Darstellungsform von Schein 1985).

3.2 Grundlegende Annahmen

Es sind die grundlegenden Orientierungs- und Vorstellungsmuster, die die Wahrnehmung und das Handeln der Organisationsmitglieder in einer Organisationskultur „quasi als Autopilot" führen. Diese „selbstverständlichen Orientierungspunkte" organisatorischen Handelns, die dann automatisch, ohne darüber nachzudenken, ja meist ohne sie zu kennen, verfolgt werden, sind nach Schein (1985) in Organisationen insbesondere:

(a) Die Grundannahmen über die Umwelt – Sie legen fest, wie man die Umwelt wahrnimmt, interpretiert bzw. konstruiert, z. B. als herausfordernd aber bezwingbar oder übermächtig und bedrohlich etc.

(b) Die Grundannahmen über Wirklichkeit, Wahrheit und Zeit – Wer bestimmt in der Organisation die Wirklichkeit (= „Wahrheit")? Wer oder was ist die „Wahrheitsinstanz": Sind es die Fakten oder sind es die Autoritäten, auf die man vertraut? Sind es die „objektiven Daten", die immer auf den Tisch gelegt werden, oder wird auch reflektiert, wessen Daten es sind? Fungieren Gremien als „Wahrheitsinstanz"? Wie wird in der Organisation entschieden, ob etwas moralisch oder unmoralisch ist?

Annahmen über die Zeit sind ebenfalls ein Kulturmerkmal. Etwa, welchen Zeitrhythmus eine Organisation entwickelt, einen chronologischen, zyklischen oder erratischen. In der generellen Annahme über die Zeit in Organisationen liegt die Basis für den Umgang mit Zeit, Zeitplänen, der Norm der Pünktlichkeit, der Arbeitsgeschwindigkeit, „Deadlines" oder Sitzungsagenden. Die sozial konstruierte Zeit weicht vom naturwissenschaftlichen Konzept insoweit ab, als dass der Umgang mit Zeit nicht mehr linear erfolgen muss.

(c) Die Grundannahmen über die menschliche Natur und die menschlichen Beziehungen – Annahmen über die allgemeinen menschlichen Wesenszüge – bilden ebenfalls die Basis einer Organisationskultur. Die zumeist impliziten Menschenbilder, d. h. die Annahmen über die „Natur" des Menschen, werden kaum offen ausgesprochen, sie zeigen sich vielmehr im konkreten Umgang miteinander und sind in Organisationen massiv handlungsleitend.

3.3 Werte und Normen

Die Werte bauen auf den Grundannahmen auf und sind bewusstseinsfähig, d. h., sie können reflektiert werden. Über Werte formen sich ungeschriebene Verhaltensrichtlinien, so genannte Maximen, in Ge- und Verbote um, die Organisationsmitglieder in mehr oder weniger breitem Umfang teilen. Die für die Organisationskultur wichtigen geteilten Werte und Normen, die so genannten „**shared values**", sind die „Verkehrsschilder" des Verhaltens. Damit wird das Leben in Organisationen geordnet und geregelt, ohne dass permanent Führung ausgeübt werden muss. Sie sind der „Autopilot" und die Ursache für das Verhalten der Organisationsmitglieder.

Die Bedeutung der Mächtigkeit von Normen und Werte (der latenten Orientierungsmuster) hat zu einem Boom von formulierten und offiziell niedergeschriebenen Führungsgrundsätzen, Leitbildern und Managementphilosophien geführt, die jedoch häufig nichts mehr mit der gelebten Organisationskultur zu tun haben, sondern vielmehr Idealvorstellung sind, die vom Management mit externen Beratern – oft abgehoben von der „Basis" – entwickelt werden.

3.4 Artefakte und Äußerungsformen: Symbole

Diese Werte, Normen und Standards finden ihre sichtbaren, aber oft schwer zu deutenden Ausformungen in Symbolen. Sie haben die Aufgabe, diesen schwer fassbaren, wenig bewussten Komplex von Annahmen, Interpretationsmustern, Normen und Wertvorstellung lebendig zu erhalten, weiter auszubauen und an neue Mitglieder weiterzugeben. Die Symbole und Zeichen stellen den sichtbaren und daher am einfachsten zugänglichen Teil der Unternehmenskultur dar. Häufig wird freilich übersehen, dass diese Symbolik auch nur im Zusammenhang mit den zugrundeliegenden Wertvorstellungen verstehbar ist.

Im Folgenden wird dargelegt, wie (in welcher Form, mit welchen Praktiken bzw. Verhaltensmustern) sich Teile von Organisationskulturen (Normen, Werte, Einstellungen etc.) in Symbolen ausdrücken bzw. vermitteln (Trice/Beyer 1984, S. 654).

Was sind nun solche kulturelle Symbole? Global betrachtet, kann man Symbole als Zeichen mit Bedeutungsinhalten begreifen, die komplexe Kommunikationsinhalte vermitteln. Es ist ferner davon auszugehen, dass Symbole multivokal (= mehrsinnig) sind und daher – um für die soziale Praxis handhabbar zu sein – in der Handlungswelt mit geläufigen, relativ spezifischen Bedeutungen versehen werden müssen (Lipp 1979, S. 454 ff.). Symbole müssen also immer „zurecht" definiert werden. Symbole werden im Handlungsleben (Alltagshandeln) aber nicht nur aktiv (durch Definitionsprozesse „von oben"), sondern auch passiv (als „Deutungsdruck") verarbeitet. Sinngrößen wie Symbole entfalten darüber hinaus aber auch „Eigenwirkung": Sie strahlen – unterschwellig, verdeckt, versickernd etc. – auch von sich aus Bedeutungen aus.

Die Medien der symbolischen Vermittlung von Werten, Normen etc. kann man mit Neuberger (1985, S. 31 ff.) in drei Arten einteilen:

(a) Symbolvermittlung durch Sprache: Mythen, Anekdoten, Slogans, Mottos, Leitsätze, Geschichten, Parabeln, Legenden, Sagen, Märchen, Grundsätze, Jargons, Lieder, Hymnen, Witze, Sprachregelungen.

(b) Symbolvermittlung durch Interaktion: Riten, Rituale, Zeremonien, Tabus, Feiern, Festessen, Jubiläen, Konferenzen, Tagungen, Vorstandsbesuche, Beförderungen, Degradierungen, Entlassungen, Pensionierungen, Sponsionen, Promotionen.

(c) Symbolvermittlung durch Objekte: Statussymbole, Architektur und Design, Abzeichen, Embleme, Geschenke, Fahnen, Preise, Urkunden, Incentive-Reisen, Idole, Totems, Fetische, Kleidung, äußere Erscheinung, Broschüren, Werkszeitungen.

Neuerdings werden diese Medien auch noch um die Dimension der Zeit ergänzt. Da die Dimension der Zeit eine wesentliche Kategorie bei Unternehmenskooperationen darstellt, wird diese Aufzählung noch um die Symbolvermittlung durch den Umgang mit Zeit erweitert (Bluedorn 2000, S. 118 ff.; Zellmer-Bruhn/Gibson/Aldag 2001, S. 26 ff.).

(d) Symbolvermittlung durch den Umgang mit Zeit: Zeit als Kulturmaßstab lässt sich in den verschiedensten Handlungen, Normen und Erwartungen beobachten: Zeitpläne, Abgabetermine, Zeitfenster für verschieden Aufgaben, Pünktlichkeit, Arbeitsgeschwindigkeit, Zeitbewusstsein und -autonomie des Einzelnen, Synchronisierung der Zeit mit Kollegen, Zeitpuffer und Pausenregelungen, aber auch die zeitliche Zerlegung von Prozessen zeigen den Umgang mit Zeit innerhalb einer Organisation deutlich auf (Schriber/Gutek, zitiert in Zellmer-Bruhn/Gibson/Aldag 2001, S. 27).

Auch temporale Normen wie die Einhaltung von Pausen, die Grenzziehung zwischen Arbeitszeit und Freizeit, Überstundenregelungen u. Ä. bestimmen die Kultur.

4. Erfassung einer Unternehmenskultur: Von Symbolen zu einem Bild der Organisationskultur

4.1 Einführung

Es wurde gezeigt, dass offizielle Symbole wie Hymnen, Slogans, Broschüren, Leitbilder etc. nur einen Teil des Fundus an Kultursymbolen darstellen. Nicht selten widersprechen daher auch einzelne offizielle Werte (z. B. „Teamarbeit ist uns wichtig") den tatsächlich gelebten Mustern (z. B. „Jeder versucht, persönlichen Vorteil zu erlangen"). **Organisationskulturdiagnose** hat daher nur wenig mit Öffentlichkeitsarbeit zu tun, sondern versucht das Zusammenwirken offizieller aber auch inoffizieller, teilweise unterschiedlicher oder gar widersprüchlicher Muster zu ergründen. Wie lassen sich Organisationskulturen also erforschen?

4.2 Die funktionalistische Sichtweise

4.2.1 Der Einbezug der Unternehmenskultur bei der Due-Diligence

Die funktionalistische Sichtweise stellt quantitative Erhebungsmethoden (z. B. standardisierter Fragebogen) in den Mittelpunkt bzw. beschränkt sich auf den Einsatz in der Praxis entwickelter und erprobter Erhebungsinstrumente zur Diagnose der Organisationskultur. Die Annahme der „Mess- und Vergleichbarkeit" von Kulturen steht dabei im Vordergrund, wobei Unternehmenskulturanalysen in Zusammenhang mit Kooperation und Konzentration von Organisationen neuerdings unter dem Etikett „**Culture Due-Diligence**" diskutiert werden.

Während traditionelle **Due-Diligence-Methoden** sich auf finanzielle, rechtliche und operative Bereiche konzentrieren, zielt „Cultural Due-Diligence" auf die Analyse von

- Personal und Organisation,
- „Kulturposition",
- Prozesse,
- Information und Kommunikation,
- Wissensmanagement

ab (Heidinger/Albeseder 2001, S. 91 f.).

Im Gegensatz zu den üblichen Due-Diligence-Methoden werden bei einer „Cultural Due-Diligence" beide – oder mehrere – in Frage kommende Unternehmungen zur Erstellung eines „Gesamtbildes" analysiert (Weidinger/Mündemann 1999, S. 429). Die eingesetzten Diagnoseinstrumente sollten sich grundsätzlich in beiden Organisationen entsprechen, um die Vergleichbarkeit der Ergebnisse sicherzustellen (Jaeger 2000, S. 70 f.).

„Cultural Due-Diligence"-Analysen werden sowohl mittels Fragebögen zur Einschätzung der Unternehmenskulturen als auch auf der Basis von z. B. in strukturierten Interviews gewonnenem Datenmaterial durchgeführt (Picot 2000, S. 393). Ferner können durch Beobachtung von Handlungen und deren Interpretation kulturelle Aspekte erhoben werden (Scott 2001, S. 176 f.).

Ferner können die während der „traditionellen Due-Diligence" erhobenen Unterlagen, wie Organigramme, Information über die interne Steuerung und Kontrolle sowie Erkenntnisse aus dem Umgang mit Marken und Produkten genutzt werden, um Aufschluss über das Kulturbild des Unternehmens zu erhalten (Weidinger/Mündemann 1999, S. 430 f.).

Ziel der kulturellen Due-Diligence ist es, die Früherkennung von Risiken bei Unternehmenskooperationen und -konzentrationen zu ermöglichen, die sich durch Unterschiede in den Unternehmenskulturen ergeben. Sind die Unternehmenskulturen zu unterschiedlich, kann es empfehlenswert sein, von einer Unternehmenskooperation abzusehen (Scott 2001, S. 175). Andererseits kann selbst im Falle großer Divergenzen die Möglichkeit bestehen, Synergien über die Kooperation bestimmter Bereiche bzw. Abteilungen, in denen es Kulturähnlichkeiten gibt, zu erreichen (Simon 2001, S. 233 f.).

Neben der versuchten Prognose der Erfolgswahrscheinlichkeit von Kooperationen dient „Cultural Due-Diligence" gleichzeitig auch zur Schaffung eines Bewusstseins der Organisationsmitglieder für die Bedeutung der Unternehmenskultur bei Unternehmenskooperationen (Galpin/Herndorf 2000, S. 33 ff.).

Der Prüfung der Unternehmenskultur im Due-Diligence-Prozess geht – wie jeder kulturellen Analysetätigkeit – die eindeutige Definition des untersuchten Gegenstandes voraus, nachdem in den betroffenen Unternehmen möglicherweise unterschiedliche Vorstellungen bestehen (Weidinger/Mündemann 1999, S. 428 f.). Wird ein Due-Diligence-Berater eingesetzt, so fällt diesem die Aufgabe zu „in seiner Analyse den Kern der Unternehmenskultur zu erkennen, offen zu legen und die Schwerpunkte zu benennen" (Scott 2001, S. 177).

Bestandteile einer Ausgangsbasis für eine kulturelle Due-Diligence sind die Unternehmensphilosophie, -ziele, Anreizsysteme, Entscheidungsstrukturen sowie Arbeitsstile und Kommunikation. Zur Generierung weiterführender Erkenntnisse dienen Führungsstil und -verhalten, die Beteiligung der Mitarbeiterinnen und Mitarbeiter, die Geschichte der Unternehmung, Kennzahlen und Ergebnisdefinitionen, Strukturen und Protokolle, Planungs- und Kontrollsysteme und die Nutzung von Informationstechnologien (Galpin/Herndorn 2000, S. 31 ff.). Ebenso können Elemente wie Fehlertoleranz, Lernverhalten, aber auch Kundenorientierung und Wettbewerbsaggressivität in die kulturelle Due-Diligence miteinbezogen werden (Picot 2000, S. 392 f.).

Auf der Basis von kulturellen Due-Diligence-Untersuchungen, die bei den zu kooperierenden Unternehmungen durchgeführt werden, lässt sich der „kulturelle Fit" ermitteln.

4.2.2 Kultureller Fit

Mit dem Begriff des **kulturellen Fits** wird in der Literatur kein einheitlicher Bedeutungsinhalt verbunden. Allgemein ausgedrückt ist der kulturelle Fit mit der Frage verbunden, ob Landes- bzw. Unternehmenskulturen zueinander passen (Stüdlein 1997).

Es wird angenommen, dass die Aversion zur kulturellen Integration mit einem steigenden kulturellen Fit sinkt (Bijlsma-Frankema 2001, S. 197). Allerdings kann ein zu hoher Fit auch zu einer Reduktion von Synergieeffekten im Verschmelzungsprozess führen, da die Ähnlichkeit keine Veränderung zulässt. Hall/Noburn (1987, S. 27) haben verschiedene Untersuchungen durchleuchtet und den Fit zwischen Unternehmen als Erfolgsfaktor von Zusammenschlüssen erkannt. Als Ergebnis wird die direkte Korrelation von „cultural fit" und Akquisitionserfolg genannt. Um eine Akquisition trotz eines bestehenden Misfits erfolgreich durchzuführen, bedarf es noch einer hohen Autonomie des aufgekauften Unternehmens. Van Oudenhoven/de Boer (1995, S. 349 f.) stellen in ihrer Studie fest, dass leitende Angestellte Partnerunternehmen mit einer ähnlichen Kultur bevorzugen. Die erwarteten Widerstände zu einem Zusammenschluss sind dann geringer und der erwartete Erfolg höher.

Sowohl auf landes- als auch unternehmenskultureller Ebene kann der kulturelle Fit auf Basis von drei Möglichkeiten bestehen (Stüdlein 1997): Ähnlichkeit, Kompatibilität und die Komplementarität der Kulturen. Ausgehend von der Annahme, dass sich kulturelle Differenzen negativ auf eine Kooperation auswirken, wird vermutet, dass ähnliche Kulturen im umgekehrten Fall einen genau gegenteiligen Effekt mit sich bringen. Mit der Kompatibilität ist die Verträglichkeit bzw. Vereinbarkeit von Kulturen gemeint, auch wenn sie Distanzen aufweisen. Schließlich können verschiedene Kulturen auch komplementäre Ergebnisse zur Folge haben. Hier kommt der Allianzgedanke zum Tragen, der sich in einer sinnvollen gegenseitigen Ergänzung beider Kooperationspartner ausdrückt. Synergieeffekte in kultureller Hinsicht können von beiden Unternehmen zur Erreichung einer angestrebten Kultur genutzt werden. In dem Fall, dass jede der drei Möglichkeiten verneint werden muss, wird von einem kulturellen Misfit gesprochen.

Zur Feststellung der Form des Fits muss das sich auf der Suche nach Kooperationspartnern befindende Unternehmen eine **Kulturanalyse** bei sich und bei dem anderen Unternehmen durchführen. Die Entscheidung für oder gegen die Kooperation mit einem Unternehmen hängt dann von der Art des erwünschten Fits und dem ermittelten Fit-Ergebnis ab (siehe Übersicht 2).

Falls ein Misfit ermittelt wird, im Vorhinein allerdings ein Fit erwünscht worden war, sollte aus kultureller Sicht von einer Kooperation abgeraten werden. Die Unternehmenskulturen sind vernachlässigbar hingegen, wenn ex ante kein Fit notwendig ist. Die Entscheidung für oder gegen einen Partner wird dann primär durch andere Faktoren, etwa in finanzieller und strategischer Hinsicht, bestimmt. Aus Kultursicht liegt Indifferenz vor. Bei Bestehen einer Übereinkunft aus erwünschtem Fit und Fit-Ergebnis lässt sich von einem optimalen Fit sprechen. Besteht ein optimaler Fit, ist es anzuraten, eine Kooperation mit dem Unternehmen einzugehen. Entsprechen sich aber erwünschter Fit und Fit-Ergebnis trotz einer Ex-ante-Notwendigkeit nicht, so sollte die Entscheidung gegen den potenziellen Partner ausfallen. Im Falle der Komplementarität müssten sich das Fit-Ergebnis und der erwünschte Fit entsprechen. Für das Erreichen einer erfolgreichen Kooperation und zur Nutzung komplementärer Effekte ist der beiderseitige Wille entscheidend, bestehende kulturelle Unterschiede zu überwinden.

erwünschter Fit	Ex ante notwendig?	ermitteltes Fit-Ergebnis			
		Misfit	Ähnlichkeit	Kompatibilität	Komplementarität
kein spezifischer	ja	Entscheidung gegen den Partner	optimaler Fit	optimaler Fit	Entscheidung gegen den Partner
	nein	indifferent	optimaler Fit	optimaler Fit	indifferent
Ähnlichkeit	ja	Entscheidung gegen den Partner	optimaler Fit	Entscheidung gegen den Partner	Entscheidung gegen den Partner
	nein	indifferent	optimaler Fit	indifferent	indifferent
Kompatibilität	ja	Entscheidung gegen den Partner	optimaler Fit	optimaler Fit	Entscheidung gegen den Partner
	nein	indifferent	optimaler Fit	optimaler Fit	indifferent
Komplementarität	ja	Entscheidung gegen den Partner	Entscheidung gegen den Partner	Entscheidung gegen den Partner	optimaler Fit
	nein	indifferent	indifferent	indifferent	optimaler Fit

Legende: optimaler Fit (grau) · Entscheidung gegen den Partner (gestreift) · indifferent (weiß)

Quelle: Stüdlein 1997, S. 165.

Übersicht 2: Entscheidungstabelle pro oder contra potenzielle Partner

Anhand der vier Kulturausprägungen nach Harrison (1972) werden in Übersicht 3 Kombinationen untereinander gebildet und die Allianzform einer „traditionellen Hochzeit" auf deren Integrationsvermögen verschiedener Kulturen hin untersucht, nämlich (a) „power culture", (b) „role culture", (c) „task/achievement culture" und (d) „person/support culture". Bei einer „traditionellen Hochzeit" wird ein Unternehmen aufgekauft, dominiert und dessen Kultur der eigenen angepasst.

Ausgehend von der Kulturform „power" des dominierenden Partners gibt es potenziell keine guten Kooperationspartner. Bei Bildung einer Allianz mit einem Unternehmen, das ebenfalls eine „Power"-Kultur besitzt, ist die Zusammenarbeit potenziell problematisch. Die übrigen Kulturformen („role", „task", „person/support") lassen potenziell verheerende Auswirkungen erwarten. Andererseits kann ein dominierendes Unternehmen, das selbst mit den Kulturmerkmalen „person/support" ausgestattet ist, tendenziell die geringsten Probleme bei Kooperationen erwarten. Der Kulturtyp des Partners ist dann für eine erfolgreiche Zusammenarbeit nicht entscheidend. Weist im Gegensatz dazu das dominierte Unternehmen in einer Kooperation die Kultur „person/support" auf, sind positive Entwicklungen unwahrscheinlicher als bei anderen Kulturtypen. Eine erfolgreiche Zusammenarbeit erscheint nur dann möglich, wenn das dominierende Unternehmen selbst mit derselben **Kulturform** ausgestattet ist.

Kultur des dominierenden Partners	potenziell „gute“ Kooperationspartner	potenziell „problematische“ Kooperationspartner	potenziell „verheerende“ Kooperationspartner
Power	--	Power	Role Task Person/Support
Role	Power Role	Task	Person/Support
Task	Power Role Task	Person/Support	--
Person/Support	alle Kulturtypen	--	--

Quelle: Cartwright/Cooper 1996, S. 90.

Übersicht 3: Eignung der Kulturtypen bei einer traditionellen Hochzeit

4.3 Die interpretative Sichtweise

Im Vergleich dazu geht man bei der interpretativen Sichtweise davon aus, dass man Organisationskultur nicht empirisch-analytisch (= naturwissenschaftlich) sezieren kann. Man muss sie entschlüsseln. „Eine naturwissenschaftliche Analyse von Kultur käme dem unmöglichen Vorhaben gleich, das Lächeln der „Mona Lisa“ anhand der Kriterien eines Flächennutzungsplanes analysieren zu wollen“ (Rüttinger 1986, S. 23). Einen alternativen Weg schlagen interpretative Methoden der Kulturanalyse ein, die versuchen, Kultur aus der Perspektive der Mitarbeiter zu verstehen. Diesem Ziel sind die jeweiligen Vorgangsweisen anzupassen, die daher offen begleitend, flexibel, probierend, lernend, relativierend und zyklisch sein müssen. Die interpretative Kulturbeschreibung zielt darauf ab, hinter diese „Innenperspektive“ zu sehen und zu ergründen, warum die Welt so und nicht anders gedeutet wird, als es die Mitglieder einer Kultur eben tun.

Wesentliche Elemente zur Erfassung von Kultur sind Symbole, die der Mensch entwickelt und gebraucht, um die von ihm wahrgenommenen Faktoren in abstrakter Form zu speichern und bei Bedarf als handlungsbestimmende Größe weiterzugeben. Diese nur dem Menschen gegebene Fähigkeit ermöglicht es ihm, Dinge und Ereignisse mit Sinn zu belegen und zu Reaktionen unabhängig von einem – sie auslösenden – Stimulus werden zu lassen. Durch Symbolisierung verknüpft der Mensch einen Sinnbereich mit einem Sachbereich.

Die Beobachtung der Symbole bildet im Rahmen eines Kulturdiagnoseprozesses nur das Rohmaterial zur Bildung von Hypothesen über die dahinterliegenden Normen und Werte einer Organisation. Ziel dieses Diagnoseprozesses ist es, zu einem einigermaßen „stimmigen Bild“ über das Normengefüge und die Werthaltungen einer Organisation zu gelangen, Widersprüche und Inkonsistenzen zu erkennen und auf ihre Funktionen für die Aufrechterhaltung des Systems hin zu hinterfragen. Wie erwähnt, ist Kultur aber nicht direkt fassbar und schon gar nicht objektiv messbar. Folgerichtig ist Kulturdiagnose auch ein subjektiver Interpretationsprozess, der von den jeweilig Beobachtenden stark beeinflusst wird; denn jeder Beobachter kann nur sehen, was er zu sehen gelernt hat. Wie kann man sich einen solchen Interpretationsprozess nun konkret vorstellen? Ein anschauliches Bild vermittelt die „**Eisberg-Metapher**“ (siehe Übersicht 4).

Übersicht 4: Eisberg-Metapher

Der Großteil der Organisationskultur – wie z. B. Basisannahmen, Werte und Normen – liegt „unter Wasser“. Direkt zugänglich sind nur die beschriebenen Symbole. Von ihnen kann auf die Normen und Werte geschlossen werden. Auf der Basis der hier dargelegten Phänomene ist davon auszugehen, dass bei Kooperation die Perspektivenselektivität von Unternehmungen durch die „Brille“ der jeweiligen Unternehmenskultur wahrgenommen wird. Daher wird die Unternehmenskultur des Partners durch das Werte- und Normengefüge interpretiert. Umso mehr gilt es, diese Wirklichkeitskonstruktionen offen zu legen, d. h., diese auch wechselseitig zu kommunizieren (siehe Übersicht 5).

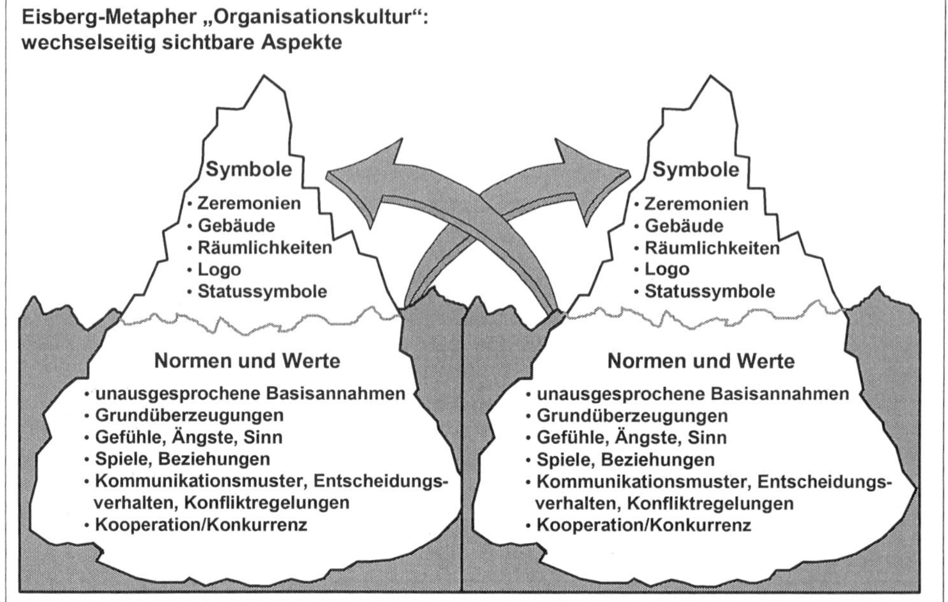

Übersicht 5: Eisberg-Metapher bei wechselseitiger Betrachtung

5. Implikationen für das Management: Möglichkeiten und Grenzen der Beeinflussung von Organisationskultur durch symbolisches Management

5.1 Funktionalistische Auffassung

Wie in der Einleitung angesprochen, gibt es zwei gegensätzliche Positionen in der Organisationskulturforschung, die eine völlig unterschiedliche Verhaltensbeeinflussung von Organisationsmitgliedern durch das Organisations(kultur)management postulieren: die funktionalistische und die interpretative.

Die funktionalistische Auffassung spricht Führungskräften die Aufgabe zu, neben der Steuerung über den formalen Organisationsaufbau hinaus auch noch organisationskulturelle Symbole wie z. B. organisationale Geschichten, Legenden, Riten, Rituale, Anekdoten und Zeremonien zur zielorientierten Verhaltensbeeinflussung der Mitarbeiter einzusetzen. Manager hätten nach dieser Annahme die Aufgabe, Verhalten in Organisationen symbolisch nach ihren Vorstellungen zu beeinflussen. Diese Sinngebung kann durch einen aufwändigen Personenkult rund um den legendären Firmenboss – sofern vorhanden – geschehen oder durch Vorgabe/Schöpfung von verbrieftem Sinn, wie etwa durch Festlegung von Firmenwerten, -prinzipien, -verfassungen, -philosophien oder Führungsgrundsätzen.

Die funktionalistische Sichtweise unterstellt, dass Manager Organisationskultur „machen", „steuern" bzw. „gestalten" können. Daher werden sie vielfach auch als „Macher", „Kapitäne" oder auch als „selbstherrliche Sozialingenieure" (Neuberger/Kompa 1986, S. 71) apostrophiert. Organisationskultur wird als Mittel zur Effizienz- und Erfolgssteigerung angesehen. Ein Manager „ist erfolgreich, wenn alle Mitarbeiter seine Wirklichkeitsdeutung wahr-nehmen und für wahr-nehmen" (Neuberger/Kompa 1987, S. 248). Manager sollen zunächst durch Erscheinung, Auftreten und Wirken einen sozialen Konsens darüber erreichen, was „wirklich" ist, wie z. B. bestimmte Ereignisse oder Personen gesehen werden sollen. Zu diesem Zweck werden möglichst direkte Kommunikationspraktiken empfohlen: Herumgehen („Management by Wandering Around") oder eine „Politik der offenen Türen". Weitere symbolische Gesten sind eigenhändiges Zupacken, wenn „Not am Mann" ist, oder der Verzicht auf Teile eines Jahresgehalts, wenn die Organisation rote Zahlen schreibt.

So verstandenes „**symbolisches Management**" stößt allerdings auf Kritik, da es auf eine Manipulation sprachlich und symbolhaft vermittelter Strukturen, also auf Manipulation von Mythen, Symbolen und Etiketten, von Denk-, Sprach- und Interpretationsmustern hinauslaufen kann. Zudem ist zu bezweifeln, ob sich Symbole, Metaphern und Rituale grundsätzlich in eine ganz bestimmte Richtung und von einem einzigen Zentrum aus steuern lassen. Drastisch formuliert: Sinn aufschwatzen lassen sich bestenfalls dumme Mitarbeiter. Ob Bemühungen des Managements Erfolg haben oder nicht, hängt nicht nur von diesem ab. Man könnte die prinzipielle Steuerungskapazität des Managements mit jener von Menschen vergleichen, die eine Ess-, Wohn-, Sprach- oder Musikkultur „machen" wollen: „Sie machen Vorschriften, geben Beispiele und werben; ob, wann und in welchem Maße sie ihre Vorstellungen durchsetzen, hängt nicht nur von ihnen ab, sondern von den Traditionen, Werten, Mitteln und Lebensbedingungen derer, die sich ändern sollen" (Neuberger 1985, S. 85 f.). Symbole sollen zwar – wie gesagt – „von oben" mit Sinn versehen werden, indem ihnen Be-Deutung verliehen wird. Gleichzeitig müssen sie aber „von unten" – und das ist entscheidend – aktiv-interpretierend wahrgenommen, sprich von den Organisationsmitgliedern in ihr kognitiv-individuelles Bezugssystem übernommen werden. Als erster Schritt sollten daher auch die funktionalistisch orientierten Führungskräfte jene Sinn- und Wertvorstellungen transparent machen, die bisher faktisch vermittelt wurden. Grundlegendes Ziel muss es sein, die praktizierten Grundorientierungen mit dem symbolischen Sinngehalt der institutionalisierten Strukturen und Strategien in Einklang zu bringen. „Weiche" Prozesse kultureller Selbstfindung sollten durch „harte" sozialtechnologische Maßnahmen von Anfang an unterstützt werden.

5.2 Interpretative Auffassung

Eine völlig gegensätzliche Position des Kulturmanagements vertritt der „interpretative“ Ansatz. Dieser geht von der Basisannahme aus, dass das gesamte organisationale Geschehen und somit auch der Führungsprozess von organisationskulturellen Aspekten beeinflusst sind und daher gar nicht der einseitigen Steuerbarkeit durch das Management unterliegen kann. Statt von einem Manager, der sammelt, organisiert und seine Ressourcen auf bewusste und wohl durchdachte Weise aktiviert, wird davon ausgegangen, dass Manager selbst auf einer Woge von Ereignissen und Entscheidungen „schwimmen“, ohne wirkliche Chance, die Entwicklung beherrschen und kontrollieren zu können. Führungskräfte werden dieser Auffassung nach von der Organisationskulturwelle zwar nach oben getragen, können aber diese Welle nicht erschaffen, sondern sind Wellenbewegungen ausgesetzt. Diese Sichtweise distanziert sich ganz deutlich vom Postulat der Mach- und Beherrschbarkeit von Organisationskulturen durch das Management. Die bislang für Manager zentrale Frage: „Wie kann ich erreichen, dass Mitarbeiter, Abteilungen, Organisationen, Märkte usw. das tun, was ich will?“ hört sich nun vergleichsweise bescheiden an: „Wie kann ich, bei einer grundsätzlich nicht beherrschbaren Organisationskultur, kalkulierbare Wirkung erzielen?“ (frei nach Willke 1987, S. 348) Denn Organisationen haben und entwickeln ein Eigenleben, eine Eigendynamik, einen Eigen-Sinn, sodass sie zu verschiedenen Zeiten verschieden reagieren – ganz unabhängig von ihrem aktuellen Zustand. Komplizierend kommt hinzu, dass der Input die Funktionsweisen der Organisation verändern kann. Zusammengefasst: Der Output ist nicht nur abhängig vom Input, sondern auch von früheren Zuständen der Organisation. So gesehen, sind Organisationen komplexe, formal organisierte Sozialsysteme, die sich im Zeitablauf unterschiedlich verhalten, und es kann unmöglich – schon gar nicht mit absoluter Sicherheit – vorausgesagt werden, welche Zustände sie als Nächstes annehmen.

Es ist festzustellen, dass jede Organisation eigene Spezifika entwickelt (Sinn, Kultur etc.) und daher die Steuerung – etwa über symbolisches Management – nicht ohne weiteres möglich ist (Kasper 1990, S. 260 ff.). Um wirksame Steuerungsmaßnahmen setzen zu können, muss man vorher wissen, wie es in der Organisation „läuft“. Aber allein die Erlangung dieses Wissens und des „Gespürs“ der Führungskräfte ist schwierig und obendrein reicht es mit Sicherheit nicht aus. Dies aus zweierlei Gründen: Erstens ist die Führungskraft selbst Teil der Organisation(skultur) und somit von ihr massiv beeinflusst und kann daher die organisationskulturellen Phänomene nicht unabhängig reflektieren. Zweitens sind viele Prozesse nicht beeinflussbar und nicht beherrschbar.

Darüber hinaus gibt es auch eine „Gegenbewegung“ zur Vorstellung: Steuerung, Ordnung und Beherrschung durch das Management schafft Nutzen! Heute zeigt sich jedoch immer häufiger, dass vor allem Unternehmen, die ein dynamisches Chaos als Grundlage ihrer kulturellen Identität haben, sich schneller und flexibler an die Erfordernisse der Umwelt anpassen. Führungskräfte treten hier als „Agenten der Unordnung“ auf, die mehrdeutige Situationen schaffen, auf Kontrolle verzichten und gegenüber neuen Möglichkeiten aufgeschlossen bleiben, statt in bürokratischer Ordnung zu erstarren (Kao 1997, S. 319 f.).

6. Konsequenzen für Unternehmenskooperationen aus interpretativer Perspektive

Aus der Sicht des interpretativen Ansatzes und auch aus systemtheoretischer Sicht stellt sich eine Kooperation und/oder ein Zusammenschluss zweier oder mehrerer Unternehmungen als ein Versuch dar, Systeme zu koppeln, die jeweils ihrer eigenen, selbstständigen Logik folgen. Diese Koppelung unterschiedlich ausgeprägter Kulturen sollte möglichst ohne Reibungsverluste erfolgen. Im Idealfall sollte es gelingen, eine gemeinsame Konstruktion von Wirklichkeit zu entwickeln.

Das bedeutet aber nicht, dass es nicht auch andere Möglichkeiten gibt, unterschiedlich gewachsene Unternehmungen in einen neuen Zusammenhang zu bringen. Die Bandbreite kann dabei von einem „minimalem" Zusammenschluss, der dem anderen Unternehmen einen mehr oder weniger autonomen Status lässt, über eine "limitierte" Integration, die der Einführung einer zumindest finanziellen Kontrolle bedarf, bis zur vollständigen Verschmelzung der beiden Organisationen reichen.

Fall I aus Übersicht 6 impliziert, dass eine "dominierende" Organisation die andere "schluckt" bzw. versucht, ihr die eigenen Spielregeln aufzudrücken. Dies ist primär dann der Fall, wenn eine Unternehmung in ganz entscheidenden Belangen (Gewinn, Umsatz, Mitarbeiter) deutlich Oberhand hat. In solchen Fällen wird versucht, Tempo zu machen, um die Kooperation so rasch und effizient wie möglich über die Bühne in Richtung Fusion laufen zu lassen. Es handelt sich hier um eine asymmetrische Unternehmensbeziehung, wie sie bei den meisten Mergers und Akquisitionen vorkommt. Das bedeutet, dass es ein dominantes Unternehmen und ein ihm untergeordnetes Unternehmen gibt.

Die kulturellen Unterschiede der einzelnen Organisationen bleiben in Fall II faktisch weiter bestehen, obwohl sich in gewissen Teilbereichen durchaus eine neue Schnittmenge, eine Art Subkultur, herausbilden kann. Denkbar wäre dies insbesondere zwischen Divisionen mit inhaltlich ähnlichen Funktionen, etwa im Vertrieb. Voraussetzung dafür ist zweifellos ein Mindestmaß an Offenheit, Änderungen zu akzeptieren. Dass es sich dabei um einen Prozess handelt, der ohne bestimmtes Zeitbudget nicht bewerkstelligt werden kann, liegt vor dem Hintergrund organisationskultureller Ansätze klar auf der Hand.

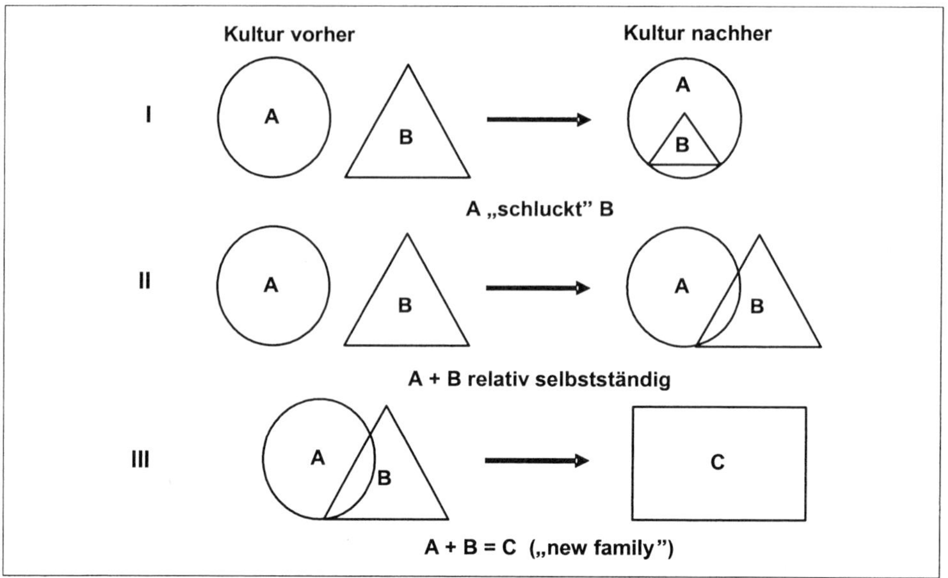

Quelle: Schertler 1993, S. 81.

Übersicht 6: Organisationskulturveränderungen bei Kooperationsprozessen

Die kooperierenden (fusionierenden) Unternehmungen sind bei Fall III tatsächlich gleichgewichtet, keine Seite dominiert. Im Idealfall entwickelt sich aus zwei bestehenden Organisationen eine „new family" mit ureigenen Spielregeln. Unterstellt wird dabei eine symmetrische Beziehung. Grundlage einer symmetrischen Beziehung zweiter Unternehmen sind Gleichberechtigung, Interdependenz und gegenseitige Anpassung. Bei einem Unternehmenszusammenschluss auf symmetrischer Basis zwingt keines der Unternehmen dem anderen sein eigenes Unternehmenssystem auf, sondern beide Unternehmen entwickeln ein „drittes Unternehmen". Gegenüber einer asymmetrischen Unternehmensbeziehung ist das Konfliktpotenzial hier bei weitem höher. Das Fehlen eines dominanten Unternehmens führt zu einer höheren Anforderung an die Anpassungsfähigkeit beider Unternehmen aneinander, da Uneinigkeit nicht durch einseitiges Bestimmen der dominanten Unternehmung „gelöst" werden, sondern Lösungen auf dem Konsensweg gesucht werden. Die beiden Hauptaspekte sind hier die strategischen Ziele und die Zielrichtung des neuen Unternehmens auf der einen Seite und der Aufbau eines gemeinsamen Managementverständnisses.

Diese als idealtypisch zu verstehenden **Kooperationsmuster** (Fusionsmuster) sind vor dem im vorherigen Abschnitt aufgespreizten Theoriehintergrund unbedingt zu vertiefen. Es klingt dann völlig plausibel, dass diese Kooperationsmuster nicht auf Knopfdruck, nicht auf Befehl und schon gar nicht von heute auf morgen implantiert werden können. Der gewünschte Prozess muss sich ja zumindest auf vier Ebenen abspielen: Werte, Sprache, Handlungen und Gegenstände. Mit umfassender Information oder gemeinsam entwickelten Visionen und Zukunftsstrategien allein ist es nicht getan. Sie sind lediglich notwendige, aber keine hinreichenden Bausteine bei der Konstruktion eines gemeinsamen kooperativen Hauses. Solange sich nicht die neuen Werte in Handlungen niederschlagen, bleiben sie letztlich unwirksam.

7. Zusammenfassung

Unternehmenskulturkonzepte finden gegenwärtig zunehmende Beachtung, da sie als wesentlicher Erfolgsfaktor von Unternehmenskooperationen angesehen werden. Mit dem funktionalistischen und dem interpretativen Unternehmenskulturansatz bestehen zwei unterschiedliche Paradigmen, die zur Erklärung der Unternehmenskultur beitragen. Beide Ansätze lassen sich auf drei Ebenen der Unternehmenskultur beziehen: (a) Symbole, (b) Werte, Normen und Standards sowie (c) die Basisannahmen.

Die funktionalistische Sichtweise betrachtet primär die Symbole eines Unternehmens, sodass durch quantitative Messmethoden die „Mess- und Vergleichbarkeit" von Kulturen ermöglicht wird. In diesem Zusammenhang wird häufig von der „Culture Due-Diligence" gesprochen, anhand derer die Verträglichkeit und der kulturelle Fit der Kooperationspartner aufgezeigt werden sollen. Nach der funktionalistischen Auffassung ist es die Aufgabe der Manager, Symbole zu schaffen und dadurch die Unternehmenskultur zu gestalten. Die Kultur wird „von oben" bestimmt. Dieses Vorgehen kann allerdings nur gelingen, wenn die Mitarbeiter diese Symbole richtig interpretieren und in ihr kognitiv-individuelles Bezugssystem mit aufnehmen.

Die interpretative Sichtweise löst sich von dem funktionalen Ansatz insofern, als dass sie keine empirisch-analytische Herangehensweise verfolgt, sondern versucht, durch Interpretation der Symbole eines Unternehmens auf die dahinterliegenden Normen und Werte zu schließen. Das Unternehmen besitzt eine Kultur, die nicht oder nur mit Einschränkungen durch das Management steuerbar ist.

Die Kooperation von Unternehmen ist eine Koppelung von Systemen. Diese Koppelung sollte möglichst ohne Reibungen auf den zuvor genannten Ebenen stattfinden, da diese immer den Verlust von Ressourcen bedeuten. Die Gleichschaltung der Symbole in beiden Unternehmen ist nicht ausreichend. Es sind notwendige, aber nicht hinreichende Bedingungen für erfolgreiche Kooperationen. Vielmehr muss es gelingen, mittels (Selbst-) Beschreibungen, Eigenerfahrung etc. die Akteure zu sensibilisieren und für kulturelle Annäherungsprozesse zu öffnen.

Literatur

BIJLSMA-FRANKEMA, K. (2001): On managing cultural integration and cultural change processes in mergers and acquisitions, in: Journal of European Industrial Training, o. Jg., Nr. 25, S. 192-207.

BLUEDORN, A. C. (2000): Time and Organizational Culture, in: Ashkanasy, N. M.; Wilderom, C. P. M.; Peterson, M. F. (Hrsg.): Handbook of Organizational Culture and Climate, Thousand Oaks, S. 117-128.

CARTWRIGHT, S.; COOPER C. L. (1996): Managing Mergers, Acquisitions & Strategic Alliances: Integrating People and Cultures, Oxford.

GALPIN, T. J.; HERNDORF, M. (2000): The Complete Guide to Mergers and Acquisitions – Process Tools to Support M&A Integration at Every Level, San Francisco.

HALL, P. D.; NORBURN, D. (1987): The Management Factor in Acquisition Performance, in: Leadership organizational development journal, 8. Jg., Nr. 3, S. 23-30.

HARRISON, R. (1972): How to describe your organization's culture, in: Harvard Business Review, Mai/Juni, 50. Jg., Nr. 3, S. 119-128.

HEIDINGER, F. J., ALBESEDER, W. (Hrsg.) (2001): Due Diligence – Ein Handbuch für die Praxis, Wien.

JAEGER, M. (2000): Personalmanagement bei Mergers & Acquisitions – Strategien, Instrumente, Erfolgsfaktoren, Neuwied.

KAO, J. (1997): Die Vorzüge der betrieblichen „Unordnung", in: Pierer, H. v.; Oetinger, B. v. (Hrsg.): Wie kommt das Neue in die Welt?, München, S. 319-330.

KASPER, H. (1990): Die Handhabung des Neuen in organisierten Sozialsystemen, Wien u. a.

KASPER, H.; MÜHLBACHER, J. (2002): Von Organisationskulturen zu lernenden Organisationen, in: Kasper, H.; Mayrhofer, W. (Hrsg.): Personalmanagement, Führung, Organisation, 3. Aufl., Wien.

LIPP, W. (1979): Kulturtypen, kulturelle Symbole, Handlungswelt. Zur Plurivalenz von Kultur, in: Kölner Zeitschrift für Soziologie und Sozialpsychologie, 31. Jg., Nr. 3, S. 450-484.

NEUBERGER, O. (1985): Unternehmenskultur und Führung, Augsburg.

NEUBERGER, O.; KOMPA, A. (1986): Mit Zauberformeln die Leistung steigern. Serie Firmenkultur II, in: Psychologie heute, 13. Jg., Nr. 7, S. 58-65.

NEUBERGER, O.; KOMPA, A. (1987): Wir, die Firma. Der Kult um die Unternehmenskultur, Basel.

OUDENHOVEN, J. P. VAN, BOER, TH. DE (1995): Complementarity and Similarity of Partners in International Mergers, in: Basic and Applied Social Psychology, 17. Jg., Nr. 3, S. 343-356.

PICOT, G. (2000): Gestaltung von Mergers & Acquisitions, in: Betriebswirtschaftliche Forschung und Praxis, 52. Jg., Nr. 4, S. 345-357.

RAFFÉE, H.; EISELE, J. (1993) Erfolgsfaktoren des Joint Venture-Management. Grundlagen und erste Ergebnisse einer empirischen Untersuchung, Arbeitspapier Nr. 97 des Instituts für Marketing der Universität Mannheim, Mannheim.

RÜTTINGER, R. (1986): Unternehmenskultur. Erfolge durch Vision und Wandel, Düsseldorf u. a.

SCHEIN, E. (1985): Organizational Culture and Leadership, San Francisco.

SCHERTLER, W. (1993): Strategisches Management, Manuskript Post Graduate Management Universitätslehrgang der Wirtschaftsuniversität Wien, Trier.

SCHREYÖGG, G. (1999): Organisation: Grundlagen der Organisationsgestaltung, Wiesbaden.

SCOTT, C. (Hrsg.) (2001): Due Diligence in der Praxis – Risiken minimieren bei Unternehmenstransaktionen, Wiesbaden.

SIMON, H. (Hrsg.) (2001): Unternehmenskultur und Strategie – Herausforderungen im globalen Wettbewerb, Frankfurt a.M.

STÜDLEIN, Y. (1997): Management von Kulturunterschieden: Phasenkonzept für internationale strategische Allianzen, Wiesbaden.

TRICE, H. M.; BEYER, J. M. (1984): Studying Organizational Cultures through Rites and Ceremonials, in: Academy of Management Review, 19. Jg., Nr. 4, S. 633-669.

WEIDINGER, R.; MÜNDEMANN, T. (1999): Cultural Due Diligence: ein Beitrag zur Bewertung von Unternehmenskulturen bei Mergers & Acquisitions, in: M & A review, Nr. 10, S. 427-432.

WILLKE, H. (1987): Strategien der Intervention in autonome Systeme, in: Baecker, D.; Markowitsch, J.; Stichweh, R.; Willke, H. (Hrsg.): Theorie als Passion. Niklas Luhmann zum 60. Geburtstag, Frankfurt a.M., S. 333-361.

ZELLMER-BRUHN, M. E.; GIBSON, C. B.; ALDAG, R. J. (2001): Time Flies Like an Arrow: Tracing Antecedents and Consequences of Temporal Elements of Organizational Culture, in: Cooper, C. L.; Cartwright, S.; Earley, P. C. (Hrsg.): Organizational Culture and Climate, Chichester, S. 21-52.

Martin K. Welge*

Informale Mechanismen der Koordination in internationalen strategischen Netzwerken

---

* Univ.-Professor Dr. Martin K. Welge ist Inhaber des Lehrstuhls für Allgemeine Betriebswirtschaftslehre, insbesondere Unternehmensführung der Universität Dortmund.

1. Vom globalen zum transnationalen Unternehmen

Multinationale Unternehmungen (MNU) können nicht nur durch die Optimierung ihrer einzelnen Auslandsengagements, sondern vor allem durch die integrative Gesamtbetrachtung ihrer weltweiten Aktivitäten Wettbewerbsvorteile erzielen. Dabei sind sie mit zwei entgegengesetzten Anforderungen konfrontiert, und zwar der Anforderung nach gleichzeitiger Ausschöpfung von Unifikations- und Fragmentierungsvorteilen, von Integrations- und Differenzierungsvorteilen bzw. von Globalisierungs- und Lokalisierungsvorteilen. Da diese Anforderungen nicht die Extrempunkte eines Kontinuums darstellen, sondern voneinander unabhängige Dimensionen sind, lassen sich diese in dichotomer Ausprägung in Form einer Matrix darstellen, die das Strategiespektrum von MNU abbildet (siehe Übersicht 1).

Quelle: Welge/Holtbrügge 2003, S. 129.

Übersicht 1: Idealtypisches Strategiespektrum Multinationaler Unternehmungen

Im Mittelpunkt der folgenden Ausführungen steht der transnationale Strategietypus. Ein zentrales Merkmal **transnationaler Strategien** besteht in der gleichzeitigen Ausnutzung von nationalen Unterschieden, Skaleneffekten und Verbundvorteilen. Der Verzicht auf Standardisierungsvorteile ist nicht nur durch Regierungsauflagen oder rechtliche Restriktionen in blockiert globalen Branchen bedingt, sondern dient der Realisierung von Arbitrageeffekten und unternehmungsspezifischen Ressourcenvorteilen. Im Gegensatz zu globalen Strategien müssen deshalb die Standardisierungs- und Differenzierungsvorteile für jedes Geschäftsfeld, jede Wertaktivität, jeden Unternehmungsprozess und jede Internationalisierungsphase individuell geprüft werden. Ein weiteres Merkmal ist die grenzüberschreitende Konfiguration der Wertaktivitäten, die intensive Liefer- und Leistungsverflechtungen zwischen den weltweit verstreuten Unternehmungseinheiten und die Notwendigkeit eines häufig simultanen Markteintritts in mehreren Ländern mit unterschiedlichen Wertaktivitäten bedingt (vgl. zu den einzelnen Merkmalen ausführlich Welge/ Holtbrügge 2003, S. 131 ff.).

2. Die Netzwerkorganisation als strukturelle Reaktion auf transnationale Strategien

Als geeignetes Instrument zur erfolgreichen Umsetzung transnationaler Strategien werden netzwerkartige Strukturen vorgeschlagen. Dadurch sollen sich gleichzeitig die einzelnen Wertschöpfungsaktivitäten der weltweit verstreuten Einheiten auf ein übergeordnetes Gesamtziel koordinieren lassen sowie die notwendige Flexibilität und Eigenständigkeit erhalten bleiben (Hedlund 1986; Prahalad/Doz 1987; Bartlett/Ghoshal 1998; Böttcher 1996; Welge/Böttcher/Paul 1998; Riedl 1999; Rank 2003; Wald 2003; Welge/ Holtbrügge 2003, S. 175 ff.).

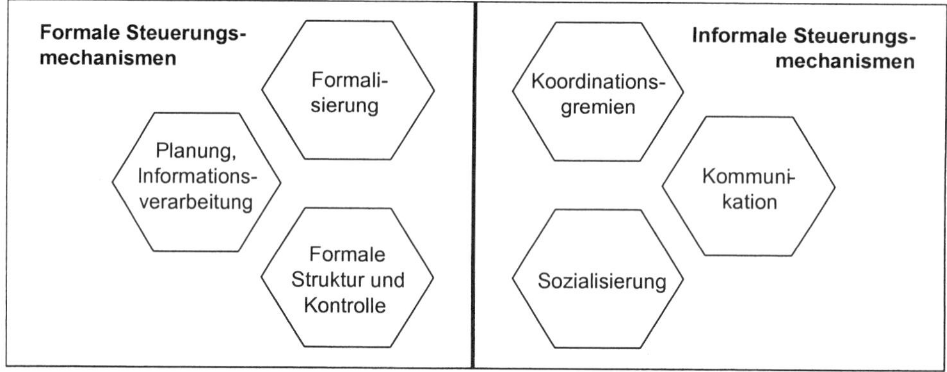

Quelle: Welge/Böttcher/Paul 1998, S. 63.

Übersicht 2: Koordinationsinstrumente

Netzwerkunternehmungen werden von diesen Autoren als eine Organisationsform charakterisiert, die sowohl hohen Globalisierungs- als auch Lokalisierungsanforderungen gerecht wird und eine hohe Flexibilität aufweist. Steuerungsrelevante Ressourcen sind dezentral verfügbar und ein dichtes Netz von Austauschbeziehungen verhindert die Existenz einer nur losen Föderation von Tochtergesellschaften. Bei der unternehmungsweiten Koordination spielen hierarchische Weisungen durch die Zentrale eine nur untergeordnete Rolle. Die Aktivitäten werden durch Verhandlungen aufeinander abgestimmt. Dabei kommt einer starken Unternehmungskultur eine besondere Rolle zu. Die Unternehmungskultur wird durch dichte Beziehungsnetzwerke zwischen den Einheiten geschaffen und aufrechterhalten. Diese Beziehungsnetzwerke sind eher Teil der informellen Struktur, sodass die formale Struktur eine vergleichsweise geringe Koordinationsrelevanz hat.

Aus dem Spektrum möglicher **Koordinationsinstrumente** (siehe Übersicht 2) sollen daher die informalen Mechanismen der Koordination herausgegriffen und empirische Befunde aus europäischen MNUs im Folgenden dargestellt werden (vgl. ausführlich dazu Böttcher 1996; Paul 1998; Welge/Böttcher/Paul 1998; Welge 1999).

3. Informale Mechanismen der Koordination

3.1 Koordinationsgremien

3.1.1 Internationale Komitees

Grundsätzlich ließ die Untersuchung eine sehr häufige Anwendung von **Koordinationsgremien** erkennen. Insbesondere Komitees erfüllen eine wichtige Funktion bei der Gewährleistung integrierter Entscheidungsfindung und Koordination im Geschäftsprozess. Temporäre Gremien, vor allem Arbeitsgruppen, wurden überwiegend für nicht-routinisierte Abstimmungserfordernisse, wie beispielsweise Strategieentwicklung und -implementierung, eingesetzt. Verbindungsrollen waren hingegen nur von geringer Bedeutung.

Die festgestellten Formen von Komitees und Meetings mit inhaltlichen Koordinationsaufgaben gehen aus Übersicht 3 hervor. Darin wird zwischen übergreifenden Managementkomitees (strategischer Führungsprozess) und Komitees zur Steuerung von Aktivitäten innerhalb der Funktionsbereiche Forschung & Entwicklung, Produktion, Marketing/Vertrieb (operativer Leistungserstellungsprozess) unterschieden.

Im strategischen Führungsprozess verzichten vier von zwölf Unternehmen auf institutionalisierte Koordinationsgremien (Mannesmann, Dynacast, Schwarzkopf, Pirelli). Hier wurden strategische Informationen durch separate Treffen des Top-Managements mit einzelnen Niederlassungsmanagern gewonnen. Den häufigsten Anlass hierzu boten Treffen zur Vorlage und Koordination der Jahresbudgets. Chargeurs und Hoechst hingegen richteten jährlich stattfindende Konferenzen mit allen Niederlassungsleitern aus, die der Koordination von Planungsprozessen oder der Entwicklung neuer strategischer Zielvereinbarungen dienten. Innerhalb der verbleibenden sechs Geschäftsbereiche (Siemens, Volvo, SKF, DSM, E.Merck, Solvay) fanden Besprechungen zwischen Managern des Top-Managements und der Niederlassungen monatlich oder vierteljährlich statt.

Unternehmen	strategisches Management	Forschung/ Entwicklung	Produktion	Marketing/ Vertrieb
Hoechst[1]	jährliches Treffen zwischen NLM und TM	regelmäßige Treffen zwischen NLM und TM	keine regelmäßigen Treffen	einzelne NLM treffen regelmäßig TM
Volvo	regelmäßige Treffen zwischen NLM und TM	keine regelmäßigen Treffen	regelmäßige Treffen zwischen NLM und TM	regelmäßige Treffen zwischen NLM und TM
Chargeurs	jährliches Treffen zwischen NLM und TM	regelmäßige Treffen zwischen NLM und TM	regelmäßige Treffen zwischen NLM und TM	regelmäßige Treffen zwischen NLM und TM
Mannesmann[2]	einzelne NLM treffen regelmäßig TM	keine regelmäßigen Treffen	regelmäßige Treffen zwischen NLM und TM	regelmäßige Treffen zwischen NLM und TM
Siemens	regelmäßige Treffen zwischen NLM und TM	regelmäßige Treffen zwischen NLM und TM	regelmäßige Treffen zwischen NLM und TM	regelmäßige Treffen zwischen NLM und TM
Pirelli	einzelne NLM treffen regelmäßig TM	einzelne NLM treffen regelmäßig TM	einzelne NLM treffen regelmäßig TM	regelmäßige Treffen zwischen NLM und TM
SKF	regelmäßige Treffen zwischen NLM und TM	regelmäßige Treffen zwischen NLM ohne TM	regelmäßige Treffen zwischen NLM ohne TM	regelmäßige Treffen zwischen NLM und TM
Schwarzkopf	einzelne NLM treffen regelmäßig TM	regelmäßige Treffen zwischen NLM und TM	einzelne NLM treffen regelmäßig TM	einzelne NLM treffen regelmäßig TM
DSM	regelmäßige Treffen zwischen FM und TM	regelmäßige Treffen zwischen NLM und TM	regelmäßige Treffen zwischen NLM und TM	regelmäßige Treffen zwischen NLM und TM
Dynacast	einzelne NLM treffen regelmäßig TM	keine regelmäßigen Treffen	keine regelmäßigen Treffen	regelmäßige Treffen zwischen NLM und TM
Solvay	regelmäßige Treffen zwischen NLM und TM	regelmäßige Treffen zwischen NLM und TM	regelmäßige Treffen zwischen NLM und TM	regelmäßige Treffen zwischen NLM und TM
E.Merck	regelmäßige Treffen zwischen NLM und TM	regelmäßige Treffen zwischen NLM und TM	regelmäßige Treffen zwischen NLM und TM	regelmäßige Treffen zwischen NLM und TM

(TM: Top-Management, NLM: Niederlassungsmanagement, FM: funktionales Management)

Übersicht 3: Koordinationsmeetings

1 Heute Aventis Pharma.

2 Hierbei handelt es sich um den Geschäftsbereich Demag Fördertechnik.

Innerhalb funktionaler Bereiche der operativen Leistungserstellung waren bis auf wenige Ausnahmen (Forschung & Entwicklung: Mannesmann, Volvo, Dynacast; Produktion: Hoechst, Dynacast; Marketing: Chargeurs) Komitees zwischen Vertretern des Top-Managements und einzelner Niederlassungen institutionalisiert.

3.1.2 Die Bedeutung von Koordinationsgremien im internationalen Steuerungsprozess

Hinsichtlich der Bedeutung von Koordinationsgremien können die untersuchten Geschäftsbereiche in zwei Gruppen untergliedert werden:

Zur ersten Gruppe zählen Mannesmann, Dynacast, Chargeurs, Schwarzkopf, Pirelli und Hoechst, die allesamt einen hierarchischen Managementansatz verfolgen. In diesen Geschäftsbereichen sind Niederlassungsmanager lediglich in Ausnahmefällen oder bei der Jahresplanung am strategischen Führungsprozess beteiligt. Typischerweise obliegt dem Top-Management die alleinige strategische Führungsverantwortung für das internationale Geschäft, während die operative Ergebnisverantwortung bei entsprechender Autonomie in die Länderniederlassungen delegiert wurde. Die befragten Manager dieser Gruppe begründeten ihren hierarchischen Ansatz mehrheitlich mit folgenden Argumenten: geringe Interdependenzen zwischen einzelnen Niederlassungen oder ausschließliche Verantwortung des Top-Managements für die Erkennung und Nutzung existenter wie potenzieller länderübergreifender Synergien. Eine umfassendere Partizipation von Niederlassungen wurde demnach als überflüssig erachtet.

Die zweite Gruppe setzte sich aus Siemens, Volvo, SKF, DSM, E.Merck und Solvay zusammen. Hier waren regelmäßige Besprechungen zwischen Top- und Niederlassungsmanagern ein Ausdruck ihres partizipativen Managementansatzes. Entsprechend war man um eine weit reichende Einbindung von Niederlassungsmanagern in den Führungsprozess bemüht. Durch Maßnahmen der Kooperation lokaler Entscheidungsträger oder durch regelmäßige Konsultationen in strategischen Fragen versuchte das Top-Management deren Beteiligung an der Führungsverantwortung für die Integration im internationalen Geschäftsprozess zu nutzen. In den meisten Fällen veränderte sich dadurch der Prozess der strategischen Planung von einer einmaligen jährlichen Aktivität zu einem kontinuierlichen Prozess.

In regelmäßigen Besprechungen (monatlich oder vierteljährlich) wurden aktuelle und neuartige strategische Fragestellungen diskutiert. Im Falle unsicherer Auswirkungen wurden häufig Arbeitsgruppen („task forces“) zu einer detaillierten Aufarbeitung gebildet. Die Häufigkeit von Besprechungen und entsprechenden Möglichkeiten, strategische Fragen zu behandeln, führte zur Entkopplung des Strategieentwicklungs- vom jährlichen Budgetierungsprozess. Diese Entwicklung kennzeichnete auch weit gehend das Muster, in dem strategische Veränderungen verabschiedet und implementiert wurden.

Zusammenfassend belegen die Untersuchungsergebnisse bei allen Unternehmungen eine wachsende Bedeutung von Koordinationsgremien in Form von internationalen Arbeitsgruppen und Managementteams. Aus Sicht des Top-Managements ermöglichen Koordinationsgremien die Entwicklung persönlicher Beziehungen zwischen Führungskräften. In allen Unternehmungen dienten Komitees dem Ausgleich der unzureichenden Koordinationswirkung der formalen Struktur. Hier machen die voranstehenden Beispiele deutlich, dass Koordinationsgruppen als Integrationsinstrumente dienen, die auf eine angemessene Berücksichtigung der Dimensionen Funktion und Produkt bei gegebener Dominanz der Regionalstruktur gerichtet sind. Im Falle von unüberbrückbaren Konflikten schaltete sich nach Aussage befragter Führungskräfte das Top-Management mittels hierarchischer Weisungen aktiv in den Abstimmungsprozess ein.

3.2 Kommunikation

Die soziale Netzwerkforschung gibt einen Einblick in die grundsätzlichen Eigenschaften von informalen Interaktionen. Sie sind freiwillig, spontan, ungeplant und beruhen auf individueller – quasi privater – Initiative. Bestimmungsgründe sind häufig Macht, Einfluss und Sympathie, aber auch intrinsische Motivation im Rahmen der Aufgabenerfüllung. Genau an letztere knüpft sich das Interesse derer, die **informale Kommunikation** zur Unterstützung der formalen, „offiziellen“ Koordination verstehen. Voraussetzung ist dann immer die Selbstmotivation von Individuen, zur Verbesserung der individuellen Aufgabenerfüllung informale Kontakte zu anderen Organisationsmitgliedern zu knüpfen.

„Informales Networking“ der beschriebenen Art ist eine Ausprägung von **Selbstorganisation**. Als soziales Phänomen unterliegt informale Kommunikation – ähnlich der Unternehmenskultur – damit nur begrenzter Gestaltbarkeit. Das Top-Management muss sich daher darauf beschränken, möglichst geeignete Voraussetzungen zu schaffen, um es zu fördern. Eine wesentliche Rolle spielt dabei die Unterscheidung von Kommunikationsmedien nach ihrem Grad des „Informationsreichtums“. Dieser bestimmt weit gehend das Ausmaß, mit dem durch die Verfügbarkeit eines Kommunikationsmediums die Entwicklung informaler Beziehungen unterstützt wird.

Aus Übersicht 4 geht hervor, dass direkte Kommunikationsmedien, wie Telefonverkehr, Besuche und Meetings, ein wesentlich höheres Potenzial der qualitativen Informationsübertragung bieten als indirekte Maßnahmen (Schriftverkehr).

Die Vorteilhaftigkeit der direkten persönlichen Kommunikation lässt sich anhand der folgenden Merkmale belegen:

- unmittelbare zeitliche und räumliche Präsenz der Beteiligten
- Ausdrucks- und Wahrnehmungsmöglichkeiten durch Sinn, Sprache, Akustik, Geruch und Geschmack
- Möglichkeiten der Unterbrechung, Verbesserung, Nachfrage und Wiederholung.

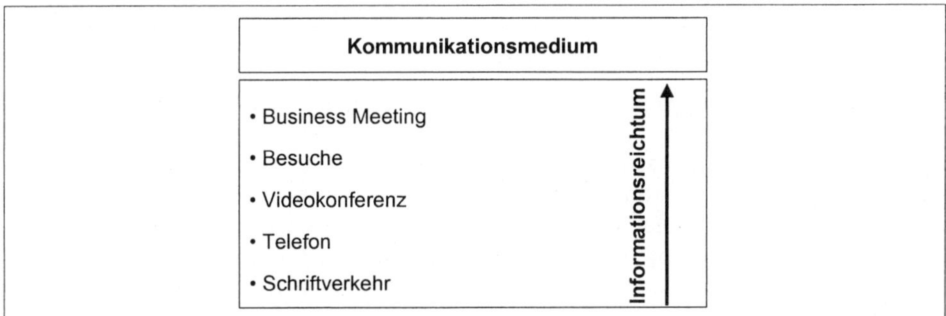

Übersicht 4: Informationsreichtum von Kommunikationsmedien

Es ist in international operierenden Unternehmungen jedoch nicht davon auszugehen, dass direkte persönliche Kontakte ohne weiteres entstehen. Zumeist sind nicht unerhebliche geografische und kulturelle Distanzen zu überwinden. Die Kommunikation in weltweit operierenden Unternehmen stellt somit erhöhte Anforderungen an die Entwicklung persönlicher Beziehungen.

3.2.1 Medien der grenzüberschreitenden Kommunikation

Im Hinblick auf eingesetzte Medien bei der grenzüberschreitenden Kommunikation ging aus der Untersuchung hervor, dass die direkte persönliche Kommunikation präferiert wurde. Durchschnittlich entfielen 52 % der Kommunikation auf Besuche, Geschäftsbesprechungen und Videokonferenzen. Mit jeweils 27 % Anteil erlangten Treffen („Face-to-face-Kommunikation") und Telefongespräche (verbale Kommunikation) die höchste Relevanz. Es folgten Besuche mit 23 % und schriftliche Korrespondenz per E-Mail, Brief oder Telefax mit 16 %.

Die zurückhaltende Anwendung „neuer Medien" deutet auf eine bisher geringe Akzeptanz hin. Hier wird deutlich, dass dem emotionalen Anteil der Kommunikation eine sehr wesentliche Bedeutung zukommt. So wurde in den Interviews auch eine gewisse Reserviertheit gegenüber Videokonferenzen (trotz relativ geringer Kosten) offenbar, die ein befragter Manager folgendermaßen verdeutlichte: „Electronic means of communication can never replace the effect of having a beer together."

Trotz der Präferenz für direkte persönliche Kommunikation eröffnet eine genauere Betrachtung, dass es sich bei 71 % um Medien handelt, die lediglich „One-to-One-Interaktionen" ermöglichen (Telefon, Korrespondenz, persönliche Besuche, Mailboxen). Auf Grund des identifizierten Kommunikationsmusters liegt die Vermutung nahe, dass es sich dabei primär um „Rad- oder Ringkonstruktionen" handelt. Nur 29 % der genutzten

Medien (Treffen, Videokonferenzen) ermöglichen die Kommunikation innerhalb einer „Vollstruktur“, die eine weit reichende und flexible Vernetzung aller Teilnehmer erlaubt.

Die Effizienz des Kommunikationsprozesses hängt hauptsächlich von der Informationsverarbeitungskapazität des Top-Managements ab. Diese stößt bei zunehmender Komplexität der Geschäftstätigkeit an kognitive und technische Grenzen. Entsprechend berichteten viele der befragten Führungskräfte über Probleme, die ihren Ursprung in der zunehmenden Informationsüberfrachtung des Top-Managements haben („information overload“). Eine häufig genannte Option zur Handhabung der Informationsfülle bestand in der Differenzierung von Niederlassungen nach ihrer strategischen Bedeutung. Danach wurde zwischen bedeutsamen Niederlassungen mit Schlüsselfunktionen (Typ-A) und weniger bedeutenden Niederlassungen (Typ-B) unterschieden. Diese Unterscheidung zwischen Niederlassungstypen kann sich an verschiedenen Kriterien, wie beispielsweise lokale Faktorkostensituation, Größe und Bedeutung des Marktes, lokale Kunden- und Wettbewerbsstruktur oder auch der Qualität lokaler Führungskräfte, festmachen.

Die Analyse des **Besuchsverkehrs** zwischen Führungskräften des Top-Managements und der Niederlassungen zeigte deutliche Unterschiede hinsichtlich der unterschiedenen Niederlassungstypen (siehe Übersicht 5). So waren Besuche zwischen Führungskräften des Top-Managements und Niederlassungen des Typ-A deutlich stärker ausgeprägt als solche zwischen Top-Management und Niederlassungen des Typ-B. Sogar direkte Besuche zwischen Niederlassungen des Typ-A waren häufiger anzutreffen als Besuche des Top-Managements von Niederlassungen des Typ-B.

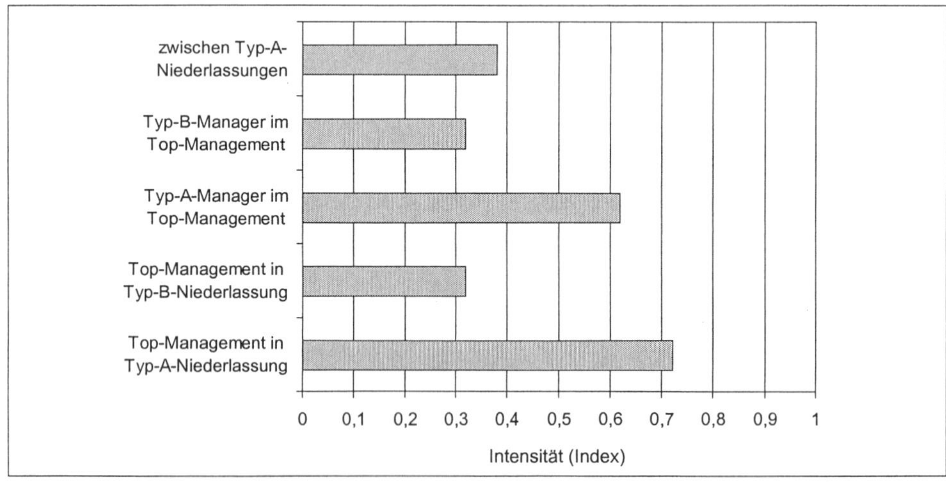

Quelle: Welge/Böttcher/Paul 1998, S. 106.

Übersicht 5: Intensität des internationalen Besuchsverkehrs (Index)

Diesbezüglich betonten zahlreiche Gesprächspartner, dass die Gestaltung und Pflege von Kommunikationsbeziehungen mit Führungskräften der Niederlassungen des Typ-A bewusst in den Vordergrund gestellt wurde, statt faktisch gleichgewichtig intensive Kommunikationsbeziehungen zu und zwischen allen Niederlassungen zu fördern.

Eine Entlastung des Top-Managements begründet sich auch über ein intensives Besuchsverhalten von Führungskräften der Typ-A-Niederlassungen untereinander. Hier fließt die Information zumeist innerhalb einer „Ringkonfiguration".

3.2.2 Networking durch Koordinationsgremien

In Geschäftsbereichen, in denen **internationale Koordinationsgremien** bewusst als Steuerungsinstrument eingesetzt wurden, teilten die befragten Führungskräfte die Auffassung, dass häufige Treffen zwischen Führungskräften der Niederlassungen über kurzfristige Koordinationsergebnisse zugleich langfristige Wirkungen nach sich ziehen. Die Wirkung von Geschäftsbesprechungen auf die Kommunikationsintensität ist in Übersicht 6 dargestellt. Zum Zeitpunkt eines solchen Treffens erreicht sie Spitzenwerte, während sie danach überproportional absinkt, bis ein normales Niveau mit nur sporadischer Kommunikation zwischen den Teilnehmern erreicht wird.

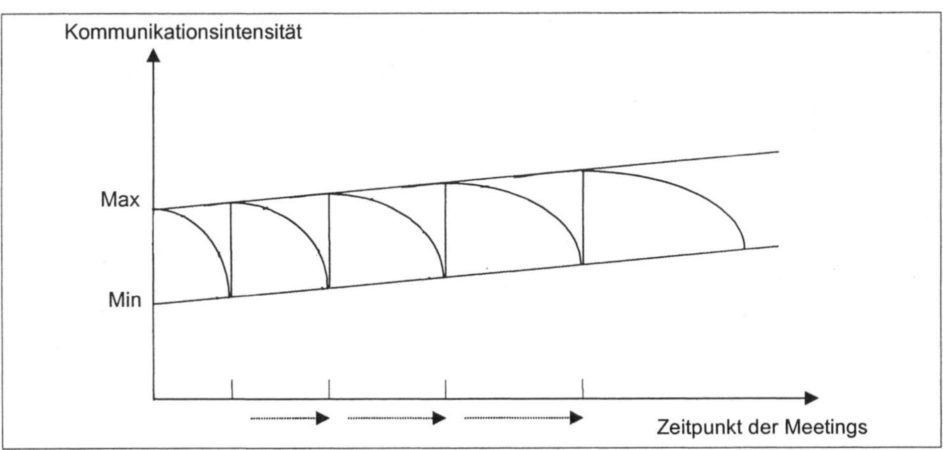

Quelle: Welge/Böttcher/Paul 1998, S. 107.

Übersicht 6: Wirkung von Geschäftsbesprechungen auf die übergreifende Kommunikationsintensität

Eine wesentliche Funktion regelmäßiger Treffen besteht also darin, eine zunehmende Vertrautheit zwischen Organisationsmitgliedern zu ermöglichen, die zu einer stetigen Erhöhung der maximalen Kommunikationsintensität führt. Da gegenseitiges Kennen und Vertrauen auch die Entwicklung zwischenmenschlicher Beziehungen fördern, wurde festgestellt, dass sich allein aus diesem Grund ein Absinken der Kommunikationsintensität nach einzelnen Treffen immer weiter abschwächte. Zunehmende Vertrautheit und damit reduziertes Absinken der Kommunikationsintensität zwischen den Treffen führte im Ergebnis zu ihrer Stabilisierung auf einem kontinuierlich wachsenden Niveau.

Auch zwischen den unterschiedenen Kommunikationsmedien ließen sich Wirkungszusammenhänge feststellen. In dem voranstehenden Beispiel regelmäßiger Besuche und Geschäftstreffen war es im Zeitablauf sogar möglich, auf Grund der Entwicklung informaler Beziehungen zwischen Führungskräften unterschiedlicher Regionen und Funktionen die Kommunikation sukzessiv auf kostengünstigere Medien, wie beispielsweise das Telefon, zu verlagern.

Die gewonnenen Erkenntnisse über die Entwicklung informaler Kommunikationsbeziehungen bestätigten die Befunde über erwartete **Interdependenzbeziehungen** zwischen Niederlassungen. Es wurde deutlich, dass der horizontale Austausch von Erfahrung und Know-how zwischen Niederlassungen zumeist mittels informaler Kommunikationsbeziehungen erfolgt. Länderübergreifende Lernprozesse haben durch offizielle Meetings zwar einen formalen Rahmen, Koordination wird jedoch erst durch informale Kommunikationsbeziehungen verfestigt und institutionalisiert. Diese These wurde durch verschiedene Führungskräfte bestätigt, die als wesentliche Basis für ein weltweites Know-how-Management die guten Beziehungen beteiligter Manager untereinander betrachten. Erst diese bilden die Grundlage für den Austausch strategisch bedeutsamer Erfahrungen, Kenntnisse und Informationen sowie der Erkennung länderübergreifender Wettbewerbsveränderungen.

Abschließend kann festgehalten werden, dass **grenzüberschreitenden Kommunikationsnetzwerken** eine bedeutsame Rolle bei der Koordination von Leistungserstellungsprozessen zukam. Formal institutionalisierte Kommunikationsforen stellten das Fundament für die Initiierung und Etablierung informaler Kommunikationsbeziehungen zwischen Entscheidungsträgern dar. Im Laufe der Zeit konnte dadurch ein hohes Maß an aufgabenbezogener Kommunikation erzielt werden.

3.3 Sozialisierung

3.3.1 Überblick

Als Koordinationsinstrument fußt die **Sozialisierung** auf der Überzeugung, dass dezentrale Entscheider weniger bis keiner Kontrolle mehr bedürfen, wenn sie die Ziele der Organisation so weit akzeptiert und verinnerlicht haben, dass sie diese als ihre eigenen ansehen. Auf Grund der Harmonisierung der Zielstrukturen sind Organisationsmitglieder von sich heraus bestrebt, im Hinblick auf die Zielerreichung adäquate Entscheidungen zu treffen und ihre Handlungen entsprechend auszurichten. Vorschriften und aufwändige Kontrollen lassen sich auf ein Minimum reduzieren und werden im konzeptionellen Ideal obsolet.

Gerade der internationale Managementkontext verdeutlicht eindrucksvoll, dass Individuen aus aller Welt mit sehr heterogenen kulturellen Wurzeln zusammenarbeiten und kommunizieren müssen. Um ein einheitliches Bewusstsein für die Ziele und Strategien des Unternehmens zu schaffen, muss die **Firmenkultur** die einzelnen ethnischen und nationalen Kultureinflüsse überlagern und kompensieren. Dabei geht es jedoch nicht um eine Vereinheitlichung. Sinnvoll genutzt, eröffnen kulturelle Besonderheiten und Unterschiede in Problemlösungsprozessen bedeutende Verbundvorteile, die eine spezifische Quelle von Wettbewerbsvorteilen in international operierenden Unternehmungen darstellen.

Es kommt also nicht darauf an, kulturelle Unterschiede zu beseitigen, sondern sie in Bezug auf die Unternehmensziele und die zu deren Erreichung notwendigen unternehmerischen Prozesse zu harmonisieren. Immer dort, wo interkulturelle Hemmnisse eine länderübergreifende Steuerung verhindern, muss es im Interesse der Unternehmung liegen, diese Hemmnisse zu reduzieren. Ein solcher Anspruch verlangt natürlich von allen involvierten Führungskräften ein grundsätzliches Maß an interkultureller Toleranz in der Zusammenarbeit mit Entscheidern aus anderen Ländern und Regionen.

Folglich rücken solche Steuerungsinstrumente in den Vordergrund, die bestrebt sind, über die kulturelle Beeinflussung von dezentralen Entscheidern ein Bewusstsein für die Gesamtziele der Unternehmung und damit für die Notwendigkeit einer **globalen Managementorientierung** zu schaffen. Eine wesentliche Rolle spielt dabei die Partizipation von Niederlassungsführungskräften an gesamtunternehmensbezogenen Entscheidungsprozessen. Partizipation fördert sowohl Identifikationsprozesse mit gemeinsamen Zielen als auch Lernprozesse zur Reduktion interkultureller Distanz. Aus diesem Grund liegt es nahe, sich zunächst mit der grundsätzlichen Verteilung der Entscheidungsbefugnisse zwischen Top-Management und Niederlassungen zu beschäftigen.

3.3.2 Die Verteilung von Entscheidungsbefugnissen

Tabelle 1 weist die relativen Häufigkeiten eines Entscheidungskontinuums, von Zentralisation (autonome Entscheidungen des Top-Managements) auf der einen, bis hin zu Dezentralisation (autonome Entscheidungen von Niederlassungen) auf der anderen Seite, in Bezug auf unterschiedliche Entscheidungsinhalte aus. Die Intervallmitte bildet eine paritätische Aufteilung der Entscheidungsbefugnis. Als Zwischenstufen sind Entscheidungsszenarien vorgegeben, in denen eine Seite Entscheidungsprozesse zwar dominiert, jedoch grundsätzlich Vorschläge der anderen Seite diskutiert werden.

	Autonomie des TM	**Dominanz des TM, Vorschläge von NL**	**Parität zwischen TM und NL**	**Dominanz von NL, Vorschläge des TM**	**Autonomie von NL**
Strategieformulierung	17 %	50 %	33 %	---	---
Organisationsstruktur	17 %	42 %	33 %	---	---
Marketing-Mix	---	8 %	17 %	42 %	33 %
Investitionen	---	8 %	34 %	33 %	25 %
Finanzierung	---	92 %	8 %	---	---
Rechnungswesen	42 %	42 %	8 %	8 %	---
Produktion	25 %	33 %	9 %	25 %	8 %
Forschung & Entwicklung	25 %	58 %	17 %	---	---
Führungskräfteauswahl	---	33 %	34 %	33 %	---

(TM: Top-Management, NL: Niederlassungen)

Quelle: Welge/Böttcher/Paul 1998, S. 114.

Tabelle 1: Ausprägungsformen der Entscheidungskonfiguration in Bezug auf unterschiedliche Entscheidungsinhalte

Es zeigt sich insbesondere in den Bereichen Strategieformulierung, der organisatorischen Gestaltung und innerhalb der Führungskräfteauswahl, dass ansatzweise eine Dominanz des Top-Managements vorliegt, jedoch eine Tendenz der Parität zwischen Top-Management und Niederlassungen erkennbar ist. Dies ist ein deutliches Indiz dafür, dass nur

partizipative Entscheidungsstrukturen die konfligierenden Zwänge zwischen Integration und Differenzierung in angemessener Art und Weise zum Ausgleich bringen.

Im Gegensatz zu den zuvor genannten Bereichen dominierte das Top-Management Entscheidungsprozesse im Forschungsbereich deutlicher. Dieser Befund ist darauf zurückzuführen, dass der langfristigen strategischen Bedeutung der Forschung & Entwicklung im internationalen Innovationsverlauf in vielen Fällen durch eine Zentralisierung von Entscheidungen Rechnung getragen wird. Diese sichert Skalen- und Synergievorteile, die Reduzierung von Durchlaufzeiten sowie die Vermeidung von Doppelarbeiten – unter Inkaufnahme eines Verlustes an Motivation und Zufriedenheit lokaler F & E-Ingenieure.

In der Produktion hingegen zeigen die Befunde ein sehr uneinheitliches Bild. Die Tatsache, dass die Häufigkeiten sich über das gesamte Kontinuum erstrecken, deutet auf einzelfallspezifische Besonderheiten im Produktionsprozess hin, die für die Verteilung der Entscheidungsbefugnis verantwortlich zeichnen. Eine Lösung der Delegationsproblematik hat dann sicherzustellen, dass länderübergreifende Verbundvorteile genutzt werden, ohne die lokalen Fertigungseinheiten in ihrer Anpassungsheterogenität an lokale Umweltbedingungen zu behindern.

Im Marketing lag ein hoher Grad der Entscheidungsdelegation an ausländische Verkaufsniederlassungen vor. Damit wird den Besonderheiten einzelner Märkte durch flexible Gestaltung des Marketing-Mix-Instrumentariums entsprochen. Zugleich wird der Standardisierungsthese widersprochen, dass ein weltweit einheitliches Marketing nur durch eine strikte Zentralisierung strategischer Entscheidungen zu realisieren ist.

Die aufgeworfene These einer stärkeren Partizipation ausländischer Niederlassungen im globalen Managementprozess wurde auch anhand einer Diskussion der drei in Übersicht 7 dargestellten **Entscheidungsstrukturmodelle** beurteilt.

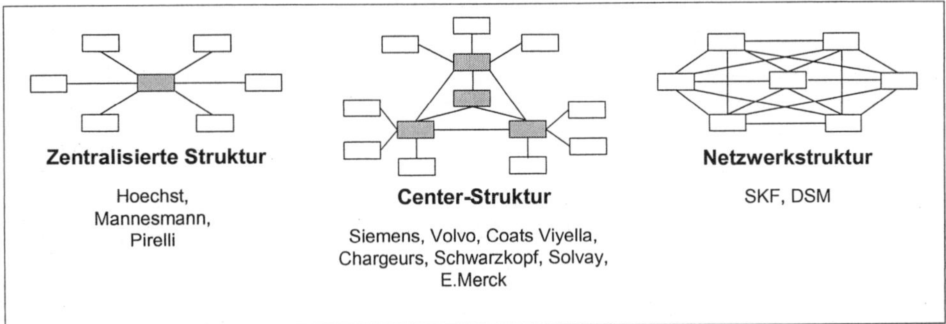

Quelle: Welge/Böttcher/Paul 1998, S. 116.

Übersicht 7: Entscheidungsstrukturmodelle

Das erste Bild repräsentiert eine zentralisierte Entscheidungsstruktur. Niederlassungen sind nicht direkt untereinander verbunden. Das zweite Modell („**Center-Struktur**") geht von einer partizipativen Entscheidungsfindung zwischen Top-Management und ausgewählten ausländischen Niederlassungen aus. Das dritte Modell verkörpert eine „Netzwerk-Struktur", in der alle Organisationseinheiten gleichberechtigt miteinander verbunden sind.

Wie aus Übersicht 7 hervorgeht, entfielen auf die Center-Struktur sieben, auf die zentralisierte Struktur drei und auf die Netzwerk-Struktur zwei Geschäftsbereiche. Diese Ergebnisse bestätigen Überlegungen, die darauf abzielen, Niederlassungen selektiv, je nach ihren unterschiedlichen Rollen und Verantwortungsbereichen im Zuge der grenzüberschreitenden Koordination des Leistungserstellungsprozesses an Entscheidungsprozessen zu beteiligen.

3.3.3 Weltweite Verantwortungsbereiche von Niederlassungen

Die Übertragung unterschiedlicher Rollen und **Verantwortungsbereiche** auf Niederlassungen geht aus Übersicht 8 hervor.

Deutlich kommt die Verteilung der operativen Verantwortung innerhalb ausgewählter Funktionen der Leistungserstellung (Forschung & Entwicklung, Produktion und Marketing) zum Ausdruck. Es werden vier unterschiedliche Formen der operativen Verantwortung unterschieden:

(1) zentrale Kontrolle durch das Top-Management
(2) dezentrale Aufteilung der Verantwortung zwischen den einzelnen Niederlassungen
(3) Etablierung von regionalen oder weltweiten Kompetenzzentren in der Forschung, Entwicklung und Fertigung
(4) Formen des Key-Account-Managements im Marketing.

Die ersten beiden Optionen verkörpern Ausprägungen der Kompetenzverteilung, in denen keine spezialisierte Delegation globaler Verantwortung oder Konzentration einer Kernkompetenz in einem Bereich Anwendung findet. Bei den **Key-Accounts** im Marketing hingegen werden ausgewählte Niederlassungen mit globaler Verantwortung für die Koordination von Geschäftsbeziehungen mit bestimmten Großkunden betraut. Regionale oder weltweite **Kompetenzzentren** sind Ausdruck einer meist technologisch orientierten Aufgabenspezialisierung. Aus diesem Grund sind diese für die länderübergreifende Steuerung sämtlicher damit in Verbindung stehender Aktivitäten verantwortlich.

In der Forschung & Entwicklung lag in sechs Geschäftsbereichen eine zentralisierte Verantwortung auf Top-Management-Ebene vor (Mannesmann, Siemens, Volvo, Dynacast, Schwarzkopf, Pirelli). Die F & E-Laboratorien waren in diesen Fällen zumeist in räumlicher Nähe zur Unternehmenszentrale angesiedelt. Demgegenüber deutet die Gründung von Kompetenzzentren auf eine länderübergreifende Spezialisierung in bestimmten Feldern der Grundlagenforschung, angewandten Forschung oder auch Entwicklung/Konstruktion hin.

Unternehmen	Forschung & Entwicklung	Produktion	Marketing
Hoechst	Kompetenzzentren	Kompetenzzentren	dezentrale Aufteilung zwischen NL
Volvo	zentrale Verantwortung	Kompetenzzentren	dezentrale Aufteilung zwischen NL
Chargeurs	dezentrale Aufteilung zwischen NL	dezentrale Aufteilung zwischen NL	dezentrale Aufteilung zwischen NL
Mannesmann	zentrale Verantwortung	dezentrale Aufteilung zwischen NL	dezentrale Aufteilung zwischen NL
Siemens	zentrale Verantwortung	Kompetenzzentren	dezentrale Aufteilung zwischen NL
Pirelli	zentrale Verantwortung	Kompetenzzentren	Key-Accounts
SKF	Kompetenzzentren	Kompetenzzentren	Key-Accounts
Schwarzkopf	zentrale Verantwortung	Kompetenzzentren	dezentrale Aufteilung zwischen NL
DSM	dezentrale Aufteilung zwischen NL	dezentrale Aufteilung zwischen NL	Key-Accounts
Dynacast	zentrale Verantwortung	Kompetenzzentren	Key-Accounts
Solvay	Kompetenzzentren	Kompetenzzentren	dezentrale Aufteilung zwischen NL
E.Merck	Kompetenzzentren	Kompetenzzentren	Key-Accounts

(NL: Niederlassungen)

Quelle: Welge/Böttcher/Paul 1998, S. 117.

Übersicht 8: Verteilung von Rollen und Kompetenzbereichen im Rahmen der operativen Verantwortung

In der Fertigung ließ sich in acht von zwölf Unternehmungen eine Tendenz zur Spezialisierung innerhalb großvolumiger Fertigungseinheiten erkennen. Analog zur Forschung & Entwicklung bezog sich die Spezialisierung in diesen Fällen zumeist auf die Fertigung bestimmter Produkte/Produktgruppen, sodass die verantwortliche Niederlassung in der Regel für die Entwicklung und Verbesserung des Produktionsprozesses, für den Bau von Produktionsstätten an anderen Standorten sowie Tests von Produktinnovationen zuständig war.

Formen von Key-Accounts im Marketing wurden in fünf Unternehmungen festgestellt (Dynacast, SKF, DSM, E.Merck, Pirelli). Da Marketing üblicherweise eine umfassende

Anpassung an lokale Bedingungen erfordert, war es nicht überraschend, dass nur Unternehmungen, die primär weltweit operierende Kunden bedienen, auf diese organisatorische Alternative zurückgriffen, um darüber Preise, Kundenserviceleistungen und Qualitätsstandards übergreifend zu koordinieren. In den verbleibenden Unternehmungen unterlag das Marketing tendenziell der dezentralisierten Verantwortung der einzelnen Niederlassungen.

3.3.4 Die Stellung der Sozialisierung im transnationalen Führungsprozess

Die Untersuchung ergab, dass die befragten Führungskräfte die **Sozialisierung** von Mitarbeitern als eine Schlüsselaufgabe und -herausforderung erkennen. Selbst in den Unternehmungen, die sich durch eine hohe Autonomie der Niederlassungen und übergreifende Steuerungsverantwortung des Top-Managements auszeichneten, war den Befragten bewusst, dass ohne signifikante Beiträge einer Vielzahl von Niederlassungen eine länderübergreifende Integration sowohl der Management- als auch der Leistungserstellungsaufgabe langfristig nicht zu gewährleisten ist.

Bei Siemens, E.Merck und Hoechst, die in unterschiedlichem Maße innerhalb so genannter **„Mehrspartenniederlassungen"** (regionale Ergebnisverantwortung auf der Unternehmungsgesamtebene) operieren, wurde die Bedeutung der Sozialisation durch die mangelnde hierarchische Weisungskompetenz der Geschäftsbereichsleitung gegenüber Länderniederlassungen verstärkt. Die Beziehung zwischen diesen beiden Gruppen wurde grundsätzlich als interdependent angesehen. So bestand eine Abhängigkeit der Geschäftsbereichsleitung von den jeweiligen Ländermanagern bei der Umsetzung einer transnationalen Strategie, während umgekehrt die Ländermanager auf den kontinuierlichen Fluss von Produkten und Entwicklungsleistungen aus den einzelnen Geschäftsbereichen angewiesen waren. Auf Grund dieser Interdependenzen, die von eher lateralen als hierarchischen Relationen zwischen Führungskräften der beiden Gruppen gekennzeichnet waren, wurde zugleich die Umsetzung übergeordneter Zielsetzungen erleichtert.

In Unternehmungen mit einem primär partizipativen Managementansatz (Siemens, Volvo, SKF, DSM, E.Merck, Solvay) war das Top-Management durchweg der Überzeugung, dass eine weltweite Integration nicht ausschließlich durch Ausübung von Autorität zu erreichen ist, speziell gegenüber den Führungskräften der Niederlassungen. Vielmehr liegt ein Bewusstsein der Abhängigkeit von der Kooperation und dem Engagement der Niederlassungen bei der Verfolgung einer übergreifenden Strategie zugrunde, vor allem im Bereich der Informationsversorgung, der Identifikation von strategischen Potenzialen, der Implementierung von strategischen Maßnahmen sowie dem Verhalten der Niederlassungen in ihrem regionalen Umfeld.

Die identifizierten Ergebnisse zur Sozialisierung von Führungskräften deuten auf eine Abhängigkeit von den zuvor diskutierten informalen Koordinationsgremien hin. Folglich versteht sich **Sozialisation** sowohl als Ergebnis als auch als Ursache von lateralen Verbindungsrollen und informalen Kommunikationsstrukturen. Diesbezüglich bestätigen Führungskräfte der Mehrzahl der befragen Unternehmungen, dass regelmäßige persönliche Treffen zu einem besseren übergreifenden Situationsverständnis beitragen, wodurch auch die Grundlage für eine erhöhte Bereitschaft und ein erhöhtes Engagement bei der Verfolgung übergreifender Ziele geschaffen wird. Häufige Treffen ermöglichen nach Ansicht der Befragten den Aufbau einer Sensibilität gegenüber Chancen und Risiken außerhalb ihres persönlichen Aufgabenfeldes.

4. Zusammenfassung

Die präsentierten Befunde zu informalen Mechanismen der Koordination in Netzwerkstrukturen weisen auf die große Bedeutung informaler Steuerungsmechanismen hin. Damit werden die Mitarbeiter und ihre Bereitschaft, im Sinne eines „task-related networking" persönliche Beziehungen zur Bewältigung der organisatorischen Aufgaben aufzubauen, zu einem zentralen Erfolgsfaktor.

Die Vitalisierung dieser Potenziale ist ein langwieriger und nicht ohne Hindernisse zu bewältigender Prozess. Der Aufbau von gegenseitigem Vertrauen und Kooperationsfähigkeit sowie die dazu förderliche Unternehmenskultur sind kurzfristig nicht gestaltbar, sondern eher emergent (Staber 2001, S. 69). Da aber opportunistisches Verhalten nach Williamson (1985) in der menschlichen Natur liegt, ist die Anwendung formaler Koordinationsmechanismen auch in Netzwerken zwingend notwendig. Transnationales Netzwerkmanagement ist daher weniger eine strukturelle Alternative zur Hierarchie oder ein allgemeines Organisationskonzept. Das hier zugrundegelegte Verständnis zielt vielmehr in die Richtung, dass innerhalb der Unternehmung vorhandene Optimierungspotenzial und die Managementmentalität zu stärken. Transnationales Netzwerkmanagement kann als Grundanschauung zur Steuerung transnationaler Geschäfte verstanden werden.

Literatur

BARTLETT, C. A.; GHOSHAL, S. (1998): Managing Across Borders: The Transnational Solution, 2. Aufl., London.

BÖTTCHER, R. (1996): Global Network Management, Context-Decision-making-Coordination, Wiesbaden.

HEDLUND, G. (1986): The Hypermodern MNC - A Heterarchy?, in: Human Resource Management, 25. Jg., Nr. 1, S. 9-35.

PAUL, T. (1998): Globales Management von Wertschöpfungsfunktionen, Wiesbaden.

PRAHALAD, C. K.; DOZ, Y. L. (1987): The Multinational Mission: Balancing Local Demands and Global Vision, New York.

RANK, O. N. (2003): Formale und informale Organisationsstrukturen. Eine Netzwerkanalyse des strategischen Planungs- und Entwicklungsprozesses multinationaler Unternehmen, Wiesbaden.

RIEDL, C. (1999): Organisatorischer Wandel durch Globalisierung: Optionen für multinationale Unternehmen, Berlin u. a.

STABER, U. (2001): Steuerung von Unternehmensnetzwerken: Organisationstheoretische Perspektiven und soziale Mechanismen, in: Sydow, J; Windeler, A. (Hrsg.): Steuerung von Netzwerken, Wiesbaden, S. 58-87.

WALD, A. (2003): Netzwerkstrukturen und -effekte in Organisationen. Eine Netzwerkanalyse in internationalen Unternehmen, Wiesbaden

WELGE, M. K. (1999): Informale Steuerungsmechanismen zur Optimierung globaler Geschäfte, in: Kutschker, M. (Hrsg.): Management verteilter Kompetenzen in multinationalen Unternehmen, Wiesbaden, S. 1-24.

WELGE, M. K.; BÖTTCHER, R.; PAUL, TH. (1998): Das Management globaler Geschäfte: Grundlagen, Analysen, Handlungsempfehlungen, München u. a.

WELGE, M. K.; HOLTBRÜGGE, D. (2003): Internationales Management. Theorien, Funktionen, Fallstudien, 3. Aufl., Stuttgart

WILLIAMSON, O. (1985): The Economic Institution of Capitalism, New York

Günther Ortmann/Jörg Sydow*

Grenzmanagement in Unternehmungsnetzwerken: Theoretische Zugänge

---

* Univ.-Professor Dr. Günther Ortmann ist Inhaber der Professur für Allgemeine Betriebswirtschaftslehre der Universität der Bundeswehr in Hamburg.
Univ.-Professor Dr. Jörg Sydow lehrt am Institut für Allgemeine Betriebswirtschaftslehre der Freien Universität Berlin.

1. Grenzverschiebung und -öffnung durch Outsourcing und Prozessorganisation[1]

Eine zunehmende Zahl von Problemen, mit denen sich das Management aktuell konfrontiert sieht, scheint nicht mehr innerhalb einer Unternehmung lösbar. Begriffe wie **Outsourcing**, **Business Process Reengineering**, Prozess- und Netzwerkorganisation, **Wertschöpfungspartnerschaft** und **Virtualisierung** verweisen auf Lösungsansätze, die vorhandene Unternehmungsgrenzen nicht nur transzendieren, sondern infrage stellen. Am offensichtlichsten ist dies bei der Auslagerung betrieblicher Funktionen, dem so genannten Outsourcing. In den allerseltensten Fällen wird eine Funktion, beispielsweise das Personaltraining, eine IT-Dienstleistung oder eine konkrete F & E-Aufgabe, in der Weise aus einer Unternehmung ausgelagert, dass sie zur Erfüllung von Marktprozessen überantwortet wird. Viel häufiger, und dies ist gerade bei den genannten Beispielen der Fall, wird die Funktionswahrnehmung in relativ enger Zusammenarbeit mit anderen Unternehmungen organisiert. Mit anderen Worten: Infolge von Outsourcing wird Hierarchie nicht einfach durch Markt, sondern durch netzwerkförmige Arrangements wie z. B. „**Unternehmungsnetzwerke**“ (Sydow 1992) substituiert oder zumindest ergänzt. Diese Arrangements setzen eine gewisse Öffnung der Organisationsgrenzen voraus bzw. haben sie zur Folge.

Dasselbe lässt sich mit Blick auf die **Prozessorganisation** zeigen, der immer häufiger Vorrang gegenüber funktions- und objektbezogenen Strukturierungsprinzipien eingeräumt wird (schon Gaitanides 1983). **Geschäftsprozesse**, selbst die so genannten Kernprozesse, machen in den seltensten Fällen an den Grenzen einer Unternehmung halt, sondern überschreiten diese regelmäßig. Dabei steht auch und gerade im Zusammenhang mit der Ausrichtung der formalen **Organisationsstruktur** an Prozessen die Ziehung der Unternehmungsgrenze in Frage: Welche Funktionen sollen noch durch „Interne“, welche gerade schon durch „Externe“ wahrgenommen und/oder verantwortet werden? Schärfer formuliert: Das Konzept der Prozessorganisation stellt die vorhandene Organisation – und damit existierende Unternehmungsgrenzen – systematisch infrage. Genauso wie im Falle des Outsourcing ist dabei davon auszugehen, dass eine konsequente Ausrichtung der Organisation an Prozessen die Existenz eher netzwerk- denn bloß marktförmiger, auf jeden Fall Unternehmungsgrenzen überschreitender Organisationsformen nach sich zieht bzw. zur Voraussetzung hat. In diesem Fall wird neuerdings von einer „Virtualisierung der Prozessorganisation“ (Müller-Stewens 1997), die ebenfalls auf Entwicklung und Management eines Unternehmungsnetzwerkes hinausläuft, gesprochen.

---

1 Bei diesem Beitrag handelt es sich um einen modifizierten Wiederabdruck eines in der Zeitschrift „Die Betriebswirtschaft“ erstpublizierten Beitrags: Ortmann, G.; Sydow, J. (1999): Grenzmanagement in Unternehmungsnetzwerken: Theoretische Zugänge, in: Die Betriebswirtschaft, 59. Jg., Nr. 2, S. 205-220.

Unternehmungsgrenzen werden somit durch Outsourcing wie durch Prozessorganisation überschritten, infrage gestellt, verschoben, geöffnet – und damit zunehmend zum Gegenstand reflexiver Organisation. Diese Entwicklung der Managementpraxis spiegelt sich seit einigen Jahren auch in der betriebswirtschaftlichen Forschung. Verstärkt wird dort, vor allem im Zusammenhang mit der Untersuchung von Unternehmungsnetzwerken, das „boundary spanning" (Adams 1980) zum Thema. Andere Autoren, insbesondere Picot/Reichwald (1994), haben sogar die Frage „Auflösung der Unternehmung?" aufgeworfen, den Jack Welch zugeschriebenen Begriff der „**boundaryless organization**" (Ashkenas u. a. 1995) aufgegriffen und „Die grenzenlose Unternehmung" (Picot/Reichwald/Wigand 2001) untersucht. Wiederum andere fordern, ein „Konzept verschwommener Grenzen" (Krystek/Redel/Reppegather 1997 unter Bezug auf Badaracco 1991; schon Starbuck 1976) zu entwickeln. So oder so: Unternehmungsgrenzen werden zu Reflexionsobjekten, Dispositionsgegenständen und Aktionsparametern (Arbeitskreis „Organisation" der Schmalenbach-Gesellschaft 1996, S. 623). Ein umfassenderes Konzept des **Grenzmanagements**, das zudem noch auf einer geeigneten (organisations-)theoretischen Basis aufsetzt, ist bislang allerdings nicht erarbeitet worden. Ein solches Konzept aber, bzw. ein durch ein solches Konzept verbreitertes und vertieftes Problemverständnis, ist erforderlich, wenn dysfunktionale Folgen des Verschwimmens von Unternehmungsgrenzen, etwa wachsende Probleme der Netzwerkkoordination, eine Zunahme multipler Loyalitätsanforderungen, schwindende Identifikation, Sinnverlust und ein unkontrollierter Wissensabfluss vermieden oder gemildert werden sollen.

Erste Konturen eines organisationstheoretisch fundierten Konzepts des Grenzmanagements, genauer einer Theorie des Grenzmanagements, in Unternehmungsnetzwerken zu skizzieren, ist Ziel des vorliegenden Beitrags. Wir suchen im Einzelnen nach Antworten auf zwei eng miteinander zusammenhängende Fragen:

1. Welche neuen Aufgaben ergeben sich aus der zunehmenden **Entgrenzung** von Organisationen im Zuge der Unternehmungsvernetzung für das Management der Unternehmungsnetzwerke, besonders der **Organisationsgrenzen**?
2. Auf genau welchen Ebenen und in welchen Dimensionen bedarf es eines Grenzmanagements in derartigen Netzwerken?

Mit dieser Konzentration auf das Grenzmanagement in Unternehmungsnetzwerken wollen wir nicht etwa jener Mode des Zeitgeistes Vorschub leisten, derzufolge es sich bei dieser Organisationsform ökonomischer Aktivitäten um die unter heutigen Bedingungen extremer Umweltdynamik und -komplexität per se überlegene Form handelt. Dass diese Organisationsform nicht nur Probleme löst, sondern – wie angedeutet – auch neue aufwirft, wird inzwischen durch den Begriff des „**Netzwerkversagens**" (Messner 1995) indiziert. Dieses Netzwerkversagen aber kann – zumindest zum Teil – als Problem des Grenzmanagements behandelt werden.

Für die Erörterung der genannten zwei Untersuchungsfragen werden wir zunächst einige Funktionen von Grenzen und besonders drei Ebenen eines Grenzmanagements herausarbeiten (Abschnitt 2). Wir analysieren sodann drei ausgewählte Organisationstheorien, den **Transaktionskostenansatz**, die neuere **Systemtheorie** und den **Resource-Dependence-Ansatz** im Hinblick auf ihren Beitrag zur Erhellung der Grenzfrage (Abschnitt 3). Dann entwickeln wir auf der Basis der **Strukturationstheorie** einen eigenen, integrativen Ansatz (Abschnitt 4; vgl. zu den Theorien und Ansätzen auch die Beiträge im Ersten Kapitel dieses Sammelwerks). Im Lichte dieses Ansatzes werden sodann einige ausgewählte Facetten des Managements von Systemgrenzen diskutiert, auf deren Relevanz wir in unserer empirischen Forschung besonders gestoßen worden sind: Raum und Zeit, Innen und Außen, Formalität und Informalität, Oben und Unten (Abschnitt 5). Ein kurzer Blick auf mögliche Institutionen des Grenzmanagements rundet diese Analyse ab (Abschnitt 6), die mit einem Resümee schließt (Abschnitt 7).

2. Grenzen in und von Unternehmungsnetzwerken

2.1 Auflösung von Systemgrenzen?

Unternehmungsnetzwerke stellen „eine auf die Realisierung von **Wettbewerbsvorteilen** zielende, polyzentrische, unter Umständen von einer oder mehreren Unternehmung(en) strategisch geführte Organisationsform ökonomischer Aktivitäten zwischen Markt und Hierarchie dar, die sich durch komplex-reziproke, eher kooperative denn kompetitive und relativ stabile Beziehungen zwischen rechtlich selbständigen, wirtschaftlich jedoch zumeist abhängigen Unternehmungen auszeichnet" (Sydow 1992, S. 82). In der Rede von Unternehmungsnetzwerken bzw. interorganisationalen Netzwerken ist die Weiterexistenz von Organisationsgrenzen, und damit immer auch einer eigenständigen **Identität** von Organisationen, geradezu impliziert. Richtigerweise wird in den reflektierteren Beiträgen zum Thema nur die Steigerung der Durchlässigkeit, nicht die Auflösung von **Systemgrenzen** behauptet (Kogut/Bowman 1995; so schließlich auch Picot/Reichwald 1994).

2.2 Die Doppelfunktion von Organisationsgrenzen

Grenzen können in der Tat mehr oder weniger durchlässig sein. Eine gewisse Durchlässigkeit ist sogar konstitutiv für das Funktionieren von Grenzen. Ohne Zu- und Abfluss von Ressourcen, von Input und Output, könnten Organisationen selbstredend nicht existieren. Grenzen, auch Organisationsgrenzen, haben dabei immer die Doppelfunktion der Schließung und Öffnung. Die interessantere Frage, auch und gerade im Zusammenhang mit den Systemgrenzen in und von interorganisationalen Netzwerken, ist folglich weniger die Frage nach ihrer Existenz, sondern die nach dem Grad und der Funktionsweise dieser Öffnung und Schließung, nach dem Verhältnis von Organisations- und Netzwerkidentität und – last but not least – nach den Möglichkeiten und Grenzen des Grenzmanagements als notwendiger Bestandteil eines umfassenderen **Netzwerkmanagements.**[1] Die zunehmende Vernetzung und die tendenzielle Entgrenzung von Organisationen bzw. Unternehmungen bewirkt also nicht nur nicht die Auflösung von Organisationen bzw. Organisationsgrenzen, sie erscheint vielmehr angesichts veränderter Umweltbedingungen geradezu als Mittel der Existenzsicherung von Organisationen.

2.3 Drei Ebenen des Grenzmanagements

Die Frage nach dem Management von **Systemgrenzen** stellt sich in Unternehmungsnetzwerken auf mindestens drei Ebenen. Auf einer ersten Ebene gilt es, die Grenze eines Unternehmungsnetzwerkes zu seiner „Netzwerkumwelt", also **Netzwerkgrenzen**, zu bestimmen und zu gestalten. Dieses kann als ausgesprochen schwierig gelten und Håkansson/Johanson (1988, S. 370) meinen gar: „In principle, such industrial networks are unbounded". Gleichwohl gibt es in der Praxis neben Unternehmungsnetzwerken mit sehr unscharfen auch solche mit sehr klar konturierten Netzwerkgrenzen.[2]

Auf einer zweiten Ebene, und dies ist im Folgenden wichtiger, geht es darum, die Grenzen der einzelnen Unternehmungen im Netzwerk zu managen. Dieses Management von Organisationsgrenzen wirft allerdings ähnliche Identifikations- bzw. Definitionsprobleme auf. Darauf hat schon Sabel (1991) hingewiesen, in dem er, in Zuspitzung der tatsächlichen Entwicklung, das Bild einer „moebius-strip organization" vorgeschlagen hat. Diese hat mit dem Möbiusband die Unmöglichkeit gemeinsam, ihr Inneres von ihrem Äußeren zu unterscheiden. Dazu kommt es auf zwei in der Praxis häufig gleichzeitig beschrittenen Wegen: Erstens durch „Quasi-Internalisierung" von Funktionen, wenn Organisationen im – entstehenden – Netzwerk stärker zusammenarbeiten als bislang; zweitens durch „Quasi-Externalisierung", wenn nämlich Funktionen ausgelagert und anderen Organisationen übertragen werden, gleichzeitig aber eine engere Zusammenarbeit vereinbart wird (Sydow 1992, S. 105 ff.).

Auf der dritten Ebene geht es schließlich darum, über die Wahrnehmung, Interpretation, Aushandlung und Gestaltung von Organisations- und Netzwerkgrenzen hinaus, organisationsinterne Grenzen, etwa jenen zwischen Arbeitsgruppen, Abteilungen oder Sparten, zu managen. Bislang sind es diese Grenzen, die im Zentrum der Diskussion um ein „**Schnittstellenmanagement**" (Brockhoff/Hauschildt 1993; Specht 1995) bzw. „Schnitt-

---

1 Vgl. allgemein zur Koordination von Unternehmungsnetzwerken Sydow (1992, S. 83 ff.) und Wildemann (1997); zum Verhältnis von Netzwerkmanagement und Netzwerkentwicklung Sydow (2001).

2 Vgl. zur Notwendigkeit und zu den Problemen von Unternehmungsnetzwerken, die Netzwerkgrenzen zu reproduzieren und sich nach außen als (Netzwerk-) Einheit darstellen zu müssen, die Fallstudien bei Sydow u. a. (1995); zur Frage der Methodik die Diskussion über den nominalistischen und realistischen Ansatz der empirischen Netzwerkforschung zwei Ansätze, die sich im Übrigen auch kombinieren lassen, z. B. Modrow-Thiel/Roßmann/Wächter (1992).

stellencontrolling“ (Horvath 1991) stehen. Diese organisationsinternen Grenzen spielen gerade im Zusammenhang mit einer interorganisationalen Vernetzung eine große und zum Teil neue bzw. erst noch neu zu entdeckende Rolle; sei es, weil intern bereits sehr ausgeprägte Grenzen die Externalisierung bestimmter Funktionen oder gar die Aufspaltung einer Organisation erleichtern, oder sei es, weil Netzwerkbeziehungen in concreto auf den Ebenen eben jener Organisationseinheiten hergestellt werden, deren durchaus differenzierte Beteiligung dabei Konsequenzen für die interne Struktur, für das interne Regelwerk, den internen Ressourcenzugang und daher für die interne Machtstruktur hat.

Alle drei Ebenen des Grenzmanagements sind im Folgenden von Interesse, auch wenn die Frage der Konstitution und das Management der Grenzen von Organisationen in interorganisationalen Netzwerken im Mittelpunkt stehen. Daneben geht es – unauflösbar mit dem Grenzproblem verbunden – um die Wahrung, Stabilisierung, aber auch Veränderung von **Systemidentitäten**. Der Rekurs auf die Identität, die Organisationen und unter Umständen – und oft genug im Konflikt dazu – auch Netzwerke ausbilden, ist eine notwendige Ergänzung der Exploration von Systemgrenzen, denn Systemidentitäten bestimmen sich über Systemgrenzen, die ihrerseits Möglichkeiten der Identitätsbildung eingrenzen. Es entsteht nicht erst die Organisation und dann die Grenze, sondern beides zugleich – genauer: beides in einer zirkulären, rekursiven Dynamik, einem rekursiven Konstitutionsverhältnis (vgl. hierzu Ortmann 1995, S. 81 ff.). Etablierte Organisationstheorien tragen, dies sei hier bereits vorweggenommen, diesem Verhältnis bislang nicht Rechnung.

3. Drei einschlägige organisationstheoretische Zugänge

3.1 Die transaktionskostentheoretische Perspektive

Zunächst liegt der Versuch nahe, die Konstitution von Organisations- und auch von Netzwerkgrenzen mit Hilfe der **Transaktionskostentheorie** zu erklären (vgl. hierzu auch den Beitrag von Swoboda im Ersten Kapitel dieses Sammelwerks. Schließlich widmet sich dieser Theorieansatz explizit der Bestimmung der „efficient boundaries of the firm“ (Williamson 1985). Vor allem diesem Ansatz – und seiner breiten Rezeption in der Betriebswirtschaftslehre (seit Picot 1982) – ist es zu verdanken, dass das Problem des Organisierens heute weiter gefasst wird: Statt von einer dem Betrieb oder der Organisation gegebenen Aufgabe auszugehen, deren Differenzierung und Integration sodann nur noch thematisiert wird, wird die Schneidung der Aufgabe selbst – und damit die Ziehung der Organisationsgrenze zur Disposition gestellt: **Markt** oder **Hierarchie**, **Konzentration** oder **Kooperation**, „**make**“ oder „**buy**“, **Outsourcing** oder aber **Insourcing**? Selbst wenn man sich für den **Fremdbezug**, also für das „buy“ entscheidet, ist aber das

Organisationsproblem (auch) aus transaktionskostentheoretischer Sicht noch nicht erledigt. Dann geht es, zumindest in den Fällen des Single oder Modular **Sourcing**, darum, die konkreten Beziehungen zu den Lieferanten transaktionskostenminimal zu gestalten. Dasselbe gilt im Übrigen auch im Hinblick auf Abnehmer, wenn man an „lead user" (v. Hippel 1986), „launching customer" (Hauschildt 1993; Brockhoff 1996) und **„customer integration"** (Kleinaltenkamp/Marra 1995) denkt. Dabei müsste auch hier, wie bei allen hybriden Organisationsformen, eine Grenze theoriebedingt exakt, nämlich auf der Basis von Kostenkalkülen, bestimmt werden, die gar nicht exakt zu bestimmen ist, weil sie praktisch verschwommen – „blurred" – ist.

Die optimale Organisationsgrenze bestimmt sich aus transaktionskostentheoretischer Sicht auf der Grundlage von **Property Rights** und sodann minimaler Transaktionskosten (Willliamson 1985, S. 96 ff.). Damit rücken institutionelle – besonders gesetzliche und vertragliche – und ökonomische Aspekte von Organisationsgrenzen ins Zentrum der Aufmerksamkeit. Diesen kommt zweifellos eine erhebliche Bedeutung zu und keine Theorie organisationaler Grenzen kann hinter deren Berücksichtigung zurückfallen. Selbst jedoch wenn man von der bis heute ungelösten Problematik absieht, **Transaktionskosten** operational zu definieren und schließlich mit der Absicht zu messen, ihr Minimum zu bestimmen, lässt ein solcher Bestimmungsversuch unseren Erachtens noch Wünsche offen. Drei Hinweise mögen an dieser Stelle genügen: Organisationsgrenzen sind erstens nicht allein auf der Basis des Austausches von Verfügungsrechten und der bei diesem Austausch entstehenden (Transaktions-)Kosten zu bestimmen; in ihnen kommt z. B. das Grenzverständnis der Akteure, die an dem Austausch beteiligt sind, nur unzulänglich zur Geltung. Zweitens tut sich die **Transaktionskostentheorie** bis heute schwer, die Bedeutung netzwerkartiger Organisationsformen angemessen theoretisch zu fassen, für die es nun einmal – nicht zuletzt auf Grund der sie kennzeichnenden relativ „starken" Beziehungen – keine klare Organisationsgrenze geben kann (Sydow 1992, S. 145 ff.). Drittens bleibt der Prozess der Konstitution von Organisations- und Netzwerkgrenzen angesichts des komparativ-statischen Charakters dieser Theorie im Dunkeln. Grenzen werden nämlich nicht per Vertrag ein für allemal konstituiert, sodann nur noch unproblematisch erfüllt und allenfalls durch erneute Entscheidung geändert. Vielmehr werden Grenzen durch tatsächliche (inter-)organisationale Praxis konstituiert. Diese Praxis wird durch vertragliche Normen allenfalls geleitet (Wieland 2000), steht aber, sofern sie überhaupt als **Vertragserfüllung** zu verstehen ist, in einem stets prekären – wie wir später sagen werden: rekursiven – Verhältnis zu diesem Vertrag, den sie jederzeit unterminieren, modifizieren, ja sogar außer Kraft setzen kann (siehe Abschnitt 5.3).

3.2 Die Sicht der neueren Systemtheorie

Organisationsgrenzen sind für die neuere **Systemtheorie** Sinngrenzen. Das Handeln einer bestimmten Organisation wird genau dadurch konstituiert, dass es durch die beteiligten Akteure eben diesen Sinn zugeschrieben erhält: organisationales Handeln zu sein (und nicht beispielsweise die Privataktion eines einzelnen Organisationsmitgliedes oder die Preisbildung des Marktes). Was Organisationsgrenzen oder allgemeiner die Grenzen des sozialen Systems sind, wie veränderbar und wie durchlässig sie sind, wie genau Geschäftsprozesse unternehmungsübergreifend gestaltet werden, all das ist eine Frage der entsprechenden „accounts“ der beteiligten, individuellen oder korporativen Akteure, ihrer Zurechnungen und Bewertungen in Kommunikationen. Wie die Grenze bildet sich auch die Identität eines Systems im Kern über Komplexitätsdifferenzen. Die damit möglich werdende Unterscheidung von System und Umwelt, von Innen und Außen, ist letztlich Ergebnis einer selektiven Verarbeitung von **Kommunikationen**, Folge einer vom System vorgenommenen Komplexitätsreduktion.

Dieses ist die Perspektive, die die neuere wie auch die ältere **Systemtheorie** Luhmann'scher Prägung auf die Konstitution von Systemgrenzen eröffnet (Luhmann 1964, 1984; Schreyögg 1999, S. 305 ff.; Martens 2000). Dabei unterscheidet sich die Sicht der neueren Systemtheorie von jener der älteren vor allem dadurch, dass die Herausbildung von Systemgrenzen und der korrespondierenden **Systemidentitäten** als selbstreferenzieller Prozess beschrieben wird: Das soziale System nimmt sich selbst als Einheit, als System wahr und bildet eben dadurch Grenze(n) und Identität(en) aus. Die damit implizierte Differenz zwischen Einheit und Identität ist wichtig: Die Systemeinheit wird operativ ausgebildet, zur Systemidentität kommt es erst via Selbstwahrnehmung und -beschreibung. Sowohl die Organisationsgrenze als auch die **Organisationsidentität** konstituieren sich in systemtheoretischer Sicht somit als vom System in Kommunikationen geschaffene Unterscheidungen. Ob beispielsweise das Werk eines Automobilherstellers anderen Original Equipment Manufacturern (OEM) als „unabhängiger“ **Zulieferer** gilt, ist nicht direkt eine Frage rechtlicher und vielleicht auch wirtschaftlicher Autonomie als vielmehr entsprechender (Selbst-)Zuschreibungen, die sich allerdings auf diese rechtlichen und ökonomischen Gesichtspunkte beziehen.

Die Organisationsgrenze ist in systemtheoretischer Lesart eine Erwartungs- und Identitätsgrenze (Tacke 1997). Identität ist ein Konzept, das einen binären Code impliziert: wir und die anderen, „im Hause“ und „außerhalb“. Eine Organisationsidentität, die grundsätzlich mehr oder weniger stark ausgeprägt sein kann, konstituiert sich über jene strukturellen Merkmale eines sozialen Systems, die zentral, einzigartig und überdauernd sind (Albert/Whetten 1985). Dazu gehört im Fall von Unternehmungen etwa das bisherige Kerngeschäft, die verfolgte **Wettbewerbsstrategie**, die als gültig erachteten Organisationsprinzipien und der „organizational imprint“, den der Unternehmungsgründer hinterlassen hat. Dabei ist mit dem Attribut der Zentralität angesprochen, wie sich die Organisation im Wesentlichen (und notwendig unvollständig) selbst(-reflexiv) beschreibt. Einzigartigkeit impliziert die Unterscheidbarkeit einer Organisationsidentität. Diese kann auch darin bestehen, dass eine Organisation verschiedene, „multiple“ Identitäten aufweist; gerade hierin kann die Möglichkeit, die sie Internen und Externen zur **Identifikation** bietet, begründet sein, etwa wenn Innen- und Außensicht derselben Organisation auseinander fallen (z. B. im Sinne einer öffentlichen und einer privaten Identität). Mit dem Merkmal des überdauernden Charakters schließlich ist die Permanenz der Organisationsidentität im Zeitablauf angesprochen. Die Herausbildung einer Identität, genauso wie ihre Veränderung, benötigen Zeit; gleichzeitig ist die Beibehaltung eines Kerns der vorgenommenen Selbst-/Fremdbeschreibungen für die Identitätszuschreibung – und diese wiederum für die Fähigkeit zur **Kooperation** (schon Barnard 1938, S. 13) – konstitutiv.

Die (neuere) **Systemtheorie** betont zu Recht, unter Verweis auf Selbstreferenzialität und autopoietische Geschlossenheit, die begrenzte Steuerbarkeit sozialer Systeme – eine Erkenntnis, die im Übrigen auch in der Betriebswirtschaftslehre breit aufgegriffen worden ist (vgl. z. B. die bei Martens 2000, S. 265 ff., zitierten Quellen). Die so gleichsam selbstkonstituierte Systemidentität ist aber nicht nur Ergebnis bestimmter Wahrnehmungen, Für-Wahr-Nehmungen und – vor allem – Kommunikationen. Selbst- und Grenzverständnis müssen vielmehr als organisationale Deutungsmuster praktisch werden, müssen als „difference which makes a difference“ in das kommunikative, sanktionierende, politische und ökonomische Handeln eingehen, dessen Resultate sodann wiederum, in rekursiver Schleife, Eingang finden in die Selbst- und Grenzwahrnehmung. Im Gegensatz zu jener praktischen und der damit verbundenen Ressourcendimension behält die Systemtheorie diese Rekursivität des Konstitutionsprozesses sehr wohl im Blick.

3.3 Die Perspektive der Ressourcenabhängigkeit

Systemgrenzen werden in der Organisationstheorie noch anders als über Transaktionen, Prozesse der Sinnzuschreibung und **Identitätsbildung** bestimmt. Eine alternative, aus unserer Sicht eher komplementäre, Bestimmung von Organisationsgrenzen nimmt der von Pfeffer/Salancik (1978, S. 32) entwickelte **Resource-Dependence-Ansatz** vor:

„The boundary is where the discretion of the organization to control an activity is less than the discretion of another organization to control that activity“.

Zu Recht weist der Resource-Dependence-Ansatz auf die Bedeutung von Ressourcen und deren Kontrolle für die Bestimmung von Organisationsgrenzen hin (vgl. hierzu auch den Beitrag von v. d. Oelsnitz im Ersten Kapitel dieses Sammelwerks). Schließlich bestimmt die Art der Grenzziehung, welche Ressourcen von wem im Netzwerk genutzt werden dürfen. Umgekehrt hat der Ressourcenzugriff der Akteure ganz erheblichen Einfluss auf die Grenzziehung. Dabei stellt dieser letztlich machttheoretische Ansatz unseres Erachtens allerdings zu ausschließlich auf die realen, zu wenig auf die formalen Verhältnisse ab, auf die sich wiederum die Transaktionskostentheorie konzentriert. Zudem geht er von einem objektivistischen Verständnis von Ressourcen und Ressourcenkontrolle aus, das in seinen Konsequenzen jenem der Transaktionskostentheorie stark ähnelt. Wie diese **Ressourcen** tatsächlich von den Akteuren in Anschlag gebracht werden, um die Netzwerkbeziehungen im Nachgang zu einer Outsourcing-Entscheidung oder Reorganisation von **Geschäftsprozessen** zu gestalten bzw. die Grenzen des Systems zu ziehen, bleibt beim Resource-Dependence-Ansatz weit gehend unbeleuchtet. Normen, Werte, Deutungsmuster dürften in diesem Prozess jedenfalls wirksam werden. Ohne die Berücksichtigung dieser insbesondere von der Systemtheorie herausgestellten Dimensionen dürfte wiederum weder die Konstitution noch das Management von Systemgrenzen und -identitäten angemessen zu begreifen sein.

4. Strukturation von Organisations- und Netzwerkgrenzen – Eine integrative Sicht

Die in ihren Kernaussagen zum Management von Systemgrenzen skizzierten Ansätze bieten jeder für sich einen wichtigen, jedoch jeweils nur ein oder zwei Dimensionen des Sozialen fokussierenden Zugang zur Analyse von Organisationsgrenzen. Zudem entwickeln sowohl die **Transaktionskostentheorie** als auch der **Resource-Dependence-Ansatz** eine im Kern statische Sicht auf den Konstitutionsprozess. Die **Systemtheorie** bietet eine prozessualere, der Rekursivität sozialer Prozesse Rechnung tragende Sicht, und auch der „**Resource-based View**“[1] mit seiner Betonung des allmählichen Auf- und Ausbaus interner **Ressourcen**, einschließlich damit einhergehender Risiken der **Pfadabhängigkeit**, trägt der Temporalität der (Re-)Produktion von Ressourcen Rechnung.

Sowohl Organisationen als auch interorganisationale Netzwerke aber, und mit ihnen ihre Grenzen, entstehen in solchen Prozessen als Systeme organisierten, d. h. reflexiv strukturierten, sozialen Handelns. Dies jedenfalls legt eine strukturationstheoretische, auf den Arbeiten Giddens (1976, 1979, 1984) aufbauende Perspektive nahe, die die Entstehung sozialer Systeme, ihrer Identität (en) und ihrer Grenze(n), als Ergebnis von **Strukturationsprozessen** konzipiert (Ortmann/Sydow/Windeler 2000; Ortmann/Sydow 2001; Windeler 2001). In diesen Prozessen der Strukturation beziehen sich Akteure auf die in der Organisation, im Netzwerk und in der Netzwerkumwelt herrschenden Strukturen und reproduzieren diese durch ihr Handeln.[2] Bei jenen Strukturen handelt es sich nach Giddens (1984, S. 16 ff.) um **Regeln** und um Ressourcen: zum einen um Regeln der Bedeutungszuweisung und **Sinnkonstitution** (deren Relevanz insbesondere von der Systemtheorie betont wird) sowie um Regeln der **Legitimation**, mit Blick auf Organisationsgrenzen besonders: Regeln der Zugehörigkeit, Zuständigkeit und Zurechnung; zum anderen um allokative und autoritative Ressourcen der Domination (deren Bedeutung vom Resource-Dependence-Ansatz, mit Einschränkungen auch von der Transaktionskostentheorie herausgestellt wird).

---

1 Vgl. zu diesem Theorieansatz und dessen Verhältnis zum Resource-Dependence-Ansatz zu Knyphausen-Aufseß (2000), zum „Resource-based View“ und dessen Perspektive auf Fragen der Unternehmungskooperation Duschek/Sydow (2002).

2 Dabei ist der Hinweis wichtig, dass der strukturationstheoretische Begriff der Reproduktion von Strukturen immer die Möglichkeit einer Veränderung mit einschließt.

Damit aber beschreibt die Strukturationstheorie den Prozess der Konstitution von Systemgrenzen, und zwar nicht eindimensional, sondern in den von Giddens herausgestellten drei nur analytisch unterscheidbaren Dimensionen des Sozialen: Signifikation, Legitimation und Domination. Akteure beziehen sich im Handeln mittels interpretativer Schemata auf Regeln der Bedeutungszuweisung und Sinnkonstitution (Signifikationsstrukturen), via Normen auf Regeln der Legitimation (Legitimationsstrukturen) und mit Hilfe von **Machtmitteln** auf Ressourcen (ökonomische und politische Dominationsstrukturen). Dabei ermöglichen und restringieren diese Strukturen das Handeln der Akteure (vgl. dazu genauer Ortmann 1995; Sydow u. a. 1995; Walgenbach 1995; Ortmann u. a. 2000). Das gilt auch für Systemgrenzen. Outsourcing, Quasi-Externalisierung, Reorganisation unternehmungsübergreifender Geschäftsprozesse, Bildung strategischer Allianzen, Intensivierung bereits bestehender Kundenbeziehungen im Sinne einer „**customer integration**", die Neufestlegung von räumlichen und Zuständigkeitsgrenzen zwischen **Zulieferern** und Abnehmern, alle diese Handlungen gehen weder in einem – vermeintlich objektiven – **Transaktionskostenkalkül**, noch in der Befolgung rechtlich fixierter bzw. kulturell verankerter Normen (Kontrakt, **Property Rights**, Organisationskultur), noch in Erwartungsbildungen und Sinnselektionen, noch in einem Streben nach bloßer Ressourcenkontrolle auf. Besonders sollte man die systemtheoretische Sicht, dass Organisationsgrenzen im Kern Sinngrenzen sind, nicht überziehen. Organisationsgrenzen, wie auch Netzwerkgrenzen und organisationsinterne Grenzen, sind nicht nur Sinngrenzen, sondern bedürfen zu ihrer Konstitution und Reproduktion neben entsprechenden Selektions- und Deutungsleistungen, wie erwähnt, ebenso sehr einer autoritativen und allokativen Praxis, die sie durch Akte des tätigen Trennens – und des Herstellens von Verbindungen über die Trennungslinien hinweg – zur Geltung bringen. Organisationsgrenzen werden also zu Organisationsgrenzen, Netzwerkgrenzen zu Netzwerkgrenzen, und auch Abteilungsgrenzen zu Abteilungsgrenzen, indem sie von den Organisationen so behandelt werden.

Wenn wir, auf die Gefahr einer bei solchen Systematisierungen nie ganz vermeidbaren Vereinfachung, die drei Giddens'schen Dimensionen der Signifikation, der Legitimation und der (wirtschaftlichen und politischen) Domination mit den vier Begriffen Sinn, Norm, Ökonomie und Macht markieren, die zum Verständnis sozialen, also auch organisationalen Handelns und sozialer resp. organisationaler Strukturen sämtlich in Anschlag gebracht werden müssen, dann lassen sich die zuvor knapp charakterisierten organisationstheoretischen Ansätze in ihrer jeweiligen Selektivität gut erkennen: Die **Systemtheorie** rekurriert auf Sinn und Norm und bestimmt Organisationsgrenzen als kognitive und normative Sinngrenzen. Die **Transaktionskostentheorie** stellt auf (rechtliche) Normen und Ökonomie ab und bestimmt Organisationsgrenzen unter Betonung von Effizienz und Property Rights resp. vertraglicher Regelungen. Der **Resource-Dependence-Ansatz** zielt auf ökonomische und politische Ressourcen, also auf Ökonomie und Macht, und definiert Organisationsgrenzen als Grenzen ökonomisch-politischer Ressourcenkontrolle.

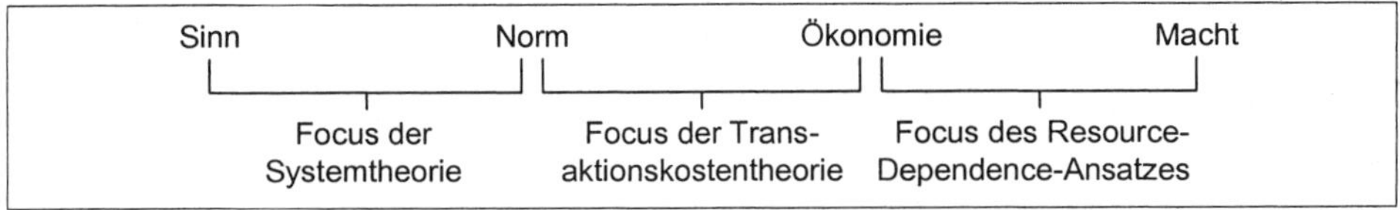

Übersicht 1: Selektivität organisationstheoretischer Ansätze

Für die strukturationstheoretisch inspirierte Organisations- und Netzwerkforschung sind Organisationsgrenzen Sinngrenzen und Rechtsgrenzen und kulturelle Grenzen und wirtschaftliche Grenzen und politische Grenzen. Zwar findet das Grenzmanagement von Unternehmungsnetzwerken in der „economic sphere“ (Giddens 1984) statt, kommt der Nutzung und Auseinandersetzung um Ressourcen sowie ökonomischen Bewertungen und Kalkülen deshalb eine besondere Bedeutung zu. Gerade diese Bedeutung erlangen solche Bewertungen und Kalküle in der Praxis aber mit Hilfe interpretativer Schemata, Normen und Machtmitteln bzw. der Reproduktion entsprechender Strukturen der Signifikation, Legitimation und Domination!

Kurz zusammengefasst, schärft eine strukturationstheoretische Perspektive auf die Konstitution von **Systemgrenzen** und **-identitäten**, d. h. auf ihre Hervorbringung, Reproduktion und Veränderung, den Blick: erstens für die Rekursivität von Struktur und Handeln (und von Systemidentität und Systemgrenzen), zweitens für die Bedeutung von Regeln und Ressourcen, von Sinn und Normen und Ökonomie und Macht, für die Hervorbringung von Organisationsgrenzen und drittens für die rekursiven Konstitutionsbeziehungen zwischen diesen Dimensionen des Sozialen. Sie erlaubt, wie wir noch genauer zeigen werden, viertens die Erfassung der Prozessualität, Temporalität und **Pfadabhängigkeit** der Konstitution von Systemgrenzen. Und sie ermöglicht fünftens einen trennscharfen Umgang (siehe unten) mit der Differenz zwischen formal vorgesehenen und tatsächlich praktizierten Grenzen einer Organisation. Damit leistet diese Perspektive mehr, als nur jene Dimensionen systematisch zusammenzuführen, die die drei anderen Theorieansätze isoliert und jeweils für sich genommenen als wichtige Bestimmungen von Systemgrenzen und -identitäten unterstreichen: als Ergebnis kostengünstiger Transaktionen, als Phänomen der Sinnzuschreibung und als Frage nach der Kontrolle von Ressourcen.

5. Dimensionen des Grenzmanagements

5.1 Systemgrenzen in Raum und Zeit

Bezogen auf **Raumgrenzen** ist zunächst zu berücksichtigen, dass diese die (inter-)organisationale Integration oft nur ausdrückt und symbolisiert, und dass, wo dies nicht (mehr) der Fall ist, andere Integrationstechniken und -symbole die räumlichen ersetzen müssen. Auch wenn die räumliche Nähe von Akteuren angesichts einer informationstechnischen Vernetzung und der Quantensprünge, die sie in puncto „time-space-binding" (Giddens) erlaubt, wohl an Bedeutung zu verlieren scheint, laufen diesbezügliche Prognosen der realen Entwicklung weit voraus. Immer noch bietet räumliche Nähe, auch und besonders im Rahmen regional agglomerierter Netzwerke, zusätzliche Gelegenheiten zum sozialen Face-to-Face-Kontakt, der vielfältige und ungeplante – und sogar unplanbare – Koordinationspotenziale aktivieren kann. Beispiele für räumlich agglomerierte Netzwerke sind so genannte „**industrial districts**", die Powell (1996) treffend als „networks of place" bezeichnet, oder regionale Netzwerke **mittelständischer Unternehmungen** auch außerhalb solcher Distrikte (Sydow u. a. 1995, S. 324 ff.). Eine räumliche Nähe distinkter Organisationen ist unter Koordinationsgesichtspunkten allerdings ambivalent zu bewerten, macht sie doch das kognitiv-emotionale Erleben von Grenzen schwieriger, denen ja – in Abschnitt 2.2 – ein Koordinations- und Motivationspotenzial zugeschrieben wird.

So erschwert die seit einigen Jahren zu beobachtende Ansiedlung von Zulieferern in der Nähe von Automobilherstellern, insbesondere wenn – etwa wie im Falle der Produktion der neuen Mercedes A-Klasse in Rastatt – die Ansiedlung auf dem Werksgelände oder gar in der Werkshalle des Herstellers erfolgt, die Wahrung der organisationalen **Identität**. Besondere Schwierigkeiten sind diesbezüglich zu erwarten, wenn es dem Zulieferer nicht einmal gelingt, seine Funktionen an einem Standort auf dem Werksgelände bzw. im Werk zu konzentrieren, und/oder gefordert ist, Leistungen direkt am Montageband der Automobilhersteller zu erbringen (vgl. zu Beispielen Müller-Stewens/Gocke 1995, S. 86 ff.).[1] Dieses Beispiel zeigt, dass Maschinen(standorte), Gebäude, Fabrik- oder Firmengelände, die so sehr mit der Unternehmung als Organisation assoziiert werden, eben nicht an sich die Grenze und Identität einer Organisation oder auch eines Netzwerkes bestimmen (vgl. so auch Picot/Reichwald 1994; Picot u. a. 2001). Ganz belanglos sind diese allokativen Ressourcen allerdings auch nicht; es kommt aus strukturations-

---

1 Von seither verlorengegangener fast in Vergessenheit geratener Kontingenz in dieser Frage zeugt das Verlagssystem der Wuppertaler Textilindustrie im ausgehenden 19. Jahrhundert (Kieser 1994). Dort überließen Textilfabrikanten den Subkontraktoren Maschinen, die diese dann in ihrem Heim aufstellten – oft genug in Wohnhäusern übrigens, die wiederum dem Fabrikanten gehörten. Telekooperation forciert heute die Wiederentdeckung jener Kontingenz.

theoretischer Sicht entscheidend darauf an, wie sich die Akteure auf diese Ressourcen – vermittels einschlägiger Deutungsmuster und Normen, also unter Rekurs auf Regeln der Signifikation und der Legitimation – praktisch beziehen. Dass Organisationsgrenzen nicht nur Sinngrenzen sind, zeigt sich hier schlagend daran, dass räumliche Entscheidungen – Fabriklayout, Standortentscheidungen etc. – in aller Regel Festlegungen in kognitiver, normativer, vor allem aber auch ökonomischer Hinsicht – sunk costs – implizieren, über die man sich anschließend nicht durch „Uminterpretation" kostenlos hinwegsetzen kann.

Wenn **Netzwerkmanagement** in räumlicher Hinsicht vor allem das veränderte Kommunikationsmanagement – von Face-to-Face- bis zu **Tele-Kommunikation** und **-Kooperation** (vgl. dazu Reichwald u. a. 1998) – sowie ein verändertes Standortmanagement impliziert, dann muss sich Grenzmanagement einem Ausschnitt dieses Managementproblems widmen – dem Management der Permeabilität ehemals selbstverständlicher räumlicher Grenzen.

Die zeitliche Dimension des Grenzproblems zeigt sich vor allem darin, dass Art und Ausmaß der Konstitution einer Organisations- oder Netzwerkgrenze in erheblichem Maße von der geschichtlichen Entwicklung der Organisationen im Netzwerk und ihrer interorganisationalen Beziehungen zueinander beeinflusst sind, einschließlich im Übrigen auch räumlicher Arrangements und deren Wandel. „The industrial network is a product of its history" (Håkansson/Johanson 1988, S. 371). Und die Geschichte einer Organisation, einer Interorganisationsbeziehung und letztlich auch einer Organisationsgrenze beeinflusst in ganz erheblichen Maße die Frage, wie sich Akteure heute auf diese Strukturen in ihrem Handeln beziehen, wie sie die aktuelle Grenzziehung wahrnehmen und fürwahrnehmen, welche Bedeutung sie ihr zuschreiben, welche normative Kraft sie für sie und andere entfaltet und welche Machtmittel vor diesem Hintergrund überhaupt mobilisiert werden können.

Grenzmanagement heißt in zeitlicher Hinsicht dann vor allem: Management der Temporalität, Prozessualität und **Pfadabhängigkeit** von Organisations- und Netzwerkgrenzen. Damit ist nicht nur der zeitliche Abstimmungsbedarf mit Partnern in existierenden Netzwerken, etwa im Rahmen einer **Just-in-Time-Produktion**, gemeint. Schon die Konstitution und sodann Reproduktion von Netzwerken und deren Grenzen ist ein andauernder Prozess – er kostet Zeit.[1] Dieser Prozess erfordert das iterative Durchlaufen rekursiver Schleifen (inter-)organisationaler Praxis und impliziert Pfadabhängigkeiten und Lock-ins, das Eingehen von schwer reversiblen Abhängigkeiten sowie das Abwägen von Investitionen, die sich als höchst transaktionsspezifisch erweisen. Aber dieser Prozess bietet auch die Chance des allmählichen, nämlich zeitraubenden (inter-)organisationalen **Lernens** (für einen Überblick vgl. z. B. Prange 1996), des Auf- und Ausbaus interorganisationaler **Kompetenzen**, gegebenenfalls sogar „kooperativer Kernkompetenzen" (Du-

1 Zum Beispiel für die rekursive Stabilisierung von Vertrauen und Kooperation vgl. Ortmann (1995), S. 328 ff.; Loose/Sydow (1994).

schek 1998), in der Zeit. Diese Ressourcen können sich im Erfolgsfalle übrigens als mächtige Eintritts- und Imitationsbarriere für Konkurrenten erweisen. Auch in zeitlicher Hinsicht gilt somit: Strukturen haben aus Sicht der Strukturationstheorie immer (handlungs-)restringierende und -ermöglichende Aspekte.

5.2 Systemgrenzen von innen und außen betrachtet

Eine Unterscheidung einer Innen- und Außensicht auf Systemgrenzen ist unter anderem deshalb von Bedeutung, weil diese Differenz Möglichkeiten politischer Nutzung – sowohl im Innen- als auch im Außenverhältnis – bietet. Von einer Bildung einer sowohl „öffentlichen“ als auch „privaten“ Identität war schon die Rede. Die Möglichkeit der bewussten, situations- und interessenangepassten Definition der Organisations- wie auch der Netzwerkgrenze eröffnet neue Handlungsoptionen insofern, als diese Definition im Innen- und im Außenverhältnis der Organisation bzw. des Netzwerkes unterschiedlich ausfallen kann. Akteure machen sich diese Differenz als Ressource allerdings nur dann kompetent zu Nutze, wenn sie die herrschenden Regeln der Sinnkonstitution und Legitimation in ihren Praktiken beachten.

Im Außenverhältnis sind Organisationen meistens darum bemüht, Kunden, Lieferanten und gegebenfalls auch Wettbewerbern gegenüber einheitlich aufzutreten. Das hat Implikationen für das Management von **Organisationsgrenzen** bzw. der grenzüberschreitenden Beziehungen, zumal wenn entsprechende Organisationskonzepte wie das **Key-Account-Management** das **„Beziehungsmanagement“** (Diller/Kusterer 1988) unterstützen. Ein Blick aus dem Inneren der Organisation macht jedoch oft deutlich, dass die im Verhältnis zu anderen Unternehmungen vorgenommenen Grenzziehungen durchaus unterschiedlich interpretiert werden. Die Unterschiedlichkeit von Grenzziehungsprozessen aus der Innenperspektive einer Organisation ist dabei zu einem großen Teil organisationsinternen Grenzen geschuldet.

Im Falle von Unternehmungsnetzwerken ist die Frage, ob eine deutliche Wahrnehmbarkeit der Identität und Grenzen eines Netzwerks in dessen Interesse liegt oder nicht – selbstverständlich mit je unterschiedlichen Konsequenzen für die Außendarstellung und das Management der „corporate network identity“. Auch hier zeigen sich erweiterte Kontingenzräume, wenn man bedenkt, dass diese Frage sich eventuell je nach Adressat unterschiedlich beantworten lässt – für die Mitglieder der einzelnen Organisation vielleicht anders als für den Kooperationspartner im Netz und noch anders als für eine Aufsichtsbehörde, die den Blick auf Wettbewerbsvorteile aus der Perspektive nicht der Einzelwirtschaftlichkeit, sondern der Wettbewerbspolitik und des Wettbewerbsrechts richtet. Situations-, adressaten- und gelegenheitsabhängig lassen sich einmal mehr die Identität und Einheit des Netzwerks, ein andermal mehr die Differenz und Grenzen zwischen den Einzelorganisationen hervorkehren.

5.3 Systemgrenzen zwischen Formalität und Informalität

Schon in dem Versuch, Systemgrenzen über die formale Mitgliedschaft von Mitgliedern zu bestimmen, kommt zum Ausdruck, dass traditionell der Formalität von Systemgrenzen große Aufmerksamkeit zukommt. Der Transaktionskostenansatz definiert – wie gezeigt – die Systemgrenze mittels der transaktionskostenminimalen Kontraktform. Während die ältere Systemtheorie noch an der Formalität von Organisationsgrenzen festhält, begreift die neuere Systemtheorie diese Grenzen als in Kommunikationen und mittels Entscheidungen konstruiert – und damit notwendig als Ergebnis nicht ausschließlich an formalen Regeln orientierten Handelns. Dem Resource-Dependence-Ansatz kommt es auf die faktische Ressourcenkontrolle an und die Strukturationstheorie schließlich lenkt den Blick auf organisationale und interorganisationale Praktiken, mittels derer sich die Akteure auf Regeln und Ressourcen beziehen; ob und inwieweit formale, d. h. kodifizierte, Regeln der Organisation bzw. des Netzwerkes diese Praktiken anleiten, bleibt aus dieser Perspektive eine nur empirisch zu beantwortende Frage. Theoretisch jedenfalls kommt es aus dieser Sicht auf die tatsächlichen, sich immer auch durch einen gewissen Grad an Informalität auszeichnenden Praktiken an, nicht (nur) auf die formalen Regeln (hier insbesondere der Grenzfestlegung). Abweichungen von den formalen Regeln aber sind in der Praxis nicht nur, paradox genug, die Regel, sondern geradezu konstitutiv für das Funktionieren von Organisationen (Friedberg 1995). Die Ordnung von Organisationen beruht somit nicht einfach auf der Einhaltung, sondern auf ihrer Einhaltung und Verletzung. Dass dadurch auch Grenzprobleme zu einem **Machtspiel** geraten können, liegt auf der Hand.

Formal gehört etwa das Projekt des Baus eines neuen Computers, das der Pulitzer-Preisträger Kidder (1982) beschrieben hat, nicht zu den Aktivitäten des von ihm geschilderten Computerherstellers, weil dafür weder ein Auftrag an noch ein Budget für das Projektteam erteilt worden war; de facto aber – via tatsächlicher Praxis der Beteiligten – wird es sehr wohl dazugerechnet. Die Regelverletzung gilt als geheilt, als „ungeschehen", weil das Projekt den Rahmen der Organisation des Computerherstellers nicht gesprengt, sondern sogar gestützt und gestärkt hat. Formal mag ein **Franchise-Nehmer** als eine distinkte Organisation gelten, faktisch kann er durch den praktischen Rekurs der Beteiligten auf die Franchisestrukturen zu einem Teil oder „Anhängsel" des Franchisegebers werden. Oder umgekehrt, formal mögen verschiedene Konzernbetriebe einer Organisation angehören, de facto bilden sie vielleicht eher ein Netzwerk distinkter Organisationen. Indes verliert das formale Regelwerk durch diese Komplikationen nicht etwa seine ausschlaggebende Bedeutung für die Konstitution organisationaler Grenzen. Nur sind die Pfade verschlungener, auf denen sich diese Bedeutung praktisch Geltung verschafft. Wir müssen es nun so formulieren:

Die Grenze verläuft nicht einfach entlang der Linie

[formell dazugehörig]	versus	[nicht dazugehörig],

sondern entlang der durchaus anderen Linie

[(formell dazugehörig) oder (informell und stillschweigend „gedeckt“ dazugehörig)]	versus	[nicht dazugehörig].

Stillschweigend gedeckt meint dabei als „im Rahmen“ bleibende Abweichung oder Verletzung akzeptiert.

Man sieht sofort: Welche Abweichungen als im Rahmen bleibend gelten, wird oft genug umstritten sein; keineswegs wird es durch das formale Regelwerk selbst definiert. Keinen Sinn aber macht es unseren Erachtens, eine lediglich informelle Praxis der Grenzübertretung, die nicht irgendwie – und sei es eben als Verletzung – den Segen des akzeptierten Umgangs mit den formalen Grenzregelungen erhält, schon als Etablierung neuer Organisationsgrenzen aufzufassen. Diesen Segen kann eine Praxis durchaus stillschweigend erhalten – durch das, was der Jurist konkludentes Handeln nennt. Sie kann ihm heute verweigert, morgen aber erteilt werden. Wenn sich, etwa zwischen zwei Organisationen, ausbildet, was wir ein interorganisationales Netzwerk nennen, wird aus zwei oder mehreren Organisationen nicht schon dadurch *eine*, dass es dauerhafter und fester gekoppelt ist als die Beziehungen zwischen so manchen Abteilungen oder Sparten innerhalb einer der beiden oder beiden Organisationen. Es fehlt nicht an der formalen Akzeptanz solcher Netzwerkbeziehungen, wohl aber an der formalen Akzeptanz einer damit einhergehenden Grenzverschiebung. Die grenzüberschreitenden Beziehungen werden weder formal als intern akzeptiert noch „informell, aber stillschweigend gedeckt“. Sie gelten problemlos als extern, wenn auch organisationales Handeln auf beiden Seiten an ihrer Konstitution beteiligt ist.

Auch in diese etwas vertrackten Verhältnisse können wir ein wenig Licht mit Hilfe des Giddens'schen Strukturbegriffes (Struktur = Regeln und Ressourcen) bringen. Unter Regeln versteht diese Theorie nämlich verallgemeinerbare Verfahren der Praxis, also praktizierte Regeln. Formulierte Regeln, wie wir alltagssprachlich mit Blick auf Gesetzbücher, das formale Regelwerk von Organisationen oder auch auf explizite Kontrakte sagen, sind in dieser Terminologie genau genommen keine Regeln, sondern kodifizierte Interpretationen von Regeln (Giddens 1984, S. 21). Letztlich relevant ist natürlich die tatsächliche regelmäßige Praxis. Das heißt indes nicht, dass die formulierten Regeln – besser: die Formulierungen von Regeln – bewandtnislos wären. Im Gegenteil: Aus der Differenz zwischen praktizierten und formulierten Regeln gewinnen Organisationen, gewinnen auch deren Grenzen die nötige Flexibilität für situationsadäquates, adressatenspezifisches Handeln.

Diese beständige und notwendige Unterminierung, Verletzung, Ergänzung und womöglich Ersetzung formaler Regeln und Kontrakte bereitet dem **Kontraktualismus** der Transaktionskostentheorie soviel Schwierigkeiten: Das Wichtige – die tatsächliche regelmäßige Praxis – spielt sich jenseits expliziter und selbst impliziter Kontrakte ab, also in ihrer Erfüllung, die notwendig eine situationsspezifische, durch andere als kontraktuell fixierte oder auch nur fixierbare Normen, Zwecke und Deutungsmuster geleitet ist und daher notwendig eine Re- und womöglich Uminterpretation jener Verträge impliziert. Der Auf- und der Ausbau wie auch die Steigerung der Permeabilität von Organisationsgrenzen müssen tatsächlich erfolgen. Formale Regeln und Verträge können in diesem Prozess wichtig werden, nämlich das Handeln orientieren und steuern.

Wieder aber haben wir es beim Grenzmanagement mit rekursiven Verhältnissen – diesmal zwischen formalen Regeln und Kontrakten einerseits und tatsächlicher Praxis andererseits – zu tun. Daraus ergibt sich für das Grenzmanagement die schwierige Aufgabe einer Gratwanderung zwischen formaler Regulierung und „laisser-faire“ in puncto externer Beziehungen. Damit wird ein Korridor für die Ausbildung informeller Praktiken des Öffnens und Schließens geschaffen, der aus der lokalen **Kompetenz** der Akteure vor Ort genutzt werden kann. Man denke nur an die vielen informellen Partnerschaften und „handshake deals“ zwischen Ingenieuren und Wissenschaftlern über die Organisationsgrenzen von Unternehmungen der Biotech-Industrie hinweg, die dort geradezu konstitutiv für interorganisationales Lernen in „small firm networks“ sind; Wissen wird dabei zum Tauschmittel interorganisationaler und durchaus informeller „Tauschbörsen“, die via formaler Regelung wohl im Rahmen gehalten werden müssen, jedoch auf keinen Fall ausgemerzt werden dürfen (Powell/Koput/Smith-Doerr 1996).

5.4 Systemgrenzen und Hierarchie

Hierarchieebenen implizieren im Regelfall selbst Grenzziehungen – und zwar vorwiegend vertikaler Art, eben zwischen den einzelnen hierarchischen Ebenen, die zumeist mit Statusdifferenzierungen verbunden sind (Ashkenas u. a. 1995, S. 11). Vor allem aber, und dies soll im Folgenden in erster Linie interessieren, verlangt eine Vernetzung von Organisationen eine tendenzielle Entgrenzung eben dieser Organisationen auf verschiedenen, im Extremfall allen Hierarchieebenen, gegebenenfalls sogar eine Verzahnung der Netzwerkbeziehungen über verschiedene Ebenen hinweg.

Dabei ist davon auszugehen, dass mit der Unterscheidung hierarchischer Ebenen von Systemgrenzen in der Regel die Zuständigkeit für (eher) strategische und (eher) operative Aufgaben korrespondiert. Von strategischen Aufgaben, einschließlich der strategischen und (eher) formalen Definition der Systemgrenze, wird vermutet, dass sie im Zweifel vom Top-Management der betreffenden Organisation (en) wahrgenommen werden; eher operative Aufgaben – auch des Grenzmanagements – werden in der Regel den Beschäftigten auf dem „shop floor“ zugerechnet. Weil aber jede Strategie interorganisationaler Vernetzung, soll sie von wirtschaftlichem Erfolg gekrönt sein, letztlich auf unteren Hierarchieebenen operativ umgesetzt werden muss, müssen Organisationsgrenzen nicht nur der Ebene des Top-Managements, sondern auch und gerade auf operativer Ebene durchlässig(er) gestaltet werden. Endres/Wehner (1995) berichten von einem entsprechenden Fall, in dem die unzureichende „grenzüberschreitende" Kooperation der Arbeiter eines Automobilherstellers und eines Zulieferers zunächst der Umsetzung der Strategie des Managements im Wege stand, eine Art „**Systempartnerschaft**" (Kleinaltenkamp/Wolters 1997) zu entwickeln. Erst die Durchführung gegenseitiger Hospitationen und die Schaffung entsprechender „Grenzgänger" führten zu einer Beseitigung dieser Kooperationsprobleme.

Auf der anderen Seite ist in der Praxis – auch in von uns untersuchten Fällen des Verhältnisses von Dienstleistungsunternehmungen zu ihren wichtigsten Kunden (Sydow/Duschek 2000) – jedoch zu beobachten, dass die Zusammenarbeit gerade auf operativen Ebenen „klappt", auf den Managementebenen – und der Ebene formaler Vereinbarungen oder gar Kontrakte – aber noch keine Entsprechung findet und vielleicht auch nicht finden soll. Grundsätzlich ist unseres Erachtens deshalb davon auszugehen, dass sich die oft nur lose Kopplung der organisationsinternen Hierarchieebenen in der Praxis auch in der unterschiedlichen Intensität interorganisationaler Interaktion auf den unterschiedlichen Hierarchieebenen der an der Interaktion beteiligten Organisationen widerspiegelt. Beide Fälle zusammengenommen zeigen ein weiteres Mal die Differenz zwischen kontraktueller/formaler Regelung und tatsächlicher Praxis. Der Blick auf die Differenzen zwischen hierarchischen Ebenen aber lehrt, dass das Verhältnis zwischen Hierarchiestufen resp. zwischen strategischer und operativer Planung und Ausführung ganz ähnlich gedacht werden muss: nicht als An- und Ableitungszusammenhang, sondern als Verhältnis rekursiver Konstitution.

6. Zur Institutionalisierung des Grenzmanagements

Ein reflexive(re)s Grenzmanagement müsste auf dieser Erkenntnis aufsetzen und die diskutierten Ebenen (intraorganisationale Grenzen, Organisationsgrenzen, Netzwerkgrenzen) und Dimensionen (Raum/Zeit, Innen/Außen, Formalität/Informalität, Oben/Unten) in den Blick nehmen und auf seinen Beitrag zur Produktion und Reproduktion von grenzkonstituierenden Strukturen der Signifikation, der Legitimation und der Domination reflektieren. In diesem Zusammenhang stellt sich schließlich die Frage nach einer angemessenen Institutionalisierung des Grenzmanagements.

Wenig spricht dafür, dass Grenzmanagement als eine im Verhältnis zum übrigen **Netzwerkmanagement** distinkte Aufgabe ausdifferenziert und spezialisierten Stellen oder Abteilungen zugewiesen werden kann. Daraus folgt aber auch, dass zahlreiche Organisationsmitglieder, verstärkt auch jene in Forschung und Entwicklung sowie Produktion, also im „technical core" (Thompson 1967) der Organisation Tätige, für ein Grenzmanagement qualifiziert werden müssen: jene Vermittler zwischen Organisation und Umwelt, die im Dienste der Öffnung von Grenzen und der Verbindung zwischen Innen und Außen agieren. Dabei gesellen sich zu Adams „boundary spanners", Croziers und Friedbergs

„relais“ und „marginal-secants“ heute „**Grenzgänger**“ zwischenbetrieblicher Kooperation, die sich ständig „drinnen“ und „draußen“ aufhalten, die eine gemeinsame Wissensbasis erzeugen, Absprache- und Abstimmungsmängel kompensieren und schließlich – als Katalysatoren transorganisationaler Entwicklung – zur Verbesserung zwischenbetrieblicher Organisationsstrukturen beitragen sollen (Endres/Wehner 1995, S.37 ff.).

Die Qualifizierung dieser Personen kann, im Anschluss an die Identifikation entsprechender **Grenzobjekte** (also von an Systemgrenzen befindlichen Aufgaben, Artefakten oder auch Personen) mittels der Durchführung geeigneter **Grenzprojekte** erfolgen. Die Idee der Durchführung entsprechender Grenzprojekte ist von der Einschätzung gespeist, dass Grenzprobleme in den Dimensionen sowohl der Signifikation und Legitimation als auch der Domination nicht nur in konkreten Praktiken aufgedeckt werden, sondern auch in solchen erprobt werden (müssen). Tatsächlich kann etwa die Genese des Netzwerks kleinerer und mittlerer Versicherungsmakler, die Sydow u. a. (1995, S. 344 ff.) nachzeichnen, als Abfolge von Grenzprojekten interpretiert werden, in deren Verlauf sich die beteiligten Makler über den Charakter dieser Projekte als Probe- und Testfälle für ihre Kooperation und die damit einhergehende Aufweichung der Unternehmungsgrenzen immer klarer wurden. Die (partielle) Auflösung dieser Unternehmungsgrenzen und pari passu die Bestimmung der Grenzen des entstehenden Makler-Netzwerks erweisen sich in dieser Sicht als eine Innovation, die nicht vorab durch fertige Entwürfe (Masterpläne) fixiert, sondern wie jede Innovation nur in einem rekursiven Prozess vorangebracht werden kann, der vom Denken (Plan, Design, Idee, Konzept) zum (Probe-)Handeln (Ausführung, Realisation) und zurück führt und die Neuerung erst im Wege des iterativen Durchlaufens solcher rekursiver Schleifen in die Welt bringt (Ortmann 1997). Die dafür nötigen Ressourcen gilt es in zunehmendem Maße institutionell verfügbar zu machen.

7. Resümee

Insgesamt zeigt die strukturationstheoretische Untersuchung, dass das Management von **Systemgrenzen** eine notwendig durch ein hohes Maß an Ambiguität gekennzeichnete Aufgabe ist. Diese Mehrdeutigkeit speist sich besonders

(a) aus der Differenz zwischen formalen und informalen Regeln, der Konstitution von Grenzen und Identitäten in Zeit und Raum, von Oben und von Unten wie von Innen und von Außen,
(b) aus Differenzen in der Grenzfrage sowie in der Frage nach der Systemidentität zwischen beteiligten individuellen und korporativen Akteuren und – last but not least –
(c) aus dem komplexen Zusammenspiel der interpretativ-kommunikativen, der legitimatorischen und herrschaftlichen Dimensionen sozialer Praxis und damit eben auch der Konstitution von Systemgrenzen und -identitäten.

Ein Grenzmanagement in Unternehmungsnetzwerken sollte diese Fragen reflektieren und Antworten, wie angedeutet, unter Nutzung von Grenzgängern, -objekten und -projekten suchen. Dabei gilt es jedoch auch und gerade unter Gestaltungsgesichtspunkten, die rekursiven Konstitutionsverhältnisse zu berücksichtigen. Und auch das erzeugt Ambiguitäten: Im Verhältnis von Struktur und Handlung, Organisationsidentität und Organisationsgrenze, formaler Regel und tatsächlicher Praxis, Vertrag und Vertragserfüllung, strategischer und operativer Planung, oberen und unteren Hierarchieebenen, macht sich ein Rekursions-, Erfüllungs-, Ergänzungs- und Ersetzungs-, mit einem Wort: ein rekursiver Konstitutionszusammenhang geltend. Grenzmanagement ist deshalb das Management von rekursiv gebauter organisationaler und interorganisationaler Praxis. Es muss mit Temporalität, Prozessualität und Pfadabhängigkeiten bei der Konstitution, Reproduktion und Modifikation von Organisationsgrenzen rechnen. Es muss mit rekursiven Konstitutionsbeziehungen zwischen den Partnerorganisationen im Netzwerk rechnen: „the outputs of each become inputs for the others“, wie schon Thompson (1967, S. 55) bemerkte. Es kann nicht umstandslos davon ausgehen, dass die Struktur die Handlung, die formale Regel die tatsächliche Praxis, der Vertrag die Vertragserfüllung, der strategische Plan den operativen und die Planung die Ausführung determiniert. Wohl mag man in praxi das eine als Grund des anderen behandeln, und manchmal mit Erfolg. Nie aber ist es ein erster, seinerseits grundloser Grund, ein principium. Damit, und also mit zurücklaufenden, eben: rekurrierenden Beziehungen – von der Handlung zur Struktur als ihrem Resultat, von den Organisationsgrenzen zur Organisationsidentität, von tatsächlicher Praxis zum formalen Regelwerk, von unteren zu höheren Hierarchieebenen – nicht zu rechnen, kann für das Management gefährlich werden. Für die Theorie des (Grenz-) Managements wäre es vollends verhängnisvoll – ein Rückfall in die Idee prinzipiell unproblematischer Determination.

Literatur

ADAMS, J. S. (1980): Interorganizational Processes and Organizational Boundary Activities, in: Cummings, L. L.; Staw, B. M. (Hrsg.): Research in Organizational Behavior 2, Greenwich/Connecticut, S. 321-355.

ALBERT, S.; WHETTEN, D. A. (1985): Organizational Identity, in: Staw, B. M.; Cummings, L. L. (Hrsg.): Research in Organizational Behavior 7, Greenwich/Connecticut, S. 263-295.

ARBEITSKREIS 'Organisation' der Schmalenbach-Gesellschaft; Deutsche Gesellschaft für Betriebswirtschaft e.V. (1996): Organisation im Umbruch. (Was) kann man aus den bisherigen Erfahrungen lernen?, in: Zeitschrift für betriebswirtschaftliche Forschung, 48. Jg., S. 621-665.

ASHKENAS, R. u. a. (1995): The boundaryless organization, San Francisco.

BADARACCO, J. L. (1991): Strategische Allianzen, Wien.

BARNARD, C. I. (1938): The Function of the Executive, Cambridge/Massachussets.

BROCKHOFF, K. (1996): Management von Innovationen: Planung und Durchsetzung – Erfolge und Misserfolge, Wiesbaden.

BROCKHOFF, K.; HAUSCHILDT, J. (1993): Schnittstellen-Management – Koordination ohne Hierarchie, in: Zeitschrift Führung+Organisation, 62. Jg., Nr. 6, S. 396-403.

DILLER, H.; KUSTERER, M. (1988): Beziehungsmanagement – Theoretische Grundlagen und explorative Befunde, in: Marketing – Zeitschrift für Forschung und Praxis, 10. Jg., Nr. 3, S. 211-220.

DUSCHEK, S. (1998): Kooperative Kernkompetenzen – Zum Management einzigartiger Netzwerkressourcen, in: Zeitschrift Führung+Organisation, 87. Jg., Nr. 4, S. 230-236. Wieder abgedruckt in: Ortmann, G.; Sydow, J. (2001) (Hrsg.): Strategie und Strukturation – Strategisches Management von Unternehmen, Netzwerken und Konzernen, Wiesbaden, S. 137-189.

DUSCHEK, S.; SYDOW, J. (2002): Ressourcenorientierte Ansätze des strategischen Managements – Zwei Perspektiven auf Unternehmungskooperation, in: Wirtschaftswissenschaftliches Studium, 31. Jg., S. 426-431.

ENDRES, E.; WEHNER, T. (1995): Störungen zwischenbetrieblicher Kommunikation, in: Schreyögg, G.; Sydow, J. (Hrsg.): Managementforschung 5, Berlin – New York, S. 1-45. Wieder abgedruckt in: Sydow, J. (2001) (Hrsg.): Management von Netzwerkorganisationen, 2. Aufl., Wiesbaden, S. 215-259.

FRIEDBERG, E. (1995): Ordnung und Macht. Dynamiken organisierten Handelns, Frankfurt a.M. u. a.

GAITANIDES, M. (1983): Prozessorganisation, München.

GIDDENS, A. (1976): New Rules of Sociological Methode, Cambridge.

GIDDENS, A. (1979): Central Problems in Social Theory, London u. a.

GIDDENS, A. (1984): The Constitution of Society, Berkeley u. a.

HÅKANSSON, H.; JOHANSON, J. (1988): Formal and Informal Cooperation Strategies in International Industrial Networks, in: Contractor, F. J.; Lorange, P. (Hrsg.): Cooperation Strategies in International Business, Lexington/Massachussets, S. 369-379.

HAUSCHILDT, J. (1993): Innovationsmanagement, München.

HIPPEL, E. VON (1986): Lead Users: A Source of Novel Product Concepts, in: Management Science, 32. Jg., S. 791-805.

HORVATH, P. (1991) (Hrsg.): Synergien durch Schnittstellen-Controlling, Stuttgart.

KIDDER, T. (1982): Die Seele einer neuen Maschine. Basel u. a.

KIESER, A. (1994): Verlage und Manufakturen – Wegbereiter der Fabrik?, Arbeitspapier des Lehrstuhls für Allgemeine Betriebswirtschaftslehre und Organisation der Universität Mannheim, Mannheim.

KLEINALTENKAMP, M.; MARRA, A. (1995): Institutionenökonomische Aspekte der 'Customer Integration', in: Kaas, K. P. (Hrsg.): Kontrakte, Geschäftsbeziehungen, Netzwerke – Marketing und Neue Institutionenökonomik, in: Zeitschrift für betriebswirtschaftliche Forschung, Nr. 35 (Sonderheft), S. 101-117.

KLEINALTENKAMP, M.; WOLTERS, H. (1997): Die Gestaltung von Systempartnerschaften zwischen Automobilherstellern und ihren Zulieferern – eine spieltheoretische Analyse, in: Schreyögg, G.; Sydow, J. (Hrsg.): Managementforschung 7, Berlin u. a., S. 45-78.

KNYPHAUSEN-AUFSEß, D. ZU (2000): Auf dem Weg zu einem ressourcenorientierten Paradigma? Resource-Dependence Theorie der Organisation und Resource-based View des Strategischen Managements im Vergleich, in: Ortmann, G.; Sydow, J.; Türk, K. (Hrsg.): Theorien der Organisation, 2. Aufl., Opladen, S. 452-480.

KOGUT, B. M.; BOWMAN, E. H. (1995): Modularity and Permeability as Principles of Design, in: Bowman, E. H.; Kogut, B. M. (Hrsg.): Redesigning the Firm, New York u. a., S. 243-260.

KRYSTEK, U.; REDEL, W.; REPPEGATHER, S. (1997): Grundzüge virtueller Organisationen, Wiesbaden.

LOOSE, A.; SYDOW, J. (1994): Vertrauen und Ökonomie in Netzwerkbeziehungen, in: Sydow, J.; Windeler, A. (Hrsg.): Management interorganisationaler Beziehungen, Opladen, S. 160-193.

LUHMANN, N. (1964): Funktionen und Folgen formaler Organisation, Berlin.

LUHMANN, N. (1984): Soziale Systeme. Grundriß einer allgemeinen Theorie, Frankfurt a.M.

MARTENS, W. (2000): Organisation und gesellschaftliche Teilsysteme, in: Ortmann, G.; Sydow, J.; Türk, K. (Hrsg.): Theorien der Organisation, 2. Aufl., Opladen, S. 263-311.

MESSNER, D. (1995): Die Netzwerkgesellschaft. Wirtschaftliche Entwicklung und internationale Wettbewerbsfähigkeit als Probleme gesellschaftlicher Steuerung, Köln.

MODROW-THIEL, B.; ROßMANN, G.; WÄCHTER, H. (1992): Netzwerkanalyse – ein sozialwissenschaftliches Konzept zur Untersuchung komplexer Entscheidungsstrukturen, in: Zeitschrift für Personalforschung, 6. Jg., Nr. 1, S. 97-122.

MÜLLER-STEWENS, G. (1997): Auf dem Weg zur Virtualisierung der Prozessorganisation, in: Müller-Stewens, G. (Hrsg.): Virtualisierung von Organisationen, Stuttgart u. a., S. 1-21.

MÜLLER-STEWENS, G.; GOCKE, A. (1995): Kooperation und Konzentration in der Automobilindustrie. Strategien für Zulieferer und Hersteller, Chur.

ORTMANN, G. (1995): Formen der Produktion, Opladen.

ORTMANN, G. (1997): Das Kleist-Theorem. Über Ökologie, Organisation und Rekursivität, in: Birke, M.; Burschel, C.; Schwarz, M. (Hrsg.): Handbuch Umweltschutz und Organisation, München u. a., S. 23-91.

ORTMANN, G.; SYDOW, J. (2001) (Hrsg.): Strategie und Strukturation, Wiesbaden.

ORTMANN, G.; SYDOW, J.; WINDELER, A. (2000): Organisation als reflexive Strukturation, in: Ortmann, G.; Sydow, J.; Türk, K. (Hrsg.): Theorien der Organisation, 2. Aufl., Opladen, S. 315-354.

PFEFFER, J.; SALANCIK, G. R. (1978): The external control of organizations, New York u. a.

PICOT, A. (1982): Transaktionskostenansatz in der Organisationstheorie: Stand der Diskussion und Aussagewert, in: Die Betriebswirtschaft, 42. Jg., S. 267-284.

PICOT, A.; REICHWALD, R. (1994): Auflösung der Unternehmung? Vom Einfluß der IuK-Technik auf Organisationsstrukturen und Kooperationsformen, in: Zeitschrift für Betriebswirtschaft, 64. Jg., S. 547-570.

PICOT, A.; REICHWALD, R.; WIGAND, R. (2001): Die grenzenlose Unternehmung. Information, Organisation und Management, 4. Aufl., Wiesbaden.

POWELL, W. W. (1996): Trust-based Forms of Governance, in: Kramer, R. M.; Tyler, T. R. (Hrsg.): Trust in Organizations, Thousand Oaks u. a., S. 51-67.

POWELL, W. W.; KOPUT, K.; SMITH-DOERR, L. (1996): Interorganizational Collaboration and the Locus of Innovation: Networks of Learning in Biotechnology, in: Administrative Science Quarterly, 41. Jg., Nr. 1, S. 116-145.

PRANGE, C. (1996): Interorganisationales Lernen. Lernen in, von und zwischen Organisationen, in: Schreyögg, G.; Conrad, P. (Hrsg.): Managementforschung 6, Berlin – New York, S. 163-189. Wieder abgedruckt in: Sydow, J. (2001)(Hrsg.): Management von Netzwerkorganisationen, 2. Aufl., Wiesbaden, S. 151-177.

REICHWALD, R. u. a. (1998): Telekooperation: Verteilte Arbeits- und Organisationsformen, Berlin u. a.

SABEL, CH. (1991): Moebius-Strip Organizations and Open Labor Markets, in: Bourdieu, P., Coleman, J. S. (Hrsg.): Social Theory for a Changing Society, New York, S. 23-54.

SCHREYÖGG, G. (1999): Organisation, 3. Aufl., Wiesbaden.

SPECHT, G. (1995): Schnittstellenmanagement, in: Tietz, B.; Köhler, R.; Zentes, J. (Hrsg.): Handwörterbuch des Marketing, 2. Aufl., Stuttgart, Sp. 2265-2275.

STARBUCK, W. H. (1976): Organizations and their Environment, in: Dunnette, M. D. (Hrsg.): Handbook of Industrial and Organizational Psychology, Chicago, Ill., S. 1069-1124.

SYDOW, J. (1992): Strategische Netzwerke, Wiesbaden.

SYDOW, J. (2001): Management von Unternehmungsnetzwerken – Auf dem Weg zu einer reflexiven Netzwerkentwicklung?, in: Flocken, P.; Howaldt, J.; Kopp, R. (Hrsg.): Kooperationsverbünde und regionale Modernisierung, Wiesbaden, S. 79-101.

SYDOW, J.; DUSCHEK, S. (2000): Starke Beziehungen, durchlässige Grenzen – Grenzmanagement in einem Dienstleistungsnetzwerk, in: Die Betriebswirtschaft, 60. Jg., S. 441-458.

SYDOW, J.; WINDELER, A.; KREBS, M.; LOOSE, A.; VAN WELL, B. (1995): Organisation von Netzwerken, Opladen.

TACKE, V. (1997): Systemrationalisierung an ihren Grenzen – Organisationsgrenzen und Funktionen von Grenzstellen in Wirtschaftsorganisationen, in: Schreyögg, G.; Sydow, J. (Hrsg.): Managementforschung 7, Berlin u. a., S. 1-44.

THOMPSON, J. D. (1967): Organizations in Action, New York.

WALGENBACH, D. (1995): Theorie der Strukturierung, in: Die Betriebswirtschaft, 55. Jg., S. 761-782.

WIELAND, J. (2000): Die Neue Organisationsökonomik. Entwicklung und Probleme der Theoriebildung, in: Ortmann, G.; Sydow, J.; Türk, K. (Hrsg.): Theorien der Organisation, 2. Aufl., Opladen, S. 35-66.

WILLIAMSON, O. E. (1985): The Economic Institutions of Capitalism, New York.

WILDEMANN, H. (1997): Koordination von Unternehmensnetzwerken, in: Zeitschrift für Betriebswirtschaft, 67. Jg., S. 417-439.

WINDELER, A. (2001): Unternehmungsnetzwerke – Konstitution und Strukturation, Wiesbaden

Nils Balke/Hans-Ulrich Küpper *

Controlling in Netzwerken: Struktur und Systeme

---

* Univ.-Professor Dr. Hans-Ulrich Küpper ist Direktor des Instituts für Produktionswirtschaft und Controlling der Ludwig-Maximilians-Universität München.
Dr. Nils Balke ist im Controlling bei der E-ON AG beschäftigt. Er war ehemals Wissenschaftlicher Mitarbeiter am selben Institut.

1. Notwendigkeit und Gegenstand eines Controlling in Netzwerken

1.1 Führungsstrukturen in Unternehmensnetzwerken

Unternehmensnetzwerken wird als spezieller Form der zwischenbetrieblichen Kooperation zunehmend Aufmerksamkeit in Theorie und Praxis geschenkt. Als charakteristische Merkmale gelten dabei, dass in Unternehmensnetzwerken mindestens drei, typischerweise aber zehn und mehr rechtlich selbstständige Unternehmen organisiert sind, die Partnerschaft unbefristet ist und lediglich eine Funktionsabstimmung und keine Funktionszusammenlegung stattfindet. Ziel der Zusammenarbeit ist das gemeinsame Erstellen von am Markt verwertbaren Produkten oder Dienstleistungen (Sydow 2002, S. 15 ff.; Klein 1996, S. 88; Hess 1999, S. 225; Hess/Schumann 2000a, S. 80).

Unternehmensnetzwerke können unterschiedliche **Führungsformen** und Grade der Stabilität bezüglich der Aufgabenverteilung auf Partner prägen. Die Führung wird entweder durch ein Unternehmen bzw. eine kleine Gruppe von Unternehmen dominiert (fokale Netzwerke), oder es sind alle Unternehmen des Netzwerks gleichberechtigt an der Steuerung beteiligt (polyzentrische Netzwerke). Die Aufgabenverteilung im Netzwerk ist entweder stabil oder wird auftragsbezogen jeweils neu vorgenommen (Sydow/Winand 1998, S. 15 ff.; Hess 1999, S. 226). Jede Ausprägungsform von Unternehmensnetzwerken ist durch spezifische Koordinationsprobleme charakterisiert. In einem fokalen Netzwerk kann das dominante Unternehmen die Koordinationsinstrumente der strategischen und operativen Aufgaben festlegen. Dagegen müssen in polyzentrischen Netzwerken Mechanismen gefunden werden, um die gleichberechtigten und unter Umständen konträren Zielsetzungen der Unternehmen auf strategischer Ebene anzugleichen sowie die operativen Aufgaben des Netzwerks zu steuern (vgl. Hess/Schumann 2000a, S. 81, für eine Gegenüberstellung des strategischen und operativen Netzwerkmanagements).

1.2 Abgrenzung des Controlling in Netzwerken

1.2.1 Spezifische Koordinationsaufgaben eines Controlling in Netzwerken

Bisher liegt noch keine geschlossene Konzeption eines Controlling in Netzwerken vor. Neuere Arbeiten beschreiben zwar einzelne Instrumente, die im Controlling von Netzwerken eingesetzt werden könnten (vgl. z. B. Hess 2002), es wird aber keine klare Abgrenzung der Controllingaufgaben vorgenommen. Andere Beiträge beziehen sich auf zwischenbetriebliche Kooperationen allgemein (vgl. z. B. Pampel 1993; Albe 1996; Kraege 1997; Drews 2001) und schließen somit die Formen der strategischen Allianz sowie des Joint Venture mit ein. Spezifika von Netzwerken werden dann vernachlässigt.

Die **koordinationsorientierte Konzeption** sieht den Kern des Controlling in der Koordination der Führungsteilsysteme Planung, Kontrolle, Personalführung, Organisation und Informationssystem (Küpper 2001, S. 13 ff.). Sie ermöglicht eine klare Abgrenzung und Einordnung von Controlling-spezifischen Aufgaben sowie Instrumenten und kann notwendige Weiterentwicklungen der Controlling-Instrumente aufzeigen (Küpper 2001, S. 20).[1]

In Netzwerken ergeben sich spezifische Koordinationsprobleme auf Grund der verteilten Leistungserstellung durch rechtlich selbstständige Unternehmen (vgl. dazu auch Hess/ Schumann 2000b, S. 413 f.; Hess 2001, S. 93 f.). Entscheidungs- und Handlungsfelder werden in Netzwerken auf verschiedene Unternehmen übertragen, sodass die eigenständigen Führungssysteme der Partner zur Steuerung des gemeinsamen Leistungsprozesses aufeinander abgestimmt werden müssen. Insbesondere zwischen den Führungsteilsystemen Informationssystem, Planung, Kontrolle, Organisation und Personalführung der verschiedenen Unternehmen bestehen Interdependenzen, die bei einem Controlling in Netzwerken berücksichtigt werden müssen (vgl. Küpper 2001, S. 34 ff. zum Entstehen von Interdependenzproblemen durch die Zerlegung von Handlungsfeldern).

Übersicht 1 illustriert die Koordinationsproblematik für ein Controlling in Netzwerken. Sie macht deutlich, dass in Netzwerken die Koordinationsaufgaben eine neue Dimension erreichen. Nach wie vor muss eine Koordination im Führungsteilsystem jedes Unternehmens stattfinden. Darüber hinaus muss eine Abstimmung mit dem dezentralen Controlling der Partnerunternehmen und mit dem Controlling des Gesamtnetzwerks erfolgen.[2]

Auf operativer Ebene müssen z. B. zur Abwicklung von Aufträgen unternehmensübergreifend Teilaufgaben vergeben und die Auftragsdurchführung in Bezug auf Ablauf und Kosten geplant sowie kontrolliert werden. Auch der Preis eines Auftrags muss unternehmensübergreifend festgelegt werden (Hess/Schumann 2000b, S. 414). Dabei muss eine Abstimmung der individuellen Interessen der Partnerunternehmen mit den Interessen des gesamten Netzwerks erfolgen. Es müssen also die Planungen, Informationssysteme, Kontrollen, Organisationen und die Personalführung der Unternehmen koordiniert sowie

---

1 Ein erster Ansatz, ein Controlling von zwischenbetrieblichen Kooperationen in die koordinationsorientierte Konzeption einzuordnen, findet sich bei Albe (1996). In seinen zahlreichen Arbeiten zum Netzwerkcontrolling greift Hess zunächst auf die planungs- und kontrollorientierte Konzeption von Horváth zurück (z. B. Hess 2000, S. 157; Hess/Schumann 1999, S. 254) und nimmt später eine integrative Konzeption nach Weber/Schäffer (1999a) als Basis (Hess 2001, S. 94; Hess 2002, S. 47 ff.) vor. In den Ausführungen nimmt er keine klare Einordnung der von ihm beschriebenen Instrumente in die Konzeptionen vor.

2 Hier ergibt sich eine gewisse Analogie zu Ansätzen des Bereichs-Controlling, wobei hier die Bereiche durch selbstständige Unternehmen ersetzt werden (vgl. zum Bereichs-Controlling Küpper 2001, S. 407 ff.).

aus Sicht des Netzwerks die Erfüllung der Aufgaben kontrolliert werden, um einen erfolgreichen gemeinsamen Leistungsprozess zu gewährleisten.

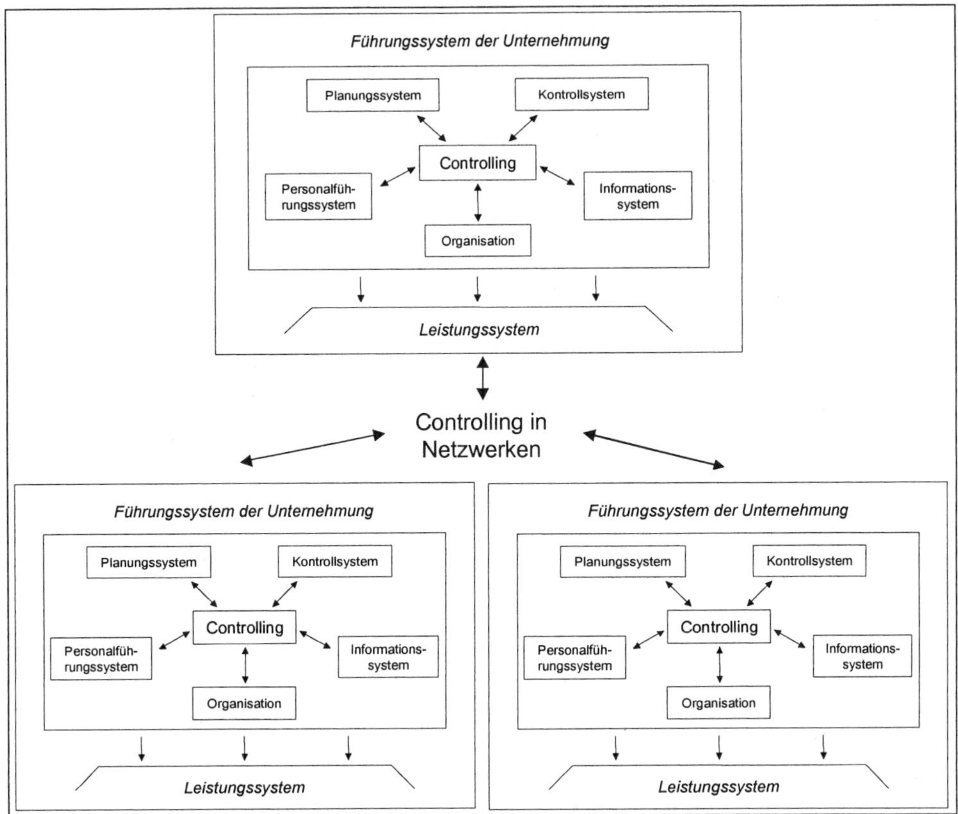

Übersicht 1: Koordinationsfelder eines Controlling in Netzwerken

Auf strategischer Ebene muss durch die Partnerauswahl bzw. die Bestimmung der Kooperationsfelder die Ausrichtung des Netzwerks bestimmt werden. Zudem ist der Gesamterfolg des Netzwerks sowie der beteiligten Unternehmen zu ermitteln, wobei hier in der Regel unterschiedliche quantitative und qualitative Zielsetzungen der einzelnen Partner zu berücksichtigen sind. Außerdem sind gemeinschaftliche Investitionen zu planen und zu kontrollieren.[1]

---

1 Vgl. auch Hess 2001, S. 94, 2002, S. 144 ff. Er unterscheidet zwischen auftragsbezogenen und auftragsübergreifenden Ebenen zur Diskussion der Aufgaben und Instrumente des Netzwerkcontrolling.

1.2.2 Anknüpfungspunkte für ein Controlling in Netzwerken

Zur Erfüllung der Aufgaben eines Controlling in Netzwerken können bereits vorhandene Controlling-Systeme als Ausgangspunkt für die Entwicklung von Instrumenten dienen. Insbesondere Ansätze des Konzerncontrolling und des Projektcontrolling scheinen Anhaltspunkte für Instrumente des Controlling in Netzwerken zu liefern (Hess 2002, S. 109 ff.).

Fokal geführte Netzwerke weisen eine ähnliche Führungsstruktur auf wie ein Konzern, der als Management-Holding ausgestaltet ist (Hess 2000, S. 162 f.). Demzufolge können Erkenntnisse des **Konzerncontrolling** (vgl. z. B. Perlet/Müller 2002, Sp. 1019 ff.). zumindest partiell für die Ausgestaltung des Controlling in Netzwerken genutzt werden. Die Ansätze zur Standardisierung der Informationssysteme, zur Verrechnung von internen Leistungen und zur Portfoliosteuerung der Konzernunternehmen sind auch für das Controlling in Netzwerken nutzbar (Hess 2000, S. 173 f.; Hess 2002, S. 121).

Projektcontrolling (Krüger/Schmolke/Vaupel 1999; Krüger 2002, Sp. 1582 ff.) dient der Koordination des Führungssystems von Projekten. Interpretiert man Aufträge in Netzwerken als unternehmensübergreifende Projekte, so ist unmittelbar erkennbar, dass die im Projektcontrolling verwendeten Instrumente auch in Netzwerken in modifizierter Form Anwendung finden können. Probleme bei der direkten Übertragung der Konzepte können sich jedoch bei den kostenorientierten Ansätzen ergeben (Hess 2002, S. 131, und siehe Abschnitt 3.2.2).

Übersicht 2 zeigt Instrumente des Projektcontrolling, die zum Teil in den Abschnitten 2 und 3 für Netzwerke angepasst werden (Krüger 2002, Sp. 1589; Krüger/Schmolke/Vaupel 1999).

Planung	Strukturpläne, Netzplantechnik, Termin-, Kosten- und Qualitätspläne, Ressourceneinsatzplanung.
Kontrolle	Integrierte und isolierte Abweichungsanalysen, (Kosten-) Meilensteintrendanalysen, Prozessmetriken, Projektreviews und Audits.
Organisation	Organisationsstrukturpläne, Prozessrichtlinien.
Personalführung	Zielvorgaben im Projekt, Prämien- und Anreizsysteme, Feedbackgespräche.
Informationssystem	Kostenschätzmethoden, Wirtschaftlichkeitsanalysen, Investitionsrechnung, Ressourceninformationssysteme, Projektkostenrechnung, Interne Berichterstattung.
übergreifende Koordination	Scoring-Methoden, Projektinterne Budgetierung, Projektinterne Kennzahlen- und Zielsysteme, Change Management.

Übersicht 2: Instrumente des Projektcontrolling

2. Übergreifende Instrumente des Controlling in Netzwerken

2.1 Kriterien zur Bestimmung von Einsatzfeldern übergreifender Controlling-Instrumente

Das Einsatzfeld von übergreifenden Controlling-Instrumenten in Netzwerken kann durch Kriterien wie Autonomie der Partnerunternehmen, Wechselseitigkeit der Planungsfolge und Segmentierung der Unternehmensrechnung bestimmt werden, wie Übersicht 3 verdeutlicht (Küpper 1991, S. 192 ff.; Küpper 2001, S. 393 ff.).

	Budgetierungssysteme	Kennzahlen- und Zielsysteme	Verrechnungspreissysteme
Autonomie der Netzwerkunternehmen			
Wechselseitigkeit der Planungsfolge			
Segmentierung der Unternehmensrechnung			

Übersicht 3: Zusammenhänge zwischen Koordinationssystemen in Netzwerken

In Netzwerken werden Entscheidungen dezentral in den einzelnen Unternehmen getroffen, die Planung ist interdependent, und der Führungsstil ist vor allem in polyzentrischen Netzwerken kooperativ bzw. gleichberechtigt. Als übergreifende Controlling-Instrumente in Netzwerken kommen bei polyzentrischer Struktur nach Übersicht 3 insbesondere Zielsysteme sowie Verrechnungspreissysteme in Frage. Budgets eignen sich eher in fokal geführten Netzwerken oder als Vorgabegrößen im gemeinsamen Zielsystem.

2.2 Budgetierungssysteme in Unternehmensnetzwerken

Budgets werden zur Koordination und zur gesamtzielorientierten Ausrichtung von organisatorischen Einheiten eines Unternehmens angewendet. Auf Grund der besonderen

Charakteristika eines Unternehmensnetzwerks sind jedoch nicht alle verwendeten Budgetierungstechniken als unternehmensübergreifendes Koordinationsinstrument geeignet.

Problemorientierte Systeme der Budgetvorgabe (Küpper 2001, S. 323) gehen in der Regel vom Produktionsprogramm aus und verwenden quantitative Kosten- sowie Erlösdaten. Im Netzwerk wird zur Auftragsabwicklung häufig eine unterschiedliche Anzahl an Unternehmen eingebunden, die Planung erfolgt auftragsbezogen. Damit fehlen ein über einen längeren Zeitraum fixes Produktionsprogramm und unter Umständen auch ein transparentes System zur Bestimmung der Kosten- sowie Erlösgrößen (siehe Abschnitt 3).

Eine Budgetierung im Netzwerk müsste sich an Aktivitäten und Prozessen ausrichten (Drews 2001, S. 112 ff.). Da diese im Netzwerk nur schwer standardisiert werden können, sind verfahrensorientierte Techniken besser geeignet (Küpper 2001, S. 330 ff.). Dabei sind outputorientierte Verfahren anzuwenden, da die Inputs durch die einzelnen Unternehmen bestimmt und nicht durch das Netzwerk kontrollierbar sind. In Analogie zum **Zero-Base-Budgeting** (Pyhrr 1973; Meyer-Piening 1990) könnten ausgehend von den Projektzielen Entscheidungseinheiten in Form von Arbeitspaketen festgelegt werden. Jedes beteiligte Unternehmen kann für diese Arbeitseinheiten unterschiedliche Leistungsniveaus und zugehörige Kosten oder Zeiten angeben. Durch eine Gesamtauswertung der Arbeitspakete und die Durchführung eines Budgetschnitts werden die zu erledigenden Arbeitspakete festgelegt. Die Budgeterstellung ist damit partizipativ. Gestaltungsparameter sind z. B. der Detaillierungsgrad, der Flexibilitätsgrad sowie die Häufigkeit des Informationsaustausches. Bei der Verwendung von Budgets zur Koordination der Aktivitäten, sind Schlichtungsregeln für den Fall einer Abweichung festzulegen. Im fokalen Netzwerk werden diese durch dominante Unternehmen vorgegeben, im polyzentrischen Fall ist es erforderlich sie vor Kooperationsbeginn vertraglich zwischen den Partnern zu fixieren (Drews 2001, S. 114).

Neben auftragsbezogenen Budgets können zwischen den Kooperationspartnern auch strategische Budgets bzgl. des netzwerkbezogenen Ressourcenaufbaus zur Steigerung der unter 2.3 beschriebenen Zielgrößen vereinbart werden (Drews 2001, S. 153 f.). Voraussetzung dafür ist, dass sich die netzwerkbezogenen Ressourcen eindeutig abgrenzen lassen.

2.3 Kennzahlen- und Zielsysteme zur Koordination in Netzwerken

2.3.1 Wertorientierte Kennzahlen in Netzwerken

Kennzahlensysteme können zur Koordination der dezentralen Planung und Kontrolle in Netzwerken sowie zur Bewertung des Erfolgs der Kooperation dienen. Sie müssen dabei unternehmensübergreifend ausgerichtet sein sowie die qualitativen und quantitativen Ziele der Kooperationspartner abbilden (Kraege 1997, S. 128 ff.; Drews 2001, S. 162 ff.).

Als Zielgrößen für Netzwerke kommen sowohl zahlungsorientierte Kennzahlen wie der **Shareholder Value** bzw. **Discounted Cash Flow** und der **Economic Value Added** (Hippe 1997, S. 223 ff.; Kraege 1997, S. 157 f.; Michel 1996, S. 90 ff.; Picot/Böhme 1999, S. 21 ff.) als auch Kennzahlen, die in Anlehnung an eine **Balanced Scorecard** verstärkt qualitative Eigenschaften abbilden (Drews 2001, S. 163 ff.; Hippe 1997, S. 227 ff.) in Frage. Problematisch bei der Anwendung von Kennzahlensystemen auf Netzwerkebene ist jedoch, dass unter Umständen kein einheitliches Zielsystem der Partner existiert, sodass daraus auch kein einheitliches Kennzahlensystem für das Netzwerk abgeleitet werden kann (Hess 2002, S. 219).

Zumindest auf der Ebene des einzelnen Partnerunternehmens besteht die Notwendigkeit einer Bestimmung des monetären Wertbeitrags des Engagements im Netzwerk. Diese Erfolgskennzahl ist zusammen mit den im nächsten Abschnitt diskutierten qualitativen Faktoren dafür entscheidend, wie sehr sich das Unternehmen in das Netzwerk einbringt.[1] Auf zwischenbetrieblicher Ebene ist die Wertsteigerungsanalyse auf Grund der kostenaufwändigen Ermittlung der relevanten Größen und der höheren Prognoseunsicherheit der Aktivitäten im Netzwerk problematisch (Hess/Wohlgemut/Schlembach 2001, S. 71; Hess 2002, S. 216 f.).

Die Ermittlung der finanziellen Vorteilhaftigkeit einer Kooperation kann in drei Schritten erfolgen (Kraege 1997, S. 157):

1. Prognose der freien Cash Flows auf Basis kooperationsspezifischer Ein- und Auszahlungen.
2. Ermittlung des einzusetzenden Kapitals und seiner Opportunitätskosten, d. h. der geforderten risikogerechten Rendite der Kooperation.
3. Berechnung des Kapitalwerts durch Diskontierung der Zahlungsströme mit dem unter 2. ermittelten Diskontierungssatz.

Bei der Bestimmung der kooperationsbezogenen Cash Flows ist zu beachten, dass netzwerkbezogene Aktivitäten Interdependenzen mit Aktivitäten außerhalb der Kooperation aufweisen und somit Auswirkungen auf deren Cash Flows haben können (Drews 2001, S. 138). Zur Abgrenzung der kooperationsbezogenen Cash Flows müssen die Wertsteigerungspotenziale des Netzwerks für das Unternehmen identifiziert und deren quantitative Auswirkungen auf die Wertgeneratoren wie Umsatz, Gewinnmargen und Investitionen bestimmt werden. Den Ausgangspunkt zur Ermittlung der Wertsteigungspotenziale können die im nächsten Abschnitt beschriebenen Zielsysteme bilden.[2]

Bei der Bestimmung der **Kapitalkosten** ist zu prüfen, ob sich durch das Engagement im Netzwerk das Marktrisiko verändert und der Diskontierungszinssatz angepasst werden muss (Drews 2001, S. 142). Soll der Wertbeitrag für das Netzwerk insgesamt ermittelt

---

[1] Vgl. Drews (2001, S. 129 ff.) für die Ausgestaltung einer Kooperationswertrechnung als Kombination von investitionstheoretischen Verfahren und der mehr qualitativen Nutzwertanalyse.

[2] Vgl. z. B. Michel (1996, S. 71 ff.) für eine Ableitung des Wertbeitrags einer strategischen Allianz aus den Wertsteigerungspotenzialen.

werden, müssen die Cashflow-Prognosen der Partner wechselseitig abgestimmt und realisierbare Alternativen unter Berücksichtigung der Einzelinteressen bewertet werden.[1]

2.3.2 Ziele und Kennzahlen für die Steuerung in Netzwerken

Durch Beteiligung unterschiedlicher Unternehmen am Netzwerk ergibt sich eine Vielzahl an möglichen, zum Teil qualitativen Zielsetzungen wie z. B. Know-how-Austausch, Aufbau neuer Kundenkontakte, Erhaltung der individuellen Flexibilität, Nutzung bestimmter Ressourcen, Erweiterung des Leistungsprogramms. Um auf Netzwerkebene ein relevantes Zielsystem als Grundlage eines Kennzahlensystems herzuleiten, müssen die Ziele der Partnerunternehmen erfasst, auf ihre Verträglichkeit geprüft und gegebenenfalls angepasst werden. Die dazu notwendigen Verhandlungen sind durch die Machtstellung der einzelnen Unternehmen im Netzwerk geprägt und können durch einen **Netzwerkkoordinator** (vgl. z. B. Hess/Schumann 2000a für eine Diskussion der möglichen Aufgaben eines Netzwerkkoordinators) unterstützt werden. Die einzelnen Ziele können von den Unternehmen gewichtet werden, sodass daraus ein „Kern" an gemeinsamen Zielen ableitbar wird. Dieses übergreifende Zielsystem kann von den Partnerunternehmen dazu genutzt werden, den Erfolg des Netzwerks über Zielerreichungsgrade zu bewerten (Drews 2001, S. 144 ff.; Hess 2002, S. 221 ff.). Bei ausreichend großer Schnittmenge der Zielsetzungen können diese in quantitative Kennzahlen überführt und für das Netzwerk übergreifend genutzt werden.

Kennzahlensysteme können als Informationsinstrument und als Steuerungsinstrument in Unternehmensnetzwerken Anwendung finden (zur Verwendbarkeit von Kennzahlensystemen vgl. z. B. Küpper 2001, S. 344 ff.). Sie können also lediglich Informationen zur Analyse von Sachverhalten wie Erfolgsmessung bereitstellen oder als Zielvorgaben verwendet werden. Welche Funktionen Kennzahlensysteme übernehmen, ist von der Führungsstruktur abhängig. In fokalen Netzwerken scheint ein Kennzahlensystem eher zur Steuerung einsetzbar als in polyzentrischen Netzwerken, in denen Wissen und Macht gleich verteilt sind.[2]

Das Kennzahlensystem jedes Partnerunternehmens muss allerdings die Kooperation im Netzwerk zur Steuerung mit einbeziehen. In Anlehnung an die Balanced Scorecard (Kaplan/Norton 1997) kann dabei eine **Kooperations-Scorecard** Verwendung finden, welche die Perspektiven des Kooperationserfolgs und der Kooperationsaktivität verknüpft (Drews 2001, S. 162 ff.; Hippe 1997, S. 227 ff.). In ihr spiegeln sich die Ziele des Unternehmens wider, welche über Kennzahlen in Ursache-Wirkungs-Ketten verbunden werden. Je enger

---

1 Vgl. Drews (2001, S. 148) zur Bewertung von kooperationsbezogenen Kapitalwerten mit spieltheoretischen Instrumenten.

2 Vgl. Weber/Schäffer (1999b, S. 155 ff.) für eine Diskussion der Eignung von Kennzahlensystemen in unterschiedlichen Ausprägungen eines Konzerns und Hess (2002, S. 257) für eine partielle Übertragung auf Netzwerke sowie Drews (2002, S. 164 f.) für eine allgemeine kooperationsbezogene Diskussion.

ein Unternehmen in das Netzwerk eingebunden ist, desto mehr unternehmensübergreifende Kennzahlen werden in seiner Kooperations-Scorecard enthalten sein.

2.4 Verrechnungspreissysteme in Unternehmensnetzwerken

Welche Funktion **Verrechnungspreise** in Netzwerken erfüllen können,[1] ist durch das Verfahren der Auftragsvergabe und die Führungsstruktur geprägt. Werden Aufträge am netzwerkinternen Markt, z. B. per Auktion auf einem elektronischen Marktplatz, vergeben, können die dort vereinbarten Preise als **marktorientierte Verrechnungspreise** interpretiert werden. Diese Methodik ist jedoch nur bei standardisierten und häufig zwischen den Partnern ausgetauschten Produkten möglich (Hess/Schumann 2000c). Zudem müssen Mechanismen wie Standardpreisfestlegung und -vergleiche genutzt werden, um zu verhindern, dass Unternehmen eine temporäre Monopolstellung im Netzwerk ausnutzen (Hess/Schumann 2000c, S. 560). Die Verrechnungspreise dienen zur Erfolgsermittlung der Partnerunternehmen.

Werden Aufträge zentral z. B. durch das akquirierende Unternehmen vergeben, müssen die Preise für die im Netzwerk erbrachten Leistungen festgelegt werden. Diese dienen neben der Erfolgsermittlung als Kalkulationsgrundlage zur Preisbestimmung für die Kunden. Zudem können sie als normalisierte Größen in der Planung und zur Koordination sowie Lenkung der Partnerunternehmen eingesetzt werden.

Marktorientierte Preise können häufig nicht bestimmt werden, weil für die Teilaufträge innerhalb des Netzwerks kein externer Markt existiert (Hess/Schumann 2000b, S. 420). Ausnahmen bilden polyzentrische Netzwerke, die Produkte auf der gleichen Wertschöpfungsstufe herstellen (z. B. Logistikkooperationen). Existiert kein Marktpreis, können die Verrechnungspreise kostenbasiert festgelegt werden. Hierbei ist problematisch, dass die Partnerunternehmen keine einheitlichen Kostenrechnungssysteme haben oder diese nur eingeschränkt offen legen. Zudem muss die Verteilung des Gewinns, des Risikos und der Gemeinkosten der eigenständigen Unternehmen bei der Bestimmung der Verrechnungspreise berücksichtigt werden.

Zur Planung von Aufträgen in Netzwerken sollten die Kosten vorher abgeschätzt und Anreize zur effizienten Leistungserstellung gegeben werden. Dies lässt sich bei einer Abrechnung auf Basis von Istkosten nicht erreichen. Zudem würde bei der Verwendung von Ist-Kosten das Unternehmen mit Marktzugang das gesamte Risiko tragen. In Netzwerken werden deswegen häufig Standardkosten vereinbart, die jedoch regelmäßig überprüft werden müssen. Grenzkosten setzen voraus, dass die Kostenfunktion der einzelnen Unternehmen bekannt ist. Zudem findet keine Deckung der Fixkosten statt. In Netzwer-

---

[1] Vgl. Ewert/Wagenhofer (2003, S. 595 ff.) und Küpper (2001, S. 378) sowie Wagenhofer (2002) für eine Diskussion der Funktion und Formen von Verrechnungspreisen in Unternehmen.

ken wird selten eine exakte Information über die Kostenfunktionen aller beteiligten Unternehmen vorliegen, und Unternehmen müssen durch ihr Engagement im Netzwerk auch ihre fixen Kosten decken. Grenzkosten sind deswegen in Netzwerken nur in Ausnahmefällen als Verrechnungspreise anwendbar (Hess 2002, S. 174 ff.). Folglich scheiden sowohl Ist-Kosten als auch Grenzkosten als Wertbasis für Verrechnungspreise weit gehend aus.[1] Deshalb bleibt als häufigste verwendete Wertbasis ein Ansatz von Vollkosten, die unter Umständen um einen Gewinnanteil erhöht werden. Erbringt ein Unternehmen Leistungen außerhalb des Netzwerks, muss transparent gemacht werden, dass nur netzwerkrelevante Fixkosten bzw. Gemeinkosten in die Kalkulation einfließen. Des Weiteren könnte für die Verrechnungspreise ein zweistufiges Verfahren gewählt werden (Ewert/Wagenhofer 2003, S. 623 ff.). Zunächst werden nur die variablen Kosten erstattet, nach Ablauf der Periode wird zusätzlich ein Betrag zur Deckung der Fixkosten insgesamt überwiesen. Der einmalige Betrag ist als Kosten für die Bereitstellung der Kapazität für das Netzwerk interpretierbar. Ein derartiges Verfahren hätte den Vorteil, dass die Fixkostenanalyse nur einmal pro Periode durchgeführt werden muss und die notwendigen Daten für kurzfristige Entscheidungen ständig verfügbar wären. Es setzt jedoch längerfristige Leistungstransfers voraus und wäre nur in stabilen Netzwerken anwendbar. Wird ein Verrechnungspreis kostenorientiert festgelegt, müsste er zusätzlich einen Gewinnanteil des liefernden Unternehmens enthalten (Hess/Schumann 2000b, S. 422). Die Marge sollte sich an branchenüblichen Werten orientieren oder muss zwischen den Partnerunternehmen ausgehandelt werden. Um ein adäquates Abbild der Kostenstruktur im Netzwerk zu erlangen, kann analog zu der Konzernkostenrechnung (Küpper 1989, Sp. 1195 ff.; Ewert/Wagenhofer 2003, S. 623) eine Konsolidierung der variablen und fixen Kosten sowie der Gewinne stattfinden. So bleiben Preisuntergrenzen für die Annahme von Aufträgen im Netzwerk bestimmbar.

Sind weder Markt- noch Kostendaten als allgemeine Grundlage für Verrechnungspreise geeignet oder verfügbar, werden diese zwischen den Partnerunternehmen ausgehandelt. Dies bedeutet allerdings, dass Auftragskalkulationen fallweise vorgenommen und unter Umständen zeitintensive Konfliktlösungsprozesse notwendig werden (Ewert/Wagenhofer 2003, S. 634 ff.). Daher sollten im Netzwerk allgemeine Regeln zur Bildung von Verrechnungspreisen und Einigungsverfahren im Konfliktfall ausgehandelt werden, die im Einzelfall ohne zusätzliche Gespräche Anwendung finden. Übersicht 4 fasst die Anwendbarkeit unterschiedlicher Formen der Verrechnungpreisbildung zusammen.

Neben der Bestimmung des Auftragspreises und der Kostenstrukturen im Netzwerk erfüllen Verrechnungspreise eine Koordinationsfunktion. Diese ist jedoch dadurch eingeschränkt, dass die Verrechnungspreise häufig nicht durch eine Unternehmung zentral vorgebbar sind. In dem Verhandlungsprozess der autonomen Unternehmen ist zu beachten, dass insbesondere bei geeignet erscheinenden vollkostenorientierten Verrechnungspreisen mit Gewinnzuschlag Anreizprobleme für die einzelnen Unternehmen auftreten.

[1] Vgl. Ewert/Wagenhofer (2003, S. 612 ff.) für die Anwendungsgebiete von kostenorientierten Verrechnungspreisen.

Eine effiziente Produktion und die Durchführung notwendiger Investitionen sind aus Sicht des gesamten Netzwerks nicht garantiert.[1]

Verrechnungspreisart	Anwendbarkeit
1. Marktorientiert	Geeignet, wenn interner Markt oder externe Vergleichsmöglichkeiten existieren. Problematik des Ungleichgewichts im Markt, Verrechnungspreise haben Erfolgsermittlungsfunktion, keine Kosteninformation bzw. Gewinnaufteilung nötig.
2. Kostenorientiert – Istkosten, Standardkosten	Ist-Kosten ungeeignet, da Unternehmen mit externem Marktzugang gesamtes Risiko trägt und Anreize zur effizienten Produktion fehlen. Standardkosten verteilen Risiko, müssen regelmäßig überprüft werden.
3. Kostenorientiert – Grenzkosten	Eher ungeeignet, da Kostenfunktionen der Partnerunternehmen nicht im ganzen Netzwerk transparent sind, und Aufteilung der Fixkosten sowie des Gewinns nicht geregelt ist.
4. Kostenorientiert – Vollkosten	Geeignet zur Preisfestlegung, Problematik der Abgrenzung der netzwerkrelevanten Fixkosten und der unter Umständen inkompatiblen Kostenrechnungssysteme, Konsolidierung zur Bestimmung der Kostenstruktur notwendig, Problem der Gewinnaufteilung.
5. Zweistufige Verrechnungspreise	Daten für kurzfristige Entscheidungen verfügbar. Voraussetzung ist langfristiger Leistungsaustausch zwischen Unternehmen und zentrale Stelle, an dem der Fond zur Fixkostendeckung angelegt wird.
6. Vollkosten und Gewinnaufschlag	Analog 4., Gewinnverteilung orientiert sich an branchenüblichen Margen oder wird ausgehandelt.
7. Verhandlungsergebnis	Für allgemeine Regeln immer notwendig, wenn nicht ein Partner dominiert. Für Einzelfälle zu zeitintensiv.

Übersicht 4: Anwendbarkeit von Verrechnungspreisen in Netzwerken

2.5 Partnerevaluation und -kontrolle in Netzwerken

Eine weitere Aufgabe, die im Zusammenhang mit dem Controlling in Netzwerken bzw. Kooperationen häufig genannt wird, ist die Unterstützung von **Partnersuche sowie -evaluation** und damit verbunden die Bestimmung von Kooperationsfeldern (Albe 1996, S. 183 ff.; Kraege 1997, S. 160 ff.; Hess 2002, S. 259 ff.). Das Controlling soll den Informationsbedarf für die Partnerbewertung ermitteln und Instrumente zur Bewertung bereitstellen. Vorgeschlagen werden dabei Nutzwertanalysen, Checklisten, Stärken-/

[1] Vgl. Küpper (2001, S. 390 f.) und Ewert/Wagenhofer (2003, S. 626 ff.) für eine agencytheoretische Diskussion dieser Problematik in einem Unternehmen.

Schwächenprofile, Profilanalyse der Unternehmenskultur etc. (Pampel 1993, S. 181 ff.; Kraege 1997, S. 161 ff.; Veil 2001, S. 101 ff.; Hess 2001, S. 267 ff.).

Inhaltlich werden potenzielle Unternehmen daraufhin geprüft, ob sie komplementäre Vorteile für das Netzwerk bieten und kompatibel in Bezug auf Strategie, Kultur und Organisation zu den bereits aufgenommenen Unternehmen sind. Ausgehend von dem übergreifenden Zielsystem bzw. Kennzahlensystem des Netzwerks können die Instrumente gestaltet sowie der Bewertungs- und Kontrollprozess von Partnerunternehmen koordiniert werden (Kraege 1998, S. 160 ff.).

Wurde ein Unternehmen in das Netzwerk aufgenommen, kann es anhand der Informationen der Erfolgsrechnung im Netzwerk (siehe Abschnitt 3) bewertet und gegebenenfalls repositioniert oder ausgeschlossen werden (Veil 2001, S. 102 f.).

3. Struktur und Gestaltung des Informationssystems in Netzwerken

3.1 Anforderungen an das Informationssystem in Netzwerken

Der zweite Abschnitt hat deutlich gemacht, dass zur Implementierung von Controlling-Systemen in Netzwerken ein erheblicher Informationsbedarf auf Netzwerkebene besteht. Zur Preisfestlegung, Vergabe von Teilaufträgen, Bewertung des Erfolgs von Projekten und des Netzwerks insgesamt müssen die relevanten Daten verfügbar sein.[1]

Daraus ergibt sich die Notwendigkeit einer **Vereinheitlichung des Informationssystems** der Partnerunternehmen. Schon innerhalb einer einzelnen Unternehmung wird eine Vereinheitlichung des Rechnungswesens zur Verbesserung des Informationssystems diskutiert (Küpper 2000). Die Möglichkeiten dazu sind jedoch in Unternehmensnetzwerken durch die unter Umständen fehlende Richtlinienkompetenz oder ein heterogenes Zielsystem noch weiter eingeschränkt. In der Praxis sind Maßnahmen zur Normierung der Kostenrechnung durch fokale Partner in Form von Standardsätzen bis hin zu Preisdiktaten für Zulieferer zu beobachten. Neben der Angleichung wird auch die Offenlegung sämtlicher Kalkulationen der Partnerunternehmen im Netzwerk erwogen (Veil 2001, S. 133 f.; Hess 2001, S. 95).

Anlog zu Ansätzen des Konzerncontrolling sollten in Netzwerken vergleichbare Daten und durchgängige Größen im operativen Bereich verwendet werden (Küpper 1989,

[1] Vgl. Veil (2001, S. 108 f.) für eine Zusammenstellung des Informationsbedarfs in Netzwerken.

Sp. 1194 ff.). Begriffe und Wertansätze sind einheitlich zu definieren. Dies ist erreichbar indem aus den Daten der Partnerunternehmen über **Brückenrechnungen** eine einheitliche Datenbasis geschaffen wird oder die Kalkulationssysteme der Partner harmonisiert werden (Kraege 1998, S. 130 ff., S. 165 ff.; Perlet/Müller 2002, Sp. 1025 f.).

Anpassungen des Informationssystems an Netzwerkstandards oder notwendige Sonderrechnungen sind mit einem hohen Aufwand verbunden und schränken die Autonomie der Netzwerkunternehmen ein. Deswegen ist es sinnvoll, derartige Maßnahmen unter Umständen nur auf Teilbereiche bzw. die wichtigsten Schnittstellen im Netzwerk zu übertragen (Veil 2001, S. 134). Ein „**virtuelles Rechnungswesen**" (Hippe 1997, S. 229), das die Leistungserstellung im Netzwerk insgesamt auf Basis der Netzwerkprojekte losgelöst von den Unternehmensgrenzen abbildet, erscheint jedoch nur bei sehr stabilen und fokalen Netzwerken ökonomisch sinnvoll einsetzbar. Der zur Steuerung und Kontrolle notwendige Grad der Vereinheitlichung muss in jedem Netzwerk individuell festgelegt werden. In fokalen Netzwerken sollte eine Harmonisierung der Kontenpläne und Kalkulationsschemata stattfinden, in polyzentrischen Netzwerken könnte zur Koordination der Planung die **Finanzrechnung als Grundrechnung** unternehmensübergreifend angeglichen werden (Küpper 2000, S. 456).

Das Informationssystem der Partnerunternehmen muss auch mittels unternehmensübergreifender **I & K-Systeme** unterstützt werden. Etablierte Standards sorgen hier dafür, dass dies immer effizienter möglich ist (Klein 1996, S. 42 f.; Buxmann 2001; siehe auch Abschnitt 4). Ein transparentes Informationssystem im Netzwerk erhöht das Vertrauen der Partnerunternehmen und schränkt die Gefahr des opportunistischen Verhaltens ein. Dies stellt einen entscheidenden Erfolgsfaktor für ein Netzwerk dar (Drews 2001, S. 171 f.; Hippe 1997, S. 254 ff.).

3.2 Gestaltung der Erfolgsrechnung in Netzwerken

3.2.1 Investitions- und Erfolgspotenzialrechnung in Netzwerken

Eine **Investitionsrechnung** zur Bewertung von langfristigen Entscheidungen muss in Netzwerken insbesondere die Dynamik der Kooperationsbeziehung, eine größere Unsicherheit der Umweltzustände und Interdependenzen zu Elementen außerhalb des Kooperationssystems berücksichtigen. Aus Sicht eines Partnerunternehmens müssen die Entscheidungsparameter der anderen Unternehmen innerhalb des Netzwerks einbezogen werden. Zudem sollte die Investitionsrechnung die sich aus der Investition ergebenden Erfolgspotenziale für das Netzwerk abbilden.

Bei der Bestimmung und Bewertung der durch ein Investitionsprojekt erzeugten **Cash Flows** ergibt sich also zusätzlich zu der in Abschnitt 2.3.1 skizzierten Abgrenzungsproblematik und der Problematik der Bestimmung eines geeigneten unternehmensübergreifenden Kalkulationszinsfußes eine Interdependenz zwischen dem Verhalten der Kooperationspartner und dem Verlauf eines Investitionsprojekts. Dadurch wird die Prognoseunsicherheit bzgl. der Cash Flows weiter erhöht. Die Teilsysteme der Investitionsrechnung der Partnerunternehmen müssen koordiniert werden. Grundlage sollte dazu eine im Netzwerk vereinheitlichte Finanzrechnung bilden. Die Struktur der potenziell vorhandenen **Interessenkonflikte** muss bei einer Investitionsentscheidung transparent gemacht werden. Daraus ergibt sich eine Art Spielsituation, die bei der Bewertung von Investitionsalternativen zu beachten ist.[1] Bei der Entscheidung ist insbesondere auch zu berücksichtigen, inwiefern sich eine Abhängigkeit des investierenden Unternehmens von den Partnerunternehmen ergibt und wie diese opportunistisch ausgenutzt werden könnte. Mit einer netzwerkspezifischen Investition geht ein Unternehmen eine Selbstbindung (**Commitment**) ein (Pedell 2000), deren Mehrwert und Handlungsmöglichkeiten für die Akteure identifiziert werden müssen. Durch Festlegung von geeigneten Regeln bzw. Verträgen zur Durchführung der Investition ist die Situation für alle Beteiligten positiv beeinflussbar.[2] Diese zusätzlichen Kalküle der Investitionsrechnung müssen sich auch im Investitionscontrolling der Partnerunternehmen wieder finden (vgl. z. B. Adam 2002).

Interpretiert man eine Investitionsentscheidung als Aufbau oder Erhaltung von Erfolgspotenzialen im Netzwerk, kann eine Investitionsrechnung umfassender zur **Erfolgspotenzialrechnung** ausgebaut werden.[3] Basierend auf den auf Netzwerkebene definierten Kompetenzen der Partnerunternehmen können der Autonomiegrad der Investitionsentscheidungen festgelegt und die erzeugten Cash Flows strukturiert werden. Dadurch werden Potenzial-Interdependenzen im Netzwerk sichtbar und strategische Investitionsentscheidungen transparent.

3.2.2 Kostenrechnungssysteme in Netzwerken

Jedes Unternehmen besitzt ein eigenes Kostenrechnungssystem und kalkuliert die Teilauftragskosten autonom. Die Entscheidung, ob Aufträge zu Plankosten, Istkosten oder Normalkosten kalkuliert werden und inwiefern indirekte Kosten (Gemeinkosten) auf Aufträge umgelegt werden, ist für jedes Unternehmen zunächst frei. Die Aussagekraft von Kosteninformationen in Netzwerken ist daher unter Umständen sehr eingeschränkt (Veil 2001, S. 110). Die zeitliche Dauer des Engagements im Netzwerk ist für die Partnerunternehmen in der Regel nicht genau abschätzbar. Bei den Kostenrechnungssystemen ist deswegen auf Netzwerkebene besonders auf Wirtschaftlichkeit zu achten.[4]

---

[1] Zu Spielsituationen in der Bewertung von Kooperationsaktivitäten vgl. Drews (2001, S. 148 ff.).

[2] Vgl. Nalebuff/Brandenburger (1996) für eine Diskussion der qualitativen Auswirkung der Komponenten einer Spielsituation in einer Geschäftsbeziehung.

[3] Vgl. Breid (1994) für die Grundstruktur einer Erfolgspotenzialrechnung im Unternehmen.

[4] Vgl. Drews (2001, S.87 ff.) für eine Diskussion Anforderungen der Kostenrechnung in Kooperationen und Veil (2001, S. 110 ff.) für eine Diskussion der Kostenrechnung in Netzwerken.

Zur Erreichung einer aussagekräftigen Kostenrechnung in Netzwerken sind spezifische Anforderungen an eine Kostenrechnung zu stellen. Die **Kostenartenrechnung** sollte auf vergleichbaren Kontenrahmen und Kostenkategorien basieren (Küpper 1989, Sp. 1194 ff.). Zudem sollten Kosten für die erbrachten Teilleistungen im Netzwerk abgebildet und die wesentlichen Einflussgrößen für die Kostenarten verdeutlicht werden. In der **Kostenstellenrechnung** ergeben sich bei den Partnerunternehmen Abgrenzungs- und Zurechnungsprobleme. Hier ist zu prüfen, ob die Kostenstellenstruktur angepasst werden soll oder ob eine zusätzliche Rechnung für kooperationbezogene Kosten notwendig wird. Auf Grund der Dynamik des Netzwerks erscheint eine Zusatzrechnung in der Regel geeigneter als eine Anpassung der Kostenstellen. In der **Kostenträgerrechnung** sollten neben Produkten insbesondere die Teilleistungen bzw. Aufträge und Aktivitäten des Unternehmens im Netzwerk betrachtet werden. Zudem ist in den unternehmensübergreifenden Kostenrechnungssystemen darauf zu achten, dass Güterverbrauchsmengen nicht mehrfach erfasst werden und die Kostenstrukturen zur Bestimmung fixer und variabler Kostenbestandteile transparent bleiben. Ansonsten werden unter Umständen kurzfristige Entscheidungen über die Auftragsannahme fehlerhaft getroffen oder Preise ermittelt, die nicht konkurrenzfähig sind. Analog zur Kostenrechnung in Konzernen können Konsolidierungsrechnungen und Primärkostenkalkulationen als Zusatzrechnungen Anwendung finden (Küpper 1989, Sp. 1195 ff.; Veil 2001, S. 126 ff.).

Die **Prozesskostenrechnung** wird häufig als Ausgangspunkt für Kostenrechnungssysteme in Kooperationen verwendet (vgl. z. B. Brinkmann 1996, S. 86 ff.; Drews 2001, S. 92 ff.). In Kooperationen soll sich diese aber nicht auf Gemeinkosten konzentrieren, sondern die variablen und fixen Kosten der Aktivitäten im Netzwerk bewerten. Die Vorgehensweise der Prozesskostenrechnung (vgl. z. B. Schweitzer/Küpper 2003, S. 345 ff.) ermöglicht es, Kosten aktivitätsbezogen darzustellen und ihre Einflussgrößen zu analysieren. Als ergänzende Rechnung baut sie auf den einzelnen Kostenrechnungssystemen der Partnerunternehmen auf und liefert Informationen für kurzfristige sowie langfristige Entscheidungen. Bei sehr langfristigen Beziehungen ist eine zunehmende Prozessorientierung der Kostenrechnung der Partnerunternehmen sinnvoll.

Innerhalb eines Netzwerks entstehen zusätzlich zu den Produktionskosten **Koordinationskosten**, die bei der Preisbestimmung zu berücksichtigen sind und über die Vorteilhaftigkeit des Netzwerks gegenüber einer Einzelunternehmung entscheiden. Zu deren Bestimmung kann eine Methodik analog zur Prozesskostenrechnung verwendet werden, die auf bereits bestehenden Kostenarten- und Kostenstellenrechnungen basiert. Dazu müssen Koordinationsaktivitäten definiert und deren Einflussgrößen identifiziert sowie bewertet werden. Mit den Analysen kann man Verrechnungssätze für Koordinationskostensätze bestimmen und überprüfen. Praxisfälle zeigen, dass sehr heterogene Vorstellungen über die Höhe der Koordinationskosten bestehen können, sodass die verwendeten Sätze einer ständigen Prüfung unterzogen werden müssen (Veil 2001, S. 138 ff.).

Zur Kalkulation von Aufträgen in Netzwerken werden zudem Verfahren analog zum **Target Costing** vorgeschlagen. Ausgehend vom Marktpreis kann man innerhalb einer retrograden Kalkulation die Preisobergrenzen der Teilaufträge festlegen. Die Margen werden von den Unternehmen autonom bestimmt, sie ermitteln sozusagen ihre Zielkosten erst auf Unternehmensebene. Dies hat den Vorteil, dass auf Netzwerkebene keine Kostendaten vorhanden sein müssen. Werden die Kostenkalkulationen zwischen den Partnerunternehmen offen gelegt, können auch unternehmensübergreifend Zielgrößen für Kosten festgelegt werden. Voraussetzung dafür sind eine stabile Konfiguration und vertrauensbildende Maßnahmen im Netzwerk (Seidenschwarz/Niemand 1994; Veil 2001, S. 121 ff.).

4. EDV-Systeme zur Unterstützung und Koordination des Informationssystems in Netzwerken

4.1 Zentrale Problemfelder von I & K-Systemen zur Unterstützung des Controlling in Netzwerken

Auf Grund der möglichen Komplexität von unternehmensübergreifenden Controlling-Instrumenten ergibt sich die Notwendigkeit einer Unterstützung durch Informations- und Kommunikationstechnologien. Dazu stehen zahlreiche Werkzeuge zur Verfügung,[1] die jedoch an die spezifischen Anforderungen im Netzwerk angepasst werden müssen.

Die Planung und die Wirtschaftlichkeitsanalyse der I & K-Technik werden im Netzwerk durch autonome Unternehmen vorgenommen. Auf Grund der Netzwerkeffekte existiert ein Erfolgsverbund zwischen den Entscheidungen der Akteure im Netzwerk, welcher bei der Wirtschaftlichkeitsanalyse zu berücksichtigen ist. Die Kompatibilität zwischen den I & K-Systemen der Netzwerkunternehmen ist eine wesentliche Voraussetzung für eine effiziente Unterstützung der Controlling-Instrumente. Unternehmen müssen dazu entweder die gleichen Systeme wählen oder Systeme, die auf gleichen Standards beruhen. Daraus erwachsen zusätzliche Koordinationsaufgaben. Vor Eintritt ins Netzwerk setzen Unternehmen bereits unterschiedliche I & K-Systeme ein, die zum Teil inkompatibel sind. Da jedes Unternehmen für sich die Anpassungs- bzw. Umstellungskosten minimieren möchte, entstehen aufwändige Verhandlungsprozesse (Buxmann 2001, S. 17 f.). Eine dezentrale Wirtschaftlichkeitsanalyse von I & K-Technologien für Controlling-Instrumente muss Kostenarten (z. B. einmalige Kosten, laufende Kosten) und Nutzenarten (z. B. Kosteneinsparungen, Zeiteinsparungen) für alle Netzwerkpartner berücksichtigen (Rey 1999, S. 107 ff.; Buxmann 2001, S. 63 ff.).

---

[1] Für einen ersten Überblick über anwendbare EDV-Systeme vgl. Männel (1998).

Investitionen in gemeinsame I & K-Technologien bzw. Standards sind aus Sicht des Partnerunternehmens spezifisch und damit weit gehend als Sunk Costs zu betrachten. Sie erzeugen **Bindungseffekte** (**Lock-in-Effekte**) und bieten Raum für opportunistisches Verhalten (Gaugler 2000, S. 110 ff.; Pedell 2000, S. 69 ff.). Modellanalysen zeigen, dass eine dezentrale Koordination von I & K-Systemen in der Regel zu weniger Standardisierung führt und kollektive Einsparungsmöglichkeiten nicht genutzt werden. Daraus ergibt sich eine Standardisierungslücke im Vergleich zu einer zentralen Koordination (Buxmann 2001, S. 73 ff.). In fokalen Netzwerken sind demnach I & K-Unterstützungen für Controlling-Systeme effizienter realisierbar als in polyzentrisch geführten.

Um die Spezifität der Investitionen in unternehmensübergreifende I & K-Systeme möglichst gering zu halten, können etablierte **Standards** verwendet werden. Diese sind auch außerhalb des Netzwerks einsetzbar und erzeugen somit eine geringere technologische Abhängigkeit zwischen den Unternehmen. Zudem sind sie häufig mit geringeren Kosten implementierbar. Insbesondere Internettechnologien können die Standardisierungslücke in polyzentrischen Netzwerken reduzieren. Eingesetzte Kommunikationsstandards umfassen internetbasiertes Electronic Data Interchange (WebEDI) und die Extensible Markup Language (XML). Des Weiteren werden Lösungen auf Basis von Standardsoftware wie z. B. SAP verwendet (Buxmann 2001; Buxmann/König 2000).

Ein weiteres Koordinationsproblem ergibt sich aus der Verteilung von **Zugriffsrechten** in gemeinsam genutzten EDV-Systemen. Hier ist ein transparentes und zuverlässiges System notwendig, um das Vertrauen zwischen den Netzwerkpartnern zu erhöhen. Dazu können z. B. neben Kennwortschutz Verschlüsselungsverfahren und digitale Signaturen sowie Zertifikate Anwendung finden (Buxmann/König 2000, S. 42 ff.).

In stabilen unternehmensübergreifenden Supply Chains werden bereits unternehmensübergreifende I & K-Technologien eingesetzt, die Planung und Kontrolle koordinieren. Für dynamische Netzwerke sind Systeme notwendig, die standardisierte Schnittstellen auf technischer und logischer Ebene verwenden, die ein hohes Maß an Flexibilität zu relativ geringen Kosten bieten (Buxmann 2001, S. 14 f.; Schneider/Grünewald 2001, S. 169 ff.).

4.2 Entwicklung von I & K-Systemen zur Unterstützung des Controlling in Netzwerken

In Netzwerken werden Teilaufträge zum Teil parallel umgesetzt; auch die notwendigen Controlling-Aufgaben werden dezentral bei den Partnerunternehmen bzw. übergreifend durch den fokalen Partner durchgeführt. Daraus ergibt sich, dass I & K-Technologien für Controlling-Instrumente im Netzwerk zumindest von einer gemeinsamen Datenbasis für die relevanten Prozesse im Netzwerk ausgehen müssen (Rey 1999, S.150 ff.).

Aus diesem Grund definieren neuere Arbeiten zur Entwicklung von EDV-Werkzeugen für das Netzwerk-Controlling zunächst ein allgemeines Daten- und Funktionsmodell. Diese bilden das Konzept eines Basiswerkzeugs aus fachlicher Perspektive. Unter Verwendung eines erweiterten Entity Relationship Models (ERM) kann man das **Datenmodell** aus problemorientierter Sicht beschreiben. Die verwendeten Entitäten, Beziehungen und Attribute spiegeln die Komponenten des Controlling-Instruments wider. Das **Funktionsmodell** orientiert sich an den Aufgaben des Controlling und regelt Zugriffsrechte. Eine Spezifikation der Funktionen kann z. B. durch Pseudocode erfolgen.[1] In der Umsetzung des Basissystems zur Unterstützung des Netzwerk-Controlling kann entweder ein isoliertes System implementiert werden oder eine Einbindung in die Systeme der Partnerunternehmen erfolgen.

Ein isoliertes System hat den Vorteil, dass die Schaffung von Schnittstellen zu den Systemen nur sehr begrenzt nötig ist und ein homogenes System im Netzwerk vorliegt. Als Mehrbenutzersystem muss es auf den unterschiedlichen Systemplattformen einfach zu installieren sein. Auch bei Wartung und Nutzung ist der Aufwand zu minimieren. Deshalb wird vorgeschlagen, das System auf Basis einer **Client/Server-Architektur** mit Internet-Technologien zu realisieren (Hess 2002, S. 321 ff.). Für die Datenhaltung wird der relationale Ansatz für auftragsbezogene transaktionale Prozesse favorisiert, für analytische Anwendungen wie Ergebnis-, Kapazitäts- und Kennzahlenanalysen im Netzwerk können jedoch auch OLAP-Datenbanken und Data-Warehouse-Systeme Anwendung finden (Sinzig 2002, Sp. 319 ff.; Hess 2002, S. 324 ff.). Ein Beispiel für die Implementierung eines isolierten Systems stellt **VICOPLAN** (Virtual Cooperation Planning System) dar (Hess/Zieger 2000). Es ist in drei Module strukturiert. Das Modul Auftragsmanagement ermöglicht die Erfassung des Auftrags, die Verteilung der Teilaufträge auf Partnerunternehmen und eine Kontrolle des Fertigstellungsgrades eines Auftrags. Durch das Modul Analysen werden übergreifende Auswertungen über das Partnerverhalten, die Vergabe von Teilaufträgen, das Leistungsverhalten im Netzwerk etc. unterstützt. Im Modul Stammdatenverwaltung kann jedes Partnerunternehmen seine Kompetenz- und Kapazitätsdaten dezentral pflegen. Ein Koordinator kann dort zentral das Customizing vornehmen. VICOPLAN ist als Client/Server-System auf der Basis einer relationalen Datenbank realisiert. Als Client kommen marktübliche WWW-Browser zum Einsatz.

Eine umfassende Einbindung der operativen Systeme der Partner für die Unterstützung des Netzwerk-Controlling ermöglicht die Verwendung einer **Standard-Software** wie SAP Advanced Planner and Optimizer (APO), SAP Business Information Warehouse (BW) und Business Strategic Enterprise Management (SEM)(Friedl/Hilz/Pedell 2003; Buxmann/König 2000; Hess 2002, S. 354 ff.). Diese Module ermöglichen detaillierte unternehmensübergreifende Analysen und können auf die spezifischen Aufgaben eines Controlling in Netzwerken ausgerichtet werden. Der Einsatz scheint jedoch nur in stabi-

[1] Vgl. für eine konkrete Ausformulierung eines Daten- und Funktionsmodells für Instrumente des Netzwerk-Controlling Hess (2002, S. 289 ff.).

len fokalen Netzwerken sinnvoll, da die Anpassung der Systeme untereinander sehr aufwändig sein kann.

Außerdem werden Workflowmanagement- und Groupwaresysteme zur EDV-Unterstützung kooperativer Gruppenprozesse sowie die Verwendung von Geschäftsprozessanalysesoftware (wie z. B. ARIS-Toolset) im Rahmen des Controlling in Netzwerken vorgeschlagen. Deren Nutzenpotenzial ist jedoch für jeden Einzelfall zu prüfen (Drews 2001, S. 186 f.; Buxmann 2001, S. 17; Rey 1999, S. 171 ff.).

5. Praxiserfahrungen und Ausblick

Die Entwicklung von Controlling-Instrumenten für Netzwerke befindet sich noch in den Anfängen. Bisher liegen erst wenige Analysen über die Wirksamkeit bzw. Wirtschaftlichkeit der Instrumente in der Praxis vor. In erster Linie existieren einzelne Fallstudien (Drews 2001, S. 193 ff.; Hess 2002, S. 274 ff.), die den Entwicklungsbedarf von Controlling-Konzepten aufzeigen.

Fallstudien in polyzentrischen Netzwerken wie virtuellen Unternehmen zeigen, dass insbesondere auf übergreifender bzw. strategischer Ebene in Netzwerken wenige Controlling-Instrumente eingesetzt werden (Hess 2002, S. 288). Eine systematische Anpassung der Controlling-Instrumente an die Netzwerkstruktur findet häufig nicht statt. Meist wird ein einfaches und damit zunächst kostengünstiges Verfahren verwendet. Damit wird das Potenzial von komplexeren Controlling-Systemen nicht genutzt. Eine Auswertung des Erfolgs des Netzwerks insgesamt sowie eine gezielte Analyse der Erfolgspotenziale werden nicht vorgenommen.

Dabei ist zu berücksichtigen, dass dem Controlling in Netzwerken engere Grenzen gesetzt sind als in Einzelunternehmen. Die Autonomie der Entscheidungsträger und wechselnde Konfigurationen des Netzwerks erzeugen hohe Anforderungen an die Wirtschaftlichkeit und die Anpassungsfähigkeit der verwendeten Instrumente. Konträre Zielsetzungen und inkompatible Erfolgsrechnungs- sowie I & K-Systeme erzeugen Koordinationsprobleme, die durch spezifische Instrumente des Controlling in Netzwerken zu lösen sind.

Literatur

ADAM D. (2002): Investitionscontrolling, in: Küpper, H.-U.; Wagenhofer, A. (Hrsg.): Handwörterbuch Unternehmensrechnung und Controlling, 4. Aufl., Stuttgart, Sp. 838-847.

ALBE, F. (1996): Total Dynamic Controlling zwischenbetrieblicher Kooperation, Northeim.

BREID, V. (1994): Erfolgspotentialrechnung, Stuttgart.

BRINKMANN, R. (1996): Entwicklung eines Controlling- und Informationsmodells für industrielle Kooperationssysteme, Clausthal.

BUXMANN, P. (2001): Informationsmanagement in vernetzten Unternehmen, Wiesbaden.

BUXMANN, P.; KÖNIG, W. (2000): Zwischenbetriebliche Kooperationen auf Basis von SAP-Systemen, Berlin – Heidelberg.

DREWS, H. (2001): Instrumente des Kooperationscontrollings, Wiesbaden.

EWERT, R.; WAGENHOFER, A. (2003): Interne Unternehmensrechnung, 5. Aufl., Berlin – Heidelberg.

FRIEDL, G.; HILZ, C.; PEDELL, B. (2003): Controlling mit SAP R/3, 3. Aufl., Wiesbaden.

GAUGLER, T. (2000): Interorganisatorische Informationssysteme. Ein Analyse- und Gestaltungsrahmen für das Informationsmanagement, Wiesbaden.

HESS, T. (1999): ZP-Stichwort: Unternehmensnetzwerke, in: Zeitschrift für Planung, 10. Jg., Nr. 2, S. 225-230.

HESS, T. (2000): Anwendungsmöglichkeiten des Konzerncontrolling in Unternehmensnetzwerken, in: Sydow, J.; Windeler, A. (Hrsg.): Steuerung von Netzwerken, Opladen, S. 156-177.

HESS, T. (2001): Controlling eines virtuellen Unternehmens - ein Zwischenbericht, in: Kostenrechnungspraxis, Sonderheft, Nr. 2, S. 92-100.

HESS, T. (2002): Netzwerkcontrolling – Instrumente und ihre Werkzeugunterstützung, Wiesbaden.

HESS, T.; SCHUMANN, M. (1999): Erste Überlegungen zum Controlling in Unternehmesnetzwerken, in: Engelhard, J.; Sinz, E. J. (Hrsg.): Kooperation im Wettbewerb. Neue Formen und Gestaltungskonzepte im Zeichen von Globalisierung und Informationstechnologie, Wiesbaden, S. 349-370.

HESS, T.; SCHUMANN, M. (2000a): Koordinator im Netzwerk. Ein attraktives Geschäftsmodell?, in: io Management, Nr. 5, S. 80-83.

HESS, T.; SCHUMANN, M. (2000b): Auftragscontrolling in Unternehmensnetzwerken, in: Zeitschrift für Planung, 11. Jg., Nr. 4, S. 411-432.

HESS, T.; SCHUMANN, M. (2000c): Durch elektronische Märkte zu marktorientierten Verrechnungspreisen?, in: Controlling, 12. Jg., Nr. 11, S. 557-562.

HESS, T.; WOHLGEMUTH, O.; SCHLEMBACH, H.-G. (2001): Bewertung von Unternehmensnetzwerken, in: Zeitschrift Führung + Organisation, 70. Jg., Nr. 2, S. 68-74.

HESS, T.; ZIEGER, M. (2000): Werkzeugunterstützung für das Controlling virtueller Unternehmen: das System VICOPLAN, in: Engelien, M.; Neumann D. (Hrsg.): Gemeinschaften in Neue Medien, Lohmar/Köln, S. 188-197.

HIPPE, A. (1997): Interdependenzen von Strategie und Controlling in Unternehmensnetzwerken, Wiesbaden.

KAPLAN, R. S.; NORTON, D. P. (1997): Balanced Scorecard: Strategien erfolgreich umsetzen, Stuttgart.

KLEIN, S. (1996): Interorganisationssysteme und Unternehmensnetzwerke: Wechselwirkungen zwischen organisatorischer und informationstechnischer Entwicklung, Wiesbaden.

KRAEGE, R. (1997): Controlling strategischer Unternehmenskooperationen. Aufgaben, Instrumente und Gestaltungsempfehlungen, München/Mering.

KRAEGE, T. (1998): Informationssysteme für die Konzernführung. Funktion und Gestaltungsempfehlungen, Wiesbaden.

KRÜGER, A. (2002): Projektcontrolling, in: Küpper, H.-U.; Wagenhofer, A. (Hrsg.): Handwörterbuch Unternehmensrechnung und Controlling, 4. Aufl., Stuttgart, Sp. 1582-1590.

KRÜGER, A.; SCHMOLKE, G.; VAUPEL, R. (1999): Projektmanagement als kundenorientierte Führungskonzeption: Management mit Projekten und Management von Projekten, Stuttgart.

KÜPPER, H.-U. (1989): Kostenplanung und Kostensteuerung, in: Macharzina, K.; Welge, M. K. (Hrsg.): Handwörterbuch Export und Internationale Unternehmung, Stuttgart, Sp. 1191-1199.

KÜPPER, H.-U. (1991): Betriebswirtschaftliche Steuerungs- und Lenkungsmechanismen organisationsinterner Kooperation, in: Wunderer, R. (Hrsg.): Kooperation. Gestaltungsprinzipien und Steuerung der Zusammenarbeit zwischen Organisationseinheiten, Stuttgart, S. 175-203.

KÜPPER, H.-U. (2000): Bedeutung der Buchhaltung für Planung und Steuerungszwecke der Unternehmung, in: Altenburger O. A.; Janschek, O.; Müller H. (Hrsg.): Fortschritte im Rechungswesen, 2. Aufl., Wiesbaden, S. 443-466.

KÜPPER, H.-U. (2001): Controlling, 3. Aufl., Stuttgart.

KÜPPER, H.-U.; WAGENHOFER, A. (Hrsg.) (2002): Handwörterbuch Unternehmensrechnung und Controlling, 4. Aufl., Stuttgart.

MÄNNEL, W. (1998): DV-gestütztes Controlling mit Netzwerken, in: Kostenrechnungspraxis, Sonderheft Nr. 2.

MEYER-PIENING, A. (1990): Zero Base Planning. Zukunftssicheres Instrument der Gemeinkostenplanung, in: Leitfaden für Unternehmer und Führungskräfte, Köln.

MICHEL, U. (1996): Wertorientiertes Management strategischer Allianzen, München.

NALEBUFF, B.; BRANDENBURGER, A. (1996): Coopetition – kooperativ konkurrieren: mit der Spieltheorie zum Unternehmenserfolg, Frankfurt a. M. – New York.

PAMPEL, J. (1993): Kooperation mit Zulieferern. Theorie und Management, Wiesbaden.

PEDELL, B. (2000): Commitment als Wettbewerbsstrategie, Berlin.

PERLET, H.; MÜLLER, B. (2002): Konzerncontrolling, in: Küpper, H.-U.; Wagenhofer, A. (Hrsg.): Handwörterbuch Unternehmensrechnung und Controlling, 4. Aufl., Stuttgart, Sp. 1019-1033.

PICOT, A.; BÖHME, M. (1999): Controlling in dezentralen Unternehmensstrukturen, München.

PYHRR, P. A. (1973): Zero-Base-Budgeting: A Practical Management Tool for Evaluating Expenses, New York.

REY, M. (1999): Informations- und Kommunikationssysteme in Kooperationen, Lohmar-Köln.

SCHNEIDER, R.; GRÜNEWALD, C. (2001): Supply Chain Management-Lösung mit mySAP.com, in: Lawrenz, O. u. a. (Hrsg.): Supply Chain Management: Konzepte, erfahrungsberichte und Strategien auf dem Weg zu digitalen Wertschöpfungsnetzen, 2. Aufl., Braunschweig – Wiesbaden.

SCHWEITZER, M.; KÜPPER, H.-U. (2003): Systeme der Kosten- und Erlösrechnung, 8. Aufl., München.

SEIDENSCHWARZ, W.; NIEMAND, S. (1994): Zulieferintegration im marktorientierten Zielkostenmanagement, in: Controlling, 6. Jg., Nr. 5, S. 262-270.

SINZIG, W. (2002): Datenbanken, in: Küpper, H.-U.; Wagenhofer, A. (Hrsg.): Handwörterbuch Unternehmensrechnung und Controlling, 4. Aufl., Stuttgart, Sp. 319-331.

SYDOW, J. (2002): Strategische Netzwerke – Evolution und Organisation, 1. Aufl., 5. Nachdruck, Wiesbaden.

SYDOW, J.; WINAND, U. (1998): Unternehmungsvernetzung und -virtualisierung: Die Zukunft unternehmerischer Partnerschaften, in: Winand U.; Nathusius, K. (Hrsg.): Unternehmungsnetzwerke und virtuelle Organisationen, Stuttgart, S. 11-31.

VEIL, T. (2001): Internes Rechnungswesen zur Unterstützung der Führung in Unternehmensnetzwerken, Göttingen.

WAGENHOFER, A. (2002): Verrechnungspreise, in: Küpper, H.-U.; Wagenhofer, A. (Hrsg.): Handwörterbuch Unternehmensrechnung und Controlling, 4. Aufl., Stuttgart, Sp. 2074-2083.

WEBER, J.; SCHÄFFER, U. (1999a): Sicherstellung der Rationalität von Führung als Aufgabe des Controlling?, in: Die Betriebswirtschaft, 59. Jg., Nr. 6, S. 731-747.

WEBER, J.; SCHÄFFER, U. (1999b): Führung im Konzern mit der Balanced Scorecard, in: Kostenrechnungspraxis, 44. Jg., Nr. 3, S. 153-157.

Walter A. Oechsler*

Human Resource Management in strategischen Allianzen

---

* Univ.-Professor Dr. Walter A. Oechsler ist Inhaber des Lehrstuhls für Allgemeine Betriebswirtschaftslehre, Personalwesen und Arbeitswissenschaft der Universität Mannheim.

1. Einführung

In den letzten Jahren haben sich immer mehr strategische Allianzen in Form von **Netzwerkorganisationen** entwickelt. Kerngedanke von strategischen Allianzen ist die Optimierung von Wertschöpfungsketten, indem jeweils Partner mit Kernkompetenzen eingeschaltet werden, die besonderes Wissen für Problemlösungen einbringen. Die daraus entstehenden Netzwerkorganisationen sind äußerst vielgestaltig. Sie können von lockerer bis zu intensiver Kooperation reichen und die unterschiedlichsten rechtlichen Arrangements nutzen. Für das Human Resource Management in solchen strategischen Allianzen erwachsen neue Herausforderungen. Es ist konfrontiert mit relativ autonomen Partnern in Netzwerken, die lediglich strategisch und über bestimmte Verträge gleichgeschaltet sind. Diese Netzwerke können vielfältige organisatorische Varianten der **Dezentralisierung** nutzen und bestehen aus segmentierten Belegschaften. Das Human Resource Management richtet sich damit nicht mehr nur auf die klassischen Funktionen der **Personalplanung**, **-auswahl**, des **-einsatzes**, **-entgelts** und der **-entwicklung**, sondern besteht zusätzlich aus dem Management von Wissen, Loyalität und Identität, um die zur Stabilisierung von strategischen Allianzen erforderliche Vertrauensbasis zu schaffen. Die mit dem Einsatz von Instrumenten des Human Resource Managements verbundene Mitbestimmung von Arbeitnehmervertretern ist allerdings nicht auf flexible Netzwerkstrukturen ausgerichtet, sondern kennt abgrenzbare Betriebe und ist auf einen Arbeitgeber als zentralen Ansprechpartner angewiesen.

Zur Erfassung dieser Probleme eignet sich als konzeptionelle Grundlage das Human Resource Management, das aus zentraler Perspektive eine Integration von Strategie, Struktur und Human Resource Management vorsieht sowie für dezentrale Leistungsprozesse einen rudimentären Kreislauf von Human-Resource-Instrumenten erforderlich macht.

2. Konzeptionelle Grundlagen des Human Resource Managements

2.1 Integration von Strategie, Struktur und Human Resource Management

Ausgangspunkt des strategischen Human Resource Managements ist die Integration von Strategie in Form des Produkt-Markt-Konzepts, der Struktur in Form der organisatorischen Gestaltung und des Human Resource Managements in Form der personalpolitischen Orientierung (Liebel/Oechsler 1994, S. 7).

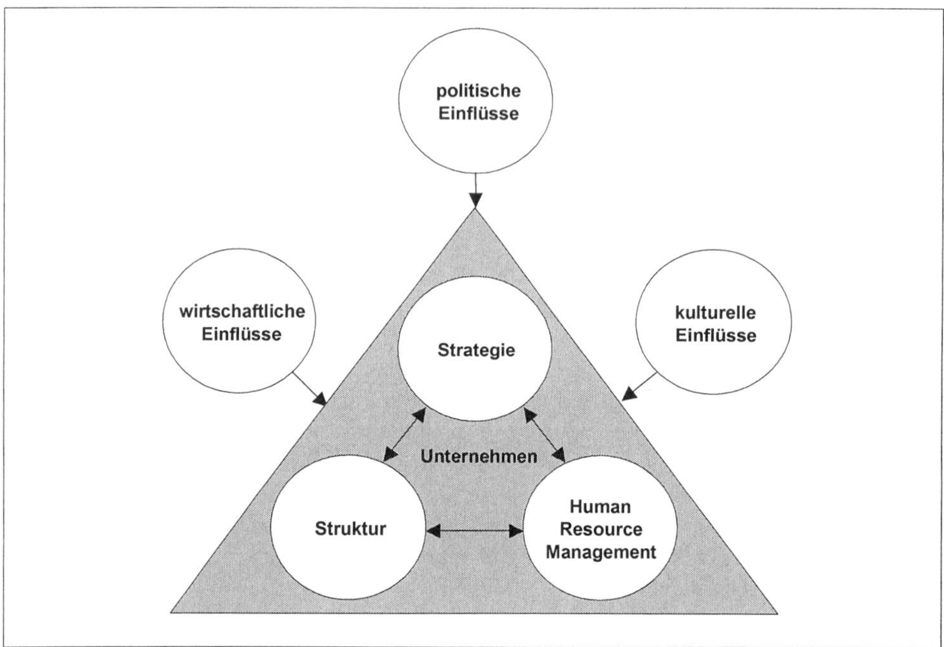

Übersicht 1: Integration von Strategie, Struktur und Personal

Diese Integration kann an einem Beispiel verdeutlicht werden. Wird als strategische Zielsetzung kundenorientierter Service verfolgt, so kann dies nur über eine strategieadäquate Organisationsstruktur umgesetzt werden. Diese muss beispielsweise spezialisierte Arbeitsteilung aufgeben und in Form von **Service-Centern** Dienstleistungen aus einer Hand anbieten. Für das Human Resource Management bedeutet dies, dass relativ hoch qualifizierte Mitarbeiter in teamorientierten Prozessen in Form von Selbststeuerung und -kontrolle die **Leistungsprozesse** verrichten.

2.2 Kreislauf von Human-Resource-Instrumenten

Neben der strategischen Komponente ist für das Human Resource Management ein rudimentärer Kreislauf von Instrumenten erforderlich (Liebel/Oechsler 1994, S. 27).

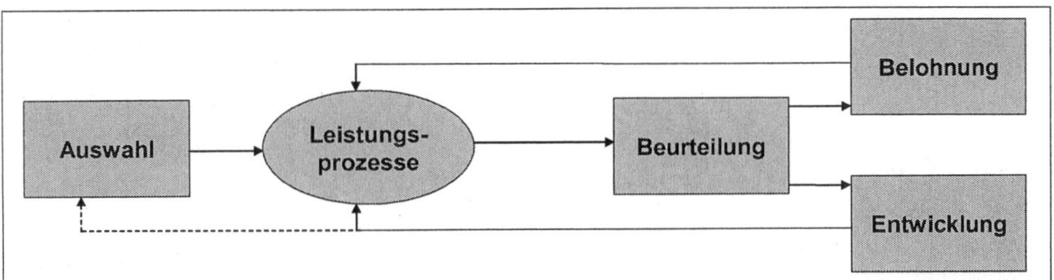

Übersicht 2: Instrumente des Human Resource Managements

Ausgangspunkt für den Einsatz von Instrumenten des Human Resource Managements sind die Leistungsprozesse, für die Personal in Übereinstimmung mit den strategischen Zielsetzungen geplant wird.

Anhand der für die Leistungsprozesse beobachtbaren und identifizierbaren kritischen Erfolgs- und Misserfolgsfaktoren lassen sich die Kriterien für die Auswahl und die Beurteilung gewinnen. Damit werden die Instrumente des Human Resource Managements organisch und flexibel an die kritischen Erfolgs- und Misserfolgsfaktoren in den Leistungsprozessen gekoppelt. Aus der Beurteilung ergeben sich zwei weitere einzusetzende Instrumente, nämlich die Personalentwicklung, die insbesondere erforderlich ist, wenn Leistungsschwächen aufgetreten sind, und die Entgeltfindung, die an das Leistungsniveau gekoppelt werden kann.

Mit Blick auf das Human Resource Management erlaubt dieser konzeptionelle Ansatz zum einen eine Konzentration auf die für die operativen Leistungsprozesse wichtigen kritischen Erfolgs- und Misserfolgsfaktoren und zum anderen aber auch eine Orientierung an den strategisch (langfristig) anvisierten Zielsetzungen. Die operative Dimension beispielsweise der Personalentwicklung bedeutet dann das Schließen von Qualifikationslücken, die im Rahmen der Leistungsbeurteilung aufgedeckt wurden. Die strategische Dimension kann beispielsweise bedeuten, dass ein mehrjähriger Personalentwicklungsplan aufgestellt wird, um strategische Entwicklungsziele, wie z. B. die Einführung von E-Business, zu erreichen. Auch kann neben der Beurteilung der operativen kritischen Erfolgs- und Misserfolgsfaktoren des Leistungsprozesses zusätzlich eine strategische Komponente beurteilt werden. So lässt sich die Leistung eines Einkäufers operativ über die erzielten Nachlässe beurteilen, während strategisch die langfristige Liefersicherheit bedeutsam werden kann.

Mit diesem konzeptionellen Ansatz lässt sich damit eine Verbindung strategischer und operativer Anreize im System des Human Resource Managements erreichen. Dieser für abgrenzbare Unternehmen entwickelte konzeptionelle Ansatz eignet sich zwar grundsätzlich, muss aber Modifikationen erfahren, wenn er auf strategische Allianzen in Form von **Netzwerkorganisationen** angewandt werden soll.

3. Besonderheiten von strategischen Allianzen

3.1 Begriffsverständnis

Strategische Allianzen sind dadurch gekennzeichnet, dass es sich um die mehr oder weniger lockere Kooperation relativ autonomer Partner handelt, um Wissensvorteile und Kernkompetenzen zur Wertschöpfungssteigerung zu nutzen. Solche auf bestimmte strategische Zielsetzungen ausgerichtete Netzwerke beruhen auf Kontrakten und erfordern als Stabilitätsbedingung **Vertrauen**. Sie nutzen vielfältige organisatorische und rechtliche Arrangements.

3.2 Wertschöpfungsorientierung über das Management von Wissen

Im Zuge der Wertschöpfungsorientierung stellt sich die Frage nach kooperativem Vorgehen bei Problemlösungen. Sobald sich ein Partner anbietet, der eine bestimmte Problemlösung entlang der Wertschöpfungskette mit größerer Effizienz erreichen kann, lohnt es sich, eine strategische Allianz einzugehen. Bei strategischen Allianzen werden lediglich vertragliche Abmachungen zur gemeinsamen Lösung eines Problems getroffen.

Unternehmen sind damit nicht mehr bestrebt, eine große Wertschöpfungskette selbst zu übernehmen, sondern versuchen, kompetente Partner zu finden, die bestimmte Teile der Wertschöpfungskette effizienter gestalten können. Strategische Allianzen sind damit getragen vom Management von Wissen, d. h. der Suche und der Identifikation von Partnern für Problemlösungen.

3.3 Kooperation in Unternehmensnetzwerken

Allgemein ist unter **strategischen Kooperationen** der vertragliche Zusammenschluss von Unternehmen mit wechselseitigem Engagement auf den verschiedensten Gebieten zu verstehen (Geck 1991, S. 1337 ff.). Charakteristisch für diese Organisationsformen sind zunächst die relativ großen Autonomieräume, verbunden mit einer eigenständigen Ressourcenkontrolle. Die Kooperationen sind derart organisiert, dass sie intraorganisatorischen Beziehungen ähneln können (Sydow/Van Well 1996). Durch die Verbindung individueller Stärken der Kooperationspartner sollen Wettbewerbsvorteile erzielt, bestehende **strategische Erfolgspotenziale** gesichert bzw. neue erschlossen werden. Zugleich wird durch eine Reduzierung der Wertschöpfungstiefe die Konzentration auf Kernkompetenzen möglich. **Strategische Kooperationen** stellen somit eine spezifische Ausprägung der zwischenbetrieblichen Zusammenarbeit als Form kooperativen Wettbewerbs dar. Strategische Kooperationen verbinden im Idealfall die Effizienzanreize des Marktes mit der Sicherheit und der reichhaltigeren Koordination der internen Leistungserstellung. Durch gemeinsame Planung und einen intensiven Informationsaustausch zwischen strategischen Partnern gelingen der Transfer von Wissen und die Bewältigung der Transaktionsunsicherheit (Müller-Stewens 1993, S. 4063 ff.).

Als wissenschaftliche Erklärung für das Zustandekommen von strategischen Netzwerken genießt bis heute neben der **Principal-Agent-Theorie** der **Transaktionskostenansatz** die größte Beachtung (Hoffmann 1999, S. 32 f.). Aus Sicht der Agency-Theorie wird die Entstehung strategischer Kooperationen dadurch erklärt, dass die strategische Kooperation aus der Perspektive der Eigentümer einen Weg zum Unternehmenswachstum darstellt, der sich weniger kapitalintensiv gestaltet. Die strategische Kooperation ist durch einen geringeren Kapitaleinsatz als eine Akquisition, Fusion oder internes Wachstum gekennzeichnet. In diesem Zusammenhang steigen jedoch die Agency-Kosten, da auf Grund der Netzwerkbeziehungen und der damit einhergehenden Intransparenz der Prozesse mehr Raum für opportunistisches Verhalten gegeben ist. Die zentrale Aussage der Transaktionskostentheorie besteht darin, dass diejenige Kooperationsform gewählt wird, bei der die Transaktionskosten am geringsten sind (Schneider 1985, S. 1237 f.).[1] Die Transaktionskosten auf Märkten, mit denen die Unternehmen bei der Bildung **strategischer Partnerschaften** konfrontiert sind, belaufen sich auf die der Transaktion vorausgehenden und begleitenden Kosten der Anbahnung, Vereinbarung, Kontrolle und Anpassung. Bei Unternehmenskooperationen setzen sich die Transaktionskosten vorwiegend aus den Kosten der Administration, d. h. der Koordination und Kontrolle, zusammen. Kooperationen werden dann gewählt, wenn sie für die geplante Dauer der Beziehung die geringsten kumulierten Transaktionskosten aufweisen.

Durch sukzessives Heranbilden interorganisationaler Routinen der Aufgabenerfüllung und gemeinsamer Werte und Verhaltensgrundsätze können die laufenden Koordinationskosten zusätzlich gesenkt werden. Mit dem Aufbau von interpersonalem und interorganisationalem Vertrauen sowie einer wechselseitigen Abhängigkeit zwischen den Netzwerkpartnern lassen sich kostenintensive Kontrollmechanismen substituieren. In diesem Zusammenhang spielen als Stabilitätsfaktoren in Netzwerken **Loyalität** und **Vertrauen** eine bedeutende Rolle.

3.4 Loyalität und Vertrauenskultur

Im wirtschaftswissenschaftlichen Kontext wird von Vertrauen zunehmend als „Ware“, „Kapitalanlage“ und „sozialem Kapital“ (Dasgupta 1988, S. 49 ff.), gesprochen, das als

[1] Zur kritischen Auseinandersetzung mit der Transaktionskostentheorie vgl. vor allem Schneider (1985, S. 1237 ff.).

Erwartung eines nicht opportunistischen Verhaltens durch den Partner definiert werden kann. Vertrauen trägt somit dazu bei, den Koordinations- und Kontrollaufwand zu senken, Verhandlungszeit einzusparen und einen offenen Informationsaustausch zu realisieren. Dies führt letztlich dazu, dass die Vereinbarungen im Rahmen des Kontraktmanagements einem geringeren Detaillierungsgrad unterliegen und formale Freiräume gewähren, die sich in einer höheren Flexibilität konkretisieren. In diesem Sinne reduziert Vertrauen die Transaktionskosten (Wurche 1994, S. 164 f.). Netzwerke verbinden die Größenvorteile der vertikalen Integration mit einer sehr flexiblen Organisation. Dabei beruhen sie nicht auf Hierarchien, sondern auf selbstgewählten Interaktionsformen der Kooperationspartner (Neubauer 1999, S. 104).

Die Etablierung von Vertrauen scheint besonders dann einen problematischen Faktor darzustellen, wenn sich die Interaktionspartner nicht gut genug kennen bzw. noch auf keine langfristigen Beziehungen zurückblicken können (Scholz 1997, S. 430 f.). Auf Grund der verkürzten Halbwertszeit der Beziehungen innerhalb des unternehmenskulturellen Netzwerkes ist die Bildung homogener Werte und Normen, die eine primäre Voraussetzung für den Aufbau von Vertrauen darstellen, eine besondere Herausforderung.

Interorganisationales Vertrauen basiert vorwiegend auf interpersonalem Vertrauen zwischen den Akteuren in strategischen Netzwerken. Mehr und mehr werden Partner auf Zeit vertraglich gebunden, deren Commitment hoch, die Loyalität jedoch gering ausfällt. Es wird zunehmend Aufgabe der Unternehmen sein, ein Management von Loyalität zu betreiben, welches die Loyalität der Partner in den Netzwerken stärkt. Die neuen Netzwerkorganisationen sind gefordert, eine innovative, die gewandelten Bedürfnisse der Netzwerkpartner berücksichtigende Qualität an Beschäftigungsbeziehungen zu offerieren.

3.5 Vielfalt der Kooperationsformen und rechtlichen Arrangements

Netzwerke als Organisationsformen, die sich zwischen Markt und Hierarchie bewegen, haben in den letzten Jahren in der Praxis zunehmend Bedeutung erlangt. Auch wenn zwischenbetriebliche Kooperationen grundsätzlich nichts Neues sind, ist in den achtziger und neunziger Jahren jedoch eine besondere Kreativität und Intensität im Einsatz von strategischen Partnerschaften, Allianzen, Liefer- und Produktionskooperationen, Outsourceverbünden und Netzwerkorganisationen zu verzeichnen. Diese Beispiele belegen bereits die Vielfalt der **Kooperationsformen**, die sich in der Praxis bisher herausgebildet haben (Hoffmann 1999, S. 32 f.). Gleichzeitig entstanden diverse Formen der interorganisationalen Koordination wirtschaftlicher Aktivitäten, welche die Grenzen zwischen einzelnen Unternehmen aufweichen. Diese Formen charakterisieren sich durch eher kooperative denn kompetitive und relativ stabile Beziehungen zwischen rechtlich selbstständigen, wirtschaftlich jedoch abhängigen Partnern. Die Kriterien der Intensität der Zusammenarbeit, der Kontrolle sowie des Umfangs der eingebrachten Mittel spielen bei der Wahl der **Rechtsform** einer strategischen Kooperation eine entscheidende Rolle.

Während die Intensität der Zusammenarbeit durch die temporäre Bindung begrenzt ist, hängt die Kontrolle von den Zielen und den eingebrachten Mitteln ab. Mit steigender Anzahl der Kooperationspartner werden die Kontrolle und Gestaltbarkeit der strategischen Kooperationen schwieriger. Die Möglichkeit der einzelnen Partner, ihre strategischen Interessen durchzusetzen, nimmt ab. Hinsichtlich der Institutionalisierung von Netzwerkunternehmen kommen alle vorliegenden Studien zu einem ähnlichen Bild. Drei Kooperationstypen decken ca. 90 % der in der Praxis existierenden interorganisationalen Beziehungen ab. Relevant sind dabei die **Vertragskooperation**, und das **Joint Venture** wogegen die einseitige **Minderheitsbeteiligung** ohne die Bildung eigener Kooperationseinheiten nicht unter strategische Allianzen fällt (Hoffmann 1999, S. 55). Unter eine Vertragskooperation lassen sich z. B. Lizenz-, Konzessions-, Distributions- und Franchise-Verträge subsumieren sowie auch Vereinbarungen über die Durchführung gemeinsamer Forschungsvorhaben. Das Joint Venture zählt bei der Betrachtung der möglichen Kooperationsformen einer strategischen Allianz zur Gruppe der **Gemeinschaftsunternehmen**. Dabei handelt es sich um eine juristische Einheit, die einer gemeinsam ausgeübten Kontrolle der beteiligten Unternehmen unterliegt. Für kleinere und mittlere Unternehmen bietet sich mit Blick auf den Zusammenschluss Europas die Rechtsform der Europäischen Wirtschaftlichen Interessenvertretung (EWIV) an, die bezüglich Organisation, Verwaltung und Funktionsweise nach europäischen Vorschriften flexibel gestaltbar ist. Hierfür ist es nicht erforderlich, dass die Mitglieder Kapital- und Sacheinlagen einbringen.

Letztlich bestimmen jedoch nicht die Rechtsform und die legalen Grenzen die Identität der interorganisationalen Beziehungen, sondern die Aufgaben, bzw. das gemeinsam zu bewältigende Projekt steht im Vordergrund der Zusammenarbeit (Riehle 1997, S. 580 f.).

4. Herausforderungen für das Human Resource Management

4.1 Strategische Gleichschaltung autonomer Partner

Die situativen Anforderungen bezüglich der Koordination von Aktivitäten autonomer Partner auf ein gemeinsames Ziel hin erfordert eine zentrale netzwerkübergreifende Steuerungsgröße. Im traditionellen Unternehmensverbund übernimmt die Unternehmensführung, deren Grundfunktionen die Planung, Organisation, Koordination, Kontrolle und Information darstellen, die zentrale Steuerungsaufgabe anhand der formalen Hierarchie. Die Hierarchie als Koordinationsmechanismus ist mit der zunehmenden Enthierarchisierung bzw. fortschreitenden Verknüpfung von Hierarchie und Markt und der eher informellen Beziehungen in strategischen Netzwerken überholt. Die Aktivitäten der autonomen Partner zu koordinieren und auf ein Ziel hin auszurichten, kann dann lediglich im Rahmen von Vereinbarungen in Form eines **Kontraktmanagements** und über eine gemeinsame strategische Ausrichtung gelingen. Unabhängig von der Rechts- und Kooperationsform eines strategischen Netzwerkes ist die Zusammenarbeit in strategischen Allianzen durch die zeitliche und inhaltliche Festlegung auf bestimmte strategische Zielsetzungen charakterisiert. Diese strategischen Zielsetzungen bieten einen Ansatzpunkt, partiell Abstimmung zu erreichen, indem Aufgaben, die in den Kernaktivitätsbereichen der beteiligten Partner liegen, gemeinsam durchgeführt werden. Die gemeinsame Durchführung von Aufgaben kann durch vollständige oder partielle koordinierende Aufgabenteilung oder auch mittels Zuordnung von Aufgaben auf eine gemeinschaftliche Institution erfolgen. Voraussetzung dafür ist, dass sich die strategischen Partner gegenseitig Zugang zu wettbewerbsrelevanten Erfolgspotenzialen, die den langfristigen Erfolg der Allianz bestimmen, verschaffen.

Die strategische Abstimmung der Netzwerkteilnehmer erfolgt unter Beibehaltung der netzwerktypischen Handlungsspielräume bezüglich Autonomie und Unabhängigkeit der teilnehmenden Partner.

4.2 Strukturelle Vielfalt und Disaggregation

Die strategisch gleichgeschalteten Kooperationspartner agieren in labilen Strukturen, die sich im Rahmen evolutorischer Prozesse weiterentwickeln und sich zum Teil der Kontrolle durch die Partner entziehen. Damit ist ein Koordinationskonzept erforderlich, welches parallel zur Zentralisierung strategischer Vorgaben und Entscheidungen, die netzwerkübergreifend zu treffen sind, Dezentralisierung und organisatorische Vielfalt zulässt.

Die organisatorische Vielfalt konkretisiert sich zum einen in der strukturellen Komponente der formalen Arbeitsverteilung in den jeweiligen Partnerunternehmen, zum anderen bezieht sie sich auf die Zusammensetzung der Mitarbeiter, die in einem Netzwerk sowie in den im Netzwerk integrierten Unternehmen arbeiten. Die Konzentration der Unternehmen auf die **Kernkompetenzen** einerseits und die Integration in Netzwerkstrukturen andererseits führen zu einer Differenzierung der Belegschaftsstrukturen. Relevanz dabei besitzt die Kernbelegschaft sowie die elastisch **fluide Belegschaft**, deren Leistungen und Know-how just-in-time nachgefragt werden können. Netzwerkpartner können dabei Unternehmen oder Selbstständige sein, die eng oder lose interagieren und der Tendenz unterliegen, die Identität disaggregierter Einheiten aufrecht zu erhalten.

4.3 Personalpolitische Einbindung segmentierter Bereiche

Die Aufgabe der **Personalpolitik** liegt darin, die organisatorisch heterogenen Einheiten mit ihren differenzierten Mitarbeiterstrukturen derart zu integrieren, dass ein reibungsloser Know-how-Transfer bzw. Wissensmanagement auf Basis einer Vertrauenskultur möglich ist. Dabei geht es vorwiegend um die Einbindung der heterogenen dezentralisierten Bereiche in die gemeinsame strategische Orientierung unter Aufrechterhaltung der Dezentralisierung des Mitteleinsatzes durch die Partner (siehe Übersicht 3).

Das Management von Loyalität, Unternehmenskultur und Wissen wird langfristig zur Schlüsselaufgabe einer zukunftsgerichteten Personalarbeit mit deutlich differenzierter Personalpolitik sein. Es sind sowohl Politiken für das Wissenskapital als auch für die Netzwerkbelegschaft zu gestalten und diese in den disaggregierten Unternehmenskontext einzubinden. Auf dem Gebiet der Loyalität handelt es sich um die Festigung eines Kontraktes mit der Kernbelegschaft, während es bei der **Netzwerkbelegschaft** um die Flexibilisierung und Individualisierung eines Kontraktes bei simultaner Sicherung der Beschäftigungsfähigkeit („employability") geht.

Bezüglich des Wissensmanagements steht die Aufgabe der Identifizierung, des Erhalts und des Wettbewerbsschutzes von Schlüsselkompetenzen der Kernbelegschaft im Mittelpunkt. Neben der Implementierung und Festigung einer starken Unternehmenskultur für das „Wissenskapital" ist die Realisierung einer **Netzwerkkultur** erforderlich. Letztlich resultiert daraus eine zweigeteilte Personalpolitik, der die Aufgabe zukommt, segmentierte Bereiche zu integrieren (Sattelberger 1999, S. 25 f.).

Management von... für...	**Loyalität**	**Identität**	**Wissen**
System-Manager und **Schlüssel-Know-how-Träger**	Festigung des Kontraktes mit den Schlüsselmitarbeitern	Entwicklung und Pflege einer Kernkultur der Systemplattform	Identifizierung. Entwicklung, Pflege und Wettbewerbsschutz von Schlüsselkompetenzen
Portfolio-Worker und **„Neue Selbstständige"**	Entwicklung eines neuen „moralischen Kontraktes" für „employability"	Entwicklung und Pflege einer (virtuellen) Netzwerkkultur	Aufbau und Erhalt von Attraktivität am Arbeitsmarkt für • Portfolio-Worker • Just-in-time-Beschäftigung

Quelle: Pieper 1999, S. 73.

Übersicht 3: Zweigeteilte Personalpolitik

5. Neuausrichtung des strategischen Human Resource Managements

5.1 Neue Herausforderungen

Strategische Allianzen führen zu neuen Formen der Unternehmensorganisation und zu neuen Herausforderungen für das Human Resource Management, die durch folgende Komponenten gekennzeichnet sind:

- Die bisherige Emotions- und Kulturgemeinschaft wird durch eine Verstandes- oder Geldgemeinschaft der Kooperationspartner ersetzt.
- Die dabei bisher vorherrschende loyale Hingabe wird durch einen leistungsorientierten Kontrakt ersetzt.
- Der neue Trend der Beschäftigungsbeziehungen geht in Richtung Individualisierung der Arbeitsbedingungen sowie der Arbeitsverträge.

Angesichts dieser Tendenzen kommt dem strategischen Human Resource Management eine integrative Klammerfunktion zu und ist eine differenzierte Ausgestaltung der Human-Resource-Instrumente erforderlich (Pieper 1999, S. 60).

5.2 Strategie als Grundlage der Netzwerkkooperation

Das Erreichen attraktiver strategischer Ziele bewegt Partner mit erforderlichen Kernkompetenzen, an einer Netzwerkstruktur (strategische Allianz) teilzunehmen. Das Human Resource Management wird derart eingebunden, dass es bei der Strategieformulierung als strategischer Partner fungiert (Lajara u. a. 2002, S. 36) Auf zentraler Ebene sind Vorgaben zu treffen, die Mechanismen bezüglich des Treffens von Entscheidungen, der Verteilung von Kompetenzen und der netzwerkübergreifenden Schnittstellenproblematik betreffen. Auf dezentraler Ebene können diese Entscheidungen vor dem Hintergrund der strategischen Ausrichtung operational durch die autonomen Partner umgesetzt werden. Mit Blick auf die personalpolitische Seite sind strategische Grundsätze auf der zentralen Ebene zu definieren und anhand des **Human-Resource-Management-Kreislaufs** bei den einzelnen Netzwerkpartnern selbstständig umzusetzen.

Auf der Grundlage des strategischen Human Resource Managements ist gewährleistet, dass trotz Heterogenität der Netzwerkpartner partiell eine strategische Homogenität in Verbindung mit einer die Partnerstruktur berücksichtigenden personalpolitischen Grundorientierung einhergeht. Die Implementierung und der Erhalt einer Netzwerkkultur sind in einer derartigen Zweckgemeinschaft erfolgskritisch.

Dagegen sind die personalwirtschaftlichen Teilfunktionen und Leistungsprozesse sowie die einzusetzenden Instrumente differenziert auszugestalten.

5.3 Differenzierte Ausgestaltung des Human-Resource-Kreislaufs

Angesichts von Netzwerkstrukturen sind die beteiligten Partner immer weniger Arbeitnehmer in klassischem Sinne, sondern werden zu Mitunternehmern, Kleinstunternehmern, (Schein-)Selbstständigen oder Zulieferern. Art, Ort und Zeit der Aufgabenerfüllung werden Gegenstand individueller Entscheidungen. Traditionelle Vergütung wird immer häufiger durch Leistungs- und Erfolgsvergütung abgelöst. Durch leistungsorientierte Kompensationspolitik und langfristige Leistungsanreize gilt es, intellektuelles Kapital an die strategische Allianz zu binden. Im Folgenden werden die erforderlichen Modifikationen der einzelnen personalwirtschaftlichen Teilfunktionen des Human-Resource-Management-Kreislaufs dargestellt. Die Aussagen zu personalwirtschaftlichem Handlungsbedarf innerhalb der neuen Kooperationsformen werfen das Problem auf, dass die Entwicklungsrichtungen nicht für alle Spielarten von Unternehmensnetzwerken gleichartig zutreffen. Zu prüfen ist deshalb, welche personalwirtschaftlichen Aufgaben als Kernaufgaben zu qualifizieren sind, die unabhängig von der Netzwerkstruktur zu erfüllen sind (Eigler 1997, S. 160).

Planung und Selektion von Partnern

Statt Personalplanung und Personalauswahl erfolgt in strategischen Allianzen in zunehmendem Maße die rational und nicht emotional gesteuerte Planung einer **Partnerwahl** auf Zeit. Für inhaltlich und zeitlich limitierte Aufgaben wird ein adäquater Partner gesucht, der auf Grund ganz spezifischer Kompetenzbeschreibungen und nach eingehender due-diligence Prüfung selektiert wird. Dies löst die Suche nach einem emotional gebundenen „Mitarbeiter auf Lebenszeit“ ab. Zugleich steigen die methodischen Anforderungen an Auswahlverfahren, da bei Einsatz von (virtuellen) Teamkonzepten mit geforderter Mehrfachqualifikation der Netzwerkpartner und der Dynamik der Aufgabenstellungen die Bedeutung der Schlüsselqualifikationen zunimmt. Bei der Partnerselektion sind daher neben der gesuchten Kernkompetenz verstärkt Kriterien wie Teamorientierung, Kontakt- und Kommunikationsfreudigkeit sowie Sozialkompetenz zu berücksichtigen (Eigler 1997, S. 167).

Rahmenvorgaben für die Leistungsprozesse

Auf zentraler Ebene sind lediglich strategische Rahmenvorgaben zu treffen, die als Anhaltspunkte für die operative Gestaltung der **Leistungsprozesse** dienen. Ansonsten sind die Leistungsprozesse durch organisatorische Vielfalt gekennzeichnet, um partnerspezifische Kooperationsformen zur Realisierung von Synergieeffekten einsetzen zu können. Deshalb sind den Netzwerkpartnern entsprechende organisatorische Gestaltungsspielräume zu gewähren, die auch einen flexiblen Einsatz von Mitarbeitern der Partnerunternehmen zulassen. Im Vordergrund der dezentralen Gestaltungsbereiche steht jeweils der Erfolg der Leistungsprozesse.

Beurteilung der strategischen Zielerreichung und der operativen Leistungsprozesse

In strategischen Allianzen geht es zunächst nicht so sehr um die Beurteilung der Leistung von Mitarbeitern, sondern um die Evaluation der strategischen Zielerreichung. Diese Evaluation kann über die Definition kritischer Erfolgs- und Misserfolgsfaktoren hinsichtlich der strategischen Zielsetzungen erfolgen. Hiervon hängen die Teilnahmeentscheidung der Netzwerkpartner und damit die Existenz der strategischen Allianz ab. In einem zweiten Schritt wird der Leistungsbeitrag der einzelnen Netzwerkpartner bei den operativen Leistungsprozessen beurteilt. Dabei stehen die Selbstevaluation, die Evaluation durch (gleichgestellte) Partner sowie die Evaluation durch interne und externe Kunden aus den Leistungsprozessen im Vordergrund. Diese mehrdimensional ausgerichteten Beurteilungsergebnisse können dann zur Grundlage für Systeme der Leistungshonorierung genommen werden.

Anreiz- und Belohnungssysteme

Strategische Allianzen ziehen auch im Bereich der Anreiz- und Entgeltsysteme Veränderungen nach sich. Der Trend geht in die Richtung, dass Mitarbeiter in balancierten partnerähnlichen Beziehungen deutlich mehr Verantwortung für Entscheidungen, Leistungsqualität und den Gesamterfolg tragen. Deshalb kommen verstärkt variable Entgeltkomponenten zum Einsatz, die an erfolgskritischen Leistungsbeiträgen und Ergebnisindikatoren ansetzen. Das **Anreizsystem** ist einerseits so zu gestalten, dass das Erreichen der strategischen Ziele unterstützt und somit opportunistischem Verhalten der Netzwerkpartner entgegengewirkt werden kann. Andererseits sind durch operational orientierte Belohnungen motivationale Faktoren zu aktivieren. Darüber hinaus sind die neuen Anforderungen der teamorientierten Strukturen bei der Vergütung zu berücksichtigen (Rubery u. a. 2002, S. 661 f.), die vor allem Bereitschaft zu Hilfestellungen unter den Partnern, Mehrfachqualifikation, Wissensweitergabe und Lernbereitschaft erfordern.

Partner- und Personalentwicklung

Auf Grund der zunehmenden Handlungs- und Entscheidungsspielräume von dezentral agierenden Netzwerkpartnern haben die Personalentwicklungsmaßnahmen in verstärktem Maße dem Individualisierungs- und Selbstverantwortungsprinzip Rechnung zu tragen. Entsprechend findet eine Dezentralisierung der **Personalentwicklung** statt: Sie wird einerseits zur Beratung hinsichtlich Selbstentwicklung und Karriereentwicklung innerhalb und auch außerhalb des Unternehmensnetzwerkes und andererseits zum Broker von Projektaufgaben und Kernkompetenzen innerhalb eines Unternehmensnetzwerkes (Pieper 1999, S. 74). Auf der strategischen Ebene sind die Voraussetzungen für Steuerung der Zusammenarbeit im Netzwerk zu schaffen. Personalentwicklungsmaßnahmen müssen vorrangig auf den Erhalt und die Förderung der Lernbereitschaft und der Flexibilität der Mitarbeiter ausgerichtet sein (Fleisch 2000, S. 200).

Neben diesen dargestellten Modifikationen der Human-Resource-Instrumente zur Unterstützung der Leistungsprozesse sind netzwerkspezifische Beanspruchungs- und Belastungsbereiche zu beachten. Bereits der Prozess der Unternehmensvernetzung löst infolge der Quasi-Externalisierung bzw. -Internalisierung ökonomischer Aktivitäten eine zusätzliche Belastung aus. Damit einher geht eine quantitative Umschichtung von Arbeit vom bisherigen Unternehmenszentrum an die Peripherie der Kooperation, wodurch Einbindung und Arbeitsplatzsicherheit für betroffene Mitarbeiter in Unternehmensnetzwerken abnehmen. Parallel dazu kommt es zur Arbeitsintensivierung, die dadurch entsteht, dass die Mitarbeiter entsprechend Arbeitsanfall und wechselnden Auftraggebern im Netzwerk eingesetzt werden. Hinzu kommt die **Entgrenzung** der Arbeit, d. h., dass das Handeln der Mitarbeiter über Unternehmensgrenzen hinweg und auch virtuell stattfinden kann.

Auf Grund der Personalhoheit der einzelnen Unternehmen kommt es häufig nicht zu einem Personaltransfer zwischen den Netzwerkunternehmen, d. h., die personellen Konsequenzen werden unternehmensintern verarbeitet. In den Personalbereichen der Netzwerkunternehmen entstehen dadurch erhöhte strategische Steuerungs- und operative Serviceaufgaben.

5.4 Human Resource Management als Service-Center

Im Hinblick auf die Veränderungen von Arbeit, Arbeitsbedingungen und Mitarbeiterstrukturen durch die Unternehmensvernetzung besteht die Gefahr, dass funktional ausgerichtete Personalabteilungen von Netzwerkunternehmen bei der strategischen Steuerung und operativen Beratung überfordert sind. Sie sind selbst bei starker Kooperation in die dezentralen Strategien und Human-Resource-Managementsysteme der Partnerunternehmen eingebunden. Deshalb wird ein (virtuelles) **Service-Center** Personal etabliert, indem die strategischen Personalentscheidungen von einem strategischen Komitee der Netzwerkpartner übernommen und operative Aufgaben des Personalmangements ausgelagert werden. Angesichts der Potenziale, mit externen Personaldienstleistern langfristig im Netzwerk zusammenzuarbeiten, geht die Externalisierung weit über die reine Verwaltungsfunktion hinaus. Im Rahmen eines Dienstleistungsnetzwerkes mit Personalberatern, Personalleasingagenturen, Trainern und Outplacement-Beratern findet aus transaktionskostentheoretischer Perspektive sowie unter serviceorientierten Aspekten ein **Outsourcing** der Personalfunktionen statt, die dann in Form von „shared services“ angeboten werden.

Hierfür ist eine konzeptionelle Neuorientierung der Personalarbeit und eine Personalorganisation in Form eines Service-Centers Voraussetzung. Das Service-Center Personal ist auf der Basis der auf Vertrauensbildung ausgerichteten Personalstrategie für die operative Beratung und Betreuung bei Planung und Selektion von Partnern, bei der Evaluation, der Personalentwicklung und Entgeltfindung zuständig. Der Beratungsbedarf bezüglich Personaldienstleistungen seitens der Führungskräfte wird als interne Kundenanforderung ganzheitlich bearbeitet und auch abgerechnet. Dieser flexiblen Bearbeitung von Kundenwünschen liegt einerseits das Erfordernis einer umfassenden Professionalität des Netzwerkes Personal zu Grunde, andererseits wird eine entsprechende Führungsfähigkeit bei den Führungskräften 'beim Umgang mit den HR-Instrumenten vorausgesetzt.

6. Probleme der Partizipation von Partnern und der Mitwirkung von Arbeitnehmervertretern

Die Unternehmensvernetzung bringt auch einen grundlegenden Wandel der Bedingungen einer wirksamen Interessenvertretung durch **Mitbestimmung** vor allem auf Betriebsebene mit sich. Ursprünglich auf klassische Strukturen der Betriebe und Unternehmen mit klaren Grenzen zugeschnitten, greifen die etablierten Mitbestimmungsregelungen in Netzwerkstrukturen mit aufgelösten Unternehmensgrenzen immer weniger. Aufkommende Problembereiche sind (Wendeling-Schroeder 1999, S. 278):

- die Auflösung der Systemgrenzen und die damit einhergehende Aufwertung betriebs-, unternehmens- und branchenübergreifender Formen der Interessenvertretung
- die zunehmend heterogenen Interessen in den Systemen, die das sozialpartnerschaftliche Gegengewichtsprinzip in Frage stellen
- die Auswirkungen des Spannungsverhältnisses von Kooperation und Wettbewerb auf die Mitbestimmung in vernetzten Unternehmen.

Werden unter diesen Problemlagen Unternehmensnetzwerke zu „interessenvertretungsfreien Zonen“ oder kommt es zu einer Revitalisierung partizipativer Unternehmenskonzepte, die auf eine aktive Mitarbeit der Beschäftigten und der Interessenvertretung angewiesen sind?

Die Branche als Bezugspunkt der Regulierung von Arbeit, vor allem der branchenbezogene Verbandstarifvertrag, verliert angesichts der starken Dezentralisierung und Vernetzung der Wertschöpfungsketten über Branchengrenzen hinweg an Bedeutung. In der Konsequenz sind „netzwerkübergreifende“ Vereinbarungen erforderlich (Däubler 2003, S. 271 f.).

Infolge der Unternehmenskooperationen werden aber auch die Handlungsmöglichkeiten der Arbeitnehmervertretung gerade auf Betriebsebene beschnitten. Die Auslagerung der Arbeitsplätze im Zuge der Quasi-Externalisierung erfolgt gerade in kleineren Unternehmen und führt meist zu einer Verschlechterung der Mitbestimmungsmöglichkeiten. Hierfür steht das Beispiel der **Unternehmensteilung**, bei dem ein Bereich des Altunternehmens aus dem Unternehmen ausgegliedert und zu einem neuen Unternehmen rechtlich verselbstständigt wird. Dies kann in der Form geschehen, dass mehrere Teile aus mehreren Unternehmen ausgegliedert und zu einem neuen Unternehmen zusammengefasst werden. Dabei kommt es zu einer Aufspaltung der Unternehmensstrukturen. Erfolgt die Unternehmensteilung nach dem im Jahre 1995 in Kraft getretenen Umwandlungsgesetz, wird die Fortexistenz des Betriebes nach § 322 UmwG verneint und damit kein gemeinsamer Betriebsrat gebildet (Wendeling-Schroeder 1999, S. 280).

Bei strategischen Allianzen können Gemeinschaftsbetriebe konstituiert werden, die auf Grund heterogener Beschäftigungsverhältnisse keine soziale Einheit „Belegschaft" aufweisen, weshalb es längere Zeit nicht zu einer Betriebsratsbildung kommt. Darüber hinaus sind die neuen Selbstständigen, die für die Netzwerke arbeiten, den Tarifverträgen, der Arbeitnehmermitbestimmung und Arbeitnehmerschutzgesetzen entzogen (Wendeling-Schroeder 1999, S. 283).

Die Organisation der Betriebsverfassung ist an klassischen Unternehmen mit einem oder mehreren Betrieben ausgerichtet, sodass neuartige Entscheidungsmuster in den Unternehmensnetzwerken zu einem Leerlaufen der Betriebsverfassung führen. Die gesamte Struktur der Betriebsverfassung droht ausgehöhlt zu werden, wenn durch grundlegende Veränderungen der Unternehmensorganisation Entscheidungen auf neue Ebenen verlagert werden (Wendeling-Schroeder 1999, S. 280; Wehling 2000, S. 142 ff.).

Die klassische Betriebsverfassung besteht aus Regelungen, die der Arbeitgeber mit dem **Betriebsrat** vereinbart. In Netzwerkorganisationen auf der Basis von Selbststeuerung gibt es keine formalen Vereinbarungen. Für das Human Resource Management bedeutet dies einerseits einen größeren Handlungsspielraum, andererseits kann dies zu einem Legitimitätsverlust führen (Sydow/Wirth 1999, S. 165 f.). Die Schutzbedürfnisse der Arbeitnehmer bleiben jedoch weiterhin bestehen bzw. verstärken sich gerade mit Blick auf die Virtualisierung in Form der Telearbeit (Wendeling-Schroeder 1999, S. 280).

Dementsprechend entwickeln sich gegenwärtig vor allem informelle Praktiken der Interessenvertretung in Unternehmensnetzwerken. In diesem Zusammenhang wird ein betriebs-, unternehmens-, und branchenübergreifender Kooperationsansatz diskutiert. Übereinkünfte in Netzwerken sind dann im Regelfall branchen-, betriebs-, und unternehmensübergreifend auszuhandeln. Beispielsweise ist es für die Interessenvertretung in einem Just-in-time-Verbund erforderlich, Arbeitszeiten im Netzwerk auszuhandeln. Daraus erwächst ein erhöhter Konsensbedarf, der mit der Belegschaft und dem Management zu bewältigen ist. Auf Grund der steigenden Heterogenität von Interessen und der Politisierung von Unternehmensnetzwerken gestaltet sich die Realisierung eines Konsenses jedoch schwierig. Dabei steht die Neugestaltung des Spannungsverhältnisses von Kooperation und Wettbewerb im Mittelpunkt. Trotz enger Zusammenarbeit der Netzwerkunternehmen existiert Wettbewerb nicht nur auf der interorganisationalen Ebene, sondern auch zwischen ihren Beschäftigten in Form von Segmenten der Kern-und Randbelegschaft sowie den Interessenvertretungen.

Bislang wird das Human Resource Management meist auf die Bearbeitung der Folgen der Netzwerkentwicklung reduziert. Es nimmt nicht die von den Human-Resource-Management-Ansätzen geforderte aktive gestaltende Rolle als strategischer Partner ein. Dies hat zur Folge, dass ökonomische Kalküle die Bildung von strategischen Allianzen dominieren und die soziale Ausgestaltung Defizite aufweist.

Literatur

DASGUPTA, P. (1988): Trust as a commodity, in: Gambetta, D. (Hrsg.): Trust. Making and breaking cooperative relations, New York, S. 49-72.

DÄUBLER, W., (2003): Mitbestimmung und logistische Kette, in: Sydow, J. (Hrsg.): Management von Netzwerkorganisationen, 3. Aufl., Wiesbaden, S. 261 – 277..

EIGLER, J. (1997): „Grenzenlose" Unternehmung – „Grenzenlose" Personalwirtschaft?, in: Schreyögg, G.; Sydow, J. (Hrsg.): Managementforschung 7, Berlin, S. 159-197.

FLEISCH, E. (2000): Das Netzwerkunternehmen. Strategien und Prozesse zur Steigerung der Wettbewerbsfähigkeit in der „Networked economy", Berlin u. a.

GECK, H.-U. (1991): Strategische Allianzen und ihre Rechtsformen, in: Der Betrieb, 44. Jg., S. 1337-1339.

HOFFMANN, W. H. (1999): Ökonomie von Unternehmensnetzwerken: Theoretische Einsichten und empirische Befunde, in: Sydow, J.; Wirth, C. (Hrsg.): Arbeit, Personal und Mitbestimmung in Unternehmensnetzwerken, München u. a., S. 31-62.

LAJARA, B. M., LILLO, F. G., SEMPERE, V. S. (2002): The Role of Human Resource Management in the Cooperative Strategy Process, in: Human Resource Planning, 25. Jg., S. 34-44.

LIEBEL, H. J.; OECHSLER, W. A. (1994): Handbuch Human Resource Management, Wiesbaden.

MÜLLER-STEWENS, G. (1993): Strategische Partnerschaften, in: Wittmann, W. u. a. (Hrsg.): Handwörterbuch der Betriebswirtschaft, 5. Aufl., Stuttgart, Sp. 4063-4075.

NEUBAUER, W. (1999): Zur Entwicklung interpersonalen, interorganisationalen und interkulturellen Vertrauens durch Führung – Empirische Ergebnisse der sozialpsychologischen Vertrauensforschung, in: Schreyögg, G.; Sydow, J. (Hrsg.): Managementforschung 9, Berlin u. a., S. 89-116.

PIEPER, J. (1999): Der „Neue Moralische Kontrakt": Nadelöhr für das strategische Management der Humanressourcen in Netzwerkorganisationen, in: Sattelberger, Th. (Hrsg.): Wissenskapitalisten oder Söldner?: Personalarbeit in Unternehmensnetzwerken des 21. Jahrhunderts, Wiesbaden, S. 59-85.

RIEHLE, W. (1997): Ziele, Formen und Erfolgsmerkmale Strategischer Allianzen, in: Macharzina, K.; Oesterle, M.-J. (Hrsg.): Handbuch Internationales Management, Wiesbaden, S. 579–605.

RUBERY, J.; EARNSHAW, J.; MARCHINGTON, M.; COOKE, F. L.; VINCENT, ST. (2002): Changing Organizational Forms and the Employment Relationship, in: Journal of Management Studies, 39. Jg., Nr. 5, S. 645-672.

SATTELBERGER, T. (1999): Personalarbeit am Scheideweg: Strategischer Champion für Humanressourcen oder Abstieg in die Regionalliga?, in: Sattelberger, Th. (Hrsg.):

Wissenskapitalisten oder Söldner?: Personalarbeit in Unternehmensnetzwerken des 21. Jahrhunderts, Wiesbaden, S. 15-43.

SCHNEIDER, D. (1985): Die Unhaltbarkeit des Transaktionskostenansatzes für die „Markt oder Unternehmen" – Diskussion, in: Zeitschrift für Betriebswirtschaft, 12. Jg., S. 1237-1254.

SCHOLZ, C. (1997): Personalarbeit in virtualisierenden Unternehmen, in: Klimecki, R. G.; Remer, A. (Hrsg.): Personal als Strategie: mit flexiblen und lernbereiten Human-Ressourcen Kernkompetenzen aufbauen, Neuwied, S. 418-433.

SYDOW, J.; VAN WELL, B. (1996): Wissensintensiv durch Netzwerkorganisation – Strukturationstheoretische Analyse eines wissensintensiven Netzwerkes, in: Schreyögg, G.; Conrad, P. (Hrsg.): Wissensmanagement, Managementforschung 6, Berlin, S. 191-231.

SYDOW, J., WIRTH, C. (Hrsg.) (1999): Arbeit, Personal und Mitbestimmung in Unternehmensnetzwerken, München u. a.

WEHLING, M. (2000): Mitbestimmung in virtuellen Unternehmungen?, in: Industrielle Beziehungen, 7. Jg., Nr. 2, S. 131-155

WENDELING-SCHROEDER, U. (1999): Unternehmensorganisation und Betriebsverfassung. Zur Notwendigkeit der Vereinbarung angepasster Mitbestimmungsstrukturen in dezentralen Organisationsformen, in: Sydow, J.; Wirth, C. (Hrsg.): Arbeit, Personal und Mitbestimmung in Unternehmensnetzwerken, München u. a., S. 277-295.

WURCHE, S. (1994): Vertrauen und ökonomische Realität in kooperativen Interorganisationsbeziehungen, in: Sydow J.; Windeler, A. (Hrsg.): Management interorganisationaler Beziehungen. Vertrauen, Kontrolle und Informationstechnik, Opladen, S. 142-159.

Karlheinz Küting/Matthias Heiden/Andreas Gattung*

Neuere Unternehmenszusammenschlussformen in der externen Rechnungslegung – Anmerkungen zur bilanziellen Erfassung von Joint Ventures, strategischen Allianzen, virtuellen Unternehmen und Zweckgesellschaften

---

* Univ.-Professor Dr. Karlheinz Küting ist Inhaber des Lehrstuhls für Betriebswirtschaftslehre, insbesondere Wirtschaftsprüfung der Universität des Saarlandes und Direktor des Instituts für Wirtschaftsprüfung an der Universität des Saarlandes, Saarbrücken.
Dipl.-Kfm. Matthias Heiden war und Dipl.-Kfm. Andreas Gattung ist Wissenschaftliche Mitarbeiter am selben Lehrstuhl und am selben Institut.

1. Einleitung

Die in der jüngeren Vergangenheit an Vielfalt zunehmenden Formen unternehmerischer Zusammenarbeit erfassen neben den primär betroffenen betrieblichen Funktionsbereichen – wie etwa Produktion und Vertrieb – auch das Rechnungswesen. Letzterem weist Wöhe (2000, S. 853) die grundlegende Aufgabe zu, „alle im Betrieb auftretenden Geld- und Leistungsströme, die vor allem – aber nicht ausschließlich – durch den Prozess der betrieblichen Leistungserstellung und -verwertung (betrieblicher Umsatzprozess) hervorgerufen werden, mengen- und wertmäßig zu erfassen und zu überwachen". Das Schrifttum betrachtet die Auswirkungen von Allianzen, Netzwerken und Virtualisierungsbewegungen unternehmerischer Zusammenarbeit auf das Rechnungswesen primär aus dem Blickwinkel des Controlling (Hess/Schumann 2002; Ries 2001; Scholz 1995; Wall 2002). Bisher vernachlässigt wird die explizite Auseinandersetzung mit der Abbildung dieser Unternehmensverbindungen in der externen Rechnungslegung. Dies erscheint auf den ersten Blick überraschend, da das erfolgreiche Management des Partnernetzwerkes als Erfolgs- und **Unternehmenswerttreiber** betrachtet wird (Weiss 2002, S. 380 ff.). Unterstellt man, dass auf informationseffizienten Kapitalmärkten ein Gleichklang zwischen interner Wertsteigerung und externer Unternehmensbewertung erst durch eine entsprechende Kommunikation unternehmenswertrelevanter Informationen erzielt wird (Küting 2000, S. 155), so wird deutlich, dass es nicht nur Aufgabe der Unternehmensleitung ist, sich mit den resultierenden Controlling-Fragestellungen auseinanderzusetzen, sondern gleichzeitig im Rahmen der externen Rechnungslegung über vergangene Erfolge und zukünftige Potenziale eingegangener Unternehmensverbindungen zu berichten, um Wertsteigerungspotenziale realisieren zu können. Gleichermaßen ist das berechtigte Informationsinteresse der Jahresabschlussadressaten am Einfluss derartiger Unternehmenszusammenschlussformen auf die Vermögens-, Finanz- und Ertragslage einer Unternehmung zu berücksichtigen.

Vor diesem Hintergrund sollen aus Sicht der Rechnungslegungsforschung zwei Kernfragen betrachtet werden:

- Erfüllt das externe Rechnungswesen mit Blick auf nachfolgend zu charakterisierende Kooperationsformen seine Rechenschaftslegungs- und Informationsaufgabe?
- Welche Möglichkeiten existieren in der Unternehmenspraxis, um aus bestehenden Rechnungslegungsnormen möglicherweise auf resultierende Informationsdefizite zu schließen und diese durch alternative Berichterstattungsformen zu reduzieren?

Hierzu wird zunächst das für Zwecke dieses Beitrages zu Grunde gelegte Begriffsverständnis erörtert, um hierauf aufbauend die für deutsche Konzerne relevanten Abbildungsregeln (Küting/Zwirner 2002) für verschiedene Unternehmenszusammenschlussformen überblicksartig für die nationale (**HGB**) und internationale Rechnungslegung (International Accounting Standards / International Financial Reporting Standards (**IAS/ IFRS**) und United States Generally Accepted Accounting Principles (**US-GAAP**)) zu skizzieren. Nach einem Zwischenfazit werden Ansatzpunkte zur Verbesserung der externen Informationsvermittlung herausgearbeitet, ehe die Ergebnisse der Analyse zusammengefasst werden und ein Ausblick gewagt wird.

2. Neuere Unternehmenszusammenschlussformen – Terminologische Vorbemerkungen

Ausgangspunkt der nachfolgenden Ausführungen ist das grundlegende Begriffsverständnis eines **Unternehmenszusammenschlusses** als Vereinigung von Unternehmen, „die auf eine mehr oder minder starke Beschränkung der wirtschaftlichen Dispositionsfreiheit zum Zwecke der Schaffung besserer Markt- und Absatzbedingungen sowie günstigerer Produktionsverhältnisse, zur Ermöglichung gemeinsamer Finanzierungs- und Kapitaldispositionen u. a. abgestellt ist. Die Zwecksetzungen mit interner wie externer Wirkung variieren je nach Art und Intensität des Zusammenschlusses“ (Schubert/Küting 1981, S. 12).

Für Zwecke dieses Beitrages wird unter einer Kooperation „die Zusammenarbeit zwischen mehreren Unternehmen, bei der die wirtschaftliche Selbstständigkeit lediglich in den von der Kooperation betroffenen Bereichen für die Dauer der Kooperation eingeschränkt wird, die rechtliche Selbständigkeit der Kooperationspartner jedoch vollständig erhalten bleibt“ (Bea/Haas 2001, S. 419), verstanden. Um eine entsprechende Relevanz für die Konzernrechnungslegung zu entfalten – dies sei an dieser Stelle vorausgeschickt – muss in der Regel eine Kapitalbeteiligung (in bestimmter Höhe) vorliegen, um eine besondere Behandlung im Rahmen der externen Rechnungslegung auszulösen. Anderenfalls werden die Ergebnisse der Interaktionen zwischen den Kooperationspartnern wie die Transaktion eines Einzelunternehmens mit externen Geschäftspartnern als laufende Geschäftsvorfälle erfasst. Die Kooperationsbeziehung wird in solchen Fällen nicht separat bewertet.

Grundlegend zu unterscheiden sind horizontale und vertikale Kooperationsformen. Während horizontale Kooperationen zwischen Unternehmen auf einer Markt- oder Wertschöpfungsstufe eingegangen werden, beschreibt der Begriff der vertikalen Kooperation beispielsweise die Zusammenarbeit zwischen Zulieferern und Abnehmern (Bea/Haas 2001, S. 419).

Als Erscheinungsformen **horizontaler Kooperationen** können strategische Allianzen oder Joint Ventures angeführt werden. Letztere schlagen sich darin nieder, dass die so genannten Gesellschafterunternehmen eine wirtschaftliche Tätigkeit durchführen, die einer gemeinschaftlichen Führung unterliegt. Hauptanwendungsfall des Joint Ventures in der Praxis ist das **Gemeinschaftsunternehmen („jointly controlled entity“)**, ein rechtlich selbstständiges Unternehmen, dass von den Gesellschafterunternehmen gemeinsam gegründet oder mit dem Ziel erworben wird, um Aufgaben in deren gemeinsamen Interesse auszuführen, wobei die Zusammenarbeit regelmäßig auf Dauer angelegt ist (Schubert/Küting 1981, S. 219 ff.). Demgegenüber kommt es bei **strategischen Allianzen** trotz gemeinsamer Interessenlage nicht zu einer gemeinschaftlich geführten wirtschaftlichen Tätigkeit. Beteiligungen zwischen einzelnen Allianzpartnern sind in der Unternehmenspraxis mitunter jedoch ebenso vorzufinden wie strategische Allianzen von Unternehmen nachgelagerter Wertschöpfungsstufen.

Als **vertikale Kooperationsformen** können beispielhaft strategische Netzwerke und virtuelle Unternehmen genannt werden. Die Vielfalt der Erscheinungsformen strategischer Netzwerke in der Unternehmenspraxis erschwert – insbesondere durch variierende Koordinationsmechanismen – die Betrachtung aus Sicht der (Konzern-)Rechnungslegung. Grundlegend sollen **strategische Netzwerke** hier als „langfristige, institutionelle Arrangements der Prozessoptimierung entlang der Wertschöpfungskette, bei denen ein führendes Unternehmen die Rolle des Koordinators einer relativ großen Zahl rechtlich selbständiger, wirtschaftlich aber tendenziell abhängiger Zulieferer übernimmt" (Bea/Haas 2001, S. 429), verstanden werden. **Virtuelle Unternehmen** hingegen können als „zeitlich begrenztes und kooperierendes Netzwerk rechtlich selbstständiger Unternehmen, die ihre jeweiligen Kernkompetenzen in die gemeinsame Organisation einbringen" (Bea/ Haas 2001, S. 430), charakterisiert werden. Eine Institutionalisierung zentraler Funktionen unter einem gemeinsamen Rechtsmantel findet regelmäßig nicht statt (Krebs 1998, S. 11 ff.; Miles/Snow 1995, S. 6 ff.). „Virtuelle Unternehmen entstehen durch den Zusammenschluss von Partnern des Virtuellen Netzwerkes" (Ries 2001, S. 23; vgl. auch Heindl/Pauschert 1998, S. 22 ff.). „Die konzernspezifische Variante ist das virtuelle Verbundunternehmen" (Theisen 2000, S. 12). Scholz bezeichnet Letzteres als „ein „künstliches" Unternehmen, das, basierend auf den individuellen Kernkompetenzen, eine Integration entlang der gesamten Wertschöpfungskette realisiert, ohne dass ein entsprechender zusätzlicher Koordinationsaufwand notwendig wäre" (Scholz 2000, S. 354; vgl. auch grundlegend Byrne/Brandt 1993). Das **virtuelle Verbundunternehmen** kann weiterführend durch konstituierende Charakteristika, fehlende physikalische Attribute, spezielle Zusatzspezifikationen und Nutzeneffekte in einem Vier-Merkmal-Schema charakterisiert werden (Scholz 2000, S. 356 ff.), wobei aus Sicht der externen Rechnungslegung insbesondere auch auf die speziellen Zusatzspezifika „Gefühl des gegenseitigen Vertrauens zwischen den Akteuren" und die „gemeinsame Vision" hinzuweisen ist, welche die Bindungsintensität bzw. die (kapitalbeteiligungslose) Verbindung zwischen den Partnern kennzeichnen (Frigo-Mosca/Brütsch/Tettamanti 1996, S. 47; Scholz 2000, S. 357; Szyperski/Klein 1993, S. 199 ff.).

Wachsende Bedeutung haben in der Unternehmenspraxis auch **Zweckgesellschaften** (so genannte **Special Purpose Entities** (SPE) bzw. **Variable Interrest Entities** (VIE) oder **Spezial Finanzierungsgesellschaften** (SFG)), erlangt, die hier ebenfalls betrachtet werden. Die Gründung einer Zweckgesellschaft erfolgt zur Erreichung eines eng festgelegten Zieles, wie etwa der Abwicklung von Leasinggeschäften oder der Verbriefung von Kundenforderungen. Hierzu werden häufig anhand rechtlicher Vereinbarungen der Entscheidungsmacht des Vorstands, Treuhänders oder der Geschäftsleitung der Zweckgesellschaft strenge und manchmal dauerhafte Schranken auferlegt. Nicht selten kann nach diesen Bestimmungen die Geschäftspolitik, welche die laufende Tätigkeit der Zweckgesellschaft festlegt, nicht geändert werden (SIC-12, Par. 1). Neben der Optimierung der Finanzierungskosten ist die Bilanzneutralität eines der Hauptmotive für den Einsatz solcher Zweckgesellschaften. So treten in der Regel neben dem Initiator, zu dessen wirtschaftlichen Nutzen die Zweckgesellschaft gegründet wird, weitere Gesellschafter (z. B. Finanzinstitute oder eine Tochtergesellschaft eines solchen) auf, welche nicht gesellschaftsrechtlich mit dem Initiator verbunden sind. „Während das Finanzinstitut über die Stimmrechtsmehrheit verfügt (z. B. 95 %), gehört dem Initiator in der Regel nur ein geringer Stimmenanteil (z. B. 5 %). Asymmetrisch zu den Stimmrechtsvorteilen ist jedoch die Ergebnisverteilung und damit die Verteilung der Chancen und Risiken aus der Zweckgesellschaft ausgeprägt. Die Ergebnisse und daher die Chancen und Risiken fallen nämlich nahezu ausschließlich dem Initiator zu“ (Schmidbauer 2002, S. 1013).

In diesem Zusammenhang sei einleitend auch auf die aus Sicht der Rechnungslegung bedeutende und im Einzelfall zu klärende Frage hingewiesen, ob es sich bei virtuellen Kooperationsformen um Unternehmen handelt (Lange 2001, S. 67 ff.). Nach herrschender Meinung ist der **Unternehmensbegriff** des Aktiengesetzes, dem eine Ausstrahlungswirkung für andere Rechtsformen beizumessen ist, – nicht zuletzt im Hinblick auf die Schutzvorschriften des AktG – zweckbezogen auszulegen. Für das Erfüllen der Unternehmenseigenschaft kommt es danach „nicht auf institutionelle oder funktionelle Merkmale an, sondern allein darauf, ob der Gesellschafter/Aktionär neben der Beteiligung an der Gesellschaft über anderweitige wirtschaftliche Interessenverbindungen verfügt, die nach Art und Intensität die Besorgnis begründen, dass wegen dieser Interessen in nachteiliger Weise Einfluss auf die Gesellschaft genommen werden könnte“ (IDW 2000, S. 1893 f.). Eine solche Situation liegt regelmäßig vor, wenn der betreffende Aktionär Kaufmann ist. Somit erfüllen Einzelkaufleute, Personenhandelsgesellschaften und Kapitalgesellschaften grundsätzlich die Unternehmenseigenschaft des § 15 AktG. Zudem sind auch andere Personenvereinigungen wie die GbR unter diesen Unternehmensbegriff zu subsumieren, sofern sie die vorgenannten Eigenschaften erfüllen.

Die für Zwecke dieses Beitrages zentrale Frage, ob die betrachteten Kooperationsformen Unternehmen im Sinne des HGB darstellen können, bedarf ebenfalls einer Klärung. Es liegt im Bereich der Rechnungslegung nahe, „den Unternehmensbegriff mit der Pflicht zur kaufmännischen Buchführung zu verknüpfen“ (IDW 2000, S. 1977). Die handelsrechtliche Verpflichtung zur Buchführung knüpft an die Kaufmannseigenschaft an, wie sie sich aus den §§ 1 bis 3 und 6 HGB ergibt (Bieg 2004, S. 227 ff.).

Im Schrifttum wird mitunter die Auffassung vertreten, dass virtuelle Unternehmen als Erscheinungsform der **GbR** betrachtet werden können (Lange 2001, S. 89 ff.; Scholz 1994, S. 2932). Aus der hier einzunehmenden Perspektive der (Konzern-)Rechnungslegung ist anzumerken, dass der GbR nur dann die Unternehmenseigenschaft zuerkannt werden sollte, wenn sie eigenständige wirtschaftliche Interessen verfolgt und ein eigenes Buchwerk führt (Küting/Weber 2005, S. 22 f.). „Handelt es sich um ein nahezu vollständig Virtuelles Unternehmen, kann die Kaufmannseigenschaft niemandem mehr zugeordnet werden.

Das Gewerbe wird virtuell betrieben und abgewickelt, ohne dass eine Person oder ein Unternehmen als Unternehmensträger identifiziert werden kann" (Lange 2001, S. 91).

Alle vorgenannten Kooperationsformen werden für Zwecke dieses Beitrages unter dem Arbeitsbegriff **„neuere Unternehmenszusammenschlussformen"** subsumiert. Das zu Grunde gelegte Begriffsverständnis wird in Übersicht 1 zusammengefasst (Bea/Haas 2001, S. 420 ff.; Liebmann/Zentes 2001, S. 278 ff.; Ries 2001, S. 17 ff.; Zentes/Swoboda 1997, S. 157 ff., S. 331 f.).

Kooperationsform	Begriffsverständnis
strategische Allianz	Horizontale Kooperationsform zwischen zwei oder mehreren Unternehmen, bei der es nicht zur Gründung einer rechtlich selbstständigen Einheit kommt. Kapitalbeteiligungen zwischen den Kooperationspartnern können vorliegen. Vertragliche Vereinbarung sieht langfristige Zusammenarbeit vor. Vielfältige Ausprägungsformen in der Unternehmenspraxis, bei denen grundsätzlich zwischen der gemeinschaftlichen Aufgabenerfüllung (z. B. im Luftfahrtbereich) oder der Funktionsspezialisierung (z. B. F & E) unterschieden werden kann.
Gemeinschaftsunternehmen	Ein von zwei oder mehreren Gesellschafterunternehmen gemeinsam gegründetes oder erworbenes rechtlich selbstständiges Unternehmen zwecks Aufgabenerfüllung im gemeinsamen Interesse der Gesellschafterunternehmen. Die Zusammenarbeit ist regelmäßig auf Dauer angelegt. In seiner internationalen Erscheinungsform auch als Joint Venture bezeichnet.
virtuelles Unternehmen	Netzwerk kooperierender rechtlich selbstständiger Unternehmen, die für ihre Zusammenarbeit kein rechtlich selbstständiges Unternehmen gründen, ihre Kernkompetenzen einbringen und sich modernster IuK-Technologien bedienen. Wirtschaftliche Beziehungen zwischen den Netzwerkteilnehmern sind in der Regel nicht durch Kapitalbeteiligungen unterlegt.
Zweckgesellschaft	Rechtlich selbstständiges Unternehmen, auch als Objektgesellschaft bezeichnet, welches ein konkretes, eng definiertes Ziel verfolgt (z. B. Verbriefung von Forderungen, Leasingobjektgesellschaften). Gekennzeichnet durch niedrige Eigenkapitalausstattung mit geringer Beteiligung des Initiators, der jedoch wirtschaftliche Chancen und Risiken überproportional trägt. Andere Gesellschafter fungieren als Dienstleister, welche die Zweckgesellschaft (SPE/VIE/SFG) gegen Provision arrangieren.

Übersicht 1: Begriffsverständnis neuerer Unternehmenszusammenschlussformen aus Sicht der externen Rechnungslegung

Nachstehend sind die einzelnen Kooperationsformen hinsichtlich ihrer Erfassung im handelsrechtlichen Konzernabschluss zu untersuchen. Dazu soll eine grundlegende Analyse vorgenommen werden (vgl. im Folgenden ausführlich Küting/Weber 2005). Dabei werden auslösende Tatbestände der Konzernrechnungslegungspflicht und Tochterunternehmen sowie die Frage möglicher Verbundbeziehungen nicht betrachtet. Die weiterführenden Fälle wechselseitiger Beteiligungen oder möglicher Konsolidierungsverbote bzw. -wahlrechte sollen ebenfalls nicht näher analysiert werden. Auf Fragestellungen der Abbildung virtueller Unternehmen wird vor dem Hintergrund fehlender expliziter Rechnungslegungsnormen im Folgenden ebenso wenig gesondert eingegangen wie auf die Erfassung von (hybriden) Formen der Netzwerkorganisation (Häcki/Lighton 2001).

Vielmehr ist im Einzelfall zunächst zu prüfen, ob die **Unternehmenseigenschaft** erfüllt ist, um dann festzulegen, welche der im nächsten Abschnitt vorzustellenden Abbildungsmethoden anzuwenden ist. Auf diese Problematik der bilanziellen Abbildung einer virtuellen Konzernunternehmung weist auch Theisen hin: „Insoweit sind auch mit dem virtuellen Verbundunternehmen all diejenigen rechtlichen Fragen verknüpft, die sich stellen, wenn Organisationsformen im Recht nicht explizit vorgesehen sind. [...] Ansätze für diese rechtlichen Fragestellungen können sowohl auf Basis geltenden Rechts als auch eines künftig zu schaffenden Rechts gesucht werden“ (Theisen 2000, S. 13 f.; vgl. auch Picot/ Reichwald/Wigand 1998, S. 411 ff.).

Ergänzend sei vorausgeschickt, dass der **handelsrechtliche Konzernabschluss** ein Informations-, Dokumentations- und Entscheidungsinstrument für interne und externe Adressaten darstellt. Dabei basiert die Konzernrechnungslegung sowohl nach HGB als auch nach IAS/IFRS und US-GAAP auf dem **Einheitsgrundsatz**. Die Fiktion der wirtschaftlichen Einheit führt dazu, dass trotz bestehender rechtlicher Selbstständigkeit der einzelnen Unternehmen diese aus Konzernsicht wie unselbstständige Betriebsstätten behandelt werden. Im Konzernabschluss selbst werden Unternehmensaktivitäten zusammengefasst, die durch verschiedene Grade der Einflussnahme des Mutterunternehmens gekennzeichnet sind.

3. Abbildung neuerer Unternehmenszusammenschlussformen in der Konzernrechnungslegung

3.1 Abbildung in Abhängigkeit von der Einflussnahme

Sowohl das HGB, als auch die IAS/IFRS und die US-GAAP differenzieren mit Tochterunternehmen (Subsidiaries), Gemeinschaftsunternehmen, assoziierten Unternehmen (Associates) und sonstige Unternehmen zwischen vier Kategorien wirtschaftlicher Beteiligungen an anderen Unternehmen, die in Folge des **unterschiedlichen Einflussgrads** des zur Konzernrechnungslegung verpflichteten Unternehmens (so genannte Mutterunternehmen bzw. Parent) anhand **verschiedener Methoden** im Konzernabschluss behandelt werden (Baumann 2003, C 210, Rn. 1). Ein Tochterunternehmen unterliegt dabei der stärksten Beeinflussung, während auf die sonstigen Beteiligungen ein nur sehr geringer bzw. überhaupt kein Einfluss ausgeübt wird.

Bezüglich der Bestimmung der einzelnen Kategorien spricht man auch von der **Abgrenzung des Konsolidierungskreises**, wobei man regelmäßig zwischen dem Konsolidierungskreis im engeren Sinne, der nur das Mutterunternehmen und die Tochterunternehmen umfasst, und dem Konsolidierungskreis im weiteren Sinne, der zusätzlich auch die Gemeinschaftsunternehmen und die assoziierten Unternehmen aufnimmt, unterscheidet, während die sonstigen Unternehmen nicht Teil des Konsolidierungskreises sind.

3.2 Tochterunternehmen

Zur Bestimmung eines **Mutter-Tochter-Verhältnisses** kennt § 290 HGB mit dem Konzept der einheitlichen Leitung (auch ökonomisches bzw. deutsches Konzept) sowie dem Control-Konzept (auch juristisches bzw. angelsächsisches Konzept) zwei unabhängige Konzeptionen, während nach IAS 27 und ARB 51 nur das Control-Konzept zur Anwendung kommt. Darüber hinaus unterscheiden sich die drei betrachteten Rechtskreise in der normativen Umsetzung des Control-Konzepts. Dennoch führen HGB, IAS/IFRS und US-GAAP insbesondere beim Vorliegen einer Mehrheitsbeteiligung meist zum gleichen Ergebnis. Unterschiede zwischen den einzelnen Rechnungslegungsnormen ergeben sich hingegen unter anderem bezüglich neuerer Unternehmenszusammenschlussformen wie den oben beschriebenen Zweckgesellschaften.

Nach HGB bestehen bisher keine spezifischen Regelungen zur Behandlung von **Zweckgesellschaften**. Ein Mutter-Tochter-Verhältnis kann daher nur dann angenommen werden, wenn es gelingt, dem Mutterunternehmen die vom Kapitalgeber gehaltenen Anteile an der Objektgesellschaft zuzurechnen (Berger/Lüttke 2003, § 290, Rn. 77, m. w. N.). Nach IAS/IFRS bzw. US-GAAP greifen in diesem Fall die allgemeinen Grundsätze nach IAS 27 bzw. ARB 51. Mit SIC 12 bzw. FIN 46R werden Interpretationen zur Verfügung gestellt, welche eine Anwendung dieser allgemeinen Grundsätze auf Objektgesellschaften vorsehen. Beide Interpretationen lösen sich hierbei von der alleinigen Betrachtung der Beteiligungsstrukturen. Stattdessen erfolgt eine Zuordnung auf Basis einer Abwägung der sich aus der Zweckgesellschaft ergebenden Chancen und Risiken (so genannter Risk and Reward Approach).

Nach IAS/IFRS sind SPE gemäß IAS 27 dann zu konsolidieren, wenn die wirtschaftliche Betrachtung der Verhältnisse zeigt, dass zwischen dem berichtenden Unternehmen und der SPE ein Beherrschungsverhältnis besteht. In SIC-12.10 werden zusätzlich zu IAS 27 weitere Tatbestände aufgeführt, die bei wirtschaftlicher Betrachtung auf ein Beherrschungsverhältnis hinweisen:

1. die Geschäftstätigkeit der SPE wird zu Gunsten des Unternehmens entsprechend seiner besonderen Bedürfnisse geführt, sodass das Unternehmen **Nutzen aus der Geschäftstätigkeit** der SPE zieht;
2. das Unternehmen verfügt über die Entscheidungsmacht, die Mehrheit des **Nutzens aus der Geschäftstätigkeit** der SPE zu ziehen, oder diese Entscheidungsmacht wurde durch Einrichtung eines „Autopilot“-Mechanismus delegiert (regelmäßig legen

Satzung oder Gesellschaftsvertrag fest, dass die Geschäftspolitik, welche die laufende Tätigkeit der SPE festlegt, grundsätzlich nicht geändert werden darf; dies bezeichnet das SIC als Autopilot, SIC-12.1);
3. das Unternehmen verfügt über das Recht, die Mehrheit des Nutzens aus der SPE zu ziehen, was unter Umständen zu Risiken für das Unternehmen führt, die mit der Geschäftstätigkeit der SPE verbunden sind;
4. das Unternehmen behält die Mehrheit der mit der SPE verbundenen Residual- oder Eigentumsrisiken oder Vermögenswerte, um Nutzen aus ihrer Geschäftstätigkeit zu ziehen.

Auch diese Liste der Kriterien nach SIC-12 ist nicht abschließend. „Werden in SIC-12 zwar verschiedene Situationen aufgeführt, die auf eine Konsolidierungspflicht der SPE seitens des begünstigten Unternehmens hinweisen können, ist die Vorschrift jedoch insgesamt durch erhebliche Bewertungsspielräume gekennzeichnet" (Brakensiek/Küting 2002, S. 215).

Wie erwartet (Küting/Heiden 2002, S. 1020) kam es in den USA nach zahlreichen Bilanzierungsskandalen, bei denen auch Objektgesellschaften eine Rolle spielten, zu grundlegenden Reformen der bilanziellen Abbildungsvorschriften (Kustner 2004, S. 308). Nach US-GAAP besteht nunmehr für Variable Interest Entities (VIE) gemäß FIN 46 rev. 2003 (FIN 46R) zu ARB 51 eine Vollkonsolidierungspflicht trotz fehlender Stimmrechtsmehrheit. Der ursprüngliche Exposure Draft zu FIN 46R bezog sich noch auf SPE. Da allerdings der Kreis der in FIN 46R betrachteten Unternehmen von der gemeinhin gebräuchlichen Definition der SPE abweicht, hat sich das Financial Accounting Standards Board (FASB) zur Einführung der neuen Bezeichnung VIE entschlossen (FIN 46R Summary). Bei einer VIE handelt es sich um ein Unternehmen, bei dem das **bestehende Eigenkapital zur Führung eines eigenständigen Geschäftsbetriebs nicht ausreicht** und/oder die Eigenkapitalgeber über die „ihnen gewöhnlich zustehenden **Vermögens-, Mitverwaltungs- und Kontrollrechte**" (Kustner 2004, S. 317) nicht verfügen.

Der Interpretation folgend, muss der Primary Beneficiary eine VIE in die Konsolidierung einbeziehen, sofern keine effektive Chancen- und Risikoverteilung auf alle am Unternehmen beteiligten Gruppen besteht (FIN 46.5R). Der Primary Beneficiary ist die Partei, die dazu verpflichtet ist, den überwiegenden Teil der erwarteten Verluste zu tragen oder die Anspruch auf den Mehrheit der erwarteten Gewinne hat. Liegen die Verpflichtung zur überwiegenden Verlustübernahme sowie das Recht zur überwiegenden Gewinnantizipation bei unterschiedlichen Parteien, ist die den Verlust tragende Partei der Meistbegünstigte. Das FASB gewichtet somit das Verlustrisiko stärker als die Gewinnerwartungen (Pellens/Sellhorn/Streckenbach 2003, S. 193). Eine VIE ist in den Konzernabschluss des Primary Beneficiary einzubeziehen; dabei gelten grundsätzlich die gleichen Regelungen wie für Tochterunternehmen (Melcher/Penter 2003, S. 517).

Die Entwicklung in diesem Bereich ist aber noch lange nicht abgeschlossen. Das International Accounting Standards Board (IASB) überarbeitet zurzeit in seinem Projekt „Consolidation (including Special Purpose Entities)" IAS 27 bezüglich der Grundsätze zur Einbeziehung von Tochterunternehmen. Besonderer Schwerpunkt liegt hierbei auf der Behandlung von Zweckgesellschaften. Darüber hinaus plant die EU-Kommission durch eine Änderung der 4. EG-Rechnungslegungsrichtlinie künftig die Offenlegung von Informationen zu Geschäften mit so genannten speziellen Finanzierungsgesellschaften (SFG) zu fordern, sofern diese Unternehmen nicht in den Konzernabschluss einbezogen werden (Lanfermann 2004, S. 3 f.). Nach Umsetzung der Richtlinienänderung in nationales Recht wären dies Offenlegungspflichten grundsätzlich von allen deutschen Unternehmen zu beachten, unabhängig davon, nach welcher Rechnungslegungsnorm sie ihren Abschluss aufstellen.

Tochterunternehmen sind, sofern für diese keine Einbeziehungswahlrecht (explizit nur HGB) bzw. Verbot (nur US-GAAP) besteht, nach der Methode der **Vollkonsolidierung** in den Konzernabschluss einzubeziehen. Dies bedeutet, dass unabhängig von der Existenz anderer Gesellschafter die Posten der Bilanz- und der Gewinn- und Verlustrechnung (GuV) des Tochterunternehmens vollständig in den Konzernabschluss zu übernehmen sind. Alle bestehenden konzerninternen Salden, Aufwendungen und Erträge sind entsprechend dem Einheitsgrundsatz vollständig zu eliminieren.

3.3 Gemeinschaftsunternehmen, assoziierte Unternehmen und sonstige Unternehmen

Konstitutive Merkmale eines **Gemeinschaftsunternehmens** sind weder die einzelnen Beteiligungshöhen, die von den Partnerunternehmen gehalten werden, noch eine bestimmte Anzahl von Partnerunternehmen. Vielmehr ist das Gemeinschaftsunternehmen nach allen hier betrachteten Regelwerken durch eine **gemeinschaftliche Leitung** (Joint Control) von mind. zwei Partnerunternehmen charakterisiert, wobei die Zusammenarbeit regelmäßig auf Dauer angelegt ist. Nach IAS/IFRS muss diese geteilte Einflussnahme vertraglich geregelt sein, während dies nach HGB und US-GAAP nicht gefordert wird.

Gemeinschaftsunternehmen dürfen nach § 310 HGB und IAS 31 auf Grundlage der Quotenkonsolidierung in den Konzernabschluss einbezogen werden. Wird von diesem Wahlrecht kein Gebrauch gemacht, ist das Gemeinschaftsunternehmen grundsätzlich nach der Equity-Methode zu behandeln. Hiervon abweichend sind nach IAS/IFRS Gemeinschaftsunternehmen, die von Wagniskapital-Gesellschaften, Investmentfonds, Unit Trusts oder ähnlichen Unternehmen gehalten werden, unter bestimmten Umständen nach IAS 39 zu behandeln und erfolgswirksam mit dem beizulegenden Zeitwert zu bewerten. Nach US-GAAP sind Gemeinschaftsunternehmen bis auf wenige branchen- und rechtsformbezogene Ausnahmen gemäß APB 18 sowie AIN-APB 18.2 stets nach der Equity-Methode zu behandeln.

Bei der **Quotenkonsolidierung** werden die Bilanz- und GuV-Posten des Beteiligungsunternehmens nur in Höhe der Beteiligungsquote in den Konzernabschluss übernommen. Konzerninterne Salden, Aufwendungen und Erträge sind nur entsprechend dieser Beteiligungsquote zu eliminieren. Bei der **Equity-Methode** erfolgt keine Übernahme der Bilanz- und GuV-Posten des Beteiligungsunternehmens in den Konzernabschluss. Stattdessen ist der Beteiligungsbuchwert um die anteilig auf die Beteiligung entfallenden Eigenkapitalveränderungen nach Erwerb fortzuschreiben.

Assoziierte Unternehmen schließlich werden nach allen hier betrachteten Rechnungslegungsnormen durch das Vorliegen eines **maßgeblichen Einflusses** (Significant Influence) charakterisiert. Während nach HGB dieser maßgebliche Einfluss tatsächlich ausgeübt werden muss, genügt es nach IAS/IFRS und US-GAAP bereits, dass die Möglichkeit zur Ausübung eines maßgeblichen Einflusses besteht, um ein Assoziationsverhältnis zu begründen. Nach HGB muss das Mutterunternehmen darüber hinaus eine Beteiligung im Sinne von § 271 Abs. 1 HGB an dem assoziierten Unternehmen halten, was unter anderem eine dauerhafte Halteabsicht der bestehenden Anteile beinhaltet. Eine entsprechende Forderung kennen die IAS/IFRS und die US-GAAP nicht. Allerdings müssen auch hier grundsätzlich Anteile an dem assoziierten Unternehmen gehalten werden.

Allen hier betrachteten Rechnungslegungsnormen ist gemein, dass ein maßgeblicher Einfluss vermutet wird, wenn ein Unternehmen bei einem anderen Unternehmen 20 % der Stimmrechte hält (§ 311 Abs. 1 Satz 2 HGB, IAS 28.6 rev. 2003, APB 18.17). Im Umkehrschluss wird damit unterstellt, dass kein maßgeblicher Einfluss vorliegt, wenn weniger als 20 % der Stimmrechte eines Unternehmens gehalten werden. In beiden Fällen handelt es sich um eine widerlegbare Vermutung.

Assoziierte Unternehmen sind nach allen hier betrachteten Rechnungslegungsnormen grundsätzlich nach der **Equity-Methode** zu behandeln. Ausnahmen bestehen nach IAS/IFRS wiederum unter bestimmten Umständen für assoziierte Unternehmen, die von Wagniskapital-Gesellschaften, Investmentfonds, Unit Trusts oder ähnlichen Unternehmen gehalten und nach IAS 39 mit dem beizulegenden Zeitwert bewerten werden.

Auch im Bereich der Gemeinschaftsunternehmen und assoziierter Unternehmen könnte die Bilanzierung von **Zweckgesellschaften** künftig eine größere Bedeutung erlangen; so veröffentliche die US-amerikanische Emerging Issues Task Force (EITF) des FASB im Sommer 2004 den ersten Entwurf zur Anwendung der Regelungen zur Bilanzierung von Gemeinschafts- und assoziierten Unternehmen an Gesellschaften, an denen das Unternehmen selbst keine Beteiligung hält.

Investitionen in andere Unternehmen, auf die nicht mindestens ein maßgeblicher Einfluss ausgeübt wird, sind nach HGB mit den ursprünglichen Anschaffungskosten, vermindert um außerplanmäßige Wertberichtigungen, zu bewerten (Bewertung at cost). Nach IAS/IFRS und US-GAAP sind diese zum beizulegenden Zeitwert (Fair Value) fortzuschreiben.

3.4 Stufenkonzeption des Konzernbilanzrechts

Übersicht 2 fasst zusammen, dass sich das Konzernbilanzrecht durch einen stufenweisen Übergang vom eigentlichen Kern des Konzerns zu seiner Umwelt, der durch verschiedene Grade der Einflussnahme des Mutterunternehmens auf andere Unternehmen gekennzeichnet ist, auszeichnet. Diese Stufenkonzeption drückt aus, dass „auf jeder höheren Stufe die Intensität der Einflussnahme zunimmt und auch gleichzeitig die Voraussetzungen restriktiver werden" (Dusemond 1991, S. 102).

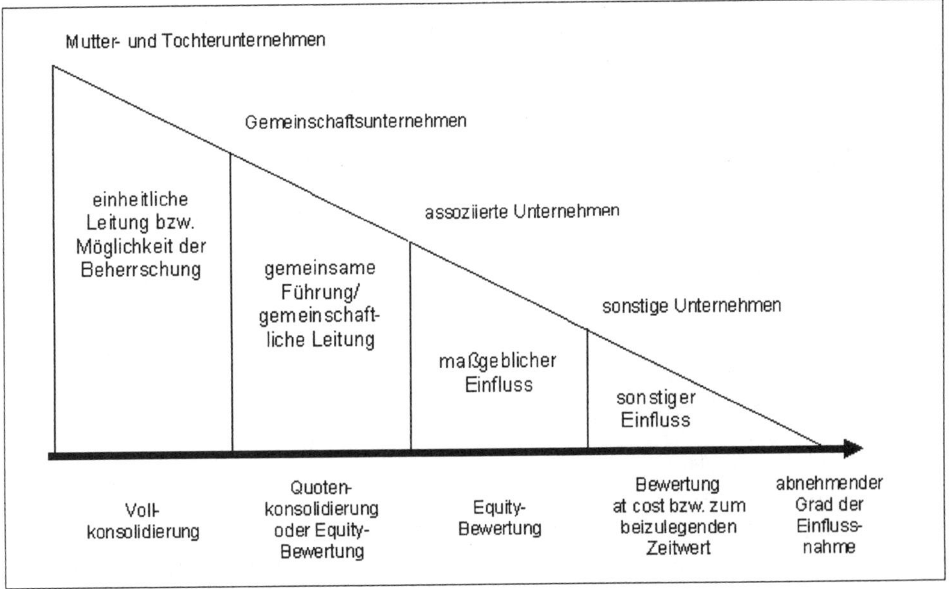

Übersicht 2: Stufenkonzeption des Konzernbilanzrechts

4. Zwischenfazit und weitere Vorgehensweise

Die bisherigen Ausführungen haben gezeigt, dass die Abbildung neuerer Unternehmenszusammenschlussformen im handelsrechtlichen Konzernabschluss stark einzelfallbezogen zu erfolgen hat. Dabei ist nicht immer eine problemlose Zuordnung zu den Konsolidierungskreisen im engeren oder im weiteren Sinne möglich. Vielfach verbleibt – sofern eine geringe Beteiligungsquote vorliegt – nur die Aufnahme in die Sammelposition „Beteiligungen“ im Finanzanlagevermögen. Name, Sitz und weitere Informationen sind regelmäßig nur aus der beim Handelsregister hinterlegten vollständigen Anteilsbesitzliste ersichtlich, welche für die Informationsadressaten nicht ohne zusätzliche Informationsbeschaffungskosten erhältlich ist. Nach HGB werden durch die Regelung des § 313 Abs. 2 Nr. 4 HGB hiervon ohnehin nur Beteiligungen ab einer Höhe von 5 % erfasst, die zudem an großen Kapitalgesellschaften gehalten werden müssen. Ohne gesellschaftsrechtliche Verbindungen respektive bei Beteiligungen unterhalb der 5 %-Grenze erfolgt regelmäßig keine Auflistung.

„Within the boundaries of a company's overall organizational system are a number of significant structural and intellectual assets not accounted for on the balance sheet“ (Boulton/Libert/Samek 2000, S. 41). Es ist somit eine Lücke zwischen Informationsanspruch und -bereitstellung zu konstatieren. Dies gilt – wenn auch in geringerem Umfang – ebenfalls für die internationale Rechnungslegung. In Unternehmen, deren Unternehmenserfolg vergleichsweise stärker von durch die externe Konzernrechnungslegung nur unzureichend erfassten Unternehmensverbindungen abhängt, ergeben sich darüber hinaus auch Hindernisse für den Einsatz der externen Rechnungslegungsdaten für Zwecke der Unternehmenssteuerung (Küting/Lorson 1998), da der Konvergenz des Rechnungswesens in diesen Unternehmen Grenzen gesetzt sind. Die Defizite des Datenmaterials machen gesonderte Lösungswege auch im Bereich der internen Unternehmensrechnung erforderlich (Küting/Heiden 2002, Sp. 295 ff.).

Unter agencytheoretischen Gesichtspunkten ist darauf hinzuweisen, dass die freiwillige Ergänzung der Unternehmenspublizität um Informationen zu ansonsten nicht abgebildeten neueren Unternehmenszusammenschlussformen dem Unternehmen die Möglichkeit bietet, einen **Signalling-Effekt** zu erzielen. Hierbei können für ein Unternehmen Nutzeneffekte dadurch entstehen, dass es eine höhere Transparenz der eigenen Publizität signalisiert und einen Beitrag zu einer glaubwürdigen Informationsversorgung der Anleger insgesamt leisten will. „Having experienced regulatory and legal action, adversely influencing reputations, managers can set themselves forth as innovators in high-profile accounting areas as a step on the road to recovery. Such signals have value if perceived to be credible“ (Wallace 2004, S. 133). Erste empirische Ergebnisse von Wallace bestätigen diese These für den Bereich der Variable Interest Entities. „Market reactions support a net benefit of this strategy for shareholders. Being ‚ahead of the curve‘ through voluntary reporting and disclosure enhancements has meant more attention than usual to these companies' improved information environments“ (Wallace 2004, S. 133).

Nachfolgend sollen grundlegende Ansatzpunkte zur Berücksichtigung neuerer Unternehmenszusammenschlussformen in der externen Rechnungslegung skizziert werden. Zu unterscheiden ist hierbei – wie in Übersicht 3 aufgezeigt – zwischen einer Berücksichtigung innerhalb der Bilanz und Erfolgsrechnung und der Erweiterung quantitativer und/oder qualitativer Informationen außerhalb von Bilanz und Erfolgsrechnung (Dawo/Heiden 2001, S. 1717).

Die mögliche Modifikation der dargestellten Regelungen zur Abgrenzung des Konsolidierungskreises soll dabei nicht näher betrachtet werden. Hierzu sind die – teilweise bereits begonnenen – Reformbemühungen der unterschiedlichen Standardsetter und Gesetzgeber zeitnah zu verfolgen.

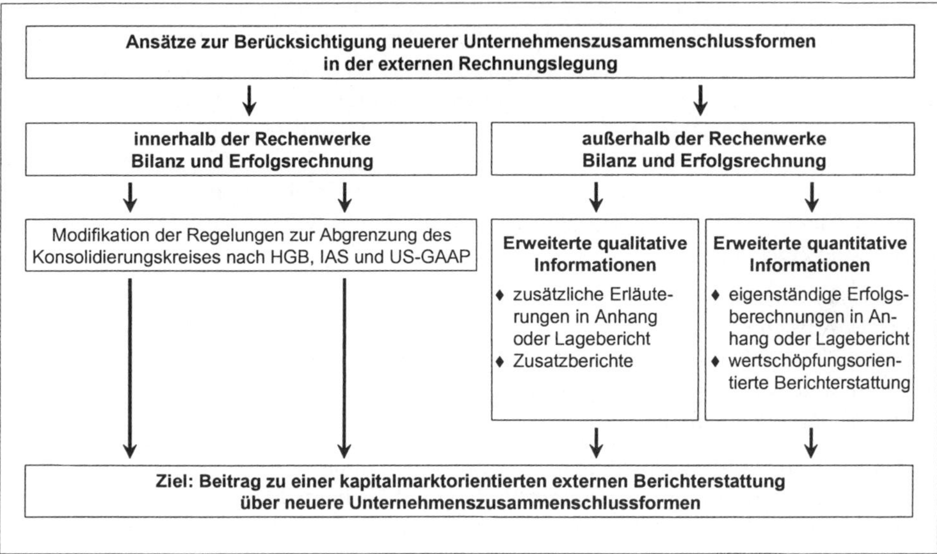

Übersicht 3: Ansatzpunkte zur Berücksichtigung neuerer Unternehmenszusammenschlussformen in der externen Rechnungslegung

5. Berücksichtigung neuerer Unternehmenszusammenschlussformen außerhalb von Bilanz und Erfolgsrechnung

5.1 Lageberichterstattung

Dem **Lagebericht** wird vom Gesetzgeber die Aufgabe zugewiesen, Jahresabschlussinformationen zu verdichten und diese in zeitlicher und sachlicher Hinsicht zu ergänzen. Ziel ist es, im Rahmen der Rechenschaftslegung ein den tatsächlichen Verhältnissen entsprechendes Bild des Geschäftsverlaufes und der Lage der Gesellschaft darzustellen

(Baetge/Fischer/Paskert 1989). Prognostische Bestandteile gewinnen dabei zunehmend an Bedeutung, sodass zutreffender von einer Informationsvermittlungsaufgabe zu sprechen ist (Baetge/Kirsch/Thiele 2004, S. 608 f.). Da der Lagebericht zu den prüfungspflichtigen Bestandteilen der Unternehmenspublizität zählt, wird ihm vom Kapitalmarkt ein höheres Vertrauen entgegengebracht als ungeprüften Unternehmensinformationen. So ist die freiwillige Lageberichterstattung gegenüber der Platzierung der hier relevanten Informationen im freien Teil des Geschäftsberichtes zu präferieren (Fey 2000, S. 1097). Daher erscheint der Lagebericht als geeigneter Ort, um sowohl verbal-qualitativ als auch quantifizierend über vorhandene Unternehmenszusammenschlussformen im Konzern zu berichten und so die Defizite der Rechenwerke Bilanz und Gewinn- und Verlustrechnung auszugleichen. Neben einer grundlegenden Beschreibung strategischer Unternehmensverbindungen ist es auch denkbar, eigenständige Erfolgsangaben über bestimmte Zusammenschlussformen zu machen und diese gegebenenfalls auch zu aggregieren. Hierbei sind etwa

- grafische Darstellungen,
- verbale Beschreibungen,
- individuelle Erfolgskennzahlen,
- eigenständige Erfolgsrechnungen oder
- Wertschöpfungsrechnungen

als **Darstellungsformen** vorstellbar. Einige Unternehmen ergänzen ihre Lageberichte um eine Berichterstattung aus den einzelnen Geschäftsbereichen, während andere diese Informationen im nicht prüfungspflichtigen Teil aufführen. Die überwiegend verbale Berichterstattung wird dabei in der Regel durch wenige (Finanz-)Kennzahlen abgerundet. Ohne größeren Zusatzaufwand könnte hier auch explizit über Kooperationen in den einzelnen Geschäftsbereichen berichtet werden.

Inhaltlich könnten hierbei etwa Angaben zu folgenden Bereichen einer neuen Unternehmenszusammenschlussform gemacht werden (Kasperzak 2004, S. 234):

- allgemeine Darstellung der Unternehmenszusammenschlussform,
- grundlegende Informationen über die beteiligten Partner sowie die von ihnen eingebrachten Ressourcen und Kernkompetenzen,
- verfolgte Ziele des Zusammenschlusses,
- geplante Dauer des Zusammenschlusses,
- wirtschaftliche Entwicklung und Marktposition des betrachteten Zusammenschlusses,
- künftige Risiken durch konkurrierende Zusammenschlussformen und wechselseitige Abhängigkeiten.

Neu zu gestaltende Erfolgsrechnungen könnten Auskunft darüber geben, ob die Zielsetzungen einzelner Zusammenschlussarten erreicht wurden. Hierzu stellen – in Abhängigkeit vom betroffenen betrieblichen Teilbereich – etwa **Einnahmen-Ausgaben-Rechnungen** geeignete Instrumente dar. Betrachtet man das Beispiel einer F & E-Kooperation, deren Ergebnisse entweder selbstständig vermarktet oder über die betriebliche Produktion und den anschließenden Absatz zu Einnahmen führen, so lassen sich Einnahmen und Ausgaben direkt einander gegenüberstellen. Zusätzlich zu den Pflichtangaben der Konzernrechnungslegung lassen sich auf diese Weise weitere wertvolle Informationen vermitteln. Diese Form der freiwilligen Berichterstattung erscheint insbesondere dann empfehlenswert, wenn eine Kooperationsform – etwa ein umfangreiches strategisches Netzwerk – innerhalb eines Konzerns von besonderer Bedeutung ist.

Weiterhin kann beispielsweise im Rahmen einer freiwilligen **Intellectual-Capital-Berichterstattung** dem **Organizational Capital**, je nach Abgrenzung auch Structural oder Relational Capital genannt, ein eigener Abschnitt gewidmet werden (Edvinsson/Malone 1997, S. 52 ff.; Küting 2001, S. 488 f.). „Structural-organizational capital [...] enable firms to efficiently use tangible and intangible inputs to create value and growth" (Lev/Radhakrishnan 2002, S. 2). „Among key organization assets are leadership, strategy, structure, processes, systems, culture and values, ability to innovate, brands, and proprietary knowledge" (Boulton/Libert/Samek 2000, S. 41). Inhaltlich könnten grundlegende verbal-deskriptive Angaben zum eigenen Geschäftsmodell und den Beweggründen für einzelne Kooperationen (Ernst/Halevy 2000) gemacht oder individuelle Erfolgskennzahlen kommuniziert werden.

Ein Beispiel für die Integration neuer Erfolgsrechnungen in die externe Berichterstattung liefern **Mittelherkunfts-Mittelverwendungsrechnungen**: In (inhaltlicher) Abhängigkeit von Gegenstand und Zwecksetzung der Kooperation könnten etwa alle Kooperationen für einen betrieblichen Teilbereich (Produktion, Forschung & Entwicklung, Vertrieb) aggregiert abgebildet werden. Hierbei sind nur Geschäftsvorfälle mit Konzern-externen zu erfassen. Für den Bereich Forschung & Entwicklung (F & E) schlägt Brockhoff (2001, S. 56) eine solche Rechnung zur Erfassung des generierten technologischen Wissens vor (siehe Übersicht 4).

Durch eine Veröffentlichung in der externen Unternehmensberichterstattung kann der Leser „eine Vielzahl von Kennzahlen bilden, die für die Beurteilung der künftigen Lage der Gesellschaft von Interesse sind, insbesondere wenn sie im Vergleich zu Benchmarks betrachtet werden" (Brockhoff 2001, S. 56 f.).

Mittelherkunft	Mittelverwendung
1. Einnahmen aus dem Verkauf von Rechten (Lizenzen, Patente, Know-how)	5. Ausgaben für den Erwerb von Rechten (Lizenzen, Patente, Know-how)
2. Einnahmen aus der Durchführung von Projekten	6. Ausgaben für die Durchführung von Projekten bei Dritten
3. Nicht-projektgebundene Einnahmen oder Ausgabenersparnisse aus staatlicher Förderung	7. Laufende F & E-Ausgaben
4. Eigene Mittel	8. Ausgaben für Investitionen in Forschung & Entwicklung

Quelle: Brockhoff 2001, S. 56.

Übersicht 4: Mittelherkunfts-Mittelverwendungsrechnung für den F & E-Bereich

Kennzahl	Informationsgehalt
Patent- und Lizenzbilanz = (1) – (5)	Ist es dem Unternehmen gelungen, mehr technologisches Wissen zu verwerten als zuzukaufen? Negative Werte können als Indikator für Prozessmängel bei der Generierung technologischen Wissens gewertet werden.
Externe F & E-Bilanz = (2) – (6)	Ist es dem Unternehmen gelungen, mehr technologisches Wissen zu verwerten als zuzukaufen? Negative Werte können als Indikator für Prozessmängel bei der Generierung technologischen Wissens gewertet werden.
Staatlicher Förderungsanteil = (3) / (4)	Beitrag zur öffentlichen Diskussion. Indikator für den Risikograd der Forschungsaktivitäten.
Externe Technologieabhängigkeit (brutto) = [(5) + (6)] / [(7) + (8)]	Relativer Anteil der Aufwendungen für externe Wissensbeschaffung. Eine hohe externe Abhängigkeit ist aus erfolgsanalytischer Sicht kritisch zu hinterfragen.
Externe Technologieabhängigkeit (netto) = [(5) – (1) + (6) – (2)] / [(7) + (8)]	Nettobetrachtung gegenüber Bruttobetrachtung um Effekte aus Verwertungseinnahmen bereinigt. Eine hohe externe Abhängigkeit ist aus erfolgsanalytischer Sicht kritisch zu hinterfragen. Negative Werte hingegen deuten auf eine vergleichsweise starke Position des Unternehmens hin, da die Verwertungseinnahmen die Ausgaben für die externe Technologiebeschaffung übertreffen.

Quelle: Brockhoff 2001, S. 57.

Übersicht 5: Kennzahlen zur Mittelherkunfts-Mittelverwendungsrechnung im F & E-Bereich

Hervorzuheben ist in diesem Zusammenhang, dass es sich nicht zwingend um Kennzahlen quantitativer Prägung handeln muss. Vielmehr sind aus Sicht der Adressaten auch qualitative **Werttreiberinformationen** in das Blickfeld der externen Unternehmensanalyse gerückt (Lorson/Heiden 2002, S. 373 ff.).

Kasperzak (2003, S. 159 ff.) hat einen Vorschlag zur Abbildung des Erfolgs strategischer Allianzen unterbreitet. Sein Lösungsansatz basiert auf der Konzeption der Nutzwertanalyse (Dinkelbach 2002; Küting 1983, S. 29 ff.). Abhängig von der Ausprägungsform der spezifischen strategischen Allianz kann die Nutzwertanalyse durch ein **Nutzwerttableau** Eingang in die jeweiligen Abschlüsse der Allianzpartner oder des fokalen Unternehmens finden. Bezogen auf die Luftfahrtallianz **Star Alliance**, in der die Deutsche Lufthansa AG das zentrale Unternehmen darstellt, könnte sich die in Übersicht 6 auszugsweise dargestellte Berichterstattung wie in Tabelle 1 angedeutet, verändern. Eine solche Darstellung setzt voraus, dass die spezifische Allianz einen separierbaren Verbund komplementärer Ressourcen darstellt, „dem spezifische rechnungslegungsbezogene Informationen zugeordnet werden könnten“ (Kasperzak 2004, S. 232). Im betrachteten Fall ist zu unterstellen, dass die Lufthansa als fokales Unternehmen im Sinne eines

Koordinators der Allianz die Aktivitäten der Partner vertragsmäßig aufeinander abstimmt. Die Erstellung eines Nutzwerttableaus setzt dabei die Kooperation der Allianzmitglieder voraus, welche das Tableau ihrerseits ebenfalls für die eigene Unternehmenspublizität einsetzen könnten (Kasperzak 2004, S. 232, S. 235).

Attraktives Netzwerk

Wichtigstes Anliegen unserer fliegenden Kunden ist jedoch nach wie vor ein attraktives Netz mit einem dichten Flugplan und einem breiten Angebot von Zielen. Es muss mit dem Wirtschaftswachstum in Einklang stehen und sich an den Kundenbedürfnissen orientieren. Hier ergänzt Lufthansa ihr eigenes Angebot durch die Kooperation mit Partner-Airlines. In erster Linie ist die Star Alliance zu nennen. Mit inzwischen 15 Fluggesellschaften bietet die Star Alliance ein beispielloses Streckennetz, das 894 Ziele in 129 Ländern umfasst. Mit der Entwicklung gemeinsamer Produkte und Leistungsangebote beschäftigen sich inzwischen rund 100 Vollzeit-Mitarbeiter der Star Alliance-Organisation. Dazu gehört die allianzweite Vereinheitlichung der Buchungsklassen ebenso wie die Einrichtung gemeinsamer Lounges, Schalter und die Harmonisierung der Vielfliegerprogramme. Daneben kooperiert Lufthansa mit weiteren Fluggesellschaften auf bilateraler Basis und bietet so den Kunden ein noch größeres Netzwerk. Neu hinzugekommen sind im vergangenen Jahr die italienische Air One und Air China, die nationale Fluggesellschaft der Volksrepublik China. Mit beiden Gesellschaften wurden zu Beginn des Winterflugplans Codeshare-Dienste aufgenommen.

Star Alliance 2001
Gesamtdaten der Partner-Airlines

	2000
Umsatz	63,0 Mrd. US$
Fluggäste pro Jahr	301 Mio.
Verkaufte Sitzkilometer	614,0 Mrd.
Mitarbeiter	312 028
Tägliche Flüge	9 529
Flotte	2 119 Flugzeuge
Zielorte	894
Angeflogene Länder	129

Quelle: Deutsche Lufthansa AG 2000, S. 41.

Übersicht 6: Auszug aus der Berichterstattung des Lufthansa-Konzerns zur Star Alliance im Geschäftsbericht 2000

An anderer Stelle im Geschäftsbericht heißt es, dass die Star Alliance „eine der tragenden Säulen des wirtschaftlichen Erfolgs“ (Deutsche Lufthansa AG 2000, S. 20) ist. Ob dies allein durch obige Darstellung für die Investoren transparent dargestellt werden kann, ist kritisch zu hinterfragen (Kasperzak 2003, S. 153). In den nachfolgenden Geschäftsberichten wurde keine wesentliche Erweiterung der Berichterstattung über die Star Alliance vorgenommen. Die obige Darstellung der Gesamtdaten der Partner-Airlines wurde in verkürzter Form beibehalten, wobei keine Vorjahresvergleichsdaten veröffentlicht werden.

Tabelle 1 zeigt einen Vorschlag zur Darstellung eines Nutzwerttableaus für eine globale Flugverkehrsallianz wie der Star Alliance (Kasperzak 2004, S. 235 f.). „Das Nutzwerttableau eröffnet den Investoren zum einen die Möglichkeit, die wirtschaftliche Entwicklung [...] im Zeitablauf anhand quantitativer und qualitativer Dimensionen zu analysieren“ (Kasperzak 2003, S. 184). Die alleinige Veröffentlichung eines aggregierten Nutzwertindexes ($\sum_{i=1}^{n} G_i \cdot E_i$) ist abzulehnen (Kasperzak 2004, S. 236). Ergänzt werden kann das Nutzwerttableau in der Konzeption Kasperzaks durch eine für diese Reportingzwecke adaptierte Wertschöpfungsrechnung (Kasperzak 2003, S. 163 ff.; Küting/Dawo/Heiden 2002, S. 496 f.).

Kennzahl $_i$	Relative Bedeutung (G_i)	Zielwert (Z_i)	Erreichungs-grad (E_i)	Erfolgsbeitrag $(G_i \cdot E_i)$
			gering hoch 0 100	
Kostenersparnis	15	200 Mio. GE	75	11,25
Kooperationsbedingung	11,5	20 %	60	6,90
Umsatzsteigerung	...	...	...	...
Kundenzufriedenheit	9,5	10	95	9,025
...	...	...	...	...
Kennzahl $_n$	G_n	Z_n	E_n	$G_n \cdot E_n$
	$\sum_{i=1}^{n} G_i$			$\sum_{i=1}^{n} G_i \cdot E_i$

Quelle: Kasperzak 2004, S. 236.

Tabelle 1: Nutzwerttableau für eine globale Flugverkehrsallianz

Cornelis u. a. (2000, S. 260) beschreiben das Beispiel einer Automobilhandelsfirma, welche durch eine strategische Allianz mit der Firma **Amazon.com** den Einstieg in den wettbewerbsintensiven Online-Handel versucht. Kapitalbeteiligungen liegen nicht vor. Durch eine Zahlung (Ausgabenseite) von US-$ 82,5 Millionen über fünf Jahre werden interessierte Autokäufer auf der Webseite von Amazon.com zum Angebot des Autohändlers geleitet. Im Rahmen eines **Relational Capital Reporting** könnten den Ausgaben der Nutzen aus der strategischen Allianz gegenübergestellt werden. Dies könnte etwa durch Informationen zur Anzahl der Geschäftsabschlüsse über das Amazon.com-Portal, die Anzahl der Kundenkontakte oder den Bekanntheitsgrad der Marke geschehen, um zu verdeutlichen, dass der erfolgreiche Kunden- und Markenaufbau durch ein alternatives Geschäftsmodell kostenintensiver gewesen wäre.

5.2 Anhangberichterstattung

Denkbar ist auch eine Veröffentlichung vorgenannter Erfolgsrechnungen im Anhang. Dieser ist von allen Konzernen zu erstellen. Neben Bilanz, Gewinn- und Verlustrechnung, Kapitalflussrechnung, Segmentberichterstattung und Eigenkapitalspiegel ist er Bestandteil des Konzernjahresabschlusses und soll die Rechenwerke ergänzen sowie den Einblick in die Vermögens-, Finanz- und Ertragslage verbessern. Daher werden insbesondere die Posten der Bilanz und Erfolgsrechnung erläutert und kommentiert (**Erläuterungsfunktion**). Darüber hinaus kommt dem Anhang eine **Entlastungsfunktion** zu, indem beispielsweise Aufgliederungen einzelner Posten aus den Rechenwerken in den Anhang verlagert werden können. Auf die bereits erfolgten Ausführungen zur Anteilsliste kann an dieser Stelle verwiesen werden.

Eine freiwillige Ausweitung der quantitativen und qualitativen Angaben im Rahmen der **Anteilsliste** erscheint ebenfalls empfehlenswert, indem ergänzend zu den Pflichtbestandteilen zusätzliche Angaben zu den nicht im Konzernabschluss erfassten Unternehmensverbindungen gemacht werden (Ergebnisanteil, Kapitalanteil, Cashflow o. Ä.), was einheitlich für alle Beteiligungen erfolgt. Dies betrifft insbesondere solche Gesellschaften, bei denen der Kapitalanteil unterhalb von 5 % liegt. Ergänzend könnte insbesondere für Kooperationsformen ohne Kapitalbeteiligung eine individuelle Liste entworfen werden, welche – gegebenenfalls auch in Form einer mehrjährigen Übersicht – kooperationsbezogene Kennzahlen (Anzahl angemeldeter Patente, erfolgreiche Markttransfers, Investitionen etc.) enthält. Dass in diesem Bereich Verbesserungsbedarf in der Berichterstattungspraxis besteht, zeigen verschiedene Praxisbeispiele (Kustner 2004, S. 312 ff.)

6. Zusammenfassung und Ausblick

Die im Rahmen dieses Beitrages unter dem Arbeitsbegriff neuere Unternehmenszusammenschlussformen skizzenhaft vorgestellten Joint Ventures, strategischen Allianzen, virtuellen Unternehmen und Netzwerke sowie Zweckgesellschaften werden mit Ausnahme der Joint Ventures (Gemeinschaftsunternehmen) nicht in der externen Konzernrechnungslegung erfasst.

Neuere Unternehmenszusammenschlussformen sind dem Konzept der rechnungslegenden Einheit regelmäßig nicht zugänglich (Kasperzak 2004, S. 223). Konkret scheitert ihre Erfassung

- an der fehlenden Unternehmenseigenschaft,
- am Nicht-Vorhandensein einer Kapitalbeteiligung,
- am Fehlen eines tatsächlich ausgeübten maßgeblichen oder beherrschenden Einflusses.

Diese Nichteinbeziehungsgründe können einzeln oder kombiniert vorliegen. Kann der einzelnen Kooperationsform die Kaufmannseigenschaft im Sinne des HGB zugewiesen werden, hat sie eigene Handelsbücher und einen Einzelabschluss zu erstellen, welcher jedoch für sich eine Beurteilung der individuellen Erfolgslage einerseits und eine Einschätzung des strategischen Erfolgspotenzials aus Konzernsicht andererseits nicht ermöglicht (Küting 1981; Küting/Weber 2004, S. 48 ff.). Hieraus resultiert eine Lücke zwischen den Ansprüchen externer Adressaten und den gesetzlich zu vermittelnden Unternehmensinformationen.

Vor dem Hintergrund der zunehmenden Bedeutung der hier vorgestellten Zusammenschlussformen für den wirtschaftlichen Erfolg von Unternehmen und der Reformvorhaben der bedeutendsten internationalen Standardsetter IASB und FASB ist mit weiteren Neuregelungen und Reformen zu rechnen. Die diesbezüglichen Überlegungen betreffen derzeit indes nur Zweckgesellschaften.

Mit Blick auf bisher durch Rechnungslegungsnormen nicht erfasste neuere Unternehmenszusammenschlussformen ist zu konzedieren, dass der Entwicklung geeigneter Regelungen Grenzen gesetzt sind, da bei vielen Kooperationsformen bedingt durch die wirtschaftliche Selbstständigkeit der Teilnehmer Kooperation und Konkurrenz gleichzeitig auftreten. Sofern diese Kooperationsformen weiterhin eine bedeutende Rolle für den wirtschaftlichen Erfolg von Unternehmen spielen werden, „könnte jedoch eine nachfrageinduzierte Entwicklung einsetzen, an dessen Anfang die freiwillige Publizität steht und die in einen Standardisierungsprozess münden kann“ (Kasperzak 2003, S. 184).

Bis zur Verabschiedung möglicher Regelungen sowie zur Abbildung der weiterhin nicht erfassten Unternehmensverbindungen gilt es, im Interesse einer sachgerechten Außendarstellung des eigenen Unternehmens und somit nicht zuletzt einer fairen Kapitalmarktbewertung, zusätzliche Informationen außerhalb der Bilanz und der Erfolgsrechnung zu vermitteln. Neben dem freien Teil des Geschäftsberichtes kommen hierzu ob ihrer Verifizierung durch den Wirtschaftsprüfer insbesondere Anhang und Lagebericht in Frage.

Ansatzpunkte für eine unternehmensindividuelle Ausgestaltung einer so ausgeweiteten Berichterstattung bieten insbesondere die hier vorgestellten Mittelherkunfts-Mittelverwendungsrechnungen sowie die Darstellung in einem Nutzwerttableau.

Literatur

BAETGE, J.; FISCHER, T.; PASKERT, D. (1989): Der Lagebericht, Aufstellung, Prüfung und Offenlegung, Stuttgart.

BAETGE, J.; KIRSCH, H.-J.; THIELE, S. (2004): Konzernbilanzen, 7. Aufl., Düsseldorf.

BAUMANN, F. (2003): Konsolidierungskreis, in: Castan, E. u. a. (Hrsg.): Beck'sches Handbuch der Rechnungslegung, Kommentar, Loseblatt, München, C 210.

BEA, F. X.; HAAS, J. (2001): Strategisches Management, 3. Aufl., Stuttgart.

BERGER, A.; LÜTTKE, S. (2003): Kommentierung des § 290 HGB, in: Berger, A. u. a. (Hrsg.): Beck'scher Bilanzkommentar, München.

BIEG, H. (2004): Buchführung, Eine systematische Anleitung mit umfangreichen Übungen und einer ausführlichen Erläuterung der GoB, 2. Aufl., Herne u. a.

BOULTON, R. E. S.; LIBERT, B. D.; SAMEK, S. M. (2000): Cracking The Value Code – How Successful Businesses Are Creating Wealth in the New Economy, New York.

BRAKENSIEK, S.; KÜTING, K. (2002): Special Purpose Entities in der US-amerikanischen Rechnungslegung – Können Bilanzierungsregeln Fälle wie die Enron-Insolvenz verhindern?, in: Steuern und Bilanzen, 4. Jg., S. 209-215.

BROCKHOFF, K. (2001): Neue Herausforderungen an die Berichterstattung über Forschung und Entwicklung, in: Boysen, K.; Dyckerhoff, C.; Otte, H. (Hrsg.): Der Wirtschaftsprüfer und sein Umfeld zwischen Tradition und Wandel zu Beginn des 21. Jahrhunderts, Festschrift zum 75. Geburtstag von Hans-Heinrich Otte, Düsseldorf, S. 49-65.

BYRNE, J. A.; BRANDT, R. (1993): The Virtual Corporation, in: Business Week, 08.02.1993, S. 36-40.

CORNELIS, K. u. a. (2000): The New Accounting: Measuring Intellectual Capital, in: Sawhney, M.; Gulati, R. (Hrsg.): Kellogg TechVenture, Advancing Knowledge Through Collaboration 2000 Anthology, Chicago, S. 248-270.

DAWO, S.; HEIDEN, M. (2001): Aktuelle Entwicklungen zur Erfassung immaterieller Werte in der externen Berichterstattung, Neuorientierung durch die Verwendung kennzahlenbasierter Konzepte, in: Deutsches Steuerrecht, 39. Jg., S. 1716-1724.

DEUTSCHE LUFTHANSA AG (2000): Geschäftsbericht, Frankfurt a.M.

DINKELBACH, W. (2002): Nutzwertanalyse, in: Küpper, H.-U.; Wagenhofer, A. (Hrsg.): Handwörterbuch Unternehmensrechnung und Controlling, 4. Aufl., Stuttgart, Sp. 1312-1318.

DUSEMOND, M. (1991): Repetitorium zur Konzernrechnungslegung, in: Bilanzbuchhalter & Controller, 15. Jg., S. 99-103.

EDVINSSON, L.; MALONE, M. S. (1997): Intellectual Capital, New York.

ERNST, D.; HALEVY, T. (2000): When to think alliance, in: The McKinsey Quarterly, Nr. 4, S. 47-55.

FEY, G. (2000): Prüfung kapitalmarktorientierter Unternehmensberichte – Erweiterungen der Abschlussprüfung nach nationalen und internationalen Prüfungsgrundsätzen, in: Die Wirtschaftsprüfung, 53. Jg., S. 1097-1108.

FRIGO-MOSCA, F.; BRÜTSCH, D.; TETTAMANTI, S. (1996): Vorwärts zur virtuellen Organisation, in: Office Management, 44. Jg., Nr. 9, S. 46-50.

HÄCKI, R.; LIGHTON, J. (2001): The future of the networked company, in: The McKinsey Quarterly, Nr. 3, S. 26-39.

HEINDL, H.; PAUSCHERT, D. (1998): Wissensmanagement im virtuellen Unternehmen, Bergische Universität Gesamthochschule Wuppertal, Arbeitspapiere des Fachbereichs Wirtschaftswissenschaft, Nr. 189, Wuppertal.

HESS, T.; SCHUMANN, M. (2002): Controlling in virtuellen Unternehmen: Eine Analyse aus Sicht der Kybernetik, in: Scholz, C. (Hrsg.): Systemdenken und Virtualisierung, Unternehmensstrategien zur Vitalisierung und Virtualisierung auf der Grundlage von Systemtheorie und Kybernetik, Wissenschaftliche Jahrestagung der Gesellschaft für Wirtschafts- und Sozialkybernetik vom 1. und 2. Oktober 1999 in Saarbrücken, Berlin, S. 163-172.

IDW (Hrsg.) (2000): Wirtschaftsprüfer-Handbuch 2000, Handbuch für Rechnungslegung, Prüfung und Beratung, Bd. I, 12. Aufl., Düsseldorf.

KASPERZAK, R. (2003): Publizität und Unternehmensnetzwerke. Grundlagen und Gestaltungsmöglichkeiten, Bielefeld.

KASPERZAK, R. (2004): Netzwerkorganisationen und das Konzept der rechnungslegenden Einheit, in: Zeitschrift für Betriebswirtschaft, 74. Jg., S. 223-247.

KREBS, M. (1998): Die virtuelle Unternehmung als Wissensorganisation: Potentiale und Grenzen des Wissensmanagements, Bergische Universität Gesamthochschule Wuppertal, Arbeitspapiere des Fachbereichs Wirtschaftswissenschaft, Nr. 188, Wuppertal.

KUSTNER, C. (2004): Special Purpose Entities – Wirtschaftliche Merkmale und Bilanzierung in der internationalen Rechnungslegung, in: Zeitschrift für kapitalmarktorientierte Rechnungslegung, 4. Jg., S. 308-318.

KÜTING, K. (1981): Zur Bedeutung der Analyse von Verbundeffekten im Rahmen der Unternehmensbewertung, in: Betriebswirtschaftliche Forschung und Praxis, 33. Jg., S. 175-189.

KÜTING, K. (1983): Der Entscheidungsrahmen einer unternehmerischen Zusammenarbeit, in: Küting, K.; Zink, K.J. (Hrsg.): Unternehmerische Zusammenarbeit. Beiträge zu Grundsatzfragen bei Kooperation und Zusammenschluß, Berlin, S. 1-35.

KÜTING, K. (2000): Perspektiven der externen Rechnungslegung, in: Der Schweizer Treuhänder, 74. Jg., S. 153-168.

KÜTING, K. (2001): Bilanzierung und Bilanzanalyse am Neuen Markt, Stuttgart.

KÜTING, K.; DAWO, S.; HEIDEN, M. (2002): Wertorientierte Bilanzierung und Berichterstattung, in: Hommel, U.; Knecht, T. (Hrsg.): Wertorientiertes Start-Up-Management. Grundlagen – Konzepte – Strategien, München, S. 474-507.

KÜTING, K.; HEIDEN, M. (2002): Controlling in internationalen Unternehmen, in: Küpper, H.-U.; Wagenhofer, A. (Hrsg.): Handwörterbuch Unternehmensrechnung und Controlling, 4. Aufl., Stuttgart, Sp. 288-298.

KÜTING, K.; HEIDEN, M. (2003): Neuere Unternehmenszusammenschlussformen in der externen Rechnungslegung – Anmerkungen zur bilanziellen Erfassung von Joint Ventures, strategischen Allianzen, virtuellen Unternehmen und Special Purpose Entities, in: Zentes, J.; Swoboda, B.; Morschett, D. (Hrsg.): Kooperationen, Allianzen und Netzwerke. Grundlagen – Ansätze – Perspektiven, Wiesbaden, S. 1010-1034.

KÜTING, K.; LORSON, P. (1998): Grundsätze eines Konzernsteuerungskonzepts auf externer Basis – Ein Beitrag zur Konvergenz von internem und externem Rechnungswesen, in: Betriebs-Berater, 53. Jg., S. 2251-2258, S. 2303-2309.

KÜTING, K.; WEBER, C.-P. (2005): Der Konzernabschluss, 9. Aufl., Stuttgart.

KÜTING, K.; WEBER, C.-P. (2004): Die Bilanzanalyse, 7. Aufl., Stuttgart.

KÜTING, K.; ZWIRNER, C. (2002): Bilanzierung nach HGB: ein Auslaufmodell? – Internationalisierung der Rechnungslegung - in: Steuern und Bilanzen, 4. Jg., S. 785-790.

LANFERMANN, G. (2004): EU-Richtlinienvorschlag zur Änderung der Vierten und Siebten Gesellschaftlichen Richtlinie zu Einzel- und Konzernabschluss, in: Betriebs-Berater, 59. Jg., BB-Special 6/2004, S. 2-5.

LANGE, K. W. (2001): Virtuelle Unternehmen, Neue Unternehmenskoordinationen in Recht und Praxis, Heidelberg.

LEV, B.; RADHAKRISHNAN, S. (2002): Structural Capital, New York University and University of Texas at Dallas.

LIEBMANN, H.-P.; ZENTES, J. (2001): Handelsmanagement, München.

LORSON, P.; HEIDEN, M. (2002): Intellectual Capital und Goodwill-Impairment, „Internationale Impulse“ zur Unternehmenswertorientierung?, in: Seicht, G. (Hrsg.): Jahrbuch für Controlling und Rechnungswesen 2002, Wien, S. 369-403.

MELCHER, W.; PENTER, V. (2003): Konsolidierung von Objektgesellschaften und ähnlichen Strukturen nach US-GAAP – Von Special Purpose Entities zu Variable Interest Entities, in: Der Betrieb, 56. Jg., S. 513-518.

MILES, R. E.; SNOW, C. C. (1995): The New Network Firm: A Spherical Structure Built on a Human Investment Philosophy, in: Organizational Dynamics, 24. Jg., Spring, S. 5-18.

PELLENS, B.; SELLHORN, T.; STRECKENBACH, J. (2003): Neue Abgrenzungskriterien für den Konsolidierungskreis – Zur Bilanzierung von Zweckgesellschaften nach FIN 46, in: Zeitschrift für kapitalmarktorientierte Rechnungslegung, 4. Jg., S. 191-194.

PICOT, A.; REICHWALD, R.; WIGAND, R. T. (1998): Die grenzenlose Unternehmung, Information, Organisation, Management, 3. Aufl., Wiesbaden.

RIES, A. (2001): Controlling in Virtuellen Netzwerken, Managementunterstützung in dynamischen Kooperationen, Wiesbaden.

SCHMIDBAUER, R. (2002): Die Konsolidierung von „Special Purpose Entities" nach IAS und HGB, insbesondere unter Berücksichtigung von E-DRS 16, in: Deutsches Steuerrecht, 40. Jg., S. 1013-1017.

SCHOLZ, C. (1994): Virtuelle Unternehmen – Faszination mit (rechtlichen) Folgen, in: jur-pc, 6. Jg., S. 2927-2935.

SCHOLZ, C. (1995): Controlling im Virtuellen Unternehmen, in: Scheer, A.-W. (Hrsg.): Rechnungswesen und EDV, 16. Saarbrücker Arbeitstagung, Aus Turbulenzen zum gestärkten Konzept?, Heidelberg, S. 171-192.

SCHOLZ, C. (2000): Strategische Organisation: Multiperspektivität und Virtualität, 2. Aufl., Landsberg a.L.

SCHUBERT, W.; KÜTING, K. (1981): Unternehmungszusammenschlüsse, München.

SZYPERSKI, N.; KLEIN, S. (1993): Informationslogistik und virtuelle Organisationen – Die Wechselwirkung von Informationslogistik und Netzwerkmodellen der Unternehmung, in: Die Betriebswirtschaft, 53. Jg., S. 187-208.

THEISEN, M. R. (2000): Der Konzern, Betriebswirtschaftliche und rechtliche Grundlagen der Konzernunternehmung, 2. Aufl., Stuttgart.

WALL, F. (2002): Koordination virtueller Unternehmen durch Pläne, in: Scholz, C. (Hrsg.): Systemdenken und Virtualisierung, Unternehmensstrategien zur Vitalisierung und Virtualisierung auf der Grundlage von Systemtheorie und Kybernetik, Wissenschaftliche Jahrestagung der Gesellschaft für Wirtschafts- und Sozialkybernetik vom 1. und 2. Oktober 1999 in Saarbrücken, Berlin, S. 137-152.

WALLACE, W. A. (2004): Adding Value Through Accounting Signals, in: California Management Review, 46. Jg., Summer, S. 120-137.

WEISS, H.-J. (2002): Finanzfunktion im Wandel – Der Finanzvorstand als Chief Value Officer, in: Küting, K.; Weber, C.-P. (Hrsg.): Vom Financial Accounting zum Business Reporting, Kapitalmarktorientierte Rechnungslegung und integrierte Unternehmenssteuerung, Stuttgart, S. 375-407.

WÖHE, G. (2000): Einführung in die Allgemeine Betriebswirtschaftslehre, 20. Aufl., München.

ZENTES, J.; SWOBODA, B. (1997): Grundbegriffe des Internationalen Managements, Stuttgart.

Heinz Kußmaul/Lutz Richter*

Besteuerung von Kooperationen

---

* Univ.-Professor Dr. Heinz Kußmaul ist Inhaber des Lehrstuhls für Betriebswirtschaftslehre, insbesondere Betriebswirtschaftliche Steuerlehre und Leiter des Instituts für Existenzgründung/Mittelstand an der Universität des Saarlandes, Saarbrücken.
Dr. Lutz Richter ist Wissenschaftlicher Assistent am selben Lehrstuhl und am selben Institut.

1. Einführende Bemerkungen

Als **Unternehmenszusammenschluss** ist die wirtschaftliche Verflechtung bisher rechtlich und wirtschaftlich selbstständiger Unternehmen zu verstehen, die über die laufenden Lieferungs- und Leistungsbeziehungen hinausgeht und bis zum Verlust der rechtlichen Selbstständigkeit eines oder mehrerer Unternehmen führen kann (Selchert 2002, S. 114). Eine Form des Unternehmenszusammenschlusses stellt die Kooperation dar, innerhalb derer mehrere Unternehmen in relativ loser Form freiwillig zusammenarbeiten und bei der die rechtliche Selbstständigkeit völlig erhalten, die wirtschaftliche Selbstständigkeit jedoch in vertraglich festgelegten Bereichen eingeschränkt wird (Kußmaul 1994, S. 101; vgl. ausführlich zu Zielsetzungen bei Unternehmenszusammenschlüssen Wöhe 2002, S. 305 f.).

Dieser Beitrag nimmt auf gesellschaftsrechtliche und steuerrechtliche Aspekte nationaler und internationaler Kooperationen Bezug.

2. Interessengemeinschaft

2.1 Zielsetzungen und gesellschaftsrechtliche Grundlagen

Eine **Interessengemeinschaft** tritt häufig in Form einer **Gewinn- und Verlustgemeinschaft** zutage. Letztere liegt vor, wenn die insgesamt von der Interessengemeinschaft erwirtschafteten Gewinne oder nur bestimmte Gewinne (z.B. solche aus eine Betriebstätte eines Unternehmens) in eine gemeinsame Kasse fließen und nach einem bestimmten Schlüssel auf die miteinander kooperierenden Unternehmen aufgeteilt werden (so genannte **Gewinnpoolung**).[1] Zumeist wird eine Mehrzahl von Kennziffern mit unterschiedlicher Gewichtung in den Verteilungsschlüssel eingehen (z.B. Umsatz, Beschäftigtenanzahl, Lohnsumme, Kapitalbasis oder Absatzzahlen) (Böhmer 1991, S. 90). Eine Verlustverteilung kann vertraglich ausgeschlossen oder auf einen Höchstbetrag begrenzt werden. Als Motive für die Konstruktion einer Gewinn- und Verlustgemeinschaft kommen in Betracht:

---

1 Als „Gewinn" ist – je nach Gesellschaftsvertrag – der handelsbilanzielle Jahresüberschuss oder der Bilanzgewinn zu verstehen (Emmerich/Sonnenschein/Habersack 2001, S. 193; Hüffer 2004, Rn. 8).

- Schaffung eines unternehmens- bzw. konzerninternen Wachstums durch Verbundeffekte
- Ablehnung einer Unternehmenszusammenfassung auf Unterordnungsbasis
- Ablehnung einer Fusion, wobei die Tatbestandsmerkmale zur Herstellung eines Organschaftskonzerns nicht kumulativ erfüllt sind bzw. erfüllt werden können (Böhmer 1991, S. 73 ff.).

Die Vertragsgrundlage für eine Gewinn- und Verlustgemeinschaft stellt eine **Gewinngemeinschaft** im Sinne von § 292 Abs. 1 Nr. 1 AktG dar, im Rahmen derer sich eine AG oder KGaA mit Sitz im Inland verpflichtet, ihren Gewinn (teilweise) mit dem anderer Unternehmen zur Aufteilung eines gemeinschaftlichen Gewinns zusammenzulegen. Als weitere Beteiligte können deutsche oder ausländische Unternehmen beliebiger Rechtsformen fungieren.[1] Mit der Vergemeinschaftung von Gewinnen kann auch eine solche von Verlusten verbunden werden, weswegen allgemein von einer **Ergebnisgemeinschaft** zu sprechen ist (Emmerich 2003, Rdnr. 10). Durch die Konstruktion einer solchen Gemeinschaft wird eine **Gesellschaft des bürgerlichen Rechts** (§ 705 BGB) gegründet mit dem Ziel der Vergemeinschaftung und anschließenden Wiederaufteilung des Gewinns (Urteil des OLG Frankfurt (23.3.1988) 1988, S. 269 f.). Die Geschäftsführungen der beteiligten Unternehmen werden hierzu zusammenfasst. Ist die Bindungsintensität so stark, dass sich die Unternehmen ohne gegenseitige Abhängigkeit freiwillig der einheitlichen Leitung unterwerfen, wird simultan zur Gewinngemeinschaft ein Gleichordnungskonzern gemäß § 18 Abs. 2 AktG begründet (Küting/Weber 2003, S. 25).

Der gemeinsam erwirtschaftete Gewinn ist grundsätzlich in demjenigen Verhältnis den einzelnen Unternehmen zuzurechnen, das ihrem Beitrag zu dem vergemeinschafteten Gewinn entspricht (Emmerich 2003, Rdnr. 18).

2.2 Steuerrechtliche Grundlagen

Steuerrechtlich sind Gewinngemeinschaften grundsätzlich anzuerkennen, solange die Verträge den Belangen der Vertrag schließenden Gesellschaften und nicht deren Gesellschaftern zugute kommen. So hat der BFH eine Gewinngemeinschaft zwischen mehreren Familienunternehmen verneint, da persönliche Interessen der Gesellschafter im Vordergrund standen (BFH-Urteil (9.10.1964) 1965, S. 71 ff.). Erzielen einige Vertragspartner einen Gewinn und andere einen Verlust, ist eine sofortige Verrechnung dieser Größen miteinander möglich. Die sich daraus ergebende Reduktion der Steuerbelastung für die Gewinngemeinschaft bewirkt einen Zins- und Liquiditätsvorteil (Wöhe 1996,

1 Selbstverständlich können Gewinngemeinschaften auch ausschließlich Gesellschaften anderer Rechtsformen beinhalten. Jene Konstruktionen sind allerdings nicht unter § 292 Abs. 1 Nr. 1 AktG zu subsumieren, sodass auf sie die aktienrechtlichen Vorschriften nur von Fall zu Fall analog anzuwenden sind (Emmerich/Sonnenschein/Habersack 2001, S. 191 f.).

S. 31). Eine solche Vorgehensweise lässt sich ausschließlich noch bei Organschaftsverhältnissen erreichen, die jedoch dem Bereich „Konzerne“ zuzuordnen sind und deren Voraussetzungen bei Existenz einer Gewinngemeinschaft in der Regel nicht vorliegen.[1]

Die Gewinngemeinschaft stellt als Gesellschaft des bürgerlichen Rechts und als reine **Innengesellschaft**[2] für Zwecke der Einkommensteuer/Körperschaftsteuer **keine Mitunternehmerschaft**[3] im Sinne des § 15 Abs. 1 Nr. 2 EStG dar (BFH-Urteil (9.10.1964) 1965, S. 72). Die Gesellschafter der Gewinngemeinschaft verkörpern insofern keine Mitunternehmer. Eine einheitliche Gewinnfeststellung findet nicht statt, da die einzelnen Unternehmen steuerlich selbstständig bleiben (RFH-Urteil (9.5.1934) 1934, S. 658 ff.). Die erzielten und in den Pool fließenden Gewinne stellen Betriebsausgaben, die erhaltenen Gewinne Betriebseinnahmen dar. Jene, die Gewinnermittlung beeinflussenden Größen werden zivilrechtlich als Gewinnverwendung angesehen (Wöhe 1996, S. 31). Bei Unterstellung der Voraussetzungen des § 292 Abs. 1 Nr. 1 AktG unterliegt die AG bzw. KGaA mit Sitz im Inland der unbeschränkten Steuerpflicht gemäß § 1 Abs. 1 Nr. 1 KStG. Ist ein Unternehmen beschränkt steuerpflichtig, weil es weder den Sitz noch die Geschäftsleitung im Inland hat, könnten allenfalls Einkünfte aus Gewerbebetrieb im Sinne von § 49 Abs. 1 Nr. 2 Buchst. a EStG (i.V.m. § 8 Abs. 1 Satz 1 KStG) vorliegen. Hierzu muss die Gewinngemeinschaft eine in Deutschland gelegene Betriebstätte unterhalten (Böhmer 1991, S. 116 f.). Die Funktionsweise der Gewinnverteilung wird an nachfolgendem Beispiel manifestiert (Kußmaul 2003, S. 563).

Die drei Gesellschaften A, B und C bilden gemeinsam eine Gewinngemeinschaft, wobei vertraglich festgelegt wurde, dass zum einen Verluste unbegrenzt zu übernehmen sind und zum anderen ein entstandener Gesamtgewinn im Verhältnis 3:2:1 auf die Gesellschafter aufzuteilen ist.[4]

---

1 So auch Reuter, für den sich eine Gewinngemeinschaft und ein Gewinnabführungsvertrag gegenseitig ausschließen (Reuter 1970, Tz. 970, Tz. 1640). Vgl. ausführlich zum Themenkomplex „Organschaft“ Richter (2003, S. 1 ff.) und bezüglich grenzüberschreitender Ansätze Kußmaul/Richter (1999b, S. 807 ff.) sowie Kußmaul/Richter (1999a, S. 1065 ff.).

2 Als Innengemeinschaft tritt die Gewinngemeinschaft nicht nach außen hin auf, sondern die Gesellschafter schließen Geschäfte in ihrem eigenen Namen ab.

3 Ein Mitunternehmer – sei er eine natürliche oder juristische Person – ist ein unmittelbar als Gesellschafter an einer Personengesellschaft fungierendes Subjekt, der Mitunternehmerrisiko übernimmt (Beteiligung am Gewinn und Verlust sowie an den stillen Reserven und am Firmenwert) und Mitunternehmerinitiative entfaltet (Möglichkeit zur Ausübung von Gesellschafterrechten) (Kußmaul 2003, S. 449 f.).

4 Im Beispielsfall wird unterstellt, dass sich Leistung und erhaltener Gewinn gegenseitig entsprechen. Anderenfalls wäre eine verdeckte Gewinnausschüttung bzw. eine verdeckte Einlage anzunehmen.

	vor der Aufteilung	nach der Aufteilung
Gesellschaft A	1.000.000 EUR	750.000 EUR
Gesellschaft B	600.000 EUR	500.000 EUR
Gesellschaft C	– 100.000 EUR	250.000 EUR
gesamter Gewinn	1.500.000 EUR	1.500.000 EUR

Tabelle 1: Gewinnverteilung am Beispiel der Gewinngemeinschaft

	Betriebseinnahmen/ Betriebsausgaben
Gesellschaft A führt an C ab	– 250.000 EUR
Gesellschaft B führt an C ab	– 100.000 EUR
Gesellschaft C erhält von A und B	350.000 EUR

Tabelle 2: Veränderung der Betriebseinnahmen/-ausgaben im Beispiel

Im Rahmen der Gewinngemeinschaft hat eine Ergebnisaufteilung auf die einzelnen Gesellschafter dergestalt zu erfolgen, dass jede Gesellschaft im Endergebnis denjenigen Betrag zu versteuern hat, der den Werten nach der Aufteilung des Gesamtgewinns entspricht.

Unter der Annahme, dass sämtliche Gesellschaften Kapitalgesellschaften darstellen, hätten A und B ohne Gewinngemeinschaft 1.600.000 EUR zu versteuern, woraus eine Ertragsteuerbelastung (Gewerbesteuer, Körperschaftsteuer und Solidaritätszuschlag) in Höhe von 618.333,33 EUR resultiert.[1] Demgegenüber ist ein sofortiger Verlustausgleich bei Geltung einer Gewinngemeinschaft möglich (Gesamtbemessungsgrundlage: 1.500.000 EUR; Gesamtsteuerlast: 579.687,50 EUR). Die Mindersteuerbelastung bewirkt einen Liquiditäts- und Zinsvorteil, der jedoch nur von temporärer Dauer ist, da Gesellschaft C ein abzugsfähiger Verlust (Verlustrücktrag bzw. -vortrag gemäß §§ 10d EStG, 8 Abs. 1 Satz 1 KStG) von 100.000 EUR entgeht.[2] Ferner wird durch die Gewinngemeinschaft eine veränderte Thesaurierungs- und Ausschüttungspolitik ermöglicht. Beabsichtigen beispielsweise sämtliche Gesellschaften, einen laufenden Gewinn in Höhe

1 $=1\,600\,000 \cdot [0{,}1666+(0{,}25-0{,}25 \cdot 0{,}1666) \cdot 1{,}055]$. Der Berechnung liegt ein gewerbesteuerlicher Hebesatz von 400% zugrunde.

2 Ab dem Veranlagungszeitraum 2004 ist ein Verlust nur noch bis 1.000.000 EUR unbeschränkt und darüber hinaus bis zu 60% des 1.000.000 EUR übersteigenden Gesamtbetrags der Einkünfte vortragsfähig (§ 10d Abs. 2 Satz 1 EStG) (Gesetz zur Umsetzung der Protokollerklärung der Bundesregierung zur Vermittlungsempfehlung zum Steuervergünstigungsabbaugesetz (22.12.2003) 2003, Art. 1 Nr. 3 Buchst. a, S. 2840).

von 200.000 EUR auszuschütten, wäre dies im Fall ohne Gewinngemeinschaft für Gesellschaft C nicht möglich.

Die Gewinngemeinschaft stellt als reine Innengesellschaft **kein Gewerbesteuersubjekt** dar, weil insbesondere die Tatbestandsmerkmale der „Selbstständigkeit" und der „Teilnahme am allgemeinen wirtschaftlichen Verkehr" fehlen. Gewerbesteuerpflichtig sind vielmehr die einzelnen zu der Gewinngemeinschaft verbundenen Unternehmen (Wöhe 1996, S. 35). Die zu Betriebseinnahmen bzw. -ausgaben führenden Gewinnverteilungsmaßnahmen beeinflussen ebenfalls die Höhe des Gewerbeertrags gemäß § 7 Satz 1 GewStG (Abschnitt 38 Abs. 1 Satz 7 GewStR). Ein der Gewinngemeinschaft beiwohnendes ausländisches Unternehmen unterliegt nicht der Gewerbesteuer, da sein Gewerbebetrieb nicht im Inland belegen ist (§ 2 Abs. 1 Satz 1 GewStG).

Ein **gewerbesteuerlicher Vorteil** wird durch eine Gewinngemeinschaft nur dann begründet, wenn

- mindestens ein Unternehmen einen Gewerbeverlust erzielt, der sich durch die Gewerbeerträge der anderen Unternehmen (teilweise) ausgleichen lässt,[1]
- durch die Gewinnverteilung Gewerbeerträge von Gemeinden mit hohen Hebesätzen in Gemeinden mit niedrigen Hebesätzen verlagert werden,[2]
- mindestens ein beteiligtes Unternehmen ein Personenhandelsunternehmen darstellt und dessen Freibetrag von 24.500 EUR und/oder der gewerbesteuerliche Staffeltarif im Sinne von § 11 Abs. 1 Satz 2 Nr. 1 und Abs. 2 Nr. 1 GewStG vor dem Erhalt von Gewerbeerträgen noch nicht ausgeschöpft ist/sind.[3]

Umsatzsteuerlich verkörpert die Gewinngemeinschaft **keinen Unternehmer** im Sinne von § 2 Abs. 1 UStG im Gegensatz zu den nach außen in eigenem Namen tätig werdenden beteiligten Unternehmern (Abschnitt 16 Abs. 3 Satz 5 UStR). Insofern ist kein Leistungsaustausch zwischen einer Innengesellschaft und ihren Gesellschaftern denkbar, wohl aber unter den einzelnen Gesellschaftern (Abschnitt 1 Abs. 7 Satz 2 UStR). Hinsichtlich der umsatzsteuerlichen Behandlung der von einem an ein anderes Unternehmen zu zahlenden Ausgleichsbeträge ist festzustellen, dass es im Rahmen einer Gewinnpoolung an einem Entgelt mangelt (Abschnitt 149 Abs. 3 Satz 13 UStR). Der BFH hat einen

---

1 Die Liquiditäts- und Zinswirkungen sind analog zum einkommen- bzw. körperschaftsteuerlichen Bereich zu beurteilen. Als Besonderheit ist ein Gewerbeverlust ausnahmslos vortragsfähig (§ 10a GewStG). Auch bei dieser Steuerart ist ein Verlust ab dem Erhebungszeitraum 2004 nur noch bis 1.000.000 EUR unbeschränkt und darüber hinaus bis zu 60% des 1.000.000 EUR übersteigenden Restverlusts vortragsfähig (§ 10a Sätze 1, 2 GewStG) (Gesetz zur Änderung des Gewerbesteuergesetzes und anderer Gesetze (23.12.2003) 2003, Art. 2 Nr. 4, S. 2922).

2 Ein steuerlicher Nachteil entsteht insofern im umgekehrten Fall. Dieses Argument ist insofern zu relativieren, als dass der Mindesthebesatz ab dem Erhebungszeitraum 2004 den Wert von 200% nicht unterschreiten darf (§ 16 Abs. 4 Satz 2 GewStG) (Gesetz zur Änderung des Gewerbesteuergesetzes und anderer Gesetze (23.12.2003) 2003, Art. 2 Nr. 5, S. 2923).

3 Der gewerbesteuerliche Staffeltarif liefert erst ab Gewerbeerträgen von 48.000 EUR eine Steuermesszahl von 5%. Unter Einbezug des Freibetrags hat der Gewerbeertrag insofern niedriger als 72.500 EUR zu sein.

unmittelbaren Zusammenhang zwischen den Ausgleichszahlungen einerseits und den Lieferungen bzw. Leistungen innerhalb der Gewinngemeinschaft andererseits verneint mit der Konsequenz, dass es diesbezüglich an einem Leistungsaustausch mangelt (BFH-Urteil (28.2.1974) 1974, S. 345 ff.; BFH-Urteil (26.7.1973) 1973, S. 766 ff.).

3. Gelegenheitsgesellschaften

3.1 Überblick

Unter einer **Gelegenheitsgesellschaft** ist der gesellschaftliche Zusammenschluss mehrerer natürlicher/juristischer Personen zur Durchführung einer im Gesellschaftsvertrag festgelegten Anzahl von Einzelgeschäften auf gemeinsame Rechnung zu verstehen (Kußmaul 2003, S. 564). Gelegenheitsgesellschaften werden zumeist als **Gesellschaften des bürgerlichen Rechts** geführt (Albrod 1994, S. 7). Klassische Erscheinungsformen stellen Arbeitsgemeinschaften und Konsortien dar, die im Folgenden Gegenstände der näheren Erläuterungen sind.

3.2 Arbeitsgemeinschaften

Unter **Arbeitsgemeinschaften** werden rechtlich und wirtschaftlich selbstständige Unternehmen verstanden, deren Zielsetzung in der gemeinsamen Bewältigung einer Aufgabe oder der gemeinsamen Erfüllung eines Werkvertrages[1] bzw. Werklieferungsvertrages[2] oder einer begrenzten Anzahl von Werkverträgen bzw. Werklieferungsverträgen besteht. Arbeitsgemeinschaften stellen in der Regel Zusammenschlüsse von mehreren auf der gleichen Produktions- und Handelsstufe angesiedelten Unternehmen dar (z.B. zum Bau einer Autobahnbrücke).[3] Da Arbeitsgemeinschaften mit dem externen Auftraggeber Ar-

1 Durch einen Werkvertrag wird der Unternehmer zur Herstellung des versprochenen Werkes und der Auftraggeber zur Entrichtung der vereinbarten Vergütung verpflichtet. Als Gegenstand eines Werkvertrages kommen sowohl die Herstellung oder Veränderung einer Sache als auch ein anderer durch Arbeit oder Dienstleistung erzielter Erfolg infrage (§ 631 BGB).

2 Im Zuge eines Werklieferungsvertrages verpflichtet sich der Unternehmer, das Werk aus einem von ihm zu beschaffenden Stoff herzustellen, dem Auftraggeber die hergestellte Sache zu übergeben und ihm das Eigentum an der Sache zu verschaffen (§ 651 Abs. 1 Satz 1 BGB).

3 Seltener sind vertikale bzw. anorganische Kooperationen anzutreffen (Wöhe 1996, S. 40 f.). Sind nur zwei Unternehmen beteiligt, wird von so genannten Meta-Gesellschaften gesprochen (Rose/Glorius-Rose 2001, S. 152).

beitsgemeinschaftsverträge in ihrem eigenen Namen abschließen, den Auftrag ausführen und mit dem Auftraggeber abrechnen, sind sie als **Außengesellschaften** zu qualifizieren, die **Gesamthandsvermögen** besitzen können.[1]

Auf Ebene der **Einkommensteuer/Körperschaftsteuer** stellt die Gesellschaft des bürgerlichen Rechts **kein Steuersubjekt** dar, sodass eine Besteuerung wie eine Personengesellschaft stattfindet (anteilige Erfassung des Ergebnisses mit daran anknüpfenden steuerlichen Folgen bei den Gesellschaftern). Die Mitunternehmer erzielen im Regelfall gewerbliche Einkünfte. Dies gilt auch bei einem Freiberufler, der sich mit einem Gewerbetreibenden zusammenschließt (z.B. Arbeitsgemeinschaft, besteht aus einem Architekten und einer Bau-GmbH). Verkörpern alle Mitglieder Freiberufler und führt die Arbeitsgemeinschaft nur freiberufliche Tätigkeiten aus, werden bei den Gesellschaftern Einkünfte aus selbstständiger Arbeit erlangt.

Obwohl eine Arbeitsgemeinschaft eine Personengesellschaft darstellt, muss sie nicht notwendigerweise als solche behandelt werden (Albrod 1994, S. 7). So entfällt die gesonderte und einheitliche Gewinnfeststellung für Arbeitsgemeinschaften, deren alleiniger Zweck in der Erfüllung eines **einzigen** Werkvertrages oder Werklieferungsvertrages besteht (§ 180 Abs. 4 AO).[2] Bei Erfüllung jener Voraussetzungen ist eine (nicht ausschließlich freiberufliche Tätigkeiten ausführende) Arbeitsgemeinschaft ebenfalls nicht als Gewerbebetrieb und mithin **nicht** als **Gewerbesteuersubjekt** anzusehen (§ 2a Satz 1 GewStG). Die jeweiligen Unternehmen der Arbeitsgemeinschaft haben den auf ihre Beteiligung entfallenden anteiligen Gewerbeertrag in ihren eigenen Gewerbeertrag mit einzubeziehen (§ 2a Satz 2 GewStG). Arbeitsgemeinschaften, die einen gemeinsamen Ein- und Verkauf betreiben, stellen unabhängig von der Dauer ihres Bestehens und der Anzahl der sich zusammenschließenden Unternehmen ein eigenes Gewerbesteuersubjekt dar, sofern jene nicht auf die Erfüllung eines Werkvertrages bzw. Werklieferungsvertrages gerichtet ist (Abschnitt 23 Satz 4 GewStR) (vgl. zu Vertragsgestaltungen Depping 1995, S. 552 f.). Die Anzahl der Arbeitsgemeinschaften, die mehr als einen einzigen Werkvertrag bzw. Werklieferungsvertrag zu erfüllen haben, wird auf ca. 5 % aller Arbeitsgemeinschaften geschätzt (Albrod 1994, S. 7).

Nach Überzeugung der BFH-Rechtsprechung stellt eine Arbeitsgemeinschaft generell einen **Unternehmer** im Sinne des § 2 Abs. 1 UStG dar (BFH-Urteil (10.5.1961) 1961, S. 317 ff.), obwohl das in § 2 Abs. 1 Satz 3 UStG geforderte Tatbestandsmerkmal einer nachhaltigen Tätigkeit bei einer auf die Ausführung eines einzigen Werkvertrages bzw.

---

1 Demgegenüber haften die Gesellschafter der Arbeitsgemeinschaft gesamtschuldnerisch für die erfolgreiche Durchführung des Auftrages und für etwaige Gewährleistungsverpflichtungen (Albrod 1994, S. 6).

2 Dabei ist die Frage, ob die Arbeitsgemeinschaft den alleinigen Zweck hat, sich auf die Erfüllung eines einzigen Werkvertrages bzw. Werklieferungsvertrages zu beschränken, nach der tatsächlichen Vertragsauslegung zu bestimmen (BFH-Urteil (2.12.1992) 1993, S. 577 ff.). Nebentätigkeiten der Arbeitsgemeinschaft im Rahmen ihres Hauptauftrags an Dritte werden nicht als zusätzliche Verträge angesehen (z.B. Beauftragung der Arbeitsgemeinschaft, im Rahmen der Errichtung eines Hochbaus Stundenlohnarbeiten für den Eigentümer des Nachbargrundstücks durchzuführen) (Albrod 1994, S. 7 f.).

Werklieferungsvertrages gerichteten Arbeitsgemeinschaft bezweifelt werden könnte. Schließt jene mit dem Auftraggeber alleine die Verträge ab, entstehen ausschließlich unmittelbare Rechtsbeziehungen zwischen den beiden genannten Subjekten und nicht zwischen dem Auftraggeber und den einzelnen zur Arbeitsgemeinschaft zusammengeschlossenen Unternehmen (Abschnitt 16 Abs. 2 Satz 3 UStR). Überlässt der Unternehmer der Arbeitsgemeinschaft einen Gegenstand gegen Entgelt, liegt ein steuerbarer Umsatz vor (z.B. Lieferung von Baustoffen oder Zurverfügungstellung von Personal). Wird der Gegenstand unentgeltlich aus unternehmerischen Gründen überlassen, handelt es sich mangels Entgelt um eine nicht steuerbare sonstige Leistung im Rahmen des Unternehmens (Abschnitt 6 Abs. 4 UStR). Im Fall der unentgeltlichen Überlassung aus unternehmensfremden[1] Gründen wird eine sonstige Leistung im Sinne von § 3 Abs. 9 Satz 1 UStG gegen Entgelt fingiert (§ 3 Abs. 9a Nr. 2 UStG), wie es beispielsweise bei Familiengesellschaften der Fall sein könnte.

3.3 Konsortien

Unter einem **Konsortium** ist eine Unternehmensverbindung auf vertraglicher Basis zu verstehen, die zur Durchführung klar abgegrenzter Aufgaben gebildet und danach wieder aufgelöst wird. Analog zu Arbeitsgemeinschaften werden Konsortien als Gesellschaften des bürgerlichen Rechts geführt. Sie treten gegenüber Dritten durch den von den Mitgliedern bestellten Konsortialführer auf. Im Gegensatz zu Arbeitsgemeinschaften besitzen Konsortien **kein Gesamthandsvermögen** (Wöhe 1996, S. 45 f.).[2] Mangels einheitlicher Gewinnfeststellung findet die Besteuerung der Ergebnisse somit unmittelbar bei den Gesellschaftern des Konsortiums statt. Ferner ist **keine Gewerbesteuerpflicht** wegen Fehlens eines Gewerbebetriebs gegeben. Die **Umsatzsteuerpflicht** für Bankenkonsortien liegt zwar grundsätzlich vor, wobei die objektiven Umsatzsteuerbefreiungen gemäß § 4 Nr. 8 und 9 Buchst. a UStG regelmäßig greifen.

4. Kartelle

Kartelle stellen Unternehmenszusammenschlüsse dar, deren Mitglieder rechtlich und wirtschaftlich mit Ausnahme der im Kartellvertrag geregelten Fragen selbstständig blei-

1 Unternehmensfremde Gründe liegen nicht schon dann vor, weil das Unternehmen die Anteile an der Arbeitsgemeinschaft nicht in seinem Betriebsvermögen hält (BFH-Urteil (20.12.1962) 1963, S. 169).

2 Konsortien können keine Gewinngemeinschaft im Sinne von § 292 Abs. 1 Nr. 1 AktG begründen, da unter dem aufzuteilenden Gewinn nicht ein solcher eines Einzelgeschäfts zu subsumieren ist (Hüffer 2004, Rn. 7).

ben. Als Hauptziel kommt das Ausschalten des Wettbewerbs zwischen den Kartellmitgliedern auf Grund vertraglicher Absprachen in Betracht (Wöhe 1996, S. 47).

Ein Kartell wird nach seiner jeweiligen Rechtsform besteuert. Bei Unterstellung einer Gesellschaft des bürgerlichen Rechts gelten die Regelungen für eine Interessengemeinschaft. Im Fall einer GmbH können insofern steuerliche Doppelbelastungen entstehen, als bei Kartellen zumeist keine gesellschaftsrechtlichen Verflechtungen existieren und insofern kein Schachtelprivileg bzw. keine Organschaft gebildet werden können. Als Gestaltungsvariante bietet sich für die Kartellmitglieder an, eine Gesellschaft des bürgerlichen Rechts zu gründen und die Geschäftsführung auf eine neu gegründete GmbH zu transferieren.

5. Europäische Wirtschaftliche Interessenvereinigung (EWIV)

5.1 Zielsetzungen und rechtliche Grundlagen

Die **Europäische Wirtschaftliche Interessenvereinigung** (EWIV) verkörpert seit dem 1. Juli 1989 (Verordnung (EWG) Nr. 2137/85 (25.7.1985) Art. 43; Gesetz zur Ausführung der EWG-Verordnung (14.4.1988) 1988, S. 514) die erste Zusammenschlussform europäischen Rechts für kleine und mittlere Unternehmen sowie für freiberuflich Tätige aus verschiedenen Mitgliedstaaten der EU. Hierdurch sollen zum einen die grenzüberschreitende Zusammenarbeit und Kooperation erleichtert und zum anderen die wirtschaftliche Tätigkeit der Mitglieder der EWIV angekurbelt werden, um eine Steigerung von deren eigenen Ergebnissen zu ermöglichen (Kluge 1992, S. 38; die Textpassage ist in der aktuellen 4. Auflage, 2000, nicht mehr vorzufinden). Dagegen hat die EWIV nicht zum Ziel, für sich selbst einen Gewinn zu erzielen, was jedoch kein generelles Gewinnerzielungsverbot impliziert.

Die **Rechtsgrundlagen** der EWIV sind sowohl im Gemeinschaftsrecht als auch im jeweiligen nationalen Recht zu finden. Primär gilt die Verordnung über die Schaffung einer Europäischen wirtschaftlichen Interessenvereinigung (EWIV-VO) (Verordnung (EWG) Nr. 2137/85 (25.7.1985)), die gemäß Art. 249 EG-Vertrag im Gesamten verbindlich ist und unmittelbar in jedem EU-Mitgliedstaat Anwendung findet. Zu jener ist das Gesetz zur Ausführung der EWG-Verordnung über die Europäische Wirtschaftliche Interessenvereinigung (EWIV-Ausführungsgesetz) subsidiär anzuwenden (Gesetz zur Ausführung der EWG-Verordnung (14.4.1988) 1988, S. 514 ff.). Erst auf der dritten Ebene ist auf das jeweilige nationale Recht zurückzugreifen (Jacobs 2002, S. 181).

Die Praxisrelevanz der EWIV ist seit ihrer Legitimation stets gestiegen. Bis zum 13. September 2004 wurden 1 489 Gesellschaften in der Statistik des Europäischen EWIV-Informationszentrums geführt, die sich nach EU-Mitgliedstaaten wie in Tabelle 3 aufteilen:

Belgien	377	Irland	11
Dänemark	5	Liechtenstein	1
Deutschland	163	Luxemburg	49
Finnland	2	Niederlande	142
Frankreich	252	Österreich	25
Griechenland	13	Portugal	19
Großbritannien	167	Schweden	19
Italien	109	Spanien	135

Quelle: www.libertas-institut.com/de/EWIV/GesamtStatTabelle.htm (Stand: 15. Oktober 2004).[1]

Tabelle 3: Aufteilung der eingetragenen EWIV nach EU-Mitgliedstaaten

Charakteristische Betätigungsfelder einer EWIV stellen die Zusammenlegung von Forschungsaktivitäten, des Ein- und Verkaufs oder die Durchführung von Großprojekten dar (Jacobs 2002, S. 181 f.).

5.2 Gesellschaftsrechtliche Grundlagen

Als genereller Adressatenkreis einer Mitgliedschaft in einer EWIV kommen sowohl juristische als auch natürliche Personen infrage. Zuerst Genannte müssen ihren satzungsmäßigen oder gesetzlichen Sitz und ihre Hauptverwaltung in der EU haben. Ferner ist die Gründung nach dem Recht eines Mitgliedstaates notwendig. Demgegenüber müssen natürliche Personen insbesondere eine gewerbliche, landwirtschaftliche oder freiberufliche Tätigkeit in der EU ausüben (Verordnung (EWG) Nr. 2137/85 (25.7.1985), Art. 4 Abs. 1). Für eine grenzüberschreitende Kooperation in Form einer EWIV haben mindestens zwei natürliche oder zwei juristische oder eine natürliche und eine juristische Person miteinander zusammenzuwirken, wobei sich die Hauptverwaltung(en) und/oder die Haupttätigkeit(en) in verschiedenen EU-Mitgliedstaaten zu befinden haben (Verordnung (EWG) Nr. 2137/85 (25.7.1985), Art. 4 Abs. 2).

1 Gleichermaßen lassen sich dort ebenfalls Neugründungen und Auflösungen der EWIV im Zeitablauf – gegliedert nach einzelnen EU-Mitgliedstaaten – ersehen. In den am 1.5.2004 der EU beigetretenen Staaten ist (noch) keine EWIV ansässig.

Der **Gründungsvertrag** der EWIV hat folgende Mindestangaben zu enthalten:

- Name der Vereinigung mit den voran- oder nachgestellten Worten „Europäische wirtschaftliche Interessenvereinigung" bzw. „EWIV"
- Sitz der Vereinigung
- Unternehmensgegenstand, für den die EWIV gegründet wird
- Name, Firma, Rechtsform, Wohnsitz bzw. Sitz eines jeden Mitglieds
- Dauer der EWIV, sofern diese nicht für unbegrenzte Zeit gegründet wird (Verordnung (EWG) Nr. 2137/85 (25.7.1985), Art. 5).

Der **Sitz** der Vereinigung muss in einem EU-Mitgliedstaat gelegen sein. Dafür kommen der Ort, an dem die Vereinigung ihre Hauptverwaltung hat oder der Ort, an dem eines der Mitglieder der EWIV seine Hauptverwaltung besitzt oder seine Haupttätigkeit dort ausübt, infrage (Verordnung (EWG) Nr. 2137/85 (25.7.1985), Art. 12).

Die **Organe** der EWIV verkörpern die Mitglieder sowie der/die Geschäftsführer aus ihren eigenen Reihen bzw. extern bestellte Dritte, wobei diese Regelung durch einen anders lautenden Gründungsvertrag abdingbar ist (Verordnung (EWG) Nr. 2137/85 (25.7.1985), Art. 16 Abs. 1). Jedes Mitglied besitzt eine Stimme. Allerdings kann der Gründungsvertrag auch Mehrstimmrechte schaffen. Ein einziges Mitglied darf jedoch niemals die alleinige Stimmenmehrheit besitzen (Verordnung (EWG) Nr. 2137/85 (25.7.1985), Art. 17 Abs. 1).Von Wichtigkeit ist weiterhin, dass der Gründungsvertrag die Bedingungen für die Beschlussfähigkeit sowie die Beschlussmehrheit unter Ausnahme bestimmter, in der Verordnung explizit geregelter Beschlüsse[1] autonom zu bestimmen hat. Falls keine Ausführungen diesbezüglich existent sind, müssen die Beschlüsse einstimmig gefasst werden (Verordnung (EWG) Nr. 2137/85 (25.7.1985), Art. 17 Abs. 3, Art. 19 Abs. 3).

Die EWIV wird gegenüber Dritten ausschließlich durch den/die Geschäftsführer vertreten. Gewinne und Verluste sind generell gleichmäßig auf die Mitglieder aufzuteilen, es sei denn, der Gründungsvertrag sieht eine andere Verteilung vor (Verordnung (EWG) Nr. 2137/85 (25.7.1985), Art. 20 f.). Für Verbindlichkeiten der EWIV haften deren Mitglieder persönlich, unbeschränkt und gesamtschuldnerisch (Verordnung (EWG) Nr. 2137/85 (25.7.1985), Art. 24).

Maßgeblich ist das innerstaatliche Recht des Staates, in dem die Vereinigung ihren Sitz hat. Die EWIV besitzt nach dem Zeitpunkt ihrer Eintragung die Fähigkeit, eigens Träger von Rechten und Pflichten zu sein, Verträge abzuschließen sowie vor Gericht stehen zu können (Verordnung (EWG) Nr. 2137/85 (25.7.1985), Art. 1 Abs. 2).

---

[1] Hierbei handelt es sich beispielsweise um die Änderung des Unternehmensgegenstandes, um Änderungen der Stimmenzahl von Mitgliedern oder um eine Verlängerung der Existenz der EWIV über den im Gründungsvertrag festgelegten Zeitraum hinaus.

5.3 Steuerrechtliche Grundlagen

Die Verordnung über die Schaffung der EWIV sieht vor, dass das Ergebnis der Tätigkeit der Vereinigung nur bei ihren Mitgliedern zu besteuern ist (Verordnung (EWG) Nr. 2137/85 (25.7.1985), Art. 40). Das EWIV-Ausführungsgesetz präzisiert diese Anordnung insofern, als dass eine EWIV mit Sitz in Deutschland die **Behandlung einer offenen Handelsgesellschaft** erfährt (Gesetz zur Ausführung der EWG-Verordnung (14.4.1988) 1988, § 1, S. 514; BMF-Schreiben (15.11.1988) 1989, S. 354). Demzufolge ist sie als Formkaufmann ins Handelsregister des Sitzstaates einzutragen. Jene Handhabe gilt insbesondere für das Steuerrecht (BMF-Schreiben (15.11.1988) 1989, S. 354; H 138 Abs. 1 EStR, Stichwort: „Europäische wirtschaftliche Interessenvereinigung (EWIV)"). Demnach sind die Besteuerungsgrundsätze für Personengesellschaften nach der so genannten Mitunternehmerkonzeption anzuwenden. Die EWIV verkörpert **kein Steuersubjekt** bezüglich der Einkommen- bzw. Körperschaftsteuer. Der Folgeschluss, die den Gesellschaftern aus ihrer Beteiligung an der EWIV zugewiesenen Einkünfte seien als solche aus Gewerbebetrieb aus einer Mitunternehmerschaft gemäß § 15 Abs. 1 Satz 1 Nr. 2 EStG zu qualifizieren, ist nicht zwingend. Betreibt die EWIV kein Handelsgewerbe, sind gewerbliche Einkünfte mithin nicht anzunehmen (BMF-Schreiben (15.11.1988) 1989, S. 355). Art. 3 Abs. 1 EWG-Verordnung erklärt die Gewinnerzielungsabsicht einer EWIV nicht als deren Hauptzweck (Verordnung (EWG) Nr. 2137/85 (25.7.1985), Art. 3 Abs. 3). Jene Zielsetzung steht in Übereinstimmung mit § 15 Abs. 2 Satz 3 EStG, wonach ein Gewerbebetrieb auch dann vorliegt, wenn die Gewinnerzielungsabsicht nur einen Nebenzweck darstellt.

Im Bereich der **Gewerbesteuer** ist entsprechend zur Einkommen- bzw. Körperschaftsteuer zu differenzieren. Übt die EWIV reine Hilfstätigkeiten aus, liegt keine Gewerbesteuerpflicht vor. Wird dagegen eine Gewinnerzielungsabsicht verfolgt, ist (ausnahmsweise) nicht die EWIV, sondern sind gesamtschuldnerisch deren einzelne Mitglieder Steuerschuldner (§ 5 Abs. 1 Satz 4 GewStG). Grundsätzlich schuldet somit jedes Mitglied die gesamte Steuerschuld. Gemäß Abschnitt 36 Satz 6 GewStR wird es in das Ermessen der Gemeinde gestellt, welcher Gesamtschuldner im Sinne von § 44 AO in Anspruch zu nehmen ist. Dies wird in der Regel das in Deutschland ansässige Mitglied der EWIV sein.[1]

Umsatzsteuerlich ist die EWIV als **Unternehmer** im Sinne von § 2 Abs. 1 UStG zu würdigen, auch dann, wenn sie ausschließlich gegenüber ihren Mitgliedern tätig wird und die Gewinnerzielungsabsicht fehlt (BMF-Schreiben (15.11.1988) 1989, S. 355).

[1] Somit erfolgt eine Ungleichbehandlung zu anderen Mitunternehmerschaften wie der OHG, die weiterhin ein Gewerbesteuersubjekt darstellt (Hamacher 1986, S. 559 f.).

6. Mehrmütterorganschaft

6.1 Abschaffung der Mehrmütterorganschaft

Miteinander kooperierenden Unternehmen wurden steuerliche Erleichterungen durch eine so genannte **Mehrmütterorganschaft** bis zu deren Abschaffung durch das StVergAbG ermöglicht (Gesetz zum Abbau von Steuervergünstigungen und Ausnahmeregelungen (Steuervergünstigungsabbaugesetz – StVergAbG) (16.5.2003) 2003, Art. 2 Nr. 2 Buchst. b und Art. 4 Nr. 2, S. 661 f.). Dieses für für Zwecke der Körperschaftsteuer und Gewerbesteuer Geltung erlangende Konstrukt, das zunächst in den Verwaltungsanweisungen geregelt war, wurde erstmalig für den Veranlagungszeitraum 2000 und frühere Veranlagungszeiträume (§ 34 Abs. 6 Nr. 1 KStG) durch das UntStFG (Gesetz zur Entwicklung des Unternehmenssteuerrechts (Unternehmenssteuerfortentwicklungsgesetz – UntStFG) (20.12.2001) 2001, Art. 2 Nr. 6 und Art. 4 Nr. 1, S. 3864, S. 3873) in § 14 Abs. 2 KStG a.F. sowie in § 2 Abs. 2 Satz 3 GewStG a.F. gesetzlich kodifiziert. Im Rahmen der Mehrmütterorganschaft schlossen sich mehrere übergeordnete Unternehmen, zwischen denen keine gesellschaftsrechtlichen Verbindungen bestanden, zu einer **Gesellschaft des bürgerlichen Rechts** (GbR; Organträger) zusammen, welche die einheitliche Willlenskoordination gegenüber dem untergeordneten Unternehmen (Organgesellschaft) vornahm. Hierzu waren folgende **persönliche Voraussetzungen** kumulativ zu erfüllen:

- Als Organträger konnten unbeschränkt steuerpflichtige natürliche Personen, nicht steuerbefreite Körperschaften, Personenvereinigungen oder Vermögensmassen mit Geschäftsleitung im Inland oder gewerblich tätige Personengesellschaften mit Geschäftsleitung im Inland fungieren (§ 14 Abs. 1 Nr. 2 KStG). Der Sitz laut Gesellschaftsvertrag zeichnete sich für die Begründung einer Mehrmütterorganschaft als irrelevant, sodass auch ausländische Gesellschaften an der Kooperationsbildung partizipieren konnten, ohne auf die steuerlichen Vergünstigungen verzichten zu müssen.
- Gemäß § 14 Abs. 1 Satz 1 KStG hatte die Organgesellschaft ihren Sitz und ihre Geschäftsleitung im Inland zu haben. Als Rechtsformen kamen die Aktiengesellschaft, die Kommmanditgesellschaft auf Aktien sowie gemäß § 17 Satz 1 KStG die Gesellschaft mit beschränkter Haftung in Betracht.

In **sachlicher Hinsicht** musste gemäß § 14 Abs. 2 Satz 2 KStG a.F.

- jedes übergeordnete Unternehmen an der Organgesellschaft vom Beginn ihres Wirtschaftsjahres an ununterbrochen beteiligt sein,
- den übergeordneten Unternehmen die Mehrheit der Stimmrechte an der Organgesellschaft zustehen (finanzielle Eingliederung),
- die die Willenskoordination gewährende GbR vom Beginn des Wirtschaftsjahres der Organgesellschaft an ununterbrochen Bestand haben,

- ein Gewinnabführungsvertrag im Sinne von § 291 Abs. 1 Satz 1 2. Alternative AktG zwischen der GbR und der Organgesellschaft abgeschlossen werden,[1] wobei eine Mindestlaufzeit von fünf Jahren zu vereinbaren war,
- durch die GbR gewährleistet sein, dass sich der koordinierte Wille der übergeordneten Unternehmen in der Geschäftsführung der Organgesellschaft tatsächlich durchsetzen ließ (organisatorische Eingliederung).

Als Rechtsfolge der **körperschaftsteuerlichen Mehrmütterorganschaft** wurde das handelsbilanzielle Ergebnis der Organgesellschaft zunächst an die GbR abgeführt, bevor eine anteilige Zurechnung über die gesonderte und einheitliche Gewinnfeststellung (§ 180 Abs. 1 Nr. 2a AO) auf die einzelnen übergeordneten Unternehmen erfolgte. Hierbei wurde das ursprünglich auf Ebene der Organgesellschaft der Körperschaftsteuer unterliegende Einkommen den einzelnen Gesellschaftern der GbR steuerlich zugeteilt. Verkörperten jene (teilweise) eine natürliche Person und/oder eine Personengesellschaft mit natürlichen Personen als Mitunternehmern, fand ein Transfer des Steuerobjekts in den Bereich der Einkommensteuer statt. Erlitt die Organgesellschaft einen Verlust, wurde das steuerliche Trennungsprinzip durch die Regelungen der Mehrmütterorganschaft aufgehoben, sodass eine unmittelbare Verrechnung mit Gewinnen der Gesellschafter der GbR gewährleistet war. Gleiches galt im umgekehrten Fall. Da der gesamte Gewinn an die GbR abzuführen war, wurde etwaigen Minderheitsgesellschaftern (außenstehende Gesellschafter) das Gewinnbezugsrecht entzogen. Zu dessen Kompensation sahen §§ 304 f. AktG Ausgleichs- und Abfindungsmaßnahmen vor, die steuerlich gemäß § 16 KStG zu behandeln waren (Versteuerung der Ausgleichszahlungen durch die Organgesellschaft als originäres Einkommen).

Die **gewerbesteuerliche Mehrmütterorganschaft** verwies auf die persönlichen und sachlichen Prämissen des § 14 Abs. 2 KStG a.F. Als Besonderheit legte § 2 Abs. 2 Satz 3 GewStG a.F. die GbR als Organträger fest. Damit wurde diese als intransparentes Gewerbesteuersubjekt angesehen mit der Konsequenz, dass Gewerbeverluste der Organgesellschaft entgegen den Regelungen des Körperschaftsteuergesetzes nicht mit Gewerbeerträgen der Gesellschafter der GbR verrechenbar waren et vice versa.

Eine **umsatzsteuerliche Mehrmütterorganschaft** wurde auf Grund der fehlenden Unternehmereigenschaft der GbR als reiner Innengesellschaft versagt (Rosenbach 2002, Rz. 108, unter Bezugnahme auf ein nicht veröffentlichtes Urteil des FG Baden-Württemberg vom 18.12.1991).

Wie anfangs dieses Kapitels bereits erwähnt, wurde die körperschaftsteuerliche und gewerbesteuerliche Mehrmütterorganschaft ein Jahr nach ihrer lang ersehnten gesetzlichen Kodifizierung (rückwirkend) ab dem Veranlagungszeitraum 2003 überraschend **abge-**

---

[1] Der Gewinnabführungsvertrag stellt einen aktienrechtlichen Unternehmensvertrag dar, im Rahmen dessen sich die Organgesellschaft verpflichtet, ihren gesamten Gewinn an die GbR nach Maßgabe des § 301 AktG abzuführen. Wird ein Verlust erlitten, ist die GbR zu dessen Ausgleich verpflichtet (§ 302 AktG). Jene aktienrechtlichen Regelungen sind – wie § 17 KStG aufzeigt – auch auf eine GmbH analog anzuwenden.

schafft. Diese plötzliche Wende ließ sich weniger auf steuersystematische als auf **rein fiskalische Gründe** zurückführen.

Es ist zu befürchten, dass eine tendenzielle Einschränkung der Begründung von Jointventures im klassischen Sinne in Deutschland als Folgewirkung mit dieser gesetzgeberischen Entscheidung einhergeht. Jedenfalls gilt es zu konstatieren, dass jenen vor allem im Bereich der Forschung & Entwicklung vorzufindenden Gebilden, die sicherlich auch Garanten für den Wirtschaftsstandort Deutschland darstellen, die steuerliche Basis entzogen wird. Gleichzeitig hierzu wird die noch durch das UntStFG vertretene These der steuerlichen Entlastung des Mittelstands ad absurdum geführt, da gerade die **Mehrmütterorganschaft mittelständische Unternehmen begünstigt**, denen es vielfach an personellen und finanziellen Kapazitäten fehlt, um größere Projekte im Alleingang bewältigen zu können (Richter 2004, S. 52). Der Steuergesetzgeber sollte das bewährte Instrumentarium der Mehrmütterorganschaft reaktivieren.

6.2 Ausgewählte Gestaltungsüberlegungen

Nach der Abschaffung der Mehrmütterorganschaft lassen sich – auf Grund des wieder Geltung erlangenden Trennungsprinzips – Verluste des untergeordneten Unternehmens (ehemals Organgesellschaft) nicht mehr mit Gewinnen der Gesellschafter der GbR (ehemals Organträger) unmittelbar verrechnen. Zu dessen möglichst vollständiger Wiederherstellung wurden im Schrifttum verschiedene Gestaltungsstrategien gesellschafts- sowie schuldrechtlicher Art entwickelt, von denen die Wichtigsten im Folgenden Betrachtung finden.[1] Vorab sei erwähnt, dass etwaige gewerbesteuerliche Verlustvorträge der GbR aus Zeiten der Mehrmütterorganschaft bei dieser „gefangen" sind, ohne deren Gesellschaftern zugerechnet und somit steuerlich verwertet werden zu können (Raupach/Burwitz 2003, S. 1904).

Der **ersten Gestaltungsvariante** (Schroer/Starke 2003, S. 155) liegt die Überlegung zugrunde, dass zwischen den Gesellschaftern der GbR einerseits und der ehemaligen Organgesellschaft andererseits kein direktes Beteiligungsverhältnis besteht. Zu dessen Herstellung müssten die **Anteile an der ehemaligen Organgesellschaft auf die GbR übertragen** werden (durch Veräußerung, unentgeltliche Übertragung oder Übertragung gegen Gewährung von Gesellschaftsrechten), um keine Mehrmütterorganschaft, sondern eine nach wie vor legitimierte „Einmutterorganschaft" nach den §§ 14 KStG, 2 Abs. 2 Satz 2 GewStG herzustellen. Allerdings wäre die GbR als reines Willensbildungsorgan

1 Eine Gestaltungsmöglichkeit – die Beteiligung der Gesellschafter der GbR als atypische oder typische Gesellschafter an der ehemaligen Organgesellschaft – unterband der Steuergesetzgeber im Zuge der Abschaffung der Mehrmütterorganschaft insofern, als er die Möglichkeit, Verluste aus stillen Gesellschaften an Kapitalgesellschaften unbeschränkt zu verrechnen, beseitigte (§§ 15 Abs. 4 Satz 6, 20 Abs. 1 Nr. 4 Satz 2 EStG). Ferner werden keine Überlegungen zur Frage angestellt, ob die ehemalige Organgesellschaft in eine KGaA umgewandelt werden sollte (vgl. ausführlich Winkemann 2003, S. 1649 ff.).

zunächst nicht dazu geeignet, die Organträgerfunktion inne zu haben, da § 14 Abs. 1 Nr. 2 Satz 2 KStG eine gewerblich tätige Personengesellschaft fordert. Somit müsste neben dem bloßen Halten von Anteilen ein eigener wirtschaftlicher Geschäftsbetrieb aufgenommen werden. Zur Erfüllung des Kriteriums der finanziellen Eingliederung (§ 14 Abs. 1 Nr. 1 KStG) wäre zudem ein neuer Gewinnabführungsvertrag (§ 14 Abs. 1 Nr. 3 KStG) zwischen der GbR und der ehemaligen (und gleichzeitig wieder neuen) Organgesellschaft abzuschließen, um zu ermöglichen, dass die Verluste von Letzterer wieder sofort steuerlich verwertbar sind.

Die aufgezeigte Strategie muss jedoch **nicht vollkommen steuerneutral** verlaufen. So ist ab dem Veranlagungszeitraum 2004 beispielsweise im Fall der Anteilsveräußerung bei Kapitalgesellschaften § 8b Abs. 2 und Abs. 3 KStG zu beachten, wonach vom steuerfreien Veräußerungsgewinn 5 % dieses Betrags unwiderlegbar und pauschal als fiktive nichtabziehbare Betriebsausgaben gelten, was im Endergebnis einer 5%-igen Besteuerung des Veräußerungsgewinns entspricht (Gesetz zur Umsetzung der Protokollerklärung der Bundesregierung zur Vermittlungsempfehlung zum Steuervergünstigungsabbaugesetz (22.12.2003) 2003, Art. 3 Nr. 2 Buchst. a, b, S. 2842). Bei einer unentgeltlichen Übertragung der Anteile oder einer Übertragung gegen Gewährung von Gesellschaftsrechten ist § 6 Abs. 5 Satz 3 Nr. 1 EStG einschlägig (Übertragung zum Buchwert). Allerdings ist der Teilwert dann anzusetzen, soweit sich der Anteil einer anderen Körperschaft (andere Gesellschafter der ehemaligen Organgesellschaft) an dem übertragenen Wirtschaftsgut (Anteile an der ehemaligen Organgesellschaft) erhöht (§ 6 Abs. 5 Satz 5 EStG). Ferner können auch grunderwerbsteuerliche Folgen ausgelöst werden, falls die Organgesellschaft über im Inland belegenen Grundbesitz verfügt und mind. 95 % der Anteile an ihr auf die GbR transferiert werden (so genannter Ersatztatbestand gemäß § 1 Abs. 3 GrEStG). Während der 5%-igen Pauschalbesteuerung sowie der Übertragung zum Teilwert gestalterisch nichts entgegengesetzt werden kann, ist hinsichtlich einer latenten grunderwerbsteuerlichen Belastung darauf hinzuweisen, dass für die finanzielle Eingliederung die einfache Stimmrechtsmehrheit ausreichend ist (§ 14 Abs. 1 Nr. 1 Satz 1 KStG). Somit wäre eine prozentuale Übertragung von weniger Anteilen als den besagten 95 % ratsam.

Die **zweite Gestaltungsvariante** (Schroer/Starke 2003, S. 155 f.) macht sich die im deutschen Steuerrecht geltende einkommen- bzw. körperschaftsteuerliche Transparenz von Personengesellschaften zunutze und besteht in einem **Formwechsel** der ehemaligen Organgesellschaft in eine Personengesellschaft. Somit könnten deren erlittene Verluste sofort mittels Zuweisung zu den Gesellschaftern und Verrechnung mit deren Gewinnen genutzt werden. Während handelsrechtlich im Zuge des Formwechsels der Rechtsträger folgerichtig sein Rechtskleid nicht wechselt (§ 202 Abs. 1 Nr. 1 UmwG), wird aus steuerlicher Sicht auf Grund des Verlassens der Körperschaftsteuerpflicht ein Vermögensübergang fingiert. Dies lässt sich aus § 14 UmwStG (Formwechsel einer Kapitalgesellschaft in eine Personengesellschaft) ersehen, der die §§ 3 ff. UmwStG (Vermögensübergang von einer Körperschaft auf eine Personengesellschaft) für entsprechend anwendbar erklärt.

Als steuerliche Folgen wären zum einen anzuführen, dass eine „Übertragung" der Wirtschaftsgüter der ehemaligen Organgesellschaft auf die Personengesellschaft zum Buchwert, also steuerneutral, erfolgen kann (§ 3 Satz 1 UmwStG). Zum anderen fällt auch Grunderwerbsteuer bei einem Formwechsel nicht an. Allerdings gilt es zu beachten, dass ein etwaiger originärer körperschaftsteuerlicher Verlustvortrag (§ 10d EStG i.V.m. § 8 Abs. 1 Satz 1 KStG) der ehemaligen Organgesellschaft im Zuge des Formwechsels nicht mehr von der Personengesellschaft genutzt werden kann und somit grundsätzlich untergeht (§ 4 Abs. 2 Satz 2 UmwStG).[1] Somit wäre es ratsam, den vor der Umwandlung bestehenden Verlustvortrag mittels Aufdeckung von stillen Reserven (bis maximal zum Teilwert gemäß § 3 Satz 4 UmwStG) seitens der Überträgerin möglichst vollständig zu nutzen. Die Übernehmerin ist an die seitens der Überträgerin angesetzten Werte gebunden (§ 4 Abs. 1 UmwStG). Allerdings gilt es zu beachten, dass auch auf Ebene der Übernehmerin ein so genanntes Übernahmeergebnis in Höhe der Differenz zwischen dem Wert der „übergegangenen" Wirtschaftsgüter und dem Buchwert der Anteile an der ehemaligen Organgesellschaft entstehen kann. Haben deren Gesellschafter stille Reserven erworben, so entsteht ein Übernahmeverlust, der sich weder einkommen- bzw. körperschaftsteuerlich gemäß § 4 Abs. 6 UmwStG noch gewerbesteuerlich gemäß § 18 Abs. 2 GewStG nutzen lässt, so dass bei dieser Konstellation von einem Formwechsel eher abzusehen ist.

Bei der **dritten Gestaltungsvariante** (Raupach/Burwitz 2003, S. 1906 f.) wird der ursprüngliche Gewinnabführungsvertrag zwischen der ehemaligen Organgesellschaft und der GbR durch einen anderen aktienrechtlichen Unternehmensvertrag – den **Betriebsüberlassungsvertrag** (§ 292 Abs. 1 Nr. 3 AktG) – substituiert. Hiernach verpachtet die ehemalige Organgesellschaft ihren Betrieb an die GbR, wobei dieser durch die GbR auf Grund einer ausgestellten Vollmacht im Namen der ehemaligen Organgesellschaft – allerdings für eigene Rechnung – geführt wird (Hüffer 2004, Rn. 19). Da die Geschäfte auf Rechnung der Übernehmerin (GbR) gehen, erwirbt diese gegen die überlassende Gesellschaft einen Anspruch auf „Abführung" (keine Gewinnabführung!) des Geschäftsergebnisses (§ 667 BGB) (Emmerich 2003, Rdnr. 44). Dieses wird für einkommen- bzw. körperschaftsteuerliche Zwecke den Gesellschaftern der GbR zur Versteuerung zugewiesen. Als Gegenleistung entrichtet die GbR an die ehemalige Organgesellschaft einen marktüblichen Pachtzins, der jedoch auf deren Ebene für körperschaft- und gewerbesteuerliche Zwecke einen Definitivcharakter entfaltet, d. h. nicht mehr „abgeführt" werden kann.

Zusammenfassend ist festzuhalten, dass keine Pauschalempfehlung für eine bestimmte der aufgezeigten Gestaltungsvarianten existieren kann. Während die Bildung sämtlicher Konstrukte die sofortige Verrechnung von Gewinnen und Verlusten einkommen- bzw. körperschaftsteuerlich ermöglicht, ist zu betonen, dass gewerbesteuerliche Verluste analog zur Mehrmütterorganschaft auch weiterhin nicht unmittelbar nutzungsfähig sind.

---

[1] Gleiches gilt für einen Gewerbeverlust gemäß § 18 Abs. 1 Satz 2 UmwStG.

Literatur

ALBROD, P. (1994): Die ertragsteuerliche Behandlung von Arbeitsgemeinschaften in der Bauwirtschaft, in: Die steuerliche Betriebsprüfung, 34. Jg., S. 6-14.

BFH-URTEIL vom 10.5.1961 (1961), Az.: IV 155/60 U, BStBl. III, S. 317-319.

BFH-URTEIL vom 20.12.1962 (1963), Az.: V 111/61 U, BStBl. III, S. 169.

BFH-URTEIL vom 9.10.1964 (1965), Az.: VI 317/62 U, BStBl. III, S. 71-73.

BFH-URTEIL vom 26.7.1973 (1973), Az.: V R 42/70, BStBl. II, S. 766-768.

BFH-URTEIL vom 28.2.1974 (1974), Az.: V R 55/72, BStBl. II, S. 345-347.

BFH-URTEIL vom 2.12.1992 (1993), Az.: I R 165/90, BStBl. II, S. 577-580.

BMF-SCHREIBEN vom 15.11.1988 (1989), Az.: IV C 5 – S 1316 – 67/88, in: Der Betrieb, 42. Jg., S. 354-355.

BÖHMER, M. (1991): Die deutsche Besteuerung grenzüberschreitender Unternehmensverträge, in: Schriften des Instituts für Ausländisches und Internationales Finanz- und Steuerwesen der Universität Hamburg, Band 14, Baden-Baden.

DEPPING, B. (1995): Gestaltungsberatung zur gewerbesteuerlichen Behandlung von Bau-Arbeitsgemeinschaften, in: Die Information über Steuer und Wirtschaft, 49. Jg., S. 551-553.

EMMERICH, V. (2003): Kommentierung zu § 292 AktG, in: Emmerich, V.; Habersack, M. (Hrsg.): Kommentar zum Aktien- und GmbH-Konzernrecht, 3. Aufl., München.

EMMERICH, V.; SONNENSCHEIN, J.; HABERSACK M. (2001): Konzernrecht, 7. Aufl., München.

GESETZ ZUM ABBAU VON STEUERVERGÜNSTIGUNGEN UND AUSNAHMEREGELUNGEN (Steuervergünstigungsabbaugesetz – StVergAbG) vom 16.5.2003 (2003), BGBl. I, S. 660-667.

GESETZ ZUR ÄNDERUNG DES GEWERBESTEUERGESETZES UND ANDERER GESETZE vom 23.12.2003 (2003), BGBl. I, S. 2922-2923.

GESETZ ZUR AUSFÜHRUNG DER EWG-VERORDNUNG ÜBER DIE EUROPÄISCHE WIRTSCHAFTLICHE INTERESSENVEREINIGUNG (EWIV-Ausführungsgesetz) vom 14.4.1988 (1988), BGBl. I, S. 514-516.

GESETZ ZUR ENTWICKLUNG DES UNTERNEHMENSSTEUERRECHTS (Unternehmenssteuerfortentwicklungsgesetz – UntStFG) vom 20.12.2001 (2001), BGBl. I, S. 3858-3878.

GESETZ ZUR UMSETZUNG DER PROTOKOLLERKLÄRUNG DER BUNDESREGIERUNG ZUR VERMITTLUNGSEMPFEHLUNG ZUM STEUERVERGÜNSTIGUNGSABBAUGESETZ vom 22.12.2003 (2003), BGBl. I, S. 2840-2845.

HAMACHER, R. J. (1986): Zur ertragsteuerlichen Behandlung einer Europäischen wirtschaftlichen Interessenvereinigung (EWIV) – Keine Gewerbeertragsteuer, in: Finanz-Rundschau, 68. Jg., S. 557-560.

HÜFFER, U. (2004): Kommentierung zu § 292 AktG, in: Aktiengesetz, 6. Aufl., München.

JACOBS, O. H. (2002): Internationale Unternehmensbesteuerung, 5. Aufl., München.

KLUGE, V. (1992): Das internationale Steuerrecht, 3. Aufl., München.

KUßMAUL, H. (2003): Betriebswirtschaftliche Steuerlehre, 3. Aufl., München u.a.

KUßMAUL, H. (1994): Konzern und Konzernorganisation, in: Der Steuerberater, 45. Jg., S. 99-102, S. 143-149, S. 187-191.

KUßMAUL, H.; RICHTER, L. (1999a): Wesenszüge einer gewerbe- und umsatzsteuerlichen grenzüberschreitenden Organschaft, in: Steuern und Bilanzen, 1. Jg., S. 1065-1068.

KUßMAUL, H.; RICHTER, L. (1999b): Wesenszüge einer körperschaftsteuerlichen grenzüberschreitenden Organschaft, in: Steuern und Bilanzen, 1. Jg., S. 807-815.

KÜTING, K.; WEBER, C.-P. (2003): Der Konzernabschluss, 8. Aufl., Stuttgart.

LIBERTAS INSTITUT (2004): www.libertas-institut.com/de/EWIV/GesamtStatTabelle.htm (Stand: 15. Oktober 2004).

RAUPACH, A; BURWITZ, G. (2003): Gestaltungsüberlegungen nach Abschaffung der Mehrmütterorganschaft, in: Deutsches Steuerrecht, 41. Jg., S. 1901-1907.

REUTER, H.-P. (1970): Die Besteuerung der verbundenen Unternehmen, München.

RFH-URTEIL vom 9.5.1934 (1934), Az.: VI A 833/33, RStBl., S. 658-660.

RICHTER, L. (2003): Ansätze einer Konzernbesteuerung in Deutschland, Frankfurt am Main u.a.

RICHTER, L. (2004): Die Auswirkungen des Steuervergünstigungsabbaugesetzes (StVergAbG) auf das Rechtsinstitut der Organschaft, in: Steuer und Wirtschaft, 81. Jg., S. 51-61.

ROSE, G.; GLORIUS-ROSE, C. (2001): Unternehmen, 3. Aufl., Köln.

ROSENBACH, G. (2002): Kommentierung zu § 17: Die GmbH im Konzern, in: Müller, W.; Hense, B. (Hrsg.): Beck´sches Handbuch der GmbH, 3. Aufl., München.

SCHROER, A.; STARKE, P. (2003): Die Abschaffung der Mehrmütterorganschaft durch das StVergAbG – Folgen und Handlungsalternativen, in: GmbH-Rundschau, 94. Jg., S. 153-156.

SELCHERT, F. W. (2002): Einführung in die Betriebswirtschaftslehre, 8. Aufl., München.

URTEIL DES OLG FRANKFURT vom 23.3.1988 (1988), Az.: 9 U 80/84, in: Die Aktiengesellschaft, 33. Jg., S. 267-275.

VERORDNUNG (EWG) Nr. 2137/85 des Rates vom 25.7.1985 über die Schaffung einer Europäischen wirtschaftlichen Interessenvereinigung (EWIV), Abl. EG, Nr. L 199.

WINKEMANN, T. (2003): Die KGaA als Alternative zur Mehrmütterorganschaft?, in: Betriebs-Berater, 58. Jg., S. 1649-1651.

WÖHE, G. (1996): Betriebswirtschaftliche Steuerlehre II/2, 4. Aufl., München.

WÖHE, G. (2002): Einführung in die Allgemeine Betriebswirtschaftslehre, 21. Aufl., München.

Michael Kutschker*

Prozessuale Aspekte der Kooperation

---

* Univ.-Professor Dr. Michael Kutschker ist Inhaber des Lehrstuhls für Allgemeine Betriebswirtschaftslehre und Internationales Management der Katholischen Universität Eichstätt.

1. Einleitung

Im Ersten Kapitel habe ich in einem Beitrag einen Streifzug durch die der Kooperationsforschung nahestehende sozialwissenschaftliche Forschung unternommen und herausgearbeitet, dass diese Forschungstraditionen eine Reihe von Gemeinsamkeiten aufweisen. Diese will ich im zweiten Abschnitt dieses Beitrages zunächst zu einem begrifflich-theoretischen Bezugsrahmen der Prozessforschung fortentwickeln. Der vorzustellende Bezugsrahmen will dabei kein „neuer“ Ansatz sein, der den eher strukturalistischen Ansätzen der Kooperationsforschung nunmehr einen Prozessansatz entgegensetzt und damit den wissenschaftstheoretischen Kontroversen um Voluntarismus vs. Determinismus, Positivismus vs. Anti-Positivismus, Objektivismus vs. Subjektivismus (Göbel 1997) eine weitere Dichotomie Struktur vs. Prozess hinzufügt. Vielmehr beabsichtige ich mit dem Bezugsrahmen eine Integration der verschiedenen Standpunkte, die in ein begründetes „sowohl als auch“ von Prozess und Struktur münden. Im dritten Abschnitt werden dann die vorhandenen Untersuchungen einer dynamischen, prozessualen Kooperationsforschung im Rahmen des zuvor eingeführten Bezugsrahmens interpretiert. Der „state of the art“ der prozessualen Kooperationsforschung konzentriert sich dabei auf Grund der vorhandenen Arbeiten auf den langfristigen Entwicklungsprozess von Kooperationen.

2. Ein begrifflich-theoretischer Bezugsrahmen des Prozessmanagements

2.1 Die Grundlegung

Wir nehmen dabei die Perspektive eines Managers ein, zu dessen Aufgaben weit seltener als es der Umfang der wissenschaftlichen Auseinandersetzung suggeriert die Veränderung von Strukturen gehört. Dagegen hat er ständig Entscheidungsprozesse auf verschiedenen Ebenen und unterschiedlichster Komplexität sequenziell und simultan zu beeinflussen, er hat zu kommunizieren, zu verhandeln, mit seinem Bereich zur Umsatz-, Ergebnis- und Unternehmensentwicklung beizutragen usw. Er ist ständig in Prozesse und die Führung von Aktivitäten involviert. Befasst man sich mit Prozessen und ihrem Management, dann ist zunächst einmal festzulegen, welcher Prozess geführt werden soll, was der betreffende Kernprozess ist. Ein **Prozessmanagement** hat sich daher mit dem Management des Kernprozesses, dessen wechselseitigen Beziehungen zu seinem Prozessumfeld und dem Prozessinhalt auseinander zu setzen. Zunächst ist im ersten Abschnitt daher der im Fokus einer Untersuchung stehende Kernprozess abzugrenzen, der sich durch die Prozessstruktur, die Allokation von Zeit und die Prozesslogik beschreiben lässt. Daran schließt sich die Charakterisierung des Prozessumfeldes an, das aus gleichzeitig ablaufenden Prozessen, Netzwerken und Ressourcen besteht. Das Prozessmanagement wird ferner durch den Prozessinhalt in Form der Prozessebene und der Prozessreichweite, durch die zur Verfügung stehenden Handlungsalternativen und durch die Veränderungsintensität des Prozesses bestimmt. Übersicht 1 verdeutlicht die Zusammenhänge. Die Problematik eines Prozessmanagements liegt in der wechselseitigen Beeinflussung von Kernprozess, Prozessumfeld und Prozessinhalt. Das klassisch-lineare Denken in Ursache und Wirkung muss somit einer weit gehend zirkulären Argumentation weichen, die diese Interdependenzen bei der Gestaltung berücksichtigt.

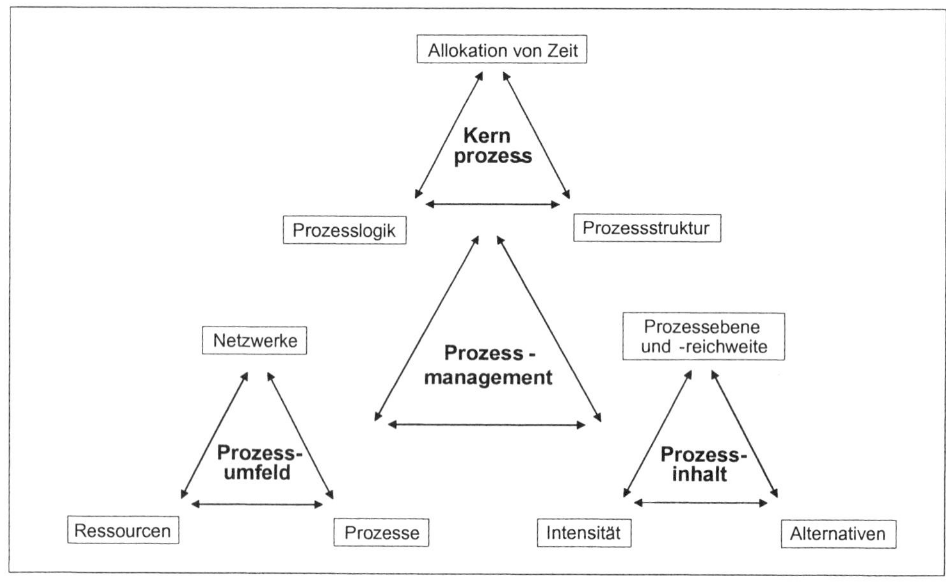

Übersicht 1: Ein begrifflich-theoretischer Bezugsrahmen des Prozessmanagements

2.2 Der Kernprozess

Als **Kernprozess** will ich den im Fokus einer Prozessanalyse oder eines Prozessmanagements stehenden Prozess bezeichnen. Prozesse können als eine Folge zusammenhängender Aktivitäten oder Ereignisse interpretiert werden, in denen die Transformation von Inputs in Outputs vorgenommen wird. Inputs können dabei sowohl materiell als auch immateriell sein; d. h., sie schließen beispielsweise auch Informationen ein. Der Kernprozess lässt sich über die Prozessstruktur, die Allokation von Zeit und die Prozesslogik abbilden (vgl. hierzu auch Mintzberg/Westley 1992; Van de Ven 1992; Perich 1993).

Die Prozessstruktur

Die Prozessstruktur zielt auf die Ordnung von Aktivitäten und Ereignissen hinsichtlich ihrer zeitlichen Folge ab und verlangt zunächst nach einer Abgrenzung des Kernprozesses. Ich weiche bei meiner Definition des Prozesses bewusst von der Vorstellung ab, dass ein Prozess durch Anfang und Ende von vor- und nachgelagerten Aktivitäten abgrenzbar sei (vgl. anders z. B. Davenport 1993). Tatsächlich beinhalten gerade der Beginn und das Ende eines Prozesses den am schwierigsten zu beobachtenden Teil und sind häufig selbst für die Teilnehmer nicht wahrnehmbar, weil sie erst später involviert wurden oder früher aus dem Prozess ausschieden. Anfang und Ende können im Dunkeln der Beobachtung liegen (Zaheer/Albert/Zaheer 1999), dennoch aber führungsrelevante Aspekte enthalten. Diese Unklarheit hängt mit dem zweiten Abgrenzungsproblem zusammen. Die inhaltliche Festlegung, was im Fokus eines zu führenden Prozesses liegt – beispielsweise die Gründung eines Joint Ventures – definiert, was innerhalb und was außerhalb dieses Prozesses liegt. Damit ist nicht nur die Abgrenzung von zeitlich vor- und nachgelagerten Prozessen festgelegt, sondern auch, welches parallele und übergeordnete Prozesse sind, von denen der Kernprozess dann ein Teil ist. So wie sich verschiedene Systemebenen unterscheiden lassen, ist von einer Hierarchie von Teilprozessen auszugehen, in die der fokale Prozess eingeordnet ist. Von der Prozessebene ist dessen Analyseebene zu unterscheiden, welche die zeitlichen Intervalle beinhaltet, in denen der reale Prozess abläuft, beobachtet, codiert und zeitlich aggregiert wird (Zaheer/Albert/Zaheer 1999). Prozessstrukturen eines Kernprozesses beinhalten dann:

- eine Menge von Teilprozessen
- die sequenziell gereiht, simultan oder überlappt ablaufen
- deren Verzweigungen, Zerlegungen, Verknüpfungen und Wartezeiten
- deren Übergänge von und zu vor- und nachgelagerten sowie parallelen Prozessen (Kutschker/Schmid 2002, S.1061).

Die „Prozesslandkarte“ ist erst vollständig, wenn man den Teilprozessen Zeit zuweist.

Die Allokation von Zeit

Die einzelnen Prozessschritte verbrauchen die knappe Ressource Zeit. Folglich ist es Aufgabe des Managements, Entscheidungen hinsichtlich der Dauer und des Zeitbudgets der Aktivitäten bzw. Ereignisse zu treffen. Die Zuweisung von Zeit bzw. Zeitbudgets auf Aktivitäten und Teilprozesse definiert deren Dauer und bestimmt zusammen mit der Struktur die Gesamtdauer des Kernprozesses. Sie lässt aber auch Prozessmuster, eine Ordnung von Prozessabläufen entstehen, die sich in deren Takt und Frequenz, Periodizität und Rhythmus ausdrückt (Perich 1993, S. 268 ff.; vgl. ausführlich Kutschker/Schmid 2002, S. 1062 ff.). Teilprozesse müssen mit anderen Teil- und Kernprozessen, Aktivitäten und Ereignissen in ihrem Umfeld zeitlich aufeinander abgestimmt werden, wobei die Referenzobjekte der Synchronisation sowohl innerhalb als auch außerhalb der Unternehmung verortet werden können. Beschleunigen, Verzögern oder Mitschwimmen sind nach Perich die Gestaltungsparameter für das Management, wobei die eigentlichen Stellhebel in der Prozessstrukturierung, der Allokation von Zeit und in der Gestaltung des Prozessmusters zu sehen sind (Perich 1993, S. 273 ff.).

Die Prozesslogik

Das Prozessmanagement muss nicht nur die zeitliche Vernetzung von Teilprozessen beachten, sondern auch deren kausale Beziehungen. Diese entstehen zum Beispiel, wenn vorgelagerte Prozesse ursächlich für nachgelagerte Prozesse sind. Van de Ven unterscheidet zwischen additiv kumulierenden, substitutiv kumulierenden und modifizierenden Prozessen. Ein Prozess ist additiv kumulierend, wenn ein späteres Ereignis das frühere ergänzt und substitutiv kumulierend, wenn das spätere Ereignis das frühere ersetzt, etwa wenn nach einer Metamorphose zu einer globalen Unternehmung die zuvor multinationale Unternehmung „ersetzt“ wurde. Ein Prozess ist modifizierend, wenn ein späteres Ereignis eine Differenzierung, Generalisierung oder stabilere Version des Vorgängers darstellt (Van de Ven 1992, S. 172 f.). Solche Logiken wurden zu Typologien von Modellen evolutionärer, dialektischer, lebenszyklischer oder teleologischer Entwicklungsprozesse verdichtet (Van de Ven 1992; vgl. auch den Beitrag von Kutschker im Ersten Kapitel dieses Sammelwerks). Wie noch zu zeigen sein wird, beschränken sich die Prozessmodelle von Kooperationen im Wesentlichen auf die Herausarbeitung solcher Prozesslogiken.

2.3 Das Prozessumfeld

Das Prozessumfeld lässt sich anhand der Dimensionen (Umfeld-)Prozesse, Netzwerke und Ressourcen beschreiben. Zu den wesentlichen Aufgaben eines Prozessmanagements gehört die Synchronisation des Kernprozesses mit seinem Umfeld und die Allokation von Ressourcen auf die betrachteten Prozesse.

Prozesse im Umfeld des Kernprozesses

Bei einer Prozessperspektive sind die vor- und nachgelagerten, die parallel laufenden und übergeordneten Prozesse des Kernprozesses dessen „natürliches“ Umfeld. Bis auf die Anbindung an den übergeordneten Prozess muss der Kernprozess keine direkten Verbindungen zu den Prozessen im Umfeld besitzen. Zwischen einem Produktions- und Transaktionsprozess muss es genauso wenig einen direkten Anschluss geben wie zwischen zwei **Transaktionsprozessen** mit einem Kunden. Die für den Kernprozess relevanten (Umfeld-) Prozesse können nicht nur innerhalb der Unternehmung ablaufen, sondern auch über die Grenzen der Organisation hinausreichen oder sogar gänzlich im Umfeld der Unternehmung verortet sein. So reagiert einerseits die fokale Unternehmung auf Entwicklungen ihres Umfeldes, andererseits versucht sie diese auch zu beeinflussen (Pfeffer/Salancik 1978, S. 12). Auf Grund der Erkenntnisse der Theorien der oligopolistischen Reaktion wissen wir zum Beispiel, dass Oligopolisten einem First-Mover oftmals in kurzer Zeit folgen. Da der Kernprozess von Prozessen in seinem Umfeld beeinflusst werden kann, sind diese stets bei der Führung des Kernprozesses zu berücksichtigen.

Auf der Ebene der Unternehmensentwicklung beinhaltet die „Synchronisation" dieses Prozesses mit ähnlich gelagerten Prozessen den Übergang von der Evolution zur Koevolution von Unternehmen mit seinem Umfeld (Welge/Borghoff 1999). Dies wirft Fragen auf, ob es unternehmensüberschreitende Lernprozesse gibt und welcher Art diese sind (Barnett/Hansen 1996), ob und gegebenenfalls welche Wirkungen solche koevolutionären Prozesse innerhalb eines Unternehmens oder innerhalb von Unternehmensverbünden wie strategischen Allianzen, Joint Ventures oder Konzernen entfalten (Galunic/Eisenhardt 1996; Burgelman 1994, 1996; vgl. auch das von Lewin/Koza editierte Special Issue der Organization Studies, 22. Jg., 2001, Nr. 6) oder ob die Ressourcen eines Unternehmens noch zu den Anforderungen der Industrie passen (Levinthal/Myatt 1994).

Ressourcen

Die (indirekte) Verbindung zwischen den Prozessen wird über die Ressourcen hergestellt, wobei hier Ressourcen auch als Kürzel für Fähigkeiten, Kompetenzen, Erfolgspotenziale und Wettbewerbsvorteile zu verstehen sind. Damit soll zugleich die Anschlussfähigkeit dieses Bezugsrahmens zum **Resource-Based View** signalisiert werden (ausführlich Kutschker 1999; Schmid/Kutschker 2002 sowie der Beitrag von v. d. Oelsnitz im Ersten Kapitel dieses Sammelwerks). Materielle und immaterielle, tangible und intangible Ressourcen stellen die Inputs dar, die im Zuge der Aktivitäten des Kernprozesses zu dessen Output transformiert werden. Die Verbindung zwischen zwei Transaktionen kristallisiert sich dann in materiellen Ressourcen wie Geld und Gütern sowie immateriellen Ressourcen wie beispielsweise Erfahrung, Vertrauen oder interaktiven Routinen, die zukünftige Transaktionen erleichtern oder belasten können. In Prozessen werden Ressourcen verbraucht, transformiert und neu geschaffen. Gerade für F & E-Kooperationen gilt, dass in die gemeinsamen Prozesse Ressourcen eingebracht werden, um synergetisch neue Fähigkeiten zu schaffen, von denen zukünftig jede der beteiligten Firmen wieder zehren kann. Ressourcen können aber auch dafür verwendet werden, den Prozess selbst zu beeinflussen, ihn beispielsweise zu beschleunigen oder zu verlangsamen. Ressourcen begründen ebenfalls (wechselseitige) Abhängigkeiten zwischen den „Eignern" der Ressourcen, den Aktoren von Netzwerken.

Netzwerke

Netzwerke sind die strukturelle Manifestation von Prozessen, weil sie die Beziehungen zwischen Aktoren beinhalten, die den Prozess unter Verwendung von Ressourcen erst ermöglichen. Je nachdem auf welcher Prozessebene man sich bewegt, besteht das zum Kernprozess korrespondierende Netzwerk aus individuellen Aktoren (**Mikronetzwerk**), aus kollektiven Aktoren wie Organisationen (**Makronetzwerk**) und aus individuellen Aktoren, die für ihre Organisation handeln (**Mesonetzwerk**) (Kutschker/Schmid 2002, S. 1065). Netzwerke, d. h. die Konstellation der Beziehungen zwischen den Aktoren und deren Ressourcen/Fähigkeiten, beeinflussen in hohem Maße die Prozessverläufe in diesem Netzwerk, da dieses die zeitlich punktuell „eingefrorene" Pfadabhängigkeit der Handlungen der Akteure verkörpert (Andersson 2002). Umgekehrt verändert jeder Prozess das Netzwerk (Kirsch/Kutschker/Lutschewitz 1980). Es ist davon auszugehen, dass Prozesse umso stärker durch die Netzwerkkonstellation beeinflusst werden, je kürzer der Prozess in die Zukunft reicht und je häufiger er in der Vergangenheit wiederholt wurde, sodass die Wahrscheinlichkeit verfestigter

Routinen groß ist. Netzwerke sind kurzfristig gesehen ein Korsett für Prozesse und resistent gegenüber schnellen Veränderungen. Netzwerke verkörpern auf der Ebene von Unternehmen die Marktsicht und verbinden damit die Prozesssicht mit dem Bezugsrahmen der **Industrial Organization**, wie sie in die strategischen Konzepte von Porter eingeflossen sind (Porter 1980, 1985; vgl. hierzu auch den Beitrag von Bühler/Jaeger im Ersten Kapitel dieses Sammelwerks). Freilich gilt der Prozessbezugsrahmen nicht nur für Makroaktoren, sondern auch für die Netzwerke von Individuen (Mikronetzwerk), für die andere Bezugsrahmen relevant sind. Ressourcen, Prozesse und Netzwerke im Umfeld des Kernprozesses sind auf vielfältige Weise untereinander sowie mit und von dem zu gestaltenden Prozess abhängig. Diese Interdependenzen reduzieren nicht gerade die Komplexität eines Prozessmanagements, zeigen aber den Reichtum der Alternativen auf, Prozesse zu gestalten und zu führen. Steigern die Beziehungen zum Prozessumfeld die Gestaltungskomplexität, so reduzieren die Inhalte, der dritte Baustein des Bezugsrahmens, die Komplexität des Prozessmanagements.

2.4 Der Prozessinhalt

In der Literatur zum strategischen Management wird zwischen strategischer Inhalts- und Prozessforschung unterschieden (Bamberger/Cappallo 2003; Müller-Stewens/Lechner 2003). Erstere bezieht sich auf Ziele, die Erarbeitung strategischer Handlungsalternativen oder die Anwendung von Methoden auf unterschiedliche Bezugsobjekte. Für eine Klassifikation verschiedener Ansätze mag diese vielfach benutzte Differenzierung sinnvoll sein, zudem strategische Prozesse sich auch meistens auf Inhalte mit strategischer Bedeutung beziehen. Für eine generelle Diskussion der Prozessproblematik verschleiert diese Differenzierung aber die wechselseitige Abhängigkeit von Prozess und Inhalt (Pettigrew 1992). Dies lässt sich leichter begründen, wenn man den Prozessinhalt in die Beschreibungsdimensionen Handlungsalternativen, Prozessebene und Prozessreichweite sowie Intensität des organisatorischen Wandels differenziert.

Die Handlungsalternativen

Für die Lösung einer Aufgabe existieren normalerweise mehrere Handlungsalternativen, zwischen denen gewählt werden muss. Die Wahl zwischen der Übernahme eines lokalen Wettbewerbers und einer Neugründung als alternative Formen eines Markteintrittes legt dann fest, was als Prozess und auch weit gehend wie er geführt werden soll. Die inhaltliche Dimension etwa einer Strategie engt die Vielfalt möglicher Prozesshandhabungen auf wenige sinnvolle Vorgehensweisen ein. Umgekehrt können aber auch bestimmte Prozessparameter, wie zum Beispiel die zur Verfügung stehende Zeit bzw. die Dringlichkeit eines Markteintrittes, d. h. der Prozess selbst, die Alternativenwahl beeinflussen. So eröffnet die Akquisition einen schnelleren Marktzugang als die Neugründung und beeinflusst den Prozessinhalt, wenn der Markteintritt dringlich ist. Auch dieses Beispiel wäre nicht komplett, wenn man nicht das Prozessumfeld etwa in Form der Ressourcen ins Spiel brächte. Ein überproportionaler Einsatz von Ressourcen kann so gegebenenfalls den Zeitnachteil der Neugründung egalisieren. Die Dynamik dieser Wechselwirkungen hat zudem die mit dem

Internationalisierungsinhalt einhergehende Intensität des organisationalen Wandels zu berücksichtigen.

Die Intensität der Veränderung

Prozesse verändern den Status quo in unterschiedlichem Maße. Sie reichen von kleinen Veränderungen, wie zum Beispiel der Erfahrungs- und Wissensakkumulation von Mitarbeitern im Rahmen der Durchführung des Tagesgeschäfts bis hin zu einem tiefgreifenden organisationalen Wandel, wie er mit der ersten Formierung einer strategischen Allianz verbunden ist. Dementsprechend greift der Prozess unterschiedlich intensiv in die Veränderung der Oberflächen- und Tiefenstruktur der durch den Kernprozess veränderten Systeme ein (Huy 2001). Als **Oberflächenstruktur** einer Organisation wird das jedem Beobachter zugängliche Bild verstanden, wie es durch Informationen über Aufbau- und die Ablauforganisation, Prozessstrukturen, Abteilungsgliederungen, aber auch durch die Strategien, Systeme und Prozesse einer Unternehmung vermittelt wird. Als **Tiefenstruktur** gilt das für Dritte, aber auch für Mitglieder der Organisation nur schwer erkennbare Zusammenspiel von Fakten, Erfahrungen, Fähigkeiten, Werten und Laientheorien der Individuen, die bei der Generierung der Veränderungen der Oberflächenstruktur eine Rolle spielen (vgl. ausführlich Kutschker/Schmid 2002). Verlangt der Kernprozess beispielsweise Veränderungen der Tiefenstruktur, dann hat dies wegen der notwendigen Lern- und Adaptionsprozesse Auswirkungen auf Dauer und Struktur des Kernprozesses. Umgekehrt kann ein Zeitlimit verantwortlich sein, dass zunächst nur die Oberflächenstruktur geändert wird und die Tiefenstruktur erst später nachentwickelt wird.

Die Prozessebene und die Prozessreichweite

Ein abgegrenzter Kernprozess lässt sich unterschiedlich tief in eine Hierarchie von Teilprozessen bis auf die Ebene der nicht weiter zerlegbaren Prozesselemente dekomponieren (Milling 1981, S. 104). Wie tief eine solche Prozessanalyse getrieben werden soll, hängt von der zu lösenden Aufgabe, dem Prozessobjekt ab, das selbst zerlegbar ist. Das Prozessobjekt kann einer Ebene der **Prozesshierarchie** zugeordnet werden, wobei es hierfür keine „naturgesetzlichen“ Dekompositions- und Zuordnungsregeln gibt. Steht beispielsweise der Produktionsprozess unter dem Primat der Auftragsabwicklung, dann wird er anders zu führen sein, als wenn dem Produktionsprozess der Vorrang gegeben wird. Die Ebene beeinflusst also zusammen mit dem Prozessobjekt den Prozessverlauf. Im engen Zusammenhang mit der Prozessebene steht die Reichweite des Prozesses. Die Reichweite einer inhaltlichen Aufgabe ist umso umfassender, je mehr Teile einer oder mehrerer Unternehmungen davon betroffen sind. Beide Beschreibungselemente müssen nicht notwendigerweise korrelieren.

Die einzelnen Elemente des Bezugsrahmens sind wechselseitig voneinander abhängig. Prozessinhalt und Kernprozess laufen in einem Prozessumfeld ab, das beide Aspekte, d. h. den Prozessinhalt und den Kernprozess, beeinflusst. Prozessmanagement beinhaltet demnach die Gestaltung des Kernprozesses vor dem Hintergrund der situativen, aber dennoch gestaltbaren Rahmenbedingungen und unter Berücksichtigung der Prozessinhalte. Diese Einflussgrößen beeinflussen sich wechselseitig und sind auch von einem Prozessmanagement in Grenzen gestaltbar. Mit der Zirkularität von **Prozess-Ressourcen-Struktur** ähnelt der Bezugsrahmen einer Argumentation, wie sie von Håkansson/Snehota (1995) ausgehend von Netzwerken auf Investitionsgütermärkten oder von Giddens (1984, 1988) als Gesellschaftstheorie entworfen wurden. Beide Bezugsrahmen sind begrifflich wesentlich ausdifferenzierter als der hier vorgestellte Prozessansatz, was nicht nur am Seitenlimit liegt. Er teilt aber mit diesen deren Fähigkeit, scheinbar kontroverse Ansätze der Managementtheorie integrieren zu können (Ortmann/Sydow 2001). Er unterscheidet sich deutlich von den vorgenannten Ansätzen, indem er auf die Führung von Prozessen abhebt und einen Entwicklungsprozess unterstellt, der von den Beteiligten beschränkt gestaltet werden kann. In Abhängigkeit von der Art des Kernprozesses greifen dabei unterschiedliche Führungsinstrumente. Nicht zuletzt weil die im Folgenden zu skizzierende Kooperationsforschung dem Führungsaspekt wenig Aufmerksamkeit schenkt, will ich den an anderer Stelle ausführlich dargestellten Gedanken hier nicht weiter vertiefen (Kutschker/Schmid 2002, Kapitel 7).

3. Prozessforschung für Kooperationen

3.1 Überblick

Der folgende Überblick versucht, den abstrakten Bezugsrahmen mit den Ergebnissen einer prozessualen Kooperationsforschung auszufüllen. Natürlich ist die ordnende Funktion des Bezugsrahmens insofern künstlich, als die einzelnen Untersuchungen nicht in dieser Logik entworfen sind und mehr oder weniger quer zu den Kategorien des Bezugsrahmens liegen. Dies wiegt weniger schwer, weil die Kategorien des Bezugsrahmens weit stärker wechselseitig abhängig sind, als es die analytische Trennung suggeriert. Zudem lassen sich die Forschungsergebnisse einzelnen Aspekten zuordnen und erleichtern die Charakterisierung einer prozessualen Kooperationsforschung. Nachfolgend wird die Reihenfolge des Bezugsrahmens umgekehrt und mit der Charakterisierung der Inhalte begonnen, um dann den Schwerpunkt auf den Kernprozess der langfristigen Kooperationsentwicklung zu legen und dessen Beziehungen zu seinem Umfeld zu diskutieren.

3.2 Inhalte evolutionärer Kooperationen

Die inhaltlichen Handlungsalternativen, auf die sich kooperative Prozesse erstrecken können, sind zwischen den institutionellen Extrempunkten Markt und Hierarchie angesiedelt und reichen von **N-Aktoren-Netzwerken** wie Verbänden und strategischen Allianzen über trilaterale Beziehungen, wie sie für Joint Ventures typisch sind, bis zu bilateralen **Aktorendyaden** langfristiger Kunden-Lieferantenbeziehungen oder kollaborativer Wettbewerberabsprachen (zu Systematisierungen vgl. Buckley/Casson 1988; Contractor/Lorange 1988; Sydow 1992; Kutschker 1994, 1995; Perlitz 1997; Zentes/Swoboda 1999). Die meisten Arbeiten untersuchen Prozesse von Allianzen, von Kunden-Lieferantenbeziehungen und Joint Ventures, wobei die Begriffswahl recht unterschiedlich ausfällt. So werden Allianzen (Gulati 1995, S. 86; Contractor/Lorange 2002, S. 486) oder globale strategische Allianzen nicht nur als alternative Form von Kooperationen gesehen, sondern mit (grenzüberschreitenden) Kooperationen gleichgesetzt (Parkhe 1991, S. 581).

Diese Handlungsalternativen hängen von der Prozess- bzw. Betrachtungsebene ab. Die meisten erfassten Arbeiten untersuchen Kooperationsprozesse auf der Betrachtungsebene von Unternehmungen. Der untersuchte Prozess beinhaltet die langfristige gemeinsame Evolution von Makroaktoren, beispielsweise der einer strategischen Allianz. Obwohl die Kooperation der Untersuchungsgegenstand ist, wird häufig aus der Perspektive nur eines der beteiligten Unternehmen argumentiert. Dies gilt insbesondere für Untersuchungen, die sich detailliert mit dem Entwurf einer richtigen Phasenfolge vor der eigentlichen Kooperation auseinandersetzen (Pekar/Allio 1994; Pausenberger/Nöcker 2000; Meckl/Lucks 2002; Lucks 2002). Seltener sind – abgesehen von Kunden-Lieferantenbeziehungen – Untersuchungen auf der Ebene der individuellen Aktoren angesiedelt, wenn etwa der Einfluss von Politfunktionären auf unterschiedliche Phasen von Joint-Venture-Verhandlungen in osteuropäischen Ländern herausgearbeitet werden, also auf der Ebene des „Mesonetzwerkes" argumentiert wird (Tallman/Shenkar 1994; Brouthers/Bamossy 1997). Das zentrale Interesse gilt hier freilich den Verhandlungsprozessen. Joint Ventures sind hier nur ein Anwendungsfall der **Verhandlungsforschung**, die von Haus aus „prozessfreundlicher" als die Kooperationsforschung ist. Einzelne Untersuchungen wechseln auf eine höhere Betrachtungsebene und untersuchen den Koevolutionsprozess zweier oder mehrerer Kooperationen (Garcia-Pont/Nohria 2002).

Mit der Intensität wurde ausgedrückt, ob der Wandel nur die Oberflächen- oder auch die Tiefenstruktur der beteiligten Aktoren erfasst. Durchgängig betonen die Untersuchungen zu Kooperationen, dass eine Akkulturation der beteiligten Systeme über wechselseitige Lernprozesse notwendig ist, um Veränderungen in der Tiefenstruktur herbeizuführen (Parkhe 1991; Doz 1996). Bei grenzüberschreitenden Kooperationen müssen diese nicht nur mit dem Problem unterschiedlicher Unternehmens- oder Branchenkulturen, sondern auch mit der Diversität von Landeskulturen kämpfen. Auch in langfristigen Lieferanten-Kundenbeziehungen spielt die Entwicklung von Vertrauen auf der Basis sich annähernder Kontexte der beteiligten Individuen eine erhebliche Rolle (Gemünden/Walter 1995; Dwyer/Schurr/Oh 1987; vgl. für Allianzen Gulati 1995). Betrachtet man jedoch den Alternativenraum, den Kooperationen insgesamt aufspannen, dann sind diese Annahmen und empirischen Befunde hinsichtlich ihres Gültigkeitsbereiches zu hinterfragen, weil es beispielsweise bei Verbänden fraglich ist, ob die Intensität des Wandels bei dessen Mitgliedern mehr als nur leichte Veränderungen in den Oberflächenstrukturen hervorruft.

Inhaltlich ist das Feld der Kooperationsforschung durch die Vielfalt der Kooperationsformen sehr weit abgesteckt. Die überschaubare Zahl von Arbeiten über Kooperationsprozesse reduziert dieses Feld und die Berichtsmöglichkeit – aber nicht die interessanten Fragestellungen, die sich im Zusammenhang mit der Führung dieser Prozesse ergeben. Bevor der Frage nachgegangen wird, welche Prozesse als Kernprozess untersucht werden, sind jedoch zwei Einschränkungen zu machen. Zum einen habe ich keine Arbeiten über Verhandlungsprozesse aufgenommen, außer sie würden explizit mit Kooperationen zusammenhängen. Verhandlungen beinhalten immer ein kooperatives Element und bei sehr weiter Auslegung des Kooperationsbegriffes müsste man diese Untersuchungen mit aufnehmen. Dies erforderte aber einen eigenen Artikel. Dies gilt auch für die Arbeiten über Interaktionsprozesse beim Marketing von Investitionsgütern. Allein der jährliche Kongress der Industrial Marketing and Purchasing Group (IMP) bringt seit Jahren jeweils ca. 100 Beiträge hervor. Nicht wenige befassen sich explizit mit kurzfristigen Interaktionen bei Transaktionsprozessen und mit der langfristigen Entwicklung von Kunden-Lieferantenbeziehungen, die durchaus als Kooperationen verstanden werden können. Im Folgenden werde ich mich im Wesentlichen auf die klassischen Kooperationsformen des Joint Venture und der (strategischen) Allianz und deren Prozesse beziehen.

3.3 Die Entwicklung von Kooperationen als Kernprozess

Bei der Betrachtung von Kooperationsprozessen ist die Frage zu beantworten, ob Kooperationen überhaupt einem eigenständigen, gestaltbaren Entwicklungsprozess unterliegen, oder ob die Entwicklung einer Kooperation nicht nur die virtuelle Summe von Entwicklungen der beteiligten Aktoren ist. Unabhängig davon ist anschließend zu klären, ob es Untersuchungen zu Teilprozessen und Episoden gibt, bevor in einem Zwischenresümee die mangelnde Berücksichtigung des Zeitaspektes moniert wird, um anschließend einige charakteristische Prozessstudien von Kooperationen detaillierter darzustellen.

Kooperative Interaktion vs. evolutionäre Kooperation

Unternehmen evolvieren in eine offene Zukunft und sind nur selten für eine definierte Zeit konzipiert. Der Prozess der Unternehmensentwicklung ist ein eigenständiger Prozess ohne designiertes Ende, für dessen Verlauf kontroverse Annahmen getroffen werden (siehe Abschnitt 2). Kooperationen sind hingegen ausgesprochen fragile, häufig bewusst temporär limitierte Gebilde, die geplant und ungeplant in Auflösung oder in einer Übernahme durch einen Partner enden (Kogut 1988b; Reuer 1998, 2000, 2002; Büchel 2002). Die Entwicklung von Kooperationen ist zudem mehr oder weniger stark mit dem Entwicklungsprozess der beteiligten Makroaktoren verwoben und hat für deren Entwicklung häufig Episodencharakter. Beide Argumente werfen die nicht unproblematische Frage auf, ob Kooperationen einen eigenständigen Entwicklungsprozess aufweisen und deren „Herr" sein können oder ob Kooperation nicht mehr sind als eine Folge kooperativer Interaktionen, die primär von den beteiligten Partnern gesteuert werden.

Die meisten Untersuchungen über Entwicklungsprozesse von Kooperationen unterstellen implizit die Eigenständigkeit der Evolution von Kooperationen und damit die Übertragbarkeit entsprechender Prozessmodelle von Hierarchien auf Kooperationen. So finden sich **Phasenmodelle**, nach denen sich Kooperationen über die Phasen der Initiierung, der Produktion und Rekonfiguration mit entsprechenden Rückkopplungsschleifen fortentwickeln (Zajac/Olsen 1993) ebenso wieder wie die nicht hinterfragte Annahme, dass Joint Ventures wie Unternehmen selbst-organisierend evolvieren, d. h., als komplexe, selbst-referenzielle, autonome und redundante Systeme zu betrachten sind (Lorange/Probst 1987). Auch Lebenszyklusmodelle (Hertz 1996), dialektische Fit-Modelle (Niederkofler 1991) und Modelle der inkrementalen Evolution (Doz 1996; Büchel 2002) können ebenso verortet werden, wie die Erkenntnis, dass die Internationalisierung über Kooperationen keinem erkennbaren Muster folgt (Buckley/Chapman 1997). Die in den Untersuchungen beobachtete Realität der Entwicklung von Kooperationen beantwortet also offensichtlich die Frage nach der Eigenständigkeit eines Entwicklungsprozesses von Kooperationen. Die zitierten Arbeiten konzentrieren sich zum größten Teil auf Kooperationen, in denen wie bei Joint Ventures das Bezugsobjekt rechtlich selbstständig ist. Daher scheint nicht nur die Empirie, sondern auch die Ähnlichkeit der Unternehmensformen eine Übertragung von Prozessmodellen zu rechtfertigen.

Zu Kooperationen zählen aber auch **virtuelle Netzwerke**, deren Virtualität vom gemeinsamen Betrieb einer LKW-Fertigung für VW durch Zulieferer bis zu Dienstleistungsnetzwerken reichen, die ad hoc nach Auftrag mit unterschiedlichen Partnern zusammenarbeiten (Wüthrich/Philipp/Frenz 1997; vgl. hierzu auch den Beitrag von Scholz im Dritten Kapitel dieses Sammelwerks). Zumindest für die lockeren Kooperationsformen scheinen Zweifel angebracht, ob diese eine eigenständige Entwicklung vollziehen. Möglicherweise löst sich die kooperative Evolution in den Entwicklungsprozessen der Partner auf, was Rückwirkungen auf die Führungsaufgaben solcher vertraglicher Kooperationen und deren Prozesse hat.

Teilprozesse und Episoden

Bislang habe ich Untersuchungen zitiert, die den Entwicklungsprozess einer Kooperation und deren langfristige Transformation bearbeiten. Nicht wenige dieser Prozessbeschreibungen zerlegen den Gesamtprozess in Teilprozesse. Am häufigsten sind dabei Phasenmodelle, die eine sequenzielle Ordnung der Phasen/Teilprozesse unterstellen. Solche Phasenmodelle mit einem lebenszyklischen Verlauf von Kooperationen stellen das Gros prozessorientierter Kooperationsforschung dar, wobei der Lebenszyklus mehr das Entstehen und Vergehen als den Aspekt eines vorprogrammierten Verlaufes betont (Ring/Van de Ven 1994; Tallman/Shenkar 1994; Parkhe 1996; Newburry/Zeira 1997). Zwar variieren die Prozessobjekte zwischen internationalen Lizenzabkommen (Aulakh/Cavusgil/Sarkar 1998), Joint Ventures (Reuer 2000, Luo/Shenkar 2002), strategischen (Bronder 1993) und internationalen Kooperationen (Meckl 1995), doch ähneln sich die Phasenlogiken sehr, wenn meist zwischen einer strategischen Planungsphase, der Suche nach Partnern, dem Anlauf und der Führung des operativen Geschäftes sowie der optionalen Auflösung unterschieden und diese teilweise in weitere Teilprozesse zerlegt werden (vgl. auch Renz 1998). Diese „ordentliche" Logik einer Phasenfolge gerät aber sofort – empirisch – durcheinander, wenn die Kooperation nicht aus der Sicht der (planenden) Organisation oder konzeptionell denkender Forscher, sondern aus der Vogelperspektive betrachtet wird. Bei größeren kooperativen Netzwerken, wie sie in der Telekommunikations-, Software- und Transportindustrie anzutreffen sind, entpuppt sich die Entwicklung des Netzwerkes schnell als ein evolutionäres Muster der inkrementalen, iterativen Variation, Selektion und Retention, das sich in Verhandlungs-, Konfliktlösungs- Bewertungs-, Verpflichtungs-, Entscheidungs- und Lernprozessen über neue Partner, Aufgabenverteilungen und Zielsetzungen aber nicht in einer strikten Phasenfolge niederschlägt (Ring/Van de Ven 1994; Doz 1996; Lorange 1996; Lechner/Müller-Stewens 1999).

In den zehn Annahmen (vgl. den Beitrag von Kutschker im Ersten Kapitel dieses Sammelwerks) und an anderer Stelle (Kutschker 1994) habe ich zwischen dem inkrementalen, evolutionären Entwicklungsprozess eines Systems, den Episoden des abrupten Wandels und einem **Epochenmanagement** unterschieden, wobei letzteres die inkrementale Entwicklung und Episoden in ein langfristiges Führungskonzept integriert. Als **Kooperationsepisoden** kann man sich die Startphase einer Kooperation vorstellen, die nicht nur für die Kooperation selbst, sondern auch für die beteiligten Unternehmen eine für deren weitere Entwicklung wichtige Phase darstellt. Untersuchungen zeigen, dass der Erfolg einer Kooperation von der Sorgfalt abhängt, mit welcher in dieser Phase die Kooperation vorbereitet und vertraglich fixiert wird (Pekar/Allio 1994; Tallman/Shenkar 1994; Pearce 1997; Luo/Shenkar 2002). So steigert beispielsweise die Ankündigung aber auch die Auflösung eines Joint Ventures den Kapitalwert der untersuchten (amerikanischen) Muttergesellschaften (Reuer 2000, 2002).

Für etablierte Kooperationen können Änderungen externer Rahmenbedingungen, wie z. B. der WTO-Beitritt Chinas oder die Zulassung von „wholly owned foreign subsidiaries", Anlass für ernsthafte Krisen für dort operierende Joint Ventures und ein entsprechendes **Episodenmanagement** sein. Aber auch der Übergang von einem Entwicklungs-Joint-Venture in ein Produktions-Joint-Venture, die Aufnahme neuer Partner oder der Konkurs bzw. Austritt alter Partner können im Falle eines schlechten Prozessmanagements das Ende einer Kooperation bedeuten (Singh/Mitchell 1996). Strategische Neuorientierungen einzelner Partnerfirmen, wie bei der strategischen Allianz von AT&T Unisource (Lechner/Müller-Stewens 1999) bedeuten auch für die restlichen Partner der Allianz eine krisenhafte Entwicklung. Solche Episoden der abrupten Veränderung des Kooperationsprozesses sind bislang wenig untersucht, obwohl ihre Bewältigung offensichtlich wichtig für das Überleben der Kooperation ist. Kooperationen haben im Vergleich mit Hierarchien dabei nicht nur mit eigenen Episoden, sondern über die enge Interdependenz auch mit dem sprunghaften Wandel der Kooperationspartner zu kämpfen.

Mit Episoden, den Teilprozessen der Phasenkonzepte und dem inkrementalen Entwicklungsprozess wurden drei unterschiedliche Arten von Kooperationsprozessen vorgestellt, die Gegenstand eines Kernprozesses sein können. Die referierten Untersuchungen versuchen dabei neben Deskriptionen der Prozesse die Ursachen für den Prozessverlauf und -ergebnis zu erfassen. Erstaunlicherweise spielt in allen Untersuchungen die Zeit, außer als chronologisches Erzählraster, keine Rolle, weder als Ursache noch als Ergebnisvariable.

Wir erhalten also nur unvollständige Prozessstrukturen, da die Allokation von Zeit nicht vorgenommen und auch nicht problematisiert wird. Zeit verleiht wegen ihrer Knappheit dem Prozessmanagement seine ökonomische Dimension. Die Vernachlässigung der Zeit ist ein generelles Problem sozialwissenschaftlicher Forschung und scheint auch mit einigen methodischen Problemen einher zu gehen (Kelly/McGrath 1988).

Zeit und Prozess

Bevor man Zeit auf Prozessaktivitäten verteilt, muss man einige problematische Fragen klären, die in der Zeitforschung immer wieder angesprochen werden. Mosakowski/Earley (2000, S. 797 ff.) identifizieren in ihrem interdisziplinären Überblick über 17 Studien zur **Zeitforschung** fünf immer wieder problematisierte Zeitparameter:

1. Ist Zeit eine eigenständige Größe oder ein Phänomen, das nur in Zusammenhang mit anderen Phänomenen auftritt, quasi als Proxy für Alter, Erfahrung, Ausdauer etc.?
2. Ist Zeit objektiv im Sinne einer externen Metrik oder wird Zeit subjektiv interpretiert und erhält nur in sozialer Interaktion Sinn?
3. Verläuft Zeit linear, zyklisch oder mit Unterbrechungen?
4. Soll Zeit als in gleichen, diskreten Einheiten messbar angenommen werden, als kontinuierlicher, nicht unterbrechbarer Fluss von Ereignissen oder als diskreter Prozess, bei dem die objektiv gleichen Zeiteinheiten subjektiv unterschiedlich gewichtet werden?
5. Orientiert sich die Zeitwahrnehmung mehr an der Vergangenheit, Gegenwart und Zukunft?

Die anthropologische und kulturvergleichende Zeitforschung legt nahe, dass die Antworten auf diese Fragen kulturabhängig sind (McGrath/Kelly 1986; Hall/Hall 1990). „No two cultures think exactly the same because no two cultures share identical conceptions of time“ (Rifkin 1989, S. 59). Von daher reagieren Kooperationen zwischen Unternehmen unterschiedlicher Kulturkreise besonders sensibel auf Allokationen von Zeit. Aber selbst bei nationalen Kooperationen ist nicht auszuschließen, dass Zeitverläufe von Interaktionen von den Beteiligten unterschiedlich interpretiert werden.

Prozesslogiken der Kooperationsentwicklung

Dort wo Erfolg und Misserfolg offensichtlich so eng beieinander liegen, ist es nicht verwunderlich, dass auch eine prozessorientierte Kooperationsforschung versucht, die Unterschiede zwischen erfolgreich und erfolglos verlaufenden Kooperationen aufzuzeigen. Dabei werden in den Modellen unterschiedliche Prozesslogiken zugrunde gelegt.

Hertz (1996) untersucht die Evolution strategischer Netzwerke in der Transportindustrie. Der Entwicklungsprozess von Netzwerken wird üblicherweise als Folge von Expansion und Kontraktion, von „convergence“ und „divergence“ (Formbrun 1982), von „coalescence“ und „dissemination“ (Håkansson/Lundgren 1992) gesehen. Sie löst diese Dichotomie in einem Lebenszyklusmodell der Netzwerkkooperation mit der Phasenfolge Anschluss der Netze, engere Kooperation, Abschottung des Netzes und Teilung des Netzes auf. Die letzte Phase ist, wie für Lebenszyklusmodelle typisch, fest vorgegeben, da die einzelnen Unternehmen selbst unterschiedlichen auseinanderdriftenden Entwicklungspfaden folgen, sich neue erfolgversprechendere Kooperationen außerhalb des etablierten Netzes ergeben und der Konflikt innerhalb des alten Netzes nicht mehr bewältigbar ist.

Doz (1996) untersucht jeweils zwei Projekte der Produktentwicklung dreier strategischer Allianzen (Ciba-Geigy und Alza, AT&T und Olivetti, GE und SNECMA) und entwickelt ein Modell inkrementaler Evolution, das zwischen Adaption und Beharrung unterscheidet. Adaption an veränderte Rahmenbedingungen mittels Lernen und Rückkopplung scheint dabei das erfolgreichere **Evolutionsmuster** als die „sture" Verfolgung der ursprünglichen Kooperationsziele. Wichtig für den Erfolg sind jedoch die Anfangsbedingungen der Kooperation, die sich in der Aufgabendefinition, der Aneignung organisationaler Routinen beider Partner, der Installation von Verbindungsstellen und der klaren Artikulation von Erwartungen niederschlagen und im Falle ihrer eindeutigen Artikulation Voraussetzung für den Lernprozess sind. Mit dem Lernen setzt eine Beobachtung der Kooperation hinsichtlich deren Effizienz, Gleichgewicht und Anpassungsfähigkeit ein, die bei erfolgreichen Allianzen zu wiederkehrenden Zyklen der Neubewertung, der Anpassung und des erneuten Lernens führt. Der Einfluss der Ausgangssituation nimmt in erfolgreichen Evolutionsprozessen sehr schnell ab, während bei erfolglosen Projekten Lernen nicht einsetzt und negative Rückkopplungen aus Bewertungsveränderungen und Anpassungsmaßnahmen zum Abbruch führen.

Niederkofler (1991) sieht eine erfolgreiche Entwicklung strategischer Allianzen als ein Problem der Überleitung des anfänglich wahrgenommenen strategischen Fits der Kooperationspartner in einen operativen Fit an. Tatsächlich kann er jedoch bei sechs Allianzen zwischen jeweils einem Groß- und einem kleineren Unternehmen bei den erfolglosen Allianzen feststellen, dass der operative Fit in den Kooperationsverhandlungen nicht vorbereitet wird und später zum Stein des Anstoßes, zum operativen Misfit wird. Gelingt die Beseitigung der dadurch ausgelösten Spannungen, beispielsweise durch Anpassungsmaßnahmen oder durch die Neubewertung der strategischen Situation nicht, führt der operative Misfit auch zur Wahrnehmung eines strategischen Misfits mit der Folge des Kooperationsabbruches. Während bei Doz Lernprozesse für eine Evolution verantwortlich sind, sorgen bei Niederkofler Managementfehler für Misfits und Spannungszustände und für eine disruptive Kooperationsentwicklung, die nur durch adaptives, flexibles Gegensteuern auf einen kontinuierlichen Verlauf gebracht werden kann.

Lorenzoni/Lipparini (1999) untersuchen die Entwicklung dreier Lieferantennetzwerke der italienischen Verpackungsmaschinenindustrie hinsichtlich ihrer Fähigkeit, sich zusammen mit dem Kunden neue Fähigkeiten durch gemeinsame Lernprozesse anzueignen und damit dem gesamten Netz zu höherer Effizienz zu verhelfen. Wesentlich für den Erfolg ist die Fähigkeit, von anderen Aktoren des Netzwerkes Kompetenzen zu absorbieren, die technologischen Entwicklungspfade einer Vielzahl von Zulieferern zu kombinieren und zu koordinieren (Kogut/Zander 1992) und eine Arena zur Generierung neuen gemeinsamen Wissens zur Verfügung zu stellen. Dies ist möglich, wenn einzelne Aktoren, in diesem Falle die industriellen Kunden, die Führung des Netzwerkes übernehmen. Anders als Hertz gehen Lorenzoni und Lipparini nicht von einem deterministischen Auf und Ab eines Netzwerkzyklus, sondern von der bewusst gestaltbaren Evolution eines komplexen Netzwerks aus, das auch langfristig in eine offene Zukunft unter der Führung eines Aktors geplant evolvieren kann (vgl. auch Sydow 1992, 1995; Büchel 2002).

Die skizzierten Ergebnisse basieren auf Längsschnittstudien mit teilweise teilnehmender Beobachtung. Die Verlaufsformen der Kooperationsevolution sind, wie oben vorgezeichnet, sehr unterschiedlich und reichen vom deterministischem Durchwandern der Phasen eines Lebenszyklus (Hertz 1996) über die Überwindung operativer und strategischer Misfits im Laufe der Kooperation bis hin zu inkrementalen Evolutionsmodellen des (geplanten) „Durchwurstelns“ (Doz 1992; Lechner/Müller-Stewens 1999; Lorenzoni/Lipparini 1999). Diese Prozessbeschreibungen sind unvollständig, da sie weder systematisch Teilprozesse noch den Faktor Zeit einbeziehen. Eine Prozessstruktur wird daher nicht erkennbar. Der Schwerpunkt liegt auf der Herausarbeitung einer Prozesslogik. Damit finden sich diese Prozessstudien der Kooperationsforschung aber in guter Gesellschaft sozialwissenschaftlicher Ansätze, in denen Zeit- und Prozessforschung generell getrennt auftreten.

3.4 Das Umfeld von Kooperationsprozessen

Das Umfeld des Entwicklungsprozesses einer Kooperation besteht aus den Ressourcen und den vor- und nachgelagerten sowie parallel laufenden Prozessen, die in die Netzwerke der beteiligten Aktoren eingebettet sind.

Ressourcen

Ressourcen, Fähigkeiten und Kompetenzen werden als Input in den Kernprozess eingespeist oder von diesem an andere Prozesse abgegeben. Damit wird ein enger Umfeldbegriff angewandt, der auf die Interaktionen und Dependenzen der Akteure eines abgrenzbaren Netzwerkes abhebt. Natürlich unterliegen solche Netzwerke insbesondere dann dem Einfluss einer weiteren sozialen, politischen oder rechtlich-wirtschaftlichen Umwelt, wenn der langfristige Entwicklungsprozess einer Kooperation betrachtet wird. So identifizieren Contractor/Lorange (2002) drei Treiber für die weitere Zunahme von Allianzen. Zum ersten fördert Regierungshandeln in Form weiterer Deregulierung, Liberalisierung, Harmonisierung von Standards – auch derjenigen zur Sicherung geistigen Eigentums – die Bildung von Allianzen. Zum zweiten erleichtern und zwingen technologische Entwicklungen in Form eines schnelleren technologischen Fortschrittes, die wachsende Diversität der Wissensquellen, die zunehmende Ausdifferenzierung der Technologien in Anwendungen und Produkten und die steigende strategische Bedeutung von Geschwindigkeit zur Zusammenarbeit. Zum dritten favorisieren unternehmensinterne Erkenntnisprozesse über die Rolle des Wissens, die eskalierenden F & E-Kosten und Risiken und die Möglichkeiten der Informationstechnologien die Einsicht in die Notwendigkeit von Allianzen. Zweifellos beeinflussen solche generellen Entwicklungen auch den betrachteten Kernprozess und dessen Umfeld, weil solche Entwicklungen in die Interpretationen und Realitätskonstruktionen der Akteure eingehen.

Der wechselseitige Einfluss von Ressourcen und Kooperationsprozess wurde nicht zuletzt auch deswegen vielfältig problematisiert, weil komplementäre Ressourcen oder Kompetenzen der Ausgangspunkt für die Kooperation zweier oder mehrerer Partner sind. Dabei spielen nicht nur offen erkennbare Komplementaritäten eine Rolle, die zur Kosten- und Risikoteilung oder zu Technologie- oder Marktzugängen führen. Häufig sind auch verborgene Fähigkeiten der Grund für eine Kooperation, weil nur diese es ermöglichen, über Lernprozesse die in den beteiligten Organisationen verwendeten Routinen und Fähigkeiten sich wechselseitig anzueignen (Nelson/Winter 1982; Kogut 1988a; Hamel 1991; Rasche 1994; Duschek 2001; Van Well 2001; Koka/Prescott 2002). Der Umfang und die Zugangsmöglichkeiten zu solchen komplementären Fähigkeiten beeinflussen den Prozessverlauf und den Erfolg der Kooperation. Parkhe (1991) sieht das Überleben und den langfristigen Erfolg globaler strategischer Allianzen durch eine zweite Kategorie von Diversität der Fähigkeiten bedroht, welche sich aus der Einbettung der beteiligten Partner in unterschiedliche Kulturkreise und Nationalitäten, aus unterschiedlichen Unternehmenskulturen, strategischen Absichten und Führungsroutinen ergeben (Barkema/Vermeulen 1997; Meschi 1997; Park/Ungson 1997). Je stärker diese Unterschiede ausfallen, desto grundsätzlicher müssen die Lernprozesse der Partner ausfallen, wobei kulturelle Unterschiede zu Beginn der Kooperation und strategische Differenzen erst im Laufe der Kooperation angegangen werden sollen (Parkhe 1991, S. 596).

Mit dem Aspekt der wechselseitigen Ergänzung ist eine Argumentation vereinbar, der zufolge Kooperationen darauf ausgerichtet sind, nicht nur die nunmehr verbundenen Fähigkeiten gemeinsam synergetisch zu nutzen, sondern auch neue Fähigkeiten zu entwickeln (Kogut/Zander 1992, 1995; Håkansson/Snehota 1995, Kapitel 4; Madhok 1997). Dies ist z. B. bei F & E- Kooperationen ganz offensichtlich der Fall. Kooperationen müssen aber auch Fähigkeiten zu deren Führung erwerben (Barkema u. a. 1997; Lin/Germain 1998). Es ist also nicht nur der Umgang mit Komplementarität und Diversität zu lernen, sondern es sind auch Fähigkeiten zur Führung der Komplexität einer wachsenden Allianz (Lechner/Müller-Stewens 1999) oder allgemein von „relational capabilities“ (Dyer/Singh 1998; Lorenzoni/Lipparini 1999; Gulati 1998), zur Verbesserung der Beziehungsqualität (Arino/de la Torre/Ring 2001) oder von „**Netzwerkkompetenzen**“ (Beck 1998; Ritter 1998; vgl. auch die Zusammenstellung bei Pfohl/Buse 1999, S. 276 ff.) im Verlaufe der Kooperation zu entwickeln. Eine insbesondere in vertikalen Kunden-Lieferantenbeziehungen viel untersuchte Eigenschaft bildet das in die Kooperation eingebrachte und dort entwickelte Vertrauen (vgl. die Überblicke bei Gulati 1995; Håkansson/Snehota 1995, Kapitel 5; Renz 1998, S. 280 ff.). Aber auch in Allianzen, die mit dem Zweck der Kompetenzentwicklung eingegangen werden, spielt **Vertrauen** eine wichtige Rolle und kann insbesondere durch graduelle, inkrementale Investments und Selbstverpflichtungen zu Beginn des Kooperationsprozesses gefördert werden (Harrigan 1986; Beamish 1988; Ring/Van de Ven 1994; Inkpen/Birkinshaw 1994; Doz 1996).

Solchermaßen in Netzwerken entwickelte Fähigkeiten generieren dann ein **Sozialkapital** für die beteiligten Firmen, dessen Zusammensetzung und Umfang im Zeitablauf beeinflussbar ist und unterschiedliche „Renditen“ abwerfen kann (Koka/Prescott 2002, ähnlich Blankenburg-Holm/Eriksson/Johanson 1999). Je mehr sich Unternehmen im Laufe ihrer eigenen Entwicklung in Allianzen engagieren, desto größer ist die „Allianzerfahrung“ und „Netzwerkkompetenz“, die in neue Allianzen und die Entwicklung des Unternehmensnetzwerkes eingebracht werden kann. Generell sind die unterschiedlichen Ressourcen und Fähigkeiten das Ergebnis früherer Entwicklungen und vorgelagerter Prozesse und verweisen einerseits auf die Pfadabhängigkeit gegenwärtiger Kooperationen und andrerseits auf deren Vernetztheit mit Prozessen im Umfeld des Kernprozesses.

Prozesse im Umfeld des Kernprozesses

Die Pfadabhängigkeit verweist auf die vorgelagerten, die Vernetzung auf parallele Prozesse. Der Kooperationsprozess kann dabei in einer Mittel-Zweckbeziehung zum Entwicklungsprozess der beteiligten Organisationen stehen und/oder mit Entwicklungsprozessen anderer Aktoren koevolvieren.

Mit der **Pfadabhängigkeit** wird auf die vorgelagerten Prozesse verwiesen, deren Verlauf und Ergebnis nachfolgende Prozesse und damit die einzurichtende oder laufende Kooperation beeinflusst. Früher entwickelte Fähigkeiten, Eigenschaften und Erfahrungen beeinflussen den Kooperationsverlauf, belasten oder erleichtern ihn (Gulati 1995; Kale/Dyer/Singh 2002; Håkansson/Waluszewski 2002). Beispielsweise zeigt der Fall Novartis, wie die dem Merger von Sandoz und Ciba voraus gegangene strategische Entwicklung von Sandoz viel stärker das fusionierte Unternehmen beeinflusst hat als die Strategien von Ciba-Geigy (Schmidt/Rühli 2002).

Zwei Besonderheiten von Kooperationen im Gegensatz zu Hierarchien sind darin zu sehen, dass zum einen die Entwicklungsprozesse der Partnerunternehmen in Abhängigkeit von der institutionellen Form der Kooperation nur partiell in dem neuen Kooperationsprozess verschmelzen. Partiell insofern, als nur im Grenzfall einer Fusion der Entwicklungsprozess zweier oder mehrerer Unternehmen völlig im Entwicklungsprozess der neuen Organisation aufgeht, substituierend kumuliert (Van de Ven/Astley 1981). Normalerweise laufen die Entwicklungsprozesse der Kooperation und ihrer Partner mehr oder weniger parallel vernetzt und getrennt. Sind wie bei virtuellen Netzwerken die Partner nur lose gekoppelt, dann spielt sich der Kooperationsprozess nicht eigenständig, sondern als gemeinsame Entwicklung der Partner ab. Zum anderen mündet die Kooperation, insbesondere bei Joint Ventures, häufig in der Übernahme durch einen Partner. Es erscheint also auch hier genau so wie bei den lose gekoppelten Kooperationen notwendig, auf die parallel zum Kooperationsprozess verlaufenden Prozesse in den Partnerunternehmen und deren Einfluss auf die Kooperation zu achten.

In der Kooperationsforschung des internationalen Managements wird die Allianz häufig als Mittel zur Höherentwicklung einer fokalen Organisation gesehen. Kooperationen wie Lizenzen, Franchisesysteme und Joint Ventures gelten als geeignete Mittel, den Internationalisierungsprozess in einzelnen Ländern stufenweise voranzutreiben (Johanson/Vahlne 1977; Kumar/Epple 1997; Kirpalani/Luostarinen 1999). Kooperationen stellen dabei auch Durchgangsstufen für eine spätere Akquisition oder ein Merger der Muttergesellschaften dar. Allerdings konnten Hennart/Roehl/Zietlow (1999) nicht die in der amerikanischen populärwissenschaftlichen Literatur aufgestellte Behauptung bestätigen, dass japanisch-amerikanische Joint Ventures als Trojanische Pferde für den späteren Ausverkauf der amerikanischen Industrie dienen. Dennoch enden internationale Joint Ventures nach durchschnittlich 6,7 Jahren in 84 % der Fälle durch Akquisition (Reuer 2000, 2002; vgl. zu anderen Ergebnissen Kogut 1988b). Allianzen sollen aber auch die technologischen Entwicklungs-, Innovations- und Produkteinführungsprozesse der beteiligten Unternehmen ebenso beschleunigen (Contractor/Lorange 2002) wie deren **Internationalisierungsprozess** (Kutsch ker 1994; Young/Huang/McDermott 1996; Kutschker/Schmid 2002, Kapitel 7). García-Canal u. a. (2002) weisen anhand einer Stichprobe der spanischen Industrie nach, dass verschiedene Arten lokaler und globaler Allianzen ein unterschiedliches Geschwindigkeitspotenzial haben und die befragten Firmen im Laufe ihres Internationalisierungsprozesses ihre Kooperationsstrategien wechselten. Auch hier scheint eine sequenzielle, inkrementale Anreicherung der Kooperation mit Wissen und Fähigkeiten dem langsamen und kontinuierlichen Aufbau von Vertrauen und damit dem Kooperationserfolg dienlich zu sein und allzu großer Zeitdruck zu „time compression diseconomies in trust formation“ zu führen (García-Canal u. a. 2002, S. 104; vgl. auch Dyer/Singh 1998; Ring 2000).

Der in den letzten Jahren beobachtbare Anstieg von Kooperationen hat zur Vermutung geführt, dass Kooperationen eine neue Form des industriellen Imitationsverhaltens mit dem Geleitzugseffekt einer vorübergehenden Modewelle verkörpern (Kogut 1988a). Oligopolistische **Imitationsverhalten** wurde für Internationalisierungsprozesse (Knickerbocker 1973), für Innovationsprozesse bei Technologien und administrativen Routinen festgestellt (Teece 1980; Mahajan/Peterson 1985; Mahajan/Sharma/Bettis 1988; Abrahamson/Rosenkopf 1993). Das Imitationsverhalten ist dabei durchaus ökonomisch rational. Die Entwicklung erfolgreicher Unternehmen und deren Strategien werden gerne imitiert, um das Wettbewerbsgleichgewicht aufrecht zu halten. Auch wenn der Zusammenhang zwischen Erfolg und Ursache nicht eindeutig beobachtet und interpretiert werden kann, versucht man durch Imitation dem Ausschluss von erfolgsträchtigen Entwicklungen oder möglichen Allianzpartnern zuvor zu kommen oder dauerhafte Wettbewerbsnachteile zu vermeiden (Gomez-Cassares 1994). Soziologen erweitern das Wettbewerbs- um ein Legitimitätsargument, das auch den späten Nachzüglern die Ratio eines „institutional isomophism“ verleiht (DiMaggio/Powell 1983; Fligstein 1985; Powell/DiMaggio 1991; Haveman 1993).

Die Orientierung an den Wettbewerbern führt über wechselseitige Lernprozesse zur inkrementalen Koevolution mit einer sich spiralförmig steigernden Überlebensfähigkeit der Imitatoren. Obwohl durch Imitation Wettbewerbsvorteile ausgeglichen werden, steigt die Effizienz der einzelnen Wettbewerber. Strategische Allianzen behindern nach Barnett/Hansen (1996) diese selbstverstärkenden, zirkulären Lernprozesse („Red Queen“), weil sie den Anreiz des Lernens (den Wettbewerber) in die Allianz inkorporieren, eine Koevolution damit zumindest erschweren. Freilich berücksichtigen die Autoren nicht, dass Allianzen eingegangen werden, um durch die Koppelung von verborgenem Wissen effizienter zu lernen und dass ein Wettbewerb der Allianzen diesen auf ein neues Niveau hebt. Garcia-Pont/Nohria (2002) untersuchen diesen Wettbewerb der Netzwerke in der Automobilindustrie von 1980 bis 1989. In ihrem Modell testen sie erfolgreich die Annahme, dass in Industrien nicht blind einem allgemeinen Herdentrieb gefolgt wird, sondern gezielt das strategische

Verhalten, hier das Eingehen von Allianzen, von Wettbewerbern der gleichen strategischen Gruppe imitiert wird („global vs. local mimetism").

Netzwerke

In unserem Bezugsrahmen bilden Netzwerke das strukturelle Äquivalent zu den zwischen und bei den Aktoren des Netzwerkes ablaufenden Prozessen. Der Entwicklungsprozess als hier im Fokus stehender Kernprozess ist mit den Prozessen anderer Aktoren – wie dargestellt – vielfältig vernetzt. Diese Prozesse verändern ständig die Beziehungen und Ressourcen im Netzwerk und es ist eine Frage der Zeit und der Betrachtungsebene, wann diese inkrementalen Änderungen als Strukturänderungen wahrgenommen werden. Bei Kooperationen haben wir es mit der Besonderheit zu tun, dass der „fokale" Aktor, die Kooperation, selbst einen Ausschnitt des Netzwerkes darstellt, dessen je nach Art von Kooperation unterschiedliche Anzahl von Aktoren durch besonders intensive Interaktionen, vertragliche und/oder eigentumsrechtliche Verpflichtungen aneinander gebunden sind. Dies ändert – außer einer empirisch wahrscheinlich größeren Komplexität – nichts an der prinzipiellen Aussage, dass die Netzwerke im Umfeld des Kernprozesses, die dort ablaufenden Prozessen und vorhandenen Ressourcen wechselseitig interdependent sind. Der Kernprozess ist nur analytisch aus diesem Geflecht lösbar und ansonsten integraler Bestandteil des Netzwerkhandelns.

Natürlich muss auch dieser Bezugsrahmen angeben, wie sich aus der Netzwerkstruktur Handeln der Aktoren ergibt, wie der Switch von Struktur in Prozess erfolgt. Giddens löst dieses Problem in seiner Strukturationstheorie über „Modalitäten", die mittels interpretativer Schemata, Normen und Fazilitäten helfen, die gegebenen Strukturen in Interaktion über zu leiten (Giddens 1988, S. 81). Während sich hier die Fazilitäten spezifisch auf Macht konzentrieren, sprechen Ortmann/Sydow (2001, S. 430) generell von Potenzialen, die der Aktualisierung bedürfen, um zu wirken. Eine solche zirkuläre **„Struktur-Potenzial-Prozess"-Logik** war schon für die Erklärung von Verhandlungsprozessen (Kutschker 1972; Kutschker/Kirsch 1978), Transaktionsepisoden des Investitionsgütermarketing (Kirsch/Kutschker 1978; Kutschker 1980) und Internationalisierungsprozessen (Kutschker 1994; Kutschker/Schmid 2002) hilfreich. Ganz allgemein beruhen Potenziale eines Aktors für einen fokalen Kernprozess auf spezifischen Konstellationen struktureller Merkmale des für die Analyse des Kernprozesses relevanten Netzwerkes, die im Falle einer Aktivierung Wirkungen auf die interessierenden Prozesse zeitigen (Kutschker/Schmid 2002, S. 1124). Zwei Perspektiven sind dabei zu unterscheiden:

Zum einen sind die Aktoren des Netzwerkes mit ihren Potenzialen Subjekte des Handelns. Die Struktur beeinflusst den Kooperationsprozess: Dies kann sowohl die Konstellation der Merkmale der Wettbewerber (Makronetzwerk), die durch eigene Kooperationsaktivitäten (=Aktivierung) den erhofften Wettbewerbsvorteil egalisieren, als auch das Mikronetzwerk der Individuen sein, die mit ihren Merkmalsvektoren nunmehr die neue Kooperation mit Leben erfüllen müssen. Zum anderen ist das Netzwerk Objekt und selbst Ziel der Kooperationsprozesse. Deren Aktivitäten verändern Beziehungen und Potenziale der Aktoren von Mikro-, Meso- und Makronetzwerk. Diese Subjekt-Objekt-Transformation ist nicht ungewöhnlich für einen Prozessansatz, der die Aussagensysteme von Strukturtheorien ergänzen will. Bei Kooperationen taucht aber die Besonderheit auf, dass die neu formierten Kooperationen einen erheblichen Bruch in dieser Subjekt-Objekt-Transformation darstellen. Mit der Kooperation entsteht ein neuer Aktor, der die bisherigen Netzwerke stark verändert und die Merkmalsvektoren bzw. Potenziale der Mikro- und Makroaktoren neu mischt. Diese neuen Konstellationen von Aktorenmerkmalen wirken nicht einfach kombinativ, sondern bedürfen selbst der Entwicklung.

Nach diesen Zusammenhängen zwischen Netzwerk und Kooperationsprozess ist nur gelegentlich systematisch gesucht worden, wenn beispielsweise der Einfluss politischer Akteure auf die Formierung von Joint Ventures untersucht wird. Immer häufiger verwendet die Prozessforschung Fallanalysen, deren dichte Beschreibungen vielfältige Hinweise auf die wechselseitige Beeinflussung von Prozess und Netzwerk enthalten (Ring/Van de Ven 1994; Doz 1996; Lorenzoni/Lipparini 1999).

4. Ausblick

Mit der Diskussion des Einflusses von Netzwerken auf den Kooperationsprozess schließt sich der Bezugsrahmen, der die „prozessualen Aspekte" einer Kooperationsforschung in einen theoretischen Zusammenhang stellen wollte. Die einzelnen Elemente des Bezugsrahmens werden dabei unterschiedlich gut abgedeckt. Weiße Flecken sind bei der Berücksichtigung eines der wichtigsten Prozessparameters, der Zeit, festzustellen. Ohne die Allokation von Zeit auf die Teilprozesse eines Kernprozesses lässt sich dessen Struktur weder darstellen, noch gestalten oder gar führen. Es ist als würde ein Architekt einen Zeitplan aufstellen, in welchem die einzelnen Gewerke ohne Anfangs- und Endzeitpunkt in der Reihenfolge: Keller, Erdgeschoss, Dach aufgelistet werden. Es wundert daher nicht, dass die Effizienz von Prozessen ganz selten thematisiert wird. Wenn dies der Fall ist, dann kann meist nur ein loser Zusammenhang zwischen Erfolg und Prozess hergestellt werden, wobei zum Erfolg bereits das Überleben der Kooperation zählt. Dies liegt auch an den verwendeten empirischen Untersuchungsdesigns, die qualitative Methoden wie Fallstudien bevorzugen und damit eher dem Entdeckungs- als dem Begründungszusammenhang einer Theorie zuzuordnen sind. Erfreulicherweise nehmen dabei Längsschnittstudien zu, in denen die Forscher am Prozess teilnehmen bzw. versuchen, den Prozess über Dokumente zu rekonstruieren (vgl. z. B. Swoboda 2002). Vergleicht man die prozessuale Kooperationsforschung mit der an anderer Stelle skizzierten sozialwissenschaftlichen Prozessforschung (vgl. hierzu das Erste Kapitel dieses Sammelwerks), dann teilt sie deren Schwächen. Sie könnte aber von deren ausgefeilteren Terminologie, inhaltlichen Differenzierung und Erfolgsbezug lernen, wobei Kooperationen durchaus ihre Eigengesetzlichkeiten aufweisen, die einem unüberlegten Transfer entgegenstehen.

Literatur

ABRAHAMSON, E.; ROSENKOPF, L. (1993): Institutional and Competitive Bandwagons: Using Mathematical Modeling as a Tool to Explore Innovation Diffusion, in: Academy of Management Review, 18. Jg., S. 487-517.

ANDERSSON, P. (2002): Connected Internationalisation Processes: The Case of Internationalising Channel Intermediaries, in: International Business Review, 11. Jg., S. 365-383.

ARINO, A.; DE LA TORRE, J.; RING, P. S. (2001): Relational Quality: Managing Trust in Corporate Alliances, in: California Management Review, 44. Jg., Herbst, S. 109-131.

AULAKH, P. S.; CAVUSGIL, S. T.; SARKAR, M. B. (1998): Compensation in International Licensing Agreements, in: Journal of International Business Studies, 29. Jg., S. 409-420.

BAMBERGER, I.; CAPPALLO, S. (2003): Problembereiche und Ansätze der Strategischen Prozessforschung, in: Ringlstetter, M. J.; Henzler, H. A.; Mirow, M. (Hrsg.): Perspektiven der Strategischen Unternehmensführung, Wiesbaden, 2003, S. 93-120.

BARKEMA, H. G. u. a. (1997): Working Abroad, Working with Others: How Firms learn to operate International Joint Ventures, in: Academy of Management Journal, 40. Jg., S. 426-442.

BARKEMA, H. G.; VERMEULEN, F. (1997): What Differences in the Cultural Backgrounds of Partners are Detrimental for International Joint Ventures?, in: Journal of International Business Studies, 28. Jg., S. 845-864.

BARNETT, W. P.; HANSEN, M. T. (1996): The Red Queen in Organizational Evolution, in: Strategic Management Journal, 17. Jg., Summer, S. 139-157.

BEAMISH, P. W. (1988): Multinational Joint Ventures in Developing Countries, London u. a.

BECK, T. C. (1998): Kosteneffiziente Netzwerkkooperation. Optimierung komplexer Partnerschaften zwischen Unternehmen, Wiesbaden.

BLANKENBURG-HOLM, D.; ERIKSSON, K.; JOHANSON, J. (1999): Creating Value through Mutual Commitment to Business Network Relationships, in: Strategic Management Journal, 20. Jg., S. 467-486.

BRONDER, C. (1993): Kooperationsmanagement. Unternehmensdynamik durch Strategische Allianzen, Frankfurt a.M. u. a.

BROUTHERS, K. D.; BAMOSSY, G. J. (1997): The Role of Key Stakeholders in International Joint Venture Negotiations: Case Studies from Eastern Europe, in: Journal of International Business Studies, 28. Jg., S. 285-308.

BÜCHEL, B. (2002): Joint Venture Development: Driving Forces towards Equilibrium, in: Journal of World Business, 37. Jg., S. 199-207.

BUCKLEY, P. J.; CASSON, M. C. (1988): A Theory of Cooperation in International Business, in: Contractor, F. J.; Lorange, P. (Hrsg.): Cooperative Strategies in International Business, Lexington u. a., S. 31-53.

BUCKLEY, P. J.; CHAPMAN, M. (1997): A Longitudinal Study of the Internationalisation Process in a Small Sample of Pharmaceutical and Scientific Instrument Companies, in: Journal of Marketing Management, 13. Jg., Nr.1-3, S. 43-55.

BURGELMAN, R. A. (1994): Fading Memories: A Process Theory of Strategic Business Exit in Dynamic Environments, in: Administrative Science Quarterly, 39. Jg., S. 24-56.

BURGELMAN, R. A. (1996): A Process Model of Strategic Business Exit: Implications for an Evolutionary Perspective on Strategy, in: Strategic Management Journal, 17. Jg., S. 193-214.

CONTRACTOR, F. J.; LORANGE, P. (1988): Why Should Firms Cooperate? The Strategy and Economics Basis for Cooperative Ventures, in: Contractor, F. J.; Lorange, P. (Hrsg.): Cooperative Strategies in International Business, Lexington u. a., S. 3-28.

CONTRACTOR, F. J.; LORANGE, P. (2002): The Growth of Alliances in the Knowledge-Based Economy, in: International Business Review, 11. Jg., S. 485-502.

DAVENPORT, T. H. (1993): Process Innovation. Reengineering Work through Information Technology, Boston.

DIMAGGIO, P. J.; POWELL, W. W. (1983): The Iron Cage Revisited: Institutional Isomorphism and Collective Rationality in Organizational Fields, in: American Sociological Review, 48. Jg., S. 147-160.

DOZ, Y. L. (1992): The Role of Partnerships and Alliances in the European Industrial Restructuring, in: Cool, K.; Neven, D.; Walter, I (Hrsg.): European Industrial Restructuring in the 1990s, London, S. 294-327.

DOZ, Y. L. (1996): The Evolution of Cooperation in Strategic Alliances: Initial Conditions or Learning Processes?, in: Strategic Management Journal, 17. Jg., Summer, S. 55-83.

DUSCHEK, S. (2001): Kooperative Kernkompetenzen : Zum Management einzigartiger Netzwerkressourcen, in: Ortmann, G. (Hrsg.): Strategie und Strukturation, Wiesbaden, S. 173-189.

DWYER, F. R.; SCHURR, P. H.; OH, S. (1987): Developing Buyer-Seller Relationships, in: Journal of Marketing, 51. Jg., April, S. 11-27.

DYER, J. H.; SINGH, H. (1998): The Relational View: Cooperative Strategy and Sources of Interorganizational Competitive Advantage, in: Academy of Management Review, 23. Jg., S. 660-679.

FLIGSTEIN, N. (1985): The Spread of The Multidivisional Form among Large Firms, 1919 – 1979, in: American sociological review, 50. Jg., S. 377-391.

FORMBRUN, C. J. (1982): Strategies for Network Research in Organizations, in: Academy of Management Review, 7. Jg., S.280-291.

GALUNIC, D. C.; EISENHARDT, K. M. (1996): The Evolution of Intracorporate Domains: Divisional Charter Loss in High-Technology Multidivisional Corporations, in: Organization Science, 7. Jg., S. 255-283.

GARCÍA-CANAL, E. u. a. (2002): Accelerating International Expansion through Global

Alliances: A Typology of Cooperative Strategies, in: Journal of World Business, 37. Jg., S. 91-107.

GARCIA-PONT, C.; NOHRIA, N. (2002): Local Versus Global Mimetism: The Dynamics of Alliance Formation in the Automobile Industry, in: Strategic Management Journal, 23. Jg., S. 307-321.

GEMÜNDEN, H. G.; WALTER, A. (1995): Der Beziehungspromoter. Schlüsselperson für interorganisationale Innovationsprozesse, in: Zeitschrift für Betriebswirtschaft, 65. Jg., S. 971-986.

GIDDENS, A. (1984): The Constitution of Society: Outline of a Theory of Structuration, Cambridge.

GIDDENS, A. (1988): Die Konstitution der Gesellschaft. Grundzüge einer Theorie der Strukturierung, Frankfurt a.M. u. a.

GÖBEL, E. (1997): Forschung im strategischen Management. Darstellung, Kritik, Empfehlungen, in: Kötzle, A. (Hrsg.): Strategisches Management. Theoretische Ansätze, Instrumente und Anwendungskonzepte für Dienstleistungsunternehmen. Lucius und Lucius, Stuttgart, 1997, S. 5-25.

GOMEZ-CASSARES, B. (1994): Group versus Group: How Alliance Networks Compete, in: Harvard Business Review, 72. Jg., Nr. 4, S.4-11.

GULATI, R. (1995): Does Familiarity Breed Trust? The Implications of Repeated Ties for Contractual Choice in Alliances, in: Academy of Management Journal, 38. Jg., S. 85-112.

GULATI, R. (1998): Alliances and Networks, in: Strategic Management Journal, 19. Jg., S. 293-317.

HÅKANSSON, H.; LUNDGREN, A. (1992): Industrial Networks and Technological Innovation, in: Möller, K. E.; Wilson, D. T. (Hrsg.): Business Marketing: An Interaction and Network Approach, Boston.

HÅKANSSON, H.; SNEHOTA, I. (1995) (Hrsg.): Developing relationships in business networks., London u. a.

HÅKANSSON, H.; WALUSZEWSKI, A. (2002): Path Dependence: Restricting or Facilitating Technical Development?, in: Journal of Business Research, 55. Jg., S. 561-570.

HALL, E. T.; HALL, M. R. (1990): Understanding Cultural Differences, Yarmouth.

HAMEL, G. (1991): Competition for Competence and Inter-Partner Learning within International Strategic Alliances, in: Strategic Management Journal, 12. Jg., Summer, S. 83-104.

HARRIGAN, K. R. (1986): Managing for Joint Venture Success, Lexington u a.

HAVEMAN, H. A. (1993): Follow the Leader: Mimetic Isomorphism and Entry into New Markets, in: Administrative Science Quarterly, 38. Jg., Nr. 4, S. 20-50.

HENNART, J.-F.; ROEHL, T.; ZIETLOW, D. S. (1999): 'Trojan Horse' or 'Workhorse'? The Evolution of U.S.-Japanese Joint Ventures in the United States, in: Strategic Management Journal, 20. Jg, S. 15-29.

HERTZ, S. (1996): The Dynamics of International Strategic Alliances, in: International Studies of Management and Organisation, 26. Jg., S. 104-130.

HUY, Q. N. (2001): Time, Temporal Capability, and Planned Change, in: Academy of Management Review, 26. Jg., Nr. 4, 2001, S. 601-623.

INKPEN, A.; BIRKENSHAW, J. (1994): International Joint Ventures and Performance: An Interorganizational Perspective, in: International Business Review, 3. Jg., S. 201-217.

JOHANSON, J.; VAHLNE, J.-E. (1977): The Internationalization Process of the Firm – A Model of Knowledge Development and Increasing Foreign Market Commitments, in: Journal of International Business Studies, 8. Jg., S. 23-32.

KALE, P.; DYER, J.H.; SINGH, H. (2002): Alliance Capability, Stock Market Response, and Long-Term Alliance Success: The Role of the Alliance Function, in: Strategic Management Journal, 23. Jg., S. 747-767.

KELLY, J. R.; MCGRATH J. E. (1988): On Time and Method. Applied social research methods, California, 1998.

KIRPALANI, M.; LUOSTARINEN, R. (1999): Dynamics of Success of SMOPEC Firms in Global Markets, Beitrag bei der EIBA-Konferenz, Manchester.

KIRSCH, W.; KUTSCHKER, M. (1978): Das Marketing von Investitionsgütern. Theoretische und empirische Perspektiven eines Interaktionsansatzes, Wiesbaden.

KIRSCH, W.; KUTSCHKER, M.; LUTSCHEWITZ, H. (1980): Ansätze und Entwicklungstendenzen im Investitionsgütermarketing. 2. Aufl., Stuttgart.

KNICKERBOCKER, F. T. (1973): Oligopolistic Reaction and Multinational Enterprise. Graduate School of Business Administration, Harvard University, Boston.

KOGUT, B. (1988a): A Study of the Life Cycle of Joint Ventures, in: Contractor, F. J.; Lorange, P. (Hrsg.): Cooperative Strategies in International Business, Lexington, S. 169-185.

KOGUT, B. (1988b): Joint Ventures: Theoretical and Empirical Perspectives, in: Strategic Management Journal, 9. Jg., S. 319-332.

KOGUT, B.; ZANDER, U. (1992): Knowledge of the Firm, Combinative Capabilities, and the Replication of Technology, in: Organization Science 3.Jg., S. 383-397.

KOGUT, B.; ZANDER, U. (1995): Knowledge and The Speed of the Transfer and Imitation of Organizational Capabilities: An Empirical Test, in: Organization Science, 6. Jg., S. 76-92.

KOKA, B. R.; PRESCOTT, J. E. (2002): Strategic Alliances as Social Capital: A Multidimensional View, in: Strategic Management Journal, 23. Jg., S. 795-816.

KUMAR, B. N.; EPPLE, P. (1997): Exporte, Kooperationen und Auslandsgesellschaften als Stationen des Lernens im Internationalisierungsprozess, in: Macharzina, K.; Oesterle, M-J. (Hrsg.): Handbuch Internationales Management, Wiesbaden, S. 309-324.

KUTSCHKER, M. (1972): Verhandlungen als Elemente eines verhaltenswissenschaftlichen Bezugsrahmens des Investitionsgütermarketing, Diss., Universität Mannheim.

KUTSCHKER, M. (1980): Feldtheoretische Perspektiven für den Interaktionsansatz des Investitionsgütermarketing. Unveröffentlichte Habilitationsschrift, München, 1980.

KUTSCHKER, M. (1994): Strategische Kooperationen als Mittel der Internationalisierung, in: Schuster, L. (Hrsg.): Die Unternehmung im internationalen Wettbewerb, Berlin, S. 121-157.

KUTSCHKER, M. (1995): Joint Ventures, in: Tietz, B.; Köhler, R.; Zentes, J. (Hrsg.): Handwörterbuch des Marketing. 2. Aufl., Stuttgart, S. 1079-1090.

KUTSCHKER, M. (1999): Gestalten oder nicht gestalten? Eine feldtheoretische Ergänzung des Gestaltansatzes, in: Engelhard, Johann; Oechsler, Walter (Hrsg.): Internationales Management. Auswirkungen globaler Veränderungen auf Wettbewerb, Unternehmensstrategie und Märkte, Wiesbaden, 1999, S. 279-316.

KUTSCHKER, M.; KIRSCH, W. (1978): Verhandlungen in multiorganisationalen Entscheidungsprozessen. Eine empirische Untersuchung der Absatz- und Beschaffungsentscheidungen auf Investitionsgütermärkten, München.

KUTSCHKER, M.; SCHMID, S. (2002): Internationales Management, 2. Aufl., München.

LECHNER, C.; MÜLLER-STEWENS, G. (1999): Zur Entwicklung von Allianzsystemen – oder die Emergenz kollektiv geteilter Fähigkeiten, in: Engelhard, J.; Sinz, Elmar J. (Hrsg.): Kooperation im Wettbewerb, Wiesbaden, S. 31-58.

LEVINTHAL, D. A.; MYATT, J. (1994): Co-evolution of Capabilities and Industry: The Evolution of Mutual Fund Processing, in: Strategic Management Journal, 15. Jg., Winter Special Issue, S. 45-62.

LIN, X.; GERMAIN, R. (1998): Sustaining Satisfactory Joint Venture Relationships: The Role of Conflict Resolution Strategy, in: Journal of International Business Studies, 29. Jg., S. 179-196.

LORANGE, P. (1996): Interactive Strategies – Alliances and Partnerships, in: Long Range Planning, 29. Jg., S. 581-584.

LORANGE, P.; PROBST, G. J. B. (1987): Joint Ventures as Self-Organizing Systems: A Key to Successful Joint Venture Design and Implementation, in: Columbia Journal of World Business, Summer, S. 79-85.

LORENZONI, G.; LIPPARINI, A. (1999): The Leverage of Interfirm Relationships as a Distinctive Organizational Capability: A Longitudinal Study, in: Strategic Management Journal, 20. Jg., S. 317-338.

LUCKS, K. (2002): M&A: Nur systematisches Vorgehen bringt Erfolg, in: Harvard Business Manager, 24. Jg., Nr. 3, S. 44-53.

LUO, Y.; SHENKAR, O. (2002): An Empirical Inquiry of Negotiation Effects in Cross-Cultural Joint Ventures, in: Journal of International Management, 8. Jg., S. 141-162.

MADHOK, A. (1997): Cost, Value and Foreign Market Entry Mode: The Transaction and The Firm, in: Strategic Management Journal, 18. Jg., S. 39-61.

MAHAJAN, V.; PETERSON, R. A. (1985): Models for Innovation Diffusion, Beverly Hills.

MAHAJAN, V.; SHARMA, S.; BETTIS, R. A. (1988): The Adoption of the M-form Organizational Structure: A Test of Imitation Hypothesis, in: Management Science, 34 Jg., S. 1188-1201.

McGRATH, J. E.; KELLY, J. R. (1986): Time and Human Interaction – Toward a Social Psychology of Time, New York u. a.

MECKL, R. (1995): Zur Planung internationaler Unternehmenskooperationen, in: Zeitschrift für Planung. 6. Jg., Nr. 1, 1995, S. 25-39.

MECKL, R.; LUCKS, K. (2002): Internationale Merger & Acquisitions – der prozessorientierte Ansatz, Berlin u. a.

MESCHI, P.-X. (1997): Longevity and Cultural Differences of International Joint Ventures: Toward Time-Based Cultural Management, in: Human Relations, 50. Jg., S. 211-229.

MILLING, P. (1981): Systemtheoretische Grundlagen zur Planung der Unternehmenspolitik, Berlin.

MINTZBERG, H.; WESTLEY, F. (1992): Cycles of Organizational Change, in: Strategic Management Journal, 13. Jg., Special Issue Winter, S. 39-60.

MOSAKOWSKI, E.; EARLEY, P. C. (2000): A Selective Review of Time Assumptions in Strategy Research, in: Academy of Management Review, 25. Jg., S. 796-812.

MÜLLER-STEWENS, G.; LECHNER, C. (2003): Strategische Prozessforschung – Grundlagen und Perspektiven, in: Ringlstetter, M. J.; Henzler, H. A.; Mirow, M. (Hrsg.): Perspektiven der Strategischen Unternehmensführung, Wiesbaden, S. 43-71.

NELSON, R. R.; WINTER, S. G. (1982): An Evolutionary Theory of Economic Change, Cambridge.

NEWBURRY, W.; ZEIRA, Y. (1997): Generic Differences between Equity International Joint Ventures (EIJVs), International Acquisitions (IAs) and International Greenfield Investments (IGIs): Implications for Parent Companies, in: Journal of World Business, 32. Jg, Nr. 2, S. 87-102.

NIEDERKOFLER, M. (1991): The Evolution of Strategic Alliances: Opportunities for Managerial Influence, in: Journal of Business Venturing, 6. Jg., S. 237-257.

ORTMANN, G.; SYDOW J. (2001): Strukturationstheorie als Metatheorie des strategischen Managements – zur losen Integration der Paradigmenvielfalt, in: Ortmann, G.; Sydow, J. (Hrsg.): Strategie und Strukturation. Strategisches Management von Unternehmen, Netzwerken und Konzernen, Wiesbaden, S. 421-445.

PARK, S. H.; UNGSON, G. R. (1997): The Effect of National Culture, Organizational Complementarily, and Economic Motivation on Joint Venture Dissolution, in: Academy of Management Journal, 40. Jg., S. 279-307.

PARKHE, A. (1991): Interfirm Diversity, Organizational Learning, and Longevity in Global Strategic Alliances, in: Journal of International Business Studies, 22. Jg., S. 581-601.

PARKHE, A. (1996): International Joint Ventures, in: Punnett, B. J.; Shenkar, O. (Hrsg.): Handbook for International Management Research, Cambridge.

PAUSENBERGER, E.; NÖCKER, R. (2000): Kooperative Formen der Auslandsmarktbearbeitung, in: Zeitschrift für betriebswirtschaftliche Forschung, 52. Jg., S. 393-412.

PEARCE, R. J. (1997): Towards Understanding Joint Venture Performance and Survival:

A Bargaining and Influence Approach to Transaction Cost Theory, in: Academy of Management Review, 22. Jg., Nr. 1, S. 203-225.

PEKAR, P. JR.; ALLIO, R. (1994): Making Alliances Work – Guidelines for Success, in: Long Range Planning, 27. Jg., Nr. 4, S. 54-65.

PERICH, R. (1993): Unternehmungsdynamik. Zur Entwicklungsfähigkeit von Organisationen aus zeitlich-dynamischer Sicht., 2. Aufl., Bern u. a.

PERLITZ, M. (1997): Spektrum kooperativer Internationalisierungsformen, in: Macharzina, K.; Oesterle, M.-J.(Hrsg.): Handbuch Internationales Management, Wiesbaden, S. 441-457.

PETTIGREW, A. M. (1992): The Character and Significance of Strategy Process Research, in: Strategic Management Journal, 13. Jg., S. 5-16.

PFEFFER, J.; SALANCIK, G. R. (1978): The External Control of Organizations. A Resource Dependence Perspective, New York u. a.

PFOHL, H.-C.; BUSE, H. P. (1999): Organisationale Beziehungsfähigkeiten in komplexen kooperativen Beziehungen, in: Engelhard, J.; Sinz, E. J. (Hrsg.): Kooperation im Wettbewerb, Wiesbaden, S. 269-300.

PORTER, M. E. (1980): Competitive Strategy. Techniques for Analyzing Industries and Competitors, New York.

PORTER, M. E. (1985): Competitive Advantage. Creating and Sustaining Superior Performance, New York.

POWELL, W. W.; DIMAGGIO, P. J. (1991): The New Institutionalism in Organizational Analysis, Chicago.

RASCHE, C. (1994): Wettbewerbsvorteile durch Kernkompetenzen, Wiesbaden.

RENZ, T. (1998): Management in internationalen Unternehmensnetzwerken, Wiesbaden.

REUER, J. J. (1998): The Dynamics and Effectiveness of International Joint Ventures, in: European Management Journal, 16. Jg., S.160-168.

REUER, J. J. (2000): Parent Firm Performance across International Joint Venture Life-Cycle Stages, in: Larimo, J.; Kock, S. (Hrsg.): Recent Studies in Interorganizational and International Business Research, Vaasa, S. 129-149.

REUER, J. J. (2002): International Joint Venture Buyouts and Selloffs, in: Management International Review, 2002, S. 237-260.

RIFKIN, J. (1989): Time Wars. Touchstone, New York.

RING, P. S. (2000): The Three T's of Alliance Creation Task, Team and Time, in: European Management Journal, 18. Jg., S. 152-163.

RING, P. S.; VAN DE VEN, A. H. (1994): Developmental Processes of Cooperative Interorganizational Relationships, in: Academy of Management Review, 19. Jg., S. 90-118.

RITTER, T. (1998): Innovationserfolg durch Netzwerk-Kompetenz: effektives Management von Unternehmensnetzwerken, Wiesbaden.

SCHMID, S.; KUTSCHKER, M. (2002): Zentrale Grundbegriffe des Strategischen Managements, in: WISU – Das Wirtschaftsstudium, 31. Jg., Nr. 10, 2002.

SCHMIDT, S.; RÜHLI, E. (2002): Prior Strategy Processes as a Key to Understanding Megamergers: The Novartis Case, in: European Management Journal, 20. Jg., S. 223-234.

SINGH, K.; MITCHELL, W. (1996): Precarious Collaboration, in: Strategic Management Journal, 17. Jg., Summer, S. 99-115.

SWOBODA, B. (2002): Dynamische Prozesse der Internationalisierung: Managementtheoretische und empirische Perspektiven des unternehmerischen Wandels, Wiesbaden.

SYDOW, J. (1992): Strategische Netzwerke. Evolution und Organisation, Wiesbaden.

SYDOW, J. (1995): Unternehmungsnetzwerke, in: Corsten, H.; Reiß, M. (Hrsg.): Handbuch Unternehmensführung. Konzepte – Instrumente – Schnittstellen, Wiesbaden, S. 159-169.

TALLMAN, S. B.; SHENKAR, O. (1994): A Managerial Decision Model of International Cooperative Ventures, in: Journal of International Business, 25. Jg., S. 91-112.

TEECE, D. J. (1980): Economics of Scope and the Scope of the Enterprise, in: Journal of Economic Behavior & Organization, 1. Jg., S. 223-247.

VAN DE VEN, A. H. (1992): Suggestions for Studying Strategy Process: A Research Note, in: Strategic Management Journal, 13. Jg., Special Issue Summer, S. 169-188.

VAN DE VEN, A. H.; ASTLEY, W. G. (1981): Mapping the Field to Create a Dynamic Perspective on Organization Design and Behaviour, in: Van de Ven, A. H.; Astley, W. G. (Hrsg): Perspectives on Organization Design and Behaviour, New York, S. 427-468.

VAN WELL, B. (2001): Ressourcenmanagement in strategischen Netzwerken, in: Ortmann, G.; Sydow, J. (Hrsg.): Strategie und Strukturation. Strategisches Management von Unternehmen, Netzwerken und Konzernen, Wiesbaden, S. 145-172.

WELGE, M. K.; BORGHOFF, T. (1999): An Evolutionary Perspective on the Globalization of Enterprises in the Global Network Competition, Conference Paper EIBA, S. 1-24.

WÜTHRICH, H. A.; PHILIPP, A. F.; FRENTZ, M. H. (1997): Vorsprung durch Virtualisierung: Lernen von Pionierunternehmen, Wiesbaden.

YOUNG, S.; HUANG, C.-H.; MCDERMOTT, M. (1996): Internationalization and Competitive Catch-up Processes: Case Study Evidence on Chinese Multinational Enterprises, in: Management International Review, 36. Jg., S. 295-314.

ZAHEER, S.; ALBERT, S.; ZAHEER, A. (1999): Time Scales and Organizational Theory, in: Academy of Management Review, 24. Jg., S. 725-741.

ZAJAK, E. J.; OLSEN, C. P. (1993): From Transaction Cost to Transnational Value Analysis, in: Journal of Management Studies, 30. Jg., S. 131-145.

ZENTES, J.; SWOBODA, B. (1999): Motive und Erfolgsgrößen internationaler Kooperation mittelständischer Unternehmen, in: Die Betriebswirtschaft, 59. Jg., S. 44-60.

Ursula Schneider*

Interorganisationales Lernen in strategischen Netzwerken

* Univ.-Professorin Dr. Ursula Schneider ist Vorstand des Instituts für Internationales Management der Karl-Franzens-Universität Graz.

1. Prolog

Das der Autorin im Rahmen des Sammelwerks vorgeschlagene Thema ist im Schnittpunkt dreier großer Literaturströmungen angesiedelt: der strategischen Theorie(n), der Netzwerktheorie(n) und der Theorie(n) organisationalen Lernens. Für alle drei Bereiche gilt, dass sie letztlich unbestimmt geblieben sind, konkurrierende Erklärungsansätze und widersprüchliche empirische Ergebnisse hervorgebracht haben und fast durchgängig normative Aussagen auf hohem Aggregationsniveau tätigen, die wegen ihrer Dekontextualisierung schwer umsetzbar und wegen ihrer mangelnden Greifbarkeit trotz verbesserter statistischer Verfahren empirisch nicht gut überprüfbar sind.

Da lässt sich wohl nicht mehr leisten als Bestandsaufnahme und die Entwicklung einer Landkarte relevanter Forschungsthemen: Zu fragen ist nach intendiertem und nicht intendiertem Lernen, nach Lernen ermöglichenden Bedingungen und nach Lernblockaden in Netzwerken unterschiedlicher Zwecksetzung und organisatorischen Zuschnitts. Zu hinterfragen ist die implizite Unterstellung, dass Lernen maximiert werden soll. Offenzulegen sind die (meta-)theoretischen Brillen, mit denen die genannten Fragen betrachtet werden. Zu vermeiden ist die Entwicklung einer weiteren, eklektischen und voraussetzungsgeladenen „espoused theory“, die das Verstehen mehr vernebelt als ermöglicht. Wenn man die mittlerweile überbordende Fülle an nur punktuell durch hoch selektive und selbst verstärkende Referenzierungsrituale verbundenen Veröffentlichungen zu Fragen von Allianzen und Netzwerken, Lernen und Wissenstransfer (bzw. -translation, -induktion, -transformation) (Schneider 2001; Carlile 1997) und Strategie allein im internationalen Management bedenkt, drängt sich die Frage nach dem Erklärungsbeitrag solcher Konstruktionen unausweichlich auf, doch sie steht auf einem anderen Blatt, das gerne leer belassen wird.[1]

2. Prozesssicht interorganisationalen Lernens

Obwohl es unüblich geworden ist, meist zwangsläufig implizit und daher häufig mit Widersprüchen aufgeladen erfolgt, erachtet es die Verfasserin für notwendig, die epistemologisch-ontologische Brille offen zu legen, mit der (inter-)organisationale Phänomene

[1] Diese Frage ist hier nicht Thema: Durch die Vielzahl konkurrierender Modelle und empirischer Teilaspektstudien entfernt sich die Praxis der Scientific Community immer mehr von der Lebenspraxis, für die sie zu forschen vorgibt. Bezugnahmen erfolgen nur innerhalb der Welt erklärender Modelle, oft in so vielen Schichten, dass die Praxis zu Recht moniert, mit der Dogmengeschichte oder Modellexegese nichts anfangen zu können.

hier interpretiert werden. Es wird versucht, eine Prozesssicht konsequent durchzuhalten, für welche Dualität (Gleichzeitigkeit und Gleichgültigkeit) von Handlung und Struktur (Giddens 1979; Garud/Van de Ven 2000) und Rekursivität gelten: Akteure reagieren also immer auf Phänomene, welche sie selbst gemeinsam hervorbringen. Der Akt des Benennens und zeitlichen Anhaltens dieser Phänomene im Fluss ihres Werdens ist als Kunstgriff des Erkennens zu werten, dessen man sich bewusst bleiben muss (Philosophie des „als ob" bei Kant und Vaihinger; vgl. auch Griffin 2000) Dasselbe gilt für die Annahme der Existenz von Systemen und Beobachtern: Sie helfen in der Mustererkennung, letztlich vollzieht sich lebendige Praxis – und damit auch organisatorisches Lernen und Wandel – allerdings durch Teilnahme an Konversationen, in denen Interpretationen und Handlungsabsichten emergieren (Shaw 2002, S. 47). Für das hier zu betrachtende Phänomen interorganisationalen Lernens bedeutet dies, dass valide Aussagen nur durch Teilnahme an konkreten gemeinsamen Operationen getroffen werden können. „**Espoused theories**", d. h. Modellangebote über interorganisationales Lernen, wie sie im Folgenden referiert werden, sind „nur" insofern wirksam, als sie Erwartungen und offiziell anerkannte Handlungsweisen der Akteure beeinflussen. Sie sind somit Input in einen Prozess, den es zu verstehen gilt, was allerdings immer nur begrenzt und temporär durch Teilnahme an seiner Dynamik möglich ist. Daher überwiegen im Schrifttum Fallstudienberichte über einzelne Teilausschnitte des zu betrachtenden Phänomens, wobei die Bildung von „espoused theories" dadurch erschwert wird, dass noch nicht einmal der Kontext intraorganisationalen Lernens ausreichend erforscht ist, obwohl gerade er für Konzepte wie die transnationale (Bartlett/Ghoshal 1989) oder metanationale (Doz u. a. 2001) Unternehmung als konstitutiv bezeichnet wird:

„...very little systematic empirical investigation in the determinants of intra-MNC knowledge transfers has so far been attempted" (Gupta/Govindarajan 2000, S. 474).

Im interorganisationalen Feld bietet die Unterscheidung zwischen „knowledge exploration" (March 1991, Koza/Lewin 1998) bzw. „knowledge generation" (Spender 1992) und „knowledge exploitation" (ibd.) bzw. „knowledge application" (ibd.) eine Möglichkeit, das Lernen in Allianzen schärfer zu differenzieren, wie dies Grant/Baden-Fuller (2004) vorschlagen. Wenn Allianzen auf einen Zugang zu Wissen abstellen, der möglichst transaktionskostenarm an definierten Schnittstellen erfolgen soll, geht es plakativ gesagt, nicht um eine Maximierung, sondern um eine Minimierung des Lernens. Komplementarität von Fähigkeiten ist eine konstitutive Voraussetzung von Kooperation. Ökonomische Effizienz erfordert somit – unter statischen Gesichtspunkten – dass Wissen und Fähigkeiten nur insoweit erworben und durch Kooperationspartner möglichst friktionsfrei eingebracht werden, als sie möglichst 100%-ig und redundanzfrei in Produkte einfließen können. Diesem Gedanken entsprechen die in der Wirtschaftspraxis erkennbaren Konzepte der modularen Fertigung und möglichst vollständig expliziter technischer Spezifikationen auf Basis international gültiger Standards.

Wenn es im Folgenden dennoch um Fragen des Lernens in Allianzen geht, sind diese daher, wie folgt, zu konkretisieren.

1. Wie klar ist die Unterscheidung zwischen Wissensexploration und Wissensexploitation, wenn man sie unter dynamischen Gesichtspunkten betrachtet, die neben Effizienzzielen, Effektivitäts- und Entwicklungsziele ins Spiel bringen? Diese Frage ist eng verbunden mit der folgenden.
2. Ist es in Anbetracht des besonderen Charakters von Wissen als selbstreferentiellem Prozess[1] zulässig, ökonomische Marginalbetrachtungen anzuwenden, die zur Suche nach dem zur Erfüllung einer Aufgabe gerade noch ausreichenden Fähigkeitsniveau führen? Marginalbetrachtungen setzen einen linearen und diskreten Verlauf der Wissensressource voraus, in welchem die Kombination von Wissenspaketen kein eigenes Wissensproblem darstellt, was leicht widerlegbar ist. Diese Frage ist wiederum eng verknüpft mit der dritten.
3. Selbst wenn wir von Allianzen ausgehen, die zwar Produkte gemeinsam entwickeln wollen, nicht jedoch das dafür erforderliche spezialisierte Fachwissen, wieviel Koordinationslernen ist erforderlich, um diesem Ansatz erfolgreich zu folgen?

Ehe diese Fragen näher betrachtet werden, sind mögliche Bedeutungen von strategischen Allianzen bzw. strategischen Netzwerken zu klären.

Strategische Netzwerke werden hier definiert als eine Plattform zur Koordination von Stärken, die im Wettbewerb Vorteile bieten. Dabei ist es vorläufig unerheblich, ob diese Stärken im Sinne eines ressourcenorientierten (Penrose 1968; Barney 1986), kompetenzorientierten (Grant 1996) und/oder evolutionären Ansatzes (Nelson/Winter 1982) als Ergebnis interner Entscheidung respektive Emergenz oder im Sinne der marktorientierten Schule als gelungene Anpassung an die Branchenstruktur betrachtet werden (Bain 1959; Porter 1980). Es ist ferner zunächst auch unerheblich, ob es sich um ein hierarchisch durch Mehrheitsbeteiligung strukturiertes oder um ein hybrides Netzwerk handelt, da es beim Lernen und Wissen stärker auf die Möglichkeit ankommt, Zugang zu gewinnen, als Eigentumsrechte zu besitzen (vgl. auch Macharzina u. a. 2001).

Für diesen Beitrag werden Netzwerke einmal aus institutionenökonomischer Sicht als lose Mechanismen gefasst, komplementäre Assets zweckorientiert zu vereinen (Balakrishnan/Koza 1993) um Unsicherheiten zu reduzieren (Kogut 1988; Hennart 1988). Für ein Verständnis ihrer Dynamik ist ergänzend eine evolutionäre Perspektive erforderlich, die Netzwerke als „web of technical, financial and social interactions" betrachtet (Kogut/ Zander 1992; Gulati 1995), in denen Themen wie Lernen und Vertrauen von Bedeutung sind (Hamel 1991; Simonin 1999; Inkpen/Crossan 1995; Ring 1996; Parkhe 1998). Netzwerke werden als ein an Häufigkeit zunehmendes Phänomen gesehen (Sydow 1992; Sydow/Windeler 1994; Håkansson 1987), aber auch normativ als jene loseste Form der Ressourcen-, Intentions- und Handlungskoordination, die den Entgrenzungserscheinungen einer digitalen wissensbasierten Ökonomie oder informationalen Gesellschaft am

[1] Die wenigen Arbeiten, welche im Vorfeld von Wissensmanagement den Begriff Wissen näher beleuchten, legen diese Interpretation nahe, wenn auch standardisiertes, explizites Wissen in reifen Branchen den Merkmalen klassischer Produktionsfaktoren näher kommt (Nonaka/Takeuchi 1995).

besten gerecht wird. Nach Castells (1996, S. 16 f., S. 193) sind Netzwerke jener „Ort“, an welchem Information, Wissen und Macht entstehen, nach Sydow (1992, S. 95) lassen Netzwerke ein Nebeneinander von Kooperation und Wettbewerb zu, wenn Reziprozitätsnormen erfüllt werden. Anders ausgedrückt erlauben Netzwerke eine temporäre Koordination von Ressourcen, welche die für Marktteilnehmer typische Autonomie mit den Fähigkeiten von Hierarchien kombiniert, bewusst Ziele zu verfolgen und Handlungen im Hinblick auf ihre antizipierten Folgen bewusst zu kontrollieren (Mayntz 1993, S. 45). Borghoff/Oliveira/Welge (2000, S. 3) betonen ebenfalls den Hybridcharakter von Netzwerken im Sinne einer institutionenökonomischen Betrachtung: „Organizations react to...fundamental changes by deploying complex bundles of hierarchical and market-based mechanisms in intra- and interorganizational business relations“. Für die Joint-Venture-Forschung ist ein Anknüpfen an Phasenmodelle der Vernetzung typisch, wobei ein Schwerpunkt auf den Initiierungs- und Vertragsgestaltungsphasen liegt und weniger Arbeiten die Betreibungsphasen als pfadabhängigen Prozess ins Auge gefasst haben. Da hier nicht auf Inhalte des interorganisationalen Lernens, sondern auf Voraussetzungen, Barrieren und Prozessüberlegungen eingegangen wird, schien eine Differenzierung in Phasen in einer ersten Annäherung verzichtbar.

In einem zweiten Schritt wird es notwendig sein zu untersuchen, inwieweit die traditionelle Betrachtung multinationaler Unternehmen als Wissen-internalisierende Einheiten (Moore/Birkinshaw 1998) auf losere Verbünde ausgeweitet werden kann und ob sich in einer fluiden Wettbewerbslandschaft mit hohen Raten von Unternehmens(teil)käufen, Integrationsmöglichkeiten, Absorptionsfähigkeiten und Abflussgefahren von Wissen zwischen hybriden und hierarchischen Organisationstypen annähern.

Argumente für eine **Internalisierung** von Wissen im hierarchischen Verbund basieren auf zwei Überlegungen: Zum einen auf der Möglichkeit, Wissen im Wege von Anweisungen und Programmen zu formen und zu aktivieren; zum anderen auf der Herausbildung von Routinen durch pfadabhängige gemeinsame Erfahrung. Andererseits verweisen Werke, welche die Besonderheiten der Ressource Wissen als personengebunden und flüchtig herausarbeiten (Szulanski, 1996) auf die Grenzen dispositiver Zugriffe auf Wissen. Konkrete Koordination beruht offenbar auch im hierarchischen Verbund mit aus Eigentum abgeleiteten Dispositionsrechten auf Verhandlung, auf Sozialkapital-gestützter Macht und auf überbetrieblichen Standards der Schnittstellengestaltung, also Modalitäten, die an sich als spezifisch für Netzwerke unabhängiger, aber durch unvollständige Verträge gebundener Partner beschrieben werden. Kühl spricht in diesem Zusammenhang von lateraler Führung und bezieht sich explizit und unabhängig von Kapitaleigentum auf den Netzwerkcharakter moderner Organisationen (Kühl 2003). Ähnlich argumentieren Fuchs/Stolorz (2001) aus einer stark praxisgeprägten Sicht.

Wenn die Überlegung einer Annäherung der in der ökonomsichen Theorie unterschiedenen Koordinationsmodalitäten von Markt und Hierarchie in Bezug auf Wissen sich als halt- und begründbar erweist, muss sich das Forschungsinteresse mehr auf Fragen des konkreten Zugangs zu Wissen in den Formen der Generierung oder Anwendung konzentrieren, denn auf Unterschiede im rechtlichen Gestaltungsrahmen der Koordination. Dies steht im Folgenden im Vordergrund.

3. Ziele interorganisationalen Lernens

3.1 Einführung

Die zuvor getroffene Unterscheidung zwischen durch Eigentum gestützten Verfügungsrechten und der Ressource Wissen angemessenen Zugriffsmöglichkeiten ist nun zu differenzieren. Dem Vorschlag von Carlile (2002b) folgend, werden drei Modalitäten wissensorientierten Managements von Grenzbeziehungen unterschieden, die sich durch zunehmende Komplexität auszeichnen: syntaktisch, semantisch und pragmatisch. Diese Unterscheidung korrespondiert mit der von Lindholm getroffenen und von Child (2001, S. 659) aufgegriffenen Unterscheidung nach Wissensarten: **Technisches Wissen**, **Systemwissen** und **strategisches Wissen**. Für ersteres wird die Existenz globaler Standards angenommen, sodass die Unterschiede in den Wissensbasen der beteiligten Akteure im beabsichtigten komplementären, werterhöhenden Sinn zum Tragen kommen können. Unterschiede sind hier die raison d'être der Zusammenarbeit. Anschlussfähigkeit an der Schnittstelle wird erzielt durch gemeinsame Formalsprache und technische Standards, im Sinne einer gemeinsamen Syntax. Bei Systemwissen und strategischem Wissen, hingegen das mehrdeutiger und weniger genau bestimmt ist, spielen Unterschiede eine andere, Zusammenarbeit eher erschwerende Rolle. Wie Child selbst betont, ist diese einfache Unterscheidung allerdings trügerisch, weil sie nicht an einem – als objektiv Gegebenes gedachten – „Wissen“ festgemacht werden kann, sondern subjektbezogen zu entscheiden ist. Wenn, dem Vernehmen nach, der milliardenschwere Absturz einer Marsrakete letztlich darauf zurückgeht, dass man Meter als Yards interpretierte, also ausblendete, dass Messsysteme, die deutlich zum technischen Wissen zu zählen sind, zwischen Kulturen differieren, wird klar, dass die scheinbar klare Problemteilungsstrategie das Problem nur verschiebt. An dieser Stelle geht es um die Frage, ob die für Lernen, Wissensabsorption und gewollte wie ungewollte Wissensabflüsse relevante Interpretation von Lernen als sozial eingebettetem Prozess durch Eigentumsverhältnisse beeinflusst wird. Als „common wisdom“ darf dabei gelten, dass Hierarchie einen höheren Schutz von Wissen garantiert als losere Formen der Koordination. Nach der hier vertretenen Prozesssicht ist dies allerdings nur zum Teil der Fall.

Nur im einfachsten Fall einer geteilten Syntax vor dem Hintergrund großer Ähnlichkeit der **Wissensbasen** der Partner dürfte hierarchische Koordination überlegen sein, in den Fällen semantischer und pragmatischer Grenzräume, hingegen, entwickelt sich ein wechselseitiger Veränderungs- und Innovationsprozess aus unterschiedlichen Wissensbasen und Interessen durch eine Dynamik von Darlegung und Aushandlung, die sich kaum zwischen Netzwerk im eigentlichen Sinn und internationalen Konzernorganisationen unterscheiden dürfte: In beiden Fällen arbeiten interkulturelle Teams, deren Mitglieder sich nicht oder kaum kennen, temporär zusammen.

Die Literatur unterscheidet bezüglich des hier zu untersuchenden Phänomens zwischen **Lern- und Geschäftsallianzen** (Lei/Slocum 1992; Harrigan 1988), wobei erstere ganz bewusst auf **Exploration** (March 1991; Cohen/Levinthal 1990) ausgelegt sind. Mit den Allianzpartnern sollen neue Chancen der Schaffung von Erträgen erforscht werden, es wird in innovative Prozesse, in den Aufbau von neuen Fähigkeiten und in die Absorptionsfähigkeit der beteiligten Organisationen investiert. Geschäftsallianzen haben hingegen das Ziel, vorhandene Fähigkeitspotenziale auszunutzen („**exploitation**"), wozu Prozessstandards, Kostenreduktionsprogramme und inkrementelle Verbesserungen der eingesetzten Technologien und Fähigkeiten eingesetzt werden (Koza/Lewin 1998). Es versteht sich von selbst, dass diese Einteilung nur Schwerpunktbildungen beschreibt, dass jegliche Geschäftsallianz auch Lernmomente enthält und vice versa. Dabei wird unterstellt, dass es keine besonderen Schwierigkeiten bereitet, gemeinsam Ressourcen auszubeuten und bei entsprechender Ausprägung der Absorptionspotenziale auch explorative Entwicklungen in Gang gesetzt werden können.

Hier setzen nun lerntheoretische Überlegungen an, die dazu zwingen, diese Annahmen in Frage zu stellen. Ein Teil der Literatur untersucht Barrieren eines **Wissenstransfers** (Hamel 1991; Simonin 1999; Inkpen/Crossan 1995), ein Teil fokussiert auf Voraussetzungen gelingenden Wissenstransfers respektive interorganisationalen Lernens (Hamel 1991; Parkhe 1993; Hill/Hellriegel 1994). Dabei werden Lernen und Wissenstransfer oft gleichgesetzt, so als handle es sich tatsächlich nur um einen Übertragungsvorgang, nach dem Muster „copy and paste" von einem Datenträger auf einen anderen (zur mangelnden Eignung dieses Modells vgl. Schneider 1996, S. 19). Ferner wird selten unterschieden, ob es sich um Fachwissen oder um das Koordinationswissen der Gestaltung der Schnittstellen zwischen komplementärem Fachwissen handelt, wenn Lernen eingefordert wird. Empirische Ergebnisse zur Homogenität resp. Heterogenität von Kompetenzen in Kooperationen sind uneindeutig, wobei jüngst mehr Evidenz zugunsten eines Erfolgs aus Heterogenität bzw. Komplementarität zutage tritt (vgl. die illustrativen, allerdings nicht repräsentativen Beispiele bei Grant/Baden-Fuller 2004). Cohen/Levinthal (1990) sowie Hamel (1991) fanden positive Korrelationen zwischen Allianzerfolg und dem Grad der Komplementarität von Ressourcen, während Hill/Hellriegel (1994) zu gemischten Ergebnissen kamen.

Die Widersprüche können vermutlich aufgelöst werden, wenn der noch undifferenzierte Begriff des (inter-)organisationalen Lernens näher betrachtet und die vorne getroffene Unterscheidung zwischen syntaktischen, semantischen und pragmatisch zu interpretierenden Grenzen im Netzwerk näher ausgeführt werden.

3.2 Lernen als nicht hinterfragtes Ziel

Vorher gilt es jedoch die im Titel implizit mitschwingende „Unterstellung“ zu untersuchen, dass Lernen in Netzwerken immer stattfände bzw. stattfinden sollte. Dem deskriptiven Teil der Aussage kann wohl zugestimmt werden. In Analogie zum ersten Kommunikationsaxiom von Watzlawick u. a. (1967) dürfte vermutlich gelten, dass wir nicht nicht lernen können. Diese generelle Aussage ist allerdings nur bedingt brauchbar, da sie nicht spezifiziert, was wann wie gelernt wird und wie sich dies zu den Zielen der beteiligten Akteure verhält. Lernen im genannten Sinn könnte auch bedeuten, dass sich Defensivroutinen einschleifen, dass sich Misstrauen erhärtet und an der Basis Sabotagetechniken ausgetauscht werden. Bezüglich eines meist implizit mitschwingenden normativen Teils der Aussage, die Lernen positiv im Sinne der Unternehmenszielsetzung konnotiert, empfiehlt sich eine differenzierende Betrachtung. Im interorganisationalen Kontext ergeben sich Paradoxien der Gleichzeitigkeit von Wettbewerb und Kooperation. Wie an anderer Stelle dargelegt, kann prinzipiell auf drei Arten aus Wissen Wert geschöpft werden (Schneider 2001, S. 20 f.):

- durch Exklusivität, entweder im Sinne legalen Schutzes oder (meist wirksamer) im Sinne der Einbettung in Praktiken, die nicht ohne weiteres nachgeahmt werden können
- durch Arbitrage, also rascheren Zugang zu Informationen, oder durch Wissensvorsprünge, welche eine kürzere „time to market“ ermöglichen
- durch Wissenspoolung, also den koordinierenden Einsatz verteilter Wissensressourcen zur Erreichung eines gemeinsamen Ziels.

In Netzwerken spielen diese Arten gleichzeitig eine Rolle in den Strategien der Beteiligten. Für die erstgenannte Art der Wertschöpfung aus Wissen kommt es darauf an, Wissensabflüsse zu verhindern, Lernen zu unterbinden, keine gemeinsame Praxis entstehen zu lassen. Für die **Wissenspoolung** gilt genau das Gegenteil: Wechselseitige Absorptionsfähigkeiten sind zu entwickeln und Lernbarrieren zu beseitigen.

Im Arbitragefall wird es prekär: Insiderartige Geschäfte bauen auf Exklusivität, Wissensvorsprünge können allerdings allein kaum noch erzielt werden. Mit Allianzpartnern ist eine vorsichtige Balance zu entwickeln zwischen Geben und Nehmen, die wegen der Dynamik und Pfadabhängigkeit interorganisationaler Lernprozesse nicht direkt gesteuert werden kann. In der Literatur wird häufig übersehen, dass Lernen nicht in jedem Fall intendiert ist, wenn der Abbau von lernhindernden Bedingungen oder die Chance relationale Renten zu generieren beschworen werden (Håkansson 1987, S. 10; Dyer/Singh 1998). Dies wird in der Joint-Venture-Forschung als Problem der Absorptionsfähigkeit und Lernasymmetrie aufgegriffen. Child (2001, S. 662) wählt wiederum eine typologische Problemklärungsstrategie, indem er **kompetitives Lernen** von **kollaborativem Lernen** unterscheidet. Ersteres ist durch Angst davor geprägt, der Partner könne einen im Lernen übertreffen, was im englischen Ausdruck „to outlearn the partner“ auf den Punkt gebracht wird. Daher wird nur das nötigste Wissen zum Austausch freigegeben, wobei eine beidseitige Holdbackstrategie den Erfolg gemeinsamer Vorhaben beeinträchtigt. Pucik empfiehlt, eine klare Lern- und Wissenstransfer bezogene Strategie zu entwickeln, um weder unbeabsichtigte Wissensabflüsse zu erleiden, noch wesentliche Absorptionschancen zu verfehlen (Pucik 1991, S. 127). Dies ist aus Prozesssicht allerdings leichter gesagt als getan. Es mag für technisches Wissen und eine syntaktisch strukturierte Grenzbeziehung gelingen, im semantischen und pragmatischen Raum verhindern solche Strategien mit dem Wissensabfluss oder einem einseitigen Fokus auf Absorption allerdings gleichzeitig die an beides gebundene Kollaboration, womit sich die Allianz erübrigt. Im Netzwerk mit multilateralen Beziehungen dürften entsprechende Kontrollstrategien gegen nicht intendierte Wissensdiffusion noch wesentlich schwieriger umzusetzen sein als in den untersuchten bilateralen Fällen.

Beim kollaborativen Lernen wird die Nullsummensituation des kompetitiven Lernens in Richtung eines Positivsummenspiels erweitert: Man betrachtet nicht nur das **Lernen von Partnern**, sondern auch das **Lernen mit Partnern**, bei welchem ein beträchtlicher Mehrwert erwartet wird.

Als dritter Fall ist das **Nicht-Lernen wegen Partnern** hervorzuheben, wobei Nicht-Lernen sich auf den mühseligen und pfadabhängigen Prozess fachspezifischer (Kern-)Kompetenzen bezieht, die selbst zu erwerben

- zu viel Zeit in Anspruch nähme,
- aus Sicht des gegenwärtigen Kompetenzportfolios zu riskant, d. h. mit Unsicherheit belastet wäre,
- für den Zweck des Wachstums durch Umsatz aus zusätzlichen Produkten, die auf kombinierten Fähigkeiten beruhen, strategisch nicht angestrebt wird.

In diesem Fall bezieht sich Lernen auf das Erlernen des für die Beteiligten notwendigen Wissens zur Nutzung der Wissenssurrogate der Partner (vgl. zum Surrogatsbegriff Scheuble 1998).

Zum Abschluss dieses Abschnitts ist nochmals auf ein implizit akkumulatives und positives Verständnis von Lernen in einem Großteil der Literatur hinzuweisen. Ein besonders im pragmatischen Raum notwendiges Verlernen von Konzepten und Einstellungen, die eng mit der eigenen Identität gekoppelt sind, wird bestenfalls erwähnt, in den empfohlenen Methoden und Werkzeugen interorganisationalen Lernens aber kaum berücksichtigt.

Ausgeblendet bleibt, dass Lernen sich nicht in jedem Fall positiv auf die Ziele der Netzwerkbeteiligten auswirken muss, einerseits weil im Sinne der Ziele „Falsches" gelernt wird, andererseits weil Effizienzgewinne aus Wissensspezialisierung konterkariert werden. Es ist daher erforderlich, sich den Begriff des Lernens genauer anzusehen.

3.3 Bedingungen und Formen interorganisationalen Lernens

„Learning occurs when we detect and correct errors"(Argyris 1993, S. 3). Mit dieser Definition kommt man nur zum Teil weiter, weil sie eine Eindeutigkeit des Begriffs „Irrtum" voraussetzt. Als Ausgangspunkt für die folgenden Betrachtungen tut sie jedoch ihren Zweck. Was als Irrtum erkannt wird, richtet sich nach den Wissensbasen der Lernenden und den Konversationsbewegungen in der Lernsituation. Es richtet sich auch danach, ob sich Lernende in ihrer Identität und ihrem Status bedroht fühlen, wie Argyris/ Schoen (1978) gezeigt haben. Ihren Beobachtungen nach entwickeln sich in Organisationen universell bzw. kulturübergreifend so genannte „defensive routines", welche der Vermeidung von Gesichtsverlust dienen und gleichzeitig das Erkennen der Ursache für „embarrassment and threat" verhindern (Argyris 1993, S. 15). Sie beruhen darauf, dass man anders spricht als handelt, die Diskrepanz gleichzeitig leugnet und das Leugnen der Diskrepanz ebenfalls verschleiert mit dem Effekt einer „höchstfähigen Unfähigkeit" (Argyris 1993, S. 54). Aus den Beobachtungen von Defensivroutinen entwickelten Argyris/ Schoen (1978) ihr Modell des ein- und doppelschleifigen Lernens, das sich ähnlich auch bei Bateson (1979) findet. **Einschleifiges Lernen** beschreibt Verfeinerungen und Verbesserungen innerhalb einer Routine, eines Paradigmas, eines Schemas von nicht hinterfragten Voranahmen. **Doppelschleifiges Lernen** reflektiert die Routine, das Paradigma, die Voranahmen, wie in Übersicht 1 skizziert.

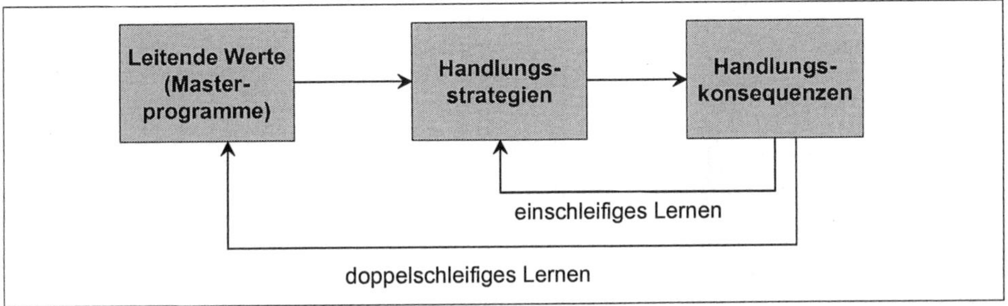

Quelle: Argyris 1993, S. 50 (Übersetzung durch die Verfasserin).

Übersicht 1: Single-Loop- und Double-Loop-Learning

Doppelschleifiges Lernen bedeutet Grenzüberschreitung und hier kann eine Wiederanknüpfung an das Kernthema Lernen in multikulturellen Netzwerken erfolgen: Zwar liegen Defensivroutinen universell vor (vgl. so Argyris 1993), ihre Ausprägung variiert allerdings zwischen den Kulturen. Diversität in all ihren Formen, zwischen Professionen, Funktionen, Altersgruppen, Geschlechtern und eben nationalen Kulturen kann hier zum Vorteil bezüglich doppelschleifigen Lernens werden, wenn es gelingt, die jeweiligen Routinen durch „Befremden" bewusst zu machen. Da allerdings Verlegenheit und Identitätsbedrohung im doppelschleifigen Lernen involviert sind, können auch gegenseitige Ablehnung und Erhärtung der Routinen erfolgen.

Es kann also einerseits die Hypothese aufstellt werden, dass einschleifiges interorganisationales Lernen mit höherer Wahrscheinlichkeit gelingen wird als doppelschleifiges interorganisationales Lernen. Andererseits liegt auch die Hypothese nahe, dass die Begegnung mit Personen, die nach anderen Masterprogrammen handeln, die Sensibilität für die eigenen Masterprogramme steigert. Eine weitere Hypothese könnte daher lauten, dass Unternehmen mit hoher internationaler Betroffenheit und Exposition eine höhere Chance haben, Defensivroutinen abzubauen und daher innovativer sind.

Auf diese zweite Hypothese gründet sich die Vorstellung von der überlegenen Wettbewerbsfähigkeit der transnationalen Unternehmung, der es gelingt, relevantes (!) Wissen aus dem Netzwerk auf andere Teile zu übertragen bzw. im Netzwerk neues relevantes Wissen zu entwickeln.

Bei derart abstrakten Überlegungen kann allerdings nicht stehen geblieben werden. Nun ist zu fragen, wie Informationsflüsse und wechselseitige Lernprozesse „inszeniert" werden können, damit Synergien entstehen. Wie in Übersicht 2 zusammengefasst, hat die Literatur hier bereits ein Ordnungsmodell nach Richtung und Intensität der Informations- und Lernbewegungen für die verschiedenen Organisationstypen international tätiger Konzerne vorgelegt, das auch auf Netzwerke übertragbar ist, wenn für letztere in der Regel auch von wechselseitigen Beziehungen ausgegangen wird.

Rolle	**Wissensflüsse** **zu-**	 **ab-**	**Koordination/** **Kontrolle**
globaler Innovator	↓	↑	moderat hohe Kommunikationsintensität mit MG (Z) hohe Autonomie
integrierter Spieler	↑	↑	hohe Kommunikationsintensität mit allen hohe Autonomie
Implementierer	↑	↓	einseitige Kommunikation geringe Autonomie
lokaler Innovator	↓	↓	geringe Kommunikation mittlere Autonomie

Legende:
zu- ↑ empfängt viel Wissen aus anderen Konzernbereichen
ab- ↑ gibt viel Wissen an andere Konzernbereiche ab
zu- ↓ empfängt wenig Wissen aus anderen Konzernbereichen
ab- ↓ gibt wenig Wissen an andere Konzernbereiche ab

Quelle: In Anlehnung an: Bartlett/Ghoshal 1989; Doz u. a. 2001.

Übersicht 2: Wissenszuflüsse in transnationalen Unternehmen

Mit der Überlegung über Wissensflüsse ist man der Frage der Inszenierung von Zu-, Abflüssen und vor allem gemeinsamer Wissensentwicklung allerdings noch nicht näher gekommen. Ihr scheint die Vorstellung von technischem Wissen bzw. eines syntaktischen Grenzraums zugrunde zu liegen.

Ähnliche Rollen wurden auch für Allianzen beschrieben: Das Lead Company Konzept geht von Federführung durch einen Netzwerkpartner aus, was dem globalen Innovator entspricht, das Plattformkonzept von einem auf Integration spezialisierten gemeinsamen Venture der Partner, womit die Rolle des integrierten Spielers angesprochen ist. Implementierer sind in horizontalen Kooperationen nicht zu erwarten, hingegen entspricht die Rolle des lokalen Innovators dem Exploitation Konzept möglichst loser Koppelung von spezialisierten Modulen.

Wenn Überlegungen zu unterschiedlichen Rollen nun mit dem Modell von Carlile gekoppelt werden (vgl. dazu auch Rooney/Schneider 1999, 2001), können die Grenzen im Netzwerk nach dem Grad der Unterschiedlichkeit und Abhängigkeit gekennzeichnet werden. Wenn sowohl Unterschiedlichkeit als auch wechselseitige Abhängigkeit gering sind, genügt ein gemeinsamer Zeichenvorrat, man kann von Wissenstransfer sprechen, das gegenseitige Verstehen ist kaum bedroht: Eine solche Situation wäre etwa für ForscherInnen anzunehmen, die alle an der selben Universität tertiär sozialisiert wurden, über eine gemeinsame Fachsprache verfügen und arbeitsteilig an einer wohldefinierten Problemstellung arbeiten, deren Übergabestellen explizit gut beschrieben sind.

Sobald Unterschiede und wechselseitige Abhängigkeiten sowie Unsicherheit zunehmen, kann nicht mehr mit einem einfachen Übertragungsmodell gearbeitet werden: Übersetzung ist notwendig, es muss einschleifig gelernt werden, Begriffsverständnisse und Zielvorstellungen sind abzugleichen. Man könnte sich ein Team von Motoren-, Klimasystem-, Sicherheits- und Designspezialisten bei der Entwicklung eines Auto-Modells vorstellen, das bereits gemeinsam entwickelten Modellen ähnelt (Carlile 2002a).

Wenn Unterschiedlichkeit und wechselseitige Abhängigkeit zunehmen und gleichzeitig an schlecht strukturierten innovativen Aufgabenstellungen gearbeitet wird, genügt auch Übersetzung nicht mehr, es ist Transformation nötig, doppelschleifiges Lernen – und damit das riskante Aufgeben eingeschliffener Selbstverständlichkeiten und Selbstbilder. Wie in Übersicht 3 dargestellt, wachsen die Erfordernisse von Vertrauen, persönlicher Begegnung und Lernzeit mit der Unterschiedlichkeit, wechselseitigen Abhängigkeit und Unstrukturiertheit/Unsicherheit der gemeinsamen Aufgabe.

Das hat gravierende Auswirkungen für die Gestaltung von Verträgen und Interaktionsbeziehungen in Netzwerken. Im syntaktischen Fall der Grenze mit reinen Transfererfordernissen kann der Austausch virtuell erfolgen; man wird sich auf Handbücher, Pflichtenhefte und sorgsam ausgearbeitete Verträge verlassen, Kontakte werden hauptsächlich an der Spitze der beteiligten Organisation und im Einzelfall an der operativen Basis erfolgen, die Wissensbasen der Partner werden nur zum Teil tangiert. Es geht in diesem Fall um „exploitation“, um Economies of Scale, um kodifiziertes Wissen (Dussauge u. a. 2000).

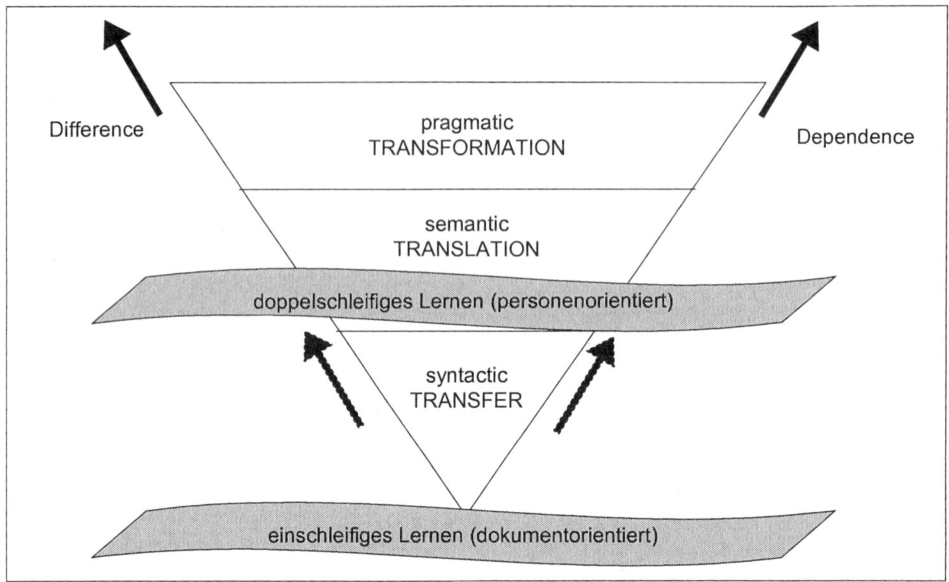

Quelle: In Erweiterung von: Carlile 1997, 2002b.

Übersicht 3: Wissensorientierte Gestaltung von Grenzen

Im pragmatischen Fall der Grenze, bei der Inszenierung von **Transformationsprozessen**, wird der Austausch eher persönlich, auf vielen Ebenen der beteiligten Organisationen erfolgen, es wird nur Rahmenverträge geben, daher ein hohes Bedürfnis nach Vertrauen und Kontrolle, implizite und eingebettete Aspekte des Wissens werden maßgeblich. Letztere werden in gemeinsamer Praxis entwickelt und geteilt: Dies geschieht am besten durch persönliche Zusammenarbeit an konkreten Aufgaben und kann nur sehr begrenzt über Dokumente, Boundary Objects, virtuelle Formen oder hierarchische Anordnung bewirkt werden. Die mittlerweile umfangreiche Literatur zu „communities (of practice)" diskutiert ausführlich, wie gemeinsame Praxis entsteht und welche Dilemmata der Steuerung von Spontaneität dabei zu bewältigen sind (vgl. unter anderem Hagel/ Armstrong 1997; Bullinger u. a. 2002; Wenger/McDermott/Snyder 2002).

Mit solchen Differenzierungen können unter Umständen widersprüchliche empirische Ergebnisse aufgeklärt werden, wie jene bezüglich der Erfolgswirksamkeit komplementärer Kompetenzen oder der Postulierung von **Vertrauen** als Voraussetzung bzw. Ergebnis erfolgreicher Zusammenarbeit (Madhock/Tallmann 1998; Ring 1996).

Um nun weiterzukommen wären, in konsequenter Verfolgung einer Prozessperspektive, Überlegungen zur Entfaltung von Netzwerken im Zeitablauf angebracht. Vertragsorientierte Arbeiten fokussieren stark auf die Vorbedingungen und Initiierung von Zusammenarbeit, um daraus Erfolgsfaktoren abzuleiten. Sie vernachlässigen die – gerade aus einer Lernperspektive – hoch wahrscheinliche dynamische Veränderung der Ausgangsbedingungen, insbesondere das Lernen der Zusammenarbeit im Netzwerk und das unter Umständen parallele Lernen von Zusammenarbeit in anderen Netzwerken (Contractor/Lorange 1988; Harrigan 1988; Kogut 1988; Parkhe 1993; Schneider/Fuchs 1999). Überlegungen zum interorganisationalen Lernen sind demgegenüber eher an einem Lebenszyklus- oder Phasenmodell von Allianzen interessiert. Sie werden an anderer Stelle dieses Sammelwerks ausgeführt. An dieser Stelle wendet sich die Autorin den phasenübergreifenden allgemeinen Voraussetzungen und Barrieren von Lernen zu.

4. Transfer-, Translations- und Transformationsvoraussetzungen und -barrieren

Ohne die Feindifferenzierung nach Grenzräumen zu treffen, haben sich viele Autoren mit Gründen befasst, welche wechselseitiges Lernen verhindern. Dabei wurden vier Kategorien von Barrieren untersucht: Am häufigsten das **Wissen** selbst, wobei Charakteristika wie kausale Ambiguität (Lippmann/Rumelt 1982; Mosakowski 1997), Komplexität und hohe stillschweigende Anteile (Winter 1987; Kogut/Zander 1993) und die Einbettung in Praxis („stickiness", Szulanski 1996) als Transfer erschwerend erkannt wurden. Diese Wissenscharakteristika begründen einerseits eben das Bemühen, die Transfernotwendigkeit durch gute modulare Wissensteilung (in der mittlerweile unüblicheren Bedeutung von Teilung als exklusive Spezialisierung) gering zu halten. Foss/Pedersen (2000) schlagen eine Differenzierung von Barrieren nach **Wissensquellen** vor und werfen jene Fragen auf, die Führungskräfte in der Praxis vermutlich am unmittelbarsten betreffen: Wer trägt die Transferkosten und wie können sie etwaig kompensiert werden? Die Autoren unterscheiden intern entwickeltes Wissen, Wissen aus Kunden- und Lieferantenbeziehungen und Wissen aus lokalen Clustern, womit Forschungsinstitutionen und hochgebildete Belegschaften gemeint sind. Sie untersuchen die Frage von Transfer im Kontext von Konzernen (die hier als hierarchisch strukturierte Netzwerke in die Argumentation eingeschlossen werden) und vermuten, dass intern generiertes Wissen am leichtesten und umfangreichsten ausgetauscht wird und die beiden anderen Kategorien dann vermehrt eine Rolle spielen, wenn eine Niederlassung autonom ist und hohe leistungsbezogene Interdependenz besteht, was in einer empirischen Studie auch vorsichtige Bestätigung erfährt.

Die genannten Studien müssen deshalb als grob bezeichnet werden, weil sie das Lernproblem als einschleifig konzipieren und eine Transfermetapher zugrunde legen, für welche die untersuchten Merkmale letztlich unüberwindbare Hindernisse darstellen. Wenn hingegen in Kategorien von Translation und Transformation gedacht wird, dann geht es weniger um dokumentierfähige Externalisierung von Wissen als um die Gestaltung von

„boundary objects“ (Carlile 2002a), die bewusste Förderung von „boundary spanners“ (Gulati 1998) und die Inszenierung von Interaktionsräumen (Schneider 2001). Für gelingende Transformationsbeziehungen gilt, dass am meisten Innovation erfolgt, über Konflikte nicht hinweggegangen und über eine längere Dauer gemeinsame Praxis entwickelt wird, die dann zu der von Sydow (1992) beobachteten „temporären Stabilität“ von Netzwerkbeziehungen über mehrere Projekte führt. Viele Autoren haben den Zusammenhang von Vertrauensbildung und Allianzerfolg untersucht (Arino/de la Torre 1998; Arino/Doz 2000). Als Voraussetzung für Vertrauen werden immer wieder die Dauer der Beziehungen, die Intensität der Beziehungen und die Transparenz der Beziehungen hervorgehoben (Parkhe 1993; Ring/Van de Ven 1992, 1994; Dyer/Chu 2000).

Diese Voraussetzungen gelten auch für pragmatische Grenzbeziehungen und interorganisationales **Lernen durch Transformation**. Man könnte die Erfolgsbeziehung neu interpretieren und die Hypothese aufstellen, dass Netzwerke, die zum Zwecke innovativer Aufgabenerfüllung gebildet werden, dann eine hohe Erfolgswahrscheinlichkeit aufweisen, wenn es den Beteiligten gelingt, über eine rein syntaktische, wohl vertraute Gestaltung der Grenzbeziehungen, die sich in der Gestaltung von Verträgen und Regelungen im Berichtswesen ausdrückt, hinauszugehen.

Weitere Barrieren werden von der Literatur in den beteiligten Personen vermutet, sowohl sender- als auch empfängerseitig (vgl. z. B. Hamel 1991; Simonin 1999; Zander/Kogut 1995; Gupta/Govindarajan 2000). Hier geht es um die Fähigkeit und Bereitschaft, Wissen zu offenbaren, zugänglich zu machen bzw. es auch aufzunehmen und an der Schnittstelle in die Nützlichkeit des Gelernten zu vertrauen. Bendt verweist darüber hinaus auf die Bedeutung der Reputation des Senders (Bendt 2000, S. 59). Es spielt eine Rolle, wer etwas mit welcher Reputation einbringt, was besonders in **High-Context-Kulturen** gelten, doch auch hierzulande Nachwuchskräften nicht ganz fremd sein dürfte, die mit ihren Ideen nicht durchdringen, ehe sie nicht von einem Machtpromotor aufgegriffen werden. Im interkulturellen Netzwerk ist die Senderreputation allerdings weniger als bereits bestimmt zu interpretieren, sondern ergibt sich aus vorangegangenen Interaktionen mit Tendenz zur Selbstverstärkung.

Als vierte und Sammelkategorie von Barrieren werden organisatorische und situative Faktoren ins Treffen geführt. Dazu zählen im syntaktischen Raum zweifelsohne die Verlässlichkeit und Leistungsfähigkeit der informations- und kommunikationstechnischen Infrastruktur und im semantischen und pragmatischen Raum die verkehrstechnischen Verbindungen zwischen Standorten und die Regelungen für Dienstreisen und Personalrotation.

Die formelle Aufbauorganisation, die Gestaltung des Berichtswesens und die dominanten Koordinationsmodi (Entscheidungszentralisation, Programmierung, personelle Koordination, z. B. Bartlett/Ghoshal 1989) beeinflussen sowohl die Sender-/Empfängermotivation als auch die Möglichkeit, komplexe, mehrdeutige Sachverhalte zu behandeln, die hohe Anteile an eingebettetem und implizitem Wissen enthalten und damit eine gemeinsame Praxis erfordern.

An dieser Stelle ist die Prozesssichtweise der Dualität von Struktur und Aktion erneut zu betonen: Während Pucik (1991) das Scheitern von Allianzen als eine Folge fehlender Kontrollen für intangible Ziele und fehlender Anreize bzw. einer verfehlten Personaleinsatzpolitik interpretiert, stellen andere Autoren das Fehlen einer gemeinsamen Sprache als Barriere in den Vordergrund, so etwa Hamel (1991) für amerikanisch-japanische Joint Ventures oder Villinger (1996) für Formen west- und osteuropäischer Zusammenarbeit.

Einfach ausgedrückt, geht es um das Wollen, Können und Dürfen wechselseitigen Lernens unter Bedingungen einer gegebenen Infrastruktur und Organisationsstruktur, wobei letztere sowohl den Rahmen des Lernens bildet als auch durch Lernen verändert wird. Im internationalen Kontext bedeutet dies nicht nur Grenzen professioneller Unterschiede (etwa zwischen Produktionstechnikern und Marketingfachleuten) sowie hierarchischer Unterschiede zu bearbeiten, sondern auch solche ethnisch-kultureller Unterschiede und eines unterschiedlichen technisch-ökonomischen Entwicklungsniveaus.

Die Intensität, Richtung und das Ausmaß der Wissensschaffung und Wissensübertragung (hier i. w. S., der Transfer, Translation und Transformation umfasst) hängen daher von folgenden Faktoren ab:

- Von den Intentionen der beteiligten Partner; diese sind nochmals danach zu differenzieren, was von der Führungsspitze strategisch gewollt ist und was davon auf der Ebene konkret in Zusammenarbeit involvierter Akteure aufgenommen bzw. was ihrerseits hinzugefügt wird.
- Von den Lehr- und Lernfähigkeiten der beteiligten Partner, die nicht nur die Absorptionsfähigkeit, sondern auf der anderen Seite auch – die in der Literatur weniger untersuchte – Kommunikations- und Übertragungsfähigkeit umfasst.
- Von der Unterschiedlichkeit der kulturgebundenen Wissensbasen der beteiligten Akteure, die Translation und Transformation sowohl erschwert als auch im Falle ihrer produktiven Nutzung besonders fruchtbar für Innovationen macht.

Nicht zu vernachlässigen sind die Zeit und damit verbundene Gebefähigkeit der Sender bzw. Aufnahmefähigkeit der Empfänger. Wenn hier von Lernen die Rede ist, kann es nicht darum gehen, Netzwerke in dem Sinne misszuverstehen, dass eine kommunikative Vollstruktur angestrebt wird, in der allen immer mehr Daten sowie potenzielle Informationen und potenzielles Wissen zur Verfügung gestellt werden, wie es das implizite Programm der meisten Arbeiten zum Thema zu sein scheint. Vielmehr wird der Selektions- und Verdichtungsleistung künftig wesentlich mehr Aufmerksamkeit zu schenken sein, woraus neue Berufsbilder entstehen können, wie sie z. B. in großen Beratungsunternehmen schon verwirklicht sind.[1]

Auch die situativen Bedingungen sind ihrerseits kulturell zu relativieren, sodass insgesamt die in Übersicht 4 dargestellte Gesamtsicht auf Barrieren zu differenzieren ist.

---

1 Zur Problematik dieser notwendig erscheinenden Spezialisierung vgl. Schneider 2001, S. 61 ff.

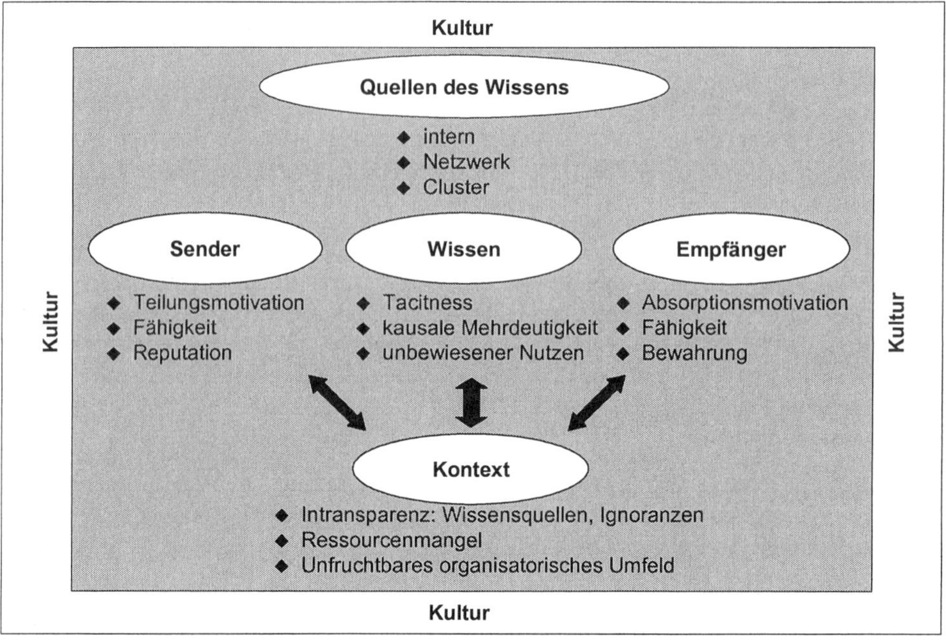

Übersicht 4: Barrieren interorganisatorischen Lernens bzw. Transfer-, Translations- und Transformationsbarrieren

5. Diskussion

Die Literatur zum internationalen Management hatte immer schon ein Nahverhältnis zu den Themen Lernen und Wissen, ist doch die Entstehung der multinationalen Unternehmung durch deren Fähigkeit definiert, Wissen zu internalisieren, für welches nur unvollständige Märkte angenommen werden: „Multinational corporations (as) [...] knowledge internalising entities“ (Moore/Birkinshaw 1998). Seit etwa 20 Jahren betont eine zunehmende Zahl von Autoren den Charakter von Wissen als strategische Ressource (Gupta/ Govindarajan 1991; Kogut/Zander 1993; Zander/Kogut 1995; Schneider 1996; Simonin 1999). Im Moment der Entstehung dieses Beitrags (Ende des Jahres 2002) darf der Beobachtung Ausdruck verliehen werden, dass ressourcenorientierte Ansätze der strategischen Unternehmensführung dominieren, wobei teilweise das Kind mit dem Bade ausgeschüttet wird, weil sich markt- und ressourcenorientierte Perspektiven der hier vertretenen Meinung nach ebenso ergänzen wie eine transaktionskostenorientierte und kompetenzorientierte Perspektive (Conner/Prahalad 1996; Scheuble 1998). Während klassische MNU-bezogene Forschung sich stark auf die Richtung von Wissensflüssen (vgl. z. B. Gupta/Govindarajan 1991) bzw. die Zentralität von Niederlassungen (Birkinshaw 1996) konzentriert und sich dazu meist des unzureichenden Instruments der Managerbefragung bedient, ist die Frage nach interorganisationalem Lernen weiter gesteckt. Relationale Renten (Dyer/Singh 1998) können erzielt werden, wenn es gelingt, im syntaktisch-semantischen Bereich das Tempo und die Flexibilität von Marktbeziehungen zu nutzen und im pragmatischen Feld die kulturbildenden Möglichkeiten von Hierarchie zu aktivieren. Für die Allianz- und Netzwerkforschung ergibt sich daraus zweierlei: Der Fokus auf den Ausgangsbedingungen und Eintrittsmotiven ist zugunsten einer dynamischen Betrachtung der strukturkonstituierenden Interaktionen im Netzwerk zu verschieben (vgl. z. B. Zajak/Olsen 1993; Koza/Lewin 1998).

Lebenszyklusmodelle von Allianzen unterschiedlicher Schwerpunktsetzung mit Bezug zum Lernen können empirische Forschungen zur konkreten Inszenierung von Lern- und Kollaborationssequenzen anleiten: In kompetitiven oder Ressourcen ausnutzenden Allianzen ist Lernen ein Nebenprodukt, das sich auf koordinative Aspekte bezieht und bewusst auf die Aneignung fachlichen Spezialwissens der Netzwerkpartner verzichtet. Wo ein Einstieg über strategische Allianzen allerdings als risikomindernder Erprobungszug in einem neuen Feld konzipiert ist (Grant/Baden-Fuller 2004, S. 75 f.), wird die Grenze zwischen Koordinations- und Fachwissen bereits fließend. Kollaborative oder Ressourcen schaffende Allianzen betrachten Lernen als Kernaufgabe und designen entsprechende strukturelle, kulturelle und individuelle Entwicklungsprogramme. Allerdings warnt uns eine Prozesssicht davor, den „als-ob-Charakter“ solcher typologischer Einteilungen aus dem Auge zu verlieren. Im dynamischen Spiel der Allianz-Interaktionen unter Bedingungen turbulenter Umwelten kann sich die Grenze zwischen den Typen im Zeitablauf immer wieder verschieben. Um diesen dynamischen Aspekt zu erfassen, wären statt der punktuellen Varianzanalysen Langzeitstudien erforderlich.

Ferner sollte stärkerer Anschluss an die Wissensmanagementliteratur und Literatur zum organisationalen Lernen gesucht werden, um hier vertiefende Differenzierungen zu gewinnen, aus denen sich so manches Synergieversprechen beim Eingehen von Allianzen einerseits relativieren, andererseits aber auch nicht dem Zufall überantworten, sondern bewusst gestalten lässt.

In dieser Arbeit wurde vorgeschlagen, den Abbau von Barrieren im Lichte eines differenzierenden Modells eines **wissensorientierten Grenzmanagements** in Netzwerken zu betrachten. Wissen war damit nicht nur explizit, sondern auch implizit als kontextgebundenes, sozial vermitteltes prozesshaftes Geschehen definiert. Im Fall geringer Unterschiedlichkeit der Wissensbasen der Netzwerkpartner, geringer Interdependenz und wohl strukturierter gemeinsamer Aufgaben reduziert sich die Komplexität dieses Prozesses auf die Vermittlung von standardisierten Codes, die durchaus als Bestände aufgefasst und akkumuliert werden können. An der Grenze stellt sich ein Transferproblem, welches im Wesentlichen technisch lösbar ist, mit etwas an sozialtechnischer Unterstützung, z. B. durch Anreize zur Abgabe und Aufnahme von relevanter Schnittstelleninformation.

Wenn Unterschiedlichkeit und wechselseitige Abhängigkeit zunehmen, steigen sowohl der Reiz als auch die Wertschöpfungspotenziale der Zusammenarbeit im Netzwerk, allerdings aber auch die Barrieren interorganisationalen Lernens. Es muss nicht nur gelernt, sondern auch verlernt werden (doppelschleifiges Lernen), es sind nicht nur feststehende, eindeutige Parameterwerte auszutauschen, sondern neue gemeinsame Parameter zu definieren, es ist nicht nur Wissen aus den Wissensbasen der beteiligten Personen abzurufen, sondern es werden die Wissensbasen verändert. Raumökologie, Zeit und interkulturelle Unterschiede sind von Bedeutung, wobei von einer positiven Korrelation der zur Verfügung gestellten Zeit mit dem Ergebnis auszugehen ist (zumindest bis zu einem Grenzwert), während kulturelle Diversität sowohl als Barriere als auch als positiver Impuls wirken kann, Defensivroutinen aufzubrechen. Für eine weitere Erforschung der komplexen Zusammenhänge interorganisationalen Lernens wäre also ein weiteres Forschungsgebiet einzubeziehen, nämlich die reiche Literatur zu Auswirkungen von Kulturunterschieden und kulturellen Konstanten.

„**Communities of practice**" sind eine Form, in der Transformation im eben beschriebenen Sinn stattfinden kann, wodurch allerdings nicht – wie behauptet (North 1998) – Wissen nur externalisiert wird, sondern eine ganze Spirale im Sinne des **SECI-Modells** von Nonaka/Takeuchi in Gang gesetzt wird (zur Kritik am Modell vgl. Rooney/Schneider 1999, 2001).

Was bedeutet dies für die Managementaufgabe, interorganisationales Lernen in Netzwerken zu ermöglichen bzw. zu inszenieren? Der aus der Welt der Bühne stammende Inszenierungsbegriff taucht hier mehrfach auf, um auf den nur indirekten Charakter möglicher Einflussnahme zu verweisen (zur indirekten Steuerung vgl. das **Grazer Metamodell des Wissensmanagements** in Schneider 2001, S. 32).

Es wird sehr stark von der Zielsetzung einer Zusammenarbeit in Netzwerken und Allianzen abhängen, ob ein einfaches oder komplexeres Management der Grenzen unter Lerngesichtspunkten erforderlich ist. Da nicht davon ausgegangen werden kann, dass einsichtsreiche Planer diese Ziele vorab determinieren und sie dann statisch festschreiben, ist auch für Projekte mit exploitivem Charakter strategisch zu entscheiden, wie viel explorative Potenziale gepflegt werden sollen, um für eine etwaig veränderte Form künftiger Zusammenarbeit Optionen zu eröffnen. Letzteres wird in den heute in der Praxis vorfindbaren Entscheidungsverfahren immer schwer zu argumentieren sein, weil die Verfahren der Realoptionsberechnung (Perlitz/Peske/Schrank 1999) noch nicht so weit entwickelt sind, um den Entscheidern monetäre Grundlagen einer Entscheidung für das Offenhalten zukünftiger Handlungsoptionen an die Hand zu geben. Daher dominiert in Allianzen mit Exploitationszielsetzung der Ansatz gegenseitige Spezialisierungsvorteile möglichst überschneidungsfrei zu nutzen.

6. Conclusio und Ausblick

Dieser Beitrag hat den Versuch unternommen, die Fülle an – als Patchwork wirkenden – Veröffentlichungen zu drei hier zusammenzuführenden Themen zu ordnen und empirische Befunde sekundär zu sichten.

Als Forschungsaufgaben für die Zukunft sieht die Autorin drei Felder:

- Erstens, empirische Erhebungen zu Translations- und Transformationsprozessen, die sich stark auf lern- und wissensorientierte Literatur stützen, empirisch aber konkrete Kooperationsanliegen in Netzwerken untersuchen.
- Zweitens, eine Verbindung der Erkenntnisse verschiedener Kulturtheorien mit den Theorien interorganisationalen Lernens und wissensbasierter Zusammenarbeit, um daraus komparative Forschungsdesigns zu generieren.
- Drittens, eine Schärfung der Abgrenzung zwischen Exploration und Exploitation und eine schärfere Bestimmung der Determinanten einer – unter Lern- und Wissensgesichtspunkten – optimalen Modularisierung (Lokalisierung).

Das Verstehen interorganisationalen Lernens im Kontext interkultureller Netzwerke steckt noch in den Kinderschuhen, während seine strategische Funktion schon recht ausführlich abgehandelt wurde. Da jegliche Strategie nur so gut ist wie ihre Umsetzung darf letztere nicht als sich quasi automatische vollziehend gedacht werden, wenn nur die entsprechenden Transfervoraussetzungen geschaffen werden.

Literatur

ARGYRIS, C. (1993): Knowledge for action, Jossey-Bass.

ARGYRIS, C.; SCHOEN, D. A. (1978): Organizational Learning: A theory of action perspective, Reading/Massachusetts.

ARINO, A.; DE LA TORRE, J. (1998): Learning from failure: Towards an evolutionary model of collaborative ventures, in: Organization Science, 9. Jg., S. 306-325.

ARINO, A.; DOZ, Y. (2000): Rescueing troubled alliances… before it's too late, in: European Management Journal, 18. Jg., S. 173-182.

BAIN, J. S. (1959): Industrial organization, New York.

BALAKRISHNAN, S.; KOZA, M. (1993): Information asymmetry, adverse selection and joint ventures, theory and evidence, in: Journal of Economic Behavior and Organization, 20. Jg., S. 99-117.

BARNEY, J. B. (1986): Firm resources and sustained competitive advantage, in: Journal of Management, 17. Jg., S. 99-120.

BARTLETT, C. A.; GHOSHAL, S. (1989): Managing Across Borders. The Transnational Solution, Boston.

BATESON, G. (1979): Mind and Nature. A Necessary Unity, New York.

BENDT, A. (2000): Wissenstransfer in multinationalen Unternehmen, Wiesbaden.

BIRKINSHAW, J. M. (1996): How global subsidiary mandates are gained and lost, in: Journal of International Business Studies, 27. Jg., S. 467-495.

BORGHOFF, T.; OLIVEIRA, M.; WELGE, M. K. (2000): Competencies of Global Network Evolution: A Knowledge Perspective, e-Proceedings of 26th Annual Conference of European International Business Academy, Maastricht.

BULLINGER, H. U. A. (2002): Business Communities – Professionelles Beziehungsmanagement von Kunden, Mitarbeitern und B2B-Partnern im Internet, Bonn.

CARLILE, P. (1997): Transforming knowledge in product development: Making knowledge manifest through boundary objects, unpublished Diss., University of Michigan.

CARLILE, P. (2002a): A pragmatic view of knowledge and boundaries. Boundary objects in new product development, in: Organization Science, 13. Jg., Nr. 4, S. 442-455.

CARLILE, P. (2002b): Transferring, Translating and Transforming: An Integrative Framework for Managing Knowledge Across Boundaries, Working Paper, MIT, Sloan School of Management, Boston.

CASTELLS, M. (1996): The Rise of the Network Society, Cambridge/Massachusetts.

CHILD, J. (2001): Learning through Strategic Alliances, in: Child, J.; Dierkes, M.; Nonaka, J. (Gottfried Daimler- und Karl Benz-Stiftung) (Hrsg.): Handbook of Organizational Learning & Knowledge, Oxford, S. 657-680.

COHEN, W.; LEVINTHAL, D. (1990): Absorptive Capacity: A New Perspective on Learning and Innovation, in: Administrative Science Quarterly, 35. Jg., S. 128-152.

CONNER, K. R.; PRAHALAD, C. K. (1996): A resource-based theory of the firm: Knowledge versus opportunism, in: Organization Science, 7. Jg., Nr. 5, S. 477-501.

CONTRACTOR, F. J.; LORANGE, P. (1988): Why should firms cooperate? The strategy and economic basis for cooperative ventures, in: Contractor, F. J.; Lorange, P. (Hrsg.): Cooperative Strategies in International Business, Lexington, S. 3-30.

DOZ, Y. L. U. A. (2001): From Global to Metanational, Boston.

DUSSAUGE, P. U. A. (2000): Learning from Competing Partners: Outcomes and durations of scale and link alliances in Europe, North America and Asia, in: Strategic Management Journal, 21. Jg., S. 99-126.

DYER, J. H.; CHU, W. (2000): The determinants of trust in supplier-automaker relationships in the U. S., Japan and Korea, in: Journal of International Business Studies, 20. Jg., S. 235-254.

DYER, J. H.; SINGH, H. (1998): The relational view: cooperative strategy and sources of interorganizational competitive advantage, in: The Academy of Management Review, 23. Jg., S. 660-679.

FOSS, N. J.; PEDERSEN, T. (2000): Transferring Knowledge in MNCs: The Role of Sources of Subsidiary Knowledge and Organizational Context, e-Proceedings of 26th Annual Conference of European International Business Academy, Maastricht.

FUCHS, J.; STOLORZ, CH. (2001): Produktionsfaktor Intelligenz, Wiesbaden.

GARUD, R.; VAN DE VEN, A. H. (2000): Strategic Change Process, in: Pettigrew A.; Thomas, H.; Whittington, R. (Hrsg.): Handbook of Strategy and Management, here as version on the homepage (www.legacy.csom.umn.edu/wwwPages/Faculty/Vande Ven/ahvhome.htm), S. 1-66.

GIDDENS, A. (1979): Central Problems in Social Theory, Los Angeles.

GRANT, R. M. (1996): Toward a Knowledge-Based Theory of the Firm, in: Strategic Management Journal, 17. Jg., S. 109-122.

GRANT, R. M.; BADEN-FULLER, CH. (2004): A knowledge Assessing Theory of Strategic Alliances, in: Journal of Management Studies, 41. Jg., Nr. 1, S. 61-84.

GRIFFIN, D. (2000): The Emergence of Leadership. Linking Self-Organization and Ethics, London u. a.

GULATI, R. (1995): Does familiarity breed trust? The implications of repeated ties for contractual choice in alliances, in: Academy of Management Journal, 38. Jg., S. 85-112.

GULATI, R. (1998): Alliances and networks, in: Strategic Management Journal, 19. Jg., Nr. 4, S. 293-317.

GUPTA, A. K.; GOVINDARAJAN, V. (1991): Knowledge Flows and the Structure of control within Multinational Corporations, in: Academy of Management Review, 16. Jg., S. 768-792.

GUPTA, A. K.; GOVINDARAJAN, V. (2000): Knowledge flows within multinational corporations, in: Strategic Management Journal, 21. Jg., S. 473-496.

HAGEL, J.; ARMSTRONG, A. (1997): Net Gain – Profit im Netz: Märkte erobern mit virtuellen Communities, Wiesbaden.

HÅKANSSON, H. (1987): Industrial technological development: A network approach, London.

HAMEL, G. (1991): Competition for Competence and Inter-Partner Learning within International Strategic Alliances, in: Strategic Management Journal, 12. Jg., Summer Special Issue, S. 83-103.

HARRIGAN, K. R. (1988): Strategic alliances and partner asymmetries, in: Contractor, F.; Lorange, P. (Hrsg.): Cooperative strategies in international business, Lexington, S. 205-226.

HENNART, J. F. (1988): A transaction costs theory of equity joint ventures, in: Strategic Management Journal, 9. Jg., S. 361-374.

HILL, R. C.; HELLRIEGEL, D. (1994): Crtitcal contingencies in joint venture management: Some lessons from managers, in: Organization Science, 5. Jg., S. 594-608.

INKPEN, A. C.; CROSSAN, M. M. (1995): Believing Is Seeing: Joint Ventures and Organizational Learning, in: Journal of Management Studies, 32. Jg., S. 595-618.

KOGUT, B. (1988): Joint ventures: theoretical and empirical perspectives, in: Strategic Management Journal, 9. Jg., Nr. 4, S. 319-332.

KOGUT, B.; ZANDER, U. (1992): Knowledge of the firm, combinative capabilities, and the replication of technology, in: Organization Science, 3. Jg., S. 383-397.

KOGUT, B.; ZANDER, U. (1993), Knowledge of the firm and the evolutionary theory of the multinational enterprise, in: Journal of International Business Studies, 24. Jg., S. 625-646.

KOZA, M. P.; LEWIN, A. Y. (1998): The co-evolution of strategic alliances, in: Organizational Science, 9. Jg., S. 255-264.

KÜHL, S. (2003): Führen ohne Führung, in: Harvard Business Manager, Nr. 1/2004, S. 71-79.

LEI, D.; SLOCUM, J. W. (1992): Global strategy, competence-building and strategic alliances, in: California Management Review, 35. Jg., Nr. 1, S. 81-97.

LIPPMANN, S.; RUMELT, R. P. (1982): Uncertain Imitability: An Analysis of Interfirm Differences in Efficiency under Competition, in: Bell Journal of Economics, 13. Jg., S. 418-438.

MACHARZINA, K. U. A. (2001): Learning in Multinationals, in: Child, J.; Dierkes, M.; Nonaka, J. (Gottfried Daimler- und Karl Benz-Stiftung) (Hrsg.): Handbook of Organizational Learning & Knowledge, Oxford, S. 631-657.

MADHOCK, A.; TALLMANN, S. (1998): Resources, Transactions, and Rents: Managing Value through Interfirm Collaborative Relationships, in: Organization Science, 9. Jg., Nr. 3, S. 326-339.

MARCH, J. G. (1991): Exploration and Exploitation in Organizational Learning, in: Cohen, M.D.; Sproull, L. (Hrsg.): Organizational Learning, London.

MAYNTZ, R. (1993): Policy Netzwerke und die Logik von Verhandlungssystemen, in: Heritier, A. (Hrsg.): Policy-Analyse, Opladen.

MOORE, K.; BIRKINSHAW, J. (1998): Managing Knowledge in Global Service Firms: Centers of Excellence, in: Academy of Management Executive, 12. Jg., S. 81-92.

MOSAKOWSKI, E. (1997): Strategy Making under Causal Ambiguity, in: Organization Science, 8. Jg., S. 414-442.

NELSON, R. R.; WINTER, S. G. (1982): An Evolutionary Theory of Economic Change, Cambridge.

NONAKA, I.; TAKEUCHI, H. (1995): The Knowledge Creating Company: How Japanese Companies Create the Dynamics of Innovation, New York.

NORTH, K. (1998): Wissensorientierte Unternehmensführung, Wiesbaden.

PARKHE, A. (1993): Strategic alliance structuring: A game theoretic and transaction cost examination of inter-firm cooperation, in: Academy of Management Journal, 36. Jg., S. 794-829.

PARKHE, A. (1998): Building Trust in International Alliances, in: Journal of World Business, 33. Jg., Nr. 4, S. 417-437.

PENROSE, E. T. (1968): The Theory of the Growth of the Firm, fourth impression (first printed 1959), Oxford.

PERLITZ, M.; PESKE, T.; SCHRANK, R. (1999): Real options valuation: the new frontier in R & D project evaluation?, in: R & D Management, 29. Jg., Nr. 3, S. 255-269.

PORTER, M. (1980): Competitive Strategy, New York.

PUCIK, V. (1991): Technology Transfer in Strategic Alliances: Competitive Collaboration and Organizational Learning, in: Agmon, T.; von Glinow, M. A. (Hrsg.): Technology Transfer in International Business, Oxford, S. 121-138.

RING, P. S. (1996): Fragile and resilient trust and their roles in economic exchange, in: Business and Society, 35. Jg., S. 148-175.

RING, P. S.; VAN DE VEN, A. H. (1992): Structuring cooperative relationships between organizations, in: Strategic Management Journal, 13. Jg., S. 483-498.

RING, P. S.; VAN DE VEN, A. H. (1994): Developmental processes of cooperative interorganizational relationships, in: Academy of Management Review, 19. Jg., S. 90-188.

ROONEY, D.; SCHNEIDER, U. (1999): Re-Theorising the Tacit Dimension: Towards a New Treatment of Tacit Organizational Knowledge, Working Paper, Brisbane u. a.

ROONEY, D.; SCHNEIDER, U. (2001): Rethinking Tacit Knowledge, Proceedings of the Second European Conference on Knowledge Management, 8.-9.11., Bled (Slovenia).

SCHEUBLE, S. (1998): Wissen und Wissenssurrogate, Wiesbaden.

SCHNEIDER, U. (2001): Die 7 Todsünden im Wissensmanagement, Frankfurt a.M.

SCHNEIDER, U. (Hrsg.) (1996): Wissensmanagement. Die Aktualisierung des intellektuellen Kapitals, Frankfurt a.M.

SCHNEIDER, U.; FUCHS, M. (1999): Vertrauen in sino-westlichen Joint-Ventures, in: Kutschker, M. u. a. (Hrsg.): Management verteilter Kompetenzen in multinationalen Unternehmen, Wiesbaden, S. 27-47.

SHAW, P. (2002): Changing Conversations in Organizations, London u. a.

SIMONIN, B. (1999): Ambiguity and the Process of Knowledge Transfer in Strategic Alliances, in: Strategic Management Journal, 20. Jg., S. 595-623.

SPENDER, J. C. (1992): Limits to learning from the west, in: The International Executive, 34. Jg., September/October, S. 389-410.

SYDOW, J. (1992): Strategische Netzwerke: Evolution und Organisation, Wiesbaden.

SYDOW, J.; WINDELER, A. (Hrsg.) (1994): Management Interorganisationaler Beziehungen, Vertrauen, Kontrolle und Informationstechnik, Wiesbaden.

SZULANSKI, G. (1996): Exploring Internal Stickiness: Impediments to the Transfer of Best Practice within the Firm, in: Strategic Management Journal, 17. Jg., Winter Special Issue, S. 27-43.

VILLINGER, R. (1996): Post-acquisition Managerial Learning in Central East Europe, in: Organization Studies, 17. Jg., S. 181-206.

WATZLAWICK, P. U. A. (1967): Pragmatics of Human Communication, New York.

WENGER, E.; MCDERMOTT, R.; SNYDER, W. (2002): Cultivating Communities of Practice – A Guide to Managing Knowledge, Boston.

WINTER, S. (1987): Knowledge and competence as strategic assets, in: Teece, D. J. (Hrsg.): The Competitive Challenge: Strategies for Industrial Innovation and Renewal, Cambridge, S. 159-184.

ZAJAK, E. J.; OLSEN, C.P. (1993): From transaction cost to transaction value analysis: Implications for the study of interorganizational strategies, in: Journal of Management Studies, 30. Jg., S. 131-145.

ZANDER, U.; KOGUT, B. (1995): Knowledge and the Speed of the Transfer and Imitation of Organizational Capabilities, in: Organization Science, 6. Jg., S. 76-92.

Dirk Holtbrügge*

Management internationaler strategischer Allianzen

* Univ.-Professor Dr. Dirk Holtbrügge ist Inhaber des Lehrstuhls für Internationales Management der Friedrich-Alexander-Universität in Erlangen-Nürnberg.

1. Relevanz internationaler strategischer Allianzen

Internationalen Unternehmenskooperationen wurde in der internationalen Managementforschung lange Zeit nur eine geringe Aufmerksamkeit gewidmet. Häufig wurden sie lediglich als Second-best-Alternativen angesehen, etwa in Ländern, in denen die Investitionsgesetzgebung die Errichtung von 100%-igen Tochtergesellschaften nicht erlaubt (vgl. z. B. Franko 1971; Harrigan 1986; Beamish 1988). Der Grund dafür sind die aufwändigen Planungs-, Organisations- und Personalprobleme, die insbesondere in Krisensituationen die Effizienz und Stabilität der Zusammenarbeit gefährden können. Eine empirische Untersuchung von 5.500 Kooperationsfällen von Harbinson/Pekar (1997) kommt etwa zu dem Ergebnis, dass mehr als 40 % aller Unternehmungskooperationen scheitern.

Auch aus volkswirtschaftlicher Sicht werden Unternehmungskooperationen vielfach negativ beurteilt. So ist deren wachsende Zahl nach Ansicht von Porter (1991, S. 563 ff.) ein erstes Anzeichen für den langsamen wirtschaftlichen Niedergang einer Branche, da diese die Wettbewerbsintensität einschränken und die Realisierung der positiven Wettbewerbswirkungen behindern. Nach seiner Auffassung werden Allianzen überwiegend zwischen zweitrangigen Unternehmungen geschlossen, während globale Marktführer nur selten auf die Ressourcen und das Know-how von Partnern zurückgreifen, um Wettbewerbsvorteile zu erlangen.

In den letzten Jahren sind die Zahl und der Umfang länderübergreifender Unternehmungskooperationen jedoch stark angestiegen (UNCTD 2000, S. 95 ff.). Nach einer Untersuchung von Dyer/Kale/Singh (2001) verfügen die größten 500 Unternehmungen der Welt gegenwärtig über durchschnittlich 60 strategische Allianzen. Der gleichen Studie zufolge führt die Ankündigung einer neuen Allianz zu einem durchschnittlichen Anstieg des Aktienkurses um ein Prozent.

Nach Auffassung von Dunning (1997) ist die Weltwirtschaft gegenwärtig sogar durch einen Systemwandel vom Marktkapitalismus zum **„Allianzkapitalismus"** gekennzeichnet. Der Grund für diese Entwicklung liegt darin, dass Unternehmungen zunehmend auf die Zusammenarbeit mit Partnern aus anderen Ländern angewiesen sind, um ihre internationale Wettbewerbsfähigkeit dauerhaft zu sichern. Insbesondere in Branchen, in denen hohe Größendegressionspotenziale bestehen, ist ein stetiges Unternehmungswachstum erforderlich, das vielfach nur durch eine externe Wachstumsstrategie realisiert werden kann. Die Kooperation mit externen Partnern eröffnet Unternehmungen darüber hinaus den Zugang zu rechtlich geschütztem oder geheimem Know-how, das über den Markt gar nicht oder nur zu sehr hohen Transaktionskosten zugänglich ist (Doz/Hamel 1998, S. 5). In hoch-innovativen Branchen wie etwa der Computer-, Elektronik- oder Mobilfunkindustrie dienen Unternehmungskooperationen zudem vielfach dazu, bereits im Rahmen der **„pre-market competition"** (Prahalad/Hamel 1994, S. 14) technologische Standards gegenüber konkurrierenden Unternehmungsallianzen durchzusetzen (Vanhaverbeke/Noorderhaven 2001). Erleichtert wird die Strategie des „cooperate to compete globally" (Perlmutter/Heenan 1986) durch neue Informations- und Kommunikationstechnologien, die die unternehmungs- und länderübergreifende Koordination von Aktivitäten erheblich erleichtern (Contractor/Lorange 2002).

2. Begriff und Formen

Als **internationale Kooperation** wird die formalisierte und langfristige Zusammenarbeit zwischen zwei oder mehr Unternehmungen aus unterschiedlichen Ländern bezeichnet. Deren Zweck liegt in der gemeinsamen Realisation unterschiedlicher Ziele, die den Partnern alleine nicht möglich wäre. Ein wesentlicher Unterschied zu Fusionen und Akquisitionen liegt dabei darin, dass die rechtliche und wirtschaftliche Selbstständigkeit der Partner erhalten bleibt. Häufig sind diese sogar Wettbewerber in Bereichen, die nicht Gegenstand der Kooperation sind.

Von strategischen Allianzen als Sonderform von Unternehmungskooperationen spricht man dann, wenn die Kooperation nicht nur der Verwirklichung einer kurzfristigen und zeitlich abgeschlossenen Aufgabe dient (Projektkooperation), sondern langfristig angelegt ist und die strategische Wettbewerbsfähigkeit der Partner berührt. Dieses Merkmal ist dann gegeben, wenn die beteiligten Unternehmungen Zugang zu strategisch relevantem Know-how ihrer Allianzpartner besitzen.

In der wissenschaftlichen Literatur liegen unterschiedliche Klassifikationen von strategischen Allianzen vor (Welge/Holtbrügge 2003, S. 108 ff.). Nach der Kooperationsrichtung lassen sich vertikale, horizontale und laterale Allianzen unterscheiden. Während **vertikale Allianzen** die Zusammenarbeit mit Zulieferern oder Abnehmern umfassen, sind **horizontale Allianzen** durch die Zusammenarbeit auf der gleichen Wertschöpfungsstufe gekennzeichnet. **Laterale Allianzen** beinhalten die Zusammenarbeit von Unternehmungen aus unterschiedlichen Branchen.

Differenziert man nach dem Ausmaß der eingegangenen Kapitalbeteiligungen der Partner, lassen sich vertragliche Kooperationen und Joint Ventures als idealtypische Formen internationaler strategischer Allianzen unterscheiden. Unter einem **Joint Venture** wird eine auf Kapitalbeteiligungen und der Teilung von Geschäftsführung und Risiko beruhende, vertraglich festgelegte und dauerhafte zwischenbetriebliche Zusammenarbeit verstanden. Durch die Kombination der finanziellen, personellen, materiellen und immateriellen Ressourcen von zwei oder mehr Partnern aus unterschiedlichen Ländern entsteht eine juristisch selbstständige Gemeinschaftsunternehmung, die je nach Beteiligungsverhältnis der Partner als Majoritäts-, Paritäts- oder Minoritäts-Joint-Venture geführt werden kann.

Vertragliche Kooperationen stellen demgegenüber ein Regelwerk bzw. Netzwerk von Verträgen dar, das zwischen zwei oder mehr Unternehmungen geschlossen wird. Da vertragliche Kooperationen keine eigenständige Rechtsform begründen und keine Kapitalbeteiligung der Partner beinhalten, werden sie im anglo-amerikanischen Sprachraum im Gegensatz zu **Equity Joint Ventures** häufig auch als **Contractual Joint Ventures** oder „**Non-Equity forms of international Cooperation**" (NECs) bezeichnet.

3. Das Beispiel Star Alliance

Strategische Allianzen verzeichnen derzeit in verschiedenen Branchen eine wachsende Bedeutung. So sind diese etwa verstärkt in den Bereichen Elektronik (Pfuetzer 1995; Duysters/Hagedoorn 1998), Banken und Versicherungen (Schubert 1995; Knoppe 1997), Telekommunikation (Gerpott 1997; Hungenberg 1999; Bronner/Mellewigt 2001; Bae/Gargiulo 2004), Biotechnologie (Calabrese/Baum 2000; Oliver 2001) und Luftverkehr (Netzer 1999; Ryan 2000; Brueckner 2001) anzutreffen. Insbesondere in dem letztgenannten Bereich spielen diese auf Grund der relativ hohen Regulierungsdichte und der großen Kostendegressionspotenziale eine große Rolle. Strategische Allianzen in der Luftfahrtindustrie sind zudem durch eine Vielzahl von Partnern charakterisiert und weisen deshalb besonders ausgeprägte Managementprobleme auf. Ein Beispiel dafür ist die Star Alliance, die im Folgenden ausführlicher dargestellt wird.

Die **Star Alliance** wurde am 14. Mai 1997 von den Fluggesellschaften Air Canada, Lufthansa, SAS, Thai Airways und United Airlines gegründet. In den folgenden Jahren traten Air New Zealand, All Nippon Airways, Austrian Airlines, Asiana Airlines, British Midland, LOT, Mexicana Airlines, Singapore Airlines, Spanair, US Airways und Varig der Allianz bei. Mit Mexicana Airlines wurde im März 2004 die Mitgliedschaft beendet, so dass die Star Alliance gegenwärtig 15 Mitglieder umfasst. Im Januar 2005 flogen diese mehr als 772 Ziele in 133 Ländern an.

Zwischen den Fluggesellschaften bestanden zuvor zahlreiche bilaterale Abkommen, die durch die Gründung der Star Alliance auf eine multilaterale Basis gestellt wurden. Deren zentrale Zielsetzung besteht darin, durch die Koordination der Flugpläne die Flugzeiten zu verkürzen. Passagiere, die auf Anschlussflügen mit einem der Allianzpartner weiterfliegen, erhalten zudem einen erheblichen Preisnachlass und müssen nur noch einmal einchecken. Der dadurch bewirkte Anstieg der Passagierzahlen wird von den Allianzpartnern auf etwa zehn Prozent beziffert. Darüber hinaus soll durch die Zusammenlegung von Flügen deren Auslastung gesteigert werden. Im ersten Jahr der Zusammenarbeit ist dadurch die Auslastung der Lufthansa-Flüge von 60 auf 74 % angestiegen. Insgesamt schätzt Lufthansa den Beitrag der Star Alliance zum Gewinn der Gesellschaft auf 250 Millionen Euro, United Airlines geht von etwa 180 Millionen US-$ aus.

Für die Zukunft ist geplant, Abrechnungen weltweit zu konsolidieren und Firmenkunden einheitliche Rabatte zu gewähren. Dazu wurde im September 2000 das EDV-System Starnet eingeführt, mit dem die EDV-Systeme der Allianzpartner vernetzt worden sind. Zur Erzielung von Größendegressionsvorteilen und der Steigerung der Einkaufsmacht wurden darüber hinaus Teile der Beschaffung zentralisiert und die Stelle eines hauptamtlichen Einkaufsmanagers eingerichtet. Insgesamt erwartet die Star Alliance dadurch Einsparungen in Höhe von 100 Millionen Euro jährlich.

Die Star Alliance verfügte zunächst über keine feste Organisationsstruktur, sondern bestand aus acht Arbeitsgruppen, in denen einzelne Aspekte der Kooperation koordiniert wurden. Seit Dezember 1998 gibt es jedoch ein sechsköpfiges Alliance Management Team, dem seit Juni 2001 Jaan Albrecht (Mexicana Airlines) vorsteht. Die Mitglieder dieses Leitungsorgans werden von den jeweiligen Partnern in dieses Gremium entsandt und sind hauptamtlich für die Allianz tätig.

Neben dieser Formalisierung der Organisationsstruktur wurde die zunächst lediglich vertragliche Zusammenarbeit auch in finanzieller Hinsicht intensiviert. So hat sich Lufthansa im Oktober 1999 mit 363 Millionen DM an Air Canada beteiligt, um deren drohende Übernahme durch British Airways abzuwenden. Ähnliche Maßnahmen ergriff United Airlines. Der Grund für diese finanziellen Beteiligungen war die Absicht von British Airways, die zusammen mit American Airlines, Canadian Airlines, Cathey Pacific, Iberia, Quantas, Finnair sowie Japan Airlines die konkurrierenden One World-Allianz bildet, die finanziell angeschlagene Air Canada mit der Canadian Airlines zu verschmelzen und in ihr eigenes Bündnis einzugliedern. Die finanziellen Beteiligungen an Air Canada dienten deshalb dazu, deren Verbleib in der Star Alliance zu sichern. Die Star Alliance hat zudem Interesse an einer finanziellen Beteiligung im Rahmen einer Teilprivatisierung an der im Staatseigentum befindlichen Thai Airways bekundet, um dadurch einen drohenden Einstieg von British Airways zu verhindern. Ähnliche Überlegungen betreffen die South African Airways. Trotz dieser geplanten organisatorischen und finanziellen Intensivierung der Kooperation soll aber auch in Zukunft bis zu einem gewissen Grad ein Konkurrenzverhältnis zwischen den Allianz-Partnern bestehen bleiben (http://www.star-alliance.com).

4. Internationale strategische Allianzen – Ein konzeptioneller Bezugsrahmen

In den letzten Jahren wurde mit Hilfe verschiedener theoretischer Ansätze versucht zu erklären, warum strategische Allianzen gebildet werden, wie deren Partner interagieren und unter welchen Bedingungen diese effizienter als andere Internationalisierungsformen sind. So wurden strategische Allianzen etwa aus der Perspektive der **Transaktionskostentheorie**, der **Agency-Theorie**, der **Spieltheorie** und des **Resource-based View** betrachtet (Parkhe 1993; Faulkner/de Rond 2000; Tsang 2000). Diese Theorien vermögen zwar zu erklären, warum strategische Allianzen gebildet werden, sie liefern jedoch kaum Anhaltspunkte zur Beantwortung der Frage, wie diese effizient gestaltet werden können. Ihnen liegt zudem eine ökonomische Perspektive zugrunde, die ein rationales Verhalten von Individuen und Organisationen unterstellt, während verhaltensorientierte Aspekte weit gehend vernachlässigt werden (Holtbrügge 2004).

Im Folgenden werden internationale strategische Allianzen deshalb aus einer managementorientierten Perspektive betrachtet, die drei unterschiedliche Elemente beinhaltet (siehe Übersicht 1):

- Die **Rahmenbedingungen** internationaler strategischer Allianzen stellen externe Daten dar, die durch die jeweiligen Unternehmungen nicht beeinflussbar sind. Diese wirken sich sowohl auf die Erfolgsaussichten als auch auf die Wahl geeigneter Managementinstrumente aus.
- Im Zentrum des konzeptionellen Bezugsrahmens stehen fünf **Managementinstrumente**, durch deren Einsatz der Erfolg internationaler strategischer Allianzen aktiv beeinflusst werden kann. Diese lassen sich deshalb auch als Erfolgsfaktoren auffassen.
- Das dritte Element des konzeptionellen Bezugsrahmens bilden die **Erfolgskriterien** internationaler strategischer Allianzen. Deren Einbeziehung trägt der Tatsache Rechnung, dass zur Messung des Kooperationserfolgs traditionelle Finanzkennzahlen wie etwa der Return on Investment (ROI) nur begrenzt geeignet sind und deshalb durch spezifische Kriterien ergänzt werden müssen.

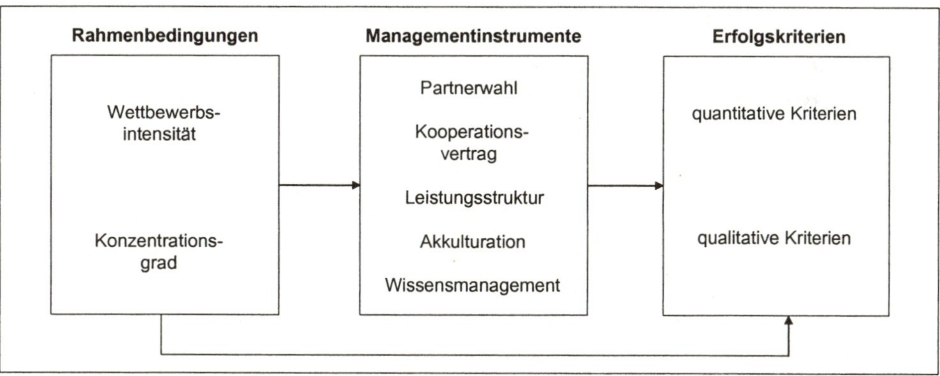

Übersicht 1: Konzeptioneller Bezugsrahmen des Managements internationaler strategischer Allianzen

Im Folgenden werden diese drei Elemente dargestellt, wobei ihrer zentralen Bedeutung entsprechend den Managementinstrumenten das größte Gewicht eingeräumt wird.

5. Rahmenbedingungen

Zahlreiche empirische Untersuchungen belegen, dass die Stabilität und der Erfolg von Unternehmungskooperationen in einem hohen Maße von nicht-beeinflussbaren externen Rahmenbedingungen abhängig sind. Insbesondere bei einer hohen **Wettbewerbsintensität** in einer Branche werden Kooperationen häufig nur als kurzfristige Mechanismen betrachtet, um einen Zugang zu strategisch relevanten Ressourcen anderer Unternehmungen zu erschließen. Nach der Absorption dieser Ressourcen wird die Kooperation deshalb vielfach einseitig aufgelöst oder der frühere Partner übernommen (Kogut 1988a, S. 329).

Ein ähnlicher Einfluss kommt auch dem **Konzentrationsgrad** zu. So nimmt die Wahrscheinlichkeit der Beendigung einer strategischen Allianz vor dem ursprünglich vereinbarten Zeitpunkt mit der Zahl der in einer Branche agierenden Unternehmungen ab (Harrigan 1988b, S. 153 f.). In stark wachsenden Branchen mit einer Vielzahl von Konkurrenten und neuen Markteintritten weisen Kooperationen deshalb eine höhere Erfolgswahrscheinlichkeit auf als in Branchen, die durch Stagnations- oder sogar Schrumpfungsprozesse gekennzeichnet sind. Der Grad der Unternehmungskonzentration kann mit Hilfe des **Herfindahl-Index** gemessen werden, der als Summe der quadrierten Marktanteile aller Unternehmungen in einer Branche definiert ist. Wenn wenige Unternehmungen über jeweils hohe Marktanteile verfügen, ist dieser Index höher als wenn die Marktanteile relativ gleichmäßig zwischen einer großen Anzahl von Unternehmungen aufgeteilt sind (Ghemawat/Ghadar 2000, S. 67).

6. Managementinstrumente

6.1 Partnerwahl

Internationale strategische Allianzen verursachen vielfach komplexere Managementprobleme als andere Internationalisierungsformen (vgl. hierzu auch den Beitrag von Zentes/Swoboda/Morschett in diesem Kapitel des Sammelwerks). Im Vordergrund steht zumeist die Aufgabe, die durch die Zusammenarbeit von zwei oder mehr Unternehmungen entstehenden **Ziel- und Verhaltenskonflikte** zu handhaben. Eine wesentliche Voraussetzung dafür ist eine sorgfältige Partnerwahl, bei der die folgenden Kriterien von besonderer Relevanz sind (vgl. dazu ausführlich Geringer 1988; Brouthers/Brouthers/Wilkinson 1993):

- Erforderlich ist vor allem die weit gehende Kompatibilität der Zielsetzungen der Partner. Nur wenn die Kooperation allen beteiligten Unternehmungen Vorteile bringt (Win-Win-Situation), ist deren langfristige Verbundenheit („**commitment**"), deren Interesse an der Aufrechterhaltung der Kooperation und deren Bereitschaft zur Einbringung der erforderlichen Ressourcen gewährleistet. Die ideale Kombination ist nach Auffassung von Rall (1994, S. 39) dann gegeben, wenn zwei Partner aus unterschiedlichen Regionen mit nicht konkurrierenden Produkten und spezifischen Stärken zusammenarbeiten.
- Eine weitere Voraussetzung ist die **Ressourcenkongruenz bzw. -komplementarität** der Partner, d. h. die Möglichkeit zur Bündelung kritischer Ressourcen. Während kongruente Ressourcenprofile der Partner (**Y- oder Scale-Kooperationen**) vor allem dazu geeignet sind, Kostendegressionseffekte (Economies of Scale) zu erzielen, dienen komplementäre Ressourcenkombinationen (**X- oder Link-Kooperationen**) insbesondere der Realisierung von Synergie- und Marktvorteilen (Hennart 1988; Porter/Fuller 1989, S. 389 ff.). Ein Beispiel für eine Scale-Kooperation ist die Star Alliance. Link-Allianzen sind dagegen etwa in der Biotechnologie anzutreffen, wo spezialisierte Forschungseinrichtungen mit pharmazeutischen Unternehmungen kooperieren.
- Ein drittes wichtiges Kriterium der Partnerwahl ist deren **kulturelle Kompatibilität**. Unternehmungen mit ähnlichen Organisationskulturen besitzen zumeist ähnliche Ziele, Werte und Entscheidungsstrukturen, was das gegenseitige Verständnis und Vertrauen zwischen den Partnern fördert. Obwohl die Bedeutung der kulturellen Kompatibilität von zahlreichen empirischen Untersuchungen herausgestellt wird, wird diesem weichen Kriterium in der Unternehmungspraxis im Vergleich zur strategischen und strukturellen Kompatibilität oft nur eine geringe Bedeutung beigemessen (Vaara 2000).
- Häufig wird empfohlen, auch das **Größenverhältnis** der Partner als Auswahlkriterium heranzuziehen (Cooper 2001). Dem liegt die Annahme zugrunde, dass bei Partnern vergleichbarer Größe auch ähnliche organisatorische Regelungen zu erwarten sind. Großunternehmungen verfolgen mit Unternehmungskooperationen etwa überwiegend langfristige Strategien, während kleinere Unternehmungen eher an einer schnellen Amortisation ihres investierten Kapitals interessiert sind. Vor allem Joint Ventures, an denen Partner mit signifikant unterschiedlicher Größe beteiligt sind, sind darüber hinaus häufig zu einer disproportionalen Wachstumspolitik, d. h. zu einer Änderung der Anteile der Partner am Stammkapital des Joint Venture zugunsten des größeren Partners, gezwungen (Harrigan 1988a; Yeheskel u. a. 2001).

In der Praxis wird die Wahl eines geeigneten Partners vielfach durch das Fehlen valider Informationen erschwert. Insbesondere die kulturelle Kompatibilität ist schwer vorhersehbar, da Organisationskulturen zu einem großen Teil unbewusst und deshalb nur begrenzt beobachtbar sind. Darüber hinaus stellt auch die Bewertung immaterieller Ressourcen potenzieller Allianzpartner häufig ein großes Problem dar. Dies gilt vor allem für Transformations- und Entwicklungsländer, wo Bilanzen häufig nicht erhältlich oder wenig aussagefähig sind, da sie internationalen Standards nicht entsprechen (Berens/Brauner/Strauch 2002).

Selbst wenn alle relevanten Informationen über potenzielle Partner vorliegen, können die genannten Kriterien zu unterschiedlichen Entscheidungen führen. In dem in Tabelle 1 skizzierten Beispiel sind etwa die strategische Kompatibilität und die Ressourcenkompatibilität von Unternehmung B größer als von Unternehmung A, während das Verhältnis in Bezug auf die kulturelle Kompatibilität genau entgegen gerichtet ist. In einem solchen Fall bietet es sich an, zunächst Kooperationsformen mit einem geringeren Risiko zu wählen. So schließen die Mitglieder der Star Alliance mit potenziellen neuen Partnern zunächst bilaterale Vereinbarungen in ausgewählten Bereichen, bevor diese vollwertige Allianzpartner werden können.

Kriterien	Gewichtung (g)	Unternehmung A		Unternehmung B	
		Kompatibilität (k)	gewichtete Kompatibilität	Kompatibilität (k)	gewichtete Kompatibilität
Marktanteil	0,10	3	0,30	6	0,60
Marktpotenzial	0,15	3	0,45	6	0,90
Produktportfolio	0,10	6	0,60	3	0,30
strategische Kompatibilität			**1,35**		**1,80**
Humanressourcen	0,05	6	0,30	9	0,45
materielle Ressourcen	0,10	0	0,00	3	0,30
finanzielle Ressourcen	0,20	3	0,60	3	0,60
Ressourcen-Kompatibilität			**0,90**		**1,35**
kulturelle Distanz	0,15	9	1,35	3	0,45
Kooperationserfahrung	0,10	3	0,30	0	0,00
internationale Erfahrung	0,05	0	0,00	0	0,00
kulturelle Erfahrung			**1,65**		**0,45**
insgesamt	1,00		3,90		3,60

Tabelle 1: Punktbewertungsverfahren zur Partnerwahl

6.2 Vertragsgestaltung

Ein zweiter zentraler Erfolgsfaktor internationaler strategischer Allianzen ist die Vertragsgestaltung. Empirische Studien belegen, dass zwischen der Intensität der Vorbereitung und dem Kooperationserfolg ein enger Zusammenhang besteht (vgl. z. B. Beamish 1988, S. 58 f.). Insbesondere wenn Konflikte zwischen den Partnern entstehen, erleichtern eindeutige Regelungen der jeweiligen Rechte und Pflichten eine schnelle und sachgerechte Konfliktlösung.

In der Unternehmungspraxis werden Kooperationsverhandlungen jedoch häufig unter großem Zeitdruck geführt. Vor allem bei strategisch bedeutsamen Partnerschaften ist daran zudem nur eine sehr kleine Zahl hochrangiger Führungskräfte beteiligt, um das Risiko eines ungewollten frühzeitigen Bekanntwerdens der Allianz so gering wie möglich zu halten. Dadurch wird jedoch die detaillierte Ausarbeitung des Kooperationsvertrags erschwert. Darüber hinaus besteht ein Zielkonflikt zwischen einer möglichst großen Regelungssicherheit und dem Schutz der Interessen aller Beteiligten einerseits und der Flexibilität andererseits. Da sich sowohl die externen Rahmenbedingungen als auch die Ziele und die Verhandlungsmacht der Partner während des **Lebenszyklus einer strategischen Allianz** ändern können (Kogut 1988b), sollten deshalb möglichst flexible Regelungen getroffen und Sperrklauseln auf besonders wichtige Aspekte beschränkt werden.

6.3 Leitungsstruktur

Im Rahmen der operativen Führung von strategischen Allianzen kommt vor allem der Gestaltung einer effizienten Leitungsstruktur eine große Bedeutung zu. Dabei können prinzipiell zwei unterschiedliche Gestaltungsformen unterschieden werden (siehe Übersicht 2). Asymmetrische bzw. **Dominant-Parent-Allianzen** sind durch ein deutliches Übergewicht eines Partners in den Leitungsorganen gekennzeichnet. Eine solche asymmetrische Leitungsstruktur weist einer empirischen Studie von Killing (1983, S. 123 ff.) zufolge vor allem in Transformations- und Entwicklungsländern, bei denen eine große ausländische Unternehmung mit einem kleineren und schwächeren inländischen Partner kooperiert, eine hohe Stabilität und Effizienz auf, da sie eine flexiblere und schnellere Entscheidungsfindung ermöglicht.

Symmetrische bzw. **Shared-Management-Allianzen** zeichnen sich dagegen durch eine gleichgewichtige und gleichberechtigte Beteiligung der Partner in den Leitungsorganen aus. Dadurch sollen das Verständnis und Vertrauen zwischen den Partnern verbessert und das gegenseitige Lernen gefördert werden. Insbesondere in strategischen Partnerschaften, die einen Zugang zu den Kernkompetenzen der Partner voraussetzen, stellt dies einen wichtigen Erfolgsfaktor dar (Bleeke/Ernst 1994, S. 39 ff.). Symmetrische Kooperationen sind jedoch häufig zeitaufwändiger, inflexibler und konfliktintensiver. Empirische Untersuchungen deuten allerdings darauf hin, dass häufig nicht Konflikte zwischen den Partnern selbst, sondern vielmehr das Negieren und Bemühen um die Vermeidung von Konflikten zur Instabilität von Unternehmungskooperationen führen (Holtbrügge 1995, S. 142). Die hohe Konfliktintensität von Shared-Management-Allianzen kann sich in diesem Sinne deshalb auch als Vorteil erweisen.

In der Unternehmungspraxis ist häufig eine Tendenz zu Dominant-Parent-Allianzen zu beobachten. Dies kann vor allem darauf zurückgeführt werden, dass die Entscheidung über die Leitungsstruktur einer Kooperation nicht nur durch Markterfordernisse und Eigentümerentscheidungen, sondern auch durch persönliche Motive und mikropolitische

Aktionen von Managern beeinflusst wird. Insbesondere dann, wenn deren Vergütung und Macht an die Zahl der ihnen untergeordneten Mitarbeiter geknüpft ist, bilden sich häufig asymmetrische Leitungsstrukturen heraus (Seth/Lied/Pettit 2000, S. 391 f.).

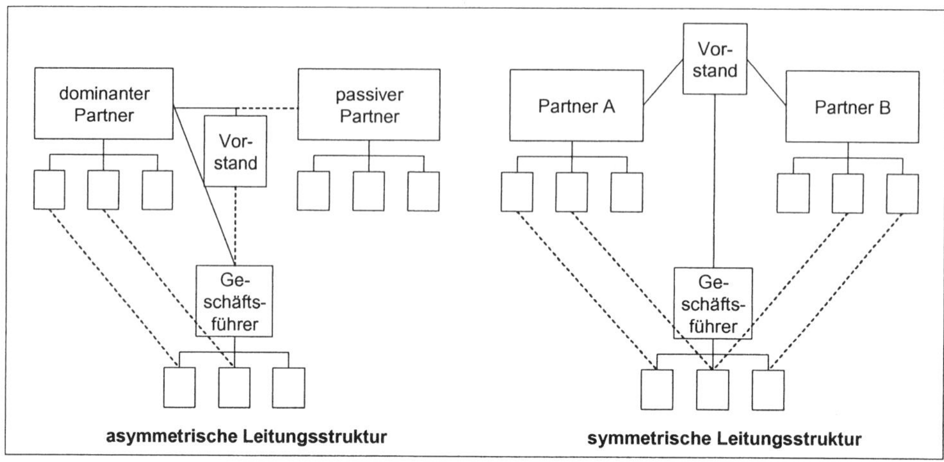

Quelle: In Anlehnung an: Killing 1983, S. 17, S. 21.

Übersicht 2: Leitungsstrukturen internationaler strategischer Allianzen

6.4 Akkulturation

Ein weiterer wichtiger Erfolgsfaktor von internationalen strategischen Allianzen ist die Annäherung der Organisationskulturen. Eine effiziente Akkulturation steigert das gegenseitige Vertrauen zwischen den Partnern und reduziert die Neigung opportunistischen Verhaltens. Dieser Aspekt gewinnt insbesondere dann an Bedeutung, wenn die zu Beginn der Zusammenarbeit zumeist positive Grundeinschätzung („Flitterwochenphase") nachlässt und die kulturellen Unterschiede zwischen den Partnern deutlich werden. Die Integration von Grundannahmen, Werten und Symbolen verringert zudem den Bedarf an technokratischer Koordination und fördert dadurch die Flexibilität (Holtbrügge 2003).

In einem internationalen Kontext ist die Schaffung einer gemeinsamen organisatorischen Identität allerdings schwierig und zeitaufwändig, da die **kulturelle Distanz** zwischen den Partnern zumeist größer als in einem nationalen Umfeld ist (Gertsen/Søderberg 1998; Veiga u. a. 2000). Dies gilt vor allem dann, wenn – wie in dem Beispiel Star Alliance – Partner aus mehreren Ländern miteinander kooperieren (Das/Teng 2002). Darüber hinaus weist Schreyögg (1998) darauf hin, dass sich die Veränderung von Organisationskulturen zwar initiieren lässt, der Verlauf und das Ergebnis dieses Veränderungsprozesses aber nur zu einem begrenzten Maße planbar sind. Da Organisationskulturen zu einem hohen Maße unbewusst und implizit sind, entziehen sie sich weit gehend einer zielgerichteten Beeinflussung. Die Akkulturation kann deshalb weniger durch strukturelle Regelungen als vielmehr durch personalpolitische Instrumente unterstützt werden. Dazu zählen etwa die Besetzung von Führungspositionen mit „transnationalen Grenzgängern" (Ringstetter 1994), ein systematisches interkulturelles Training sowie die kooperationsgerechte Gestaltung des Anreizsystems (Schuler/Jackson 2001). Das zuletzt genannte Instrument wird etwa bei der Star Alliance eingesetzt, wo der Kooperationserfolg ein zentrales Kriterium der Entgeltgestaltung der Mitglieder des Alliance-Management-Teams darstellt.

6.5 Wissensmanagement

Da eines der wichtigsten Motive internationaler strategischer Allianzen darin besteht, Zugang zu strategisch relevantem Know-how anderer Unternehmungen zu erlangen, stellt schließlich auch das Wissensmanagement einen zentralen Erfolgsfaktor dar. Vor allem in Hochtechnologiebranchen bilden strategische Allianzen **Lernarenen**, die Unternehmungen die Möglichkeit eröffnen, implizites, kompetenzbasiertes und schwer artikulierbares Wissen auszutauschen (Inkpen 1997; Simonin 1999). Wie Doz/Hamel (1998, S. 5) darlegen, eröffnen strategische Allianzen in diesem Sinne Zugang zu Wissen „(that) is not available on an open market".

Die Fähigkeit einer Unternehmung, auf das Wissen anderer Unternehmungen zuzugreifen und für sich selbst zu nutzen, wird als **Absorptionskapazität („absorptive capacity")** bezeichnet (Cohen/Levinthal 1990). Einer empirischen Untersuchung von Dussauge/Garette/Mitchell (2000) zufolge ist diese insbesondere bei Link-Kooperationen stark ausgeprägt, bei denen die Partner komplementäre Ressourcen miteinander kombinieren. Neben der Form der Zusammenarbeit wirken sich jedoch auch unternehmungsspezifische Faktoren auf die Absorptionskapazität einer Unternehmung aus (Nti/Kumar 2000). Eine besondere Bedeutung besitzen dabei kulturelle Einflüsse, wobei Unternehmungen aus kollektivistischen Kulturen wie Japan und China eine höhere Absorptionskapazität als Unternehmungen aus individualistischen Kulturen wie Deutschland und den USA zugeschrieben wird (Li/Shenkar 1996; Hennart/Roehl/Zietlow 1999).

Sowohl spieltheoretisch als auch transaktionskostentheoretisch fundierte empirische Untersuchungen belegen, dass das Risiko eines asymmetrischen Wissensabflusses an Partner mit einer höheren Absorptionskapazität insbesondere durch den Aufbau gegenseitigen Vertrauens und konsensorientierte Formen der Konfliktlösung begrenzt werden kann (Hamel 1991; Parkhe 1993). Unternehmungskooperationen, deren Partner in einem hohem Maße in den Aufbau von **Beziehungskapital („relational capital")** investieren, weisen demnach einen höheren Wissenszuwachs und eine geringere Gefahr des einseitigen Wissensabflusses als Kooperationen auf, die dies nicht tun (Kale/Singh/Perlmutter 2000; vgl. auch den Beitrag von Schneider in diesem Kapitel des Sammelwerks).

7. Erfolgskriterien

Ein zentrales Merkmal internationaler strategischer Allianzen gegenüber Einzelunternehmungen ist, dass traditionelle Finanzkennzahlen wie Rentabilität, ROI oder Cash Flow deren Erfolg zumeist nicht angemessen widerspiegeln können. Diese Kennzahlen werden in verschiedenen Ländern oft nicht nur unterschiedlich definiert, sondern den Gründungsmotiven internationaler strategischer Allianzen zumeist nicht gerecht. So sind diese häufig auf einzelne Funktionsbereiche wie Forschung & Entwicklung oder Vertrieb beschränkt oder auf die Erfüllung spezifischer Aufgaben wie die Entwicklung eines neuen Produkts oder den Zugang zu einem bestimmten Markt ausgerichtet. Die Partner verfolgen zudem oft unterschiedliche Ziele, was die Notwendigkeit einer differenzierten Erfolgsbewertung weiter vergrößert (Oesterle 1995).

Als wenig effizient erweist sich in diesem Zusammenhang der in der Literatur vielfach gemachte Vorschlag, die Lebensdauer als Erfolgskriterium zugrunde zu legen. Eine lange Lebensdauer bedeutet nämlich nicht zwangsläufig, dass die Partnerschaft erfolgreich verläuft. Sie kann auch ein Zeichen dafür sein, dass die Partner die mit einer strategischen Allianz angestrebten Ziele nicht in der vorgesehen Zeit realisieren können. Wie Inkpen/Ross (2001) darlegen, werden viele Allianzen zudem über den betriebswirtschaftlich effizienten Zeitpunkt hinaus aufrechterhalten, da persönliche Motive einer zeitgemäßen Auflösung entgegenstehen. Die Studie von Delius/Inkpen/Ross (2004) belegt darüber hinaus, dass die Beendigung ineffizienter Kooperationen besonders dann hinausgezögert wid, wenn deren Erfolg nur schwer messbar ist und an der Allienz mehrere Partner beteiligt sind. Aus diesen Gründen müssen spezifische Beurteilungskriterien entwickelt werden, die den Erfolg internationaler strategischer Allianzen adäquat wiedergeben können (Mills/Chen 1996; Boersma/Ghauri 1999).

Ein in diesem Zusammenhang vielfach diskutierter Vorschlag ist das **Input-Output-Kontinuum** von Anderson (1990) (siehe Übersicht 3). Die zentrale Idee des von ihm entwickelten Konzepts besteht darin, traditionelle quantitative Kriterien durch Input-Kriterien zu ergänzen, die den Kooperationsprozess widerspiegeln. Diese qualitativen Kriterien, wie z. B. die zwischen den Partnern bestehende Harmonie oder deren Anpassungsfähigkeit, können für jede strategische Allianz individuell gestaltet werden, um deren spezifische Zielsetzung zu berücksichtigen. Das Konzept von Anderson berücksichtigt zudem, dass strategische Allianzen unterschiedliche Lebenszyklusphasen durchlaufen. Während etwa für Allianzen im Bereich der Forschung & Entwicklung eher langfristige Input-Kriterien sinnvoll sind, lässt sich der Erfolg von Allianzen in reifen Märkten sinnvoller mit kurzfristigen Output-Kriterien erfassen.

↑ … ↓	
Input	**Zustand der Kooperation** Harmonie zwischen den Partnern Arbeitszufriedenheit Produktivität Zugang zu finanziellen Ressourcen Anpassungsfähigkeit Innovationsfähigkeit
langfristige Orientierung	**Lernprozesse** Zugang zu neuen Märkten Zugang zu neuen Technologien
	Marktvariablen relative Produktqualität relativer Produktpreis
Output	**marktbezogene Erfolgskriterien** Marktanteil Kundenzufriedenheit
kurzfristige Orientierung	**finanzielle Erfolgskriterien** Gewinnmarge Cash Flow

Quelle: Anderson 1990, S. 22.

Übersicht 3: Erfolgskriterien internationaler strategischer Allianzen

8. Kritische Gesamtbeurteilung

Das Ziel dieses Beitrages war es darzulegen, dass internationale strategische Allianzen im Unterschied zu der lange in der Literatur vorherrschenden Auffassung durchaus eine effiziente Internationalisierungsform darstellen können. Im Zeitalter des Allianzkapitalismus sind diese nicht nur auf Länder beschränkt, in denen die Gründung 100%-iger ausländischer Tochtergesellschaften nicht erlaubt ist, sondern sie werden gerade für mittelständische Unternehmen zu einer effizienten Unternehmensform, um im zunehmenden globalen Wettbewerb zu bestehen. Neue Informations- und Kommunikationstechnologien verstärken diesen Trend und führen zu einer weiteren Auflösung organisatorischer Grenzen. Andererseits erfordern internationale strategische Allianzen eine höhere Aufmerksamkeit durch das Management als andere Internationalisierungsformen, um die Gefahr des Scheiterns zu begrenzen.

Im Mittelpunkt des Beitrags wurden fünf Managementinstrumente präsentiert, durch die die Effizienz internationaler strategischer Allianzen nachhaltig gesichert werden kann. Viele Managementprobleme lassen sich bereits durch eine sorgfältige Partnerwahl reduzieren, wobei sich die kulturelle Kompatibilität als ein besonders wichtiges Kriterium erweist. Darüber hinaus sollte das Management internationaler strategischer Allianzen von der Idee geleitet sein, dass diese rechtliche und organisatorische Leitungsstrukturen bedingen, die eine faire und flexible Handhabung von Konflikten ermöglichen. Vor allem nach dem Ende der „Flitterwochenphase" erhöhen die verbindliche Festlegung von Rechten und Pflichten sowie eine offene und kommunikative Organisationskultur die Chancen für eine erfolgreiche Kooperation. Zudem wurde deutlich, dass die Partner internationaler strategischer Allianzen nur dann voneinander lernen können, wenn zwischen diesen Vertrauen und gegenseitige Verbundenheit entstehen. Nicht zuletzt sollte diesen bewusst sein, dass internationale strategische Allianzen – wie andere Unternehmungsformen auch – unterschiedliche Lebenszyklusphasen durchlaufen, die ein differenziertes Management erfordern.

Literatur

ANDERSON, E. (1990): Two Firms, One Frontier: On Assessing Joint Venture Performance, in: Sloan Management Review, 31. Jg., Nr. 2, S. 19-30.

BAE, J.; GARGIULO, M. (2004): Partner Substitutability, Alliance Network Structure, and Firm Profitability in the Telecommunications Industry, in: Academy of Management Review, 47. Jg., Nr. 6, S. 843-859.

BEAMISH, P. W. (1988): Multinational Joint Ventures in Developing Countries, London u. a.

BERENS, W.; BRAUNER, H. U.; STRAUCH, J. (2002): Due Diligence bei Unternehmensakquisitionen, 3. Aufl., Stuttgart.

BLEEKE, J.; ERNST, D. (1994): Mit internationalen Allianzen auf die Siegerstraße, in: Bleeke, J.; Ernst, D. (Hrsg.): Rivalen als Partner. Strategische Allianzen und Akquisitionen im globalen Markt, Frankfurt a.M., S. 34-53.

BOERSMA, M.; GHAURI, P. (1999): A Qualitative Meta-Analysis of Performance Measures and Factors Affecting International Joint Venture Performance, in: Burton, F.; Chapman, M.; Cross, A. (Hrsg.): International Business Organization, Subsidiary Management, Entry Strategies and Emerging Markets, Basingstoke, New York, S. 176-193.

BRONNER, R.; MELLEWIGT, T. (2001): Entstehen und Scheitern strategischer Allianzen in der Telekommunikationsbranche, in: Zeitschrift für betriebswirtschaftliche Forschung, 53. Jg., Nr. 11, S. 728-751.

BROUTHERS, K. D.; BROUTHERS, L. E.; WILKINSON, T. J. (1993): Strategic Alliances, Chose your Partners, in: Long Range Planning, 28. Jg., Nr. 3, S. 18-25.

BRUECKNER, J. K. (2001): The Economies of International Codesharing: An Analysis of Airline Alliances, in: International Journal of Industrial Organization, 19. Jg., S. 1475-1498.

CALABRESE, T.; BAUM, J. A. (2000): Canadian Biotechnology Start-ups, 1991-1997: The Role of Incumbents' Patents and Strategic Alliances in Controlling Competition, in: Social Science Research, 29. Jg., Nr. 4, S. 503-534.

COHEN, W.; LEVINTHAL, D. A. (1990): Absorptive Capacity, A New Perspective on Learning and Innovation, in: Administrative Science Quarterly, 35. Jg., Nr. 1, S. 128-152.

CONTRACTOR, F. J.; LORANGE, P. (2002): The Growth of Alliances in the Knowledge-based Economy, in: International Business Review, 11. Jg., Nr. 4, S. 485-502.

COOPER, S. (2001): Interorganizational Relationships and Firm Size, in: Tayeb, M. H. (Hrsg.): International Business Partnership. Issues and Concerns, Basingstoke, New York, S. 153-176.

DAS, T. K.; TENG, B.-S. (2002): Alliance Constellations: A Social Exchange Perspective, in: Academy of Management Review, 27. Jg., Nr. 3, S. 445-456.

DELIUS, A.; INKPEN, A.C.; ROSS, J. (2004): Escalation in International Strategic Alliances, in: Management International Review, 44. Jg., Nr. 4, S. 457-479.

DOZ, Y. L.; HAMEL, G. (1998): Alliance Advantage, The Art of Creating Value through Partnering, Boston.

DUNNING, J. H. (1997): Alliance Capitalism and Global Business, London u. a.

DUSSAUGE, P.; GARRETTE, B.; MITCHELL, W. (2000): Learning from Competing Partners, Outcomes and Durations of Scale and Link Alliances in Europe, North America and Asia, in: Strategic Management Journal, 21 Jg., Nr. 2, S. 99-136.

DUYSTERS, G.; HAGEDOORN, J. (1998): Technological Convergence in the IT Industry. The Role of Strategic Technology Alliances and Technological Competencies, in: International Journal of the Economics of Business, 5. Jg., Nr. 3, S. 355-368.

DYER, J. H.; KALE, P.; SINGH, H. (2001): How to Make Strategic Alliances Work, in: MIT Sloan Management Review, 43. Jg., Nr. 1, S. 37-43.

FAULKNER, D. O.; DE ROND, M. (2000): Perspectives on Cooperative Strategy, in: Faulkner, D. O.; de Rond, M. (Hrsg.): Cooperative Strategy, Economic, Business, and Organizational Issues, Oxford, S. 3-39.

FRANKO, L. G. (1971): Joint Venture Survival in Multinational Corporations, New York.

GERINGER, J. M. (1988): Joint Venture Partner Selection, Strategies for Developed Countries, Westport.

GERPOTT, T. J. (1997): Strategische Allianzen von Festnetzbetreibern im Markt für internationale Telekommunikationsdienste, in: Telekom Praxis, 74. Jg., Nr. 1, S. 34-45.

GERTSEN, M. C.; SØDERBERG, A.-M. (1998): Cultural Dimensions of International Mergers and Acquisitions, Berlin.

GHEMAWAT, P.; GHADAR, F. (2000): The Dubious Logic of Global Megamergers, in: Harvard Business Review, 78. Jg., Nr. 3, S. 65-72.

HAMEL, G. (1991): Competition for Competence and Inter-partner Learning within International Strategic Alliances, in: Strategic Management Review, 12. Jg., Summer Special Issue, S. 83-103.

HARBINSON, J. R.; PEKAR, P. JR. (1997): Cross-border Alliances in the Age of Collaboration, Los Angeles.

HARRIGAN, K. R. (1986): Managing for Joint Venture Success, Lexington.

HARRIGAN, K. R. (1988a): Strategic Alliances and Partner Asymmetries, in: Management International Review, 28. Jg., Nr. 1, S. 53-72.

HARRIGAN, K. R. (1988b): Joint Ventures and Competitive Strategy, in: Strategic Management Journal, 9. Jg., Nr. 2, S. 141-158.

HENNART, J.-F. (1988): A Transaction Costs Theory of Equity Joint Ventures, in: Strategic Management Journal, 9. Jg., Nr. 4, S. 361-374.

HENNART, J.-F.; ROEHL, T.; ZIETLOW, D. S. (1999): Trojan Horse or Workhorse?, The Evolution of U.S.-Japanese Joint Ventures in the United States, in: Strategic Management Journal, 20. Jg., Nr. 1, S. 15-29.

HOLTBRÜGGE, D. (1995): Personalmanagement Multinationaler Unternehmungen in Osteuropa, Bedingungen-Gestaltung-Effizienz, Wiesbaden.

HOLTBRÜGGE, D. (2003): Internationale Unternehmungskooperationen, in: Holtbrügge, D. (Hrsg.): Internationalisierung von kleinen und mittleren Unternehmungen. Festschrift zum 60. Geburtstag von Honorarprofessor Dr. Helmut Haussmann (Bundeswirtschaftsminister a.D.), Stuttgart, S. 3-30.

HOLTBRÜGGE, D. (2004): Management of International Strategic Cooperation: Situational Conditions, Performance Criteria and Success Factors, in: Thunderbird International Business Review, 46. Jg., Nr. 3, S. 255-274.

HUNGENBERG, H. (1999): Bildung und Entwicklung von strategischen Allianzen. Theoretische Erklärungen, illustriert am Beispiel der Telekommunikationsbranche, in: Engelhard, J.; Sinz, E. J. (Hrsg.): Kooperation im Wettbewerb, Wiesbaden, S. 3-29.

INKPEN, A. C. (1997): An Examination of Knowledge Management in International Joint Ventures, in: Beamish, P.; Killing, J. (Hrsg.): Cooperative Strategies. North American Perspective, San Francisco, S. 337-369.

INKPEN, A. C.; ROSS, J. (2001): Why Do Some Strategic Alliances Persist Beyond Their Useful Life?, in: California Management Review, 44. Jg., Nr. 1, S. 132-148.

KALE, P.; SINGH, H.; PERLMUTTER, H. (2000): Learning and Protection of Proprietary Assets in Strategic Alliances, Building Relational Capital, in: Strategic Management Journal, 21. Jg., Nr. 3, S. 217-237.

KILLING, J. P. (1983): Strategies for Joint Ventures Success, New York.

KNOPPE, M. (1997): Strategische Allianzen in der Kreditwirtschaft, München.

KOGUT, B. (1988a): Joint Ventures, Theoretical and Empirical Perspectives, in: Strategic Management Journal, 9. Jg., Nr. 4, S. 319-332.

KOGUT, B. (1988b): A Study of the Life Cycle of Joint Ventures, in: Management International Review, 28. Jg., Special Issue, S. 39-52.

LI, J.; SHENKAR, O. (1996): In Search of Complementary Assets. Co-operative Strategies and Knowledge Seeking by Prospective Chinese Partners, in: Child, J.; Lu, Y. (Hrsg.): Management Issues in China, Vol. II: International Enterprises, London u. a., S. 52-65.

MILLS, R. W.; CHEN, G. (1996): Evaluating International Strategic Joint Ventures Using Strategic Value Analysis, in: Long Range Planning, 29. Jg., Nr. 4, S. 552-561.

NETZER, F. (1999): Strategische Allianzen im Luftverkehr. Nachfrageorientierte Problemfelder ihrer Gestaltung, Frankfurt a.M.

NTI, K. O.; KUMAR, R. (2000): Differential Learning in Alliances, in: Faulkner, D. O.; de Rond, M. (Hrsg.): Cooperative Strategy, Economic, Business, and Organizational Issues, Oxford, S. 119-134.

OESTERLE, M.-J. (1995): Probleme und Methoden der Joint Venture-Erfolgsmessung, in: Zeitschrift für Betriebswirtschaft, 65. Jg., Nr. 9, S. 987-1004.

OLIVER, A. L. (2001): Strategic Alliances and the Learning Life-Cycle of Biotechnology Firms, in: Organization Studies, 22. Jg., Nr. 3, S. 467-489.

PARKHE, A. (1993): Strategic Alliance Structuring, A Game Theoretic and Transaction Cost Examination of Interfirm Cooperation, in: Academy of Management Journal, 36. Jg., Nr. 4, S. 794-829.

PFUETZER, S. (1995): Strategische Allianzen in der Elektronikindustrie, Münster.

PORTER, M. E. (1995): Nationale Wettbewerbsvorteile. Erfolgreich konkurrieren auf dem Weltmarkt, München.

PORTER, M. E.; FULLER, M. B. (1986): Koalitionen und globale Strategien, in: Porter, M. E. (Hrsg.): Globaler Wettbewerb, Wiesbaden, S. 363-399.

PERLMUTTER, H. V.; HEENAN, D. A. (1986): Cooperate to Compete Globally, in: Harvard Business Review, 64. Jg., Nr. 2, S. 136-152.

PRAHALAD, C. K.; HAMEL, G. (1994): Strategy as a Field of Study: Why Search for a New Paradigm?, in: Strategic Management Journal, 15. Jg., Special Issue, S. 5-16.

RALL, W. (1994): Internationale Strategische Allianzen: Wege zum Erfolg, in: Pausenberger, E. (Hrsg.): Internationalisierung von Unternehmungen. Strategien und Probleme ihrer Umsetzung, Stuttgart, S. 31-46.

RINGLSTETTER, M. (1994): Aufgaben eines Humanressourcen-Management in internationalen Unternehmen, in: Schuster, L. (Hrsg.): Die Unternehmung im internationalen Wettbewerb, Berlin, S. 233-252.

RYAN, A. (2000): As the Airline Industry Evolves to a Network Industry, how Should Competitions Policy Adapt?, in: Journal of Network Industries, 1. Jg., Nr. 2, S. 157-183.

SCHREYÖGG, G. (1998): Die Bedeutung der Unternehmenskultur für die Integration multinationaler Unternehmen, in: Kutschker, M. (Hrsg.): Integration in der internationalen Unternehmung, Wiesbaden, S. 27-49.

SCHUBERT, T. (1995): Strategische Allianzen im internationalen Bankgeschäft, Wiesbaden.

SCHULER, R.; JACKSON, S. (2001): HR Issues and Activities in Mergers and Acquisitions, in: European Management Journal, 19. Jg., Nr. 3, S. 239-253.

SETH, A.; SONG, K. P.; PETTIT, R. (2000): Synergy, Managerialism or Hubris? An Empirical Examination of Motives for Foreign Acquisitions of U.S. Firms, in: Journal of International Business Studies, 31. Jg., Nr. 3, S. 387-405.

SIMONIN, B. L. (1999): Ambiguity and the Process of Knowledge Transfer in Strategic Alliances, in: Strategic Management Journal, 20. Jg., Nr. 7, S. 595-623.

TSANG, E. W. R. (2000): Transaction Cost and Resource-based Explanations of Joint Ventures. A Comparison and Synthesis, in: Organization Studies, 21. Jg., Nr. 1, S. 215-242.

UNCTD (2000): World Investment Report 2000. Cross-border Mergers and Acquisitions and Development, New York u. a.

VAARA, E. (2000): Constructions of Cultural Differences in Post-Merger Change Processes. A Sensemaking Perspective on Finnish-Swedish Cases, in: M@n@gement, 3. Jg., Nr. 3, S. 81-110.

VANHAVERBEKE, W.; NOORDERHAVEN, N. G. (2001): Competition between Alliance Blocks: The Case of the RISC Microprocessor Technology, in: Organization Studies, 22. Jg., Nr. 1, S. 1-30.

VEIGA, J.; LUBATKIN, M.; CALORI, R.; VERY, P. (2000): Measuring Organizational Culture Clashes. A Two-nation Post-hoc Analysis of a Cultural Compatibility Index, in: Human Relations, 54. Jg., Nr. 4, S. 539-557.

WELGE, M. K.; HOLTBRÜGGE, D. (2003): Internationales Management. Theorien, Funktionen, Fallstudien, 3. Aufl., Stuttgart.

YEHESKEL, O.; ZEIRA, Y.; SHENKAR, O.; NEWBURRY, W. (2001): Parent Company Dissimilarity and Equity International Joint Venture Effectiveness, in: Journal of International Management, 7. Jg, Nr. 2, S. 81-104.

Sechstes Kapitel

Sektorale Besonderheiten

Torsten J. Gerpott*

Unternehmenskooperationen in der Telekommunikationswirtschaft

---

* Univ.-Professor Dr. Torsten J. Gerpott leitet den Lehrstuhl Planung & Organisation, Schwerpunkt Telekommunikationswirtschaft, der Universität Duisburg-Essen und ist Gründungsgesellschafter der DIALOG CONSULT GmbH.

1. Grundlagen

1.1 Telekommunikationswirtschaft

1.1.1 Anbieterseitige Strukturen

Die **Telekommunikationswirtschaft** (TKW) umfasst alle privaten und öffentlichen Unternehmen, die solche Produkte oder Leistungen herstellen und/oder vermarkten, welche einen Transport von Zeichen (Sprache/Ton, Texte, Daten, Stand- oder Bewegtbilder) zwischen mindestens einem Sender (Person oder technische Einrichtung wie Computer) und mindestens einem Empfänger (Person oder technische Einrichtung) unter Rückgriff auf nachrichtentechnische Übertragungsverfahren weit gehend unabhängig von der räumlichen Entfernung der Kommunikationspartner möglich machen, also **Telekommunikation** (TK) erlauben. Vermarktbare TK-Dienste (z. B. Internetzugriff von einem Mobiltelefon) setzen zahlreiche verzahnte Teilleistungen voraus, die in ihrer Gesamtheit die Wertkette der **TK-Wirtschaft i.w.S.** ausmachen und in Übersicht 1 in einer vereinfachenden makroskopischen Darstellung gezeigt werden. Zur **TK-Wirtschaft i.e.S.** werden typischerweise nur TK-Ausrüster, die Netzelemente und/oder Endgeräte herstellen, TK-Netzbetreiber und TK-Diensteanbieter gerechnet (Gerpott 1998, S. 4 ff.). **TK-Netzbetreiber** lassen sich differenzieren nach (Gerpott 1998, S. 6 ff., 2004, S. 1237 ff.):

- der Mobilität der Netzanschlüsse in Fest- vs. Mobilfunknetzbetreiber;
- der räumlichen Lage und Ausdehnung ihrer Infrastrukturen in Zugangs-/Ortsnetz- vs. Verbindungs-/Fern-/Transportnetzbetreiber;
- der Art der über ihre Netze transportierten Zeichen in Sprach(telefonie)- vs. Daten- vs. Rundfunk- vs. Universalnetzbetreiber;
- der Zugänglichkeit ihrer Netze für Kunden in Betreiber von nicht-öffentlichen Netzen für geschlossene Benutzergruppen vs. Betreiber von Netzen für die Öffentlichkeit;
- dem Markteintrittszeitpunkt und der damit korrelierenden Größe der eigenen TK-Netze und des eigenen Kundenbestandes in etablierte Betreiber (= „Incumbents“) vs. alternative Betreiber/Carrier (siehe auch unten Abschnitt 1.1.2).

Die Wertkettendarstellung in Übersicht 1 bildet folglich die Anbieterseite und -komplexität der TKW insofern nur zum Teil angemessen ab, als dass in der Realität für verschiedene Netztypen eigentlich mehrere parallel verlaufende Wertketten existieren.

Bei **TK-Diensten** wird zwischen der Bereitstellung von Basis- und Mehrwertdiensten differenziert (Gerpott 2004, S. 1243 f.; Dengler 2000, S. 94 f.). **TK-Basisdienste** wie et-

Hersteller von Komponenten	Hersteller von Subsystemen	Hersteller von Netzsystemen	Hersteller von Endgeräten	Betreiber von TK-Netzen	Anbieter von TK-Diensten	Anbieter von Anwendungen
• Halbleiter • Lichtwellenleiter • Kupferkabel • Gehäuse und Schranksysteme • Elektronische Bauelemente • Elektronische Anzeigen • Batterien ⋮	• Elektrische Verstärker • Optische Verstärker • Stromversorgung • Multiplexer • Router • Software-Module • Klimatechnik • Computer ⋮	• Vermittlungssysteme (Switches) • Abrechnungssysteme (Billing) • Übertragungssysteme • Netzmanagementsysteme • Mobilfunknetzsysteme ⋮	• Telefone • Faxgeräte • Modems • Anrufbeantworter • xDSL-Splitter • Least-Cost-Router • PC-Karten • Mobiltelefone • Fernseh-/Rundfunkempfänger ⋮	• Vermittelnde leitungsgebundene Sprachtelefonnetze • Vermittelnde Mobilfunknetze • IP- Netze • Andere Datennetze • Kabel-Verteilnetze (Fernsehen/Radio) ⋮	• Netznahe Basisdienste (z.B. Telefonverbindung) • Netznahe Mehrwertdienste (z. B. Voice Box, Anrufweiterleitung) • Mehrwertdienste (z. B. Video-on-Demand, Web Hosting, branchenspezifischer Datenaustausch) ⋮	• Suchmaschinen • Auskunftssysteme (z.B. Fahrpläne) • Finanzanwendungen (z.B. Wertpapierhandel) • Informationssysteme • Buchungssysteme • Online-Shops ⋮
• Corning • Data Modul • Infineon • Toshiba	• Ciena • Cisco • Juniper • Siemens	• Alcatel • Ericsson • Nortel • Siemens	• Ericsson • Motorola • Nokia • Philips	• BT Ignite • Deutsche Telekom • Lambda Net • Vodafone/ Arcor	• Debitel • Deutsche Telekom • Mox Telecom • Schlund	• Amazon • Ebay • Lufthansa • Yahoo!

Telekommunikationswirtschaft im engeren Sinn (i.e.S.) [Hersteller von Netzsystemen bis Anbieter von TK-Diensten]

Telekommunikationswirtschaft im weiteren Sinn (i.w.S.) [alle Stufen]

Übersicht 1: Wertkette der Telekommunikationswirtschaft

wa Mietleitungen (synonym: Festverbindungen), Digital Subscriber Line (DSL) Datennetzanschlüsse oder Telefonverbindungen zu stationären oder mobilen Endgeräten zeichnen sich dadurch aus, dass dem Kunden nur Zeichentransportkapazitäten mit definierten technischen Merkmalen zur Verfügung gestellt werden und dass vom Kunden selbst generierte Inhalte weit gehend zeitverzugslos zwischen Sender und Empfänger übertragen werden. **TK-Mehrwertdienste** beinhalten neben dem reinen Zeichentransport noch Speicher- oder Verarbeitungsleistungen oder die anbieterseitige Bereitstellung von Informationen, die jeweils einen Zusatznutzen für den Kunden schaffen sollen.

Selbstverständlich können einzelne Unternehmen auch auf mehreren Stufen der TKW (i.e.S.) aktiv sein. So werden TK-Dienste für private Haushalte oder Geschäftskunden zumeist von Unternehmen wie der Deutschen Telekom angeboten, die gleichermaßen die Wertschöpfungsstufen Netzbetrieb sowie Diensteerstellung und -angebot abdecken. Daneben gibt es aber auch Unternehmen, die als **TK-Dienstehändler** oder „Reseller" ohne Funktionsherrschaft über ein TK-Netz nur auf der Wertschöpfungsstufe des TK-Diensteangebots aktiv sind (Gerpott 1998, S. 13 f., 2004, S. 1240). Das Anbieten von TK-Diensten beinhaltet natürlich auch Aktivitäten wie die vertriebliche Kundenansprache und Leistungsbündelung oder die Diensteabrechnung, die aber eher unterstützenden Charakter haben und als Unterfunktionen innerhalb von Wertschöpfungsstufen der TKW anzusehen sind. In einer makroskopischen Gesamtsicht der TKW ist es deshalb nicht sinnvoll, solche Unterfunktionen als eigenständige Stufen der Industriewertkette auszuweisen (so etwa irreführend Dengler 2000, S. 92 ff.).

Von der TKW abzugrenzen ist die **Medienwirtschaft**, deren Anbieter (Presse-, Buch-, Film- und Musik-Verlage/-Produzenten, Rundfunksender) **Informations**- und **Unterhaltungsinhalte** generieren, bündeln und/oder vermarkten. Hierbei kann zur Distribution elektronisch gespeicherter Inhalte auch auf Netzbetreiber der TKW zurückgegriffen werden. Eine schwer eindeutig zuordnungsfähige Zwischenposition nehmen **Online-Diensteanbieter** (z. B. T-Online) ein, da einerseits TK-Transportdienste, andererseits aber auch zum großen Teil fremdbezogene und selbst paketierte Inhalte wesentliche Elemente ihrer Absatzleistung darstellen (Gerpott/Heil 1998, S. 725 ff.).

Der vorliegende Aufsatz beschränkt sich anschließend auf Kooperationen, bei denen mindestens eines der beteiligten Unternehmen zur **TKW i.e.S.** zu rechnen ist. Unternehmen, die auf vor- oder nachgelagerten Wertkettenstufen der TKW i.e.S. einzuordnen sind, weisen nämlich keine gemeinsamen branchentypischen kooperationsrelevanten Besonderheiten auf. Hingegen zeichnet sich jede der vier Wertkettenstufen der TKW i.e.S. durch drei im Folgenden skizzierte Spezifika aus, die eine große Bedeutung für das Auftreten und die Gestaltung von Unternehmenskooperationen haben.

1.1.2 Kooperationsrelevante Branchenbesonderheiten

Die erste Besonderheit des TKW i.e.S. besteht darin, dass die (meisten) Absatzleistungen dieser Branche als **System**- oder **(Netz-)Kommunikationsgüter** zu klassifizieren sind. Dies bedeutet, dass TKW-Absatzgüter wie TK-Netzelemente, -Endgeräte oder -Dienste häufig einen (derivativen) Nutzen für einen einzelnen Nachfrager erst und primär dadurch entfalten können, dass sie in einer technischen Austauschbeziehung mit einem kompatiblen Systemgut bei anderen Nachfragern stehen. Isoliert haben Systemgüter **keinen** (originären) Nutzen, „... der darin zu sehen ist, dass ein Käufer auch dann einen Nutzen aus dem Produktkauf ziehen kann, selbst wenn sonst kein weiteres Mitglied des sozialen Systems über ein gleichartiges Gut verfügt“ (Weiber 1995, S. 42). Hingegen zeichnen sich **Netzeffektgüter** wie etwa ein Faxgerät mit integrierter Kopierfunktion sowohl durch Derivativ- als auch Originärnutzen aus. Die Höhe des originären Nutzens von Netzeffektgütern ist unabhängig von der Existenz von Interaktionen zwischen deren Verwendern; die originäre Nutzenhöhe wird aber durch die installierte Basis von Netzeffektgütern indirekt positiv beeinflusst, weil große Absatzmengen Preisrückgänge und ein Angebot komplementärer Güter stimulieren können. Der Derivativnutzen (Originärnutzen) von System- und Netzeffektgütern (Netzeffektgütern) nimmt direkt (indirekt) mit der Anzahl der Nachfrager zu, welche die gleiche Systemtechnik einsetzen. Übersicht 2 fasst plakativ Unterschiede zwischen System- und Netzeffektgütern sowie herkömmlichen **Singulärgütern** (z. B. Buch, Haarschnitt) zusammen (vgl. auch Weiber 1995, S. 44).

Aus dem Systemgutcharakter von TK-Diensten/-Netzelementen ergeben sich für deren Anbieter Anreize zur Bildung von Unternehmenskooperationen: Häufig können erst durch eine Zusammenarbeit von Produzenten **komplementärer** Leistungen (z. B. Mobilfunknetzbetreiber und Hersteller von Spielesoftware) neue Märkte geschaffen werden oder durch abgestimmte Handlungen von Wettbewerbern zur Sicherung von **Kompatibilität** Fehlkaufrisiken von TK-Diensten/-Endgeräten auf Kundenseite in zur Nachfragestimulierung hinreichendem Ausmaß begrenzt werden.

Die zweite Besonderheit der TKW i.e.S. ergibt sich aus der großen Bedeutung des Wettbewerbsverhaltens **ehemaliger Monopolisten** für die Evolution der Branche. Die Wertkettenstufen TK-Netzbetrieb und -Diensteangebot (siehe Übersicht 1) waren lange Zeit in vielen Industrieländern durch das Monopol eines zumeist mehrheitlich im Staatseigentum befindlichen TK-Unternehmens mit großer Netz- und Kundenbasis geprägt. So war etwa in Deutschland bis zum 1. Januar 1998 ein Sprachtelefondienstmonopol an die Deutsche Telekom verliehen worden. Zumeist erst im letzten Drittel der neunziger Jahre wurden diese Wertkettenstufen für Wettbewerb durch **alternative Carrier** und TK- Diensteanbieter gegen den jeweiligen Incumbent geöffnet (vgl. z. B. Gerpott 1998, S. 58 ff.). Eine solche Anbieterstrukturveränderung impliziert, dass neue Konkurrenten des Incum-

Charakterisierungsmerkmale	Gütertypen		
	Systemgüter	Netzeffektgüter	Singulärgüter
• Netzeffekte	• direkte	• indirekte	• keine
• Güternutzen	• derivativ	• derivativ und originär	• originär
• Stabilität des Güternutzen	• veränderlich	• zum großen Teil konstant	• konstant
• Bedeutung der installierten Basis für die Marktakzeptanz	• sehr hoch	• hoch	• gering
• Netzeffektverstärker	• Nutzungsintensität	• Absatzhäufigkeit	• nicht vorhanden
• Nachfrageübergreifendes Güterverbindungsmittel	• nachrichtentechnisches Netz	• virtuelle Gemeinschaft	• nicht vorhanden
• Güterbeispiel	Mobiltelefonanschluss	Videorekorder	Taschenrechner

Übersicht 2: Unterschiede zwischen System-, Netzeffekt- und Singulärgütern

bent zumindest befristet nach der Marktöffnung nicht über die Ressourcen verfügen, die erforderlich sind, um im TK-Netz- und -Dienstewettbewerb gegen ein Unternehmen mit signifikanter Marktmacht zu bestehen. Folglich liegt es für Unternehmen der TKW i.e.S. nahe, den Versuch zu unternehmen, ihre Wettbewerbsposition gegenüber dem Incumbent und dessen traditionellen „Hoflieferanten" in einem nationalen Markt durch Unternehmenskooperationen zum Abbau von Ressourcenlücken zu verbessern (Gerpott 1998, S. 260; Bronner/Mellewigt 2001, S. 729).

Die dritte kooperationsrelevante Besonderheit der TKW i.e.S. besteht in der enorm hohen **Branchenkomplexität und -dynamik:** Die TKW i.e.S. zeichnet sich seit Anfang der neunziger Jahre durch die Entstehung vielfältigster Netzplattformen bzw. Dienste neben dem Telefonnetz bzw. -dienst, raschen technischen Fortschritt (z. B. bei Übertragungsgeschwindigkeiten), eine schnelle Zunahme der Zahl der Marktein- und -austritte von Anbietern sowie enorme Veränderungen der TK-Dienstenachfrage aus (Gerpott 1998, S. 1 f.; Chan-Olmsted/Jamison 2001, S. 317 ff.). Nach konzeptionellen Überlegungen von Sydow (2001, S. 296 f.) haben gerade bei einer solchen überdurchschnittlich hohen Branchenkomplexität und -dynamik strategische Kooperationen als Instrument der Unternehmensführung eine überproportionale Relevanz. Diese Vermutung wurde auch empirisch in einer im Herbst 2001 in Deutschland durchgeführten Befragung von 83 TK-Netzbetreibern bestätigt (Mellewigt 2003, S. 199 ff.; vgl. weiter die ebenfalls vermutungskonformen Befunde bei Fjeldstad u. a. 2004, S. 190).

1.2 Unternehmenskooperationen

1.2.1 Präzisierung der betrachteten Kooperationsphänomene

In der Betriebswirtschaftslehre wird der Begriff der **Kooperation** (von lateinisch „cooperari" = mitwirken) verwendet, wenn es um arbeitsteiliges, aufeinander abgestimmtes Handeln von hierarchisch eher gleichgestellten, denn in einem Über-Unterordnungsverhältnis stehenden Einzelpersonen in einer Wirtschaftsinstitution oder von verschiedenen Wirtschaftsinstitutionen geht, das zur Erreichung gemeinsamer ökonomischer Ziele aller Beteiligten beitragen soll (vgl. für viele Rotering 1993, S. 6 ff.; Mahrdt 1998, S. 49). Durch Kooperation wird angestrebt, wirtschaftliche Aktivitäten zu entfalten, deren Realisierung bei isoliertem Handeln von Individuen oder Institutionen nicht oder zumindest weniger gut möglich ist, wobei die Zusammenarbeit jederzeit einseitig kündbar und damit prinzipiell freiwillig ist. Dieses allgemeine betriebswirtschaftliche Kooperationskonzept umfasst zwei verschiedene Grundvarianten (Sobrero/Schrader 1995, S. 587 f.): (1) Eine mehr prozessual-mikroskopische Variante, bei der die Zusammenarbeit zwischen Mitarbeitern eines oder verschiedener Unternehmen vor allem durch wenig formalisierten Informationsaustausch im Vordergrund steht; (2) eine mehr strukturell-makroskopische Variante, bei der auf die stark durch formale Regelungen flankierte Zusammenarbeit zwischen verschiedenen Institutionen abgestellt wird. Im Weiteren wird hier nur die zweite Kooperationsvariante diskutiert, die meines Erachtens kurz als **unternehmensübergreifende Kooperation oder Unternehmenskooperation** zu bezeichnen ist, weil lediglich sie zum Teil durch Branchenbesonderheiten der TKW geprägt wird.

Genauer liegt eine **Unternehmenskooperation** (UK) dann vor, wenn mindestens zwei selbstständige Unternehmen unter freiwilliger Einschränkung ihrer jeweiligen wirtschaftlichen Dispositionsspielräume bewusst, umkehrbar und zielorientiert so zusammenarbeiten, dass sie wechselseitig ihre jeweiligen Stärken ergänzen oder/und ihre Schwächen kompensieren, ohne dass die Partner insgesamt unter einheitlicher wirtschaftlicher (Konzern-)Leitung stehen (vgl. ähnlich z. B. Gerpott 2001, S. 216; Mellewigt 2003, S. 9 ff.). Folglich werden durch branchenspezifische rechtliche (= regulative) Vorgaben, wie etwa die Telekommunikationsgesetze von 1996 und 2004, erzwungene Zusammenwirkungsvarianten zwischen Unternehmen des TKW, z. B. bei einer Netzzusammenschaltung zur Übergabe von TK-Verkehr (= Interconnection), hier nicht dargestellt. Sie sind auf Grund fehlender Freiwilligkeit nicht als UK im obigen Sinn einzustufen.

Je langfristiger eine UK angelegt ist und je bedeutsamer sie für die Entwicklung nachhaltiger Wettbewerbsvorteile der Partner ist, desto treffender ist eine Charakterisierung der Zusammenarbeit als **strategische UK** (SUK). Dabei ist in der Realität der Übergang zwischen SUK und operativen UK mehr stetig als diskret. Die Organisationsformen für SUK reichen in der TKW nicht anders als in anderen Branchen auch von Absprachen über (Lizenz-)Verträge bis hin zu neu oder ausgegründeten Gemeinschaftsunternehmen und wechselseitigen Minderheitsbeteiligungen am Eigenkapital der Partner (Gerpott/Hermann 1997, S. 246 f.). SUK werden in der wirtschaftswissenschaftlichen Literatur übereinstimmend als eigenständige Koordinationsvariante für ökonomische Aktivitäten interpretiert, die zwischen der Koordination durch Hierarchien, also durch unternehmensinterne Abstimmung, und durch Märkte, also durch unternehmensexterne Abstimmung über die Abgabe von Leistungen gegen Entgelt an Dritte, einzuordnen ist (vgl. für viele Sydow/Möllering 2004, S. 37 f., S. 210; Mellewigt 2003, S. 12 ff.).

Keine Einigkeit besteht hingegen im Schrifttum hinsichtlich der Überlappung und Unterschiede zwischen SUK, strategischen Allianzen und strategischen Unternehmensnetzwerken. So werden in inkonsistenter Weise Kriterien wie die kooperationsbedingte Verflechtungsrichtung in und zwischen Branchen, der Exklusivitätsgrad der Partnerzusammenarbeit, die Dominanz der Zusammenarbeitsbeziehungen durch eines der beteiligten Unternehmen oder die Existenz unternehmensübergreifender Zielsysteme herangezogen, um diesen drei und weiteren im Kontext von UK benutzten Begriffen jeweils eine spezifische Bedeutung zuzuordnen. Da ein Abgrenzungskonsens für strategische Allianzen und Unternehmensnetzwerke in der Literatur fehlt und die beiden Begriffe meines Erachtens auch keine grundlegend neuen Kooperationsaspekte auf einer strategischen Analyseebene aufzeigen, wird in diesem Beitrag auf eine Unterscheidung dieser und etwaiger anderer Arten von SUK verzichtet und stattdessen von SUK im Sinn eines umfassenden Oberbegriffs gesprochen.

1.2.2 Branchenbezogene Systematisierung von strategischen Unternehmenskooperationen

Die Vielfalt von generell und insbesondere in der TKW beobachtbaren SUK lässt sich durch eine ebenfalls kaum überschaubare Zahl von Typisierungsvariablen strukturieren (vgl. den Überblick bei Sydow 2001, S. 298 f.). Mit einer Ausnahme ermöglichen die in der Literatur zu findenden Kriterien zur Systematisierung von SUK keine spezifische substanzielle Bezugnahme auf die arbeitsteiligen Wertschöpfungsaktivitäten bestimmter Branchen wie der TKW. Nur bei einer SUK-Systematisierung nach der Verflechtungsrichtung in und zwischen den Branchenwertketten (horizontal, vertikal, diagonal) ist genauer branchenspezifisch darzustellen, welche inhaltlichen Geschäftsverknüpfungen von kooperierenden Unternehmen in den jeweils untersuchten Branchen realisiert werden. Daher erfolgt auch hier eine Systematisierung von SUK-Arten in der TKW i.e.S. anhand der Einordnung der Relation der zusammenarbeitenden Unternehmen in die Wertkette der TK-Branche (siehe Übersicht 1) bzw. anderer Branchen (vgl. ähnlich Mahrdt 1998, S. 58 ff.). Im Einzelnen wird, wie im Schrifttum üblich, zwischen horizontalen, vertikalen und diagonalen SUK sowie, zusätzlich, multidirektionalen SUK unterschieden.

Bei **horizontalen SUK** stimmen Unternehmen der TKW Aktivitäten ab, die auf der gleichen Stufe der Branchenwertkette einzuordnen sind und die deshalb häufig mit ähnlichen Absatzleistungen oder -regionen, Kunden oder produktionstechnischen Mitteln bei den Partnern einhergehen. Nach Befunden von Mellewigt (2003, S. 221 f.) ist die horizontale SUK die Zusammenarbeitsvariante, die bis Mitte 2001 bei TK-Netzbetreibern in Deutschland deutlich häufiger zu beobachten war als die übrigen drei hier unterschiedenen SUK-Arten. Bei horizontalen SUK stellen die Unternehmen Maßnahmen, die dem Partner schaden könnten, auf dem vereinbarten Kooperationsfeld ein, können aber zugleich auf anderen Märkten/Feldern unverändert gegeneinander konkurrieren. Diese bei horizontalen SUK zum Teil zu beobachtende Konstellation von paralleler strategischer Kooperation und Konkurrenz wird als „Coopetition“ (Cooperation plus Competition) oder „Koopkurrenz“ (Kooperation plus Konkurrenz) bezeichnet (Gerpott 2001, S. 217).

Bei **vertikalen SUK** handeln Unternehmen der TKW strategisch abgestimmt, die auf verschiedenen Stufen der Branchenwertkette tätig sind und in einer Lieferanten-Abnehmer-Beziehung zueinander stehen (z. B. TK-Ausrüster und -Netzbtreiber). Kennzeichen **diagonaler** oder **konglomerater SUK** ist, dass eine Zusammenarbeit zwischen Unternehmen erfolgt, deren Absatzschwerpunkt in unterschiedlichen Branchen liegt, zwischen denen in der Vergangenheit kein signifikanter Wettbewerb um Kunden oder Vorleistungslieferanten herrschte und keine intensiven Verflechtungen zur Erstellung von gemeinsamen Absatzleistungsbündeln bestanden. Konglomerate SUK werden häufig als Folge bzw. Indiz eines angeblichen Zusammenwachsens oder Konvergierens der früher klar trennbaren **T**elekommunikations-, **I**nformationstechnik-, **M**edien- und **E**lektronik-/ **E**ntertainmentbranchen (= **TIME-Märkte**) interpretiert (vgl. für viele Gerpott 2003, S. 628 f.).

Neben diesen drei übereinstimmend in der Literatur differenzierten Arten von SUK ist es meines Erachtens sinnvoll, speziell in der TKW **multidirektionale und -laterale SUK** als weiteren Kooperationstyp zu unterscheiden. Charakteristisch für diese vierte SUK-Art ist, dass eine größere Zahl von Unternehmen, die auf der gleichen Wertkettenstufe oder verschiedenen Stufen tätig sind, und vereinzelt auch Unternehmen wichtiger Anwenderbranchen von TK-Diensten (z. B. Bankwirtschaft) in institutionalisierten Gremien und Prozessen versuchen, technische Standards für TK-Netze, -Dienste und -Endgeräte gemeinsam zu erarbeiten. Ein Beispiel ist die Universal-Mobile-Telecommunications-System-Projektgruppe (UMTS) des European Telecommunications Standards Institute (ETSI) (siehe Abschnitt 2.4; vgl. auch Orlamünder 2000, S. 626 ff.; Klußmann 2001, S. 1013 ff.).

Ziel der weiteren Untersuchung ist es, für jede der vier zuvor angeführten SUK-Typen systematisierend etwas genauer herauszuarbeiten, (1) welche Untertypen von Kooperationsarrangements in der TKW auftreten und (2) welche Gründe die Entstehung und Beendigung der Untertypen zu erklären vermögen.

2. Arten, Entstehungs- und Beendigungsgründe von strategischen Unternehmenskooperationen in der Telekommunikationswirtschaft

2.1 Horizontale, wertschöpfungsstufeninterne Kooperationen

Horizontale SUK sind in der TKW i.e.S. zwischen TK-Netzsystemherstellern, -Endgeräteherstellern, -Netzbetreibern und -Diensteanbietern möglich (siehe Übersicht 1).

Zwischen **TK-Netzsystem- und -Endgeräteherstellern** (= TK-Ausrüster) werden im Bereich der **Forschung & Entwicklung** (F & E) eher vertragsbasierte SUK von (supra-) staatlicher Seite bewusst durch Förderprogramme unterstützt (Wassenberg 1991). Beispiele für einschlägige eher horizontale Gemeinschafts-F & E-Initiativen der EU sind die „Advanced Communications Technologies and Services" (ACTS)- und „Research on Advanced Communications in Europe" (RACE)-Programme. Solche Initiativen zielen auf die Kombination komplementären Technologiewissens vieler Partner, die in einem Wirtschaftsraum ansässig sind. Ergebnisse derartiger multilateraler F & E-Kooperationen von TK-Ausrüstern sollen zwar in der Regel nicht unmittelbar kurzfristig kommerziell verwertbar sein, wohl aber helfen, die Position von Wirtschaftsregionen im internationalen Standortwettbewerb langfristig zu stärken. F & E-Kooperationen werden auch häufiger zwischen etablierten großen und kleinen Start-up-TK-Ausrüstern realisiert, um

Wissensvorsprünge kleiner Spezialanbieter (z. B. für Spracherkennungssysteme) mit der Finanzkraft und Vermarktungsstärke von Großunternehmen zusammenzuführen.

Zwischen etablierten TK-Ausrüstern kommen bilaterale technologiebezogene SUK schließlich dann zustande, wenn beide Parteien sich erhoffen, dass sie auf einem Innovationsfeld infolge einer kooperationsbedingten Marktmachterhöhung von ihnen entwickelte kompatible Produkte eher als Standard durchsetzen können. Entsprechend arbeiteten z. B. Ericsson und Cisco Systems Mitte 2004 bei der Entwicklung von auf dem „Internet Protocol“ (IP) basierenden Lösungen zur Integration „klassischer“, leitungsvermittelnder Sprachtelefon- und neuer, paketvermittelnder Multimediadienste in einer Festnetzplattform zusammen.

Neben F & E-Kooperationen gehen TK-Ausrüster auch SUK in der **Produktion** ein, wenn ein Partner besondere Produktionsstärken und der andere Stärken auf anderen Feldern (z. B. F & E, Design, Vermarktung) aufweist. So produzierte etwa das Unternehmen Flextronics für weitere Anbieter wie Ericsson in enger Abstimmung Mobiltelefone. Motorola hat für Siemens über einen definierten Zeitraum UMTS-Endgeräte hergestellt, die unter der Marke Siemens abgesetzt wurden, bis Siemens selbst in der Lage war, solche Terminals zu fertigen.

Während bei funktional enger begrenzten TK-Ausrüsterkooperationen eher vertragliche Zusammenarbeitsformen anzutreffen sind, wird bei breiter interfunktional angelegten Bündnissen eher eine Institutionalisierung über **Gemeinschaftsunternehmen** vorgenommen (Jenkins 1991, S. 171). Mit solchen oft internationalen Joint Ventures wird versucht, regionale Marktpräsenzlücken der Partner auszugleichen, um eine Absatzausweitung sowie damit verbundene Skalenvorteile auf sämtlichen Wertschöpfungsstufen zu erreichen. Ein entsprechendes Beispiel ist ein von Ericsson und Sony im Oktober 2001 gegründetes Gemeinschaftsunternehmen für mobile Endgeräte.

Zwischen **TK-Netzbetreibern** sind SUK vor allem zu beobachten bei (1) der Wettbewerbsöffnung von TK-Märkten außerhalb des Landes, in dem mindestens einer der UK-Partner seinen Stammsitz hat, (2) der länderübergreifenden Bereitstellung von „nahtlosen“ TK-Netzen für sehr große multinationale Geschäftskunden aus einer Hand und (3) der abgestimmten Errichtung, Auslastung und Vermarktung von TK-Infrastrukturen (Gerpott 1998, S. 223, 2000, S. 23, 2001, S. 218 f.).

Ad (1): Bei der Öffnung von monopolistischen Fest- und Mobilfunknetzmärkten für Wettbewerb haben Carrier die Option, mit anderen Netzbetreibern eine SUK einzugehen, indem sie entweder ein Gemeinschaftsunternehmen neu gründen oder eine Minderheitsbeteiligung an einem bereits in dem zu liberalisierenden Markt aktiven Anbieter eingehen. Dabei überwiegt als SUK-Form auf Mobilfunkmärkten die Gründung von Joint Ventures, während auf Festnetzmärkten häufiger auch Minderheitsbeteiligungen an (etablierten nationalen) Carriern zu beobachten sind, die von Netzbetreibern aus industriell hoch entwickelten ausländischen Staaten erworben werden (Clegg/Kamall 1998, S. 70 ff.; Gerpott 2000, S. 31 ff.; Wymbs 2002, S. 98). Einschlägige Fälle sind die Gründung des griechischen Mobilfunknetzbetreibers Cosmote durch den norwegischen Carrier Telenor und den griechischen TK-Anbieter OTE im Jahr 1997 oder der Erwerb einer 35%-Beteiligung am kroatischen Festnetz-Incumbent HT durch die Deutsche Telekom im Jahr 1999.

Motive, die große TK-Netzbetreiber zum Eingehen horizontaler SUK außerhalb ihres Heimatlandes bewegen, sind attraktive Umsatzwachstums- und Profitabilitätspotenziale eines ausländischen Mobilfunk- oder Festnetzmarktes, vermutete größen- und verbundbedingte Netzaufbau-, -betriebs- und Vermarktungskostenvorteile im Zuge einer internationalen Expansion sowie wahrgenommene eigene Kompetenz-/Ressourcenlücken oder administrativ-politische Eintrittsbarrieren, die eine horizontale Auslandsdiversifikation ohne (lokalen) Kooperationspartner wesentlich risikoreicher erscheinen lassen (Clegg/Kamall 1998, S. 62 ff.; Gerpott 1998, S. 223; Bronner/Mellewigt 2001, S. 743). Speziell die SUK mit einem Carrier, der bereits im Zielland der Auslandsdiversifikation eines TK-Netzbetreibers tätig ist, kann Letzterem Vorteile beim raschen Zugang zu zwar zu modernisierenden, aber partiell vorhandenen Orts- und Transportnetzen sowie Wegerechten, bei der Endkundenansprache durch Nutzung einer bereits eingeführten Marke und bei der Beeinflussung nationaler TK-Regulierungsrahmenbedingungen im eigenen Sinn verschaffen. Dem lokalen Partner eröffnet sich im eigenen Heimatmarkt durch die SUK mit einem ausländischen Carrier die Chance, fehlende technische und betriebswirtschaftliche Wissens- sowie Finanzressourcen hinzuzugewinnen.

Vielfach werden internationale SUK zwischen Carriern auch von ausländischen Unternehmen bei einer Teilprivatisierung eines Incumbent als erster Markteintrittsschritt genutzt, dem später eine Mehrheits- oder Komplettübernahme des TK-Netzbetreibers im Ausland folgt. So ersetzte etwa die Deutsche Telekom im Jahr 2001 ihre Minderheitsbeteiligung am Incumbent HT in Kroatien durch eine Mehrheitsbeteiligung, überführte also eine SUK in eine Akquisition.

Ad (2): Zur Bereitstellung von internationalen TK-Netzen/-Diensten für sehr große multinationale Unternehmen wurden zumeist von Incumbents westlicher Industrieländer Mitte der neunziger Jahre mehrere „globale strategische Allianzen" wie Global One/Atlas, Unisource, World Partners oder Concert gegründet (Chan-Olmsted/Jamison 2001, S. 325 ff.; Gerpott 1998, S. 225 ff.). Diese SUK wurden jedoch bereits vier bis sechs Jahre nach ihrem Start wieder aufgelöst: Die Interessen der Bündnispartner waren so widersprüchlich und technische sowie wirtschaftliche Abstimmungsprozesse so zeitaufwändig, dass den beteiligten Carriern die Fortsetzung ihrer globalen Allianzen nicht sinnvoll erschien.

Ad (3): Bei der dritten Spielart horizontaler SUK zwischen Carriern werden Netzaufbau und -betrieb der Partner so aufeinander abgestimmt, dass ein Netzbetreiber bestimmte Infrastrukturmodule errichtet und Partnercarriern später deren Mitbenutzung gestattet. Beispielsweise errichteten in Deutschland im letzten Drittel der neunziger Jahre alternative Festnetzcarrier wie Level 3 oder Colt jeweils zwischen unterschiedlichen Ballungszentren Glasfaserverbindungen und tauschten dann untereinander Eigentums- oder Nutzungsrechte an diesen Verbindungen für Strecken, auf denen der andere TK-Netzbetreiber selbst nicht gebaut hatte (= „line swapping“; vgl. auch Dengler 2000, S. 175). Ähnlich stimmen Mobilfunknetzbetreiber ihre Planungen für Basisstationen oder Richtfunktechnik zum Teil so miteinander ab, dass ein Standort mit bestimmten Anlagen (z. B. Funkmast, Stromversorgung) gemeinsam genutzt werden kann (= „site sharing“). Während diese Kooperationsart noch mehr **operativen** Charakter hat, sind auf verschiedenen nationalen Märkten simultan zwischen Carriern abgestimmte Netzaufbau- und -betriebskonzepte durchaus als SUK einzustufen (höhere Verflechtungsintensität und Wettbewerbsrelevanz). Ein einschlägiges Beispiel ist hier die Kooperation der deutschen und britischen Mobilfunknetzbetreiber T-Mobile und mmO2 beim Aufbau von UMTS-Netzen in beiden Ländern. Hauptziel solcher horizontalen Infrastrukturkooperationen zwischen Carriern, die seit langem auch bei interkontinentalen TK-Kabelstrecken praktiziert werden, ist die Reduzierung von Netzaufbauinvestitionen und/oder -zeiten.

Die Gründe, die bei sämtlichen Varianten horizontaler und zumeist internationaler SUK zwischen Carriern zur Beendigung der Zusammenarbeit führen können, sind Fehleinschätzungen der Regulierungs-, Nachfrage- und Wettbewerbsdynamik sowie damit verbundene Strategieveränderungen bei mindestens einem Partner und ein unerwartet hoher Abstimmungsaufwand, der seinerseits durch nicht antizipierte konfliktäre Geschäftsprioritäten, Landeskulturen und Managementunterschiede verursacht wird (Bronner/Mellewigt 2001, S. 735 ff.; Gerpott 2000, S. 29). Insgesamt gibt es bislang keine empirischen wissenschaftlich tragfähigen Indizien dafür, dass ein Carrier durch internationale SUK mit anderen Netzbetreibern nachhaltige wettbewerbsstrategische **Verbundvorteile** erreichen kann. Hieraus folgt im Umkehrschluss, dass die betriebswirtschaftlichen Erfolgschancen internationaler SUK zwischen Carriern mehr von der isolierten strukturellen Attraktivität jedes **einzelnen** Auslandsmarktes (z. B. Wettbewerberanzahl, Markteintrittsmodus, Nachfragepotenziale) sowie der **bilateralen** Ressourcen- und Führungsansatzkomplementarität abzuhängen scheinen (vgl. auch Gerpott 2000, S. 27).

Horizontale SUK zwischen reinen TK-Diensteanbietern werden in der Praxis innerhalb eines Landes nur sehr selten realisiert, da die Wettbewerbsintensität zwischen bzw. der Wertschöpfungsumfang von solchen Unternehmen so groß bzw. klein ausfällt, dass keine Felder für eine Kooperation auf längere Sicht, sondern allenfalls für eine kurzfristige Zusammenarbeit bei einzelnen Kundenprojekten vorhanden sind. Eher werden noch **internationale horizontale SUK zwischen reinen TK-Diensteanbietern** in Angriff genommen, um erhoffte Verbundeffekte (z. B. verbesserte Know-how-Nutzung) zu erschließen. Ein Beispiel ist hier der deutsche Diensteanbieter Telegate, der bei Auskunftsleistungen über internationale SUK Ende der neunziger Jahre den Versuch unternahm, seine Wettbewerbsposition zu verbessern.

2.2 Vertikale, wertschöpfungsstufenübergreifende Kooperationen

Als praxistypische vertikale SUK-Arten zwischen Unternehmen, die auf verschiedenen Wertkettenstufen der TKW i.e.S. einzuordnen sind, lassen sich unterscheiden (1) Bündnisse zwischen TK-Infrastrukturlieferanten und -Netzbetreibern, (2) Kooperationen zwischen TK-Netzbetreibern und -Diensteanbietern/-händlern ohne eigenes Netz und (3) Allianzen zwischen Carriern und (großen) Anwendern von TK-Diensten. SUK zwischen TK-Netzbetreibern/-Diensteanbietern einerseits und Medienunternehmen andererseits sind hingegen nicht als vertikale Zusammenarbeitsvariante zu klassifizieren (so etwa falsch Mahrdt 1998, S. 67 f.), da es hier um die Abstimmung von Unternehmen geht, die in Wertketten verschiedener, bis heute zum großen Teil angebots- und nachfrageseitig getrennter Branchen verankert sind, also diagonale SUK vorliegen (siehe Abschnitt 2.3).

Ad (1): TK-Netze sind komplexe technische Systeme, die zwar aus zum Teil standardisierten Bausteinen errichtet werden, für deren carrierbezogene Anforderungsgerechtigkeit aber aufwändige einzelfallspezifische Integrationsarbeiten durch als Generalunternehmer auftretende Infrastrukturlieferanten entscheidend sind. Dementsprechend kann ein effizienter Wissensaustausch, höhere Planungssicherheit und eine konsequente Ausrichtung der Netztechnik auf Carrierwünsche dadurch gefördert werden, dass sich große TK-Ausrüster und -Netzbetreiber strategisch sehr eng bei der Errichtung und/oder dem Betrieb neuer Netz(teil)e in technischer und kommerzieller Hinsicht miteinander abstimmen. Für TK-Netzbetreiber impliziert eine SUK mit einem Ausrüster, dass sie auch bei späteren Netzerweiterungs-/-modernisierungsinvestitionen auf Grund von technischen und ökonomischen Barrieren, die einen raschen Wechsel zu anderen Lieferanten erschweren, von ihrem Erstausrüster in erheblichem Ausmaß abhängig sind. Umgekehrt haben für TK-Systemhersteller SUK mit Carriern zur Folge, dass sie infolge der bevorzugten Behandlung ihrer Netzbetreiberpartner eigene Absatzchancen bei weiteren potenziellen Kunden verschlechtern, die im Wettbewerb zu strategischen Partnern der Systemlieferanten stehen. Deshalb gehen TK-Ausrüster SUK mit Netzbetreibern zumeist nur ein, wenn die Carrier so groß sind, dass sie auf zahlreichen Märkten in verschiedenen Ländern bedeutende Positionen innehaben oder wenn die Hersteller kaum Absatzmöglichkeiten für die eigene Systemtechnik bei anderen Carriern in einem nationalen Markt wahrnehmen. So realisierte der TK-Ausrüster Nokia in Deutschland seit 1993 mit dem Netzbetreiber E-Plus eine enge Zusammenarbeit beim Aufbau von Mobilfunknetzen der 2. Generation, da Nokia Mitte der neunziger Jahre noch keine starke Position im Mobilfunkausrüstergeschäft besaß und sich deshalb von der Allianz mit einem Carrier marktöffnende Reputationsvorteile versprach. Ähnlich ging in Österreich der TK-Ausrüster Alcatel im Jahr 2003 eine SUK mit dem Mobilfunkcarrier One dahingehend ein, dass Alcatel zunächst für sieben Jahre den kompletten Netzbetrieb von One (inklusive 200 Mitarbeiter) übernahm.

Zwischen reinen TK-Endgeräteherstellern, die nicht auch Netzelemente produzieren, und Carriern werden dagegen kaum SUK eingegangen, da erstere zur Erreichung eines wettbewerbsfähigen Kostenniveaus ihrer Produkte primär daran interessiert sind, weltweit möglichst hohe Stückzahlen von einem Gerätetyp abzusetzen. Dieses Interesse lässt SUK mit Netzbetreibern zur Entwicklung und Produktion besonderer Endgeräte exklusiv für einzelne Carrier aus Herstellersicht wenig attraktiv erscheinen.

Ad (2): Marktbeherrschende TK-Netzbetreiber können in Deutschland gemäß § 21 Abs. 2 Nr. 3 Telekommunikationsgesetz (TKG) vom 22.06.2004 dazu verpflichtet werden, anderen Unternehmen „Zugang zu bestimmten vom Betreiber angebotenen Diensten [...] zu gewähren, um Dritten den Weitervertrieb im eigenen Namen und auf eigene Rechnung zu ermöglichen“. Da marktbeherrschende Carrier generell und Mobilfunknetzbetreiber unabhängig von ihrer Marktmacht (§ 40 Abs. 2 S. 3 TKG) somit prinzipiell auch gegen ihren Willen zu Absatzbeziehungen mit TK-Dienstehändlern gezwungen werden können, ist nicht jede in der Praxis zu beobachtende vertikale Lieferbeziehung zwischen Carriern und Dienstehändlern als SUK zu klassifizieren. Eine SUK zwischen einem Netzbetreiber und Diensteanbieter/-händler ohne eigenes Netz setzt vielmehr zusätzlich voraus, dass einem Reseller in technischer oder kommerzieller Hinsicht einzigartige Vorleistungen von einem Carrier über einen langen Zeitraum zur Verfügung gestellt werden, die der Reseller kaum auch von anderen TK-Netzbetreibern beziehen könnte und die der Carrier vielen anderen Wettbewerbern des TK-Dienstehändlers nicht in gleicher Weise auch anbietet.

Solchermaßen eingegrenzte vertikale SUK mit hoher Verflechtungsintensität zwischen Carriern und TK-Diensteanbietern/-händlern zeichnen sich bislang in Deutschland primär im Zusammenhang mit der Errichtung von Mobilfunknetzen nach dem UMTS-Standard ab: Hier kooperieren nämlich Unternehmen, die bereits ein Mobilfunknetz nach dem Vorläuferstandard GSM (= Global System for Mobile Communications) in Deutschland betreiben, also **Mobilfunkcarrier** sind, und zusätzlich am Aufbau eines UMTS-Netzes arbeiten, freiwillig, eng und langfristig mit anderen Unternehmen, die selbst über keine Lizenz zum Mobilfunknetzbetrieb oder lediglich über eine UMTS-, nicht aber eine GSM-Lizenz verfügen und sich zumindest zeitweilig als so genannter **virtueller Mobilfunknetzbetreiber** (VMN) bzw. Mobilfunkdiensteanbieter ohne komplettes eigenes (Funk-)Netz positionieren wollen. VMN unterscheiden sich von „klassischen“ Mobilfunkresellern wie etwa Talkline dadurch, dass VMN nicht nur den Vertrieb und die Abrechnung von TK-Diensten übernehmen, die sie von Mobilfunknetzbetreibern einkaufen und selbst nicht verändern. Vielmehr kontrollieren VMN eigene Netzelemente (z. B. Chip-Karten in Endgeräten verbunden mit einer zentralen Datenbank, die VMN-Kunden die Zugangsberechtigung zur Nutzung bestimmter Dienste erteilt), die es ihnen ermöglichen, Kunden unter einer eigenen Mobilfunknetzbetreibervorwahl und -marke selbst gestaltete Dienste anzubieten (Böhm 2004, S. 363 ff.; Gerpott 2001, S. 219 f.). Anders als echte Mobilfunkcarrier verfügen VMN allerdings nicht über Frequenzen zum Betrieb von Funkzugangsnetzen. Eine Positionierung als VMN wurde in Deutschland Ende 2004 z. B. von dem alternativen Festnetzcarrier Tele2 erwogen, der eine entsprechende SUK mit dem UMTS-Lizenzinhaber E-Plus verhandelte. Im Ausland ist der eben skizzierte SUK-Typ seit Ende der neunziger Jahre bereits bei GSM-Mobilfunknetzen zu beobachten. Beispielsweise ermöglicht die britische Tochter des deutschen Mobilfunkkonzerns T-Mobile der breit diversifizierten britischen Virgin Group seit dem Jahr 1999 die Mitbenutzung von Teilen seines GSM-Netzes. Dabei hat Virgin Mobile selbst Netzelemente zu betreiben, um unter einem eigenen „mobile network code“ Kunden für den Zugang zu GSM-Diensten der Marke Virgin autorisieren zu können. Aus Kundensicht wirkt Virgin Mobile wie ein Mobilfunknetzbetreiber, obwohl technisch umfangreiche Teile der TK-Dienstebereitstellung „im Hintergrund“ durch den SUK-Partner T-Mobile erbracht werden.

Ad (3): Bei der unternehmensspezifischen Entwicklung und dem Betrieb von komplexen Lösungen zur Abdeckung des TK-Bedarfs von Großunternehmen durch Carrier kann es ebenfalls zu vertikalen SUK kommen. Sie basieren zumeist auf langfristigen Rahmenverträgen, in denen Projekte zum Aufbau kundenspezifischer TK-Lösungen und die laufende TK-Dienstebereitstellung für einen Großkunden durch einen Carrier geregelt werden. Vereinzelt wird eine SUK zwischen Carriern und großen TK-Anwendern auch durch die Ausgliederung und den eigentumsrechtlichen Übergang von Organisationseinheiten des Anwenders, die in der Vergangenheit für dessen unternehmensinternes TK-Netzmanagement zuständig waren, auf Carrier verbunden mit langfristigen Abnahmegarantien der Kunden realisiert.

Vertikale SUK mit „lead users“ bieten aus Carriersicht die Chance zur Gewinnung (1) von neuen, zum Teil generalisierbaren Erkenntnissen im Hinblick auf TK-Anforderungen großer Unternehmen und (2) von Referenzfällen mit positiven akquisitorischen Wirkungen auf andere potenzielle Großkunden. Für große TK-Anwender liegen Motive für eine SUK mit einem Carrier in der Hoffnung auf Konkurrenzvorteile (1) durch unternehmensspezifische besonders leistungsfähige oder/und niedrig bepreiste TK-Lösungen und (2) durch Vermeidung einer unternehmensinternen Übernahme von TK-Infrastrukturaufgaben, die für den Unternehmenserfolg sekundär sind, keine engen Verzahnungen zu anderen Geschäftsprozessen des Anwenders aufweisen und durch externe Spezialisten mit Größen- und Lernvorteilen besser wahrgenommen werden können.

2.3 Diagonale, branchenübergreifende Kooperationen

Bei diagonalen Kooperationen zwischen Anbietern aus der TKW i.e.S. und Unternehmen aus anderen Branchen sind zwei Typen von SUK zu unterscheiden: (1) **Inputorientierte SUK**, die primär komplementäre Ressourcen der Partner zur Verbesserung interner Produktionsprozesse von Unternehmen der TKW i.e.S. vorteilhaft kombinieren sollen. (2) **Outputorientierte SUK**, die zuerst auf die Verknüpfung von komplementären Bausteinen, die von Unternehmen verschiedener Branchen kontrolliert werden, zielen, um neue TK-Dienste(bündel) zu generieren.

Ad (1): Nach der Aufhebung von Monopolen auf TK-Netz- und -Dienstemärkten benötigen neu in diese Märkte eintretende alternative Carrier neben TK-Netzausrüstung sowie Netzaufbau- und -betriebswissen vor allem einen schnellen Zugang zu Wegerechten für

Übertragungsstrecken, zu bislang bereits von einzelnen Unternehmen betriebenen nicht-öffentlichen größeren TK-Netzen und zu Finanzressourcen, um auf längere Sicht akzeptable Erfolgschancen in einem infrastrukturbasierten Wettbewerb gegen den Incumbent zu haben. Da lokale, regionale und nationale Strom-, Verkehrs-, Gas- und Wasserversorgungsunternehmen, also kurz „Versorger/Utilities", in der Regel über die beiden eben zuerst genannten Erfolgsfaktoren und Finanzdienstleister über den dritten oben angegebenen Faktor verfügen, waren und sind in Deutschland, aber auch in anderen Ländern im Zeitraum unmittelbar vor und nach der Marktliberalisierung vielfach diagonale SUK zwischen Versorgern, Finanzdienstleistern und für den jeweiligen nationalen Markt als „ausländisch" einzustufenden Carriern zu beobachten. Diese SUK-Art beinhaltet überwiegend die Gründung eines Gemeinschaftsunternehmens, das als TK-Netzbetreiber und -Diensteanbieter agiert (Clegg/Kamall 1998, S. 82 ff.; Gerpott 1998, S. 253 ff.; Mahrdt 1998, S. 68 f.). Hauptmotiv für solche diagonalen SUK ist bei Versorgern und Banken die Diversifikation in ein neues Geschäftsfeld, bei dem man meint, die Erfolgschancen eines neuen TK-Anbieters durch eigene Netz- und Finanzressourcen sowie enge Beziehungen zu potenziellen TK-Nachfragern und politischen Entscheidungsträgern deutlich erhöhen zu können und von dem man sich deshalb attraktive Renditen verspricht.

Beispiele für einschlägige, in Deutschland ab ca. 1995 zu beobachtende und Anfang 2005 fast ausnahmslos nicht mehr fortgeführte diagonale inputorientierte SUK sind (a) die Zusammenarbeit von Mannesmann, Deutsche Bahn, Deutsche Bank und ausländischen TK-Netzbetreibern wie AT&T beim Aufbau des alternativen Festnetzcarriers Arcor und (b) die Gründung des Stadtnetzbetreibers NetCologne durch einen lokalen Versorger und einen lokalen Finanzdienstleister. Bereits drei bis fünf Jahre nach der Marktöffnung in Deutschland wurden viele der diagonalen SUK zumeist durch Verkauf der Anteile von Versorgern und Finanzdienstleistern an dem von ihnen mitbegründeten alternativen Carrier an die Allianzpartner, deren Ursprung in der TKW liegt, beendet. Wichtige Gründe für einen SUK-Abbruch sind dabei (a) die Erhöhung der Wettbewerbsintensität im Nicht-TK-Ursprungsgeschäft der Partner verbunden mit einer strategischen Umorientierung in Richtung auf eine stärkere Konzentration auf (angestammte) Infrastrukturgeschäfte (Bronner/Mellewigt 2001, S. 746), (b) die Überschätzung der Gewinnpotenziale von TK-Netzbetriebs- und -Dienstegeschäften sowie (c) die Überschätzung von Verbundeffekten zwischen dem Herkunfts- und dem TK-Geschäft.

Ad (2): Bei outputorientierten diagonalen SUK arbeiten TK-Netzbetreiber und -Diensteanbieter in erster Linie mit Unternehmen aus der Medienbranche zusammen, um Informations- und Unterhaltungsinhalte in Fest- oder Mobilfunknetzen auf gezielte Nachfrage einzelner Endkunden als mehr oder minder multimediale Angebote zu übermitteln. Durch die Verschmelzung von Inhalten mit TK-Transportleistungen entstehen innovative Multimedia-Dienste, die es TK-Netzbetreibern ermöglichen, sich von einem einfachen Spediteur fremder Inhalte zu einem Intermediär weiterzuentwickeln, der unter anderem verschiedene Inhalte zielgruppengerecht paketiert elektronisch vermarktet (Chan-Olmsted/Jamison 2001, S. 318 ff.; Gerpott 1998, S. 217 f., 2001, S. 221; Mahrdt 1998, S. 70 ff.). Ein Beispiel für eine entsprechende SUK ist die im Jahr 2001 vereinbarte Zusammenarbeit zwischen dem Axel Springer Verlag und T-Online bei der Verbreitung von Inhalten der BILD-Zeitung über das Festnetzportal des Deutsche Telekom-Konzerns.

Drei Voraussetzungen sind meines Erachtens besonders wichtig dafür, dass eine länger andauernde, weit reichende UK der Produktionspartner von Inhalteangeboten in Fest- und Mobilfunknetzen realisiert werden kann (vgl. auch Gerpott 2001, S. 221):

- Unternehmen der TK- und Medienwirtschaft haben Regelungen zur **Aufteilung des Umsatzes** durch die neuen TK-Dienste zu entwickeln, die von beiden Seiten als vorteilhaft wahrgenommen werden.
- Anbieter aus der TK- und Medienbranche haben zu klären, unter welcher **Marke** Inhalte an TK-Kunden kommuniziert werden, und damit verbunden festzulegen, welcher Partner welche Kundendaten vorhalten und Kundenkontakte über die Dienstenutzung i.e.S. hinaus (z. B. Rechnungsstellung, Bearbeitung von Beschwerden/Anfragen) pflegen soll.
- Unternehmen aus der TK- und Medienwirtschaft haben sich darüber zu verständigen, mit welchem **Exklusivitätsgrad** die Verbreitung von Inhalten des Medienunternehmens über die Plattformen des Netzbetreibers erfolgen soll. Während Medienunternehmen wegen der hohen „Urkopiekosten" von Inhalten und der sehr geringen Kosten einer elektronischen Distribution von Inhalten hier an Mehrfachverwertungen und damit verbunden an möglichst großen Reichweiten ihrer Inhalte interessiert sind, haben TK-Diensteanbieter in Fest- oder Mobilfunknetzen ein abweichendes Interesse: Für sie ist es vorteilhafter, ihren Kunden Inhalte paketieren zu können, über die konkurrierende Online-Dienste- oder Portalbetreiber nicht verfügen.

Outputorientierte diagonale SUK zwischen Unternehmen der TK- und Medienwirtschaft wurden vom ersten Drittel der neunziger Jahre bis zum Jahr 2004 mehrheitlich über vertragliche Vereinbarungen und kaum durch Gründung institutionalisierter Gemeinschaftsunternehmen vollzogen (Colombo/Garrone 1997, S. 220 ff.; Gerpott/Hermann 1997, S. 249 f.). Dieses Organisationsmuster lässt sich, neben den zum Teil konfliktären Interessenlagen von TK- und Medienunternehmen, durch die zumindest bis Anfang 2005 noch hohen Markt- und Technikunsicherheiten im Hinblick auf erfolgversprechende Geschäftskonzepte für die Vermarktung von (multimedialen) Inhalten über Fest- und Mobilfunknetze erklären, die weniger enge Kooperationsarrangements mit geringeren Benachteiligungsgefahren infolge opportunistischen Verhaltens eines Partners und mit geringerem Ressourceneinsatz als situativ angemessen erscheinen lassen.

Im Zusammenhang mit der Online-Abwicklung von Transaktionen über TK-Netze stehen auch SUK von TK-Netzbetreibern/-Diensteanbietern mit Banken zur Gestaltung von Systemen, die eine elektronische Bezahlung über TK-Netze nachgefragter Leistungen in Echtzeit oder „Offline" ermöglichen sollen (vgl. zu einem Systemüberblick etwa Ketterer/Stroborn 2002). Da für diese Systeme eine breite Akzeptanz auf Verkäufer- und Käuferseite erfolgskritisch ist und einzelne TK-Netzbetreiber und Banken nicht über genügend Macht verfügen, um ein spezifisches „E-Payment"-System im Alleingang im

Markt durchzusetzen, wurden solche bilateralen diagonalen Kooperationen bislang zumeist rasch wieder beendet (z. B. Mobilcom und Baden-Württemberg-Bank) oder in multilaterale kooperative Standardisierungsprozesse überführt (siehe Abschnitt 2.4).

Eine weitere Variante outputorientierter SUK zielt auf die Bündelung von TK-Netzen/-Diensten mit Leistungen von Unternehmen aus anderen Branchen, ohne dass eine produktionstechnische Verschmelzung der verschiedenen Angebote zu einem innovativen TK-Mehrwertdienst erfolgt. Kunden können damit gebündelt vermarktete Leistungen zumeist auch weiter einzeln von Unternehmen aus verschiedenen Branchen erwerben, allerdings zu Preisen, deren Summe größer ist als der Paketpreis. Beispiele sind (a) ein mit einem Wirtschaftszeitungsabonnement oder einem Börsenanlagekonto gemeinsam offerierter Mobilfunkanschluss, (b) ein integrierter Vertrag für die Lieferung von Strom, eines Telefonanschlusses und von Telefonverbindungen oder (c) ein Kundenbindungssystem, bei dem für einen Kunden ein Rabattkonto errichtet wird, über das der Kunde in Abhängigkeit von der Höhe seiner kumulierten Umsätze mit Unternehmen aus der TKW und anderen Branchen (z. B. Deutsche Telekom und Karstadt bei dem „Happy-Digits"-Programm) direkte Preisnachlässe oder andere Rabattformen erhält. Der gekoppelte Verkauf von TK-Diensten und Leistungen aus anderen Branchen ist auf Grund der dadurch typischerweise implizierten geringen Wertkettenverzahnung der Partner zumeist über vertragliche Kooperationen, denen häufig kaum das Attribut „strategisch" zugeordnet werden kann, organisierbar. Hingegen erfordern branchenübergreifende Rabattsysteme infolge der von ihnen verursachten erheblichen Informationstechnikinvestitionen eher die Gründung von Gemeinschaftsunternehmen mit vergleichsweise höherer Bindungsintensität der Partner.

2.4 Multidirektionale und -laterale Standardisierungskooperationen

Absatzleistungen von Anbietern aus der TKW i.e.S. zeichnen sich regelmäßig durch System- oder Netzeffektguteigenschaften aus (siehe Abschnitt 1.1.2), sodass der Entwicklung von allgemein akzeptierten vielfaltsreduzierenden Vorgaben für die einheitliche Beschaffenheit von TK-Diensten, -Netzkomponenten, -Endgeräten und -Leistungserstellungsprozessen, also kurz **technischen Standards**, große Bedeutung für die Nachfrage- und Konkurrenzsituation auf TK-Märkten zukommt (vgl. zur begrifflichen Abgrenzung von Standards für viele Genschel 1995, S. 25 ff.; Mertens 1998, S. 8 f.; Hansen 1999, S. 11 ff.). Darüber hinaus sind TK-Netze und -Endgeräte komplexe technische Systeme, die jeweils zahlreiche Module und Komponenten umfassen, für deren reibungsloses systeminternes und -übergreifendes Zusammenwirken speziell **Kompatibilitätsstandards** von großer Bedeutung sind. Kompatibilitätsstandards sichern in der TKW nicht mit nennenswerten Zusatzkosten einhergehende Möglichkeiten (1) des koordinierten Zusammenwirkens unterschiedlicher TK-Netze und -Endgeräte, die von einem oder verschiedenen Unternehmen hergestellt oder betrieben werden, oder (2) des Austausches von Netz- und Endgerätekomponenten unterschiedlicher Hersteller innerhalb eines TK-

Netzes/-Endgerätes. Der erstgenannte Kompatibilitätsaspekt stellt auf die Fähigkeit zur direkten Kommunikation zwischen sich funktional ergänzenden/komplementären TK-Ausrüstungsprodukten und -Diensten ab; er wird auch als **Interoperabilität** bezeichnet. Der zweite oben angegebene Kompatibilitätsaspekt hebt die Fähigkeit eines TK-Netzes oder -Dienstes hervor, für die gleiche Systemkomponente funktional äquivalente und damit gegeneinander substituierbare Leistungen von unterschiedlichen Herstellern einsetzen zu können; er wird auch mit dem Begriff der **Portabilität** umschrieben (Genschel 1995, S. 26 ff.; Hansen 1999; S. 13 f.; Ehrhardt 2001, S. 9 ff.).

Komplementäre Kompatibilität liegt z. B. vor, wenn Festnetze verschiedener miteinander konkurrierender Betreiber, ein Fest- und ein Mobilfunknetz eines Betreibers oder zwei von einem Unternehmen betriebene Mobilfunknetze unterschiedlicher Technikgenerationen so miteinander zusammengeschaltet werden können, dass über die Netzgrenzen hinweg die Bereitstellung von TK-Diensten für Kunden, die jeweils an verschiedene Netze angeschlossen sind, möglich ist. Substitutionale Komplementarität ist beispielsweise gegeben, wenn in einem Mobilfunkendgerät zur Stromversorgung Batterien verschiedener Hersteller oder in einem Datennetz Router unterschiedlicher TK-Ausrüster als Netzknoten zur Verkehrslenkung eingesetzt werden können.

TK-technische (Kompatibilitäts-)Standards können geschaffen werden durch (Genschel 1995, S. 31 ff.; Hansen 1999; S. 15 ff.; Ehrhardt 2001, S. 19 ff.):

- vom Staat verbindlich vorgegebene technische Lösungen (offene, ex ante festgelegte De-jure-Standards).
- von einem oder wenigen Unternehmen vermarktete Produkte, die sich auf Grund ihrer funktionalen Überlegenheit oder allgegenwärtigen Verfügbarkeit als von der großen Mehrheit der Nachfrager präferierte Referenzleistung erweisen (= anbieterspezifische, geschlossene und ex post erkennbare De-facto-Standards).
- Gremien von Standardisierungsinstitutionen, die prinzipiell für eine freiwillige Mitarbeit aller interessierten Marktparteien offen sind und deren Mitglieder technische Spezifikationen mit zumeist industrieweitem Anwendungsanspruch kooperativ verabreden (= offene, ex ante festgelegte De-facto-(Industrie-)Standards).

In der TKW überwiegt derzeit die kooperative Standardentwicklung in auf Dauer angelegten Gremien oder befristet gebildeten Projektgruppen, die oft Teil von Standardisierungsorganisationen sind (Hansen 1999, S. 33 f., S. 170 ff.; Mertens 1998, S. 61 ff.). Seit Ende der achtziger Jahre haben sich gremiengestützte kooperative Standardisierungsprozesse in der TKW auf Grund von technischen Fortschritten und der Öffnung von TK-Netz- und -Dienstemärkten für Wettbewerb tief greifend gewandelt. So nahm, nicht zuletzt infolge der engeren Verknüpfung von TK- und Informationstechnik, die Zahl der Standardisierungsgremien mit Bezug zur TKW sowie die Gremienzahl zur Vernetzung verschiedener Standardisierungsorganisationen in den neunziger Jahren deutlich zu (Genschel 1995, S. 86 f.; Mertens 1998, S. 70 f.). Gleichzeitig ging die Bedeutung von geschlossenen, nationalen Standardisierungsgremien zugunsten von offeneren supranationalen „Technologieclubs“ (Hansen 1999, S. 32) zurück, in die neben Incumbents und

TK-Ausrüstern auch alternative Carrier, Informationstechnikhersteller, TK-Diensteanwender, Forschungseinrichtungen u. a. staatliche (TK-Regulierungs-)Institutionen als Mitglieder aufgenommen wurden. In diesen Institutionen traten unter Anwendung des Mehrheitsprinzips anstelle des Einstimmigkeitsprinzips schneller verabschiedete „regulative und koordinative Standards“ (Genschel 1995, S. 26) zur Gestaltung neuer TK-Systeme in den Vordergrund (Genschel 1995, S. 113 ff.; Hansen 1999, S. 111 ff.).

Beispielsweise erfolgte in Europa ab Ende der achtziger Jahre die kooperative Entwicklung von TK-Standards nicht mehr wie zuvor seit 1959 durch die Conférence Européenne des Administrations des Postes et des Télécommunications (CEPT), in der Betreiber öffentlicher TK-Netze innerhalb Europas Mitglied werden konnten (Macpherson 1990, S. 192 ff.; Genschel 1995, S. 150 f; Hansen 1999, S. 106 ff.). Diese Funktion wurde auf das 1987 durch die EU-Kommission initiierte und im Frühjahr 1988 gegründete European Telecommunications Standards Institute (ETSI) übertragen, das prinzipiell jeder interessierten Partei zur Mitarbeit offen steht (Genschel 1995, S. 138 ff.; Mertens 1998, S. 157 ff.; Hansen 1999, S. 132, 174 ff.). Ähnlich wurden globale Standards für das Internet nicht durch Gremien der bereits 1865 noch als International Telegraph Union gegründeten und 1932 in International Telecommunication Union umbenannten ITU formuliert, sondern von der Internet Engineering Steering Group (IESG) und der ihr nachgeordneten Internet Engineering Task Force (IETF), die zwei Gremien unter dem Dach der erst 1992 eingerichteten Internet Society (ISOC) sind (Macpherson 1990, S. 11 ff.; Orlamünder 2000, S. 642 ff.; Klußmann 2001, S. 470, S. 507, S. 539 ff.).

Da in den aktuell einflussreichen kooperativen TK-Standardisierungsgremien durchweg Unternehmen aller Wertschöpfungsstufen der TKW und aus anderen Branchen vertreten sind, werden diese nicht allein horizontal, vertikal oder diagonal und nicht auf einen engen Mitgliederkreis ausgerichteten Komitees hier als **multidirektionale und -laterale Standardisierungskooperationen** bezeichnet (vgl. ähnlich Mertens 1998, S. 66).

Bei der Entwicklung von technischen Standards in koordinativen Gremien der TKW bestehen regelmäßig erhebliche Gestaltungsspielräume. Dementsprechend schlagen Mitglieder von offenen multidirektionalen und -lateralen Standardisierungskomitees auf Grund ihrer unterschiedlichen Interessenlagen häufig zum Teil divergierende oder gar konträre, nicht miteinander verknüpfbare technische Lösungen als Standard vor: In Standardisierungsgremien und -prozessen ist damit Wettbewerb um die beste Lösung, also ein **Inter-Technologie-** oder **Inter-Standard-Wettbewerb**, üblich (Borowicz/Scherm 2001, S. 395 f.; Ehrhardt 2001, S. 21, S. 120; Hansen 1999, S. 174; Mertens 1998, S. 73). Unternehmen haben deshalb im Hinblick auf die Gestaltung neuer Standards für TK-Netzelemente, -Systeme, -Endgeräte und -Dienste die idealtypischen Optionen einer aktiven Beeinflussungs-, Führer- oder Promotorenstrategie bzw. einer Teilnahme am Inter-Standard-Wettbewerb einerseits und einer passiven Übernahme-, Folger- oder Beobachterstrategie bzw. eines Teilnahmeverzichts am Inter-Standard-Wettbewerb andererseits (Borowicz/Scherm 2001, S. 400 f.; Ehrhardt 2001, S. 113 ff.). Die Entscheidung für eine der beiden Strategien hängt insbesondere ab von (1) der Bedeutung eines Standards für die zukünftige Wettbewerbsposition eines Anbieters, (2) der Höhe der bisherigen eigenen Aufwendungen zur Entwicklung von Lösungen sowie (3) dem Ausmaß der Gestaltungsspielräume für die mit einem Standard adressierten technischen Problemstellungen und (4) von den wahrgenommenen Durchsetzungschancen eigener Vorstellungen im Standardfindungsprozess (Mertens 1998, S. 71; Borowicz/Scherm 2001, S. 395).

Angesichts der Vielzahl von TK-Standardisierungskomitees und der Interessenheterogenität ihrer Mitglieder steigen für ein einzelnes Unternehmen, das eine aktive Beeinflussungsstrategie verfolgt, die Durchsetzungsaussichten seiner Ziele im Inter-Standard-Wettbewerb, wenn es strategische Koalitionen mit anderen an der Standardisierung beteiligten Parteien eingeht, deren Ziele den eigenen Zielen nicht zuwiderlaufen (Mertens 1998, S. 75; Ehrhardt 2001, S. 137 ff., S. 172 ff.). Als Partner in einer Standardisierungsallianz kommen damit vorrangig Anbieter komplementärer Leistungen und nachrangig direkte Wettbewerber in Betracht.

Strategische Koalitionen zur Beeinflussung von Standards können erstens zwischen Mitgliedern desselben Gremiums eingegangen werden. Zweitens kann eine Koalition auch dadurch herbeigeführt werden, dass sich ein Unternehmen in einem alternativen Gremium einer anderen Standardisierungsorganisation, das sich in konkurrierender Weise mit dem gleichen Standardisierungsthema befasst, verstärkt um Partner bemüht, die den eigenen Vorschlag für einen Standard unterstützen. Eine Koalition kann drittens entstehen, indem Marktteilnehmer mit ähnlichen Interessen außerhalb von etablierten Standardisierungsgremien/-organisationen „spontan" eine neue Gruppe mit der Absicht einrichten, einen bestimmten Standard voranzutreiben (Genschel 1995, S. 197 ff.; Hansen 1999, S. 170 ff.). Ein Beispiel für die Bildung von strategischen Koalitionen innerhalb eines etablierten Standardisierungsgremiums sind Allianzen, die von unterschiedlichen TK-Ausrüstern 1997/98 initiiert wurden, um ein bestimmtes Übertragungsverfahren für die Luftschnittstelle des Mobilfunksystems UMTS als Teil des UMTS-Standards durchzusetzen (Klußmann 2001, S. 1014 f.). Die strategische Kooperation mit Partnern in einem Standardisierungsgremium, das (inoffiziell) im Wettbewerb zu einem anderen Komitee steht, lässt sich bei funkgestützten lokalen Netzen illustrieren: Hier wurde ein Standard (Hiperlan) von europäischen TK-Unternehmen über das ETSI und parallel ein alternativer Standard (Wireless Ethernet) von US-amerikanischen TK-Unternehmen über das Institute of Electrical and Electronics Engineers (IEEE) erstellt (Klußmann 2001, S. 441 f., S. 466 ff.). Als ein Beispiel für einen „spontanen", außerhalb von etablierten Gremien abgelaufenen Prozess der Standardfindung lässt sich die Anfangsphase der Entwicklung der Internet-Architektur und des „Internet Protocol"" anführen.

Wenn ein TK-Unternehmen eine aktive Promotorenstrategie für einen Standard verfolgt, sind bei der Auswahl des Gremiums, in dem versucht wird, zur Erhöhung der Akzeptanzwahrscheinlichkeit eigener technischer Lösungsvorschläge als Standard-SUK einzugehen, insbesondere folgende Kriterien zu berücksichtigen: Anzahl und Interessenhomogenitätsgrad der Gremienmitglieder, Vereinbarkeit der eigenen Standardisierungsziele mit den Interessen anderer Gremienmitglieder, Reputation/Akzeptanz des Gremiums als standardsetzende Institution, Abstimmungsregeln des Gremiums und eigene Durchsetzungsmacht im Gremium relativ zu anderen Mitgliedern mit konkurrierenden Interessen (Mertens 1998, S. 71 ff.). Die relative Durchsetzungsmacht eines Unternehmens in einem standardsetzenden Komitee hängt wiederum ab vom Ausmaß und von der Eindeutigkeit der technischen Überlegenheit des eigenen Standardvorschlags gegenüber anderen Ansätzen, dem Ausmaß der rechtlich abgesicherten eigenen Kontrolle von Technologieelementen, die für das zu standardisierende TK-System unverzichtbar sind, der eigenen Größe, Finanzkraft sowie Reputation und dem eigenen Marktanteil auf verwandten Komplementär- oder Vorgängermärkten eines TK-Systems (Borowicz/Scherm 2001, S. 404 f.; Ehrhardt 2001, S. 182 ff.).

Durch multidirektionale und -laterale SUK in und zwischen TK-Standardisierungsgremien werden wichtige Eckpunkte für nach der Verabschiedung von (neuen) TK-Standards noch mögliche und sinnvolle Allianzen gesetzt. Deshalb ist es wünschenswert, dass gerade in der TKW dem Management solcher Standardisierungs-UK zukünftig mehr Beachtung geschenkt wird.

Literatur

BÖHM, S. (2004): Innovationsmarketing für UMTS-Diensteangebote, Wiesbaden.

BOROWICZ, F.; SCHERM, E. (2001): Standardisierungsstrategien: Eine erweiterte Betrachtung des Wettbewerbs auf Netzeffektmärkten, in: Zeitschrift für betriebswirtschaftliche Forschung, 53. Jg., S. 391-416.

BRONNER, R.; MELLEWIGT, T. (2001): Entstehen und Scheitern Strategischer Allianzen in der Telekommunikationsbranche, in: Zeitschrift für betriebswirtschaftliche Forschung, 53. Jg., S. 728-751.

CHAN-OLMSTED, S.; JAMISON, M. (2001): Rivalry through alliances: Competitive strategy in the global telecommunications market, in: European Management Journal, 19. Jg., S. 317-331.

CLEGG, J.; KAMALL, S. (1998): The internationalization of telecommunications services firms in the European Union, in: Transnational Corporations, 7. Jg., Nr. 2, S. 39-96.

COLOMBO, M.; GARRONE, P. (1997): Common carriers' entry into multimedia services, in: Elixmann, D.; Kürble, P. (Hrsg.): Multimedia – Potentials and Challenges from an Economic Perspective, Bad Honnef, S. 203-231.

DENGLER, J. (2000): Strategie integrierter Telekommunikationsdiensteanbieter, Wiesbaden.

EHRHARDT, M. (2001): Netzwerkeffekte, Standardisierung und Wettbewerbsstrategien, Wiesbaden.

FJELDSTAD, Ø. D.; BECERRA, M.; NARAYANAN, S. (2004): Strategic action in network industries: An empirical analysis of the European mobile phone industry, in: Scandinavian Management Journal, 20. Jg., S. 173-196.

GENSCHEL, P. (1995): Standards in der Informationstechnik, Frankfurt a.M.

GERPOTT, T. J. (1998): Wettbewerbsstrategien im Telekommunikationsmarkt, 3. Aufl., Stuttgart.

GERPOTT, T. J. (2000): Internationalisierungsstrukturen europäischer Telekommunikationsnetzbetreiber, in: Kubicek, H. u. a. (Hrsg.): Global@home – Jahrbuch Telekommunikation und Gesellschaft 2000, Heidelberg, S. 23-37.

GERPOTT, T. J. (2001): Strategische Kooperations- und Konkurrenzbeziehungen von Mobilfunknetzbetreibern auf M-Business-Märkten, in: Zeitschrift Führung + Organisation, 70. Jg., S. 213-223.

GERPOTT, T. J. (2003): Konvergenzstrategien von Mobilfunk- und Festnetzdiensteanbietern, in: Zeitschrift für betriebswirtschaftliche Forschung, 55. Jg., S. 628-649.

GERPOTT, T. J. (2004): Industriegütermarketing in der Telekommunikationswirtschaft, in: Backhaus, K.; Voeth, M. (Hrsg.): Handbuch Industriegütermarketing, Wiesbaden, S. 1235-1267.

GERPOTT, T. J.; HEIL, B. (1998): Wettbewerbssituationsanalyse von Online-Diensteanbietern, in: Zeitschrift für betriebswirtschaftliche Forschung, 50. Jg., S. 725-746.

GERPOTT, T. J.; HERMANN, H. (1997): Supplier groups and strategies in emerging multimedia market segments, in: Elixmann, D.; Kürble, P. (Hrsg.): Multimedia – Potentials and Challenges from an Economic Perspective, Bad Honnef, S. 233-257.

HANSEN, F.-P. (1999): Standardisierung als relationaler Vertrag, Wiesbaden.

JENKINS, B. (1991): Strategic partnerships in telecommunications, in: Mytelka, L. K. (Hrsg.): Strategic Partnerships, London, S. 167-181.

KETTERER, K.-H.; STROBORN, K. (2002) (Hrsg.): Handbuch ePayment, Köln.

KLUßMANN, N. (2001): Lexikon der Kommunikations- und Informationstechnik, 3. Aufl., Heidelberg.

MACPHERSON, A. (1990): International Telecommunication Standards Organizations, Boston.

MAHRDT, N. (1998): Strategische Allianzen bei digitalen Informations- und Kommunikationsdiensten, Baden-Baden.

MELLEWIGT, T. (2003): Management von Strategischen Kooperationen, Wiesbaden.

MERTENS, S. (1998): Kompatibilitäts- und Sicherheitsstandards in der Telekommunikation, Wiesbaden.

ORLAMÜNDER, H. (2000): High-Speed-Netze, Heidelberg.

ROTERING, J. (1993): Zwischenbetriebliche Kooperation als alternative Organisationsform, Stuttgart.

SOBRERO, M.; SCHRADER, S. (1995): Structuring inter-firm relationships: A meta-analytic approach, in: Organization Studies, 19. Jg., S. 585-615.

SYDOW, J. (2001): Management von Netzwerkorganisationen – Zum Stand der Forschung, in: Sydow, J. (Hrsg.): Management von Netzwerkorganisationen, 2. Aufl., Wiesbaden, S. 293-339.

SYDOW, J.; MÖLLERING, G. (2004): Produktion in Netzwerken, München.

WASSENBERG, A. F. (1991): Strategic alliances and public policy in the European Community, in: Rugman, A. M.; Verbeke, A. (Hrsg.): Research in Global Strategic Management, 2. Aufl., Greenwich, S. 151-201.

WEIBER, R. (1995): Systemgüter und klassische Diffusionstheorie, in: Stoetzer, M.-W.; Mahler, A. W. (Hrsg.): Die Diffusion von Innovationen in der Telekommunikation, Berlin, S. 39-70.

WYMBS, C. (2002): US firms‘ entry into the European telecommunications market: A question of modality choice, in: Journal of High Technology Management Research, 13. Jg., S. 87-105.

Dodo zu Knyphausen-Aufseß/Lars Schweizer*

Kooperation in der Biotechnologie

---

* Univ.-Professor Dr. Dodo zu Knyphausen-Aufseß ist Inhaber des Lehrstuhls für Personalwirtschaft und Organisation der Otto-Friedrich-Universität Bamberg sowie Sprecher des Graduiertenkollegs EXIST-HighTEPP.
Dr. Lars Schweizer ist Wissenschaftlicher Assistent am selben Lehrstuhl.

1. Einleitung

Kooperationsbeziehungen erfreuen sich in der Biotechnologie schon seit langem einer großen Beliebtheit und haben das Bild dieser Industrie nachhaltig geprägt (Powell 1998; Powell/Brantley 1992). Übersicht 1 enthält eine Auflistung von zehn Transaktionen, die für die Entwicklung der Biotechnologieindustrie als besonders bedeutsam angesehen werden (Edwards/Hamilton 1998). Audretsch/Feldman (2003, S. 274) beschreiben diese Entwicklung wie folgt: „Biotech research is a sector where the growth of strategic research alliances has been truly dramatic: 20 000 alliances formed since 1998 with an annual average growth rate of 25 %." Im Jahr 2003 haben die 100 größten, öffentlich notierten Biotechnologieunternehmen durch Kooperationen mit Pharmaunternehmen 2,8 Milliarden US-$ verdient (Signals Magazine 2004). Dieser Trend hat sich auch in 2004 fortgesetzt. So haben Pfizer und Medarex einen Deal über 400 Millionen US-$ abgeschlossen, während Merck mit Dov Pharmaceutical eine Kooperation über 455 Millionen US-$ eingegangen ist und mit Nastech eine Zusammenarbeit im Wert von 346 Millionen US-$ vereinbart hat. Der Schweizer Pharmariese Roche hat ebenfalls eine neue Kooperationen mit Protein Design Labs über 188 Millionen US-$ abgeschlossen.

Der vorliegende Beitrag zielt auf die Darstellung und Analyse von Kooperationsbeziehungen in der Biotechnologie. Er ist wie folgt aufgebaut: Zunächst erfolgt eine kurze Darstellung der Charakteristika und der grundlegenden Geschäftsmodelle der Biotechnologieindustrie, um die Besonderheiten der Allianzbeziehungen in der Biotechnologieindustrie beurteilen zu können (siehe Abschnitt 2). Daran anschließend wird in Abschnitt 3 eine kurze Arbeitsdefinition zum Begriff der Kooperation gegeben, wie er diesem Beitrag zugrunde liegt. In diesem Kontext werden auch die unterschiedliche Bedeutung sowie die verschiedenen Typen möglicher Kooperationen näher erörtert. Um die Relevanz des Untersuchungsgegenstandes aufzuzeigen, geht dieser Abschnitt ebenfalls auf die Darstellung der empirischen Entwicklung der Anzahl von Allianzen von Biotechnologieunternehmen ein, bevor dann in Abschnitt 4 drei aus Deutschland stammende Kurzfallstudien zu den erwähnten Kooperationstypen (Biotech – Biotech, Biotech – Pharma, Biotech – industrielle Partner) präsentiert und erste Propositionen für die weitere Forschung abgeleitet werden. In Abschnitt 5 werden noch einige Überlegungen zu den internen Strukturen von Kooperationsbeziehungen in der Biotechnologieindustrie vorgestellt und mit Hilfe einer weiteren Kurzfallstudie, die der amerikanischen Biotechnologieindustrie entstammt, illustriert. Der letzte Abschnitt 6 widmet sich einem kurzen Ausblick.

Biotechnologie-unternehmen	Partner-Unternehmen	Jahr	Ziel der Kooperation	Wert (US-$ Mio.)
Genentech	Eli Lilly	1978	Entwicklung von rekombinantem Human Insulin	---
Amgen	Kirin	1984	Entwicklung Erythropoietin	44,5
BioChem Pharma	Glaxo	1990	Entwicklung 3TC	63
Genentech	Roche	1990	Akquisition von 60 %	2.014
Allergan	Ligand	1992	Entwicklung von Retionid Rezeptoren	44
Centocor	Eli Lilly	1992	Klinische Tests/Vertrieb von Centoxin	100
Human Genome Sciences	SmithKline	1993	Gensequenzierung	125
Chiron	Ciba-Geigy	1994	Akquisition von 49,9 %	2.100
Millenium	Monsanto	1997	Anwendung von Genomics auf Agrarprodukte	334
Millenium	Bayer	1998	Zugang zu 225 neuen Wirkstoffkandidaten	465

Quelle: Edwards/Hamilton 1998.

Übersicht 1: „Ten deals that changed biotech“

2. Charakteristika und Geschäftsmodelle der Biotechnologieindustrie

Die besonderen Charakteristika der **Biotechnologieindustrie** lassen sich am besten anhand von zwei verschiedenen Ansatzpunkten beschreiben. Ausgangspunkt dieser Betrachtung ist dabei zunächst die Wertschöpfungskette der Pharmaindustrie, da sie als Referenzpunkt für die Biotechnologieindustrie gilt und zu deren Weiterentwicklung die Biotechnologie entscheidende Impulse geliefert hat. Diese Perspektive muss allerdings noch um den Aspekt des **Geschäftsmodells** ergänzt werden, welches die Biotechnologieunternehmen ihren Aktivitäten zugrunde legen. Auf Grund der Vielzahl an biotechnologischen Neuentwicklungen ergeben sich auf den einzelnen Stufen der pharmazeutischen Wertschöpfungsstufe auch neue Geschäftsmöglichkeiten. Dieser Aspekt wird auch als „Dekonstruktion der pharmazeutischen Wertschöpfungskette" bezeichnet (BCG 1999; Bradley/Nolan 1998; Heuskel 1999).

Der Bereich **Forschung & Entwicklung** (F & E oder R & D) gilt als der erfolgskritische Part innerhalb der Pharmaindustrie, da dort Innovationen (neue Substanzen und Medikamente) entwickelt werden, welche wiederum die Basis für den Unternehmenserfolg darstellen. Jedoch haben umfangreiche, im Wesentlichen durch biotechnologische Entdeckungen induzierte technologische Veränderungen dazu geführt, dass sich in diesem Bereich eine Vielzahl neuer Herausforderungen herauskristallisiert haben (Burrill & Company 1998; Burrill & Company 1999; BCG 1999; Jungmittag/Reger/Reiss 2000; BCG 2001; Zucker/Darby 1997):

- Fortschritte im Bereich der Genomforschung (Genomics) versetzen die Unternehmen in die Lage, wesentlich genauere Rückschlüssen auf die Verbindung zwischen Krankheiten und Genen herzustellen, wodurch das bisherige „Zufalls-Screening" auf einen viel zuverlässigeren und stabileren Weg gebracht wird.
- Die Entwicklungen der kombinatorischen Chemie eröffnen Unternehmen die Möglichkeit, basierend auf einer bekannten Substanz, eine Vielzahl chemischer Variationen zu erstellen und somit ein Vielfaches bislang möglicher Substanzen zu generieren. Dadurch können innerhalb weniger Monate Bibliotheken mit mehreren hunderttausend Substanzen aufgebaut werden.
- Der Einsatz von High-Throughput-Screening (HTS) -Technologien, welche die Miniaturisierung und Automatisierung von Screening-Verfahren zum Gegenstand haben, führt zu einer erheblichen Beschleunigung beim Screenen möglicher Substanzen.
- Die Bioinformatik wiederum erlaubt, die große Menge der durch diese Technologien neu gewonnen Daten zu sammeln, zu speichern, zu integrieren und mit Hilfe biologischer Informationen zu analysieren.

Auf Grund dieser Entwicklungen wird insgesamt eine viel rationalere und effizientere Arzneimittelforschung erwartet, die sich auf die gesamte pharmazeutische Wertschöpfungskette erstreckt und sich dabei insbesondere auch auf den Bereich der klinischen Entwicklung positiv auswirkt, da mit Unterstützung der gerade skizzierten Technologien die Möglichkeit besteht, Medikamente auf eine spezifische Zielgruppe zuzuschneiden. Dies führt neben einer erhöhten Effektivität des Medikaments auch zu einer entsprechenden Reduzierung der Entwicklungskosten, da die Zeit, bis ein Medikament die Marktreife erreicht, deutlich verkürzt werden kann (Bhandari u. a.1999; PricewaterhouseCoopers 1998).

Wie zu Beginn dieses Abschnitts bereits kurz angedeutet, ergeben sich aus diesen Entwicklungen eine Vielzahl neuer Geschäftsmöglichkeiten bzw. -modelle für Biotechnologieunternehmen (Bain & Company 2001; Meinhardt/Schweizer 2002). In diesem Kontext spielt in erster Linie die Unterscheidung zwischen Produktunternehmen einerseits und Plattformtechnologieanbietern andererseits (Ernst & Young 2002) eine wesentliche Rolle. Jedoch ist in jüngster Zeit neben dieser Unterteilung auch die Funktion des Biotechnologieunternehmens als **High-Tech-Dienstleister** in den Vordergrund gerückt (Schweizer 2003).

Bei Produktunternehmen war früher zumeist das Ziel, sich zu einem **FIPCO** („fully integrated pharmaceutical company") zu entwickeln, welches die komplette pharmazeutische Wertschöpfungskette von der F & E über die Zulassung bei den Arzneimittelbehörden bis hin zu Marketing und Vertrieb vollständig abdeckt. Die konsequente Realisierung dieser Geschäftsstrategie ist bisher jedoch nur einer kleinen Zahl der führenden amerikanischen Biotechnologieunternehmen, wie z. B. Amgen, Biogen, Chiron oder Genentech, gelungen. In jüngster Zeit ist daher auch teilweise eine Abkehr vom Ziel, sich zu einem FIPCO zu entwickeln – jedoch nicht von der Zielsetzung, ein Produktunternehmen zu werden – festzustellen, da Biotechnologieunternehmen vermehrt Kooperationen mit verschiedenen Partnern eingehen, um einzelne Stufen des Wertschöpfungsprozesses auszulagern (Ernst & Young 2002).

Plattformtechnologieanbieter, wie z. B. Evotec OAI oder Qiagen, besitzen eine proprietär entwickelte Technologie über einen bestimmten Prozess, die sie entweder als Service anbieten, selbst zur Produktentwicklung nutzen oder damit auch eine Kombination beider Strategien durchführen. Unabhängig davon jedoch, welche Strategie im Einzelnen verfolgt wird, gehen auch Plattformtechnologieanbieter eine Vielzahl von Kooperationen mit anderen Biotechnologie- oder Pharmaunternehmen ein.

Biotechnologische Dienstleister, wie z. B. Lion Bioscience oder Pharmacopeia, bieten auf Basis bekannter technologischer Lösungen Services, wie etwa Auftragsforschung, Sequenzier- oder Synthesedienstleistungen, an und müssen so ebenfalls mit einer Vielzahl von Biotechnologie- und Pharmaunternehmen zusammenarbeiten.

Diese kurze Darstellung der unterschiedlichen Geschäftsmodelle von Biotechnologieunternehmen zeigt, dass Biotechnologiefirmen eine Vielzahl von Kooperationen mit anderen Unternehmen eingehen. Der folgende Abschnitt widmet sich zunächst einer Präzisierung des im Kontext dieses Beitrags verwendeten Begriffs der Kooperation und versucht darüber hinaus, die unterschiedlichen Typen der Kooperation herauszustellen, sowie einige empirische Daten zu Art und Anzahl von Kooperationen in der Biotechnologie zu präsentieren.

Wählen deutsche Biotechnologiefirmen das falsche Geschäftsmodell?

Im Unterschied zu den europäischen oder amerikanischen Konkurrenten sind deutsche Unternehmen weniger auf die Entwicklung von Medikamenten als auf das Angebot von Technologieplattformen und Dienstleistungen fokussiert.

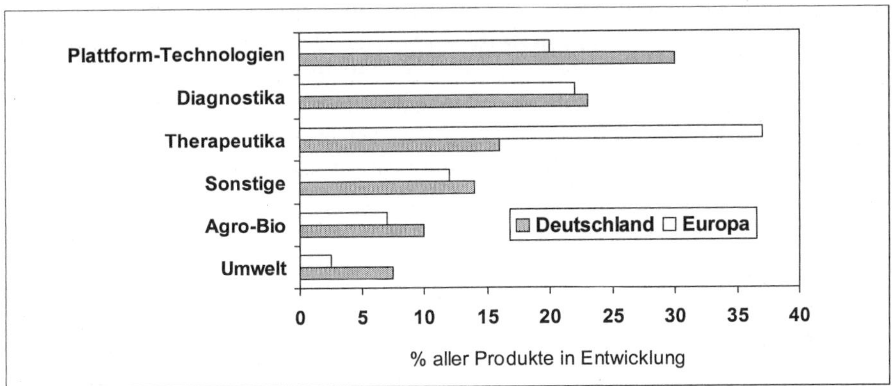

Quelle: Schitag Ernst & Young (1998).

Übersicht: Geschäftsmodelle deutscher und europäischer Biotechfirmen im Vergleich

Von den börsennotierten deutschen Firmen ist eigentlich nur Medigene klar als Produktunternehmen positioniert. Klar ist: Das Risiko von Produktunternehmen ist höher, wie gerade Medigene im Frühjahr 2002 erfahren musste, als das Unternehmen die Entwicklung des bislang erfolgversprechendsten Präparats Etomoxir zur Behandlung von Herzinsuffizienz in der 3. Phase der klinischen Entwicklung abbrechen musste. Andererseits sind aber auch die Ertragschancen höher. Wie sind diese beiden Gesichtspunkte gegeneinander abzuwägen? Die folgenden Statements belegen die Meinung amerikanischer Branchenkenner (nach Biocenture, Sept. 8, 1998):

“Companies dependent on discovery services have a very difficult time claiming any sustainability […] because they can’t stay ahead of the technology curve. What you want at the end of the day are drugs - real drugs.”
John Walker, Chairman and CEO Axys Pharmaceuticals

“I have a problem with a company that says >I’m a gene therapy company< as opposed to >I’m using gene therapy to treat this end point<.”
David McLachlan, Executive VP Finance & CFO Genzyme

“What you look for in any company are repeat revenues, and in biotech that translates into multiple products.”
Liz Greetham, Portfolio Manager at Weiss, Peck & Greer

3. Arbeitsdefinition und Kooperationsformen in der Biotechnologie

Der Begriff der **Kooperation** bezeichnet allgemein die Zusammenarbeit zwischen zwei oder mehr Unternehmen. Dabei kann zwischen horizontalen, vertikalen und konglomeraten Arten der Kooperation unterschieden werden. Oft werden Kooperationen auch mit dem Begriff der strategischen Allianz gleichgesetzt; strategische Allianzen umfassen dann alle Formen der Zusammenarbeit von zwei oder mehr Unternehmen mit dem Ziel der gemeinsamen Nutzung individueller Stärken zum Ausbau und zur Verteidigung von Wettbewerbsvorteilen (Bühner 1993). Das ist eine breite Definition, die nicht von allen Autoren vorbehaltlos geteilt wird (vgl. etwa Hammes 1994; Hungenberg 1999). Die Biotechnologieindustrie ist aber eine junge Industrie, deren Grenzen noch fließend sind und deren Wertschöpfungsnetzwerke sich permanent dynamisch rekonfigurieren. Eine zu enge Definition würde hier allzu frühzeitig den Blick verstellen (DeCarolis/Deeds 1999; Powell 1998; Simonin 1999). In diesem Sinne werden also in dem vorliegenden Beitrag Kooperationen bzw. strategische Allianzen breit interpretiert, ähnlich wie dieses etwa bei Dussauge/Garrette (1999, S. 4) der Fall ist: „Thus, in this book we take the view that: strategic alliances are links formed between two – or more – independent companies which choose to carry out a project or specific activity jointly by coordinating the necessary skills and resources rather than:

- pursuing the project or activity on their own, taking on all the risks and confronting competition alone
- merging their operations or acquiring and divesting entire business units.“

Ausgehend von dieser Sichtweise gibt Übersicht 2 einen ersten Überblick über weltweit neu abgeschlossene Kooperationen einerseits zwischen Biotechnologieunternehmen selbst sowie andererseits zwischen Biotechnologie- und Pharmaunternehmen. Dies verdeutlicht den kontinuierlichen Anstieg nicht nur an Kooperationen zwischen Pharma- und Biotechnologieunternehmen, sondern auch die Zunahme an Intra-Biotech-Allianzen. Übersicht 3 zeigt die Wertentwicklung der Kooperationsvereinbarungen, die in einem gewissen (negativen) Zusammenhang steht mit der Möglichkeit, an den Kapitalmärkten finanzielle Mittel zu akquirieren. Darauf wird in Abschnitt 5 noch kurz zurückzukommen sein.

Neben den beiden in Übersicht 2 genannten Kooperationstypen für Biotechnologieunternehmen existiert auch noch ein dritter Typ, der Kooperationen mit Unternehmen betrifft, die weder zur Biotechnologie noch zur Pharmaindustrie gezählt werden. Anhand dieser unterschiedlichen Typen bzw. Varianten der Kooperation soll für den weiteren Verlauf dieses Beitrags eine Differenzierung vorgenommen werden. Biotechnologieunternehmen haben demnach entweder die Möglichkeit, (1) mit anderen Biotechnologieunternehmen, (2) mit Pharmaunternehmen oder (3) mit Unternehmen, die nicht in den Kontext der Phar-

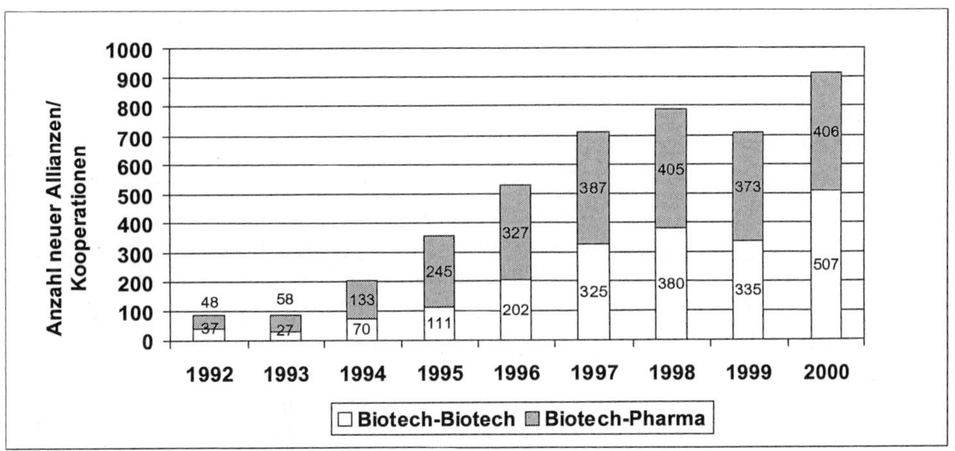

Quelle: In Anlehnung an: Goldman Sachs 2001.

Übersicht 2: Weltweite neue Allianzen in der Biotechnologieindustrie

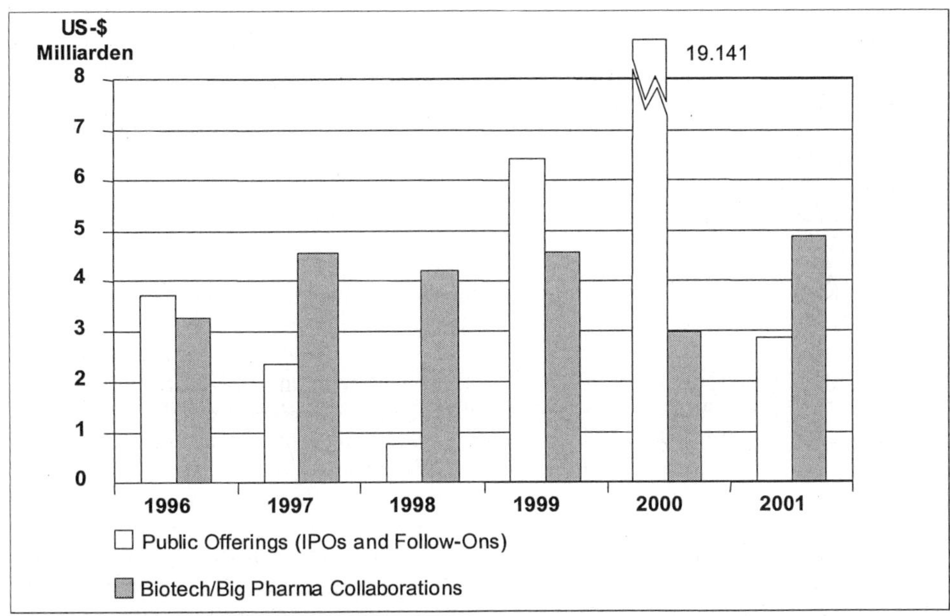

Quelle: Burrill & Company; Windhover.

Übersicht 3: Bewertung von Biotech-Big Pharma-Kooperationen im Vergleich zu IPOs

ma- oder Biotechnologieindustrie gezählt werden, zu kooperieren (von den Möglichkeiten, mit Universitäten, Forschungsinstituten oder anderen staatlichen Einrichtungen zu kooperieren, wird hier abgesehen). Übersicht 4 gibt eine exemplarische Übersicht über verschiedene Kooperationen deutscher Biotechnologieunternehmen. Dabei existieren neben den zahlreichen ausländischen Kooperationen (Zaby 1999) auch eine zunehmende Anzahl an Partnerschaften mit deutschen Unternehmen.

Kooperation	deutsch – deutsch	deutsch – international
Biotech-Biotech	MorphoSys – GPC Biotech Evotec OAI – MediGene november – ACGT ProGenomics Evotec OAI – Biofrontera MWG Biotech – Lynkeus Bio Tech Qiagen – artus	MorphoSys – Biogen GPC Biotech – Icos Micromet – Biovation Qiagen – Affymetrix Graffinity Pharmaceuticals – Genentech
Biotech-Pharma	MorphoSys – Schering GPC Biotech – Boehringer MediGene – Schering MediGene – Bayer MWG Biotech – Bayer Biofrontera – Schering	Evotec OAI – Novartis Evotec OAI – Pfizer MorphoSys – Johnson & Johnson Epigenomics – Wyeth Morphosys – Pfizer GPC Biotech – Eli Lilly
Biotech-andere Partner	november – Siemens B.R.A.I.N. – Degussa B.R.A.I.N. – Henkel Avontec – Biotronik november – Wilden	LION Bioscience – IBM LION Bioscience – Nestlé MWG Biotech – Millipore Qiagen – Agilent Technologies Lion Bioscience – Delta Soft

Quelle: In Anlehnung an: Ernst & Young 2002, 2004.

Übersicht 4: Ausgewählte Kooperationen deutscher Biotechnologieunternehmen

Welche Gründe haben zum verstärkten Aufkommen solcher Allianzen geführt? Bei näherer Betrachtung der allgemeinen wie auch der biotechnologiespezifischen Allianzliteratur (vgl. z. B. Alvarez/Barney 2001; Arora/Gambardella 1990; Barley/Freeman 1992; Deeds/Hill 1996; Ernst/Halevy 2000; Gulati 1995; Hagedoorn/Duysters 2002; Kale/Dyer/Singh 2002; Nohria/Garcia-Pont 1991; Pisano 1991; Powell/Brantley 1992; PricewaterhouseCoopers 1999; Rothaermel 2001; Sharma 1999) lassen sich die folgenden Punkte als zentrale Triebkräfte für Kooperationen im Kontext der Biotechnologieindustrie identifizieren:

- Die Gewinnung von Know-how, d. h. der Zugang zu neuem Wissen, bzw. der Wissenstransfer ist einer der Hauptgesichtspunkte, der (Bio-)Technologieallianzen attraktiv macht. Je komplexer eine Technologie ist – und das ist in der Biotechnologie sicherlich der Fall –, desto weniger kann ein einzelnes Unternehmen alles relevante Wissen selbst produzieren.

- Ebenso führen die kontinuierlich steigenden F & E-Kosten für die Neuentwicklung eines Medikaments dazu, dass verstärkt Kooperationspartner in den Entwicklungsprozess einbezogen werden, umso Kosten und Risiko zu teilen. Kaum ein Biotechnologieunternehmen ist in der Lage, den F & E-Prozess aus eigener Kraft zu bewerkstelligen.
- Durch Allianzen mit Pharmaunternehmen erhalten Biotechnologieunternehmen auch Zugang zum weit verzweigten Netzwerk der Pharmaunternehmen und finden so internationale Vertriebspartner sowie neue Auftraggeber.
- Kooperationen mit Unternehmen anderer Industrien erlauben den Biotechnologieunternehmen, in neue Geschäftsfelder vorzustoßen und ihr Wachstum zu beschleunigen.

Dieser Abschnitt hat gezeigt, dass Biotechnologieunternehmen (mindestens) drei verschiedene Kooperationstypen anstreben und dabei auch unterschiedliche Motive als Antriebskräfte wirken können. Zentrales Motiv ist dabei jedoch die Idee der **Wissens-** bzw. **Lernallianz** – es geht also um Kooperationsformen, die den Austausch von organisationalen Fähigkeiten, Kompetenzen und Wissenspositionen zum Inhalt haben (Kale/Singh/Perlmutter 2000). Wie solche Kooperationen aussehen können und was letztlich wirklich das Ziel einer solchen Allianz ist, wird im folgenden Abschnitt anhand von drei Kurzfallstudien dargestellt und analysiert.

4. Kurzfallstudien zu Kooperationen in der Biotechnologie

4.1 Überblick

Dieser Abschnitt präsentiert drei Kooperationen führender deutscher Biotechnologieunternehmen, die sich den im vorigen Abschnitt herausgearbeiteten Kooperationstypen zuordnen lassen. Als Zusammenarbeit zwischen zwei Biotechnologieunternehmen wird die Kooperation zwischen MorphoSys und GPC Biotech dargestellt, während die Allianz zwischen MediGene und Schering als Beispiel für eine Biotech-Pharma-Kollaboration herangezogen wird. Der dritte Kooperationstyp wird anhand des Fallbeispiels november – Siemens analysiert. Die Informationen, die zur Gestaltung dieser Fallstudien herangezogen wurden, basieren auf transkribierten Interviews, persönlichen Gesprächen sowie der Auswertung von Sekundärmaterial (Informationen von den jeweiligen Homepages, Presseberichten, Investorpräsentationen, Analystenberichte).

Bei einem Vergleich der verschiedenen strategischen Grundpositionen der hier betrachteten Biotechnologieunternehmen mit den in Abschnitt 2 identifizierten drei Geschäftsmodellvarianten lässt sich MorphoSys als Anbieter von Plattformtechnologien charakterisieren, während GPC Biotech und MediGene den Sprung zum vollintegrierten biopharmazeutischen Unternehmen schaffen wollen. Die november AG als Plattformtechnologieanbieter geht sogar noch einen Schritt weiter und verlässt durch ihre Kooperation mit der Siemens AG den klassischen Life-Science-Bereich.

4.2 MorphoSys AG – GPC Biotech AG

MorphoSys ist ein in Martinsried südlich von München ansässiges Biotechnologieunternehmen, das sich als Plattformtechnologieanbieter auf das Herstellen und Screening umfangreicher Molekülbibliotheken fokussiert, aus denen später nutzbringende Substanzen generiert werden sollen. Im April 1999 ist MorphoSys eine Kooperation mit GPC Biotech eingegangen, das ebenfalls seinen Hauptsitz in Martinsried hat und – im Gegensatz zu MorphoSys als Anbieter von Plattformtechnologien und Antikörpertechnologien – beabsichtigt, durch die Entwicklung eigener Substanzen zu einem vollintegrierten Produktunternehmen zu werden.

Im Rahmen der Kooperation zwischen MorphoSys und GPC Biotech stellt MorphoSys seine kombinatorische Antikörperbibliothek HuCal zur Identifikation von Antikörpern bei spezifischen Zielmolekülen von GPC Biotech zur Verfügung. Ziel der Zusammenarbeit ist die Entwicklung einer neuen Generation hochspezifischer Therapeutika zur Behandlung von Autoimmunkrankheiten, wie z. B. rheumatischer Arthritis oder Multipler Sklerose.

GPC Biotech stellt dabei das Wissen über Zielmoleküle im Bereich Immunologie und Onkologie zur Verfügung, während MorphoSys sein Wissen über Antikörper dazu einsetzt, entsprechende Antikörper gegen das Zielmolekül zu entwickeln. GPC Biotech zahlt dafür an MorphoSys entwicklungsabhängige Meilensteinzahlungen, die noch um weitere Lizenzgebühren sowie möglicherweise umsatzabhängige Royalties ergänzt werden. Im Gegenzug dafür erhält GPC Biotech die Exklusivrechte an der Entwicklung und Vermarktung antikörperbasierter Therapeutika, die aus dieser Kooperation entstehen. Darüber hinaus erhofft sich MorphoSys aus dieser Partnerschaft, weitere Anwendungsgebiete für die HuCAL-Technolgie in der Medikamentenentwicklung zu erschließen, während GPC Biotech die Hoffnung hat, einen entscheidenden Schritt weiter in Richtung eines Produktunternehmens zu machen.

Das Ziel der Kooperation zwischen beiden Biotechnologieunternehmen liegt daher in erster Linie nicht darin, neuartiges Wissen zu generieren und darauf basierende Technologien zu entwickeln. Vielmehr hat MorphoSys die beiden Ziele, an potenziellen Einnahmeströmen aus neuen Medikamenten teilzuhaben sowie seine Technologie möglichst erfolgreich und breit in der Life-Science-Industrie zu positionieren. GPC Biotech verfolgt mit dem Einsatz der Technologie von MorphoSys die Absicht, möglichst schnell ein eigenes Produkt zu entwickeln und am Markt zu platzieren. Aus dieser Perspektive kann MorphoSys auch als Zulieferer bzw. High-Tech-Dienstleister für GPC Biotech gesehen werden.

4.3 MediGene AG – Schering AG

MediGene mit Hauptsitz in Martinsried bei München verfügt neben einer breiten Technologieplattform über sechs Produkte in der klinischen Entwicklung. Der Fokus des Unternehmens liegt auf der Erforschung und Entwicklung innovativer Ansätze zur Behandlung verschiedener, bisher unheilbarer Herz- und Krebskrankheiten unter Zuhilfenahme gentechnischer und molekularbiologischer Methoden. Zentrale Bausteine der Wachstumsstrategie von Medigene sind neben der Eigenentwicklung von Produkten, die auch auf Einlizenzierung und M & A basieren können, Auslizenzierungen und Entwicklungsallianzen mit Kooperationspartnern, wie z. B. großen Pharmafirmen.

Im März 2000 gaben MediGene und Schering, ein in Berlin ansässiger und weltweit operierender deutscher Pharmakonzern, den Abschluss einer globalen Kooperation hinsichtlich der Entwicklung und Vermarktung von MediGenes Impfstoff zur Behandlung präkanzeröser Veränderungen des Gebärmutterhalses bekannt. MediGene wird dabei für die Forschung in der präklinischen Phase verantwortlich sein. Die klinischen Phasen I und II werden von beiden Unternehmen gemeinsam durchgeführt, während die weiteren klinischen Tests (Phase III) sowie Zulassung und Vermarktung in den Aufgabenbereich von Schering fallen.

Schering erhält im Rahmen dieser Kooperation eine weltweit exklusive Lizenz verbunden mit dem Recht, auch Unterlizenzen zu vergeben, während MediGene die Option hat, in Ländern, in denen Schering den Impfstoff nicht vertreiben will, die Vermarktung selbst durchzuführen. Darüber hinaus bezieht MediGene neben den Lizenzgebühren auch Upfront payments, Meilensteinzahlungen sowie potenzielle umsatzabhängige Royalties. Auffallend ist dabei, dass sich Medigene nicht zu einem bestimmten Zeitpunkt zu 100 % aus dem Projekt verabschiedet, sondern durch die Zusicherung einiger Vermarktungsrechte auch weiterhin involviert bleiben will.

Während Schering durch das Eingehen solcher Kooperationen bestehende Geschäftsfelder festigen und seine Profitabilität steigern will, ist für MediGene in diesem externen Entwicklungsprojekt mit Schering neben der Generierung von Umsatzerlösen insbesondere die schrittweise Aneignung von Know-how in der klinischen Entwicklung ein wesentliches Ziel. Damit wird versucht, einen konkreten Beitrag zum erklärten Unternehmensentwicklungsziel der Vorwärtsintegration zu leisten. Dies verdeutlicht auch, warum MediGene sich zu keinem Zeitpunkt zu 100 % aus dem Projekt zurückzuziehen beabsichtigt, sondern diese Kooperation durchaus im Sinne einer Lernallianz versteht.

4.4 november AG – Siemens AG

Die november AG ist ein 1996 gegründetes Biotechnologieunternehmen mit Sitz in Erlangen bei Nürnberg, deren Aktivitäten sich auf die Entwicklung von Produkt- und Plattformtechnologien im Bereich der molekularen Medizin konzentrieren. Dabei werden im ersten Geschäftsfeld der Molekularen Therapie neuartige Arzneimittel-Transport-Systeme (Drug Delivery) zur Eröffnung neuer Therapiewege für schwere Krankheiten entwickelt, während im zweiten Geschäftsfeld der Molekularen Diagnostik vier verschiedene Technologieplattformen zur Anwendung kommen. Hierbei ist insbesondere die Technologie der Elektrohybridisierung von zentraler Bedeutung, welche den zuverlässigen und schnellen Nachweis von Infektionen und krankheitsrelevanten Messgrößen auf molekularer Basis direkt vor Ort als „Lab on a strip“, d. h. in der Arztpraxis oder etwa in der Klinik, erlaubt.

Die Modifizierbarkeit dieser Technologie der Elektrohyridisierung ist der Ausgangspunkt für eine Kooperation mit der Siemens AG im Bereich Sicherheits-, Kodierungs- und Identifikationstechnik, um so biotechnologisches Wissen in einen völlig neuen Kontext zur Anwendung zu bringen. (Die Siemens AG hatte sich vorher schon als Corporate-Venture-Kapital-Geber bei der november AG engagiert). Die auf der Basis der Elektrohydrisierung entwickelte IDENT-Technologie erlaubt eine einfache, sichere und kostengünstige Kennzeichnung von Originalprodukten, da feste und flüssige Substanzen sowie Oberflächen durch Biomoleküle (Barcode-DNA) dauerhaft und spezifisch gekennzeichnet sowie identifiziert werden können.

Nach dem erste unverbindliche Kontakte bereits im Jahre 1999 geknüpft wurden, wurde im März 2001 ein umfassender Kooperationsvertrag zwischen der november AG und Siemens Automation & Drives hinsichtlich der Entwicklung und Vermarktung der Barcode-DNA geschlossen. Dabei übernimmt november die Lieferung der Technologiebasis sowie die Entwicklung der Etiketten, während Siemens Automation & Drives die Entwicklung und Herstellung der Lesegeräte sowie die internationale Vermarktung zur Aufgabe hat. Im Gegensatz zu üblichen Kooperationen in der Life-Science-Branche gab es keinerlei Vereinbarungen über Upfront payments oder Meilensteinzahlungen; stattdessen erhält november eine Umsatzbeteiligung kombiniert mit einem Anteil an der Gewinnspanne. Auch wurde der Kooperationsvertrag komplett auf Gegenseitigkeit geschlossen, d. h., beide Partner sind frei, im gleichen Arbeitsgebiet mit irgendeinem anderen Partner zusammenzuarbeiten.

Das Spezifische an dieser Kooperation zwischen november und Siemens ist sicherlich die Strategie, biotechnologisches Wissen und biologische Prozesse in nicht-biologische Anwendungen zu transferieren und so neue Märkte und Wachstumsmöglichkeiten zu eröffnen, ohne jedoch dabei die beiden Geschäftsfelder der Molekularen Therapie und der Molekularen Diagnostik aus den Augen zu verlieren. Des Weiteren führt diese Kooperation bei november auch zu sehr schnell ablaufenden Lernprozessen im Hinblick auf Fragen der technischen Machbarkeit, Produktion und Fertigung, was in gewöhnlichen Kooperationen im Life-Science-Bereich eher selten vorkommt. Durch dieses Denken in Problemlösungskategorien, geleitet durch die Frage, wie die Plattformtechnologie von november zur Lösung verschiedenartigster, nicht unbedingt nur im Pharma-/Biotechnologiekontext verhafteter Probleme beitragen kann, empfiehlt sich november auch für Kooperationen mit anderen industriellen Partnern bzw. Unternehmensteilen von Siemens.

4.5 Analyse und erste Propositionen

Die Darstellung der drei Kurzfallstudien hat gezeigt, dass Biotechnologieunternehmen und ihre Partner Kooperationen aus sehr unterschiedlichen Motiven heraus eingehen und diese Motive durchaus mit der jeweils verfolgten Unternehmensstrategie bzw. dem entsprechenden Geschäftsmodell im Einklang stehen. Ausgehend von diesen Unterschieden lassen sich aus der Analyse dieser Fallstudien mehrere Propositionen formulieren, welche die Entwicklung der Kooperationsbildung in der Biotechnologie charakterisieren.

(1) Bei Allianzen zwischen zwei Biotechnologieunternehmen kommt es meist zu einer Kooperation von Unternehmen mit unterschiedlichen Geschäftsmodellen, d. h. z. B., ein Produktunternehmen sucht die Zusammenarbeit mit einem Plattformtechnologieanbieter oder einem biotechnologischen Dienstleister, um das dort vorhandene Wissen für die Weiterentwicklung des eigenen Produktes zu nutzen. Aus Sicht des Plattformtechnologieanbieters bzw. biotechnologischen Dienstleisters besteht der Vorteil darin, neue Einnahmeströme zu generieren bzw. auch die Validität der eigenen Technologie nachzuweisen.

Proposition 1a: Biotechnologische Produktunternehmen gehen Kooperationen mit anderen Biotechnologieunternehmen ein, um Zugang zu dem dort vorhandenen Wissen bzw. Technologien zu gewinnen und um so ihre Eigenproduktentwicklung schnellstmöglich voranzutreiben.

Proposition 1b: Plattformtechnologieanbieter bzw. biotechnologische Dienstleister bilden Allianzen mit anderen Biotechnologieunternehmen, um dadurch neue Einnahmequellen zu generieren und die Validität ihrer Technologie unter Beweis zu stellen.

(2) Bei Kooperationen zwischen Pharma- und Biotechnologieunternehmen besteht ein wesentliches Ziel der Pharmaunternehmen darin, Zugang zu Wissen und Technologien der Biotechnologieunternehmen zu bekommen, welches sie vorher einfach nicht hatten. Ein weiterer Grund kann aber auch in der Weiterentwicklung – bis hin zur Marktreife – einer vielversprechenden, innovativen Substanz eines Biotechnologieunternehmens liegen, um so die eigene Produktpipeline aufzufüllen. Biotechnologieunternehmen können auch auf vielfältige Weise von Allianzen mit einem größeren Pharmapartner profitieren. Zum einem bietet eine solche Kooperation den Zugang zu neuen Einnahmequellen durch Lizenz- und Meilensteinzahlungen sowie umsatzabhängigen Royalties. Dadurch können auch die eher finanzschwachen Biotechnologieunternehmen ihre eigene Forschung durch

externe Finanzquellen weiter vorantreiben. Darüber hinaus wird durch eine solche Allianz auch die Validität der eingesetzten Technologie unterstützt und Biotechnologieunternehmen gewinnen Zugang zu einem weltweiten Vertriebsnetz sowie Produktionskapazitäten der Pharmaunternehmen. Auch im Bereich der klinischen Versuche und der Zulassung verfügen Pharmaunternehmen über einen weit größeren Erfahrungsschatz als die neu gegründeten Biotechnologieunternehmen, die oft noch kein Produkt durch die klinischen Versuche gebracht haben. Daher können nicht nur Pharmaunternehmen neues Wissen gewinnen, sondern Biotechnologieunternehmen haben ebenfalls die Möglichkeit, sich Know-how von den Pharmaunternehmen anzueignen. In diesem Sinne kann eine solche Allianz auch als gegenseitige Lernallianz aufgefasst werden.

Proposition 2a: Pharmaunternehmen streben Kooperationen mit Biotechnologieunternehmen an, um Zugang zu neuem Wissen und Technologien zu gewinnen sowie um ihre Produktpipeline durch innovative Substanzen zu ergänzen.

Proposition 2b: Biotechnologieunternehmen bilden Allianzen mit Pharmaunternehmen, um neue Einnahmequellen zu generieren bzw. ihre Forschung zu finanzieren, um die Validität ihrer Technologien zu beweisen, um Zugang zu internationalen Vertriebskanälen zu erhalten sowie um Erfahrungen im Bereich der klinischen Tests und der Zulassung zu gewinnen.

Proposition 2c: Allianzen zwischen Biotechnologie- und Pharmaunternehmen werden von beiden Seiten auch als Lernallianzen genutzt.

(3) Kooperationen zwischen Biotechnologieunternehmen und Unternehmen, die nicht biotechnologischer bzw. pharmazeutischer Natur sind, stellen eine Besonderheit dar, da es in diesem Kontext darum geht, biotechnologisches Wissen und biologische Prozesse aus ihrem ursprünglichen Umfeld auf nicht-biologische Anwendungen zu übertragen. An biotechnologische Unternehmen werden hier ganz neue Anforderungen gestellt, da industrielle Partner im Vergleich zu Allianzen in der Pharma-/Biotechnologieindustrie (Upfront payments, Meilensteinzahlungen, Royalties, Exklusivität) andere Kooperations- und Dealstrukturen (Umsatz-/Gewinnbeteiligung, Nicht-Exklusivität) haben. Des Weiteren sind industrielle Partner auch in einer anderen Arbeits- und Denkkultur verhaftet, die viel mehr auf schnellen Realisierungs- und Problemlösungskategorien aufbaut und im Gegensatz steht zu den langwierigen Entwicklungsprozessen, die in der Pharma-/Biotechnologiebranche ansonsten üblich sind. Beide Seiten erhoffen sich, durch die Kombination ihrer Aktivitäten neue Geschäftsfelder zu erschließen, Umsätze zu generieren und neue Impulse vom jeweiligen Allianzpartner zu erhalten.

Proposition 3a: Allianzen mit anderen industriellen Partnern stellen Biotechnologieunternehmen hinsichtlich neuer Kooperations- und Denkstrukturen, als sie in der Pharma-/Biotechnologiebranche üblich sind, vor neue Herausforderungen.

Proposition 3b: Kooperationen mit anderen industriellen Partnern sollen bei den Biotechnologieunternehmen das Wachstum vorantreiben, neue Umsatzpotenziale generieren sowie Lernimpulse induzieren.

Proposition 3c: Andere industrielle Unternehmen haben das Ziel, durch Kooperationen mit Biotechnologiefirmen neue Geschäftsfelder zu begründen, um so ihr Umsatz- und Gewinnwachstum voranzutreiben.

5. Interne Struktur von Kooperationsbeziehungen in der Biotechnologie

Die vorstehenden Ausführungen haben sich im Wesentlichen mit den Zielsetzungen auseinandergesetzt, die mit unterschiedlichen Allianztypen verbunden sind. Im Folgenden geht es nun darum, wenigstens ansatzweise zu analysieren, wie die Allianzbeziehungen strukturiert sind. Dabei wird der Fokus nur auf einen Teilausschnitt der Kooperationstypen gelegt, indem die Kooperationsstrukturen zwischen Biotechnologie- und Pharmaunternehmen näher thematisiert werden.

Die ökonomische Theorie interpretiert die Struktur von organisationalen Arrangements als Ausfluss von Kontraktbeziehungen (vgl. zum Überblick Milgrom/Roberts 1992). Lerner/Merges (1997) sowie Lerner/Tsai (1999) haben vor diesem Hintergrund die Vertragsbestandteile untersucht, die bei Allianzen zwischen Pharmaunternehmen auf der einen und Biotechnologieunternehmen auf der anderen Seite typischerweise von Bedeutung sind. Vier Klassen von Kontrollrechten werden unterschieden:

- Die erste Klasse bildet eine Reihe von Rechten, die das Allianzmanagement bestimmen. Dazu zählen die Verantwortung für die klinischen Tests und für die Prozessentwicklung sowie die Rechte zur Produktion und Vermarktung des Produkts.
- Bei der zweiten Klasse geht es um Rechte, die Grenzen der Allianz zu beeinflussen, also beispielsweise darum, neue Partner aufzunehmen oder die Inhalte der Zusammenarbeit zu verändern, bestimmte Projekte oder gar die Zusammenarbeit insgesamt abzubrechen sowie weitere Lizenzen zu vergeben.
- Die dritte Klasse von Rechten bezieht sich auf das intellektuelle Eigentum, insbesondere auf Patentrechte und die damit verbundene Möglichkeit, Streitigkeiten mit Patentverletzern auszutragen, sowie auf die Kontrolle von Veröffentlichungen zu den Kerntechnologien.
- Die vierte Klasse von Rechten betrifft schließlich die Leitungsstrukturen (Governance Structures): Rechte auf Besetzung von Leitungsorganen der Gesellschaft, auf Teilnahme an Finanzierungsrunden und Rechte, über einen Börsengang zu entscheiden.

Die entscheidende Frage ist natürlich, wie diese Rechte nun aufgeteilt werden zwischen dem forschenden Biotechnologieunternehmen und dem Pharmaunternehmen. Die Vermutung liegt nahe, dass umso mehr Rechte bei dem Pharmaunternehmen liegen werden, je schwächer die finanzielle Situation des forschenden Biotechnologieunternehmens ist.

Aghion/Tirole (1994) haben theoretisch gezeigt, dass eine zu starke Verschiebung der Verhandlungsmacht in Richtung auf das als Finanzinvestor auftretende Pharmaunternehmen ökonomisch ineffizient ist. Lerner/Tsai (1999) können dies nun auch empirisch bestätigen; „[they] find that contractual structure has a significant impact. In particular, in settings where the R & D firm is assigned the bulk of the control rights, the probability of success is considerable greater. The result does not imply that the best approach is to always assign the control rights to the R & D firm. But the findings do suggest that there may be instances where it would maximize innovative output to assign control in this manner which are precluded for the reasons discussed above [that the financing firm has too much bargaining power; Anm. der Verf.]. The impact on performance appears to be significant.“ (Lerner/Tsai 1999, S. 2).

In Zusammenhang mit Übersicht 3 (oben) wurde bereits die Vermutung angedeutet, dass ein negativer Zusammenhang besteht zwischen der Allianztätigkeit und den Möglichkeiten einer Finanzierung über den Kapitalmarkt. Eine damit eng zusammenhängende Vermutung könnte nun lauten, dass dann, wenn die Biotechnologiefirmen einen guten Zugang zu den Kapitalmärkten haben, sich die Verhandlungsposition gegenüber den Pharmaunternehmen verbessert und mehr Kontrollrechte in Anspruch genommen werden können. In den Worten von drei Top-Führungskräften aus der amerikanischen Biotechnologieindustrie zur – offensichtlich positiven – Situation in den Jahren 1999 und 2000 (Van Brunt 2001):

„There‘s been a realignment of the economic equation. Previously, the pharma partner kept most of the rewards. Now, biotechs are treated as peers and we share the downstream rewards in an equal fashion ... A value shift has occured.“

Joshua Boger, President and CEO of Vertex

„The balance of power has shifted a little, but it depends on the quality of the product. Companies that have a quality product at Phase II are in a strong position to get a cost- and profit-sharing deal.“

Geoffrey Cooper, Vice President of Business Development, OSI

“Big pharma and biotech are getting better [at negotiating deals]. They‘re learning how to partner with each other effectively.“

Joseph McCracken, VP of Business Development, Genentech

Ein gutes Beispiel liefert die Fallstudie des amerikanischen Antikörper-Herstellers Abgenix (Van Brunt 2001). Ungefähr eine Milliarde US-$ konnte das Unternehmen im Jahre 2000 durch ein Follow-on public offering und eine weitere Privatplatzierung akquirieren. Dieses Finanzpolster stellt nun die Grundlage dar, auf der das Unternehmen seinem Ziel, zu einem integrierten Pharmaunternehmen zu werden, näher kommen kann. Das schließt auch den Aufbau eigener Produktionsstätten ein – eine Strategie, die Unternehmen wie Amgen, Biogen oder Chiron vorgemacht haben (siehe oben). Scott Greer,

Chairman und CEO des Unternehmens, formuliert das Credo in eindeutiger Weise: „Very successful companies for the most part have controlled the manufacturing [of their products]." Die Angewiesenheit auf die Finanzmittel von Partnern aus der Pharmaindustrie ist in diesem Szenario nur noch eingeschränkt vorhanden. Um noch einmal Scott Greer zu zitieren:

"[Money gives] leverage in discussions with big pharma, especially in product deals [as opposed to technology deals]. [...] We want to get to the efficacy signal [before partnering] to increase the value of the partnership. Now, we're able to keep control of our products longer before bringing partners in, and then on our terms. Having access to the money makes it do-able."

Zusammenfassend ergeben sich damit folgende Propositionen bzw. Hypothesen:

Proposition/Hypothese 4a: In Pharma-Biotech-Kooperationen hängt die Verteilung der Kontrollrechte, die eine Allianzbeziehung bestimmen, wesentlich von der finanziellen Ausgangssituation des forschenden Biotechnologieunternehmens ab.

Proposition/Hypothese 4b: Je mehr Kontrollrechte beim forschenden Biotechnologieunternehmen liegen, desto größer ist die Erfolgs- bzw. Innovationswahrscheinlichkeit der Pharma-Biotech-Kooperation.

6. Schlussbemerkung

Mit diesem Beitrag sollte das Verständnis für die Entwicklung von Kooperationen in der Biotechnologie geschaffen werden. Um ein solches Verständnis zu entwickeln, war es in einem ersten Schritt erforderlich, sich über die Rahmenbedingungen, d. h. die Besonderheiten und Charakteristika der Biotechnologieindustrie, bewusst zu werden. Ausgehend von den technologischen Neuentwicklungen der Biotechnologieindustrie und den sich daraus ergebenden Herausforderungen wurden kurz die drei wesentlichen Geschäftsmodelle von Biotechnologieunternehmen skizziert. Dies diente als Voraussetzung, um die Gestaltung der Kooperationsbeziehungen von Biotechnologieunternehmen verstehen zu können. Ebenso wurden neben einer weit gefassten Arbeitsdefinition hinsichtlich des Begriffs der Kooperation im Kontext der Biotechnologie auch die unterschiedlichen Kooperationsebenen (Biotech – Biotech, Biotech – Pharma, Biotech – andere Partner) herausgearbeitet, die dann als Referenzschema für die Darstellung der drei Kurzfallstudien verwendet wurden. Basierend auf der Analyse dieser Fallstudien wurden erste Propositionen zur Kooperation in der Biotechnologie abgeleitet. In einem weiterführenden Schritt wurde dann exemplarisch auch noch die interne Kooperationsstruktur von Pharma-Biotech-Allianzen analysiert.

Mit der Entwicklung dieser Propositionen sollten erste Erkenntnisse über Art und Richtung der Allianzbildung in der Biotechnologieindustrie gewonnen werden. Dabei wurde offensichtlich, dass sich die Allianzen je nach betrachtetem Kooperationstyp sowohl in ihrer Organisation als auch Motivation deutlich unterscheiden. Die einzige dominante Triebkraft, die alle drei Kooperationsebenen durchzieht, ist das Lern- und damit auch Wissensmotiv. Es dürfte aber auch klar geworden sein, dass in diesem Bereich noch ein großer Forschungsbedarf existiert, der es sich zum Ziel machen sollte, die hier aufgestellten Propositionen in konkrete Forschungshypothesen zu überführen und auf ihre Allgemeingültigkeit hin zu überprüfen, um dadurch Rückschlüsse und Empfehlungen für die Allianzbildung in der Biotechnologieindustrie zu erlangen.

Literatur

AGHION, G.; TIROLE, J. (1994): On the management of innovation, in: Quarterly Journal of Economics, 109. Jg., S. 1185-1207.

ALVAREZ, S. A.; BARNEY, J. B. (2001): How entrepreneurial firms can benefit from alliances with large partners, in: Academy of Management Executive, 15. Jg., Nr. 1, S. 139-148.

ARORA, A.; GAMBARDELLA, A. (1990): Complementarity and external linkages, The strategies of large firms in biotechnology, in: Journal of Industrial Economics, 38. Jg., Nr. 4, S. 361-379.

AUDRETSCH, D. B.; FELDMAN, M. P. (2003): Small-firm strategic research partnerships: The case of biotechnology, in: Technology Analysis & Strategic Management, 15. Jg., Nr. 2, S. 273-288.

BAIN & COMPANY (2001): Trends in der Biotechnologie, Strategische Chancen und Herausforderungen, München.

BARLEY, S.; FREEMAN, J. (1992): Strategic alliances in commercial biotechnology, in: Nohria, N.; Eccles, R. (Hrsg.): Networks and Organizations, Boston, S. 311-347.

BCG (1999): The pharmaceutical industry into its second century, From serendipity to strategy, Boston.

BCG (2001): A revolution in R & D, The impact of genomics, Boston.

BHANDARI, M..; GARG, R.; GLASSMAN, R.; MA, P., ZEMMEL, R. (1999): A genetic revolution in health care, in: The McKinsey Quarterly, 35. Jg., Nr. 4, S. 58-67.

BRADLEY, S.; NOLAN, R. (1998): Sense and respond, Capturing value in the network era, Boston.

BÜHNER, R. (1993): Strategie und Organisation, Analyse und Planung der Unternehmensdiversifikation mit Fallbeispielen, 2. Aufl., Wiesbaden.

BURRILL & COMPANY (1998): Biotech 98, Tools, techniques, and transition, San Francisco.

BURRILL & COMPANY (1999): Biotech 99, Life science into the new millennium, San Francisco.

DECAROLIS, D. M.; DEEDS, D. L. (1999): The impact of stock and flows of organizational knowledge on firm performance, An empirical investigation of the biotechnology industry, in: Strategic Management Journal, 20. Jg., Nr. 10, S. 953-968.

DEEDS, D. L.; HILL, C. W. (1996): Strategic alliances and the rate of new product development, An empirical study of entrepreneurial biotechnology firms, in: Journal of Business Venturing, 11. Jg., Nr. 1, S. 41-55.

DUSSAUGE, P.; GARRETTE, B. (1999): Cooperative strategy, Competing successfully through strategic alliances, Chichester.

EDWARDS, M.; HAMILTON, J. O'C. (1998): Ten deals that changed biotech, http://www. signalsmag.com/, Abfragedatum: 17.09.2002.

ERNST, D.; HALEVY, T. (2000): When to think alliance, in: The McKinsey Quarterly, 36. Jg., Nr. 4, S. 47-55.

ERNST & YOUNG (2002): Neue Chancen, Deutscher Biotechnologie-Report 2002, Mannheim.

ERNST & YOUNG (2004): Per Aspera ad Astra, „Der steinige Weg zu den Sternen", Deutscher Biotechnologie-Report 2004, Mannheim.

GOLDMAN SACHS (2001): Strategic alliances in biotechnology, 8. Aufl., New York.

GULATI, R. (1995): Social structure and alliance formation patterns – a longitudinal analysis, in: Administrative Science Quarterly, 40. Jg., Nr. 4, S. 293-317.

HAMMES, W. (1994): Strategische Allianzen als Instrument der strategischen Unternehmensführung, Wiesbaden.

HAGEDOORN, J.; DUYSTERS, G. (2002): External sources of innovative capabilities, The preference for strategic alliances or mergers and acquisitions, in: Journal of Management Studies, 39. Jg., Nr. 2, S. 167-188.

HEUSKEL, D. (1999): Wettbewerb jenseits der Industriegrenzen, Frankfurt a.M.

HUNGENBERG, H. (1999): Bildung und Entwicklung von strategischen Allianzen – theoretische Erklärungen, illustriert am Beispiel der Telekommunikationsbranche, in: Engelhard, J.; Sinz, E. J. (Hrsg.): Kooperation im Wettbewerb – Neue Formen und Gestaltungskonzepte im Zeichen von Globalisierung und Informationstechnologie, Wiesbaden, S. 3-31.

JUNGMITTAG, A.; REGER, G.; REISS, T. (Hrsg.) (2000): Changing innovation in the pharmaceutical industry, Globalization and new ways of drug development, Heidelberg.

KALE, P.; DYER, J. H.; SINGH, H. (2002): Alliance capability, stock market response, and long-term alliances success, The role of the alliance function, in: Strategic Management Journal, 23. Jg., Nr. 8, S. 747-767.

KALE, P.; SINGH, H.; PERLMUTTER, H. (2000): Learning and protection of proprietary assets in strategic alliances, Building relational capital, in: Strategic Management Journal, 21. Jg., Nr. 3, S. 217-237.

LERNER, J., MERGES, R. P. (1997): The control of strategic alliances, An empirical analysis of biotechnology collaborations, Working Paper 6014, National Bureau of Economic Research.

LERNER, J.; TSAI, A. (1999): Financing R&D through alliances; Contract structures and outcomes in biotechnology, Working Paper.

MEINHARDT, Y.; SCHWEIZER, L. (2002): Zur Evolution von Geschäftsmodellen in der deutschen Pharma- und Biotechnologie-Industrie, in: Bieger, T.; Bickhoff, N.; Capers, R.; Knyphausen-Aufseß, D. zu; Reding, K. (Hrsg.): Zukünftige Geschäftsmodelle, Konzept und Anwendung in der Netzökonomie, Berlin, S. 93-115.

MILGROM, P.; ROBERTS, J. (1992): Economics, organization and management, Englewood Cliffs.

NOHRIA, N.; GARCIA-PONT, C. (1991): Global strategic linkages and industry structure, in: Strategic Management Journal, 12. Jg., Nr. 12, Special Issue Summer, S. 105-124.

PISANO, G. (1991): The governance of innovation. Vertical integration and collaborative agreements in the biotechnology industry, in: Research Policy, 20. Jg., Nr. 3, S. 237-249.

POWELL, W. (1998): Learning from collaboration, Knowledge and networks in the biotechnology and pharmaceutical industries, in: California Management Review, 40. Jg., Nr. 3, S. 228-240.

POWELL, W.; BRANTLEY, P. (1992): Competitive cooperation in biotechnology, Learning through networks?, in: Nohria, N.; Eccles, R. (Hrsg.): Networks and Organizations, Boston, S. 366-394.

PRICEWATERHOUSECOOPERS (1998): Pharma 2005, An industrial revolution, London.

PRICEWATERHOUSECOOPERS (1999): High-performing strategic alliances, Toronto.

ROTHAERMEL, F. T. (2001): Complementary assets, strategic alliances, and the incumbent's advantage, An empirical study of industry and firm effects in the biopharmaceutical industry, in: Research Policy, 30. Jg., Nr. 8, S. 1235-1251.

SCHITAG ERNST & YOUNG (1998): Aufbruchstimmung 1998 – Erster deutscher Biotechnologiereport, Stuttgart.

SCHWEIZER, L. (2003): Rolle und Bedeutung von High-Tech-Dienstleitungen für F&E in der Pharma- und Biotechnologieindustrie, in: Bruhn, M.; Stauss, B. (Hrsg.): Dienstleistungsnetzwerke, Jahrbuch Dienstleistungsmanagement, Wiesbaden, S. 515-535.

SHARMA, A. (1999): Central dilemma of managing innovation in large firms, in: California Management Review, 41. Jg., Nr. 3, S. 146-164.

SIGNALS MAGAZINE (2004): First Quarter 2004 Alliance Scorecard – Chemisty, cancer coming on strong, http://www.signalsmag.com, Abfragedatum: 30.07.2004.

SIMONIN, B. L. (1999): Ambiguity and the process of knowledge transfer in strategic alliances, in: Strategic Management Journal, 20. Jg., Nr. 7, S. 595-623.

VAN BRUNT, J. (2001): Grant ambitions, http://www.signalsmag.com, Abfragedatum: 17.09.2002.

ZABY, A. (1999): Internationalization of high-technology firms, Cases from biotechnology and multimedia, Wiesbaden.

ZUCKER, L. G.; DARBY, M. R. (1997): Present at the biotechnological revolution, Transformation of technological identity for a large incumbent pharmaceutical firm, in: Research Policy, 26. Jg., Nr. 4, S. 429-446.

Torsten Tomczak/Marcus Schögel/Achim Sauer*

Kooperationen in der Konsumgüterindustrie

---

* Univ.-Professor Dr. Torsten Tomczak ist Ordinarius für Betriebswirtschaftslehre und Marketing an der Universität St. Gallen und Direktor des Instituts für Marketing und Handel an der Universität St. Gallen.
Dr. Marcus Schögel ist Wissenschaftlicher Assistent am Institut für Marketing und Handel an der Universität St. Gallen und Leiter des Kompetenzzentrums Distribution und Kooperation an der Universität St. Gallen.
Lic. oec. HSG Achim Sauer ist Wissenschaftlicher Mitarbeiter am Institut für Marketing und Handel der Universität St. Gallen und des Kompetenzzentrums Distribution und Kooperation.

1. Kooperationen als Ansatz des Konsumgütermarketing

1.1 Merkmale von Konsumgütermärkten

Zahlreiche absatzwirtschaftliche Fragestellungen haben ihren Ursprung im Konsumgütermarketing. Dort lassen sich sogar die Wurzeln der gesamten Philosophie einer marktorientierten Unternehmensführung verorten (Becker 1998, S. 701). Marketing für die „Fast Moving Consumer Goods" wird daher häufig als „klassisches Marketing" oder „traditionelles Massen-Marketing" bezeichnet. Auch wenn sich Investitionsgüter-, Handels- und Dienstleistungsmarketing als eigenständige Teildisziplinen durchgesetzt haben, wird in der Lehre und in Marketing-Fachbüchern häufig implizit auf das Konsumgütermarketing Bezug genommen. Übersicht 1 listet die Besonderheiten des Konsumgütermarketing im Vergleich zu anderen Marketing-Feldern auf.

Zielgruppe des Konsumgütermarketing sind private Konsumenten bzw. Endverbraucher. Die Gesamtheit aller Konsumgüter lässt sich zwei grundsätzlichen Gruppen zuordnen:

- **Verbrauchsgüter**: Diese Gruppe umfasst materielle, kurzlebige Produkte, die im Regelfall schnell und im Lauf eines oder einiger weniger Verwendungseinsätze konsumiert werden, beispielsweise Limonade, Duschgel oder Mehl. Typischerweise handelt es sich um „Low Interest Products", d. h. um Güter des täglichen Bedarfs (Convenience Goods) oder Präferenzgüter (Preference Goods), die häufig nicht gesondert, sondern im Verbund mit weiteren Produkten erworben werden und einem raschen Wiederkauf unterliegen (Brockhoff 1999, S. 39). Die Kaufentscheidungen können überwiegend als habitualisierte Käufe oder Impulskäufe beschrieben werden (Kroeber-Riel/Weinberg 1999, S. 358 ff.). Hersteller von Verbrauchsgütern machen die Produkte an möglichst vielen Orten verfügbar (hohe Ubiquität), kalkulieren sie mit niedrigen Margen und bewerben sie intensiv, um Erstkäufe zu stimulieren und eine Präferenz für die eigene Marke aufzubauen (Kotler/Bliemel 2001, S. 720).
- **Gebrauchsgüter**: Hierzu gehören materielle, langlebige Wirtschaftsgüter, die für viele Verwendungseinsätze konzipiert sind, beispielsweise Küchenmixer, Automobile oder Kleidung. Häufig erfordern Gebrauchsgüter einen intensiveren und persönlichen Verkaufs- und Serviceaufwand, höhere Handelsspannen und umfangreichere Garantieleistungen durch den Hersteller oder den Mittler (Kotler/Bliemel 2001, S. 719).

Betrachtet man die Entwicklung der Konsumgüterbranche während der letzten zehn Jahre, so zeigt sich eine Verschärfung des Wettbewerbsklimas für alle beteiligten Akteure. Hersteller und Absatzmittler intensivieren ihre Bemühungen, in ihren jeweiligen Bereichen eine Kosten- oder Qualitätsführerschaft zu erreichen (Swoboda 1997, S. 449). Die dadurch erforderlichen Effizienzsteigerungen können selten durch die Optimierung der eigenen Wertschöpfungskette erreicht werden. Daher rücken zunehmend Kooperationen mit anderen Akteuren in den Mittelpunkt des Geschehens.

- **„Hochleistungsmarketing“** (Intensive Werbeaufwendungen, konsequente Markenpolitik, professionelle Kommunikationsstrategien)
- **Distribution** über mehrere Absatzstufen und mehrere Absatzkanäle **(Mehrkanalsysteme)**
- **Handelsgerichtete Marketingkonzeption**, um der zunehmenden Nachfragemacht der Handelsunternehmen gerecht zu werden
- **Hohe Dynamik** und zunehmende **Wettbewerbsintensität**, vor allem Preis- und Konditionendruck
- **Kurze Innovationszyklen** und **Produktlebenzyklen** (schnelle Veralterung und rascher Preisverfall; Zwang zu raschen Neuentwicklungen)
- „Me-too-Produkte“ und **Handelsmarken**, die mit niedrigen Preisen Marktanteile gewinnen
- **Differenzierter Einsatz von Marketingmethoden** (z.B. Sportsponsoring oder Öko-Marketing)
- Steigende Bedeutung einzelner **Schwerpunkte** des Konsumgütermarketing (Push-Marketing, Pull-Marketing, vertikales Marketing)
- Zielgruppe sind **Massenmärkte** (geringe Individualisierung); Befriedigung fundamentaler physiologischer wie auch psychischer und sozialer Grundbedürfnisse, aber auch wachsender Zusatzbedürfnisse
- Einsatz von **Produkt-, Brand- und Channel-Managern**
- Einsatz von Kundengruppen-Managern (**Key Account Management**)

Quelle: Bruhn 1997, S. 33; Becker 1998, S. 702 f.; Belz 1999, S. 70 f.

Übersicht 1: Besonderheiten des Konsumgütermarketing

1.2 Eigenschaften von Kooperationen

Kooperationen sind im Konsumgütermarketing seit geraumer Zeit von Bedeutung. Allgemein kann Diller gefolgt werden, der Kooperationen als „... jede auf freiwilliger Basis beruhende, vertraglich geregelte Zusammenarbeit rechtlich und wirtschaftlich selbstständiger Betriebe zum Zweck der Verbesserung ihrer Leistungsfähigkeit ...“ umschreibt und zwischen vertikalen und horizontalen Kooperationen, je nachdem ob der Kooperationspartner auf vor- oder nachgelagerten Wirtschaftsstufen oder auf derselben Stufe angesiedelt ist, unterscheidet (Diller 2001, S. 824).

Für die folgenden Ausführungen wird die Kooperation als eine strategische Option des konkurrenzgerichteten Verhaltens eines Unternehmens verstanden. Typischerweise wurden Kooperationen in diesem Kontext über längere Zeit eher als eine „second best“-Variante des Wettbewerbsverhaltens angesehen. In den letzten Jahren haben sich aber die Markt- und Wettbewerbsbedingungen massgeblich verändert, sodass Kooperationen als eigenständige und gleichwertige Option im Wettbewerbsverhalten massgeblich an Bedeutung gewonnen haben (vgl. hierzu auch Meffert 2002, S. 25; oder auch Meffert 2000, S. 24 f.)

Bengtsson/Kock stellen die Kooperation als eine Verhaltensoption gegenüber Akteuren in einer Branche in den Kontext potenziell möglicher Interaktionsmuster in Geschäftsbeziehungen (Bengtsson/Kock 1999, S. 180 f.). Dabei zeichnet sich die Kooperation insbesondere dadurch aus, dass die Akteure ihre Verhaltensweisen und Aktivitäten aufeinander abstimmen und ihnen daraus ein Vorteil erwächst. Vereinbarungen (formeller oder informeller Art) regulieren die Beziehungen und tragen dazu bei, die Machtverhältnisse zwischen den Partnern zu stabilisieren. Kooperative Beziehungen wirken sich dabei auch grundsätzlich auf das Verhältnis zu anderen Akteuren ausserhalb der Partnerschaft aus. Des Weiteren erweisen sich die kooperativen Verhaltensweisen als dynamisch, sodass sich die Beziehungen auf Grund von in- und externen Entwicklungen beider Partner verändern können. Im Rahmen von Kooperationsüberlegungen ist davon auszugehen, dass sowohl die Motivation des Managements, die spezifische Branchensituation und insbesondere die Bereitschaft der Kundschaft, die Kooperationen zu akzeptieren, einen zentralen Einfluss auf die zunehmende Bedeutung kooperativer Verhaltensweisen haben. Dowling/Lechner sehen ein kooperatives Wettbewerbsverhalten vor diesem Hintergrund dann als geeignete strategische Option an, wenn sich die unternehmensinternen und -externen Bedingungen durch folgende Merkmale auszeichnen (Dowling/Lechner 1998, S. 86 f.):

- Externe Faktoren: Hoher Konzentrationsgrad in der Branche sowie komplementäre Beziehungen zwischen den Leistungen der Konkurrenten und Knappheit einzelner strategischer Leistungen.
- Interne Faktoren: Strategisch relevante Ressourcen sollen nicht intern aufgebaut werden, da sie mit hohen spezifischen Investitionen verbunden wären und die Gefahr eines opportunistischen Verhaltens der Konkurrenz vermieden werden soll.

2. Typische Herausforderungen für Kooperationen in Konsumgütermärkten

2.1 Wechselseitige Beziehungen in der indirekten Distribution

Unternehmen in der Konsumgüterbranche verfügen nur in wenigen Ausnahmen über einen eigenen Kundenzugang in Form direkter Vertriebswege. Ein Großteil der Herstellerunternehmen ist vielmehr auf indirekte Absatzkanäle angewiesen, in denen sie ihre Überlegungen neben den Endkunden auch auf selbstständige Absatzmittler und Absatzhelfer ausrichten müssen. Sie agieren somit simultan in zwei oder je nach Differenziertheit der Markt- und Wettbewerbssituation sogar in mehreren Märkten, die sich wie folgt unterscheiden:

- **Endkunden**: Hierbei kann es sich sowohl um Individuen und/oder Organisationen (Unternehmen, öffentliche Dienste etc.) handeln. Diese erwerben die Leistungen im Regelfall über Absatzmittler.
- **Absatzmittler**: Dies sind Unternehmen, die Güter von anderen Marktteilnehmern, im Regelfall von Herstellerunternehmen, beschaffen, um sie dann an den Endkunden weiterzuverkaufen.

Endkunden und Absatzmittler verfügen über grundsätzlich unterschiedliche Bedürfnisse und Probleme. So spricht man auch treffend vom Business-to-Consumer-Marketing auf den Endkundenmärkten und einem Business-to-Business-Marketing in den Marktsituationen gegenüber dem Handel. In beiden Märkten ist es daher notwendig, differenzierte Positionierungen anzustreben, die durchaus auf unterschiedlichen Wettbewerbsvorteilen basieren können. Allerdings bedingt sich der Erfolg auf beiden Märkten gegenseitig. Ein Herstellerunternehmen wird im Handel nur erfolgreich sein, wenn eine Leistung angeboten wird, die von den Endkunden bei den Absatzmittlern auch nachgefragt wird. Umgekehrt wird ein Unternehmen nur dann bei den Endkunden erfolgreich sein, wenn die Leistungen auch in einer bestimmten Quantität (Stichwort: Regalplatz) und Qualität (Stichwort: z. B. Beratungsleistungen) im Handel erhältlich sind.

Für Handelsunternehmen gelten nun ähnliche Verhältnisse wie auf Herstellerebene. Nur wenn es dem Handel gelingt, ein attraktives Sortiment von Unternehmensleistungen bieten zu können, werden die Endkunden auch Leistungen bei ihm nachfragen. Umgekehrt sind Absatzmittlerunternehmen nur dann für die Hersteller von Interesse, wenn sie den Zugang zu einer attraktiven Endkundengruppe bieten können.

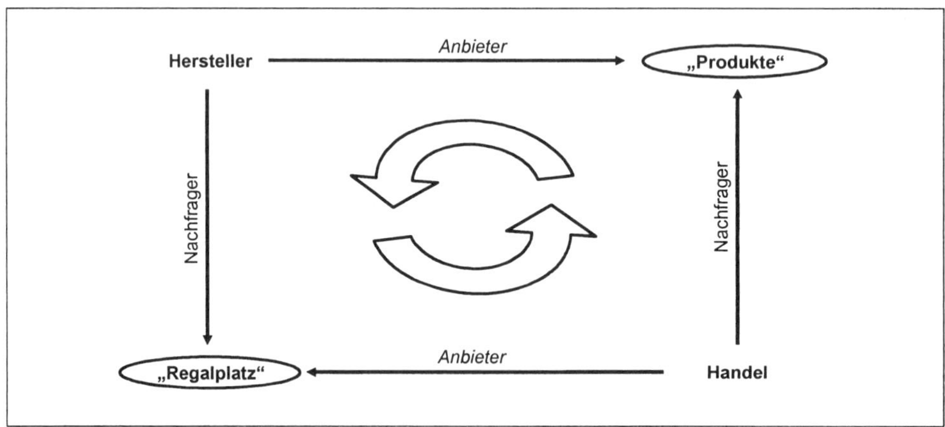

Quelle: Tomczak/Schögel/Feige 2001, S. 917.

Übersicht 2: Hersteller und Handel als Anbieter und Nachfrager

Dementsprechend kann jede Austauschsituation zwischen Hersteller und Handel dadurch gekennzeichnet werden, dass die jeweiligen Marktpartner sowohl Käufer als auch Verkäufer sind. Herstellerunternehmen treten zum einen als Anbieter ihrer Leistungen und zum anderen als Nachfrager nach Regalplatz auf. Handelsunternehmen sind spiegelbildlich Anbieter des Regalplatzes und Nachfrager nach den industriellen Leistungen (siehe Übersicht 2).

2.2 Intensiver Wettbewerb und Konzentrationstendenzen

Die Zusammenarbeit mit verschiedenen Unternehmen (insbesondere mit dem Handel) wird immer wieder durch eine Intensivierung des Wettbewerbs und eine damit einhergehende Konzentration auf Hersteller-, Handels- und Kundenseite auf die Probe gestellt. Besonders auf Handels- bzw. Absatzmittlerebene haben diese Entwicklungen in den vergangenen Jahren dramatische Ausmasse angenommen. Das Paradebeispiel für diese Entwicklung stellt meist die Lebensmittelbranche dar, in der sich vier zentrale Entwicklungsrichtungen unterscheiden lassen (Ahlert/Borchert 2000, S. 54 f.):

- **Starke horizontale Konzentration**: Kontinuierlich abnehmende Zahl von selbstständigen Groß- und Einzelhandelsunternehmen, insbesondere durch Marktaustritte kleiner unabhängiger oder kooperativ organisierter Betriebe. Gleichzeitig zunehmender Marktanteil der am Markt verbleibenden (Groß-)Unternehmen, teils mit überdurchschnittlich wachsendem Umsatz.
- **Anhaltende Vertikalisierung**: Verkürzung des Absatzkanals durch Zusammenfassung von Groß- und Einzelhandel. Die Zentralen der Handelssysteme übernehmen alle Großhandelsfunktionen für die angeschlossenen Filialisten.
- **Globalisierung**: Markteintritt ausländischer Wettbewerber, meist durch Zukauf angeschlagener nationaler Handelsunternehmen. Es bilden sich immer mehr supranationale Konglomerate auf paneuropäischer Ebene heraus.
- **Zentralisierung und interne Straffung**: Kooperative Gruppen bündeln die Nachfrage, verringern die Anzahl der Dispositionsstellen und treten wettbewerblich als geschlossene Einheiten auf. Den Herstellern sind kaum mehr Konditionenspreizungen möglich.

Im Jahre 2000 wurde der deutsche Lebensmittelhandel von fünf Großunternehmen dominiert (Metro, Rewe, Edeka/AVA, Aldi und Tengelmann), die zusammen einen Marktanteil von fast 63 % unter sich aufteilten. Während die fünf größten Unternehmen in Österreich zusammen einen Marktanteil von über 77 % aufwiesen, weist der Schweizer Lebensmittelmarkt eine noch höhere Konzentration auf. Hier kommen die beiden Spitzenunternehmen (Migros und Coop) bereits zu einem Marktanteil von knapp Zweidrittel, die fünf größten Unternehmen stellen sogar 84 % des Marktanteils (Eurodata 2002).

Die Ursachen und Treiber für die zunehmende Konzentration sind vielfältig (Barth 1999, S. 6 ff.; vgl. auch Müller-Hagedorn 1998, S. 93 f.):

- Rationalisierungsbestrebungen der Hersteller tragen zu einer Konzentration des Handels bei, da eine auf die Auslastung der Produktionskapazitäten abzielende Fertigung eine Massendistribution der Ware geradezu erfordert. Dies begünstigt jene Handelsbetriebe, deren Rationalisierungsanstrengungen über eine Mengenkomponente realisiert werden. Hinzu kommen die konzentrationsfördernde Konditionenpolitik der Hersteller und somit die so genannte „Nebenleistungsproblematik". Je größer die von einem Handelsunternehmen abgenommene Menge ist, desto eher ist die Industrie bereit, weitere Kommunikations- und Distributionsfunktionen, die für den Handel entlastend wirken, zu übernehmen.
- Die Aufhebung der vertikalen Preisbindung für Markenartikel sowie die Abschaffung des Rabattgesetzes und der Zugabeverordnung ermöglichen eine aktive Preispolitik und somit einen verschärften Wettbewerb. Verschiedene gesetzliche Änderungen der vergangenen beiden Jahrzehnte leisten somit ihren Beitrag dazu, dass auch der Verdrängungswettbewerb in den Innenstädten zunimmt und somit die Flächenexpansion verstärkt wird (Kreller 2000, S. 6 ff.).
- Nicht zuletzt forciert auch das veränderte Konsumverhalten der Kunden die zunehmende Konzentration. Zu nennen sind hier unter anderem die gestiegene Mobilität und Berufstätigkeit der Frau sowie der Trend zum One-Stop-Shopping, welche großflächige Betriebstypen mit einem breiten und tiefen Sortiment zur Deckung des alltäglichen Bedarfs hervorgerufen haben. Um diesen Trends gerecht zu werden, diversifizieren Handelsunternehmen häufig ihre Betriebstypen, was ebenso branchenübergreifende Konzentrationstendenzen fördert.
- Schliesslich sind die Entwicklung neuer Technologien sowie steigende Anforderungen an die Kapitalausstattung und die Logistik konzentrationsförderlich.

Konzentrationstendenzen sind vor allem dazu geeignet, die Wettbewerbssituation sowohl auf horizontaler als auch auf vertikaler Ebene zu verschärfen. Da auf beiden Seiten weniger Ausweich- bzw. Reaktionsmöglichkeiten bleiben, sind die Unternehmen beider Seiten (Hersteller und Handel) mehr denn je aufeinander angewiesen. Im Extremfall führen derartige Konzentrationsprozesse zu einer derartig hohen Abhängigkeit, dass kaum noch von wirtschaftlicher und rechtlicher Selbstständigkeit gesprochen werden kann.

2.3 Wachsende Dynamik in den Hersteller-Handels-Beziehungen

Die Zusammenarbeit zwischen Hersteller und Handel ist dadurch geprägt, dass beide Akteure nur einen Teil der Wertschöpfung in einem Markt durch ihr Unternehmen direkt kontrollieren. Um eine weit reichendere Abstimmung innerhalb der Wertschöpfungsstrukturen in einer Branche zu erreichen, gehen beide Seiten vermehrt dazu über, ihre Aktivitäten zu koordinieren und in Kooperationen abzustimmen. Die Form und das Ausmass der Zusammenarbeit unterscheiden sich dabei im Prinzip durch die Art und Weise, in der die Wertketten von Hersteller- und Handelsunternehmen verknüpft sind bzw. in welchem Umfang und mit welcher Intensität bestimmte Funktionen von beiden Partnern zusammen ausgeführt werden (Tomczak/Schögel 1997, S. 201).

Im Laufe der Zeit haben sich in Konsumgütermärkten typische Aufgabenverteilungen zwischen Hersteller und Handel etabliert, die eine Art Branchennorm festlegen. Diese gewachsenen Funktionsverteilungen werden jedoch immer mehr in Frage gestellt und unterliegen einem ständigen Wandel. Durch einen zunehmenden horizontalen und vertikalen Wettbewerbsdruck steigt die Bereitschaft von Hersteller und Handel, sich mit der traditionellen Arbeitsteilung kritisch auseinanderzusetzen und gemeinsam nach neuen innovativen Aufgabenverteilungen zu suchen.

Bis in die siebziger Jahre hinein waren die Hersteller die klar dominierenden Partner in der Wertschöpfungskette und besaßen in vielen Fällen die alleinige Vorherrschaft am Markt und in der Distribution. Diese so genannte Marketingführerschaft der Hersteller stellte die Grundform der Koordination dar, kooperatives Verhalten oder die Bereitschaft zur vertikalen Kooperation waren nur in wenigen Fällen ausgeprägt. Verschiedenste Strukturveränderungen quantitativer und qualitativer Art, aber vor allem die Entwicklung von Verkäufer- in Käufermärkte, verschärfte Wettbewerbsbedingungen, steigende Bedeutung großflächiger Handelssysteme und auch die Entwicklung von Handelsmarken, führten in vielen Branchen zu einem Machtverlust der Hersteller in der Wertschöpfungskette. Hersteller begannen, den Handel als „Filter und Katalysator" für ein erfolgreiches Konsumgütermarketing auf den Endverbrauchermärkten zu erkennen (Irrgang 1993, S. 1). Die reduzierten Erfolgsaussichten von vertikalen Machtstrategien der Hersteller führten zum Einsatz kooperativer vertikaler Marketingstrategien (Laurent 1996, S. 57), ja es stellte sich mit der Zeit sogar ein Machtungleichgewicht in den Beziehungen zwischen Herstellern und Handel zugunsten des Handels ein (vgl. unter anderem Westphal 1991, S. 195; Specht 1998, S. 296; Liebmann/Zentes 2001, S. 584). In der Lebensmittelbranche resultiert aus dieser ungleichgewichtigen „Bargaining-Situation", dass die Industrie in immer stärkerem Masse gezwungen ist, den Forderungen des Handels, insbesondere hinsichtlich der Preis- und Konditionengestaltung, nachzugeben (Gaitanides/Westphal 1989, S. 136). Bei vielen Herstellern verlieren die auf den Endverbraucher gerichteten Marktbearbeitungsaktivitäten gegenüber einer steigenden Handelsorientierung an Bedeutung (Laurent 1996, S. 57). Die Hersteller erkannten die „Gatekeeper-Funktion" des Handels (Tomczak/Schögel 2001, S. 516), der oftmals erheblich den Umfang und die Form der industriellen Marketingaktivitäten beeinflusst. Wie Laurent richtig feststellt, resultiert aus der neuen Rollenverteilung zwischen Industrie und Handel eine veränderte Aufgaben- und Aktivitäteneinteilung im Absatzkanal in beiden Richtungen (Laurent 1996, S. 58).

Zusammengefasst sind folgende Veränderungen der Funktions- und Arbeitsteilung im Absatzkanal zwischen Hersteller und Handel als Herausforderungen zu bewältigen:

- **Polarisierung der Absatzkanalbeziehungen** (Laurent 1996, S. 59): Während die Beziehungen zwischen Herstellern und Handel weiterhin durch ein latent hohes Konfliktniveau geprägt sind und Konflikte immer manifest sein werden, nehmen gleichzeitig Kooperationsinitiativen und -intensitäten zu. Im Kern gilt es hier, je nach Form und Art der Zusammenarbeit ein „optimales Konfliktniveau" zu erreichen, welches die jeweilige Hersteller-Handels-Beziehung in ihrer Produktivität positiv beeinflusst und negative Nebenwirkungen potenzieller Interessenunterschiede vermeidet (Tomczak 1992, S. 277 f.).

- **Aufgaben und Funktionen zu Kooperationsanreizen bündeln**: Die Hersteller werden ihr Bemühen intensivieren, beim Absatz und in der Zusammenarbeit mit dem Handel eigene Wettbewerbsvorteile nicht nur zu sichern, sondern auszubauen (Tomczak/Schögel 1997, S. 196 f.). Hierzu muss ein Hersteller in der Lage sein, Einzigartigkeit und Kooperationsvorteile zu bieten, in dem er mit seinen Aktivitäten Anreize schafft, die einen Absatzmittler dazu motivieren, sich in eine Zusammenarbeit aktiv einzubringen (Tomczak/Gussek 1992, S. 783 f.).
- **Zunehmende Vorwärts- und Rückwärtsintegration** (vgl. unter anderem Rosenbloom 1999, S. 113; Coughlan u. a. 2001, S. 163 f.): Viele Hersteller tendieren dazu, die Handelsaktivitäten zu übernehmen und durch eine Ausschaltung des Handels die Distribution über einen Direktvertrieb oder alternative Vertriebswege selbst zu übernehmen. Andererseits neigen auch die vertikal integrierten Handelsunternehmen dazu, die Herstelleraktivitäten zu übernehmen. Im Falle der Eigenmarkenproduktion führt dies wiederum zur Ausschaltung der Hersteller. Insgesamt werden die Grenzen zwischen den Wirtschaftsstufen verschwimmen, die Sektorenzugehörigkeit der Unternehmen wird verwischt (Laurent 1996, S. 60).

2.4 Co-opetition als neue Dimension des Wettbewerbs

Einen zentralen Beitrag zur Betrachtung von kooperativen Verhaltensweisen leistet der Ansatz der Co-opetition von Nalebuff/Brandenburger, die auf Basis spieltheoretischer Überlegungen herausarbeiten, dass die Zusammenarbeit zwischen verschiedenen Unternehmen als Wettbewerbsoption immer mehr als gleichberechtigte und gleichzeitige Verhaltensweise neben der direkten Konkurrenz existiert (vgl. hierzu auch den Beitrag von Schmidtchen im Ersten Kapitel dieses Sammelwerks). Im Mittelpunkt des Ansatzes der Co-opetition steht die Analyse und Bewertung von Kooperationspotenzialen aus der subjektiv wahrgenommenen Position der Konkurrenten in der Wahrnehmung des Kunden (Brandenburger/Harborne 1996, S. 7 f.). So definiert sich die Position eines Wettbewerbers (substitutiv wahrgenommen zur eigenen Leistung) oder eines Ergänzungsanbieters (komplementär wahrgenommen zur eigenen Leistung) alleine aus der Wahrnehmung des Kunden. Im Sinne des Ansatzes ist es dann sinnvoll, Kooperationen einzugehen, wenn der Kunde durch die Zusammenarbeit (mit dem Anbieter oder unter verschiedenen Partnern) einen Mehrwert erhält, der durch die bisherigen Leistungen des Anbieters alleine nicht erbracht werden konnte (Nalebuff/Brandenburger 1996, S. 18 f.).

Insbesondere für Konsumgütermärkte ist diese Entwicklung von zentraler Bedeutung. Durch steigende Konzentrationstendenzen und stagnierende Wachstumsraten in den verschiedenen Märkten befinden sich die verbleibenden Unternehmen auf Hersteller- und Handelsebene zunehmend in Konkurrenzsituationen, die dem klassischen Gefangenendilemma entsprechen (vgl. hierzu auch den Beitrag von Magin/Heil/Fürst im Ersten Kapitel dieses Sammelwerks).

Grundgedanke der Co-opetition ist es, in der spezifischen Wettbewerbssituation des Gefangenendilemmas mit Konkurrenten ein kooperatives Verhaltensmuster zu entwickeln, ohne dabei die grundsätzliche Konkurrenzsituation zwischen den Partnern aus den Augen zu verlieren. In diesem Fall stellen Kooperationen mit verschiedenen potenziellen Partnern eine wirkungsvolle Strategie dar, nicht nur auf fehlende Ressourcen bei Partnern zurückgreifen zu können, sondern sich durch ein situationsgerechtes Wettbewerbsverhalten in so genannten „Win-Win-Situationen" Vorteile gegenüber Dritten zu sichern. Durch selektiv-kooperative Elemente in der Beziehung zwischen grundsätzlich konkurrenzierenden Unternehmen kommt es zu einer Parallelisierung von Kooperation und Wettbewerb in speziell festgelegten Bereichen. Meist stellen unterschiedliche Formen der Co-opetition einen ersten Schritt auf dem Weg zum Aufbau einer vertieften und partnerschaftlichen Beziehung zu einzelnen Unternehmen dar (vgl. zu Co-opetition auch Meffert 1999, S. 419).

3. Typische Kooperationsformen in Konsumgütermärkten

3.1 Überblick

Vor dem Hintergrund der geschilderten Bedingungen in der Konsumgüterbranche im Allgemeinen und den Entwicklungen in den Hersteller-Handels-Beziehungen im Besonderen lassen sich verschiedene Ansätze für Kooperationen identifizieren. Betrachtet man die verschiedenen Entwicklungen, so scheint es sinnvoll, mögliche Handlungsalternativen nach der Verteilung der Marketingführerschaft zwischen Hersteller und Handel zu differenzieren. Die **Marketingführerschaft** des Herstellers oder die Marketingführerschaft des Handels stellen traditionelle Ansätze von Kooperationen dar. In vielen Konsumgütermärkten wurden bis in die achtziger Jahre hinein Unternehmen als geschlossene, isolierte Einheiten interpretiert (Friedrich/Hinterhuber 1999, S. 2). In der stark fragmentierten Wertkette war meist der Hersteller, später auch der Handel der „Marketingführer" oder „Systemführer", d. h. derjenige Marktpartner, der das Marketing-Instrumentarium für ein bestimmtes Absatzgut gestaltet und die Fähigkeit besitzt, gegebenenfalls auf die am Wertschöpfungsprozess beteiligten Organisationen zur Anpassung ihrer Aktivitäten einzuwirken (Kümpers 1976, S. 19 f.). Das Konstrukt der Marketingführerschaft geht also davon aus, dass Unternehmen, die einen massgeblichen Einfluss auf den Einsatz und die Gestaltung der Marketing-Instrumente innerhalb der jeweiligen Hersteller-Handels-Beziehungen haben, über einen Führungsanspruch innerhalb der vertikalen Zusammenarbeit verfügen (Tomczak/Schögel 2001, S. 972).

Unterscheidet man die möglichen Ausprägungen der Marketingführerschaft zwischen Hersteller und Handel in ihrem Ausmaß für die eine oder andere Seite, so lassen sich zwei Extrempositionen unterscheiden, die die Endpunkte eines Kontinuums beschreiben. Auf der einen Seite lassen sich Situationen erkennen, in denen der Handel über einen dominanten Einfluss auf das Marketing gegenüber dem Endkunden verfügt. In diesem Fall hat das jeweilige Handelsunternehmen den Vorteil, die Aufgabenverteilung zwischen ihm und dem Hersteller massgeblich beeinflussen zu können. Andererseits lassen sich aber auch Situationen erkennen, in denen der Hersteller (noch heute) über weit reichende Gestaltungsspielräume im Marketing verfügt. In dieser Situation ist wiederum der Hersteller im Vorteil, da er seine Marktposition dazu nutzen kann, die Zusammenarbeit mit dem Handel so zu gestalten, dass seine unternehmensindividuellen Interessen berücksichtigt werden.

Die Existenz einer Führerschaft kann grundsätzlich als vorteilhaft betrachtet werden, da nicht nur eine wirksame Führung der einzelnen Organisationen innerhalb der Kooperation, sondern auch eine Führung der Zusammenarbeit als Ganzes notwendig ist, um Effektivität im Gesamtprozess sicherzustellen (vgl. hierzu auch Steffenhagen 1975, S. 112). Allerdings gründet eine Führerschaft meist auf einer asymmetrischen Machtverteilung zwischen den beteiligten Akteuren (Ahlert 1996, S. 103). Insofern können die beiden extremen Ausprägungen auf dem Kontinuum auch als so genannte „einseitig dominierte Kooperationstypen“ bezeichnet werden (Laurent 1996, S. 134 f.). Die Unternehmen verfolgen zwar eigene Interessen, sind aber nur durch die Zusammenarbeit mit dem anderen Kooperationspartner dazu in der Lage, ihre Ziele am Markt zu realisieren. Zu diesem Zweck gehen sie dann Kooperationen ein, in denen sie entweder eine dominante oder untergeordnete Rolle einnehmen.

Als Indikatoren für eine Marketingführerschaft des Herstellers können unter anderem folgende Merkmale herangezogen werden (Schögel 1997, S. 165 f.; Cespedes 1992, S. 20 f.):

- Relative Stellung des Herstellers im Sortiment des Handels: Je wichtiger die Leistungen des Herstellers für den Absatzmittler sind, desto größer werden seine Einflussmöglichkeiten. Indikatoren sind unter anderem der Umsatzanteil des Herstellers im Sortiment des Absatzmittlers oder der Regalplatzanteil des Herstellers.
- Die Fähigkeit, Nachfrage zu generieren: Je mehr der Hersteller in der Lage ist, die Nachfrage für seine Leistungen selbstständig zu generieren, desto eher kann er auf die Aktivitäten des Handels Einfluss nehmen. Indikatoren dafür sind beispielsweise der vom Handel wahrgenommene Consumer Pull oder ein herstellereigener Direktvertrieb (vgl. hierzu auch Feige 1996, S. 238).
- Kooperationsalternativen des Herstellers: Je mehr alternative Kooperationspartner sich für den Hersteller ergeben, desto ausgeprägter ist seine Verhandlungsmacht ge-

genüber den Absatzmittlern. Indikatoren sind zum Beispiel die Anzahl alternativer Absatzkanäle, Kooperationspartner oder der Umsatzanteil des Absatzmittlers am Gesamtumsatz des Anbieters.

„Spiegelbildlich" lassen sich vergleichbare Indikatoren für die **Marketingführerschaft des Handels** heranziehen (vgl. unter anderem Schögel 1997, S. 166):

- Relative Austauschbarkeit der Herstellerleistungen: Je geringer die Leistungsvorteile des Herstellers im Vergleich zur Konkurrenz sind, desto eher kann der Handel die Industrieleistungen austauschen.
- Mögliche Beschaffungsalternativen: Je mehr Beschaffungsalternativen sich dem Handel bieten, desto besser ist seine Wettbewerbsposition gegenüber dem Hersteller.
- Kauf- und Konsumverhalten der Endkunden: Je geringer die Präferenzen und Ansprüche der Endkunden an die Industrieleistungen sind, desto mehr kann der Absatzmittler das Einkaufsverhalten beeinflussen.

In Abhängigkeit von der jeweiligen Ausprägung der Marketingführerschaft besitzen die Partner unterschiedliche Handlungsspielräume zur aktiven Gestaltung der Zusammenarbeit. Verfügt ein Hersteller über einen Vorteil, so besteht die Möglichkeit, die Beziehungen derart zu gestalten, dass sich die eigenen Unternehmensleistungen mit relativ geringen Modifikationen am Markt positionieren lassen. Anpassungen werden dann dort vorgenommen, wo es aus Sicht der Partnerschaft zwischen Hersteller und Handel notwendig erscheint, auf die spezifischen Herausforderungen auf Absatzmittlerebene einzugehen. Neben den beiden Extremen ist zudem eine Mischform als strategische Option hervorzuheben. Sie ist durch ein Gleichgewicht zwischen beiden Partnern gekennzeichnet. In dieser Situation gleichen sich die Wettbewerbsvorteile aus. Hier bieten sich attraktive Möglichkeiten für eine (weit gehend) gleichberechtigte Zusammenarbeit zwischen den Partnern, in denen beide Seiten ihre eigenen Stärken „synergetisch" einbringen können (vgl. hierzu auch Tomczak 1993b, S. 14).

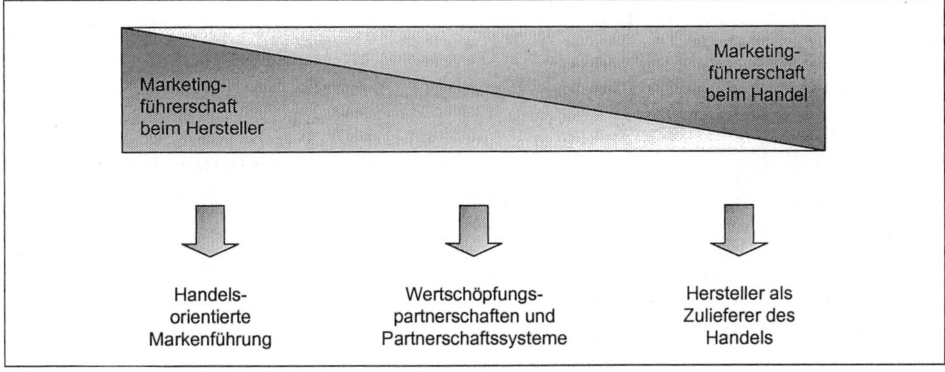

Übersicht 3: Typische Kooperationsformen zwischen Hersteller und Handel

Übersicht 3 zeigt die verschiedenen Ausprägungen und die jeweiligen strategischen Optionen im Überblick. Die jeweiligen Positionen lassen sich nur im Ausnahmefall für verschiedene Hersteller-Handels-Beziehungen generalisieren. Grundsätzlich ist jede einzelne Hersteller-Handels-Dyade zu betrachten, um die Wettbewerbsvorteile der einen oder anderen Seite zu identifizieren. Die einzelnen Optionen sind zudem nicht als konkurrierende „generische" Vorgehensweisen zu interpretieren. Durch ihre zeitliche und inhaltliche Kombination ergeben sich unterschiedliche Reaktionsweisen, mit denen die Beteiligten in der Lage sind, ihre Gestaltungsspielräume aktiv und ganz im Sinne einer echten Partnerschaft zu nutzen.

Im Folgenden werden unterschiedliche Optionen vorgestellt, um die Beziehungen zwischen Hersteller und Handel zu gestalten. Sie basieren auf Forschungsergebnissen aus unterschiedlichen Branchen und verdeutlichen das Spektrum möglicher Gestaltungsansätze. Im Einzelnen werden folgende Optionen näher beschrieben:

- Strategien der handelsorientierten Markenführung
- Wertschöpfungspartnerschaften und Partnerschaftssysteme zwischen Hersteller und Handel
- Zulieferstrategien als innovative Form der Zusammenarbeit.

3.2 Handelsorientierte Markenführung

Inhalt der handelsorientierten Markenführung sind die Bestrebungen eines Herstellers, seine eigenen Leistungen (Marken und Produkte) mit möglichst geringen Reibungsverlusten gemäss seiner eigenen Ziele für den Endkunden zu profilieren. Das Instrumentarium der handelsorientierten Markenführung umfasst dementsprechend neben den direkt auf den Handel gerichteten Maßnahmen des Trade-Marketing auch die Instrumente des Consumer-Marketing. Trade-Marketing-Maßnahmen sind beispielsweise Schulungs- und Beratungsangebote der Hersteller sowie alle Arten finanzieller Zugeständnisse. Indirekt wirkende Maßnahmen sind alle konsumentengerichteten Aktivitäten des Consumer-Marketing. Auch diese sind in der Lage, den Handel von einer Marke zu überzeugen, wenn sie beim Endkunden durch Bekanntheit und Kaufabsichten wirken (Zentes 1989, S. 224 f.).

In ihrer Grundmechanik folgt die handelsorientierte Markenführung einem traditionellen Muster der Pull-Strategie bei der Gestaltung der Hersteller-Handels-Beziehungen, indem die Herstellermarken bzw. Produkte über eine intensive Kommunikation gegenüber den Endkunden profiliert werden und dadurch eine Nachfrage erzielt wird, welche die Leistungen bildlich gesprochen aus den Regalen hinauszieht (Zentes/Swoboda 2000, S. 812 f.).

Feige ermittelte im Rahmen einer explorativen Studie bei Entscheidern im deutschen Lebensmitteleinzelhandel, dass die Erfolgswirkung von Consumer Pull und Kooperationskompetenz zumindest in diesem Markt sehr unterschiedlich ist (Feige 1996, S. 18 f.).

Die durchschnittlich größte Bedeutung besitzen Pull-Anreize. Sie erklären den Erfolg von Markenartikeln zu 66 %. Weitere 19 % trägt die Kooperationskompetenz bei. Push-Anreize sind von untergeordneter Bedeutung. Übersicht 4 zeigt das Gesamtergebnis der Untersuchung im Überblick.

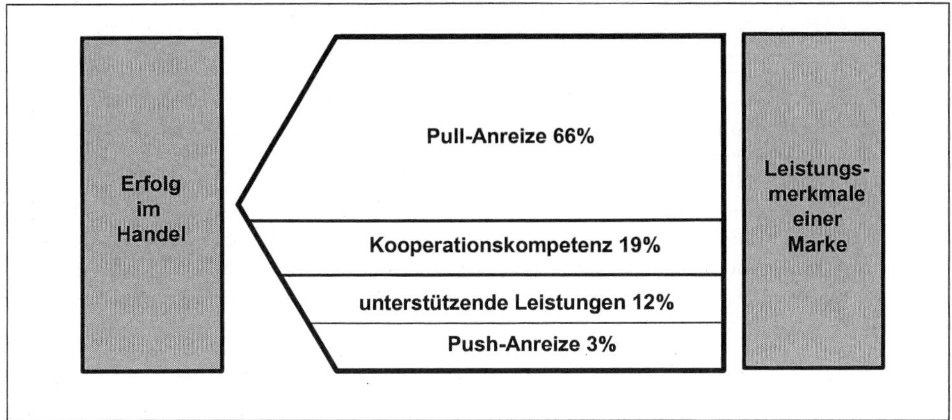

Quelle: Feige 1996.

Übersicht 4: Gesamtergebnis der Untersuchung „Handelsorientierte Markenführung“

Nur noch in wenigen Märkten scheinen Herstellerunternehmen heute in der Lage zu sein, sich in den Hersteller-Handels-Beziehungen auf die Realisierung eines möglichst hohen Consumer Pull zu konzentrieren. Sowohl ein verstärkter Interbranchenwettbewerb um die Aufmerksamkeit des Endkunden als auch der intensive horizontale Wettbewerb der Anbieter um einen Platz im Regal des Handels erschwert eine erfolgreiche Positionierung der eigenen Marken im Handel zunehmend. Insofern kommt einem kooperativen Verhalten eine besondere Bedeutung zu, indem damit neue Anreize für die herstellereigenen Marken generiert werden können. Daher dürfte einer stärkeren kooperativen Ausrichtung der Herstelleraktivitäten an den Erfordernissen einer unternehmensspezifischen Zusammenarbeit mit dem Handel als Differenzierungsinstrument in Zukunft eine größere Bedeutung zukommen (Tomczak/Schögel 1997, S. 196 f.).

3.3 Wertschöpfungspartnerschaften und Partnerschaftssysteme

Wertschöpfungspartnerschaften stellen einen synonymen Begriff für vertikal gleichberechtigte Kooperationen mit partnerschaftlicher Prägung dar (Friedrich/Hinterhuber 1999, S. 2; Laurent 1996, S. 329). Obwohl nur die Hälfte der Handelsunternehmen die

Beziehungen zur Industrie als kooperativ bezeichnen (Zentes/Morschett 1996, S. 11), ist eine Bedeutungszunahme von Kooperationsaktivitäten in den Hersteller-Handels-Beziehungen zu beobachten.

In einigen Fällen wird bereits ein Paradigmenwechsel von der Konfrontation hin zur Partnerschaft prognostiziert (Friedrich/Hinterhuber 1999, S. 2). Oft bietet der Hersteller dem Handel eine engere Zusammenarbeit in Projekten an, die für beide Seiten einen Vorteil im Sinne einer Win-Win-Situation versprechen. Ziel ist es, durch die Integration von Hersteller- und Handelsaktivitäten Synergien für beide Seiten zu nutzen, Effizienzsteigerungspotenziale und Kostensenkungsmöglichkeiten zu erschliessen sowie eine einzigartige Problemlösung für den Endkunden zu schaffen (Schmickler 2001, S. 58).

Von besonderer Bedeutung sind zur Zeit gemeinsame Projekte, die sich auf die gemeinsame Optimierung der Warenwirtschaft und Logistik beziehen, also alle Initiativen im Bereich des Efficient Consumer Response (Zentes/Swoboda 2000, S. 815). Ziel des Herstellers muss es dabei sein, die einzelnen Anreize so zu kombinieren, dass es ihm gelingt, sich im direkten Wettbewerb mit seinen Konkurrenten zu differenzieren und einen Wettbewerbsvorteil aufzubauen. Eine wichtige Unterscheidung verschiedenartiger vertikaler Kooperationen zwischen Herstellern und Handel stellt die zwischen transaktions- bzw. prozessorientierten und programm- bzw. beziehungsorientierten Kooperationen dar (Laurent 1996, S. 146 f.):

- **Prozesskooperationen**: Hier stehen gemeinsame Problemlösungen bei Transaktionen, d. h. bei Aktivitäten und Verfahren innerhalb der kooperierenden Dyade, im Mittelpunkt, zu der es zwar einer laufenden Interaktion, nicht aber einer engen Bindung der Akteure bedarf (Friedrich/Hinterhuber 1999, S. 3). Hauptsächlich geht es um Lösungen an der Hersteller/Handels-Schnittstelle, d. h. beim Warenfluss, der Verwaltung, der Logistik oder sonstigen Bereichen des Supply Chain Managements. Ein Beispiel aus dem Konsumgüterbereich hierfür ist das „Continuous Replenishment“, das durch einen Austausch aktueller Abverkaufs- und Bestandsdaten die Belieferung der Händler durch die Hersteller optimieren soll.
- **Programmkooperationen**: Für beziehungs- oder relationshiporientierte Kooperationen ist hingegen ein enges, womöglich exklusives Verhältnis der Akteure charakteristisch. Es geht um das Verhältnis zum Konsumenten, das durch eine gemeinsame Sortimentsgestaltung, durch Maßnahmen zur Verkaufsförderung sowie die effiziente Einführung und Entwicklung von Produkten zum Inhalt optimiert werden soll. Programmkooperationen weisen daher eine hohe Marktorientierung und -wirkung auf. Ein Beispiel hierfür ist das Category Management (Friedrich/Hinterhuber 1999, S. 3).

Darüber hinaus lassen sich aber auch Formen der Zusammenarbeit finden, die über die Gestaltung logistischer und warenwirtschaftlicher Prozesse hinausgehen. Beispielhaft sei für derartige Kooperationen der Ansatz der Partnerschaftssysteme genannt. Nach Belz erweitern Partnerschaftssysteme die Zusammenarbeit zwischen Hersteller und Handel zu einer langfristigen, vertikalen Leistungsgemeinschaft (Belz 1998, S. 361). Gegenseitige

Leistungen werden festgelegt und neu aufgeteilt. Teilweise werden vertragliche Absprachen getroffen und die Zusammenarbeit langfristig festgeschrieben.

Um Partnerschaftssysteme zu entwickeln, gilt es nicht nur Einzelleistungen zu einem umfassenden Leistungspaket zu addieren, sondern die potenziellen Anreize (Produkte, Dienstleistungen, Geld und immateriellen Werte), die einem Kunden direkt oder indirekt angeboten werden, sind zu einer geschlossenen Problemlösung zu integrieren und so lange kontinuierlich zu erweitern bzw. zu verringern, wie sich eine entsprechende Gegenleistung langfristig realisieren lässt (Tomczak 1992, S. 425 f.).

Typische Beispiele für derartige Partnerschaftssysteme finden sich unter anderem in der Unterhaltungselektronikbranche, wo Unternehmen wie Bang&Olufsen oder aber auch Loewe ihre Marketingaktivitäten gezielt darauf ausrichten, durch eine weit reichende Zusammenarbeit mit dem Unterhaltungselektronikfachhandel Vorteile für beide Seiten zu realisieren (Schögel 1997, S. 267 ff.; Bunk 2002, S. 22 f.). Ähnlich agieren auch verschiedene Anbieter in der Bekleidungsbranche, wenn sie im Rahmen von Shop-in-Shop-Konzepten vom Markenauftritt am Verkaufspunkt über die Gestaltung des Sortimentes bis hin zur Warenwirtschaft Handels- und Herstelleraktivitäten umfassend integrieren und zu einem gemeinsamen Auftritt am Markt ausbauen (Pabst 1999, S. 175 f.).

3.4 Zulieferstrategien als innovative Formen der Zusammenarbeit

Eine weitere Option, die den Herstellern für die Zusammenarbeit mit dem Handel offen steht, geht einen erheblichen Schritt weiter als die bisher beschriebenen Möglichkeiten. Dabei betrachten die Hersteller den Handel explizit nicht mehr als „ausführenden" Absatzmittler, der die Produkte der Hersteller an die Endverbraucher heranträgt, sondern begreift sich selbst als Zulieferer des Handels. Pointiert ausgedrückt: Der Handel wird als Endkunde behandelt.

Von besonderer Bedeutung sind bei diesem Vorgehen Handelsmarkenstrategien (vgl. hierzu z. B. Bruhn 1997). Während diese von den Herstellern in den letzten Jahren eher als Instrument zur Kapazitätsauslastung angesehen wurden, stellen sie im Rahmen einer Zulieferstrategie eine hervorragende Möglichkeit dar, um innerhalb einer vom Handelsmarketing dominierten Markt- und Wettbewerbsposition als Hersteller aktiv zu agieren. Im Rahmen einer eindeutigen Marketingführerschaft sind Handelsmarken somit ein zentrales Profilierungsinstrument. Das gesamte Marketinginstrumentarium kann fast uneingeschränkt nach eigenen Vorstellungen gestaltet und zur Differenzierung im Wettbewerb genutzt werden. Zu dem wird durch die Handelsmarkenproduktion auch ein weit reichender Teil der Wertschöpfungsprozesse durch den Handel kontrolliert, sodass sich hier zusätzliche Ertragspotenziale erschliessen lassen (Zentes/Ihrig 1994, S. 1207).

Aus Sicht des Herstellers erfordern Handelsmarken-Strategien zumindest eine teilweise Akzeptanz der Marketingführerschaft durch den Handel. Der Hersteller erklärt sich implizit dazu bereit, sich auf die Rolle eines Zuliefererunternehmens zurück zu ziehen, und seine eigenen Marketinganstrengungen soweit zu reduzieren, damit sie sich reibungslos in den Marktauftritt des Handels einbetten lassen.

Die Zulieferstrategie erfordert somit völlig andere Fähigkeiten vom Hersteller als eine klassische Pull-Strategie. In bestimmten Markt- und Wettbewerbssituationen kann sie dazu beitragen, eine einzigartige Problemlösung zu entwickeln. Gerade für Anbieter, die auf Grund eines intensiven Wettbewerbs bedroht sind, den Regalplatz für ihre Markenartikel endgültig zu verlieren, stellt die Zulieferstrategie eine attraktive Option dar.

Beispielsweise agieren verschiedene Hersteller von Lebensmitteln in der Schweiz erfolgreich als Hersteller von Handelsmarken für die beiden führenden Handelsketten Migros und Coop. Ein ähnliches Bild findet sich auch in England, wo verschiedene Hersteller Produkte für das Private Label „St. Michael" des Handelsunternehmens Marks & Spencer produzieren.

Für Herstellerunternehmen gilt es, die Rolle als Zulieferer proaktiv zu interpretieren und „antizipativ bestimmte Entwicklungen vorwegnehmen oder kreativ neue Situationen schaffen" (Engelhardt 1988, S. 15). Der Hersteller als Zulieferer von Großkunden steht vor einer gewissen Ziel-Antinomie: Zum einen muss er sehr intensiv auf die individuellen Probleme einzelner Großkunden eingehen, was tendenziell die Abhängigkeit zu einem bestimmten Großkunden erhöht, zum anderen muss er kompensatorische Maßnahmen ergreifen, um die eigene Selbstständigkeit zu sichern.

4. Fazit: Kooperationsfähigkeit als eigenständige Herausforderung

Die bisherigen Ausführungen zeigen, dass die dynamischen Entwicklungen in den Hersteller-Handels-Beziehungen und die Intensivierung des Wettbewerbs Kooperationen als zukunftsträchtige Lösung für die Herausforderungen in der Konsumgüterbranche erscheinen lassen. Diese Einsicht hat sich jedoch noch nicht in allen Branchen durchgesetzt. Deshalb bieten sich in zahlreichen Unternehmen noch ungenutzte Kooperationspotenziale. Nicht umsonst durchlaufen anfänglich befristete, auf ein Projekt beschränkte Kollaborationen eine „Kooperationskarriere" (Friedrich/Hinterhuber 1999, S. 3), d. h., sie werden intensiviert und entwickeln sich zu einer nachhaltigen, umfangreichen Wertschöpfungspartnerschaft.

Sicherlich wird es auch in Zukunft Unternehmen geben, die sich mit einem traditionellen Handels- und Herstellerverständnis im Wettbewerb durchsetzen. Jedoch wird dieses Muster nur für wenige Anbieter Erfolg versprechend sein. So werden in den nächsten

Jahren innovative Kooperationsformen entstehen, in denen beide Seiten ihre Kompetenzen klar definieren und die Stellung des Partners umfassend akzeptieren. Gerade für mittelständische Unternehmen – sei es im Handel oder in der Industrie – wird es wichtig sein, in diesem Umfeld nach neuen und innovativen Ansätzen zu suchen.

Um mit dem Handel erfolgreich zusammenzuarbeiten, müssen die Hersteller als attraktive Marktpartner auftreten. Dazu sind verschiedene Ansätze möglich. Die Bandbreite reicht von Problemlösungen, die dem Handel via Consumer Pull die Nachfrage der Endkunden anbieten, bis hin zu Lösungen, bei denen der Hersteller als Zulieferer mit seinem Produktions-, Marketing-, F & E-Know-how den Handel bei dessen eigenen Bemühungen in Richtung Endkunden bzw. -verwender unterstützt.

Herstellerunternehmen müssen in diesem Zusammenhang festlegen, mit welchen Anreizen sie sich gegenüber dem Handel positionieren wollen. Wie die einzelnen Ansätze zeigten, hängt die erfolgreiche Kooperation dabei nicht nur von der Wahl der markt- und wettbewerbsadäquaten Option ab, sondern wird auch massgeblich von den Fähigkeiten und Kompetenzen des Herstellers mitbestimmt.

Grundsätzlich können diese Kompetenzen und Fähigkeiten an zwei Dimensionen anknüpfen. Der erste Ansatz besteht darin, einen Nutzen für den Endkunden zu schaffen. Hierfür benötigt ein Hersteller die Fähigkeit, seine Leistungen und Produkte als einzigartige Problemlösung für den Endkunden zu positionieren. Im Kern geht es dabei um eine aktive Positionierung im horizontalen Konkurrenzumfeld des Herstellers (Tomczak/Reinecke 1995). Der zweite Ansatz basiert auf Fähigkeiten und Kompetenzen in der direkten Zusammenarbeit mit dem Handel. Kooperationsformen und damit die Art- und Weise der Zusammenarbeit entwickeln sich dynamisch. Sind Unternehmen heute noch in eine oder nur wenige Kooperationen eingebunden, so wird die zunehmende Globalisierung und Differenzierung dazu führen, dass sich Unternehmen gleichzeitig in unternehmensübergreifende Wertschöpfungsprozesse aktiv einbringen müssen. Hierzu wird es dann notwendig sein, die eigenen Ressourcen gezielt und wirkungsvoll einzusetzen (Meffert 2002, S. 25) sowie kooperative Fähigkeiten zu entwickeln.

Literatur

AHLERT, D. (1996): Distributionspolitik. Das Management des Absatzkanals, Stuttgart.

AHLERT, D.; BORCHERT, S. (2000): Prozessmanagement im vertikalen Marketing, Berlin.

BARTH, K. (1999): Betriebswirtschaftslehre des Handels, Wiesbaden.

BECKER, J. (1998): Marketing-Konzeption. Grundlagen des strategischen und operativen Marketing-Managements, München.

BELZ, C. (1998): Akzente im innovativen Marketing, St. Gallen.

BELZ, C. (1999): Verkaufskompetenz, St. Gallen u. a.

BENGTSSON, M.; KOCK, S. (1999): Cooperation and competition in relationships between competitors in business networks, in: Journal of Business & Industrial Marketing, o. Jg., Nr. 3, S. 178-193.

BRANDENBURGER, A. M.; HARBORNE, W. S. (1996): Value-Based Business Strategy, in: Journal of Economics and Management Strategy, o. Jg., Nr. 1, S. 5-24.

BROCKHOFF, K. (1999): Produktpolitik, Stuttgart u. a.

BRUHN, M. (1997): Bedeutung der Handelsmarke im Markenwettbewerb, in: Bruhn, M. (Hrsg.): Handelsmarken. Entwicklungstendenzen und Zukunftsperspektiven der Handelsmarkenpolitik, Stuttgart, S. 3-47.

BRUHN, M. (1997): Marketing, Wiesbaden.

BUNK, B. (2002): Gut gebrüllt, LOEWE, in: Absatzwirtschaft, 45. Jg., Sonderheft, S. 22-28.

CESPEDES, F. V. (1992): Channel Power: Suggestion for a Broadened Perspective, in: Journal of Marketing Channels, o. Jg., Nr. 3, S. 3-37.

COUGHLAN, A. T. u. a. (2001): Marketing Channels, 6. Aufl., Upper Saddle River/New Jersey.

DILLER, H. (2001): Kooperation, in: Diller, H. (Hrsg.): Vahlens Großes Marketing-Lexikon, München, S. 824.

DOWLING, M; LECHNER, C. (1998): Kooperative Wettbewerbsbeziehungen: Theoretische Ansätze und Managementstrategien, in: Die Betriebswirtschaft, 58. Jg., S. 86-102.

ENGELHARDT, W. H. (1988): Überlegungen zur Marketing-Strategie von Zulieferern, in: Thexis, 5. Jg., Nr. 2, S. 12-15.

EURODATA, M+M (2002): M+M EuroTrade 2002. Strukturen, Umsätze und Vertreibslinien des Lebensmittelhandels Food/Nonfood in Europa, Frankfurt a.M.

FEIGE, S. (1996): Handelsorientierte Markenführung, Diss., Universität St. Gallen.

FRIEDRICH, S. A.; HINTERHUBER, H. H. (1999): Wettbewerbsvorteile durch Wertschöpfungspartnerschaft. Paradigmenwechsel in der Hersteller/Handels-Beziehung, in: Wirtschaftswissenschaftliches Studium, 28. Jg., S. 2-8.

GAITANIDES, M.; WESTPHAL, J. (1989): „Nachfragemacht" und Erfolg, in: Zeitschrift für Betriebswirtschaft, 60. Jg., S. 135-153.

IRRGANG, W. (1993): Vertikale Marketing-Strategien der Hersteller, in: Irrgang, W. (Hrsg.): Vertikales Marketing im Wandel, München, S. 1-24.

KOTLER, P.; BLIEMEL, F. (2001): Marketing Management, 10. Aufl., Stuttgart.

KRELLER, P. (2000): Einkaufsstättenwahl von Konsumenten: ein präferenztheoretischer Erklärungsansatz, Wiesbaden.

KROEBER-RIEL, W.; WEINBERG, P. (1999): Konsumentenverhalten, 7. Aufl., München.

KÜMPERS, U. A. (1976): Marketingführerschaft – Eine verhaltenswissenschaftliche Analyse des vertikalen Marketing, Diss., Universität Münster.

LAURENT, M. (1996): Vertikale Kooperationen zwischen Industrie und Handel. Neue Typen und Strategien zur Effizienzsteigerung im Absatzkanal, Frankfurt a.M.

LIEBMANN, H. P.; ZENTES, J. (2001): Handelsmanagement, München.

MEFFERT, H. (2000): Auf der Suche nach dem „Stein der Weisen", in: Markenartikel, o. Jg., Nr. 1, S. 24-36.

MEFFERT, H. (2002): Konsumgütermarketing: Vom Massen- zum Individualmarketing, in: Frankfurter Allgemeine Zeitung, o. Jg., 15. April, S. 25.

MEFFERT, H. (1999): Zwischen Kooperation und Konfrontation, in: Beisheim, O. (Hrsg.): Distribution im Aufbruch: Bestandesaufnahme und Perspektiven, München, S. 407-424.

MÜLLER-HAGEDORN, L. (1998): Der Handel, Stuttgart u. a.

NALEBUFF, B. J.; BRANDENBURGER, A. M. (1996): Co-opetition: 1. A revolutionary mindset that combines competition and cooperation in the marketplace. 2. The game theory strategy that's changing the game of business, London.

PABST, O. (1999): Kooperatives Handelsmarketing in der Bekleidungsindustrie, Frankfurt a.M.

ROSENBLOOM, B. (1999): Marketing Channels – A Management View, Orlando.

SCHMICKLER, M. (2001): Management strategischer Kooperationen zwischen Hersteller und Handel. Konzeptions- und Realisierungsprozesse für ECR-Kooperationen, Diss., Universität St. Gallen.

SCHÖGEL, M. (1997): Mehrkanalsysteme in der Distribution, Wiesbaden.

SPECHT, G. (1998): Distributionsmanagement, Stuttgart.

STEFFENHAGEN, H. (1975): Konflikt und Kooperation in Absatzkanälen, Wiesbaden.

SWOBODA, B. (1997): Wertschöpfungspartnerschaften in der Konsumgüterwirtschaft. Ökonomische und ökologische Aspekte des ECR-Managements, in: Wirtschaftswissenschaftliches Studium. 26. Jg., S. 449-459.

TOMCZAK, T. (1992): Das Management indirekter Distributionssysteme, Unveröffentlichte Habilitationsschrift, St. Gallen.

TOMCZAK, T. (1993b): Differenzierte Formen der Zusammenarbeit von Industrie und Handel, Berichte und Materialien Nr. 1/1993 aus dem Forschungsinstitut für Absatz und Handel, Universität St. Gallen.

TOMCZAK, T.; GUSSEK, F. (1992): Handelsorientierte Anreizsysteme der Konsumgüterindustrie, in: Zeitschrift für Betriebswirtschaft, 62. Jg., S. 783-806.

TOMCZAK, T.; REINECKE, S. (1995): Die Rolle der Positionierung im strategischen Marketing, in: Thommen, J. P. (Hrsg.): Management-Kompetenz, Zürich, S. 499-517.

TOMCZAK, T.; SCHÖGEL, M. (2001): Gatekeeperfunktion des Handels, in: Diller, H. (Hrsg.): Vahlens Großes Marketing Lexikon, München, S. 516.

TOMCZAK, T.; SCHÖGEL, M. (1997): Management von Distributionssystemen, in: Belz, Ch.; Tomczak, T. (Hrsg.): Kompetenz für Marketing Innovationen, St. Gallen, S. 190-225.

TOMCZAK, T.; SCHÖGEL, M. (2001): Marketingführerschaft, in: Diller, H. (Hrsg.): Vahlens Großes Marketing Lexikon, München, S. 972.

TOMCZAK, T.; SCHÖGEL, M.; FEIGE, S. (2001): Erfolgreiche Markenführung gegenüber dem Handel, in: Esch, F. R. (Hrsg.): Moderne Markenführung. 3. Aufl., Wiesbaden, S. 913-938.

WESTPHAL, J. (1991): Vertikale Wettbewerbsstrategien in der Konsumgüterindustrie, Wiesbaden.

ZENTES, J. (1989): Trade-Marketing. Eine neue Dimension in den Hersteller-Händler-Beziehungen, in: Marketing – Zeitschrift für Forschung und Praxis, 11. Jg., S. 224-229.

ZENTES, J.; IHRIG, F. (1994): Bedeutung der Markenpolitik für das vertikale Marketing, in: Bruhn, M. (Hrsg.): Handbuch Markenartikel, Stuttgart, S. 1201-1221.

ZENTES, J.; MORSCHETT, D. (1996): Electronic Shopping. Die Zukunft des Handels?, in: Institut, Gottlieb Duttweiler (Hrsg.): GDI-Trendletter, Rüschlikon, S. 1-56.

ZENTES, J.; SWOBODA, B. (2000): Hersteller-Handels-Beziehungen aus markenpolitischer Sicht, in: Esch, F. R. (Hrsg.): Moderne Markenführung. Grundlagen, Innovative Ansätze, Praktische Umsetzungen, Wiesbaden, S. 801-824.

Manfred Bruhn*

Kooperationen im Dienstleistungssektor

---

* Univ.-Professor Dr. Manfred Bruhn ist Ordinarius für Betriebswirtschaftslehre, insbesondere Marketing und Unternehmensführung am Wirtschaftswissenschaftlichen Zentrum (WWZ) der Universität Basel.

1. Grundlagen von Dienstleistungen

1.1 Einführung

Die Managementforschung befasst sich schon seit langem intensiv mit dem Phänomen der Bildung von Unternehmenskooperationen. Ziel dieses Beitrages ist es zu verdeutlichen, welche Möglichkeiten sich einem Dienstleistungsanbieter durch Kooperation mit anderen Anbietern eröffnen, um seine Wettbewerbsposition zu verbessern. Zu diesem Zweck sollen zunächst der heterogene Untersuchungsgegenstand Dienstleistung genauer spezifiziert und die vielfältigen Besonderheiten und Merkmale von Dienstleistungen erläutert werden. In Abhängigkeit des jeweiligen Dienstleistungstyps können verschiedene Möglichkeiten zur Kooperation in Betracht gezogen und die jeweiligen Erfolgsfaktoren herausgearbeitet werden.

1.2 Begriff von Dienstleistungen

Es existiert eine Vielzahl von Möglichkeiten, Dienstleistungen von anderen Leistungen abzugrenzen. Zunächst besteht die Möglichkeit, den Dienstleistungsbegriff durch die Aufzählung von Beispielen zu beschreiben (enumerative Definition). Dieses Vorgehen ist allerdings nur bedingt geeignet, um Ansatzpunkte zur Strategiegestaltung und -implementierung zu liefern. Weiterhin können Dienstleistungen durch eine Abgrenzung von Leistungen, die nicht Dienstleistungen sind, bestimmt werden. Die Negativdefinition ermöglicht eine eindeutige Kategorisierung von Leistungen, die jedoch die dienstleistungsspezifischen Besonderheiten nicht berücksichtigt. Um Anhaltspunkte für eine Kooperationsstrategie zu erhalten, ist es demzufolge nötig, eine Definition heranzuziehen, die den Besonderheiten von Dienstleistungen gerecht wird.

Dienstleistungen zeichnen sich insbesondere dadurch aus, dass die Leistungserstellung durch Kombination unterschiedlicher Faktoren erfolgt, die sich nicht alle im Verfügungsbereich des Anbieters befinden. Die **Potenzialdimension** eines Dienstleisters betrifft die Fähigkeit, seine Leistung jederzeit erbringen zu können und ist somit eng mit der Leistungsbereitschaft verbunden. Der **Prozesscharakter** von Dienstleistungen kommt in der Notwendigkeit der synchronen Erstellung und Inanspruchnahme der Leistung zum Ausdruck. Anders als im Sachgüterbereich besteht im Dienstleistungsbereich **Kontaktnotwendigkeit** zwischen Anbieter und Nachfrager, um das Dienstleistungsergebnis zu erreichen. Die **Ergebnisdimension** konkretisiert sich nach Kombination der internen und externen Faktoren an dem externen Faktor des Nachfragers und erzielt eine nutzenstiftende Wirkung, die häufig einen hohen immateriellen Anteil aufweist. Diese Merkmale bilden die Grundlage für das weitere Verständnis von Dienstleistungen:

„Dienstleistungen sind selbstständige, marktfähige Leistungen, die mit der Bereitstellung (zum Beispiel Versicherungsleistungen) und/oder dem Einsatz von Leistungsfähigkeiten (zum Beispiel Friseurleistung) verbunden sind (Potenzialorientierung). Interne (zum Beispiel Geschäftsräume, Personal, Ausstattung) und externe Faktoren (also solche, die nicht im Einflussbereich des Dienstleisters liegen) werden im Rahmen des Erstellungsprozesses kombiniert (Prozessorientierung). Die Faktorkombination des Dienstleistungsanbieters wird mit dem Ziel eingesetzt, an den externen Faktoren, an den Menschen (zum Beispiel Kunden) oder deren Objekten (zum Beispiel Auto des Kunden) nutzenstiftende Wirkungen (zum Beispiel Inspektion beim Auto) zu erzielen (Ergebnisorientierung)" (Meffert/Bruhn 2003, S. 31).

1.3 Besonderheiten von Dienstleistungen

Die Definition zeigt die Charakteristika auf, die mit der Erstellung und Nutzung von Dienstleistungen verbunden sind. Auf Grund dieser Phasen der Dienstleistungserstellung ergeben sich spezifische Unterschiede von Dienstleistungen im Vergleich zu Sachleistungen. Es ist erforderlich, die Besonderheiten zu erörtern, um Schlussfolgerungen für Kooperationsmöglichkeiten zu ziehen. Insbesondere folgende konstitutive Elemente sind von Bedeutung:

- Leistungsfähigkeit/-bereitschaft des Anbieters,
- Integration eines externen Faktors,
- Immaterialität des Ergebnisses.

Die Bereitstellung der permanenten **Leistungsfähigkeit und -bereitschaft** des Anbieters ist ein zentraler Aspekt des Dienstleistungsmanagements, da die besonderen Eigenschaften von Dienstleistungen – „Nichtlager- und -transportfähigkeit" – dazu führen, dass Dienstleister keine Leistungen produzieren, lagern und bei Bedarf entnehmen können. Die Potenzialfaktoren (z. B. Personal, Geräte und Know-how) sind demzufolge von Dienstleistungsanbietern ständig bereitzuhalten, sodass die Leistungen bei Bedarf erbracht werden können. Andernfalls wird der Anbieter im Falle einer Out-of-Stock-Situation die Nachfrage verlieren. Die Bereitstellung der Leistungsfähigkeit verursacht einen Fixkostenblock, der bei unvollständig ausgelasteten Kapazitäten hohe Leerkosten nach sich zieht. Dementsprechend ist es ein Ziel des Dienstleistungsmarketing, durch geeignete Instrumente die aufgebauten Kapazitäten möglichst gut auszulasten. Ein geeignetes Instrument, um dieses Ziel zu erreichen, sind **Kooperationen**. Durch Kooperationen können beispielsweise Kostenvorteile erreicht werden, indem auf neue Ressourcen zugegriffen wird oder aber auch auf den Kundenstamm der Partnerunternehmen, um die eigenen Kapazitäten besser auszulasten.

Das zweite konstitutive Merkmal von Dienstleistungen, die **Integration eines externen Faktors** in den Erstellungsprozess, bedingt die Kontaktnotwendigkeit zwischen Anbieter und Nachfrager (so genanntes Uno-actu-Prinzip) und ist primär für die dienstleistungsspezifischen Probleme der Nichtlager- und Nichttransportfähigkeit verantwortlich. Die Nichtlagerfähigkeit macht es notwendig, die vorhandenen Dienstleistungskapazitäten sorgfältig zu disponieren. Um die bestehenden Kapazitäten bestmöglich auszulasten, kommt dem Preis als Steuerungsinstrument ein herausragender Stellenwert zu. Es finden im Dienstleistungsbereich häufig Verfahren einer **wertorientierten Preis-Mengen-Steuerung (Yield Management)** Anwendung, um die Nachfrage gemäß der Preiselastizität der Nachfrager zeitlich zu verteilen. Weiterhin kommt der **Standortplanung** auf Grund der Nichttransportfähigkeit ebenfalls ein hoher Stellenwert zu. Um einen möglichst hohen Distributionsgrad und möglichst viele Nachfrager zu erreichen, ist die Multiplizierung des Dienstleistungskonzeptes bzw. der Leistungspotenziale notwendig (beispielsweise durch Filialisierung im Rahmen einer Multiplikationsstrategie; siehe Abschnitt 3.4).

Die Integration des externen Faktors in den Erstellungsprozess erschwert die Standardisierung des Leistungsergebnisses und die Sicherstellung einer hohen Dienstleistungsqualität. Externe Faktoren sind durch ihre Heterogenität hinsichtlich ihres Beitrages zur Dienstleistungsqualität und Integrationsverhaltens gekennzeichnet. Ein Dienstleistungsanbieter kann folglich keine vollkommene Gewährleistung für die Erzielung eines einheitlichen Leistungsergebnisses übernehmen (Zeithaml/Bitner 2000, S. 13). Das Wissen des Nachfragers um diesen Sachverhalt erhöht wiederum sein wahrgenommenes Kaufrisiko.

Es wird deutlich, dass das Merkmal der Integration eines externen Faktors Probleme für das Dienstleistungsmanagement aufwirft. Der strategische Ansatz einer Kooperation ist eine Möglichkeit, diesen zu begegnen. So können durch Kooperation beispielsweise Qualitätsvorteile generiert werden, indem auf qualitativ hochwertige Ressourcen der Partner zugegriffen wird. Qualitätsschwankungen des Leistungsergebnisses können somit ausgeglichen werden.

Das dritte charakteristische Merkmal von Dienstleistungen ist die so genannte **Immaterialität des Leistungsergebnisses**. Diese Eigenschaft bezieht sich darauf, dass Dienstleistungsergebnisse oftmals nicht gesehen, gefühlt oder geschmeckt werden können (Zeithaml/Bitner 2000, S. 12). Häufig wird auch der Begriff Intangibilität verwendet, da dieser sämtliche Sachverhalte umfasst, die sich einer genauen Analyse entziehen (Lovelock/Wirtz 2004, S. 127 f.). Neben der **Nichtlager- und -transportfähigkeit** hat die Immaterialität des Leistungsergebnisses eine Einschränkung bei der Beurteilung der Dienstleistungsqualität zur Folge. Im Rahmen einer informationsökonomischen Betrachtung können Dienstleistungen Such-, Erfahrungs- und Vertrauenseigenschaften zugeschrieben werden, die sich im Hinblick auf ihre Beurteilbarkeit durch den Nachfrager unterscheiden (Kaas 1990, S. 546). **Sucheigenschaften** sind solche Eigenschaften, die der Nachfrager vor der Inanspruchnahme der Leistung objektiv beurteilen kann, wie beispielsweise den Fuhrpark eines Autovermieters. **Erfahrungseigenschaften** hingegen kann der Nachfrager erst während der Inanspruchnahme der Leistung beurteilen. Dazu gehört beispielsweise ein reibungsloser und unkomplizierter Mietvorgang. **Vertrauenseigenschaften** sind Eigenschaften, die der Nachfrager selbst nach der Inanspruchnahme nicht überprüfen kann, wie z. B. die Aussage eines Autovermieters, dass die Fahrzeuge regelmäßig gewartet werden.

Dienstleistungen verfügen über einen hohen Anteil an Erfahrungs- und Vertrauenseigenschaften und sind demzufolge einem erhöhten Marktrisiko ausgesetzt. Dieses Risiko kann ein Dienstleister durch das Eingehen von Kooperationen entschärfen. Kooperationen mit renommierten Partnern ermöglichen den Aufbau von Reputation, die dazu beiträgt, Unsicherheiten vor der Inanspruchnahme von Dienstleistungen zu reduzieren. Beispielsweise erhöht ein noch unbekannter Anbieter von Weiterbildungsangeboten durch Kooperation mit renommierten Instituten seine eigene Reputation, indem er diese Partnerschaft werbewirksam kommuniziert.

1.4 Formen und Kategorien von Dienstleistungen

Die genannten Besonderheiten ermöglichen eine **Systematisierung von Dienstleistungen** entsprechend ihrer jeweiligen Ausprägung in diesen Dimensionen. Engelhardt/Kleinaltenkamp/Reckenfelderbäumer (1992) haben eine Leistungstypologie anhand der beiden Dimensionen Immaterialitäts- und Integrationsgrad entwickelt, die den Prozesscharakter von Dienstleistungen besonders hervorhebt. Eine Erweiterung dieser Typologie durch Meffert (1993) spezifiziert den Integrationsgrad des Kunden in den Leistungserstellungsprozess, indem sie den Individualisierungs- und Integrationsgrad als zentrale Einflussgrößen betont.

Der **Individualisierungsgrad** gibt an, in welchem Ausmaß spezifische Bedürfnisse der Kunden berücksichtigt werden. Der **Interaktionsgrad** bezieht sich auf den Umfang, in dem Dienstleistungsnachfrager Einfluss auf den Leistungserstellungsprozess nehmen. Diese beiden Dimensionen stellen jeweils ein Kontinuum dar, auf dem Dienstleistungen eine mehr oder weniger hohe Ausprägung annehmen.

Durch eine Gegenüberstellung dieser beiden Merkmale lassen sich die in Übersicht 1 dargestellten vier grundsätzlichen **Dienstleistungstypen** identifizieren:

1. Dienstleistungen des ersten Typs sind durch einen interaktiven Leistungserstellungsprozess gekennzeichnet, der hochgradig individualisiert ist. Beispielhaft lassen sich Beratungsleistungen anführen, die kundenindividuelle Problemlösungen bereitstellen und den kontinuierlichen Kontakt zwischen Berater und Unternehmen erfordern, um die individuelle Leistung zu erbringen.
2. Der zweite Leistungstyp weist einen hohen Individualisierungsgrad auf, während der Leistungserstellungsprozess autonom erfolgt. Ein Beispiel für diesen Dienstleistungs-

typ stellt ein individuelles Versicherungspaket dar, wobei sich der Eingriff des Kunden darauf beschränkt, einmalig notwendige Informationen zur Verfügung zu stellen. Das Dienstleistungsergebnis konkretisiert sich daraufhin im Zustand des Versichertseins.

3. Der dritte Leistungstyp ist dadurch charakterisiert, dass auf spezifische Kundenbedürfnisse kaum eingegangen wird und die Integration des Kunden in den Leistungserstellungsprozess gering ausfällt. Der autonome Erstellungsprozess begünstigt eine Standardisierung der Leistung, wodurch wiederum Erfahrungskurveneffekte ausgenutzt und Skaleneffekte in der Produktion realisiert werden können. Ein Beispiel für diesen Leistungstyp sind Speditionsleistungen.
4. Der vierte Leistungstyp weist einen nahezu standardisierten Leistungserstellungsprozess auf, der aber interaktiv durch Kunden beeinflusst wird. Beispiele für diesen Leistungstyp sind standardisierte Sprachkurse, die dem Kunden die Möglichkeit einräumen, interaktiv mitzuwirken und somit den Ablauf des (standardisierten) Programms zu beeinflussen.

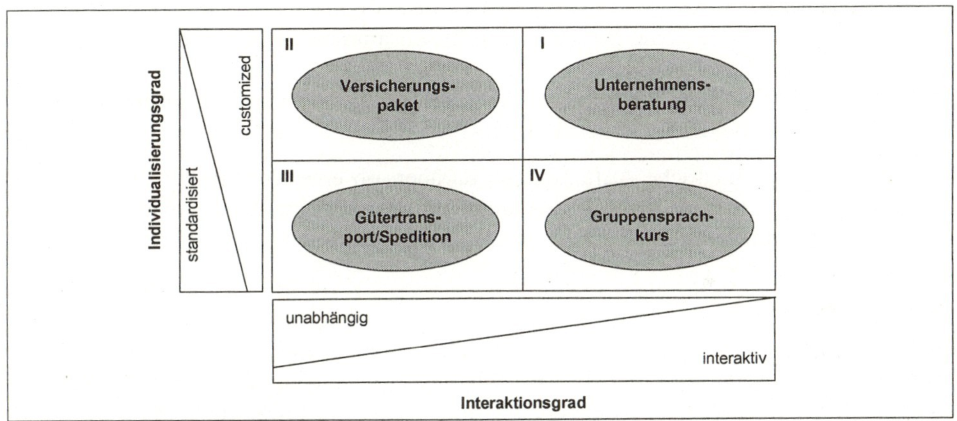

Quelle: Meffert 1993, S. 12.

Übersicht 1: Typologie von Dienstleistungen nach dem Individualisierungs- und Interaktionsgrad

Der Individualisierungs- und Interaktionsgrad sind zentrale Determinanten einer Unterscheidung von Dienstleistungen. Diese Eigenschaften sind Ausgangspunkt der Fragestellung, welche Form der Zusammenarbeit Dienstleister in Betracht zu ziehen haben, falls sie eine erfolgreiche Kooperation anstreben. Je nach Leistungstyp sind unterschiedliche Kooperationsformen geeignet, um spezifische Zielsetzungen einer Zusammenarbeit zu erreichen, insbesondere Vorteile beim Leistungserstellungsprozess zu generieren.

2. Kooperation als strategischer Ansatz im Dienstleistungsmarketing

2.1 Definition von Kooperationen

Kooperatives Verhalten im Markt beschreibt die Zusammenarbeit mehrerer Unternehmen, um ein gemeinsames Ziel zu erreichen. Formal kann eine Kooperation durch folgende Merkmale charakterisiert werden (Rupprecht-Däullary 1994, S. 16; Fontanari 1996, S. 33; Michalski 2003, S. 72):

- Eine Kooperation ist ein freiwilliger Zusammenschluss von zwei oder mehr Unternehmen, wobei die freie Wahl der Kooperationspartner gewährleistet ist.
- Eine Kooperation verlangt sowohl die rechtliche als auch die in den nicht betroffenen Unternehmensbereichen wirtschaftliche Selbstständigkeit der Kooperationspartner.
- Eine Kooperation ist eine zweckorientierte Zusammenarbeit zur Erreichung eines oder mehrerer Ziele.
- Eine Kooperation dient der beiderseitigen Verbesserung der wirtschaftlichen Situation durch die gemeinsame Zielerfüllung.

Es bestehen unterschiedliche Auffassungen darüber, ob eine Kooperation zwingend einen Vertrag erfordert. Eine Kooperation kann durchaus auf einem stillschweigenden Abkommen oder nicht-vertraglichen Vereinbarungen beruhen und einen befristeten Projektcharakter aufweisen.

Im Folgenden wird die von Friese (1998, S. 64) vorgeschlagene Definition zugrunde gelegt, derzufolge eine Kooperation als „die freiwillige Zusammenarbeit von rechtlich selbständigen Unternehmen, die ihre wirtschaftliche Unabhängigkeit partiell zugunsten eines koordinierten Handelns aufgeben, um angestrebte Unternehmensziele im Vergleich zum individuellen Vorgehen besser erreichen zu können“ bezeichnet wird.

2.2 Motive und Ziele von Kooperationen

Viele Märkte weisen Sättigungserscheinungen auf, d. h., die Wachstumsraten so genannter reifer Märkte stagnieren oder nehmen ab, sodass Umsatzwachstum nur noch auf Kosten der Mitbewerber möglich ist. Die Zunahme der Wettbewerbsintensität führt zu einem Verdrängungswettbewerb, der – durch den Preiskampf bedingt – die Margen verringert. Zusätzlich ergibt sich im Dienstleistungssektor das Problem, dass aufgebaute Leistungspotenziale bei einem Rückgang der Nachfrage rasch **Überkapazitäten** verursachen, die den Wettbewerb zusätzlich verschärfen. Exemplarisch sei der Luftverkehrsmarkt angeführt, der sich derzeit in einer Konsolidierungsphase mit einem intensiven Preiskampf befindet.

Auf Grund dieser Tatsache ist es nicht erstaunlich, dass sich ein Paradigmenwechsel abzuzeichnen scheint: In vielen Branchen ist durch den erhöhten Kostendruck eine zunehmende Kooperationsbereitschaft statt ausschließlicher Wettbewerbsorientierung festzustellen. Wettbewerber versuchen durch das Eingehen von Kooperationen ihre Marktstellung zu erhalten, sich dem Verdrängungswettbewerb zu entziehen und Wettbewerbsvorteile, z. B. durch Zusatzleistungen von Partnerunternehmen, zu schaffen. Somit stellen Kooperationen zum einen einen neuen Gestaltungsansatz der Wertschöpfungskette dar, zum anderen eine spezifische Variante der Wettbewerbsorientierung. Demzufolge ist es das primäre Ziel einer Kooperationsvereinbarung, die wirtschaftliche Situation der beteiligten Partner durch Bündelung sich ergänzender Kompetenzen zu verbessern.

Übersicht 2 zeigt die **operativen Ziele** im Überblick, die aus dem Oberziel der Erlangung von Wettbewerbsvorteilen abgeleitet werden können (Friese 1998, S. 121; vgl. auch Kurr 2004, S. 66 ff.).

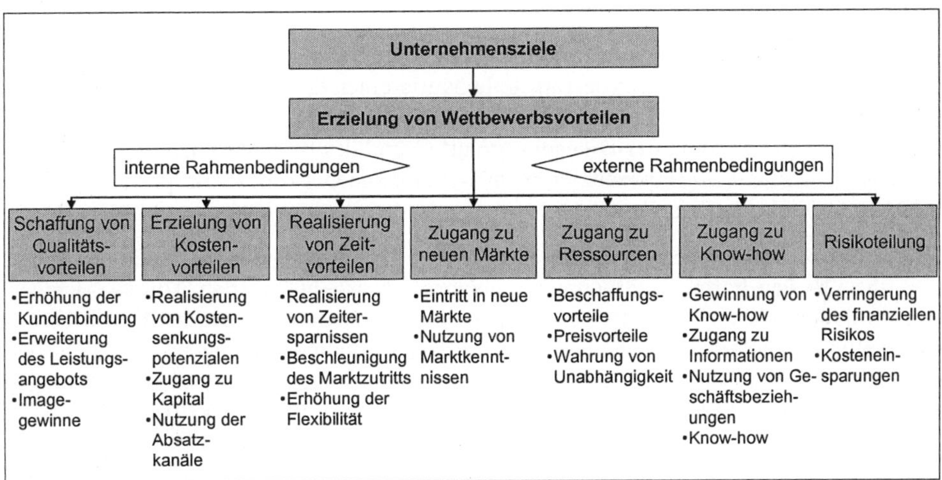

Quelle: In Anlehnung an: Friese 1998, S. 121.

Übersicht 2: Zielsystem einer Kooperation

Schaffung von Qualitätsvorteilen

Die Qualitätsorientierung wird insbesondere im Dienstleistungsbereich seit einigen Jahren intensiv diskutiert (vgl. hierzu z. B. Bruhn 2003). Insbesondere bei Dienstleistungen, die durch einen hohen Anteil an Erfahrungs- und Vertrauenseigenschaften gekennzeichnet sind, kann die Auswahl eines geeigneten Kooperationspartners dazu beitragen, die empfundene Unsicherheit vor dem Kauf einer Dienstleistung abzubauen. Die wahrgenommene Qualität einer Leistung ist einer der ausschlaggebenden Faktoren, die zur Kaufentscheidung beiträgt und letztlich die Bindung der Kunden bewirkt.

Qualitätsvorteile lassen sich auf vielfältige Art durch Kooperationen erzielen. Ansatzpunkte ergeben sich durch die sinnvolle Zusammenlegung komplementären Know-hows sowie von Fertig- und Fähigkeiten. Durch die gemeinsame Vermarktung eigener Leistungen zusammen mit Partnerleistungen können z. B. Lücken im Leistungsprogramm geschlossen werden, um durch abgerundete Servicepakete neue Kundenpotenziale zu erschließen (Friese 1998, S. 125). Ergänzende Dienstleistungen durch Kooperationen bereitzustellen, bietet sich insbesondere für Unternehmen an, die nicht über die nötigen Finanzmittel verfügen, um solche Zusatzleistungen selbst zu erstellen.

Erzielung von Kostenvorteilen

Eine günstigere Kostenstruktur im Vergleich zu den Mitbewerbern stellt einen bedeutenden Wettbewerbsvorteil dar. Zunächst räumt sie einem Unternehmen Preis- und Verhandlungsspielräume gegenüber seinen Lieferanten ein. Weiterhin können schwierig zu erreichende bzw. imitierende Kostenstrukturen neue Konkurrenten von einem Markteintritt abhalten.

Im Dienstleistungsbereich stellen auf Grund der Notwendigkeit einer permanenten Leistungsfähigkeit die **fixen Kostenbestandteile** häufig einen dominanten Anteil an den Gesamtkosten dar. In den Zeiträumen, in denen die Nachfrage keine Vollauslastung der Kapazitäten ermöglicht, kann der Dienstleister auf Grund der Immaterialität des Leistungsergebnisses nicht auf Lager produzieren und somit keine Deckungsbeiträge zur Kompensation seiner Fixkosten erzielen.

Die Ausnutzung von Synergieeffekten ermöglicht eine Senkung der Kosten in den Bereichen, die von den Partnerunternehmen gemeinsam bearbeitet werden. Durch die unternehmensübergreifende Nutzung sich ergänzender Kompetenzen, wie z. B. von bereits anderweitig genutztem Know-how oder für andere Leistungen genutzten Vertriebskanälen – wie etwa bei Bank- und Versicherungsprodukten – können bessere Auslastungen und damit eine Fixkostendegression erreicht werden (Friese 1998, S. 129).

Realisierung von Zeitvorteilen

Ein Schutz von Dienstleistungen vor Nachahmung – z. B. durch Patente – ist häufig nicht möglich, sodass in vielen Dienstleistungsbranchen eine hohe Wettbewerbsintensität besteht. Die hohen Investitionen in das notwendige Anlagevermögen zur Sicherstellung der Leistungsfähigkeit können unter Umständen nicht mehr amortisiert werden. Die fortschreitende Entwicklung im Technologiebereich führt weiterhin dazu, dass sich die **Lebenszyklen** z. B. elektronischer Dienstleistungen stetig verkürzen und viele Dienstleistungen rasch veralten. Es ist für Anbieter neuer Dienstleistungen dementsprechend wichtig, als Erster im Markt zu sein (dies ist beispielsweise ein zentraler Aspekt der Entwicklung neuer Softwarelösungen).

Auch von der Nachfrageseite werden Dienstleistungsanbieter gezwungen, Leistungen möglichst schnell zu erbringen. Insbesondere bei relativ austauschbaren Dienstleistungsangeboten kann der Zeitvorteil ein hinreichendes Kaufargument sein. Anbieter, denen es gelingt, auf Kundenanfragen unmittelbar zu reagieren, können auf diese Weise einen Zusatznutzen bieten (z. B. Datenbank- und Telefonauskunftsdienstleistungen, Installation von Software auf einem neuen IT-System).

Zeitvorteile können im Rahmen von Kooperationen insbesondere durch die Möglichkeit realisiert werden, Leistungspotenziale geeigneter Partnerunternehmen zu nutzen (z. B. Vertriebskanäle). Die Zeit zum Aufbau eigener Kapazitäten kann auf diese Weise eingespart werden.

Zugang zu neuen Märkten

Auf Grund der stagnierenden Wachstumsraten auf vielen Dienstleistungsmärkten können Unternehmen zusätzliche Absatzmöglichkeiten oft nur durch die Erschließung neuer Märkte erhalten. Für wissensintensive Dienstleistungsbranchen (Beratung, Software Services) ergeben sich Marktchancen in Ländern, in denen derart spezialisiertes Wissen nicht vorhanden ist, wie beispielsweise die aufstrebenden Märkte in den neuen EU-Staaten. Der Eintritt in einen neuen – insbesondere ausländischen – Markt gestaltet sich zuweilen jedoch problematisch auf Grund von **Markteintrittsbarrieren**. Solche Markteintrittsbarrieren sind beispielsweise Kosten- und Imagevorteile der etablierten Unternehmen oder institutionelle Standards, Normen und Vorschriften, die einen Einfluss auf die Bereitstellung von Dienstleistungen ausüben (z. B. gesetzlich geregelte Ladenöffnungszeiten). Durch das Eingehen einer Kooperation können Markteintrittsbarrieren sowohl überwunden (z. B. durch ein lokales Partnerunternehmen) als auch errichtet werden. Gemeinsam können die kooperierenden Unternehmen Barrieren errichten, um die Wettbewerbsintensität zu vermindern und ihre Position zu festigen. Markteintrittsbarrieren sind beispielsweise **Loyalitätsprogramme**, die Kunden an ein Kooperationssystem binden (Bonusmeilensysteme von Fluggesellschaften im Rahmen einer Allianz und Punktekarten/-konten von Kooperationen auf der Handelsstufe, z. B. Payback).

Zugang zu Ressourcen

Zur Dienstleistungserstellung ist die Bereitstellung der für den gesamten Leistungsprozess erforderlichen Industriegüter, Betriebsstoffe, Dienstleistungen, Arbeitsleistungen, Informationen und Rechte in der richtigen Menge rechtzeitig am Ort der Leistungserstellung notwendig. Die Nutzenpotenziale von Kooperationen auf der Ressourcen- bzw. Beschaffungsseite liegen beispielsweise in Preisvorteilen durch die **Einkaufsbündelung** der Kooperationspartner. Zu diesem Zweck werden häufig Rahmenverträge abgeschlossen, die auch dem Lieferanten eine größere Absatzmenge garantieren. Insbesondere kleineren Unternehmen bietet sich somit die Möglichkeit, strukturelle Nachteile bei gleichzeitiger Wahrung ihrer Unabhängigkeit auszugleichen. Weiterhin können bisher regional tätige Dienstleister durch eine Einkaufskooperation (z. B. im Handel) neue Beschaffungsmärkte erschließen.

Da im Dienstleistungsbereich die Rekrutierung und Weiterbildung dienstleistungsorientierter **Mitarbeiter** zentrale Determinanten des Markterfolges sind, bietet es sich an, Kooperationen mit Personalagenturen, Forschungs- und Weiterbildungseinrichtungen zu begründen, um einen direkten Zugang zu diesen Wissens- und Humanressourcen zu erlangen.

Zugang zu Know-how

In einem Wettbewerbsumfeld, das sich durch dynamische Veränderungen auszeichnet, ist das permanente Lernen über neue Technologien, Prozesse und Verfahren eine unabdingbare Voraussetzung, um erfolgreich am Markt bestehen zu können. Vor dem Hintergrund, dass das Durchlaufen eigener **organisationaler Lernprozesse** sehr zeitaufwändig ist, stellen Kooperationen eine relativ einfache Möglichkeit dar, die Wissensbasis des Unternehmens zu verbreitern. Eine Kooperationsvereinbarung, die den Austausch von Know-how zum Gegenstand hat, zielt darauf ab, dass jedes Partnerunternehmen am Wissen der Anderen partizipieren kann. Wenn die Partner jeweils gleichermaßen voneinander profitieren, d. h., eine **Win-Win-Situation** entsteht, dann erscheint eine Kooperation zum Austausch von Know-how sinnvoll. Dies ist insbesondere dann der Fall, wenn Unternehmen ihr Wissen austauschen, die nicht direkte Wettbewerber innerhalb einer Branche sind (z. B. Austausch von Algorithmen, die für verschiedene Software-Applikationen verwendet werden können). Es besteht allerdings die Gefahr, dass mit der Übertragung von Wissen vorhandenes Know-how aus dem Unternehmen abfließt. Diese Gefahr stellt sich insbesondere bei personalintensiv erbrachten Dienstleistungen, wie Beratungsleistungen.

Risikoteilung

Das Motiv der Risikoteilung steht in engem Zusammenhang mit dem Motiv der Kosteneinsparung. Insbesondere im F & E-Bereich ist dieses Motiv ausschlaggebend für das Eingehen einer Kooperationsvereinbarung, da das **finanzielle Risiko** einer Fehlentwicklung auf die Partnerunternehmen aufgeteilt wird. Die gemeinsame Entwicklung einer neuen Technologie birgt jedoch wiederum die Gefahr, dass die beteiligten Partner die gleiche Technologie eigenständig als Wettbewerber vermarkten.

Entwicklungskooperationen sind insbesondere für Dienstleistungen, die durch Netzwerkeffekte gekennzeichnet sind (z. B. Software- oder Telekommunikationssysteme), notwendig. Bei diesen Leistungssystemen steigt der Nutzen der Leistung für jeden einzelnen Teilnehmer mit der Gesamtteilnehmerzahl des Systems (Weiber 2002, S. 281 ff.). Demzufolge ist für die entsprechenden Anbieter die Festlegung eines gemeinsamen Standards vorteilhaft, damit dieser von möglichst vielen Kunden akzeptiert wird (z. B. Design von Computersoftware und Systemstandards zur Übertragung von Daten im Allgemeinen).

Neben den genannten Vorteilen zur Realisierung der im Einzelnen skizzierten Kooperationsziele birgt eine enge Zusammenarbeit aber auch verschiedene **Problembereiche**. Kritische Punkte sind z. B. die Offenlegung von Strategien, der partielle Verlust an

Selbstständigkeit sowie der zusätzliche Koordinations- und Kommunikationsaufwand. Aus diesen Gründen ist ein Kooperationsmanagement zur Unterstützung der Entscheidung notwendig, mit wem zu welchem Zeitpunkt kooperiert werden soll (Pleschak/Sabisch 1996).

2.3 Dimensionen und Ausprägungen von Kooperationsformen

Wettbewerbsvermeidendes Verhalten durch Kooperation kann eine Reihe von Vorteilen für Unternehmen eröffnen. Im Rahmen einer strategischen Kooperationsentscheidung müssen Unternehmen sich über die Form der Zusammenarbeit einigen, da eine Vielzahl von **Ausgestaltungsmöglichkeiten** existiert. Übersicht 3 gibt diese Formen mit den jeweils möglichen Ausprägungen im Überblick wieder.

<table>
<tr><th>Dimension</th><th colspan="84">Ausprägungen</th></tr>
<tr><td rowspan="2">Zeitdauer</td><td colspan="42">befristet</td><td colspan="42">unbefristet</td></tr>
<tr><td colspan="28">kurzfristig</td><td colspan="28">mittelfristig</td><td colspan="28">langfristig</td></tr>
<tr><td rowspan="2">Intensität</td><td rowspan="2" colspan="17">formlose Vereinbarung</td><td colspan="67">vertragliche Vereinbarung</td></tr>
<tr><td colspan="34">ohne Kapitalverflechtung</td><td colspan="33">mit Kapitalverflechtung</td></tr>
<tr><td>Anzahl der Bindungen</td><td colspan="21">bilaterale Bindung</td><td colspan="21">trilaterale Bindungen</td><td colspan="21">einfache Netzwerke</td><td colspan="21">komplexe Netzwerke</td></tr>
<tr><td>geografischer Geltungsbereich</td><td colspan="28">regional</td><td colspan="28">national</td><td colspan="28">international</td></tr>
<tr><td>Richtung</td><td colspan="28">horizontal</td><td colspan="28">vertikal</td><td colspan="28">lateral</td></tr>
<tr><td rowspan="2">Unternehmensfunktion</td><td colspan="28">teilfunktionsbezogen</td><td colspan="28">funktionsbezogen</td><td colspan="28">funktionsübergreifend</td></tr>
<tr><td colspan="12">Beschaffung</td><td colspan="12">F & E</td><td colspan="12">Personal</td><td colspan="12">Produktion</td><td colspan="12">Marketing</td><td colspan="12">Finanzen</td><td colspan="12">IT</td></tr>
</table>

Quelle: Friese 1998, S. 151.

Übersicht 3: Dimensionen und Ausprägungen von Kooperationsformen

Auf Grund ihrer zentralen Bedeutung im Rahmen strategischer Grundsatzentscheidungen von Dienstleistungsunternehmen wird im Folgenden die Dimension „**Richtung einer Kooperation**“ genauer erläutert, die sich auf die involvierten Wirtschaftsstufen bezieht (Kurr 2004, S. 72 f.). Analog dem Sachgüterbereich kann sich eine Zusammenarbeit im Dienstleistungssektor auf die gleiche, vor- oder nachgelagerte Wirtschaftsstufen sowie auf gänzlich andere Bereiche beziehen.

Eine **horizontale Kooperation** stellt eine Verbindung von Unternehmen dar, die der gleichen Branche oder Wirtschaftsstufe angehören. Horizontale Kooperationen sind häufig im Bereich der Technologieentwicklung oder Beschaffung vorzufinden. Im Extremfall werden horizontale Kooperationen von Unternehmen eingegangen, die in einer direkten Konkurrenzbeziehung zueinander stehen (Friese 1998, S. 149). Die Kooperation mehrerer Konkurrenten bietet sich insbesondere für kleinere Unternehmen an, um ein Gegengewicht zu einem marktbeherrschenden Unternehmen zu bilden. Jedoch besteht insbesondere im Dienstleistungssektor die Gefahr, dass langfristig die eigene Kernkompetenz nicht geschützt werden kann (z. B. auf Grund von Personalfluktuationen) und nur einige der Partnerunternehmen von der Kooperation profitieren. Falls diese Gefahr sehr groß ist, werden Kooperationen unter Umständen nicht gebildet (von Stengel 1999, S. 77).

Die Zusammenarbeit mehrerer Dienstleister derselben Wertschöpfungsstufe ist exemplarisch bei den Allianzen der Luftverkehrsgesellschaften zu beobachten (z. B. Star Alliance, Oneworld, Skyteam). Der globale Wettbewerbsdruck – ausgelöst durch den Aufbau massiver Überkapazitäten – ist einer der Hauptgründe, der dazu geführt hat, dass sich mehrere Wettbewerber verbünden. Im Idealfall schließen sich Unternehmen zusammen, die nicht die gleichen Destinationen und Strecken bedienen, um ein umfangreiches Angebot an Flugzielen innerhalb der Verbundgruppe anbieten zu können. Bei einer solchen kartellartigen Marktaufteilung müssen die Gesellschaften keinen direkten Wettbewerb durch Unternehmen aus der Allianz befürchten. Durch Loyalitäts- bzw. Kundenbindungsprogramme können die Unternehmen zudem in der Regel auf den Kundenstamm der Allianzpartner zugreifen, um ihre eigenen Kapazitäten auszulasten. Auf diese Weise kann eine Allianz ihre erlössteigernde Wirkung entfalten. Den Kunden bietet sich der Vorteil einer zumeist lückenlosen Abdeckung weltweiter Destinationen im Rahmen eines Allianzverbundes. Das Eingehen von Kooperationen kann somit zur Erschließung von neuen Märkten und Kunden beitragen.

Weiterhin können horizontale Kooperationen von Dienstleistern häufig im öffentlichen bzw. kulturellen Bereich beobachtet werden. So stellen beispielsweise Bibliotheken, Musiktheater und Schauspielhäuser ihre Leistungen in einem Verbund bereit, sodass Nutzer auf ein erweitertes Angebot zugreifen können. Geringe Budgets öffentlicher Haushalte tragen dazu bei, dass nach innovativen Möglichkeiten gesucht wird, Angebote zu verbessern, um neue Kunden zu gewinnen und bestehende zu binden.

Vertikale Kooperationen bedeuten die Zusammenarbeit von Partnern vor- und nachgelagerter Wirtschaftsstufen (z. B. Beschaffungs- und Vertriebskooperationen). Im Rahmen einer vertikalen Kooperation findet häufig ein **Know-how-Transfer** zwischen den Partnern statt, indem Zulieferer in die Dienstleistungserstellung eingebunden werden. Beispielsweise werden Catering-Unternehmen in die Leistungserstellung einer Fluggesellschaft eingebunden, indem sie die Menüauswahl in Abhängigkeit der Reiseziele gestalten. Partnerschaften zwischen Unternehmensberatungen und Softwarefirmen, die die Implementierung übernehmen, sind ein weiteres Beispiel für eine vertikale Kooperation im Dienstleistungsbereich. Einer besseren Auslastung bestehender Kapazitäten dienen beispielsweise Kooperationen zwischen Transportunternehmen und Reiseveranstaltern (z. B. SBB und Reiseveranstalter Railtours). Allerdings sind vertikale Kooperationen zwischen Dienstleistern und Absatzmittlern nicht so häufig wie im industriellen Sektor anzutreffen. Viele Dienstleistungsunternehmen vertreiben ihre Leistungen direkt, da ihre Qualitätsstandards nur schwierig durch Absatzmittler aufrechterhalten werden können (Zeithaml/Bitner 2000, S. 345).

Im Rahmen einer **lateralen Kooperation** arbeiten Unternehmen unterschiedlicher Branchen zusammen, ihre Betätigungsfelder stehen meist in keinem unmittelbaren Zusammenhang. Auf der Marktebene dienen laterale Kooperationen der Streuung des unternehmerischen Risikos, um die Abhängigkeit von einem Geschäftsfeld zu reduzieren (z. B. Kooperation zwischen einer Privatbank und Softwareentwicklungsfirma). Weiterhin können laterale Kooperationen einer Erhöhung des Kundennutzens dienen, indem auf diese Weise dem Kunden komplette **Systemlösungen** angeboten werden. Durch das Angebot von Zusatzdienstleistungen können Dienstleistungsanbieter relative Wettbewerbsvorteile generieren und durch Bündelung mehrerer Leistungen ihre Erlöse steigern (z. B. Kooperationen zwischen Privatbanken und einem Kreditkartenemittenten). Zusätzlich können lateral kooperierende Unternehmen Loyalitätsprogramme einrichten und die Kundenbindung innerhalb des Kooperationssystems verstärken (z. B. Payback).

Diesen Vorteilen steht im Rahmen einer lateralen Diversifikationsstrategie durch Kooperation vor allem der Nachteil eingeschränkter Weisungsbefugnis und einer eingeschränkten Kontrolle über die Leistungsgestaltung des Partners gegenüber. Dieser Nachteil kann nur durch die Akquisition lateraler Geschäftsfelder vermieden werden.

3. Beispielhafte Kooperationsstrategien im Dienstleistungssektor

3.1 Strategieübersicht

Die Strategiewahl eines Dienstleistungsanbieters wird maßgeblich durch den Dienstleistungstyp bestimmt (siehe Abschnitt 1.4), dessen wesentliche Determinanten der Individualisierungs- und Interaktionsgrad sind (siehe Übersicht 4).

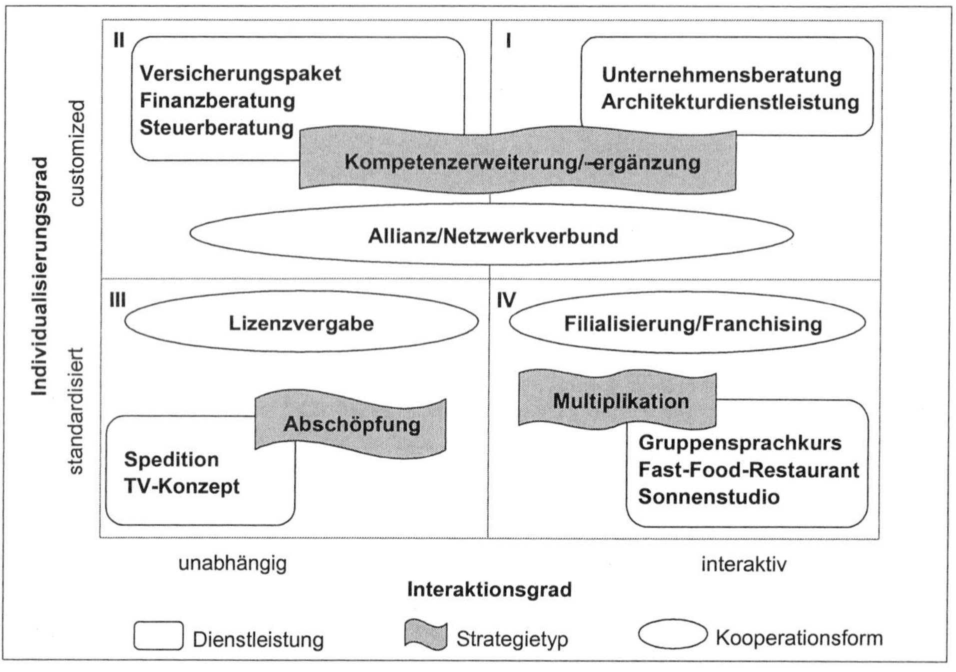

Übersicht 4: Kooperationsstrategien für Dienstleistungen und Formen der Kooperation

Beispielsweise spielt bei stark individualisierten („customized") Dienstleistungen die Vielfalt der Kompetenzen des Dienstleistungsanbieters eine wesentliche Rolle für die Wahl des Anbieters. Daher kann bei Dienstleistungen vom Typ I und II die **Strategie der Kompetenzerweiterung oder -ergänzung** durch Kooperationen in Form von Allianzen und Netzwerken umgesetzt werden. In ähnlicher Weise wirken Lizenzen bzw. Filialisierung im Rahmen der Multiplikationsstrategie. Standardisierte Dienstleistungen des Typs III, die eine nur geringe Kundeninteraktion aufweisen (wie z. B. das Konzept für eine TV-Sendung), können sehr gut mittels Lizenzvergabe verkauft bzw. multipliziert werden, um die Erlöse aus dem Konzept zu steigern (**Abschöpfungsstrategie**). Demgegenüber bietet es sich für standardisierte Dienstleistungen, die interaktiv erstellt werden, an (Typ IV), die Multiplikation mittels Franchisesystemen durchzuführen. Die **Multiplikationsstrategie** bezieht sich darauf, dass die Leistungspotenziale des Dienstleisters vervielfältigt werden, um der Kontaktnotwendigkeit zwischen Anbieter und Nachfrager gerecht zu werden. Ein hoher Kundeninteraktionsgrad setzt im Allgemeinen besondere Kenntnisse und Fähigkeiten der Mitarbeiter voraus, die im Rahmen von Franchisingsystemen durch Schulungen und Trainings erreicht werden können.

3.2 Kompetenzerweiterungsstrategie

Auf Grund des hohen Individualisierungsgrades bei Dienstleistungen der Typen I und II (siehe Übersicht 4) sind häufig sehr spezifische Leistungsfähigkeiten erforderlich, um die Erwartungen des Kunden an die nach seinen Bedürfnissen ausgerichtete Individualleistung zu erfüllen. Dabei kann es notwendig sein, dass die Leistung die Kernkompetenzen des Dienstleisters übersteigt. In diesem Fall können Dienstleistungsunternehmen im Rahmen einer Kompetenzerweiterungsstrategie, ihr Leistungsprogramm durch andere Dienste ergänzen, indem sie auf das Know-how und die Fähigkeiten anderer Anbieter zurückgreifen. Die **Zielsetzung** besteht darin, abgerundete Leistungspakete anzubieten, um die Kunden zu binden. Dieses Motiv hat beispielsweise dazu geführt, dass Fluggesellschaften und Autovermieter laterale Kooperationen begründen (z. B. Lufthansa/Sixt, Austrian Airlines/Avis), um ihren Kunden ein nahtloses Reisen zu ermöglichen. Die Strategie, eigene Kompetenzen zu erweitern bzw. zu ergänzen, beschränkt sich jedoch nicht nur auf laterale Kooperationsvereinbarungen. Die Zusammenarbeit vor- und nachgelagerter Wirtschaftsstufen (vertikale Kooperation) mit der Zielsetzung, den eigenen Kompetenzbereich zu ergänzen, ist im Dienstleistungsbereich ebenso möglich (z. B. öffentliche Fernsehanstalten, die mit privaten Produktionsfirmen zusammenarbeiten).

Dem Dienstleistungsbereich hat insbesondere die Theorie der Netzwerkorganisation neue Impulse gegeben, da sich viele Dienstleistungen durch netzwerkaffine Geschäftsmodelle auszeichnen (z. B. Beratungsleistungen). Unter einem **Netzwerk** ist eine freiwillige, zielgerichtete Verbindung mindestens dreier rechtlich selbstständiger und wirtschaftlich zumindest teilweise abhängiger Partner zu verstehen, die auf die Realisierung von Wettbewerbsvorteilen abzielt (Sydow 1992, S. 82).

Das Ziel eines Netzwerks ist eine optimierte Leistungserstellung durch Bündelung von Kernkompetenzen bei gleichzeitiger Verteilung von Risiken. Es wird von einem „strategischen Netzwerk“ gesprochen, wenn ein Netzwerk über eine abgestimmte und strategische Ausrichtung verfügt. Das Unternehmen, das das Netzwerk führt, wird als fokales Unternehmen bezeichnet (Sydow 1994, S. 97). Für Dienstleistungen ist diese Organisationsform besonders vorteilhaft, da der sich im Netzwerk vollziehende Wissens- und Technologietransfer die Qualifizierung des Personals unterstützen kann. Diesem Vorteil steht die Gefahr gegenüber, dass Wissen aus dem Unternehmen abwandert, indem Mitarbeiter der beteiligten Unternehmen im Rahmen der vernetzten Zusammenarbeit Know-how preisgeben. Nach Beendigung der Zusammenarbeit besteht die nicht unbegründete Gefahr, dass die eigenen wertschaffenden Faktoren nicht im Unternehmen gehalten werden und sich ein Dienstleister unter Umständen einer Konkurrenz gegenüber sieht, die über das gleiche Know-how verfügt (Gebauer/Schiermeier/Wall 2003). Diese Gefahr ist besonders groß bei Dienstleistungen, deren Leistungspotenziale stark an das Wissen der Mitarbeiter gebunden sind, wie dies bei Beratungsdienstleistungen der Fall ist (z. B. bei Ingenieurleistungen und Steuerberatungen, d. h., bei Dienstleistungstyp I und II).

Ein aktuelles Beispiel für die Strategie der Kompetenzerweiterung ist die Allfinanzstrategie einer Vielzahl von Bausparkassen, Versicherungen und Kreditinstituten. Banken versuchen, auf Privatkunden ausgerichtete, vollständige Sortimente anzubieten (beispielsweise das Angebot Sparen mit Versicherungsschutz im Sinne eines „one stop shopping"). Bei diesem Konzept handelt es sich um die Ergänzung des Leistungsprogramms durch Einbezug von Finanz- und Beratungsdienstleistungen anderer unabhängiger Anbieter und deren gemeinsamen Vertrieb (Cross Selling). Die Kooperationsstrategie stellt in diesem Bereich eine Alternative zur klassischen Konzernstrategie dar, die durch Übernahmen und Fusionen gekennzeichnet ist.

Zur Kompetenzerweiterung gehen Unternehmensberatungen zunehmend Kooperationen mit Softwarehäusern ein. Grundlage derartiger Kooperationen ist der strategische Ansatz, neben der Unternehmensberatung auch die Implementierung der Beratungslösung anzubieten. Die Beratungsfirma A.T.Kearney begründet beispielsweise eine strategische Kooperation mit EDS, einem internationalen Dienstleister im IT-Bereich, und die Beratungssparte der Firma KPMG hat eine strategische Kooperation mit Cisco Systems vereinbart, einem weltweit führenden Netzwerkausrüster. Ziel der KPMG-Cisco-Kooperation ist es, den Kunden bei der Einführung von E-Business-Lösungen umfassende Beratungskonzepte und Lösungen anzubieten. Diese erstrecken sich von der Strategieformulierung über die Prozessentwicklung bis hin zur Implementierung und dem Betrieb der Gesamtlösung.

Im Vergleich zur alternativen Strategie der Akquisition von Unternehmen zur Realisierung einer Kompetenzerweiterung weist die Kooperation wesentliche Vorteile auf. Zunächst sind in zahlreichen Dienstleistungsbranchen wesentliche Leistungsfähigkeiten erforderlich. Häufig ist es für ein Unternehmen nicht bewältigbar, diese Leistungsfähigkeiten für verschiedene unterschiedliche Kompetenzen zu planen, bereitzustellen und zu kontrollieren. Durch eine Kooperation wird sichergestellt, dass sich die jeweiligen Kooperationspartner auf ihre Kernkompetenzen konzentrieren und somit im Verbund eine höchstmögliche Qualität der verschiedenen Dienstleistungen anbieten können. Auf Grund der hohen Personalintensität gerade individualisierter Dienstleistungen ist zudem ein hoher Schulungsbedarf bei Unternehmensakquisitionen erforderlich. Insgesamt zeigt sich, dass gerade bei diesem Dienstleistungstyp Kompetenzerweiterungen durch Kooperationen weniger investiv und damit weniger riskant als Unternehmensakquisitionen realisiert werden können.

Aus diesen Gründen bietet das Eingehen einer Kooperation im Rahmen einer Netzwerkorganisation bzw. einer Allianz weiterhin den Vorteil, sich relativ einfach wieder aus dem Netzwerk zurückziehen zu können. Da Netzwerke in der Regel ohne Kapitalbeteiligung gebildet werden, wird nicht erst ein Käufer für einen Unternehmensteil zu finden sein. Im Falle einer fehlgeschlagenen Integration sind bei Veräußerung einer Unternehmensbeteiligung unter Umständen hohe Abschreibungen in Kauf zu nehmen.

Ein Nachteil insbesondere der Netzwerkorganisation ist der Aufwand, der zur Koordination aller Teilnehmer erforderlich ist. Bei der Zusammenarbeit in einem Netzwerk können sich **wirtschaftliche Abhängigkeiten** entwickeln, die dazu führen, dass Unternehmen unter großen Druck ihrer Partner geraten. Es droht die Gefahr, dass sich im Laufe der Beziehung Interessengegensätze, z. B. hinsichtlich der Auffassung über die langfristige Strategie, offenbaren (z. B. BNP Paribas und Dresdner Bank). Diese können einen **Vertrauensverlust** der Netzwerkpartner zur Folge haben, der sich in der Angst offenbart, geheime Informationen zu verlieren. Um diesem Vertrauensverlust entgegenzuwirken, ist eine offene Kommunikation und Information über relevante Vorgänge zwischen den Partnerunternehmen notwendig.

In welchem Ausmaß die genannten Vor- und Nachteile erreicht werden, hängt von der Struktur, dem Inhalt und der Intensität der Beziehungen im Netzwerk ab. Ein zentraler Aspekt ist, ob alle Netzwerkpartner das Prinzip von Leistung und Gegenleistung einhalten.

3.3 Abschöpfungsstrategie

Die Abschöpfungsstrategie zielt in erster Linie darauf ab, die Erlöse aus einem bereits vorhandenen, in bestimmten Teilmärkten bereits erfolgreichen, Dienstleistungskonzept zu maximieren. Diese Möglichkeit bietet sich für einen Anbieter an, der bereits ein Dienstleistungskonzept entwickelt hat, das sich problemlos reproduzieren lässt. Idealtypische Voraussetzung dafür ist, dass die Dienstleistung in hohem Maße standardisiert werden kann und relativ unabhängig, d. h. mit geringer Kundenintegration, erstellt wird (Dienstleistungen vom Typ III, siehe Übersicht 4).

Für Dienstleistungen, die eher einen „Produktcharakter" aufweisen und einfach adaptiert werden können, bietet sich eine **Lizenzvergabe** an. Im Dienstleistungssektor sind Lizenzen insbesondere im Medienbereich ein verbreitetes Instrument der Kooperation. Beispielhaft sei an ein TV-Konzept für eine Quiz-Show zu denken, das an ausländische Produktionsfirmen mittels Lizenz vergeben wird. Im Vergleich zu den übrigen Kooperationsformen weist diese Form der Zusammenarbeit einen geringen Bindungsgrad der beteiligten Partnerunternehmen auf.

Die Grundlage von **Lizenzverträgen** ist ein gesetzliches Schutzrecht für bestimmte Kenntnisse, Fähigkeiten sowie namentliche Bezeichnungen (Friese 1998, S. 152). Der Lizenznehmer erwirbt gegen Entgelt das Recht zur Nutzung dieses Schutzrechts, um damit eine Leistung zu erstellen oder zu vertreiben. Für ihn liegen die Motive in der Beseitigung von Defiziten im Bereich der eigenen Ressourcen. Er kann somit relativ einfach ein erfolgreiches Konzept einkaufen und auf eigene Rechnung am Markt anbieten. Für die Lizenzvergabe sprechen primär monetäre Überlegungen, um den Umsatz aus dem Basisgeschäft zu erhöhen. Die Lizenzvergabe findet häufig bei Dienstleistungen Anwendung, die konserviert, d. h. auf einem Datenträger gespeichert, werden können. Beispielsweise können Konzertmitschnitte auf einer CD oder DVD durch Lizenzvergabe vertrieben werden. Weitere Einsatzfelder sind die Übertragung der Schutzrechte an bestimmten Verfahren (z. B. chemische Analyseverfahren sowie Material- und Werkstoffprüfungsverfahren). Der wesentliche **Nachteil** der Lizenzvergabe ist darin zu sehen, dass Lizenzverträge in der Regel zeitlich befristet sind und dem Lizenznehmer das gewonnene Know-how nach Ablauf der Vertragsdauer zur Verfügung steht. Der Lizenzgeber sieht sich somit der Gefahr ausgesetzt, sich neue Konkurrenten durch die Preisgabe seiner eigenen Kenntnisse und Fähigkeiten zu schaffen (Behofsics 1998, S. 54).

3.4 Multiplikationsstrategie

Bietet ein Dienstleistungsunternehmen Leistungen an, die auf der einen Seite ebenfalls standardisierbar sind, auf der anderen Seite jedoch intensive Kundeninteraktionen erfordern (Dienstleistungen vom Typ IV, siehe Übersicht 4), ist eine höhere Kontrolle über die Potenzialfaktoren, insbesondere das Personal, als beim Typ III anzustreben. Da diese Dienstleistungen über einen hohen Anteil an Erfahrungseigenschaften verfügen, die Kunden vor der Inanspruchnahme der Leistung nicht beurteilen können, werden häufig die vorhandenen Potenzialkomponenten als Ersatzindikatoren zur Beurteilung herangezogen. Aus diesem Grund stellen Dienstleistungen besondere Anforderungen in Hinblick auf die Qualitätssicherung sowie Sicherstellung einer einheitlichen Corporate Identity. Die Herstellung der **Konsistenz innerhalb des Dienstleistungskonzeptes** stellt somit eine Herausforderung von großer Bedeutung dar. Eine Möglichkeit für Dienstleistungsanbieter, die Leistungspotenziale zu vervielfältigen, ist die Errichtung eigener Filialbetriebe. Diese Strategie ist am besten geeignet, um Konsistenz innerhalb des Konzeptes zu erreichen; allerdings ist diese mit hohen Kosten verbunden, die zum Aufbau des Filialnetzes notwendig sind. Aus diesem Grund stellt Franchising für viele Dienstleistungsunternehmen die am besten geeignete Möglichkeit dar, um eine in sich konsistente Multiplikationsstrategie mit begrenztem Kapitaleinsatz zu realisieren.

Der Kerngedanke des Franchising ist dem der Lizensierung nicht unähnlich. **Franchising** bedeutet die Abgabe eines Marketingkonzeptes gegen Entgelt. Ein Unternehmen als Franchisegeber stellt ein spezifisches Leistungs- und Know-how-Paket zur Verfügung, das der Franchisenehmer gegen monetäre Abgaben nutzen kann. Im Gegensatz zur Lizensierung verfügt der Franchisegeber über ein umfassenderes Weisungs- und Kontrollrecht und kann somit die strategische Ausrichtung der Systemteilnehmer besser koordinieren. Der Franchisenehmer erhält im Gegensatz zu einer Lizenzvereinbarung breitere Unterstützung im Bereich des Managements (Behofsics 1998, S. 57; Sydow 1994, S. 96). Beide Parteien verpflichten sich zur Einhaltung systemkonformer Normen, um am Markt mit einem einheitlichen Leistungsprofil aufzutreten und somit ein identitätsstiftendes Erscheinungsbild zu garantieren (Stein 1996, S. 14).

Die Zusammenarbeit im Rahmen eines Franchisingabkommens ist in der Regel längerfristig angelegt. Die beiden Partner bleiben rechtlich selbstständig und der Franchisenehmer trägt das gesamte wirtschaftliche Risiko. Für den Franchisenehmer bietet diese Form der Zusammenarbeit den **Vorteil**, dass er an einem bewährten und erfolgreichen Geschäftskonzept partizipieren und auf eigene Anstrengungen zum Aufbau eines Geschäfts- und Marketingkonzeptes verzichten kann. Häufig wird dem Franchisenehmer Gebietsschutz vertraglich zugesichert. Der Franchisegeber hat den Vorteil, ohne großen Kapitalaufwand rasch expandieren zu können, eine breitere Distribution zu erreichen und zusätzlich die Franchisegebühren zu vereinnahmen. Im Gegenzug übernimmt er in der Regel das gesamte Marketing, die Schulung der Mitarbeiter und stellt sonstiges Know-how zur Verfügung (Lovelock/Wirtz 2004, S. 194). Diesen Vorteilen steht bei bekannten Franchisingsystemen die Trittbrettfahrerproblematik durch die Franchisenehmer gegenüber, d. h., Franchisenehmer halten die mit der Marke verbundenen Qualitätsstandards nicht ein, um ihre individuellen Kosten zu reduzieren (Sydow 1994, S. 101).

Die Vorteile von Franchisesystemen haben dazu geführt, dass mittlerweile eine Vielzahl von Systempartnerschaften entstanden ist. Zu den größten und bekanntesten Franchisesystemen Deutschlands gehören beispielsweise TUI/First, Foto-Quelle, Minit Deutschland, Schülerhilfe, McDonald's, OBI und Sunpoint Sonnenstudios (Deutscher Franchise-Verband 2004).

Zur Umsetzung eines Franchisekonzeptes von Dienstleistungen spielt – wie bei der Lizensierung auch – deren Standardisierbarkeit eine zentrale Rolle (Zeithaml/Bitner 2000, S. 350). Nur die weit gehende **Standardisierung des Leistungserstellungsprozesses** erlaubt die Erstellung von so genannten Franchising-Handbüchern, die dem Franchisenehmer als Leitfaden dienen und Qualitätsschwankungen einzudämmen helfen (Stein 1996, S. 80).

4. Erfolgsfaktoren für Kooperationen im Dienstleistungsbereich

Es ist unbestritten, dass eine erfolgreiche Kooperation die Kontrolle der Zielerreichung erfordert. Damit das Vertrauen zwischen den Kooperationspartnern erhalten bleibt, ist es von großer Bedeutung, dass die Partnerunternehmen Einblicke in alle realisierten Ergebnisse haben (Büttgen 2003, S. 338).

Die **Bewertung von Kooperationen** im Hinblick auf ihren Erfolg ist sowohl anhand ökonomischer als auch nicht-ökonomischer Kriterien vorzunehmen. Allerdings ist die Bestimmung von entsprechenden Beurteilungskriterien mit Schwierigkeiten verbunden. Kooperationen sind vor allem gemäß ihrem strategischen Charakter und ihrer Stabilität zu beurteilen. Häufig dienen Kooperationen qualitativen Zielen, die sich nicht unmittelbar mit ökonomischen Größen verknüpfen lassen, wie z. B. Zugang zu neuen Technologien, Ressourcen und Know-how. Diese Ziele schlagen sich erst nach einer längeren

Zeitspanne in ökonomischen Erfolgsgrößen nieder (Friese 1998, S. 106). Die Stabilität einer Kooperation wird über die Zeitdauer bis zur Auflösung, den Wechsel von beteiligten Unternehmen oder die Neuverhandlung von Verträgen operationalisiert (Oesterle 1995, S. 992).

Als einer der zentralen Erfolgsfaktoren für eine funktionierende Kooperation gilt die Ermittlung und Auswahl des richtigen Partners (Friese 1998, S. 91). Demzufolge ist die **Partnerevaluation und -selektion** mit entsprechender Sorgfalt vorzunehmen. In diesem Zusammenhang stellt sich allerdings die Frage, welche Entscheidungsverfahren ein Unternehmen heranziehen kann, um den besten Partner bestimmen und auswählen zu können (Gebauer/Schiermeier/Wall 2003).

Zunächst ist von dem Unternehmen, das eine Kooperation anstrebt, ein umfassendes **Anforderungsprofil** zu entwickeln, denn Klarheit über die Anforderungen an den potenziellen Partner ist die wichtigste Voraussetzung, um eine erfolgreiche Kooperation einzugehen. Wichtige Kriterien in diesem Zusammenhang sind (Friese 1998, S. 92 ff.; Lorange/Roos/Simic Brønn 1992, S. 15):

- Kompetenzen des Partners,
- Kompatibilität des Partners,
- Engagement für die Kooperation.

Ein Kooperationspartner hat idealtypischerweise **komplementäre Kompetenzen** in die Kooperation einzubringen, sodass durch diese eigene Defizite und Schwächen kompensiert werden können. Das Leistungsprogramm eines Unternehmens kann auf diese Weise sinnvoll ergänzt werden.

Die Kompatibilitätsforderung verlangt weiterhin, dass die Partnerunternehmen eine ähnliche strategische Ausrichtung haben. Probleme ergeben sich insbesondere, wenn die beteiligten Partner unterschiedliche Vorstellungen davon haben, welche Ziele mit der Kooperation zu erreichen sind. Dementsprechend ist die **Zielkongruenz** ein wichtiger Erfolgsfaktor. In diesem Zusammenhang bestehen bei Kooperationen mit übereinstimmenden Zielvorstellungen, bei denen durch die Kooperation ein gemeinsamer Nutzen generiert werden kann, die größten Erfolgsaussichten (Friese 1998, S. 90).

Neben der strategischen Ausrichtung ist aber ebenso ein Augenmerk auf die Kompatibilität unternehmenskultureller Aspekte zu richten. **Gemeinsame Normen und Werte** stellen eine solide Grundlage zur Erreichung der gemeinsamen Ziele dar.

Die unternehmensindividuell empfundene **Wichtigkeit der Kooperation**, d. h. der Grad der Abhängigkeit vom Bestand der Kooperation, ist ebenfalls bedeutsam für den Erfolg einer Zusammenarbeit. Von der Wichtigkeit des Kooperationserfolgs für die beteiligten Unternehmen hängt deren Engagement ab, das sich in der Investition von Zeit und Ressourcen niederschlägt. Ein Scheitern des Vorhabens kann drohen, wenn sich ein Partner übervorteilt fühlt und das Vertrauen in die Partnerschaft verliert. In dem Fall, dass der

Zusammenarbeit die vertrauensvolle Basis entzogen wird, ist ein erhöhter Kontrollaufwand notwendig, der das Eingehen einer Kooperation unwirtschaftlich machen kann.

Wenn hinsichtlich der Anforderungen an das potenzielle Partnerunternehmen Klarheit besteht, kann eine systematische Partnersuche vorgenommen werden. Zu diesem Zweck bietet sich der Einsatz eines **Punktbewertungsverfahrens** an. Der Vorteil dieses Verfahrens ist darin zu sehen, dass unterschiedliche Kriterien und deren Erfüllung durch das Partnerunternehmen berücksichtigt werden können. Nachteilig ist hingegen der allgemeine Einwand, dass dieses Verfahren Spielräume für Subjektivität bietet.

Da Kooperationen aus Gründen der **Wirtschaftlichkeit** eingegangen werden, haben alle Verfahren zur Bewertung von Kooperationspartnern Ergebnisse zu liefern, die investitionstheoretisch zu einem positiven Kapitalwert führen. Gebauer/Schirrmeier/Wall (2003, S. 192 ff.) schlagen deshalb investitionstheoretische Ansätze vor, die die Vorteilhaftigkeit einer Kooperation anhand des **Kapitalwertkriteriums** aufzeigen. Ausgehend von der Überlegung, dass mit dem Eingehen einer Kooperation sowohl positive als auch negative monetäre Konsequenzen verbunden sind, wird ein Kapitalwert der Kooperation ermittelt. Faktoren, die den Kapitalwert einer Kooperation erhöhen, sind z. B. die gute Reputation des Kooperationspartners und der erleichterte Zugang zu dessen Kundenstamm. Dem Aufwand können dementsprechend Transaktionskosten einer Kooperation zugerechnet werden (z. B. Kosten der Anbahnung, Verhandlung, Durchsetzung und Kontrolle). Bei diesem Vorgehen stellt sich das Problem, diese Größen zu separieren und zu quantifizieren, da sie nur in seltenen Fällen ein- und auszahlungswirksam sind.

Um den Erfolg von Kooperationen abschließend zu bestimmen, empfiehlt sich die Aufstellung eines Kataloges, der die Zielkriterien der beteiligten Partner enthält. Die wirtschaftliche Erfolgsbewertung von Kooperationen wird erschwert, wenn die beteiligten Partner eine getrennte Erfolgsrechnung vornehmen. Um die Ergebnisse der Zusammenarbeit verursachungsgerecht bei den Partnern zu verbuchen, sind die einzelnen Beiträge der Partner isoliert zu erfassen (Friese 1998, S.107).

Abschließend sei angemerkt, dass der hinreichende Erfolgsfaktor einer Kooperation Klarheit über die gemeinsame Strategie ist. Eine erfolgreiche Kooperation bedarf der eindeutigen Bestimmung der langfristigen Positionierung und der Generierung eines Mehrwertes aus Anbieter- und Kundensicht durch die Kooperationsleistung.

Literatur

BEHOFSICS, J. (1998): Globalisierungstendenzen intermediärer Dienstleistungen, Wiesbaden.

BRUHN, M. (2003): Qualitätsmanagement für Dienstleistungen: Grundlagen, Konzepte, Methoden, 4. Aufl., Berlin u. a.

BRUHN, M.; STAUSS, B. (Hrsg.) (2003): Dienstleistungsnetzwerke. Jahrbuch Dienstleistungsmanagement, Wiesbaden.

BÜTTGEN, M. (2003): Integratives Affiliate Marketing: Die Nutzung strategischer Partnerschaften durch Dienstleistungsunternehmen, in: Bruhn, M.; Stauss, B. (Hrsg.): Dienstleistungsnetzwerke. Jahrbuch Dienstleistungsmanagement, Wiesbaden, S. 319-341.

CORSTEN, H. (2001): Ansatzpunkte für ein integratives Dienstleistungsmanagement, in: Bruhn, M.; Meffert, H. (Hrsg.): Handbuch Dienstleistungsmanagement. Von der strategischen Konzeption zur praktischen Umsetzung, 2. Aufl., Wiesbaden, S. 51-71.

DEUTSCHER FRANCHISE-VERBAND (2004): TOP-20 Franchising-Hitliste 2004, in: www.dfv-franchise.de/index_d.htm, Abfragedatum: 11.02.2005.

ENGELHARDT, W. H.; KLEINALTENKAMP, M.; RECKENFELDERBÄUMER, M. (1992): Dienstleistungen als Absatzobjekt, Arbeitsbericht Nr. 52 des Instituts für Unternehmensführung und Unternehmensforschung an der Ruhr Universität Bochum, Bochum.

FONTANARI, M. (1996): Kooperationsgestaltungsprozesse in Theorie und Praxis, Berlin.

FRIESE, M. (1998): Kooperation als Wettbewerbsstrategie für Dienstleistungsunternehmen, Wiesbaden.

GEBAUER, M.; SCHIERMEIER, R. J.; WALL, F. (2003): Methoden zur Auswahl von Partnern in Dienstleistungsnetzwerken, in: Bruhn, M.; Stauss, B. (Hrsg.): Dienstleistungsnetzwerke. Jahrbuch Dienstleistungsmanagement, Wiesbaden, S. 185-213.

KAAS, K.-P. (1990): Marketing als Bewältigung von Informations- und Unsicherheitsproblemen im Markt, in: Die Betriebswirtschaft, 50. Jg., Nr. 4, S. 539-546.

KURR, M. A. (2004): Potentialorientiertes Kooperationsmanagement in der Zulieferindustrie. Vom strategischen Kooperationspotential zur operativen Umsetzung, Bamberg.

LORANGE, P.; ROOS, J.; SIMCIC BRØNN, P. (1992): Building Successful Strategic Alliances, in: Long Range Planning, 25. Jg., Nr. 6, S. 10-17.

LOVELOCK, C. H.; WIRTZ, J. (2004): Services Marketing. People, Technology, Strategy, 5. Aufl., Upper Saddle River/New Jersey.

MEFFERT, H. (1993): Marktorientierte Führung von Dienstleistungsunternehmen. Neuere Entwicklungen in Theorie und Praxis, Arbeitspapier Nr. 78 der Wissenschaftlichen Gesellschaft für Marketing und Unternehmensführung e.V., Münster.

MEFFERT, H.; BRUHN, M. (2003): Dienstleistungsmarketing. Grundlagen – Konzepte – Methoden, 4. Aufl., Wiesbaden.

MICHALSKI, T. (2003): Strategische Entwicklungsperspektiven von innovativen wissensintensiven Dienstleistungsangeboten in Wertschöpfungsnetzwerken, in: Bruhn, M.; Stauss, B. (Hrsg.): Dienstleistungsnetzwerke. Jahrbuch Dienstleistungsmanagement, Wiesbaden, S. 63-85.

OESTERLE, M.-J. (1995): Probleme und Methoden der Joint-Venture-Erfolgsbewertung, in: Zeitschrift für Betriebswirtschaft, 65. Jg., Nr. 9, S. 987-1004.

PLESCHAK, F.; SABISCH, H. (1996): Innovationsmanagement, Stuttgart.

RUPPRECHT-DÄULLARY, M. (1994): Zwischenbetriebliche Kooperation, Wiesbaden.

STEIN, G. (1996): Franchisingnetzwerke im Dienstleistungsbereich: Management und Erfolgsfaktoren, Wiesbaden.

STENGEL, R. VON (1999): Gestaltung von Wertschöpfungsnetzwerken, Wiesbaden.

SYDOW, J. (1992): Strategische Netzwerke. Evolution und Organisation, Wiesbaden.

SYDOW, J. (1994): Franchisingnetzwerke. Ökonomische Analyse einer Organisationform der Dienstleistungsproduktion und -distribution, in: Zeitschrift für Betriebswirtschaft, 64. Jg., Nr. 1, S. 95-113.

WEIBER, R. (2002): Die empirischen Gesetze der Netzwerkökonomie – Auswirkungen von IT-Innovationen auf den ökonomischen Handlungsrahmen, in: Die Unternehmung, 56. Jg., Nr. 5, S. 269-294.

WOODRUFFE, H. (1995): Services Marketing, London.

ZEITHAML, V.; BITNER, M. J. (2000): Services Marketing. Integrating Customer Focus Across the Firm, 2. Aufl., Boston u. a.

Lothar Müller-Hagedorn*

Kooperationen im Handel

---

* Univ.-Professor Dr. Lothar Müller-Hagedorn ist Direktor des Seminars für Allgemeine Betriebswirtschaftslehre, insbesondere Handel und Distribution, Direktor des Instituts für Handelsforschung sowie Mitglied im Vorstand des Instituts für Messewirtschaft und Distributionsforschung an der Universität zu Köln. Der Verfasser dankt Herrn Dipl.-Kfm. M. Preißner und Frau Dipl.-Kff. K. Allexi für anregende Diskussionen des Beitrags.

1. Problemstellung

Kooperationen stellen eine bedeutende Erscheinungsform des institutionellen Handels dar. Sie stehen neben dem nicht-kooperierenden Groß- und Einzelhandel, den Großfilialbetrieben bzw. Konzernen, der direkt vermarktenden Industrie und – je nach begrifflicher Fassung – den Franchiseorganisationen. Im Folgenden geht es darum, den Begriff „Kooperationen im Handel" genauer abzugrenzen und auf verschiedene Erscheinungsformen hinzuweisen, kurze Hinweise auf die empirische Bedeutung zu geben und vor allem auf die Voraussetzungen für die Existenz dieser Erscheinungsform des Handels einzugehen, um daraus die anstehenden Managementprobleme abzuleiten.

2. Zur Definition von Kooperationen im Handel

Geht man von einer sehr weiten Form des Begriffes „Kooperation" aus, lassen sich darunter alle Formen der Zusammenarbeit von Unternehmungen, sei es nun auf freiwilliger oder auf obligatorischer Basis, verstehen, um gemeinsame wirtschaftliche Belange zu verfolgen. Schenk (1991, S. 348) zählt als Varianten die folgenden Formen auf:

- Handelskorporationen, wie Handelsverbände, Handelskammern, die Arbeitgeberverbände des Handels,
- Zusammenschlüsse i.e.S., wie „verbundene Unternehmen" des Aktiengesetzes, Kartelle und Konsortien,
- Zusammenschlüsse i.w.S., denen er dann auch die Kooperationen (i.e.S.) zuordnet.

Üblicherweise werden, wenn von den Kooperationen im Handel die Rede ist, darunter nur jene Formen der Zusammenarbeit zwischen rechtlich selbstständigen Unternehmen verstanden, bei denen es zu einer zeitlich unbefristet angelegten, vertraglich vereinbarten Form der Zusammenarbeit kommt, auf deren Grundlage einzelne Funktionen gemeinsam ausgeführt werden. Der Kooperationsbegriff lässt sich in mehreren Dimensionen verankern. Dabei ist insbesondere an die folgenden zu denken:

(1) Kooperation im funktionellen und im institutionellen Sinne

Eine Kooperation kann dazu führen, dass eine neue Unternehmung entsteht (oder ein anderes Rechtssubjekt), was auch als Kooperation im institutionellen Sinn bezeichnet wird, sie kann sich aber auch nur auf die Zusammenarbeit bestehender Unternehmungen beschränken (Kooperation im funktionellen Sinn).

(2) Partner der Kooperation

Wenn von den Kooperationen des Handels die Rede ist, sind im Regelfall jene Kooperationen gemeint, bei denen selbstständige Unternehmungen entweder des Einzelhandels oder des Großhandels oder Unternehmungen des Einzelhandels mit Unternehmungen des Großhandels (auch als Freiwillige Ketten bezeichnet) zusammenarbeiten. Darüber hinaus ist es denkbar, dass Unternehmungen des Handels mit Unternehmungen der Industrie oder mit Unternehmungen aus anderen Wirtschaftsbereichen kooperieren, z. B. in Form von Vertragshändlersystemen, ECR (Efficient Consumer Response) oder CPFR (Collaborative Planning, Forecasting and Replenishment).

Im Handel sind besonders jene Kooperationen bedeutsam, bei denen sich Unternehmungen des Großhandels oder des Einzelhandels zusammenschließen, um auf bestimmten Feldern zusammenzuarbeiten; es wird hierbei von horizontalen Kooperationen gesprochen, obwohl durch die Gründung einer gemeinsamen Zentrale die Zahl der Distributionsstufen erhöht wird. Aber auch vertikale Kooperationen zwischen Unternehmungen des Großhandels auf der einen Seite und des Einzelhandels auf der anderen Seite sind von Bedeutung. Mit dem Begriff konglomerate (oder laterale bzw. diagonale) Kooperation wird darauf hingewiesen, dass auch Unternehmungen (in bestimmten Fällen sogar Endverbraucher) aus ganz anderen Wirtschaftsbereichen in die Kooperation einbezogen sein können (z. B. Logistikdienstleister, Finanzinstitute, IT-Dienstleister). Darüber hinaus sind auch mehrstufige Kooperationssysteme denkbar (insbesondere Kooperationspartner auf der nationalen und der internationalen Ebene).

(3) Vertragliche Basis der Kooperation

Basis der Kooperation kann ein Vertrag sein, aber an einem solchen kann es auch fehlen. So spricht Küting (1983, S. 625) sogar von der stillschweigenden Kooperation und meint damit eine Zusammenarbeit von Unternehmungen, „ohne dass sie miteinander gesprochen, geschweige denn schriftliche Abreden über die Zusammenarbeit getroffen haben". Die vertragliche Basis kann ein gesellschaftsrechtlicher Vertrag sein, z. B. als Genossenschaft, als GmbH, als GmbH und Co. KG oder als Aktiengesellschaft, oder es kann ein schuldrechtliches Verhältnis begründet werden, wie das in Franchiseorganisationen der Fall ist.

(4) Felder der Kooperation

Das bis heute am häufigsten vorzufindende Feld, auf dem Handelsunternehmungen zusammenarbeiten, ist das des gemeinsamen Einkaufs (Einkaufsverbund). Darüber hinaus kann sich eine Kooperation grundsätzlich auf alle Felder der Unternehmenspolitik beziehen. Schenk (1991, S. 363 ff.) liefert hierzu eine umfangreiche Auflistung: Gewinnung von Informationen, Einkauf, Verkauf, kaufmännische Verwaltung, Finanzierung, Marktforschung, baulich-technische Gestaltung.

(5) Ziele der Kooperation

Das Ziel einer Kooperation wird manchmal mittelstandspolitisch begründet: Die Kooperationen sollen mithelfen, für einen Nachteilsausgleich kleinerer Unternehmungen gegenüber den größeren Unternehmungen zu sorgen. Die Existenz von Kooperationen kann aber auch einzelwirtschaftlich begründet werden, indem auf das generelle Ziel „Verbesserung der Wettbewerbsposition" verwiesen wird, wobei dieses wiederum in einzelne Teilziele zerlegt werden kann (z. B. Gewährleistung günstiger Einkaufskonditionen). In neuerer Zeit wird unter Verwendung des Begriffes strategische Allianz als Form der horizontalen Kooperation, bei der „eine formalisierte, längerfristige Beziehung zu anderen Unternehmungen" aufgebaut wird, auf die Zielvorstellung verwiesen, komplementär „eigene Schwächen durch Stärkepotentiale der Allianzpartner zu kompensieren, um auf diese Weise die Wettbewerbsposition einer Unternehmung [...] zu sichern und langfristig zu verbessern" (Welge 1995, Sp. 2398).

(6) Realität und Virtualität der Kooperation

Während traditionell Kooperationen mit Gründung und Betreiben einer Zentrale einher gingen, ist neuerdings eine zunehmende Entwicklung zu virtuellen Netzwerken zu beobachten, die von dem verstärkten unternehmensübergreifenden Einsatz von Informations- und Kommunikationstechnik begünstigt wird. Unter einem virtuellen Unternehmen versteht man „ein intendiert zeitlich befristetes, netzwerkartiges System komplex-reziproker Geschäftsbeziehungen zwischen rechtlich selbständigen organisatorischen Einheiten, die im Zuge einer auftragsbezogenen Bündelung komplementärer Kernkompetenzen (dynamische Konfiguration und Rekonfiguration) und auf Grundlage eines gemeinsamen Geschäftsverständnisses kundenindividuelle Leistungen erbringen und dabei zur Koordination ihrer Leistungsbeziehungen moderne Informations- und Kommunikationstechnik intensiv verwenden" (Schlein 2004, S. 46). Ein wesentliches Merkmal dieser Art der Kooperation ist, dass die Zusammenarbeit keine Gründung eines Unternehmens, keinen gemeinsamen Standort etc. bedeutet. Ein entscheidender Wettbewerbsvorteil wird durch die hieraus gewonnene Flexibilität und durch die temporäre Bündelung des Know-hows generiert, die einen hohen Grad an Kundenorientierung ermöglichen. Gerade bei hoher Produktkomplexität sowie einer hohen Marktunsicherheit scheint dies eine vorteilhafte Organisationsform zu sein, da sowohl Kosten als auch Risiken geteilt werden können (Schlein 2004; Gora/Scheid 2001; Sydow/Winand 1998).

(7) Weitere Kriterien

Als weitere Kennzeichen einer Kooperation können die Dauer der Kooperation, die Freiwilligkeit des Beitritts, die Intensität der Kooperation, die Anzahl der Marktstufen und die kartellrechtliche Beurteilung herangezogen werden.

Bei der Vielzahl von möglichen Kriterien erstaunt es nicht, dass sich in der Literatur unterschiedliche Definitionen von „Kooperationen im Handel" finden. Unter Rückgriff auf die Kriterien 2, 3 und 5 sei für die sich anschließenden Ausführungen folgende Definition des so genannten Katalog E zugrunde gelegt:

„**Kooperation** ist jede auf freiwilliger Basis beruhende, meist vertraglich geregelte Zusammenarbeit rechtlich und wirtschaftlich selbständig bleibender Unternehmungen“ (insbesondere aus dem Groß- und Einzelhandel) „zur Absicherung bzw. Verbesserung ihrer Leistungsfähigkeit“ (Ausschuss für Begriffsdefinitionen aus der Handels- und Absatzwirtschaft 1995, S. 22).

Allerdings gilt es zu beachten, dass es sich um eine idealisierende Definition handelt, indem die Kooperation – in Gegenüberstellung zu den Massenfilialbetrieben – als Form von kleineren, selbstständigen Unternehmen, die auf bestimmten Feldern zusammenarbeiten, vorgestellt wird; in der Realität betreiben Kooperationen häufig auch so genannte Regiebetriebe, also Unternehmungen, die wirtschaftlich und kapitalmäßig von der Zentrale der Kooperation abhängen (zu Angaben zur empirischen Bedeutung dieses Phänomens vgl. Mattmüller 1992, S. 214).

Als Kooperationstypen (i.w.S.), denen im Handel eine besondere Relevanz zukommt, seien die klassischen Kooperationen auf der Einzelhandels- oder der Großhandelsebene (im Folgenden als **Verbundgruppen** bezeichnet), die **Freiwilligen Ketten** und die **Franchiseorganisationen** genannt. Die Literatur enthält viele weitere Aufzählungen von Typen der Kooperation (vgl. z. B. Olesch 1980; Batzer/Lachner/Meyerhöfer 1989; Schenk 1991, S. 363 ff.).

3. Zur Marktbedeutung von Kooperationen im Handel

In Deutschland haben sich viele Unternehmungen des Groß- und des Einzelhandels einer Kooperation angeschlossen.

Nach Angaben der IBB (Internationale Betriebsberatung GmbH) gibt es in Deutschland ca. 600 Verbundgruppen (siehe Tabelle 1), darunter ca. 150 Gruppen zweistufiger Verbände, wie beispielsweise die regionalen BÄKOs (detaillierte Angaben finden sich bei der ZGV, UGAL und IBB). Über 80.000 mittelständische Unternehmen haben sich in Kooperationen mit überregionaler Bedeutung organisiert. Es wird somit deutlich, dass Verbundgruppen eine wichtige Säule des Handels in Deutschland darstellen. Eine Übersicht über die Verbundgruppen nach Branchen in Deutschland und in wesentlichen europäischen Ländern finden sich bei Dannenmaier/Lindebner/Saalfrank (2003, S. 86 ff.).

Deutschland	
• Verbundgruppen im Handel[1)]	328
• Verbundgruppen im Handel in zweistufigen Verbänden[2)]	16
• Verbundgruppen im Handwerk	148
• Verbundgruppen im Handwerk in zweistufigen Verbänden	142
Frankreich	51
Italien	20
Niederlande	21
Österreich	39
Schweiz	29
Skandinavien	15
Spanien	69
UK	37
supranationale Gruppen	26
Summe	**941**

1) Stand Dezember 2002, landwirtschaftliche Genossenschaften in den Zahlen nicht enthalten
2) Zentralen zweistufiger Verbände sind in den Zahlen Verbundgruppen im Handel/Verbundgruppen im Handwerk erfasst
3) Ca. Wert, kein Anspruch auf Vollständigkeit

Quelle: Dannenmaier/Lindebner/Saalfrank 2003, S. 72.

Tabelle 1: Von IBB erfasste Verbundgruppen in Europa

Regelmäßig ermittelt das Ifo-Institut die Marktanteile von Verbundgruppen am Umsatz des gesamten institutionellen Einzelhandels. Für den kooperierenden Einzelhandel wird der Marktanteil in Deutschland für 2005 mit 34 % geschätzt (Angaben zur Position der Verbundgruppen finden sich in EHI 2004; Olesch/Ewig 2003; Olesch 1998; Lachner/Täger 1997, S. 21, S. 26; Tietz 1992; Batzer/Lachner/Meyerhöfer 1989).

Als Dachverband der Verbundgruppen im Bereich Handel und Handwerk ist in Deutschland der Zentralverband Gewerblicher Verbundgruppen e.V. (ZGV) tätig. Verbundgruppen bzw. Kooperationen des Handels finden sich auch in anderen Ländern. Die UGAL (Union des Groupements de Detaillants Independants de L'Europe A.I.S.B.L.) repräsentiert rund 350.000 mittelständische Handels- und Handwerksunternehmen mit einem geschätzten Einzelhandelsumsatz von 425 Milliarden Euro und annähernd drei Millionen Beschäftigten (Statistik der UGAL).

4. Zur wirtschaftlichen Existenzberechtigung von Kooperationen im Handel

Betrachtet man **Handelssysteme** im Spannungsfeld zwischen Markt und Hierarchie, so ist auf der einen Seite der nicht organisierte Groß- und Einzelhandel angesiedelt, der keinerlei Bindungen eingeht und jeweils individuell entscheidet, mit welchem Marktpartner er Transaktionen abschließt. Zwischen den Unternehmungen der beiden Wirtschaftsstufen kommt es hier nicht zu einer dauerhaften Bindung; daher wird in der ökonomischen Theorie auch davon gesprochen, dass die beiden Stufen ihre Aktivitäten über den Markt koordinieren. Dem stehen jene Betriebe gegenüber, die als Filialbetriebe geführt werden und die Großhandelsfunktionen selbst wahrnehmen. Sie sind in der Lage, die Maßnahmen zentral zu planen und durchzusetzen, weswegen in der ökonomischen Theorie auch von der hierarchischen Koordination gesprochen wird. Als so genannte hybride Formen stehen die **Handelskooperationen** zwischen der marktlichen und der hierarchischen Koordination (siehe Übersicht 1). Die Kooperationen (i.e.S.) umfassen die Verbundgruppen (früher häufig auch als Einkaufsvereinigungen oder als Einkaufsgenossenschaften bezeichnet) und die Freiwilligen Ketten. Als weitere hybride Form auf der Handelsstufe kommen die Franchiseorganisationen hinzu, die begrifflich ebenfalls als Handelskooperation (i.w.S.) bezeichnet werden können.

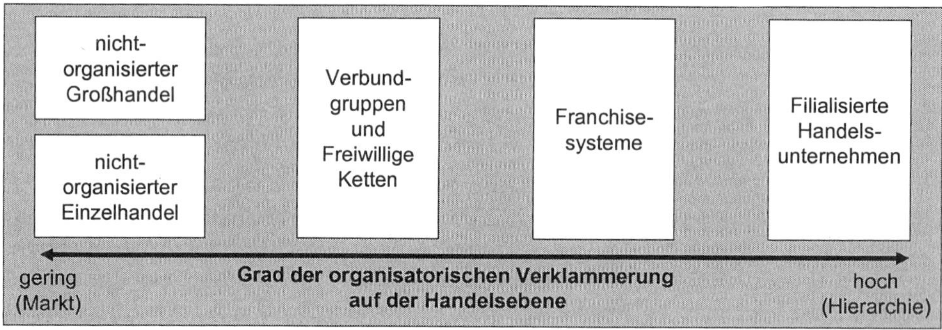

Übersicht 1: Handelssysteme zwischen Markt und Hierarchie

Selbst wenn man nur die Handelsstufe betrachtet, ist zu erkennen, dass mehrere Organisationsformen (nicht zu verwechseln mit Betriebsformen bzw. Formaten) miteinander konkurrieren.

In Bezug auf den Vergleich zwischen Verbundgruppen und Franchiseorganisationen hat Tietz die denkbaren Organisationsformen noch weiter verfeinert, indem er neben dem reinen Einkaufsverband oder Einkaufskontor Einkaufsgemeinschaften oder Freiwillige Ketten mit Angebotskonzepten, mit Marktbearbeitungsstrategien und mit Durchsetzungskonzepten aufführt; hinzu kommen verschiedene Formen des Franchising (Tietz 1991, S. 17). Die verschiedenen Formen unterscheiden sich in der Zahl der Kooperationsfelder und in der Intensität der Kooperation (siehe Übersicht 2).

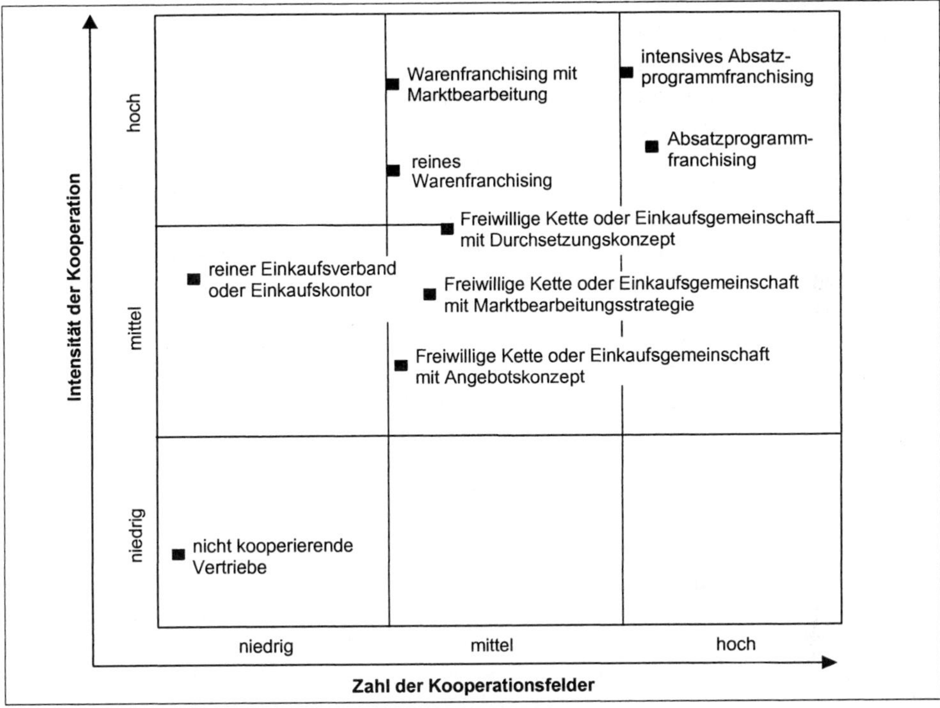

Quelle: Tietz 1991, S. 17.

Übersicht 2: Ausgewählte Kooperationstypen des Handels nach der Zahl der Kooperationsfelder und der Intensität der Kooperation

Die Vielfalt der Systeme führt zu der Frage, welches Handelssystem sich im **Wettbewerb der Systeme** als überlegen erweisen wird. Dies erscheint derzeit als eine der bedeutendsten distributionswirtschaftlichen Fragestellungen, weil mit ihr die Individualität und das gesellschaftspolitische Erscheinungsbild weiter Teile des Handels verbunden sind.

Historisch gesehen verdanken die Kooperationen im Handel ihren Aufschwung insbesondere dem Ausgleich von Wettbewerbsnachteilen im Einkauf gegenüber den Filialunternehmungen. Häufig wurde auch darauf verwiesen, dass der Beitritt eines selbstständigen Groß- oder Einzelhändlers zu einer Verbundgruppe Vorteile im Vergleich zu dem nicht organisierten Handel mit sich bringt (z. B. bei der Beschaffung, bei der Gestaltung der Marketingpolitik). Natürlich ist es legitim zu fragen, ob Kooperationen in der Lage sind, Vorteile anderer Handelssysteme, wie insbesondere der Filialsysteme, ausgleichen zu können, aber wichtig erscheint auch die Frage, ob sie Wettbewerbsvorteile gegenüber konkurrierenden Systemen ins Spiel bringen können.

Für eine detaillierte Übersicht über Theorien zur Existenzberechtigung von Kooperationen allgemein sei auch auf den Beitrag von Swoboda in diesem Sammelwerk hingewiesen. In der Theorie der **Institutionenökonomik** wird hervorgehoben, dass einzelne Organisationsformen unterschiedlich hohe **Transaktionskosten** auslösen können (vgl. hierzu mit Bezug auf Verbundgruppen z. B. Mandewirth 1997; vgl. hierzu auch die Beiträge des Ersten Kapitels dieses Sammelwerks). Darüber hinaus verdienen der Umstand, dass die Informationen zwischen den Mitgliedern der Kooperation unterschiedlich verteilt sind, insbesondere zwischen Zentrale und Mitglied, und der Umstand, dass es zu opportunistischem Verhalten kommen kann, Aufmerksamkeit (Mattmüller 1997).

Geht man der Frage nach, unter welchen Umständen sich die Verbundgruppe, die Freiwilllige Kette oder das Franchising als im Wettbewerb überlegen erweisen (insbesondere gegenüber dem Massenfilialtrieb oder Verbundsystemen von Handel und Industrie, den so genannten Vertikalisten), sind folgende Denkschritte hilfreich: Zunächst ist abzuklären, wie sich das Handelsunternehmen positionieren bzw. welchen Wettbewerbsvorteil es gegenüber den Nachfragern geltend machen will. Dann ist zu fragen, welches System am ehesten das Erreichen der gewählten Marktposition ermöglicht. Es empfiehlt sich, die Konzeptentwicklung für Kooperationen in dieser Reihenfolge anzugehen, also zunächst den konkreten Nutzen zu formulieren, der den Nachfragern im Vergleich zu anderen Systemen angeboten werden soll; dann sind innerhalb der Kooperation die notwendigen Konsequenzen zu ziehen. **Wettbewerbsstrategie** und interne Organisation müssen aufeinander abgestimmt sein. Würde sich das als nicht realisierbar erweisen, wäre mit einem dauerhaften Wettbewerbsnachteil und langfristig mit dem Ausscheiden aus dem Markt zu rechnen. Das hier angewendete Denksystem wird mit seinen wesentlichen Elementen auch in Übersicht 3 dargestellt. Die Aufgabenstellung kann auch so formuliert werden: Gibt es eine Wettbewerbsstrategie, die sowohl marktgerecht ist als auch den Zielen der kooperierenden Handelsunternehmungen entspricht und die mit keinem anderen Handelssystem effizienter realisiert werden kann?

Auf die einzelnen Elemente des in Übersicht 3 dargestellten Systems wird im Folgenden näher eingegangen.

Bei der Suche nach einem Wettbewerbsvorteil lassen sich grundsätzlich zwei Kriterien prüfen (Porter 1986):

(1) Ist es dem betreffenden Handelsunternehmen möglich, eine im Markt einmalige Leistung anzubieten, für die ein hinreichend großes Marktpotenzial besteht?

(2) Kann das Handelsunternehmen bestimmte Leistungen, die auch von anderen Handelsunternehmen angeboten werden, effizienter erstellen (d. h. kostengünstiger, flexibler oder schneller)?

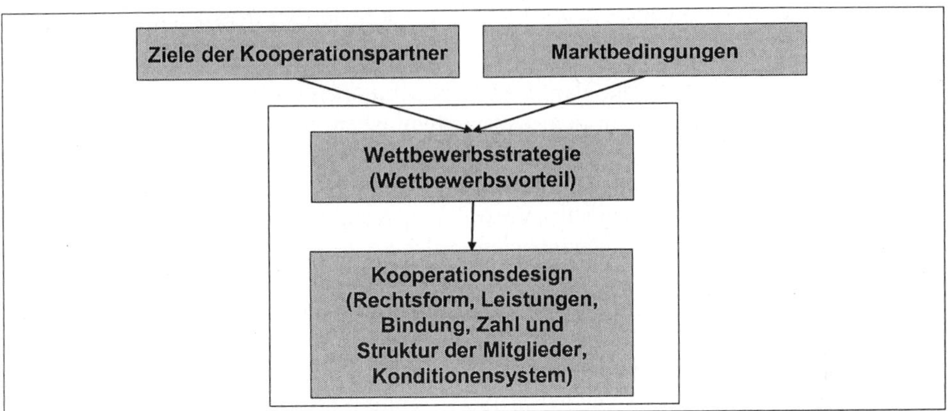

Übersicht 3: Ein zweistufiges System zur Entwicklung eines Kooperationsdesigns

Zu (1): Die **Leistung eines Handelsbetriebs** kann grundsätzlich als Kombination von Sach-(Waren-) und Dienstleistung gesehen werden. Beide Bereiche unterscheiden sich häufig von Unternehmen zu Unternehmen. Handelsunternehmen führen nicht nur unterschiedliche Sortimente, auch die Dienstleistungskomponente streut in einem weiten Bereich (z. B. im Ausmaß der Beratung, in den Ladenöffnungszeiten, im Ambiente, in der Erreichbarkeit). Kann ein Handelsunternehmen, das sich einer Verbundgruppe angeschlossen hat, in einer der beiden Komponenten eine Leistung gewährleisten, die Handelsunternehmungen anderer Handelssysteme (insbesondere den Filialsystemen) nicht möglich ist? Auf zwei mögliche Ansatzpunkte soll hingewiesen werden:

- Zum einen kann es einem lokalen Händler im Vergleich zu einem filialisierten System eher möglich sein, das Sortiment und die Dienstleistungen an Besonderheiten der lokalen Nachfrage besser und schneller anzupassen. In der Sortimentspolitik können hierbei exklusiv geführte Marken eine große Bedeutung haben (entweder Hersteller- oder Eigenmarken). Aber auch der Personaleinsatz oder die Ladengestaltung können in besonderer Weise den lokalen Anforderungen genügen. Zwar können auch Filialsysteme ihren Filialleitern oder anderen Personen gestatten, die Politik in den einzelnen Filialen zu individualisieren, aber dem steht häufig das System entgegen.
- Zum anderen kann die Einmaligkeit der Leistung eines lokalen Händlers im persönlichen Kontakt zu den Kunden liegen.

Beide Ansatzpunkte sollten natürlich nur dann zum Wettbewerbsvorteil ausgebaut werden, wenn die Nachfrager an den so gestalteten Leistungen interessiert sind, was im konkreten Fall nicht leicht festzustellen ist. So muss insbesondere bei der individuell gestalteten Sortimentspolitik auch eine regional differenzierte Nachfrage vorliegen. Für eine mehr oder minder homogene Nachfrage scheidet die Individualisierung des Angebotes aus. Entsprechend muss auch für den zweiten Ansatzpunkt – der Geschäftsinhaber als Geschäftspartner des Kunden – geprüft werden, wie hoch dieses akquisitorische Potenzial wirklich ist.

Zu (2): Ein zweiter Ansatzpunkt, damit sich Kooperationen im Wettbewerb mit Filialbetrieben behaupten können, ist in dem Umstand zu sehen, dass sie die Leistung kostengünstiger erstellen können. **Kostenvorteile** können sich in einzelnen Prozessphasen ergeben, wobei es sich empfiehlt, die einzelnen Prozesse mit Hilfe einer Wertkette abzubilden, also z. B. Einkauf, Logistik, Verwaltung, Kaufanbahnung, Durchführung und Abwicklung des Verkaufs zu unterscheiden. Jeder Prozessphase lassen sich Kosten zuordnen, die entweder nach Kostenarten oder nach dem Kriterium, ob es sich um Produktions- oder um Transaktionskosten handelt, differenziert sind. „Transaction costs are the costs of running the system: the costs of coordinating and motivating" (Milgrom/Roberts 1992, S. 29; vgl. dazu auch Fontanari 1996, S. 96 ff.; zu Transaktionskosten von Handelskooperationen vgl. auch Mandewirth 1997). Transaktionen fallen an, um die Beziehungen zu den Wirtschaftspartnern, sei das nun die Verbundgruppenzentrale, seien dies Großhändler oder Lieferanten aus der Industrie, anzubahnen, durchzuführen und zu kontrollieren. Kosten dieser Art fallen innerhalb der Verbundgruppe (insbesondere zwischen Zentrale und Mitglied), aber auch im Verkehr mit den Lieferanten und den Kunden an. Von Bedeutung können aber auch die „Produktionskosten" sein, insbesondere dann, wenn es sich um ein System mit eigenen Transport- und Lagerhaltungskapazitäten handelt. Durch Zentralisierung in der Lagerhaltung lassen sich beispielsweise die Sicherheitsbestände senken, was Konzentrationen fördern kann. Zur Überprüfung der Effizienz empfiehlt sich ein auf Prozessphasen bezogenes Benchmarking. Verbundgruppen bringen hier den potenziellen Vorteil ein, dass sie durch die Bündelung von Prozessen Kosten einsparen können, wiewohl auch bei Filialbetrieben zu beobachten ist, dass diese solche Möglichkeiten nutzen. Allerdings wird den Verbundgruppen vorgehalten, dass die Einschaltung der vielen Gremien zu hohen Kosten und langen Entscheidungszeiten führt.

5. Zu zentralen Managementproblemen in Kooperationen des Handels

5.1 Grundlagen

Kooperationen im Handel sehen sich spezifischen Managementproblemen gegenüber. Natürlich ist auch in Verbundgruppen und Franchiseorganisationen über Beschaffung,

Logistik, Finanzierung und Marketing zu entscheiden, aber dennoch ergeben sich auch eigenständige Problemstrukturen. Um sie zu strukturieren, empfiehlt es sich, drei Elemente zu unterscheiden,

- die zentralen Gestaltungsparameter einer Kooperation,
- die Zielgrößen,
- die Bestimmungsfaktoren, von denen abhängt, inwieweit mit bestimmten Maßnahmen die Ziele erreicht werden.

Auf diese Elemente wird im Folgenden eingegangen.

5.2 Zentrale Gestaltungsparameter

Zunächst sollen die wichtigsten Entscheidungsbereiche bei der Konzeption eines Kooperationssystems genannt werden (siehe Übersicht 4).

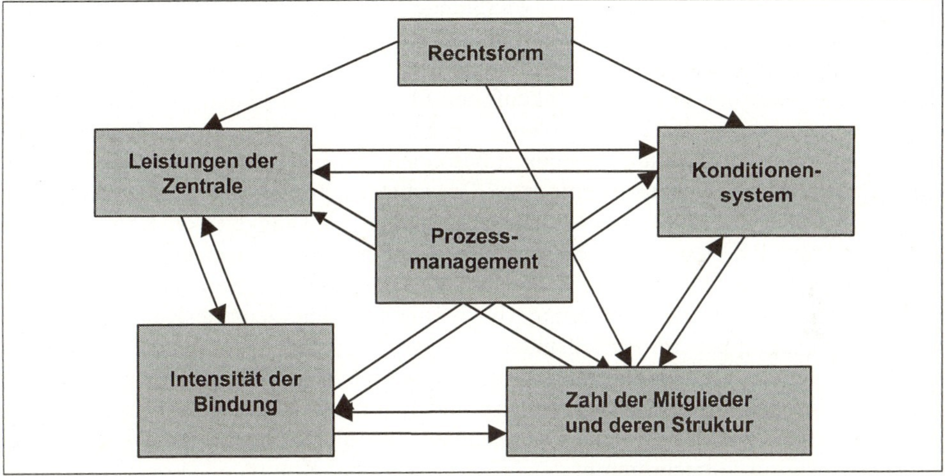

Übersicht 4: Zentrale Entscheidungsfelder in Kooperationen und deren Interdependenzen

Die Managementprobleme in den Kooperationen des Handels beziehen sich vor allem auf folgende Felder (vgl. dazu ergänzend die zahlreichen Beiträge in Dr. Wieselhuber & Partner GmbH (2003) sowie Dautzenberg (1996a, S. 78), der von bestehenden und neuen **Leistungen der Zentrale** gegenüber bestehenden und neuen Mitgliedern/Partnern spricht):

1. Es ist festzulegen, welche **Leistungen** die Kooperation erbringen soll. Grundsätzlich kommen hierfür alle betrieblichen Funktionen in Frage, also Funktionen der Information, des Einkaufs, der Lagerhaltung, der Beratung, der Abrechnung, der Kommunikation zu den Kunden und den Nachfragern usw. Nach einer Befragung von Verbundgruppen (Dr. Wieselhuber & Partner GmbH 2000) wurden die folgenden Maßnahmen als überdurchschnittlich wichtig angesehen (1 = unwichtig, 2 = weniger wichtig, 3 = wichtig, 4 = sehr wichtig):

- Weiterentwicklung der **Mitgliederintegration** (3,6),
- Weiterentwicklung der **Mitgliederkommunikation** und -partizipation (3,5),
- Weiterentwicklung des Leistungsangebots (3,3),
- Intensivierung der Zusammenarbeit mit der Industrie (3,2),
- **Eigenmarkenstrategie** (3,1),
- Weiterentwicklung von Betriebstypen und Modulsystemen/Marketingkonzepten (3,1),
- Kooperation mit anderen Verbundgruppen (3,0).

Auffallend an diesen Befragungsergebnissen ist, dass interne Probleme an der Spitze stehen. Dies ist ein Hinweis auf die Schwierigkeiten, bei differierenden Zielen und Ausgangssituationen zu einem gemeinsamen Vorgehen zu gelangen. Während heute Zentralregulierung und Delkredere sowie Einkauf und Marketingberatung als zentrale Aufgaben im Vordergrund stehen, soll in der Zukunft den EDV-Dienstleistungen, der betriebswirtschaftlichen Beratung, der Weiterbildung, der Marketingberatung sowie den Finanzierungs- und Versicherungsdienstleistungen besondere Aufmerksamkeit zukommen (Beispiele für Vertriebsschienenkonzepte bzw. Betriebsformen oder Sortimentsmodule finden sich bei Olesch (1998); anschauliche Fallstudien zur Tätigkeit von Kooperationen enthält ein vom RKW im Jahr 2000 herausgegebener Band; Finanzierungs- bzw. Abrechnungssysteme sind bei Zentes/Swoboda (2001) dargestellt). Neben den traditionellen Aufgaben spielt heute die Etablierung von E-Business eine zentrale Rolle (Weskamp 2001). Verbundgruppen im Einzelhandel verfügen potenziell über große Potenziale in der Verbindung des stationären Handels mit den Vorteilen des Internets (Multi-Channeling). Auf Basis elektronischer Marktplätze und Internetportale entstehen neue Formen der Kooperation, wie das virtuelle Unternehmen. Die hierbei beobachtete Zunahme an Kooperationen mit Fortschritten in der Informations- und Kommunikationstechnik lässt sich anhand der bereits thematisierten Transaktionskostentheorie begründen. (Für eine Übersicht über Kernfunktionen von Verbundgruppen vgl. auch die Ausführungen von Dannenmaier/Lindebner/Saalfrank 2003, S. 128 ff.).

2. Auch Kooperationen haben ein **Konditionensystem** festzulegen, mit dem ihre Zentralen Einnahmen erzielen, aus denen die für die erbrachten Leistungen anfallenden Kosten gedeckt werden können. Hier sind unterschiedliche Abrechnungsmodalitäten denkbar, z. B. solche, die sich am Warenbezug oder an der finanziellen Abwicklung orientieren, aber auch solche, die an den Bezug bestimmter Leistungen gekoppelt sind. Hier liegt ein bedeutender Unterschied zu den Zentralen der Filialsysteme, denn diese müssen

nicht abklären, wie sie an den Einnahmen der Filialen beteiligt werden, sie können autonom Investitionspläne entwickeln. Theoretisch ist das Problem der Festlegung von Konditionensystemen am eingehendsten für Franchiseorganisationen behandelt worden (vgl. hierzu Preißner 2005). Dabei wurde insbesondere berücksichtigt, dass die Teilnehmer an der Kooperation in unterschiedlichem Maße über Informationen verfügen, sich von eigenständigen Zielen leiten lassen und dass das Konditionensystem ein systemgerichtetes Verhalten induzieren soll.

3. Wichtig sind auch Entscheidungen über die **Aufnahme von Mitgliedern**. Eine Ausweitung der Zahl der Mitglieder stärkt die wirtschaftliche Kraft, geht aber auch mit der Gefahr einher, dass die wirtschaftlichen Interessen bzw. Ziele der Mitglieder und ihre wirtschaftliche Situation heterogener werden. Die Unterschiedlichkeit bezieht sich vor allem auf die benötigten Waren und Dienstleistungen. Auch hinsichtlich des Planungszeitraumes können fundamentale Unterschiede vorliegen, wenn einzelne Mitglieder an eine langfristige Sicherung oder an den Ausbau ihrer Aktivitäten denken, andere dagegen nur den Zeitraum bis zum Erreichen der Altersgrenze überbrücken wollen. Die Zahl der Mitglieder kann auf unterschiedlichen Wegen erhöht werden, so z. B. durch die Aufnahme freier Händler, durch das Abwerben der Mitglieder anderer Gruppen, durch eine Internationalisierungspolitik und durch Fusionen von Verbundgruppen; auch die Kooperation von Verbundgruppen und das so genannte Drittkundengeschäft können in diesem Zusammenhang angeführt werden. Oft wird empfohlen, dass mögliche Partner auf einer ähnlichen Entwicklungsstufe stehen und die Vorteile und Chancen einer Kooperation erkannt haben sollen. Möglicherweise vorhandene vertragliche Regelungen zum Schutz der bestehenden Mitglieder einer Verbundgruppe können eine Expansion erschweren. Theoretische Überlegungen zu diesem Gestaltungsfeld ähneln jenen Modellen, bei denen eine Unternehmung im Rahmen ihrer Marketingpolitik zu entscheiden hat, wie spezifisch sie ihre Leistungen auf den Bedarf eng definierter Zielgruppen ausrichten will.

4. Durch die Verträge zwischen den Beteiligten wird festgelegt, wie stark die Freiheit der Mitglieder in betriebspolitischen Fragen beschränkt wird. So kann z. B. festgelegt werden, dass ein einheitliches Logo verwendet wird, dass die Läden in bestimmter Weise gestaltet sein müssen, dass bestimmte Warenbereiche geführt werden müssen. In der Realität ist zu beobachten, dass sich die Richtlinien und die Verhaltensweisen in einzelnen Kooperationen deutlich unterscheiden. Tendenziell ist der **Bindungsgrad** in Franchisegruppen größer als in Verbundgruppen oder in vertikalen Ketten. Immer lauter werden jedoch die Stimmen, die den Kooperationen eine strengere Bindung empfehlen. Im folgenden Abschnitt wird gezeigt werden, wie problematisch solche generellen Empfehlungen in Anbetracht der zahlreichen Bestimmungsfaktoren sind.

5. Traditionell handelt es sich bei den Kooperationen des Handels um Genossenschaften; sie sind auch heute noch in größerer Zahl vorzufinden, wiewohl es auch Verbundgruppen gibt, die eine andere **Rechtsform** gewählt haben. „Die Genossenschaft ist nach den Vorstellungen der Väter des deutschen Genossenschaftswesens die einzige Rechtsform, welche die wirtschaftliche Freiheit des einzelnen als gesetzlich garantierten Zweck

hat. Sie wird durch das Prinzip geprägt, dass die Person und nicht das Kapital für die gemeinschaftliche Interessenverfolgung maßgeblich ist. Für das Zusammenwirken der Mitglieder in der Genossenschaft gelten die Spielregeln der Demokratie, insbesondere das Prinzip „ein Mann – eine Stimme" (Engelhard 1985, S. 17). Zu prüfen ist, ob die Genossenschaft auch den wirtschaftlichen Wohlstand des einzelnen gewährleisten kann. Insbesondere bei Franchisegruppen ist zu beobachten, dass die Rechtsform auch die Funktion übernimmt, das Verhalten der Mitglieder zu steuern. Die Wahl der Rechtsform bestimmt gleichzeitig die Organisation der Entscheidungsgremien innerhalb einer Verbundgruppe. Entsprechende Regelungen finden sich im Aktiengesetz, im GmbH-Gesetz und im Genossenschaftsgesetz. Bei Rechtsformen, bei denen rechtlich kein Aufsichtsgremium verankert ist, kann dies individuell in den jeweiligen Satzungen bzw. Gesellschaftsverträgen institutionalisiert werden. Der Aufsichtsrat stellt hierbei als Organ der Gesellschaftsversammlung das Bindeglied zur operativen Geschäftsführung dar. Problematisch erscheint die Besetzung der Aufsichtsratsgremien ausschließlich mit Mitgliedern des Verbunds.

6. Das Management in Kooperationen hat sich nicht nur auf die Gestaltung von Strukturen und Leistungen zu erstrecken; von Bedeutung sind außerdem die Schritte, über die ein bestimmter Zustand angestrebt wird. Dies wird als **Prozessmanagement** bezeichnet (vgl. hierzu Dautzenberg 1996b). Die Qualität des Prozessmanagements, nicht zuletzt die Prozesssteuerungskompetenz, hat großen Einfluss auf den Grad der Akzeptanz der durchzusetzenden Konzepte bei den Mitgliedern. Auch hat sie Auswirkungen auf die Prozesseffizienz, die einen nicht zu unterschätzenden Kostenbestimmungsfaktor darstellen kann.

Insgesamt beschreiben die sechs aufgeführten Entscheidungsfelder die wichtigsten Aspekte des Kooperationsdesigns.

Wie auch Übersicht 4 veranschaulicht, sind die einzelnen Entscheidungsfelder in Kooperationen nicht unabhängig voneinander:

- Die Leistungen, die eine **Kooperationszentrale** gegenüber den Mitgliedern anbietet (und realisiert), sind auch von dem in der Verbundgruppe zum Einsatz kommenden Konditionensystem abhängig. Werden bestimmte Leistungen kostenlos angeboten (z. B. ein Betriebsvergleich), ist zu erwarten, dass die Beteiligung größer sein wird als wenn ein besonderes Entgelt hierfür entrichtet werden muss. Aber kostenlos angebotene Leistungen bergen die Gefahr, dass nicht alle Potenziale ausgeschöpft werden oder dass die Leistung nicht richtig eingeschätzt wird. Andererseits kann es erwünscht sein, dass sich an bestimmten Maßnahmen (z. B. Verwendung eines bestimmten Logos) alle beteiligen, sodass es aus Systemgründen angezeigt erscheint, solche Leistungen kostenlos anzubieten.
- Die Leistungen, die eine Zentrale erbringt, sind aber auch von dem Willen der Gesellschafter abhängig. Deren Einfluss hängt auch von der gewählten Rechtsform ab.
- Auch die Zahl der aufzunehmenden Mitglieder und deren Struktur sind in hohem Maße von den Vorstellungen der Mitglieder und deren Durchsetzungsmöglichkeiten abhängig.

- Die Bindung, die ein einzelnes Mitglied einzugehen bereit ist, hängt auch von den Leistungen und den Konditionen der Zentrale ab.

Wegen solcher Abhängigkeiten ist es nur bedingt möglich, einzelne Entscheidungsfelder isoliert zu optimieren. Das Entscheidungsfeld kann vereinfacht werden, wenn die Vielzahl der Handlungsmöglichkeiten auf Typen reduziert wird (z. B. „die schlanke Verbundgruppenzentrale“: sie ist als Importagent tätig, bindet die Mitglieder bei ihren Importaktivitäten fest an sich, nimmt nur Mitglieder mit ähnlichen Sortimentsstrukturen auf, erzielt Einnahmen aus dem Vermittlungsgeschäft). Es wäre reizvoll zu erheben, welche Typen bereits bestehen, welche sich zusätzlich kreieren ließen und wie diese zu beurteilen sind.

5.3 Ziele

Bekanntlich können Maßnahmen nur beurteilt werden, wenn bestimmte Ziele zugrunde gelegt werden. In Verbundgruppen ähnelt die Situation derjenigen von Franchiseorganisationen, in denen zumindest nach der Zielfunktion des Franchisegebers und der Franchisenehmer unterschieden werden muss. Wie bereits oben ausgeführt, können sich die Zielvorstellungen einzelner Mitglieder einer Kooperation deutlich unterscheiden, insbesondere was den Planungshorizont und die Risikobereitschaft betrifft. Es ist naheliegend, den Nutzen der Zugehörigkeit zu einer Kooperation an den Konsequenzen für die Kosten und Erlöse der einzelnen Mitglieder zu messen, kurzum zu prüfen, ob die Zugehörigkeit den Gewinn des einzelnen Mitgliedes steigert bzw. eine ausreichende Gewinnhöhe erwarten lässt. Allerdings kann das Interesse der Mitglieder einer Kooperation an der Erzielung von Gewinn unterschiedlich ausgeprägt sein: Einige werden bereit sein, im Hinblick auf Gewinnerwartungen zu investieren, andere sind eher an kurzfristig erzielbaren Überschüssen interessiert, einige sind bereit, Risiko einzugehen, andere sind risikoscheu.

5.4 Bestimmungsfaktoren für eine marktgerechte Kooperationspolitik

In Abschnitt 4 waren zwei potenzielle Ansatzpunkte für einen Wettbewerbsvorteil von Kooperationen aufgezeigt worden, der Leistungsvorteil und die Kostenführerschaft. Im Folgenden gilt es näher zu prüfen, inwieweit die Zugehörigkeit zu einer Kooperation die Verwirklichung solcher Wettbewerbsvorteile im Vergleich zu den Filialbetrieben ermöglicht.

Es ist jenes Kooperationsdesign zu finden, das vor dem Hintergrund der jeweils geltenden Marktkonstellation den Markterfolg der Mitglieder maximiert. Bei den Marktbedingungen ist besonders darauf zu achten, welche Nachfragesituation vorliegt, welches Verhalten die Lieferanten auf der Herstellerseite praktizieren und mit welchem Handelssystem die Konkurrenten auftreten. Einen Überblick über wichtige Entwicklungen im Bereich der Marktbedingungen vermittelt die folgende Aufzählung (vgl. dazu auch die Zusammenstellungen bei Eggert 2002).

Auf Seiten der Nachfrager:

- geänderte Einkaufsmuster, z. B. veränderte Aufteilung der Ausgaben,
- Wertewandel, z. B. Convenience, Preisorientierung,
- Änderungen in der soziodemografischen Struktur (Alter, Berufstätigkeit, Haushaltsgröße, Bildung),
- Internet-Nutzung für Information (und Kauf);

auf Seiten der Lieferanten (Hersteller):

- Interesse an Informationen über Abverkäufe,
- Interesse an gemeinsamen Aktionen,
- Konzentration,
- internationale Anbieter;

auf Seiten der Konkurrenten:

- Auftritt internationaler Anbieter,
- Konzentration,
- Betriebsformen-Konzepte, Storebranding-Maßnahmen internationaler Anbieter,
- Kundenbindungsprogramme.

Im Prinzip sind alle Handlungsmöglichkeiten, die sich in den oben genannten fünf zentralen Entscheidungsfeldern von Kooperationen bieten, an ihrem Gewinnbeitrag für die einzelnen Mitglieder zu messen. Hier wird allerdings nur der Frage nachgegangen, wie sich eine Kooperation verhalten sollte, wenn sie den Bindungsgrad optimieren will. Es herrscht heute die Vorstellung vor, insbesondere in den Zentralen der Kooperationen, dass die Zeit für eine straffere Führung der Gruppe gekommen sei. Im Folgenden wird jedoch dargelegt, dass dieses Problem differenzierter beurteilt werden muss und dass mehrere Faktoren zu berücksichtigen sind. Dabei sind Einflussfaktoren von der Nachfrageseite (den Endverbrauchern), von der Seite der Konkurrenten, der Lieferanten und schließlich aus dem eigenen Unternehmen heraus zu unterscheiden (Müller-Hagedorn 1995; Müller-Hagedorn/Preißner 1998).

(1) Die Gleichartigkeit der Bedürfnisse der Nachfrager in den einzelnen regionalen Märkten: Sollten die lokalen Absatzmärkte starke Unterschiede in Bezug auf präferierte Waren, Marken und Dienstleistungen aufweisen, dann empfiehlt es sich, das Angebot dezentral zu entwickeln. Wäre dagegen zu beobachten, dass sich die Nachfrage in einzelnen regionalen Teilmärkten mehr oder weniger gleich darstellt, spricht dies (ceteris paribus) für zentralistische Systeme.

(2) Die Wirkung von Werbemaßnahmen: Hängt die Nachfrage nur in geringem Maße von Werbemaßnahmen ab, dann müssen auch keine Voraussetzungen für abgestimmte Werbemaßnahmen geschaffen werden. Hat man es dagegen mit Märkten mit hoher Werbeelastizität zu tun, empfehlen sich zentralistische Systeme, weil ansonsten kaum gewährleistet werden kann, dass eine abgestimmte Kommunikationspolitik realisiert werden kann. Die Abstimmung bezieht sich auf den Einsatz einzelner absatzpolitischer Instrumente (z. B. Prospektwerbung, Anzeigenwerbung, Verkaufsförderung), aber auch auf die Abstimmung zwischen den Maßnahmen einzelner Hersteller und denen des Handels. Bei einer geringen Bedeutung von Werbemaßnahmen kann es dagegen dem einzelnen Unternehmen überlassen bleiben, in welchem Ausmaß es einzelne Maßnahmen durchführt. Es ist dann auch nicht zu befürchten, dass positive Effekte innerhalb des Systems durch Übertragung von Imagewerten von einem Unternehmen auf ein anderes auf Grund von Werbemaßnahmen ungenutzt bleiben.

(3) Die Unsicherheit der Nachfrage: Wenn die Nachfrage nach den einzelnen Waren im Sortiment weit gehend zuverlässig eingeschätzt werden kann, spricht dies für eine Zentralisierung. In manchen Branchen mag dagegen der Fall gegeben sein, dass insbesondere auf Grund der geringen Vorhersehbarkeit des Absatzerfolges (z. B. Akzeptanz einzelner modischer Ausrichtungen) ein hohes Risiko besteht; in diesem Fall wird nur der Kapitaleigner die Entscheidung treffen wollen.

(4) Die Bereitschaft der Industrie zu Mengenrabatten: Insbesondere bei einer kostenorientierten Politik werden die Einstandspreise eine bedeutende Rolle spielen. Mögliche Rabatte erzwingen eine Bündelung. Wären dagegen die Konditionen der Industrie nicht mengenabhängig (oder in nur unbedeutendem Maße), besteht insofern kein Anlass, die Einkaufspolitik zu zentralisieren.

(5) Die Kosten des Einkaufs: Neben den Einstandskosten spielen auch die Kosten für die Geschäftsbeziehungen zu den Lieferanten eine Rolle. Hohe Kosten für eigene Einkaufsaktivitäten (z. B. bei Lieferanten im Ausland) erzwingen sozusagen den Anschluss und eine Bindung an eine Kooperation.

(6) Die Fachhandelstreue der Industrie: Wenn die Industrie ihre Produkte auch in konkurrierenden Vertriebsschienen anbietet, ist die Strategie der einmaligen Leistung mit Hilfe der Sortimente gefährdet. Handelsunternehmungen sind damit nicht mehr in der Lage, einmalige Sortimente anzubieten und es wächst das Interesse an Handelsmarken. Da Handelsmarken im Regelfall erhebliche Investitionen erfordern, um eine entsprechende Marktreputation aufzubauen, wird im Regelfall das einzelne Unternehmen auf die Kooperation angewiesen sein. Aber auch in dem Fall, dass die Mitglieder einer Kooperation die Kostenstrategie verfolgen wollen, d. h. gewährleisten wollen, dass kein anderer Anbieter die Waren zu niedrigeren Kosten und Preisen anbieten kann, ist fehlende Fachhandelstreue ein Problem.

(7) Das Informationsbedürfnis der Industrie: In den Diskussionen um ECR und CPFR wird häufig betont, dass aus dem Umstand, dass Handel und Industrie enger zusammen-

arbeiten, also z. B. Daten austauschen, erhebliche Rationalisierungsvorteile erwachsen können. Wenn sich auf diesem Gebiet tatsächlich Ersparnisse erzielen lassen, empfiehlt sich die enge Anbindung an eine Zentrale, weil ansonsten kaum gewährleistet werden kann, dass entsprechende Systeme installiert werden können.

(8) Das Managementpotenzial: Es kann sein, dass die Handelsunternehmen von Personen geleitet werden, die – auch im Vergleich zu dem Management in den Zentralen – über gute Kenntnisse des lokalen Marktes verfügen, die Fähigkeit besitzen, Informationen in Entscheidungen zu überführen und sich zudem durch ihre Motivation auszeichnen. In diesen Fällen ist der Zwang zu einer engen Bindung an eine Zentrale geringer als in jenen Fällen, in denen diese Voraussetzungen nicht gegeben sind. Anders formuliert: Je geringer die Managementkapazitäten auf der Handelsebene, umso eher empfehlen sich von einer Zentrale straff geführte Systeme.

(9) Mögliche Spezifität des Ressourceneinsatzes: Es kann sein, dass die in der Zentrale oder in den Einzelhandlungen anfallenden Prozesse effizienter durchgeführt werden könnten, wenn hierfür spezielle Verfahren vorgesehen werden (z. B. ein bestimmtes Lagersystem, bestimmte Transportbehälter, bestimmte Nummernsysteme, bestimmte Techniken der Informationsübermittlung). Die Verwendung solcher Verfahren setzt aber häufig so genannte spezifische Investitionen bei den Beteiligten voraus. Picot definiert die Spezifität einer Ressource – Williamson folgend – wie folgt: „ A resource is defined as specific to the degree to which it loses its value when being used for other than the original task" (Picot/Rippberger/Wolff 1996, S. 67). Zum Einsatz solcher spezifischer Investitionen wird es allerdings nur kommen, wenn der Investierende nicht befürchten muss, dass diese an Wert verlieren werden, weil sein Geschäftspartner ihm die Nutzung der angeschafften Ressource nicht im geplanten Ausmaß ermöglicht. Zu entsprechenden Investitionen wird es deswegen eher dann kommen, wenn die Mitglieder einer Kooperation eng an die Zentrale gebunden sind. Anders formuliert: Wenn Prozesse nur dann effizient ausgeführt werden können, wenn hierzu spezifische Investitionen durchgeführt werden, empfiehlt sich eine enge Bindung von Zentrale und Mitgliedern.

Im Vorhergehenden sind zahlreiche Faktoren benannt worden, die zum Teil eine stärkere Bindung nahe legen, zum Teil die Vorteile der Unabhängigkeit betonen. Um zu einer Gesamtschau zu gelangen, sind vor dem Hintergrund der Marktgegebenheiten alle Faktoren abzuwägen (siehe hierzu auch Übersicht 5). Stimmen die Bedürfnisse der Nachfrager in den einzelnen lokalen Märkten überein, spricht das für eine Kooperation mit relativ enger Bindung, im anderen Fall für eine eher lockere.

Jede Kooperation hat zu prüfen, welche der in Übersicht 5 genannten Zustände bezüglich der Marktbedingungen bei ihr vorliegen. Den jeweiligen Situationen sind geeignete Maßnahmen zuzuordnen. Wenn auch nicht ausgeführt werden konnte, mit welchem Gewicht die einzelnen Sachverhalte in ein Gesamturteil eingehen sollten, ob diese Gewichtung als zeitlich konstant anzusehen ist und ob sie von Branche zu Branche variiert, liefert die Analyse der Marktgegebenheiten nach Übersicht 5 Hinweise für ein mittelständisches Handelsunternehmen, welchen Grad der organisatorischen Verklammerung es eingehen sollte. Je mehr die Situation durch einen Linienzug charakterisiert ist, der sich im rechten Teil der Übersicht bewegt, desto eher ist eine Anbindung an eine starke Zentrale angezeigt („hartes Franchising"), im anderen Fall sind eher lockere Beziehungen zwischen der Zentrale und dem einzelnen Unternehmen empfehlenswert.

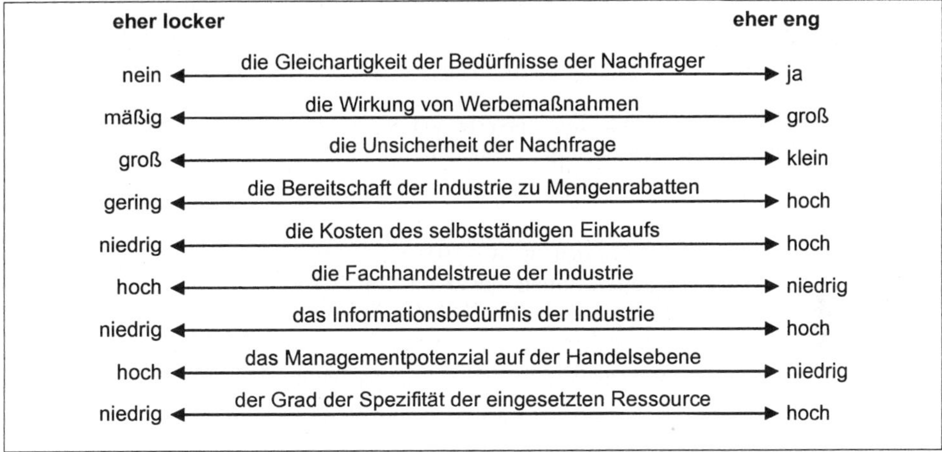

Übersicht 5: Bestimmungsfaktoren für die Wahl eines engen oder lockeren Kooperationsdesigns

6. Fazit und Ausblick

Kooperationen im Handel sind weiterhin ein wichtiger Sektor des institutionellen Handels. Sie stehen allerdings in einem immer stärker werdenden Wettbewerb mit filialisierten Systemen und den wirtschaftsstufenübergreifenden Vertikalisten. In dem vorliegenden Beitrag wurde eine Vorgehensweise empfohlen, nach der zunächst der Wettbewerbsvorteil konkretisiert werden soll, mit dem die Mitglieder am Markt auftreten (siehe Abschnitt 3). Für diese Wettbewerbsstrategie ist ein geeignetes Kooperationsdesign zu entwickeln. Dies führt zu der Frage, welches die zentralen Ansatzpunkte der Geschäftspolitik von Kooperationen sind und welche Veränderungen in ihrer Umwelt zu beachten sind.

Literatur

AHLERT, D. (2001): Wertorientiertes Management von F&C-Netzwerken – Ein neues Paradigma für die Theorie des Netzwerkmanagement?, in: Ahlert, D. (Hrsg.): Handbuch Franchising & Cooperation, Neuwied.

AHLERT, D.; KRÖNFELD, B. (1994): Erfolgsforschung in kooperierenden Handelssystemen – erste Erkenntnisse einer empirischen Untersuchung, in: Trommsdorff, V. (Hrsg.): Handelsforschung 1994/95. Kooperation im Handel und mit dem Handel, Wiesbaden, S. 87-104.

AHRENS, C. (1994): Kooperative Handelssysteme auf europäischen Märkten. Marktstrukturen und Wettbewerbsverhältnisse, München.

AUSSCHUSS FÜR BEGRIFFSDEFINITIONEN AUS DER HANDELS- UND ABSATZWIRTSCHAFT (1995): Katalog E, Köln.

BATZER, E.; LACHNER, J.; MEYERHÖFER, W. (1989): Die handels- und wettbewerbspolitische Bedeutung der Kooperationen des Konsumgütergroßhandels, ifo-Studien zu Handels- und Dienstleistungsfragen, Bd. 36/I-III, München.

BEUTHIEN, V.; SCHWARZ, G. C.; TÄGER, U. (1993): Handelskooperationen und Franchisesysteme im Distributionswettbewerb in Europa, München.

BRONNER, R.; MELLEWIGT, T. (2001): Entstehen und Scheitern Strategischer Allianzen in der Telekommunikationsbranche, in: Zfbf, 53. Jg., Nr. 11, S. 728-751.

DANNENMAIER, S.; LINDEBNER, G.; SAALFRANK, S. (2003): Horizontale Kooperationssysteme im Handel und Handwerk – Perspektiven und Strategien, in: Dannenmaier, S. u. a. (Hrsg.): Die Zukunft der Kooperationen, Frankfurt a.M., S. 71-187.

DAUTZENBERG, P. (1996A): Marktorientiertes Verbundgruppenmanagement im Handel, St. Gallen.

DAUTZENBERG, P. (1996b): Herausforderungen für das Verbundgruppenmanagement, in: Der Verbund, Nr. 1, S. 12-18.

EGGERT, U. (2002): BBE-Unternehmensberatung GmbH: Verbundgruppen 2010/15, Köln.

EHI RETAIL NETWORK (2004): Handel aktuell 2004, Köln.

ENGELHARD, H. A. (1985): Die Genossenschaft in der Europäischen Gemeinschaft, in: Die Genossenschaft im Wettbewerb der Ideen, Tübingen.

FONTANARI, M. (1996): Kooperationsgestaltungsprozesse in Theorie und Praxis, Berlin.

GORA, W.; SCHEID, E. M. (2001); Organisationen auf dem Weg zur Virtualität, in: Gora, W.; Bauer, H. (Hrsg.): Virtuelle Organisationen im Zeitalter von E-Business und E-Government: Einblicke und Ausblicke, Berlin u.a.

KANTSPERGER, R.; KUNZ, W. H. (2004): Macht in einer triadischen Sichtweise von Dienstleistungsnetzwerken. Eine ökonomische Analyse, in: Marketing – Zeitschrift für Forschung und Praxis, 26. Jg., Spezialausgabe „Dienstleistungsmarketing“, S. 5-14.

KÜTING, K. (1983): Kooperation, stillschweigende, in: Lück, W. (Hrsg.): Lexikon der Betriebswirtschaft, Landberg, S. 625.

LACHNER, I.; TÄGER, C. (1997): Entwicklungen in den Handelskooperationen unter handels- und wettbewerbspolitischen Aspekten, München.

MANDEWIRTH, S.-O. (1997): Transaktionskosten von Handelskooperationen. Ein Effizienzkriterium für Verbundgruppen und Franchise-Systeme, Heidelberg.

MATTMÜLLER, R. (1997): Zur Wettbewerbsschwäche von Verbundgruppen im Handel – eine institutionenökonomische Analyse der Beziehung zwischen Zentrale und Anschlußbetrieben, in: Jahrbuch der Absatz- und Verbrauchsforschung, Nr. 4, S. 383-400.

MATTMÜLLER, R. (1992): Marketingprognosen für den Handel, 2. Aufl., Augsburg.

MEYERHÖFER, W. (1981): Kooperation. Eine Überlebensstrategie für den mittelständischen Großhandel?, in: Ffh-Mitteilungen, Nr. 7/8, S. 1-8.

MEYERHÖFER, W. (1980): Kooperation im Groß- und Außenhandel. Entwicklungsstand – Problembereiche – Perspektiven, Berlin.

MILGROM, P.; ROBERTS, J. (1992): Economics, Organization and Management, Englewood Cliffs u. a.

MÜLLER-HAGEDORN, L. (1995): The Variety of Distribution Systems, in: Journal of Institutional and Theoretical Economics, 151. Jg., Nr. 1, S. 186-202.

MÜLLER-HAGEDORN, L.; PREIßNER, M. (1998): Kooperation als Erfolgsfaktor für den mittelständischen Handel, in: Olesch, G. (Hrsg.): Kooperation im Wandel. Zur Bedeutung und Entwicklung der Verbundgruppen. Jubiläumsschrift anläßlich des 50-jährigen Bestehens des Zentralverbandes Gewerblicher Verbundgruppen e. V. ZGV, Frankfurt a.M., S. 83-109.

OLESCH, G. (1980): Die Einkaufsverbände des Einzelhandels, Frankfurt a.M.

OLESCH, G. (1991): Die Kooperationen des Handels, Frankfurt a.M.

OLESCH, G. (1994): Zum Problem der Mitgliederintegration in Verbundgruppen, in: Trommsdorff, V. (Hrsg.): Handelsforschung 1994/95. Kooperation im Handel und mit dem Handel, Wiesbaden, S. 107-118.

OLESCH, G. (1998): Einkaufskooperationen im Handel, in: Arnold, U. (Hrsg.): Erfolg durch Einkaufskooperationen, Wiesbaden, S. 57-88.

OLESCH, G.; EWIG, H. (2003): Das Management von Verbundgruppen. Mit exzellenten Strategien zum Erfolg – Wege zur Systemführerschaft, Neuwied u. a.

O. V. (2005): Die UGAL – Union der Verbundgruppen selbständiger Einzelhändler Europas, in: www.ugal.org/de, Abfragedatum: 10.02.2005.

PICOT, A. (1991): Ein neuer Ansatz zur Gestaltung der Leistungstiefe, in: Zfbf, 43. Jg., Nr. 4, S. 336-357.

PICOT, A. (1993): Contingencies for the Emergence of Efficient Symbiotic Arrangements, in: Journal of Institutional and Theoretical Economics (JITE), 149. Jg., Nr. 4, S. 731-740.

PICOT, A.; RIPPBERGER, T.; WOLFF, B. (1996): The Fading Boundaries of the Firm: The Role of the Information and Communication Technology, in: Journal of Institutional and Theoretical Economics (JITE), 152. Jg., S. 65-79.

PICOT, A.; REICHWALD, R.; WIGAND, R. T. (2003): Die Grenzenlose Unternehmung. Information, Organisation und Management, 5. Aufl., Wiesbaden.

PORTER, M. E. (1986): Wettbewerbsvorteile (Competitive Advantage), Frankfurt a.M.

PREIßNER, M. (2005): Franchisegebühren. Ziele, Aktionsparameter, Bestimmungsfaktoren, Diss. Köln.

RKW (Hrsg.) (2000): Neue Kooperationen des Handels, Eschborn.

SCHENK, H.-O. (1991): Marktwirtschaftslehre des Handels, Wiesbaden.

SCHLEIN, F. (2004): Die marktorientierte Organisation einer virtuellen Unternehmung, Diss., Köln.

SOLF, M. (2004): Unternehmenskooperationen als Folge von Informations- und Kommunikationstechnologieveränderungen: Eine theoretische Analyse, in: Zfbf, 56. Jg., Nr. 3, S. 146-167.

SYDOW, J.; WINAND, U. (1998): Unternehmensvernetzung und -virtualisierung: Die Zukunft unternehmerischer Partnerschaften, in: Winand, U.; Nathusius, K. (Hrsg.): Unternehmensnetzwerke und virtuelle Organisationen, Stuttgart.

SYDOW, J. (1991): Strategische Netzwerke in Japan. Ein Leitbild für die Gestaltung interorganisationaler Beziehungen europäischer Unternehmungen, in: Zfbf, 43. Jg., Nr. 3, S. 238-254.

TIETZ, B. (1991): Handbuch Franchising, 2. Aufl., Landsberg a.L.

TIETZ, B. (1992): Einzelhandelsperspektiven für die Bundesrepublik Deutschland bis zum Jahre 2010, Frankfurt a.M.

WELGE, M. K. (1995): Strategische Allianzen, in: Tietz, B. (Hrsg.): Handwörterbuch des Marketing, 2. Aufl., Stuttgart, Sp. 2397-2410.

WELLENBECK, M. T. (1994): 75 Jahre NORD-WEST-RING Schuh-Einkaufsgenossenschaft eG., Darstellung einer Entwicklung, Marburg.

WELLENBECK, M. T. (2002): Zusammenschlüsse von Kooperationen im Einzelhandel, Wiesbaden.

WESKAMP, K. (2001): Innovative E-Business-Lösungen für Verbundgruppen im mittelständischen Einzelhandel, in: Der Verbund, H. 1, S. 18-21.

DR. WIESELHUBER & PARTNER GMBH (Hrsg.) (2000): Benchmarkingstudie Verbundgruppen 2000. Kernergebnisse der Benchmarkingstudie bei den Mitgliedern des ZGV/IVE, Manuskript, Bonn.

DR. WIESELHUBER & PARTNER GMBH (Hrsg.) (2003): Erfolg im Handel. Praxis des Kooperationsmanagements, Frankfurt a.M.

ZENTES, J. (1994): Strategische Allianzen: Neuorientierung der kooperativen Wettbewerbsstrategien im Handel, in: Trommsdorff, V. (Hrsg.): Handelsforschung 1994/95. Kooperation im Handel und mit dem Handel, Wiesbaden, S. 73-86.

ZENTES, J.; SWOBODA, B. (Hrsg.) (2001): Perspektiven der Zentralregulierung, Frankfurt a.M.

ZENTES, J.; SWOBODA, B. (2002): Virtuelle Netzwerke – Entwicklungsrichtung für Verbundgruppen des Handels?, in: Möhlenbruch, D.; Hartmann, M. (Hrsg.): Der Handel im Informationszeitalter, Wiesbaden, S. 129-149.

Rolf Weiber/Jörg Meyer*

Private Online-Nachfragerkooperationen

* Univ.-Professor Dr. Rolf Weiber ist Inhaber der Professur für Betriebswirtschaftslehre, insbesondere Marketing und Innovation der Universität Trier sowie geschäftsführender Direktor des Competence Center E-Business an der Universität Trier.
Dr. Jörg Meyer ist bei der GILDEMEISTER Aktiengesellschaft, Bielefeld, im Business Development tätig.

1. Zur Bedeutung von Nachfragerkooperationen

Das Grundmodell jeglicher Transaktionsprozesse basiert auf einem Anbieter, der eine bestimmte Leistung für den Fremdbedarf produziert und einem Nachfrager, der an dieser Leistung interessiert und seinerseits zu einer Gegenleistung bereit ist. Die Rahmenbedingungen und zusätzlichen Einflussfaktoren, die für die Anbahnung und Ausgestaltung derartiger Transaktionsprozesse Relevanz besitzen, werden in der betriebswirtschaftlichen Literatur seit jeher intensiv und ausführlich diskutiert (vgl. z. B. Weiber 1997a, S. 277 ff.; Sabel 1998, S. 106 ff.). Als Gestaltungsparameter von Austauschprozessen finden hierbei insbesondere Konkurrenten, Zulieferer und Kooperationspartner sowie das Management der entsprechenden Beziehungen zu diesen Marktparteien Berücksichtigung (Weiber 2005, S. 30 ff.). Von der unbestrittenen und enormen Bedeutung dieser Aspekte für die erfolgreiche Unternehmenstätigkeit zeugen nicht nur die umfassenden und fundierten Analysen der betriebswirtschaftlichen Literatur, sondern auch der Stellenwert, den diese Themenkomplexe in der Marketing-Praxis einnehmen. Da der Nachfrager jedoch entsprechend des Transaktionsgrundmodells die alleinige Umsatz- und somit Einnahmequelle einer jeden Unternehmung bildet und seine spezifischen Bedürfnisse, Verhaltensweisen und Eigenschaften einen wesentlichen Einfluss auf die erfolgreiche Gestaltung der Austauschbeziehungen ausüben, ist er expliziter oder impliziter Bestandteil aller Marketing-Theorien und -Praktiken. So analysiert die Käuferverhaltensforschung z. B. explizit die Wahrnehmung und Reaktion von Kunden, während sich das Personalmarketing mit der bedarfsgerechten Beschaffung und Arbeitsleistung von Mitarbeiterinnen und Mitarbeitern mit dem Ziel der Effizienzsteigerung befasst, sodass der Kundennutzen in diesen Konzepten zumindest implizit Berücksichtigung findet.

Die Charakteristika und Bedürfnisse von Kunden sind jedoch nicht nur für die Entwicklung und den Vertrieb marktgerechter Angebote elementar, sondern beeinflussen auch ganz wesentlich die Zahlungsbereitschaft der Nachfrager und somit die Preispolitik bzw. den diesbezüglichen Verhandlungsspielraum eines Unternehmens. Dabei wird das Transaktionsmodell im Ergebnis wesentlich durch die **Machtposition** beeinflusst, die dem Nachfrager in einer Austauschbeziehung beizumessen ist. Besonders evident wird die Bedeutung der Nachfragermacht im industriellen Zuliefferergeschäft, wo in der Regel die Nachfrager nicht nur über deutlich größere Gestaltungsmöglichkeiten und Bedrohungspotenziale als die Anbieter zur Durchsetzung von Preisen verfügen, sondern die Zulieferer auch hinsichtlich der Ausprägung der Leistungseigenschaften erheblich steuern können (Freiling 1995, S. 48 ff.; Backhaus 1999, S. 669 ff.). Zur Stärkung der nachfragerseitigen Machtposition wird im Business-to-Business-Bereich vor allem im Rahmen von Beschaffungsprozessen insbesondere durch die Einkaufsabteilungen von Unternehmen versucht, Nachfrage zu bündeln, um auf diese Weise günstigere, schnellere oder auch spezifischere Leistungsangebote erhalten zu können (Weiber/Billen/Meyer 2004, S. 557 ff.).

Die genannten Beispiele des Einflusses der Nachfragermacht auf Transaktionsergebnisse resultierten aus der Stärke eines einzelnen Kunden (Engelhardt 1976, S. 84 ff.; Müller-Hagedorn 1978, S. 190 ff.; Weiber 1997b, S. 372 ff.). Da die Verbesserung der Verhandlungsposition auf Grund der Nachfragemacht jedoch nicht von der Größe eines einzelnen Unternehmens, sondern vielmehr vom **Nachfragevolumen** insgesamt abhängt, liegt es nahe, dass sich mehrere relativ kleine Unternehmen zu einer Nachfragerkooperation zusammenschließen. Als typisches Beispiel hierfür können Handelsunternehmen genannt werden. Bereits seit Ende des vorletzten Jahrhunderts schließen sie sich zu Einkaufsvereinigungen zusammen, um durch diese Zusammenarbeit den Nachteil gegenüber neu entstandenen Großbetriebsformen auszugleichen und die positiven Effekte einer starken Nachfragemacht, wie z. B. günstigere Einkaufsbedingungen, bevorzugte Behandlung oder optimierte Prozessabläufe, zu realisieren (Olesch 1998, S. 57 ff.). Dass diese Art der Nachfragekooperation im Handel tatsächlich zu den gewünschten Ergebnissen führt und Kleinbetriebe oftmals nun selbst wie Großbetriebe agieren können, verdeutlichen Zahlen, nach denen in einigen Branchen (z. B. Haushaltswaren, Möbel, Spielwaren) bis zu 50 % des Anteils am Inlandsabsatz auf derartige Kooperationen entfallen (Batzer/Lachner/Meyerhöfer 1989, S. 41).

Obwohl sich Nachfragerkooperationen im Handel offensichtlich bewährt und eine weite Verbreitung gefunden haben, spielt diese Strategie sowohl bei Unternehmen, die nicht dem Handel zuzurechnen sind, als auch bei privaten Nachfragern eine nur geringe Rolle und wurde auch in der Wissenschaft bisher allenfalls rudimentär behandelt (Baumeister 2000, S. 21). Während im Business-to-Business-Bereich (B2B) zumindest in bestimmten Situationen (z. B. bei der Beschaffung) eine planvolle Betrachtung und ein zielgerichteter Einsatz der Nachfragerbündelung erfolgt, findet eine vergleichsweise systematische Behandlung dieses Themas im Business-to-Consumer (B2C)- oder Consumer-to-Consumer (C2C)-Bereich kaum statt. Ein zentraler Grund hierfür kann vor allem in den so genannten **Bündelungskosten** gesehen werden, die bei der Aggregation privater Nachfrage entstehen. Diese in der physischen Marktwelt (so genannter „marketplace") entstehenden Kosten versprachen mit der zunehmenden Verbreitung des Internet und des E-Business jedoch an Bedeutung zu verlieren, da durch sie insbesondere Koordinationsleistungen deutlich vereinfacht und somit vergünstigt wurden. Neben den physischen Marktplätzen entwickelt sich hier deshalb zunehmend eine virtuelle Marktwelt, die auch als „marketspace" bezeichnet wird (Weiber/Kollmann 1997, S. 524 ff.). Bisher blieb jedoch – trotz dieser positiven Effekte – der erhoffte Siegeszug privater Nachfragerkooperationen in der vor allem durch das Internet getragenen virtuellen Marktwelt weit gehend aus, sodass ihnen in der Praxis derzeit noch eine nur relativ geringe Bedeutung zukommt.

Vor diesem Hintergrund verfolgt der vorliegende Beitrag das Ziel, mögliche Ursachen der Diskrepanz zwischen potenziellen Bündelungsvorteilen und realer Bedeutung dieses Konzeptes im „marketspace" aufzuzeigen, wobei eine Fokussierung auf Endverbraucher erfolgt. Zu diesem Zweck werden nach der erforderlichen Begriffsabgrenzung zunächst mögliche Vor- und Nachteile privater Nachfragerkooperationen sowohl für die Konsumenten- als auch für die Anbieterseite dargestellt. Anschließend werden wesentliche Ursachen der geringen Verbreitung privater Nachfragerkooperationen im Online-Bereich analysiert und Ansatzpunkte zur Stimulierung dieses Erfolg versprechenden Instruments aufgezeigt. Dabei wird deutlich, dass vor allem das **Vertrauen** in derartige Kooperationen als zentraler Erfolgsfaktor privater Online-Nachfragerkooperationen zu sehen ist. Die Überlegungen münden abschließend in einer Klassifikation von Nachfragerkooperationen, die als Ausgangspunkt für weitere Überlegungen, wie z. B. der Entwicklung kooperationsspezifischer Marketing-Strategien im „marketspace", dienen kann.

2. Erscheinungsformen und Abgrenzung von Nachfragerkooperationen

Überlegungen zu Nachfragerkooperationen auf der Ebene der Endverbraucher sind in der wissenschaftlichen Literatur nur vereinzelt vorhanden. Hervorzuheben sind hier die Arbeiten von Voeth, der für Vermarktungsprozesse, deren Ergebnisse signifikant durch Gruppennutzen-Bestandteile auf der Nachfragerseite determiniert werden, den Begriff des **Gruppengütermarketing** eingeführt hat (Voeth 2003, S. 121 ff.). Im Rahmen eines empirisch-deduktiven Vorgehens stellt er hierfür einen Klassifikationsansatz auf, der anhand der Dimensionen „Bildung und Gestalt der Gruppe" (Gruppe besteht bereits vs. Gruppe bildet sich speziell) sowie „Art des Gruppennutzens" (verwendungsbezogen vs. kontraktbezogen) folgende drei Vermarktungstypen bei Gruppengütern differenziert (Voeth 2003, S. 125 ff.):

- Netzgeschäft:
  Im Netzgeschäft werden Leistungen an Gruppen vermarktet, die sich speziell für diese Transaktion zusammengeschlossen haben. Der Nutzen des Vermarktungsobjektes ergibt sich zudem erst durch seine gemeinschaftliche Verwendung aller Gruppenmitglieder, wie dies beispielsweise bei Videokonferenzen oder kommerziellen Städtereisen der Fall ist.
- Bündelgeschäft:
  Auch im Bündelgeschäft wird die Nachfragerkooperation erst gebildet, wenn ein entsprechender Bedarf auftritt. Im Gegensatz zum Netzgeschäft stiften die Vermarktungsobjekte hierbei jedoch individuellen Nutzen, da sie von den Nachfragern separat verwendet werden können, sodass die Bündelungsmotivation bei diesem Vermarktungstyp kontraktbezogen und primär in der Realisierung günstigerer Bezugskonditionen zu sehen ist.
- Gruppengeschäft:
  Einzig beim Gruppengeschäft besteht die Nachfragerbündelung bereits vor der eigentlichen Transaktion, sodass aus Anbieterperspektive keine Möglichkeit besteht, Einfluss auf die Gruppengröße oder -zusammensetzung zu nehmen. Daher stehen Aspekte der Analyse von Buying-Centern oder familiären Kaufentscheidungen im Vordergrund. Der Nutzen im Gruppengeschäft wird zudem sowohl bei gemeinschaftli-

cher (z. B. Familienurlaub) als auch isolierter (z. B. Einkaufskooperation) Verwendung des Vermarktungsobjektes generiert, sodass hier eine Unterscheidung nach der „Art des Gruppennutzens" nicht sinnvoll ist.

Obgleich alle drei Vermarktungstypen grundsätzlich als Nachfragerkooperationen interpretiert werden können, kommt vor dem Hintergrund des Zusammenschlusses privater Nachfrager und der Relevanz der Thematik in der betriebswirtschaftlichen Praxis, dem **Bündelgeschäft** die größte Bedeutung zu. Dies kann zum einen damit begründet werden, dass trotz der unzweifelhaft zunehmenden Bedeutung von Netzeffekten im Marketing (Weiber 2002, S. 269 ff.) die kooperative Nachfrage nach den gemeinsam zu nutzenden Leistungen des Netzgeschäfts im Vergleich zu den isolierten Produkten des Bündelgeschäfts eine Minderheit darstellt. Zum anderen erklärt sich die Bedeutung des Bündelgeschäfts aus dem Umstand, dass die Nachfragergruppe im Gruppengeschäft bereits besteht und diese Konstellation für den privaten Endverbraucher, mit Ausnahme einiger Vereine, nicht sehr häufig vorzufinden ist. Aber auch das Bündelgeschäft selbst bedarf noch der Konkretisierung, da es verschiedene Phänomene umfasst. Im Rahmen einer Systematisierung allgemeiner Formen der Bündelung differenziert Voeth das Erscheinungsspektrum des so genannten Bundlings anhand der drei Dimensionen Produktart, Kaufzeitpunkte und Anzahl der Nachfrager. Da eine Nachfragerkooperation zwingend die Existenz mehrerer Nachfrager impliziert, ist diese Dimension für die hier vorgetragenen Überlegungen irrelevant, sodass sich in Anlehnung an die Betrachtungen von Voeth (2002, S. 114) die in Übersicht 1 dargestellten Bündelungstypen bei Nachfragerkooperationen unterscheiden lassen.

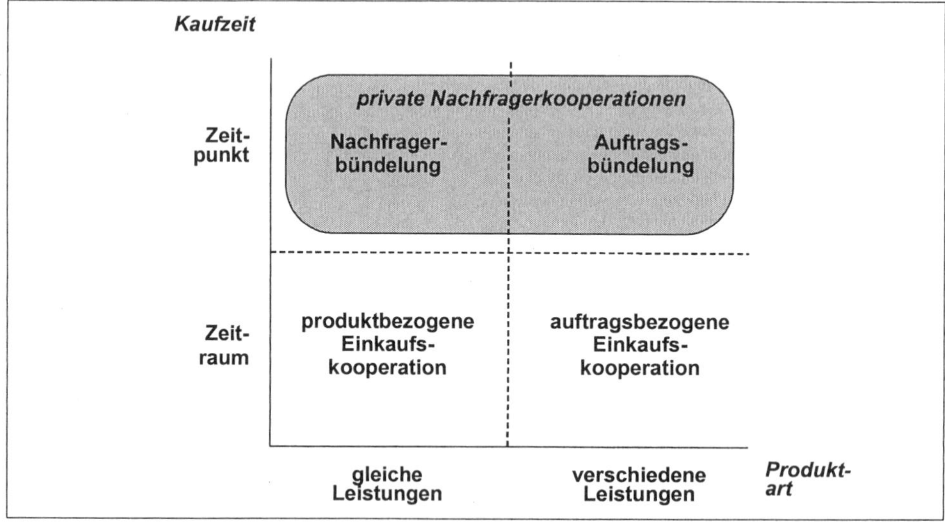

Übersicht 1: Bündelungstypen bei Nachfragerkooperationen

Zeitraumbezogene Beschaffungen von Leistungen treten besonders bei Einkaufsbündelungen im Business-to-Business-Bereich auf. Bei **produktbezogenen Einkaufskooperationen** haben die Gruppenmitglieder Bedarf an identischen Leistungen und versuchen daher entsprechende Preisvorteile zu realisieren (Simon/Wübker 2000, S. 729 ff.). Da es sich bei derartigen Vereinbarungen häufig um längerfristige Vertragsbeziehungen handelt, können die Nachfrager in der Regel frei entscheiden, wann sie die Leistungen beziehen (Voeth 2003, S. 131). Bei **auftragsbezogenen Einkaufskooperationen** ist nicht nur der Zeitpunkt der Bedarfsdeckung vom Nachfrager wählbar, sondern auch die einzelnen Elemente der Transaktion. Dies ist beispielsweise der Fall, wenn mehrere Unternehmen einen Rahmenvertrag mit einem Computer-Anbieter abschließen, der ihnen auf alle Produkte dieses Anbieters (evtl. ab eines bestimmten Mindestumsatzes) vergünstigte Konditionen einräumt. Die Beispiele machen deutlich, dass die Beschaffung von Leistungen zu unterschiedlichen Zeitpunkten in erster Line im Business-to-Business-Geschäft relevant ist, sodass sich im Folgenden die Betrachtungen auf die Nachfrager- und Auftragsbündelung konzentrieren und diese hier als „private Nachfragerkooperationen" bezeichnet werden. Dabei liegt eine **Nachfragerbündelung** dann vor, wenn Nachfrager ihren Bedarf zeitlich und inhaltlich vereinheitlichen und gegenüber Anbietern „wie ein Nachfrager" auftreten. Die Nachfragerbündelung umfasst somit den Großteil der Fälle, die auch intuitiv als Konsumentenkooperation zur Ausnutzung nicht-linearer Preise (Simon 1992, S. 399 ff.) aufgefasst werden, wie beispielsweise den Kauf einer Mindestmenge eines Produktes, um eine weitere Einheit gratis zu erhalten. Auch die **Auftragsbündelung**, d. h., die Zusammenfassung unterschiedlicher Bedarfe zu einem Zeitpunkt, ist häufig anzutreffen, etwa zur Erreichung eines Mindestumsatzes zur Einsparung von Versandkosten. Vor dem Hintergrund der geschilderten Aspekte werden im Rahmen dieses Beitrags mit Fokus auf die Endverbraucherseite private Nachfragerkooperationen wie folgt definiert: „Private Nachfragerkooperationen stellen den aktiven Zusammenschluss mehrerer Privatpersonen zur Erreichung eines ökonomischen Ziels vor oder nach der Transaktion dar."

Die Betonung des aktiven Zusammenschlusses soll verdeutlichen, dass Nachfragerkooperationen ein Mindestmaß an koordinierender Interaktion seitens der Beteiligten erfordern. Dieser Begriffsauffassung folgend bilden beispielsweise viele Kundenclubs keine Nachfragerkooperation, auch wenn die Mitglieder durch ihre Partizipation wirtschaftliche Vorteile realisieren. So haben die Mitglieder des Kundenclubs eines privaten rheinland-pfälzischen Radiosenders die Möglichkeit, vergünstigte Eintrittskarten für bestimmte Konzerte zu erhalten oder an Veranstaltungen teilzunehmen, die extra für diese Zielgruppe organisiert werden. Trotz dieser Vorteile, die der Anbieter einer bestimmten Gruppe seinen Nachfragern bietet, liegt in diesem Falle keine Nachfragerkooperation vor, da sich die Clubmitglieder nicht selbst organisieren müssen und dem Anbieter aus der Bündelung der Nachfrager selbst kein unmittelbarer Vorteil erwächst, der direkt auf den Zusammenschluss der Kunden zurückgeführt werden kann (auf mögliche Vorteilspotenziale der aktiven Kooperation der Nachfrager für den Anbieter wird in Abschnitt 3.1 eingegangen).

Als Indikator für die Aktivität eines Zusammenschlusses kann das **Ausmaß der Kommunikation zwischen den Mitgliedern** angesehen werden, da ohne einen Informationsaustausch keine Kooperation oder Organisation möglich ist. Das Motiv zur Gründung eines Kundenclubs ist mithin nicht in der Vorteilhaftigkeit einer gebündelten Nachfrage zu sehen, sondern in Sekundärzielen, wie beispielsweise einer Erhöhung der Kundenbindung (Diller 1997, S. 33 ff.; Butscher 1998). Selbstverständlich ist diese Einteilung idealtypisch und mit Grauzonen behaftet, sodass zahlreiche Grenzfälle denkbar sind. Mitglieder des Kundenclubs von Bertelsmann verpflichten sich beispielsweise einen bestimmten Mindestumsatz in einer vorgegebenen Zeitspanne zu tätigen und erhalten als Gegenleistung hierfür vergünstigte Angebote. Es kann nun argumentiert werden, dass durch die vertraglichen Verpflichtungen aller Mitglieder dem Anbieter Planungssicherheit bzgl. seiner Einnahmen entsteht und er diesen Vorteil den Clubmitgliedern durch vergünstigte Preise vergütet. In diesem Falle läge folglich eine auftragsbezogene Einkaufskooperation vor, da die Mitglieder verschiedene Leistungen, wie z. B. Bücher, CDs, DVDs oder Serviceleistungen, beziehen können und zudem innerhalb der vereinbarten Zeiträume frei in der Wahl des Bedarfsdeckungszeitpunktes sind. Andererseits kann der Bertelsmann-Club auch als eigenständiges Geschäftskonzept oder reines Kundenbindungsinstrument gesehen werden, da auch die zusätzlichen Serviceleistungen wie beispielsweise Gewinnspiele, ein Ticketservice oder Themen- und Veranstaltungshinweise auf die Erhöhung der Kundenbindung ausgerichtet sind. Da darüber hinaus Interessenten dem Club ohne weitere eigene Koordinationsleistungen beitreten können, ist auch die Bedingung des aktiven Zusammenschlusses nicht erfüllt, sodass der Bertelsmann-Club nach der hier vertretenden Auffassung nicht als Nachfragerkooperation betrachtet wird.

Während das Merkmal des aktiven Zusammenschlusses der hier vorgestellten Definition die Erscheinungsformen von Nachfragerkooperationen eher begrenzt, umfasst die Berücksichtigung des Zusammenschlusses von Konsumenten auch nach der eigentlichen Transaktion zusätzliche Nachfragerkooperationen. Diese Gruppen sind zwar in der Regel nicht Gegenstand der theoretischen Betrachtung, spielen in der Praxis aber eine nicht zu unterschätzende Rolle. Diese wird insbesondere dann evident, wenn Kunden im Rahmen von Sammelklagen die Durchsetzung von Ansprüchen gegenüber einem Anbieter anstrengen (siehe Abschnitt 3.2).

3. Vor- und Nachteile privater Nachfragerkooperationen

3.1. Vorteile für Nachfrager und Anbieter

Im Folgenden konzentrieren sich die Betrachtungen zunächst auf die Analyse der Vor- und Nachteile privater Nachfragerkooperationen sowohl für die Konsumenten- als auch für die Anbieterseite (Meyer 2003, S. 133 ff.). Übersicht 2 liefert einen Überblick zu den dabei im Einzelnen diskutierten Aspekten, wobei hier noch keine Einschränkung der Analyse auf den Online-Bereich erfolgt. Durch die vorgetragenen Überlegungen soll insbesondere verdeutlicht werden, dass mit Nachfragerkooperationen auch aus Anbietersicht eine Reihe von Vorteilen verbunden sein können und folglich deren gezielte Förderung auch aus Anbietersicht sinnvoll erscheint.

	Endverbraucher	Anbieter
Vorteile	• Steigerung der Nachfragermacht ➢ Konditionsverbesserungen ➢ Leistungsanpassungen • Interaktionsnutzen	• Vereinfachung von Organisationsabläufen • Reduktion der Transaktionskosten • Erlössteigerungen • Marktanteilssteigerung • Senkung der Preissensibilität
Nachteile	• Bündelungskosten ➢ Suchkosten ➢ Abstimmungskosten ➢ Kompromisskosten ➢ Vertrauenskosten	• Preisnachlässe/Sonderleistungen • Substitution von Zahlungsbereitschaften • Finanzierungskosten • Steigerung der Nachfragermacht

Übersicht 2: Vor- und Nachteile privater Nachfragerkooperationen für die Konsumenten- und die Anbieterseite

Vorteile der Nachfragerkooperation für die Konsumentenseite

Der naheliegendste und offensichtlichste Grund für Konsumenten, ihre Nachfrage zu bündeln, ist in der Bildung von Nachfragemacht zu sehen. Durch die Zusammenfassung zahlreicher kleinerer Bedarfe können Kooperationen wie ein großer Nachfrager auftreten und vergleichsweise bessere Konditionen für den Bezug der Leistungen in Anspruch nehmen oder gar erst durchsetzen. Im Rahmen der Preispolitik wurden unter dem

Schlagwort der Preisdifferenzierung verschiedene Ansätze entwickelt, mit deren Hilfe die unterschiedlichen Zahlungsbereitschaften der Nachfrager abgeschöpft werden sollen, die aber auch als Rabattinstrumente gegenüber absatzstarken Nachfragern Einsatz finden (Skiera/Spann 2002, S. 547 ff.). Hierbei sind insbesondere nicht-lineare Preise sowie Preisbündelungen von Bedeutung. Bei nicht-linearen Preisen sinkt der Durchschnittspreis einer Absatzeinheit mit zunehmender Absatzmenge, sodass Nachfrager mit einer hohen Abnahmemenge (Nachfragerkooperationen) relativ weniger je Einheit bezahlen als einzelne Kunden mit kleineren Bedarfen. Das Ausmaß und die erforderlichen Voraussetzungen zur Inanspruchnahme nicht-linearer Preise hängen dabei zum einen von der Bedeutung des jeweiligen Nachfragers für das Unternehmen und zum anderen von der Form der Rabattstruktur ab. Formen nichtlinearer Preise sind beispielsweise der durchgerechnete Mengenrabatt, bei dem ab gewissen Umsatzstufen Rabatte für alle gekauften Einheiten gewährt werden, der angestoßene Mengenrabatt, bei dem der Preisnachlass nur für die Einheiten über der Mindestabnahmemenge gilt oder der aus einer fixen und einer variablen Komponente bestehende zweiteilige Tarif (Simon 1992, S. 399 ff.). Kooperationen, die als Nachfragerbündelungen ausgelegt sind (Übersicht 1), streben ihre ökonomischen Vorteile auf Basis der nicht-linearen Preisbildung an, während Auftragsbündelungen dem Price-Bundling entsprechen (Voeth 2002, S. 114). Preisbündel liegen vor, wenn mehrere unterschiedliche Leistungen gemeinsam zu einem Preis vermarktet werden, der in der Regel unter der Summe der Preise der Komponenten liegt (Wübker 1998, S. 12 ff.). Auch bei der Preisbündelung gibt es unterschiedliche Gestaltungsoptionen, die sich beispielsweise auf die Zusammenstellung des Bündelinhalts oder auf das Verhältnis des Bündelpreises zum Preis der entsprechenden Bestandteile erstrecken (Hanson/Martin 1990, S. 155 ff.).

Neben der Vorteilhaftigkeit von Nachfragerkooperationen auf der Preisebene können Zusammenschlüsse von Nachfragern unter gewissen Voraussetzungen auch zu Vorteilen auf der Leistungsebene führen. Bei einer ausreichend großen Nachfrage kann es für den Anbieter rentabel sein, Leistungsanpassungen vorzunehmen und durch die Modifikation oder Neuentwicklung von Leistungseigenschaften spezielle Kundenbedürfnisse zu befriedigen. So fertigt z. B. der Sportartikelhersteller Nike mehrere Sportschuh-Kollektionen exklusiv für die Handelskette Foot Locker, die diese Sondermodelle entsprechend bewirbt. Neben den positiven Deckungsbeiträgen, die eine solche Auftragsfertigung erwirtschaften sollte, ist auch die Gesamtnachfrage des Kunden von entscheidender Bedeutung: Selbst wenn die isolierten Sonderwünsche des Nachfragers nicht wirtschaftlich rentabel umzusetzen sind, wird der Anbieter diesen Wünschen doch nachkommen, wenn der Nachfrager mit der Beendigung der Geschäftsbeziehung oder der Inanspruchnahme einer anderen Bezugsquelle droht und dieser Gewinnverlust höher als die Kosten der Zusatzleistungen ausfällt. Analog zur Realisierung von Preisnachlässen können dementsprechend auch Nachfragerkooperationen derartige Sonderleistungen einfordern, wenn sich ihre Bedürfnisse entsprechend homogen artikulieren lassen. Dies ist beispielsweise dann der Fall, wenn ein Restaurant für eine Gästegruppe auch an einem Ruhetag öffnet oder ein Tischlerbetrieb extravagante Esstische nach einer Kundenvorlage herstellt, sobald der Kundenkreis eine ausreichende Größe aufweist. Mit fortschreitender Entwicklung moderner Produktions- sowie Informations- und Telekommunikationstechnologien wird die kosten- und organisationsseitige Hemmschwelle zur Erstellung derartiger Leistungen zudem stetig sinken. Im Rahmen der Mass Customization wird beispielsweise angestrebt, individualisierte Leistungen zu günstigen Preisen auf Massenmärkten anzubieten (Reichwald/Piller 2002, S. 443 ff.; Kleinaltenkamp 2002, S. 443 ff.).

Vorteile der Nachfragerkooperation für die Anbieterseite

Die dargelegten Vorteile der vereinten Nachfragermacht sind jedoch nicht automatisch gleichbedeutend mit Nachteilen für die Anbieter, vielmehr können auch Anbieter von der Bündelung ihrer Nachfrager profitieren (Voeth 2003, S. 138 ff.). Einen offensichtlichen Vorteil bietet zunächst die Vereinfachung der Organisationsabläufe bei Bestellungen. Da bei einem kooperativen Beschaffungsantrag nicht mehr viele einzelne, sondern nur noch ein gemeinschaftlicher Vorgang ausgelöst wird, reduzieren sich die Kosten der Bestellungsbearbeitung um ein Vielfaches. Auch auf den Versand der Waren hat eine Sammelbestellung positiven Einfluss, falls sie an ein Bündelungsmitglied verschickt wird, welches die weitere Distribution an die übrigen Mitglieder übernimmt und somit Logistikkosten für den Anbieter einzusparen hilft. Als weiterer Vorteil kann gegebenenfalls ein Finanzierungseffekt gesehen werden, der auftritt, wenn Nachfrager den Zeitpunkt ihrer Kaufentscheidung vorziehen, umso an einer anstehenden kooperativen Beschaffung zu partizipieren. Neben diesen administrativen Vorteilen können Nachfragerkooperationen jedoch durch die Erhöhung des Marktanteils und/oder die Vergrößerung des Marktvolumens auch dazu beitragen, die Erlössituation des Anbieters zu verbessern und somit seinen Umsatz zu steigern (Voeth 2002, S. 116). Eine Erhöhung des Marktanteils eines Anbieters wird erreicht, indem sich die Mitglieder der Nachfragerkooperation nicht ausschließlich aus bereits bestehenden Kunden des betreffenden Unternehmens rekrutieren. Entscheiden sich also Nachfrager – entweder auf Grund der Akquisitionsbemühungen der anderen Gruppenmitglieder, die eine Mindestteilnehmerzahl für ihre Sammelbestellung benötigen oder in Anbetracht einer vorteilhaft erscheinenden Leistung des Unternehmens – ihren vorhandenen Bedarf beim Partnerunternehmen der Kooperation zu befriedigen, wächst dessen Marktanteil, da er dem Wettbewerber Kunden entzieht. Auf ähnliche Weise kann es auch zu einer Vergrößerung des gesamten Marktvolumens kommen. Wird bei einem potenziellen Kunden durch die Gruppe ein Bedarf an der betreffenden Leistung geweckt oder wird ein latenter Bedarf durch die günstigen Konditionen der Bündelnachfrage zu einer realen Nachfrage, vergrößert sich der Markt und der Umsatz des Anbieters um die Umsätze dieser Personen.

Die unterschiedlichen Vorteile von Nachfragerkooperationen für Anbieter unterstreichen nochmals die Bedeutung des aktiven Zusammenschlusses der Nachfrager. Im Wesentlichen beruhen diese Vorteile darauf, dass die Nachfrager **bestimmte Aufgaben des Anbieters übernehmen** und ihn so entlasten. Diese Entlastungen können sich durch die Reduktion von Prozesskosten oder auch die Werbung neuer Kunden bemerkbar machen. Der Anbieter wird somit solange ein Interesse an der freiwilligen Förderung einer Nachfragerkooperation haben, solange die Kosten der Bündelung durch Preisnachlässe etc. geringer sind als die Entlastungen, die er hierfür im Gegenzug durch die Nachfrager erführt. Auf der anderen Seite werden auch die Nachfrager nur solange eine Bündelung ihrer Bedarfe anstreben, solange die Kosten bzw. der Aufwand der mit der Bündelung einhergehenden Koordination die möglichen Vorteile mindestens kompensiert. Gerät diese Kosten/Nutzen-Relation aus dem Gleichgewicht, entstehen entweder für den Anbieter oder den Nachfrager Nachteile.

3.2 Nachteile für Nachfrager und Anbieter

Nachteile der Nachfragerkooperation für die Konsumentenseite

Bündelkooperationen werden für Nachfrager dann nachteilig, wenn die Bündelungskosten den Bündelungsnutzen überschreiten. Die **Bündelungskosten** werden in der Literatur nach Such-, Abstimmungs- und Kompromisskosten unterschieden (Voeth 2003, S. 146). **Suchkosten** fallen vor allem deshalb an, weil sich private Nachfragerkooperationen erst im Hinblick auf eine bestimmte Kaufentscheidung formieren. Sie können dabei finanzieller Natur sein, beispielsweise für die Schaltung von Anzeigen oder den Druck von Plakaten oder in Form von Arbeitsaufwand anfallen, der z. B. durch die Ansprache von Freunden und Bekannten oder die Platzierung von Postings in entsprechenden Foren des Internets entsteht. Auch die häufig erforderlichen **Abstimmungskosten** beinhalten materielle und immaterielle Bestandteile. Sie fallen an, wenn zwar dem Grunde nach über das Beschaffungsobjekt Einigkeit besteht, die genaueren Spezifikationen jedoch noch festgelegt werden müssen. Erfordert die Nachfragerbündelung die Beschaffung identischer Objekte (beispielsweise ein bestimmter DVD-Player), ist es notwendig, dass sich alle Mitglieder auf ein Modell einigen und evtl. bestehende Differenzen überbrücken. Das Resultat dieses Abstimmungsprozesses kann zu individuellen **Kompromisskosten** führen, da in einer derartigen Situation offenbar nicht alle Teilnehmer der Kooperation die Leistung erhalten, die ihrer höchsten Präferenz entspräche.

Neben diesen in der Literatur diskutierten drei Arten von Bündelungskosten ist jedoch noch eine zusätzliche vierte Komponente zu beachten, die in den **Vertrauenskosten** zu sehen ist. Die Begründung hierfür liegt vor allem darin, dass das Vertrauen in nahezu allen Transaktionsprozessen eine bedeutsame Stellung einnimmt (Plötner 1995, S. 57 ff.; Yoon 2002, S. 47 ff.; Meyer 2003, S. 167 ff.) und deshalb auch im Zusammenhang mit privaten Nachfragerkooperationen nicht vernachlässigt werden darf. Bei privaten Nachfragerkooperationen ist zunächst zwischen dem Vertrauen eines Kunden in den Anbieter und dem Vertrauen des Kunden in die Nachfragergruppe als solches zu unterscheiden. Da die Beschaffung des Gutes per definitionem gemeinschaftlich erfolgt, ist nicht nur eine Einigung auf die Produktspezifikation, sondern auch auf einen bestimmten Anbieter erforderlich. Dies kann zur Folge haben, dass die Ware evtl. über ein Unternehmen bezogen wird, mit dem einige Mitglieder schlechte Erfahrungen gesammelt haben oder dessen Kulanzleistungen Gründe zur Beanstandung boten. Auch der unter Umständen vorhandene und den Anbieter auswählende zentrale Organisator der kollaborativen Beschaffung hat nur einen begrenzten Einfluss auf die Anbieterwahl, wenn der Anbieter als einziger mit einer geeigneten Bündelofferte auf dem Markt vertreten ist. Darüber hinaus können (subjektive) Unsicherheiten bzgl. des Rechtsverhältnisses zwischen dem einzelnen Gruppenmitglied und dem Anbieter entstehen, wenn nicht eindeutig geklärt ist, welches Vorgehen von wem im Garantiefall initiiert wird. Bei Gruppen privater Nachfrager, die sich speziell für einen Kauf formieren, ist zudem das potenzielle opportunistische Verhalten einzelner Gruppenmitglieder oder des Gruppeninitiators zu berücksichtigen. So kann sich ein Gruppenmitglied nicht sicher sein, ob der Bündelinitiator nicht heimlich eigene Interessen zum Nachteil der Gruppe verfolgt, dass er adäquate Unterstützung bei Problemen erhält bzw. gegen wen ein Rechtsanspruch bestünde oder ob das geplante Geschäft überhaupt zustande kommt. Die angedeuteten Unsicherheiten erhöhen das Risiko einer falschen Kaufentscheidung für den Nachfrager, sodass er an der gemeinschaftlichen Beschaffung nur teilnehmen wird, wenn die Summe seiner Kosten bzw. Opfer geringer als sein potenzieller Nutzen ist (Weiber 1996, S. 10).

Nachteile der Nachfragerkooperation für die Anbieterseite

Die möglichen Gefahren von Nachfragerkooperationen für Anbieter sind nicht nur offensichtlicher als diejenigen der Konsumenten, sondern werden in unterschiedlicher Form auch bereits deutlich länger und intensiver diskutiert, beispielsweise im Rahmen der Preispolitik zur Unterbindung von Arbitragegeschäften (Simon 1992, S. 45; Büschken 1997, S. 26) oder der Verhinderung einer dominanten und mächtigen Nachfragerstellung (Geisbüsch 1964, S. 110 ff.). Der wohl offensichtlichste Nachteil ist hierbei für den Anbieter in den Kosten der Bündelung insbesondere durch Preisnachlässe zu sehen. Diese sind im Regelfall die Hauptmotivation der Nachfrager, an einer Bündelung teilzunehmen und stellen folglich als Preis der Bündelung eine konfliktäre Zielgröße zwischen Anbietern und Nachfragern dar. Weitere relevante Kosten können darüber hinaus entstehen, wenn zusätzlich zu dem eigentlichen Preisnachlass weitere Sonderleistungen angeboten werden, um die Attraktivität des Bündels zu erhöhen (Voeth 2003, S. 143 f.). Diese können z. B. die Gestalt eines zusätzlichen Geschenkes, einer speziellen Dienstleistung oder auch einer Entlohnung des Bündelinitiators annehmen. Darüber hinaus ist zu beachten, dass mit Nachfragebündelungen nicht nur Zahlungsbereitschaften abgeschöpft, sondern auch substituiert werden können. Dies ist beispielsweise dann der Fall, wenn die Mitglieder der Nachfragegruppe schon vorher bei dem Produzenten gekauft haben, die neue Bündelung also weder eine Erhöhung des Marktanteils noch eine Ausweitung des Marktvolumens bewirkt. Durch verschobene Kaufentscheidungen entstehen dem Anbieter zusätzlich Finanzierungskosten. Analog zum Finanzierungseffekt durch vorgezogene Beschaffungszeitpunkte ist auch der umgekehrte Fall denkbar und wahrscheinlich: Geplante Beschaffungen werden von den Kunden so lange aufgeschoben, bis eine geeignete Nachfragebündelung organisiert wurde, sodass der Anbieter potenzielle Einnahmen erst verspätet und in geringerem Umfang realisiert.

Ein weiteres Problemfeld, welches nicht zuletzt eine starke psychologische Dimension aufweist, erstreckt sich auf die Frage, inwieweit Kooperationen die Machtverhältnisse zwischen Anbietern und Nachfragern beeinflussen können und zu einer Steigerung der Nachfragemacht führen. Zwar sind Abhängigkeiten – wie im Zulieferergeschäft des

B2B-Marketing (Freiling 1995, S. 39 ff.) – durch Nachfragerkooperationen auf Konsumgütermassenmärkten wenig wahrscheinlich, doch bedarf es je nach Branche oft nur einer relativ kleinen Anzahl von Kooperationsmitgliedern, um eine spürbare Nachfragemacht aufzubauen und eventuelle Forderungen gegenüber einem Anbieter durchzusetzen. Die Problematik einer starken Nachfrageseite ist jedoch nur bedingt als solche zu betrachten, da grundsätzlich gilt, dass Anbieter immer von ihren Nachfragern abhängen und auch in Massenmärkten mit dispersen Konsumenten kleine Zugeständnisse der Produzenten oft große Wirkungen entfalten können. Auch für die Konzentration der Konsumentenmacht gilt mithin, dass sie bedenkenlos ist, solange positive Deckungsspannen erwirtschaftet werden – wie in jeder Geschäftsbeziehung. Auch negative Auswirkungen der Bündelungen auf diejenigen Nachfrager, die nicht an einer Bündelung teilnehmen (Voeth 2003, S. 144), erscheinen zwar möglich, nicht jedoch als besonders gravierend. Die Gefahr, dass Individualnachfrager, die nicht an einer Bündelung teilnehmen wollen oder können, sich bei einem zu großen Preisunterschied zwischen Bündel- und Einzelpreis der Konkurrenz zuwenden, da sie fürchten die Nachfragerkooperationen zu subventionieren, dürfte abgesehen von zeitlich begrenzten Werbemaßnahmen kaum praktische Relevanz besitzen.

4. Ansatzpunkte zur Stärkung privater Online-Nachfragerkooperationen

4.1 Die Bedeutung privater Nachfragerkooperationen im Online-Bereich

Die bisherigen Betrachtungen haben gezeigt, dass den zahlreichen Vorteilen von Nachfragerkooperationen prinzipiell überschau- und kalkulierbare Nachteile sowohl auf der Konsumenten- als auch auf der Anbieterseite gegenüberstehen. Daher ist es auch verständlich, dass dieses Konzept in der Wirtschaftspraxis eine weite Verbreitung gefunden hat: So unterstützen z. B. große Versandhäuser ihre Kunden häufig aktiv darin, Sammelbestellungen zu organisieren und Reiseveranstalter gewähren Rabatte für Gruppenreisen. Vor diesem Hintergrund ist es umso verwunderlicher, dass private Nachfragerkooperationen in der Online-Welt bisher nicht die erwartete Diffusion erfahren konnten. Obwohl die zunehmende Ausbreitung und Akzeptanz des Internets auf der Konsumentenseite die nachteiligen Bündelungskosten (siehe Abschnitt 3.2) drastisch zu reduzieren vermag und folglich einen starken Impuls auf die Nachfragebündelung ausüben sollte, konnte das Internet bislang privaten Kooperationen nicht zur erhofften Bedeutungssteigerung verhelfen. Im Folgenden werden daher die Gründe dieser bisher verhaltenen Entwicklung privater Online-Nachfragerkooperationen analysiert und darauf aufbauend Ansatzpunkte der Förderung dieses Konzeptes abgeleitet.

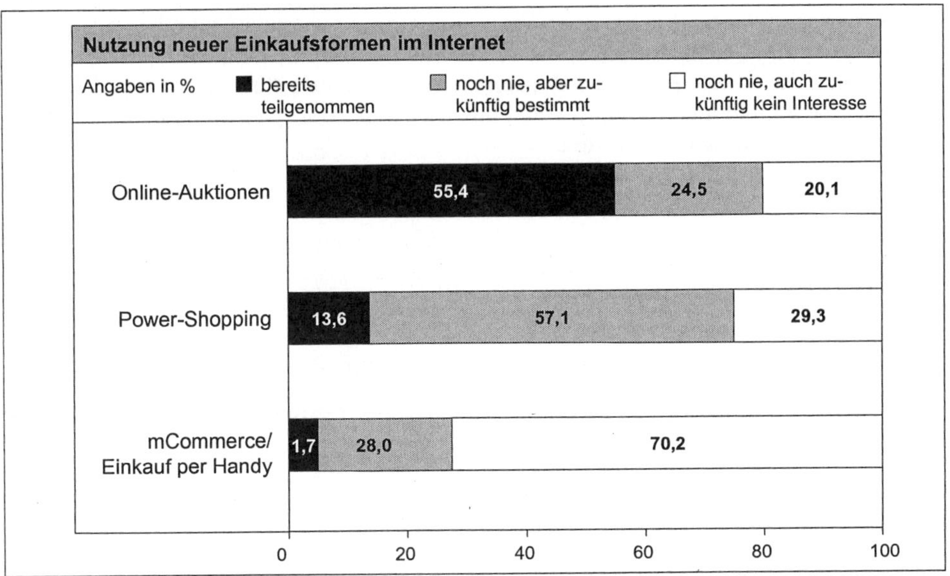

Quelle: Deutsche Post/ComCult Research 2000, S. 18.

Übersicht 3: Nutzung neuer Einkaufsformen im Internet.

Die Möglichkeiten des World Wide Web, einfach und preiswert Koordinationsleistungen zu erbringen, prädestinieren es als ideales Instrument zur Organisation von Nachfragerkooperationen. Mit Hilfe webbasierter Informations- und Kommunikationsdienste können die auftretenden Koordinationsaktivitäten deutlich effizienter und vor allem schneller abgewickelt werden als im Offline-Bereich (Backhaus/Voeth 2000, S. 46). Auch Preisbildungsmechanismen oder Handelsformen, die auf Grund ihrer hohen Koordinationserfordernisse im Offline-Bereich nur von untergeordneter Bedeutung sind, wie beispielsweise Auktionen oder Consumer-to-Consumer-Märkte, erfuhren durch das Internet in der Vergangenheit nachhaltigen Auftrieb (Reichwald/Hermann/Bieberbach 2000, S. 542 ff.; Glänzer/Schäfers 2002, S. 950 ff.). Auf Grund des sich hieraus ergebenen Potenzials, die Kosten kooperativer Beschaffungsvorgänge für private Nachfrager deutlich zu reduzieren, mehr Nachfrager zu bündeln und somit noch machtvoller gegenüber Anbietern auftreten zu können, entstanden unter Schlagwörtern wie Power-, Co- oder Community-Shopping zahlreiche Geschäftsmodelle, die sich dieses Potenzial nutzbar zu machen versuchten (Skiera/Spann 2002, S. 689 ff.; Kraft 2002, S. 538 ff.). Erstaunlicherweise stoßen derartige Angebote jedoch trotz ihrer Vorteile und einfachen Handhabung nicht auf das erwartete Interesse bei den Endkonsumenten. So kennen zwar 80 % aller deutschen Internet-User entsprechende Angebote, doch hat hiervon nur jeder zehnte Erfahrungen mit der gemeinschaftlichen Online-Kooperation gesammelt (o. V. 2001, S. 10). Im Vergleich hierzu werden beispielsweise Online-Auktionen nach einer Studie im Auftrag der Deutschen Post mehr als viermal so häufig genutzt (Deutsche Post/Com Cult Research 2000, S. 18). Vor dem Hintergrund dieser Zurückhaltung bei der Bildung privater Nachfragerkooperationen werden im Folgenden Einflussfaktoren auf deren Vorteilhaftigkeit diskutiert. Auf diese Weise sollen die zentrale Bedeutung des Vertrauens herausgearbeitet und gleichzeitig Ansatzpunkte zum aktiven Management dieses Marketing-Instruments identifiziert werden.

4.2 Vertrauen als zentrale Erfolgsgröße privater Online-Nachfragerkooperationen im Internet

4.2.1 Die Bedeutung des Vertrauens für den Transaktionserfolg

Die folgenden Überlegungen gehen von der Annahme aus, dass die Kosten der Bündelung bei Online-Kooperationen in einem ähnlichen Verhältnis zum angestrebten Nutzen stehen wie im Offline-Bereich, sodass in beiden Breichen der **Nettonutzen** privater Online-Nachfragerkooperationen in etwa gleich groß ist (siehe Übersicht 4). Weiterhin wird unterstellt, dass die Such- und Abstimmungskosten, die in erster Linie Kommunikationskosten darstellen, auf Grund des Interneteinsatzes und der Organisationsleistung der Power-Shopping-Betreiber für die Nachfrager deutlich geringer ausfallen als bei Offline-Kooperationen. Werden diese Annahmen akzeptiert, so müssen – in Relation gesehen – die Kompromiss- und Vertrauenskosten bei Online-Nachfragerkooperationen im Vergleich zum Offline-Bereich ceteribus paribus signifikant höher sein. Zudem ist auf Grund der erheblich höheren Reichweite von Internetdiensten und der damit einhergehenden größeren Anzahl potenzieller Bündelteilnehmer mit spezifischen Interessen die Annahme gerechtfertigt, dass die Kompromisskosten für Online-Kooperationen maximal die Höhe der entsprechenden Offline-Kosten annehmen. Diese Überlegungen führen schließlich zu der Hypothese, dass die verbleibende Residualgröße der **Vertrauenskosten** im Internet so stark an Gewicht gewonnen hat, dass sie als dominierende Determinante der Durchführung von Nachfragerkooperationen im Netz betrachtet werden kann.

Diese induktiv abgeleitete Bedeutung des Vertrauens für die erfolgreiche Organisation von Nachfragerkooperationen deckt sich mit dem hohen Stellenwert, den das Vertrauenskonstrukt auch in anderen B2B- oder B2C-Transaktionsbeziehungen einnimmt (Plötner 1995, S. 7 ff.; Morgan/Hunt 1994, S. 20 ff.). Das Vertrauen dient Nachfragern häufig als Substitution für fehlende Informationen und stellt ein zentrales Entscheidungskriterium bei komplexen Kaufentscheidungen oder Sachverhalten dar, die nur schwer evaluierbar sind. Vertrauensvolle Geschäftsbeziehungen erhöhen auf Grund der wahrgenommenen Sicherheit und Fairness nicht nur die Zahlungsbereitschaft der Nachfrager, sondern führen in der Regel auch zu einer erhöhten Kundenbindung, wodurch die Realisation eines deutlich gesteigerten Customer Lifetime Value ermöglicht wird (Weiber/Weber 2002, S. 609 ff.).

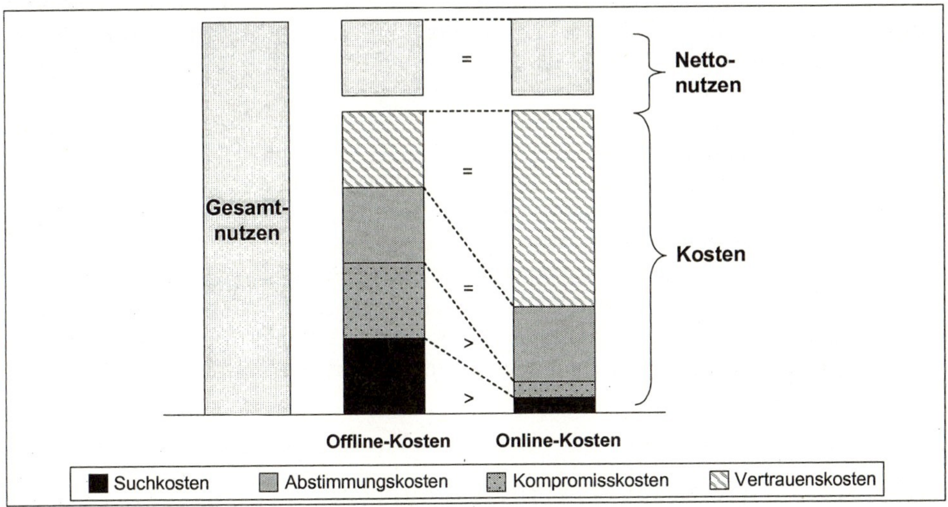

Übersicht 4: Hypothetische Verschiebung in den Relationen der Bündelungskosten zwischen Online- und Offline-Bereich

Generell wird **Vertrauen** in der betriebswirtschaftlichen Literatur übereinstimmend als bedeutender Wettbewerbsfaktor betrachtet, der unerlässlich für den wirtschaftlichen Erfolg einer Unternehmung ist (Bleicher 1995, S. 350 ff.). Der grundlegenden Bedeutung und dem weit reichenden Einfluss des Vertrauens bei nahezu allen Transaktionen wird explizit im Rahmen der Informationsökonomie Rechnung getragen, deren zentrale Fragen sich um die Reduktion von Unsicherheitspositionen drehen (Weiber/Adler 1995, S. 61 ff.; Adler 1996, S. 57 ff.). Das Vertrauen spielt auch – und vor allem im Internet – eine maßgebliche Rolle bei der Anbahnung von Transaktionen oder Geschäftsbeziehungen (Yoon 2002, S. 47 ff.; Saunders 2001). Nohira/Eccles (1992 S. 293 f.) nennen hierfür insbesondere drei Gründe:

- Fehlende Kopräsenz, d. h., die Transaktionspartner sind zeitlich und/oder räumlich voneinander getrennt.
- Fehlen nonverbaler Kommunikation, wie beispielsweise Tonfall, Mimik oder Gestik.
- Fehlen unmittelbaren Feedbacks und Fähigkeiten, aus dem Verhalten zu lernen.

Diese Ursachen beziehen sich in erster Line auf den Umstand, dass im Internet ausschließlich eine **Computer-vermittelte Kommunikation** (CMC) stattfindet, durch die reale, körperliche Attribute substituiert werden (Meyer 2003, S. 15 ff.). Da diese Attribute in Face-to-face-Situationen jedoch greifbar und besser beurteilbar sind, vermitteln sie Sicherheit und Vertrauen, was im Online-Bereich nicht möglich ist. In welchem Maße das Internet und damit die CMC für den Verlust von Vertrauen und zwischenmenschlicher Gemeinschaft verantwortlich ist, wird insbesondere in der Soziologie intensiv diskutiert (Baym 1998, S. 35; Höflich 1996, S. 57 ff.). Zwar treten die meisten Unsicherheitspositionen auch im Offline-Bereich auf, doch besteht weit gehend Einigkeit in der relevanten Literatur, dass auf Grund der geschilderten Effekte der CMC diese Aspekte in einer Online-Umgebung an (subjektiver) Bedeutung gewinnen. Erschwerend kommen zur Vertrauensproblematik eines Nachfrager gegenüber einem virtuellen Anbieter weitere Faktoren hinzu, die bei Beschaffungen im Rahmen konventioneller Transaktionen in der Regel nicht in vergleichbarem Maße als problematisch wahrgenommen werden. Hierzu zählen etwa Sicherheitsbedenken bezüglicher der Bezahlung im Internet, persönliche Informationen preiszugeben, Ware zu erhalten, die nicht der Beschreibung entspricht oder Befürchtungen, der Anbieter könne ein Betrüger sein, der bei Reklamationen nicht mehr erreichbar ist (Brinkmann/Seifert 2001, S. 28). Yoon stellt daher fest, dass „the issue of web-site trust has emerged as a major inhibitor of online transactions [...and is...] an important experience-related variable which is essential in initiating relationships with customers" (Yoon 2002, S. 48).

4.2.2 Soziale Interaktion als vertrauensbildendes Instrument

Da die Schaffung einer vertrauensvollen Umgebung für eine erfolgreiche Tätigkeit im Internet unerlässlich ist, wurden sowohl in der betriebswirtschaftlichen Literatur als auch in der Unternehmenspraxis zahlreiche Instrumente und Methoden entwickelt, um das Vertrauensdefizit auszugleichen. So ist es beispielsweise denkbar, dass eine „trusted third party" in den Transaktionsprozess eingeschaltet wird (Weiber 2003, S. 304 ff.). Im Zusammenhang mit Nachfragerkooperationen könnte dies ein Organisator sein, der eine Plattform für die Koordination von bündelbereiten Nachfragern und Anbietern anbietet und mit Hilfe von Kontrollen oder Garantien Vertrauen zwischen den beteiligten Mitgliedern schafft. Diese Maßnahmen sind bei Online-Auktionen sehr verbreitet und ausgereift, worin eine wichtige Ursache ihrer im Vergleich zu Bündelungsangeboten höheren Akzeptanz und Nutzung gesehen werden kann. So kontrolliert etwa der Online-Auktionator E-Bay die ordnungsgemäße Durchführung von Transaktionen und schließt Teilnehmer aus, wenn der vereinbarte Preis nicht gezahlt wird, die Leistung nicht der Beschreibung entspricht oder Bieterzirkel gegründet werden, die den Preis eines Produktes künstlich in die Höhe treiben sollen (Brinkmann/Seifert 2001, S. 30). Sollte trotz dieser Kontrolle eine Auktion unrechtmäßig verlaufen sein, sodass dem Käufer oder Verkäufer ein Schaden entstand, ersetzt E-Bay diesen bis zu einer Höhe von 500 Euro. Um die Nachteile der CMC zu mildern und um eine höhere Sicherheit zu gewährleisten, wird zudem die eindeutige Identifikation der Teilnehmer, d. h. die Sicherstellung der Kongruenz von Online- und Offline-Identität, angestrebt. Daher verschickt das Internetportal

Web.de zur Zertifizierung der Nutzer seines E-Mail-Dienstes die notwendigen Zugangscodes ausschließlich per Post an eine innerdeutsche Adresse, sodass die Identität des jeweiligen Nutzers weit gehend sichergestellt ist. Eine weitere Möglichkeit, Vertrauen unter Teilnehmern virtueller Aktionen zu stiften, besteht in der wechselseitigen Beurteilung der Mitglieder (Meyer 2000, S. 51). So besteht in vielen Foren, Shops oder Auktionsplattformen die Möglichkeit, die Meinungen oder das Verhalten der übrigen Mitglieder öffentlich zu kommentieren und zu bewerten. Durch diesen Selbstüberwachungsmechanismus sollen einerseits schwarze Schafe isoliert und abgeschreckt, andererseits ehrliche und faire Verhaltensweisen belohnt werden. Dass dieses System funktioniert, belegen empirische Untersuchungen, wonach bei Online-Auktionen Verkäufer mit guten Beurteilungen mehr Kaufangebote erhalten und höhere Verkaufspreise erzielen als solche mit weniger guter Reputation (zit. nach Brinkmann/Seifert 2001, S. 28).

Die Wirksamkeit dieser **Selbstüberwachung** mag auf den ersten Blick erstaunen, da zum einen die positiven und negativen Bewertungen in der Regel freiwillig und unentgeltlich erfolgen, sodass der Kommentator selbst keinen unmittelbaren Vorteil hieraus zieht und zum anderen die potenziellen Geschäftspartner, die im Vorfeld einer Transaktion diese Kommentare lesen, sich auf die subjektive Meinung eines unbekannten Users verlassen müssen. Was im Internet zunächst als unbedachte oder leichtfertige Verhaltensweise erscheint, wird in der Offline-Welt bereits seit Jahrzehnten unter Schlagwörtern wie Mund-zu-Mund-Propaganda, Kundenempfehlungen oder dem englischen Begriff **„Word-of-Mouth“** (WoM) als eine der zentralen Determinanten des Käuferverhaltens diskutiert, womit die nachfragerinterne Kommunikation über transaktionsrelevante Themen bezeichnet wird (Arndt 1967, S. 3 ff.; Kaas 1973, S. 50 ff.; Hummerich 1976, S. 21 ff.). Die Gründe der hohen Wirksamkeit dieser Informations- und Kommunikationsform lassen sich dabei im Wesentlichen auf zwei Aspekte zurückführen: ihren hohen **Informationswert** sowie ihre hohe wahrgenommene Glaubwürdigkeit. Der hohe Informationswert resultiert unter anderem aus der Möglichkeit, im direkten Gespräch unmittelbare Rückfragen zu stellen und so Unklarheiten oder Missverständnisse erst gar nicht auftreten zu lassen, das Gespräch auf die Aspekte zu lenken, die den Informationssuchenden am stärksten interessieren oder von (vor allem negativen) Sachverhalten Kenntnis zu erlangen, die anderweitig nur schwer oder gar nicht in Erfahrung zu bringen wären. Der stärkste Einfluss auf das Nachfragerverhalten kann jedoch aus der wahrgenommenen Glaubwürdigkeit der WoM-Kommunikation abgeleitet werden. Da dem Auskunft gebenden Nachfrager selbst kein kommerzielles oder sonstiges Interesse an einem Transaktionsabschluss unterstellt wird, wird davon ausgegangen, dass er den Ratsuchenden nach bestem Wissen und Gewissen unterstützt. Die WoM-Kommunikation wird praktisch als neutrale, unabhängige Informationsquelle eingestuft, der ein höheres Ausmaß von Vertrauen entgegengebracht werden kann als vom Initiator beeinflussbare Quellen. Die positiven Effekte und die Ergiebigkeit des WoM treten jedoch erst deutlich und nachhaltig zutage, wenn die nachfragerinterne Kommunikation im Rahmen eines **sozialen Kontextes** erfolgt. In einer solchen Umgebung wächst einerseits die Motivation zur Abgabe relevanter Informationen und andererseits der Druck, diese gewissenhaft und mit positiver Intention weiterzugeben (Helm 2000, S. 182 f.; Henning-Thurau/Hansen 2001, S. 563 f.).

Im Rahmen von **Virtual Communities** wird daher versucht, ein dem Offline-Leben vergleichbares Gemeinschaftsgefühl in die Virtualität zu transferieren, um somit die Grundlage einer vertrauensvollen und ergiebigen **nachfragerinternen Kommunikation** zu schaffen (Kozinets 1999, S. 252 ff.; Meyer 2003, S. 38 ff.; Weiber/Meyer 2002b, S. 347 ff.). Virtual Communities stellen jedoch nicht nur eine vertrauensbildende Maßnahme im E-Commerce dar, sondern weisen sowohl für Nachfragerkooperationen als auch für Anbieter gebündelter Leistungen weitere Vorteile auf (Meyer 2003, S. 133 ff.). Aus Nachfragersicht sind hierbei insbesondere intrinsische Motive sowie der Abbau von Informationsasymmetrien zu nennen, während die Anbieter neben weiteren Vorteilen vor allem von einer potenziellen Verringerung der Preissensibilität bzgl. der Bündel profitieren können. Diese Vorteile werden im Folgenden einer detaillierten Betrachtung unterzogen.

4.2.3 Schaffung von Nachfrager-Mehrwert durch Virtual Communities

Das Konzept der Virtual Communities hat nicht nur wie andere Anwendungen des Internets das Potenzial, die Such-, Abstimmungs- und Kompromisskosten einer Bündelung drastisch zu senken, sondern vermag durch die Schaffung von nachfragerinterner Kommunikation ein sozialisiertes Umfeld zu schaffen, durch das die Vertrauensproblematik des Internets entschärft wird. Die Hauptursache für die Glaubwürdigkeit der Kommunikation in Virtual Communities liegt dabei im unterstellten nicht-opportunistischen Verhalten zwischen Nachfragern, d. h. der Unabhängigkeit von einem Anbieter. Darüber hinaus werden zudem durch die aktive Nutzung bzw. Förderung der sozialen Interaktion bei Virtual Communities Elemente ins Internet transferiert, die bei Transaktionen im Offline-Bereich praktisch immer zum Einsatz gelangen und insbesondere für den Erfolg von Nachfragerkooperationen von zentraler Bedeutung sind (Meyer 2003, S. 47 ff.): Leistungseigenschaften oder -alternativen werden mit Freunden und Bekannten besprochen, Standpunkte und Anwendungshinweise diskutiert und Ratschläge eingeholt. Durch die Bildung von Virtual Communities als Plattform für den Austausch von Mitgliedern lassen sich die positiven Effekte dieser Beziehungen erstmals auch im Internet realisieren, sodass nicht nur die Such- und Abstimmungskommunikation die Kooperation positiv beeinflusst, sondern die soziale Interaktion Teil der Bündelungsmotivation wird.

Der Stellenwert zwischenmenschlicher Beziehungen für das Marketing wurde nicht nur in zahlreichen empirischen Studien zum WoM wissenschaftlich nachgewiesen, sondern findet auch in der Vertriebspraxis Anwendung. So ist es beispielsweise das Geschäftskonzept des Haushaltswarenherstellers Tupperware, seine Produkte durch angeworbene Kunden in den Privatwohnungen der Nachfrager anzubieten, umso in einem vertrauensvollen Umfeld die Vor- und Nachteile der jeweiligen Produkte zu besprechen und Kaufschwellen zu senken. In einer empirischen Untersuchung stellten Henning-Thurau/Hansen (2001) fest, dass die drei stärksten Motive von Personen ihre Meinungen und ihr

Wissen auf einer Meinungsplattform im Internet zu veröffentlichen, der Reihenfolge ihrer Bedeutung nach

1. Altruismus,
2. Ärger abbauen sowie ein
3. Community-Erlebnis

sind. Altruismus umfasst den Wunsch, andere Nachfrager entweder an positiven Produkterfahrungen teilhaben zu lassen oder sie vor bestimmten Nachteilen von Leistungen oder negativen Erlebnissen mit Anbietern zu warnen. Viele Äußerungen werden auch getätigt, um Ärger über Leistungen oder Anbieter abzubauen und somit für die entstandenen Nachteile Vergeltung zu üben. Vor allem bei Nachfragern, die häufig das Internet nutzen und viele Meinungen verfassen, spielt zudem das Community-Erlebnis eine wichtige Rolle. Die relativ hohe Bedeutung dieses Motivs kann als Indiz dafür gewertet werden, dass die vertrauenschaffende Bildung von virtuellen Gemeinschaften auch in einem konsumorientierten Zusammenhang im Internet erfolgreich stattfindet und in Verbindung mit den altruistischen Motiven für eine hohe Vertrauenswürdigkeit innerhalb der Kooperation zu sorgen vermag. Neben die grundlegenden Vorteile von Nachfragerkooperationen treten bei Communities somit noch zusätzlich intrinsische Motive, die nicht nur die Vertrauensproblematik lindern können, sondern als eigenständige Anreize zur Kooperationsteilnahme dienen und somit die Nachfragerkooperation insgesamt stärken.

Da Gemeinschaften sowohl offline als auch online im Regelfall über eine **Bestandsdauer** verfügen, die über die eigentliche Transaktion hinausgeht, kann auch die zeitliche Dimension von privaten Nachfragerkooperationen entsprechend verlängert werden. Während im Offline-Bereich Kooperationen üblicherweise zur Tätigung eines vorteilhaften Kaufabschlusses und nur ausnahmsweise – z. B. im Rahmen einer Sammelklage gegen ein Unternehmen – nach dem Kaufabschluss eingegangen werden, finden sich im Internet deutlich häufiger Nachfrager zusammen, um ihre nach der Transaktion angefallenen Forderungen durchzusetzen. Ein eindrucksvolles Beispiel einer derartigen Nachfragerkooperation lieferten die Fahrer des Sportwagens Audi TT, die in der Community „tt-owners-club“ über ihre Fahrzeuge diskutierten. Nachdem sich im Forum Berichte über Unfälle des Wagens und instabiles Fahrverhalten bei hohen Geschwindigkeiten häuften, informierten die Mitglieder die Presse und leiteten gemeinsam juristische Schritte ein. Als Konsequenz dieser Aktionen der TT-Besitzer wurden schließlich viele Autos zurückgerufen oder gar -gekauft und Neuwagen mit einem Heckspoiler versehen (Köhler/ Best 2000, S. 118 f.). Meinungsforen, wie dooyoo.de oder vocatus.de, können als private Nachfragerkooperationen klassifiziert werden, da sie die entsprechenden Definitionskriterien der Aktivität und der Erreichung eines wirtschaftlichen Ziels erfüllen. Die Aktivität des Zusammenschlusses wird durch das Aufsuchen des Forums und das Verfassen von (zum Teil sehr ausführlichen) Berichten offensichtlich. Der unmittelbare Vorteil, der sich für die Nachfrager aus dem Zusammenschluss der Mitglieder ergibt und das ökonomische Ziel der Kooperation repräsentiert, ist im Abbau von Informationsasymmetrien zu Gunsten der Nachfrager zu sehen, die in einer Stärkung der Nachfragermacht resultiert. Innerhalb eines Forums oder einer Gemeinschaft verfügen die Mitglieder über umfassende Möglichkeiten sich zu informieren und von dem Wissen sowie den Erfahrungen der übrigen Gemeinschaftsmitglieder zu profitieren (Meyer 2003, S. 148 ff.). So könnten beispielsweise in einer Angler-Community – analog zu Angelvereinen – Erfahrungen und Beurteilungen von verschiedensten Angelruten, Ködern oder den besten Fischgründen ausgetauscht werden. Da die Angler ihrem Hobby regelmäßig nachgehen, werden sie in der Gesamtbetrachtung auf diese Weise mehr Angelruten verwenden, mehr Köder testen oder mehr Fischgründe entdecken und Informationen darüber austauschen, als relevante Anbieter entsprechende Informationen generieren könnten. „In vielen Communities liegt der Wert also nicht so sehr in der Erfahrung und dem Wissen jedes einzelnen, sondern in den Erfahrungen und Perspektiven zahlreicher Individuen. [...] Keine Kombination „publizierter" Expertenmeinungen reicht an die geballten Einsichten und Erfahrungen einer Gemeinschaft von Menschen heran, die ein leidenschaftliches Interesse verbindet." (Hagel/Armstrong 1997, S. 45).

4.2.4 Vorteile der sozialen Interaktion für Bündelanbieter

Nicht nur die Endverbraucher können von der sozialen Interaktion bei Online-Nachfragerkooperationen profitieren, sondern auch die Anbieter. Die Schwierigkeit beim Management des WoM zwischen den Nachfragern bestand bis dato darin, dass die Inhalte der Gespräche höchstens indirekt ermittelt werden konnten und die Beeinflussungsmöglichkeiten seitens des Anbieters stark begrenzt waren. Durch die schriftliche, also archivierbare und nachverfolgbare Kommunikation, die gleichwohl im selben Maße von den Kommunikationspartnern als vertrauenswürdig wahrgenommen wird wie Face-to-face-Gespräche, haben Anbieter nun erstmals die Möglichkeit, die Kommunikationsinhalte und vor allem das Know-how der Nachfrager aktiv zu nutzen (Meyer 2003, S. 154 ff.). Als zentraler zusätzlicher Vorteil ist dabei die weitere Verringerung der Prozesskosten bei gleichzeitiger Erhöhung des Kundenservices zu nennen. Während sich die Prozesskostenreduktion bislang auf die Bestellabwicklung und den Versand von Produkten beschränkte, kann mit Hilfe der nachfragerinternen Kommunikation, die möglicherweise in begrenztem Umfang durch Know-how oder andere Ressourcen des Anbieters unterstützt wird, Kunden bei technischen oder Anwendungsproblemen geholfen werden. Da innerhalb einer Community themen- bzw. produktspezifisch kommuniziert wird, finden Kunden dort in der Regel schnell und zuverlässig kompetenten Rat von anderen Mitgliedern. Diese Aufgaben, die bisher von Hotlines, FAQ-Bereichen oder anderen Formen des Kundenservice wahrgenommen wurden, können nun effizienter und effektiver an die Community delegiert werden. Anwendungsprobleme können auf diese Weise direkt mit Hilfe anderer Nutzer behoben werden, die ebenfalls bereits vor diesen oder ähnlichen Schwierigkeiten standen. Zudem kann das Informationsangebot weit über die eigentliche Produktberatung hinausgehen. So wäre es vorstellbar, dass Angler in einer Kooperation nicht nur über technische Vor- und Nachteile ihrer Ausrüstung diskutieren und diese möglichst günstig beschaffen wollen, sondern auch Hinweise über besonders geeignete

Köder oder ertragreiche Fischgründe austauschen. Der Vorteil eines verbesserten Kundenservice wird bereits seit langem von Softwareproduzenten wahrgenommen, die ihren Anwendern entsprechende Foren anbieten (z. B. SPSS.com) und findet in der B2B-Branche auch im Offline-Bereich regen Einsatz (Erichsson 1993, S. 60 ff.). Als nicht zu unterschätzender Nebeneffekt dieser Nachfragerkooperationsform ist auch die mögliche Erhöhung der Kundenbindung durch das durch die soziale Interaktion bedingte Engagement der User zu nennen (Bickart/Schindler 2001, S. 32). Durch die Schaffung eines Community-Erlebnisses, welches ja eines der drei Hauptmotive der Nutzung von Meinungsforen ist, werden Wechselbarrieren gegenüber anderen Anbietern und Foren aufgebaut, die auch zu einer Verringerung der Preissensibilität führen können. Für den Anbieter bedeutet das konkret, dass die Community-Mitglieder eher zu Zugeständnissen bei den Bündelpreisnachlässen oder den Sonderleistungen bereit sind, die die Nachfragerbündelung eigentlich für die Abnehmer interessant machen sollen. Zudem können die Informationen, die durch die Gespräche der Kooperation gewonnen werden, auch als Grundlage einer zielgerichteten Marktforschung dienen, da durch die intensive Diskussion zahlreicher Leitungsaspekte, Fehler, Nachteile oder Produktverbesserungsvorschläge zutage treten, die andernfalls oft nur unter Schwierigkeiten zu ermitteln gewesen wären (Weiber/Meyer 2002b, S. 355). Schließlich kann der Einsatz kundenspezifischer Werbung auf Basis des individuellen Nutzungs- und Kommunikationsverhaltens der User als weiterer Vorzug des Community-Ansatzes betrachtet werden.

5. Stand und Entwicklung privater Online-Nachfragerkooperationen

Die bisherigen Überlegungen haben verdeutlicht, dass die Vorteilhaftigkeit von privaten Online-Nachfragerkooperationen auf Grund der Erhöhung des Vertrauens durch soziale Interaktionen unter den Nachfragern deutlich gesteigert werden kann. Da jedoch – wie erörtert – nicht nur die Privatnachfrager, sondern auch die Anbieter Vorteile aus der Nachfragebündelung ziehen können, ist dieses Konzept für beide Marktparteien von großem Interesse. Die unterschiedlichen Motivationen dieser beider Gruppen erfordern jedoch auch eine spezifische Schwerpunktsetzung bei der erfolgreichen Organisation von interagierenden Kooperationskonzepten. Da die Grundlage dieser Konzepte die Vertrauenswürdigkeit der Kommunikation darstellt, muss jeglicher Anschein eines regulierenden Eingreifens insbesondere eines Anbieters vermieden und höchster Wert auf einen objektiven und fairen Umgang gelegt werden (Meyer 2000, S. 46 ff.). Daher empfiehlt sich zur Ableitung effizienter Marketingstrategien eine Systematisierung von Nachfragerkooperationen an Hand der zentralen Erfolgsdimensionen „Ausmaß der sozialen Interaktion“ sowie „Initiator der Kooperation“ (siehe Übersicht 5).

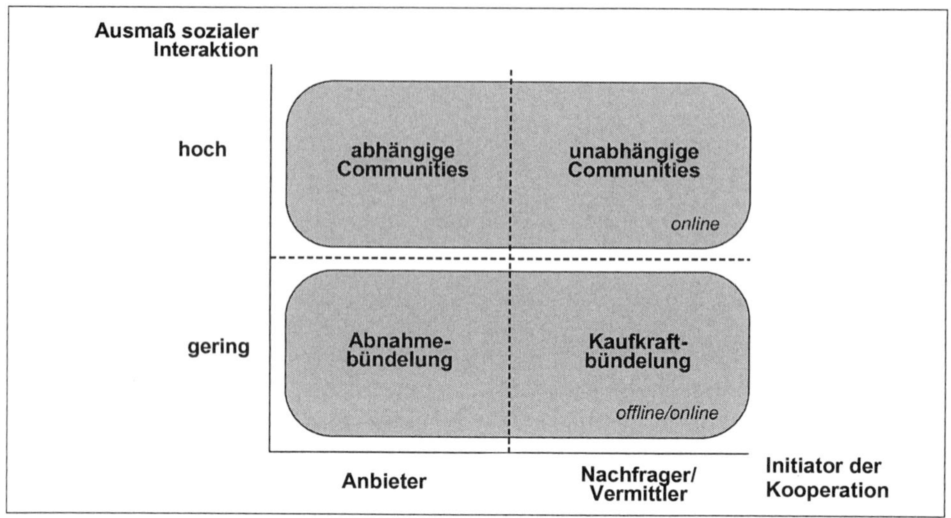

Übersicht 5: Systematisierung von Nachfragerkooperationen

Das **Ausmaß der sozialen Interaktion** ist sowohl bei der Abnahme- als auch bei der Kaufkraftbündelung relativ gering. Die Kommunikation der Nachfrager bezieht sich dabei in erster Linie auf Such- und Abstimmungserfordernisse vor der eigentlichen Kaufentscheidung. Bei der Abnahmebündelung geht die Initiative vom Produzenten bzw. Anbieter der Leistung aus, der, z. B. auf Grund von Lagerrestbeständen oder zur Abschöpfung von Zahlungsbereitschaften, entweder ein bestimmtes Produkt vertreiben möchte oder aber zur Verringerung von Prozesskosten in Abhängigkeit von der Höhe des Auftragswertes Vergünstigungen gewährt. Geht die **Initiative der Kooperation** von den Nachfragern selbst aus, versuchen diese ihre Kaufkraft zu aggregieren, sodass sie nicht zwingend auf das vorgegebene Programm eines Anbieters angewiesen sind, sondern eventuell individualisierte Bedarfe beschaffen können. Um die Koordinationskosten zu verringern, kann auch ein (professioneller oder privater) Vermittler die Organisation der Nachfragerkooperation übernehmen und sich gegebenenfalls für diese Leistung entlohnen lassen. Aus Marketingsicht bietet das Internet bei Kooperationstypen mit geringer sozialer Interaktion in erster Linie den Vorteil, die Such- und Abstimmungskosten der Bündelungen zu reduzieren. Folglich stellt der Interneteinsatz primär die Transformation eines Marketing-Instruments in die Virtualität zur quantitativen Verbesserung der Ergebnisse dar. Die gemeinschaftliche Offline-Beschaffung von Computern durch Studierende einer Universität (Voeth 1999, S. 12 ff.) ist daher ebenso als Kaufkraftbündelung einzuordnen wie die Online-Organisation von Power-Shopping-Anbietern wie beispielsweise letsbuyit.de.

Durch die Förderung der nachfragerinternen Kommunikation, d. h. ein steigendes Ausmaß sozialer Interaktion, ändern sich die Funktionalität und das Selbstverständnis von

Nachfragerkooperationen, sodass es zu den in Abschnitt 4 diskutierten Vorteilen kommt. Die Realisierung dieser Vorteile erfordert für (von Anbietern) **abhängige Communities** andere Marketingstrategien als für **unabhängige** Kooperationen, die von den Nachfragern oder in ihrem Sinne initiiert werden (Weiber/Meyer 2002b, S. 349 ff.). Neben den bereits angedeuteten Schwierigkeiten für Anbieter, als vertrauenswürdige Transaktionspartner akzeptiert zu werden, sind weitere Aspekte z. B. der Kundenbindung zu beachten. Während in unabhängigen Communities auch Konkurrenzprodukte und kritische Informationen zugänglich sind, d. h., eine **Informationssymmetrie** angestrebt wird, muss ein Anbieter in der Regel andere Anreize finden, um die Kommunikation zu fördern. Da die Berücksichtigung der sozialen Dimension in diesem Zusammenhang ein noch relativ neues Forschungsgebiet der Betriebswirtschaftslehre darstellt, ist es Aufgabe zukünftiger Arbeiten, differenzierte und empirisch fundierte Handlungsempfehlungen abzuleiten.

Trotz der zahlreichen und deutlichen Vorteile von Nachfragerkooperationen hat sich dieses Konzept bislang auf Consumer-Märkten weder in erwartetem Maße durchsetzen noch einen nachhaltigen Anteil am Beschaffungsumsatz erobern können, wofür gleich mehrere Gründe angeführt werden können. Für den Offline-Bereich sind hierfür mit großer Wahrscheinlichkeit die hohen Bündelungskosten verantwortlich, die den Aufwand, der zur Organisation einer Nachfragerkooperation betrieben werden muss, häufig in keiner günstigen Relation zum Bündelvorteil erscheinen lässt. Eine weitere Ursache kann in der recht überschaubaren Angebotspalette an Bündelungsofferten gesehen werden, sodass es schwer fällt, Nachfrager zu finden, die sich auf diese Auswahl beschränken wollen. Auf der anderen Seite erfordern nachfragerinitiierte Kooperationen gegenüber Unternehmen entweder eine für private Organisatoren kaum realisierbare Anzahl von Teilnehmern oder die subjektive Einschätzung eines Bündelungserfolges wird als so gering bewertet, dass erst gar kein entsprechender Versuch unternommen wird.

Mit dem Aufkommen der New Economy und der mit ihr einhergehenden Euphorie (Weiber/Meyer 2002a, S. N3) schienen diese Probleme gelöst und Nachfragerkooperationen als das wegweisende Geschäftsmodell der Zukunft, sodass sich zahlreiche Start-ups in diesem Bereich engagierten. Dass die Ernüchterung nicht lange auf sich warten ließ und ein Großteil der Unternehmen wegen Unwirtschaftlichkeit wieder vom Markt verschwanden, lag jedoch nicht nur am allgemeinen Zusammenbruch der New Economy oder der Tatsache, dass erst vergleichsweise geringe Umsätze im Internet getätigt wurden, sondern auch an originären Problemen des Geschäftsmodells. An erster Stelle ist hier der diskutierte Vertrauensmangel zu nennen, der sich im virtuellen Umfeld des Internets potenzierte. Zudem konnten die modernen Informations- und Kommunikationstechnologien zwar die Such- und Abstimmungskosten drastisch reduzieren, gleichzeitig aber bot der E-Commerce mit seiner Waren- und Informationsfülle eine nie da gewesene Auswahl an Schnäppchen und Sonderangeboten, sodass sich die Aufwand/Nutzen-Relation der Nachfragebündelung nicht in gleichem Maße verbesserte. Daher konnten die Kompromisskosten im Vergleich zu Offline-Kooperationen ebenfalls nicht im erwarteten Maße reduziert werden, da die Nachfrager ihr Wunschprodukt zu unwesentlich höheren oder gar niedrigeren Kosten im Internet finden konnten. Auch die viel diskutierten und gelobten Vorteile des Community-Konzeptes konnten an dieser Lage nicht viel ändern. Zwar gibt es einige gelungene Beispiele für ihr grundlegendes und gewaltiges Potenzial, doch ein wirklich überzeugendes Vorbild einer Virtual Community, welches alle oder wenigsten die meisten der propagierten Vorteile realisiert, sucht man bis dato vergeblich.

Sind also private Nachfragerkooperationen lediglich eine Randerscheinung, ein Sonderfall privater Beschaffung ohne Zukunft? Auch diese Schlussfolgerung ist falsch. Nachfragerkooperationen werden auf Grund der geschilderten Probleme zwar kaum eine dominierende Beschaffungsstrategie für Endkonsumenten werden, doch werden sie sich entwickeln und in ihrer Bedeutung zunehmen, da ihre Vorteilhaftigkeit mittelfristig überzeugt und sich auch die Rahmenbedingungen entsprechend verändern werden. Die Internet-Euphorie mit Preisen, die häufig nicht einem kaufmännischen Kalkül entsprangen ist zur „true economy“ zurückgekehrt und die Vorteile der Nachfragerbündelung werden auch auf Unternehmensseite zunehmend erkannt, sodass eventuell vorhandene Ressentiments abgebaut werden. Gleiches gilt für Nachfragerkooperationen mit einem hohen Ausmaß an sozialer Interaktion. Die geschilderten Vorzüge dieses Marketinginstruments stellen sich nicht automatisch und zwangsläufig ein, sondern bedürfen einer vorsichtigen und strategischen Planung. Als zuverlässigster Indikator der positiven Zukunftsaussichten kann jedoch die zunehmende Verbreitung und Akzeptanz des Internets gesehen werden. Erste empirische Untersuchungen an der Professur für Marketing und Innovation der Universität Trier belegen, dass die positiven Effekte der sozialen Interaktion für den Marketing-Einsatz mit steigender Vertrautheit und Nutzungsdauer der Probanden ansteigen und Personen, die das Internet stark nutzen bereits heute virtuellen Gemeinschaften nahezu das gleiche Vertrauen entgegenbringen wie neutralen Testberichten (Meyer 2003, S. 84 ff.). Vor diesem Hintergrund ist davon auszugehen, dass die Bedeutung dieses Konzeptes im Zusammenhang mit der Kooperation privater Nachfrager langsam aber stetig zunehmen und es mittelfristig einen festen Platz sowohl im Marketing-Instrumentarium der Unternehmen als auch bei der (Informations-)Beschaffung der Nachfrager einnehmen wird.

Literatur

ADLER, J. (1996): Informationsökonomische Fundierung von Austauschprozessen, Wiesbaden.

ARNDT, J. (1967): Word of Mouth Advertising: A Review of the Literature, New York.

BACKHAUS, K. (1999): Industriegütermarketing, 6. Aufl., München.

BACKHAUS, K.; VOETH, M. (2000): Kunden als Vertriebsorgan: Organisation und Management temporärer Nachfragergruppen, in: Belz, C.; Bussmann, W. (Hrsg.): Vertriebsszenarien 2005 – Verkaufen im 21. Jahrhundert, Wien, S. 46-50.

BATZER, E.; LACHNER, J.; MEYERHÖFER, W. (1989): Die handels- und wettbewerbspolitische Bedeutung der Kooperationen des Konsumgüterhandels, 36/I. Aufl., München.

BAUMEISTER, C. (2000): Nachfragebündelung als Instrument der Preisdifferenzierung, Lohmar.

BAYM, N. K. (1998): The Emergence of On-Line Community, in: Jones, S. G. (Hrsg.): CyberSociety 2.0: Revisiting computer-mediated communication and community, Thousand Oaks, S. 35-68.

BICKART, B.; SCHINDLER, R. M. (2001): Internet forums as influential sources of consumer information, in: Journal of Interactive Marketing, 15. Jg., Nr. 3, S. 31-40.

BLEICHER, K. (1995): Vertrauen als kritischer Faktor einer Bewältigung des Wandels, in: Zeitschrift Führung und Organisation, 64. Jg., Nr. 6, S. 350-356.

BRINKMANN, U.; SEIFERT, M. (2001): "Face to Interface": Zum Problem der Vertrauenskonstitution im Internet am Beispiel von elektronischen Auktionen, in: Zeitschrift für Soziologie, 30. Jg., Nr. 1, S. 23-47.

BÜSCHKEN, J. (1997): Sequentielle nicht-lineare Tarife – Nicht-lineare Preispolitik bei Nachfrageunsicherheit, Wiesbaden.

BUTSCHER, S. (1998): Kundenbindungsprogramme & Kundenclubs, Ettlingen.

DEUTSCHE POST; COMCULT RESEARCH (2000): ECommerce facts 2.0 – Repräsentative Studie zum Online-Shopping in Deutschland, Bonn.

DILLER, H. (1997): Was leisten Kundenclubs? Ein Testbeispiel, in: Marketing – Zeitschrift für Forschung und Praxis, 19. Jg., Nr. 1, S. 33-41.

ENGELHARDT, W. H. (1976): Erscheinungsformen und absatzpolitische Probleme von Angebots- und Nachfrageverbunden, in: Zeitschrift für betriebswirtschaftliche Forschung, 28. Jg., S. 77-90.

ERICHSSON, S. K. (1993): User Groups im Systemgeschäft – Ansatzpunkte für das Systemmarketing, Wiesbaden.

FREILING, J. (1995): Die Abhängigkeit der Zulieferer – Ein strategisches Problem, Wiesbaden.

GEISBÜSCH, H.-G. (1964): Die organisierte Nachfrage – Organisation und Strategie marktbeeinflussender oder marktbeherrschender Nachfrager, Köln u. a.

GLÄNZER, S.; SCHÄFERS, B. (2002): Handel zu flexiblen Preisen – Das Beispiel ricardo.de, in: Weiber, R. (Hrsg.): Handbuch Electronic Business, 2. Aufl., Wiesbaden, S. 950-964.

HAGEL, J. I.; ARMSTRONG, A. G. (1997): Net Gain – Profit im Netz, Wiesbaden.

HANSON, W.; MARTIN, R. K. (1990): Optimal Bundle Pricing, in: Management Science, 36. Jg., Nr. 2, S. 155-174.

HELM, S. (2000): Kundenempfehlungen als Marketinginstrument, Wiesbaden.

HENNING-THURAU, T.; HANSEN, U. (2001): Kundenartikulationen im Internet – Virtuelle Meinungsplattformen als Herausforderung für das Marketing, in: Die Betriebswirtschaft, 61. Jg., Nr. 5, S. 560-580.

HÖFLICH, J. R. (1996): Technisch vermittelte interpersonale Kommunikation – Grundlage, Organisatorische Medienverwendung, Konstitution "Elektronischer Gemeinschaften", Opladen.

HUMMRICH, U. (1976): Interpersonelle Kommunikation im Konsumgütermarketing, Wiesbaden.

KAAS, K. P. (1973): Diffusion und Marketing – Das Konsumentenverhalten bei der Einführung neuer Produkte, Stuttgart.

KLEINALTENKAMP, M. (2002): Customer Integration im Electronic Business, in: Weiber, R. (Hrsg.): Handbuch Electronic Business, 2. Aufl., Wiesbaden, S. 443-467.

KÖHLER, T. R.; BEST, R. B. (2000): Electronic Commerce: Konzipierung, Realisierung und Nutzung im Unternehmen, 2. Aufl., München u. a.

KOZINETS, R. V. (1999): E-Tribalized Marketing?: The Strategic Implications of Virtual Communities of Consumption, in: European Management Journal, 17. Jg., Nr. 3, S. 252-264.

KRAFT, S. (2002): Powershopping: Preisbildung durch den Kunden, in: Schögel, M.; Tomczak, T.; Belz, C. (Hrsg.): Roadmap to E-Business, St.Gallen, S. 538-546.

MEYER, J. (2000): Der Einsatz Virtueller Gemeinschaften im Marketing – Eine netzwerk-analytische Betrachtung von Virtual Communities, Arbeitspapier zur Marketingtheorie Nr. 10 des Lehrstuhls für Marketing und Innovation an der Universität Trier, hrsg. von Rolf Weiber, Trier.

MEYER, J. (2003): Mundpropaganda im Internet - Bezugsrahmen und empirische Fundierung des Einsatzes von Virtual Community im Marketing, Hamburg

MORGAN, R. M.; HUNT, S. D. (1994): The Commitment-Trust Theory of Relationship Marketing, in: Journal of Marketing, 58. Jg., Nr. 3, S. 20-38.

MÜLLER-HAGEDORN, L. (1978): Das Problem des Nachfrageverbundes in erweiterter Sicht, in: Zeitschrift für betriebswirtschaftliche Forschung, 30. Jg., S. 181-193.

NOHIRA, N.; ECCLES, R. G. (1992): Face-to-Face: Making Network Organizations Work, in: Eccles, R. G. (Hrsg.): Networks and Organisations, Boston, S. 288-308.

O. V. (2001): Powershopping: wenig genutzt, in: Lebensmittel Praxis, Nr. 12, S. 10.

OLESCH, G. (1998): Einkaufskooperationen im Handel, in: Arnold, U. (Hrsg.): Erfolgreich durch Einkaufskooperationen, Wiesbaden, S. 57-88.

PLÖTNER, O. (1995): Das Vertrauen des Kunden: Relevanz, Aufbau und Steuerung auf industriellen Märkten, Wiesbaden.

REICHWALD, R.; HERMANN, M.; BIEBERBACH, F. (2000): Auktionen im Internet, in: Das Wirtschaftsstudium, 29. Jg., Nr. 4, S. 542-551.

REICHWALD, R.; PILLER, F. T. (2002): Mass Customization-Konzepte im Electronic Business, in: Weiber, R. (Hrsg.): Handbuch Electronic Business, 2. Aufl., Wiesbaden, S. 443-493.

SABEL, H. (1998): Die Geschichte des Marketing in Deutschland, in: Wirtschaftswissenschaftliches Studium, 27. Jg., Nr. 3, S. 106-110.

SAUNDERS, C. (2001): Trust Central to E-Commerce, Online Marketing, in: http://cyberatlas.internet.com/markets/retailing/print/0,,6061_926741,00.html.

SIMON, H. (1992): Preismanagement – Analyse, Strategie, Umsetzung, 2. Aufl., Wiesbaden.

SIMON, H.; WÜBKER, G. (2000): Mehr-Personen-Preisbildung, in: Zeitschrift für Betriebswirtschaft, 70.Jg., Nr.6, S. 729-746.

SKIERA, B.; SPANN, M. (2002): Flexible Preisgestaltung im Electronic Business, in: Weiber, R. (Hrsg.): Handbuch Electronic Business, 2. Aufl., Wiesbaden, S. 689-707.

SWOBODA, B. (1996): Akzeptanzmessung bei modernen Informations- und Kommunikationstechnologien, THEXIS. Fachbericht für Marketing, Nr. 3, St. Gallen.

SWOBODA, B.; JANZ, M. (2002): Electronic Commerce im Handel – Anwendungen und Entwicklungsperspektiven, in: Schögel, M.; Tomczak, T.; Belz, C. (Hrsg.): Roadm@p to E-Business, St. Gallen, S. 302-326.

SWOBODA, B.; MORSCHETT, D. (2002): Electronic Business im Handel, in: Weiber, R. (Hrsg.): Electronic Business, 2. Aufl., Wiesbaden, S. 775-807.

VOETH, M. (1999): Lernen von den Studierenden: Auswirkungen (selbst-)organisierter Nachfragergruppen auf das Marketing, in: Forschungsjournal der Westfälischen Wilhelms-Universität Münster, 8. Jg., Nr. 2, S. 12-14.

VOETH, M. (2002): Nachfragerbündelung, in: Zeitschrift für betriebswirtschaftliche Forschung, 54. Jg., Nr. 3, S. 113-127.

VOETH, M. (2003): Gruppengütermarketing, München.

WEIBER, R. (1997a): Das Management von Geschäftsbeziehungen im Systemgeschäft, in: Kleinaltenkamp, M.; Plinke, W. (Hrsg.): Geschäftsbeziehungsmanagement, Berlin u. a., S. 277-349.

WEIBER, R. (1997b): Die Bedeutung der Nachfrageverbundenheit im Systemgeschäft, in: Backhaus, K. u. a. (Hrsg.): Marktleistung und Wettbewerb, Wiesbaden, S. 365-383.

WEIBER, R. (2002): Die empirischen Gesetze der Netzwerkökonomie – Auswirkungen von IT-Innovationen auf den ökonomischen Handlungsrahmen, in: Die Unternehmung, 56. Jg., Nr. 5, S. 269-294.

WEIBER, R. (2003): Trust Center, in: Schildhauer, T. (Hrsg.): Lexikon Electronic Business, München u. a., S. 304-306.

WEIBER, R. (2005): Was ist Marketing? Ein informationsökonomischer Erklärungsansatz, Arbeitspapier zur Marketingtheorie Nr. 1 des Lehrstuhls für Marketing und E-Business an der Universität Trier, hrsg. von Rolf Weiber, 2. Auflage, Trier.

WEIBER, R.; ADLER, J. (1995): Der Einsatz von Unsicherheitsreduktionsstrategien im Kaufprozeß: Eine informationsökonomische Analyse, in: Zeitschrift für betriebswirtschaftliche Forschung, 47. Jg., Sonderheft Nr. 35, S. 61-77.

WEIBER, R.; KOLLMANN, T. (1997): Wettbewerbsvorteile auf virtuellen Märkten – Vom Marketplace zum Marketspace, in: Link, J. u. a. (Hrsg.): Handbuch Database Marketing, Ettlingen, S. 512-531.

WEIBER, R.; MEYER, J. (2002a): Latente Revolution; in: Handelsblatt, 06.03.2002, Nr. 46, S. N3.

WEIBER, R.; MEYER, J. (2002b): Virtual Communities, in: Weiber, R. (Hrsg.): Handbuch Electronic Business, 2.Aufl., Wiesbaden, S. 343-361.

WEIBER, R.; WEBER, M. (2002): Customer Relationship Marketing und Customer Lifetime Value im Electronic Business, in: Weiber, R. (Hrsg.): Handbuch Electronic Business, 2. Aufl., Wiesbaden, S. 609-643.

WEIBER, R.; BILLEN, P.; MEYER, J. (2004): Die Bedeutung des Electronic Procurement zur Kundenbindung, in: Backhaus, K.; Voeth, M. (Hrsg.): Handbuch Industriegüter-Marketing, Wiesbaden 2004, S. 553 - 576.

WÜBKER, G. (1998): Preisbündelung – Formen, Theorie, Messung und Umsetzung, Wiesbaden.

YOON, S.-J. (2002): The antecedents and consequences of trust in online-purchase decisions, in: Journal of Interactive Marketing, 16. Jg., Nr. 2, S. 47-63.

Axel Schmidt/Clemens Kiefer*

Kooperationen zwischen mittelständischen Unternehmen

---

* Univ.-Professor Dr. Axel G. Schmidt ist Inhaber der Professur für Mittelstandsökonomie der Universität Trier und Vorstand des inmit-Instituts für Mittelstandsökonomie.
Dipl.-Kfm. Clemens Kiefer ist Wissenschaftlicher Mitarbeiter der Professur für Mittelstandsökonomie der Universität Trier.

1. Kooperation im Mittelstand – Ein zukunftsweisendes Thema im Strukturwandel

Im Hinblick auf das Thema Kooperation scheinen sich mittelständische Unternehmen wie Königskinder zu verhalten, die den Weg zueinander nicht so recht finden. Mittelständische Unternehmen weisen zwar eine Reihe nicht leistungsbedingter unternehmensgrößenpezifischer Wettbewerbsnachteile auf, die durch das Beschreiten des Königswegs „Kooperation" im Prinzip kompensiert oder zumindest abgeschwächt werden könnten. Dennoch realisieren kleine und mittlere Unternehmen (kmU) einschlägigen empirischen Studien zufolge (Hauschild/Wallacher 2004, S. 1012; Brussig/Dreher 2001, S. 568; DG-Bank 2000, S. 12; Fieten/Friedrich/Lagemann 1997, S. 234 f.; Kaufmann/Kokalj/May-Strobl 1990, S. 62 f.) – sieht man vom Einzelhandel ab – die strategische Option „Kooperation" deutlich seltener als Großunternehmen. Das stark ausgeprägte Autonomiestreben selbstständiger Unternehmer (Grünwald u. a. 2004, S. 71; Kucera 2001, S. 9; Schmidt 1998a, S. 294) dürfte eine der wichtigsten Ursachen für diesen Befund sein.

Dabei nimmt der Druck in Richtung einer Erhöhung der „mindestoptimalen" Unternehmensgröße, dem im Prinzip durch Kooperation Rechnung getragen werden könnte, im Zuge des sich in vielfältigen Facetten vollziehenden Strukturwandels zu. An vorderster Stelle ist in diesem Zusammenhang die so genannte Large-market/Large-firm-Hypothese zu nennen. Diese geht davon aus, dass auf globalen Märkten nur diejenigen Unternehmen eine Überlebenschance besitzen, die eine hinreichende Unternehmensgröße erreichen, um die vielfältigen Chancen echter **Global Player** nutzen zu können (Schmidt u. a. 1995, S. 1 ff.). Obwohl lediglich der geringere Teil mittelständischer Unternehmen – und hier insbesondere der industrielle Mittelstand – auf Grund seiner internationalen Geschäftstätigkeit unmittelbar vom Globalisierungsprozess betroffen ist (Welter 2002, S. 15ff.; Fieten/Friedrich/Lagemann 1997, S. 19 ff.), berührt diese These indirekt auch weite Teile des nicht international tätigen Mittelstands, sei es, dass sie als Zulieferer für exportierende Unternehmen in den so genannten „indirekten Export" involviert sind, sei es, dass sie als Dienstleister für internationale Großunternehmen tätig sind, die ihren Kosten- und Innovationsdruck zu überwälzen trachten.

Der nicht ausschließlich aus den Internationalisierungsprozessen resultierende hohe Wettbewerbsdruck, dem sich kmU gegenübersehen, führt dazu, dass das Streben nach Kosteneffizienz einen höheren Stellenwert besitzt als noch vor 20 Jahren. Größere Unternehmen sind eher in der Lage, **Economies-of-Scale-Effekte** insbesondere im Bereich der Produktion zu realisieren. Auf der Beschaffungsseite führt ein mit der Unternehmensgröße eng zusammenhängendes hohes Nachfragevolumen zu niedrigeren Einkaufspreisen pro nachgefragte Einheit. Der Siegeszug von Großbetriebsformen und insbesondere von Filialisten hat im deutschen Einzelhandel bereits zur Folge gehabt, dass sich kmU zu so genannten gewerblichen Verbundgruppen[1] wie beispielsweise Red Zac, Electronic Partner etc. zusammengeschlossen haben, um ihre Einkaufsvolumina zu bündeln. Von wenigen Ausnahmen abgesehen, ist es im mittelständischen Einzelhandel heute nicht mehr die Frage, ob man überhaupt einer gewerblichen Verbundgruppe angehört, sondern ob die Wahl auf eine leistungsstarke und damit überlebensfähige Verbundgruppe fällt. Die gewerblichen Verbundgruppen stehen in den meisten Branchen in unmittelbarem Wettbewerb zu den Unternehmen der Großhandelsstufe. Bei diesen steigt der Druck in Richtung größerer Unternehmenseinheiten analog (Schmidt/Freund 1995, S. 167). Die Konzentration nimmt sowohl im Konsumgüter- (Täger 2002, S. 58 ff.) als auch im Produktionsverbindungshandel zu (Müller-Hagedorn/Spork 2002, S. 79 ff.; vgl. hierzu auch den Beitrag von Müller-Hagedorn in diesem Kapitel des Sammelwerks).

Als dritte und letzte Facette des Strukturwandels – die Liste ließe sich mühelos fortsetzen – seien die höheren Ansprüche der Nachfrager, insbesondere die gestiegene Verbundnachfrage angeführt. Dieses Phänomen findet sich sowohl im Bereich des **business to business** als auch in den Bereichen, in denen der private Konsument Endnachfrager ist.

So haben die Großunternehmen wichtiger Industrien – allen voran die Automobilhersteller (Fieten/Friedrich/Lagemann 1997, S. 43; Fieten/Schmidt 1994, S. 91; Schmidt/Richter 1991, S. 25) – im Zuge ihrer neuen Beschaffungs- und Logistikstrategien bereits vor mehreren Jahren damit begonnen, sowohl die Anzahl ihrer Zulieferer zu reduzieren – **single**- oder **dual**- statt **multiple sourcing** – als auch sich komplette Module, beispielsweise ganze Armaturen – im Zuge eines **modular sourcing** anliefern zu lassen, statt Einzelkomponenten selbst „zusammen zu bauen". Dies hat bereits dazu geführt, dass auf der **First-tier-Zuliefererebene** und auf nachgelagerten Stufen der Zulieferpyramide ein erheblicher Druck in Richtung größerer, international agierender Zulieferunternehmen entstanden ist (Fieten/Friedrich/Lagemann 1997, S. 43).

Die Ersparnis an Transaktionskosten, die damit verbunden ist, dass man einen definierten Komplettbedarf mit nur einem Lieferanten deckt, hat zusätzlich – beispielsweise unter dem Stichwort „Outsourcing von C-Teilen" – andere Industriebereiche erfasst und schafft Chancen in Form neuer Betätigungsfelder für die mittelständischen Unternehmen etwa des Technischen Handels (VTH – Verband der Technischen Händler o. J.), sofern es diesen gelingt, die Nachfrage nach bislang sortimentsfremden Produkten durch Fusion oder Kooperation zu decken.

Eher unter dem Begriff „Alles aus einer Hand" wird der steigende Anspruch der privaten Konsumenten subsumiert, vormals auf ihnen lastende Transaktionskosten zu eliminieren. So entstehen beispielsweise beim Bau oder bei der Renovierung eines Hauses (Sudbrink 2001, S. 174 ff.) große Chancen für Generalunternehmer in Dach-Arbeitsgemeinschaften

---

[1] Heute bieten viele Verbundgruppen ihren Mitgliedern neben dem gemeinsamen Einkauf eine Vielzahl von Dienstleistungen an, die von gemeinsamer Werbung über Betriebsberatung bis hin zur Investitionsförderung reichen. Diese sollen dazu beitragen, Nachteile von kmU im Wettbewerb mit Groß- und Filialunternehmen auszugleichen (Zentes u. a. 2004, S. 344).

kooperierende Bauunternehmer (Wallau u. a. 1999, S. 19 ff.) und gewerkübergreifende Kooperationen von Handwerksunternehmen. Sie ersparen dem Konsumenten die Kosten etwa für Planung und Koordination der Aktivitäten mehrerer Handwerksunternehmen der verschiedenen involvierten Gewerke (Buschmann/Golembiewski 2003, S. 69).

Zahlreiche kmU, die via Export bereits auf Auslandsmärkten präsent sind, sehen sich gestiegenen Ansprüchen ihrer ausländischen Kunden gegenüber. Diese betreffen beispielsweise den Kundenwunsch nach kurzfristig anberaumter Beratung und schnell abrufbarem **after sales service**. Die hierzu erforderliche noch größere Kundennähe ist im Rahmen einer reinen Exportstrategie nicht realisierbar (Menke/Schmidt 1995, S. 1) und erfordert eine Präsenzstrategie in den Zielmärkten (Swoboda 2000, S. 107). Grenzüberschreitende Kooperationen gewinnen daher an strategischer Bedeutung, zumal die Gründung einer eigenen Auslandsgesellschaft als eigentlich präferierte Markterschließungsform (Weber/Kabst 2000, S. 39) in kmU zum Teil auf erhebliche Ressourcenrestriktionen stößt (Zentes/Swoboda 1999, S. 57). Inzwischen kooperieren gut 10 % der deutschen mittelständischen Unternehmen mit einem ausländischen Partner (Maaß/Wallau 2003, S. 29).

Diese einleitenden Ausführungen mögen genügen, um plausibel zu machen, dass Kooperation für kmU ein relevantes, aktuelles und auch zukunftsweisendes Thema ist. Aus den genannten Beispielen wurde allerdings bereits deutlich, dass Treiber, Gestaltungsformen und Verbreitung von Kooperationen in mittelständischen Unternehmen von Branche zu Branche sehr unterschiedlich ausgeprägt sind. Daher sind im Folgenden einige Bemerkungen zum hier zugrunde gelegten Verständnis der Begriffe „Mittelstand" sowie „Kooperation" angebracht.

2. Begriffliche Grundlagen

2.1 Mittelständische Unternehmen

2.1.1 Jenseits quantifizierbarer Grenzen

Der ausschließlich im deutschen Sprachraum gebräuchliche Begriff „wirtschaftlicher Mittelstand" oder „mittelständisches Unternehmen" umfasst ein breites Spektrum unterschiedlichster Unternehmen: vom Freiberufler bis zum Ein-Mann-Handwerksbetrieb, vom Kiosk um die Ecke bis zum industriellen Zulieferer mit mehreren hundert Beschäftigten. Kein Wunder also, dass Gothein mit Blick auf die Problematik einer einheitlichen und verbindlichen Definition bereits vor hundert Jahren schrieb: „Was man nicht definieren kann, das spricht als Mittelstand man an!“ (Gothein 1906, S. 7; zit. nach Hinderer 1984, S. 5).

Trotz der Vielfalt definitorischer Ansätze für den Begriff Mittelstand hat sich in Deutschland eine pragmatische, inzwischen weithin akzeptierte Definition durchgesetzt (Klemmer u. a. 1996, S. 18), die Definition des Instituts für Mittelstandsforschung, Bonn (Günterberg/Wolter 2002, S. 21). Hierbei wird zwischen quantitativen und qualitativen Kriterien unterschieden. Bei den quantitativen Kriterien muss den Besonderheiten einzelner Wirtschaftsbereiche Rechnung getragen werden. Ein Industrieunternehmen gilt aus quantitativer Sicht als kmU, wenn es nicht mehr als 50 Millionen Euro Jahresumsatz erzielt und weniger als 500 Beschäftigte hat (Günterberg/Wolter 2002, S. 21).[1]

Aus der Sicht der Verfasser kommt den qualitativen Kriterien inzwischen eine wesentlich höhere Bedeutung zu als den quantitativen. Eigentum und die daraus resultierenden Risiken sowie der Anspruch auf das Residualeinkommen einerseits und die Unternehmensführung andererseits liegen in den Händen des selbstständigen Unternehmers. Was das mittelständische Unternehmen entscheidend prägt, ist die Person des Unternehmers, der das Unternehmen gegründet oder in Familientradition stehend übernommen und es durch Wachstumsphasen und Krisen geführt hat. Der selbstständige Unternehmer hat sein privates Vermögen in sein Unternehmen investiert, und zwar häufig in stärkerem Umfang, als die Portfoliotheorie dies unter dem Risikoaspekt empfiehlt. Damit wird der Eigentümer-Unternehmer zum Risiko-Unternehmer mit allen Konsequenzen einer uneingeschränkten Haftung, und zwar unabhängig von eigenem Verschulden (Schmidt 1999, S. 20). Und dies sagt nach deutschem Verständnis – auch nach dem Selbstverständnis dieser Eigentümer-Unternehmer selbst – mehr über das „Mittelständler-Sein“ aus als irgendeine fixe quantitative Obergrenze.

2.1.2 Die zentrale Position des Eigentümer-Unternehmers – Kooperationsrelevante Aspekte

Im Hinblick auf alle wichtigen Entscheidungsprozesse in kmU hat der Eigentümer-Unternehmer die zentrale Position inne. Während für die Leitungsebene von Großunternehmen ein hohes Maß an institutionalisierter Aufgabenteilung charakteristisch ist, beispielsweise in Form einer Differenzierung nach einzelnen Vorstandsressorts, konzentriert sich in kmU eine Vielzahl von Funktionen auf den Eigentümer-Unternehmer. Er ist häufig Produktions-, Finanz-, Marketing- und Personalchef in einer Person. In den Freien Berufen, weiten Teilen des Dienstleistungssektors sowie im Einzelhandel und im

---

[1] Zu den im Einzelnen davon erheblich abweichenden quantitativen Grenzen der Europäischen Kommission, vgl. EU-Kommission 2003, S. 38 ff.; Schmidt 1998b.

Handwerk kommt oftmals noch die Übernahme ausführender Tätigkeiten hinzu (Schmidt/Kraus 2001, S. 110). Von dieser zentralen Rolle, die der Eigentümer-Unternehmer in der Ablauf- und Aufbauorganisation spielt, hängen somit die Flexibilität des Unternehmens und damit auch entscheidend der Unternehmenserfolg ab (Schmidt 1995, S. 31).

Typische Merkmale, die den Eigentümer-Unternehmer im Allgemeinen charakterisieren, sind unter anderem sein ausgeprägtes Streben nach Unabhängigkeit und Selbstständigkeit (Deutsch 1992, S. 56) sowie eine eher geringe Delegationsbereitschaft (Kosmider 1991, S. 44 f.). Das stark ausgeprägte Streben nach Unabhängigkeit kann so weit führen, dass eine mögliche Zusammenarbeit mit anderen Unternehmen gar nicht erst in Erwägung gezogen wird, da so mancher Unternehmer in der damit einhergehenden Notwendigkeit, einen Teil seiner Entscheidungsautonomie über eigene Ressourcen, Potenziale und Informationen aufzugeben, den ersten Schritt zur Aufgabe seiner Selbstständigkeit sieht (Kucera 2001, S. 9; Müller/Goldberger 1986, S. 56).

Welch hohen Stellenwert Eigentümer-Unternehmer nichtmateriellen Zielen wie Autonomie und Selbstständigkeit beimessen, kommt in Untersuchungen zum Ausdruck, die eine Dominanz des Strebens nach Selbstständigkeit vor rein ökonomischen Zielsetzungen wie Gewinnerzielung und Rentabilität feststellen (Schmidt 1999, S. 23; Pfohl/Kellerwessel 1982, S. 56). Diese Prioritätensetzung im Hinblick auf die unternehmerischen Ziele ist auch durch die empirische Gründungsforschung für den Bereich der Jungunternehmer gut belegt (Schmidt 2002, S. 41 ff.).

Ein weiteres Charakteristikum eines Eigentümer-Unternehmers ist in einem traditionellen unternehmerischen Selbstverständnis zu sehen, bei dem das in Betracht ziehen einer Kooperation als ein Ausdruck der Schwäche interpretiert wird (Thielemann 1999, S. 54). Demgegenüber führt eine Studie von Rautenstrauch aus dem Jahre 2002 zu dem Befund, dass nur 1 % der befragten industriellen Mittelständler den Verlust der Eigenständigkeit und die Abhängigkeit vom Partner als kooperationserschwerend betrachten (Rautenstrauch 2002, S. 7). Hier ist allerdings zu berücksichtigen, dass zwei Drittel aller befragten Unternehmen bereits über Kooperationserfahrung verfügen und daher in dieser Stichprobe Vorurteile und eine grundsätzlich negative Einstellung zu Kooperationen kaum zum Tragen kommen.

Auch die Interstratos-Studie kommt zu dem Ergebnis, dass über die Jahre sichtbare Tendenzen weg von **Lonely-fighter-Verhaltensweisen** hin zu verstärkt kooperativen Strategien als eine unternehmerische Anpassungsstrategie auf eine zunehmende Dynamisierung von Märkten identifizierbar sind (Pichler 2000, S. 604 f.).

Dies mag als Indiz dafür zu werten sein, dass die Einstellung im Mittelstand gegenüber Kooperation in einem Wandlungsprozess begriffen ist, sei es, dass die Einstellungsänderung aus den eingangs aufgeführten Strukturwandlungsprozessen resultiert, sei es, dass im Zuge des Generationenwechsels im Mittelstand vielfach bereits eine neue Generation von Unternehmern die Führung übernommen hat, die nicht nur einen eher kooperativen

Führungsstil (Viehl 2004, S. 95 ff.) praktiziert, sondern Kooperationen offener gegenübersteht.

Die bereits erwähnte geringe Delegationsbereitschaft kann im Verbund mit der hohen Arbeitsbelastung, über die zahlreiche mittelständische Unternehmer „klagen", ein weiterer Grund für die derzeit im Vergleich zu Großunternehmen noch eher wenig ausgeprägte Kooperationsneigung sein. Denn der so typisierte mittelständische Unternehmer wird kaum bereit sein, das Management eines Projektes von so weit reichender Bedeutung wie eine Kooperation zu delegieren, möchte andererseits eine zusätzliche Arbeitsbelastung für sich selbst vermeiden. Allerdings ist wiederum im Zuge des Generationenwechsels davon auszugehen, dass zahlreiche Nachfolger eine andere Einstellung gegenüber der Delegation sowie dem Stellenwert der Arbeit in einem **Balance-of-life-Entwurf** (Schmidt 2002, S. 43 ff.) an den Tag legen.

Neben den Strukturwandlungsprozessen und den Einstellungsänderungen im Zuge des Generationenwechsels gibt es noch einen weiteren Grund dafür davon auszugehen, dass die Beliebtheit der strategischen Option „Kooperation" in kmU zunehmen wird. Die Aussage: „Sie sprechen hier von meinem Geld", die ein Eigentümer-Unternehmer einmal gegenüber einem Berater gemacht haben soll, bringt zum Ausdruck, dass der „typische" Eigentümer-Unternehmer ein durchaus stark ausgeprägtes Kostenbewusstsein besitzt. Die tatsächlichen oder vermeintlichen Koordinationskosten, die mit einer Kooperation verknüpft sind, stellen daher traditionell ein bedeutsames Hemmnis für die Zusammenarbeit mit anderen Unternehmen dar (Kucera 2001, S. 9). Die mit einer Kooperation einhergehenden Transaktionskosten lassen sich allerdings in nicht unerheblichem Maße mindern, wenn internetgestützte Informations- und Kommunikationstechnologien genutzt werden. Dies ist der weit überwiegenden Mehrheit der mittelständischen Unternehmen ebenso bewusst wie die Tatsache, dass durch die Nutzung des Internets der Informationsaustausch zwischen den Kooperationspartnern schnell erfolgt (DG-Bank 2000, S. 14).

2.2 Kooperation – Ein facettenreiches Phänomen

Für den Begriff der Kooperation konnte sich bislang weder in der Praxis noch in der Literatur eine einheitliche Definition durchsetzen. Abhängig von der wissenschaftlichen Disziplin und dem Betrachtungsstandpunkt werden unterschiedliche Akzente bei der Definition bzw. Eingrenzung des Kooperationsbegriffes gesetzt (Kaufmann/Kokalj/May-Strobl 1990, S. 3).

Ein den meisten Kooperationsbegriffen gemeinsames Merkmal ist die Selbstständigkeit der Akteure, da Kooperation die direkte Weisungsbefugnis, wie sie innerhalb eines Unternehmens besteht, ausschließt (Klanke 1995, S. 15). Im weiteren Verlauf dieses Aufsatzes wird unter Kooperation die zeitlich befristete Zusammenarbeit von zwei oder mehr rechtlich und wirtschaftlich selbstständigen Unternehmen verstanden. Notwendiges

Merkmal ist weiterhin, dass beide Seiten unabhängig von einander die Möglichkeit der einseitigen Beendigung der Kooperation haben. Darüber hinaus gilt ein Verständnis von Kooperation, das zwischen einer reinen Verhaltensabstimmung als schwächster Ausprägung und einem **Joint Venture** als stärkste Bindungsform liegt (Kaufmann/Kokalj/May-Strobl 1990, S. 4). Übersicht 1 spannt den Bogen zwischen Markt und Hierarchie mit den dazwischen liegenden Formen der Kooperation.

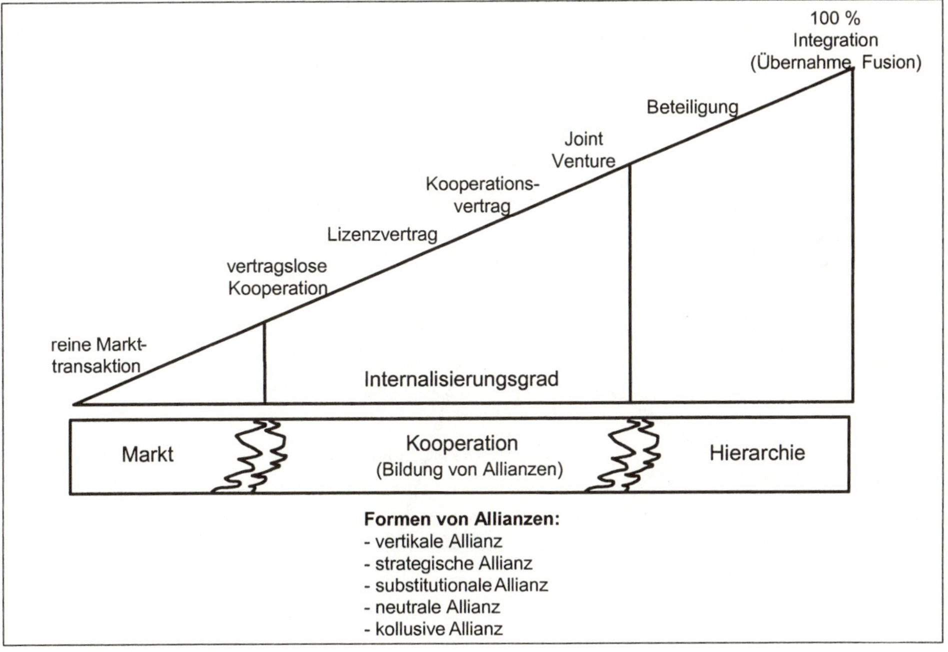

Quelle: Hammes 1995, S. 81.

Übersicht 1: Einordnung der strategischen Allianz zwischen den beiden Extrempunkten der Transaktionskostentheorie: Markt und Hierarchie

Übersicht 1 vermittelt einen ersten Eindruck davon, dass das Phänomen Kooperation zahlreiche Spielarten und Gestaltungsformen aufweist. Dies ist bei der Interpretation so mancher Statistik über die Verbreitung von Kooperation zu berücksichtigen: Wenn zwei Unternehmen die Frage, ob sie mit anderen Unternehmen kooperieren, bejahen, so mag es sein, dass das eine Unternehmen projektbezogen ab und an in einer Bietergemeinschaft „mitmacht“, während das andere Unternehmen in ein Forschungs- und Entwicklungs (F & E)- Kooperationsnetzwerk eingebettet und an drei **Joint Ventures** im In- und Ausland maßgeblich beteiligt ist. Dass es darüber hinaus noch zahlreiche andere Dimensionen gibt, die eine reale Kooperation charakterisieren, verdeutlicht Übersicht 2.

In der Realität gibt es eine Fülle verschiedenster Gestaltungsformen von Kooperationen, die sich in der konkreten Ausprägung einzelner oder zahlreicher der in Übersicht 2 dargestellten Dimensionen unterscheiden. Der zu einer realitätsnahen Erfassung erforderliche Grad an Differenziertheit ist entsprechend hoch und wird – soweit ersichtlich – in keiner der vorliegenden Kooperationsstudien zu 100 % erreicht.

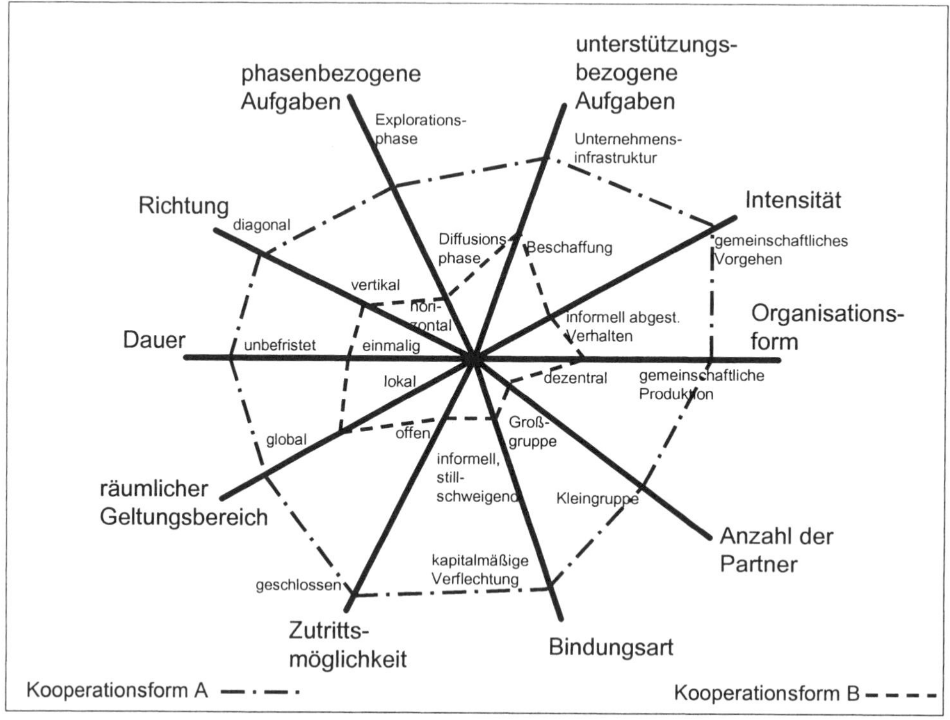

Quelle: In Anlehnung an: Pinkwart 2001, S. 199.

Übersicht 2: Kooperationsradar mit den wichtigsten Gestaltungsdimensionen einer Unternehmenskooperation

3. Der Kooperationsprozess in mittelständischen Unternehmen – Ausgewählte empirische Befunde

3.1 Überblick

Dem wünschenswerten Anspruch an Differenziertheit in der empirischen Forschung Rechnung zu tragen, wäre sehr aufwändig. Die einschlägigen Studien erfassen deshalb entweder Kooperationen allgemein und dringen nicht in eine entsprechende Tiefe der Analyse vor oder sie erfassen Details, beschränken sich demzufolge aber auf ein einzelnes Kooperationsfeld wie etwa die Internationalisierung.

Da die hier intendierte Darstellung empirisch belegter unternehmensgrößenspezifischer Besonderheiten im Kooperationsverhalten auf die Befunde des Schrifttums zurückgreift, ist bei der Interpretation der Ergebnisse beispielsweise zu berücksichtigen, dass ein spezifisches Verhalten, das mittelständische Unternehmen bei grenzüberschreitenden Kooperationen charakterisiert, nicht ohne weiteres auf das Verhalten im Zuge einer Bietergemeinschaft zwischen vier deutschen Bauunternehmen übertragen werden kann.

Die Darstellung empirischer Befunde orientiert sich im Kern an dem im Schrifttum weit verbreiteten Phasenmodell (Fontanari 1996, S. 170 ff.; Staudt u. a. 1992, S. V) des Kooperationsprozesses. Im Folgenden werden vier Phasen unterschieden:

- Initiierung
- Partnersuche und Partnerwahl
- Konstituierung – Kooperationsformen und -felder
- Management/Erfolgskontrolle/Beendigung

Ausgangspunkt der prozessorientierten Analyse ist die Tatsache, dass die Kooperationstätigkeit im Inland wie im Ausland (Maaß/Wallau 2003, S. 32 f.) mit zunehmender Unternehmensgröße kontinuierlich ansteigt. Dass dieser Befund auch einer nach Wirtschaftsbereichen differierenden Analyse stand hält belegt Tabelle 1.

Wirtschafts-abschnitt	Unternehmenskooperationen in Unternehmen mit ... bis ... Beschäftigte				
	1 bis 9	10 bis 49	50 bis 249	250 und mehr	insgesamt
Verarbeitendes Gewerbe	25,3	42,4	56,2	70,7	32,7
Baugewerbe	18,7	31,2	65,7	62,3	21,8
Handel	22,3	44,3	58,0	60,3	26,2
Gastgewerbe	14,4	44,7	61,1	71,1	17,5
Verkehr und Nachrichten-übermittlung	19,3	50,8	71,9	76,8	26,6
Dienstleistungen überwiegend für Unternehmen	39,5	56,4	66,5	69,8	42,7

Quelle: Hauschild/Wallacher 2004, S. 1012.

Tabelle 1: Unternehmenskooperationen 2003 nach Beschäftigtengrößenklassen (Prozent der Unternehmen)

3.2 Initiierung

Im Vergleich zu Großunternehmen werden die Instrumente des strategischen Managements in kmU wesentlich seltener eingesetzt (Haeusslein 1993, S. 146 ff.; Lanz 1992, S. 77 ff.). Entwicklung und Verlauf von Strategien sind in kmU häufig durch Improvisation gekennzeichnet (Welter 2003, S. 221 ff.). Daher steht zu erwarten, dass mittelständische Unternehmen auch seltener durch eine Analyse der strategischen Ausgangssituation sowie durch die Planung und Formulierung von Zielen und Strategien klare Anknüpfungspunkte für Kooperationen als strategische Option schaffen (Zink/Esser 2002, S. 170).

Eine Reihe empirischer Indizien spricht für diese Erwartung. Nach einer Studie von Fontanari (1995, S. 144) lassen sich die befragten „Mittelstandspraktiker" bei der Vorbereitung der Kooperationsgestaltung vollständig von ihrer Intuition leiten, während andere Befragungsgruppen aus dem Bereich der Großindustrie eine Mischung von Konzepten, Erfahrung und Intuition in die Konzeptionsphase einer Kooperation einfließen lassen.

Ein weiteres Indiz dafür, dass Kooperationen in kmU weniger auf einem systematischen Suchprozess (Staudt u. a. 1995, S. 1221) beruhen, stellt der Befund dar, dass Kooperationen im Mittelstand weit überwiegend aus persönlichen Kontakten (Rautenstrauch 2002, S. 8; Zink/Esser 2002, S. 170), bestehenden Geschäftsbeziehungen (Kaufmann 1993, S. 71) oder „zufälligen" Treffen auf Messen und Ausstellungen entstehen.

Helm/Mehlhorn/Strohmayer (1996, S. 76) beobachten in der Kooperationspraxis nicht nur die mangelnde konzeptionelle Einbindung der Option „Kooperation" in die strategische Planung – sofern eine solche überhaupt vorhanden ist –, sondern auch das Phänomen, dass eine Kooperation häufig lediglich als „ultima ratio“ in der Entwicklung mittelständischer Unternehmen betrachtet wird. Im Zusammenhang damit mag auch der Befund stehen, dass sich die Kooperationsbereitschaft des industriellen Mittelstandes in den neuen Bundesländern von „eher niedrig“ zu Beginn der neunziger Jahre zu „ausgesprochen hoch“ (Huhn/Kranzusch 1999, S. 152) Ende der neunziger Jahre verwandelt hat und die Kooperationstätigkeit des Mittelstandes in den neuen Bundesländern mit einem Anteilswert von 56,3 % inzwischen auf fast doppelt so hohem Niveau liegt, wie in den alten Bundesländern (30,7 % der kmU) (Maaß/Wallau 2003, S. 30). Eine höhere Kooperationsbereitschaft in wirtschaftlich schwierigen Zeiten findet sich auch in den Freien Berufen. So beabsichtigen 70 % der Architekten und Planer, Kooperationen mit anderen Büros oder Unternehmen einzugehen, um dem Strukturwandel in ihrer Branche zu begegnen (Schmidt 2004, S. 42). Allerdings gibt es auch Anhaltspunkte dafür, dass die in jüngster Zeit verstärkte Kooperationsbereitschaft mittelständischer Unternehmen mehr der bewussten Entscheidung zu einer strategischen Option folgt, denn einer „Notlösung“ (Kutschker/Schmid 2005, S. 857) entspricht. Zumindest lässt sich weder bei internationalen Kooperationen (Maaß/Wallau 2003, S. 66 f.) noch bei nationalen F & E-Kooperationen (Maaß/Backes-Gellner 2002, S. 80 f.) ein signifikanter Zusammenhang zwischen Kooperationsneigung und mangelnden Unternehmenserfolg nachweisen.

Allgemein gesprochen liegt das dominierende Kooperationsmotiv für kmU in der Steigerung der Wettbewerbsfähigkeit (DG Bank 2000, S. 11) auch im Sinne eines Ausgleichs von Wettbewerbsnachteilen (Kaufmann 1993, S. 61). Die Analyse der einzelnen Motive, aus denen heraus kmU eine zwischenbetriebliche Zusammenarbeit eingegangen sind bzw. in Zukunft eingehen wollen, fördert eine Vielzahl von Beweggründen zu Tage. Dazu zählen vor allem die Erschließung neuer Märkte, der Zugang zu größeren Auftragsvolumina (Schöne 2002, S. 5) die Kostenreduktion, die Erweiterung der Produktpalette, der Zugang zu Know-how und Technologie sowie die Verminderung von Risiken.

Im Hinblick auf die Rangfolge und relative Bedeutung der einzelnen Motive unterscheiden sich die einschlägigen empirischen Studien recht deutlich. Dies betrifft insbesondere die Motive „Kostensenkung“[1] und „Risikoreduktion“[2]. Da die zeitnah durchgeführten Studien diese beiden Motive in ihrer relativen Bedeutung deutlich höher einschätzen als die älteren Erhebungen, steht zu vermuten, dass die Verminderung von Kosten und Risiken mittelständischer Unternehmen nicht zuletzt vor dem Hintergrund der eingangs dargelegten Strukturwandlungsprozesse erheblich an Relevanz gewonnen haben.[3]

1 An der Spitze der Motivliste bei Rautenstrauch (2002 S. 8) und Jäckel/Straßberger (2000, S. 16); Platz im Mittelfeld bei Fontanari (1995, S. 142) und Kaufmann (1993, S. 62).

2 Relativ hoher Anteil an Nennungen bei Jäckel/Straßberger (2000, S. 16); vergleichsweise niedrige Anteilswerte bei Schiller (1996, S. 247); niedrigste Anteilswerte bei Kaufmann (1993, S. 62).

3 Ob und inwiefern andere Einflussfaktoren wie unterschiedliche Branchen oder Kooperationsfelder einen weiteren Beitrag zur Erklärung der Unterschiede leisten, muss hier offen bleiben.

3.3 Partnersuche und Partnerwahl

Sofern sich ein mittelständisches Unternehmen, auf seiner individuellen Motivkonstellation beruhend, im Prinzip für eine Kooperation entschieden hat, stellt sich die Frage nach einem geeigneten Partner. Wird nun davon ausgegangen, dass dieser Unternehmer kooperationswillig ist, so hat er die Sorge

- um die Aufrechterhaltung seiner Entscheidungsautonomie,
- um die Wahrung von Betriebsgeheimnissen,
- vor geschäftlicher Übervorteilung und menschlicher Enttäuschung sowie
- um seine Reputation, d. h., dass ihm eine Kooperation als Signal von Schwäche ausgelegt werden könnte,

hinten angestellt. Diese „Sorgenliste" gibt begründeten Anlass zu der Vermutung, dass der kooperationswillige Unternehmer zusätzlich zu seinen Erwartungen an die Kompetenz im anvisierten Kooperationsfeld auch hohe Anforderungen an die Seriosität, Vertrauenswürdigkeit und die menschliche Integrität eines potenziellen Kooperationspartners stellt.

Die Suche nach einem diesen Anforderungen genügenden Partner ist mit hohen Suchkosten verbunden und nahe liegender Weise durch ein erhebliches Maß an Informationsasymmetrie geprägt. Beide Probleme versuchen mittelständische Unternehmen zu bewältigen, indem sie vor allem diejenigen Unternehmer als Kooperationspartner auswählen, mit denen sie persönliche Kontakte, sowie langjährige, erfolgreiche und vertrauensvolle Geschäftsbeziehungen unterhalten. Dies wird als mittelständische Besonderheit im Schrifttum einhellig hervorgehoben (Rautenstrauch 2002, S. 8; DG-Bank 2000, S. 15; Fieten/Friedrich/Lagemann 1997, S. 244; Kaufmann 1993, S. 70 f.). Im Gegensatz zu Großunternehmen verzichten mittelständische Unternehmen bei der Partnersuche fast vollständig auf die Anwendung von Suchfeldern und Suchrastern (Fontanari 1995, S. 150 f.).

Die Fokussierung auf bereits existierende persönliche Kontakte führt allerdings in vielen Fällen nicht zum gewünschten Erfolg im Sinn eines Zustandekommens einer Kooperation. Das Argument, dass kein geeigneter Kooperationspartner vorhanden sei, stellt nämlich das von kmU mit Abstand am häufigsten genannte Kooperationshemmnis dar (vgl. hierzu auch Lubritz 1998, S. 222 ff.). Dies gilt für Kooperationswillige ebenso wie für kmU, die einer Kooperation grundsätzlich ablehnend gegenüberstehen (siehe Übersicht 3).

Dass zahlreiche kooperationswillige mittelständische Unternehmen keinen geeigneten Kooperationspartner finden, dürfte allerdings nicht allein auf die eng fokussierte, von persönlicher Sympathie oder Antipathie getragene (Zink/Esser 2002, S. 170) Suche oder die mangelnde Leistungsfähigkeit und Vertrauenswürdigkeit potenzieller Partner zurückzuführen sein. Wie aus einer Studie von Schiller (1996, S. 247) hervorgeht, ist der weit überwiegende Teil der kmU nicht bereit, dem Partner im Rahmen einer Kooperation ein Mitspracherecht einzuräumen.[1] Kein Wunder also, dass es nahezu drei von vier in derselben Studie befragten kmU für problematisch hielten, den „richtigen" Partner zu finden. Wenn beide potenziellen Kooperationspartner dem jeweils anderen die Mitspracherechte verweigern möchten, kommt eine Zusammenarbeit wohl kaum Zustande. Die Königskinder finden nicht zueinander. Dies scheint auch im Zuge der Internationalisierung mittelständischer Unternehmen häufig der Fall zu sein. Nach den Ergebnissen einer Studie von Weber/Kabst (2000, S. 39) bevorzugen die befragten mittelständischen Unternehmen – insbesondere die aus dem industriellen Bereich – die Gründung eigener Tochtergesellschaften klar gegenüber Kooperationsvereinbarungen.

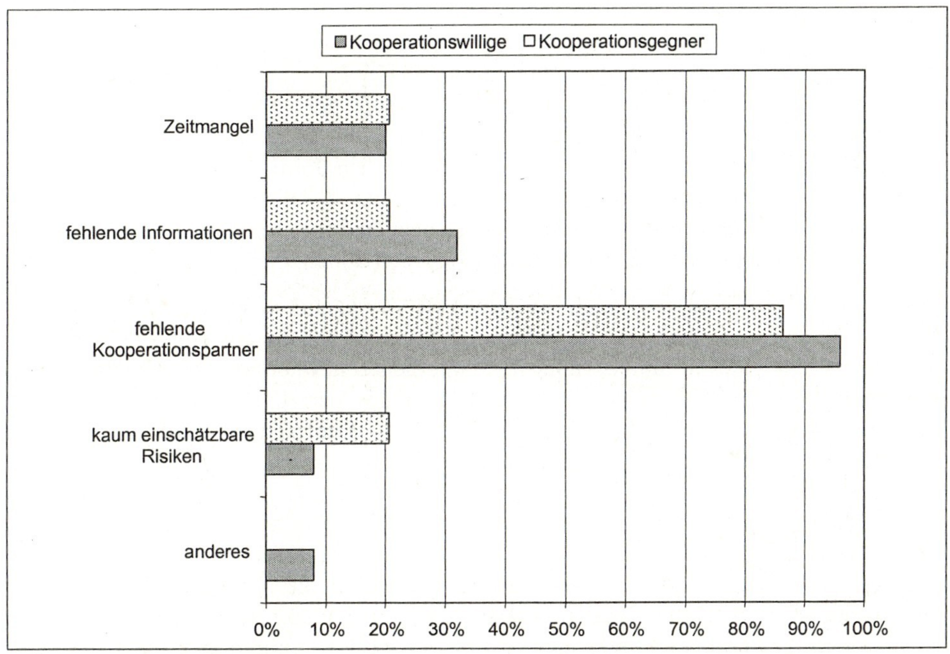

Quelle: Schiller 1998, S. 90.

Übersicht 3: Kooperationshindernisse

Im Kontext der Partnerwahl liefert das Schrifttum noch weitere Befunde, allerdings auf etwas höherem Abstraktionsniveau. So ist zu vermuten, dass kmU, um nicht in die Rolle

[1] In einer Studie von Zink u. a. (2003, S. 25 f.) attestierten vergleichsweise sehr viele der befragten kmU der „Bereitschaft der Partner, Entscheidungsmacht an die Kooperation abzutreten" einen negativen Einfluss auf den Kooperationserfolg.

des schwächeren Partners zu geraten, Partnerschaften mit größeren Unternehmen eher vermeiden (Grünwald u. a. 2004, S. 70; Rößl 2000, S. 641 f.). Diese Vermutung erhärtend fanden Staudt u. a. (1995, S. 1217), dass Kooperationen von ostdeutschen Unternehmen vor allem zwischen Partnern ähnlicher Größe geschlossen wurden. Andere Studien weisen allerdings eher auf das Gegenteil hin (Schiller 1998, S. 84). Ebenso ist zu bemerken, dass kmU eher selten mit Konkurrenten kooperieren (Kaufmann 1993, S. 281), sodass strategische Allianzen und **Coopetition** (Nalebuff/Brandenburger 1996, S. 23 ff.) für das Kooperationsverhalten von kmU offenbar keine zentrale Rolle spielen.

3.4 Konstituierung – Kooperationsformen und -felder

Je kleiner die Unternehmen sind, desto eher bevorzugen sie lose Formen der Kooperation (Rautenstrauch 2002, S. 5 f.; DG-Bank 2000, S. 12). Hierunter fallen Formen der Zusammenarbeit, die durch eine relativ geringe Intensität gekennzeichnet sind, wie etwa Bietergemeinschaften und die gemeinsame Nutzung von Spezialmaschinen. Feste Formen der Kooperation wie etwa eine Beteiligung oder ein **Joint Venture**, finden sich in großen Unternehmen fast dreimal häufiger als in kleinen (DG-Bank 2000, S. 16). Bei Unternehmen mit weniger als 50 Beschäftigten spielen **Joint Ventures** im Rahmen der Internationalisierung so gut wie keine Rolle (Swoboda 2000, S. 118).

Absatz und Beschaffung sind nach den jüngsten vorliegenden Studien (Rautenstrauch 2002, S. 5 f.; DG-Bank 2000, S. 13; Lubritz 1998, S. 205 ff.) die am weitesten verbreiteten Kooperationsfelder in mittelständischen Unternehmen. Internationale Kooperationen im Bereich der Produktion spielen für Unternehmen des Verarbeitenden Gewerbes ebenfalls eine bedeutsame Rolle (Lubritz 1998, S. 205 ff.; Kaufmann 1993, S. 65). F & E-Kooperationen kommt in den einschlägigen Studien nur eine mittelgroße oder gar eine nachrangige Bedeutung zu. Mit einer Ausnahme: Nach den Ergebnissen der Fraunhofer ISI-Erhebung „Innovationen in der Produktion“ (Brussig/Dreher 2001, S. 568) nehmen F & E-Kooperationen mit Kunden und Zulieferern den Spitzenplatz bei den von kmU bevorzugt realisierten Kooperationsfeldern ein (siehe Tabelle 1). Die im Gegensatz zu den branchenübergreifenden Studien herausragende Bedeutung von F & E-Kooperationen in der ISI-Studie dürfte unter anderem darauf zurückzuführen sein, dass dort ausschließlich Unternehmen der Investitionsgüterindustrie erfasst wurden.

Tabelle 2 liefert den Beleg dafür, dass der eingangs erwähnte empirische Befund, der Verbreitungsgrad von Kooperationen steige im Allgemeinen mit zunehmender Unternehmensgröße, offenbar auch für einzelne Kooperationsfelder Gültigkeit besitzt.

Größe (nach Beschäftigten) Kooperationsfeld	ostdeutsche Betriebe kooperierende Betriebe (in %)			westdeutsche Betriebe kooperierende Betriebe (in %)		
	1 ... 99	100 ... 499	= 500	1 ... 99	100 ... 499	= 500
F & E-Kooperationen mit Kunden	52	60	--	40	56	69
F & E-Kooperationen mit Zulieferern	40	59	--	37	54	73
Kooperation in Aus- und Weiterbildung	43	55	--	22	31	45
Beschaffungskooperationen	33	39	--	22	32	43
Arbeitsgruppen zu QS und KVP	20	31	--	14	31	40
Kapazitätsausgleich Fertigung	57	61	--	31	41	47
Vertriebs-/Marketingkooperation	45	47	--	31	37	39
Angebotskooperation	50	40	--	31	37	39
Servicekooperation	40	36	--	22	28	32

Quelle: Brussig/Dreher 2001, S. 568.

Tabelle 2: Kooperationsaktivitäten in Ost- und Westdeutschland

3.5 Management/Erfolgskontrolle/Beendigung

Aus der Sicht des strategischen Managements zählt das Kooperations-Controlling zu den Kernelementen des Kooperationsmanagements. Ein qualitatives und adäquates Kooperations-Controlling schafft verlässliche Grundlagen für die Entscheidung, ob eine Kooperation fortgesetzt, modifiziert oder beendet werden sollte.

Allerdings gibt es empirische Anhaltspunkte dafür, dass der hohen Bedeutung des Kooperations-Controllings selbst in manchen Großunternehmen nicht hinreichend Rechnung getragen wird. Zwar findet sich in Großunternehmen die Tendenz, die Erfolge einer Kooperation mit höherer Regelmäßigkeit und in kürzeren Zeitintervallen als mittelständische Unternehmen zu bewerten (Fontanari 1995, S. 158). Letztlich wird jedoch allen Unternehmern und Experten unabhängig von der Größe der (beratenen) Unternehmen, die in Fontanaris Studie erfasst wurden und die insgesamt über Erfahrungen in immerhin 826 Kooperationen verfügen, attestiert, dass sie die Messung des Erfolgs im Sinne der Einbeziehung von Kooperationsspezifika insbesondere im Hinblick auf qualitative und indirekte Erfolgskomponenten eher vernachlässigen (Fontanari 1995, S. 161).

Dass diese weichen Faktoren des Kooperationserfolges offenbar nicht gemessen werden, ist nicht gleichbedeutend damit, dass ihnen ein geringer Stellenwert bei der Bewertung eines Kooperationsprojektes beigemessen wird. Im Gegenteil: Noch stärker als im Bereich der Großunternehmen (Fontanari 1995, S. 159) erweisen sich weiche Faktoren wie Vertrauen, Offenheit, Kommunikation und Ehrlichkeit (Rautenstrauch 2002, S. 6) für mittelständische Unternehmer als dominante Determinanten, die Antwort auf die Frage geben, ob und inwieweit ein Kooperationsprojekt als Erfolg gewertet wird. Im Hinblick auf die bereits mehrfach erwähnte zentrale Position der Unternehmerpersönlichkeit verwundert der Befund nicht.

Die stark unternehmerzentrierte Führung von mittelständischen Unternehmen kommt folgerichtig auch darin zum Ausdruck, dass Kooperationen zwischen mittelständischen Unternehmen häufig ebenso spontan und unkonventionell beendet werden, wie sie begonnen wurden. Im Hinblick auf die genannten weichen Erfolgsfaktoren, die sich im Kern auf den zwischenmenschlichen Umgang miteinander zurückführen lassen, ist es nicht überraschend, dass bei der Entscheidung, eine Kooperation zu beenden, häufig das wirtschaftliche Kalkül von „psychologisch bedingten Faktoren" (Staudt u. a. 1992, S. 246) dominiert wird. Hinzu kommt noch das wahrnehmungspsychologische Phänomen, dass mittelständische Unternehmer häufig dazu neigen, den direkten Nachteilen einer Kooperation mehr Beachtung zu schenken als den Vorteilen (Staudt u. a. 1992, S. 247).

Das in mittelständischen Unternehmen durch Intuition und Persönlichkeitsmerkmale geprägte Verhalten bei Beginn, Management, Bewertung und gegebenenfalls Beendigung einer Kooperation hat allerdings nicht zur Folge, dass Kooperationsprojekten von kmU seltener Erfolg beschieden ist als denjenigen von Großunternehmen. Im Gegenteil: Auf Grund seiner empirischen Befunde wirft Fontanari (1995, S. 164) die Frage auf, ob ein intuitionsgeleitetes Vorgehen nicht sogar mit größerer Wahrscheinlichkeit zum Erfolg führt als ein Kooperationsmanagement, das sich an Konzepten und dem Einsatz strategischer Instrumente orientiert.

Die empirischen Befunde über den Zusammenhang zwischen Kooperationserfolg und Unternehmensgröße zeichnen kein konsistentes Bild, zumal es – soweit ersichtlich – keine Studie gibt, die diesen Zusammenhang explizit und unter Einbeziehung einer hinreichend großen Anzahl kleiner bzw. großer Unternehmen erforscht hat.[1] Im Gegensatz zu den in älteren Studien ausgewiesenen, in der Regel über 50 % liegenden Misserfolgsquoten von strategischen Allianzen und **Joint Ventures** (vgl. die Literaturübersicht bei Fontanari 1995, S. 119), die ja insbesondere Kooperationsformen von Großunternehmen darstellen, kommt eine neuere Studie über das „Partnering" großer Unternehmen zu dem Ergebnis, dass zwischen 52 % und 84 % der Unternehmen die Ziele ihrer Partnerschaften als „im Wesentlichen erreicht" betrachten (Arthur D. Little 2001, S. 126).

Die bei knapp 2.500 mittelständischen Unternehmen im Herbst 2000 durchgeführte Mittelstandsumfrage der DG-Bank führt zu dem Befund, dass insgesamt betrachtet nahezu drei von vier Kooperationen im Mittelstand den gewünschten Erfolg erzielt haben (Jäckel/Straßberger 2000, S. 20). Der Erreichungsgrad einzelner Kooperationsziele gestaltet sich nach den Befunden der DG-Bank-Mittelstandsumfrage differenziert. „Kostensenkung" sowie „bessere Pflege bestehender Märkte", die sich in derselben Studie als die bedeutendsten Ziele herausstellten, wurden auch tatsächlich am häufigsten erreicht. „Risikoreduktion" sowie „die Erschließung von Inlands- und Auslandsmärkten" wiesen ei-

[1] Eine Ausnahme bildet die Studie von Kaufmann/Kokalj/May-Strobl (1990, S. 120), die sich ausschließlich mit grenzüberschreitenden Kooperationen befasst und keine Abhängigkeit des Kooperationserfolges von der Größe der zusammen arbeitenden Unternehmen feststellte.

nen unterdurchschnittlichen Zielerreichungsgrad auf, wobei zwei von drei Mittelständlern ihre Kooperation auch hinsichtlich dieser beiden Einzelziele als erfolgreich bezeichnen (Jäckel/Straßberger 2000, S. 20).

Aus diesen empirischen Anhaltspunkten zu schließen, dass mittelständische Unternehmen häufiger erfolgreich kooperieren als Großunternehmen, wäre vorschnell. Die Riskanz eines Kooperationsprojektes hängt von der spezifischen Ausgestaltung der Kooperation ab. So ist davon auszugehen, dass eine internationale Kooperation[1] zwischen mehreren, in anderen Geschäftsbereichen konkurrierenden Unternehmen im Bereich der F & E mit größeren Risiken verknüpft ist, als wenn sich zwei Bauunternehmen in einer Bietergemeinschaft zusammenschließen und sich um einen öffentlichen Auftrag bewerben. Da die Verbreitung sowohl grenzüberschreitender Kooperationen, strategischer Allianzen (mit Konkurrenten) als auch die Zusammenarbeit in so sensiblen Bereichen wie der F & E mit zunehmender Unternehmensgröße ansteigt, liegt die Vermutung nahe, dass die letztlich nicht wirklich nachgewiesene höhere Misserfolgsrate bei Großunternehmen unter anderem aus der höheren Riskanz der von ihnen eingegangenen Kooperationen resultiert.

Wirklichen Aufschluss über den Einfluss der Unternehmensgröße auf den Kooperationserfolg würden erst Studien geben, die sowohl die in Übersicht 2 wiedergegebenen Differenzierungsgrade an Kooperationsspezifität erreichen als auch jeweils die Unternehmensgröße als unabhängige Variable erfassen. Aus den bereits erwähnten Gründen liegt eine solche Studie, die gleichzeitig hinreichend umfassend als auch differenziert genug ist, noch nicht vor. Im Bereich der unternehmensgrößenspezifischen Besonderheiten gibt es also auch im Hinblick auf das Thema „Kooperation“ noch erheblichen Forschungsbedarf.

4. Fazit

Das allgemeine Phänomen „Kooperation“ weist im Einzelfall ein hohes Maß an Spezifität hinsichtlich der Kombination und Ausprägung verschiedener Gestaltungsdimensionen auf. Angesichts des für die Detailanalyse von Kooperationen erforderlichen Diffe-

[1] So stellen Zentes/Swoboda (1999, S. 54 ff.) bei ihrer Untersuchung internationaler Kooperationen von 139 mittelständischen Unternehmen fest, dass die Befragten die größten Vorteile im Bereich ihrer absatzpolitischen Ziele realisieren konnten, die auch gleichzeitig ihr wichtigstes Kooperationsmotiv darstellen. Bei der Analyse von Einzelmotiven und Einzelvorteilen zeigte sich jedoch, dass die durchschnittliche Bewertung der Vorteile gerade in den wichtigen Bereichen Absatz und Beschaffung hinter der durchschnittlichen Bewertung der Motive zurückblieb. Demgegenüber deuten andere Studien auf ein sehr hohes Niveau an Zufriedenheit mit dem Erfolg grenzüberschreitender Kooperationen in kmU hin (Köhler 1998, S. 21; Kaufmann/Kokalj/May-Strobl 1990, S. 118 f.).

renzierungsgrades ist das empirische Wissen um die Besonderheiten des Kooperationsverhaltens mittelständischer Unternehmen eher bescheiden. Die einschlägigen empirischen Studien kommen zwar übereinstimmend zu dem Befund, dass – sieht man vom Einzelhandel und von weiten Teilen des Großhandels ab – die Kooperationshäufigkeit mit zunehmender Unternehmensgröße steigt. Da es keine theoretische Grundlage gibt, aus der man eine optimale Kooperationsrate ableiten könnte, kann hieraus nicht ohne weiteres gefolgert werden, dass mittelständische Unternehmen im Bereich der Kooperationen ein Defizit aufweisen.

Die zentrale Position des Eigentümer-Unternehmers in mittelständischen Unternehmen hat zur Folge, dass seine Persönlichkeitsmerkmale und Einstellungen auch das Kooperationsverhalten des Unternehmens entscheidend prägen. Spontaneität, Intuition und die überragende Bedeutung der Qualität persönlicher Beziehungen – Vertrauen, Offenheit und Ehrlichkeit – sowie das ausgeprägte Streben nach Aufrechterhaltung der unternehmerischen Autonomie kennzeichnen sein Verhalten in allen Phasen einer Kooperation. Dieses für mittelständische Unternehmen typische Kooperationsverhalten – Ausnahmen bestätigen die Regel – scheint zumindest nicht weniger erfolgreich zu sein, als das eher am Einsatz strategischer Instrumente orientierte Kooperationsmanagement größerer Unternehmen.

Einiges spricht dafür, dass die Häufigkeit von nationalen und internationalen Kooperationen zwischen mittelständischen Unternehmen in Zukunft weiter zunehmen wird. Zum einen erfordert die erfolgreiche Bewältigung tiefgreifender Strukturwandlungsprozesse im Prinzip einen Anstieg der „mindestoptimalen" Unternehmensgröße, dem kmU angesichts ihrer beschränkten Möglichkeiten, externes Wachstum zu finanzieren, durch die Ausübung der strategischen Option „Kooperation" Rechnung tragen können. Zum anderen ist im Zuge des sich im Mittelstand vollziehenden Generationenwechsels davon auszugehen, dass die neue Generation eine andere Einstellung gegenüber zwischenbetrieblicher Zusammenarbeit hat und das Autonomiestreben – als bislang wichtigstes Kooperationshemmnis – an Bedeutung verlieren wird. Insofern ist und bleibt Kooperation ein zukunftweisendes Thema für die mittelständischen Unternehmen, die sich in Wettbewerb und Strukturwandel durch proaktives Verhalten erfolgreich behaupten möchten.

Literatur

ARTHUR D. LITTLE (2001): Unternehmensbefragung Partnering. Herausforderung für Old und New Economy, Wiesbaden.

BRUSSIG, M.; DREHER, C. (2001): Wie erfolgreich sind Kooperationen? Neue Ergebnisse zur Kooperationspraxis in Ostdeutschland, in: WSI Mitteilungen 9/2001, S. 566-572.

BUSCHMANN, B; GOLEMBIEWSKI, W. (2003): Kooperationen im Handwerk mit Blick auf die EU-Osterweiterung, in: Institut für Mittelstandsforschung (Hrsg.): Grüne Reihe 55, Mannheim.

DEUTSCH, C. (1992): Aufstieg in die erste Liga. Strategische Allianzen, in: Wirtschaftswoche, Nr. 14, 27.3.1992, S. 53-56.

DG BANK (2000): Mittelstand im Mittelpunkt, Sonderthema: Kooperationen im Mittelstand, Herbst/Winter 2000, Frankfurt a.M.

EU-KOMMISSION (2003) (Hrsg.): Empfehlung der Kommission vom 6. Mai 2003 betreffend der Definition von Kleinstunternehmen sowie der kleinen und mittleren Unternehmen, in: Amtsblatt der Europäischen Union, 20.5.2003, S. 36-41.

FIETEN, R.; SCHMIDT, A. G. (1994): Zulieferindustrie in Deutschland, ifm-Materialien, Nr. 104, Bonn.

FIETEN, R.; FRIEDRICH, W.; LAGEMANN, B. (1997): Globalisierung der Märkte, Schriften zur Mittelstandsforschung, Nr. 73, Stuttgart.

FONTANARI, M. (1995): Voraussetzungen für den Kooperationserfolg. Eine empirische Analyse, in: Schertler, W. (Hrsg.): Management von Unternehmenskooperationen, Wien, S. 115-188.

FONTANARI, M. (1996): Kooperationsgestaltungsprozesse in Theorie und Praxis, Berlin.

GOTHEIN, G. (1906): Mittelstand und Fleischnot, nach einem am 20.10.1905 in Greifswald gehaltenen öffentlichen Vortrag, Berlin.

GRÜNWALD, K.; BORTER, W.; AUER, M. (2004): Erfolg von Klein- und Mittelunternehmen durch Netzwerke, – Empirische Erkenntnisse über das Verhalten von KMU im Oberwallis –, St. Gallen.

GÜNTERBERG, B.; WOLTER, H.-J. (2002): Unternehmensgrößenstatistik 2001/2002 – Daten und Fakten, in: IfM-Institut für Mittelstandsforschung Bonn (Hrsg.): http://www.ifm-bonn.org/dienste/dafa.htm, Abfragedatum: 06.11.2002.

HAEUSSLEIN, R. (1993): Strategisches Denken, Entscheiden und Handeln in kleinen und mittleren Industrieunternehmungen, Regensburg.

HAMMES, W. (1995): Der Zusammenhang zwischen strategischen Allianzen und Industriestrukturen, in: Schertler, W. (Hrsg.): Management von Unternehmenskooperationen, Wien, S. 55-114.

HAUSCHILD, W.; WALLACHER, L. (2004): Ad-hoc-Befragung über Unternehmenskooperationen, in: Statistisches Bundesamt (Hrsg.): Wirtschaft und Statistik, 9/2004, S. 1009-1016.

HELM, R.; MEHLHORN, A.; STROHMAYER, M. (1996): Die Vertrauensproblematik bei zwischenbetrieblichen Kooperationen in der mittelständischen Industrie, in: Zeitschrift für Planung, Nr. 7, S. 73-90.

HINDERER, M. (1984): Die mittelständische Unternehmung – Selbstverständnis in der Marktwirtschaft, München u. a.

HUHN, K.; KRANZUSCH, P. (1999): Absatzstrategien ostdeutscher mittelständischer Industrieunternehmen, Schriften zur Mittelstandsforschung, Nr. 83, Stuttgart.

JÄCKEL, H.; STRAßBERGER, F. (2000): Mittelstandsumfrage – Herbst 2000, in: Konjunktur und Kapitalmarkt, DG-Bank, o. Jg., Nr. 11, S. 1-21.

KAUFMANN, F. (1993): Internationalisierung durch Kooperation: Strategien für mittelständische Unternehmen, Wiesbaden.

KAUFMANN, F.; KOKALJ, L.; MAY-STROBL, E. (1990): EG-Binnenmarkt. Die grenzüberschreitende Kooperation mittelständischer Unternehmen, Schriften zur Mittelstandsforschung, Nr. 34, Stuttgart.

KLANKE, B. (1995): Kooperationen als Instrument der strategischen Unternehmensführung, Münster.

KLEMMER, P.; FRIEDRICH, W.; LAGEMANN, B. U. A. (1996): Mittelstandsförderung in Deutschland – Koexistenz, Transparenz und Ansatzpunkte für Verbesserungen, RWI – Rheinisch-Westfälisches Institut für Wirtschaftsforschung, Essen.

KÖHLER, R. (1998): Internationale Kooperationsstrategien kleinerer Unternehmen, in: Bruhn, M.; Steffenhagen, H. (Hrsg.): Marktorientierte Unternehmensführung, Wiesbaden, S. 183-204.

KOSMIDER, E. (1991): Controlling im Mittelstand, Stuttgart.

KUCERA, G. (2001): Kooperation, Konkurrenz, Coopetition – Strategiefelder für das Handwerk, in: Kucera, G.; Kornhardt, U. (Hrsg.): Kooperation im Handwerk als Antwort auf neue Anbieter auf handwerksrelevanten Märkten, Duderstadt, S. 1-25.

KUTSCHKER, M.; SCHMID, S. (2005): Internationales Management, München u. a.

LANZ, R. (1992): Controlling in kleinen und mittleren Unternehmen, Bern u. a.

LUBRITZ, S. (1998): Internationale Strategische Allianzen mittelständischer Unternehmen. Eine theoretische und empirische Analyse, Frankfurt a.M.

MAAß, F.; BACKES-GELLNER, U. (2002): Determinanten der Kooperationstätigkeit im Bereich der Forschung und Entwicklung (FuE) – Eine vergleichende Analyse der Neuen und Alten Bundesländer, in: IfM-Institut für Mittelstandsforschung Bonn (Hrsg.): Jahrbuch zur Mittelstandsforschung 1/2002, S. 67-87.

MAAß, F.; WALLAU, F. (2003): Internationale Kooperationen kleiner und mittlerer Unternehmen, IfM-Materialien Nr. 158, Bonn.

MENKE, A.; SCHMIDT, A. G. (1995): Direktinvestitionen mittelständischer Industrieunternehmen in Grossbritanien, IfM-Materialien Nr. 114, Bonn.

MÜLLER, K.; GOLDBERGER, E. (1986): Unternehmens-Kooperation bringt Wettbewerbsvorteile: Notwendigkeit und Praxis zwischenbetrieblicher Zusammenarbeit in der Schweiz, Zürich.

MÜLLER-HAGEDORN, L.; SPORK, S. (2002): Produktionsverbindungshandel im Wandel, in: Zentes, J.; Swoboda, B.; Morschett, D. (Hrsg.): B2B-Handel: Perspektiven des Groß- und Außenhandels, Frankfurt a. M., S. 69-93.

NALEBUFF, B.; BRANDENBURGER, A. (1996): Coopetition – Kooperativ konkurrieren. Mit der Spieltheorie zum Unternehmenserfolg, Frankfurt a.M. u. a.

PFOHL, H. C.; KELLERWESSEL, P. (1982): Abgrenzung der Klein- und Mittelbetriebe von Großbetrieben, in : Pfohl, H. C. (Hrsg.): Betriebswirtschaftslehre der Mittel- und Kleinbetriebe, Berlin, S. 9-34.

PICHLER, J. H. (2000): Kooperationsbereitschaft und „networking“ als Anpassungsstrategien in europäischen KMU, in: Brauchlin, E.; Pichler, J. H. (Hrsg.): Unternehmer und Unternehmensperspektiven für Klein- und Mittelunternehmen, Berlin, S. 598-612.

PINKWART, A. (2001): Förderung von Innovationen in KMU durch Kooperationen, in: Meyer, J.-A. (Hrsg.): Innovationsmanagement von kleinen und mittleren Unternehmen, München, S. 191-212.

RAUTENSTRAUCH, T. (2002): Unternehmenskooperationen und -netzwerke, Bielefeld.

RÖßL, D. (2000): Kooperation zwischen Klein- und Großbetrieben: Probleme und Entwicklungspfade, in: Brauchlin, E.; Pichler, J. H. (Hrsg.): Unternehmer und Unternehmensperspektiven für Klein- und Mittelunternehmen, Festschrift für Jobst Pleitner, S. 641-655.

SCHILLER, R. (1998): Unternehmensnetzwerke bei kleinen und mittleren Unternehmen – Ergebnisse einer empirischen Studie, in: Winand, U.; Nathusius, K. (Hrsg.): Unternehmungsnetzwerke und virtuelle Organisationen, Stuttgart, S. 79-91.

SCHILLER, R. (1996): Kooperation als Erfolgsfaktor für Klein- und Mittelunternehmen, in: Internationales Gewerbearchiv IGA, 44. Jg., Nr. 4, S. 235-250.

SCHMIDT, A. G. (2004): Wettbewerbssituation im Wandel, in: Deutsches Architektenblatt, 11/04, S. 42-43.

SCHMIDT, A. G. (2002): Indikatoren für Erfolg und Überlebenschancen junger Unternehmen, in: Zeitschrift für Betriebswirtschaft, 72. Jg., Ergänzungsheft Nr. 5, S. 21-53.

SCHMIDT, A. G. (1999): Zum Sinn unternehmerischer Arbeit – Der Unternehmer als Mensch, in: Franz, O. (Hrsg.): Vom Sinn der Arbeit, Köln, S. 19-26.

SCHMIDT, A. G. (1998a): Zur finanzwirtschaftlichen Situation kleiner und mittlerer Unternehmen im Strukturwandel, in: Franke, G.; Laux, H. (Hrsg.): Unternehmensführung und Kapitalmarkt, Berlin, S. 285-326.

SCHMIDT, A. G. (1998b): Die neue Mittelstandsdefinition der Europäischen Kommission. Implikationen für den deutschen Mittelstand, Trierer Arbeitspapiere zur Mittelstandsökonomie, Nr. 3, Trier.

SCHMIDT, A. G. (1995): Der Einfluß der Unternehmensgröße auf die Rentabilität von Industrieunternehmen, Wiesbaden.

SCHMIDT, A. G.; KRAUS, M. (2001): Qualifikation und Unternehmenskontinuität, Beitrag der Meisterausbildung zur Bestandssicherung von Handwerksunternehmen, Gifhorn.

SCHMIDT, A. G.; FREUND, W. (1995): Strukturwandel im Mittelständischen Großhandel der Bundesrepublik Deutschland, Schriften zur Mittelstandsforschung, Nr. 60, Stuttgart.

SCHMIDT, A. G.; RICHTER, W. (1991): Die Auswirkungen des EG-Binnenmarktes auf mittelständische Zulieferunternehmen in der Bundesrepublik Deutschland, Schriften zur Mittelstandsforschung, Nr. 36, Stuttgart.

SCHMIDT, A.; MENKE, A.; HESPE, A.; KÜNZEL, T. (1995): Die Internationalisierung mittelständischer Industrieunternehmen unter besonderer Berücksichtigung der Rolle der Banken, IfM-Materialien Nr. 113, Bonn.

SCHÖNE, R. (2002): Netzwerkuntersuchung, Netzwerkkooperationen von KMU als Lösungsansatz für die Regionalentwicklung. – Eine Bestandsaufnahme im Freistaat Sachsen mit Schlussfolgerungen und Empfehlungen-, Chemnitz.

STAUDT, E.; KRIEGESMANN, B.; THIELEMANN, F.; BEHRENDT, S. (1995): Kooperation als Erfolgsfaktor ostdeutscher Unternehmen, in: Zeitschrift für Betriebswirtschaft, 65. Jg., S. 1209-1230.

STAUDT, E.; TOBERG, M.; LINNÉ, H.; BOCK, J.; THIELEMANN, F. (1992): Kooperationshandbuch – Ein Leitfaden für die Unternehmenspraxis, Stuttgart.

SUDBRINK, H.-D. (2001): Erfahrungsberichte aus Handwerkskooperationen: Kooperationsbeispiel „Bau Centrum Bremen“, in: Seminar für Handwerkswesen (Hrsg.): Kooperation im Handwerk als Antwort auf neue Anbieter auf handwerksrelevanten Märkten, Duderstadt, S. 169-197.

SWOBODA, B. (2000): Bedeutung internationaler Strategischer Allianzen im Mittelstand – Eine dynamische Perspektive, in: Meyer, J.-A. (Hrsg.): Jahrbuch der KMU-Forschung 2000, München, S. 107-129.

TÄGER, U. C. (2002): Konsumgütergroßhandel im Wandel, in: Zentes, J.; Swoboda, B.; Morschett, D. (Hrsg.): B2B-Handel: Perspektiven des Groß- und Außenhandels, Frankfurt a.M., S. 51-67.

THIELEMANN, F. (1999): Innovation durch Kooperation, in: Ciesinger, K. (Hrsg.): Innovationsintegral Mittelstand: Kompetenzentwicklung in Medienkooperationen, Münster, S. 47-82.

VIEHL, P. (2004): Familieninterne Unternehmensnachfolge, Eine Ex-Post-Analyse aus Nachfolgersicht, in: Inmit/PROMIT; Schmidt, A. G. (Hrsg.): Trierer Schriften zur Mittelstandsökonomie, Band 6, Münster, zgl. Diss. 2003, Trier.

VTH – VERBAND DER TECHNISCHEN HÄNDLER (Hrsg.) (o. J.): C-Teile-Management: Technischer Handel A-Partner?, Düsseldorf.

WALLAU, F.; KAYSER, G.; STEPHAN, M. (1999): Die Dach-Arbeitsgemeinschaft für mittelständische Bauunternehmen, Schriften zur Mittelstandsforschung, Nr. 84 NF, Wiesbaden.

WEBER, W.; KABST, R. (2000): Internationalisierung mittelständischer Unternehmen, in: Gutmann, J.; Kabst, R. (Hrsg.): Internationalisierung im Mittelstand, Wiesbaden, S. 3-89.

WELTER, F. (2003): Strategien, KMU und Umfeld, Handlungsmuster und Strategiegenese in kleinen und mittleren Unternehmen, in: RWI: Schriften, Heft 69, Berlin.

WELTER, F. (2002): Internationalisierung im Mittelstand, in: RWI (Hrsg.): Schriften und Materialien zu Handwerk und Mittelstand, Heft 14.

ZENTES, J.; SWOBODA, B. (1999): Motive und Erfolgsgrößen internationaler Kooperation mittelständischer Unternehmen, in: Die Betriebswirtschaft, 59. Jg., Nr. 1, S. 44-60.

ZENTES, J.; SWOWODA, B.; MORSCHETT, D. (2004): Internationales Wertschöpfungsmanagement, München.

ZINK, K. J.; ESSER, C. (2002): KMU-Kooperationen, in: FB/IE 51, 4/2002, S. 170-173.

ZINK, K. J.; ESSER, C. JACOBY, Y. (2003): Wettbewerbsvorteile durch virtuelle Kooperationen, Kaiserslautern.

Stichwortverzeichnis

A

B

C

D

E

F

G

H

I

J

K

L

M

N

O

P

Q

R

S

T

U

V

W

X / Y

Z